W0173213

Kleine Enzyklopädie Die Frau

Kleine Enzyklopädie

Die Frau

Mit 400 Strichzeichnungen
und 16 Farbtafeln

VEB Bibliographisches Institut
Leipzig

Herausgeber
Irene Uhlmann
Ortrun Hartmann
Ilse Wolf

Die Frau. – 2., uv. Aufl. – Leipzig: Bibliographisches Institut, 1989.
735, 16 S. : 422 Ill. (z. T. farb.)
(Kleine Enzyklopädie)

ISBN 3-323-00109-5

NE: GT

ISBN 3-323-00109-5

2., unveränderte Auflage
© VEB Bibliographisches Institut Leipzig, 1989
Verlagslizenz-Nr. 433-130/230/89
Printed in the German Democratic Republic
Gesamtherstellung:
Graphischer Großbetrieb Karl-Marx-Werk Pößneck V15/30
Lektorat Gesellschaftswissenschaften
LSV 9127
Best.-Nr. 577 999 4
01600

Verzeichnis der Autoren und Gutachter

Arendt, Hans-Jürgen, Prof. Dr. sc. phil., Leipzig
Aresin, Lykke, Prof. em. Dr. sc. med., Leipzig
Bach, Anita, Prof. Dr.-Ing. habil., Weimar
Bertolini, Rolf, Prof. Dr. sc. med., Markkleeberg
Bertram, Barbara, Dr. sc. oec., Leipzig
Briel, Cornelia, Dipl.-Kunstwissenschaftlerin, Leipzig
Brock, Hella, Prof. Dr. sc. paed., Leipzig
Diestel, Gudrun, Dipl.-Medizinerin, Markkleeberg
Ducke, Edda, Textilingenieur, Berlin
Fisch, Bernhard, Dr. paed., Stadtroda
Friedrich, Walter, Prof. Dr. phil. habil., Leipzig
Frohberg, Genia, Dipl.-Formgestalterin, Berlin
Frosch, Hans, Journalist und Publizist, Berlin
Hartmann, Ortrun, Dipl.-Germanistin, Leipzig
Holland, Sonja, Kosmetikerin, Halle
Hoppe, Rainer, Dr. sc. paed., Leipzig
Hüber, Christine, Innenarchitektin BdA/DDR, Liebertwolkwitz
Jablonski, Ingrid, Textilingenieur, Berlin
Ketzer, Hans-Jürgen, Dr. phil., Leipzig
Kosak, Eva, Journalistin und Modegestalterin, Berlin
Krause-Ernst, Erika, Schauspielerin und Moderatorin, Markkleeberg
Krauß, Annelies, Doz. Dr. med. habil., Leipzig
Kröber, Helmut, Dr. rer. oec., Leipzig
Kühn, Renate, Dipl.-Grafikerin, Leipzig
Kümmritz, Gerd, Journalist, Berlin
Kunath, Heidi, Doz. Dr. sc. paed., Leipzig
Möhr, Manfred, Prof. Dr. sc. nat., Potsdam
Münzberger, Ekkehard, Prof. Dr. sc. med., Rostock
Oeser, Horst, Dr. phil., Leipzig
Plail, Monika, Fachingenieur für Bauwesen, Mölkau
Röpke, Hannelore, Dramaturgin, Leipzig
Schauer, Ingeborg, Journalistin, Berlin
Straube, Evamaria, Dr. sc. med., Rostock
Uhlmann, Ulrich, Dr. jur., Erkner
Weichert, Brigitte, Dr. phil., Berlin
Wolf, Ilse, Doz. Dr. phil., Leipzig
Zobel, Martin, Prof. Dr. agr. habil., Potsdam-Rehbrücke

Quellennachweis für Abbildungen

Grafiker und Technische Zeichner

Prof. Dr. Anita Bach, Weimar · Jens Borleis, Leipzig · Christine Hüber, Leipzig · Eva Kosak, Berlin · Thérèse-Martine Sallmann, Berlin · Harald Stier, Leipzig · Matthias Weis, Leipzig · Peter Zappe, Leipzig

Fotografen und Archive

Bauakademie der DDR, Berlin · Galerie Junge Kunst, Frankfurt (Oder) · Peter Garbe, Berlin · Sabine Grzimek, Berlin · Rudolf Kampmann, Berlin · Karl-Marx-Universität, Ägyptisches Museum, Leipzig · Peter Kühn, Dessau · Prof. Wolfgang Mattheuer, Leipzig · Museum der bildenden Künste, Leipzig · Werner Reinhold, Leipzig · Fred Schindler, Leipzig · Staatliche Galerie Moritzburg, Halle · Staatliche Galerie Schloß Georgium, Dessau · Staatliche Kunstsammlungen Dresden · Staatliches Lindenau-Museum, Altenburg · Staatliche Museen Berlin · VEB E. A. Seemann Verlag, Leipzig

Inhaltsverzeichnis

Die Frau in der Gesellschaft

Die Rolle der Frau in der historischen Entwicklung

Die Rolle der Frau in der Geschichte und ihre Stellung in der Gesellschaft sind abhängig vom jeweiligen Stand der gesamtgesellschaftlichen Entwicklung. Wie die Geschichte lehrt, verändern sie sich mit der Entwicklung der Produktivkräfte und Produktionsverhältnisse und stellen sich in den einzelnen Gesellschaftsformationen mehr oder weniger unterschiedlich dar. Ausgangspunkt ist der wesentlich gleichartige gemeinsame Beitrag von Mann und Frau zum Lebensunterhalt und eine auch gleichartige soziale Stellung der Angehörigen beider Geschlechter in der Urgesellschaft. Teilweise über das Matriarchat, die Zeit des Mutterrechts bei bestimmten Stämmen der Gentilgesellschaft, vollzog sich die Entwicklung zum Patriarchat, der Herrschaft des Vaters, und damit zur Unterdrückung der Frau. Die vielfältige Benachteiligung der Frau in wirtschaftlicher und politischer, rechtlicher und ideologischer Beziehung gehört zu den grundlegenden Merkmalen der Gesellschaftsformationen, die auf dem Privateigentum an den Produktionsmitteln beruhen. Die Frauenfrage, die erst mit der Entwicklung des Kapitalismus in das öffentliche Bewußtsein rückt, ist so alt wie die in Klassen gespaltene menschliche Gesellschaft. Sie ist ein Teilproblem der sozialen Frage. Allen Ausbeuterordnungen ist die Geschlechtsvormundschaft des Mannes eigen. Historisches Entwicklungsniveau und die spezifische Klassenlage der Frauen bestimmen jedoch Formen und Umfang ihrer Unterdrückung. Die Frauen der unterdrückten Klassen sind zusätzlich der Ausbeutung unterworfen, die die Lage ihrer Klasse insgesamt kennzeichnet. In diesem Sinne unterscheidet sich die Lage der ausgebeuteten Frau in den verschiedenen Gesellschaftsformationen – altorientalische Klassengesellschaft, Sklavereigesellschaft, Feudalismus, Kapitalismus – trotz einzelner erreichter Fortschritte nicht grundlegend. Dennoch läßt sich „der gesellschaftliche Fortschritt ... exakt messen an der Stellung des schönen Geschlechts" (Marx). Der geschichtliche Fortschritt ist auch in den vorsozialistischen Epochen der Klassengesellschaft vielfach mit Teilschritten zur Befreiung der Frau verbunden. Die Emanzipation der Frau insgesamt ist jedoch erst das Werk der machtausübenden Arbeiterklasse, ihre umfassende Verwirklichung eine Aufgabe der kommunistischen Gesellschaftsformation. Die Lösung der Frauenfrage „fällt mit der Lösung der sozialen Frage zusammen ... Es gibt keine Befreiung der Menschheit ohne die soziale Unabhängigkeit und Gleichstellung der Geschlechter." (Bebel)

Am Kampf um die Durchsetzung des geschichtlichen Fortschritts und am Ringen um die Verwirklichung der Menschenrechte der Frau haben Frauen in allen Epochen der geschichtlichen Entwicklung teilgenommen.

Die Frau in den vorkapitalistischen Gesellschaftsformationen

Die Frau in der Urgesellschaft. Die Urgesellschaft bestand bei allen Völkern während der Frühstufen ihrer Entwicklung (Stein- und Bronzezeit, Anfänge der Eisenzeit). Gekennzeichnet ist sie durch das gesellschaftliche Eigentum an Produktionsmitteln (Land, Wald, Wild), zu dem das persönliche Eigentum an Werkzeugen und Waffen kam. Die gesellschaftliche Arbeitsteilung fehlte. Die zum Leben notwendigen Güter wurden gemeinsam produziert und gemeinsam verbraucht. Es bestand keine Ausbeutung des Menschen durch den Menschen. Es gab keine Klassen und keinen Staat. Die primitive Produktionsweise erforderte gegenseitige Unterstützung und Zusammenarbeit.

● Die Frau in der Hordengesellschaft. Die

Hordenverfassung kennzeichnete die gesellschaftlichen Verhältnisse unter den Altmenschen (Paläanthropinen), die vor etwa 350000 bis 40000 Jahren in ausgedehnten Gebieten Asiens, Afrikas und Europas lebten. Sie erwarben die Mittel zum Leben auf kollektive Art durch Jagen und Sammeln. Die Horden waren blutsverwandte Lokalgruppen. Zwischen den Geschlechtern entwickelte sich allmählich eine Arbeitsteilung: Die Jagd oblag den Männern, während sich die Frauen mit dem Sammeln von Früchten, auch mit der Erbeutung von Kleinwild beschäftigten. Der ökonomische Anteil der Frau an der Erhaltung der Gemeinschaft war dem des Mannes ebenbürtig. So war auch ihre gesellschaftliche Stellung durch völlige Gleichberechtigung geprägt.

Die Frage nach den Beziehungen zwischen den Geschlechtern in bezug auf Fortpflanzung und Heirat (Polygamie oder Monogamie) in der Hordenverfassung kann bis heute von der Forschung nicht exakt beantwortet werden. Vermutet wird die Promiskuität (Gemeinschaftsehe, Geschlechtsverkehr mit mehreren Partnern). In der Tendenz entwickelte sich daraus die Gruppenehe. In ihr lebten mehrere Männer mit mehreren Frauen zusammen, wirtschafteten gemeinsam und zogen gemeinsam die Kinder auf. Es gab durchaus noch die geschlechtliche Vereinigung von Bruder und Schwester.

● Die Frau in der Gentilgesellschaft. Die Gentilgesellschaft entstand in Weiterentwicklung der Hordengesellschaft. Sie stellte eine Menschengemeinschaft dar, deren Grundform eine Verwandtengruppe (Gens, Sippe, Clan) war, die ihre Abstammung von einem gemeinsamen Vorfahren ableitete. Die Mitglieder einer solchen Verwandtengruppe durften in der Regel nicht untereinander heiraten. Die Außenheirat (Exogamie) regelte zugleich die ökonomischen Beziehungen zwischen den Sippen. Als Form der Ehe entwickelte sich die Paarungsfamilie. Je nachdem, ob in ihr bzw. in der entsprechenden Sippe die Abstammung von der mütterlichen Linie (matrilinear) oder von der väterlichen Linie (patrilinear) hergeleitet wurde, sprechen wir vom Matriarchat oder Patriarchat. Das Matriarchat (Mutterrecht) war nicht mit einer Vorherrschaft der Frau in der Gesellschaft verbunden; es ist lediglich durch eine geachtete, gleichberechtigte Stellung der Frau charakterisiert, die auch in einer besonderen Autorität der Frau innerhalb der Familiengenossenschaft ihren Ausdruck fand. Sie resultierte wesentlich aus der ökonomischen Stellung der Frauen, die sich vor allem mit dem Pflanzenbau beschäftigten, der sich aus dem Sammeln von Wildfrüchten entwickelte. Die Frau gilt als „Erfinderin" des Pflanzenbaus. Ihr oblag zuerst das Pflanzen und Säen, die Pflege des Anbaus und die Ernte.

Die hohe Autorität, die Frauen als Produzentinnen und als Mütter, als Reproduzentinnen des unmittelbaren Lebens (Engels), in der Gentilgesellschaft und besonders in matrilinearen Gens genossen, fand ihren Ausdruck auch im Kultwesen. Weibliche Idolfiguren wurden als Inkarnation der Fruchtbarkeit verehrt. In der germanischen Mythologie spielte als Göttin der Fruchtbarkeit und Spenderin ehelichen Segens Frigg (Freya) eine hervorragende Rolle, die als Frau Holle im deutschen Märchen fortlebt.

Parallel zu Pflanzenbau und Erntewirtschaft entwickelte sich in der Gentilgesellschaft aus der Jagd die Tierhaltung, die vorwiegend von Männern betrieben wurde. Aus Jägern wurden allmählich Hirten und Ackerbauern. Indem sich Viehzucht und Ackerbau treibende Stämme herausbildeten, vollzog sich die erste große gesellschaftliche Arbeitsteilung.

● Auflösung der Urgesellschaft und Übergang vom Mutter- zum Vaterrecht. Der ersten großen gesellschaftlichen Arbeitsteilung entsprang auch soziale Differenzierung. Die Herden gingen allmählich in Privateigentum über. Einzelne Herdenbesitzer begannen, mit Vieh, Fellen, Werkzeugen usw. Handel zu treiben. Die Produktionssteigerung „gab der menschlichen Arbeitskraft die Fähigkeit, ein größeres Produkt zu erzeugen, als zu ihrem Unterhalt erforderlich war" (Engels). Vor allem mit der Kenntnis des Metallschmelzens gelang es, bessere Werkzeuge und Waffen zu erzeugen. Die Viehzucht, der mit dem Pflug betriebene Ackerbau und das Metallschmelzen lagen in den Händen der Männer. Der Mann gewann nun als Hauptproduzent und Erwerber größeren Reichtums eine vorrangige Stellung in der sich immer mehr auflösenden Urgesellschaft. Er festigte diese Stellung auch als Krieger, denn die mit der Produktionssteigerung verbundene Akkumulation von Reichtum hatte Raubkriege zur Folge. Als Krieger verfügte der Mann über die Beute. Allmählich vollzog sich der Übergang vom Mutterrecht zum Vaterrecht und schließlich zur Vaterherrschaft (Patriarchat). Damit verbunden war die Herausbildung einer neuen Form der Familie, in der das immer mehr an Bedeutung gewinnende Privateigentum an leibliche Nachkommen des Vaters vererbt wurde: die monogame Familie. Indem sich das Vaterrecht über das Mutterrecht erhob, war ein Wendepunkt in der Geschichte erreicht. Friedrich Engels bezeichnete diesen als „die weltgeschichtliche Niederlage des weiblichen Geschlechts“.

Die Frau in der altorientalischen Klassengesellschaft. Zunächst im Nahen Osten und in Nordostafrika bildete sich am Ende des 4. Jahrtausends die altorientalische Klassengesellschaft heraus. An die Stelle der gentilen Gesellschaft trat eine Gesellschaft, die durch das Privateigentum an den Produktionsmitteln, durch die Spaltung in Klassen und die Herausbildung der ersten Staaten als Institutionen der herrschenden Klasse gekennzeichnet war (Mesopotamien, Ägypten u. a.). Die Produktionsweise dieser Gesellschaft – die asiatische Produktionsweise – war durch das Staatseigentum am wichtigsten Produktionsmittel, dem Grund und Boden, gekennzeichnet. Der Grundwiderspruch der Gesellschaft bestand zwischen der kollektiv organisierten herrschenden Klasse mit einem Despoten an der Spitze und der Masse persönlich freier bäuerlicher Produzenten.

Die Stellung der Frau war bereits durch Unterordnung und Unterdrückung geprägt. Als Herr in der patriarchalischen Familie galt der Vater, dem alle Familienmitglieder gehorchen mußten. Das Gesetz des babylonischen Königs Hammurapi (1792–1750 v.u.Z.) sah bei Ehebruch für Mann und Frau verschiedene Strafen vor: Bei Untreue des Mannes konnte die Frau samt Mitgift zu ihrem Vater zurückkehren, Untreue der Frau verurteilte diese zum Ertränken. Der Mann besaß das Recht, seiner Frau das Sklavenmal aufzuprägen und sie zu verkaufen, wenn sie sich von ihm lossagen wollte. Die Frau besaß nur beschränktes Eigentumsrecht. Eine Witwe durfte nicht völlig frei über ihren Besitz verfügen, der Besitz galt bereits als Erbe der Kinder. Unter diesen stand dem ältesten Sohn das Recht auf den größten Anteil zu. Das Kind galt als Eigentum des Vaters. So bildeten sich in der altorientalischen Gesellschaft Normen heraus, die für die rechtliche Stellung der Frau bis zur kapitalistischen Gesellschaft in mancherlei Hinsicht grundlegende Bedeutung erlangten.

Die erste Klassengesellschaft der Menschheitsgeschichte erwies sich bereits als eine Gesellschaft, die durch die Diskriminierung der Frau gekennzeichnet war. Der Mann nahm sich das Recht, sich neben der eigentlichen Frau noch andere Frauen (sog. Kebsweiber) zuzulegen, die vielfach den Status von Sklavinnen hatten. Die Stadtstaaten Babyloniens und Assyriens kannten bereits auch die Prostitution. Während in der gesellschaftlichen Produktion – vor allem in der bäuerlichen und handwerklichen Hauswirtschaft – die Frauen vielseitig tätig waren, vermochten sie im öffentlichen Leben kaum in Erscheinung zu treten. Doch offenbarte die erste Klassengesellschaft die luxuriöse Lebensweise und in einzelnen Fällen auch eine politisch bedeutsame Stellung von Frauen der herrschenden Klasse. Bekannt wurden die ägyptische Pharaonin Hatschepsut (um 1500 v.u.Z.) und die assyrische Regentin Semiramis (um 800 v.u.Z.).

In den religiösen Mythen und Epen der altorientalischen Gesellschaft begegnet man teilweise noch dem Frauenbild, das am Matriarchat orientiert ist (Verehrung der Mutter in altägyptischer Lyrik), in weitaus stärkerem Maße aber dem Bild der Frau, die männlicher Vormundschaft unterworfen ist. Charakteristisch dafür ist das Alte Testament. Hier spricht der altjüdische Gott Jahwe zu Eva, indem er sie und Adam aus dem paradiesischen Garten Eden vertreibt: „Ich will dir viel Schmerzen schaffen, wenn du schwanger wirst, du sollst mit Schmerzen Kinder gebären, und dein Wille soll deinem Mann unterworfen sein, und er soll dein Herr sein.“ (1. Buch Mose, Kap. 3, Vers 16) Schmerzen und die Unterwerfung der Frau unter männlichen Willen erscheinen als Folge einer Zuwiderhandlung gegen göttliches Gebot, eines mythologisch mit dem Anfang der Menschheitsgeschichte verknüpften Sündenfalls.

Die Frau in der Sklavereigesellschaft. Die Sklavereigesellschaft (Sklavenhalterordnung) entstand etwa seit dem 10. Jh. v.u.Z. im westlichen Kleinasien, auf den ägäischen Inseln und im südöstlichen Griechenland. Zeitlich reichte sie bis zum 6. Jh. u. Z. Entwicklung und Untergang der Sklavereigesellschaft lassen sich besonders klar an der Geschichte des Römischen Reiches verfolgen. Die Grundlage der Gesellschaftsformation bildet die Sklaverei, das Privateigentum der Sklavenhalter an den Produktionsmitteln und an den unmittelbaren Produzenten, den Sklaven. Auf dieser Grundlage entwickelte sich die politische Macht der griechischen Stadtstaaten und Roms, die Kultur der antiken Welt.

Auch die Familie des Sklavenhalters bzw. des Freien war eine patriarchalisch geprägte Familie. Vom öffentlichen Leben war die Frau völlig ausgeschlossen. Sie war bei Ratsversammlungen nicht zugelassen, besaß keinerlei Stimmrecht und nur ein beschränktes Erbrecht. Der Mann konnte sie verstoßen. Ehebruch der Frau wurde streng bestraft. Im Hause teilte die Frau des Sklavenhalters weder den Tisch noch die Gesellschaft ihres Herrn. Ging sie aus dem Hause, so mußte sie sich in lange Gewänder kleiden und ihr Gesicht verhüllen. Von seinem männlichen Vorrecht machte der Sohn selbst der eigenen Mutter gegenüber Gebrauch. So befiehlt in Homers „Odyssee" Telemachos seiner Mutter Penelopeia:

„Aber gehe nun heim, besorge deine Geschäfte,
Spindel und Webstuhl, und treib an bescheidener Arbeit
Deine Mägde zum Fleiß! Die Rede gebühret den Männern,
Und vor allem mir; denn mein ist die Herrschaft im Hause!"

Erst im spätantiken Rom lockerte sich die patriarchalische Unterdrückung der Frau. Die vornehme Römerin konnte nun auch ihr Vermögen selbst verwalten und sich unter bestimmten Voraussetzungen scheiden lassen. Die Form der Ehe, bei der die Frau nicht völlig unter die Gewalt des Mannes kam (matrimonium sine manu mariti), wurde sogar zur Regel.

Ein großer Teil der Arbeit im Hause und auf den Feldern sowie viele Dienstleistungen waren Sklavinnen übertragen. Wie die männlichen Sklaven galten sie als „sprechende Werkzeuge". Von ihrem Herrn konnten sie sogar getötet werden. Sie besaßen keinen Anspruch auf eine eigene Familie und mußten machtlos zusehen, wenn ihre Angehörigen oder sie selbst auf dem Sklavenmarkt verkauft wurden. Die Kinder der Sklavin waren Eigentum des Besitzers ihrer Mutter. Der gesellschaftliche Status der Sklavin war also durch absolute Rechtlosigkeit gekennzeichnet. Am Klassenkampf der Sklaven, darunter am großen Sklavenaufstand unter Führung des Spartacus (73–71 v. u. Z.), waren auch Sklavinnen beteiligt.

In den Sklavenhalterstaaten bestand die Prostitution, unterhielten Sklavenhalter in den Städten „Freudenhäuser" für Bürger und Fremde. Der griechische Historiker und Geograph Strabo berichtet mit Bezug auf Komana in der römischen Provinz Pontus: „Alles wimmelt hier von Weibern, die mit ihrem Leibe Geld verdienen." Geistig oft hochgebildete, teilweise frei geborene Prostituierte zur Unterhaltung begüterter Sklavenhalter waren die Hetären.

Die antike Literatur ist voll von Klagen der Frauen über ihre Rechtlosigkeit und die vielfältige Mißachtung ihrer Menschenwürde. In einem Drama des griechischen Dichters Euripides (um 480–406 v. u. Z.) klagt Medea, die Hauptgestalt: „Von allem, ach, was Seel' und Leben hat, sind doch wir Frau'n die allerärmsten Wesen!" Bedingt durch die Diskriminierung ihres Geschlechts, vermochten nur wenige Frauen der Antike durch kulturelle und politische Leistungen hervorzutreten. Zu ihnen zählten die griechische Lyrikerin Sappho (7./6. Jh.), Livia Drusilla (58 v. u. Z.–29 u. Z.; Frau des Augustus und erste römische Kaiserin) sowie Theodora (508–548), die einflußreiche Mitregentin des byzantinischen Kaisers Justinian I.

Die Frau im Feudalismus. Vom 7. bis teilweise zum 18./19. Jh. herrschte in Europa die sozialökonomische Gesellschaftsformation des Feudalismus, die teils aus der zerfallenden Sklavereigesellschaft, teils aus der sich zersetzenden gentilen Gesellschaft hervorging. Das Hauptproduktionsmittel der feudalen Gesellschaft – der Grund und Boden – war vorwiegend Eigentum weltlicher und geistlicher Feudalherren. Bewirtschaftet wurde der größte Teil des Bodens von feudal abhängigen Bauern mit eigenen Produktionsinstrumenten. Der außerökonomische Zwang veranlaßte sie, an ihre Herren die Feudalrente (Frondienste, Abgaben von Produkten, später auch Geld) zu entrichten. Den übrigen Ertrag seiner Arbeit konnte der

Bauer für sich und seine Familie verbrauchen, doch dieser war oft kärglich genug. Eine persönlich freie, sozial aber sehr differenzierte Bevölkerung lebte in den Städten, die als Zentren von Handel und Handwerk vor allem seit dem 11./12. Jh. wachsende Bedeutung erlangten. Standen sich auf dem Lande Adel und Bauern gegenüber, so in den Städten die bürgerliche Oberschicht (in großen Städten Patrizier) einerseits, Zunfthandwerker und Plebejer andererseits.

● Wirtschaftliche und rechtliche Stellung der Frau. Die soziale Lage und rechtliche Stellung der Masse der Frauen (Bäuerinnen, Frauen von Handwerkern und Plebejern) unterschied sich in der Feudalgesellschaft nicht grundlegend von jener der Frauen des Volkes in vorangegangenen Klassengesellschaften. Die Verfügungsgewalt über die Produktionsmittel und Produktionsinstrumente lag nahezu ausschließlich in männlicher Hand. Im Brünner Schöffenbuch heißt es: „Der Mann ist nicht nur der Herr des Körpers, sondern auch der Güter der Frau.“ Der Mann verfügte über das gesamte von der Frau in die Ehe eingebrachte Vermögen (Mitgift) und auch das in der Familie erworbene Gut, obgleich dieses oft gemeinsam erworben war. Von männlicher Verfügungsgewalt war auch die Lage der Frauen der herrschenden Klassen geprägt, nicht aber von Ausbeutung und weiteren Bedrückungen, die das Leben der Frauen der Volksschichten charakterisiert. Diese leisteten wie die Männer als feudal abhängige Bäuerinnen und Mägde Abgaben und Frondienste, trugen die häusliche Last der bäuerlichen und handwerklichen Familienwirtschaft, stellten die meisten Güter des täglichen Lebensbedarfs der Familie selbst her, erzogen die Kinder und fristeten als Witwen oder „alte Jungfern“ ein kümmerliches Dasein. Wie die Frau der Antike besaß auch die Frau der feudalen Gesellschaft nicht Sitz und Stimme im städtischen Rat. Doch konnte die Frau in vielen Städten bis ins 17. Jh. ein Handwerk ergreifen und teilweise als Handwerkerin einer Zunft angehören, auch den Handwerksbetrieb des Ehemanns nach dessen Tode fortführen, wobei in verschiedenen Gebieten und seitens mancher Zünfte besondere Bedingungen daran geknüpft waren. In Zunftwesen und Zunftverwaltung erlangte die Frau jedoch niemals volle Gleichberechtigung, und ein Teil der Zünfte blieb ihr grundsätzlich verschlossen. Seit dem 16. Jh. wurden die Frauen immer mehr aus dem Handwerk verdrängt. Der Reichsabschied von 1772 gestattete jedoch ausdrücklich die Beschäftigung von Frauen im Handwerk, ebenso weiterhin den Meisterswitwen, das Geschäft ihres verstorbenen Ehemannes weiterzuführen.

Das Leben der adligen Frauen und der Frauen reicher Städtebürger war nicht mit der gesellschaftlichen Produktion verbunden. Diese Frauen waren von Mägden und Dienerinnen, an den fürstlichen Höfen auch von einem weiblichen Hofstaat, umgeben. Vielfach widmeten sich diese Frauen karitativer Tätigkeit, förderten Musik, Literatur und Kunst und traten vereinzelt auch selbst künstlerisch und literarisch in Erscheinung. Zu nennen sind hier Marie de France, die erste Dichterin Frankreichs (2. Hälfte des 12. Jh.), die italienische Lyrikerin Vittoria Colonna di Pescara (1492–1547) und die französische Schriftstellerin Marie Madelaine La Fayette (1634–1693).

Um 1200 waren junge adelige Frauen Gegenstand des Frauen- und Minnekults der Ritter Südfrankreichs, teilweise auch Deutschlands. Troubadoure und Minnesänger wetteiferten miteinander in Frauenverehrung und Minnedienst. Das spiegelt sich u. a. in der hochmittelalterlichen Dichtung wider, im Werk Walthers von der Vogelweide (um 1170–1230) und in der berühmten Manessischen Liederhandschrift, einem der bedeutendsten Denkmale der deutschen Literatur jener Zeit.

Wie im politischen Leben des alten Orients und der Antike war die Frau in der feudalen Politik eine Ausnahmeerscheinung. Doch nahmen einzelne Fürstinnen und Regentinnen bedeutenden Einfluß auf die politische Entwicklung ihres Landes und ihrer Zeit. Solchen Einfluß übte die Frau des deutschen Kaisers Otto I. Adelheid (931–999) aus, die spanische Stadthalterin der Niederlande Margarete von Parma (1522–1586), die englische Königin Elisabeth I. (1533–1603) und ihre Gegenspielerin, die schottische Königin Maria Stuart (1542–1587), die französische Königin Maria von Medici (1573–1642) und Kaiserin Maria Theresia (1717–1780). Dynastisches Recht sah zwar im allgemeinen männliche Erbfolge vor, gestattete es jedoch mitunter auch der Frau, stellvertretend für einen männlichen Fürsten politisch tätig zu werden.

- Familienverhältnisse. Die Ehefrau war im Feudalismus völlig der sog. Ehevogtei, d. h. der Vormundschaft ihres Mannes, unterworfen, die als Schutzherrschaft (Munt) galt, unverkennbar aber mit weitestgehender Rechtlosigkeit der Geschützten verbunden war. Vor allem in den oberen Schichten wurden die Ehen vielfach zwischen den Vätern der Kinder vereinbart. Über die Ehe der leibeigenen Frau entschied der Grundherr, dem auch das „Recht der ersten Nacht" vorbehalten war. Die eheliche Gewalt konnte der Mann selbst mit der Prügelstrafe ausüben. Der Franziskanermönch Murner empfahl den Ehemännern, um ihren Willen durchzusetzen, „druff zu schlagen als in ein mist". Im mittelalterlichen Europa bestand im Gegensatz zum Orient die monogame Einzelfamilie. Eheliche Untreue der Frau wurde – obgleich immer wieder Gegenstand heiterer Satiren und erotischer Literatur (Boccacios „Decamerone", 1348/53) – streng bestraft, zeitweilig selbst mit dem Tode. Am Ehebruch des Mannes hingegen nahm die Gesellschaft kaum Anstoß. In der herrschenden Klasse war es nicht selten, daß Frauen von ihren Männern verstoßen wurden. Fürsten hielten sich in der Zeit des feudalen Absolutismus Mätressen, die vielfach auch Einfluß auf das politische Leben des Landes ausübten (in Frankreich z. B. die Marquise de Pompadour, 1721–1764). In den mittelalterlichen Städten existierte wie in den antiken Städten die Prostitution, bestanden Frauenhäuser, und die Räte der Stadt regelten diese Verhältnisse mit Dirnenordnungen.

In mannigfaltiger Weise eingeschränkt war die Rechtsfähigkeit der Frau. In der Regel mußte sie vor Gericht vom Ehemann, vom Vater oder Bruder vertreten werden. Beschränkt war teilweise auch ihr Erbrecht, doch tendierte die Entwicklung seit dem 13. Jh. mehr und mehr zur Anerkennung der Erbberechtigung der Frau. (Aufteilung des Erbes in das zwei Drittel umfassende „Schwertteil" für die Söhne und ein Drittel „Spindelteil" für die Töchter.) Trotz ihrer unterdrückten rechtlichen Stellung machte die Frau in der Familie der feudalen Gesellschaft in mannigfaltiger Weise ihren Einfluß geltend, was vor allem durch ihre Stellung in der Hauswirtschaft bedingt war. Der Haushalt oblag ihrer Führung, auch die Kindererziehung lag überwiegend in ihrer Hand. In Burgen und Schlössern, Patrizier- und Handwerkshäusern und auf großen bäuerlichen Höfen gebot auch sie vielfach über Knechte und Mägde, Diener und Dienerinnen.

- Einfluß der Kirche. Das Leitbild der Frau in der feudalen Gesellschaft wurde vor allem von der Kirche bestimmt. Die mittelalterliche Papstkirche erhob die Rechtlosigkeit der Frau, die durch ihre Stellung in der Ausbeutergesellschaft bedingt war, zum Dogma und führte sie auf göttliche Bestimmung zurück. Das geschah vor allem in Anlehnung an die alttestamentarische Überlieferung, nach der Gott die Frau aus einer Rippe des Mannes geschaffen hatte und durch die Frau die Sünde in die Welt gekommen war. (1. Buch Mose, Kap. 3) Im Brief des Apostels Paulus hieß es zudem: „Die Weiber seien untertan ihren Männern, als dem Herrn. Denn der Mann ist des Weibes Haupt." (Epistel Pauli an die Epheser, Kap. 5, Vers 23/24) Nach dem religiösen Dogma hatte die Frau eine rein passive, in jeder Hinsicht demütige und dienende Rolle zu spielen. Das lehrten insbesondere die Kirchenväter, die in der Spätantike wesentlich zur Ausprägung der klerikalen Ideologie beigetragen hatten. Großen Einfluß auf das soziale Leitbild von der Rolle der Frau übte der Marienkult der Kirche aus, die Verehrung der Madonna, der Mutter Christi. Ihrem Leben in Anspruchslosigkeit, Zucht und Keuschheit, seelischer und körperlicher Reinheit sollten die Frauen und Mädchen nacheifern. Bei ihr sollten sie Trost in der Andacht suchen. Die mittelalterliche Kunst machte die Gottesmutter zu einer ihrer Hauptgestalten. Ihr Bild zierte – neben dem mancher anderer Heiliger – vor allem die Altäre der Dome und Kirchen.

Gesellschaftliche Wertschätzung erfuhr die Nonne. Die Nonnenklöster waren vor allem Versorgungsinstitute für unverheiratete adlige und bürgerliche Frauen. Bis zum 14. Jh. gelang es Frauen fast nur als Nonnen, höhere Bildung zu erwerben und Anteil am geistigen Leben zu nehmen. In Nonnenklöstern lebten die erste deutsche Schriftstellerin Hrotsvitha von Gandersheim (um 935–um 980), die Naturwissenschaftlerin Hildegard von Bingen (1098–1179), die Miniaturmalerin Herrad von Landsberg (um 1125–1195) und die Dichterin Mechthild von Magdeburg

(um 1207–1282/83). Die Äbtissinnen der Nonnenklöster gehörten der herrschenden Klasse an.
Auf der Grundlage der von der katholischen Kirche heraufbeschworenen gesellschaftlichen Verachtung der Frau entstand im späten Mittelalter der Hexenwahn und die grausame Verfolgung und Hinrichtung unschuldiger Frauen und Mädchen in breitem Ausmaß. Ihren Höhepunkt erreichten die von der päpstlichen Inquisition und weltlichen Feudalgerichtsbarkeit geführten Hexenprozesse im 16./17. Jh. Allein im Bistum Straßburg wurden in den Jahren 1615 bis 1635 etwa 5000 Frauen als Hexen auf dem Scheiterhaufen verbrannt. Opfer eines mit politischem Rachemotiv geführten Hexenprozesses wurde auch das Bauernmädchen Jeanne d' Arc (1412–1431), die französische Nationalheldin aus dem Widerstandskampf gegen die englische Fremdherrschaft.
Durch die evangelisch-lutherische Kirche, die aus der Reformation des 16. Jh. in Deutschland hervorging, erfuhr die gesellschaftliche Rolle der Frau keine grundsätzlich andere Bewertung als in der mittelalterlichen Papstkirche. Die Reformation beseitigte jedoch in den Gebieten, in denen sie sich durchzusetzen vermochte, den Marienkult und mit dem Klosterwesen auch den Status der Nonne. Sie förderte die Familie und ermöglichte es auch den Geistlichen, zu heiraten und eine Familie zu gründen. Martin Luther selbst (1483–1546) ging als ehemaliger Mönch mit eigenem Beispiel voran, als er 1525 die einstige Nonne Katharina von Bora (1499–1552) heiratete. Sein Familienleben wurde in gewissem Sinne zum Leitbild der evangelisch-lutherischen bürgerlichen Familie in Deutschland.

● Frauenfrage und Frauenemanzipationsbestrebungen. Die Frauenfrage spielte im Mittelalter vor allem im Zusammenhang mit zeitweiligem Überschuß der weiblichen Bevölkerung eine Rolle, namentlich im 12./13. Jh. Zu dieser Zeit trat die Frau auch in sozialen und religiösen Bewegungen in den Vordergrund. Vielen Frauen fehlte die wirtschaftliche Existenzgrundlage: Mißernten führten dazu, daß ganze Heere von Bettlern durch das Land zogen und auch viele Frauen sich ihnen anschlossen, wobei diese in besonderem Maße dem Elend preisgegeben waren. Kreuzzüge und Fehden bewirkten, daß sich der männliche Feudaladel und sein Gefolge verringerte. In den Städten war die Notlage der Frauen am größten infolge der höheren Sterblichkeit der Männer, durch das Zölibat (Ehelosigkeit) der zahlreichen Mönche und Prediger sowie durch die Auswirkungen der Zunftordnungen, die viele Handwerksgesellen daran hinderten, Meister zu werden und eine Familie zu gründen. All das führte dazu, daß viele verarmte „fahrende Frauen“ umherzogen, die als ehr- und rechtlos galten und die teilweise gewerbsmäßiger Prostitution nachgingen.
Soziales Elend und Rechtlosigkeit machten viele Frauen empfänglich für religiöse Lehren, die ihnen eine Verbesserung ihrer Lage oder gar völlige Gleichberechtigung mit dem Manne verhießen. Solche Lehren wurden von Predigern verbreitet, die die mittelalterliche Papstkirche als Ketzer verfolgte. Eine weitaus freiere und geachtetere Stellung als in der katholischen Kirche erlangte die Frau in den Sektengemeinden der Bogomilen, Katharer und Waldenser. Sie war teilweise dem männlichen Glaubensgenossen gleichgestellt, konnte selbst lehren und predigen und auch zu führenden Positionen in der Sekte gelangen. Große Bedeutung erlangte seit der Wende vom 12. zum 13. Jh. im nordfranzösisch-niederländischen Raum die Beginen-Bewegung, die ihren Ursprung ebenfalls dem Frauenüberschuß verdankte. Ihr Grundgedanke war, den unbemittelten und ehelosen Frauen vor allem der oberen Schichten eine Existenzgrundlage zu schaffen. In den Beginenhöfen – abgeschlossenen Bezirken mit Wohnhäusern, Produktionsstätten und Kirchen – beschäftigten sich die Frauen mit Spinnen, Weben, Krankenpflege und anderen Tätigkeiten.
Frauen nahmen an den sozialrevolutionären Bewegungen der Hussiten in Böhmen (1419–1436) und an der deutschen frühbürgerlichen Revolution des 16. Jh., u. a. am deutschen Bauernkrieg (1524–1526) teil. Als Angehörige des Gefolges revolutionärer Bauernheere, als revolutionäre Agitatorinnen und Anhängerinnen neuer, reformierter Glaubensrichtungen wurden Frauen nicht minder grausam verfolgt als Männer. Die aktive Rolle, die Frauen in den Klassenkämpfen des 15./16. Jh. spielten, trug mit dazu bei, daß sich in der Gesellschaft Anzeichen einer gewissen Höherbewertung der Frau

und der Anerkennung ihrer Emanzipationsbestrebungen zeigten.
Einzelne Vertreter des fortschrittlichen Bürgertums forderten und förderten die Bildung der Frauen, so Cornelius Agrippa von Nettesheim (1486–1535) in seiner Schrift „Des weiblichen Geschlechts Adel und Vortrefflichkeit". Die Humanisten – unter ihnen Philipp Melanchthon (1497–1560) – erkannten die vielseitigen geistigen Fähigkeiten der Frauen und bezogen die junge weibliche Generation in ihre Bildungs- und Schulreformpläne ein. Johann Agricola (1492–1566) sah in einem seiner Lehrpläne allgemeinen und gleichen Unterricht für Mädchen aller Stände vor, und Johann Herbin (1633–1676) promovierte 1652 zum Magister an der Wittenberger Universität mit einer Abhandlung über die Rolle der Frau in der Wissenschaftsgeschichte („Von der Gelehrsamkeit berühmter Frauen"), in der er gleiche Bildungsmöglichkeiten für beide Geschlechter forderte. Besonders die Universitäten Wittenberg, Leipzig, Halle und Jena wurden im 17./18. Jh. zu wissenschaftlichen Heimstätten aufklärerischer Frauenrechtsbestrebungen. In Halle erwarb 1754 die Quedlinburger Bürgerstochter Dorothea Christiane Erxleben (1715–1762) als erste deutsche Ärztin den Doktortitel.
Die deutsche Aufklärung förderte die Sache der Frauenemanzipation in vielerlei Hinsicht. In Anlehnung an die französische Aufklärung (Diderot, Rousseau) wandte sie sich gegen dekadente Lebensauffassungen der Aristokratie und die Mätressenwirtschaft an den Höfen sowie gegen Unmoral im Klosterwesen. Christian Thomasius (1655–1728), einer der Mitbegründer der Universität Halle, trug entscheidend zur Abschaffung der Hexenprozesse bei. Dichter wie Gotthold Ephraim Lessing (1729–1781) und Christian Fürchtegott Gellert (1715–1769), der Philosoph Christian Wolff (1679–1754) und der Literaturprofessor Johann Christoph Gottsched (1700–1766) sowie dessen Frau Luise, die als Lustspieldichterin und Übersetzerin bekannt gewordene „Gottschedin" (1713–1762), unterstützten den Anspruch der Frau auf Bildung und Persönlichkeitsentfaltung. Sie wandten sich nicht zuletzt gegen eine Erziehung der Mädchen, die durch Oberflächlichkeit gekennzeichnet und nur auf gesellschaftliche Formen gerichtet war. Sie forderten eine vertiefte Bildung auch der weiblichen Jugend. Die deutsche Aufklärung trug zudem wesentlich zur Kultivierung der Beziehungen zwischen den Geschlechtern bei und förderte den Gedanken, daß Liebe und zärtliche Gefühle ebenso Grundlagen des ehelichen und familiären Lebens sind wie die Achtung der Persönlichkeit der Frau. Der Frau wurde das moralische Recht auf individuelle Entscheidung bei der Partnerwahl zuerkannt, und im bürgerlichen Frauenbild des 18. Jh. findet sich im Vergleich zu dem früherer Jahrhunderte insgesamt eine Aufwertung der Frau. Zugleich hob die aufklärerische Literatur als Erziehungsideal der Frau die Fähigkeit zu rationeller, sparsamer Haushaltführung und Kleinkindererziehung hervor.
Die Grundlage dieser Bestrebungen, die in der Ideologie des aufstrebenden Bürgertums verwurzelt waren, bildeten die im Schoße der Feudalgesellschaft reifenden kapitalistischen Produktionsverhältnisse.

Die Frau im Kapitalismus

Die sozialökonomische Gesellschaftsformation des Kapitalismus setzte sich weltgeschichtlich im 19. Jh. endgültig durch. Bahn brachen ihr die bürgerlichen Revolutionen seit dem 16./17. Jh., besonders die Große Französische Revolution von 1789. Der Kapitalismus, die letzte sozialökonomische Gesellschaftsformation der Ausbeutergesellschaft, beruht auf dem privatkapitalistischen Eigentum an den Produktionsmitteln, der privaten Aneignung der Ergebnisse der Produktion und der Ausbeutung „freier" Lohnarbeiter durch die Eigentümer der Produktionsmittel. „Kapitalismus ist Warenproduktion auf der höchsten Stufe ihrer Entwicklung, auf der auch die Arbeitskraft zur Ware wird." (W. I. Lenin) Daraus ergibt sich der Hauptklassengegensatz dieser Gesellschaft, der zwischen kapitalistischer Bourgeoisie und Proletariern. Letztere konzentrieren sich in der kapitalistischen Industrie, die immer mehr die kleine Warenproduktion verdrängt. Die historische Mission des Proletariats – wissenschaftlich begründet durch Karl Marx, Friedrich Engels und W. I. Lenin – besteht in der revolutionären Überwindung der kapitalistischen Ausbeutergesellschaft und der

Schaffung einer neuen, nicht mehr durch Klassengegensätze geprägten, kommunistischen Gesellschaft.
Bis in die siebziger Jahre des 19. Jh. durchlief die Entwicklung der kapitalistischen Gesellschaftsformation eine im wesentlichen progressive Phase. Mit dem Übergang zur monopolkapitalistischen Entwicklung setzte der Niedergangsprozeß ein, der am deutlichsten im Stadium des Imperialismus (seit etwa 1900) und in der allgemeinen Krise des Kapitalismus (seit dem ersten Weltkrieg 1914–1918) in Erscheinung trat. Mit der Großen Sozialistischen Oktoberrevolution 1917 begann weltgeschichtlich die revolutionäre Überwindung des Kapitalismus, die Epoche des Übergangs vom Kapitalismus zum Sozialismus.

Die „moderne Frauenfrage“. Sie entstand als Teil der sozialen Frage mit der kapitalistischen Produktionsweise im Prozeß der industriellen Revolution, die die alte Familienwirtschaft beseitigte und massenhaft Frauen in das außerhäusliche ökonomische Leben einbezog. Die Frau verlor ihre bisherige Funktion als Produzentin in der Bedarfsgüter herstellenden Hauswirtschaft. In wachsendem Maße – wenn auch durchaus nicht kontinuierlich – meldete die kapitalistische Industrie ihren Bedarf auch an weiblichen Arbeitskräften an. Diese wurden und werden noch heute in den kapitalistischen Ländern einer doppelten Unterdrückung und Ausbeutung unterworfen: als Angehörige der unterdrückten und ausgebeuteten Klasse des Proletariats und als Frauen. Seinen Ausdruck findet die doppelte Ausbeutung vor allem in der Lohndiskriminierung. Die Arbeiterinnen erhielten ursprünglich weniger als 50 Prozent, noch heute in der Regel nur etwa 70 Prozent der Männerlöhne. Ihr Einkommen wird um so mehr geschmälert, als die kapitalistische Gesellschaft keine Bedingungen für die berufliche Qualifizierung der Mehrheit der lohnabhängigen Frauen schafft, ebensowenig wie sie die Probleme der Vereinbarkeit von Mutterschaft und Berufstätigkeit in humanistischer Weise zu lösen vermag. Für die kapitalistische Gesellschaft ist wie für ihre Vorgänger seit der ersten Klassengesellschaft die Diskriminierung der Frau in allen Bereichen des gesellschaftlichen Lebens charakteristisch, eine Diskriminierung, der wir z. T. bis in die Gegenwart auch im bürgerlichen Recht begegnen, die sich aber noch stärker als eine faktische Diskriminierung im gesellschaftlichen und politischen Leben, im Beruf, in der Ehe und Familie darstellt. Die kapitalistische Gesellschaft übernahm wesentliche Elemente des alten, aus den vorkapitalistischen Gesellschaftsformationen überkommenen Frauenleitbilds, wonach die Lebenssphäre der Frau – auch wenn sie außerhäuslich berufstätig ist – in erster Linie Küche und Kinderstube darstellt. Auch die Frauen der nichtproletarischen Klassen und Schichten, darunter selbst die der Bourgeoisie, sind auf vielfältige Weise benachteiligt und nicht gleichberechtigt. Die Frauen der Bourgeoisie werden jedoch nicht ausgebeutet. Indem diese Widersprüche in das öffentliche Bewußtsein rückten, trat die „moderne Frauenfrage“ (Clara Zetkin) als gesellschaftliches Problem hervor. Sie wurde bereits im 19. Jh. zum Gegenstand ideologischer Auseinandersetzungen im Zusammenhang mit der Entstehung der bürgerlichen und der proletarischen Frauenbewegung. Sie blieb – als Teil der sozialen Frage – Bestandteil der Klassenauseinandersetzung im 20. Jh. Die mit ihr verbundenen vielfältigen Probleme gewinnen in den kapitalistischen Ländern der Gegenwart wachsende Bedeutung in den politischen und sozialen Kämpfen.

Die Familie im Kapitalismus. Die Entwicklung der kapitalistischen Gesellschaft bewirkte grundlegende Veränderungen in den Familienverhältnissen. „Die Bourgeoisie gibt historisch der Familie den Charakter der bürgerlichen Familie, worin die Langeweile und das Geld das Bindende ist und zu welcher auch die bürgerliche Auflösung der Familie gehört, bei der die Familie selbst stets fortexistiert.“ (Marx) Obwohl das bürgerliche Familienleitbild Liebe und Zuneigung zu den entscheidenden Motiven für die Eheschließung erklärt, stellen Heiratsverbindungen der Bourgeoisie primär Geschäftsverbindungen dar. Die Bourgeoisie hat „dem Familienverhältnis seinen rührend-sentimentalen Schleier abgerissen und es auf ein reines Geldverhältnis zurückgeführt“. (Marx/Engels) Für die proletarische Familie im Kapitalismus gilt dies nicht, aber auch auf sie hat das bürgerliche Familienleitbild und Familienrecht insofern Einfluß, als dem Mann darin die Rolle des Familienoberhauptes zugewiesen ist. In der Realität ergibt sich die

Vorrangstellung des Mannes in der proletarischen Familie auch daraus, daß viele proletarische Frauen infolge unzureichender Bedingungen für die gleichzeitige Wahrnehmung von Mutterschaft und Berufstätigkeit im Kapitalismus nicht, zumindest zeitweilig nicht, außerhäuslich berufstätig sein können. Neue Familienbeziehungen entwickeln sich im Proletariat unter dem Einfluß der Berufstätigkeit der Frau sowie unter dem Einfluß der sozialistischen Arbeiterbewegung, insbesondere auch der proletarischen Frauenbewegung.

Die Familie stellt im Kapitalismus einen Reproduktionsbereich dar, der wie der Produktionsprozeß ebenfalls den Gesetzen der kapitalistischen Akkumulation unterworfen ist. Sie spiegelt die Lebensweise der beiden Hauptklassen der kapitalistischen Gesellschaft wider. Von ihrer Entwicklung ist vor allem die Reproduktion des Arbeitskräftepotentials entscheidend abhängig. Die Familie gilt zudem als der Lebensbereich, in der der Frau wesentliche Verantwortung zugewiesen ist und in den sie unter den Bedingungen kapitalistischer Krisen verwiesen werden kann, wenn sie als Arbeitskraft nicht benötigt wird. Vor allem aus diesen Funktionen resultiert der Stellenwert der Familie in der bürgerlichen Gesellschaftspolitik. Damit im Zusammenhang steht die demagogische „Verteidigung der Familie" gegenüber „sozialistischer Bedrohung" in Ideologie und Propaganda der Bourgeoisie. Der Kapitalismus schafft all dessen ungeachtet objektiv Voraussetzungen für Familienverhältnisse neuen Typs. „So furchtbar und ekelhaft nun die Auflösung des alten Familienwesens innerhalb des kapitalistischen Systems erscheint, so schafft nichtsdestoweniger die große Industrie mit der entscheidenden Rolle, die sie den Weibern, jungen Personen und Kindern in gesellschaftlich organisierten Produktionsprozessen jenseits der Sphäre des Hauswesens zuweist, die neue ökonomische Grundlage für eine höhere Form der Familie und des Verhältnisses beider Geschlechter." (Marx)

Ideen der Frauenemanzipation 1789 bis 1830. Unter dem Einfluß der Menschenrechtsforderungen der Großen Französischen Revolution wurde auch die Forderung nach der Gleichberechtigung der Frau erhoben, womit sich die nun um die politische Macht ringende Bourgeoisie als Ganzes jedoch nicht identifizierte. In Frankreich erhoben revolutionäre bürgerliche Frauen diese Forderung, so Olympe des Gouges in ihrer „Erklärung der Rechte der Frau und Bürgerin" 1789 und der Pariser Frauenklub „Société Populaire des Femmes" sowie Théroigne de Méricourt. In Deutschland trat der Königsberger Bürgermeister Theodor Gottlieb von Hippel (1741–1796) in seiner Streitschrift „Über die bürgerliche Verbesserung der Weiber" (1792) für die Gleichberechtigung des weiblichen Geschlechts ein. Vor allem die Vertreter der literarischen Strömung der Frühromantik in Deutschland verfochten Ideen der Frauenemanzipation im Zusammenhang mit ihrem Ideal der Freiheit der Persönlichkeit. Zu den Frauen, die auch in ihrem persönlichen Leben und in ihrer eigenen Ehe solche Gedanken zu verwirklichen suchten, zählen Rahel Varnhagen von Ense (1771–1833), Caroline Schlegel-Schelling (1763–1809), Henriette Herz (1764–1847) und Bettina von Arnim (1785–1859), die im Vormärz Anschluß an die bürgerlich-demokratische Bewegung fand. Im nationalen Befreiungskampf des deutschen Volkes gegen die napoleonische Fremdherrschaft 1813–1815 traten Frauen als aktiv handelnde Patriotinnen in Erscheinung. Sie beteiligten sich am Volksopfer für den Befreiungskampf, an der Betreuung und Versorgung der kämpfenden Truppen und auch – wie Eleonore Prochaska (1785–1813) und Friederike Krüger (1789–1851) als Soldaten verkleidet – am bewaffneten Kampf selbst. In dieser Zeit bildeten sich in verschiedenen Orten Deutschlands patriotische Frauenvereine, die vor allem karitative Aufgaben wahrnahmen.

Die Frauenfrage bei den utopischen Sozialisten. Ausdruck der ideologischen Auseinandersetzung mit dem sich weiter durchsetzenden Kapitalismus und seinen scharfen Klassenwidersprüchen war der zunächst vor allem in Frankreich und England auftretende utopische Sozialismus. An frühe Gleichheitsideen (Morus, Campanella) und die Ideale der Aufklärung des 18. Jh. anknüpfend, entwarfen die utopischen Sozialisten das Bild einer Gesellschaftsordnung ohne Ausbeutung und Unterdrückung. In diesem Zusammenhang entwickelten sie auch grundlegende Gedanken von einer neuen gesellschaftlichen Stellung der Frau und einem neuen Typ der Familie. Charles Fourier (1772–1837) erkannte im „Grad der weiblichen Emanzipation ... das natürliche Maß der allgemeinen Emanzipation“ und wies den Gedanken zurück, den Frauen nur „undankbare Beschäftigungen“ und niedrige Dienste zuzuweisen. Ähnliche Gedanken verfocht Claude-Henri de Saint-Simon (1760–1825). Seine Anhängerinnen, die Saint-Simonistinnen, gaben 1832 in Frankreich die erste bürgerlich-feministische Frauenzeitung unter dem Titel „La femme libre“ (Die freie Frau) heraus, in der auch der Krieg bekämpft wurde („Nie mehr Krieg, nie mehr nationales Gegeneinander!“ – Nr. 1 des Organs). Unter den weiblichen Vertretern des utopischen Sozialismus ragt Flora Tristan (1803–1844) hervor, die bereits den Gedanken vertrat, „daß der Arbeiter den Schritt zur sozialen und menschlichen Freiheit nun und nimmer ohne die hingebungsvolle kameradschaftliche Mitarbeit der Proletarierinnen vollziehen könne“. (C. Zetkin) Den Höhepunkt fortschrittlichen utopischen Denkens und – wie der gesamte utopische Sozialismus – eine Quelle des Marxismus bildete der auch in Deutschland einflußreiche utopische Arbeiterkommunismus, der auf die Befreiung des Proletariats aus eigener Kraft orientierte und ebenfalls den Gedanken der Gleichberechtigung der Geschlechter in einem künftigen kommunistischen Gemeinwesen verfocht. Seine Ideen erlangten Einfluß in der ersten geheimen politischen Organisation der deutschen Arbeiterklasse, dem Bund der Gerechten (gebildet 1836), aus welchem 1847 der Bund der Kommunisten hervorging.

Anfänge der bürgerlichen Frauenbewegung. Die bürgerliche Frauenbewegung bildete sich in Deutschland seit den vierziger Jahren des 19. Jh. heraus, war Teil der bürgerlichen Klassenbewegung und beschränkte sich, was ihr Eintreten für die Rechte der Frau anbelangte, auf das Ziel, die formale Gleichberechtigung der Frau mit dem Manne auf dem Boden der kapitalistischen Gesellschaftsordnung durchzusetzen sowie die Vorrechte des Mannes zu bekämpfen (Feminismus). Sie trat in zunehmendem Maße für Reformen des kapitalistischen Systems ein. Zur Zeit ihrer Entstehung war die bürgerliche Frauenbewegung Teil der antifeudalen Oppositionsbewegung. Die führende Vertreterin der frühen deutschen bürgerlichen Frauenbewegung war Louise Otto-Peters (1819–1895), die 1844 in den von dem bürgerlichen Demokraten Robert Blum in Leipzig herausgegebenen „Sächsischen Vaterlandsblättern“ die Forderung erhob: „Die Teilnahme der Frauen an den Interessen des Staates ist nicht allein das Recht, sie ist eine Pflicht der Frauen.“ Louise Otto-Peters wollte auch die Not der Arbeiterinnen in den Fabriken lindern. Bei aller Sympathie für die Arbeiterinnen und scharfer Kritik an ihren „tyrannischen Arbeitgebern“ blieb sie jedoch bürgerlicher Denkweise verhaftet und vermochte deshalb ebensowenig wie die gesamte bürgerliche Frauenbewegung, als deren Begründerin in Deutschland sie angesehen werden darf, einen realen Weg zur Emanzipation der werktätigen Frauen zu weisen. Louise Otto-Peters' Wirken im Vormärz und während der bürgerlich-demokratischen Revolution von 1848/49 sowie die Bildung lokaler Frauenvereine im Zeichen bürgerlich-demokratischer, liberaler und feministischer Ideen bildeten den Ausgangspunkt der organisierten bürgerlichen Frauenbewegung in Deutschland. Hierzu zählt auch die Wirksamkeit der von Louise Otto-Peters 1849–1852 herausgegebenen „Frauen-Zeitung“, die unter dem Motto erschien: „Dem Reich der Freiheit werb' ich Bürgerinnen!“ Proletarierinnen und kleinbürgerlich-demokratische Frauen nahmen 1848/49 an den Kämpfen der Revolution teil. Sie unterstützten die Barrikadenkämpfe in Berlin (März 1848), Wien (Oktober 1848) und Dresden (Mai 1849), nahmen an Volksversammlungen teil, agitierten in eigenen Vereinen für die revolutionäre Bewegung und spielten insbesondere in den letzten Revolutionskämpfen in der Pfalz und in Baden 1849 eine aktive Rolle.

Mathilde Franziska Anneke (1817–1884), die 1848 in Köln die „Neue Kölnische Zeitung“ redigierte und 1849 ebenfalls in Köln eine Frauenzeitung herausgab, Amalie Struve (1825–1862) und Emma Herwegh (1817–1904) begleiteten als „Amazonen“ ihre Männer in diesen Kämpfen. Die Revolution endete jedoch mit einer Niederlage, alles von der jungen bürgerlichen Frauenbewegung Begonnene machte die Reaktion zunichte. Ihr fiel auch Louise Otto-Peters'

„Frauen-Zeitung“ zum Opfer. Das preußische Vereinsgesetz von 1850 schloß „Frauen, Kinder und Lehrlinge“ von der Teilnahme an politischen Veranstaltungen aus.
Erst in den sechziger Jahren konnte die bürgerliche Frauenbewegung wieder neu beginnen. In jener Zeit verschärften Klassenkampfes und der nationalstaatlichen Einigung Deutschlands „von oben“ unter Preußens Führung gründeten 1865 Louise Otto-Peters und Auguste Schmidt (1833–1902), Clara Zetkins spätere Lehrerin, den Allgemeinen Deutschen Frauenverein (ADF). Mit dem Gründungskongreß im Oktober 1865 in Leipzig, an dem u. a. August Bebel (1840–1913) als Gast teilnahm, begann die gesamtnational organisierte bürgerliche Frauenbewegung in Deutschland. Der ADF stellte sich die Aufgabe, für die Erhöhung des Bildungsstandes, für das Recht der Frauen und Mädchen auf Arbeit und Zugang zu mittleren und höheren Berufen sowie für die Befreiung der Frauenarbeit von allen Hindernissen zu wirken. Mit diesen Positionen erwarb sich die bürgerliche Frauenbewegung bedeutende geschichtliche Verdienste. Sie trug wesentlich dazu bei, die Rolle der Berufsarbeit der Frau für den Kampf um ihre Gleichberechtigung herauszuarbeiten. Die Forderung nach politischer Gleichberechtigung, wie sie in Frankreich schon 1789 erhoben worden war, stellte die bürgerliche Frauenbewegung in Deutschland jedoch noch für Jahrzehnte nicht. 1877 gehörten dem ADF etwa 12000 Mitglieder an, vor allem Frauen aus dem Kleinbürgertum.
Für die Gleichberechtigung der Frau in Berufstätigkeit und Bildungswesen traten auch andere bürgerliche Frauenorganisationen ein, unter ihnen der sog. Lette-Verein (gegr. 1866) und der „Verein Deutscher Lehrerinnen und Erzieherinnen“ (gegr. 1869). Lehrerinnen spielten in der deutschen bürgerlichen Frauenbewegung eine hervorragende Rolle. Sie waren zugleich die Trägerinnen von Bestrebungen zur Reform der von reaktionären Leitbildern geprägten Mädchenbildung. Die bürgerliche Frauenbewegung vermochte in dem 1871 gegründeten deutschen Kaiserreich nur wenige ihrer Forderungen durchzusetzen. Diese betrafen vor allem die Erschließung bestimmter Berufe für Frauen – darunter auch kaufmännische und technische Berufe – sowie die Mädchenbildung und das Frauenstudium, wofür sich namentlich Hedwig Dohm (1833–1919) und Helene Lange (1848–1930) engagierten. Hedwig Dohm forderte als eine der ersten deutschen bürgerlichen Frauen auch schon 1873 öffentlich das Frauenstimmrecht.
Ihre Forderungen vertrat die bürgerliche Frauenbewegung hauptsächlich in ihren Presseorganen, in Reden und Broschüren sowie in Petitionen an die Regierung und den Reichstag. Sie fand nur wenig Verständnis bei den regierenden feudalkonservativen Kreisen sowie den bürgerlichen Parteien.

Bourgeoisie und Frauenfrage. Als herrschende Klasse, die im Bunde mit dem Junkertum die Macht ausübte, lehnte die deutsche Bourgeoisie die Frauenemanzipation grundsätzlich ab. Sie war weder an der Gleichberechtigung der Frauen der eigenen Klasse und des Kleinbürgertums, noch an der Befreiung der Proletarierinnen von doppelter Ausbeutung und Unterdrückung interessiert. Allen Forderungen für die Gleichberechtigung der Frau und für die grundsätzliche Verbesserung der sozialen Lage des weiblichen Proletariats setzten die kaiserliche Regierung und die bürgerlichen, vor allem die konservativen Parteien Widerstand entgegen. Das Gesetzgebungswerk des bürgerlichen Staates – u.a. das 1900 in Kraft getretene Bürgerliche Gesetzbuch (BGB) – postulierte in mannigfaltiger Weise die Diskriminierung der Frau. Ihr wurde der Zugang zu vielen Berufen und höherer Ausbildung in großem Umfange vorenthalten, gleicher Lohn für gleiche Arbeit verweigert, das aktive und passive Wahlrecht bestritten (bis 1918), der Zwang zum Gebären mit Hilfe des § 218 des Strafgesetzbuches (des sog. Abtreibungsparagraphen) auferlegt. Das bürgerliche Familien- und Erbrecht benachteiligte die Frau ebenfalls. So war z.B. das Recht auf Ausübung einer beruflichen Tätigkeit von der Zustimmung des Ehemannes abhängig. Das Erziehungsrecht der Mutter war dem Vater gegenüber eingeschränkt, und der Ehefrau war die Pflicht zur Führung des Haushaltes zugewiesen. Allein dem Kampf der revolutionären Arbeiterbewegung waren minimale Fortschritte auf dem Gebiet des Schutzes schwangerer Arbeiterinnen und Mütter im Beruf zu verdanken. Die Bourgeoisie und der bürgerliche Staat rechtfertigten und duldeten die Prostitution und proletarisches Frauenelend, das scharf von progressiven Künstlern und Schriftstellern (Gerhart Hauptmann, Hans Baluschek, Käthe Kollwitz, Max Liebermann) angeprangert wurde.

Hatten sich die führenden Vertreter der geistigen Strömungen des aufstrebenden Bürgertums positiv zur Frauenfrage geäußert, so trat nach der Revolution von 1848/49 reaktionäre bürgerliche Ideologie dazu immer mehr in den Vordergrund. 1851 erklärte der Philosoph Arthur Schopenhauer (1788 bis 1860) das weibliche Geschlecht für unfähig zu „Vernünftigkeit und Überlegung“ und bezeichnete es als „eine Art Mittelstufe zwischen dem Kinde und dem Manne, als welcher der eigentliche Mensch ist“. Ähnliche Gedanken vertrat der Philosoph Friedrich Nietzsche (1844–1900). Eugen Dühring (1833–1921) denunzierte 1881 die Frauenbewegung als „jüdischen Ursprungs“. Die Synthese von Antisemitismus und Frauenemanzipationsfeindlichkeit wurde zum Bestandteil der reaktionären bürgerlichen Ideologie im kaiserlichen Deutschland und zu einer Wurzel der späteren faschistischen Auffassung der Frauenfrage. Bürgerliche Frauenrechtlerinnen sahen sich immer stärker veranlaßt, gegen den „Antifeminismus“ im Lager der eigenen Klasse Stellung zu nehmen. Sie mußten sich auch gegen das von der Bourgeoisie seit der 2. Hälfte des 19. Jh. nachdrücklich vertretene reaktionäre Frauenleitbild wenden, das die Lebenssphäre der Frau primär auf Küche und Kinderstube begrenzen wollte, das ihren Bildungsanspruch bestritt und als „weibliche Tugenden“ Unterordnung unter männliche Führung, Bescheidenheit, Passivität in den Geschlechterbeziehungen, Bereitschaft zum Dienen und Gehorchen hervorhob. Damit übernahm die Bourgeoisie als herrschende Klasse wesentliche Elemente aus den Frauenleitbildern der vorkapitalistischen Gesellschaftsformationen. Sie fanden ihre pseudowissenschaftliche Begründung in der Auffassung eines besonderen „Wesens der Frau“ bzw. „seelischer Andersartigkeit des Weibes“, aus dem die Geschlechterstereotype abgeleitet wurden. Die Theorie von einem besonderen „Wesen der Frau“ wurde auch von führenden Repräsentantinnen der bürgerlichen Frauenbewegung vertreten. Sie hinderte diese ideologisch-theoretisch, für das Recht der Frau auf volle Entfaltung ihrer Persönlichkeit konsequent einzutreten. Als wirklicher Verfechter der Lebensinteressen der Frauen im Sinne des Gleichberechtigungsprinzips und des Kampfes für eine sozialistische Gesellschaftsordnung trat allein die Arbeiterklasse auf.

Marx und Engels zur Frauenfrage. Im Februar 1848 erschien in London als Programmschrift des Bundes der Kommunisten (gegr. 1847) das von Karl Marx (1818–1883) und Friedrich Engels (1820–1895) verfaßte „Manifest der Kommunistischen Partei“. Es war nicht nur das erste programmatische Dokument des wissenschaftlichen Kommunismus, sondern auch das erste Programm einer politischen Partei, in dem die Frauenfrage aufgegriffen und wissenschaftlich beantwortet wurde. In die Darlegung der revolutionären Rolle des Proletariats schlossen Marx und Engels auch die Arbeiterin ein. Sie übten scharfe Kritik an der Stellung der Frau in der kapitalistischen Gesellschaft und an der bürgerlichen Ehe. Zugleich setzten sie sich mit dem bürgerlichen Vorwurf von der angeblichen „offiziellen Weibergemeinschaft der Kommunisten“ auseinander, den die Bourgeoisie immer wieder erhob. Die Klassiker des wissenschaftlichen Kommunismus erkannten in der Frauenfrage eine Seite der sozialen Frage, die wie diese nur durch die revolutionäre Überwindung der kapitalistischen Gesellschaft unter Führung der Arbeiterklasse gelöst werden konnte. Die umfassende soziale Befreiung der Frau – nicht nur der Proletarierin – gehört zum Programm der revolutionären Arbeiterbewegung. Zugleich erkannten Marx und Engels, „daß große gesellschaftliche Umwälzungen ohne das weibliche Ferment unmöglich sind“, daß der Frau im Kampf gegen die kapitalistische Gesellschaft und in der revolutionären Arbeiterbewegung ein fester Platz zukam, der von Gleichberechtigung und voller Mitverantwortung getragen sein mußte. In seinem Hauptwerk „Das Kapital“ legte Marx 1867 Entstehung, Wesen und Mechanismus der kapitalistischen Produktionsweise dar und arbeitete u. a. die große historische und ökonomische Tragweite heraus, die die Einbeziehung der Frau in die industrielle Produktion für die soziale Stellung der Frau und die Familie hat. Friedrich Engels hatte bereits in seiner Schrift „Die Lage der arbeitenden

Klasse in England" (1844) nachgewiesen, daß die Proletarierinnen schon durch ihre Lage unvermeidlich in den Kampf ihrer Klasse für den Sturz der kapitalistischen Gesellschaft einbezogen werden. „Erst die materialistische Geschichtsauffassung", schrieb Clara Zetkin zum 20. Todestag von Karl Marx 1903, „hat es uns ermöglicht, die Frauenfrage im Flusse der allgemeinen geschichtlichen Entwicklung, im Lichte der allgemeinen sozialen Zusammenhänge in ihrer historischen Bedingtheit und Berechtigung klar zu verstehen, ihre bewegenden und tragenden Kräfte zu erkennen, die Ziele, denen diese zutreiben, die Bedingungen, unter denen allein die aufgerollten Probleme ihre Lösung zu finden vermögen."

Die Herausbildung der proletarischen Frauenbewegung vollzog sich unabhängig von der Entwicklung der bürgerlichen und im Rahmen der Entwicklung der revolutionären Arbeiterbewegung seit den 60er Jahren des 19. Jh. Die proletarische Frauenbewegung ist ein Teil der Arbeiterbewegung. Ihre Ziele sind mit dieser wesenseins. Die proletarische Frauenbewegung erkennt ihre Hauptaufgabe im Kampf – gemeinsam mit den männlichen Klassengenossen – für den Sozialismus als der Gesellschaft, in der die Gleichberechtigung der Frau voll verwirklicht wird. Sie kämpft im Sinne der revolutionären Arbeiterbewegung für Frieden und Abrüstung sowie für demokratische Umgestaltungen, darunter auch für die umfassende rechtliche Gleichstellung der Frau mit dem Manne, die volle Verwirklichung des Rechts der Frau auf Arbeit, gleichen Lohn für gleiche Arbeit, eine demokratische Gestaltung des Mutter- und Kinderschutzes und andere Forderungen. Im Ringen um die Realisierung demokratischer Forderungen sieht sie zugleich Anknüpfungsmöglichkeiten für ein Bündnis mit progressiven Kräften der bürgerlichen Frauenbewegung. In diesem Sinne unterstützt sie auch viele Forderungen, die diese vor allem im Interesse der kleinbürgerlichen Frauen erhebt. Im Endziel standen sich die beiden Frauenbewegungen – die bürgerliche und die proletarische – jedoch als „feindliche Schwestern" (August Bebel) gegenüber. Schon die Entwicklung im 19. Jh. zeigt, daß die Idee einer „allgemeinen" und „autonomen" Frauenbewegung keine reale gesellschaftliche Grundlage hat.

Ihren Ausgangspunkt fand die proletarische Frauenbewegung in den Lebens- und Arbeitsbedingungen des weiblichen Proletariats, wie sie sich im Prozeß der Durchsetzung der kapitalistischen Produktionsverhältnisse entwickelten. Zu Beginn der industriellen Revolution bildeten Frauen und Kinder oft die Mehrheit der in den Fabriken Beschäftigten, besonders in der Textilindustrie. Die Arbeiterinnen erhielten anfangs im Durchschnitt nur etwa die Hälfte des Männerlohnes. Sie sahen sich und ihre Familie menschenunwürdigen Lebensbedingungen ausgesetzt, darunter einem bis zu 16 Stunden dauernden Arbeitstag, elenden arbeitshygienischen Bedingungen in den Manufakturen und Fabriken, der Willkür von Fabrikanten und Meistern, die zudem nicht selten die jungen Frauen und Mädchen als Freiwild betrachteten. In großem Umfange waren Proletarierinnen als Heimarbeiterinnen tätig. Als solche beteiligten sie sich z. B. im Juni 1844 am schlesischen Weberaufstand, der ersten offenen Auseinandersetzung des deutschen Proletariats mit der kapitalistischen Ausbeuterklasse. Proletarierinnen waren auch an den Kämpfen der Revolution 1848/49 beteiligt. Eine Demonstration Wiener Arbeiterinnen am 23. August 1848 gegen die frauenfeindliche Lohnpolitik der Regierung wurde von Militär und Polizei blutig unterdrückt.

Auch die proletarische Frauenbewegung sammelte ihre Kräfte vor allem seit den sechziger Jahren des 19. Jh. Zu den Grundsätzen der von Marx und Engels geführten I. Internationale (gegr. 1864) bekannte sich die im Februar 1869 in Crimmitschau gegründete Internationale Gewerksgenossenschaft der Manufaktur-, Fabrik- und Handarbeiter. Dem Gründungskomitee und dem Vorstand der gleichnamigen für ganz Deutschland im Mai 1869 gegründeten Organisation gehörten u. a. die Arbeiterinnen Christiane Friederike Peuschel (geb. 1830) und Wilhelmine Weber an. Große Verdienste um diese erste bedeutende Gewerkschaftsorganisation, der Arbeiterinnen gleichberechtigt angehörten und die im Zeichen sozialistischer Ziele wirkte, erwarb sich Julius Motteler (1838–1907), ein Kampfgefährte August Bebels (1840–1913). Die Gewerksgenossenschaft, der 1870 etwa 1000 proletarische Frauen angehörten, vertrat bereits die Forderung nach gleichem Lohn für gleiche Arbeit und trat für den besonderen Schutz der Arbeiterin als Schwangere und Mutter engagiert ein. Sie wandte sich auch gegen die von Anhängern Ferdinand Lassalles (1825–1864) und Mitgliedern des Allgemeinen Deutschen Arbeitervereins (ADAV, gegr. 1863) vertretene Position, wonach die Arbeiterklasse für das Verbot der Fabrikarbeit der Frau eintreten solle. Die Auseinandersetzung mit dieser Auffassung war eine wichtige Aufgabe in der proletarischen Bewegung des 19. Jh. Sie besaß große Bedeutung auch für die Formierung der proletarischen Frauenbewegung und deren feste Integration in die gesamte Arbeiterbewegung. Marx und Engels, die I. Internationale sowie seit ihrer Gründung 1869 die Sozialdemokratische Arbeiterpartei (die sog. „Eisenacher") halfen, den Klärungsprozeß zu diesem Problem in der deutschen und internationalen Arbeiterbewegung voranzubringen. Dazu trugen auch die Erfahrungen der Pariser Kommune von 1871 bei. Die erste, 72 Tage existierende proletarische Staatsmacht begann auch die Gleichberechtigung der Frau zielstrebig zu verwirklichen. Zum Lehrbuch der proletarischen Frauenbewegung wurde August Bebels Buch „Die Frau und der Sozialismus", das im Februar 1879 in Leipzig erschien. Allein zu Lebzeiten Bebels wurden 53 Auflagen dieses grundlegenden Werkes gedruckt, das die Frauenfrage vom Standpunkt des wissenschaftlichen Kommunismus aus behandelte.

Ein Jahr vor seinem Erscheinen trat in Leipzig die junge Lehrerstudentin Clara Zetkin (1857–1933) der Sozialdemokratischen Partei bei. Als Schülerin der bekannten bürgerlichen Frauenführerin Auguste Schmidt hatte sie sich mit dem Studium der Frauenfrage beschäftigt und eignete sich in den achtziger Jahren die marxistische Auffassung dazu endgültig an. Eine bedeutende Rolle spielte die proletarische Frauenbewegung im Kampf der deutschen Arbeiterklasse gegen das 1878 auf Betreiben des Reichskanzlers von Bismarck erlassene Sozialistengesetz. Die seitdem bis 1890 in der Illegalität kämpfende revolutionäre deutsche Arbeiterbewegung wurde auf vielfältige Weise auch von Frauen und Mädchen unterstützt. Proletarische Frauenvereine, wie sie seit den sechziger Jahren in verschiedenen Städten Deutschlands entstanden waren, fielen in dieser Zeit großenteils dem Ausnahmegesetz zum Opfer, darunter der 1885 in Berlin gegründete Verein zur Vertretung der Interessen der Arbeiterinnen und der 1883 entstandene Verein der Mantelnäherinnen.

Die proletarische Frauenbewegung bis zur Jahrhundertwende. Auf dem Gründungskongreß der II. Internationale in Paris im Juli 1889 forderte Clara Zetkin in ihrer ersten großen Rede zur Frauenfrage von den Parteien der Arbeiterklasse, kompromißlos den Kampf für die Rechte der Frau zu führen und für eine breite, gleichberechtigte Teilnahme der Frauen am Klassenkampf einzutreten. Der Kongreß selbst faßte dazu entsprechende Beschlüsse. Im gleichen Jahr schuf sich die proletarische Frauenbewegung Deutschlands mit der Gründung einer Agitationskommission in Berlin ein zentrales Führungsorgan.

Die neunziger Jahre des 19. Jh. sind von einem bedeutenden Aufschwung der proletarischen Frauenbewegung, an deren Spitze Clara Zetkin getreten war, gekennzeichnet. Dieser Aufschwung erfolgte im Zeichen des Marxismus und seiner revolutionären Ideen zur Frauenemanzipation, die sich auch mit der Forderung der Gleichberechtigung der Frau im Erfurter Programm der Sozialdemokratischen Partei (1891) widerspiegeln. Die Partei verlangte das allgemeine Wahlrecht aller über 20 Jahre alten Reichsangehörigen ohne Unterschied des Geschlechts sowie die Abschaffung aller Gesetze, die die Frau in öffentlicher und privatrechtlicher Beziehung gegenüber dem Mann benachteiligen. Damit war sie zu dieser Zeit die einzige Partei in Deutschland, die diese Forderungen vertrat. Sie nahm auch als einzige Partei weibliche Mitglieder auf, obwohl die Vereinsgesetze Preußens und anderer deutscher Staaten die Organisierung der Frauen in politischen Parteien und Vereinen nicht zuließen. 1892 waren in sozialdemokratisch geführten gewerkschaftlichen, politischen und Bildungs-Frauenvereinen etwa 6000 Frauen organisiert. Unter dem starken Einfluß von August Bebel und Clara Zetkin verfocht die revolutionäre deutsche Sozialdemokratie die Interessen der werktätigen Frauen innerhalb und außerhalb des Parlaments, darunter vor allem die Forderung nach einem wirksamen Arbeiterinnenschutz.

Die Partei unterstützte demokratische Forderungen progressiver Kräfte der bürgerlichen Frauenbewegung, sah sich aber zugleich veranlaßt, Versuchen gezielter Einflußnahme der bürgerlichen Frauenbewegung auf die proletarische entgegenzutreten: Bestrebungen, die bei opportunistischen Kräften in der proletarischen Frauenbewegung (z. B. bei Lily Braun, 1865–1916) Resonanz fanden. Clara Zetkin betonte u. a. in ihrer Rede zur Frauenfrage auf dem Gothaer Parteitag der Sozialdemokratischen Partei 1896 die Wesensunterschiede beider Bewegungen und die Notwendigkeit der Abgrenzung der proletarischen Frauenbewegung von der bürgerlichen. Nur so konnte die proletarische Frauenbewegung ihre Ziele wirkungsvoll verfechten und ihre politisch-ideologische Klarheit bewahren.

Eine bedeutende Rolle in der weiteren Entwicklung der proletarischen Frauenbewegung und der Durchsetzung marxistischer Auffassungen zur Frauenfrage in der deutschen Arbeiterbewegung spielte seit 1892 die von Clara Zetkin redigierte Zeitschrift „Die Gleichheit". Sie entwickelte sich zu einem konsequent revolutionären Frauenorgan, das sich später als Organ der Linken in der deutschen Sozialdemokratie bewährte. Zur Zeit ihrer Gründung besaß die Zeitschrift 2000 Abonnenten, 1914 etwa 125000. In organisatorischer Hinsicht entwickelte die proletarische Frauenbewegung seit 1892 das sog. Vertrauenspersonensystem: In den einzelnen Orten, Kreisen und Bezirken wurden im Einvernehmen mit dem jeweiligen Parteivorstand weibliche Vertrauenspersonen gewählt. Sie hatten die Aufgabe, sozialistische Agitation unter den proletarischen Frauen zu betreiben und diese für gewerkschaftliche und politische Versammlungen zu gewinnen. Mit dieser äußerlich losen Organisation der Frauen durch die Vertrauenspersonen gelang es der revolutionären Sozialdemokratie, die reaktionäre Vereinsgesetzgebung, welche in den meisten Ländern des Deutschen Reiches die Organisierung von Frauen in politischen Vereinen verbot, bis zu einem gewissen Grade zu unterlaufen. Damit schuf sie zugleich Voraussetzungen für die gesamtnationale Organisierung der proletarischen Frauenbewegung. Von großer Bedeutung für diese war auch der Beschluß des 1. Kongresses der Gewerkschaften Deutschlands in Halberstadt (1892), die Bildung separater Arbeiterinnenorganisationen abzulehnen und die Arbeiterinnen in die bestehenden Gewerkschaftsverbände gleichberechtigt einzubeziehen. Wichtige Impulse gingen von der deutschen proletarischen Frauenbewegung für die Entwicklung der internationalen proletarischen Frauenbewegung aus. Sie spiegelten sich besonders im Auftreten deutscher Genossinnen auf den Internationalen Sozialisten- und Gewerkschaftskongressen wider. Zu den bedeutendsten Persönlichkeiten der proletarischen Frauenbewegung in den neunziger Jahren des 19. Jh. gehörten neben Clara Zetkin: Emma Ihrer (1857–1911), Ottilie Baader (1847–1925), Paula Thiede (1870 bis 1919) und Agnes Wabnitz (1842–1894). Emma Ihrer hatte 1891 die proletarische Frauenzeitschrift „Arbeiterin" ins Leben gerufen; sie war die Vorläuferin der „Gleichheit". Emma Ihrer gehörte außerdem seit 1890 als einzige Frau der Generalkommission der Gewerkschaften an.

Frauen unter der Herrschaft des Monopolkapitals. Bis zur Jahrhundertwende vollzog sich in Deutschland und in anderen Ländern der Übergang zum Imperialismus, dem höchsten und letzten Stadium des Kapitalismus. In der Wirtschaft wurden die Monopole vorherrschend. Sie erlangten mit wachsendem Expansionsdrang immer größeren Einfluß auf die Innen- und Außenpolitik des Kaiserreiches, was in der noch intensiveren militaristischen Durchdringung des gesamten gesellschaftlichen Lebens und in wachsender Kriegsgefahr seinen Ausdruck fand. Der Imperialismus erwies sich als „Reaktion auf der ganzen Linie" (W. I. Lenin). Das offenbarte sich auch in der Frauenpolitik der imperialistischen Bourgeoisie. Sie bezog weitere Frauen, darunter auch aus den kleinbürgerlichen Schichten, in den Produktionsprozeß ein und unterwarf sie verschärfter Ausbeutung. Die Zahl der berufstätigen Frauen wuchs im Deutschen Reich von etwa 6,6 Millionen im Jahre 1895 auf 9,8 Millionen im Jahre 1907, die der Industriearbeiterinnen von 940000 auf 1,4 Millionen. Technische Fortschritte begünstigten den Fraueneinsatz in der Industrie. Zahlreiche Landarbeiterinnen und weibliche Dienstboten nahmen Arbeit in der Industrie auf, Frauen und Töchter aus den Mittelschichten vor allem in Büros und hinter dem Ladentisch.

Das Vordringen der Frauen in „Männerberufe" gab emanzipationsfeindlichen Stimmungen und Bestrebungen neue Nahrung. Vor allem der Deutschnationale Handlungsgehilfenverband (gegr. 1893) wandte sich gegen Frauenarbeit und Frauenqualifizierung im kaufmännischen Gewerbe. Verbände der Lehrer und Akademiker wandten sich gegen die Gleichberechtigung der Lehrerin und gegen das Frauenstudium an den Universitäten. In der bürgerlichen Literatur und Presse kam es zu heftigen Kontroversen über die weiblichen Fähigkeiten und die Ziele der Frauenbewegung. In seiner reaktionären Schrift „Über den physiologischen Schwachsinn des Weibes" (1903) forderte der Nervenarzt Paul J. Möbius: „Schützt das Weib gegen den Intellektualismus." 1912 gründeten konservative Reaktionäre in Weimar den „Deutschen Bund zur Bekämpfung der Frauenemanzipation", der sowohl die proletarische als auch die bürgerliche Frauenbewegung mit antisemitischen und nationalistischen Parolen zu bekämpfen versuchte. Ein reaktionäres Frauenleitbild beherrschte die Mädchenerziehung, die zudem immer mehr militarisiert wurde. Das reaktionäre Frauenleitbild stand im engen Zusammenhang mit der imperialistischen Innen- und Außenpolitik und betonte Unterwerfung unter den Mann, Anspruchslosigkeit und die „Pflicht zur Mutterschaft" als Pendant zur militärischen Dienstpflicht. Die Bevölkerungspolitik des imperialistischen Staates orientierte sich immer stärker an den Divisionsstärken des in Vorbereitung befindlichen Eroberungskrieges, und die Frauenbewegung traf der Vorwurf, mit ihren Bestrebungen nach Emanzipation der Frau den „nationalen Interessen" zuwider zu handeln. Der Gedanke der Geburtenbeschränkung wurde als „Rassenselbstmord" denunziert.

Die bürgerliche Frauenbewegung, die sich 1894 im Bund Deutscher Frauenvereine (BDF) eine Dachorganisation geschaffen hatte – ein sehr heterogenes Vereinskonglomerat –, differenzierte sich nach der Jahrhundertwende immer mehr. Unter dem Einfluß der imperialistischen Entwicklung verlor sie zusehends ihre progressiven Züge. Immer stärker setzten sich in ihr rechte, proimperialistische Kräfte durch, die besonders in Gertrud Bäumer (1873–1954) ihre Repräsentantin fanden. Sie verfolgten vor allem das Ziel, die Frauen in das imperialistische Herrschaftssystem zu integrieren. Dem sollten auch Reformen dienen, etwa die Reform der höheren Mädchenschule, die Zulassung der Frauen zum Hochschulstudium oder die Änderung des bürgerlichen Vereinsrechts mit dem Ziel, den Frauen die Organisierung in bürgerlichen Parteien und Verbänden zu ermöglichen. Bis 1910 wurde die Zulassung der Frauen zum Universitätsstudium in allen deutschen Bundesstaaten erreicht. 1908 schuf das Reichsvereinsgesetz Bedingungen für die parteipolitische Organisierung von Frauen.

In der bürgerlichen Frauenbewegung bildete sich zur gleichen Zeit ein linker, kleinbürgerlich-demokratischer Flügel heraus, der an die progressiven Traditionen der bürgerlichen Frauenbewegung des 19. Jh. anknüpfte

Bevölkerung und Berufstätigkeit im Deutschen Reich 1882–1944[1]

Jahr	Bevölkerung männl. (in Mill.)	weibl.	Berufstätige männl. (in Mill.)	weibl.	Von 100 Berufstätigen weibl.	Von 100 Frauen berufstätig
1882	19,5	20,3	11,9	5,0	29	24
1895	22,5	23,4	13,9	5,9	30	25
1907	27,1	27,9	16,7	8,5	34	31
1925	30,2	32,2	20,5	11,5	36	34
1933	31,7	33,5	20,8	11,5	36	34
1939	32,4	35,0	21,6	12,7	37	36
1944			13,5	14,9	53	

[1] nach: St. Bajohr, Die Hälfte der Fabrik. Geschichte der Frauenarbeit in Deutschland 1914 bis 1945, Marburg 1979, S. 18 und 252. Die statistischen Angaben beziehen sich für die Jahre 1882 bis 1939 auf das Territorium des Deutschen Reiches vom 31. 12. 1937 ohne Saarland, für 1944 (30. September) auf das Territorium vom 31. August 1939 ohne das „Protektorat Böhmen und Mähren", also unter Einschluß des annektierten Österreichs sowie des Saarlandes.

und auch die Forderung nach dem Frauenwahlrecht engagiert vertrat. Seine Repräsentantinnen – Minna Cauer (1841–1922), Anita Augspurg (1857–1943), Lida Gustava Heymann (1868–1943) und Helene Stöcker (1869–1943) – sahen sich veranlaßt, sich immer mehr von den rechten Kräften abzugrenzen, die im BDF den Ton angaben. Sie sammelten sich vor allem im Verein Frauenwohl (gegr. 1888), im Deutschen Verein für Frauenstimmrecht (gegr. 1902, umbenannt in Deutscher Verband für Frauenstimmrecht 1903) und im Bund für Mutterschutz und Sexualreform (gegr. 1905). Die linken Kräfte in der bürgerlichen Frauenbewegung übten Kritik an der reaktionären Innen- und aggressiven Außenpolitik des Kaiserreiches und wandten sich im Sinne Bertha von Suttners (1843–1914), der berühmten Verfasserin des Antikriegsromans „Die Waffen nieder!" (1889), gegen Militarismus und Kriegsgefahr. Zwischen ihren Bestrebungen und denen der proletarischen Frauenbewegung gab es Berührungspunkte. Zunehmend entwickelten sich zwischen beiden Bewegungen Bündnisbeziehungen.

Neben der bürgerlichen Frauenbewegung mit ihren begrenzten Reformzielen auf frauenpolitischem Gebiet entstanden zahlreiche reaktionäre und konservative Frauenorganisationen, die vor allem konfessionell und karitativ orientiert waren, in politischen Fragen aber unverkennbar die reaktionärsten Kräfte, wie sie die konservativen Parteien des Kaiserreiches verkörperten, unterstützten. Dazu zählten der Deutsch-Evangelische Frauenbund (gegr. 1899), der sich 1908 dem BDF anschloß, der Katholische Frauenbund Deutschlands (gegr. 1903), der Deutsch-Koloniale Frauenbund (gegr. 1907), der Deutsche Frauenbund (gegr. 1909) und der Bund konservativer Frauen (gegr. 1913). Neben ihnen existierten bereits seit den sechziger Jahren des 19. Jh. die Vaterländischen Frauenvereine vom Roten Kreuz, die großenteils von adeligen Damen geführt wurden und deren Protektorin die Kaiserin Auguste Victoria war. Alle diese Organisationen unterstützten offen die imperialistische Reaktion und mißachteten faktisch die Lebensinteressen der werktätigen Frauen. In großem Umfange wirkten sie selbst bescheidenen Reformbestrebungen auf frauenpolitischem Gebiet direkt entgegen, zumal das reaktionäre Frauenleitbild gerade von ihnen mit Nachdruck vertreten wurde.

Die proletarische Frauenbewegung im antiimperialistischen Kampf 1900 bis 1914. Angesichts des Übergangs vom Kapitalismus der freien Konkurrenz zum Imperialismus stand die Arbeiterklasse vor neuen Aufgaben. Die Eroberung der politischen Macht und die Schaffung sozialistischer Produktionsverhältnisse standen auf der Tagesordnung der Geschichte. Um den neuen Anforderungen entsprechen zu können, mußte sich die Arbeiterklasse in konsequentem Bruch mit dem Opportunismus, der in der deutschen Sozialdemokratie seit 1898 zur einflußreichen Strömung wurde, eine revolutionäre Partei neuen Typs schaffen. In den Kampf um die Überwindung des imperialistischen Systems, für Frieden und Sozialismus ordnete sich auch das weitere Ringen um die Gleichberechtigung der Frau ein.

Die proletarische Frauenbewegung wuchs nach 1900 immer mehr in die Breite. Die 1. Konferenz sozialdemokratischer Frauen in Mainz 1900 leitete in ihrer Entwicklung eine neue Etappe ein, die die proletarische Frauenbewegung zu einer starken Säule der revolutionären Arbeiterbewegung werden ließ. Vor allem Clara Zetkin und die von ihr redigierte „Gleichheit" hatten großen Anteil daran, daß sich die proletarische Frauenbewegung auf den antiimperialistischen Kampf orientierte, sich dabei konsequent vom revolutionären Marxismus leiten ließ und ihr Programm demokratischer und sozialistischer Forderungen für die werktätigen Frauen weiter ausarbeitete. Die proletarische Frauenbewegung bewährte sich in den sozialen Kämpfen, u. a. beim großen Crimmitschauer Textilarbeiterstreik 1903/04. Sie nahm bedeutenden Einfluß auf die antimilitaristische und sozialistische Erziehung der proletarischen Jugend und erhob wirkungsvoll ihre Stimme für das Frauenwahlrecht sowie im Kampf um die Erhaltung des Friedens. Von der deutschen proletarischen Frauenbewegung gingen bedeutsame internationale Initiativen aus, darunter der auf der Internationalen Sozialistischen Frauenkonferenz in Kopenhagen 1910 von Clara Zetkin und Käte Duncker (1871–1953) unterbreitete Vorschlag, alljährlich einen Internationalen Frauentag als Kampftag für den Frieden und die Gleichberechtigung der

Frau zu begehen. Damit wurde die internationale Tradition des 8. März begründet, wobei das Datum selbst zunächst nicht festgelegt wurde. Die proletarischen Frauen integrierten sich zusehends in die Sozialdemokratische Partei, die Gewerkschaftsbewegung und die verschiedenartigen Organisationen der Arbeiterbewegung (Konsumgenossenschaften, Arbeitersportbewegung usw.). 1913 waren in den freien Gewerkschaften 230000 Frauen organisiert und in der Sozialdemokratischen Partei über 141000 Frauen. Von 1900 bis 1917 vertrat als Zentralvertrauensperson der deutschen Genossinnen (seit 1904 als besoldete Leiterin des sozialdemokratischen Frauenbüros) Ottilie Baader die Frauen im Parteivorstand.

Der zunehmende Einfluß des Opportunismus in der Arbeiterbewegung beeinträchtigte jedoch auch die Wirksamkeit und politisch-ideologische Qualität der proletarischen Frauenbewegung. In ihr bildete sich ebenfalls ein rechtsopportunistischer Flügel heraus. Während Clara Zetkin und die „Gleichheit" kompromißlos auf revolutionären Positionen standen und die Linken in der deutschen Sozialdemokratie unterstützten, die sich vor allem um Karl Liebknecht und Rosa Luxemburg (beide 1871–1919) scharten, gaben Frauen wie Luise Zietz (1865–1922; seit 1912 verantwortliche Sekretärin für Frauenagitation im Parteivorstand) dem Einfluß des Reformismus immer mehr nach. Die Bestrebungen des Reformismus auf dem Gebiet der Frauenpolitik gingen vor allem dahin, die Rolle der Berufsarbeit der Frau erneut in Frage zu stellen, in wesentlichen Fragen die eigenen Positionen an denen der bürgerlichen Frauenbewegung zu orientieren und die Frauen in bestimmte Bereiche der Partei- und Gewerkschaftsarbeit (Genossenschaftswesen, kommunale Sozialfürsorge) abzudrängen. In allen politischen Grundfragen lief das Programm des Rechtsopportunismus auf die Kapitulation der Arbeiterbewegung vor dem Imperialismus hinaus. Der gesamten Arbeiterbewegung und auch der proletarischen Frauenbewegung erwuchsen damit ernste Gefahren. Vor allem Rosa Luxemburg, Clara Zetkin und Käte Duncker kämpften unermüdlich gegen den Opportunismus und für eine revolutionäre proletarische Klassenpolitik.

● Im Kampf gegen den imperialistischen ersten Weltkrieg. Der im Juli 1914 von den imperialistischen Großmächten entfesselte erste Weltkrieg fand unter der demagogischen Parole „Vaterlandsverteidigung" die volle Unterstützung der bürgerlichen Frauenorganisationen. Sie vereinigten sich im „Nationalen Frauendienst", verherrlichten das „Kriegserlebnis" und unterstützten in vielfältiger Weise die imperialistische Innenpolitik und Kriegführung, hauptsächlich durch karitativen Dienst im Lazarettwesen sowie bei der kriegswirtschaftlichen Organisierung des weiblichen Arbeitskräftepotentials, nicht zuletzt im Bereich der imperialistischen Durchhaltepropaganda an der „Heimatfront". Auch die reformistischen Kräfte in der Arbeiterbewegung – die Sozialdemokratische Partei war zu einer reformistischen Partei geworden – unterstützten unter der Parole des „Burgfriedens" die imperialistische Kriegspolitik. Gegen den Widerstand Rosa Luxemburgs, Clara Zetkins, Käte Dunckers, Martha Arendsees (1885–1953) und anderer linker Kräfte beteiligten sich Frauen der SPD und der freien Gewerkschaften an Aktionen des „Nationalen Frauendienstes". Unter dem Einfluß der Niederlage der kaiserlichen Armee an den Fronten und der Opfer, die der imperialistische Krieg dem Volk auferlegte, entfalteten sich jedoch die sozialen Widersprüche, wuchsen Not und Elend des Volkes und besonders der proletarischen Frauen. Frauen bildeten ein bedeutendes Kontingent der Arbeitskräfte in der imperialistischen deutschen Kriegswirtschaft. 1917 und 1918 überstieg die Zahl der hauptberuflich tätigen Frauen die der Männer. Unter dem Druck der Realität und angesichts der innenpolitischen Widersprüche verstummte die frauenemanzipationsfeindliche Propaganda der Reaktion.

Vor allem seit 1915 entfaltete sich immer stärker der revolutionäre Antikriegskampf, an dem die klassenbewußten Kräfte der proletarischen Frauenbewegung aktiv teilnahmen. Ende Mai 1915 demonstrierten proletarische Frauen – geführt von Wilhelm Pieck (1876–1960) – für Frieden und Brot vor dem Berliner Reichstagsgebäude. Clara Zetkin wurde wegen „versuchten Landesverrats" mehrere Monate eingekerkert, 1915–1918 mit Unterbrechung weniger Monate auch Rosa Luxemburg. Die Interessen der deutschen Arbeiterklasse und des ganzen Volkes, auch der Frauen, verfocht die Spartakusgruppe, aus der 1918 der Spartakusbund und die Kommunistische Partei Deutschlands hervorgingen. Clara Zetkin gehörte ihr an. Anhänger der Spartakusgruppe organisierten machtvolle Demonstrationen gegen den imperialistischen Krieg und das Hungerregime, an denen proletarische Frauen aktiv beteiligt waren. Das gilt auch für zahlreiche spontane Demonstrationen, in denen vielerorts werktätige Frauen ihre Erbitterung über die Fortsetzung des imperialistischen Völkermordens und die Not ihrer Familien zum Ausdruck brachten. Von großer Bedeutung war die Internationale Sozialistische Frauenkonferenz in Bern (März 1915), die die Proletarierinnen der Welt aufrief, durch Massenaktionen gegen den imperialistischen Krieg zu kämpfen. Sie fand Widerhall auch bei kleinbürgerlich-demokratischen Kräften der bürgerlichen Frauenbewegung, die sich wenige Wochen später in Den Haag zu einer internationalen Frauenfriedenskonferenz versammelten, aus der u. a. der Deutsche Frauenausschuß für dauernden Frieden (ab 1919 Internationale Frauenliga für Frieden und Freiheit, Deutscher Zweig) hervorging. Er wurde von Lida Gustava Heymann und Anita Augspurg geleitet.

Bedeutenden Widerhall auch in der proletarischen Frauenbewegung Deutschlands fanden die revolutionären Ereignisse in Rußland 1917, die russische Februarrevolution und die Große Sozialistische Oktoberrevolution, die weltgeschichtlich die Epoche des Übergangs vom Kapitalismus zum Sozialismus einleitete. Der Sieg der russischen Arbeiter und Bauern unter der Führung der Partei W. I. Lenins (1870–1924) schuf auch die Voraussetzungen für die Verwirklichung des sozialistischen Frauenprogramms. Zum ersten Mal in der Geschichte der modernen Zivilisation wurde die Gleichberechtigung der Frau umfassend gesellschaftliche Realität. Clara Zetkin begrüßte als erste Sozialistin außerhalb Rußlands die Große Sozialistische Oktoberrevolution und erkannte deren weltgeschichtliche Bedeutung. Auf den Antikriegskampf der proletarischen Frauenbewegung in Deutschland wirkte vor allem das Friedenswerk der Revolution, Lenins Ruf nach einem Frieden ohne Annexionen und Kontributionen, nach der sofortigen Beendigung des Völkermordens.

Proletarische Frauen nahmen aktiv am Januarstreik 1918 teil, der machtvollsten Friedensaktion der deutschen Arbeiterklasse während des ersten Weltkrieges. Sie wandten sich immer stärker von der sozialdemokratischen „Burgfriedenspolitik“ ab und unterstützten zunehmend die 1917 gegründete Unabhängige Sozialdemokratische Partei (USPD), zu deren Funktionärinnen auch Clara Zetkin und Luise Zietz gehörten. Der sozialdemokratische Parteivorstand verdrängte 1917 Clara Zetkin aus der Redaktion der „Gleichheit“, die auch während des Krieges ihrer revolutionären, antiimperialistischen Linie treu geblieben war, die sich nun aber – unter der Redaktion von Marie Juchacz (1879–1956) in ein Instrument der reformistischen und sozialchauvinistischen Politik verwandelte. Clara Zetkin redigierte 1918 die Frauenbeilage der „Leipziger Volkszeitung“, die sie ebenfalls in den Dienst des revolutionären Antikriegskampfes und der Verbreitung der Ideen der Großen Sozialistischen Oktoberrevolution stellte.

Frauen in der Novemberrevolution. Die revolutionäre Antikriegsbewegung mündete 1918 in die Novemberrevolution, die bis dahin größte Kampfaktion der deutschen Arbeiterklasse gegen den Imperialismus. Frauen und Mädchen waren an den revolutionären Kämpfen vom November 1918 bis Mai 1919 aktiv beteiligt, an den Massendemonstrationen, Streiks, der Tätigkeit von Arbeiter- und Soldatenräten und den bewaffneten Kämpfen. Nicht wenige Frauen wurden Opfer der konterrevolutionären Soldateska, unter ihnen Rosa Luxemburg, die zusammen mit Karl Liebknecht am 15. Januar 1919 ermordet wurde. Frauenpolitische Forderungen und die Frauenfrage insgesamt spielten in der revolutionären Programmatik, aber auch in konterrevolutionärer und reformistischer Demagogie keine geringe Rolle.

Die Revolution errang das aktive und passive Wahlrecht für Frauen über 20 Jahre, den achtstündigen Arbeitstag, die Beseitigung der reaktionären Gesindeordnungen und der Ausnahmebestimmungen für weibliche Beamte (bis 1918 Zölibat) sowie weitere demokratische Errungenschaften, wie sie 1919 in der Weimarer Verfassung verankert wurden. Es gelang der Revolution jedoch nicht, das imperialistische Herrschaftssystem in Deutschland zu stürzen. Damit blieb auch die Gleichberechtigung der Frau, wie sie die Weimarer Verfassung ebenfalls postulierte, eine Fiktion. Die bürgerliche Frauenbewegung identifizierte sich weitgehend mit den Ergebnissen der Revolution, die in ihrer Inkonsequenz ihren eigenen Reformvorstellungen entsprachen. Im Revolutionsverlauf standen die meisten bürgerlichen Frauenorganisationen auf der Seite der Konterrevolution. Unterstützung fand die revolutionäre Massenbewegung lediglich durch kleinbürgerlich-demokratische Kräfte der bürgerlichen Frauenbewegung (z. B. Anita Augspurg und Lida Gustava Heymann).

Intensive frauenpolitische Propaganda im Sinne der Konterrevolution verband die bürgerliche Frauenbewegung mit den Wahlen zur verfassunggebenden Nationalversammlung im Januar 1919. Die bürgerlichen Frauenorganisationen trugen mit ihrem Wirken wesentlich zum Erfolg der bürgerlichen Parteien bei diesen Wahlen bei, an denen die Frauen zum ersten Male in der deutschen Geschichte teilnahmen. Unter den 423 gewählten Abgeordneten der Nationalversammlung befanden sich 41 Frauen, darunter auch 25 weibliche Abgeordnete von SPD und USPD.

Für den Sieg der antiimperialistischen Volksrevolution und ihre Weiterführung zur sozialistischen kämpften vor allem jene Kräfte der proletarischen Frauenbewegung, die sich zum Spartakusbund und seit dem Januar 1919 zur Kommunistischen Partei Deutschlands (KPD) bekannten, unter ihnen Clara Zetkin. Zu den Mitbegründern der KPD zählten Rosa Luxemburg und Käte Duncker. Bereits der Gründungsparteitag (30. Dezember 1918 – 1. Januar 1919) bekannte sich zum revolutionären Kampf um den Sozialismus und auch zur „völligen rechtlichen und sozialen Gleichstellung der Geschlechter". Auch für den Kampf der deutschen Arbeiterklasse um die Befreiung der Frau war die Gründung der KPD eine entscheidende Wende. Unter den Bedingungen der neuen, von der Großen Sozialistischen Oktoberrevolution 1917 eingeleiteten Epoche führte die kommunistische Frauenbewegung die von der proletarischen Frauenbewegung im 19. Jh. begründeten revolutionären Traditionen weiter. Sie formierte sich in den Revolutionskämpfen des Frühjahrs 1919. Die Frauenarbeit wurde in der Zentrale der KPD zunächst von Käte Duncker geleitet.

Die Frau in der Weimarer Republik. Von 1919 bis 1933 wurde die Macht des deutschen Monopolkapitals in Deutschland mit Hilfe eines bürgerlich-parlamentarischen Staates ausgeübt, der 1919 unter maßgeblicher Beteiligung rechter Sozialdemokraten in Weimar gegründet wurde. Obgleich offiziell das auch in der Weimarer Verfassung verankerte Prinzip der Gleichberechtigung der Geschlechter galt, erfuhr die Frauendiskriminierung auf allen Gebieten des gesellschaftlichen Lebens im wesentlichen ihre Fortsetzung. Die Weimarer Republik setzte auch in diesem Bereich die Politik der herrschenden Kreise des Kaiserreiches fort. Sie erließ Gesetze, die in großem Umfange gegen die Lebensinteressen der werktätigen Frauen verstießen (namentlich die Notverordnungen der Brüning-Regierung 1930 bis 1932), verwirklichte nicht das Prinzip „Gleicher Lohn für gleiche Arbeit", behielt die reaktionäre Familiengesetzgebung des Kaiserreiches bei und begünstigte das Wirken reaktionärer, frauenemanzipationsfeindlicher Kräfte, darunter auch nationalistischer, militaristischer und faschistischer Frauenorganisationen (z. B. des 1923 gegründeten Königin-Luise-Bundes und des Deutschen Frauenordens – Rotes Hakenkreuz, seit 1931 NS-Frauenschaft). Mit Repressivgewalt und polizeilichem Terror bekämpfte der Weimarer Klassenstaat die revolutionäre Arbeiterbewegung, darunter auch die kommunistische Frauenbewegung. Wiederholt wurden proletarische Frauen Opfer militaristischen und polizeilichen Terrors, so bei den Kämpfen nach dem Kapp-Putsch 1920, bei den mitteldeutschen Märzkämpfen 1921, beim Hamburger Aufstand 1923, am 1. Mai 1929 (dem sog. Blutmai) und bei den Auseinandersetzungen mit den zur Macht drängenden Hitlerfaschisten.

In begrenztem Umfange begünstigte das bürgerlich-parlamentarische System die Frauenemanzipation. Die Frauen konnten sich unter dem Einfluß der Koalitionsfreiheit und des Frauenwahlrechts stärker am politischen Leben beteiligen. Immer stärker setzte sich auch das Frauenstudium durch. Im Wintersemester 1932/33 befanden sich unter den Studenten der deutschen Universitäten 18,5 % Frauen. Von 1920 bis 1929 habilitierten sich 5 Frauen, und 1930 gab es in Deutschland 36 weibliche Hochschullehrer, die hauptsächlich auf naturwissenschaftlichem Gebiet tätig waren, unter ihnen Margarethe von Wrangell (1877–1932), die erste Ordentliche Professorin Deutschlands und Gründerin des Pflanzenernährungsinstituts in Stuttgart-Hohenheim. Im kulturellen Leben traten Frauenpersönlichkeiten hervor wie die Graphikerin Käthe Kollwitz (1867–1945), die Schriftstellerinnen Ricarda Huch (1864–1947) und Anna Seghers (1900–1983), die Schauspielerinnen Asta Nielsen (1881–1972) und Marlene Dietrich (geb. 1901) sowie die Tänzerin Gret Palucca (geb. 1902). Unter dem Einfluß des Kampfes der Arbeiterklasse und der bürgerlich-demokratischen Rechte, die die Novemberrevolution errungen hatte, gestalteten sich auch die Geschlechterbeziehungen freier. Der Frauensport setzte sich in vielen Sportarten durch. Bedeutenden Anteil daran hatte die Arbeitersportbewegung. In die Haushalte begannen technische Geräte Einzug zu halten, die die häusliche Arbeit der Hausfrau erleichterten, jedoch für Arbeiterfamilien finanziell kaum erschwinglich waren.

In der Weimarer Republik setzte sich die Frauenberufstätigkeit weiter durch. 1925 waren 11,5 Millionen Frauen berufstätig, darunter fast 5 Millionen als Arbeiterinnen. Es wurden jedoch nur wenige Berufe für Frauen neu erschlossen, obgleich die technische Entwicklung, u. a. durch Rationalisierungsmaßnahmen im industriellen Bereich, dies objektiv begünstigte. In der Industrie dominierte unqualifizierte, monotone und schlecht bezahlte Frauenarbeit, zudem unter den Bedingungen eines unzureichenden Mutter- und Kinderschutzes. Schwangere und Wöchnerinnen besaßen offiziell Kündigungsschutz, jedoch keinen Anspruch auf Lohnausgleich. Vor allem die Weltwirtschaftskrise 1929 bis 1933 bewirkte massenhaft soziales Elend der proletarischen Familie und in großem Umfange auch Frauenarbeitslosigkeit. Dabei wurde auch das Recht der Frauen auf Arbeit von bürgerlichen und reformistischen Kräften ähnlich wie schon im Zuge der sog. Demobilisierung 1919/20 in Frage gestellt. Das Massenelend der Weltwirtschaftskrise ließ u. a. die Forderung nach Beseitigung des berüchtigten § 218, des Abtreibungsparagraphen im bürgerlichen Strafgesetzbuch, stark hervortreten (1929 Friedrich Wolfs Drama „Cyankali“, 1931 Massenbewegung für die Abschaffung des § 218). Kompromißlos verfocht die KPD die Lebensinteressen der werktätigen Frauen, vor allem die der Proletarierinnen. Sie nutzte dafür auch die Parlamentstribüne (Anträge der KPD im Reichstag für demokratische Reformen des Mutter- und Kinderschutzes, die rechtliche Gleichstellung der Frau usw.).

● Die kommunistische Frauenbewegung entfaltete sich unter der Führung der KPD. In ihren Kampfzielen und Forderungen orientierte sie sich sowohl an den Traditionen der deutschen proletarischen Frauenbewegung vor 1918 als auch an den Errungenschaften der sowjetischen Frauen, mit denen sie sich eng verbunden fühlte und mit denen sie – u. a. durch Arbeiterinnendelegationen (1926–1932) – auch unmittelbar freundschaftliche Beziehungen pflegte. Die kommunistische Frauenbewegung war Teil der revolutionären deutschen Arbeiterbewegung in ihrem Kampf gegen kapitalistische Ausbeutung, Imperialismus, Militarismus und Faschismus. Sie engagierte sich nicht nur für Frauenforderungen im engeren Sinne, sondern nahm umfassend am revolutionären Klassenkampf teil. Arbeitsgebiete, bei denen die Kommunistinnen besonders aktiv in Erscheinung traten, waren vor allem: die revolutionäre Frauenagitation, wirtschaftliche und soziale Kämpfe der Arbeiterklasse, die Organisierung und Praxis der proletarischen Solidarität und in diesem Zusammenhang die Arbeit in bestimmten Massenorganisationen (Rote Hilfe Deutschlands, Internationale Arbeiterhilfe). Bedeutende Verdienste erwarb sich die kommunistische Frauenbewegung auch um die revolutionäre Erziehung der proletarischen Jugend, um die proletarische Kultur-, Sozial- und Familienpolitik. Aktiv nahm sie am Kampf um den Frieden und gegen die Vorbereitung eines neuen Weltkrieges teil (1928 z. B. am Kampf gegen die imperialistische Seekriegsrüstung). Die kommunistische Frauenbewegung Deutschlands war ein festes Glied der internationalen kommunistischen Frauenbewegung, die ihre weltumspannende Organisation in der Kommunistischen Internationale (KI, gegr. im März 1919) besaß und deren Wirken sie selbst – vor allem durch die Tätigkeit Clara Zetkins, der Leiterin des

Frauensekretariats der KI – zahlreiche Anregungen vermittelte. Im Kampf gegen die imperialistische, militaristische und faschistische Reaktion wirkte die kommunistische Frauenbewegung für die proletarische Einheitsfrontpolitik und für ein Zusammengehen mit klassenbewußten sozialdemokratischen Frauen. Im Sinne der proletarischen Bündnispolitik ging sie mit fortschrittlichen Kräften aus dem Lager der bürgerlichen Frauenbewegung zusammen, vor allem mit der antiimperialistisch-demokratischen Internationalen Frauenliga für Frieden und Freiheit. Die Aspekte der Einheitsfront- und Bündnispolitik traten in der kommunistischen Frauenbewegung vor allem nach der Bildung des leninistischen Zentralkomitees der KPD unter Führung Ernst Thälmanns (1886–1944) und im Zeichen des Kampfes gegen die faschistische Gefahr stärker in den Vordergrund.

Den Kern der kommunistischen Frauenbewegung bildeten die in der KPD organisierten Genossinnen. Das waren 1932 etwa 54000 Frauen. Die KPD besaß einen frauenpolitischen Apparat im Rahmen ihres Leitungssystems (Reichsfrauensekretariat bei der Zentrale bzw. Frauenabteilung des ZK, Frauenagitationskommissionen bzw. Frauenabteilungen bei den Bezirksleitungen usw.). Von großer Bedeutung für dessen Aufbau war die Reichsfrauenkonferenz der KPD 1920. Verbunden damit war der Klärungsprozeß über die Notwendigkeit spezifischer Organe für die Frauenarbeit der KPD.

1925 schuf sich die kommunistische Frauenbewegung eine Organisation zur Erfassung vor allem parteiloser proletarischer Frauen in Gestalt des Roten Frauen- und Mädchenbundes (RFMB), der von Clara Zetkin und Helene Overlach geleitet wurde und etwa 30000 Mitglieder besaß. In den Händen Helene Overlachs (1894–1983), Roberta Groppers (geb. 1897) und Lisa Ullrichs (geb. 1900) lag 1927 bis 1933 die Leitung der Frauenabteilung des ZK der KPD. Weitere aktive Kommunistinnen waren u. a. Martha Arendsee, Bertha Braunthal (1887–1967), Hertha Geffke (1893–1974), die Journalistin Lilly Korpus (-Becher; 1901–1978), die Graphikerin Lea Grundig (1906–1977) sowie die Schriftstellerinnen Berta Lask (1878–1967) und Anna Seghers (1900–1983). Ihre Presseorgane besaß die kommunistische Frauenbewegung in der von Clara Zetkin redigierten „Kommunistin“ (1919–1926), danach in dem Frauenorgan „Die Kämpferin“ und in der illustrierten Frauenzeitschrift „Der Weg der Frau“ (1931–1933). 1920 erschienen Richtlinien der KPD für die kommunistische Frauenagitation, und im Oktober 1931 wurde ein Schutzprogramm für die arbeitende Frau dem Reichstag als Antrag vorgelegt. Letzteres enthielt einen 10 Punkte umfassenden Katalog demokratischer Forderungen für den Mutter- und Kinderschutz und die Gleichberechtigung der Frau als Staatsbürgerin, Mutter und Berufstätige. Breiten Widerhall fand die kommunistische Frauenpolitik auf den Kongressen werktätiger Frauen in den Jahren 1929 bis 1932. Auf Initiative der KPD fand im Oktober 1931 in Berlin der größte Frauenkongreß der deutschen Arbeiterbewegung vor 1945 statt, der Norddeutsche Landeskongreß werktätiger Frauen (etwa 1500 Delegierte, darunter 750 Betriebsarbeiterinnen).

● Die sozialdemokratische Frauenbewegung in der Weimarer Republik. Sie befand sich unter der politischen Führung reformistischer und opportunistischer Kräfte und vermochte dadurch nur eine unzureichende Wirksamkeit als Interessenvertreterin proletarischer Frauen zu entfalten. Sie entwikkelte sich immer stärker zur „Nichts-als-Reform-Bewegung, die die bürgerliche Ordnung nicht stürzen, sondern stützen will“ (C. Zetkin). Ihre führenden Vertreterinnen – unter ihnen die Leiterin des Frauenbüros beim SPD-Parteivorstand Marie Juchacz und die Leiterin des Arbeiterinnensekretariats des Allgemeinen Deutschen Gewerkschaftsbundes Gertrud Hanna (1876–1944) – vertraten selbst opportunistische Positionen und ein gemäßigtes, teilweise an Forderungen der bürgerlichen Frauenbewegung orientiertes Frauenprogramm. Sie lehnten in Übereinstimmung mit antikommunistischen Kräften in der Führung der SPD die Einheitsfront mit den Kommunistinnen ab. Im Parlament wiesen führende Sozialdemokraten gemeinsam mit Vertretern bürgerlicher Parteien Forderungen, die die KPD im Interesse der werktätigen Frauen erhob, mehrfach zurück. Die rechten SPD-Führer handelten damit zugleich programmatischen Erklärungen zuwider, die die Partei August Bebels vertreten hatte und die z.T. auch noch Bestandteil des

Programms der reformistisch geführten SPD waren. Sie orientierten die sozialdemokratische Frauenbewegung vor allem auf kommunale Wohlfahrtsarbeit, schlossen sie von der Mitentscheidung in politischen Grundfragen weitgehend aus und beeinflußten auch die SPD-Frauenpresse in diesem Sinne. So fanden die Lebensinteressen der proletarischen Frauen in der sozialdemokratischen Frauenbewegung nur noch in geringem Umfange einen Fürsprecher. 1931 waren dennoch etwa 230000 Frauen in der SPD organisiert. Im Kampf gegen die faschistische Gefahr näherten sich linke Sozialdemokratinnen den Positionen der KPD.

● Die bürgerliche Frauenbewegung in der Weimarer Republik. Die Führerinnen des BDF unterstützten das monopolkapitalistische System der Weimarer Republik, in dem sie ihr gemäßigtes frauenpolitisches Reformprogramm weitestgehend realisiert sahen. Sie identifizierten sich auch deshalb mit ihm, weil es ihnen Gelegenheit zu unmittelbarer politischer Mitarbeit bot: als Parlamentarierinnen, Beamtinnen und Repräsentantinnen von bürgerlichen Frauenorganisationen im Rahmen des politischen Parteiwesens. Die BDF-Führerinnen waren hauptsächlich mit der Deutschen Demokratischen Partei (DDP, seit 1930 Deutsche Staatspartei) und der Deutschen Volkspartei (DVP) verbunden, während die Vertreterinnen der klerikalen und nationalistischen Frauenorganisationen vor allem die katholisch-klerikale Zentrumspartei bzw. die großbürgerlich-junkerliche Deutschnationale Volkspartei (DNVP) unterstützten. Die bürgerlichen Frauenorganisationen befanden sich großenteils politisch im Schlepptau dieser Parteien und ordneten ihre bescheidenen Ziele deren politischen Bestrebungen unter, wobei sie teilweise sogar mit offenkundig frauenfeindlichen Maßnahmen konform gingen. Defensiv, inkonsequent und stets den klassenmäßigen Zielen der Bourgeoisie den Vorzug gebend, stand die bürgerliche Frauenbewegung der Mißachtung der Fraueninteressen gegenüber, die vor allem für die Frauenpolitik der Präsidialregierungen der Republik (1930 bis 1933) charakteristisch war. Die großbürgerlichen Führerinnen des BDF wichen auch vor dem Faschismus zurück oder bemühten sich – wie Gertrud Bäumer – sogar um ein positives Verhältnis zur Nazibewegung, in der sie einen stabilisierenden Faktor des kapitalistischen Systems erkannten. Im Gegensatz dazu bekämpften die kleinbürgerlich-demokratischen Kräfte, die Internationale Frauenliga für Frieden und Freiheit und Helene Stöckers Bund für Mutterschutz, die faschistische Gefahr und begriffen auch zunehmend, daß allein an der Seite der Arbeiterklasse Fraueninteressen wirksam vertreten werden konnten. Die einheitsfrontfeindliche Haltung der sozialdemokratischen Führer erschwerte ihnen jedoch, diese Erkenntnis umzusetzen.

Insgesamt verlor die bürgerlich-frauenrechtlerische Bewegung im Verlaufe der zwanziger Jahre an Einfluß. Obwohl die im BDF vereinigten Organisationen 1928 noch über 1 Million Mitglieder besaßen, konzentrierten sich die bürgerlichen und kleinbürgerlichen Frauen immer stärker in klerikalen, nationalistischen, profaschistischen und faschistischen Organisationen, die auch auf die bürgerliche und kleinbürgerliche weibliche Jugend bedeutenden Einfluß ausübten und in diesem Sinne teilweise ideologische Vorarbeit für die faschistische Diktatur leisteten. Insgesamt waren 1932 etwa 6 Millionen Frauen und Mädchen in bürgerlichen Frauen- und Mädchenverbänden organisiert. Nur wenige dieser Organisationen vertraten Positionen des bürgerlichen Frauenrechtlertums und diese auch nur inkonsequent.

Frauendiskriminierung durch die faschistische Diktatur. Die Errichtung der faschistischen Diktatur durch die reaktionärsten und aggressivsten Kräfte des deutschen Monopolkapitals 1933 war für die Entwicklung der gesellschaftlichen Rolle der Frau und die Sache der Frauenemanzipation mit schweren Rückschlägen verbunden. Die faschistische Diktatur unterdrückte mit terroristischen Mitteln alle fortschrittlichen Kräfte, vor allem die revolutionäre Arbeiterbewegung. Sie zerstörte die demokratischen Errungenschaften, festigte das imperialistische Herrschaftssystem und begann systematisch mit der Vorbereitung eines neuen Weltkrieges. Sie zerschlug die Organisationen der Frauenbewegung oder versuchte, sie im faschistischen Sinne „gleichzuschalten". Unter dem Druck der faschistischen Diktatur und ihrer Staatspartei, der NSDAP, lösten sich zahlreiche bürgerliche Frauenorganisationen selbst auf, darunter auch der BDF, dessen großbürgerliche Führerinnen bis zuletzt auf eine Mitwirkung im System der faschistischen Frauenpolitik gehofft hatten. Die kleinbürgerlich-demokratischen Frauenorganisationen wurden ebenso verboten wie die SPD und die Gewerkschaften. Die Arbeiterinnen und weiblichen Angestellten wurden in der sog. Deutschen Arbeitsfront (DAF) zwangsorganisiert und alle „gleichgeschalteten" bürgerlichen Frauenorganisationen im Deutschen Frauenwerk zusammengefaßt, dessen Führerinnen von der NS-Frauenschaft, der Frauenorganisation der NSDAP, gestellt wurden. Auch die Mädchenorganisationen wurden aufgelöst und die Mädchen im faschistischen Bund Deutscher Mädel (BDM), einer Teilorganisation der Hitlerjugend (HJ), zwangsorganisiert. Lediglich die konfessionellen Frauenorganisationen vermochten teilweise bis 1939 ihre Selbständigkeit zu bewahren, unterlagen jedoch einem sich verschärfenden Druck im Rahmen des faschistischen Kirchenkampfes. Die frauenfeindliche Ideologie der Nazipartei wurde 1933 für zwölf Jahre Staatsideologie in Deutschland. An konservative antidemokratische Ideologen anknüpfend, behaupteten faschistische Ideologen wie Hitler und Rosenberg, die Idee der Frauenemanzipation sei vom „jüdischen Intellekt" erfunden und ein Ausdruck kulturellen und sozialen Verfalls. Das faschistische Frauenleitbild verwies die Frau auf die „Pflicht" zur Mutterschaft und die Rolle, „Erhalterin der Rasse" zu sein. Es bestritt das Recht der Frau auf individuelle Entwicklung ihrer Persönlichkeit und degradierte sie zur Gebärmaschine. Auf dem Gebiet der Berufstätigkeit sollte sich die Frau auf „natur- und artgemäße Berufe" beschränken, auf Land- und Hausarbeit, unqualifizierte Fabrikarbeit und Hilfsarbeiten im Büro sowie hinter dem Ladentisch. Systematisch wurde 1933 begonnen, Frauen aus qualifizierten Berufen zu verdrängen und akademische Frauenbildung abzubauen, u. a. durch einen Numerus clausus an den deutschen Universitäten und Hochschulen. Die Verdrängung der Frau aus qualifizierter beruflicher Tätigkeit galt als Beitrag zur „Beseitigung der Arbeitslosigkeit" sowie zur „Förderung der Familie". Im Zuge der faschistischen Aufrüstung wurde diese Linie faschistischer Frauenpolitik jedoch variiert und teilweise verlassen. Ab 1936 nahm das Naziregime zunehmend Kurs auf die stärkere Nutzung des weiblichen Arbeitskräftepotentials für die Kriegsvorbereitung bzw. ab 1939 für die Kriegswirtschaft. In diesem Zusammenhang wurde auch der Reichsarbeitsdienst weiblicher Jugend (RADwJ) aufgebaut und nach Kriegsbeginn zur Zwangsorganisation erklärt. Im Zusammenhang mit ihren frauenemanzipationsfeindlichen Bestrebungen und allgemeiner Bildungsfeindlichkeit gaben die Faschisten auch das Mädchenschulwesen, dessen Reform ein besonderes Anliegen der bürgerlichen Frauenbewegung gewesen war, dem Verfall preis und erklärten, daß höhere wissenschaftliche Bildung von den Mädchen weder verstanden werde noch für die „kommende Mutter" erforderlich sei.

Alle Antifaschistinnen sowie Frauen, die als „rassisch minderwertig" im Sinne der Nazi-Rassenideologie galten (Jüdinnen, Zigeunerinnen), wurden brutal verfolgt. 1933 errichteten die Faschisten die ersten Frauen-Konzentrationslager, darunter als zentrales Frauen-KZ das Lager Moringen b. Hildesheim. 1939 wurde das größte dieser Lager, das KZ Ravensbrück, geschaffen, in dem während des zweiten Weltkrieges etwa 92000 Frauen und Kinder aus 23 Nationen den Tod fanden. Zahlreiche Frauen trieb der Faschismus in die Emigration, darunter namhafte Vertreterinnen des deutschen Kultur- und Geisteslebens sowie Persönlichkeiten der Frauenbewegung, unter ihnen Martha Arendsee, Käte Duncker, Roberta Gropper, Lilly Becher, Marie Juchacz, Berta Lask, Alice Salomon (1872–1948), Anita Augspurg, Lida Gustava Heymann, Helene Stökker, die Schriftstellerinnen Anna Seghers, Alex Wedding (1905–1966) und Inge von Wangenheim (geb. 1912), die Schauspielerinnen Tilla Durieux (1880–1971), Helene Weigel (1900–1971) und Marlene Dietrich sowie die bedeutende Physikerin Lise Meitner (1878–1968). Zum Austritt aus der Preußischen Akademie der Künste wurden u. a. Ricarda Huch und Käthe Kollwitz gezwungen.

Die faschistische Rassengesetzgebung, u. a. die sog. Nürnberger Gesetze (1935) und die faschistische Ehegesetzgebung (1938), brachten über Hunderttausenden Ehen und Familien unermeßliches Leid. Die faschistische Diktatur und der von ihr 1939 entfesselte imperialistische Raubkrieg förderten den Verfall der Familie, obgleich der Faschismus in seiner Propaganda als „Beschützer der Familie“ auftrat und einen verlogenen Kult um die Mutterschaft betrieb (1939 Stiftung des sog. Ehrenkreuzes der deutschen Mutter, „Mutterkreuz“). Der Faschismus förderte vor allem aus militärischen Gründen auch die außereheliche Geburtenentwicklung, ohne jedoch die Gleichberechtigung der nicht ehelichen Mutter und ihres Kindes anzuerkennen.

Frauenpolitik der KPD im antifaschistischen Widerstandskampf. Die KPD war die führende Kraft in der deutschen antifaschistischen Widerstandsbewegung. Aktiv beteiligten sich auch ihre weiblichen Kader am Kampf gegen den Faschismus sowohl in der Illegalität, in Betrieben und Wohngebieten, in Zuchthäusern und Konzentrationslagern, als auch im Exil. Genossinnen führten vielfach illegale Parteiarbeit da fort, wo die Männer verhaftet worden waren. Sie spielten eine bedeutende Rolle im Netz der illegalen Verbindungen der Parteiorganisationen, waren an antifaschistischer Agitation und Propaganda aktiv beteiligt, unterstützten die Angehörigen der Verhafteten, gewährten Verfolgten Zuflucht und nahmen prinzipiell an allen Formen des antifaschistischen Kampfes teil. In der antifaschistischen Widerstandsbewegung bewährten sich die Grundsätze aktiver gleichberechtigter Mitwirkung der Frauen im Klassenkampf, von denen die revolutionäre Arbeiterbewegung stets ausgegangen war. Die KPD bekämpfte die faschistische Diktatur kompromißlos und mit allen ihr zu Gebote stehenden Mitteln. Sie übte in ihrer antifaschistischen Propaganda auch scharfe Kritik an der faschistischen Frauenpolitik und entwickelte eine demokratische und humanistische Alternative gegenüber der Mißachtung der Lebensinteressen der Frauen und Mädchen durch die faschistische Diktatur. Das Ziel, durch den Sturz des Hitlerregimes ein antifaschistisch-demokratisches Deutschland zu schaffen und in diesem auch die Gleichberechtigung der Frau zu verwirklichen, bestimmte ihre Frauenpolitik unter diesen Bedingungen. Auf ihrer Brüsseler Konferenz (1935) und auf ihrer Berner Konferenz (1939) würdigte die KPD den Kampf der Antifaschistinnen und forderte ihre Mitglieder und illegal wirkenden Organisationen auf, der Einbeziehung der Frauen in die antifaschistische Widerstandsbewegung besondere Aufmerksamkeit zu widmen. Sie wandte sich in Flugschriften und Flugblättern an die Frauen und Mädchen, darunter auch an Bäuerinnen, Frauen aus den Mittelschichten und aus christlichen Bevölkerungskreisen. Ihre besondere Aufmerksamkeit galt der Einheitsfront mit der Sozialdemokratie und in diesem Zusammenhang dem Zusammenwirken von Kommunistinnen und Sozialdemokratinnen. Zu Ansätzen dieser Zusammenarbeit, die durch antikommunistische Haltung der rechten SPD-Führer im Exil nach wie vor behindert wurde, kam es vor allem in Betrieben und Wohngebieten. 1933/34 arbeiteten Kommunistinnen und Sozialdemokratinnen im Saarland zusammen, um das Vordringen des Faschismus an der Saar (das Saargebiet wurde 1935 an Hitlerdeutschland angeschlossen) zu verhindern.

Die KPD brachte im antifaschistischen Kampf große Opfer. Ermordet wurden bis zum Beginn des zweiten Weltkrieges u.a. die Kommunistinnen Franziska Kessel (1906 bis 1934), Käthe Sennholz (1902–1933) und Grete Walter (1913–1935). Im national-revolutionären Krieg des spanischen Volkes, der von deutschen Interbrigadisten unterstützt wurde, fand 1937 Gerda Taro (geb. 1911) den Tod. 1938 wurde als erste deutsche Frau und Mutter die Kommunistin Liselotte Hermann (geb. 1909) wegen ihrer aktiven antifaschistischen Arbeit, die vor allem gegen die Kriegsvorbereitung gerichtet war, hingerichtet. Zahlreiche Kommunistinnen kerkerte die Nazijustiz in Zuchthäusern und Konzentrationslagern ein, unter ihnen Helene Overlach und Lisa Ullrich, die vor 1933 die Frauenabteilung des ZK der KPD geleitet hatten. Im antifaschistischen Widerstandskampf wurde die Frauenarbeit der KPD vor allem von Elli Schmidt (1908–1980) geleitet.

Zweiter Weltkrieg 1939–1945. Der vom faschistischen deutschen Imperialismus 1939 entfesselte zweite Weltkrieg brachte auch Millionen Frauen des deutschen Volkes unermeßliches Leid. Während die Männer an den Fronten starben, wurden Frauen und Mädchen in der Rüstungswirtschaft verschärfter Ausbeutung sowie intensiver Bespitzelung und Gestapoterror unterworfen. Unmittelbar vor Kriegsbeginn waren

12,7 Millionen Frauen in Deutschland (Territorium von 1937, ohne Saarland) berufstätig, darunter 2,3 Millionen als Arbeiterinnen in Industrie und Handwerk. Bis Ende September 1944 erhöhte sich die Zahl der berufstätigen Frauen auf 14,9 Millionen, womit die Frauenberufstätigkeit im kapitalistischen Deutschen Reich ihren statistisch nachweisbaren Höchststand erreichte. Doch ging die Zahl der Industriearbeiterinnen zurück, hauptsächlich durch den Einsatz ausländischer Zwangsarbeiter, womit während des Krieges der faschistische Staat der Industrie und auch der Landwirtschaft in großem Umfange Arbeitskräfte zuführte. Doch wurden besonders ab 1943, in der Zeit des sog. „totalen Krieges", in großem Umfange Frauen und Mädchen in der Kriegswirtschaft dienstverpflichtet. Die Frauen der herrschenden Kreise hingegen entzogen sich diesem Einsatz und beschäftigten noch 1944 über 500000 Frauen als Dienstmädchen und Hausgehilfinnen.
Im Kriegsverlauf wurden Frauen in zunehmendem Maße Opfer des Bombenkrieges, des faschistischen Terrors und im Frühjahr 1945 auch der Kampfhandlungen auf deutschem Boden. Ab 1942 deportierten die Faschisten systematisch die jüdische Bevölkerung in Ghettos und Konzentrationslager. Millionen jüdischer Frauen und Kinder fanden den Tod durch Massenvernichtung im KZ Auschwitz und in anderen Lagern. Die Zahl der Antifaschistinnen in den Konzentrationslagern wuchs, und die Nazijustiz ging auch gegen Frauen verschärft mit der Todesstrafe vor, besonders nachdem die deutschen Faschisten im Juni 1941 die Sowjetunion überfallen hatten und der antifaschistische Kampf in Deutschland sich verstärkte. In mehreren großen, von der KPD geführten Widerstandsorganisationen und -gruppen spielten die Frauen eine bedeutende Rolle, so auch in der Berliner Widerstandsgruppe um Harro Schulze-Boysen und Arvid Harnack („Rote Kapelle"). Allein im August 1943 richtete die faschistische Justiz in Berlin-Plötzensee 12 Antifaschistinnen aus dieser Gruppe hin, unter ihnen Eva Maria Buch (geb. 1921), Hilde Coppi (geb. 1909) und Klara Schabbel (geb. 1894). Während des zweiten Weltkrieges ermordeten die Faschisten auch die Kommunistinnen Käthe Niederkirchner (1909–1944) und Ottilie Pohl (1867–1942), die Sozialdemokratin Johanna Kirchner (1889–1944), die Katholikin Maria Grollmuß (1896–1944) und die katholische Ordensschwester Edith Stein (1891–1942), die evangelische Erzieherin Elisabeth von Thadden (1890–1944) und die parteilose Ärztin Margarete Blank (1901–1945). Aktive antifaschistische Betätigung, oft auch nur die Verbreitung der unerwünschten Meldung eines ausländischen Rundfunksenders oder ein abfälliges Wort über den „Führer" waren Gründe für die Verhängung der Todesstrafe.
Mit Hilfe ihrer Propaganda und dem Wirken ihrer Frauenorganisationen versuchten die Faschisten, die werktätigen Frauen für die uneingeschränkte Unterstützung des Krieges zu gewinnen, stießen jedoch unter dem Einfluß der Krise ihres Regimes (seit 1943) zunehmend auf Ablehnung, Gleichgültigkeit und Resignation. Vielen Frauen gelang es unter Berufung auf familiäre Verpflichtungen, der Dienstverpflichtung in der Rüstungswirtschaft zu entgehen. NS-Frauenschaft, BDM und Wehrmacht warben unter der weiblichen Jugend für den Einsatz als Luftwaffen- und Stabshelferinnen in den faschistischen Streitkräften. Zunehmend wurden dafür Angehörige des RADwJ rekrutiert und auch in der Rüstungsindustrie eingesetzt. Im Frühjahr 1945 gehörten BDM-Mädchen und Wehrmachthelferinnen zum „letzten Aufgebot" bei den Kampfhandlungen auf deutschem Boden. Der faschistische deutsche Imperialismus erlitt jedoch gesetzmäßig die folgenschwerste Niederlage seiner Geschichte.

Die Frau in der sozialistischen Gesellschaft der DDR

Die Schaffung antifaschistisch-demokratischer Verhältnisse 1945 bis 1949. Der faschistische Raubkrieg hatte nicht nur Millionen Opfer gefordert und ungeheure materielle Zerstörungen hinterlassen, sondern auch schwerwiegende soziale Folgen und außerordentlich komplizierte Probleme im gesellschaftlichen Bewußtsein. Waren 1939 (auf das Gebiet der sowjetischen Besatzungszone bezogen) auf 100 Männer 104 Frauen gekommen, so kamen 1946 auf 100 Männer 135 Frauen. Millionen Männer waren durch den Krieg und den faschistischen Terror umgekommen. Millionen Frauen mußten den weiteren Weg durchs Leben allein gehen. Angesichts des Hungers und des sozialen Elends, das der Krieg hinterlassen hatte, oblag ihnen allein die Sorge für die Kinder, sie sahen sich komplizierten Lebens- und Arbeitsbedingungen ausgesetzt. Der Faschismus hatte der Entfaltung der Persönlichkeit der Frauen, besonders ihrer bewußtseinsmäßigen Entwicklung und beruflichen Qualifizierung, bedeutende Hindernisse in den Weg gelegt. Viele Frauen, vor allem aus den kleinbürgerlichen Schichten, die zu Trägerinnen faschistischer Ideologie geworden waren, standen jetzt dem Leben mit Lethargie, Resignation und Skepsis gegenüber. Sie begegneten auch dem antifaschistisch-demokratischen Neuaufbau mit zahlreichen Vorurteilen und vielfach mit Ablehnung.

Millionen Frauen aber empfanden das Ende des Krieges und die Befreiung vom Faschismus als Beginn eines neuen Lebens und auch einer neuen Rolle der Frau in der Gesellschaft. Die antifaschistisch-demokratische Umwälzung, die 1945 im Osten Deutschlands begann, stützte sich in großem Umfange auf jene Frauen, vor allem auf Frauen aus der Arbeiterklasse. Sie mobilisierte jedoch auch Frauen aus allen anderen Schichten des Volkes, Frauen verschiedener religiöser Bekenntnisse und Weltanschauungen. Vor allem aus den beiden Arbeiterparteien, befreit aus faschistischer Haft und zurückgekehrt aus dem Exil, kamen die Aktivistinnen der ersten Stunde, die den Frauen beim Aufbau des neuen Lebens vorangingen.

Das Frauenprogramm von KPD und SED. Bei der Verwirklichung ihres Aufrufs vom 11. Juni 1945, der auf die Schaffung antifaschistisch-demokratischer Verhältnisse in allen Lebensbereichen orientierte, ging die KPD davon aus, daß den werktätigen Frauen eine aktive Rolle beim Aufbau des neuen Lebens zukam. Sie ließ sich dabei von den Erkenntnissen der Klassiker des Marxismus-Leninismus, August Bebels und Clara Zetkins zur Frauenfrage leiten und forderte, die Gleichberechtigung der Frau voll durchzusetzen. Sie betonte in diesem Zusammenhang die bedeutende Rolle der Frau im Arbeitsprozeß, in der Familie sowie im politischen und kulturellen Leben und trat für die Verwirklichung der demokratischen Grundrechte der Frau ein: volles Recht auf Arbeit, auf gleichen Lohn für gleiche Arbeit, Schutz und Fürsorge der Gesellschaft für Familie und Mutterschaft, Gleichberechtigung in der Ehe und umfassende politische Mitbestimmung. Die klassenbewußten Kräfte in der SPD vertraten ähnliche Positionen. Beide Arbeiterparteien bekannten sich zur Einheitsfront und vereinigten sich im April 1946 zur Sozialistischen Einheitspartei Deutschlands (SED). Damit entstand die führende politische Kraft des antifaschistisch-demokratischen Neuaufbaus und auch für den Prozeß der Verwirklichung der Gleichberechtigung der Frau. Die SED orientierte auf die konsequente Weiterführung der antiimperialistisch-demokratischen Umwälzung und auf den späteren Übergang zum Aufbau des Sozialismus. In ihrer Frauenpolitik wurden die SED und die sich bildenden antifaschistisch-demokratischen Staatsorgane voll von der sowjetischen Besatzungsmacht unterstützt, die sich in Befehlen und Anordnungen zur Frauenpolitik von Erfahrungen im eigenen Lande leiten ließ. Die Sowjetische Militäradministration (SMAD) förderte auch die Entwicklung antifaschistisch-demokratischer Frauenausschüsse, die seit August 1945 vielerorts entstanden.

Antifaschistische Frauenausschüsse bildeten von 1945 bis 1947 eine wichtige Organisationsform für die aktive politische Teilnahme von Frauen am antifaschistisch-demokratischen Neuaufbau. Die Ausschüsse bildeten sich bei den Stadt- und Gemeindeverwaltungen auf der Grundlage der Einheitsfront der Arbeiterklasse und ihres Bündnisses mit allen antiimperialistisch-demokratischen Kräften. Die Aufgabe der Ausschüsse bestand vor allem in der „Durchführung politisch-erzieherischer Aufklärungsarbeit unter den Frauen auf antifaschistisch-demokratischer Grundlage ..., (der) Einbeziehung deutscher Frauen in das aktive öffentliche Leben des Landes, um ihre Mitwirkung an der demokratischen Umgestaltung Deutschlands zu ermöglichen, ... (und der) Unterstützung der Mütter bei der Erziehung der Kinder im demokratischen Geiste“ (Befehl des Obersten Chefs der SMAD, G. Shukow, vom 30. Oktober 1945). In den Antifaschistischen Frauenausschüssen wirkten Kommunistinnen und Sozialdemokratinnen, seit

April 1946 die Frauen der SED, eng mit Mitgliedern der Christlich-Demokratischen Union (CDU) und der Liberal-Demokratischen Partei (LDPD) sowie parteilosen Frauen zusammen. Mit dieser Zusammenarbeit begann die schrittweise Überwindung der Zersplitterung, die für die Frauenbewegung in Deutschland vor 1933 charakteristisch gewesen war. Auch viele Frauen aus ehemaligen bürgerlichen Frauenorganisationen wandten sich dem bewußten Wirken für sozialen Fortschritt und eine ihrem Wesen nach neue demokratische Ordnung zu. Die antifaschistischen Frauenausschüsse, zu deren Bildung vor allem Kommunistinnen die Initiative ergriffen, bewährten sich besonders auf dem Gebiet sozialer Hilfeleistung, der in den ersten schweren Nachkriegsjahren besondere Bedeutung zukam. In wirkungsvoller Weise beteiligten sie sich an dem großen humanistischen Hilfswerk „Rettet die Kinder!". Vor allem den Initiativen der antifaschistischen Frauenausschüsse war die Einrichtung der ersten Kindergärten, Kinderheime und Mütterberatungsstellen nach dem Kriege zu verdanken. Nicht minder bedeutsam war ihr Beitrag zur Bewußtseinsbildung der Frauen und Mütter in antifaschistisch-demokratischem Geist. Anfang 1947 bestanden etwa 7500 Frauenausschüsse, in denen 250000 Frauen vereinigt waren. Ehemalige Mitglieder der NSDAP und Funktionärinnen faschistischer Frauenorganisationen durften den Ausschüssen nicht angehören. Eine bedeutende Rolle in der Frauenpolitik von KPD und SPD sowie in der Tätigkeit der Antifaschistischen Frauenausschüsse spielten Elli Schmidt, Käthe Kern (1900–1985), Maria Rentmeister (geb. 1905) und Emmy Damerius-Koenen (geb. 1903).

Der DFD – die einheitliche demokratische Frauenorganisation. Nach der Gründung des einheitlichen Freien Deutschen Gewerkschaftsbundes (1945) und der Freien Deutschen Jugend als einheitlicher Jugendorganisation (1946) wurde am 7. März 1947 in Berlin der Demokratische Frauenbund Deutschlands (DFD) gegründet, die spätere sozialistische Frauenorganisation der DDR.

Zum ersten Mal in der deutschen Geschichte entstand eine einheitliche demokratische Frauenorganisation, eine Organisation, die Frauen aus allen Klassen und Schichten unter Führung von Frauen aus der Arbeiterklasse vereinigte, Frauen, die verschiedenen Parteien angehörten sowie unterschiedlichen politischen und weltanschaulichen Überzeugungen anhingen. Damit formierte sich zugleich eine bedeutende weitere gesellschaftliche Kraft für antifaschistisch-demokratischen Fortschritt auf deutschem Boden. Der DFD setzte das von den antifaschistischen Frauenausschüssen begonnene Werk der aktiven Mitwirkung der Frauen beim antifaschistisch-demokratischen Neuaufbau fort und demonstrierte – im Gegensatz zu der in den Westzonen wieder auflebenden Zersplitterung – die Einheit der Frauenbewegung im Zeichen sozialen und politischen Fortschritts. Er stellte sich die Aufgabe:

- alle reaktionären Bestrebungen zu bekämpfen und an der Beseitigung des faschistisch-militaristischen Gedankengutes mitzuwirken,
- an der Förderung und dem Ausbau der staatsbürgerlichen und beruflichen Bildungs- und Wirkungsmöglichkeiten der Frauen teilzunehmen und dafür zu sorgen, daß in einer künftigen Verfassung und Gesetzgebung die volle Gleichberechtigung der Frau verankert wird,
- Einfluß zu nehmen auf das gesamte kulturelle Leben und für die Erziehung der Kinder im Geiste des Humanismus und des Fortschritts sowie deren uneingeschränkte Bildungsmöglichkeiten einzutreten,
- sich einzusetzen für die Schaffung gerechter sozialer Lebensbedingungen für die Frauen und besondere Unterstützung den berufstätigen Frauen zu geben,
- für die Zusammenarbeit mit der fortschrittlichen demokratischen Frauenbewegung aller Länder zu wirken.

Mit der Gründung des DFD wurde eine neue Etappe der Frauenbewegung in Deutschland eingeleitet. Es entstand eine Massenorganisation, die für die Einbeziehung der Frauen in die weitere revolutionäre Umgestaltung und später den Aufbau des Sozialismus in der DDR große Bedeutung erlangen sollte. In ihr wirkten Frauen aller Klassen und Schichten, aller Parteien und Konfessionen, parteilose Frauen und aufbauwillige Kräfte aus der früheren bürgerlichen Frauenbewegung, Atheistinnen und Christinnen eng zusammen. 1948 waren bereits 300000, im Jahre 1949 über 500000 Frauen im DFD vereinigt. Eine besonders aktive Kraft stellten

von Anfang an die Frauen der Arbeiterklasse und die Genossinnen der SED in der Frauenorganisation dar.
Der DFD wirkte an politisch-ideologischen und sozialen Aufgaben mit, darunter an dem großen Gesetzgebungswerk, das in den Ländern der Sowjetischen Besatzungszone die Gleichberechtigung der Frau juristisch fixierte und damit Grundlagen für die Verfassung und die Gesetze der DDR schuf. Er förderte die Einbeziehung der Frauen in alle Bereiche des gesellschaftlichen Lebens, in das Volksbildungswesen und die Justiz, die antifaschistisch-demokratischen Verwaltungen und entsprechende ehrenamtlich arbeitende Gremien. Der DFD leistete mit seiner Einflußnahme auf die Mütter und die Lehrerinnen einen wichtigen Beitrag zur demokratischen Schulreform. Er knüpfte die ersten Kontakte zu den demokratischen Frauen der anderen Länder, insbesondere zu der 1945 in Paris gegründeten Internationalen Demokratischen Frauenföderation (IDFF). Seit dem IDFF-Kongreß von Budapest (Dezember 1948) gehört der DFD der IDFF als Mitglied an. Kurz zuvor hatte die erste Delegation des DFD auf Einladung des Komitees der Sowjetfrauen die Sowjetunion besucht. Der DFD trug wesentlich dazu bei, unter den deutschen Frauen die Wahrheit über das erste sozialistische Land zu verbreiten und freundschaftliche Beziehungen zu den sowjetischen Frauen herzustellen.
Frauen im Kampf für den Frieden und die Festigung der antifaschistisch-demokratischen Ordnung. Geführt von der einheitlichen revolutionären Arbeiterpartei und vereint in demokratischen Massenorganisationen, darunter im DFD, nahmen die Frauen und Mädchen der sowjetischen Besatzungszone aktiv am Kampf um den Frieden und am weiteren antifaschistisch-demokratischen Aufbau teil. Sie halfen, als Trümmerfrauen in harter Arbeit die Trümmer und Ruinen des Krieges zu beseitigen. Arbeiterinnen halfen, die Produktion wieder in Gang zu bringen, und gehörten zu den Schrittmachern der sich seit 1948 entwickelnden Aktivisten- und Wettbewerbsbewegung.
1949 ergriff die Arbeiterin Luise Ermisch (geb. 1916) in den Halleschen Kleiderwerken die Initiative zur Bildung der ersten Qualitätsbrigade der sowjetischen Besatzungszone. Werktätige Bäuerinnen sorgten mit dafür, daß die Ernährung des Volkes gesichert wurde, und halfen, die im Ergebnis der demokratischen Bodenreform (1945/46) entstehenden neuen Lebensverhältnisse in den Dörfern mitzugestalten. FDJlerinnen gehörten zu der ersten Generation jener Arbeiter- und Bauernkinder, die in höhere Schulen und Universitäten Einzug hielten. Hunderttausende Frauen – oft schon in fortgeschrittenem Alter – qualifizierten sich als Neulehrerinnen, Staatsfunktionärinnen und Volksrichterinnen. Nie zuvor im kapitalistischen Deutschland hatten sich den Frauen so umfangreiche Möglichkeiten beruflicher und politischer Qualifizierung eröffnet. Die Bereiche der Justiz und die höheren Funktionen in staatlichen Verwaltungen wurden den Frauen neu erschlossen. Bereits 1949 gab es in der sowjetischen Besatzungszone 154 weibliche Richter.
Bedeutsam war die Rolle der Frauen im politischen Leben, beim Volksentscheid über die Enteignung der Naziaktivisten und Kriegsverbrecher in Sachsen (1946) und bei den ersten demokratischen Wahlen (1946). Der DFD konnte als erste deutsche Frauenorganisation in den Länderparlamenten mit eigenen Abgeordneten und Fraktionen auftreten und unmittelbar auf die Gesetzgebung Einfluß nehmen. Er beteiligte sich 1948/49 auch aktiv an der Kampagne für das Verbot der Atomwaffen, zu der die IDFF die Frauen der Welt aufgerufen hatte. Bis Ende Januar 1949 sammelten die Mitglieder des DFD unter den 7,3 Millionen Frauen der sowjetischen Besatzungszone 5,3 Millionen Unterschriften dafür. Gleichzeitig nahm die Frauenorganisation mit einer breiten politischen Aufklärungsarbeit am Kampf gegen die Spaltung Deutschlands teil, die die imperialistischen Westmächte und die Kräfte des deutschen Monopolkapitals von den Westzonen aus betrieben. Der DFD war eine aktive Kraft der gegen diese Bestrebungen gerichteten Volkskongreßbewegung.
Errungenschaften der Frauen am Vorabend der Gründung der DDR. Der siegreiche Verlauf der antifaschistisch-demokratischen Umwälzung im Osten Deutschlands war mit bedeutenden Errungenschaften für die Frauen verbunden. In großem Umfange wurde das Prinzip der Gleichberechtigung der Geschlechter juristisch fixiert und im gesellschaftlichen Leben verwirklicht. Verwirk-

licht wurden vor allem die demokratischen Grundrechte der Frauen, darunter auch das Prinzip gleicher Lohn für gleiche Arbeit, das zuerst in den von der sowjetischen Besatzungsmacht geleiteten SAG-Betrieben und wenig später in der jungen volkseigenen Industrie angewendet wurde. Entscheidend für den Prozeß der Verwirklichung der Gleichberechtigung der Frau war die Beseitigung der ökonomischen und sozialen Grundlagen von Junkertum und Monopolbourgeoisie, jener Klassen, deren Herrschaft in Deutschland vor 1945 die Grundlage der Frauendiskriminierung gebildet hatte. Zur Rolle der Frau begann sich seit 1945 eine neue Einstellung in der Gesellschaft durchzusetzen, die von der Anerkennung des Prinzips der Gleichberechtigung und Mitverantwortung der Frau geprägt war. Zum ersten Male nahmen Frauen in Deutschland auch an der Ausübung politischer Macht im Interesse der Mehrheit des Volkes und der Frauen teil. Doch alle diese Errungenschaften waren mit den Folgen des Krieges und komplizierten Bedingungen des ökonomischen und sozialen Lebens verbunden. Weitere Fortschritte für die Arbeits- und Lebensbedingungen der werktätigen Frauen hingen entscheidend von der Steigerung der Arbeitsproduktivität ab sowie von der Sicherung der Errungenschaften durch einen sozialistischen Staat.

Gründung der DDR und erster Fünfjahrplan 1949 bis 1955. Die Gründung der DDR am 7. Oktober 1949 war das entscheidende Ereignis im Prozeß des Hinüberwachsens der antifaschistisch-demokratischen Umwälzung in die sozialistische Revolution.

Verfassungsrechtliche Sicherung der Gleichberechtigung. Die Schaffung der Arbeiter-und-Bauern-Macht und der Aufbau des Sozialismus schufen alle Voraussetzungen, um die Gleichberechtigung der Frau umfassend zu verwirklichen. Dazu bekannte sich auch bereits die erste Verfassung der DDR und das im September 1950 von der Volkskammer beschlossene Gesetz über den Mutter- und Kinderschutz und die Rechte der Frau, zu welchem die Frauenorganisation der Regierung der DDR im März 1950 Vorschläge unterbreitet hatte. In der Verfassung, Artikel 7, hieß es: „Mann und Frau sind gleichberechtigt. Alle Gesetze und Bestimmungen, die der Gleichberechtigung der Frau entgegenstehen, sind aufgehoben.“ Die Gleichberechtigung der Geschlechter wurde umfassend juristisch fixiert. Das Gesetz über den Mutter- und Kinderschutz und die Rechte der Frau von 1950 enthielt u. a. konkrete Festlegungen über gleichen Lohn für gleiche Arbeit, den Arbeitsschutz und die Gesundheitsfürsorge, die Schaffung sozialer Einrichtungen für Mutter und Kind, die gleichberechtigte Stellung der Frau in der Familie und die Rechte der alleinstehenden Mutter. Das Gesetz realisierte traditionelle Grundgedanken des Marxismus-Leninismus und der revolutionären Arbeiterbewegung zur Frauenfrage. Diese wurden auch in anderen Gesetzen der DDR verwirklicht, darunter im Gesetz der Arbeit (1950).

Von Anfang an nahmen in der DDR die Frauen an der Ausübung der Staatsmacht teil. Bereits der Provisorischen Volkskammer, die die Gründung der DDR proklamiert hatte, gehörten 53 Frauen an, darunter 10 Abgeordnete der Fraktion des DFD. Frauen nahmen in leitenden Funktionen an der Ausübung von Staatsgewalt sowie ökonomischer Leitung und Planung teil. Vizepräsidentin des Obersten Gerichts der DDR bis 1953 und Minister für Justiz von 1953 bis 1967 war Hilde Benjamin (geb. 1902). Als Präsidentin der Deutschen Notenbank von 1950 bis 1958 fungierte Greta Kuckhoff (1902–1981), und seit 1950 war Eva Altmann (geb. 1903) Rektor der Hochschule für Ökonomie Berlin, zugleich die erste Rektorin in der Geschichte des deutschen Hochschulwesens. Tausende Frauen amtierten schon in den ersten Jahren nach der Gründung der DDR als Bürgermeister, Richter und Leiter in der volkseigenen Industrie.

Neue Stellung der Frau im Produktionsprozeß. Dem planmäßigen Aufbau des Sozialismus diente bereits der erste Fünfjahrplan der Volkswirtschaft der DDR (1951–1955). Er und alle folgenden Fünfjahrpläne waren nur zu verwirklichen, wenn es gelang, Frauen und Mädchen umfassend in die Lösung der volkswirtschaftlichen Aufgaben einzubeziehen. Die Politik der SED folgte dabei zugleich dem Grundsatz, daß die Verwirklichung der Gleichberechtigung der Frau im gesellschaftlichen Leben ihre Teilnahme am Arbeitsprozeß voraussetzt und der Platz der Frau in der sozialistischen Gesellschaftsordnung entscheidend von ihrer Stellung im Produktionsprozeß bestimmt wird. In großem Umfange galt es, vor allem bisher nichtberufstätige Frauen in die Lösung der volkswirtschaftlichen Aufgaben einzubeziehen. Auf die damit verbundenen ideologischen Aufgaben orientierte u.a. der III. Bundeskongreß des DFD im April 1950. Gewerkschaften und Frauenorganisation halfen Hunderttausenden bisher nicht berufstätigen Frauen, ihren Platz im Berufsleben zu finden, sich in Arbeitskollektive einzugliedern, sich politisch zu bilden und beruflich zu qualifizieren. Dabei spielten u. a. die zeitweilig bestehenden Betriebsgruppen des DFD sowie die 1951 auf Initiative des DFD gebildeten Aktivs zur Förderung der Frau eine Rolle. Während der Periode des ersten Fünfjahrplans vergrößerte sich die Zahl der Frauen, die in der Volkswirtschaft der DDR tätig waren, um etwa 515000.

Der neue Charakter der Arbeit, die in den volkseigenen Betrieben und auch in den seit 1952 entstandenen Landwirtschaftlichen Produktionsgenossenschaften (LPG) nicht mehr von der Ausbeutung gekennzeichnet war, förderte die Bereitschaft vieler Frauen, die häusliche Enge zu verlassen und beruflich tätig zu werden. Zugleich entfalteten sich in diesem Zusammenhang vielfältige Konflikte, denn die Entwicklung in der Familie hielt mit der Entwicklung der Stellung der Frau im Beruf und im öffentlichen Leben nicht Schritt. Konflikte ergaben sich auch in den Betrieben und Arbeitskollektiven: aus den Anforderungen des Arbeitsprozesses, aus ungenügender Beachtung der Interessen von Frauen und Müttern durch manche Leiter und Kollegen, durch den noch vorhandenen Mangel an gesellschaftlichen Einrichtungen, die das Leben der Frauen und Mütter erleichtern und zur Lösung vieler sozialer Probleme beitragen konnten. 1955 verfügte die DDR bereits über 6468 Kindergärten und -wochenheime, in denen rund 309000 Kinder betreut wurden. In den Schulen setzte sich für die Kinder der Unterstufe (1.–4. Schuljahr) allmählich die Horterziehung durch. 1956 entstanden die ersten „Heinzelmännchenbetriebe", die Vorläufer der Dienstleistungskombinate. Die von der SED geführten gesellschaftlichen Kräfte förderten mit den ihnen eigenen Mitteln die Frauenberufstätigkeit und die öffentliche Meinung dazu.

Betriebsfrauenausschüsse und Frauenförderung. Zur wirksameren Vertretung der Interessen der berufstätigen Frauen, vor allem der Arbeiterinnen, entstanden 1952 auf Initiative der SED in Betrieben der volkseigenen Industrie, etwas später auch in volkseigenen Gütern und LPGs sowie in anderen Einrichtungen Frauenausschüsse. Ihre Mitglieder wurden in Frauenversammlungen der Betriebe gewählt und arbeiteten bis 1965 unter Anleitung der Parteiorganisationen der SED. Seit 1965 arbeiteten die Frauenausschüsse als Kommissionen der Betriebsgewerkschaftsleitungen. Die Aufgaben der Ausschüsse ergaben sich vor allem aus den Problemen und Konflikten, die mit der zunehmenden Berufstätigkeit der Frauen in den Betrieben verbunden waren, sowie aus der Notwendigkeit, die berufliche Tätigkeit und Qualifizierung der Frauen sowie ihre Teilnahme an der Leitung des Produktionsprozesses zielstrebig und umfassend zu fördern. Das Prinzip der Frauenförderung ist ein sozialistisches Prinzip und wurde in der DDR in großem Umfange bereits in den Jahren des ersten Fünfjahrplans verwirklicht.

In dieser Zeit wurden unter Verantwortung der Leitungen großer volkseigener Betriebe die ersten Frauenförderungspläne aufgestellt. Ihre Grundlage bildeten die Orientierungen des Gesetzes über den Mutter- und Kinderschutz und die Rechte der Frau sowie die konkreten Planaufgaben der Betriebe. Die Frauenausschüsse nahmen Einfluß auf die Frauenförderungspläne und ihre Verwirklichung. Sie erarbeiteten selbst Vorschläge dazu und ergriffen eigene Initiativen in der Frauenförderung, besonders im Bereich der betrieblichen Qualifizierung und der Schaffung sozialer Einrichtungen im Betrieb. Zum ersten Male in der deutschen Wirtschaftsgeschichte wiesen wirtschaftliche Pläne materielle Mittel für die Frauenförderung aus, wurden zielstrebig Maßnahmen dazu ergriffen und Formen der betrieblichen Mitbestimmung entwickelt, durch die Frauen selbst darauf Einfluß nehmen konnten.

Die Schrittmacher jener Entwicklung und der neuen Stellung der Frau im Sozialismus waren die Arbeiterinnen der Industrie. Zu den Aktivistinnen des ersten Fünfjahrplans gehörten Lotte Steinbach (geb. 1925), die Initiatorin der Bewegung „Senke die Selbstkosten bei jedem Arbeitsgang!", und Frida Hockauf (1903–1974), die unter der Losung

„Wie wir heute arbeiten, so werden wir morgen leben!" die 1948 von Adolf Hennecke ausgelöste Aktivistenbewegung auf eine qualitativ höhere Stufe hob.

Im Kampf um den Sieg der sozialistischen Produktionsverhältnisse.

Die Politik der SED zur weiteren Durchsetzung der Gleichberechtigung. Die 3. Parteikonferenz der SED (März 1956), die Frauenkonferenz der SED (Juni 1958) und der V. Parteitag der SED (Juli 1958) formulierten die wesentlichen Aufgaben, die im Prozeß des Kampfes um den Sieg der sozialistischen Produktionsverhältnisse in der DDR zur Durchsetzung der Gleichberechtigung der Frauen zu lösen waren. Es kam vor allem darauf an:

- den Prozeß der „Wiedereinführung des gesamten weiblichen Geschlechts in die öffentliche Industrie" (Engels) weiter zu forcieren,
- verstärkt und planmäßig gesellschaftliche Initiativen zu entwickeln, um Bedingungen zu schaffen, die es den werktätigen Frauen ermöglichten, besser ihre beruflichen mit ihren familiären Aufgaben zu vereinbaren,
- der beruflichen Qualifizierung der Frauen, besonders die der im Produktionsprozeß tätigen Arbeiterinnen, erhöhte Aufmerksamkeit zu widmen,
- die werktätigen Bäuerinnen umfassend für den genossenschaftlichen Weg in der Landwirtschaft zu gewinnen und auch die Frauen der anderen mit der Arbeiterklasse verbündeten Schichten stärker in das gesellschaftliche Leben einzubeziehen,
- die werktätigen Frauen für die sozialistische Kulturrevolution zu gewinnen.

Der V. Parteitag der SED stellte die Aufgabe, die sozialistischen Produktionsverhältnisse in der DDR in historisch kurzer Frist zum Siege zu führen und in diesem Prozeß die gesetzlich garantierte gleichberechtigte Stellung der Frau in der Gesellschaft völlig durchzusetzen. Alle Frauen der DDR sollten für den sozialistischen Aufbau gewonnen werden.

Arbeiterinnen als Wegbereiterinnen für alle Frauen im Sozialismus. In der zweiten Hälfte der fünfziger und zu Beginn der sechziger Jahre wurde die Weiterentwicklung der gleichberechtigten Stellung der Arbeiterinnen vor allem durch ihre Teilnahme am Kampf um die Steigerung der Arbeitsproduktivität bestimmt, durch die Verbesserung ihrer Arbeits- und Lebensbedingungen im Prozeß der sozialistischen Rekonstruktion der Betriebe sowie die Konzentration, Spezialisierung und Standardisierung der Produktion. Die Arbeiterinnen nahmen in immer breiterem Umfange an der Wettbewerbs-, Aktivisten- und Neuererbewegung teil. Sie wurden auch in die Bewegung der Brigaden der sozialistischen Arbeit einbezogen, die unter der Losung „Sozialistisch arbeiten, lernen und leben" seit 1959 entstanden und eine neue Qualität in der Entwicklung der Arbeiterklasse der DDR verkörperte. Dazu gehörte auch die Bewegung der sozialistischen Hilfe zwischen den im Wettbewerb stehenden Arbeitskollektiven, in der 1959 u. a. die Zittauer Textilarbeiterin Irmgard Richter (geb. 1923) hervortrat. Aus der Rekonstruktion der Betriebe und der gesamten wissenschaftlich-technischen Entwicklung ergaben sich höhere Anforderungen an die Qualifikation der im Produktionsprozeß tätigen Frauen. Seit 1958/59 machte die Qualifizierung un- und angelernter Arbeiterinnen zu Facharbeiterinnen große Fortschritte. 1959 legten über 4000 Frauen und Mädchen Facharbeiterprüfungen ab. 1961 waren an Lehrgängen der Betriebsakademien der volkseigenen Industrie 16,8 % Frauen beteiligt. Dennoch besaßen am Ende der Übergangsperiode vom Kapitalismus zum Sozialismus in der DDR 1961 noch etwa 85 % der Produktionsarbeiterinnen keine Facharbeiterqualifikation. Das widerspiegelte den aus der kapitalistischen Vergangenheit herrührenden Rückstand, der trotz vieler Anstrengungen in so kurzer historischer Frist nicht zu überwinden war. Zur Frauenförderung in der Industrie und zur Verbesserung der Arbeits- und Lebensbedingungen der Arbeiterinnen trugen vor allem die Betriebe selbst, die Partei- und Gewerkschaftsorganisationen sowie die FDJ bei, die in den Jahren 1958 bis 1961 eine spezifische Arbeit unter jungen Arbeiterinnen leistete. Der DFD unterstützte die berufstätigen Frauen vor allem durch gesellschaftliche Initiativen in den Wohngebieten (Nachbarschaftshilfe u. a.). Die von ihm seit 1958 entwickelte Bewegung der Hausfrauenbrigaden trug dazu bei, weitere nichtberufstätige Frauen an den Produktionsprozeß heranzuführen. Ende

1961 bestanden über 7000 solche Brigaden, denen etwa 70000 Frauen angehörten. Etwa 25000–30000 Mitglieder von Hausfrauenbrigaden nahmen zwischen 1958 und 1961 ein ständiges Arbeitsverhältnis auf. Die Bewegung besaß bedeutenden Anteil daran, daß am Ende der Übergangsperiode über 70% aller Frauen der DDR im arbeitsfähigen Alter berufstätig waren.

Von großer Bedeutung für die Frauenförderung und die Entwicklung der gesellschaftlichen Stellung der Arbeiterinnen waren in dieser Zeit die Beschlüsse der Konferenz der Frauenausschüsse der Industrie in Buna/Schkopau b. Merseburg (1956), das Frauenprogramm des FDGB (1956), die Beschlüsse der Frauenkonferenz der SED im Kombinat „Schwarze Pumpe“ und des V. Parteitages der SED (1958), die Richtlinien des FDGB-Bundesvorstandes für den Inhalt der Frauenförderungspläne (1959) und die Thesen des ZK der SED zum 50. Internationalen Frauentag (1960).

Die Frau bei der sozialistischen Umgestaltung der Landwirtschaft. Die 1952 eingeleitete Entwicklung der Landwirtschaftlichen Produktionsgenossenschaften (LPGs) trat 1957/58 in eine neue Etappe ein. Sie begann auf die Masse der werktätigen Bauern überzugreifen. Im Frühjahr 1960 siegten die sozialistischen Produktionsverhältnisse auf dem Lande. In ihrer Politik bei der sozialistischen Umgestaltung der Landwirtschaft ging die SED ebenfalls von dem Grundsatz aus, daß ohne die aktive Einbeziehung der Bäuerinnen und aller Frauen auf dem Lande die sozialistische Entwicklung des Dorfes nicht zum Siege geführt werden konnte. In diesem Zusammenhang war eine umfangreiche und intensive Überzeugungsarbeit sowohl unter den werktätigen Bauern als auch unter den Bäuerinnen zu leisten. An ihr waren vor allem die DFD-Gruppen in den Dörfern sowie die Vereinigung der gegenseitigen Bauernhilfe (VdgB), die 1955 mit der Bildung von Kommissionen für die Arbeit unter den werktätigen Bäuerinnen begann, aktiv beteiligt. Wichtige Initiativen dazu gingen vom VI. Bundeskongreß des DFD (1957) und von der 1959 in Erfurt tagenden Zentralen Bäuerinnenkonferenz aus. Sie faßten sowohl für die politisch-ideologische Arbeit unter den werktätigen Bäuerinnen als auch für die Frauenförderung in den LPGs und in den volkseigenen Gütern (VEGs) Beschlüsse. Die SED orientierte auf die Bildung von Frauenausschüssen in allen LPGs und VEGs sowie auf die Einbeziehung der Genossenschaftsbäuerinnen in die Qualifizierung und die Leitungstätigkeit der LPG-Vorstände. Ende 1960 existierten in etwa 17% aller LPGs Frauenausschüsse. Auch unter den Bäuerinnen bestand ein aus der kapitalistischen Vergangenheit herrührender bedeutender Qualifizierungsrückstand.

Nur 0,5% von ihnen besaßen 1960 eine abgeschlossene berufliche Ausbildung. Erst die Arbeits- und Lebensbedingungen in den LPGs schufen hier in den folgenden Jahren grundlegenden Wandel. Im Frühjahr 1960 gehörten den LPGs etwa 45% weibliche Mitglieder an. Zahlreiche Bäuerinnen fanden erst nach dem Sieg der sozialistischen Produktionsverhältnisse in der Landwirtschaft den Weg in die LPGs, weil zunächst nur ihre Männer Genossenschaftsmitglieder geworden waren und diese oft ihre Frauen vor dem Eintritt in die LPG zurückhielten. Im Prozeß der sozialistischen Umgestaltung des Dorfes vollbrachten Landarbeiterinnen volkseigener Güter und Genossenschaftsbäuerinnen bedeutende Leistungen beim Kampf um die Steigerung der Agrarproduktion. Zu diesen Frauen zählten die junge Viehzüchterin Lucie Wolter (geb. 1935), die Genossenschaftsbäuerin Maria Holl (1909–1981), die LPG-Vorsitzende Frieda Sternberg, Mitglied des ZK der SED (geb. 1920) und die Genossenschaftsbäuerin Irmgard Neumann (geb. 1925), die 1960 in den ersten Staatsrat der DDR gewählt wurde.

Der Sieg der sozialistischen Produktionsverhältnisse auf dem Lande änderte die Arbeits- und Lebensbedingungen der weiblichen Bevölkerung in den Dörfern grundlegend. Als Mitglied der LPG errang die Bäuerin ihre volle Gleichberechtigung. Der in der Vergangenheit fast nie endende Arbeitstag der Bäuerin verkürzte sich zusehends. Soziale Errungenschaften, wie sie die Arbeiterinnen und weiblichen Angestellten bereits seit einigen Jahren wahrnehmen konnten, erlangten nun auch für sie Geltung. Immer stärker nahm die Genossenschaftsbäuerin als gleichberechtigte Angehörige der mit der Arbeiterklasse verbündeten Klasse der Genossenschaftsbauern am gesellschaftlichen und kulturellen Leben teil.

Einbeziehung von Frauen aller Schichten in den sozialistischen Aufbau. Auf der Grundlage der Bündnispolitik der Arbeiterklasse leistete vor allem der DFD, gemeinsam mit den Parteien und anderen in der Nationalen Front vereinten gesellschaftlichen Kräften, eine intensive Aufklärungsarbeit unter den Frauen der Handwerker und Gewerbetreibenden, privater Unternehmer und Komplementäre (Unternehmer, die in den Jahren 1956–1972 staatliche Beteiligung an ihren Betrieben aufnahmen) sowie der Intelligenz. Das Ziel dieser Arbeit bestand darin, die Frauen dieser Schichten stärker in das gesellschaftliche Leben einzubeziehen und bei ihnen ein positives Verhältnis zur sozialistischen Entwicklung herauszubilden. Damit wurde das Bündnis der Arbeiterklasse mit den verschiedenen Schichten gefestigt und die Durchsetzung sozialistischer Produktionsverhältnisse in der städtischen kleinen Warenproduktion sowie der Privatindustrie unterstützt. Ein spezifischer Aspekt dieser Wirksamkeit des DFD bestand in dem Bestreben, zur Lösung jener Probleme beizutragen, die sich aus den sozialistischen Umgestaltungsprozessen in diesen Bereichen für die Rolle und die soziale Stellung der Frauen ergaben. Die stärkere Einbeziehung der Frauen aus diesen Schichten in das gesellschaftliche Leben und in die sozialökonomischen Umgestaltungsprozesse schuf entscheidende Bedingungen dafür, daß auch diese Frauen von ihrer gesetzlich garantierten Gleichberechtigung in vollem Umfange Gebrauch machen konnten. Die Bildung von Produktionsgenossenschaften des Handwerks (PGH) erleichterte z. B. die Berufstätigkeit der Handwerkerfrauen. Allein 1958 führte der DFD 3400 spezielle Veranstaltungen mit Frauen verschiedener Schichten und Berufsgruppen durch, an denen 72000 Frauen teilnahmen. Damit wirkte die Frauenorganisation Überresten bürgerlicher und kleinbürgerlicher Ideologie entgegen, nicht zuletzt dem Einfluß imperialistischer Kräfte, die gerade auf die kleinbürgerlichen Schichten in der DDR politisch und ideologisch einzuwirken versuchten.

Zur Herausbildung einer neuen, sozialistischen Intelligenz – vorwiegend aus Söhnen und Töchtern von Arbeitern und Bauern bestehend – trug die Ausbildung von Frauen und Mädchen an den Universitäten, Hoch- und Fachschulen der DDR bei. Die Zahl der weiblichen Hochschulstudenten wuchs von 6700 im Jahre 1951 (21,3 % aller Hochschulstudenten) auf 25200 im Jahre 1960 (25,2 %). Erst die sozialistische Entwicklung im Hochschulwesen ermöglichte die breite Durchsetzung des Frauenstudiums und die umfassende Einbeziehung von Arbeiter- und Bauerntöchtern in die akademische Ausbildung. Dazu trug auch die sozialistische Umgestaltung des Schulwesens bei, insbesondere der Aufbau der 10klassigen allgemeinbildenden polytechnischen Oberschule (Schulgesetz von 1959). Die darin erfolgende gründliche mathematisch-naturwissenschaftliche und polytechnische Bildung schuf zugleich günstigere Voraussetzungen für die Einbeziehung von Mädchen in die Ausbildung für technische Berufe bzw. für das Studium naturwissenschaftlich-technischer Fachrichtungen. Einen bedeutungsvollen Beitrag zur Bewußtseinsbildung im sozialistischen Sinne leistete unter den Mädchen und jungen Frauen, darunter den Schülerinnen und Studentinnen, die FDJ und unter der weiblichen Intelligenz in den Betrieben und Einrichtungen der FDGB. In bedeutendem Umfange stieg der Frauenanteil im Lehrerberuf.

Verwirklichte Gleichberechtigung – Teil der Bilanz der Übergangsperiode. Als qualitativ bestimmendes Merkmal für den Übergang zur Gestaltung der entwickelten sozialistischen Gesellschaft bestätigte der Sieg der sozialistischen Produktionsverhältnisse in der DDR Anfang der sechziger Jahre, daß es die SED verstanden hatte, auf der Grundlage der allgemeingültigen Prinzipien des Marxismus-Leninismus eine den Erfordernissen der Übergangsperiode vom Kapitalismus zum Sozialismus entsprechende Politik zu konzipieren und mit der Kraft der Volksmassen zu verwirklichen. Zu den Ergebnissen der zielgerichteten Politik der SED in der Übergangsperiode zählte das hohe Niveau, das in der Entwicklung der gesellschaftlichen Stellung der Frau erreicht wurde. Die „klassischen Fragen“ der Frauenemanzipation waren Anfang der sechziger Jahre in der DDR gelöst, die Gleichberechtigung der Frau hergestellt und weitgehend im Leben verwirklicht. Darin fand eine der bedeutendsten Errungenschaften der Übergangsperiode und eines ihrer gesetzmäßigen Ergebnisse ihren

Ausdruck. Die Verwirklichung der Gleichberechtigung der Frau war zugleich eine grundlegende Bedingung für die Lösung nahezu aller historischen Aufgaben der Übergangsperiode auf politischem, ökonomischem und geistig-kulturellem Gebiet. Mit dem Sieg der sozialistischen Produktionsverhältnisse erhielt die Frauenemanzipation in der DDR ein neues sozialökonomisches Fundament. Die sozialen Grundlagen der Frauendiskriminierung, die seit der Herausbildung der feudalen Klassengesellschaft das Leben der Frauen in der deutschen Geschichte wesentlich bestimmt hatte, waren endgültig beseitigt. Der Prozeß der Lösung der Frauenfrage, der organisch eingeordnet ist in den Gesamtprozeß der Überwindung der Klassengesellschaft und die Entwicklung der kommunistischen Gesellschaftsformation, nahm mit dem Sieg der sozialistischen Produktionsverhältnisse qualitativ neue Merkmale an.

Frauen – Mitgestalterinnen der entwickelten sozialistischen Gesellschaft.

Die Politik der SED im Zeichen des umfassenden Aufbaus des Sozialismus. Das Ziel der Frauenpolitik der Partei der Arbeiterklasse im sozialistischen Staat ist es, die Frauen und Mädchen umfassend in den gesellschaftlichen Produktionsprozeß und das gesamte gesellschaftliche Leben einzubeziehen, ihre Gleichberechtigung und Mitverantwortung zu fördern und sie in ihrer Rolle als Mütter in vielseitiger Weise zu unterstützen. In diesem Sinne ist die Frauenpolitik eine spezifische Seite sozialistischer Politik und – da Frauen und Mädchen in allen Lebensbereichen der Gesellschaft tätig sind – eng mit anderen Bereichen sozialistischer Politik (ökonomische Politik, Sozialpolitik, Familienpolitik, Jugendpolitik usw.) verbunden.

Die Frauenpolitik der SED wurde in den sechziger Jahren vor allem vom Kommuniqué des Politbüros der SED „Die Frauen – der Frieden und der Sozialismus" (1961) sowie von den Beschlüssen des VI. und VII. Parteitages der SED (1963 und 1967) bestimmt. Das sog. Frauenkommuniqué orientierte darauf, im weiteren Prozeß des sozialistischen Aufbaus, der mit dem Ende der Übergangsperiode nicht abgeschlossen war, die Interessen der Frauen und Mädchen in allen Bereichen des gesellschaftlichen Lebens umfassend zu berücksichtigen und neue Initiativen in der Frauenförderung einzuleiten. Eine breite Volksaussprache dazu, zahlreiche Beschlüsse und Maßnahmen des sozialistischen Staates sowie verschiedener gesellschaftlicher Kräfte bewirkten 1962/63 einen Aufschwung in der Frauenqualifizierung, die stärkere Heranziehung der Frauen zu mittleren und leitenden Funktionen sowie wesentliche Fortschritte in der gesellschaftlichen Meinung zur Rolle der Frau in der sozialistischen Gesellschaft. Dabei wurde die Bedeutung der Berufstätigkeit der Frau für ihre Persönlichkeitsentwicklung sowie für die Entwicklung der sozialistischen Volkswirtschaft erneut hervorgehoben. Das Frauenkommuniqué und auch die Beschlüsse des VI. Parteitages der SED, zu denen auch ein neues Parteiprogramm gehörte, trugen zur Festigung der Erkenntnis bei, daß die errungene Gleichberechtigung der Frau ständig im Leben durchgesetzt werden muß und mit der Lösung vieler Probleme verbunden ist, nicht zuletzt mit dem Entstehen neuer Probleme, Ansprüche und Forderungen. Die SED kritisierte, „daß Partei-, Staats- und Wirtschafts- und Gewerkschaftsfunktionäre noch immer die Rolle der Frau in der sozialistischen Gesellschaft unterschätzen" (Bericht des ZK an den VI. Parteitag). Sie orientierte darauf, die zusätzliche Belastung der werktätigen Frau schrittweise zu verringern und den „Anspruch der Frau auf schöpferische Arbeit und auf Teilnahme am gesellschaftlichen Leben ... immer besser mit ihrer Stellung als Hausfrau und Mutter in Einklang" zu bringen (Programm der SED 1963).

Die SED ging weiterhin davon aus, daß die Rolle der Frau in der sozialistischen Gesellschaft objektiv wachsen mußte und die wissenschaftlich-technische Revolution für ihre berufliche Tätigkeit neue Entwicklungsmöglichkeiten erschloß. Deshalb sollten „die großen Fähigkeiten und Leistungen der Frauen und Mädchen noch zielstrebiger zur Entfaltung" gebracht werden (Bericht des ZK an den VII. Parteitag). Die Übereinstimmung der Interessen und Ziele der Frauen und Mädchen mit der Frauenpolitik der Partei der Arbeiterklasse unterstrichen die beiden Frauenkongresse der DDR 1964 und 1969.

In den sechziger Jahren wurden wesentliche Fortschritte vor allem in der Veränderung der Qualifikationsstruktur der berufstätigen

Frauen erzielt. 1970 verfügte schon jede 4. Arbeiterin der DDR über eine abgeschlossene Facharbeiterausbildung. Eine abgeschlossene Ausbildung besaß jetzt auch fast die Hälfte der Genossenschaftsbäuerinnen, von denen zur Zeit des Sieges der sozialistischen Produktionsverhältnisse nur wenige über eine abgeschlossene berufliche Qualifikation verfügten. Durch den Ausbau der gesellschaftlichen Kindereinrichtungen wurden neue Voraussetzungen für die bessere Vereinbarkeit von Mutterschaft und Berufstätigkeit geschaffen. Die Zahl der Plätze in Krippen und Heimen erhöhte sich von 104781 im Jahre 1960 auf 183412 im Jahre 1970. Im gleichen Zeitraum wuchs der Versorgungsgrad (je 1000 Kinder) in den Kindergärten von 461 auf 645. Nach einem Bericht der UNESCO, der Kulturorganisation der Vereinten Nationen, nahm die DDR schon Anfang der sechziger Jahre auf dem Gebiet der vorschulischen Einrichtungen den ersten Platz in der Welt ein.

Weitere rechtliche Grundlagen für die Gleichberechtigung der Frau. Die im April 1968 durch Volksentscheid beschlossene, durch ein Gesetz vom Oktober 1974 ergänzte sozialistische Verfassung der DDR trug den veränderten gesellschaftlichen Bedingungen Rechnung, die sich seit dem Beschluß der ersten Verfassung (1949) entwickelt hatten. Sie berücksichtigte die im Prozeß des sozialistischen Aufbaus herausgebildeten neuen Gemeinschaftsbeziehungen und moralischen Normen. Im Artikel 20 heißt es:

„Mann und Frau sind gleichberechtigt und haben die gleiche Rechtsstellung in allen Bereichen des gesellschaftlichen, staatlichen und persönlichen Lebens. Die Förderung der Frau, besonders in der beruflichen Qualifizierung, ist eine gesellschaftliche und staatliche Aufgabe."

Die Verfassung verankerte ausdrücklich das gleiche Recht auf Arbeit und das Recht auf gleichen Lohn für gleiche Arbeitsleistung (Artikel 24) sowie das gleiche Recht auf Bildung (Artikel 25). Im Artikel 38 heißt es:

„(1) Ehe, Familie und Mutterschaft stehen unter dem besonderen Schutz des Staates. Jeder Bürger der Deutschen Demokratischen Republik hat das Recht auf Achtung, Schutz und Förderung seiner Ehe und Familie.

(2) Dieses Recht wird durch die Gleichberechtigung von Mann und Frau in Ehe und Familie, durch die gesellschaftliche und staatliche Unterstützung der Bürger bei der Festigung und Entwicklung ihrer Ehe und Familie gewährleistet. Kinderreichen Familien, alleinstehenden Müttern und Vätern gilt die Fürsorge und Unterstützung des sozialistischen Staates durch besondere Maßnahmen.

(3) Mutter und Kind genießen den besonderen Schutz des sozialistischen Staates.

(4) Es ist das Recht und die vornehmste Pflicht der Eltern, ihre Kinder zu gesunden und lebensfrohen, tüchtigen und allseitig gebildeten Menschen, zu staatsbewußten Bürgern zu erziehen."

Damit berücksichtigte die Verfassung zugleich Erkenntnisse und Normen des im Dezember 1965 beschlossenen Familiengesetzbuches der DDR. Das Familiengesetzbuch (FGB) ging davon aus, daß mit der sozialistischen Entwicklung Familienbeziehungen neuer Art entstanden. „Die von Ausbeutung freie schöpferische Arbeit, die auf ihr beruhenden kameradschaftlichen Beziehungen der Menschen, die gleichberechtigte Stellung der Frau auf allen Gebieten des Lebens und die Bildungsmöglichkeiten für alle Bürger sind wichtige Voraussetzungen, die Familie zu festigen und sie dauerhaft und glücklich zu gestalten." (FGB, Präambel) Mit der Beseitigung des Privateigentums an den Produktionsmitteln konnte die gegenseitige Liebe zum entscheidenden Motiv für die Eheschließung und zur Grundlage der Stabilität der Familie werden. Zur Hauptfunktion der Familie wurde ihre Mitwirkung am Prozeß der Persönlichkeitsentwicklung. Mit dem FGB war das bürgerliche Familienrecht in der DDR endgültig überwunden.

1965 beschloß die Volkskammer der DDR auch das Gesetz über das einheitliche sozialistische Bildungssystem (Bildungsgesetz), das den einheitlichen Bildungs- und Erziehungsprozeß von den Vorschuleinrichtungen bis zur Aus- und Weiterbildung im Beruf gewährleistet. Es garantiert für Jungen und Mädchen, für Student und Studentin die gleiche Bildung und Erziehung, unterstreicht die gesellschaftliche Bedeutung der Familienerziehung und enthält den Grundsatz: „Das Streben der Frauen und Mädchen nach höherer beruflicher Qualifizierung ist durch vielfältige und differenzierte Formen und Methoden zu fördern. Sie sind zu Facharbeitern auszubilden und für den Einsatz in mittleren und leitenden Funktionen vorzubereiten. Der Ausbildung von Frauen und Mädchen für technische Berufe ist besondere Aufmerksamkeit zu widmen." (Bildungsgesetz, § 36) Das betonte auch die Anordnung vom Juli 1966 über die Aus- und Weiterbildung von Frauen für technische Berufe und ihre Vorbereitung für den Einsatz in leitenden Tätigkeiten.

Das sozialpolitische Programm der SED seit dem VIII. Parteitag. Der VIII. Parteitag der SED 1971 leitete eine neue Periode in der sozialistischen Frauenpolitik ein. Allseitig begründete er die Aufgaben, die bei der Gestaltung der entwickelten sozialistischen Gesellschaft gelöst werden müssen, und rückte das entscheidende Anliegen des Sozialismus – alles zu tun für das Wohl des Menschen – in den Mittelpunkt der Politik. Die konsequente Hinwendung zu den Massen, ihren unmittelbaren Interessen und Bedürfnissen und einer entsprechenden Wirtschafts- und Sozialpolitik war und ist von weittragender Bedeutung auch auf frauen- und familienpolitischem Gebiet. Der VIII. Parteitag bezeichnete es als „eine der größten Errungenschaften des Sozialismus, die Gleichberechtigung der Frau in unserem Staat sowohl gesetzlich als auch im Leben weitgehend verwirklicht zu haben". Er würdigte die aktive gesellschaftliche Mitwirkung der Frauen und betonte, daß es darauf ankommt, schrittweise jene Probleme zu lösen, „von denen es abhängt, ob eine Frau von ihren gleichen Rechten auch in vollem Umfange Gebrauch machen kann" (Bericht des ZK an den VIII. Parteitag). Der Parteitag orientierte auf die besondere Unterstützung der berufstätigen Mütter, den Ausbau des Systems der Dienstleistungs- und vorschulischen Einrichtungen sowie die Förderung von Ehe und Familie als „ein gesamtgesellschaftliches Anliegen". Alle diese Aufgaben gehören zum sozialpolitischen Programm der SED, das seit dem VIII. Parteitag zielstrebig verwirklicht wird und dessen Kernstück das Wohnungsbauprogramm ist.

Der IX. und X. Parteitag der Sozialistischen Einheitspartei Deutschlands bekräftigten diese Politik. Der IX. Parteitag 1976 orientierte in der Frauenpolitik vor allem auf die bessere Befriedigung der Bedürfnisse und Belange der berufstätigen Frauen mit mehreren Kindern. Das vom IX. Parteitag beschlossene Programm der SED formulierte u. a. die Aufgabe: „Die Sozialistische Einheitspartei Deutschlands wird alles tun, um überall solche Bedingungen zu schaffen, damit die Frauen ihrer gleichberechtigten Stellung in der Gesellschaft immer besser gerecht werden können. Ihre Arbeits- und Lebensbedingungen werden weiter verbessert. Die Festigung der gesellschaftlichen Stellung und die Persönlichkeitsentwicklung der Frauen erfordern, zielstrebig daran zu arbeiten, daß die Frauen ihre berufliche Tätigkeit noch erfolgreicher mit ihren Aufgaben als Mütter und in der Familie vereinbaren können." In diesem Sinne forderte der X. Parteitag (1981) die Leitungen der Partei, der Gewerkschaften und der Frauenorganisation sowie die staats- und wirtschaftsleitenden Organe erneut auf, „jene gesellschaftlichen und individuellen Werte gut zu nutzen, die mit der Gleichberechtigung geschaffen wurden, um den Leistungswillen der Frauen bei der weiteren Gestaltung der entwickelten sozialistischen Gesellschaft noch stärker zur Wirkung zu bringen". (Bericht des ZK an den X. Parteitag)

Der XI. Parteitag der SED (1986) konnte die erfolgreiche Verwirklichung der Frauen- und Familienpolitik der Partei konstatieren. Der von Erich Honecker erstattete Bericht des Zentralkomitees bezog sich dabei vor allem auf das weitere Anwachsen der Zahl der berufstätigen Frauen sowie der Frauen und Mädchen, die über eine abgeschlossene Berufsausbildung verfügen und die in Staat und Wirtschaft verantwortliche Funktionen ausüben. „Dank der aktiven Mitwirkung aller gesellschaftlichen Kräfte, insbesondere der Gewerkschaften, des Demokratischen Frauenbundes Deutschlands, der Freien Deutschen Jugend, der staats- und wirtschaftsleitenden Organe, wurden Voraussetzungen geschaffen, damit die Frauen berufliches und gesellschaftliches Engagement mit ihren Verpflichtungen als Mutter besser vereinbaren können und das Leben der Familien erleichtert wird." Die Frauen – so wurde erneut unterstrichen – können „überzeugt sein, daß unsere Partei sich weiterhin für ihre spezifischen Belange einsetzen wird, für die Förderung ihrer Fähigkeiten und ihres Mutes, Neues zu wagen". (Bericht des ZK an den XI. Parteitag) Der Parteitag beschloß

weitere sozialpolitische Maßnahmen zur Förderung von Familien mit Kindern und zur Erleichterung des Lebens berufstätiger Mütter.
Die Fortschritte, die bei der Weiterentwicklung der gesellschaftlichen Stellung und der Rolle der Frauen und Mädchen im sozialen Leben der DDR seit dem VIII. Parteitag erzielt wurden, waren Bestandteil der Verwirklichung des größten sozialpolitischen Programms, das in der deutschen Geschichte in Angriff genommen wurde. Entscheidende Voraussetzungen dafür schuf die Entwicklung in der sozialistischen Volkswirtschaft, die Steigerung des Nationaleinkommens von 117,4 Milliarden Mark im Jahre 1970 auf 221,8 Milliarden Mark im Jahre 1984. Die Lebensbedingungen der Familien, der Frauen und Mütter verbesserten sich entscheidend durch die Realisierung des Wohnungsbauprogramms. Seit dem VIII. Parteitag (1971) wurden über 2,4 Millionen Wohnungen neugebaut und modernisiert. So konnten für mehr als 7 Millionen Bürger die Wohnverhältnisse verbessert werden. 1972 wurden auch die Mieten für 291000 seit 1967 bezogene Neubauwohnungen von Bürgern, deren monatliches Brutto-Familieneinkommen 2000,– Mark nicht überschritt, gesenkt. Der sozialistische Staat der DDR ist im Begriff, bis 1990 die Wohnungsfrage als soziales Problem zu lösen. Moderne, zweckmäßige, komfortable und mietpreisgünstige Wohnungen verbessern die Lebensbedingungen der Familien, begünstigen die Erziehung der Kinder und erleichtern die Hausarbeit. Das gilt besonders für die durch Fernwärme geheizten Neubauwohnungen.
Der Förderung der Familie und der Verbesserung der Arbeits- und Lebensbedingungen der Frauen und Mütter sowie der jungen Ehepaare diente eine Vielzahl sozialpolitischer Maßnahmen, entsprechender Verordnungen und Rechtsvorschriften, die im Zuge der Verwirklichung der Politik der SED seit dem VIII. Parteitag erlassen wurden. 1972 wurde für alle vollbeschäftigten berufstätigen Mütter mit drei und mehr Kindern, 1976 auch für Mütter mit zwei Kindern, die 40-Stunden-Arbeitswoche ohne Lohnminderung eingeführt und der Mindesturlaub auf 21 Werktage – bei Arbeit im Mehrschichtsystem auf 24 Werktage – heraufgesetzt. Die bezahlte Freistellung von der Arbeit bei Geburt eines Kindes wurde auf 18 Wochen erweitert. Geburtenbeihilfen von 1000,– Mark wurden einheitlich ab erstem Kind gewährt. Um junge Ehen und die Geburtenentwicklung zu fördern, konnten junge Ehepaare bis zum 26. Lebensjahr zinslose Kredite für die Beschaffung und Ausstattung von Wohnraum aufnehmen. Bei Geburt von Kindern vermindert sich deren Rückzahlungssumme um 1000,– bis 2500,– Mark. Auch die an den Hoch- und Fachschulen studierenden Frauen wurden in diese Maßnahmen einbezogen und Festlegungen zur Förderung von schwangeren Studentinnen bzw. Studentinnen mit Kind getroffen (Verordnungen vom 10. Mai 1972). 1975 und 1976 wurden weitere Verordnungen zur Unterstützung kinderreicher Familien und alleinstehender Bürger mit drei Kindern sowie zur Verbesserung von Leistungen bei Mutterschaft von Studentinnen und Müttern im Lehrverhältnis erlassen.
Auch unter den komplizierten internationalen und wirtschaftlichen Entwicklungsbedingungen der achtziger Jahre setzte die SED – gestützt auf die ökonomischen Leistungen der Arbeiterklasse und aller Werktätigen – die Verwirklichung ihres sozialpolitischen Programms zielstrebig fort. Maßnahmen, wie sie die Verordnung von 1975 für kinderreiche Familien mit vier und mehr Kindern vorsah, traten 1984 auch für Familien mit drei Kindern in Kraft. Die Möglichkeit der bezahlten Freistellung werktätiger Mütter bei der Geburt des dritten und jedes weiteren Kindes wurde auf die Zeit bis zur Vollendung des 18. Lebensmonats des Kindes ausgedehnt. Jungen Eheleuten wird seitdem bei drei Kindern die gesamte Summe eines gewährten Ehekredits von 5000 Mark erlassen. Frauen, die fünf und mehr Kinder geboren und mindestens 15 Jahre gearbeitet haben, erhalten mindestens 370 Mark Rente. Für Frauen, die drei und mehr Kinder geboren haben, werden bei der Rentenberechnung für jedes ihrer Kinder drei Jahre als Zurechnungszeit auf die versicherungspflichtige Tätigkeit angerechnet.
Weitere Maßnahmen zur Förderung von Familien mit Kindern und jungen Eheleuten sowie zur Erleichterung des Lebens berufstätiger Mütter beschloß der XI. Parteitag der SED. Ab 1. Mai 1986 erhalten die Mütter bereits nach der Geburt des ersten Kindes ein

bezahltes Babyjahr, wobei sie die Möglichkeit haben, schon vor der Geburt des Kindes davon zwei Wochen vor dem Schwangerschaftsurlaub in Anspruch zu nehmen. Die bezahlte Freistellung zur Pflege erkrankter Kinder wird allen berufstätigen Müttern bereits bei zwei Kindern gewährt. Die Kredite für junge Eheleute wurden von bisher 5000 Mark auf 7000 Mark erhöht, ebenso die Altersgrenze für die Gewährung solcher Kredite von 26 auf 30 Jahre. Weitere Maßnahmen betreffen die Unterstützung von Familien mit besonders pflegebedürftigen Kindern. Ab 1. Mai 1987 soll das Kindergeld bedeutend erhöht werden, nämlich für das erste Kind von 20 Mark auf 50 Mark monatlich, für das zweite Kind auf 100 Mark und für jedes weitere Kind auf 150 Mark. Damit wird der Abstand in den Pro-Kopf-Einkommen der Haushalte mit Kindern gegenüber solchen ohne Kinder spürbar verringert. Für diese bedeutende sozialpolitische Maßnahme werden jährlich etwa 2 Milliarden Mark bereitgestellt.

Die Direktive für den Fünfjahrplan 1986–1990 sieht u. a. vor, den Gesundheitsschutz für Mutter und Kind auszubauen sowie 45600 Kinderkrippenplätze neu zu errichten, so daß 1990 mindestens 780 von 1000 Kindern in Krippen betreut werden können.

Von Bedeutung für die Verwirklichung der Gleichberechtigung der Frau war auch das im März 1972 beschlossene Gesetz über die Unterbrechung der Schwangerschaft. Die Frau besaß damit zum ersten Mal in der deutschen Geschichte das Recht, über die Möglichkeiten der Empfängnisverhütung hinaus über Anzahl, Zeitpunkt und zeitliche Aufeinanderfolge von Geburten zu bestimmen. Sie konnte über die Unterbrechung einer Schwangerschaft eigenverantwortlich entscheiden. Die DDR verwirklichte auch damit eine traditionelle Forderung der revolutionären Arbeiterbewegung und der proletarischen Frauenbewegung.

Die Arbeiter-und-Bauern-Macht wandte umfangreiche materielle Mittel für diese sozialpolitischen Maßnahmen auf. Die Leistungen und Zuwendungen des Staates aus gesellschaftlichen Fonds dafür betrugen im Zeitraum 1971 bis 1982 mehr als 500 Milliarden Mark. Von 1981 bis 1985 wurden über 137000 Kindergartenplätze neu geschaffen, 14000 mehr als geplant. Einen Kindergarten besuchen gegenwärtig mehr als 90 Prozent aller Kinder ab vollendetem drittem Lebensjahr. Von 1972 bis 1984 wurden etwa 1 Million jungen Ehepaaren Kredite mit einem Wertvolumen von fast 6 Milliarden Mark gewährt.

Das gesamte sozialpolitische Gesetzgebungswerk der DDR macht deutlich, daß der sozialistische Staat in zunehmendem Maße von der Einheit von Frauen- und Familienförderung ausgeht. Seine Verwirklichung basiert auf den gewachsenen ökonomischen Möglichkeiten, wie sie besonders die umfassende Intensivierung in allen Bereichen der Volkswirtschaft, die damit kontinuierlich wachsende Produktivität und Effektivität der gesellschaftlichen Produktion schafft. Alle diese Prozesse und damit die Einheit von Wirtschafts- und Sozialpolitik kennzeichnen die Gestaltung der entwickelten sozialistischen Gesellschaft.

Die Förderung der Frau im Beruf. Die sozialpolitischen Maßnahmen helfen den Frauen, Berufstätigkeit und Mutterschaft besser miteinander in Einklang zu bringen und fördern insgesamt die Berufstätigkeit der Frau. Bis 1985 wuchs die Zahl der berufstätigen Frauen im arbeitsfähigen Alter auf mehr als 4,9 Millionen, d. h. 91,3 % aller Frauen im arbeitsfähigen Alter sind berufstätig, lernen oder studieren. Die DDR erreichte damit den höchsten Frauenberufstätigkeitsgrad unter allen Ländern der Welt. Auch bei der Gestaltung der entwickelten sozialistischen Gesellschaft bilden Frauenberufstätigkeit und Gleichberechtigung der Frau eine untrennbare Einheit. Nach der Verfassung der DDR haben alle Mädchen und Jungen das Recht und die Pflicht, einen Beruf zu erlernen (Artikel 25). Im Ergebnis zielgerichteter Frauenförderung wurde erreicht, daß 1985 mehr als 81 % der bereits tätigen Frauen über eine abgeschlossene Berufsausbildung verfügten, etwa 20 % von ihnen hatten einen Fach- oder Hochschulabschluß.

Die nach wie vor wichtigste Frage im Rahmen der Frauenqualifizierung ist die Facharbeiterausbildung der Produktionsarbeiterinnen. Das ergibt sich vor allem aus den Erfordernissen des wissenschaftlich-technischen Fortschritts in der sozialistischen Industrie. Im Durchschnitt ist jeder dritte Produktionsarbeiter eine Frau. 81,5 % von ihnen besitzen eine abgeschlossene berufliche Qualifikation. Zur Zeit der Gründung der DDR waren es nur etwa 5 %. In dem Entwicklungsstand, der seitdem auf dem Gebiet der Qualifizierung der Arbeiterinnen erreicht wurde, drückt sich ein großer, mit der Verwirklichung der Gleichberechtigung der Frau verbundener gesellschaftlicher Fortschritt aus. In der sozialistischen Volkswirtschaft wurden Bedingungen geschaffen, die es den Frauen ermöglichten, die Qualifizierungslehrgänge zum Teil während der Arbeitszeit zu besuchen (bei entsprechendem Lohnausgleich). Besondere Aufmerksamkeit bei der Qualifizierung erfahren berufstätige Mütter, die mehrere zum Haushalt gehörende Kinder unter 16 Jahren besitzen, die erkrankte oder pflegebedürftige Kinder bzw. Kinder im Vorschulalter zu versorgen haben oder die in Schichten arbeiten.

Seit 1971 wurden viele neue Ausbildungsmöglichkeiten für Frauen geschaffen, sowohl durch den Ausbau traditioneller Betriebe und Bereiche, in denen Frauen bereits eingesetzt waren, als auch durch die Erschließung solcher Berufe und Tätigkeiten, die bis dahin traditionell den Männern vorbehalten waren (Feinmechanik, Optik, Verkehrswesen, Wartung von Maschinen und Anlagen). Für verstärkten Einsatz von Frauen und Mädchen wurden vor allem die chemische Industrie, der Maschinen- und Fahrzeugbau, partiell sogar die Metallurgie erschlossen. Heute sind etwa 90 % aller Ausbildungsberufe weiblichen Bewerbern zugänglich.

Am Kampf um die Steigerung der Arbeitsproduktivität und die Erfüllung der volkswirtschaftlichen Planaufgaben nehmen die Produktionsarbeiterinnen aktiv teil. Seit den siebziger Jahren wuchs ihre Rolle im sozialistischen Wettbewerb, im Kampf der Arbeitskollektive um den Staatstitel „Brigade der sozialistischen Arbeit" und in der Neuererbewegung. Bereits 1979 nahmen 2,5 Mill. Frauen am Kampf um den Titel „Kollektiv der sozialistischen Arbeit" und 623000 an der Neuererbewegung teil. 1985 waren 35,6 % aller Neuerer Frauen. Von Arbeiterinnen gingen bedeutsame Initiativen im Ringen um die Steigerung der Arbeitsproduktivität und höhere Qualität der Erzeugnisse aus, so 1975 von Margarete Koch, Maschinenfahrerin im Chemiefaserkombinat „Wilhelm Pieck" in Schwarza, und von Doris Kersten (geb. 1955), Großrundstrickerin im Textilkombinat Cottbus, 1977 von Erika Steinführer (geb. 1937), Wicklerin im Berliner Glühlampenwerk NARVA, 1978 und 1980 von Christa Kellermann, Facharbeiterin im Fernmeldewerk Nordhausen, sowie 1985 von Martina Pfefferkorn, Jugendbrigadier im Tagebau Schleenhain des Braunkohlewerkes Regis.

Frauen und Mädchen in Studium und Wissenschaft. Seit 1960 erhöhte sich die Zahl der weiblichen Studierenden in der DDR um mehr als das Dreifache. 1985 betrug der Anteil der Studentinnen an den Hochschulen 50,1 %, an den Fachschulen 72,6 %. Obwohl die weiblichen Studierenden insgesamt noch den für sie schon in der Vergangenheit charakteristischen Studienrichtungen wie Pädagogik, Sprachen, Literatur und Medizin den Vorzug geben, zeigt sich auch eine Erhöhung des Anteils der weiblichen Studierenden an den mathematisch-naturwissenschaftlichen und technischen Disziplinen.

Zur Entwicklung des Frauenstudiums trugen besonders bei: die Erhöhung des Bildungsniveaus an den Oberschulen, die Frauenförderung in den Betrieben (Delegierungen zum Fach- oder Hochschulstudium), die Verbesserung der Studienbedingungen im allgemeinen und der für studierende Mütter im besonderen sowie der gesamte Entwicklungsprozeß im Hoch- und Fachschulwesen, wie er sich insbesondere seit dem Beschluß des Politbüros der SED „Aufgaben der Universitäten und Hochschulen in der entwickelten sozialistischen Gesellschaft" (März 1980) und der V. Hochschulkonferenz der DDR (September 1980) vollzogen hat.

Studienfördernde Verträge, die zwischen schwangeren Studentinnen sowie Studentinnen mit Kind und den Sektionen an den Hochschulen abgeschlossen werden, tragen dazu bei, daß auch die junge Mutter das Ziel der Ausbildung bewältigt. Auch die Erweiterung der Zahl der Plätze in den Internaten und die Bereitstellung von Wohnraum für Studentenehepaare in den Internaten hat dazu beigetragen, die Studienbedingungen zu verbessern. Jedem Absolventen der Hoch- und Fachschulen ist nach erfolgreichem Abschluß des Studiums ein Arbeitsplatz garantiert, der seiner erreichten Qualifikation entspricht.

Das Prinzip der Förderung der Frau gilt auch für die weiblichen Kader im Lehrkörper der Universitäten, Hoch- und Fachschulen. Von 1970 bis 1980 verdoppelte sich die Zahl der berufenen weiblichen Hochschullehrer (Professorinnen und Dozentinnen). Ihre Zahl ist nach wie vor zu gering, insbesondere in den technischen und mathematisch-naturwissenschaftlichen Wissenschaftsgebieten. Durch bedeutende wissenschaftliche Leistungen haben Professorinnen der DDR zur Entwicklung ihrer Wissenschaftsdisziplin beigetragen. Zu nennen sind u. a. die Physikerinnen Katharina Boll-Dornberger (geb. 1909) und Liselott Herforth (geb. 1916; 1965 bis 1968 Rektorin der Technischen Universität Dresden), die Medizinerinnen Annelies Sälzler (geb. 1927) und Eva Schmidt-Kolmer (geb. 1913), die Völkerkundlerin Eva Lips (geb. 1906), die Historikerinnen Annelies Laschitza (geb. 1934) und Lieselotte Welskopf-Henrich (geb. 1901) sowie die Romanistin Rita Schober (geb. 1918).

Die Frau in der Leitung von Staat und Gesellschaft. An der Leitung von Staat und Gesellschaft nehmen die Frauen der DDR gleichberechtigt und in großem Umfange teil. Vor allem ihre fachliche und gesellschaftspolitische Bildung befähigt sie in zunehmendem Maße zur Wahrnehmung politischer Mitverantwortung. Der Volkskammer der DDR gehören 151 Frauen an.

Wurden 1958 etwa 33000 Frauen in die örtlichen Volksvertretungen gewählt, so waren es bei den Wahlen 1984 fast 76500. Über 30% davon nominierte die Frauenorganisation. In den verschiedenen Kommissionen und Aktivs der Volksvertretungen arbeiten gegenwärtig etwa 144000 Frauen mit, in den Ausschüssen der Nationalen Front etwa 116000, in den Kommissionen und Komitees der Arbeiter- und Bauerninspektion über 52000 Frauen. Ungefähr 50% der Mitglieder der Elternbeiräte und zwei Drittel der Mitglieder in den Klassenelternaktiven sind Mütter.

Eine beachtliche Anzahl von Frauen erfüllt hohe Anforderungen in leitenden Funktionen des sozialistischen Staates und der Volkswirtschaft. 1984 waren etwa 29,3% der Bürgermeister Frauen, außerdem jeder zweite Richter oder Schöffe. 32% der Schulen in der DDR hatten 1983 einen weiblichen Direktor. Insgesamt wird rund ein Drittel der Leitungsfunktionen in allen Bereichen der Gesellschaft von Frauen ausgeübt. Wichtige politische Funktionen in der Führung der Partei der Arbeiterklasse und des sozialistischen Staates bekleiden u. a. Inge Lange (geb. 1927) und Margarete Müller (geb. 1931), beide Kandidaten des Politbüros des ZK der SED, und Margot Honecker (geb. 1927) als Minister für Volksbildung. Dem Staatsrat der DDR gehören fünf Frauen an.

Eine wichtige Voraussetzung für die Teilnahme der Frauen an der Leitung von Staat und Gesellschaft ist ihre aktive Betätigung in den Parteien und gesellschaftlichen Massenorganisationen. In der SED sind über ein Drittel der Mitglieder und Kandidaten Frauen. Vom VIII. Parteitag der SED (1971) bis Ende 1985 erhöhte sich der Frauenanteil in der Partei der Arbeiterklasse von 28,7% auf 35,5%. Ende 1985 gehörten der SED 814290 Genossinnen an; etwa jede 10. Frau in der DDR ist Mitglied der SED. Auch in den mit der SED verbündeten Parteien arbeiten zahlreiche Frauen mit. Eine bedeutende Rolle spielen die Frauen und Mädchen in den Gewerkschaften. Der FDGB hat 53% weibliche Mitglieder; das sind etwa 4,9 Millionen (1985). 58% der gewerkschaftlichen Funktionen in den Betrieben und Einrichtungen werden von Frauen bekleidet. Stellvertretende Vorsitzende des Bundesvorstandes des FDGB ist Johanna Töpfer (geb. 1929), zugleich Mitglied des Präsidiums der Volkskammer der DDR. In der FDJ beträgt der Anteil der Mädchen und jungen Frauen 49%, im Kulturbund 36% (1984).

Die aktive Teilnahme der Frauen am gesellschaftlichen Leben und die Ausübung leitender Funktionen in Staat und Wirtschaft, gesellschaftlichen Organisationen und Gremien ist zwar kaum noch durch Vorurteile gegenüber der Befähigung der Frauen zu solcher Tätigkeit belastet, stößt aber noch auf Schwierigkeiten, die sich vor allem aus der Rolle der Frau als Berufstätige und Mutter ergeben, nicht zuletzt aus der im Vergleich zu den Männern noch immer stärkeren Belastung mit häuslichen Pflichten.

Gefördert wird die politische Mitwirkung der Frauen durch die Erhöhung ihrer facnlichen und politischen Qualifikation, durch zielgerichtete Förderung im Beruf und durch die Entwicklung ihres Selbstbewußtseins, durch die Festigung ihrer gleichberechtigten Stellung in der Gesellschaft insgesamt, nicht zuletzt durch die stärkere Durchsetzung des Gleichberechtigungsprinzips in der Familie. Frauen, die selbstbewußt und sachkundig an der Leitung der gesellschaftlichen Angelegenheiten teilnehmen, genießen in der öffentlichen Meinung hohes Ansehen und Vertrauen bei den Bürgern.

Organisationsformen der sozialistischen Frauenbewegung.

Frauenkommissionen der SED. Seit dem 19. Jh. hat die revolutionäre deutsche Arbeiterbewegung die Erkenntnis gewonnen, daß es für die Leitung der politischen Arbeit unter den Frauen besonderer Organe bedarf. Vor allem an die entsprechenden Organe der KPD und SPD in den Jahren der Weimarer Republik anknüpfend, entstanden nach der Gründung der SED (1946) Frauenabteilungen beim Parteivorstand bzw. dem Zentralkomitee sowie bei den Bezirks- und Kreisleitungen der Partei. Die Frauenabteilungen der Bezirks- und Kreisleitungen wurden 1957 aufgelöst. Ihre Funktionen gingen z. T. an ehrenamtlich arbeitende Frauenkommissionen über, die auf der Bezirksebene von hauptamtlich tätigen Funktionärinnen (Mitgliedern der Bezirksleitungen) geleitet werden. Seit 1962 besteht beim Politbüro des ZK der SED eine Frauenkommission, die sich aus Genossinnen zusammensetzt, die vielfach an führender Stelle in verschiedenen Bereichen des gesellschaftlichen Lebens (Volkswirtschaft, Frauenpolitik, Bildungswesen, Presse usw.) tätig sind. Geleitet wird die Kommission von Inge Lange, Kandidatin des Politbüros und Sekretär des ZK der SED, zugleich Leiterin der Abteilung Frauen des ZK der SED.

Die Frauenkommissionen der SED nehmen an der Ausarbeitung und Durchsetzung der sozialistischen Frauenpolitik in der DDR teil. Sie arbeiten dabei eng mit staatlichen Organen, den Vorständen der Frauenorganisation und den Frauenausschüssen des FDGB in den Betrieben und Einrichtungen zusammen. Wichtige Aufgaben der SED-Frauenkommissionen bestehen in analytischer Tätigkeit, in der Ausarbeitung von Vorschlägen auf frauenpolitischem Gebiet, die in der Parteiarbeit der SED zur Geltung kommen sollen. Sie beschäftigen sich auch mit politischer Massenarbeit unter den Frauen, u. a. mit der alljährlichen Vorbereitung des Internationalen Frauentages.

Frauenkommissionen des FDGB. 1965 wurden die seit 1952 auf Initiative der SED entstandenen Frauenausschüsse in den Betrieben und Einrichtungen in Frauenkommissionen des FDGB umgewandelt. Sie werden in gewerkschaftlichen Frauenversammlungen, die nahezu alle weiblichen Mitglieder der Arbeitskollektive einschließen, gewählt. Die Vorsitzende der Frauenkommission gehört der Betriebsgewerkschaftsleitung (BGL) an. In den LPGs bestehen die Frauenkommissionen bei den LPG-Vorständen. Von den Frauenkommissionen gehen Initiativen sowohl auf dem Gebiet der Frauenförderung aus als auch für die Rolle der Frauen und Mädchen im sozialistischen Wettbewerb und bei der Erfüllung der Planaufgaben. Sie unterbreiten der BGL und den staatlichen Leitungen Vorschläge für die Frauenförderung und -qualifizierung, nehmen auf entsprechende Pläne und Maßnahmen Einfluß – besonders auf den Frauenförderungsplan als Teil des Betriebskollektivvertrages (BKV) – und organisieren Frauenversammlungen, in denen u. a. staatliche Leiter und Gewerkschaftsfunktionäre Rechenschaft über die Ergebnisse der Frauenförderung ablegen. Die Frauenkommissionen des FDGB arbeiten dabei eng mit den Betriebsparteiorganisationen der SED, den Organisationen der FDJ und anderen gesellschaftlichen Organisationen in den Betrieben und Einrichtungen zusammen. 1984 wurden 10252 Frauenkommissionen gewählt, in denen 79465 Frauen ehrenamtlich mitarbeiten. Die Frauenkommissionen haben wesentlich dazu beigetragen, daß die Gewerkschaften ihrer Rolle als Interessenvertreter der werktätigen Frauen immer besser gerecht wurden. Um die Entwicklung der politischen Aktivität der Frauen, ihre Qualifizierung sowie die Verbesserung ihrer Arbeits- und Lebensbedingungen in den Betrieben haben sie sich bedeutende Verdienste erworben. Für die Arbeit der Frauenkommissionen gibt die Frauenkommission beim FDGB-Bundesvorstand, die von Margarete Müller (geb. 1931) geleitet wird, grundlegende Orientierung.

Der DFD – Wesen und Aufgaben. Seit ihrer Gründung 1947 hat die Frauenorganisation aktiv am Aufbau des gesellschaftlichen Lebens in der DDR teilgenommen. Auf seinem X. Bundeskongreß 1975 bestimmte der DFD seine Aufgaben bei der weiteren Gestaltung der sozialistischen Gesellschaft im Zusammenhang mit der vom VIII. Parteitag der SED 1971 konzipierten Politik. In dem vom X. Bundeskongreß beschlossenen Statut heißt es: „Der Demokratische Frauenbund Deutschlands (DFD) ist die einheitliche sozialistische Frauenorganisation der Deutschen Demokratischen Republik. Er vereint Frauen aller Bevölkerungskreise, die sich für die Gestaltung der entwickelten sozialistischen Gesellschaft in der DDR einsetzen und damit der Sicherung des Friedens dienen. Der DFD verkörpert die besten Traditionen der fortschrittlichen deutschen Frauenbewegung und die Gemeinsamkeit des Willens und Handelns der Frauen und Mädchen, unabhängig von ihrer Weltanschauung oder ihrem religiösen Bekenntnis. Der DFD anerkennt die führende Rolle der Arbeiterklasse und ihrer revolutionären Partei ... Ihre Beschlüsse sind Richtschnur für die Tätigkeit der Organisation, denn sie entsprechen den Lebensinteressen des Volkes der DDR und damit aller Frauen und Mütter."

Der DFD wirkt als Massenorganisation in den städtischen Wohngebieten und in den Dörfern unter Frauen verschiedener Bevölkerungsschichten, wobei er nichtberufstätigen Frauen, Frauen aus Handwerk und Gewerbe sowie Frauen aus christlichen Bevölkerungskreisen seine besondere Aufmerksamkeit widmet. In breitem Umfange unterstützt er die berufstätigen Frauen und Mütter. Der DFD ist mit allen Parteien und Massenorganisationen in der Nationalen Front fest verbunden und arbeitet mit ihnen in den Ausschüssen der Nationalen Front eng zusammen. Im Interesse der Frauen und Mütter hilft er in den Wohngebieten, vor allem die politische Massenarbeit und die kulturpolitische Tätigkeit und Freizeitgestaltung zu entwickeln. Damit trägt er ebenso zur Ausprägung der sozialistischen Lebensweise bei wie durch seine Initiativen und Aktivitäten in der sozialistischen Erziehung der Kinder, bei der Organisierung der Nachbarschaftshilfe und anderen Formen seiner Tätigkeit. Der DFD gehört der Internationalen Demokratischen Frauenföderation an. Sein unermüdliches Wirken in der IDFF und im Rahmen seiner internationalen Tätigkeit überhaupt dient dem Frieden und der Freundschaft zwischen den Völkern, dem sozialen Fortschritt und dem Kampf um die Gleichberechtigung der Frau. Besonders enge Beziehungen verbindet die Frauenorganisation der DDR mit den Frauen der UdSSR und der anderen Länder der sozialistischen Staatengemeinschaft.

Aufbau des DFD. Der DFD ist nach dem Prinzip des demokratischen Zentralismus aufgebaut. Die Vorstände werden demokratisch gewählt und sind zur Berichterstattung über ihre Tätigkeit vor den Mitgliedern verpflichtet. Höchstes Organ ist der Bundeskongreß, der in der Regel alle 5 Jahre einberufen wird. Er wählt die Mitglieder des Bundesvorstandes, die Vorsitzende und ihre Stellvertreterinnen sowie die Zentrale Revisionskommission. Der Bundesvorstand wählt aus seiner Mitte das Präsidium und das Sekretariat. Vorsitzende des DFD ist seit 1953 Ilse Thiele (geb. 1920). Zu stellvertretenden Vorsitzenden wählte der XI. Bundeskongreß 1982 Hertha Jung (geb. 1921), Else Merke (geb. 1920), Gisela Queck (geb. 1933), Wilhelmine Schirmer-Pröscher (geb. 1889) und Rosemarie Walther (geb. 1929).

Das höchste Organ der Bezirks-, Kreis-, Stadt- und Stadtbezirksorganisationen des DFD ist die Delegiertenkonferenz. Sie findet in der Regel zweimal in 5 Jahren statt. Die Delegierten wählen die Mitglieder der entsprechenden Vorstände, Vorsitzenden und deren Stellvertreterinnen, Revisionskommissionen sowie die Delegierten zur nächsthöheren Konferenz. Der Bezirksvorstand wählt aus seiner Mitte den Geschäftsführenden Vorstand und die Sekretäre, der Kreis-, Stadt- und Stadtbezirksvorstand den Geschäftsführenden Vorstand. In Städten und Gemeinden mit mehreren Gruppen bestehen Ortsorganisationen. Deren höchstes Organ ist die Orts-Delegiertenkonferenz. Sie wählt den Ortsvorstand, die Ortsvorsitzende und deren Stellvertreterin. In den Wohngebieten der Städte und in den Dörfern bestehen Gruppen. Ihr höchstes Organ ist die Jahresversammlung. Sie wählt den Gruppenvorstand, die Gruppenvorsitzende, die Kassiererin, die Revisionskommission, die Delegierten zur Orts- und Kreisdelegiertenkonferenz bzw. zur Stadtbezirksdelegiertenkonferenz.

Der DFD besitzt eine eigene Fraktion in der

obersten Volksvertretung der DDR. Sie umfaßt gegenwärtig 35 Abgeordnete. Von den weiblichen Abgeordneten der örtlichen Volksvertretungen wurden 1984 etwa 30% vom DFD nominiert. Mit den von ihr nominierten Volksvertreterinnen nimmt die Frauenorganisation umfassend an der Ausübung der Staatsgewalt und an der Gesetzgebung teil. Sie widmet dabei den Interessen der Frauen und Mütter ihre besondere Aufmerksamkeit.

Als Funktionärorgan gibt der Bundesvorstand des DFD die Monatszeitschrift „Lernen und Handeln" heraus.

Geschichtliche Entwicklung des DFD seit 1971. Im Prozeß der Verwirklichung der vom VIII. Parteitag der SED beschlossenen Hauptaufgabe entwickelte die Frauenorganisation eine neue Qualität ihrer Arbeit. Auf ihrer 9. Bundesvorstandssitzung im September 1971 wurden die Aufgaben beraten, die sich aus den Parteitagsbeschlüssen ergaben. Als Schwerpunkte der weiteren Arbeit des DFD kennzeichnete der Bundesvorstand die politisch-ideologische Arbeit, die Bildungsarbeit, alle Aufgaben zur Erleichterung des Lebens der Frauen, die Einflußnahme auf die Festigung sozialistischer Familienbeziehungen und die internationale Tätigkeit. Zunehmende Bedeutung erlangten die öffentlichen Frauenversammlungen und persönlichen Gespräche, die Frauenakademien, mit deren Aufbau Ende der sechziger Jahre begonnen worden war und die Schaffung von Beratungszentren, die besonders den berufstätigen Frauen helfen sollten, mit den vielfältigen Fragen des Lebens besser und rationeller fertig zu werden. Besonderen Einfluß nahm der DFD nach dem VIII. Parteitag auch auf die Erweiterung der Kindereinrichtungen, den Ausbau des Dienstleistungswesens, die Arbeit des Handels und die Verbesserung der Qualität der Schulspeisung. Große Aufmerksamkeit widmete die Organisation ihrer kulturpolitischen Tätigkeit und damit der Zusammenarbeit mit Künstlern und Schriftstellern. Von 1972 bis 1979 entstanden z. B. 28 Werke der Literatur, bildenden Kunst und Musik als Auftragswerke des DFD. In ihnen wurde vor allem die gesellschaftliche Rolle der Frauen und Mütter künstlerisch gestaltet. Bedeutende Fortschritte erzielte die Organisation in ihrem Wettbewerb aus Anlaß des 25. Jahrestages der Gründung der DDR und 1974 bei der Vorbereitung ihres X. Bundeskongresses 1975.

Im Februar/März 1975 tagte der X. Bundeskongreß des DFD. Er beriet und beschloß Maßnahmen, um allen Frauen noch größere Möglichkeiten und günstigere Bedingungen zu schaffen, damit sie bei der weiteren Gestaltung der entwickelten sozialistischen Gesellschaft ihre Talente und Fähigkeiten voll entfalten und ihre Tätigkeit im Beruf, in der Familie und in der Gesellschaft noch besser miteinander verbinden können. Das vom Kongreß beschlossene neue Statut des DFD charakterisierte diesen erstmalig als sozialistische Frauenorganisation. Die Beschlüsse des Kongresses orientierten auf die weitere aktive Mitwirkung des DFD bei der Realisierung der von der SED beschlossenen Hauptaufgabe in ihrer Einheit von Wirtschafts- und Sozialpolitik. 1975 nahm die Frauenorganisation großen Anteil an der Propagierung des von der UNO beschlossenen Internationalen Jahres der Frau und an der Vorbereitung des Weltkongresses der Frau, der im Oktober 1975 in der Hauptstadt der DDR stattfand. Der DFD trug dazu bei, den Gästen aus vielen Ländern die Errungenschaften der Frauen der DDR eindrucksvoll vor Augen zu führen, und ergriff neue Initiativen im Interesse der Frauen und Mütter.

Die vom X. Bundeskongreß beschlossenen Aufgaben wurden aufs engste mit der Verwirklichung der Beschlüsse des IX. Parteitages der SED 1976 verbunden, mit der Vorbereitung des 30. Jahrestages der Gründung der Frauenorganisation 1977, des Internationalen Jahres des Kindes und des 30. Jahrestages der Gründung der DDR 1979. Im Zusammenhang damit entwickelte die Organisation neue Wettbewerbsbewegungen zur Entfaltung der Initiative ihrer Gruppen in den Wohngebieten. Die politisch-ideologische Arbeit am Vorabend des 60. Jahrestages der Großen Sozialistischen Oktoberrevolution diente vor allem der Vertiefung der freundschaftlichen Beziehungen zwischen den Frauen der DDR und der Sowjetunion, u. a. auch zwischen DFD-Gruppen und sowjetischen Familien in der DDR. Der DFD beteiligte sich an der großen Volksbewegung zur Vorbereitung des X. Parteitages der SED 1981.

Der XI. Bundeskongreß des DFD 1982. Im

März 1982 tagte in Berlin der XI. Bundeskongreß des DFD. Er bekannte sich zu der vom X. Parteitag der SED 1981 beschlossenen Politik, insbesondere zum Kampf um die Sicherung des Friedens und die Fortsetzung des Kurses der Hauptaufgabe auch unter den komplizierten internationalen Bedingungen der achtziger Jahre. Die Delegierten des Kongresses verurteilten einmütig die Konfrontationspolitik des USA-Imperialismus und erklärten, daß keine Mühe zu groß sei, „um dem Frieden zu dienen, ihn zu erhalten und zu festigen". In einem Brief an den Generalsekretär des ZK der SED, Erich Honecker, hoben sie hervor: „Mit einer breiten, weit über die Organisation hinausgehenden politischen Arbeit wollen wir die Frauen für den Kampf um den Frieden, für die Stärkung unserer Republik mobilisieren. In den Wohngebieten und Dörfern steht unsere Arbeit unter der Losung „Sparsam, umsichtig und verantwortungsbewußt – unser Beitrag zum ‚Mach mit!'-Wettbewerb der Nationalen Front". Wir richten unsere Aufmerksamkeit darauf, alle Reserven für unsere Volkswirtschaft auszuschöpfen und zu nutzen. Unsere Gruppen in den Dörfern werden mit dafür sorgen, daß jedes Stück Land bestellt und hohe Erträge für die Versorgung der Bevölkerung errungen werden. Mit Ideenreichtum, Tatendrang und Verantwortungsbewußtsein wollen wir beweisen, daß der DFD auf der Höhe unserer Zeit ist."

Der DFD seit 1982. Die Linie des XI. Bundeskongresses wurde von der Frauenorganisation in vielfältiger, initiativreicher Weise verwirklicht, vor allem im Zusammenhang mit der Vorbereitung des 35. Jahrestages der Gründung der DDR (1984), des 40. Jahrestages der Befreiung vom Faschismus (1985) und des XI. Parteitages der SED (1986). Diese Ereignisse waren Höhepunkte der politischen Massenarbeit der Frauenorganisationen und Anlaß für mannigfaltige Aktivitäten, zu denen der Bundesvorstand aufrief. Seit 1984 entwickelte der DFD als neue Formen seiner Arbeit mit den Frauen die Foren für Politik, Wirtschaft und Gesellschaft sowie die Treffen für Kultur und Freizeit. Die Gruppen des DFD konzentrieren sich darauf, politische Fragen der Zeit eng mit Problemen der Entwicklung im Wohngebiet und mit den Belangen der Familien zu verbinden, durch vielseitige praktische Tätigkeit insbesondere das Leben der berufstätigen Frauen weiter zu erleichtern sowie die Wohnumwelt zu verschönern. Letzterem dienen insbesondere die Initiativen der Frauenorganisation im „Mach mit!"-Wettbewerb. Dem DFD gehörten 1985 etwa 1,5 Millionen Frauen aller Bevölkerungsschichten an. Sie sind in 17845 Gruppen in den Wohngebieten organisiert. Der DFD ist gegenwärtig in jedem Dorf, in der Mehrheit der Ortsteile und in jedem städtischen Wohngebiet vertreten. 1976 wurde in Großstädten und Neubauzentren mit der Bildung von Untergruppen begonnen. Über 44000 DFD-Mitglieder arbeiten in Ausschüssen der Nationalen Front mit, über 62000 in Verkaufsstellenausschüssen und HO-Beiräten, über 5000 in Elternbeiräten der Oberschulen. Der DFD verfügt über 6000 Gymnastikgruppen, die an der Entwicklung des Volkssports in den Wohngebieten aktiv beteiligt sind. Eine vielseitige, von der Bevölkerung begrüßte Arbeit leisten über 200 Beratungszentren des DFD in den Städten der DDR. Etwa 73% der DFD-Mitglieder sind berufstätig.

Internationale Beziehungen der Frauenbewegung der DDR. Der DFD, aber auch die frauenpolitischen Organe der SED und des FDGB haben seit der Gründung der DDR eine umfangreiche internationale Arbeit geleistet, aktiv am Kampf um die Sicherung des Friedens teilgenommen, die internationale antiimperialistische Solidarität gefördert und vielseitige Beziehungen zu Bruderparteien, Gewerkschaften und Frauenorganisationen anderer Länder, besonders der sozialistischen Länder, entwickelt. Die Frauen der DDR sind ein festes Glied der internationalen demokratischen Frauenbewegung. In den vergangenen dreieinhalb Jahrzehnten gehörten sie mehrfach zu den Initiatoren internationaler Frauenkongresse und -tagungen und traten auf diesen aktiv, vorwärtsweisend in Erscheinung. Delegationen des DFD nahmen an den Kongressen der IDFF teil, Delegationen des FDGB an der Weltgewerkschaftskonferenz über Probleme der Frauen in Budapest (1972) und an der europäischen Frauengewerkschaftsberatung, die 1974 ebenfalls in Budapest stattfand. Frauendelegationen aus der DDR gehörten auch zu den Teilnehmern des Weltkongresses der Frauen in Moskau (1963), des Frauentreffens aus Anlaß des Weltkongresses der Friedenskräfte, der 1973 ebenfalls in der sowjetischen Hauptstadt stattfand, und der Weltfrauenkonferenz zum Abschluß der UNO-Frauendekade in Nairobi (Kenya) 1985. Die Leiterin der DDR-Delegation, die DFD-Vorsitzende Ilse Thiele, fungierte als Vizepräsidentin dieser Konferenz. Die DDR war Gastgeber des Weltkongresses im Internationalen Jahr der Frau 1975, wobei in der politischen und organisatorischen Vorbereitung dieses bedeutenden Ereignisses in der Geschichte der internationalen Frauenbewegung besonders der DFD aktiv in Erscheinung trat. Auf Initiative des ZK der SED fand aus Anlaß des 100. Jahrestages des Erscheinens von August Bebels Buch „Die Frau und der Sozialismus" in Berlin 1979 eine internationale wissenschaftliche Konferenz statt. Der DFD war Initiator der Rostokker Konferenzen von Frauen aus den Ostseeanliegerstaaten, aus Norwegen und Island, die 1958 bis 1975 im Zusammenhang mit den Ostseewochen stattfanden, sowie einer Frauenfriedenswoche europäischer Länder, die 1984 in der Hauptstadt der DDR durchgeführt wurde. Delegationen aus der DDR nahmen auch an den europäischen Frauenkonferenzen in Berlin (1961), Dortmund (BRD) (1971), Warna (VR Bulgarien) (1972) und Dipli (Finnland) (1973) teil; sie waren auch Initiatoren und Mitgestalter von zahlreichen Frauentreffen und Frauenseminaren sozialistischer Länder.

Gefördert von der Veränderung des internationalen Kräfteverhältnisses und im Zusammenhang mit dem weltweiten Friedenskampf, gewann seit den sechziger Jahren die internationale Arbeit des DFD an Bedeutung. Die Frauenorganisation der DDR unterhält heute freundschaftliche Beziehungen zu 140 Frauenorganisationen in 90 Ländern. 1975 bis 1982 empfing sie 152 Delegationen und sandte ihrerseits 116 Delegationen ins Ausland, darunter in national befreite Staaten Asiens, Afrikas und Lateinamerikas. Enge Kontakte unterhält sie zu den Frauenorganisationen der anderen sozialistischen Länder. Aktiv nahm sie im Verlaufe ihrer Geschichte an den Bewegungen der antiimperialistischen Solidarität teil, während der amerikanischen Aggressionen gegen das koreanische und vietnamesische Volk, bei der Unterstützung der arabischen Völker im Kampf gegen die israelische Aggression, bei der Unterstützung des Befreiungskampfes der kolonial unterdrückten Völker sowie bei Befreiungskampagnen für eingekerkerte antiimperialistische Kämpfer und Kämpferinnen (z. B. 1971/72 für die amerikanische Bürgerrechtskämpferin und Kommunistin Angela Davis; geb. 1944). Der DFD unterstützt mit vielfältigen Initiativen den Kampf der sozialistischen Länder für die Erhaltung des Friedens und die Festigung der europäischen Sicherheit. In den sechziger Jahren und zu Beginn der siebziger Jahre trug seine internationale Tätigkeit zur völkerrechtlichen Anerkennung der DDR bei. Die Frauen der DDR sind fest in der weltweiten Friedensbewegung verankert und unterstützen alle Initiativen und Aktivitäten, die der Sicherung des Weltfriedens dienen. Unter den Bedingungen der imperialistischen Hochrüstung und des Konfrontationskurses der USA-Regierung gewinnt die internationale Wirksamkeit der sozialistischen Frauenbewegung der DDR weiter an Bedeutung. Probleme des Kampfes um den Frieden und der internationalen Beziehungen, auch des Kampfes der Frauen in den kapitalistischen und Entwicklungsländern für ihre Gleichberechtigung nehmen in ihrer Öffentlichkeitsarbeit einen festen Platz ein.

Wissenschaftliche Räte und Forschungskollektive. Wichtige Anregungen für die Konzipierung und Verwirklichung der sozialistischen Frauenpolitik gibt die Wissenschaft. Seit den sechziger Jahren werden in der DDR systematisch soziologische Forschungen zur Rolle der Frau in der Gesellschaft betrieben, hauptsächlich am Institut für Soziologie der Akademie der Wissenschaften der DDR, aber auch an Universitäten und Hochschulen, medizinischen Einrichtungen usw. Die Forschungsarbeit koordiniert der 1964 geschaffene Wissenschaftliche Rat „Die Frau in der sozialistischen Gesellschaft" – (zunächst Beirat beim Präsidenten der Akademie der Wissenschaften). Er wird von Professor Herta Kuhrig (geb. 1930) geleitet. Ihm gehören Wissenschaftler und Wissenschaftlerinnen aus verschiedenen Einrichtungen an, auch Vertreterinnen der Frauenkommission des Politbüros beim ZK der SED, des Bundesvorstandes des DFD sowie des Bundesvorstandes des FDGB. Der Rat regt analytische Untersuchungen an, deren Ergebnisse z. T. vor ihm verteidigt wer-

den. Aufmerksam verfolgt er die Ergebnisse wissenschaftlicher Untersuchungen zur Lage der Frau in anderen Ländern, besonders in den sozialistischen Ländern.
Mit der Untersuchung soziologischer Probleme von Mädchen und jungen Frauen beschäftigt sich u. a. das Leipziger Zentralinstitut für Jugendforschung beim Amt für Jugendfragen.
An der Pädagogischen Hochschule „Clara Zetkin" Leipzig wird seit 1966 systematisch die historische Tradition des Kampfes der Arbeiterklasse für die Befreiung der Frau als Teil der Geschichte der Arbeiterbewegung untersucht. Die Forschungsergebnisse dienen sowohl der weiteren Ausarbeitung des marxistisch-leninistischen Geschichtsbildes als auch der Auseinandersetzung mit bürgerlichen Auffassungen zur Rolle der Frau in der Geschichte sowie der historischen Bewußtseinsbildung.

Deutsche Frauenzeitschriften

Eng verbunden mit der Geschichte des Kampfes um die Emanzipation der Frau und ihrer wachsenden Rolle im gesellschaftlichen Leben ist die Geschichte der Frauenzeitschriften. Im Verlaufe ihrer Entwicklung – seit dem 18. Jh. – waren sie sowohl Ausdruck eines bestimmten, historisch und klassenmäßig bedingten Verständnisses dieser Rolle als auch Sprachrohr verschiedener progressiver und reaktionärer politischer Kräfte in der Auseinandersetzung mit den Rechten der Frau.
Die ersten deutschen Frauenzeitschriften waren mit den Interessen des historisch aufstrebenden Bürgertums verbunden, mit der literarischen Strömung der Aufklärung und mit Bestrebungen nach gründlicherer Bildung auch für das weibliche Geschlecht. In der zweiten Hälfte des 18. Jh. traten die ersten Frauen als Herausgeberinnen von Frauenzeitschriften auf, unter ihnen Marianne Ehrmann (1753–1795) mit ihrem in Stuttgart 1790 bis 1792 erscheinenden Organ „Amaliens Erholungsstunden. Teutschlands Töchtern geweiht", das 950 Abonnenten hatte. Marianne Ehrmann gilt als erste Frau in Deutschland, die für das weibliche Geschlecht politische Rechte forderte. Während der bürgerlich-demokratischen Revolution 1848/1849 erschienen die ersten Zeitungen der deutschen bürgerlichen Frauenbewegung, unter ihnen Louise Otto-Peters' „Frauen-Zeitung", die bis 1852 herausgegeben wurde. Die Zeitschriften der bürgerlichen Frauenbewegung teilten, was politische Tendenz, Entschiedenheit des Eintretens für die Rechte der Frau und literarische Qualität anbelangt, Aufstieg und Niedergang des bürgerlichen Frauenrechtlertums. Einige Organe wurden sogar zu Sprachrohren bourgeois-imperialistischer Frauenpolitik und unterstützten u. a. die aggressive Außen- und Kriegspolitik des deutschen Imperialismus, namentlich 1914/18. Noch stärker spiegelten diese reaktionären Tendenzen die klerikalpolitischen, konservativen und später die faschistischen Frauenzeitschriften wider, deren Frauenleitbilder und politische Orientierungen direkt gegen die Lebensinteressen der Frauen gerichtet waren und die Interessen der reaktionärsten Kräfte zum Ausdruck brachten. Das gilt in starkem Maße auch für die bürgerliche Frauen-Unterhaltungszeitschrift. Progressive Traditionen der bürgerlichen Frauenzeitschrift setzten die Organe der kleinbürgerlich-demokratischen Richtung der bürgerlichen Frauenbewegung fort, die für das Frauenstimmrecht eintraten.
1885 erschien mit der von Gertrud Guillaume-Schack (1845–1905) herausgegebenen „Staatsbürgerin" die erste Zeitschrift der proletarischen Frauenbewegung, deren bedeutendstes Organ 1892–1917 die von Clara Zetkin herausgegebene „Gleichheit" war. Die klare marxistische Linie der „Gleichheit", ihre Rolle als Sprachrohr des revolutionären Kampfes der Arbeiterklasse für die Befreiung der Frau fanden ihre Fortsetzung in der gleichfalls von Clara Zetkin redigierten „Frauenbeilage der Leipziger Volkszeitung" und 1919–1926 in der „Kommunistin", dem Frauenorgan der jungen KPD. Mit dem „Weg der Frau" erschien 1931–1933 ein proletarisches Frauenorgan von neuem journalistischem Typ. Es verband politische Aufklärung im antifaschistischen Sinne mit dem Eingehen auf häusliche Alltagsprobleme der werktätigen Frauen und war zugleich die erste Frauenillustrierte der revolutionären Arbeiterbewegung. Wie alle fortschrittlichen Frauenzeitschriften wurde sie 1933 von den Faschisten verboten.

Deutsche Frauenzeitschriften

Bürgerliche Frauenzeitschriften (Auswahl)

Organ	Erscheinungsjahre	Herausgeber bzw. Redakteur	Charakter
Die vernünftigen Tadlerinnen	1725–1748 (mit Unterbrechungen)	Johann Christoph Gottsched, ab 1738 Adelgunde Gottsched	Frauenzeitschrift der deutschen Aufklärung, trat vor allem für das Recht der Frau auf gründliche Bildung ein
Iris	1744	Georg Jacobi	Frauenzeitschrift der deutschen Aufklärung mit betont pädagogischer Tendenz
Pomona für Teutschlands Töchter	1783/84	Sophie de La Roche	Frauenorgan der „Empfindsamkeit“, wandte sich vor allem an die „Frauen höherer Stände“
Amaliens Erholungsstunden Teutschlands Töchtern geweiht	1790/92	Marianne Ehrmann	unter dem Einfluß der Menschenrechtsforderungen der Französischen Revolution u. a. Eintreten für die Gleichwertigkeit der Frau in der Ehe und für die politische Betätigung der Frau
Die Einsiedlerin aus den Alpen	1793/94	Marianne Ehrmann	ähnliche Tendenz wie „Amaliens Erholungsstunden“
Ökonomisches, moralisches und gemeinnütziges Journal für Frauenzimmer	1794/95	Katharina Morgenstern und Dorothea Gürnth	erste deutsche Frauenfachzeitschrift zur Haushaltführung
Frauen-Zeitung (Köln)	1848	Mathilde Franziska Annecke	erste deutsche demokratische Frauenzeitung, verboten
Frauen-Zeitung (Leipzig, Gera)	1849–1852		bedeutendstes kleinbürgerlich-demokratisches Frauenorgan des 19. Jh., beschäftigte sich auch mit sozialen Problemen der Arbeiterinnen, 1852 verboten
Neue Bahnen	1866–1920	anfangs: Louise Otto-Peters und Auguste Schmidt	Organ des bürgerlichen Allgemeinen Deutschen Frauenvereins
Die Frau	1893–1944	begründet von Helene Lange	1894–1933 Organ des bürgerlichen Bundes Deutscher Frauenvereine; nach 1933 faschistische Tendenzen
Die Frauenbewegung	1895–1919	u. a. Minna Cauer	Organ demokratischer Kräfte der bürgerlichen Frauenbewegung, vor allem der Stimmrechtsbewegung
Zentralblatt des Bundes Deutscher Frauenvereine	1900–1913	Janette Schwerin	Funktionärorgan des Bundes Deutscher Frauenvereine
Die Frauenfrage	1914–1921	Vorstand des Bundes Deutscher Frauenvereine; Red.: Marie Stritt	Fortsetzung des „Zentralblattes“, proimperialistisch orientiert (aufgegangen in: „Die Frau“)
Frauenstimmrecht	1913/14	Anita Augspurg	Organ des bürgerlich-demokratischen Verbandes für Frauenstimmrecht
Die Staatsbürgerin	1912–1920	Adele Schreiber-Krieger	Organ des bürgerlich-demokratischen Verbandes für Frauenstimmrecht
Die Frau im Staat	1919–1933	Anita Augspurg und Lida Gustava Heymann	Organ der kleinbürgerlich-demokratischen Internationalen Frauenliga für Frieden und Freiheit, Deutscher Zweig, pazifistisch-antifaschistisch, 1933 verboten
NS-Frauenwarte	1932–1944	NS-Frauenschaft, „Reichsfrauenführung“	Parteiamtliches Frauenorgan der faschistischen Nazipartei

Frauenzeitschriften der Arbeiterbewegung bis 1933

Organ	Erscheinungs-jahre	Herausgeber bzw. Redakteur	Charakter
Die Staatsbürgerin	1885/86	Gertrud Guillaume Schack	Vorläuferin der späteren sozialistischen Frauenzeitschriften, 1886 verboten
Die Arbeiterin	1891	Emma Ihrer	Zeitschrift der proletarischen Frauenbewegung
Die Gleichheit	1892–1923	bis 1917 Clara Zetkin	Frauenorgan der Sozialdemokratischen Partei und ab 1907 auch der internationalen proletarischen Frauenbewegung, marxistisch, ab 1917 reformistisch
Gewerkschaftliche Frauenzeitung	1916–1933	Gertrud Hanna	Frauenorgan der freien Gewerkschaften, ab 1919 des Allgemeinen Deutschen Gewerkschaftsbundes, reformistisch, 1933 verboten
Frauenbeilage der Leipziger Volkszeitung	1918	Clara Zetkin	Revolutionäres Frauenorgan der Spartakusgruppe; es begrüßte die Große Sozialistische Oktoberrevolution
Die Spartakistin	1919	Clara Zetkin	Kommunistisches Frauenorgan, Vorläuferin der „Kommunistin"
Die Kommunistin	1919–1926	bis 1925 Clara Zetkin, 1926 Martha Arendsee	Frauenorgan der KPD
Die Kämpferin	1919–1922	Luise Zietz	Frauenorgan der Unabhängigen Sozialdemokratischen Partei
Tribüne der proletarischen Frau	1921–1923	Zentrale der KPD	Frauenbeilage des Zentralorgans der KPD „Die Rote Fahne"
Die kommunistische Fraueninternationale	1921–1925	Clara Zetkin	Organ des Frauensekretariats der Kommunistischen Internationale
Die Arbeiterin	1923–1926	Lilly Korpus (-Becher)	Frauenorgan der KPD im Bezirk Berlin-Brandenburg
Die Genossin	1924–1933	Marie Juchacz	Funktionärorgan der SPD-Frauenbewegung, reformistisch, 1933 verboten
Frauenwelt	1924–1933	R. Lohmann	SPD-Frauenorgan für breitere Leserkreise, reformistisch, 1933 verboten
Frauen-Wacht	1926–1932		Organ des Roten Frauen- und Mädchenbundes, ab 1931 Frauenorgan des Kampfbundes gegen den Faschismus
Die Kämpferin	1927–1932		Frauenorgan der KPD, 1933 verboten (zeitweilig auch vor 1933)
Die Frau im Kampf, Organ für alle aktiven Genossinnen in der revolutionären Front	1931–1932	ZK der KPD, Frauen-Abteilung	Funktionärorgan der Kommunistischen Frauenbewegung (hektographiert)
Der Weg der Frau	1931–1933	Marianne Gundermann	Organ der Internationalen Arbeiterhilfe (IAH) Antifaschistische Frauenillustrierte, 1933 verboten

Frauenorgane 1946–1949 und in der Deutschen Demokratischen Republik

Organ	Erscheinungsjahre	Herausgeber bzw. Redakteur	Charakter
Die Frau, Wahlzeitung der Kommunalen Frauenausschüsse	1946	Landesfrauenausschuß Sachsen	Organ der Antifaschistischen Frauenausschüsse im Land Sachsen
Die Frau von heute	1946–1962	ab 1947 Bundesvorstand des DFD	Organ der Antifaschistischen Frauenausschüsse der Sowjetischen Besatzungszone, ab 1947 des DFD
Lernen und Handeln	seit 1951	Bundesvorstand des DFD	Funktionärorgan der Frauenorganisation der DDR
Deutscher Frauenrat Informationsblatt	1955–1959	Deutscher Frauenrat Berlin	Organ des Deutschen Frauenrates, eines Komitees progressiver Frauen aus beiden deutschen Staaten
Informationsblatt der Frauenausschüsse in Industrie und Landwirtschaft	1956–1959	ZK der SED, Arbeitsgruppe Frauen	Organ der Frauenausschüsse in den Betrieben, volkseigenen Gütern und LPGs
Die Arbeiterin	1959–1962	ZK der SED, Arbeitsgruppe Frauen	Organ der Frauenausschüsse der sozialistischen Industrie (Fortsetzung des „Informationsblattes")
Für Dich	seit 1963	Chefredakteurin: Marlis Allendorf	Illustrierte Frauenzeitschrift
Informationen des Wissenschaftlichen Rates „Die Frau in der sozialistischen Gesellschaft"	seit 1966	Akademie der Wissenschaften der DDR, Wissenschaftlicher Rat „Die Frau in der sozialistischen Gesellschaft"	wissenschaftliches Publikationsorgan, Veröffentlichung vor allem soziologischer Forschungsergebnisse
Mitteilungsblatt der Forschungsgemeinschaft „Geschichte des Kampfes der Arbeiterklasse für die Befreiung der Frau"	seit 1970	Pädagogische Hochschule „Clara Zetkin" Leipzig, Sektion Geschichte	wissenschaftliches Publikationsorgan, Veröffentlichung historischer Forschungsergebnisse
Sibylle	seit 1956	Deutsches Modeinstitut, Berlin	Modezeitschrift, mit kulturellen, literarischen und hauswirtschaftlichen Beiträgen
PRAMO, Praktische Mode	seit 1946		Modezeitschrift, u. a. für Hausschneiderei
Saison	seit 1961	Red.: Gerda Glindemann	Vierteljahresschrift für Mode
Von Jahr zu Jahr	seit 1950	Red.: seit 1975 Lucie Helbig	Jahrbuch für die Frau, u. a. mit literarischen, kulturpolitischen, familienpolitischen und pädagogischen Beiträgen
Frauen der ganzen Welt. Zeitschrift der Internationalen Demokratischen Frauenföderation für Freundschaft und Solidarität	seit 1951 in deutscher Sprache	IDFF, Generalsekretariat Berlin	internationales Vierteljahresorgan der IDFF, u. a. in arabischer, englischer, französischer, russischer und spanischer Sprache
Die Sowjetfrau	seit 1945 in deutscher Sprache	Komitee der Sowjetfrauen und Zentralrat der Sowjetgewerkschaften Moskau	illustrierte sowjetische Frauenzeitschrift, erscheint in 14 Sprachen

An die Traditionen der proletarischen Frauenzeitschrift und das progressive demokratische und humanistische Erbe der bürgerlichen Frauenpresse knüpfen die Frauenzeitschriften der DDR an. In ihnen widerspiegeln sich heute die mannigfaltigen sozialistischen Errungenschaften der Frauen und Mädchen, ihre verwirklichte Gleichberechtigung, ihre vielfältigen Interessen und Bestrebungen nach einem erfüllten Leben in der entwickelten sozialistischen Gesellschaft.

Die internationale Frauenbewegung

Seit der Entstehung imperialistischer Kriegsgefahr am Vorabend des ersten Weltkrieges kämpfen die internationale proletarische Frauenbewegung und die fortschrittlichen Kräfte der bürgerlichen Frauenbewegung für den Frieden und die Verteidigung der Lebensinteressen der Frauen und Mütter gegen den Imperialismus. Friedenskampf und Kampf um die Rechte der Frau sind eng miteinander verbunden. Beide erhielten machtvollen Auftrieb durch die Große Sozialistische Oktoberrevolution 1917. Die von ihr eingeleitete Epoche des weltweiten Übergangs vom Kapitalismus zum Sozialismus zeichnet sich – wie die Internationale Beratung der kommunistischen und Arbeiterparteien in Moskau 1969 hervorhob – durch ein wichtiges Merkmal aus: die wachsende Teilnahme der Frauen am Klassenkampf, an der antiimperialistischen Bewegung und insbesondere am Kampf um den Frieden. Das resultiert vor allem aus der bedeutenden Rolle, die die Frauen im Produktionsprozeß und allgemein im gesellschaftlichen Leben spielen, aus dem Beispiel des realen Sozialismus bei der Verwirklichung der Gleichberechtigung der Frau und aus den Fortschritten des demokratischen Kampfes gegen den Imperialismus. Die Arbeiterklasse und die kommunistischen und Arbeiterparteien sind die führende Kraft im weltweiten Kampf für den Frieden, für die Befreiung der Frau und gegen alle Formen der Frauendiskriminierung, wie sie für die vom Monopolkapital beherrschten Länder typisch ist. Immer deutlicher erkennen auch die Kräfte der nichtproletarischen Frauenbewegung, daß nur an der Seite der Arbeiterklasse und in enger Verbundenheit mit den Frauen der sozialistischen Länder der Kampf für den Frieden und die Rechte der Frau erfolgreich geführt werden kann.

Seit dem Ende der sechziger Jahre vollzog sich in der internationalen Frauenbewegung ein neuer Aufschwung. In den kapitalistischen Ländern trat der Kampf um die Rechte der Frau in eine neue Etappe ein. Die Vertiefung der allgemeinen Krise des Kapitalismus trug wesentlich dazu bei, daß immer mehr Frauen den historischen Anachronismus der Frauendiskriminierung erkannten. In diesem Zusammenhang entstand – in verschiedenen Varianten – die Ideologie des Neofeminismus, die heute in der bürgerlichen Frauenbewegung eine bedeutende Rolle spielt und in den kapitalistischen Ländern die Entstehung zahlreicher Organisationen der sog. autonomen Frauenbewegung bewirkte. Von entscheidender Bedeutung für die Frauen ist jedoch die marxistische Erkenntnis, daß der Kampf um die Befreiung der Frau eine gemeinsame Aufgabe aller progressiven Kräfte ist und daß die Frauenfrage nicht im Kampf der Geschlechter gegeneinander gelöst werden kann. Von Auseinandersetzungen darüber ist die Diskussion zur Frauenfrage in den kapitalistischen Ländern heute wesentlich bestimmt. Von großer Bedeutung für das weltweite Ringen um die Sicherung des Friedens und um Fortschritte der Frauenemanzipation in den kapitalistischen und Entwicklungsländern sind die vielfach von den sozialistischen Ländern und der IDFF ausgelösten Aktivitäten der Vereinten Nationen. Das von der UNO proklamierte Internationale Jahr der Frau 1975 und die entsprechende Dekade 1976–1985 trugen mit dazu bei, daß in vielen Ländern im Kampf um die Befreiung der Frau Fortschritte erzielt wurden. Schwere Rückschläge für die Stellung der Frau in der Gesellschaft bewirkten die jüngsten kapitalistischen Wirtschaftskrisen und die Politik konservativer Regierungen in einigen kapitalistischen Ländern. Obwohl 1983 der Anteil weiblicher Arbeitskräfte an der Gesamtzahl der Berufstätigen in den kapitalistischen Hauptländern im Durchschnitt 36 bis 40 % betrug, stellten Frauen etwa die Hälfte, in einigen Ländern noch mehr als die Hälfte der offiziell ausgewiesenen Arbeitslosen.

Die Internationale Demokratische Frauenföderation (IDFF)

Geschichte, Aufgaben und Ziele. Die IDFF wurde am 1. Dezember 1945 in Paris gegründet. Die Initiative dazu hatten antifaschistische Widerstandskämpferinnen ergriffen. Dem entsprechenden Appell waren Vertreterinnen von 81 Millionen Frauen aus 41 Ländern gefolgt. Mit der IDFF entstand eine Organisation, die von Anfang an demokratische Frauen aller Weltanschauungen, aller sozialer Schichten und aller Hautfarben vereinte und die Kräfte des Friedens, der Demokratie, der nationalen Unabhängigkeit und des sozialen Fortschritts stärkte. Als Ziel umriß der Gründungskongreß: unermüdlich für die politischen, wirtschaftlichen, zivilen und sozialen Rechte aller Frauen zu kämpfen, für eine harmonische und glückliche Entwicklung der Kinder und der kommenden Generationen, für die völlige Vernichtung des Faschismus und die Schaffung einer wahrhaft demokratischen Ordnung in allen Ländern sowie die Sicherung eines dauerhaften Friedens in der Welt. Damit knüpfte die IDFF vor allem an Bestrebungen an, wie sie vor 1945 die sozialistische und kommunistische Frauenbewegung, aber auch kleinbürgerlich-demokratische Kräfte der bürgerlichen Frauenbewegung verfolgt hatten (Internationale Frauenkongresse von Paris 1934 und Marseille 1938).

Die über vierzigjährige Geschichte der IDFF ist aufs engste mit dem Kampf um den Frieden und die Rechte der Frau verbunden. Die IDFF entwickelte sich von Anfang an als fester Bestandteil der Weltfriedensbewegung. Ihr Kongreß in Budapest 1948 beschloß ein „Manifest zum Schutze des Friedens" und ihr Kongreß in Kopenhagen 1953 eine „Deklaration über die Rechte der Frauen". Mit ihren Kongressen und Tagungen, internationalen und regionalen Seminaren sowie ihren vielseitigen Beziehungen zu nationalen Frauenorganisationen unterstützt die IDFF den Kampf für Frieden und Abrüstung sowie um Fortschritte auf frauenpolitischem Gebiet in den einzelnen Ländern. Weitere Kongresse der IDFF fanden in Lausanne (1955), in Wien (1958), in Moskau (1963), in Helsinki (1969), in Berlin (1975) und in Prag (1981) statt.

Bedeutenden Anteil nahm und nimmt die IDFF an antiimperialistischen Solidaritätsbewegungen. Sie galten und gelten der Beendigung aller imperialistischen Aggressionen seit dem zweiten Weltkrieg, dem Kampf der Völker Asiens, Afrikas und Lateinamerikas für ihre Befreiung vom imperialistischen Kolonialjoch sowie dem Ringen der fortschrittlichen Frauen in den kapitalistischen Ländern für ihre soziale Befreiung und Gleichberechtigung. Eine der ersten großen Kampagnen für Frieden und Abrüstung, zu denen die IDFF aufrief, war 1948/49 die Unterschriftensammlung für das Verbot der Atomwaffen, an der auch der DFD aktiv teilnahm. Seitdem ist die IDFF immer wieder für die Ächtung der Atomwaffen, für Abrüstung auf allen Gebieten sowie für die Vorschläge der sozialistischen Länder für Frieden und Entspannung eingetreten. Dafür mobilisierte sie Frauen aller Länder und Kontinente. Sie protestierte in den fünfziger Jahren gegen die Remilitarisierung der BRD, wandte sich gegen neofaschistische Tendenzen und den „kalten Krieg", den der Imperialismus gegen die sozialistischen Länder entfesselte, und forderte die völkerrechtliche Anerkennung der Ergebnisse des zweiten Weltkrieges. In diesem Zusammenhang unterstützte sie auch die Forderung der DDR nach völkerrechtlicher Anerkennung. 1962 organisierte die IDFF ein Frauenwelttreffen für Frieden und Abrüstung in Wien. 1972 sprach sich ihre Ratstagung in Warna für die baldige Einberufung der Europäischen Konferenz für Sicherheit und Zusammenarbeit aus, und ein Jahr später beteiligte sie sich aktiv am Weltkongreß der Friedenskräfte in Moskau. Im gleichen Jahr entsandte sie eine Delegation zum Vatikan und ersuchte Papst Paul VI., seinen Einfluß geltend zu machen, daß der Aggressionskrieg der USA gegen das vietnamesische Volk beendet würde.

Im April 1980 wandte sich das Büro der IDFF in einem Appell „Für Frieden, Abrüstung, Entspannung und Sicherheit" an die Frauen der Welt und rief sie auf, die Anstrengungen zu verstärken, um zur Einstellung des Wettrüstens beizutragen. Produktion, Stationierung, Weiterverbreitung und Anwendung von Massenvernichtungswaffen galt es zu verhindern, die Politik der Entspannung zu verteidigen und alle Errungenschaften zu sichern, die den internationalen Entspannungsprozeß kennzeichneten. Im gleichen Sinne forderte der Prager Kongreß der IDFF 1981 zur Verstärkung des Friedenskampfes auf. Die Ratstagung der IDFF in Balatonaliga/Ungarn im Oktober 1983 richtete an alle Frauen und Frauenorganisationen der Welt den Appell, keine Stationierung neuer USA-Mittelstreckenraketen in Westeuropa zuzulassen. Im Januar 1984 beschäftigte sich ein zweitägiges außerordentliches Konsultativtreffen der IDFF in Berlin mit der Rolle der Frauenorganisationen im Friedenskampf. In einer Botschaft an die Stockholmer Konferenz über vertrauens- und sicherheitsbildende Maßnahmen und Abrüstung in Europa riefen die Teilnehmer aus 26 Ländern Europas, den USA und Kanada die Regierungen der Teilnehmerstaaten der Konferenz auf, „alle Möglichkeiten für die Durchführung ernsthafter, konstruktiver Verhandlungen für die Beseitigung der Atomkriegsgefahr und die Zügelung des Wettrüstens zu nutzen". Im April 1985 appellierte die IDFF aus Anlaß des 40. Jahrestages des Sieges über den Hitlerfaschismus an die Frauen der Welt, für die Beendigung des Wettrüstens auf der Erde zu kämpfen und den Beginn des Wettrüstens im Kosmos, wie es die USA-Administration erstrebt, gar nicht erst zuzulassen. In diesem Sinne beging die IDFF im Dezember 1985 den 40. Jahrestag ihrer Gründung.

Die IDFF im Kampf für die Rechte der Frau und das Glück der Kinder. Zahlreiche Aktionen der IDFF gelten dem Ringen um die Gleichberechtigung der Frauen in den Ländern des Kapitals, der Verbesserung der Lebensbedingungen der Frauen und Mütter, der Beseitigung von Hunger und Analphabetentum, der Anerkennung der Mutterschaft als gesellschaftliche Funktion, dem Recht der Frauen auf Arbeit und Berufsausbildung sowie der Zukunft der jungen Generation. Das UNO-Jahr der Frau und der Weltkongreß im Internationalen Jahr der Frau 1975 wurden von der IDFF initiiert. Auf dem Forum der nichtstaatlichen Organisationen anläßlich der Weltkonferenz in der UNO-Dekade der Frau, das 1980 in Kopenhagen stattfand, auf der UNO-Weltfrauenkonferenz in Nairobi 1985 sowie auf zahlreichen Konferenzen, Seminaren und Konsultativtreffen, die die IDFF gemeinsam mit anderen Organisationen veranstaltete, bekräftigte die IDFF immer wieder, daß Gleichberechtigung und Entwicklung nur im Frieden möglich sind. Die IDFF unterstützt die Alphabetisierung in den befreiten Staaten Afrikas, Asiens und Lateinamerikas, stellt diese doch auch für den Kampf um die Gleichberechtigung der Frau in diesen Ländern eine wichtige Voraussetzung dar. In den kapitalistischen Ländern fordern die IDFF und die ihr angeschlossenen nationalen Frauenorganisationen Arbeits- und Ausbildungsmöglichkeiten für Frauen sowie wirksame Maßnahmen gegen kapitalistische Krisenauswirkungen, von denen die Frauen und Mütter besonders betroffen werden.

Die IDFF und die ihr angeschlossenen Organisationen unternehmen alles, damit die Kinder in einer friedlichen Welt aufwachsen können. Eine der ersten Maßnahmen der IDFF war 1945 die Schaffung eines internationalen Hilfsfonds für die Kinder. Die jährliche Durchführung des Internationalen Kindertages am 1. Juni geht auf einen Ratsbeschluß der IDFF vom November 1949 zurück. Auf Anregung der IDFF fand 1952 eine Internationale Konferenz zum Schutze des Kindes und 1955 ein Weltkongreß der Mütter statt, der 1000 Frauen und andere Persönlichkeiten aus 66 Ländern vereinte. Die Teilnehmer wandten sich an die Mütter der Welt mit den Worten: „Es genügt nicht mehr, unsere Kinder zu lieben. Wir müssen sie vor einem Krieg bewahren."

Dem Leben der Kinder galt die besondere Sorge der IDFF in den vom Imperialismus entfesselten Kriegen. Mit Geldspenden, Lieferung von Medikamenten und Lebensmitteln sowie mit der Sammlung von Spielzeug unterstützten die Organisationen der IDFF die Mütter und Kinder in Korea und Vietnam, in Algerien und anderen Ländern Afrikas, in Palästina und im Libanon.

Auf Initiative der IDFF fand 1979 in Moskau die Weltkonferenz „Für eine friedliche und gesicherte Zukunft aller Kinder" statt, an der Vertreter aus über 130 Ländern teilnahmen. Die Konferenz wurde ein Höhepunkt im Internationalen Jahr des Kindes.

Die IDFF unterstützt alle progressiven pädagogischen Bestrebungen, damit die Kinder der Welt zu friedliebenden, die Gleichbe-

rechtigung der Menschen achtenden und verantwortungsbewußt handelnden Persönlichkeiten erzogen werden. Sie tritt für solche Bildungs- und Ausbildungsmöglichkeiten der jungen Generation ein, die es ermöglichen, daß die jungen Menschen ihre Persönlichkeit voll entfalten können. Die IDFF wendet sich mit scharfer Kritik und Anklage gegen imperialistische und faschistische Verbrechen an Frauen und Kindern, wie sie die reaktionären Regimes und terroristischen Machthaber vor allem in einer Reihe lateinamerikanischer Länder begehen. 1974 übergab z.B. eine Delegation der IDFF der UNO einen Bericht über die Verbrechen der Pinochet-Clique in Chile.

Organisation der IDFF. Die IDFF ist eine internationale Organisation, der progressive Frauenorganisationen aus Ländern unterschiedlicher sozialökonomischer Systeme angehören. 1985 waren es 135 nationale Organisationen aus 117 Ländern aller Kontinente. Höchstes Organ der IDFF ist der Kongreß, der den Rat der IDFF und die Präsidentin wählt. Im Rat sind alle der IDFF angehörenden Organisationen vertreten. Er tagt jährlich und ist zwischen den Kongressen höchstes leitendes Organ. Der Rat wählt das Büro als ständiges Leitungsorgan zwischen den Ratstagungen und das Sekretariat als Exekutivorgan. Das Büro setzt sich aus der Präsidentin, den Vizepräsidentinnen, der Generalsekretärin und weiteren Ratsmitgliedern zusammen. Zur ersten Präsidentin wurde 1945 Eugénie Cotton (Frankreich; 1881–1967) gewählt. Nach ihrem Tode übernahm Hertta Kuusinen (Finnland; 1904–1974) diese Funktion. Seit 1975 ist Freda Brown (Australien; geb. 1919) Präsidentin der IDFF. Eine der Vizepräsidentinnen ist seit 1964 die DFD-Vorsitzende, Ilse Thiele (geb. 1920). Generalsekretärin der IDFF ist Mirjam Vire-Tuominen (Finnland; geb. 1919). Das Sekretariat hat seit 1951 seinen Sitz in der Hauptstadt der DDR. Als Publikationsorgan gibt die IDFF in mehreren Sprachen die Zeitschrift „Frauen der ganzen Welt" heraus.

Als nichtstaatliche Organisation hat die IDFF den Beratenden Status (Kategorie I) beim Wirtschafts- und Sozialrat der Vereinten Nationen (ECOSOC) und den Beratenden Status B bei der Organisation der Vereinten Nationen für Erziehung, Wissenschaft und Kultur (UNESCO). Die IDFF arbeitet zusammen mit der Weltgesundheitsorganisation (WHO), der Internationalen Arbeitsorganisation (ILO) und der Organisation für Ernährung und Landwirtschaft (FAO), ferner mit internationalen und nationalen Frauenorganisationen, die nicht der IDFF angehören, gewerkschaftlichen und genossenschaftlichen Organisationen, Organisationen der Friedens- und der Jugendbewegung sowie mit Einzelpersönlichkeiten. Die IDFF fördert den Erfahrungsaustausch zwischen den Organisationen, die ihr angehören. Sie organisiert internationale und regionale Konferenzen, Treffen und Ausstellungen, den Austausch von Delegationen, wissenschaftliche Untersuchungen, die Verbreitung von Publikationen und anderen Informationsmitteln.

Weitere internationale Frauenorganisationen

Die Sozialistische Fraueninternationale (SIW) ist Teil der 1951 gegründeten Sozialistischen Internationale (SI), der internationalen Dachorganisation von gegenwärtig 60 sozialdemokratischen und sozialistischen Parteien, deren weibliche Mitglieder sie umfaßt. In ihrer Tätigkeit knüpft sie an die frauenpolitische Arbeit der 1923 gegründeten Sozialistischen Arbeiter-Internationale (SAI) an. Ihr leitendes Organ ist der 1955 geschaffene Internationale Rat Sozialdemokratischer Frauen, der mit zwei Delegierten im Generalrat der SI vertreten ist. Im Büro der SI ist er ebenfalls statutenmäßig vertreten.

Die sozialdemokratischen Parteien besitzen eine relativ breite Mitglieder- und Wählerbasis in den werktätigen Schichten der Länder des staatsmonopolistischen Kapitalismus in Europa und Japan, darunter auch unter den Frauen. Unter dem Einfluß des Aufschwungs des Kampfes für die Gleichberechtigung der Frau wächst die Rolle der Frauen in den sozialdemokratischen Parteien sowie den Gewerkschaftsverbänden, die sich z. T. unter ihrer Führung befinden. Diese Tendenz wird durch das Bestreben der reformistischen Führer, große Teile der Arbeiterklasse und anderer werktätiger Schichten an sich und auf diese Weise an das monopolkapitalistische Gesellschaftssystem zu binden, wesentlich beeinträchtigt. Die Frauenpolitik der meisten sozialdemokratischen Parteien bringt die unmittelbaren Lebensinteressen und Reformbestrebungen der Frauen zwar bis zu einem gewissen Grade zur Geltung; die reformistische Politik, der sie insgesamt zugeordnet ist, beeinträchtigt die Vertretung der Lebensinteressen der Frauen aber wesentlich. Die SI vertritt auch auf frauenpolitischem Gebiet ein an kleinbürgerlich-demokratischen Vorstellungen orientiertes Programm, das auf einer für die gegenwärtige sozialdemokratische Bewegung charakteristischen eklektizistischen Ideologie beruht. Doch sind in der sozialdemokratischen Frauenarbeit auch Traditionen der proletarischen Frauenbewegung bis zu einem gewissen Grade lebendig. Sie äußern sich in der teilweise aktiven Rolle, die auch sozialdemokratische Frauen in den Klassenkämpfen, im Ringen um den Frieden sowie im Kampf um die Rechte der Frau spielen. Im Kampf um den Frieden vertreten die Frauen der sozialdemokratischen Bewegung überwiegend pazifistische Ideen. Im Kampf gegen die NATO-Hochrüstung und imperialistische Konfrontationspolitik ergeben sich Berührungspunkte und Bündnismöglichkeiten zwischen der sozialdemokratischen Frauenbewegung und der IDFF. Im November 1983 forderte die SIW in einer in Brüssel veröffentlichten Erklärung effektive Schritte zur Beendigung des nuklearen Wettrüstens, darunter Stopp der Entwicklung und Erprobung nuklearer Waffen sowie die Beseitigung vorhandener Kernwaffen. An Staats- und Regierungschefs der Kernwaffen besitzenden Staaten wurde appelliert, ein Verbot des Ersteinsatzes von Kernwaffen zu vereinbaren und auf Gewalt zur Lösung von Konflikten zu verzichten. Fragen der gemeinsamen Verantwortung für die Sicherung des Friedens durch Abwendung der Gefahren eines atomaren Infernos gilt auch der Dialog zwischen Vertreterinnen der Arbeitsgemeinschaft sozialdemokratischer Frauen der SPD in der BRD und führenden Funktionärinnen der SED sowie des DFD, der 1984 begann.

Auf den Kongressen der SI spielen Probleme der Frau allgemein eine untergeordnete Rolle. Erstmalig stand 1972 auf dem Kongreß in Wien die Gleichberechtigung der Frau auf der Tagesordnung. Gegenwärtig sind in den Parteien der SI über 2 Mill. Frauen organisiert. Vorsitzende des Internationalen Rates Sozialdemokratischer Frauen ist Lydie Schmidt (Luxemburg). Die frauenpolitischen Auffassungen der SI beeinflussen in starkem Maße die Wirksamkeit des Internationalen Bundes Freier Gewerkschaften (IBFG) unter den Arbeiterinnen und weiblichen Angestellten.

Die Internationale Frauenliga für Frieden und Freiheit (IFFF) ging 1915 in Den Haag aus einem Internationalen Kongreß linker, kleinbürgerlich-demokratischer Kräfte der bürgerlichen Frauenbewegung gegen den imperialistischen Krieg hervor. In verschiedenen Ländern entstanden kleinbürgerlich-demokratisch und pazifistisch orientierte Frauenausschüsse. 1919 beschlossen Delegierte aus 16 Ländern, darunter aus Deutschland, auf einem Kongreß in Zürich die Gründung der Internationalen Frauenliga, die in den zwanziger und dreißiger Jahren in verschiedenen Ländern aktiv am Friedenskampf und am Kampf für die Rechte der Frau teilnahm und dabei teilweise mit Kräften der Arbeiterbewegung, auch Kommunisten, zusammenarbeitete.

Nach 1945 wurde die durch den zweiten Weltkrieg weitgehend zum Erliegen gekommene Arbeit der IFFF neu begonnen, wobei zunächst im Zuge des „kalten Krieges“ antikommunistische Tendenzen hervortraten. Seit Mitte der fünfziger Jahre setzten sich unter dem Einfluß des sich verändernden internationalen Kräfteverhältnisses innerhalb der IFFF realistischere Ansichten durch. Es bahnten sich Kontakte zu den antiimperialistischen Kräften an. Die IFFF überwand bis zu einem gewissen Grade antikommunistische Vorurteile. Im Kampf für Frieden und Abrüstung spielt sie seitdem in den kapitalistischen Ländern wieder eine aktive Rolle, wobei ihr Herangehen an die Fragen der Weltpolitik vor allem von pazifistischen Positionen bestimmt wird. Die IFFF arbeitet seit Anfang der siebziger Jahre in fruchtbarer Weise mit der IDFF zusammen und nahm bereits am Weltkongreß der Friedenskräfte in Moskau 1973 teil. Sie wandte sich 1980 gegen den Beschluß der NATO-Mächte vom Dezember 1979, in Westeuropa atomare Mittelstreckenraketen zu stationieren, und bekundete auch ihre Solidarität mit Kräften der nationalen Befreiungsbewegung. Im August 1985 verurteilte das Exekutivkomitee der IFFF die USA-Pläne zur Militarisierung des Weltraums. Die fortschrittliche bürgerliche Frauenorganisation, die die IFFF heute darstellt, gewinnt mit dieser Haltung weltweit an Ansehen und politischer Bedeutung. Ihr Einfluß in den kapitalistischen Ländern ist jedoch durch die insgesamt geringe Zahl der in ihren nationalen Organisationen verankerten Mitglieder begrenzt. Die IFFF umfaßt gegenwärtig Frauenorganisationen aus 27 Ländern. Präsidentin der IFFF ist Katherine Camp (USA). Sitz des Sekretariats der IFFF ist Genf.

Der Internationale Frauenrat (IFR). Die Gründung dieser internationalen Dachorganisation der bürgerlichen Frauenbewegung erfolgte 1888 in Washington. In den neunziger Jahren des 19. Jh. und in den ersten zwei Jahrzehnten des 20. Jh. schlossen sich in ihr 38 nationale Organisationen zusammen, unter ihnen auch der bis 1933 bestehende Bund Deutscher Frauenvereine. In seiner Haltung zu den politischen Grundfragen und zu den Rechten der Frau ließ sich der IFR schon in den ersten Jahrzehnten seines Wirkens von bürgerlich-liberalen und gemäßigt-feministischen Auffassungen leiten. Als die imperialistischen Mächte 1914 den ersten Weltkrieg entfesselten, enthielt er sich jeder Erklärung. Nach dem Kriege begünstigte er die „Verständigungspolitik" zwischen den imperialistischen Mächten. Die führenden Kräfte des IFR und seiner nationalen Organisationen vertreten vielfach Auffassungen des Antikommunismus und bürgerliche Gesellschaftskonzeptionen mit einem sehr gemäßigten frauenpolitischen Reformprogramm, das auf die Integration der Frauen in das kapitalistische System gerichtet ist. Diese Haltung der „alten Frauenbewegung" trug mit dazu bei, daß sich in den kapitalistischen Ländern seit dem Ende der sechziger Jahre eine stärker kleinbürgerlich geprägte „neue Frauenbewegung" im Zeichen neofeministischer Ideen zu formieren begann. Der IFR bejaht Entspannung und Abrüstung, geht dabei aber vor allem von Konzeptionen kapitalistischer Staaten aus.

Die im IFR vereinigten nationalen Frauenorganisationen, die vielfach selbst den Charakter von Vereinskonglomeraten tragen, stehen den „liberalen" bürgerlichen Parteien in den kapitalistischen Ländern nahe; teilweise vertreten sie auch kleinbürgerlich-demokratische und ebenso auch konservative Positionen. Der IFR umfaßt gegenwärtig 74 nationale Frauenorganisationen mit über 20 Mill. Mitgliedern. Sitz des Sekretariats des IFR ist Paris; Präsidentin ist Miriam Dell (Neuseeland), Generalsekretärin Jacqueline Barbet-Massin (Frankreich).

Der Weltverband katholischer Frauenorganisationen wurde 1910 in Brüssel als Dachorganisation der vor allem seit der Jahrhundertwende zahlreich entstandenen katholischen Frauenorganisationen gegründet. Initiatoren dieser Gründungen waren sowohl die katholische Kirche als auch klerikale Parteien und Organisationen, die damit u.a. die Massenbasis des politischen Katholizismus im Kampf gegen die demokratischen Kräfte zu verbreitern suchten. Die katholischen Frauenorganisationen betrachteten sich selbst als konkurrierende Organisationen gegenüber der bürgerlichen Frauenbewegung. Sie vertraten das an den religiösen Dogmen und päpstlichen Enzyklien orientierte katholisch-klerikale Frauenleitbild und teilten dessen Wandlungen bis zur Gegenwart. Es ist heute wesentlich „modernisiert" und der neuen Situation der Frau in der Gesellschaft in bestimmtem Maße angepaßt. Dadurch kommen auch in den katholischen Frauen- und Mädchenorganisationen Emanzipationsgedanken partiell zur Geltung. Gleichzeitig wird jedoch ihr Wirken von konservativen Auffassungen des katholischen Klerus auch weiterhin stark beeinflußt. Papst Johannes Paul II. (seit 1978) verurteilt z. B. wie seine Vorgänger das Recht der Ehescheidung, den Gebrauch empfängnisverhütender Mittel, den Schwangerschaftsabbruch, die Priesterehe und alle Versuche, die weiblichen Angehörigen katholischer Orden mit dem Klerus gleichzustellen bzw. Frauen zum Priesteramt zuzulassen. In der katholischen Kirche und auch in den klerikalen Frauenorganisationen gibt es teilweise Widerspruch gegen diese Positionen. Auch die katholischen Frauenorganisationen stehen unter dem Druck demokratischer Kräfte, nicht zuletzt der Millionen Frauen, die sie vor allem in den südeuropäischen Ländern und in Lateinamerika umfassen. Viele dieser Frauen nehmen am antiimperialistischen Kampf teil und wenden sich gegen reaktionäre politische Systeme sowie die Frauendiskriminierung. Katholische Frauen spielen eine aktive Rolle im Kampf für die Erhaltung des Friedens, für Entspannung und Abrüstung. Im Umfeld der politischen Reaktion und der konservativen „christlich-demokratischen" Parteien bilden sie jedoch auch weiterhin einen Teil der Massenbasis der Politik aggressiver Kreise des Monopolkapitals. In den sozialistischen Ländern dagegen nehmen christliche Frauen katholischer und anderer kirchlicher Konfessionen an der Gestaltung der entwickelten sozialistischen Gesellschaft teil. So bietet die "katholische Frauenbewegung" ein sehr differenziertes Bild. Ihre Bestrebungen werden in starkem Maße von den spezifischen gesellschaftlichen und politischen Verhältnissen bestimmt, unter denen sie wirken.

Den katholischen Frauenorganisationen war 1922 durch den Papst die Zusammenarbeit „mit neutralen konfessionslosen und protestantischen Vereinigungen" ausdrücklich untersagt worden. Dieses Verbot verhinderte u.a., daß sich die katholischen Frauenorganisationen anderen, überkonfessionellen bürgerlichen Dachorganisationen anschlossen. Das Verbot ist heute aufgehoben. In vielen Ländern gehören die katholischen Frauenorganisationen nationalen Dachorganisationen der bürgerlichen Frauenbewegung an.

Die UNO und der Kampf für die Rechte der Frau in den kapitalistischen und Entwicklungsländern. Die Organisation der Vereinten Nationen (UNO) entstand nach dem zweiten Weltkrieg auf der Grundlage eines freiwilligen Zusammenschlusses souveräner Staaten zur Aufrechterhaltung des internationalen Friedens und der Sicherheit sowie zur Entwicklung friedlicher Zusammenarbeit zwischen den Staaten. Die Initiatoren der UNO waren die führenden Mächte der Antihitlerkoalition: die UdSSR, die USA und Großbritannien. Die Charta der Vereinten Nationen wurde am 26. Juni 1945 in San Franzisco unterzeichnet. Heute gehören der UNO 157 Staaten an, darunter seit 1972 auch die DDR.

In der Charta der Vereinten Nationen ist ein neues demokratisches Völkerrecht formuliert. Die Verwirklichung der demokratischen Ideen und Prinzipien der UN-Charta ist jedoch seit ihrer Annahme Gegenstand der internationalen Klassenauseinandersetzung zwischen den Kräften des Imperialismus einerseits und den Kräften der Demokratie und des Sozialismus andererseits. Die Rolle der UNO – auch bei der internationalen Förderung des Kampfes um die Rechte der Frauen und Mütter – wuchs etwa in gleichem Maße, wie sich das Kräfteverhältnis in der Weltorganisation zugunsten der sozialistischen, antiimperialistischen und nationalbefreiten Staaten änderte.

Grundlegende Dokumente der UNO bekundeten schon bei der Gründung der Weltorganisation und in den ersten Jahren ihrer Entwicklung das Prinzip der Gleichberechtigung der Frau, so die UN-Charta (1945) und die Allgemeine Erklärung der Menschenrechte (1948). In letzterer ist erstmals völkerrechtlich auch die soziale Funktion der Mutterschaft anerkannt worden. 1952 beschloß die UNO-Vollversammlung die Konvention über die politischen Rechte der Frau, die aber nur von einem Teil der Mitgliedstaaten ratifiziert wurde. Große Bedeutung erlangte auch die Deklaration zur Beseitigung der Diskriminierung der Frau, die die UNO-Vollversammlung 1967 beschloß. Weitere Dokumente im Interesse der Verwirklichung der Gleichberechtigung der Frau erarbeiteten die Spezialorganisationen der UNO, die ILO (Internationale Arbeitsorganisation) und UNESCO (Kulturorganisation). Sie erlangten in den einzelnen Staaten – auch wenn sie von diesen ratifiziert wurden – in unterschiedlichem Maße Geltung. Voll verwirklicht wurden die Menschenrechte der Frauen und Mütter allein in den sozialistischen Ländern. Diese waren auch wiederholt Initiatoren entsprechender Konventionen und Erklärungen der UNO.

Unter der Losung „Gleichberechtigung – Entwicklung – Frieden" beschloß die UNO auf Initiative der IDFF, das Jahr 1975 als Internationales Jahr der Frau und die Jahre 1976–1985 als Dekade im gleichen Sinne zu begehen. Der Dekade lag der von der Weltkonferenz der Vereinten Nationen in Mexiko City 1975 beschlossene, 219 Punkte umfassende Weltaktionsplan zugrunde, der ein umfassendes Programm für die Verwirklichung der Rechte der Frau enthält, die in den kapitalistischen und teilweise auch in Entwicklungsländern noch immer mißachtet werden. Auf Vorschlag der DDR beschloß die Konferenz in Mexiko City auch eine Resolution zur Teilnahme der Frauen an der Festigung des Weltfriedens. Große Bedeutung für die Verwirklichung des Weltaktionsplans erlangte der Weltkongreß im Internationalen Jahr der Frau, der im gleichen Jahr in der Hauptstadt der DDR durchgeführt wurde. Die Realisierung des Weltaktionsplans und anderer UNO-Dokumente zeigt, daß sich den Rechten der Frau unter den Bedingungen der Herrschaft des Monopolkapitals unüberwindliche Hindernisse entgegenstellen. Nur partiell konnten in der gesellschaftlichen Stellung der Frau, auf arbeits- und familienrechtlichem Gebiet in den kapitalistischen Ländern Fortschritte erzielt werden. Das offenbarte bereits die Weltkonferenz der UNO-Dekade für die Frau in Kopenhagen 1980, die für die Dekade 1976–1985 eine Zwischenbilanz zog und ein Aktionsprogramm für die zweite Hälfte der Dekade beschloß, das von der UNO-Vollversammlung im November 1980 bestätigt wurde.

Auf der UNO-Weltfrauenkonferenz in Nairobi 1985 wurde diese Situation erneut deutlich. Während die Frauen aus den sozialistischen Ländern über mannigfaltige weitere Fortschritte berichten und auch die Vertreterinnen der Länder mit sozialistischer Orientierung darauf verweisen konnten, daß die progressive Entwicklung auch den Frauen zugute kam und ihre Gleichberechtigung förderte, überwogen in den Berichten aus den kapitalistischen Staaten die Hinweise auf die nach wie vor dominierende Diskriminierung, der breite Kreise der werktätigen Frauen unterworfen sind. Die Konferenz unterstrich mit Nachdruck die entscheidende Bedeutung, welche die Sicherung des Weltfriedens für die Lösung aller Probleme besitzt, die mit dem geschichtlichen Fortschritt für die Frauen in allen Ländern verbunden sind.

1979 beschloß die UNO-Vollversammlung die Konvention über die Beseitigung aller Formen der Diskriminierung der Frau, wobei sich 26 westliche Staaten der Stimme enthielten. Bis Anfang 1985 wurde die Konvention von 90 Staaten unterzeichnet und von 63 Staaten ratifiziert. 1982 verabschiedete die UNO außerdem eine Deklaration über die Teilnahme der Frauen an der Förderung von Frieden und Zusammenarbeit und die Eliminierung aller Formen von Diskriminierung. Immer stärker verschmilzt – wesentlich unter dem Einfluß der sozialistischen Länder – die UNO-Frauenpolitik mit dem Kampf um die Erhaltung des Weltfriedens. Dem dient u.a. die 1983 von der DDR ergriffene Initiative zu einer UNO-Resolution über die Rolle der Frauen bei der Propagierung von Frieden und Zusammenarbeit in der Welt.

Zur Realisierung ihrer im Interesse der Frauen beschlossenen Resolutionen und Konventionen arbeiten die UNO-Organe eng mit den Vertretern der Mitgliederstaaten sowie internationalen Frauenorganisationen zusammen, darunter auch mit der IDFF, die bei verschiedenen UNO-Institutionen einen Konsultativstatus besitzt. Die UNO-Institutionen ihrerseits entsenden Vertreter zu Frauenkongressen und Seminaren bzw. führen selbst entsprechende Veranstaltungen durch. Am 8. März 1975 würdigte die UNO erstmalig den Internationalen Frauentag und führte dazu in New York ein Symposium über die Rolle der Frau durch. Beim Wirtschafts- und Sozialrat der Vereinten Nationen (ECOSOC) besteht eine Frauenkommission, die den frauenpolitischen Fragen im Rahmen der Tätigkeit der UNO und ihrer Spezialorganisationen besondere Aufmerksamkeit widmet. Stellvertreterin des UNO-Generalsekretärs für soziale Entwicklung und humanitäre Angelegenheiten ist Leticia Shahani (Philippinen). Die DDR ist in den wichtigsten Gremien der UNO vertreten, in denen über frauenpolitische Fragen beraten wird, darunter in der UNO-Kommission über den Status der Frau durch Prof. Dr. Helga Hörz. Die Regierung der DDR hat ihre volle Übereinstimmung mit den Bemühungen der UNO, die Rechte der Frau zu verwirklichen, zum Ausdruck gebracht. Die entsprechenden UNO-Beschlüsse sind auch im innerstaatlichen Recht der DDR in vollem Umfange realisiert.

Frau und Beruf

Einen Beruf zu erlernen und auszuüben ist für die Frauen in der DDR selbstverständlich geworden. Die Berufstätigkeit gehört zum Leben, ebenso wie Bildung, Kultur, gesellschaftliches Engagement, Partnerschaftsbeziehungen, Kinder, Freunde, eine sinnvolle Freizeitgestaltung. Mädchen planen ihre Berufstätigkeit nicht nur bis zur Heirat, junge

Mütter kehren nach dem Babyjahr gern zu ihr zurück; ältere Frauen haben oft nicht das Bedürfnis, sie vor der Rente abzubrechen, viele arbeiten sogar als Rentner weiter.
Der Beruf besitzt für die Frau einen hohen Wert. Unter den Lebenszielen von Mädchen bzw. Frauen nimmt die berufliche Arbeit eine wichtige Position ein, ähnlich wie bei den Männern. Frauen betonen eher noch stärker, daß die Arbeit ihrem Leben Sinn, Zufriedenheit und Glück gibt – vielleicht gerade, weil es nicht immer so war. Das trifft besonders auf die jüngere Generation zu.
Zur Berufstätigkeit der Frau haben sich in unserer Gesellschaft tiefgreifende Bewußtseinswandlungen vollzogen. Die berufliche Arbeit ist heute kein Makel mehr (weil der Mann nicht genug verdient), sondern ein Kennzeichen der ökonomischen Unabhängigkeit, ja der Würde. Frauen sind vor allem aus folgenden Motiven berufstätig: Sie wollen sich nützlich machen in der Gesellschaft, ein eigenes materielles Einkommen erwerben, zum Unterhalt der Familie beitragen, nicht nur in familiärer Isolierung leben bzw. über den Mann in gesellschaftliche Prozesse einbezogen sein. Sie suchen feste Beziehungen zu einem Kollektiv, haben Interesse an bestimmten Arbeitsaufgaben und Tätigkeiten. Sie wollen selbständig sein, sich bewähren. Manche Frauen möchten einer gesellschaftlichen Norm nachkommen, dem Trend („daß fast alle arbeiten“) entsprechen. Viele sehen in der Arbeit Möglichkeiten, sich persönlich weiterzuentwickeln, zu vervollkommnen. Vor allem aber wollen sie gleichberechtigt sein.
Die Gleichberechtigung der Frau im Arbeitsprozeß, als Bestandteil der rechtlichen und realen Gleichstellung mit dem Mann, wurde in der DDR Schritt für Schritt verwirklicht. Das Recht auf Arbeit und gleichen Lohn für gleiche Arbeit, auf Bildung, soziale Sicherheit, Mitbestimmung und -gestaltung des gesellschaftlichen Lebens gehört zu den grundlegenden Menschenrechten, die der Frau verfassungsmäßig garantiert sind. Unser Staat sah es von Anbeginn immer als eine besondere Aufgabe an, der Frau solche Bedingungen zu schaffen, daß sie ihre erworbenen Rechte auch wahrnehmen kann. Das geschah z.B. durch umfassende Programme zur Frauenförderung, ein System von Dienstleistungen, Kindereinrichtungen und sozialpolitischen Maßnahmen sowie durch die Bewußtseinsbildung. Die gesellschaftliche Stellung der Frau hat sich dadurch ständig erhöht – ein Kurs, der weiterverfolgt wird.
Die Realisierung der Gleichberechtigung im Arbeitsprozeß ist ein Ergebnis tiefgreifender politischer, ökonomischer, sozialer, geistig-kultureller und ideologischer Veränderungen, die bis in jede Familie hineinreichen.
Durch ein neues Verständnis für die Rolle der Frau, für Partnerschaft, Familie und familiäre Arbeitsteilung ist es heute beiden Ehepartnern möglich, berufstätig zu sein und eine Familie zu haben. Das Bedürfnis der Frau nach Mutterschaft ist sehr hoch, aber auch das nach Arbeit. Daher ist die typische berufstätige Frau in der DDR zugleich Mutter, häufig von zwei Kindern.
Die Gleichberechtigung in Gesellschaft, Beruf und Familie gehört zu den überzeugendsten Wandlungen, die der Sozialismus hervorbrachte. Die für den Kapitalismus existierende Frauenfrage – wirtschaftliche und rechtliche Abhängigkeit und Unterdrückung durch den Mann – existiert bei uns nicht mehr. Das alles vollzog sich in historisch kurzen Zeiträumen. Im Verlaufe weniger Jahrzehnte entstand eine Frauengeneration, deren Lebensweise und -ansprüche nicht mehr mit jenen von Frauen früherer Jahrhunderte vergleichbar sind.
Die Berufstätigkeit der Frau ist der entscheidende Bestandteil der Gleichberechtigung. Das hat mehrere Gründe. Beispielsweise ist Arbeit wichtig für die Persönlichkeitsentwicklung. Karl Marx stellte fest: Grundlage für die Entfaltung der Individualität ist die Totalität der gesellschaftlichen Beziehungen. Der Arbeitsprozeß hat dafür wesentliche Bedeutung. Einbezogen und aktiv beteiligt zu sein an gesellschaftlichen Entwicklungsprozessen, sich bei einer von Ausbeutung freien Arbeitstätigkeit bilden und entfalten zu können, durch den Beruf materielle Sicherheit, eine eigenständige gesellschaftliche Position und Ansehen zu gewinnen, ist für die Persönlichkeitsentfaltung der Frau nicht minder wichtig als für den Mann. Es gibt ihr Kenntnis, Können und Kompetenz, Selbständigkeit, Selbstbewußtsein, Entfaltungs- und Erlebnisfähigkeit, Beziehungsreichtum und Lebenssinn. Es ist zugleich eine wesentliche Voraussetzung ihrer sozialen Befreiung und der sozialen Gleichstellung mit dem Mann.

Bereits Engels erkannte: „Die Befreiung der Frau wird erst möglich, sobald diese auf großem gesellschaftlichem Maßstab an der Produktion sich beteiligen kann ...“ (MEW Bd. 21, S. 158). Wenn Frauen am Arbeitsprozeß teilnehmen, lassen sich größere Ziele für die gesellschaftliche Entwicklung setzen, umfassendere Werte schaffen. Ein immer höheres Niveau des wissenschaftlich-technischen Fortschritts macht daher die Berufstätigkeit der Frau keineswegs überflüssig. Das um so weniger, als sich bei der Stellung der Frau im Arbeitsprozeß tiefgreifende qualitative Wandlungen vollzogen haben. Gegenwärtige und künftige Frauengenerationen sind hoch gebildet, können völlig andere Funktionen als noch vor Jahrzehnten im Arbeitsprozeß übernehmen.

1986 standen 4,9 Millionen Frauen im Berufsleben bzw. bereiteten sich darauf vor. Der Beschäftigungsgrad der arbeitsfähigen weiblichen Bevölkerung betrug zu dieser Zeit 91,3 %. Die werktätigen Frauen leisten in allen Bereichen der Gesellschaft einen entscheidenden Beitrag zum ökonomischen, wissenschaftlich-technischen und kulturellen Fortschritt.

Die sozialistische Gesellschaft schafft immer günstigere Bedingungen zur Nutzung der Gleichberechtigung im beruflichen und persönlichen Leben. Wie diese Bedingungen individuell genutzt werden, entscheidet jede Frau und jede Familie selbst. Günstig ist, diesen Prozeß schon von der Kindheit an zu beeinflussen. Berufswahl, -bildung und -tätigkeit sollen sich in der Lebensstrategie der Frau sinnvoll mit der Familienplanung verbinden. Das ermöglicht ihr einen selbständigen Lebensbezug und ein hohes Maß an Selbstverwirklichung.

Die Berufswahl

Die Wahl des Berufes gehört zu den wichtigsten Entscheidungen, die Mädchen und Jungen im Leben treffen. Mädchen können fast jeden Beruf ergreifen. Sie wählen ihn unter ähnlichen Bedingungen wie Jungen, haben gleiche Chancen beim Bildungserwerb und bei der Berufsausübung. Der Arbeitsplatz ist gesichert. Frauen sind über viele Jahre hinweg berufstätig, auch wenn sie Kinder haben. Der einmal ergriffene Beruf ist heute, unter den Bedingungen des sich schnell vollziehenden wissenschaftlich-technischen Fortschritts, für die meisten immer noch der Lebensberuf (wenn auch bei veränderten Inhalten und notwendigem Weiterlernen). Entscheidungen von solcher Tragweite sollten gut vorbereitet sein.

Die Berufswahl ist ein ernst zu nehmendes Problem, ganz gleich in welcher Lebenssituation eine Frau damit in Berührung kommt (ob bei der Suche nach dem eigenen Beruf oder bei der Beratung von Töchtern, Söhnen, Enkeln, Bekannten usw.). Wer selbst einen Beruf wählt oder andere dabei berät, sollte viele Gelegenheiten nutzen, um sich über Grundsätze, erforderliche Vorbedingungen und notwendige Schritte sachkundig zu machen.

Die Berufswahl als persönliches und gesellschaftliches Anliegen. In der DDR können alle Schulabgänger der allgemeinbildenden polytechnischen bzw. erweiterten Oberschule auf unterschiedlichen Bildungsebenen eine berufliche Ausbildung erhalten, auch wenn sie gesundheitliche Einschränkungen haben oder die Schule mit dem Abgangszeugnis der 8. Klasse verlassen. Damit ist die Berufswahl zu einem persönlichen Anliegen aller Jugendlichen und ihrer Eltern geworden. Die Frage ist bei uns generell nicht mehr, ob ein Beruf erlernt wird, sondern welcher Bildungsweg und welcher Beruf es sein soll. Die meisten Jugendlichen – etwa 84 % – werden Facharbeiter. Die übrigen wählen ein Fach- oder Hochschulstudium.

Gesucht wird von jedem Jugendlichen der „richtige“ Beruf. Das ist der, bei dem der Mensch seine individuellen Voraussetzungen (Kenntnisse, Interessen, Wünsche, Motive, Leistungen, Eignung usw.) weitgehend mit den gesellschaftlichen Erfordernissen und Bedingungen (Ausbildungsplätze, Arbeitskräftebedarf im Territorium u. a.) in Einklang bringen, sich wohlfühlen und als Persönlichkeit entwickeln kann. Mädchen beachten dabei die gesellschaftlichen Erfordernisse teilweise zu spät. Das kann zu Komplikationen bei der Bewerbung oder zu verminderter Bindung an den schließlich ergriffenen Beruf führen.

Die Frage nach dem richtigen Beruf hängt mit vielen anderen Fragen zusammen, die sich Mädchen wie Jungen stellen sollten: Was will ich im Leben erreichen? Wo braucht die Gesellschaft gerade mich am meisten? Was kann ich? Was ist in meinem Kreisgebiet möglich? Wie kann ich mich persönlich noch entwickeln, um den Wunschberuf zu ergreifen? Kein Jugendlicher muß sich sorgen: Werde ich später Arbeit in diesem Beruf bekommen? Und kein Mädchen muß fragen: Lohnt sich für eine Frau eine Berufsausbildung?

Die Berufswahl wird vor allem aus folgenden Gründen auch als gesellschaftliches Anliegen unterstützt:

- Die richtige Berufsentscheidung ist eine wesentliche Voraussetzung für die volle Entfaltung der Persönlichkeit im Arbeitsprozeß und für ein sinnerfülltes Leben. Das entspricht den Grundwerten des Sozialismus – einer Gesellschaft, bei der das Wohl des Menschen im Mittelpunkt steht. Für die Frau, die sich jahrhundertelang nicht frei entfalten konnte und ihre Position, ihr Ansehen, ihre Lebensgrundlage in erster Linie durch den Ehemann bezog, ist das besonders wichtig.
- Die Berufswahl muß der planmäßigen Reproduktion und effektiven Nutzung des gesellschaftlichen Arbeitsvermögens dienen. Hierzu zählt z. B. die Entwicklung der Klassen und sozialen Schichten, der Qualifikationsstruktur der Werktätigen oder der Geschlechterproportionen in den Bereichen und Berufen. Frauen werden in allen Bereichen unserer Volkswirtschaft gebraucht, nicht zuletzt auch im Interesse ihrer Gleichberechtigung. Die Planmäßigkeit in der Arbeitskräfteentwicklung ist eine unbedingte Voraussetzung für die hohe Leistungskraft unseres Staates, für die Stabilität der Weiterentwicklung des Sozialismus und für die Sicherung des Friedens.

Die Berufswahl als mehrjähriger Prozeß. Die Berufswahl im Jugendalter ist meist ein langfristiger Prozeß. In diesem Zeitraum kann der zunächst noch unerfahrene Jugendliche die Befähigung erlangen, sich selbständig zu entscheiden. Günstig ist, von vornherein mehrere Berufsvarianten ins Auge zu fassen (z. B. für den Fall einer Ablehnung bei der Bewerbung). Wichtig ist, daß Mädchen und Jungen dazu viel Eigenaktivität entwikkeln.

Die Berufsberatung beginnt bereits in der 6. Klasse. Sie endet mit dem Abschluß eines Lehrvertrages (bei POS-Schülern) bzw. mit der Aufnahme für ein Studium (bei EOS-Schülern, Lehrlingen). Wenn es gesellschaftlich notwendig ist oder persönlich gewünscht wird, kann zu einem späteren Zeitpunkt eine erneute Berufsberatung erfolgen (z. B. bei Facharbeitern für eine Qualifizierung im Beruf oder über diesen hinaus, bei Studenten für den beruflichen Einsatz). Hauptverantwortlich für diese erneute Beratung sind – je nach Sachlage – Betriebe, Hoch- und Fachschulen oder die Ämter für Arbeit bei den Räten der Kreise.

Das Berufswahlfeld der Mädchen. Das Berufswahlfeld umfaßt alle diejenigen Berufe und Ausbildungsplätze auf Facharbeiter-, Fach- und Hochschulebene, für die Jugendliche und Erwachsene zum gegebenen Zeitpunkt eine berufliche Ausbildung erhalten können. Grundlagen sind die gesetzlichen und territorialen Festlegungen dafür. Das Berufswahlfeld der Mädchen ist dem der Jungen gleich – mit Ausnahme der Berufe, für die Frauen aus medizinischer Sicht ungeeignet sind. Das betrifft gegenwärtig etwa 10 % der Facharbeiterberufe und einen von 10 Wissenschaftszweigen der Hochschulberufe. Es ist abzusehen, daß sich diese Einschränkungen mit dem weiteren Durchsetzen des wissenschaftlich-technischen Fortschritts noch verringern.

Berufsstrukturen und -inhalte sowie Ausbildungsplätze in den Betrieben und Bildungseinrichtungen (einschließlich der Proportionen zwischen weiblichen und männlichen Auszubildenden) werden mit der weiteren Durchsetzung des wissenschaftlich-technischen Fortschritts von Zeit zu Zeit planmäßig verändert. Das ist z. B. erforderlich, um eine zukunftsorientierte Reproduktion der Volkswirtschaft zu sichern, notwendige wirtschaftsstrukturelle Veränderungen im Lande vornehmen zu können, die Werktätigen in die Lage zu versetzen, neue Fertigungs-, Verfahrensprozesse und Informationstechniken zu beherrschen, den Bedürfnissen der Bevölkerung nach modernen Erzeugnissen und umfassenden Dienstleistungen gerecht zu werden oder physisch und psychisch belastende Tätigkeiten zu mindern.

Generell überdauern Berufe ein Menschenleben, denn bei ihrer Entwicklung bilden notwendige Flexibilität und möglichst hohe Stabilität eine Einheit. Erforderliche inhaltliche

Veränderungen werden über die Aus- und Weiterbildung realisiert.

Mädchen sollten sich in der Zeit der Berufswahl besonders dafür interessieren, wie Wissenschaft und Technik das Berufswahlfeld verändern und welche neuen Berufsmöglichkeiten daraus für sie selbst entstehen (z. B. durch die Einführung der Bildschirmtechnik).

● Facharbeiterberufe sind die grundlegende berufliche Qualifikation der Arbeiter, Genossenschaftsbauern und Handwerker. Sie werden durch eine systematische Berufsausbildung nach staatlichen Lehrplänen erworben. Voraussetzung ist der erfolgreiche Abschluß der 10. Klasse, in geringerer Zahl auch der 8. Klasse der POS. Die Systematik der Facharbeiterberufe von 1985 (GBl. I, Nr. 4/1985) enthält 238 Berufe für Abgänger der 10. Klasse, davon 98 Grundberufe (das sind Facharbeiterberufe mit mehreren Spezialisierungsrichtungen, während die übrigen Berufe nur eine Spezialisierungsrichtung haben). Für Schulabgänger ohne Abschluß der Klasse 10, die aber mindestens das Ziel der 8. Klasse erreichten, stehen 62 Facharbeiterberufe zur Verfügung. Weitere 8 Berufe können nur im Rahmen der Erwachsenenbildung erlernt werden. Mädchen sollen im Prozeß der Berufswahl davon ausgehen, daß auch viele Facharbeiterberufe, die in der Öffentlichkeit weniger bekannt sind, Frauen ein interessantes Betätigungsfeld bieten.

● Fachschulberufe sind eine Qualifikation für Kader mittlerer Bildungsebenen. Sie werden durch ein mehrjähriges Fachschulstudium erworben. Mädchen und Jungen eignen sich wissenschaftliche Kenntnisse über das jeweilige Fachgebiet an, ferner berufspraktische Fähigkeiten und Fertigkeiten für eine nur mit Fachschulabschluß auszuübende Tätigkeit, sowie Wissen im Fach Marxismus-Leninismus, Russisch und in allgemeinbildenden Lehrgebieten. Ein Fachschulberuf kann direkt nach erfolgreichem Abschluß der 10. Klasse erworben werden (das betrifft vor allem medizinische und pädagogische Fachrichtungen). Auch nach einer abgeschlossenen Berufsausbildung ist ein Fachschulstudium möglich.

● Hochschulberufe sind eine Qualifikation für Kader höherer Bildungsebenen. Sie werden durch ein mehrjähriges Studium an Hochschulen und Universitäten erworben. Hochschulberufe sind die Grundlage zur Ausübung komplexer Tätigkeiten mit einem hohen geistig-wissenschaftlichen Profil (z. B. auf dem Gebiet der Produktion, Leitung und Planung, Forschung, Lehre).

1980 existierten in der DDR etwa 300 Hochschulberufe. Die höchsten Anteile unter den Fachrichtungen haben technische und pädagogische. Die Anforderungen an die Bewerber sind sehr hoch. Es muß eine besondere Befähigung, für bestimmte Fachrichtungen auch eine spezielle Begabung, vorliegen. Der Nachweis der Hochschulreife allein garantiert noch keine Zulassung für ein bestimmtes Studium.

● Der Nachweis der Hochschulreife ist Voraussetzung für ein Hochschulstudium. Der Hauptweg dafür ist der Erwerb des Abiturs über die erweiterte Oberschule oder eine Berufsausbildung mit Abitur. Bewährte Facharbeiter haben die Möglichkeit, die Hochschulreife für ausgewählte Studienrichtungen über einen einjährigen Vorkurs oder an der Volkshochschule zu erwerben. Außerdem gilt ein abgeschlossenes Fachschulstudium in der gleichen Richtung als Hochschulreife.

Der Besuch der erweiterten Oberschule soll Jugendliche vor allem auf ein gesellschaftswissenschaftliches, mathematisch-naturwissenschaftliches, medizinisches oder künstlerisches Hochschulstudium vorbereiten. Die Berufsausbildung mit Abitur ist vorwiegend für technische, wirtschaftswissenschaftliche, militärwissenschaftliche Studienrichtungen sowie Berufsschullehrer und Lehrer für Polytechnik vorgesehen. Sie verknüpft eine abgeschlossene, vollwertige Facharbeiterausbildung mit dem Erwerb des Abiturs.

Für die erweiterte Oberschule und für die Berufsausbildung mit Abitur werden Schüler ausgewählt, die sich durch gute Leistungen im Unterricht, hohe Leistungsfähigkeit und -bereitschaft sowie politische, moralische und charakterliche Reife auszeichnen und ihre Verbundenheit mit der DDR durch ihre Haltung und gesellschaftliche Aktivität bewiesen haben (vgl. Aufnahmeordnung. In: GBl. I, Nr. 4/1982).

● Frauenberufe. Da den Mädchen in der DDR fast das gesamte Berufswahlfeld offensteht, sind Frauenberufe bei uns heute alle Berufe – mit Ausnahme der wenigen, in denen gesundheitliche Einschränkungen für die Frau bestehen. Das ist in einzelnen Ländern unterschiedlich und grundsätzlich von den herrschenden gesellschaftlichen Verhältnissen abhängig. In historisch längeren Zeiträumen hat sich das Spektrum der Frauenberufe auch auf dem Gebiet der DDR verändert. Traditionelle bürgerliche Frauenberufe waren vorwiegend an den Aufgaben des häuslichen Bereichs orientiert: pflegen, erziehen, bekleiden, ernähren, reinigen, verwalten, bewahren usw. Das entsprach dem früheren Verständnis über die Funktionen von Frau und Mann in der Gesellschaft. Heute gibt es auf der Welt nur wenige Länder, in denen Frauen so weit in ehemalige Männerberufe eingedrungen sind wie in der DDR. Das sollte Mädchen veranlassen, das breite Spektrum ihrer Möglichkeiten in die Berufsentscheidung einzubeziehen.

● Die Zahl der Ausbildungsplätze. Für Berufe aller Bildungsebenen gibt es entsprechend den gesellschaftlichen und territorialen Bedingungen eine sehr unterschiedliche Anzahl von Ausbildungsplätzen. Obwohl die Gesamttendenz stabil bleibt, ist im Einzelfall mit jährlichen Veränderungen zu rechnen, die im Interesse des wissenschaftlich-technischen Fortschritts und der ökonomischen Effektivität mitunter gravierend sein können. Grundlegende Proportionen verändern sich allerdings nicht so rasch. Die Mehrheit der Ausbildungsplätze in den Facharbeiterberufen gehört zur materiellen Produktion. Das wird von Mädchen nicht immer genügend beachtet. Auch eine Berufsausbildung mit Abitur ist vor allem in solchen Bereichen möglich. Bei Fach- und Hochschulberufen konzentrieren sich ebenfalls viele Studienplätze seit Jahren auf nur wenige Zweige. Unter medizinischen Fachschulberufen entfällt beispielsweise etwa die Hälfte auf den Krankenschwestern-/-pflegerberuf. Die Studienplätze für Hochschulberufe gliederten sich Mitte der achtziger Jahre etwa wie folgt auf: ⅓ technische Wissenschaften, knapp ⅓ Pädagogik, um 10% Wirtschaftswissenschaften, jeweils zwischen 5% und 10% Mathematik/Natur-, Agrarwissenschaften und Medizin, alle anderen Bereiche unter 5%. Zu letzteren gehören Zweige wie Psychologie, Biologie, Pharmazie, Sprachmittler – die von Mädchen immer wieder übermäßig stark gewünscht werden – mit 0,5% oder weniger. Die Stabilität dieser Proportionen ist über viele Jahre hinweg hoch gewesen und wird etwa so bleiben.

Für die meisten Jugendlichen ist die Anzahl der Lehrstellen im eigenen Territorium von Bedeutung. In manchen Kreisen konzentriert sich deren Hauptanteil nur auf wenige Berufe (z. B. in Landwirtschaftsgebieten). Darauf gilt es sich rechtzeitig einzustellen. Es liegt im gesellschaftlichen Interesse, alle diese Lehrstellen zu besetzen, um eine planmäßige Wirtschaftsentwicklung zu sichern. Auch bestimmte familiäre Berufstraditionen sollen gewahrt werden, z. B. bei Genossenschaftsbauern oder Handwerkern. Trotzdem hat jeder Jugendliche das Recht, sich außerhalb seines Heimatkreises um eine Lehrstelle zu bewerben. Das ist jedoch nur dann sinnvoll, wenn während der Ausbildung eine Wohnunterkunft gesichert ist (z. B. im Lehrlingswohnheim) und der Wunsch besteht, nach dem Lehrabschluß im Betrieb bzw. Gebiet zu bleiben.

● Mädchen und technische Berufe. Es ist wichtig, daß Mädchen technische Berufe auf allen Bildungsebenen ergreifen. Durch die Arbeit in diesem Bereich wird der wichtigste Teil des Nationalreichtums unseres Landes geschaffen. Die Mitarbeit der Frauen hilft, den gesellschaftlichen Reproduktionsprozeß auf einem hohen Niveau und unter allen Bedingungen zu sichern. Zugleich ist es ein Ausdruck der Gleichberechtigung, daß Frauen hier wichtige Positionen einnehmen.

Seit 1961 können Mädchen in größerem Umfang technische Berufe ergreifen. Gegenwärtig beträgt der Anteil der Mädchen, die hier ausgebildet werden, im Durchschnitt etwa ein Drittel. In einigen technischen Facharbeiterberufen ist er bereits wesentlich höher.

Im Hoch- und Fachschulwesen stieg der Anteil weiblicher Studierender des technischen Bereichs seit 1971 zwar ständig, dennoch bleiben jährlich Studienplätze in einigen technischen Fachrichtungen unbesetzt, während sich vor allem bei Mädchen Mehrfachbewerbungen in anderen Bereichen (Medizin, Biologie, Psychologie, Soziologie, Sprachwissenschaften u. a.) häufen. Die Ansicht, Mädchen seien generell weniger für Technik, sondern mehr für den Umgang mit Menschen und Tieren geeignet, ist wissenschaftlich nicht erwiesen. Unterschiede sind individuell, nicht geschlechtsbedingt. Die Befähigung für den Umgang mit Technik läßt sich entwickeln. Eine wichtige Voraussetzung dafür ist Selbstvertrauen.

● Mädchen und militärische Berufe. Der Frieden, das Leben und unsere sozialistischen Errungenschaften müssen durch einen leistungsstarken Nachwuchs in den bewaffneten Organen der Nationalen Volksarmee und des Ministeriums des Innern gesichert werden. Bewerber für militärische Berufe aller Bildungsebenen werden dringend gebraucht: für Offiziersberufe – Hochschulabschluß (25 Jahre Dienstzeit), für Fähnrichberufe – Fachschulabschluß (25 Jahre Dienstzeit) und für Unteroffiziersberufe – Meisterabschluß (10 Jahre Dienstzeit). Den Frauen und Mädchen kommt hierbei eine hohe Verantwortung zu. Sie liegt in erster Linie darin, Söhne, Partner, Freunde, Kollegen, Verwandte usw. zu bestärken, einen solchen Beruf zu ergreifen. Die Position: „Es geht mich nichts an, es betrifft mich nicht", ist falsch, weil von der Entscheidung über Frieden oder Krieg heute alle Menschen betroffen sind. Entschließt sich ein Junge für einen militärischen Beruf, ist es gut für ihn zu wissen, daß Mutter, Schwester oder Freundin fest zu ihm stehen werden, seine Überzeugung festigen, ständig enge (Post-) Kontakte halten, treu sind, Verständnis für die Besonderheiten seines Dienstes haben.

In beschränktem Umfang können Frauen selbst einige militärische Berufe ergreifen. Bei den bewaffneten Organen berufstätig zu sein, ist im Bereich des Ministeriums des Innern seit langer Zeit üblich. Es ist seit 1982 auch auf bestimmten Gebieten bei der NVA möglich (vgl. Wehrdienstgesetz GBl. I, Nr. 12/1982). Das entspricht der gleichberechtigten Stellung der Frau in unserem Staat. Eine Ausbildung erfolgt in solchen Berufen, die für Frauen geeignet sind, z. B. in den Bereichen Medizin, Nachrichtenwesen, EDV, Ökonomie. Berufe und Tätigkeiten mit besonders hohen physischen und psychischen Anforderungen (z. B. in Kampfeinheiten oder als Flugzeugführer der NVA) sind den Frauen nicht zugänglich.

Jungen und Mädchen, die einen militärischen Beruf ergreifen möchten, können Auskünfte beim zuständigen Wehrkreiskommando, bei Dienststellen der Zollverwaltung, beim Volkspolizeikreisamt, im Berufsberatungszentrum oder beim Direktor ihrer POS bzw. Berufsschule erhalten.

Berufswahlmöglichkeiten für Jugendliche mit gesundheitlichen Einschränkungen. Das verfassungsmäßige Recht auf Arbeit und berufliche Bildung (Verfassung der DDR, 1974, § 24) ist auch jedem Jugendlichen mit gesundheitlichen Einschränkungen garantiert, der die allgemeinbildende polytechnische Oberschule oder eine Sonderschule abgeschlossen hat. Unser Staat hat viele Möglichkeiten zur Integration und Persönlichkeitsentwicklung dieser Jugendlichen im Arbeitsprozeß geschaffen. Das ist ein zutiefst humanistisches Anliegen, dessen Verwirklichung weltweite Beachtung findet. Es ermöglicht diesen Jugendlichen auch dann ein sinnvolles Leben, wenn ihre Gesundheit wesentlich beeinträchtigt ist.

Die beruflichen Möglichkeiten für Jugendliche mit gesundheitlichen Einschränkungen richten sich nach Art und Umfang der Schädigung sowie nach den territorialen Ausbildungsbedingungen. Mädchen haben auch hier die gleichen Rechte wie Jungen, mit Ausnahme der Berufe, für die Frauen ohnehin nicht geeignet sind. Unter Berücksichtigung der persönlichen Voraussetzungen existieren in der DDR viele Facharbeiter-, Fach- und Hochschulberufe, die von diesen Jugendlichen ohne Beeinträchtigung der Gesundheit und Leistungsfähigkeit ausgeübt werden können. Unter dem Einfluß des wissenschaftlich-technischen Fortschritts gibt es im Laufe der Jahre auch hier Veränderungen. Neue Technik kann das Berufswahlfeld im einzelnen Beruf, Betrieb bzw. Kreisgebiet erweitern oder verengen. Ein Ziel unseres Staates besteht darin, für Jugendliche mit gesundheitlichen Einschränkungen künftig noch mehr Berufsbereiche zu erschließen.

Eltern und Jugendliche sollten sich rechtzeitig mit dem behandelnden Arzt, zuständigen Jugendarzt sowie mit dem Klassenleiter oder auch im Berufsberatungszentrum beraten. Der Arzt entscheidet über die Berufstauglichkeit. In der Anlage zur Bewerbungsordnung vom 5. 1. 1982 wurden gesetzliche Regelungen zum Übergang von der Schule in einen Facharbeiterberuf fixiert (GBl. I, Nr. 4/1982). Die Berufsberatungszentren besitzen weiteres Informationsmaterial, auch für Fach- und Hochschulberufe.

Da das Berufswahlfeld eingeschränkt ist,

sollten sich die betreffenden Jugendlichen und deren Eltern über ihre grundsätzlichen Rechte und konkreten Möglichkeiten gut informieren und bestimmte Eignungsvoraussetzungen besonders fördern, z. B. durch fleißiges Lernen. Sehr wichtig ist, die Überzeugung zu stärken, daß sich diese Jugendlichen trotz ihres Gesundheitszustandes im Arbeitsleben bewähren können. Dabei sollen keine Illusionen geweckt werden, sondern ein realistisches Selbstvertrauen. In dem Beruf, für den der Arzt die Tauglichkeit bescheinigt hat, wird von den Mädchen und Jungen die volle Leistung erwartet.

Wichtige persönliche Voraussetzungen zur Berufsentscheidung. Grundlegende Voraussetzungen für die Berufswahl erwerben die Mädchen und Jungen während der allgemeinbildenden Schulzeit durch eine umfassende Bildung und Erziehung. Auf diesem Fundament werden spezielle Voraussetzungen entwickelt, die jeden Jugendlichen zur richtigen Entscheidung befähigen sollen. Das sind vor allem berufliche Kenntnisse, Eignungsmerkmale, Interessen und Arbeitseinstellungen. Ein gesamtgesellschaftliches Anliegen ist, die Jugend zu befähigen, sich für Berufe auf Gebieten des wissenschaftlich-technischen Fortschritts oder für traditionelle Berufe mit Sachkenntnis zu entscheiden.

Eine aktive Haltung des Jugendlichen zu seiner Berufswahl ist nötig. Eltern sollten das berücksichtigen. Der Tochter oder dem Sohn jede Information selbst vorzutragen, alle Schwierigkeiten aus dem Weg zu räumen, einen bestimmten Beruf „einzureden“ oder die Entscheidung abzunehmen, wäre falsch. Die Eigenaktivität des Jugendlichen fördert nicht nur seine Entscheidungssicherheit, sondern die gesamte Persönlichkeitsentwicklung. Die Sicht auf die Gesellschaft wird erweitert, das Verhalten in Entscheidungssituationen trainiert. Der Jugendliche lernt, daß und wie man sein Leben selbst gestalten muß. Das sind wichtige Lebenserfahrungen, die weit über eine zu treffende Berufsentscheidung hinausreichen. Daran zeigt sich auch, daß die Berufswahl kein isolierter Vorgang, sondern Bestandteil des Gesamtprozesses von Bildung, Erziehung und Persönlichkeitsentwicklung ist.

Die Aneignung umfassender Sachkenntnisse. Sachkenntnisse sind die wichtigste Basis einer fundierten Entscheidung. Alle Formen von Einstellungen, die sich im Prozeß der Berufswahl herausbilden, werden von ihnen getragen. Ob bestimmte Interessen, Neigungen, Meinungen, Überzeugungen und Wertvorstellungen überhaupt entstehen, sich breit entfalten, eine reale Basis haben, in positiver oder negativer Richtung liegen, dauerhaft sind, wird von Sachkenntnissen beeinflußt. Fehlen solche, können falsche Vorstellungen ihre Stelle einnehmen, was in den meisten Fällen zu verminderter Ausprägung von Interessen führt: Das zur Verfügung stehende Berufswahlfeld wird nicht genügend wahrgenommen (Mädchen und Jungen denken nicht darüber nach oder lehnen überhaupt ab). Sachkenntnisse vermitteln den Jugendlichen die genügende Übersicht, begründen wirklichkeitsnahe Vorstellungen von der Berufswelt, eröffnen Auswahlvarianten und geben Sicherheit für die Entscheidung. Die Informationen, die ein Mädchen oder ein Junge im Prozeß der Berufswahl erwirbt, sollen zunächst breit und von allgemeinerer Natur sein. Das ermöglicht die Entwicklung eines weiten Interessenfeldes und begrenzt nicht die Sicht auf nur einen Wunschberuf.

Informationen allgemeiner Art, die der Jugendliche braucht, sind z. B.: Grundsätze zur richtigen Gestaltung der Berufswahl (Was ist zu beachten?), vorhandene Bildungswege zu einem Beruf (auf Facharbeiter-, Fach- oder Hochschulebene), eigene Chancen dafür, wichtige volkswirtschaftliche Bereiche einschließlich typischer Fachrichtungen bzw. Berufe (vor allem im Territorium).

Es ist nicht nötig und nicht möglich, alle Berufe zu kennen. Aber über einige Berufe der engeren Wahl sollte jedes Mädchen und jeder Junge tiefergehende Kenntnisse besitzen. Dabei sind die unterschiedlichen Chancen für die Aufnahme in eine Ausbildung zu berücksichtigen. Wer sich für einen stark überfragten Beruf entscheiden möchte, tut gut daran, sich über andere (eventuell artverwandte) Berufe mit günstigeren Aufnahmechancen zu informieren.

Gründliche Kenntnisse über mehrere Berufe der engeren Wahl sollten sich vor allem auf folgendes beziehen:

- Ausbildungsmöglichkeiten
- Anforderungen an Schulleistungen und sonstige Eignungsvoraussetzungen

- medizinische Tauglichkeitsbedingungen
- Möglichkeiten zur Bewerbung um einen Ausbildungsplatz, erforderliche Unterlagen und Maßnahmen
- Einsatzmöglichkeiten nach der Ausbildung
- die wichtigsten im Beruf auszuübenden Arbeitstätigkeiten und -anforderungen
- Arbeitsmittel, -gegenstände, -ergebnisse
- Bedingungen der Arbeitsumwelt im konkreten Betrieb (z. B. technische Ausrüstung, Arbeitsplatz, Schichtsystem)
- Weiterbildungs- und Entwicklungsmöglichkeiten im Beruf.

Informationen können vor allem aus Schriftmaterial, Dia-Ton-Reihen, Filmen (z. B. der Serie „Berufe im Bild"), Gesprächen mit Vertretern bestimmter Berufe und – wenn möglich – praktischer Anschauung am Arbeitsplatz bezogen werden. Hier gilt der Grundsatz: Je mehr und vielfältigere Informationen über einen Beruf aufgenommen werden, desto besser ist es für die Entscheidung.

An Schriftmaterial ist vor allem zu empfehlen: Für Facharbeiterberufe – die „Übersichten über Ausbildungsmöglichkeiten" und die „Lehrstellenverzeichnisse" der Territorien, die „Berufsbilder"; für Fachschulberufe – Broschüren der Reihe „Fachschulberufe"; für Hochschulberufe – Hinweise für Studienbewerber, Broschüren der Reihe „Hochschulberufe", „Berufsbilder" für Berufe der bewaffneten Organe, ferner „Informationsmaterial zur Studienberatung" sowie „Studienführer" der Hoch- und Fachschulen. Die POS, EOS und Berufsberatungszentren geben darüber und über weitere Informationsmöglichkeiten Auskunft.

Forschungen besagen, daß Jugendliche, die bei ihrer Entscheidung ungenügende Sachkenntnis besitzen, später häufiger Enttäuschungen erleben. Daher gilt: Rechtzeitige gründliche Information kann Berufszufriedenheit fördern.

Die Entwicklung wichtiger Eignungsvoraussetzungen. Die Gesamtheit der persönlichen physischen und psychischen Leistungsvoraussetzungen, gemessen an den Berufs- und Tätigkeitsanforderungen, wird als Berufseignung bezeichnet. Dazu gehören körperliche Voraussetzungen (z. B. Körperbau, Konstitution, Gesundheit, Belastbarkeit einzelner Organe, Sinnesleistungen), manuell-handwerkliche Fähigkeiten und Fertigkeiten, geistig-intellektuelle Fähigkeiten – z. B. in mehr verbaler, sachlogischer, praktisch-technischer oder musischer Ausprägung (sichtbar etwa am Leistungsvermögen des Heranwachsenden bei dementsprechenden Anforderungen, an der allgemeinen Auffassungsgabe, Reaktionsschnelligkeit, Analyse- und Kombinationsfähigkeit, Phantasie usw.) –, Charaktereigenschaften und Einstellungen (z. B. Wille, Zielstrebigkeit, Beharrlichkeit, Ausdauer, Temperament, Verantwortungs- und Pflichtbewußtsein, Arbeitsengagement, Entscheidungsfreudigkeit, soziale Kontaktbereitschaft, Hilfsbereitschaft).

Berufseignung ist stets auf die Einzelperson und den konkreten Beruf bzw. Betrieb oder sogar Arbeitsplatz bezogen. Geschlechtstypische Eignungsvoraussetzungen von vornherein festzulegen, ist daher nur bei solchen Berufen gerechtfertigt, deren Anforderungen die Gesundheit der Frau generell beeinträchtigen würden.

Das Feststellen der individuellen Eignung ist wichtig, weil die verschiedenartigen Berufe neben allgemein verbreiteten auch spezifische Anforderungen beinhalten, auf die man sich vorbereiten kann.

Es gibt allgemeine Eignungsanforderungen, die in jedem Beruf für jedes Mädchen und jeden Jungen gelten. Solche sind z. B.: eine gute Allgemein- und polytechnische Bildung, eine bewußte staatsbürgerliche Haltung, Fleiß, Lern- und Leistungsbereitschaft, Konzentration, Pflichtbewußtsein, Ehrlichkeit, Hilfsbereitschaft, Verantwortungsbewußtsein für das sozialistische Eigentum, Initiative, Bereitschaft, wechselnden Arbeitsanforderungen Rechnung zu tragen. Das sind Voraussetzung für Bewährung im Berufsleben überhaupt. Daneben gibt es spezielle Eignungsanforderungen.

Jeder Jugendliche ist für viele Berufe geeignet, aber nicht für alle gleichermaßen gut. Eine möglichst hohe Übereinstimmung von beruflichen Anforderungen und persönlicher Eignung fördert sowohl Leistungsbereitschaft, -ergebnis und Zufriedenheit als auch den Willen, eventuelle Schwierigkeiten bei der Arbeit zu meistern.

Berufseignung ist nichts ein- für allemal Gegebenes. Nicht nur die individuellen Voraussetzungen dafür entwickeln sich, sondern auch die beruflichen Bedingungen. Anforderungen an die Körperkraft beispielsweise gehen mit der weiteren Durchsetzung des wissenschaftlich-technischen Fortschritts in der Gesamttendenz zurück. Das ist bedeutungsvoll für die Erweiterung der Berufsmöglichkeiten der Frau. Anforderungen an Daueraufmerksamkeit, Konzentration, Reaktionssicherheit und Verantwortungsbewußtsein nehmen im allgemeinen künftig zu. Das ist wichtig im Interesse einer hohen Disponibilität, entwickelt sich allerdings von Beruf zu Beruf und Betrieb zu Betrieb unterschiedlich. Durch das Nebeneinanderbestehen verschiedener Technisierungsstufen in ein- und demselben Beruf sind Eignungsanforderungen heute auch vom konkreten Arbeitsplatz abhängig, vor allem im Facharbeiterbereich.

Mädchen können ebenso wie Jungen ihre beruflichen Eignungsvoraussetzungen beeinflussen. Eignung ist weniger angeboren als erworben. Sie entwickelt sich vor allem in der Tätigkeit (bei schulischem Lernen, bestimmten Spielen, häuslichen Arbeiten, technischen Basteleien usw.). Entscheidend ist die Herausbildung entsprechender Motive. (Ich will diese oder jene Fähigkeit/Eigenschaft für meinen späteren Beruf erwerben!) Eltern können ihr Kind beobachten, seine Leistungen beurteilen, Motive wecken und durch entsprechende Tätigkeiten Eignungsvoraussetzungen fördern. Wichtig ist, daß sie dabei nicht veralteten Anschauungen über die Berufseignung von Frauen unterliegen, sondern die Fähigkeiten und Fertigkeiten von Töchtern genauso fördern wie von Söhnen. Das kann die beruflichen Auswahlmöglichkeiten der Mädchen bereichern. Gegebene Eignungsvoraussetzungen für Berufe sollten aber möglichst nicht von den Eltern allein eingeschätzt werden. Urteil und Rat von Lehrern, Ärzten, Berufsberatern sowie anderen kompetenten Personen sind sehr nützlich.

● Die Tauglichkeit ist ein spezielles Gebiet der Eignung. Sie erfaßt die gesundheitlichen und körperlichen Voraussetzungen für einen ganz bestimmten Beruf bzw. Betrieb oder Arbeitsplatz aus medizinischer Sicht. In der 6. und 9. Klasse stellt der Jugendarzt durch turnusmäßige Untersuchungen grundlegende medizinische Tauglichkeitsvoraussetzungen bei jedem Schüler fest. Eventuelle Einschränkungen werden den Schülern und Eltern mitgeteilt. Für alle Facharbeiter- sowie eine Reihe Fach- und Hochschulberufe sind außerdem spezielle Tauglichkeitsuntersuchungen von Betriebs- bzw. Fachärzten Vorschrift. Bei wesentlichen Tauglichkeitseinschränkungen können langfristige Betreuungs- oder Lenkungsmaßnahmen durch die Berufsberater und das Gesundheitswesen einsetzen. In den Berufsberatungszentren erhalten Jugendliche und Eltern Hinweise über Vorschriften zur Tauglichkeitsanalyse in konkreten Berufen.

Die Stabilisierung von Berufsinteressen. Interesse ist ein wichtiges Fundament für stabile Berufswünsche, spätere Zufriedenheit und hohe Leistungen im Beruf. Es kann sich auch während der Ausbildung oder Arbeitstätigkeit entwickeln. Aber die größere Garantie für Berufsbewährung ist gegeben, wenn es schon bei der Berufsentscheidung vorhanden ist.

Interessen und Wünsche sollen sich unter Beachtung individueller Voraussetzungen der Mädchen und Jungen (z. B. der Eignung) sowie des territorialen bzw. gesellschaftlichen Bedarfs entwickeln. Das läßt sich schon von Kindheit an beeinflussen durch die Anregung vielfältiger Neigungen. Die Persönlichkeit des Heranwachsenden wird dadurch nicht beeinträchtigt. Im Gegenteil: Ein breites Interessenspektrum erleichtert es später dem Jugendlichen, aus dem gesellschaftlichen Angebot „seinen Beruf" zu finden.

Man kann viele Möglichkeiten nutzen, um sein Kind schon frühzeitig und vielseitig beruflich zu interessieren, z. B. durch die Spielzeugauswahl, Anregung zu kleinen Reparaturen (am Roller z. B., später am Fahrrad oder Moped), durch den Besuch von Arbeitsgemeinschaften oder von Berufsinteressengruppen in den Berufsberatungszentren. Innerhalb der Familie sind gemeinsame Beschäftigungen, Anregungen für bestimmte Tätigkeiten, Verweise auf die Merkmale eines Berufes, die der Jugendliche nicht sofort erkennt, oder Gespräche über die eigene Berufsarbeit geeignet, Mädchen und Jungen auf die Vielfalt der Berufswelt aufmerksam zu machen. Intensives Beobachten zeigt den Eltern, welche Interessen beim Kind stärker zu fördern sind und in welchen Richtungen ein späterer Beruf eventuell liegen könnte. Die Anregungen sollten möglichst nicht geschlechtstypisch erfolgen. Die Praxis beweist, daß sich z. B. technisch-handwerkliche Interessen bei Mädchen ebenso herausbilden lassen wie bei Jungen. Wichtig ist, daß ein Kind schon frühzeitig lernt, Funktionsmechanismen und Wirkprinzipien von – zunächst einfachen, dann komplizierteren – technischen Systemen zu erkennen. Technik muß für das Kind anschaulich gemacht werden. Selbst etwas probieren, Erfolge haben, Mißerfolge überwinden, fördert sein technisches Interesse. Hinzu müssen vielfältige Informationen über Berufsmöglichkeiten kommen, um Wünsche zu formen. Günstig ist, das Entstehen mehrerer Berufswünsche zu fördern, um die Chancen der Realisierung zu erhöhen.

Die Berufswünsche aller Schüler werden jährlich von der 7. bis zur 9. Klasse ermittelt. Die Auswertung erfolgt in den Berufsberatungszentren. Sie ist Grundlage einer konkreten, zielgerichteten Unterstützung der Mädchen und Jungen bei der Berufswahl.

Die Herausbildung positiver Arbeitseinstellungen. Arbeitseinstellungen sind Wertorientierungen der Persönlichkeit, die über den Beruf hinausgehend das Arbeiten und den Arbeitsprozeß überhaupt betreffen. In der Zeit des Berufswahlprozesses gewinnen solche Einstellungen an Bedeutung, die Grundfragen der Berufsarbeit in unserer Gesellschaft berühren, wie etwa die nach der Funktionsweise des Arbeitsprozesses, dem persönlichen Standort darin, der Gleichberechtigung bei der Arbeit, dem Sinn des Lebens. Es ist gut, wenn jeder Jugendliche über solche Fragen nachdenkt: Ist Arbeit auch bei uns Grundbedingung der menschlichen Existenz? Lebt ein Arbeitsfähiger, der sich nicht daran beteiligen will, auf Kosten anderer? Ist Gleichberechtigung auch ohne Berufstätigkeit der Frau möglich? Ist ein Arbeiter weniger wert als ein Hochschulkader? Bin ich persönlich bereit, dort zu arbeiten, wo es die gesellschaftlichen Bedingungen erfordern? Soll man sich bei der Arbeit voll einsetzen? Was habe ich persönlich davon, daß ich Miteigentümer an den Produktionsmitteln sein werde?

Der wissenschaftlich-technische Fortschritt stellt heute bereits höhere Anforderungen an Arbeitseinstellungen als in früheren Jahren. Dabei sind Verantwortungsbewußtsein, Leistungsbereitschaft, Kollektivität, Schöpfertum, Besessenheit von einer Aufgabe und Kühnheit gefragt. Es geht darum, die Jugendlichen zur Meisterung der Aufgaben der Zukunft zu erziehen. Das erfordert auch, Schwierigkeiten überwinden zu lernen. Wichtig ist, vor der Entscheidung zu erkennen, daß es nirgends einen Beruf gibt, der nur Spaß macht, sondern daß Arbeit auch immer Anstrengung ist. Durchzuhalten, wenn die Aufgaben uninteressant oder schwierig sind, muß beizeiten geübt werden und sollte ein Schwerpunkt der familiären Arbeitserziehung sein. Vor allem aber soll dem Jugendlichen klar werden, daß die Berufsentscheidung eine staatsbürgerliche Entscheidung ist: Der Staat erwartet von jedem jungen Werktätigen hohe Leistungen, um die sozialistische Gesellschaft weiterzuentwikkeln und die Bedürfnisse aller immer besser zu befriedigen.

Probleme bei der Berufswahl? Die Zeit der Berufsfindung bringt für jeden Jugendlichen eine gewisse Belastung mit sich. Beim Abwägen für und wider diesen oder jenen Beruf muß der Heranwachsende weitreichende Konsequenzen einbeziehen. Das schon richtig zu durchschauen ist schwierig. Der Jugendliche befindet sich über einen längeren Zeitraum im Zustand ungeklärter wichtiger Lebensfragen, häufig zum ersten Male in diesem Ausmaß. (In welchem Beruf kann ich mich auf Dauer wohlfühlen? Wofür eigne ich mich gut? Wird man meiner Bewerbung zustimmen? Was soll ich tun? Ich weiß nicht, wofür ich mich entscheiden soll!)

Da in der DDR jedem Schulabgänger ein Ausbildungs- mit anschließendem Arbeitsplatz garantiert ist, steht mit der Berufsentscheidung keine Existenzfrage. Probleme rühren daher, daß nicht irgendein, sondern der „richtige" Beruf gefunden werden soll und dafür hohe persönliche Ansprüche bestehen.

Es gibt aber auch Jugendliche, denen diese Entscheidung überhaupt keine Schwierigkeiten bereitet. Mädchen sehen gegenwärtig allerdings mehr Probleme als Jungen, weil ihre Berufskenntnisse, -interessen und Motive oft nicht realitätsnah genug sind: Wer sich darüber im klaren ist, daß sich dadurch Problemsituationen häufen, kann ihnen rechtzeitig aus dem Wege gehen.

Bei auftretenden Problemen ist vor allem eine aktive Position zur Überwindung nötig. Tatenlos abwarten, das Problem einfach verdrängen, hilft nur selten. Aussprachen zwischen Jugendlichen und Eltern, Beratungen mit kompetenten Personen (Lehrer, Berufsberater, Betriebsvertreter, Ärzte usw.) können ein erster Schritt zur Überwindung sein. Versäumtes muß nachgeholt werden: sich informieren, gegebene Ausbildungsmöglichkeiten und -anforderungen beachten, sich selbst (bzw. den Jugendlichen) kritisch bewerten, seine Chancen real einschätzen, die Schulleistungen verbessern, die Berufswahlmotive überdenken.

Die Beratung durch die Eltern. Jeder Jugendliche soll über seinen künftigen Beruf selbst entscheiden, aber er muß dazu befähigt werden. Die Eltern haben ein großes Interesse daran, daß das gelingt. Sie wissen, im Alter von 12 bis 16 bzw. 18 Jahren, der Zeit der Berufswahl, verfügt der Heranwachsende noch über geringe Lebenserfahrungen. Ihm fehlt der Überblick über gesellschaftliche und individuelle Auswirkungen seiner Entscheidung, die persönliche Lebensplanung beginnt erst. Zwar entwickelt sich der junge Mensch in dieser Zeit, aber ihm steht eine sehr komplizierte Berufswelt gegenüber. Beratung, Hilfe und Unterstützung ist Aufgabe aller, die für Bildung und Erziehung der Jugend verantwortlich sind. Dabei kommen den Eltern, Schulen, Berufsberatern, Betrieben, Hoch- und Fachschulen sowie anderen Personen und Institutionen spezielle Aufgaben zu.

Eltern sind als die engsten und beständigen Kontaktpersonen der Jugendlichen in die Berufswahl unmittelbar einbezogen. Sie haben die Aufgabe, den Berufswahlprozeß anzuregen und ständig mit zu steuern. Dabei sind sie gut beraten, die oben genannten Personen bzw. Institutionen einzubeziehen und vielfältige Hilfsmittel zu nutzen, um der gesellschaftlichen Bedeutung der Berufswahl genügend Rechnung zu tragen.

Die Gesamtheit der Lebensbedingungen in der Familie hat einen Einfluß auf das Berufswahlverhalten der Heranwachsenden. Das geschieht durch die Vermittlung beruflich verwertbarer Fähigkeiten, Fertigkeiten, Wertorientierungen, Einstellungen, Verhaltensgewohnheiten, durch Vorbilderleben und Erfahrungen, die Kinder mit ihren Eltern machen. Was Vater und Mutter von ihrer Arbeit zu Hause berichten, welche Haltung sie zu einzelnen Arbeitsanforderungen erkennen lassen, welche politischen Einstellungen sie haben, wie sie auftretenden Schwierigkeiten begegnen, ob sich auch die Mutter beruflich voll einsetzen kann, weil der Vater das unterstützt, sind prägende Erlebnisse für Töchter und Söhne.

Die meisten Schüler und Lehrlinge halten ihre Eltern für kompetent, ihnen zu Fragen der Berufswahl, des Arbeitsverhaltens wie auch der allgemeinen Lebensbewährung entscheidende Ratschläge und Hilfe zu geben. Die Verantwortung der Eltern für die Berufswahl ihrer Kinder setzt bereits lange Zeit vor der Entscheidung ein.

In einigen Berufen haben sich feste familiäre Berufstraditionen herausgebildet. Beispielsweise ergreifen bevorzugt in Bergarbeiter-, Metallarbeiter-, Eisenbahner-, Lehrer- oder Handwerkerfamilien Kinder die Berufe ihrer Eltern. Unsere Gesellschaft fördert solche Traditionen (z. B. auch in Landwirtschafts- oder Bauberufen), weil es hier meist zu besonders starken beruflichen Interessen, Bindungen und Befähigungen kommt.

Eltern haben vielfach als Elternvertreter an der Schule oder als Werktätige in ihren Betrieben die Möglichkeit, auf die Berufsentscheidung anderer Kinder Einfluß zu nehmen. Auch in dieser Funktion sollten sie wichtige Grundsätze des Berufswahlprozesses durchsetzen helfen.

Zu vermeiden gilt es drei folgenschwere Fehler: 1. sich heraushalten wollen oder aus Zeitgründen nicht (genügend) um die Berufswahl der Kinder kümmern, 2. der Tochter oder dem Sohn die eigene Meinung aufzwingen, 3. die Heranwachsenden beraten, ohne gesellschaftliche Erfordernisse und Möglichkeiten zu bedenken. Berufsberatung erfordert von den Eltern Engagement und oft einen erheblichen Zeitaufwand. Sie gehört zu den Erziehungsaufgaben im Elternhaus, und sie ernst zu nehmen, zahlt sich aus! Der anhaltende Nutzen einer gründlichen Berufsberatung ist erwiesen: Diese führt zu erhöhtem Berufsinteresse vor und nach der Entscheidung, zu größerer Entscheidungssicherheit und besseren Chancen für Berufszufriedenheit und -bewährung. Das erhöht nicht nur die Leistungen, sondern auch die Lebenszufriedenheit. Eine ungenügende oder von den Jugendlichen nicht akzeptierte Beratung dagegen löst häufiger Probleme bei der Entscheidungsfindung aus.

Die Bewerbung. Die Bestimmungen hierfür

sind grundsätzlich bei Mädchen und Jungen gleich. Die Bewerbung ist der schriftliche Antrag auf einen Ausbildungsplatz in dem Beruf, für den sich der Jugendliche entschieden hat. Sie verläuft zu gesetzlich vorgesehenen Fristen und Bedingungen, über welche die Schulen und Berufsberatungszentren rechtzeitig informieren. Die Annahme der eingereichten Bewerbungsunterlagen durch den Betrieb (die Einrichtung) hat aber noch keinen Entscheidungscharakter. Dazu bedarf es einer schriftlichen Zu- oder Absage. Der Zeitpunkt der Bewerbung, die einzureichenden Unterlagen und der Termin für die Beantwortung hängen vom gewünschten Bildungsweg ab.

● Die Bewerbung für einen Facharbeiterberuf. Jeder Schulabgänger erhält für die Bewerbung um eine Lehrstelle von der Schule eine Bewerbungskarte. Nach deren Aushändigung kann die Bewerbung erfolgen. Sie ist in allen Betrieben der DDR möglich, die zum Abschließen von Lehrverträgen berechtigt sind – auch außerhalb des eigenen Bezirkes. Die in Frage kommenden Betriebe sowie die Zahlen ihrer Ausbildungsplätze sind in den jährlichen Lehrstellenverzeichnissen der Räte der Kreise zusammengestellt, die den Schulen und Berufsberatungszentren vorliegen.

Folgende Bewerbungsunterlagen sind persönlich oder per Post beim Betrieb einzureichen: Bewerbungskarte, ein Bewerbungsschreiben mit Angabe des Berufswunsches, -zieles und der Motive, ein Lebenslauf, eine beglaubigte Abschrift des letzten Zeugnisses einschließlich Beurteilung, der Vordruck „Ärztliche Hinweise zur Berufswahl“, 3 Paßbilder. Der Bewerbungszeitraum beträgt 14 Tage, gerechnet vom letzten Schultag vor den Herbstferien in der 10. Klasse. Andere Regelungen gibt es für eine Berufsausbildung mit Abitur, für Berufe mit besonderen Anforderungen (diese Berufe sind in den Lehrstellenverzeichnissen extra gekennzeichnet), für Jugendliche mit gesundheitlichen Schädigungen sowie für Schulabgänger ohne Abschluß der 10. Klasse.

Die Betriebe sind verpflichtet, vor den gesetzlichen Terminen keine Bewerbungen anzunehmen, um Chancengleichheit für alle Bewerber zu wahren. Innerhalb des vorgesehenen Zeitraumes muß jede Bewerbung – ohne Rücksicht auf Eingangsdatum – gleichermaßen geprüft werden, auch wenn beim Eintreffen bereits eine genügende Bewerberzahl vorhanden ist.

Bei der Entscheidung werden die Persönlichkeitseigenschaften des Jugendlichen, seine Motive, Schulleistungen, gesellschaftlichen Aktivitäten, gesundheitlichen Voraussetzungen sowie soziale Aspekte berücksichtigt. Die Entscheidung wird durch den Leiter des Betriebes oder des Fachbereiches Kader und Bildung getroffen und von einer Kommission vorbereitet. Kommissionsmitglieder führen mit Bewerbern und ihren Eltern persönliche Gespräche. Die Entscheidung hat 14 Tage nach Ablauf der Annahmezeit zu erfolgen. (Andere Termine gelten entsprechend den gesetzlichen Bestimmungen für vorn genannte Gruppen und für später eingehende Bewerbungen.) Der Jugendliche erhält über die getroffene Entscheidung schriftlich Bescheid. Bei Ablehnungen müssen dem Bewerber die Gründe genannt und nach Möglichkeit andere Vorschläge unterbreitet werden. Innerhalb von 4 Wochen nach einer positiven Entscheidung wird der Lehrvertrag abgeschlossen.

Jugendliche, die eine Absage erhielten, können sich an den Schulen, in den Berufsberatungszentren und Betrieben über freie Lehrstellen informieren, um sich erneut zu bewerben. Bis zur Beendigung der Schulzeit an der POS soll für jeden Jugendlichen ein Lehr- oder (in Ausnahmefällen) ein Arbeitsvertrag gesichert sein.

● Der Lehrvertrag ist eine schriftlich abzuschließende Vereinbarung für die Ausbildung eines Jugendlichen zum Facharbeiter. Er begründet das Lehrverhältnis als besondere Form des Arbeitsrechtsverhältnisses. Basis ist das Arbeitsgesetzbuch. Zwischen dem Jugendlichen und dem Betrieb werden im Lehrvertrag vereinbart: Ausbildungsberuf und Spezialisierungsrichtung (bzw. Ausbildung auf Teilgebieten), Ausbildungsdauer und -ort, Rechte und Pflichten des Betriebes, des Jugendlichen und der Eltern, Höhe des Lehrlingsentgeltes und des Erholungsurlaubes. Der Lehrvertrag ist dem Schüler sofort zu übergeben. Bei Jugendlichen unter 18 Jahren ist für Abschluß, Änderung oder vorfristige Auflösung des Lehrvertrages die Zustimmung der Eltern erforderlich.

Über gesetzliche Bestimmungen zur Bewerbung um einen Facharbeiterberuf kann man sich in der „Bewerbungsordnung" informieren (GBl. I Nr. 4/1982), die in der POS vorliegt.

- Die Bewerbung für eine Abiturausbildung. In die erweiterte Oberschule oder für eine Berufsausbildung mit Abitur werden entsprechend den gesellschaftlichen Erfordernissen die befähigtsten Schüler aufgenommen. Ziel ist die Vorbereitung auf ein Hochschulstudium. Die Auswahl erfolgt auf Vorschlag des Direktors der POS oder auf Antrag des Schülers. Dieser Antrag kann nach erfolgter Versetzung in die 10. Klasse bis zum 20. August beim Direktor übergeben werden. (Für Spezialklassen, Sonderschulen und Vorkurse gelten andere Termine.) Über die erforderlichen Unterlagen informiert die Schule. Die Entscheidung wird nach Beratung an den Schulen durch eine Kommission beim zuständigen Schulrat (Kreis, Stadt, Stadtbezirk) gefällt. Die Mitteilung erfolgt so, daß im Falle einer Ablehnung der Jugendliche Gelegenheit hat, sich für eine Facharbeiterausbildung ohne Abitur zu bewerben. Bei einer Ablehnung haben Eltern Beschwerderecht. Zur Information über gesetzliche Bestimmungen zur Bewerbung um eine Abiturausbildung liegt eine „Aufnahmeordnung" in den Schulen vor (GBl. I Nr. 4/1982).
- Die Bewerbung für ein Fachschul- oder Hochschulstudium erfolgt zu unterschiedlichen Terminen und Voraussetzungen, die teilweise auch nach Fachrichtungen verschieden sind. Detaillierte Auskünfte darüber erteilen die Schulen, denen die Jugendlichen angehören, die Berufsberatungszentren, Betriebe sowie die Fach- und Hochschulen. Über gesetzliche Bestimmungen kann man sich in der „Anordnung über den Bewerbungszeitraum für das Studium an Hoch- und Fachschulen" informieren, die in den Schulen vorliegt (GBl. I Nr. 4/1982).

Die berufliche Bildung

Frauen, die heute in der DDR im Arbeitsprozeß stehen, benötigen genauso wie Männer eine hohe berufliche Bildung. Ohne sie wären weder die hoch gesteckten gesellschaftlichen Ziele erreichbar noch die persönlichen Lebensansprüche, die sich Frauen selbst stellen. Dabei ist entscheidend, daß der Mensch mit seinen Fähigkeiten, der Entfaltung seiner Wesenskräfte und Eigenschaften, seines ganzen Schöpfertums den wirklichen Reichtum unserer Gesellschaft ausmacht. Für die Entwicklung der DDR, den weiteren Aufstieg unserer Volkswirtschaft, das materielle und kulturelle Lebensniveau aller sind die geistigen Potenzen unseres Volkes von grundlegender Bedeutung.

Berufliche Bildung, verstanden als Einheit von Aus- und Weiterbildung, ist eine wichtige ökonomische Potenz. Da sie nicht eng arbeitsplatzbezogen, sondern breit angelegt ist, erlaubt sie den werktätigen Frauen wie Männern eine hochqualifizierte Arbeit sowie die Vorbereitung künftiger, noch anspruchsvollerer Leistungen. Der eingeplante Bildungsvorlauf ist Voraussetzung für die Entwicklung und Durchsetzung neuer wissenschaftlich-technischer Prozesse und Verfahrensweisen, für die Mitarbeit jedes einzelnen Werktätigen an Rationalisierungsvorhaben, Neuereraufgaben sowie Leitung und Planung der Produktion. Berufliche Bildung trägt unmittelbar zum Leistungszuwachs der Volkswirtschaft bei. Mit fortschreitender Automatisierung und der Nutzung von Hochtechnologien ergeben sich neue Anforderungen an die Aus- und Weiterbildung, gewinnen diese noch mehr an Bedeutung.

Berufliche Bildung der Frau ist Bestandteil ihrer Gleichberechtigung. Ohne sie könnte die Frau ihre gleichen Rechte und Pflichten im Arbeitsprozeß nicht voll wahrnehmen, bliebe ihre Stellung dem Mann immer untergeordnet. Erst Bildung ermöglicht ihr den notwendigen Einblick in umfassende gesellschaftliche Prozesse sowie die Mitarbeit an deren Leitung, Planung und Gestaltung.

Die durch Bildung und Arbeitstätigkeit neu geprägte Persönlichkeit der Frau verändert wiederum ihre Beziehung zu Politik und Kultur, zu Haushaltführung, Kindererziehung und zum Partner. Die Frau ist auch hier kundiger, selbständiger und selbstbewußter geworden, sie stellt andere Anforderungen an sich und ihre Umwelt, kann anders, letzten Endes freier, handeln als in früheren Zeiten. Frauen in unserem Land wissen um die Wirkung von beruflicher Bildung. Seit vielen Jahren melden sie hier ihre Ansprüche an. Für die Jugend gehört Bildung zu den höchsten Lebenswerten. Eine hohe Aus- und Weiterbildungsbereitschaft

im Beruf ist bei Mädchen wie Jungen auffällig.
Möglichkeiten und Fähigkeiten zum fachlichen Bildungserwerb sind in einzelnen Lebensabschnitten der Frau unterschiedlich. Günstige Bedingungen existieren vor allem in der Jugendzeit durch einen folgerichtigen Übergang von der Allgemein- zur Berufsbildung innerhalb des einheitlichen sozialistischen Bildungssystems, ferner durch eine individuell hohe geistige Aufnahmebereitschaft, durch wenig belastende familiäre Bedingungen. Aber auch im mittleren und späteren Lebensalter ist berufliche Bildung (vor allem Weiterbildung) notwendig. Durch Gesetzgebung und großzügige Förderung versucht der Staat, die Bedingungen für Erwerb und Nutzung der Berufsbildung der Frau weitgehend optimal zu gestalten. Die familiäre Situation (z. B. kleine Kinder, Haushaltsbelastungen) muß den persönlichen Zugang dazu nicht verhindern. Voraussetzung ist, daß beide Ehepartner auch für die Frau die Notwendigkeit von Fachbildung voll erkennen. Individuelle Lernfähigkeiten, die in der Jugend relativ hoch sind, gehen mit zunehmendem Alter nicht verloren, wenn ein ständiges Training erfolgt. Sogar bis ins höhere Lebensalter ist eine große Beanspruchung des Gehirns möglich – im Gegensatz zum stärkeren Nachlassen der körperlichen Kräfte. Allerdings gibt es Veränderungen in der geistigen Leistungsfähigkeit vom Jugend- bis zum Rentenalter, auf die berufliche Bildungsanforderungen natürlich abgestimmt sein müssen.
Die ständige Weiterbildung im Beruf ist nötig, weil mit der raschen Entwicklung von Wissenschaft und Technik Wissen und Können schnell überholt sind. Berufe sind daher inhaltlich so konzipiert, daß ein hohes Niveau der beruflichen Ausbildung der „Eingang" in das Berufsleben und zugleich Basis für darauf aufbauende Weiterbildung ist.

Das Qualifikationsniveau der Frauen. Die Einbeziehung der Frauen in den Arbeitsprozeß war mit einer grundlegenden Veränderung ihres Bildungs- und Qualifikationsniveaus verbunden. Es gelang den Frauen, die aus der Vergangenheit herrührenden Unterschiede im Qualifikationsniveau entscheidend zu verringern. 1986 hatten 81,5 % der werktätigen Frauen eine abgeschlossene berufliche Ausbildung. Damit war etwa jeder dritte Hochschulabsolvent, jeder zweite Fachschulkader, jeder achte Meister sowie jeder zweite Facharbeiter eine Frau. Dem standen 1945 nur 5 % beruflich ausgebildete Frauen gegenüber.
In einzelnen Bereichen der Volkswirtschaft ist der Anteil qualifizierter weiblicher Kader unterschiedlich hoch, obwohl ein Ansteigen überall vorhanden ist. In der Landwirtschaft, ehemals Domäne ungelernter Frauenarbeit, gab es 1950 nur 1 % beruflich gebildete Frauen, 1984 waren es 88 %. Hier ist heute gegenüber anderen Bereichen der Anteil von Facharbeiterinnen besonders hoch, der von

Entwicklung der Qualifikationsstruktur der Frauen 1971–1985 in einzelnen Bereichen der sozialistischen Wirtschaft (in % zu weiblichen Beschäftigten)

	Jahr	HS-Abschluß	FS-Abschluß	Meister-Abschluß	FA-Abschluß	Teilberuf/ohne Beruf
sozialistische Wirtschaft gesamt	1971	2,4	5,7		41,1	50,8
	1985	5,8	16,8	1,0	57,9	18,5
Industrie	1971	0,4	2,1	0,6	38,7	58,1
	1985	2,8	7,2	1,4	65,7	22,9
Bauwesen	1971	0,9	5,1	0,1	51,2	42,6
	1985	5,8	17,1	0,6	62,3	14,2
Land- und Forstwirtschaft	1971	0,3	1,6	1,3	53,7	43,1
	1985	1,8	6,2	2,5	78,3	11,1
Verkehrs-, Post-, Fernmeldewesen	1971	0,3	1,6	0,1	37,9	60,1
	1985	1,8	5,5	1,1	70,5	21,2
Handel	1971	0,3	1,3		58,8	39,6
	1985	1,5	4,9	0,7	78,6	14,4
sonstige produz. und nichtproduz. Bereiche	1971	7,8	15,7	0,2	27,3	49,0
	1985	12,9	37,3	0,3	32,0	17,6

weiblichen Werktätigen ohne Beruf oder mit einer Ausbildung auf Teilgebieten eines Facharbeiterberufs besonders niedrig. Durch staatliche und betriebliche Maßnahmen werden in den Bereichen, die noch einen recht hohen Anteil von Frauen ohne Beruf beschäftigen, systematisch weitere Voraussetzungen für eine Facharbeitertätigkeit geschaffen. Sie bestehen im Erhöhen der Zahl von Facharbeiterarbeitsplätzen, in der Ermöglichung einer Ausbildung und in der Weiterentwicklung, teilweise auch Neuschaffung, von Berufen (z. B. entstand 1985 der Facharbeiter für Postverkehr). Darüber hinaus werden auch in den Familien Überlegungen nötig sein, wie man einer unqualifizierten Frau bzw. Mutter eine berufliche Ausbildung ermöglichen kann.

Infolge Nachwirkungen aus der kapitalistischen Vergangenheit weist das Qualifikationsniveau der Frauen heute noch Differenzierungen nach dem Lebensalter auf. Da gleiche Bildungschancen für Mann und Frau in den sechziger Jahren mit dem sozialistischen Bildungssystem voll zum Tragen kamen, sind seitdem die jüngeren Frauen hochgebildet. Die heute 40- bis 45jährigen unterscheiden sich darin schon nicht mehr von den gleichaltrigen Männern. Unter den männlichen und weiblichen Jugendlichen (bis 25 Jahre) hatten z. B. 1984 nur noch 16 % eine Teilausbildung oder angelernte Arbeit inne. 1971 waren das 21 % und bei den Altersgruppen zwischen 50 und 60 Jahren 66 %.

Die DDR gibt alljährlich große Summen für berufliche Aus- und Weiterbildung aus (zur Volks- und Berufsbildung betrug die Summe 1984 insgesamt 11,2 Milliarden Mark). Für die Jugendlichen oder Werktätigen ist beruflicher Bildungserwerb auf dem Direktwege kostenlos. Bei Fern- und Abendstudium wird eine geringe Kostenbeteiligung notwendig, die meist jedoch delegierende Betriebe übernehmen. Vom ersten Jahr der POS bis zum letzten Jahr der beruflichen Ausbildung berechnet, kostet die Bildung eines Fachschulkaders knapp doppelt, eines Hochschulkaders reichlich dreimal so viel wie die eines Facharbeiters. Das unterstreicht die Notwendigkeit, daß Frauen ihre erworbene Bildung im Arbeitsprozeß auch voll nutzen sollten.

Ziele der Facharbeiterausbildung in der DDR. Die Berufsausbildung für Facharbeiter ist der Bestandteil des einheitlichen sozialistischen Bildungssystems, der sich mit dem volkswirtschaftlichen Reproduktionsprozeß direkt verbindet. Sie ist der Hauptweg unserer Jugend zum Beruf. Es gehört zu den überzeugendsten Ergebnissen der Bildungspolitik der DDR, daß die Facharbeiterqualifikation zur hauptsächlichen Qualifikation aller Werktätigen wurde und daß das für Frauen wie Männer gleichermaßen zutrifft.

Die Facharbeiterausbildung hat das Ziel, die heranwachsende Generation auf das Leben in der sozialistischen Gesellschaft und die berufliche Tätigkeit in Gegenwart und Zukunft vorzubereiten. Solides berufliches Wissen und Können sowie feste klassenmäßige Haltungen sollen die künftigen Facharbeiter in die Lage versetzen, ihre Arbeit zum Nutzen der sozialistischen Gesellschaft auf einem hohen Niveau zu leisten sowie schöpferisch, diszipliniert und disponibel die neuen Anforderungen in der wissenschaftlich-technischen Entwicklung zu meistern. Die FDJ ist dabei ein unentbehrlicher Mitstreiter.

Die Ziele der Facharbeiterausbildung betreffen beide Geschlechter. Mädchen sollen (und wollen) ebenso wie Jungen zu selbständiger beruflicher Meisterschaft gelangen. Die dafür notwendigen Persönlichkeitseigenschaften unterliegen keinen geschlechtstypischen Merkmalen.

Aufnahmequoten in die Facharbeiterausbildung. Die Aufnahmequoten für die verschiedenen Bildungsebenen und Wirtschaftszweige richten sich in erster Linie nach den gesellschaftlichen Entwicklungszielen und -bedingungen in Verbindung mit der demographischen Struktur der Bevölkerung (Zahl der Schulabgänger, Altersverteilung in einzelnen Berufen und Territorien, Altersabgänge aus dem Arbeitsprozeß usw.). Die bisher höchsten Aufnahmequoten in die Facharbeiterausbildung gab es auf Grund der hohen Schulabgängerzahlen am Ende der siebziger Jahre, vor allem 1977. Sie werden entsprechend der Geburtenentwicklung vorläufig nicht wieder erreicht.

Der Gesamtanteil der weiblichen Lehrlinge liegt etwas unter 50 %, weil sich mehr Mädchen als Jungen für eine Fachschulausbildung entscheiden. Weibliche und männliche Lehrlinge verteilen sich sehr differenziert auf einzelne Bereiche der Volkswirtschaft. In den letzten 15 Jahren blieben diese Proportionen relativ konstant. Sehr hoch ist der Prozentsatz von Mädchen im Handel, in „sonstigen produzierenden" sowie in den „nichtproduzierenden" Bereichen (vgl. Tabelle). Die Weiterentwicklung des wissenschaftlich-technischen Fortschritts und die Gleichberechtigung der Frau erfordern jedoch auch einen hohen Anteil von Mädchen in der Industrie.

nächst keine Fragen dazu ergeben. Wichtig ist, der Jugendliche kann sich aussprechen, Rat finden, lernen, seine Erlebnisse in andere Sachverhalte einzuordnen und richtig zu bewerten.

Auch manche organisatorische Frage ist jetzt neu zu regeln, z. B. die weitere Mithilfe der nunmehr „großen" Söhne wie Töchter im elterlichen Haushalt, die Einteilung des Lehrlingsentgeltes und eine bestimmte materielle Beteiligung an den Haushaltkosten.

Anteil der weiblichen Lehrlinge an den Lehrlingen nach Wirtschaftsbereichen (in %)

Jahr	insgesamt	Industrie	produz. Handwerk (ohne Bau)	Bau	Land-/Forstwirtschaft	Verkehrs-, Post-/Fernmeldewesen	Handel	sonst. produz. Bereiche	nichtproduz. Bereiche
1970	44,7	43,1	20,5	9,6	45,7	37,7	85,4	69,7	92,4
1975	43,3	41,6	19,3	9,2	46,3	30,4	83,2	74,0	85,9
1980	43,1	41,7	20,7	11,0	47,1	28,4	84,4	75,2	76,7
1985	41,9	39,7	20,8	9,2	40,3	30,2	84,0	72,7	74,3

Der Übergang von der Schule zur Berufsausbildung. Die Erlebnisse des Jugendlichen in den ersten Wochen im Betrieb haben oft eine lang anhaltende Bedeutung. Wie dieses Erleben innerlich verarbeitet wird, kann die Liebe zum Beruf und das Leistungsniveau unbeeinflussen. Mädchen, die noch keinerlei Erfahrung mit dem Beruf bzw. Betrieb haben (z. B. durch Ferienarbeit) oder nicht ihren eigentlichen Wunschberuf ergriffen, bedürfen jetzt besonderer Unterstützung.

Im ersten Ausbildungsjahr muß vieles, was in der allgemeinbildenden Schule gute Gewohnheit war, anders, neu bewältigt werden. Das sind z. B.: der neue soziale Status, die völlig veränderten Bildungsinhalte, -anforderungen, -methoden, die unbekannten Betriebsbedingungen, der neue Tages-, Wochen-, Jahresrhythmus beim Lernen (z. B. das frühe Aufstehen im Zusammenhang mit notwendigen Schlafzeiten, die sinnvolle Verwendung des freien Sonnabends, die verkürzte Freizeit). Bei vielen Lehrlingen sind die Vorstellungen über die meisten Ausbildungsbedingungen vor dem Lehrbeginn nur vage oder falsch.

Gespräche darüber sind sehr nützlich. Eltern sollten fragen: Was erlebt meine Tochter (mein Sohn)? Wie verarbeitet sie (er) das? Braucht sie (er) Hilfe? Jugendliche sollten ihre positiven und negativen Eindrücke zu Hause mitteilen, auch dann, wenn sich zu-

Nicht nur zu Beginn der Ausbildung, sondern während der gesamten Lehrzeit tragen Eltern Verantwortung für die Entwicklung ihrer Töchter und Söhne. Sie sind verpflichtet (vor dem Gesetz auch noch nach Vollendung des 18. Lebensjahres), den Lehrling beim Erreichen des Ausbildungszieles zu unterstützen und dazu Verbindung zum Ausbildungsbetrieb zu halten. Es ist daher gut, wenn sie bestimmte Probleme der Arbeitserziehung und der Persönlichkeitsentwicklung ihres heranwachsenden „Kindes" ständig im Auge behalten. Das betrifft solche Sachverhalte, die eine große Bedeutung für die spätere berufliche Arbeit haben, aber sich meist nicht von allein ergeben, z. B. die Liebe zum Beruf, die Lern- und Leistungsbereitschaft, das Kosten-Nutzen-Denken, die Bejahung von Ordnung und Sauberkeit, die strikte Einhaltung der Arbeitsdisziplin (einschließlich der allmorgendlichen Pünktlichkeit), die konsequente Ausnutzung der Arbeitszeit, die Qualitätsarbeit – als eine „Sache der Ehre", das Bewältigen von monotonen Arbeitsinhalten oder die Bereitschaft, Schwierigkeiten zu meistern. Lehrlinge sind in all diesen Fragen noch unerfahren. Sie können sie mit der Unterstützung der Eltern leichter lösen und sich schneller auf die Ausbildungs- und Berufsbedingungen einstellen.

Inhalte der Facharbeiterausbildung. Die Inhalte der Facharbeiterausbildung sind aus den allgemeinen Bildungs- und Erziehungszielen in der DDR sowie aus den speziellen Berufsaufgaben abgeleitet. Sie bauen systematisch auf den Vorleistungen der POS auf. In jedem Beruf sind sie für Mädchen und Jungen gleich – mit Ausnahme einiger Tätigkeiten, für die Frauen medizinisch nicht geeignet sind. Jeder Facharbeiterberuf ist durch eine breite Grundlagenbildung und darauf aufbauende berufliche Spezialisierung charakterisiert. Zur Grundlagenbildung gehören neben übergreifendem technisch-technologischem, maschinen- und werkstoffkundlichem Wissen und Können auch die einheitlichen Unterrichtsfächer Betriebsökonomik, Grundlagen der Automatisierung und Sozialistisches Recht. Die Lehrlinge werden mit neuesten Erkenntnissen auf dem Fachgebiet und mit modernsten Verfahrenstechniken vertraut gemacht. Die Ausbildung erfolgt einheitlich nach staatlichen Lehrplänen. Sie besteht aus theoretischem und berufspraktischem Unterricht. Um die Lehrlinge auf die Meisterung von Wissenschaft und Technik in der Zukunft gut vorbereiten zu können, umfaßt bei einer zweijährigen Berufsausbildung der berufspraktische Unterricht fast drei Viertel der Lehrzeit.

Moderne Unterrichtsmethoden, ein wissenschafts- und problemorientiertes Lernen, die aktive Einbeziehung in die Produktion des Betriebes, auch in den Rationalisierungsmittelbau und in Rationalisierungsvorhaben, tragen entscheidend zu Bildung und Erziehung bei. Außerunterrichtliche Möglichkeiten (z. B. die aktive Mitarbeit an MMM- und Neuereraufgaben, in Arbeitsgemeinschaften, Zirkeln, Klubs) unterstützen dieses Anliegen. Es zeigt sich, daß solche Möglichkeiten bei Mädchen das Berufsinteresse stark fördern.

Die Ausbildung in den künftigen Arbeitskollektiven im letzten Lehrhalbjahr trägt zu einer engen Praxisverbindung des Erlernten, dem Einfluß der Arbeiterklasse auf die ideologische Erziehung der Lehrlinge, einem rechtzeitigen Einarbeiten in die spätere Tätigkeit und dem Erreichen der Facharbeiterleistung bei.

- Lehrlingsentgelt. In der Zeit der Berufsausbildung erhält jeder Lehrling ein monatliches Lehrlingsentgelt. Das ist eine materielle und moralische Anerkennung der Lern- und Arbeitsergebnisse bei der theoretischen und praktischen Ausbildung. Es erhöht sich in jedem Halbjahr. Die Höhe ist nach GBl. I Nr. 17/1981 festgelegt. Unterschiede nach der Geschlechtszugehörigkeit existieren nicht.

Die Ausbildungsleistungen der Mädchen. Da Mädchen insgesamt gesehen unter qualitativ gleichen Ausbildungsbedingungen wie Jungen einen Beruf erlernen und erwiesenermaßen eine ähnliche individuelle Berufseignung mitbringen, werden von ihnen dieselben hohen Leistungen erwartet. Sie sollen, ebenso wie Jungen, zum Leistungsanstieg in allen Bereichen der Volkswirtschaft beitragen und bereits bei der Ausbildung Spitzenleistungen erreichen.

Der sozialistische Berufswettbewerb stimuliert diesen Prozeß. Sein Hauptanliegen ist, durch gemeinsames Wetteifern (Leistungsvergleiche zwischen einzelnen Lehrlingen und -kollektiven) das Streben nach besten Leistungen in der theoretischen wie auch in der praktischen Berufsausbildung zu fördern. Eine allseitige Forderung und Förderung einschließlich besonderer Maßnahmen zur Begabtenentwicklung (z. B. Einbeziehung in Jugendforscher-, Erfinderkollektive oder Übertragung selbständiger wissenschaftlich-technischer Aufgaben) unterstützt hohe und höchste Leistungen.

Die Gemeinschaftsarbeit in den Lehrlings-, Arbeits- und MMM-Kollektiven, einschließlich der organisierten Lernhilfe für leistungsschwache Lehrlinge, hilft, das Ausbildungsziel mit Erfolg zu erreichen. Es wird erwartet, daß jeder Lehrling seine Leistungsfähigkeit (die individuellen physischen und psychischen Voraussetzungen zur Bewältigung bestimmter Lern- und Arbeitsanforderungen) ausschöpft.

Tatsächlich vollbringen Mädchen in der DDR insgesamt keineswegs geringere Ausbildungsleistungen als Jungen. Unter der Voraussetzung vorhandenen Berufsinteresses bewältigen beide Geschlechtergruppen die gestellten Anforderungen ähnlich gut, das betrifft sowohl nichttechnische als auch technische Berufe. Wenn sich Mädchen in der Zeit der Berufswahl allerdings zu wenig auf ihren Beruf vorbereitet haben, können Anfangsschwierigkeiten in einigen Unterrichtsfächern entstehen. Im allgemeinen verschwinden diese im Verlauf des ersten Lehrjahres. Sie sind nachweislich nicht rückführ-

bar auf geschlechtstypische Intelligenzunterschiede, sondern vor allem auf die Einstellung zum Beruf.
Mädchen fühlen sich in Ausbildung und Tätigkeit ebenso wenig wie Jungen überfordert. Sie erwarten genauso anspruchsvolle Arbeiten wie Jungen. Das Bemühen um hohe Ausbildungsleistungen bezüglich Qualität, Norm-/Zeiterfüllung, Sparsamkeit, Ordnung und Mitarbeit im Unterricht sowie die gegenseitige Lernhilfe ist bei weiblichen Lehrlingen zum Teil besser ausgeprägt als bei männlichen.
Zu den Zielen der Berufsausbildung gehört eine hohe Disponibilität und eine stabile Facharbeiterleistung bei den Haupttätigkeiten des Berufs am Ende der Ausbildung. Letztere wird von 95% der Lehrlinge erreicht. Mädchen stehen darin den Jungen nicht nach. Ebensowenig tun sie das bei der Facharbeiterprüfung, bei der die Hälfte aller Lehrlinge gute und bessere Leistungen aufweist. Diese Prüfung steht am Schluß der Lehrzeit als Nachweis der Facharbeiterqualifikation für Lehrlinge (oder Werktätige) nach der beruflichen Ausbildung.
Der Arbeitsvertrag begründet das Arbeitsrechtsverhältnis nach vollzogener Berufsausbildung. Er stellt eine Vereinbarung zwischen dem Jugendlichen und dem Betrieb dar, der übereinstimmende Willenserklärungen enthält. In ihm sind Arbeitsaufgabe, -ort, Tag der Arbeitsaufnahme und eventuelle weitere Vereinbarungen festgelegt. Der Betrieb ist verpflichtet, dem Lehrling mindestens 6 Monate vor Beendigung des Lehrvertrages einen Arbeitsvertrag mit einer dem Ausbildungsberuf entsprechenden Arbeitsaufgabe anzubieten (vgl. Arbeitsgesetzbuch der DDR §§ 38–40 und 140, GBl. I Nr. 18/1977). Ist eine solche Arbeit ausnahmsweise im Ausbildungsbetrieb nicht möglich, hat dieser eine zumutbare Arbeit in einem anderen Betrieb zu ermöglichen. Auch bei nicht bestandener Facharbeiterprüfung hat der Betrieb dem Jugendlichen eine seinen Fähigkeiten entsprechende Arbeit vorzuschlagen.
Diese gesetzlich fixierte Handhabung bietet jedem Jugendlichen, ob Mädchen oder Junge, einen Arbeitsplatz und damit soziale Sicherheit. Der Übergang von der Lehrzeit zur Berufstätigkeit kann dadurch reibungslos und ohne Zeitverzug erfolgen.

Ein Kind in der Lehrzeit. Wenn Mädchen und Jungen im Lehrlingsalter sind, entstehen Partnerschaften und nicht selten die ersten starken Gefühlsbeziehungen zum Partner. Es kommt vor, daß sich während der Berufsausbildung ein Baby ankündigt. Zweifellos ist diese Situation nicht erstrebenswert. Die werdende Mutter oder der künftige Vater haben ihre fachliche Qualifikation noch nicht abgeschlossen, sind materiell nicht selbständig und – das ist der wichtigste Grund – sind in ihrer eigenen Persönlichkeitsentwicklung noch unfertig. Aus medizinischer Sicht sollte möglichst keine allzu frühe Schwangerschaft eintreten. Hinzu kommt, daß im Alter von 16 bis 18 Jahren der junge Mensch auf der Suche nach den richtigen Lebenswerten, nach seinem Platz in der Gesellschaft und nach „sich selbst“ ist. Einsichten über die Eigenschaften, die beide Partner in eine lebenslang währende Gemeinschaft einbringen müssen, reifen gerade erst. Es ist sehr schwierig, in dieser Zeit bereits die volle Verantwortung für ein neues, heranwachsendes Leben zu übernehmen. Bei der jungen Mutter sind Unterbrechungen der Ausbildung wegen Schwangerschaft, Geburt und oft auch Krankheiten des Kindes zu erwarten. Besser ist es daher, die Beendigung der Facharbeiterausbildung abzuwarten, ehe ein Kind gezeugt wird. Bestehen Intimbeziehungen im Lehrlingsalter, ist zu Verhütungsmitteln zu raten. Der Arzt wird das individuell geeignetste Mittel empfehlen. (Vgl. Kap. „Frau und Sexualität“)
Tritt dennoch bei einem Mädchen während der Lehrzeit eine Schwangerschaft ein, muß keine Panik entstehen. Die Entscheidung, ob dieses Kind zur Welt kommen soll, müssen die jungen Leute, vor allem die Schwangere, selbst treffen. Eltern können hier nur beraten. Noch entscheidender ist aber der Rat des Arztes in bezug auf die Folgen einer eventuellen Schwangerschaftsunterbrechung. Eine relativ kleine Gruppe entschließt sich zur Mutterschaft bzw. Vaterschaft während der Lehrzeit.
Die junge Mutter ist sozial gesichert und wird von ihren Mitbürgern geachtet. Wie jede Frau, genießt auch der weibliche Lehrling die soziale Unterstützung von Staat und Betrieb bei Schwangerschaft, Geburt, Unterbringung und Pflege des kleinen Kindes. Darüber hinaus erfolgen Mutterschutz- und

Arbeitsschutzregelungen. Neben den üblichen sozialen Zuwendungen erhält eine Mutter im Lehrverhältnis bis zur Beendigung ihrer Ausbildung einen monatlichen Zuschuß zum Lehrlingsentgelt in Höhe von 60 Mark. Über gesetzliche Bestimmungen informieren u. a.: die Verfassung der DDR (GBl. I Nr. 47/1974), das Arbeitsgesetzbuch der DDR (GBl. I Nr. 18/1977), das Bildungsgesetz (GBl. I Nr. 6/1965), das Familiengesetzbuch der DDR (GBl. I Nr. 1/1965), das Jugendgesetz der DDR (GBl. I Nr. 5/1974), die Verordnung über die Erhöhung der Unterstützung für Studenten und Lehrlinge mit Kindern (GBl. I Nr. 21/1985) und die Anordnung über das Lehrverhältnis vom 15.12.1977 (GBl. I Nr. 2/1978).

Die letztgenannte Anordnung schreibt besondere Förderungsmaßnahmen des Betriebes vor. Diese werden in Vereinbarung zwischen dem Lehrling, den staatlichen Leitern, dem Lehrlingskollektiv, der FDJ- und Gewerkschaftsleitung individuell festgelegt. Ziel ist eine solche Unterstützung der werdenden Mutter, die den erfolgreichen Abschluß der Berufsausbildung mit geringstmöglichen Verzögerungen gestattet. In der Regel wird das Lehrverhältnis verlängert. Bestimmte Zeiträume der Ausbildungsunterbrechung vor und nach der Geburt dürfen keinesfalls unterschritten werden. Auch bei guter Gesundheit bestehen mindestens 16 Wochen obligatorische Ausbildungsunterbrechung (6 Wochen vor und 10 Wochen nach der Entbindung). Der noch sehr junge Körper der Mutter benötigt diese Ruhepause, und das Kind braucht die mütterliche Betreuung. In dieser Zeit können Liebe und Verantwortungsbewußtsein für das Kind wachsen, weil sich die junge Mutter voll auf das Neugeborene konzentrieren und ihr Mutterglück genießen kann.

Die Eltern der jungen Mütter und Väter im Lehrverhältnis (Großeltern) tragen eine sehr große Verantwortung, oft auch materiell. Unter Einbeziehung der staatlichen Unterstützung sind die Lebenshaltungskosten des kleinen Kindes von dessen Eltern zu tragen. Wenn diese als Lehrlinge dazu nicht in der Lage sind, müssen meist die Großeltern dafür aufkommen. Die Verantwortung ist aber umfassender zu sehen und beginnt schon mit der Schwangerschaft. Sie besteht auch dann noch, wenn die Volljährigkeit des Lehrlings erreicht ist. Die jungen Eltern benötigen Hinweise und tatkräftige Unterstützung. Nicht nur grundlegende organisatorische Maßnahmen sollten gemeinsam besprochen bzw. geregelt werden (z. B.: Wo wird das Neugeborene seinen Platz haben?). Jetzt ist viel praktische Hilfe nötig, damit die jungen Eltern die vielfältigen Anforderungen, die ihnen Kind, Beruf und Partnerschaft stellen, zu bewältigen lernen. Bei Fleiß und mit Unterstützung sind alle diese Aufgaben lösbar;

Anteil der weiblichen Neuzulassungen an Hochschulen und Universitäten nach Wissenschaftszweigen[1] *(in %)*

Wissenschaftszweige	1971	1985
insgesamt	40,4	50,8
Mathematik, Naturwissenschaften	46,3	50,4
Technische Wissenschaften	18,6	27,9
Medizin	76,1	55,3
Agrarwissenschaften	39,8	47,4
Wirtschaftswissenschaften	44,9	68,3
Philosophisch-historische Wissenschaften, Staats- und Rechtswissenschaften	35,7	34,0
Kultur-, Kunst-, Sportwissenschaften	36,9	37,0
Literatur-, Sprachwissenschaften	69,5	55,8
Theologie	51,2	46,3
Kunst	41,4	43,5
Pädagogische Fachrichtungsgruppen aller Wissenschaftszweige	64,2	73,0

[1] ohne Forschungs- und Ausländerstudium

Anteil der weiblichen Neuzulassungen an Fachschulen nach Wissenschaftszweigen[2] *(in %)*

Wissenschaftszweige	1971	1985
insgesamt	52,2	72,3
Technische Wissenschaften	21,9	33,6
Medizin/Gesundheitswesen	90,6	96,2
Agrarwissenschaften	34,7	52,0
Wirtschaftswissenschaften	75,8	84,5
Staats- u. Gesellschaftswissenschaft, Dokumentations- und Bibliothekswissenschaften	68,5	80,1
Kultur- u. Sportwissenschaften	33,0	50,0
Literatur- u. Sprachwissenschaften	84,2	—
Kunst	56,8	61,3
Pädagogische Fachrichtungsgruppen aller Wissenschaftszweige	86,5	88,6

[2] 1985 einschließlich medizinischer Fachschulen (Quelle: Die Frau in der DDR, Berlin 1986)

aber zum Ideal sollte das möglichst nicht werden.

Ziele und Aufgaben des Hoch- und Fachschulstudiums. Das Studium ist eine mehrjährige Berufsaus- (oder Weiter-)Bildung auf Hoch- bzw. Fachschulebene. Es führt zur Aneignung fachrichtungsbezogenen Wissens für Berufe, die einen Hochschulabschluß (Diplom, Examen) oder einen Fachschulabschluß erfordern. Immer mehr Mädchen nahmen in den letzten Jahren ihre gleichberechtigten Zugangschancen zu den höchsten Bildungsebenen wahr. 1950 gab es an den Hochschulen der DDR 30000 Studierende (knapp ⅕ davon Mädchen). Bis 1985 stieg diese Zahl auf knapp 130000 (etwa die Hälfte Mädchen). An den Fachschulen waren 1985 bereits rund drei Viertel aller Studenten weiblich. 1950 war es nur ein Viertel. Ein wesentlich höherer Prozentsatz wäre gesellschaftlich nicht vertretbar. Aber die Differenzierungen in den Geschlechterproportionen einzelner Fachrichtungen sind sehr hoch. Ihr Abbau käme sowohl der Gleichberechtigung als auch ökonomischen Zielen entgegen. Die einseitigen Zugangsgewohnheiten der Geschlechtergruppen zu bestimmten Berufen haben zum Teil ungünstige soziale und ökonomische Auswirkungen (z. B. in Form von eingeschränkter Anwendung der Gleichberechtigung durch die Frauen selbst, ungenügender Nutzung des geistigen Potentials der Frauen in einigen Wirtschaftsbereichen, Konzentration von Arbeitskräfteausfällen in den einseitig von Frauen belegten Berufen, zu wenig differenzierbarer Aufgabenverteilung in Berufen mit hohen physischen, psychischen oder zeitlichen Anforderungen – wie Chirurgie, Stomatologie, Außenhandel usw.).

Die rechtlichen Voraussetzungen, die an die Aufnahme eines Studiums gestellt werden, sind für beide Geschlechtergruppen gleich. Sie müssen den in den Zulassungsordnungen und anderen gesetzlichen Bestimmungen fixierten Bedingungen entsprechen (für Hochschulen in GBl. II Nr. 55/1971 und GBl. I Nr. 10/1978, für Fachschulen in GBl. II Nr. 19/1972, GBl. I Nr. 27/1974 und GBl. I Nr. 4/1977). Ausgehend von den Zielen eines Studiums sind vor allem die Anforderungen an Hochschulanwärter sehr groß. Der Nachweis der Hochschulreife allein genügt nicht. Jeder Bewerber muß sich bewußt sein: Das Studium ist eine gesellschaftliche Anerkennung. Es stellt große Anforderungen an Leistungsfähigkeit, -bereitschaft und ideologische Haltungen.

Hoch- und Fachschulen haben die Aufgabe, in bestimmten Fachrichtungen für hochqualifizierte Berufe Kader aus- (weiter-)zubilden und zu erziehen, diese auf das Leben, vor allem die Arbeit in unserer sozialistischen Gesellschaft vorzubereiten. Die jungen Absolventen sollen als fachlich hochbefähigte Spezialisten, kreativ, selbständig und politisch engagiert ihre Kenntnisse und Fähigkeiten zur Entwicklung der DDR einsetzen. Ziel der Hoch- und Fachschulen ist es daher, die Studentinnen und Studenten mit einem umfassenden, anwendungsbereiten Grundlagen- und Spezialwissen auf dem fortgeschrittensten wissenschaftlichen Niveau, mit marxistisch-leninistischen Kenntnissen und geistig-kultureller Bildung auszurüsten, so daß sie an verantwortlicher Stelle des Arbeitsprozesses wichtige Aufgaben übernehmen können. Die Steigerung der Arbeitsproduktivität in allen gesellschaftlichen Bereichen und die Meisterung des wissenschaftlich-technischen Fortschritts hängen sehr stark von der Erfüllung dieses Zieles ab. Die besondere Position, die die meisten Hoch- und Fachschulkader im gesellschaftlichen Reproduktionsprozeß einnehmen, erfordert nicht nur eine herausragende Fachkenntnis, sondern vielseitige Persönlichkeitseigenschaften. Hoch- und Fachschulabsolventen können in ihrer Arbeit das Denken und Handeln vieler Menschen beeinflussen. Sie sollen daher unserem Staat besonders verbunden und bereit sein, hohe Verantwortung zu übernehmen. Aus diesem Grunde gelten auch an den Hoch- und Fachschulen die Prinzipien der Einheit von Bildung und Erziehung, der Einheit von Wissenschaft, Praxis und Forschung sowie der steten Orientierung am wissenschaftlichen Höchststand für beide Geschlechtergruppen.

(Weiterführende Informationen vgl. die Studienführer der Hoch- und Fachschulen oder das Taschenlexikon „Jugend im Studium", Leipzig 1984.)

Studienformen. Das Studium an einer Hoch- oder Fachschule kann in verschiedenartiger Form absolviert werden. Es gibt in der DDR die Möglichkeiten des Direkt-, Fern-, Abend-, Frauensonder-, Spezial-, Zusatz-,

Teil-, postgradualen sowie des Gasthörerstudiums. Darüber hinaus existieren an einzelnen Hoch- und Fachschulen Sonderregelungen. Allerdings ist nicht jede Studienform für jeden Beruf möglich (Auskünfte darüber werden an den Prorektoraten für Erziehung und Ausbildung der Hoch- und Fachschulen erteilt).

Die Vielfalt der höheren Bildungsmöglichkeiten gewährt selbst Frauen mit größeren familiären Verpflichtungen geeignete Chancen. Wer beispielsweise nach dem Abitur oder einer Berufsausbildung eine Familie gründete, dem ist noch nicht jeder Zugang zu höherer Bildung versperrt. Aber nicht jede Studienform läßt sich zeitlich gesehen für Mütter gleichermaßen gut bewältigen. Daher ist es empfehlenswerter, daß Frauen bereits im Jugendalter ihre Möglichkeiten für ein Direktstudium voll wahrnehmen. Ein Studium neben Beruf, Kind(ern) und Haushalt stellt trotz der Unterstützung durch den Staat, den Partner, Verwandte usw. gegenüber dem Direktstudium eine Mehrbelastung dar.

Die Delegierung erfolgt über die Betriebe und ist stark auf deren Bedürfnisse abgestimmt, zum Teil für vorher vereinbarte Arbeitsplätze – vor allem mit leitenden Funktionen. Oft werden für solche Studierende Frauensonderklassen (-seminargruppen) gebildet. Das läßt viele Besonderheiten im zeitlichen Ablauf, in der effektiven Betreuung und im kollektiven Lernen zu. Trotz großzügiger Unterstützungsmaßnahmen ist diese Studienform sehr intensiv. Sie erfordert von den Frauen – neben Beruf, Haushalt und Familie – einen hohen Einsatz.

Das Frauensonderstudium entstand 1963 als eine Form der Nachholequalifizierung für Frauen, die sich fachlich und politisch auszeichneten. Die Gewinnung von Frauen für den technisch-ökonomischen Bereich und für Leitungsfunktionen war Hauptanliegen. Diese Zielstellung ist erfüllt, das Frauensonderstudium hat sich dafür bewährt. Infolge des stetig steigenden Bildungsstandes von Frauen und Mädchen konnte diese Studienform seit den siebziger Jahren planmäßig reduziert werden. 1980 betrug z. B. diese Studentenzahl an Fachschulen reichlich ein Drittel von 1970, 1985 ein Viertel (knapp 3000). Mädchen kommen jetzt vor allem auf direktem Weg zum Studium, genauso wie Jungen.

Anteil der weiblichen Studierenden an bestimmten Studienformen[1]

Bildungsebene	Jahr	weibl. Studierende insges.	je 1000 d. weibl. Bevölkerung	Anteil der weibl. Studierenden an der jeweiligen Gruppe (%)			
				insges.	Direktstud.	Fernstud.	Abendstud.
Hochschule	1960	25213	2,7	25,2	31,4	8,2	7,5
	1980	63266	7,1	48,7	52,8	26,5	29,8
	1985	65079	7,4	50,1	52,2	31,6	33,6
Fachschule	1960	36000	3,8	28,6	–	–	–
	1980	123549	13,9	71,9	83,6	56,5	44,0
	1985	117695	13,4	72,6	82,3	59,2	41,8

[1] ohne ausländische Studierende
(Quelle: Die Frau in der DDR, Berlin 1986)

Das Frauensonderstudium ist eine Studienform für einige technische und ökonomische Fachrichtungen. Es bietet den im Arbeitsprozeß stehenden Frauen größere örtliche, zeitliche und materielle Studienerleichterungen, jedoch ohne Abstriche an inhaltliche Anforderungen. Ausgewählt werden dafür solche Frauen, die aus Belastungsgründen in keiner anderen Form studieren können (vgl. GBl. II Nr. 54 und 92/1970, GBl. I Nr. 31/1973, GBl. I Nr. 26/1976). Ein Frauensonderstudium ist in verschiedenen Varianten möglich: als Direkt-, Fern- oder Abendstudium.

Stipendium. Zur materiellen Unterstützung des Studienablaufes gewährt unser Staat jedem Studenten ein Stipendium, das nicht zurückzuzahlen ist. Entsprechend der Stipendienverordnung (GBl. I Nr. 17/1981) erhält jeder Hoch- und Fachschulstudent im Direktstudium ein Grundstipendium von

200,00 M monatlich (in der Hauptstadt Berlin 215,00 M). Dieses erhöht sich bei einem vorangegangenen Wehrdienst auf Zeit, bei der Verpflichtung als Soldat auf Zeit (um 100,00 M), bei mindestens dreijähriger Facharbeitertätigkeit (um 80,00 M), bei Elternschaft (je Kind um 60,00 M – GBl. I Nr. 21/1985). Zusätzlich zum Grundstipendium werden für vorbildliche fachliche und gesellschaftliche Leistungen Leistungsstipendien gezahlt (150,00, 100,00 oder 60,00 M monatlich).

Fachlich und politisch ganz besonders herausragende Studenten können für ihre Höchstleistungen im bzw. vor dem Studium anstelle des Grund- mit einem Sonderstipendium geehrt werden (Karl-Marx-Stipendium 550,00 M, Wilhelm-Pieck-Stipendium 500,00 M oder J.-R.-Becher-Stipendium 450,00 M, FDJ-Stipendium 350,00 M monatlich). Besondere Stipendienregelungen gibt es für Frauen im Sonder-Direktstudium. Hier werden entsprechend dem bisherigen Nettoverdienst betriebliche Zuschüsse gezahlt, die bis zu 800,00 M betragen können. Zusatzgelder können ferner beim Zusatzstudium für Sonderschul- und Rehabilitationspädagogik, bei der Ausbildung zum Diplomlehrer für Marxismus-Leninismus sowie beim Direktstudium von Müttern mit Kleinkind(ern) ohne Krippenplatz gezahlt werden.

Studienleistungen der Frauen. Analysen zeigen, daß weibliche Studierende prinzipiell zu gleichen Studienleistungen fähig sind wie männliche. An die Leistungsanforderungen wird kein geschlechtstypischer Maßstab angelegt.

Wichtige Persönlichkeitsbedingungen für ein erfolgreiches Studieren sind: durchschnittliche, besser überdurchschnittliche Ausprägung von Fähigkeiten, Fach- (Fakten-) Kenntnissen und Fertigkeiten in einigen Fachrichtungen, spezielle Begabungen, fachliches Interesse, positive Einstellungen zur wissenschaftlich-produktiven Arbeit (bzw. zum Üben, Trainieren usw.), Fleiß, Leistungs- und Anstrengungsbereitschaft, Beharrlichkeit und Selbstüberwindung. Ebenso wichtig sind gesellschaftliche Aktivität, Einsatzbereitschaft für die Gesellschaft und die Anwendung geeigneter Studienmethoden, darunter kollektive Verhaltensweisen (im Kollektiv Hilfe geben und in Anspruch nehmen, diskutieren, sich gegenseitig anregen). Dabei sollte man davon ausgehen, daß Bildungsrechte auch Pflichten einschließen: hohe Anforderungen an sich selbst zu stellen, intensiv, mit starker Konzentration zu lernen, den individuell effektivsten Arbeitsstil zu finden, seine Zeit gut zu planen. Solche Eigenschaften können Studentinnen ebenso entwickeln wie Studenten. Besser noch ist, sie schon während der Schulzeit zu trainieren. Beim Studium gewähren die Seminar- bzw. FDJ-Gruppen und der Lehrkörper Unterstützung. Es bestehen darüber hinaus zahlreiche Möglichkeiten zur Entwicklung von besonderen Begabungen wie auch zur Hilfe für förderungsbedürftige Studentinnen und Studenten (z. B. junge Mütter).

Die biologischen Eignungsvoraussetzungen für ein Studium weisen zwar individuelle, aber keine für die Geschlechtszugehörigkeit typischen Unterschiede auf. Intelligenz und geistige Befähigungen für bestimmte Fachrichtungen sind zunächst bei Mädchen wie Jungen von den Anlagen her etwa gleich hoch – das betrifft auch mathematische oder technische Bereiche. Sie werden allerdings oft unterschiedlich trainiert. Wenn in einzelnen Fachrichtungen zwischen Studentinnen und Studenten Leistungsunterschiede auftreten, so hängt das gewöhnlich mit der Vorbereitung auf das konkrete Studienfach, der Motivation, der Studienmethodik, dem fachlichen Engagement und der Berufsverbundenheit zusammen. Wer sich schon vor dem Studium in Hobbyform mit seiner Fachrichtung befaßte (zu Hause, in Arbeitsgemeinschaften, Zirkeln, bei der MMM usw.), bringt meist besser entwickelte Interessen und Eignungsvoraussetzungen mit. Interessen verstärken wiederum die Studienmotivation. Haben Studentinnen das gleiche Fach- bzw. Berufs-, Problem- und Wissenschaftsinteresse wie Jungen, sind ihre Leistungen nicht schlechter. Bei Leistungsbereitschaft, Fleiß und Zeitaufwand zeigen Studentinnen oft sogar mehr Einsatz. Damit werden eventuelle Anfangsschwierigkeiten (z. B. infolge geringerer Berufsverbundenheit nach Umorientierungen) im allgemeinen gemeistert.

Für die Vorbereitung von Mädchen auf ein Studium ist im Interesse hoher Leistungen und enger Berufsverbundenheit folgendes zu empfehlen: Eltern sollten stärker von geschlechtstypischen Erziehungsmethoden und

-inhalten abkommen und Mädchen ebenso wie Jungen an Technik heranführen. Es sollten schon während der Schulzeit schöpferische Lernmethoden angeregt werden wie z. B.: das Benutzen von zusätzlichen Büchern, Nachschlagewerken usw., ein regelmäßiges Lesen von Zeitungen und Zeitschriften, Problemdiskussionen, Ergänzen des nur pflichtgemäßen Stoff-Abarbeitens durch schöpferische Ideenfindungen, Knobeln, Anreicherung der in der Schule gebotenen Fakten durch weitere, selbst erarbeitete, Gespräche mit Lehrern, um weitere Hinweise zu erhalten. Es gilt, frühzeitig solche Lernmotive zu wecken, die für das Studium übernehmbar sind (z.B. sehr hohe Leistungen erringen zu wollen, für den Beruf und das Leben zu lernen – nicht für das Lob des Lehrers oder die Zensur). Jungen sind in dieser Weise oft besser auf ein Studium vorbereitet als Mädchen. Das Vermeiden von Einseitigkeiten in der Erziehung kann Frauen ein Studium sehr erleichtern.

Partnerschaft und Kind im Direktstudium. Das Studium ist nicht nur die Zeit des Bildens und Berufserwerbs. Es ist auch eine Zeit des Selbständigwerdens, der Festigung von Wertorientierungen, des Sammelns wichtiger Lebenserfahrungen, der Partnersuche und bei den meisten Studierenden eine Zeit des Verliebtseins oder sogar der großen Liebe. Es ist – bei aller Verantwortung und Belastung – eine Zeit relativen Ungebundenseins (zwischen Schule und Berufstätigkeit, zwischen Eltern- und eigener Familie), eine Zeit des Lebens unter Gleichaltrigen, des Erkennens eigener Fähigkeiten und großer Träume. Für die Betroffenen gehört es oft zu den schönsten Zeiten des Lebens.

Studenten im Direktstudium sind heute etwa 19 bis 25 Jahre alt, an einigen Fachschulen etwas jünger. Partnerschaft, Ehe und manchmal auch ein Kind sind im Studienalltag keine Seltenheit mehr. Das hat verschiedenartige Gründe: Beide Geschlechtergruppen studieren gemeinsam. Die materielle Sicherheit für die Studien- und späteren Jahre ist gewährleistet. Die Sexualmoral hat sich gewandelt (sich zu lieben ohne Heiratsurkunde, auch körperlich, hat nichts Anrüchiges mehr an sich). Das Heiratsalter wurde in der DDR während der letzten Jahre allgemein niedriger. Der Wunsch nach zwei Kindern ist verbreitet.

Eine Partnerschaft ist im allgemeinen kein Leistungshindernis – vorausgesetzt, jeder Partner will das Studium. Partnerschaften zwischen Studenten sind voll auf den Studienbetrieb ausgerichtet: Das individuelle und gemeinsame Lernen, Diskutieren, sich gegenseitig Helfen steht im Mittelpunkt, auch zeitlich. Freizeit und Kultur sind darauf abgestimmt. Die Seminargruppen werden enger Bezugspunkt für beide Partner. Das sind studienfördernde Bedingungen. Aber nur knapp die Hälfte aller im Studium eingegangenen Partnerschaften sind solche zwischen Studenten. Vor allem Mädchen suchen sich häufiger andere Partner. Das erlegt beiden Teilen Verantwortung auf: Es ist ein Beweis von Liebe, den studierenden Partner nicht vom Lernen abzuhalten, sondern ihn zu unterstützen und die Freizeitbedürfnisse entsprechend zu planen.

Im Alter zwischen 19 und 23 Jahren entsteht der natürliche Wunsch nach einem Kind. Auch ein Hochschulstudium hält davon nicht immer ab. Wer diesem Wunsch nachgibt, denkt vor allem an Liebe, an den langen Ausbildungsweg, an rasche berufliche Integration nach dem Studium (auf die sich im Prinzip Schwangerschaft und Kleinkind ebenfalls „störend" auswirken können), an den biologisch günstigsten Zeitpunkt für das erste und das letzte Baby, aber auch an großzügige sozialpolitische und weitere Förderungsmaßnahmen. Solche Wünsche sind etwas anders zu bewerten als bei Lehrlingen, die meist erheblich jünger sind und nur eine kurze Ausbildungszeit vor sich haben.

Viele Studenten bewiesen inzwischen, daß man Studium und Kind zugleich bewältigen kann. Aber die Belastung – vor allem für die junge Mutter – ist ungleich höher, und die erforderlichen materiellen Bedingungen sind nicht unbegrenzt vorhanden (Wohnmöglichkeiten, Krippenplätze, Sonderstudienpläne u.a.). Zumindest für die Mutter bedeutet das Kind weniger Lern-, Schlaf- und Freizeit, Ausfall bei Geburt und Krankheiten, eventuell Studienverlängerung. Der Tagesablauf – vorher völlig dem Studium untergeordnet – muß sich nun nach dem Kind richten.

Eine solche Aufgabe kann der Partnerschaft aber auch viel Glück und Reife geben. Meist erledigen Studenteneltern völlig gleichberechtigt häusliche Arbeiten, verhalten sich sehr verantwortungsbewußt zu ihrem Kind,

und sie wenden fortschrittliche Strategien zur Erziehung an.
Die meisten Studentinnen-Mütter ringen hart um ihre Studienleistungen. Nur ein sehr geringer Prozentsatz gibt auf – vor allem, wenn das Kind am Anfang des Studiums kommt, die Studienmethodik noch nicht beherrscht wird und die Einstellung zum Studienfach nicht gefestigt ist. Unterstützungen durch Seminar-/FDJ-Gruppe, Bildungseinrichtung und Staat ermöglichen es jedoch jeder (werdenden) Studentin-Mutter, ihre Studium erfolgreich abzuschließen, wenn sie das wirklich will. Neben den allgemein üblichen Sozialmaßnahmen kann die Studentin an ihrer Einrichtung eine Förderungsvereinbarung beanspruchen. Finanzielle Zuschüsse werden in Form des staatlichen Kindergeldes, eines monatlichen Zuschusses von 60,00 M zum Grundstipendium sowie eines Entgeltes für einen nicht verfügbaren beantragten Krippenplatz gewährt (vgl. GBl. II Nr. 27/1972, GBl. I Nr. 27/1976, GBl. I Nr. 19/1976, GBl. I Nr. 21/1985).
Der Absolventeneinsatz. Um zu gewährleisten, daß jeder weibliche und männliche Hoch- und Fachschulstudent sofort nach erfolgreichem Studienabschluß einen Arbeitsplatz in seinem Beruf erhält, werden langfristige Vorbereitungen getroffen. Vorgesehen ist ein fachrichtungs- und niveaugerechter Einsatz. Das schließt die Übertragung anspruchsvoller Aufgaben nach einer angemessenen Einarbeitungszeit für weibliche ebenso wie für männliche Absolventen ein. Fern- und Abendstudenten kehren meist in ihren delegierenden Betrieb zurück. Direktstudenten verpflichten sich zu einem 3jährigen Einsatz nach gesellschaftlichen Erfordernissen. Das dient der planmäßigen Arbeitskräfteentwicklung im Staat und hilft dem Absolventen, seine materielle Existenz von Anfang an zu sichern. Einsatzgespräche zwischen jedem Studenten und den Kommissionen zur Absolventenvermittlung an den Sektionen bzw. Fachschulen im vorletzten Studienjahr bereiten das vor.
Mit Beginn des letzten Studienjahres werden die Arbeitsverträge abgeschlossen (entsprechend dem Arbeitsgesetzbuch, der Absolventenordnung – in GBl. II Nr. 37/1971 und der Direktive des Ministers für Hoch- und Fachschulwesen vom 30. 8. 1982).
Kontakte zum späteren Betrieb/Arbeitsbereich können schon während des Studiums hergestellt werden (durch Praktika, Jahres-, Abschlußarbeiten usw.). Das erhöht die Studienmotivation und die gegenseitige Sicherheit eines richtigen Einsatzes, denn jeder Absolvent sollte möglichst eine feste Verbundenheit zu seinem Beruf und zu seinem Betrieb entwickeln.
Ziele und Aufgaben der beruflichen Weiterbildung. In der gegenwärtigen Zeit, in der sich wissenschaftlich-technische Entwicklungen stürmisch vollziehen, reicht das durch eine Facharbeiterausbildung oder ein Studium erworbene Wissen nicht mehr ein Leben lang für die Berufsarbeit aus. Ausbildung stellt heute zunehmend nur eine grundlegende „Erstausrüstung" für berufliche Arbeit dar, die durch Weiterbildung ergänzt wird. Aus- und Weiterbildung verschmelzen so eng, daß mit dem Inhalt der beruflichen Ausbildung bereits die Weiterbildung geplant wird.
Die Notwendigkeit, sich weiterzubilden, begleitet den Berufstätigen, ob Frau oder Mann, heute in allen Berufen. Sie betrifft längst nicht mehr nur die Leiter oder die Forscher und Erfinder. Daß die Frau genauso wie der Mann Zugang zur Weiterbildung hat, ist ebenfalls ein Ausdruck ihrer Gleichberechtigung – sowohl auf Staats- als auch auf Familienebene.
Berufliche Weiterbildung ist ein Prozeß des Erwerbs von Kenntnissen, Fähigkeiten und Fertigkeiten durch den Werktätigen auf der Basis seiner bereits abgeschlossenen beruflichen Qualifikation (Facharbeiter-, Fachschul- oder Hochschulberuf). In früheren Jahren baute die Weiterbildung sehr stark auf Anlerntätigkeit auf und war vorrangig ein Nachholen von Ausbildung – vor allem bei Frauen. Heute gewährleistet sie, daß die Werktätigen über mehrere Jahrzehnte lang die Aufgaben in ihrem Beruf erfolgreich lösen können.
Weiterbildung hat vor allem eine ständige Aktualisierung des Wissens und Könnens sowie einen gezielten Bildungsvorlauf zum Ziel. Das kann für Frauen bei längeren Arbeitsunterbrechungen (Babyjahr usw.) eine besondere Bedeutung erhalten. Aufgaben zur Durchsetzung von Schlüsseltechnologien, vor allem die Entwicklung der Mikroelektronik, Roboter- und Informationstechnik, die rationelle Nutzung von Energieträgern, Ver-

edlung von Materialresourcen, Anwendung biotechnischer Verfahrensweisen, bestimmen gegenwärtig sehr stark den Inhalt beruflicher Weiterbildung. Mit den wissenschaftlich-technischen Prozessen verbundene umfassende Strukturwandlungen in der Volkswirtschaft gebieten es, die Werktätigen für wechselnde und wachsende Arbeitsaufgaben zu befähigen. Teilweise kann das auch eine Um- oder Zweitqualifizierung betreffen. Solche Aufgaben sind nicht nur über die berufliche Ausbildung lösbar, in der grundlegendes, für den gesamten Beruf und einen langen Zeitraum gültiges Wissen und Können vermittelt wird. Aktuelles, spezifisches, teilweise auf den Betrieb oder Arbeitsplatz bezogenes Wissen läßt sich vor allem über Weiterbildung aneignen.

Die Formen der Weiterbildung sind sehr vielfältig. Sie richten sich nach den Bildungszielen und -inhalten, den vorhandenen Bildungsvoraussetzungen und Arbeitsfunktionen der Teilnehmer. In institutionell unorganisierter Weise stehen bei Frauen wie Männern z. B. das Studium von Fachliteratur, der Besuch von Vorträgen bzw. Vorlesungen (auch Sonntags- oder Abendvorlesungen) im Vordergrund. In organisierter Weise existieren Lehrgänge, Kurse, Zirkel, verschiedene Formen von Spezialausbildung oder -studium (z. B. postgraduales Studium oder der Erwerb akademischer Grade für Hochschulkader), regelmäßige Qualifizierungstage oder -wochen, Erfahrungsaustausche, Messebesuche, Delegierungen in andere Betriebe, Anwendungsschulungen, Expertenberatungen, Arbeitstagungen (Kongresse, Konferenzen usw.) und Arbeitsberatungen mit weiterbildenden Inhalten und Schulungen am Arbeitsplatz.

Eine große Rolle spielt die Weiterbildung im Prozeß der Arbeit bzw. am Arbeitsplatz. Sie befähigt Frauen und Männer dazu, ihre derzeitige Arbeit gut und besser zu machen oder sich für einen gesellschaftlich notwendigen Arbeitsplatz- bzw. Berufswechsel vorzubereiten. Außerdem hat sie das Ziel, die Werktätigen zur Teilnahme an Prozessen der Planung und Leitung des Betriebes zu befähigen. Frauen haben auf Grund ihrer häuslichen Belastungen an der Weiterbildung innerhalb des Arbeitsprozesses und -tages mehr Interesse als an solcher außerhalb der Arbeitszeit. Maßnahmen zur Förderung der Frau in den Betrieben tragen dem Rechnung. Berufliche Weiterbildungsinstanzen sind vor allem die ausbildenden Institutionen: die Betriebe und deren Einrichtungen, wie z.B. Betriebsakademien, Betriebsschulen mit der Abteilung Aus- und Weiterbildung der Werktätigen sowie die Fach- und Hochschulen. Ferner sind hieran beteiligt: die Volkshochschulen, die Kammer der Technik (KdT), die URANIA, die Agrarwissenschaftliche Gesellschaft und Akademien (Kooperations-, Fernseh-, Eltern-, Frauenakademien); auch FDJ, Gewerkschaft und DFD schalten sich in diesen Prozeß mit ein.

Der Aufwand für Weiterbildungsmaßnahmen ist an den genannten Institutionen sehr hoch. Betriebe, Fach- und Hochschulen haben heute teilweise schon mehr Aktivitäten für die Weiter- als für die Ausbildung von Kadern zu leisten. Allein zwischen 1981 und 1982 stieg dieser Aufwand im Hoch- und Fachschulbereich um 40% – eine Zahl, die ursprünglich erst für 1985 erwartet wurde. Das zeugt von der hohen Bildungsfreudigkeit der Werktätigen in unserem Land.

Frauen in der Weiterbildung. Bildungsinhalte, Zugangsmöglichkeiten und Notwendigkeit der beruflichen Weiterbildung sind nicht geschlechtstypisch verschieden. Aber die Bedingungen des Bildungserwerbs sind bei Frauen und Männern etwas unterschiedlich. Das ergibt sich vor allem a) aus der stärkeren häuslichen Belastung von Frauen aller Altersgruppen, b) aus einem größeren Nachholebedarf an Erstausbildung bei den nunmehr älteren Frauen.

Für die Mehrheit der Frauen stellt die Weiterbildung heute gleiche Anforderungen wie für Männer, da etwa 50% der Werktätigen in der DDR Frauen sind und die überwiegende Mehrheit einen beruflichen Abschluß besitzt. (1986 hatten 81,5% aller im Arbeitsprozeß stehenden Frauen einen Beruf, viele bereits einen zweiten oder weiteren.) Von den jährlich an der Weiterbildung teilnehmenden Werktätigen sind etwa 40% Frauen. Das zeigt, daß es den Betrieben schon recht gut gelingt, den Belangen der berufstätigen Frauen und Mütter Rechnung zu tragen und daß in vielen Familien eine weiterbildungsorientierte Berufstätigkeit mit dem häuslichen Pflichtenkreis vereinbart werden kann. Die Ansprüche an die Weiterbildung werden auch bei Frauen in den nächsten Jahren weiter stark anwachsen, weil Zweige und Bereiche der Industrie, in denen viele Frauen tätig sind, verstärkt vom wissenschaftlich-technischen Fortschritt erfaßt werden, z. B. die Elektrotechnik/Elektronik, die Leicht- und die Lebensmittelindustrie. Frauen haben ebenso wie Männer in der DDR nicht schlechthin ein Recht auf Arbeit und Ausbildung, sondern auch auf solche Arbeitsplätze, an denen hohe Ansprüche an Wissen und Können gestellt werden. Für die veränderte Tätigkeit müssen sie in möglichst kurzer Zeit befähigt werden.

Die mit der Neugestaltung von Arbeitsplätzen, mit der Anreicherung der Arbeitsinhalte und der Gewinnung von Werktätigen für neue Aufgaben verbundenen Weiterbildungserfordernisse betreffen sowohl jüngere Frauen, die meist kleine Kinder haben, als auch ältere Frauen, die bei einer Umstellung auf veränderte Arbeitsbedingungen oft umfangreiche Vorbereitung und Unterstützung brauchen.

Familien mit kleineren Kindern, deren Betreuung noch viel Zeit und Aufmerksamkeit erfordert, müssen außerhalb der Arbeitszeit liegende Weiterbildungsmaßnahmen der Mutter mit großem Kraftaufwand meistern. Nicht nur Verständnis des Ehepartners ist hierfür nötig, sondern vor allem seine tatkräftige Unterstützung bei der Kindererziehung, im Haushalt, aber auch beim Lernen selbst (Mut machen, das Selbstvertrauen stärken, eventuell Lernhilfe geben). Gleichberechtigte Partnerbeziehungen in der Familie, bei denen nicht nur die Berufsarbeit, sondern auch die Weiterbildung beider Partner den gleichen Stellenwert hat, ist eine Voraussetzung dafür, daß sich künftig noch mehr Frauen beruflich weiterbilden können. Weiterbildung stellt für die lernende Frau (ähnlich wie für den Mann) eine andere Situation dar als die schulische Allgemein- oder die berufliche Ausbildung im frühen Jugendalter. Inzwischen ist sie eine Werktätige im Arbeitsprozeß, die unter hohen Arbeitsanforderungen lernt. Die meisten Frauen in der Weiterbildung haben eine Familie, was nicht nur das Zeitbudget für das Lernen beschneidet, sondern auch die Aufmerksamkeiten und Verantwortlichkeiten teilt. Für viele Frauen ist das Lernen nicht mehr tagtägliche Gewöhnung. Ihnen fehlt es oft an Übung, Konzentration und der geeigneten Methode. Während manch wichtige Kenntnisse in Vergessenheit geraten sind, ist anderes Wissen überholt und muß verdrängt werden. Das erschwert mitunter den Beginn einer Weiterbildung, läßt Zweifel aufkommen. Nicht wenige ältere Frauen haben Scheu vor dem ungewohnten Lernen oder der Umstellung auf moderne Technik. Der wissenschaftlich-technische Fortschritt kann aber an den Frauen-Arbeitsplätzen nicht vorübergehen, das ist ein Gebot der Ökonomie und der Gleichberechtigung.

Erfahrungen belegen, daß das Lernen auch viele Vorzüge hat, wenn man bereits werktätig ist. Hierzu gehören die unmittelbare Verbindung von Lernen und Berufspraxis, die direkte Anwendung des erworbenen Könnens, die vorhandenen Lebens- und Arbeitserfahrungen, die Bereitwilligkeit, den Lernprozeß rationell zu gestalten und die Erfahrungen des Kollektivs zu nutzen. Lernmotive werden davon geprägt. Weiterbildungsbereitschaft wird besonders durch die Anwendung im Arbeitsprozeß gefördert. Dabei spielt sowohl der Wunsch nach anspruchsvolleren bzw. den persönlichen Interessen entsprechenden Tätigkeiten, als auch ein höherer Verdienst eine Rolle. Bei jungen Hoch- und Fachschulkadern ist das Streben nach selbständigen Arbeitsaufgaben ein starkes Weiterbildungsmotiv. Die Bedürfnisse, neue gesellschaftliche Anforderungen zu bewältigen, über moderne wissenschaftliche Erkenntnisse bzw. Technologien informiert zu sein, stimulieren ebenfalls zur beruflichen Weiterbildung (letzteres trifft häufig für ältere Frauen zu). Ein wichtiges Motiv ist ferner das Streben nach Anerkennung und Selbstbestätigung. Häufig verschmelzen hierbei Lern- und Arbeitsmotive.

Zahlreiche staatliche und betriebliche Förderungsmaßnahmen erleichtern den Frauen eine Aus- oder Weiterbildung im Rahmen der Erwachsenenbildung. Solche Maßnahmen sind politische Entscheidungen und zugleich Ausdruck der Achtung vor der Frau. So können z. B. Frauen mit mehreren Kindern während einer Ausbildung mehr Arbeitszeitverkürzungen als Männer erhalten (vgl. Gesetzbuch der Arbeit). Nach dem Gesetz kann Werktätigen ab 40 Jahre mit mindestens 10jähriger Arbeitserfahrung, die eine Facharbeitertätigkeit ausüben, diese Qualifikation ohne Ausbildung zuerkannt werden

Anteil der Frauen an der Weiterbildung von Arbeitern und Angestellten in der sozialistischen Wirtschaft, 1985

		Sozialistische Wirtschaft insgesamt[1]	darunter Industrie	Handel
Weiterbildung insgesamt	absolut	622947	152974	195442
	%	38,7	22,0	75,9

[1] ohne Land-/Forstwirtschaft und PGH
(Quelle: Die Frau in der DDR, Berlin 1986)

(GBl. I Nr. 9/1978). Vor allem Frauen kommen dafür in Betracht, weil bei den höheren Altersjahrgängen früher noch keine umfassende Facharbeiterqualifikation für Mädchen üblich war. Bewährt haben sich auch Verkürzungen von vorgesehenen Aus- oder Weiterbildungszeiträumen für Frauen oder Verlagerungen von Bildungsinhalten auf das Selbststudium ohne inhaltliche Abstriche. Kurzlehrgänge oder Frauensonderklassen sind Ausdruck davon. Wichtig sind für Frauen langfristige Bildungskonzeptionen und Informationen, damit sie ihre häuslichen Belange entsprechend planen können. Die Aufnahme von Aus- und Weiterbildungsaktivitäten in die Frauenförderungspläne ist üblich geworden, um die Unterstützung durch die staatliche Leitung, die betriebliche Parteiorganisation, die Gewerkschaft und den Frauenausschuß kontinuierlich zu sichern.
Die Weiterbildungsaktivitäten der Frauen stiegen vor allem in den sechziger und siebziger Jahren an. Unterstützung durch Staat, Betrieb und Partner sowie die erhöhte Notwendigkeit, fachlich weiterhin mithalten zu können, sind Ursachen dafür. Allein von 1969 bis 1980 stieg der Frauenanteil bei der Weiterbildung auf das Neunfache.
Einzelne Wirtschaftsbereiche weisen Unterschiede im Anteil von Frauen in der Weiterbildung auf. Diese resultieren nicht nur aus der Geschlechterverteilung von Arbeitskräften. Auch bestimmte Unterschiede in den Arbeits- und Lebensbedingungen wie in aktuellen Weiterbildungserfordernissen, -formen und -inhalten spiegeln sich hier wider.

Die Berufstätigkeit

Die großen fortschrittlichen Veränderungen, die sich bei der gesellschaftlichen Stellung der Frau in der DDR vollzogen haben, werden an der Berufstätigkeit besonders deutlich. Mehr als 91 % aller arbeitsfähigen Frauen stehen heute im Arbeitsprozeß oder bereiten sich darauf vor. Nicht nur das Erlernen, sondern auch das Ausüben eines Berufes gehört heute fest zum Leben der Frauen.
Obwohl die Gesamtbevölkerung der DDR während der letzten vier Jahrzehnte zahlenmäßig sank, konnte die absolute Zahl der berufstätigen Frauen in allen Altersgruppen systematisch erhöht werden: 1955 gab es knapp 6,2 Millionen Frauen im arbeitsfähigen Alter, 1980 reichlich 5,2 Millionen. Der Anteil der weiblichen Berufstätigen an der weiblichen Bevölkerung dieses Alters stieg im gleichen Zeitraum von 52 % auf 73 % (ohne in Ausbildung Stehende). 1980 betrug der Anteil der weiblichen Arbeitsfähigen an der arbeitsfähigen Gesamtbevölkerung 56,1 % und der Anteil der tatsächlich Berufstätigen (ohne Lehrlinge und Studenten) 49,6 %. Gegenwärtig ist jeder zweite Werktätige in der DDR eine Frau. Damit ist der Prozeß, Arbeitskräfte aus der nichtberufstätigen Bevölkerung zu gewinnen, im wesentlichen beendet.
Der Beschäftigungsgrad weist stabile altersmäßige Differenzierungen auf. Er ist bei den jüngeren Frauen am höchsten (15- bis 25jährige Arbeitsfähige waren z. B. Mitte der achtziger Jahre zu rund 94 % beschäftigt), bei den

Altersspezifischer Beschäftigungsgrad, 1984 (in %)

15–25	25–30	30–35	35–40	40–45	45–50	50–55	55–60	60–65	65–70	70–75
93,9	84,3	86,6	91,1	88,5	85,6	80,2	71,2	30,7	13,7	7,9

(Quelle: Die Frau in der DDR, Berlin 1985)

älteren am niedrigsten (vgl. Tabelle). Aber er liegt bei den Altersgruppen, die kleine Kinder zu betreuen haben, nicht niedriger als bei den übrigen, bis etwa zum 50. Lebensjahr.
Die meisten Frauen (etwa ein Drittel) arbeiten in der Industrie (sowohl in technischen, als auch in nichttechnischen, z. B. Verwaltungstätigkeiten). Fast ebenso viele sind in nichtproduzierenden Bereichen tätig, etwa 15 % im Handel, 10 % im Bildungs- und 8 % im Gesundheitswesen. Der Frauenanteil an den Gesamtbeschäftigten ist jedoch im Gesundheits-, Bildungs-, Post und Fernmeldewesen, Handel und in den nichtproduzierenden Bereichen besonders hoch (vgl. Tabelle).

Anteil der weiblichen Berufstätigen an den Berufstätigen je Wirtschaftsbereich, 1985

Industrie	41,7 %
Produzierendes Handwerk (ohne Bau)	37,2 %
Bauwirtschaft	16,5 %
Land-/Forstwirtschaft	39,1 %
Verkehrs-, Post-/Fernmeldewesen	35,8 %
Handel	72,6 %
sonstige produzierende Bereiche	56,1 %
nichtproduzierende Bereiche	73,1 %

(Quelle: Statistisches Jahrbuch 1986 der DDR, Berlin 1986)

Der Beschäftigungsgrad der arbeitsfähigen Frauen hat in der DDR neben der Sowjetunion ein Weltspitzenniveau. Das wurde vor allem möglich durch zahlreiche sozialpolitische Maßnahmen unseres Staates (darunter Schwangerschafts- und Wochenurlaub, Babyjahr, 40-Stunden-Arbeitswoche, Haushalttag), durch ein umfassendes System von Dienstleistungen und Kindereinrichtungen, eine hohe Qualität der Betreuung und Erziehung in diesen Einrichtungen sowie eine allmählich immer bessere Arbeitsteilung in der Familie. Heute geht es besonders darum, Möglichkeiten zu schaffen, um den erreichten Anteil an arbeitenden Frauen zu erhalten und das Arbeitsvermögen der Frau qualitativ noch besser zu nutzen.
Die Mehrzahl der weiblichen und männlichen Beschäftigten in der DDR ist qualifikationsgerecht eingesetzt. Aber noch nicht überall besteht ein optimales Verhältnis zwischen dem hohen Bildungsgrad und dessen effektiver Nutzung, obwohl sich solche Bildungsverluste in den letzten Jahren schon etwas verringert haben. Auf allen drei Bildungsebenen existieren innerhalb aller Berufe noch Arbeitsplätze mit geringeren Anforderungen an Wissen, Können, Verantwortung, Entscheidungsfindung und dergleichen, die häufiger mit Frauen als Männern besetzt sind. Das betrifft besonders die 25- bis 30jährigen (vor allem infolge Belastung mit kleinen Kindern, Teilzeitarbeit oder eines erfolgten Arbeitsplatz- bzw. Berufswechsels aus familiären Gründen) und die über 50jährigen (vor allem infolge derzeit noch bestehender Qualifikationsrückstände oder bereits eingetretener gesundheitlicher Beeinträchtigungen). Betriebliche und staatliche Maßnahmen zur weiteren Durchsetzung des wissenschaftlich-technischen Fortschrittes dienen letztlich immer dem Ziel, solche Arbeitsplätze so gering wie möglich zu halten. Die bessere Ausschöpfung des hohen Bildungspotentials der Frau ist eine wichtige Reserve zur Steigerung der Arbeitsproduktivität. Die individuelle Leistungsbereitschaft und Berufszufriedenheit sind höher, wenn die Arbeitsanforderungen den persönlichen Voraussetzungen entsprechen. Dabei darf nicht unbeachtet bleiben, daß stets ein Bildungsüberschuß und -vorlauf nötig ist, um die Lösung künftiger Aufgaben vorzubereiten.
Die Schaffung von Arbeitsplätzen mit höheren Anforderungen, eine langfristige Kaderarbeit und planmäßige Frauenförderung in den Betrieben, verschiedenartige Maßnahmen zur besseren Vereinbarung von Beruf und Familie, gesellschaftliche Aktivitäten über die Arbeitsaufgaben hinaus, aber auch schöpferische Freizeithobbys sind nur einige Möglichkeiten, Bildung noch besser anzuwenden. Besonders wichtig ist die Einbeziehung in Vorhaben zur Rationalisierung und Intensivierung. Die Teilnahme der Frauen an Prozessen der wissenschaftlich-technischen Revolution ist von überragender Bedeutung.

Frau und wissenschaftlich-technischer Fortschritt. Der wissenschaftlich-technische Fortschritt ist in der DDR zur entscheidenden Quelle des ökonomischen Wachstums geworden. Frauen kommen in allen Bereichen des sozialistischen Arbeitsprozesses damit in Berührung. Seine Durchsetzung dient – auf der Basis sozialistischer Produktionsverhältnisse und in Verbindung mit den Vorzügen des Sozialismus – dem immer besseren Befriedigen materieller und geistiger Bedürfnisse des ganzen Volkes. Der wachsende gesellschaftliche Reichtum, die Stabilisierung unserer Staatsmacht und die Erhaltung des Friedens hängen vom Tempo des wissenschaftlich-technischen Fortschrittes in unserem Land ab.

Der wissenschaftlich-technische Fortschritt ist der ständige Prozeß des Gewinnens und Nutzens naturwissenschaftlich-technischer sowie gesellschaftswissenschaftlicher Erkenntnisse zur Veränderung der Produktivkräfte – und zwar im Sinne der Höherentwicklung der menschlichen Gesellschaft bzw. einzelner Bereiche. Wissenschaft und Technik wurden in den vergangenen Jahrzehnten immer mehr zum Hauptfaktor dieser Entwicklung. Sie hatten 1955 z. B. einen Anteil von 55% an der Steigerung der Arbeitsproduktivität, seit 1980 bereits über 95%. Der wissenschaftlich-technische Fortschritt beinhaltet stets die Vervollkommnung bzw. Weiterentwicklung bereits bekannter Prinziplösungen sowie völlig neuartige, bislang unbekannte Lösungen, d. h., er vollzieht sich in quantitativer, evolutionärer Form (langsam, allmählich verändernd) wie auch in qualitativer, revolutionärer (rasch, teils sprunghaft, grundlegend erneuernd). Seine Wirkungen auf die Entwicklung der materiellen Produktion sind vor allem: eine höhere Arbeitsproduktivität, Erzeugnisse mit steigendem Gebrauchswert, bessere Nutzung von Material, Energiequellen, Bodenschätzen und Zeit. Das betrifft Veränderungen der Produktivkräfte auf den Stufen der Mechanisierung, der Teil- und Vollautomatisierung.

Wie eng sich Wissenschaft, Technik und Produktion verknüpfen, zeigt sich besonders an den revolutionären Phasen des wissenschaftlich-technischen Fortschrittes – an der wissenschaftlich-technischen Revolution. Kernprozesse der wissenschaftlich-technischen Revolution sind gegenwärtig: komplexe Automatisierung, Elektronisierung, Kernenergetik, neue Produktionsverfahren, Wirkprinzipien und Werkstoffe. Das greift nicht nur in einzelne Wirtschaftsbereiche, sondern in die gesamte Gesellschaft ein.

An solchen wissenschaftlich-technischen Umwälzungen wie der Entdeckung und Anwendung der Kernenergie, der EDV, des Lasers, der Plaste und Elaste, der Mikroelektronik, der Biotechnologie u. a. waren auch Frauen beteiligt. Marie Curie ist wohl die berühmteste von ihnen. Aber niemals zuvor hatten Frauen so umfassende und vielfältige Möglichkeiten wie im Sozialismus bzw. Kommunismus, um als Erfinder und Entdekker tätig zu werden und auch die Ziele des wissenschaftlich-technischen Fortschritts mitzubestimmen.

Welche Ziele und Anwendungen wissenschaftlich-technische Erkenntnisse haben, ist abhängig vom Charakter der Gesellschaftsordnung. Das läßt sich an vielen wissenschaftlich-technischen Entdeckungen früherer Jahre erkennen, sehr spürbar an der Nutzung der Atomenergie. Im Sozialismus haben sie der Erhaltung der Menschheit, dem Wohle der ganzen Gesellschaft zu dienen, nicht zuletzt auch der gesellschaftlichen Stellung der Frau.

Gegenwärtig vollziehen sich wissenschaftlich-technische Entwicklungen in einer noch nicht dagewesenen Geschwindigkeit und mit umfassenden Auswirkungen. Die Frauen unserer Zeit sind nicht nur Beobachter, sondern Beteiligte solcher Vorgänge, nehmen Arbeitsplätze ein, an denen modernste Wissenschaft und Technik entwickelt wird und an denen sie zur Anwendung kommt. Befähigt sind Frauen dazu ebenso wie Männer. Sie haben Arbeitsplätze der Mikroelektronik, der modernen Rechentechnik, der computergestützten Konstruktion und Produktionssteuerung inne und meistern neueste Spitzentechnologien. 1985 begannen z. B. bereits mehr als ein Drittel aller Lehrlinge – auch Mädchen – ihre Berufsausbildung in einem elektronisch orientierten Beruf. Aber nicht nur der technische Arbeitsbereich wird von den Wirkungen des wissenschaftlich-technischen Fortschrittes betroffen sein, sondern auch der Dienstleistungs- und Verwaltungsbereich, der Handel, wo besonders viele Frauen arbeiten, sowie alle anderen Bereiche. Die Schlüsseltechnologien (Mikroelektronik, moderne Rechentechnik, automatisierte Konstruktion und Produktionsvorbereitung, flexible Fertigungssysteme, neue Bearbeitungstechnologien, Kernenergie, höher veredelte und neue Werkstoffe, Biotechnologie) beeinflussen die Stellung des Menschen im Arbeitsprozeß umfassend, auch seine Bildung, Kultur und Lebensweise. In der Beschleunigung des wissenschaftlich-technischen Fortschrittes liegt die Hauptreserve für den Leistungsanstieg unserer Volkswirtschaft.

Diese Entwicklung verläuft jedoch widersprüchlich. Nicht jede Veränderung hat nur positive Auswirkungen auf die Beteiligten. Aus dem Nebeneinanderbestehen von traditioneller und moderner Technik über Jahrzehnte ergeben sich Unterschiede im geistigen und körperlichen Anforderungsniveau der Arbeit. Modernisierung kann monotone Tätigkeiten nicht immer beseitigen, sondern reproduziert sie zum Teil wieder. Die Aufhebung des Widerspruchs zwischen körperlicher und geistiger Arbeit kann nur über einen langen Zeitraum durch die Gestaltung progressiver Arbeitsinhalte erfolgen.

Mädchen und Frauen bringen heute auf allen Bildungsebenen günstige persönliche Voraussetzungen für die Meisterung von Wissenschaft und Technik mit, z. B.:

- ein im Vergleich zu früher, noch vor etwa 20 bis 30 Jahren, gestiegener Intelligenzgrad (nachweisbar schon bei Schülern)
- vielfach gute bis sehr gute Schulleistungen in den Fächern Mathematik, Physik, Chemie, Biologie, Geschichte, Staatsbürgerkunde, Deutsch und Fremdsprachen während der allgemeinbildenden Schulzeit und beruflichen Bildung
- eine gestiegene Rezeption von populärwissenschaftlichen Büchern, Artikeln, Filmen
- eine gute berufliche Bildungs- und Weiterbildungsbereitschaft
- ein großes Interesse an Grundfragen der Entwicklung von Mensch und Natur im nächsten Jahrtausend
- die Bereitschaft, sich bei der Arbeit mit wissenschaftlich-technischen Problemen zu beschäftigen.

Viele Frauen sind von den heutigen und künftigen Möglichkeiten des wissenschaftlich-technischen Fortschrittes fasziniert. Sie sehen dessen umwälzende Perspektiven, die Vorteile für die Menschen und die Chancen zur Steigerung der Arbeitsproduktivität im eigenen Betrieb. Vor allem die jüngere Generation möchte aktiv daran mitwirken. Es gibt aber auch Zurückhaltung. Diese beruht vor allem auf mangelndem Technikverständnis bzw. -interesse. Das betrifft vor allem die ältere Generation. Die wissenschaftlich-technische Entwicklung ist aber heute nicht mehr nur Männersache. Es ist daher eine Aufgabe für alle Erzieher und Leiter, Mädchen ähnlich wie Jungen auf die Meisterung von Wissenschaft und Technik vorzubereiten. Neben dem Verständnis und Interesse entscheidet vor allem das Selbstbewußtsein der Frau darüber, wie sie auf solche Prozesse reagiert, wie sie sich entsprechenden Anforderungen im Arbeitsprozeß stellt. Eine wichtige Voraussetzung dafür ist, sich Kenntnisse über den wissenschaftlich-technischen Fortschritt anzueignen.

Die Teilnahme am sozialistischen Wettbewerb. Der sozialistische Wettbewerb ist die umfassendste Form von schöpferischen Masseninitiativen der Werktätigen im Sozialismus. Er dient dem wissenschaftlich-technischen Fortschritt unmittelbar. Sein Wesen wird durch das Wetteifern um höchste Leistungen bei kameradschaftlicher Zusammenarbeit, gegenseitiger Hilfe und Verbreitung der besten Erfahrungen bestimmt. Das entspricht wichtigen Grundhaltungen der Frauen im Arbeitsprozeß: Für sie haben Arbeit im Kollektiv, Hilfsbereitschaft, persönliche Initiative und Wettbewerbsgeist eine leistungsstimulierende Bedeutung.

Die Frauen haben seit dem Auslösen der sozialistischen Wettbewerbsbewegung in der DDR, 1946, nicht nur im eigenen Betrieb, sondern DDR-weit Initiativen ausgelöst (z. B. Frida Hockauf). 1965 waren 37,9 % der Teilnehmer weiblichen Geschlechts. Heute sind es 50 % – entsprechend dem Frauenanteil im Arbeitsprozeß.

Der von den Gewerkschaften organisierte sozialistische Wettbewerb nimmt beachtlichen Einfluß auf alle Seiten der gesellschaftlichen Entwicklung. Neben ökonomischen hat er politische und soziale Funktionen zu erfüllen. Er soll nicht nur hohe Arbeitsleistungen anregen, sondern auch die politische Aktivität der Werktätigen sowie die Persönlichkeits- und Kollektiventwicklung. Seine wesentlichen Ziele sind auf die Erfüllung und Überbietung der Wirtschaftspläne bei gleichzeitiger Verbesserung der Arbeits- und Lebensbedingungen der Werktätigen gerichtet – vor allem auf ein hohes dynamisches Wirtschaftswachstum. Die bewußte Gestaltung des sozialistischen Wettbewerbs hat für die

Verwirklichung der neuen Etappe der ökonomischen Strategie eine große Bedeutung. Er fördert die Beschleunigung der wissenschaftlich-technischen Revolution unter Nutzung der Vorzüge des Sozialismus. Die Durchsetzung der Schlüsseltechnologien, die Steigerung der Arbeitsproduktivität, der sinkende Produktionsaufwand, die Qualitätsproduktion, die höhere Stufe der sozialistischen Rationalisierung, die hohe Effektivität der Arbeit, die intensiv erweiterte Produktion, der kontinuierliche Leistungsanstieg sind ohne die Wettbewerbsinitiativen der weiblichen und männlichen Werktätigen nicht erreichbar. Die Durchsetzung der neuen Etappe der wissenschaftlich-technischen Revolution erfordert gegenwärtig immer stärker, den sozialistischen Wettbewerb auch als Gemeinschaftsarbeit von Forschung, Produktion und anderen Bereichen zu organisieren. Das stellt den beteiligten Frauen hohe Aufgaben.

Die Abrechnung der Wettbewerbsergebnisse zeigt, daß Frauen den Männern leistungsmäßig nicht unterlegen sind. Voraussetzung ist jedoch, daß die Führung des sozialistischen Wettbewerbs nach bestimmten Prinzipien erfolgt, die auf die bereits von Lenin formulierten Hinweise zurückgehen: gute politisch-ideologische und organisatorische Vorbereitung (durch staatliche Leitungen, die Gewerkschaft und die Partei der Arbeiterklasse), öffentliche Führung, Aufschlüsselung der komplexen Zielstellungen bis in die Kollektive bzw. Arbeitsplätze, klare, vergleichbare Kennziffern und Ergebnisse, Austausch und Verallgemeinerung der besten Erfahrungen sowie materielle und ideelle Anerkennung der Leistungen. Grundlagen dafür sind im Gesetzbuch der Arbeit und in den Betriebskollektivverträgen fixiert.

Der sozialistische Wettbewerb ist nicht nur eine der wichtigsten Triebkräfte der gesellschaftlichen Entwicklung im Sozialismus. Er bietet Frauen wie Männern ein breites Tätigkeitsfeld, auf dem sie ihre persönlichen Fähigkeiten und Talente entfalten können. Ein echtes Wetteifern in und zwischen den Kollektiven fördert wichtige Arbeitseinstellungen und -haltungen. Das kommt daher, daß er z. B. Leistungs- und Weiterbildungsstreben, Verantwortungsgefühl für die Arbeit des Kollektivs, Ablehnung von Egoismus und Individualismus, eine hohe Arbeitsdisziplin, Mut, Elan, Ehrgeiz, Verständnis für ökonomische und politische Wirkungen der eigenen Arbeit sowie gesellschaftliches Engagement bedingt. Die aktive Beteiligung am sozialistischen Wettbewerb kann auch ein besseres Technikverständnis bei Frauen fördern. In bestimmtem Maße nimmt sie sogar Einfluß auf die Lebensweise über die Arbeitstätigkeit hinaus.

In der Wettbewerbsbewegung verankert zu sein, gehört zu den demokratischen Grundrechten der Frauen. Die Werktätigen verwirklichen hier ihr Recht auf Mitbestimmung und Teilnahme an der Leitung und Planung von inner- und überbetrieblichen Prozessen.

Der sozialistische Wettbewerb ist eng mit anderen Formen von schöpferischen Masseninitiativen der Werktätigen verknüpft, die den wissenschaftlich-technischen Fortschritt fördern, z.B. der Neuerer-, Erfinder- und Rationalisatorenbewegung. Überall können die werktätigen Frauen gleichberechtigt neben den Männern stehen.

Die Mitarbeit in der Neuererbewegung. Die Neuerertätigkeit ist eng mit dem sozialistischen Wettbewerb verbunden; erbrachte Neuererleistungen werden hier abgerechnet. Unter den Bedingungen des intensiven Wirtschaftswachstums hat die Neuererbewegung eine hohe Bedeutung. Ihr Hauptfeld ist die Rationalisierung des Arbeitsprozesses. Die von Ausbeutung befreite Arbeit unter den sozialistischen Produktionsverhältnissen ist die Grundlage dafür, daß Neuererarbeit eine Massenbasis gewann und sich immer mehr Frauen daran beteiligen. 1986 war bereits jeder dritte Neuerer eine Frau, Anfang der siebziger Jahre nur jeder siebente. Das ist eine gute, den Frauen dienliche Entwicklung, da Neuererarbeit mehr bedeutet als nur das Knobeln über Verbesserungen im Arbeitsprozeß. Die Teilnahme der Frauen an der Neuererbewegung ist Ausdruck ihrer hohen Leistungsbereitschaft, ihres Bildungsniveaus und ihres Engagements für gesellschaftliche, besonders wissenschaftlich-technische Prozesse, aber auch ihres Selbstbewußtseins. Es besteht das Ziel, den Anteil der weiblichen Neuerer in den nächsten Jahren noch weiter zu erhöhen.

Neuererarbeit ist eine Form von schöpferischer Masseninitiative der Werktätigen zur Lösung von Aufgaben des wissenschaftlich-technischen Fortschrittes. Sie erfaßt alle gesellschaftlichen Bereiche, nicht nur die materielle Produktion. Ziel ist, durch Neuerer- bzw. Verbesserungsvorschläge, Erfindungen und Patente einen Beitrag zur Steigerung der Arbeitsproduktivität, Senkung des Produktionsverbrauchs, Modernisierung, Mechanisierung und Verbesserung der Arbeits- und Lebensbedingungen zu leisten. Neuererarbeiten sollen zur besseren Nutzung bzw. Weiterentwicklung der Technik und Technologie, zur Qualitätssteigerung und größeren Auslastung von Maschinen, Anlagen und Arbeitszeit beitragen. Die hier geleisteten schöpferischen Arbeiten gehen über die Arbeits- (Lern-/Studien-) Aufgaben hinaus. Sie erfolgen freiwillig und überwiegend außerhalb der Arbeitszeit.

Neuererarbeit kann die Persönlichkeitsentwicklung fördern. Voraussetzung dafür ist aber, daß die Frauen unmittelbar am Projekt mitwirken, nicht nur Nebenarbeiten verrichten. Für die Neuereraufgaben werden z. B. das Verantwortungsbewußtsein als sozialistische Eigentümer, Risikofreudigkeit, Einsatzbereitschaft in der Freizeit, Unduldsamkeit gegenüber Mängeln, Selbstvertrauen, Anstrengungsbereitschaft, Kollektivität und eine gute fachliche Qualifikation benötigt. Viele Werktätige erwerben vor oder während der Arbeit am Neuererobjekt über Weiterbildung spezielle, dafür notwendige Kenntnisse – dies um so mehr, je anspruchsvoller und interessanter die Aufgabenstellung ist.

Frauen haben an der Neuererarbeit vor allem aus folgenden Gründen Interesse: Sie möchten zu Verbesserungen im Arbeitsprozeß beitragen, betrieblichen Erfordernissen nachkommen, Aufgaben im Kollektiv beraten und überlegen oder eine zusätzliche Vergütung erhalten. Eine hohe Berufsverbundenheit fördert solche Motive. Je mehr Kenntnisse über den wissenschaftlich-technischen Fortschritt Frauen besitzen und je größer ihr Interesse an dessen Entwicklung ist, desto stärker entfaltet sich auch das Bedürfnis nach schöpferischem Tätigsein, die Freude am Knobeln sowie am Umgang mit Wissenschaft und Technik, ferner das Streben, wissenschaftlich-technische Entwicklungsprozesse selbst mit zu beeinflussen. Voraussetzungen für eine hohe Beteiligung der Frauen an Neuererarbeit können daher schon in Kindheit und frühester Jugend im Elternhaus, Kindergarten und in der Schule geschaffen werden.

Neuererarbeit kann als Einzel- oder Kollektivleistung erfolgen. Die Aufgaben (aus den Plänen „Wissenschaft und Technik" der Betriebe bzw. Kombinate) sind heute so anspruchsvoll, daß kollektive Neuerertätigkeit der Hauptweg ist. Hier können auch Werktätige verschiedener Qualifikationsebenen zusammenarbeiten.

Eine spezifische Form der Neuerertätigkeit ist die MMM-Bewegung (Messe der Meister von morgen), die den besonderen Bedingungen von Lehrlingen, Studenten oder Schülern Rechnung trägt. Die MMM sind Lehr- und Leistungsschauen des schöpferischen und erfinderischen Schaffens der Jugend. Beim Bewältigen der übernommenen MMM-Aufgaben entwickeln die Mädchen und Jungen ökonomisches Denken, technisches Verständnis, berufliche Fähigkeiten und Fertigkeiten.

Verantwortlich für die Neuerer- und MMM-Arbeit ist der Betriebsleiter in Zusammenarbeit mit den Gewerkschafts- bzw. auch FDJ-Leitungen. Das betrifft Aufgabenstellung, Einbeziehung von Werktätigen, Unterstützung und Kontrolle der Arbeit am Projekt, Abrechnung, Nutzung, materielle und ideelle Würdigung der Ergebnisse. Es können spezielle Neuerervereinbarungen abgeschlossen und Förderungsmaßnahmen getroffen werden.

Für Neuerertätigkeit werden hohe Prämien gezahlt (abhängig vom Nutzen). Hervorragende Neuerer erhalten staatliche Auszeichnungen (vgl. auch Neuererverordnung vom 22. 12. 1971, GBl. II Nr. 1/1972, Durchführungsbestimmungen dazu sowie Arbeitsgesetzbuch – GBl. I Nr. 18/1977).

Der Gesamtnutzen aus der Neuererarbeit wuchs während der letzten zwei Jahrzehnte in der DDR rasch. Er stieg seit 1965 bis Mitte der achtziger Jahre von reichlich 1 Million auf etwa 5 Millionen Mark.

Rationalisierung am Arbeitsplatz. Der wissenschaftlich-technische Fortschritt führt gegenwärtig und künftig zu durchgreifenden Umstrukturierungen im Bereich der Arbeit. Frauen sind an solchen Strukturveränderungen von der Konzeption bis zur Durchsetzung entsprechend ihrer Arbeitsfunktion beteiligt, genauso wie Männer. Viele Frauenarbeitsplätze, an denen sich bisher mangelnde

(moderne) Technisierung, infolgedessen eine relativ niedrige Arbeitsproduktivität, ein hoher Anteil manueller und monotoner sowie auch körperlich schwerer Arbeit konzentrierten, werden umgestaltet. Rationalisierung ist die Gesamtheit von Maßnahmen zu einer zweckmäßigen Gestaltung des Arbeitsprozesses in der gesamten Volkswirtschaft und in jedem einzelnen Betrieb. Ihre Ziele bestehen in einer höheren Arbeitseffektivität, -intensität und -produktivität, in der Verbesserung der Arbeits- und Lebensbedingungen der Werktätigen bei sozialer Sicherheit und Vollbeschäftigung. Wesentliche Maßnahmen sind: Technisierung von Arbeitsplätzen (durch mehr bzw. höher entwickelte Technik), ein effektiverer Einsatz der Arbeitskräfte (über Einsparung von Arbeitsplätzen, Arbeitskräftefrei- und -umsetzung sowie eine höhere Arbeitskultur), die Erhöhung der Grundfondsökonomie (über eine starke Schichtauslastung, besonders an hochmodernen Anlagen, Instandhaltung, Erneuerung und Erweiterung), die Steigerung der Materialökonomie (über Senkung des Material-, Energie- und Zeitaufwandes, Materialaustausch und höhere Erzeugnisqualität). Das geschieht über Modernisierung, Mechanisierung, Teil- und Vollautomatisierung.
In diesem Prozeß verändern sich die Arbeitsinhalte der Werktätigen. Besonders für Frauen ist eine Zunahme solcher Arbeitsbedingungen vorgesehen, die Leistungen und Zufriedenheit fördern. Mehr Facharbeiterplätze mit inhaltsreichen Arbeitsanforderungen zu schaffen und die Bildung der Frauen effektiver zu nutzen, ist ein Ziel. Darüber hinaus bieten Rationalisierung und Intensivierung die Möglichkeit, das Berufswahlfeld der Mädchen und die Zahl der Arbeitsplätze für Frauen zu erhöhen, da gesundheitlich belastende Tätigkeiten abgebaut werden.
Volkswirtschaftlich sehr effektiv, für den einzelnen Werktätigen aber oft mit tiefgreifenden persönlichen Auswirkungen verbunden, ist die Einsparung von Arbeitsplätzen. Ökonomisches Ziel dabei ist, die freigesetzten Arbeitskräfte an anderer Stelle des Arbeitsprozesses einzusetzen, wo ein dringender Bedarf besteht. Soziales Ziel ist, das dort zu tun, wo persönliche Veränderungen (Umqualifizierung, Arbeitsweg, Herauslösen aus kollektiven Beziehungen usw.) zumutbar sind. Ökonomische und soziale Zielstellungen müssen demnach bei der Frei- und Umsetzung von Arbeitskräften in einem ausgewogenen Verhältnis stehen.
Ein dringender gesellschaftlicher Bedarf an freigesetzten Arbeitskräften ergibt sich vor allem aus der immer wieder neu herzustellenden volkswirtschaftlichen Proportionalität in der Arbeitskräftestruktur, der Durchsetzung grundsätzlicher wissenschaftlich-technischer Neuerungen, für die zunächst neue Arbeitskräfte nötig sind, dem Bevölkerungsbedarf an Dienst-, Handwerker- und anderen Leistungen. Das Ende dieses Prozesses ist faktisch nicht abzusehen. Durch das enge Zusammenwirken von Wissenschaft, Technik und Produktion ergeben sich immer wieder neuartige Anforderungen, aber auch neue Möglichkeiten zur wissenschaftlichen Durchdringung und Rationalisierung des Arbeitsprozesses.
Persönliche Bedingungen der Werktätigen (Alter, Qualifikation, Beruf, spezifisches Fachkönnen, berufliche Interessen, Weiterbildungsbereitschaft, Gesundheitszustand, Zahl und Alter von zu versorgenden Kindern, anderweitige häusliche Beanspruchungen, Möglichkeiten zur Schichtarbeit) beeinflussen die individuelle Freizügigkeit für ihren Wiedereinsatz an anderer Stelle. Das trifft vor allem für Frauen zu, die familiär stark belastet sind, wenig Zeit für Arbeitswege aufbringen und nicht ohne weiteres mehrschichtig arbeiten können.
Die sozialistische Rationalisierung erfolgt daher grundsätzlich unter Beteiligung der betroffenen Werktätigen und in Übereinstimmung mit den gesamtgesellschaftlichen Zielstellungen (z. B. des Rechts auf Arbeit, soziale Sicherheit und Vollbeschäftigung). Die erforderlichen Maßnahmen werden mit jedem Werktätigen sehr langfristig beraten und vereinbart. In den Betriebskollektiv- und Frauenförderungsplänen erfolgen entsprechende Festlegungen. Nach Möglichkeit geschieht eine Umsetzung im eigenen Betrieb und auf der Basis der vorhandenen Qualifikation. Besonders bei Frauen mit kleinen Kindern wird versucht, Betriebswechsel möglichst zu vermeiden. Arbeitsplatzeinsparung, Arbeitskräftefreisetzung und -wiedereinsatz bilden einen einheitlichen Prozeß. Die erforderliche Weiterbildung erfolgt vor allem während der Arbeitszeit.
Schichtarbeit. Die mit der Durchsetzung des

wissenschaftlich-technischen Fortschrittes geschaffene moderne Technik dient der Steigerung der Arbeitsproduktivität und -effektivität nur dann entscheidend, wenn sie optimal, d. h. mehrschichtig, ausgelastet wird. Schichtarbeit ist eine betriebliche Arbeitszeitregelung, bei der unter Einhaltung der gesetzlichen Arbeitszeit Arbeitsplätze in bestimmten, direkt aufeinanderfolgenden Zeitabschnitten besetzt werden. Die Regelung der Schichtzeiten und -dauer ist unterschiedlich. Die Wirtschaftsstrategie der DDR verlangt u. a. eine hohe Effektivität der Arbeit. Dazu gehört die bestmögliche Nutzung der ständig steigenden Grundfonds. Automatisierte Systeme, zu denen mehr und mehr Betriebe übergehen, müssen möglichst viele Stunden arbeiten. Aber auch bei Modernisierungen auf niedrigeren Technisierungsstufen steht diese Frage. Der Anteil der Schichtarbeit wird daher in der DDR steigen. Das betrifft auch Frauen aller Bildungsebenen in der Produktion, in produktionsvorbereitenden Hilfs- und Nebenprozessen, darunter den Bereichen Forschung und Entwicklung. Ferner ist Schichtarbeit nach wie vor dort notwendig, wo die Versorgung und Betreuung der Bevölkerung kontinuierlich gesichert sein muß (im Gesundheits-, Post-/Fernmelde-, Verkehrswesen, Handel, in der Landwirtschaft usw.). Bei diesen Bereichen hat die Arbeit der Frau in mehreren Schichten eine lange Tradition. Gegenwärtig sind etwa ein Drittel aller Schichtarbeiter in der DDR Frauen, das entspricht etwa 30 % der weiblichen Produktionsarbeiter. Schichtarbeit kann um die Frau keinen Bogen machen, das hat nicht nur ökonomische Gründe. Sie verschafft ihr Zugang zu vielen Berufen und Arbeitstätigkeiten, einschließlich solcher Arbeitsinhalte und -funktionen, die mit hoher Verantwortung und Entlohnung verbunden sind. Insofern fördert Schichtarbeit soziale Gleichstellung.

Unser Staat erkennt die besonderen Leistungen, die mit Schichtarbeit verbunden sind, an. Eine große Zahl sozialpolitischer Maßnahmen ist auf Werktätige in Schichtarbeit konzentriert. Verdienst-, Prämien- und Urlaubszuschläge, verstärkte medizinische Betreuung, Bevorzugung bei Kuren, Wohnraum, Plätzen in Ferienheimen, Kindergärten und -krippen usw. sind ein Äquivalent für erschwerte Bedingungen, unter denen die Beziehungen zwischen Beruf und Familie ablaufen. In den Betrieben werden viele Maßnahmen zur Erleichterung der Arbeits- und Lebensbedingungen von Schichtarbeitern getroffen: z. B. flexible Arbeitszeitregelungen, die Müttern die Betreuung ihrer Kinder erleichtern, günstige Verkehrs- und Versorgungsmöglichkeiten, Dienstleistungen, „Mütterschichten". Frauen mit Kleinkindern können auf Wunsch vorübergehend an einen anderen Arbeitsplatz umgesetzt werden (vgl. Gesetzbuch der Arbeit). Das heißt, neben den allgemeingültigen Vergünstigungen für Schichtarbeiter konzentriert unser Staat seine besondere Unterstützung auf bestimmte Gruppen: Mütter, deren Kinder noch im Haushalt leben (besonders im Vorschul- bis etwa zum mittleren Schulalter), Mütter, deren Ehemänner ebenfalls in Schichten tätig sind, schwangere sowie gesundheitlich beeinträchtigte Frauen. Stets darf Schichtarbeit nur im Rahmen ärztlicher Vorschriften ausgeführt werden. Sie unterliegt dem Prinzip, sowohl arbeitsbedingte Erkrankungen als auch eine Vernachlässigung der Mutterpflichten zu vermeiden.

Das persönliche und Familienleben der Schichtarbeiter muß dem Schichtrhythmus angepaßt werden. Nur dann lassen sich Probleme vermeiden. Dabei kann sich – je nach Familiensituation – ein verschiedenartiger oder ein gleicher Schichtrhythmus beider Partner besser bewähren. Ob eine Schichtarbeiterfamilie ihren Verpflichtungen zu Hause wie im Betrieb voll nachkommen kann und genügend Möglichkeiten zur sinnvollen Freizeitgestaltung findet, hängt in hohem Maße von den Einstellungen und der Unterstützung aller Familienmitglieder ab. Die Erfahrung zeigt: Bei langjährigen Schichtarbeitern haben sich der familiäre und der persönliche Lebensrhythmus völlig auf die Schichtarbeit eingestellt. Eine besondere Belastung wird nicht mehr empfunden. Die Schichtarbeit hat die Arbeitsteilung und Gleichberechtigung innerhalb der Familie gefördert. Auch gesellschaftliche Tätigkeit ist möglich. Der größere Freizeitfonds, das höhere Einkommen sowie günstige Einkaufsmöglichkeiten und Bedingungen für die Hausarbeit werden als vorteilhaft hervorgehoben.

Arbeitseinstellungen. Die Arbeitseinstellungen der Werktätigen werden zunehmend zur entscheidenden Grundlage des wissenschaftlich-technischen Fortschrittes, sie gewinnen mehr und mehr an Bedeutung. Wie die Pläne zur raschen wissenschaftlich-technischen Entwicklung und zum Leistungswachstum aussehen und erfüllt, welche technischen Systeme konstruiert und beherrscht werden, welcher Nutzen daraus erwächst, hängt in hohem Maße von den Einstellungen der Menschen zur Arbeit in unserem Land ab. Nicht nur auf Leistungsbereitschaft und Disziplin kommt es heute an. Jede Frau, die im Arbeitsprozeß steht, soll auch erkennen, welche Bedeutung ihre tägliche Leistung für das Funktionieren des gesamtgesellschaftlichen Systems hat.

Arbeitseinstellungen sind verfestigte Wertorientierungen des einzelnen Menschen über die Arbeit mit ihren verschiedenen Merkmalen und Bedingungen, vom allgemeinen Charakter der Arbeit bis hin zur konkreten Tätigkeit. Sie bestimmen Richtung und Verlauf des Verhaltens entscheidend mit. Arbeitseinstellungen sind eine subjektive Widerspiegelung des objektiven Verhältnisses zur Arbeit (z. B. der Stellung des Menschen zu den Produktionsmitteln) sowie der Arbeits- und Lebensbedingungen (in Betrieben, Familien usw.). Bestimmte Persönlichkeitsmerkmale wirken differenzierend darauf ein (z. B. Geschlecht, Alter, Bildungsstand, andere Einstellungen). Sehr wichtig für ihre Herausbildung ist bereits die Arbeitserziehung in der Kindheit und Jugendzeit, die bei Mädchen generell nicht anders sein soll als bei Jungen.

Das Wesen sozialistischer Arbeitseinstellungen ist eine klare Orientierung auf gesellschaftliche Ziele bei der Arbeit. (Beispielsweise soll eine hohe Leistungsbereitschaft neben dem persönlichen Einkommen und Ansehen auch der Stärkung unseres Staates dienen.) Die Werktätigen erkennen, daß sie in unserem Staat als Besitzer der Produktionsmittel zugleich Produzent, Beherrscher und Nutznießer des gesellschaftlichen Reichtums sind. Politisch-ideologische, moralische und ethische Überzeugungen spielen dabei eine Rolle.

Es ist wichtig, schon in der Kindheit und frühen Jugend gute Einstellungen zum Lernen und zur Arbeit zu festigen. Beides steht im Zusammenhang. In der Gesamttendenz führen hohe Lerneinstellungen während der Schul- und Ausbildungszeit später zu besseren Arbeitseinstellungen und -verhaltensweisen im Beruf.

Günstig für eine spätere Bewährung im Arbeitsprozeß ist z. B., bei den Heranwachsenden Fleiß, Zuverlässigkeit, Bereitschaft zur Pflichterfüllung und Arbeitsdisziplin zu fördern (was im Prinzip viele, auch inhaltlich anspruchslosere Arbeitsaufgaben annehmbar macht), gleichzeitig aber unbedingt Wißbegier, Schöpferdrang, Leidenschaft für den Beruf, Risikobereitschaft, Kämpfertum gegen Überholtes, Gemeinschaftssinn und Verantwortungsbewußtsein gegenüber dem gesellschaftlichen Ganzen. Bei verschiedenen Bildungsebenen und Tätigkeiten sind solche Einstellungen zum Teil in unterschiedlichem Grade erforderlich, aber immer wichtig.

Früher wurden Pflichtgefühl, Duldsamkeit, Demut, Anpassungsfähigkeit und Genügsamkeit als besonders frauentypische Einstellungen hervorgehoben. Schöpfertum, Unduldsamkeit, Kampfgeist, Risikobereitschaft und Ehrgeiz sprach man dem Mann zu. Das widerspricht nicht nur der Gleichberechtigung, sondern auch den sich immer mehr verändernden Arbeitsanforderungen an Frauen und Männer infolge des wissenschaftlich-technischen Fortschrittes.

Unter jungen Menschen, denen die Gleichberechtigung von Mann und Frau quasi „in die Wiege gelegt" wurde und die unter unseren sozialistischen Bedingungen heranwuchsen, finden sich heute erstaunlich wenig grundlegende geschlechtstypische Arbeitseinstellungen. Nur in einigen speziellen Bereichen existieren typische Unterschiede. Bedenkt man, daß die häusliche Funktion der Frau eine jahrhundertelange Tradition hat und Nicht-Arbeiten-Müssen zeitweilig einem gesellschaftlichen Leitbild entsprach, lassen sich die in wenigen Jahrzehnten vollzogenen Bewußtseinsumwälzungen nicht hoch genug würdigen. Daß alte Klischees noch Einflüsse haben, erklärt sich nicht nur aus der Unmittelbarkeit bürgerlicher Leitbilder und alter Traditionen, sondern auch aus den Schwierigkeiten, die heute noch beim Vereinbaren von Beruf und Mutterschaft für die Familie entstehen können. Grundsätzlich haben sich aber Jugendliche und jüngere Werktätige auf unsere neuen Lebensbedingungen und -erfordernisse eingestellt. Dabei gibt es mitunter Widersprüche, auch Überziehungen (mehr bei Frauen) oder Rückfälle in bürgerliche Leitbilder (mehr bei Männern).

Der Ausprägungsgrad sozialistischer Arbeitseinstellungen ist heute bei beiden Geschlechtern gleich hoch. Frauen haben wie Männer ein Bedürfnis nach beruflicher Arbeit, gesellschaftliche Zielstellungen spielen dabei eine ähnlich hohe Rolle. Unterforderung wird gleichermaßen abgelehnt. Der Wunsch, gestellte Aufgaben zu bewältigen oder sogar zu überbieten, selbständig zu arbeiten, hat sich auch bei Frauen stark entwickelt. Aber für Technik interessieren sie sich auf Grund einseitiger Erziehung oft weniger, soziale Beziehungen gelten ihnen mehr als den Männern. Das Pflicht-, Norm- und Tüchtigkeitsdenken ist ausgeprägter. Frauen wollen sich im Beruf engagieren. Die Arbeit ist für die meisten nicht nur „Job" zum Verdienen und Zeitausfüllen oder „Mode". Das zeigt sich auch deutlich in der Berufsverbundenheit. Für die Persönlichkeitsentwicklung sind solche Arbeitseinstellungen sehr wichtig. Viele verheiratete Frauen müssen aus materiellen Gründen nicht arbeiten. Fehlen positive Arbeitseinstellungen, vor allem Berufsverbundenheit, können Frauen auf den familiär-häuslichen Bereich ausweichen, bis hin zum Ausscheiden aus dem Arbeitsprozeß. Das kann im allgemeinen nicht den gesellschaftlichen Interessen entsprechen.

● Berufsverbundenheit ist eine Form der Arbeitseinstellung. Es handelt sich dabei um eine starke und relativ dauerhafte Zuwendung zum eigenen Beruf, die auf Verbleib in diesem ausgerichtet ist, aber zugleich auch eine gesellschaftlich notwendige Disponibilität und Mobilitätsbereitschaft einschließt. Es zeigt sich, daß sie bei Frauen und Männern in der Gesamttendenz ähnlich groß ist. Sie beruht vor allem auf dem Interesse an den wichtigsten beruflichen Aufgaben, der Wertschätzung von erforderlichen berufstypischen Fähigkeiten, den Arbeitsergebnissen und -bedingungen, auf der Überzeugung von der Notwendigkeit, selbst in diesem Beruf tätig zu sein, auf der Bewältigung gestellter Anforderungen (Erfolg im Beruf) sowie materieller und ideeller Anerkennung. Frauen fühlen sich außerdem mit ihrem Beruf verbunden, weil sie stolz auf ihre beruflichen bzw. auf die selbst geschaffenen Ergebnisse sind und sich in ihrem Arbeitskollektiv wohlfühlen.

Die Förderung der Berufsverbundenheit muß der Dynamik von Berufs- und Arbeitskräfteentwicklung, den Anforderungen an Disponibilität und gesellschaftlich notwendige Mobilität der Werktätigen Rechnung tragen. Sie darf daher kein starres Festhalten an der einmal gegebenen Berufssituation bedeuten, sondern soll die Bereitschaft zu gesellschaftlich notwendigen beruflichen Veränderungen einschließen. In diesem Sinne hat sie unter den Bedingungen des sich rasch vollziehenden wissenschaftlich-technischen Fortschrittes eine große Bedeutung. Da sie andere Einstellungen positiv beeinflußt, z. B. die Leistungs- und Einsatzbereitschaft, das Verantwortungsbewußtsein, das Interesse am Betriebsgeschehen, sogar die persönliche Lebenszufriedenheit, wird sie durch die Gesellschaft im Zusammenhang mit Disponibilität gefördert.

● Disponibilität heißt vielseitige Einsatzfähigkeit und Verfügbarkeit des Werktätigen für wechselnde Arbeitsanforderungen. Sie erfordert von Frauen und Männern die Fähigkeit und Bereitschaft, sich rasch auf neue Erfordernisse umzustellen, Kenntnisse neu zu erwerben bzw. auf neue Gebiete anzuwenden, Verantwortungsbewußtsein und schöpferische Ideen in den Arbeitsprozeß einzubringen. Schon Marx entdeckte die Disponibilität als allgemeines Produktionsgesetz, das sich erst im Sozialismus/Kommunismus durch das „total entwickelte Individuum" voll entfalten kann. Die Einheit von guten Grundlagen- und Spezialbefähigungen durch die Kombination von Aus- und Weiterbildung ermöglicht in der DDR auch der Frau eine hohe Disponibilität.

Die Arbeitsleistungen. Hohe und höchste Leistungen im Arbeitsprozeß entscheiden über die gesellschaftliche und persönliche Zukunft. Arbeitsleistung wird als Prozeß und Ergebnis des Bewältigens von gestellten Arbeitsanforderungen in Menge, Qualität und Effektivität (bezüglich Zeit, Material, Kosten usw.) verstanden. Sie ist von vielfältigen Faktoren abhängig. Betriebliche Einflüsse sind z. B.: Art und Inhalt der Aufgabenstellung (besonders in bezug auf individuelle Bildungsvoraussetzungen und -erwartungen), Arbeitsorganisation (besonders Sicherung der Planmäßigkeit, Kontinuität und Disziplin), die sozialen Beziehungen (politisch-ideologische Erziehungseinflüsse, Betriebsklima, schöpferische Atmosphäre, Verhältnis Leiter – Kollektiv, gegenseitige kollegiale Hilfe usw.), die Leistungsbewertung (Durchsetzung des Leistungsprinzips, moralische Würdigung, Analyse von Mängeln). Wichtige persönliche Leistungsvoraussetzungen sind: die individuelle geistige und körperliche Eignung, die Gesundheit, die Einstellungen, Ansprüche, Motive, Gewohnheiten, die familiären Lebensbedingungen (Familiensituation, Aufgaben, Unterstützung durch den Partner usw.).

Unsere Gesellschaft verbindet mit der sehr umfassenden Berufstätigkeit der Frau einen hohen Leistungsanstieg der Volkswirtschaft, die Förderung der Persönlichkeit und die Gleichberechtigung. Es kann sich die Frage ergeben: Sind Frauen infolge familiärer und sonstiger Lebensbedingungen überhaupt in der Lage und bereit, solche Aufgaben auf sich zu nehmen und höchste Arbeitsleistungen zu vollbringen?

Es besteht kein Unterschied in den intellektuell-geistigen Anlagen von Frauen und Männern zur Leistung, ebensowenig in den Leistungsbereitschaften am Arbeitsplatz. Die Gegenwart beweist, daß Frauen fähig und bereit sind, anspruchsvolle Aufgaben im Arbeitsprozeß zu übernehmen und hohe Leistungen zu vollbringen. Geschlechtstypisch sind allerdings Traditionen der Berufsarbeit von Mann und Frau, im Denken mancher Familie verhaftete Leitbilder für familiäre Verantwortlichkeiten sowie die häuslichen Belastungen, mit denen Berufsarbeit abgestimmt werden muß.

Trotz dieser familiären Unterschiede sind die Leistungen an vergleichbaren Arbeitsplätzen bei Frauen in der DDR nicht niedriger als bei Männern. Das erklärt sich neben Förderungsmaßnahmen vor allem aus dem hohen Wert, den Arbeit für viele Frauen im persönlichen Leben hat, sowie aus anderen positiven Arbeitseinstellungen. Frauen nutzen ihre Arbeitszeit oft besser aus, halten sich mehr an Vorschriften für Ordnung, Sicherheit, Sauberkeit, Material- und Energieeinsparungen. Sie bemühen sich eher stärker um Qualität und Leistungserhöhung, sind oft fleißiger und pflichtbewußter als Männer. Das wurde ihnen seit früher Kindheit beigebracht – oft, weil es dem häuslichen Aufgabenkreis entspricht. Berufsinteresse vorausgesetzt, haben Frauen auf allen Bildungsebenen fachlich keine größeren Schwierigkeiten als Männer. Allerdings haben sie derzeitig noch häufigere Arbeitsausfälle wegen Kinderbetreuung und sind nach Feierabend weniger verfügbar für gesellschaftliche, Neuerer- oder Leitungstätigkeit.

Die Berufstätigkeit der Frau ist freiwillig. Hat sich eine Frau allerdings dazu entschlossen, gelten für sie alle im Arbeitsprozeß bestehenden Verpflichtungen, einschließlich der zur Leistung. Im Gesetzbuch der Arbeit ist festgelegt, daß jeder Werktätige seine Arbeitspflichten mit Umsicht und Initiative anforderungsgemäß zu erfüllen hat. Die Ansprüche der einzelnen Frauen an Qualifikation und Arbeitsplatz unterliegen sehr stark deren subjektivem Ermessen, die Ansprüche an die Leistung auf diesem Platz nicht. Hier müssen gesellschaftliche Normen gelten. Im Gesamtmaßstab unseres Landes sind die Arbeitsleistungen der Frauen für die ökonomische und politische Stärkung der DDR entscheidend. Die jährlichen Raten zur Steigerung der Arbeitsproduktivität vollbringen Frauen und Männer. Betriebe und Bereiche mit hohem Frauenanteil realisieren ihre Planaufgaben ebenso wie „Männerbetriebe“. Es kommt darauf an, alle mit der Gleichberechtigung geschaffenen Möglichkeiten zu nutzen, um die Frauen noch stärker an neue verantwortungsvolle Aufgaben heranzuführen.

Die Frau in leitender Tätigkeit. Der Weg der Frau zur Gleichberechtigung in der DDR ist auch der Weg zur immer qualifizierteren Leistung und zur allmählich größeren Wahrnehmung von Leitung und Mitbestimmung. Erst die Möglichkeit, Bildung, Wissen und Können tief auszuschöpfen, Verantwortung voll wahrzunehmen, berufliche Aktivität in ganzer Breite zu entfalten, ist eine der Voraussetzungen für soziale Gleichheit zwischen Mann und Frau. Auch persönlichkeitsbildende und ökonomische Gründe sprechen dafür, daß Frauen leitende Tätigkeiten von den untersten bis zu den obersten Positionen ausüben – nicht um des Nachweises ihrer Emanzipation, sondern um ihrer Eignung willen.

Zahlen beweisen, wie weit die Frau in den letzten Jahren bereits in leitende Funktionen vorgedrungen ist: 1974 beispielsweise betrug dieser Prozentsatz insgesamt 26,5 %, 1980 31,4 %, 1986 34 % in Staat und Wirtschaft. In einzelnen Bereichen ist der Anteil weiblicher Leiter unterschiedlich hoch: im Handel, Dienstleistungsbereich, in Wissenschaft und Bildungswesen, Kultur und Gesundheitswesen über die Hälfte, in der Industrie ein Fünftel.

Etwa jeder 2. Richter und Schöffe, jeder 3. Schuldirektor, reichlich jeder 4. Bürgermeister und jeder 5. Kreisarzt ist heute weiblichen Geschlechts. Ungefähr ein Drittel bis knapp die Hälfte der örtlichen Volksvertretungen verschiedener Ebenen werden von Frauen gebildet, die Volkskammer zu einem Drittel. In den Gewerkschaftsleitungen (von den Gruppen bis zum Bundesvorstand) haben Männer und Frauen den gleichen Anteil.

Seit Gründung der DDR gab es im Wahrnehmen von Leitungsfunktionen durch die Frau eine stetige quantitative und qualitative Entwicklung. Aber die Zahlen und die eingenommenen Positionen verweisen immer noch auf einen Nachholbedarf gegenüber dem Mann. Vor allem in höheren und höchsten Leitungsfunktionen ist der Frauenanteil noch gering. Zweifellos sind die Anforderungen an leitende Kader und Funktionäre sehr hoch. So benötigen z. B. staatliche Leiter ein sehr großes Fachkönnen, Erfahrung, Weitsicht, persönliche Reife, Selbständigkeit, Entschlußkraft, Kühnheit, Beharrlichkeit, Durchsetzungsvermögen, außergewöhnliche Einsatzbereitschaft, ein klares politisches Bewußtsein, Verantwortung für das gesellschaftliche Ganze, einen guten Umgangsstil mit den Kollegen. Es ist nachgewiesen, daß Frauen solche Eigenschaften in ausreichendem Maße entwickeln können. Logisch, beherrscht, energisch, planvoll, diszipliniert, sicher und stark zu sein, ist kein Privileg nur einer Geschlechtergruppe. Weil sich Männer bereits jahrhundertlang im Arbeitsprozeß durchsetzen und bewähren mußten, konnten sie derartige Eigenschaften allerdings oft besser als Frauen herausbilden. Den Frauen, denen nur Haushaltführung, Kindererziehung und die Unterordnung unter den Mann zukam, wurden andere Eigenschaften abverlangt (Gefühl, Häuslichkeit, Mütterlichkeit, Nachgiebigkeit, Intelligenzverdrängung, Schwäche). Manches davon wirkt in den Erziehungsgewohnheiten einiger Familien – gewollt oder ungewollt – heute noch nach.

Die beruflichen Chancen und Anforderungen, die heute vor der Frau stehen, bringen zusammen mit der umfassenden Bildung Eigenschaften hervor, die den Leiter-Anforderungen entsprechen. Eine Frau verliert damit keineswegs an „Weiblichkeit“ und Charme. Sie muß nicht „männlich“ und „hart“ werden, wenn sie Klugheit, Fachkönnen, Willensstärke, Durchsetzungsvermögen und Engagement in den Beruf einbringt. Es ist gerade die Mischung von beruflichem Können und Mütterlichkeit, logischem Denkvermögen und Gefühl, Selbstbewußtsein und Anpassung, fachlicher Konsequenz und Charme, hohem Arbeitsengagement und Gepflegtsein, die eine neue Art „Weiblichkeit“ begründet hat.

Frauen haben heute grundlegend bessere Voraussetzungen für eine Leitungstätigkeit als früher: durch ihre Bildung, durch die großzügigen sozialen Bedingungen und Unterstützungsmaßnahmen in unserem Staat, ihr gewachsenes Selbstbewußtsein sowie veränderte Einstellungen von Kollegen und Lebenspartnern zur Gleichberechtigung. Ihre Befähigung ist nicht geringer als die der Männer. Diese Voraussetzungen führen bei vielen Frauen zu dem Wunsch, Leitungsfunktionen zu übernehmen. Gründe dafür sind stark vom Bewußtsein durchsetzt, verantwortungsvolleren Aufgaben gewachsen zu sein. Ferner spielt die zu erwartende interessante, vielseitige, geistig anspruchsvolle Arbeit dabei eine Rolle, ebenso wie das Streben nach Entfaltung des eigenen Könnens, beruflicher Entwicklung und höherer Entlohnung. Nicht selten ist auch das Bedürfnis vorhanden, gleiches wie der Partner oder Kollege zu leisten, sich an schwierigen Anforderungen zu bewähren.

Es besteht die Aufgabe, den Frauenanteil an leitenden Positionen noch zu erhöhen. Die Betriebe und die Frauen selbst können vieles dafür tun. Leitende Tätigkeiten mit anspruchsvollem Aufwand (qualifikationsmäßig, zeitlich) müssen strategisch in das Lebenskonzept der ganzen Familie eingeordnet werden. Günstig ist, eine solche Funktion zu übernehmen, nachdem Kinder größer und selbständiger geworden sind. Die Jahre davor sollten aber einer systematischen Vorbereitung dienen, z. B. durch fachliche und politische Weiterbildung, Übernahme von Teilverantwortlichkeiten bzw. zeitweilige leitende Aufgaben. Frauen, die sich auf unteren und mittleren Leitungsebenen oder in gesellschaftlichen Organisationen bewährt haben, haben auf diese Weise die Möglichkeit, bei Bedarf und mit betrieblicher Förderung auch bis in höchste Funktionen zu gelangen.

Einem systematischen Heranführen an verantwortungsvolle Arbeitsaufgaben kann bereits die Erziehung in der Kindheit dienen. Zu Mut, Energie, Durchsetzungskraft, Nichtunterkriegenlassen, logischem Denken, Selbstvertrauen und Selbständigkeit sollen heutzutage nicht nur Jungen erzogen werden. Durch Funktionen in der Kinder-, Jugend-, Sport- oder Gewerkschaftsorganisation erwerben Mädchen wichtige Führungseigenschaften, die später nützlich sein können.

Betriebe und Einrichtungen können den Weg der Frau zum Leiter durch den Abschluß langfristiger Kaderentwicklungspläne vorbereiten. In Qualifizierungs- und Frauenförderungsplänen werden konkrete Maßnahmen, auch zur Unterstützung, fixiert. Gute Betreuungsbedingungen für Kinder und günstige Dienstleistungsmöglichkeiten sind weitere Voraussetzungen für eine erfolgreiche Leitungstätigkeit von Frauen. Besonders wichtig sind das Verständnis des Partners und eine gute familiäre Arbeitsteilung, vor allem wenn Kinder zur Familie gehören.

Erwiesen hat sich, daß nicht „Schicksalsfügungen“, glückliche Zufälle oder Protektionen den „Aufstieg“ der Frau in den Bereich von Leitung und Planung unserer Gesellschaft bestimmen, sondern ihr Können. Eine Leiterin, die zugleich Mutter ist, verkörpert nicht das Abwegige, sondern das Normale.

Die Vereinbarkeit von Beruf und Mutterschaft. Die meisten Frauen, die täglich hohe Arbeitsleistungen vollbringen, tun das neben ihren Pflichten als Mutter. Mutterschaft und Berufstätigkeit existieren in der DDR zeitlich nebeneinander – nicht nacheinander, wie in manchem anderen Land. Die zwei wichtigen sozialen Funktionen lassen sich im Sozialismus miteinander vereinbaren, obwohl beide Aufgaben die Frau stark fordern. Es gelten dafür große gesellschaftliche Maßstäbe: hohe Leistungen im Arbeitsprozeß, bei Weiterbildung und gesellschaftlicher Arbeit, ein hohes Niveau bei Kindererziehung, Partnerbeziehung, Haushaltführung, Freizeitgestaltung. Die meisten Frauen haben das zu ihren wichtigsten Lebenswerten gemacht. Kinder, die sich gut entwickeln, Partnerglück, Familienharmonie, Bildung, eine qualifizierte Arbeit, die „ausfüllt“, hohe Arbeitsleistungen sowie ein gutes materielles und geistig-kulturelles Lebensniveau haben große Bedeutung.

Verschiedenartige Untersuchungen bei Werktätigen aller Bildungsebenen und Altersgruppen zeigen, daß es den Frauen gelingt, Beruf und Mutterschaft ohne übergebührliche Belastungen zu vereinbaren. Wie gut das geschieht, ist u. a. abhängig vom Ausnutzen der Vorzüge, die sich aus dem Nebeneinander beider Funktionen ergeben.

Persönlicher Gewinn aus der Berufstätigkeit entsteht nicht nur durch das materielle Einkommen, sondern u. a. auch aus der Persönlichkeitsreife und Weltoffenheit, die die Frau durch ihre Arbeit in das Familienleben, vor allem in die Kindererziehung, einbringt. Ihre gewachsene Klugheit, Weitsicht, die Anregungen von außen, Berufserfahrung und -zufriedenheit kommt den Erziehungszielen und der Familienharmonie vielfach entgegen. Kinder entwickeln sich besser zur Selbständigkeit; Überbehütetsein, Alles-aus-dem-Wege-Räumen und Gängelei treten weitaus seltener auf. Das notwendige Helfen im Haushalt fördert bei den Kindern richtige Arbeitseinstellungen und Verständnis für Gleichberechtigung. Vorteile der Kollektiverziehung durch Krippe, Kindergarten und Schulhort können genutzt werden. Dem Ehemann kann die Frau ein ideenreicher Gesprächspartner sein (es dreht sich nicht alles um den Haushalt). Selbst familiäre Krisensituationen sind leichter zu ertragen – der Beruf gibt Halt. Umgekehrt ist die Familie ein Gegengewicht für einseitige Arbeitsanforderungen, sie verhindert ein zu enges Fixieren auf die Berufstätigkeit, fördert Vielseitigkeit in der Persönlichkeitsentwicklung.

Das Nebeneinander von Beruf und Mutterschaft (ebenso wie Vaterschaft) sollte daher nicht als „Doppelbelastung“ abgestempelt werden. Wesentliche Aufgaben in den zwei wichtigsten Lebenssphären zu erfüllen, heißt auch: doppelt benötigt zu werden, doppeltes Interesse an bestimmten Tätigkeiten zu realisieren, seine Möglichkeiten/Chancen im Leben zu verdoppeln, doppelte Erfolge zu ge-

nießen, doppelte Befriedigung zu empfinden und – gerade durch die wechselseitige Aktivität in beiden Sphären – als Mensch reicher zu werden.
Beruf und Mutterschaft zu vereinbaren, wirft Fragen nach Zeit und Kraft auf, verlangt eine genaue Planung der Aufgaben und Ressourcen. Mitunter bewegen die Mutter und Ehefrau Fragen nach der Qualität des Bewältigten. Die häufigste Frage ist: Vernachlässige ich durch meine Berufstätigkeit mein Kind, meinen Partner, mich selbst? Solche Fragen sind wichtig, weil sie aus einem hohen Verantwortungsbewußtsein gegenüber der Familie, der Arbeit, der Gesellschaft und der eigenen Persönlichkeitsentwicklung entstehen. Ebenso wichtig ist, darauf konstruktive Antworten, Lösungen für das Vereinbaren von Berufstätigkeit und Familie zu suchen – möglichst durch beide Partner gemeinsam.
Pädagogische und psychologische Untersuchungen zur Mutter- (Vater-) Kind-Beziehung besagen: Nicht allein die zeitliche Dauer des Kontakts zum Kind ist entscheidend, sondern vor allem dessen Intensität und Inhalt (ob die Eltern z. B. die verbleibende Freizeit für familiäre Gemeinsamkeiten nutzen, sich um die Schulleistungen kümmern, Vertrauen schaffen, Geborgenheit geben). Geborgenheit heißt Da-Sein, sich dem Kind widmen (auch für Viertelstunden), zärtlich sein, Verständnis haben, mit dem Kind über seine Probleme sprechen, es trösten, beraten, ihm Hilfe leisten, es aber dabei zur Selbständigkeit erziehen. Das erfordert nicht den ganzen Tag, aber es muß eine tägliche Ergänzung zum Leben im Kinder-Kollektiv sein. Auch der heranwachsende Jugendliche bedarf noch einer ähnlichen Zuwendung. Geschieht das, sind Schulleistungen, Intelligenz- und Charakterentwicklung bei Kindern berufstätiger Mütter im Durchschnitt nicht schlechter als bei Hausfrauen-Kindern.
Dennoch verläuft der Prozeß des Nebeneinanders von Beruf und Mutterschaft nicht immer ohne Widersprüche. Probleme und Konflikte entstehen gegenwärtig vor allem dadurch, daß die Frau ihren neuen Aufgabenbereich im Arbeitsprozeß voll übernommen hat, der Mann ihr aber Aufgaben im familiären Bereich noch nicht im gleichen Maße abnimmt.
Das seit 1965 in der DDR gültige Familiengesetz macht beide Ehegatten für Kinder und Haushalt verantwortlich, damit die Frau gleichberechtigt ihrer Berufstätigkeit nachgehen kann. Die berufstätigen Frauen in der DDR erledigen aber den Hauptanteil der Hausarbeit. Bei der Kinderbetreuung und -erziehung ist die Aufgabenverteilung zwischen Frau und Mann günstiger geworden. Das Freizeitbudget weist deutliche Unterschiede auf: Von der Kindheit bis zum Alter hat die männliche Geschlechtergruppe mehr Freizeit als die weibliche. (Das ist in hohem Maße nutzbare Zeit für Ausruhen, Hobbys, Zeitunglesen, gesellschaftlich-politisches Betätigen, auch für Schöpfertum und Berufsengagement.) Hier wirken jahrhundertealte Traditionen nach. Daß die Vereinbarkeit von Beruf und Mutterschaft nicht nur die Frau betrifft, ist ein Bewußtseinsprozeß. Insofern sind heutige Widersprüche überwindbar. Es wird zunehmend besser gelingen, sie in Triebkräfte zur Nutzung der Gleichberechtigung umzuwandeln.
Die Möglichkeiten zur günstigen Vereinbarkeit von Beruf und Mutterschaft verändern sich im persönlichen Leben. Individuelle Ansprüche, Vorstellungen, Wertorientierungen und Pläne wirken darauf ein, ebenso wie bestimmte Lebensbedingungen (z.B. Kinderzahl und -alter, eigenes Lebensalter, Qualifikation, Arbeitsanforderungen). Bestimmte Frauengruppen erhalten daher eine besondere staatliche Unterstützung. Das sind Frauen mit kleinen Kindern oder einer pflegebedürftigen Person im Haushalt, alleinstehende Mütter, lernende Frauen, Schichtarbeiterinnen und Frauen mit zeitlich bzw. nervlich sehr beanspruchenden Tätigkeiten.
Die DDR hat seit ihrem Bestehen durch Sozialpolitik und Bewußtseinsentwicklung der Menschen zielstrebig die Vereinbarkeit von Berufstätigkeit und Mutterschaft gefördert. Unter anderem sind folgende sozialpolitische Maßnahmen dafür entscheidend: staatliche Einrichtungen zur Betreuung und Erziehung der Kinder – in großer Zahl und mit hohem Niveau, Dienstleistungseinrichtungen, Möglichkeiten zur Geburtenplanung und Schwangerschaftsunterbrechung, vergütete Freistellung bei Schwangerschaft, nach der Geburt und im „Babyjahr" – ohne Einbuße des Arbeitsplatzes, finanzielle Unter-

stützung bei der Geburt, ein seit 1987 stark erhöhtes Kindergeld, Haushalttage, Reduzierung der gesetzlich festgelegten Arbeitszeit bei zwei Kindern unter 16 Jahren, bezahlte Freistellungen von der Arbeit bei Krankheit eines Kindes. Einige der staatlichen Regelungen sind Ausdruck der Arbeitsteilung zwischen Gesellschaft und Familie. Je mehr der Staat in der Lage sein wird, familiäre Funktionen zu übernehmen (wie es z. B. in Form von Dienstleistungen oder Schulspeisung schon geschieht), desto günstiger wird sich das in Zukunft auf die Vereinbarkeit von Berufstätigkeit und Elternpflichten bei Frau und Mann auswirken. Die heute existierenden Sozialmaßnahmen sollen keineswegs der Verfestigung traditionell überkommener häuslicher Funktionen dienen. Sie entbinden den Mann nicht von seinen häuslich-familiären Verpflichtungen.
Die Vereinbarkeit von Beruf und Mutterschaft ist ein persönliches, ein familiäres und ein gesellschaftliches Anliegen. Viele Möglichkeiten, die gesellschaftlicherseits so großzügig geboten werden, lassen sich individuell noch besser nutzen.
Es ist letzten Endes von jeder Frau selbst abhängig, was sie aus dem Spektrum ihrer Lebensmöglichkeiten macht, aber auch, wie sie dieses Spektrum noch erweitert. Verständnis und Arbeitsteilung in der Familie sind zwar eine wichtige Bedingung dafür, müssen aber von jeder Frau selbst mit entwickelt werden.
Teilzeitarbeit ist eine zwischen dem Betrieb und dem Werktätigen auf der Grundlage gesetzlicher Bestimmungen individuell vereinbarte monatlich, wöchentlich oder täglich verkürzte Arbeitszeitregelung. Sie kann (nach § 160 des Arbeitsgesetzbuches) Frauen, die durch besondere familiäre Verpflichtungen vorübergehend nicht zu ganztägiger Arbeit in der Lage sind, entsprechend betrieblichen Möglichkeiten befristet gewährt werden. Außerdem ist sie Alters- und Invalidenrentnern auf Wunsch zu gestatten.
Es gibt in unserer Volkswirtschaft etwa ein Drittel teilzeitbeschäftigter Frauen. Die Anteile sind jeweils besonders hoch im produzierenden Handwerk, Post- und Fernmeldewesen, zum Teil auch im Handel. Territorial existieren ebenfalls große Differenzierungen, ebenso altersmäßig: Den geringsten Anteil teilzeitarbeitender Frauen stellt jeweils die Gruppe der bis etwa 25-/30jährigen.
Motive der Frauen für die Aufnahme einer Teilzeitarbeit sind fast immer an Kinder geknüpft (Betreuung im Kleinkindalter, Lernhilfe im Schulalter usw.). Mitunter wird die verkürzte Arbeitszeit auch später beibehalten für Freizeitgewinn, Entlastung anderer Familienmitglieder, zur Pflege bedürftiger älterer Personen oder für die eigene Gesundheit. Es zeigt sich, daß die Länge der täglichen Arbeitszeit für berufstätige Ehefrauen und Mütter entscheidend ist, um alle Aufgaben zu vereinbaren. Dafür werden eventuelle Nachteile in Kauf genommen, wie Einbuße von Verdienst und sozialen Vergünstigungen (Haushalttag usw.), teilweise Benachteiligung hinsichtlich inhaltsreicher, verantwortlicher Aufgaben und beruflicher Entwicklung, geringere Möglichkeiten für gesellschaftliche Aktivitäten im Betrieb, Umverteilung von Aufgaben zwischen dem Arbeits- und häuslichen Bereich. Wenn es die familiäre Situation erfordert und die betrieblichen Umstände erlauben, wird unsere Gesellschaft auch in Zukunft Frauen auf individuellen Wunsch Teilzeitarbeit gestatten. Das Gesetz orientiert auf eine zeitliche Befristung dieser Vereinbarung.
Heimarbeit ist eine andere, gegenwärtig in der DDR weniger verbreitete Form, berufliche und familiäre Pflichten zu vereinbaren. Sie wird außerdem zur gesundheitlichen Rehabilitation angewandt. Heimarbeit ist eine berufliche Tätigkeit im Rahmen eines Arbeitsrechtsverhältnisses, die nicht in den betrieblichen Räumen, sondern in der Regel in der Wohnung des Werktätigen ausgeübt wird. Damit soll Bürgern, die aus familiären oder gesundheitlichen Gründen nicht in einem Betrieb tätig sein können, das Recht auf Arbeit gesichert bzw. eine Rehabilitationsmöglichkeit geschaffen werden. 1981 gab es in der DDR rund 55000 Heimarbeiter.
Die Anforderungen an Qualität und Menge in der Zeit sind genauso wie im Betrieb. Für Heimarbeiter gelten die gleichen arbeitsrechtlichen Bestimmungen wie für alle Werktätigen in den sozialistischen Betrieben (vgl. Arbeitsgesetzbuch § 15, GBl. I Nr. 18/1977 und Anordnung über die Vergabe von Heimarbeit in GBl. II Nr. 107/1964), einschließlich sozialer und kultureller Betreu-

ung, Gesundheits- und Arbeitsschutz. Heimarbeit wird bevorzugt von Frauen aufgenommen, deren Kinder in einer Einrichtung nicht untergebracht werden können, die eine kranke Person im Haushalt betreuen, selbst gesundheitliche Einschränkungen haben und den Zeitablauf ihrer beruflichen und häuslichen Aufgaben selbst einteilen möchten.

Für die Frau ist es wichtig, auf diese Weise am Arbeitsprozeß teilzunehmen, wenigstens teilweise in das Betriebsgeschehen mit einbezogen zu sein, sich nützlich zu machen und einen eigenen Verdienst zu erhalten. Dieser Verdienst kann bei einer hohen Arbeitskonzentration und Objektlohn relativ günstig ausfallen. Gleichzeitig stellt jedoch die berufliche Arbeit zu Hause oft eine größere Belastung als die im Betrieb dar. Der Aufwand für Hausarbeit (einschließlich der Betreuung des Kindes usw.) ist erheblich, der Arbeitsplatz ist isoliert von kollektiven Kontakten, die Information über den Betrieb, die Beteiligung an dessen gesellschaftlichem Leben sowie an Leitungs- und Planungsprozessen ist begrenzt. Viele Heimarbeiten sind angelernte Tätigkeiten, die die berufliche Qualifikation der Frau nicht ausnutzen und entsprechend geringer bezahlt werden. Allerdings erfordert der wissenschaftlich-technische Fortschritt für bestimmte Heimarbeiten auch ein hohes technisches Niveau, z. B. an Bildschirmarbeitsplätzen.

Beruf und Lebensalter. Die Berufstätigkeit trägt im Lebenszyklus der Frau verschiedene alterstypische, biologische und sozial bedingte Merkmale. Etappen des beruflichen Werdegangs, leistungsfördernde oder -hemmende familiäre Lebensumstände, wie auch die körperliche, geistige und soziale Entwicklung vom jungen Mädchen bis zur älteren Frau sind charakteristisch dafür. Drei Zyklen – die Berufs-, Familien- und Altersentwicklung – greifen dabei ineinander.

Im Zusammenhang mit Familie und Lebensalter heben sich gegenwärtig bei uns folgende Perioden des beruflichen Werdegangs der Frau voneinander ab:

1. Jugendliche vor der beruflichen Ausbildung (Zeit der Berufswahl, bis etwa 17 Jahre)
2. Jugendliche in der beruflichen Ausbildung (bis etwa 18–25 Jahre – je nach Dauer der Ausbildung)
3. Junge Werktätige in der beruflichen Stabilisierung (bis etwa 25–30 Jahre)
4. Werktätige im reifen Berufsalter (bis 55 Jahre), teils neben umfangreichen familiären Aufgaben durch kleine Kinder (bis etwa 40 Jahre), teils ohne umfangreiche familiäre Aufgaben
5. Werktätige im Vorrentenalter (bis 60 Jahre)
6. Werktätige im Rentenalter (ab 60 Jahre).

Diese Perioden werden aber vor allem vom sozialen Alter (der Stellung des Menschen im Komplex der gesellschaftlichen Beziehungen) geprägt. Das heißt, sowohl der biologische, als auch der soziale Alterungsprozeß der Frau unterliegt den herrschenden gesellschaftlichen Entwicklungsbedingungen. Er sieht in anderen Ländern anders aus und kann sich auch bei der nächsten Generation in der DDR etwas anders als gegenwärtig gestalten.

In bestimmten Perioden treten größere geschlechtstypische Unterschiede in den Lebensbedingungen auf. Gegenwärtig betrifft das bei uns vor allem die oben genannte 3. und den ersten Teil der 4. Periode, in denen die Berufstätigkeit vieler Frauen stärker von familiären Bedingungen abhängt als beim Mann und sich ihre berufliche Entwicklung verzögern kann.

Folgende Merkmale kennzeichnen die genannten Perioden vor allem:

1. Periode: Das junge Mädchen sieht sich nach dem geeigneten Beruf und Ausbildungsplatz um, oft auch nach einem Partner, Wertorientierungen und Ziele für das Leben entstehen. Die jugendliche Persönlichkeit ist offen für vielfältige Einflüsse. Im allgemeinen paaren sich großer Erkenntnisdrang, hohe Lernfähigkeit und gute schulische Voraussetzungen für den Beruf mit geringer Lebenserfahrung und mehr oder weniger richtigen Vorstellungen über die Arbeit bzw. die auszuführende Tätigkeit.

2. Periode: Im Vordergrund steht der Erwerb beruflichen Wissens und Könnens. Einstellungen zu Beruf, Arbeit, Gesellschaft und dem eigenen Leben werden überprüft, gefestigt, verworfen, neu gewonnen. Partnersuche oder feste Partnerschaften sind üblich. Die Persönlichkeitsentwicklung vollzieht sich in raschen, deutlich sichtbaren Schritten.

3. Periode: Die Zeit der beruflichen Stabilisierung umfaßt etwa die ersten 5 bis 10 Jahre

nach dem Ausbildungsabschluß. Nicht nur die Einarbeitung, sondern auch das Sammeln von Erfahrungen, eine stabile Berufsverbundenheit, die Zugehörigkeit zu Stammbelegschaften und meist auch berufliche Weiterbildung sind dafür charakteristisch. Ebenso gehören in diese Zeit aber auch Eheschließung bzw. Lebensgemeinschaft, das gegenseitige Abwägen und Anpassen der beruflichen Ziele beider Partner, der Aufbau eines Hausstandes, das Erlernen der Haushaltführung und Arbeitsteilung im Haushalt, die Geburt eines oder mehrerer Kinder (einschließlich Schwangerschafts- und Babyurlaub), das Hineinfinden in Kinderbetreuung und -erziehung mit einem großen zeitlichen Aufwand für die Familie.

4. Periode: Im Beruf sind Fachkönnen und Leistungsfähigkeit meist auf dem Höhepunkt. In der Familie wachsen Kinder zur allmählichen Selbständigkeit heran, weniger Pflege muß durch mehr Erziehungsaufwand ersetzt werden. Diese Periode gestattet beiden Geschlechtergruppen eine volle berufliche Entwicklung, die in vielen Familien allerdings von der Frau gegenüber dem Mann verzögert oder verringert wahrgenommen wird.

5. Periode: Die Heraushebung des Vorrentenalters (auch in der Gesetzgebung, vgl. AGB 1977) soll der allmählichen Umstellung der werktätigen Frau von der beruflichen zur nachberuflichen Lebensphase dienen. Sie schließt eventuell notwendig werdende Arbeitsplatz- und Anforderungsveränderungen ein.

6. Periode: Für die meisten Frauen ist die Berufstätigkeit abgeschlossen. Aber ein bestimmter Prozentsatz der Altersrentner bleibt noch einige Jahre berufstätig: Anfang der 70er Jahre rund 20 %, nach spürbaren sozialpolitischen Maßnahmen ab 1978 nur noch knapp 15 % der Rentner – jeweils etwas weniger Frauen als Männer. Rentnerarbeit muß sowohl den betrieblichen als auch den persönlichen Interessen und Voraussetzungen entsprechen. Werktätige Rentner erfüllen eine wichtige volkswirtschaftliche Funktion. Auch in den kommenden Jahren wird Arbeit im Rentenalter in der DDR gesellschaftlich bedeutsam sein.

Jede der genannten Berufsperioden wird individuell sehr unterschiedlich durchlebt. Manches allgemein Typische daran muß für die einzelne Frau gar nicht zutreffen. So gibt es z. B. (wenige) Frauen ohne Berufsausbildung und nicht wenige, die mehrere aufeinanderfolgende berufliche Aus- bzw. intensive Weiterbildungsperioden durchleben. Viele Frauen schließen ihre berufliche Entwicklung mit dem Erwerb des Facharbeiterzeugnisses im 18. Lebensjahr schon weitgehend ab, einige übernehmen noch mit etwa 50 Jahren höhere Funktionen. Manche Frauen haben weder einen festen Lebenspartner noch Kinder oder nur eines von beiden, andere haben nacheinander mehrere Lebenspartner und über eine lange Zeit hinweg kleine Kinder. Diese und andere persönliche Bedingungen variieren die allgemeinen Merkmale des beruflichen Lebenszyklus. Dennoch hebt sich Typisches heraus in bezug auf die Möglichkeiten, den beruflichen Weg der Frau unter den heute gegebenen Bedingungen noch sinnvoller in das gesamte persönliche Leben einzuordnen. Solche Möglichkeiten liegen z. B. in einer gut vorbereiteten, richtigen Berufswahl, in der systematischen Nutzung von Vorzügen einzelner Berufsperioden mehr für den Beruf oder mehr für die Familie sowie in einer durchdachten Lebensstrategie, die alle Familienmitglieder einbezieht.

Berufstätig sein im mittleren und höheren Alter. Die Zeit, in der nur noch große oder keine Kinder mehr in der Familie leben, beginnt meist nach dem 40. Lebensjahr. In diesem Alter haben sich berufliche Fähigkeiten und Erfahrungen gefestigt. Die Frau ist „Fachkraft“, meist auch noch sehr aufnahmefähig für Weiterbildung. Familiär entsteht allmählich mehr Flexibilität und Freiraum (z. B. für einen Übergang zur Schicht- und Vollarbeitszeit, für Lehrgänge, Dienstreisen). Beide Partner können im stärkeren Bezug aufeinander, einschließlich der Berufsarbeit des anderen, sinnvolle Wertorientierungen finden. Die Hausarbeit ist gewöhnlich gut durchorganisiert, häusliche Belastungen sind geringer. Die gewonnene Lebenserfahrung führt häufiger zu einer „bewußteren“ Lebensweise (es wird die Zeit besser genutzt, vieles Schöne am Dasein mehr gewürdigt, gelassener gelebt). Das ist die Periode, in der eine berufstätige Frau manches nachholen kann, was ihr die Zeit mit kleinen Kindern versagte, z. B. Kultur, Ruhe, Freundschaften, aber auch Berufsengagement.

Die Frau um die 40/45 hat noch etwa 15 bis 20 Berufsjahre vor sich. Vorausgesetzt, es bestehen keine gesundheitlichen Einschränkungen, lohnen sich auch berufliche Neuorientierungen noch (z.B. auf einen anderen Arbeitsplatz bei Rationalisierung oder auf eine leitende Funktion, die bereits langfristig vorbereitet wurde). Die geistige Leistungsfähigkeit – eine notwendige Voraussetzung dafür – läßt sich bis ins höhere bzw. hohe Lebensalter erhalten, wenn der Mensch im Training bleibt.

Allerdings können sich im Alter ab 45 Jahre bereits körperliche Beschwerden einstellen, unterstützt durch den Übergang zur Menopause. Klimakterisch bedingte Beeinträchtigungen der Leistungsfähigkeit verschwinden oft später wieder. Ärzte wachen darüber, ob ab 40 Jahre eventuell Anforderungsveränderungen medizinisch geboten sind. Betroffene Werktätige erhalten in diesem Fall andere Arbeitsplätze. Erwiesen ist aber, daß gerade das Ausgefülltsein mit beruflichen oder gesellschaftlichen Aufgaben manche gesundheitliche Beschwerde in den Hintergrund drängt, ebenso psychische Depressionen. Die sogenannte „Midlife-Crisis" bleibt aus (Krise in der Lebensmitte, die man vor allem Hausfrauen zuschreibt, wenn die Kinder aus dem Haus gehen und die Frage nach dem Sinn des künftigen Lebens entsteht).

Mit fortschreitendem Alter treten natürliche Veränderungen in der Leistungsfähigkeit des Menschen auf. Sie wirken sich auf manche Arbeit nachteilig aus, auf andere förderlich oder gar nicht. Alternsbedingte Leistungsveränderungen sind daher nicht unbedingt -minderungen.

Es nehmen im allgemeinen ab: das Anpassungsvermögen an wechselnde Arbeitsanforderungen, an Zeitdruck und sonstige Arbeitsbelastungen (vor allem körperliche), das Bedürfnis nach beruflicher Weiterbildung und Veränderung.

Im allgemeinen nehmen zu: Fachkönnen und -wissen, Arbeitserfahrungen, die Fähigkeit zum Überschauen größerer Zusammenhänge, Urteilsvermögen, ein rationelles Arbeitsverhalten (bezüglich Bewegungsabläufe, Ordnung u. a.), Verantwortungsbewußtsein, Gewissenhaftigkeit, Zuverlässigkeit, Selbstdisziplin, aber auch das Bedürfnis nach Beständigkeit und Ruhe in der Arbeit sowie der Zeitumfang für körperliche Regeneration.

Die Betriebe tragen solchen Veränderungen Rechnung, um die volle Leistungsfähigkeit älterer Werktätiger zu erhalten, z. B. durch Verringerung stehender oder körperlicher schwerer Arbeiten, Vermeiden von Streß, eine sinnvolle Pausengestaltung, Stabilisierung der Arbeitskollektive, Nutzung bzw. Weitergabe der reichen Berufserfahrung von älteren Kollegen. Das verpflichtet allerdings auch Werktätige dieses Alters noch zu fachlichem Engagement und eventuell notwendiger Weiterbildung (AGB 1977, § 149).

Die richtige Einstellung der Frau und ihres Arbeitskollektivs zum Altern ist bedeutungsvoll. Diese Veränderungen als einen natürlichen Vorgang, nicht als Makel zu begreifen, die Vorzüge des mittleren und höheren Alters zu erkennen, nicht immer wehmutsvoll zurückzudenken, fördert das Wohlbefinden und letztlich auch die Arbeitsleistung und -zufriedenheit. Die Zufriedenheit mit beruflichen Aufgaben ist für ältere Menschen sehr wichtig, besonders wenn sie (wieder) allein leben müssen. Im Arbeitsprozeß sollen sie deutlich spüren, daß sie nützlich sind, gebraucht werden, unter den Kollegen Herzlichkeit, menschliche Wärme, Verständnis, auch Hilfe finden.

Arbeit im höheren Lebensalter ist Bestandteil einer aktiven Lebenshaltung, die dazu beiträgt, körperlich und geistig weniger zu verfallen, von gesellschaftlichen Entwicklungsprozessen nicht ausgeschlossen zu sein. Alternsforscher haben festgestellt, daß damit „dem Leben Jahre" gegeben werden und „den Jahren Leben". Für die Gesellschaft ist ein sinnvolles Altern ein aktives Altern, weil der Beitrag des älteren Menschen zur gesellschaftlichen Entwicklung in vielfältiger Weise gebraucht wird.

In diesem Sinne ist auch die Arbeit im Rentenalter zu sehen. Etwa ½ Million Werktätiger verbleiben gegenwärtig nach dem gesetzlichen Rentenalter noch im Arbeitsprozeß, vor allem in den ersten fünf Jahren danach. Sie sind eine wichtige ökonomische Größe. Doch müssen betriebliche Möglichkeiten dafür gegeben sein. Motive der Rentner für die weitere Arbeit sind u. a.: den gewohnten Lebensrhythmus und die kollegialen Beziehungen nicht aufzugeben, weiterhin gebraucht zu werden, Anerkennung und Ansehen zu behalten, etwas zur Rente dazuzuverdienen und „jung" zu bleiben.

Um eine angemessene Belastung im Arbeitsprozeß zu garantieren und gesundheitlichen Schäden vorzubeugen, werden Frauen und Männer im Vorrenten- und Rentenalter (ab 55 bzw. 60 Jahre) in gesetzlich vorgeschriebenen Abständen ärztlich untersucht. Eine umfassende Dispensairebetreuung, Kuren, Schonarbeitsplätze und andere Sozialmaßnahmen des Staates konzentrieren sich hier (bzw. bei Bedürftigkeit schon in früheren Lebensjahren). Sie unterstützen nicht nur eine hohe Lebenserwartung, sondern Gesundheit und Wohlbefinden allgemein. Diese Politik ist auf Geborgenheit und Schutz im Alter, erleichternde Arbeits- und Lebensbedingungen sowie aktive Einbeziehung der Älteren in das geistig-kulturelle und politische Geschehen ausgerichtet. Eine bewußte, gesundheitsfördernde Lebensweise der älteren Werktätigen (gesunde Ernährung, ausreichende Erholung, körperliche Betätigung in der Freizeit usw.) gehört dazu.

Frauen gestalten ihre Berufsarbeit im mittleren und höheren Lebensalter sehr unterschiedlich. Die einen haben Gründe (z.B. gesundheitliche), sich in den letzten Berufsjahren etwas zurückzuziehen. Die anderen engagieren sich bis zum Ausscheiden aus dem Arbeitsprozeß unvermindert stark und konzentieren sich gerade im höheren Alter mehr auf den Beruf. Etwa ein Drittel der Altersrentnerinnen betätigt sich gesellschaftlich aktiv. Wichtig ist, daß jede Frau ihren Spielraum begreift. Man kann das höhere Lebensalter als Phase des Leistungsabfalls betrachten (weil körperlich solche Prozesse vonstatten gehen) oder als eine Chance, sich alle die Lebensmöglichkeiten zu erschließen, die sich gerade jetzt bieten. Die Jugendforschung weist nach, daß ein frühzeitiges Übertragen von verantwortlichen Aufgaben die Leistungsfähigkeit junger Menschen früher reifen läßt. Die Alternsforschung stellt fest, daß eine späte Beendigung der Arbeitstätigkeit die Leistungsfähigkeit älterer Menschen ausdehnt und somit die Arbeit ein Hauptfaktor für die Verlängerung des Lebens ist.

Der weibliche Organismus. Physische und psychische Besonderheiten

Körperbau und Funktionen

Das Leben der Organismen, gebunden an das Vorhandensein von Eiweiß, besitzt folgende Eigenschaften: Stoffwechsel, Wachstum, Reizbeantwortung, Beweglichkeit, Altern und die ungeschlechtliche oder geschlechtliche Fortpflanzung. Mit der höheren Entwicklung der Arten tritt die geschlechtliche Fortpflanzung der Tiere und Pflanzen in den Vordergrund. Beim Menschen gibt es, wie auch bei vielen niederen und bei allen höheren Tieren, zwischen den männlichen und weiblichen Individuen zur Erfüllung der Fortpflanzungsfunktion geschlechtsgebundene Merkmale in Körperbau und -funktionen. Sie sind zum Teil bereits bei äußerlicher Betrachtung sichtbar (z. B. Unterschiede im Wachstum, in Körperhaltung und -bewegung), sie erstrecken sich aber auch auf den Aufbau der einzelnen Gewebe und auf die Zusammensetzung der Körperflüssigkeiten. Außer den Organen, die unmittelbar der Fortpflanzung dienen, stehen andere in Abhängigkeit von dieser Funktion. Während des gesamten Lebens des weiblichen Organismus, also vom Keimling bis zur Greisin, vollzieht sich ein Körperumbau, der für die jeweiligen Altersstufen kennzeichnend ist. Umfangreiche äußere und innere gestaltliche Veränderungen erfolgen in Vorbereitung und nach Beginn der Reifezeit (Pubertät) und in den Jahren des Erlöschens der Fortpflanzungsfähigkeit (Wechseljahre).

Erscheinungsformen der menschlichen Gestalt

Wenn es auch schwierig ist, die Verschiedenheiten des äußeren Körperbaus von Mann und Frau allgemein auszudrücken, so gibt es doch einige vergleichbare Merkmale. Die Männer sind meist breiter als die Frauen, haben ein stärker ausgebildetes Skelettsystem und eine kräftigere Muskulatur. Bei der Frau hingegen erscheint die Statur im ganzen zierlicher, und die Körperoberfläche ist durch die Verteilung des Unterhautfettgewebes ebenmäßiger gestaltet. Bei der Betrachtung der Menschen ist immer wieder festzustellen, wie außerordentlich verschieden sie sind. Und doch wird man trotz dieser überwältigenden Vielheit der Gestalten finden, daß bestimmte Gruppen von Personen einander ähnlich sind, weil sie ähnliche Merkmale des Körpers aufweisen. Danach wurden die sogenannten „Konstitutionstypen" aufgestellt (Konstitution = Körperbeschaffenheit).

Bei Männern sind die Körperbautypen ausgeprägter und daher leichter erkennbar, bei Frauen sind sie zumeist nicht so deutlich. Auch in künstlerischen Darstellungen des menschlichen Körpers findet man Andeutungen solcher Typen.

Athletischer Typus (griech. athletes = Wettkämpfer). Die überdurchschnittliche Körpergröße und die starke Ausbildung von Skelett und Muskulatur sind besonders augenfällig. Beim weiblichen Geschlecht ist dieser Typ weniger vertreten, da Knochenbau und Muskulatur im allgemeinen schwächer entwickelt sind.

Pyknischer Typus (griech. pyknos = dick). Er erhält seine charakteristische Ausbildung erst in den mittleren Lebensjahren. Pykniker sind mittelgroße oder kleinere Menschen von gedrungener Statur. Der Kopf ist relativ groß und sitzt auf einem kurzen Hals; Brust und Bauch sind stark entwickelt. Das Fettgewebe ist besonders am Rumpf sowie an Armen und Beinen reichlich vorhanden, dagegen wirken Hände und Füße auffallend klein und zierlich.

Hyperplastischer Typus (griech. = überbildet). Dieser Typ ist eine übersteigerte, an das Krankhafte grenzende Form des pyknischen Typus. Das hervorstechendste Merkmal ist der übermäßige Fettansatz.

Die bisher aufgeführten Konstitutionsformen ließen die betonte Verbreiterung des

Körpers erkennen. Wenn man, vom athletischen Typus ausgehend, nunmehr die entgegengesetzte Richtung verfolgt, findet man verschmälerte Körperformen.

Leptosomer Typus (griech. leptos = schmal). Das sind schlanke, anmutige Gestalten mit schmalem Kopf, grazilem Körper und nicht überstark ausgebildeter Muskulatur („drahtig"), die sich zu manchen Sportarten besonders eignen können (Leichtathletik, Tanz).

Asthenischer Typus (griech. asthenes = schwach). Astheniker sind lang aufgeschossene oder kleine Menschen mit langem Hals, flachem Brustkorb, geringer Hüftbreite und dünnen Armen und Beinen (zarter Knochenbau und schwach ausgebildete Muskulatur).

Alle diese Erscheinungsformen der menschlichen Gestalt lassen wichtige Schlüsse auf den Aufbau des Körperinnern zu. So ist das Herz bei Leptosomen gewöhnlich schmal, bei Pyknikern dagegen breiter. Weiterhin bestehen oft Zusammenhänge zwischen Konstitution und Krankheitsbereitschaft (Disposition), so daß die Körperbautypen für die ärztliche Beurteilung von Bedeutung sind.

Besonderheiten in dem Skelettsystem des weiblichen Körpers

Die Verschiedenheit im Skelettsystem des Menschen ist beim Vergleichen der Altersgruppen und der Rassen erkennbar. Als Besonderheit kommt die Geschlechtsverschiedenheit hinzu. Die männlichen und weiblichen Geschlechtsorgane bilden die primären Geschlechtsmerkmale. Zu den sekundären Geschlechtsmerkmalen gehören Unterschiede im Körperbau an Kopf, Hals, Rumpf, Armen und Beinen. Der größte Unterschied im Skelettsystem von Mann und Frau wird beim Becken sichtbar, wo bei der Frau die für die Gebärfunktion nötigen Ausmaße des Beckens eine typisch weibliche Form der Figur mit sich bringen.

Das weibliche Becken. Deutliche Geschlechtsunterschiede des männlichen und weiblichen Beckens bilden sich bereits im Kindesalter heraus. Mit Beginn der Reifezeit ist beim weiblichen Becken der Bau graziler, die Höhle geräumiger, die Höhe geringer und die Breite bedeutender als beim männlichen Becken.

Infolge der stärkeren Breitenausdehnung des Beckens liegen die beiden Hüftgelenke bei der Frau in größerer Entfernung voneinander als beim Mann. Aus diesem Grunde besteht beim weiblichen Geschlecht eine stärkere Schrägstellung der Oberschenkel nach innen (normale X-Bein-Stellung).

● Knöchernes Becken. Das knöcherne Becken setzt sich aus drei Knochen zusammen: dem unpaaren Kreuzbein und den beiden Hüftbeinen.

Hüftbein. Das Hüftbein besteht aus drei Anteilen, die während der Kindheit knorplig verbunden sind. Diese Knorpelfugen werden im zweiten Lebensjahrzehnt durch Knochen abgelöst. Das Darmbein erstreckt sich nach aufwärts; unter diesem nach rückwärts das Sitzbein und nach vorwärts das Schambein. Sitzbein und Schambein umrahmen eine weite Öffnung, das Hüftloch, das durch eine bindegewebige Membran und durch Muskeln verschlossen wird. Die Knochen bilden an ihrer Vereinigungsstelle die Hüftge-

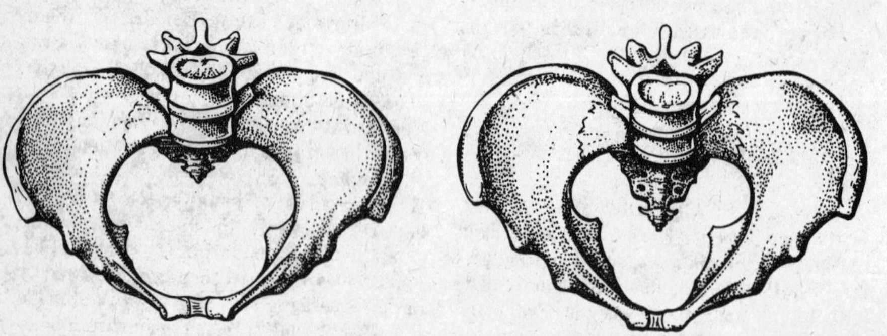

Weibliches und männliches Becken in Aufsicht

lenkspfanne, die den Oberschenkelkopf aufnimmt.

Darmbein. Nach aufwärts ragt die breite Darmbeinschaufel, die durch die an der Innenseite verlaufende Bogenlinie (Beckeneingangslinie) vom Darmbeinkörper getrennt wird. Die Innenseite der Schaufel ist zur Darmbeingrube vertieft. Der tastbare obere Rand endet am vorderen Darmbeinstachel (eine wichtige tastbare Orientierungsmarke für die ärztliche Untersuchung). Der hintere Rand des Darmbeins trägt zwei weitere Knochenerhebungen, den oberen und den unteren hinteren Darmbeinstachel; sie werden durch eine Knochenbucht getrennt. Die hinten innen liegende ohrmuschelförmige Gelenkfläche des Darmbeins dient zur Verbindung mit dem Kreuzbein.

Sitzbein. Der Knochen hat die Form eines Bogens, Sitzbeinast genannt. Er bildet hinten unten Teile der Hüftgelenkpfanne und verbindet sich vorn oben mit dem Schambein. Der nach unten gerichtete Scheitelpunkt des Bogens ist verdickt zum Sitzbeinhöcker, auf dem das Körpergewicht beim Sitzen lastet. Nach rückwärts zu erhebt sich der Sitzbeinstachel. Er dient einem Band, das für die Form und Festigkeit des Beckens große Bedeutung hat, zum Ansatz und ist eine Orientierungsmarke bei der inneren ärztlichen Untersuchung der weiblichen Beckenorgane. Der Stachel trennt den oberen (großen) und unteren (kleinen) Sitzbeineinschnitt.

Schambein. Es vervollständigt das Hüftbein nach vorn. Dem Schambeinkörper schließen sich die bogenförmigen Schambeinäste mit Verbindung zur Hüftgelenkspfanne und zum Sitzbeinast an. Rechtes und linkes Schambein bilden mit der dazwischen liegenden knorpligen Schoßfuge den Schambogen.

Kreuzbein. Es ist der untere Abschnitt der Wirbelsäule und besteht aus fünf Kreuzbeinwirbeln, die nach dem 20. Lebensjahr miteinander verwachsen, da der Knochen als Bestandteil des Beckens der notwendigen Festigkeit bedarf. Das Kreuzbein ist eine dicke, nach vorn gebogene Knochenplatte von dreieckiger Form mit einer nach dem Beckeninneren zu konkaven, nach außen konvexen Krümmung. Die nach oben gerichtete Basis ist breit, die abwärts zeigende Spitze schmal. An sie lagert sich das Steißbein an. Der Wirbelkanal setzt sich als Kreuzbeinkanal in den Knochen fort und öffnet sich mit je vier Öffnungen nach innen (für das starke Geflecht der Bein- und Beckennerven), ferner nach außen. Die Seitenteile des Knochens tragen jederseits eine Gelenkfläche von der Gestalt einer Ohrmuschel zur Verbindung mit den Hüftbeinen. Die Außenseite zeigt die längsverlaufenden Kreuzbeinleisten. Von besonderer Bedeutung im Hinblick auf das weibliche Becken als knöcherner Geburtskanal ist der am weitesten in das Beckeninnere vorspringende Teil der oberen Kante der Basis, der Vorberg genannt wird.

Steißbein. Es besteht aus vier bis fünf kleinen Steißbeinwirbeln und entspricht dem Schwanz der Säugetiere. Es ist beim Menschen rückgebildet.

- Verbindungen des Beckens. Die ohrförmigen Gelenkflächen von Darmbein und Kreuzbein lagern sich zu dem straffen Darmbein-Kreuzbein-Gelenk aneinander. Die Eigenart der Gelenkflächen und die starken Bänder lassen nur geringe Bewegungen zu. Die Rumpflast wird unter Gewichtsverteilung durch das Kreuzbein und seine Bänder auf das Becken übertragen. Schließlich vervollständigt die knorplige Schoßfuge zwischen den beiden Schambeinen den Beckenring. Das Steißbein verbindet sich durch Knorpel mit der Spitze des Kreuzbeines; seine Bewegungsmöglichkeit ist nur gering.
- Das Becken als Ganzes. Die Wand des Beckens weist große, knochenfreie Stellen auf, die durch Weichteile gedeckt werden. (Es kann daher zu Verletzungen der inneren Organe von außen her ohne Mitbeteiligung der Beckenknochen kommen.) Man unterscheidet das große Becken (zwischen den Darmbeinschaufeln) und das kleine Becken, das die Beckenorgane aufnimmt. Die Grenzlinie trennt beide Abschnitte und verläuft, ausgehend vom Vorberg an der oberen Kante des Kreuzbeins, über den oberen Schambeinast zur Schoßfuge; sie entspricht dem Beckeneingang. Der Beckenausgang besteht aus zwei muskulös-bindegewebigen Dreiecken, die als gemeinsame Basis die Verbindungslinie zwischen den beiden Sitzbeinhökkern besitzen. Das vordere Dreieck ist das Harn-/Geschlechtsdreieck. Es wird durch die Schoßfuge und jederseits durch den unteren Schambogen gebildet, vom Scham- und Sitz-

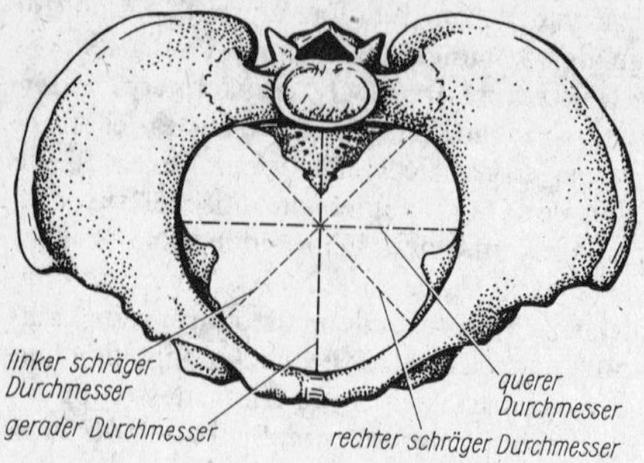

Meßlinien des weiblichen Beckens (Beckeneingang)

beinast begrenzt. Das hintere Dreieck, Mastdarmdreieck, wird durch die Spitze des Steißbeins abgeschlossen. Die beiden Dreiecke des Beckenausgangs liegen nicht in einer Ebene, sondern stehen zueinander in einem nach oben offenen Winkel.

Unter Beckenneigung versteht man die Stellung des Beckeneingangs zur Horizontalebene. Sie pflegt bei der Frau stärker ausgeprägt zu sein, beträgt im Stehen durchschnittlich 60°. Beim Stehen wird das Gewicht des Oberkörpers vom Kreuzbein über das Darmbein jederseits auf die Hüftgelenkspfanne und von dort auf den Kopf des Oberschenkelknochens übertragen. Beim Sitzen wird der Neigungswinkel des Beckens kleiner und die Lendenwirbelsäule mehr oder weniger nach vorn gebeugt. Das Rumpfgewicht wird vom Kreuzbein über das Darmbein nunmehr auf den Ast des Sitzbeins übertragen; der Körper ruht auf den Sitzbeinhöckern.

Die Wirbelsäule besitzt beim Rechtshänder im Brustteil eine leichte Biegung nach rechts, hervorgerufen durch die stärkere Benutzung des rechten Arms und der Hand. Die anschließenden Teile der Wirbelsäule zeigen daher zum Ausgleich eine leichte Biegung nach links. Daher steht das Becken beim Rechtshänder etwas verkantet, links höher als rechts, und der linke Oberschenkel ist zum Ausgleich einen Zentimeter länger. (Man schlägt aus diesem Grunde beim Sitzen häufiger das linke Knie über das rechte, „weil es bequemer ist".) Die Verkantung wirkt sich auf die Stellung der Gebärmutter insofern aus, als sie eine geringe Verlagerung nach der rechten Seite zeigt.

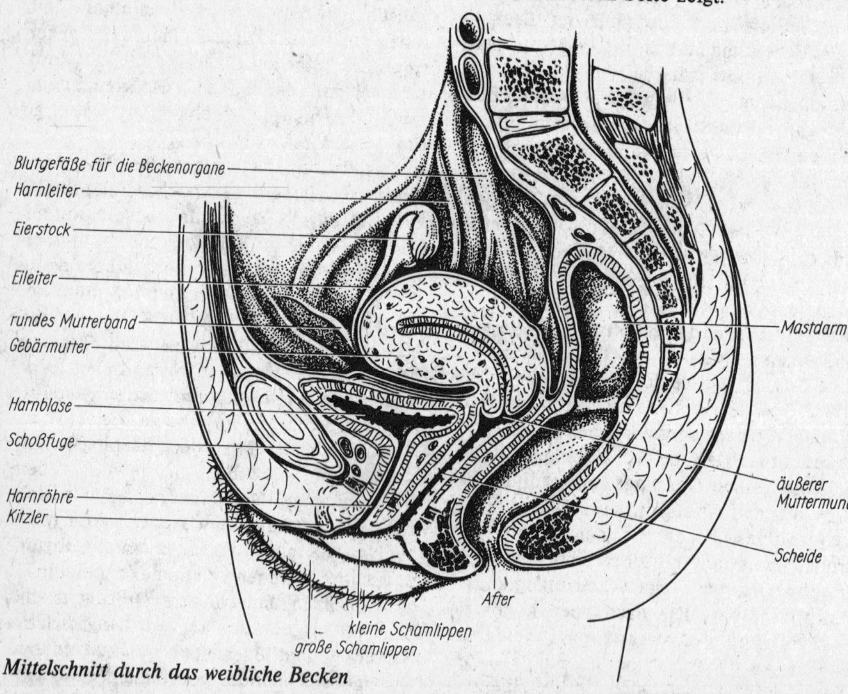

Mittelschnitt durch das weibliche Becken

• Maße des weiblichen Beckens. Die Maße des weiblichen Beckens sind für die Geburtshilfe von großer Wichtigkeit.

Durchmesser des Beckens. Der gerade Durchmesser ist die Verbindungslinie von dem am weitesten nach innen vorspringenden Punkt der Schoßfuge zum Vorberg. Seine Länge beträgt 11 cm, ist jedoch nur bei der Röntgendurchleuchtung durch besondere Methoden feststellbar.

Der diagonale Durchmesser kann bei der gynäkologischen Untersuchung festgestellt werden. Er zieht vom Unterrand der Schoßfuge vom Vorberg und ist normalerweise 12,5 cm lang. Erfahrungsgemäß erhält man nach Abzug von 1,5 cm die Länge des geraden Durchmessers (12,5 cm minus 1,5 cm = 11 cm).

Weitere Maße sind die Beckenweite von der Hinterfläche der Schoßfuge zur Mitte des dritten Kreuzbeinwirbels und die Beckenenge vom Unterrand der Schoßfuge zur Steißbeinspitze.

Unter der Beckenachse (Führungslinie) versteht man die Verbindungskurve der Mittelpunkte dieser Durchmesser. Sie hat die Form einer Parabel mit der Konkavität nach vorn, parallel der Krümmung des Kreuzbeins. Die Beckenachse ist die Wegbahn des Kindes bei der Geburt. Als Querdurchmesser bezeichnet man die längste Entfernung der seitlichen Begrenzung des Beckeneinganges.

Der I. (rechte) schräge Durchmesser zieht vom rechten Darmbein-Kreuzbein-Gelenk zur Mitte des linken oberen Schambeinastes, der II. (linke) zwischen den entsprechenden Knochenpunkten von links hinten nach rechts vorn.

Als äußere Beckenmaße werden mit Tasterzirkeln gemessen:

1. Entfernung zwischen beiden vorderen Darmbeinstacheln (26 cm),
2. größter Abstand zwischen beiden oberen Rändern der Darmbeinschaufeln (28 cm),
3. Linie zwischen Oberrand der Schambeinfuge und Dornfortsatz des 5. Lendenwirbels (21 cm),
4. aus dem Abstand zwischen beiden großen Rollhügeln des Oberschenkelknochens (32 cm) lassen sich gegebenenfalls auch Knochenverbildungen am Becken ableiten.

• Muskulöser Beckenboden. Der Beckenboden wird durch flächenhafte Muskeln abgeschlossen. Beiderseits entspringt der Beckenbodenmuskel an der Innenfläche des Beckens von der Schoßfuge bis zum Darmbeinstachel und befestigt sich am 5. Kreuzbeinwirbel, am Seitenrand des Steißbeins; weiterhin verbindet er sich mit Muskelfasern der Gegenseite. Auf diese Weise entsteht ein sich nach unten öffnender Trichter. Zwischen den Muskeln beider Seiten bleibt in der Mittellinie ein Spalt, durch den bei der Frau die Harnröhre, die Scheide und der Mastdarm hindurchtreten.

Der Dammquermuskel spannt sich als dünne Platte zwischen dem Schambogen aus. Er verstärkt von außen die Beckenbodenmuskeln und bietet Durchlaß für die Harnröhre und die Scheide.

Die Beckenbodenmuskeln und der Dammquermuskel müssen sich während der Geburt zum Durchtritt des Kindes ausweiten, ebenso wie die Schwellkörpermuskeln, die den Scheidenvorhof umgeben.

Weibliche Geschlechtsorgane

Man unterscheidet bei der Frau innere und äußere Geschlechtsorgane (Tab.). Die inneren Organe befinden sich innerhalb des kleinen Beckens, die äußeren an der Körperoberfläche.

Innere Geschlechtsorgane.

• Eierstock (Ovar). Bei der geschlechtsreifen Frau ist jeder Eierstock 3 cm lang, 2 cm breit und 1 cm dick. Nach den Wechseljahren beginnt die altersbedingte Schrumpfung des Organs. Die graurote Oberfläche ist in den Jahren der Geschlechtsfunktion uneben, höckerig durch die sich vorwölbenden Eibläschen (Follikel) und an den Stellen zurückgebildeter Gelbkörper narbig in Buchten eingezogen. Die Grundlage des Eierstocks bildet ein dichtes Bindegewebe, daher ist er fest und läßt sich bei der gynäkologischen Untersuchung tasten.

Lage und Teile. Die weiblichen Keimdrüsen liegen innerhalb der Bauchhöhle, vom Bauchfell überzogen, in Höhe des jeweiligen Darmbein-Kreuzbein-Gelenks verschieblich der seitlichen Wand des kleinen Beckens an. Der Eierstock steht mit seinem Längsdurchmesser senkrecht im Körper der Frau; er hat eine äußere Fläche, die auf die Wand des

Innere Geschlechtsorgane		Funktion
paarig:	Eierstock	Eizellreifung Bildung von Geschlechtshormonen
	Eileiter	Eitransport Weg für Samenzellen Befruchtung (Vereinigung von Ei- und Samenzelle)
	Eierstöcke und Eileiter sowie ihre Bauchfellverbindungen sind der Lage nach „Anhänge" der Gebärmutter.	
unpaar:	Gebärmutter	Weg für Samenzellen Raum für die Entwicklung des Keimlings, „Fruchthalter" Kontraktionen der glatten Muskulatur (Wehen) während des Geburtsverlaufes zur Austreibung des Kindes
	Scheide	Begattungsorgan Teil des weichen Geburtskanals

Äußere Geschlechtsorgane	
unpaar:	Scheidenvorhof, Schamspalte, Kitzler
paarig:	kleine Schamlippe, große Schamlippe, große Vorhofsdrüse

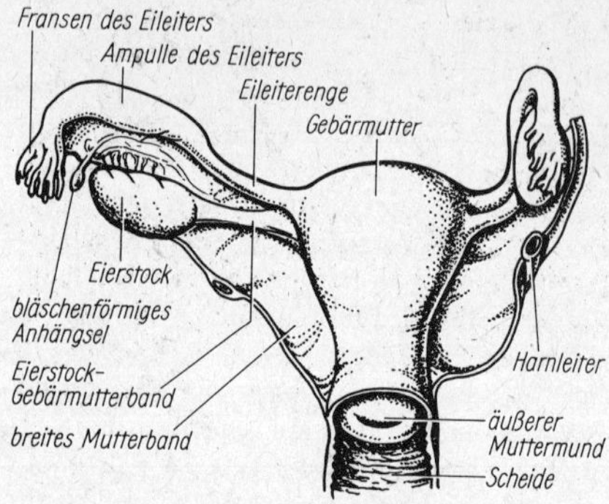

Innere weibliche Geschlechtsorgane in Rückansicht. Die Scheide ist eröffnet: Eierstock und Eileiter sind auf der linken Seite entfaltet, rechts in natürlicher Lage

Beckens gerichtet ist, und eine innere, dem Beckenraum zugekehrte Fläche. Der obere Pol des Ovars wird durch den Eileiter von vorn umgriffen, der untere liegt nahe der Gebärmutter. Der vordere Rand ist in seiner ganzen Ausdehnung durch das kurze Aufhängeband des Eierstocks am breiten Mutterband befestigt. Die Lage der Eierstöcke variiert. Die Gebärmutter ist häufiger nach der rechten als nach der linken Seite des Beckens gelagert und zieht durch ihre Verbindungen mit den Eierstöcken in diesem Fall den linken etwas abwärts und nach vorn, bei einer Linkslage dagegen den rechten.
In der Nähe der Keimdrüse jeder Seite verlaufen größere Blutgefäße und der Harnleiter. Eine kleine Bauchfellfalte führt von der seitlichen Beckenwand zum oberen Pol des Eierstocks; sie befestigt das Ovar und enthält Arterien, Venen und Lymphgefäße. Das Eierstockband entspringt als 3 bis 4 cm langer, runder Bindegewebsstrang von der oberen, seitlichen Kante der Gebärmutter und zieht zum unteren Pol des Ovars.
In der Nähe des Eierstocks kommen regelmäßig kleine bläschenförmige Anhängsel (Nebeneierstock, Beieierstock) vor. Es sind übriggebliebene Teile von Harnorganen, die während der Embryonalzeit rückgebildet wurden.
Mikroskopischer Bau. Das Gerüst des Eierstocks besteht aus Bindegewebe und enthält Eibläschen (Follikel), in die die Eizellen eingebettet sind. Bei Säugling und Kind sind die Eibläschen noch klein, und die meisten verbleiben in diesem unfertigen Zustand bis zur Pubertät. Vor und zu Beginn der Geschlechtsreife setzt dann das Wachstum ein. Da die Follikel nicht gleichzeitig, sondern nacheinander das Endstadium erreichen, kommen bei der geschlechtsreifen Frau jeweils Stadien von unterschiedlicher Größe vor.
Der Follikel besteht anfangs aus der kugelförmigen Eizelle, die von einer Zellage umgeben ist. Im Verlauf der weiteren Heranbildung vergrößern sich Ei und Eibläschen in erheblichem Maße. Die Zellhülle wird mehrschichtig und bildet nach innen die Follikelflüssigkeit; so entsteht ein rundlicher Hohlraum. Schließlich erreicht der Follikel die Gestalt einer kugelförmigen Blase, deren Innenwand durch mehrfache Lagen von Zellen ausgekleidet wird. Die Eizelle liegt eingeschlossen in einem in den Follikelraum vorspringenden Hügel.

Der Follikel hat als bindegewebige Hüllen die gefäßreiche Innenschicht und nach außen zu die aus derberen Fasern bestehende Außenschicht. In der Innenschicht spezialisieren sich Zellen und bilden Hormone (Östrogene). Sie regen die Gebärmutterschleimhaut nach der Regelblutung zum Wachstum an.

Wenn ein reifer Bläschenfollikel etwa in der Mitte zwischen zwei Regelblutungen das Ei in den Eileiter entlassen hat (Follikelsprung), beteiligen sich die im Eierstock verbliebenen Teile, Zellhülle und hormonbildende Zellen der bindegewebigen Schicht, am Aufbau eines Gelbkörpers. Sein Hormon (Progesteron) bringt die Gebärmutterschleimhaut zu höchster Entfaltung, um die Einnistung der befruchteten Eizelle zu ermöglichen. Bei Ausbleiben der Befruchtung bildet sich der Gelbkörper zurück.

Auch vor der Pubertät des jungen Mädchens reifen Eibläschen heran, kommen jedoch nicht zur vollen Entwicklung. Gesteuert von übergeordneten Hormondrüsen, spenden sie die notwendige Hormonmenge zur körperlichen und psychischen Entwicklung des weiblichen Organismus. Diese Eibläschen bilden sich nach der Erfüllung ihrer Funktion zurück.

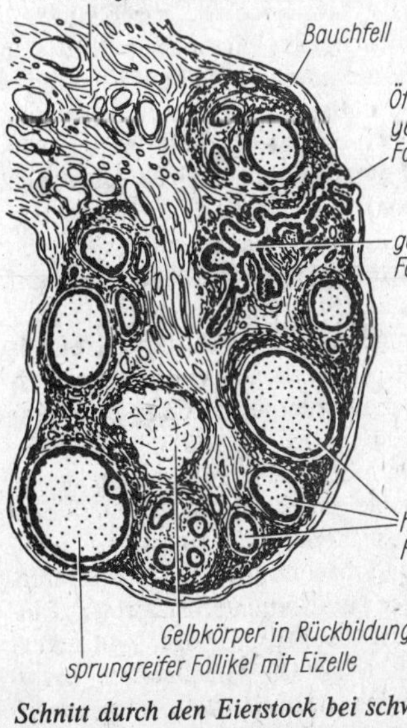

Schnitt durch den Eierstock bei schwacher mikroskopischer Vergrößerung

Mit Erreichen der Wechseljahre veröden die an die Geschlechtsfunktion gebundenen Strukturen in beiden Eierstöcken.

● Eileiter. Die beiden Eileiter (Tuben) liegen innerhalb der Bauchhöhle beweglich am freien Rand des breiten Mutterbandes, an dem sie durch ihr Aufhängeband befestigt sind.

Jeder Eileiter hat eine Länge von ungefähr 12 cm (10 bis 16 cm) und einen äußeren Durchmesser von durchschnittlich 0,5 cm („Dicke eines Bleistiftes"), der in den einzelnen Abschnitten wechselt. Die normale Tube ist ziemlich weich und bei der gynäkologischen Untersuchung nicht immer zu tasten. Der Anfangsteil der Tube dient zur Aufnahme des Eies durch eine konisch erweiterte, 0,2 cm messende Öffnung („Tubentrichter"), welche die Lichtung der Tube mit der Bauchhöhle verbindet. Vom Rand dieses Trichters geht ein Büschel von 10 bis 15 Fortsätzen aus, die sich dicht dem Eierstock anlegen.

Anschließend folgt der (auf 0,6 bis 1,0 cm lichte Weite) erweiterte und leicht S-förmig gewundene Abschnitt, die Ampulle, die zwei Drittel der Gesamtlänge des Eileiters ausmacht.

Dann verschmälert sich der Eileiter zur Tubenenge und zieht zum seitlichen oberen Rand der Gebärmutter. Dieser Teil entspricht dem restlichen Drittel des Eileiters. Unter weiterer starker Verengung durchsetzt der Endteil die Wand der Gebärmutter und öffnet sich in deren Hohlraum.

Die Schleimhaut des Eileiters besitzt Flimmerzellen, die eine Strömung erzeugen und damit die Wanderung des Eies unterstützen. Andere Deckzellen produzieren zur Ernährung der Eizelle ein Sekret, das auch Aufgaben bei der Befruchtung erfüllt. In der Ampulle des Eileiters liegt die Schleimhaut in vielfach verzweigten, zarten Längsfalten.

Die Eingeweidemuskulatur der Wand bewirkt durch ihre wellenförmige Kontraktion (Peristaltik) die Weiterbeförderung des Eies.

● Gebärmutter. Die Gebärmutter (Uterus) ist ein in Richtung von vorn nach hinten abgeplattetes, birnenförmiges Hohlorgan. Die Länge beträgt im Erwachsenenalter durchschnittlich 8 cm, die größte Breite 5 cm und die Dicke 3 cm. Bei Frauen, die bereits geboren haben, sind die Ausmaße individuell größer. Die Konsistenz der Gebärmutter ist derb, da die Wand hauptsächlich aus dicht gebündelter Eingeweidemuskulatur besteht. Die Oberfläche ist gleichmäßig glatt. Nach Erlöschen der Geschlechtsfunktion verkleinert sich die Gebärmutter.

Gebärmutterteile. Man unterscheidet den Körper, die Enge und den Gebärmutterhals.

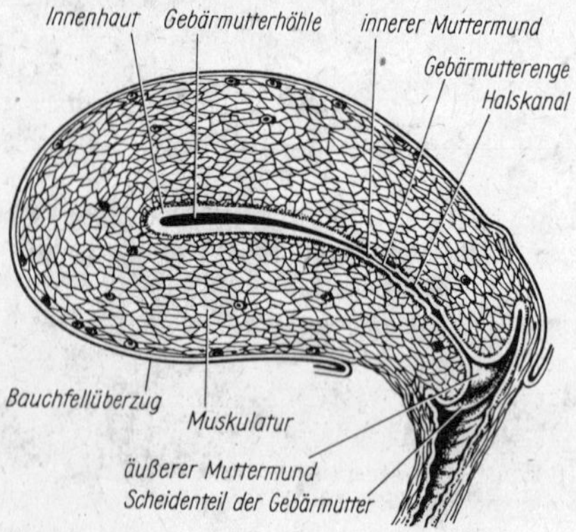

Längsschnitt durch die Gebärmutter

Der Körper der Gebärmutter ist an seinem oberen Ende 5 cm breit, verschmälert sich bis zum Hals auf die Hälfte. Er enthält die Gebärmutterhöhle; jedoch ist diese, wenn keine Schwangerschaft besteht, nur ein Spalt von der Form eines Dreiecks. Auf den Gebärmutterkörper folgt die 1 cm lange Gebärmutterenge. An diese schließt sich der Gebärmutterhals an. Er hat eine Länge von 2 cm. Ein Abschnitt des Halses, der Scheidenteil, ragt in die Scheide hinein. Den Hals durchzieht ein röhrenförmiger Kanal, der, von der Gebärmutterhöhle ausgehend, in die Scheide mündet. Seine Öffnungen sind der innere Muttermund und der in die Scheide führende äußere Muttermund. Der Scheidenteil der Gebärmutter hat die Form eines rundlichen Zapfens, er ist von einem mehrschichtigen zelligen Deckgewebe überzogen, das den Ausgangspunkt für den sich schleichend entwickelnden, gefährlichen Gebärmutterkrebs bilden kann.

Bei Frauen, die noch nicht geboren haben, ist der äußere Muttermund rundlich-oval; nach Geburten ist er ein quergestellter Spalt, der nicht selten Narben als Folge von Einrissen bei der Geburt aufweist.

Gebärmutterwand. Die Wand der Gebärmutter wird von drei Schichten gebildet. Außen liegt der Bauchfellüberzug, dann folgt als stärkster Anteil der Wand die Eingeweidemuskulatur und als innere Schicht die Schleimhaut, die die Gebärmutterhöhle umschließt.

Bauchfellüberzug. Das Bauchfell geht von der Harnblase auf die Gebärmutterenge über, überzieht den Körper der Gebärmutter und bedeckt hinten noch um 1,5 cm tiefer das hintere Scheidengewölbe. Von hier aus schlägt sich das Bauchfell auf den Mastdarm über. Auf diese Weise wird zwischen Gebärmutter, hinterem Scheidengewölbe und Mastdarm der Douglassche Raum gebildet. Der Douglassche Raum ist die tiefste Stelle der Beckenhöhle und der Bauchhöhle überhaupt, in der sich Flüssigkeiten, Blut oder Eiter ansammeln können.

Muskulatur. Die Muskulatur der Gebärmutter setzt sich aus einem Verband glatter Muskelzellen zusammen. Sie sind allgemein in die Wände der Eingeweide und Blutgefäße des Körpers eingebaut und unterliegen in ihrer Funktion überall dem vegetativen Nervensystem. Durch die Gesamtstruktur des Muskelteils der Gebärmutter entstehen bei der Zusammenziehung große Kräfte, mit deren Hilfe die Austreibung des Kindes erfolgt. Der Gebärmutterhals dagegen erfährt während der Wehen eine Erweiterung.

Schleimhaut. Die Gebärmutterschleimhaut hat eine rötlichgraue Farbe. Sie liegt der Muskulatur auf. Die Schleimhaut ist von der ersten Regelblutung in der Pubertät bis zum Erlöschen der Geschlechtsfunktion im Klimakterium rhythmisch wiederkehrenden Veränderungen unterworfen. Ihr kennzeichnendes Merkmal ist der ständige Wechsel. Jedesmal bereitet sich die Schleimhaut auf eine Einnistung eines befruchteten Eies, auf eine Schwangerschaft vor. Wird diese „Hoffnung“ nicht erfüllt, so kommt es zum Ausstoßen des unbefruchteten Eies, zur Menstruation.

In der Schleimhaut des Gebärmutterkanals kommen Schleimdrüsen vor. Sie münden mit ihren Ausführgängen an der Oberfläche, die dadurch unregelmäßig gestaltet wird und Vorwölbungen und Buchten aufweist. Das von Drüsen abgesonderte Sekret bildet den Inhalt des Halskanals in Gestalt eines Schleimpfropfens. Dieser hilft, die Gebärmutterhöhle vor Bakterien zu schützen, ermöglicht aber den Eintritt der Samenzellen. Ganz allgemein lassen sich über die Schleimhaut der Gebärmutterhöhle folgende Angaben machen: Die innere Oberfläche überzieht ein einschichtiger Belag zylindrischer Zellen. In dem daruntergelegenen Bindegewebe liegen die röhrenförmigen, stark gewundenen Gebärmutterdrüsen. Sie münden an der Oberfläche jede für sich aus und ragen mit ihrem unteren Teil bis in die Gebärmuttermuskulatur hinein.

Die Schleimhaut besitzt zwei Schichten, die sich sehr wesentlich voneinander unterscheiden, die Basalschicht und die Funktionalschicht. Der obere Abschnitt ist vergänglich und in seiner Ausbildung während des menstruellen Zyklus tiefgreifenden Veränderungen unterworfen, während die Basalschicht „das bleibende Fundament" und gleichzeitig den „Mutterboden" für die Funktionalschicht darstellt.

Die Basalschicht besitzt eine stets gleichbleibende Dicke von etwa 1 mm. Die Drüsenschläuche sind dort eng und frei von Sekret. Von ihnen werden die Drüsen und die oberflächliche Zellschicht neu gebildet. Das Bindegewebe ist hier besonders reich an Zellen. Es stellt das Regenerationsfeld für das abgestoßene Bindegewebe der Schleimhaut dar.

Die Funktionalschicht ist den zyklischen Veränderungen (Menstruation) unterworfen und durchläuft mehrere Stadien. Dem rhythmischen Gestaltwechsel der Gebärmutterschleimhaut entsprechen Veränderungen an ihren Blutgefäßen. Ihre Form und Durchblutung unterliegen zwischen zwei Regelblutungen sich ständig wiederholendem Wechsel (Monatlicher Zyklus s. Kap. „Schwangerschaft und Geburt").

Stellung der Gebärmutter. Die Gebärmutter zeigt eine Neigung ihrer Gesamtachse nach vorn (Vorwärtsneigung, Anteversio). Ferner besitzt sie im Halsteil eine Abknickung nach vorn (Vorwärtsknickung, Anteflexio), so daß der Körper mit dem Hals einen nach vorn offenen Winkel von 70 bis 100° bildet. Man spricht von einer normalerweise bestehenden Vorwärtsneigungsknickung (Anteversioflexio).

Die häufigste Form einer fehlerhaften Lage ist eine Biegung nach rückwärts (Retroflexio), die verschiedenartige Störungen hervorrufen kann. Nicht selten findet sich eine geringe Rechtslagerung des Organs, die aber als normal anzusehen ist. Die Gebärmutter liegt in der Mitte des Beckens. Die Achse des Halsteils stimmt mit der Beckenachse überein.

Die Lage der Gebärmutter ist abhängig vom Füllungszustand der Harnblase. Der Halsteil ist durch lockeres Gewebe mit der hinteren Fläche der Blase verbunden. Der Gebärmutterkörper neigt sich über sie und liegt ihr auf. So wird er bei der Füllung der Blase gehoben und senkt sich nach ihrer Entleerung. Der Mastdarm berührt die Gebärmutter nur in geringem Umfang. Von oben her wird der Gebärmutterkörper von Dünndarmschlingen in wechselnder Weise überlagert.

Bänder und Befestigung. Wie bei allen Organen in der Bauch- und Beckenhöhle müssen Halte- und Hafteinrichtungen unterschieden werden. Die Halteeinrichtungen sind für alle in der Bauchhöhle gelegenen Organe die gleichen und bestehen – gegenseitig abgestimmt zusammenwirkend – aus der muskulös-sehnigen Bauchwand, der Wirbelsäule, dem Zwerchfell und dem muskulösen Bekkenboden.

Vorhandene Hafteinrichtungen vermögen keineswegs die Gebärmutter in einer bestimmten Lage zu fixieren; sie ist vielmehr verschieblich im Beckenraum gelagert. Die Scheide umschließt den Gebärmutterhals. Beide Organe sind fest miteinander verbunden. Das breite Mutterband ist ein annähernd viereckiges Doppelblatt des Bauchfells. Es entspringt rechts und links an der Wand des Beckens und zieht in Querrichtung zum seitlichen Rand der Gebärmutter. Durch die Gebärmutter und das breite Mutterband wird das weibliche Becken in einen vorderen und hinteren Abschnitt unterteilt.

Das runde Mutterband entspringt jederseits von der oberen Gebärmutterkante unterhalb der Mündung des Eileiters, verläuft als 2 mm dicker, 12 cm langer, rundlicher Strang im breiten Mutterband am Rande des Beckens entlang zum Leistenkanal und endet in den großen Schamlippen.

Das Eierstockband kommt von der Gebärmutter ebenfalls unterhalb der Tubenmündungen und befestigt sich nach kurzem querem Verlauf am unteren Pol des Ovars. Durch diese Verbindung wird das Ovar bei Lageveränderungen der Gebärmutter mitbeteiligt.

Die Achsenquerbänder der Gebärmutter entspringen dem Seitenrand des kleinen Bekkens und ziehen im unteren Abschnitt des breiten Mutterbandes in Querrichtung zum Hals der Gebärmutter. Die Kreuzbeingebärmutterbänder sind Züge, die am Kreuzbein beginnen und am Gebärmutterhals endigen. Alle diese Bänder haben für die nichtschwangere Gebärmutter nur geringe Bedeutung; dagegen sind sie während der Geburt von großer Wichtigkeit, da sie die Gebärmutter am Becken fixieren und den Wehen die Austreibung des Kindes überhaupt ermöglichen.

Gefäße und Nerven. Die beiden Arterien der Gebärmutter verlaufen aus der rechten und linken Beckenarterie erst an der seitlichen Beckenwand, dann zwischen den Blättern des breiten Mutterbandes und ziehen zur Gebärmutterenge. Hier gibt jede eine Arterie zur Scheide ab und zieht stark gewunden an der Seitenkante der Gebärmutter nach oben. Der Endteil der Arterie geht an der Tube entlang bis zum Eierstock. In der Schwangerschaft nehmen die Arterien um ein mehrfaches an Lumenweite zu. Daher sind zu dieser Zeit oder während der Geburt Blutungen außerordentlich gefährlich.

Die dem Blutabfluß dienenden Venen bilden ausgedehnte Geflechte, die sich während der Schwangerschaft ebenfalls erweitern.

Die Lymphgefäße der Gebärmutter haben verschiedene Abflußwege, die für die Ausbreitung von Entzündungen oder bösartigen Geschwülsten von Bedeutung sind. Die Bahnen aus dem Gebärmutterkörper verlaufen mit denen des Ovars und der Tube zu den Lendenlymphknoten, die jederseits an der hinteren Bauchwand neben der Lendenwirbelsäule gelegen sind. Aus der Gebärmutterenge und dem Gebärmutterhals sowie aus den oberen zwei Dritteln der Scheide stammende Lymphgefäße verlaufen im Bindegewebe des breiten Mutterbandes und münden in die Darmbeinlymphknoten, die im kleinen Becken liegen.

Empfindungsnerven und ihre Aufnahmeorgane für Berührung und Schmerz sind unterschiedlich, aber nur gering am unteren Teil der Gebärmutter und ihrer Umgebung vorhanden.

● Die Scheide. Die Scheide (Vagina) hat eine Länge von 7 bis 10 cm, besitzt eine dehnbare, muskulös-bindegewebige Wand und ist mit Schleimhaut ausgekleidet. Das Innere der Vagina umschließt den Scheidenteil (Portio) des Gebärmutterhalses hinten in einer etwas größeren Ausdehnung als vorn. Der spaltförmige Raum zwischen dem Scheidenteil der Gebärmutter und der Vorderwand der Scheide ist das vordere Scheidengewölbe (0,5 cm Tiefe), der zwischen Scheidenteil der Gebärmutter und Hinterwand der Scheide das hintere Scheidengewölbe (1,5 cm Tiefe). Dieses ist auf einer Strecke von 1,5 cm vom Bauchfell überzogen und grenzt an den Douglasschen Raum (s. Bauchfellüberzug der Gebärmutter). Die vordere und hintere Wand der Scheide berühren sich, so daß das Lumen im Querschnitt H-förmig erscheint. Die Oberfläche der Scheidenschleimhaut zeigt im unteren Drittel unverstreichbare Querfalten.

Die Längsachse der Scheide verläuft in der Beckenachse. Ihr äußeres Ende wird begrenzt durch den Beckenbodenmuskel, den queren Dammuskel und den Schwellkörpermuskel. Der Scheidenvorhof liegt außerhalb des muskulösen Beckenbodens.

Vorn lagert sich die Scheide mit ihrem oberen Abschnitt locker der Harnblase an. Der untere Abschnitt ist fest mit der Harnblase und der Harnröhre verwachsen. Hinten verbindet sie sich im oberen Teil verschieblich mit dem Mastdarm, unten ist diese Verbindung fest.

Bei der ärztlichen Vaginaluntersuchung werden getastet: Gebärmutter, Eileiter, Eierstöcke, Harnblase, Harnleiter und Mastdarm, ferner lassen sich die inneren Beckenmaße feststellen.

Die Deckzellen der Scheide enthalten besonders viel Zuckerstoffe, die im Zuge der dauernden Neubildung durch die am freien Rande abgestoßenen gealterten Zellen in die Lichtung der Scheide gelangen. Der innere Aufbau des Deckgewebes unterliegt dem Regelblutungszyklus in geringem Maße. Zu Blutungen kommt es hier nicht. Die stets in der Scheide vorkommenden Döderleinschen Scheidenbakterien bilden aus diesen Stoffen Milchsäure, die einen Schutz gegen krankheitserregende Bakterien darstellt. Die geringe Menge Scheidensekret besteht aus der Absonderung der Halsdrüsen der Gebärmutter und den zerfallenden Deckzellen. Drüsen kommen in der Wand der Scheide nicht vor.

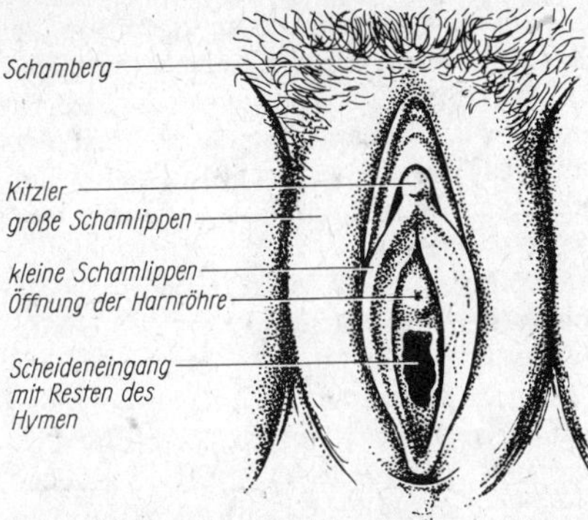

Äußere weibliche Geschlechtsteile

Äußere Geschlechtsteile. Der Schamberg wölbt sich oberhalb der Schoßfuge vor und enthält reichlich Unterhautfettgewebe. Die Haut besitzt von der Pubertät an Schamhaare.

Die äußeren Geschlechtsteile der Frau sind unterhalb des muskulösen Beckenbodens gelagert. Die großen Schamlippen schließen sich nach unten hinten an den Schamberg an. Sie bestehen aus von äußerer Haut bedeckten Fettwülsten und begrenzen die Schamspalte. Der Abschnitt zwischen der Schamspalte und der Afteröffnung wird als Damm bezeichnet.

Die kleinen Schamlippen sind niedriger, von Schleimhaut überzogen und liegen einwärts von den großen Schamlippen. Sie vereinigen sich vorn zu einer Schleimhautfalte, die als Vorhaut des Kitzlers diesen unvollständig von oben bedeckt, und setzen sich jederseits mit einer weiteren Falte auf ihm fort. Der Scheidenvorhof ist von den kleinen Schamlippen umgeben.

Das Jungfernhäutchen (Hymen) ist eine halbmondförmige Falte am hinteren Umfang des Scheidenvorhofs; beim ersten Geschlechtsverkehr reißt es an mehreren Stellen bis zum Rande ein, und als seine Reste finden sich narbige Einziehungen.

Der Kitzler (Klitoris) besteht aus Schwellgewebe, das nach stärkerer Füllung mit Blut gering an Ausdehnung zunimmt. Der Kitzler geht rückwärts-abwärts in zwei Schenkel über, die sich am Schambogen des knöchernen Beckens befestigen. An der Spitze endet der Kitzler mit der Eichel. Zahlreiche Nerven mit ihren Aufnahmeorganen für die Berührungen leiten während des Geschlechtsverkehrs die Erregungen nach dem Zentralnervensystem.

Ungefähr 2 bis 3 cm unterhalb des Kitzlers befindet sich die Öffnung der Harnröhre; in ihrer Umgebung münden kleine Schleimdrüsen aus, in denen sich Infektionserreger festsetzen können.

Die beiden Vorhofschwellkörper liegen dem Dammquermuskel außen an und beiderseits vom Scheidenvorhof. Sie vereinigen sich vorn und stehen mit dem Schwellgewebe des Kitzlers in Verbindung.

Die große Vorhofdrüse, etwa bohnengroß und ebenfalls paarig, ist in die kleinen Schamlippen an der Grenze zwischen ihrem mittleren und hinteren Drittel eingebaut.

Der Schwellkörpermuskel umgreift beiderseits die Schamspalte und muß während der Geburt zum Durchtritt des Kindes in gleicher Weise nachgeben wie der Beckenbodenmuskel und der Dammquermuskel.

Die Brustdrüse

Die beiden Brustdrüsen sind Drüsen der äußeren Haut, erreichen nur bei der Frau ihre volle Ausbildung und auch erst während

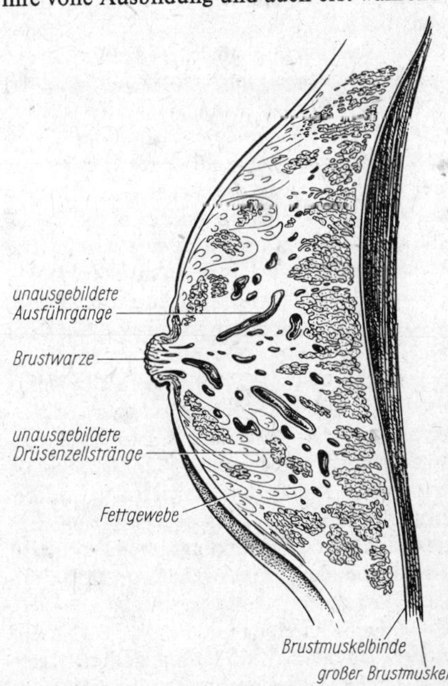

Brustdrüse einer nichtschwangeren Frau

der Stillperiode. Beim männlichen Geschlecht bleiben sie unentwickelt. Die Brustdrüse der Frau liegt verschieblich auf der Muskelbinde des großen Brustmuskels in Höhe der 3. bis 7. Rippe. Ein Fortsatz der Drüse kann bis in die Achselhöhle hineinreichen. Der Drüsenkörper setzt sich aus 15 bis 20 radiär angeordneten Drüsenlappen zusammen, die in Fettgewebe eingebettet sind.

Die Brustwarze steht ungefähr in Höhe der 4. Rippe. Sie ist ein konischer Vorsprung und wird von dem pigmentierten Warzenhof umgeben. In der Nähe ihrer Spitze öffnen sich 15 bis 20 Milchgänge. Während der Stillperiode erweitern sich diese kurz vor ihrer Mündungsstelle zu den spindelförmigen Milchsäckchen. Die Haut der Brustwarze und des Warzenhofs ist sehr zart und besitzt Fältchen. Sie enthält kleine Wollhärchen, Talgdrüsen und Schweißdrüsen. Die Haut wird durch Bündel von Eingeweidemuskulatur durchsetzt, die eine Aufrichtung oder Verkürzung der Brustwarze ermöglichen. (Eine sehr flache oder eine Hohlwarze erschwert das Stillen.) Die ruhende Drüse besteht aus Zellröhrchen und -strängen. Zwischen den Gängen liegen reichlich Binde- und Unterhautfettgewebe.

In der Schwangerschaft bildet sich die Brustdrüse durch Sprossung und Erweiterung der Drüsenschläuche heran, das Fettgewebe schwindet. Die Brustwarze und das ganze Organ vergrößern sich erheblich. Dehnt sich der Fortsatz bis in die Achselhöhle aus, so kann er der werdenden Mutter durch Druck Beschwerden verursachen. Die Größe der Drüse nimmt während der Schwangerschaft, besonders im letzten Schwangerschaftsmonat, zu. Am zweiten bis dritten Tag nach der Geburt setzt die Milchsekretion ein (Einschießen der Milch), nachdem zuvor – auch schon gegen Ende der Schwangerschaft – eine spärliche, aus Fettkügelchen, Eiweißstoffen und weißen Blutzellen bestehende Vormilch (Kolostrum) abgesondert wurde. Auch die Brustdrüse des neugeborenen Kindes kann durch Einwirkung der mütterlichen Hormone eine geringe Menge von Milch bilden.

Nach der Stillperiode bildet sich das Drüsengewebe allmählich wieder auf geringe Reste zurück. Bindegewebe und Fett nehmen an Menge zu und geben der Brust ihre Form. In jeder Schwangerschaft mit nachfolgender Stillzeit spielen sich die gleichen Vorgänge der Entfaltung und der späteren Rückbildung an den Brustdrüsen ab. Durch Entartung des Drüsengewebes entsteht der gefährliche und lebensbedrohende Brustdrüsenkrebs der Frau.

Die Blutversorgung der Milchdrüsen geschieht durch angrenzende Arterien, die vom Rande her in das Organ eintreten. Die Venen entsprechen im wesentlichen dem Verlauf der Arterien. Während der Stillperiode sind alle Blutgefäße erweitert. Die vergrößerten Venengeflechte scheinen durch die Haut der Brust mit bläulicher Farbe hindurch. Die Lymphgefäße ziehen zu den Achsellymphknoten, die bei Entzündung der Drüsen und bei Brustdrüsenkrebs zuerst befallen werden.

In der Haut der Brustdrüse und besonders an der Brustwarze liegen zahlreiche Nerven; diese Gebiete sind daher besonders empfindlich.

Physiologische Besonderheiten der Frau

Jede Lebensäußerung des Organismus beruht auf Stoffwechselvorgängen, die vom genetischen Apparat in den Körperzellen gesteuert werden und deren normaler Ablauf an die normale Funktion aller Organsysteme gebunden ist. Diese physiologischen Funktionsabläufe sind im Prinzip bei Mann und Frau gleich. Jedoch bestehen infolge der unterschiedlichen Chromosomenausstattung der Zellen (Geschlechtschromosomen) geschlechtsspezifische Unterschiede, die sich sehr deutlich im Körperbau (primäre und sekundäre Geschlechtsmerkmale) und in der hormonellen Steuerung auswirken. Da diese geschlechtsspezifischen Unterschiede im genetischen Apparat aller Körperzellen verankert sind, erstrecken sie sich auf alle Organe und Funktionen des Organismus. Sie kommen im Körperbau und besonders in den Funktionen deutlich zum Ausdruck, die direkt oder indirekt mit dem Sexualverhalten und den Sexualbeziehungen des Menschen zu tun haben.

Geschlechtsspezifische Unterschiede des Skelettsystems

Der Bau des Skelettsystems weist deutliche Geschlechtsunterschiede auf: Frauen sind durchschnittlich 12 cm kleiner und etwa 13 kg leichter als gleichaltrige Männer. Das Skelett der Frau ist rumpfbetont, das des Mannes extremitätenbetont. Der Schultergürtel ist relativ schwach entwickelt, das Bekken dagegen stark ausgebildet, denn die biologischen Aufgaben erfordern ein breit ausladendes Becken mit großer Beckenöffnung. Außerdem wird die Beckenpartie durch Fettablagerungen im Unterhautzellgewebe zusätzlich betont. Diese anatomischen Unterschiede wirken sich auf die Statik des Rumpfes aus; der Körperschwerpunkt ist nach unten verlagert. Der größere Beckendurchmesser führt zu einer Verkleinerung des Winkels zwischen Oberschenkelschaft und Oberschenkelhals und damit zu einer gewissen X-Stellung der Beine (einwärtsstehende Knie). Die Hebelverhältnisse werden bei der Kraftübertragung dadurch zusätzlich beeinflußt. Die X-Stellung ist auch an den Armen nachweisbar. Weiterhin weist der Halteapparat (Bänder und Sehnen) des weiblichen Skeletts biologisch wichtige Besonderheiten auf. Die Bänder der Wirbelsäule und des Beckens werden durch hormonelle Einflüsse, vor allem während der Schwangerschaft, aufgelokkert. Sie besitzen dadurch eine größere Dehnbarkeit und Elastizität, die während der Geburt von entscheidender Bedeutung sind. Aber auch sonst verfügt die Frau über eine größere Gelenkigkeit und Geschmeidigkeit.

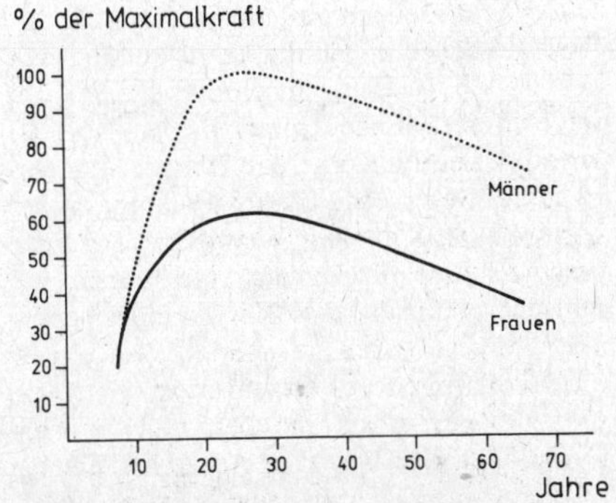

Maximale Muskelkraft in Abhängigkeit von Geschlecht und Lebensalter

Dieser Unterschied kommt bereits in den normalen alltäglichen Bewegungsabläufen zum Ausdruck.

Die anatomischen Besonderheiten am Skelettsystem, am Halteapparat und an der Muskulatur bewirken beim Manne größere Stabilität und Kraftentfaltung. Bei der Frau steht die größere Elastizität im Vordergrund; sie geht aber auch auf Kosten der Stabilität und Kraftentfaltung. Demzufolge sind Frauen für schwere körperliche Arbeit mit robuster Kraftentfaltung, Heben und Bewegen von Lasten nicht geeignet. Das gleiche gilt für bestimmte Kraft- und Kampfsportarten (z. B. Gewichtheben, Ringen, Boxen).

Morphologische geschlechtsspezifische Merkmale (Durchschnittswerte)

Merkmale	Frauen	Männer
Körperhöhe	162 cm	174 cm
Körpermasse	62,0 kg	75,4 kg
Schulterbreite (biacromial)	36,4 cm	40,4 cm
Becken	breiter und niedriger	schmaler und höher
obere und untere Extremitäten	x-Stellung	gerade Stellung
Muskulatur		
– relativ zur Körpermasse	36%	42%
– absolut	etwa 22 kg	etwa 32 kg
maximale Muskelkraft	20–35% geringer	
Fettpolster	gut entwickelt (physiologische Rundungen)	geringer entwikkelt (muskelbetonte Weichteilformen)

Geschlechtsspezifische Unterschiede der Muskulatur

Deutliche Unterschiede zwischen Mann und Frau zeigen sich in der Leistungsfähigkeit der Muskulatur.

Muskelkraft. Die Muskelmasse der Frau beträgt im Durchschnitt nur etwa zwei Drittel der des Mannes, wobei der Mann in der Regel auch über kräftigere Muskelfasern verfügt. Die stärkere Ausbildung des Fettgewebes bei der Frau hat zur Folge, daß sie auch relativ, bezogen auf die Körpermasse, über weniger Muskelgewebe verfügt. Das somit ungünstigere Kraft-Last-Verhältnis erklärt die um 20 bis 25% geringere Maximalkraft im Vergleich zum Manne.

Trainierbarkeit der Muskulatur. Sportliches Training führt zu Veränderungen im Stoffwechsel und in der Struktur der Muskeln, die die Voraussetzung für eine größere Leistungsfähigkeit bilden. Diese Anpassungserscheinungen bleiben nur bestehen, wenn die äußeren Belastungen in kürzeren Abständen wiederholt werden. Die Muskulatur ist bei Männern und Frauen im Prinzip gleich gut trainierbar.

Geschicklichkeit. Die weichere Konsistenz und größere Dehnbarkeit der Muskulatur der Frau werden vielfach als Ursache für eine gewisse Überlegenheit bei ausgesprochenen Geschicklichkeitsleistungen bei der Arbeit und ihre besondere Eignung für Sportarten wie Turnen und Gymnastik angenommen.

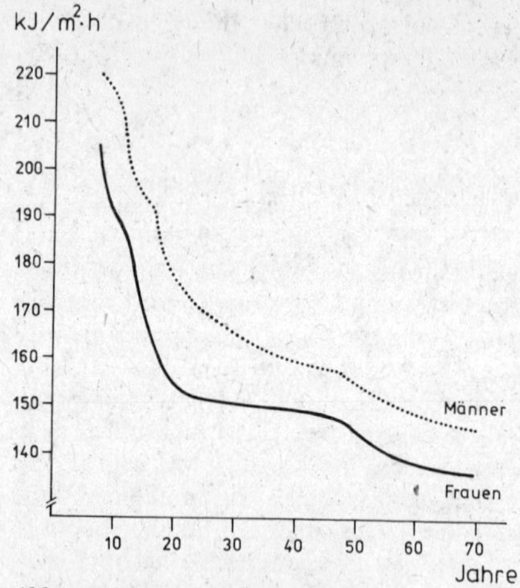

Abhängigkeit des Grundumsatzes von Lebensalter und Geschlecht

Geschlechtsspezifische Unterschiede im Stoffwechsel

Unter dem Begriff Stoffwechsel faßt man alle stofflichen Umsetzungen des Organismus zusammen, durch die die Struktur der Organe und Gewebe aufrechterhalten und die für ihre Funktion notwendige Energie bereitgestellt wird. Die Energie für körperliche Leistungen wird durch den Abbau energiereicher Substanzen (in erster Linie Kohlenhydrate und Fette) mit Hilfe von Sauerstoff gewonnen. Da die Nährstoffe fast immer ausreichend zur Verfügung stehen, wird der Umfang des Stoffwechsels im wesentlichen durch die Sauerstoffmenge bestimmt, die in der Zeiteinheit aufgenommen wird. Wenn auch vorübergehend die Freisetzung von Energie ohne Sauerstoff (anaerob) möglich ist, so muß doch die dabei eingegangene „Sauerstoffschuld" nach Abschluß der Arbeit abgedeckt werden. Man kann daher aus dem verbrauchten Sauerstoff auf die Intensität des Stoffwechsels schließen. Je mehr Sauerstoff aufgenommen wird, desto mehr Energie kann freigesetzt werden und desto größer ist die mögliche Leistung.

Ruhestoffwechsel. Schon in Ruhe zeigen sich im Stoffwechsel zwischen Mann und Frau Unterschiede. So verbraucht die Frau unter Ruhe-Nüchtern-Bedingungen bei Indifferenztemperatur (Grundumsatz) weniger Sauerstoff als der Mann. Auffallend ist, daß dieser Unterschied erst mit dem Eintritt der Pubertät deutlich nachweisbar wird.

Stoffwechsel bei Belastung. Als ein Maß für die Leistungsfähigkeit aller Organsysteme, die an der Aufnahme, am Transport und am Verbrauch des Sauerstoffs beteiligt sind, hat sich die Messung des maximalen Sauerstoffaufnahmevermögens unter Höchstbelastung bewährt. Bei beiden Geschlechtern besteht eine direkte Beziehung zwischen der maximalen Sauerstoffaufnahme und dem körperlichen Leistungsvermögen, insbesondere der Ausdauerleistungsfähigkeit. Zwischen Mann

Einige physiologische Kenngrößen des weiblichen im Vergleich zum männlichen Organismus (Durchschnittswerte)

Biologische Größe	Frauen	Männer
Herzvolumen	500–600 cm³	600–800 cm³
Herzgewicht	252 g	322 g
Herzschlagvolumen	55% des Mannes	
Belastungspuls	höher	
maximales Sauerstoffaufnahmevermögen	2,7 l/min	3,1 l/min
roter Blutfarbstoff (Haemoglobin)	144 g/l Blut	175 g/l Blut
Blutmenge	3,7 l	4,5 l
Atemtyp in Ruhe	Brustatmung	Bauchatmung
Vitalkapazität der Lungen	3,3 l	5,3 l

und Frau bestehen Unterschiede, die wiederum erst nach der Pubertät besonders augenfällig auftreten.

Geschlechtsspezifische Unterschiede des Herz-Kreislauf-Systems

Das Leistungsvermögen des Organismus hängt neben der Muskulatur vor allem von der Funktionstüchtigkeit des Herz-Kreislauf-Systems ab, welches für den Transport aller für den Stoffwechsel benötigten energiereichen Substanzen sowie der Stoffwechselendprodukte verantwortlich ist. Zwischen dem Herz-Kreislauf-System des weiblichen und männlichen Organismus bestehen altersabhängige und geschlechtsspezifische Unterschiede. Herzgewicht und Herzvolumen liegen ab 15. Lebensjahr bei Frauen deutlich niedriger als bei Männern. Dieser Unterschied ist nicht nur durch Körperhöhe und Körpergewicht bedingt; er bleibt auch bestehen, wenn man die Werte zu Höhe und Gewicht in Beziehung setzt. Intensives Ausdauertraining führt auch bei der Frau zur Vergrößerung des Herzens (Sportherz).

Herzschlagvolumen und Pulsfrequenz. Die geringere Größe des Herzens der Frau hat zur Folge, daß sein Schlagvolumen (die ausgeworfene Blutmenge je Herzschlag) geringer ist als beim Mann. Daraus ergibt sich, daß der weibliche Organismus das bei körperlicher Arbeit zum Transport der notwendigen Sauerstoffmenge erforderliche Blut in erster Linie durch eine Steigerung der Schlagzahl erreicht, während das männliche Herz dies wesentlich ökonomischer durch eine Schlagvolumenvermehrung (Zunahme der je Herzschlag ausgeworfenen Blutmenge) zustande bringt.

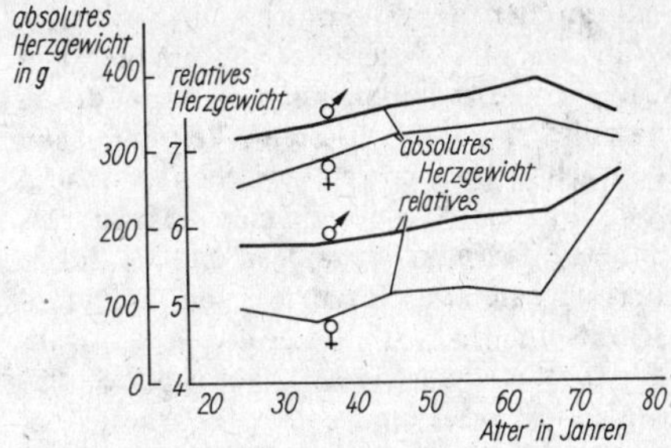

Absolutes und relatives Herzgewicht

Nach wissenschaftlichen Untersuchungen liegt z. B. die Pulssumme für die gleiche Leistung bei der Frau wesentlich höher als beim Mann. So erhöht sich die Pulsfrequenz einer Frau im Alter von 18 bis 20 Jahren bei einer Arbeit von 29,5 kJ in 10 Minuten um 543 Herzschläge über den Ausgangswert, die Pulsfrequenz eines gleichaltrigen Mannes jedoch bei der gleichen Leistung nur um 313 Herzschläge. Dies zeigt sich auch, wenn man die maximale Herzschlagzahl zum maximalen Sauerstoffaufnahmevermögen in Beziehung setzt. Daraus ergibt sich, daß die Frau zur Aufnahme der gleichen Sauerstoffmenge mehr Pulsschläge aufwenden muß als der Mann.

Maximales Sauerstoffaufnahmevermögen (VO_2 max.) und Leistungsbreite. Am deutlichsten ist der geschlechtsspezifische Leistungsunterschied bei Gesunden am maximalen Sauerstoffaufnahmevermögen und da-

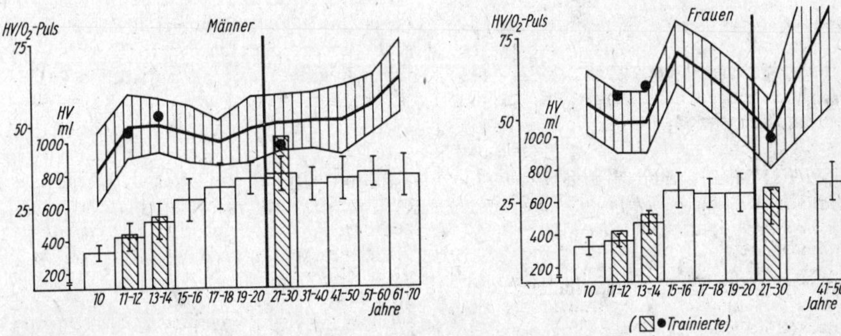

Herzvolumen und Herzvolumenleistungsquotient (HV/O_2-Puls) von Männern und Frauen im Alternsgang

mit an der Belastungsgrenze nachweisbar. Während im Kindesalter nur ein geringer Unterschied zwischen Jungen und Mädchen besteht, ist in den weiteren Altersstufen ein deutlicher Unterschied zwischen Männern und Frauen zu verzeichnen. Maximales Sauerstoffaufnahmevermögen und maximale Leistungsbreite der Frauen liegen im Durchschnitt um etwa 30 % unter denen der Männer. Das größere Sauerstoffaufnahmevermögen des Mannes bleibt auch dann bestehen, wenn man die Werte auf Körperhöhe, Körpermasse oder Körperoberfläche bezieht.

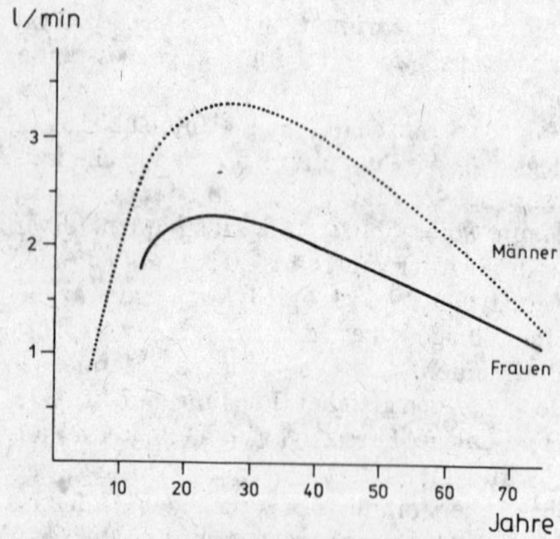

Maximales Sauerstoffaufnahmevermögen in Abhängigkeit von Geschlecht und Alter

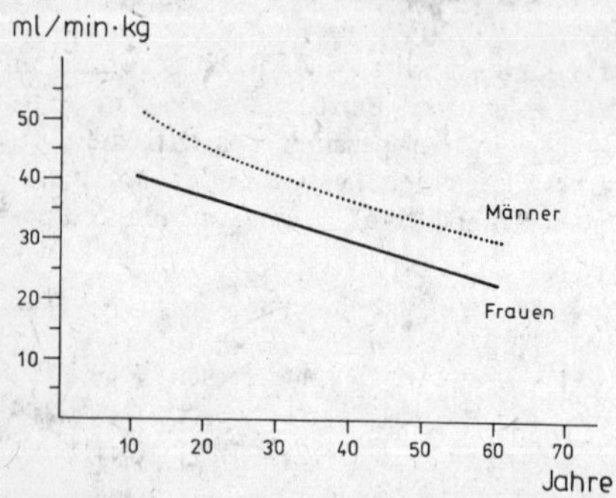

Maximales Sauerstoffaufnahmevermögen (relativ zum Körpergewicht) in Abhängigkeit von Geschlecht und Lebensalter

Sauerstoffpuls. Der Sauerstoffpuls errechnet sich aus

$$\frac{\text{Sauerstoffaufnahme je Minute}}{\text{Pulsfrequenz je Minute}}$$

Es ist die Menge Sauerstoff, die dem Organismus pro Herzschlag zur Verfügung gestellt wird. Der Sauerstoffpuls ist ein indirektes Maß für das Schlagvolumen des Herzens. In Ruhe liegt er zwischen 3 und 5 ml, unter Belastung steigt er an und erreicht bereits einige Zeit vor der Leistungsgrenze sein Maximum. Je größer der Sauerstoffpuls ist, desto ökonomischer ist die Herzarbeit. Neben der Altersabhängigkeit, die bei allen bisher aufgeführten Größen nachweisbar ist, besteht eine Geschlechtsabhängigkeit. Der maximale Sauerstoffpuls der Frau liegt niedriger als der des Mannes.

Anzahl der Pulsschläge, die nach 10 Minuten gleichbleibender Arbeitsschwere am Fahrradergometer (50 W über 10 Minuten) erforderlich ist, bis die ursprüngliche Pulsfrequenz wieder erreicht wird (Erholungspulssumme EPS)

Alter (Jahre)	Anzahl der Versuchspersonen		Mittelwert EPS	
	Männer	Frauen	Männer	Frauen
9–11	20	16	139	221
12–13	24	12	103	100
14–15	20	19	70	84
16–17	10	12	35	62
18–20	20	20	34	105
21–25	17	5	63	76
31–35	15	5	25	67

Erholungsfähigkeit. Eine andere, praktisch sehr wichtige Kreislaufgröße ist die Anzahl der Pulsschläge, die nach Abschluß der Arbeit erforderlich ist, bis die ursprüngliche Pulsfrequenz wieder erreicht wird. Sie ist ein Gradmesser für die durch die vorangegangene Arbeit hervorgerufene Ermüdung und gibt gleichzeitig Auskunft über die Erholungsfähigkeit. Bei der Frau ist eine wesentlich größere Anzahl von Pulsschlägen erforderlich, bis der Ausgangswert wieder erreicht wird.

Trainingswirkung auf Herz und Kreislauf. Sportliches Training und dynamische körperliche Arbeit führen ähnlich wie an der Skelettmuskulatur auch am Herz-Kreislauf-System zu Anpassungsreaktionen. Sie stellen eine wichtige Voraussetzung für eine größere körperliche Leistungsfähigkeit dar. Ausdauertraining führt in Abhängigkeit von der Größe der Belastung zur Vergrößerung des

Herzens. Sie besteht sowohl in einer erhöhten Dehnbarkeit der Herzhöhlen als auch in einer Verdickung der Herzmuskelfasern. Die Ausbildung dieses sog. Sportherzens ist ein physiologischer Vorgang, der zu einer erhöhten Leistungsbreite der Herztätigkeit führt. Das Herz des Trainierten weist bei körperlicher Ruhe eine niedrigere Herzfrequenz auf und vermag bei hoher Belastung eine wesentlich größere Blutmenge in den Kreislauf auszuwerfen als das Herz des Untrainierten.

Die Größenänderung des Herzens läßt sich röntgenologisch nachweisen. Die Anpassungserscheinungen des Herzens sind bei Männern und Frauen im Prinzip gleich, aber im Ausmaß verschieden. So zeigen Spitzensportlerinnen der Leichtathletik und des Schwimmsports ein durchschnittliches Herzvolumen von 700 bis 800 ml gegenüber 500 bis 600 ml bei gleichaltrigen Untrainierten. Bei den männlichen Spitzensportlern der gleichen Sportarten ergeben Herzvolumenbestimmungen Werte zwischen 900 und 1400 ml, während gleichaltrige Untrainierte 600 bis 800 ml aufweisen.

Wirkung des Trainings auf die Pulsfrequenz. Mit der Verbesserung des Trainingszustandes sinkt die Pulsfrequenz in Ruhe ab, unter Belastung steigt sie weniger stark als beim Untrainierten an. Die Anpassungsvorgänge sind bei Männern und Frauen im Prinzip gleich. Bei Frauen mit einem Sportherzen ist jedoch bisweilen eine noch stärkere Pulsverminderung zu beobachten als bei Männern. Die Veränderungen des Pulsfrequenzverhaltens sind ebenso wie die gleichzeitig zu beobachtende Verminderung der Blutdruckwerte Ausdruck für eine Ökonomisierung der Herzarbeit. Das Verhalten der Pulsfrequenz in Ruhe unter dosierten Belastungen ist somit ein wichtiges Kriterium zur Beurteilung des Trainingszustandes und der körperlichen Ausdauerleistungsfähigkeit.

Wirkung von Training auf das maximale Sauerstoffaufnahmevermögen und den Sauerstoffpuls. Die Folge der Anpassungsvorgänge des Herz-Kreislauf-Systems ist ein Anstieg des maximalen Sauerstoffaufnahmevermögens, wodurch die größere Leistung überhaupt erst möglich wird. Auch hierbei sind deutliche geschlechtsspezifische Unterschiede zu erkennen. Männer erreichen Maximalwerte von etwa 5 l je min und darüber, Frauen dagegen nur Werte von etwa 3 l je min. Schließlich sind die Unterschiede auch am Sauerstoffpuls nachweisbar; während die Höchstwerte bei trainierten Männern 25 bis 30 ml betragen, liegen sie bei trainierten Frauen maximal um 15 bis 20 ml. Zusammenfassend ist festzustellen, daß trainingswirksame Belastungen am Herz-Kreislauf-System bei beiden Geschlechtern gleichartige Anpassungserscheinungen hervorrufen. Die Frau benötigt jedoch dafür etwas längere Zeiträume und erreicht auch nicht die Ausmaße, die sich beim Mann feststellen lassen.

Geschlechtsspezifische Unterschiede der Lungenfunktion

Unter dem Begriff der Atmung faßt man den Austausch der Gase in der Lunge (äußere Atmung) und in den Geweben (innere Atmung) zusammen. Der Gasaustausch in der Lunge erfolgt in der Form, daß Sauerstoff aus der eingeatmeten Luft in das Blut übergeht, während gleichzeitig das Kohlendioxid als Abbauprodukt aus dem Stoffwechsel der Zellen an die Ausatmungsluft abgegeben wird. Durch die Atembewegungen wird der Lunge Frischluft zugeführt, und die sauerstoffarme bzw. mit Kohlendioxid angereicherte Luft wird abgeatmet.

Atemmechanik. Die Mechanik der Atmung wird durch die konstitutionellen Unterschiede zwischen den Geschlechtern stark beeinflußt. So ist der weibliche Rumpf länger, die Brustwirbelsäule aber im Verhältnis zur Gesamtwirbelsäule kürzer; dementsprechend ist der gesamte Brustkorb der Frau kleiner. Die Ventilation der Atemluft erfolgt entweder

a) durch Bauchatmung (das Zusammenziehen des Zwerchfells bewirkt ein Abflachen der Zwerchfellwölbung, so daß der Brustraum vergrößert wird) oder
b) durch Brustatmung (hierbei werden die Rippen gehoben, wodurch sich das Volumen des Brustkorbs vergrößert).

Die Frau neigt mehr zur Brustatmung, der Mann zur Bauchatmung. Die geschlechtsspezifischen Unterschiede der Atmung können durch spezielle atemmechanische Untersuchungen analysiert werden. Dabei zeigt sich, daß die Atemarbeit zur Ventilation der gleichen Luftmenge bei Männern geringer ist als bei Frauen. Die Lungenvolumina und die Ventilationsgrößen weisen ebenfalls Unterschiede zwischen den Geschlechtern auf. Die Lungenfaßkraft (Vitalkapazität), die Luftmenge, die nach tiefster Einatmung ausgeatmet werden kann, liegt bei Männern um 20 bis 30 % höher als bei Frauen. Dieser Unterschied ist in allen Altersstufen nachweisbar. Daraus ergibt sich, daß auch die Luftmenge, die in einer Sekunde bei maximal rascher Exspiration ausgeatmet werden kann (Sekundenkapazität), bei Männern größer ist als bei Frauen. Während das Atemminutenvolumen in Ruhe keine Unterschiede zwischen Mann und Frau aufweist – es beträgt etwa 6 bis 8 l Luft pro Minute –, liegt das maximal mögliche Atemminutenvolumen (Atemgrenzwert) während Belastung bei Männern deutlich höher als bei Frauen. Es beträgt bei hoher Belastung bei 20- bis 30jährigen Männern etwa 110 bis 120 l und bei gleichaltrigen Frauen 85 bis 95 l. Einen ähnlichen Unterschied weist der Atemgrenzwert auf. Schließlich ist auch die atmungsaktive Gesamtoberfläche der Lungenbläschen bei Männern mit 120 m^2 größer als bei Frauen (90 bis 100 m^2). Daraus ergibt sich wiederum ein Unterschied in der Atemökonomie zugunsten der Männer. Sie benötigen zur Aufnahme von 1 l Sauerstoff etwa 25 bis 30 l Luft, Frauen dagegen 30 bis 35 l Luft.

Wirkung des Trainings auf die Lungenfunktion. Training führt auch zu Anpassungserscheinungen in der Lungenfunktion; sie sind jedoch nicht so ausgeprägt wie die des Herz-Kreislauf-Systems. Es kommt zum Anstieg der Vitalkapazität, zur Erhöhung des maximalen Atemminutenvolumens sowie zur Verbesserung der Atemökonomie und des Gasaustauschs. Auch diese Anpassungsreaktionen sind bei Männern stärker ausgeprägt als bei Frauen.

Geschlechtsspezifische Unterschiede des Blutes

Das im Gefäßsystem kreisende Blut verbindet die einzelnen Organsysteme miteinander. Es transportiert Nährstoffe und vor allem den für den Stoffwechsel unerläßlichen Sauerstoff. Die Abbauprodukte des Zellstoffwechsels werden vom Gewebe an das Blut abgegeben und dann ausgeschieden. Für den Transport des Sauerstoffs ist der rote Blutfarbstoff (Hämoglobin) verantwortlich. Dieser ist in den roten Blutkörperchen angereichert. Beim Mann sind in 1 µl Blut 5,1 Millionen rote Blutkörperchen enthalten. Das Blut der Frau enthält im Durchschnitt nur etwa 4,5 Millionen rote Blutkörperchen je 1 µl Blut. Auch die Gesamtblutmenge ist bei der Frau geringer. Beides zusammen führt zu einer Verminderung der gesamten im Körper kreisenden Menge an rotem Blutfarbstoff und damit zu einer geringeren Sauerstoffaufnahmefähigkeit. Dabei muß allerdings das geringere Körpergewicht der Frau berücksichtigt werden.

Geschlechtsspezifische Unterschiede der körperlichen Entwicklung

Wachstums- und Reifungsunterschiede. Die Entwicklung des jugendlichen Organismus geht nicht kontinuierlich vor sich, sondern Zeiten schnellen Wachstums wechseln mit Zeiten relativ langsamen Wachstums ab. Das intensivste Wachstum erfolgt im 1. Lebensjahr; die Wachstumsgeschwindigkeit sinkt bis zum 10. Lebensjahr ab. Zur Zeit der Pubertät kommt es zu einer erneuten Beschleunigung des Wachstums. In den letzten Jahrzehnten konnte in allen entwickelten Staaten der Welt eine Entwicklungsbeschleunigung mit früherem Entwicklungsbeginn, Akzeleration genannt, beobachtet werden. Es wird vermutet, daß gegenwärtig ein gewisser Abschluß erreicht worden ist. Die Akzeleration hat dazu geführt, daß gleichaltrige Schulkinder heute etwa 10 cm größer und je nach Altersstufe 7 bis 13 kg schwerer sind als vor 100 Jahren. Der Menstruationsbeginn (Menarche) hat sich seit Anfang dieses Jahrhunderts von etwa 15 Jahren auf etwa 12 Jahre verlagert. Das Wachstum kommt heute im allgemeinen früher zum Abschluß; es endet bei Mädchen im Durchschnitt mit 16, bei Jungen mit 18 Jahren, während man vor 50 Jahren noch 18 bzw. 20 Jahre angegeben hat. Die Erscheinung der Akzeleration betrifft beide Geschlechter in gleichem Maße. Die Ursache ist in einer vermehrten Zufuhr äußerer Reize und besserer Ernährung der heutigen Jugend zu suchen. Infolge der Akzeleration ist der Jugendliche spezifischen Gesundheitsrisiken ausgesetzt. In bezug auf die Körpermaße macht er bereits den Eindruck eines Erwachsenen. Es wird daher leicht übersehen, daß er in der Wachstumsperiode gegenüber schädigenden Einflüssen besonders empfänglich ist. Zudem treten infolge der großen Anpassungsbreite des jugendlichen Organismus Krankheitserscheinungen relativ spät in Erscheinung. Gefährdet ist besonders das Stütz- und Bewegungssystem. Dem jugendlichen Bandapparat fehlt die notwendige Straffheit, was begünstigt wird durch die rascher ermüdbare Muskulatur. Gesetzliche Arbeitsschutzbestimmungen tragen diesem Umstand Rechnung.

Während der Pubertät muß der Organismus das verstärkte Wachstum und die sexuellen Reifungsprozesse bewältigen. Diese führen beim weiblichen Körper zu deutlicher sichtbaren Veränderungen der Gestalt und in den Körperfunktionen. So setzt z. B. um das 12. Lebensjahr herum die Menstruation ein, nachdem die Gebärmutter auf etwa das Fünfzehnfache der Größe beim Kind gewachsen ist.

Gewicht der Gebärmutter in den verschiedenen Altersstufen

Neugeborene	3,9 g
0– 1 Jahr	1,4 g
1– 2 Jahre	1,5 g
2– 4 Jahre	2,3 g
4– 7 Jahre	2,8 g
7–14 Jahre	4,3 g
14–20 Jahre	32,5 g
20–30 Jahre	49,5 g

(Quelle: Geigy-Tab. 1975)

Während der Reifungsperiode hat die regelmäßige Ausübung von Körperübungen und Sport einen entwicklungsfördernden Einfluß, wobei jedoch die Intensität der Bewegungsreize dem jeweiligen Alter angepaßt sein muß.

Menstruation und Leistungsfähigkeit. Während der Geschlechtsreife der Frau kommt es zu bestimmten zyklischen, sich wiederholenden Veränderungen in der hormonellen Regulation, die sich sichtbar in der in bestimmten zeitlichen Abständen wiederkehrenden Menstruationsblutung äußern. In dieser Zeit kann die Frau – unter strenger Einhaltung der gesetzlichen Vorschriften über die Grenzwerte der aufzuwendenden Kraft beim Heben, Tragen und Bewegen von Lasten usw. – weiter ihrer Arbeitstätigkeit nachgehen. Es ist allerdings bekannt, daß in Beziehung zum Menstruationszyklus Schwankungen der beruflichen Leistungsfähigkeit auftreten. Diese ist meist kurz vor und zu Beginn der Regelblutungen vermindert. Langdauerndes Stehen ist durch entsprechende Arbeitsplatzgestaltung oder Arbeitsorganisation zu vermeiden.

Es gibt keinen physiologischen Grund, der Frau während der Menstruation die Ausübung des Sports zu verbieten. Dies gilt besonders für Frauen, die an die sportliche Betätigung gewöhnt sind und sich im regelmäßigen Training befinden. Eine bedingte Ausnahme davon ist das Schwimmen, das während dieser Zeit aus ästhetischen Gründen abzulehnen ist und für die Frau die Gefahr einer Infektion in sich birgt. In Zweifelsfällen und bei größeren Beschwerden ist immer der Rat des Frauenarztes einzuholen. Fragt man Wettkampfsportlerinnen nach Zusammenhängen zwischen der Menstruation und der Leistungsfähigkeit, so fällt die Antwort recht unterschiedlich aus. Während der Großteil in seiner Leistungsfähigkeit nicht beeinträchtigt ist, fühlen sich manche in dieser Zeit stark behindert. Es gibt aber auch Beispiele dafür, daß Sportlerinnen während der Menstruation persönliche Bestleistungen aufstellen, ja, olympische Medaillen wurden gar nicht so selten während solcher Tage errungen. Jedoch beschränkt sich diese bessere Leistungsfähigkeit im wesentlichen auf kurz dauernde Sportarten, die schnelles Reaktionsvermögen verlangen. Leistungen, die große Konzentration erfordern, und auch Ausdauerleistungen sind im allgemeinen beeinträchtigt.

Schwangerschaft und Leistungsfähigkeit. Die Schwangerschaft stellt sowohl eine psychische als auch eine ganz erhebliche körperliche Belastung für die Frau dar. Von der Größe dieser Leistung kann man sich eine Vorstellung machen, wenn man weiß, daß eine Frau, die sechs Kinder zur Welt gebracht hat, nahezu das Dreifache ihres eigenen Körpergewichts zusätzlich an Substanz aufbauen mußte. Die Mehrarbeit, die dem Körper durch die Schwangerschaft entsteht, wird mit 25 bis 30 % veranschlagt; dadurch sinkt die körperliche Leistungsfähigkeit etwa ab 3. Schwangerschaftsmonat parallel zur

Schwangerschaftsdauer. Sowohl der Stoffwechsel als auch der Kreislauf werden schon in den ersten Schwangerschaftsmonaten erheblich belastet. Im Verlauf der Schwangerschaft kommt es zu einer allgemeinen Auflockerung der Gewebe, so daß die Frau an statischer Festigkeit verliert. Durch Zunahme des Leibesumfanges wird der Körperschwerpunkt nach vorn verlagert, wodurch die Rückenmuskulatur verstärkt beansprucht wird. Schließlich wird durch Verlagerung der Bauchorgane die Atemfunktion beeinträchtigt.

Während der Schwangerschaft ist darauf zu achten, daß die aus dem Berufs- und Privatleben resultierenden Anforderungen und Belastungen der aktuellen Leistungsfähigkeit angemessen sind. Vor allem geht es darum, Überforderungen des mütterlichen Organismus und potentielle Gefährdungen für das sich entwickelnde ungeborene Kind auszuschließen. Arbeitsschutzrechtliche Bestimmungen tragen diesem Anliegen Rechnung. Besonderes Augenmerk gilt dabei solchen Einflußfaktoren, die eine Fruchtschädigung bewirken könnten. Jede berufstätige Frau sollte bei der Vermutung einer Schwangerschaft unverzüglich einen Arzt aufsuchen. Die Frühdiagnose der Schwangerschaft ist wichtig, um bereits in den ersten Schwangerschaftswochen die richtigen Entscheidungen für einen leistungsfähigkeitsadäquaten Arbeitseinsatz treffen zu können („schwangerengerechter Arbeitsplatz", nicht zu verwechseln mit einem „Schonarbeitsplatz").

Wechseljahre und Leistungsfähigkeit. Die hormonelle Umstellung im Klimakterium bringt für viele Frauen eine Reihe von Anpassungsschwierigkeiten mit sich. Frauen, die einen Beruf oder eine Aufgabe haben, die sie ausfüllt, werden mit diesen Schwierigkeiten eher fertig. Eine Frau von etwa 50 Jahren ist wie der Mann im Vollbesitz ihrer geistigen Kräfte und reich an Erfahrungen. Sie hat ein solches Maß an praktischer Übung und Erfahrung gesammelt, daß dies einem optimalen Trainingszustand gleichen kann. Auch gewisse Entlastungen im familiären Bereich, z.B. durch das Ausscheiden der erwachsenen Kinder aus dem elterlichen Haushalt, erklären vielfach zu beobachtende Leistungsspitzen bei Frauen um das 45. Lebensjahr. Ein wichtiges, aber bis heute wenig beachtetes Problem ist der Einfluß sportlicher Betätigung auf die Wechseljahre. Abzulehnen ist jedoch in dieser Zeit jede sportliche Übertreibung. Leistungssport sollte nur dann betrieben werden, wenn sich die Betreffende einem seit Jahren nicht unterbrochenen Training unterzogen hat. Die Ausführung leichter sportlicher Übungen – insbesondere Gymnastik, Schwimmen und weniger anstrengende Ballspiele – ist aber gerade in dieser Phase sehr wichtig. Durch ständige Inanspruchnahme der körperlichen und geistigen Leistungsvoraussetzungen läßt sich eine bestimmte Leistungshöhe erhalten, die den Frauen diese Zeit besser zu überwinden hilft und nicht zuletzt auch die möglichen Beschwerden der Wechseljahre ganz erheblich mindert.

Geschlechtsspezifische Unterschiede im Krankheitsgeschehen

Auch in der Häufigkeit, mit der die verschiedenen Erkrankungen auftreten, zeigen sich deutliche Unterschiede zwischen Männern und Frauen. Soweit es sich um geschlechtsspezifische Erkrankungen handelt, bedarf dies keiner Erläuterung. Darüber hinaus unterliegen Mann und Frau infolge unterschiedlicher beruflicher Betätigung sowie unterschiedlicher Lebensgewohnheiten (mangelnde körperliche Betätigung, häuslicher Streß, Rauchen u. a.) unterschiedlichen krankheitsfördernden äußeren Einflüssen. Unterschiede in der hormonellen Regulation und in der Verarbeitung und Beantwortung äußerer belastender Einwirkungen spielen dabei eine Rolle. So sind Erkrankungen der Schilddrüse im Sinne der Überfunktion bei der Frau wesentlich häufiger als beim Mann. Auch die Unterfunktion der Schilddrüse ist bei Frauen häufiger als bei Männern (etwa $\frac{2}{3}$ Frauen und $\frac{1}{3}$ Männer). Andererseits findet man bei den verschiedenen Erkrankungen der Lunge ein deutliches Überwiegen der Männer. Von Lungenkrankheiten werden – besonders in jüngeren Jahren – Männer vier- bis fünfmal häufiger befallen als Frauen. Auch bei den Krebserkrankungen lassen sich ganz bestimmte Unterschiede erkennen. So tritt beispielsweise der Kehlkopfkrebs fast ausschließlich bei Männern auf, während die Krebserkrankungen der Gallenblase bei Frauen ungleich häufiger sind.

Das Überwiegen der Gallenwegkrebse bei der Frau ist zu einem Teil sicher auch auf den häufigeren Befall mit Gallensteinen zurückzuführen. So werden bei jeder vierten Frau Gallensteine gefunden, dagegen nur bei jedem zwölften Mann.

Gleichberechtigung und Leistungsfähigkeit

Die Frau genießt in den sozialistischen Staaten volle Gleichberechtigung auf allen Gebieten des gesellschaftlichen und kulturellen Lebens. Dies schließt ein, daß sie sich in vollem Maße entsprechend ihren Anlagen, Neigungen und spezifischen Merkmalen entwickeln und eine ihren Fähigkeiten entsprechende Stellung in der Gesellschaft einnehmen kann. Die Frau hat unter Berücksichtigung ihrer körperlichen Voraussetzungen gleichen Zugang zu allen Berufen wie der Mann. Aus den vorstehenden Darlegungen ergibt sich jedoch, daß von ihr bei gleicher Tätigkeit nicht gleiche absolute körperliche Leistungen gefordert werden können. Würde man die Gleichberechtigung der Frau als formale Gleichverpflichtung auffassen, so hätte das in vielen Fällen eine Überforderung zur Folge. In Art und Ausmaß der Belastung muß auf die Besonderheiten der Frau Rücksicht genommen werden. Das trifft vor allem für Anforderungen zu, bei denen robuste Muskelkraft erforderlich ist oder das Skelettsystem extrem belastet wird. Auf vielen anderen Gebieten, wie z. B. bei Tätigkeiten mit motorischen Geschicklichkeitsleistungen oder Anforderungen an psychische Leistungsvoraussetzungen, ist die Frau dem Manne ebenbürtig, eventuell sogar überlegen. Die Kenntnis der geschlechtsspezifischen Unterschiede ist von großer Bedeutung für die richtige Leitung der Erziehung und Ausbildung der heranwachsenden Mädchen, für Berufswahl und Berufsausübung sowie für Sport und Freizeitgestaltung. Die sozialistische Gesellschaft berücksichtigt in ihrer Gesetzgebung, in den Arbeitsschutzbestimmungen sowie in zahlreichen speziellen sozialen Förderungsmaßnahmen die geschlechtsspezifischen Besonderheiten im Körperbau und in der Leistungsfähigkeit der Frau. Auch eine sinnvolle Körperkultur mit dem Ziele der Förderung und Erhaltung der Gesundheit der Frau kann sich nur entwickeln, wenn die geschlechtsspezifischen Besonderheiten Beachtung finden.

Arbeitsrecht und Arbeitsschutz

Der spezielle Arbeitsschutz für Frauen ist eng mit der Problematik der Frauenarbeit verbunden und bildet seit jeher einen Teil des Kampfes der Frauen um ihre Gleichberechtigung. Erst die antifaschistisch-demokratische Umwälzung nach 1945 ermöglichte es den Frauen, in allen Berufen zu arbeiten, denen sie aufgrund ihrer Kräfte und Fähigkeiten gewachsen waren.

Das Recht auf Arbeit in der Verfassung der DDR

Im Artikel 24 unserer sozialistischen Verfassung wird jedem Bürger der Deutschen Demokratischen Republik das Recht auf Arbeit garantiert. Er hat das Recht auf einen Arbeitsplatz und dessen freie Wahl entsprechend den gesellschaftlichen Erfordernissen und der persönlichen Qualifikation. Mann und Frau, Erwachsene und Jugendliche haben das Recht auf gleichen Lohn bei gleicher Arbeitsleistung. Gesellschaftlich nützliche Tätigkeit ist eine ehrenvolle Pflicht für jeden arbeitsfähigen Bürger. Das Recht auf Arbeit und die Pflicht zur Arbeit bilden somit eine Einheit.

Der Artikel 35 legt fest, daß jeder Bürger der DDR das Recht auf Schutz seiner Gesundheit und seiner Arbeitskraft besitzt. Dieses Recht wird durch die planmäßige Verbesserung der Arbeits- und Lebensbedingungen, die Pflege der Volksgesundheit, eine umfassende Sozialpolitik, die Förderung der Körperkultur, des Schul- und Volkssports und der Touristik gewährleistet. Auf der Grundlage eines sozialen Versicherungssystems werden bei Krankheit und Unfällen materielle Sicherheit, unentgeltliche ärztliche Hilfe, Arzneimittel und andere medizinische Sachleistungen gewährt.

Der Artikel 36 garantiert jedem Bürger das Recht auf Fürsorge der Gesellschaft im Alter und bei Invalidität.

Körperliche Besonderheiten der Frau beim Arbeitseinsatz

Es hätte nichts mit Gleichberechtigung zu tun, wollte man verlangen, daß die Frau alle Arbeiten unter den gleichen Bedingungen wie der Mann ausführt. Vor allem physische Besonderheiten im Vergleich zum Manne sind im Hinblick auf den Arbeitseinsatz der Frau von Bedeutung. Der Körperbau der Frau weist u. a. morphologische und funktionelle Besonderheiten in Körpergröße, Brustumfang sowie an den Gliedmaßen und Händen auf. Funktionell ist ein kleineres Lungenfassungsvermögen, eine höhere Atemfrequenz, eine geringere maximale Kraftleistung und als Folge des vermehrten Luftwechsels eine erhöhte Giftanfälligkeit vorhanden.
Während sich der männliche Rumpf durch Festigkeit der Gewebe und panzerartige Anordnung der Bauchmuskulatur auszeichnet und damit für äußere Belastung eignet, zeigt der weibliche Rumpf alle Merkmale, die ihn für innere Belastungen (Fortpflanzung) geeignet machen. Die Gliedmaßen der Frau sind kürzer, das bedeutet gegenüber dem Manne eine etwa 15 cm geringere Reichweite. Die Sitzhöhe ist niedriger als die des Mannes. Die gesetzlichen Bestimmungen zum Arbeits- und Gesundheitsschutz der Frau tragen den anatomischen und funktionellen Besonderheiten der Frau Rechnung und sind bezüglich ihrer konkreten Forderungen aus wissenschaftlichen Erkenntnissen über die Geschlechtsunterschiede abgeleitet.

Gesetzliche Bestimmungen des Gesundheits- und Arbeitsschutzes für die Frau in der DDR

Das Arbeitsrecht trägt zur planmäßigen Verbesserung der Arbeits- und Lebensbedingungen der Frauen bei. Es sichert die besondere Förderung und den Schutz der Frauen bei Aufnahme und Ausübung einer beruflichen Tätigkeit sowie die materielle Versorgung bei Mutterschaft.
Das Arbeitsgesetzbuch der Deutschen Demokratischen Republik vom 16. 6. 1977 (AGB) legt im § 3 folgendes fest: Der sozialistische Staat gewährleistet, daß überall solche Bedingungen geschaffen werden, die es den Frauen ermöglichen, ihrer gleichberechtigten Stellung in der Arbeit und in der beruflichen Entwicklung immer besser gerecht zu werden und ihre berufliche Tätigkeit noch erfolgreicher mit ihren Aufgaben als Mutter und in der Familie zu vereinbaren. Zur Tätigkeit der Gewerkschaften wird im § 22 u. a. folgendes bestimmt:
Die Gewerkschaftsorganisation und ihre Organe vertreten die Interessen der Werktätigen im Betrieb, indem sie u. a.
- bei der Intensivierung der Produktion mitwirken und Einfluß darauf nehmen, daß die Maßnahmen zur Steigerung der Arbeitsproduktivität mit der Verbesserung der Arbeits- und Lebensbedingungen der Werktätigen verbunden werden,
- auf die Verbesserung des Gesundheits- und Arbeitsschutzes Einfluß nehmen, die Einhaltung der Arbeitsschutzvorschriften kontrollieren und die Aufgaben der Sozialversicherung im Betrieb erfüllen,
- die Einhaltung der sozialistischen Arbeitsdisziplin fördern und die Massenkontrolle über die Wahrung der Gesetzlichkeit sowie über die Gewährleistung von Ordnung, Disziplin und Sicherheit organisieren.

Der Frauenförderungsplan. Die Maßnahmen zur Förderung der schöpferischen Fähigkeiten der Frauen im Arbeitsprozeß, zur politischen und fachlichen Aus- und Weiterbildung und zur planmäßigen Vorbereitung auf den Einsatz in leitenden Funktionen sowie zur Verbesserung ihrer Arbeits- und Lebensbedingungen sind im Frauenförderungsplan festzulegen. Er ist zwischen dem Betriebsleiter und der Betriebsgewerkschaftsleitung laut § 30 AGB als Teil des Betriebskollektivvertrages zu vereinbaren. Der Betriebsleiter hat in Zusammenarbeit mit der Betriebsgewerkschaftsleitung die Mitwirkung der Frauen an der Ausarbeitung des Frauenförderungsplanes zu sichern. Über die Erfüllung dieses Planes ist vor den Frauen Rechenschaft abzulegen.
Kündigungsschutz. Hier legt der § 58 AGB u. a. fest, daß der Betrieb Schwangeren, stillenden Müttern, Müttern mit Kindern bis zu einem Jahr, Müttern während der Zeit der Freistellung nach dem Wochenurlaub und alleinstehenden Werktätigen mit Kindern bis zu 3 Jahren nicht fristgemäß kündigen darf.

Das gleiche trifft zu für Werktätige während der Dauer der Arbeitsunfähigkeit wegen Krankheit, Arbeitsunfall, Berufskrankheit, während Quarantäne sowie während des Erholungsurlaubes.

Arbeitsorganisation und sozialistische Arbeitsdisziplin. Im § 71 AGB wird der Betrieb verpflichtet, solche Arbeitsbedingungen zu schaffen, die den Werktätigen hohe Arbeitsleistungen ermöglichen, die bewußte Einstellung zur Arbeit und das Schöpfertum fördern, die Arbeitsfreude erhöhen und zur Entwicklung sozialistischer Persönlichkeiten sowie zur sozialistischen Lebensweise beitragen. Der Betrieb hat dazu den Arbeitsprozeß unter aktiver Teilnahme der Werktätigen nach arbeitswissenschaftlichen Erkenntnissen zu gestalten und alle Voraussetzungen für eine hohe Arbeitsdisziplin, für Ordnung und Sicherheit im Arbeitsprozeß zu schaffen. Die Initiativen der Werktätigen zur Anwendung der wissenschaftlichen Arbeitsorganisation sind zu fördern sowie moralisch und materiell anzuerkennen.

Der Betrieb hat zu sichern, daß bei der Vorbereitung von Investitionen und der Entwicklung von Erzeugnissen und Verfahren die Erkenntnisse und Methoden der wissenschaftlichen Arbeitsorganisation mit dem Ziel angewendet werden, Voraussetzungen für eine effektive und persönlichkeitsfördernde Arbeit der Werktätigen zu schaffen. Der Betrieb hat die Arbeitsaufgaben so zu gestalten, daß die Werktätigen ihre Erkenntnisse und Fähigkeiten entfalten können und die schöpferischen Elemente der Arbeit zunehmen. Der Betrieb hat den Inhalt der Arbeitsaufgaben einschließlich der Verantwortungsbereiche der Werktätigen eindeutig zu bestimmen und in Funktionsplänen oder in anderen betrieblichen Dokumenten schriftlich festzulegen.

Weiterhin hat der Betrieb planmäßig gesundheitsgefährdende Arbeitsbedingungen an den Arbeitsplätzen zu vermindern und die Anzahl der Arbeitsplätze mit körperlich schweren sowie einseitig belastenden Arbeiten einzuschränken. Unter Nutzung aller Möglichkeiten sind Arbeitsplätze einzurichten, die für den Einsatz von Frauen, Jugendlichen, Werktätigen im höheren Lebensalter und Werktätigen geeignet sind, deren Arbeitsfähigkeit gemindert ist. Das schließt die Schaffung von sogenannten geschützten Arbeitsplätzen und Betriebsabteilungen für Rehabilitanden ein. Nach § 80 AGB gehört zu den Arbeitspflichten eines jeden Werktätigen, daß er u. a. das sozialistische Eigentum vor Beschädigung und Verlust zu schützen hat und die Bestimmungen über den Gesundheits- und Arbeitsschutz und den Brandschutz sowie über Ordnung, Disziplin und Sicherheit einhält. Der Betriebsleiter und die leitenden Mitarbeiter haben die Bemühungen der Arbeitskollektive um die Festigung von Ordnung, Disziplin und Sicherheit zu fördern. Bei Verstößen gegen die sozialistische Arbeitsdisziplin ist durch kritische Auseinandersetzung in den Arbeitskollektiven erzieherisch auf den Betreffenden einzuwirken.

Arbeitsordnung. Zur Gewährleistung einer hohen Effektivität der Arbeit, zur Festigung der Arbeitsmoral und -disziplin, zur Durchsetzung von Ordnung und Sicherheit sowie zur Entwicklung sozialistischer Kollektivbeziehungen ist im Betrieb eine Arbeitsordnung gem. § 91 AGB zu schaffen.

In der Arbeitsordnung sind auf der Grundlage der Rechtsvorschriften insbesondere festzulegen:

- Anforderungen an leitende Mitarbeiter und alle anderen Werktätigen, die eine straffe Ordnung und Disziplin, den ordnungsgemäßen Arbeitsablauf im Betrieb, die Zusammenarbeit in den Arbeitskollektiven sowie den Gesundheits- und Arbeitsschutz und den Brandschutz gewährleisten,
- Einzelheiten zur Ausübung des Weisungsrechts und der Disziplinarbefugnis,
- Maßnahmen zur sicheren Aufbewahrung des persönlichen Eigentums der Werktätigen, das sie im Zusammenhang mit der Arbeit und der gesellschaftlichen Tätigkeit in den Betrieb mitbringen,
- Regeln für die Nutzung betrieblicher Einrichtungen zur kulturellen und sportlichen Betätigung und zur sozialen Betreuung der Werktätigen.

Bei besonderen Arbeitserschwernissen erhält nach § 111 AGB der Werktätige für die Dauer der Arbeit unter diesen Bedingungen einen Erschwerniszuschlag. Die Arbeiten, für die Erschwerniszuschläge zu zahlen sind, und die Höhe der Zuschläge sind in den Rahmenkollektivverträgen (Katalog der Erschwerniszuschläge) zu vereinbaren.

Die Fragen der Arbeitszeit und des Pausenregimes werden durch die Paragraphen 160–180 AGB geregelt.
Die Politik des sozialistischen Staates ist auf den weiteren schrittweisen Übergang zur 40-Stunden-Arbeitswoche durch die Verkürzung der täglichen Arbeitszeit ohne Lohnminderung bei Beibehaltung der 5-Tage-Arbeitswoche gerichtet.
Für Mehrschichtarbeiter und vollbeschäftigte Mütter mit mehreren Kindern bis zu 16 Jahren bzw. mit einem schwergeschädigten Kind sowie für Werktätige, die besonders schwere Arbeit zu leisten oder unter bestimmten gesundheitsgefährdenden Bedingungen arbeiten, gilt entsprechend den Rechtsvorschriften eine kürzere Arbeitszeit als für die übrigen Werktätigen. Frauen, die auf Grund besonderer familiärer Verpflichtungen vorübergehend verhindert sind, ganztägig zu arbeiten, ist entsprechend den betrieblichen Bedingungen für die erforderliche Zeit die Möglichkeit zu geben, ihr Recht auf Arbeit durch Teilbeschäftigung wahrzunehmen.
Arbeitspausen. Die tägliche Arbeitszeit ist zur Erholung der Werktätigen durch ausreichende Pausen zu unterbrechen. Der Werktätige darf nicht länger als 4,5 Stunden hintereinander ohne Pausen arbeiten. Die Mindestdauer einer Pause beträgt 15 Minuten. Die Pause zur Einnahme der Hauptmahlzeit muß mindestens 30 Minuten betragen. Ist die Einhaltung dieses Pausenregimes infolge der ununterbrochenen Produktion oder der Arbeit im Dreischichtsystem nicht möglich, sind dem Werktätigen während der täglichen Arbeitszeit Kurzpausen zu gewähren. Diese müssen für vollbeschäftigte Werktätige zusammen mindestens 20 Minuten betragen. Sie gelten als Arbeitszeit.
Gesundheits- und Arbeitsschutz (Kap. 10 AGB). Nach § 201 AGB ist der Betrieb verpflichtet, den Schutz der Gesundheit und der Arbeitskraft der Werktätigen vor allem durch die Gestaltung und Einhaltung sicherer, erschwernisfreier sowie die Gesundheit und Leistungsfähigkeit fördernder Arbeitsbedingungen zu gewährleisten. Der Betriebsleiter und die leitenden Mitarbeiter sind verpflichtet, die Erfordernisse des Gesundheits- und Arbeitsschutzes sowie des Brandschutzes als Bestandteil der Leitung und Planung des Reproduktionsprozesses zu verwirklichen. Die betrieblichen Gewerkschaftsleitungen, die ehrenamtlichen Arbeitsschutzinspektoren, die Arbeitsschutzkommissionen und die Arbeitsschutzobleute haben das Recht, Arbeitsmittel, Arbeitsverfahren und Arbeitsstätten zur Verwirklichung des Gesundheits- und Arbeitsschutzes zu überprüfen, Ermittlungen und Untersuchungen über Ursachen von Arbeitsunfällen, Berufskrankheiten, sonstigen arbeitsbedingten Erkrankungen und Arbeitserschwernissen durchzuführen und die Beseitigung von Mängeln zu fordern. Sie sind berechtigt, zu Projekten für neue oder zu rekonstruierende Arbeitsmittel und Arbeitsstätten Erläuterungen zu verlangen, Stellung zu nehmen, die Gewährleistung des Gesundheits- und Arbeitsschutzes zu fordern und Vorschläge zu seiner weiteren Verbesserung zu unterbreiten.
Der Betrieb hat entsprechend den Rechtsvorschriften Einrichtungen des Betriebsgesundheitswesens zu schaffen und zu unterhalten. Zur Erfüllung seiner Pflichten im Gesundheits- und Arbeitsschutz hat der Betriebsleiter mit dem Leiter der Einrichtung des Betriebsgesundheitswesens eng zusammenzuarbeiten.
Die Anforderungen, die bei der Gestaltung und Anwendung von Arbeitsmitteln, Arbeitsverfahren und Arbeitsstätten zur Gewährleistung sicherer und gesunder Arbeitsbedingungen zu erfüllen sind, werden neben den §§ 205 und 206 AGB auch in der Arbeitsschutzverordnung (GBl. I Nr. 36 vom 1. 12. 1977; § 3 Ausführungen zur Schutzgüte) und in der 3. Durchführungsbestimmung zur Arbeitsschutzverordnung (GBl. I Nr. 6 v. 24. 1. 80) festgelegt.
Die Rechtsvorschriften des Gesundheits- und Arbeitsschutzes sowie Brandschutzes sind durch betriebliche Regelungen, z. B. in Form von Arbeitsschutzinstruktionen oder Betriebsverkehrsordnungen zu konkretisieren, soweit es entsprechend den Bedingungen des Betriebes zur Gewährleistung sicherer und gesunder Arbeitsbedingungen erforderlich ist. Diese Regelungen sind unter Teilnahme der Werktätigen auszuarbeiten, mit dem Leiter der Einrichtung des Betriebsgesundheitswesens abzustimmen und vom Betriebsleiter mit Zustimmung der BGL zu erlassen.
Der Betrieb hat den Krankenstand und das Unfallgeschehen gemeinsam mit den be-

trieblichen Gewerkschaftsleitungen und der Einrichtung des Betriebsgesundheitswesens regelmäßig zu untersuchen und auszuwerten und erforderliche Maßnahmen zur Beseitigung der Ursachen und begünstigenden Bedingungen durchzuführen sowie die Entwicklung der gesunden Lebensführung zu fördern. Dabei sind die Erfahrungen der Arbeitskollektive und der Gesundheitshelfer zu berücksichtigen.

In den Betrieben sind zur Wahrnehmung von Aufgaben auf dem Gebiet des Gesundheits- und Arbeitsschutzes Sicherheitsinspektoren einzusetzen oder Sicherheitsinspektionen bzw. andere Organe zu bilden, die den Betriebsleiter bei der Erfüllung seiner Pflichten im Gesundheits- und Arbeitsschutz unterstützen und ihm direkt unterstellt sind.

Arbeitsmittel, Arbeitsverfahren und Körperschutzmittel. Der Betrieb ist verpflichtet, Arbeitsmittel, Arbeitsverfahren und Arbeitsstätten so zu entwickeln, zu projektieren, zu konstruieren, herzustellen, zu errichten, in Betrieb zu nehmen, zu unterhalten und instand zu setzen, daß die geforderte Arbeitssicherheit gewährleistet ist. Körperlich schwere und gesundheitsgefährdende Arbeit ist planmäßig einzuschränken, Arbeitsmittel, Arbeitsverfahren und Arbeitsstätten sind zunehmend sicherer und erschwernisfrei zu gestalten.

Den Werktätigen sind durch den Betrieb die erforderlichen Körperschutzmittel kostenlos zur Verfügung zu stellen. Der Betrieb hat die ständige Verwendungsfähigkeit und den bestimmungsgemäßen Einsatz der Körperschutzmittel zu sichern. Die Werktätigen sind verpflichtet, die ihnen zur Verfügung gestellten Körperschutzmittel zweckentsprechend zu verwenden und pfleglich zu behandeln.

Besonderer Schutz für werktätige Frauen und Jugendliche. Die Gesundheit und Arbeitskraft der Frauen und Jugendlichen unter 18 Jahren werden besonders geschützt. Die Arbeitsbedingungen sind entsprechend den anatomischen und physiologischen Besonderheiten der Frau und dem körperlichen Entwicklungsstand der Jugendlichen zu gestalten. Jugendliche dürfen nur beschäftigt werden, wenn vorher ärztlich festgestellt ist, daß sie für die Tätigkeit gesundheitlich geeignet sind. Während ihrer Beschäftigung sind sie regelmäßig, mindestens einmal jährlich, zu untersuchen. Frauen und Jugendliche dürfen nicht mit körperlich schweren oder gesundheitsgefährdenden Arbeiten beschäftigt werden.

Besonderer Schutz der werktätigen Frau bei Mutterschaft. Schwangere, stillende Mütter und Mütter mit Kindern im Alter bis zu einem Jahr dürfen nicht mit Arbeiten beschäftigt werden, die in besonderen Rechtsvorschriften, z. B. der Arbeitsschutzanordnung 5 festgelegt sind, ebenso nicht mit Arbeiten, die nach Feststellung des Betriebsarztes oder des Arztes der Schwangerenberatung das Leben oder die Gesundheit der Frau bzw. des Kindes gefährden könnten. Nacht- und Überstundenarbeit ist für Schwangere und stillende Mütter verboten. Frauen, zu deren Haushalt Kinder im Vorschulalter gehören, können Nacht- und Überstundenarbeit ablehnen. Mütter erhalten nach der Geburt eines Kindes ein bezahltes Babyjahr. Es ist möglich, schon vor der Geburt des Kindes davon zwei Wochen vor dem Schwangerschaftsurlaub in Anspruch zu nehmen. Während dieser Freistellung haben die Frauen das Recht auf soziale Betreuung durch den Betrieb.

Befähigung der Werktätigen auf dem Gebiet des Gesundheits- und Arbeitsschutzes. Der Betrieb hat zu sichern, daß alle Werktätigen die zur Ausübung ihrer Tätigkeit erforderlichen Kenntnisse, Fähigkeiten und Fertigkeiten im Gesundheits- und Arbeitsschutz sowie Brandschutz besitzen. Den Werktätigen sind die zutreffenden Bestimmungen zugänglich zu machen und zu erläutern. Das Streben der Mitarbeiter nach gesunder Lebensführung ist durch die Vermittlung des notwendigen Wissens zu unterstützen. Die Werktätigen sind verpflichtet, die für ihre Tätigkeit erforderlichen Kenntnisse, Fähigkeiten und Fertigkeiten im Gesundheits- und Arbeitsschutz sowie Brandschutz zu erwerben und die notwendigen Prüfungen abzulegen. Werktätige, an die auf Grund ihrer Arbeitsaufgabe erhöhte Anforderungen zur Verwirklichung des Gesundheits- und Arbeitsschutzes sowie Brandschutzes gestellt sind, wie Projektanten, Konstrukteure, Technologen und Lehrkräfte, haben sich über die für ihre spezielle Aufgabe zutreffenden Bestimmungen und Erkenntnisse ständig zu informieren und diese bei der Ausübung ihrer

Tätigkeit zu berücksichtigen. Der Betrieb hat die leitenden Mitarbeiter zur Durchsetzung des Gesundheits- und Arbeitsschutzes sowie Brandschutzes und zur Förderung der gesunden Lebensführung in ihren Verantwortungsbereichen zu befähigen und ihre ständige Weiterbildung zu sichern. Der Betriebsleiter und die leitenden Mitarbeiter sind verpflichtet, sich über die für ihre Bereiche zutreffenden Bestimmungen ständig zu informieren. In Bereichen der Produktion und Produktionsvorbereitung sowie in anderen Bereichen mit erhöhten Anforderungen auf dem Gebiete des Gesundheits- und Arbeitsschutzes sowie Brandschutzes dürfen als leitende Mitarbeiter nur Werktätige beschäftigt werden, die ihre Befähigung auf diesem Gebiet nachgewiesen haben. Diese Befähigung ist regelmäßig in Abständen von 2 bis 4 Jahren und bei grundlegender Veränderung der Technik, Technologie und Arbeitsorganisation erneut nachzuweisen.

Die Werktätigen sind in regelmäßigen Abständen über die für sie zutreffenden Rechtsvorschriften und betrieblichen Festlegungen auf dem Gebiet des Arbeitsschutzes, über Maßnahmen und Methoden zur Abwendung möglicher arbeitsbedingter Gefahren sowie

Für Frauen und Jugendliche sind folgende Tätigkeiten unzulässig

Tätigkeiten	Frauen	Jugendliche bis 16 Jahre	Jugendliche 17 bis 18 Jahre
a) Mit erhöhter Anforderung an die eigene Sicherheit und/oder die Sicherheit anderer (u. a. unter Absturzgefahr, an Starkstromanlagen, Umgang mit Sprengstoffen, mit Giften der Abt. I, Führen von Baugroßgeräten, Führen von Baggern, Arbeiten an Zerreißmaschinen, Arbeiten mit Motorsägen, in Schaltwarten)		x[1]	x
b) Im Bergbau unter Tage	x	x	x
c) Unter höherem als atmosphärischem Druck	x	x	x
d) Unter extrem warmen Klimaten[2] (z. B. Hitzearbeit) entsprechend Bereich W III.	x	x	x
Entsprechend Bereich W II bis W III		x	
e) Unter Einwirkung mechanischer Schwingungen durch Druckluftwerkzeuge	x	x	x
f) Unter berufsbedingter Infektionsgefährdung		x	x
g) Bei Herstellung und Verarbeitung von Sexualhormonen		x	
h) Unter Einwirkung ionisierender Strahlen		x	x
i) Unter Einwirkung toxischer Gase, Dämpfe und Stäube gemäß TGL 22310[3] oder ähnlich wirkender Stoffe, soweit nicht mit Sicherheit eine ständige Einhaltung der Grenzwerte gewährleistet ist		x	
j) Unter Einwirkung fibrogener Stäube gemäß TGL 22311[4], soweit nicht mit Sicherheit eine ständige Einhaltung der Grenzwerte gewährleistet ist		x	

Unzulässig sind für Schwangere und Stillende alle Tätigkeiten entsprechend Buchstabe a bis i sowie alle Tätigkeiten

- unter extrem kalten Klimaten entsprechend K III_2 (unter −15 °C)
- unter Einwirkung mechanischer Schwingungen oberhalb der Grenzwerte der Kategorie 3 gemäß TGL 22312 (ab 1. 1. 1984 TGL 32628/01)
- unter Einfluß elektromagnetischer Felder (u. a. Prüffelder, Hochfrequenzanlagen)
- unter Einwirkung von Lärm über 80 dB (AI).

[1] In der Aufstellung sind die unzulässigen Tätigkeiten mit x gekennzeichnet.

[2] Vgl. hierzu auch die Richtlinie zur Bewertung der Beanspruchung des Menschen durch das Klima am Arbeitsplatz vom 3. 7. 1972 (Verfügungen und Mitteilungen des Ministeriums für Gesundheitswesen Nr. 12/72).

[3] ab 1. 1. 1982 TGL 32610/01 und 02

[4] ab 1. 1. 1984 TGL 32620/01 bis 05

über das zur Vermeidung von Schäden erforderliche Verhalten zu belehren. Darüber hinaus sind Belehrungen durchzuführen bei Arbeitsaufnahme, bei vorübergehender Übertragung einer anderen Arbeit, bei Veränderung der Arbeitsbedingungen sowie nach besonderen Vorkommnissen. Die Durchführung der Belehrung ist schriftlich nachzuweisen und vom übergeordneten Leiter zu kontrollieren. Die Belehrungen sind während der Arbeitszeit durchzuführen. Wenn es die Technologie erfordert, können sie außerhalb der Arbeitszeit stattfinden. Für die Zeit der Belehrung erhalten die Werktätigen den Durchschnittslohn.

Arbeitsschutzanordnung 5 (Arbeitsschutz für Frauen und Jugendliche vom 9. 8. 1973, GBl. Teil I S.465). Diese Rechtsnorm gilt für die Beschäftigung von Frauen und Jugendlichen im Arbeitsprozeß, im Ausbildungsprozeß, in Arbeitsgemeinschaften, z. B. von Schülern und Studenten, sowie für Schüler im polytechnischen Unterricht. In anderen Rechtsvorschriften enthaltene, über diese Arbeitsschutzanordnung hinausgehende Forderungen des Arbeitsschutzes für Frauen und Jugendliche bleiben von dieser Arbeitsschutzanordnung unberührt.

Im Sinne dieser Arbeitsschutzanordnung gelten als Frauen alle weiblichen Personen nach vollendetem 18. Lebensjahr, als Jugendliche alle männlichen und weiblichen Personen vom vollendeten 14. bis zum vollendeten 18. Lebensjahr.

Im § 3 wird die Verantwortung des Betriebsleiters dafür festgelegt, daß die Arbeitsbedingungen und Arbeitsanforderungen für Frauen und Jugendliche hinsichtlich der Einhaltung der Forderungen dieser Arbeitsschutzanordnung regelmäßig, mindestens halbjährlich, überprüft, ausgewiesen und durch Maßnahmen der Arbeitsgestaltung den körperlichen Voraussetzungen und dem individuellen Leistungsvermögen angepaßt werden.

Die Festlegung der für Frauen und Jugendliche zulässigen Arbeitsbedingungen und Arbeitsanforderungen hat in Zusammenarbeit mit dem Betriebsarzt oder dem für den Betrieb zuständigen Arzt sowie der Gewerkschaftsleitung unter Einbeziehung der Arbeitsschutzkommission (in den Produktionsgenossenschaften mit der Kommission für Gesundheits- und Arbeitsschutz) zu erfolgen. Die Tätigkeiten und Arbeitsplätze für Schwangere und Stillende sind gesondert festzulegen. Zur Durchsetzung der Erfordernisse des Gesundheits- und Arbeitsschutzes für Frauen und Jugendliche sind durch den Betriebsleiter erforderlichenfalls betriebsspezielle Regelungen in Zusammenarbeit mit den Organen des Gesundheits- und Arbeitsschutzes zu treffen und in Arbeitsschutzinstruktionen auszuweisen. Für Jugendliche hat der Betriebsleiter die erforderliche Aufsicht und die notwendigen Maßnahmen festzulegen, die ein gefahrloses Arbeiten gewährleisten. Die betriebsspezifischen Regelungen

Höchstwerte der von Frauen und Jugendlichen aufzuwendenden Kraft (in kp)

Heben und Tragen von Lasten von Hand, Betätigung von Bedienelementen mit der Hand (u. a. Hebel, Kurbeln, Lenkräder)	bei Einzelleistung (im Durchschnitt 2mal stündlich je Schicht)		bei fortgesetzter Wiederholung	
Frauen	25		10	
Schwangere und Stillende	10		5	
Jugendliche bis zum vollendeten 16. Lebensjahr	m 15	w 10	m 5	w 5
vom 17. bis zum vollendeten 18. Lebensjahr	25	20	12	8

Betätigung von Bedienelementen mit dem Fuß	bei Einzelleistung (im Durchschnitt 2mal stündlich je Schicht)		bei fortgesetzter Wiederholung	
Frauen	25		15	
Schwangere und Stillende	10		5	
Jugendliche bis zum vollendeten 16. Lebensjahr	m 20	w 15	m 10	w 8
vom 17. bis zum vollendeten 18. Lebensjahr	25	20	15	10

m = männlich
w = weiblich

gehen davon aus, daß in der ASAO 5 nicht einzelne Arbeitsgänge, sondern konkrete Gefahrenmomente als verboten aufgeführt sind. Demzufolge ist oft nicht die Tätigkeit als solche, sondern die Art und Weise der Ausübung dafür bestimmend, ob Frauen und Jugendliche damit beschäftigt werden können.

Sonderregelungen zur ASAO 5 des Ministeriums für Gesundheitswesen vom 23.12.1976. Die Erteilung befristeter Sonderregelungen zur ASAO 5 – Arbeitsschutz für Frauen und Jugendliche – erfolgt gemäß § 7 der Arbeitsschutzverordnung. Danach ist vom Leiter des Betriebes im Einvernehmen mit der für den Betrieb zuständigen Arbeitshygieneinspektion des Bezirkes ein Antrag an den Leiter des übergeordneten Organs zu stellen. Die Arbeitshygieneinspektion des Bezirkes trifft nur dann eine Entscheidung, wenn vom Antragsteller ein Maßnahmeplan vorliegt. Darin müssen folgende Sachverhalte ausgewiesen sein:

- Nachweis des Ist-Zustandes, der zur Abweichung von der ASAO 5 führt. Es ist der Nachweis zu erbringen, daß die technischen und arbeitsorganisatorischen Möglichkeiten zur Einhaltung der ASAO 5 erschöpft sind.
- Bei der Abweichung von arbeitshygienischen Standards ist die vom Ministerium für Gesundheitswesen erteilte Ausnahmegenehmigung vorzulegen.
- Anzahl der Personen, die von der Sonderregelung betroffen werden, aufgeschlüsselt nach Frauen und Jugendlichen.
- Festlegung von Sofortmaßnahmen zum Schutze der Frauen und Jugendlichen und eingeleitete langfristige Maßnahmen, die zur Einhaltung der ASAO 5 führen.

Die Einvernehmenserklärung durch die Arbeitshygieneinspektion ist mit der zuständigen Arbeitsschutzinspektion abzustimmen.

Arbeitsmedizinische Tauglichkeits- und Überwachungsuntersuchungen

In der 2. DB zur Verordnung über die Verhütung, Meldung und Begutachtung von Berufskrankheiten vom 25. August 1981 wird festgelegt, daß

- Jugendliche bis zum vollendeten 18. Lebensjahr (Kategorie A),
- Werktätige mit schwerer körperlicher Arbeit oder Exposition gegenüber bestimmten physikalischen Schadfaktoren (Kategorie B),
- Werktätige mit Exposition gegenüber bestimmten chemischen Noxen oder Stäuben (Kategorie C),
- Werktätige mit besonderen Tätigkeitsanforderungen (Kategorie D),
- Werktätige, die infektionsgefährdet sind (Kategorie E),
- Werktätige, deren Tauglichkeit aus Gründen bestimmter komplexer Belastung oder wegen ihres fortgeschrittenen Alters zu beurteilen ist (Kategorie F),

der Pflicht unterliegen, sich arbeitsmedizinischen Tauglichkeits- und Überwachungsuntersuchungen zu unterziehen.

In einer Anlage werden die mit einer Untersuchungspflicht verbundenen Einflußfaktoren, Tätigkeitsmerkmale und sonstigen Bedingungen sowie die Untersuchungsabstände genannt (s. Tabelle).

Kategorien und Zeitabstände der Wiederholungsuntersuchungen der arbeitsmedizinischen Tauglichkeits- und Überwachungsuntersuchungen

Anlage zur 2. DB zur VO über die Verhütung, Meldung und Begutachtung von Berufskrankheiten

	Kategorie	Zeitabstände (Jahre)
AO1	Jugendliche bis zum vollendeten 18. Lebensjahr	1
B11	Schwerarbeit	2–4
B12	Hitzearbeit	2–4
B13	Kältearbeit	2
B14	Druckluft	½–2
B15	Elektromagnetische Felder	4
B16	Lärm	4
B17	Laser	4
B18	Teilkörpervibration	2–4
B19	Ganzkörpervibration	4
B20	Ionisierende Strahlung	gemäß besonderer Regelung
C22	Quarzstäube	2–4
C23	Asbest und Asbestprodukte	2–4
C24	Atemwege beeinträchtigende Stäube	2–4
C25	Atemwege beeinträchtigende chemische Stoffe	2–4
C26	Ethylalkohol	2
C27	Alkylbenzene	1–2
C28	Arsen und Verbindungen	2–4
C29	Benzen	1–2

C30	Beryllium und Verbindungen	4
C31	Blausäure und Nitrile	2
C32	Blei und Verbindungen	1–2
C33	Bleitetraethyl	1
C34	Chromium und Chromiumsalze	4
C35	Dimethylformamid	1–2
C36	Fluor und anorganische Fluorverbindungen	4
C37	Halogenkohlenwasserstoffe, alicyclische und aromatische	2
C38	Halogenkohlenwasserstoffe, aliphatische	1–2
C39	Cadmium	1–4
C40	Kohlenmonoxid	1–2
C41	Mangan und Verbindungen	1
C42	Methanol	1–2
C43	Nickel und Verbindungen	2
C44	Nitro- und Aminoverbindungen, aromatische	1–2
C45	Phosphor und Verbindungen	1
C46	Phosphorsäureester, organische	2
C47	Polyesterharze, ungesättigte	1–2
C48	Polyurethanchemikalien	1–2
C49	Quecksilber und Verbindungen	1–2
C50	Salpetersäureester	2
C51	Schwefelkohlenstoff	1
C52	Teer, Pech, technische Ruße, Anthrazen	2
C53	Vinylchlorid	2
D60	Werktätige mit Nachtarbeit	2
D61	Werktätige, die wiederholt oder ständig Atemschutzgeräte tragen müssen	1–4
D62	Schaltberechtigte	2
D63	Werktätige, die Arbeiten an elektro-technischen Anlagen über 1 kV durchführen	2
D64	Werktätige im Sprengwesen	1
D65	Werktätige, deren Tätigkeit das Tragen von Fallschutzmitteln erfordert oder mit erhöhtem Absturzrisiko verbunden ist	1–2
D66	Werktätige, die Hebezeuge, bewegliche Arbeitsbühnen, Seilbahnen und Gewinnungsgeräte bedienen, Fördermaschinisten und Anschläger	2
D67	Mitglieder der Gruben- und Gasschutzwehren	gemäß besonderer Regelung
D68	Werktätige im Bergbau unter Tage	4
D69	Werktätige mit besonderen verkehrsmedizinischen Tauglichkeitsanforderungen	gemäß besonderer Regelung
D70	Lehrer und Erzieher	2
D71	Studienbewerber	
D72	Mitglieder der Gesellschaft für Sport und Technik	gemäß besonderer Regelung
D73	Werktätige als aktive Mitglieder von Sportgemeinschaften	gemäß besonderer Regelung
D74	Werktätige in Lebensmittelbetrieben, Wasserversorgungsanlagen	gemäß besonderer Regelung
D75	Werktätige in der industriemäßigen Tierproduktion	2
D76	Werktätige mit Einsatz in subtropischen und tropischen Ländern	gemäß besonderer Regelung
D77	Werktätige mit Bildschirmarbeitsplätzen	4
D78	Werktätige, die allein außerhalb von Sicht- und Rufweite und dadurch unter Gefährdungsmöglichkeiten für sich und andere arbeiten	4
D79	Werktätige mit besonderen neuropsychischen Belastungen	2
E91	Werktätige mit Gefährdung durch von Mensch zu Mensch übertragbare Infektionskrankheiten	1–2
E92	Werktätige mit Gefährdung durch von Tier zu Mensch übertragbare Infektionskrankheiten	2
FO2	Frauen mit 3 und mehr Kindern im Alter bis zu 16 Jahren	4
FO3	Werktätige 5 Jahre vor Erreichen des Rentenalters	2

Jeder Betrieb hat auf der Grundlage arbeitshygienischer Analysen alle den Kategorien B 11 bis E 92 entsprechenden Arbeitsplätze und alle gemäß Kategorien A bis F 03 untersuchungspflichtigen Werktätigen jährlich bis zum 1. Dezember dem Leiter der für die Durchführung der Tauglichkeits- und Überwachungsuntersuchungen zuständigen Einrichtung des Gesundheitswesens zu melden. Außerdem hat er die Werktätigen zu den mit den Gesundheitseinrichtungen abgestimmten Terminen freizustellen und die Wahrnehmung der festgelegten Untersuchungstermine zu sichern.

Die die Tauglichkeits- und Überwachungsuntersuchungen durchführenden Ärzte sind verpflichtet,

- das Untersuchungsergebnis ordnungsgemäß zu dokumentieren und die erfolgte Untersuchung unter Angabe der Untersuchungskategorie in den Ausweis für Arbeit und Sozialversicherung einzutragen
- dem Werktätigen das Ergebnis und die sich aus der Untersuchung ergebenden Schlußfolgerungen zu erläutern sowie erforderliche medizinische Maßnahmen einzuleiten und
- den Leiter des Betriebes über die Tauglichkeit des Werktätigen für die betreffende Tätigkeit zu unterrichten und ihm gegebenenfalls Vorschläge für die Übertragung von geeigneter Arbeit zu machen.

Werktätige, deren Tauglichkeit nicht bestätigt wird, dürfen an dem vorgesehenen bzw. bisherigen Arbeitsplatz nicht beschäftigt werden. Bei bedingter Tauglichkeit ist die Einhaltung der ärztlichen Forderungen durch den Betrieb zu sichern.

Mit den Tauglichkeits- und Überwachungsuntersuchungen soll gewährleistet werden, daß jeder Werktätige an einem Arbeitsplatz eingesetzt wird, der aus ärztlicher Sicht seinen Leistungsvoraussetzungen entspricht. Gleichzeitig wird ermöglicht, eventuelle tätigkeitsbedingte und sonstige Gesundheitsstörungen frühzeitig zu erfassen und die notwendigen Maßnahmen einzuleiten.

Für die werktätigen Frauen sind die Tauglichkeits- und Überwachungsuntersuchungen ein sehr wesentlicher Bestandteil des Gesundheits- und Arbeitsschutzes, da sie die geschlechtsspezifischen Besonderheiten der Leistungsvoraussetzungen für die Gestaltung des Arbeitseinsatzes berücksichtigen, aber auch außerberufliche Belastungen beachten wie z. B. die Größe der Familie.

Arbeiterversorgung

Dazu wird im § 228 AGB folgendes festgelegt:

Der Betrieb hat die Versorgung der Werktätigen im Betrieb nach ernährungswissenschaftlichen Grundsätzen mit einer vollwertigen warmen Hauptmahlzeit und einer Zwischenverpflegung sowie mit Erfrischungen zu sichern. Er hat insbesondere für Schichtarbeiter eine den spezifischen Arbeitsbeanspruchungen entsprechende Versorgung zu gewährleisten. Betriebe ohne ausreichende Versorgungseinrichtungen haben die Versorgung ihrer Werktätigen durch andere Betriebe in Zusammenarbeit mit den örtlichen Volksvertretungen und deren Räten vertraglich zu sichern.

Der Betrieb ist verpflichtet, soziale und sanitäre Einrichtungen, wie Speiseräume, Umkleideräume, Waschanlagen und Ruheräume, entsprechend den hygienischen Normativen und den Erfordernissen des Gesundheits- und Arbeitsschutzes zu schaffen bzw. zu gestalten.

Arbeitsunfälle und Berufskrankheiten

Der Betrieb hat Unfallgefahren bei der Arbeit und andere arbeitsbedingte Gesundheitsgefährdungen zu beseitigen oder, wenn das nicht sofort möglich ist, weitestgehend zu mindern.

Arbeitsunfall. Das ist die Verletzung eines Werktätigen im Zusammenhang mit dem Arbeitsprozeß. Die Verletzung muß durch ein plötzliches, von außen einwirkendes Ereignis hervorgerufen worden sein. Als Arbeitsunfall gilt auch ein Unfall auf einem mit der Tätigkeit im Betrieb zusammenhängenden Weg zur und von der Arbeitsstelle. Den Arbeitsunfällen sind Unfälle bei organisierten gesellschaftlichen, kulturellen oder sportlichen Tätigkeiten gleichgestellt. Durch Ausübung des Dienstes bei den bewaffneten Organen bzw. der Zollverwaltung der DDR erlittene Körper- und Gesundheitsschäden gelten als Folge eines Arbeitsunfalles bzw. einer Berufskrankheit.

Ein Unfall, als dessen Ursache Alkoholmißbrauch des Werktätigen festgestellt wird, gilt nicht als Arbeitsunfall.

Berufskrankheit. Sie ist eine Erkrankung, die durch arbeitsbedingte Einflüsse bei der Ausübung bestimmter beruflicher Tätigkeiten bzw. Arbeitsaufgaben hervorgerufen wird und die in der „Liste der Berufskrankheiten“

genannt ist. Die Entscheidung, ob ein Arbeitsunfall bzw. eine Berufskrankheit vorliegt, trifft die Betriebsgewerkschaftsleitung bzw. die Verwaltung der Sozialversicherung beim Kreisvorstand des Freien Deutschen Gewerkschaftsbundes. Bei Versicherten der Staatlichen Versicherung der DDR trifft diese Entscheidung die zuständige Kreisdirektion der Staatlichen Versicherung.

Die Werktätigen haben festgestellte Mängel im Gesundheits-, Arbeits- und Brandschutz sowie Arbeitsunfälle unverzüglich zu melden und bei Feststellung von Unfallgefahren erste Sicherungsmaßnahmen, wie Kenntlichmachung und Absichern der Gefahrenstelle, zu ergreifen. Die Arbeit ist einzustellen, wenn das Leben von Werktätigen unmittelbar gefährdet ist oder wenn die unmittelbare Gefahr einer erheblichen Gesundheitsschädigung besteht.

Der Betrieb hat zu sichern, daß Werktätigen bei Verletzungen und plötzlichen Erkrankungen sofort Erste Hilfe geleistet wird.

Der Betrieb hat Arbeitsunfälle und Berufskrankheiten im Zusammenwirken mit den betrieblichen Gewerkschaftsleitungen und der Einrichtung des Betriebsgesundheitswesens unverzüglich zu untersuchen und ihre Ursachen und begünstigenden Bedingungen zu beseitigen. Die Ergebnisse der Untersuchung und die erforderlichen Maßnahmen sind schriftlich festzulegen und im Arbeitskollektiv auszuwerten.

Der Betrieb ist verpflichtet, dem Werktätigen bei Schädigung seiner Gesundheit durch Arbeitsunfall oder Berufskrankheit Unterstützung und Hilfe zu gewähren. Er hat ihm, wenn er seine bisherige Tätigkeit nicht mehr ausüben kann, eine seinen Fähigkeiten und seiner gesundheitlichen Eignung entsprechende zumutbare andere Arbeit im Betrieb oder, wenn das nicht möglich ist, in einem anderen Betrieb anzubieten. Beim Tode eines Werktätigen durch Arbeitsunfall oder Berufskrankheit ist den Hinterbliebenen Hilfe durch den Betrieb zu gewähren. Sie sind, soweit sie nicht berufstätig sind und eine Arbeit aufnehmen möchten, dabei zu unterstützen.

Schadenersatz bei Arbeitsunfall und Berufskrankheit. Bei einem Arbeitsunfall oder einer Berufskrankheit hat der Betrieb dem Werktätigen den dadurch entstandenen Schaden zu ersetzen. Eine Schadenersatzpflicht bei einem Arbeitsunfall besteht nicht, wenn der Werktätige trotz ordnungsgemäßer Belehrung, Unterweisung und Kontrolle aus grober Mißachtung seiner Pflichten im Gesundheits- und Arbeitsschutz diese vorsätzlich verletzt, dadurch der Arbeitsunfall herbeigeführt worden ist und der Betrieb dafür keine Ursache gesetzt hat. Der Schadenersatzanspruch des Werktätigen umfaßt

- die entgangenen und noch entgehenden auf Arbeit beruhenden Einkünfte, einschließlich der Minderung der Rentenansprüche,
- die notwendigen Mehraufwendungen, insbesondere zur Wiederherstellung der Gesundheit und Arbeitsfähigkeit und zur Teilnahme am Arbeitsprozeß und am gesellschaftlichen Leben,
- den Sachschaden.

Tritt infolge eines Arbeitsunfalles oder einer Berufskrankheit der Tod des Werktätigen ein, ist der Betrieb verpflichtet, den Hinterbliebenen den durch Verlust des gesetzlichen Unterhaltsanspruches entstandenen Schaden zu ersetzen. Der Betrieb hat die Bestattungskosten zu tragen.

Psychische Besonderheiten der Frau

Ausprägung und Entstehung von Geschlechtsunterschieden

Die psychologische Forschung hat in den letzten Jahrzehnten der Ausprägung und Entstehung von Geschlechtsunterschieden große Aufmerksamkeit geschenkt. Heute gibt es international schon Tausende von Untersuchungen, die sich mit den verschiedensten Seiten dieses Problemgebietes befassen. Auch in der DDR existiert eine Vielzahl solcher Untersuchungen; ein Mangel an Forschungsergebnissen besteht also nicht.

Folgende Haupterkenntnisse werden von der marxistischen Psychologie und auch von der Mehrheit bürgerlicher Psychologen anerkannt:

1. Das Vorhandensein und die Ausprägungsformen der psychischen Geschlechtsunterschiede sind stets in ihrer Abhängigkeit von bestimmten Gesellschaften zu betrachten.

Das typisch Weibliche bzw. Männliche, die Mann-Frau-Unterschiede sind nicht historisch konstant, sondern variieren stark von Gesellschaft zu Gesellschaft, von Epoche zu Epoche. Dafür liefern geschichtliche wie ethnologisch-nationale Vergleiche genügend überzeugende Belege. Als Zeitgenossen eines massiven Veränderungsprozesses in unserem Lande, der sich natürlich auch künftig fortsetzen wird, stehen wir ebenfalls in dieser Entwicklung.
Eine ewig weibliche Psyche gibt es nicht.

2. Die Geschlechtsunterschiede bilden sich in der Ontogenese von klein auf heraus. Sie werden durch soziale Einflüsse, besonders durch die geschlechtstypische Erziehung in Elternhaus, Kindergarten, Schule, in der gesamten gesellschaftlichen Öffentlichkeit geformt.
Die heranwachsenden Kinder und Jugendlichen werden durch ihre soziale Umwelt zu geschlechtstypischen Denk-, Wertungs- und Verhaltensweisen veranlaßt. Die Formung des Geschlechtscharakters ist Teil der Persönlichkeitsentwicklung der Menschen. Ihr liegt ein komplizierter sozialpsychischer Mechanismus zugrunde, der über neurophysiologische Prozesse funktioniert.
3. Psychische Geschlechtsbesonderheiten treten nicht gesetzmäßig nur bei einem Geschlecht in Erscheinung. Eigenschaften, Verhaltensweisen, andere psychische Merkmale, die nur bei Männern oder Frauen auftreten, hat die wissenschaftliche Forschung noch nicht beobachtet. Immer werden sich beliebige Eigenschaften, Interessen, Einstellungen, Fähigkeiten, Fertigkeiten bei beiden Geschlechtern finden, aber die Häufigkeit ihres Auftretens und die Intensität ihrer Ausprägung können zwischen den Geschlechtern differieren.
Psychische Besonderheiten der Frau – das sind Merkmale, die sich bei Frauen im Durchschnitt häufiger oder stärker ausgeprägt als bei Männern (ein- und derselben Gesellschaft) finden. Es sind graduelle Unterschiede.
Der einzelne Fall kann ganz untypisch sein.
Bestimmte Mädchen und Frauen können sich typisch, ja extrem männlich verhalten. Umgekehrt gilt das auch für bestimmte Jungen oder Männer.
4. Was Besonderheiten des weiblichen Geschlechts sind, das läßt sich immer nur aus dem Vergleich zum männlichen Geschlecht erschließen.
Diese Vergleiche müssen jedoch konkret geführt werden. Abstrakte Reden über die „Eigenart", über das „Wesen" der Frauen bleiben spekulativ. Der psychologische Forscher kann dabei nicht stehenbleiben, er muß einzelne Eigenschaften, Fähigkeiten, Verhaltensweisen bei (nach Alter, Bildung, Beruf, sozialer Herkunft ...) vergleichbaren Gruppen beiderlei Geschlechts untersuchen.
Nur dieses, den Normen wissenschaftlicher Forschung verpflichtete Vorgehen liefert uns exakte, zuverlässige Informationen.

Solche wissenschaftlichen Informationen werden gewiß manche vereinfachenden Stereotype und klischeehaften Denkweisen erschüttern. Die moderne psychologische Forschung über Geschlechterbesonderheiten wirkt oftmals desillusionierend.

Ältere Anschauungen zur Psychologie der Frau

Die geistig-charakterlichen Unterschiede zwischen Männern und Frauen haben zu allen Zeiten die Menschen beschäftigt. In Mythen und Religionen, in Philosophien und Volksweisheiten wurden sie über Jahrtausende hinweg als Ausdruck eines unveränderlichen, von überirdischen Kräften gewollten und erzeugten Wesens der beiden Geschlechter interpretiert. Sehr viel später tauchten auch biologische Begründungen auf. Dabei wurde entsprechend der partriarchalischen Gesellschaftsverfassung der Mann stets als menschlich höherwertiger, als weitaus begabter und mit edleren Eigenschaften ausgestattet betrachtet. Er war kraft seines psychischen Wesens der Überlegenere, der aktive Zeuger, der zum Herrscher Geborene – das eigentliche Ebenbild Gottes. Die Frau dagegen wurde von ihrer psychischen Verfassung her als passive Empfängerin, Dienerin, intellektuell weniger ausgereift, mehr auf einer kindlichen Entwicklungsstufe stehend hingestellt.

Noch vor 100 Jahren wurden die „Geschlechtseigentümlichkeiten" von Mann und Frau in Meyers Konversationslexikon (4. Auflage 1887) so beschrieben:
„Beim Weibe behauptet das Gefühl, das Gemüt, beim Manne dagegen die Intelligenz, das Denken die Oberhand. Die Phantasie des Weibes ist lebhafter als die des Mannes, erreicht aber selten die Höhe und Kühnheit wie bei letzterem.
In bezug auf ... die Tiefe des Urteils ist der Mann entschieden bevorzugt, er ist daher auch zu abstrakten Forschungen mehr geeignet, als das Weib. Den Mann charakterisiert ein gewisser Egoismus, das Weib ist geneigt zur Hingebung."
Berühmte Sexualforscher behaupteten in ihren damals weit verbreiteten Büchern, Mann und Frau seien völlig verschiedene Wesen. „Die Sexualdifferenzen sind unveränderlich und unaustilgbar." (Bloch 1909)
„Die Natur des Mannes ist aggressiv, progressiv, variabel, die der Frau rezeptiv, reizempfänglicher, einförmiger. Das Selbständige, Schöpferische ist ihrem Wesen fremder als dem des Mannes." (Ellis 1906)
Und Heymans kennzeichnet die „Psychologie der Frau" (1910) so: „Wechselnde Stimmung, Ängstlichkeit, Mangel an Mut, Veränderungssucht, Sympathiewechsel, häufiges Lachen ... aber Mangel an Verstand, geringes Talent für Mathematik, größeres für Sprachen, Abneigung gegen die Abstraktion ... Impulsivität, manuelle Geschicklichkeit, Eitelkeit, Herrschsucht, Neigung zum Übertreiben ..."
Solche und ähnliche Charakterbeschreibungen der Frau wurden von einigen bürgerlichen Autoren noch vor wenigen Jahrzehnten wiederholt. Ganz sind sie aus der Literatur und aus dem Alltagsdenken bis heute noch nicht verschwunden.
Natürlich waren das nicht völlig aus der Luft gegriffene Konstruktionen, sondern spiegelten – von extremen Negativwertungen abgesehen – oft durchaus typisches Verhalten der Mädchen und Frauen ihrer Zeit wider.
Der Grundfehler dieser Charakteristiken bestand nicht darin, daß sie etwa die damalige Frauenwirklichkeit total verfehlten, sondern daß mit ihnen beansprucht wurde, das angeblich ewige Wesen der Frau, ihre psychische Natur als bewiesen hinzustellen. Das „Wesen der Geschlechter" wurde seit Mitte des 19. Jh. meist auf biologische Faktoren, auf angeborene Anlagen zurückgeführt. Damit wird deutlich: Die Geschlechtsbesonderheiten der Mädchen und Frauen wurden nicht aus ihrer gesellschaftlichen Stellung erklärt, umgekehrt: ihre gesellschaftliche Stellung, ihre gegenüber den Jungen und Männern benachteiligte Lebenspraxis in Familie, Schule, Beruf, Freizeit wurden als normale Folgeerscheinungen ihrer angeborenen „psychischen Konstitution" gesehen. Die Ursache-Folge-Beziehung wurde verkehrt dargestellt. Das entsprach voll dem damals herrschenden patriarchalischen System, diente seiner ideologischen Rechtfertigung und damit der weiteren sozialen Diskriminierung des weiblichen Geschlechts.
Den älteren Anschauungen über Geschlechtsunterschiede, über die Psychologie der Frau lagen kaum systematische Beobachtungen zugrunde. Sie hatten aber stets die psychische und soziale Inferiorität des weiblichen Geschlechts nachzuweisen und zu rechtfertigen.

Neuere Erkenntnisse über Geschlechtsbesonderheiten und deren Entwicklung

Die zahlreichen Publikationen und Forschungsarbeiten zu geschlechtstypischen Verhaltensweisen beziehen sich überwiegend auf Kinder und Jugendliche. Erwachsene werden selten in die Untersuchungen einbezogen. Das ist kein großer Nachteil, weil man mindestens die bei Jugendlichen gewonnenen Ergebnisse weitgehend auf Erwachsene verallgemeinern kann. Andererseits ermöglichen gerade diese Forschungen gut, die Herausbildung des geschlechtstypischen Verhaltens zu verfolgen.

Geschlechtsbesonderheiten bei Vorschulkindern

Ob ein Junge oder ein Mädchen geboren wird, ist bekanntlich für die meisten Eltern von großer Bedeutung.
Ihre Erwartungen und ihre Zuwendungen zum Kinde sind gewissermaßen vom ersten Tage an geschlechtstypisch ausgerichtet, was sich nicht zuletzt in der Farbe der Säuglingskleidung zeigt. In einigen Untersuchungen

wurde z. B. beobachtet, daß sich Mütter bereits im ersten Lebensjahr im Durchschnitt mit Mädchen etwas mehr beschäftigen als mit Jungen. Auch andere Erzieher und Kontaktpersonen berücksichtigen in ihren Anforderungen oder Reaktionen von klein auf das Geschlecht der Kinder. An Jungen werden meist härtere Maßstäbe und Sanktionen herangetragen als an Mädchen. Sie werden frühzeitig auf andere Dinge und Spieltätigkeiten orientiert als Mädchen.

Diese unterschiedlichen Erziehungsstrategien beeinflussen natürlich die Entwicklung der Fähigkeiten und Verhaltensweisen der beiden Geschlechter wesentlich.

Viele Untersuchungen bestätigen, daß Mädchen in folgenden Merkmalen den Jungen gegenüber voraus sind:

- im Sprachbeginn. Sie können im Durchschnitt etwa einen Monat früher als Jungen erste Worte sprechen.
- in der Artikulationsfähigkeit. Sie sprechen deutlicher als gleichaltrige Jungen.
- im Wortschatz. Mädchen haben in den ersten Lebensjahren einen etwas größeren Wortschatz. Sie beherrschen die Grammatik wie auch die Satzbildung besser und früher als Jungen.

In einer breit angelegten Untersuchung bei 1- bis 3jährigen Krippenkindern haben Schmidt-Kolmer und Mitarbeiter (1977) diesen Entwicklungsvorsprung der Mädchen voll bestätigen, darüber hinaus aber auch in anderen Bereichen des sozialen Verhaltens nachweisen können. Mädchen sind demnach schon im 2. Lebensjahr weiter entwickelt als Jungen:

- in der Selbständigkeit. Die elementaren Gewohnheiten und Fertigkeiten der „Selbstbedienung" beim Essen, beim Aus- und Anziehen werden früher als von gleichaltrigen Jungen beherrscht.
- im musischen Verhalten.
- im Spielverhalten. Mädchen sind im Mitsingen, Alleinsingen, im Halten von Melodien ebenso wie in bildnerischen Tätigkeiten, z.B. Malen, Kneten, Kleben leistungsfähiger als Jungen.
- in der sozialen Kommunikation. Vor allem nach dem 2. Lebensjahr zeigen sich Mädchen kontaktfreudiger, anhänglicher, sind leichter zu führen, ordnen sich besser in Gruppen ein. Sie sind anschmiegsamer, zärtlicher, gefühlvoller in ihrem Umgang, sowohl mit Erwachsenen wie mit Gleichaltrigen.

Während im Umgang mit Bausteinen keine Geschlechtsunterschiede zutage treten, bevorzugen Mädchen schon im Krippenalter eindeutig mehr Puppen und sind in der Versorgung der Puppen den Jungen weit überlegen.

Diese Orientierung der Mädchen auf das Spiel mit Puppen sowie auf den Haushalt, der Jungen dagegen auf technisches Spielzeug (Auto, Eisenbahn, Kran usw.) und auf das Bauen ist schon im 3. Lebensjahr stark ausgeprägt.

Von Jahr zu Jahr stabilisieren sich diese geschlechtstypischen Bevorzugungen, Interessen und Spieltätigkeiten, ebenso der Besitz an den entsprechenden Spielsachen.

Mädchen verhalten sich dabei elastischer. Sie spielen auch gern mit den technischen Spielgegenständen. Jungen sind dagegen schon im Vorschulalter einseitiger auf ihre „technische Welt" fixiert, sind meist rigoroser in der Ablehnung der Puppenspiele. (Danhauer 1973)

Bemerkenswert ist, daß sich in der motorischen Entwicklung keine Entwicklungsunterschiede zwischen den Geschlechtern zeigten. Das trifft zu beim Kriechen, Freistehen, Laufenlernen im ersten Lebensjahr wie später bei solchen motorischen Leistungen wie Hüpfen am Ort, Treppensteigen, Zielwerfen, Ballfangen usw. Teilweise sind hier die Jungen sogar leicht den Mädchen überlegen.

Daß die genannten Entwicklungsvorsprünge der Mädchen ganz wesentlich durch soziale Einflußfaktoren, durch die geschlechtsspezifischen Erziehungsstrategien der Eltern und anderer Erzieher determiniert sind, steht heute außer Frage. Ob allerdings auch biologische Reifungsfaktoren mit im Spiele sind, kann vor allem bei den sprachlichen Fähigkeiten nicht ausgeschlossen werden. Zahlreiche Autoren vertreten diese Hypothese. Doch verwundert dann, daß die Entwicklung der motorischen Fähigkeiten geschlechtsindifferent erscheint. Das letzte Wort der Wissenschaft ist dazu offensichtlich noch nicht gesprochen. Wie tiefreichend und persönlichkeitsprägend die geschlechtstypischen Erziehungsstrategien in den ersten Lebensjahren sind, das beweisen eindrucksvoll die Biographien von Hermaphroditen (Zwittern). Bedauerlicherweise gibt es seltene Fälle von

Menschen, die zwar ein bestimmtes genetisches Geschlecht besitzen, deren äußere Geschlechtsorgane – etwa durch Hormonstörungen im Embryonalstadium – aber zum anderen Geschlecht gehören oder keine eindeutige Geschlechtszuweisung ermöglichen. Für die Eltern ist es dann nahezu eine Ermessensentscheidung, ob sie ihr Kind als Junge oder Mädchen betrachten wollen. Money/Ehrhardt haben den Lebensweg einer Gruppe solcher Kinder beobachtet. Sie fanden, daß sich die Kinder psychisch entsprechend dem von den Eltern definierten Geschlecht entwickelten. Das psychische Geschlechtsverhalten ist ein Produkt spezieller Erziehungsstrategien, wird über einen Lernprozeß im frühen Kindesalter angeeignet. Die Chromosomenstruktur, die Keimdrüsen, der Hormonhaushalt, die Körperkonstitution hat keinen wesentlichen Einfluß auf die Herausbildung der Geschlechtsidentität (sich wie ein Junge bzw. Mädchen zu bewerten) oder der Geschlechtsbesonderheiten, des Geschlechtscharakters. Werden genetisch männliche Hermaphroditen als Jungen erzogen, so fühlen sie sich als Jungen, und es entwickelt sich ein männertypischer Geschlechtscharakter. Werden aber genetisch männliche Hermaphroditen als Mädchen erzogen, so entwickeln sie eine weibliche Identität und Charakterstruktur. Die gleichen Entwicklungsprozesse konnten auch bei genetisch weiblichen Hermaphroditen festgestellt werden. Ausnahmen traten relativ selten auf. Entscheidend ist, daß die Geschlechtszuweisung vor dem 18. Lebensmonat des Kindes erfolgt. Nach dem 3. Lebensjahr ist eine Änderung nur schwer möglich. Wird im 2. oder 3. Jahr aus irgendwelchen Gründen eine Geschlechtsänderung erzwungen, kommt es bei den betreffenden Kindern zu erheblichen Konflikten, Ängsten, Aggressionen, nach dem 3. Lebensjahr zu starken psycho-neurotischen Störungen, und die Versuche mißlingen oft.

„Wenn bei der Geburt eines hermaphroditen Kindes das Geschlecht voreilig zugewiesen wird, dann bestehen während der ersten 18 Monate noch gute Möglichkeiten für eine Neuzuweisung. Nach diesem Alter reduziert sich diese Möglichkeit mit jedem Monat. Mit der Entwicklung des Sprachverständnisses hat das Kind auch ein Selbstkonzept entwickelt. Dieses Selbstkonzept ist eindeutig geschlechtsspezifisch.“ (Money/Ehrhardt 1975)

Die Geschlechtscharaktere erscheinen später in der Selbst- und Fremdbeobachtung als so selbstverständlich, daß die Vorstellung, den „Gegencharakter“ zu besitzen, gar nicht aufkommen kann.

Daraus entsteht auch der Glaube, dies müsse genetisch, hormonell oder durch andere Anlagenfaktoren verursacht sein.

Obwohl die Geschlechtscharaktere von Mann und Frau so extrem stabil erscheinen, als unbewußte Dispositionen das Verhalten steuern, darf doch ihre sozialdeterminierte Entstehung in den ersten Lebensjahren nicht übersehen werden.

Das geschlechtstypische Verhalten wird in entscheidendem Maße durch die geschlechtsspezifische Erziehungsstrategie der Eltern bzw. engeren Umwelt und durch die weiteren Lebenserfahrungen des Individuums geformt. Die Natur legt das biologische Geschlecht fest, die Gesellschaft normiert das psychische Geschlecht, das heißt, das typische Verhalten der Geschlechter.

In jeder Gesellschaft existieren geschlechtstypische Normen und Erwartungen, mit denen der Heranwachsende von klein auf konfrontiert wird, die sein Verhalten, seine Psychologie determinieren.

An einem klassischen Beispiel soll die soziale Bedingtheit der psychischen Geschlechtsentwicklung weiter verdeutlicht werden: Zwei Jungen eines eineiigen Zwillingspaares wurden im Alter von 17 Monaten beschnitten. Dabei kam es bei dem einen zu einer starken Verletzung des Penis. Money empfahl daraufhin den Eltern, das „soziale Geschlecht“ dieses Jungen offiziell zu verändern und ihn als Mädchen zu erziehen. Das geschah. Die Eltern erzogen ihre genetisch identischen Zwillinge geschlechtsdifferent, den einen als Jungen, den anderen als Mädchen. Es zeigte sich, daß jeder Zwilling die entsprechende Geschlechtsidentität und die psychischen Geschlechtsbesonderheiten entwickelte, zumindest bis zum 6. Lebensjahr.

Geschlechtsbesonderheiten bei Jugendlichen

Nach dem 1. Lebensjahrzehnt haben sich bereits die meisten geschlechtstypischen Verhaltensweisen herausgebildet, sind mindestens tendenziell gut zu beobachten. Im 2. Lebensjahrzehnt, besonders nach der Pubertät, verfestigen und fixieren sich diese Verhaltensweisen weiter, sie erreichen damit weitgehend die für Erwachsene charakteristische Ausprägungsstufe.

Die bei älteren Schülern, Lehrlingen, Studenten, jungen Arbeitern gewonnenen Daten können somit auch als nahezu repräsentativ für erwachsene Männer und Frauen bewertet werden.

Intellektuelle Leistungen. Gibt es Unterschiede in der intellektuellen Leistungsfähigkeit zwischen den Geschlechtern? Wenn ja, sind diese biologisch bedingt oder ergeben sie sich aus der sozialen Erfahrung („Geschlechterrolle") der Individuen? Das ist bekanntlich eine alte Streitfrage. Früher wurde die intellektuelle Unterlegenheit der Frau überhaupt nicht bezweifelt und kurzerhand als Anlagemangel (geringeres Hirngewicht) deklariert. Man schrieb noch Anfang unseres Jahrhunderts über den „physiologischen Schwachsinn des Weibes". Heute gibt es zu diesem Thema sehr viele empirische Untersuchungen, die im großen und ganzen übereinstimmende Ergebnisse geliefert haben. Die Haupterkenntnis ist:

Zwischen Jungen und Mädchen existieren nur sehr geringe Unterschiede in der intellektuellen Leistungsfähigkeit (gemessen an Schul- und Intelligenztestleistungen). Sie lassen kaum biologisch-genetische Interpretationen zu.

● Schulleistungen. Mädchen erreichen in fast allen Schulfächern durchschnittlich bessere Leistungen als Jungen. Besonders in den sprachlichen und musischen Fächern und im allgemeinen Schulverhalten sind sie weit besser; weniger groß sind die Mittelwertsdifferenzen in Sport, Mathematik und den naturwissenschaftlichen Fächern. Eine Untersuchung an über 1500 Leipziger Schülern der 8. und 10. Klassen belegt das (Tab.). Die Leistungsüberlegenheit der Mädchen in der Schule ist offensichtlich. Daraus kann aber keinesfalls auf eine vorteilhaftere biologische Disposition geschlossen werden. Das ist vielmehr wesentlich ein Ergebnis ihrer besseren Schulmotivation. Mädchen sind fleißiger, anstrengungsbereiter, anpassungsfähiger, disziplinierter, leichter zu lenken und zu motivieren, sie haben tiefere Gefühlsbeziehungen zu Lehrern, zur Klasse, lernen mehr den Eltern zuliebe. Die Schuldisziplin der Jungen ist bedeutend schlechter als die der Mädchen, was sich vom 1. bis 10. Schuljahr in den Verhaltenszensuren ausdrückt. Übrigens holen die Jungen nach der Schulzeit in den fachlichen Leistungen auf und erreichen in der Berufsausbildung bzw. im weiterführenden Studium teilweise sogar bessere Zensuren. Weibliche Abiturientinnen verschlechtern sich häufiger beim Übergang zur Hochschule von der Leistungsspitze zum Mittelfeld, während männliche Studenten mit mittleren Abiturnoten etwas öfter zur Leistungsspitze aufrücken. (G. Lange) Auch das dürfte mit der veränderten Motivlage, mit den oft höheren beruflichen Anforderungen und Erwartungen an die jungen Männer, mit deren andersgearteten Studien-, Arbeits- und Lebensbedingungen insgesamt zusammenhängen.

● Intelligenztestleistungen. Intelligenztests gelten als die derzeit härtesten und zuverlässigsten Instrumente zur Messung intellektueller Fähigkeiten, inbesondere ihrer (vermuteten) Anlagenkomponenten.

Nach den Testergebnissen lassen sich im allgemeinen keine gravierenden Geschlechtsunterschiede der Intelligenz nachweisen. Mädchen erreichen die gleichen IQ-Werte, teilweise sogar leicht höhere als Jungen. Gewisse Unterschiede zeichnen sich, der Literatur zufolge, bei einigen Untertests ab. Während Mädchen bei Verbaltests und der Merkfähigkeit überlegen sind, sind es Jun-

Zensuren von Schülern der 8. Klasse, differenziert nach dem Geschlecht (10. Klasse nur Mittelwert)

Fach		8. Klasse 1	2	3	4	MW	10. Kl. MW
Deutsch	m	14	31	44	11	2,52	2,64
	w	29	38	28	5	2,09	2,22
Russisch	m	9	27	34	30	2,86	2,86
	w	29	34	25	12	2,19	2,25
Biologie	m	12	33	40	15	2,58	2,62
	w	19	38	35	5	2,33	2,32
Mathematik	m	11	29	33	27	2,75	2,77
	w	18	33	26	23	2,54	2,59
Sport	m	19	43	32	6	2,26	2,09
	w	21	54	23	2	2,06	2,16
Betragen	m	5	45	41	9	2,56	2,37
	w	33	47	18	2	1,89	1,82

gen bei mathematischen Testaufgaben und dem räumlichen Vorstellungsvermögen. Doch sind die Testdifferenzen größtenteils sehr gering. Außerdem belegen eigene Untersuchungen, daß sich hier weitere Wandlungen vollziehen. Offenbar haben die DDR-Mädchen auch im mathematisch-logischen Denken keinen Rückstand mehr. Analysen von international anerkannten Tests an über 2000 Schülern der 7. bis 9. Klassen ergaben den aus der Tabelle ersichtlichen intellektuellen Entwicklungsstand.

Intellektueller Entwicklungsstand von Schülern der 7. bis 9. Klasse

Test	Jungen : Mädchen
allgemeine Intelligenz	die Mädchen der 7. und 8. Klassen erreichen etwas bessere Ergebnisse
mathematisch-technische Fähigkeiten	keine signifikanten Unterschiede
logisches Denken	in den 8. Klassen keine Unterschiede, in den 9. Klassen leichte Überlegenheit der Mädchen

Viele Autoren heben hervor, daß ältere Jungen (Schüler der oberen Klassen, Lehrlinge) ein bedeutend besseres „räumliches Vorstellungsvermögen" besitzen. Das wurde früher häufig genetisch erklärt. Neuere Forschungen bestreiten aber diese Hypothese. Alles in allem sind das überraschend spärliche Resultate der modernen Intelligenzforschung. Wer große Intelligenzunterschiede zwischen den Geschlechtern vermutet hat, der wird ziemlich enttäuscht sein. Subjektive Vermutungen in Frage zu stellen – darin besteht eben gerade eine Funktion empirisch fundierter Forschung.

Furcht und Aggression. In der bürgerlichen psychologischen Literatur wird immer wieder hervorgehoben: Mädchen und Frauen sind ängstlicher, schüchterner, Jungen und Männer dagegen aktiver, aggressiver.

Die verschiedensten Forschungen zur Ängstlichkeit der Frauen, die besonders in den USA durchgeführt worden sind, ergeben kein klares Bild.

Maccoby/Jacklin, die über 1500 Studien zu Geschlechterunterschieden analysiert haben, kommen auch bei dieser Frage zu einem kritischen und nüchternen Urteil. Sie betonen: „Gegenwärtig können wir unser Wissen über Furcht und Schüchternheit nur so zusammenfassen: Beobachtungen zeigen im allgemeinen keinen Unterschied." (1974)

Mädchen und Frauen geben zwar in Fragebogen und in Gesprächen mehr ihre Ängste und Zurückhaltung zu. Aber in Realsituationen erweisen sie sich meist nicht ängstlicher als Jungen und Männer (z. B. beim Arzt, beim Ertragen von Krankheiten). Das „starke Geschlecht" ist gar nicht so stark, wie es selbst von sich meint.

Übereinstimmend wird in der Literatur jedoch hervorgehoben, daß Jungen und Männer aktiver und viel angriffslustiger sind als Mädchen und Frauen. Jungen gehen schon im Vorschulalter schnell zu körperlichen Angriffen über, werden auch später eher tätlich. Mädchen halten zwar verbal mit (im Beschimpfen), aber zum Mittel der physischen Gewalt greifen sie sehr selten. Die Skala der empirischen Indikatoren für aggressives Verhalten reicht von häufigeren Disziplinstörungen der Jungen in der Schule bis zu kriminellen Delikten, die 8- bis 10mal häufiger von Jungen verübt werden. Natürlich sind das auch wieder nur Durchschnittsfeststellungen. Nicht alle Jungen sind undisziplinierter oder physisch angriffslustiger als alle Mädchen.

Viele Autoren vertreten den Standpunkt, das intensivere aggressive Verhalten des männlichen Geschlechts sei teilweise erlernt, besitze aber auch eine spezifische genetische Disposition. Wenn man ethnologische Beispiele heranzieht, in denen Männer bestimmter Völkerschaften als ungewöhnlich zurückhaltend, friedfertig, scheu und kooperativ beschrieben werden, dann wird man aber skeptisch gegenüber genetischen Erklärungen bleiben. Weitere wissenschaftliche Forschungen werden zu mehr Klarheit führen.

Von den Geschlechtsbesonderheiten bleibt wirklich nicht viel übrig. Nach der gründlichen Analyse von Maccoby/Jacklin (1974) zählen zu den gut bestätigten Unterschieden lediglich die folgenden:

- Mädchen besitzen bessere verbale Fähigkeiten als Jungen.
- Jungen sind überlegen im räumlichen Vorstellungsvermögen und in rechnerischen Fähigkeiten.
- Jungen sind aggressiver.

Wissenschaftlich nicht begründet sind dagegen folgende oft anzutreffende Annahmen:
- Mädchen sind suggestibler (leichter zu beeinflussen) als Jungen.
- Mädchen haben ein geringeres Selbstbewußtsein.
- Mädchen fehlt es an hoher Leistungsmotivation.
- Mädchen sind besser beim mechanischen Lernen.
- Mädchen gehören mehr zum auditiven (das Hören betreffend), Jungen mehr zum visuellen (das Sehen betreffend) Lerntyp.

Interessen, Lebensziele. Für Männer und Frauen sind unterschiedliche Interessen- und Lebenszielstrukturen kennzeichnend. Diese Unterschiede bilden sich frühzeitig heraus: bei älteren Schülern und Lehrlingen sind sie bereits markant entwickelt.

Mädchen und Frauen sind – global betrachtet – stärker auf die soziale Mitwelt (Eltern, Freundeskreis, Partner, Kinder, unmittelbare Kollektive) eingestellt. Sie interessieren sich mehr für Wohnung, Kleidung, Mode, soziale Kontakte. Probleme anderer Menschen beschäftigen sie ebenso wie die eigenen stärker.

Jungen und Männer sind durchschnittlich sachlicher, etwas weniger problemempfindlich für sozial-personale Probleme. Ihre Technik- und Sportinteressen sind bedeutend ausgeprägter. Das sind natürlich wiederum nur Durchschnittsaussagen, die nicht für den einzelnen Fall gelten. Man muß sich hüten, daraus Etiketten für alle Männer oder alle Frauen zu konstruieren. Schon wenn man die jungen Leute nach bestimmten sozialstrukturellen oder demographischen Kriterien gruppiert, kommt es oft zu bedeutenden Abweichungen von allgemeinen Durchschnittswerten. Mädchen und Frauen verschiedener Bildungsstufen, Berufe, gesellschaftlicher Aktivität (Funktionen) usw. können manchmal in der Ausprägung ihrer Interessen und Wertorientierungen untereinander stärker differieren als zum männlichen Geschlecht. Die Geschlechtsbesonderheiten der Frau gibt es eben nicht.

Empirische Untersuchungen machen klar, daß die Interessen, Wertorientierungen und Lebensziele zwischen den beiden Geschlechtern nicht so stark divergieren und daß Arbeit, Beruf, Politik, Familie sowohl von Jungen wie von Mädchen hoch bewertet werden.

Auch und gerade in diesem Bereich haben sich in den letzten Jahrzehnten in der DDR gewaltige Veränderungen vollzogen. Beispielsweise haben Mädchen und junge Frauen heute kein geringeres Politikinteresse als gleichaltrige Jungen bzw. junge Männer. Ihre Bewertung politischer Ereignisse ist stärker emotional begründet als die der Jungen. Man kann sagen, unsere Mädchen und jungen Frauen haben ein mehr persönlicheres, ein mehr subjektiv fundiertes Wertungsverhältnis zur Politik. In der Schulzeit sind sie auch gesellschaftlich aktiver, übernehmen mehr Funktionen bei den Jungen Pionieren oder in der FDJ. Fast 60 % der FDJ-Funktionäre in den 8. bis 10. Klassen sind Mädchen. Wenn später die Aktivitäten der jungen Frauen zurückgehen, dann hängt das hauptsächlich von ihren geänderten Lebensbedingungen ab (Familiengründung, Sorge um die Kleinkinder).

Im Rahmen größerer Untersuchungen wurden vielfach Lebensziele bzw. Wertorientierungen unserer Jugend erfaßt. Einige Ergebnisse aus einer Studie von 1984 sind in einer Tabelle zusammengestellt.

Wertorientierungen 16- bis 25jähriger Jugendlicher, differenziert nach dem Geschlecht (nur starker Ausprägungsgrad/in Klammern sehr starker)

	Wertorientierung	weiblich (%)	männlich (%)
1	Zufriedenheit in der Familie	97 (87)	94 (76)
2	sinnerfüllte Arbeit	85 (42)	86 (43)
3	schöpferisch sein, Neues ausdenken	42 (8)	59 (20)
4	umfangreiches Wissen erwerben	70 (20)	73 (27)
5	für andere Menschen da sein	87 (38)	77 (25)
6	immer ein Ziel haben, nicht in den Tag hinein leben	81 (27)	76 (24)
7	selbstkritisch sein	89 (38)	83 (31)
8	das Leben voll genießen	50 (22)	56 (27)

Geschlechtstypische Akzente können aus dieser Tabelle zwar abgelesen werden. Junge Frauen wollen in ihrem Leben mehr für die Familie und für andere da sein, sind etwas selbstkritischer und zielbewußter, junge

Männer wollen mehr schöpferische Arbeit leisten und etwas häufiger ein breites Wissen erwerben. Doch sind die Differenzen erstaunlich gering. Man kann feststellen, daß die Wert- und Lebensorientierungen beider Geschlechter (bei der DDR-Jugend) ziemlich übereinstimmen. Selbstverständlich ist die historisch-gesellschaftliche Einschränkung auf unsere gegenwärtige Jugend notwendig; zu anderen Zeiten und in anderen Ländern können solche Geschlechtsvergleiche völlig abweichende Werte ergeben.

Die Tabelle widerspiegelt das hohe Entwicklungsniveau des Denkens, Wertens, Strebens unserer Mädchen und jungen Frauen – eine beeindruckende historische Errungenschaft.

Freizeitgestaltung, Freizeitverhalten. Jedermann weiß aus Alltagsbeobachtungen, daß die Lebensbedingungen von Männern und Frauen nicht gleich sind, daß Mädchen und Jungen informell unterschiedlich erzogen und orientiert werden, daß die Arbeitsteilung im Haushalt oft noch nach sehr traditionellen Mustern praktiziert wird. Vielfach gehen Männer zu wenig auf die Forderungen und Ansprüche ihrer Frauen nach mehr Unterstützung ein.

Die daraus resultierenden geschlechtstypischen Besonderheiten kommen deutlich in der Freizeitgestaltung zum Ausdruck. Mädchen und Frauen besitzen nicht nur beträchtlich weniger Freizeit (bedingt durch Hausarbeiten und andere notwendige Verrichtungen), sie haben auch eine typisch andere Struktur ihres realen Freizeitverhaltens, was ein guter Indikator für ihre spezifischen Interessen ist. Mehrere Freizeituntersuchungen des Instituts für Jugendforschung bei Schülern, Lehrlingen, Studenten, jungen Arbeitern bestätigen das.

Bereits Schülerinnen der 9. und 10. Klassen verfügen wöchentlich über etwa 5 Stunden weniger Freizeit als ihre männlichen Mitschüler, Studentinnen haben etwa 4 Stunden weniger als männliche Kommilitonen. Bei jungen Arbeiterinnen im Alter von 20 bis 25 Jahren erhöht sich das wöchentliche Freizeitdefizit auf 6 Stunden, später nimmt es noch weiter zu.

Diese geschlechtsbezogenen Differenzen des Freizeitbudgets waren bei früheren Generationen noch viel größer. Die stärkere Beteiligung der jungen Männer an Hausarbeiten, vor allem nach der Heirat, ist unverkennbar, wenn auch noch nicht zufriedenstellend.

Eine Tabelle gibt einen Überblick über die Zeitaufwendungen weiblicher und männlicher junger Arbeiter für bestimmte Freizeittätigkeiten (s. d.).

Diese Tabelle veranschaulicht nicht nur die großen Differenzen im alltäglichen Freizeitverhalten von jungen Frauen und Männern, sondern auch die interessanten Veränderungen, die sich nach der Eheschließung ergeben. Mit der Familiengründung, mit den sich daraus ergebenden Pflichten und Ansprüchen ändert sich deutlich das Profil der Freizeittätigkeiten und damit die gesamte Interessenstruktur der jungen Leute. Alte Gewohnheiten müssen aufgegeben werden (z. B. Gaststätten-, Diskothekenbesuch),

Ausgewählte Freizeittätigkeiten junger Arbeiter, differenziert nach Geschlecht und Familienstand (Zeitaufwand in Minuten pro Woche)

Tätigkeit	männlich		weiblich	
	unverh.	verheiratet	unverh.	verheiratet
Fernsehen	360	462	402	402
Radio – Musikhören	132	90	96	36
Zusammensein mit Freunden, Verwandten, Bekannten	354	336	354	318
Gaststättenbesuch	294	114	90	42
Lesen	144	120	138	96
Disko, Tanz	162	48	132	54
Spaziergänge	84	162	144	184
gesellschaftliche Aktivität/Weiterbildung	60	138	96	114
Sporttreiben	86	36	18	12
Fahrzeugfahren /-pflege	160	101	41	33
kulturell-künstlerische Betätigung (individuell)	32	47	47	85

neue Interessen und Gewohnheiten entstehen (z. B. Spaziergänge), Weiterbildung und gesellschaftliche Forderungen werden nachhaltiger realisiert.
Das Freizeitverhalten reflektiert klar sowohl Unterschiede in den objektiven Lebensbedingungen als auch solche in den Interessenprofilen.

Geschlechtsbesonderheiten bei Erwachsenen

Die bei Jugendlichen ermittelten Forschungsergebnisse können – mit gewissen Einschränkungen – auch als typisch für erwachsene Frauen und Männer bewertet werden.
Der geschlechtsbezogene Ausprägungsgrad der Eigenschaften, intellektuellen Fähigkeiten, Interessen, Wertorientierungen und realen Verhaltensweisen unterscheidet sich bei Erwachsenen nicht grundsätzlich von denen der Jugendlichen. Verständlicherweise kommt bei jungen Leuten der historische Trend (der historische Wandel in den psychischen Geschlechtsbesonderheiten) klarer zum Vorschein.
Die vergleichsweise wenigen, oft noch mit erheblichen methodischen Mängeln behafteten Untersuchungen bei Erwachsenen lassen erkennen, daß sich die psychischen Unterschiede zwischen den Geschlechtern mit zunehmendem Alter vergrößern. Männer und Frauen im 6. Lebensjahrzehnt unterscheiden sich in ihren psychischen Merkmalen mehr als die um 20 Jahre jüngeren, diese wieder mehr als Jugendliche.
Für die Erscheinung gibt es zwei Erklärungsaspekte:

1. Ältere Männer und Frauen sind als Kinder und Jugendliche unter anderen gesellschaftlichen Bedingungen (etwa der 20er bis 40er Jahre unseres Jahrhunderts) herangewachsen. Sie wurden von klein auf noch stärker in Richtung gegensätzlicher Geschlechtscharaktere geprägt und erzogen. Diese Grunderfahrungen haben ihre Persönlichkeitsentwicklung und Lebensgestaltung bis ins Erwachsenenalter nachhaltig geformt. Man nennt das den Generationsaspekt.
2. Ältere Männer und Frauen sind im Verhältnis zu jüngeren in Familie, Beruf, vielleicht auch der „öffentlichen Meinung" quantitativ häufiger und zunehmend mit spezifischen Lebensbedingungen, Anforderungen, Wertungen konfrontiert, die die Entwicklung geschlechtstypischer Unterschiede fördern. Stimmt diese Annahme, dann müßten sich bei den heutigen jungen Leuten in 10, 20, 30 Jahren die Mann-Frau-Differenzen etwas verstärkt haben.

Man nennt das den biographischen Aspekt.
Beide Bedingungsgruppen (sowohl der Generations- wie der biographische Aspekt) wirken natürlich in Einheit.
Für die Erklärung der gegenwärtigen Situation hat gewiß der Generationsaspekt ein größeres Gewicht.
Die heute noch bei älteren Generationen vorhandenen relativ großen Unterschiede im Bildungsniveau, in der beruflichen Qualifikation, in der hauswirtschaftlichen Arbeitsteilung, davon abgeleitet im Profil der Interessen und Wertorientierungen, aber auch im Freizeit- und Sexualverhalten der beiden Geschlechter werden sich sicherlich bei den nachrückenden Generationen weiter verringern.
Zu einer völligen Nivellierung der Psychologie beider Geschlechter wird es damit keinesfalls kommen. Daran hat niemand ein Interesse, und das wäre auch nicht möglich.
Die ganz „persönliche Note" im Gefühls- und Intimleben wird bleiben. Frauen bewerten die Männer wie auch das eigene Geschlecht anders als Männer und umgekehrt.
Nur Frauen können die Schwangerschaft und das Stillen eines Kindes erleben. Der Orgasmus der Frau hat Besonderheiten, obwohl, wie neuere Forschungen zeigen, zahlreiche physiologische Reaktionen und auch psychische Erlebnisweisen bei beiden Geschlechtern ziemlich übereinstimmend sind.
Einzelfallstudien und künstlerische Darstellungen bleiben unverzichtbare Methoden, um solche Seiten des Lebens, Liebens, Sehnens und Empfindens der Frauen- bzw. Männer-Individualitäten widerzuspiegeln.

Heutiger Stand der Erforschung von Geschlechtsunterschieden

Zusammenfassend kann gesagt werden, daß die neuere psychologische/sozialwissenschaftliche Forschung zu Fragen der Geschlechtsbesonderheiten folgendes überzeugend nachgewiesen hat:

1. Psychische Geschlechtsunterschiede sind historisch variante Erscheinungen. Sie variieren von Epoche zu Epoche, von Gesellschaft zu Gesellschaft. Zwischen Frauen verschiedener Gesellschaften und Kulturen kann es enorme Unterschiede ihrer Psychologie geben.

Die sozialökonomische Grundlage, der kulturelle, politische, geistige Überbau einer konkret-historischen Gesellschaft bestimmen letztlich die soziale Stellung der Geschlechter (Arbeitsteilung, Rechtsstatus, Bildungszugang, Teilnahme und Mitbestimmung am gesellschaftlichen Leben, speziellere Verhaltensnormen).

Mit dem Aufbau des Sozialismus wurde in der DDR die gesellschaftliche Gleichberechtigung der Frau gewährleistet, wurden günstige Bedingungen für ihre Persönlichkeitsentwicklung geschaffen.

2. Die psychischen Geschlechtsunterschiede sind heute größtenteils sehr gering. In den letzten Jahrzehnten hat sich ein bedeutender Annäherungsprozeß im Denken, Werten und Verhalten der beiden Geschlechter vollzogen.

Mädchen und junge Frauen erreichen im Durchschnitt die gleichen, vielfach sogar leicht bessere Schulleistungen als ihre männlichen Altersgenossen. Im Fach- und Hochschulstudium holen männliche Studenten allerdings auf und überflügeln manchmal tendenziell die Leistungen der Studentinnen.

Für Mädchen und junge Frauen unseres Landes haben Berufsarbeit, Politik, gesellschaftliche Aktivität einen hohen Wert. Auch in zahlreichen anderen Wertorientierungen gibt es nur geringe Unterschiede zum männlichen Geschlecht. Das ist ein überzeugendes Ergebnis der veränderten sozialen Entwicklungsbedingungen und Lebensweise der Geschlechter in unserer sozialistischen Gesellschaft, besonders der Erziehung mit gleichen sozialen und intellektuellen Anforderungen zu gleicher Verantwortung, Aktivität, Moral.

Mädchen und Frauen reagieren jedoch etwas stärker emotional. Sie sind eventuell mehr sozial- und familienorientiert als Jungen bzw. Männer. Diese tief verwurzelten, bereits in früher Kindheit geprägten Charaktermerkmale zu nivellieren, besteht u.E. kein Anlaß.

Dieser Trend zur Verringerung der Geschlechtsdifferenzen wird seit einiger Zeit in verschiedenen Ländern beobachtet. Kritisch eingestellte kompetente Forscher wie Maccoby/Jacklin ziehen aus ihrer umfangreichen Sekundäranalyse den Schluß, „daß die vielen populären Annahmen über die psychologische Eigenart der beiden Geschlechter in Wirklichkeit nur eine ganz geringe oder gar keine Grundlage haben". (1974) Der Glaube an große psychische Unterschiede zwischen den Geschlechtern entbehrt heute jeder wissenschaftlichen Basis.

Es gibt keine psychischen Merkmale, die dichotomisch (zweigeteilt) auf die Geschlechter verteilt wären. Jedes psychische Merkmal, ob bestimmte Fähigkeiten oder beliebige Interessen, Wertorientierungen, Eigenschaften, soziale Verhaltensweisen kann bei beiden Geschlechtern auftreten. Nur die Häufigkeit und die Intensität des Auftretens kann streuen. Das Individuum, die einzelne Frau, der einzelne Mann, kann das betreffende psychische Merkmal besitzen oder nicht besitzen, es kann bei ihm zwischen maximal stark bis maximal schwach ausgeprägt sein.

3. Die wissenschaftliche Forschung kann gegenwärtig noch keine exakten Belege für die spezifische Wirkung genetischer, hormoneller oder anderer biologischer Faktoren auf die Entwicklung von psychischen Geschlechtsbesonderheiten liefern.

Es besteht hier eine fundamental andere Situation als bei den körperlichen (morphologisch-physiologischen) Geschlechtsbesonderheiten.

Auf biologische Anlagen könnte dann geschlossen werden, wenn

- ein Merkmal universell ausgeprägt, also bei allen Angehörigen eines Geschlechts vorhanden wäre,
- eine physiologische Basis nachgewiesen werden könnte, etwa wenn die Ausprägung eines Merkmals durch den Hormonspiegel bedingt wäre,
- dieses Merkmal auch phylogenetisch (bei Primaten) beobachtet werden könnte.

Alle diese Kriterien treffen auf die psychischen Geschlechtsunterschiede beim Menschen nicht zu. Die Herausbildung psychischer Geschlechtsunterschiede unterliegt den Gesetzmäßigkeiten der psychischen Entwicklung des Menschen überhaupt.
Die Entwicklung der menschlichen Persönlichkeit, ihrer Dispositionen (Fähigkeiten, Eigenschaften, Interessen, Wertorientierungen, Gewohnheiten) ist ein durch soziale Erfahrung vermittelter Prozeß in der Ontogenese der Individuen. Die Individuen eignen sich diese Dispositionen in einem komplizierten Lernvorgang an, unter bestimmten sozialen Bedingungen. Die Persönlichkeitsentwicklung des Menschen ist gesellschaftlich determiniert.
4. Bereits in den ersten Lebensjahren wird die Basisstruktur des geschlechtstypischen Verhaltens geformt. Entscheidende Determinanten sind die Erziehungsstrategie der Familie und der engeren Umwelt wie Kinderkrippe, Kindergarten, auch der Bekannten und Freunde.
Mit drei Jahren hat das Kind schon eine ziemlich stabile Geschlechtsidentität erworben, mit vier bis fünf Jahren ist diese nahezu irreversibel ausgeprägt.
Das Kind macht nun auf Schritt und Tritt seinem Geschlecht entsprechende Erfahrungen, sein Verhalten wird in der Familie, in der Schule, im Freundeskreis, von allen Kontaktpartnern geschlechtsspezifisch bewertet. Man erwartet von vornherein, daß es sich wie ein Mädchen bzw. wie ein Junge verhält, entsprechend dem in der Gesellschaft vorherrschenden bzw. von der Gruppe oder von einzelnen vertretenen Mädchen- bzw. Jungen-Standard (den „Geschlechterrollen").
Eine weitere Profilierung und Differenzierung des geschlechtstypischen Verhaltens setzt mit der körperlichen Pubertät ein (etwa zwischen dem 12. bis 15. Lebensjahr). Das andere Geschlecht rückt jetzt mehr ins Blickfeld, was zu stärkerer Reflexion über das eigene Verhalten und (von Ausnahmen abgesehen) zu weiterer Übereinstimmung führt.
In der Sozialpsychologie werden verschiedene Modelle des Lernprozesses von Geschlechtsbesonderheiten diskutiert, wie das Lernen nach Bekräftigung (Belobigung und Bestrafung im Sinne des Behaviorismus), als Nachahmung, als Identifikation (Psychoanalyse), als kognitive Organisation nach der akzeptierten Geschlechtsidentität (kognitive Psychologie).
Alle diese Lernmodelle beschreiben wichtige Aspekte, aber keines allein erklärt hinreichend diesen komplexen Prozeß der Persönlichkeitsentwicklung, die Herausbildung des Geschlechtscharakters.

Die Sexualität der Frau

Sexualität und Sexualverhalten

Die Sexualität umfaßt alle Vorgänge, die direkt oder indirekt mit der geschlechtlichen Betätigung zu tun haben. Das sich hieraus ableitende Verhalten nennt man Sexualverhalten. Ursprünglich nur auf Handlungen bezogen, die die Fortpflanzung ermöglichen, faßt man den Begriff jetzt weiter und versteht darunter auch Aktivitäten, die der individuellen und der gegenseitigen Lustbefriedigung dienen, ohne daß Kinder gezeugt werden sollen.
Das menschliche Sexualverhalten nimmt eine Sonderstellung ein und ist nicht mit dem von Tieren zu vergleichen. Beim Tier ist die Fortpflanzung auf bestimmte Zeiträume begrenzt und konzentriert sich auf die sogenannten Brunstperioden, das Verhalten wird instinktiv gesteuert. Beim geschlechtsreifen Menschen dagegen entfallen diese zeitlichen Beschränkungen, er kann – sofern er es will – jederzeit sexuell aktiv werden. Ihm steht wesentlich mehr sexuelle Erregbarkeit zur Verfügung als sie zur Fortpflanzung notwendig wäre. Noch bedeutungsvoller ist jedoch die Tatsache, daß beim Menschen infolge einer Instinktreduktion sein Verhalten, bei dem sich der Wunsch nach Fortpflanzung von dem sexuellen Bedürfnis abgekoppelt hat, in hohem Maße durch Lernprozesse geformt wird. Zwar spielen auch die biologischen Anlagen eine Rolle, doch sind die psychosozialen Einflüsse, denen das Kind und der Jugendliche im Laufe der Entwicklung ausgesetzt sind, genauso wichtig, wenn nicht – wie manche Sexualforscher meinen – noch entscheidender. Für beide Geschlechter hat das Sexualverhalten verschiedene Aspekte:
– biologisch (es dient der Fortpflanzung)

- subjektiv (es vermittelt lustvolles Erleben und Befriedigung)
- zwischenmenschlich (es bedeutet besonders enge Partnerkommunikation und Mitbefriedigung des Partners).

Sexualverhalten in verschiedenen Lebensphasen

Das Kind. Zwar kann man auftretende Lustgefühle und sexuelle Reaktionen nicht mit denen Erwachsener vergleichen, aber auch das Kind ist schon ein sexuelles Wesen. Dem Kleinkind, das sich an den Vater schmiegt, oder Neugeborenen an der Mutterbrust vermittelt der Hautkontakt Wärme und Geborgenheit. Zärtliche Berührungen wie Streicheln oder Ansichdrücken bedeuten Geliebtwerden und lösen lustvolle Empfindungen aus, die wir später – wenn auch weiter entwickelt – in ähnlicher Form in einer Partnerschaft wiederfinden.
Neben diesen mehr allgemeinen Reaktionen gibt es im Genitalbereich Vorgänge, die eine Vorstufe zu den sexuellen Veränderungen in der Geschlechtsreife darstellen: bei Jungen vorübergehende Gliedversteifungen, bei Mädchen Feuchtwerden der Scheide. Berührungen des Genitale können als angenehm empfunden und deshalb wiederholt werden. Wie seine übrige Umgebung so will das Kind auch seinen Körper kennenlernen, es betastet ihn und will ihn erkunden. Dabei macht es seine ersten Erfahrungen.
In den vergangenen Jahrhunderten wurde die Sexualität des Kindes ja entweder gänzlich negiert oder – wenn sie zur Kenntnis genommen wurde – als gesundheitsschädlich bezeichnet, bestraft und möglichst unterdrückt. Von dieser Einstellung war auch die Beurteilung der Selbstbefriedigung (Masturbation) geprägt, die man als verdammenswertes Laster ansah. Bei der Bekämpfung scheute man sogar nicht vor operativen verstümmelnden Eingriffen am Genitale zurück. Spätestens seit Freud wissen wir, daß die sexuelle Entwicklung ein Bestandteil der gesamten Persönlichkeitsentwicklung ist und in verschiedenen Phasen abläuft. Selbstbefriedigung beobachtet man meist bei älteren Kindern, häufiger wird sie dann in der Pubertät. Mitunter findet man sie bei Kindern, die sich viel selbst überlassen sind und eine liebevolle Zuwendung vermissen, als Ausdruck von Frustration. Nie sollte ein Kind deswegen bestraft oder als unanständig hingestellt werden. Es sollte stets versucht werden – eventuell mit Hilfe eines Kinderpsychologen –, die häusliche Situation und familiären Verhältnisse zu erforschen, ob nicht vielmehr hier die Ursachen für das Verhalten liegen. Die Lust am eigenen Körper zu finden, stellt in diesen Fällen eine Ersatzhandlung dar.
Weit verbreitet sind bei 4- bis 6jährigen die sogenannten Doktorspiele, bei denen sich Jungen und Mädchen gegenseitig ausziehen – wie sie es z. B. von Arztbesuchen her kennen –, sich gegenseitig angucken, dabei auch die Geschlechtsunterschiede bemerken, oder sich auch befühlen. Diesem Verhalten, auf das Erwachsene oft entsetzt reagieren, liegt keine sexuelle Motivation zugrunde, sondern es ist einfach kindliche Neugier. Man will wissen, wie der andere aussieht und worin er sich unterscheidet. Kinder, die mit Geschwistern aufwachsen und die gewöhnt sind, sich gegenseitig nackt zu sehen, betreiben solche Spiele meistens nicht, da ihr Wissensdurst gestillt ist. Eher handelt es sich um Einzel- oder sehr prüde erzogene Kinder. Bei einer freien, aufgeschlossenen Atmosphäre im Elternhaus, in dem die Kinder z. B. im Bad auch einmal ihre Eltern unbekleidet zu Gesicht bekommen, entfallen diese Spiele, weil sie den Kindern nichts Neues bieten. Wichtig für das spätere Verhalten ist die Information, daß Sexualität nicht mit Angst oder Scham verknüpft ist, sondern angenehme, freudvolle Empfindungen bereitet.
In der Kindheit entwickelt sich auch die Geschlechtsrolle. Normalerweise stimmen biologisches Geschlecht und Geschlechtsrolle überein, d. h., das Mädchen fühlt sich als weiblich, der Junge als männlich. Ausschlaggebend ist dabei der bereits mit der Geburt beginnende Einfluß der Umwelt, wird doch der Unterschied der Geschlechter schon durch die verschiedenfarbige Babykleidung betont. Dazu kommt häufig unterschiedliches Verhalten den Kindern gegenüber. Technisches Spielzeug z. B. ist mehr eine Domäne der Jungen, Puppen sind eher für Mädchen bestimmt. Sie können auch eher ihre Gefühle zeigen, „ein Junge dagegen weint nicht“, er muß als Mann hart sein. In

einer sozialistischen Gesellschaft, in der die Gleichberechtigung von Mann und Frau gesetzlich verankert ist, verwischen sich allmählich diese Erziehungsunterschiede. Man kann aber mit Sicherheit sagen, daß die traditionellen Geschlechtsrollen von Mann und Frau, wie sie in der Vergangenheit als geschlechtsspezifisch hingestellt wurden, nur zu einem geringen Teil biologisch und in weit größerem Maße psychosozial in der Kindheit und Jugend geformt wurden, so daß in Wirklichkeit die Unterschiede im Verhalten wesentlich kleiner sind, als man früher angenommen hatte. Das gilt auch für den sexuellen Bereich.

Jugend. In dieser Zeit gehen erhebliche körperliche und seelische Umwandlungen und Weiterentwicklungen vor sich, denn nun setzt die Geschlechtsreife ein. Gleichzeitig verstärken sich sexuelle Regungen und Spannungen, bei Jungen insgesamt stärker als bei Mädchen, deren sexuelle Bedürfnisse sich mehr in schwärmerischen Phantasien als in direkter sexueller Betätigung äußern. Selbstbefriedigung als normale Pubertätsreaktion findet man bei fast allen Jungen, während sie bei Mädchen nicht ganz so verbreitet ist. So sollen bis zum Alter von 15 Jahren nur 25% aller Mädchen bis zum Orgasmus masturbiert haben, während die Vergleichszahl für Jungen auf nahezu 100% geschätzt wird. Ähnlich verhält es sich mit der Häufigkeit der spontanen Samenentleerung im Schlaf, der Pollution. Mädchen erleben viel seltener im Schlaf Orgasmen, die zu einem Feuchtwerden der Scheide führen.

Im Gegensatz zu den Jungen, denen das Masturbieren meist von älteren beigebracht wird, entwickeln die Mädchen ihre Praktiken meist allein. Sie sind sehr unterschiedlich, manche pressen ein Kissen oder einen anderen Gegenstand zwischen die Oberschenkel und bewegen sich rhythmisch dabei, andere berühren direkt den Kitzler und den umgebenden Bereich, einige wenige führen Gegenstände in die Scheide ein. Diese Handlungen werden von Phantasievorstellungen begleitet, die das Lustgefühl unterstützen. Nicht alle Mädchen wissen überhaupt, daß sie masturbieren, sondern handeln so, weil sie einmal zufällig beim Berühren des Genitale festgestellt haben, daß sie dadurch eine sexuelle Erregung und anschließende lustvolle Entspannung empfunden haben. Dieses Erlebnis wird dann durch Wiederholung bekräftigt.

Nach der Phase der sexuellen Selbststimulation – oder noch parallel dazu – folgen engere Kontakte mit dem anderen Geschlecht. Einen Jungen, den man schon Jahre kannte, sieht man plötzlich mit ganz anderen Augen. Man fühlt sich zu ihm hingezogen, möchte in seiner Nähe sein und von ihm beachtet werden. Teilt er die Gefühle, werden bald Zärtlichkeiten ausgetauscht. Man küßt sich, schmiegt sich aneinander, erotische Akzente kommen ins Spiel. Die Berührungen werden intimer, der Junge berührt die Brust des Mädchens, schließlich auch die Geschlechtsorgane. Man lernt gegenseitig die erogenen Zonen kennen, und schließlich findet der erste Geschlechtsverkehr statt. Nicht jede Jugendfreundschaft läuft in dieser Reihenfolge ab. Wie weit man geht, hängt von dem Grad der gegenseitigen Zuneigung und von anderen Umständen ab. Nach Untersuchungen des Zentralinstituts für Jugendforschung in Leipzig beträgt in der DDR das Durchschnittsalter bei ersten heterosexuellen Kontakten mit Stimulierung der Genitalien für die männlichen Jugendlichen 15,7 und für die weiblichen 16,1 Jahre. Ein längeres Beibehalten dieser Verhaltensweise, die man nach dem angelsächsischen Sprachgebrauch auch als petting bezeichnet, ist jedoch für die Jugend in der DDR nicht typisch (in den USA dagegen ist es immer noch recht verbreitet). Sie betrachtet petting als eine Vorbereitung auf und keinen Ersatz für den Geschlechtsverkehr.

Wie aus zahlreichen Untersuchungen in vielen Ländern hervorgeht, ist das Alter beim ersten Geschlechtsverkehr allgemein im Laufe der letzten Jahrzehnte mehr und mehr abgesunken. Diese Entwicklung wird auch in der DDR beobachtet. Lag das Durchschnittsalter Anfang der siebziger Jahre noch zwischen 17,5 und 18,3 Jahren, wobei die Mädchen etwas später begannen, beträgt es gegenwärtig bei beiden Geschlechtern 16,9 Jahre. Etwa die Hälfte der 16jährigen, zwei Drittel der 17jährigen und neun Zehntel der 19- bis 20jährigen haben Koituserfahrung (Starke 1984). Interessant bei diesen Ergebnissen ist vor allem auch die Tatsache, daß sich jetzt in bezug auf die Kohabitarche (Alter beim ersten Geschlechtsverkehr) die Mädchen den Jungen angepaßt haben. Bei der Mehrheit handelte es sich nicht um eine flüchtige Beziehung, sondern um eine feste Partnerschaft, wobei sie aus gegenseitiger Liebe heraus zum Geschlechtsverkehr kamen. Die Zeitspanne von der ersten Bekanntschaft bis zur Aufnahme intimer Beziehungen unterliegt großen individuellen Schwankungen. Von Bedeutung kann hierbei der Einfluß der Gruppe sein, der man sich zugehörig fühlt, und daß man nicht als Außenseiter gelten möchte. Das Elternhaus verliert allmählich an Wertigkeit, die Jugendlichen beiderlei Geschlechts möchten unter sich sein, eigene Klubs und Gaststätten kommen diesem Wunsch entgegen. Hier fühlt man sich wohl, gibt sich entspannt, sucht Freundschaften und findet dabei oft auch den ersten Sexualpartner.

Viele Mädchen denken bei Aufnahme sexueller Beziehungen noch nicht an die Möglichkeit einer Schwangerschaft, selbst wenn sie aus biologischer Sicht genau über die Fortpflanzung Bescheid wissen. Sie unterdrücken den Gedanken, meinen, ihnen könnte das nicht passieren. Zwar sind Verhütungsmaßnahmen bekannt, besonders die Pille, doch wird die Anwendung aus verschiedenen Gründen erschwert (mangelndes Verständnis oder fehlendes Vertrauen zu den Eltern, Überschätzung unerwünschter Nebenwirkungen, gelegentlich auch ablehnende Einstellung der Ärzte). Da nur etwa 50% aller Jugendlichen beim ersten Geschlechtsverkehr Verhütungsmittel anwenden, von denen ein Teil noch dazu zu den nicht sehr zuverlässigen Methoden gehört, kommt es nicht selten zum Eintritt einer Schwangerschaft, der bei der jüngeren Gruppe der Mädchen – besonders wenn man die soziale Situation berücksichtigt – zu diesem frühen Zeitpunkt nicht wünschenswert ist. Die Entscheidung, das Kind auszutragen oder die Schwangerschaft durch eine Unterbrechung vorzeitig zu beenden, ist schwer und belastet vor allem das Mädchen.

Eine andere mögliche Begleiterscheinung sexueller Aktivität ist die Ansteckung mit einer Geschlechtskrankheit, wobei der Tripper oder die Gonorrhoe an erster Stelle steht. Durch den besonderen Verlauf der Infektion kann die sogenannte untere Form, die sich in Ausfluß und Jucken und Brennen beim Wasserlassen äußert, in wenigen Tagen zur oberen Form übergehen, indem die Erreger, die Gonokokken, durch den Muttermund in die Gebärmutter und von dort in die Eileiter gelangen, wo sie zu schmerzhaften, hochfieberhaften Entzündungen führen, die sich sogar noch auf das Bauchfell ausdehnen können. Erfolgt die Behandlung nicht rechtzeitig, sondern wird die Erkrankung aus Unkenntnis oder Angst verschleppt, können als Spätfolgen Eileiterverklebungen zurückbleiben, die den Eitransport beeinträchtigen oder verhindern, so daß keine Befruchtung mehr möglich ist. Späterer Kinderwunsch bleibt entweder unerfüllt oder läßt sich erst nach einer Vielzahl aufwendiger und langwieriger ärztlicher Maßnahmen verwirklichen. Begünstigt wird die Ansteckung durch leichtfertigen häufigen Partnerwechsel.

Solche unerfreulichen Erlebnisse vermögen gerade in diesem Lebensabschnitt die Entwicklung eines positiven Sexualverhaltens zu hemmen ähnlich wie beispielsweise auch gewaltsames Erzwingen des Geschlechtsverkehrs. In einer Liebesbeziehung dagegen empfindet das Mädchen das sexuelle Beisammensein meist als beglückend, und das Sexualverhalten wird durch die Fähigkeit, den Orgasmus zu erleben, weiter ausgeformt. Hierbei handelt es sich um einen Lernprozeß, der offenbar gegenwärtig unter den jüngeren Frauen eher abgeschlossen ist, als dies noch vor Jahrzehnten der Fall war. Nahm man früher an, daß zwischen dem ersten Geschlechtsverkehr und der Orgasmusfähigkeit durchschnittlich drei Jahre vergingen, hat sich diese Latenzzeit inzwischen deutlich verkürzt. Dabei scheint die Fähigkeit, den Orgasmus mehrfach hintereinander zu erleben, in der jüngeren Generation zuzunehmen. Früher auf rund 14% geschätzt, soll sie jetzt über 30% betragen.

Obschon bei der Mehrzahl der Jugendlichen heterosexuelle Neigungen im Vordergrund stehen, sind zeitweilige homosexuelle Neigungen nichts Außergewöhnliches. Bei Mädchen kommt es weniger als bei den Jungen zu direkten körperlichen Kontakten – etwa in Form gegenseitiger Masturbation –, sondern hier handelt es sich mehr um eine erotische Anziehungskraft von Personen des gleichen Geschlechts, die sich meist in Verehrung oder Schwärmerei äußert, manchmal auch im Austausch von Zärtlichkeiten.

Bei den meisten liegt hier eine Übergangsphase vor, die gegen Ende der Pubertät aus-

klingt und für immer in eine heterosexuelle Phase einmündet. Nur ein kleiner Teil der Mädchen bleibt auch im späteren Leben homosexuell, wobei vermutlich eine gewisse Disposition für dieses Verhalten vorhanden ist. Die genauen Entstehungsursachen sind noch unbekannt, aber Verführung z. B. ist nicht von Bedeutung.
In vielen Gesellschaftsordnungen, auch in der unseren, werden Minderjährige vor frühzeitigen Intimbeziehungen gesetzlich geschützt.

Die sexuelle Reaktion

Um das sexuelle Verhalten verstehen zu können, ist die Kenntnis der sich hierbei im weiblichen Organismus abspielenden Veränderungen notwendig. Die bei sexueller Aktivität auftretenden körperlichen und seelischen Umstellungen kann man in extragenitale (außerhalb der Genitalregion vorkommende) und genitale (sich auf die Geschlechtsorgane beziehende) Reaktionen unterteilen.
Während sich die extragenitalen Vorgänge bei beiden Geschlechtern ähneln – sie sind bei der Frau nur insgesamt etwas schwächer ausgeprägt –, unterscheiden sich die genitalen Reaktionen auf Grund der geschlechtsspezifischen Besonderheiten in Bau und Funktion der Geschlechtsorgane.
Seit den Untersuchungen von Masters und Johnson ist bekannt, daß die sexuelle Reaktion in Form einer Kurve verläuft, die man in vier Abschnitte untergliedern kann, die fließend ineinander übergehen (Abb.):
1. Erregungsphase
2. Plateauphase
3. Orgasmusphase
4. Lösungs- und Rückbildungsphase

Als Antwort auf einen sexuellen Reiz tritt sexuelle Erregung ein. Mit zu den ersten Anzeichen gehört bei den genitalen Reaktionen das Feuchtwerden der Scheide. Die Scheidenschleimhaut sondert durch Transsudation eine klare Flüssigkeit ab, die als feiner Film die Scheidenwände bedeckt und dadurch das Einführen des Gliedes in die Scheide erleichtert. Verzögert sich diese Reaktion oder bleibt sie aus, kann die Trockenheit während des Geschlechtsverkehrs sowohl bei der Frau als auch beim Mann Schmerzen verursachen. Bei den anderen genitalen Reaktionen steht die zunehmende Blutfüllung und Stauung im Vordergrund. Der Kitzler schwillt an, richtet sich etwas auf und vergrößert sich ebenso wie die kleinen und großen Schamlippen, die sich blaurötlich verfärben. Die Gebärmutter richtet sich auf, das untere Scheidendrittel schwillt manschettenförmig an und bildet hier das sogenannte Orgasmuskissen, das sich in der Orgasmusphase rhythmisch kontrahiert. Extragenital beobachtet man gleichzeitig ein Größer- und Festerwerden der Brust, der Warzenhof wird dunkler und tritt stärker hervor, die Brustwarze richtet sich auf und bleibt so bis zur Lösungsphase. Im gesamten Körper nimmt die Muskelspannung zu, es kann sich eine fleckige Hautrötung („sex flush") entwickeln. Parallel dazu steigen Blutdruck und Herzfrequenz, auch die Atmung wird schneller und tiefer.
Ihren Höhepunkt erreichen die Veränderungen während des nur Sekunden dauernden Orgasmus. Der Blutdruck kann zu dieser Zeit um 30–80 mm Hg systolisch und um 20–40 mm Hg diastolisch erhöht sein, der Herzschlag 110–180 Schläge je Minute und die Atmung bis zu 40 Atemzüge je Minute betragen. Durch die Zunahme der Muskelspannung können sich ganze Muskelgruppen rhythmisch zusammenziehen. Der Orgasmus ist die Kulmination sexueller Erregung, der höchste Punkt der Kurve. Er umfaßt sowohl den körperlichen als auch den psychischen Bereich. Innere Spannung und Erregung sind aufs Höchste angestiegen, das Bewußtsein ganz auf das sexuelle Erleben konzentriert. Daher sind die Beschreibungen über diesen Zustand oft unbestimmt. „Ich

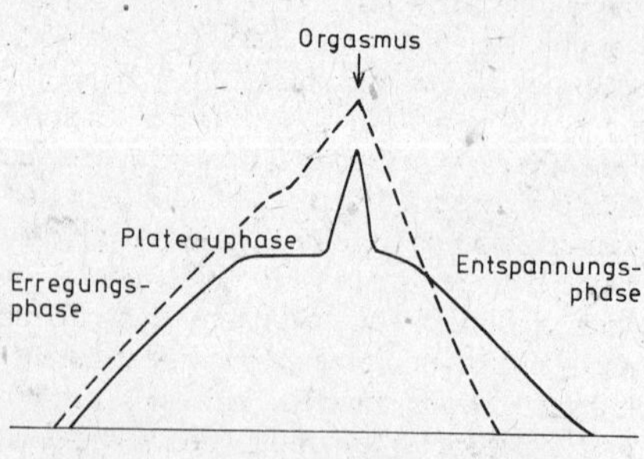

Sexuelle Reaktionskurve

wurde wie von einem Strom davongetragen", „ich war völlig weg, wußte nicht, was um mich herum vorging" oder „wir wurden völlig eins, wie verschmolzen". Einzelne können konkretere Angaben machen, z. B. daß sie Kontraktionen in der Scheide oder ein angenehmes Wärme- und Lustgefühl im ganzen Körper verspürten.

Der Orgasmus läuft zwar wie ein Reflex nach einem gewissen Grundmuster ab, doch wird er von der gleichen Frau nicht immer auf die gleiche Weise erlebt. Es gibt viele Varianten, die alle noch unter den Oberbegriff des Orgasmus fallen. Entscheidend für das Erleben ist für die Frau die vorherige liebevolle Einstimmung. Sie verlangt nach Zärtlichkeit, der Partner soll sie umwerben, nicht ohne Vorbereitung egoistisch nur an seine Befriedigung denken. Fehlt dieses Vorspiel, zu dem auch das Streicheln der erogenen Zonen einschließlich des Kitzlers gehört, sind viele Frauen überhaupt nicht orgasmusfähig. Im Gegensatz zu den Männern, die relativ rasch mit einer Erektion reagieren können – schon beim Anblick ihrer sich entkleidenden Partnerin z. B. –, braucht die Mehrzahl der Frauen eine längere Zeit, ehe sie sexuell erregt werden.

Ist die sexuelle Erregung eingetreten, steigt sie bei entsprechender Stimulation weiter an, um in der Plateauphase für kurze Zeit auf dem gleichen Niveau anzuhalten, woraufhin dann unter weiterer Erregungszunahme der Orgasmus erreicht wird. Bei Mehrfachorgasmen sinkt die Erregung für Sekunden wieder auf die Plateauphase ab, kulminiert jedoch schnell wieder. Manche Frauen können innerhalb einer relativ kurzen Zeitspanne – 15 bis 30 Minuten – bis zu 20 Orgasmen und mehr erleben.

In der anschließenden Lösungs- und Entspannungsphase bilden sich die beschriebenen Veränderungen allmählich wieder zurück. Zeitlich entspricht diese Phase ungefähr der ersten, sie kann individuell verschieden nur wenige Minuten oder länger als eine halbe Stunde dauern. Die Blutstauung im kleinen Becken läßt nun nach, die vasokongestiven und neuromuskulären Spannungen klingen ab und machen einer als lustvoll empfundenen Entspannung Platz. Blutdruck, Herzschlag und Atemfrequenz kehren in ihre Ausgangslage zurück, die Brust verkleinert sich und die Erektion der Brustwarze schwillt ab. Abgesehen von einer zurückbleibenden Erschöpfung oder Müdigkeit, die jedoch meist mit dem Gefühl der Befriedigung und gegenseitigen Erfüllung verbunden ist, haben sich alle körperlichen und psychischen Reaktionen normalisiert. Auch die letzte Phase sollte man gemeinsam durch den Austausch von Zärtlichkeiten ausklingen lassen. Durch dieses sogenannte Nachspiel wird das soeben Erlebte bekräftigt, es festigt und vertieft die Partnerbeziehung.

Mittleres Lebensalter (bis zum 50. Lebensjahr). Hier leben die meisten Frauen und Männer in einer Partnerschaft oder verfügen über entsprechende Erfahrungen. Obschon gegenwärtig jede dritte bis vierte Ehe in der DDR geschieden wird, ist sie weiter die von der Mehrzahl bevorzugte Form des Zusammenlebens. Daß das Sexualverhalten für die Stabilität einer Ehe bedeutungsvoll ist, ist aus vielen Untersuchungen bekannt. Unbefriedigende Intimbeziehungen stören und verschlechtern das Eheklima, wohingegen sexuelle Übereinstimmung sich auch auf andere Bereiche des Zusammenlebens vorteilhaft auswirkt und dazu beiträgt, eventuelle Unstimmigkeiten oder auch Streitigkeiten besser zu überwinden beziehungsweise Konflikten vorzubeugen.

Allgemein kann man damit rechnen, daß jeder ab Mitte der zwanziger Jahre zu dem ihm zusagenden Sexualverhalten gefunden hat. Man kennt sein sexuelles Bedürfnis und die Reaktionen bei sexueller Betätigung. Ihre Hauptform ist nach wie vor der Geschlechtsverkehr mit Einführen des Gliedes in die Scheide, obwohl bei der jüngeren Generation auch manuell-genitale und oral-genitale Kontakte mehr und mehr als gleichwertige Befriedigungsformen gelten.

Die Koitusfrequenz liegt durchschnittlich bei zweimal pro Woche, hängt aber stark von der individuellen Situation ab. Die Initiative geht zwar immer noch mehr vom Manne aus, jedoch kommen mehr und mehr Frauen dazu, von sich aus ihr sexuelles Bedürfnis erkennen zu lassen, um so den Mann zu erregen. Für die Partnerschaft ist dies stimulierend, weil viele Männer es auf die Dauer eintönig finden, wenn immer von ihnen der erste Schritt ausgehen soll. Und sexuelle Monotonie wirkt auf längere Sicht reizmindernd, deshalb sollte man sich von Anfang an um Abwechslung in den Intimbeziehun-

gen bemühen (Änderung der Positionen oder/ und Änderung des Milieus, in dem man zusammenkommt). Damit fördert man das eigene Erleben und beugt auch dem Wunsch nach außerehelichen Beziehungen vor, die ja nicht selten zustande kommen, weil man sich in der Ehe sexuell frustriert fühlt.
Nie sollte man sich jedoch unter einem sexuellen Leistungszwang fühlen. Wichtig ist nicht, wie oft man Geschlechtsverkehr hat, sondern daß das Erlebnis beiden etwas gibt, sie in besonderer Weise verbindet. Auch Frauen, die schwer oder gar nicht zum Orgasmus kommen, können den Kontakt als angenehm empfinden, sind sie doch meist für Zärtlichkeiten und Aneinanderkuscheln auch empfänglich. Sicherlich bringt der Orgasmus den Gipfel der sexuellen Erregung, man darf ihn aber auch nicht überbewerten. Ohne Bedeutung ist übrigens der Auslösungsort. Ob der Orgasmus über den Kitzler, die Scheide oder eine andere erogene Zone ausgelöst wird, ist gleichgültig. Alle Formen sind qualitativ gleichwertig.

Wechseljahre. Die in dieser Zeit vor sich gehende hormonelle Umstellung beeinflußt das Sexualverhalten nicht. Auch wenn die Eierstöcke ihre Funktion einstellen, bleibt die Frau sexuell erlebnisfähig. In der Vergangenheit, in der man Sexualität immer mit der Vorstellung von Fortpflanzungsmöglichkeit verband, nahm man an, daß das Ende der Reproduktionsphase auch das Ende der Sexualität bedeute, und viele Frauen hielten es für selbstverständlich, nun ihre sexuelle Aktivität einzustellen. Heute wissen wir, daß diese Ansicht falsch war und daß einer harmonischen Partnerschaft im sexuellen Bereich nichts im Wege steht. Durch die verbesserten Lebensbedingungen, die die Lebenserwartung gegenüber der Jahrhundertwende beträchtlich gesteigert haben, und die veränderte soziale Position der Frau sind die 50jährigen von heute nicht die vorzeitig gealterten Matronen, wie wir sie z.B. aus Gemälden dieser Epoche her kennen, sondern selbstbewußte, aktive, noch mitten im Leben stehende Frauen, die auch von der äußeren Erscheinung her noch durchaus attraktiv wirken können. Voraussetzung ist allerdings, daß die Frau sich nicht gehen läßt oder resigniert – auch wenn einmal vorübergehend klimakterisch bedingte Beschwerden auftreten –, sondern ihre Lebensweise entsprechend einstellt, um dann auch die zweite Lebenshälfte erfolgreich bewältigen zu können.
Es gibt sogar Frauen, die nach dem Klimakterium über eine Besserung ihrer sexuellen Erlebnisfähigkeit berichten, weil sie jetzt unbelastet von Verhütungsmaßnahmen die Intimbeziehungen genießen können.

Alter (nach dem 50. Lebensjahr). Bei beiden Geschlechtern läßt mit zunehmendem Lebensalter das sexuelle Verlangen nach. Der Geschlechtsverkehr wird seltener durchgeführt, er sinkt allmählich von einmal pro Woche auf einmal alle 2 Wochen ab, oder erfolgt noch seltener. Die sexuelle Reaktion verlangsamt sich insgesamt, es dauert länger, bis die sexuelle Erregung eintritt und der Orgasmus erreicht wird. Er wird auch nicht mehr ganz so intensiv empfunden. Da sich das Feuchtwerden der Scheide verzögern kann, ist das Einführen des Gliedes manchmal schmerzhaft. Das altersbedingte Dünnerwerden der Scheidenschleimhaut, wozu noch der Wegfall der eine Schutzwirkung ausübenden Östrogene hinzukommt, macht sie empfindlicher und für Entzündungen anfälliger. Sehr intensiver Geschlechtsverkehr kann dadurch ebenfalls schmerzhaft werden und auch zu einer Reizblase mit Neigung zu häufigem Wasserlassen führen. Treten derartige Beschwerden auf, kann der Frauenarzt durch Verordnung von hormonhaltigen Präparaten, die teilweise auch lokal angewandt werden, helfen. Wer im höheren Alter noch Wert auf sexuelle Beziehungen legt, braucht nicht darauf zu verzichten, sofern nicht ein ernsthaftes gesundheitliches Hindernis vorliegt.
Wenn trotzdem mehr als ein Drittel älterer Frauen keine Intimkontakte mehr hat, so ist der Grund hauptsächlich im Fehlen eines Partners zu suchen. Einmal erreichen die Frauen generell ein höheres Lebensalter als die Männer, zum anderen hat eine alleinstehende ältere Frau größere Schwierigkeiten, wieder einen Partner zu finden als der gleichaltrige Mann, der bei gleicher sozialer Situation fast immer eine jüngere Partnerin bevorzugt. Aber auch wenn die Frau noch verheiratet ist, kann durch eine sexuelle Funktionsstörung des Ehemannes (die sich im Alter häufen) oder andere Erkrankung der Geschlechtsverkehr unmöglich geworden sein.

Die unfreiwillige sexuelle Abstinenz wird von der Mehrzahl der Frauen ohne größere Probleme vertragen. Mehr vermißt man das Zusammenleben mit einem nahestehenden, oft geliebten Menschen, das Zuwendung, Anteilnahme, Zärtlichkeit und gemeinsame Unternehmungen bedeutete. Nur wenige sehen im Alleinsein vor allem die sexuelle Seite. Sie kehren dann als Notlösung zur Selbstbefriedigung zurück, die ihnen wenigstens eine gewisse Entspannung und Befriedigung vermittelt. Hat man das Glück, gemeinsam mit dem Partner auch die zweite Lebenshälfte zu verbringen, so treten zwar mit zunehmendem Alter die Intimbeziehungen an Bedeutung zurück, d.h. was ihre Häufigkeit und Intensität anbetrifft, sie können aber nach wie vor eine Quelle gegenseitiger Beglückung und Befriedigung bleiben.

Sexualverhalten in besonderen Situationen

Schwangerschaft. Die Einteilung der Schwangerschaft in das 1., 2. und 3. Trimenon, die der Geburtshelfer aus biologischer Sicht vornimmt, erweist sich auch für das Sexualverhalten als zweckmäßig. Die sich nach der Befruchtung im weiblichen Organismus abspielenden Umstellungen und Veränderungen wirken sich auch auf das Sexualverhalten aus. Da der Allgemeinzustand durch das anfangs oft zu beobachtende Schwangerschaftserbrechen beeinträchtigt sein kann, vermindert sich meist das sexuelle Bedürfnis vorübergehend, um im 2. Trimenon, in dem die Anpassung vollzogen ist und die Schwangere sich wohl fühlt, wieder anzusteigen. In der letzten Phase behindert der zunehmende Körperumfang, so daß es ratsam ist, beim Intimverkehr bestimmte Positionen zu bevorzugen (z. B. Frau obere Position oder Verkehr in Rückenlage), um die Belastung möglichst gering zu halten. Gegen Ende der Schwangerschaft – 4 bis 6 Wochen vor dem errechneten Geburtstermin – sollte auf Geschlechtsverkehr verzichtet werden, da es sonst zu einer Frühgeburt kommen kann. Die mechanischen Bewegungen und die orgastischen Kontraktionen der Gebärmutter können nämlich die jetzt bereits vorhandene Wehenbereitschaft so steigern, daß sich echte Wehen entwickeln und die Geburt in Gang kommt.

Nach der Geburt soll man gleichfalls etwa 6 Wochen bis zur Aufnahme sexueller Beziehungen warten, damit sich die schwangerschafts- und geburtsbedingten Veränderungen zurückbilden können und eine Keimverschleppung vermieden wird, die eine Infektion hervorrufen könnte. Dieses sogenannte Kindbettfieber, an dem früher viele Mütter starben, hat zwar heute durch die Antibiotika seinen Schrecken weitgehend verloren, bedeutet aber dennoch eine nicht ganz ungefährliche Komplikation, der man vorbeugen sollte. Natürlich muß sich auch der Partner auf die veränderte Situation einstellen und auf seine Frau Rücksicht nehmen. Reagiert er verständnisvoll, so erleichtert er seiner Partnerin den Verlauf der Schwangerschaft und verringert eventuelle Geburtsrisiken.

Nach dem Wochenbett stellt sich im allgemeinen das frühere Sexualverhalten wieder ein. Einen Rückgang des sexuellen Bedürfnisses sieht man in den Fällen, in denen sich die Mutter zu stark auf das Kind konzentriert, ihm seine ganze Liebe zuwendet und die Partnerbeziehung darüber vernachlässigt. Auch nach schweren oder komplizierten Geburten kann sich eine Verschlechterung bemerkbar machen, weil die Frau innerlich ihren Mann mit dafür verantwortlich macht und sich deshalb von ihm zurückzieht. Meist sind dies jedoch vorübergehende Störungen. Bleiben sie über Monate bestehen, sollte man eine Sexualberatung oder einen klinischen Psychologen zu Rate ziehen.

Empfängnisverhütung (Kontrazeption). Alle empfängnisverhütenden Maßnahmen beeinflussen – wenn auch in ganz unterschiedlicher Weise – das Sexualverhalten. Am ungünstigsten zeigt sich das beim Koitus interruptus, dem vorzeitig unterbrochenen Geschlechtsverkehr, der vom Mann eine ständige Kontrolle der sexuellen Reaktionen und eine sehr große Selbstbeherrschung verlangt. Außerdem bleibt die Frau oft unbefriedigt, weil sie den Orgasmus noch nicht erreicht hatte und häufig nach erfolgtem Samenerguß von seiten des Partners keine sexuelle Stimulation mehr erfolgt.

Am günstigsten sind die oralen Kontrazeptiva, d. h. die verschiedenen Pillen. Durch ihre hohe Zuverlässigkeit und gute Verträglichkeit fördern sie das sexuelle Erleben, und nur in Ausnahmefällen tritt ein Nachlassen des sexuellen Bedürfnisses ein. Ist ein derartiger Zusammenhang erkennbar, sollte auf eine andere Methode übergewechselt werden, z. B. auf die Kunststoffspiralen (Intrauterinpessare). Diese sind nicht ganz so sicher wie die Pille, müssen auch nach einigen Jahren Liegedauer ausgewechselt werden, stören aber das Sexualverhalten nicht. Als nicht vorteilhaft erweist sich das Scheidenzäpfchen, das sich oft schwer auflöst und dadurch die Kohabitation stören kann. Abgelehnt werden von manchen die Kondome oder Präservative, weil das Überstreifen das Vorspiel unterbricht oder die Männer eine Gefühlsminderung verspüren. Vielfach sind dies jedoch Vorurteile, denn international gehören die Kondome noch immer zu den mit am weitesten verbreiteten Verhütungsmitteln.

Schwangerschaftsabbruch. Nach diesem Eingriff ist keine Verschlechterung des sexuellen Empfindens zu befürchten, es sei denn, die Frau bereut die Unterbrechung und leidet an Schuldgefühlen. Diese Reaktionen sind selten, beeinträchtigen aber dann auch das Sexualverhalten.

Sterilisation oder irreversible Kontrazeption. Die bei dieser Operation vorgenommene Unterbindung der Eileiter wirkt sich nicht auf das Sexualverhalten aus. Eventuell danach behauptete Störungen sind psychisch bedingt, weil manche Frauen sich nach dem Eingriff – fälschlicherweise – als nicht mehr vollwertige Frau fühlen und Minderwertigkeitskomplexe entwickeln, die sich wiederum negativ in ihrem sexuellen Empfinden bemerkbar machen. Falls hier eine entsprechende Beratung keinen Erfolg hat, ist eine psychotherapeutische Behandlung zu empfehlen.

Krankheiten und Operationen. Daß bei einer akuten Erkrankung mit Fieber und schwerer Beeinträchtigung des Allgemeinzustandes sexuelles Bedürfnis fehlt, erscheint selbstverständlich. Anders verhält es sich bei chronischen Erkrankungen, die nicht mit ausgeprägtem Krankheitsgefühl einhergehen. Hier kann durchaus der Wunsch nach sexuellem Kontakt vorhanden sein, ebenso die Fähigkeit zum Orgasmuserleben. Inwieweit hier das Intimleben fortgeführt wird, hängt sowohl von dem individuellen Bedürfnis als auch von der Einstellung des Partners und der Krankheit selbst ab.

Spielt sich der Krankheitsprozeß im Bereich des weiblichen Genitale ab, wird eventuell eine Operation mit Entfernung der Gebärmutter oder der Eierstöcke erforderlich, bedeutet dies zunächst einen Abbruch der Intimbeziehungen. Im Vordergrund steht die Ausheilung – unabhängig davon, ob es sich um eine Entzündung oder eine Operation gehandelt hat. Geschlechtsverkehr in dieser Phase würde den Heilungsvorgang stören, denn Ruhigstellung der erkrankten Organe ist eine wichtige Voraussetzung dafür. Der behandelnde Arzt entscheidet, wann die Aufnahme sexueller Kontakte wieder möglich ist. Meistens verläuft sie problemlos, besonders dann, wenn der Partner sich anfangs rücksichtsvoll verhält. In einzelnen Fällen, wenn ein ausgedehnter operativer Eingriff notwendig wurde, kann die Kohabitationsfähigkeit eingeschränkt sein, z. B. wenn die Scheide verkürzt werden mußte oder nach Bestrahlung sich narbig veränderte. Das besagt jedoch nicht, daß nun jede sexuelle Aktivität aufhören muß. Nach Rücksprache mit dem Partner sind sexuelle Ersatzhandlungen möglich, die – auch wenn das Glied nicht in die Scheide eingeführt werden kann – beide Partner sexuell befriedigen können.

Nach der Entfernung einer Brust reagieren manche Frauen mit Angst, sie fühlen sich körperlich entstellt, möchten sich ihrem Partner am liebsten nicht entkleidet zeigen und gehen sexuellen Kontakten aus dem Wege. Die Minderwertigkeitskomplexe hemmen ihr sexuelles Bedürfnis und Empfinden. Klärt man sie entsprechend auf und bezieht auch den Partner mit in das Gespräch ein, stellt sich meist das Selbstvertrauen wieder ein, und damit normalisiert sich ebenfalls das Sexualverhalten. Verharrt die Frau bei ihrer negativen Einstellung und läßt sich nicht überzeugen, ist eine psychotherapeutische Behandlung angezeigt.

Es sind jedoch nicht nur Krankheiten und Operationen, die die Frau betreffen, sondern genausogut die des Mannes, die hier von Bedeutung sind. Ist er der Kranke oder Operierte, muß sich seine Partnerin auf ihn einstellen und eventuell sogar – bei einem schweren Herzleiden z. B. – überhaupt auf Intimbeziehungen verzichten, um ihm nicht zu schaden. Im allgemeinen finden sich Frauen eher mit diesem Zustand ab, wobei auch die Möglichkeit sexueller Ersatzhandlungen offen bleibt.

Oft wird nicht berücksichtigt, daß auch Medikamente das sexuelle Verhalten beeinflussen. Werden über längere Zeit dämpfende Mittel eingenommen, ist damit zu rechnen, daß sich der Effekt auf die sexuelle Reaktion auswirkt, vor allem auf das sexuelle Bedürfnis. Ähnlich können sich bestimmte Präparate verhalten, die man z. B. bei hohem Blutdruck oder Herzkrankheiten einnehmen muß. Unter Umständen ist im Interesse der Gesundheit diese Nebenwirkung in Kauf zu nehmen. Doch sollte hier immer der Arzt entscheiden.

Auch Behinderte befinden sich in einer Sondersituation, wobei es von der Art der Behinderung abhängt – geistig, körperlich oder beides –, inwieweit sexuelle Kontakte möglich sind. Grundsätzlich sind Behinderte keine asexuellen Wesen, sondern haben wie Gesunde sexuelle Bedürfnisse. Sie haben es nur viel schwieriger, diese zu verwirklichen und Partner zu finden. Oft mangelt es außerdem an Verständnis von Seiten der Angehörigen und auch der Gesellschaft. Man sieht in ihnen, auch wenn sie erwachsen werden, unmündige Kinder, die zu keiner Partnerschaft fähig sind. Das trifft jedoch nur auf einen sehr kleinen und besonders geistig stark behinderten Teil zu; viele andere sind bei oft nur geringer Unterstützung durch die Umwelt durchaus dazu in der Lage. Ein gutes Beispiel sind die Rollstuhlfahrer. Nicht wenige davon sind Frauen, versorgen ihren Haushalt selbst und sind auch als Querschnittsgelähmte weiter Sexualpartner. Sogar Kinderwunsch läßt sich mitunter noch verwirklichen.

Sexuelle Funktionsstörungen

Nach den auslösenden Ursachen lassen sie sich in organisch und psychisch bedingte Störungen einteilen, wobei sich die beiden Faktoren auch überlappen können.

Bei den organisch bedingten, die insgesamt nur eine untergeordnete Rolle spielen, stehen an erster Stelle Krankheiten oder Geschwülste im Bereich der weiblichen Genitalorgane. Viel häufiger sind dagegen die funktionellen Störungen, bei denen man keine organische Ursache findet, weil sie psychische Ursachen haben. Folgende Formen kommen vor:

- Störungen des sexuellen Bedürfnisses und der sexuellen Erregung
- Störungen des Orgasmus
- Dyspareunie (schmerzhafter Geschlechtsverkehr)
- Vaginismus
- psychosomatische Störungen

Sexuelles Bedürfnis und sexuelle Erregbarkeit sind bei Frauen im Gegensatz zu den Männern leichter störbar, wobei es verschiedene Schweregrade gibt. Leichte, vorübergehende Minderungen wie sie z. B. in Streßsituationen vorkommen, sind nichts Außergewöhnliches und bilden sich nach Wegfall der Belastung meist von selbst zurück. Ernster zu nehmen sind länger anhaltende Störungen des sexuellen Verlangens, die dazu führen, daß die Betreffenden mit allerlei Ausreden und Vorwänden Intimbeziehungen zu vermeiden suchen oder – falls sie sich doch dazu entschließen – sich nur passiv dem Partner hingeben. Die Ursachen für ein solches Verhalten können sehr unterschiedlich sein: Manchmal liegt es am Partner, der durch egoistisches Verhalten wie mangelnde Unterstützung im Haushalt oder bei der Betreuung der Kinder oder ungenügende Achtung vor der Persönlichkeit der Frau die Liebesbereitschaft hemmt, manchmal sind es ungünstige äußere Umstände (beengter Wohnraum, Zusammenwohnen mit Eltern oder Schwiegereltern, die sich zu intensiv um das Paar kümmern und ihm wenig Möglichkeiten zur Entwicklung einer Zweisamkeit bieten), in anderen Fällen ist man vom Verlauf der Ehe enttäuscht, die ursprünglich in den Partner gesetzten Erwartungen haben sich nicht erfüllt, man zweifelt an seiner Liebe, vermißt Zuwendung und will nicht nur als Sexualobjekt betrachtet werden. Noch vieles ließe sich hier anführen, oft kommen mehrere Faktoren zusammen.

Früher oder später, je nach Einstellung des Partners, entwickeln sich Unstimmigkeiten, die sich auch auf andere Bereiche des Zusammenlebens ausweiten. Die mangelnde sexuelle Befriedigung zeigt sich häufig in Gereiztheit, Stimmungsschwankungen, schneller Erregbarkeit. Wer mit diesen Problemen nicht allein fertig wird und darunter leidet, sollte sich an eine Sexualberatungsstelle wenden.

Abzugrenzen von diesen sekundären Libidostörungen sind die primären, d. h., hier bestand von Anfang an ein schwach ausgeprägtes sexuelles Bedürfnis. Ist der Partner ähnlich veranlagt, ist keine Konfliktursache gegeben, sondern nur dann, wenn bei ihm die Libido deutlich stärker ausgeprägt ist, d. h., wenn eine sexuelle Bedürfnisdiskordanz vorliegt. Ursachen für diese primären Störungen sind neben einer angeborenen Veranlagung vor allem sexualfeindliche Erziehung und ungünstige familiäre Situationen in der Kindheit und Jugend. Ihre Auswirkungen sind nachhaltig, sie unterdrücken eine Weiterentwicklung und volle Entfaltung des Sexualverhaltens und sind schwer abzubauen.

Orgasmusstörungen können zusammen mit Libidostörungen, aber auch allein auftreten. In diesem Falle setzt zwar sexuelle Erregung ein, aber die Orgasmusphase wird nicht erreicht. Auch hier ist davon auszugehen, daß nicht jeder Geschlechtsverkehr optimal verläuft und auch ohne Orgasmus das intime Zusammensein durch den Austausch von Zärtlichkeiten mit einem geliebten Menschen lustvoll empfunden werden kann. Ausbleiben des Orgasmus über einen längeren Zeitraum wird jedoch, besonders wenn man ihn aus eigener Erfahrung kennt, meist als unbefriedigend empfunden, und zwar von beiden Partnern. Verantwortlich für das Fehlen können fehlende Vorbereitung und Einstimmung, Angst vor einem Sichgehenlassen, psychische Belastungen, Verstimmung mit dem Partner oder Konflikte anderer Art sein.

Völliges Ausbleiben des Orgasmus wird als Anorgasmie bezeichnet, wobei ebenfalls zwischen einer primären Form (niemals Orgasmus erlebt) und einer sekundären Form (ursprünglich orgasmusfähig gewesen) zu unterscheiden ist.

Einige Frauen möchten ihrem Partner ihre Orgasmusunfähigkeit verbergen und spielen ihm das Erleben vor, da sie die Reaktion aus Büchern oder Erzählungen kennen. Fast immer kommt jedoch einmal der Zeitpunkt, wo sie die Schauspielerei satt bekommen und sich ihm offenbaren. Dieses Geständnis mündet schließlich in dem gemeinsamen Wunsch, der Frau zum Orgasmuserleben zu verhelfen, zumal der Mann nun – da er um die Störung weiß – die eigene bislang unbeeinträchtigte sexuelle Befriedigung bedroht fühlt. Seine innere Verunsicherung kann sogar so weit gehen, daß er als Reaktion darauf selbst eine Potenzstörung entwickelt.

Die Behandlungsart richtet sich nach den Ursachen. Medikamente können im Einzelfall das sexuelle Bedürfnis anregen, sind hier aber mehr von untergeordneter Bedeutung. An erster Stelle ist eine sogenannte Sexualtherapie zu empfehlen, die eine Kombination von Psychotherapie – meist in Form einer Gesprächstherapie – zusammen mit bestimmten Sexualübungen darstellt. Masters und Johnson, die erstmals diese inzwischen in vielen Varianten eingeführte Behandlungsform vorschlugen, gingen seinerzeit davon aus, daß die Störung der Sexualfunktion beseitigt werden kann, wenn man einmal Ängste und Leistungsdruck abbaut und zum anderen durch das Üben richtiger und sexuell stimulierender Verhaltensweisen das sexuelle Erleben fördert. Voraussetzung für den Erfolg ist die Kooperationsbereitschaft des Partners, der sich aktiv an der Behandlung beteiligt. Zu den hier empfohlenen Übungen gehören z. B. Selbstbefriedigung, Streichelübungen beider Partner erst ohne, später mit Einbeziehen der Genitalregion, ohne daß zunächst der Koitus ausgeführt wird. Wer sich für eine solche Therapie entscheidet, wird merken, daß über das sexuelle Verhältnis auch die Kommunikation zum Partner insgesamt besser wird. Viele Störungen hätten sich vermeiden lassen, hätte das Paar rechtzeitig miteinander darüber gesprochen, anstatt die Disharmonie als unabänderlich hinzunehmen und damit einen schwelenden Störfaktor zu schaffen. Im Gegensatz zu den Libido- und Orgasmusstörungen kommen für die Entstehung der Dyspareunie weniger psychische als vielmehr organische Erkrankungen in Frage wie z. B. Entzündungen der Eierstöcke, Eileiter oder Scheide, die bei der Kohabitation Schmerzen hervorrufen. Einige Frauen befürchten auch nach Abheilung des entzündlichen Prozesses das Fortbestehen der Schmerzen, sie verspannen sich aus Angst davor, und aus dem gleichen Grund bleibt dann auch die Lubrikation der Scheide aus, so daß das Einführen des Penis tatsächlich Beschwerden bereitet. Es handelt sich um eine psychogene Fixierung, die sich meist durch ein aufklärendes Gespräch beseitigen läßt und nur ausnahmsweise psychotherapeutische Behandlung erfordert. Auf jeden Fall sollte man beim Auftreten von Schmerzen beim Geschlechtsverkehr zum Ausschluß einer Erkrankung eine gynäkologische Untersuchung durchführen lassen.

Mit Vaginismus bezeichnet man einen plötzlich einsetzenden Scheidenkrampf, der schon beim Versuch des Koitus beginnt und als Abwehrreflex aufzufassen ist. Er spielt sich vor allem im Bereich der Muskulatur des Scheidenganges und des Beckenbodens ab, kann aber auch auf die Oberschenkel übergreifen. Jeder Versuch, in die Scheide einzudringen, wird durch dieses Verhalten unmöglich gemacht.

Man findet diese Reaktion besonders bei sexuell unerfahrenen und sehr ängstlichen Frauen, die unklare Vorstellungen über die Kohabitation haben und befürchten, das Einführen des Gliedes könnte sie verletzen (falsche Vorstellung von Gliedgröße im Verhältnis zur Scheide) oder Schmerzen auslösen. Manchmal kann ein ungeschickter erster Versuch zum Geschlechtsverkehr die auslösende Ursache sein oder übertrieben prüde Erziehung sowie unerfreuliche Sexualerlebnisse in der Kindheit oder Jugend. Da die Sexualität bei diesen jungen Mädchen oder Frauen sozusagen noch nicht erweckt ist, sondern im Schlafe liegt, wird vom „Dornröschentyp“ gesprochen. Der „Brunhildetyp“ dagegen verweigert sich dem Mann, weil er innerlich die Hingabe ablehnt. Ähnlich wie in der Sage sieht man hier im Mann mehr den Konkurrenten, dem man sich nicht unterwerfen will. Schließlich gibt es noch den „Bienenköniginnentyp“, dem der Mann nur zur Zeugung der Kinder dient. Deshalb ist anfangs der Verkehr auch möglich, sobald jedoch die erwünschte Schwangerschaft eingetreten ist, verschließt sich die Frau und konzentriert ihre ganze Zuneigung auf das Kind, der Mann spielt die Rolle der Drohne und wird als Sexualpartner erst wieder benötigt, falls noch ein Kind gewünscht wird. Diese Formulierungen sind bewußt etwas überspitzt, aber sie weisen doch auf das Charakteristische in jedem Typ hin, wobei „Dornröschen“ weitaus am häufigsten vorkommt.

Im Vordergrund der Therapie steht der Abbau der Angst, der auf verschiedene Weise erreicht werden kann. Nützlich sind z.B. aufklärende Gespräche – möglichst mit Partner – und systematische Übungen, bei denen das Einführen in die Scheide geübt wird (durch Finger oder Menstruationstampon), so daß nach einiger Zeit dann auch das Einführen des Gliedes (die Immissio penis) möglich wird. Nur ausnahmsweise kann – wenn tatsächlich ein sehr enger und straffer Scheideneingang oder ein derbes Jungfernhäutchen vorhanden ist – durch Dehnung in Narkose beziehungsweise kleinen Einschnitt das Vorgehen noch unterstützt werden. Die Erfolgsaussichten sind um so günstiger, je kürzer der Vaginismus besteht.

Psychosomatisch bedingte Störungen liegen dann vor, wenn seelische Belastungen zu körperlichen Beschwerden führen, die als Krankheit erscheinen. Jahrelange sexuelle Frustration kann sich – um ein Beispiel zu nennen – mitunter unter chronischen Kopfschmerzen und Schlaflosigkeit verbergen. Bleibt die Suche nach organischen Faktoren erfolglos, sollte der Arzt an die Möglichkeit psychischer Ursachen denken und entsprechend nachforschen. In einer Reihe von Fällen werden sich Konflikte in der Intimsphäre herausstellen, die als schwelender Störfaktor ständig die Partnerschaft belasteten, nach außen jedoch unterdrückt und nicht offen ausgesprochen wurden. Dafür entwickelten sich im Laufe der Zeit bestimmte körperlich wirkende Symptome, manche mit einem noch erkennbaren Zusammenhang mit dem Genitalbereich – z. B. Unterleibsschmerzen –, andere dagegen losgelöst davon und daher auch schwerer zu diagnostizieren. Steht die Ursache fest, dann ist meist eine psychotherapeutische Behandlung erforderlich, in die auch der Partner mit einzubeziehen ist.

Varianzbreite sexuellen Verhaltens und Erlebens. Die Sexualität gehört zum menschlichen Leben, besitzt aber für jeden ihren eigenen Stellenwert. Verallgemeinerungen sind nur bedingt zulässig; sie vermitteln bestimmte Erfahrungswerte und beziehen sich auf den Durchschnitt. Auf kaum einem anderen Gebiet gibt es eine derartige Varianzbreite wie im sexuellen Verhalten und Erleben. Jeder entwickelt hier sein individuelles Verhaltensmuster, wobei die Frauen jetzt durch die Verwirklichung der Gleichberechtigung, den Abbau des Geschlechterrollenklischees und die moderne Empfängnisverhütung mehr Möglichkeiten der Selbstverwirklichung haben als je zuvor.

Familienplanung

Familienplanung im engeren Sinne bedeutet, daß man Kinder zu zeugen und zu gebären nicht dem Zufall überläßt, sondern die Elternschaft verantwortungsbewußt plant, damit die Nachkommen als Wunschkinder zu einem für beide Elternteile günstigen Zeitpunkt geboren werden, um so optimale Voraussetzungen für ihre weitere Entwicklung zu schaffen. Dazu gehört auch, sich Kinder wünschenden Paaren zu helfen, denn ungewollte Kinderlosigkeit kann sich für die Partnerschaft genauso ungünstig auswirken wie eine ungewollte Schwangerschaft. Im weitesten Sinne schließt die Familienplanung Beratung und Behandlung von Partnerschaftskonflikten mit oder ohne sexuelle Probleme ein sowie die Mitwirkung bei der sexualethischen Erziehung von Kindern und Jugendlichen.

Internationale Aspekte. Der Wunsch, über die Zahl seiner Nachkommen selbst entscheiden zu können, d. h. sie sowohl zu begrenzen als auch zu vergrößern, läßt sich bis in die frühe Menschheitsgeschichte zurückverfolgen. In einer Vielzahl uns bis heute erhaltener Berichte werden unzählige mehr oder weniger geeignete, oft sogar schädliche Verfahren und Methoden erwähnt, wobei einige von ihnen zur ersehnten Fruchtbarkeit verhelfen, andere wiederum eine Empfängnis verhindern sollten. Jahrhunderte hindurch lediglich als ein Problem des einzelnen beziehungsweise eines Paares angesehen, bedurfte es erst der sich in unserem Jahrhundert abspielenden Bevölkerungsexplosion in einigen Teilen der Welt (z. B. Afrika, Asien, Südamerika), damit nun auch von staatlicher Seite die Bedeutung einer Familienplanung erkannt und sie über die individuelle Sphäre hinaus auch als gesellschaftliches Phänomen gewürdigt wurde.

Familienplanung kann niemals ein Ersatz für fehlende sozioökonomische Maßnahmen sein, um etwa dadurch den Lebensstandard eines Entwicklungslandes zu heben; verbunden mit einem Komplex sozialer und ökonomischer Verbesserungen kann sie jedoch wesentlich mit dazu beitragen, die Lebensqualität der Familie und darüber hinaus die der gesamten Bevölkerung zu heben.

Diese relativ neuen Erkenntnisse führten dazu, daß in der Proklamation von Teheran erstmals ein internationales Dokument veröffentlicht wurde, das das Recht des Individuums auf Familienplanung herausstellte. Es wurde 1968 von der Internationalen Konferenz für Menschenrechte bestätigt. Erweitert wurden diese Vorstellungen 1974 auf der Weltbevölkerungskonferenz von Bukarest, deren Aktionsplan folgenden Passus enthielt: Alle Paare und Individuen haben das Grundrecht, frei und verantwortlich über die Zahl und den Geburtenabstand ihrer Kinder zu entscheiden und Zugang zu entsprechenden Informationen und Mitteln zu besitzen. Die Verantwortung der Paare und Individuen in der Ausübung dieses Rechts muß den Bedürfnissen ihrer lebenden und zukünftigen Kinder und denen der Gemeinschaft Rechnung tragen. Dabei kam man überein, daß jedes Land entsprechend seiner Bevölkerungssituation vorgehen sollte, wobei die Verantwortung bei der jeweiligen Regierung liegt. In Staaten mit erheblicher Überbevölkerung werden die Akzente der Familienplanung anders zu setzen sein als in Staaten mit niedrigen Geburtenzahlen, wie sie gegenwärtig in den meisten europäischen Ländern zu beobachten sind.

Inzwischen gibt es eine Reihe von Ländern, die spezifische Gesetze erlassen haben, um die Versorgung der Bevölkerung mit Methoden der Familienplanung zu sichern, und einige andere, wie z. B. Ekuador, Mexiko, Portugal, Jugoslawien, Kenia, die sogar in ihrer Verfassung Familienplanung als Recht für alle Bürger erwähnen.

Auch die Weltgesundheitsorganisation (World Health Organization/WHO) hat sich in den letzten Jahren zunehmend mit dem Problem der Familienplanung befaßt und in offiziellen Berichten und Stellungnahmen den positiven Einfluß der Familienplanung auf die Gesundheit der Mütter und Kinder betont. Unkontrollierte Fruchtbarkeit (Fertilität) kann zu unerwünschten Schwangerschaften führen, die häufig mit hohem gesundheitlichem Risiko verbunden sind, sowohl was das Leben der Mutter als auch das der Kinder anbelangt. Geringe Geburtenabstände z. B. erhöhen die Säuglings- und Kindersterblichkeit und beeinträchtigen den Gesundheitszustand der Mutter. Besonders in den Entwicklungsländern werden daher Programme entwickelt, bei denen die Betreuung von Mutter und Kind mit Informationen

über Methoden der Familienplanung, die auf Wunsch angewendet werden können, verbunden wird.
Als Hindernisse gegenüber der Familienplanung erweisen sich verschiedene Faktoren. In Ländern mit hoher Kindersterblichkeit besteht bei den meisten Familien der Wunsch nach einer großen Familie, damit von den Kindern wenigstens einige am Leben bleiben und die Eltern im Alter versorgen können. Kinder bedeuten oft auch Ansehen, wer unfruchtbar ist, wird nicht selten aus der Gemeinschaft ausgestoßen und von seinem Ehemann verlassen. Auch religiöse Gründe spielen eine Rolle, zumal die katholische Kirche nach wie vor den Standpunkt einnimmt, daß Empfängnisverhütung unmoralisch ist und höchstens die sogenannten natürlichen Methoden angewendet werden dürfen. Eine der Hauptursachen ist jedoch Unkenntnis über die Physiologie der Reproduktion und über Maßnahmen der Verhütung. Viele der traditionellen Verfahren, die bei manchen Völkern noch üblich sind, erweisen sich als unzuverlässig, sind aber trotzdem weiter in Gebrauch. Die Einführung moderner Methoden stößt nicht selten auf Widerstand – teilweise auch der Männer, die dadurch Untreue ihrer Frauen befürchten –, erfordert außerdem geschultes Personal und Geld, so daß ihre Durchsetzung noch lange Zeit brauchen wird. Während diese Faktoren besonders für die außereuropäischen Länder relevant sind, bei denen Überbevölkerung vorhanden ist, kann jedoch auch ein Absinken der Geburtenrate zu einem Hindernis für Familienplanung werden, da – und dies gilt für eine Reihe von Ländern in Europa – durch die ungenügende Reproduktion ein starker Rückgang der Bevölkerung befürchtet und deshalb der Zugang zu empfängnisverhütenden Mitteln erschwert wird.
Daß man einerseits eine pronatalistische Politik betreiben, d. h. mit kinder- und familienfreundlichen Maßnahmen den Wunsch nach Kindern fördern und unterstützen kann, andererseits aber der Bevölkerung eine breite Palette neuzeitlicher Verhütungsmittel – noch dazu kostenlos – anbietet, um den Paaren die Entscheidung selbst zu überlassen, zeigt die Situation in der Deutschen Demokratischen Republik. Dieser Lösungsweg läßt der individuellen Familiengestaltung freien Raum, berücksichtigt aber auch die Interessen der Gesellschaft. Eine restriktive Politik in bezug auf die Familiengröße wird seit einigen Jahren in China betrieben, wo – um das enorme Bevölkerungswachstum etwas einzudämmen – die Ein-Kind-Familie propagiert und diese mit Wohnung und Steuern begünstigt wird. Dabei ist zu bedenken, daß in China jährlich 11 Millionen Paare im heiratsfähigen und fruchtbaren Alter hinzukommen und die Gesamtbevölkerung gegenwärtig 1 Milliarde beträgt. So hart diese Maßnahmen für den einzelnen sind, so sind sie unter den augenblicklichen Bedingungen eine Notlösung, die mit einer Besserung der ökonomischen Situation sicherlich gelockert wird.
Auf der Weltbevölkerungskonferenz 1984 in Mexiko wurde noch einmal bestätigt, daß trotz der Fortschritte und der Neuentwicklung empfängnisverhütender Methoden sowie der Unterstützung durch zahlreiche Regierungen in der Welt noch immer viel zu tun bleibt, um die Gefahren unerwünschter Schwangerschaften, die sich für Gesundheit und Wohlbefinden der Mütter, Kinder und der ganzen Familie ergeben, abzuwenden. Weitere umfassende Gesundheitsprogramme, die Familienplanung mit einschließen, sind daher unumgänglich.

Methoden der Familienplanung

Man kann sie unterteilen in Maßnahmen oder Mittel, die nur von der Frau oder nur vom Mann oder von beiden angewendet werden können.
Natürliche Methode (Rhythmus- oder Knaus-Ogino-Methode). Sie basiert auf der Erkenntnis, daß eine Empfängnis wegen der begrenzten Lebensdauer von Ei und Samenzellen nur wenige Tage um den Ovulationstermin möglich ist, den man errechnen kann. Diesen „fruchtbaren“ Tagen stellt man die „unfruchtbaren“ gegenüber, in denen keine Schwangerschaft eintreten kann. Zwar ist diese von Knaus und Ogino entdeckte Theorie richtig, ihre praktische Verwirklichung stößt jedoch auf Schwierigkeiten, weil der Zeitpunkt des Eisprunges hierbei im voraus festgelegt, d. h. nur angenommen, nicht aber mit Sicherheit ermittelt wird. Da die Versager dieser Methode relativ häufig sind, ist sie ärztlicherseits heute nur noch in Kombina-

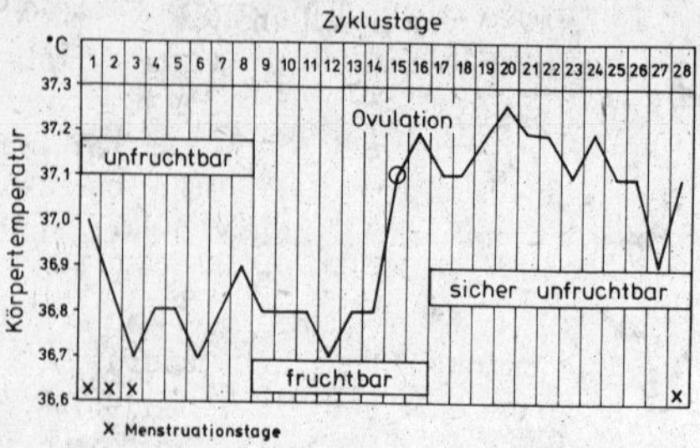

Zusammenhang zwischen Körpertemperatur und Fruchtbarkeit

tion mit der Basaltemperaturmessung zu empfehlen, denn damit erhöht sich die Zuverlässigkeit. Voraussetzung ist ein regelmäßiges Messen der Aufwachtemperatur, die bei einer Frau im geschlechtsreifen Alter in der Mitte des menstruellen Zyklus um einige Zehntel Grade ansteigt, einige Tage oben bleibt, um kurz vor Eintritt der nächsten Menstruation wieder abzusinken. Mit Hilfe dieser Messung läßt sich der Tag des Eisprunges mit einer Genauigkeit von ± 1–2 Tagen bestimmen. Ist ein deutlicher Temperaturanstieg auf der Kurve zu erkennen, kann danach bis zur nächsten Regelblutung keine Empfängnis zustande kommen (sogenannte strenge Form der Temperaturmethode). Abb.

Nachteile dieses Verfahrens sind die notwendigen Abstinenztage – etwa 12 – wodurch die spontane sexuelle Aktivität eingeschränkt wird, was die Methode besonders für jüngere Paare wenig akzeptabel macht. Vorteilhaft ist wiederum, daß keine besonderen Mittel benutzt werden müssen.

Auf der Beobachtung der Ovulation beruht auch die Methode von Billings, der den Frauen rät, selbst die Konsistenz ihres Zervikalschleimes zu kontrollieren. Zur Zeit der Ovulation verändert er sich, man kann dann in der Scheide fadenziehenden Schleim gegenüber dem sonst dickeren und zäheren Schleim finden. Diese Methode setzt jedoch eine sehr genaue Beobachtung voraus, sie ist sicherlich nur für wenige Frauen geeignet.

Das Kondom oder Präservativ. Im Prinzip schon seit Jahrhunderten bekannt, ist es die einzige direkt vom Mann anzuwendende Methode, die dank verbesserter Herstellungstechnik auch heute noch weltweit verbreitet ist. Die Zuverlässigkeit ist gut, wenn das Kondom vorschriftsmäßig benutzt wird (Kondom erst bei erigiertem Glied überziehen, Samenreservoir am unteren Ende freilassen, nach erfolgtem Samenerguß Penis mit noch übergestreiftem Kondom aus der Scheide ziehen). Beim Kauf sollte unbedingt auf das Verfallsdatum geachtet werden, da sonst die Sicherheit nicht gewährleistet ist. Feuchtkondome sind angenehmer in der Anwendung, weil sie das Einführen erleichtern. Eine günstige Nebenwirkung des Präservativs besteht in der Verhütung von sexuell übertragbaren Krankheiten. Geeignet sind Kondome besonders auch für Jugendliche, deren Partnerinnen die Pille nicht nehmen wollen oder können.

Die Spirale oder das Intrauterinpessar. In verschiedenen Formen und Größen aus Kunststoff und teilweise noch mit Kupfer oder Silber beschichtet, stellen die Pessare eine inzwischen recht populär gewordene Verhütungsmethode für Frauen, die schon geboren haben, dar. Meist am zweiten oder dritten Tag nach Regelbeginn durch den zu dieser Zeit leicht geöffneten Gebärmutterhalskanal in die Gebärmutter eingelegt, verhindern sie dort das Einnisten der Eizelle. Ihre anfänglich begrenzte Liegezeit hat sich inzwischen je nach Art auf mehrere Jahre erhöht, weil man die Zusammensetzung und damit die Haltbarkeit verbessern konnte. Die Entfernung wird durch einen am unteren Ende angebrachten Nylonfaden ermöglicht.

Die nebenstehende Abbildung zeigt das in der DDR entwickelte Medusa-Pessar, das einen Silberkern mit Kupferdrahtumwicklung enthält und vier Polyäthylenarme aufweist, die ein Ausstoßen des Pessars verhindern sollen (nach Hamann).

Tritt trotz eingelegter Spirale eine Schwangerschaft ein, sollte die Spirale entfernt werden. Ungeeignet für die Methode sind Frauen mit starken Menstruationen und Neigung zu Adnexentzündungen. Auch für junge Mädchen ist sie wegen der Gefahr von Unterleibsentzündungen nicht empfehlenswert.

In einigen Ländern sind mit Hormonen angereicherte Spiralen (Gestagene) in Gebrauch, weitaus häufiger sind jedoch auch international die oben erwähnten Ausführungen. Günstig ist die einfache Anwendung. Eine spontane Ausstoßung vor allem in den ersten Monaten nach Einlegen kann vorkommen, deshalb sollte sich die Frau selbst regelmäßig durch Kontrollieren des in die Scheide hineinragenden Fadens überprüfen und anderenfalls sofort einen Frauenarzt aufsuchen. Es kann ein größeres oder anders geformtes Pessar versucht werden. Ein gewisses Risiko, das aber nicht sehr groß ist, besteht im Auftreten von extrauterinen, d. h. außerhalb der Gebärmutter angesiedelten Schwangerschaften, z.B. im Eileiter, die eine operative Behandlung erfordern.

Das Scheidenpessar oder Diaphragma. Es gehört zu den Barrieremethoden, da es in Form einer flachen Gummihalbkugel mit versteiftem Rand in das obere Scheidengewölbe eingelegt wird und dadurch das Zusammentreffen des Spermas mit der Eizelle verhindert. Obwohl das Diaphragma als traditionelle Methode in vielen Ländern noch sehr populär ist, war es in der DDR nie weit verbreitet und wird heutzutage kaum noch angewandt.

Die Pille. Hinter diesem Namen verbergen sich die verschiedensten hormonhaltigen Präparate, von denen die meisten den Eisprung unterdrücken und deshalb auch als Ovulationshemmer bezeichnet werden. Mit der Entwicklung der Pille begann eine neue Ära der Empfängnisverhütung, da es erstmalig gelungen war, ein wirklich sicheres Präparat zu schaffen. Seit der Einführung Anfang der fünfziger Jahre sind bis heute viele unterschiedliche Hormonkombinationen hergestellt worden; die Hormonzufuhr konnte infolge der inzwischen gewonnenen Erfahrungen herabgesetzt werden, die Verträglichkeit verbessert werden. Unbestritten blieb die Sicherheit bei sachgemäßer Anwendung. Einzelne Versager gehen meist auf Einnahmefehler zurück, gelegentlich auch auf den Einfluß anderer gleichzeitig eingenommener Medikamente.

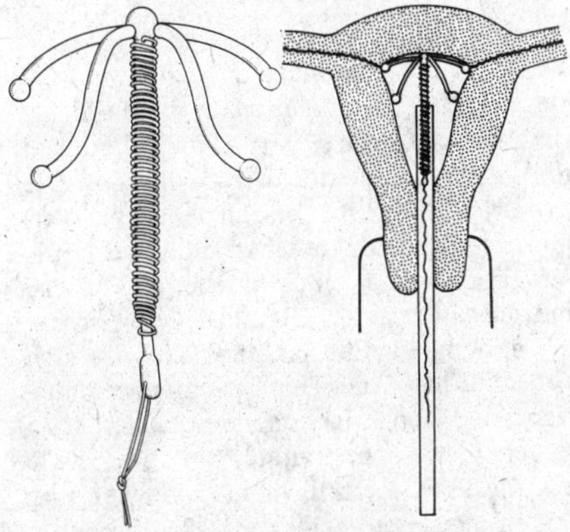

Medusa-Intrauterinpessar, rechts beim Einsetzen in die Gebärmutter (der Einführungsstab wird noch entfernt)

Eine Sonderform stellt die Minipille dar – in der DDR als Minisiston bekannt –, die nicht die Ovulation beeinflußt, sondern die Zusammensetzung des Zervikalschleims und dadurch das Eindringen der Spermien. Sie hat den Vorteil, sehr gut verträglich zu sein, da sie – wie der Name schon sagt – nur eine geringe Hormonkonzentration enthält. Deswegen muß allerdings bei ihr die Einnahme auch besonders gewissenhaft erfolgen, d. h. jeden Tag um die gleiche Zeit. Schon Verschiebungen von einigen Stunden machen sie unzuverlässig. Sie ist deswegen auch nur denjenigen zu empfehlen, bei denen man voraussetzen kann, daß sie sich genau an die Vorschriften halten.

Inzwischen sind in der Welt eine große Zahl verschiedener Pillen auf dem Markt. In der DDR liegen gegenwärtig mehrere Präparate vor wie Gravistat, Non-Ovlon, Sequostat, Ovosiston (nur für besondere Fälle), Trisiston, die Wochenpille Depositon und das schon erwähnte Minisiston. Geringe Veränderungen in der Zusammensetzung und der Benennung sind im Laufe der Jahre durch Weiterentwicklungen möglich. Bei der Verordnung sollte man sich in jedem Fall von seinem Arzt beraten lassen und sich bei der Einnahme immer streng an die Gebrauchsanweisung halten. Bei den meisten Präparaten beginnt man am 5. Tag nach Einsetzen der Menstruation mit der Pille und nimmt sie dann täglich 21 Tage hindurch, möglichst um die gleiche Tageszeit. Der Abstand zwischen zwei Einnahmen soll nicht mehr als 22–26 Stunden betragen. Ist die Packung zu Ende, folgt eine Einnahmepause von 7 Tagen, in denen die Blutung auftritt. Danach beginnt man mit einer neuen Packung. Der Empfängnisschutz ist erst mit Einnahme der zweiten Packung gewährleistet.

Anders ist das Einnahmeschema bei der Wochenpille. Hier werden drei Wochen hintereinander am gleichen Wochentag eine weiße Pille genommen und in der vierten Wochen zwei rote Pillen. Sieben Tage später – inzwischen hat die Blutung stattgefunden – beginnt man wieder von vorn. Auch hier muß man sich unbedingt an die vorgegebenen Einnahmezeiten halten, um kein Versagen zu erleben. Bei guter Verträglichkeit ist keine Pillenpause nötig.

- Zu den Nebenwirkungen. Die Frauen, die die Pille nehmen, unterliegen in den meisten Ländern einer gesundheitlichen Kontrolle. Die mindestens einmal jährlich durchgeführte gynäkologische Untersuchung gehört beispielsweise dazu. Treten gesundheitliche Störungen dieser oder jener Art auf, wird stets nach einem möglichen Zusammenhang mit der Pilleneinnahme gefahndet.

Bei diesen weltweiten Überprüfungen hat sich herausgestellt, daß – insgesamt gesehen – unerwünschte Nebenwirkungen selten sind. Allerdings sollten bei der Verordnung bestimmter Kontraindikationen beachtet werden: Neigung zu Venenentzündungen, nachweisbarer Leberschaden, steigende Tendenz des Blutdrucks, bestimmte Anfallsleiden sind Gründe, die Pille nicht zu geben. Gleichfalls gilt dies bei Häufung von Migräneanfällen unter der Einnahme. In den letzten Jahren vor allem in England durchgeführte Untersuchungen sprechen dafür, daß die Pille bei Frauen, die Ende Dreißig, übergewichtig und starke Raucherinnen sind, ein erhöhtes Risiko für das Auftreten von Thrombosen und Herzinfarkten mit sich bringt, so daß sich für diese Gruppe eine alternative Methode, z. B. das Intrauterinpessar, empfiehlt.

Eine Beeinträchtigung des sexuellen Bedürfnisses ist selten, wesentlich öfter bleibt es unbeeinflußt oder verstärkt sich sogar. Die Befürchtung, daß jahrelange Einnahme Krebs erzeugen könnte, ist unbegründet. Umfangreiche Überprüfungen haben bisher keinerlei Hinweis dafür ergeben, daß Brust- oder Gebärmutterhalskanalkrebs bei Pillenbenutzerinnen häufiger vorkommt als bei anderen Frauen. Neueste Veröffentlichungen sprechen sogar von einem Schutzeffekt gegenüber der Entwicklung von gutartigen Brusttumoren und Eierstockzysten sowie über eine Minderung des Risikos, an Ovarial- oder Endometriumskrebs zu erkranken. Als bewiesen gilt ein Rückgang von entzündlichen Beckenerkrankungen im Vergleich zu Frauen, die andere Verhütungsmethoden benutzen.

Die wissenschaftliche Erforschung möglicher Nebenwirkungen geht weiter. Nach über 30jähriger Erfahrung mit der Pille läßt sich aber schon so viel sagen, daß die Zuverlässigkeit bisher von keiner anderen Methode annähernd erreicht wurde und die unerwünschten oder eventuell schädlichen Nebenwirkungen sich bei Beachten der Kontraindikationen und Berücksichtigung des Gesundheitszustandes auf ein Mindestmaß begrenzen und mit Absetzen der Pille fast immer beheben lassen.

Auf chemische Mittel ist hier nicht eingegangen worden, weil sie wegen ihrer mangelnden Sicherheit ärztlicherseits nicht zu empfehlen sind. Gleichermaßen trifft das auch für den Koitus interruptus, den vorzeitig abgebrochenen Geschlechtsverkehr, zu. Er ist zwar immer noch recht verbreitet, hat aber viele Versager.

Übersicht über die gebräuchlichen Verhütungsmittel in der Reihenfolge ihrer Zuverlässigkeit (in Anlehnung an Döring)

„zuverlässig“	Pille
„relativ zuverlässig“	Spirale (Intrauterinpessar), Kondom, Temperaturmethode
„mittlere Zuverlässigkeit“	Scheidenpessar oder Diaphragma
„unzuverlässig“	Rhythmus-Methode (Knaus-Ogino) Billings-Methode chemische Mittel Koitus interruptus

Die Wahl der Methode. Zunächst muß davon ausgegangen werden, daß es eine ideale Methode, die völlig ohne Nebenwirkungen und für jeden anwendbar ist, nicht gibt. Die gegenwärtige Palette verschiedenartiger Verhütungsmittel erlaubt aber weitgehend die Berücksichtigung individueller Wünsche und Besonderheiten. Beim Betrachten der internationalen Entwicklung zeichnet sich mehr und mehr der Trend nach einer altersbezogenen Kontrazeption ab. Darunter ist zu verstehen, daß bestimmte Methoden, wie z. B. die Pille, mehr für junge Mädchen und Frauen geeignet sind, die den Zeitpunkt einer Schwangerschaft und den Abstand zwischen mehreren Geburten planen. Für ältere Frauen, die ihre gewollte Kinderzahl bereits erreicht haben und keine Kinder mehr möchten, ist die Spirale vorteilhaft. Kondome können Männer jeden Alters benutzen.

Von Bedeutung für die Partnerschaft ist die gemeinsam übernommene Verantwortung. Empfängnisverhütung ist nicht nur Frauensache – wenn auch die meisten Methoden für die Frau entwickelt wurden –, sondern sie geht auch den Partner an. Wer hier nun welche Methode benutzt, darüber sollte gesprochen werden, wobei es durchaus möglich ist, die Methoden einmal zu wechseln. Das hängt ganz von der jeweiligen Situation ab. Wenn Zweifel bestehen, kann eine Ehe- und Sexualberatung informieren.

Die Pille für den Mann. Viel diskutiert, immer wieder versucht, ist es doch bis heute nicht gelungen, ein Präparat zu entwickeln, das ohne größere Nebenwirkungen die Samenproduktion zeitweilig bremst. Das aus China kommende Gossypol, das aus Baumwollsamenöl stammt, ist zwar dort erfolgreich erprobt worden, bedarf aber noch weiterer Untersuchung. Sicherlich wird es noch Jahre dauern, ehe mit einem gut verträglichen und sicheren Mittel zu rechnen ist.

Postkoitale Kontrazeption. Wenn jemand ohne Empfängnisverhütung Geschlechtsverkehr hatte und auf keinen Fall schwanger werden möchte, gibt es zwei Möglichkeiten, dies zu verhindern – vorausgesetzt, daß die Frau innerhalb weniger Stunden danach den Frauenarzt aufsucht und ihm ihre Befürchtung mitteilt. Er kann dann Hormone verordnen, die eine Blutung auslösen und dadurch das Einnisten des Eies verhindern. Da in diesen Fällen relativ hoch dosiert werden muß, ist allerdings auch mit Nebenwirkungen, wie starken Blutungen, Erbrechen und Unterleibsschmerzen, zu rechnen. Infolgedessen sollte man diese Methode wirklich nur im Notfall anwenden, z. B. auch, wenn eine an sich zuverlässige Methode versagt hat (vorzeitiges Abstreifen oder Einriß des Kondoms). Eine andere Möglichkeit besteht im Einlegen einer Spirale. Hier hat die Betroffene vier bis fünf Tage nach dem Koitus Zeit und kann die Spirale dann gleich weiter zur Verhütung nutzen.

Schwangerschaft nach Absetzen der Empfängnisverhütung. Wer sich für ein Intrauterinpessar entschieden hatte, läßt es durch seinen Frauenarzt entfernen. Eine Beeinträchtigung der Fruchtbarkeit ist nicht zu erwarten. Bei der Pille kann man im allgemeinen 2 bis 3 Monate nach Absetzen schwanger werden, eine Schädigung des Kindes durch die vorausgegangene Hormonzufuhr ist nicht zu befürchten. Bei einem kleinen Prozentsatz – meist handelt es sich um Frauen, die schon vor Anwendung der Pille eine labile Eierstockfunktion hatten – kann es länger als ein halbes Jahr dauern, ehe sich die Menstruation wieder normalisiert. Dies sind Ausnahmen, die gynäkologischer Behandlung bedürfen; in den meisten Fällen verläuft sie erfolgreich.

Der Schwangerschaftsabbruch. Er ist im Prinzip keine Methode der Familienplanung, denn meist haben sich die betreffenden Frauen nicht um die Verhütung einer ungewollten Schwangerschaft bemüht, sondern – ungeplant – es dem Zufall überlassen, ob die Schwangerschaft zustande kam. Es hat sich bereits ein Embryo ausgebildet, der in diesen frühen Lebensstadien zwar noch nicht lebensfähig ist, sich aber theoretisch zu einem gesunden Kind weiterentwickeln kann. Zwar bestehen in der DDR die gesetzlichen Möglichkeiten des Abbruchs, doch sollte davon wirklich nur in einer echten Notsituation Gebrauch gemacht werden, zumal hier genügend verschiedene, qualitativ hochwertige und bis auf das Kondom kostenlos abgegebene Verhütungsmittel jedem zugänglich sind. Der altbekannte Spruch der Medizin „Vorbeugen ist besser als heilen" kann dabei etwas abgewandelt werden in „Verhüten ist besser als abbrechen".

Ungewollte Kinderlosigkeit und ihre Behandlung s. Kap. Frauenkrankheiten.

Beratung und Behandlung von Partnerschaftskonflikten s. Kap. Sexualität.

Sexualethische Erziehung. Sie gehört insofern zur Familienplanung, als diese ein Teilgebiet dieser Erziehung darstellt: die Vermittlung sexualethischer Inhalte als Teil der gesamten Persönlichkeitserziehung. Im Prinzip ist die sexualethische Erziehung eine gesamtgesellschaftliche Aufgabe; jeder Erziehungsträger ist hier verantwortlich, besonders aber Elternhaus und Schule. Es geht dabei nicht nur um die biologische Seite der Fortpflanzung, sondern genauso um die Anerziehung sexualethischer Verhaltensweisen im Sinne der Vorbereitung auf spätere Partnerschaft, Ehe und Familie. Man soll lernen, seine eigene Sexualität zu erkennen und sie sinnvoll in das Leben einzuordnen, d. h. auch, sich nicht seinen sexuellen Regungen völlig zu überlassen, sondern sie kontrollieren zu können, ohne daß damit einer Unterdrückung sexueller Empfindungen das Wort geredet wird. Dabei muß gleichermaßen die Sexualität des Partners berücksichtigt und gegenseitige Anpassung und Abstimmung angestrebt werden, da harmonische sexuelle Beziehungen wesentlich zur Stabilität einer Partnerschaft beitragen. Sexualerziehung ist nicht mit einer einmaligen Aussprache abgetan, sondern sie ist ein jahrelanger Prozeß, der beim Kleinkind beginnt und sich ins Jugendalter hinein fortsetzt, ihr Inhalt muß sich nach dem jeweiligen Entwicklungsstand richten.

Schwangerschaft und Geburt

Die normale Schwangerschaft

Die „normale“ Schwangerschaft sollte eine erwünschte sein; unter diesen Bedingungen gedeiht der Keimling am besten.

Die junge Frau sollte wissen, daß ein gesundes Kind für ihr Leben mindestens ebenso wichtig ist wie eine Berufsausbildung. Sie sollte sich ihrer Verantwortung für die nächste Generation bewußt sein. Meistens erst später, wenn sie älter und reifer geworden ist, empfindet sie die Bedeutung des „Kindersegens“. Dann spürt sie, daß sie mit dem Mann immer nur wahlverwandt bleibt, aber mit dem Kind blutsverwandt ist, es also für sie der nächste Angehörige sein wird, wenn ihre Eltern gestorben und Geschwister nicht vorhanden sind.

Beginn der Schwangerschaft. Voraussetzungen für den Beginn einer Schwangerschaft sind

- die Bereitstellung eines Eies in einem ovulatorischen Zyklus und
- ein Geschlechtsverkehr zu diesem Zeitpunkt.

Der Eisprung findet im allgemeinen um den 14. Zyklustag herum statt. Die Eizelle ist höchstens 20 Stunden lebensfähig, falls sie nicht befruchtet wird. Die Samenzellen dagegen haben eine Überlebenszeit von etwa 2 Tagen. Ein bis zu 2 Tagen vor dem Eisprung stattgefundener Verkehr kann also noch zur Befruchtung führen. Der Zeitpunkt des Eisprunges ist anhand der Basaltemperaturkurve zu kontrollieren. Die im After am Morgen gemessene Temperatur (Basaltemperatur) steigt nach dem Eisprung, wenn sich ein Corpus luteum (Gelbkörper) ausgebildet hat, um einige Zehntel Grad an. Kurz vor Beginn der nächsten Regelblutung, wenn das Corpus luteum seine Funktion einstellt, geht die Temperatur wieder auf Werte unter 37 °C zurück. Ist allerdings eine Schwangerschaft eingetreten, bleibt die Basaltemperatur für mehrere Wochen auf Werten von über 37 °C.

Die Befruchtung, die Verschmelzung von Ei- und Samenzelle, die beide nur einen haploiden (halben) Chromosomensatz besitzen, findet im ampullären (weiten) Teil der Tube statt.

Entwicklung von Keimling und Plazenta. Das befruchtete Ei, das nun die volle Chromosomenzahl besitzt und als weiblich oder männlich determiniert ist, wandertueruswärts und entwickelt sich dabei über ein Zweizellstadium, Vierzellstadium, Achtzellstadium bis zur Blastula, dem Bläschen. An dem Keimbläschen ist bald ein zellreicherer

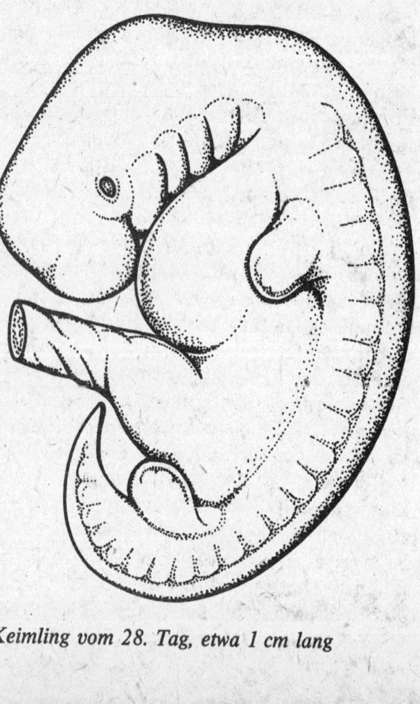

Keimling vom 28. Tag, etwa 1 cm lang

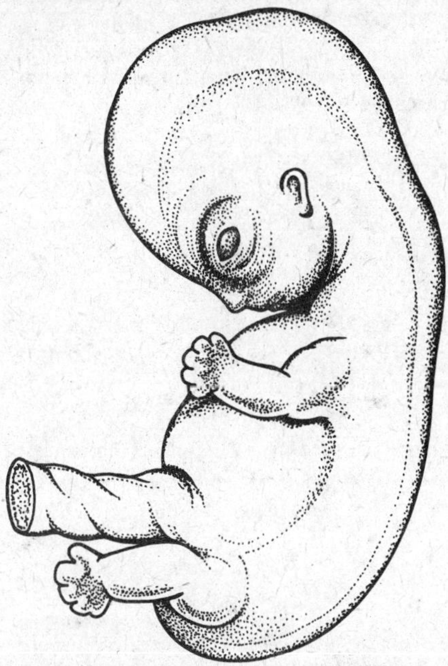

Keimling vom 50. Tag, etwa 2 cm lang

Pol, der Embryoblast, und ein zellärmerer Pol, der Trophoblast, zu erkennen. Aus dem Trophoblasten stülpen sich Zotten aus, die in das sekretorisch umgewandelte Endometrium eindringen, sich dort einnisten (Nidation) und sich verzweigen zu Sekundär- und Tertiärzotten, um eine größere Oberfläche zu erhalten. Diese Zotten, die auch Chorionzotten genannt werden, „fressen" sich bald bis zu den mütterlichen Blutgefäßen vor, um so direkt aus dem mütterlichen Blut Nährstoffe entnehmen zu können. Beim Menschen liegt der Typ der haemo-chorialen Plazenta vor, die engste Verbindung zwischen Keimling und Mutter, die wir kennen. Eine solch enge Verbindung gibt es nur noch beim Affen; bei allen anderen Säugetieren sind Muttertier und Keimling durch weitere Zellschichten getrennt.

In der Zwischenzeit hat sich der Embryoblast weiter differenziert. In der dritten Woche nach der Befruchtung beginnt bereits ein primitives Herz, das zunächst schlauchförmig gestaltet ist, zu schlagen. In den ersten 10 Wochen nach der Befruchtung bzw. in den ersten 12 Wochen nach der letzten Regelblutung entwickeln sich die einzelnen Organe. Der Keimling sieht zunehmend menschenähnlicher aus.

Die ersten 12 Schwangerschaftswochen (die Schwangerschaft wird, nicht ganz exakt, vom 1. Tag der letzten Regel an gerechnet) werden als Embryonalzeit bezeichnet. Entwicklungszeiten für die einzelnen Organe sind folgende:

Auge	29.–35. Tag
Herz	29.–49. Tag
Ohr	5.–7. Woche und 9.–12. Woche
Milchzähne	8.–9. Woche
Zahnschmelz	20. Woche

Treten in dieser Zeit Schädigungen durch Virusinfekte, Röntgenstrahlen oder Medikamente auf, so können daraus Organmißbildungen resultieren. Man faßt diese Schädigungen am Embryo als Embryopathien zusammen. Sie sind abhängig von der Zeit der Schädigung, nicht von der Art der Schädigung.

Von der Entwicklung des Keimlings her betrachtet, unterteilt man die Schwangerschaft in drei Perioden:

- die Embryonalzeit (bis 12. Schwangerschaftswoche): Gefahr der Embryopathie
- die frühe Fetalzeit (13.–27. Schwangerschaftswoche): Gefahr der Fetopathie

Entwicklung der Frucht

Zeit	Länge (cm)	Gewicht (g)	Fundusstand (obere Grenze des Uterus)
Ende 1. Monat	1		
Ende 2. Monat	$2^2 = 4$		
Ende 3. Monat	$3^2 = 9$		2 Querfinger oberhalb der Symphyse
Ende 4. Monat	$4^2 = 16$		zwischen Nabel und Symphyse
Ende 5. Monat	$5^2 = 25$	300	2 Querfinger unter dem Nabel
Ende 6. Monat	30	700	am Nabel
Ende 7. Monat	35	1200	2 Querfinger über dem Nabel
Ende 8. Monat	40	2000	2 Querfinger unter dem Rippenbogen
Ende 9. Monat	45	2700	am Rippenbogen
Ende 10. Monat	50	3300	2 Querfinger unter dem Rippenbogen

– die späte Fetalzeit (ab 28. Schwangerschaftswoche): Gefahr der Frühgeburt

Die Maßzahlen bei normaler Entwicklung sind aus der Tabelle zu entnehmen.

Plazenta (Mutterkuchen oder Nachgeburt). Sie ist das Organ, das während der Schwangerschaft die Entwicklung des Kindes gewährleistet, indem es eine enge Verbindung zur Mutter hin herstellt. Sie wird nach der Geburt des Kindes aus dem Uterus ausgestoßen. Bereits in den ersten Wochen wird in den Chorionzotten ein spezielles Schwangerschaftshormon, das Choriongonadotropin, produziert und in das mütterliche Blut abgegeben. Es stimuliert das Corpus luteum (Gelbkörper) im Ovar, so daß sich dieses in das Corpus luteum graviditate umbildet und reichlich Progesteron bereitstellt. Progesteron, ein Gestagen, ist das schwangerschaftserhaltende Hormon. Es bewirkt die Ruhigstellung des Uterus, so daß sich dieser immer weiter ausdehnen kann, ohne daß Kontraktionen (Wehen) auftreten.

Das Choriongonadotropin ist oft schon wenige Tage nach Ausbleiben der Regelblutung nachweisbar. Es wird im Urin der Schwangeren ausgeschieden und ist die Grundlage des Schwangerschaftstestes (Gravimuntest).

Gravimuntest, Nachweis des *h*umanen *C*horiongonadotropins (HCG). Von der pharmazeutischen Industrie werden vorbereitete Ampullen zur Verfügung gestellt, die Trokkenserum (Anti-HCG-Serum vom Kaninchen) und Trockenerythrozyten (Hammelerythrozyten, mit HCG beladen) enthalten. Die Ampulle wird aufgesägt. Mit dem mitgelieferten Lösungsmittel (Phosphatpuffer) wird der Bodensatz gelöst, und sofort werden 2 Tropfen filtrierten Morgenharns zugegeben. Es tritt nun eine Konkurrenz auf zwischen Anti-HCG-Serum auf der einen Seite und den mit HCG-beladenen Hammelerythrozyten bzw. dem HCG-haltigen Urin auf der anderen Seite. Zwei Ergebnisse sind möglich. Die Ablesung erfolgt nach 4 Stunden.

In der Plazenta selbst beginnt bald eine Progesteronproduktion und später eine Östrogenproduktion, die bis zum Ende der Schwangerschaft andauert und zunimmt. Außerdem sorgt die Plazenta dafür, daß die erforderlichen Nährstoffe (Glukose, Aminosäuren, Fettsäuren) und Sauerstoff aus dem mütterlichen Blut aufgenommen, durch die Nabelschnur zum Kind hin geleitet und Abbauprodukte (Harnstoff, Harnsäure) und Kohlendioxid vom Kind zur Mutter hin abgegeben werden (Abb.)

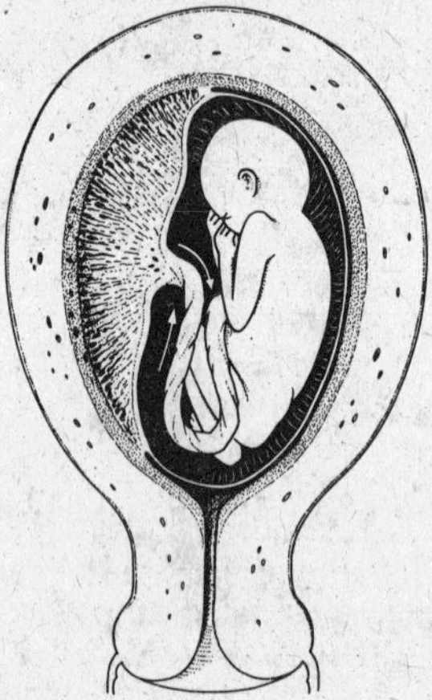

Austausch von Nährstoffen, Abbauprodukten, Sauerstoff und Kohlendioxid über Nabelschnur und Nachgeburt

Das Fruchtwasser. Außer durch die Nabelschnur und die Plazenta erfolgt auch ein gewisser Austausch über das Fruchtwasser. Es wird von den Eihäuten (Amnion- und Chorionhaut) gebildet, vom Kind (Fetus) verschluckt und teilweise durch die Nieren wieder ausgeschieden. Es unterliegt also einem eigenen Kreislauf. Das Fruchtwasser ähnelt dem fetalen Serum. Es enthält fast alle Stoffe in der gleichen Konzentration, außer dem Plasmaeiweiß. Diese Tatsache erklärt, daß es zu diagnostischen Zwecken abpunktiert werden kann (vgl. Amniozentese). Durch die Fruchtwasserhülle ist der Fet vor Stößen oder stumpfen Traumen geschützt (Flüssigkeit ist nicht komprimierbar). Die Fruchtwassermenge beträgt in der 32. Schwangerschaftswoche etwa 1 l, in der 40. Schwangerschaftswoche etwa ½ l.

Physiologische Veränderungen bei der Schwangeren. Die Schwangere – die Gravide – nimmt während der Schwangerschaft etwa 12 kg an Gewicht zu. Es entfallen auf:

das Kind	3 kg
das Fruchtwasser	1 kg
die Plazenta	0,5 kg
den Uterus	1 kg

physiologische Ödeme 5 kg
Brüste, Blutvolumen, Herzgewicht 1 kg

Eine Schwangerschaft bedeutet für die junge Frau einen „Leistungsanspruch", wie es der Leipziger Gynäkologe und langjährige Direktor der Universitätsfrauenklinik R. Schröder bezeichnete. Dieser teilte deshalb die Schwangerschaft aus mütterlicher Sicht in drei Stadien ein:

1. Trimenon = Stadium der Anpassung (3 Monate)
2. Trimenon = Stadium des Wohlbefindens
3. Trimenon = Stadium der Belastung

Im ersten Drittel der Schwangerschaft stehen Regulationsstörungen wie Übelkeit und Verstopfung im Vordergrund. Im letzten Drittel treten Belastungen auf durch die Zunahme an Gewicht und Leibesumfang. Das erhöhte Blutvolumen erfordert vermehrte Herzarbeit; leichte Kurzatmigkeit kann auftreten. Abends sind die Beine geschwollen, was sich während der Nachtruhe wieder zurückbildet (physiologische Ödeme). Die Leukozytenwerte (weiße Blutkörperchen), die Blutsenkungsreaktion, die Eiweißzusammensetzung im Blut, die Gerinnungsfaktoren, die Blutfette sind verändert. Leichte Blutdrucksteigerungen bis maximal 140/90 mm Hg sind möglich. Pigmentverschiebungen treten auf, so daß Pigmentierungen an der Brust, am Unterbauch, im Gesicht sichtbar werden. Die Niere kann nach reichlichem Genuß von Süßigkeiten für Glukose durchlässig werden, so daß sie im Urin nachgewiesen wird. Aber alle diese leichteren Veränderungen sind noch normal.

Ein gesunder Organismus wird mit den Belastungen einer Schwangerschaft fertig. Sind jedoch einzelne Organe durch frühere Erkrankungen vorgeschädigt, so können Dekompensationen (Entgleisungen) auftreten, Krankheiten durch die Schwangerschaft mit ihrer zusätzlichen Belastung.

Bestimmung des Geburtstermins. Die menschliche Schwangerschaft dauert 40 Wochen, gerechnet vom 1. Tag der letzten Regelblutung an. Nach Naegele rechnet man zu diesem 1. Tag der letzten Regel 7 Tage hinzu und 3 Monate ab und erhält den Geburtstermin, z. B.:

L.R. 7.5.1984 .... G.T. 14.2.1985

Bei den Kontrollen in der Schwangerenberatung kann auch die Hebamme, die die Leopoldschen Handgriffe (Abb.) ausführt, Angaben über das etwaige Alter der Schwangerschaft machen. Noch genauer ist es zu berechnen anhand der Maße, die bei Ultraschalluntersuchungen in frühen Schwangerschaftsmonaten gewonnen werden.

Erkrankungen in der Schwangerschaft

Erkrankungen im ersten Schwangerschaftsdrittel.

- Hyperemesis gravidarum (übermäßiges Erbrechen). Das morgendliche Erbrechen oder Übelsein ist oft das erste Anzeichen für eine Schwangerschaft. Es tritt oft schon wenige Tage, nachdem die erwartete Regelblutung ausgeblieben ist, auf. Kommt es zu so häufigem Erbrechen, daß keine Nahrungsstoffe mehr resorbiert werden, so werden durch den fortdauernden Hungerzustand die Fettpolster abgebaut. Die Ausnutzung der körpereigenen Fette ist aber nur sehr unvollkommen möglich, weil Glukose fehlt. Es treten Stoffwechselstörungen auf, die zur Leberschädigung führen können. Um dieser Leberschädigung vorzubeugen, ist eine stationäre Behandlung erforderlich. Dabei wird u. a. Glukoselösung als Infusion zugeführt.

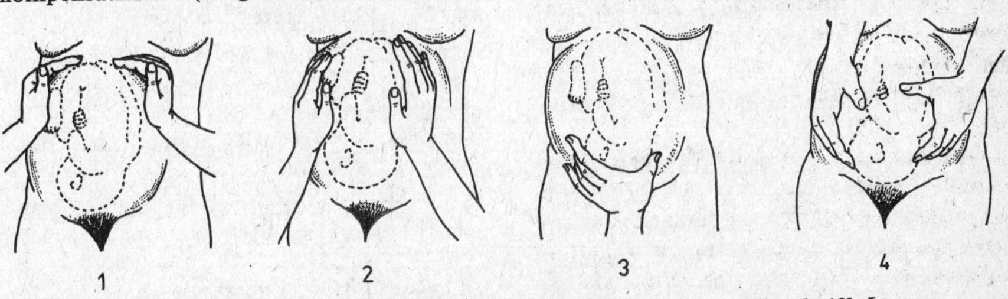

Leopoldsche Handgriffe. 1. Handgriff: Beurteilung des Fundusstandes; 2. Handgriff: Lage von Rücken und kleinen Teilen (Hände und Füße); 3. Handgriff: Tasten des Kopfes; 4. Handgriff: Höhenstand des Kopfes

Am meisten gefährdet sind Schwangere mit Mehrlingsschwangerschaften, bei Blasenmole (s. dort) und bei psychischer Labilität in den ersten drei bis vier Schwangerschaftsmonaten.

● Extrauteringravidität (Schwangerschaft außerhalb der Gebärmutter). Ist das befruchtete Ei auf seiner Wanderung zum Uterus hin aufgehalten worden, z.B. durch Verwachsungen im Tubeninnern, so wird es sich, sobald es nidationsreif geworden ist, dort einnisten, wo es sich gerade befindet. Am häufigsten ist das bei pathologischen Verläufen im ampullären (weiten) oder im isthmischen (engen) Teil der Tube.

● Der Tubarabort. Etwa 8 Wochen nach der letzten Regel kommt es zu zunehmenden Schmerzen im Unterbauch und zu leichten Blutungen aus der Gebärmutter. Die Frau sollte den Gynäkologen aufsuchen. Es muß operiert werden. Dabei wird die befallene Tube entfernt.

● Die Tubarruptur. Es ist ein sehr dramatisch verlaufendes Krankheitsbild. Etwa 6 Wochen nach der letzten Regel treten äußerst heftige Schmerzen auf einer Seite des Unterbauches auf. Der Schmerz kann bis zur gleichseitigen Schulter hin ausstrahlen. Unmittelbar darauf folgen Ohnmachtsanfälle, bedingt durch einen starken Blutverlust in den Bauchraum hinein. Der Bauch ist dann äußerst druckschmerzhaft. Es muß sofort operiert werden, damit sich die Patientin nicht in den Bauch hinein verblutet. Der Blutverlust wird durch Bluttransfusion ersetzt und die betroffene Tube wird entfernt.

● Fehlgeburt (Abort) und Schwangerschaftsabbruch (Interruptio). Schwangerschaftsabbrüche im ersten Drittel der Schwangerschaft sind nicht selten. In der DDR waren es z.B. 1984 etwa 33 % aller Schwangerschaften, und zwar 25–30 % Interruptiones und 5–7 % Spontanaborte.

Interruptio. Auf der Grundlage des Interruptiogesetzes vom 9.3.1972:

- kann die Frau (nicht der Ehemann oder Freund) über das Fortbestehen ihrer Schwangerschaft frei entscheiden
- ist der Abbruch der Schwangerschaft in den ersten 12 Wochen erlaubt und wird kostenlos in einer stationären geburtshilflich-gynäkologischen Abteilung durchgeführt
- ist vor dem Eingriff die Patientin über mögliche Komplikationen aufzuklären. Sie ist über antikonzeptionelle Methoden zu beraten.
- Durch die Unterschrift von Patientin und beratendem Arzt auf dem Krankenblatt werden das geführte Gespräch und die Übereinkunft bestätigt.
- Bei Minderjährigen (unter 18 J.) muß der Erziehungsberechtigte mit unterschreiben. Der Wille der Schwangeren, nicht des Erziehungsberechtigten, ist entscheidend.
- Verboten ist die Interruptio bei medizinischen Kontraindikationen und wenn vor weniger als 6 Monaten bereits eine Interruptio durchgeführt wurde.
- Wird das Ersuchen auf Interruptio abgelehnt – auch durch die Klinikskommission, die aus drei Gynäkologen besteht –, hat die Frau ein Einspruchsrecht vor der Bezirksfachärztekommission. In ihr sind mindestens ein Gynäkologe, ein Internist und eine Fürsorgerin vertreten. Diese in der BFÄK getroffene Entscheidung ist endgültig.

Methoden der Durchführung

1. In Allgemeinnarkose wird der Halskanal der Gebärmutter (Zervix) mit Metallstiften zunehmender Dicke aufgedehnt und dann der Inhalt der Gebärmutter mit einer Saugkurette, die an eine Vakuumpumpe angeschlossen ist, abgesaugt.
2. Bei unterentwickelter enger Zervix sollen Zervixrisse vermieden werden, um für spätere Schwangerschaften keine Zervixinsuffizienz mit Frühgeburtenneigung zu hinterlassen. Deshalb wird ein schonenderes, zweizeitiges Vorgehen gewählt. Nach Vorbehandlung der Scheide, damit sie frei von Krankheitserregern ist, wird in den Zervikalkanal hinein Prostaglandin als Gel gespritzt. Nach einer Einwirkungszeit von 24 Stunden ist der Zervikalkanal leicht eröffnet, so daß dann mit einer Saugkurette der Uterusinhalt abgesaugt werden kann.

Prostaglandine können auch intravenös verabfolgt oder durch die Bauchdecken hindurch in das Fruchtwasser hinein gespritzt werden. Dann ist aber mit vermehrten Nebenwirkungen zu rechnen wie: Übelkeit, Erbrechen, Durchfall, Hitzewellen, Fieber, Schüttelfrost oder Kopfschmerzen. Bei erhöhtem Blutdruck oder Asthma sollen diese Methoden nicht angewendet werden.

3. Ist ein Schwangerschaftsabbruch nach der 12. Schwangerschaftswoche notwendig, so wird folgendermaßen vorgegangen: Durch die Bauchdecken hindurch wird die Fruchtwasserhöhle anpunktiert. Es wird Fruchtwasser abgesaugt und die gleiche Menge (150–200 ml) 20%ige sterile Kochsalzlösung in den Fruchtsack gespritzt. In den nächsten Tagen kommt es zum intrauterinen Fruchttod und zur Spontanausstoßung der Frucht. Dann wird wie bei einem inkompletten Abort die Uterushöhle kürettiert.

Abort (Fehlgeburt). Die Aborte können nach verschiedenen Gesichtspunkten eingeteilt werden:

- spontan; artefiziell (Interruptio); kriminell
- fieberfrei; fieberhaft; septisch (über 39 °C)
- einmalig; gehäuft (habituell)
- Frühabort (bis 8. Schwangerschaftswoche); Abort; Spätabort (20.–27. Schwangerschaftswoche)
- Abortus imminens (drohender Abort); Abortus incipiens (im Gang befindlicher Abort); Abortus incompletus (unvollständiger A.); Abortus completus (vollständiger Abort)

Beim drohenden Abort wird man versuchen, die Schwangerschaft zu erhalten, beim unvollständigen Abort muß die noch liegende Plazenta mit Küretten entfernt werden. Ein differenziertes Vorgehen wird der behandelnde Gynäkologe festlegen.

Am bedeutungsvollsten sind wiederholte (habituelle) Aborte bei Kinderwunsch. Eine Ursache kann die Zervixinsuffizienz, der mangelhafte Verschluß der Gebärmutter nach unten hin, sein. Als Therapie kommt in diesem Falle der Verschluß der Zervix durch eine Naht in Frage, die sog. Cerclage. Ist eine Corpus-luteum-Insuffizienz (Gelbkörperschwäche) die Ursache für das wiederholte Abortgeschehen, so wird Progesteron zur Normalisierung des Hormonhaushalts verabfolgt. Bei genetischen Ursachen (Chromosomenanomalien) ist z. Z. eine Diagnostik, aber noch keine Therapie möglich. Chromosomenanalysen kommen auch bei älteren Frauen mit normalem Schwangerschaftsverlauf (über 35 bis 40 Jahre) in Frage, um ein genetisches Risiko auszuschließen. Die Untersuchung erfolgt an Fruchtwasserzellen, die durch Amniozentese in der 16. Schwangerschaftswoche gewonnen werden.

- Missed abortion (verhaltene Fehlgeburt). In seltenen Fällen ist die Frucht abgestorben, wird aber nicht ausgestoßen. Eine baldige Ausräumung des Uterus ist erforderlich, weil sonst evtl. von der toten Frucht aus Gerinnungsstörungen im mütterlichen Blut in Gang gesetzt werden können.
- Die Blasenmole. Sie ist eine Art Mißbildung. Eine Frucht ist nicht nachweisbar (Ultraschalldiagnostik), aber eine übergroße Plazenta. Die einzelnen Chorionzotten sind zu kleinen Zysten, Bläschen, aufgetrieben und bilden übermäßig viel Choriongonadotropin, das im Gravimuntest auch quantitativ erfaßt werden kann. Die Gebärmutter ist durch diese Plazentavergrößerung größer, als es der Regelpause entspricht. Die Blasenmole muß aus dem Uterus entfernt werden.

In wenigen Fällen kann aus der Blasenmole ein Chorionepitheliom, eine Krebserkrankung, entstehen. Um eine solche Entwicklung nicht zu übersehen und ggf. rechtzeitig zu behandeln, wird bis zu einem Vierteljahr nach Ausräumung der Blasenmole der Gravimuntest kontrolliert.

- Embryopathien. Die bekannteste ist die Rötelnembryopathie. Falls die Schwangere in der Frühschwangerschaft eine Erstinfektion durchmacht, gelangen die Viren über die Plazenta zum Embryo und führen zu Mißbildungen an den Organen, die sich zu diesem Zeitpunkt gerade entwickeln. Bekannt sind z. B. Augenmißbildungen, Herzmißbildungen und Hörschäden. Hat die Frau aber früher schon die Erstinfektion durchgemacht, besitzt sie Antikörper gegen Rötelnviren und ist bei einem erneuten Kontakt geschützt. Um einen solchen Schutz zu erreichen, können seronegative (keine Antikörper) Frauen vor Eintritt einer Schwangerschaft geimpft werden.

Bei anderen Viruserkrankungen (z. B. Virusgrippe) ist der Ablauf im Prinzip der gleiche.

Erkrankungen im zweiten Schwangerschaftsdrittel (Fetopathien). Zu ihnen zählen die Toxoplasmose, die Listeriose und die Lues.

- Toxoplasmose. Bei dieser Erkrankung, die bei der Frau mit Lymphdrüsenschwellungen und grippalen Erscheinungen an Lunge und Darm einhergeht, ist für den Feten, ähnlich wie bei der Rötelninfektion, nur die frische Erkrankung der Mutter in der Schwangerschaft von Bedeutung. Eine zurückliegende Infektion, die Antikörper hinterlassen hat, ist im allgemeinen bedeutungslos. Beim Feten können ein Hydrocephalus (Wasserkopf), Verkalkungen im Gehirn und eine Entzündung der Ader- und Netzhaut im Auge auftreten, falls nicht rechtzeitig behandelt wird.

- Listeriose ist eine fieberhafte Infektion durch stäbchenförmige Bakterien. Falls nicht rechtzeitig behandelt wird, führt sie beim Feten zur Sepsis (Blutvergiftung) mit tödlichem Ausgang.
- Lues ist selten geworden. Da bei allen Schwangeren in den Schwangerenberatungsstellen im 4. und im 6. Schwangerschaftsmonat Blutserumuntersuchungen durchgeführt werden, sind die vereinzelt auftretenden Fälle rechtzeitig zu erfassen und zu behandeln.

Erkrankungen im letzten Schwangerschaftsdrittel.

- EPH-Gestose. Der Name leitet sich von den Hauptsymptomen ab: E = edema (Ödeme): Schwellung der Beine, Hände und des Gesichts; P = Proteinurie: Eiweißausscheidung im Urin; H = Hypertonie: Blutdruckerhöhung.

Die EPH-Gestose tritt auf bei übermäßig starker Belastung der Schwangeren, z. B. bei Mehrlingsschwangerschaften, bei sehr jungen, noch unterentwickelten Mädchen oder bei vorgeschädigten Frauen, älteren Frauen, die im Laufe ihres Lebens einen Organschaden an Niere, Herz, Leber oder anderen Organen erworben haben. Besucht die Schwangere regelmäßig die Schwangerenberatung, werden Anzeichen für eine Gestose rechtzeitig erkannt und eine Verschlimmerung vermieden, indem die Patientin von der Arbeit befreit und behandelt wird. Auf eine Verschlimmerung deuten hin: Augenflimmern, Kopfschmerzen, Ödeme im Gesicht, Nebligsehen oder kolikartige Schmerzen im Oberbauch. Die schwerste Form der EPH-Gestose führt zum Bewußtseinsverlust. Oft treten dabei plötzlich einsetzende Krämpfe auf. Deshalb wird diese schwere Form als Eklampsie (aufblitzen) bezeichnet; sie kann zum Tod der Schwangeren führen, wenn keine sofortige intensive Behandlung erfolgt.

- Nierenerkrankungen. Sie können der Ausgangspunkt für eine sich aufpfropfende EPH-Gestose (Pfropfgestose) sein. Solche Frauen sollen frühzeitig erfaßt und einer Spezialbetreuung in der Intensiv-Schwangeren-Beratung zugeführt werden.
- Herzerkrankungen. Herzfehler und Herzmißbildungen werden im allgemeinen schon beim kleinen Mädchen in der Kinderkrippe, im Kindergarten oder bei den Schuluntersuchungen gefunden. Dieser Personenkreis befindet sich dann in Dispensairebetreuung einer kardiologischen Abteilung. Falls die junge Frau eine Schwangerschaft plant, sollte sie sich vorher mit ihrem Kardiologen beraten, inwieweit ihr Gesundheitszustand eine Schwangerschaft unter normalen Bedingungen oder bei besonders intensiver Betreuung erlaubt.
- Lebererkrankungen. Sie äußern sich meist durch eine Gelbverfärbung der Augen und der Haut, den sogenannten Ikterus. Hinter dem Ikterus kann sich eine ansteckende Virusinfektion der Leber (ansteckende Gelbsucht) verbergen oder eine harmlose Stauung in den Gallengängen. In beiden Fällen neigen die Schwangeren zu Frühgeburten. Sie müssen besonders sorgfältig betreut werden.
- Anämie (Blutarmut). Am häufigsten tritt sie nach Infektionen auf. Begünstigt wird sie durch den relativ hohen Eisenbedarf des Feten und den dadurch bedingten Eisenmangel bei der Mutter. Behandelt wird sie mit Eisen- und Folsäurepräparaten.

Gefahren für den Feten.

- Diabetes mellitus. Es handelt sich so gut wie immer um den Typ I, den juvenil onset diabetes = JODY, bei dem ein absoluter Insulinmangel vorliegt.

Vom 1. Trimenon der Schwangerschaft ist eine erhöhte hypoglykämische Schockneigung bekannt; die Insulindosierung muß also vermindert werden. Hypoglykämien bewirken eine Embryopathie mit erhöhter Mißbildungsrate. Es wird deshalb empfohlen, daß die Diabetikerin in Absprache mit ihrem betreuenden Diabetologen die Schwangerschaft plant und zuerst der Blutzucker optimal eingestellt wird, bevor die Schwangerschaft beginnt. Unter solch optimaler Einstellung ist die Mißbildungsrate nicht höher als bei Gesunden.

Im 2. Trimenon, im 5./6. Monat, kommt es im allgemeinen zu einer verminderten Wirksamkeit des Insulins, so daß die Dosierung erhöht werden muß. Es besteht eine Neigung zu Harnwegsinfektionen, die vermieden oder rechtzeitig behandelt werden sollten. Durch die Infektion kann eine Komaneigung begünstigt werden.

Im 3. Trimenon kann sich auf dem Boden einer Nierenschädigung eine EPH-Gestose (s. dort) entwickeln.

Die Entbindung sollte in einem Zentrum erfolgen, in dem ein Diabetologe und ein Geburtshelfer zusammenarbeiten. Das bekannteste befindet sich in Karlsburg bei Greifswald. In das angeschlossene Sanatorium können diabetische Schwangere schon frühzeitig eingewiesen werden, etwa im 7. Schwangerschaftsmonat. Zu beachten ist, daß besonders bei schlecht eingestellten Diabetikerinnen eine Neigung zu Riesenkindern besteht. Ist das Kind übermäßig groß (Ultraschalluntersuchung), wird die Entbindung vorzeitig eingeleitet, damit kein Mißverhältnis zwischen kindlichem Kopf und mütterlichem Becken (s. dort) entsteht, weil dann durch Schnittentbindung entbunden werden müßte. Es wird deshalb in diesen Fällen 2–3 Wochen vor dem errechneten Geburtstermin die Geburt vaginal eingeleitet durch Sprengung der Fruchtblase und Gabe von Wehenmitteln als Tropfinfusion. Während des Geburtsvorganges wird der mütterliche Blutzucker in kurzen Abständen kontrolliert. Die Muskelarbeit des Uterus, die Wehen, bewirken einen verminderten Verbrauch an Insulin. Außerdem besteht Nahrungsverbot. Das nötige Insulin wird wegen der besseren Steuerbarkeit als Altinsulin verabfolgt.

Ist das Kind geboren, so bedarf es ebenfalls besonderer Fürsorge. Das Neugeborene der diabetischen Mutter neigt zum hypoglykämischen Schock. Es soll deshalb zeitig ernährt werden, z. B. mit gesüßtem Tee.

● Serologischer Konflikt. Mutter und Kind sind zwei verschiedene Individuen. Die Plazenta dient normalerweise als Immunschranke zwischen beiden. Nur in wenigen Fällen treten immunologische bzw. serologische Konflikte auf. Der bekannteste ist der *Rh-Konflikt.* Er führt beim Kind zum Morbus haemolyticus neonatorum (M. h. n.), einer Erkrankung, die um die 28. Schwangerschaftswoche herum beginnt und sich dann steigert. Sie beginnt mit einem Ikterus, einer Gelbsucht, als Ausdruck des übermäßigen Abbaus von roten Blutkörperchen. Eine Anämie gehört dazu. Durch den fortdauernden Sauerstoffmangel kommt es einige Wochen später zu einem Hydrops, der Wassersucht. Sie geht einher mit einer Herzinsuffizienz und durch sie bedingt einer Wasseransammlung im Bauchraum, im Brustraum und in den kindlichen Geweben. Das Ende ist der intrauterine Fruchttod.

Die Ursache für diese Erkrankung ist eine Unverträglichkeit zwischen mütterlichem Blut und kindlichem Blut, wenn bei dem Kind väterliche unverträgliche Eigenschaften dominieren. Beim Rh-Konflikt verhält es sich so, daß die Mutter an ihren roten Blutkörperchen die Eigenschaft rh = d trägt. Hat das Kind vom Vater die Eigenschaft Rh = D geerbt und gelangen solche kindlichen Erythrozyten, z. B. während des Geburtsvorganges, in das mütterliche Blut, so bildet die Frau Antikörper gegen D, das sogenannte Anti-D. Dieses Anti-D bildet sich über das ganze Leben der Frau immer wieder neu; die Frau ist eine Antikörper-Trägerin geworden. In der nächsten Schwangerschaft können diese Antikörper etwa ab der 28. Schwangerschaftswoche, wenn das Chorionepithel, die Trennschicht zwischen kindlichem und mütterlichem Blut, hinreichend dünn geworden ist, in den kindlichen Kreislauf übertreten. Wenn das 2. Kind wieder die Eigenschaft D vom Vater her besitzt, dann können diese kindlichen D-Erythrozyten (rote Blutkörperchen) durch den mütterlichen Antikörper Anti-D geschädigt werden, und es entwickelt sich ein Morbus haemolyticus neonatorum, wie oben beschrieben. Es sei noch einmal hervorgehoben, daß solche Schädigungen im allgemeinen erst ab der 2. Schwangerschaft zu erwarten sind.

Deshalb erfolgen in der Schwangerenberatung im 4. Monat und im 6. Monat und in begründeten Fällen auch noch einmal im 8./9. Schwangerschaftsmonat Blutuntersuchungen mit dem Ziel, Antikörperträgerinnen herauszufinden. Es sei hier angeführt, daß es auch noch andere, sehr seltene Antikörper gibt wie Anti-$\bar{c}$, Anti-C, Anti-CD, Anti-Fy^a u. a. Es gibt auch Antikörper, die für das Kind unbedeutend sind, wie Anti-P oder Anti-Le^a.

Liegt bei einer Schwangeren ein Antikörper

vor, der zu einem M. h. n. führen kann, so wird das Fruchtwasser in der 30. und in der 32. Schwangerschaftswoche untersucht. Es wird durch die sog. Amniozentese erhalten. Durch die Bauchdecken hindurch kann mit einer Spritze ein wenig Fruchtwasser abgesaugt werden. Durch Vergleich der beiden Untersuchungsergebnisse kann geklärt werden, ob für dieses Kind die Gefahr eines Morbus haemolyticus neonatorum besteht. Liegt eine solche Gefahr vor, so wird vor dem Geburtstermin entbunden, zu einem Zeitpunkt, an dem die Erkrankung des Kindes nur bis zum Ikterus, aber noch nicht bis zum Hydrops fortgeschritten ist. Man möchte allerdings so spät wie möglich entbinden, um die Gefahren der Frühgeburtlichkeit (s. dort) zu umgehen. Die Entbindung erfolgt in einem Zentrum, in dem das Neugeborene sofort von Neonatologen (Fachärzte für Neugeborene) behandelt werden kann. Die Heilungsaussichten dieser Fälle sind gut.

Besser noch als die Behandlung erkrankter Neugeborener ist die Prophylaxe, die Vermeidung des Rh-Konfliktes. In der DDR besteht eine gesetzliche Regelung, die für d-Frauen unmittelbar nach der Entbindung, nach einer Interruptio, einer Extrauteringravidität oder einem Abort die Immunprophylaxe mit Gammaglobulin Anti-D vorsieht. Diese Prophylaxe verhindert eine Anti-D-Bildung bei d-Frauen.

Die Frühgeburt ist z. Z. das vorrangige Problem in der Geburtshilfe, weil sie

- relativ häufig auftritt (6–7 % aller Geburten) und
- mit einer hohen kindlichen Sterblichkeit und Krankheitsanfälligkeit belastet ist.

Unter Frühgeburt versteht man die zu zeitige Entbindung, die Entbindung vor der 37. Schwangerschaftswoche (normal 40 Wochen), aber auch die nach normaler Tragzeit erfolgte Geburt eines untergewichtigen Kindes von weniger als 2500 g (normal 3000–3500 g). Beide Definitionen stimmen wegen der biologischen Schwankungsbreite nicht ganz überein. Auf Empfehlung der Weltgesundheitsorganisation wird die Frühgeburtenhäufigkeit nach dem Gewicht von weniger als 2500 g berechnet.

1972 betrugen in der Universitätsfrauenklinik Leipzig die Überlebenschancen eines 1000 g schweren Neugeborenen etwa 10 %, die eines 2000 g schweren etwa 95 %. Diese Zahlen konnten im Laufe der Jahre verbessert werden. Prinzipiell gilt aber nach wie vor: Je reifer, von der Tragzeit und vom Gewicht her gesehen, ein Neugeborenes ist, um so günstiger sind seine Startbedingungen, um so günstiger ist seine Prognose.

● Die Symptome der drohenden Frühgeburt sind

- Wehen, auch nicht schmerzhafte Kontraktionen, von mehr als 12 in 24 Stunden
- Blutungen oder Blutschleimabgang aus der Scheide
- Blasensprung: Abgang von fade riechender (alkalischer) Flüssigkeit aus der Scheide
- Eröffnung des Muttermundes: Zu erkennen bei der vaginalen Untersuchung in der Schwangerenberatung.

Werden solche Symptome bemerkt, gehört die Patientin in stationäre Behandlung, um dort mit Hilfe entsprechender Medikamente (Wehenhemmer) die Frühgeburtsbestrebungen zu bekämpfen, die Tragzeit zu verlängern und damit die Startbedingungen für das Kind zu verbessern.

Man kennt eine Reihe von *Risikofaktoren* für eine Frühgeburt, die entweder vermeidbar sind oder, falls sie nicht vermieden wurden, Anlaß dafür sein müssen, daß diese Schwangeren von ihren Schwangerenbetreuungsstellen besonders beachtet und behandelt werden. Gegebenenfalls kommt eine Arbeitsbefreiung oder eine Überweisung in eine Intensiv-Schwangeren-Beratung infrage.

● Risikofaktoren nach anamnestischen Angaben sind

- vorausgegangene Frühgeburt, Interruptio oder Abort
- Familienstand: alleinstehend
- schwere körperliche Arbeit
- sehr jung (unter 17 J.), relativ alt (über 35 J.)
- Nikotinmißbrauch
- internistische Erkrankungen: Herzerkrankung, Hypertonie, Nierenerkrankung, Lebererkrankung, Anämie
- vorausgegangene Operationen an der Gebärmutter oder Mißbildungen der Gebärmutter

● Risikofaktoren nach in der Schwangerenberatung erhobenem Befund sind

- mangelnde Gewichtszunahme, mangelndes Wachstum der Gebärmutter (Symphysen-Fundus-Abstand)

- Mehrlingsschwangerschaft
- Hydramnion (übermäßig viel Fruchtwasser)
- Zervixinsuffizienz
- Hypertonie
- Harnwegsinfekt
- Anämie
- hochgradige Adipositas (Fettsucht) oder Untergewicht

● Kindliche Komplikationen. Die meisten kindlichen Todesfälle ereignen sich kurz vor oder kurz nach der Geburt (perinatale Mortalität). Etwa 80% dieser Todesfälle sind Frühgeborene. Deshalb wurde eine Reihe Maßnahmen zur Bekämpfung der Frühgeburtlichkeit eingeleitet. Jeder Todesfall wird vor der „Kommission zur Bekämpfung der Kindersterblichkeit" verhandelt, um zu Schlußfolgerungen für eine bessere Betreuung zu kommen. Die häufigsten Todesursachen bei solchen Neugeborenen sind ein Atemnotsyndrom, bedingt durch die Unreife der Lunge, und eine Hirnblutung, die wiederum bedingt ist durch den entstandenen Sauerstoffmangel.

Es sollte also möglichst kein Kind mit unreifer Lunge geboren werden. Die Reife der Lunge läßt sich vorhersagen durch Untersuchungen des Fruchtwassers (Kreatinin- und Lezithin/Sphingomyelinbestimmungen), das durch Amniozentese (s. dort) gewonnen wird. Die Entwicklung der kindlichen Reife geht im allgemeinen parallel mit der Größenzunahme von Kopf und Körper. Der Kopfdurchmesser läßt sich ziemlich genau mit Hilfe der *Ultraschalltechnik* bestimmen. Zur Zeit werden in der DDR zwei Ultraschalluntersuchungen für alle Schwangeren garantiert. Bei pathologischen Schwangerschaftsverläufen werden auch häufigere Untersuchungen durchgeführt.

- Um die 16. Schwangerschaftswoche herum findet die erste Untersuchung zur Geburtsterminbestätigung bzw. zu dessen Korrektur statt. Mehrlingsschwangerschaften werden dabei erkannt.
- In der 28.–30. Schwangerschaftswoche erfolgt die zweite Untersuchung zum Feststellen einer eventuellen Retardierung (Entwicklungsverzögerung).

Diese Untersuchungsergebnisse werden in ein Anlageblatt zum Schwangerenausweis graphisch eingetragen, so daß mit einem Blick Abweichungen zu erkennen sind (Abb.).

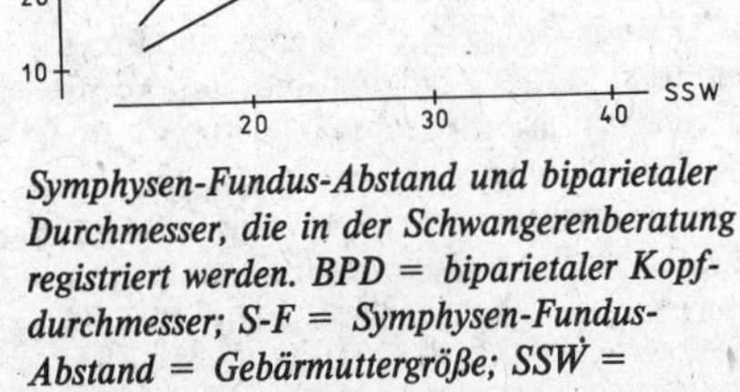

Symphysen-Fundus-Abstand und biparietaler Durchmesser, die in der Schwangerenberatung registriert werden. BPD = biparietaler Kopfdurchmesser; S-F = Symphysen-Fundus-Abstand = Gebärmuttergröße; SSW = Schwangerschaftswoche

Plazentainsuffizienz (PI). Entwicklungsverzögerungen werden beim Krankheitsbild der Plazentainsuffizienz festgestellt, einer Mangeldurchblutung der Plazenta, die zur mangelhaften Funktion führt. Die Mangeldurchblutung ist direkt meßbar mit Hilfe der relativ aufwendigen und teuren Isotopenplazentographie oder mit Hilfe des Ultraschalls. Sie kann aber auch mittelbar an ihren Auswirkungen gemessen werden: Wenn sie über längere Zeit besteht, resultiert ein in seiner Entwicklung zurückgebliebenes (retardiertes oder hypotrophes) Kind. Eine chronische Plazentainsuffizienz findet sich, ähnlich wie die drohende Frühgeburt, bei chronischer Hypertonie der Mutter, chronischer Nierenerkrankung, der EPH-Gestose, Herzerkrankungen, Mehrlingsschwangerschaften, Gebärmuttermißbildungen, nach Operationen an der Gebärmutter; bei sehr jungen oder relativ alten Schwangeren, bei schlechten sozialen Verhältnissen, bei Raucherinnen, hochgradig adipösen oder unterernährten Frauen. Dieser Personenkreis wird zur ambulanten Betreuung einer Intensiv-Schwangeren-Beratung oder der stationären Behandlung einer präpartalen (vorgeburtlichen) Station zugeführt. Der Entbindungstermin wird vom Zustand des Kindes abhängig gemacht. Der aktuelle Zustand des Kindes läßt sich ziemlich exakt mit Hilfe des CTG erfassen.

Cardio-Toko-Gramm (CTG: Cardiogramm = Herztonregistrierung, Tokogramm = Wehenregistrierung). Während der Schwangerschaft werden über die Bauchdecke der Mut-

ter die akustischen oder elektrischen Potentiale des kindlichen Herzens abgeleitet und registriert.
Treten Herzschlagverlangsamung (Deceleration), besonders häufig kurz nach der Wehe, oder tritt eine fehlende Schwankungsbreite der Herzfrequenz (silenter Verlauf) auf, so sprechen diese Befunde für Gefahrenzustände beim Kind. Um einem intrauterinen Fruchttod vorzubeugen, muß bald entbunden werden. Die Entbindung selbst soll so schonend wie möglich durchgeführt werden. Ist der Muttermund noch nicht eröffnet und eine vaginale Geburt jetzt nicht möglich, so muß die Entbindung durch Sectio caesarea (Kaiserschnitt) erfolgen.

Medikamente in der Schwangerschaft. Alle Medikamente, die zur Substitution (Auffüllung eines Fehlbestandes) für den mütterlichen Organismus erforderlich sind, werden weiter verabfolgt, wie z. B. Insulin, Prednisolon, Thyreotom.
Alle Medikamente, die zytotoxisch (Zellgifte) wirken, sind verboten, z. B. Zytostatika.
Es soll grundsätzlich kein Medikament verabfolgt werden, das unbekannt oder neu ist und noch nicht einer eingehenden Testung, auch in der Schwangerschaft, unterzogen wurde. Das gilt besonders für das 1. Drittel der Schwangerschaft mit der Gefahr einer Embryopathie.

Impfungen in der Schwangerschaft. Verboten ist in dieser Zeit eine aktive Impfung mit Lebendimpfstoff, z. B. Pocken-, Röteln-, Masernimpfung.
Immer möglich ist eine passive Impfung, z. B. mit Diphtherie-, Tetanus- oder Rötelnserum.
Vor jeder Impfung sollte ihre Notwendigkeit überdacht werden.

Aufgaben der Schwangerenberatungsstellen

Die „allgemeine Schwangerenberatung" hat die Aufgabe,
- alle Schwangeren, außer den Frauen mit Interruptiowunsch, zu erfassen
- zu unterscheiden zwischen normalem Schwangerschaftsverlauf und Regelabweichungen
- bei anomalem Verlauf bzw. bei bestehenden Risiken (s. Risikofaktoren) die Schwangere in eine Intensiv-Schwangeren-Beratung (ISB) zu überweisen.
- Darüber hinaus wird die Schwangere in rechtlichen Angelegenheiten beraten: Verbot der Überstunden- und Nachtarbeit, Kündigungsschutz, Schonarbeitsplatz bei vollem Lohnausgleich, auf Wunsch bezahlte Freistellung von der Arbeit bis zum Ende des 1. Lebensjahres des Kindes (ab 3. Kind bis $1\frac{1}{2}$ Jahre) bei Erhaltenbleiben der Betriebszugehörigkeit usw. (s. a. Kap. „Besondere Rechte der Frau und Mutter")

Die „Intensiv-Schwangeren-Beratung" ist eng verbunden mit einer stationären präpartalen (vorgeburtlichen) Abteilung. Sie hat die Aufgabe, die anomalen Schwangerschaftsverläufe (Risikoschwangerschaften) zu betreuen und ggf. eine stationäre Aufnahme zu veranlassen. Es muß immer wieder betont werden, daß die Gesamtsituation der Schwangeren beurteilt werden muß: Schlechte soziale Verhältnisse und mangelnde Einsicht bzw. ein geringer Intelligenzquotient stellen für den Ausgang der Schwangerschaft genauso Risiken dar wie deutlich erkennbare medizinische Erkrankungen.

Die normale Geburt

Die Entbindung eines Kindes ist für die Frau sowohl in physischer als auch in psychischer Hinsicht eines der wichtigsten Ereignisse ihres Lebens. In unserer Zeit bleibt es bei vielen Frauen ein einmaliges Erlebnis. Für das Kind selbst ist die Geburt natürlich von noch größerer Bedeutung. Am günstigsten für Mutter und Kind verlaufen Entbindung bzw. Geburt, wenn sie „normal" ablaufen. Viele Gefahren lassen sich bei sachkundiger Leitung der Geburt abwenden. Ein guter Geburtshelfer verfügt über ein großes Wissen, auch über pathologische Verläufe, und ein im Grunde abwartendes Verhalten, um die Geburt soweit wie möglich spontan (normal) ablaufen zu lassen. Treten jedoch im Verlauf des Geburtsvorganges pathologische Ereignisse auf, so muß ein sofortiges optimales Eingreifen (z. B. Schnittentbindung, Vakuumextraktion, Zangenentbindung, Blutübertragung usw.) möglich sein. Aus medizinischer Sicht sollten deshalb Entbindungen in großen geburtshilflichen Einrichtungen stattfinden, wo eine maximale personelle und gerätemäßige Ausrüstung existieren, wie

- ärztlicher Schichtdienst für Geburtshelfer
- „Rund-um-die-Uhr“-Dienst für neonatologisch ausgebildete Kinderärzte
- neonatologische Intensivstation
- „Rund-um-die-Uhr“-Dienst für Anaesthesisten (Narkoseärzte)
- sofortige Operationsmöglichkeit
- Blutkonservendepot
- Laborbereitschaft im Haus
- kontinuierliche CTG-Überwachung
- *p*H-Meßplatz im Kreißsaal
- Röntgenmöglichkeit auch nachts
- Ultraschall-B-Bildgerät

Ein so großer Aufwand amortisiert sich nur bei entsprechend großen Geburtenzahlen, einigen Tausend im Jahr. Bei einem so großen Durchgang ist besonders darauf zu achten, daß die psychische Betreuung, die einfühlsame Hinwendung zur Kreißenden, nicht zu kurz kommt.

Geburtsbeginn. Die Geburt beginnt mit

- regelmäßigen Wehen im Abstand von 10 Minuten oder weniger
- mit dem Abgang von Blutschleim aus der Scheide, dem sogenannten „Zeichnen“
- mit dem Blasensprung, dem Abgang von fade riechender, alkalischer Flüssigkeit aus der Scheide.

Jetzt soll die Schwangere die geburtshilfliche Klinik aufsuchen.

Aufnahmeuntersuchung. Bei der Aufnahme in den Kreißsaal werden erhoben

- die Personalien
- das Schwangerschaftsalter anhand der letzten Regel und anhand des Befundes (Größe des Uterus)
- die Kindslage
- die Herztöne als Beweis dafür, daß das Kind lebt
- die Weite des Muttermundes, die Auskunft darüber gibt, wie weit der Geburtsvorgang bereits fortgeschritten ist. Die Beurteilung des Muttermundes erfolgt durch eine rektale Untersuchung (Untersuchung durch den After), um die Scheide unberührt zu lassen und Infektionen von außen vorzubeugen.

Kindslagen

- Blutdruckmessung und Urinuntersuchung, um Gestoseanzeichen zu erfassen
- Dann erfolgen Einlauf und Bad. Der Einlauf dient dazu, den Darm zu reinigen, damit später beim Herauspressen des kindlichen Kopfes nicht gleichzeitig Stuhlgang entleert wird. Der Einlauf regt außerdem die Wehentätigkeit an. Nach der Darmentleerung erfolgt ein warmes Vollbad oder Duschbad zur Reinigung und wiederum zur Wehenanregung (insbes. das warme Vollbad).

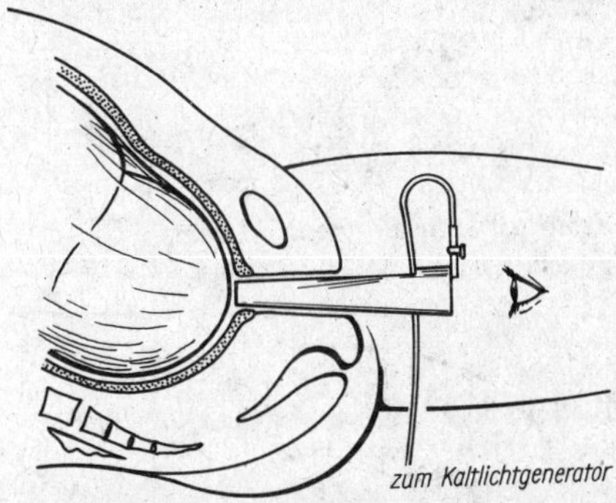

Amnioskopie

- Anschließend wird die Patientin in das Kreißbett gelagert, und es erfolgt die Aufnahmeamnioskopie (Abb.): Dazu werden die äußeren Genitalorgane mit Desinfektionslösung abgewaschen, und der Untersucher führt unter sterilen Bedingungen das Amnioskop in den Muttermund ein und betrachtet das Fruchtwasser (die Amnionflüssigkeit). Normalerweise ist es hell und flockig. Eine Grünverfärbung deutet auf Gefahren für das Kind hin.

Die normale Geburt dauert heute bei Einsatz von krampflösenden und wehenfördernden Medikamenten bei Mehrgebärenden 3–4 Stunden, bei Erstgebärenden 6–7 Stunden.

Die Geburt läßt sich in drei Perioden einteilen: Die Eröffnungsperiode, die Austreibungsperiode, die Plazentarperiode, und angefügt werden kann noch als 4. die Neonatalperiode.

Eröffnungsperiode. Während der Schwangerschaft war der Halsteil der Gebärmutter, die Zervix, fest verschlossen, damit das Kind beim aufrechten Gang des Menschen nicht aus der Gebärmutter herausfallen konnte.

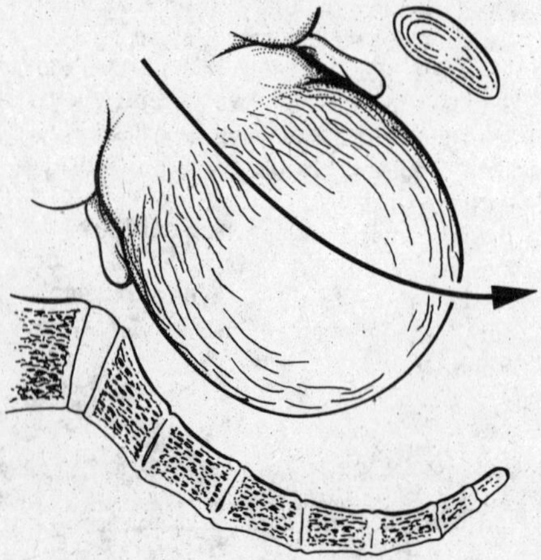

Geburtsachse zu Beginn der Geburt: Gesicht seitlich

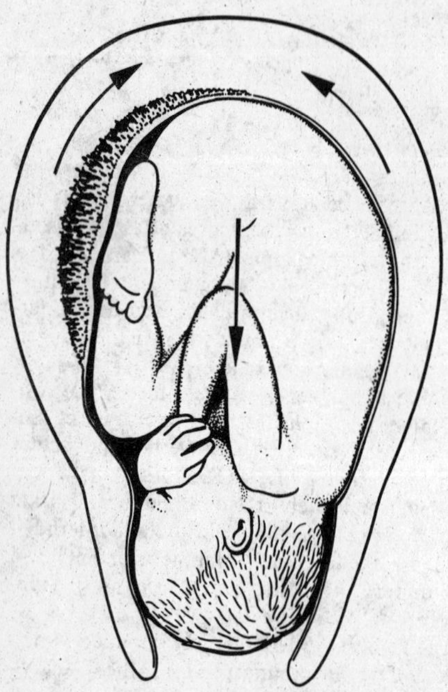

Während der Eröffnungsphase wird der Muttermund (s. Pfeil) aufgezogen (eröffnet)

Jetzt, unter der Geburt, muß sich dieser Verschlußapparat, der jetzt Muttermund genannt wird, bis auf einen Durchmesser von etwa 10 cm erweitern, damit das Kind aus der Gebärmutter austreten kann.

Von einem Wehenzentrum im Fundusbereich (oben) der Gebärmutter aus treten Wehen (Kontraktionen) auf, die den birnenförmigen Gebärmuttermuskel zusammenziehen, den Innenraum verkleinern und den kindlichen Kopf nach unten drücken. Durch diesen Druck des Kopfes nach unten und den Zug des unteren Uterinsegmentes nach oben (der Halsteil ist mit dem Korpusabschnitt fest verbunden) eröffnet sich der Muttermund. Dabei tritt der kindliche Kopf tiefer in das kleine Becken ein. Bedingt durch die Anatomie des kleinen Beckens, muß sich der Kopf (bzw. das Kind) außerdem um 90° drehen, so daß im Beckeneingang das kindliche Gesicht nach der Seite sieht, beim Austritt aus dem Geburtskanal aber nach hinten.

Ist der Muttermund um wenige Zentimeter eröffnet und ist die Fruchtblase gesprungen oder vom Arzt gesprengt worden, kann direkt an den kindlichen Kopf eine Elektrode angebracht werden, die die kindlichen Herzpotentiale ableitet. Treten Gefahren für das Kind auf, so zeigen sie sich im CTG (s. dort) in einer Herztonverlangsamung oder im sogenannten silenten (stillen) Verlauf des Cardiogramms. Durch diese elektronische Überwachung ist eine kontinuierliche Kontrolle des Kindes gewährleistet. Die Mikro-Blut-Untersuchung (MBU) ist eine weitere diagnostische Maßnahme, die über den Zustand des Kindes Auskunft gibt. In einem Blutstropfen, aus dem vorangehenden Teil des Kindes gewonnen, wird der *p*H-Wert bestimmt. Werte von unter 7,2 deuten auf eine Erschöpfung der Energiereserven hin.

In dieser Zeit der Eröffnung des Muttermundes kann die Kreißende aktiv den Geburtsvorgang *nicht* beschleunigen. Durch Angst und Verkrampfung kann sie die Eröffnung nur verzögern. Am schnellsten verläuft die Eröffnungsperiode, wenn die Kreißende völlig entspannt ist. Das erreicht sie, wenn sie so tut, als wenn sie schlafen wollte – auch wenn es nur in den kurzen Pausen zwischen den Wehen möglich ist. Die Wehenschmerzen werden von den einzelnen Frauen ganz unterschiedlich stark empfunden. Bei ausge-

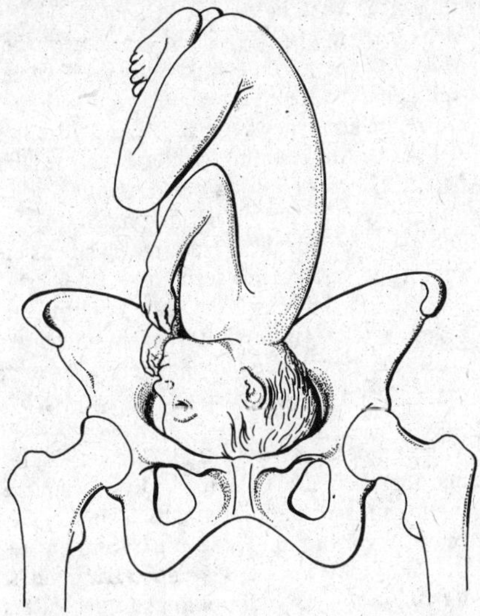

Eintritt des Kopfes in das kleine Becken

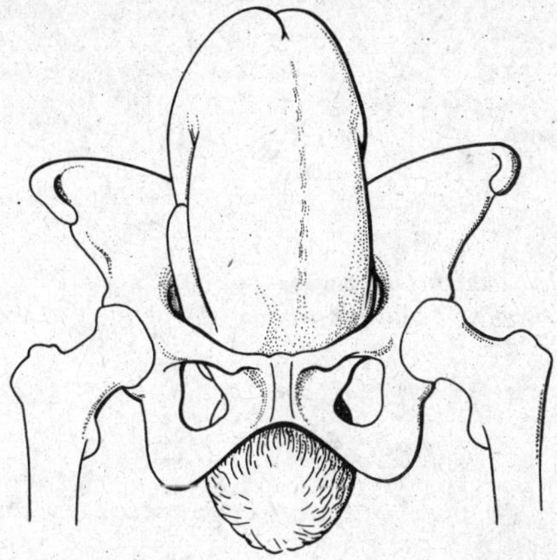

Ende der Geburt des Kopfes: Gesicht hinten

glichenen Frauen, die sich obendrein noch auf ihr Kind freuen, werden sie weniger empfunden als bei labilen, ängstlichen Frauen, die vielleicht durch die Schwangerschaft in irgendwelche Konflikte geraten sind. Werden die Wehenschmerzen als stark empfunden, können sie durch Medikamente gelindert werden. Eine gewisse Schmerzbekämpfung entsteht schon auf natürlichem Wege durch die Steroidhormonwirkung. Bei jeder Wehe werden größere Mengen Steroidhormone aus der Plazenta in den mütterlichen Kreislauf gepreßt; Steroidhormone in höherer Dosierung bewirken eine gewisse Schmerzunempfindlichkeit. In neuerer Zeit ist u.a. auch die Entbindung in Narkose im Gespräch. Sie ist prinzipiell möglich in Allgemeinnarkose, bei der das Bewußtsein völlig ausgeschaltet ist, als auch in Periduralanästhesie, wobei die unteren Körperpartien eine Art Lähmung und Schmerzfreiheit erfahren, als auch mit einer Leitungsanästhesie, bei der nur die schmerzempfindlichen Nervenfasern durch Medikamenteneinspritzung ausgeschaltet werden. Bei allen Narkoseformen gibt es gewisse Gefahren, und es sollte erwogen werden, ob das Risiko und der Nutzen in einem annehmbaren Verhältnis stehen. Die schmerzhaftesten Wehen sind die letzten Eröffnungswehen. Sobald die Patientin mitpressen darf, werden im allgemeinen die Wehen als weniger schmerzhaft empfunden.

Die Austreibungsperiode dauert heute in der Regel 15–20 Minuten. Ist der Muttermund vollständig eröffnet und der Kopf auf dem Beckenboden angelangt, so tritt ein re-

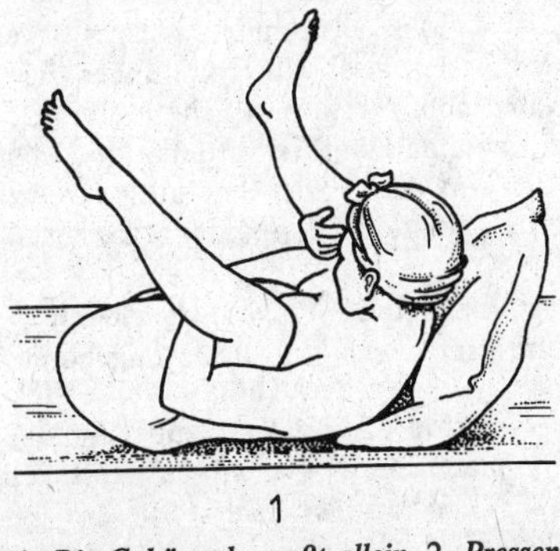

1

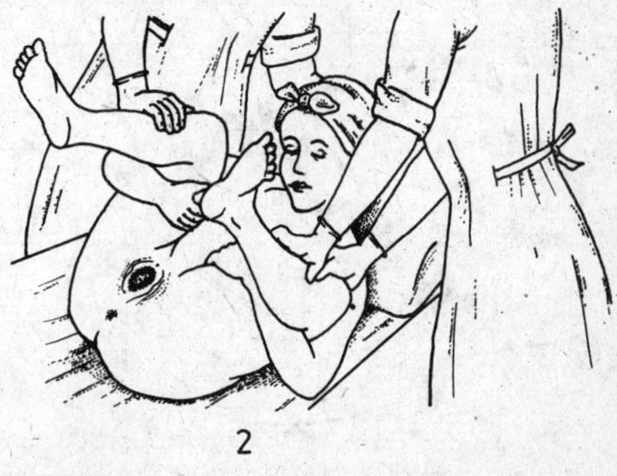

2

1 *Die Gebärende preßt allein,* 2 *Pressen mit zwei Hilfspersonen*

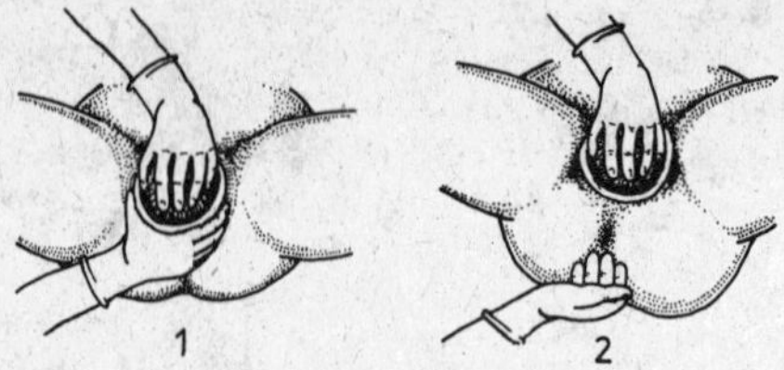

1 *Dammschutz bei der Entwicklung des Kopfes,* 2 *Austritt des Kopfes: Hinterdammgriff*

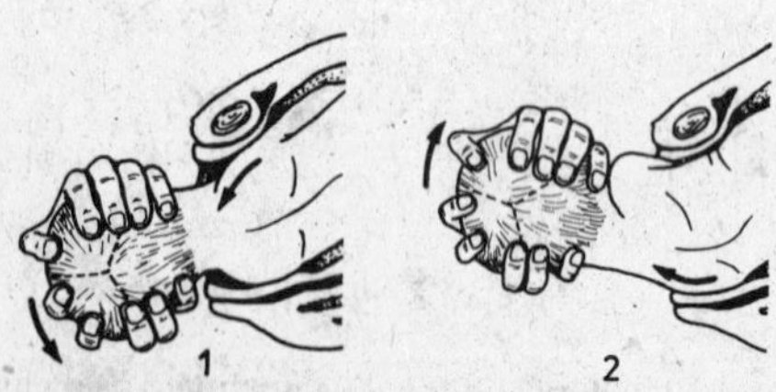

1 *Entwicklung der vorderen Schulter,*
2 *Entwicklung der hinteren Schulter*

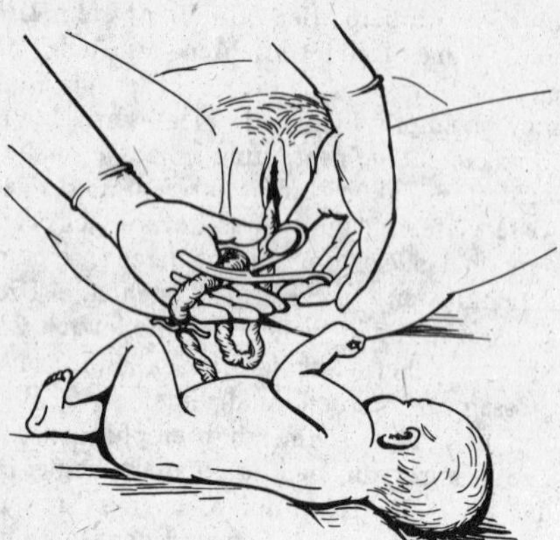

Abnabeln des Kindes

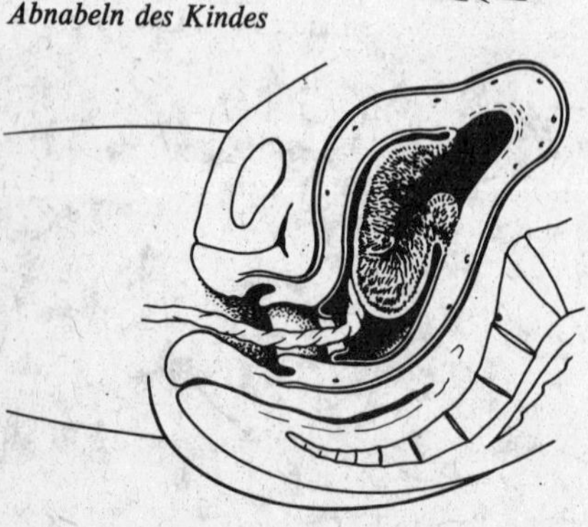

Lösen und Ausstoßen der Nachgeburt

flektorisch bedingter Preßdrang auf. Die Hebamme kontrolliert noch einmal, ob der Muttermund wirklich vollständig eröffnet ist, weil bei vorzeitigem Pressen Komplikationen auftreten können, wie z. B. der Abriß eines Teiles des Muttermundes oder Blasenzervixfisteln. Unter Anleitung der Hebamme preßt nun die Kreißende wie bei hartem Stuhlgang und zwar bei jeder Wehe dreimal. Dabei werden Mund und Augen geschlossen, der Kopf gebeugt, so daß das Kinn auf der Brust zu liegen kommt, und kräftig nach unten gepreßt. Je besser die Kreißende zu pressen versteht, um so schneller ist das Kind geboren.

Während des Austritts des kindlichen Kopfes aus dem Geburtskanal führt die Hebamme den Dammschutz durch, damit keine größeren unkontrollierten Risse am Damm entstehen. Gefürchtet ist der Dammriß III. Grades, der zu einer Verschlußunfähigkeit des Afters führen kann.

Ist der Damm sehr straff und droht ein größerer Riß, so wird ein relativ kleiner Dammschnitt vorgenommen, da sich der gerade Schnitt einfacher durch Naht verschließen läßt als ein Zick-Zack-Riß; er heilt im allgemeinen gut. Seitdem die Hausgeburt durch die Klinikentbindung abgelöst wurde und der Damm bei der Entbindung fachgerecht geschützt bzw. durch Naht versorgt wird, sind Gebärmuttervorfallerkrankungen bzw. Gebärmuttersenkungen seltener geworden.

Ist der Kopf geboren, so werden anschließend die vordere Schulter, die hintere Schulter und der restliche Körper entwickelt (Abb.).

Das Kind wird auf einem sterilen Tuch zwischen den Beinen der Mutter gelagert. Die Abnabelung erfolgt etwa 5 cm vom Hautnabel des Kindes entfernt. Zwischen zwei Klemmen oder zwei Unterbindungen wird die Nabelschnur mit der Schere durchgetrennt. In vielen Kliniken wird das Neugeborene kurz auf den Bauch der Mutter gelegt, um einen ersten Hautkontakt herzustellen.

Nachgeburtsperiode (Plazentarperiode). Während eine Hebamme das Neugeborene versorgt, kümmert sich eine zweite Hebamme weiterhin um die Kreißende. Es muß noch die Nachgeburt (Plazenta) ausgestoßen werden. Normalerweise macht dieser Vorgang keine Schwierigkeiten. Während des

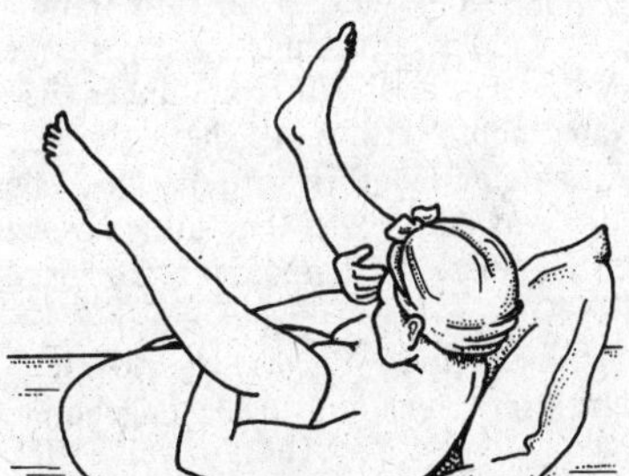

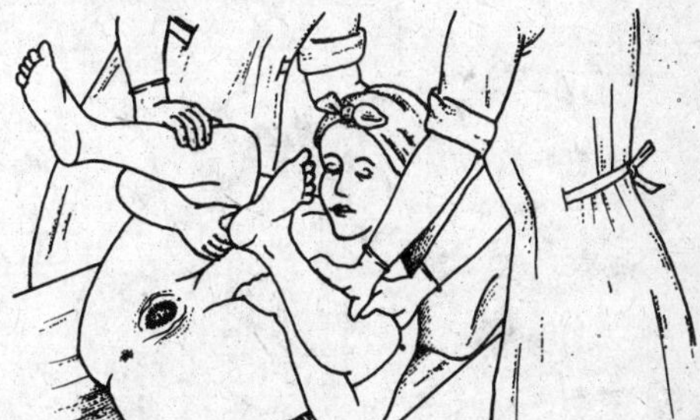

Austritts des kindlichen Kopfes wurden der Patientin Wehenmittel gespritzt. Jetzt wird leicht an der Nabelschnur gezogen und die Nachgeburt entwickelt. Der Blutverlust während dieses Vorganges ist geringer als 500 ml. Sind jedoch Operationen am Uterus vorausgegangen, wie Ausschabungen nach Fehlgeburten oder Unterbrechungen, kommt es hin und wieder vor, daß die Plazentarperiode mit Komplikationen behaftet ist, die so gut wie immer mit einem größeren Blutverlust einhergehen. Die Nachgeburt kann sich nur unvollständig von ihrer Unterlage ablösen oder überhaupt nicht. Ein großer Blutverlust kann sekundär noch zu einer Blutgerinnungsstörung führen. In den geburtshilflichen Kliniken stehen deshalb Blutkonserven bereit, so daß sofort behandelt werden kann. Vor 1945, als noch viele Frauen zu Hause entbanden, sind mütterliche Todesfälle durch einen zu starken Blutverlust in der Plazentarperiode vorgekommen. Nach Ausstoßen der gesamten Plazenta wird die Patientin nach Fritsch gelagert und noch zwei Stunden beobachtet, damit keine später auftretende Blutung übersehen wird.

Neonatalperiode. Sofort nach der Geburt des Kindes, noch vor dem ersten Atemzug, wird der Nasen-Rachen-Raum von Schleim und Blut, die während des Durchtritts durch die Scheide eingesaugt wurden, gesäubert. Meist setzt gleich eine regelrechte Atmung ein, und das Neugeborene schreit kräftig. Durch Abklemmen oder Abbinden der Nabelschnur ist es vor dem Ausbluten geschützt. Falls es erforderlich ist, wird intubiert (Einführen eines speziellen Schlauches in die Luftröhre) und Schleim aus der Luftröhre abgesaugt. Erst wenn die Atemwege frei sind, kann das Neugeborene wirkungsvoll beatmet werden.

Der Zustand des Kindes wird sofort nach der Geburt, nach 5 Minuten, nach 10 Minuten und nach einer Stunde beurteilt, benotet (Apgarnote) und registriert. Beurteilt werden dabei die Herztätigkeit, die Hautfarbe, die Atmung, der Muskeltonus und die Reflexe.

Dann folgen das Reinigungsbad bei Körpertemperatur, das Wiegen, das Messen der Körperlänge und des Kopfdurchmessers, der Nabelverband und das Ankleiden des Kindes.

Eine differenzierte Einschätzung des Zustandes erfolgt durch den Neonatologen, den für die Neugeborenenperiode speziell ausgebildeten Kinderarzt. Er führt auch die eventuell nötigen therapeutischen Maßnahmen durch.

Ist das Kind soweit versorgt, wird es zur Mutter gebracht, damit es jetzt schon zum ersten Mal an die Brust angelegt werden kann.

Regelwidrigkeiten des Geburtsablaufes

Wehenanomalien. Sie lassen sich folgendermaßen ordnen:

- zu zeitig auftretende Wehen = drohende Frühgeburt (s. dort)
- zu spät einsetzende Wehen = Übertragung: Bleibt das Kind länger als 14 Tage über den nach der letzten Regel und nach der Ultraschalluntersuchung in der 16. SSW berechneten Geburtstermin im Uterus, so droht die Gefahr des Absterbens in utero. Deshalb soll rechtzeitig die Entbindung mit Hilfe von Wehenmitteln eingeleitet werden. Kontrolliert wird bis dahin der Zustand des Kindes mit Hilfe der Amnioskopie und des Cardio-Toko-Gramms.
- unkoordinierte Wehen gehen nicht vom Fundus aus und ziehen den Muttermund nicht auf; sie sind hinsichtlich der Eröffnung des Muttermundes unwirksam. Eine medikamentöse Therapie mit zwischengeschalteter Wehenhemmung und erneutem Ingangbringen der Wehen durch Wehenmittel und gleichzeitige Gabe von krampflösenden Medikamenten führen meist zum Ziel.
- zu starke Wehen findet man z. B. beim Mißverhältnis (s. dort)
- zu schwache Wehen eröffnen den Muttermund nicht, verursachen also eine Verlängerung des Geburtsvorganges.

Lageanomalien. Zu den Lageanomalien zählen die Beckenendlage, die Querlage und die Schräglage.

- Beckenendlage. Bei der Beckenendlage muß zu Beginn der Geburt entschieden werden, ob vaginal (durch die Scheide) oder abdominal (Schnittentbindung) entbunden werden soll. Zu bedenken ist dabei, daß bei kleinen Kindern, z. B. in der 32. Schwangerschaftswoche, der Kopfumfang größer ist als der Schulterumfang oder der Hüftumfang. Geht nun der Steiß bei der Beckenendlagengeburt voran, so kann es passieren, daß die

Geburt nur bis zur Schulter erfolgt und dann zum Stehen kommt, weil der Muttermund für den nachfolgenden größeren Kopf noch nicht weit genug eröffnet ist. Das Kind würde dann während der Entbindung erstikken. Um das zu vermeiden, werden Beckenendlagenkinder vor der 35. Schwangerschaftswoche durch Kaiserschnitt entbunden. Ab der 35./36. Schwangerschaftswoche sind Kopfumfang und Schulterumfang gleichgroß, so daß im allgemeinen keine Komplikationen zu erwarten sind. Handelt es sich jedoch um ein ausgesprochen großes Kind (Diagnostik erfolgt durch Ultraschalluntersuchung) z. B. in der 42. Schwangerschaftswoche, so droht jetzt die Gefahr des Mißverhältnisses (s. dort). Der kindliche Kopf kann für das knöcherne Becken (Diagnose durch Röntgenaufnahme) der Mutter zu groß geworden sein, so daß er das Becken nicht passieren kann. In diesem Falle muß wieder die Schnittentbindung durchgeführt werden.

Bei der vaginalen Entbindung sind besondere Handgriffe zu beachten, die vom Arzt durchgeführt werden. Die Kreißende hat die Anweisungen des Arztes zu beachten, damit die Austreibungsperiode schnell und komplikationslos verläuft.

- Querlage. Sie stellt eine ernste Komplikation dar, falls sie sich nicht bis zur Entbindung über eine Schräglage zur Beckenendlage oder zur Schädellage entwickelt, die dann auf normalem Weg geboren werden könnte.

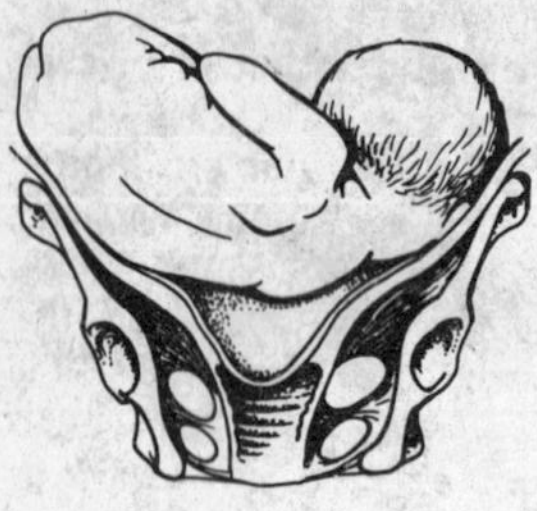

Querlage

Die Querlage ist eine gebärunfähige Lage, d. h., das Kind kann quer nicht durch das Becken hindurchgepreßt werden. Wenn eine Querlage nicht erkannt wird, kommt es zu immer stärker werdenden Wehen, schließlich zur Zerreißung des Uterus und zum Verblutungstod der Mutter. (Abb.)

Eine Querlage muß durch Schnittentbindung entwickelt werden. Nur in seltenen Fällen, z. B. beim zweiten Zwilling, kann eine Wendung auf den Fuß gefahrlos ausgeführt werden.

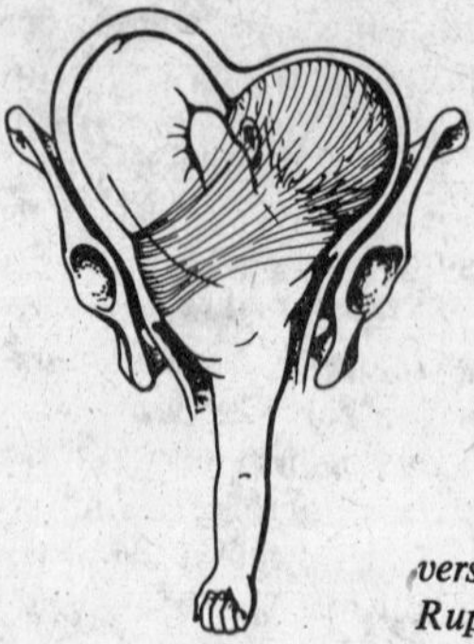

verschleppte Querlage, Ruptur (Zerreißung)

Mißverhältnis. Beim Mißverhältnis ist der kindliche Kopf für das Becken der Mutter zu groß, so daß er nicht auf natürlichem Wege geboren werden kann. Die Ursachen sind vielgestaltig. Am häufigsten tritt das Mißverhältnis bei Kleinwuchs der Mutter auf, wenn der Vater und das Kind normale Maße aufweisen. Aber auch eine falsche Einstellung des Kopfes in das Becken oder Beckenanomalien können zur Gebärunfähigkeit auf natürlichem Wege führen.

Die Diagnose wird gestellt durch
- den Zusatzhandgriff nach Zangemeister: Der kindliche Kopf überragt die Symphyse (Schambeinfuge; Abb.)
- durch eine seitliche Röntgenaufnahme des kleinen Beckens. (Die geringe Strahlenbelastung ist für das Kind unschädlich.)
- Einen klinischen Hinweis erhält man durch die Tatsache, daß bei vollständig eröffnetem Muttermund der tiefste Punkt des Kopfes noch im Beckeneingang steht und nicht tiefergetreten ist.

Beim Mißverhältnis kommt nur die Schnittentbindung als Therapie in Frage.

Mehrlingsgeburt. Auf 80 Geburten kommt eine Zwillingsgeburt, auf $80^2 = 6400$ Geburten eine Drillingsgeburt. Als Besonderheiten für den Geburtsverlauf sind zu beachten:

- Neigung zu Frühgeburten. Durch die Überdehnung der Gebärmutter wird die Wehenbereitschaft begünstigt. Um die gefährdeten Mehrlingsschwangerschaften frühzeitig zu erfassen und vorbeugend wirksam werden zu können (Arbeitsbefreiung, Bettruhe, wehenhemmende Medikamente), soll allen

Kopf steht hinter dem Schambein zurück (normal)

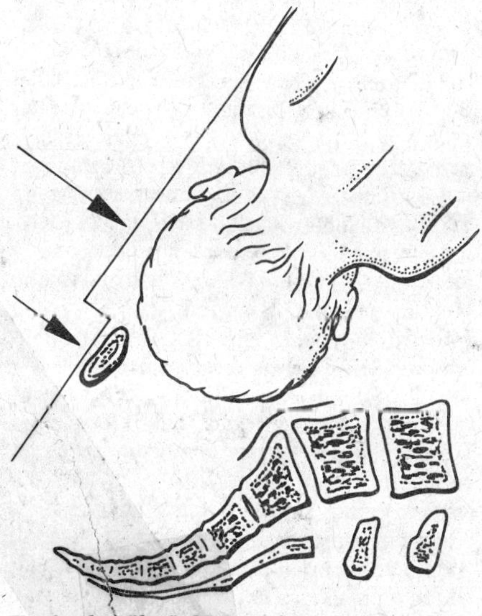

Kopf steht „über", Mißverhältnis, gebärunfähig

Schwangeren um die 16. SSW herum eine Ultraschalluntersuchung ermöglicht werden.

• Benachteiligung des zweiten Zwillings. Ist der erste Zwilling geboren, verkleinert sich durch Kontraktion die Gebärmutter. Damit wird die Blutzufuhr für den zweiten Zwilling eingeschränkt. Es entsteht ein gewisser Sauerstoffmangel für ihn. Um die Schädigung möglichst klein zu halten, soll der

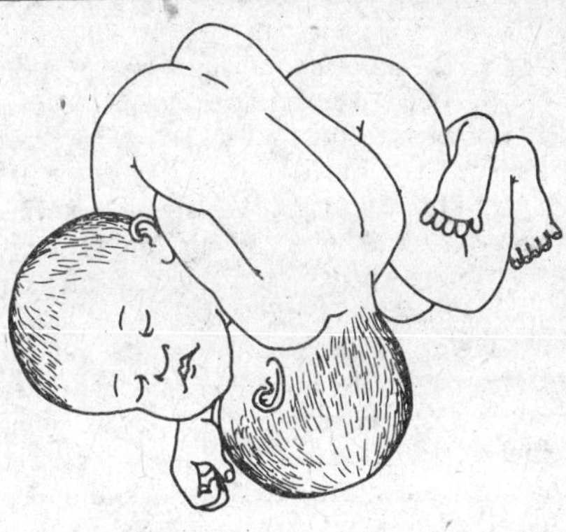

Verhaken von Zwillingen

zweite Zwilling unmittelbar nach dem ersten entwickelt werden.

• Blutungsgefahr in der Plazentarperiode. Die Überdehnung des Uterus und die große Plazentahaftfläche erschweren die Kontraktion in der Nachgeburtsperiode. So kommt es zu einem größeren Blutverlust. Durch Verabfolgung von Wehenmitteln kann er in Grenzen gehalten werden.

• Möglichkeit des Verhakens der Kinder. Besteht die Gefahr des Verhakens, die durch eine Röntgenübersichtsaufnahme des Abdomen (Bauches) oder eine Ultraschalluntersuchung erkannt wird, so muß durch Sectio entbunden werden.

Blutungen. Nachdem die Infektionen als Todesursache von Müttersterbefällen immer mehr abnahmen (Penizillin und Sulfonamide kamen zur Anwendung), traten in den 50er Jahren die Blutungen als häufigste Todesursache hervor. 1973 betrug die peripartale Mortalität (Müttersterblichkeit) in der DDR 2,7 auf 10000 Geburten. Mit 24,5% nahmen die Blutungen den ersten Platz ein. Deshalb wird strengstes Augenmerk auf mögliche Komplikationen gelegt, um derartige Fälle auszuschließen.

• Placenta praevia (Nachgeburt vor dem na-

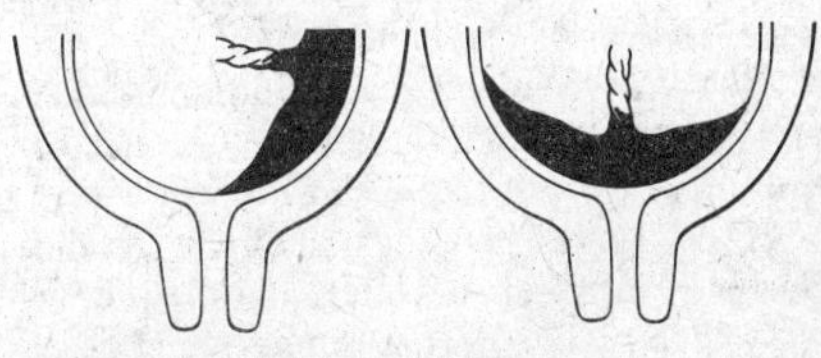

Plazenta praevia marginalis (links) und Plazenta praevia totalis (rechts)

türlichen Weg gelegen). Bei der Placenta praevia, die also den Geburtsweg verlegt, werden zwei Grade unterschieden: die Placenta praevia totalis und die Placenta praevia marginalis (Abb.).
Während bei der totalen Verlegung des Muttermundes die Entbindung nur durch Kaiserschnitt möglich ist, kann bei seitlichem (marginalem) Sitz die Entbindung auf natürlichem Wege noch möglich sein. Wenn die Fruchtblase gesprengt wird (Abb.), kann der kindliche Kopf neben der Plazenta austreten. Dabei komprimiert er den unteren Teil der Plazenta und trägt zur Verringerung des Blutverlustes bei.

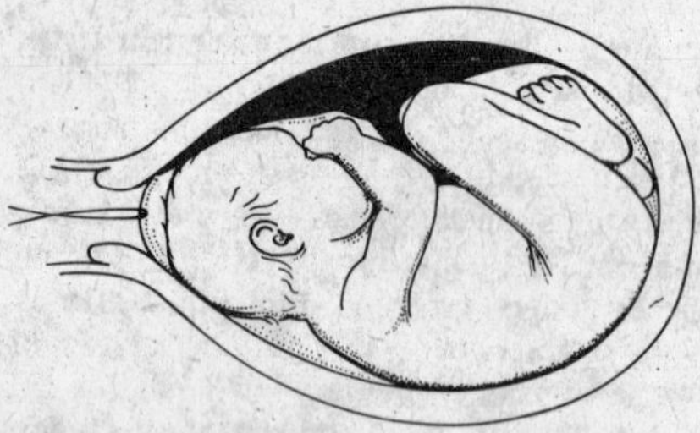

„Sprengung" der Fruchtblase

Eine Placenta praevia macht sich durch Blutungen bemerkbar, die ab dem 6. Schwangerschaftsmonat auftreten können. Oft sind die ersten Blutungen nur mäßig stark. Es kann aber bei einer erneuten Blutung plötzlich zu lebensbedrohlich starken Blutungen aus der Plazentahaftfläche kommen. Deshalb soll jede Blutung in der zweiten Schwangerschaftshälfte ernst genommen werden. Sucht die Schwangere die Klinik auf, so kann mit Hilfe der Ultraschalldiagnostik oder der Isotopenplazentographie genau festgestellt werden, um welche Form der Placenta praevia es sich handelt; es wird also das Ausmaß der Gefährdung bestimmt. Während der stationären Behandlung wird dann versucht, die Gebärmutter mittels Medikamenten ruhigzustellen, damit das Kind weiterwächst und bei der nötig werdenden Entbindung (wegen starker Blutung) eine annehmbare Reife erreicht hat.

- Vorzeitige Lösung der richtig sitzenden Plazenta. In seltenen Fällen, bei Gewalteinwirkung von außen (Tritt in den Bauch, Verkehrsunfall) oder beim Krankheitsbild der Schwangerschafts-Gestose ist es möglich, daß sich der Mutterkuchen im Fundusbereich vorzeitig vom Uterus ablöst. Damit ist die Nährstoff- und Sauerstoffzufuhr zum Kind hin unterbrochen, und das Kind stirbt ab. Ein großer Bluterguß befindet sich dann zwischen Gebärmuttermuskulatur und Plazenta. Das Blut dringt in die Gebärmuttermuskulatur ein bis dicht unter das Bauchfell. Dadurch entstehen heftige Schmerzen, die die Betroffene den Arzt aufsuchen lassen. Im allgemeinen wird sofort operiert. Verstreicht wertvolle Zeit (mehr als 6 Stunden), kann es zu lebensbedrohlichen Gerinnungsstörungen und weiteren Blutungen, auch nach außen, kommen.
- Blutung in der Plazentarperiode. Bei Lösungsschwierigkeiten der Plazenta treten immer mehr oder weniger starke Blutverluste ein. In jeder geburtshilflichen Einrichtung stehen Blutersatzlösungen und Blutkonserven bereit, damit sofort behandelt werden kann.

Kindliche intrauterine Gefahrenzustände. Sie können sich langsam entwickeln, z.B. bei der chronischen Plazentainsuffizienz, oder plötzlich auftreten, wie z.B. bei der vorzeitigen Lösung der Plazenta, der Placenta-praevia-Blutung, der Nabelschnurumschlingung oder dem Nabelschnurvorfall.
Zu erkennen sind Gefahrenzustände immer an Hand des Cardio-Toko-Gramms, das eine Herzfrequenzverlangsamung (Bradycardie, Deceleration) oder silenten Verlauf (fehlende Frequenzschwankungen) aufweist.

- Nabelschnurumschlingung. Sie macht sich, meist um den Hals, häufig erst beim Tiefertreten des Kopfes bemerkbar. Die Nabelschnur wird dann straffgezogen, und damit ist die Blutzirkulation behindert.

Bei Mehrgebärenden, bei denen die Austreibungsperiode kurz ist, kann eine Schnittentbindung umgangen werden, indem das mütterliche Becken hochgelagert wird. Der Kopf des Kindes rutscht dadurch wieder etwas zurück. Erst dann, wenn der Muttermund vollständig eröffnet ist, kann das Kind mit 3–4 Preßwehen geboren werden.

- Nabelschnurvorfall. Hierbei muß sofort gehandelt werden, wenn das Kind gerettet werden soll. In den meisten Fällen ist der Muttermund nicht vollständig eröffnet, so daß eine Schnittentbindung erforderlich ist.

Operative Entbindung. Wenn eine sofortige

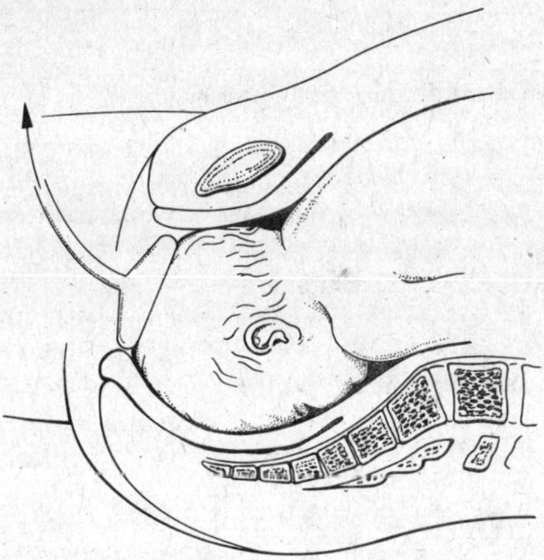

Vakuumextraktion

Entbindung erforderlich ist, erfolgt die operative Entbindung in Abhängigkeit vom geburtshilflichen Befund durch

- Sectio caesarea (Schnittentbindung, Kaiserschnitt), wenn der Muttermund nicht vollständig eröffnet ist und der Kopf noch im Beckeneingang steht.
- Vakuumextraktion (Abb.), wenn der Muttermund fast vollständig eröffnet ist und der Kopf in Beckenmitte oder im Beckenausgang steht.
- Forceps (Zange; Abb.), wenn der Muttermund vollständig eröffnet ist und der Kopf auf dem Beckenboden steht.

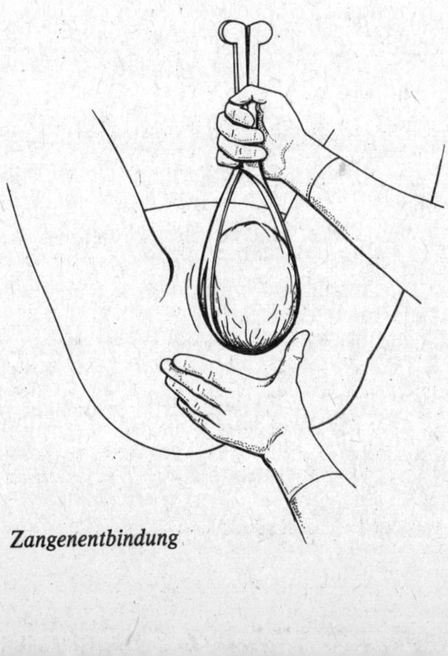

Zangenentbindung

Jedes operativ entbundene Kind wird sofort vom Neonatologen übernommen und – falls erforderlich – behandelt.

Das normale Wochenbett

- Rückbildungsvorgänge am Uterus. Der leere Uterus wiegt nach der Entbindung 1000 g. Eine nichtschwangere Gebärmutter wiegt 60–70 g. Im Laufe von 6 Wochen bildet sich der Uterus auf die normale Größe wieder zurück.
- Der Wochenfluß (Lochien) ist zunächst blutig, dann blutig-schleimig und schließlich gelblich-weißlich. Leichtere Blutungen können bis 6 Wochen nach der Entbindung andauern. Dann ist mit der ersten Regelblutung zu rechnen, die länger und stärker als gewohnt sein kann. Der tatsächliche Blutverlust wird anhand des Hämoglobinwertes kontrolliert.
- In den ersten Wochen nach der Entbindung erfolgt die Heilung des Dammrisses bzw. des Dammschnittes.
- Hat die Blutung aufgehört, nach etwa 6–7 Wochen, ist Geschlechtsverkehr wieder möglich, ohne daß Infektionen auftreten.
- Milchsekretion: Die Milchbildung unterliegt der hormonellen Steuerung. Während der Schwangerschaft bremsen die in der Plazenta gebildeten Steroidhormone die Prolaktinbildung in der Hypophyse und damit die Milchbildung. Nach Ausstoßung der Plazenta fällt die Steroidhormonbremse weg und die Milchbildung kommt in Gang, in vollem Umfang erst 3–4 Tage nach der Entbindung.

Das pathologische Wochenbett

Das Kindbettfieber. Es war in früheren Jahrhunderten eine Geißel der Menschheit. Es wird berichtet, daß im Jahre 1664 im Hôtel de Dieu in Paris, im ältesten Gebärhaus Europas, zwei Drittel der dort Entbundenen an Kindbettfieber starben. Obwohl Bakterien zu seiner Zeit noch nicht bekannt waren, hat Semmelweis – der „Retter der Mütter“ – entdeckt, daß diese Krankheit von außen durch Schmierinfektion auf die Kreißende übertragen wird. Er führte deshalb die Händedesinfektion durch Chlorkalkwaschungen ein. Gummihandschuhe waren damals noch unbekannt. Heute sind solche Infektionen sehr selten geworden. Sie treten bei weniger als 1 ‰ der Fälle auf. Aber ganz ausgestorben ist das Kindbettfieber (die Puerperalsepsis) nicht. Unter den Ursachen der Müttersterblichkeit stehen die Infektionen an 3. Stelle. Deshalb ist auch heute noch bei Entbindungen Sauberkeit oberstes Gebot. Es wird auch dafür gesorgt, daß keine Wochenflußstauung eintritt; auf dem Boden einer solchen Stauung gedeihen Infektionen besonders leicht.

Embolie. Gefährdet sind operativ entbundene Frauen, besonders nach Schnittentbindung, und Frauen mit starken Varizen (Krampfadern). Bei diesen Patientengruppen wird von vornherein eine Prophylaxe betrieben, um Thrombose und Embolie vorzubeugen. Neben zeitigem Aufstehen und Wochenbettgymnastik kommen Medikamente zur Anwendung.

Blutung post partum. Darunter wird eine starke Blutung verstanden, die 2–3 Wochen nach der Entbindung auftreten kann. Ursachen dafür sind ein Plazentarest in der Gebärmutter oder eine Gebärmutterentzündung. In jedem Falle muß sofort die Klinik aufgesucht werden, wo der Blutverlust ersetzt, der Plazentarest entfernt und die Entzündung mit Antibiotika behandelt werden. Wegen dieser Komplikation, die ein Plazentarest auslösen kann, wird die ausgestoßene Plazenta unmittelbar nach der Geburt besonders sorgfältig betrachtet und beurteilt; bei fraglicher Vollständigkeit wird sofort eine Ausschabung durchgeführt, um eine Blutung post partum zu vermeiden.

Mastitis puerperalis. Die Entzündung der Brustdrüse, die zu einer sehr schmerzhaften Abszeßbildung führt und die operativ (Spaltung des Abszesses) behandelt werden muß, macht sich bemerkbar durch hohes Fieber, Schmerzen und umschriebene Rötung der Brust. Im Anfangsstadium kann die Behandlung mit einer sog. „Röntgenschwachbestrahlung" und durch Gabe von Antibiotika ausreichend sein. Das ausgeprägte Krankheitsbild muß jedoch chirurgisch versorgt werden. Vorbeugende Maßnahmen sind: Sauberkeit und vollständige Entleerung der Brust, damit die gestaute Milch nicht den Nährboden für eine Infektion abgibt. Wenn das Kind die Brust nicht völlig entleert, so wird mit einer Saugpumpe nachgeholfen.

Frauenkrankheiten

Determination des Geschlechts

Das Geschlecht – männlich oder weiblich – wird mit der Verschmelzung von Eizelle und Samenzelle festgelegt. Alle Eizellen besitzen den gleichen halben Chromosomensatz mit 23,x (d. h. 23 Chromosomen insgesamt, darunter 1 x-Chromosom). Die Samenzellen besitzen entweder 23,x- oder 23,y-Chromosomen. Kommt es bei der Befruchtung zur Verschmelzung von 46,xx-Chromosomen, entsteht ein weibliches Wesen; bei 46,xy-Chromosomen ein männliches. Es gibt also normalerweise nur ein „entweder – oder", und das Geschlecht wird durch die Samenzelle des Vaters festgelegt. Zwitterbildungen sind ausgesprochen selten, ereignen sich aber bei mehreren tausend Geburten einmal. Solche Neugeborene fallen meist durch genitale oder andere Mißbildungen auf. Ihr Chromosomensatz kann sein: 45,xo; 46,xx/46,xy; 47,xxx; 47,xxy u. a.

Kindheit

Die Entwicklung des Mädchens verläuft im allgemeinen komplikationslos. Wenn Mütter mit ihren kleinen Mädchen zum Gynäkologen kommen, dann meist wegen Ausfluß (Fluor).

Ausfluß. Ursachen sind: 1. Fremdkörper, 2. Infektionen bzw. mangelnde Körperpflege. Kinder, die sich allein gelassen fühlen oder nicht sinnvoll beschäftigt werden, befassen sich besonders intensiv mit dem eigenen Körper und entdecken alle möglichen Öffnungen. So kommt es vor, daß kleine Kugeln, Sicherheitsnadeln, Rädchen und andere Gegenstände von Erbsen- bis Bohnengröße in die Scheide gesteckt werden. Sie werden inkrustiert und verursachen hartnäkkigen Ausfluß. Vom Mastdarm her lassen sie sich bei einer Untersuchung tasten. Mit einer „Kornzange", eventuell in Narkose, werden sie entfernt.

Infektionen. Wird nach Infektionen gefahndet, werden Scheidenabstriche untersucht, die mit einem auf einem Holzstäbchen aufgedrehten Wattebausch entnommen werden, auf Soor, Trichomonaden und Bakterien.

Sorgfältige Körperpflege. Das kleine Mädchen sollte beizeiten dazu angehalten werden. Leicht verschmutzende Körperstellen wie das Genitale müssen häufiger gewaschen werden; mindestens so häufig wie das Gesicht.

Pubertät

Sie bildet den Abschluß der Kindheit und umfaßt etwa das 10.–16. Lebensjahr. Man spricht von der

Thelarche = Brustknospenbildung (10–11 Jahre)

Pubarche = beginnende Schambehaarung (11–12 Jahre)

Menarche = Eintritt der ersten Uterusblutung (11–13 Jahre).

In seltenen Fällen kommt es zur Zeit der Menarche alle vier Wochen zu Schmerzen im Unterbauch, aber ohne Blutabgang. Ursache kann ein verschlossener Hymen (Jungfernhäutchen) sein. Die Therapie erfolgt durch einen kleinen Einschnitt in der Mitte des Hymen, damit das Blut abfließen kann und sich nicht in Scheide und Gebärmutter oder sogar im Bauchraum ansammelt und immer heftigere Schmerzen und Schäden an den inneren Genitalorganen verursacht.

Ebenfalls sehr selten kommt es zu einer Pubertas praecox. Man versteht darunter das Einsetzen der Regelblutung vor dem 8. Lebensjahr des Kindes. Es gibt eine Form der Pubertas praecox, die familiär gehäuft auftritt und medizinisch gesehen ohne Bedeutung ist. Es kann sich aber hinter einer solchen Frühreife auch eine Hirnschädigung oder ein Tumor im Bereich der Epiphyse (Zirbeldrüse) verbergen.

Der weibliche Zyklus. Im Gegensatz zum Mann unterliegen bei der Frau während der Geschlechtsreife die Genitalorgane regelmäßigen monatlichen Schwankungen. Die Steuerung erfolgt über das Sexualzentrum in Zwischenhirn, Hypophyse (Hirnanhangsdrüse) und Ovar (Eierstock) zum Uterus (Gebärmutter) hin. Aber auch rückwärts vom Ovar zur Hypophyse erfolgen Informationen (Rückkopplungen), so daß von einem Regelkreis gesprochen werden kann (Abb.).

Nach außen sichtbar wird die Regelblutung, die aus dem Uterus (Gebärmutter) erfolgt. In vielen gynäkologischen Kliniken wird der jeweilige Befund in kurzen skizzenhaften

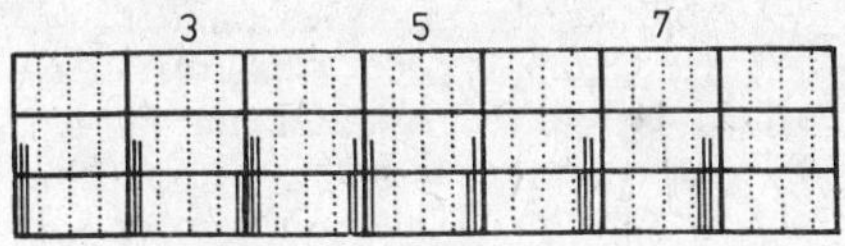

normale Regelblutung

Zeichnungen festgehalten, die auf einen Blick zu erfassen sind (Abb.).

Anatomie des weiblichen Genitale (s. a. Kap. „Körperbau und Funktion"). Die nichtschwangere Gebärmutter ist etwa hühnereigroß und 60–70 g schwer. Die Gebärmutter kurz nach der Entbindung wiegt etwa 1000 g. Die nichtschwangere Gebärmutter liegt in der Mitte des kleinen Beckens; ihr oberer Teil, der Fundus, schließt mit dem kleinen Becken ab.

Von der Seite her betrachtet, ist der Korpus (Gebärmutterkörper) gegen die Zervix (Gebärmutterhals) abgewinkelt. Man spricht von einer Anteflexio (Beugung nach vorn). Bei

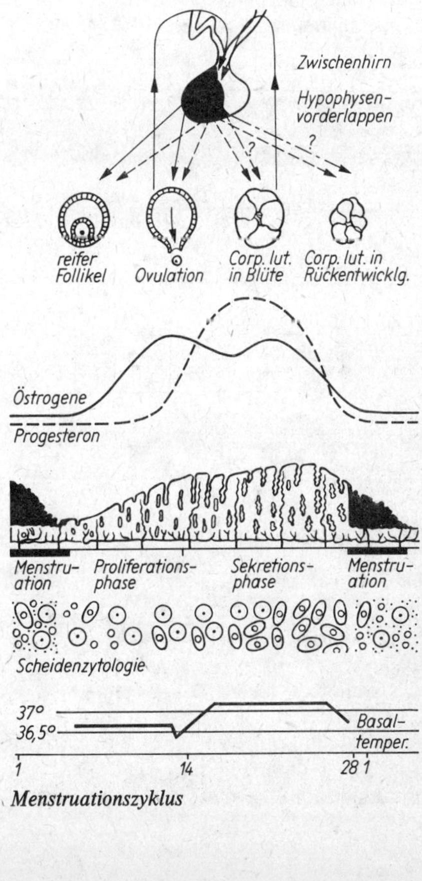

Menstruationszyklus

einer voll ausgebildeten Gebärmutter einer 25jährigen Frau ist der Winkel meist ein rechter, bei jungen Mädchen mit muskelschwachem Korpus ein spitzer Winkel (spitzwinklige Anteflexio). Eine Abknickung nach hinten (Retroflexio) kann in der Schwangerschaft Bedeutung erlangen.
In den meisten Fällen einer Retroflexio richtet sich die schwangere Gebärmutter am Ende des 4. Schwangerschaftsmonates durch ihr Größenwachstum auf und tritt aus dem kleinen Becken heraus. In wenigen Fällen einer Retroflexio, bei der Retroflexio fixata, ist diese Aufrichtung durch Verwachsungen, z. B. mit dem Mastdarm, nicht möglich. Dann müssen die Verwachsungen gelöst werden, damit es nicht zu einem Abort (Fehlgeburt) kommt. Andere Lageveränderungen nach links oder rechts von der Mitte sind klinisch bedeutungslos. Eine Senkung nach unten, die bis zum Vorfall der Gebärmutter aus der Scheide heraus führen kann, ist bei älteren Frauen möglich (s. dort).
Regelanamnese (Anamnese = Vorgeschichte). Sie ist das Kernstück der Anamnese. Ihre Dokumentation erfolgt nach bewährten Schemata:

$12\,\frac{28}{5}\,4$ bedeutet

$$\text{Menarchealter}\ \frac{\text{Regelabstand}}{\text{Regeldauer}}\ \text{Bindenverbrauch pro Tag}$$

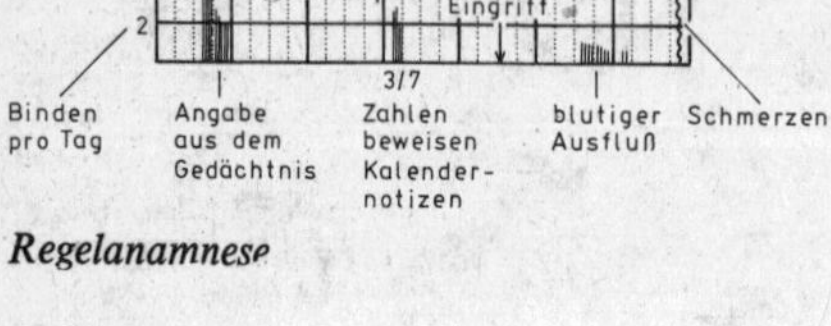

Regelanamnese

Die normale Regel dauert bis zu 7 Tagen. Die Frau verbraucht pro Tag 3 bis 4 Binden oder Tampons.
Bei einer Länge von 7 bis 10 Tagen wird von der verlängerten Regelblutung gesprochen. Bei mehr als 10 Tagen Dauer besteht eine Dauerblutung oder Dauerschmierblutung (bis 1 Binde pro Tag).
Zusatzblutungen treten auf als
- spontane Zusatzblutung
- Kontaktblutung beim Geschlechtsverkehr
- azyklische Blutung, wenn ein Rhythmus nicht mehr erkennbar ist.

Bei Zusatzblutungen muß immer an ein mögliches Karzinom (Krebserkrankung) gedacht werden.

Das junge Mädchen

In diesen Jahren der Entwicklung vom Mädchen zur Frau sollte das Vertrauensverhältnis zwischen Eltern und jungem Mädchen nicht verlorengehen. Dann lassen sich manche Widerwärtigkeiten vermeiden wie: ungewollte Schwangerschaften, Geschlechtskrankheiten, auch mancher Fall von Dysmenorrhoe.
Dysmenorrhoe (schmerzhafte Regelblutung). Die anatomische Ursache ist der infantile, unterentwickelte Uterus. Der muskelschwache Gebärmutterkörper muß das Menstrualblut durch den langen, engen Zervikalkanal nach außen pressen. Es kommt zu Spasmen der glatten Muskulatur, zu kolikartigen heftigen Schmerzen. Die Schmerzen treten typischerweise am 1. Tag der Regel, bevor es richtig blutet, am stärksten auf. Auch psychische Faktoren spielen eine Rolle mit. Wenn sich das junge Mädchen vernachlässigt oder mißverstanden fühlt und sich in den Vordergrund rücken will, verstärken sich seine Schmerzen. Meist sind es intelligente Mädchen mit wenig körperlicher Betätigung, die wegen einer Dysmenorrhoe den Arzt aufsuchen.
Behandlung:
- Spasmolytika (Zäpfchen, Dragees, Tabletten)
- Heizkissen auf den Unterbauch
- psychische Führung
- eventuell Hydrotherapie: heiße Sitzbäder (zur Durchblutungsförderung und Verbesserung der Ovarialfunktion) und Gymnastik
- eventuell Einlage einer Spirale (Erweiterung des Zervikalkanals und Wachstumsreiz für die Uterusmuskulatur)

Menstruationsstörungen bei jungen Mädchen sind hormonelle Störungen. Es liegt eine Unterfunktion der Eierstöcke vor. Man unterscheidet:
- vegetative Ovarialinsuffizienz: Die allgemeine körperliche Entwicklung und die Ausbildung der sekundären Geschlechts-

merkmale sind verzögert, bedingt durch einen Östrogenmangel.
- generative Ovarialinsuffizienz: Es finden keine Ovulationen (Eisprünge) statt. Weil sich kein Corpus luteum (Gelbkörper) ausbildet, besteht ein Gestagenmangel.

Die Östrogenproduktion erfolgt in den reifenden Follikeln (viele!), die Gestagenproduktion nach dem Eisprung in dem (einen) Corpus luteum. Die Folge der Ovarialinsuffizienz sind unregelmäßige Zyklen.

Anovulatorische Zyklen (fehlender Eisprung) zu Beginn und am Ende der Geschlechtsreife sind nichts außergewöhnliches. Die Blutung kann trotzdem regelmäßig alle 4 Wochen auftreten. Liegt eine stärkere Störung vor, kommt es auch zu Blutungsanomalien.

Zu den Regeltempostörungen zählen die Polymenorrhoe (zu häufige Blutungen; Zyklusdauer 18–21 Tage) und die Oligomenorrhoe (zu seltene Blutungen; Zyklusdauer über 35 Tage). Sind diese Abbruchblutungen von normaler Länge (unter 7 Tage) und Stärke, so sind diese Abweichungen nicht behandlungsbedürftig. Sie verschwinden in den nächsten Jahren meist von allein.

Tritt nach einer längeren Regelpause aber eine verstärkte und langanhaltende Blutung auf, kann der erhebliche Blutverlust zu einer Behandlung zwingen. Es handelt sich dann meist um das Krankheitsbild der glandulär-zystischen Hyperplasie. Eine sofortige Blutstillung wird durch eine Ausschabung des Endometrium aus dem Uterus (Abrasio) erreicht. Bei der histologischen Untersuchung des Abradats findet man eine dickere Schleimhaut als normalerweise. Die Drüsen sind stark erweitert und zystisch. Die Ursache ist eine fortdauernde und überhöhte Östrogenwirkung, bedingt durch eine Follikelpersistenz im Ovar. Durch den fehlenden Follikelsprung kommt es zu keiner Progesteronbildung. Um der Wiederholung dieser Störung vorzubeugen, werden zyklusgerecht vom 16. bis 25. Zyklustag je 2 Tabletten Chlormadinon (Gestagen) verordnet.

● Amenorrhoe. Fällt die Regelblutung ganz aus, bezeichnet man dies als Amenorrhoe. Eine primäre Amenorrhoe liegt vor, wenn bis zum 16. Lebensjahr keine Blutung auftritt; eine sekundäre Amenorrhoe, wenn bereits eine Regelblutung bestand, diese aber später ausbleibt.

Die Ursachen sind vielgestaltig; die Betroffenen werden in einer Spezialsprechstunde (Hormonsprechstunde in großen Kliniken) untersucht.

Kontrazeption. Durch Elternhaus und Schule sollte das Mädchen zu einem verantwortungsvollen Verhalten gegenüber seinem eigenen Körper (Gefahr der Geschlechtskrankheiten) und gegenüber der nächsten Generation (Sterilität nach entzündlichen Adnexprozessen, Frühgeburtsneigung nach Interruptio) gebracht werden. Es ist gut beraten, wenn es den Zeitpunkt des ersten Geschlechtsverkehrs hinauszögert. Werden geschlechtlichc Beziehungen aufgenommen, so sollte von Anfang an Vorsorge gegen unerwünschte Schwangerschaften getroffen werden. Die zuverlässigsten Methoden der Schwangerschaftsverhütung sind die Ovulationshemmung (Pille) oder die Einlage einer Spirale (Loop). (Einzelheiten s. im Kap. „Familienplanung".) Der Schwangerschaftsabbruch (Interruptio) sollte, wegen der möglichen Komplikationen wirklich nur als letzte Möglichkeit in Erwägung gezogen werden. (Näheres s. im Kap. „Schwangerschaft und Geburt")

Entzündliche Erkrankungen. Am häufigsten treten Infektionen bei jungen Menschen ohne feste Partnerbeziehungen auf, bei Personen mit „häufig wechselndem Geschlechtsverkehr", sog. HWG-Personen. Besteht die Infektion in einer Gonorrhoe (Tripper, Morbus Neißer), so ist sie laut dem Gesetz zur Bekämpfung der Geschlechtskrankheiten meldepflichtig.

● Gonorrhoe. Sie ist keine sehr seltene Erkrankung. Da sie schnell Ausbreitung findet, ist ihre hartnäckige Bekämpfung notwendig. In den letzten Jahren sind in ganz Europa die Zahlen angestiegen und haben wieder Werte wie in den Nachkriegsjahren 1947/48 erreicht.

Man unterscheidet bei der Gonorrhoe der Frau eine untere und eine obere.

Bei der unteren Gonorrhoe sind befallen:
- die Bartholinischen Drüsen
- die paraurethralen Drüsen
- der Zervikalkanal – Symptom: Ausfluß

Bei der oberen Gonorrhoe liegen vor:
- eine Endometritis – Symptom: Dauerblutung
- eine Salpingitis – Symptome: Schmerzen, Fieber, Verdickung der Tuben.

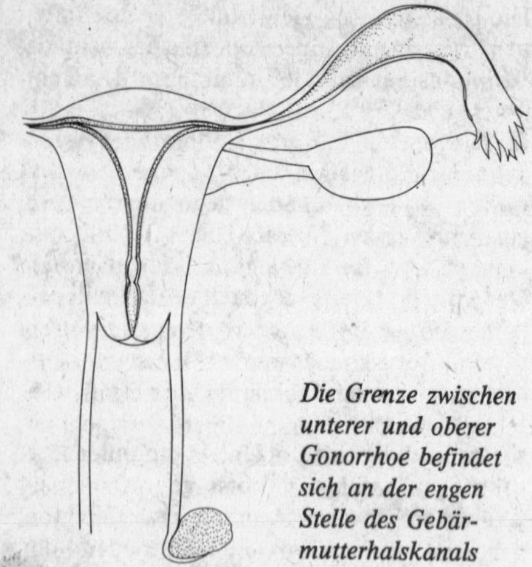

Die Grenze zwischen unterer und oberer Gonorrhoe befindet sich an der engen Stelle des Gebärmutterhalskanals

Im Laufe der Jahrzehnte ist der Erreger, der Diplokokkus Neisseria, widerstandsfähig geworden gegen die Medikamente, die anfangs in geringer Dosierung zuverlässig wirkten, so daß zunächst die Dosierung z.B. des Penizillins erhöht werden mußte und jetzt häufiger ein anderes Antibiotikum eingesetzt wird, weil Penizillin völlig unwirksam geworden ist bzw. die Gonokokken penizillinresistent sind.

Mit bakteriologischen Methoden (Kulturverfahren) kann die Resistenzlage bzw. Ansprechbarkeit geprüft und dann sinnvoll behandelt werden.

In wenigen Fällen ist die Salpingitis so ausgedehnt, daß sich ein therapieresistenter Tubo-Ovarial-Abszeß mit einer Peritonitis (Bauchfellentzündung) ausbildet. Dann muß durch eine Operation der Tubo-Ovarial-Abszeß entfernt werden.

- Der unspezifische Adnexprozeß (Eileiter- und Eierstockentzündung). Erreger sind Colibakterien, Streptokokken oder Staphylokokken. Der Ablauf und die Therapie ähneln dem Verlauf und Vorgehen wie beim gonorrhoischen Adnexprozeß (Adnexe = Tube + Ovar).
- Der tuberkulöse Adnexprozeß ist heute bei uns meist ein Zufallsbefund anläßlich einer Laparotomie (operative Eröffnung des Bauchraums), die wegen Verdacht auf Ovarialtumor (s. dort) durchgeführt wurde. Nach der Operation wird die Tuberkulose in einer entsprechenden Heilstätte weiterbehandelt.
- Kolpitis (Scheidenentzündung). Sie wird hervorgerufen durch Bakterien, Pilze oder Trichomonaden, oder sie entsteht bei alten Frauen durch einen Hormonmangel (Kolpitis senilis). Das gemeinsame Symptom aller dieser Formen ist der Ausfluß. In diesem Sekret wird nach den verschiedenen Erregern geforscht und dann je nach Ergebnis behandelt. Eine Mitbehandlung des Partners ist ratsam, um erneuten Infektionen vorzubeugen.
- Vulvitis (Entzündung des äußeren Genitale). Bei Kindern ist auf Sauberkeit zu achten. Bei alten Frauen muß an Stoffwechselstörungen gedacht werden. Ein Diabetes mellitus äußert sich manchmal zuerst in einer Vulvitis. Ansonsten wird nach Erregern gesucht und entsprechend behandelt.

Die junge Frau

Bei der jungen Frau stehen die mit der Fortpflanzung verbundenen Probleme im Vordergrund (s. Kap. „Schwangerschaft und Geburt").

Sterilität. Bei unerfüllbarem Kinderwunsch liegt entweder eine Sterilität oder eine Infertilität vor.

- Sterilität bedeutet, daß die Patientin nicht schwanger wird, bei der primären Sterilität überhaupt nicht, bei der sekundären sind Schwangerschaften früher vorausgegangen.
- Infertilität heißt, daß die Patientin zu keinem lebenden Kind kommt, daß z. B. die Schwangerschaften bisher immer mit einer Fehlgeburt endeten.

Sterilitätsursachen können bei der Frau allein (etwa 50 %), beim Mann allein (etwa 40 %) oder bei beiden liegen. Die männliche Sterilität wird vom Dermato-Venerologen (Facharzt für Haut- und Geschlechtskrankheiten) diagnostiziert und behandelt.

Bei der weiblichen Sterilität gibt es zwei große Ursachengruppen: die ovarielle und die tubare Sterilität. Bei der ovariellen liegt die Störung im Eierstock. Es findet entweder kein Eisprung statt (anovulatorischer Zyklus) oder das Corpus luteum ist insuffizient; es bildet zu wenig schwangerschaftserhaltendes Hormon (Progesteron). Diese beiden Formen der Sterilität können medikamentös behandelt werden.

Bei der tubaren Sterilität ist der Transport des Eies durch den Eileiter (Tube) zur Gebärmutter hin nicht gewährleistet. Diese Form findet sich z. B. nach vorausgegangenen Entzündungen der Eileiter. Entweder kann operativ die Durchgängigkeit wenigstens eines Eileiters wieder hergestellt werden, oder es kommt in solchen Fällen die extrakorporale Befruchtung (außerhalb des Körpers) in Frage. Das Ei wird z.B. anläßlich einer Bauchspiegelung (Laparoskopie) gewonnen, außerhalb des mütterlichen Körpers mit den Samenzellen des Ehemannes befruchtet und im etwa 32-64-Zell-Stadium von außen in die Gebärmutter eingebracht.

Bei der Infertilität gilt es, Aborte oder Frühgeburten zu vermeiden. Als Therapie kommen in den einzelnen Fällen in Frage: Hormonsubstitution mit Progesteron, medikamentöse Wehenhemmung oder operativer Verschluß der Zervix durch die sog. Cerclage oder Tabaksbeutelnaht.

Die Frau im mittleren Lebensalter

Endometriose. Diese Erkrankung tritt bei Frauen ab dem 35. Lebensjahr auf, also zum Ende der Geschlechtsreife hin. Es handelt sich darum, daß Endometriumanteile (Gebärmutterschleimhaut) an falsche Orte verschleppt wurden und dort angewachsen sind, z. B. im Eierstock, im Eileiter (Ursache für Sterilität), zwischen den Muskelzellen der Gebärmutterwand oder auf dem Bauchfell. Diese versprengten Endometriumherde machen genauso zyklische Veränderungen mit wie die Gebärmutterschleimhaut an der normalen Stelle. Es kommt also zu Abbruchblutungen am Ende jedes Zyklus. Bei der Endometriose fehlt aber die Abflußmöglichkeit nach außen. So sammeln sich Blutungsherde im Eierstock, im Eileiter, zwischen den Muskelzellen der Gebärmutter oder auf dem Bauchfell an und lassen zystenähnliche Gebilde entstehen. Die Frauen suchen wegen Schmerzen, besonders zur Regelzeit, den Gynäkologen auf. Wenn dieser eine Ovarialzyste tastet, kann er von außen nicht entscheiden, ob es sich um eine gut- oder bösartige Erkrankung handelt. Deshalb wird operiert: der zystische Tumor wird entfernt. Bei der histologischen (feingeweblichen mikroskopischen) Untersuchung wird die Diagnose Endometriose gestellt. Es ist eine gutartige Erkrankung; sie neigt aber trotzdem zum Rezidiv (Wiederaufflackern). Deshalb erfolgt prophylaktisch eine medikamentöse Nachbehandlung mit Gestagenen.

Der Uterus myomatosus. Er ist ebenfalls ein Krankheitsbild der Frau gegen Ende der Geschlechtsreife hin. Am häufigsten tritt er zwischen dem 35. und 50. Lebensjahr auf. Myome sind gutartige Muskelgeschwülste, die ihren Ausgang von Muskelzellen der Gebärmutter nehmen. Indem sie zwischen der Muskulatur der Gebärmutter liegen, behindern sie die Kontraktionsfähigkeit des Uterus und führen so zu überstarken Regelblutungen. Eine verstärkte und verlängerte Regelblutung in der Anamnese läßt also an einen Uterus myomatosus denken und zwar an intramurale Myome (in der Wand liegende; Abb.).

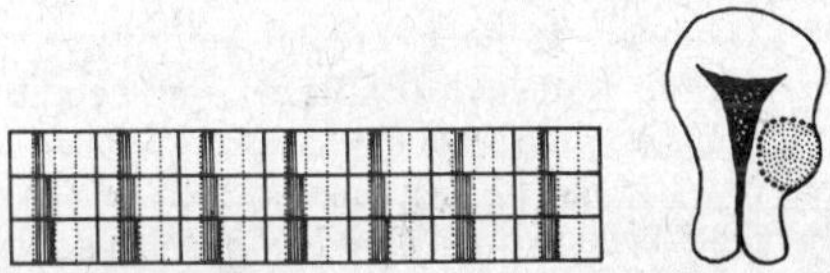

intramurales Myom

Liegen die Myome dicht unter der Schleimhaut, behindern sie die Wundheilung nach der Menstruation und führen zu vorwiegend verlängerten Regelblutungen (Abb.).

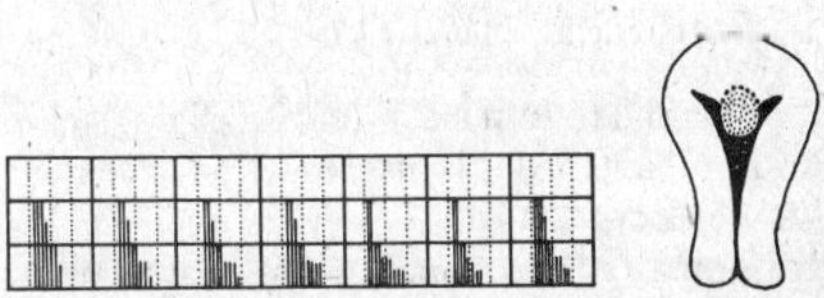

submuköses Myom

Myome, die dicht unter dem Bauchfell wachsen, können allmählich einen Stiel bekommen. Erfolgt eine Stieldrehung, so entsteht eine lokale Bauchfellentzündung, die zur sofortigen Operation zwingt.

Anderenfalls erfolgt die Behandlung abhängig von der Größe der Myome und von den Beschwerden, die sie hervorrufen. Sie können bis kindskopfgroß werden, zu Druckbeschwerden führen und durch den großen Blutverlust zur Anämie. Im allgemeinen wer-

den sie durch eine Operation zusammen mit der gesamten Gebärmutter entfernt.
Myome wachsen, solange die Eierstöcke funktionieren. Stellen mit der Menopause die Eierstöcke ihre Steroidhormonproduktion ein, kommt es zu keinem weiteren Wachstum – im Gegenteil, die Myome werden etwas kleiner.
Ist die Patientin nicht mehr allzu weit entfernt von der Menopause, ist der Uterus myomatosus nicht allzu groß und sind die einzigen Beschwerden die zu starken Regelblutungen, so kann man medikamentös behandeln.
Verletzungen der Genitalorgane. Sie können prinzipiell in jedem Lebensalter auftreten. Sieht man von kriminellen Verletzungen ab, so entstehen sie am häufigsten beim ersten Geschlechtsverkehr als Verletzung des Hymen (Jungfernhäutchen); das führt in sehr seltenen Fällen zu einer stärkeren Blutung und muß durch Naht versorgt werden. Verletzungen können auch bei älteren Frauen (über 50 Jahre) entstehen, bei denen die Scheide altersbedingt geschrumpft (atrophisch) ist; hatten sie längere Zeit keinen Verkehr, kann es mit einem jüngeren, sehr potenten Partner zu Einrissen im seitlichen und hinteren Scheidengewölbe kommen. Diese Risse bluten stark und müssen durch Naht versorgt werden. Sie heilen in der Regel gut.

Die Frau am Ende der Geschlechtsreife

Zum Klimakterium s. a. Kap. „Physiologische Besonderheiten der Frau“ und Kap. „Sexualität der Frau“.
Hormonale Situation. Schon nach dem 35. Lebensjahr hat die Fertilität (Fruchtbarkeit) deutlich abgenommen, d. h., immer mehr Zyklen sind anovulatorisch (ohne Eisprung). Mit zunehmendem Alter verstärkt sich die Corpus-luteum-Insuffizienz. Progesteron liegt schon lange in verminderter Menge vor, im Präklimakterium kommt es jetzt auch zur Abnahme der Östrogene – die Ovarien (Eierstöcke) stellen ihre Steroidhormonproduktion ein. Einige Jahre lang, bis etwa drei Jahre nach der Menopause, versucht die Hypophyse, durch eine vermehrte Gonadotropinausschüttung (das Menopausengonadotropin) die Ovarien noch zu stimulieren, bis auch sie erschöpft ist. (Abb.)

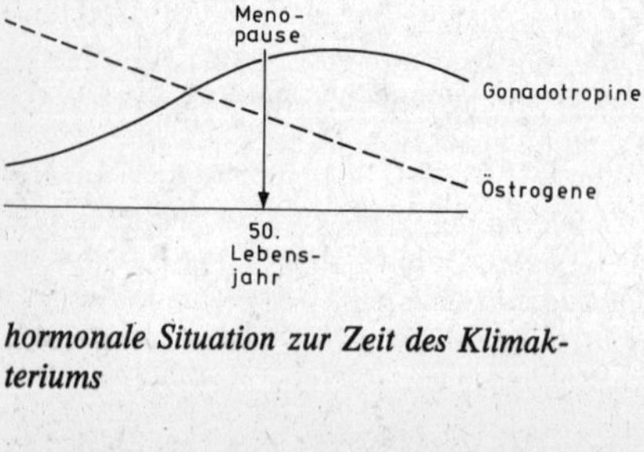

hormonale Situation zur Zeit des Klimakteriums

Blutungsstörungen. Bei Blutungsstörungen, besonders wenn es sich um Zusatzblutungen handelt, ist immer auch an ein mögliches Karzinom zu denken und nach ihm zu suchen.
Die typischen, hormonell bedingten klimakterischen Blutungsstörungen sind
- zu seltene Regel (Östrogen- und Gestagenmangel)
- zu häufige Regel, Abstand aber größer als 17 Tage (Gestagenmangel)
- verstärkte und verlängerte Regel nach einer Pause von 6–8 Wochen (glandulär-zystische Hyperplasie).

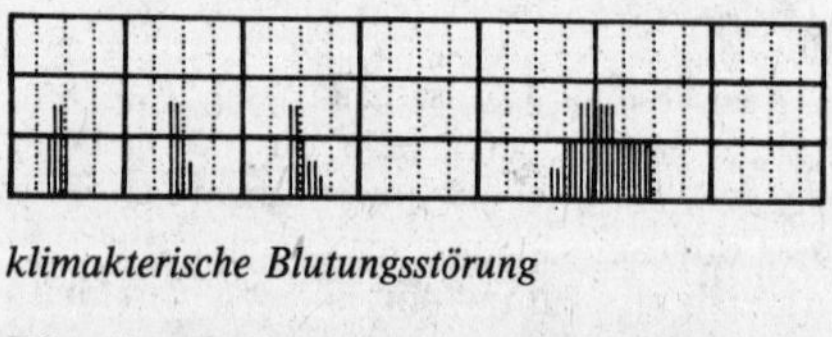

klimakterische Blutungsstörung

Die glandulär-zystische Hyperplasie. Im Ovar werden Östrogene, aber keine Gestagene produziert. Dies kann dazu führen, daß sich folgende Blutungsstörung bemerkbar macht:
Nach einer Pause von 6–8 Wochen tritt eine Dauerblutung auf. Zur sofortigen Blutstillung und zur Diagnose wird eine Ausschabung (Abrasio) mit histologischer Untersuchung des gewonnenen Gewebes vorgenommen. Stellt sich eine glandulär-zystische Hyperplasie heraus, werden Steroidhormone mit gesteigerter gestagener Wirkung verordnet, damit einer Wiederholung dieser Blutungsstörung vorgebeugt wird.
Senkung und Vorfall der Gebärmutter.
- Mit nachlassender Elastizität der Muskulatur im Alter,
- bei Beckenbodeninsuffizienz nach nicht versorgten Zerreißungen bei der Entbindung,

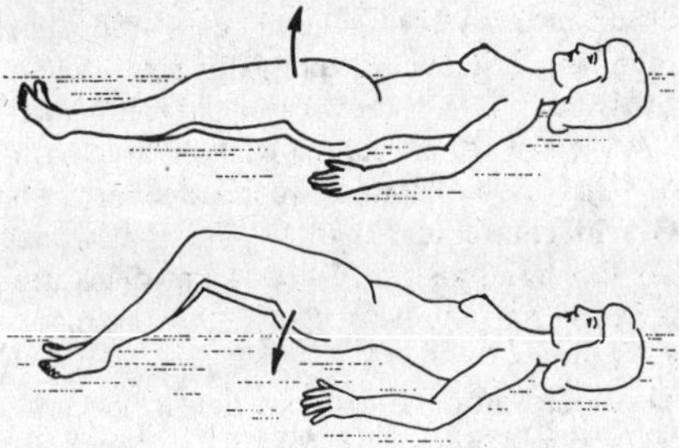

Gymnastik zur Kräftigung von Beckenboden und Bauchdecke

- bei Bauchdeckeninsuffizienz, z.B. bei dikken „Fettschürzen" die nach unten ziehen,
- bei angeborener Bindegewebsschwäche bei asthenischem Körperbau

kommt es zum Druck des Eingeweidepaketes nach unten und dadurch zum Tiefertreten der Gebärmutter oder sogar zum Vorfall aus der Scheide heraus.

Treten Beschwerden auf, so sind es:
- Harninkontinenz (unwillkürlicher Abgang von Urin),
- Druck nach unten und
- Kreuzschmerzen, die sich im Liegen bessern.

Zur Prophylaxe und zur Behebung geringerer Beschwerden wird die Beckenbodengymnastik empfohlen. Es sollen solche Übungen durchgeführt werden, die zu einer Muskelkontraktion am Beckenboden führen. Die Frau soll z. B. so tun, als ob sie Urin und Stuhlgang zurückhalten wolle, dann kontrahieren sich die Muskeln am Beckenboden. Eine andere Übung besteht darin, daß im Liegen, in Rückenlage oder in Seitenlagerung, das Becken angehoben wird und einige Zentimeter nach links oder rechts verschoben wird.

Sind die Beschwerden und Befunde stärker ausgeprägt, wird eine operative Korrektur vorgenommen; meist wird die Gebärmutter zusammen mit der operativen Verengung der vorderen und hinteren Scheidenwand, der sogenannten Scheidenplastik, entfernt. Bei Patientinnen, deren Zustand eine Operation als zu großes Risiko erscheinen läßt, kann ein Ring- oder Schalenpessar in die Scheide eingesetzt werden, um die Gebärmutter in die normale Position zurückzubringen (Abb.).

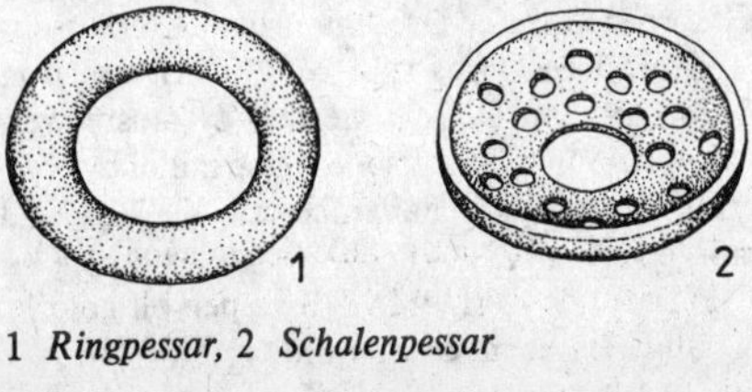

1 *Ringpessar,* 2 *Schalenpessar*

Harninkontinenz (unwillkürlicher Harnabgang). Die Ursachen sind vielgestaltig.

- Descensus. Am häufigsten ist die Harninkontinenz bei bestehender Gebärmuttersenkung (Descensus) zu finden.

Bedingt durch das Tiefertreten von Gebärmutter und vorderer Scheidenwand, sackt die Harnblase nach unten aus (Zystozele; Abb.), die Harnröhre wird in ihrem oberen Abschnitt aufgezogen, sie wird kürzer und verschlußunfähig. Dieser Zustand ist operativ zu beheben.

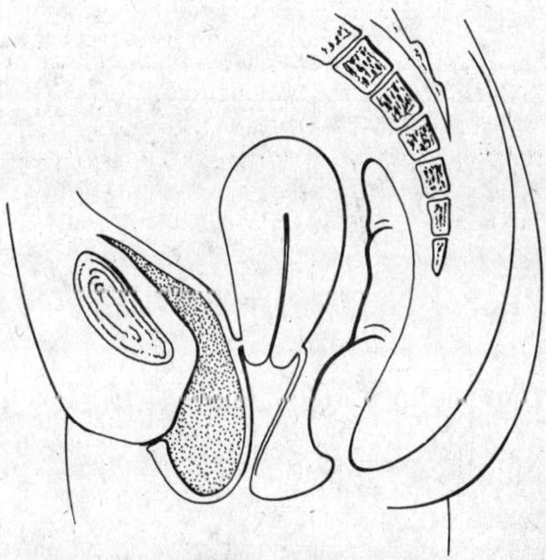

Senkung von Gebärmutter und Scheide mit Aussackung der Blase (Zyste)

- Reizblase. Bei häufigen Harnblasenentzündungen kommt es zur sog. Reizblase. Der Druck im Blaseninnern erhöht sich so stark, daß es zum unwillkürlichen Harnabgang kommt. Die Therapie besteht in der Behandlung der Infektion und der Gabe von beruhigenden, krampflösenden Medikamenten und Hormonen. Durch Östrogengaben kann eine Dickenzunahme der Schleimhaut bewirkt werden, die mithilft, die Blase dicht zu verschließen.

● Urinfisteln. Bei gynäkologischen und geburtshilflichen Operationen kann es in seltenen Fällen zu Verletzungen von Harnleiter oder Harnblase kommen. Es können so Urinfisteln entstehen, die einer operativen Korrektur bedürfen. Urinfisteln entstehen außerdem bei Tumorpatientinnen, wenn das Krebsgewebe bis zur Blase vorwächst und die Blasenwand zerstört.

Bösartige Tumoren

Bei Tumoren muß immer zuerst an die mögliche Bösartigkeit gedacht werden. Heilbar sind bösartige Tumoren nur, wenn sie frühzeitig erkannt und behandelt werden. Jede bösartige Geschwulst ist meldepflichtig. Bei den Genitalkarzinomen (Krebsgeschwulst) sind die Verteilung und Altersgipfel in etwa folgende:

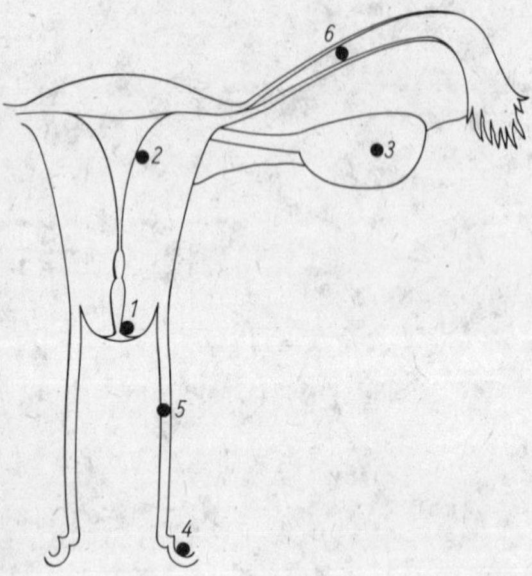

Nr.	Bezeichnung	Häufigkeit (%)	Altersgipfel (Jahre)
1	Zervixkarzinom	70	40
2	Korpuskarzinom	14	50
3	Ovarialkarzinom	7	60
4	Vulvakarzinom	3½	70
5	Scheidenkarzinom	selten	60
6	Tubenkarzinom	selten	50

Seit Anfang der 80er Jahre ist eine Zunahme der Korpuskarzinome zu verzeichnen.
Zervixkarzinome sind selten bei Bevölkerungsgruppen, bei denen die Männer beschnitten sind; das scheint also in Zusammenhang mit der Sexualhygiene zu stehen. So ist das Zervixkarzinom bei Frauen mit häufigem Partnerwechsel weit mehr zu finden als z.B. bei Nonnen oder Frauen, die nie Geschlechtsverkehr hatten. Vorstadien des Zervixkarzinoms sind 5–10 Jahre vor Auftreten des klinisch manifesten Zervixkarzinoms zu finden.

Zervixkarzinom. Es ist das häufigste Genitalkarzinom und kann schon bei den jüngsten Frauen auftreten. Darüber hinaus ist es relativ leicht erkennbar, weil es oberflächlich wächst.
Zu seiner *Früherkennung* (bessere Heilungsaussichten!) sind große organisatorische Anstrengungen unternommen worden. Schon die Vorformen (Präkanzerosen) sind, obwohl sie keine Symptome machen, erkennbar mit Hilfe der Kolposkopie und der Zytologie. Deshalb sollte jede Frau einmal jährlich eine solche Vorsorgeuntersuchung durchführen lassen.

Kolposkopie. Das Kolposkop ist eine Art Mikroskop mit einem Objektiv und zwei Okularen. Man kann räumlich sehen und z.B. Niveaudifferenzen erkennen. Es vergrößert 10- bis 20fach. Manche Modelle bieten die Möglichkeit des Fotografierens (Fotokolposkop).
Zur Kolposkopie wird die Portio, der Teil der Gebärmutter, der die Scheide nach oben hin abschließt, mit Hilfe eines Glasspekulums eingestellt.
Durch Betupfen der Portio mit 3%iger Essigsäure werden die Konturen besser sichtbar, weil es zu oberflächlicher Koagulierung des Eiweißes kommt. Ein geübter Untersucher erkennt nun typische Bilder.

Zytotest. Am Ende der Proliferationsphase (etwa 14. Zyklustag) oder bei Frauen nach der Menopause (etwa 10 Tage nach Einnahme eines Hormondragees) werden mit zwei Watteträgern (Wattebausch auf einem Holzstäbchen) von der Portio und aus dem Zervixkanal getrennt Abstriche entnommen. Sie werden unter Drehung des Wattebauschs auf je einen Objektträger ausgestrichen und sofort fixiert. Diese fixierten Zytoteste werden in ein zytologisches Speziallabor versandt, dort nach Papanicolaou gefärbt und ausgewertet.
Die Befunde werden in 5 Gruppen eingeteilt:
Gruppe I: normales Zellbild

Gruppe II: unverdächtige entzündliche oder degenerative Veränderungen
Gruppe III: zweifelhaft, Dysplasie möglich
Gruppe IV: vereinzelt Tumorzellen
Gruppe V: massenhaft Tumorzellen
Die Gruppe II wird doppelt so häufig diagnostiziert wie die Gruppe I. Ein völlig normales Zellbild wird bei etwa einem Drittel der untersuchten Patientinnen gefunden.
Die Treffsicherheit jeder einzelnen Methode, der Kolposkopie und der Zytologie, beträgt etwa 80%. Durch die Kolposkopie können pathologische Befunde im Zervikalkanal nicht erfaßt werden. Die Zytologie versagt in manchen Fällen, z.B. wenn das Karzinomgewebe von Nekrosen bedeckt ist oder wenn bei bestehenden Blutungen die Erythrozyten alle anderen Zellen verdecken. Werden beide Methoden kombiniert, erhöht sich die Treffsicherheit auf 95%. Bei unverdächtigen Befunden sollten sich Frauen einmal jährlich der prophylaktischen Untersuchung mit Kolposkopie und Zytologie unterziehen, bei unklaren Befunden entsprechend häufiger, bis sich – z.B. nach eingeschalteter Kolpitisbehandlung – der Befund als unbedenklich erweist oder durch eine histologische Untersuchung eine Klärung herbeiführen läßt. Auf die Bedeutung der regelmäßigen Kontrolluntersuchungen muß immer wieder hingewiesen werden, denn nur so sind Vorstadien oder eine beginnende Krebserkrankung zu erfassen. Je kleiner der Befund ist, um so größer sind die Heilungsaussichten. Sie betragen bei den nur kolposkopisch oder zytologisch erfaßbaren Vorstadien 100%. Diese Vorstadien machen der Frau keinerlei Beschwerden. Ein Zervixkarzinom, das durch Blutungen auffällig wird, kann bereits bis zum Stadium II fortgeschritten sein, und dann betragen die Heilungsaussichten nur noch 30–50%. Die typischen Blutungsstörungen, die beim Zervixkarzinom auftreten, sind Kontaktblutungen, Blutungen beim Geschlechtsverkehr.

Behandlung des Zervixkarzinoms. Die Behandlungsmethode ist in erster Linie abhängig vom Ausbreitungsstadium des Karzinoms. Deshalb ist die genaue Festlegung des Stadiums von großer Bedeutung.
Vorstadien:
CIN I (leichte cervicale intraepitheliale Neoplasie) = leichte Dysplasie
CIN II = mittelschwere Dysplasie

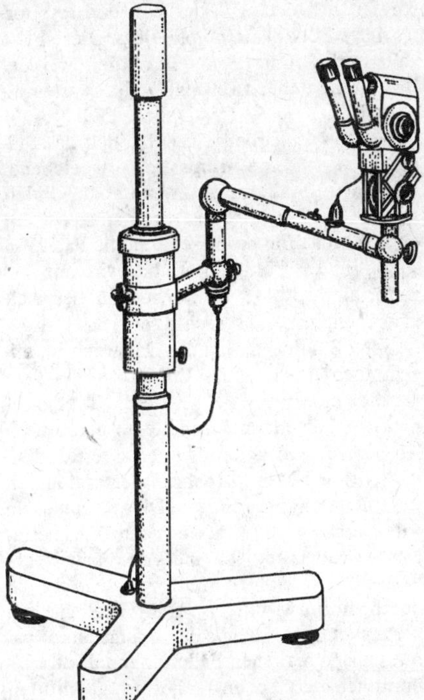

Kolposkop

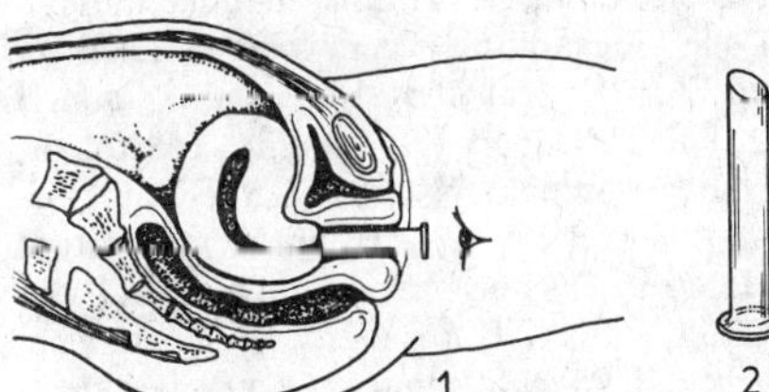

1 *Besichtigung des Muttermundes mit Hilfe eines Glasspekulums,* 2 *Glasspekulum*

CIN III = schwere Dysplasie = Stadium 0 = Carcinoma in situ
und die klinischen Stadien:
Stadium IA1 = frühe Stromainvasion
Stadium IA2 = Mikrokarzinom, < 10 mm × 10 mm × 5 mm
Stadium IB
Stadium II
Stadium III
Stadium IV
Wie an dieser Einteilung zu erkennen ist, wird ein ganz besonderes Augenmerk auf die

sorgfältige Diagnostik der Vor- und Frühformen des Zervixkarzinoms gelegt. Diese Fälle sollen erfaßt und behandelt werden, weil bei ihnen eine nahezu 100%ige Heilung zu erreichen ist.

Bei allen Vorstadien einschließlich des Stadiums 0 ist eine Konisation ausreichend. Auch beim Stadium IA1, wenn noch Kinderwunsch besteht, wird man sich zunächst mit einer Konisation begnügen und die Patientin sorgfältig kontrollieren. Dabei wird ein kegelförmiges Stück, das Portio und Zervikalkanal erfaßt, herausgeschnitten.

Bei den Stadien IA1 und IA2 werden im allgemeinen der gesamte Uterus und 1–2 cm Scheide entfernt. Es wird also die Totalextirpation + Scheidenmanschette ausgeführt.

Ab Stadium IB kommt die erweiterte Totalextirpation unter Mitnahme der regionären Lymphknoten in Frage. Diese Operation wird auch als Operation nach Wertheim-Meigs bezeichnet. Ob eine Telekobalt-Nachbestrahlung erfolgen muß oder vorsorglich durchgeführt wird, hängt vom histologischen Untersuchungsergebnis des Operationspräparates ab. In manchen Fällen, wenn das Karzinomwachstum schon weiter fortgeschritten ist oder wenn wegen internistischer Leiden das Operationsrisiko für die Patientin zu groß erscheint, erfolgt eine alleinige radiologische Behandlung. Dann werden lokal an der Zervix Kobalt-60-Einlagen appliziert und anschließend erfolgt eine Telekobalt-Nachbestrahlung. Nach erfolgter Primärbehandlung bleibt die Patientin mindestens 5 Jahre in Dispensairebetreuung. Es soll der weitere Verlauf kontrolliert werden, um bei eventuell nachfolgenden Komplikationen oder Rezidiven (Rückfall) rechtzeitig eingreifen zu können.

Korpuskarzinom. Es geht vom Endometrium, der Gebärmutterschleimhaut, aus. Am häufigsten tritt es um das 50. Lebensjahr herum auf. Befindet sich die Patientin bereits in der Menopause, liegt die letzte Regelblutung also länger als ein Jahr zurück, so macht es sich durch eine erneute, oft nur schwache Blutung nach der Menopause bemerkbar.

Etwa die Hälfte aller Postmenopausenblutungen sind durch ein Korpuskarzinom bedingt. Bei jeder Postmenopausenblutung wird eine Abrasio (Ausschabung) durchgeführt. Ergibt sich bei der histologischen Untersuchung des Abradates die Diagnose Korpuskarzinom, folgt die entsprechende Behandlung. Entweder werden Gebärmutter und Eierstöcke entfernt, oder es wird radiologisch behandelt. Dabei erfolgen Einlagen von Kobalt-60-Perlen in die Gebärmutter und anschließend eine Telekobalt-Nachbestrahlung. In manchen Fällen kommt auch eine medikamentöse Behandlung mit Gestagenen in Frage.

Da das Endometriumkarzinom relativ langsam wächst, sind die Heilungsaussichten gut.

Ovarialtumoren. Die Diagnose Ovarialtumor wird anhand des Tastbefundes gestellt, künftig vielleicht auch häufiger durch eine Ultraschalluntersuchung.

Etwa 30% aller Ovarialtumoren sind bösartig. Deshalb muß jeder Ovarialtumor operiert werden. Die Laparotomie (Eröffnung des Bauches) dient sowohl der Diagnose als auch der Therapie.

Die Ovarialtumoren sind von ihrem histologischen Aufbau und vom Grad ihrer Bösartigkeit her sehr unterschiedlich; deshalb existieren verschiedene Einteilungsschemata:

- Seröse Kystadenome sind kindskopfgroße oder noch größere Zysten mit soliden (festen) Anteilen, die in der Hälfte der Fälle bösartig werden können.
- Muzinöse Kystadenome können so groß werden wie ein schwangerer Uterus kurz vor der Entbindung. Sie sind mit schleimigen Massen (muzinös) angefüllt. Etwa 10% von ihnen werden bösartig.
- Das Arrhenoblastom ist ein Ovarialtumor, der männliche Hormone bildet und bei den Betroffenen zu Bartwuchs und tiefer Stimme führt.
- Die Granulosazelltumoren und die Thekazelltumoren bilden Östrogene. Sie rufen bei alten Frauen erneut Blutungen hervor. Aus dem Abradat ergibt sich die histologische Diagnose: Glandulär-zystische Hyperplasie.

Die Therapie der Ovarialtumoren besteht in erster Linie in der Operation und Entfernung der Tumoren. Bei älteren Frauen, um die es sich meist handelt, wird der zweite Eierstock mit entfernt. Auch wenn er mit bloßem Auge keine Veränderungen erkennen läßt, finden sich häufig histologisch in ihm bereits ebenfalls Erkrankungsanzeichen. Bei bösartigen Tumoren erfolgt eine Nachbehandlung mit

Zytostatika. Das sind Medikamente, die das Wachstum besonders der Krebszellen hemmen. In manchen Fällen kommt auch eine Telekobaltbestrahlung in Frage.

Scheidenkarzinom. Es tritt im allgemeinen jenseits der Menopause auf und macht sich bemerkbar durch Blutungen beim Geschlechtsverkehr oder durch spontan auftretende Blutungen. Die Behandlung richtet sich nach der Ausdehnung und dem Sitz des Tumors.

Tubenkarzinom. Es wird meist als Zufallsbefund erhoben, weil es keine charakteristischen Symptome macht. Es wird entweder als Verdickung getastet, oder es fällt durch Blutungen auf, wenn es uterusnah sitzt. Die Therapie besteht in Operation und nachfolgender Bestrahlung.

Vulvakarzinom. Es ist das Karzinom der sehr alten Frau. Obwohl die Hälfte der Vulvakarzinome auf dem Boden von Vorstadien, von Präkanzerosen, entstehen, kommen die indolenten (schmerzunempfindlichen) Greisinnen oft erst mit einem verschleppten Befund zur Behandlung. Über die Hälfte der Vulvakarzinome entstehen an den großen Schamlippen. Dort bildet sich ein roter Fleck, der juckt und näßt. Oder es bestand schon seit Jahren eine chronische Entzündung der äußeren Genitalorgane, an den Schamlippen und dem Kitzler (Clitoris), und auf diesem Boden entwickelt sich das Karzinom.

Die Behandlung erfolgt durch die operative Entfernung des Tumors (Vulvektomie) und der Leistenlymphknoten.

Tumoren der Brust. Bösartige Tumoren der Brust treten am häufigsten zwischen dem 40. und dem 50. Lebensjahr (in Ausnahmefällen auch früher) oder bei noch älteren Frauen auf. Sie sind nicht schmerzhaft! Meist sind sie als solitärer (einzelner) Knoten im äußeren unteren Quadranten der Brust zu fühlen. (Abb.)

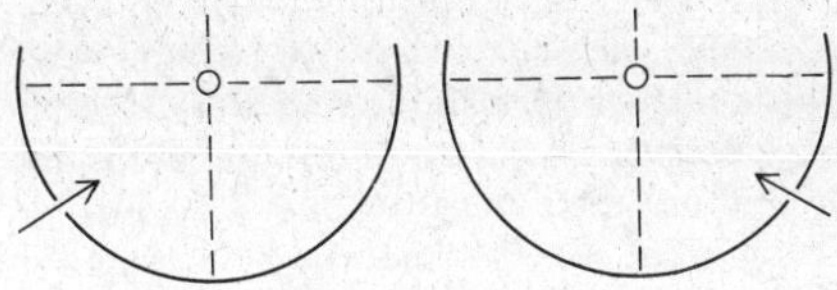

bei der Beurteilung wird die Brust in 4 Quadranten eingeteilt

Nicht jede an der Brust zu tastende Verdikkung muß eine Krebserkrankung sein. Gerade um die Wechseljahre herum findet man auch häufig das Krankheitsbild der Mastopathia cystica. Das ist eine Zystenbildung (meist sind es mehrere Zysten und an beiden Brüsten), die schmerzhaft ist, besonders kurz vor der Regelblutung. Diese Zysten werden größer und kleiner und mehr oder weniger schmerzempfindlich. Sie sind hormonabhängig.

Auch der Arzt hat manchmal Schwierigkeiten, beide Krankheitsbilder voneinander zu unterscheiden. Eine gewisse Klärung liefert die Mammographie, eine Röntgenaufnahme beider Brüste mit weichen Strahlen. Eine endgültige (sichere) Klärung der Diagnose ist durch die Probeexzision, das Herausschneiden eines kleinen Gewebsstückchens aus dem verdächtigen Gebiet, möglich. Dieses wird histologisch (feingeweblich) untersucht; diese mikroskopische Untersuchung ist eindeutig.

- Selbstuntersuchung der Brust (Abb.).

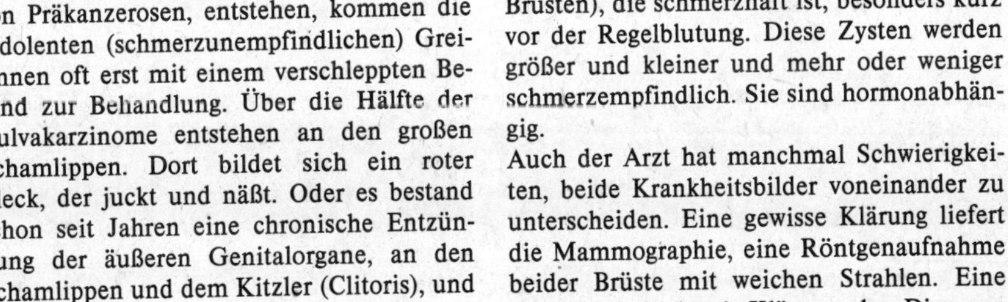

1, 2 *Beobachtung vor dem Spiegel,* 3 *Selbstuntersuchung bei hängender Brust*

Durch Selbstuntersuchung und Selbstbeobachtung, etwa monatlich einmal, kann die Frau ihre Brüste kontrollieren: Vor dem Spiegel achtet man mit gesenkten und dann mit angehobenen Armen darauf, daß beide Brüste gleich groß sind und die Haut in allen Bereichen schön glatt ist. (Eine Erscheinung wie bei einer Apfelsinenschale wäre verdächtig. Brüste, die schon immer ungleich groß waren und sich nicht verändern, sind unverdächtig, falls keine anderen Erscheinungen registriert werden.)

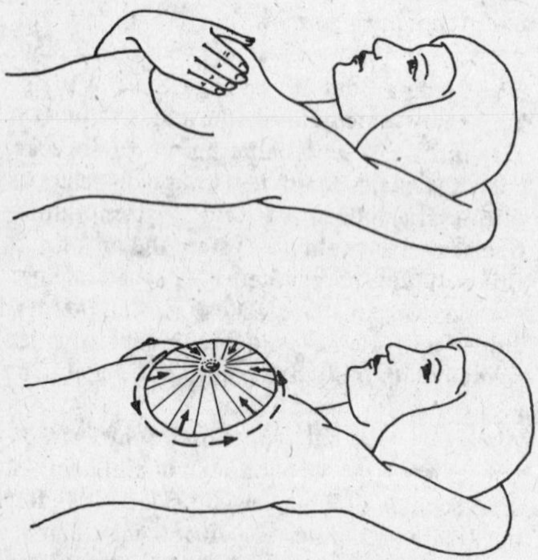

Selbstuntersuchung der Brust im Liegen

Danach wird die hängende Brust zwischen beide Hände genommen und abgetastet. Schließlich kann die Brust noch im Liegen abgetastet werden.

Sollte man auf irgendeine Knotenbildung stoßen, ist es ratsam, diesen Befund von einem Chirurgen oder einem Gynäkologen beurteilen zu lassen.

Frühzeitig erkannte Krebserkrankungen sind heilbar. Deshalb sollten verdächtige Befunde gleich ärztlich abgeklärt werden.

Da beim Tumor der Brust sowohl alle Erkrankungsfälle als auch alle Todesfälle meldepflichtig sind, ist erwiesen, daß die Erkrankungsfälle etwa dreimal so häufig sind wie die Todesfälle. Es ließen sich also etwa ⅔ aller Fälle heilen, weil sie rechtzeitig behandelt wurden.

Weltweit durchgeführte Untersuchungen haben ergeben, daß ein bestimmter Personenkreis mit einem erhöhten Risiko belastet ist. Das sind

- Schwestern oder Töchter von erkrankten Frauen
- ledige Frauen oder Frauen mit nur ein oder zwei Kindern
- Europäer mehr als Afrikaner oder Asiaten
- Frauen mit hohem Sozialstatus (fettreiche Nahrung?)
- Frauen mit einer Mastopathia cystica

Von 100000 Menschen der Bevölkerung sterben jährlich etwa 10–15 an Brustkrebs, in seltenen Fällen auch Männer.

Gutartige Tumoren und Zysten

Gutartige Tumoren der Vulva. Bei jungen Frauen, die unter hartnäckigem Ausfluß leiden (manchmal steckt auch eine Gonorrhoe dahinter), können warzenförmige Veränderungen an den äußeren Genitalien auftreten. Sie können über die ganze Vulva (Schamlippen, Klitoris) verteilt sein, bis in die Scheide hineinreichen und auch um den After herum auftreten. Wegen ihrer spitzen Form heißen diese Gebilde Kondylomata accuminata, die spitzen Kondylome. Sie sind nicht zu verwechseln mit den Kondylomata lata, den breiten Kondylomen, die bei der Syphilis auftreten. Die Therapie besteht in der operativen Entfernung.

Gutartige Tumoren der Scheide. Links oder rechts in der Scheide, meist in ihrem oberen Abschnitt, können Zysten auftreten. Sie sind ein Überbleibsel aus der frühen Embryonalentwicklung. Ursprünglich sind sowohl bei männlichen als auch bei weiblichen Wesen zwei Gangsysteme vorhanden, der Wolffsche Gang (auch Gartnerscher Gang genannt) und der Müllersche Gang. Aus dem rechten und linken Wolffschen Gang bilden sich die männlichen Genitalorgane, aus dem rechten und linken Müllerschen Gang die weiblichen. Das jeweils überflüssige Gangsystem bildet sich zurück. Hin und wieder bleiben Reste des Wolffschen bzw. Gartnerschen Ganges bestehen und machen sich als Gartner-Gang-Zysten bemerkbar. Sie können operativ entfernt werden.

Gutartige Tumoren am Uterus.

- Der Zervixpolyp ist eine Wucherung der Zervixschleimhaut und wird im Muttermund sichtbar. Er verursacht Ausfluß und Schmierblutungen. Mit einer Kornzange läßt er sich relativ leicht abdrehen. Eine histologische Untersuchung muß auch beim kleinsten Polypen angeschlossen werden, um keine bösartige Veränderung zu übersehen.

- Der Korpuspolyp ist ebenfalls eine Wucherung der Schleimhaut, hier des Endometriums. Er wird auch als Adenom der Gebärmutterschleimhaut bezeichnet. Symptome sind Blutungen, meist Postmenopausenblutungen, da meist ältere Frauen betroffen sind. Wegen der Blutung wird eine Ausschabung durchgeführt. Mit Hilfe der histologischen Untersuchung des Abradates kann ein Korpuspolyp diagnostiziert werden. Solche Polypen können rezidivierend (erneut) auftreten und auch karzinomatös entarten.
- Myom als gutartiger Tumor der Uterusmuskulatur s. Abschnitt Uterus myomatosus.

Gutartige Tumoren des Ovars. Am Ovar tritt eine Reihe gutartiger Tumoren auf. Da etwa 30 % der Ovarialtumoren bösartig sind, bleiben 70 % als gutartig bestehen. Unter den gutartigen Tumoren befinden sich unterschiedliche Zysten: Follikelzysten, Corpus-luteum-Zysten, Endometriosezysten u. a.; aber auch solide (feste) Tumoren können gutartig sein. Die Entscheidung darüber, ob ein Tumor gutartig oder bösartig ist, erbringt die histologische Untersuchung. Der Ovarialtumor oder die Ovarialzyste (Abb.) werden anläßlich einer Laparotomie (Bauchschnitt) entfernt. Gutartige Tumoren sind damit ausreichend behandelt.

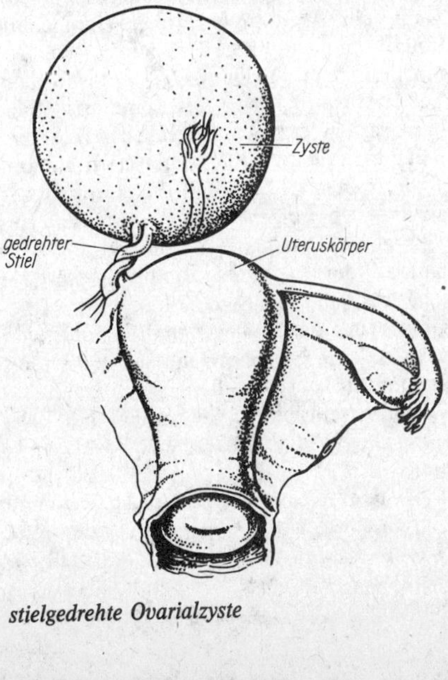

stielgedrehte Ovarialzyste

Körperpflege und Kosmetik

Körperpflege und Kosmetik bilden eine Einheit.
Körperpflege ist eine der Grundlagen zur Gesunderhaltung des Menschen. Sie schließt auch Lebensweise und Lebensäußerung ein: gesunde Ernährung, ausreichenden Schlaf, Gymnastik, körperliche Betätigung in frischer Luft sowie Mäßigung im Konsum von Genußmitteln (Alkohol, Nikotin, Kaffee). Dabei spielen Erfahrungswerte, Gewohnheiten, anerzogene Verhaltensweisen im Rahmen der Familie, des Arbeitsbereiches und der Gesellschaft eine Rolle. Körperpflege muß Lebensbedürfnis sein. Im weiteren Sinne bedeutet es das Anwenden natürlicher Mittel und kosmetischer Erzeugnisse in bekannter oder vorgeschriebener Form mit dem Ziel, die Haut und deren Anhangsgebilde sowie im weitestgehenden Sinne den Organismus günstig zu beeinflussen, im speziellen, die Funktionstüchtigkeit des Hautorgans zu erhalten und es in seinen vielfältigen Aufgaben zu unterstützen.

Die Haut

Sie umgibt den Organismus als schützende Hülle und sorgt durch ihren spezifischen Aufbau in Verbindung mit dem peripheren und dem Zentralnervensystem sowie dem Gefäßsystem für ein ausgewogenes Innen- und Außenmilieu. Bei voller Funktionstüchtigkeit des Hautorgans ist die Abwehrfähigkeit gegenüber Schadstoffen vieler Art von außen gut ausgeprägt. Gleichzeitig reguliert die Haut den Wärme- und Feuchtigkeitsgehalt durch Energiespeicherung und Abgabe von Schweiß, sorgt für den kapillaren Staudruckausgleich sowie die thermoregulatorische Blutstromverlagerung. In der Haut werden Blut, Fett, Wasser, Mineralien, Vitamine gespeichert, Talg und Schweiß ausgeschieden und abgestorbene Zellen abgestoßen. Die Haut reagiert auf Reize aller Art, ob sie

von außen auf die Haut auftreffen oder vom Inneren des Organismus kommen.
Das Aussehen der Haut ist ein Persönlichkeitsmerkmal durch das sichtbare Furchensystem, durch Vertiefungen (Poren), den Durchblutungsgrad, die Oberflächenglätte und -geschmeidigkeit und ihre Farbe. All das läßt Rückschlüsse auf den allgemeinen Gesundheitszustand zu; aber auch auf den Grad der Körper- bzw. Hautpflege.
Hauttypen werden nach der Oberflächenbeschaffenheit der Haut und nach der Funktionsfähigkeit der Talgdrüsen unterschieden. Talg und Schweiß sowie Zellstrukturen bilden eine schwach saure Emulsion, die auf der Hautoberfläche Schutzfunktion ausübt. Man spricht vom „Säureschutzmantel" der Haut.

● Normale Haut hält Talg- und Schweißabgabe sowie die Qualität des Talgs in normalen Schwankungsbreiten. Die Haut ist geschmeidig, glatt, elastisch und faltenfrei, widerstandsfähig gegenüber Umwelteinflüssen, wie Wärme, Kälte, Trockenheit, UV-Strahlen, mechanischen Belastungen, relativ gut widerstandsfähig gegenüber chemischen Einflüssen und mikrobieller Besiedelung. Der Porenstand ist mittelständig ausgeprägt, das Hautrelief ist fein. Die Hautfärbung ist geprägt vom Anteil der Pigmente und erscheint gleichmäßig getönt, in Verbindung mit dem Durchblutungsgrad rosig und frisch. Der Lipid-Wasser-Haushalt ist ausgewogen, die Haut zeigt gute Spannung. Anomalien sind nicht vorhanden.

● Fettige Haut erkennt man an der Überfunktion der Talgdrüsen. Je nach Konsistenz des Talgs (flüssig oder fest) kann das Gesicht ölig glänzend oder stumpf wirken. Die strukturelle Zusammensetzung des Talgs entspricht nicht den Normalwerten; neben der quantitativen besteht auch eine qualitative Fehlleistung der Talgdrüsen. Da ein vollwertiger Säureschutzmantel auf der Haut nicht gebildet wird, ist vermehrte mikrobielle Besiedelung möglich. Der Porenstand ist weit und trichterförmig; dadurch wirkt das Hautrelief vergröbert. Die Epidermis (Oberhaut) ist überwiegend verdickt; in Verbindung mit ungenügender Durchblutung wirkt die Eigenfarbe der Haut gelblich; es fehlt das frische Aussehen. Auf Grund der verstärkten Durchfettung der Oberflächenstrukturen gibt die Haut relativ wenig Feuchtigkeit ab, sie bleibt verhältnismäßig lange faltenfrei. Typische Anomalien der fettigen Haut sind Komedonen (Mitesser), Papeln (Knötchen) und Pusteln (Eiterbläschen). Komedonen bilden sich vorzugsweise in der Mittelzone des Gesichts, in der vorderen und hinteren Schweißrinne. Papeln bilden sich als Begleiterscheinung im Bereich der Komedonen. Der gestaute Talg in den Ausführungsgängen der Talgdrüsen übt Druck auf das Umgebungsgewebe aus, das Gewebe reagiert mit entzündlicher, druckschmerzhafter Knötchenbildung. Pusteln entstehen auf der Basis dieser entzündlichen Knötchen, die durch das Eindringen von Bakterien eitrig einschmelzen. Durch diese Anomalien wirkt die Haut unrein.
Die fettige, unreine Haut ist zumeist eine Pubertätserscheinung und auf eine Erkrankung der Talgdrüsen zurückzuführen. Treten die Erscheinungen gehäuft auf, ist fachärztliche Behandlung zu empfehlen. Ist lediglich die Komedonenbildung verstärkt, kann die Kosmetikerin durch das Herausdrücken der Komedonen und Nachbehandeln mit austrocknenden Masken gute Hilfe leisten.

● Trockene Haut entsteht bei Unterfunktion der Talg- und Schweißdrüsen; die Eigenfettung der Haut ist unvollkommen. Der Säureschutzmantel ist mangelhaft, so daß die Schutzfunktion herabgesetzt ist. Die natürliche Oberflächengeschmeidigkeit fehlt, die Haut neigt zur Rauhigkeit und Schuppenbildung, wenn die nötige Pflege fehlt. Der Porenstand ist fein und engständig, das Hautrelief wirkt ausgeglichen. Die Epidermis (Oberhaut) ist überwiegend dünnschichtig und läßt das Gefäßnetz durchschimmern; im fortgeschrittenen Alter sind die Gefäße klar sichtbar. In jungen Jahren wirkt die Haut sehr zart, pfirsichartig schön. Der Wasserhaushalt der Haut ist empfindlich gestört, sie neigt zu zeitiger Fältchenbildung. Jede Erregung wird durch fleckenhafte Röte (verstärkte Durchblutung) sichtbar. Besonders empfindlich reagiert diese Haut gegenüber Witterungseinflüssen. Sie verliert bei Belastung ihre Widerstandskraft und wird hochempfindlich.

● Mischhaut kann Erscheinungsformen und typische Merkmale von zwei oder drei Grundtypen (normal, fettig, trocken) aufweisen, wobei die Merkmale eines Hauttyps überwiegen. Die bevorzugten Bereiche blei-

ben aber konstant, d. h., daß beispielsweise die fettigen Areale im Zentrum, die trockenen dagegen in der Peripherie des Gesichts zu finden sind. Je nach vorherrschender Erscheinungsform des einen oder anderen Hauttyps wird die Haut behandelt.
Die typischen Erscheinungen eines Hauttyps treten zwar an allen Körperflächen auf, doch ist es z. B. durchaus möglich, daß die Kopfhaut stark fettig, die Gesichtshaut eine Mischhaut und die Körperhaut normal ist.
Sonstige Hauterscheinungen. Unabhängig vom Hauttyp können sich Flecke unterschiedlicher Art, Form, Farbe und Größe in der Haut befinden. Muttermale (Naevi) pigmentiert, hautfarben und behaart, Milien (Hirsekorn, Hautgrieß), Alterswarzen, Überbehaarung können sehr störend sein. Die Betroffenen sollten sich bei solchen Erscheinungen an eine Kosmetikerin wenden. Das Entfernen bestimmter Anomalien nimmt der Hautarzt vor.

Die Reinigung

Waschen, Duschen und Baden sind Maßnahmen der Wasseranwendung im Sinne der Gesunderhaltung. Morgens und abends ist die Hautoberfläche von allen belastenden Substanzen – mit viel Wasser und einem geeigneten kosmetischen Reinigungserzeugnis – zu befreien. Es können Toilettenseifen (organische Tenside), flüssige schäumende Reinigungsmittel (synthetische Tenside), Reinigungsmilch (Öl-in-Wasser-Emulsion; O/W Emulsion), Reinigungscreme (Wasser-in-Öl-Emulsion; W/O Emulsion) und Badeöle (wasserfreie hydrophile Öle) benutzt werden.
Von den Toilettenseifen sind überfettete Baby- und Kinderseifen für die trockene Haut geeignet, für fettige können antiseptische und für die normale Haut alle anderen Seifen verwendet werden. Die Verträglichkeit muß ausprobiert werden. Bei den Emulsionen ist beim Kauf darauf zu achten, ob sie für trockene, fettige oder normale Haut geeignet sind, ebenso bei Tensiden (waschaktive Substanzen) oder Ölen. Entstehen Spannungsgefühle, Röte der Haut oder Juckreiz nach der Anwendung eines Erzeugnisses, ist es unverzüglich abzusetzen.
Waschen. Ob mit den Händen, Seifentuch, weicher Bürste, oder Schwamm gewaschen wird, hängt von den Gewohnheiten ab. Am günstigsten ist das Waschen mit den Händen. Das Seifentuch muß möglichst täglich gewechselt, Schwämme und Bürsten müssen öfter mit einer Desinfektionslösung gründlich gesäubert werden. Bei entzündlicher Knötchen- und Pustelbildung auf der Haut sind Schwämme und Bürsten nicht zu verwenden.
Der Körper wird – das Gesicht gesondert – systematisch von oben nach unten gewaschen. Dabei ist besonders auf die Bereiche zu achten, die in der Regel stärker schwitzen und wo Haut auf Haut liegt. Hier ist durch das Entstehen eines ständig feuchten Milieus verstärkte bakterielle Besiedelung möglich. Unangenehmer Geruch entsteht durch Stoffwechselabbauprodukte und Zersetzung des Schweißes in den Achselhöhlen, an den Genitalpartien und den Füßen. Die Frau schwitzt intensiver während der Menstruation; besondere Sorgfalt beim Waschen (z. B. mit desodorierender Seife, antiseptischen Mitteln oder speziellen Waschölen) ist in dieser Zeit unbedingt nötig. Sind alle Reinigungsmittel von der Haut mit viel warmem Wasser entfernt, wird kühl nachbehandelt und trockenfrottiert. Die kritischen Zonen dürfen nicht feucht bleiben, sonst kann es sehr leicht zu Reibungen und danach zu Hautreizungen kommen. Pudernachbehandlung sorgt für ein trockenes Milieu; Puder saugen die von der Haut abgegebene Feuchtigkeit auf, lästige Geruchsbildung kann weitgehend verhindert werden. Puder und sonstige Desodorantien dürfen nur auf die gut gereinigte und trockene Haut aufgebracht werden.
Duschen können alle Altersgruppen; besonders empfehlenswert ist es aber für die alternde Frau. Neben dem thermischen Reiz (Man duscht sich von unten nach oben in der Reihenfolge: rechtes und linkes Bein, rechter und linker Arm, Rumpf.) ist es der mechanische durch den Wasserstrahl ausgeübte Druck auf die Hautoberfläche, der eine gute Durchblutung einleitet. Die Druckintensität kann beim Duschen gesteuert werden, so daß empfindliche Hautbereiche mit weicher Brause, weniger empfindliche Areale mit harter Brause behandelt werden. Die Säuberung der Haut erfolgt durch den Waschprozeß, die Nachbehandlung mit

wechselwarmer Dusche (zuletzt kühl), und anschließendem Frottieren, bis die Haut trocken und gut durchblutet ist. Wechselwarmes Duschen fördert die Widerstandskraft gegenüber Erkältungskrankheiten. Geduscht wird auch während der Menstruation, wobei „Dauerduschen", zu harter Wasserstrahl und extreme Temperaturen zu vermeiden sind. In der Duschkabine wird stehend oder auf einem Hocker sitzend, geduscht. In der Badewanne kann stehend, kniend oder sitzend geduscht werden. Das Duschen im Sitzen hat den Vorteil, daß die entlasteten Beine systematisch von den Zehenspitzen bis zum Oberschenkel mit kreisend geführter Brause bearbeitet werden können.

Baden ist ein Vergnügen und ein „Fest" für den Körper. Eine Regel für die Häufigkeit des Badens gibt es nicht. Es kann sich durchaus als notwendig erweisen, daß täglich gebadet werden muß. Allerdings sollte ein täglich durchgeführtes Reinigungsbad die Zeit von 5–7 Minuten nicht überschreiten. Der Verschmutzungsgrad, Badegewohnheiten und das Bedürfnis zum Baden bestimmen die Häufigkeit. Der Zweck des Badens ist entscheidend. Die Wassertemperatur liegt beim Reinigungsbad bei etwa 35 °C, etwas unter der Kerntemperatur des Organismus. Beim Baden wird zuerst gewaschen, dann werden die Reinigungsmittel badend entfernt, kurz kühl geduscht und der Körper kräftig trokkenfrottiert.

Erfrischungsbäder sind geringfügig untertemperiert, sie werden kurzzeitig angewendet. Beruhigende Bäder, im Hauttemperaturbereich, können bis zu 30 Minuten ausgedehnt werden. Ein erwärmendes Vollbad, mit langsamem Temperaturanstieg bis 39 °C, fördert die Durchblutungsverhältnisse, wird auch bei Unterkühlungen angewendet und kann 15–20 Minuten dauern. Warme Bäder werden immer mit einer kühlen bis kalten Nachbehandlung abgeschlossen.

Badezusätze unterstützen die Wirkung des Wassers, der Durchblutungsgrad wird erhöht. Zum Reinigen werden üblicherweise Toilettenseifen (Hauttyp beachten) ohne weitere Zusätze verwendet. Zur angenehmen Belebung der Haut können Duftschaumbäder, Cremeschaumbäder, parfümierte Badesalze verwendet werden. Soll die Haut durchblutet werden, so eignen sich dazu sprudelnde Badesalze, Badeessenzen, Kräuterextrakte und andere Kräuterauszüge. Badezusätze in Form von Tee und Abkochungen oder als Kräuterbeutel können selbst hergestellt werden; allerdings ist der Drogenaufwand dafür sehr hoch. Fertigerzeugnisse sind exakter in ihrer Wirkung und unkomplizierter anzuwenden. Die Haut nimmt während des Badens feinste Partikel der Badezusätze oberflächlich auf. Mit dem nachfolgenden Abbrausen werden sie nicht restlos entfernt. Sie verbleiben im Hautrelief und wirken wie Signale (z. T. noch nach Stunden), verursachen starke oder weniger starke Durchblutungseffekte und lösen Nachschwitzen aus. Aus diesem Grunde sollten nervöse Frauen, die unter Schlafstörungen leiden, keine stark erregenden Zusätze verwenden und eine Badezeit von 10 Minuten nicht überschreiten. Ein Bad mit der üblichen Temperatur, ohne Badezusätze und kurz vor dem Schlafengehen kann schlaffördernd wirken.

Der Körper ist nach jedem Bad warmzuhalten und die Haut mit einer pflegenden Emulsion zu versorgen. Das gilt besonders für trockene und schuppige Körperhaut. Pflegemittel werden dünn aufgetragen und massierend verstrichen, bis sich die Haut trocken anfühlt. Alle angebotenen Emulsionen oder Balsame sind ähnlich aufgebaut, die Differenzierung liegt im Duft: blumig, frisch, herb, fruchtig oder phantasievoll und raffiniert. Die Frau soll sich in der von ihr gewählten Duftrichtung wohlfühlen, aber darauf achten, ob sich durch die körpereigenen Ausdünstungen eine mögliche Duftveränderung bemerkbar macht. Das Pflegemittel müßte dann gewechselt werden, denn unangenehme Gerüche belasten die Trägerin und die unmittelbaren Kontaktpersonen.

Sauna. Zu diesem finnischen Bad hält man sich etwa 20 bis 30 Minuten in einem Raum mit heißer (bis zu 90 °C), relativ trockener Luft auf, deren Luftfeuchtigkeit kurzfristig durch Übergießen heißer Steine erhöht wird. Zwischendurch kann der Körper mit Birkenreisig „massiert" und mit kaltem Wasser übergossen werden.

Nach mehrmaligem Wechsel beendet eine kalte Dusche oder ein kurzer Aufenthalt im Tauchbecken bzw. Freibad die Prozedur. Ein Bad in der Sauna wirkt kräftigend, abhärtend und stoffwechselanregend: Atmung und Blutzirkulation verbessern sich. Anzahl, Dauer und Häufigkeit richten sich nach dem

Gesundheitszustand des einzelnen; auf jeden Fall sollte vorher ein Arzt konsultiert werden.

Massage. Zur besseren Durchblutung bzw. zum Kreislauftraining kann jede Hautreinigung mit einer Massage verbunden werden: mit den Händen, dem Schwamm, dem Frottiertuch, der Bürste oder dem elektrischen Massagegerät. Bürstenmassage gleich am frühen Morgen sollte immer nach dem gleichen Schema vorgenommen werden: rechtes Bein, rechter Arm (stets vom Fuß bzw. der Hand ausgehend), linkes Bein, linker Arm, Hals, Nacken, vordere Körperpartien, Rücken. Empfindliche Stellen (weibliche Brust, Krampfadern bzw. stark sichtbare Venen) sollten dabei ausgespart werden. Gebürstet wird stets dem Herzen zu mit kreisförmigen Bewegungen.

Pflege des Gesichts

Reinigung des Gesichts. Die Gesichtsreinigung wird gesondert durchgeführt. Überwiegend werden andere Reinigungsmittel als für den Körper verwendet.

- Bei normaler Haut wird mit Toilettenseife oder einer Reinigungsemulsion dem Hauttyp entsprechend das Gesicht gesäubert. Je nach Verschmutzungsgrad wird die Wassertemperatur lauwarm bis warm gewählt, kühl bis kalt wird nachgespült.

Eine Nachbehandlung mit einem für den jeweiligen Hauttyp deklarierten Gesichtswasser kann durchgeführt werden; sie dient hauptsächlich der Erfrischung.

- Die fettige Haut wird beim Waschen mit waschaktiven Substanzen, Reinigungsemulsionen (Milch oder Creme für fettige Haut) und viel Wasser gesäubert. Die Wassertemperatur kann gut warm sein, kühles Nachbehandeln ist erforderlich. Als intensive Reinigungsmaßnahme (bei starker Komedonenbildung) ist ein Gesichtsdampfbad vorzunehmen. Dazu ist eine nicht zu große Schüssel geeignet. Siedendes Wasser mit einem Kräuterextraktzusatz von Kamille oder anderen durchblutenden Drogen wird in die Schüssel gegeben und das Gesicht 7–10 Minuten bedampft. Soll der Dampf das Gesicht konzentriert treffen, können Kopf und Gefäß mit einem Frottiertuch abgedeckt werden. Das sich auf der Gesichtshaut niederschlagende Kondenswasser säubert porentief, durch die konzentrierte feuchte Wärme wird die Oberhaut weich. Der in den Follikeln befindliche Talg und die sich daraus gebildeten Komedonen können nach dem Dampfbad leichter und schmerzloser herausgedrückt werden. Die fettige Haut benötigt nach der einfachen Reinigung (oder als Abschlußbehandlung nach dem Entfernen der Komedonen) zusätzliche Nachreinigung mit alkoholhaltigem Gesichtswasser: Mit diesem wird ein Wattebausch getränkt und das Gesicht systematisch abgerieben. Restfette aus den Poren werden dabei entfernt, gleichzeitig wird die Durchblutung der Gesichtshaut durch den Wirkstoffgehalt des Gesichtswassers angeregt und der Säureschutzmantel der Haut stabilisiert.
- Die zur Empfindlichkeit neigende trokkene Haut wird mit Reinigungsmilch und Wasser gereinigt. Die Wassertemperatur darf nur handwarm sein, auch bei stärker verschmutzter Haut. Gegebenenfalls wird die Reinigung wiederholt. Ist die Haut sauber, wird kühl (nicht eiskalt) nachgespült, drucklos mit einem weichen Tuch trockengetupft. Jedes Ziehen und Überdehnen der Haut ist zu vermeiden. Alkoholhaltige Gesichtswässer sollten nicht angewendet werden, da die Reizung für die trockene Haut zu stark wäre.

Gesichtsmasken. Einmal in der Woche sollte als Zusatzbehandlung eine Gesichtsmaske aufgelegt werden. Auch die Mädchen und Frauen, die kosmetische Behandlung in Anspruch nehmen, sollten jeweils in den behandlungsfreien Wochen eine Maskenbehandlung einplanen. Es gibt Fertigmasken für jeden Hauttyp; die Anwendung ist einfach.

Das Gesicht wird gesäubert und die Haut mit warmem Wasser oder Kompressenauflagen gut durchwärmt. Die Maskencreme wird mit den Fingerspitzen messerrückendick auf das Gesicht, den Hals (bei Notwendigkeit auch auf das Dekolleté) aufgetragen. Augen, Nasenöffnungen und Mund bleiben frei. Die Augen werden mit einem in Augenwasser getauchten Wattebausch abgedeckt. Die Maske soll annähernd 20 Minuten auf dem Gesicht verbleiben. Während der Einwirkungszeit wird Ruhestellung (bequem liegend oder im Sessel halb liegend, mit hochgelagerten Beinen) eingenommen. Entfernt wird die Maske mit lauwarmem Wasser. Es wird kühl nachgespült und das Gesicht drucklos trocken getupft.

Der Gesichtshaut wird mit dieser Behandlungsmethode Feuchtigkeit und Fett zugeführt. Die in der Maske enthaltenen Wirkstoffe üben entweder durchblutende (bei fettiger, ungenügend durchbluteter Haut) oder beruhigende (bei trockener, leicht erregbarer Haut) Wirkung aus. Wirkstoffe können auch Anregung für die Zellregeneration sein.

Mit diesen Zusatzbehandlungen kann schon in jungen Jahren begonnen werden, nicht erst, wenn Alterungsmerkmale sichtbar werden. Andererseits ist es für den Beginn niemals zu spät.

Das Fertigerzeugnis ist in jedem Fall einer selbstgefertigten Maske vorzuziehen, denn Trägersubstanzen und Wirkstoffe sind der angestrebten Wirkung entsprechend genau aufeinander abgestimmt. In der selbstgefertigten Maske laufen nicht kontrollierbare chemische Reaktionen ab, die evtl. der Haut nicht bekommen. Vertretbare Grundlagen zur Behandlung fettiger Haut sind Heilerde, Bolus alba und Fango. Mit warmem Wasser zu einem dicken Brei verrührt, besitzen sie entfettende Wirkung. Wirkstoffzusätze für die genannten Grundlagen sind mit der Kosmetikerin zu besprechen; sie richten sich nach dem Hautbefund. Bei sehr unreiner Haut ist für die Zusammensetzung der zu Hause zu verwendenden Masken der Hautarzt zu konsultieren. Eigenexperimente könnten das Hautbild verschlechtern.

Hautpflegecremes. Tagsüber und über Nacht wird die Haut mit einer pflegenden Creme versorgt. Cremes vom Typ O/W-Emulsion sind für die fettige Haut zu verwenden. Für die trockene Haut werden Emulsionstypen mit sehr speziellen Wirkstoffen hergestellt, denn der trockenen Haut fehlt nicht nur das normale Maß an Eigenfettung, sondern gleichzeitig ist der Feuchtigkeitshaushalt gestört. Je weniger die Talgdrüsen produzieren, um so mehr Feuchtigkeit wird aus den Hautstrukturen an die Umwelt abgegeben. Mit einer gut zusammengesetzten O/W-Emulsion werden Fett- und Wasserhaushalt der Haut reguliert. Regulieren heißt in diesem Falle nicht, einen Dauererfolg zur Normalisierung der Talgdrüsentätigkeit zu erreichen, sondern – bei Dauergebrauch der entsprechenden Cremes und täglicher Pflege – auf der Haut ein annähernd normales Milieu künstlich zu schaffen. Das Angebot pflegender Cremes für die trockene Haut ist viel umfangreicher als das für die fettige Haut. (Der Anteil der Frauen mit trockener Haut ist auch wesentlich größer.) Fettige Haut findet sich öfter bei Jugendlichen und jungen Frauen. Die Verringerung des Talgausstoßes kann mit 18–20 Jahren einsetzen; mit 28–30 Jahren haben nur noch einige wenige Frauen eine stark fettige Haut.

Cremes für die fettige Haut werden angewendet zum Schutz vor Schadstoffen, zur Stabilisierung des Säureschutzmantels und (durch spezifische Drogenzusätze) zur Stimulierung von Abheiltendenzen. Bei Cremes für die trockene Haut ist der Wirkstoffeinsatz so gewählt, daß neben der Regulierung des gestörten Fett-Wasser-Haushalts die individuelle Empfindlichkeit der Haut berücksichtigt werden kann. Die trockene Haut reagiert sehr unterschiedlich auf Wirkstoffkomplexe; dabei ist bei der Wahl der Cremes außerdem noch auf die Altersgruppierung zu achten. Wichtig ist, daß jede Frau ihren Hauttyp kennen muß, um stets die richtige Creme anwenden zu können.

Die Cremes werden auf das vorher gesäuberte Gesicht dünn aufgetragen. Bei fettiger Haut wird massierend verteilt, bei trockener zart und drucklos verstrichen. Um die Augenpartie muß das immer drucklos streichend oder zart verklopfend vorgenommen werden. Der Halsbereich ist in die Cremebehandlung einzubeziehen. Niemals ist eine dicke Cremeschicht aufzutragen. Reicht eine Behandlung (z. B. bei trockener Haut) nicht aus, wird sie wiederholt. Als Tagescremes bezeichnete Cremes können nur tagsüber getragen werden. Als Nachtcremes ausgewiesene können, wenn sie keinen starken Fettglanz auf der Haut hinterlassen, Tag und Nacht angewendet werden. Bei Mischhaut ist auf die Tendenz zu einem bestimmten Hauttyp hin zu achten. Tendiert sie zur fettigen Haut, wird sie wie die fettige versorgt, mit Tendenz zur trockenen Haut wie die trockene. Für die normale Haut gibt es Cremes für die normale bzw. normale bis trockene Haut.

Überalterte Cremes (ranzig, gegoren oder schimmelig) dürfen nicht mehr zur Pflege verwendet werden, auch nicht zur Hand- oder Fußpflege.

Pflege alternder Haut. Altern ist ein natürlicher biologischer Prozeß, der in seiner Gesamtheit im Leben eines jeden Menschen akzeptiert werden muß. Bei der Frau spielt der Begriff „Altern" sicher eine besondere Rolle, wenn sichtbare Alterserscheinungen zeitig beginnen. Das vorzeitige Altern kann eingeleitet werden durch physische und psychische Überbelastung, Unterernährung, gestörte Funktionstüchtigkeit einzelner oder mehrerer Organe mit den Folgen von Regulations- und Stoffwechselstörungen vieler Art und nach operativen Eingriffen; ständige Schadstoffeinflüsse beeinflussen das vorzeitige Altern ebenfalls.

Die Haut verliert an attraktivem Aussehen; die Eigenfarbe wechselt vom frischen Rosigen ins Fahl-Gelbliche. Gefäßerweiterungen werden sichtbar im Wangenbereich mit Ausbreitung zu den Nasenflügeln, am Kinn und oft am Dekolleté auf Grund der typischen Atrophie der Haut. Das Faltenrelief verstärkt sich zunehmend. Pigment- und Verhornungsstörungen sind typisch im Gesicht und am Rumpf. Die Talgdrüsen degenerieren weitgehend, die Haut wird extrem trocken. Bei vorzeitig alternder Haut können aber durch gute Pflege viele kleine Altersmerkmale reduziert werden.

Die Säuberung der alternden Haut wird mit milden Reinigungsmitteln (nicht mit Seife) vorgenommen. Gesichtswässer werden nicht verwendet. Besteht das Bedürfnis nach Erfrischung, wird das Gesicht mit kaltem Wasser behandelt.

Spezialpflegecremes werden morgens und abends, bei Bedarf auch im Laufe des Tages, aufgetragen. Die Cremes werden mit den Beugeseiten der Finger eingeklopft, systematisch vom Unterkieferrand zum Jochbein, um die Augen, auf der Stirn, an den Nasenflügeln. Kinn und Hals werden kreisendstreichend behandelt. Das feine Klopfen ist regelmäßig täglich vorzunehmen, alle Hautschichten werden dabei gut durchblutet, die Zellregeneration wird gefördert. Spezialcremes sind Emulsionen mit Zusätzen wie Vitamine, Hormone, plazentare Bestandteile, Feuchthaltefaktoren, hochwertige Öle u. a.

Für die einmal in der Woche aufzutragende Maske werden Spezialcremes verwendet. Zum Fördern der Durchblutung kann Rotlicht während der Einwirkungszeit der Maske eingesetzt werden. Die Haut wird noch günstiger beeinflußt, wenn auf die Maskenauflage warme, feuchte Kompressen aufgelegt werden. Die Spezialmaske und die feuchtwarme Auflage bleiben 20 Minuten auf dem Gesicht, dann wird die Maske mit der Kompresse entfernt, das Gesicht kühl abgespült und neu mit einer Creme versorgt. Falten sind nach einer Behandlung dieser Art nicht mehr so stark sichtbar, denn die Feuchtigkeit hat die Hornschicht geringfügig zum Quellen gebracht; die anschließende Versorgung mit Creme bewirkt eine verzögerte Abgabe der aufgenommenen Feuchtigkeit, die Fettsubstanzen glätten zusätzlich.

Augenfältchen. Ursachen der ersten auffälligen Fältchenbildung können extrem trokkene Haut, das beim Nachlassen des Sehvermögens leichte Zusammenziehen der Augenlider, aber auch zur Gewohnheit gewordenes Blinzeln sein.

Ist die Ursache gefunden, sollten die auslösenden Faktoren ausgeschaltet werden. Die trockene Haut kann beispielsweise gezielt behandelt werden. Durch das Tragen einer formschönen Brille mit den richtigen Gläsern brauchen die Lider Entfernungen nicht mehr auszugleichen, das Sehen geschieht ohne Zwangsfalten. Auch das Blinzeln kann man sich mit einiger Selbstkontrolle und Energie abgewöhnen.

Die Tiefe der Fältchen wird optisch durch leichtes Fetten gemildert. Um das Auge kreisend wird die Fettcreme mit den Fingerspitzen verteilt, sie müssen gut auf der Haut gleiten können. Dabei kann die Creme relativ nahe an das Auge herangebracht werden, sie darf aber niemals Kontakt mit der Schleimhaut bekommen. Nach fünfminütiger Behandlung wird der Cremeüberschuß sorgfältig mit weichem Zellstoff entfernt.

Mundfältchen. Sie treten in der Regel erst im sechsten Lebensjahrzehnt auf, können aber durch verkrampfte mimische Muskulatur schon früher sichtbar werden. Dauerspannung mancher Muskeln führt zum Muskelschmerz, der sich dann im Gesicht durch Dauerspannung der mimischen Muskulatur widerspiegelt (Vertiefung anatomischer Falten und Ausprägung der Fältchen um den Mund). Auch ein fehlerhaftes Gebiß kann die Fältchenbildung beschleunigen. Hauptursache aber ist das normale biologische Altern. Die muskuläre Unterlage, die Fülle der Lippen schwindet allmählich, und die Fältchen vertiefen sich. Im ersten Fall werden die auslösenden Faktoren kaum beseitigt werden können. Eine Gebißsanierung aber kann ein gutes kosmetisch-ästhetisches Ergebnis bringen. Das ist für die Frau besonders wichtig, weil sich das Aussehen zum Normalen hin verändert. Eine Vertiefung des Faltenbildes kann durch aktive Spannungs- und Entspannungsübungen hinausgezögert werden.

- Spannungs- und Entspannungsübungen für die Lippen. Die Lippen werden 3–5 Sekunden mit viel Spannung aufeinander gepreßt, dann wird die Spannung blitzschnell gelockert.
- Der Mund ist mit Spannung wie zum Pfeifen zu spitzen, 3–5 Sekunden die Spannung zu halten, dann plötzlich zu entspannen. Jede Übung ist im Wechsel 10mal zu wiederholen.
- Die geschlossenen Lippen werden mit Daumen und Mittelfinger beider Hände gefaßt und geknetet; damit wird eine gute Durchblutung der Lippen erreicht.
- Die unmittelbare Mundumgebung (Mundringmuskel) wird mit den Mittelfingern bei leicht geöffnetem Mund mit einer Fettcreme (kleine Kreise ziehend) massiert.

Dieses Miniprogramm kann ohne großen Zeitaufwand täglich ausgeführt werden.

Halsfalten. Ringfalten (einfach oder mehrfach im Halsbereich) sind häufig anlagebedingt. Sie sind im Babyalter stark, im jugendlichen Alter gering und im Erwachsenenalter (bedingt durch Gewichtszunahme) stärker ausgeprägt. Überwiegend finden sich Halsfalten bei den pyknischen (kleineren, gedrungenen, molligen) Typen. Ringfalten entstehen aber auch durch Zwangshaltung des Kopfes bei der Arbeit (z. B. ständige Neigung nach vorn). Fältchenbildung im gesamten Halshautgebiet zeigt sich nach extremer Gewichtsabnahme innerhalb eines kurzen Zeitraumes. Die Ursachen können Erkrankungen sein oder auch der Gewaltversuch, in kürzester Zeit schlank zu werden. Letztlich ist es der Alterungsprozeß der Haut, der im Halsbereich besonders stark sichtbar wird. Als Folge der Atrophie (Verdünnung aller Gewebeschichten) wird die Oberhaut zu weit; sie legt sich in abhebbare Falten. Die Spannung des Halshautmuskels geht verloren; die Haut wird fett- und wasserarm.

Die Ringfaltenbildung familiären und arbeitsbedingten Ursprungs kann im Fortschreiten ihrer Vertiefung mit regelmäßiger Gymnastik etwas aufgehalten werden: bewußtes Strecken des Halses und Rückwärts-in-den-Nacken-Legen des Kopfes mit kleinen wippenden Bewegungen; den Kopf seitlich rechts und links auf die Schultern legen (im Wechsel); Drehbewegungen mit dem Kopf links und rechts herum; Wenden des Kopfes, in Form des Über-die-Schulter-Schauens, im Wechsel nach links und rechts. Jede Übung ist täglich 10mal auszuführen.

In allen Fällen der Fältchenbildung und bei Ringfalten sind kreisförmig ausgeführte zarte Streichungen auf der vorher gefetteten Halshaut (Hals leicht gestreckt halten) fältchenmildernd.

In die tägliche Gesichtspflege ist der Hals ständig einzubeziehen; die Haut muß immer geringfügig gefettet sein. Wechselwarme Waschungen oder Kompressenauflagen fördern die Durchblutung.

Pflege des Intimbereiches

Die Notwendigkeit der täglichen sorgfältigen Säuberung des Intimbereiches ist zu allen Zeiten, in jedem Alter unbedingte Voraussetzung, um sich wohlzufühlen und lästiger Geruchsentwicklung vorzubeugen.

Zu Beginn der Pubertät, wenn der Menstruationszyklus beim jungen Mädchen einsetzt, ist ihm diese Pflege als besonderer hygienisch-pflegerischer Schwerpunkt nahezubringen.

Mit handelsüblichen Körperreinigungsmitteln bzw. speziellen Reinigungs- und Pflegeerzeugnissen für die intimen Zonen werden Genital- und Analbereich, unter Verwendung von warmem Wasser sorgfältig gewaschen. Mit der Brause werden alle Rückstände der kosmetischen Erzeugnisse entfernt. Beim Waschen ist darauf zu achten, daß Reinigungserzeugnisse nicht in die Vagina eindringen. Anschließend wird die Haut mit weichen Frottiertüchern getrocknet. Frauen, die im Genital-Anal-Bereich stärker schwitzen, pudern mit einem unparfümierten Körperpuder (Kinderpuder) die Haut. Macht sich aber in diesem Bereich verstärkt Trockenheit und Spannung nach dem Waschen bemerkbar, so ist geringfügiges Einfetten der Haut mit einem Babyöl angebracht. Störende Trockenheit und Spannung tritt häufig bei Verwendung von Toilettenseifen auf; gegebenenfalls ist dann ein spezielles Reinigungsmittel für den Intimbereich zu verwenden. Diese Erzeugnisse sind mit Auffettern ausgerüstet und sorgen für größere Geschmeidigkeit der empfindlichen Hautbereiche. Seifentücher müssen täglich gewechselt werden. Vom Verwenden von Schwämmen zum Waschen des Intimbereiches ist abzuraten; sie müßten aus hygienischen Gründen regelmäßig ausgekocht werden.

Kosmetik im Krankenbett

Hygienisch-pflegerische Maßnahmen während der Zeit der Erkrankung tragen wesentlich zum Wohlfühlen und zur Förderung der Genesung bei. Je nach Schwere der Erkrankung, der Fähigkeit des Aufstehens bzw. Sitzens, können die Behandlungen von der kranken Frau selbst ausgeführt werden. Ob liegend, sitzend oder stehend gewaschen wird, ist vom Zustand der Patientin abhängig. Gesicht, Hals, Ohren, obere Extremitäten, Rumpf, Intimbereich und untere Extremitäten sollten möglichst 2mal täglich gewaschen werden. Bei extremer Bewegungsbehinderung der Patientin muß eine zweite Person teilweise oder ganz die Aufgabe übernehmen.

Zum Waschen sind vorwiegend Reinigungsemulsionen oder Waschöle einzusetzen, aber auch die Anreicherung des Waschwassers mit einer geringen Menge an Badeerzeugnissen (schäumende Tenside) ist möglich. Nach dem Waschen, mit besonderer Beachtung der Schwitzzonen und wo Haut auf Haut liegt, wird die Haut getrocknet. Zu beachten ist dabei der Empfindlichkeitsgrad der Haut. Die Schmerzschwelle an kranken Tagen ist häufig sehr niedrig, so daß die Empfehlung des kräftigen Frottierens zur stärkeren Durchblutung der Körperhaut selten realisiert werden kann. Der Abtrocknungsprozeß richtet sich nach dem Empfindlichkeitsgrad der Haut. Damit die Geschmeidigkeit der Körperhaut erhalten bleibt, ist eine Nachbehandlung mit Körperlotionen möglich. Zum Abschluß sollen Schwitzbereiche und bei Bettlägerigen alle Auflagestellen gepudert werden. Bei längerer Bettlägerigkeit ist es ratsam, den Rücken vor dem Pudern mit Franzbranntwein einzureiben. Die Oberfläche der Haut wird stabilisiert, die Durchblutung angeregt und Wundliegen von Rücken und Gesäß weitgehend vermieden.

Gesicht und Hals werden mit den gewohnten Pflegemitteln versorgt. Die Behandlung der Haut mit Pflegecremes ist während der Erkrankung nicht zu vernachlässigen. Die Widerstandskraft der Haut ist während der Erkrankung und im Zeitraum der Rekonvaleszens niedrig. Der Organismus benötigt seine gesamten Abwehrpotenzen für die Heilung der Erkrankung. In diesem Zeitraum werden Haut, Nägel und Haare unvollkommen ernährt, die Folge ist dann Rauhigkeit, Schuppenbildung und fahles Aussehen der Haut. Regelmäßige Handpflege, Sauberhalten der Hände und Fingernägel sowie das Kürzen der Nägel einmal in der Woche und das Anwenden von Handpflegecremes gehören genauso zum Hygieneprogramm wie die Fußpflege in Form des Kürzens der Zehennägel.

Im Krankenbett sind auch die Haare zu pflegen. Sie werden mehrmals am Tage gebürstet und gekämmt. Bei längerem Kranksein ist das Haarewaschen notwendig. Von einer Zweitperson muß das Haar gewaschen und gründlich gespült werden. Nach dem Frottieren wird es in Form gekämmt und trocken geföhnt. Trocknen kann man auch mit einem Rotlichtstrahler. Ist beides nicht vorhanden, werden angewärmte, flauschige Tücher um das Haar geschlungen und öfter gewechselt, bis das Haar völlig trocken ist.

Angenehmer Duft soll bei Bettlägerigkeit auch nicht fehlen. Eau de Cologne oder Parfüm wird auf ein Taschentuch gegeben und ins Täschchen des Nachthemds oder des Schlafanzugs gesteckt. Ist das nicht möglich, so kann dieses Dufttüchlein neben dem Kopfkissen liegen. Während der Zeit des Krankseins darf weder Parfüm noch Eau de Cologne auf die Haut gegeben werden; es käme überwiegend zu chemischen Reaktionen des Duftwassers mit den Ausscheidungen der Haut und zu unangenehmer Geruchsbildung.

Im Krankenbett wird auf die Anwendung dekorativer Kosmetik verzichtet, weil der behandelnde Arzt einen genauen optischen Eindruck zur Beurteilung des Allgemeinbefindens seiner Patientin braucht.

Das Sonnenbad

Eine schöne gesunde Bräune wird von fast allen Frauen geschätzt und gilt als erstrebenswert. Das Sonnenlicht bzw. die im Sonnenlicht enthaltenen ultravioletten Strahlen vermögen Stoffwechselvorgänge zu beschleunigen, stimulieren das Allgemeinbefinden günstig, aktivieren Lebensäußerungen und stabilisieren bzw. mobilisieren Abwehrkräfte, wenn die Dosierung dem Gesundheitszustand, der Beschaffenheit der Haut und der Intensität der Strahlung entspricht.
Am ersten Tag des Aufenthalts im Freien sollte lediglich ein Luftbad genommen werden. Am zweiten Tag kann einem vorangegangenen Luftbad eine Besonnung von 10 Minuten folgen. Dann kann allmählich die Dosierung, mit einem Maximum von einer Stunde über den Tag verteilt, gesteigert werden. Die übrige Zeit ist im Schatten oder Halbschatten und möglichst in Bewegung zu verbringen. Die Streuung der UV-Strahlen reicht aus, um eine fleckenlose, gleichmäßige Bräune zu erzeugen. Annähernd 20 Minuten vor dem Sonnenbad wird die Haut mit einem Sonnen- oder Lichtschutzmittel versorgt. Die Haut wird damit vor dem Austrocknen geschützt, und einem Sonnenbrand wird weitgehend vorgebeugt. Die entsprechenden Erzeugnisse sind mit einem deklarierten Lichtschutzfaktor versehen, und man wählt nach dem Empflindlichkeitsgrad der Haut gegenüber Strahlen. Bei Lichtschutzfaktor 3 kann die Haut dreimal länger der Besonnung ausgesetzt werden, als normal vorgesehen ist. Dazu muß man aber die Zeit kennen, die nötig ist, um eine gerade erkennbare Röte zu erreichen.
Beim Sonnenbaden sind die Augen durch eine Sonnenbrille zu schützen. Ein Sonnenhut oder -schirm gibt Haar und Gesicht etwas Schutz. Besonders sonnenbrandgefährdete Bereiche wie Schultern, Brust, Gesäß, Oberschenkel, Fußrücken sind nur kurzzeitig zu besonnen und dann zu schützen. Schnell verbrennt die Nase, sie ist wiederholt mit Schutzcremes abzudecken, oder es ist darauf zu achten, daß sie sich im Schatten des Sonnenhutes befindet. Außerordentlich empfindlich reagieren die Lippen auf Sonneneinwirkung. Lippenbalsam oder Lippenpomade üben Schutzwirkung aus und erhalten die Geschmeidigkeit der Lippenhaut. Lippenstifte sind zwar ein Witterungs-, aber kein Sonnenschutz.
Nach dem Sonnenbaden sind die Reste der Schutzmittel von Gesicht und Körper zu entfernen, und die Haut ist sorgfältig mit einer Pflegecreme zu behandeln.
Sollte trotz aller Schutzmaßnahmen ein Sonnenbrand entstanden sein, können bei intakter Haut feuchte kalte Kompressen aufgelegt werden. Zeigen sich Blasenbildung oder sonstige Begleiterscheinungen eines Sonnenbrandes (Schüttelfrost, Übelkeit, Kreislaufstörungen) ist unverzüglich ein Arzt zu konsultieren. An Tagen der Menstruation sollte auf das direkte Sonnenbaden verzichtet werden. Älteren Menschen ist zu empfehlen, direkte Sonnenbestrahlung zu meiden; die Alterung der Haut wird durch UV-Strahlen beschleunigt.

Der Schlaf

Ausreichender Schlaf – regelmäßig sieben bis neun Stunden täglich – ist für die Frau eines der besten Mittel, sich Gesundheit und gutes Aussehen zu erhalten. Bei gelegentlichen Zuständen von Schlaflosigkeit, die auch durch übermäßige Erschöpfung eintreten können, sollten keine Schlaftabletten genommen werden, vielmehr sollte man versuchen, mit entspannender Atemgymnastik, Spazierengehen nach dem Abendessen, Zufuhr von frischer Luft durchs geöffnete Fenster oder mit einer Tasse Baldrian- oder Kamillentee eine gesunde Müdigkeit zu erzeugen. Wenn die Schlaflosigkeit andauert, sollte der Arzt zu Rate gezogen werden.

Pflege der Hände

Nicht jede Frau hat von Natur aus schöne Hände, aber jede Hand kann gepflegt aussehen, und jede Frau sollte ihre Hände pflegen. Auch bei grober Arbeit im Haus oder an Arbeitsplätzen in der Produktion oder in der Landwirtschaft, bei der die Hände sehr schmutzig werden, ist es möglich, sie entweder etwas zu schützen oder nach der Arbeit gründlich zu säubern, die Nägel zu behandeln und die Hände mit vermehrter Sorgfalt zu pflegen.
Händewaschen. Das Waschen der Hände ge-

schieht unter fließendem warmem, später kühlem Wasser bei Verwendung einer mittelharten Bürste, mit der auch die Nägel gereinigt werden, und einem geeigneten Reinigungsmittel. Geeignet sind bei normaler Verschmutzung überfettete Toilettenseifen oder entsprechende schäumende Erzeugnisse. Bei starkem Verschmutzungsgrad reinigen hydrophile Öle am intensivsten. Hier können auch Spezialerzeugnisse (arbeits- und betriebsbedingt) zur Anwendung kommen. Hauterkrankte verwenden die vom Arzt empfohlenen Reinigungsmittel.

Nach der Reinigung werden die Hände sorgfältig abgetrocknet und mit einer Handpflegecreme behandelt. Diese Maßnahme verhindert das Rauh- und Rissigwerden der Haut; eine geschmeidige, geschlossene Hautoberfläche nimmt Schmutzpartikel in geringerem Maße auf. Die Wahl des Handpflegemittels ist mitunter berufsbedingt vorzunehmen; z. B. können Lebensmittelverkäuferinnen nur nichtfettende und geruchlose Pflegemittel verwenden. Werden Berufe ausgeübt, die das Desinfizieren der Hände verlangen, ist eine Desinfektion mit den entsprechenden Mitteln vor dem Händewaschen vorzunehmen.

Pflege der Fingernägel. Die Nägel werden mit Seife und einer Handbürste weitgehend vom Schmutz befreit. Tägliches Säubern der Nägel mit einem gratfreien Reinigungsgerät (Schere oder Messerspitze sind ungeeignete Werkzeuge), berufsbedingt z. T. nach jedem Händewaschen, ist hygienische Notwendigkeit. Die Nagelhaut wird täglich etwas zurückgeschoben und anschließend gefettet, um Einreißen zu verhindern.

Einmal in der Woche werden die Nägel gekürzt. Überlange Nägel können mit der Nagelschere geschnitten werden. Der Schnittrand wird anschließend mit der Nagelfeile geglättet. Die Nagelform soll harmonisch zur Hand passen.

Die Länge der Nägel ist oft von der Stabilität der Nagelsubstanz abhängig. Bei leicht brechenden Nägeln empfiehlt sich eine kürzere Nagelform.

Bei schwerer Arbeit kann das Nagelhäutchen einreißen. Mit Häutchenzange oder Hautschere werden die eingerissenen Häutchenteile entfernt. Nagelhäutchen schützen die dahinterliegende Wachstumszone des Nagels. Nach Verletzungen beim Entfernen der Häutchen kann es durch Kontakte mit Schadstoffen zu schmerzhaften Entzündungen des Randgebietes (Nagelsaum) kommen. Die Folge einer vernachlässigten Verletzung, durch Einwandern von Eitererregern hervorgerufen, ist die Bildung eines Umlaufgeschwürs (Panaritium). Bei unsachgemäßer Behandlung des Umlaufgeschwürs besteht die Gefahr, daß die Nagelsäume der anderen Finger infiziert werden. Jede Verletzung muß sofort steril verbunden werden. Bei Verdacht der Bildung eines Umlaufgeschwürs ist der Arzt zu konsultieren.

Lackieren der Nägel. Farblose, transparente Decklacke und Lacke mit Glanzpigmenten geben dem Nagel Schönheit und Glanz. Die Farbnuancen entsprechen in ihrer Numerierung denen der Lippenstifte, so daß sich die Farbe der Lippen und der Nägel „nicht beißen". Formen für den aufzutragenden Lack sind konisch verlaufend, mandelförmig oder oval, aber auch gerade ausgezogen mit seitlich freien Rändern oder die klassische Form mit lackfreier Spitze und Möndchen.

Der vorher gut geschüttelte Nagellack wird auf die sauberen, fettfreien Nägel zügig (für jeden Nagel den Pinsel neu eintauchen), jeweils vom Möndchen zur Spitze ziehend, aufgetragen. Jeder Kontakt zur Haut der Nagelumgebung muß vermieden werden. Nach dem Trocknen wird das Auftragen nochmals wiederholt. Werden die Zehennägel lackiert, ist die voll ausgezogene Form zu empfehlen. Abends wird der Lack mit Nagellackentferner entfernt und morgens wieder aufgetragen.

Für die Farbwahl gilt dasselbe wie beim Make up.

Handgymnastik. Gelenke und Muskeln werden durch gymnastische Übungen beweglich gehalten und gekräftigt. Berufsbedingt haben viele Frauen für die Beweglichkeit der Hände bzw. der Finger zu sorgen; Gymnastik ist die aktive Form, Kraft und Beweglichkeit zu erhalten.

Dazu müssen die Hände warm und leicht gefettet sein: Die Handflächen zusammenlegen, Druck gegeneinander an- und abschwellen lassen. Bei gleicher Handhaltung Druck mit einer Handinnenfläche auf die andere ausüben, so daß die drucklose Hand Winkelstellung zum Unterarm einnimmt; Druck übt im Wechsel die linke und dann die rechte Hand aus. Fingerbewegungen können in

Form des Klavierspielens durchgeführt werden. Zwischendurch werden die Hände mit kräftigem Druck zur Faust geschlossen, mit ebensoviel Kraft wieder geöffnet und die Finger gestreckt, gespreizt. Dann werden die Finger im rhythmischen Wechsel gebeugt und gestreckt, die Handgelenke im Wechsel gleichmäßig und unregelmäßig um die Achse gedreht. Ausschütteln der Hände entspannt nach der Anstrengung.

Jede Übung ist mehrmals durchzuführen.

Handmassage. Sie wird gern mit der Handgymnastik verbunden. Die Hände sollen warm und leicht gefettet sein; bei Neigung zu Handschweiß wird Puder verwendet. Das Ausschütteln der Hände leitet die Massage ein. Es folgen kräftige Reibungen einer Handinnenfläche gegen die andere mit Druck und Tempoveränderung. Die Reibung wird auf den Oberseiten der Hände fortgesetzt. Die gestreckt gespreizten Finger werden ineinander gelegt und kräftig gegeneinander gerieben. Streichungen (wie beim Fingerhandschuh-Anziehen) schließen sich an. Dehnende Streichungen führt der Daumen einer Hand auf den Zwischenräumen der Mittelhandknochen der anderen Hand aus. Der Druck liegt in Richtung Handgelenk. Rotieren der Hände links- und rechtsherum mit anschließendem Ausschütteln der Hände beendet die kleine Handmassage.

Handgymnastik und -massage bewirken gute Durchblutung, lockern bei Verspannungen und kräftigen bei Muskelschwäche. Beides kann täglich ausgeführt werden.

Fußpflege

Will man immer gut zu Fuß sein, ist regelmäßige Fußpflege unerläßlich. Die Füße haben nicht nur das Gewicht des Körpers, sondern auch alle Lasten, die transportiert werden, zu tragen. Überbelastung über einen längeren Zeitraum – dazu gehört auch das Übergewicht – führt zu Fußbeschwerden; nicht selten wird während der Schwangerschaft über Fußschmerzen geklagt. Nach der Arbeit sollten in diesem Falle die Füße durch Hochlagern entlastet werden. Fehlhaltungen bei der Arbeit, ständige einseitige Belastungen haben oft Kreuz- und Fußschmerzen zur Folge.

Frauen, die aus beruflichen Gründen stehend arbeiten und dabei nur einen kleinen Bewegungsradius zur Verfügung haben, klagen häufig über Fußschmerzen. Die Schuhmode ist mit verantwortlich für schnelle Ermüdbarkeit der Füße mit schmerzhaften Folgen. Modische Schuhe (hoher Absatz, schmale, spitze Schuhform), kurzzeitig getragen, schaden dem Fuß nicht, erst der Dauergebrauch löst Beschwerden aus. Deshalb sollen die Schuhe dem Zustand der Füße und den zu erwartenden täglichen Belastungen angepaßt sein.

Behandlung der Füße. Füße und Beine werden täglich im Rahmen der allgemeinen hygienisch-pflegerischen Maßnahmen gereinigt. Durch Waschen mit warmem Wasser, Seife und einer harten Bürste werden die Fußsohlen, Fersenränder, Zehen und Zehennägel gesäubert, die Beine bis zum Oberschenkel dagegen mit einer weichen Bürste. Bei Krampfadern ist auf die Bürste zu verzichten. Wechselwarmes Abspülen oder Abbrausen fördert die Durchblutung. Das letzte Spülwasser sollte kühl sein, um die Kontraktionsfähigkeit der Gefäße anzuregen. Die Haut der Beine und Füße (besonders in den Zehenzwischenräumen) wird gut trockengerieben. Zum Glätten der Haut, und um sie vor dem Austrocknen zu schützen, wird bei gesunden Füßen Fuß- oder Beincreme oder eine andere geschmeidig machende Creme kräftig einmassiert, ebenso in die Beinhaut. Bei Krampfaderbildung oder anderen Gefäßerkrankungen wird die Creme nur drucklos verstrichen. Bei Schwielenbildung – dabei handelt es sich um eine Abwehrreaktion der Fußhaut auf Reibung oder Druck – kann mit einem Hartschwamm während eines Fußbades die flächenhafte Hornauflage (Schwiele) entfernt werden. Schwielen bilden sich am Fersen- und Vorfußbereich, an den Zehenstreck- und -beugeseiten sowie zwischen den Zehen. Kann man die störenden Verhornungen nicht selbst mit dem Hartschwamm entfernen, wird eine fußpflegende Dienstleistung helfen können. Rissige Fersenhaut wird wie Schwielenbildung behandelt. Die Haut ist hinterher gut zu fetten.

Hühneraugen bilden sich aus einem kleinen Hornzapfen, der kegelförmig in die Tiefe des Gewebes wächst. Das Hühnerauge ist sehr druckschmerzhaft und kann zusätzlich mit einer Schwiele bedeckt sein. Das Entfernen sollte man grundsätzlich der Fußpflege-

Fachkraft überlassen, da bei der Eigenmanipulation immer die Gefahr der Verletzung besteht. Fußwarzen haben ihren Sitz ausnahmslos im Fußsohlenbereich und reagieren ebenfalls mit Schmerzen. Die Behandlung ist vom Arzt durchzuführen.

Zehennägel. Bei Veränderungen der Nägel (eingewachsene Nägel, Holznägel, Zangennägel und andere) ist Behandlung durch eine Fußpflege-Fachkraft erforderlich, denn Eigenbehandlungen führen unweigerlich zu Verletzungen. Bei Verdacht auf Pilzbefall (Nägel und Haut) ist der Hautarzt zu konsultieren.

Die Behandlung pilzerkrankter Nägel oder Haut gehört wegen der Ansteckungsgefahr nicht in das Aufgabengebiet der Fußpflegedienstleistung.

Das Pflegen normal gewachsener Fußnägel kann zu Hause durchgeführt werden, und zwar – je nach Geschwindigkeit des Wachsens – im Rhythmus von 2 oder 3 Wochen. Die Nägel werden mit einer Nagelzange spatenförmig gekürzt, der Schnittrand anschließend mit einer Nagelfeile geglättet. Der Falz und der eventuell noch freie Nagelrand werden mit einem Reinigungsgerät gesäubert. Lassen sich Schmutzpartikelchen nicht entfernen, müssen die Zehennägel noch einmal gründlich mit Wasser, Bürste und Seife nachbehandelt werden, und das Reinigen mit dem Nagelreiniger wird wiederholt.

Fußgymnastik. Die Leistungsfähigkeit der Füße zu erhalten oder wiederzugewinnen, ist von der regelmäßigen Pflege, der Kräftigung der Muskulatur und von den Durchblutungsverhältnissen abhängig. Am günstigsten sind aktive Übungen mit Anspannung und Entspannung. Die Füße müssen für die Gymnastik warm sein; gegebenenfalls ist vorher ein durchwärmendes Fußbad zu nehmen.

Zu Beginn werden Füße und Beine locker ausgeschüttelt, dann folgen Zehen- und Fersenstand sowie Zehen- und Fersengang im Wechsel. Mit Tempowechsel wird auf der Stelle gelaufen, es schließt sich ein Storchengang und das Ausschütteln der Füße an. Sitzend folgt Strecken und Beugen der Füße sowie das Rotieren zur Lockerung der Fußgelenke, rechts und links herum. Mit gestrecktem Körper wird gehüpft, gewippt (Zehen-Fersenstand) und jeder Fuß einzeln ausgeschüttelt. Zur Erhaltung der Greiffähigkeit der Zehen können kleine Rundhölzchen, Kugeln oder ein Tuch transportiert werden (sitzend oder stehend).

Fußmassage und Beinmassage. Sehr aktivierend wirkt eine Bürstenmassage, unter Wasser ausgeführt oder als Trockenbürstung. Die Härte der Bürste wird entsprechend der Empfindlichkeit der Haut gewählt. Es werden die Beuge- und Streckseiten des Fußes unter besonderer Beachtung der Zehen, der seitlichen Fußränder und der Fersenränder behandelt. Bürstungen (mit weicher Bürste in langen Zügen und mit Druck) zum Rumpf hin werden auf der Streck- und Beugeseite der Unterschenkel nur dann ausgeführt, wenn die Haut intakt ist und keine Krampfadern oder deren Folgeekrankungen vorhanden sind. Der Oberschenkel kann in die Behandlung einbezogen werden.

Des weiteren kann die Fußmassage (nach einem die Füße durchwärmenden Fußbad) mit beiden Händen unter Verwendung eines Puders bei schwitzender Haut, mit einer Emulsion bei trockener Haut ausgeführt werden.

Bequeme Sitzhaltung wird eingenommen und der Fuß vor dem Körper auf dem Knie des anderen Beines gelagert.

Die Hände streichen mit geringem Druck von der Zehenspitze zum Fußgelenk, dann folgen Reibungen mit kräftigem Druck längs und quer. Die Finger umfassen den Fuß, die Daumen führen kräftige, kreisende Massagebewegungen auf der gesamten Fußsohle und im Innenlängsgewölbe aus. Dann ändert man die Lage des Fußes. Dabei wird ein Bein angewinkelt und der Fuß in Sitzhöhe vor dem Körper auf einer festen Unterlage aufgesetzt. Beide Hände umfassen den Fuß, die Daumen kreisen großflächig über den Zehenbereich, langsam kreisend aufwärtswandernd bis zum Fußgelenk.

Streichend werden die Fingerspitzen beider Hände (mit geringem Druck) von den Zehen über den Fußrücken zum Fußgelenk geführt. Die Fingerspitzen umkreisen beide Knöchel mehrmals. Die Hände umfassen das Fußgelenk und streichen mit geringem Druck über die Wade aufwärts bis zum Knie. Die Streichung des Unterschenkels erfolgt nur, wenn keine Krampfadern oder deren Folgeerkrankungen vorhanden sind. Jeder Massagegriff wird mehrmals durchgeführt. Die kleine Fußmassage ist wohltuend bei häufigen Verspannungen der Fußmuskulatur durch langes Stehen, bei Fußschmerzen durch Überanstrengung und bei ständig kalten Füßen.

Wassertreten fördert die Durchblutungsverhältnisse, trainiert die Gefäßwände und steigert die Reaktionsfähigkeit des Organismus. Die Badewanne ist zu ¾ mit kaltem Wasser zu füllen, so daß das Wasser bis zur Hälfte des Unterschenkels reicht. Bei kalten Füßen ist vorher ein erwärmendes Fußbad zu nehmen. Wassertreten in der Wanne ist ein Laufvorgang auf der Stelle. Der ins Wasser eintauchende Fuß setzt immer mit der vollen Fußsohle auf. Ein möglichst schnelles Tempo fördert die Durchblutung. Nach etwa einer Minute unentwegten Tretens werden beide Füße kurz in warmes Wasser gestellt. Dieser Vorgang wird annähernd 10mal wiederholt. Die Behandlung schließt kalt ab, damit sich die Gefäße wieder verengen. Anschließend folgt kräftiges Frottieren und Warmschlagen mit dem Tuch, bis eine spürbare Erwärmung einsetzt. Wollene Socken sorgen dann dafür, daß die Füße warm bleiben.

Haarpflege

Zur Haarpflege gehören neben dem regelmäßigen Waschen der Haare Formgebung der Frisur durch den Haarschnitt sowie die chemische Umformung, wenn die Stabilität des Haares nicht ausreicht, um der Frisur Gefälligkeit und Haltbarkeit zu geben. Weiterhin ist Färben, Tönen und Blondieren üblich, um Grau- oder Weißwerte abzudecken bzw. eine andere Haarfarbe zu erreichen. Zur Erhaltung eines guten Kopfhaut- und Haarzustandes werden Packungen und andere Haarpflegemethoden und -mittel angewendet.

Haarschnitt, chemische Umformung und Haarefärben sollte man dem Fachmann überlassen, der all das dem Modetrend des jeweiligen Jahres entsprechend vornehmen kann. Eine Modeempfehlung muß aber stets auf die Gesamterscheinung der Trägerin, die individuelle Form des Gesichts und des Kopfes und auf die vorhandene Qualität des Haares abgestimmt sein; der Modetrend sollte stets typgerecht umgesetzt werden. Modische Details lassen sich sehr gut realisieren, auch wenn nicht die volle Haarqualität dafür vorhanden ist. Hier kann die Fachkraft beratend einsetzen. Jede Frau sollte sich ab und zu dazu entschließen, mit Hilfe einer neuen Frisur interessanter auszusehen.

Haarewaschen. Nicht jede Frau hat die Zeit und die Möglichkeit, regelmäßig den Friseur in Anspruch zu nehmen. Das Haar muß aber, so oft es nötig ist, gewaschen werden. Bei fettigem Haar kann diese Notwendigkeit durchaus im Rhythmus von 2 Tagen oder täglich bestehen. Bei normalem oder trockenem Haar genügen – entsprechend dem Grad der Verschmutzung – Haarwaschungen nach einer Woche, nach zehn oder vierzehn Tagen. Haarwaschmittel werden auf den Zustand des Haares abgestimmt. Beim Selberwaschen ist auf folgendes zu achten: Zurechtlegen aller Hilfsmaterialien wie Shampoo, Spülmittel, Handtücher usw.

Vor der Wäsche wird das Haar kräftig durchgekämmt. Der Waschprozeß beginnt mit gründlichem Spülen der Haare, um lose haftenden Staub zu entfernen. Shampoo (auf die Gesamtmenge achten) wird auf das Haar verteilt (etwa 50 % der Gesamtmenge) und sorgfältig gewaschen, anschließend wird gründlich gespült, um alle Schmutzpartikel und körpereigenen Substanzen zu lösen. Die Nachwäsche (Schaumbildung) kann 5 Minuten betragen, bei Wirkstoffshampoo (gegen fettiges Haar, gegen Schuppenbildung) noch etwas länger. Die Wirkstoffe benötigen einen gewissen Zeitraum, um sich voll zu erschließen. Bei einer Schnellwäsche bleibt der erwartete Erfolg aus. Nach dem sorgfältigen Spülen der Haare werden sie gut frottiert, vorsichtig (ohne zu rupfen) durchgekämmt und wie gewohnt weiterbehandelt.

Haarspülungen. Sie gehören in die Reihe der Schnellpflegemittel und werden nach der Gebrauchsanweisung angewendet. Adstringierende Spülungen werden nach dem Waschen blondierter, gefärbter, getönter und dauergewellter Haare verwendet. Nach dem Überspülen der Haare mit der Lösung ist nochmals mit Wasser zu spülen, um die bei der Neutralisation gebildeten Salze wieder aus dem Haar zu entfernen. Spülungen mit Balsamen und Emulsionen verbleiben im Haar.

Packungen. Angegriffene, schwer zu frisierende, glanzlose, brüchige Haare werden mit Packungen behandelt. Die Packungen sind entsprechend der Haarqualität auszuwählen; etwa 40 g werden bei einer Packung verwendet. Auf das gewaschene, frottierte Haar wird die Packung aufgetragen und leicht einmassiert. Haar und Packung werden fest an die Kopfhaut angedrückt und mit einem vorgewärmten Frottiertuch eingebunden. 20 Minuten verbleibt die Packung auf dem Haar, dann wird ausgespült und weiterbehandelt wie gewohnt.

Haarfestiger gibt es für normales, trockenes und fettiges Haar. Fönwellfestiger kann für alle Haarqualitäten verwendet werden. Dieses Frisierhilfsmittel wird in das noch feuchte Haar (10–15 ml) gegeben und verteilt. Das Haar kann dann aufgewickelt getrocknet oder geföhnt werden.

Haarlacke festigen die Frisur, indem sie wie mit einem unsichtbaren elastischen Film überzogen wird. Das Haar wird relativ gut gegenüber Witterungseinflüssen geschützt; die Frisur ist haltbarer.

Frisiercremes sind Emulsionen, die die Frisierwilligkeit der Haare erhöhen. Sie werden für normales und trockenes Haar, das sich sehr schnell elektrostatisch auflädt, angewendet. Etwa 2 cm Stranglänge aus der Tube werden im Haar gut verteilt, dann kann es in Form gekämmt werden.

Alle diese Mittel sind wasserlöslich und werden mit der nächsten Haarwäsche wieder entfernt.

Tönungsmittel sind auf Tensidbasis aufgebaute tönende Shampoos, cremeförmig oder flüssig, jeweils für den gewünschten Farbton. Sie sind bei allen Haarqualitäten anzuwenden und dienen dem Auffrischen einer natürlichen Farbnuance, die nicht mehr die nötige Leuchtkraft hat. Grauwerte werden nicht abgedeckt. Tönungsmittel verleihen aber auch dem grauen oder weißen Haar mehr Schönheit; sie werden wie normale Shampoos verwendet.

Färben der Haare. Oxidationsfarben in Natur-, Blond-, Gold-, Rot- und Violettnuancen werden zur Heimbehandlung im Handel angeboten. Günstig ist es, wenn eine zweite Person den Farbbrei nach Vorschrift aufträgt, denn selbst kann man das im Hinterkopfbereich nicht exakt vornehmen. Es ist wichtig, vor der Erstfärbung einen Überempfindlichkeitstest in der Armbeuge oder hinter dem Ohr durchzuführen. Treten innerhalb 24 Stunden Reaktionen (Röte, Schwellung, Juckreiz) auf, ist von der Färbung abzusehen.

Die Färbung muß entsprechend der in der Verpackung liegenden Gebrauchsanweisung ausgeführt werden.

Make-up

Das Make-up ist eine Unterstreichung der individuellen Schönheit mit dekorativen Mitteln. Es muß alters- und typgerecht angewendet werden. Über natürliche Schönheit verfügt jede Frau, mit dem Make-up kann Schönes – Augen, Mund, Gesichtsschnitt – noch betont werden; es ist aber auch möglich, kleine Fehler diskret zu verdecken.

Ob ein großes oder ein kleines Make-up getragen wird, hängt immer vom Anlaß, von der Garderobe, dem Alter, vom Zeitgeschmack (Modetrend) und vom persönlichen Geschmack der Trägerin ab. Mitunter ist aber auch der Rat einer Kosmetikerin nötig, die zu beurteilen vermag, ob das gewählte Make-up, die Farbzusammenstellung richtig ist, wenn bestimmte Altersgruppierungen, z. B. sehr junge Mädchen oder Frauen im fortgeschrittenen Alter, mit dem Make-up ihren Typ unterstreichen möchten. In beiden Fällen wird, bezogen auf Intensität der Farben und Stärke des Auftragens, zur Zurückhaltung geraten werden. Jedes „Zuviel" kann primitiv wirken und die natürliche Schönheit überdecken.

Teintgestaltung. Der Teint wird für ein Tages-Make-up hautfarben, für ein Abend-Make-up 1–2 Töne dunkler gehalten. Entscheidend ist aber der gewünschte Eindruck und die zu erwartende Beleuchtung. Das Make-up wird auf das vorher gesäuberte und ein wenig gefettete Gesicht, den Hals, wenn nötig auch auf das Dekolleté mit einem Schwämmchen oder den Fingerspitzen – jeweils vom Zentrum zur Peripherie – sorgfältig und randlos verteilt. Ober- und Unterlider werden einbezogen (das Augen-Make-up hält dann besser), die Lippen bleiben frei. Make-up ist immer dünn aufzutragen, bei ungenügender Deckung zu wiederholen. Ein sofort stärker aufgetragenes Make-up wird leicht fleckig. Glanzbereiche (Nase, Kinn) können mit Puder kompakt abgestumpft werden. Das Nuancenangebot aller Make-up (Fluid, Creme, Puder) umfaßt Naturell, Rosé, Brünett, Braun und Sonnenbraun. Für ein sehr dezentes, kaum wahrnehmbares

Make-up kann tönende Tagescreme (Aprikot, Pfirsich) zur Anwendung kommen.

Augen-Make-up. Der Lidschatten unterstreicht die Schönheit des Auges. Die Farbwahl ist einmal von der Farbe der Kleidung abhängig, zum anderen von der Farbe der Augen. Lidschatten können Ton in Ton, in Kontrastfarben oder mit goldenem oder silbernem Augen-Make-up kombiniert aufgetragen werden. Modeempfehlungen sollten nicht unkritisch übernommen werden; ein Aufgreifen der Trends unter Beachten des Typs ist besser. Lidschatten (als Puder, cremeförmig oder halbflüssig) werden mit den Fingerspitzen, einem Haarpinsel oder Schwammapplikator sehr dünn aufgetragen, evtl. kann verstärkt werden. Der Übergang zur Teintfarbe wird randlos verstrichen.

- Wimpernschminken. Mascarografen und Wimperntuschen werden als Wimpernschminken bezeichnet. Mascarografen werden nicht nur in Schwarz, Braun, Grau (wie Wimperntuschen) vom Handel angeboten, sondern auch in einigen Modefarben. Die Wahl des Erzeugnisses ist abhängig von der Augenverträglichkeit, die des Farbtons vom modischen Trend. Schwarz und Braun sind immer modern.

Aufgetragen wird mit der Rundbürste oder dem Wimpernbürstchen (Wimpernschminke darf nicht ins Auge gelangen). Die fest anhaftenden, aber wieder abwaschbaren Farbpartikel lassen die Wimpern optisch kräftiger, länger und dichter erscheinen.

- Eyeliner, Augenbrauenstifte. Beide Erzeugnisse können zum Zeichnen von Lidstrichen im Ober- und Unterlidbereich verwendet werden. Der untere Lidstrich, mit dem Stift ausgeführt und geringfügig verwischt, läßt den Unterlidwimpernbesatz intensiver erscheinen. Ein Oberlidstrich muß ganz exakt mit Eyeliner ausgeführt werden. Die Farben Schwarz, Braun, Grau oder modische, mit Glanzeffekten ausgerüstete Blau-, Grün-, Violettnuancen sowie Gold oder Silber für festliche oder karnevalistische Anlässe können gewählt werden.

Augenbrauenform und -farbe werden mit dem Augenbrauenstift korrigiert. Die Augenbrauenfarbe kann heller als die der Wimpern sein, der Haarfarbe angepaßt. Die Form sollte in jedem Falle natürlich geschwungen sein und eine dem Gesicht angepaßte Länge und Breite bekommen.

Lippen-Make-up. Zur Farb- und Formkorrektur der Lippen werden überwiegend Lippenstifte, aber auch färbende Emulsionen, die mit einem Schwammapplikator aufgetragen werden, verwendet. Alle nur denkbaren Rotvarianten mit Tendenzen zu Violett, Orange und Braun werden angeboten (mit und ohne Glanzpigmente), aber auch klare Rottöne von hell bis dunkel. Als Qualitätsanspruch gilt Verträglichkeit, angenehmer Geschmack, konturensicherer Strich, gute Farbwiedergabe und Deckung, gute Haftfähigkeit auf den Lippen neben den pflegerischen Ansprüchen, wie das Geschmeidighalten der Lippenhaut.

Die Wahl der Farbe unterliegt nur bedingt der Mode; die Farben der Garderobe, des Nagellacks, des Zubehörs zur Garderobe sind entscheidend. Auf die saubere, trockene Lippenhaut wird Lippenstift oder Farbemulsion mit scharfer Kontur aufgetragen. Bei zu kleinen Lippen kann man geringfügig über die natürliche Kontur hinausgehen, bei zu großer Lippenform wird nicht bis zur natürlichen Kontur gezeichnet. Bei zu großer oder zu kleiner Ober- oder Unterlippe erfolgt ein Ausgleich mit hellen (vergrößernden) oder dunklen (verkleinernden) Farbtönen. Um die Färbung der Lippen möglichst über mehrere Stunden zu erhalten, sollte das Benetzen der Lippen mit Speichel vermieden werden.

Rouge. Rouge belebt das Gesicht und wird als Fettschminke oder in Puderform in unterschiedlichen Farbnuancen – aber dem Farbton des Lippenstifts ähnlich – verwendet. Aufgetragen wird mit den Fingerspitzen, bei Puder mit einem Schwämmchen oder einem dicken Pinsel. In der Regel wird das Rouge im äußeren Drittel des Jochbogens aufgetragen, die Größe des in Frage kommenden Bereichs richtet sich nach der Größe und Form des Gesichts. Die Form kann oval, dreieckig oder als schmales Band geschwungen, gewählt werden. Soll das Gesicht sehr markant wirken, verläuft das Rouge am unteren Rand des Jochbogens bis zum Haaransatz. Werden die seitlichen Wangenbereiche mit Rouge vom Kieferwinkel aufwärts bis zur Schläfe schwach schattiert, wirkt das Gesicht schmal. Eine zu breite Stirn wird seitlich ebenfalls mit Rouge schattiert, um schmaler zu wirken. Ein zu langes oder zu spitzes Kinn wirkt kürzer und runder, wenn es zart mit Rouge betupft wird.

Die Frau in der Familie

Ehe und Familie im Sozialismus

Jede Gesellschaftsformation bringt eigene Formen des Zusammenlebens der Menschen hervor, auch die Familie ist das Produkt der gesellschaftlichen Entwicklung und hat viele Wandlungen durchgemacht. Die sozialistische Gesellschaft ist die Basis eines neuen Inhalts der Familie, wenn auch äußerlich bestimmte Ähnlichkeiten mit der Familie vorhergehender Gesellschaftsordnungen erhalten geblieben sind.
Mit der Herausbildung der kapitalistischen Industrie reduziert sie sich auf die sogenannte Kernfamilie, in der nur noch zwei Generationen – Eltern und Kinder – zusammenleben. So stellt sich auch die sozialistische Familie in den meisten Fällen dar. Und trotzdem trennen Welten diese Familienformen voneinander.
Im Kapitalismus diente und dient auch heute noch die sogenannte bürgerliche Ehe dem Erhalt und der Vermehrung des Privateigentums, man heiratet standesgemäß. Der Besitz zwingt die Partner, ein Leben lang beieinander zu bleiben. Die proletarische Ehe führt nicht der Besitz zusammen, sondern Liebe, der Wille, das schwere Leben gemeinsam zu tragen, und oft besteht sie die vielen Schwierigkeiten. Mann und Frau stehen treu zueinander und halten den Belastungen stand. Manche Ehen werden von der täglichen Mühsal erdrückt, und dabei geht die Liebe verloren. Doch nicht subjektives Versagen ist hier das wirklich Entscheidende für die Zerstörung der Beziehungen zwischen Mann und Frau, sondern die gesellschaftlichen Verhältnisse, die materielle Not über die Familien bringen, und die gesellschaftliche Stellung der Frau, die auch in vielen proletarischen Familien dazu führt, die Frau nicht gleichberechtigt zu behandeln. Die Diskriminierung der Frau durch die Gesellschaft überträgt sich auf die Beziehungen in der Familie. Rechtlich ist der Mann das Oberhaupt der Familie und hat die Funktion des Ernährers. Obgleich die Proletarierin, um ihre Familie zu erhalten, zur Arbeit in die Fabrik geht, bringt sie erstens wegen der ungleichen Entlohnung weniger Geld nach Hause als ihr Mann und muß zweitens allein die Kinder und den Haushalt versorgen, weil das „Weiberarbeit“ ist. Drittens aber suggeriert die Öffentlichkeit ihr ein schlechtes Gewissen, weil sie wegen der Arbeit angeblich die Kinder vernachlässigt; der kapitalistische Staat versagt ihr jedoch Hilfe bei der Betreuung ihrer Kinder.
Im Sozialismus sind all jene Zwänge, die mit dem Privateigentum an Produktionsmitteln verbunden sind, aufgehoben, und es können sich allseitig menschliche Beziehungen zwischen Mann und Frau herausbilden. Bei der Eheschließung spielen Klassenschranken, Besitz, Rücksichtnahme auf Beruf und Ansehen keine Rolle mehr. Was Marx und Engels voraussagten, ist eingetroffen – Liebe überwiegt als Motiv für die Eheschließung.

Merkmale der Ehe im Sozialismus

Wenn man nach Merkmalen der sozialistischen Ehe und Familiengründung fragt, ist die gegenseitige Zuneigung, die Liebe, als entscheidendes zu nennen. Mit der Eheschließung wird der Wunsch nach engem Zusammenleben mit dem Partner erfüllt. Dieses Miteinanderleben ist aber nur möglich, wenn die Liebe Grundlage bleibt. Die Liebe ist also nicht nur Motiv, Beweggrund für die Entscheidung, die Ehe einzugehen, sondern Grundlage der sozialistischen Ehe, weil alle anderen Erwägungen, die für die Ehe ebenfalls bei ihrer Gründung herangezogen wurden, sich für den Bestand der Ehe als weniger wichtig erweisen oder später ganz entfallen können. Als Beispiel sei die Möglichkeit, in einer eigenen Wohnung getrennt von den Eltern zu leben, genannt. Damit wird zugleich deutlich, welche neuen Anforderungen an die Eheführung gestellt werden. Äußere Zwänge haben geringeren Einfluß auf die Erhaltung der Ehe; denn Grund und Boden, Besitz in Form von Unternehmen, Aktien usw., die die Eheleute in vorhergehenden Gesellschaftsordnungen dazu verdammten, beieinanderzubleiben, sind mit den sozialistischen Produktions- und Eigentumsverhältnissen verschwunden. Die ökonomische Abhängigkeit der Frau vom Manne ist mit der gleichberechtigten Stellung der Frau in der Gesellschaft und in der Familie beseitigt; die Frau braucht nicht mehr zu fürchten, von der Öffentlichkeit verachtet zu werden, wenn eine Ehe durch Scheidung aufgelöst wird. Nur die unmittelbaren Beziehungen zwischen Mann und Frau sind es, die die Ehe erhalten. Die Liebe bleibt aber nicht immer gleich, sie macht mehrere Stadien durch, sie hat neue Orientierungspunkte; schon wenn die erste Phase der großen Leidenschaft abgelöst wird, wird das erkennbar. Es dominieren neue Aufgaben gegenüber den Kindern und dem Haushalt. Spätestens dann müssen beide Partner die Gefühle zueinander, das Umgehen miteinander besonders pflegen, wenn nötig, auch darum ringen.

Ein weiteres Merkmal der sozialistischen Ehe ist die Gleichberechtigung von Mann und Frau. Noch die bürgerliche Ehe ist durch die Unterdrückung der Frau und der Kinder gekennzeichnet; die Autorität des Ehemannes und Vaters ist nicht nur rechtlich fixiert, sondern durch seine ökonomische Stellung in Gesellschaft und Familie unantastbar. Gleichberechtigung bedeutet, daß die Frau aus ihrer bisherigen Lage befreit wird, die ihr ausschließlich einen Platz beim Aufziehen der Kinder und bei der Haushaltung zuwies. Das Wesen der Gleichberechtigung stellt kein abstraktes Gerechtigkeitsprinzip dar, ist nicht mit Gleichmacherei von Mann und Frau identisch, sondern es besteht darin, für Mann und Frau in gleicher Weise die Entfaltung der Persönlichkeit zu sichern durch die Erfüllung im Beruf, durch Vielseitigkeit in allen Bereichen des gesellschaftlichen Lebens, durch glückliche Partnerschaft und durch die gemeinsamen Aufgaben als Väter und Mütter. Die Gleichberechtigung in der Familie hat für die Entwicklung der Familie eine Schlüsselposition, weil von ihr alle Seiten des Familienlebens beeinflußt werden.

Als erstes sollen die Partnerbeziehungen genannt werden. Junge Mädchen, junge Frauen, Mütter und ebenso die Frauen ohne direkte Mutterpflichten nach dem Ausscheiden der Kinder aus dem Haushalt betrachten ihre Berufstätigkeit als etwas Selbstverständliches. Sie haben mit dem festen Willen einen Beruf erlernt, ein Studium abgeschlossen, um ihr Arbeitsleben hindurch berufstätig zu sein und eine Unterbrechung möglichst nur im Rahmen der gesetzlichen Freistellungen im Zusammenhang mit Geburten in Anspruch zu nehmen. Diesen Lebensplan können sie nur verwirklichen, wenn ihre Partner gleiche Einstellungen zum Leben haben und bereit sind, ihre Lebensgefährtinnen auch tatkräftig zu unterstützen. Diese Unterstützung darf sich nicht in zeitweiliger Hilfe erschöpfen, sie muß zu einer vernünftigen Arbeitsteilung in der Familie entwickelt werden, die sowohl die Kindererziehung als auch die Haushaltsführung umfaßt. Wer glaubt, das mit kleinlicher Verteilung der Hausarbeiten, etwa nach dem Motto „Heute wäschst du das Geschirr ab, morgen ich", erreichen zu können, wird wohl selten zu einer Harmonie kommen. Sicherlich wird jeder Mann verständnisvoll bestimmte körperlich schwere Arbeiten übernehmen, aber ansonsten sollten Fähigkeiten und Neigungen berücksichtigt werden. Nur so können die Beziehungen der Partner, ihre Liebe zueinander, erhalten bleiben und reicher werden. Zugleich mit der Berufstätigkeit von Mann und Frau werden die gemeinsamen Interessengebiete erweitert, die Sicht auf persönliche und gesellschaftliche Ereignisse wird vielgestaltiger, es gibt mehr Bereiche, über die man spricht.

Nur wenn der Frau durch den Ehemann oder Freund ideelle und praktische Übereinstimmung gezeigt wird, werden auch die gegenseitigen Beziehungen eine feste Grundlage haben.

Die gleichberechtigte Stellung der Frau hat große Bedeutung für die heranwachsenden Kinder. Sie übernehmen dies als Muster für ihr eigenes Leben, gestalten danach ihre eigenen Ansprüche und das Zusammenleben mit dem anderen Geschlecht. Zugleich werden sie in die Erfüllung der Pflichten, die Familie und Haushalt mit sich bringen, einbezogen; sie wirken von Kindheit an an der Realisierung der Gleichberechtigung mit. Die Stellung der Kinder in der Familie wird von der Gleichberechtigung auch insofern betroffen, als die Kinder nicht mehr der einzige Lebensinhalt der Frau sind. Damit öffnet sich die Familie viel mehr nach außen und ist bereit, aus der Gesellschaft Anregungen aufzunehmen.

Und schließlich wirken in einer gleichberechtigten Partnerschaft die Väter an der täglichen Erziehung und Betreuung der Kinder mit und erhöhen die Wirksamkeit der Familie für die Heranwachsenden.

Funktionen der Familie

In der Regel wird von drei Funktionskomplexen der Familie gesprochen, dem biologisch-sozialen, dem ökonomischen und dem geistig-kulturellen Komplex. Im Familienalltag durchdringen sich diese Funktionen natürlich, ihre theoretische Trennung ist ein Hilfsmittel, die vielseitigen Aufgaben der Familie zu gruppieren und zu systematisieren.

- Die biologisch-reproduktive Funktion der Familie besteht in der Reproduktion der Bevölkerung durch die Geburten und die Erziehung der Kinder; Ehepaar oder Lebensgefährten sind, auch wenn sie einen eigenen Haushalt führen, noch keine Familie. Erst durch die Geburt eines Kindes oder auch durch die Adoption entsteht eine Familie, sie umschließt das Zusammenleben mindestens zwei aufeinanderfolgender Generationen. Die Zweigenerationenfamilie hat sich erst in der jüngsten Vergangenheit durch die Trennung von Produktion und Familie herausgebildet. Während vorher drei und vier Generationen in einer Familie lebten, sind es heute nur noch die Eltern mit ihren Kindern. Am längsten hat sich die alte Familienform in den Dörfern erhalten. Die heute typische Kernfamilie hat sich aber nicht isoliert, sie pflegt meist enge Kontakte sowohl zu den Eltern der Partner, zu den Geschwistern und weiteren Verwandten. Wie oft hört man, bei Festlichkeiten habe sich die ganze Familie getroffen, und es wird die im weiteren Sinne gemeint. Junge Familien streben nicht selten einen gemeinsamen Wohnort, möglichst ein gemeinsames Stadtviertel mit den nächsten Verwandten an, weil die engen Beziehungen als wertvoll für alle angesehen werden, aber auch die gegenseitige Hilfe benötigt wird. Trotzdem müssen alle wesentlichen Aufgaben durch die Kernfamilie gelöst werden. Die Erziehung und Pflege der Kinder durch die Familie kann nicht von der Organisierung der Hausarbeit getrennt werden. Daß es sich bei der Haushaltsführung nicht nur um den technologischen Ablauf handelt, sondern um eine sinnvolle Arbeitsteilung zwischen den Eltern selbst und den Eltern und den Kindern, wird im Haushaltskapitel ausführlich behandelt. Nur auf diesem Weg können Gleichberechtigung und Entwicklung aller Familienmitglieder zu sozialistischen Persönlichkeiten gesichert werden.

Wieviel Kinder sollte eine Familie haben? Die einfache Reproduktion der Bevölkerung kann nur gesichert werden, wenn zwei bis drei Kinder pro Familie geboren werden. Bei der Entscheidung über die Zahl der Kinder gehen die Eltern sicher weniger von dieser Frage aus, als vielmehr davon, wie die Erziehung und Betreuung der Kinder mit dem Beruf, der Tätigkeit, den Qualifikationsbestrebungen der Eltern zu vereinbaren sind, ob die Wohnung groß genug ist für ein zweites oder drittes Kind, ob die finanzielle Belastung nicht zu groß wird und schließlich auch, ob Freizeit, Hobbys, Reisen, Vergnügungen dann noch für die Eltern vorhanden oder möglich sind. Kinder verlangen viel Zuwendung durch die Eltern, die Abstriche an Gewohnheiten mit sich bringen, manchmal Einschränkungen, aber sie haben ein Äquivalent zu bieten, denn sie bringen viel Glück dafür. Das Erleben, Kinder zu haben, ist aber nur ein Grund, der andere liegt darin, daß Geschwister günstig aufwachsen, weil sie im Umgang miteinander wichtige Verhaltensweisen erlernen, die ihnen beim Lernen und Arbeiten, bei der Erziehung ihrer eigenen Kinder nützlich sein werden, das sind z.B. Verantwortungsgefühl, Hilfsbereitschaft, Bescheidenheit, die Fähigkeit, eigene Interessen mit denen anderer abzustimmen. Ob Mehrkinderfamilien gegründet werden oder nicht, wird in erster Linie durch die Einstellung zu Kindern reguliert, denn mehrere Kinder verursachen dank der Fürsorge für die Familien durch unseren Staat keine soziale Notlage mehr. Der Wunsch, ein Kind zu haben, das Beglückende der Vater- und

Mutterschaft zu erleben, ist bei Frauen und Männern vorhanden. Da sich aber besonders vor den jungen Frauen Schwierigkeiten bei der Bewältigung der Aufgaben als Mutter, Berufstätige und Hausfrau auftun, wenn die Väter sich nicht im gleichen Umfang wie sie an allen Arbeiten im Haushalt und der Versorgung des Kindes beteiligen, wird der Wunsch nach weiteren Kindern aufgegeben. Einigen wird der Blick so getrübt, daß sie sich ständig überfordert fühlen und die Betreuung des Kindes vor allem als Last erleben. Gerade diese Erscheinung wurde in der Belletristik von Frauen aufgegriffen und von Leserinnen diskutiert. Hier wird deutlich, daß neue Anforderungen an die zwischenmenschlichen Beziehungen in der Familie, die mit der Gleichberechtigung von Mann und Frau entstehen, nicht schlagartig zu bewältigen sind. Zu viele alte Traditionen stehen noch im Weg, und der Ausweg wird in der Einkindfamilie gesucht. Sie erfüllt den Wunsch nach dem Kind und erlaubt es zugleich, genügend Freiräume für die Eltern zu erhalten.

Die gesellschaftlichen Einrichtungen für die Betreuung der Kinder, moderne Wohnungen, die die Hausarbeit reduzieren, finanzielle Mittel des Staates für die Kinder, umfangreiche Dienstleistungen haben die Familien entlastet, ihre weitere Entwicklung wird die jungen Eheleute bei der Verwirklichung ihres ursprünglichen Wunsches, mehrere Kinder zu haben, ermuntern.

- Die ökonomische Funktion der Familie besteht in der Organisation der Befriedigung der materiellen und geistigen Bedürfnisse der Familienmitglieder. Dazu zählen die Haushaltsführung von dem Einrichten der Wohnung bis zu ihrer Reinigung, die Zubereitung von Mahlzeiten, die Beschaffung und das Pflegen der Kleidung sowie die Einrichtung von Möglichkeiten zum Lernen, Lesen, Fernsehen, zur Ausübung praktischer Hobbys u. a.

Auf der Grundlage des Haushaltseinkommens und anderer Bedingungen, wie z. B. der Wohnung, wird der Konsum organisiert. Zugleich bildet die Familie sowohl den Rahmen für das Aufziehen der Kinder als auch für die individuelle Reproduktion der Arbeitskraft. Ökonomie wird hier als Hauswirtschaft verstanden und als Bestandteil der Volkswirtschaft zur Herausbildung, Erhaltung und Erweiterung des Arbeitsvermögens. Die Kinder sollen gesund und geistig gut ausgestattet heranwachsen, die Eltern sollen sich in ihrem Heim erholen und sich körperlich und geistig auf den nächsten Arbeitstag und auf neue Aufgaben vorbereiten können. Es geht dabei nicht nur um Essen, Trinken und Schlafen, sondern auch darum, daß jeder einen Platz und Zeit sowie Ruhe für sich im familialen Alltag findet.

- Die sozial-kulturelle oder erzieherische Funktion der Familie stellt sich als Mitwirkung der Familie bei der Entwicklung ihrer Mitglieder zu sozialistischen Persönlichkeiten dar. Durch die starken gefühlsmäßigen Bindungen und das enge Zusammenleben über einen langen Zeitraum hinweg übt die Familie einen mit keiner anderen Einrichtung im gesellschaftlichen Leben vergleichbaren starken Einfluß auf das Verhalten sowohl der Eltern als auch vor allem der Kinder aus.

- Die soziale Funktion ist einmal auf zwischenmenschliche Beziehungen bezogen. In der Familie wird das Bedürfnis nach Liebe, Partnerschaft, nach Fürsorge für den Nächsten am unmittelbarsten befriedigt.

Die soziale Funktion übt die Familie aber auch dadurch aus, daß sie zwischen der Gesellschaft und dem Individuum vermittelt und zugleich integrativ wirkt.

Im Sozialismus stimmen die grundlegenden Interessen der Gesellschaft mit denen der Familie und ihrer einzelnen Mitglieder überein. Darum können in der Familie Grundmuster sozialen Verhaltens geschaffen werden, die den gesellschaftlichen Werten und Normen, den Vorstellungen von der sozialistischen Persönlichkeit tatsächlich entsprechen. Der Begriff „Vermittlung" sollte nicht als mechanischer Lernprozeß verstanden werden, da er nicht einfach Übernahme bedeutet, sondern vor allem aktive Auseinandersetzung.

Verhaltensdispositionen werden in der familialen Tätigkeit erworben. Dieser Prozeß wird häufig als Sozialisation bezeichnet und bedeutet Aneignung von Fertigkeiten, bestimmten Formen der Kommunikation, Kenntnissen, Werten und Normen des sozialen Verhaltens durch das Individuum. Soziale Erfahrungen werden weitergegeben, aufgenommen und genutzt und sind Bedingung der Persönlichkeitsentwicklung. Gerade

in der Nutzung, also in der Aufbereitung für sich selbst, erfolgen eine Auslese von Normen und Werten und auch eine Veränderung trotz relativer Stabilität.
In der Familie werden durch das Vorbild der Eltern vor allem in vier Komplexen entscheidende Einstellungen, Wertorientierungen geprägt:

a) zu Partnerschaft und Familienleben, da durch den Umgang der Eltern miteinander die Vorstellung von der eigenen künftigen Partnerschaft herausgebildet wird. Wenn hier kein brauchbares Leitbild entstehen kann, weil Liebe, Achtung, Fürsorge füreinander fehlen, können sich die Heranwachsenden kaum Fähigkeiten aneignen, um es einmal besser machen zu können. Bei Fehlentwicklungen von Jugendlichen stößt man oft darauf, daß die gestörten Beziehungen der Eltern verhindert haben, daß Achtung der anderen Menschen, vor allem dem anderen Geschlecht gegenüber, als erstrebenswert erscheint und der Umgang mit anderen überhaupt erlernt wurde. Die Einstellung der Eltern zum Kind, der Wunsch nach mehreren Kindern, die Einbeziehung der Kinder in die Lösung familiärer Fragen werden sich in positiver Haltung in der nächsten Generation niederschlagen, während das Erlebnis, daß Eltern keine Zeit für das Kind haben und darum auch auf ein weiteres verzichten, schon die nächste Ein-Kind-Familie vorprogrammieren kann.
b) zur Arbeit, Berufstätigkeit der Frau, zur beruflichen Entwicklung; auch hierbei entstehen durch den Stellenwert der Arbeit im Leben der Eltern, ihren Berufsstolz, ihren Drang nach Vervollkommnung Leitbilder für die Lebensgestaltung der Kinder. Doch auch die Arbeitsteilung in der Familie selbst, die feste altersadäquate Aufgaben im Haushalt für Töchter wie für Söhne einschließen soll, erzieht zu einer zukunftsorientierten Arbeitshaltung, zur Arbeitsdispziplin und zum Verständnis dafür, daß auch weniger angenehme Pflichten im Interesse aller erledigt werden müssen; gute Arbeitsergebnisse bringen Freude und Anerkennung, auch das kann in der Familie schon erlebt werden.
c) zur gesellschaftlichen Verantwortung und Mitwirkung, wenn die Eltern durch verschiedene Tätigkeiten im Betrieb, in gesellschaftlichen Organisationen und Gremien, in der Schule ihres Kindes deutlich machen, welchen Anteil sie selbst an der Entwicklung der Gesellschaft und zum Nutzen der eigenen Familie tragen. Ein Kind ist stolz auf die Mutter als Abgeordnete, den Vater als Gewerkschaftsfunktionär, den großen Bruder als Soldat und versucht nachzueifern. Auch Gespräche mit den Kindern oder solche, an denen Kinder beteiligt sind, über ökonomische Fragen, Ereignisse des politischen und gesellschaftlichen Geschehens dienen der Entwicklung der Bereitschaft zur eigenen Aktivität. So lange Kinder klein sind, geben sie sich mit der Klassifizierung in gut und böse zufrieden, später erwarten sie Auskunft über Ursachen von Ereignissen, wenn sie dann auch noch zu den Eltern gehen können, werden besonders nachhaltig Einsichten vermittelt.
d) zur individuellen Bedürfnisbefriedigung, denn die Bedeutung von Nahrung und Genuß, von Einrichtungsgegenständen, von Büchern, Reisen, Kleidung, von Freundschaften, geselligem Umgang und vielem anderen mehr wird in der Familie erfahren und in die eigene Sinngebung des Lebens übernommen. Darum ist es so problematisch, wenn die Kinder verwöhnt statt zur Bescheidenheit angehalten werden. Im familialen Konsumverhalten wird die Grundlage für Ansprüche der Kinder und Jugendlichen geschaffen, über die Eltern oft klagen. Frühzeitig können materielle und ideelle Werte in ein richtiges Verhältnis gebracht und damit Interessen geweckt werden, die das Leben reich und freudvoll werden lassen.

Tatsächlich bildet sich ein familiales Wertesystem heraus. Durch das Aufeinandertreffen der beiden Partner aus unterschiedlichen Familien werden zwei in verschiedenen Bereichen vielleicht abweichende Vorstellungen miteinander konfrontiert, die im Laufe der Zeit verschmelzen müssen, wenn die Verbindung von Bestand sein soll. Konträre Auffassungen in entscheidenden Fragen führen zu unüberbrückbaren Konflikten und verhindern ein harmonisches Miteinander. Oft beobachtet man, daß Eheleute unabhängig voneinander gleiche Entscheidungen treffen, einen völlig übereinstimmenden Geschmack entwickelt haben, ja es genügt, den

einen zu fragen, um zu wissen, was auch der andere dazu meinen würde. Hier offenbaren sich stabile familiale Bewußtseinsinhalte.
In das Wertesystem werden natürlich auch Erfahrungen von außerhalb aufgenommen, wie aus dem Arbeitsleben, aus Kontakten mit anderen Familien und aus sich wandelnden gesellschaftlichen Verhältnissen. Erwartungen, die die Gesellschaft z. B. in der Verfassung, im Familiengesetz formuliert, stimulieren die Auseinandersetzung in den Familien und finden ihren Niederschlag in Beurteilungen und Meinungen. Dadurch tritt langsam ein Wandel im Wertesystem der Familie ein. Gewohnheiten der Herkunftsfamilie wirken in den Familien lange nach. In anderen gesellschaftlichen Bereichen, wie in Betrieben, Arbeitskollektiven, Freizeitgruppen, werden Traditionen, Verhaltensweisen rascher übernommen. So sind Frauen noch weitaus mehr mit der Hausarbeit beschäftigt als Männer, wenn auch kein Mann es sich mehr nehmen läßt, wenigstens bei der Hausarbeit zu helfen. Trotzdem haben Männer mehr Zeit für Beschäftigungen außerhalb der Familie, für Hobbys, für das Zusammensein mit Freunden, für die Weiterbildung. Frauen bewerten die Familie manchmal höher als ihre berufliche Arbeit, Männer halten nicht selten die Arbeit für wichtiger als die Familie.
Im Arbeitskollektiv, in der Gewerkschaftsgruppe, im Leitungskollektiv wird den Frauen durchaus der gleichberechtigte Platz eingeräumt. Und wenn Frauen sich weniger mit ihrer Arbeit identifizieren als Männer, liegt das nicht an der Arbeit, sondern an starker familiärer Belastung. Es ist zu beobachten, daß dieselben Frauen zu einem anderen Zeitpunkt, wenn z. B. die Kinder schon selbständig sind, sich in ihren Bewertungen nicht von den Männern unterscheiden.
Diese Unterschiede stammen aus der Vorgeschichte unserer heutigen Familien und können nur in bewußter Auseinandersetzung in jeder Familie selbst überwunden werden. Dieser Prozeß soll nicht als Streit im negativen Sinne verstanden werden, sondern als Abstimmung, als Verständigung und als offenes Gespräch miteinander. Wenn eine Frau ununterbrochen klagt, weil ihr niemand hilft und dadurch ihre eigenen Wünsche unberücksichtigt bleiben, wird sie ihr Ziel kaum erreichen. Charme und List können gerade in diesen Fällen eingesetzt werden, diese Eigenschaften sollten der Gleichberechtigung nicht geopfert werden.
In der Erfüllung der Funktionen der Familie gibt es zeitlich unterschiedlich gelagerte Schwerpunkte.

Familienzyklus

Die Funktionen der Familien bleiben nicht in allen Phasen gleich. Mit der Eheschließung oder der Begründung einer Lebensgemeinschaft geht die Gründung eines eigenen Haushaltes einher, und das junge Paar löst sich nach und nach aus den Herkunftsfamilien. Zeitlich parallel dazu wird das erste Kind, werden auch weitere Kinder geboren. Damit ist hoher pflegerischer Aufwand verbunden. In dieser Zeit fehlen noch eigene Erfahrungen im Familienleben; die vielen neuen Pflichten stellen die jungen Leute immer wieder vor ungewohnte Situationen. Beide bringen Muster für die Gestaltung ihrer Ehe und Familie aus ihren Herkunftsfamilien mit, aus denen, gepaart mit neuen eigenen Erkenntnissen, eben das familientypische Wertesystem geprägt wird. Zu dieser Zeit, in der die jungen Eltern etwa 20 bis 35 Jahre alt sind, haben sie ihre berufliche Entwicklung erst begonnen, suchen sie ihren Platz im Arbeitsleben, man erwartet von ihnen hohe Einsatzbereitschaft, Neuerertum, Kreativität. Der erste Zyklus im Verlauf des Familienlebens ist von besonderer Erlebnisdichte, in ihm sind viele Entscheidungen zu treffen; sicherlich ist die Stabilität der jungen Ehe und Familie gerade darum so gefährdet; es erfordert erhebliche Anstrengungen, sie nicht nur zu erhalten, sondern weiterzuentwickeln.
Ein weiterer Zyklus schließt sich an, der durch wachsende Selbständigkeit der Kinder gekennzeichnet ist. Dieser Prozeß bringt zunehmenden außerfamilialen Einfluß bei der weiteren Sozialisation der Kinder; das beunruhigt die Eltern manchmal, zumal sich damit die Ablösung der Kinder aus der Familie ankündigt. Während der Pflegeaufwand für die Kinder sinkt, wächst der für ihre Bildung und Erziehung.
Die eigenen Eltern beginnen hilfsbedürftig zu werden; wenn sie nicht in der Nähe wohnen, bleibt für ihre Unterstützung in der Regel nur das Wochenende.

Die 35- bis 45jährigen Eheleute stehen inzwischen im Beruf und in gesellschaftlichen Funktionen in einer Periode, in der sie Höchstleistungen vollbringen können, viele bewähren sich als Leiter.
Das nächste Dezennium bringt für die meisten Familien Enkel und Freude an deren Betreuung. Die Kinder scheiden aus dem Haushalt aus und gründen einen eigenen, bei deren Einrichtung die Unterstützung der Eltern gern angenommen wird. Die Betreuungsbedürftigkeit der eigenen Eltern nimmt zu, und eigene gesundheitliche Beeinträchtigungen beginnen. Es ist wiederum eine Phase hoher beruflicher Leistungen und gesellschaftlicher Verpflichtungen.
Im ersten Zyklus wurde der Haushalt gegründet, inzwischen ist manches erneuerungsbedürftig, und wenn die Kinder das Haus verlassen, wird der Zeitpunkt für geeignet erachtet, dieses und jenes neu anzuschaffen. Das Kinderzimmer wird umfunktioniert, das Wohnzimmer u. U. modernisiert. Vielleicht überbrücken gerade solche Aktivitäten die neue Lage der Eltern, wieder allein oder erstmals allein miteinander leben zu müssen. Bisher waren sie über die Kinder, die Freuden und Sorgen mit den Kindern eng verbunden, jetzt müssen sie sich auf sich besinnen und ihrem Leben einen neuen Sinn geben. Auch hier haben wir es mit einer kritischen Phase zu tun, die bewußt bewältigt werden will. Wenn nach 20 bis 30 Jahren eine Ehe zerbricht, weil die Mühe um den anderen nicht ausgereicht hat, ist das besonders tragisch.
Die Phase, die nach dem 55. Lebensjahr beginnt, bringt wiederum einschneidende Veränderungen, die Enkel werden schon selbständig, die Eltern können ableben, aus gesundheitlichen Beeinträchtigungen resultieren eventuell höhere Belastungen in Beruf und Haushalt, man muß sich auf den Übergang ins Rentenalter einstellen, und es schließt sich das Rentnerdasein mit einer neuen Art der Integration in die Gemeinschaft an.

Über die Zukunft von Ehe und Familie

Ehe und Familie haben sich mit der Entwicklung der menschlichen Gesellschaft zwar über lange Zeiträume hinweg aber doch ständig gewandelt, und darum drängt sich vielen, besonders jungen Leuten, die Frage auf, ob sie überhaupt eine Chance habe, weiterzubestehen. Eine so gestellte Frage muß sicher mit „ja“ beantwortet werden, aber zugleich muß hinzugefügt werden, daß ihr Veränderungsprozeß weitergehen wird und viele Generationen daran beteiligt sein werden. An die Partner in der Ehe und alle Mitglieder einer Familie werden darum hohe Ansprüche gestellt, und meist reichen die Vorbilder aus der Herkunftsfamilie allein nicht aus, um den neuen Anforderungen an Ehefrau und Ehemann sowie an die Eltern gerecht zu werden. Darum ist es auch nicht einfach, eine Ehe zu führen und einer Familie Bestand zu verleihen. Viele Entscheidungen müssen zum ersten Mal gefällt werden, weil es solche Situationen in der vorhergehenden Generation noch nicht gab oder weil sie zumindest anders geartet waren. Fehlt nicht eigentlich ein Leitbild für die Familie im Sozialismus? Wo soll man es suchen?
Erfreulicherweise hat sich in jüngster Zeit die Wissenschaft mehr als bisher mit Ehe und Familie im Sozialismus beschäftigt und darüber publiziert. Dort können viele Hinweise gefunden werden. Viel umfangreicher (und offensichtlich auch mit einem weit größeren Leserkreis als die wissenschaftlichen Abhandlungen) ist die schöngeistige Literatur, in der Ehen und Familien beschrieben werden. Nur sie als Leitbilder zu akzeptieren fällt schwer, weil vorrangig jene Ehefrauen als Helden dargestellt werden, die – um sich selbst zu verwirklichen – wieder aus der Ehe ausbrechen, kaum solche, denen es gelingt, sich selbst und ihren Partner als Persönlichkeiten nicht nur trotz der Ehe, sondern mit der Ehe und der Familie zu entwickeln. Gerade darin liegt nämlich der Sinn der Ehe und der Familie im Sozialismus.
Sind die hohen Scheidungsraten ein Indikator dafür, daß die Ehe sich überlebt hat? Hier muß mit „nein“ geantwortet werden. Erstens weil einmal Geschiedene in der Regel eine zweite Ehe eingehen, die weitaus stabiler ist, und zweitens, weil durch die Ehescheidungen deutlich wird, daß höhere Ansprüche an die Ehe gestellt werden als früher und nicht jede Ehe als sinnlos abgetan wird.
Die Verurteilung der Frau, eine für sie unwürdige eheliche Verbindung aufrechtzuer-

halten, war ein besonders schlimmes Ergebnis ihrer nicht gleichberechtigten Stellung in der Gesellschaft. Die ökonomische Abhängigkeit der Frau vom Mann ließ ihr kaum Möglichkeiten, selbständig zu leben, sie hatte keinen Beruf. Wohl sah das bürgerliche Familienrecht vor, daß der geschiedene Mann für den Unterhalt der ehemaligen Ehefrau aufkommen mußte, wenn, ja wenn sie unschuldig geschieden wurde. Einer Frau, die selbst die Fesseln einer Ehe lösen wollte, verwehrte man aus Gründen bürgerlicher Moralauffassungen, ihre Kinder weiterhin erziehen zu dürfen. Wer hat nicht in der Gestalt der Effi Briest oder der Nora Anteil an dem Schicksal solcher Frauen genommen? Darum stellen unsere heutigen rechtlichen Regelungen der Ehescheidung und der Mut der Frauen, eine Ehe, die für sie, die Kinder und die Gesellschaft den Sinn verloren hat, zu beenden, einen Fortschritt dar.

Trotzdem bleibt zum Kapitel Ehescheidung noch etwas nachzutragen. Bei einer zu großen Zahl von Scheidungen wird die zu kurze Zeit der Bekanntschaft vor der Eheschließung als Grund angegeben. Übereilte Entscheidungen sind offensichtlich fehl am Platze, Beziehungen müssen allmählich reifen.

Als Folge der Akzeleration nimmt die Spanne zwischen geschlechtlicher und sozialer Reife der Jugend zu. Daraus resultiert eine Verlagerung des Heiratsalters in jüngere Jahre. Die Ehe wird nicht selten vor dem Abschluß einer Berufsausbildung geschlossen; dank staatlicher Unterstützung ist es möglich, auch materiell die Grundlagen für eine Ehe zu schaffen. Das Bedürfnis nach Liebe ist bei der Jugend ganz natürlich, doch das führt oft dazu, daß der Partner nicht genügend geprüft wird. Bestimmten Eigenschaften wird später in der Ehe kein Verständnis entgegengebracht. Als Scheidungsgrund fungiert dann die Nichtübereinstimmung der Charaktere. Ehen, die in sehr jungen Jahren geschlossen werden, können darum besonders anfällig sein, und die Möglichkeit, nun einen Partner zu finden, von dem man glaubt, besser mit ihm zusammenzupassen, ist groß. Daraus sollte nicht geschlußfolgert werden, daß sehr frühe Ehen besser verhindert werden sollten, sondern daß Eltern und die Gesellschaft helfen sollten, den jungen Leuten eine Enttäuschung zu ersparen. Die Vorbereitung auf die Ehe wird zu sehr dem Selbstlauf überlassen, selten werden Vorträge dazu angeboten, und populärwissenschaftliche Literatur ist rar.

Es geht also nicht um eine Warnung vor der Ehe, sondern um eine richtige Einstellung zur Ehe. Da unterschiedliche Menschen aus unterschiedlichen Herkunftsfamilien in engsten Kontakt zueinander treten, müssen sie wissen, daß es zu Schwierigkeiten im täglichen Miteinander führen kann, bis sich ein einheitliches System von Auffassungen und Werten gebildet hat. Man darf nicht kapitulieren, unter Umständen bedarf es großer Anstrengungen, ja Kampf um den anderen bis zur Überwindung von Konflikten. Wird diese Mühe nicht noch zu häufig gescheut? Ökonomisch ist man nicht mehr voneinander abhängig, das verführt vielleicht doch manchmal dazu, den im Augenblick leichter zu gehenden Weg der Trennung zu wählen. Wenn Frauen in großer Zahl die Scheidung beantragen, können auch hier die Ursachen dafür liegen.

Die sexuellen Beziehungen in einer Ehe können ebenso für Bestand oder Auflösung einer Ehe eine Rolle spielen. Die Bedeutung der Sexualität in der Ehe sollte erkannt werden; sie ist zwar nicht das einzige, was eine Ehe ausmacht, aber etwas sehr Wichtiges. Darum muß man es lernen, wie der Mann sich mit seiner Frau, aber ebenso wie sich die Frau mit ihrem Mann vereinigen sollten. Sexuelle Aufklärung ist zum Glück kein Tabu mehr, es gibt Literatur darüber, aber auch hier sind in den Familien bei weitem nicht alle Hemmungen beseitigt, um offen mit den Söhnen und Töchtern zu sprechen.

Auch ältere Ehen werden geschieden; bei denen sind die Gründe breiter gefächert. Manchmal werden anfängliche Schwierigkeiten lange mitgeschleppt, die Liebe zwischen den Partnern erkaltet, und neue Anknüpfungspunkte werden nicht gefunden, oder dem einen wird die ganze Last der Familie übertragen, und er ist nicht mehr gewillt, so weiterzuleben. Die Gründe sind vielgestaltig, sie lassen sich nicht alle aufzählen, aber solche schlimmen, die Familien zerstörenden Erscheinungen wie Rücksichtslosigkeit, Trunksucht, Nichtachtung des Partners sollen erwähnt werden.

Letztlich ist eine Ehescheidung immer eine

schwerwiegende Entscheidung, fast alle Betroffenen fühlen sich unglücklich.
Für die Kinder stellt sie wohl das schwerwiegendste Problem dar. Eine zerrüttete Ehe ist eine schlechte Basis für das Heranwachsen der Kinder; sie sollte nicht wegen der Kinder aufrechterhalten werden, aber der Einschnitt durch die Auflösung der ehelichen Gemeinschaft ist für jedes Kind eine tiefe Erschütterung, denn von einem Elternteil muß es sich trennen, und beide werden geliebt, beiden wird vertraut.
Die Öffentlichkeit registriert Ehescheidungen in höherem Alter, nach 20- bis 30jähriger Ehe, mit besonderem Unwillen und bringt ihn sogar hämisch zum Ausdruck. Dadurch wird das Ereignis fast immer nur oberflächlich beurteilt, denn in Wirklichkeit ist die Zuwendung eines Partners zu einem neuen, nicht selten aus dem Bereich der Berufsarbeit, nicht vordergründig wegen neuer sexueller Bedürfnisse vor sich gegangen, sondern wegen der Unfähigkeit der Eheleute, den neuen Zyklus ihrer Ehe und Familie mit Sinn zu erfüllen. Darauf bereiten sich die Partner nicht rechtzeitig und gründlich genug vor.
Die Instabilität vieler Ehen (1986 wurden etwa 52439 Ehen geschieden, 137208 Ehen geschlossen) läßt den Gedanken aufkommen, ob die Menschen überhaupt für die lebenslange Monogamie geschaffen sind. Biologisch ist das nicht abzuleiten, denn Sexualität, Ehe und Familie sind sozial determiniert, daher rührt ihre Dynamik. Daß in der Ehe die Bedürfnisse der Männer und Frauen nach Sexualität, Liebe, Geborgenheit, nach Kindern, Fürsorge und nicht zuletzt nach Solidarität, Gemeinsamkeit befriedigt werden können, zeigen die stabilen Ehen, die Heiratsrate bei jungen Leuten und die Wiederverheiratung Geschiedener und Verwitweter, sobald sie eine Chance dazu haben. F. Engels erkannte, daß die Entstehung der Monogamie einen sittlichen und historischen Fortschritt darstellte und sich auf ihrer Grundlage die individuelle Geschlechtsliebe herausbildete. Doch dieser Prozeß ist äußerst widersprüchlich. Er ist mit der entrechteten Stellung der Frau und ihrer Unterordnung unter den Mann verbunden. Solange die auf antagonistische Klassenverhältnisse beruhende Situation der Frau vorhanden ist, kann die individuelle Liebe sich nur im Keim entwickeln, erst mit der Befreiung der Menschheit von Unterdrückung und Ausbeutung, sagte Engels voraus, wird die Monogamie vollauf verwirklicht werden und die Liebe zu ihrer Grundlage.
Die gegenwärtigen Erscheinungen lassen außer acht, daß die neuen gesellschaftlichen Verhältnisse einen neuen Familientyp nach sich ziehen, der sich nur langsam festigt. Ganz neue Ansprüche an das gemeinsame Leben haben sich herausgebildet, ohne daß zur Erfüllung schon alle subjektiven und objektiven Bedingungen gegeben sind. Wer heiratet, verspricht sich einen Gewinn für sich selbst, er will wissen, wohin er emotional hingehört, er hofft auf sexuelle Erfüllung, auf gegenseitigen Beistand und persönliche Entfaltung. Solche Erwartungen macht die Ehe anfälliger für Konflikte; und die früheren ökonomischen Zwänge, die entfremdete Partner nötigten, den gemeinsamen Haushalt fortzuführen, wirken nicht mehr. Wer sich scheiden läßt, verwirft nicht die Ehe schlechthin, sondern die unbefriedigende Ehe.
Oft wird die Eheschließung zeitlich hinausgeschoben, die jungen Leute leben aber schon in eheähnlicher Beziehung. Es ist anzunehmen, daß bis zu 25 % der alleinstehenden Frauen im Alter zwischen 18 und 35 Jahren in einer solchen Gemeinschaft leben. Viele betrachten diese Zeit als Erprobungsfeld, dem die Ehe folgt.
Auch diese Gründe sind kein Nachweis dafür, daß die Ehe als wünschenswerte Lebensform nicht mehr akzeptiert wird. Wenn die unverheirateten Partner sich ihrer Verantwortung sich selbst und den Kindern, die einer solchen Verbindung entspringen oder mit eingebracht werden, gegenüber bewußt sind, haben wir es vom Wesen her mit einer Familie zu tun, die all ihre Funktionen erfüllt. Wenn aber Gedankengänge wie die Möglichkeit nach einer einfacheren Trennung für das Zusammenleben ohne Heirat ausschlaggebend waren, ist die Verbindung unehrlich und von vornherein belastet. Hier sollten möglichst keine Kinder geboren werden, es sei, die Beziehungen wandeln sich im Laufe des Beieinanderseins. Also kann die Frage nach dem Bestand der Ehe im Sozialismus positiv beantwortet werden.
Die Lebensgemeinschaft ist eine juristisch geregelte Form des Zusammenlebens ohne

Eheschließung. Sie resultiert häufig daraus, daß die Partner der Meinung sind, sie selbst seien verantwortungsbewußt genug, ihr Leben und das ihrer Kinder zu gestalten, dazu bedürfe es nicht eines öffentlichen Versprechens. Unsere Gesellschaft erkennt diese Haltung an.
Jede andere Verbindung, die nach außen dadurch erkennbar ist, daß man zusammenwohnt, ist sicherlich eheähnlich, genießt aber keinen rechtlichen Schutz. Das führt bei Trennungen zu Schwierigkeiten, wenn der gemeinsame Haushalt aufgelöst wird oder wenn durch Tod eines Partners die Erbschaft nicht vorher testamentarisch geregelt worden ist.

Die unvollständige Familie

Unter einer unvollständigen Familie wird das Zusammenleben von nur einem Elternteil mit den Kindern verstanden. Sie entsteht durch die Geburt eines Kindes oder mehrerer Kinder von alleinstehenden Müttern. Ausschlaggebend für eine solche unvollständige Familie ist der Kinderwunsch der Frauen. Unvollständige Familien haben ihre Ursachen aber auch in Ehescheidungen oder in der Trennung der unverheirateten Partner, dann können sowohl der Vater als auch die Mutter mit ihren Kindern eine unvollständige Familie bilden. Dasselbe kann eintreten, wenn ein Partner stirbt. Es wurde schon im Zusammenhang mit Scheidungen dargestellt, daß der Wunsch nach einer Wiederverheiratung der Geschiedenen vorhanden ist und oft nach kurzer Zeit des Alleinseins erfüllt wird; das trifft auch für Verwitwete zu. Diese Mütter und Väter empfinden die alleinige Verantwortung für ihre Kinder als besondere Belastung, trotz der für sie vorhandenen Unterstützung durch die Gesellschaft, und sie streben danach, die Familie wieder zu vervollständigen. Diese zeitweiligen oder doch ungewollt unvollständigen Familien sollen hier außer acht gelassen werden.
Bei der ersten Gruppe, die aus Müttern und ihren Kindern bestehenden unvollständigen Familien, verhält sich das anders. Die alleinstehende Mutter und das außereheliche Kind sind in unserer Gesellschaft keinerlei Diskriminierungen mehr ausgesetzt. Jede Frau kann sich ihren Wunsch nach einem Kind erfüllen, die Gesellschaft erkennt das an und hilft ihr dabei durch rechtliche Regelungen. Die Frauen üben qualifizierte Berufe aus und verfügen über ein Einkommen, das es ihnen gestattet, mit Kindern allein einen Haushalt zu führen, ihre Kinder gut zu versorgen und ihnen wie Kindern aus vollständigen Familien Bildung, Ausbildung, Reisen u. a. zugute kommen zu lassen. Die Kinder aus solchen unvollständigen Familien zeigen in der Schule nicht weniger Leistungsbereitschaft und ebenso gute Ergebnisse wie die aus vollständigen Familien. Nicht selten hört man das Argument, daß Kinder alleinlebender Mütter besser aufwachsen als Kinder aus Familien, in denen Zwietracht zwischen Vater und Mutter herrscht; damit soll die Existenz der unvollständigen Familie befürwortet werden. Das Argument ist richtig, aber die Schlußfolgerung anfechtbar.
Die Familiengründung ohne Vater hat ihre Berechtigung dort, wo die Erfüllung des Kinderwunsches für die Frau sonst nicht möglich ist. Sie wird fragwürdig, wenn das Motiv darin liegt, ein Kind ganz für sich allein zu haben und den Vater bewußt auszuschließen, wenn von vornherein die Überzeugung ausschlaggebend ist, daß der Vater voll ersetzt werden kann. Jene Frauen, die sich so entschieden haben, polemisieren meist gegen den Begriff „unvollständige Familie", weil sie nicht wahrhaben wollen, daß sie nicht zugleich Vater und Mutter sein können. Es liegt nicht im Interesse der Gesellschaft, Kindern die Väter vorzuenthalten und die Erziehung, wo es nicht unumgänglich ist, nur in die Hände der Mütter zu legen. Harmonische Beziehungen zwischen beiden Elternteilen und den Kindern sind die beste Erziehungsgrundlage, und sie sollte angestrebt werden.

Die Eheschließung

Die Ehe wird nach dem Gesetz vor dem Standesamt geschlossen. Weil dieser Moment einen ganz neuen Lebensabschnitt einleitet, der mit vielen Hoffnungen und Wünschen, vor allem dem nach bleibendem Glück, verbunden ist, wird er festlich begangen.
Die Eltern und andere Verwandte, aber auch die Freunde haben Vorstellungen, wie ge-

feiert werden sollte. Doch sollte es ganz allein dem jungen Paar überlassen werden, welche Art Feier sie wählen.
Es gibt Traditionen, deren Pflege das Leben bereichert. Ein möglichst großer Kreis von Verwandten und Bekannten wird eingeladen, und der Ablauf der Feierlichkeit ist bestimmten Bräuchen und Riten unterworfen. Dadurch können viele Angehörige beider Herkunftsfamilien den Abschied aus den bisherigen Familien und den Beginn einer neuen miterleben. Ausgiebige Mahlzeiten sind ein weiteres Merkmal solcher Hochzeiten. In den städtischen Wohngebieten sind solche Feiern in kleinerem Kreis ebenso üblich. Andere angehende Ehepaare entscheiden sich für eine Feier im engsten Familienkreis mit den Eltern und Geschwistern, andere steigen nach der Trauung in den Zug oder ins Auto, um sich ganz allein auf einer Reise zu haben. Nur mit Freunden am Hochzeitstag zusammen zu sein und sie vielleicht ohne großen Aufwand zu bewirten, ist auch eine Variante, die von den Eltern wohl manchmal befremdlich zur Kenntnis genommen wird, aber akzeptiert werden sollte. Um dieser Entscheidung zwischen der Verwandtschaft und den Freunden aus dem Wege zu gehen, wird der Polterabend oft dazu verwendet, mit den gleichaltrigen Freunden zu feiern, und den Hochzeitstag im Familienkreis beider Partner zu begehen. – Wer ganz allein sein möchte mit dem ihm liebsten Menschen, sollte es durchsetzen. Eine Verpflichtung, Gäste einzuladen, gibt es eigentlich nicht. Nur in schöner Erinnerung bleiben sollte der Hochzeitstag.
So vielseitig man diesen Tag gestalten kann, so viele Möglichkeiten gibt es auch, sich zu kleiden. Die Braut im weißen Kleid und mit Schleier ist wieder häufiger geworden, aber auch jede andere Farbe ist recht; ebenso kann ein Hut getragen werden oder gar keine Kopfbedeckung. Dem Bräutigam sei zu empfehlen, seinen Anzug entsprechend dem Charakter des Kleides seiner künftigen Ehefrau zu wählen, damit er zu ihr paßt. Diese äußere Form der Zusammengehörigkeit sollte symptomatisch sein.

Kindererziehung in der Familie

Erziehung und Persönlichkeitsentwicklung

Die Entwicklung der Kinder zu körperlich und geistig gesunden Menschen, zu allseitig entwickelten sozialistischen Persönlichkeiten ist ein Ziel, das Familie und gesellschaftliche Erziehungsinstitutionen im Sozialismus gemeinsam anstreben. Neben Krippe, Kindergarten, Schule, Jugend- und Kinderorganisation und anderen gesellschaftlichen Erziehungskräften zählt die Familie zu den entscheidenden Faktoren der Entwicklung des Kindes. Das Verhalten der Heranwachsenden, ihre Einstellungen, Überzeugungen und Standpunkte, der Verlauf ihrer charakterlichen Entwicklung können nicht losgelöst vom Einfluß der Familie erklärt und verstanden werden, deren Bedeutung sich vor allem aus den engen sozialen Bindungen zwischen den Mitgliedern erklärt. Die Zugehörigkeit des Kindes zur Familie besteht bis zur Volljährigkeit und darüber hinaus. Es gibt kaum ein anderes Kollektiv, zu dessen Mitgliedern die Kontakte so dauerhaft und fest sind wie zu dem der Familie.
Entwicklung in der Tätigkeit. In dem Maße, wie das Kind aktiv auf seine Umwelt einwirkt und sie verändert, vollzieht sich seine Entwicklung als Persönlichkeit. Die Erziehung des Kindes in der Familie verläuft dann erfolgreich, wenn sie dazu führt, daß sich das Kind mit den inhaltlichen Zielvorstellungen der Eltern auseinandersetzt und zu ihrer Verwirklichung aktiv tätig wird.
Eine wesentliche Grundlage für die Formung der kindlichen Persönlichkeit stellen die natürlichen Anlagen dar, d.h. ihre anatomisch-physiologischen Voraussetzungen und das Programm der biologischen Entwicklung, das – in der DNS-Struktur verschlüsselt – eine gewisse Abfolge für den biologischen Reifungsprozeß enthält. Entwicklungsrichtung, -tempo und -niveau der multipotenten Anlagen werden von den gesellschaftlichen Verhältnissen bestimmt. Sie stecken den „Rahmen" für die gesellschaftliche Tätigkeit des Menschen und damit für die Entfaltung seiner Anlagen ab. Mit der Schaffung günstiger Bedingungen für die Entwicklung in der Familie wird dieser „Rahmen" ständig ver-

bessert, wird das Soziale als das Bestimmende für die Persönlichkeitsformung des Kindes unterstrichen.

Voraussetzungen für den Erziehungserfolg in der Familie

In Beantwortung der Frage, wo denn die spezifischen erzieherischen Möglichkeiten der Familie gegenüber anderen Erziehungskräften zu sehen sind, ist auf die Gesamtheit der materiellen, geistigen, sozialen und kulturellen Bedingungen, auf die gesamte Lebensweise der Familie als erzieherische Potenz zu verweisen. Trotz Betonung dieser Komplexität sollte der unterschiedliche Stellenwert der einzelnen Faktoren für die kindliche Entwicklung nicht übersehen werden.

Verbundenheit der Familie mit der Gesellschaft. Die besten familiären Voraussetzungen für die Entwicklung finden Kinder in Familien vor, deren Lebensgestaltung auf den Inhalten der sozialistischen Lebensweise aufbaut, den sozialistischen Prinzipien des Lebens entspricht. Wissenschaftliche Untersuchungen belegen, daß bewußt und aktiv handelnde, fleißige, leistungswillige und disziplinierte Mädchen und Jungen in hohem Maße aus Familien kommen, die mit den Zielen und Anforderungen unserer sozialistischen Gesellschaft übereinstimmen. Andererseits wird deutlich, daß Familien, die durch die Organe der Jugendhilfe bei der Erziehung ihrer Kinder unterstützt werden, geringere gesellschaftliche Aktivität und weniger Integration in die sozialistische Gesellschaft aufweisen.

Aufgrund der hohen Autorität, des Ansehens, der Wertschätzung, die die überwiegende Zahl der Eltern in den Augen ihrer Kinder genießen, stellen die Anschauungen, Haltungen, Verhaltensweisen, die von ihnen vertretenen Werte und Normen und deren Umsetzung im Handeln für die Kinder eine entscheidende Orientierungsgrundlage für das Verhalten dar.

Das gilt auch und gerade für die Einstellungen, Haltungen und Verhaltensweisen der Väter und Mütter, in denen sich ihre Haltung als Persönlichkeit, als Staatsbürger, als Mensch unserer Gesellschaft niederschlägt. Mitunter sind Eltern erschüttert und enttäuscht, wenn ihre Kinder anders handeln, als sie es ihnen gegenüber verbal bekunden. Bei der Analyse der Ursachen darf die Frage, inwieweit die erzieherischen und politischen Orientierungen der Eltern gegenüber ihren Kindern mit ihrem eigenen Handeln übereinstimmen, nicht unbeantwortet bleiben. Widersprüche zwischen den Grundsätzen, die den Kindern für deren moralisches Verhalten mit auf den Weg gegeben werden und jenen, nach denen die erwachsenen Mitglieder der Familie handeln, führen zu Autoritätsverlust der Eltern in den Augen ihrer Kinder, stellen meist den Nährboden für Konflikte zwischen Eltern und Kindern dar.

Aufgeschlossenheit gegenüber den politischen Fragen unserer Zeit, eine klare politische Haltung, rege Anteilnahme an dem politischen und geistig-kulturellen Leben unserer Gesellschaft, hohes Engagement im Beruf u. a. sind Ausdruck der Verbundenheit der Eltern mit der Gesellschaft, sind Charakteristika ihres Verhaltens als Erzieherpersönlichkeiten. Eltern mit solchen Persönlichkeitszügen „spielen“ ihren Kindern richtige weltanschaulich-moralische Grundhaltungen nicht nur vor oder bemühen sich im Interesse der Entwicklung der Kinder krampfhaft um solch eine Haltung, sondern leben ihren Kindern ein gesellschaftlich aktives Verhalten vor. Das vorgelebte persönliche Beispiel führt zu wirklichen Effekten, bringt bessere Resultate als überzogene „Worterziehung“, als bloßes „Moralisieren“, als ein Erziehen mit dem „erhobenen Zeigefinger“.

Die Persönlichkeit der Eltern. Die Stellung der Familie zur Gesellschaft und in der Gesellschaft ist, wie den vorangegangenen Ausführungen entnommen werden kann, untrennbar mit der Entwicklung der Eltern als Persönlichkeiten verknüpft. Die Wertorientierungen von Vater und Mutter, ihre Überzeugungen, Einstellungen, Interessen und Bedürfnisse, ihr Wissen und Können sind für die Integration der Familie in die Gesellschaft bestimmend. Sie beeinflussen stark die Gestaltung des Lebens in der Familie, die sich hier vollziehende Erziehung der Kinder. Untersuchungen weisen u. a. darauf hin, daß Eltern mit positivem gesellschaftlichem Verhalten Optimismus ausstrahlen, bescheiden und gefühlsbetont auftreten und ein gebotenes Maß an Selbstsicherheit an den Tag legen. Bei Eltern von Schülern, die

Verhaltensprobleme in der Schule zeigen, sind oft solche Persönlichkeitseigenschaften wie Geltungsstreben, Überheblichkeit, Rechthaberei, Unausgeglichenheit oder unzureichendes Selbstbewußtsein zu beobachten. Die Ausstrahlung der Persönlichkeit der Eltern auf die Erziehung der Kinder wird z.B. auch beim Erziehungsversagen deutlich. Geringe gefühlsmäßige Ansprechbarkeit und Ausstrahlungskraft der Eltern gegenüber den Kindern, Mängel in der intellektuellen und weltanschaulich-moralischen Entwicklung bedingen das Erziehungsversagen wesentlich. Es bestehen auch Zusammenhänge zwischen dem Bildungs- und Qualifikationsniveau der Eltern und dem Leistungsverhalten der Kinder. Eltern mit hohem Bildungsniveau orientieren die Erziehung der Kinder in der Familie u. a. häufiger an gesellschaftlich bedeutsamen Erziehungszielen, lenken ihre Kinder häufiger als andere Familien auf Berufe mit hoher Qualifikationsstufe. Allerdings wirkt ein hohes Bildungs- und Qualifikationsniveau der Eltern keineswegs allein als günstiger Faktor bei der Persönlichkeitsentwicklung der Kinder in der Familie. Es muß mit anderen positiv entwickelten Seiten der elterlichen Persönlichkeit, wie z. B. der Arbeitsmoral, reichen geistig-kulturellen Bedürfnissen, der aktiven Mitwirkung am gesellschaftlichen Leben des Betriebes und des Territoriums, der Fähigkeit und Bereitschaft, die eigene Leistung in den Dienst des Arbeitskollektivs zu stellen, und der Achtung des gesellschaftlichen Eigentums verbunden sein.

Jene neuen Bedingungen werden vor allem dann für die Erziehung und Entwicklung der Kinder voll wirksam, wenn wir uns ihrer bewußt sind. Aufgrund der in unserer Republik verwirklichten Gleichberechtigung der Geschlechter, der Vollbeschäftigung, umfassender Dienstleistungen zur Reduzierung der Hausarbeit, eines umfassenden Systems gesellschaftlicher Institutionen zur Erziehung der Kinder haben Männer und Frauen die gleiche Möglichkeit zur beruflichen Tätigkeit und damit zur umfassenden Entwicklung ihrer Persönlichkeit. Etwa 90 % der Frauen im berufsfähigen Alter gehen gegenwärtig einer beruflichen Tätigkeit nach. Daraus erwachsen wiederum Erfahrungen, Einsichten in Zusammenhänge, Erkenntnisse, die für das familiäre Zusammenleben, für die Erziehung der Kinder von Bedeutung sind. Im Bildungs- und Qualifikationsniveau unserer heutigen Elterngeneration vollzogen sich gewaltige Veränderungen im Vergleich zu früheren Jahren. Fast alle Väter und Mütter der heutigen Kinder haben bereits die sozialistische Schule besucht. Sie erhielten eine auf der Wissenschaft des Marxismus-Leninismus beruhende hohe Allgemeinbildung. Bei jüngeren Eltern treffen wir dank der auf gleiche Erziehung von Jungen und Mädchen orientierten Bildungspolitik keine Unterschiede im Bildungsniveau von Müttern und Vätern an. Auch in der beruflichen Qualifikation hat sich eine beachtliche Annäherung von Männern und Frauen vollzogen. All das wirkt sich positiv auf die Erziehungsfähigkeit der Eltern gegenüber ihren Kindern aus.

Beziehungen innerhalb der Familie. Von den zwischenmenschlichen Beziehungen innerhalb der Familie werden die Arbeitsfreude, die Leistungsbereitschaft und das allgemeine Wohlbefinden der Mitglieder häufig entscheidend mit beeinflußt. Beziehungen der Liebe, der verständnisvollen Rücksichtnahme, der gegenseitigen Achtung und Unterstützung, des Vertrauens, der Fürsorge und Aufmerksamkeit, der Ehrlichkeit u. a. zwischen Eltern und Kindern bedingen das Erleben familiärer Geborgenheit und emotionaler Zuwendung. Von ihrem Niveau hängt es wesentlich mit ab, ob die Kinder die berechtigten Forderungen von Elternhaus und Schule erfüllen wollen und erfüllen können. Nicht selten wirken sich gestörte Beziehungen zwischen den Familienmitgliedern nachhaltig auf die Leistungen und das Verhalten der Kinder aus. Erkenntnisse psychologischer Untersuchungen zeigen z. B., daß gestörte zwischenmenschliche Beziehungen in der Familie häufig eine entscheidende Ursache für das Leistungsversagen von Mädchen und Jungen in Kindergarten und Schule sind.

Konstante Disharmonien und Mißstimmung, verursacht durch Streit zwischen den Eltern im Beisein der Kinder oder durch konträre Erziehungsauffassungen zwischen Vater und Mutter, wirken sich eindeutig negativ auf die Leistungen und das Verhalten der Kinder aus.

Sind die Beziehungen harmonisch, dann fühlen sich die Mädchen und Jungen in ihrer Familie wohl, zur Familie hingezogen. Die starken Gefühle, die die Beziehungen der Familienmitglieder untereinander charakterisieren, wirken sich positiv auf das Durchsetzen elterlicher Forderungen aus. Sie verstärken auch die elterlichen Wertungen und Orientierungen für Leistungen und Verhalten. Die für das allgemeine Wohlbefinden des Kindes bedeutsamen Beziehungen zeigen sich nicht nur in der gefühlsmäßigen wechselseitigen Zuwendung von Eltern und Kindern. Sie existieren in den vielfältigen Einstellungen zueinander, werden in verschiedensten Verhaltensweisen sichtbar.

In unserer Gesellschaft werden die innerfamiliären Beziehungen auch stark durch die Berufstätigkeit beider Eltern geprägt. Die früher traditionelle „Arbeitsteilung", nach der der Vater für die finanziellen und materiellen Bedürfnisse kompetent ist, während die Mutter für die Erziehung der Kinder die Verantwortung trägt, konnte überwunden werden. Die gemeinsame Verantwortung der Eltern für die Erziehung und Entwicklung der Kinder ist für die sozialistische Familie typisch. Übernahme von Verantwortung, von konkreten Aufgaben bei der Erziehung der Kinder durch den Mann ist von großer Bedeutung für die Persönlichkeitsentwicklung der Frau und Mutter, für die Gestaltung der sozialen Beziehungen zwischen den Eltern. Sie fordert Arbeitsteilung und verständnisvolles Zusammenwirken bei der Erziehung der Kinder und erweitert damit die erzieherischen Potenzen der Familie insgesamt.

In die neuen von gegenseitiger Verantwortung und Wertschätzung getragenen Beziehungen zwischen Mann und Frau sind die Kinder eingeschlossen. Durch die gesetzlichen und medizinischen Voraussetzungen gefördert, über Zeitpunkt und Zahl der Geburt der Kinder selbst zu entscheiden, sind die überwiegende Mehrzahl der Mädchen und Jungen, die geboren werden, Wunschkinder. Ihre Geburt, Betreuung und Erziehung spielen in der Lebensplanung der Eltern eine entscheidende Rolle. Das führt dazu, daß sich die Kinder in den meisten Familien wohl und geborgen fühlen und zu ihren Familienangehörigen ein insgesamt gutes Verhältnis entwickelt haben.

Jene positiven Auswirkungen der neuen gesellschaftlichen Bedingungen für die Persönlichkeitsentwicklung der Kinder in der Familie werden u. a. durch die Tatsache bestätigt, daß die Zahl der Familien, in denen die Persönlichkeit des Kindes verletzende Erziehungsmethoden, insbesondere körperliche Züchtigung, als Strafen angewandt werden, weiter zurückgegangen ist. Seit der Einführung des Gesetzes über die Schwangerschaftsunterbrechung zeigt sich, daß die insgesamt sehr geringe Zahl von Kindesmißhandlungen eine weiterhin abnehmende Tendenz aufweist.

Von den gesellschaftlichen Voraussetzungen her können sich in jeder Familie harmonische Beziehungen zwischen den Mitgliedern entwickeln. Die Ausnutzung dieser günstigen gesellschaftlichen Bedingungen erfolgt natürlich differenziert in Abhängigkeit von der Reife der Persönlichkeit der Eltern, der spezifischen Konstellation äußerer und innerer Bedingungen (Wohnverhältnisse, Art und Größe der Familie, berufliche Tätigkeit der Eltern, finanzielle Lage, Erziehungsverhalten u. a.).

Lebensorganisation und -gestaltung in der Familie. Das geistig-kulturelle Klima in der Familie, Art und Inhalt ihrer Freizeitgestaltung, die Arbeitsteilung bei der Bewältigung der familiären Aufgaben und Pflichten sowie die materiellen Lebensverhältnisse wirken sich auf die Persönlichkeitsentwicklung der Mädchen und Jungen aus.

Das Bedürfnis, Schallplattenmusik zu hören, Bücher zu lesen, Kunstwerke zu betrachten, ins Theater oder Konzert zu gehen, ist aus dem Leben vieler Familien heute ebensowenig wegzudenken wie die Information und Unterhaltung durch Fernsehen, Rundfunk und Presse.

Von den speziellen Interessengebieten einzelner oder mehrerer Familienmitglieder ausgehend, bietet sich ein weites Feld zielgerichteter familiärer Einflußnahme auf die kindliche Entwicklung. Die innerfamiliäre Lebensorganisation und -gestaltung können zu einem fruchtbaren Feld der Herausbildung geistig-kultureller und ästhetischer Lebensbedürfnisse werden. Sie führen bei den Jungen und Mädchen zu gesellschaftlichen Erfahrungen, die die Lebensgestaltung im Erwachsenenalter oft entscheidend beeinflussen. Indem die Kinder für das Schöne in ihrer engeren Umwelt (Kinderzimmer, Kleidung, Gegenstände des persönlichen Be-

darfs, Schulmaterialien u. a.) nicht nur verbal belehrend aufgeschlossen werden, sondern es vor allem durch eigene Tätigkeit aktiv mitgestalten können, wird die Familie zu einem natürlichen Übungsfeld für die Herausbildung eines guten Geschmacks.
Das Gespräch im vertrauten Familienkreis über die gemeinsam gehörte Schallplatte, über die von allen verfolgte Rundfunk- und Fernsehsendung ermöglicht es, sich mit Kunstwerken auseinanderzusetzen. Mitunter werden die Gedanken dazu zwanglos ausgetauscht, manchmal wird auch der eigenen Überzeugung und Sache wegen untereinander gestritten. So können sich in Abhängigkeit von den geistig-kulturellen Interessen und Bedürfnissen der Familienmitglieder Kritikfähigkeit und Parteinahme für das Schöne entwickeln, kann sich ein aktives Verhältnis zum Kunstwerk herausbilden, kann der Tendenz, sich in der Freizeit „etwas bieten" zu lassen, Kunst nur rezeptiv aufzunehmen, entgegengewirkt werden.
Lebensorganisation und -gestaltung in bezug auf das geistig-kulturelle Klima haben in den letzten Jahren in den Familien unserer Republik Wandlungen erfahren, die sich vorteilhaft auf die Erziehung der Kinder auswirken. Dank dem gewachsenen Bildungs- und Qualifikationsstreben vieler Eltern sowie den wachsenden materiellen Möglichkeiten der Familien entwickelten sich neben materiellen Bedürfnissen auch die geistig-kulturellen Bedürfnisse weiter. Kulturell-technische Konsumgüter wie Fernsehapparate, Plattenspieler, Tonbandgeräte u. a. sind heute aus den Familien nicht mehr wegzudenken. Das umfassende Wohnungsbauprogramm führte für Hunderttausende von Familien zu besseren Bedingungen für das familiäre Zusammenleben. In Verbindung damit entwickelten sich mit zunehmender Freizeit durch die 5-Tage-Arbeitswoche, die Verlängerung des Jahresurlaubs u. a. neue Freizeitbedürfnisse. Der Buchbesitz in den Familien und die Zahl der Leser in Bibliotheken stiegen an. Wenn auch Buchbesitz und geistige Aneignung des Inhaltes der Bücher nicht immer identisch sind, so kann doch angenommen werden, daß in der Mehrzahl der Fälle die Kinder in den Familien von klein auf mit Büchern leben und umzugehen lernen. Viele Kinder wachsen mit dem „Bummi", der „ABC-Zeitung", der „Frösi", der „Trommel" oder der „Jungen Welt" auf. Sie werden von immer mehr Eltern systematisch an die ständige Informationsaufnahme durch Zeitungen und Zeitschriften herangeführt.
Fast ohne Ausnahme wünschen die Eltern, daß ihre Kinder die Bildungsmöglichkeiten nutzen, die unser sozialistischer Staat jedem bietet. Der hohe Stellenwert, den die Bildung für die Eltern besitzt, äußert sich u. a. auch in ihrem Bemühen, das Lernen der Kinder umfassend zu unterstützen.
In vielen Familien wird, vom Ziel der allseitig entwickelten sozialistischen Persönlichkeit ausgehend, versucht, alle damit verbundenen Erziehungsaufgaben wahrzunehmen: die weltanschaulich-moralische Erziehung ebenso wie die geistig-kulturelle, die körperliche oder polytechnische Bildung und Erziehung. Auch das Erziehungsverhalten vieler Eltern hat sich gewandelt.
Es wird immer stärker durch die Förderung von Aktivität und Selbständigkeit beim Kind, durch Achtung, Vertrauen und Verständnis ihm gegenüber geprägt.
Bei all diesen positiven Veränderungen in der Lebensorganisation und Lebensgestaltung in den Familien darf natürlich nicht übersehen werden, daß nach wie vor Unterschiede zwischen einzelnen Familien bestehen. Die Familienentwicklung ist ein langwieriger widersprüchlicher Prozeß, der von den gesamten gesellschaftlichen Bedingungen stark, aber keineswegs ausschließlich bestimmt wird.
Erziehungsverhalten der Eltern. Der Erfolg der Persönlichkeitsentwicklung der Kinder in der Familie hängt neben den vielfältigen materiellen, kulturellen, sozialen und anderen familiären Faktoren auch stark von den direkten Erziehungsbemühungen der Eltern ab. Das Erziehungsverhalten der Eltern gegenüber den Kindern ist vor allem dann erfolgreich, wenn die Persönlichkeit des Kindes oder Jugendlichen geachtet wird, wenn Vertrauen in seine Entwicklung mit hohen Forderungen gepaart sind, wenn die heranwachsende Persönlichkeit zu selbständigem Denken und Handeln angeregt und Selbstvertrauen gestärkt wird und wenn die Orientierungen für ein positives Moralverhalten der Kinder von den Eltern vorgelebt werden. Die reale Wahrnehmung der gemeinsamen Verantwortung von Vater und Mutter für die Erziehung der Kinder zu Bescheidenheit, Ar-

beitsliebe, Hilfsbereitschaft, Ehrlichkeit, Parteilichkeit für den Fortschritt u. a. verstärken den Einfluß der Familie auf die Persönlichkeitsentwicklung der Kinder.

- Vorbereitung auf das Leben in der sozialistischen Gesellschaft. Erfolgreiche Bildungs- und Erziehungsarbeit kann nicht losgelöst von den Anforderungen der gesellschaftlichen Praxis, nicht isoliert vom Leben und von der Vorbereitung auf das Leben in der sozialistischen Gesellschaft verwirklicht werden.

Die Familie leistet aufgrund ihrer Stellung in der Gesellschaft und ihrer spezifischen erzieherischen Möglichkeiten einen nicht zu ersetzenden Beitrag bei der Erziehung der Kinder zu gesellschaftlicher Aktivität und Bewußtheit.

Durch Ermunterungen, Anerkennungen und andere Formen des Lobes wird die Freude der Kinder an der gesellschaftlichen Tätigkeit, z. B. dem Auftritt mit dem Chor, der Teilnahme am Gedenklauf für einen antifaschistischen Widerstandskämpfer, dem Arbeitseinsatz in der Schule oder der Altstoffsammlung, gefördert. Ablehnende oder herabwürdigende Äußerungen der Eltern hemmen dagegen die Aktivität des Kindes. Oft werden dadurch beim Kind Widersprüche zwischen Schule und Elternhaus heraufbeschworen, die das Kind vor allem in den jüngeren Jahren stark belasten.

Gesellschaftliche Höhepunkte wirken auch in das familiäre Leben hinein. Das Kind sollte von klein auf Gelegenheit erhalten, daran teilzuhaben. Beim Schmücken des Hauses, beim „Mach-mit-Einsatz“ zur Verschönerung des Wohngebietes, bei der Vorbereitung des Festes der Hausgemeinschaft u. a. kann es als Schulkind die Eltern unterstützen. Die Teilnahme mit Vater oder Mutter an der Maidemonstration, an Kundgebungen u. a. bereitet auch schon im Vorschulalter Freude.

Manche Eltern sprechen nur dann mit ihren Kindern über gesellschaftliche Probleme und politische Sachverhalte, wenn von ihnen entsprechende Fragen kommen. Sie glauben, daß die politisch-ideologische Erziehung durch Kindergarten und Schule verwirklicht wird. Das einheitliche Handeln von Elternhaus und Schule ist gerade bei dieser wichtigen Seite des Bildungs- und Erziehungsprozesses notwendig.

- Einheitlichkeit im Handeln. Gegensätzliche Orientierungen für das Verhalten durch Schule und Elternhaus, sich oft widersprechende Forderungen an das Kind durch Vater und Mutter und durch Großeltern hemmen die Orientierung der Mädchen und Jungen an richtigen Wertmaßstäben, erschweren das Verinnerlichen der verbindlichen Normen für das Handeln. Sie führen häufig zu Konflikten in der Entwicklung. Von Situation zu Situation unterschiedlich wird sich das Kind dann immer jenem Mitglied der Familie zuwenden, bei dem es seine individuellen Wünsche und Vorstellungen am besten vertreten sieht. Vor allem auch dann, wenn sie einmal nicht mit den in der Gesellschaft verbindlichen Werten und Normen übereinstimmen. An die Kinder heranzutragende grundlegende Forderungen müssen zwischen den Eltern beraten und abgestimmt sein. Die Heranwachsenden sollen spüren, daß sich Vater und Mutter in dem Erziehungsverhalten ihnen gegenüber einig sind, sich beim Durchsetzen der Forderungen helfen. Die Hilfe darf allerdings nicht so aussehen, daß z.B. die Mutter beim Auftreten von erzieherischen Schwierigkeiten damit droht, daß dem Kind „schon etwas erzählt wird“, wenn der Vater nach Hause kommt. Aber ebenso falsch ist es, aus „Verständnis“ für das Kind dessen Fehlverhalten zu bemänteln, seine unzureichenden Leistungen gegenüber dem Ehepartner zu verschweigen. Die Einheitlichkeit in der Kindererziehung ist Ausdruck gleichberechtigter Erziehungspflicht beider Eltern.

Nicht immer findet alles Tun von Kindergärtnerin oder Lehrer die ungeteilte Zustimmung der Eltern. Auf keinen Fall dürfen im Beisein des Kindes abwertende oder gar ablehnende Äußerungen über das erzieherische Handeln der Pädagogen zum Ausdruck gebracht werden. Vor allem das jüngere Kind kann in starke Konflikte geraten, wenn seitens der Eltern an der einen oder anderen Erziehungsmethode in Kindergarten oder Schule Zweifel geäußert werden. Kritische Einwände gegenüber der Erziehung in Kindergarten oder Schule dürfen zwischen den Eltern nicht im Beisein des Kindes diskutiert werden; es kann noch nicht zwischen Sachverhalt und Person unterscheiden. In solchen Fällen sollte schnell das direkte Gespräch mit den Pädagogen gesucht werden.

In der sozialistischen Gesellschaft gibt es keine widersprüchlichen Ziele zwischen der häuslichen und der gesellschaftlichen Erziehung. Die Kinder zu verantwortungsbewußten, allseitig entwickelten Persönlichkeiten zu erziehen, ist beider Anliegen. Einheitliche, überlegte, in kindgemäßer Form erhobene Forderungen aller an der Bildung und Erziehung Beteiligten bilden eine gute Grundlage für künftige positive Erziehungsergebnisse.

● Beispiel und Liebe. Aus Protest gegen die Erziehungspraktiken in vielen Familien prägte Friedrich Fröbel, der Begründer der Kindergärten in Deutschland in der Mitte des 19. Jahrhunderts, die Worte: „Erziehung ist Beispiel und Liebe – sonst nichts!"

Ein für die Persönlichkeitsentwicklung des Kindes günstiges Klima in der Familie ist durch Liebe und Zuneigung zwischen Eltern und Kind, durch Zuverlässigkeit, Ehrlichkeit, Offenheit und Gewährung von Hilfe charakterisiert. Hier erlebt das Kind emotionale Zuwendung und Geborgenheit.

Elternliebe schließt Bestimmtheit gegenüber dem Kind ein. Aus Liebe zu ihrem Kind sollten die Eltern ungerechtfertigte Wünsche ablehnen können. Konsequenz ist notwendig; sonst können die kindlichen Bedürfnisse oft ins Maßlose anwachsen.

Vieles, was die Eltern tun, wirkt auf die Kinder als Beispiel. Jede geäußerte Meinung, jede Wertung hat erzieherische Effekte. Auch dann, wenn sie von den Eltern ohne jegliche erzieherische Ambitionen ausgesprochen wird. Die Kinder hören die Meinungen und Standpunkte von Vater und Mutter zu den unterschiedlichsten Fragen des Lebens. Sie identifizieren sich mit dem in der Familie Gesagten und Erlebten, orientieren ihr eigenes Handeln am Verhalten der Eltern, ahmen es nach. Insofern ist das persönliche Beispiel ein wirksames Instrument der Erziehung.

Eltern, die auf Pünktlichkeit achten und selbst immer pünktlich sind, brauchen meist nicht viel über Pünktlichkeit zu reden, um ihr Kind dazu zu erziehen. Allerdings wirkt das persönliche Beispiel erzieherisch nur dann effektiv, wenn seitens der Eltern von ihrem Kind Pünktlichkeit gefordert wird, deren Einhaltung elterlicher Kontrolle unterliegt.

● Achtung und hohe Forderungen. Soll das Kind in die Lage versetzt werden, sich selbst zu achten und anderen die notwendige Achtung entgegenzubringen, dann muß es selbst die Achtung und Wertschätzung seiner Person spüren. Achtung der kindlichen Persönlichkeit zeigt sich vor allem in hohen Forderungen an sie. Das Kind entwickelt sich, indem es immer wieder mit neuen und höheren Tätigkeitsanforderungen konfrontiert wird.

Erziehungserfolge werden Eltern u. a. dann erreichen, wenn es ihnen gelingt, beim Kind das Bedürfnis und den Willen zu wecken, sich für die Verwirklichung der hinter den elterlichen Forderungen stehenden Normen einzusetzen, die dabei im Bereich der eigenen Person auftretenden Hindernisse zu überwinden. Dazu ist seitens der Eltern Verständnis, Geduld und Konsequenz notwendig. Teilweise verfallen Eltern in den Fehler, daß sie ihr Kind nicht als sich entwickelnde Persönlichkeit sehen und verstehen. Man sieht von durchaus erfüllbaren Forderungen ab, weil der Junge oder das Mädchen noch „zu klein", „zu unvernünftig" sei, noch nicht das „erforderliche Verständnis" aufbringen könne: Das Kind wird unterfordert.

Konsequenz bei der Durchsetzung von Forderungen setzt inneres Engagement der Eltern und ihre Bereitschaft voraus, die Auseinandersetzung mit dem Kind auf sich zu nehmen. Nachgeben scheint manchmal auf den ersten Blick leichter zu sein. Im Endeffekt schadet es dem Heranwachsenden, wirft es für die Eltern neue Probleme auf.

● Verstand und Gefühl. Aus unseren Kindern sollen weder eiskalte Technokraten erzogen werden, denen menschliches Einfühlungsvermögen, jegliches Mitempfinden der Probleme, Sorgen und Freuden des anderen fremd sind, noch allein nach ihren Gefühlen entscheidende Menschen.

In jeder normalen Familie bringen die Eltern ihren Kindern tiefe Liebe entgegen. Das Empfinden der elterlichen Liebe ist eines der tiefsten, dauerhaftesten und schönsten Gefühle des Menschen. Eltern erleben oft in ihren Kindern noch einmal sich selbst, stellen Ähnlichkeiten zu sich fest, sind bestrebt, ihren Kindern einen Entwicklungsweg zu ebnen, der ihnen selbst aus sehr unterschiedlichen Gründen verwehrt war. Sie wünschen sich, ihre Kinder mögen das vollenden, was sie persönlich nicht schaffen konnten.

So wertvoll die engen gefühlmäßigen Bindungen in der Familie für die Persönlichkeitsentwicklung der Kinder auch sind, die Gefahr des einseitig auf Gefühlen zum Kind beruhenden Erziehungsverhaltens der Eltern darf in diesem Zusammenhang nicht übersehen werden. Nicht richtig gesteuerte Gefühle der Eltern zu ihren Kindern können zu überzogener Nachsicht gegenüber dem Kind, zum Verzeihen bzw. Übersehen jeglicher Mängel und Schwächen der Heranwachsenden führen. Auch ein extrem ausgeprägtes Familiengefühl, bei dem die familiären Interessen vor allem anderen Priorität haben, ist als Folge falsch gesteuerter Gefühle zwischen Eltern und Kindern möglich. Diese Gefahren sehend, wandte sich Makarenko gegen eine „blinde Liebe" der Eltern, die ihren Kindern alle Schwierigkeiten aus dem Weg zu räumen versuche. Er betonte, daß sich nur dort, wo Verstand und Gefühl im richtigen Verhältnis zueinander stehen, echte sozialistische Familienbeziehungen entwickeln können.

● Gerechte Erziehung. Jeder Mensch ist in seiner Individualität als Persönlichkeit einmalig und unverwechselbar. Jedes Kind der Familie entwickelt sich – trotz weitgehend gleicher familiärer Bedingungen – anders als seine Geschwister, weist in seinem Verhalten ihnen gegenüber Vorzüge und Nachteile auf.

Für die Herausbildung positiver Beziehungen zwischen allen Mitgliedern der Familie ist es von entscheidender Bedeutung, daß sich die Eltern gegenüber ihren Kindern gerecht verhalten, ihre individuellen Besonderheiten und die Altersspezifik angemessen berücksichtigen. Elterliche Reaktionen wie „Das hätte deine Schwester niemals getan", „Wenn du doch wenigstens etwas von der Ordnungsliebe deines Bruders hättest", „Da ist ja der Kleine vernünftiger als du" können bei den so kritisierten Kindern zu Resignation, Trotzhaltung, zu prinzipiellem Widerstand oder auch zur Abneigung gegenüber den Eltern führen.

Eltern müssen ihre Kinder unterschiedlichen Alters gerecht behandeln. Das schließt u. a. ein, Mädchen und Jungen weitgehend gleichberechtigt an der Bewältigung der familiären Aufgaben und Pflichten zu beteiligen. Das fördert die Entwicklung harmonischer Beziehungen innerhalb der Familie und ist ein Mittel, die junge Generation daran zu gewöhnen, auch innerhalb der Familie die Bedingungen für eine wahre Gleichberechtigung der Frau zu schaffen. Diese Möglichkeit hatte Clara Zetkin im Auge, wenn sie darauf verwies, daß die Familie eine geeignete Stätte ist, um jegliche Vorurteile über die Leistungen und die Tätigkeiten zwischen den Geschlechtern zu überwinden.

Gleiche Behandlung der Geschwister heißt natürlich nicht „Gleichmacherei" um jeden Preis. So ergeben sich zwangsläufig aus dem Alter der Kinder z. B. Unterschiede in der Dauer des Schlafes, der Art des zu schenkenden Spielmaterials oder der Ernährung. Indem die Eltern die Rechte sowohl des einen wie des anderen Kindes konsequent vertreten, tragen sie dazu bei, daß sich das Verständnis der Geschwister füreinander entwikkelt, daß das Kind in vielfältigen Situationen das verständnisvolle Zusammenleben übt, daß die dafür erforderlichen Persönlichkeitsqualitäten ausgebildet werden.

● Lob und Tadel. Sozialistische Erziehung orientiert auf das Wahre, Gute, Positive und zielt auf das Überwinden von Falschem, Rückständigem und Egoistischem im Handeln der Kinder ab.

Orientierung auf das Positive heißt für die Eltern u. a., die Leistungen des Kindes zu sehen und angemessen zu stimulieren. Mitunter klagen ältere Kinder darüber, daß Vater und Mutter viel schimpfen, ihre mitunter durch große Anstrengungen erreichten Leistungen hingegen nicht sehen würden. Tatsächlich sind manche Eltern geneigt, den kleinsten Fortschritt in den ersten Lebensjahren des Kindes in den höchsten Tönen zu loben, während größere Fortschritte mit zunehmendem Alter als selbstverständlich angesehen werden. Man glaubt, Erziehung verwirkliche sich gegenüber dem älteren Kind vor allem über das Bewußtmachen von Mängeln und Schwächen in den Leistungen und im Verhalten.

Hinter dieser Erscheinung steht das Problem des richtigen Wertens durch Lob und Tadel in der elterlichen Erziehung. Gleich Arzneimitteln kommt es dabei auf den richtigen Zeitpunkt der Anwendung und die Dosierung an. Nutzt man Lob und Tadel zu oft, dosiert man sie zu stark, schlagen sie ins Gegenteil um oder bleiben in bezug auf das zu erreichende Ziel wirkungslos. Lob und Belohnung können beim Erreichen gestellter Ziele anspornen, dienen als Bestätigung der Richtigkeit des gezeigten Verhaltens. Es liegt im Wesen des Lobes, daß es freudige, lustbetonte Gefühlsreaktionen auslöst und Elan für die Lösung künftiger Aufgaben gibt. Allerdings sollte das Lob der Leistung des Kindes, dem Anlaß und den individuellen Ansprüchen angepaßt werden. Nicht verdientes, überschäumendes oder zu häufig angewandtes Lob fördert Überheblichkeit, Strebertum und Selbstzufriedenheit. Ein Lob soll den Wunsch nach weiterer Vervollkommnung auslösen.

Ideelle und materielle Formen des Lobes haben, in einem ausgewogenen Verhältnis angewandt, ihre Berechtigung. Ein anerkennender Blick, ein freundliches Wort, die für das Kind sichtbare Freude der Eltern über die gezeigten Leistungen bzw. das Verhalten des Kindes können ebenso stimulierend wirken wie das Verwirklichen des schon lange gehegten Wunsches nach einem besonderen Schulmaterial, nach einem Spielgegenstand oder anderen materiellen Dingen. Das gemeinsame Spiel mit dem Kind, ein Besuch im Kindertheater, das Übertragen einer anspruchsvollen Aufgabe u.a. bieten sich ebenfalls als anspornende Mittel bei der Erziehung des Kindes an.

Tadel und Strafen sollen zur Überwindung des Unvollkommenen führen, Positives fördern. Beim Tadeln müssen die Eltern beachten, daß das Kind nicht verurteilt, sondern kritisch beurteilt wird, um ihm zu helfen. Ein kluger Tadel wird deshalb auch nicht als endgültiges Urteil über das Kind formuliert. Tadelnde Aussagen wie „Bist du dumm!“ oder „Du wirst das wohl nie begreifen!“ werten die kindliche Persönlichkeit ab und führen zur Resignation. Mit der Formulierung „Hier hast du nicht genau nachgedacht!“ oder „Die Lösung dieser Aufgabe stimmt nicht! Überlege noch einmal, was gefragt ist!“ wird die kritische Anmerkung mit einer konkreten Forderung verbunden. Die Gefahr der Minderung des Selbstvertrauens, der Resignation, wird damit wesentlich gemindert.

- Ordnung und Planmäßigkeit. Das Kind wird in die familiäre Lebensordnung hineingeboren. Seine Existenz beeinflußt die Organisation des Alltags in der Familie und verändert sie zum Teil auch gravierend. Es muß auf jeden Fall lernen, sich ihr anzupassen. Durch die sich täglich wiederholenden Erfahrungen in bezug auf Tagesrhythmus, Zeiten für Nahrungsaufnahme und Schlaf, Erledigung schulischer und häuslicher Pflichten, Freizeit oder Körperpflege entwickeln sich bei dem Heranwachsenden feste Gewohnheiten. Indem z.B. schon dem Vorschulkind gezeigt wird, wie die Kleidung gereinigt und weggehängt, die Spielecke aufgeräumt wird oder die Schuhe geputzt werden, gewöhnen wir die Heranwachsenden an Ordnungsprinzipien, die für deren gesamtes späteres Leben von Bedeutung sind. Innerhalb der Lebensordnung kommt einem planmäßig gestalteten Tagesablauf besondere Bedeutung zu. Obwohl jede Familie – entsprechend ihren konkreten Bedingungen – die Planung des Tagesgeschehens vornehmen muß, gibt es dennoch allgemeingültige Hinweise dazu.

Die Eltern sollten sichern, daß ihr Kind ausreichend schläft. Die notwendige Schlafdauer richtet sich nach dem Lebensalter. Sie ist außerdem vom individuellen Schlafbedürfnis abhängig. Das Schlafbedürfnis der Kinder gleicher Altersstufe ist verschieden wie ihr Gewicht und ihr Appetit. Es kommt nicht allein auf die Dauer, sondern auch auf die Tiefe des Schlafes an. Das durchschnittliche Schlafbedürfnis für die Kinder und Jugendlichen beträgt täglich:

1. Lebensjahr	mit Ausnahme der Mahlzeiten fast ganztägig;
2. Lebensjahr	20–18 Stunden;
3.– 6. Lebensjahr	18–12 Stunden;
7.–18. Lebensjahr	12– 9 Stunden.

Das Fernsehgerät ist heute in der überwiegenden Zahl der Familien eine nicht mehr wegzudenkende Selbstverständlichkeit, die das Freizeitverhalten der Kinder wesentlich durchdringt. Das Fernsehen vermittelt eine Fülle von Informationen, die das kindliche Denken und Handeln beeinflussen, die seinen geistigen Horizont immens erweitern können. Ein überhöhter „Fernsehkonsum“ führt zur Gewöhnung des Kindes an das passive Aufnehmen von Eindrücken und fördert damit eine durch Inaktivität charakterisierte Rezeptionshaltung. Man läßt sich lieber etwas bieten, anstatt eigene Aktivität und Initiative bei der Ausgestaltung der Freizeit an den Tag zu legen.

Die Art und Weise, wie die Eltern ihre von der beruflichen Tätigkeit freie Zeit nutzen, wirkt auch erzieherisch auf die Kinder. Das Beschäftigen mit den Kindern – und sei es nur eine halbe Stunde – gehört in vielen Familien zum geregelten Tagesablauf. Die Gestaltung des Wochenendes und der gemeinsamen Ferien bieten dann umfassendere Möglichkeiten direkter familiärer Erziehungseinflüsse auf die Kinder.

Bei Anerkennung der Notwendigkeit, daß sich die Eltern in diesen Zeiten speziellen individuellen Interessen widmen, sollten Stunden des gemeinsamen Erlebens von Eltern und Kindern hier ihren festen Platz haben. Auch die Kinder – besonders die älteren – wünschen, eigenen Neigungen und Interessen nachgehen zu können. Der Wechsel von gemeinsam verbrachter und individuell gestalteter Freizeit wirkt sich meist vorteilhaft auf die familiäre Atmosphäre aus.

Für die Gewöhnung der Kinder an kontinuierliche und geregelte Arbeit und im Interesse ihrer Erziehung zur Ordnung ist es günstig, wenn den Heranwachsenden ein begrenzter Bereich persönlich zur Verfügung steht. Unabhängig davon, ob es sich um eine Arbeitsecke im Wohnzimmer oder um ein Kinderzimmer handelt, ist das Kind für die Sauberkeit und Ordnung in diesem Bereich verantwortlich. Eigene Ideen und individuelle Wünsche zur Ausgestaltung können hier mit Unterstützung der Eltern verwirklicht werden.

Weitere familiäre Erziehungsfaktoren. Neben diesen grundlegenden familiären Bedingungen können für die Persönlichkeitsentwicklung des Kindes auch solche Faktoren wie die Geschwister- oder Einzelkindsituation, die Erziehung durch Stiefeltern, die Unvollständigkeit der Familie u. a. eine Rolle spielen.

Wachsen mehrere Kinder in der Familie auf, so besteht kaum die Gefahr der Verwöhnung durch die Eltern. Der ständige Kontakt mit Geschwistern bietet vielfältige Möglichkeiten für Situationen, in denen Hilfsbereitschaft, Selbständigkeit, Verständnis für den anderen, Fähigkeit und Bereitschaft zur Über- und Unterordnung, Takt im Umgang miteinander und andere Merkmale positiven Sozialverhaltens gefordert und entwickelt werden. Andererseits kann es aber auch in Familien mit mehreren Kindern – wie die Praxis zeigt – eine Reihe von Erziehungsproblemen geben, die durch die Stellung des Kindes in der Geschwisterreihe verursacht werden. Bei Kindern und Jugendlichen, die eine Scheidung der Eltern erlebt haben, zeigt sich, daß die konsequente Trennung der Ehepartner in den Fällen, wo die Ehe ihren Sinn verloren hat, für die Kinder besser ist und zu geringeren psychischen Schädigungen führt, als ständige Auseinandersetzungen, häßliche, entwürdigende Szenen, als das tägliche Erleben des Aneinandervorbeilebens von Vater und Mutter.

Unter solchen gespannten Sozialbeziehungen leidet das Kind meist mehr, als wenn es mit einem von beiden Eltern allein in einer „Minifamilie" aufwächst. Wärme und Geborgenheit für das Kind in der unvollständigen Familie sind auf jeden Fall besser als das tägliche Erleben von Kälte, Zank und Gleichgültigkeit in den Beziehungen zwischen Vater und Mutter. Es ist nachgewiesen, daß sich im Jugendalter hinsichtlich der politisch-ideologischen, leistungsbezogenen und kollektivorientierten Einstellungen und Verhaltensweisen keine negativen Einflüsse oder Verhaltensweisen bei Kindern aus geschiedenen Ehen nachweisen lassen. Alleinstehende sind meist bemüht, einen neuen Partner zu finden. Das ist verständlich. Bei der Partnersuche dürfen die Interessen der Kinder nicht übergangen werden. Es ist mit zu prüfen, ob der neue Partner auch ein guter Vater oder eine gute Mutter sein wird. Nicht jede Bekanntschaft sollte sofort den Kindern vorgestellt werden. Oft machen sie sich vor allem in jüngeren Jahren vorschnell Hoffnungen auf einen neuen Vater oder eine neue Mutter. Gehen sie nicht in Erfüllung, ist die Enttäuschung groß. Bei allem Verständnis für die Zuneigung zu einem neuen Partner sollten auch die Kinder spüren, daß sie nach wie vor der väterlichen oder mütterlichen Liebe und Zuneigung gewiß sein können.

Erziehung im Säuglings- und Kleinkindalter

Die Erziehung des Kindes beginnt mit dem Tag seiner Geburt. Schon im ersten Lebensjahr muß das Kind nicht nur versorgt, sondern auch erzogen werden. Nicht wenige Eltern glauben, ihr Kind erst dann erziehen zu müssen, wenn sie sich mit ihm verständigen können. Ihnen entgeht aber z. B. nicht, daß das Schreien aufhört, sobald ein Mitglied der Familie das Zimmer betritt und Blickkontakt mit dem Säugling aufnimmt. Sie erleben, mitunter unbewußt, wie sich das Kind im ersten Lebensjahr durchzusetzen versucht. Mutter und Vater als die meist entscheidenden Kontaktpersonen möchten immer für den Säugling da sein. Das geht aber nicht! Die elterliche Autorität ist vom ersten Lebenstag des Kindes an aufzubauen. Sind die Eltern inkonsequent und gerade in den ersten Lebenswochen dem Säugling gegenüber zu nachgiebig, ordnen sie sich seinen Ansprüchen und Wünschen völlig unter, dann wird hier der Keim für egoistisches Verhal-

Körperliche und geistige Entwicklung des Kindes im ersten Lebensjahr

Alter	Koordinierte Bewegungen und Körperbeherrschung	geistige Leistungen
Neugeborenes	zufällige, spontane Bewegungen, vermag Kopf noch nicht zu heben, vorhanden: Saugreflex, Umklammerungsreflex	
1.–2. Monat	Kopfheben in Bauchlage, geringe Muskelleistungen	erste Versuche, Gegenstände mit den Händen zu berühren, Zugreifen, unartikuliertes Lallen, Beginn des Fixierens mit den Augen
3. Monat	Kopf wird frei bewegt und nach einer Schallrichtung gedreht	Lachen, Gegenstände werden mit den Augen verfolgt (nicht näher als 40 cm herangehen!), Mutter, Flasche sowie stets wiederkehrende Gegenstände werden wahrgenommen
4. Monat	Drehen vom Bauch auf den Rücken, Versuch, Kopf aufrecht zu halten, freie Bewegung des Kopfes	Ergreifen hingehaltener Gegenstände, Entwicklung des Gedächtnisses (hält nur Minuten an)
5. Monat	Sitzen mit Unterstützung möglich	Differenzierung der Gefühle und des Gesichtsausdrucks, Nicken, Kopfschütteln
6. Monat	Sitzen ohne Stütze, eigene Versuche, sich aufzusetzen, ohne das Gleichgewicht zu verlieren	Lachen, Krähen, Jauchzen, ausdrucksvolleres Lallen, Spielen mit kleinen Gegenständen (Klapper u. dgl.)
7. Monat	Aufrichten aus der Rückenlage	intensives „Begreifen" der Gegenstände, Erforschung mit dem Mund
8. Monat	erste Stehversuche, Sich-Aufsetzen und -Hinlegen, ohne sich festzuhalten	freudiges Zappeln und Strampeln, Reagieren auf Rufen des Namens durch Aufhorchen, Zuwenden, Lachen. Abwehr gegenüber fremden Personen, Nachahmen von Schnalzen und anderen Lauten
10.–12. Monat	selbständiges Aufstehen, Entwicklung des Gehens, erste selbständige Gehversuche mit und schließlich ohne Unterstützung	Sprachschatz am Ende des 1. Jahres etwa 7 Wörter. Bewegungsskala wesentlich erweitert, z. B. Winken, Ball zurollen, Ausdruck von Gefühlen durch Bewegungen, Wiedererkennen von bekannten Gegenständen hält ungefähr 2 Wochen an (Grundlage für Erfahrungen des Lebens)

Nach Schreiter/Uslar, „Von der Windel bis zum 1×1"

ten gelegt. Das Kind will auch später immer im Mittelpunkt stehen; ihm hat sich alles zu beugen. Die Eltern sollten übertriebene Fürsorge und Zärtlichkeit ebenso wie überzogene Strenge vermeiden. Es gilt, das richtige Maß zwischen der notwendigen Zuwendung und der erforderlichen Konsequenz gegenüber dem Kind zu finden.

Das Neugeborene muß bereits in den ersten Lebensmonaten sehr viel lernen. Indem die Eltern dem Kind zur rechten Zeit das richtige Spielzeug geben, sich zur richtigen Zeit mit dem Kind beschäftigen, fördern sie die geistige Entwicklung des Kindes, verwirklichen sie dessen Erziehung. Sich zur richtigen Zeit in der rechten Weise dem Kind im ersten Lebensjahr zuwenden heißt, es weder zu früh anzuregen noch damit zu spät zu beginnen bzw. sich mit ihm zu wenig zu beschäftigen.

Wenn ehrgeizige Eltern ihr Kind schon vor dem Ende des 1. Lebensjahres völlig sauber haben wollen, dann führen die entsprechenden Erziehungsmaßnahmen bei sensiblen Kindern zu Ängstlichkeit und Nervosität.

Soll die Sprachentwicklung durch überhöhtes sprachliches Einwirken auf das Kind beschleunigt werden, reagiert es mit schneller Ermüdung, zeigt sich verwirrt. Sobald die Voraussetzungen im Großhirn vorhanden sind, wird das Kind von sich aus sprechen. Von diesem Zeitpunkt an soll mit dem Kind geübt werden. Dabei sind die Anforderungen an das Kind zu steigern. Die Tabelle verdeutlicht typische Merkmale der körperlichen und geistigen Entwicklung des Kindes im ersten Lebensjahr, die die Eltern kennen müssen, wenn sie durch Üben zum richtigen Zeitpunkt die Entwicklung des Kindes zur nächsthöheren Stufe fördern wollen.

Im 2. Lebensjahr ist die Erziehung des Kindes in hohem Maße auf das Ausprägen der Selbständigkeit orientiert. Kann es zu Beginn gerade stehen, erste Schritte tun oder wenige Worte sprechen, am Ende des 2. Jahres läuft und springt das Kind allein und spricht ganze Sätze. Auf die Förderung dieser Entwicklung zielt die Erziehung ab.

Es gilt, das Kind jetzt an eine Regelmäßigkeit zu gewöhnen, die sowohl von den Bedürfnissen des Kleinkindes als auch schon von denen der übrigen Familienmitglieder bestimmt wird. Das Gewöhnen an einen Tagesrhythmus, der mit dem der Erwachsenen im Einklang steht, spielt hier eine wichtige Rolle. Das Kind wird angehalten durchzuschlafen, damit die Eltern die benötigte Nachtruhe haben. Es bekommt seine Nahrung zu festen Zeiten, um einen geregelten Tagesablauf in der Familie zu gewährleisten. Damit die Eltern möglichst schnell von der Mühe des Windelns befreit werden, wird das Kind zielgerichtet zur Sauberkeit angehalten. Damit zielt die Erziehung auf die Vorbereitung des Lebens in kleinen und größeren Gemeinschaften.

Häufig beginnen schon die Zweijährigen zu fragen: Warum? Sie entdecken ständig Neues, wollen es benannt und erklärt haben. Kein Vortrag, sondern eine kurze Bezeichnung des Gegenstandes, eine knappe Erklärung genügt ihnen.

Gegen Ende des 2. Lebensjahres tritt das Streben nach selbständigem Tun unübersehbar in den Vordergrund. Sohn oder Tochter möchten wie die Großen allein mit Messer und Gabel essen, sich selbst anziehen, sich ohne Hilfe der Mutter waschen und die Zähne putzen.

Die dabei auftretenden Schwierigkeiten für Kind und Familie müssen im Interesse der Entwicklung des Kindes in Kauf genommen werden. Auf jeden Fall gilt es, mit allen zur Verfügung stehenden Mitteln die Selbständigkeit des Kindes zu fördern und sie nicht aus Angst vor zerbrochenem Geschirr, aus Zeitnot oder wegen Unterschätzung der erreichten Entwicklung zu hemmen.

Ein typischer Erziehungsfehler gegenüber den Mädchen und Jungen dieses Alters ist das sogenannte „Kinderdeutsch", das Nachahmen der so „drollig" klingenden Ausdrucksweise des Kindes in diesem Alter. Das Kind versteht die Sprache der Erwachsenen, auch wenn es sie noch nicht nachsprechen kann. Wird mit dem Kind hochdeutsch gesprochen, so wird das eigenständige Bemühen um Überwindung des Silbenwiederholens, der ungenauen Bezeichnungen oder der selbst gebildeten Ersatzwörter beim Sprechen unterstützt. Es hat wenig Zweck, dem Kind zu sagen: „Sprich richtig!" Sinnvoll ist, daß die Familienmitglieder in Anwesenheit des Kindes und zu ihm gut sprechen.

Im 3. Lebensjahr bemüht sich das Kind mehr und mehr, die Sprache zu verstehen und aktiv zu gebrauchen. Eltern sollten ihr Kind im Interesse der weiteren Sprachentwicklung auffordern, in Worten auszudrücken, was sie tun, was mit ihnen in der unmittelbaren Umgebung geschieht. Die Entwicklung selbständigen Handelns beim An- und Ausziehen können die Familienmitglieder fördern, indem sie mit dem Kind über den Vorgang sprechen. Es wird zum Ausdruck gebracht, welches Kleidungsstück gerade an- bzw. ausgezogen wird, welche Körperbewegungen dazu erforderlich sind. Dabei lernt das Kind nicht nur die Bezeichnung der einzelnen Kleidungsstücke und die Reihenfolge, in der sie an- und ausgezogen werden. Es lernt auch, seinen Körper zu beherrschen, Bewegungen zu koordinieren, den rechten von dem linken Arm zu unterscheiden. Die Freude des Kindes am aktiven Mittun sollte den Eltern Entschädigung für die dabei aufgebrachte Geduld sein.

Der größere Teil der Kinder zwischen dem 1. und 3. Lebensjahr besucht in der DDR eine Kinderkrippe, wird hier mit erzogen. In der von den Krippenerzieherinnen pädagogisch gelenkten Gemeinschaft von Kindern bilden sich sowohl die Selbständigkeit des Kindes als auch dessen Eingliederung in die Gemeinschaft in einer Weise aus, wie sie in der Familie auch beim Vorhandensein von mehreren Geschwistern kaum erreicht werden kann. Bei der Selbstbedienung und in den anderen Bereichen der kindlichen Tätigkeit wird viel getan, um selbständiges Handeln als eine entscheidende Bedingung der Eingliederung in die Kindergruppe zu fördern.

Durch einzelne Aufträge der Erzieherin, durch Pflichten für einzelne Kinder bei den Mahlzeiten, bei der Vorbereitung der Beschäftigung, beim Wegräumen des Spielzeugs, von Gegenständen und der Kleidung, bei der Körperpflege und anderem werden die Kinder aktiv in dieses Gruppengeschehen, in die Gestaltung des Tagesablaufes in der Krippe, einbezogen. Der Krippenbesuch wird für die Entwicklung der kindlichen Persönlichkeit in diesem Alter aber nur dann voll wirksam werden, wenn sich Erziehung in Krippe und Familie sinnvoll ergänzen.

Erziehung im Vorschulalter

Die Zeit des Vorschulalters zählt zu den schönsten Kinderjahren. Die Offenheit und logische Einfachheit des Kindes, seine ursprünglichen Gedankengänge, niedlichen Reaktionen und naiv anmutenden Fragen und Antworten sind für die meisten Eltern bleibende Erinnerungen an die Kindheit des den „Kinderschuhen" längst entwachsenen Sohnes oder der Tochter.

In diesem Alter vollziehen sich nicht zu übersehende äußerliche Veränderungen. Die für die Zwei- bis Vierjährigen typische kleinkindhaft-füllige Körperform wandelt sich in der Streckungsperiode des späten Vorschulalters. Der große Kopf, der dicke Bauch, die kurzen Arme und Beine unterliegen Veränderungen. Das Kind wird schmaler und länger. Nicht immer parallel zu den körperlichen Wandlungen vollzieht sich die geistige Entwicklung. Der Drang nach Tätigkeit und die „Neugierde" des Kindes erreichen bisher nicht erlebte Ausmaße. Die sozialen Beziehungen zu anderen Menschen verändern sich. Der Stellenwert sozialer Motive für Anstrengungsbereitschaft und Tätigkeitsdrang nimmt zu. Wird zum Beispiel das jüngere Vorschulkind noch überwiegend aus Freude an der Sache tätig, orientiert das ältere Vorschulkind sein Handeln stärker an dem angestrebten Resultat. Es möchte z. B. sein Zwergkaninchen zeichnen, ein Geschenk für Muttis Geburtstag basteln oder sich etwas bewußt einprägen.

Die Leistungen des Vorschulkindes im Bereich der optischen Empfindungen und Wahrnehmungen als Grundlage anspruchsvoller geistiger Fähig- und Fertigkeiten können durch geeignete Anforderungen und Aufgabenstellungen in der Familie geübt werden. Beim gemeinsamen Betrachten eines Bildes fordern wir z. B. von unserem Kind, Einzelheiten innerhalb des Bildes zu erfassen, die Besonderheiten eines Gegenstandes hervorzuheben, bestimmte auf dem Bild zu sehende Dinge miteinander zu vergleichen. Wir helfen beim richtigen Erfassen räumlicher Beziehungen der dargestellten Lebewesen und Gegenstände auf dem Bild oder korrigieren deren falsche Lagebezeichnung durch das Kind.

Entwicklung der Konzentrationsfähigkeit. Anliegen der Eltern sollte es sein, das Vorschulkind zu befähigen, seine Aufmerksamkeit bewußt und konzentriert auf spezielle Sachverhalte oder für die Sicherheit des Kindes bedeutsame Geschehnisse zu richten.

Die mitunter sehr einseitige Konzentration der Kleinen auf sie interessierende Dinge und Erscheinungen, ihre leichte Ablenkbarkeit erhöht die Gefährdung der Vorschul- und der jüngeren Schulkinder im Straßenverkehr. Um den Kindern diese Gefahr bewußt werden zu lassen, muß mit ihnen anschaulich darüber gesprochen werden. Ergänzt durch das ständige Üben des Stehenbleibens vor dem Überqueren der Straße, der folgenden Blicke nach links und rechts und der Wahl einer Stelle, die ausreichende Sicht gewährt, oder – wenn möglich – an einer Ampelkreuzung, führt das sprachliche Bewußtmachen und Begründen der Handlungen zu stabilen Gewohnheiten.

Beachtliche Fortschritte weist die Entwicklung des Gedächtnisses im Vorschulalter auf. Kinder prägen sich in diesem Alter leicht und schnell Dinge ein, zu denen sie eine gefühlsmäßige Beziehung haben, die ihnen z. B. viel Freude bereiten, die sie interessieren. Das Einprägen durch das jüngere Vorschulkind erfolgt meist unwillkürlich. Es ist gewissermaßen „Nebenprodukt" der hier dominierenden Spieltätigkeit. Wird dem jüngeren Vorschulkind durch die Eltern die Möglichkeit gegeben, sich den einzuprägenden Inhalt in spielerischer Form anzueignen, bei aktiven gemeinsamen Handlungen zu lernen, werden größere Behalteneffekte als bei willkürlichen Lernvorgängen erzielt. Im späteren Vorschulalter beobachten wir dann beim Kind Handlungen willkürlichen Einprägens in verstärktem Umfang. So wiederholt es z.B. Wörter oder Aussagen, die es behalten möchte, bewußt mehrmals. Es nutzt Techniken des bewußten Einprägens immer häufiger und zielgerichtet.

Auch gegenüber Normen und Werten, die die Eltern mittels ihrer Forderungen an das Kind herantragen, besitzt es in dieser Altersstufe ein gutes Gedächtnis. Insofern ist das mittlere und späte Vorschulalter auch ein Lebensabschnitt des Kindes, in dem relativ leicht moralische Gewohnheiten und Verhaltensweisen eingeprägt werden.

Phantasielügen. Oft treten im Vorschulalter Erinnerungstäuschungen und Phantasielügen auf, weil das Kind nicht genau beobachtet hat oder aufgrund des ungenügend entwickelten Zeitbewußtseins verwechselt, was es gestern und vor einer Woche erlebt hat. Auch ältere Vorschulkinder können das Blaue vom Himmel „lügen", um sich in den Mittelpunkt zu rücken oder um sich ihre unerfüllten Wunschträume wenigstens in der kindlichen Phantasie zu erfüllen.

Um dem entgegenzuwirken, sollte beim jüngeren Vorschulkind durch häufiges Fragen und durch das Bewußtmachen zeitlicher Abläufe das Zeitbewußtsein ausgebildet werden. Bei gemeinsamen Einkäufen, beim Spazierengehen, beim Anschauen eines Bilderbuches und anderem kann das Kind angeregt werden, genau zu beobachten und bestimmte Details zu erfassen. Beim Vorlesen oder Erzählen von Märchen ist ihm zu sagen, daß es sich hier um ein Märchen und nicht um eine wahre Begebenheit handelt. Durch Fragen erfassen wir, inwieweit das Kind zwischen den Geschehnissen im Märchen und der Wirklichkeit zu unterscheiden weiß. Indem die Fähigkeit zum Unterscheiden entwickelt wird, beugt man dem Aufkommen von Gefühlen der Angst beim Aufnehmen bestimmter Aussagen des Märchens vor.

Täuschungen aufgrund ungenügend entwikkelten Erinnerungsvermögens und Phantasielügen dürfen nicht mit bewußtem und hartnäckigem Lügen des Kindes um persönlicher Vorteile willen gleichgesetzt werden. In der Regel sollte das Kind dafür nicht bestraft werden. Häufig genügt schon bei Aufschneidereien und Prahlereien die Aufforderung, noch einmal zu überlegen, ob das wirklich so war, oder die von Skepsis diktierte Aufforderung, den gehörten Sachverhalt noch einmal zu erzählen, um das Kind unsere Ablehnung seiner Übertreibungen bewußt werden zu lassen bzw. seine Irrtümer zu erkennen. Mitunter liegt die Ursache für derartige kleine Angebereien und Flunkereien in einem Mißverhältnis zwischen Streben des Kindes nach Beachtung durch das soziale Umfeld und der tatsächlichen Aufmerksamkeit, die ihm durch die Familienmitglieder entgegengebracht wird. In diesem Fall müssen die Eltern überprüfen, ob sie sich dem Kind ausreichend zuwenden, ihm genügend Gelegenheit geben, bei gemeinsamen Spielen oder kleineren Hilfeleistungen für die Familie Aufmerksamkeit und Anerkennung anderer zu finden.

Kleine „Diebereien". Mitunter fällt es dem Vorschulkind schwer, der Versuchung gegenüber fremden Spielsachen, verbotenen Süßigkeiten oder anderen begehrten Dingen in seinem Blickfeld zu widerstehen. Schuldgefühle nach solchen kleineren „Diebereien“ befallen das Kind bestenfalls im Nachhinein. Die „Anziehungskraft“ der begehrten Dinge ist manchmal so groß, daß es nicht widerstehen kann zu nehmen, was es nicht nehmen darf. Da Kinder in diesem Alter die Folgen ihrer Handlungen nicht übersehen können, kommen Reue und Einsicht meist erst dann, wenn Eltern oder Kindergärtnerin ihnen ins Gewissen reden. In solchen Situationen sollten die Eltern ihre Erziehungsmaßnahmen nicht ohne das Wissen um die Handlungsmotive des Kindes ergreifen. Stellt sich heraus, daß es sich der Mißachtung fremden Eigentums weitgehend bewußt ist, deuten die Diebereien oft auf ein gestörtes Verhältnis zwischen Kind und Eltern hin.

Das Denken des Vorschulkindes entwickelt sich in der Tätigkeit, hauptsächlich beim Spiel.

Eltern können die Denkentwicklung im Vorschulalter u. a. dadurch fördern, daß sie den Drang ihres Kindes nach Erkundung seiner Umwelt bewußt fördern. So können sie z. B. auffordern, Gegenstände miteinander zu vergleichen und dabei Gemeinsamkeiten und Unterschiede zu finden. Fragen, die die Kinder stellen, sind wahrheitsgemäß und doch für das Kind verständlich zu beantworten.

Schöpferisches und für die Entwicklung der Phantasie wertvolles Spiel kann das Kind nur dann gestalten, wenn es mit dem dafür geeigneten Spielzeug ausgestattet wird. Während ein Zuviel an Spielmaterialien die Phantasieentwicklung beim Spiel einzuengen vermag, kann das Fehlen grundlegender Spielmaterialien u. U. kleine Diebereien bei Spielkameraden oder im Kindergarten verursachen.

Sprachentwicklung. Für das Vorschulalter ist auch eine rasche Zunahme des Wortschatzes charakteristisch. Das Kind lernt in dieser Zeit, die Wörter in Sätzen richtig anzuwenden, zu beugen und entsprechend der Aussage zu verändern. Die Eltern können die Sprachentwicklung ihres Kindes unterstützen, indem sie ihrem Kind auch sprachlich ein gutes Vorbild geben und ihm ausreichend Möglichkeiten einräumen, sich sprachlich mitzuteilen. Unauffällig sollten Sprach- und Aussprachefehler verbessert und das Kind zum richtigen Nachsprechen angehalten werden. Sehr gut läßt sich das sprachliche Ausdrucksvermögen des Kindes durch Puppenspiele fördern. Im Sprechen und Handeln für die Puppen liegt der persönlichkeitsbildende Wert dieses Spiels. Das Kind ist hier gefordert, seine Gedanken so auszudrücken, daß sie von den als Zuschauer anwesenden Personen verstanden werden.

Dem Vorschulkind fällt es noch schwer, von ihm im Gedächtnis gespeicherte komplexe Erlebnisse in ein zeitliches Nacheinander aufzulösen. Auf die Frage, was es im Theater gesehen habe, bekommen wir z. B. meist keine befriedigende Antwort, weil die Eindrücke dort so umfassend waren, daß es auf solch eine Frage nicht weiß, was es erzählen soll. Fragen, die auf das Wiedergeben kleiner Ausschnitte des komplexen Erlebens zielen, bereiten hingegen meist keine Mühe.

Ziele auf dem Gebiet der Sprachbeherrschung bis zum Schuleintritt:

1. Das Kind soll ihm vertraute Wörter richtig aussprechen können.
2. Es soll fließend, deutlich und in einer der Situation angepaßten Lautstärke sprechen können.
3. Es soll in einfachen verständlichen Sätzen sprechen und kleinere Geschehnisse verständlich erzählen können.
4. Es soll ohne abzuschweifen einfache Fragen zum Inhalt eines Märchens, eines Kinderfilms oder einer Erzählung für Kinder beantworten können.
5. Es soll selbst Fragen stellen, wenn es etwas nicht verstanden hat.
6. Es soll kleine Gedichte auswendig und in angemessener Betonung der Satzmelodie aufsagen können.

Beherrscht das Kind die hier genannten sprachlichen Fähigkeiten noch nicht in allen Punkten, so ist das kein Grund zur Beunruhigung. Sie werden in der Schule weiter ausgebildet und entwickelt.

Trotzverhalten. Im Alter zwischen zweieinhalb und fünf Jahren geschieht es nicht selten, daß in Situationen, in denen die Vorstellungen und Wünsche des Kindes vom Erwachsenen nicht akzeptiert werden, das Kind mit Trotzerscheinungen reagiert.

Trotzverhalten richtet sich in diesem Alter nicht gegen die Eltern oder die Erzieherin und darf deshalb auch nicht als Ablehnung oder gar Haß gegenüber der erziehenden Person aufgefaßt werden. Die als Trotz bezeich-

nete sperrige, verschlossene und ungehorsame Reaktion ist eine Antwort auf das Verhalten eines anderen Menschen, das als gegen sich gerichtet empfunden wird. Die Trotzreaktion tritt beim Kind vor allem dann auf, wenn seine Handlungsabsichten durchkreuzt werden. Gelingt es den Eltern, ihre Forderungen so an ihr Kind heranzutragen, daß sie akzeptiert werden, lassen sich Trotzreaktionen meist vermeiden.
Kommt es zu Trotzreaktionen, ist es zweckmäßig,
- das Kind so lange in Ruhe zu lassen, bis es von selbst wieder normal reagiert;
- die Notwendigkeit der Forderung an das Kind zu überprüfen;
- durch kurzzeitigen Entzug der sonst liebevollen Zuwendung das Kind spüren zu lassen, daß es mit Eigensinn und Trotz seinen Willen nicht durchsetzen kann. (Wir sollten uns hüten, das Kind unmittelbar nach Abklingen des Trotzanfalles zu liebkosen.)
- dem Kind gegenüber nicht nachtragend zu sein.

Vorbereitung auf die Schule. Mit dem Erreichen des Schulalters ist bei der überwiegenden Mehrzahl der Kinder die Freude auf den Schulbesuch vorhanden. Einen großen Fehler begehen Eltern dann, wenn sie ihrem Kind mit dem Lehrer oder der Schule drohen, weil das eigene Vermögen nicht ausreicht, die Kinder richtig zu erziehen. Hemmungen und Angst vor dem Schulbesuch können dann die Folge solchen Handelns sein. Der Schulbeginn soll jedoch ein vom Kind freudig erwartetes Erlebnis sein.

Erziehung im jüngeren Schulalter

Mit dem ersten Schultag beginnt in der Tätigkeit des Kindes über Jahre das systematische Lernen zu dominieren. Die Anforderungen an den Schulanfänger sind nicht gering. Neben höheren Forderungen an Ausdauer und Disziplin werden auch die vorhandenen Kenntnisse, Fähigkeiten und Fertigkeiten des Kindes zielstrebig weiterentwickelt. Das jetzt in der Schule Geforderte ist aber nur so hoch, daß es von jedem geistig gesunden Kind erfüllt werden kann. Für die gesamte Persönlichkeitsentwicklung des Kindes ist es nicht vorteilhaft, wenn die Eltern jetzt darauf verzichten, das Erfüllen von Aufgaben für die Familie zu verlangen, es weitgehend unterlassen, das Kind durch „weitere Forderungen" in der Familie zu „belasten" In der Schule – so wird argumentiert – verlangt man ja heute so viel von den Kleinen. Pflichten für die Familie, so glauben manche Eltern, belasten das Kind dann unzumutbar.
Bei aller Notwendigkeit, sich auf die neue Lebenssituation des Kindes einzustellen, darf das nicht auf Kosten der Pflichten gegenüber der Familie erfolgen. Der Verzicht verschärft oft die Probleme des Kindes in der Schule oder schafft neue! Wer z.B. zu Hause nicht gewöhnt ist, daß Ordnung und Pünktlichkeit gefordert werden, wird sich dem auch in der Schule widersetzen.
Um die Freude des Kindes auf die Schule mit dem Beginn des Schuleintritts fortleben zu lassen, ist eine harmonische, das schöpferische Handeln des Kindes anregende Familienatmosphäre von hohem Wert. Positive Sozialbeziehungen wirken sich günstig auf die Lernmotivation des Schulanfängers aus. Beim jüngeren Schulkind spielt innerhalb der verschiedenen Lernmotive die Freude, die es Mutter, Vater oder der Lehrerin mit guten Leistungen bereitet, eine entscheidende Rolle. Die Anerkennung der dem Kind sozial nahestehenden Personen gibt ihm Anregung und Kraft, sich weiter anzustrengen, um gute Leistungen zu erreichen.

Konzentrationsvermögen. Mitunter stellen Eltern fest, daß die Ausdauer ihres Kindes beim Bewältigen schulischer oder häuslicher Anforderungen nicht sehr groß ist, die Konzentration beim Erledigen von Schulaufgaben schnell nachläßt. Das ist keinesfalls Ausdruck einer abnormen Entwicklung. Solche Probleme sind in diesem Alter normal. Das Konzentrationsvermögen des Kindes zu entwickeln und auszubauen, gehört zu den Zielen schulischer Bildung und Erziehung bei den Schulanfängern.
Nicht selten sind es starke gefühlsmäßige Erregungen, die neben fehlenden Kenntnissen, Fähig- und Fertigkeiten das Unterstufenkind hindern, dem Unterrichtsgeschehen konzentriert zu folgen, ohne Unterbrechungen die Hausaufgaben zu erledigen oder das angefangene Bild für die Wandzeitung fertigzumalen. Es läßt sich häufig schnell und leicht

ablenken. Ursachen dafür können geistige oder physische Überforderung sein. Ungenügender Schlaf, Hektik und Streß im Tagesablauf, ein überzogenes häusliches Üben für die Schule u. a. Ursachen sind denkbar.

Hilfe bei den Hausaufgaben. Die Eltern sollten in diesem Zusammenhang wissen, daß sich das Kind in diesem Alter zu Hause in der Regel nicht länger als eine Stunde am Tag den Hausaufgaben oder anderen schulischen Anforderungen widmen kann. Auch wenn die Kinder den Schulhort besuchen und hier meist die Hausaufgaben anfertigen, kann es doch vorkommen, daß die Schulaufgaben in der elterlichen Wohnung erledigt oder beendet werden.

Mitunter glauben die Eltern, die Entwicklung ihrer Kinder zu fördern, indem sie bei Unsauberkeiten oder Fehlern im Heft vom Kind fordern, die gesamte Aufgabe noch einmal zu schreiben. Da die unsaubere oder fehlerhafte Arbeitsweise bei der Hausaufgabenbewältigung häufig in unzureichender Konzentrationsfähigkeit seine Ursache hat, verschlechtert sich nach solch einer Forderung u. U. das Ergebnis.

Beim Kontrollieren der Hausaufgaben auf Richtigkeit und Vollständigkeit ist zu beachten, daß in der Befähigung der Kinder zur selbständigen Kontrolle ihrer Arbeitsergebnisse ein Ziel pädagogischer Arbeit liegt. Dem Unterstufenkind fällt es noch schwer, die eigenen Arbeiten zu überprüfen. Indem wir die Befähigung zur Selbstkontrolle unterstützen, helfen wir ihm dabei, bereiten wir es gut auf die Anforderungen in den höheren Schuljahren vor. Für die Entwicklung des Kindes ist solch ein Handeln besser, als wenn man durch dauernde Kontrolle eine exakte Erledigung der Hausaufgaben erzwingen will.

Mitunter stellen Eltern, Lehrer oder Erzieher im Schulhort fest, daß das Kind zu langsam arbeitet. Wird nichts dagegen unternommen, verlieren die Kinder mitunter die Freude an der Arbeit. Sind ablenkende äußere Einflüsse beseitigt, ohne daß eine Veränderung der Arbeitsweise eintritt, müssen Maßnahmen unter Berücksichtigung der Individualität des Kindes erprobt werden. Vielleicht versucht man, dem Kind eine nicht zu knapp bemessene Zeit für die Aufgaben vorzugeben. Was hier nicht geschafft wird, bleibt unerledigt. Nach Absprache mit der Lehrerin kann durch sie dann eine Wertung des Umfanges der erledigten Aufgaben in der Klasse erfolgen, evtl. von Fall zu Fall auch an hausaufgabenfreien Tagen nachgearbeitet werden.

Bei der Anfertigung ist auf einen sinnvollen Wechsel zwischen Hausaufgaben unterschiedlichen Anforderungscharakters zu achten. Hat sich das Kind nach der Schule ausgeruht, könnte es mit den Hausaufgaben beginnen, die ihm am schwersten fallen. Ein Wechsel zwischen mündlichen und schriftlichen Hausaufgaben ist, soweit möglich, anzustreben.

Motivation besserer Lernleistungen. Der Wunsch der Eltern nach guten Lernleistungen ihrer Kinder in der Schule ist verständlich und erfreulich. Ihr Bemühen um die Förderung des Lernens erfolgt in den ersten Schuljahren intensiv und engagiert. Grundsätzlich sollten die Eltern dabei nicht die Rolle eines „Hilfslehrers" übernehmen. Es ist nicht ihre Aufgabe, ständig nicht verstandenen Unterrichtsstoff dem Kind zu Hause erneut vermitteln zu wollen.

Zu den familiengemäßen Möglichkeiten der Unterstützung des schulischen Lernens zählen vor allem das Sichern einer harmonischen Atmosphäre für die Entwicklung des Kindes in der Familie, die Anteilnahme am schulischen Geschehen, das Nutzen familiärer Situationen für die Stimulierung der Lernhaltung der Kinder, das Fördern einer positiven Einstellung zu den Lehrern, zu einzelnen Unterrichtsfächern und anderes. Auf keinen Fall sollte man – wie leider noch anzutreffen – Maßnahmen und Entscheidungen der Pädagogen im Beisein des Kindes ablehnen oder abwerten. Das fördert Konflikte zwischen Lehrern und Schülern, die sich in der Regel negativ auf die Lehrer-Schüler-Beziehungen sowie auf die Einstellung des Kindes zu dem Fach, das der Lehrer unterrichtet, auswirken.

Die Kinder entwickeln mitunter sehr schnell Sympathien oder Antipathien für bestimmte Fächer und Lehrer. Es besteht ein enger Zusammenhang zwischen Lehrer- und Fachbeliebtheit. Häufig entwickelt sich über das gute Verhältnis des Kindes zum Lehrer auch ein positives zu dem Fach, das er unterrichtet. Auch deshalb ist es notwendig, Konflikte mit den Pädagogen und nicht ohne sie zu klären. Manchmal glauben Eltern, die Lerntätigkeit ihrer Kinder unterstützen zu können, indem sie z. B. das Zusammentragen von Bildmaterial für den Heimatkundeunterricht, das Anordnen und Beschriften des Materials im Hefter, das Erfüllen des Forschungsauftrages oder andere schulische Aufgaben des Kindes im Interesse inhaltlicher und gestalterischer Vollkommenheit selbst übernehmen. Mit solchen Handlungen hemmen sie eigene Anstrengungen des Kindes zur Lösung hoher Anforderungen und untergraben sein selbständiges Arbeiten. Eltern können dem Kind in dieser Situation beim Suchen geeigneten Materials behilflich sein; das Auswählen, Ordnen und Gestalten muß das Kind selbst erledigen. Erfahrene Lehrer werden die erkennbare eigene Leistung des jüngeren Schulkindes in jedem Fall besser bewerten als eine perfekte Leistung der Eltern.

Zensuren. (Bewertung durch den Pädagogen.) In den Zensuren, die das Kind in der Schule bekommt, spiegeln sich seine Leistungen und sein Verhalten wider. Sie sind eine Bewertung für Betragen, Fleiß und Mitarbeit, für den Grad der Beherrschung der Anforderungen in den einzelnen Unterrichtsfächern, für Erfolg oder Mißerfolg bei der Bewältigung schulischer Anforderungen. Von den Zensuren soll aber auch eine die geistigen Leistungen und das moralische Verhalten des Kindes stimulierende Wirkung ausgehen. Von der Reaktion der Eltern auf die Zensuren des jüngeren Schulkindes hängt es mit ab, inwieweit diese Wirkung erreicht wird.

Auf keinen Fall sollten die Zensuren zwischen „Tür und Angel" zur Kenntnis genommen und „auf die Schnelle" unterschrieben werden. Zensuren unter schriftlichen Arbeiten, die erreichte Leistung, die sich dahinter verbirgt, müssen gemeinsam mit dem Kind in Ruhe betrachtet werden. Freude und Anerkennung der Eltern über das schon vom Kind Gelernte wirken gerade beim Unterstufenschüler stark motivierend. Stehen schlechte Leistungen „zu Buche", so dürfen sie von Eltern keinesfalls übersehen werden. Die Reaktion der Eltern auf schlechte Zensuren sollte angemessen und mit „Fingerspitzengefühl" erfolgen. Völlig falsch wäre es, das Kind für schlechte Zensuren zu strafen. Viel wichtiger ist, sich erst einmal über Art und Umfang der nicht bewältigten Anforderungen zu informieren und die möglichen Ursachen dafür zu ermitteln. Unter Berücksichtigung der Individualität des Kindes sollten dann davon ausgehend die erforderlichen pädagogischen Schritte überlegt werden. Oft kann auf besondere Maßnahmen verzichtet werden. Sind schlechte Leistungen die Regel, sollten die gezielten Bemühungen zur Verbesserung mit der Schule abgesprochen werden. Ferien und Wochenende im Übermaß zur Überwindung der ungenügenden Schulleistungen zu nutzen, wird kaum den gewünschten Erfolg bringen. Gerade das leistungsschwächere Kind braucht genügend Zeit für seine Erholung, muß bei Sport und Spiel Kraft für die Bewältigung der schulischen Aufgaben sammeln können.

Bei der Bewertung der Zensuren auf dem Zeugnis durch die Eltern sind zuerst die guten und sehr guten Leistungen gegenüber dem Kind hervorzuheben. Ebenso notwendig kann es sein, dem Kind auch seitens der Eltern deutlich zu machen, daß in diesem und jenem Fall noch nicht alles erreicht worden ist, was erreicht werden kann.

Ehrgeizige Eltern erwarten mitunter von ihrem Kind nur „Einsen". Eine „Zwei" oder gar eine „Drei" werden mit negativen Werturteilen kommentiert. Hier ist das Kind, auch wenn es noch so leistungsstark ist, überfordert. Die Anforderungen in der Schule sind in den ersten Schuljahren nicht geringer als in den oberen Klassen. Eine überhöhte Erwartungshaltung der Eltern gegenüber den schulischen Leistungen ihrer Kinder führt gerade in den ersten Jahren nicht selten bei Leistungskontrollen zu Angst und Hemmungen. Das Kind steht seitens der Eltern unter „Erfolgszwang". Die daraus resultierende psychische Belastung „programmiert" so mitunter eine schlechtere Leistung vor, die gar nicht dem wirklichen Leistungsvermögen des Kindes entspricht.

Erziehung des Kindes zwischen dem 10. und 14. Lebensjahr

Die Zeit zwischen dem 10. und 14. Lebensjahr ist eine Zeit, in der die typischen schulkindhaften Züge der Heranwachsenden immer mehr zurücktreten. Jugendtypische Einstellungen und Verhaltensweisen entwickeln sich sehr deutlich. Mit der geschlechtlichen

Reifung und der damit beginnenden Ausprägung der sekundären Geschlechtsmerkmale, mit dem Wachstumsschub der Beine und Arme bei relativem Zurückbleiben des Rumpfwachstums vollziehen sich grundlegende körperliche Veränderungen bei den Kindern. Diese Wandlungen sind bei der Erziehung der Kinder zu berücksichtigen.
Eltern fällt es manchmal schwer, im Erziehungsverhalten mit ihren Kindern „mitzuwachsen". Obwohl die sich verändernden Leistungen, das sich ändernde Verhalten ihrer Kinder ihnen nicht verborgen bleiben, stellen sie sich im Umgang mit ihnen nicht immer auf diese Wandlungen ein. Die Kinder werden nicht selten unterfordert. Ihre sich entwickelnde kritische Haltung auch gegenüber den Eltern wird als „Aufsässigkeit" gedeutet und mitunter sehr autoritär geahndet. Die in diesem Alter bei einem Teil der Kinder auftretenden Erscheinungen gesteigerter Erregbarkeit und folgender Erschöpfung, von Müdigkeit und Mattigkeit, die mit verstärktem Schlafbedürfnis verbunden sind, Schwindelgefühl, Kopfschmerzen, Herzbeschwerden, Depressionen, gemindertem Konzentrationsvermögen, mangelndem Appetit u. a. werden dem Kind nicht „abgenommen". Manche Eltern deuten sie auch als „bloßen Vorwand", sich vor gestellten Aufgaben zu drücken. Sie werten diese entwicklungsbedingten Erscheinungen als Zeichen der Unlust ihrer Kinder zur Tätigkeit. Man tadelt sie dafür. Häufig helfen aber die besten Anstrengungen der Mädchen und Jungen nicht weiter. Ermunterungen, Verständnis und Rücksichtnahme gegenüber den Kindern sind hier erfolgreicher als Beschuldigungen und Tadel. Eltern sollten die Heranwachsenden anhalten, sich für die Erledigung ihrer Aufgaben Zeit zu nehmen, ruhig und konzentriert zu arbeiten und nicht immer gleich ungeduldig zu werden, wenn nicht alles sofort klappt.
Manche Mädchen und Jungen ziehen sich auch zurück. Sie möchten wegen der genannten körperlichen Beschwerden „ihre Ruhe" haben. Die Eltern sollten sie ihnen gestatten. In dieser Zeit dürfen sie nicht zu hoch gefordert werden. Gesunde Ernährung, ein geregelter Tagesrhythmus und ausreichende Bewegung an der frischen Luft mindern diese Beschwerden im frühen Schuljugendalter.
Die Sorge, der Sportunterricht in der Schule belaste die Mädchen über Gebühr, ist unbegründet. Gerade in diesem Alter führen die sportlichen Anforderungen zu einem Ausgleich, zu innerer Entspannung. Vorsicht ist hier nur bei sehr hohen sportlichen Belastungen geboten.
Eltern und andere Erwachsene neigen teilweise dazu, an körperlich besonders weit entwickelte Kinder zu hohe Anforderungen zu stellen. Das ist falsch, denn gerade sie sind besonders labil in dieser Zeit ihrer Entwicklung.
Die Wandlung vom autoritätsbezogenen, weitgehend unkritischen, lernwilligen Schulkind zu einem auf Eigenständigkeit im Urteilen und Handeln achtenden kritischen und zukunftsorientierten Schuljugendlichen zwischen dem 10. und 14. Lebensjahr ist ganz normal. Ein Verkennen dieser Entwicklungsprozesse durch einen Teil der Erwachsenen führt dazu, daß die Jugendlichen in diesem Alter widersprüchlichen Normforderungen ausgesetzt sind. Das fördert häufig die Tendenz zur Absetzung gegenüber dem Erwachsenen. Insbesondere bei falschen erzieherischen Reaktionen der Eltern oder Lehrer kommt es zu einer Oppositionshaltung, die im Zusammenhang mit der Unausgeglichenheit und mit den affektiven Reaktionen in diesem Alter in launisches, rüpelhaftes Verhalten „umschlagen" kann.
Die Mädchen und Jungen dieses Alters sind keine Kinder mehr, aber auch noch keine Erwachsenen. Aus dieser Zwischenstellung ergeben sich Widersprüche, die sie oft zu auffälligem Benehmen veranlassen. (Damit werden sie von den Gleichaltrigen anerkannt.)
Die Heranwachsenden versuchen, durch salopp-modische Kleidung, moderne Frisuren, durch Redewendungen und Umgangsformen von Erwachsenen älter zu wirken, als sie sind. Sie bemühen sich, durch Renommierverhalten das Gefühl der Unzulänglichkeit und Unzufriedenheit zu kompensieren. In dieser Altersstufe äußert sich das noch sehr stark in verbalen „Kraftmeiereien", einem das „große Wort" führenden Verhalten.
Besonders Jungen dieses Alters, die z. B. durch Horrorfilme, negative Vorbilder, schlechte Bücher u. a. beeinflußt werden, neigen eher zu einem gesellschaftswidrigen Verhalten als ältere Jugendliche. Sie glauben durch Einschlagen von Scheiben, Zerstörun-

gen von Mobiliar, Diebereien u. a. Geltung erlangen zu können.
Gerade die Eltern müssen sich bemühen, Geltungsbedürfnis und Tatendrang ihrer Kinder auf Vorhaben zu orientieren, die im gesellschaftlichen Interesse liegen.
Die sich ändernde gesellschaftliche Position führt bei den 11- und 12jährigen dazu, daß sie u. a. auch das Verhalten ihrer Eltern kritischer betrachten. Im wesentlichen fügen sie sich aber noch den elterlichen Forderungen ohne ernsthaften Widerspruch.
Jugendliche im Kollektiv. Größere Änderungen hingegen lassen sich zum Teil schon in den Beziehungen der Kinder untereinander erkennen. Man beginnt, sich eine von den Lehrern unabhängige Meinung über die Klassenkameraden zu bilden. Äußere Merkmale der Kinder wie gutes Aussehen, körperliche Stärke und Entwicklung spielen dabei eine Rolle. Mitunter werden körperlich weit entwickelte Jungen oder besonders modern gekleidete Mädchen zu Prestigepersonen in der Gruppe, treten Rivalitätskämpfe zwischen ihnen auf.
Eltern sollten diese Erscheinungen nicht unbewußt unterstützen. Das Kind modisch kleiden heißt keinesfalls, die Tochter als „Modepuppe" zur Schule zu schicken!
Mit der zunehmenden Bedeutung des körperlichen Entwicklungsstandes für die Einstellungen der Kinder untereinander kann es dazu kommen, daß die „Reiferen" geachtet, die „Kleinen" mitunter gehänselt werden. In Klassen oder Freizeitgruppen, in denen die physischen Reifeerscheinungen sozial besonders gewertet werden, kann es durchaus passieren, daß ein Mädchen wegen seiner noch „flachen Brust" Zielscheibe des Spottes der Mitschüler ist. Die damit für das Kind verbundenen psychischen Belastungen bleiben den Eltern in der Regel nicht verborgen. Neben dem Rat, derartige Spötteleien am besten zu „überhören", sollten sie auch mit den Pädagogen über diese Erscheinungen sprechen.
Mit der Vertiefung des Wissens der Mädchen und Jungen über diese ganz normalen Unterschiede in der körperlichen Entwicklung ändert sich die Einstellung dazu.
Nicht selten sind Eltern beunruhigt, wenn sich zu Beginn dieses Entwicklungsabschnittes mit dem Übergang von der 4. zur 5. Klasse ein deutlicher Rückgang der Zensuren einstellt. Daraus auf mangelnde Lernhaltung der Kinder zu schließen, ist oft nicht richtig. Es ist häufig kein Rückgang der Anstrengungsbereitschaft und der Leistungsfähigkeit, sondern noch nicht gemeisterte Übergangsprobleme, die zur Verschlechterung der Noten führen.
Haben sich die Zensuren verschlechtert, dann helfen meist keine Vorwürfe, um eine Verbesserung zu erreichen. Anliegen muß es vielmehr sein, das Streben des Kindes nach guten Leistungen in der Schule anzuspornen. Anhand der eigenen Entwicklung kann vielleicht dem Kind aufgezeigt werden, wieviel von guten schulischen Leistungen abhängt. Besonders im Zusammenhang mit den Zukunftsvorstellungen der Heranwachsenden, insbesondere ihren möglichen Berufs- und Studienwünschen, können Sinn und Zweck des Lernens im Bewußtsein des Kindes angehoben werden.
Interesse für weltanschaulich-moralische Fragen. In diesem Alter ist auch ein Anwachsen des Interesses für weltanschaulich-moralische Fragen und Probleme zu erkennen. Die Jungen und Mädchen urteilen zu den sie wirklich bewegenden weltanschaulichen und moralischen Fragen sehr selbständig, teilweise leidenschaftlich und emotional ergriffen. Allerdings haben 11- und 12jährige Kinder noch nicht immer eine stabile Meinung zu den weltanschaulich-moralischen Grundfragen unserer Zeit. Der Einfluß der Eltern auf die Herausbildung weltanschaulich-moralischer Haltungen der Kinder ist unbestritten. Wie sie sich entwickeln, inwieweit bei den Kindern Wort und Tat übereinstimmen, das wird in hohem Maße durch die elterliche Erziehung, durch deren Haltungen und Standpunkte mit beeinflußt.
Die weltanschaulichen und politischen Überzeugungen und Einstellungen formieren sich in der Auseinandersetzung mit den Problemen unseres Lebens. Eltern sollten deshalb ihren Kindern Gelegenheit geben, das gesellschaftliche Geschehen zu verfolgen, sie in die Diskussion im Familienkreis einzubeziehen, ihre eigene Aktivität bei der Bewältigung gesellschaftlicher Anforderungen zu fordern und zu fördern.
In den Veranstaltungen zur Vorbereitung auf die Jugendweihe stehen z. B. Fragen über das Leben in der sozialistischen Gesellschaft und über ein wissenschaftliches Weltbild im

Mittelpunkt. In den Jugendstunden erfahren und erleben die Mädchen und Jungen Interessantes und Neues. Aus dem Erlebten ergeben sich für sie natürlich auch neue Fragen, die nicht immer sofort gestellt, nicht immer zufriedenstellend beantwortet werden. Die Eltern sollten sich diesen Fragen nicht verschließen. In Gesprächen mit den Kindern können sie dazu beitragen, Widersprüche zwischem dem theoretischen Wissen und den gesellschaftlichen Erfahrungen zu lösen, persönliche Eindrücke der Jugendlichen am Beispiel eigener Erfahrungen und Erkenntnisse zu vertiefen und so die Entwicklung richtiger weltanschaulicher Einstellungen und Überzeugungen zu fördern.

Fragen des Berufs. Die Berufsprobleme beginnen zwischen dem 12. und 14. Lebensjahr insgesamt eine größere Rolle als vorher zu spielen. In diesem Alter sind die Kinder schon in der Lage, die von ihnen beabsichtigte berufliche Entwicklung in die allgemeinen Zukunftsvorstellungen einzuordnen.

In der Familie wird lange darüber nachgedacht, viel darüber diskutiert, welcher Beruf für den Sohn oder die Tochter geeignet wäre. Eltern sollten ihren Kindern lange vor dem Erreichen der 10. Klasse, wenn es mit der Bewerbung für die Lehrstelle Ernst wird, helfen, sich mit solchen Berufen und ihren Anforderungen vertraut zu machen, die im Territorium gebraucht werden. Informationen über Anforderungen an Berufe aus dem eigenen Tätigkeitsfeld im Betrieb, ein gemeinsamer Besuch im Berufsberatungszentrum oder Gespräche mit den Mitarbeitern für Berufsausbildung in den Kaderabteilungen der Betriebe des Territoriums schaffen zeitig Vorstellungen, für welche Berufe Lehrstellen vorhanden sind, welche Anforderungen an die Bewerber gestellt werden, wie hoch der Bedarf ist und wieviel Interessenten in der Regel für die Lehrstellen da sind. Sollte man erkennen, daß sich in den zurückliegenden Jahren sehr viele Jugendliche um die wenigen Lehrstellen beworben haben, die in dem vom Kind gewünschten Beruf zur Verfügung stehen, dann ist sachlich zu prüfen, ob mit dem gezeigten Leistungs- und Verhaltensbild eine reale Chance für die gewünschte Lehrstelle besteht. Es gilt, zusammen mit dem Kind zu überlegen, ob es nicht besser ist, sich auf einen Beruf zu orientieren, in dem größere Aussichten bestehen. In solchen Fällen, wo es offensichtlich wird, daß die Leistungen bzw. andere Voraussetzungen für die gewünschte Lehrstelle nicht ausreichen, dem Kind Vorhaltungen über seine Faulheit oder sein Verhalten in der Vergangenheit zu machen, nützt gar nichts. Der Jugendliche, der vor der Berufsentscheidung steht, muß sie von einer optimistischen Grundhaltung aus treffen. Um die zu erlangen, benötigt er keine Vorwürfe, sondern Hilfe und Unterstützung durch die Eltern.

Erziehung zwischen dem 14. und 16. Lebensjahr

In diesem Alter erreicht der Jugendliche in vielen Bereichen seiner Entwicklung einen Status, der dem des Erwachsenen nahekommt. Andererseits ist er aber als Schüler noch weitgehend auf die Führung durch Erwachsene angewiesen.

Durch die Jugendweihe, die Aufnahme in die FDJ, den Erhalt des Personalausweises, das „Sie“ in der Schule u. a. wird seiner körperlichen und geistigen Reife Rechnung getragen. Oft bleiben diese gesellschaftlichen Wertungen der Entwicklung der Jugendlichen für die einzelnen jedoch formal. Vom erreichten Lebensalter her betrachten die Eltern ihre Kinder als Jugendliche. Im Umgang der Eltern mit dem fast erwachsenen Sohn oder der Tochter ändert sich allerdings häufig sehr wenig. Für sie bleibt der Heranwachsende „das Kind“.

Die Erwachsenen, die einerseits Vernunft, Selbständigkeit, Verantwortung fordern, erwarten zum Teil weiterhin Unterordnung, Anpassung an ihre Vorstellungen und Auffassungen, mitunter auch blinden Gehorsam, bedingungslose Ausführung ihrer Aufträge; eigene Vorschläge, Einwände der Jugendlichen lassen sie in solchen Situationen nicht gelten.

Finanziell sind die Jugendlichen in diesem Alter nach wie vor auf die Eltern angewiesen. Die Erfüllung ihrer materiellen Wünsche hängt weitgehend von der Bereitschaft der Eltern ab. Der Wunsch, ernst genommen, als Erwachsener angesehen zu werden, bleibt vielfach ein Wunsch. Der Jugendliche erlebt natürlich auch, daß er in seinem Handeln Fehler begeht, im Umgang mit Erwachsenen normwidrig reagiert und daneben tappt.

Häufig kommt es z. B. vor, daß sich Jugendliche ihren Eltern gegenüber „im Ton vergreifen", ihnen bei Auseinandersetzungen taktlose und provozierende Äußerungen „an den Kopf werfen". Solche „Unverschämtheiten" dürfen nicht als Ausdruck des Hasses und der Ablehnung gegenüber den Eltern fehlgedeutet werden. Sie sind das Resultat der Unfähigkeit der Heranwachsenden, ihr Bedürfnis nach Anerkennung und Selbständigkeit richtig zu steuern. Sie sollten nicht überbewertet werden. Normverstöße dieser Art lassen sich am besten überwinden, wenn die Kinder in knapper und sachlicher Form auf ihre Verhaltensmängel hingewiesen, ihre berechtigten und richtigen Gedanken und Argumente anerkannt werden.

Spannungen in der Eltern-Kind-Beziehung. Erfahrungen zeigen, daß außergewöhnliche Belastungen in den Beziehungen zwischen Eltern und Jugendlichen durch falsches Erziehungsverhalten bedingt sind. Der junge Mensch in diesem Alter erwartet die Achtung und Anerkennung seiner Persönlichkeit. Verletzen die Eltern durch ständige Gängelei, ewiges Bevormunden, unbegründete Vorwürfe oder laufende Vorhaltungen den Grundsatz der Achtung der Fünfzehn- und Sechzehnjährigen als Persönlichkeiten, sind Widerstand und oppositionelle Haltung der Betroffenen verständlich. Ein solches Verhalten führt dazu, daß das Kind unsicher wird, kaum noch Mut für eigene Entscheidungen findet.

Je klarer sich die Eltern über die Wandlung ihres Kindes vom vorwiegend gelenkten zum sich immer stärker selbst lenkenden Menschen sind, je besser sie ihr Verhalten gegenüber dem Kind selbstkritisch überprüfen und entsprechend regulieren, desto weniger Konflikte werden sich ergeben, desto sicherer können das familiäre Klima belastende Spannungen in den Eltern-Kind-Beziehungen vermieden werden.

In diesem Zeitabschnitt erleben die Eltern noch ausgeprägter als im frühen Schuljugendalter, daß Verbindungen und Kontakte zu Gleichaltrigen weiter an Bedeutung gewinnen, der Einfluß des gleichaltrigen Freundeskreises auf das Handeln und Verhalten der Jungen und Mädchen zunimmt. Die Ursachen dafür liegen darin, daß die Jugendlichen jetzt mehr und mehr den familiären Gemeinsamkeiten „entwachsen". Sie wollen ihre Freizeit zunehmend selbständig planen und gestalten. Neben dem Bedürfnis nach Selbständigkeit und Selbstbestätigung nehmen auch die Wünsche nach Geselligkeit, nach kameradschaftlichen Beziehungen in der Gruppe Gleichaltriger zu. Damit befriedigen sie ein grundlegendes Bedürfnis. Mit dem ungezwungenen und formlosen Meinungs- und Gedankenaustausch in der Gruppe Jugendlicher, beim Musikhören, beim Besuch jugendgemäßer Veranstaltungen u. a. finden die Mädchen und Jungen die Möglichkeit, die ehrliche Meinung anderer über die sie bewegenden Probleme zu hören, haben sie Gelegenheit, sich zu behaupten und durchzusetzen. Solch ein Verhalten ist Ausdruck der Verselbständigung des Handelns der Jugendlichen. Es ist völlig normal und keinesfalls Ausdruck dafür, daß die Eltern nun „abgeschrieben" sind, ihr Rat nicht mehr gefragt ist und sie als Bezugspersonen des Kindes keine Rolle mehr spielen.

Das Zusammensein Jugendlicher mit Gleichaltrigen, mit Freund oder Freundin, mit Gruppen junger Menschen ist ein unerläßlicher Schritt auf dem Weg ins Erwachsenwerden.

Wird der Heranwachsende in diesem Alter durch die Eltern weiter streng autoritär erzogen, werden seine Entscheidungen und selbständigen Handlungen zu stark eingeengt, kann die Bindung an Gleichaltrige zu größeren Problemen führen. Oft fühlt sich in diesen Situationen der Jugendliche zu solchen jungen Menschen hingezogen, die sich bedenkenlos über Verhaltensnormen hinwegsetzen, Verbote bewußt mißachten und keinerlei Angst vor möglichen Strafen erkennen lassen. Solcher „Mut" imponiert; und um Achtung und Anerkennung innerhalb der Gruppe zu erlangen, stellt man auch etwas an, was auffällt, was andere in Erstaunen setzt.

Jugendliche dieses Alters orientieren sich, um in der Gruppe Gleichaltriger Anerkennung und Rückhalt zu erlangen, an den hier herrschenden Normen. Nicht immer stimmen diese Normen und Werte mit denen der Eltern überein. Manch einer der jungen Menschen, der mit der „Clique" lärmend durch die Gegend zieht und aus dem „Weg räumt", was sich hier in den Weg stellt, ist sich der Normwidrigkeit seines Verhaltens durchaus bewußt. Um nicht als Feigling und Schwächling angesehen zu werden, wird auch das mitgemacht, wogegen man sich innerlich sträubt. Versuche von Eltern, die Kontakte und Beziehungen zu Freunden, die einen negativen Einfluß auf ihr Kind ausüben, zu verbieten, führen in der Regel zu nichts. Mit solchen Verboten wird das jugendliche Kind in die Unehrlichkeit gedrängt, sucht nach Ausflüchten und Vorwänden für das Fortbestehen der Kontakte. Es trifft sich heimlich mit dem seitens der Eltern unerwünschten Personenkreis. Damit wird nur erreicht, daß sich das Kind den Eltern noch weiter verschließt und entfremdet.

Die Eltern sollten sich vielmehr bemühen, den Freundeskreis persönlich näher kennenzulernen, die von ihm vertretenen Normen und Wertmaßstäbe zu erkennen. Von der konkreten Sachkenntnis aus kann man sich dann bemühen, an der Herausbildung der Wertvorstellungen für eine echte Freundschaft zu arbeiten, bei dem Kind Ansprüche an das Verhalten des Freundes oder der Freundin zu wecken und den kritischen Blick des jungen Menschen für den Umgang mit anderen Gleichaltrigen zu schärfen.

Zwischengeschlechtliche Beziehungen. In diesem Alter gewinnen auch Probleme der zwischengeschlechtlichen Beziehungen erheblich an Bedeutung. Sowohl in der Klasse als auch in den Freizeitgruppen nehmen die Freundschafts- und Liebesbeziehungen zu. In vielen Fällen entwickeln sich schon beständige Freundschaften zwischen Mädchen und Jungen.

Manche Eltern versuchen sich ihrer Verantwortung für die Jugendfreundschaften ihrer Kinder dadurch zu entziehen, daß sie sie ablehnen und sich folglich auch nicht darum kümmern. Die Masse der Eltern aber beschäftigt die Frage, wie sie ihr Kind auf die Begegnung mit dem anderen Geschlecht vorbereiten können. Die Jugendlichen dieses Alters bewegen viele Probleme der Partnerbeziehungen. Über die biologischen Sachverhalte der geschlechtlichen Entwicklung und Kontakte sind die Heranwachsenden meist gut informiert. Fragen, die sie bewegen, laufen auf das Finden der richtigen Wertmaßstäbe für die Partnerwahl, auf den Erwerb der Fähigkeit, mit dem anderen glücklich sein zu können, hinaus. Die Jugendlichen möchten z. B. wissen, woran man Liebe erkennt, ob es wirklich die „große Liebe“ gibt.

Gespräche über diese Bereiche des Zusammenlebens mit dem Partner setzen eine Atmosphäre der Offenheit, des Vertrauens und der Achtung in den Beziehungen zwischen Eltern und Kind voraus. Vater und Mutter sollten neben ihrer unvoreingenommenen Haltung gegenüber Jugendfreundschaften auch von Anfang an versuchen, mit dem Sohn oder der Tochter ehrlich und partnerschaftlich über deren Freundschaftsbeziehungen, die dabei auftretenden Probleme und Wünsche zu sprechen. Heimlichkeiten der Jugendlichen ihnen gegenüber treten nur dann auf, wenn die Heranwachsenden nicht gewöhnt sind, zu Hause über diese Dinge zu sprechen, oder das Gespräch zu diesen Fragen nur gesucht wird, um das Kind „auszuhorchen“.

Eltern müssen die Freundschafts- und Liebesverhältnisse ihrer Töchter und Söhne ernst nehmen, die positiven Seiten dieser Beziehungen fördern und Negatives durch taktvolle Hinweise zu überwinden versuchen. Die Jugendlichen lehnen ironisches „Sticheln“ oder „Lästern“ ebenso ab, wie durch Angst ausgelöste Vorhaltungen oder sogar sentimentales Verniedlichen ihres „Verhältnisses“. Stark getrübt werden die Beziehungen, wenn Eltern ihrem Kind gegenüber mißtrauisch sind oder mit ihrem eigenen Verhalten den Heranwachsenden ein schlechtes Vorbild geben.

Häusliche Krankenpflege

Bei vielen Erkrankungen ist eine stationäre Behandlung noch nicht oder nicht mehr erforderlich; akut und auch chronisch Erkrankte können oft zu Hause behandelt und gepflegt werden. Die häusliche Krankenpflege hat der klinischen Behandlung gegenüber nicht an Wert verloren, wenn sie sachgemäß durchgeführt wird.

Anleitung und Unterstützung bei der häuslichen Krankenpflege gewährleisten der behandelnde Arzt und die Gemeindeschwestern. Hilfe kommt von den Nachbarn, der Volkssolidarität, der Timur-Hilfe und anderen gesellschaftlichen Organisationen.

Zur häuslichen Krankenpflege, betrifft sie nun ein Kind oder einen Erwachsenen, muß jeder geistig und körperlich gesunde Mensch in der Lage sein. Voraussetzung sind der Wille zum Helfen und menschliche Zuwendung, erforderliche Kenntnisse der Ersten Hilfe und allgemeinen Krankenpflege.
Mit dem behandelnden Arzt muß der Pflegende genau über Art der Erkrankung, Behandlung, mögliche Komplikationen und auch über die zu erwartende Prognose sprechen. Er muß sich seiner großen Verantwortung bewußt und auch bereit sein, persönliche Belange zurückzustellen.
Zur häuslichen Krankenpflege gehören zwei große Teilgebiete, die aufmerksame Beobachtung des Erkrankten und die eigentliche Pflege.

Krankenbeobachtung

Messen der Körpertemperatur. Jede Erhöhung der Körpertemperatur wird als Fieber bezeichnet. Der gesunde menschliche Körper hält seine Temperatur weitestgehend konstant.
Fieber entsteht bei vielen Erkrankungen, es gibt aber auch schwere und schwerste Krankheiten, die ohne Erhöhung der Körpertemperatur (z. B. Krebs) einhergehen.
Das Allgemeinbefinden des Kranken ist nach dem Grad der Temperaturerhöhung gestört; das zeigt sich in Unruhe, Benommenheit, Durst, beschleunigter Atmung. Weitere Zeichen sind trockene, belegte Zunge, glänzende Augen, vermehrte Schweißbildung, wechselndes Hitze- und Kältegefühl.

36 °C–37 °C	entspricht der Normaltemperatur des gesunden Menschen
37,1 °C–38,5 °C	erhöhte Temperatur oder leichtes Fieber
38,5 °C–39,5 °C	mäßiges Fieber
über 39,5 °C	hohes Fieber

Die Körpertemperatur wird mit einem Fieberthermometer gemessen. Im Gegensatz zum Zimmerthermometer bleibt beim Fieberthermometer (Maximalthermometer) die Quecksilbersäule an der höchsten Stelle, die sie erreicht, stehen. So kann man die ermittelte Temperatur auch noch nach längerer Zeit ablesen, muß aber die Quecksilbersäule des Fieberthermometers vor jeder erneuten Messung durch kurze schlagende Bewegungen wieder unter 36 °C bringen.
Eine genaue Registrierung der Körpertemperatur ist bei einer Erkrankung sehr wichtig und gibt dem Arzt Hinweise über den Krankheitszustand.
Normalerweise soll die Temperatur zweimal am Tag und zwar morgens zwischen 6 und 7 Uhr und nachmittags zwischen 16 und 17 Uhr gemessen werden, da in diesen Zeiten die höchsten bzw. tiefsten Werte liegen.
Die Messungen können an verschiedenen Körperstellen durchgeführt werden.
- Messung in der Achselhöhle (axillär) ist die häufigste, bequemste aber auch ungenaueste Art der Messung.

Das untere Ende des Thermometers wird in die entblößte, vorher gründlich gereinigte und gut abgetrocknete Achselhöhle eingelegt und der Oberarm fest an den Körper gedrückt. Nach etwa 5 Minuten kann die Tem-

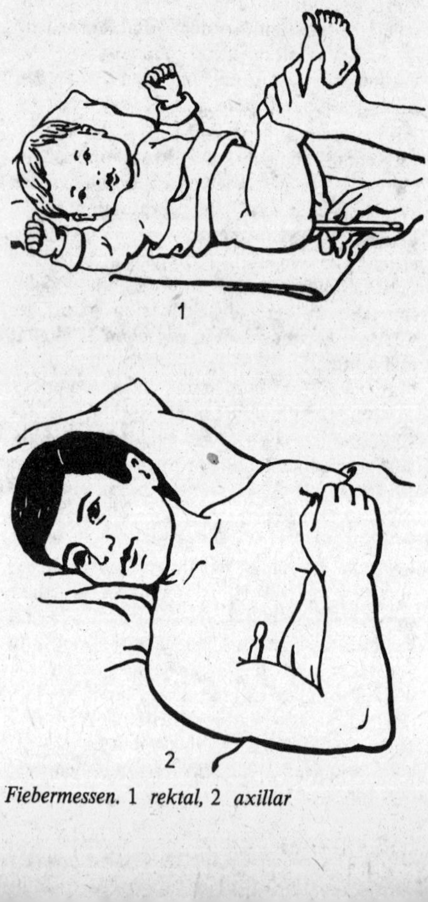

Fiebermessen. 1 *rektal,* 2 *axillar*

peratur abgelesen und (mit Zeitangabe) notiert werden.

- Messung in der Mundhöhle (oral). Das gut gereinigte Thermometer wird mit der unteren Spitze unter die Zunge gelegt, der Mund verschlossen, und nach 5 Minuten kann die Temperatur registriert werden.
- Messung im Mastdarm (rectal). So wird die Körpertemperatur genau festgestellt. Bei Kindern sollte immer rectal gemessen werden. Das untere, mit etwas Öl oder Vaseline eingefettete Ende des Thermometers wird vorsichtig unter leicht drehender Bewegung, um die Darmschleimhaut nicht zu verletzen, etwa 2 cm tief in den After eingeführt. Bei Kindern muß das Thermometer prinzipiell für die Dauer der Messung festgehalten werden, da durch plötzliche rasche Bewegungen das Thermometer abbrechen kann. Beim Säugling und Kleinkind werden für die Messung beide Beinchen mit der Hand angehoben und festgehalten.

Bei Messungen im Mastdarm liegen die Temperaturen etwa um 0,5 °C höher als bei der axillaren Messung.

Nach Gebrauch sollte das Thermometer feucht gesäubert bzw. desinfiziert und für die Dauer der Erkrankung bruchsicher in einem Glas, dessen Boden mit Zellstoff oder Watte bedeckt ist, aufbewahrt werden.

Messen des Pulses. Durch die Kontraktionen des Herzmuskels entstehen im Blutadersystem (arteriell) Druckwellen, die man als gewissermaßen fortgeleiteten Herzschlag an größeren Blutgefäßen (Schlagadern) tasten kann. Diese Druckwellen nennt man Puls.

Meistens wird der Puls an der Handschlagader, kurz oberhalb des Handgelenkes (Daumeninnenseite) gefühlt. Zeige- und Mittelfinger werden leicht auf die Arterie gelegt und die fühlbaren Schläge 15 Sekunden gezählt und der erhaltene Wert mit 4 multipliziert. So erhält man die Herzschläge pro Minute und dieser Wert wird notiert. Man beachte auch, ob der Puls regelmäßig oder unregelmäßig schlägt.

Normale Pulsfrequenz beim

Erwachsenen	60– 80/min.
Säugling	100–140/min.
Kleinkind	80–100/min.

Beobachtung der Atmung. Bei der Atmung eines Kranken achte man auf Regelmäßigkeit, Atemtiefe, erschwertes Ein- oder Ausatmen.

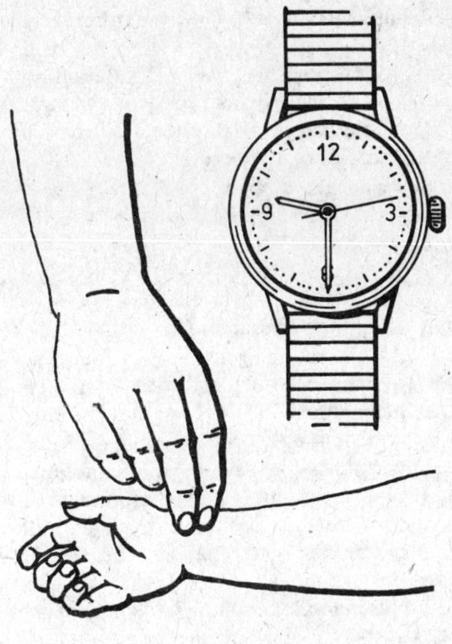

Pulszählen

Beobachtung der Ausscheidungen. Hierbei sollen alle Ausscheidungen des Kranken (Stuhl, Urin, Sputum, Erbrochenes) nach Menge, Farbe, Beschaffenheit und Geruch beurteilt werden. Wichtig sind auch Abweichungen vom Normalen, wie Durchfall, Stuhl- oder Urinverhaltungen, Blutbeimengungen. Sehr auffällige Ausscheidungen bleiben in einem zugedeckten Gefäß auf der Toilette bis zur Besichtigung durch den Arzt aufbewahrt.

Beobachtung des Allgemeinzustandes. Verbesserung oder Verschlechterung des Ernährungszustandes, des Appetites, der Verträglichkeit bestimmter Speisen müssen ebenso sorgfältig registriert werden wie Änderungen im psychischen Verhalten, Schlafstörungen, Hautveränderungen, Schmerzen.

Sofortiges Handeln beim Auftreten lebensbedrohlicher Komplikationen. Beim Auftreten lebensgefährlicher Krankheitszeichen (Bewußtlosigkeit, Atemnot, starke Herzschmerzen, Krampfanfälle, Blutungen) sollte Erste Hilfe geleistet werden und sofort telefonisch über den Notruf 115 schnelle medizinische Hilfe angefordert werden.

Bei dieser Benachrichtigung sind folgende Angaben kurz und klar erforderlich:

- Name und Alter des Erkrankten

- Genaue Ortsangabe, wo sich der Erkrankte befindet
- Art der lebensbedrohlichen Erkrankung (Angaben über Symptome, Puls, Atmung, Bewußtseinslage, Hautfarbe, Temperatur u.ä.) und die Grundkrankheit
- Name des Anrufers

Krankenpflege

Umgebung des Kranken. Unter Umständen muß ein Kranker längere Zeit zu Hause gepflegt werden. Dies stellt für die Familie ein einschneidendes Ereignis dar und erfordert die Umstellung des gesamten Lebensrhythmus. Von jedem Familienmitglied muß Rücksichtnahme und Einfühlungsvermögen gefordert werden. Aufregungen sind vom Erkrankten fernzuhalten. Die Gesundung eines Kranken ist nicht nur von der medizinischen Behandlung abhängig, auch die Atmosphäre der Umgebung und die Beziehung zur Pflegeperson spielen eine entscheidende Rolle. Ruhiges, besonnenes und stets freundliches Verhalten der Pflegeperson zu dem Kranken sind ebenso Voraussetzung wie Ruhe, Ordnung und Hygiene in der näheren Umgebung. Kinder und Besucher sind vom Kranken möglichst fernzuhalten, bis der Arzt Besuche erlaubt.

Krankenzimmer. Es sollte ein heller, luftiger und trockener Raum gewählt werden, der Sonne erhält, heizbar und vor starkem Lärm geschützt ist. Der Kranke verbringt unter Umständen längere Zeit darin, und eine freundliche Umgebung trägt viel zum Wohlbefinden und damit auch zur Genesung bei. Um Platz für Pflegearbeiten zu bieten, sollte der Raum nicht mit Möbeln überladen sein.

● Ausstattung des Krankenzimmers. Dazu gehören ein Bett (möglichst eine zweite Liegestatt, auf die der Kranke während des Umbettens gelegt wird), ein Nachttisch und ein Tisch mit zwei Stühlen. Gebraucht werden außerdem ein Fieberthermometer, ein graduiertes Einnehmeglas (oder ein großer und kleiner Löffel), Schnabeltasse, Speiglas, Eimer, Unterschieber, Urinflasche und eine Glocke, damit sich der bettlägerige Kranke bemerkbar machen kann. Die Fenstervorhänge sollen hell und leicht waschbar sein und zugezogen werden können. In der warmen Jahreszeit sind die Fenster mit Gazeschutz gegen Fliegen zu versehen. Uhren mit Schlagwerk können den Kranken stören und sollten dann entfernt oder angehalten werden.

● Lüftung. Frische Luft schadet keinem Kranken. Nur Zugluft sollte vermieden werden. Im Sommer können die Fenster den ganzen Tag offenstehen. Im Winter werden sie mehrmals am Tag für 10–20 Minuten geöffnet. Dabei ist der Kranke gut zuzudecken. Allzu intensive Sonneneinstrahlung sollte vermieden werden. An sehr heißen Tagen wird morgens, abends und in den Nachtstunden gelüftet. Am Tag ist es dann besser, die Fenster zu schließen und Vorhänge vorzuziehen.

● Heizung. Die Zimmertemperatur soll durchschnittlich 18 °C–20 °C betragen. Heizkörper oder Ofen ist durch tägliches feuchtes Abwischen staubfrei zu halten.

● Lichtverhältnisse. Sonne übt auf den Kranken eine belebende und heilende Wirkung aus. Sie sollte deshalb so viel wie möglich in das Zimmer scheinen, darf aber nicht blenden. Das Licht soll von der Seite auf das Bett fallen. Künstliche Beleuchtung darf nicht zu grell sein (mattierte Glühbirne). Erforderlichenfalls kann während der Nacht eine kleine Nachttischlampe brennen.

● Reinigung. Peinliche Sauberkeit und Ordnung sind im Krankenzimmer unbedingt erforderlich. Zur täglichen Reinigung gehören Fußbodenpflege und feuchtes Staubwischen. Zur Vermeidung von Staubentwicklung darf nicht gekehrt werden. Dem Wischwasser wird ein handelsübliches Desinfektionsmittel zugegeben. Alle im Zimmer befindlichen abwaschbaren Gegenstände müssen ebenfalls feucht gesäubert werden. Unterschieber, Speiglas und Urinflasche werden gründlich mit Desinfektionslösung gereinigt. Blumen werden nachts aus dem Zimmer entfernt.

● Krankenbett. Es soll so stehen, daß es bequem von beiden Seiten zugänglich ist, um Pflegearbeiten zu erleichtern. Der Kranke sollte möglichst ins Freie blicken können. Damit die Matratze nicht beschmutzt wird, kommt eine Gummiunterlage in Höhe des Gesäßes auf das Bettuch. Darüber wird eine auswechselbare Stoffunterlage fest eingespannt. Zum Bett gehören mindestens zwei Kopfkissen. Das Bettuch muß faltenfrei gespannt werden, um bei dem Kranken Druckstellen zu vermeiden. Je nach Wunsch des Kranken können bezogene Decken oder in der kalten Jahreszeit Federbetten verwendet werden.

● Hilfsgegenstände. Am Bett des Kranken sollte möglichst ein kleiner Tisch oder Hokker stehen, auf dem griffbereit verschiedene Dinge, wie Medikamente, Klingel, Fieberthermometer u. ä. stehen können. Eine Nakkenrolle stützt den Nacken; ein umgekehrter Stuhl, auf die Matratze gestellt, kann als Rückenstütze dienen und erleichtert dem Kranken das Sitzen. Ein Gurt oder Handtuch über die beiden hinteren Stuhlbeine gespannt verhindert ein Durchrutschen der Kopfkissen. Als Armstützen werden gut gefüllte, in abwaschbaren Bezügen steckende Kissen verwendet. Der Luftring, auf dem der Kranke sitzt oder liegt, darf nicht zu prall gefüllt sein, da Sitzen oder Liegen dadurch erschwert wird. Eine Knierolle aus zusammengerollten Decken (ebenfalls im waschbaren Bezug) gibt dem Körper eine entspannte Lage. Zum Anstemmen der Füße wird eine Fußbank oder ein ähnlich geeigneter Gegenstand an das Fußende gestellt, so daß der Kranke nicht nach unten rutschen kann. Eine Fersenrolle soll das Aufliegen der Fersen verhindern. Sie wird so untergeschoben, daß die Fersen frei liegen. Wesentliche Erleichterung des Kranken zum Selbstaufrichten bietet der Bettzügel. Er besteht aus Gurt oder Leinen mit einem hölzernen Griff und wird in der Mitte am Fußende des Bettes befestigt.

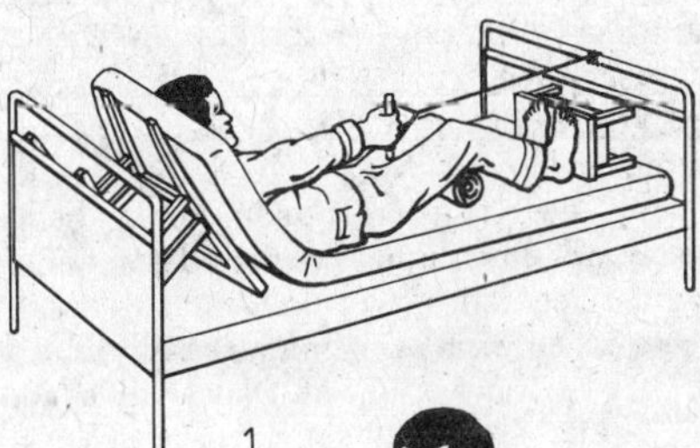

1

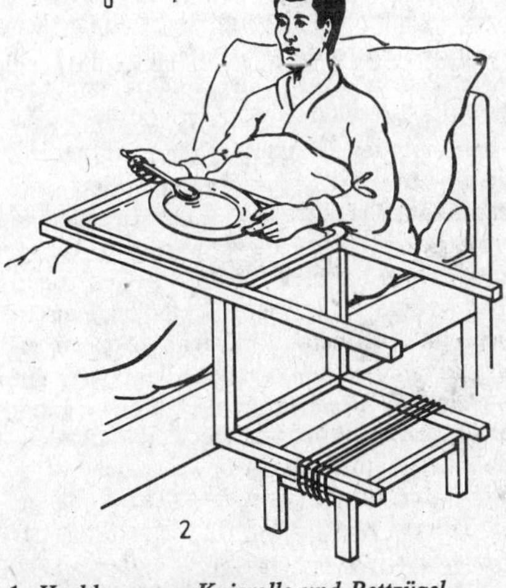

2

1 *Hochlagerung, Knierolle und Bettzügel,*
2 *Stuhl als behelfsmäßiger Tisch am Krankenbett*

Körperpflege des Kranken. Allgemeine Körperpflege ist für gesunde wie für kranke Menschen unbedingt erforderlich. Das Wohlbefinden wird durch Schweiß, Schmutz und unangenehmen Körpergeruch beeinträchtigt. Zur täglichen Körperpflege des Kranken gehören das Waschen, die Zahnpflege, Haar- und Nagelpflege.

● Waschen des Kranken. Vor dem Waschen müssen alle benötigten Dinge bereitgestellt werden: warmes Waschwasser, zwei Waschlappen, zwei Handtücher, Seife, Nagelbürste, Zahnputzglas mit Bürste und Zahnpasta, Kamm und Bürste, Nagelreiniger und Schere, Körperpuder, Hautcreme, Franzbranntwein.

Leichterkrankte können sich mit der nötigen Unterstützung im Bad oder am Waschbekken selbst waschen. Schwerkranke müssen täglich gründlich von Kopf bis Fuß von einer Pflegeperson gewaschen werden. Mit warmem Wasser und Seife werden zunächst Gesicht, Hals und Ohren, Oberkörper, Arme und Hände gründlich gewaschen und anschließend trocken frottiert. Die Fingernägel werden gebürstet. Der Oberkörper ist nach dem Waschen zu bedecken, damit sich der Kranke nicht erkältet. Dann werden Unterkörper, Beine und Füße gewaschen und gut abgetrocknet. Für die Beine soll das Waschwasser erneuert werden. Ein Wechsel des Waschlappens und des Handtuches sind selbstverständlich. Der Nabel darf nicht vergessen werden. Um Wundwerden zu vermeiden, müssen Hautfalten (z. B. unter der Brust, in der Achselhöhle, in den Leistenbeugen, am Gesäß) gut mit Körperpuder eingepudert werden. Im Verlauf des Tages sind die Hände mehrmals zu waschen, vor der Nachtruhe auch das Gesicht. Durch Einreiben mit Franzbranntwein kann ein Aufliegen gefährdeter Stellen (Rücken, Gesäß, Kreuzbein, Ellenbogen, Fersen) vermieden werden. Das Gesicht kann leicht eingecremt werden.

● Zahnpflege. Die Zähne sind mit Zahnbürste und Zahnputzmittel morgens und abends zu reinigen. Der Mund wird gründlich ausgespült. Ebenso wird mit Zahnersatz verfahren. Leichterkrankte können sich selbst die Zähne pflegen, Bettlägerige ebenfalls, nur werden sie von einer Pflegeperson unterstützt, die Glas und Schale hält.
Ist der Kranke nicht in der Lage, das durchzuführen, werden ihm von der Pflegekraft die Zähne geputzt. Dazu wird ein Handtuch um den Hals des Kranken gelegt und seitlich ans Kinn eine Schale gestellt. Der Kranke spült den Mund aus, und die Pflegeperson putzt vorsichtig, aber gründlich die Zähne, dann wird der Mund wieder ausgespült. Dem Spülwasser kann ein Mundwasser zugesetzt werden.

● Haarpflege. Nach der morgendlichen Reinigung wird das Haar gebürstet und gekämmt. Das gleiche geschieht abends. Langes Haar wird in zwei seitlichen Zöpfen geflochten. Mindestens aller 14 Tage sollte eine Haarwäsche durchgeführt werden.
Kann sich ein männlicher Kranker nicht selbst rasieren, muß dies durch die Pflegeperson geschehen.

● Nagelpflege. Finger- und Fußnägel werden täglich mit Handbürste und Nagelreiniger gepflegt. In regelmäßigen Abständen werden die Fußnägel gerade und die Fingernägel rund verschnitten. So wird ein Einwachsen der Nägel vermieden.

● Reinigungsbad. Bei längerer Krankheit ist ein regelmäßiges Reinigungsbad erforderlich. Die Genehmigung des behandelnden Arztes muß aber unbedingt vorliegen. Die Fenster des Badezimmers müssen geschlossen bleiben, die Raumtemperatur sollte mindestens bei 20 °C liegen. Alle nötigen Gegenstände sowie vorgewärmte Wäsche müssen bereit liegen. Die Wassertemperatur sollte bei 37 °C–38 °C liegen. Beim Aus- und Einsteigen in die Badewanne muß man den Kranken stützen, um ihn vorm Ausgleiten zu bewahren. Auch während des Bades sollte der Kranke nicht allein gelassen werden, da ein warmes Vollbad den Kreislauf außerordentlich stark belastet. Empfehlenswert ist, einen Stuhl bereitzustellen, auf den sich der Kranke nach dem Bad zum Abtrocknen setzen kann. Frische Wäsche wird angezogen, und nach dem Bad ist unbedingt Bettruhe einzuhalten.

● Bekleidung. Der Kranke trägt im Bett Schlafanzug oder Nachthemd. Die Wäsche sollte kochfest sein. Sie wird nach Bedarf gewechselt. Ein Bade- oder Morgenmantel wird bei Kranken benötigt, die aufstehen können. Für länger bettlägerige Kranke sind Nachthemden am zweckmäßigsten. Das saubere vorgewärmte Hemd wird dem Kranken zunächst über die Arme gestreift und dann über den Kopf gezogen. Beim Ausziehen verfährt man umgekehrt.

● Betten und Bettwechsel. Das Bett wird dreimal täglich geordnet: morgens, nach dem Mittagessen und vor dem Nachtschlaf. Sämtliche Decken und Kissen werden aufgeschüttelt. Das Laken soll wieder straff gezogen und eingespannt werden. Stoffunterlagen dürfen keine Falten haben. Hilfsmittel zum Vermeiden von Aufliegen wie Wasserkissen, Luftring, Fersenring werden glatt in Tücher eingeschlagen. Zum Aufsaugen der Körperfeuchtigkeit kann Puder darüber gestreut werden.
Kranke, die aufstehen können, werden beim Betten auf einen Stuhl gesetzt oder auf eine zweite Liegestatt gelegt und gut zugedeckt. Schwieriger wird es, wenn der Kranke gelähmt oder schwerfällig ist. Dann muß er auf die zweite Liegestatt getragen werden. Ist dies nicht möglich, wird der Kranke nahe dem Bettrand auf die Seite gedreht und von einer Person gehalten. Die andere ordnet inzwischen das Bett auf der freien Seite. Danach wird der Kranke vorsichtig auf die andere Seite gedreht und die zweite Betthälfte kann hergerichtet werden. Beim Einspannen eines neuen Bettlakens verfährt man ebenso. Zum Schluß fassen beide Pflegepersonen den Kranken, der wieder auf dem Rücken liegt, unter Armen und Knien, heben ihn etwas an und betten ihn so, daß er gut auf dem Luftring zu liegen kommt. Gute Lagerung und Hilfsgegenstände mildern die durch langes Liegen auftretenden Beschwerden.

● Vermeiden von Aufliegen. Bei Kranken, die längere Zeit bettlägerig bleiben, besteht die Gefahr des Aufliegens. An stark belasteten Hautstellen (Fersen, Gesäß) entstehen Durchblutungsstörungen und später große Wundflächen, die sehr schwer heilen.

Durch gute körperliche Pflege kann dies verhindert werden. Wichtig ist:
- Gute Lagerung des Kranken (Verhinderung von Druckstellen durch Luftkissen, Fersenring); mehrmaliges Wechseln der Liegestellung, also nicht immer Rückenlage des Kranken, er kann auch auf der Seite liegen, und diese kann regelmäßig gewechselt werden;
- gründliche Körperpflege (immer saubere Wäsche, jede Verschmutzung sofort beseitigen);
- spezielle Hautpflege (Anregung der Durchblutung durch Abklatschen und Einreibungen mit Franzbranntwein);
- ständiges Beobachten der gefährdeten Körperstellen (bei Auftreten von Rötung, Schwellung und Schmerzen an den betroffenen Körperregionen sofortige Mitteilung an den behandelnden Arzt).

● Einhalten der Ruhezeiten. Ein geregelter Tagesablauf gehört zu jeder Krankenbehandlung. Die Pflegeperson muß ganz besonders auf Einhaltung genauer Wach- und Schlafzeiten achten. Ausreichend tiefer Schlaf ist für eine Gesundung unbedingt notwendig. Nach dem Mittagessen sollten mindestens zwei Stunden Ruhe eingehalten werden. Ein erschwerter Nachtschlaf (Einschlaf-, Durchschlafstörungen) kann mit ärztlich verordneten Medikamenten verbessert werden.

● Aufstehen. Sind Kranke für längere Zeit bettlägerig gewesen, bestimmt der Arzt Zeit und Dauer des ersten Aufstehens. Der Kreislauf ist jetzt untrainiert und besondere Vorsicht ist geboten. Man beginnt gewöhnlich mit Sitzen am Bettrand. Wird dies gut vertragen, kann der Kranke, warm eingepackt, in einen Sessel oder Lehnstuhl gesetzt werden. Dann beginnen die ersten Laufübungen, die natürlich zuerst nur wenige Schritte betragen. Der Kranke muß dabei unbedingt von einer kräftigen Pflegeperson unterstützt werden. Von Tag zu Tag kann man dann die Laufstrecke vergrößern, und der Genesende kann sich immer häufiger außerhalb des Bettes aufhalten.

● Unterstützung bei Verrichten der Notdurft und beim Erbrechen. Kranke, die nicht auf die Toilette gehen können, müssen beim Verrichten der Notdurft unterstützt werden. Benötigt werden Unterschieber und Urinflasche. Der Kranke hebt das Gesäß leicht an, die Pflegeperson unterstützt dies und schiebt den Unterschieber unter das Gesäß. Nach dem Verrichten ist der Kranke gründlich zu säubern, die Ausscheidungen werden sofort aus dem Zimmer gebracht und das Zimmer wird gelüftet.

Erbricht der Kranke, soll er den Oberkörper aufrichten und sich über das bereitgehaltene Speiglas beugen. Kranke, die sich nicht aufrichten können, müssen den Kopf zur Seite legen und in eine bereitgehaltene Schale erbrechen.

● Vernichtung der Ausscheidungen. Sämtliche Ausscheidungen – Urin, Stuhl, Sputum, Erbrochenes – sind in die Toilette zu schütten. Bei Verdacht einer ansteckenden Erkrankung bestimmt der Arzt, auf welche Weise die Ausscheidungen zu vernichten sind. Die Gefäße (Unterschieber, Speiglas, Uringlas) werden mit warmem Wasser und Bürste gründlich gereinigt. Danach soll mit einer Desinfektionslösung nachgebürstet werden. Die Reinigungsbürste verbleibt in einem Gefäß mit Desinfektionslösung. Im Speiglas soll stets etwas Wasser sein, dann läßt es sich besser säubern.

● Vorbereitung für die Nacht. Ist der Erkrankte am Abend gewaschen und gebettet worden, beginnt für Kinder zwischen 19 Uhr und 20 Uhr und für Erwachsene zwischen 21 Uhr und 22 Uhr die Nachtruhe. Alles Be-

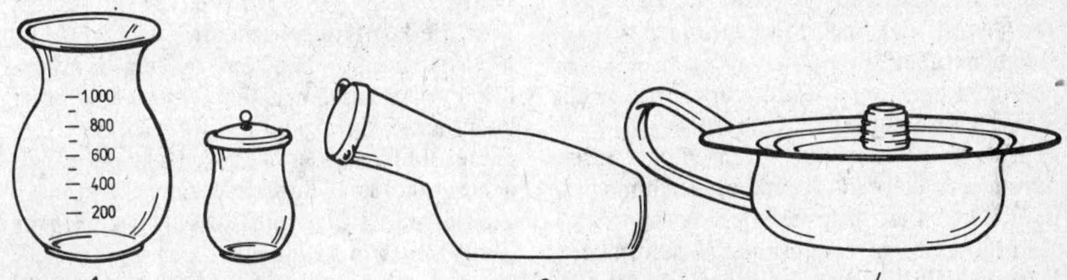

Gefäße zur Aufnahme der Ausscheidungen. 1 *Uringlas,* 2 *Speiglas,* 3 *Urinflasche,* 4 *Schieber*

nötigte ist griffbereit auf den Nachttisch zu stellen. Eine kleine Lampe kann brennen bleiben.

Krankenkost. Die Ernährung spielt in der häuslichen Krankenpflege eine ganz entscheidende Rolle. Kann sie doch oft viel individueller zubereitet werden als im Krankenhaus. Diäten werden vom Arzt festgelegt, die Wünsche des Kranken können meistens berücksichtigt werden. Kranke leiden oft an Appetitlosigkeit. Liebevolles Zureden, Geduld und Überzeugen von der Wichtigkeit des Essens sind dann erforderlich.

Die Essenszeiten sind stets pünktlich einzuhalten. Die Nahrung muß schmackhaft und leicht verdaulich sein. Sie soll alle für den menschlichen Körper wichtigen Stoffe enthalten. Kleine Portionen, appetitlich serviert, regen den Appetit an. Bei ärztlich geforderter Diät ist ein genauer Plan festzulegen. Ein Kranker soll mindestens 5 Mahlzeiten zu sich nehmen. Im Bedarfsfall kann nachgereicht werden.

Allgemein soll Krankenkost mild gewürzt sein. Frische Kräuter erhöhen den Vitamingehalt der Nahrung.

- Unterstützung beim Essen und Trinken. Dem Kranken muß ein bequemes Einnehmen der Mahlzeit ermöglicht werden. Kann er aufstehen, sollte er am Tisch essen. Bettlägerigen Kranken wird das Essen auf einem Tablett oder Bettisch gut erreichbar serviert. Schwerkranke müssen gefüttert werden. Eine Serviette oder ein Handtuch um den Hals gelegt, verhindern das Beschmutzen des Bettes.

Beim Füttern darf der Löffel nicht zu voll sein und auch nicht zu weit in den Mund geschoben werden. Feste Speisen sollen gut zerkleinert werden. Die fütternde Pflegeperson unterstützt mit einer Hand den Kopf des Kranken und führt mit der andern die Speisen oder Getränke zu. Auf mundgerechte Temperatur der Speisen muß unbedingt geachtet werden.

Schnabeltasse oder Trinkröhrchen erleichtern die Aufnahme von Getränken.

Psychische Betreuung. Menschen werden durch eine schwere Krankheit (Schmerzen, Schwäche, Bewegungseinschränkung u. ä.) vom gewohnten Lebensablauf isoliert. Ihr Leben spielt sich bei Pflegebedürftigkeit in einem engen Kreis ab. Der eingeschränkte Kontakt zur Umwelt läßt sie die wenigen Bezugspersonen genauer beobachten. Sie reagieren empfindsam auf jede Umweltänderung. Oftmals verändert die Krankheit, besonders wenn sie länger dauert, den Charakter des Kranken, und früher nie bemerkte Eigenschaften treten dann deutlich hervor. Die Pflegeperson als gesunder Partner muß durch gleichmäßig freundliches, besonnenes Verhalten dem Kranken menschliche Wärme und Zuwendung zeigen. In ihm muß immer wieder der Wille zur Gesundung geweckt werden. Man sollte sich mit dem Kranken auch über sehr kleine Fortschritte in der Heilung oder Besserung der Erkrankung freuen. Wichtig ist auch, den Kranken von der zu konzentrierten Beobachtung des eigenen Körpers abzulenken, eine Isolierung von der Umwelt gar nicht erst auftreten lassen. Er soll am täglichen Leben, auch an den Problemen der Umwelt, teilnehmen, damit aber nicht belastet werden.

Maßnahmen zur Behandlung der Krankheit. Besonders verantwortungsvoll ist für die betreuende Person die Durchführung der ärztlichen Verordnungen und die Ausgabe der Medikamente. Die vorgeschriebenen Zeiten und Mengen sind genauestens einzuhalten. Zweckmäßig wird es immer sein, die Anordnungen schriftlich festzulegen. Besonders wichtig ist das bei der Verordnung von mehreren Medikamenten.

Stark wirkende Medikamente (z. B. Schlaftabletten) sind für den Kranken und auch für Kinder nicht erreichbar aufzubewahren. Unterschieden werden Medikamente für innerliche und äußerliche Anwendung. Die innerliche Anwendung erfolgt durch Aufnahme des Medikaments über den Mund, den Darm, das Blut (Injektion) und über die Lunge (Inhalation). Für äußerliche Anwendung gibt es Salben, Pasten, Puder, Einreibungen, Tinkturen und Augen-, Nasen-, Ohrentropfen. Hier wird das Medikament über die Haut aufgenommen.

Tabletten und *Pulver* werden dem Kranken mit etwas Flüssigkeit gereicht. Sie können auch in der Flüssigkeit aufgelöst werden. Geeignet sind Tee oder Wasser. Es ist darauf zu achten, daß kein Bodensatz zurückbleibt.

Tropfen werden je nach Vorschrift auf etwas Zucker oder mit Flüssigkeit gereicht.

Dragees und *Pillen* sind unzerkaut einzunehmen. Etwas Flüssigkeit kann nachgereicht werden.

Für *Kapseln* gilt außer wenigen Ausnahmen das gleiche.

Zäpfchen (Suppositorien) werden über den Mastdarm eingenommen. Sind sie eingewikkelt, muß vor dem Einführen die Umhüllung entfernt werden. Das Zäpfchen wird vor dem Einführen entweder unter warmem Wasser kurz angefeuchtet oder mit etwas Öl oder Vaseline eingefettet. Vorsichtig drehend soll man dann das Zäpfchen tief bis zum Verschwinden in den After einführen. Dem Drang zum Stuhlgang unmittelbar nach dem Einführen darf nicht nachgegeben werden, da bei einer Darmentleerung das Medikament zu schnell wieder ausgeschieden würde.

Vaginalkugeln sind zum Einführen in die Scheide bestimmt.

Lösungen und *Mixturen* werden als flüssige Arzneimittel nach genau angegebener Dosierung genommen. Die Aufschrift „Vor Gebrauch schütteln" ist zu beachten.

Salben und *Pasten* werden in Tuben oder Salbentöpfen bereitgestellt und sind für die äußere Anwendung bestimmt. Salben sind gut streichfähig, Pasten haben eine mehr zähe, teigähnliche Konsistenz.

Puder bestehen aus fein pulverisierten Stoffen und werden äußerlich angewendet. Mit der Streudose sollen sie möglichst dicht über den betroffenen Hautbezirk verteilt werden. Einatmen des Pulverstaubes sollte vermieden werden.

Sprays sind senkrecht, aus angegebener Entfernung auf die Hautregion zu versprühen. Die Augen müssen geschützt werden. Einatmen sollte möglichst vermieden werden (außer Nasen- und Atemsprays).

Emulsionen haben ein milchähnliches Aussehen. Sie können je nach Wirkstoffen innerlich oder äußerlich verwendet werden.

Injektionen. Einige wenige Medikamente kann sich der Kranke zu Hause selbst spritzen (z. B. Insulin beim Diabetiker). Dabei muß man sich streng an die gegebenen Anordnungen halten.

Tinkturen und *Extrakte* bestehen aus Auszügen bestimmter Drogen und werden bei Verwendung meistens verdünnt.

- Spezielle Verabreichungsformen von Medikamenten.

Gurgeln. In der angegebenen Verdünnung wird der Mund-Rachenraum ausgiebig gespült. Die meist lauwarme Flüssigkeit darf nicht geschluckt werden.

Einreibungen. Die betreffende Hautregion muß vorher sauber gewaschen und gut abgetrocknet werden. Durch kreisende Bewegungen der Fingerspitzen oder der flachen Hand reibt man das Medikament ein. Vorsicht! Einreibungen dürfen nicht auf Schleimhäute (Mund, Nase, After, Scheide) gelangen. Zur Schonung der Wäsche können die eingeriebenen Stellen mit sauberem Stoff oder einer Mullkompresse bedeckt werden.

Augentropfen werden in den unteren Bindehautsack eingeträufelt. Dabei wird das Unterlid leicht heruntergezogen, und der Kranke muß nach oben sehen. Auf möglichst zimmerwarme Tropfentemperatur sollte geachtet werden.

Nasentropfen werden bei zurückgelegtem Kopf eingeträufelt und anschließend hochgezogen.

Inhalieren bedeutet Einatmen von Dämpfen, Gasen oder fein zerstäubten Flüssigkeiten. Dies wird vorwiegend bei Erkrankungen der Atemwege verordnet.

Klistier (Darmeinlauf). Bei Kranken kommt es häufig zur Darmträgheit. Der Arzt entscheidet, ob ein Abführmittel gegeben wird oder ein Einlauf zum Stuhlgang führen soll.

Zum Darmeinlauf wird eine Spülkanne (Irrigator) mit einem 1,5 m langen Gummischlauch benutzt, an dem ein Ansatzstück aus Hartgummi befestigt ist. Der Kranke liegt auf einer wasserdichten Unterlage. Ein Unterschieber, Spülflüssigkeit und Vaseline

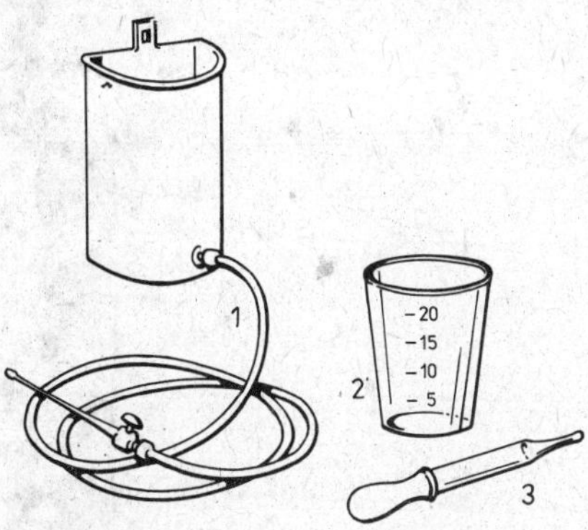

1 *Spülkanne mit Schlauch und Ansatzstück für Klistier,* 2 *graduiertes genormtes Einnehmeglas,* 3 *Pipette*

sind erforderlich. Das Ansatzstück wird mit Vaseline eingefettet. Nach Füllung des Irrigators mit lauwarmem Wasser muß der Schlauch durch Hochheben der Spülkanne luftleer gemacht werden, bis Flüssigkeit aus dem Schlauch austritt. Danach wird das Ansatzstück vorsichtig unter leicht drehenden Bewegungen in den After eingeführt, und durch langsames Hochheben des Irrigators fließt das Wasser in den Darm ein. Während des Einlaufs sollte der Kranke tief mit geöffnetem Mund atmen. Nach Beendigung des Einlaufes zieht man das Ansatzstück wieder heraus und schiebt dem Kranken den Unterschieber unter. Er soll jedoch versuchen, die Flüssigkeit mindestens 10 Minuten zu halten.

Bewährte Hausmittel. Dies sind oft alte und von Generation zu Generation überlieferte Heilmethoden und Rezepturen, die in der Vorbeugung von Krankheiten und bei deren Heilung helfen. (Die Anwendung von Hausmitteln ersetzt auf keinen Fall die ärztliche Behandlung.) Leider sind diese Hausmittel aber oft in Vergessenheit geraten oder werden als veraltet abgetan. Bewährtes kann alt sein, muß damit aber nicht als überholt oder veraltet bezeichnet werden. Die Ärzte früherer Zeiten mußten z. B. ohne unsere heutige Chemotherapie auskommen. Sie kannten viele Therapien, die heute häufig nicht mehr beachtet werden, in ihrer Wirkung jedoch unumstritten sind.

So werden z. B. die Behandlungsmethoden des Pfarrers Kneipp in Heilkuren mit großem Erfolg durchgeführt. In der häuslichen Pflege und auch bei der Gesunderhaltung sind sie oft völlig unbekannt. Ebenso ist die Wirkung vieler Heilpflanzen – seit uralten Zeiten bewährt – oft in Vergessenheit geraten. Sie muß wiederentdeckt werden.

- Wickel und Packungen sind unentbehrliche Hilfsmittel bei der Behandlung vieler Krankheiten. Beim Wickel wird der zu behandelnde Körperteil in ein feuchtes Tuch gepackt und ein trockenes außen herumgelegt. Wird mehr als die Hälfte des Körpers bedeckt, spricht man von Packung (s. a. Schwitzpackung).
- Wadenwickel sind eine außerordentlich erfolgreiche Methode zur Senkung erhöhter Körpertemperatur (Fieber). Beide Unterschenkel des Kranken werden, auf einer wasserfesten Unterlage liegend, mit naßkalten Tüchern fest umwickelt. Bei sehr hoher Körpertemperatur kann man auch die Oberschenkel mit einbeziehen. Die Tücher werden anfangs aller 10 Minuten, später aller 30 Minuten wieder naß gemacht. Die Körpertemperatur (bei laufender Kontrolle) sollte unter 38 °C gesenkt werden.
- Halswickel werden bei Rachen- und Mandelentzündungen angelegt. Mit kalten Wickeln wird die Entzündung zum Abklingen und mit warmen zum beschleunigten Ablauf gebracht. Das feuchte Tuch wird dabei dem Kranken fest um den Hals gelegt, soll ihn aber nicht an der Atmung hindern. Ein trockenes Tuch, größer als das feuchte, wird darüber gelegt.
- Brustwickel. Man unterscheidet trockene und feuchte Brustwickel. Trockene Wickel werden über Einreibungen angelegt. Am besten eignen sich dazu breite Wollschals.
- Prießnitzumschlag. Vor Anlegen des feuchten Brustumschlages muß das Zubehör bereitgestellt werden: Schüssel mit kaltem Wasser, Leinen- oder Handtuch, ein größeres wollenes Tuch, Sicherheitsnadeln. Das Leinentuch wird von beiden Seiten zusammengerollt, in das kalte Wasser gelegt und gleichmäßig ausgewrungen. Den Kranken läßt man aufsitzen und beide Arme heben. Nach dem Ausatmen wird der feuchte Wickel um den Brustkorb geschlungen. Der trockene Wickel soll darüber gelegt und mit Sicherheitsnadeln befestigt werden. Sollten auch die oberen Teile der Lunge bedeckt werden, ist für die rechte und linke Schulter je ein feuchtes

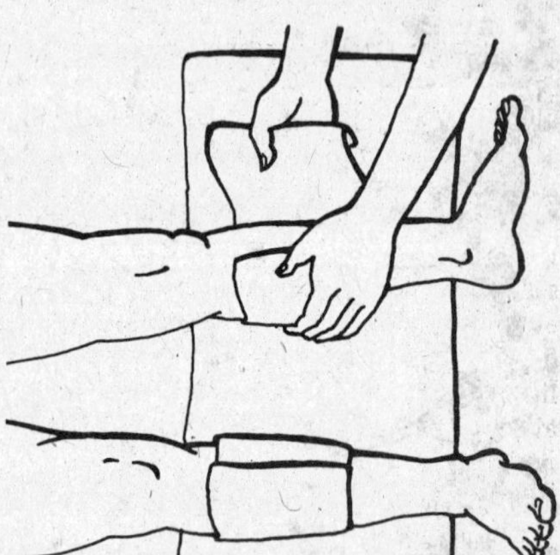

Wadenwickel

und trockenes Tuch vom Rücken über die Schulter auf die Brust zu legen.

- Leibwickel. Bei Entzündungen oder Koliken im Bauchraum werden oft Leibwickel verordnet. Zur Erhöhung der Wärmeeinwirkung kann in das trockene Tuch auch eine Wärmflasche eingeschlagen werden. Wärmflaschen sollen bis zur Hälfte mit etwa 70 °C heißem Wasser gefüllt sein. Um sie länger heiß zu halten, muß die Luft herausgedrückt werden. Dazu wird die Gummiflasche über dem Wasserspiegel abgeknickt und die Luft herausgestrichen. Jetzt kann man die Wärmflasche schließen. Wärmflaschen müssen stets auf festen Verschluß geprüft werden. Beim Auslaufen können sonst Verbrühungen entstehen.
- Kompressen. Bei Kompressen wird die entsprechende Körperregion nicht eingewickelt. Das feuchte Tuch wird nur aufgelegt, das trockene kommt darüber. Kompressen können warm oder auch kalt angewendet werden.
- Packung. Dabei wird mehr als die Hälfte des Körpers in ein feuchtes und ein trockenes Tuch eingewickelt.
- Die Schwitzpackung ist eine warme Ganzpackung und findet besonders bei leichten Erkältungen Anwendung. Über das Bettlaken wird eine Wolldecke gebreitet, auf die ein feuchtes Bettuch gelegt wird. In dieses Tuch wird der Kranke eingewickelt. Die Arme werden eng längsseits an den Körper gelegt. Die Falten des Tuches werden zwischen Arme und Rumpf geschoben. Ebenso wird jedes Bein eingewickelt. Bei dieser Schwitzpackung darf niemals Haut an Haut liegen. Es besteht sonst die Gefahr des Wundliegens. Dann wird die Wolldecke um den Körper gelegt. Sie hüllt den Kranken bis zum Gesicht ganz ein und wird an den Füßen umgeschlagen. Heißer Lindenblütentee, Holunderblütentee oder heißes Zitronenwasser fördern die Schweißbildung. Etwa nach einer Stunde ist die Schwitzpackung beendet. Der Kranke wird zur Vermeidung plötzlicher Abkühlung stufenweise ausgepackt, also erst Arme, dann Oberkörper, Unterkörper und abschließend die Beine. Danach sollte mit warmem Wasser abgewaschen und der Körper trockenfrottiert werden. Der Kranke erhält frische und vorgewärmte Wäsche, wird gut zugedeckt und muß anschließend Bettruhe einhalten.
- Medizinische Bäder sind Teil- oder Vollbäder mit bestimmten Drogenzusätzen. Sie haben aber nur dann den erhofften Erfolg, wenn die Anforderungen (Dauer des Bades, Temperatur des Wassers, Menge des Zusatzes) genau eingehalten werden. Wegen der großen Kreislaufbelastung sollte der Kranke besonders beim Vollbad nicht ohne Aufsicht gelassen werden.
- Höhensonnenbestrahlung. Sie hat eine allgemein heilende Wirkung. Ihr Einsatz bei der Behandlung besonders von Hautkrankheiten ist vielfältig. Auch zur allgemeinen Erhöhung der Widerstandskraft des Körpers in der sonnenarmen Jahreszeit wird ihre Wirkung ausgenutzt. Bei unsachgemäßer Anwendung können aber auch schwere Hautschäden entstehen. Der Abstand zwischen Höhensonne und Haut muß mindestens 1 m betragen. Die Dauer der ersten Bestrahlung darf 2 Minuten nicht überschreiten. Die Bestrahlungsdauer soll langsam erhöht werden und nicht über 15 Minuten reichen. Während der Bestrahlung muß eine Schutzbrille getragen werden. Es können sonst Augenschäden entstehen. Nach der Bestrahlung muß die Haut gut eingefettet werden.
- Rotlichtlampe (Sollux). Die Rotlichtlampe wird nach ärztlicher Anordnung eingesetzt. Ihre heilende Wirkung wird vor allem bei Entzündungen von Gelenken, Ohren und Nase ausgenutzt. Im Abstand von etwa 0,5 m kann die entsprechende Körperregion für die Dauer von 10–15 Minuten bestrahlt werden. Eine Kontrolle der Bestrahlung ist besonders bei Kindern wichtig, damit Verbrennungen vermieden werden.

Zubereiten von Tee. Aus vielen Arznei- und Gewürzpflanzen können Teesorten hergestellt werden. Dabei werden die verschiedensten Pflanzenteile (Wurzel, Kraut, Blätter, Blüten, Samenkörner u. a.) verwendet. Es entstehen wohlschmeckende Getränke, die auch eine unumstrittene gesundheitsfördernde und heilende Wirkung haben. Bei vielen Erkrankungen werden bestimmte Teezubereitungen vom Arzt empfohlen. Man sollte immer einen Vorrat der wichtigsten Teesorten im Hause haben. Durch längere und unsachgemäße Lagerung büßen sie aber an Wert ein.

Kräutertees können als Mischung und auch als Einzelanfertigung hergestellt werden.

Verwendung finden frische oder getrocknete Pflanzenteile.

● Aufguß. Bei dieser Art der Teezubereitung werden vorwiegend Blatt- und Blütenteile, sowie Samen der Pflanzen verwendet. In der Regel wird für 1 Tasse 1 Teelöffel Droge benötigt. Die Teemischung wird in einem Glas- oder Porzellangefäß mit kochendem Wasser übergossen, bleibt abgedeckt etwa 10–15 Minuten stehen und wird dann durch ein Haarsieb (kein Metall) gegossen. So bereitet man z. B. Pfefferminz-, Flieder-, Salbei-, Kamillentee.

● Abkochung. Hierfür werden zerkleinerte, meist getrocknete Samen, Wurzeln und Blätter der verschiedensten Pflanzen verwendet, z. B. Birkenblätter, Enzian, Hagebutten, Bärentraubenblätter, Melissenblätter. Die vorgeschriebene Menge der Droge kommt in einen emaillierten Kochtopf, wird mit der entsprechenden Menge kalten Wassers aufgegossen und erwärmt. Nach dem Aufkochen noch etwa 10 Minuten kochen lassen, anschließend durch ein Haarsieb abgießen.

● Kalter Aufguß. Der Tee wird mit kaltem Wasser übergossen und bleibt zugedeckt mindestens 4–8 Stunden stehen. Anschließend soll er durch ein Sieb abgegossen werden. Als kalter Aufguß werden z. B. Baldrian- und Sennesblättertee zubereitet. Wenn nichts anderes verordnet, ist für 1 Tasse Tee 1 Eßlöffel frische oder getrocknete Pflanzensubstanz zu nehmen.

Die gebräuchlichsten Teesorten.

● Arnika. Verwendet werden die Blüten dieser unter Naturschutz stehenden Pflanze. Deshalb benutzt man die in der Apotheke erhältliche Arnikatinktur. Sie wird entsprechend verdünnt und für Umschläge bei Entzündungen der Haut, Prellungen, Blutergüssen und Verstauchungen verwendet.

● Baldrian. Die Ernte der benötigten Wurzelstöcke erfolgt im Spätherbst. Der als Aufguß zubereitete Tee wirkt bei nervösen Störungen (Depressionen, Angstzuständen) beruhigend und schlaffördernd.

● Bärentraubenblätter. Sie haben leicht keimtötende Wirkung und sind bei Entzündungen der Blase und des Nierenbeckens zu geben. Der Tee wird als Abkochung zubereitet und warm getrunken.

● Birkenblätter. Ein Aufguß der möglichst frischen und jungen Blätter wirkt harntreibend.

● Brombeerblätter. Die jungen, zarten Blätter und Triebspitzen des Brombeerstrauches werden im April–Mai gesammelt und getrocknet. Der Tee wird besonders bei Erkältungskrankheiten und fieberhaften Erkrankungen empfohlen.

● Fenchel. Die reifen Früchte enthalten krampflindernde, schleimlösende und beruhigende Stoffe. Der Tee, als Abkochung zubereitet, wird besonders Kindern und Säuglingen bei Entzündungen der Luftwege und gegen Bauchschmerzen gegeben.

● Hagebutten. Hagebutten sind die vollreifen Früchte der Heckenrose, die von September bis zum Frosteintritt gesammelt werden. Sie sind außerordentlich reich an Vitamin C. Im gekochten Hagebuttentee wird dieses leider zum großen Teil zerstört. Er ist aber ein erfrischendes Getränk mit vielen wertvollen Mineralien, das bei fieberhaften Erkrankungen und Nierenleiden zu empfehlen ist.

● Kamille. Die Blütenköpfe werden zur Blütezeit Juni–August gesammelt. Sie haben entzündungshemmende, krampflösende und schweißtreibende Wirkung und werden bei entzündeter Haut und Schleimhaut angewendet. Der Aufguß ist für den innerlichen Gebrauch, die Abkochung für Umschläge bestimmt. Für Augenbehandlung ist die Kamille ungeeignet, da sie auch keratolytische Eigenschaften hat und bei längerem Gebrauch am Auge die Wimpern ausfallen können.

● Lindenblüten. Es werden die Blüten der Sommer- und Winterlinde verwendet. Der Tee wirkt schweißtreibend und beruhigend.

● Pfefferminze. Als Aufguß zubereitet, wird der Tee bei Erkrankungen der Verdauungswege getrunken. Pfefferminzblätter haben eine krampfstillende, blähungstreibende und entzündungshemmende Wirkung. Ebenso werden sie bei der Herstellung von Gurgel- und Mundwässern verwendet.

● Salbei. Aus den getrockneten Salbeiblättern wird ein Aufguß zubereitet. Er hat schweißhemmende und keimtötende Wirkung und ist bei Entzündungen der Schleimhaut, bei Magen- und Darmbeschwerden, besonders aber zum Gurgeln zu empfehlen.

● Sennesblätter. Als kalter Aufguß zubereitet, wirken sie abführend und werden deshalb bei Darmträgheit gern getrunken.

● Thymian. Frischer oder getrockneter Thymian ist als Gewürzpflanze sicherlich besser bekannt. Aber die meisten Arzneipflanzen sind ebenso Gewürzpflanzen. Der würzige Geschmack und die gesundheitsfördernde Wirkung werden von jeher geschätzt. Thymiantee wird als hustenlinderndes Mittel bei Erkrankungen der Atmungsorgane verwendet, er regt außerdem an und wird deshalb als Badezusatz, zum Gurgeln und für Umschläge empfohlen.

Die Zahl der gesundheitlich wertvollen Teearten ist sehr groß. Besonders wohlschmekkend und bekömmlich sind Teemischungen, wie Haus-, Frühlings-, Husten-, Abführtee u. ä. So können die einzelnen Wirkungen der Sorten harmonisch kombiniert werden. Teezubereitungen sollten möglichst mit Bienenhonig gesüßt werden. Schluckweises Trinken läßt sie ihre geschmackliche Note und ihre gesundheitliche Wirkung voll entfalten.

Die Hausapotheke

Eine Hausapotheke gehört in jeden Haushalt. Sie ist in ihrer Vollständigkeit ebenso wichtig wie der Verbandkasten im Auto.

Sie muß folgende Bedingungen erfüllen: Bereitstellung der für die Erste Hilfe benötigten Mittel, der Medikamente, die bei leichten Unpäßlichkeiten zum Einsatz kommen, und der Medikamente, die speziell für ein Familienmitglied verordnet wurden.

Am besten geeignet ist ein verschließbares Wandschränkchen, das an einem trockenen, möglichst kühlen Ort angebracht und für Kinder, besonders Kleinkinder, nicht zugänglich ist.

Inhalt der Hausapotheke.

● Medikamente für den inneren Gebrauch

Tabletten gegen Schmerzen, Halsentzündung, Fieber, Verstopfung. Für Kinder Zäpfchen mit altersentsprechender Wirkstoffdosis. Milde Magen-, Nasen-, Ohrentropfen.

Verschiedene Teesorten: Pfefferminzblätter, Kamillenblüten, Salbei, Fenchel, Lindenblüten, Brusttee

● Medikamente für den äußeren Gebrauch

Arnikatinktur oder essigsaure Tonerde für Umschläge z. B. bei Prellungen und Verstauchungen

Sepso oder ein entsprechendes Mittel zur Hautdesinfektion

Salmiakgeist gegen Juckreiz bei Insektenstichen

Körperpuder

Franzbranntwein

Verbandstoffe

Mullbinden und elastische Binden in verschiedenen Breiten

Mullkompressen, Pflasterverband, Ankerplastrollen

● Hilfsmittel

Schere

Pinzette

Holzspatel

Graduiertes Einnehmeglas

Fieberthermometer

Der Inhalt der Hausapotheke sollte mindestens zweimal im Jahr überprüft werden. Fehlende Mittel sind zu ergänzen, verfallene zu vernichten.

Haltbarkeit der Medikamente. Arzneifertigwaren sind bei vorschriftsmäßiger Lagerung 5 Jahre verwendungsfähig. Das Alter eines Arzneimittels kann man aus den letzten 4 Ziffern der aufgedruckten oder eingestanzten Chargennummer ablesen. Sie geben Monat und Jahr der Herstellung an. Medikamente, die nicht so lange haltbar sind, haben einen Karostreifen auf der Verpackung, und das Verfallsdatum ist aufgedruckt.

Arzneimittel, die in Apotheken individuell hergestellt werden, sind – wenn nichts anderes vermerkt worden ist – ein halbes Jahr verwendbar.

Augentropfen dürfen nach der ersten Entnahme meistens nur 4 Wochen verwendet werden.

Pflaster bewahren ihre guten Klebeeigenschaften oft nur 2–3 Jahre.

Verfallene Medikamente müssen aussortiert werden. Die Röhrchen und Flaschen sind zu entleeren und der Inhalt entweder zu verbrennen oder in die Toilette zu schütten. Medikamentenreste in Mülltonnen stellen eine Gefahr für spielende Kinder dar.

Vom Arzt werden für Krankheiten die entsprechend helfenden Medikamente verordnet. Sie sind rezeptiert und damit für einen ganz bestimmten Menschen verordnet. Medikamente sind nicht übertragbar. Sie dürfen nicht einfach weitergegeben werden. Hochwirksame Medikamente sollten nicht jahrelang gestapelt werden.

Für Erwachsene bestimmte Medikamente dürfen nicht bedenkenlos einem erkrankten

Kind gegeben werden. Die Dosierung der Arzneimittel ist bei Kindern wesentlich anders als beim Erwachsenen. Schwere gesundheitliche Schäden und auch Vergiftungen können die Folge sein.
Werden bei einer akuten Erkrankung vom Arzt bestimmte Medikamente verordnet, so sind diese später bei ähnlichen Krankheitszeichen nicht bedenkenlos einzunehmen. Ganz falsch und sogar außerordentlich gefährlich ist es, dem Rat freundlicher Nachbarn oder Bekannter zu folgen und ein empfohlenes Medikament kritiklos zu probieren.
Grundsätze für die Hausapotheke. Alle Medikamente sind gut zu kennzeichnen (für wen, wann, in welcher Dosierung verordnet).
Arzneimittel sind vor dem Zugriff Unbefugter zu schützen.
Medikamente sind niemals außerhalb der Apotheke aufzubewahren.
Auf Vollständigkeit ist zu achten.
Hochwirksame Medikamente dürfen nicht weitergegeben werden.
Es besteht die Möglichkeit, verfallene oder übriggebliebene hochwirksame Medikamente an Apotheken zurückzugeben.

Unfallverhütung

Unfallhäufigkeit und Arbeitsschutz im Haushalt

In Haushalten und im Freizeitbereich ereignen sich mehr Unfälle als im Arbeitsprozeß. Durch Leichtsinn, mangelnde Konzentration und Überforderung entstehen viele vermeidbare Unfälle, denen längere Krankheit, auch bleibende Körperschäden und sogar der Tod folgen können. Oft sind es nur Kleinigkeiten, die folgenschwere Unfälle im Haushalt verursachen. Einige Faktoren begünstigen solche bedauernswerten Geschehen. Unsere häusliche Umgebung ist oft nicht auf heranwachsende Kinder und auch nicht auf Menschen im höheren Alter eingestellt. Bestimmte Gefahren werden bei der täglichen Routinearbeit, so beim Umgang mit Gas oder elektrischen Geräten, beim Heizen oder auch beim Fensterputzen, nicht richtig eingeschätzt. Auch nimmt infolge zunehmender Technisierung und Automatisierung der Hausarbeit die Zahl der Gefahrenquellen zu. Ein gewisser Arbeitsschutz – in Betrieben schon längst zur Pflicht geworden – ist auch im Haushalt unbedingt erforderlich und sollte von Zeit zu Zeit kontrolliert und verbessert werden. Alle erwachsenen Familienmitglieder sind für den Arbeitsschutz im Haushalt verantwortlich. Auch den heranwachsenden Familienmitgliedern muß schon früh Wissen und richtiges Empfinden für Ordnung, Sicherheit und Unfallverhütung vermittelt werden. Wird z. B. die Wohnung verlassen, sind grundsätzlich Wasser, elektrischer Strom und Gas zu kontrollieren.
Stadtgas ist giftig und im Gemisch mit Luft explosiv. Es enthält das tödlich wirkende, farb- und geruchlose Gas Kohlenmonoxid (CO). Bereits eingeatmete geringe Mengen wirken gesundheitsschädlich. Um entweichendes Gas sofort festzustellen, wird dem Stadtgas ein Geruchsstoff zugesetzt. Das Stadtgas erreicht den Hausanschluß über erdverlegte Stahl-, Guß- oder PVC-Leitungen. Meist im Keller des Grundstückes endet der Hausanschluß an der Hauptabsperreinrichtung (Feuerhahn). Eine geschlossene Hauptabsperreinrichtung darf nur vom Mitarbeiter des Energiekombinates wieder geöffnet werden. Die Erdrohre und der Hauptabsperrhahn sind Eigentum des Energiekombinates, und von ihm dürfen auch nur Arbeiten oder Veränderungen dort vorgenommen werden. Der Raum, in dem sich der Hauptabsperrhahn befindet, muß als solcher gekennzeichnet und jederzeit zugänglich sein.
Gasleitungen und Gasgeräte hinter dem Hauptabsperrhahn gehören zum Hauseigentümer. In 15jährigen Abständen müssen die Gasabnehmeranlagen durch Berechtigte überprüft werden. Wird ausströmendes Gas durch einen Schaden am Gerät oder an der Anlage festgestellt, so kann dieses durch sofortiges Schließen des Absperrhahnes vor dem Gasgerät, des Absperrhahnes vor dem Gaszähler und der Hauptabsperrvorrichtung unterbunden werden.
Ausströmendes Gas aus defekten Erdleitungen kann durch feuchte Erdschichten und unter Frost- und Schneedecken in Wohngebäude gelangen. Dabei wird der alarmierende Geruchsstoff abgeschwächt. Man sollte

deshalb bei der geringsten Geruchswahrnehmung sowie bei starken Kopfschmerzen, Schwindelgefühl und Erbrechen sofort das zuständige Energiekombinat informieren.

- Gasgeräte müssen technisch einwandfrei und sauber sein. Reinigungsarbeiten an Gaskochern und -herden kann man selbst ausführen. Die Flammen sollen scharf und klar brennen und dürfen beim Umschalten auf kleine Flamme niemals erlöschen. Der Gaskocher oder -herd darf nicht zum Heizen verwendet werden. Während des Kochens darf der Gasherd nicht ohne Aufsicht sein. Reparaturen sind vom zugelassenen Fachmann durchzuführen. Undichte Stellen an der Installationsanlage können sichtbar gemacht werden, indem die verdächtige Stelle mit Fit bestrichen wird, so daß sich bei Gasaustritt Blasen bilden.
- Gasfeuerstätten dürfen niemals ohne die vorschriftsmäßige Abgasführung betrieben werden. Eine Ausnahme bildet die Kleintherme. Hier muß aber beachtet werden, daß sie nicht zur kontinuierlichen Wasserentnahme (Duschen, Baden) vorgesehen ist. Durch Sauerstoffmangel kann es zur Erstikkungsgefahr kommen. Zu- und Abluftöffnungen in Räumen mit Gasanlagen dürfen nicht verschlossen werden.

Flüssiggasanlagen. Die Einrichtung einer Flüssiggasanlage ist nur bei bestimmten Bedingungen unter Einhaltung der Rechtsvorschriften zulässig. Nur Fachleute dürfen eine Flüssiggasanlage installieren und für den Gebrauch freigeben, ebenso aufgetretene Mängel beheben.

Nach Benutzung des Gerätes wird das Flaschenventil geschlossen, und das aus der Gasleitung ausströmende Gas läßt man verbrennen, wodurch das Gerät drucklos gemacht wird. Erst danach wird der Gerätehahn geschlossen. Bei Gasgeruch ist sofort das Gasflaschenventil zu schließen, sämtliche Zündquellen sind abzustellen, alle Fenster und Türen, die ins Freie führen, zu öffnen und undichte Flaschen sofort ins Freie zu bringen. Nur aus einer aufrecht stehenden Flasche darf Gas entnommen und die Anlage nur unter Zwischenschaltung eines Druckreglers in Betrieb gesetzt werden. Propangasflaschen dürfen nicht in Kellern oder Schlafräumen abgestellt werden.

Elektrische Geräte. Die Zahl der elektrisch betriebenen Haushalthilfen steigt ständig. Durch defekte Zuleitungen oder Geräte sowie durch unsachgemäße Benutzung kann es zu Kurzschlüssen, Bränden und zu Elektrounfällen im Haushalt führen.

Die beim Kauf der Elektrogeräte vom Hersteller mitgelieferte Bedienungsanleitung ist zu beachten. Nicht einwandfreie, defekte oder zerbrochene Stecker, Steckdosen und Schalter müssen schnellstens repariert werden. Erwärmen sich Stecker oder Steckverbindungen, so müssen die betreffenden Teile ausgewechselt werden. Bei Schutzkontaktleitungen darf dies nur der Fachmann. Elektrische Leitungen müssen vom Fachmann verlegt werden. Leitungsschnuren dürfen nicht geknickt, gebrochen oder geknotet sein. Auch sollte man sie nie in die Nähe scharfkantiger oder heißer Gegenstände bringen. Schalter und Stecker sind nur mit trockenen Händen zu benutzen. Elektrogeräte sollte man niemals am Anschlußkabel tragen und immer vor Nässe schützen.

Auch beim Reinigen dürfen elektrische Geräte niemals ins Wasser getaucht werden. Treten beim Einschalten der elektrischen Geräte Störungen im Rundfunk- oder Fernsehempfang ein, verfärbt sich das Gehäuse von Luftduschen oder treten Verfärbungen an Heizkissen ein, so arbeiten diese Geräte nicht mehr einwandfrei und müssen vom Fachmann überprüft werden. Schon kleine Fehler an Geräten, die Wärme entwickeln, können zu Bränden führen.

Elektrische Heiz-, Koch- und Wärmegeräte dürfen nicht ohne Aufsicht eingeschaltet bleiben. Auch muß darauf geachtet werden, daß die Wärmeausstrahlung dieser Geräte (Heizkissen, Kochplatten, Tauchsieder, Bügeleisen, Lötkolben, Strahlungsgeräte) keine brennbaren Gegenstände erfaßt. So beträgt der festgelegte Mindestabstand bei Infrarotstrahlern und anderen Strahlungsgeräten zu brennbaren Gegenständen 1 m, bei Heizgeräten mit Gebläseluft 0,5 m. Beim Abschalten von Geräten, die keinen eigenen Schalter haben, muß stets erst der Stecker aus der Steckdose gezogen werden, bevor der Gerätestecker entfernt wird. Mit eingeschaltetem Heizkissen darf man nicht einschlafen. Geräte mit hohen Drehzahlen (Waschmaschine, Mixer, Wäscheschleuder, Bohrmaschine u. ä.) sind so zu benutzen, daß Kinder bei Neugier oder Unachtsamkeit nicht zu Schaden kommen können.

Heizen. Auf den vorgeschriebenen Abstand zwischen Ofen und brennbaren Gegenständen ist zu achten. Holz und andere Brennmaterialien dürfen nicht in der Nähe des Ofens gelagert werden. Asche ist nur in nichtbrennbaren und verschließbaren Behältern aufzubewahren. Zum Anheizen darf niemals Petroleum, Benzin, Bohnerwachs o. ä. verwendet werden. Die Türen der Öfen dürfen erst verschlossen werden, wenn die Kohlen ganz durchgeglüht und rot sind. Wird der Ofen zu früh geschlossen, entsteht durch Sauerstoffmangel giftiges und explosives Kohlenmonoxid. Beim Heizen ist für ausreichendes Lüften zu sorgen. Beim Verlassen der Wohnung müssen die Ofentüren verschlossen sein, da durch herausfallende Glut ein Wohnungsbrand entstehen kann. Vom zuständigen Schornsteinfegermeister muß die Einrichtung eines Dauerbrandofens genehmigt werden. Bei seiner Benutzung ist die Gebrauchsanweisung genau zu befolgen. Tritt trotzdem auffälliger Geruch auf, muß der Schornsteinfeger zu Rate gezogen werden.

Offenes Licht. Auf keinen Fall darf auf Hausböden oder in Kellerräumen offenes Licht oder Feuer benutzt werden. Taschenlampen sind bequemer, sauberer und gefahrlos. Brennende Kerzen dürfen in Wohnungen niemals ohne Aufsicht gelassen werden. Auf eine nichtbrennbare Unterlage ist zu achten. Besondere Vorsicht ist bei der Weihnachtsbaumbeleuchtung notwendig. Auf genügend großen Abstand zu Möbeln und Gardinen sollte unbedingt geachtet werden. Besonders gefährlich ist ein schon trockener Nadelbaum. Notfalls sollte man einen gefüllten Wassereimer griffbereit dastehen haben.

Glas. Zerbrochenes Glas verursacht schmerzhafte Schnittwunden. Beim Abwaschen kann eine weiche Unterlage das Aufschlagen im Becken verhindern. Gesprungene Glasgegenstände dürfen nicht mehr benutzt werden. Zum Kauf von Flaschen sind feste Taschen oder Körbe besser geeignet als Netze oder Stoffbeutel. Bei Glasbruch bewähren sich zum Auflesen alte Lederhandschuhe. Kleinere Splitter lassen sich gefahrlos mit dem Staubsauger entfernen.

Öffnen von Konservengläsern. Trotz ständiger Aufklärung verlieren immer noch Menschen ihr Augenlicht durch Glassplitter, die beim unsachgemäßen Öffnen von Konservengläsern abspringen. Der Öffner wird an das zu öffnende Glas unter dem Gummiring angesetzt, dann kommt darüber (über Glas, Öffner und tätige Hand) ein möglichst feuchtes Tuch. So können Gläser gefahrlos geöffnet werden. Sollten Weckgläser einem sachgemäßen Öffnungsversuch widerstehen, so ist es besser, auf den Inhalt zu verzichten, als eine Verletzung zu riskieren.

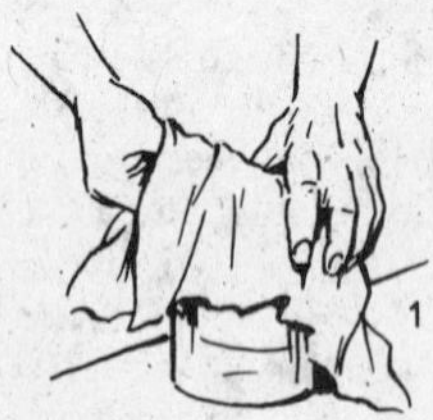

1 *Konservenglas beim Öffnen mit feuchtem Tuch überdecken,*
2 *zum Flaschenöffnen das richtige Gerät verwenden*

Öffnen von Flaschen. Bei Flaschen mit Kronenverschlüssen sollten zum Öffnen weder die Zähne noch irgendwelche ungeeigneten Gegenstände verwendet werden. Einen leichten käuflich zu erwerbenden Öffner kann man stets bei sich führen.

Vorsicht beim Kochen. Fett darf nicht in die heiße Pfanne gegeben werden. Es wird mit der kalten Pfanne angesetzt; so spritzt es weniger. In heißes Fett darf kein Wasser gegossen werden; herumspritzende Tropfen können Brandverletzungen verursachen. Bei Gebrauch eines Schnellkochtopfes muß unbedingt die Gebrauchsanweisung eingehalten werden.

Holzkohlengrill. Schwere und auch tödliche Verbrennungen können durch unsachgemäßes Grillen im Freien entstehen. Benzin, Petroleum, Brennspiritus dürfen nicht verwendet werden. Ebenso sollten Fonduegeräte oder Feuerzangenbowlen nur mit dazu geeigneten und angegebenen Materialien betrieben werden. Auf den nötigen Sicherheitsabstand zu brennbaren Gegenständen muß geachtet werden.

Messer. Die Arbeit mit dem Messer erfordert volle Konzentration. Es sollte stets vom Körper weggeführt werden. Vorgestreckte Fingerspitzen sollte man beim Schneiden vermeiden. Die Spitzen der Gabeln und die Schneiden der Messer sollen beim Abwaschen und auch im Küchenfach in einer Richtung liegen. So kann man sich beim Hineinfassen kaum verletzen.

Fußbodenbelag. Lockere Fußbodenbeläge und nicht glatt liegende Teppiche sind gefährliche Stolperstellen. Bei textilen Fußbodenbelägen ist ein Verkleben oder Nageln an den Rändern wichtig. Durch schwere Möbel kann Nadelfilz fixiert werden und verschiebt sich dann nicht. Stark gebohnerte Fußböden, gebohnerte Treppen und Stufenabsätze können in Verbindung mit Nässe zu gefährlichen Rutschbahnen werden. Deshalb sollte nur wenig Wachs aufgetragen und verrieben werden. In Treppenhäusern ist auch nach dem Bohnern ein Achtungsschild aufzustellen.

Geländer und Brüstungen. Defekte Treppengeländer sind besonders für Kinder und ältere Menschen eine Gefahrenquelle. Sie sollten sofort ausgebessert werden. Balkons, die mit niedrigen Brüstungen oder Querverstrebungen ausgerüstet sind, konnen Kinder zum Klettern verleiten. Ein Absturz kann tödliche Folgen haben. Blumenkästen sollten gut befestigt sein, daß auch sehr starker Wind sie nicht abreißen kann. Kleinere Kinder dürfen niemals unbeaufsichtigt auf Balkons spielen.

Regale, Hängeschränke, Wandbefestigungen. Die Belastung eines Hängeschrankes oder -regales ist abhängig von seiner Konstruktion und Befestigung. Hängeschränke sollen mit Flacheisen oder starken Dübeln befestigt werden. Überlastete Regale oder Hängeschränke können durch Ausreißen aus der Befestigung schweren Schaden anrichten.

Leitern. Beim Kauf einer Haushaltleiter ist die Wohnungshöhe zu beachten. Höher als auf der vorletzten Stufe sollte nicht ständig gearbeitet werden. Die Leiterfüße müssen einen Gummiüberzug haben, die Setzstufen einen Gummibelag, und ein Sicherheitsbügel sollte vorhanden sein. Die Spreizvorrichtung muß öfter kontrolliert werden. Schadhafte Leitern dürfen nicht benutzt werden.

Das geht schief — *So ist es richtig*

Haushaltchemikalien sollten immer in besonders gekennzeichneten Gefäßen (niemals in Getränkeflaschen oder Speisegefäßen!) aufbewahrt werden. Verwechslungen können schwere Vergiftungen – auch mit tödlichem Ausgang – zur Folge haben. Sie dürfen auch nicht mit Lebensmitteln z. B. in der Speisekammer gelagert werden. Insbesondere vor Kleinkindern müssen Haushaltchemikalien (z. B. Fleckenwasser, Sidol, Klarofix, Waschmittel, Terpentin, Farben u. ä.) sicher verwahrt werden. Die bunten Flaschen und Verpackungen wecken die Neugier.

Lösungsmitteldämpfe, die beim Umgang mit Farben, Verdünnungen, Klebestoffen oder Reinigungsmitteln entstehen, sind gesundheitsschädlich. Über längere Zeit eingeatmet oder in großer Konzentration können sie Beschwerden wie Übelkeit, Schwindelgefühl oder Benommenheit hervorrufen. Feuergefährliche Reinigungsmittel (Benzin, Äther, Azeton u. a.) dürfen nur in Räumen benutzt werden, in denen sich keine offenen Flammen, keine glühende Zigarette oder auch nur stark erhitzte Gegenstände (z. B. Bügeleisen) befinden. Sie sind möglichst im Freien oder am offenen Fenster zu benutzen. Nur die benötigte Menge ist zu entnehmen und die Flasche sofort wieder fest zu verschließen. Direkter Hautkontakt mit Lösungsmitteln oder Stoffen, die diese enthalten, sollte auf ein Mindestmaß beschränkt werden. Sie lösen den Fettfilm der Haut und trocknen sie aus. Auch allergische Hautreaktionen können beim Kontakt mit Haushaltchemikalien entstehen.

Unfallverhütung bei kleinen Kindern

Ein Viertel aller tödlichen Unfälle betrifft Kinder. Unfälle sind die weitaus häufigste Todesursache bei Kindern. Bei häuslichen Unfällen überwiegen im Kindesalter Fensterstürze, Verbrühungen, Verbrennungen, Stromverletzungen, Vergiftungen mit Medikamenten und Haushaltchemikalien. In den ersten fünf Lebensjahren stehen Vergiftungen im Vordergrund, bei Schulkindern überwiegend Verkehrsunfälle. Es gilt also, Gefahrenquellen rechtzeitig zu erkennen und abzustellen, um unsere Kinder zu schützen. Dem Kind soll man geduldig und konsequent Hinweise, Ermahnungen und Verbote wiederholen.

Wickeltisch. Ein Säugling darf niemals unbeaufsichtigt auf dem Wickeltisch liegen bleiben; durch seinen Bewegungsdrang besteht die Gefahr des Herunterrollens.

Offene Fenster. Kleinere Kinder dürfen in einem Zimmer mit offenen Fenstern niemals allein gelassen werden. Abschrauben der Fenstergriffe verhindert, daß die Kinder die Fenster selbständig öffnen.

Stark gebohnerte Fußböden und Treppen können Gefahrenquellen werden; die Treppen haben Kinder nicht in Strümpfen oder Pantoffeln zu betreten. Beschädigte Stufen oder lose Beläge sind sofort zu reparieren.

Bei Doppelstockbetten können Schutzleisten ein Herausfallen der Kinder verhindern. Die Klettertechnik zum oberen Bett muß geübt werden.

Türen müssen vorsichtig geöffnet und geschlossen werden, um ein Einklemmen der Finger zu verhindern.

Badewasser, Heißwasserhähne. Die Temperatur des Badewassers muß sorgfältig geprüft und am besten mit dem Thermometer gemessen werden, bevor das Kind mit dem Wasser in Berührung kommt. Auch muß darauf geachtet werden, daß die Heißwasserhähne geschlossen sind; ausströmendes Wasser kann Verbrühungen hervorrufen. Gefäße mit heißem Inhalt sollen nie an den Rand des Herdes, des Tisches oder auf den Boden gestellt werden. Kinder können sie umstoßen bzw. hineinfallen und sich dann verbrühen.

Wäschewaschen. Auch hierbei sind Kinder von Küche, Bad oder Waschhaus fernzuhalten, da Gefäße mit Wasser, nicht nur mit heißem, eine ständige Gefahrenquelle sind.

Überhängende Tischdecken können vermieden werden, wenn das Tischtuch an der Tischkante eingeschlagen wird; kleine Kinder können sie sonst samt daraufstehenden Gefäßen (evtl. sogar mit heißem Inhalt) herunterziehen und sich verletzen.

Messer, Gabel, Schere sowie andere scharfe oder spitze Gegenstände, mit denen sich ein Kind leicht verletzen kann, dürfen nicht offen herumliegen, sondern müssen sicher verwahrt werden. Dies gilt besonders auch für Rasierklingen.

Heizstrahler, Höhensonnen, Geräte mit offenen Glühspiralen. Bei unsachgemäßem Gebrauch können durch diese Geräte schwere Verbrennungen hervorgerufen werden. Bei Höhensonnen und Rotlichtlampen muß auf den geforderten Mindestabstand und die genaue Einhaltung der Zeit geachtet werden.

Leere Lampenfassungen, die sich in Reichweite eines Kindes befinden, sollen durch Einschrauben einer Glühlampe oder Überkleben mit Heftpflaster abgesichert werden.

Steckkontakte in Körperhöhe von Kindern sind zuzukleben oder besser mit einer Schutzkappe zu versehen. Kinder können durch Einführen spitzer Gegenstände in die Kontakte einen Stromschlag erhalten.

Zündhölzer gehören nicht in Kinderhand! Sie müssen so aufbewahrt werden, daß sie auch für Kinder im Vorschulalter nicht erreichbar sind.

Zerbrechliche Gegenstände sollten generell für Kinderhände nicht erreichbar sein, da stets die Gefahr des Verletzens besteht.

Nähmaschine. Wird sie nicht benutzt, ist sie im Schrank oder im Koffer zu verstauen; damit ist auch die Geräteschnur des Anlassers unter Verschluß. Bei der fußbetriebenen muß vor allem der Riemen vom Schwungrad gelöst sein und die Maschine – je nach Modell – versenkt oder abgedeckt sein. Kinder sind erfinderisch und könnten sich sonst an der Nadel oder am Rad verletzen.

Medikamente wie Tabletten, Pulver, Kapseln, Zäpfchen, Salben und Einreibungen, sind in einer Hausapotheke sicher zu verwahren und dürfen für Kinderhände nicht erreichbar sein. Daran sollte man auch ab und zu die Großeltern erinnern, die häufiger Medikamente regelmäßig einnehmen und in ihrem Haushalt nicht mehr so auf Kinder eingerichtet sind.

Giftige Pflanzen. Wenn Kinder auf Spaziergängen oder in Gärten unbeaufsichtigt spielen, kommt es vor, daß sie größere Mengen von Beeren, Blüten (z. B. Goldregen, Maiglöckchen, Seidelbast u. ä.), Wurzeln oder Pilze essen und danach an schweren Vergiftungen erkranken. Deshalb soll ihnen beizeiten der Unterschied zwischen eßbaren und giftigen Pflanzen und Beeren klargemacht werden und eine gewisse Scheu vor unbekannten Früchten anerzogen werden.

Tabak, Alkohol, Kaffee, Tee. Wo sich kleine Kinder aufhalten, sollten niemals Zigaretten und andere Tabakwaren herumliegen. Das Aufessen einer Zigarette kann für ein Kleinkind tödlich werden. Auch Zigarettenrauch ist schädlich; deshalb sollte in Räumen, in denen sich Kinder aufhalten, nicht geraucht werden. Alkohol darf in keiner Weise für Kinder erreichbar sein oder ihnen gar angeboten werden. Alkoholvergiftungen sind bei Kindern gar nicht so selten! Auch Bohnenkaffee und schwarzer Tee sind keine geeigneten Getränke für Kinder.

Nadeln und Knöpfe auf dem Fußboden. Sind Nadeln, Knöpfe, Perlen, Erbsen o. ä. heruntergefallen, so sollte man sie sofort aufheben, auch wenn danach gesucht werden muß. Kleinkinder finden sie schnell und stecken sie unter Umständen in irgendeine Körperöffnung. Von dort kann sie oft erst der Arzt entfernen.

Essen im Freien. Vorsicht ist geboten, wenn in der warmen Jahreszeit Kuchen oder Gebäck im Freien gegessen wird. Eine mitverschluckte Wespe kann in den Mund oder Rachen stechen, und durch folgende starke Anschwellung kommt es zu Luftnot und damit Lebensgefahr.

Abfälle, Scherben, leere Behälter. Abfalltonnen und Scherbenkisten sind kein Spielplatz und sollten für Kleinkinder nicht zugänglich sein und gut abgeschirmt werden. An scharfkantigen Scherben oder offenen Konservendosen können sie sich verletzen; Reste in Gefäßen sind oft ätzend oder giftig.

Offene Fässer, Tröge, Brunnen, Gruben im Garten und Hof müssen sicher und stabil abgedeckt werden, damit Kinder nicht hineinfallen können.

Kinderwagen vor der Ladentür müssen mit einer einwandfreien Feststellvorrichtung versehen sein. Besser ist es, das Kind mit in den Laden zu nehmen.

Unfallverhütung bei Kindern im Schulalter

Hier bestehen andere Unfallschwerpunkte als bei Kleinkindern. Schulkinder sind selbständiger und können ihren Aktionsradius beim Spielen ständig erweitern. Ihnen sind deshalb immer wieder mögliche Unfallquellen zu erklären. Auch müssen sie eingehend zum richtigen Umgang mit den Gegenständen im Haushalt angeleitet werden. Kinder müssen zunehmend in ihre Umgebung aktiv einbezogen werden. Technische Haushaltgeräte sollen genau erklärt und geübt werden, damit sie von den Kindern unter Umständen selbst bedient werden können.

Baden. Kinder sollen möglichst zeitig schwimmen lernen. Nichtschwimmer und Kleinkinder dürfen nie ohne Aufsicht in oder an tiefen Gewässern spielen. Im Freibad sollen sich Kinder erst abkühlen, bevor sie ins Wasser gehen. Mit vollem Magen dürfen sie nicht baden!

Katapulte, Pfeil und Bogen. Schwere Augenverletzungen mit nachfolgender Erblindung sind immer wieder die Folge unvorsichtigen Spielens mit Katapult, Pfeil und Bogen. Katapulte sollten grundsätzlich verboten werden. Pfeil und Bogen dürfen nur unter Aufsicht Erwachsener benutzt werden.

Feuer, Feuerwerkskörper und Munition. Feuer fasziniert Kinder; es reizt sie, damit zu spielen, um es kennenzulernen. Kinder sollten schrittweise zum verantwortungsvollen Umgang mit Feuer erzogen werden. Wiederholt und eindringlich müssen sie über die entsetzlichen Folgen des Spielens mit Feuerwerkskörpern und gefundener Munition aufgeklärt werden.

Wanderungen. Haben Kinder längere Wanderungen vor, sollte unbedingt auf passendes Schuhwerk geachtet werden. Wundlaufen kann vorgebeugt werden, wenn die Füße kurz vorher kalt abgewaschen und mit Hautöl eingerieben werden.

Umgang mit Tieren

Kinder haben das Bedürfnis, mit Tieren zu spielen, sie zu streicheln und zu liebkosen. Aber Tiere sind kein Spielzeug. Sie haben arteigene Verhaltensweisen. Durch mangelnde Erfahrung haben Kleinkinder noch nicht das richtige Gefühl für den Umgang mit Tieren. Sie dürfen niemals allein mit Tieren spielen. Achtung und Respekt vor Tieren müssen sie erst noch lernen. Spielende und auch sich wehrende Tiere können folgenschwere Verletzungen hervorrufen. Hygiene im Umgang mit Haustieren sollte selbstverständlich sein. Auch muß Kindern grundsätzlich untersagt werden, fremde Hunde oder Katzen anzufassen und zu streicheln, auch wenn sie noch so niedlich und zutraulich aussehen.
Kontakt mit abnorm zutraulichen Wildtieren ist zu vermeiden. Hier besteht Tollwutgefahr, ebenso wie bei Haustieren mit plötzlich auftretendem verändertem Verhalten. Auch tote Tiere auf der Straße oder in Wald und Feld dürfen aus diesem Grund keinesfalls mit der bloßen Hand berührt werden.
Man sollte darauf achten, daß Kinder Tiere nicht reizen, necken oder mißhandeln. Stallungen, Koppeln und Tiergehege dürfen nur in Begleitung Erwachsener betreten werden.
Bevor Haustiere in einen Haushalt aufgenommen werden, sollten sie (besonders bei Anwesenheit von Klein- und Vorschulkindern) einer tierärztlichen Untersuchung unterzogen werden. Hunde und Katzen sollten gegen bestimmte Tierseuchen geimpft werden und einen Gesundheitspaß besitzen. Kranke Tiere müssen behandelt werden.

Kinder im Straßenverkehr

Verkehrsunfälle. Obwohl viele Kinder in Kindergärten und Horten betreut und beaufsichtigt werden und mit Spiel- und Sportplätzen und Spielstraßen dafür gesorgt wird, daß die Kinder weitgehend von den Gefahren des Straßenverkehrs ferngehalten werden, sind die Unfallziffern bei Kindern erschreckend hoch. Die Verkehrspolizei ist ständig bemüht, durch praktische Übungen und Anschauungsmaterial die Kinder in die Regeln des Straßenverkehrs einzuführen. Die Kinder müssen vor allem angehalten werden, keine unnötigen Risiken einzugehen.

- Ursachen der Kinderunfälle im Straßenverkehr. In den letzten Jahren ist die Zahl der Kinderunfälle erheblich angestiegen. Ganz offensichtlich hat die Erziehung der Kinder zur Verkehrsdisziplin nicht mit dem stürmischen Anwachsen des Verkehrs Schritt gehalten. Bewegungsdrang und Spieltrieb lassen Ermahnungen schnell vergessen. Mögliche Gefahren können von Kindern noch nicht erkannt werden. Besonders im Frühjahr, wenn der Straßenverkehr schlagartig zunimmt, Motorräder und Fahrräder zusätzlich auf den Straßen auftauchen, sind Kinder gefährdet.

Aufsichtspflicht der Eltern. Kleine Kinder, die man an der Hand führt oder die sich am Wagen von jüngeren Geschwistern festhalten, müssen stets an der dem Verkehr abgewandten Seite gehen. Wenn sie sich losreißen, besteht dann immer noch die Möglichkeit, sie aufzuhalten, bevor sie vom Fußweg auf die Fahrbahn gelangen. Im Auto sollen Kinder auf dem Rücksitz bleiben, kleinere stets im Kindersitz. Bei der ständig zunehmenden Verkehrsdichte ist es notwendig, daß die Eltern das Verhalten im Straßenverkehr so zeitig wie möglich zu üben beginnen. Das richtige und vorsichtige Überqueren der Fahrbahn ist zum Gegenstand ständiger Belehrung zu machen. Die Kinder dürfen außer auf Spielstraßen niemals auf der Fahrbahn spielen. Kleinere Kinder sollten nicht mit Aufträgen betraut werden, bei denen sie allein Straßen und Plätze überqueren müssen. Selbstverständlich müssen Eltern den Kindern immer ein vorbildliches Beispiel beim Verhalten im Straßenverkehr geben.

Der Schulweg sollte mit den Kindern schon vor der Einschulung geübt werden. Dabei haben die Eltern dem Kind einen ganz bestimmten, weitestgehend gefahrlosen Weg zu zeigen. In den ersten Schultagen sollte das Kind von den Eltern in die Schule begleitet und auch wieder abgeholt werden. Beim Überqueren der Fahrbahn ist erst nach links und dann nach rechts zu sehen. Mit dem Kind muß ständig geübt werden; näherkommende Fahrzeuge läßt man erst vorbeifahren, bevor die Straße überquert wird. Besonders ist darauf zu achten, daß Kinder nicht vor oder hinter haltenden Fahrzeugen über die Fahrbahn laufen. Auch muß das Kind stets rechtzeitig zur Schule geschickt werden, damit es nicht in Eile ist und dadurch unvorsichtig wird. Nach Beendigung des Unterrichts sollte man eine zielstrebige Heimkehr fordern. Das gleiche gilt auch für Kinder, die die Schulhorte besuchen. In gewissen Zeitabständen sollten die Eltern die Führung im Straßenverkehr ihrem Kind überlassen, um dessen Kenntnisse zu überprüfen. Weiterhin ist es ratsam, auch einmal ungesehen zu beobachten, ob es die gegebenen Weisungen einhält.

Kinder als Radfahrer. Das Kind sollte erst ein Fahrrad erhalten, wenn es sich als Fußgänger vorbildlich im Straßenverkehr bewegt, und die Voraussetzungen fürs Radfahren beherrscht. Die richtige Paßform des Rades – es darf weder zu klein, noch zu groß sein – ist wichtig. Man sollte auch das Kind nicht stundenlang mit dem Fahrrad allein auf der Straße lassen; dort bewegt es sich ohne Ziel, treibt oft allerlei Unfug und verursacht Unfälle. Für motorisierte Straßenverkehrsteilnehmer bedeutet dies besondere Vorsicht und Rücksichtnahme. Kinder sind keine kleinen Erwachsenen. Durch ihren psychischen und physischen Entwicklungsstand und dem daraus entstehenden Leistungsvermögen sind sie noch nicht wie Jugendliche oder Erwachsene in der Lage, sich in jeder Verkehrssituation pflichtgemäß zu verhalten. Erst bei einem 12- oder 13jährigen Kind läßt sich verkehrsgerechtes Verhalten erwarten.

Umgang mit anderen

Aus der kollektiven Lebensweise der Gegenwart mit ihren im Vergleich zu früher weit zahlreicheren Kontakten und Begegnungen ergeben sich höhere Ansprüche an unsere Höflichkeit (keineswegs etwa geringere aus falsch verstandener „Kumpelei“). Am Arbeitsplatz, im Ferienheim, in der Kaufhalle oder der Poliklinik – überall haben wir mit vielen Leuten zu tun, „läuft nichts“ ohne unsere Bereitschaft zur Einordnung in die verschiedenen Rollen des Gemeinschaftslebens, als Mitarbeiter oder Verkehrsteilnehmer, Kunde oder Patient. Deshalb ist es unerläßlich für jeden, daß er den Fragen des Umgangs mit anderen lebenslange Aufmerksamkeit widmet und die Formen seines Benehmens ständig vervollkommnet, ohne sich durch eigene Fehler, Rückschläge und Mißverständnisse entmutigen zu lassen. Höflichkeit – das ist ein Fach, in dem keiner je auslernt.

Umgangsformen wandeln sich mit den gesellschaftlichen Verhältnissen; sie sind heute frei von ökonomischem Zwang, von Untertänigkeit und Strebertum, mancher „alte Zopf“ wurde abgeschnitten; dennoch ist die Gemeinschaft darauf angewiesen, gewisse Regeln des Umgangs zu bewähren, neue zu entwickeln und ihnen auf der Grundlage des allgemeinen Einverständnisses Geltung zu verschaffen.

Der Vortritt. Grundsätzlich gebührt der Vorrang an einer Tür (wie beim Verkehrsmittel) der Frau vor einem Mann, dem Erwachsenen vor einem Jugendlichen, dem körperlich Behinderten vor einem Gesunden, dem jungen Vater mit Baby vor allen anderen. (Nur das Vorschulkind steigt aus Sicherheitsgründen vor der Mutter ein und nach ihr aus.)

Der Gruß ist Ausdruck guter Lebensart beim Betreten eines Bereiches, in dem andere sich aufhalten, also eines Arbeitszimmers, einer Fahrstuhlkabine, eines kleineren Ladengeschäftes. Wer über „Manieren“ verfügt, hält an der Gewohnheit des Grüßens fest, obwohl er mit Erwiderung nicht immer rechnen kann. Gelockert hat sich das bürgerliche Rangstufensystem, in dem genau festgelegt war, wer wen zuerst zu grüßen habe. Heute vergibt sich sogar ein Direktor nichts, wenn er – ohne vordergründige pädagogische Absicht – seinem Lehrling einen guten Tag wünscht. Es grüßt zuerst der Höflichere.

Danke und bitte. Sie sind ein Ausdruck von Verbindlichkeit. Wer diese Tugend beherrscht, äußert einen bescheidenen Wunsch auch dort, wo er vielleicht fordern könnte; er dankt ausdrücklich für kleinste Gefälligkeiten und entschuldigt sich, selbst wenn eine Unbequemlichkeit, die er verursacht, kaum der Rede wert erscheint.

An das Benehmen eines Mannes wie einer Frau sind im Prinzip die gleichen Ansprüche zu stellen. Aus gutem Grund herrscht jedoch die Meinung vor, daß eine Frau durch ihre natürliche Würde, ihre psychischen Eigenschaften, ihr Taktgefühl, ihre Fähigkeit zum vermittelnden Ausgleich besonders dazu berufen sein sollte, auf ihre Umgebung einzuwirken.

Weitgehend unabhängig von Lebensalter, Ausbildungsstufe und Familienstand bietet die Frau unserer Tage das Erscheinungsbild einer gepflegten, kultivierten Persönlichkeit. Dem korrekten Äußeren von Kopf bis Fuß entspricht die Kultur ihrer Umgangsformen, ihres Verhaltens im größeren wie im engeren Kreis. Ihr Selbstbewußtsein beruht auf Selbsterziehung und Selbstkontrolle; ihr Auftreten ist frei von Exaltiertheit und überzogenem Geltungsdrang. Sie läßt sich nicht von Stimmungen und Launen leiten, sondern gewinnt Sympathien durch die einfache Selbstverständlichkeit, mit der sie Rücksichtnahme übt und Hilfestellung erweist – ihren Kindern ein Vorbild in der Achtung vor Angehörigen der älteren Generation.

Sie und er. Daß Mädchen sich besonders gut benehmen müßten (während man „Knabenstreiche" augenzwinkernd in Kauf nahm), ist ein überholtes Verhaltensmuster. Für alle gelten heute Ordnung und Disziplin, etwa in einer Schulklasse. Allerdings hat niemand etwas dagegen, wenn Mädchen ihren Mitschülern in dieser Hinsicht einen Schritt voraus sind – und nicht etwa einen negativen Wettbewerb entfalten.

Gleichberechtigung und Gleichbehandlung durch Erzieher stehen keineswegs im Widerspruch zu den Anforderungen an das partnerschaftliche Verhalten der Heranwachsenden. Schon in der Kinderkrippe wird die Betreuerin damit beginnen, männliches Pflichtbewußtsein zu wecken. Der kleine Junge soll sich daran gewöhnen, daß er mit einer winzigen „Dame" behutsamer umgehen muß als mit seinesgleichen, daß seine körperliche Robustheit ihn zu mancher Dienstleistung verpflichtet, während Mädchen lernen, solche Hilfe mit Anstand entgegenzunehmen und auf passende Weise zu erwidern.

Es kommt die Zeit, da beide Seiten ihre Zuneigung entdecken. Aus spielerischer Nachahmung erwachsener Vorbilder wird „große Liebe", nicht zuletzt auch eine Reifeprüfung des Benehmens. Der Umgang der Geschlechter ist von vielen Zwängen entlastet, es herrscht eine Freizügigkeit, die vorige Generationen geradezu entsetzt hätte – um so wichtiger, daß man sich eigene Grenzen setzt ... Jungen Leuten gesteht die Gesellschaft vieles zu an Ungezwungenheit, Übermut, Liebelei; um eine Tatsache allerdings kommt niemand herum: Zärtlichkeiten eines bestimmten Grades eignen sich nicht als Schauspiel für die Öffentlichkeit. Jugendliches Renommiergehabe ist keine Entschuldigung, wenn die Empfindungen Unbeteiligter beleidigt, Grundsätze des allgemeinen Verhaltens mißachtet werden. Schon der Respekt vor dem Partner, der Partnerin sollte Entgleisungen verhindern.

Ernster geprüft wird eine Beziehung im Bewährungsfeld der Ehe. Das Ja-Wort vor dem Standesamt schließt den lebenslangen Auftrag ein, das liebevolle Einvernehmen des Anfangs über die Zeiten zu bewahren.

Häufig ist der Irrtum, daß Liebe Höflichkeit entbehrlich mache. Im Gegenteil: Korrekte Umgangsformen unter Eheleuten tragen dazu bei, jenes Gleichgewicht von Vertrautheit und persönlichem Abstand herzustellen, das eine Ehe gedeihen und gleichzeitig jeder Seite den nötigen Raum zu der – oft erbittert eingeklagten – Selbstverwirklichung läßt. Ist es beiderseitig zur Norm geworden, daß man nur in höflicher, freundschaftlicher Tonart miteinander verkehrt, können auch ernste Meinungsverschiedenheiten sachlich verhandelt werden; ungesagt bleiben dann Worte, die so schnell ein Verhältnis auf die Dauer trüben.

Die ständige Werbung des Ehemannes um seine Frau, das neu zu Ehren gebrachte Kompliment, ein Blumenstrauß, ein Geschenk „außer der Reihe" – all diese scheinbaren Kleinigkeiten haben ihre Bedeutung, doch heutzutage steht – wenn man Äußerungen junger Eheleute summiert – manche prosaische Form der Liebesbezeugung noch mehr in Gunst. Gefordert wird exakte Zuverlässigkeit des Mannes in all jenen Dingen, die den gemeinsamen Haushalt, die Betreuung der Kinder, eben die praktischen Seiten der Lebensführung betreffen. Vor allem die berufstätige Ehefrau kann verlangen, daß er in dem Pflichtbewußtsein, das für den weiblichen Partner einer Ehe als selbstverständlich gilt, nicht (oder nicht viel) hinter ihr zurückbleibt.

Dabei ist eine langwährende Ehe durchaus kein Garantieschein für harmonisches Zusammenleben. Nicht selten sind die Fälle, in denen sich betagte Paare ihre Zeit des Ausklangs dadurch verbittern, daß sie die Last der Jahre, den Kummer über verlorene Gesundheit und Spannkraft nicht ohne Nörgelei und Zanksucht tragen können. Jede Ehe bedeutet ständig Arbeit am gegenseitigen Einvernehmen. Verbeugen wir uns vor denen, die das Geheimnis der „ewig grünenden" Liebe, der unwandelbaren Achtung voreinander und Fürsorge füreinander ergründet haben ...

Im Kreis der Familie sollte eine offene, freimütige Atmosphäre herrschen; der Respekt der Kinder vor den Erwachsenen muß frei von Angstgefühlen sein, die sehr leicht zur Wurzel ständiger Unwahrhaftigkeit gegenüber den Eltern werden. Zwar geht es in der Erziehung nicht ohne Tadel und ernste Vorhaltungen ab; doch sollten sich die Erwachsenen zu der Selbstbeherrschung durchringen, die lautes Herumschimpfen oder barsches Anfahren (zumal von kleineren Kindern) ebenso ausschließt wie den als Erziehungshilfe angeblich harmlosen Klaps. Berechtigt ist die Forderung nach höflichem Verhalten der Kinder. Denken aber Erwachsene genügend darüber nach, welche Höflichkeit sie den kleinen, heranwachsenden Persönlichkeiten ihrer Kinder schulden?

Wie oft scheitert allein der Versuch eines Kindes, der Mutter oder dem Vater etwas nach seiner Meinung hoch Wichtiges zu erzählen. Zu diesem Problemkreis sei einiges aus dem „Kodex" zum Verhältnis der Erziehungsberechtigten und den seiner Erziehung Anvertrauten zitiert, aufgestellt von einer Gruppe Soziologen verschiedener Länder:

Den Eltern wird ans Herz gelegt, ihre Kinder weniger zu „verhören" („Hast du wieder einen Eintrag bekommen?"), als vielmehr mit ihnen vernünftig zu reden und ein Ohr zu haben für das, was sie – mitunter auf unbeholfenem Umweg – zum Ausdruck bringen möchten.

Ein Kind mit seinen unerschöpflichen Fragen hat in jeder Sache Anspruch auf bestmögliche Auskunft durch die Eltern. Kein Kind ist verpflichtet, für Erziehungsberechtigte immer ein offenes Buch zu sein; schon in sehr jungen Jahren hat es ein Recht auf eigene „Geheimnisse". Kindliche Sammlungen kurioser Gegenstände sind kein Wegwerfplunder, sondern ein Stück unbestreitbaren Eigentums.

Tränen eines Kindes bedeuten seltener Trotz als weit öfter einen Hilferuf. Forderungen an das Kind, die mit dem Androhen von Strafen verbunden sind, stellen dem Erzieher ein Armutszeugnis aus. Jeder möchte ein gehorsames Kind haben, doch sollte kein Erzieher vergessen: Gehorsam erweist es nur aus Liebe, ihm zuliebe. Selbst den besten Eltern kann ein schwerer Fehler, ein Unrecht gegenüber ihrem Kinde unterlaufen. Fast alles läßt sich wieder gutmachen, manchmal schon durch das offene Bekenntnis. Eines aber wäre unverzeihlich: die Würde eines Kindes zu verletzen, indem man es vor sich selbst oder anderen demütigt.

Eltern tragen die Verantwortung für das Ergehen Minderjähriger; deshalb haben sie Anspruch auf Autorität, auf das letzte Wort, mit dem nach klarer Erläuterung eine Angelegenheit endgültig entschieden wird.

Die Kinder müssen sich daran gewöhnen, daß Vater und Mutter trotz ihrer Elternpflichten nicht aufgehört haben, selbständige Menschen zu sein – mit dem Recht auf eigene Interessen, Stimmungen und Gefühle. In diesem oder jenem Fall kann das Wohl der Eltern (oder eines Elternteils) durchaus einmal den Wünschen der Kinder vorgehen. Wollte ein (vielleicht alleinstehender) Erwachsener ausschließlich seinen Kindern leben, wäre das für sie so wenig günstig wie für ihn.

Urlaub mit der Familie ist eine löbliche Regel, doch auch ein Urlaub von der Familie ist nicht zu verdammen.

Mit Messer und Gabel. Essen ist mehr als die dem Menschen aus biologischen Gründen gebotene Energiezufuhr, es stellt darüber hinaus eine gesellschaftliche Handlung dar und ist zugleich ein Gradmesser des zivilisierten Benehmens, das sich der einzelne angeeignet hat. Treffenderweise spricht man von Eßkultur.

Mindestens eine Mahlzeit am Tage sollte alle Mitglieder der Familie vereinen. Selbst wenn es sich um ein zeitiges Frühstück handelt, ist dafür eine hinreichende Spanne einzuplanen, damit unter den Versammelten eine Atmosphäre von Ruhe und Behagen aufkommen kann. Sie fördert nicht nur ein gesundheitsgerechtes Aufnehmen der Nahrung, sondern auch das Gefühl der Zusammengehörigkeit. Man entläßt einander mit einem freundschaftlich-aufmunternden Wort und freut sich schon auf das Wiederbegegnen.

Essen im kleineren oder größeren Kreis kann

in sehr verschiedenem Rahmen erfolgen – als Kaffeerunde, Grillparty oder „Betriebsmahlzeit", selten sind die Gelegenheiten, einmal wirklich zu speisen, sich in der „Hohen Schule" des Essens zu erproben. Ein solches Ereignis – privat oder offiziell – findet meist in einer gastronomischen Einrichtung statt. Wer von Kindheitstagen an gewöhnt ist, ein Eßbesteck mit Anstand zu handhaben, braucht als Neuling an feiner Tafel keine Ängste auszustehen. Alle Gerichte werden heutzutage so serviert, daß zu ihrer Bewältigung keine besonderen Geräte oder Kunstfertigkeiten nötig sind. Einige Vorsicht im Umgang mit Weinglas und Mundtuch, Soßenrest und Obstkern ist zu empfehlen, etwas „absehen" beim mehr erfahrenen Nachbarn nicht verboten.

Zusätzliche Aufmerksamkeit verlangt die (moralische) Pflicht zur Beteiligung am Tischgespräch. Ist die Runde nicht übermäßig groß, werden sich die Gastgeber bemühen, ein gemeinsames Gespräch aller Anwesenden in Gang zu halten. Dabei sind sie auf Unterstützung angewiesen. Der vorbildliche Gast bringt es fertig, mit seinen nächsten Nachbarn einige Bemerkungen auszutauschen, ohne daß daraus eine störende „Separatdebatte" entsteht; er ist ein aufmerksamer Zuhörer bei den Ausführungen älterer, würdiger Tischgefährten und gleichzeitig bereit, an passender Stelle einen eigenen Gedanken als knappen Einwurf beizusteuern (wobei er sich streng davor hütet, etwa unter der anfeuernden Wirkung eines Schluckes Alkohol das Gespräch an sich zu reißen).

Noch seltener – eine Einladung zum Stehbankett. Hier ist die Beherrschung der Formen noch mehr gefragt, fallen Verstöße besonders auf. Tatsächlich scheint mancher die einfache Regel nicht zu kennen, daß während der einleitenden Ansprachen das Büfett noch nicht berührt wird, daß man auch später während einer Rede nicht ißt und ohne Aufforderung nicht trinkt. Durch sein ganzes Verhalten bekundet der gewandte Teilnehmer an solchem Beisammensein, daß es ihm in erster Linie um die Geselligkeit, den Gedankenaustausch geht; die angebotenen Genüsse nimmt er gleichsam nebenher zu sich, was nicht ausschließt, daß er gegenüber den Gastgebern diese oder jene Spezialität mit einem Kompliment zu rühmen versteht. Vor den stets mehr als reichlich aufgebauten Speisen vermeidet man selbst den Anschein von Gedränge, läßt anderen den Vortritt, bedient aufmerksam auch eine unbekannte Dame. Die sparsam vorhandenen Sitzgelegenheiten – das zur strikten Beachtung – bleiben älteren, besonders ausgezeichneten Gästen vorbehalten. Platz zum Aufstellen eines Tellers ist im allgemeinen knapp; so tut man gut daran, sich vorzugsweise mit gabelgerechten Bissen zu versehen und kommt dann nicht in Verlegenheit, aus freier Hand etwas schneiden zu müssen. Vorsicht ist anzuraten vor den stärkeren Getränken! Schon mancher, der sich auf einem Empfang, etwa in angeregter Unterhaltung, vom eifrig umhergehenden Servierpersonal zu zügig bedienen ließ, erlebte eine unangenehme Überraschung.

Die äußere Erscheinung eines jeden wird von der Mitwelt noch immer an den Normen der Korrektheit gemessen. Korrekt, das heißt tadelsfrei, völlig in Ordnung. Dieses Bild verträgt an der Kleidung keinen Riß, keinen Fleck, keinen abwesenden Knopf; es bezieht sich ebenso auf die gepflegte Frisur wie den ansehnlichen Zustand des Schuhwerks. Bemerkenswert, daß heute auch Kinder, Jungen und Mädchen, von sich aus auf einwandfreien, ja schönen Anzug achten. Bei Jugendlichen sollte diese oder jene Überspanntheit der äußeren Aufmachung kein Anlaß zur Polemik sein; bestimmte, auswärts entstandene und aus dortigen Verhältnissen geborene Torheiten kommen und gehen. Die Grenze des Tolerierbaren allerdings liegt dort, wo – zum Beispiel durch provokatorische Unsauberkeit – elementare Regeln des Zusammenlebens verletzt werden.

Niemand kann ein Recht für sich in Anspruch nehmen, in jeder beliebigen Aufmachung an jedem Ort zu erscheinen. Frei von früherem Zwang „bürgerlicher Etikette", hat jeder die Möglichkeit, seine Auffassung von festlicher Kleidung auszudrücken – aber es gibt zahlreiche Gelegenheiten (wovon der Besuch des Theaters nur eine ist), bei denen eine Gemeinschaft festlich gestimmter Menschen erwarten darf (und im Extremfall mit einiger Nachhilfe dafür sorgt), daß sich alle Anwesenden nicht nur durch ihr Verhalten, sondern auch ihr Äußeres in den Rahmen der Veranstaltung einfügen.

Zur Erscheinung eines modernen Menschen gehört die Duftnote, die ihn umgibt. Selbst-

Tage, unterdessen fast ebenso häufig wie der Mann im Besitz eines Führerscheins, beweist täglich auf den Straßen, daß sie Verkehrsregeln und Fahrzeug nicht schlechter beherrscht als ihre männlichen Partner. Hinsichtlich der Selbstbeherrschung am Lenkrad aber könnte sie eine Vorbildwirkung ausüben, die dazu beiträgt, Aggressionen im Verkehrsgeschehen zurückzudrängen. Denn ein Fahrzeugführer unter Hunderten, der Ärger, Nervosität gasgebenderweise abreagiert, ist schon einer zuviel ... Nie sollte eine Frau unter denen zu finden sein, die durch rechthaberisches Herumhupen Hektik in den Ablauf bringen, Fußgänger an Haltestellen verunsichern oder durch Aufheulenlassen des Motors einen alten Menschen erschrecken.

Unter Reisenden. Die aus dem gewöhnlichen Alltagsablauf herausgehobene Situation, wie sie eine Reise darstellt, erweist an jedem den Reifegrad seiner Umgangsformen. Sechs, acht Personen stundenlang in einem Zugabteil – das erfordert ein besonderes Maß gegenseitiger Rücksichtnahme. Bereits die Art, wie die übliche Frage nach einem freien Platz gestellt beziehungsweise beantwortet wird, kann bestimmend sein für das Klima unter den jeweiligen Reisegefährten. So verträgt sich das Wörtchen „leider“ recht gut mit der höflichen Auskunft, daß eine Ecke bereits belegt sei.

Für das Öffnen des Fensters wartet man einen geeigneten Zeitpunkt ab und verständigt sich zuvor mit den Abteilgefährten. Auch den scheinbar unversöhnlichen Widerstreit der Bedürfnisse nach Ruhe oder Unterhaltung besänftigen Vernunft und Einsicht. Denkbar wäre ein Platztausch mit dem Ergebnis, daß sich in einem Bereich die Liebhaber transportabler Rockmusik, im anderen die mehr Schlaf- oder Lesebedürftigen sammeln. Im übrigen besteht kein Verbot, das durch Vormerkung erworbene Recht auf einen Sitzplatz gelegentlich mit einem weniger Glücklichen zu teilen.

Es muß unserem Feingefühl überlassen bleiben, ob wir in dieser oder jener Runde den Versuch unternehmen, eines der leichten Reisegespräche anzuknüpfen, die eine Fahrtstunde schneller vergehen lassen, oder die Dankbarkeit der Mitreisenden dadurch erwerben, daß wir den Anblick der vorüberziehenden Landschaft stillschweigend genießen.

Kinder leiden bei längeren Fahrten unter der Beschränkung ihres Bewegungsdranges; sie dürfen aber schon aus Sicherheitsgründen nicht ohne Aufsicht durch die Wagengänge laufen, mutwillig Schäden anrichtend und sich und andere gefährdend. Eltern sollten auf eine Reise mit ihren Kindern vorbereitet und mit entsprechendem Vorrat sowohl an Geduld wie auch an Beschäftigungsmitteln versehen sein. Bei solcher Einstellung ist keine lästige Aufsichtspflicht zu erfüllen, sondern zusätzlich Zeit zum Beisammensein zu gewinnen.

Die Gruppenreise (meist mit Auslandsziel) erweitert noch das gegenseitige Aufeinanderangewiesensein. Jeder gestaltet dabei das Urlaubserlebnis des Nachbarn ein wenig mit. Entsprechend ist der Anspruch an das allgemeine Verhalten. Sparsam mit Sonderwünschen, nachsichtig gegenüber kleinen Pannen der Organisation, pünktlich zu allen gemeinsamen Unternehmungen (es wäre z. B. ungehörig, eine ganze Gruppe etwa im Bus warten zu lassen), fern aller krampfigen Fidelität zeigt der Teilnehmer jeden Tag im fremden Land jedem Vertreter des hilfsbereiten Personals, jedem Reisegefährten (auch einem weniger bequemen) ein freundliches Gesicht.

Touristen zahlen gutes Geld, um die Sehenswürdigkeiten anderer Länder nach Herzenslust zu beschauen, doch sollten sie vermeiden, das eigene Auftreten zur Schaustellung zu machen. Zurückhaltung in Benehmen und Bekleidung ist angebracht. Selbstverständlich muß sein, daß man Sitten und Gebräuche der gastgebenden Bewohner achtet, sich im Bereich von Gedenk- und Andachtstätten geziemend bewegt und schließlich in der eigenen Sprache kein Wort äußert, das irgendwie mißdeutet werden könnte.

Während des Aufenthaltes im Ausland kommt es zu Begegnungen und Gesprächen; der Fremde macht dabei einen guten Eindruck, wenn er sich nicht überheblich-unwissend gegenüber Geschichte und Kultur, Vergangenheit und Gegenwart seiner Gastgeber zeigt. Die Kenntnis einer historischen Persönlichkeit, eines volkstümlichen Poems erweckt Sympathie. Nicht zu vergessen: Der Weg zu den Herzen der Eltern führt oft über die Bekanntschaft mit den Kindern. Für sie hat der erfahrene Reisende die Taschen voll winziger – eßbarer und nicht eßbarer – Souvenirs und ist angesichts einer freundlichen Gabe nie um ein kleines Gegengeschenk verlegen.

Achtung vor dem Gegenstand. Schonende und pflegliche Behandlung erscheint selbstverständlich bei jeder Sache, die uns persönlich gehört. Schwächer entwickelt ist der Sinn für öffentliches Eigentum. Überall ist zu beobachten, daß Anpflanzungen zertreten, Mechanismen beschädigt, Glasscheiben zerstört, allgemein zugängliche Räume durch Wegwerfen allen möglichen Abfalls verschmutzt werden. Solches häufig nur nachlässige Verhalten gegenüber öffentlichen Einrichtungen stellt vor allem eine Nichtachtung der Arbeit dar, die in ihnen steckt. Der ständige Aufwand für Säuberung und Wiederherstellung könnte erheblich gesenkt werden, wenn sich durch Beispiel und energische Mahnung ein allgemeines Klima des Nichtduldens scheinbar geringfügiger „Sünden" entwickelte. Ganz zu schweigen von der entschlossenen Abwehr jeder Erscheinung des Vandalentums, der Versuche zu mutwilliger Verwüstung.

Gleiches gilt auch für das Benehmen in der Natur. Aus gutem Grund sind bei uns die meisten freilebenden, nicht jagdbaren Tiere sowie zahlreiche Pflanzen und Pflanzengemeinschaften gesetzlich geschützt. Es ist bereits verboten, Tiere zu belästigen. Doch nicht Verordnungen, schon die eigene Einsicht sollte uns davon abhalten, in diesen Lebensräumen Schaden anzurichten. Im Zeitalter zunehmenden Umweltverständnisses sollten unsere Kinder mit der Überzeugung aufwachsen, daß ein wirklich gebildeter Mensch keinen Käfer zertritt, keine Blume knickt, kein Blatt aus Gedankenlosigkeit vom Baume reißt.

Selbstkontrolle. Es kann vorkommen, daß uns jemand mit einer Unhöflichkeit (oder was wir dafür halten) begegnet – eine Arbeitskollegin, ein Unbekannter auf der Straße, in der Bahn, in einer Gaststätte. Wir sind gekränkt, empört, geschockt.

Auf keinen Fall dürfen wir so reagieren, daß wir selber ohne Hemmung „explodieren". Ein heftiges Wort gibt das andere, eine unschöne Szene entwickelt sich, die Unbeteiligten Anlaß zum Kopfschütteln, vielleicht sogar zur Schadenfreude liefert. All das können wir vermeiden, wenn wir auch in solchen Fällen unsere Emotionen unter Kontrolle halten. Ruhiges Nachdenken lehrt: Eine bewußte, vorsätzliche Kränkung unserer Person ist seltener, als wir gemeinhin annehmen. Meist gehen die Ursachen einer scheinbaren Aggression auf Unachtsamkeit, Unkenntnis der geläufigen Formen zurück – ja sogar Unbeholfenheiten in der mündlichen (oder auch schriftlichen) Ausdrucksweise können den Anschein von Rüpelei erwecken.

Entsprechend sollten wir reagieren. Größte Zurückhaltung, ein Lächeln, ein leise mahnendes Wort, eine Prise sanfter, sparsamst dosierter Ironie – das entwaffnet manchen Kampfhahn auf der Stelle, und man trennt sich versöhnt. Beim verbleibenden Rest der Fälle ist noch einmal zu sortieren: Wo – wenn kein Schaden geschehen – erscheint es billiger, einen hoffnungslosen Grobian (der vielleicht nur auf Streitereien lauert) seiner eigenen Bosheit zu überlassen, wo aber treten wir einem, der glaubt, er könne sich über elementare Normen des Umgangs hinwegsetzen, mit aller Entschiedenheit entgegen, weisen ihm – womöglich mit kollektiver Unterstützung – die Grenze seines Fehlverhaltens. Da allerdings ist eine deutliche Sprache geboten, denn – wie das Sprichwort sagt: Sanfte Worte auf Unrecht, das wäre warmer Regen auf ein Beet von Unkraut.

Einige Tips für den Umgang mit anderen

Distanz wahren. Körperliche Berührung durch einen Unbekannten wird stets als wenig angenehm empfunden. Wer vollendete Manieren hat, bringt es fertig, noch im dichtesten Gedränge ein paar Millimeter Abstand zum Nächsten einzuhalten, und – er hütet sich, etwa einem Gesprächspartner im Eifer der Debatte ständig am Revers zu zupfen, ihm die Hand auf Schulter oder Knie zu legen.

Nervöse Angewohnheiten. Bohren, Scharren, Zwirbeln als müßige Beschäftigung der Hände machen einen ungünstigen Eindruck. Es läßt unsere Selbstbeherrschung in schiefem Licht erscheinen und malträtiert ästhetische Empfindungen unserer Umgebung.

Händeschütteln, Handreichen. Gehen Sie sparsam um mit ihrem Händedruck. Vor allem Frauen schätzen diese „männlich-markige" Gewohnheit wenig. Zur Begrüßung tut es meist ein freundliches Wort, die angedeutete Verbeugung. Der Händedruck kann feierlichen Gelegenheiten vorbehalten bleiben ... Ähnlich verhält es sich mit dem Kontakt der Blicke. Es ist höflich, einen Gesprächspartner aufmerksam anzusehen, doch ein unentwegtes Starren in die Pupille wird von den meisten als lästig empfunden.

Lachen. Kontrollieren Sie Ihr Lachen, die Lautstärke Ihrer Stimme. In einer Welt zunehmender Lärmempfindlichkeit wird der „Halbton" als wohltuend empfunden. Überlassen Sie sich deshalb nicht ungezügelt den Ausbrüchen Ihrer Heiterkeit.

Taktgefühl. Entwickeln Sie im allgemeinen Umgang bewußt jene Eigenschaft, die man Taktgefühl nennt. Takt ist der Wille und die Fähigkeit, sich in Denken und Empfinden eines anderen zu versetzen und das eigene Verhalten vorausschauend darauf einzustellen.

Urteilen Sie behutsam über das Verhalten oder bestimmte Eigenschaften anderer. Nie sollte vergessen werden: Durch die Art und Weise, wie jemand über eine Nachbarin, einen Kollegen spricht, charakterisiert er zugleich sich selbst.

Haushalt und Wohnung

Der Haushalt

Großer Haushalt – kleiner Haushalt

Haushalt – das ist ein vieldeutiger Begriff. Als Ein- oder Mehr-Personen-Haushalt bezeichnet er die Zahl der darin lebenden Menschen. Unter Haushalt sind zugleich Gegenstände und Tätigkeiten zu verstehen, die solche Grundbedürfnisse wie Schlafen, Essen, Körper- und Wäschepflege befriedigen. Die Ökonomie gebraucht das Wort Haushalt im finanziellen Sinne, für die Gesamtheit der Einnahmen, Ausgaben und deren Verwendung. So kam der denkbar größte, der Staatshaushalt, zu seinem Namen. Was wiegt dagegen der private Haushalt mit seiner statistischen Durchschnittsgröße von zweieinhalb Personen? Viel, denn er ist ein Bereich der Volkswirtschaft, wenn auch der kleinste; er ist nicht ohne sie denkbar, und sie nicht ohne ihn.

Im sozialistischen Staat haben Staatshaushalt und privater Haushalt, Volkswirtschaft und Hauswirtschaft ein gemeinsames Ziel: Das Wohl der Menschen. Deshalb gelten „groß" und „klein" nur für Umfang und Kompliziertheit der Bereiche, nicht für ihren Wert. Im kleinen Haushalt muß ebenso Verantwortungsgefühl für den großen herrschen wie umgekehrt. Für die enge Verflechtung zum gegenseitigen Nutzen oder Schaden stehen unzählige Beispiele.

Mit der Rückgabe der Getränkeflaschen, mit dem persönlichen Beitrag zum Aufkommen an Sekundärrohstoffen ist die private Hauswirtschaft direkt in volkswirtschaftliche Prozesse einbezogen. Auch zu ihrem Vorteil, denn dabei fließt Geld in die Haushaltskasse. Werden im eigenen Haushalt Elektroinstallation, Maler- und Tapeziererarbeiten ausgeführt, werden Höfe und Vorgärten gepflegt, so wohnt man bequemer und schöner, zugleich schlägt Werterhaltung der Bausubstanz volkswirtschaftlich zu Buche.

1980 wurden in den Haushalten der DDR 110 Kilotonnen Gemüse konserviert, mehr als ein Drittel des Gesamtverbrauchs an Gemüsekonserven. Hinzu kamen 265 Kilotonnen Obst, nahzu das Dreifache, was der Handel der Bevölkerung an Obstkonserven verkaufte. Selbstgefüllte Gläser im Vorratsregal ersparen Einkaufszeit und Wirtschaftsgeld sowie der Volkswirtschaft die entsprechende, von der Lebensmittelindustrie zu erbringende Leistung oder Importe.

Umgekehrt kann es nicht Privatsache sein, wenn jährlich in den Haushaltungen Lebensmittel verderben, deren Wert auf 340 Millionen Mark geschätzt wird. Der volkswirtschaftliche Schaden ist noch wesentlich höher, weil es sich zum großen Teil um Grundnahrungsmittel handelt, deren stabile, niedrige Verbraucherpreise in jedem Jahr mit mehr als 4,6 Milliarden Mark aus dem Staatshaushalt gestützt werden. Was ist dagegen zu tun? Vom großen Haushalt wird darauf orientiert, hartes Brot, Speisereste und Küchenabfälle zu erfassen und als Futter den Mastbetrieben zuzuführen. Der kleine Haushalt sollte diese Möglichkeit unbedingt nutzen. Geplanter Einkauf und richtige Vorratswirtschaft beugen dem Verderb von Lebensmitteln vor.

Nach statistischen Berechnungen gehen etwa 75 Prozent des im Umlauf befindlichen Geldes durch die Hände der Frauen und Männer, die „Finanzminister" ihrer Familie sind. Da summieren sich Markscheine für den Einkauf von Waren des täglichen Bedarfs oder zur Bezahlung der Energierechnung bei den 6,5 Millionen Haushalten der DDR schließlich zu Milliarden Mark. Über den Zuwachs an Nationaleinkommen entscheidet nicht nur, wie jeder einzelne Bürger arbeitet, sondern auch wie er haushält.

Haushalt und Gesellschaft

So sehr das Wirtschaften und die Wirtschaftlichkeit im Vordergrund stehen – der Haus-

halt ist mehr als ein rein ökonomischer Bereich. Er hat große gesellschaftliche Bedeutung, indem er optimale Möglichkeiten für die Befriedigung elementarer menschlicher Bedürfnisse bietet. In seinem Haushalt, den sich der Mensch nach persönlichen Vorstellungen einrichtet, werden diese Bedürfnisse speziell und individuell erfüllt. Dabei spielt der Besitzer des Haushaltes eine aktive Rolle: Er regelt die Funktion seines Haushalts, Mängel spornen ihn zu Überlegungen und Verbesserungen an.
Gesellschaftliche Einrichtungen unterstützen die Anpassung des privaten Haushalts an die Bedürfnisse seiner Besitzer durch Vermittlung von Kenntnissen, Zulieferung industriell gefertigter Erzeugnisse und Erledigung besonders anstrengender und aufwendiger Hausarbeit in Dienstleistungsbetrieben.
Das Zusammenwirken von Haushalt und Gesellschaft zeigt sich deutlich am vorrangigsten Bedürfnis, gesund zu bleiben, die Gesundheit wiederherzustellen oder bei bedingter Gesundheit den medizinischen Empfehlungen entsprechend leben zu können. Im Haushalt lassen sich viele Voraussetzungen dafür schaffen: Pflege durch einen Angehörigen, Ruhe und dosierte körperliche Belastung, Körperpflege, Diätkost und teilnahmsvolle Zuwendung. Der Beitrag der Gesellschaft reicht vom Wohnraum – der Familiengröße entsprechend, altersgerecht oder der Behinderung angepaßt – über die medizinische und soziale Betreuung, die Vermittlung populärwissenschaftlicher Kenntnisse zur gesunden Lebensweise bis zum speziellen Lebensmittelangebot z. B. für Säuglinge, für Übergewichtige oder Menschen mit Stoffwechselleiden.
Sache jedes einzelnen, seines Lebensgefährten und seiner Familie ist es, sich den Haushalt einer gesundheitsfördernden Lebensweise entsprechend einzurichten. Es muß z. B. für jeden ausreichend Raum zum Entspannen und zum Lernen vorhanden sein, jeder braucht Zeit und Platz für Dinge und Tätigkeiten, die ihm Spaß machen. Gute Familienatmosphäre und anregende Geselligkeit als wesentliche Resultate der Gesundheit und Lebensfreude gedeihen auf der Basis eines funktionierenden Haushalts.
Der eigene Haushalt bedeutet Selbständigkeit und persönlichen Freiraum. Das ist wichtig für Menschen jeden Alters. Für die Jungen, um sich zu erproben und ihre Umwelt nach ihren Vorstellungen zu gestalten. Für Ältere, um ihre Lebenstüchtigkeit zu trainieren und lange zu erhalten, damit sie in der gewohnten Umgebung nach dem eigenen Rhythmus leben können und den Jüngeren unabhängige, geachtete Partner bleiben. Unsere Gesellschaft berücksichtigt und fördert diese Selbständigkeit, z. B. mit großzügiger materieller Unterstützung bei der Einrichtung junger Haushalte. Die unentgeltliche Betreuung durch Hauswirtschaftspflegerinnen der Volkssolidarität hilft vielen älteren Menschen, mit ihrem Haushalt selbst fertig zu werden.
Voll berufstätige Frauen mit eigenem Haushalt, die mindestens ein Kind oder einen pflegebedürftigen Menschen betreuen oder alleinstehend und über 40 Jahre alt sind, können monatlich einen bezahlten arbeitsfreien Tag erhalten, den sogenannten Haushaltstag. Diese Vergünstigung wird den betreffenden Frauen von allen Betrieben und Institutionen gewährt. Um auch der Gleichberechtigung und -verpflichtung der Männer in Sachen Haushalt Rechnung zu tragen, gehen immer mehr Betriebe dazu über, alleinstehenden Vätern oder Familienvätern, deren Ehefrauen z. B. längere Zeit im Krankenhaus liegen, ebenfalls einen Haushaltstag zuzubilligen.

Haushalt und Familienerziehung

Im Haushalt vollzieht sich der größte Teil des Familienlebens. Im elterlichen Haushalt eignen sich die Kinder Gewohnheiten, Wertvorstellungen und Umgangsformen an, mit denen sie ihren Mitschülern und Arbeitskollegen, ihrem späteren Partner gegenübertreten. Ob die moralischen und pädagogischen Forderungen der Eltern real sind und von ihnen selbst eingehalten werden, können Kinder gut am Verhalten von Vater und Mutter in den eigenen vier Wänden beurteilen – unter anderem an ihrem Einsatz bei der Haushaltsführung.
Sparsamkeit, aber nicht Geiz, Ordnungsliebe, aber nicht Pedanterie, Toleranz, aber nicht Prinzipienlosigkeit sind wichtige Charaktereigenschaften, die sich über Jahre ausbilden. Das geschieht weniger durch Reden und Ermahnungen als durch das Vorbild der

Eltern – unter anderem bei der Klärung häuslicher Probleme und bei der gemeinsamen Erledigung der Hausarbeiten. Sorgfältiger Umgang mit Geld und Gut, Achtung vor persönlichem und gesellschaftlichem Eigentum sowie die Ausbildung eines sicheren Geschmacks sind Ziele der Familienerziehung; sie zu erreichen, bietet der Haushalt viele Möglichkeiten. Deshalb sind Kinder, Jungen wie Mädchen, von den ersten Lebensjahren an altersgerecht am Haushalt zu beteiligen – von der Hausarbeit bis zur Entscheidung über Anschaffungen oder auch über die Wahl eines neuen Wohnortes.

Diese Einbeziehung sollte keinesfalls bis zum Schulalter aufgeschoben werden. Wie die Erziehung in der Krippe und im Kindergarten beweist, sind Vorschulkinder durchaus in der Lage, Teilaufgaben der Hausarbeit selbständig auszuführen. Beim Tischdecken und Abräumen, Blumenpflegen, Staubwischen und Besteckabtrocknen üben sie manuelle Geschicklichkeit, Aufmerksamkeit und Gedächtnis. Jungen wie Mädchen erfüllen die ihnen angemessenen häuslichen Pflichten um so besser, je mehr Geduld und Verständnis ihnen entgegengebracht wird. Sie übernehmen dann auch willig schwierigere Aufgaben. Ihre Beteiligung an der Hausarbeit ist bereits eingeübt und selbstverständlich, wenn sie sich dann den neuen, ungewohnten Forderungen der Schule stellen. Mit dem Lesen und Schreiben erwerben sie nun die Fähigkeit, kleine Einkäufe zu erledigen und immer mehr Mitverantwortung zu tragen.

Monotone, einseitige Tätigkeit wird von Kindern ebenso wie von Erwachsenen mit Unlust quittiert. Dürfen sie aber z.B. – bei Vorgabe einer bestimmten Summe – die Lebensmittel für das gemeinsame Abendbrot selbst auswählen, einkaufen, den Tisch dekken, Aufschnitt appetitlich anrichten, verläuft die Mahlzeit in einer harmonischen Atmosphäre, so wird anschließend auch das unbeliebte Geschirrwaschen und Aufräumen erledigt.

Die Tatsache, daß Verletzungen und Vergiftungen im Haushalt zu den hauptsächlichen Ursachen der Kinderunfälle zählen, spricht nicht gegen die Beteiligung von Kindern an der Hausarbeit, sondern unterstreicht, wie notwendig ihre sorgfältige und geduldige Einführung in ihre Pflichten ist. Der Umgang mit Elektrogeräten und Haushaltchemikalien setzt stets Anleitung und Aufsicht durch Erwachsene voraus. Ausgenommen sind Reinigungspräparate mit hohem Säure- oder Lösungsmittelanteil; sie gehören unter keinen Umständen in Kinderhände.

Kinder sollen von klein auf geachtete Partner im elterlichen Haushalt sein, sich hier praktisch betätigen und erproben können. Wer verständig genug ist, mit der elektrischen Eisenbahn zu spielen, wird rasch begreifen, wie man mit dem Staubsauger den Fußboden reinigt. Wer im polytechnischen Unterricht mit Werkzeugen hantiert, kann auch mit Küchengeräten, mit dem Bügeleisen und der Nähmaschine umgehen lernen. Beim Kochen, Backen, Nähen gewinnen die Heranwachsenden der Hausarbeit neue Aspekte ab und eignen sich nützliche Fertigkeiten an.

Mißerfolge werden mit Verständnis aufgenommen oder stillschweigend übergangen, selbst wenn sie durch Nichtbeachtung der Ratschläge Erwachsener entstanden sind. Strafen oder Vorhaltungen sind unangebracht. Obwohl die Mitarbeit der Kinder ihren Beitrag zur Funktion des Haushalts darstellt, einen geforderten und anerkannten Beitrag, steht im Vordergrund doch die erzieherische Wirkung ihrer Tätigkeit. Hier wird der Keim der richtigen Einstellung gegenüber dem eigenen Haushalt, der eigenen Familie gelegt.

Erfahrungen nutzen, neue gewinnen

Der Haushalt verlangt Wissen und Erfahrung auf vielen Gebieten: Zusammensetzung, Zubereitung und Haltbarkeit der Lebensmittel, Verwendung und Pflege von Textilien, Einrichten und Sauberhalten der Wohnung, Umgang mit Wasch- und Reinigungsmitteln, mit mechanischen und elektrotechnischen Geräten. In der Regel wird dieses Wissen im Haushalt der Eltern erworben und deren Erfahrung übernommen – eine wertvolle Mitgift, wenn sie nicht als für alle Zeiten ausreichend und unveränderbar angesehen wird. Im Haushalt wie in jedem anderen Bereich führen veraltetes Wissen und überholte Erfahrungen zu unnötiger Belastung, Fehlern, Schaden und Verlust. Deshalb erfordert vorteilhafte Haushaltführung – und das gilt für Menschen jeden Alters –, Neuerungen gegenüber aufgeschlossen zu sein; Anregungen aufzugreifen, Methoden anderer auszuprobieren, sich über neue Erzeugnisse zu informieren macht mehr Spaß, als im Gewohnten zu verharren. Auch aus dem Beruf lassen sich Kenntnisse und Erfahrungen auf den Haushalt übertragen, ohne daß fachliche Bezüge vorliegen müssen. Richtiger Arbeitsablauf (Technologie) und ökonomischer Umgang mit Zeit, Kraft und Geld sind unentbehrlich für einen gut funktionierenden Haushalt.

Haushalten lernen

Haushalten bedeutet von alters her, so zu wirtschaften, daß von dem Lohn oder Gehalt die leiblichen und geistigen Bedürfnisse befriedigt und „Notgroschen“ erspart werden. Dazu gehören pfleglicher Umgang mit Einrichtungsgegenständen und Kleidung, vernünftig geplante Neuanschaffungen. Anders läßt sich auch ein moderner Haushalt nicht begründen und führen – nicht für eine Person, erst recht nicht für mehrere Personen. Dabei kommt es darauf an, nicht nur mit dem Einkommen, sondern auch mit physischen und psychischen Kräften so hauszuhalten, daß neben der Bewältigung des Alltags Zeit und Interesse für sinnvoll genutzte (gemeinsame) Freizeit bleibt. Geordnete Finanzen bieten eine nicht zu unterschätzende Voraussetzung für den täglichen freundlichen Umgang miteinander. Deshalb sind alle Hilfsmittel angebracht, die den Haushaltsalltag „entschärfen“. Dazu gehört, besonders am Anfang, aber auch immer mal wieder das Notieren, Rechnen und Sich-Korrigieren.
Wer einen Haushalt gründet, sollte ehrlich und konsequent sich selbst gegenüber sein. Der Ausgangspunkt lautet: Was steht an Einkommen zur Verfügung? Was muß davon bestritten werden? Und wenn zwei einen gemeinsamen Haushalt gründen: Behält jeder sein Konto oder wird eines mit beiderseitiger Verfügung eingerichtet, von dem auch konstante Kosten (Miete, Energieraten, Versicherung) abgebucht werden?

- Das Wirtschaftsgeld – Ausgaben für Lebensmittel und Dinge des täglichen Bedarfs – errechnet sich nach den Erfahrungen mehrerer „normaler“ Monate ohne Sonderausgaben. Dem wäre eine Pauschale zuzuschlagen, zusätzliche Mittel für Feiertage, Besuch, Geschenke. Ein Hobby, das mit Kosten verbunden ist, die sich aus dem Taschengeld nicht bestreiten lassen, eine große Familienfeier, eine kostenaufwendige Reise usw. müssen bei der Einteilung des Einkommens berücksichtigt werden.

Für Anfänger wirtschaftet es sich leichter, wenn das Wirtschaftsgeld für je eine Woche vom Gehaltskonto abgehoben wird. Gleicht sich Mehrverbrauch nicht innerhalb von drei Monaten aus, ist zu überdenken: Ausgaben streichen oder Wirtschaftsgeld erhöhen? Es kann zweckdienlich sein, daß derjenige das Wirtschaftsgeld verwaltet, der den Verlokkungen des Warenangebots besser widersteht. Deshalb muß er (oder sie) aber nicht die gesamte Versorgung verantworten! Einkaufen ist eine Hausarbeit, die sich gut aufteilen läßt.
Auch Erwachsene brauchen Taschengeld und sollten sich selbst darüber Rechenschaft geben, was sie verbrauchen. Gut, wenn Partner auch darin ehrlich voreinander sind. Sehr gut, wenn nach Abzug der konstanten Kosten, des Wirtschafts- und des Taschengeldes vom Einkommen noch eine Reserve bleibt. Das klappt nicht auf Anhieb, weil besonders in jungen Haushalten manches fehlt. Doch das ist kein Grund, aufzugeben; auch kleine Summen zurückzulegen, lohnt sich. Sind Kredite zurückgezahlt worden, könnte die Rate, an deren Abzug man gewöhnt ist, jetzt gespart werden.
Ein „Haushaltsordner“ dient dazu, größere Anschaffungen festzuhalten. In einem Schnellhefter werden neben Kassenzetteln auch Garantiescheine und Verzeichnisse von Werkstätten abgeheftet, Nachweise für Versicherungsansprüche, Jahresabrechnungen der Energiebetriebe und ähnliche Schriftstücke. Solche Belege übersichtlich und griffbereit zu haben, erspart Ärger, Aufregung und materiellen Schaden. (s a. Arbeitsunterlagen)
Wenn man einen Überblick über die monatlichen Kosten gewinnen will, bewährt sich anstelle des Einkaufszettels ein kleines Notizbuch. Datum, Gegenstände und Endsumme der Einkäufe erlauben Schlußfolgerungen über den Verbrauch an Wirtschaftsgeld. Wurde zuviel ausgegeben, sollte es gelingen, dort Abstriche zu machen, wo sie zugleich der Gesundheit dienen, bei Genußmitteln. Wohlschmeckende, bekömmliche,

ausreichende und abwechslungsreiche Ernährung muß nicht mehr kosten, als die Verhältnisse es zulassen. Fisch und Quark zum Beispiel enthalten hochwertiges Eiweiß, sind vielseitig verwendbar und preiswert. Andererseits darf Wirtschaftsgeld nicht so knapp bemessen sein, daß man „von der Hand in den Mund" leben muß.

- Vorratswirtschaft. Sie hilft Zeit und Geld sparen, weil man günstige Angebote nutzen und aus dem Vorhandenen besser wirtschaften kann. Wieviel und welche Vorräte zweckmäßig sind, richtet sich nach den Aufbewahrungsmöglichkeiten (Keller, Speisekammer, Tiefkühlschrank s. d.). Wer besondere Kostformen einhalten muß, trachte danach, diese Nahrungsmittel stets vorrätig zu haben. Bei gut sortierten, nahe gelegenen Einkaufsstätten kann sich die eigene Vorratswirtschaft beschränken. Aber die Kaufhalle nebenan sollte nicht dazu führen, dort täglich Zeit und Geld zu lassen.

Grundausstattung des Haushalts

Die Grundausstattung des Haushalts dient dazu, ihn funktionsfähig zu machen. Ob man sich zunächst mit einer Mindestausstattung begnügt, hängt von finanziellen Mitteln, Wohn- und Lebensbedingungen ab. Besteht Aussicht, bald umzuziehen, wäre eine komplette Ausstattung verfrüht. Dennoch sollte eine Übergangslösung nicht mehr Aufwand erfordern als ein normaler Haushalt.

Oberster Grundsatz für alle Anschaffungen ist Zweckmäßigkeit, nicht Sparsamkeit um jeden Preis, auch nicht Repräsentation oder Nachahmung. Auszuwählen ist weder das Billigste noch das Allerneueste, sondern das Gerät und Geschirr, das dem eigenen Haushalt gegenwärtig und in naher Zukunft den größten Nutzen bringt. Zu beachten ist auch, ob sich mit Zusatzgeräten weitere Hausarbeiten ausführen lassen (betr. Staubsauger, Küchenmaschine) oder der Erstkauf aus der gleichen Typenreihe komplettiert werden kann (betr. Kühlschrank – Tiefkühlaufsatz).

Systematik in der Grundausstattung erleichtert die planmäßige, rationelle Einrichtung des Haushalts über einen längeren Zeitraum und vermeidet überflüssige Ausgaben.

Die Ausstattung eines kleinen Haushalts unterscheidet sich von einem großen Haushalt wohl in der Menge, aber nur wenig im Sortiment und in der Qualität, denn alle für die Funktion des Haushalts erforderlichen Arbeitsmittel müssen vorhanden sein. Das gilt für den ersten eigenen Mini-Haushalt des Studenten in seinem Untermieter-Zimmer, für ein junges Ehepaar mit eigener Wohnung wie für ältere Menschen, die nach Selbständigkeit der Kinder oder Verlust des Gatten ihren Haushalt verkleinern, um ihn besser zu bewältigen.

Zur Grundausstattung gehören in jedem Fall Betten, Haushaltwäsche, Geschirr sowie die für die Kleider-, Wäsche- und Raumpflege erforderlichen Gegenstände.

Betten und Bettwäsche. In sehr kalten Räumen schläft man gern unter molligen Federinletts, sogenannten Schüttbetten. In zentral beheizten Wohnungen werden Steppbetten oder Steppdecken als angenehm empfunden. Gebraucht werden pro Person ein Oberbett bzw. eine Steppdecke zum Zudecken, ein oder zwei Federkopfkissen. Nackenrollen sind nützlich bei Verspannungen im Schulterbereich, aber auch um einen Arm oder die Knie zu stützen.

Reinigung: Sie ist erforderlich, wenn bei den mit Chemiefaserflocken gefüllten Steppdekken die Bezüge Flecken aufweisen oder nach einer ansteckenden Krankheit oder wenn die Füllung sich durch Lüften und Ausschütteln nicht mehr entstauben läßt. Es wird je nach Kennzeichnung chemisch oder durch Naßwäsche (Waschmaschine) gereinigt. Federstepp- oder -schüttbetten gehören, wenn die Füllung klumpt oder das Inlett „federt", d.h. durchlässig geworden ist, in eine Bettfedernreinigung, wo die Füllung notfalls auch ergänzt und das Inlett erneuert wird. Neue Federbetten halten bei sachgemäßer Pflege – lüften, schütteln, abbürsten, niemals staubsaugen – 15 bis 20 Jahre.

Zusätzlich werden im Haushalt einige Wolldecken gebraucht, beim Ausruhen, als Wärmespender über dem Bett oder wenn Gäste zu beherbergen sind.

An Bettwäsche braucht eine Person mindestens drei Laken und drei Bettbezüge (je einen im Gebrauch, einen in der Wäscherei, einen in Reserve), dazu vier bis sechs Kissenbezüge. Letztere sollten wie Nachtwäsche wöchentlich gewechselt werden.

Haushaltwäsche. Dazu zählen große und kleine Frottierhandtücher, Mehrzweckhandtücher, Geschirrtrockentücher, große Badetücher und Bademäntel sowie Tisch- und Tafeltücher mit Servietten. Menge, Format und Farbigkeit richtet sich nach der Personenzahl, der Wohnungseinrichtung und dem möglichen Waschrhythmus. Ein reichlich bemessener Bestand an Bett- und Haushaltwäsche dient der Hygiene, Gastlichkeit und Behaglichkeit.

Zur Aufbewahrung von Lebensmitteln.

● Der Kühlschrank bietet beste Voraussetzungen, leicht verderbliche Lebensmittel wie Milch und Milcherzeugnisse, Fleisch, Wurst, Feingemüse u. a. bei gleichbleibenden, niedrigen Temperaturen aufzubewahren. Er steht deshalb bei der Haushaltsgründung ganz oben auf der Anschaffungsliste. Sein Fassungs- und Leistungsvermögen ist eher größer als für die gegenwärtigen Bedürfnisse erforderlich zu wählen.

Moderne Küchenmöbel sind mit einem Brotfach sowie Behältern für Nährmittel und Gewürze ausgerüstet. Doch diese reichen selten aus. Aufbewahren in Tüten begünstigt Streu- und Aromaverluste und das Eindringen von Schädlingen. Nicht sofort verbrauchter Inhalt von Blechkonservendosen muß in nichtmetallische Gefäße umgefüllt werden (auch Kondensmilch). Fleisch, Wurst und Käse werden sofort nach der Rückkehr vom Einkauf aus dem Papier genommen. Unterschiedliche Behälter dienen dazu, Lebensmittel hygienisch aufzubewahren, appetitlich auf den Tisch zu bringen, sie bei der Zubereitung der Speisen schnell und übersichtlich zur Hand zu haben. Benötigt werden Brotbüchse aus Plast oder Emaille (notfalls ein Steintopf), Gläser oder Plastdosen mit Deckel und Aufschrift für Salz, Zucker, Mehl, gut schließende Blechbüchsen oder Gläser für Tee, Kaffee, Kakao sowie Gewürze. Diese Behälter sollten stets am gleichen Platz und in gleicher Reihenfolge stehen.

Den Platz im Kühlschrank nutzen am besten stapelbare, eckige Plastdosen mit Deckel in verschiedenen Farben für Butter, Margarine, Marmelade, Aufschnitt. Span- oder Plastkörbe eignen sich für Kartoffeln, Gemüse und Obst.

● Keller und Speisekammer müssen zur Aufbewahrung von Vorräten gut beleuchtet und ausreichend belüftet sein; für den Sommer empfehlen sich Fliegenfenster.

Wintervorrat an Kartoffeln, Gemüse und Obst wird am besten in stapelbaren, luftdurchlässigen Gestellen aufbewahrt. Wer Kartoffeln einlagert, sollte über einen Platz mit der günstigsten Temperatur zwischen 3 und 5 °C verfügen, nach der Lieferung beschädigte Knollen auslesen und den Vorrat schichtweise mit einem Keimstopmittel bestäuben. Möhren, Sellerie, Petersilienwurzel, Rote Bete und Schwarzwurzel lassen sich gut in einer Kiste mit feuchtem Sand aufbewahren. Die Horden für Winterobst werden mit Zeitungspapier oder Holzwolle ausgelegt. Es muß öfter durchgesehen werden, damit faulende Stücke die anderen nicht anstecken.

Zur Zubereitung der Speisen.

● Kochgelegenheit. Zur Küche gehört ein fest installierter Gas- oder Elektroherd, in Altbauten häufig kombiniert mit einem Kohlebeistellherd. Wer die Küche gemeinsam mit anderen Mietern benutzen muß, sollte sich – im Einverständnis mit dem Hauptmieter – eine gewisse Unabhängigkeit schaffen, z. B. durch eine Einzel- oder Doppelkochplatte; er sollte mindestens für Heißwasser und Getränke einen elektrischen Wasserkocher (mit Eier-Einsatz) oder einen Tauchsieder mit passendem hohen Topf besitzen. Diese Geräte werden nur unter Aufsicht auf einer festen Unterlage mit unempfindlicher Platte betrieben.

In einem Haushalt, in dem häufig Milch erhitzt oder Diätkost zubereitet wird, lohnt sich ein Milchkocher, ein doppelwandiger Spezialtopf, in dem die Speisen im Wasserbad garen, ohne anzubrennen oder überzukochen.

Fehlt ein Backofen, so leistet ein elektrisches Back- und Bratgerät gute Dienste.

Keine Küche ohne Uhr – ein Kurzzeitwekker entlastet die Konzentration und garantiert exakt eingehaltene Garzeiten, Eier bleiben weich, Fisch zerkocht nicht, Kuchen verbrennt nicht.

● Geschirr und Geräte. Speisenvorbereitung ist undenkbar ohne Küchenmesser, Brot- und Aufschnittmesser, Holzbretter, Plastschüsseln und Siebe verschiedener Größe; Öffner für Büchsen, Gläser, Flaschen; Meßbecher, Gurkenhobel, Zitronenpresse, Plastreibe, Schneeschläger. Für Eintopfgerichte wird ein größerer Kochtopf gebraucht, für Gemüsebeilage ein mittlerer, für Fleisch ein Schmortopf. Hinzu kommen Wasserkessel,

Stielkasserolle, Bratpfanne. Zum Kuchenbacken werden Spring-, Kasten- und Napfkuchenform benötigt, ferner Holzquirl und Reibekeule (besser ein Rührgerät), Teigrolle (Nudelholz) und -schaber sowie Pinsel.
Mit Gefrierkostschneider, Bratenwender, Fischheber, Schaumlöffel, Salatbesteck und Geflügelschere erweitert sich die Ausstattung. Eine Brot- und Aufschnittschneidemaschine mit Saugfuß oder elektrischem Antrieb, der Fleischwolf und ein elektrisches Rühr- und Mixgerät erleichtern die Arbeit. Durch Grill, Brotröster und Frittiertopf wird die Kost abwechslungsreicher. Um Obst in größeren Mengen zu verarbeiten, lohnen sich Kirschentkerner, Apfelstecher und vor allem ein Passiergerät.
Zum Verzehren der Speisen reichen fürs erste ein Kaffeeservice, große flache, tiefe und mittelgroße Teller (für Kuchen und Schnitten), dazu Bestecke, ferner Plastbretter und -löffel, Eierbecher, Schüssel und Schälchen für Salat und Kompott sowie ein Satz Mehrzweckgläser. Einige Glaskannen bleiben bestimmten Getränken vorbehalten (Tee, Milch, Saft).
Ein Satz Schüsseln dient zum Auftragen verschiedener kalter oder warmer Speisen – falls letztere nicht in dem Topf auf den Tisch gebracht werden, in dem sie zubereitet wurden. Bevor ein komplettes Speiseservice mit Suppenterrine, Soßengießer, Bratenplatte, Gemüse- und Kartoffelschüssel angeschafft wird, muß auch genügend Schrankraum zur Unterbringung vorhanden sein.
Nach und nach werden Weingläser, Biertulpen, Sektschalen und Kognakschwenker erworben. Kuchengabeln, Zuckerzange, Suppen- und Soßenkellen vervollständigen den Besteckvorrat.
Zur Kleider- und Wäschepflege. Sie beginnt mit Schwamm und fusselfreiem Tuch, weicher Kleiderbürste und fester Waschbürste, Schüssel, Eimer, Wanne, Wäschekorb, -leine und Klammern, setzt sich fort mit Reglerbügeleisen, Ärmelbügelbrett und dem in der Höhe verstellbaren Bügelbrett. Waschmaschine und Wäscheschleuder erleichtern das Wäschewaschen sehr und verkürzen den Zeitaufwand. Ein luftdurchlässiger Beutel für getragene Wäsche nimmt weniger Platz ein als ein Korb.
Für Reinigungsarbeiten. Sie können mit einer Mindestausstattung ausgeführt werden: Zwei Schüsseln mit verschiedenen Bürsten für den Abwasch, Schwamm-, Scheuer- und Staubtücher, Schrubber und Eimer zum Putzen und Wischen. Da aber diese ständig wiederkehrenden Arbeiten viel Zeit und Kraft erfordern, lohnen sich Investitionen, um mit geringerer Anstrengung und höherem Effekt sauber zu machen.
- Der Staubsauger ist nicht nur für textile Beläge unentbehrlich. Er ermöglicht gründliche und nachhaltige Trockenreinigung. Der Besen wirbelt viel Staub auf, der sich auf den Möbeln und dem Fußboden wieder absetzt. Der Staubsauger dagegen „schluckt" den Staub, entfernt ihn aus Ecken und Ritzen und zwischen den Rippen der Zentralheizung. Bei groben Verunreinigungen, wie z. B. nach Maurer- und Malerarbeiten, tritt erst der Besen mit Handfeger und Schaufel in Aktion, danach der Staubsauger. Er zählt zu den ersten und wichtigsten Anschaffungen; später erweitern Zusatzgeräte wie Schaumreiniger und Teppichklopfer sein Leistungsvermögen. Mülleimer müssen mit fest schließenden Deckeln versehen sein. Besser sind Treteimer, um beide Hände frei zu haben. Einsätze aus Plast rosten nicht und sind leicht sauber zu halten, aber völlig ungeeignet für Asche!

Hausarbeit

Unter Hausarbeit versteht man die unterschiedlichsten Tätigkeiten im Haushalt. Sie sind nach Vernunftgründen zu bewerten; Unterschätzung ist völlig falsch und ungerecht. Ihre historischen Ursachen hängen eng mit der Klassengesellschaft zusammen, die die Frau und die von ihr geleistete Arbeit gering achtete. Wurden Hausarbeiten als Lohnarbeit ausgeführt, so gehörten sie stets zu den schlecht bezahlten Tätigkeiten mit den geringsten sozialen Rechten. Als die Frauen ihre gleichberechtigte und gleichgeachtete Stellung im Berufsleben eroberten und festigten, mußten sie daneben, oft noch ohne Hilfe seitens der anderen Familienmitglieder, die Hausarbeiten verrichten, die geringer bewertet wurden als die berufliche Leistung. Heute ist diese falsche Einschätzung weitgehend überwunden, es gibt dagegen Symptome einer ebenso ungerechtfertigten Überbewertung. In dem komplizierten partnerschaftlichen Prozeß der Anpassung und gemeinsamen Bewältigung von Alltagsproblemen, der große Forderungen an Verstand, Charakter und Sensibilität stellt, weicht mancher, ob Mann oder Frau, auf Äußerlichkeiten aus – die besser eingerichtete, „spiegelblanke" Wohnung, aufwendiges Essen – und glaubt, dadurch auch im Bekanntenkreis „wettbewerbsfähiger" zu sein.

Grundsätzlich sollte im Haushalt nicht so viel und so gut wie möglich, sondern soviel wie nötig gearbeitet werden. Übermäßiges Putzen ist bei jungen Leuten oft ein Zeichen von Unsicherheit (sie wollen sich nicht „blamieren"), bei Älteren die Macht der Gewohnheit. Selbst wenn die vertraute Arbeitsweise anstrengender und umständlicher ist, erscheint sie ihnen leichter als die effektivere, aber unbequeme Neuerung, die zum Nachdenken, zur Umstellung zwingt. Hausarbeit richtig zu bemessen, erfordert Selbstbewußtsein und sachliche Prüfung: Was und wieviel muß getan werden? Wann und wie geschieht es am rationellsten?

Erfahrungen sind nützlich auf der Basis eigener Entscheidung, denn jeder Haushalt hat seine eigenen Bedingungen. Wirksame chemische und technische Hilfsmittel vermindern heute die Anstrengung; da jedoch gleichzeitig die Ansprüche an Wohn- und Wäschekomfort, an eine genußreiche, individuelle Kost gestiegen sind, ist der Zeitaufwand noch immer sehr hoch.

Die Hausarbeit in einem durchschnittlichen Vier-Personen-Haushalt entspricht in ihrem Umfang etwa der an einem Arbeitsplatz in der Produktion oder Verwaltung geforderten Leistung. Und ebenso wie diese erfordert Hausarbeit Verstand und Geschick, Mühe und Konzentration. Belastend daran ist, daß sich täglich, manchmal sogar mehrmals am Tag die gleichen Arbeiten wiederholen, daß keine dauerhaften Ergebnisse erzielt werden. Essen ist schneller aufgegessen als zubereitet; kaum ist abgewaschen, schon steht wieder benutztes Geschirr da. Dennoch bringt Hausarbeit meßbare Leistungen hervor – bei einem noch weit höheren Anteil konkret nicht meßbarer Wirkung – und sie ist in großem Maße werterhaltend.

Hausarbeit kann und muß man selbst einteilen, man kann und muß sie auch liegenlassen. Ein wichtiger Ansporn zur Hausarbeit ist, daß man sie für sich selbst, für seine nächsten Angehörigen tut. Hausarbeit wird neben der Berufsarbeit oder der Betreuung von Kleinkindern oder Pflegebedürftigen geleistet. Sollen Familienleben, Bildung, Erholung und Gastlichkeit nicht zu kurz kommen, darf sich die Hausarbeit keinesfalls zur „zweiten Schicht" auswachsen. Sie muß rationell geplant und durchgeführt werden.

Im Mehr-Personen-Haushalt sind gemeinsame Regelungen erforderlich, nicht nur zwischen den Eheleuten, sondern unter Einbeziehung der Kinder und älterer Angehöriger. Alle Verrichtungen, die täglich anfallen und kaum zu verschieben sind, wie Kinderbetreuung, Einkaufen, Ordnung schaffen und Saubermachen, Essenzubereitung, unter Umständen Wäschewaschen, sollten von beiden Partnern beherrscht werden; dann können sie sich abwechseln, ersetzen, freistellen: ein unschätzbarer Gewinn für den Lastenausgleich innerhalb der Ehe, für die Berufstätigkeit beider, für Kommunikation und Verständnis, besonders wichtig aber während längerer Krankheit und nach dem Verlust eines Partners. Spezielle Kenntnisse, die seltener gebraucht und langfristig geplant werden, wie z. B. Schneidern, Tapezieren und Malern, die verschiedenen Heimwerkerreparaturen, braucht nur der eine zu beherrschen oder zu erlernen. Allerdings sollte jedes Familienmitglied danach streben, Kenntnisse und Fähigkeiten auf einem Gebiet zu entwickeln, das allen zugute kommt, und damit für einen Teil der Hausarbeit verantwortlich zu sein. Der Frau die Verantwortung zu überlassen und lediglich von ihr eingeteilte und organisierte Hilfsarbeit auszuführen, widerspricht der Gleichberechtigung von Mann und Frau, ihrer gemeinsamen Entscheidung in allen die Ehe und Familie betreffenden Fragen.

Rationalisierung der Hausarbeit. Sie erfolgt nach dem Prinzip: Verteilen, Einteilen, Aufteilen. Verteilen oder aus dem Haushalt auslagern sollte man, was Dienstleistungsbetriebe übernehmen:

Chemische Reinigung von Kleidung und Raumtextilien und Teppichen, schrankfertige Bearbeitung von Bettwäsche, Bettfedernreinigung, Ausbessern von Ledersachen, Polstermöbelreinigung, unter Umständen Fensterputzen, Spezialpflege von Parkett und anderen Fußböden. Zu nutzen sind ferner gastronomische Leistungen wie ins Haus gelieferte Menüs, Salate und Platten oder Feiern außerhalb der Wohnung.

● Einteilen der Zeit und der Kräfte vermeidet Überbelastung und sichert, daß Hausarbeit nicht zum „Freizeitdieb" wird. Es ist nicht einzusehen, warum sich alles auf den Sonnabend konzentrieren soll. Vor allem anstrengende, zeitraubende Arbeiten lassen sich in Teilprozesse aufgliedern und auf Wochentage verteilen. Der Erholungswert des Wochenendes bleibt erhalten.

Vor bedeutsamen Terminen (Prüfung, Reisebeginn, Familien- und Kalenderfeste) werden Hausarbeiten auf das absolut Notwendige reduziert, um sich den besonderen Vorbereitungen zu widmen. So ungepflegt wohnt niemand, daß er sich kurz vor dem Fest in einem „Scheuerfest" abhetzen muß.

● Aufteilen der Tätigkeiten auf die Familienmitglieder geht von ihren Interessen und Neigungen aus. Was jeder für sich braucht, erledigt er selbst: Jeder hält Ordnung in seinen Sachen, putzt seine Schuhe, besorgt Schul- und Lehrmaterial usw. Einige Arbeiten gehen zügiger, wenn sich mehrere daran beteiligen, z. B. die „Fließbandmethode" beim Saubermachen (s. d.), aber auch das Tischdecken und Abräumen einschließlich Geschirrspülen und Wegstellen. Exakte Kenntnisse verlangen Kochen und Heizen – aber man lernt es! Die Aufteilung sollte von Zeit zu Zeit wechseln. Hausarbeit muß nicht langweilig sein.

Eine Arbeit, die geradezu nach Aufteilung drängt, ist der Einkauf. Wer Lasten besser bewältigt, kauft regelmäßig – günstig am Wochenanfang – Grundnahrungsmittel, Getränke und Konserven ein. Wer am Wochenende das Essen zubereitet, wird auch die Zutaten – Fleisch, Fisch, Gemüse – auswählen wollen. Besonders gern kaufen Kinder ein; ihnen kann übertragen werden, was frisch besorgt werden muß: Milch, Brot, Weißgebäck, Obst. Alle in der Familie sind mitverantwortlich; wem ein Mangel auffällt, wer den Rest verbraucht hat, schreibt sofort das Fehlende für den nächsten Einkauf auf die Papierrolle, die zu diesem Zweck mit Bleistift am Küchenschrank hängen sollte.

Anhand des Kassenzettels wird die vorgegebene Summe abgerechnet. Klappt das längere Zeit ohne große Differenzen, wird großzügiger verfahren: Zum Einkaufen wird ein gesondertes Portemonnaie genommen, daraus bezahlt, dort hinein das Wechselgeld gesteckt. Diese Regelung erfordert Übersicht und Geduld, aber wenn sie sich einspielt, wachsen Vertrauen und Selbstvertrauen, das Einkaufen macht mehr Spaß und ist schneller erledigt.

Erleichterung der Hausarbeit. Um die Hausarbeit schneller und leichter zu verrichten, bedienen wir uns bestimmter Hilfsmittel und Methoden. Welches Gerät und welche Arbeitsweise dabei den größten Nutzen bringt, hängt weitgehend von den individuellen Bedingungen des eigenen Haushalts ab. In der Regel werden mehrere infrage kommen, es werden sowohl geeignete Geräte als auch zweckmäßige Methoden kombiniert.

Produkte der Haushaltchemie, die je nach Bezeichnung für die Glas-, Teppich-, Möbel- oder Mehrzweckreinigung einzusetzen sind, wirken am besten, wenn die Gebrauchsanweisung genau befolgt wird. Nicht viel hilft viel, sondern die exakte Dosis.

Mechanische und elektrotechnische Geräte sind u. a. Gemüsereibe, Fleischwolf, Staubsauger, Waschmaschine, Rühr- und Mixgerät. Ihre Anschaffung richtet sich nach der Häufigkeit des Gebrauchs, der damit zu erwartenden Erleichterung und dem besseren Arbeitsergebnis. Beispiel: Da täglich Brot verzehrt wird, empfiehlt sich selbst im kleinen Haushalt eine mechanische Schneidemaschine. Bedeutend leichter und gleichmäßiger als mit dem Messer werden damit Brotscheiben geschnitten. Sind in einer Familie täglich viele belegte Schnitten zuzubereiten, so wäre eine elektrische, auch für Fleischwaren und Käse geeignete Schneidemaschine angebracht.

Die Geräte stehen betriebsbereit an ihrem ständigen Platz. Sobald sie demontiert und in Schränke oder Schubkästen weggestellt werden, verringert sich ihr Nutzen, weil der Aufwand zur Inbetriebnahme steigt. Daß es sich lohnt, auch kurzzeitige, anstrengende Arbeiten mit der Technik statt mit Muskelkraft zu erledigen, beweist die große Verbreitung der elektrischen Kaffeemühle. (Weitere Beispiele siehe Saubermachen und Wäschepflege).

Pflegeleichte Ausstattung verringert den Reinigungsaufwand. Bei Neueinrichtung, Umzug oder Renovierung der Wohnung werden solche Erzeugnisse angeschafft, die wenig

Schmutz aufnehmen und sich leicht säubern lassen. Beispiel: Für den Eingang der Wohnung und viel begangene Räume geben wir – trotz des höheren Kaufpreises – kratzunempfindlichen, tritt- und abriebfesten Fußbodenbelägen den Vorzug, denn sie sehen durch einfaches Wischen stets sauber und gepflegt aus.

Beim Kauf heller Polstermöbel wählen wir Modelle aus, die abnehmbare mit Reißverschlüssen und Reinigungssymbolen versehene Bezüge haben. Solche Möbel sollen uns und unseren Gästen ungezwungene Bequemlichkeit bieten.

Bevorzugte Stellen für „Fingerabdrücke“, wie die Umgebung von Lichtschaltern und Türgriffen, werden durch viereckige oder kreisförmige Plaststreifen leicht abwaschbar. Wände in der Küche, dem Bad und dem Kinderzimmer erhalten Anstriche, die sich feucht reinigen lassen.

Funktionsgerechte Einrichtung macht weniger Mühe. Zimmer bleiben sauberer, wenn die Ablage für regenfeuchte Kleidung und der Schuhschrank zum Wechseln von Straßen- und Hausschuhen sich am Eingang der Wohnung befinden. Möbel sollten entweder direkt auf dem Fußboden stehen – dann sammelt sich unter ihnen kein Staub –, oder der Abstand zum Boden muß ausreichen, um bequem mit Schrubber oder Staubsauger darunter zu gelangen. Für Zimmer, in denen Kinder spielen, sind Möbel mit matten Oberflächen besser geeignet. Auf dunklen, polierten Flächen markieren sich Kratzer und Fingerspuren besonders deutlich und sind schwerer zu beseitigen.

Weniger aufräumen bedeutet viele Schritte und Griffe sparen; das Aufräumen ist eine der häufigsten und von vielen unterschätzten Hausarbeiten. Deshalb werden alle Gegenstände, auch Wäsche und Geschirr, möglichst dort untergebracht, wo man sie braucht. Zum Beispiel gehören Handtücher, Körperpflegemittel und Bademäntel ins Bad, Geschirrtücher, täglich benutzte Services und Bestecke in die Küche.

Körperhaltung und -bewegungen bei der Hausarbeit. Wie schwer oder leicht Hausarbeit fällt, hängt wesentlich von der Körperhaltung und den Körperbewegungen ab. Bei jeder Arbeit ist deshalb eine lockere, natürliche Haltung anzustreben; dauert der gleiche Vorgang längere Zeit, so empfiehlt sich eine bewußte Pause zur Entspannung. Beim Stehen werden die Füße besser nicht genau nebeneinander gestellt, sondern ein Fuß weiter nach vorn, und dieses „Standbein“ wird öfter gewechselt. Kurzzeitige, anstrengende Arbeiten wie Bettenaufschütteln, Zerkleinern harter Gemüse sind stehend leichter zu bewältigen, weil dann neben den Armmuskeln die Schwerkraft des ganzen Körpers wirken kann.

Tragen, Heben und Halten (volle Eimer, Wäschekörbe, Einkaufstaschen) sind besonders anstrengend. Für die damit verbundene Hausarbeit sind technische Hilfsmittel einzusetzen, mit denen sich die Lasten rollen, ziehen oder schieben lassen: Einkaufsroller, kleine Wagen, ein fahrbarer Wäsche- (ehemals Baby-) Korb.

Um beim Warten an Haltestellen die Einkaufslast absetzen zu können, sind stabile Taschen günstiger als Netze oder Beutel. Läßt sich das Tragen oder Halten nicht umgehen, werden wiederum neben den Armen große Muskelgruppen einbezogen. Bei einem länglichen Korb kann sich der Arm an den Körper lehnen; ein runder Korb muß mit ausgestrecktem Arm getragen und somit gleichzeitig gehalten werden. Das erfordert doppelte Kraft. Den vollen Wäschekorb aus dem Stand mit durchgedrückten Knien hochzuheben, ist schwerer als aus der Hocke: da „hebt“ der ganze Körper mit. Seitlich tragen sich Lasten besser als vor dem Körper, deshalb wäre es falsche Sparsamkeit, Eimer ohne Henkel weiterzuverwenden. Eine große Last wird zudem am besten auf beide Arme verteilt, Griffe dürfen nicht in die Hände einschneiden. Schwere Töpfe werden vorn auf den Herd gestellt, denn Bewegungen, die mit angewinkelten Armen ausgeführt werden, fallen leichter als mit gestreckten Armen.

Der Arbeitsplatz in der Küche, an dem viele Vor- und Zubereitungsarbeiten erfolgen, sollte der Körpergröße angepaßt sein. Die Vorderseite des Stuhls ist abgerundet, um die Blutgefäße an den Unterseiten der Oberschenkel nicht abzudrücken. Die Rückenlehne stützt die Wirbelsäule an den Lenden, das Schultergelenk soll sich ungehindert bewegen können. Die Füße ruhen auf einer Fußbank oder -raste.

Die Arbeitsfläche auf dem Tisch verhält sich in der Höhe zur Sitzfläche so, daß die Unterarme locker aufliegen. Nehmen wir z. B. beim Gemüseputzen die Schüssel auf den Schoß, so werden die Unterarme – um weniger zu ermüden – am besten in Höhe des Herzens gehalten. Alle Zutaten und Geräte werden vorher bereitgestellt, damit auch im Sitzen kontinuierlich gearbeitet werden kann. In den Küchenschränken stehen die am häufigsten benutzten Töpfe und andere Geschirrteile in Fächern, die in aufrechter Körperhaltung gut erreicht werden. Bücken und Recken kostet Kraft. Viel zu oft bücken und recken wir uns auch beim Saubermachen und bei der Wäschepflege. Dagegen helfen lange Stiele an Kehrbesen und -schaufel, Abfalleimer mit Tretvorrichtung, Abstellböcke, die das Beugen des Körpers bis in Bodennähe vermeiden helfen.

Der Handstaubsauger wird so montiert, daß sich das Motorgehäuse im unteren Teil befindet, damit das Gerät beim Saugen nicht gehalten, sondern nur geführt zu werden braucht. Die aus einem Hocker herausklappbare Trittleiter mit drei Stufen (wichtig für den Unfallschutz!) erleichtert das Reinigen von Fenstern, Lampen, Schrankoberteilen. Im Gegensatz zu anderen Leitern, die nur im Keller unterzubringen sind, läßt sich diese Trittleiter gut in das Mobiliar einordnen und steht so ständig zur Verfügung.

Der Gebrauch geeigneter Werkzeuge schafft ebenfalls Erleichterungen. Gut geschärfte Messer setzen den Widerstand beim Schälen und Putzen von Gemüse weitgehend herab, die Finger brauchen nur wenig Druck auszuüben, die Hand verkrampft nicht. Beim Zerteilen wird das Hebelprinzip genutzt: Eine Hand hält den Messergriff, die andere drückt die Klinge herunter. Zum Quetschen oder Pressen werden Geräte mit langen Griffen verwendet, ihre Hebelwirkung verringert den Kraftaufwand.

Auch die Anordnung der Küchenmöbel, z.B. von Vorratsschrank und Zubereitungstisch, von Herd und Spüle kann dazu beitragen, den Zeit- und Kraftaufwand durch Laufbewegungen und Körperwendungen zu vermindern (s. a. Kap. „Zweckmäßige Küche“).

Zweckmäßige Methoden erfordern weniger Zeit und Kraft. In jedem Haushalt fallen zwar die gleichen Arbeiten an, die Art ihrer Verrichtung hängt jedoch von vielen persönlichen und deshalb unterschiedlichen Bedingungen ab. Die Größe der Wohnung, die Zahl der Bewohner, deren Alter, Lebensgewohnheiten und Bedürfnisse spielen eine Rolle, ferner die Ausstattung des Haushalts, die Entfernung zu Einkaufsstätten und Dienstleistungseinrichtungen. Diese Faktoren bestimmen, welche Arbeitsmethoden für den eigenen Haushalt am zweckmäßigsten erscheinen. Zum Beispiel: Die „fließende“ Wohnungsreinigung nach dem Vorbild berufsmäßiger Gebäudereiniger ist dort vorteilhafter, wo sich mehrere Personen in die Arbeit teilen und in allen Räumen gleichzeitig saubergemacht werden kann. Braucht aber ein Säugling, ein alter oder kranker Mensch Ruhe und Rücksichtnahme, so werden die Zimmer besser komplex gereinigt (s. a. Saubermachen). Die beste Methode muß jeder selbst ausprobieren. Doch es gibt allgemeingültige Empfehlungen. Vor jeder Tätigkeit überlegen: Welches Ergebnis soll erreicht werden? Welche Zeit, Kraft und Mittel stehen zur Verfügung? Wie werden sie klug eingeteilt, um mit möglichst geringem Aufwand das bestmögliche Resultat zu erzielen? Hausarbeit ist keine mechanische, stumpfsinnige Tätigkeit, sondern erfordert viele unterschiedliche Kenntnisse und Fertigkeiten. Nachdenken und Planen baut körperliche Anstrengungen ab; die immer leistungsfähigere, in der Pflege und Wartung aber auch anspruchsvollere Haushalttechnik will richtig eingesetzt sein.

Zusammenfassen von Tätigkeiten. Tätigkeiten am gleichen Arbeitsplatz oder mit den gleichen Arbeitsmitteln werden zusammengefaßt. Zum Beispiel wird mit dem Ausbessern gewartet, bis mehrere Stücke beisammen sind, für die der Nähplatz hergerichtet und die Nähmaschine aufgeklappt wird. Bei der Speisenvorbereitung werden Gemüse und Kartoffeln möglichst hintereinander geputzt, gewaschen und zerkleinert, um Arbeitsfläche und -geräte nur einmal reinigen zu müssen. Bei der Wäschepflege wird Kleidung entfleckt und gebürstet, während Schals, Handschuhe oder Strümpfe in der Lauge eines selbsttätig wirkenden Feinwaschmittels liegen. So konzentriert sich das Denken auf ein bestimmtes Teilgebiet der Hausarbeit.

Arbeitsunterlagen am richtigen Platz. Zeit und psychische Kraft gehen unbemerkt verloren, wenn Arbeitsunterlagen keinen festen oder nicht den richtigen Platz haben, wie

z. B. Koch- und Backrezepte, Gebrauchs- und Pflegeanweisungen für Haushaltgeräte und Textilien, Garantieurkunden für hochwertige Waren, Telefonanschlüsse für Havarie-Situationen. Es lohnt, sich ein Fach des Schreibschrankes im Wohnzimmer oder des Küchenschranks dafür zu reservieren. Stekken Koch- und Backbücher in Plastumschlägen, so kann man sie auch einmal mit bemehlten Händen aufschlagen, um nachzulesen. Der „Putzkorb" mit Pinsel, Bürste, Staubtuch und Möbelspray enthält alle zur Staubbeseitigung erforderlichen Utensilien; sie sind stets zur Hand und werden mit einem Griff von einem ins andere Zimmer transportiert.

Grundtätigkeit, Hilfstätigkeit und Kontrolltätigkeit. Sie müssen im richtigen Verhältnis stehen, um bei der Hausarbeit Ergebnisse zu erreichen, die die Mühe aufwiegen.

- Grundtätigkeit bewirkt sichtbare Veränderungen: Feuer flackert im Ofen, Fenster werden blank, Staub verschwindet von den Möbeln. Diese Tätigkeit empfinden wir als produktiv. Wird sie durch Hilfstätigkeit allzusehr ausgedehnt, sinkt die Arbeitsproduktivität, Ermüdung tritt ein. So zum Beispiel, wenn das Heizmaterial erst zerkleinert, Putzzeug zusammengesucht wird, warmes Wasser fehlt und die Leiter noch im Keller steht.
- Hilfstätigkeit, die längere Zeit in Anspruch nimmt, ist daher zu überprüfen. Sie läßt sich vielleicht nicht „wegrationalisieren", aber oft zusammenlegen oder einschränken, indem eine größere Menge Heizmaterial auf einmal zerkleinert, der Arbeitsablauf gut vorbereitet, d. h. der Wasserkessel rechtzeitig aufgesetzt wird. Andere Hilfstätigkeit, wie das Decken des Tisches, läßt sich erledigen, während die Eier kochen und der Tee zieht.

Arbeitsteilung in der Familie erhöht die Produktivität und sorgt dafür, daß eine anstrengende Grundtätigkeit wie das gründliche Trocken- und Naßreinigen des Fußbodens für einen allein nicht zu schwer wird.

- Kontrolltätigkeit beansprucht weniger Zeit als vielmehr Konzentration, eine Belastung, die bei der Hausarbeit oft unterschätzt wird und die sich durch vernünftige Gewohnheiten leicht abbauen läßt. Wird z. B. ein Kurzzeitwecker eingestellt, während sich Kuchen im Backofen oder Obst im Wecktopf befindet, so wird der Kopf nicht blockiert, man kann sich anderen Dingen zuwenden. Wird exakt nach Rezept gearbeitet, mit Meßbecher und Küchenwaage, dann erfordert das Abschmecken der Speisen nur kleine Korrekturen, keine Zutat ist vergessen, nichts versalzen, nichts versüßt. Zur Hausarbeit gehören, ebenso wie Besen und Staubtuch, Kalender, Merk- und Einkaufszettel, die das Gedächtnis entlasten.

Das Arbeitsvermögen entscheidet, welche Methode zweckmäßig ist. Ältere Menschen müssen mit ihren Kräften haushalten, sie wechseln besser zwischen verschiedenartiger Arbeit und legen Pausen ein. Jüngere, die vor allem Zeit sparen wollen, erledigen einen größeren Posten in einem Zug, z. B. beim Wäschebügeln.

Im Gegensatz zur sitzenden Berufsarbeit wird jeder seine häusliche Tätigkeit vorwiegend im Stehen erledigen, während einer, der im Beruf vorwiegend stehen muß, jede Möglichkeit nutzt, Hausarbeit im Sitzen zu tun. Insgesamt ist Hausarbeit nicht als Ausgleich zu einseitig belastender Berufsarbeit geeignet, sondern erfordert selbst physische und psychische Anstrengung. Deshalb dienen Zeitersparnis und Erleichterung bei der Hausarbeit dazu, Freizeit für die Erholung bei Spiel, Sport und kulturellen Erlebnissen zu gewinnen.

Das Saubermachen

Eine blitzblanke Wohnung existiert höchstens wenige Stunden, dann wird erneut Schmutz hineingetragen, Staub lagert sich auf den Möbeln, Seifenreste setzen sich am Waschbecken ab, benutztes Geschirr steht herum. Darüber muß man sich klar sein, um richtige Maßstäbe für das Saubermachen zu finden. So notwendig diese Tätigkeit ist, sie darf nicht auf Kosten der Freizeit oder gar der Gesundheit gehen. Das hieße, ihren Sinn ins Gegenteil verkehren. Die Wohnung und ihre Reinigung dienen vielmehr der Gesunderhaltung (im Krankheitsfalle der Genesung) der darin lebenden Menschen und ihrem Wohlbehagen, sowie ihrer sinnvollen Freizeitgestaltung. Es kommt darauf an, mit vertretbarem Aufwand hygienische Bedingungen zu schaffen.

Maßstäbe für das Saubermachen. Seine

Wohnung muß in der Regel jeder selbst saubermachen. Nur wenige Arbeit, wie z. B. die chemische Teppichreinigung, lassen sich in Dienstleistungsbetriebe verlagern. Um die zum Teil körperlich sehr schwere Arbeit zu erleichtern, kommen technische Geräte infrage sowie die Aufteilung unter alle Familienangehörigen, damit die Belastung für jeden zumutbar bleibt. Die Arbeitsteilung beim Saubermachen richtet sich nach den Kenntnissen und Fähigkeiten des jeweiligen Familienmitgliedes. Mit einer Ausnahme: Seine Sachen muß jeder selbst aufräumen!

Ordnung und Sauberkeit gehören zusammen. Doch sollte man sich innerhalb der Familie möglichst auf eine gemeinsame Vorstellung von häuslicher Ordnung einigen und diese großzügig handhaben. Zum Beispiel gehört es sich, daß jeder seine gebrauchte Wäsche unverzüglich in den Wäschebeutel, sein benutztes Geschirr ins Abwaschbecken befördert. Bei nicht allzu beengten Wohnverhältnissen sollte man aber nicht verlangen, daß eine begonnene Hand- oder Bastelarbeit, Bücher, Korrespondenz, eine aufgebaute Modelleisenbahn u. ä. weggeräumt werden. Denn die Wohnung ist keine Möbelausstellung, sondern sie ist dazu da, persönlichen Neigungen nachzugehen, sich zu entspannen. Die Ausnahme: Vor dem gründlichen Saubermachen muß so aufgeräumt sein, daß Putztuch und Staubsauger voll in Aktion treten können.

Damit alle Bescheid wissen und nichts unnötig herumliegen lassen, damit die Arbeitsteilung gut klappt, damit nicht soviel und solange wie möglich, sondern wie nötig saubergemacht wird, ist gerade bei dieser Hausarbeit planmäßiges und rationelles Vorgehen unabdingbar. Bewährt hat sich die Gliederung in tägliche Reinigungsarbeiten, wöchentliche Reinigungsarbeiten, in größerem Abstand erforderliche Reinigungsarbeiten.

Tägliche Reinigungsarbeiten. Alle Zimmer und die Küche müssen mit weit geöffneten Fenstern gut durchgelüftet werden, das Schlafzimmer am besten morgens. Tagsüber sind weitere kurze Lüftungspausen angebracht, desto öfter, je mehr Personen sich im Raum aufhalten. Nach dem Kochen (besonders mit Gasgeräten) und Bügeln ist ebenfalls für frische Luft zu sorgen.

Betten müssen mindestens eine Stunde offen liegenbleiben, um die nachts aufgenommene Körperfeuchtigkeit verdunsten zu lassen. Federbetten werden aufgeschüttelt, damit sie elastisch bleiben und Wärme spenden. Reicht morgens die Zeit nicht aus, sollte man auf das „Bettenmachen“, d. h. das Zudecken mit einer Tagesdecke verzichten. Schlafwarme Betten zuzudecken oder in einen Bettkasten zu stopfen, ist in höchstem Maße unhygienisch. Glatt und locker aufgeschlagene Betten sehen keineswegs unordentlich aus; wenn der Raum ausschließlich zum Schlafen dient, wird niemand daran Anstoß nehmen. Wird das Zimmer auch zum Aufenthalt gebraucht, so muß derjenige, der als erster nach Hause kommt, das Bettenmachen übernehmen.

- Geschirrspülen. Täglich muß das benutzte Geschirr gespült werden, am besten nach jeder Mahlzeit. Ein Durchlauferhitzer oder Heißwasserspeicher in der Küche macht sich bald bezahlt; er spart Zeit, weil sofort Abwaschwasser zur Verfügung steht und Geld, weil immer nur soviel Wasser wie erforderlich entnommen wird. Er dient ferner der Hygiene, weil jederzeit heißes Wasser nachgegossen werden kann.

Um rationell abzuwaschen, werden mit saugfähigem Papier Knochen, Gräten, Schalen und Reste der Mahlzeit vom Geschirr entfernt, direkt in den Abfalleimer hinein. Dieser wird nach dem Entleeren heiß ausgespült und mit Zeitungspapier ausgelegt. Unter fließendem Wasser werden Neigen von Getränken und grobe Speisereste entfernt, Kochtöpfe mit Wasser gefüllt. Diese Vorarbeiten sind unbedingt auszuführen, auch wenn der Abwasch einmal stehenbleibt. Die Arbeitsstrecke besteht aus zwei Spülbecken und je einer Abstellfläche rechts und links sowie einem Kalt- und Warmwasseranschluß. Das vorgereinigte Geschirr wird auf der rechten Abstellfläche bereitgestellt und kommt in das erste Becken. Es enthält etwa 45 Grad warmes Wasser mit Spülmittelzusatz, der das Wasser entspannt, damit alle Verunreinigungen besser abgeschwemmt werden. Wichtig ist die Temperatur: Zu heißes Wasser läßt die Eiweißstoffe gerinnen und erschwert ihre Entfernung. Fette lösen sich gut zwischen 40 und 50 Grad. Mit Hilfe der Abwaschbürsten wird das Geschirr gründlich gesäubert, auch an Rillen, Tüllen, Henkelansätzen und in den Zwischenräumen der Gabelzinken. Beim Abwaschen arbeitet die rechte Hand mit der Bürste, die linke hält das Geschirr und legt es ohne Unterbrechung in das zweite, mit klarem, heißem Wasser gefüllte Becken zum Nachspülen. Zuerst sind Gläser, dann Kaffee- und Teegeschirr an der Reihe, es folgen Teller und Schüsseln, Bestecke, Töpfe, beschichtete und emaillierte Pfannen. Eiserne Pfannen werden wie Backbleche trocken mit Knüllpapier und Salz sauber ausgerieben. Lösen sich angebrannte Stellen in Töpfen nicht durch Stehenlassen mit Wasser und auch nicht durch Erhitzen, so tritt der Dederon-Topfreiniger in Aktion. Abkratzen mit dem Messer beschädigt meist die Oberfläche, und diese Stellen brennen dann erst recht wieder an.

Das gewaschene und gespülte Geschirr kommt in die auf der linken Abstellfläche stehende Abtropfvorrichtung; Tassen und Teller trocknen von selbst, Gläser und Bestecke werden mit dem Geschirrhandtuch nachpoliert.

Dieser Arbeitsablauf entspricht dem Rechtshänder, ein Linkshänder müßte umgekehrt vorgehen. Es kommt darauf an, das Übergreifen der Hände und damit unnötige Körperwendungen zu vermeiden, das Geschirr nicht öfter als nötig in die Hand zu nehmen. Ein fließender Bewegungsablauf spart Zeit und Kraft. Da täglich abgewaschen werden muß, fällt hierbei jede Minute, jede Erleichterung ins Gewicht.

Läßt sich beim besten Willen keine Ablagefläche neben den Spülbecken schaffen oder muß man sich in einem jungen Haushalt noch mit zwei Abwaschschüsseln behelfen, dann wird nach einer anderen rationellen und hygienischen Lösung gesucht. Statt der üblichen Abtropfvorrichtungen – ähnlich einem Tablett mit hohem Rand und Halterungen für die Teller – kann man einen Drahtkorb benutzen, notfalls ein großes Sieb. Es steht im Spülwasserbecken. Ist das Abwaschen beendet, wird der Korb samt Geschirr in das leere Becken zum Abtropfen gestellt. In einem solchen Behälter könnte das Geschirr auch, wenn nicht anders möglich, durch Übergießen oder Überbrausen mit reichlich heißem Wasser gespült werden.

In der Regel wird das saubere Geschirr sofort in den Schrank geordnet. Benutzen wir aber die gleichen Tassen und Bretter zum Frühstück wie zum Abendbrot –, und morgens muß das Tischdecken besonders schnell gehen – dann können sie über Nacht im Abtropfkorb bleiben, mit einem sauberen Geschirrtuch zugedeckt. Zum Geschirrspülen gehört ferner das Abwischen des Vorbereitungs- und des Eßtisches sowie das Reinigen der Kochstelle (Herd) und ihrer Umgebung.

- Tägliche Reinigungsarbeiten in der Wohnung. In welchem Umfang diese erforderlich sind, hängt vom Grad der Verschmutzung ab. Tägliches Saubermachen dient nur dazu, den wohnlichen Zustand zu erhalten. Dazu reicht im allgemeinen die Trockenreinigung der Fußböden in der Eingangszone, vielleicht noch in der Küche oder im Kinderzimmer bzw. Wohnzimmer aus. Das geschieht schnell und hygienisch mit dem Staubsauger, der Verunreinigungen von glatten und belegten Fußböden gleichermaßen gut aufnimmt und – im Gegensatz zu Besen und Bürsten – nur sehr wenig Staub aufwirbelt. Er hängt oder steht deshalb stets betriebsbereit im Putzschrank oder in der Besenecke. Fußabtreter und die Möglichkeit zum Wechseln der Straßenschuhe für die Familienmitglieder am Eingang der Wohnung verhindern, daß grober und nasser Schmutz hineingetragen wird.

Wasch-, Spül- und Toilettenbecken müssen immer sauber sein. Sooft wie nötig, unter Umständen täglich, werden sie mit einem keimmindernden Putzmittel ausgebürstet, einmal wöchentlich die Ausgüsse mit einem selbsttätig wirkenden Reinigungsmittel gegen Ablagerungen ausgestreut.

Reinigungsarbeiten im Wochenrhythmus. Sie dienen dazu, angenehme, hygienische Wohnbedingungen wiederherzustellen. Wochenrhythmus sollte aber nicht Konzentration auf das Wochenende bedeuten, das dem Familienleben, dem Sport und der Erholung gehört. Saubermachen am Wochenanfang würde die Spuren sonntäglicher Gastlichkeit und des längeren Aufenthalts der Familie beseitigen und gepflegte Zimmer für die ganze Woche schaffen. Am Freitag genügte dann eine rasche Trockenreinigung mit Staubsauger und Staubtuch, um das freie Wochenende in einer sauberen Wohnung zu genießen. Natürlich entscheidet jede Familie selbst, wann und wie sie ihre Hausarbeit erledigt; aber es lohnt sich, Traditionen kritisch zu prüfen und Gewohnheiten zu verändern.

● Fließende oder komplexe Methode. Stehen für das wöchentliche Saubermachen mehrere Personen zur Verfügung (Arbeitsteilung!), so empfiehlt sich die „fließende“ Methode. Ihr Prinzip besteht darin, den gleichen Arbeitsvorgang nacheinander in allen Zimmern auszuführen. Dadurch entfällt das häufige Wechseln der Arbeitsmittel – eine Zeitreserve wird geschaffen. Mehrere Personen können gleichzeitig saubermachen und je nach Vermögen einfache oder anstrengende Arbeiten ausführen.

Steht nur eine Arbeitskraft zur Verfügung, so wird komplex, also jedes Zimmer für sich, saubergemacht. Das ist in der Regel auch günstiger für Küche und Bad, die als letzte gereinigt werden. Für die fließende wie für die komplexe Methode gilt die gleiche Reihenfolge: Vorbereiten, Trockenreinigung, Naßreinigung und Nachbereiten.

Bei der Vorbereitung wird geprüft, ob überall Tische und andere Möbel frei sind (jeder räumt seine Sachen selbst weg). Die Betten werden gemacht, stark eingestaubte oder verschmutzte Flächen vorgewischt, damit dieser Staub nicht aufwirbelt und sich dann auf gereinigten Möbeln wieder absetzt. Fenster werden geöffnet und die Fensterbretter abgewischt, Couchkissen aufgeschüttelt und abgebürstet, Decken im Freien ausgeschüttelt, Papierkörbe und Mülleimer entleert, Öfen in Betrieb genommen, Kleinmöbel zusammengestellt. Die Trockenreinigung erfolgt weitgehend mit dem Staubsauger. Wo er fehlt, behilft man sich mit dem Besen und bringt Läufer ins Freie, wo sie von links geklopft, von rechts gebürstet werden. Lampen mit Stoffbespannung sollten als erste mit einem Pinsel oder der Pinseldüse des Staubsaugers entstaubt werden (bei verringerter Saugleistung!). Es folgen mit der Polsterdüse oder -bürste die Polstermöbel und bezogenen Stuhlsitze. Die Fugendüse geht zwischen die Polster, dann wird sie (oder ein Staubtuch) an Scheuerleisten entlanggeführt, aus Ecken und schwer zugänglichen Stellen der Staub entfernt.

Wer eine Radiatorenbürste zum Aufstecken auf die Fugendüse besitzt, kann auch Heizkörper mit dem Staubsauger reinigen. Wo dieses Spezialzusatzgerät fehlt oder Heizkörper eine andere Form aufweisen, muß eine Handbürste, besser eine Schwammbürste mit Stiel, in Aktion treten.

Mit der Fußbodendüse wird dann der gesamte Boden abgesaugt, wobei die Bürstenseite glatte Stellen und niedrige textile Beläge (Nadelfilz, Bouclé u. a.) bearbeitet. Für Teppiche mit höherem Flor wird auf die Düsenseite umgeschaltet. Dank der Vorbereitung hat der Staubsauger weitgehend freie Bahn. Es wird zweckmäßig nicht von einer Wand zur anderen, sondern je nach Zimmergröße von der Tür oder der Mitte aus in Richtung zur Tür fächerförmig gesaugt – soweit die Zuleitungsschnur reicht. Langsames Führen des Staubsaugers erhöht die Intensität des Saugens. Die Fenster bleiben geöffnet, damit der unvermeidliche Flugstaub abziehen kann. Bei nicht voll ausgelegten Böden werden anschließend die Teppiche und Läufer soweit umgeschlagen, wie es die Naßreinigung der freien Flächen erfordert.

● Feucht- und Naßreinigung. Bei normaler Verschmutzung reicht es, Fensterbretter und -bänke sowie die Stellen um Türklinken, Lichtschalter u. a. feucht zu säubern. Während der Heizperiode sind unbedingt in jeder Woche die Öfen oder Heizkörper feucht zu wischen. Der auf letzteren abgelagerte Staub erzeugt beim Erhitzen die unangenehme „trockene“ Luft; das sicherste Mittel dagegen ist Sauberkeit.

Wer eine große „Naßstrecke“ bewältigen muß, arbeitet rationeller mit zwei kleinen Tüchern, zwei Schrubbern, zwei Scheuertüchern und zwei Eimern. In einem befindet sich Spülmittellauge, im anderen klares Wasser zum Nachwischen. Die sehr saugfähigen Schwammtücher nehmen Schmutz gut auf, lassen sich leicht ausspülen und ausdrücken. Maliwatt-Scheuertücher hinterlassen fast keine Flusen. Das Saubermachen der Fußböden ohne textilen Belag wird als Feuchtreinigung oder Naßreinigung durchgeführt. Beim Feuchtreinigen arbeitet man mit einem in Spülmittellösung getränkten Tuch, wischt einmal vor, einmal nach.

Feuchtreinigung beseitigt den Oberflächenschmutz und greift bei gewachsten Böden die Pflegeschicht nicht an. Beim Naßreinigen wird auch der tiefer eingedrungene Schmutz mitsamt dem Wachs durch heiße Spülmittellauge aufgeweicht, notfalls durch Reiben mit der Schrubberbürste abgelöst und mit dem Scheuertuch aufgenommen. Anschließend ist mit klarem, warmem Wasser nachzuwischen und aufzutrocknen.

Die Schwebstoffe in der Luft können sich als fetthaltige Schmutzschicht u. a. in der Fensterzone absetzen; sie würde durch Feuchtreinigung verschmiert. Hier ist, wenn erforderlich, in jeder Woche Naßreinigung mit kräftiger, heißer Lauge nützlich.

● Bohnern galt lange Zeit als unerläßlich bei der wöchentlichen Reinigung. Wachs reinigt, bindet Staub und schützt gestrichene Böden vor Abnutzung. Doch das Auftragen von festem Bohnerwachs ist mühsam, stets muß eine kleine Menge kräftig eingerieben und nach der Einwirkungszeit mit Druck zum Glänzen gebracht werden. Nur „aufgeschmiertes" Bohnerwachs würde an den Schuhen auf die Teppiche getragen, dort Flecke verursachen und auf dem Fußboden bald eine Schmutzkruste bilden, die sich nur mit großer Anstrengung entfernen läßt.

Inzwischen haben sich weniger aufwendige Verfahren durchgesetzt.

Pastöse oder flüssige Wachse werden mit schaumstoffüberzogenen Schrubbern ohne Anstrengung aufgetragen. Etwa fünf bis zehn Gramm pro Qudratmeter genügen für eine leicht polierbare schützende Wachsschicht, die nur an den abgetretenen Stellen erneuert werden sollte.

Selbstglanzwachs spart das Polieren, es muß gleichmäßig in einer Richtung und völlig fusselfrei, am besten mit einem Schwamm, aufgetragen werden und hält zwei bis vier Wochen. Allmählich bilden sich jedoch an Ecken und Kanten unvermeidlich Ränder, deren Ablösung mit einem Spezialreiniger Zeit und viel Kraft in Anspruch nimmt. Wirklich bewährt hat sich das Bohnern der dafür geeigneten Fußböden in Abständen von vier bis sechs Wochen; zwischendurch wird mit Wischwachs gepflegt.

Wischwachs ist eine Emulsion, die nach der Vorreinigung ins Aufwischwasser kommt. Mit nur leicht ausgedrücktem Scheuertuch wird der Boden gewischt und muß bei geöffnetem Fenster an der Luft trocknen. Danach wird mit einem antistatisch ausgerüsteten Tuch nachgerieben. Es hat sich ein dünner, leicht glänzender Film gebildet, der gegenüber dem „spiegelblanken" Boden noch den Vorteil geringerer Rutschgefahr aufweist. Pflegeleichte Beläge, deren Oberfläche von den im Wachs enthaltenen Lösungsmitteln angegriffen wird, dürfen nicht gebohnert, sondern nur gewischt werden.

● Materialbedingte Fußbodenreinigung. Die Reinigung des Fußbodens muß sich stets sowohl nach dem Material als auch nach dem Verschmutzungsgrad richten. Stark begangene Stellen brauchen öfter eine Naßreinigung, bei anderen kann zwischen Feucht- und Naßreinigung gewechselt werden. Holzböden sehen zwar nach dem Scheuern mit Seifenlauge sehr schön sauber aus, doch die mechanischen und chemischen Einwirkungen rauhen das Holz auf, so daß erneute Verunreinigung um so tiefer eindringt und eine kurzzeitige Wiederholung der aufwendigen Reinigung erfordert. Deshalb ist von rohen Holzböden unbedingt abzuraten.

Vom Fachmann versiegeltes Parkett, gestrichene und lackierte Dielen sind durch Feucht- und Naßreinigung mit Einwachsen einfach sauberzuhalten. Bei allen Holzböden muß rasch und sehr trocken nachgewischt werden.

Bei Spannteppich, Gummi- und Plastbelägen sind die Behandlungsvorschriften ausschlaggebend; einige Beläge vertragen weder ölhaltige Reinigungsmittel noch Bohnerwachs. Sie werden feucht oder naß gewischt und mit Wischwachs gepflegt. Flecke oder Absatzspuren werden vor dem Aufwischen durch Verreiben einiger Spritzer Allzweck- oder Schaumreiniger entfernt. Es sollte vermieden werden, ständig mit gummibesohlten Schuhen an der gleichen Stelle zu stehen (Herd, Spüle). Dadurch bilden sich Verfärbungen, die sich nicht beseitigen lassen.

Bei Belägen mit Textilschicht ist darauf zu achten, daß keine Nässe zwischen Vlies und Trägerschicht eindringt.

Von Natur aus rauhes Material wie Steinboden sollte nicht durch scharfe Laugen noch weiter aufgerauht werden. Ein leichter Film von Wischwachs nach dem Reinigen zögert die Verschmutzung hinaus und verstärkt die Farben. Die glatte Oberfläche von Fliesen nimmt wenig Schmutz an, Wischen mit Spülmittelzusatz genügt.

● Abschlußarbeiten. Ist der Fußboden nach einer Trockenpause (beim fließenden Verfahren entsteht dabei keine tote Zeit!) wieder begehbar, erfolgt das Nachbereiten. Teppiche werden zurückgeschlagen, denn Knickstellen könnten das Gewebe beschädigen. Bevor die hochgestellten Stühle heruntergenommen und Kleinmöbel an ihren Platz gestellt werden, bindet ruhiges Abwischen mit

einem antistatisch ausgerüsteten Tuch den darauf befindlichen Staub. Dann werden auf einem Rundgang durch das Zimmer von der Tür aus die verbleibenden Möbel, Lampengestelle, Kanten von Bilderrahmen u. ä. staubgewischt.
Die Reinigung der benutzten Geräte und Tücher schließt das Saubermachen ab: Der Staubbeutel des Staubsaugers wird entleert, denn ein über die Hälfte gefüllter Staubbeutel belastet den Motor zusätzlich und mindert dessen Saugkraft. Die für alle Staubsaugertypen erhältlichen Papierbeutel halten den Staubbeutel sauber und erleichtern das Entleeren. Schlauch, Rohr und Gehäuse des Staubsaugers werden von Zeit zu Zeit feucht abgewischt. Schrubber müssen ebenso wie Besen so aufgehängt werden, daß die Borsten nicht knicken. Wisch- und Scheuertücher werden gründlich mit warmem Wasser ausgespült und zum Trocknen aufgehängt, Staubtücher kommen in die Wäsche. Die Walze der Teppichkehrmaschine, die Borsten der Bohnerbürste u. a. müssen mit einer Kratze (Besenkamm) von Fusseln und Haaren befreit werden.

- Küche und Badezimmer brauchen wöchentlich eine gründliche Naßreinigung. Wasch-, Spül- und Toilettenbecken, Badewanne und Duschecke werden mit einem selbsttätigen Reinigungsmittel gegen Wasser- und Urinstein bestreut. Während es einwirkt, werden Arbeitsflächen, Möbel und gekachelte Wände feucht abgewischt und nachgetrocknet. Die Becken werden ausgebürstet, notfalls mit einem Putzmittel Schmutzränder entfernt und die Fußböden je nach Material gereinigt. Reinigungsmaterial für Küche und Bad werden jeweils dort aufbewahrt, aber so, daß Kinder sie nicht erreichen.

In größeren Abständen erforderliche Arbeiten. Zu diesen zählt das Bettenbeziehen und -reinigen, Fensterputzen, Abwischen von Lampen, Spiegeln, Türen, Abfegen von Dekken und Wänden, Abwaschen gekachelter Flächen, Schaumreinigen textiler Bodenbeläge sowie die Möbelpflege. Um hierbei die erforderliche Übersicht zu behalten und das Gedächtnis zu entlasten, empfiehlt es sich, die beabsichtigte Einteilung auf einem Jahreskalender einzutragen. Dadurch werden Häufungen vor Festen und Feiertagen, die noch andere Arbeiten mit sich bringen, vermieden.
Die Reinigung der Betten, das Abfegen der Decken und Wände sowie die Möbelpflege ist einmal im Jahr, z. B. im Frühjahr, nach Beendigung der Heizperiode erforderlich. In welchen Abständen Fenster geputzt, Türen geseift und textile Fußböden schaumgereinigt werden, richtet sich nach der Verunreinigung durch Industrie- und Straßenschmutz. Es sollte versucht werden, mit Abständen von drei bis vier Monaten auszukommen.
Erfolgt die Schaumreinigung der Teppiche durch einen Dienstleistungsbetrieb, so rechtfertigt die gründliche Behandlung sowie der damit verbundene Aufwand im Haushalt bedeutend größere Zwischenräume von einem bis zu mehreren Jahren, gekoppelt mit dem Neutapezieren des Wohnraums.
Wechseln der Bettwäsche geschieht bei geöffnetem Fenster (Staubentwicklung). Die gebrauchten Bezüge werden – möglichst im Freien bzw. am Fenster – ausgeschüttelt, Ekken und Nähte ausgebürstet, die Stücke links zusammengelegt und in die Wäscherei gebracht. Frische Bettwäsche ist vor dem Aufziehen auf lose Knöpfe und schadhafte Stellen zu überprüfen; besser ist das noch vor dem Einsortieren des von der Wäscherei zurückgelieferten Wäschepaketes zu erledigen.
Kopfkissen und Schlafanzüge sollten in jeder Woche gewechselt werden; alle drei bis vier Wochen ist es üblich, frische Bettwäsche überzuziehen. Können die Betten täglich nur kurz auslüften oder wird synthetische Bettwäsche verwendet, sind kürzere Abstände zu empfehlen.
Bevor Steppdecken, Federbetten und Kopfkissen erneut bezogen werden, lüften sie ein bis zwei Stunden, bei trockenem Wetter in der Nähe des geöffneten Fensters, jedoch ohne direkte Sonneneinwirkung. Diese trocknet die Federn aus und macht sie brüchig; sie löst die Appretur des Inletts, so daß die Betten bald stauben. Während die Betten lüften, werden sie ab und zu leicht durchgeschüttelt und vor dem Beziehen gut abgebürstet. Niemals dürfen Federbetten mit dem Klopfer oder Staubsauger behandelt werden; dadurch werden die Federn beschädigt, können die Luft nicht mehr speichern und wärmen nicht mehr.
Ist das Inlett eingerissen, so werden an dieser Stelle die Federn zurückgeschüttelt, und das

Inlett wird mit einem untergeschobenen Stück Leukoplast oder einem selbstklebenden Textilflicken ausgebessert, das mit mäßig warmem Bügeleisen aufgebügelt wird. Bei größerem Schaden oder einem nach zehn- bis fünfzehnjährigem Gebrauch mürbe gewordenen Inlett müssen die Federn in ein neues umgefüllt werden. Diese Arbeit überträgt man besser einem Dienstleistungsbetrieb, in dem zuvor die Federn gereinigt und aufgefüllt werden; das gesamte Federbett erhält damit höheren Gebrauchswert. Daunen- und Federsteppbetten dürfen ebenfalls nicht geklopft oder abgesaugt werden. Sind ihre Bezüge verschmutzt, läßt man sie reinigen. Steppdecken mit synthetischer Füllung können meist in der Haushaltwaschmaschine gewaschen werden (auf Pflegesymbole achten!).

● Gründliche Säuberung der Betten. Hierbei werden Federbetten, Decken und Matratzen aus dem Bettgestell herausgenommen, die Gestelle entsprechend ihrem Material gereinigt, Sprungfedermatratzen feucht abgewischt, Spiralen mit einem Pinsel entstaubt. Kasten- und Auflegematratzen werden von allen Seiten kräftig abgebürstet, besser abgesaugt, nicht geklopft. Auf der Sprungfedermatratze liegt zum Schutz der Auflegematratzen eine Decke, als „Matratzenschoner" im Fachgeschäft erhältlich.

Nach dem Wechseln der Bettwäsche oder dem Reinigen der Betten wird das Schlafzimmer saubergemacht (Wochenrhythmus), um den vermehrten Staubanfall gleich zu beseitigen. Auch andere, in größeren Abständen erforderliche Reinigungsarbeiten werden zweckmäßig mit dem wöchentlichen Saubermachen verbunden.

Mehrere anstrengende Arbeitsgänge sollten nicht zusammenfallen. Läßt sich das nicht umgehen, z. B. wenn nach dem Abfegen der Decken und Wände die gesamte Einrichtung abgesaugt bzw. staubgewischt werden muß, dann wird die komplexe Methode gegenüber der fließenden bevorzugt. In diesem Fall wird jedes Zimmer für sich gereinigt, unter Umständen auf mehrere Tage verteilt, wie es Zeit und Kräfte erlauben.

● Abfegen der Decken und Wände. Dazu wird ein Besen benutzt, dessen Borsten mit einem sauberen Geschirrtuch oder einem großen Schwammtuch umwickelt sind. Sobald sich Schmutzspuren zeigen, muß das Tuch gewendet oder gewechselt werden. Der Besen sollte einen langen Stiel haben, damit alle Zimmerecken und die Flächen hinter Heizungsrohren erreicht werden können. Zunächst wird strichweise erst die Decke, dann die nicht mit Möbeln verstellte Wandfläche abgefegt. Leimfarbenanstriche dürfen nur trocken behandelt werden. Stoffbespannung wird abgesaugt.

Latex- und Ölfarben-Anstriche sowie Wandbespannungen aus Kunstleder oder Plasten vertragen eine Feuchtreinigung. Abwaschbare Tapeten werden rasch und vorsichtig mit einer Spülmittellösung abgewaschen und sofort mit einem Schwammtuch getrocknet. Auf anderen Tapeten können Flecke vorsichtig abradiert werden, wenn die übrige Fläche noch sauber ist. Beschädigte Stellen werden mit einem Stück Tapete überklebt, dessen Ränder ausgezupft sind. Gekachelte Wände werden je nach Verschmutzung mit leichter oder konzentrierter Spülmittellösung abgewaschen, mit klarem Wasser wenn erforderlich mehrmals nachgewaschen und getrocknet. Die Behandlung muß sich stets auf die gesamte Fläche erstrecken, da sich sonst Streifen bilden.

Eine effektive Methode zum Feuchtreinigen großer Flächen (Türen, gekachelte Wände) besteht darin, mit beiden Händen gleichzeitig zu arbeiten: Die rechte Hand wischt mit dem in Spülmittellösung getränkten Tuch vor, die linke mit einem in klares Wasser getauchten und gut ausgedrückten Schwammtuch nach, links oben beginnend, strichweise in waagerechter Richtung.

● Naßreinigung der Fenster. Dazu wird ein ovaler Plasteimer benötigt, der auf der Leiter oder den schmalen Fensterbrettern besser Platz findet, zwei Schwammtücher und ein nicht fusselndes Trockentuch. Auf den festen, sicheren Stand der Leiter ist besonders zu achten. Beim Fensterputzen werden mit einer Spülmittellösung zuerst die inneren, dann die äußeren Rahmen, anschließend die inneren Fensterbretter und die äußeren Fensterbretter abgewaschen und nachgetrocknet. Für die Fensterscheiben wird nur klares Wasser verwendet und ein sauberes Schwammtuch, da Seifenrückstände die Scheiben verschmieren und das Blankputzen erschweren würden. Es werden ebenfalls erst die inneren, dann die äußeren Scheiben gewaschen, dann wird mit dem Schwammtuch

die Nässe aufgenommen. Nun kann ein Glasreinigungsmittel, das zugleich staubabweisend wirkt, aufgesprüht und mit trockenem Tuch nachpoliert werden, einmal in senkrechter, einmal in waagerechter Richtung. Eine unter dem Fenster ausgebreitete Zeitung nimmt Wasserspritzer auf, so daß der Fußboden sauber bleibt.
Auch in industriereichen Gegenden mit hoher Staubentwicklung sollte das Fensterputzen drei- bis viermal im Jahr ausreichen, denn es ist eine anstrengende Arbeit. Zwischendurch kann trocken gereinigt werden. In der gleichen Reihenfolge – von innen nach außen, von oben nach unten – werden Rahmen und Scheiben entstaubt, für letztere haben sich imprägnierte Glasreinigungstücher bewährt. Bei Frost und direkter Sonneneinstrahlung können Fenster nicht naß gereinigt werden.
Synthetische Gardinen werden abgenommen und während des Putzens in einer selbsttätig wirkenden Waschmittellauge oder in der Waschmaschine bei 40° gereinigt. Nach dem Spülen und kurzem Schleudern können die feuchten Gardinen an den sauberen Fenstern wieder aufgehängt werden. Sollen baumwollene Gardinen noch nicht durch frische ersetzt werden, so müssen sie ausgebürstet oder abgesaugt, zur Seite gezogen und zusammengebunden werden. Jalousien und Fensterläden werden mit dem Handfeger abgekehrt, wenn möglich und erforderlich, abgewaschen.

● Reinigen der Spiegel und Bilder. Wenn Größe und Zahl der Fenster es zulassen, wird das Fensterputzen mit dem Reinigen der Spiegel und Bilder verbunden, weil dazu die gleichen Arbeitsmittel benötigt werden. Spiegel werden mit dem Staubtuch oder einem Glasputztuch trocken gereinigt. Verbliebene Schmutzstellen werden mit einigen Spritzern Glasreiniger entfernt, dann wird nachpoliert. Rückseiten und Rahmen von Bildern werden trocken mit Pinsel und Staubtuch behandelt. Glasscheiben vertragen ebenso wie Spiegel nicht viel Feuchtigkeit.

● Lampenpflege. Die gründliche Reinigung der Lampen erfolgt ihrem Material entsprechend mit anderen Arbeiten kombiniert oder in fließender Arbeitsweise innerhalb der gesamten Wohnung. Glühlampen werden herausgeschraubt und vorsichtig feucht abgewischt. Metallteile werden trocken abgerieben, Holzgestelle wie Möbel behandelt. Pergament- und Plastschirme werden erst feucht, dann trocken abgewischt; Staub, der sich in Strukturmustern festsetzt, wird mit einer Handbürste herausgebürstet. Papierschirme dürfen nur mit einem Tuch oder Pinsel entstaubt werden. Beleuchtungskörper aus Glas werden abgenommen, in Spülmittellösung gewaschen, gespült und abgetrocknet. Kabel mit Plastmantel dürfen feucht, Stecker und Schalter nur trocken gewischt werden.

● Türenreinigung. Türen werden ihrem Material entsprechend behandelt (s. Möbelpflege). Da Türen innerhalb der Wohnung meist gestrichen sind, vertragen sie eine Feuchtreinigung. Schmutzstreifen werden zuvor mit einem Spritzer Spülmittel entfernt. Begonnen wird an Rillen und Kanten; besonders setzt sich der Staub an der Scharnierseite und an der oberen Kante fest. Anschließend wird die Türfläche mit Spülmittellösung vor- und mit klarem Wasser nachgewaschen, damit der Farbanstrich wieder glänzt. Sollen Klinken und Beschläge aus Metall mit einem Spezialputzmittel behandelt werden, so schützt eine immer wieder verwendbare Schablone aus fester Pappe die bereits gesäuberte Umgebung. Trockenreinigung lohnt sich, besonders bei dunklen Türen, und ermöglicht größere Abstände zwischen den Feuchtreinigungen.

● Möbelpflege. Möbel verlangen sorgsamen Umgang, wöchentliches Entstauben sowie ein- bis zweimal jährlich eine gründliche Behandlung. Um Schäden vorzubeugen, werden scharfkantige Gegenstände, heiße Gefäße, Vasen, Flaschen und Gläser stets auf Untersetzer gestellt, denn Hitze- und Wasserränder verursachen bleibende Schäden. Wasserspritzer vom Blumengießen oder von verschütteten Getränken müssen sofort mit einem saugfähigen Tuch aufgenommen und die Stellen gut nachgewischt werden. Fingerspuren werden beim Staubwischen mit entfernt.
Die gründliche Reinigung umfaßt auch das Innere der Möbel. Da das Aus- und Einräumen von Kleider- und Wäscheschränken, Bücherregalen und Schubkästen viel Zeit beansprucht, empfiehlt es sich, diese Arbeit ein- und aufzuteilen. Im allgemeinen genügt es, Schränke und Kästen feucht auszuwi-

schen, bei schlechtem Geruch wird dem Wischwasser statt eines Spülmittels ein Desinfektionsmittel, z. B. übermangansaures Kali, zugesetzt. Während die Schränke mit weit geöffneten Türen gut trocknen, wird auch ihr Inhalt geordnet und entstaubt.

Klemmende Schubkästen gleiten wieder leichter, wenn die Lauffläche mit Stearin (Kerze) oder Kernseife eingerieben wird. Auslegen mit Schrankpapier schützt die Wäsche vor rauhen Holzböden und erleichtert das Sauberhalten. Auch die Rückseiten, Ober- und Unterseiten der Möbel sollten gereinigt werden, soweit sie zugängig sind. Für die Oberseite von Küchenmöbeln wird eine heiße, kräftige Spülmittellösung benötigt, da sich hier eine Fett-Ruß-Schicht absetzt.

Die Vorderfronten der Möbel werden materialgerecht behandelt. Gestrichene, lasierte und Schleiflack-Möbel sowie Kunststoffflächen werden mit einem in leichte Spülmittellösung getauchten und gut ausgedrückten Schwammtuch abgerieben und mit einem weichen trockenen Tuch nachpoliert.

Hochglanzpolierte Möbel sollten solange wie möglich nur mit einem breiten Staubpinsel oder sehr weichem Tuch trocken entstaubt werden. Wenn sich Finger- und Schmutzspuren nicht mehr anders entfernen lassen, mit gut ausgedrücktem Schwammtuch abwischen und sorgfältig trockenpolieren. Das Gleiche gilt für gebeizte Möbel. Vorteilhaft zur Reinigung und Pflege ist Möbelpolitur in Sprayform, weil sie sich sparsam dosieren und gut verteilen läßt. An Glas oder Stoff grenzende Teile werden mit einem derart besprühten Tuch behandelt.

Polstermöbel werden bei der gründlichen Reinigung besonders sorgfältig abgesaugt; Ekken, Ritzen und Unterseite sind dabei nicht zu vergessen. Flecke in Polstermöbeln werden möglichst frisch behandelt mit einem ihrem Ursprung entsprechenden Mittel (s. Kleiderpflege – Fleckentfernung). Für Möbelbezugsstoffe gelten die gleichen Reinigungsvorschriften wie für andere Textilien, nur darf hier nicht „ausgespült" oder „nachgewaschen" werden, um die Polster nicht zu durchnässen. Stattdessen wird die Stelle mit einem in klarem, warmem Wasser ausgedrückten Tuch betupft, anschließend mit mehreren trockenen Tüchern bis zum Verschwinden der Feuchtigkeit mehr gedrückt als gerieben. Alte Flecke und größere Schmutzstellen in Polstermöbeln kann, wenn überhaupt möglich, nur der Fachmann reinigen. Bei gleichmäßiger, leichter Verschmutzung hilft nach dem Absaugen eine Schaumreinigung mit Polstermöbelspray oder einem Schaumreinigungsmittel. Dabei muß sich der Schaum trocken anfühlen, Feuchtigkeit würde unvermeidlich Streifen hinterlassen. Nach der Einwirkungszeit werden die Polster abgesaugt.

Ledermöbel sind mit Staubtuch und Staubsauger sauber zu halten. Zur gründlichen Reinigung dienen die gleichen Pflegemittel wie für Lederkleidung.

Bambusmöbel werden mit Salzwasser gebürstet und nachgetrocknet. Rohrgeflecht wird mit heißem Seifenwasser gebürstet und an der Luft getrocknet.

● Teppichpflege. Dafür stehen zur Verfügung: Teppichkehrmaschine, die sich nur zum oberflächlichen Entfernen von grobem Schmutz, Fusseln und Tierhaaren eignet, ferner Hand- und Bodenstaubsauger für das gründliche Absaugen von Staub und trockenem Schmutz aller Art. Der Handstaubsauger ist leicht, platzsparend und wendig im täglichen Gebrauch. Der Bodenstaubsauger verfügt über höhere Saugleistung und größeres Aufnahmevermögen, große Flächen werden mit ihm rationeller bearbeitet. Mit dem Zusatzgerät Teppichklopfer wird auch festgetretener und tiefer sitzender Schmutz gelokkert und entfernt. Mit dem Zusatzgerät Schaumreiniger ist es möglich, fettige und klebende Flecke sowie hartnäckige Trittspuren zu beseitigen.

Neue Florteppiche werden zunächst nur mit einem sauberen weichen Besen abgekehrt, später stets in Strichrichtung gebürstet oder mit der glatten Düse gesaugt. Geknüpfte (Orient-)Teppiche werden weder in der noch gegen die Knüpfrichtung, sondern von einer Seitenkante zur anderen mit der glatten Düse gesaugt, niemals geklopft. Für Noppenteppiche und -läufer wird die Bürstendüse benutzt.

In der Wohnraumgestaltung hat sich textile Auslegware durchgesetzt, ein den gesamten Boden bedeckender loser, fest verlegter oder verklebter Belag, auch Teppichboden genannt. Er spart das Fegen und Wischen, sollte aber häufig gesaugt werden, damit sich Staub und Schmutz nicht festtreten.

Wo die Möglichkeit und das Bedürfnis beste-

hen, können Teppiche und Läufer durch manuelles Klopfen entstaubt werden. Sie werden aufgerollt, niemals geknickt, über die Teppichstange im Freien gelegt, nur von der Rückseite mit einem breiten, elastischen Klopfer leicht geklopft, umgedreht und auf der Florseite mit einer Teppichbürste in Strichrichtung ausgebürstet. Bei Temperaturen unter Null ist das Klopfen auf frischem Schnee beliebt, um Staub zu entfernen und die Farben aufzufrischen, doch müssen alle Schneereste ausgebürstet sein, bevor der Teppich wieder ins Zimmer kommt.
Der elektrische Teppichklopfer (Zusatzgerät) erleichtert die gründliche Trockenreinigung ungemein; er läßt sich, ggf. mit einem besonderen Verbindungsstück, an alle Staubsaugertypen anschließen. Während er in ruhigen Bewegungen über den Boden geführt wird, lockert die Klopfwalze den Schmutz, der sofort abgesaugt wird. Vorsicht ist bei fest verlegter Auslegware geboten, sie könnte sich durch den Teppichklopfer lösen und verschieben. Die oft erst nach dem Absaugen deutlich hervortretenden Flecke werden wie bei Polstermöbeln entfernt.
Erfolgt die Feuchtreinigung nicht im Dienstleistungsbetrieb, so sollte sie im Anschluß an das Klopfen, aber in größeren Abständen, vorgenommen werden. Möbel werden beiseite geräumt, um die ganze Fläche gleichmäßig hintereinander zu bearbeiten. Dazu wird ein flüssiges Schaumreinigungsmittel mit einem Schwamm aufgeschäumt und nur der trockene Schaum, keinesfalls Flüssigkeit, mit Bürste oder Schwamm auf den textilen Belag aufgetragen. Leichter zu handhaben sind Schaumreiniger in Sprayform, die aufgesprüht und mit einem feuchten Schwamm verteilt werden. Das Zusatzgerät Teppichschaumreiniger wird mit einem nach Vorschrift verdünnten Spezialmittel gefüllt und an den Ausblasstutzen des Handstaubsaugers angeschlossen. Durch die Blasluft entsteht Schaum, den die Bürste beim Hin- und Herbewegen in den Teppich einmassiert. Vorteilhaft ist dabei die Arbeit in aufrechter Haltung. Es kommt darauf an, die gesamte Fläche gleichmäßig einzuschäumen, ohne das Gewebe zu durchfeuchten. Nach gehöriger Einwirkung, am besten über Nacht, wird abgesaugt.

Gardinenpflege. Gardinen aus synthetischen Fasern müssen öfter gewaschen werden, sind aber bedeutend leichter zu pflegen als solche aus Baumwolle oder Kunstseide. Klammern oder Haken, an denen sie aufgehängt werden, brauchen nicht entfernt, Kräuselungen nicht gelöst zu werden. Die durch Ausschütteln von losem Staub befreiten Gardinen werden zweimal in bis zu 40 °C warmer Lauge schwimmend durch Hin- und Herbewegen gewaschen, warm und kalt gespült. Nach kurzem Anschleudern oder Abtropfen auf zwei parallelen Leinen (oder über die Badewanne gelegten Besenstielen) werden synthetische Gardinen noch feucht wieder aufgehängt, dabei die Nähte glattgezogen. Wenig Wäschesteife im letzten Spülbad gibt den Gardinen guten Stand. Durch zu warmes Waschen entstandene Knitter lassen sich mit entsprechend eingestelltem Bügeleisen vorsichtig glätten.
Kunstseidene Gardinen werden ebenfalls bei 40 °C gewaschen, baumwollene nach dem Einweichen oder Vorwaschen bei 90°. Gründliches Spülen ist erforderlich. Stärken, Spannen und Bügeln von Stores sollte besser im Dienstleistungsbetrieb ausgeführt werden. Scheibengardinen spannen sich selbst, wenn sie auf rostfreien Stäben feucht aufgezogen werden.
Dekostoffe, sogenannte Übergardinen, werden ihrem Material entsprechend gepflegt, Synthetiks handwarm gewaschen und nach dem Trocknen leicht geglättet. Sehr zu empfehlen ist die chemische Reinigung, dabei laufen die Gardinen nicht ein und verziehen sich nicht. Dazu müssen vorher Haken entfernt und Kräuselungen glattgezogen werden.

Pflege von Raumtextilien wie Tisch- und Couchdecken, Kissenbezüge, Wandbehänge werden materialgerecht bei 30° (Wolle) oder 40° (Synthetiks) mit Feinwaschmittel gewaschen, geschleudert oder leicht ausgedrückt. Sicherer ist stets die chemische Reinigung.
Hand- oder maschinengewebte Wandbehänge und Matten sollte man möglichst in die chemische Reinigung geben. Wenn es die eingenähte Pflegevorschrift zuläßt, können sie auch in einer Feinwaschmittellösung gewaschen, gut gespült und zum Trocknen auf zwei parallel laufende Leinen gehängt werden. Stroh- und Bastmatten werden mit Spülmittellösung abgebürstet und mit einem Tuch nachgetrocknet.

Reinigungsgeräte. Auch die zum Saubermachen verwendeten Geräte sollten von Zeit zu Zeit gründlich gesäubert und stets ordentlich abgestellt werden.

● Besenecke. Ist kein Putzschrank vorhanden, kann man sich in der Küche oder im Korridor selbst eine Besenecke einrichten. Dazu wird in der Ecke von einer Wand zur anderen ein Brett befestigt und mit einem Vorhang versehen. In die Unterseite des Brettes werden Haken geschraubt, an denen Besen, Schrubber und Bürsten aufgehängt werden. Staubsauger, Bohnerbürste, Teppichkehrmaschine und Putzkorb stehen hier gleichfalls griffbereit.

Besen und Bürsten werden in warmer Waschmittellauge gewaschen, festsitzender Schmutz wird mit einem weitzinkigen Besenkamm entfernt und danach gut ausgespült. Besen und Bürsten sind hängend aufzubewahren, damit die Borsten ihre Funktion nicht einbüßen. Staubtücher werden nach dem Waschen und Trocknen mit Antistatikspray eingesprüht und erneut an der Luft getrocknet. Putz- und Wischtücher werden nach jedem Gebrauch gut ausgespült und zum Trocknen aufgehängt. Aus hygienischen Gründen sollte an diesen billigen Arbeitsmitteln nicht gespart werden.

Ist der Staubbeutel des Staubsaugers verschmutzt, muß er durch einen neuen ersetzt werden. Diesen gibt es ebenso wie Schlauch, Bürsten und Düsen als Ersatzteile im Fachgeschäft.

Wäsche- und Kleiderpflege

Hierfür bietet sich die Dienstleistung durch Textilreinigungsbetriebe an. Sie spart Kraft und Zeit, und der Kunde hat den Vorteil, daß sein Eigentum von Fachleuten behandelt wird, deren Kenntnisse weit über seine hinausgehen. So kommt eine sinnvolle Arbeitsteilung zwischen dem privaten Haushalt und dem volkseigenen Dienstleistungsbetrieb zustande.

Großwäscherei. Bettwäsche, Tischwäsche, Handtücher sowie ähnliche Stücke, deren Reinigung den Haushalt wegen ihrer Größe und des Aufwands beim Trocknen und Glätten stark belasten, sollten in Großwäschereien gegeben werden; schrankfertige Lieferung ist dabei vorzuziehen.

Chemische Reinigung. Sie empfiehlt sich für alle nicht waschbaren sowie mit Futter und Einlagen versehenen Kleidungsstücke, für Natur- und Synthetik-Pelze, Samt und bestimmte Maschenware, z. B. Jersey. Die Paßform bleibt erhalten, neuartige Textilien nehmen dank sachverständiger Pflege keinen Schaden.

Schnellreinigung, bei der das Kleidungsstück nach wenigen Tagen wieder abgeholt werden kann, eignet sich nur für leicht verschmutzte Sachen, besonders Synthetiks. In der Grundreinigung werden durch individuelle Nachbehandlung auch stärker verschmutzte Partien sowie Flecke entfernt. Bei der Münzreinigung legt der Kunde seine Kleidung selbst in die Trommel und nimmt sie nach Ablauf des Maschinenprogramms sofort wieder mit. Eine Fachkraft steht ihm dabei zur Seite. Da nach Gewicht bezahlt wird, ist diese Einrichtung vorteilhaft für viele kleinere Stücke, z. B. Kinderkleidung, für Cord und Maschenware.

Bevor Kleidung zur chemischen Reinigung gegeben wird, sind alle Taschen zu entleeren, Nähte und Umschläge auszubürsten. Schadhafte Stellen im Futter oder offene Nähte werden ausgebessert, an Kleidung, die später verändert werden soll, die betreffenden Nähte aufgetrennt. Selbstverständlich werden Mäntel, Anzüge und Kostüme nicht so oft zur Reinigung gebracht, wie waschbare Oberkleidung gewaschen wird. Dennoch ist es sparsamer und hygienisch, sie bei regelmäßigem Tragen auch regelmäßig reinigen zu lassen. Sie behalten dann viel länger gutes Aussehen und Gebrauchswert. Niemals sollte getragene Garderobe am Ende der Jahreszeit ungereinigt weggehängt werden. Schmutz und Schweiß verbinden sich immer fester mit der Faser und locken Motten an, im Kleiderschrank entsteht ein dumpfer, unangenehmer Geruch.

Waschen im Haushalt. Leibwäsche, Taschentücher, Strümpfe, Trikotagen und alle leicht zu pflegenden synthetischen Textilien wäscht man selbst. Ein junger Haushalt kann sich zunächst mit einem 10-Liter-Topf, Schüsseln und Eimer behelfen. Moderne Waschmittel wirken selbsttätig, doch kostet das Bewegen der nassen Wäsche, Heißwasserbereiten zum Spülen und Auswringen noch viel Kraft und Zeit. Wenn mehrmals in der Woche gewaschen werden muß, z. B. für ein Kleinkind, so ist die Entlastung durch elektrotechnische Geräte anzustreben. Entweder benutzt man einen Waschstützpunkt oder die entsprechend ausgestattete Gemeinschaftswaschküche der Hausgemeinschaft. Fehlen solche Einrichtungen, sollte zunächst eine Wäscheschleuder angeschafft werden; sie erspart den anstrengendsten Vorgang, entwässert schonend und wirksam, die Wäsche trocknet schneller. Beim Kauf einer Waschmaschine sind Familiengröße und Benutzungshäufigkeit in Betracht zu ziehen. Als vorteilhaft erweisen sich automatische Waschmaschinen, deren Programme die unterschiedlichen Faserarten berücksichtigen und die nach Einstellung ohne dauernde Aufsicht arbeiten.

● Handwäsche. Hierbei sollten Schüssel oder Wanne in einer der Körpergröße angepaßten Arbeitshöhe stehen, in der Waschküche auf Böcken, im Badezimmer auf einem über die Wanne gelegten Brett. Es sollte vermieden werden, tief gebückt in der Badewanne zu spülen oder das Wasser im Eimer zu heben und zu tragen. Mit einem Schlauch läßt sich das Wasser in die Wanne leiten. Bei Wannen ohne Abfluß wirkt der Schlauch als Heber: Er wird an einem Ende zugedrückt; während das offene Ende im gefüllten Gefäß liegt, hängt das geschlossene über den Rand hinaus. Dann wird der Schlauch losgelassen, das darin befindliche Wasser läuft ab, und solange der Wasserspiegel in der Wanne oberhalb der Abflußöffnung des Schlauches liegt, fließt das übrige Wasser aus der Wanne.

Wichtig sind Waschmittel und Temperaturen. In konfektionierten Wäschestücken befinden sich Streifen mit Pflegesymbolen. Beim Kauf von Meterware müssen diese Symbole verlangt und selbst eingenäht werden. Im Zweifel wird man zunächst eine niedrigere Temperatur wählen. Um das Abfärben zu prüfen, wird das farbige Stück an einer verdeckten Stelle befeuchtet und mit einem weißen Lappen gerieben. Abfärbende Textilien dürfen nicht naß zwischen anderen liegen, sie müssen gesondert gewaschen und sofort aufgehängt werden.

Sicherheit vor dem Einlaufen gibt die Waschprobe eines Stoffrestes, dessen Maße vorher aufgezeichnet wurden. Verändert er sich, muß der Stoff vor der Bearbeitung durch Wasser gezogen oder das bereits fertige Stück bei geringeren Temperaturen gewaschen oder in die chemische Reinigung gegeben werden.

● Waschmittel. Mehrzweck- und Vollwaschmittel zählen zu den Schwerwaschmitteln mit stark alkalischer Reaktion, während Leicht- oder Feinwaschmittel schwach alkalisch, neutral oder schwach sauer reagieren. Mehrzweckwaschmittel eignen sich für unterschiedliche Faserarten und Temperaturbereiche, auch zum Gebrauch in verzinkten Behältern, denn sie enthalten kein Bleichmittel. Vollwaschmittel entfernen dank des Bleichmittelbestandteils bei Temperaturen ab 60 °C allen Schmutz und selbst hartnäkkige farbstoffhaltige Flecke, z. B. von Obst und Rotwein.

● Waschtemperatur. Waschmittel und Temperatur müssen dem textilen Material entsprechen. Weißwäsche und kochfeste Buntwäsche aus Natur- und Viskosefasern vertragen Temperaturen von 80 bis 100 °C, farbempfindliche Buntwäsche, Kunstseide und weiße Synthetiks bis 60 °C, farbige Synthetiks und Naturseide 30 bis 40 °C, Wolle bis 30 °C. Für Temperaturen unter 60 °C wäre ein Vollwaschmittel unökonomisch. Wolle und Naturseide vertragen keine stark alkalischen Waschmittel, für sie kommt nur ein Feinwaschmittel infrage. Da dessen waschaktive Substanzen säurebeständig sind, kann noch etwas Essig hinzugegeben werden, um Wollsachen, vor allem farbige, besonders schonend zu waschen.

Es lohnt sich, Waschmittelmengen ebenso abzumessen wie Backzutaten. Nachweislich werden in den Haushalten 10 bis 15 % mehr Waschmittel als nötig verbraucht. Dieses Zuviel kostet unnötig Geld und schadet den Textilien. Entweder legt man sich einen alten Löffel in das Fach mit den Waschmitteln oder kennzeichnet ein durchsichtiges Plastgefäß durch Farbanstriche als Meßbecher für die jeweils benötigten Mengen. Die vom Hersteller angegebene Dosierung muß bei sehr hartem Wasser etwas erhöht werden; es ist jedoch nicht erforderlich, das Wasser vorher zu enthärten, da die Waschmittel entsprechende Substanzen enthalten.

● Waschvorgang. Hierbei werden die Textilien von der Waschmittellauge benetzt, Verunreinigungen werden zerkleinert, umhüllt und abgeschwemmt. Im Waschmittel sind zugleich Substanzen enthalten, die dafür sor-

gen, daß sich der Schmutz nicht wieder auf den Textilien absetzt. Daraus folgt:
- Es muß reichlich Waschmittellösung vorhanden sein, die Wäschestücke sollen darin schwimmen.
- Die Wirkung des Waschmittels wird durch die Trommelbewegung der Maschine, durch Hin- und Herschwenken sowie leichtes Reiben bei der Handwäsche unterstützt.
- Waschmittellösung mehrmals zu verwenden, wäre falsche Sparsamkeit, denn ihre Reinigungskraft ist verbraucht.

Beim Waschen mit der Waschmaschine sollten stark verschmutzte Stellen vorbehandelt, z.B. mit Waschpaste eingerieben werden. Bei Programmen mit niedrigen Temperaturen sind Flecke vorher zu entfernen. Letzteres empfiehlt sich auch bei Handwäsche, da manche Flecke im nassen Gewebe nicht mehr zu erkennen sind. Kochwäsche wird in kalter Waschmittellösung aufgesetzt, zum Kochen gebracht, dabei mehrmals mit einem Holzstab heruntergedrückt oder mit einem Wäschestampfer gestaucht. Nach etwa 15 Minuten Energie abschalten, 20 Minuten ziehen lassen, zweimal warm, einmal kalt spülen. Bunt- und Feinwäsche legt man in entsprechend temperierte Waschmittellösung ein und läßt diese mindestens 30 Minuten einwirken, wobei die Wäsche mehrmals bewegt wird. Gründliches Spülen, erst warm, dann kalt, ist nach allen Waschvorgängen erforderlich.

Synthetiks werden durch abschließendes Weichspülbad antistatisch und hautfreundlich. Ein Zusatz von Wäschesteife im letzten Spülwasser gibt Geweben aus Baumwolle, Viskose und anderen Mischungen besseren Stand. Nach dem Entwässern mit der Hand oder Schleuder werden die Stücke formgerecht aufgehängt. Bügelfreie Textilien dürfen nicht gewrungen werden; kurzes Anschleudern schadet nicht und beschleunigt das Trocknen. Feine Wirkwaren, Spitzen und andere besonders empfindliche Textilien werden im Netz gewaschen, zwischen Tüchern ausgedrückt und liegend getrocknet. Sehr kleine Teile werden zusammengeheftet oder an einem größeren befestigt, damit sie beim Waschen nicht verlorengehen.

Abnehmen der trockenen Wäsche. Bügelwäsche kommt in einen gesonderten Korb. Unterwäsche, Frottiertücher, Strümpfe u.a. werden durchgesehen und schrankfertig zusammengelegt. Was auszubessern ist, kommt in den Nähkorb.

Bügeln. Durch Einsprengen und Zusammenrollen werden gestärkte Wäschestücke vor dem Bügeln gleichmäßig feucht. Mit dem Bügeleisen werden Knitter geglättet, Falten in Hosen und Röcken markiert, aufrecht stehende Fäserchen an die Stoffoberfläche gepreßt. Farben und Muster wirken durch das Bügeln klarer, Wäsche- und Kleidungsstücke gepflegter. Maschenware und vollsynthetische Hemden glätten sich von selbst durch die Körperwärme beim Tragen. Starke Knitter infolge zu hoher Waschtemperatur oder zu großer Menge sind vorsichtig, bei niedriger Bügeltemperatur beginnend, zu glätten.

● Arbeitsplatz zum Bügeln. Er besteht aus einem standfesten, klappsicheren Bügelbrett oder einem Tisch, bedeckt mit nicht zu weicher Unterlage (mehrfach zusammengelegte, billige Decke) und einem großen, glatten, weißen Tuch (aussortiertes Laken oder Tischtuch), ferner einem Ärmelbügelbrett mit abnehmbarem, waschbarem Bezug. Beim Bügeln im Sitzen sollte der Höhenabstand zwischen Sitz- und Bügelfläche 20 bis 30 cm betragen und der Stuhl eine bewegliche Rückenlehne haben. Links von der Bügelfläche befindet sich in Arbeitshöhe (Korb auf einen Stuhl stellen) die sortierte und vorbereitete Wäsche, rechts davon eine Ablage für gebügelte Wäsche. Der Anschluß für das Bügeleisen muß das Ausnutzen der gesamten Bügelfläche erlauben. Zum Dämpfen wird ein nicht zu großes weißes Tuch und eine Schüssel mit Wasser gebraucht.

● Reglerbügeleisen halten die eingestellte Temperatur konstant. Das Aufleuchten der Kontrollampe zeigt den Wärmenachschub an; wenn sie erlischt, ist die gewählte Temperatur erreicht. Die Bügeleisen sind unterteilt in drei Temperaturbereiche, den niedrigsten mit einem Punkt (für Wolle und Synthetiks), den mittleren mit zwei Punkten (für Kunstseide und Seide) und den höchsten mit drei Punkten (für Baumwolle und Leinen). Bei der Einstellung muß der gewählte Bereich mit dem im Pflegesymbol angegebenen übereinstimmen. Das Reglerbügeleisen erwärmt sich schnell, kühlt aber langsam ab. Um hintereinander bügeln zu können, kommen zuerst die im niedrigen Temperaturbereich, dann die mit höheren Temperaturen zu glättenden Stücke an die Reihe. Beim Beginn des Bügelns ist niemals das ganze Eisen mitten auf das Wäschestück zu stellen, sondern es wird mit der Spitze an einer Kante begonnen. Die sogenannte „Anfahrspitze“ könnte sonst trotz richtiger Einstellung Schaden verursachen. Die Temperatur weist innerhalb eines Bereichs kleine Unterschiede auf, je nach der Schaltstellung näher zum niedrigen oder höheren Bereich. Während des Bügelns kann so die Temperatur nachkorrigiert werden.

Reglerbügeleisen glätten durch Wärme, nicht durch Druck des Eisens oder der Hand. Sie benötigen keinen Ständer, sondern werden auf der Hinterkante abgestellt. Braune Flecke auf der Bügelsohle werden vom lauwarmen Eisen durch Abreiben mit einem in Spülmittellösung getränkten Tuch entfernt. Keinesfalls sind sie abzukratzen, die entstehenden feinen Schrammen könnten später zarte Textilien beschädigen.

- Oberhemden und Blusen bügeln. Hierbei werden zuerst Kragen und Manschetten, dann Passen, Ärmel, Rücken und Vorderteil gebügelt.
- Hosen bügeln. Es werden zuerst die Taschen, dann die oberen Partien geglättet – notfalls auf dem Ärmelbügelbrett. Die Hosenbeine legt man in die Bruchfalte, schlägt ein Bein zurück und bügelt jedes für sich. Eine besonders haltbare Bügelfalte entsteht, wenn sie von innen mit wenig verdünnter Wäschesteife befeuchtet wird.
- Kleider und Röcke bügeln. Zuerst werden Nähte, Taschen und Gürtelpartien gebügelt. Bei Kleidern folgen Ärmel, Kragen, Passen, Oberteil, dann bei beiden die glatten Rockteile sowie die Falten. Unerwünschte Falten werden mit einem Läppchen befeuchtet und geglättet. Gebügelte Kleidung gehört auf Bügel und Spanner und erst nach dem Auskühlen in den Schrank.
- Frotteestoffe werden nicht gebügelt.

Strukturgewebe werden leicht von links geglättet.

- Kordsamt kann, wenn Druckstellen und Knitter nicht durch Bürsten verschwinden, von links gebügelt werden.
- Samt dämpft man von links, indem der leicht angefeuchtete Stoff über ein hochkant gestelltes Bügeleisen gezogen wird.
- Natur- und Kunstseide wird in fast trockenem Zustand von links gebügelt. Um diese Stoffe gleichmäßig anzufeuchten, werden sie in nasses Tuch gewickelt. Wasserspritzer vom Einsprengen würden sich markieren.

Rohseide kann unmittelbar nach dem Waschen und Spülen völlig trockengebügelt werden.

- Wollstoffe müssen, damit sie nicht glänzen, gedämpft werden. Das Tuch wird angefeuchtet, indem es nur zur Hälfte ins Wasser getaucht und in der trockenen Hälfte ausgedrückt wird. Auf dem mit dem Tuch bedeckten Stoff wird das Bügeleisen mehr aufgesetzt als geschoben. Gedämpfte Kleidung muß besonders gut auslüften.

Pflegesymbole sowie weitere Hinweise zur Pflege von Textilien s. Kap. „Textile Faserstoffe“.

Pflege der Kleidung im Haushalt

Alle Kleidungsstücke müssen nach jedem Tragen auf gut passende Bügel gehängt werden; sind sie zu lang, beulen die Ärmel aus, sind sie zu kurz, hängen die Schultern herunter. Hosen und Röcke hängen am besten auf Klemmbügeln, lange Kleider auf Bügeln mit Querstange. Häufig getragene Kleidung ist öfter auszubürsten. Alle Sachen müssen auslüften, bevor man sie weghängt, Knopf- und Reißverschlüsse sind zu schließen, helle und staubempfindliche Kleidung wird mit einem Stück Stoff oder Folie über der Kragen- und Schulterpartie geschützt.

Naß gewordene Oberbekleidung muß sorgfältig in Form gezogen werden. Sie sollte mehr durch Luft als durch Wärme und niemals zu schnell in Ofennähe trocknen. Spritzer werden erst nach dem völligen Trocknen ausgebürstet. Kleidung aus Kord wird gegen den Strich, solche aus Loden mit dem Strich gebürstet, beide, solange sie noch etwas feucht sind. Samtkleidung darf nicht trockengerieben, sondern nur ausgeschüttelt werden und muß vor dem Dämpfen völlig trocknen. Beschichtete oder gummierte Mäntel und Anoraks sollten nicht zusammengepreßt oder -gerollt aufbewahrt werden. Nasser Pelz wird kräftig ausgeschüttelt und nach dem Trocknen in Strichrichtung locker gebürstet. Vor der Sommerpause läßt man ihn fachmännisch reinigen. Wertvolle Pelze werden dem Kürschner zur Konservierung übergeben. Im

Haushalt können Pelze und Mäntel aus guten Wollstoffen durch Mottenschutzstreifen vor Motten bewahrt werden. Dienen Plastbeutel zur Aufbewahrung, so müssen diese größer als das Kleidungsstück sein.

Lederkleidung wird in Spezialbetrieben repariert und aufgefrischt; die Dienstleistungskombinate geben Auskunft darüber. Badesachen sollten nach jedem Bad, das in salzhaltigem oder gechlortem Wasser genommen wird, gründlich ausgespült werden. Bei häufigem Gebrauch sind sie wie andere Trikotagen zu waschen.

Flecke in bereits angeschmutzter Kleidung sind der Anlaß, diese reinigen zu lassen. Bei dem Versuch, die Flecke selbst zu entfernen, entstehen Ränder, da die Schmutzschicht mit angelöst wird. Nur Flecke von Ölfarbe werden sofort mit Verdünnung (Terpentin) behandelt. In der Annahmestelle für die chemische Reinigung ist auf Flecke, deren Ursache und eigene Behandlung hinzuweisen, damit der Chemischreiniger sich darauf einstellen kann. Durch unvorhergesehene Reaktion verschiedenartiger Reinigungsmittel können Schäden entstehen.

Flecke entfernen. Dazu nimmt man zwei saubere, möglichst weiße, saugfähige Tücher und legt eins unter die zu behandelnde Stelle. Eiweißhaltige Flecke (z. B. Blut) werden mit kaltem bis lauwarmem Wasser, fett- und zuckerhaltige mit warmem bis heißem Wasser betupft, nicht gerieben, bis sich der Fleck löst. Dazu wird immer wieder eine saubere Stelle des Tuchs genommen.

Ähnlich ist beim Gebrauch handelsüblicher Fleckentferner zu verfahren. Der Fleck wird mit dem Lösungsmittel reichlich benetzt, es muß einige Zeit einwirken. Durch wiederholtes Betupfen, am besten mit einem nassen Schwamm, wird dann der gelöste Fleck ausgespült. Anschließend wird durch Drücken zwischen zwei sauberen Tüchern die Nässe aufgenommen oder, bei waschbarer Kleidung, das ganze Stück durchgewaschen.

Stehen keine Fleckentferner zur Verfügung, kann man zu Hausmitteln greifen, um die Verunreinigung nicht erst tief in das Gewebe eindringen zu lassen.

- Frische Bierflecke werden mit warmem Wasser behandelt, ältere mit Brennspiritus und Wasser im Verhältnis 1:1.
- Likörflecke verschwinden durch Behandlung mit heißem Wasser.
- Frische Rotweinflecke sind dick mit Salz zu bestreuen; aufsaugen lassen, gut auswaschen; alte sind mit Zitronensaft zu behandeln.
- Rost ist mit Zitronensaft zu beträufeln und heiß zu überbügeln.
- Obstflecke läßt man in heißer Waschmittellauge ziehen.
- Grasflecke werden mit Butter eingerieben und mit heißer Waschmittellauge ausgewaschen.
- Teerflecke werden mit Eigelb oder Butter bestrichen und nach Stunden mit warmem Wasser ausgewaschen.
- Kopier- und Tintenstiftflecke müssen sofort mit Spiritus betupft werden.
- Rußflecke sind nie feucht zu behandeln; sie werden dick mit Salz bestreut und ausgebürstet.
- Eigelb wird sofort abgetupft, nicht breitgewischt; nach dem Antrocknen wird es ausgerieben und mit Wasser ausgewaschen.
- Erbrochenes muß sofort gründlich ausgespült werden, am besten mit leichtem Essigwasser, die Kleidung wird so schnell wie möglich gewaschen oder gereinigt.
- Wachs und Stearin werden mit dem Messer abgehoben und die Reste zwischen zwei Löschblättern ausgebügelt; verbleibende Fettflecke müssen nachbehandelt werden.

Schuhpflege. Schuhe sollte man häufig wechseln – nach der Arbeit, dem Einkauf, einer Wanderung – damit Füße und Schuhe auslüften und sich erholen können. Werden Schuhe stets auf Spanner gezogen, behalten sie besser ihre Form. Feuchte Schuhe werden von grobem Schmutz befreit, liegend oder hängend getrocknet, aber nie in Ofennähe. Ausstopfen mit Zeitungspapier beschleunigt das Trocknen.

Schuhcreme sollte passend zu den Schuhen gewählt werden; wenn die Farbe aufgefrischt werden soll, einen Ton dunkler. Universalpflegemittel sind für alle glatten Leder wie Boxcalf, Rindbox und Anilinleder geeignet. Vor dem Eincremen müssen Staub und Schmutz gründlich entfernt sein. Die Creme wird auf den trockenen Schuh dünn aufgetragen, nicht gerieben, besonders empfindlich gegen Reiben ist Anilinleder, da es keine deckende Farbschicht besitzt. Nach kurzem Einziehen wird mit einem Tuch oder einer weichen Bürste poliert.

- Rauh- oder Velourleder-Schuhe werden

mit einer festen Bürste von Staub und Schmutz befreit. Rauhlederspray frischt die Farbe auf und erneuert die Imprägnierung.

- Gummischuhe werden feucht abgewischt, bei starker Verschmutzung mit einer Spülmittellösung, sie dürfen nicht zu warm stehen.
- Stoffschuhe werden mit Schaumreiniger gereinigt, zum Auffrischen der Farbe kann ein flüssiges Rauhlederpflegemittel verwendet werden. Weiße Stoffschuhe können mit warmer Seifenlauge gebürstet und nach dem Trocknen mit dem handelsüblichen Leinen-Deckweiß eingepinselt werden.
- Ledersohlen kann man, wenn sie zu glatt sind, mit Sandpapier aufrauhen. Warmes Leinöl macht Ledersohlen wieder wasserdicht und beseitigt, auf die Sohlenränder geträufelt, das Knarren von Schuhen.
- Schweißgeruch in Schuhen läßt sich, wenn Lüften nicht ausreicht, durch Ausreiben mit einem in übermangansaurem Kali oder Wasserstoffperoxid getränkten Lappen beseitigen.

Hüte und Mützen. Werden Hüte längere Zeit nicht getragen, sollten sie mit Papier ausgestopft in einem Karton oder Koffer aufbewahrt werden, damit die Form nicht leidet. Filzhüte brauchen häufiges Bürsten. Verbogene Krempen lassen sich durch Dämpfen mit übergelegtem Tuch und mäßig warmem Eisen wieder in die richtige Form bringen. Mützen können nach dem Waschen über einem Teller oder Topfdeckel in Form gezogen werden und trocknen.

Regenschirme. Sind sie naß geworden, werden sie kräftig ausgeschüttelt und zum Trocknen auf den Griff gestellt – nicht ganz aufgespannt, um Stangen und Gewebe zu schonen. Nur bei neuen Schirmen empfiehlt sich das Trocknen in aufgespanntem Zustand. Erst nach dem völligen Trocknen können Schmutzspritzer abgebürstet und Hüllen übergestreift werden. Kleine Schäden lassen sich mit einem farblich passenden Stück Stoff ausbessern, das man von innen gegenklebt. Bei größeren Schäden läßt man den Schirm besser in einem Fachgeschäft neu beziehen.

Schmuck. Schmuck aus Edelmetallen wird mit einem Spezial-Putztuch poliert oder in einer warmen Spülmittellösung mit einem weichen Pinsel gereinigt, mit klarem Wasser nachgespült, in Spiritus getaucht und zum Trocknen auf ein Tuch gelegt.

Edelsteine und Halbedelsteine sind besonders an der Rückseite der Fassungen mit Alkohol und einer weichen Bürste zu säubern. Echte Perlen dürfen nur mit einem trockenen, weichen Tuch poliert werden.

Glas- und Wachsperlen vertragen eine schnelle Reinigung in Spülmittellösung.

Korallen können mit Seifenwasser vorsichtig gebürstet und mit einer Spur Öl poliert werden. Sind sie im Laufe der Zeit verblaßt, erhalten sie ihre ursprüngliche rote Farbe wieder, wenn sie einige Minuten in eine hochprozentige Wasserstoffperoxidlösung getaucht werden.

Elfenbeinschmuck wird mit Benzin entfettet; vergilbte Stücke werden wieder weiß in einem mehrstündigen Bad von dreiprozentiger Wasserstoffperoxidlösung. Anschließend ist in klarem Wasser gut nachzuspülen, mit dem Fön zu trocknen und zu polieren. Bernstein wird in warmer Spülmittellösung oder Alkohol gereinigt; blinde Stellen werden mit einem Brei aus Spiritus und Schlämmkreide eingestrichen und mit einem Leinenläppchen blankgerieben. Perlmutt kann mit einem Leinenlappen abgerieben werden, der in einen Brei aus Schlämmkreide und Wasser getaucht wurde. Straßsteine werden mit einem weichen Pinsel gesäubert. Schmuck aus Plast wird mit warmem Wasser gereinigt. Schmutzstellen lassen sich mit einem Spritzer Spülmittel entfernen.

Vorratswirtschaft

Sie wird durch einen Kühlschrank sehr erleichtert, ist jedoch auch ohne ihn möglich. Lebensmittel mit niedrigem Wassergehalt, luftdicht verschlossene Konserven, Schinken, Speck und Dauerwurst sowie Gemüse und Obstarten mit festem Zellgewebe lassen sich an einem trockenen, belüftbaren Ort bei etwa 15 °C unterschiedlich lange aufbewahren.

Vorratswirtschaft macht unabhängig. Wird die Zeit zu knapp, um noch einzukaufen, kommt plötzlich Besuch, so kann man auf Vorräte zurückgreifen. Wieviel und welche Lebensmittel vorrätig gehalten werden, richtet sich u.a. danach, ob täglich oder nur zum Wochenende warme Mahlzeiten zubereitet werden und sich von Montag bis Freitag der Bedarf auf Frühstück und Abendbrot konzentriert.

Zweckmäßige Aufbewahrung von Lebensmitteln. *Nährmittel* (Grieß, Mehl, Reis, Nudeln) werden in durchsichtigen Plastbehältern oder Glasschraubdosen aufbewahrt. Moderne Küchen haben dafür Einschübe an den Innenseiten der Küchenschränke.

Kaffee, Tee, Kakao halten sich frisch und bewahren ihr Aroma in dicht schließenden Glas- oder Blechbehältern.

Brot sollte, jede Sorte für sich, in Brotbüchsen aus Emaille oder Plast, im Brotfach des Küchenschranks oder in einem Steinguttopf verwahrt werden; wichtig ist Luftzutritt.

Gebäck kommt in gut schließende Behälter aus Blech, Porzellan oder Glas.

Fleisch- und Wurstwaren werden in Alufolie gewickelt, in Plast-, Porzellan- oder Steingutgefäße gelegt.

Fisch. Räucherware wird in Alufolie gewikkelt. Konserven werden, wenn sie geöffnet sind, aus der Blechpackung in Plast-, Porzellan- oder Steingutgefäße umgefüllt.

Obst und Gemüse werden in Körben aus Holzspan oder Draht, in Schüsseln oder Sieben aus Plast aufbewahrt.

Butter wird, wenn kein Kühlschrank vorhanden ist, für den laufenden Bedarf in einem Steingutgefäß mit Glaseinsatz, dem sogenannten Butterkühler, aufbewahrt, der an heißen Tagen in eine Schüssel mit Wasser gestellt werden kann.

● Alufolie hilft frischhalten: Die Anschnittseite des Brotes, der Wurst wird damit verschlossen, bei geschnittener Wurst oder Käse legt man jeweils ein Stück Alufolie zwischen die Scheiben, wickelt das ganze Paket nochmals in Folie oder Butterbrotpapier und darüber ein feuchtes Leinentuch. Auch belegte Brote und einzelne Früchte lassen sich in Alufolie frischhalten.

In Alufolie eingeschlagene Lebensmittel geben kein Aroma ab und nehmen kein fremdes an. Aus Alufolie kann man für jedes Gefäß einen passenden Deckel formen.

● Speisekammer. Sie muß sehr sauber, trokken, kühl und gut zu lüften sein. Das Regal mit Konservengläsern wird durch einen Vorhang abgedeckt. Licht verändert Farben und wertvolle Inhaltsstoffe, Wärme fördert die Gärung, Feuchtigkeit die Schimmelbildung.

Kühlschrank. Er steht möglichst im Zentrum der Speisenvor- und -zubereitung, niemals in der Nähe von Heizkörpern, nicht in kleinen, unbelüfteten oder kalten, feuchten Räumen. Er muß waagerecht und fest auf dem Boden stehen, mit der Gehäuserückwand mindestens 60 mm von der Wand entfernt.

Die Lebensmittel dürfen im Kühlschrank nicht zu dicht stehen, Luftzirkulation hält die kühle Temperatur konstant. Zweckmäßig werden Fleisch, Wurst und geöffnete Konserven auf dem untersten Rost, Wochenvorräte an Butter und Margarine sowie Geräuchertes auf dem obersten Rost einsortiert. In der Kühlschranktür sind Eier, die im Gebrauch befindliche Butter und Käsesorte sowie Kaffeesahne, Flaschenmilch, Bier- und Saftflaschen untergebracht. Alles ist abgedeckt oder eingewickelt, heiße Speisen oder Getränke kommen erst nach dem Abkühlen auf Zimmertemperatur in den Kühlschrank.

Kühlschränke ohne selbsttätige Abtauvorrichtung müssen abgetaut werden (Tür öffnen, Stecker ziehen), sobald die Reifschicht am Verdampfer etwa 5 mm dick ist; sie verringert die Kühlwirkung und erhöht den Energieverbrauch. Das gleiche gilt für das Gefrierfach. Monatlich einmal ist der Kühlschrank zu reinigen; Innen- und Außenwände, Roste und Verdampfer werden feucht mit Spülmittellösung gewischt und gut abgetrocknet. Die Türdichtung kann von Zeit zu Zeit mit klarem, lauwarmem Wasser abgewischt und nach dem Trocknen mit Talkumpuder eingerieben werden. Einmal im Jahr ist der Kältesatz an der Rückwand mit Pinsel oder Staubsauger vom Staub zu befreien.

Bei der Anschaffung eines Kühlschranks sollte der Bedarf der nächsten zehn Jahre den Ausschlag geben; pro Person rechnet man etwa 50 Liter Kühlschrankvolumen.

Gefriergut muß so schnell wie möglich im Kältefach des Kühlschranks oder im Gefriergutlagerschrank untergebracht werden. Angetaute Packungen sind im Hauptkühlfach bis zu zwei Tagen lagerfähig, dann müssen sie verbraucht werden. Vom erneuten Einfrieren an- oder aufgetauter Lebensmittel ist dringend abzuraten. Geflügel wird soweit aufgetaut, daß es innen und außen sorgfältig mit kaltem Wasser gewaschen werden kann, bevor es zum Braten zubereitet wird. Zerlegtes Geflügel wird in hartgefrorenem Zustand

abgespült, mit saugfähigem Papier oder einem sauberen Handtuch gut abgetrocknet. Soll es vor dem Braten paniert werden, so muß es etwas antauen, damit die Panade hält.
Gemüse ist kochfertig und wird ohne aufzutauen in wenig siedendes Wasser oder in Wasserdampf gelegt. Die Kochzeiten sind um ein Drittel kürzer als bei frischem Gemüse.
Obst wird am besten als Frischobst verzehrt. Zum Auftauen wird es in eine Schüssel gelegt und gut zugedeckt, um das Aroma zu erhalten. Für Kompott ist das Obst in wenig Wasser aufzukochen. Für Kuchenbelag können angetaute Früchte vor dem Backen auf den Teig gegeben werden. Zum Belegen fertiger Tortenböden muß das Obst völlig aufgetaut sein.

Pflege von Haushaltgeräten

Gasgeräte. Viele Haushaltgeräte werden mit Gas betrieben. Die Gasflamme soll hell aussehen und einen straffen blaugrünen Kern im blauvioletten Flammenmantel haben. Brennt sie flackernd, rußend oder unregelmäßig, dann ist der Brenner verstopft, sitzt nicht fest oder erhält zu wenig Sauerstoff.
Nach Aufdrehen des Gashahnes muß die Flamme sofort entzündet werden. Beim Abstellen des Gasgerätes ist immer zuerst der Hahn am Gerät abzudrehen und dann an der Zuleitung. Das Einstellen erfolgt in umgekehrter Reihenfolge. Es hat schon oft zu Unglücksfällen geführt, wenn der Haupthahn aufgedreht wurde, während der Hahn am Gerät offen war. Bei Funktionsstörungen an Gasgeräten ist sofort der Fachmann in Anspruch zu nehmen.

- Verhalten bei Gasgeruch. Jeder starke Gasgeruch, der in der Wohnung, im Treppenflur, Keller oder auf der Straße wahrgenommen wird, ist sofort dem zuständigen Energieversorgungsbetrieb oder der nächsten Dienststelle der Deutschen Volkspolizei zu melden. Bei starkem Gasgeruch im Haus sollten die Bewohner gewarnt werden, da Explosionsgefahr bestehen kann. Erste Maßnahmen: Alle offenen Flammen löschen, nicht rauchen, Licht- und Geräteschalter, elektrische Klingeln und Telefon nicht betätigen; in Wohnungen den Haupthahn am Gaszähler schließen; Türen und Fenster öffnen.
- Gasherde werden in den Maßen der modernen Küchenmöbel hergestellt. Rationell sind Töpfe mit großem Durchmesser und gut schließendem Deckel. Die über den Topfboden hinausschlagende Flamme sollte gedrosselt werden, sie geht für den Garprozeß verloren und bedeutet Gasverschwendung. Wer Gas sinnvoll verbraucht, schont das Geschirr, spart Zeit und Arbeit. Stets wird mit großer Flamme angekocht und wenn der Topfinhalt kocht, auf Sparflamme gedreht. Die volle Flamme braucht ungefähr fünfmal soviel Gas wie die Sparflamme, die für das Weiterkochen voll ausreicht; dabei bleiben Nährwert und Aroma der Speisen besser erhalten. Wenn nur eine Kochstelle zur Verfügung steht, kann man zwei Töpfe übereinander setzen; in dem oberen wird z. B. das Abwaschwasser heiß ohne zusätzlichen Energieverbrauch. Unter Turmkochen ist das Übereinandersetzen mehrerer Töpfe zu verstehen, ein gestufter Zwischendeckel gleicht Größenunterschiede aus. Beim Turmkochen müssen zunächst alle Töpfe mit ihrem Inhalt einzeln auf voller Flamme zum Kochen gebracht werden, dann erst setzt man sie aufeinander, wobei Speisen mit der längsten Garzeit zuunterst stehen.
- Sauberhalten des Gasherdes. Zunächst werden die Roste abgenommen und gereinigt. Dann sind die Brenner herauszunehmen und von innen wie von außen zu säubern; verklebte Öffnungen müssen durchstochen, rostige Stellen mit der Drahtbürste behandelt und anschließend mit Öl eingefettet werden. Die Backröhre wird ausgewischt, soweit möglich werden die Bleche herausgenommen und gereinigt. Das emaillierte Innere des Herdes und die Außenwände werden mit Spülmittellauge abgewaschen.

Elektrogeräte.

- Elektroherd. Die Kochplatten des Elektroherdes erwärmen sich nach dem Einschalten langsam, können aber vor der Beendigung des Kochprozesses ausgeschaltet werden, da sie die Wärme noch etwa 10 bis 15 Minuten halten. Töpfe und Pfannen für Elektroherde sollen möglichst plangeschliffene Böden haben, welche die Hitze ohne Verlust übertragen. Ihr Durchmesser soll dem der Kochplatte entsprechen. Zu kleine Töpfe bedeuten Energieverschwendung.

- Säubern von Elektroherden. Dabei sind die der Kochplatte anhaftenden Speisereste zu entfernen, Roststellen werden mit einer Drahtbürste beseitigt. Von Zeit zu Zeit werden die Platten mit säurefreiem Öl oder Vaseline dünn eingerieben. Die Backröhre im Herd wird leicht erwärmt und feucht ausgewischt. Die Reinigung ist stets nur bei abgeschaltetem Gerät vorzunehmen.
- Elektrische Wasserkocher sind erst mit Wasser zu füllen und dann einzuschalten; nach dem Ausgießen muß sofort wieder Wasser eingefüllt werden.
- Tauchsieder sind nur im wassergefüllten Gefäß in Betrieb zu nehmen, dabei ist auf die obere und die untere Tauchmarke zu achten.

Aluminiumtöpfe sind dünnwandig, leicht an Gewicht und besitzen hohe Leitfähigkeit. Sie eignen sich gut zum Kochen, aber nicht zum Aufbewahren von Speisen. Im Gebrauch bildet sich eine dünne Oxidschicht, die den Wert nicht beeinträchtigt. Eloxiertes Aluminium ist korrosionsbeständig, es wird mit warmem Wasser gereinigt. Aluminiumtöpfe werden wieder hell, wenn sie mit Rhabarber oder Apfelschalen ausgekocht werden. Kesselstein (richtiger Kalkstein, Wasserstein) kann mit Essig entfernt werden, den man zum Kochen bringt; wirksamer sind spezielle Wassersteinentferner, die auch in Kaffee- und Waschmaschinen Ablagerungen entfernen.

Eiserne Geräte dürfen nicht ungesäubert stehenbleiben. Sie werden heiß gespült, sofort gut getrocknet und zur Verhinderung von Rostansatz leicht eingefettet. Zusammengesetzte Geräte müssen dazu auseinandergenommen werden. Verrostete Eisen- und Stahlwaren werden mit Öl abgerieben, sonst mit Scheuermitteln geputzt. Pfannen und Kuchenbleche werden erwärmt und mit Papier und Salz ausgerieben. Erhitztes Gußeisen darf nicht mit kaltem Wasser überspült werden, weil es dadurch leicht springt.

Emaillegeschirr ist unempfindlich gegen Säuren, es eignet sich gut zum Zubereiten und Aufbewahren von Speisen. Vor Stoß, Fall und plötzlichem Temperaturwechsel ist Emaillegeschirr zu schützen, um das Absplittern von Emaille zu vermeiden. Diese Töpfe lassen sich gut reinigen; Speisereste sollen abweichen. Vor dem ersten Gebrauch empfiehlt es sich, Emaillekochtöpfe zur Hälfte mit Wasser zu füllen, dies langsam zum Kochen zu bringen und langsam abkühlen zu lassen.

Saale-Glas-Haushaltgeschirr ist auf allen Energiequellen verwendbar; auf der Gasflamme und dem offenen Feuer muß ein Drahtsieb untergelegt werden. Die Gefäße eignen sich nicht zum scharfen Anbraten, sie dürfen nur auf einer Kochstelle stehen, wenn der Boden mit Flüssigkeit bedeckt ist. Für die gleichmäßig strahlende Wärme der Backröhre eignet sich Saale-Glasgeschirr sehr gut. Die Speisen können darin aufgetragen werden und halten sich lange warm. Heiße Schüsseln dürfen nicht auf einer kalten Unterlage abgestellt und nicht mit kaltem Wasser gefüllt werden. Speiserest und Ränder sollen abweichen; Scheuern würde die Oberfläche zerkratzen.

Holzgeräte. Quirle, Löffel, Nudelholz und Bretter bleiben länger hell und ansehnlich, wenn sie vor Gebrauch kalt abgespült werden. Dadurch füllen sich die Poren des Holzes mit Wasser und lassen Verfärbungen nicht eindringen, Fisch- und Zwiebelgeruch läßt sich leichter abspülen. Deshalb bleiben Holzlöffel und Quirle auch während des Kochens nicht im Topf. Fettige Küchenbretter werden mit Salz abgerieben. Täglich benutzte Schnittenbretter sollten einmal wöchentlich gründlich mit heißer Spülmittellauge und einer harten Bürste behandelt werden. Alle Holzgeräte trocknen an der Luft, in der Ofenhitze würden sie sich leicht verziehen.

Glas und Kristall. Rascher Wechsel von kalt und heiß ist bei Gläsern aller Art zu vermeiden. Zum Säubern genügt mäßig warme Spülmittellauge und eine weiche Bürste. Die in Vasen häufig auftretenden Ablagerungen von kalkhaltigem Wasser lassen sich durch längere Einwirkung eines säurehaltigen Reinigungsmittels entfernen. Glasgeschirr wird gut gespült und mit einem nicht fasernden Tuch getrocknet.

Korbwaren. Wäsche- und Einkaufskörbe werden mit Spülmittellösung und einer weichen Bürste gesäubert. Zur Auffrischung können sie mit einer Kochsalzlösung abgerieben werden. Sie sollen möglichst rasch trocknen. Feine Korbwaren wie Brotkörbe, Untersetzer, Obstschalen werden feucht ausgebürstet.

Porzellan und Steingut wird mit warmer

Spülmittellösung gereinigt; Schmutzränder werden mit Salz entfernt, Scheuerpulver schadet der Glasur.

Plaste. Oberflächen von Tischen und Schränken, Geschirr, Löffeln und Vorratsbehältern werden erst mit Spülmittellösung, dann mit klarem Wasser abgewaschen oder abgewischt. Auf hartnäckigen Verunreinigungen (Kaffee- und Teeflecke, Fett-Ruß-Schicht) wird unverdünntes Spülmittel verrieben, dann mit klarem Wasser nachgewaschen. Scharfe Reinigungsmittel und Putzsand rauhen die Plaste auf, Flecke dringen tiefer ein und lassen sich kaum noch entfernen. Weichplaste vertragen kein kochendes Wasser und siedendes Fett. Glasklare Plastbehälter sind besonders bruchempfindlich.

Metalle wie Gold, Silber, Kupfer, Zinn, Chrom, Nickel, Aluminium oder Legierungen wie Bronze und Messing werden mit einem imprägnierten Spezial-Putztuch oder flüssigem Metallreiniger abgerieben und poliert.

Irdene Gefäße wie Krüge, Kannen, Einlegetöpfe sollten leer nicht zugedeckt werden, um dumpfen Geruch zu vermeiden; gereinigt werden sie mit Essigwasser.

Raumheizung

Das Behaglichkeitsgefühl des Menschen wird im wesentlichen von der Raumlufttemperatur, der mittleren Wandtemperatur, der Luftfeuchte und der Luftbewegung im Aufenthaltsbereich bestimmt. Aufgabe der Raumheizungsanlage ist es, während der jährlichen Heizperiode (in der Regel vom 15. September bis zum 15. Mai) die Raumlufttemperatur und die mittlere Wandtemperatur in den Bereich des Behaglichkeitsfeldes zu bringen. Dies muß durch Ausgleich der entstehenden Wärmeverluste durch die Umfassungskonstruktionen der Räume (Wände, Fußböden, Decken und Fenster) bei Außenlufttemperaturen unter +15 °C erfolgen. Eine direkte Beeinflussung der Luftfeuchte und Luftbewegung oder Luftkühlung im Sommer kann nur von Lüftungs- oder Klimaanlagen erfolgen.

● Raumlufttemperatur. Die als behaglich empfundene Raumlufttemperatur ist abhängig von der körperlichen Arbeit, der Kleidung des Menschen und der mittleren Temperatur der Raumumschließungsflächen. Heizungsanlagen sollen in Wohngebäuden folgende Raumlufttemperaturen gewährleisten:
Küchen +18 °C, Aborträume +18 °C, Bäder mit und ohne WC +22 °C, Wohnzimmer +20 °C, Kinderzimmer +20 °C, Schlafzimmer +16 °C, Treppenhäuser +10 °C.

Bei großen kalten Umschließungsflächen (z. B. großen Fenstern) ist eine erhöhte Raumlufttemperatur zur Erreichung der Behaglichkeit erforderlich.

Die Berechnung und Größenbestimmung von heizungstechnischen Anlagen erfolgt nach der Heizlast der Einzelräume, die nach TGL 26 760 errechnet werden kann.

Heizungsarten. Sie werden nach der Lage der Feuerstätten unterschieden.

● Örtliche Heizungen. Die Feuerstätte befindet sich in dem zu beheizenden Raum selbst (Kachelofen, Gaswandheizung, Kamin, Dauerbrandofen, Elektro-Speicherheizgerät).

● Zentralheizungen. Die Feuerstätte befindet sich zentral angeordnet in der zu beheizenden Wohnung oder dem zu beheizenden Gebäude (Wasserheizung mit Kesselaufstellung im Keller, Forst-Etagenheizung, Zentral-Luftheizungen).

● Fernheizungen. Die Feuerstätte befindet sich außerhalb des zu beheizenden Gebäudes (separates Heizhaus, Kraftwerk).

Örtliche Heizungen.

● Kaminfeuer. Es ist eine der ältesten Heizeinrichtungen. Unbestreitbar verbreitet das offene Feuer im Aufenthaltsraum ein Gefühl der Geborgenheit. Die Wärmeabgabe erfolgt fast ausschließlich durch Wärmestrahlung, der wärmetechnische Wirkungsgrad ist jedoch schlecht; die Anwendung zur direkten Raumausheizung ist unwirtschaftlich und unzweckmäßig. Der offene Kamin bringt meist Probleme, besonders beim nachträglichen Einbau (Zugmangel, Windanfälligkeit, Funkenspritzer in den Raum usw.). Dem Aufstellungsraum oder der Feuerstätte muß direkt Frischluft zur Verbrennung zugeführt werden. Nach TGL 10 709 muß jeder Kamin an einen eigenen Schornstein angeschlossen sein.

● Kachelöfen. In ihnen wird während eines kurzen Verbrennungszeitraumes (½ bis 1 Stunde) die Verbrennungswärme erzeugt und gespeichert sowie je nach Größe des

Speichervermögens über einen langen Zeitraum an die Zimmer abgegeben. Der wärmetechnische Wirkungsgrad ist gut. Die meisten Kachelöfen eignen sich gut zur Verbrennung von Braunkohlenbriketts.
Eine Sonderbauform ist die Kachelofen-Luftheizung. Bei Anordnung der Ofen-Außenflächen in mehreren Zimmern oder mit Luftzirkulationsschächten ist eine Beheizung mehrerer Räume von einer Feuerstätte aus möglich. Oft macht sich dabei eine luft- und schallseitige Beeinträchtigung der angeschlossenen Räume negativ bemerkbar.
Beim Kachelofen stehen den Vorteilen des guten wärmetechnischen Wirkungsgrades und der gleichmäßigen milden Wärmeabgabe die Nachteile des hohen Bedienungsaufwandes, der schlechten Regulierfähigkeit, des hohen Platzbedarfes und der großen Deckenbelastung gegenüber.

- Dauerbrandöfen. Sie sind wesentlich leichter als Kachelöfen und meist transportabel, besitzen aber gegenüber Kachelöfen nur ein geringes Wärmespeichervermögen. Die Oberflächentemperatur liegt zwar wesentlich über der von Kachelöfen; die Raumerwärmung erfolgt aber ungleichmäßiger. Dauerbrandöfen werden oft mit einer sehr vorteilhaften Verbrennungsregelung geliefert. Der Einsatz einer solchen Automatik bedingt gute Schornsteinzugverhältnisse, daher muß die Aufstellung eines derartigen Ofens in jedem Falle vom örtlich zuständigen Bezirksschornsteinfegermeister genehmigt werden.

Grobkörniger Koks ist als Brennstoff zwar am besten geeignet, steht jedoch nur begrenzt zur Verfügung; aber auch Braunkohlenbriketts (Halbformat) können bei gewissenhafter Feuerführung wirtschaftlich verbrannt werden.
Die Vorteile des Dauerbrandofens sind die mögliche Anpassung der Heizleistung an den Bedarf, seine Transportabilität (Gewicht zwischen 100 bis 300 kg), der geringe Platzbedarf und die kurze Anheizzeit. Die Nachteile des Dauerbrandofens sind seine hohe Oberflächentemperatur, der hohe Bedienungsaufwand, die im Teillastbereich bei gasenden Brennstoffen (z. B. Briketts) unvollkommene Verbrennung und die Schmutzbelästigung; außerdem ist er nur bei guten Schornsteinzugverhältnissen einsetzbar.

- Gasraumheizer sind Einzel-Gasfeuerstätten. Die Abgase müssen gesammelt und je nach Bauart direkt oder über einen Schornstein ins Freie geführt werden. Bei Schornsteinanschluß ist zur Zugunterbrechung sowie zur Stau- und Rückstromsicherung eine Strömungssicherung erforderlich, die bei modernen Geräten eingebaut ist; ebenso besitzen alle Geräte eine Sicherung gegen Austritt unverbrannter Gase. Es gibt Gas-Kleinraumheizer (für Bäder und Küchen geeignet), Außenwandraumheizer mit geschlossenem Verbrennungsraum zum Anbringen an Außenwänden oder Frischluft-Abgasschornsteinen und Gasraumheizer mit offenem Verbrennungsraum zum Aufstellungsraum hin und Anschluß an einen Abgasschornstein; letztere sind wie Außenwandraumheizer aufgebaut. Wegen ihrer größeren Wirtschaftlichkeit sollten bei Neuinstallation Gasraumheizer mit Temperaturregelung eingesetzt werden.

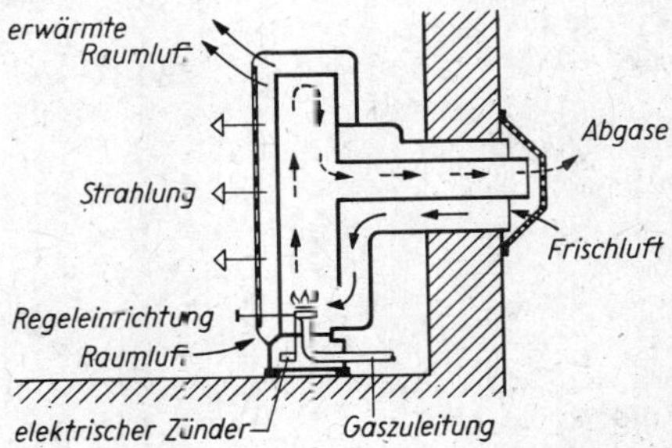

Funktion des Außenwand-Gasraumerhitzers

Bei der Aufstellung von Gasraumheizern ist wie bei allen Gasgeräten die Raumgröße zu beachten (TGL 10 707). Zu Anschluß und Aufstellung ist die Genehmigung des örtlichen Energieversorgungsbetriebes und des zuständigen Bezirksschornsteinfegermeisters erforderlich. Die Installation darf – wie bei allen Gasgeräten – nur von einem zugelassenen Installateur vorgenommen werden. Die aufgeführten Gas-Heizgeräte werden zur Verbrennung von Stadtgas, Erdgas und Flüssiggas hergestellt (Abb.).
Vorteile der Gasraumheizer sind ihre schnelle Betriebsbereitschaft, die vielseitigen Anordnungsmöglichkeiten, ihre sparsame Betriebsführung, der geringe Bedienungsaufwand; außerdem tritt keine Raumverunreinigung auf.

Als Nachteile der Gasraumheizer müssen die hohen Oberflächentemperaturen und die dadurch oft nicht guten Temperaturverteilungen im Raum genannt werden, ebenso geringe Verbrennungs- und Schaltgeräusche; auch ist diese Art von Heizung teuerer als die mit festen Brennstoffen.

● Elektrische Direktheizgeräte wie Heizsonnen, Heizlüfter, Infrarotstrahler oder mit Elektropatronen ausgestattete Heizkörper sind für eine ständige Wohnraumheizung nicht zugelassen. Die Betriebskosten liegen um ein Mehrfaches über denen bei Heizungen mit festen Brennstoffen. Sie sollten nur als Zusatzheizgeräte eingesetzt werden. Infrarotstrahler stellen dabei die wirtschaftlichste Lösung dar, da der kurzfristig eintretende Effekt der Wärmestrahlung auch bei niederer Lufttemperatur Behaglichkeit hervorruft. Bei Heizkörpern mit Elektropatronen („Ölradiator") sollte nur die Ausführung mit Temperaturregler, eventuell mit Schaltuhr aufgestellt werden.

Elektrische Speicherheizgeräte sind Heizgeräte, die während eines vorgegebenen täglichen Zeitraumes mehr Wärmeenergie aufnehmen (speichern) als abgeben (entladen). Der Zeitraum der Speicherung wird auf einen Zeitraum niederer Elektro-Laststufe gelegt (22.00 bis 6.00 Uhr). Während dieses Zeitraumes kann auf Antrag ein um 50 % verbilligter Stromtarif in Anspruch genommen werden. Die Wirtschaftlichkeit von Speicherheizgeräten wird stark von ihrer Konstruktion beeinflußt (Abb.).

Dabei werden drei Bauarten unterschieden.

Bauart I: Die Wärmeabgabe ist nicht beeinflußbar, da sie vorwiegend nur durch die Oberfläche geschieht.

Bauart II: Die Wärmeabgabe erfolgt durch innere natürliche Konvektion (Luftströmung) sowie über die Oberfläche; durch handbetätigte Klappen ist die Wärmeabgabe beschränkt beeinflußbar.

Bauart III: Hierbei wird die Wärme überwiegend durch erzwungene Konvektion mittels Lüfter abgegeben; die Wärmeabgabe ist sehr gut, vor allem auch zeitabhängig automatisch beeinflußbar.

Da die Betriebskosten trotz eines verbilligten Nachttarifes hoch sind, sind nicht regulierbare Geräte wie Bauart I abzulehnen und Bauart II, möglichst aber Bauart III, einzusetzen. Vor dem Aufstellen von elektrischen Speicherheizgeräten ist die Zustimmung des Energieversorgungsbetriebes einzuholen. Die Installation eines separaten Stromkreises mit Schaltuhr und Zähler ist notwendig; zur Größenauswahl sind spezifische Bedingungen zu beachten. Um den Platzbedarf zu verringern, wird mitunter eine Aufheizung außerhalb der Nachtzeit zugelassen (Teilspeicherheizung). Vorteile der Speicherheizgeräte sind sauberer Betrieb und gute Regelbarkeit bei Bauart III; das Aufstellen ist unabhängig von Schornsteinen und Außenwänden möglich.

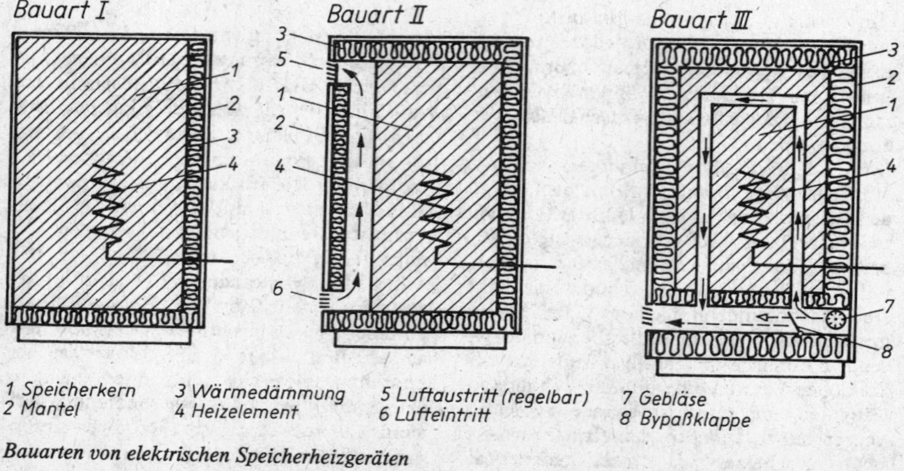

Bauarten von elektrischen Speicherheizgeräten

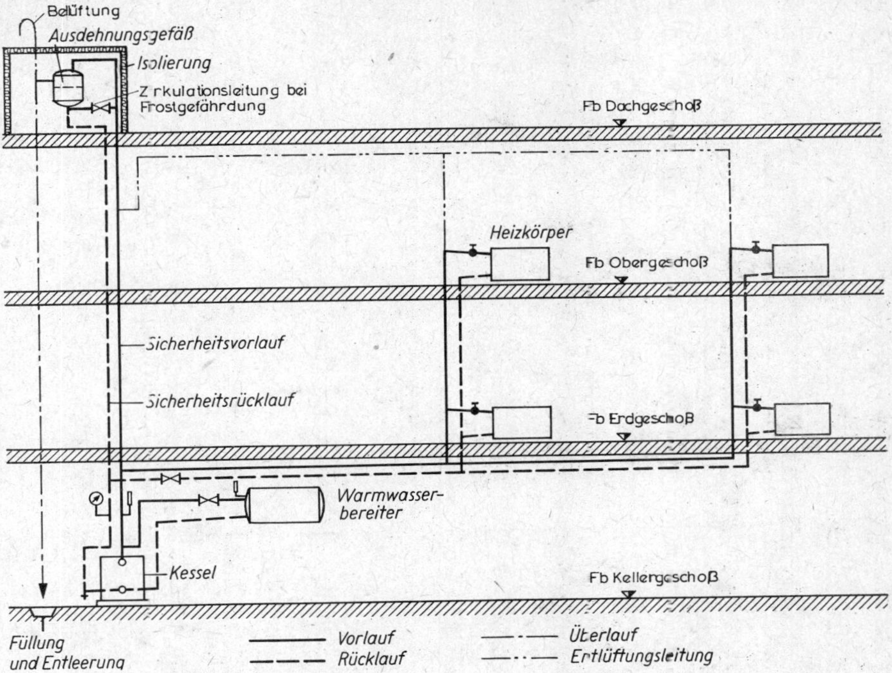

Schema einer Warmwasser-Zentralheizung

Nachteile der Speicherheizgeräte sind der große Platzbedarf, die hohe Deckenbelastung und die hohen Betriebskosten.

Zentralheizungen. Die von zentraler Stelle in der Wohnung oder im Gebäude erzeugte Wärme wird über einen Wärmeträger – Luft, Dampf oder Wasser – in die zu beheizenden Räume geleitet. Im Wohnungsbau wird fast ausschließlich nur noch Wasser als Wärmeträger verwendet (Warmwasserheizung); fälschlicherweise wird diese Heizungsart oft wie das früher sehr verbreitete System als „Dampfheizung" bezeichnet. Im Gegensatz zur Dampfheizung ist die Warmwasserheizung durch die zentral beeinflußbare Vorlauftemperatur gut regelbar.

● Zentral-Warmwasserheizungsanlagen.

Hier wird die Wärme in einem Kessel durch Verbrennung von Brennstoffen erzeugt und an den Wärmeträger Wasser abgegeben. Der Wärmeträger wird über ein Rohrleitungssystem zu den in den Einzelräumen angeordneten Raumheizflächen und nach Abkühlung wieder zum Kessel zurückgeleitet. Eine Sonderbauart von Kesseln bei Verbrennung von Gas sind Umlauf-Wasserheizer, die im Aufbau und im äußeren Aussehen Gasdurchlauferhitzern (Gasthermen zur Erwärmung von Gebrauchswasser) ähnlich sind. Nach der Art der den Wasserumlauf bewirkenden Triebkraft werden Schwerkraft- und Pumpen-Warmwasserheizungen unterschieden. Merkmale von Schwerkraft-Warmwasserheizungen: Die Heizkörper können nie unter der Kesselmitte angeordnet werden, große Heizungsrohrleitungen, großer Wasserinhalt, die waagerechte Ausdehnung der Anlage ist begrenzt (Abb.).

Merkmale von Pumpen-Warmwasserheizungen: Die Heizkörper können beliebig zur Kesselaufstellung angeordnet werden, kleine Rohrleitungen, geringer Wasserinhalt, kurze Anheizzeiten, die waagerechte Ausdehnung der Anlage kann wesentlich größer als bei Schwerkraftheizungen sein. Elektroenergie für den Pumpenbetrieb ist erforderlich. Beispiele: Forst-Heizungen, Heizungen mit Umlauf-Gaswasserheizer.

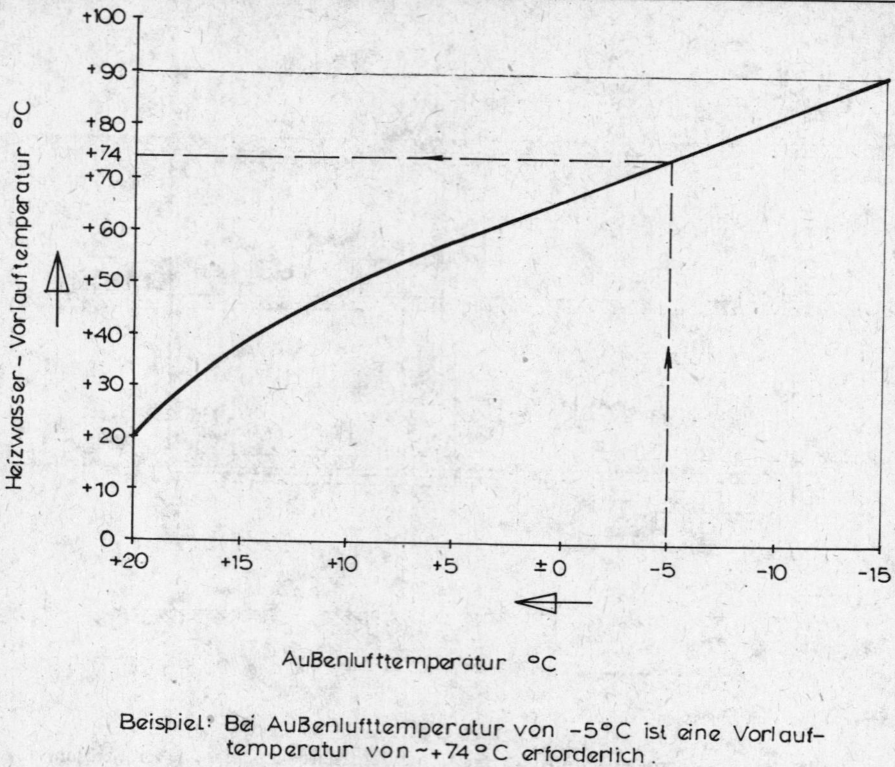

Richtwerte für Heizwasser-Vorlauftemperatur in Abhängigkeit von der Außenlufttemperatur

Warmwasser-Zentralheizungsanlagen sind meist so ausgelegt, daß bei Außenlufttemperaturen von −15 °C oder −18 °C die Wasser-Vorlauftemperatur +90 °C beträgt. Das sich bei Erwärmung des Heizungsinhaltswassers vergrößernde Wasservolumen wird von einem Ausdehnungsgefäß aufgenommen, das bei offenen Anlagen an höchster Stelle angeordnet ist. Bei Abkühlung wird dieses Ausdehnungswasser dem Kreislauf wieder zugeführt.

Zentralheizungsanlagen in eingeschossigen Wohnbauten oder Wohnungen werden auch Etagenheizungen genannt. Zur Anpassung der Heizkörper-Wärmeabgabe an den jeweiligen Wärmebedarf in Abhängigkeit von der Außenlufttemperatur werden die Anlagen mit unterschiedlichen Vorlauftemperaturen (von +40 °C bis +90 °C) betrieben (Abb.). Alle Zentralheizungsanlagen sind am Wärmeerzeuger mit einer Regelungseinrichtung versehen, die einen wirtschaftlichen Heizbetrieb ermöglicht. Bei der sogenannten „Forst-Heizung“ sind die kompletten Einrichtungsteile im Handel, welche bei handwerklichem Geschick auch vom Laien installiert werden können. Die Installation einer Zentralheizungsanlage setzt die Zustimmung des Bezirksschornsteinfegermeisters voraus. Als örtliche Raumheizflächen kommen gußeiserne oder Stahl-Radiatoren (Gliederheizkörper), Plattenheizkörper, Konvektortruhen oder Konvektoren zur Aufstellung. Sie werden zum Vermeiden von Zugerscheinungen möglichst unter den Außenfenstern angeordnet. Zur Beeinflussung der individuellen Raumtemperatur ist ein Heizkörper-Regulierventil (handbetätigt oder automatisch mit Thermostat) einzubauen.

Die Vorteile der Zentral-Warmwasserheizung liegen darin, daß Schmutzbelästigung nur in einem Raum auftritt, daß sich alle

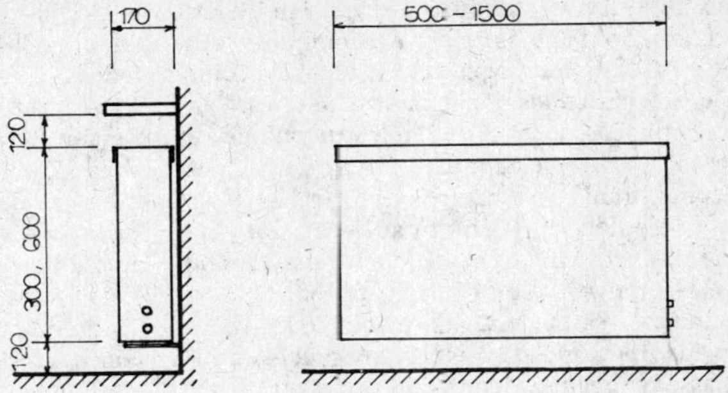

Einbaumaße von Konvektortruhen

Räume gleichmäßig erwärmen, in den Wohnräumen Platz gespart wird und Gebrauchswasser erwärmt werden kann.
Ihre Nachteile sind die hohen Anschaffungskosten und die wesentlich höheren Betriebskosten gegenüber örtlichen Heizeinrichtungen; außerdem ist ein Schornsteinanschluß des Kessels notwendig. Werden Speicher-Warmwasserbereiter außer mit dem Heizungswasser auch noch durch eingebaute Elektro-Heizpatronen beheizt, ist darauf zu achten, daß die Elektroheizung mit einem Temperaturregler und einem Sicherheitstemperaturbegrenzer versehen ist (Berstgefahr bei Überhitzung!).
Nutzung alternativer Energiequellen. Hier stehen die unmittelbare Sonnenausstrahlung und die Umweltwärme in der Luft, im Wasser und im Erdboden zur Verfügung. Leider ist bei diesen Energiequellen Bedarf und Ausnutzungsmöglichkeit gegenläufig, d. h., bei größtem Wärmebedarf ist keine oder nur geringe Ausnutzung möglich, so daß in jedem Falle noch eine übliche Wärmeerzeugungsanlage notwendig ist.
Die unmittelbare Nutzung der Sonneneinstrahlung kann über Sonnenkollektoren erfolgen. Das in den Kollektoren erwärmte Heizmedium wird in Speicher geleitet, wo es die Wärme abgibt, die dann meist als Ge-

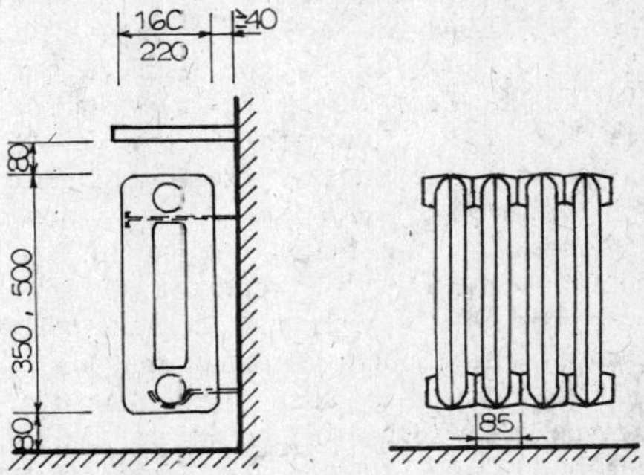

Einbaumaße von gußeisernen Gliederheizkörpern

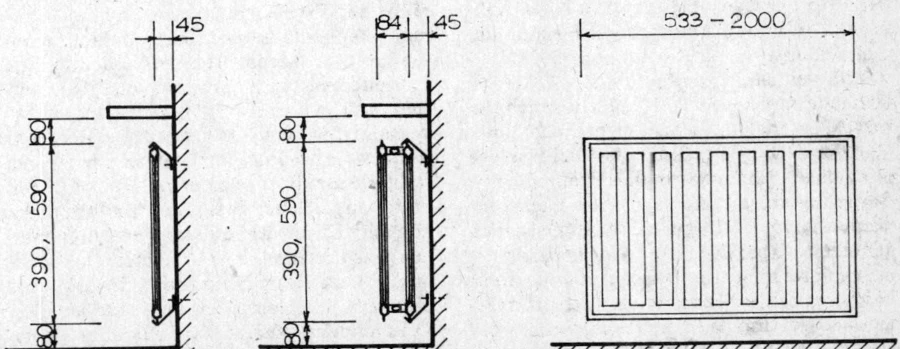

Einbaumaße von Plattenheizkörpern

brauchswarmwasser zur Verfügung steht. Bei klarer Sonneneinstrahlung sind durchaus +50 °C Wassertemperatur erreichbar. Eine weitere Nutzungsmöglichkeit bietet die Wärmepumpe. Das Prinzip der Wärmepumpe ist schon lange bekannt; das Aggregat eines Kühlschrankes ist eine solche Wärmepumpe. Hier werden lediglich die auftretenden physikalischen Effekte gegenteilig genutzt. Die in der Umwelt (Luft, Wasser, Erdboden) vorhandene Wärme wird auf ein höheres Niveau „gepumpt" und damit zur Gebrauchswarmwassererzeugung oder Raumheizung genutzt. Endtemperaturen bis zu +50 °C sind zur Zeit erreichbar. Anlagen zur Nutzung dieser Alternativenergien sind zur Zeit noch recht aufwendig, teuer und wartungsintensiv. Auch die nachgeschalteten Raumheizungsanlagen sind wesentlich teurer, da das niedrigere Temperaturniveau die Installation erheblich größerer Raumheizflächen erfordert (z. B. Fußbodenheizungen).

Fernheizungen. Bei Fernheizungen sind die Räume mit den gleichen Bauteilen wie bei Warmwasser-Zentralheizungen ausgestattet: Heizkörper, Rohrleitungen, Regulierventil, Entleerungs- oder Entlüftungseinrichtungen. Als Wärmeträger wird unter hohem Druck stehendes Wasser mit einer maximalen Temperatur von +110 °C verwendet. Die Heizwasservorlauftemperatur wird an zentraler Stelle so geregelt, daß eine annähernd gleichmäßige Erwärmung aller angeschlossenen Räume erfolgt. Die Heizperiode beginnt in der Regel Mitte September und endet Mitte Mai. Die Ordnung zur Wärmeversorgung von Wohngebäuden des Ministeriums für Kohle und Energie schreibt vor, daß während der Heizperiode täglich von 5.00 bis 22.00 Uhr in Wohnräumen eine Raumlufttemperatur von +21 °C bis +22 °C zu gewährleisten ist.

Gebäude mit Fernheizung bieten einen hohen Komfort. Im industriellen Wohnungsbau der DDR wird fast ausschließlich nur noch dieses Heizungssystem installiert.

Betrieb, Wartung und Pflege von Heizungseinrichtungen. Die zur Zeit hauptsächlich genutzten Rohstoffe zur Wärmeenergieerzeugung stehen dem Menschen nur noch für einen begrenzten Zeitraum zur Verfügung.

Deshalb ist immer darauf zu achten, daß Heizungsanlagen wirtschaftlich betrieben werden und Wärmeenergie gespart wird.

- Rauchgaszüge ruß- und aschefrei halten. Öfen und Kessel erreichen nur dann eine hohe Brennstoffausnutzung, wenn die Rauchgaszüge ruß- und aschefrei gehalten werden (Abb.).

Diese Reinigung muß in Abständen von 1–6 Monaten durchgeführt werden (abhängig von Belastung und Brennstoffart). Dabei sind auch die Verbindungsstücke zum Schornstein mit zu reinigen. Die Reinigung durch Verbrennung von Reinigungsmittel (Rußfeind) kann die gründliche Säuberung nicht ersetzen.

- Nur vorgeschriebene Brennstoffe benutzen. Die Feuerungen der Kessel sind nicht für alle Brennstoffe geeignet; darum sollten nur die vom Hersteller vorgeschriebenen Brennstoffe eingesetzt werden. Bei Abweichung muß mit schlechten Feuerungswirkungsgraden oder auch mit Schäden an der Heizeinrichtung gerechnet werden. Da das Aufkommen von Koks rückläufig ist, werden z. Z. verstärkt Kleinkessel zur Feuerung von Briketts produziert, so daß kurzfristig reine Kokskessel durch Brikettkessel ersetzt werden können. Die Brennstoffe haben unterschiedlichen Verbrennungsluftbedarf, darum ist dieser individuell einzustellen (z. B. haben Briketts lange Flammenbildung und benötigen viel „Zweitluft", Koks dagegen nicht). Schwarze Rauchgase bedeuten unvollständige Verbrennung!
- Lufteintritt kontrollieren. Tritt an einer Feuerungseinrichtung Luft ein, die nicht zur Verbrennung benötigt wird, so wird der Wirkungsgrad herabgesetzt. Deshalb ist stets auf gute Abdichtung zu achten. Die zur Verbrennung benötigte Luft muß dem Aufstellungsraum der Feuerungseinrichtung frei zuströmen können; erforderliche Zuluftschlitze dürfen ganz besonders bei Gasheizgeräten mit offenem Verbrennungsraum nicht verschlossen werden.
- Reinigung von Gasheizungsgeräten. Sie sollte wenigstens einmal jährlich bei abgestellter Gaszufuhr vorsichtig mit einer Bürste und eventuell dem Staubsauger erfolgen. Jeden Eingriff in den Elektro-Regelungs- und den Gasteil darf nur ein Fachmann vornehmen. Nach jeder Schornsteinkehrung sind die angeschlossenen Gasheizgeräte auf ihre Verschmutzung hin zu überpüfen.
- Schwitzwasserbildung und Versotten verhindern. Bei niedrigen Vorlauftemperaturen

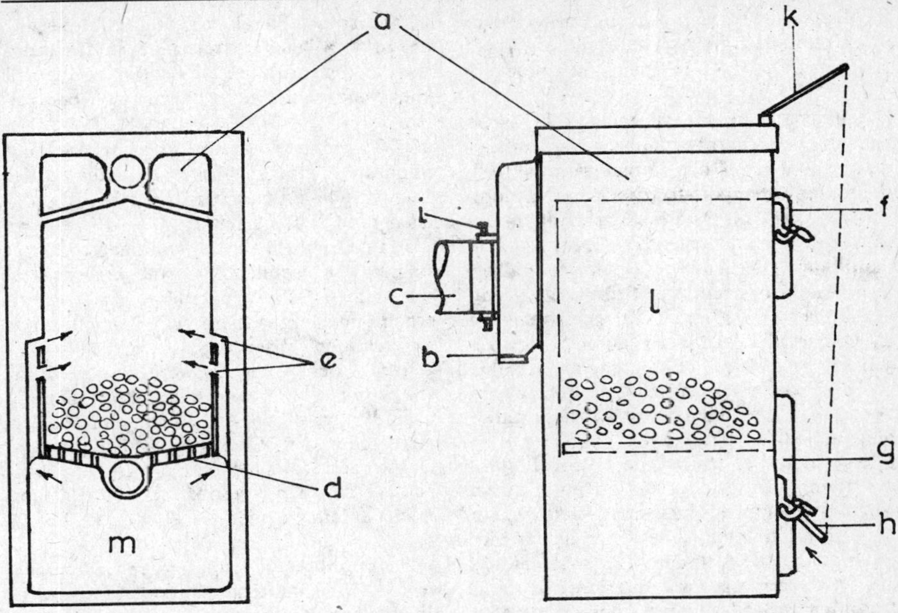

Reinigung und Wartung eines Heizkessels mit oberem Abbrand; links Schnitt, rechts Seitenansicht. Reinigung: a) *obere Rauchabzüge,* b) *Rauchabzug mit Reinigungsöffnung,* c) *Rauchrohr bis Schornstein,* d) *Rostspalten,* e) *Zugluftbohrungen (je Kesselglied) mit Kanal bis Ascheraum,* l) *Feuerraumwandungen,* m) *Ascheraum*
Wartung: f) *Fülltür,* g) *Aschfalltür,* h) *Luftklappe,* i) *Rauchgasklappe,* k) *Feuerungszugregler*

in Zentralheizungsanlagen (Übergangsperiode) kann im Wärmeerzeuger Schwitzwasserbildung und Versottung auftreten. In den meisten Fällen wird dies durch kurzzeitiges Hochheizen zu beseitigen sein. In Extremfällen ist eine mühevolle manuelle Reinigung notwendig. Die Versottung kann durch Erhöhung der Temperatur des Wärmeträgers oder Verbrennen von wasserarmen Brennstoffen verhindert werden.

● Strahlungsreflektoren bei Elektro-Heizgeräten sauberhalten. Bei Elektro-Heizgeräten ist der Reflektor (meist poliertes Metall) immer sauberzuhalten, da nur dadurch der energiesparende Strahlungseffekt ausgenutzt werden kann.

● Frostgefährdung bei Wasserheizungsanlagen. Abgestellte Heizkörper, nicht mit zirkulierende Rohrleitungsabschnitte sowie Luft- und Ausdehnungsgefäße in unbeheizten Räumen können schnell einfrieren. Bei Antritt eines Winterurlaubes ist Vorsorge zu treffen. Anlagenfüllung mit speziellen Frostschutzmitteln (z. B. Focosin) gewährleisten bei entsprechender Konzentration einen vollen Schutz gegen Einfrieren sowie gegen Korrosion. Da diese Zusätze rostlösend sind, können bei alten Anlagen Undichtheiten auftreten. Die Konzentration ist jährlich zu überprüfen.

Keinesfalls darf die Anlage in Betrieb genommen werden, wenn das Ausdehnungsgefäß eingefroren ist. Die Drucksteigerung infolge der verhinderten Wasserausdehnung kann Heizkörper oder Kessel zerstören. Eine lange Lebensdauer von Wasserheizungsanlagen ist nur gewährleistet, wenn die Leckverluste und damit die Wassernachspeisung gering gehalten werden. Jedes Nachfüllwasser enthält neuen Sauerstoff, der Korrosionen hervorruft. Wasser allein bewirkt bei Stahl oder Gußeisen keine Korrosion; diese erfolgt erst, wenn zusätzlich Sauerstoff vorhanden ist. Damit das Heizungsumwälzwasser im offenen Ausdehnungsgefäß nicht ständig Luftsauerstoff aufnehmen kann, sollte dieses möglichst nicht mitzirkulieren; das Ausdehnungsgefäß darf nicht warm werden. Nur bei Einfriergefahr ist eine Beheizung notwendig.

● Giftgehalt des Heizungsumwälzwassers beachten. Bei Fernheizanlagen wird mitunter der Sauerstoff des Heizungsumwälzwassers durch Chemikalien gebunden (Natriumsulfat, Hydrazin). Da diese Chemikalien teilweise giftig sind, sollte nur Fachpersonal damit umgehen. Bei kleinen Zentralheizungsanlagen ist ein leicht alkalisches Umwälzwasser (*p*H-Wert 8–10, Nachweis mit Lackmuspapier) schon ein guter Schutz gegen Innenkorrosion. Eine Wasserentnahme aus der Wasserheizungsanlage sollte wegen der Vergiftungsgefahr grundsätzlich unterbleiben.

● Entlüften der Anlagenteile bei Luftansammlung. Treten bei laufendem Betrieb von Wasserheizungsanlagen in Heizkörpern oder Rohrleitungen kalte Oberflächen ein, ist oftmals durch innere Luftansammlung die Wasserzirkulation unterbrochen. Ein Entlüften der Anlagenteile an den vorgesehenen Stellen (bei abgestellter Umwälzpumpe) schafft hier Abhilfe.

● Nachträglich verkleidete Raumheizflächen. Die in Zentral- oder Fernheizanlagen eingebauten Raumheizflächen (Radiatoren, Flachheizkörper oder Plattenheizkörper) sind in ihrer Leistung auf den Raumwärmebedarf abgestimmt. Werden diese Heizflächen nachträglich verkleidet oder wird die Luftzirkulation behindert, so tritt Wärmeleistungsminderung und damit Unterheizung des jeweiligen Raumes ein.

● Verkleidete Konvektoren oder Konvektortruhen. Hier ist es gerade umgekehrt. Die projektierte Verkleidung des Konvektors und der über dem Konvektor entstehende Luftschacht werden zur Wärmeabgabe benötigt. Bei ihrer Entfernung würde hier die Wärmeleistung gemindert.

● Farbliche Behandlung von Raumheizflächen. Werden Raumheizflächen und Rohrleitungsteile farblich behandelt, ist wärmebeständige Farbe oder Thermolack zu verwenden (mind. +110 °C). Im allgemeinen erfüllen Alkydharzfarben diese Anforderung. Für die Wärmeabgabe vorgesehene Oberflächen dürfen nicht mit Metalleffekt-Farben (Silber-, Aluminium-, Goldbronze) gestrichen werden. Hierdurch wird die Wärmestrahlung herabgesetzt und eine Leistungsminderung bis zu 50 % kann eintreten. Mit Metallbronzen sollten unisolierte Anlagenteile gestrichen werden, die keine Wärme abgeben sollen.

● Reinigen der Raumheizkörper. Sie sind mindestens einmal jährlich, vor Beginn der Heizperiode, gründlich zu reinigen. Oberflächen und Luftschächte müssen frei von Staub und sonstigen Ablagerungen sein. Besonders bei Flachheizkörpern und Konvektoren sind die Luftschächte bzw. Lamellenzwischenräume zu säubern. Die Lamellen der Konvektoren dürfen dabei in der Rohranlagefläche nicht gelockert werden. Für Reinigungszwecke können Konvektortruhen je nach Bauart durch Abnehmen der Vorderwand oder des Deckels geöffnet werden. Heizkörper, ganz besonders Konvektortruhen, vertragen nur geringe Fremdbelastung (nicht anlehnen oder als „Laufsteg" benutzen!).

● Sachgemäße Behandlung der Heizkörperventile. Jeder Raumheizkörper besitzt zur individuellen Raumtemperaturanpassung ein Ventil zur Drosselung des Wärmeträgerstromes; ältere Konvektortruhen besitzen hierfür eine Luftklappe. Auf den Handrädern ist eine Kennzeichnung der Drehrichtung zur Leistungsänderung der Wärmeabgabe angebracht. Bei üblichen Heizkörperventilen bringt eine Rechtsdrehung, also Drehung im Uhrzeigersinn (Betrachtung des Handrades senkrecht von oben vorausgesetzt), eine Verminderung der Wärmeabgabe; eine Linksdrehung dagegen eine Erhöhung der Wärmeabgabe. Heizkörperventile dürfen nicht gewaltsam betätigt werden. Bei vielen Ventilen befindet sich unter dem Handgriff ein Zwischenring aus Blech mit zwei Anschlagnasen zur Voreinregulierung. Bei unsachgemäßer Betätigung kann dieser verbogen und die vorgenommene Einregulierung der Gesamtanlage hinfällig gemacht werden. Auch ein nur um 90° drehbares Handrad kann schon 100%ige Wärmeabgabe bedeuten.
Sind Ventile unter dem Handrad undicht, ist je nach Bauart ein Dichtungsring auszuwechseln oder die Stopfbuchs-Quetschdichtung nachzuziehen. Diese Arbeit sollte man einem Fachmonteur überlassen, da bei unsachgemäßer Durchführung erhebliche Mengen des unter Druck stehenden Heizungsumlaufwassers austreten können.

Im industriellen Wohnungsbau hat die energiesparende Bauweise in Verbindung mit dem Einsatz von Heizkörperthermostatventilen eine erhebliche Energieeinsparung gebracht. Thermostatventile verhindern bei richtiger Auslegung und vorschriftsmäßigem Einbau die Überschreitung der vorgewählten Raumtemperatur um mehr als 2 °C. Der Thermostat ist im Ventilgriff eingebaut, an ihm muß die Luft möglichst ungehindert vorbeistreichen können. Der Thermostat darf nicht verdeckt und keinen fremden Wärmeenergiequellen ausgesetzt sein. Bei Kaltlufteinfall an den Fenstern öffnet sich das Thermostatventil. Darum sollte der Lüftungsvorgang bei voll geöffnetem Fenster kurzzeitig erfolgen und nicht durch „Dauerlüftung" über einen geringen Fensterspalt. Zum Energiesparen gehört auch bei Thermostatventilen der Wille des Raumnutzers!
Die Nachrüstung von Thermostatventilen ohne genaue Ventilauslegung wird oftmals eine Raumtemperaturüberschreitung von mehr als 2 °C nicht verhindern können.
Bei üblichen handbetätigten Heizkörperventilen ist die Raumtemperaturregelung nicht durch energieverschwendendes Fensteröffnen, sondern durch Betätigen der Ventilhandräder zu erreichen.
Je besser die Wärmedämmung der Außenwände ist, um so größer kann der prozentuale Wärmeverlust durch undichte Fenster werden. Vor Beginn der Heizperiode sind die Dichtleisten der Fenster deshalb zu überprüfen; Undichtheiten sind durch handelsübliche Dichtstreifen zu beseitigen.
In Altbauten bilden Heizkörpernischen und Jalousiekästen oft erhebliche Quellen für Wärmeverluste. Hier bringt eine nachträgliche Isolierung mit Isoliermatten oder -folien eine erhebliche Verbesserung.
Zentralheizungskessel mit nachgerüsteten Gasbrennern besitzen einen Wirkungsgrad von 40–50 % und sollten gegen moderne Gas-Spezialkessel mit Wirkungsgraden von über 85 % ausgetauscht werden.

Die Wohnung

Vom Bauen

Die Entwicklungsgeschichte des Wohnens läßt neben der geographischen Lage und dem Bevölkerungswachstum vor allem die Produktionsverhältnisse erkennen, da die verschiedenen Hausformen stets abhängig von den jeweiligen Umweltbedingungen entstanden. Jede historische Gesellschaftsform brachte eigene, für sie typische Wohnbauten hervor.

Geschichte des Wohnens

Anfänge des Wohnhausbaues. Die ersten menschlichen Unterkünfte waren reine Zweckbauten. Sie dienten als Schutz gegen Wetter, wilde Tiere und Feinde. Einfache Erdwälle, Gruben mit Überdeckung und Laubhütten ohne senkrechte Wände waren die ersten Behausungen. Mit dem Seßhaftwerden und dem Kennenlernen des Feuers

Hüttengruppe der Urgesellschaft (Bronzezeit)

begann die Entwicklung des Hüttenbaues aus Stein und Holz. Die Außenwände waren niedrig, der Innenraum ungeteilt. Kochen, Essen, Schlafen und das Anfertigen lebenswichtiger Güter (Textilien, Gerätschaften) fanden im Hüttenraum ihren bestimmten Platz. In der Regel gab es keine Fenster, Lichtquelle war die offene Tür. Der Rauch des offenen oder steinbedeckten Feuers entwich durch Ritzen oder Rauchlöcher im Dach. Das erste „Möbel“ war die Schlaf-Sitzbank, aus Erde geschnitten oder aus Steinen gefügt und mit Fellen oder Decken belegt. Der offene Dachraum über den Deckenbalken diente als Speicherraum.

Größere Sippenverbände lebten miteinander in mehreren Einraumhäusern, die zu einer gehöftartigen Anlage vereinigt waren. Allmählich wurden Einraumhütten für verschiedene Zwecke genutzt.

Neben dem Wohn- und Schlafhaus gab es das Kochhaus, ein Badehaus, Speicher und Ställe. Mit dem Zerfall der Sippenverbände und dem Heranreifen der Klassengesellschaft zerfiel auch die typische Form des Hausbaues der Urgesellschaft.

Wohnbauten der Antike. In den antiken Sklavenhalterstaaten bestimmten die Wohnbauten der herrschenden Klasse die Entwicklung der Wohnformen.

In Griechenland gab es neben dem Einraumhaus mit Herd auch das orientalisch beeinflußte Hofhaus, zu dem ein offener Hof mit Feuerstelle, Eß- und Arbeitsplatz gehörte. Das Einraumhaus trennte man bald in drei Zonen; offene Vorhalle, Hauptraum und Herdraum. Der Bereich der Frauen war streng von dem der Männer getrennt; er glich mit seinen vielbeschäftigten Spinnerinnen und Weberinnen einer Manufaktur. Geselligkeit im Haus galt nur den Männern, die bei den Mahlzeiten auf Bänken lagen, während Herrin und Mägde im Frauenraum sitzend aßen. Steinerne Tische und Stühle wurden allmählich durch (später kunstvolle) Holzmöbel ersetzt.

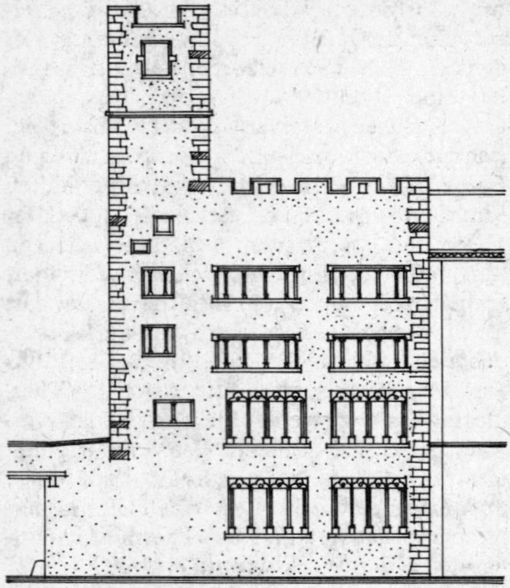

Städtisches Adelshaus aus dem 13. Jh.

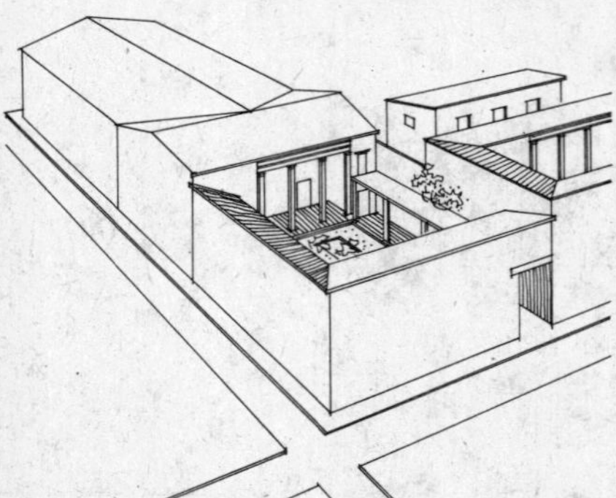

Griechisches Atriumhaus aus Priene

In Rom wurde den Frauen mehr Recht eingeräumt; hier lebten sie mit den Männern in gemeinsamen Räumen. Das typische Hofhaus erweiterte sich bis zum palastartigen Anwesen mit zahlreichen Räumen und Hallen um einen oder mehrere Innenhöfe (Atrium, Peristyl). Die hofseitigen Außenwände und die Innenräume waren reich bemalt (Pompeji). Straßenfluchten hatten kaum Fenster, die Räume öffneten sich nach den Innenhöfen.

Zu Beginn unserer Zeitrechnung entfalteten reiche römische Bauherren beachtlichen Luxus. Es gab luftbeheizte Räume, warme und kalte Bäder mit Becken und Duschen, umfangreiche „Speiselager“ (Essen im Liegen), kostbares Mobiliar, wie Sessel, Sofas und kleine, bewegliche Tische, und reich verzierte Gerätschaften. Besonders üppig waren die römischen Landhäuser ausgestattet. Währenddessen waren große Teile der Städte mit den Wohnhäusern der Armen vollgepfercht. Vielgeschossig übereinandergebaut und nur mit leiterartigen Stiegen erreichbar, stellten sie die erste Form großstädtischen Wohnungselends dar.

Das Bürgerhaus im Mittelalter. Der Baugrund in den schnell wachsenden mittelalterlichen Städten war kostbar, es entwickelten sich neue, der Enge angepaßte Hausformen. Seit dem 12. Jh. gab es schmale, tiefe Grundstücke an Märkten und Straßen mit eng aneinander gebauten Häusern, die zugleich Wohn- und Arbeitsstätten waren (Handwerk, Handel).

Der Grundtyp des städtischen Bürgerhauses blieb über mehrere Stilperioden erhalten. Im Erdgeschoß lag zumeist ein großer Raum, die „Diele". Hier wurde Gewerbe oder Handel ausgeübt. Im hinteren Dielenteil befand sich die Feuerstelle, später die abgeteilte Küche. Im Obergeschoß gab es eine heizbare Stube, in reicheren Häusern „Saal" genannt, daneben eine oder mehrere Kammern. Weitverbreitet war auch die Anlage einer Kochstelle oder Küche im Vorraum des Obergeschosses.

Zunehmender Raumbedarf ließ die Geschoßzahl steigen, so daß in großen Städten vier bis fünf Obergeschosse nicht selten waren. Enge Stiegen oder Wendeltreppen verbanden die Geschoßebenen miteinander. Um schmale Höfe schlossen sich Seitenflügel, die besonders in Süddeutschland mit Galerien reich geschmückt waren. In den oberen Geschossen oder in Nebenflügeln entstanden erste Mietwohnungen für Handwerksgesellen und Bedienstete. Die liebevolle künstlerische Behandlung der Wohnbauten unter Verwendung bodenbeständigen Materials ist erwähnenswert, an Ziegelrohbauten in Norddeutschland ebenso wie an Fachwerkbauten in waldreichen Gebieten.

Hohes und spätes Mittelalter. Die zunehmende Differenzierung nach Stand und Vermögen spiegelte sich in den Wohnbauten des hohen und späten Mittelalters deutlich wider. Allmählich gab es große Unterschiede zwischen den Häusern der reichen Kaufherren, die mit Fürsten- und Adelspalästen wetteiferten, und den Häusern der Kleinbürger.

Als unmittelbarer Fortschritt für die Entwicklung der Wohnformen galt die allgemeine Verbreitung von Schornsteinen und damit von heizbaren Räumen. Ebenso wesentlich war die Einführung verglaster Fenster, die seit dem 15. Jh. im Bürgerhaus allgemein üblich wurden. Die Wohnung erhielt gewisse repräsentative Funktionen. Die „gute Stube" war am besten ausgestattet. Meist stand hier auch das große, kastenartige, vorhangumschlossene Ehebett. Feste Sitzbänke an den Wänden, ein schwerer Tisch und eine kleine Anrichte (Kredenz) gehörten zu jeder Stubenausstattung. Schränke kamen nur allmählich in Gebrauch (Dielenschränke). Hauptsächlich dienten noch Truhen zur Aufbewahrung von Kleidern und Wäsche. Die Innenräume mit ihren Balkendecken, Holzvertäfelungen, bunten Stein- oder Fliesenböden (später Holzfußböden) und bleiverglasten Butzenscheiben strahlten eine behagliche Wohnlichkeit aus.

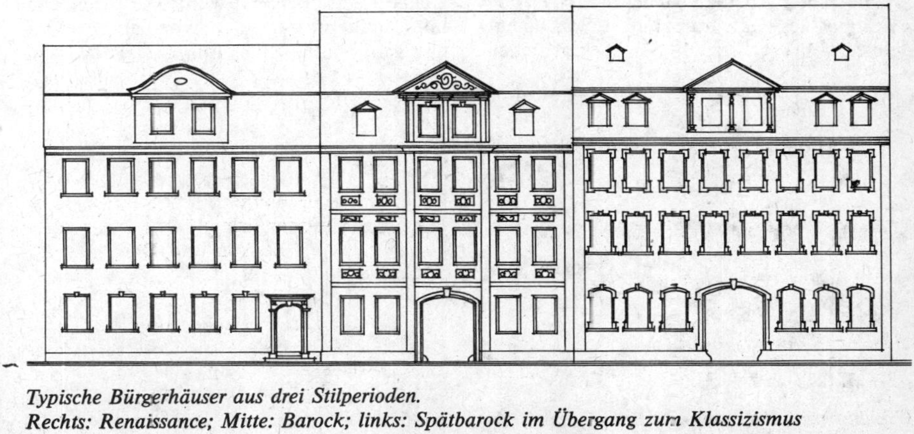

Typische Bürgerhäuser aus drei Stilperioden.
Rechts: Renaissance; Mitte: Barock; links: Spätbarock im Übergang zum Klassizismus

Die Küchen waren einfach und zweckmäßig ausgestattet. Es gab das offene oder das verdeckte Herdfeuer mit Rauchabzug, Wandregale für Geschirr und Töpfe, einen Tisch und einige Schemel. Ein eigener Baderaum fehlte selten, zumindest war überall ein großer Badekübel zum ungenierten Bad in der Familie oder mit Freunden vorhanden. Die Toiletten lagen zweckmäßig in größtmöglicher Entfernung von den Wohnräumen am Ende der Seitenflügel.

Wohnhausbau des 17. und frühen 18. Jh. Nach dem Dreißigjährigen Krieg nahmen die höfischen Wohnweisen des Barock und Rokoko entscheidenden Einfluß auf die Entwicklung der Wohnkultur. Der Hof von Frankreich war Vorbild für alle kleinen und kleinsten Höfe Europas. Es entstanden Schlösser mit langen Zimmerfluchten an breiten Fluren und mit prächtigen Treppenhäusern. Die Repräsentation steigerte sich bis zum Übermaß. Ein Wohnen im eigentlichen Sinn war in solchen Räumen nicht möglich. Die hygienischen Belange wurden grob vernachlässigt. Man badete nicht, wusch sich kaum. Doch die Last des Pomps und Zeremoniells löste eine Gegenbewegung aus. Angehörige des Adels und wohlhabende Bürger schufen sich in abgelegenen, naturverbundenen Landsitzen Inseln kultivierter Behaglichkeit.

Die steife Würde des höfischen Lebens hielt auch im Bürgerhaus Einzug. In den norddeutschen Kaufmannshäusern waren die Dielen oft bis zum Musealen mit Kunstgegenständen überladen. Die bürgerlichen „Prunkstuben" dienten ebenfalls der Repräsentation des Reichtums und nicht mehr dem täglichen Gebrauch. Selbst die Küchen waren kostbar ausgestattet, wenngleich sie in bescheideneren Häusern auch zugleich den Wohnraum darstellten. Die Differenzierung der Räume nahm je nach Wohlhabenheit weiter zu. Es gab ein gesondertes Speisezimmer mit Tisch in der Mitte, eine Bibliothek, Empfangsräume, Salons, Kleider- und Wäschekammern und andere spezielle Räume. Die Möbelformen wurden vielfältiger und behaglicher. Stühle und Sessel polsterte man gern. Vornehme Räume waren mit Stoff oder Leder, später auch mit Papiertapeten ausgekleidet. Gerahmte Bilder als Wandschmuck gehörten nun schon zum bescheidenen Haus. Nach 1700 wuchs eine besondere Vorliebe für Licht und helle Farben. Neben gemauerten und Kachelöfen kamen eiserne Öfen in Gebrauch.

Absolutistische Städtegründungen. Um 1700 begann die Zeit der Residenz- und Neustadtgründungen durch viele Fürsten. Sie war für die Entwicklung des Wohnbaues bemerkenswert, weil damit erstmalig zusammenhängende größere Wohnbaugebiete nach einheitlichen Plänen, zweckmäßig, sparsam und nach fortschrittlichen Gesichtspunkten entstanden. Die Bewohner dieser Neustadtviertel waren Soldaten oder Beamte mit ihren Familien (Potsdam, Ludwigslust u. a.).

Diese Wohnbauten waren zumeist zweigeschossige Reihenhäuser. Im Erdgeschoß lagen eine Stube und die Küche, eine gerade Stiege führte nach oben zu den Schlafkammern. Die Frontlänge betrug drei oder fünf Fensterachsen. Wenn auch auf traditionellen Hausformen aufgebaut wurde, so kam doch durch das massenweise Aneinandersetzen eine ganz andere Bebauungsart als bei den

Königliche Beamten- und Soldatenhäuser. Potsdam 1735

individuellen mittelalterlichen Häusern zustande. Durch das Einbeziehen öffentlicher Gebäude in die Baugruppe wurden die architektonischen Gestaltungsabsichten bewußt auf den städtebaulichen Raum ausgedehnt.

Das Bürgerhaus um 1800. Gegen Ende des 18. Jh. löste sich der bürgerliche Hausbau weiter von den höfischen Vorbildern und fand im Klassizismus einen Höhepunkt seiner Entwicklung. Bürgerliche Aufklärung, Drang nach neuzeitlicher, gesünderer Lebensweise, bewußtes Beschränken auf schlichte, dem bescheidenen Wohlstand angemessene Gestaltung der Umwelt ließen neue, typische Wohnbauten und Wohnformen entstehen.

Die Häuser waren nicht mehr wie in den befestigten mittelalterlichen Städten eng zusammengedrängt, sondern standen zumeist frei in den Gärten der Vorstädte oder in lokkeren Gruppen an neugebauten Straßen. Ihre einheitliche architektonische Haltung vom großen, aufwendigen Gebäude bis zum kleinsten Haus ist bemerkenswert.

Die klassizistischen Wohnungen hatten einen klaren, übersichtlichen Raumzuschnitt. Etagenwohnungen waren jetzt allgemein üblich. Die Handwerkskunst stand in hoher Blüte, besonders der Innenausbau der Häuser – Treppen, Türen oder Vertäfelungen – war vortrefflich. Diese Solidität und Vollkommenheit der Baufertigung ging später für lange Zeit wieder verloren.

Um 1825 gipfelte die Entwicklung bürgerlicher Wohnkultur im Biedermeier, das geistige Werte höher achtete als äußeren Glanz und Repräsentation. Biedermeiermöbel stehen bis heute in bestem Ruf. Die Ausstattung der Wohnung beschränkte sich auch in wohlhabenden Häusern nur auf das Notwendige, es gab keinen überflüssigen Zierat. Zusammengehörige „Sitzgarnituren", oft mit Sofa, wurden sehr beliebt. Ein bequemer Lehnstuhl fehlte in keiner Stube. Praktische Kleinmöbel, wie Klapp- oder Beistelltischchen, Vitrinen und Kommoden, ermöglichten die Nutzung der großen Wohnstube für vielerlei Zwecke. Die Wände waren mit Papiertapeten verkleidet oder einfach hell getüncht. Duftige, leichte Fensterdraperien ließen Licht und Sonne in die Räume dringen. Diese Selbstbeschränkung in der bürgerlichen Wohnung blieb bis um 1840 erhalten

Palais um 1790, Weimar

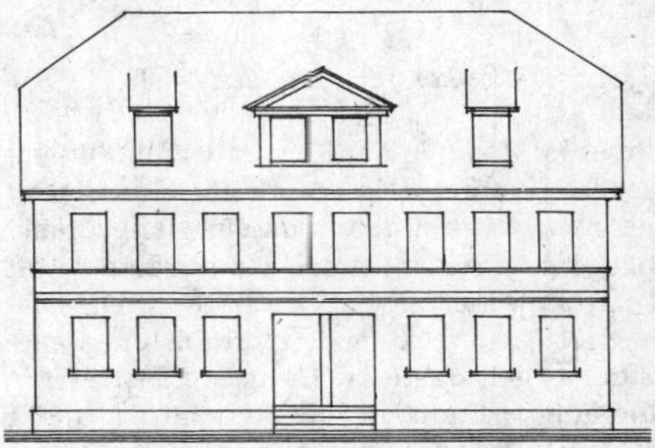

Kleinbürgerdoppelhaus um 1820

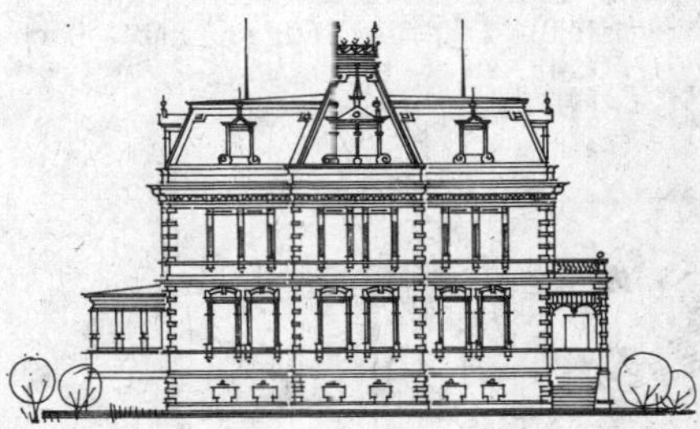

Fabrikantenvilla um 1870

und bestimmte weitgehend auch die Wohnweise adliger und höfischer Kreise.

Zerfall der Wohnkultur im 19. Jh. Seit der Jahrhundertmitte nahm die Differenzierung der Klassen in Proletariat und reich gewordene Bourgeoisie schnell zu. Das Bürgertum konnte keinen positiven Beitrag zur Entwicklung des Wohnhausbaues mehr liefern. Zahlreiche Versuche, historische Stilelemente wieder zu beleben, führten zu häßlichen Formverirrungen. Die Geltungssucht des Parvenüs wandte sich leerem Prunk zu. Im späten 19. Jh. kam die Villa außerhalb der

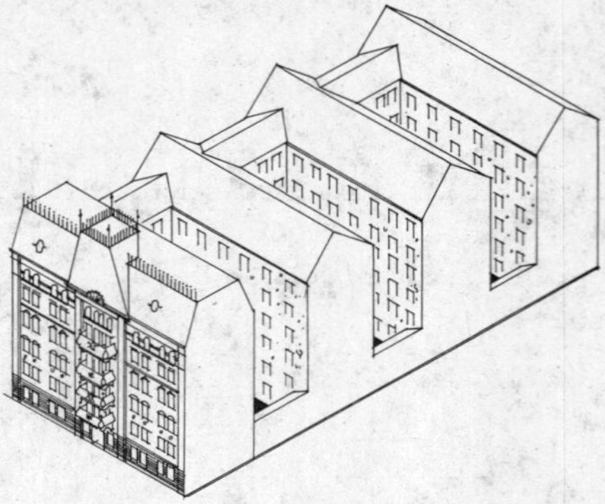

Typische Mietskaserne Ende des 19. Jh.

Stadt in Mode, in der Regel ein architektonisches Ungetüm. Die Räume für Geselligkeit nahmen den meisten Platz ein, dafür drängten sich Schlaf- und Nebenräume, oft schlecht belichtet, eng zusammen. Die Küchen lagen meist im Souterrain, ein Badezimmer gab es nicht. Ebenso monströs wie die äußere Form war die Ausstattung dieser Villen: überladen, düster und durch dichte Vorhänge kaum vom Sonnenlicht erhellt. Die vornehmen Mietshäuser dieser Jahre mit ihren großen Etagenwohnungen waren nach ähnlichen Gesichtspunkten gestaltet, ihr Bau diente hauptsächlich dem Gelderwerb des Besitzers.

Wohnungselend der Arbeiter im 19. Jh. Mit dem Ausbreiten der kapitalistischen Industrialisierung konzentrierten sich in den Städten Menschen in vorher unbekanntem Ausmaß. Der stark steigende Wohnraumbedarf stand in krassem Mißverhältnis zu den vorhandenen Unterkunftsmöglichkeiten. Um 1850 drängten sich Menschen grausam zusammengepfercht zu Tausenden in unwürdigen Behausungen, wie Schuppen, Keller oder Buden aus Kisten und Lumpen, und das in englischen Städten wie im Ruhrgebiet, in Berlin wie in anderen Zentren der Industrialisierung. Noch immer nahm der Zustrom an Menschen vom Land zu. Die Wohnungsfrage wurde zum dringlichen sozialen Problem und löste eine Revolution des Wohnungswesens aus.

● Mietskasernen. Der Bau von Mietwohnungen war in der zweiten Jahrhunderthälfte ein Zweig der kapitalistischen Produktion mit Wucherprofiten geworden. Die Bebauung der Parzellen erfolgte rücksichtslos bis zum äußersten; weit über 1000 Menschen mußten sich auf diese Weise auf einem Hektar Bauland zusammendrängen lassen.

Gartenstadt Köpenick, 1921, Architekt Salvisberg

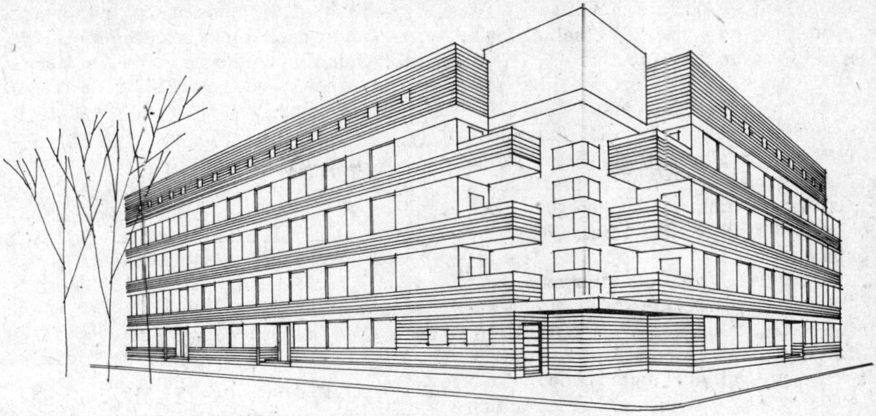

Großstädtischer Wohnblock Berlin-Lichtenberg, 1925, Architekt Gutkind

Diese als Mietskasernen bekannten Wohnhäuser hatten zumeist fünf oder sechs Geschosse, mehrere Hinterhäuser um winzige Höfe und enthielten „Wohnungen", die oft nur aus einem Raum für eine große Familie bestanden. Die Hygiene wurde fast völlig vernachlässigt. Licht- und Luftzufuhr waren ungenügend; es gab Gemeinschaftsaborte im Hof und oft keine eigene Wasserzapfstelle. Seuchengefahr, Alkoholismus und Kriminalität stiegen rapide an. 1861 bestanden in Berlin 14280 Wohnungen mit nur einem heizbaren Raum, der von 6 bis 20 Personen bewohnt wurde, und 1875 zählte man in Berlin 21000 Kellerwohnungen. Dabei waren die Mieten der Elendsbehausungen außerordentlich hoch, sie betrugen etwa 25 bis 30% des Einkommens eines qualifizierten Arbeiters oder Angestellten.

Die bürgerliche Wohnungsreform und der soziale Wohnungsbau. Um die Mitte des 19. Jh. entstand der sogenannte soziale Wohnungsbau. Bürgerliche Reformer entwickelten ein Programm, um der ernsten Gefahr zu begegnen, die der kapitalistischen Gesellschaftsordnung aus den sozialen Zuständen in den Städten erwuchs („Wohnungskrawalle" in den 80er Jahren in Berlin). Größere Ausmaße nahm der soziale Wohnungsbau erst am Ende des 19. Jh. an, als die Extraprofite des Monopolkapitals mit eindeutig politischer Zielsetzung u. a. zum Bau von Wohnungen verwandt wurden. Das System des sozialen Wohnungsbaues besteht bis heute in den meisten kapitalistischen Ländern. Es ist immer mit finanziellen Zuschüssen verbunden, die zumeist durch den Staat oder durch kapitalistische Finanzinstitute gegeben werden, um bestimmte Schichten der arbeitenden Bevölkerung „sozial zu heben" und damit politisch zu beeinflussen.

Diese Zielsetzung erklärt aber auch den bedeutenden Einfluß, den die bürgerliche Wohnungsreform auf den modernen Massenwohnungsbau ausgeübt hat. Es wurde vor allem auf den Bau zweckmäßiger, d. h. familiengerechter, gesunder und wirtschaftlicher Kleinwohnungen Wert gelegt. Man stellte dem Mietskasernensystem den offenen Zeilenbau gegenüber und förderte sehr stark die Errichtung von Einfamilienhäusern. So sind die heute noch vorherrschenden Formen des mehrgeschossigen städtischen Wohnhauses um das Ende des 19. Jh. entstanden und nach dem ersten Weltkrieg technisch weiterentwickelt worden.

Der Wohnungsbau in der DDR

Der Wohnungsbau begann mit der Instandsetzung kriegszerstörter Wohnungen. Das unter dem Kapitalismus entstandene Erbe – soziale und territoriale Unterschiede und Widersprüche der Wohnbedingungen – mußte Schritt für Schritt abgebaut werden. Mit der kontinuierlichen Verringerung des nach dem 2. Weltkrieg bestehenden gravierenden Wohnungsdefizits war und ist die ständige qualitative Verbesserung der Wohnbedingungen verbunden. Der Wohnungsneubau und die Modernisierung erhaltungswürdiger Altbauwohnungen bilden das Kernstück der Sozialpolitik, insbesondere seitdem das Wohnungsbauprogramm der DDR nach einem Beschluß des VIII. Parteitages der SED seit Beginn der 70er Jahre erfolgreich erfüllt wird. Allen Familien soll damit eine moderne, ihren Ansprüchen genügende Wohnung zuteil werden. Dem Bau von Wohnungen kommt eine hohe Bedeutung zu, weil damit zugleich die materielle Basis für die sich entwickelnde sozialistische Lebensweise entsteht. Ein glückliches Familienleben, aktives Handeln in der sozialistischen Arbeit und vielfältige Teilnahme der Bürger am gesellschaftlichen Leben werden durch entsprechende Wohnmöglichkeiten gefördert. Als Grundsatz gilt, nicht Luxuswohnungen für wenige, sondern zweckmäßige und gute Wohnungen für möglichst viele Bürger, insbesondere für Arbeiter, Genossenschaftsbauern und kinderreiche Familien, zu schaffen. Stabile und niedrige Mieten zählen zu den wichtigsten Prinzipien des Wohnungsbaus in unserem Land. Für die Mieten werden im Durchschnitt etwa 4 % des Familieneinkommens ausgegeben, die tatsächlichen Bewirtschaftungskosten liegen wesentlich höher und werden vom Staat als soziale Zuwendung mit finanziert.

Wohnungsbestand in der DDR. In der DDR gibt es gegenwärtig etwa 6,75 Millionen Wohnungen. Der Zuwachs an Neubauwohnungen und modernisierten Altbauwohnungen verursachte eine beträchtliche Verjüngung der Wohnbausubstanz. Die Anzahl der alljährlich fertiggestellten Wohnungen erhöhte sich kontinuierlich. Zu Beginn der 70er Jahre wohnte jeder fünfte Bürger der DDR in einer nach dem zweiten Weltkrieg gebauten oder rekonstruierten Wohnung. Die Steigerung der Wohnungsbau-Produktion seit 1971 hatte zur Folge, daß Ende 1983 bereits die Hälfte der DDR-Bevölkerung in neugebauten oder modernisierten Wohnungen lebte. In den Jahren 1971 bis 1975 betrug der Zuwachs an Wohnungen 608 700 (davon 399 600 Neubau), und in den Jahren 1976 bis 1980 wurden wiederum 813 130 Wohnungen (davon 559 390 Neubau) übergeben. Die Entwicklung in den 80er Jahren ist dadurch charakterisiert, daß der Anteil modernisierter Wohnungen wächst und daß Neubauten in zunehmendem Umfang innerhalb bestehender Städte, die sich damit grundlegend erneuern, gebaut werden. Dies spiegeln die Zahlen der Tabellen wider.

Fertiggestellte Wohnungen

Jahr	Anzahl	davon Neubau	davon Modernisierung
1981	185 350	125 731	59 619
1982	187 053	122 417	64 636
1983	197 221	122 636	74 585
1984	207 034	121 654	85 390
1985	212 222	120 728	91 494

(Statistisches Jahrbuch der DDR 1986)

Ausstattungsmerkmale des Wohnungsbestandes (in %)

	1971	1981	1985
Moderne Heizart (Zentral-/Fernheizung bzw. Gas- oder Elt-Heizkörper)	10,8	35,9	.
Warmwasser	26,1	64,0	.
Bad/Dusche	38,5	67,9	74,0
Innen-WC	39,2	60,1	68,0

Mit der schrittweisen Erneuerung des Wohnungsbestandes verbesserte sich auch der Ausstattungsgrad mit modernem Komfort beträchtlich.

Aus den hier angeführten Zahlen ist die Bedeutung der massenweisen Modernisierung älterer Wohnungen ersichtlich. In den Neubauten sind ohne Ausnahme Bad oder Dusche seit 1970 und die Versorgung mit Warmwasser seit 1976 vorgesehen. Auch der Ausstattungsgrad mit modernen Heizsystemen (1983 97,3 %) und mit leistungsfähigen Herden (1983 96,5 % Elektroherde, 3,5 % Gasherde) liegt hier noch höher als der Durchschnitt.

Auch nach 1990 werden weiterhin beträchtliche Aufwendungen für den Wohnungsbau erforderlich sein, um die Reproduktion der Bausubstanz zu gewährleisten und wachsenden qualitativen Bedürfnissen entgegenzukommen. Einen wesentlichen Anteil an der Verbesserung der Wohnbedingungen junger Familien trägt die FDJ-Aktion „Umgebaut und ausgebaut“, die durch staatliche Kredite großzügig unterstützt wird.

Planung der Wohnungsgröße und -belegung. Die Ermittlung des Bedarfs an Wohnungen geht von der in der DDR vorhandenen Bevölkerungsstruktur unter Berücksichtigung des Bestandes an Wohnungen und der materiellen Möglichkeiten der Volkswirtschaft aus. Die durchschnittliche Haushaltgröße beträgt (leicht rückläufig) gegenwärtig 2,5 Personen (Ein- und Mehrpersonen-Haushalte). Für die Entwicklung des Wohnungsbaus wird vorausgesetzt, daß jeder Haushalt eine abgeschlossene Wohnung erhält und daß jede zum Haushalt gehörende Person einen Raum erhält (gezählt werden hier Wohn-, Schlaf- und Kinderzimmer). In Familienwohnungen mit mehreren Kindern muß gesichert werden, daß für ältere Kinder nach Geschlechtern getrennte Schlafräume vorhanden sind.

Steigende Wohnbedürfnisse und ihre Befriedigung drücken sich auch in der durchschnittlichen Fläche pro Wohnung aus, die in den vergangenen Jahren als Planungsrichtwert für den Wohnungsneubau realisiert wurde:

1960	1970	1980
50 m^2	55 m^2	58 m^2

Nach dem staatlichen Wohnungsbauprogramm werden Wohnungen unterschiedlicher Größe gebaut, für die es Belegungsrichtwerte gibt. Abhängig von der jeweiligen Haushaltstruktur werden für konkrete Planungsaufgaben Wohnungen mit einem bis zu fünf Räumen (außer Flur, Küche und Bad) in die Planung aufgenommen und realisiert. Daraus ergeben sich für die DDR Durchschnittswerte, die für jeden Fünfjahrplanzeitraum nach wohnungspolitischen Zielen und volkswirtschaftlichen Möglichkeiten neu festgelegt werden.

Diese Werte betragen gegenwärtig (DDR-Durchschnitt):

- 2,8 bis 3,0 Räume/Wohnung
- 1,0 bis 1,1 Einwohner/Raum (Wohnraumbelegung)
- 18 bis 20 m^2/Einwohner (spezifische Wohnfläche)

Die Richtwerte berücksichtigen alle in einer Wohnung ablaufenden Vorgänge (Funktionen) einschließlich der notwendigen Stellflächen für Möbel und die erforderlichen Bewegungsflächen, wobei die in der DDR zugrundeliegenden Planungsgrößen über dem internationalen Durchschnitt liegen.

Die Differenzierung des Wohnungsangebotes für bestimmte Bevölkerungsgruppen wird künftig eine zunehmende Rolle spielen. Während die Mehrzahl der Wohnungen für Familien mit einem oder mehreren Kindern geplant und für diese Nutzergruppe optimal ausgerichtet wird, müssen andere Wohnungen für die besonderen Bedürfnisse junger Leute, älterer oder auch behinderter Bürger vorgesehen werden. Auch Wohnungen für Schichtarbeiter bedürfen besonderer Beachtung (Herabmindern von Tageslärm). Die Gruppe der älteren Bewohner (etwa 10 % des Bedarfs) wünscht in der Regel Wohnungen inmitten der sonstigen gemischten Bevölkerung, soll aber mit funktionell auf ihre Belange abgestimmten Wohnungsangeboten bedacht werden. Für physisch und psychisch Geschädigte, die allein haushalten können und ebenfalls in der Nachbarschaft mit Gesunden leben möchten, wurden besonders ausgelegte Wohnungsgrundrisse und -ausstattungen entwickelt, die als Bestandteil des Wohnungsbauprogrammes (für etwa 0,3 % der Einwohner) gelten.

Planung des Wohnungsbaues als einheitlicher Prozeß von Neubau und Rekonstruktion. Um günstige Wohnbedingungen an allen Planungsstandorten zu schaffen, werden Wohnungsneubau und Rekonstruktion bzw. Modernisierung als zusammenhängender Prozeß geplant und durchgeführt. So beschränken sich die Rekonstruktion (bauliche Erneuerung) und die Modernisierung (Rekonstruktion in Verbindung mit Erhöhung der Gebrauchseigenschaften der Wohnung z. B. durch Einbau sanitärer Anlagen) nicht auf einzelne Gebäude oder Gebäudegruppen. In vielen Städten wurden ganze Straßenzüge gründlich erneuert und bilden – z. B. in den Zentren der meisten Bezirksstädte und vieler Kreisstädte – Fußgängerbereiche, die, frei vom Fahrverkehr, zum Verweilen einladen. Dichtbebaute ehemalige Arbeiterviertel mit unzureichenden Altbauwohnungen wurden in der Hauptstadt Berlin

Wohnfläche nach Wohnungsgrößen je Wohnung (Durchschnittswerte)

Wohnräume	Wohnfläche (m^2)
Einraumwohnung	26– 33
Zweiraumwohnung	46– 53
Dreiraumwohnung	58– 66
Vierraumwohnung	75– 86
Fünfraumwohnung	85–100

und in vielen anderen Groß- und Industriestädten komplex instandgesetzt und stehen in ihrem Wohnwert den Neubaugebieten nun nicht mehr nach.
Wo die Altbausubstanz nicht mehr zu erhalten ist, werden zunehmend Ersatzneubauten auch innerhalb der alten Städte und dörflichen Siedlungen zu errichten sein. Es versteht sich von selbst, daß denkmalwerte Gebäude und Straßenräume sorgsam instandgesetzt werden, um den unverwechselbaren historischen Charakter der uns liebgewordenen Kulturwerte zu erhalten. Die Entwicklung der Industrialisierung und Mechanisierung der Bauproduktion und damit die weitere Intensivierung der Bauprozesse sind unabdingbar notwendig, um die wachsenden quantitativen und qualitativen Aufgaben des Wohnungsbaues auch künftig zu erfüllen. In allen industriell hochentwickelten Ländern werden Wohnungen in großer Zahl nach industriellen Baumethoden errichtet. Die DDR steht mit einem hohen Anteil der Vorfertigung von Bauteilen in stationären Werken und ihrer Montage auf der Baustelle an der Spitze dieser Länder. Das industrielle Bauen ist der einzige Weg, um mehr, bessere und rentablere Wohnungen bauen zu können.
Die Entwicklung der Industrialisierung war in den vergangenen Jahren vorwiegend auf den Neubau auf neuerschlossenen Standorten ausgerichtet. Industrielle Wohnungsbau-Serien müssen nun den Bedingungen innerstädtischer Baugebiete angepaßt oder für diese weiterentwickelt werden. Dazu ist eine umfangreiche konzeptionelle Arbeit auf dem Gebiet des Städtebaus und der Architektur erforderlich.
Unter Beibehaltung der drei Formen der Planung und Finanzierung des Wohnungsbaues (staatlicher volkseigener Wohnungsbau, genossenschaftlicher Wohnungsbau und privater Eigenheimbau) werden bauliche Lösungen entwickelt und erprobt, die als Lückenbebauung zwischen erhaltenswerten älteren Gebäuden oder als neue Quartiere in formaler und maßstäblicher Harmonie mit der historischen Bausubstanz bestehen können. Das Prinzip, sowohl in den Städten als auch auf dem Lande gleiche Wohnqualität anzustreben, entspricht einer Grundanforderung der sozialistischen Gesellschaftsordnung.

Wohnungsbau und städtebauliches Programm

Das Wohnungsbauprogramm der DDR wird als ganzer Komplex von Maßnahmen verstanden. Es schließt die Versorgung der Wohngebiete mit Kinderkrippen, Kindergärten, Schulen, Feierabendheimen, Gesundheitseinrichtungen, Kaufhallen und Spezialgeschäften für den täglichen und periodischen Bedarf, Gaststätten, kulturelle und sportliche Einrichtungen und weitere Gesell-

Blick in den Hauptfußgängerbereich Magdeburg, Neustädter Feld (Autorenkollektiv: Städtebau, Bauakademie der DDR)

Studie für das gesellschaftliche Zentrum eines Wohngebietes mit etwa 24 000 Einwohnern

schaftsbauten ein. Der Kapazitätsermittlung für diese Einrichtungen dienen Planungsrichtwerte.

Damit wird berücksichtigt, daß eine Wohnung nie für sich allein existiert, sondern stets Teil einer Stadt, eines Wohngebietes oder einer ländlichen Siedlung ist, die Lebensgrundlage und tägliche Umwelt bilden. Besondere Bedeutung haben die Einrichtungen zur Vorschulerziehung der Kinder als gesellschaftliche Grundvoraussetzung für die gleichberechtigte Berufsausübung der Frauen. Große Aufmerksamkeit wird darauf gerichtet, den Kindern in neugebauten oder umgestalteten älteren Schulen beste Lernbedingungen zu geben, die sportliche Erziehung zu fördern und die Freizeit entsprechend den unterschiedlichen Interessen und Neigungen sinnvoll zu gestalten. Nach den geltenden Richtwerten für gesellschaftliche Einrichtungen des komplexen Wohnungsbaus werden vielfältige kulturelle und soziale Bedürfnisse der Bevölkerung befriedigt. Dabei erfährt der Begriff „Wohnung“ zugleich eine qualitative Erweiterung. Dieser Planungsgrundsatz gilt sowohl für die Errichtung neuer Wohngebiete als auch für die Umgestaltung bestehender Gebiete in den Städten. Einen wichtigen Ausgangspunkt für die gesellschaftlichen Einrichtungen in Wohngebieten bildet der sich mit der Gleichberechtigung der Frau verändernde Charakter der Hausarbeit. Gesellschaftliche Versorgung und Betreuung werden erweitert und nehmen den Frauen mehr und mehr Kleinarbeit im Haushalt ab; erst dadurch beginnt – wie Lenin schon 1919 schrieb – ihre „wahre Befreiung“.

Es ist auch zu berücksichtigen, daß Bedürfnisse nach vielseitiger kultureller und sportlicher Betätigung, nach Geselligkeit und Erholung mit der weiteren Verringerung der Arbeitszeit beträchtlich wachsen werden. Es genügt also nicht, nur gegenwärtige Bedürfnisse in Ansatz zu bringen, wenn Wohnungen und zugehörige gesellschaftliche Einrichtungen geplant werden, die mehr als nur einer Generation dienen sollen. Zumindest ist eine spätere Anpassung an steigende Ansprüche schon jetzt zu berücksichtigen, und damit sind auch Schritte in die kommunistische Gesellschaft langfristig vorzubereiten.

Die für Neubaugebiete über lange Jahre verwendeten Planungsrichtwerte für die Ausstattung von Wohngebieten mit gesellschaftlichen Einrichtungen erfahren bei der Erneuerung innerstädtischer Gebiete sinngemäße Anwendung, wobei das vorhandene Netz von Einrichtungen in die Planung einbezogen wird. Unabhängig von dem im Einzelfall noch exakt zu ermittelnden Bedarf werden für jeweils 1000 Einwohner im Durchschnitt benötigt:

30	Plätze in Kinderkrippen (60 % der Kinder dieser Altersgruppe)
45–54	Plätze in Kindergärten (90–100 % der Kinder dieser Altersgruppe)
120–210	Plätze in polytechnischen Oberschulen
100–130	m^2 Turn- und Sporthallenflächen
25–53	Plätze in Einrichtungen für Schülerspeisung
110–130	m^2 Verkaufsfläche in Kaufhallen für den täglichen Bedarf
30–40	Plätze in Gaststätten
20–30	m^2 für Annahmestellen von Dienstleistungseinrichtungen
1,5–1,7	ärztliche Arbeitsplätze (Ambulatorium oder Poliklinik)
7–9	Plätze in Alters- und Pflegeheimen

Für die städtebauliche Anordnung bzw. Konzentration der gesellschaftlichen Einrichtungen gelten folgende Prämissen:

- funktionsgerechte Ausstattung aller städtischer Teilgebiete und Siedlungen unter Berücksichtigung vorhandener und weiterhin zu nutzender gesellschaftlicher Einrichtungen
- Bildung von gesellschaftlichen Zentren mit unterschiedlichen Funktionen (Überlagerung von Versorgungsnetzen einzelner Einrichtungsarten)
- Gewährleistung günstiger Weg-Zeit-Beziehungen zwischen den Wohnungen, gesellschaftlichen Einrichtungen und Zentren
- vielfältige Kombinationen und Überlagerungen gesellschaftlicher Einrichtungen (Kultur, Gaststätten, Handel u. a.) untereinander und mit den Wohnfunktionen
- Freihalten von Reserveflächen für spätere Erweiterungsbauten
- sorgfältige städtebauliche und architektonische Durcharbeitung (Ordnung, Überschaubarkeit), um Wohngebiete und Zentren attraktiv zu gestalten
- Nutzung topographischer und landschaftlicher Gegebenheiten und Einbeziehung von Werken der Bildenden Kunst und Kleinarchitektur

Die Aufwendungen für die im Rahmen des komplexen Wohnungsbaus realisierten gesellschaftlichen Einrichtungen sind im Aufwandsnormativ für die jeweils zu versorgenden Wohnungen (langjährige Planungsgröße 58000 Mark/WE) enthalten. Anteilig werden für die Wohnung etwa 60 %, für gesellschaftliche Einrichtungen etwa 18 % und für Verkehrsanlagen, stadttechnische Versorgung und Freiflächen etwa 22 % ausgegeben.

Hygienische Grundsätze bei der Gestaltung von Wohngebieten. Wohlbefinden und Gesundheit der Bevölkerung werden auf vielfache Weise vom Zustand der Umwelt beeinflußt. „Umweltbelastung" – hervorgerufen durch zunehmende Konzentration von Bevölkerung und Industrie – muß daher durch planerische Vorgaben, bauliche Maßnahmen und Kontrollen so gering wie möglich gehalten werden. Schutz und Umwelt und die Beachtung landeskultureller und hygienischer Aspekte gehören heute zu den selbstverständlichen Planungsgrundlagen. Begriffe wie Städtebauhygiene oder Bauhygiene umfassen ein Wissensgebiet, das Zusammenhänge zwischen Umwelt und hygienischen Forderungen untersucht und dazu beiträgt, zulässige oder optimale Zustände, die der Erhaltung und Förderung der Gesundheit dienen, herbeizuführen.

- Die Freiflächen im Wohngebiet. Sie sind ebenso wie die großen Grünzonen in den Städten (Parks, Promenaden, Gärten und Stadtwälder) ein unentbehrlicher Bestandteil der menschlichen Umwelt. Sie dienen nicht nur der Verschönerung und Erholung, sondern haben wichtige biologische und hygienische Funktionen. Man nennt die Parks und Grünanlagen nicht umsonst die „Lungen der Städte". Sie sorgen für die Reinigung der Luft, filtern grobe Staubbestandteile, regulieren den Wasserhaushalt und dämpfen den Lärm.
- Umgestaltung der alten Stadtteile. Durch sie entstehen neue Grünzüge, Anlagen und Plätze, und schon heute hat mancher Wohnbezirk das Innere eines Häuserviertels von Schuppen, Nebengebäuden und Kleintierställen befreit und statt dessen eine Grünanlage mit Spiel- und Ruheplätzen geschaffen. Grünflächen im Wohngebiet sind ein sehr

wertvoller Gemeinbesitz, denn es dauert Jahre, bis Bäume und Sträucher so groß geworden sind, daß sie den Bewohnern Freude machen. Um so mehr sollten alle für den Schutz solcher Anlagen Sorge tragen, noch besser sie selbst in Pflege nehmen und damit an der weiteren Gestaltung ihres Wohngebietes mitwirken.

- Der Verkehr soll in die Wohngebiete möglichst wenig eindringen, denn er gefährdet Kinder und alte Menschen, erzeugt Lärm und Luftverunreinigungen. Er wird deshalb im modernen Städtebau so organisiert, daß Fahrzeuge schon an der Peripherie des Wohngebietes eingestellt oder geparkt werden und nur zur unmittelbaren Versorgung in dieses Gebiet hineinfahren. Der Fußgängerverkehr entwickelt sich indessen im Innern des Komplexes, so daß Kleinkinder, ohne Verkehrsstraßen überqueren zu müssen, zu ihren Einrichtungen gelangen können. Verkehrsstraßen oder Wohnsammelstraßen berühren das Wohngebiet lediglich. Zur Erschließung dienen Straßen, die nur die gerade notwendige Breite haben; und um die Hauseingänge zu erreichen, genügen Wohnwege, die, wenn es sich um längere Blöcke handelt, in wenigen dringenden Fällen befahren werden können. Auch der Autobesitzer braucht nicht unbedingt vor seiner Haustür zu parken, sondern sollte einen Weg von 100 bis 200 m als durchaus zumutbar empfinden.

- Besonnung ist heute für jede Wohnung eine selbstverständliche Forderung. Die Besonnung der Wohnung hängt von der Stellung der Gebäude und von ihrem Abstand voneinander ab. Aber auch die Sauberkeit der Stadtluft hat auf die Besonnung entscheidenden Einfluß. Die Südlage der Wohnräume ist am günstigsten, jedoch werden damit die nach Norden gelegenen Schlaf- und Kinderzimmer benachteiligt. Die Wohnblöcke werden deshalb mit ihren Längsseiten zumeist in Ost-West-Richtung orientiert, damit die nach beiden Seiten liegenden Wohn- und Schlafräume am Vor- und Nachmittag tief durchsonnt werden. Die Hausabstände werden so gewählt, daß auch im Winter die Erdgeschoßwohnungen noch eine Mindestmenge Sonneneinstrahlung erhalten. Zuviel Sonne kann aber auch unangenehm werden, vor allem bei Westräumen, zumal bei geschlossenen Fenstern der soge-

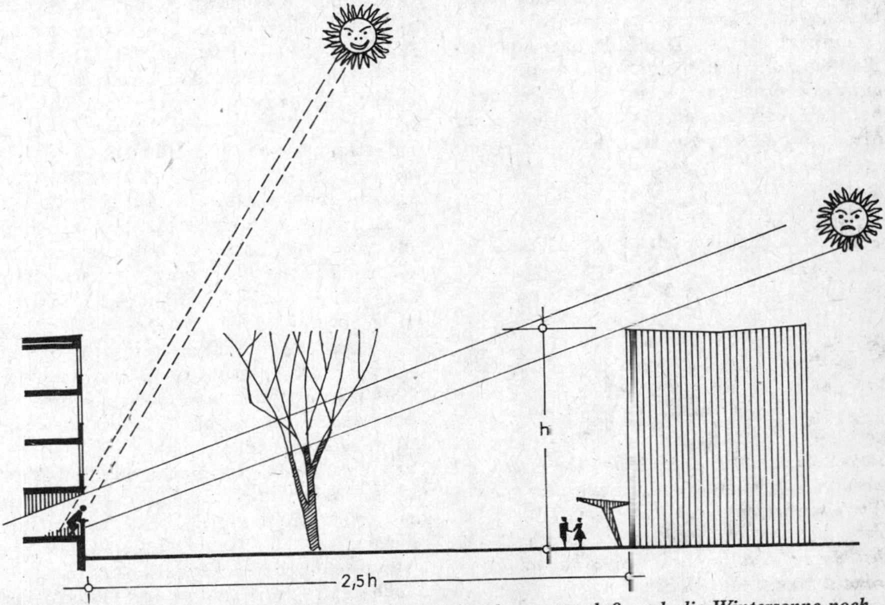

Die Abstände der Wohnblocks voneinander werden so bemessen, daß auch die Wintersonne noch die Erdgeschoßwohnungen erreicht

Neuplanung Halle-Neustadt, III. Wohnkomplex (Büro des Chefarchitekten Halle-Neustadt)

nannte Treibhauseffekt eine starke Aufheizung bewirkt. Man sollte also Wohn- und vor allem Schlafräume nach Westen mit einem Sonnenschutz versehen. Innen angebrachte Vorhänge oder Rollos sind die einfachste Lösung, verhindern die Erwärmung aber nur wenig. Die beste Lösung sind Jalousien, die außen zwischen den Fensterleibungen angebracht werden können.

- Luftverhältnisse. Die Luft über unseren Städten stellt heute durch ihre Verunreinigung ein ernstes Problem dar. Angefangen bei den psychischen Auswirkungen einer diesigen Stadtatmosphäre über die Beeinträchtigung der Sonneneinstrahlung und die Reizung der Atemwege bis zu Schäden an Bauten und zu einem erhöhten Verschleiß an Kleidung und Wäsche, hat die Verunreinigung der Stadtluft vielseitige Auswirkungen auf den Menschen. Hauptursache der Luftverunreinigung sind Kraftwerke, das wachsende Verkehrsaufkommen, chemische Industriebetriebe, Bahnhöfe, aber auch die Tausende von Einzelfeuerstätten. Man kann über großen Städten die sogenannten Dunsthauben beobachten, eine Mischung von Staub, Ruß, Kohlenoxid, Schwefeldioxid und schmutzigem Wasserdampf. Das Landeskulturgesetz von 1970 regelt u.a. auch die Bekämpfung von Luftverunreinigungen.

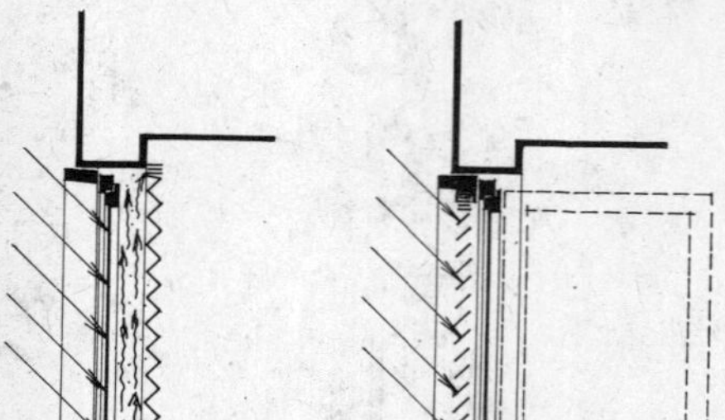

Sonnenschutz am Fenster. Links: Sonnenschutz innen (Rollo, Vorhang o. ä.); hinter der Fensterscheibe entstehen hohe Temperaturen, heiße Luft zirkuliert im Raum, Fenster läßt sich nicht öffnen; rechts: Sonnenschutz außen (Jalousien, Markisen, Läden); Strahlung wird vom Fenster abgehalten, Fenster läßt sich öffnen

Danach wird bei der Neuplanung von Wohngebieten und Industrieanlagen den Luftverhältnissen große Beachtung geschenkt. Die Hauptwindrichtung von Rauch- und Gaserzeugern wird soweit als möglich freigehalten oder durch hohe Schlote gesichert, Staubteile aus Großschornsteinen und Absaugvorrichtungen werden abgefiltert. Hauptverkehrsstraßen sollen mit Bäumen gesäumt und anbaufrei gehalten werden. Ein wesentlicher Schritt zur Luftreinigung über den Städten ist die schrittweise Ablösung der Ofenheizung durch zentrale Wärmeversorgungsanlagen.

- Lärmschutz. Die Technisierung unseres Lebens hat, vor allem in den Städten, eine ständige Zunahme des Lärms zur Folge. Besondere Lärmerzeuger sind Flugplätze, Rangierbahnhöfe, Verkehrsstraßen, Straßenbahnen und Industriebetriebe. Lärm ist in jedem Fall gesundheitsschädlich. Vor allem ist ein Dauereinfluß bestimmter Geräuscharten, die durchaus nicht immer mit großer Lautstärke aufzutreten brauchen, in vielen Fällen am Entstehen von Herz- und Kreislauferkrankungen, vegetativen und Gehörschäden beteiligt. Auch bei scheinbarer „Gewöhnung" wirkt doch der Lärm ständig auf die Sinnesorgane ein, verhindert Ruhe und Entspannung und damit die Regeneration.

Phonskala

20 Phon	– leichtes Blätterrauschen
25... 30 Phon	– wird in Räumen als „Ruhe" empfunden
35... 45 Phon	– Wohngeräusch, leises Radio
45... 60 Phon	– städtische Straße ohne besonderen Verkehr
65... 75 Phon	– sehr verkehrsreiche Straße
85... 95 Phon	– Lastkraftwagen, Krad mit schlechtem Schalldämpfer
100...110 Phon	– starker Verkehr unter Brücken Industriehallen
110...120 Phon	– Niethämmer, Flugzeugmotoren
über 120 Phon	– Motorenprüfstände, Stahltriebwerke

Bereits bei andauernder Einwirkung von 65 bis 90 Phon treten neben den psychischen Auswirkungen nachweisbar vegetative Störungen auf. Zwischen 90 und 120 Phon liegt die sogenannte Schmerzschwelle, bei deren Dauerbeanspruchung über kurz oder lang Gehörschäden eintreten. Der Geräuschpegel soll in Wohnräumen am Tage nicht mehr als 40 Phon, nachts höchstens 25 Phon betragen.

Lärm kann am wirksamsten durch technische Maßnahmen an seinen Quellen bekämpft werden. Er ist jedoch nicht ganz vermeidbar, so daß bei der Wohnungsbauplanung entsprechende Vorkehrungen getroffen werden müssen. Man vermeidet es heute, Wohnhäuser entlang von Hauptverkehrsstraßen zu bauen. Ausreichende Abstände von Straßen, Bahnkörpern und Industrieanlagen, abschirmende Bebauung und Baumpflanzungen vermögen den Lärm auf ein erträgliches Maß zu reduzieren. Die Außenwände und Fenster von Wohnbauten müssen einen bestimmten Schallschutz gewährleisten. Nicht weniger störend kann sich auch der Lärm auswirken, der im Innern des Hauses entsteht und sich als Luft- oder Körperschall durch Wände und Decken überträgt. Da die schallhemmende Wirkung von Bauteilen umso größer wird, je höher ihr Gewicht ist, die moderne Technik aber zu immer leichteren Konstruktionen führt, bemühen sich Ingenieure und Architekten, die schallisolierenden Eigenschaften von Wohnungsbauwänden und -decken ständig zu verbessern.

● Wasser. Mit steigendem Lebensstandard und Wohnkomfort ist der Wasserverbrauch – vor allem in den Städten – in den letzten Jahrzehnten stark angewachsen. Wasserspülung, Bad, Waschmaschine und Durchlauferhitzer sind im Haushalt unentbehrlich geworden, sind aber auch enorme Wasserverbraucher. So beträgt der Wasserverbrauch in Großstädten (ohne Industriebedarf) 150 bis 250 l/je Tag und Einwohner. Man sollte bedenken, daß Wasser in der Natur nicht unbegrenzt zur Verfügung steht. Der natürliche Wasserhaushalt stellt einen physikalisch-biologischen Prozeß dar, in den der Mensch mit seinen Siedlungen gewaltsam eingreift. Riesige Talsperren, Rohrleitungen über Hunderte von Kilometern, Investitionen von vielen hundert Millionen Mark werden gebraucht, um den steigenden Wasserbedarf der Städte zu decken. Es ist also kein Zeichen von Armut, sondern von Vernunft, mit Wasser im Haushalt sparsam umzugehen. Dabei soll man auch bedenken, daß die Abwasserbeseitigung der Städte ein großes Problem darstellt und kostspielige Anlagen erfordert. Aber auch die besten Kläranlagen können die biologische Selbstreinigung des Wassers, das ja in die Flüsse abfließt, nicht entbehrlich machen. Das Gesetz zum Schutz der sozialistischen Landeskultur enthält wichtige Planungsgrundlagen für die Regulierung und Sicherung des natürlichen Wasserhaushaltes.

Wohnhausarten

Die massenweise industriell produzierten Wohnungen bedingen weitgehend vereinheitlichte (standardisierte) Bauelemente, Montagetechnologien und Ausrüstungen. Dennoch müssen individuelle Wohnbedürfnisse bereits in der baulichen Lösung berücksichtigt werden – unabhängig davon, daß die Wohnungsgröße variiert und die Wohnungseinrichtung eine praktisch unbegrenzte Vielfalt der Wohnmöglichkeiten einräumt. Es ist daher ein Grundanliegen, mit jeder Typenserie eine größere Anzahl Wohnvarianten baulicherseits bereits anzubieten.

Geschoßwohnungen. Aus wirtschaftlichen und städtebaulichen Gründen hat sich der Bau von Geschoßwohnungen als wichtigste Form des modernen Massen-Wohnungsbaus herausgebildet. Erkenntnisse und Ergebnisse zur vorzugsweisen Anwendung dieser Gebäudekategorie entwickelten sich bereits in den 20er Jahren. Bewährte Traditionen, die mit den Namen progressiver Architekten verbunden sind, werden auch im Wohnungsbau der DDR fortgeführt bzw. weiterentwikkelt.

- Mehrgeschossiger Wohnungsbau. Unter dieser Bezeichnung sind Wohnbauten von 2 bis 5 (im Ausnahmefall 6) Geschossen zusammengefaßt. Es ist die mit Abstand am häufigsten verwendete Gebäudekategorie des Wohnungsbaus in der DDR. Ihr Anwendungsbereich ist sehr weitläufig. In Stadt und Land, in Neubaugebieten und als Ergänzungsbauten zu Altbauten können mehrgeschossige Wohnblöcke oder einzelne Segmente (mit einem Treppenaufgang versehene Abschnitte des Wohnblocks) angeordnet werden. Wohnungsgrößen und Grundrißtypen sind vielfach variierbar (veränderliche Geschoßanzahl, Gebäudetiefen).
- Vielgeschossiger Wohnungsbau und Wohnhochhäuser. Für diese Gebäudekategorien gelten besondere sicherheitstechnische und bautechnische Vorschriften und Bedingungen. So sind z. B. kombinierte Personen-Lasten-Aufzüge erforderlich, bei Hochhäusern (über 32 m Höhe oder mehr als 12 Geschosse) außerdem ein Sicherheitstreppenhaus, das die Geschosse nur über eine offene Loggia miteinander verbindet, um Rauchgase bei einem Brand abzuleiten. Die einzelnen Geschoßwohnungen sind ähnlich bemessen und funktionell ausgelegt wie in mehrgeschossigen Gebäuden. Die Aufwendungen für eine Wohnung liegen jedoch bedeutend über dem durchschnittlichen Normativ, bei Wohnhochhäusern etwa um das Doppelte. Es ist daher verständlich, daß

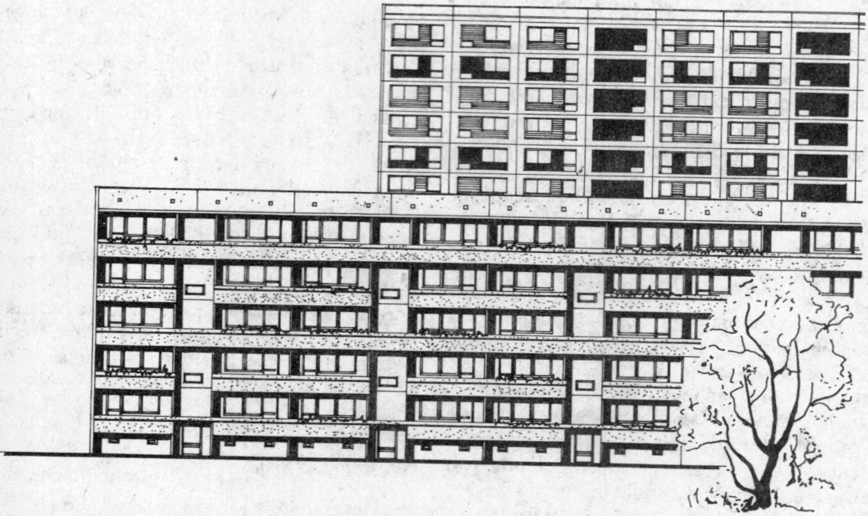

Fassadenbeispiele zur Wohnungsbauserie 70, mehrgeschossiger und vielgeschossiger Wohnblock. Die Fassaden können ganz oder teilweise mit Loggien versehen sein. Für die architektonische Gestaltung der aus großflächigen Bauelementen montierten Außenflächen bestehen vielfältige Varianten in bezug auf Oberflächenmaterial, Struktur und Farbe

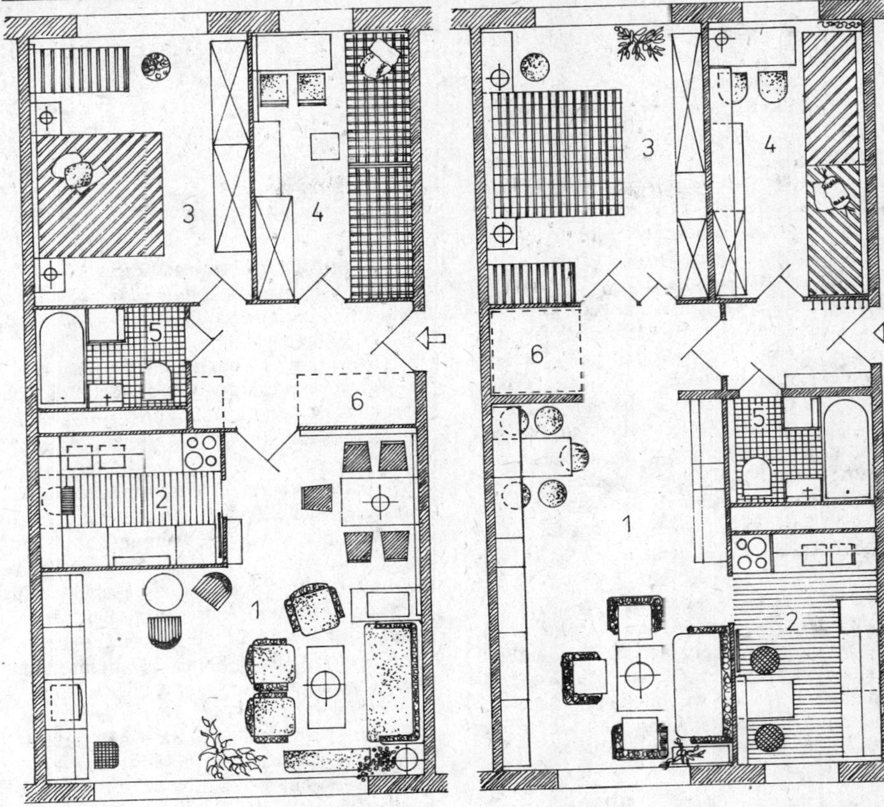

Grundrißvarianten der Wohnungsbauserie 70. Dreiraumwohnungen für Familien mit 4 Personen und einem Kleinstkind; links Wohnung mit innen liegender Küche, rechts Wohnung mit Küche an der Außenwand. 1 *Wohn-Eßzimmer 26,3 bzw. 23,9 m², 2 Küche 6,0 bzw. 8,4 m², 3 Elternschlafzimmer 14,2 bzw. 14,9 m², 4 Kinderzimmer 10,0 bzw. 10,4 m², 5 Bad/WC jeweils 5,2 m², 6 Abstellfläche. Entwicklungsarbeit zur WBS 70 durch die Bauakademie der DDR – Institut Wohn- und Gesellschaftsbauten*

diese Gebäudeformen nur im Ausnahmefall vorgesehen werden (in großstädtischen Zentren und Wohngebieten, zumeist jedoch nur vielgeschossig). Gewisse Nachteile sind auch in bezug auf Familien mit kleinen Kindern in dieser Wohnform (Entfernung von umgebenden Grün- und Spielflächen) zu verzeichnen.

● Die Wohnungsbauserie 70. Nach teilweise langjähriger Anwendung und Bewährung verschiedener Wohnungstypen bestimmt die in den 70er Jahren entwickelte und in den 80er Jahren den jeweils neuen Bedingungen angepaßte Wohnungsbauserie 70 die industrielle Produktion von Wohnbauten maßgeblich. Sie ist die Grundlage für die Erfüllung des Wohnungsbauprogramms und bietet neue und bessere – vor allem auch vielfältigere – Wohnungslösungen. Ein relativ begrenztes Sortiment von Elementen (Plattenbauweise) erlaubt rationelle und dennoch vielfältige Grundrißvarianten. Einem Baukasten ähnlich können die aus einer Geschoßfläche entwickelten Teile alle erforderlichen Wohnungsgrößen bilden. So umfassen die zugehörigen Typenprojekte zum Beispiel 12 unterschiedliche Lösungen für 2-Raum-Wohnungen, 15 Grundrißvarianten für

3-Raum-Wohnungen und 10 Lösungen für 4-Raum-Wohnungen. Für eine lebendige städtebauliche Gestaltung bestehen vielfache Anwendungsmöglichkeiten.

Damit ist die Breite des Wohnungsangebotes gegenüber früheren Typenserien bedeutend gewachsen. Die WBS 70 enthält Wohnlösungen für ältere Bürger, für Körperbehinderte der verschiedenen Versehrtenstufen sowie Wohnheime und Pflegeheime für alte Menschen. Für die Erdgeschosse stehen Projektvorschläge zur Einordnung von geeigneten gesellschaftlichen Einrichtungen wie Post- und Sparkassen-Nebenstellen, Fachverkaufsstellen, kleinen Gaststätten oder Zweigbibliotheken bereit, von denen je nach Versorgungsaufgabe und städtebaulicher Situation Gebrauch gemacht wird. Auch an Hausgemeinschaftsräume und Lösungsvorschläge für Jugendklubs ist gedacht worden.

Das ausgewählte Grundrißbeispiel auf der vorigen Seite zeigt zwei Varianten für geräumige 3-Raum-Wohnungen der WBS 70. Die Grundfläche für die gesamte Wohnung beträgt in beiden Fällen etwa 66,5 m². Diese Wohnungsgröße entspricht einer Familiengröße von 4 Personen, wobei ein Kleinkind zusätzlich unterzubringen ist. Die Grundrißvarianten betreffen vor allem die Lage der Küche im Innern der Wohnung (linke Abb.) oder an der Außenwand (rechte Abb.). Beide

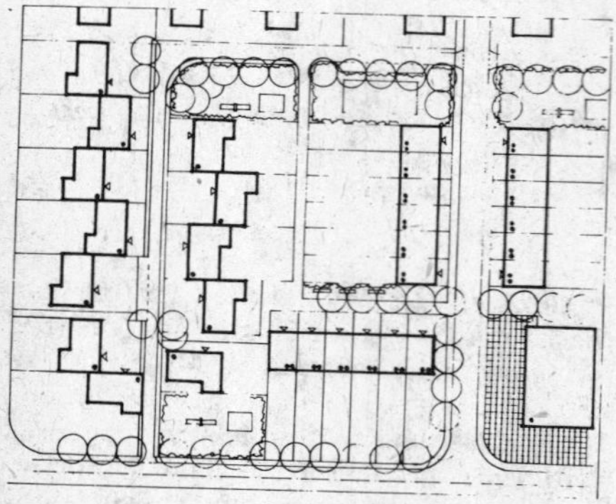

Bebauungsplan mit Eigenheimen, ein- und zweigeschossige Reihenhäuser (Vorschlag Bauakademie der DDR). Die konzentrierte Bebauungsform erlaubt rationelle Erschließung des Geländes bei einem differenzierten Angebot an individuellen Freiflächen.
Eine kleine Kaufhalle gehört zum Ensemble

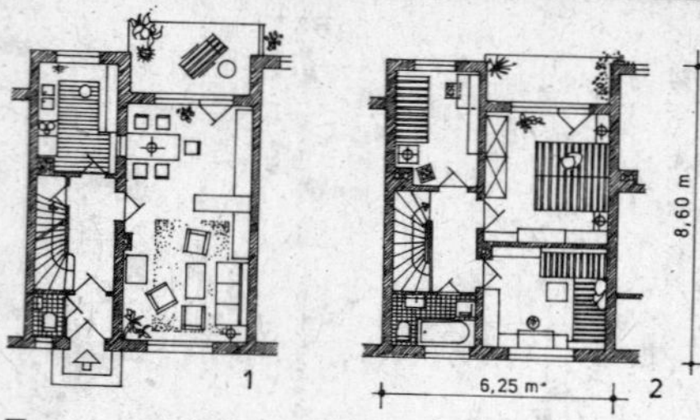

Typenentwurf für ein zweigeschossiges Einfamilien-Reihenhaus in traditioneller Bauweise. Grundrisse: 1 *Erdgeschoß,* 2 *Obergeschoß*

Grundrißvarianten bieten günstige Lösungen für die Möblierung der Räume an. Bei der Innenküche ergibt sich als Vorteil ein gesonderter Eßplatz im 26 m² großen Wohnraum.

In beiden Fällen ist im Zusammenhang mit dem Flur Abstellfläche vorhanden, die in vielen kleineren Neubauwohnungen bisher fehlte. Die unmittelbare Verbindung vom Wohnraum zur Küche ist zweckmäßig für das rasche Auf- und Abtragen zu den Mahlzeiten, aber auch für die Verbindung aller Familienmitglieder beim gemeinsamen Hauswirtschaften. Der Durchgang zur Küche über den Wohnraum mag ungewöhnlich erscheinen – er hat sich bei ähnlichen Grundrissen inzwischen jedoch bewährt und stößt bei den Bewohnern derartiger Räume kaum noch auf Vorbehalte. Geruchsbelästigungen aus der Küche sind nicht zu erwarten, da über den Kochstellen grundsätzlich Wrasenabzüge angeordnet sind und zusätzliche Entlüftung über einen Schacht erfolgt.

● Einfamilienhäuser. In dieser Form werden gegenwärtig etwa 10 % aller Wohnungen gebaut. Der Bau von Eigenheimen wird durch die aktive Mitarbeit vieler Bürger charakterisiert. Staatliche Unterstützung wird vorrangig kinderreichen und Arbeiterfamilien gewährt. Betriebe und Einrichtungen, insbesondere auf dem Land und in kleineren Orten, helfen mit den ihnen zur Verfügung stehenden Mitteln, Reserven für den Bau von Eigenheimen zu nutzen. Die Eigenleistungen werden durch Maßnahmen unterstützt, die in der Verordnung über die Förderung des Baues von Eigenheimen vom 24.11.1971 (GBl. II Nr. 80 S. 709) und im Beschluß des Sekretariats des ZK der SED und des Ministerrates der DDR zur Förderung

der Initiative der Werktätigen im individuellen Wohnungsbau vom 6. 6. 1972 (GBl. II Nr. 35 S. 395) festgelegt wurden.
Es wird empfohlen, kosten- und flächensparende Doppel- und Reihenhäuser zu bauen, die einen erheblich niedrigeren Aufwand für Erschließung und Bewirtschaftung aufweisen als Einzelhaus-Siedlungen. Ebenso sollen erweiterungsfähige Bauten mehr als bisher in Betracht kommen, um jungen Familien mit wachsender Anzahl von Familienmitgliedern entgegenzukommen.
Den Bewerbern für den Bau eines Eigenheimes stehen Angebotsprojekte zentraler Projektierungsbetriebe oder örtlich entwickelte Projekte zur Verfügung. Die Einordnung in Neubaugebiete mit anderen Wohnformen ist städtebaulich der „reinen Einzelhausbebauung" vorzuziehen. Die Räte der Gemeinden und Städte tragen für die standortmäßige Einordnung von Einfamilienhäusern sowie für deren harmonische städtebauliche Einbeziehung in die Planung von Neubau- und Umgestaltungsgebieten die Verantwortung.
Größe und Zuordnung der Räume in Einfamilienhäusern entsprechen im wesentlichen den für den Geschoßbau geltenden Normen. Wünschenswert ist stets ein direkter Zugang zu einem ungestörten Sitzplatz im Freien vom Wohnraum aus. Eingeschossige Eigenheime sind flächenaufwendiger als solche mit ausgebautem Dachgeschoß oder mit zwei vollen Geschossen; sie werden jedoch häufig wegen der großzügigeren Raumkombination vorgezogen.
● Sonderwohnformen. Gleichartige Wohnungen für einen bestimmten Personenkreis – besonders Kleinwohnungen – werden

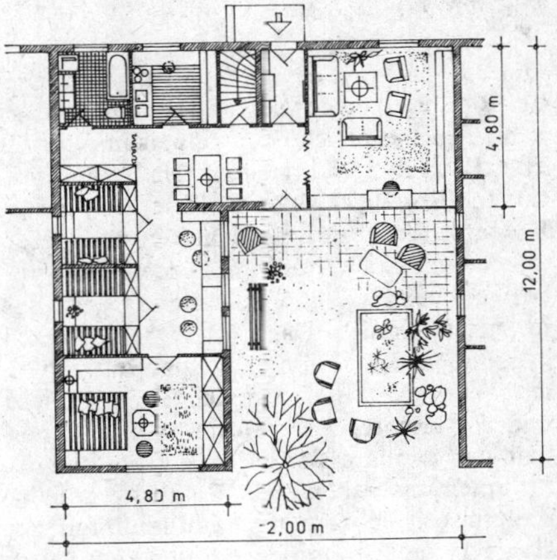

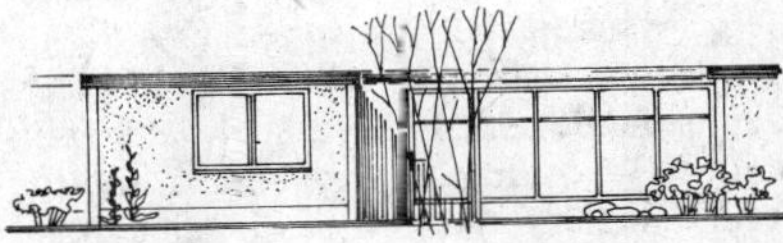

Eingeschossiges Reihenhaus für eine kinderreiche Familie

zweckmäßigerweise in besonders dafür geeigneten Gebäuden zusammengefaßt. Die Aufreihung von Kleinwohnungen beidseitig an einem Flur führt zum Mittelganghaus, einseitig an einem offenen Gang zum Laubenganghaus. Derartige Wohnformen finden vorwiegend für Internate oder Altenwohnheime und Feierabendheime Verwendung. Mehr- und vielgeschossige Gebäude ohne große Längenausdehnung werden Punkthäuser genannt. Sie eignen sich sowohl für Kleinwohnungen als auch für andere Wohnungsgrößen.

Gartenseite des zweigeschossigen Reihenhauses mit Sitzplatz im Freien für jede Familie

Die Wohnung und ihre Räume

Die Wohnung ist eine Gruppe abgeschlossener Räume, die den Ablauf der täglichen Lebensvorgänge für eine Einzelperson oder für eine Familie gewährleisten. Die Wohnfunktionen Ruhen, Schlafen, Kochen, Essen, Körperpflege, Freizeitbeschäftigung, Geselligkeit, aber auch Studium, Lernen und Spielen müssen als grundsätzliche Vorgänge ihren Platz finden. Dabei ist zu berücksichtigen, daß jede Wohnung nach den individuellen Wünschen und Möglichkeiten genutzt und eingerichtet sein will und daß es innerhalb der standardisierten Typenwohnung dafür Spielraum geben muß. Es gilt sowohl Anforderungen einzelner Familienmitglieder als auch das Zusammensein der Familie zu berücksichtigen. Gute wechselseitige Beziehungen zwischen den einzelnen Funktionsbereichen, wie zwischen Küche und Eßplatz, müssen bedacht sein. Eine schlecht „funktionierende" Wohnung kostet viel unnötige Kraft und erschwert das Leben der ganzen Familie, besonders aber das der Frau, so daß sich eine Beschäftigung mit diesen Problemen und eine Überlegung möglicher Verbesserungen auch in bestehenden Wohnungen lohnt.

Gesellschaftliche Veränderungen, vor allem die Berufstätigkeit der Frau, üben auf die funktionellen Abläufe in der Wohnung ständigen Einfluß aus. Die Berufstätigkeit der weitaus meisten Frauen im arbeitsfähigen Alter in der DDR hat die „Nur-Hausfrau" zum Sonderfall werden lassen. Die Regel wird also sein, daß Eltern und Kinder morgens nach einem Frühstück ohne unnötigen Zeitaufwand das Haus verlassen, mittags im Betrieb oder in der Schule ihre Hauptmahlzeit einnehmen und am Abend gemeinsam das Abendbrot bereiten und die notwendige Hausarbeit verrichten, um möglichst viel Zeit für individuelle oder gemeinsame Freizeitbeschäftigung, kulturelle Betätigung oder weiteres Lernen und Sich-Bilden zu erhalten. Jede Familie wird den ihr eigenen Rhythmus für den Ablauf dieser Vorgänge finden. Innerhalb weniger Jahre können sich diese Vorgänge jedoch so verändern, daß auch dafür die jeweils bestmögliche räumliche Lösung gestaltet werden muß. Nicht immer kann die Wohnung gewechselt werden, wenn zum Beispiel aus Kleinkindern Schulkinder, aus Schulkindern Jugendliche mit größerem Verlangen nach Selbständigkeit in ihren Wohngewohnheiten werden oder wenn plötzlich ein Zwei-Generationen-Haushalt entsteht.

In allen Phasen der Entwicklung einer Familie ist der Wunsch nach einem eigenen kleinen Bereich für jedes Familienmitglied legitim. Die Ideallösung für die Bemessung von Wohnungen, wonach für jedes Familienmitglied ein Raum und darüber hinaus ein gemeinsamer Raum zur Verfügung steht, kann gegenwärtig noch nicht in allen Fällen gewährleistet werden. Bei sinnvoller Anlage des Grundrisses und mit Verständnis und Geschick der Bewohner lassen sich diese Forderungen nach einem eigenen Platz zum Arbeiten und Entspannen für jedes Familienmitglied auch in einer relativ kleinen Wohnung erfüllen.

Die Küche-Bad-Einheit. Im Geschoßwohnungsbau ist die Einordnung von Küche und Bad entscheidendes Kriterium der ganzen Grundrißlösung. Hier konzentrieren sich die meisten Versorgungsleitungen (Wasser, Gas, Lüftung), von deren Lage und Anschlußbedingungen die industrielle Vorfertigung weitgehend abhängt. Die individuelle Anordnung fest anzuschließender Küchen- oder Sanitärobjekte muß daher hinter den Gesichtspunkten einer rationellen und effektiven Herstellung – auf der Grundlage optimierten Funktionsablaufs – zurücktreten. Es ist jedoch in jeder Küche und in jedem Bad möglich, mit ergänzenden Ausstattungsteilen einen persönlich ansprechenden Raumeindruck zu vermitteln (s. a. Abschnitt „Zweckmäßige Küche").

In den 60er Jahren wurden in den wesentlichen Typenprojekten sowohl Küchen als auch Badezimmer in der Tiefe des Grundrisses ohne direkte Tagesbelichtung angeordnet. Die damit zusammenhängenden technischen Probleme konnten gelöst, die Vorbehalte vieler Mieter abgebaut werden. Der zunehmende Wunsch nach Küchen, in denen ein Eßplatz unterzubringen ist, und auch energetische Gründe sprechen jedoch dafür, wieder mehr Wohnungsgrundrisse mit „Außenküchen" anzubieten. Jede Variante hat gewisse Vor- und Nachteile. So sind auch in der gegenwärtig meistverwendeten Wohnungsbauserie 70 innen und außen liegende Küchen enthalten. Die Sanitärräume

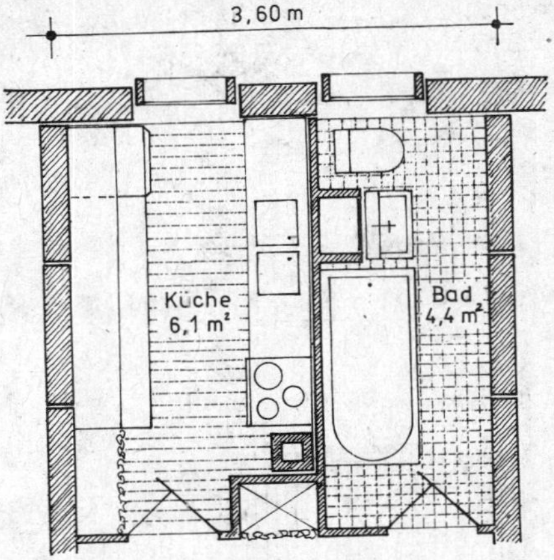

Küche und Bad an der Außenwand, in vielen Typengrundrissen der 50er und 60er Jahre verwendet. Alle Sanitärobjekte und die Ausstattungselemente der Küche sind an ein vorgefertigtes Rohrbündel (Installationsschacht) angeschlossen

in Wohnungen dieser Serie liegen durchweg im inneren Bereich ohne Zuführung von Tageslicht.

- Küche und Bad an der Außenwand. Das war die meistverwendete Raumlage in Typenbauten der 50er und 60er Jahre, zumeist zwei schmale Räume mit einer Trennwand, die traditionell gefertigte oder als Rohrbündel vorbereitete und in einem Schacht angeordnete Installationsleitungen aufweist. Direkte Belichtung und Belüftung sind vorteilhaft. Die Fläche von 6,0 (Küche) und 4,4 m^2 (Bad) vermittelt durch ungünstigen Raumzuschnitt den Eindruck der Beengtheit. Direkte Verbindung zum Eßplatz (zum Wohnraum) ist in der Regel nicht gegeben.
- Küche an der Außenwand und Bad im Gebäudeinneren. Diese Grundrißlösung bietet viele funktionelle Varianten der Wohnung an. Ein sparsam bemessenes Bad (3,8 m^2) mit etwa quadratischem Grundriß wurde für den Bedarf eines mittelgroßen Haushalts (1 bis maximal 4 Personen) entwickelt, das als Raumzelle vorgefertigt wird und damit eine effektive Bauproduktion ermöglicht. Trotz geringen Flächenaufwandes ist die Unterbringung eines Waschautomaten möglich. Für größere Wohnungen wird ein zweiter Waschplatz bzw. ein zweiter Sanitärraum vorgesehen. Die Küche schließt unmittelbar an die Installationswand des Bades an und ist je nach Gebäudetiefe in der Fläche variabel. In einigen Fällen liegt die Küche unmittelbar am Wohnraum und ist durch eine Tür mit diesem verbunden. Dies ist für das gemeinsame Hauswirtschaften der Familie und für die enge Verbindung zwischen Kochen und Eßplatz ein funktioneller Vorteil. Liegt die Küche nicht neben dem Wohnraum, dem größten Raum der Wohnung – was aus Gründen der Besonnung notwendig sein kann –, so muß die außenliegende Küche direkt vom Flur erschlossen werden.
- Küche und Bad im Gebäudeinneren. Bei Verwendung einer Bad-Lösung wie oben beschrieben ist die Bemessung der Küchenfläche in diesem Fall begrenzt. Sie ist in der Regel nur als Kochküche (Kochabteil) ausgestattet und liegt vor der gemeinsamen Instal-

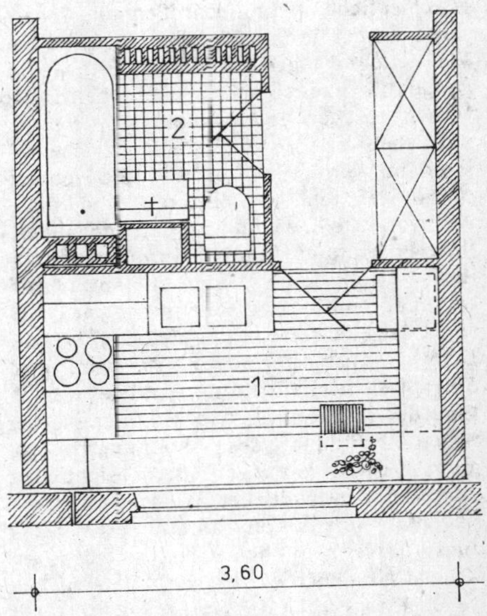

Küche an der Außenwand und Bad im Gebäudeinneren. Dieses Prinzip wird seit den 60er Jahren angewendet und umfaßt viele Grundrißvarianten, auch als Bestandteil des Typenangebotes der WBS 70. Zu den zusammengefaßten Installationen kommen noch Kanäle für die Be- und Entlüftung des innenliegenden Bades. 1 *Küche 6,59 m^2,* 2 *Bad 3,58 m^2*

lationswand mit dem Bad. Häufig ist die gegenüberliegende Küchenseite (Trockenstrecke) im oberen Bereich verglast und mit einer Durchreiche zum Eßplatz hin ausgestattet. Diese Lösung erlaubt die großzügige Bemessung des Wohnraumes oft über die gesamte Breite der Wohnung (Systemmaß 6,0 m) und bietet durch die als Nische angelegte Eßecke einen interessanten Raumeindruck. Für größere Familien (mehrere Personen mit Küchenarbeit beschäftigt) ist diese Grundrißvariante nicht optimal.

● Weitere Qualitätsverbesserungen der Wohnung. Gegenwärtig noch offene Wünsche in bezug auf die Qualität der Wohnung und insbesondere des Bereiches Küche und Bad/WC werden planmäßig und schrittweise erfüllt. So werden zum Beispiel Verbesserungen im Sanitärbereich eingeführt, für die es bereits heute konzeptionelle Lösungen gibt. Neben der weiteren Anpassung von Raumgröße und Ausstattung entsprechend den unterschiedlichen Familiengrößen und -strukturen werden für Familienhaushalte Bad und WC getrennt angestrebt. Verbesserte Bedingungen für hauswirtschaftliche Arbeiten wie Wäschewaschen und -trocknen sowie insgesamt mehr Stell- und Bewegungsfläche sollen damit verbunden sein. Für alle Neubauwohnungen und auch für die Modernisierung von Altbauwohnungen gilt eine einheitliche Anordnung für die Grundausstattung der Wohnung. Sie legt den zulässigen Aufwand für Sanitär- und Heizungsanlagen, Anlagen der Elektrotechnik, Fußböden, Wände, Decken, Fenster und Türen fest. Damit wird die volkswirtschaftlich notwendige Einhaltung der Kostennormative im Interesse der vollen Erfüllung des Wohnungsbauprogramms gewährleistet. Die Berücksichtigung einer Reihe individueller Wünsche durch die späteren Mieter schon während des Baues – zum Beispiel zusätzliche Elektro-Steckdosen – ist ausdrücklich vorgesehen. Diese zusätzlichen Kosten trägt der Nutzer selbst.

Die Wohnraumgruppe. Wenn man den Sanitärkern als „Festpunkt" der Wohnung bezeichnen kann, so sind die übrigen Räume als eine „variable Zone" aufzufassen. Diese Räume können in der verschiedensten Art genutzt werden; sie sollen den individuellen Wohnbedürfnissen mit allen Veränderungen, die sich im Laufe der Jahre ergeben, angepaßt werden. Die statische Gliederung der

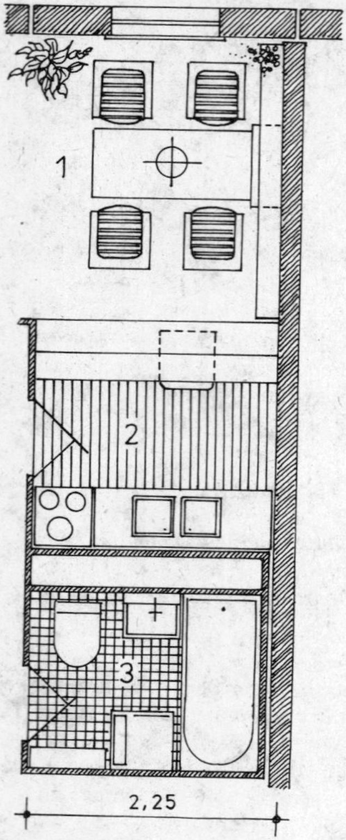

Küche und Bad im Gebäudeinneren. Die Küche kann durch den Wohnraum oder durch den Flur erschlossen werden. Der funktionelle Vorteil der Verbindung Kochen – Essen entfällt, wenn auf Verglasung und Durchreiche verzichtet wird. 1 *Eßnische,* 2 *Küche 4,69 m²,* 3 *Bad 3,49 m²*

Wohnung kann eine beträchtliche Einengung unseres Lebens sein, eine aktiv-schöpferische Mit- und Umgestaltung dagegen entspringt dem Nachdenken über die eigenen Bedürfnisse, formt eine fest umrissene Ansicht über das Wohnen und befreit vom passiven Hinnehmen eines starren Wohnungsschemas. Viele Frauen haben bekanntlich eine Vorliebe für das „Umräumen" in der Wohnung; sie sollen in ihrem Bemühen, mit einer veränderten, neu angepaßten Umgebung Wohlbehagen zu schaffen, mit dem folgenden Beispiel für die variable Nutzung einer Wohnung des Typs P2, der in den vergangenen Jahren in großer Zahl gebaut wurde, unterstützt werden.

a) Die Wohnung ist für Eltern, ein Schulkind und ein Kleinkind eingerichtet. Der Wohnraum ist funktionell gut unterteilt; zwischen dem Eßplatz vor der Küche und der Sitzecke mit Couch und niedrigen Sesseln trennt ein Bücherregal den Raum optisch ab und schafft einen ruhigen Schreibplatz. Das Schlafzimmer ist mit den üblichen Ehebetten möbliert, ein großer Einbauschrank spart den platzraubenden beweglichen Schrank. In der Nische ist ein Bettchen für das Kleinkind untergebracht. Der Raum für das größere Kind bietet Platz für Spiel und Schularbeiten.

b) Die Wohnung ist für Eltern und zwei Schulkinder gleichen Geschlechts eingerichtet. Das große Zimmer hat durch die raumsparende Aufstellung der Liegen für die Eltern in Verbindung mit der Sitzgruppe nichts von seinem Wohnraumcharakter eingebüßt. Das Bettzeug kann im halbhohen Schrank an der Innenwand verstaut werden (Lüftungslöcher nach unten), der als offenes Regal über die eine Liege hinweggreift. Anstelle des Bücherregals mit Arbeitsplatz steht hier ein niedriges Schränkchen für den Fernsehapparat oder eine Pflanzengruppe als Andeutung einer Trennung der beiden Raumteile. Das ehemalige Schlafzimmer ist als Arbeitszimmer eingerichtet, wie es in vielen Familien gebraucht wird, wo oft beide Ehepartner zu Hause geistig arbeiten, studieren oder sich beruflich qualifizieren. Die Arbeitsplatte am Fenster ist mit Bücherregalen verbunden, die hinter der Liege (auch als Gastbett zu nutzen) raumhoch weitergeführt werden. Die Nische kann als Abstellecke verwendet werden, doch fände z. B. auch ein älteres Klavier, oft geerbt und in einer Neubauwohnung selten gern gesehen, einen günstigen Platz.

c) Die Wohnung ist für berufstätige Eltern und einen erwachsenen Sohn eingerichtet. Das frühere Wohnzimmer ist jetzt der Raum der Mutter, die hier Platz für eine Liege, Bücher, Pflanzen, einen Arbeitstisch und einen kleinen Teetisch mit leichten Sesseln findet. Der Eßplatz kann abgetrennt werden und ist ohne Störung des Raumes von der Küche aus erreichbar. Das frühere gemeinsame Arbeitszimmer ist jetzt Zimmer des Vaters. Auch hier ist Raum für Arbeitstisch, Bücher und vielerlei Dinge, die sich im Laufe der Jahre ansammeln. Die Nische ist mit in den Raum einbezogen, eine große Sitzgruppe dient der Geselligkeit. Das ehemalige Kinder-

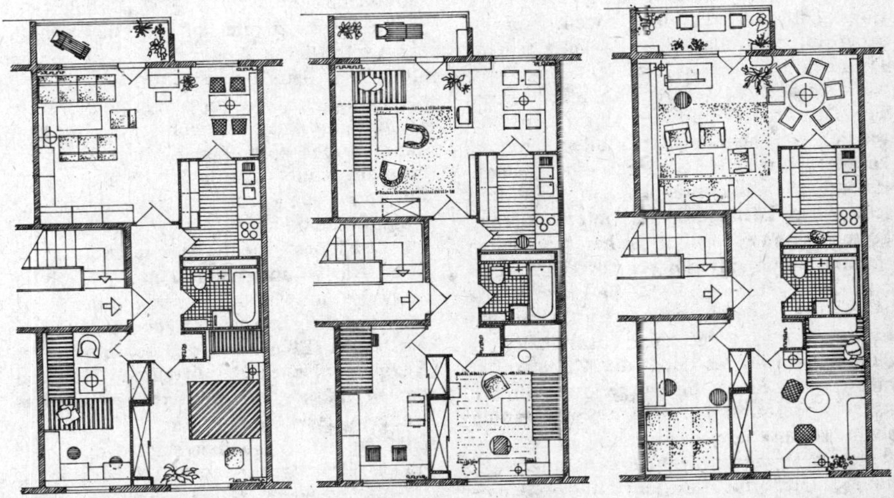

Beispiele für die variable Nutzung einer Typenwohnung. Links: Nutzung der Räume als Wohnzimmer, Schlafzimmer, Kinderzimmer; Mitte: Nutzung der Räume als Wohnzimmer, Arbeitszimmer, Kinderzimmer; rechts: Nutzung der Räume als drei verschiedene Wohn-Arbeits-Schlaf-Zimmer

zimmer ist für die Wohnbedürfnisse des erwachsenen Sohnes eingerichtet: Liege, Arbeitsplatz, Regalwand, ein gemütlicher Sessel. Da die Lebensgewohnheiten hier gut aufeinander abgestimmt sind und Wert auf großräumige Wirkung der Wohnung gelegt wird, kann auf die Türen zu den beiden Haupträumen verzichtet werden; Vorhänge ermöglichen ein optisches Abgrenzen oder Zusammenfassen. Diese großräumige und vom ersten Beispiel grundverschiedene Nutzung der gleichen Wohnung kann (Voraussetzung ist Zentralheizung) von den Bewohnern mit geringem materiellem Aufwand allein geschaffen werden.

Einige allgemeine Gestaltungsgrundsätze für die „Wohnzone":

- Ein Raum der Wohnung muß so gestaltet sein, daß er der ganzen Familie unbeengt zum Aufenthalt dienen kann.
- Jedes Familienmitglied muß sich ungestört zurückziehen können.
- Die Gehflächen (Verkehrsflächen) müssen von Möbeln freigehalten werden.
- Optische Raumbeziehungen zwischen den Zimmern sind für den harmonischen Gesamteindruck und die „Weiträumigkeit" äußerst wichtig (Farbgebung, Ausstattung s. Abschnitt „Einrichtung der Wohung").

Bewegliche Raumunterteilung. Die Variationsmöglichkeiten einer Mehrraumwohnung sind oft größer, als es zunächst scheint. Dennoch könnten unterschiedliche Wohnwünsche noch besser berücksichtigt werden, wenn die Raumanordnung selbst durch bewegliche Einbauteile verändert werden könnte. Faltwände, Schiebewände, demontierbare Schrankeinbauten und ähnliche technische Lösungen sind bereits erprobt, kosten jedoch gegenüber der herkömmlichen stabilen Raumaufteilung mehr. Die mehrfach durchgeführten Versuche zum Thema „Variables Wohnen" ermutigen zu weiteren Experimenten. Wege zur Mitfinanzierung des Mehraufwandes durch die Mieter selbst müssen besser als bisher genutzt werden. Auch Möbel- und Bauindustrie müssen sich auf diese künftigen Anforderungen erst einstellen, bevor der individuell gestaltete Wohnungsgrundriß für die Mehrzahl der Wohnbauten verwirklicht werden kann. Bei solchen zukunftsweisenden Varianten verbleibt auf der Wohnungsfläche dann nur noch der „Sanitärkern" mit den festen Installationen. Die übrige Fläche kann nach den Vorstellungen der Nutzer mit leichten Trennwänden und Behältnis-Möbeln wunschgemäß aufgeteilt werden.

Die einzelnen Wohnräume

Zu beachten sind dabei: Lage in der Wohnung, Funktionen, Maße und Ausstattung.

Vorraum. Er soll freundlich und einladend wirken; er vermittelt den ersten Eindruck von der Wohnung, der für alle übrigen Räume mitbestimmend ist. Innenliegende Flure werden durch eine vollverglaste Tür (Wohnzimmertür) ausreichend belichtet. Direkt belichtete Flure an der Außenwand (Dielen) sollten in die „Wohnzone" einbezogen werden und können mit einem Eßplatz, einer Spielecke für die Kinder oder einem Arbeitsplatz sinnvoll genutzt werden. Für die Garderobeablage ist eine Nische mit Vorhang wünschenswert, zumindest ist eine glatte Wandfläche von 1,50 m Breite für Garderobehaken notwendig. Neben dem Spiegel muß ein Ablagetischchen oder -schränkchen Platz finden. Flure sind, wenn sie nicht zum Wohnbereich gehören, so knapp wie möglich bemessen, damit die Gesamtfläche der Wohnung weitgehend den Wohnräumen zugute kommt. Die geringste Flurbreite (lichte Weite) darf nicht weniger als 1,10 m betragen, um funktionsgerechte Nutzung und Ausstattung zu ermöglichen.

Wohnraum. Er ist der wichtigste und größte Raum in der Wohnung. Er liegt direkt am Vorraum, seine Tür soll sich dem Eintretenden durch ihre bevorzugte Lage „anbieten". Wohnräume müssen nach der „Sonnenseite" des Gebäudes orientiert sein (Südost bis West). Das Wohnzimmer dient – je nach Lebensweise und Zusammensetzung der Familie – vielseitigen Zwecken, fast überall aber dem Essen (Eßplatz) und Beieinandersitzen (Sitzplatz). Neben diesen beiden Hauptbereichen müssen oft ein Arbeitsplatz, eine Kinderspielecke und Raum für Freizeitbeschäftigungen vorhanden sein. Wenn auch Möbel, Raumtextilien und Farbgebung augenfällig die Wirkung eines Wohnzimmers bestimmen, so bestimmt doch ebenso die bauliche Lösung das Wesen eines Raumes. Größe, Proportionen (Verhältnisse von

Länge, Breite und Höhe zueinander), Sitz der Fenster und Türen, Lichteinfall und Struktur der Oberflächen müssen bei der Raumgestaltung bedacht werden und geben den Rahmen für die Ausstattung. Einem sehr kleinen, niedrigen Wohnraum (Dachausbau) entsprechen kleine, platzsparende Möbel besser als große, repräsentative Ausstattungsstücke. Ein großer, hoher Wohnraum (Altbau), mit vielen kleinen Einzelstücken möbliert – und seien sie noch so modern –, wirkt verspielt und unruhig, während eine großflächig zusammengefaßte Ausstattung einen geordneten, ruhigen und großzügigen Eindruck erwecken würde. Die Regel, in die Mitte eines Raumes kleine Möbel zu stellen, ist richtig, jedoch kann im Ausnahmefall in einem großen Wohnzimmer eine quer in den Raum gestellte Couch oder eine „Regalwand" entscheidend die funktionelle Unterteilung der einzelnen Wohnbereiche unterstützen.

Der Wohnraum soll bei Kleinwohnungen mindestens 16 m², bei mittelgroßen Wohnungen 18 bis 20 m² und bei Wohnungen mit vier und mehr Räumen mindestens 22 bis 24 m² groß sein. Eine Erweiterung durch Dielen oder Eßnischen ist wünschenswert. Niedrige Räume (2,50 bis 2,65 m lichte Höhe) wirken größer als hohe (in Altbauwohnungen bis zu 4 m). Quadratische Wohnräume eignen sich für Unterteilungen in einzelne Bereiche weniger als rechteckige Zimmer. Die längsseitige Lage an der Außenwand ist vorzuziehen, jedoch gewährt auch die außenliegende Schmalseite bei großen Fenstern ausreichende Besonnung. Hohe Fensterstürze (Flächen zwischen Fensteroberkante und Decke) verschatten die Decke und beeinträchtigen dadurch die Helligkeit des Raumes.

Freisitze (Balkone, Loggien, teilweise oder ganze geschlossene Erker) erhöhen den Wert einer Wohnung beträchtlich. Sie sollen so bemessen sein, daß zumindest eine Sitzgruppe für 2 bis 4 Personen oder ein Liegestuhl Platz finden (3,5 m²). Luftdurchlässige Brüstungen, die den Einblick verwehren, sind offenen Gitterbrüstungen vorzuziehen. Auch zum Trocknen von Kleinwäsche und zum Reinigen von Kleidern und Schuhen sind Freiplätze sehr beliebt. Zu kleine und offene Zierbalkone, die nur architektonische Wirkung haben, sind abzulehnen. Die häufig anzutreffende sehr unterschiedliche Ausgestaltung von Loggien und Balkons durch die Mieter eines Neubaublocks mag für den einzelnen eine individuelle Bereicherung seines Wohnmilieus sein. Es ist jedoch auch zu berücksichtigen, daß die Fassade nach außen hin eine gewisse einheitliche Gestaltung nicht verlieren darf. Hausgemeinschaften sollten sich daher darüber einigen, mit welchen Mitteln sie ihre Balkons schmücken und gestalten. Über gestalterische und technische Möglichkeiten dazu gibt ein Fachmann sicher gern Rat. (Zimmertapeten auf Loggien-Wänden sind, wenn sie durch feuchte Luft unhaltbar geworden sind, kein erfreulicher Anblick.) Blumenkästen sind natürlich immer schön.

Schlafraum. Bei herkömmlicher Möblierung und Nutzung ist der Schlafraum der am wenigsten variable Raum der Wohnung. Er soll im ruhigsten Teil, nicht neben dem Treppenhaus, dem Aufzug oder einer Wand mit Installationsleitungen liegen und kein Durchgangszimmer sein (wichtig für Schichtarbeiter). Ost- (Südost-) Lage ist zu bevorzugen, jedoch ist auch eine Orientierung nach Nordwest bzw. Nordost noch möglich. Selbst wenn der Raum durch seine Möbel eindeutig

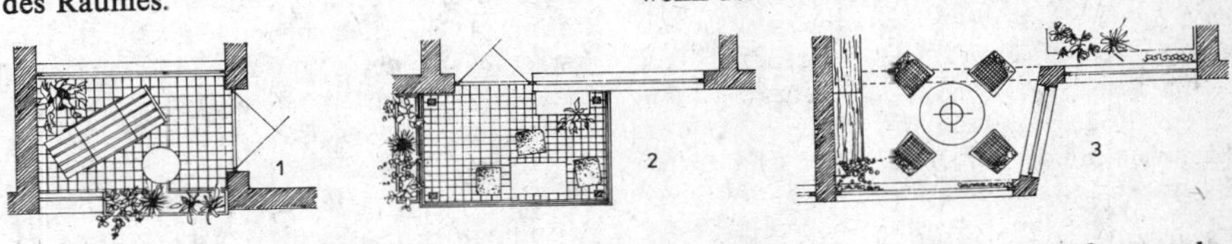

Verschiedene Arten von Freisitzen. 1 Loggia. Sie ist in den Hauskörper einbezogen und wegen der windgeschützten Lage sowie wegen des Schutzes vor unerwünschtem Einblick die zweckmäßigste Art des Freisitzes. 2 Balkon. Er ist vor der Hausfront aufgestellt oder aufgehängt und kann mit oder ohne Überdachung sein. Es ist zusätzlicher Aufwand nötig, wenn man sich vor Wind und Einblick schützen möchte. 3 Ein Erker vergrößert den Wohnraum und bringt bei ungünstiger Lage von der Seite her Sonnenlicht in den Raum

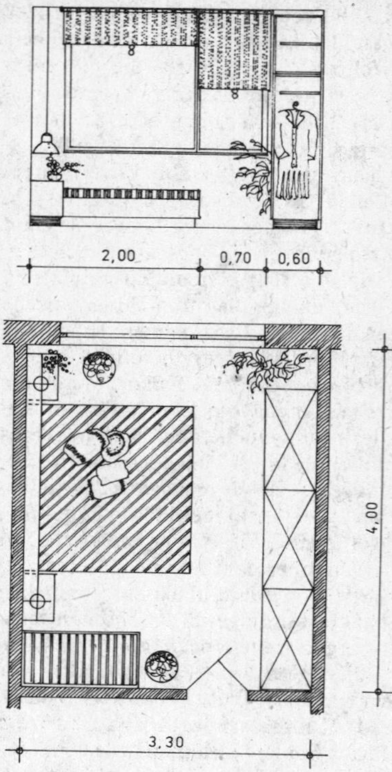

Zweckmäßige Bemessung eines Schlafzimmers nach der Möbelstellung. Die Größe des Raumes von 13,2 m^2 entspricht den Abmessungen bei den gegenwärtig gebräuchlichen Wohnungstypen

als Schlafraum festgelegt ist, kann er sehr gut weiteren Zwecken dienen: ein Näh- und Bügelplatz am Fenster, die Kinderecke mit Laufgitter oder Wickelkommode neben dem Bettchen in der Tiefe des Raumes oder eine ungestörte Leseecke lassen sich in den meisten Schlafzimmern einrichten und entlasten die übrigen Räume. Die Bemessung von Schlafräumen entspricht jahrelangen Erfahrungen, die sich aus immer wiederkehrenden Möbelstellungen ergeben. Die Breite des Raumes beträgt in der Regel Bettlänge (2,00 m) + Gang (0,70 m) + Schranktiefe (0,60 m) = 3,30 m, die Raumtiefe 2 Bettbreiten (1,90 m) + 2 Gangbreiten (1,40 m) + Raum für ein Kinderbett (0,70 m) = 4,00 m, die Fläche des Schlafzimmers also etwa 13,50 m^2. Schmalere Schlafräume (Bettlänge + Gangbreite = 2,70 m), bei denen der Schrank in der Tiefe des Raumes steht, haben eine geringere Fläche (etwa 10 bis 11 m^2), lassen jedoch kaum das Aufstellen eines Kinderbettes zu. Durch Veränderungen der üblichen Stellung der Ehebetten (übereck, Längsaufstellung an einer Wand) kann viel Platz gewonnen werden. Die Tür des Schlafzimmers soll nicht in der Mitte der Wand, am besten in 0,65 m Abstand von einer Ecke liegen, damit die Stellfläche voll ausgenutzt werden kann. Schlafnischen ermöglichen platzsparende Anordnung der Betten. Sie sind in kleinen Neubauwohnungen zumeist mittels Einbauschränken vom Wohnraum abgeteilt oder können in Altbauwohnungen durch Abtrennen von einem sehr großen Wohnraum gewonnen werden. Abschluß mit Türen oder Vorhängen; ein eigenes Fenster ist wünschenswert.

Kinderzimmer sind oft sogenannte halbe Zimmer (weniger als 10 m^2 Fläche). Sie sollten deshalb jedoch nicht weniger sorgfältig entworfen und ausgestattet sein als die größeren Räume. Geschickte Flächennutzung der ganzen Wohnung wird in künftigen Typenwohnungen zulassen, daß jede Familie mit Kind drei Räume bewohnt, damit das Kinderbett im Elternschlafzimmer nur eine vorübergehende Lösung bleibt. Jungen und Mädchen sollten mit etwa 10 Jahren getrennte Zimmer erhalten. Kinderzimmer brauchen viel Licht und Sonne, sie liegen am besten nach Südost bis Süd und müssen vom Vorraum aus direkt zugängig sein. Sie sollen nicht nur Schlafplatz oder gar Abstellplatz für unschöne alte Möbel, sondern müssen für vielerlei Beschäftigungen eingerichtet sein: Spielen, Lesen, Schularbeiten, Besuche empfangen, Basteln usw. Dazu braucht das Kind soviel wie möglich freien Bewegungsraum. Teilen sich mehrere Kinder den Raum, so läßt sich ausreichend Spiel- und Bewegungsfläche nur durch platzsparende Möbel (Klappbetten, Betten zum Ineinanderschieben, Doppelstockbetten) schaffen. Das Kinderzimmer ist die engere Umgebung des Kindes für viele Jahre, es kann dessen persönliche Entwicklung positiv, aber auch negativ beeinflussen. Damit sich ein Kind wohlfühlt, muß sein Zimmer den verschiedenen kindlichen Entwicklungsstufen laufend angepaßt werden (Krabbelecke, Spielbereich, Schreibplatz, Bücher, Hobbyecke, selbstgeschaffener Zimmerschmuck). Ein älteres

Kind wird gern seine Umwelt gestalten, wenn es von den Eltern richtig gelenkt und unterstützt wird. Nicht der Preis teurer Möbel, sondern die Art, wie den Bedürfnissen des Kindes – auch mit einfachen Mitteln – entsprochen wird, schafft einen Wertmaßstab bei der Einrichtung von Kinderzimmern.

Variable Räume. Nicht immer werden die Räume einer Wohnung nach dem herkömmlichen Schema genutzt, weil individuelle Bedürfnisse eine andere Zueinanderordnung der Funktionsbereiche fordern.

- Wohn-Schlaf-Raum. Er gewinnt ständig mehr an Bedeutung. Die Einrichtung von zwei Wohn-Schlaf-Räumen anstelle eines Wohnzimmers und eines Schlafzimmers läßt auch eine Kleinwohnung großzügiger erscheinen. Oft ist der Wunsch beider Ehepartner nach einem eigenen Raum für diese Anordnung ausschlaggebend. Auch das gemeinsame Wohn-Schlaf-Zimmer und ein zusätzliches Arbeitszimmer anstelle des früheren Schlafzimmers wird von vielen, besonders von jungen Menschen bevorzugt. Moderne

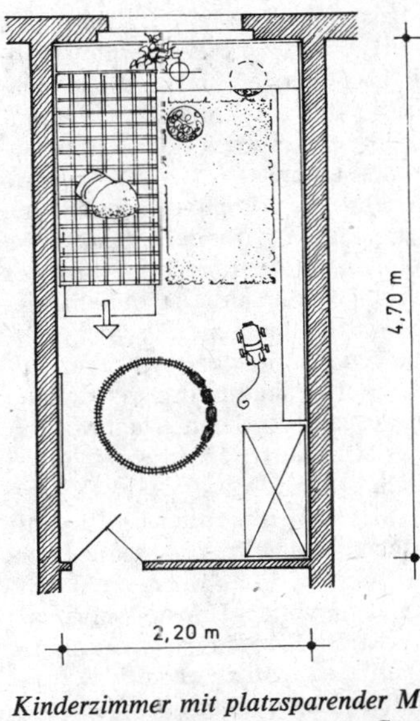

Kinderzimmer mit platzsparender Möblierung. Das zweite Bett kann unter ein Couchbett geschoben werden, so daß eine größere Spielfläche entsteht als bei konventioneller Möblierung. Am Fenster können die Spiel- und Arbeitsplätze mit einer durchgehenden Tischplatte fest eingebaut werden

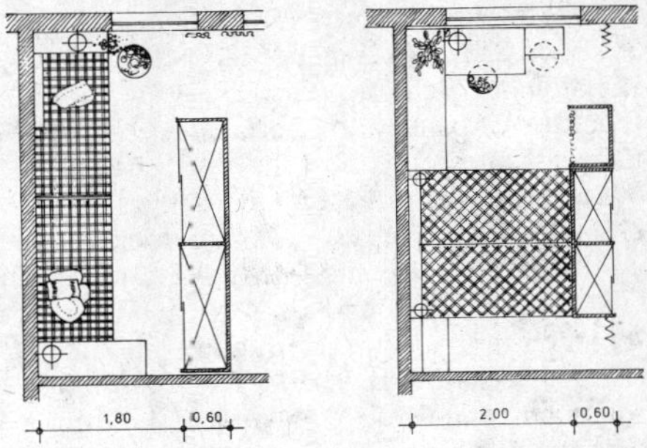

Beispiele von Schlafnischen. Links: Schlafnische mit Längsaufstellung der Betten, 7,2 m² groß. Die Schränke können nach der Nische hin geöffnet werden; rechts: Schlafnische mit Doppelbettaufstellung; 8,0 m² groß. Hier wird noch ein gut belichteter Arbeitsplatz am Fenster gewonnen. Die Schränke müssen nach dem Wohnraum hin geöffnet werden

Liegen und Couches, die ein ebenso bequemes Schlafen wie im Bett ermöglichen, unterstützen diese Art der Wohnungseinrichtung. Das Bettzeug kann tagsüber in geeigneten Kästen neben oder unter den Liegen oder in belüfteten Schrankteilen untergebracht werden, die Zeit der dicken Federbetten ist mit der Zunahme zentralbeheizter Wohnungen ohnehin vorbei. Die vom Hygieniker geforderte Frischluft für den Schlafenden kann durch ein geöffnetes Fenster ausreichend zugeführt werden – vorausgesetzt, daß nicht übermäßig viel geraucht wurde.

Abstellraum – Abstellschränke. Innerhalb jeder Wohnung sollten ein Abstellraum von mindestens 1 m² Grundfläche oder Abstellfläche von 50 cm × 60 cm je Person vorhanden sein. Die durchschnittliche Menge abzustellender Gegenstände je Haushalt ist durch Umfragen ermittelt worden und kann in diesem Raumvolumen allgemein untergebracht werden. Die abzustellenden Gegenstände soll man entweder dort aufbewahren, wo sie gebraucht werden; sie können aber auch in Abstellräumen außerhalb der Wohnung untergebracht sein: Reinigungsgeräte in der Küche (s. Kücheneinbau im Kap. „Zweckmäßige Küche") oder im Flur (Schrank bzw. Nische mit Vorhang etwa 65 cm × 50 cm); Koffer, eingemottete Wintersachen, nicht benutztes Spielzeug und dergleichen zweckmäßigerweise auf Hängeböden oder in Hängeschränken im Flur; Verpackungsmittel, Schuhputzzeug, Werkzeug, Einkaufstaschen, Behälter für Schmutzwäsche usw. in einem belüfteten Abstellraum, notfalls in einer vorhangverschlossenen Nische; Bügelgeräte und Waschmittel im Kücheneinbauschrank.

Gemeinschaftsräume in Wohnblocks. Für viele Hausgemeinschaften ist es vorteilhaft, einen Raum für gemeinsame Aktivitäten verschiedenster Art zur Verfügung zu haben (zum Beispiel ein geeigneter Kellerraum). Er soll nicht den Klub oder andere kulturelle Einrichtungen im Wohngebiet ersetzen. Für notwendige und wünschenswerte Begegnungen der Nachbarn kann ein derartiger Raum sehr willkommen sein und zur Bereicherung des Wohnmilieus beitragen. Viele Hausgemeinschaften schufen sich solche Räume in eigener Regie. Wo auf diese Weise Platz für gesellige Veranstaltungen, für Hobby- und Freizeitbeschäftigungen oder für Beratungen zu gemeinsamer Arbeit, wie etwa Pflege und Instandhaltung der Gebäude und Freiräume, geschaffen wurde, entwickelt sich auch die unserer sozialistischen Gesellschaft eigene Verhaltens- und Lebensweise günstig. Es ist zu erwarten, daß Gemeinschaftsräume allmählich zu legitimen Anliegen des Wohnungsbauprogramms werden. Die WBS 70 enthält bereits entsprechende Vorschläge.

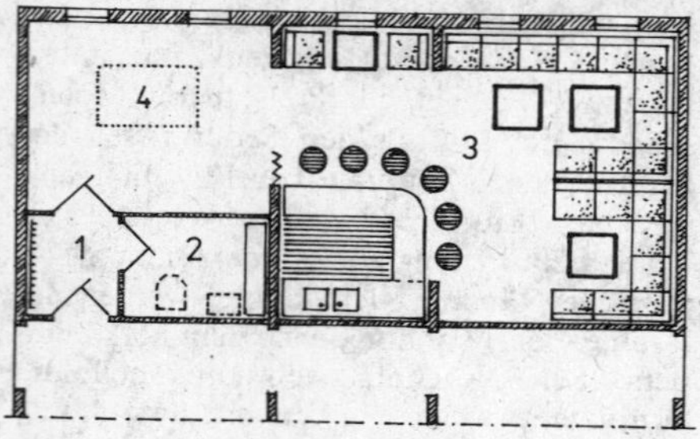

Lösungsvorschlag für einen Hausklub aus dem Angebot der Wohnungsbauserie 70, Bauakademie der DDR, Institut für Wohnungs- und Gesellschaftsbau. 1 *Eingang mit Garderobe,* 2 *Abstell- bzw. WC-Raum,* 3 *Klubraum mit Bar,* 4 *Tanzfläche bzw. Billardraum*

Die Altbauwohnung

Das Wohnungsbauprogramm der DDR umfaßt zugleich auch die Gewinnung von modernen Wohnungen durch Modernisierung, Aus- und Umbau von Altbauten. Der Wohnungsbestand ist ein wesentlicher Teil des Volksvermögens, seine Erhaltung von großer gesellschaftlicher Bedeutung. In der DDR ist auf diesem Gebiet noch viel Arbeit zu leisten, da Folgen des Krieges, der jahrzehntelangen kapitalistischen Mißwirtschaft und der Klassentrennung zu überwinden sind. Erhaltung, Modernisierung und Neubau von Wohnungen werden entsprechend dem Wohnungsbauprogramm der DDR als einheitlicher Prozeß geplant.

Erhaltung der Altbausubstanz schließt alle Reparaturen an Gebäuden ein, die den physischen Verschleiß beseitigen oder hinauszögern. Sie sichert die Funktionstüchtigkeit der Wohnung und führt in der Regel nicht zu einer Erhöhung des Gebrauchswertes. Hierzu gehören Pflege, Wartung und Überwachung besonders gefährdeter Bauteile wie Dächer, Regenrinnen, Heizungsanlagen, Sanitärausstattung, Personenaufzüge oder Gas- und Wasserinstallationen (Instandhaltung), aber auch Leistungen wie Neueindecken des Daches, Erneuerung von Fenstern, Türen, Schornsteinen, Fußböden und ähnlichen Gebäudeteilen bis hin zur Erneuerung vorhandener Heizungs-, Lüftungs- oder Sanitäranlagen (Instandsetzung).

Modernisierung der Altbauten schließt neben den genannten Arbeiten zusätzliche Maßnahmen ein, die der Verbesserung der Wohnbedingungen dienen. Die Modernisierung wirkt somit dem moralischen Verschleiß entgegen. Sie wird je nach dem vorhandenen Erhaltungsgrad in drei verschiedenen Stufen ausgeführt, deren Wahl vorwiegend von der zu erwartenden Restnutzungsdauer abhängt. Auf diese Weise wird gesichert, daß volkswirtschaftliche Mittel mit höchstmöglichem Nutzeffekt verwendet werden. Modernisierung nach Kategorie I enthält Arbeiten zur vollen Hauswasserversorgung sowie den Einbau einer Innentoilette. Der relativ geringe Aufwand entspricht einer zu erwartenden Restnutzungsdauer des Gebäudes von 8 bis 10 Jahren. Diese Modernisierungsstufe wird vor allem bei Einzelvorhaben (oft auch durch Initiativen der einzelnen Mieter) oder in Bebauungsgebieten durchgeführt, die im kommenden Jahrzehnt durch Ersatzneubau rekonstruiert werden.

Anzahl der modernisierten Wohnungen

Jahr	Modernisierte Wohnungen			
	insgesamt	nach Modernisierungskategorien (%)		
		Kategorie I	Kategorie II	Kategorie III
1971	21756	43,0	49,4	7,6
1972	47474	33,3	55,6	11,0
1976	47526	16,9	58,7	24,4
1977	55919	14,8	58,0	27,2
1978	55890	13,0	53,7	33,3
1979	45388	11,6	51,1	37,3
1980	49017	12,8	55,3	31,9
1981	59619	13,8	58,0	28,2
1982	64636	13,8	60,7	25,5
1983	74585	14,0	56,8	29,3
1984	85390	14,4	54,2	31,4
1985	91494	13,5	51,0	35,6

Modernisierung nach Kategorie II umfaßt alle Leistungen der Kategorie I und zusätzlich den Einbau von WC und Duschkabine oder Bad, in der Regel auch die Verstärkung der Elektroversorgungsleitungen und den Einbau moderner Kochstellen. Die angenommene Restnutzungsdauer beträgt mindestens 10 bis 30 Jahre. Modernisierung nach Kategorie III enthält wiederum alle vorgenannten Leistungen und weitere komplexe Maßnahmen, die in der Regel den gleichen technischen Komfort und Wohnwert wie in Neubauwohnungen sichern sollen. Hierzu gehören auch Einbauten moderner Heizungs- und Warmwasseranlagen. Bei einer angenommenen Mindestnutzung von 30 Jahren nach der Modernisierung und dem relativ hohen Aufwand muß dennoch der volkswirtschaftliche Nutzen dieser Maßnahmen hoch eingeschätzt werden, da die Kosten einer Ersatz-Neubauwohnung mit vergleichsweise ähnlichen Wohnbedingungen (ohne Abrißkosten für die Altbauten) etwa 50% mehr betragen.

Die Anzahl der modernisierten Wohnungen war in den letzten Jahren beträchtlich und lag weit über den ursprünglich vorgesehenen Planzahlen (Tab.).

So wurde zum Beispiel am Arnimplatz in Berlin mit der erfolgreichen Umgestaltung eines dichtbebauten innerstädtischen Arbeiterwohnviertels des späten 19. Jh. begonnen. Gleichzeitig wurden hier auch gesellschaftliche Einrichtungen wie Läden, Dienstleistungseinrichtungen, Arztpraxen, Unterbringungsmöglichkeiten für Kleinkinder, ein Veteranenklub und eine Wohngebietsbibliothek neu geschaffen oder in die Altbauten eingegliedert. Die dicht überbauten Hinterhöfe wurden durch teilweisen Abbruch der Gebäudequerflügel entkernt, und es entstanden großzügige, gegliederte Wohnhöfe. Die mit diesem ersten Beispiel gewonnenen Erfahrungen kommen nun weiteren Vorhaben zugute, die im Rahmen des Wohnungsbauprogramms an vielen anderen Standorten realisiert werden.

Sanitäre Ausstattung von Altbauten. Der wesentlichste Mangel der vor dem ersten Weltkrieg gebauten Wohnungen ist ihre ungenügende sanitäre Ausstattung. Oft sind nicht einmal Aborte in den Wohnungen; sie befinden sich als sogenannte Trockenklosetts an den Treppenpodesten. Die Küchen sind in der Regel für einen rationellen Arbeitsablauf zu groß und entsprechen in ihrer technischen Ausstattung nicht den heutigen Anforderungen. Deshalb konzentrieren sich Mo-

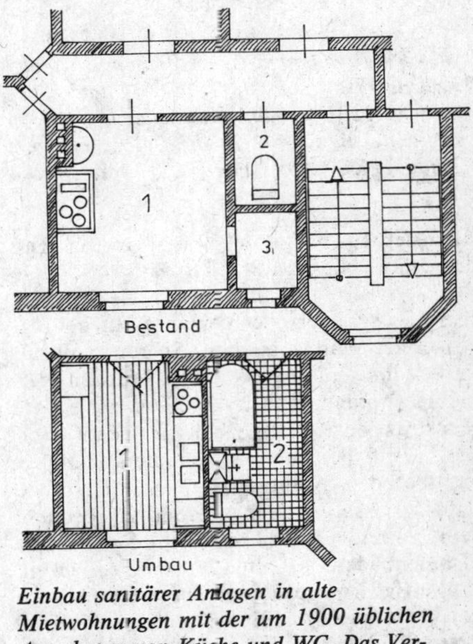

Einbau sanitärer Anlagen in alte Mietwohnungen mit der um 1900 üblichen Anordnung von Küche und WC. Das Versetzen der Trennwand stellt einen vertretbaren baulichen Aufwand dar. Bestand: 1 *Küche,* 2 *WC,* 3 *Speisekammer; Umbau:* 1 *Küche,* 2 *Bad*

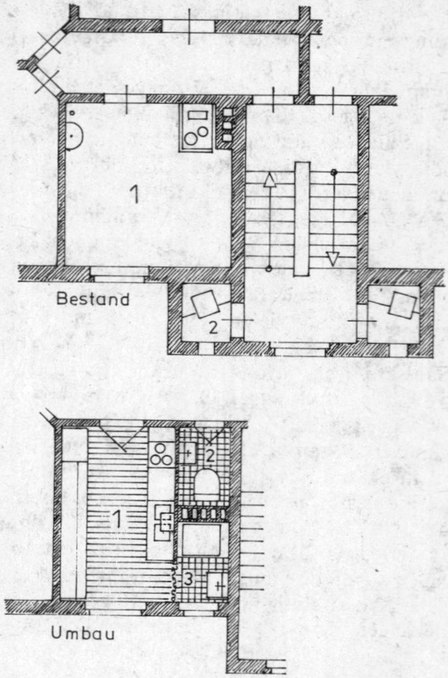

Typischer Altbaugrundriß mit Wohnküche und Trockenabort. Umbau auf Innen-WC und Brausenische. Umstellung auf volle Gasversorgung. Bestand: 1 *Küche,* 2 *Trockenabort; Umbau:* 1 *Küche,* 2 *Innen-WC,* 3 *Brausenische*

dernisierungsmaßnahmen zum großen Teil auf den Küche-Bad-Bereich. Eine besondere Schwierigkeit gegenüber dem Neubau ist, daß hier vorgefertigte Elemente nur bedingt eingesetzt werden können. So muß auf die Anwendung raumgroßer Sanitärzellen verzichtet werden, und es müssen zerlegbare Konstruktionsteile einzeln eingebaut werden. Der Arbeitsanteil erhöht sich damit gegenüber den Neubauten. Bauphysikalische Erfordernisse müssen besonders bedacht sein, vor allem beim Einbau von Dusch- und Wannenbädern auf alten Holzbalkendecken. Wo fertige Brausekabinen aufgestellt werden (z. B. die auch im Einzelhandel erhältliche Brausekabine Typ „Ahlbeck"), muß sorgfältig darauf geachtet werden, daß Spritzwasser nicht in den Fußboden eindringen kann.

Geteilte Altbauwohnungen. Viele Menschen wohnen in Altbauwohnungen, die wegen ihrer Größe oft noch geteilt sind und mit ihrer von falschen Repräsentationsbedürfnissen bestimmten Raumordnung meist ebenso unzulänglich sind wie Mietskasernenwohnungen aus dem 19. Jh. Auch solche Wohnungen müssen und können modernen Wohnbedürfnissen angepaßt werden. Sie sind zu teilen, ihre Räume neu zu ordnen und modern auszustatten. Bevor man in solchen Wohnungen irgendwelche Veränderungen vornimmt, sollte man sich auf jeden Fall von einem Architekten beraten lassen. Typische Mängel sind die oft übermäßige Höhe der Räume, lange Flure oder große „Dielen", riesige Türen, Stuckdecken und eine unzureichende sanitäre Ausstattung.

Zur Herstellung vollwertiger Wohnungen sind räumliche Veränderungen fast immer erforderlich; Küchen und Sanitärräume müssen eingebaut und Öffnungen verändert werden.

Gebäude von historischem Wert. Eine dritte Gruppe Altbauten schließlich muß hier erwähnt werden: Gebäude von historischem Wert, die entweder selbst denkmalgeschützt sind oder Teile von baugeschichtlich wertvollen Stadtanlagen, Straßen oder Plätzen darstellen. Der Staat schützt und pflegt solche baulichen Zeugnisse der Vergangenheit, weil sie Teil unseres Kulturbesitzes sind und oftmals den individuellen Charakter und die Schönheit der alten Städte bestimmen. Auch solche Gebäude – sie können nicht alle in Museen verwandelt werden – kann man unseren heutigen Wohnbedürfnissen anpassen, oft sogar noch besser als Bauten der Gründerjahre, weil die Bürger vergangener Jahrhunderte eine gesündere Wohnweise pflegten, als sie die Bodenspekulanten den werktätigen Menschen des 19. Jh. zugestanden.

Ausbau und Ausrüstung der Wohnungen

Zum Ausbau rechnet man alle nicht zur lastabtragenden Konstruktion gehörenden Bauteile wie leichte Trennwände, Fenster und Türen, Fußböden, Geländer oder untergehängte Decken, aber auch leichte Fassadenteile und Dachhüllen (im Gegensatz zu den „schweren" Rohbauteilen wie tragenden Wänden und Decken, Treppen usw.) Zur Technischen Gebäudeausrüstung (gebräuchlich ist die Abkürzung TGA) zählen alle

Durch Einziehen einer leichten, untergehängten Decke (Holzgitter mit Faserplatten oder Gipskarton), Beseitigung übermäßig hoher Türöffnungen und moderne Vorhanggestaltung entstehen Räume, die unseren heutigen Wohnbedürfnissen entsprechen. Die Fugen sollen bei „trocken" verlegten Platten sichtbar bleiben, weil sie sonst aufreißen.
Neben dem heiztechnischen Effekt und der Verbesserung der Raumproportionen ändern sich auch die Lichtverhältnisse grundlegend, denn hohe Fensterstürze verschatten die Decke und erzeugen den hohen Räumen eigentümlichen düsteren Eindruck

haustechnischen Anlagen wie Heizung, Lüftung, Sanitäreinrichtungen, Stark- und Schwachstromanlagen und Aufzüge. Ausbau und Ausrüstung bestimmen in hohem Grad die Funktionstüchtigkeit der Wohnung und bilden gemeinsam mit der Raumausstattung (bewegliches Mobiliar, Raumtextilien, Leuchten, Raumschmuck usw.) die wichtigsten Kriterien auch für die architektonische Qualität einer Wohnung. Für Ausbauarbeiten werden bei Wohnungsneubau rund 50 % der Bausumme aufgewendet (bei Gesellschaftsbauten einschließlich der Erstausstattung etwa 70 %). Vier Fünftel der gesamten Bauzeit werden für Ausbauarbeiten benötigt.

Fenster. Sie verbinden die Räume der Wohnung mit der Außenwelt, dienen der Belichtung, Belüftung und Besonnung. Man bemißt die Größe der Fenster heute nach einem optimalen Verhältnis zwischen dem Zutritt von Licht und Sonne und energiesparendem Wärmeverlust. Es entspricht dem Empfinden der meisten Menschen, durch die Öffnung des Raumes nach außen in enger Beziehung zur Umwelt, der Stadt oder der Landschaft, zu stehen. Es gibt verschiedene Arten von Fenstern: nach ihrer Bauweise, ihrer Anschlagart oder ihrem Material; weiter wird nach Einfachfenstern (eine Scheibe), Kastenfenstern (zwei mit 6 bis 12 cm Abstand unabhängig hintereinanderliegende Flügel) und Verbundfenstern (zwei durch Beschläge direkt verbundene Flügel) unterschieden. Vorzugsweise werden auch Doppelgläser mit einer wärmedämmenden luftleeren Schicht zwischen den Scheiben, die mit wenigen Millimetern Abstand in einen Rahmen eingelassen werden, verwendet (Thermoscheiben). Im industriellen Bauprozeß werden standardisierte Fenstergrößen bereits während der Vorfertigung in die Wandteile (Großplatten) eingebaut und mit diesen komplett auf der Baustelle montiert.

Türen. Diese werden in der Wohnung in verschiedenen Breiten ausgeführt, je nach Art des Raumes. Entscheidend sind ihre Lage im Raum und ihre Schlagrichtung (s. Einzelräume). Anstelle der früher üblichen, oft noch reich profilierten Füllungstüren werden heute ausschließlich glatte Türblätter hergestellt, die sich leicht sauberhalten lassen und sich unauffällig in den Raum einfügen. Die unvermeidbaren Griffstellen an glatten, weiß lackierten Türen soll man nicht mit scharfen Laugen, sondern mit Politurmitteln beseitigen, um den Lack nicht zu zerstören. Zweckmäßig sind abwaschbare Griffplatten aus weißem oder durchsichtigem Plast oder plastbeschichtete Türen.

Fußböden sollen dauerhaft, elastisch (schalldämpfend), fußwarm, weitgehend schmutzabweisend und leicht zu reinigen sein. Holzdielen und Stabparkett findet man fast nur noch in Altbauten; in Neubauten haben sich Weichbeläge auf PVC-Basis (PVC-Bahnenbelag verschiedener Qualitäten und Farben, PVC-Spannteppiche), PVA-Spachtelbeläge und Mosaikparkett durchgesetzt. Für Bäder sind nach wie vor Steinzeugfliesen der beste Belag.

Seit einigen Jahren werden Fußbodenbeläge aus Plasten auch auf textile oder geschäumte Unterlagen aufkaschiert. Sie sind dann besonders fußwarm und elastisch (Debolan, Likoflex). Auch bedruckte Beläge in verschiedenen Mustern und Farben werden angeboten. Die Abstimmung mit den Wandflächen ist bei Verwendung eines lebhaften Musters besonders zu berücksichtigen. Kunststoffbeläge sollten vom Fachmann verlegt werden. Sie müssen in den meisten Fällen ganzflächig aufgeklebt werden, da sie sonst zu Unebenheiten und Blasenbildung neigen. An den Untergrund sind besondere Anforderungen zu stellen. Er muß vollkommen eben und trocken sein. Das Verlegen von Kunststoffbahnen auf alten Dielen ist nur zu empfehlen, wenn eine Ausgleichsschicht (Estrich) für absolut ebenen Untergrund sorgt. Für eine Dauerbelüftung der Dielen ist durch entsprechende Luftschlitze in einer unauffälligen Raumecke zu sorgen, da sonst das Holz verrotten kann.

Teppichböden als Ganzbelag erfreuen sich großer Beliebtheit. Sie müssen vom Mieter selbst angeschafft werden, da sie relativ teuer sind. Qualitäten aus synthetischen Fasern sind verschleißfest und pflegearm und in gedeckten Farbtönen wenig schmutzempfindlich. Praktisch sind fertig geschnittene quadratische Stücke aus Nadelfilz, die auch selbst verlegt werden können. Bei Verschleiß ist eine Umgruppierung entsprechend den Abnutzungsstellen möglich. Die Breite der Teppichbahnen beträgt bis zu 4 m, so daß von vornherein ein günstiger „Fugenschnitt" im Raum berechnet werden kann. Bei normaler Abnutzung rechnet man mit einer Lebensdauer von 10 bis 12 Jahren für Teppichboden mittlerer Qualität. Die Vielfalt der heute üblichen Kunststoffbeläge erfordert eine genaue Kenntnis der entsprechenden Pflege- und Reinigungsmittel (s. Kap. „Der Haushalt").

Einbaumöbel. Die wichtigsten Vorzüge eingebauter Schränke sind

- weniger Platzbedarf bei größerem Volumen gegenüber beweglichen Behältnissen;
- keine Verschattung der Räume durch große Kastenmöbel;
- die glatten Flächen von Schrankeinbauten sind leichter zu pflegen als freistehende Möbel (Staubschicht auf Schränken);
- Einsparung von wertvollem Material, da wenig Sichtfläche (etwa 20 % billiger als bewegliche Schränke);
- erleichtertes Umziehen von Wohnung zu Wohnung.

Da die staatlichen Kosten-Normative für die Grundausstattung der Wohnung gegenwärtig nicht überschritten werden dürfen, sollen durch verbesserte Einbauten entstehende Mehrkosten vom Mieter finanziell mit getragen werden. Eine entsprechende Regelung ist zwischen den Baukombinaten, den Genossenschaften oder kommunalen Wohnungsverwaltungen einerseits und den Mietern andererseits herbeizuführen, unter Umständen durch Inanspruchnahme eines Kre-

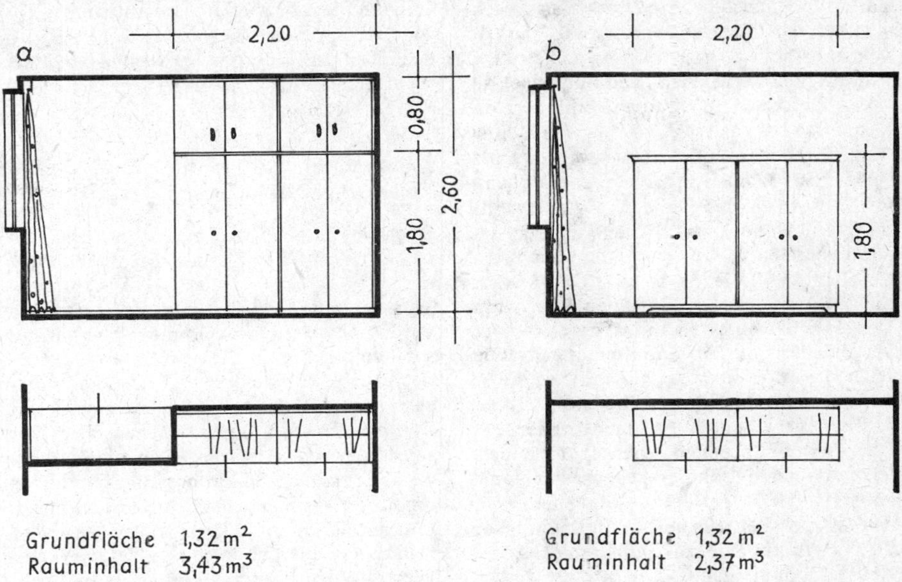

Durch Einbauschränke wird der wertvolle Raum viel besser ausgenutzt. Sie sind außerdem materialsparend gegenüber beweglichen Schränken, weil die Rückwand entfällt und weniger Seitenwände gebraucht werden. a Einbauschrank; b beweglicher Schrank

dits. Ein entsprechendes Zusatzangebot an Einbauteilen durch den Handel ist eine noch zu lösende Aufgabe. Einbauschränke sind gewöhnlich in Türhöhe unterteilt; der obere, bis zur Decke reichende Teil hat zweckmäßig Schiebetüren, keine weiteren Einbauten und dient zur Aufbewahrung sperriger Gegenstände. Die untere Schrankzone soll mit Fächern, Schüben, Kleiderstangen, Hutböden und eventuell mit kleinen Hängekästen und einem Spiegel an einer Innentürfläche ausgestattet sein.

Schrankwände, die am Wohnzimmer liegen, bieten zahlreiche Nutzungs- und Ausbauvarianten an (offene Regale, Schreibplatten, Schubfächer) und können den Raum durch Verzicht auf weitere Kastenmöbel vorteilhaft vergrößern. Einbauschränke sind 55 bis 60 cm tief, die Breite von 1,20 m entspricht im Volumen etwa einem 1,80 m breiten, beweglichen Schrank.

Farbanstriche und Tapeten. Als letzte Oberflächenbehandlung der Wände und Decken wird gestrichen oder tapeziert. Anstriche in Wohnräumen werden oft mit Leimfarben ausgeführt. Schlämmkreide und Farbstoffe werden gelöst und mit Zusätzen von organischen Leimen gebunden, d. h. bis zu einem gewissen Grade wischfest gemacht. Es muß berücksichtigt werden, daß die Bindekraft von Leimfarben nach einigen Jahren – die Zeit ist von der Raumfeuchtigkeit mit abhängig – nachläßt und die Farben abzuwischen beginnen. Bei Neuanstrichen muß auf sorgfältiges Abwaschen der alten Farben geachtet werden. Feuchte Räume (Küchen und Bäder) streicht man mit Kalkfarben, d. h. statt Kreide und Leim wird Kalkmilch verwendet, der sich allerdings nicht alle Farbstoffe zumischen lassen. Häufig werden im Wohnungsbau Latexfarben angewendet, die gegenüber Leimfarben wesentliche Vorzüge aufweisen: Sie sind ebenfalls wasserlöslich, aber in hohem Maße geschmeidig und wischfest. Gewöhnlichen Kreidefarben wird statt Leim Latex zugesetzt. Mit der Stärke des Zusatzes wächst die Festigkeit des Anstriches. Es gibt auch reine Latexfarben fertig zu kaufen bzw. kann man weiße Latexfarben mit Hilfe sogenannter Abtönpasten oder Farbpulver selbst mischen.

Ölfarbenanstriche sollen – abgesehen von

Türen und Fenstern – nur dort angebracht werden, wo direktes Spritzwasser auftritt oder sehr hohe Wisch- und Abriebfestigkeit zu fordern sind (Küchen- und Badsockel, soweit nicht verfliest). Ölfarben verhindern das „Atmen" des Putzes, d. h., wechselnde Raumfeuchtigkeit oder Schwitzwasser schlagen sich als Wassertröpfchen nieder und laufen an den Wänden herab. Das gleiche trifft für die im Handel erhältlichen Papiertapeten zu, deren Oberflächen mit einer wasserdichten Kunststoffolie verklebt sind (Leukorthen). Sie sollen nicht auf allen Wand- und Deckenteilen eines Raumes verwendet werden, sondern nur im unmittelbaren Naßbereich, damit die übrigen Wandflächen die im Bad oft auftretende hohe Feuchtigkeit der Luft vorübergehend aufnehmen können.
Die Wahl des Tapetenmusters fällt oft nicht leicht, da ein vielseitiges Angebot zur Verfügung steht. Wie bei den gestrichenen Wänden ist auch bei tapezierten Zimmerwänden Zurückhaltung in bezug auf Farbigkeit und Dekor zu empfehlen.
Möbel, Bilder, Pflanzen und sonstige Gegenstände gewinnen, wenn sie vor farbig dezent gehaltenen Wandflächen stehen. Auch vor Tapeten mit aufgedruckten Fliesen und Mauerverbänden sollte man Zurückhaltung wahren, sie wirken nicht überzeugend und bleiben ein unebenbürtiger Ersatz des echten Materials.
Farbigkeit der Räume. Wohnräume sollen farbig, aber nicht bunt sein. Man kann Wände des gleichen Raumes in verschiedenen Farben streichen, wenn ein besonderer Gestaltungseffekt damit verbunden ist. Aber man soll nicht die ganze Farbskala in einem Raum unterbringen wollen. Farbe bringen Möbel, Stoffe, einzelne Gegenstände, Bücher, Kissen – auch die Menschen selbst in den Raum. Auch ein ganz weiß gestrichener Raum kann mit einem stark farbigen Teppich, einzelnen farbwirksamen Möbelstükken oder Textilien sehr reizvoll wirken. Tapeten bilden bei richtiger Verarbeitung auf sauberem, glattem Untergrund eine höherwertige Wandoberfläche als einfache Anstriche. Geputzte Neubauten jedoch soll man am Anfang nicht gleich tapezieren lassen, weil durch die lange anhaltenden chemischen Prozesse im Putz bzw. im Mauerwerk die Haltbarkeit gefährdet wird. Großplattenhäuser jedoch, deren Wände ja aus glattem Beton bestehen, werden fast immer tapeziert, um die Poren der Betonoberfläche zu verschließen und jede weitere Nachbehandlung zu sparen.

Anlagen der Technischen Gebäudeausrüstung

Über die räumliche Anlage hinaus sind auch technische Fragen für den Bewohner wichtig.
Wasser- und Gasinstallation. Leitungen werden heute kaum noch unter Putz verlegt, sondern in Rohrbündeln mit teilweise abnehmbaren Verkleidungen, in Wandschlitzen oder offen. Als Wasserleitungen für Frisch- und Warmwasser (von zentraler Wasserversorgung oder von Mehrzapfthermen) werden verzinkte Stahlrohre mit Schraubverbindungen verwendet, für Abflußleitungen Muffenrohre aus Gußeisen, Steinzeug, Porzellan oder Plast. Für den modernen Haushalt ist die Warmwasserversorgung sehr wichtig, weil sie Zeit und Arbeit spart. Zentrale Warmwasserversorgungsanlagen im Wohnungsbau sind in Anlage und Betrieb sehr kostspielig. Die wirtschaftlichste Form der Warmwasserbereitung im Haushalt sind Gasdurchlauferhitzer, die sowohl in zentralbeheizten wie auch in ofenbeheizten Bauten angewendet werden. Elektrische Warmwasserbereiter sind dort angebracht, wo kein Stadtgas zur Verfügung steht. Sie sind teuer im Betrieb und – wenn sie nicht über sehr hohe Anschlußleistungen verfügen – langsam im Aufheizen oder haben als Speicher nur eine beschränkte Kapazität. Bei den Gaswarmwasserbereitern sind drei Typen vorherrschend: die Kleintherme (nur für Küchenversorgung, ohne Abzug), der Gasbadeofen (zur direkten Wannenfüllung, mit Schornsteinanschluß) und die Mehrzapftherme (zur Versorgung mehrerer Zapfstellen; diese zündet selbsttätig, wenn das Warmwasserventil an Spülbecken, Wanne oder Waschbecken geöffnet wird).
Der Betrieb von Gasgeräten im Haushalt (zu den vorgenannten kommen Koch- und Heizgeräte hinzu) erfordert eine Reihe von Sicherheitsmaßnahmen. Vor allem die sehr leistungsstarken Warmwasserbereiter müssen unbedingt vom Fachmann einreguliert und von Zeit zu Zeit überprüft werden. Zur stän-

digen Sicherheit gehört die laufende Kontrolle der Zündflamme.
Bei der Unsitte des Heizens mit Gasgeräten, die zum Kochen und Backen bestimmt sind, treten zwangsläufig gesundheitliche Schäden sowie Zerstörungen an Räumen und Möbeln auf, denn Gas verbraucht bei seiner Verbrennung sehr viel Sauerstoff. Beim Heizen mit mehreren Kochflammen oder bei geöffneter Backröhre steigt der Stickstoffgehalt der Raumluft sehr schnell an, was sich durch Kopfschmerzen und Übelkeit bei den Bewohnern bemerkbar macht. Dazu werden bei der Verbrennung von 1 m^3 Gas etwa 600 bis 700 g (!) Wasser in Form von Wasserdampf frei, der sich auf Wänden und Möbeln niederschlägt, Möbel und Metall angreift sowie durch ständige Durchfeuchtung der Raumekken zu Schimmelbildung, Farb- und schließlich Putzzerstörung führt. Gasheiz- und Gasbadeöfen müssen immer an einen Abzug angeschlossen sein, der nicht zugleich dem Rauchabzug von Feuerstätten dient.
Die Heizung der Wohnung soll einen behaglichen Wärmegrad für jeden Raum schaffen. Dabei gibt es ein physiologisches Optimum, das für die meisten Wohnräume zwischen 18 und 20 °C liegt. Zu kühle Räume sind ebenso ungesund wie zu warme. Die Behaglichkeit in einem beheizten Raum hängt aber nicht allein nur von der Temperatur ab, sondern ebenso von der Wärmedämmfähigkeit der Wände, der Fußböden, der Decken und der Fenster. Kalte Flächen „strahlen" in den Raum, d.h. in ihrer Nähe fällt die Temperatur stark ab, was sich sehr unangenehm bemerkbar macht. Auch Zuglufterscheinungen spielen dabei eine große Rolle. Der Wärmebedarf, der sich letzten Endes in den Heizungskosten ausdrückt, hängt von den Gegebenheiten jedes einzelnen Hauses ab, wobei die Lage des Hauses (freistehend oder in dichter Bebauung) und der Wohnung (Stockwerk, Himmelsrichtung, Windanfall, Anzahl der Fenster und deren Bauart) sowie der Wärmeschutz der Konstruktion entscheidend sind.
Jeder Wohn- und Schlafraum einer Wohnung soll heizbar sein; kalte Schlafräume sind nicht so gesund, wie immer behauptet wird; sie führen im Winter zu mangelnder Lüftung und sind im Krankheitsfalle unbrauchbar.

- Einzelofenheizung. In den vorhandenen Altbauwohnungen überwiegt heute noch die Einzelofenheizung. Sie ist für den Haushalt die wirtschaftlichste Heizform, bringt aber den Nachteil des Brennstoff- und Aschetransports mit sich, erzeugt Schmutz in der Wohnung und schränkt im Winter, da ja in den seltensten Fällen sämtliche Räume geheizt werden, die allseitige Nutzbarkeit der Wohnung ein.

In den letzten Jahren wurden leistungsfähige transportable Öfen mit vielen technischen Verbesserungen entwickelt. Sie werden für unterschiedliche Heizleistungen angeboten und zeichnen sich besonders durch ihre leichte Bedienung aus. Für Öfen mit automatischer Brennregulierung gelten besondere Sicherheits-Vorschriften in bezug auf den Schornstein. Vor Anschluß eines derartigen Ofens ist unbedingt das Gutachten eines Fachmanns einzuholen. Auch ortsfeste Kachelöfen sind als Einzelheizung für Wohnräume gut geeignet. Durch ihr hohes Wärmespeichervermögen brauchen sie nur einmal am Tage geheizt zu werden und geben dann stundenlang eine milde gleichmäßige Wärme ab. Allerdings dauert es geraume Zeit, bis sie Wärme abgeben können.
Eine Sonderlösung ist die in Einfamilienhäusern oft angewandte Umluftheizung, deren Wärmequelle eine Kombination von eisernem (Einsatz-) Ofen und Kachelofen ist.
Um die rationellste und sparsamste Heizmethode zu ermitteln, soll man systematisch probieren. Auch muß ein ortsfester Kachelofen je nach Heizmaterial einmal oder mehrmals im Jahr gereinigt werden – eine Arbeit, die vom Fachmann ausgeführt werden muß.

- Zentralheizungen werden im Wohnungsneubau in zunehmendem Umfange eingebaut. Die Heizung erfolgt in der Regel durch Fernheizwerke. Fernheizsysteme sind in der Anlage sehr kostspielig, volkswirtschaftlich gesehen aber wesentlich günstiger als die Einzelofenheizung, weil eine viel höhere Ausnutzung der Brennstoffe erfolgt und die Verschmutzung der Luft über den Städten vermieden wird. Für die Wohnung von unmittelbarem Interesse sind bei der Zentralheizung nur die Art der Heizkörper und des Wärmeträgers. Als Heizkörper finden Gliederheizkörper (Radiatoren, Plattenheizkörper oder sogenannte Konvektoren) Verwendung. Die Wirkung der Heizkörper beruht auf der Konvektion, d.h. Erwärmung der vorbeistreichenden Luft; davon werden ihre Formen und ihre günstigste Anordnung im Raum bestimmt. Die Oberfläche von Heizkörpern und der Fußboden unter ihnen sollen sorgfältig saubergehalten werden, weil jeder Staub durch die Luftbewegung emporgewirbelt und im Raum verteilt wird. (Weiteres s. Kap „Der Haushalt".)

Elektroinstallation. Die Ansprüche an die elektrischen Anlagen der Wohnung steigen ständig. Zahl und Leistungsstärke der elektrischen Geräte nehmen zu, und die Anforderungen an eine zweckmäßige Beleuchtung sind höher geworden. Moderne Wohnungen haben deshalb eine sorgfältig geplante und leistungsfähige elektrische Installation.

Elektrische Leitungen sind aus Kupfer oder Aluminium und mit einer Isolierung umgeben. Leitungen mit schadhaften Isolierungen bedeuten Gefahr und müssen ausgewechselt werden. Leitungen oder Armaturen (Kupplungen, Schalter, Dosen), die während des Betriebes heiß werden, sind überbelastet oder schadhaft. Sie müssen ausgewechselt werden und sind eine der hauptsächlichsten Brandursachen in Wohnungen.

Sicherungen werden in elektrischen Leitungen eingebaut, um bei Kurzschluß oder Überlastung den Stromkreis zu unterbrechen. Schmelzsicherungen haben im Innern einen feinen Draht, der bei Überlastung schmilzt. Sie müssen ausgewechselt werden. Automatensicherungen dagegen können nach Beseitigung der Überlastungsursache wieder eingeschaltet werden, indem man den Sicherungsknopf eindrückt.

Stromkreise sind getrennt voneinander installierte Leitungssysteme innerhalb der Wohnung.

Anschlüsse von Vielverbrauchern, wie Herde, Öfen, Speicher, bilden eigene Stromkreise und haben eine eigene Sicherung, die der daran angeschlossenen Stromstärke entspricht.

Einrichten der Wohnung

Ansprüche an die Wohnung

Die Wohnung hat den Menschen vor störenden Witterungseinflüssen zu schützen, ihm als Aufenthaltsort zu dienen und ihn zu unterstützen, sein Leistungsvermögen ständig zu erneuern, d.h. sie soll ihm eine reale Lebenshilfe sein. Die Beschaffenheit der Wohnung hat großen Einfluß auf unser Wohlbefinden. Zille sagte von den deprimierenden Arbeiterwohnungen seiner Epoche: „Mit einer Wohnung kann man einen Menschen genauso erschlagen wie mit einer Axt." In der DDR sind weitgehend die Voraussetzungen geschaffen, daß unsere Bürger eine die Gesundheit fördernde, zweckmäßige Wohnung bekommen können und daß sich das Niveau der Wohnungseinrichtungen verbessern läßt. Die Anforderungen, die an eine Wohnung zu stellen sind, ergeben sich aus den Bedürfnissen der Bewohner, wie z.B. Essen, Schlafen, Arbeiten, Empfangen von Gästen, Nachgehen von Hobbys, Spiel der Kinder, Unterbringen von Hausrat, Entspannen – also aus den allgemeinen Wohnfunktionen. Diese sind auf ihre bestmögliche Realisierung hin untersucht, veröffentlicht oder auch in Beratungsstellen weitervermittelt worden.

Da die Frauen zumeist entscheidenden Einfluß auf die funktionelle und optische Gestaltung der Wohnung haben, seien hier einige Grundsätze und Richtlinien dargestellt, die für den Wohnbereich des Menschen gelten. Während die Räume der Wohnungen den allgemeinen Bedürfnissen entsprechen sollen, erhalten sie durch die Anordnung und Form der Möbel, Beleuchtung, Farben, Wahl der Vorhänge und Teppiche (Dekore), Gruppierung von Bildern, Pflanzen, Elektronik u.a. Beiwerk ihr besonderes, den Benutzern entsprechendes Gepräge. Der zum Glück nie ganz fertig eingerichtete Raum soll ein sinnvolles und charakteristisches Ganzes aus verschiedenen Formen, Materialien und Farben ergeben. Er soll dabei kein Schaustück sein, sondern sich den Ansprüchen der Bewohner, ihren Lebensgewohnheiten und Neigungen unterordnen. Alle verwendeten Materialien sind so aufeinander abzustimmen, daß der Raum als Einheit und in jedem Detail auch das individuelle Schönheitsbedürfnis seiner Bewohner zum Ausdruck bringt und befriedigt.

Verteilung der Funktionen. Vor der Einrichtung eines Raumes oder einer Wohnung ist folgendes zu bedenken:

1. Wer soll die Räume bewohnen? (Anzahl der Bewohner, Alter, Geschlecht)
2. Wie sind die Räume beschaffen? (Grundriß, baulich, Höhen, evtl. Stuckdecken, Türen- und Fensterkonstruktion, Heizungsart, Himmelsrichtung usw.)
3. Welchen Zwecken sollen sie dienen? (Arbeiten, kombiniert Wohnen/Essen, Spielen, Schlafen usw.)
4. Welche Grundrichtung bevorzugen die Bewohner? (z. B. zeitgemäße Möbel oder die Kombination von alt und neu, Farben, Materialien usw.)
5. Welche Kosten dürfen entstehen? (Kreditfragen, richtet man sich komplett ein oder ergänzt man nach und nach, welche bereits vorhandenen Stücke sollen in die neue Lösung eingearbeitet werden)

So muß die künftige Gestaltung eines jeden Raumes planmäßig durchdacht werden; dabei soll man sich jedoch nicht vordergründig davon leiten lassen, wie das andere tun. Gute Beispiele aus Zeitschriften, der einschlägigen Literatur, dem Bekanntenkreis kann und sollte man aber ohne weiteres als Anregung nutzen, ohne zu imitieren. Angesichts der langen Gebrauchsdauer einer Wohnungseinrichtung muß man sich Zeit lassen, um alle Vorstellungen gründlich zu erwägen; ein Wohnberater (Innenarchitekt) kann dabei fachliche Hilfestellung geben. Ein guter Grundriß büßt seine Vorzüge durch ungeschickte Möblierung ein, Mängel des Grundrisses können durch eine ausgewogene Ordnung der Funktionsbereiche beseitigt werden. Eine maßstäbliche Zeichnung des Grundrisses, auf der die Möbel als Pappstückchen hin und her geschoben werden können, leistet dabei gute Dienste. Es ist zu beachten, daß die Gänge von den Türen zu den Möbeln, Fenstern und Öfen (Funktionswege) frei bleiben müssen. Wer sich das erste Mal einrichtet, legt sich meist moderne Formen an Möbeln und Lampen, zeitgemäße Muster von Teppichen, Tapeten und Dekostoffen zu. Für die Qualität einer Raumausstattung ist dies jedoch unerheblich. Diese ist nicht um so besser, je moderner, sondern je durchdachter und individueller sie ist, und das kann sie ebenso mit alten wie mit neuen Möbeln sein. Das Zeitgemäße liegt weniger in den modernen Formen der Einrichtungsgegenstände als vielmehr in ihrer Aufgabe, den Bewohnern zu gefallen und praktisch zu sein.

Alle gut gestalteten Einrichtungsgegenstände zeichnen sich durch wohlüberlegte Funktion und Ästhetik ihres Äußeren aus. Auffallende Effekte, schreiende Farben sind sichere Kennzeichen für unreife Gestaltung – es sei

Zimmerecke im Schloß Paretz bei Potsdam, David Gilly, 1797

Bauernstube aus dem bayrischen Oberland

denn, man hat so viel Lust oder Platz, sich einen Raum mutwillig und fröhlich aufgepopt herzurichten, wobei sich die Improvisationslust so recht ausleben läßt. Die Möbel, die in den Museen stehen, oder die mancher von den Großeltern übernimmt, sind meistens vom handwerklichen Standpunkt aus beeindruckend, wenn auch pflegeaufwendig. Man findet immer noch uralte prunkvolle Möbel, in denen der Leitsatz hervorragend umgesetzt wurde: „Der Mensch sei das Maß aller Dinge." Man muß diese Aspekte alle innerhalb ihrer Epoche bewerten. Jahrhundertelang sind Möbel selten und kostbar gewesen und dienten weitgehend der Repräsentation, d. h. der Darstellung gesellschaftlicher sowie privater Ideen. Der Stilwandel Gotik – Renaissance – Barock – Klassizismus spiegelt sich im Möbelbau genauso wider wie in der Baukunst. Die Möbeltypen, die man heute kennt, haben sich im Laufe der Entwicklung allmählich herausgebildet.

Die Urform des heutigen Schrankes war die Truhe, in der Kleider oder Wäsche übereinandergeschichtet lagen (Abb.). Sie wurde einfach aus Brettern zusammengefügt, ringsum mit Schmiedeeisen beschlagen oder auch mit reichen Schnitzereien, Intarsien oder Malereien verziert und mit einem Deckel verschlossen. Die spätere Form des zweiteiligen Schrankes ist aus zwei übereinandergestellten Truhen entstanden, deren Deckel durch Türen ersetzt worden sind (Abb.). Erst später wurde daraus der Schrank mit zwei durchgehenden Türen (Abb.). Den Kleiderschrank mit drei oder mehr Türen, wie man ihn jetzt kennt, gab es vor über hundert Jahren noch nicht. Heute strebt man mehr und mehr danach, einzeln plazierte Schrankmöbel (z. B. Buffet und Anrichte) durch kombinierte Schrankwände abzulösen und somit die Stellflächen besser auszunutzen.

Die Vorstellungen vom Einrichten der Wohnung haben ein Beharrungsvermögen, das mit der Entwicklung des gesellschaftlichen Lebens oft nicht Schritt hält. Durch die gefühlsmäßige Bindung an überlieferte, aber der veränderten Lebensweise nicht mehr entsprechende Wohnformen entstehen schwer zu überwindende Widersprüche. Diese können die Gestalt von Vorurteilen annehmen und vielfach einer zeitgemäßen Einrichtung der Wohnung entgegenstehen. Einige solcher entwicklungshemmenden Vorurteile sind beispielsweise folgende: Oft ist die erste Anschaffung eines jungen Paares ein komplettes Schlafzimmer. Aber von den eineinhalb Räumen einer Kleinwohnung eignet sich das Schlafzimmer am wenigsten zum Vorzeigen; einer der Räume würde nur in der Nacht genutzt. Besser wäre hier eine kombinierte Wohn-Schlafzimmer-Einrichtung. Wer es sich räumlich leisten kann, soll sich sein gut gelüftetes Schlafzimmer gönnen, in welchem viel Wäsche, Garderobe und bei Bedarf ein Kinderbett untergebracht werden können. Mitunter ist man auch heute noch der Meinung, ein Raum der Wohnung müsse für besondere Gelegenheiten, Besuche, Familienfeiern usw. besonders gut eingerichtet sein (die ehemalige „Gute Stube"). Das ist überholt; vielmehr soll die ganze Wohnung ein angemessener Rahmen für das Leben ihrer Bewohner sein, an welchem gelegentlich auch Gäste teilnehmen, ohne es zu stören oder einzuschränken. Man soll sich nicht an irgendein Möblierungsschema klammern, sondern die architektonischen sowie familiären Gegebenheiten zum Ausgangspunkt aller Überlegungen machen. Ein Ehepaar mit

1

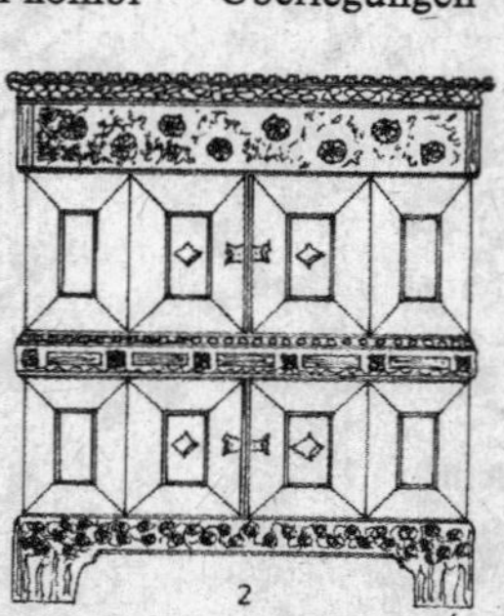
2

3

1 *Eisenbeschlagene Truhe,* 2 *zweiteiliger Schrank,* 3 *Mahagonischrank*

oder ohne Kind wird sich in einer Ein- oder Zweiraum-Wohnung vernünftigerweise an Stelle eines Schlafraumes für einen kombinierten Wohn-Schlafraum entscheiden. Nur so ist die Wohnung zur Tages- und Nachtzeit richtig genutzt. (Abb.)

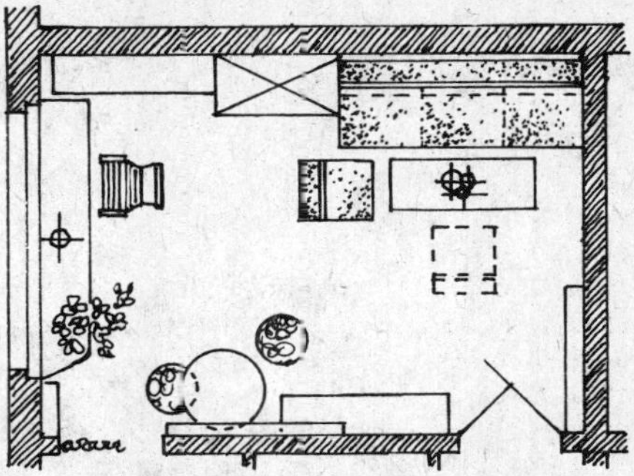

Einraumwohnung (junges Ehepaar)

Blick auf den überbauten Wohn-Schlaf-Platz der Einraumwohnung des jungen Ehepaares

Die Funktionsbereiche

Beim Betreten eines Zimmers geht der entscheidende Eindruck primär vom gesamten Raum aus, erst dann von Einzelheiten. Die Raummitte sollte daher frei und unverstellt bleiben. Handelt es sich dagegen um ein ausgesprochenes Speisezimmer oder eine extravagante Anordnung von Sitzelementen als Zentrum der Einrichtung, lassen sich reizvolle Ausnahmen finden.

Die raumbildenden Flächen, Wände, Dekken und Fußböden sind für die Raumwirkung von wesentlicher Bedeutung. Die Wirkung wird gemindert, wenn die Raumecken unübersichtlich werden, z. B. durch schrägstehende Möbel (Blumenbänke, Schreib- und Fernsehtische u. a.). Die Atmosphäre des Wohnlich-Behaglichen beruht sehr auf dem Zusammenklingen von Raum, Licht und Farben. Alle für den Aufenthalt von Menschen vorgesehenen Bereiche sind ihrer speziellen Aufgabe entsprechend sorgfältig zu planen. Anzustreben sind „Inseln", welche so weit voneinander entfernt sind, daß die Bewegungsfreiheit nicht beeinträchtigt wird.

Der Wohnplatz. Als der eigentliche Träger des Behaglichkeitsmoments in der Wohnung verdient er besondere Aufmerksamkeit. Hier muß versucht werden, die Empfindung des Bequemen, Legeren hervorzurufen. Am besten eignet sich für eine derartige Anordnung eine Raumecke, die den Blick ins Freie oder ins gesamte Raumgefüge freigibt. Die unmittelbare Nähe der Wärmequelle (Ofen, Heizkörper, Kamin usw.) dient dem Gefühl der Gemütlichkeit ebenso wie eine Beleuchtung, die diesen Raumausschnitt aus seiner Umgebung heraushebt. Vorteilhaft ist eine Zusammenstellung verschiedener Sitzmöbeltypen (z. B. Hocker, Sitzelemente bis zum Ohrensessel), weil die bequemste Sitzhaltung nicht für alle Menschen dieselbe ist. Durch einen Teppich sowie seitliche, niedrige Ablageelemente, Pflanzenarrangements u. a. kann die Wohngruppe noch besonders zusammengefaßt werden. Bei einem frei im Raum angeordneten Wohnplatz darf man nicht vergessen, daß auch die Rückansichten der Polstermöbel einen ästhetischen Anblick bieten müssen. Als Wohnplatz zeigen sich uns heute die Garnituren (Vier-, Drei-, Zweisitzer und dazugehörige Einzelsessel) oder Reihenelemente, welche man in beliebiger Zahl und Anordnung, mit oder ohne Armlehnen bzw. Kopfstützen kombinieren kann (Abb.).

Der Eßplatz. Gegenüber der in den meisten Fällen dominierenden Wohngruppe kommt es bei der Anordnung des Eßplatzes noch mehr auf praktische Zweckmäßigkeit an, so-

Blick auf einen Wohnplatz (Reihenelemente)

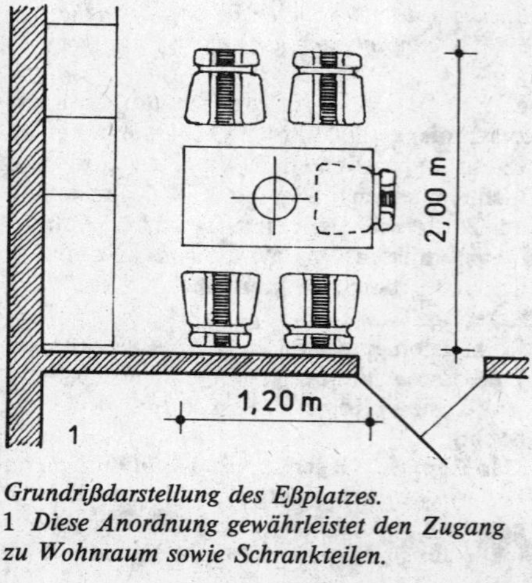

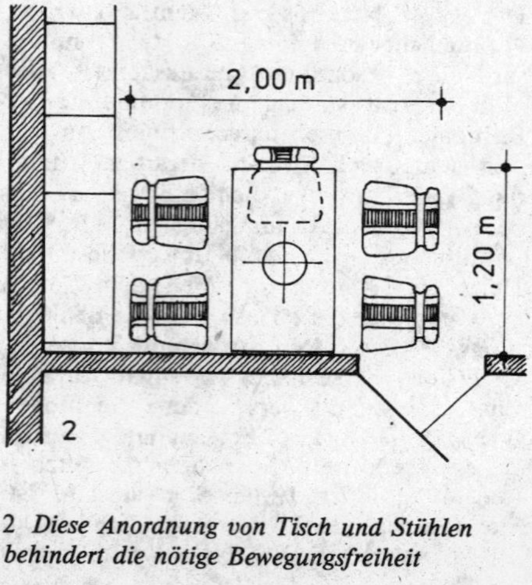

Grundrißdarstellung des Eßplatzes.
1 *Diese Anordnung gewährleistet den Zugang zu Wohnraum sowie Schrankteilen.*

2 *Diese Anordnung von Tisch und Stühlen behindert die nötige Bewegungsfreiheit*

fern er nicht in der Küche angeordnet ist oder ein Eßraum zur Verfügung steht. In den meisten Fällen rückt der Eßtisch an die Wand oder vor ein Möbelunterteil einer Schrankwandkombination (Abb.). Er steht so, daß der Weg zur Küche möglichst kurz ist. In der Nähe sei eine Abstellfläche für Geschirr, Gewürz (Menage), Servietten, den Toaster, Obstkorb usw. Durch schlichte Borde lassen sich dekorative Ablagen und zusätzliche Gestaltungselemente schaffen. Auch da, wo weniger Platz zur Verfügung steht, sollte nicht am Wohnplatz gegessen werden, denn selbst ein vertikal verstellbarer Tisch (Hubtisch) löst das Problem der zum Essen benötigten Sitzhöhe und -haltung nicht. Bei gründlicher Überprüfung läßt sich oft doch noch eine Eßgruppe einplanen, ohne den Raum zu überfüllen. Eine Durchreiche (Neu- oder Umbau) erleichtert von Beginn an die Plazierung des Eßplatzes, bietet Gestaltungsebenen, Ablageflächen und die rationellste Möglichkeit, den Tisch zu decken (s. Skizze zu Grundriß M).

Der Arbeitsplatz. Ob ein Arbeitsplatz im Wohnzimmer vorgesehen wird und welcher Art er sein soll, ist eine Frage der Notwendigkeit. Häufig wird eine Schreibklappe genügen. Ist ein separater Schreibtisch erforderlich, sollte er nicht größer gewählt werden, als es durch die daran zu leistende Arbeit gerechtfertigt ist. Wenn möglich, soll der Arbeitsplatz Tageslicht von links erhalten, besser frontal, aber auch eine vom Fen-

Ein Arbeitsplatz im Wohnraum. Der Schreibtisch verbindet optisch eine „Wohnsäule" und ein zwischen zwei Fenstern aufgestelltes Bücherregal

ster abgewandte Stellfläche ist vertretbar, wenn vorwiegend bei Kunstlicht gearbeitet wird und jede andere Anordnung ungünstiger wäre. Geistig Tätige, Studierende und Schulkinder müssen ihren festen, ungestörten Arbeitsplatz haben. Eßtische dienen häufig als „Aushilfe"; ausgebreitete Arbeitsutensilien können dort aber leider nie bis zur Vollendung der jeweiligen Tätigkeit liegenbleiben. Dem Improvisieren sind auch in bezug auf Arbeitsplätze keinerlei Grenzen gesetzt (Abb.). Ein Arbeitsplatz im kombinierten Schlaf-Wohn-Raum ist heute keine Seltenheit mehr; zu beachten ist dabei auch die häufige Näh- und Flickarbeit, wofür selten ein fester Platz zur Verfügung steht. Leiterelemente boten bisher das Maximum bezüglich einer eingebauten und einklappbaren Nähmaschine. In den sie umgebenden Schrankteilen kann all das untergebracht werden, was zum Nähen, Stopfen, Sticken, Knüpfen usw. notwendig ist.

Geschmack

Die große individuelle Verschiedenheit des Geschmacks drückt sich in der Einrichtung der Wohnung noch deutlicher aus als in der Kleidung. Daher müssen Entscheidungen getroffen werden, von denen auch der Kauf einer sogenannten „kompletten Einrichtung" nicht befreit. Eine Sitzgarnitur und eine Schrankwand bilden noch keinen Wohnraum. Manche Menschen reagieren sehr auf Farben, andere auf alte oder neue Formen, wieder andere beachten Materialeigenschaften und Materialkontraste. Junge Menschen haben gewöhnlich andere Vorstellungen als ältere, Männer andere als Frauen. Alle Auffassungen sind grundsätzlich gleichberechtigt, sofern es wahre eigene Empfindungen und Erfahrungen und nicht gedankenlos übernommene konventionelle oder gerade aktuelle Klischees sind. Es muß eine bestimmte Vorstellung vom Charakter des Raumes gewonnen werden, wie etwa: leicht, zierlich, bewegt – oder auch: schwer, gediegen, stabil. Nach dieser einmal errungenen Vorstellung muß die gesamte Einrichtung konsequent geplant, müssen Möbel, Beleuchtungskörper, Vorhangstoffe, Auslegware oder Teppiche, Wandschmuck, Farben usw. ausgewählt werden. Falsch wäre es, Ideen von Nachbarn nachzuahmen, ohne daß eine eigene Beziehung zu der betreffenden Art der Grundlinie vorhanden ist.

Farben im Raum

Farbe vermag Stimmungen hervorzurufen, zu fördern oder zu stören. Sie nimmt in jedem Fall Einfluß auf die Psyche des Menschen bzw. steht in einer Wechselbeziehung zu ihm, übt eine subjektive Wirkung auf ihn aus. Schon so mancher hat es erlebt, sich innerhalb seiner vier Wände äußerst unbehaglich zu fühlen, ohne sofort darauf zu stoßen, daß dies an einer Farbgebung liegt, die seinem Wesen fremd ist. Farben werden als schwer oder leicht, als warm oder kalt, als nah oder fern, als laut oder leise empfunden – Eigenschaften, die entsprechend dem Zweck des Raumes, seiner Größe, seinen Proportionen, seinen Lichtverhältnissen und den Neigungen seiner Bewohner eingesetzt werden können. Hierbei handelt es sich um die objektive Wirkungsweise der Farben. Beide Wirkungen können durch die Kombination mit anderen Farben oder einem Dekor verstärkt bzw. gedämpft werden. Die Stimmungswerte der Farben sind nur sehr allgemein zu benennen, weil es von jeder Farbe unzählige Mischungen und Schattierungen gibt. So ist die allgemeine Wirkung von

Rot	erregend, aktiv, drohend
Orange	vital, freudig, temperamentvoll
Gelb	kreativ, sonnig, leicht
Grün	ruhig, harmonisch, friedlich
Blau	kühl, entspannt
Violett	gefühlvoll, geheimnisvoll
Braun	erdig, warm, schwer
Grau	neutral, passiv, langweilig

Die Intensität und Art der Farbe muß nach der Größe der Farbträger (z. B. Wände, Decke, Fußboden, Dekostoffe, Elemente der Gestaltung) und nach dem Material (Papier, Holz, Glas, Putz, Stoff, Stein, Marmor) abgestuft werden. Oft ist mit gebrochenen Farben, d. h. mehr oder minder mit Weiß, Schwarz, Grau oder untereinander gemischt (Pastellfarben) besser zu arbeiten als mit reinen, satten Tönen. Gebrochene Töne vertragen sich zwar leichter und verlangen weniger Mut, führen aber doch häufig zu Monotonie. Bei mehr Temperament und Lebensfreude äußern sich auch die Farben kräftiger. Je nach Bedarf besteht die Möglichkeit, die Farben der Wände oder Gestaltungselemente (Kissenbezüge, Tischläufer, Bilderrahmen usw.) ab und an zu verändern bzw. auszutauschen. Ob nun z. B. eine Wand, der Fußboden, die Sitzgruppe oder ein Lampenschirm in leuchtenden, klaren Farben zusammengestellt werden oder ob allein die Sitzgruppe in kräftigen Tönen gewählt wird und alles weitere verhalten, liegt in der Mentalität des einzelnen.

Farbträger im Raum. Zu ihnen gehören alle Flächen und Gegenstände in der Wohnung. Bei der Zusammensetzung der Farben muß die Größe der Farbträger berücksichtigt werden. Kleine Räume wirken großzügiger, wenn für zusammenhängende Flächen eine helle Farbe gewählt wird (z. B. Wände und Decke). Sind größere Flächen mit sehr kräftigen Farben und auffallendem Dekor vorhanden, z. B. Übergardinen, Bezüge von Polstermöbeln, Rollos, Wandbespannungen, so muß alles andere einfarbig und weniger betont bleiben. Der Raum soll farbig wirken, evtl. auch lebhaft, darf aber nicht bunt und unruhig werden. Kräftige Farbe oder auffallendes Muster ziehen den Blick auf sich; durch konkurrierende Effekte würde er irritiert werden. Betonte Muster oder Farbwirkungen sollen nicht miteinander wetteifern.

Harmonische Kontraste. Durch Zusammenstellung verschiedener Farben entstehen Kontraste. Sie lassen sich auf verschiedene Weise bilden, z. B. durch Zusammenstellen heller und dunkler Töne innerhalb einer Grundfarbe. Das Farbbild bleibt dann im wesentlichen „Ton in Ton", d. h. die Grundfarbe kehrt in unterschiedlichen Helligkeitswerten wieder, nur nach den benachbarten Farben hin orientiert (monochrome Farbabstufung). Stärkere Kontraste lassen sich hierbei durch Helligkeitsunterschiede schaffen, die bis zum Hellsten (Weiß) und Dunkelsten (Schwarz) reichen können; kleine Akzente in energischen Gegenfarben beleben die Gestaltung.

Eine andere Möglichkeit der Farbgebung ist die Gegenüberstellung von Komplementärfarben (jede Farbe hat eine auf dem Farbkreis ihr gegenüberliegende Gegenfarbe) zu einem kontraststarken Farbklang. Mehr als zwei Kontrastfarben sollten jedoch vermieden werden, um einer Buntheit aus dem Wege zu gehen, der man in Farben und Mustern leider immer noch häufig begegnet. Die Kontrastfarbgruppen können ähnlich behandelt werden wie die sog. Ton-in-Ton-Stimmungen, d. h. Aufhellen und Abtönen zum Satteren hin erfahren; zur Harmonie werden sie am besten durch wechselseitiges Anklingen der anderen Grundfarbe gebracht. Neutrale Hintergründe, wie weiße Wände oder eine weiße Decke, bieten die beste Voraussetzung dafür, mit starkfarbigen Kontrasten zu arbeiten. Bei allen kontrastreichen Gegenüberstellungen muß aber ein Farbton überwiegen, „den Ton angeben".

Raumkorrektur durch Farben. Durch eine entsprechende Farbgebung lassen sich ungünstige Raumproportionen optisch korrigieren. Größer erscheint ein Raum durch helle Töne, ohne oder mit zurückhaltendem Muster (Kleinmusterung). Höher wirkt ein Raum, wenn die Decke heller ist als die Wände und wenn der Wandanstrich bzw. die Tapete ohne Unterbrechung bis zur Decke geführt wird. Ein aufwärts führendes Muster (Streifen, aufrechte Hölzer) verstärkt diese Wirkung. Kleiner erscheint der Raum, wenn kräftige und dunkle Farben bzw. größere, bewegte Dekore angewandt werden. Indem alle Flächen sozusagen zusammengezogen werden (z. B. überall die gleiche Tapete), wird die Atmosphäre intimer, zum Teil betont personengebunden. Niedriger erscheint ein Raum, wenn die Decke dunkler ist als die Wände, wenn letztere eine waagerechte Betonung aufweisen (z. B. horizontale Bilderreihung) und gegebenenfalls bei sehr hohen Räumen nicht bis zur Decke hinauf einheitlich behandelt, sondern beispielsweise durch eine rundum laufende Blende horizontal unterbrochen werden. In ganz krassen Fällen verbirgt eine Zwischendecke in herkömmlicher Zimmerhöhe die Unzulänglichkeit der Architektur, als welche sie heutzutage von vielen empfunden wird. Schöne Stuckverzierungen in entsprechend großzügigen Räumen sollten dagegen eher hervorgehoben als versteckt werden.

Breiter wirken lange schmale Räume, wenn die Stirnwände einen kräftigen Farbton, vielleicht auch mit zurückhaltendem Horizontalmuster, die langen Wände einen hellen Farbton erhalten. Die langen Wandflächen weiß zu halten, ist der Erfahrung nach immer das beste, zumal sich dann besonders die Wandgestaltung entfalten kann. Die Dachschrägen sogenannter Mansardenwohnungen können bei kleinen Räumen optisch zurückgedrängt werden, indem man Wände und Decke mittapeziert (Rauhfasertapete, Tapete einfarbig gestrichen oder Tapete mit ganz dezentem Muster). Liegen Fenster (Dachgaupen) in der Dachschräge, so kann die tiefe Fensternische durch helle Farben von den übrigen Wänden abgesetzt werden. Nicht immer soll ein kleiner Raum größer wirken. Ein klein erscheinender Vorraum (z. B. Korridor) kann die Weiträumigkeit des anschließenden Wohnraumes besonders betonen (Kontrastwirkung). Die meisten Wohnungsgrundrisse animieren allerdings dazu, die Räume für das Auge zu erweitern, wozu weiße und ungemusterte Wände und Decken am besten geeignet sind. Bei gestrichenen Fußböden ist ein Grauton zu empfehlen, besser aber ist Auslegware. Nur eine unansehnliche Fußbodenbeschaffenheit verlangt einen Anstrich. Ob ein Abschleifversuch lohnt, muß der Fachmann entscheiden (Niveauunterschiede der Dielen, Holzzustand usw.). Abschleifen und Versiegeln in Altbauwohnungen und älteren Einfamilienhäusern brachten schon oft ansehnliche Holzfußböden zum Vorschein. Parkett oder ein Nadelholzfußboden wirken allein durch Material, Struktur, Neutralität und Pflegeleichtigkeit. Hier sind Teppiche oder Brücken, nicht aber Meterware angebracht. Vorsicht ist bei stark gemusterten und farbigen Kunststoff-Fußbodenbelägen in vielen Neubauten anzuraten; ein Perserteppich würde hier nicht hinpassen. Textile Auslegware oder ein einfarbiger Teppich könnte jedoch vermitteln.

Bei der Behandlung von Zimmertüren sollte von der beabsichtigten Farbgebung des Raumes und seiner Einrichtungsart ausgegangen werden. Türen kann man im gleichen Ton wie die Wände lackieren (z. B. weiß, beige, ocker oder olivgrün), genauso lassen sie sich aber farblich absetzen, was sich als besonders wirkungsvoll erweist, wenn wir ästhetisch profilierte bzw. gut proportionierte Türfutter, -rahmen oder -füllungen vorfinden. Gut erhaltene Holztüren sollten niemals gestrichen werden, im Gegenteil: das Abbeizen wäre lohnender, auch wenn es viel Mühe kostet, mehrere alte Lackschichten manuell zu entfernen (chemische Abbeizer, Heißluftpistole, Schleifen).

Die Wahl der Raumfarben. Sie richtet sich nach den Zwecken, denen der Raum zu dienen hat, nach seiner Beschaffenheit (Grundriß, Höhe, Lichteinfall, Himmelsrichtung), nach individuellen Auffassungen der Bewohner sowie nach den Farben und Dekoren bereits vorhandener Gegenstände. Sonnige Räume können kühle, nach Norden gerichtete Räume warme Töne vertragen. Sind die Fenster z. B. durch Bäume beschattet oder in Großstädten durch zu dicht gegenüber stehende Gebäude, so sind helle und einfarbige Wände und Decken am günstigsten. Durch die Reflexion des Lichtes (besonders bei großen hellen Flächen) mischen sich die Farben in einem Raum, die Fußboden- und Deckenfarben werden auf die Wandfarbe reflektiert und umgekehrt. Das ist besonders bei der Auswahl von Tapeten, Bekleidungen der Wände mit Stoffen, bei Anstrichen usw. zu berücksichtigen. Die Grundfarbe wird in Tönung und Intensität entsprechend dem Material der Farbträger und ihrer Größe abgestuft. Hat man mehrere farblich nuanciert behandelte Bereiche in einem Raum, so wird ein Auseinanderfallen vermieden, wenn die Nuance des einen Bereiches in den anschließenden einfließt. Es wäre falsch, z. B. den Eßbereich in Rot und den Wohnbereich (Wandfarben und Wandschmuck einbezogen) in Blau anzustreben, weil hierbei fast in jedem Fall harmonische Übergänge fehlen; es wäre besser, beide Komplementärfarben geschickt dosiert auf Eß- und Wohnplatz zu verteilen. Das Hauptgewicht liegt dann immer auf der erklärten Lieblingsfarbe der Wohnungsinhaber. In Details lassen sich dann mitunter Töne unterbringen, die den dritten, untergeordneten Farbwert bilden; bei Blau und Rot wären Weiß oder Gold angenehme Tertiärwerte. Vorhandene Möbel schränken die Farbwahl im Raum ein. Nicht nur der Holzton wird als Farbträger oft unterschätzt, auch Form und Charakter der Möbel haben darauf Einfluß. Je deutlicher sich die Möbel von der Wand abheben, desto selbständiger erscheinen sie. Von gleichfarbigen Wänden werden sie „verschluckt". Daher sollten schöne Möbel vor Wände mit kontrastierender Grundfarbe gestellt werden.

Einzelne Räume in ihrer farblichen Gestaltung. Die folgenden Angaben können nur Hinweise sein, weil die Menschen auf Grund ihrer verschiedenen Eigenarten und Temperamente unterschiedlich auf Farben reagieren.

- Der Wohnraum soll warme Behaglichkeit ausstrahlen. Dementsprechend wählt man vorwiegend gemütliche Töne: Goldocker, Sandfarbe, gedecktes Rot, Oliv- und Brauntöne, Gelb bis Orange und Rost. Es kommen aber je nach Mentalität auch kühle Farben wie Blau, Graublau, Blaugrün oder Türkis in Betracht. Einige farbkräftige Akzente werden durch Kissen, Pflanzen, Tischdecken usw. gesetzt.
- Der kombinierte Raum ist mit der Zeit zu einem Bedürfnis geworden. Vor allem junge Leute erkennen, daß in einer kleinen Wohnung die herkömmliche Schlafzimmereinrichtung lediglich in der Nacht bzw. zum Unterbringen von Garderobe und Wäsche genutzt wird, nicht aber dem allgemeinen Aufenthalt dient (Wohnen, Arbeiten, Essen, Spielen, Besuchempfangen o. ä.). Farblich sollte der kombinierte Raum ähnlich wie ein Wohnraum behandelt werden.
- Der Vorraum, Korridor oder Diele, vermittelt den ersten Eindruck der Wohnung; er ist deshalb keinesfalls unterzubewerten. Viel zu selten wird versucht, wohnliche Grundzüge in den Vorraum zu tragen. Ein Korridor muß zwar einen Übergang zu sämtlichen Zimmern gewährleisten und vielen praktischen Erfordernissen gerecht werden, kann aber durchaus eine ganz spezifische Note erhalten. Wer z. B. in seinem Vorraum Wände, Decke, Fußboden Ton in Ton hält und Muster lediglich als kleinen Ausschnitt bringt (Braun, Grün, Violett bis Rosa), vielleicht die Türen cremefarbig bzw. hell oder dunkel auf die Grundnuance eingestimmt absetzt, erzeugt sofort beim Betreten der Wohnung den Eindruck von Gemütlichkeit. Auch beim Gestalten des Korridors sind keinerlei Grenzen gesetzt.
- Der Arbeitsraum verlangt Farben in Grün- und Gelbnähe, aber auch in Rottönen, die zur Konzentration, Kreativität und Aktivität anregen. Ideal und entspannend ist ein Blick vom Arbeitsplatz in die Natur. Sehr Ablenkbare sollten lieber in Richtung zum Raum hin arbeiten.
- Der Schlafraum dient der Ruhe. Deshalb werden keine lauten, erregenden, sondern ausgleichende, beruhigende Farben wie Blau, Oliv, Gelb, auch Violett verwendet. Leichte, duftige Farbkombinationen (Pastelltöne) eignen sich am besten, strahlen Frische aus. Auch hier sollte nur eine größere Fläche Muster aufweisen (Tagesdecke, Raffrollo, Auslegware, eine Tapetenwand), alles weitere wäre dann einfarbig zu halten.
- Das Kinderzimmer. Hier soll sich nicht zuletzt der Geschmack der Kinder widerspiegeln, auch wenn es sich dabei in kleinen Dingen nur um „Launen“ einer bestimmten Entwicklungsstufe handelt. Im allgemeinen reagieren Kinder mehr auf Farben als auf Formen, deshalb sind kräftige, klare Töne, deutlich nebeneinandergesetzt, zu verwenden. Mit einem Tapetenmuster, welches an ein bis zwei Wänden die Phantasie anregt, braucht man hier nicht zu vorsichtig zu sein. Die Qualität des Anstriches muß besonders gut sein; um Beschädigungen der Wände zu vermeiden, empfiehlt es sich, Leisten oder eine Pinnwand zum Anbringen von Zeichnungen und Merkzettelchen der Kinder an den Wänden zu befestigen.
- Die Küche kann z. B. in Grün-, Blau-, Gelb-, Orangetönen gehalten werden. Ausgangspunkt wird die Farbgestaltung des jeweiligen Küchenmöbelprogramms, die persönliche Meinung und der Charakter der Kücheneinrichtung sein (reine Zweckküche, Küche mit bequemem Eßbereich, ähnlich der „Wohnküche“, Küche mit eingebauter Duschkabine usw.). Farbig gemusterte Fliesen vertragen keine lebhaften Tapeten. Der Fliesenfarbton entscheidet über die weitere Farbanwendung.
- Das Bad. Badfliesen sollten möglichst in warmen Tönen ausgesucht sein, dies ist auch für Anstriche zutreffend. Kühlere Akzente können in Gestalt von Frotteestoffen und kleineren Utensilien gesetzt werden.

Dessins

Bei der Wahl gemusterter Tapeten, Wandbespannungen, Vorhang- und Bezugsstoffe ist außer der Farbe zu bedenken, daß jedes Muster, sowohl das bildmäßige als auch das geometrische, seine Wirkung im Raum hat und dementsprechend eingesetzt werden kann.

Tapeten. Tapetenmuster sollen die Wand in der für die Raumverhältnisse zweckmäßigsten Weise gliedern. Bei der Tapetenwahl muß die Rapportwirkung beachtet werden, die manchmal störend sein kann und bei nur einer Rollenbreite oft nicht gleich zu erkennen ist. Wilder Linien- und Farbmuster an den Wänden wird man nach kurzer Zeit überdrüssig; sie schließen auch Schmuckelemente völlig aus. Wandtapeten werden meist bis zur Decke bzw. bis an die Unterkante der Voute (Deckenrundung) geklebt, mit Ausnahme von sehr hohen Räumen, die niedriger wirken sollen. Ist man an einer bestimmten stark gemusterten Tapete interessiert, sollte im Prinzip eine damit beklebte Wand ausreichen, schon dem vorgesehenen Wandschmuck zuliebe.

Fensterdekoration. Sie soll gegen Sonnenblendung und vor Einblick schützen. Außerdem kann sie die Aufgabe haben, das Raumbild abzurunden. Eine Fensterdekoration besteht gewöhnlich aus Vorhang und Gardine, letztere aus sehr lichtdurchlässigem Gewebe; sie soll auf- und zuziehbar sein. Der Vorhang aus dichterem Material muß sich schließen lassen, wenn der Einblick in den Raum verhindert werden soll. Die aufgezogenen Vorhänge dürfen kein Licht wegnehmen, sondern nur gerade den Fensterrahmen verdecken, wenn dieser nicht besonders betont werden soll. Fensterläden, Außenjalousien, Innenjalousetten und die unterschiedlichsten Rollogattungen machen die Vorhänge entbehrlich, bei nicht vorhandenem Vis-a-vis sogar die Gardinen. Die Wahl der Gardinen- und Vorhangstoffe muß sich nach dem Raumzweck und der übrigen Ausstattung richten. Für Gardinen aus pflegeleichtem synthetischem Material gibt es vom zarten mullartigen Voile bis zum derben Gittertüll zahlreiche Abstufungen. Sie haben jeweils ihre besondere Note, die mit der des Raumes übereinstimmen muß.

Die sogenannten Deko- (Dekorations-) Stoffe gehören zu den wichtigsten Farbträgern des Raumes. Ihrer Wahl ist daher besondere Aufmerksamkeit zu widmen, z. B. hinsichtlich der Farbwirkung bei Tages- und bei Kunstlicht. Vorhangstoffe mit starken Mustern und Farben ordnen sich schwer unter, können dem Raum aber das Gepräge geben, wenn sie zum Ausgangspunkt der farblichen Raumausstattung gemacht werden, wobei dann Auslegware, Bezugsstoffe u. a. einfarbig sein müßten. Auch die Faltenwirkung der verschiedenen Vorhangstoffe und ihre Oberflächenstruktur sind von Bedeutung. Glänzende Stoffeffekte geben dem Raum durch ihre Lichtreflexwirkung etwas Festliches, matte Stoffe etwas Warmes und Anheimelndes. Ob die Vorhänge bis zum Fußboden (3,5 cm Abstand) oder nur bis zum Fensterbrett reichen (s. Abbildungen), hängt von der Zimmerhöhe und der Beschaffenheit der Wand unterhalb des Fensters ab (Regale, Einbauten und dergleichen). Bei Heizkörpern unter den Fenstern muß in jedem Fall die Warmluftzirkulation gewährleistet sein. Lange Vorhänge betonen die Senkrechte, strecken die Raumhöhe. Das Fensterbrett hingegen betont die Waagerechte und macht den Raum breiter. Soll ein Fenster breiter wirken, zieht man den Vorhang seitlich etwas weiter als nötig über die Wand, evtl. auch über die ganze Fensterwand, wenn die Wandstrecke bis zur Raumecke nicht zu groß ist. Zwei dicht nebeneinander liegende Fenster können als eins dekoriert werden, wobei Gardinen und Vorhänge in der Mitte des Fensterpfeilers zusammenstoßen. Querbehänge sind immer dann angebracht, wenn

Kaschieren der Distanz zwischen Fenstersturz und Decke sowie der Raumhöhe durch Querbehänge

Betonung von Rundbogenfenstern durch Quervolants

die Distanz zwischen Fenstersturz und Decke erheblich ist. Wie die Skizzen zeigen, lassen sich durch Volants, Schabracken usw. z. B. schöne Rundbogenfenster unterstreichen bzw. nüchterne Fensterformen kaschieren. Die Querbehänge werden entweder gereihen und mit Laufröllchen an einer extra Schiene befestigt oder direkt über die Gardinenblende gezogen. Normalerweise wird das Schienenbrett durch eine glatte Holzblende verdeckt, die entweder im Deckenton oder einer anderen Farbe das Raumes gestrichen, abgestimmt auf die übrigen Hölzer furniert oder mit Dekorfolie versehen wird. Der Schnurzug ist größtenteils durch die Schleuderstange abgelöst worden, die aber, als bloßes Hilfsmittel zum Bewegen des Vorhanges, so unauffällig wie möglich, am besten im Ton des Stoffes, gehalten sein soll.

Der Stoffbedarf beträgt bei Gardinen mindestens das Doppelte der Fensterbreite. Zur Länge muß man bei neuen Stoffen (außer bei synthetischem Material) des Einlaufens wegen Zugaben berechnen. Bei normal großen Räumen führt man die Gardineneinrichtung über die gesamte Wandbreite (Stangen bilden eine Ausnahme). Befindet sich ein einzelnes kleines Fenster in einer größeren Wand, sollte die Gardineneinrichtung links und rechts etwa 15 bis 20 cm überstehen. Aparte Lösungen, gerade für kleinere Fenster, sind Messing-, Plaste- oder Holzstangen mit passenden Ringen, an denen Stores oder Übergardinen laufen. Wolkenstores und kompliziertere Raffgardinen sind nur angesichts leichten, zierlichen Mobiliars anzuraten; für laufend zu lüftende Räume sind sie zu umständlich. Die Fensterdekoration mit farbenfrohen Schnapp- oder Raffrollos erfreut sich immer größerer Beliebtheit (s. Skizze zu Grundriß F). Für dunkle Zimmer oder Bäder, Küchen, Kinderzimmer oder Dielen, Korridore mit Fenster, Loggien, Wintergärten oder Hobbyräume eignen sich Rollos vorzüglich, denn mitunter schlucken Stores schon zu viel Tageslicht oder wirken nicht so sachlich wie gewünscht.

Es gibt aber auch Fenster, die zu attraktiv und markant sind, um durch Gardinen verborgen zu werden, z. B. klassische Rundbögen in Fenstern gut erhaltener bzw. sanierter Altbauten, gefirniste oder lasierte Naturholzfenster neuer Häuser, alte oder neue Sprossenfenster (Denkmalspflege), ausgesprochene Blumenfenster oder gar solche mit Bleiverglasung.

Die Beleuchtung

Sie ist ein wesentlicher Stimmungsfaktor, der das physische und psychische Wohlbefinden stark beeinflußt. Helles Licht wirkt anregend und fördert die Arbeitslust. Mildes Licht wirkt beruhigend und dient der Entspannung und Gemütlichkeit. Ein Zuviel in beiden Richtungen wirkt sich negativ aus. Übermäßige Lichtfülle überreizt die Nerven normal veranlagter Menschen, während zu schwaches Licht zu Trübsinn und Beklemmung führen kann Neben der Helligkeit sind aber auch Lichtstreuung und -verteilung wichtig. Man unterscheidet indirektes und direktes Licht. Indirektes Licht, z. B. von Deckenschalen oder Leuchtstofflampen hinter Gardinenblenden, deren Licht nach oben geworfen und von der Decke gleichmäßig reflektiert wird, ist etwa dem Tageslicht bei bedecktem Himmel vergleichbar. Es wirkt bedrückend und ermüdend. Das belebende Schattenspiel fehlt, die Gegenstände im Raum erscheinen weniger plastisch und sind für das Auge reizlos. Deshalb sollte indirektes Licht nur für gesellschaftliche Räume (Büros, Gaststätten, Verkaufseinrichtungen) und Allgemeinbeleuchtung in Verbindung mit dem direkten Licht von Punkt- oder Platzbeleuchtung angewendet werden. Platzleuchten fördern die Konzentration auf engere Bereiche, wo das Auge längere Zeit bei einer Tätigkeit verweilt. Es darf dabei allerdings nicht zu krassen Helligkeitsdifferenzen kommen. Ein behagliches Beleuchtungsklima läßt sich dann empfinden, wenn sämtliche Lichtquellen aufeinander abgestimmt sind. Die heute noch vielfach als Hauptbeleuchtung angesehene „Krone" entspricht durch ihren hohen Stromverbrauch und ihre ungünstige Lichtverteilung nicht den rationellen Möglichkeiten der Lichttechnik und ist durch ihre zentrale Anordnung wenig geeignet, unsere heutigen Wohnräume wohltuend auszuleuchten. Sie steht in keiner Beziehung zu der meist asymmetrischen Möblierung der Räume, die sich durch die Untergliederung in einzelne Funktionsbereiche ergibt. Die Platzbeleuchtung ist am besten geeignet, jeden Bereich – den gemütli-

Sitzgruppe mit Pendel- und Stehleuchte

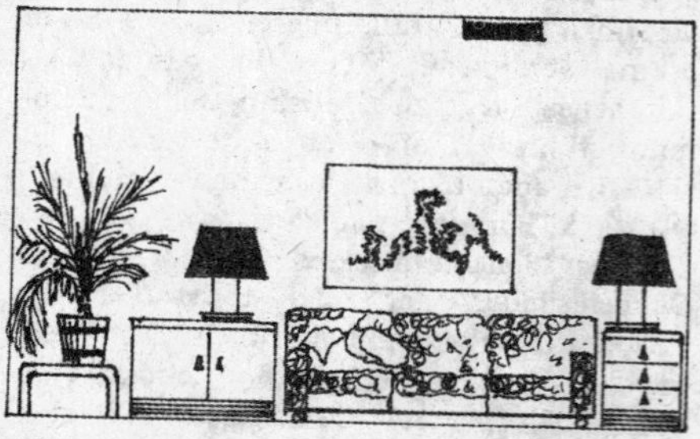

Wohnplatz mit zwei Vasen- oder Tischleuchten sowie einer Allgemeinbeleuchtung an der Decke

Kombinierter Schlaf-Wohn-Platz mit einer Pendelleuchte und zwei Strahlern mit Klemmbefestigung

Schlafraum mit einer Tischleuchte und zwei Pendelleuchten

chen Sitzplatz, den Eß- oder Arbeitsplatz, die Leseecke – zweckentsprechend auszuleuchten. Die Tatsache, daß sich in fast allen Räumen der Deckenanschluß in der Mitte befindet, ist dabei kein unüberwindliches Hindernis. Für Pendelleuchten legt man eine Leitung vom Mittelauslaß zu der Stelle, an der die Leuchte angebracht werden soll. Die Leitung muß nicht unbedingt fest installiert werden. Auch frei hängende Kabel, die bei Bedarf an mehrere Stellen geführt werden können, stören nicht. Die Elektroinstallateure sind mit den entsprechenden Sicherheitsvorschriften vertraut und können beraten.

Eine andere Form der Platzbeleuchtung bieten Stand- und Tischleuchten, die über Steckdosen mit dem Stromnetz verbunden sind. In diesem Fall kann man an den Deckenanschluß eine Allgemeinbeleuchtung, zurückhaltend in Form und Ausmaßen, anbringen (z. B. flache Kristall- oder Opalglaskörper). Die dritte Möglichkeit der Platzbeleuchtung ist die feste oder flexible Installation von Wandleuchten. Sie eignet sich besonders gut für Eß- und Arbeitstische, die mit einer Seite an der Wand stehen. Für die Beleuchtung von separaten Sitzplätzen, z. B. einem Ohrensessel, zum Lesen oder Stricken, haben sich Standleuchten mit Reflektoren in etwa 1,20 m Höhe bewährt, deren Licht auf das Buch oder Nähzeug gerichtet ist. Alle Leuchten müssen so angebracht bzw. abgeschirmt sein, daß sie blendfrei sind. Die angenehmste Helligkeit läßt sich durch Ausprobieren mit verschiedenen

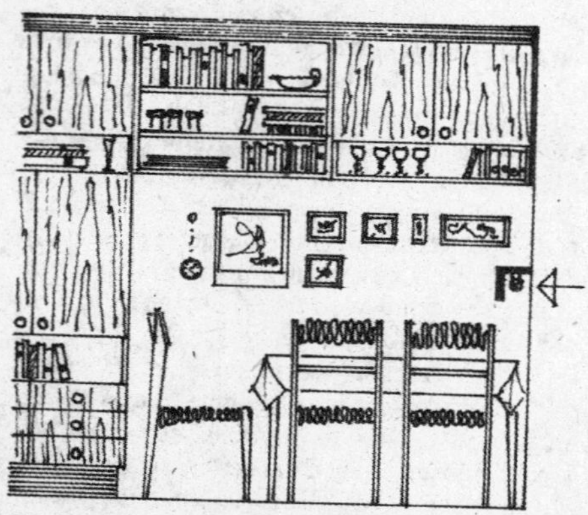

Eßplatz mit unter dem Wandbord befestigter Lichtblende (Glühlampen)

Eßecke mit Pendelleuchte

Jugendzimmer mit Arbeits-, Wand- und Deckenleuchte

Arbeits- und Spielplatz mit Pendelleuchte, die mittels Ring an einer Stange läuft

Kinderzimmer mit drehbarer Scherenleuchte und Allgemeinbeleuchtung an der Decke

Glühlampen leicht ermitteln. Das Helligkeitsbedürfnis ist individuell verschieden. Jeder sollte sich die Lichtatmosphäre schaffen, die ihm am besten entspricht.

Leuchtstofflampen finden durch ihre Wirtschaftlichkeit auch Eingang in die Wohnungen. Vorsicht ist jedoch geboten! Während die Farbe des Glühlampenlichtes gelblich-rötlich ist, demzufolge alle Farben dabei gut zur Geltung kommen können, wirkt das Licht von Leuchtstofflampen bläulich-weiß und verfälscht einen großen Teil der Töne. Diese Art der Helligkeit erzeugt keine wohnliche Stimmung. Auch in Küchen, Bädern und Korridoren empfiehlt sich ein Licht, das zwar hell ist, dennoch aber wohltut. Wenn Leuchtstofflampen angebracht werden, dann sind die Typen Warmton oder Warmton de luxe zu wählen, weil sich bei ihnen ein höherer Rotanteil findet.

Ganz wesentliche Beleuchtungskörper sind inzwischen die unterschiedlichsten Arten der Strahler geworden, die an Decken, Wände, Borde, Stangen, Schienen u. a. geklemmt oder geschraubt werden können. Zur gezielten Objektbeleuchtung greift man gern auf Strahler mit Reflektorglühlampen zurück, die durch ihre Innenverspiegelung dem Licht eine Vorzugsrichtung geben, d. h. das Licht in eine Richtung gebündelt abstrahlen.

Auf diese Weise lassen sich Arbeitsplätze, aber auch schöne Bilder, Plastiken, Möbel, Masken, Gobelins, Karten usw. hervorheben.
Kerzenlicht ist eine besonders stimmungsvolle, ergänzende Beleuchtungsart, die man nie ganz vergessen sollte, vor allem nicht in festlichen Stunden.

Persönliche Gestaltungselemente

Bilder sollen das Raumgefüge vervollständigen, Wände und Wandvorsprünge oder -nischen schmücken und gliedern. Man sollte sie so aufhängen, daß sie bequem und blendungsfrei betrachtet werden können und daß Genre, Format und Platz in einer guten Beziehung zur Umgebung stehen. Jede symmetrische, auf irgendeine Mitte bezogene Bildgruppierung wirkt spannungslos und ist nur für sehr bedeutungsvolle oder besonders schöne Gestaltungselemente angebracht, die dann nichts anderes in ihrer Nähe dulden. Im allgemeinen soll der Horizont des Bildes in Augenhöhe liegen. Je anspruchsvoller und je großformatiger ein Bild ist, desto höher, je kleiner, desto niedriger kann es hängen. Neben Sitzgruppen und einzelnen Sesseln, über einer Ofenbank, am Eßplatz, am Arbeitsbereich können kleine Bilder, Fotos, Scherenschnitte usw. etwa in Augenhöhe des Sitzenden angebracht werden. Bilder von annähernd gleichem Format, gleicher Thematik und verwandter Technik können – bei geringer Anzahl – möglichst in ungerader Zahl, in Gruppen oder Reihungen beliebig aufgehängt werden. Auch Gruppen von Bildern mit unterschiedlichem Format, Inhalt und Rahmen lassen sich zu einem dekorativen Ensemble zusammenfassen. Vor Überladung soll man sich genauso hüten wie vor Spärlichkeit, indem z. B. eine kleine Bildergruppe, viel zu weit oben angeordnet, sich verloren an einer kahlen Wand ausnimmt.
Der Bilderrahmen soll dem Bild und dem Raum gerecht werden. Meistens empfiehlt sich Naturholz oder ein farbig auf den Raum abgestimmter Anstrich. Größere Goldrahmen älterer Herkunft sind immer wieder ein gestalterischer Höhepunkte, wenn Form, Inhalt und Umgebung korrespondieren. Einzelstücke wirken hier gediegener als großformatige Anhäufungen. Fotografien, Grafiken, Reproduktionen, Plakate, Karten können auch ohne Rahmen angepinnt oder auf Platten (z. B. Sperrholz- oder Spanplatten, Papphohlkörper) mit entsprechend behandelten Kanten aufgeklebt werden; wertvolle Exemplare sind natürlich ausgenommen. „Leichte“ Bilder (Aquarell, Rötel, Stiche, Schnitte) wirken gut mit breitem Passepartout, können aber auch, auf eine weiß kaschierte Platte gelegt, mit Glas abgedeckt und zusammen verschraubt, an der Wand wirken. Glasbohrarbeiten sind am besten von Fachleuten ausführen zu lassen. Ölbilder werden generell nicht verglast.
Bücher. In offenen Regalen oder Borden sind Bücher jederzeit greifbar, verstauben bzw. vergilben aber schneller. Am günstigsten stehen sie hinter Glasschiebetüren oder Rahmendrehtüren mit Glasfüllung und Staubleisten; dabei geht auch der optische Reiz der farbigen Bücherrücken nicht verloren. Die Ansammlung zahlreicher Bücherrücken ist einem belebten Dekor im Raum gleichzusetzen. Man ordnet die Bücher am besten alphabetisch, nach Sachgebieten oder Nationalitäten; das Ordnungsprinzip wird sich nach den Bedürfnissen der Benutzer richten.
Sammlungen. Die Lust der Menschen, reizvolle Gegenstände zusammenzutragen, führt oft zu eigenwilligen, interessanten Gestaltungsmitteln für die Wohnung: Gläser, Schnitzarbeiten, Zinn- u. a. Metallgegenstände, bibliophile Schätze, schöne Steine, Teller, Puppen, Münzen, Barometer, Mini-Wandteppiche, Porzellane, Keramiken usw. können uns an Wänden und Leisten, auf Raumteilungen und Borden, in Schränken und Schüben, ja sogar in freistehenden und beleuchteten Glasvitrinen begegnen und erfreuen.
Beiwerk. Plastiken, Teller, Vasen, Platzdeckchen, Übertöpfe, Uhren, Lampenschirme, Kerzen, selbst Thermometer ordnet man bewußt so an, daß ein interessantes Gleichgewicht entsteht, wobei auch auf die Farben geachtet werden muß. Raumschmuck können auch Bücherrücken werden, besonders bei großen Regalfronten – ebenso Pflanzen, Blumenarrangements, Servietten. Allen diesen Gegenständen werden ganz gezielt Plätze zugedacht, an denen sie griffbereit sind und gleichzeitig schmücken.
Pflanzen im Raum. Ihre Anzahl sowie Um-

fang und Gattung richten sich nach den Abmessungen und den Fenstern der Räume. Als vorteilhaft hat sich die Einrichtung von Blumenfenstern oder -wannen erwiesen, weil sie die Pflanzen im Raum konzentrieren und besser ordnen als die oft fragwürdig gestalteten Blumenständer und Blumentopfhalter. Aber auch einzeln aufgestellte, bewußt plazierte Pflanzen, wie Monstera, Zimmerpalmen, -linden, -tannen u. a. auch in Kübeln oder in besonderen Übertöpfen, werden ihre Wirkung nicht verfehlen. Bei genügend Tageslicht können einzelne Pflanzen auch in einigem Abstand vom Fenster gedeihen und wirken. Was die Auswahl der Pflanzen betrifft, sollte nicht nur ihre farbige, sondern auch ihre grafische Eigenart beachtet werden: Gräser, Farne, Disteln oder Schilf können durch ihr charakteristisches Linienspiel ebenso wie Bodenvasen mit einzelnen Zweigen eine wichtige Rolle in der Gesamtkomposition übernehmen, die ein gut eingerichteter Raum darstellen soll.

Alte Möbel. Wer schöne und gut erhaltene Möbel früherer Epochen erbt oder erwirbt, sollte sich – unabhängig von deren Wert – nicht scheuen, einige Exemplare in seine Wohnung mit einzubeziehen. Solche Möbel sind häufig ideale Ergänzungsmöbel mit erstaunlich technischem Pfiff und fügen sich mit ihren dezenten Hölzern harmonisch sowohl in einen sachlichen als auch in einen romantischen Wohnstil ein. Vor nostalgischen Aktionen, nur weil andere diese etwas konfus betreiben, sollte man sich allerdings hüten. Die persönliche innere Beziehung, aber auch das Verantwortungsgefühl, Altes und Unwiederbringliches zu erhalten, sind akzeptable Voraussetzungen.

Stereofonie

Viele Menschen widmen sich mehr und mehr dem bewußten, ausgewählten und qualitätsgerechten Musikhören. Dazu braucht man Plattenspieler, Bandgerät, Tuner, Verstärker und zwei Lautsprecher-Boxen. Die Plazierung dieser technischen Geräte muß von vornherein auf den Raum sowie die Möbelanordnung abgestimmt sein. Befinden sich z. B. in einer Schrankwand keine entsprechenden Öffnungen, lassen sich später nur Kompromißlösungen durch Umbau, Umstellungen usw. herbeiführen. Bei der Aufstellung einer Hi-Fi- (High Fidelity = hohe Wiedergabetreue) Anlage sollte man sich von folgenden Gesichtspunkten leiten lassen:

- Alle Teile sind leicht bedienbar aufzustellen.
- Beide Boxen sollen zum Sitzplatz ein gleichschenkliges Dreieck bilden (richtige Länge der Schenkel 2,5 bis 3,5 m).
- Die Boxen sollen von akustisch weniger gedämpften Stellen auf stärker gedämpfte strahlen (Aufstellung in eine Holzwand mit Schallabstrahlung auf die Sitzgruppe, Vorhänge usw.).
- Teppiche und Bodenbeläge wirken schallabsorbierend und -dämpfend; Wohnräume sollen wenigstens zum Teil damit ausgestattet sein.
- Durch zuviel Textilien wird der Raum jedoch zu „trocken“, d. h., es entsteht zu großer Verlust an Präsenz und Brillanz der Töne.
- Sehr große Boxen sind auf dem Boden, kleinere in Ohrhöhe aufzustellen.
- Hoch stehende Boxen sollten dem Hörer zugeneigt sein, da die Höhenabstrahlung stark gerichtet ist.
- In schmalen, langen Räumen besteht die Schwierigkeit, eine ausreichende Hörzone zu schaffen; in diesem Fall sollten sich die Boxen an den Längswänden gegenüberstehen. Selbst in einem Meter Abstand von der Box wird noch der volle Stereo-Effekt erzielt; allerdings hat man dann – wie bei Kopfhörern – den Eindruck, mitten im Orchester zu sitzen.
- Um akustische Rückkopplung zu vermeiden, ist der Plattenspieler nicht direkt ins Schallfeld der Boxen zu stellen.
- Boxen sollen frei strahlen, nicht hinter Möbeln oder Textilien versteckt stehen.
- Die Hi-Fi-Anlage ist aus ökonomischen Gründen stufenweise anzuschaffen; im Interesse der Werterhaltung der Schallplatten zuerst der Plattenspieler mit hochwertigem Abtastsystem. Übereilte Kompromisse sollten vermieden werden. Erfahrungsgemäß werden qualitativ schwache Teile nach einem Jahr doch gegen wertvollere ausgetauscht, denn das Ohr wird durch den Umgang mit Hi-Fi geschult, und die Qualitätsansprüche steigen. Auch das Äußere der Stereoanlage sollte man

weitestgehend in Material (bei Holz oder Dekorfolie) und Farbe (Plaststoffe, Metall) mit der Einrichtung des Raumes in Einklang bringen.

Die Möblierung der Wohnung

Die Reihenfolge der Anschaffungen. Sie geht vom Notwendigen über das Wünschenswerte zum Schmückenden. Vor jeder Anschaffung ist zu bedenken:

1. Wie soll die vollständig eingerichtete Wohnung beschaffen sein? Welchen Wohnfunktionen (Essen, Arbeiten, Schlafen usw.) sollen die einzelnen Räume dienen? Soll z. B. das Schlafzimmer ausschließlich als Schlafraum benutzt werden, oder richtet man es besser in kombiniertem Charakter ein (Schlafen, Arbeiten, Spielplatz, Nähecke o. ä.)? Wo sollen Geschirr, Kleider, Bücher u. a. aufbewahrt werden?
2. Lassen sich die zuerst zu beschaffenden Möbel auch bei wachsender Familie in einer größeren Wohnung sinnvoll verwenden? Können die vorgesehenen Grundmöbel später in anderen Räumen benutzt werden? Sind z. B. ein anfangs angeschafftes Wandklappbett oder ein umgebauter Schrank später im Kinderzimmer zu gebrauchen? Sind die Möbel so bemessen, daß sie nicht nur im großen Leerzimmer (Untermieter) einer Altbau-, sondern auch in den kleineren Räumen einer Neubauwohnung Platz finden?
3. Wird mit diesen wenigen Grundmöbeln bereits eine behagliche Wohnatmosphäre oder nur ein Provisorium geschaffen, das oft länger bestehen bleiben muß, als ursprünglich gehofft?

Ein Provisorium entstünde z. B., wenn sich junge Leute, die nur ein Zimmer zur Verfügung haben, zuerst eine komplette Schlafzimmereinrichtung kauften. Vernünftiger ist es, beispielsweise anstelle eines 2,5 m langen Schrankes zwei kleinere Kleiderschränke zu wählen, oder einen davon im Korridor unterzubringen, ein paar passende Anbauteile für Bücher, Geschirr u. a. Utensilien zuzukaufen und zum Schlafen eine Doppelbettcouch zu benutzen, auf der man auch bequem sitzen kann. Ein oder zwei Schlafsessel komplettieren die Gruppe und machen es möglich, auch auf engem Raum evtl. Verwandte übernachten zu lassen. Wenn diese wenigen Dinge gut aufeinander abgestimmt und plaziert sind, macht eine kleine Wohnung auch im Anfangsstadium keinen provisorischen Eindruck.

- Möbelgarnituren. Geht man bei den Anschaffungen von der richtigen Reihenfolge aus, so empfiehlt sich sehr selten die „komplette Garnitur“ – sei es für Wohn- oder Schlafraum. Sie umfaßt stets eine bestimmte Anzahl bzw. Zusammenstellung von Möbeln, die man insgesamt kaufen muß, selbst wenn man das eine oder andere Stück nicht braucht. Die Garnitur (dies betrifft auch komplette, unabwandelbare Schrankwände) ist anfangs zu aufwendig, später meist unzureichend und nicht zu erweitern. Eine schicke Schlafcouch mit passenden Sesseln, die man auch in der Perspektive verwenden kann, ist eine gute Ausnahme.
- Anbauteile, Montageelemente. Sie sind für eine schrittweise Einrichtung zu empfehlen. Aus Anbaumöbeln und Baukastenelementen kann man das zunächst Erforderliche auswählen und nach und nach ergänzen. Dabei sollte man sich aber im Handel vorher genau erkundigen, wie lange etwa ein bestimmtes Möbelprogramm noch geführt wird bzw. nachbestellt werden kann. Etwas schwieriger ist es, die erste Wohnung mit Einzelmöbeln einzurichten, die meistens schon vorhanden sind (Gegenstände aus der Junggesellenzeit, von den Eltern, von Haushaltauflösungen usw.). Durch Farbanstriche und Ergänzungsborde sowie durch gute zusätzliche Gestaltungselemente, wie Bilder, Plakate, Gläser u. a.) ist auch hier etwas zu machen. Jedes neu dazu erworbene Stück muß sich harmonisch zu den bereits vorhandenen fügen lassen. Etwas Zeit möchte man sich dazu schon nehmen. Die teuersten oder mühseliger zu beschaffenden Dinge sollten normalerweise zuerst angestrebt werden; das Zubehör ist dann leichter darauf abzustimmen.

Die Funktionen der Möbel. Man unterscheidet drei Grundfunktionen: Sitzen, Liegen, Unterbringen und die Nebenfunktionen.

- Sitzen. Einen großen Teil seines Lebens verbringt der Mensch in sitzender Haltung. Hierzu sind, den jeweiligen Beschäftigungen entsprechend, verschiedene Sitzhaltungen erforderlich. Gemeinsam sind allen zweckentsprechenden Sitzmöbeln die dem menschlichen Körper angepaßten Abmessungen. Demgemäß hält sich das Angebot von Sesseln und Stühlen an genormte Erfahrungswerte. Ein Sitzmöbel für den Wohnplatz soll so gestaltet sein, daß die Sitzhaltung veränderbar ist. Auf die Dauer ist auch das legerste Sitzen ermüdend. Sitz- und Rükkenlehnenpolsterung sollen elastisch sein, aber nicht so weich, daß der Körper keinen Halt im Polster findet. Es gibt aber auch solche Modelle, die von diesen Prinzipien abweichen dürfen, da sie mehr zum „Hineinkuscheln" als zum herkömmlichen Sitzen entworfen sind. Man muß seine ganz speziellen Ansprüche vor dem Kauf oder dem Auftrag zur individuellen Fertigung überprüfen.

Die Eßstühle sollen eine aufrechte, aber bequeme Sitzhaltung mit leichter Unterstützung des Rückens in der Lendenwirbelzone erlauben. Auf Sesseln zu essen, ist allenfalls eine Notlösung; man drückt sich den Magen, reicht kaum an das Gedeck, und die viel zu hoch angewinkelten Knie haben keinerlei Bewegungsfreiheit unter dem niedrigen Couchtisch. Die Sitzhaltung beim Arbeiten richtet sich nach der Art der Arbeit. Für schriftliche Arbeiten werden ähnliche Anforderungen an das Sitzmöbel gestellt wie für die Einnahme von Mahlzeiten. Hier kann deshalb ein Eßplatzstuhl genügen. Ein drehbarer Arbeitsstuhl ist natürlich insofern günstiger, als man durch eine Drehung an Akten oder die Schreibmaschine heranreicht, die im rechten Winkel zum Arbeitsplatz untergebracht sind. Auch der Teppichboden würde es einem danken! Näh- und Stopfarbeiten, auch das Sticken oder Häkeln, verlangen für den einen die lässigere, d.h. mehr nach hinten geneigte, für den anderen eine nach vorn gebeugte Sitzhaltung. Armlehnen dürfen die Bewegungsfreiheit der Ellenbogen nicht beeinträchtigen.

● Liegen. Durchschnittlich acht Stunden des Tages verbringt der Mensch ruhend oder schlafend in liegender Haltung, wobei der Körper völlig entspannt wird. Zum ruhenden Liegen, auch am Tage im Wohnraum, genügt bereits eine Liegefläche von mindestens 1,90 m × 0,70 m. Diese Maße hat fast jede Couch. Sofas mit normaler Sitztiefe von etwa 0,50 m sind als Liegefläche nur ein Notbehelf. Im allgemeinen ändert der schlafende Mensch während einer Nacht etwa 24- bis 32mal seine Haltung. Betten mit dem lichten Maß von 1,90 m × 0,90 m sind dafür ausreichend. Betten werden als Einzelbetten, als Doppelbetten, die auch einzeln gestellt werden können, als zusammenhängende Doppelbetten oder als Rollbetten und Doppelstockbetten hergestellt. „Französische Betten" haben eine durchgehende Matratze von 1,90–2,0 m Länge und 1,40–1,60 m Breite. Ihr Nachteil kann darin bestehen, daß empfindliche Schläfer durch jede Bewegung des Partners gestört werden. Die Liegefläche besteht bei Betten aus Federboden und Auflegematratzen. Diese werden meist dreiteilig mit Keilkissen in verschiedenen Ausführungen angeboten. Angenehmer sind jedoch durchgehende Auflegematratzen. Matratzen sollen wärmehaltend, atmungsaktiv und elastisch sein. Diesen Anforderungen entspricht am besten die Federkernmatratze mit einer dünnen Schaumstoffauflage. Die Sitz- und Liegeflächen der Einzelliegen sind zumeist aus durchgehendem Schaumstoff (120 mm oder stärker) gefertigt; ein Bettkasten darunter ist platzsparend und reicht für das wenige Bettzeug aus, das man in einer Neubauwohnung benötigt. Schlafsessel sind eine Kombination von Sesseln und Liegen, erschwinglich im Preis und unkompliziert in der Verwandlung. Sie sind in neutraler Form und mit verschiedenen Bezugsstoffen erhältlich.

● Unterbringen. All das, was zum Hausrat gehört, läßt sich in Möbeln verschiedener Bauart verstauen. Im Kleider- und Wäscheschrank werden Garderobe, Leib- und Bettwäsche aufbewahrt, mitunter auch Handtaschen, Tücher, Wolle usw. Die Vorzüge von Einbauschränken anstrebend, hat sich die Industrie im Laufe der Jahre auf Schränke bis zu 2,60 m Breite mit Aufsätzen eingestellt, so daß die Wandflächen rationell genutzt werden können, was in kleineren Neubauräumen von besonderem Wert ist. Auch die Kleiderschränke einiger Wohnzimmermodelle lassen sich derart zusammenstellen. Die Unterteilungen im Inneren der Korpusmöbel, ihre Kästen und Fächer, sind den Bedürfnissen der Besitzer angepaßt. Ein zusätzliches Behältnismöbel für Wäsche u.a. ist die Kommode, vielfach als Frisier- und Herrenkommode oder in Form einzelner Möbelunterteile gestaltet. Die Unterbringung der Kleider in einer gesonderten, begehbaren

Kleiderkammer (Umkleidezone) ist zwar wünschenswert, aber wegen räumlicher Begrenztheit nur in wenigen Altbauwohnungen (evtl. Umfunktionieren einer Abstellkammer) oder in entsprechend projektierten Häusern möglich. Das Geschirr für den täglichen Gebrauch wird in der Küche aufbewahrt. Zusätzlich vorhandene Services, Vasen, Gläser, Tischwäsche u. a. können in der Schrankwand oder in niedrigen Anbauteilen untergebracht werden. Offene Behältnisse im Regalcharakter dienen der dekorativen Verstauung von Büchern, Ziergegenständen, Sammlungen usw.

● Nebenfunktionen. Der Platz für den Fernsehapparat ist von vornherein mit zu planen; seine Entfernung von der Wohngruppe soll mindestens das Siebenfache der Bilddiagonale des Gerätes betragen. Am günstigsten steht der Apparat in Augenhöhe bzw. etwas darüber. Ästhetisch und zugleich erzieherisch ist ein verschließbares Fernsehfach in der Schrankkombination, das mit herausziehbarer und drehbarer Platte, dem „Televisionsauszug", versehen ist. Auf diese Weise kann das Fernsehgerät jeweils in die beste Betrachtungsstellung gebracht werden. Zu den üblichen Sitzmöbeln kommt oftmals ein Ohrensessel hinzu. Mit Kopfstütze gearbeitet, verstellbar und mit dazugehörigem Hokker, ermöglicht er halbliegendes Sitzen in völlig entspannter Haltung. Weiterer Platz wird für die Stereoanlage benötigt (s. Stereofonie). Für Platten, Bänder, Kassetten, musikalische Nachschlagewerke ist gesonderter Unterbringungsraum vorzusehen, ebenso für das Schmalfilmgerät und den Bildwerfer für Diapositive; eine Aufstellmöglichkeit für die Projektionsleinwand bzw. eine freie Wandfläche ist dazu einzuplanen. Leider spielt heute die Hausmusik nur noch eine geringe Rolle. Instrumente wie Klavier und Flügel beanspruchen viel Platz und dürfen keinen größeren Temperaturschwankungen ausgesetzt werden.

● Spiel der Kinder. Hierfür muß in der Wohnung ein gesonderter Platz vorhanden sein, auch für Großspielzeug (Puppenstube, Kaufmannsladen, Eisenbahn, Autorennbahn, Kasperletheater). Ein eigener Bereich beeinflußt schon beim Kleinkind die körperliche und geistige Entwicklung in positiver Weise. In 2½-Zimmer-Wohnungen wird zumeist das halbe Zimmer oder gar das eigentliche Elternschlafzimmer, indem die Eltern den halben Raum z. B. als kombinierten Schlaf-Eß-Raum einrichten, als Bereich für das Kind vorgesehen; in kleineren Wohnungen ist es eine Spielecke im Wohn- oder Schlafzimmer. Kinder brauchen für ihre eigenen Schöpfungen Wandfläche, entweder zum Bemalen oder um ihre Zeichenversuche anzuhängen. Wenn sie größer sind, wollen sie gern ihre eigenen Vorstellungen in Form von selbstgebastelten Dingen, Reproduktionen oder Plakaten an einer Wand oder an einem eigens dafür angebrachten Lattenrost wiederfinden. Solche ganz natürlichen Bestrebungen sollten stets gefördert werden. Beim Spielen wird die Einrichtung stark beansprucht. Das Mobiliar für das Kind soll deshalb zweckentsprechend und stabil sein, die Oberfläche am günstigsten in Dekorfolie oder Nadelholz, natur mattiert. Viel Farbigkeit und Phantasie sind bei der Einrichtung von Nutzen. Allerdings sollen dem Kind keine ausrangierten Möbel zugemutet werden, allenfalls originell aufgearbeitete.

● Zusatzmöbel. Darunter sind praktische und formschöne Ergänzungsmöbel, wie Beistelltische, Teewagen, Blumenbänke, Regale, Konsolen usw. zu verstehen. Sie sollen durch Zweckmäßigkeit, solide Konstruktion und

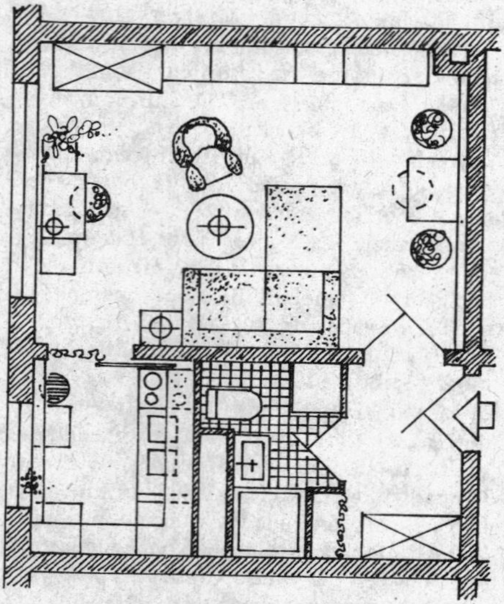

A Grundriß einer Einraumwohnung im Neubau (alleinstehende Frau)

zu A Blick auf den Schlaf-Wohn-Bereich sowie den kleinen Eßplatz

anpassungsfähiges Aussehen gekennzeichnet sein. Auch ältere Exemplare wie Nähtischchen, Blumensäulen, Notenständer, kleine Anrichten, Fußbänke u. a. mehr erfüllen berechtigte Zusatzfunktionen.

Beispiele für Wohnungen verschiedener Größe und Nutzung

Einraumwohnung A (alleinstehende Frau). Diese Wohnung ist für die Dauer, nicht als Übergang zu einer größeren Wohnung eingerichtet. Eine kombinierte Schrankwand, etwa 4,40 m lang und 2,45 m hoch, mit Kleiderschrank, Fernsehteil, Glasvitrine und offenen Regalen nimmt die große Wandfläche völlig ein. Zum Schlafen und gemütlichen Sitzen dient eine Doppelbettcouch, die als Ecklösung verwandelt besonders wohnlich wirkt; dazu wird ein bequemer Sessel gestellt. Gegenüber der Eingangstür befindet sich ein Mini-Eßplatz, an dem zwei Personen, durch Heranrücken des Arbeitshockers sogar drei, speisen können. Der Arbeitsplatz (zwei schmale Unterteile des Typensatzes mit eingehängter Platte) steht direkt vorm Fenster; ein weiterer schmaler Kleiderschrank ist in die Nische des Korridors plaziert worden.

Einraumwohnung B (kinderloses Ehepaar). Die Wohnung liegt in einem Appartementhaus. Sämtliche Einrichtungsgegenstände sind so ausgewählt, daß sie bei wachsender Familie auch in einer größeren Wohnung sinnvoll verwendet werden können. Als Schlafgelegenheit dienen zwei Liegen, eine ohne, die andere mit Rückenlehne. Diese wird zum Sitzen nach vorn, zum Schlafen nach hinten geklappt und kann – falls man die Liegen später als normale Betten nebeneinander aufstellen will – auch abmontiert werden. Der Schrank im Flur ist eingebaut. Vier Anbauteile mit Bettkasten, einigen Bücherregalen und Schreibteil für die studierende Ehefrau sowie ein kleiner Eßplatz ergänzen die Einrichtung. Der runde Tisch lokkert zusammen mit den beiden Sesseln die etwas starre Möblierung auf. Als zusätzliche Abstellfläche werden kleine, untereinanderschiebbare Beistelltischchen empfohlen, die auch als Nachtablage nützlich sind.

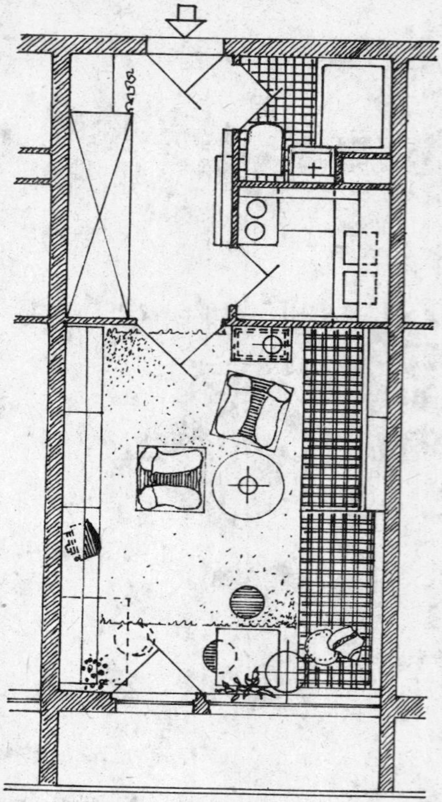

B Grundriß einer Einraumwohnung im Neubau (kinderloses Ehepaar)

Einzimmerwohnung im Altbau C (kinderloses Ehepaar). Hier handelt es sich um eine vorübergehende Lösung in einem Leerzimmer einer Altbauwohnung. Sämtliche Möbel sollen später in einer größeren Wohnung verwendet werden. Es werden drei Schlafsessel und ein Hocker aufgestellt, die wohnlich wirken und später – ebenso wie die Schränke – im gemeinsamen Schlafzimmer, im Jugend- oder Gästezimmer wie in getrennten Räumen wieder verwendbar sind. In Ermangelung eines Abstellraumes wird in der Schranknische ein Behelfsregal eingebaut und mit einem Vorhang abgeschlossen, dessen Laufschiene an einer Leiste in Schrankhöhe befestigt ist. An der Fensterwand sind eine Nähmaschine, ein Schreibtisch und Anbauteile aufgestellt, die auch in der Zukunft – durch Oberteile ergänzt – vielseitig einsetzbar sind. Individuelle Borde über den Arbeitsplätzen schaffen abgegrenzte Bereiche. Stellt man die beiden Arbeitsstühle nebeneinander vor die Fenster, läßt sich ein gemütlicher Frühstücksplatz improvisieren.

Einzimmerwohnung im Altbau D (alleinstehender Mann). Solange noch Mangel an Einraumwohnungen (Allzweckraum, Küche, Bad, Vorraum) besteht, sind viele alleinstehende Menschen auf das „möblierte Zimmer“ oder das selbst eingerichtete Leerzimmer (Teilhauptmiete) angewiesen. Vermietet wird meist der ungünstigste Raum, das halbe Zimmer, das infolge seiner Länge (im Altbau oft 5–6 m) schmal und unproportioniert wirkt. Reiht man noch dazu alle Möbel, die der Untermieter braucht oder nicht braucht, hintereinander an den Längswänden auf,

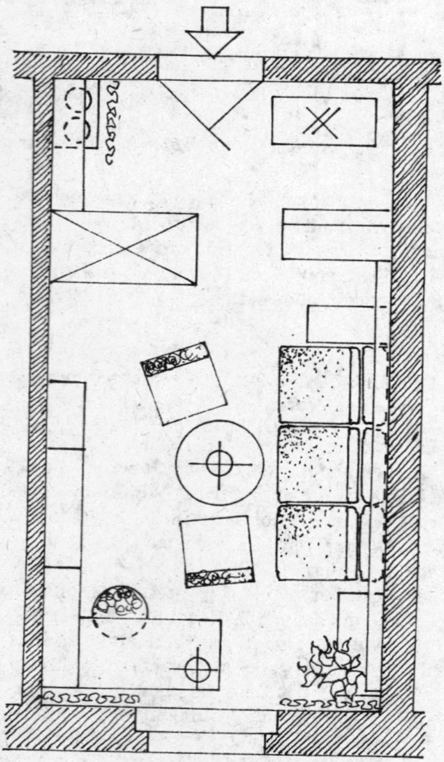

D Grundriß einer Einzimmerwohnung im Altbau (alleinstehender Mann)

dann ergibt sich ein unwohnlicher Schlauch, den sich der Vermieter selbst wahrscheinlich nicht zumuten würde. In dem gezeigten Beispiel ist die Zimmerlänge durch einen quergestellten Kleiderschrank optisch verringert. Wird der Schrank auf der Rückseite mit Stoff, Tapete oder einem Gobelin verkleidet, bietet er Platz für Garderobehaken, einen Spiegel, eine Ablage. Rechtwinklig zum Schrank wird eine Abstellnische mit Regal geschaffen, eventuell auch als kleine Kochecke nutzbar. Rollo oder Vorhang verbergen dies bei Bedarf. Um den so entstandenen „Vorraum" optisch noch stärker abzugrenzen, kann man in Ofennähe (Wärmeabstrahlung nicht unterbinden!) vom Fußboden bis zur Decke z. B. ein offenes, beidseitig bestückbares Regal vorsehen. Zum Schlafen wird eine Doppelbettcouch benutzt, so daß auch zwei Personen übernachten können, das Bettzeug kommt in den daneben stehenden Bettkasten. Zur Sitzgruppe gehören zwei Sessel und ein kleiner Tisch, der durch den an der Couch stehenden Servierwagen ergänzt wird. Der quergestellte Arbeitstisch am Fenster vermindert ebenfalls die Raumlänge.

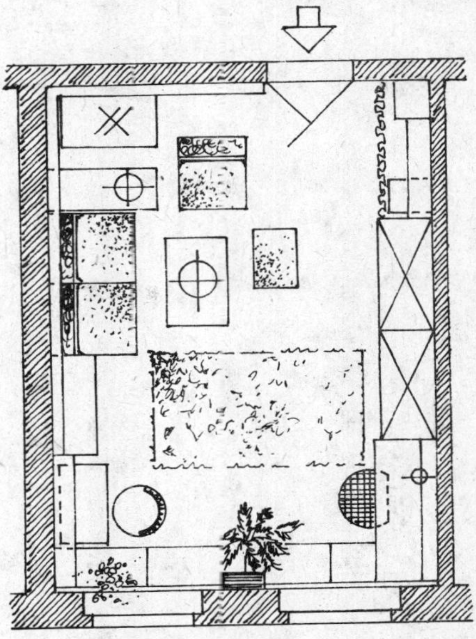

C Grundriß einer Einraumwohnung im Altbau (kinderloses Ehepaar)

zu C Blick auf den Wohn-Schlaf-Platz

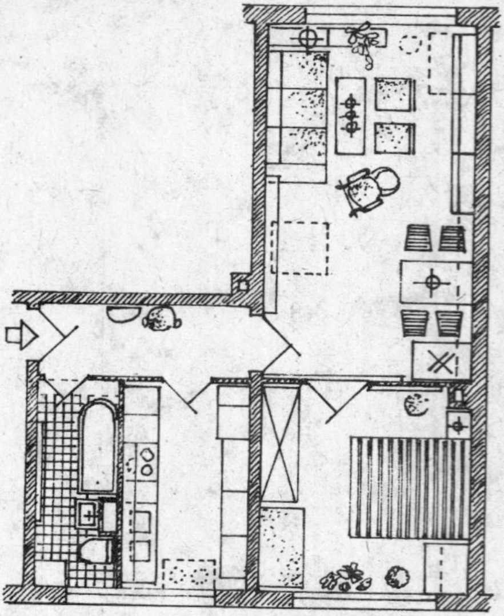

E Grundriß einer Zweizimmerwohnung (Ehepaar mit Kleinkind)

Bücher und anderes Gebrauchsgut sind in halbhohen Anbauteilen untergebracht; darüber sind wieder Borde aufgehängt, aus gestalterischen Gründen auch über Couch und Bettkasten. Vorhänge über die gesamte Fensterbreite korrigieren ebenfalls die Raumproportionen.

Zweizimmerwohnung E (Ehepaar mit Kleinkind). Die Wohnung ist normal belegt; ein Zimmer wird als Wohnraum, das andere als Schlafraum genutzt. (Besser wäre der zweite Raum als kombinierter Wohn-Schlaf-Raum genutzt, weil ein Kind sehr schnell heranwächst, aber nicht sofort eine Zweieinhalb-Zimmer-Wohnung zur Verfügung steht.) Im Wohnzimmer befindet sich diagonal zur bequemen Sitzgruppe ein Eßtisch, der auch noch bei wachsender Familie ausreichend ist. Bei Bedarf kann außerdem in der Küche eine kleine Frühstücksplatte geschaffen werden. An der langen Wand sind drei Anbauteile aufgestellt, eines davon mit Schreibklappe. Die Aufsätze der Schrankwand sind über dem Eßplatz fortgeführt, so daß die Möbel großzügiger aufgeteilt erscheinen, mehr Stauraum bieten und eine klare Linienführung entsteht. In der somit gebildeten Nische läßt sich die Wand vielfältig gestalten. Im vierten Unterteil, das seitlich neben der Couch in unmittelbarer Nähe des Laufgitters steht, sowie im Regal darüber wird das Spielzeug des Kleinkindes untergebracht. Der Schlafraum wirkt weiträumig durch die Verwendung einer Französischen Liege (etwa 1,60 breit). Das ist vorteilhaft für die Aufstellung der Wäschekommode, die durch einen provisorischen Aufsatz von etwa 70 cm Tiefe als Wickeltisch benutzt werden kann.

Zweizimmerwohnung F (berufstätige Frau mit Mutter). Beide Zimmer werden als Wohn-Schlaf-Räume genutzt. Als Schlafgelegenheit ist im Zimmer der Tochter eine Doppelbettcouch mit normaler Sitztiefe aufgestellt, dazu ein flacher Tisch und ein Sessel, die zusammen einen gemütlichen Wohnplatz bilden. Das Bettzeug wird in einem belüfteten Bettkasten verstaut. An beiden Längswänden sind Anbauelemente aufgereiht, die in Couchnähe flach gehalten, ge-

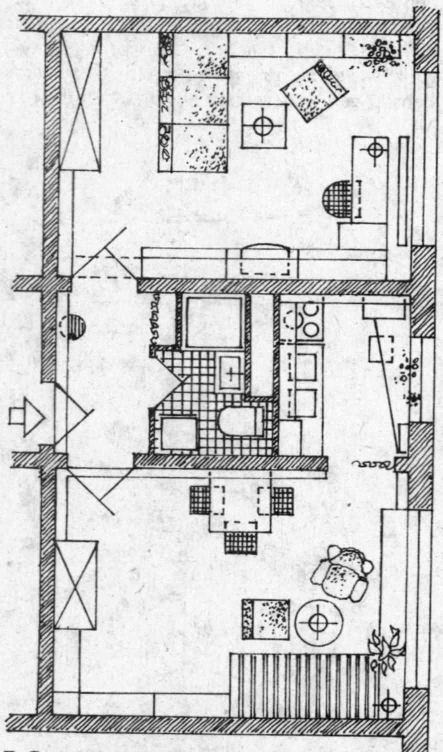

F Grundriß einer Zweizimmerwohnung (berufstätige Frau mit Mutter)

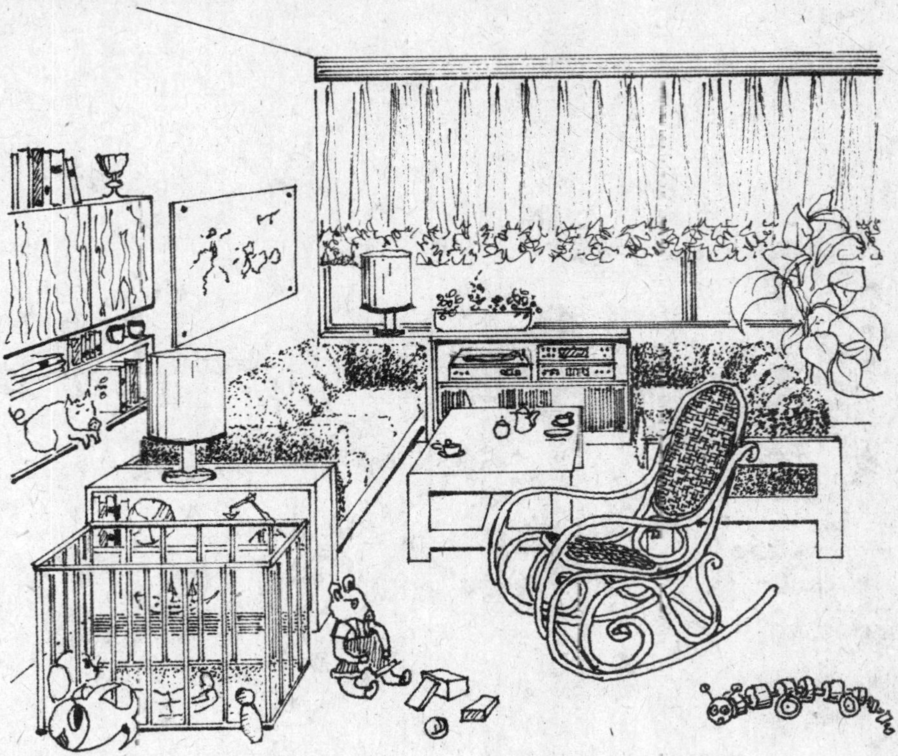

zu E Blick auf Wohnplatz und Spielecke

genüber mit Mittelteilen und Aufsätzen versehen sind. Diese umbauen die Tür zum Korridor. Einige Bücherregale und der Schreibtisch vorm Fenster ergeben den Arbeitsbereich für die beruflich zu Hause arbeitende Tochter. Der Korpus des Kleiderschrankes fällt an der hinteren Stirnwand wenig ins Gewicht. Im Zimmer der Mutter steht eine Liege, das Bettzeug kann im Bettkasten untergebracht werden. Vor der Heizkörperverkleidung stehen ein Ohrensessel, ein leichter Sessel und ein Tischchen – ein gemütlicher Platz für Handarbeiten und zum Lesen. In diesem Zimmer befindet sich auch der gemeinsame Eßplatz, der den Bewohnern das auf die Dauer unbequeme Essen an einem niedrigen Couchtisch erspart. Eine Beleuchtungsblende über dem Eßplatz erfüllt zugleich die Funktion eines Bordes, auf dem Gewürze u. a. stehen können.

Zweizimmerwohnung G (drei berufstätige Personen: Mutter, Tochter, Sohn). Das größte Zimmer ist als Wohnraum für alle eingerichtet. Die Couch wird nachts vom Sohn zum Schlafen benutzt; das Bettzeug verschwindet unter deren Liegefläche. Als Behältnismöbel dienen Teile eines Montagemöbelprogrammes, wie Kleiderschrank, Aufsätze über dem Eßplatz, Unterteile neben der Couch in Verbindung mit individuellen Borden und ein Bücherregal neben der Tür. In deren Nähe ist auch der Eßtisch für die Familie vorgesehen (nächster Weg zur Küche). Das zweite Zimmer ergibt den gemeinsamen Schlafraum für Mutter und Tochter; beide Schlafbereiche können durch Vorhang oder attraktive Stoffrollos voneinander getrennt werden. Es sind Möbel gewählt worden, die ebenfalls kombiniert verwendet werden können (für Garderobe, Wäsche, Bücher, dekorative Elemente). Flachteile und eine Schreibplatte sind im rechten Winkel

zu F Blick auf den Wohn-Schlaf-Bereich der Mutter sowie auf den gemeinsamen Eßplatz

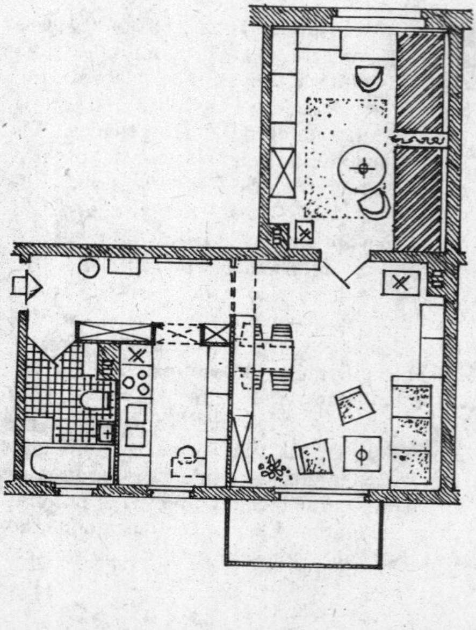

angestellt. Zum Schlafen dienen Liegen mit Bettkasten. Ein Arbeitsstuhl, ein Beistelltisch und ein zierlicher Sessel können in Verbindung mit der Liege auch zu einem wohnlichen Ensemble zusammengestellt werden.

Zweieinhalbzimmerwohnung H (Ehepaar, berufstätiger Sohn, schulpflichtige Tochter). Der größte Raum wird als Wohnzimmer genutzt, in dem der Sohn auf einem Liegesofa schläft, das in Verbindung mit einer behaglichen Sitzgruppe steht. Das Bettzeug wird in einem Bettkasten aufbewahrt, zu dem im Winkel von 90 Grad Glasvitrinen in Augenhöhe stehen. Aus Platzgründen ist der Eßplatz neben eine kurze Schrankwand gerückt, deren Aufsätze darüber hinweggezogen werden. In der Nähe des Ofens befindet

G Grundriß einer Zweizimmerwohnung (drei berufstätige Personen: Mutter, Tochter und Sohn)

sich ein Satz Beistelltischchen, die bei den unterschiedlichsten Gelegenheiten nützlich sind. Am Eßplatz besteht auch die Möglichkeit für den Sohn, schriftliche Arbeiten auszuführen. Der Ofen heizt zugleich das halbe Zimmer mit. Eine niedrige Bank quer vorm Fenster nimmt dekorative Zimmerpflanzen auf. Das Elternschlafzimmer verfügt über einen geräumigen Kleiderschrank (drei zweitürige Schränke), die Ehebetten, Flachteile und zwei leichte Sitzgelegenheiten. Die schulpflichtige Tochter bewohnt das kleinste Zimmer. Komplettierfähige Möbel enthalten Korpusteile für Garderobe, Schulsachen, Hobbymaterial usw. Die Aufstellung des Arbeitsplatzes vor dem Fenster mildert die Tiefe des Raumes. Die Liege, ein oder mehrere Tischchen, Sessel und Hocker, der Arbeitsstuhl und zahlreiche Borde zur Ablage bilden eine wohnliche Gruppe, auch mal für eine Runde von Freunden.

Zweieinhalbzimmerwohnung I (berufstätiges Ehepaar, schulpflichtiger Sohn, Großmutter). Das große Zimmer ist Wohn- und Schlafraum. Die Sitzgruppe in Ofennähe ergibt den Bereich Schlafen für die Eltern und Wohnen für die Familie. Ein Eßplatz, kombiniert mit einer langen Bank, ist gegenüber in die Anbauzeile eingeschoben; Arbeitsplatz, Regale, Teewagen und Grünpflanzen ergänzen die Einrichtung. Das Zimmer der Großmutter ist so geräumig, daß es sich im Charakter einer Einraumwohnung gestalten läßt. Die alte Dame ist zwar im Wohnraum gern gesehen; es ist aber wichtig, daß sie sich auch in ihrem Milieu allein wohlfühlt. Liege, Sessel und ein sog. Rauchtisch bilden die Schlaf-Wohn-Gelegenheit. Die Nähmaschine ist neben dem Arbeits- und Zuschneidetisch am Fenster vorgesehen. Schrankwand und Kleiderschrank bieten die nötigen Unterbringungsmöglichkeiten. Im Kinderzimmer sind eine Liege, ein Kleiderschrank, Regale für Spielzeug und Bücher und ein Setzkasten geplant. Für Schularbeiten und Basteleien befindet sich unter dem Fenster eine Mehrzweckplatte.

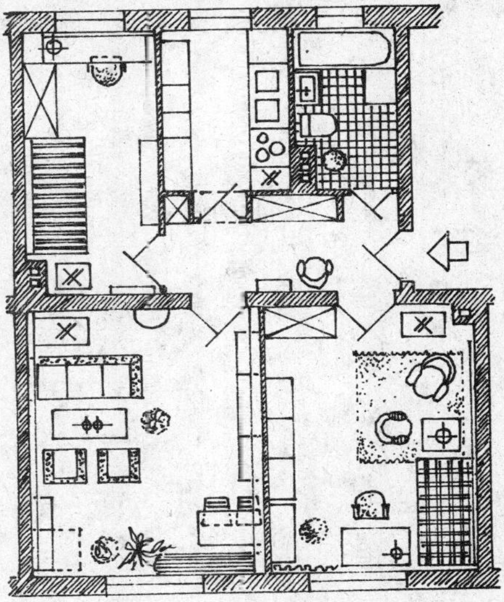

I Grundriß einer Zweieinhalbzimmerwohnung (berufstätiges Ehepaar, schulpflichtiger Sohn, Großmutter)

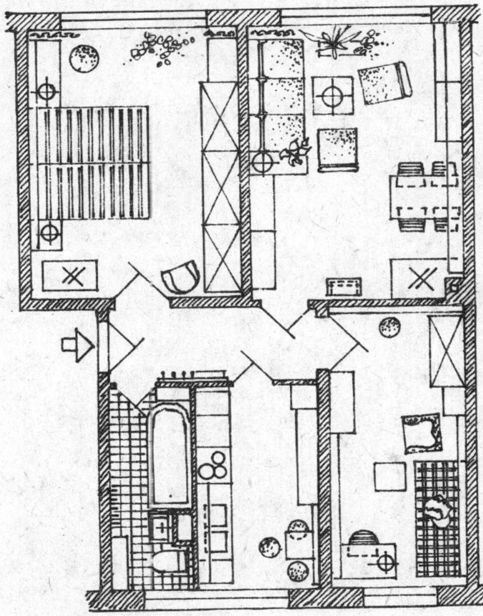

H Grundriß einer Zweieinhalbzimmerwohnung (Ehepaar, berufstätiger Sohn, schulpflichtige Tochter)

Dreizimmerwohnung J (Ehepaar, zwei schulpflichtige Söhne). Als Wohnraum bietet sich auch hier eindeutig das geräumigste Zimmer an, zumal durch die günstige Lage der Küche mit einer Durchreiche die direkte Verbindung zum Eßtisch geschaffen werden kann. Die Durchreiche ist in diesem Fall als Bartisch für kleine Mahlzeiten zu viert oder

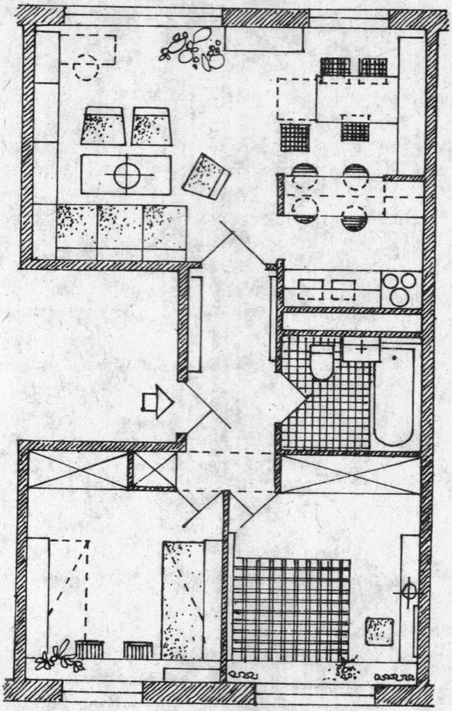

J Grundriß einer Dreizimmerwohnung (Ehepaar, zwei schulpflichtige Söhne)

einen Imbiß der Familienmitglieder ausgebildet. Die Trennwand zwischen Küche und Wohnzimmer sitzt mitten unter der Platte, so daß man ungehindert von beiden Seiten daran sitzen kann. Die Hocker sind in einer PGH individuell angefertigt und mit dem Wildleder eines unmodernen Mantels bezogen worden. Der Eßplatz wird nicht selten für Schreibarbeiten genutzt; der Tisch hat für diesen Zweck seitlich eine Ausziehplatte für die Schreibmaschine. Arbeitsutensilien und Bücher sind griffbereit in einer flachen Anbaustrecke verstaut. Eine zweite Anbaureihe, die u.a. eine herunterklappbare Platte für die Nähmaschine enthält, ist vor der gegenüberliegenden Wand aufgestellt. Für die Sitzgruppe ist als zusätzliche Schlafgelegenheit für Besucher ein Liegesofa zu erwägen. Im Schlafzimmer sind die Betten unkonventionell aufgebaut. Eine Platte vor dem Fenster bzw. im rechten Winkel dazu dient als Ablage und Schminkplatz. In diesem Beispiel könnte der Kleiderschrank fest eingebaut sein.

Im Kinderzimmer ist ein solcher Einbauschrank vorgegeben. Zwei Wandklappbetten sorgen für eine ausreichende Spielfläche und Bewegungsfreiheit an der Arbeitsplatte vor dem Heizkörper. Diese besteht aus einer Spanplatte, die auf zwei niedrigen Bücherregalen beiderseits des Heizkörpers ruht. Ein drittes Regal ist aufgesetzt. Die farbliche Oberflächenbehandlung ist mit der Spritzpistole eines Heimkompressors vorgenommen worden.

Zweizweihalbzimmerwohnung K (Ehepaar, zwei Kleinkinder, Kleinstkind, Großvater). Familienstruktur und Größe der Wohnung ermöglichen ein ausgesprochenes Wohnzimmer, in dem niemand die Nachtruhe sucht. Trotzdem ist ein Liegesofa zu empfehlen, das ein Nachtquartier für Besuch hergibt. Unabhängig vom Wohnplatz wird ein Eßplatz für maximal 7 Personen aufgestellt. Die Schrankwand weist Schreibteil, Fernsehelement, Glasvitrine, offene und geschlossene Teile, Aufsätze und einen Kleider-Wäscheschrank neben der „toten Ecke“ auf. Im Elternschlafzimmer sind die Liegen rechtwinklig zueinander gerückt, um Platz für ein Ställchen und einen provisorischen Wickeltisch zu schaffen. Über den Liegen ist ein

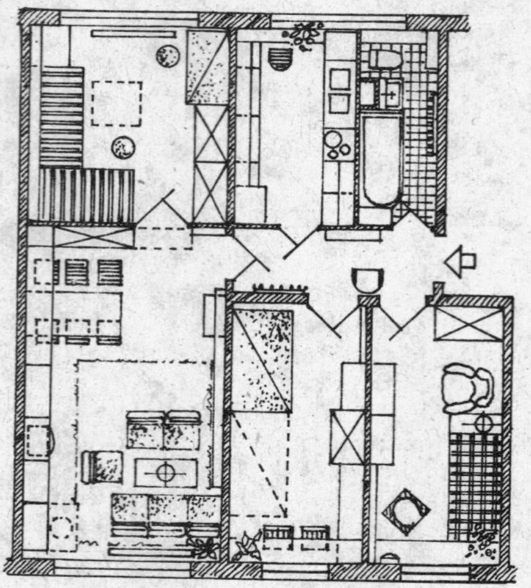

K Grundriß einer Zweizweihalbzimmerwohnung (Ehepaar, zwei Kleinkinder, Kleinstkind, Großvater)

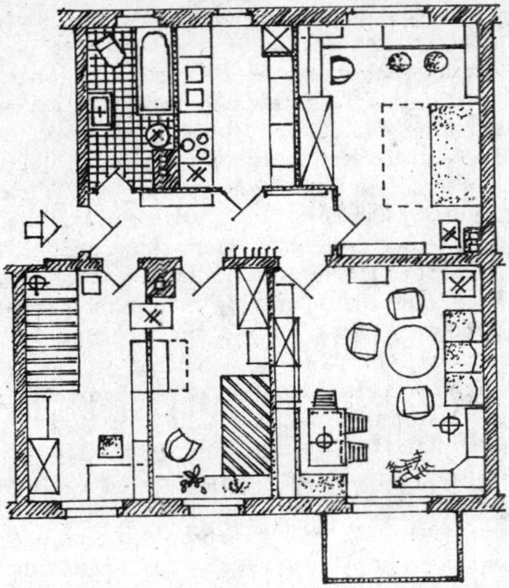

L Grundriß einer Zweizweihalbzimmerwohnung (Ehepaar, erwachsene Tochter, drei schulpflichtige Söhne)

Wandbrett für Wecker, Broschüren usw. eingedübelt. Die beiden Kleinkinder haben, da die Betten untereinanderschiebbar sind, auch in einem halben Zimmer genügend Raum zum Spielen. Das Spielzeug gehört in einige Montagemöbelelemente, genauso wie Kleidungsstücke, Malhefte, Kindergartenutensilien usw. Mit Blick ins Freie ist eine Arbeitsfläche vorgesehen, die links auf einem tischhohen Schränkchen liegt und gegenüber an der Wand befestigt ist. Der Großvater bewohnt das andere kleine Zimmer. Wegen der Schlafgewohnheiten wird ein Tagbett bevorzugt. Zum Ausruhen steht außerdem ein weicher, alter Ledersessel zur Verfügung. Unterbringungsmöglichkeiten bieten kombinierter Kleider-Wäscheschrank und Ergänzungsteile. Zum Briefmarkensammeln, Lesen, Schreiben dient auch hier eine Platte über dem Heizkörper.

Zweizweihalbzimmerwohnung L (Ehepaar, erwachsene Tochter, drei schulpflichtige Söhne). Dieses ungewöhnliche Einrichtungsbeispiel ergibt sich, wenn ein Elternteil beruflich vorwiegend zu Hause arbeitet und ein Arbeitszimmer braucht. Im gemeinsamen Wohnzimmer der Familie stehen eine Sitzgruppe mit Liegesofa zum Schlafen für die Tochter und die Eßecke, die von Korpuselementen eines Typenprogramms umschlossen ist (mit Kleiderschrank für die Tochter). Das Zimmer der Mutter enthält eine Liege mit Bettkasten, dazu passende halbhohe Anbauteile mit herausziehbarem Frisierfach und einem Kleiderschrank. Gearbeitet wird in Fensternähe. Der Arbeits- und Schlafraum des Vaters liegt am weitesten vom Kinderzimmer entfernt. Er ist mit den gleichen Möbeln ausgestattet wie das Zimmer der Mutter, damit gegebenenfalls auch ein gemeinsamer Raum arrangiert werden kann. Vor dem Fenster wird der Arbeitsplatz am besten mit natürlichem Licht versorgt. Im Kinderzimmer wird trotz der erforderlichen Schlafgelegenheiten viel Raum zum Spielen bleiben; deshalb werden Doppelstockbetten aufgestellt und ein drittes daruntergerollt. Die vorhandene Nische wird mit einem Arbeitsplatz, Kleiderschrank und Spielzeugregal genutzt. Vor dem Fenster ist eine weitere Arbeitsfläche für zwei Kinder geschaffen. Die notwendigen Bücher, Hefte sowie viele Kleinigkeiten finden in Kästen unter der Platte und in einem Aufsatzregal im Ofenbereich Platz.

Vierzimmerwohnung M (Ehepaar, erwachsene Tochter, zwei Schulmädchen). Das Wohnzimmer ist sehr praktisch eingerichtet.

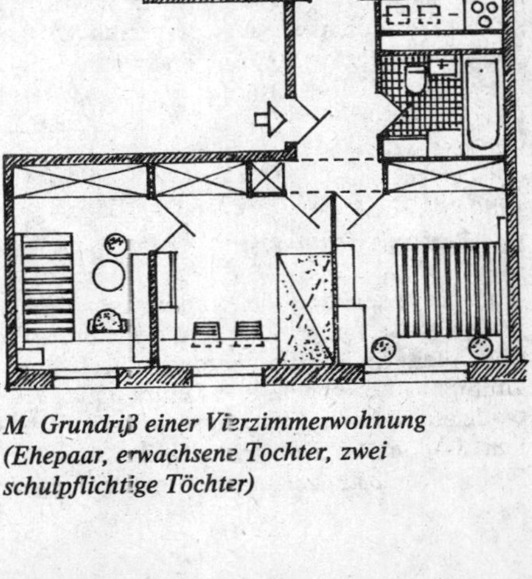

M Grundriß einer Vierzimmerwohnung (Ehepaar, erwachsene Tochter, zwei schulpflichtige Töchter)

Um einen großen, aber flach gehaltenen Tisch sind – auf den Fernsehapparat ausgerichtet – zwei Sessel und ein bequemer Schaukelstuhl mit Fußhocker gruppiert. Der Hocker wird außerdem als Sitzgelegenheit am Schreibsekretär genutzt. Der Eßplatz steht in Verbindung mit der Durchreiche zur Küche. Gläser, Keramiken, Bücher, anderer Raumschmuck, Radio usw. werden in einer Schrankwand untergebracht, die übereck durch niedrige Teile weitergeführt ist. (Man kann darauf auch Sitzkissen legen und den Wohnplatz somit erheblich vergrößern.) Der Fernsehtisch, ähnlich einer Bank, nimmt zugleich Grünpflanzen auf. Das Schlafzimmer ist relativ konventionell möbliert. Der Heizkörper ist mit einer Platte abgedeckt (rechtwinklig zum Fenster). Der so entstandene Arbeitsplatz ist gut mit Tageslicht versorgt; er kann durch ein leichtes aufgesetztes Schränkchen, durch Wandbretter und einen Spiegel ergänzt werden. Die Schränke sind in allen drei Zimmern fest eingebaut. Das Zimmer der schulpflichtigen Mädchen wirkt durch die Aufstellung eines Doppelstockbettes geräumig. Die Arbeitsplatte vor dem Fenster ruht teilweise auf einem Anbauregal, teils auf Stützen. Ein aufgesetztes Anbauteil nimmt die Schulunterlagen auf; daneben ist Platz für die Puppenstube oder ähnliche sperrige Spielsachen. Im Zimmer der erwachsenen Tochter ist ebenfalls eine Arbeitsplatte geschaffen, unter der links vom Heizkörper noch ein älteres Schränkchen Platz hat. Außerdem können leichte Regale aufgesetzt oder an die Wand gehängt werden. Zum Schlafen wird eine Liege verwendet. Eine kleine Sitzgruppe gibt dem Raum die nötige Wohnlichkeit; bei Einbeziehung der Liege ist auch für Freunde Platz genug.

Schöne und zweckmäßige Gebrauchsgüter

Vom Bestehen der Menschheit an existiert auch das Bestreben, den Bedürfnissen nach Schönheit im unmittelbaren menschlichen Umfeld – Behausung und Gegenstände des täglichen Gebrauchs – Ausdruck zu verleihen. Schon bei Höhlenmalereien und von Funden selbsthergestellter uralter Gegenstände und Geräte sind schöne, dem Verwendungszweck entsprechende Formen bekannt. Schmuckelemente wurden materialgerecht und dem Herstellungsverfahren adäquat angewandt.

Im Verlauf der weiteren Entwicklung bildeten sich auf Grund spezieller Fertigkeiten Menschen heraus, die sich vornehmlich mit dem Anfertigen bestimmter Dinge beschäftigten: das Handwerk entstand.

In unseren Museen zeugen die von Handwerkern hergestellten Gegenstände und Geräte, einschließlich der Kleidung, von den Fähigkeiten zur Schaffung guter Formen, abgestimmter Farbigkeiten und dem sicheren Gefühl für die Wahl des richtigen Werkstoffes und seine materialgerechte Bearbeitung. Der Handwerker fühlte sich für sein Produkt und gegenüber dem Abnehmer für die funktionelle und ideelle Qualität seiner Arbeit verantwortlich. Mit der industriellen Entwicklung und der damit verbundenen Massenfertigung entstand die Möglichkeit, schöne Dinge in ausreichender Menge zu produzieren. Extravagantes, Modernistisches, Kitschiges, mit billigem Material und geringem Aufwand herzustellen, wurde allerdings zur Erzielung höchster Gewinne genutzt. Das Natürliche und Gute wurde als das Echte zum absolut Teuren und blieb dem zahlungskräftigen Käufer vorbehalten. Damit wurde das natürliche Streben der einfachen Menschen nach schönen Gegenständen mit diesen schlechten, nachgeahmten und kitschigen Produkten befriedigt und dabei das vorher im Volk vorhandene sichere Geschmacksempfinden verfälscht und fehlgeleitet. Es ist deshalb von hohem gesellschaftlichem Interesse, das natürliche ästhetische Empfinden und den Wunsch nach Qualität in Form und Funktion unter sozialistischen Bedingungen wieder entstehen zu lassen und weiterzuentwickeln. Darum sind seit Bestehen der DDR Partei und Regierung bestrebt, alles zum Wohle des Menschen und zur Verbesserung seines materiellen und kulturellen Lebensniveaus zu tun und durch entsprechende Beschlüsse dieses Ziel umfassend zu realisieren. Da der Mensch von den ihn umgebenden Dingen positiv oder negativ beeinflußt werden kann, ist es besonders wichtig, die Umwelt und die Erzeugnisse dem Menschen gemäß, formschön und funktionell richtig zu gestalten. Eingeleitet wurde

1 2

3

Tafel 1

1 Frauenstatuette aus Alabaster, um 2000 v. u. Z., Sumer/Akkad, Staatliche Museen Berlin, Vorderasiatische Sammlung

2 Weibliches Idol, 6./5. Jt. v. u. Z., Tell Halaf, Terrakotta, bemalt, Staatliche Museen Berlin, Vorderasiatische Sammlung

3 Weibliche Figur, China, Tang-Zeit (618 u. Z.–907 u. Z.), bemalt, Staatliche Museen Berlin, Ostasiatische Sammlung

Tafel 2
Gruppe eines Ehepaares, 6. Dynastie (etwa 2200 v. u. Z.), aus Giza, Kalkstein, Höhe 61,5 cm, Ägyptisches Museum Leipzig, Karl-Marx-Universität

Tafel 3
Mumienporträt der Kaufmannsfrau Aline aus Hawara, um 25 u. Z., Staatliche Museen Berlin, Ägyptische Sammlung

Tafel 4
„Maria mit Trauernden", Oberrhein (Mittelbiberach), um 1420/30, Pappelholz, Staatliche Museen Berlin, Skulpturensammlung

Tafel 5
Sandro Botticelli, „Frauenbildnis als hl. Katharina", um 1475/81, 81,3 × 53,2 cm, Staatliches Lindenau-Museum, Altenburg

1 | 3
2 |

Tafel 6/7

1 Palma Vecchio, „Ruhende Venus", 1. Viertel des 16. Jh., Öl auf Leinwand, 112,5 × 186 cm (Ausschnitt), Staatliche Kunstsammlungen Dresden, Galerie Alte Meister

2 Meister des Landauer Altars, „Bildnis des Bertold Tucher und der Christine Schmidtmayerin", 1485, Staatliche Galerie Schloß Georgium, Dessau

3 Giovanni Battista Tiepolo, „Die Vision der Heiligen Anna", 1759, Öl auf Leinwand, Staatliche Kunstsammlungen Dresden, Galerie Alte Meister

Tafel 8

Rosalba Carriera, „Eine Venezianerin aus dem Hause Barbarigo", um 1735/40, Pastell, 42 × 33 cm, Staatliche Kunstsammlungen Dresden, Galerie Alte Meister

Tafel 9
Nicolaus Neufchatel, „Bildnis einer Frau", Öl auf Leinwand, 77 × 60 cm, Staatliche Galerie Schloß Georgium, Dessau

1 | 2

Tafel 10/11
1 Max Klinger, „Die neue Salome", 1893, verschiedene Materialien, Museum der bildenden Künste, Leipzig
2 Carl Begas d. Ä., „Bildnis der Gattin des Künstlers", 1828, Öl auf Leinwand, 65 × 56 cm, Staatliche Museen Berlin, Nationalgalerie

***Tafel** 12*

Constantin Meunier, „Die Grubenarbeiterinnen", 240,5 × 160 cm, Museum der bildenden Künste, Leipzig

1

2 3

Tafel 13
1 Eugen Hoffmann, „Partisanin mit Pferd", 1941, Aquarell 39,3 × 57,5 cm (Ausschnitt), Galerie Junge Kunst, Frankfurt (Oder)
2 Ernesto de Fiori, „Marlene Dietrich", 1931, Staatliche Museen Berlin, Nationalgalerie
3 Josef Hegenbarth, „Stehende Alte, nach vorn gebeugt", 1948/49, Pinsel in Tusche, und Leimfarbe. Kupferstich-Kabinett, Staatliche Kunstsammlungen, Dresden

1 | 2
  | 3

Tafel 14/15

1 Wolfgang Mattheuer, „Lesende“, 1963, Öl auf Hartfaser, 75 × 61,5 cm, im Besitz des Künstlers
2 Albert Ebert, „Der Gemüsestand“, 1964, Öl auf Leinwand, Staatliche Galerie Moritzburg, Halle
3 Otto Müller, „Akte in Landschaft“, 1913, Leimfarbe auf Rupfen, 95 × 120 cm, Staatliche Galerie Moritzburg, Halle

A. Ebert 1964

Tafel 16
Sabine Grzimek, „Mutter und Kind", 1976/81, Bronze, Höhe 240 cm, Berlin-Lichtenberg, Freiaplatz

diese Entwicklung schon in den ersten Jahren nach dem Krieg von Ausbildungsstätten, die sich mit der Gestaltung der Wohnumwelt und von Gebrauchsgegenständen beschäftigten, wie das Institut für Innengestaltung der Hochschule für Architektur und Bauwesen Weimar, und die Hochschule für bildende Künste Dresden.

Von der Ausbildung von Formgestaltern an (die ersten Diplom-Formgestalter schlossen 1953 ihre Ausbildung ab) und deren Wirksamwerden als Designer in der Industrie, über die Einbeziehung der Bewertung von Formgestaltung bei der Qualitätskontrolle durch das DAMW (Deutsches Amt für Meßwesen und Warenprüfung, heute ASMW – Amt für Standardisierung, Meßwesen und Warenprüfung) bis zur Bildung des Amtes für industrielle Formgestaltung als Organ des Ministerrates der DDR führt ein kontinuierlicher Weg zur Durchsetzung der guten Formgestaltung und deren Einbeziehung als integrierter, paritätischer Bestandteil der Qualitätsbewertung.

Sowohl aus dem Wohnungsbauprogramm als auch bei der Verwirklichung der sozialpolitischen Maßnahmen entstehen hohe Anforderungen an die Formgestaltung. Darum konzentrieren sich das Amt für industrielle Formgestaltung, die Industrie und alle auf dem Gebiet der industriellen Formgestaltung Verantwortung tragenden Institutionen und gesellschaftlichen Organisationen auf folgende Aufgaben:

- Durchsetzen hoher Qualität bei der Entwicklung und Produktion industriell gefertigter Erzeugnisse für den Wohnbereich, um durch ein Angebot von gut gestalteten Erzeugnissen mit hohem Gebrauchswert und in der erforderlichen Sortimentsbreite im Kontext mit dem Wohnungsbauprogramm die Qualität des Wohnens zu erhöhen.
- Schaffung eines breiten Programms von Erzeugnissen in hoher ästhetischer Qualität für den persönlichen Bedarf des Menschen, um der sozialistischen Persönlichkeitsentwicklung gemäße Präsentation und Repräsentation zu gewährleisten und entsprechend der persönlichen Bedürfnisse ein breites Angebot für alle Altersgruppen zu garantieren.
- Erhöhung des gestalterischen Niveaus der Umwelt- und Wohnbedingungen für Kinder und Jugendliche, vor allem in Vorschuleinrichtungen, im schulischen Bereich, auf öffentlichen Spielplätzen und in Jugendeinrichtungen sowie Verbesserung der gestalterischen Qualität von Spiel-, Lehr- und Lernmitteln, Einrichtungs- und Ausstattungsgegenständen für die jeweiligen Altersgruppen.
- Einflußnahme auf die Gestaltung einer zweckmäßigen und schönen Arbeitsumwelt sowie die Erhöhung der gestalterischen Qualität bei Arbeitsmitteln, um durch die Schaffung guter räumlicher und gegenständlicher Arbeitsbedingungen mit hohem gestalterischem Niveau zur weiteren Herausbildung des Charakters der sozialistischen Arbeit beizutragen.

Formgestaltung und Erzeugnisgestaltung

Wenn von Formgestaltung gesprochen wird, so steht dieser Begriff synonym für solche national und international gebräuchlichen Begriffe wie: Produktgestaltung, Erzeugnisgestaltung, industrielle Formgestaltung, Design bzw. Industrial-Design, technische Ästhetik usw.

Formgestaltung ist auf materielle wie ideelle Gebrauchswertoptimierung orientiert, damit Erzeugnisse oder Umweltbereiche menschlichen Bedürfnissen entsprechen. Im einzelnen werden mit der Formgestaltung die Erzeugnisse kulturell-ästhetischen und Schönheitsbedürfnissen entsprechend geformt bzw. werden durch neue Erscheinungsbilder neue Bedürfnisse herausgebildet. Es geht hierbei besonders um die den ästhetischen Erfordernissen entsprechenden Form-, Farb-, Oberflächen und Materialwirkungen, die mit guter Handhabbarkeit und einwandfreier Funktion zusammenwirken müssen. Bei modischen Erzeugnissen bzw. Konsumgütern für den individuellen Bedarf spielt gestalterische Differenzierung eine besondere Rolle. Weiterhin wird durch die Formgestaltung bei Erzeugnissen, die im Ensemble bzw. Komplex zueinander passen müssen, z. B. Möbel, Elektrogeräte – vor allem Heimelektronik, Leuchten oder bei Raumtextilien eine konzeptionelle Übereinstimmung bzw. Anpassung erreicht. Bei Bekleidungserzeugnissen sind es die Kombinierfähigkeit, der komplette Bekleidungsstil oder andere gewollte Ensemblewirkungen. Durch die Formgestaltung werden bestimmte erwünschte Eigenschaften der Erzeugnisse den Erfordernissen entsprechend geformt und kontinuierlich verbessert wie Handhabbarkeit, Bedienbarkeit, Pflege, Wartung, Sicherheit und Hygiene. Eine gute Formgestaltung begünstigt auch die Ökonomie, indem sie die Optimierung zwischen der Steigerung des Gebrauchswertes der Erzeugnisse und der Senkung des Aufwandes für die Herstellung positiv beeinflußt.

Das Amt für industrielle Formgestaltung. Im Februar 1972 wurde auf Beschluß der Regierung der DDR das Amt für industrielle Formgestaltung beim Ministerrat der DDR gebildet (AiF). Es ist in seiner Hauptaufgabe für die Anleitung und Kontrolle der Industrie zur Durchsetzung quantitativer und qualitativer Forderungen an die industrielle Formgestaltung verantwortlich. Zur Erfüllung seiner Aufgaben arbeitet das AiF eng mit anderen zentralen staatlichen Organen, dem Ministerium für Wissenschaft und Technik, den zuständigen Industrieministerien, den Ausbildungsstätten und gesellschaftlichen Organisationen zusammen. Gesellschaftliche Organisationen, in denen Formgestalter arbeiten bzw. die sich mit Fragen der industriellen Formgestaltung beschäftigen, sind der Verband bildender Künstler der DDR (VBK-DDR) und die Kammer der Technik (KdT). Der VBK-DDR ist die Berufsorganisation der bildenden und angewandten Künstler sowie der Kultur- und Kunstwissenschaftler. In seiner Sektion Kunsthandwerk/Formgestaltung ist die Mehrzahl der Mode- und Formgestalter der DDR organisiert. Zu den Aufgaben der Sektion gehört es, den Prozeß der praktisch-gestalterischen Arbeit durch entsprechende Qualifizierung der Industrieformgestalter zu sichern und durch wissenschaftlich-theoretische Arbeit zu fördern.

Die Kammer der Technik (KdT) ist die Organisation der Wissenschaftler, Ingenieure, Konstrukteure, Ökonomen und anderer am wissenschaftlich-technischen Fortschritt beteiligten Kräfte. Innerhalb der KdT besteht seit 1961 die zentrale Arbeitsgemeinschaft „Technische Formgestaltung“. In dieser Arbeitsgemeinschaft arbeiten vor allem erfahrene Ingenieure, Konstrukteure und Formgestalter aus der Industrie, aus Forschungsinstituten und Ausbildungsstätten. Im Mittelpunkt der Tätigkeit stehen Qualifizierung und Erfahrungsaustausch auf dem Gebiet der Formgestaltung für diese Fachkräfte.

Das Amt für industrielle Formgestaltung sichert, daß gestalterische Zielstellungen für Neu- und Weiterentwicklungen von Erzeugnissen und Erzeugnisensembles in den Plänen Wissenschaft und Technik festgelegt sind. Von grundsätzlicher Bedeutung ist dabei die Arbeit mit langfristigen Erzeugnisentwicklungskonzeptionen in den Industriezweigen. In ihnen sind das zu erreichende Niveau der Gebrauchseigenschaften und der gestalterischen Qualität der Erzeugnisse, die Sortimentsstruktur sowie der geplante qualitative und quantitative Versorgungseffekt enthalten. Die Arbeit wird auf der Grundlage der Vorschrift „Arbeit mit den Pflichtenheften“ durchgeführt, und die zu erreichenden Leistungen werden entsprechend den festgelegten Leistungsstufen kontrolliert, bestätigt oder bei noch nicht ausreichendem Leistungsumfang qualifiziert. Die Bewertung der gestalterischen Qualität der Erzeugnisse bildet den Abschluß der Entwicklung. Die prüfpflichtigen Erzeugnisse sind in einer Nomenklatur festgelegt. Die Bewertung der gestalterischen Qualität der prüfpflichtigen Erzeugnisse geschieht durch Gutachtergruppen, die im Regelfalle unter Leitung des AiF stehen. In den Gutachtergruppen arbeiten Fachexperten aus Industrie, Handel und verschiedenen Institutionen, ihre Tätigkeit wird durch eine Gutachterordnung geregelt. Die Bewertung erfolgt auf der Grundlage allgemeiner und spezifischer Bewertungsrichtlinien. Hervorragenden Erzeugnissen wird das Prädikat „Gestalterische Spitzenleistung“ erteilt. Wird die Qualitätszielstellung nicht erreicht, kann die Produktionsaufnahme gesperrt werden. Für ausgesprochene Spitzenleistungen kann der Antrag auf Erteilung der Auszeichnung „Gutes Design“ gestellt werden. Die Zuerkennung dieser Auszeichnung erfolgt nach einem Prüfungsverfahren durch Experten jeweils zu den Leipziger Messen durch das AiF.

Das gestalterische Prädikat steht gleichberechtigt neben dem staatlichen Gütezeichen der DDR, das durch das Amt für Standardisierung, Meßwesen und Warenprüfung erteilt wird.

Die Erarbeitung formgestalterischer Qualitätszielstellungen und Bewertungskriterien für Erzeugnis- und Umweltbereiche erfolgt nach folgenden Prinzipien:
- Optimierung des Gebrauchswertes nach Gesichtspunkten des vorgesehenen Nutzungsprozesses und der Aufwand-Nutzen-Relation.
- Befriedigung kulturell-ästhetischer Bedürfnisse durch Formen, Farben, Oberflächenwirkungen, Materialkombinationen bis zur komplexen Gestaltung der Wohnumwelt, der Arbeitsumwelt und anderer individueller und gesellschaftlicher Bereiche.
- Beachtung der psycho-physiologischen Anforderungen an die Erzeugnisse, d. h. günstige Bedienung, gute Ablesbarkeit von Informationen an Geräten und Maschinen, einfache Wartung, große Arbeits- und Betriebssicherheit usw.

Entwicklung und Aufgaben der Konsumgüterproduktion in der DDR

1945 war es erstes Erfordernis, die größten Kriegsschäden möglichst schnell zu beseitigen und Voraussetzungen zu schaffen, um den allerdringendsten Bedarf in gesellschaftlichen und privaten Bereichen, in der Arbeits- und Wohnumwelt und für die persönlichen Belange zu befriedigen. Ganze Industrien mußten aufgebaut, neue Rohstoffquellen erschlossen werden; neue Werkstoffe waren erforderlich, um wieder eine funktionierende Wirtschaft entstehen zu lassen. Mit Gründung der DDR 1949 begann der Aufbau der sozialistischen Volkswirtschaft. Damit entstand eine Konsumgüterproduktion, die nicht nur die Deckung des Bedarfs – auch in bezug auf den ständig wachsenden Lebensstandard – berücksichtigt, sondern Bedürfnisse wie Funktionstüchtigkeit und Schönheit beachtet. Anliegen dieser Produktion ist es also, Gegenstände herzustellen, die sich durch große Haltbarkeit und Pflegeleichtigkeit, durch eine leichte und bequeme Handhab- und Bedienbarkeit sowie durch Langlebigkeit und Schönheit auszeichnen. Johann Wolfgang von Goethe sagte: „Der wahre Besitz bestünde also in dem Besitz solcher Güter, welche man zeitlebens behalten, welche man zeitlebens genießen und an deren Genuß man sich bei immer vermehrten Erkenntnissen immer mehr freuen kann."

In den verschiedenen Bereichen der Konsumgüterindustrie ist es vordringlichstes Anliegen, schöne und zweckmäßige Gebrauchsgüter herzustellen. Bei Möbeln, Teppichen, Dekostoffen, Tapeten, bei Glas- und Keramikerzeugnissen, bei Geräten für Haushalt und Küche, bei Heimelektronik, wie Rundfunk, Phono- und Fernsehgeräten, bei all diesen Gebrauchsgütern soll der Besitzer und Nutzer sowohl am einwandfreien Funktionieren als auch am ästhetischen Erscheinungsbild für lange Zeit Freude haben. Diese Freude und Zufriedenheit läßt den Wunsch nach Neuanschaffung nur als Ablösung oder Ersatz, also um „Neues" zu haben, nicht entstehen. Wichtig ist, daß sich die entwickelten, produzierten und angebotenen Erzeugnisse durch hohe Gebrauchswerte und Vielfältigkeit des Erscheinungsbildes auszeichnen, so daß die verschiedenen Ansprüche und der unterschiedliche Geschmack befriedigt werden können.

Manche Wünsche bleiben sicher offen, und neue Aufgaben sind immer wieder gestellt. Der technische Fortschritt und der sich ständig weiterentwickelnde Lebensstandard bedingen die permanenten Forderungen an die Erzeugnisentwicklung. Der Generalsekretär der SED und Vorsitzende des Staatsrates der DDR, Erich Honecker, führte dazu aus: „Bei der Entwicklung der Konsumgüterproduktion haben wir im Auge, daß es sowohl um die Menge der Erzeugnisse geht als auch um die Gebrauchseigenschaften, also um die Einheit von Menge und Qualität. Die Bürger unserer Republik wollen Erzeugnisse kaufen, bei denen sich Funktion, Zuverlässigkeit, Langlebigkeit und gestalterische Qualität zunehmend verbinden, die dazu beitragen, das Leben zu erleichtern und zugleich auch zu verschönen." Um Erzeugnisse zur Verfügung stellen zu können, die immer umfassender diesen Bedingungen entsprechen, werden ständig höhere Anforderungen an Industrie und Handel gestellt. Ein Großteil der Verantwortung kommt dabei natürlich den Konstrukteuren und Formgestaltern zu. Alle Gebrauchsgegenstände der Wohn- und Arbeitsumwelt sollen neben ihrer Zweckmäßigkeit und Langlebigkeit vor allem durch ihre schönen Formen das Leben bereichern. Um diese

Ziele zu erreichen, ist es erforderlich, vor allem in den Entwicklungs- und Gestaltungsbereichen der Industrie und des Handwerks Konstruktions- und Gestaltungsfachkräfte in ausreichender Anzahl zu beschäftigen. Hoch- und Fachschulen unserer Republik sind bestrebt, die Qualität der Ausbildung und die Anzahl der Studierenden den ständig steigenden Anforderungen anzupassen.

Die Ausbildung von Industrieformgestaltern. Industrieformgestalter werden in der DDR an folgenden Hoch- und Fachschulen ausgebildet:

Hochschule für industrielle Formgestaltung Halle, Burg Giebichenstein

Kunsthochschule Berlin

Fachschule für angewandte Kunst Heiligendamm

Fachschule für angewandte Kunst Schneeberg.

Zusätzlich besteht ein Ausbildungszweig für Gestalter der Textilindustrie an der Ingenieurschule für Textiltechnik Reichenbach/V., Abt. Textilgestaltung.

Das Ausbildungsprofil wird von der gesellschaftlichen Forderung bestimmt, qualifizierte Fachkräfte für die Gestaltung industrieller Erzeugnisse der Wohn- und Arbeitsumwelt und für öffentliche Umweltbereiche auszubilden. An ingenieurtechnischen Hoch- und Fachschulen der DDR gehört das Vermitteln von Kenntnissen über Probleme der industriellen Formgestaltung zur Ausbildung. Gegenwärtig wird begonnen, an diesen Ausbildungsstätten zur vertiefenden Informationsvermittlung ein Lehrgebiet „Industrielle Formgestaltung“ einzuführen. Damit wird die erforderliche Integration der Formgestaltung in die arbeitsteiligen Prozesse von Planung, Projektierung und Entwicklung von Erzeugnissen und Umweltbereichen schon bei der Ausbildung beachtet.

Nach ihrer Ausbildung wird die Mehrzahl der Industrieformgestalter in der DDR in Entwicklungsbereichen und Gestaltungsateliers von Kombinaten und Industriebetrieben und auch in speziellen Betrieben für formgestalterische Entwicklungsarbeit (VEB Designprojekt) beschäftigt. In den Kombinaten und Industriebetrieben ist die Formgestaltung ein wesentlicher Bestandteil der Bereiche Wissenschaft und Technik, und die Arbeit der Formgestalter wird durch die Funktion des Chefgestalters den Generaldirektoren der Kombinate gegenüber direkt verantwortet. Eine wichtige Aufgabe besteht darin, eine ständige Zusammenarbeit zwischen Konstrukteuren, Technologen, Planern, Ökonomen, Wissenschaftlern und Formgestaltern zu organisieren. Bei Aufgaben im Bereich Wissenschaft und Technik ist es außerordentlich wichtig, daß die aktive und konstruktive Mitarbeit aller relevanten Kader bereits von der Aufgabenstellung an gesichert wird.

Aufgaben des Handels beim Durchsetzen guter Formen. Um formschöne und geschmackvolle Erzeugnisse für die Bevölkerung der DDR in erforderlichem Maße anbieten zu können, kommen dem Handel große und wichtige Aufgaben zu. Der qualifizierte Einkäufer bzw. Verkäufer muß das Verlangen nach (nur immer wieder) „Neuem“ so lenken, daß vielmehr das Qualitätsvolle, ästhetisch Wertvolle und Dauerhafte zur Verfügung steht, mit Sachkenntnis und Überzeugung anzubieten ist und somit vom Kunden akzeptiert wird. Eine vernünftige, den ästhetischen Bedürfnissen entsprechende Kollektionsgestaltung und sorgfältige Sortimentsbildung liegen im Interesse des Käufers und des Herstellers und in bezug auf die volkswirtschaftlichen Aufgaben natürlich auch im Interesse des Handels. Es entspricht nicht dem Wesen unserer Wirtschaft, den Bürger dazu zu veranlassen, seinen Hausrat, seine Wohnung und andere ihn umgebende Dinge nach dem Prinzip häufig wechselnder „Moden“ zu gestalten und laufend zu erneuern. Erzeugnisse mit guten Formen und Dekoren müssen ständig im Angebot sein und durch die fachliche Qualität des Handels dem Kunden nahegebracht und vertraut gemacht werden. Kitsch wird vorwiegend meist dann gekauft, wenn das Gute und Geschmackvolle als Alternative nicht vorhanden ist. Industrie und Handel tragen also die große Verantwortung dafür, daß gut gestaltete Erzeugnisse im Interesse des Verbrauchers ausreichend zur Verfügung stehen.

Die Gestaltung der häuslichen Umwelt

Die Frau hatte allgemein dadurch einen großen Einfluß auf die Gestaltung der häuslichen Umwelt und damit auf das individuelle

Wohnmilieu, als sich in ihren Händen sowohl der Einkauf als auch der Gebrauch vieler industriell hergestellter Gebrauchsgüter konzentrierte. Inzwischen haben sich in vielen Familien neue Arbeitsteilungen im Haushalt durchgesetzt. Oft kauft man gemeinsam ein, aber auch die Männer übernehmen derartige Pflichten. Langlebige Gebrauchsgegenstände werden meist gemeinsam ausgesucht. In einer solchen, vom Einfluß der Partner wesentlich geprägten, geschmackvoll eingerichteten Wohnung und in der Konfrontation und im Umgang mit gutgeformten Geräten und Gegenständen werden Kinder (also eine neue Verbrauchergeneration) heranwachsen, die – geschult an der Harmonie der häuslichen Umwelt – ein sicheres Gefühl für die Wahl des ästhetisch Wertvollen besitzen. Beim Einkauf neuer Dinge kommt es vornehmlich darauf an, das auszuwählen, was Bestand für lange Zeit hat, also keinem vorschnellen physischen und moralischen Verschleiß unterliegt, was funktionell den Erfordernissen entspricht und damit leicht zu handhaben und zu pflegen ist und vor allem das Bedürfnis nach formschönen Gegenständen in vollem Maße befriedigt. Im folgenden werden einige Gruppen industriell gefertigter Erzeugnisse vorgestellt, die wesentlich zur Schaffung eines harmonischen Wohnmilieus beitragen und eine schöne und praktische Wohnungseinrichtung und -ausstattung ermöglichen.

Keramik

Keramik ist die zusammenfassende Bezeichnung für alle Erzeugnisse, deren Hauptbestandteil Ton bzw. Lehm ist. Die Keramik wird eingeteilt in Fein- und Grobkeramik. Zur Feinkeramik gehören alle als Gebrauchsgeschirr verwendeten Erzeugnisse, während alle keramischen Baustoffe als Grobkeramik bezeichnet werden. Der Begriff „Keramik“ ist griechischen Ursprungs, „Keramikos“ bedeutet irden, tönern und „keramos“ Töpfererde (Ton) oder irdenes Gefäß. Heute versteht man unter Keramik Erzeugnisse aus gebrannten Erden.

Historische Entwicklung. In Museen sind Beispiele der Töpferei bereits aus prähistorischer Zeit ausgestellt. Auf primitiver Entwicklungsstufe wurde der Ton aus freier Hand zu Gefäßen geformt, die häufig mit eingedrückten und eingeritzten Mustern geschmückt und auch schon bemalt wurden. Mit der Beherrschung des Feuers gewann der Mensch die Erkenntnis, daß Lehm und Ton durch Einwirkung von Hitze gehärtet, also „gebrannt“ werden können. In langer Entwicklungszeit wurde diese Erkenntnis bewußt zur Herstellung von Gefäßen benutzt. Die Erfindung der Töpferscheibe führte zur Herstellung regelmäßig geformter Gefäße von großer Mannigfaltigkeit. Die weitere Entwicklung der Keramik im Laufe der Jahrhunderte beruhte hauptsächlich auf der Veredlung ihrer beiden Bestandteile Masse und Glasur. Aus fast allen alten Kulturen der Erde haben Archäologen Beispiele keramischen Schaffens zutage gefördert. Im alten Ägypten, in Babylonien und Assyrien war bereits die Glasurtechnik bekannt. Auf diesen Leistungen aufbauend, erreichten die alten Griechen einen bedeutenden Entwicklungsstand bei der Herstellung keramischer Gefäße. In China entwickelte sich die Keramik

Hauptformen urgeschichtlicher Keramik aus der Jungsteinzeit. 1 *schnurkeramische Gruppe: Krug mit eingeritzten Schnurmotiven,* 2 *bandkeramische Gruppe: Krug mit gezogenen Bändern,* 3 *becherkeramische Gruppe: Bechergefäß mit Schnur- und Stichverzierung,* 4 *bandkeramische Gruppe mit Bemalung: Spiralmäander*

lange Zeit unabhängig von anderen Ländern. Ursprünge reichen zurück bis ins 12. Jh. v. u. Z. Die Töpferware mit und ohne Glasur wurde schon v. u. Z. zum Steinzeug weiterentwickelt, und bereits im 9. Jh. glückte die Erfindung des weißen, durchscheinenden Porzellans. Neben China haben Korea und Japan eine bedeutende Töpferkunst hervorgebracht.
Europa begnügte sich im Mittelalter mit einer primitiven Töpferei. Zu einfach glasierten Töpferwaren trat bei günstigen Rohstoffvorkommen das Steinzeug (vor allem in der Rheingegend). Die Entwicklung des Handwerks in den Städten hatte eine Kultivierung der Töpferei zur Folge. Die weiterentwickelte Töpferkunst der islamischen Völker Vorderasiens gelangte über Spanien und Italien nach Europa. Über die Insel Mallorca (Majorka) kam die nach ihr benannte „Majolika" nach Europa, und von den italienischen Städten wurde besonders Faenza für die nach ihr benannten „Fayencen" zum Zentrum der Herstellung feiner Keramik. Durch die Entdeckung des Seeweges ums Kap der Guten Hoffnung kamen hochentwickelte asiatische Töpferwaren und vor allem Porzellane an die europäischen Höfe. Man versuchte diese Erzeugnisse nachzuahmen, wobei besonders die Delfter Fayencen eine hohe Blüte erreichten. 1709 gelang es Johann Friedrich Böttger, in Meißen Porzellan herzustellen. 1710 wurde die Meißner Manufaktur gegründet. Trotz strenger Wahrung des Geheimnisses der Porzellanherstellung in Meißen gelangten Kenntnisse nach draußen, und auch Nacherfindungen, z. B. in Thüringen, trugen zur raschen Gründung weiterer Manufakturen bei. Die Manufakturen in Wien, Fürstenberg, Berlin, Nymphenburg, Petersburg, Sèvres, Chelsea, Kopenhagen und kleinere Fabriken in Thüringen, Sachsen und Böhmen trugen zur Verbreitung des Porzellans bei.
Die DDR besitzt eine hochentwickelte keramische Industrie mit langer Tradition. Porzellan und Steingut sind die Haupterzeugnisse. Die Herstellung von Tonwaren, Steinzeug und Fayencen liegt im wesentlichen in den Händen von Handwerksgenossenschaften und Kunsthandwerkern.
Grundbegriffe zur Keramik. Im folgenden werden einige Begriffe erläutert, denen man im täglichen Umgang mit keramischen Erzeugnissen häufig begegnet:

Abziehbild s. Buntdruck
Aufglasurdekor (vgl. Unterglasurdekor). Der Dekor wird auf die gebrannte Glasur aufgebracht und in einem weiteren, niederen Brand (Muffelbrand, Schmelze) eingebrannt.
Böttgersteinzeug ist braunrotes Steinzeug, das Böttger bei seinen Versuchen, die zur Porzellanherstellung führten, herstellte. Es wird heute von der Meißner Manufaktur für Plastiken und Plaketten, gelegentlich auch für Gefäße, verwendet.
Buntdruck. Bei diesem keramischen Dekorationsverfahren wird das Bild in lithographischer Technik angefertigt, im Steindruck mit keramischen Farben auf Papier gedruckt, in angefeuchtetem Zustand auf den Gegenstand aufgebracht und eingebrannt. Wenn dieses Abziehbild künstlerisch gestaltet ist und nichts imitiert, ist es ein wertvolles Dekorationsmittel.
Cordoflam ofenfest und feuerfest sind zwei Sorten eines hochhitzebeständigen Porzellangeschirrs. Während „ofenfest" für die Backröhre und den Grill geeignet ist, kann „feuerfest" auch auf offener Flamme und der Herdplatte benutzt werden. Speisen können in Cordoflamgeschirr direkt von der Zubereitung auf den Tisch gebracht werden.
Dekor bedeutet Verzierung, Schmuck. Punkte, Linien, Streifen, Bänder und zusammengesetzte lineare und flächige Muster, Ornamente, florale und figürliche Darstellungen und sonstige Motive werden in verschiedenen Techniken aufgebracht. Bereits die Glasur oder Engobe, insbesondere die farbige, wirkt als Dekor, vor allem dann, wenn sie nur teilweise aufgetragen wird. Der Dekor muß sich der Form unterordnen und darf nicht aufdringlich bzw. eigenständig sein.
Engobe ist ein Beguß von dickflüssigem Tonschlick in natürlicher Farbe oder durch Zusätze gefärbt. Wenn nur Teile des Gefäßes damit versehen werden sollen, kann man die übrigen mit Wachs abdecken (Reservetechnik). Man kann auch mit Hilfe des sogenannten Malhorns (wie bei Tortenverzierung) Muster aufbringen. Vielfach wird so in der Volkskunst verfahren.
Fayence wird Tongeschirr genannt, bei dem der nach dem Brand wasserdurchlässige Scherben mit einer wasserundurchlässigen, undurchsichtigen, meist weißen Zinnglasur überzogen wird. In einem zweiten Brand ver-

binden sich die auf die rohe Glasur gemalten Dekors mit dem Untergrund.

Festongeschirr. Ein Tellerrand und entsprechende Linien sind hier nicht einfach kreisrund, sondern weisen in bestimmtem Rhythmus gebrochene Kurven auf. Oft trägt diese Kontur plastischen Dekor. Feston im ursprünglichen Sinn bedeutet Blumen-, Laub- und Fruchtgewinde. Es wurde als dekoratives Element in der Baukunst verwendet. Auch auf Vasen u. a. ist es zu finden.

Glasur ist ein glasartiger Überzug über den Scherben keramischer Gegenstände und Gefäße, der ihnen Glanz verleiht und das Eindringen von Flüssigkeiten verhindert; die Gefäße werden dicht. Glasuren können durchsichtig oder undurchsichtig (deckend) sein und durch Zusätze gefärbt werden. Die Gefäße werden in die Glasur getaucht, oder diese wird aufgespritzt und anschließend gebrannt. Nach dem Aussehen werden Mattglasuren, Lüsterglasuren (irisierend), Krakeleeglasuren, Kristallglasuren, Laufglasuren u. a. unterschieden.

Hafnerware s. Irdenware.

Handmalerei ist eine wertvolle Dekorationsart für Markenporzellan, z. T. auch für Steingut, ebenso für kunsthandwerkliche Erzeugnisse wie Gefäße, Kacheln, Fliesen. Die Bezeichnung „handgemalt" ist aber keine Garantie für hohe ästhetische Qualität.

Irdenware ist der umfassende Begriff für Töpferware; das sind auch Erzeugnisse mit porösem, farbigem Scherben (z. B. Blumentöpfe), die ohne Glasur nicht wasserdicht sind. Glasierte Ware (z. B. Milchtöpfe) wird vielfach als Hafnerware bezeichnet (Hafen = Topf, Hafner = Töpfer). Die Bezeichnung ist nicht durchgängig geläufig.

Keramik. Alle Erzeugnisse aus gebrannten Erden mit und ohne Glasur, also einfache Tonwaren, Irdenware, Fayence, Steingut, Steinzeug und Porzellan werden unter dem Begriff „Keramik" zusammengefaßt. Im Handel werden im speziellen Sinne unter Keramik oft kunsthandwerkliche Erzeugnisse aus einfachem Ton verstanden.

Krakelee (auch Haarrißglasur). Bei dieser Glasur wird durch besondere Zusammensetzung und Brand absichtlich ein feines, gleichmäßiges Rissenetz erzeugt. Die Risse werden oft mit Farbe eingerieben, um die Netzstruktur dekorativ zu nutzen.

Majolika ist heute im allgemeinen das gleiche wie Fayence. Man bezeichnete mit dem Namen Majolika italienische Renaissance-Kunsttöpfereien, die farbigen Scherben und farbige Glasur hatten.

Pâte-sur-pâte-Technik ist eine zuerst in Sèvres angewandte spezielle Technik zur Verzierung von Porzellan. Auf meist dunkel gefärbtem Grund wird in der Regel weiße, wäßrige Porzellanmasse schichtweise mit dem Pinsel aufgetragen. Durch die Transparenz erhalten die reliefartigen Verzierungen eine reizvolle plastische Wirkung. Die Technik wird von der Staatlichen Porzellanmanufaktur Meißen wieder belebt.

Plastische Dekors nennt man vertiefte oder erhabene Dekorierungen auf Gefäßen bzw. Figuren. Die technischen Möglichkeiten reichen von einfachen, mit der Hand aufgedrückten Mustern über geritzte, geschnittene, gerollte, gestempelte Muster bis zu aufgelegtem (Steinzeug) und in die Gieß- oder Preßform eingearbeiteten plastischem Dekor.

Porzellan. Der Name kommt vom italienischen „porcellana", der Bezeichnung für eine Schnecke (Porzellanschnecke) mit glattem, weißem Gehäuse. Die Hauptbestandteile sind Kaolin, Quarz und Feldspat. Dem Kaolin verdankt die Porzellanmasse ihre Formbarkeit und Feuerfestigkeit, Feldspat und Quarz sind sogenannte Magerungsmittel, die vor allem die Brenn- und Trockenschwindung herabsetzen. Feldspat wirkt außerdem als Flußmittel, da er der einzige Bestandteil ist, der beim Brennen schmilzt. Porzellan besitzt einen weißen, dichten, durchscheinenden Scherben und wird vor allem bei Gebrauchsporzellan meist glasiert. Nach der Höhe der Brenntemperatur unterscheidet man Hartporzellan (etwa 1400 °C) und Weichporzellan (etwa 1300 °C). Die Härte des Scherbens ist bei beiden etwa gleich, aber nur wenige Farben, die zur Bemalung verwendet werden, sind für die hohen Temperaturen geeignet. Aus Hartporzellan werden vorwiegend technische Geräte, Isolatoren und Gebrauchsgeschirr hergestellt. Weichporzellan wird z. B. für Luxus- und Kunstgegenstände verwendet, die sehr farbig sein sollen, aber weniger starken mechanischen Beanspruchungen ausgesetzt sind.

Besondere Arten davon sind:

Segerporzellan. Es ist eine Nachahmung der

ostasiatischen Porzellane und bietet sehr gute Verzierungsmöglichkeiten durch Unterglasurmalerei.

Frittenporzellan ist ein milchglasähnliches, durchscheinendes Porzellan, das die Möglichkeit einer außerordentlich farbigen Dekorierung bietet. Es ist nicht sehr widerstandsfähig.

Knochenporzellan enthält außer den üblichen Bestandteilen einen hohen Anteil Knochenasche. Das Knochenporzellan zeichnet sich durch eine rein weiße Farbe, hohe Transparenz und leichtes Gewicht aus. Es läßt sich leicht und wirkungsvoll mit Farben dekorieren. Entwickelt wurde es Mitte des 18. Jh. in England.

Biskuitporzellan. Dieses Porzellan bleibt stets unglasiert, hat deshalb eine matte, samtig rauhe Oberfläche und wird vorwiegend für Plastiken verwendet.

Elfenbeinporzellan ist eine Sonderform des Biskuitporzellans, bei dem das Kaolin einen relativ hohen Eisenoxidgehalt besitzt und deshalb der Masse einen leicht gelblichen Ton verleiht.

Porzellanmarken. Die bedeutenden Manufakturen kennzeichnen ihre Erzeugnisse durch symbolische Zeichen, Buchstaben u.a. meist an der Unterseite. Diese Zeichen werden „Marke" genannt. Sie werden aufgemalt oder mit Stempeln eingedrückt und bürgen für Echtheit und Qualität des Erzeugnisses. Für Herkunfts- und Altersbestimmungen von Porzellan sind diese Marken wichtige Anhaltspunkte. Marken haben hohe Werbewirksamkeit.

Schablonendekor. Unter Benutzung einer Schablone wird ein Muster aufgespritzt oder mit dem Pinsel aufgestrichen. Vor allem bei Steingut werden die Dekore und Muster auch mit dem Schwamm „aufgeschwämmelt" (Schwammtupftechnik), z.B. bei Pulsnitzer Keramik.

Scherben. Im Gegensatz zur Bedeutung im allgemeinen Sprachgebrauch, wo mit dem Begriff Scherben ein „keramisches Bruchstück" bezeichnet wird, ist es hier der Fachbegriff für die gebrannte Wand eines keramischen Erzeugnisses im Rohzustand ohne Glasur und Dekor.

Seladon. So heißt eine zarte, graugrüne Glasur, besonders bei chinesischem Porzellan und bei Steinzeug.

Seriengeschirr. Damit werden Porzellanwaren bezeichnet, die in Einzelteilen auf Vorrat gefertigt und am Lager gehalten werden. Es kann vom Käufer in einzelnen Teilen erworben und ergänzt werden. Lohnend ist diese Verfahrensweise bei Modellen, die in ihrer Gestaltung zeitlos sind.

Sintolan ist ein feinkeramischer Werkstoff, der seit 1968 auch in der Haushaltgeschirrproduktion der DDR eingesetzt wird. Er verbindet die Vorzüge des Steingutes mit der Stabilität des Porzellans und besitzt hohe Hitzebeständigkeit.

Stahldruck. Bei diesem Dekorierungsverfahren wird das Bild in der Art von Kupferstichen oder Stahlstichen hergestellt und auf den Gegenstand übertragen und dann eingebrannt. Dieses Verfahren wird in der Industrie durch den Siebdruck abgelöst, der ökonomischer ist.

Steingut. Es hat einen hellen, porösen, nicht verglasten, undurchsichtigen Scherben und ist meist mit durchsichtiger Glasur überzogen. Die Dekortechniken sind unterschiedlich, meist wird die Unterglasurdekoration verwendet.

Steinzeug. Erzeugnis mit dichtem, wasserundurchlässigem, verglastem, farbigem bis fast weißem Scherben, oft mit durchsichtiger Glasur versehen. Es weist meist graue oder bräunliche Färbungen auf. Heute wird vorwiegend kunsthandwerkliches Steinzeug hergestellt.

Stempeldekors sind Dekors auf Porzellan und Steingut, die mit einem Stempel aufgetragen werden. Für die heutige automatische Fertigung wurde das Verfahren zum Direktdruck weiterentwickelt. Die Bezeichnung gilt auch für mit einem Stempel eingedrückte plastische Dekors.

Terrakotta. Italienisch bedeutet es „gebrannte Erde". Es ist die zusammenfassende Bezeichnung für alle künstlerischen Töpferarbeiten aus gebranntem Ton. Je nach Zusammensetzung der Rohstoffe sind sie von fast weiß über Gelbtöne bis rot gefärbt.

Unterglasurdekor (vgl. Aufglasurdekor). Nach einem ersten Brand wird das Erzeugnis dekoriert und danach die Glasur durch Tauchen oder Aufspritzen aufgebracht. Nach dem zweiten Brand (Glatt- oder Glasurbrand) ist der Dekor durch die darüberliegende Glasurschicht vor Beschädigung und Abrieb gut geschützt.

Wedgwood werden verbesserte Tonwaren

nach dem englischen Keramiker Josiah Wedgwood (1730–1795) benannt. Man unterscheidet dabei die Queensware mit gelblicher Masse, die Basaltware mit blaugrauer bis schwarzer Masse und die Jasperware, die marmoriert ist. Wedgwood gründete die Manufakturen in Etruria und Chelsea.

Forderungen an keramische Gebrauchsgegenstände sind Materialgerechtheit, Werkgerechtheit, Funktionstüchtigkeit, Preiswürdigkeit, Langlebigkeit und Schönheit. Zur Funktionstüchtigkeit gehört auch die Qualität, das gilt sowohl für die technisch-physikalische als auch für die ästhetische, besonders dann, wenn es sich um Gegenstände des täglichen Bedarfs handelt. Material- und Werkgerechtheit bedeuten, daß der besondere Typus, der auf Grund der Charakteristik des eingesetzten Werkstoffes (z. B. Ton) und der ihm entsprechenden Verarbeitung (z. B. handgeformt, gedreht, gegossen, gepreßt usw.) erforderlich ist, sich auch in der Erscheinungsform ausprägt. Neben der Gestaltung des Grundkörpers kann man die Forderung nach einer durchgängig werkstoffgerechten Gestaltung besonders an den sogenannten Extremitäten wie Tüllen, Henkel, Knöpfe (Knäufe) usw. erkennen. Für den Benutzer ist die gute Funktion das Wichtigste: Der erworbene Gegenstand muß den vorgesehenen Zweck voll erfüllen. Zur Funktion gehört aber auch, daß man aus Tassen und Bechern bequem trinken kann, daß sich Speisen von Tellern, aus Schüsseln, Terrinen, von Platten leicht entnehmen lassen, daß Kannen und Krüge beim Ausgießen nicht glucksen und tropfen. Die Standfestigkeit muß bei allen Gefäßen sicher sein, was durch das Verhältnis der drei Faktoren Basis (Standfläche), Umfang und Höhe bewirkt wird. Auch eine günstige Lage des Schwerpunktes, besonders bei Kannen und Krügen, ist für einwandfreies Funktionieren besonders wichtig und steht in direktem Zusammenhang mit der richtigen Hebelwirkung des Henkels. Schließlich spielt das Gewicht eine Rolle. Durch große Materialstärke ist das Gewicht zwar hoch, aber die Bruchgefahr wird gesenkt.

Es muß auch darauf geachtet werden, daß bei Geschirren richtige Verhältnisse zwischen dem Inhalt von Kannen und Tassen vorhanden sind. Die Wärmeausstrahlung kann durch die Gestaltung groß und klein gehalten werden. Je nach Zweck und klimatischen Verhältnissen braucht der Benutzer hohe, geschlossene Tassen, um die Getränke lange warm zu halten, oder flache, weit offene Schalen, die für rasche Abkühlung sorgen. Durch empfindliche Verzierungen oder übertriebene Dünnwandigkeit (vor allem bei Geschirr für öffentliche Bereiche) wird ein wirtschaftlicher Gebrauch in Frage gestellt. Haltbarkeit und moralischer Verschleiß müssen mit den Anschaffungskosten in einem ausgewogenen Verhältnis stehen. Die Gestaltung hat die Aufgabe, die Forderung nach Gebrauchstüchtigkeit durch Entwicklung richtiger und guter Formen im besonderem Maße zu realisieren.

Bei der Gestaltung muß auch die Hygiene im erforderlichen Umfang beachtet werden. Unnötige Rinnen und Rillen, in denen sich Schmutz festsetzen kann, für die Reinigung schwer zugängliche Stellen am Bodeninneren, am oberen Rand, scharfe Einschnürungen am Ansatz von Henkeln oder Knäufen sind zu vermeiden. Gute Raumausnützung, Stapelbarkeit (wo es angebracht ist) sind Forderungen, die im Hinblick auf Wohnungen mit beengtem Raum für die Aufbewahrung von Geschirr und Haushaltgeräten Bedeutung haben. Diesen Anforderungen wird insbesondere die immer weiter entwickelte automatische Fertigung gerecht, wie auch Forschungsergebnisse in bezug auf neue Materialeigenschaften (z. B. hochhitzebeständiges und feuerfestes Porzellan) Zeit und Aufwand sparende Formen der Haushaltführung ermöglichen

Eine besondere Aufgabe und wichtige Funktion der Gegenstände ist es, schön zu sein und im Gebrauch immer wieder zu gefallen und zu erfreuen. Das ist gerade bei Geschirr für den täglichen Bedarf besonders wichtig. Ebenfalls trifft das auf Gegenstände der sogenannten Zierkeramik zu. Man sollte beim Gestalten der Wohnung solche Gegenstände sehr zurückhaltend und nur in ausgewählten Einzelstücken anwenden. Künstlerisch Hochwertiges, das zur übrigen Einrichtung gut abgestimmt ist, gibt der Wohnung ihr individuelles Gepräge.

Glas

Historische Entwicklung. Es wird angenommen, daß es Glas seit etwa 3500 v. u. Z. gibt; seit 2500 v. u. Z. ist in Ägypten hergestelltes Glas nachweisbar. Glas war durch seine große Seltenheit von so großem Wert, daß es Edelsteinen gleichgesetzt wurde. Mit Erfindung der Glasmacherpfeife am Beginn der neuen Zeitrechnung in Ägypten entstand in Alexandrien eine Art Glasindustrie. Von Ägypten kommend, wurde im 1. Jh. u. Z. in Rom die Glasmacherkunst bekannt. Mit den Römern kam sie auf germanischen Boden und ist im Gebiet Köln und Trier nachweisbar.

Die Glasherstellung in Nordeuropa konzentriert sich in den großen Waldgebieten (Thüringen, Mecklenburg), da der gerodete Wald als Feuerung für die Hütten genutzt wurde. Bis ins 11. Jh. wurde aber nur unreines, dunkles Hohlglas (sog. Waldglas) hergestellt. Ab dem 13. Jh. entstand in den Glashütten, die an die Klöster angelehnt waren, farbiges Plattenglas zur Verglasung von Fenstern in Kirchen und profanen Prachtbauten. Ab 16. Jh. wurden vor allem die technischen Prozesse verbessert (Schmelzprozesse, Rohstoffzusammensetzung, Ofenbau), und damit setzte die fabrikmäßige Herstellung von Glas ein. Die wissenschaftlich-analytischen Methoden der Chemie hatten dann wieder nachhaltigen Einfluß auf die weitere Entwicklung der Glasindustrie. Neues Glas mit wesentlich veränderten Eigenschaften (feuerfest) entwickelte Otto Schott in Jena; das führte zur Gründung der Weltruf erlangenden Glaswerke Schott und Genossen (heute VEB Jenaer Glas).

Glasherstellung und Veredlung. Die wichtigsten Rohstoffe zur Herstellung von Glas sind Quarzsand, Kalk und Soda. Die Rohstoffe werden gemengt und anschließend in Glasschmelzöfen eingeschmolzen. Man unterscheidet die Hafen- und die Wannenschmelze. Bei ersterer wird das Gemenge in Gefäßen aus feuerfestem Ton bzw. Schamotte (Häfen) erschmolzen. Das Schmelzen und Aufarbeiten geschieht periodisch, d. h., erst wird geschmolzen, danach verarbeitet. Bei der Wannenschmelze besteht das ganze Ofeninnere aus einer durchgehenden großen Wanne. Das Schmelzen und Arbeiten geschieht kontinuierlich, d. h., während in dem einen Teil der Wanne das Glas erschmolzen wird, kann aus einem zweiten Teil, der Arbeitswanne, das Glas zum Aufarbeiten entnommen werden. Die Schmelztemperaturen liegen je nach Zusammensetzung zwischen 1300 und 1600 °C. Verarbeitet wird Glas durch Blasen, Walzen, Pressen oder Ziehen. Welche Methode angewandt wird, richtet sich nach Art und Größe des herzustellenden Gegenstandes und auch der Menge des zu verarbeitenden Materials.

Fast so alt wie das Glas selbst ist das Bestreben, das einfache klare Glas zu verzieren. Da viele Techniken des Verzierens oder Veredelns vom Glasmacher direkt am Ofen ausgeführt werden, nennt man sie Hüttentechniken. Faden- und Netzgläser entstehen durch Auflegen farbiger oder weißer Glasfäden und anschließendes Verschmelzen mit dem Grundglas; Noppengläser werden durch Auflegen von Glaspatzen erzeugt, und die wie Perlen im Glas erscheinenden Stichblasen werden ebenfalls mit viel Geschick vom Glasmacher angebracht.

Die Gravur ist eine sehr alte und schwierige Veredlungstechnik. Dabei können durch rotierende Kupferrädchen unterschiedlicher Größe mit Hilfe von in Öl gebundenem Schmirgel Muster ins Glas geschliffen werden. Beim sogenannten Tiefschnitt wird das Motiv in das Glas eingeschnitten und erscheint als Vertiefung. Beim Hochschnitt bleibt das Motiv erhaben stehen und das umgebende Glas wird abgetragen.

Mit rotierenden Scheiben aus Kunststein kann Glas vom Glasschleifer durch einen „Schliff" verziert werden. Während des Schleifens muß Wasser über die Scheiben fließen, damit ein zu starkes Erhitzen des Glases verhindert und der beim Schleifen entstehende Glasstaub gebunden und abgewaschen wird. Das geschliffene Glas ist nicht so filigran wie das gravierte, weil die Schleifscheiben gröber sind. Der Schliff ist matt, kann aber auch poliert werden; die Politur wird mit rotierenden Scheiben aus Weichholz oder Filz hergestellt. Durch Ätzen mit Flußsäure können ebenfalls Verzierungen auf Glas erzeugt werden; diese Muster haben eine reliefartige Wirkung.

Eine ähnliche, aber gröbere Wirkung kann mit dem Sandstrahlgebläse erzielt werden. Das zur Verzierung vorgesehene Glas wird mit Schablonen oder einem Speziallack ent-

sprechend dem vorgesehenen Muster abgedeckt, und unter hohem Druck aufprallender feiner Sand trägt kleinste Glasteilchen von der ungeschützten Oberfläche ab.
Das Bemalen von Glas mit Farben bezeichnet man als Glasmalerei. Bereits die alten Ägypter kannten bemalte Gläser, deren Farben aber noch nicht eingebrannt waren. Die Römer verwendeten dann bereits Farben, die sich durch Einbrennen mit dem Glas verbanden.
Grundbegriffe zum Glas. Durch das Bemalen wird dem Glas ein fremdes Material hinzugefügt. Dadurch unterscheidet sich diese Technik von den vorher beschriebenen. Eine ästhetische Einheit zwischen dem Material Glas, dessen Form und der Malerei ist viel schwerer zu erzielen als bei glaseigenen Veredlungstechniken. Als Farben werden feingemahlene Metalloxide oder farbige Glaspasten verwendet, die mit Terpentinöl und Lack malfähig gemacht und vom Glasmaler mit dem Pinsel (auch der Spritzpistole) entsprechend dem gewählten Motiv auf das Glas aufgetragen werden. Die Farben und auch edle Metalle wie Silber, Gold, Platin werden dann in einem Brennofen bei Temperaturen zwischen 500 und 600 °C eingebrannt. Es wird zwischen Flach- und Transparentfarben unterschieden. Flachfarben liegen undurchsichtig auf dem Glas und können glänzend oder matt sein. Transparentfarben dagegen sind durchsichtig; sie entsprechen in ihren Eigenschaften dem ebenfalls durchsichtigen Glas mehr als dekkende Farben.
Im folgenden werden einige Begriffe erläutert, die beim täglichen Umgang mit Glas und Glaserzeugnissen häufig gebraucht werden.
Becher. Er dient als Trinkgefäß oder zum Aufnehmen von Gegenständen (Meßbecher, Bechervase). Kann geblasen, gepreßt oder geschleudert werden.
Becherkelche sind Trinkgefäße. Sie kommen dem Streben nach klaren Formen und multifunktionaler Verwendbarkeit von Gebrauchsgütern entgegen, da sie nicht wie die Kelchgläser für nur ein bestimmtes Getränk vorgesehen sind.
Beleuchtungsglas ist Glas mit guter Lichtdurchlässigkeit und Widerstandsfähigkeit gegen hohe Temperaturen und Temperaturschwankungen.
Behälterglas ergibt Behältnisse für Getränke, Kosmetika, Arzneien, die auf Grund von Erfordernissen hell, dunkel oder farbig sein müssen. Dunkles und farbiges Glas wird benutzt, wenn das Licht negative, die Qualität mindernde oder verderbende Wirkung auf den Inhalt hat.
Bleikristall (Bleiglas) ist höchstwertiges Glas. Anstelle von Kalk werden erhebliche Mengen Bleioxid zugesetzt. Durch die Zusätze werden Schwere und Lichtbrechungsvermögen (vor allem bei geschliffenem Glas) wesentlich erhöht.
Butzenscheiben sind runde Fensterscheiben von 10–15 cm Durchmesser mit starker Erhöhung in der Mitte. In Blei gefaßt waren sie bis Mitte des 19. Jh. zur Verglasung von Fenstern üblich.
Ceverit-superfest wird chemisch verfestigtes Glas mit hoher Bruchfestigkeit genannt, das vorwiegend im Gaststättenbereich eingesetzt wird.
Dekoratives Glas. Der Werkstoff Glas wird häufig als Lichtquelle und als Raumschmuck verwendet. Ein künstlerisch gestaltetes Glasobjekt (Gefäß oder Plastik) oder ein besonderer Beleuchtungskörper aus Glas kann einem Raum einen persönlichen Akzent verleihen.
Drahtglas ist Glas mit Metalleinlage und dadurch hoher mechanischer Widerstandsfähigkeit und hoher Wärmefestigkeit.
Farbiges Glas (Farbglas) entsteht durch Zusatz von Metallen, Metalloxiden, seltenen Erden, Kohle oder anderen Bestandteilen und ergibt – je nach Art und Menge – helle, dunkle, leuchtende oder matte Farben. Rubin, Rauch, Oliv, Bronze, Stahlblau z. B. sind angenehme Glasfarben. Wäßrige, limonadige Töne sind von geringer Qualität.
Fensterglas ist ein durch Ziehen, Blasen, Gießen und Walzen maschinell hergestelltes Flachglas. Neben dem reinen Spiegelglas wird das schwach grünliche, meist dünnere Fensterglas erzeugt. Als Flachglas werden auch durch Zusätze getrübte Gläser (Milchglas) produziert.
Feuerfestes Glas. Durch Verwendung von Quarzsand, Borax, kristallisierter Borsäure, Feldspat, Kalisalpeter, Arsenik kann ein feuerfestes Glas hergestellt werden (z. B. „Jenaer Glas"), das die für Glas nicht selbstverständliche Eigenschaft besitzt, als Kochtopf, Bratpfanne und Backform verwendet werden

zu können. Auch durch eine Behandlung nach dem Ausformen durch nochmaliges Erhitzen bis zum Deformationspunkt und anschließende Kaltlufteinwirkung kann die feuerfeste Eigenschaft erzielt werden.

Filterglas ist Glas mit besonderen Absorptionseigenschaften bei sichtbarem und unsichtbarem Licht. Es wird als Signalglas (z.B. Ampeln) und als Farbfilter in der Fotografie verwendet. Bei Ausschalten zu hoher oder schädlicher Lichtanteile (ultrarot, ultraviolett) wird es als Glas für Sonnenbrillen benutzt.

Flachglas s. Fensterglas.

Flaschenglas ist ein schwach oder stärker grünes bzw. braunes Glas mit hohem Kalkgehalt und unter Verwendung billiger natürlicher Silikate oder alkalihaltiger Gesteine.

Glasbausteine (Glasziegel). Die aus Hartglas hergestellten stein-, ziegel-, prismenartigen Körper, die in Mauern eingesetzt oder als Mauern aufgerichtet werden können, ermöglichen sowohl bau- als auch lichttechnisch besondere Architekturlösungen.

Glasfaser, Glasseide, Glasgewebe sind Materialien und Erzeugnisse, die auf Grund modifizierter Eigenschaften des Glases entstehen können. Sie finden in verschiedenen Bereichen Verwendung, z. B. zur Isolierung, bei glasfaserverstärkten Kunststoffen (Autokarosserien, Möbel, Leuchten) oder auch bei Gewebe, u. a. als Tapeten.

Glaswolle (Glaswatte) ist ein Glasfasergewirr, das hauptsächlich zur Wärme- und Kälteisolierung und zu Dämmzwecken (Schall) eingesetzt wird.

Kathedralglas. Zu besonderen Zwecken (Kunstverglasungen) werden bei diesem Glas absichtlich Schlieren, Blasen und schwache Färbungen belassen; es ist auch für Glasmalereien sehr beliebt.

Kelchgläser (Trinkgläser). Sie sind für den täglichen Gebrauch und auch für festliche Zwecke bestimmt. Für jedes Getränk ist eine bestimmte Form entwickelt worden, die durch Größe, Ausweitung, Schlankheit, Umfang usw. charakterisiert wird. Für manche Getränke gibt es ganz unterschiedlich geformte Gläser, z. B. für Sekt breite Schalen oder schmale Kelche. Die verschiedenen Trinkglasformen sind entstanden, um die Eigenarten der Getränke hervorzuheben. Entsprechend dem Alkoholgehalt der Getränke wurden große und kleine Trinkgefäße geschaffen. Auch Überlegungen in bezug auf die Entwicklung der Duftstoffe, der „Blume" oder des „Buketts", beeinflussen die Form der Gläser. Für Getränke, deren Duftstoffe schnell freiwerden (Liköre, Süßweine, liebliche Weißweine, wie weißer Bordeaux und Moselwein) verwendet man weit offene Gläser; bei solchen, deren „Blume" sich entwikkeln soll (Kognak, Rotwein, trockene Weißweine), ist der Rand des Kelches eng und häufig eingezogen. Gläser für Weißweine, die gekühlt getrunken werden, haben – um eine Erwärmung des Getränkes durch Berühren des Kelches mit der Hand zu vermeiden – hohe Stiele, während Rotweingläser, deren Inhalt durch Umfassen des Kelches „temperiert" werden soll, niedrig oder stiellos sind. Aus demselben Grund hat die „Pilsner Tulpe" den hohen Stiel. Ihr Kelch ist deshalb so lang gestreckt, damit noch genügend Platz für eine schöne Schaumhaube bleibt.

Konservengläser s. Verpackungshohlglas.

Kristall s. Bleikristall.

Ornamentglas ist Flachglas mit gerippter, gerauteter oder mit Ornamenten bzw. Mustern versehener Oberfläche.

Optische Gläser werden aus besonders reinen Ausgangsstoffen mit guter Durchlässigkeit für sichtbares und unsichtbares Licht und mit stark veränderlichem Brechungs- und Farbenzerstreuungsvermögen hergestellt. Als Gebrauchsgüter finden optische Gläser z.B. bei Brillen, Fotoapparaten, Ferngläsern, Heimkinotechnik usw. Anwendung.

Plexiglas ist organisches Glas. Es ist ein glasartiges, durchsichtiges Kunstharz, dessen Dichte kleiner ist (also leichter) als Silikatglas. Nachteile gegenüber normalem Glas sind Brennbarkeit und Kratzanfälligkeit; Vorteile sind Unzerbrechlichkeit und leichte Formbarkeit. Sie werden hauptsächlich im Fahrzeug- und Flugzeugbau, als Uhrengläser, Linsen, Schmuck und – in Form von Wellglas – im Bauwesen eingesetzt.

Schalen, Teller, Vasen können heute in allen automatisierten Herstellungsverfahren produziert werden. Schalen und Teller dienen hauptsächlich zur Aufbewahrung und Präsentation verschiedener Speisen und von Obst, Gebäck usw., vor allem bei festlichen Anlässen; sie wirken am überzeugendsten, wenn sie in Form und Dekor schlicht gehalten sind. Vasen sind in Form, Farbe und Dekor für ihre bestimmte Funktion, die Aufnahme von Blumen und Pflanzen, bewußt gestaltet. Die Vase sollte immer mit den Blumen oder Pflanzen, für die sie genutzt wird, übereinstimmen.

Spiegelglas s. Flachglas.

Thermometerglas ist Spezialglas mit geringsten Nachwirkungserscheinungen, so daß eine Veränderung des Nullpunktes während des Gebrauchs nicht eintreten kann.

Verpackungshohlglas. Zu dieser Kategorie gehören z. B. Flaschen, Konservengläser (einschl. Deckel) und alle zweckbestimmten Glasgefäße. Sie sind millionenfach im Gebrauch und werden überwiegend maschinell, aber in Sonderfällen – wie beispielsweise Gärballons und große Flaschen für die chemische Industrie – auch noch mundgeblasen hergestellt. Die maschinelle Fertigung erfolgt mit Halb- oder Vollautomaten. Die Form muß immer dem Verwendungszweck entsprechen.

Glas – Wirkung und Verwendbarkeit. Glas sollte von veralteten, überladenen Zutaten gänzlich befreit werden und vor allem durch sein eigenes Material, seine Klarheit und durch schlichte, sinnvolle Form wirken. Glas ist als absolut neutrales Material (säurefest, nicht oxydierend, auch feuer- und bruchfest) besonders als Gefäß zur Aufnahme von Speisen und Getränken geeignet. Als Vase mit Blumen oder Pflanzen, als große offene Schale mit Früchten, als Platte mit Gebäck, immer ist Glas schön. Wenn es nicht in Gebrauch ist, kann es sich bescheiden im Raum unter- bzw. einordnen oder durch klare Farbigkeit oder besondere Form einen Akzent bilden. Im Licht offenbart Glas sein Wesen am deutlichsten, denn dann beginnt das Spiel des edlen Glanzes, der zarten Schatten und der differenzierten Spiegelungen.

So vielfältig wie die Möglichkeiten der Anwendung von Glas können auch die Formen sein. Beim Dekorieren müssen Material, Farbe, Form und Dekor eine Einheit bilden, vor allem darf sich der Dekor nicht verselbständigen. Neben der vielfältigen Verwendung als Zier- und Gebrauchsglas wird Glas auch umfangreich als Verpackungsmaterial eingesetzt.

Vielseitig ist die Verwendung von Glas im Bauwesen. Vom Flachglaseinsatz als Fensterglas, für Verglasungen von Fassaden usw. bis zum Glasbaustein ist Glas ein wichtiges Element beim Bauen und ein architektonisches Gestaltungsmittel. Es soll auch darauf hingewiesen sein, wie wichtig und unentbehrlich Glas in verschiedenen industriellen Bereichen, wie der optischen und chemischen Industrie, ist. Für den individuellen Nutzer sind aus diesen Bereichen Erzeugnisse wie Brillengläser, Linsen für Fotoapparate und Ferngläser, Thermometer, Bildröhren für Fernsehapparate und vieles andere, aber auch Geräte in Laboratorien und in der Medizin von Bedeutung.

Das Eßbesteck

Beim Decken des Tisches wird es heute als selbstverständlich angesehen, daß gleichartiges Geschirr, dazu passende Gläser und Bestecke verwendet werden. Dieser Brauch reicht aber noch gar nicht so lange in die Vergangenheit zurück. Auf alten Bildern ist zu erkennen und aus Berichten zu erfahren, daß unsere Vorfahren nicht nur bei der Auswahl der Speisen, sondern auch beim Tischgerät sehr bescheiden waren. Erhalten gebliebene, zu Tisch und Tafel gehörende Gegenstände beweisen das.

Historische Entwicklung des Tischgeräts. Die frühesten nachweisbaren Geräte, die zur Nahrungsaufnahme und -zubereitung benutzt wurden, sind Hohlformen wie Muscheln, Schalen usw. als Löffel und Gegenstände mit scharfen Kanten (Knochen, Steine) als Messer. Die Germanen benutzten ausgehöhlte Brotstücke, um den Brei aus Getreide oder Hülsenfrüchten zu essen. Im Mittelalter stand in der Mitte des Tisches die gemeinsame Schüssel, aus der die zerteilten Fleischstücke mit den Fingern entnommen wurden. Vom Gast mitgebracht wurde das Messer, das in einer Scheide, meist aus Leder, am Gürtel getragen und nach Bedarf zur mundgerechten Zubereitung der auf flachen Platten aus Holz oder Zinn abgelegten Portionsstücke benutzt wurde und auch vielerlei anderen Zwecken diente. Lange Zeit unbekannt blieb die Gabel, die sich aus dem Bratspieß entwickelte.

Der Löffel. Er ist das älteste und am deutlichsten aus der Naturform hervorgegangene Eßgerät. Die Menschen der Urgesellschaft benutzten, um flüssige Nahrung aufzunehmen, Hohlformen, wie sie die Natur bot. Zum Teil wurden diese Gegenstände mit scharfkantigen Feuersteinen zusätzlich bearbeitet, um die Höhlung noch zu vergrößern. Das war die Vorstufe der ersten Löffel aus Horn, Bein oder Holz. Eß- und Schöpflöffel kamen bei den Römern in Gebrauch. Der Löffel blieb aber bis weit ins Mittelalter auch bei gehobenen Ständen eine Rarität. Flüssige Bestandteile der Nahrung ließ man durch in die Behältnisse eingetauchte Brotstücke aufsaugen. Bis ins 15. und 16. Jh. hinein wurde der Löffel in Europa noch nicht allgemein benutzt, und wo er vorhanden war, handelte es sich um einen aus Holz geschnitzten mit runder Laffe und kurzem Stiel, der beim Gebrauch mit der ganzen Hand umfaßt wurde. In Form und Funktion unterschiedliche Löffeltypen bildeten sich in Italien und Frankreich im 17. und 18. Jh. heraus (für Puddings, Kompotte, Tee, Kaffee) und kamen seit dem 18. Jh. auch in Deutschland in Gebrauch. Seitdem nahm der Schöpfteil des Löffels die längliche Form an; es wurde auch üblich, den Löffel zwischen Daumen, Zeige- und Mittelfinger zu halten.

Das Messer. Wahrscheinlich wurde der Gebrauch des Messers durch den Menschen nicht viel später üblich als der des Löffels. Urformen des Messers waren zugehauene Feuersteine, scharfkantige Knochen und bearbeitete steinharte Hölzer. Mit dem Messer entstand auch seine Schutzhülle, die Scheide. Seit der Bronzezeit gibt es Messer aus Metall in Formen, wie sie auch heute noch vorzufinden sind. Das Anbringen eines Dorns an gegossene oder geschmiedete Klingen, um durch das Einlassen der Klinge in ein Heft aus Holz oder Horn die Grifffläche zu vergrößern, wurde schon sehr früh praktiziert. Griff oder Heft, aus der Scheide hervorragend und dadurch für alle sichtbar, wurde meist reich verziert. Benutzt wurde das Messer zum Vorlegen und Tranchieren, gegessen wurde – auch beim Adel – mit den Fingern. Bis gegen Ende des 19. Jh. hielt sich die Repräsentationsform des Messers. Unsere heutigen Tischmesser sind gegenüber historischen Formen klein und besitzen einen handlichen Griff. Das Material ist meist rostfreier Stahl.

Die Gabel. Bevor die Gabel Bestandteil des Eßbestecks wurde, war sie Bratspieß mit zwei spitzen Zinken an kurzem Griff und wurde am Herd und als Vorlegegerät bei Tisch gebraucht. Erwähnt wurde die Gabel als Eßgerät bereits in Berichten, die aus dem Venedig des 11. Jh. stammen, aber sie blieb lange Zeit auch bei hochgestellten Familien nur Luxusgegenstand. Im 15. und 16. Jh. wurde sie in ganz Europa mit drei Zinken und ab 17. Jh. mit vier Zinken bekannt. Entsprechend den Veränderungen in der Speisenwahl veränderte sich auch die Form der Gabel. Heute hat sie eine Kellenform mit kurz und breit gehaltenen Zinken und einem handlichen Griff.

Über die Entwicklung der Eßbestecke. Der Gast, der zu einer Tafel geladen war, brachte lange Zeit hindurch sein Eßgerät mit. Verschiedentlich auf Tafeln bereitliegende Gabeln und Messer dienten im wesentlichen

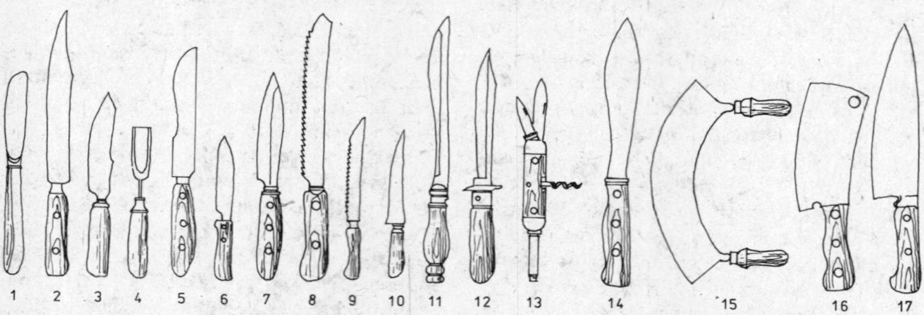

Messerarten. 1 *Tafelmesser,* 2 *Bratenmesser,* 3 *Käsemesser,* 4 *Buttermesser,* 5 *Brotmesser,* 6 *Küchenmesser,* 7 *Fischmesser,* 8 *Fleischmesser,* 9 *Sägemesser,* 10 *Obstmesser,* 11 *Tranchiermesser,* 12 *Jagdmesser,* 13 *Taschenmesser,* 14 *Schlachtmesser,* 15 *Wiegemesser,* 16 *Hackmesser,* 17 *Kochmesser*

zum Vorlegen und Tranchieren. Die Griffe der Geräte waren kunstvoll aus Holz, Metall, Perlmutt, Elfenbein gearbeitet und mit Bernstein, Perlen, Halbedel- und Edelsteinen besetzt und waren wichtiges Repräsentationsgut. Die Zusammenstellung von Messer, Gabel, Löffel, die in Form und schmückender Ornamentik aufeinander abgestimmt sind, also das „Besteck", ist eine Errungenschaft des 18. Jh. Durch die Erfindung des europäischen Prozellans durch J. F. Böttger wurde die Tafel mit prachtvollem Geschirr bereichert, und man benutzte dieses wertvolle Material gern für die Griffe der Eßgeräte. In dieser Zeit entstanden die sogenannten Bestecksätze im halben oder ganzen Dutzend (6 oder 12 Stück). Ab Mitte des vorigen Jh. brachte die Üppigkeit der bürgerlichen Lebensführung eine Vielfalt an „Neuem" hervor, auch die Bestecke wurden um viele variierende Formen reicher. Für bestimmte Speisen – Fisch, Obst, Gebäck – und auch für Getränke wurden besonders gestaltete Messer, Gabeln und Löffel verwendet. Mit Beginn des 20. Jh. war es Aufgabe von Handwerkern und Gestaltern, das pomphafte Aussehen der Gegenstände der Gründerjahre, das vor allem historische Stile nachahmte, durch neue, zeitgemäße Formen abzulösen. Um die Jahrhundertwende befaßten sich Künstler der vom Ballast des Historismus befreiten Reformbewegung des Jugendstils und später der „Werkbund" mit dieser Aufgabe. Leistungen von Henry van de Velde und Richard Riemerschmid stellten Meilensteine einer neuen, vor allem von der Funktion der Gegenstände bestimmten, Gestaltung dar. Nach dem ersten Weltkrieg setzte sich diese durch den Werkbund eingeleitete Entwicklung fort. Die Formensprache wurde sachlich und entsprach vollkommen der Funktion. Das Bauhaus in Weimar und Dessau war ein wesentlicher Wegbereiter für die breite Durchsetzung solcher gut und richtig gestalteten Erzeugnisse. Von einem vorbildlichen Eßgerät erwartet man heute, daß es nicht nur zweckmäßig geformt sein, sondern ebenso dem Auge gefallen muß. Imitationen alter Stile entsprechen nicht dem modernen Schönheitsempfinden. Deshalb ist es eine große Aufgabe für unsere Gestalter, neuzeitliche, gut geformte Bestecke in großem Variantenreichtum und mit geeigneten Schmuckelementen zu entwickeln. Bekannte Orte für die Herstellung von (ursprünglich nur) Messern, dann später Bestecken sind Nürnberg, Solingen, Schmalkalden und Aue. Die führenden Herstellerbetriebe der DDR – Schmalkalden vorwiegend für Wirtschaftsschneidwaren und Gebrauchsbestecke, Aue vorwiegend für Tafelbestecke – haben schöne Beispiele für moderne, gut gestaltete Erzeugnisse im Angebot.

Besteck. Ein Etui bzw. eine Tasche, in die zusammengehörige, einem bestimmten Zweck dienende Instrumente gesteckt werden, oder auch die Instrumente selbst werden so bezeichnet. Besonders gebräuchlich ist das Wort im Sinne von Eßbesteck (Messer, Gabel, Löffel).

Eierlöffel. Früher wurden Eierlöffel meist aus Bein, Horn, auch Porzellan hergestellt, heute sind sie vorwiegend aus Kunststoffen. Zum Verzehren von Eiern werden keine Metallöffel – außer Edelstahl – verwendet, weil organisches Eiweiß in Verbindung mit Metallen Schwefelwasserstoff bildet. Einerseits entstehen dadurch Geruchs- und Geschmacksbeeinträchtigungen, andererseits bildet sich auf Metallöffeln ein dunkler Belag, der optisch beeinträchtigt.

Fischbesteck. Es ist den besonderen Erfordernissen zum Verzehr von Fisch angepaßt. Vor allem das Messer ist durch seine breite Klinge mit langer Spitze besonders zum Teilen und Entgräten des Fisches geeignet. Die Gabel hat kürzere und breitere Zinken (meist auch nur drei) und eignet sich dadurch besonders gut zum Aufnehmen des Fischfleisches und zum Ablegen der Gräten.

Kelle (Schöpfkelle, Soßenkelle, Bowlenkelle usw.). Sie ist ein löffelartiges Schöpfgerät mit steilangesetztem, langem Stiel. Die stark vertiefte Laffe ist entsprechend dem Verwendungszweck unterschiedlich groß und speziell geformt.

Kuchengabel. Die kleine Gabel zum Verzehr von Kuchen hat meist nur zwei oder drei breit ausgebildete Zinken. Die linke Außenkante ist zu einer Art Schneide ausgebildet, um das Abteilen der Kuchenstücke zu erleichtern.

Obstbesteck. Besteck zum Bearbeiten (Schälen, Entkernen, Zerteilen) und zum Verzehr von Obst. Bei dem etwas kleineren Besteck hat das Messer eine durchgehend geschwungene Klinge, um das Schälen zu erleichtern;

sie ist vorn abgerundet, um Kerne besser entfernen zu können. Die Gabel ist besonders spitz, um Obststücke leichter anspießen zu können.
Spezielle Löffel (Kaffee-, Mokka-, Teelöffel usw.) sind durch die besondere Form der Laffe, des Stiels und durch ihre unterschiedliche Größe für den speziellen Zweck entsprechend gestaltet. So sind Mokkalöffel besonders klein und zierlich, weil Mokka aus kleinen, zierlichen Tassen getrunken wird.
Tafelgerät (Tischgerät). Das sind spezielle Geräte für die verschiedenen erforderlichen Handreichungen an einer Tafel: Tortenheber, Kuchenschaufel, Gebäck- und Zuckerzange usw.
Vorlegebesteck, Vorlegegabel. Meist größer als das Eßbesteck, werden sie besonders zum Vorbereiten der Speisen am Tisch und zum Vorlegen verwendet. Das Messer eignet sich gut zum Tranchieren und durch seine breite Klinge auch zum Zureichen. Die Gabel ist zum Anspießen geeignet und ähnelt (meist zweizinkig) noch dem alten Bratspieß.

Der gedeckte Tisch

Auf einem gedeckten Tisch kommen Speisegeschirre, Gläser, Bestecke und sonstige Gefäße und Gegenstände gemeinsam zur Wirkung und zum Gebrauch. Trotz eingeschränkter Zeit für die Haushaltführung und weniger gemeinsamer Mahlzeiten der Familie sollte auf alle Fälle die Tischkultur gepflegt werden. Nicht nur Manieren und Sitten bei Tisch, das Wissen um die richtige Handhabung der Geräte beim Essen sind besonders bei der Erziehung der Kinder wichtig, auch die Pflege einer kultivierten Tischatmosphäre ist erforderlich. Beim Decken des Tisches sollte auf das Zusammenpassen der Geschirre und Geräte und deren geschmackvolle Anordnung geachtet werden, auch wenn aus Zeitgründen nur ein einfaches Essen eingenommen wird.
Der gedeckte Tisch im Alltag. Kochgeräte, die vom Herd direkt auf den Tisch gebracht werden können, wie Jenaer Glas, Cordoflam usw., sollten aus zeitökonomischen Gründen sehr häufig verwendet werden. Die Formen sollten sachlich und harmonisch sein. Neben den bekannten feuerfesten und ofenfesten Geschirren stehen für den individuellen Nutzer auch noch Steingut-, Tonwaren- und Preßglassortimente zur Verfügung. Dabei lassen sich vom Gebrauchswert her und aus ästhetischer Sicht auch Holzbretter, grobstrukturierte Tischdecken, Sets u. a. mit einbeziehen. Da Dekors und Farben beim Geschirr und bei anderen verwendeten Erzeugnissen sehr vielfältig sein können, muß bei der Tischgestaltung darauf geachtet werden, daß Dekors und Farben miteinander harmonieren. Der gedeckte Tisch soll eine ruhige und harmonische Wirkung haben.
Der gedeckte Tisch für Gäste und Festlichkeiten. Für die Vorbereitung eines Festes der Familie oder für Gäste steht meist etwas mehr Zeit zur Verfügung. Die Tafel wird auf schönen Tischtüchern mit eleganterem Porzellan, Gläsern und Bestecken gedeckt. Zusätzlich verwendete Blumen, Leuchter, eine große Obstschale usw. können den festlichen Anlaß zusätzlich betonen und individuell prägen. Es ist vorteilhaft, die Speisen so vorzubereiten, daß alle Gerichte zu Beginn der Mahlzeit in Schüsseln oder auf Platten auf dem Tisch oder einem zusätzlichen Serviertisch abgestellt sind. Dadurch wird die Harmonie während der Tafel nicht durch große Betriebsamkeit gestört, und die Atmosphäre entspricht dem festlichen Tisch.
Das kalte Buffet. Wenn eine große Anzahl von Gästen erwartet wird, ist das Herrichten eines kalten (auch warmen) Buffets außerordentlich praktisch. Die Speisen (Fleisch, Aufschnitt, Gemüse, Salate, Obst, Käse, Tunken, Beilagen usw.) können vom Gastgeber vor dem Eintreffen der Gäste zubereitet und hergerichtet werden. Den Gästen wird die Möglichkeit geboten, auf bereitgestellten Tellern selbst zusammenzustellen, was sie wünschen. Bei dieser Art des „gedeckten Tisches“ unterstützen Geschirr und Gläser die optische Wirkung der Speisen besonders. Vorteilhaft sind dabei stapelbares Geschirr und formschöne Mehrzweckgläser, auch farbige Servietten, das Ganze auf farbigen Sets angeordnet. Die Zusammenstellung der Geschirrteile muß natürlich den bereitgestellten Speisen entsprechen. Da heute mehr Salate, besonders Rohkost, und Obst serviert werden, ist es z.B. gut, viele kleinere Schalen bereitzustellen. Alle Gefäße, Geräte und Tischdecken, Servietten usw. sollten ruhige, klare Formen, abgestimmte Farben und formadäquate Dekore besitzen.

Blumenschmuck ist bei jedem gedeckten Tisch ein wünschenswertes dekoratives Element. Je nach Jahreszeit, persönlicher Neigung, gewünschter Wirkung kann lose verstreutes Grün, können Blüten in niedrigen Vasen oder Schalen, große Blütenzweige oder Blumenarrangements in großen Gefäßen oder Vasen und vieles andere auf der Tafel wirkungsvoll angeordnet werden. Sehr große Zweige oder ganz langstielige Blumen stellt man am besten in Bodenvasen in die Nähe der Tafel. Wichtig ist auch hierbei die Beachtung des Form- und Farbcharakters aller verwendeten Gegenstände in Verbindung mit dem Tafelschmuck.

Raumtextilien

Im Bereich der Textilien unterscheidet man drei große Gruppen: Bekleidungstextilien, Haushalttextilien und Raumtextilien. Bekleidungstextilien sind alle textilen Stoffe zur Herstellung von Kleidung, zu den Haushalttextilien gehören z.B. Bettwäsche, Tischwäsche, Handtücher, Geschirrtücher usw., und die Raumtextilien umfassen Dekorationsstoffe, Gardinen, Möbelbezugsstoffe und Teppiche einschließlich Auslegewaren.

Entwicklung der Raumtextilien. Das Entstehen von Stoffvorhängen ist zeitlich nicht einzuordnen. Stoffbahnen sind neben Teppichen sicher schon im Altertum und Mittelalter für Zelt- und Raumausstattung benutzt worden. Schon sehr früh wurden glatte und gemusterte Gewebe hergestellt, und seit dem 4. Jh. ist in Europa der Zeugdruck (Handdruck mit Modeln) zum Mustern von Stoffen nachweisbar. Mit dem Aufkommen neuer Verfahren und Techniken, wie der Jacquardmaschine und des Textildrucks durch Walzen Anfang des 19. Jh., später des Filmschablonendrucks, fanden Dekostoffe weite Verbreitung.

● Gardinen (lat. cortina = Vorhang) entstanden im frühen Mittelalter in Italien, indem von Adel und Großbürgertum Spitzen als Fenstervorhänge verwendet wurden. Im 16. Jh. verbreiteten sich Näh- und Klöppelspitzen in Frankreich und Belgien und wurden 1561 durch Barbara Uttmann ins Erzgebirge gebracht. Im 19. Jh. entwickelte sich die maschinelle Herstellung, ab 1808 wurde auf der in Nottingham erfundenen Bobinetmaschine englischer Tüll produziert. Ab 1880 verbreitete sich im Vogtland die Herstellung gemusterter Bobinetgardinen. Heute werden Gardinen vorwiegend auf Raschelmaschinen als Gewirke hergestellt.

● Möbelbezugsstoff. Parallel zu Sitz- und Liegemöbeln entwickelten sich auch die Bezugsmaterialien. In alten Zeiten wurden Sitzbänke mit Fellen, Decken und Teppichen belegt. In der Renaissance wurde es üblich, Stühle zu polstern. Seit dem 14. Jh. sind Seidengewebe als Sitzmöbelbezüge nachweisbar, und unter Ludwig XIV. wurde der Stuhl zum Prunksessel und mit Brokat bezogen. Im 17. Jh. wurden in Europa die Polstersofas bekannt, und etwa ab 1800 begann die maschinelle Herstellung von Möbelbezugsstoffen. Dadurch verbreiteten sich Polstermöbel in der bürgerlichen Wohnung des Biedermeier. Bis heute gehören Möbelbezugsstoffe zum Standard der Raumausstattung.

● Teppich Er stammt wahrscheinlich aus Vorderasien. Schon im alten Assyrien, Babylonien und Persien dienten Teppiche als bewegliche Wände zum Unterteilen von Palasträumen. Hirten im alten Orient stellten Webteppiche für ihre Zelte her. Durch die Kreuzfahrer gelangte im 11.–13. Jh. die Kenntnis über die Existenz von Teppichen nach Europa. Im Mittelalter benutzte man Teppiche als Wandbekleidung und zum Verschließen von Fenster- und Türöffnungen. Durch die Erfindung der Jacquardmaschine und des Rutenwebstuhls begann Anfang des 19. Jh. die industrielle Produktion von Teppichen. 1880 wurde in Ölsnitz/Vogtl. mit der Teppichherstellung begonnen. Heute werden Teppiche und Auslegewaren in vielen hochproduktiven Technologien hergestellt, z. B. Malimo, Tufting usw.

Dekostoff ist die allgemeine Sammelbezeichnung für Gewebe und Gewirke aus unterschiedlichen textilen Materialien, die für Dekorationszwecke, meist als Vorhänge am Fenster oder als Wandbespannung, Verwendung finden. Nach der Herstellung unterscheidet man gewebte (auch gewirkte) und bedruckte Dekostoffe.

Der Einfluß des Dekostoffes auf den Raum ist sehr groß, denn er ist meist an einer markanten Stelle, dem Fenster, angebracht. An der Trennungslinie von drinnen und draußen, von hell und dunkel, kann er vermitteln und durch den Faltenwurf die Härte des Übergangs mildern. Hinzu kommt die Schutzfunktion vor zu starkem Licht, direkter Sonneneinstrahlung, auch vor Zugluft und das abendliche Abschirmen des dann hellen Zimmers gegen die Dunkelheit draußen. Dabei wird das Gefühl von Geborgenheit und Wärme vermittelt. Der im Gewebe (oder Gewirke) gemusterte gewebte (oder gewirkte) Dekostoff ist meist zurückhaltender und anpassungsfähiger als bedruckter, die Musterung ist meist strenger und besteht oft aus Strukturen. Bedruckter Dekostoff hat eine ausgesprochen aktive und dekorative Wirkung. Die Drucktechnik gestattet freie und vielfarbige Muster und erlaubt in schnellerer zeitlicher Folge, neue Dessins herzustellen als bei gewebten Stoffen. Bei bedruckten Stoffen sind modische Trends relativ schnell zu verwirklichen. Es soll aber mit Nachdruck darauf hingewiesen werden, daß man bei Raumtextilien modischen Erscheinungen zögernd und überlegt begegnen sollte. Durch die direkte Bezogenheit von Dekostoffen zum Raum ist es besonders wichtig, daß alle Gestaltungselemente miteinander harmonieren. Für das allzu modische Einzelerzeugnis besteht aber dadurch die Gefahr, daß es im Ensemble aller Ausstattungsgegenstände disharmonisch wirkt und einem vorzeitigen moralischen Verschleiß unterliegt.

Gardinen. In enger Verbindung mit dem Dekostoff und gleichzeitig als sein Gegenpol wird die Gardine verwendet. Gardinen sind leichte, oft zarte, durchsichtige Gewebe und Gewirke, die Räume nach außen abschließen, aber Licht eintreten lassen. Das einfallende Licht wird gemildert und sorgt so für eine angenehme Raumatmosphäre. Der Reiz von Gardinen liegt in ihrer Transparenz, ihrer Helligkeit und ihrer graphischen Struktur. Vorteilhaft ist es, wenn Gardinen mit klarem Formcharakter und strenger Musterung gewählt werden, denn Gardinen mit überladenen und aufdringlichen Schmuckformen lassen sich schwer einordnen und stehen oft im Widerspruch zur übrigen Raumausstattung. Einfach und zurückhaltend gemusterte Gardinen haben darüber hinaus den Vorzug, sich leichter mit einem Dekostoff kombinieren zu lassen, denn beide sollten letztlich eine Einheit sein.

Die meist weißen bzw. hellen Gardinen wirken vor hellem Grund dunkler und vor dunklem Grund heller. Die meisten Gardinen sind durchgängig weiß (rohweiß oder gebleicht), auch kann der weiße Grund mit farbigen Fäden oder Fadengruppen durchzogen sein. Für diese lichtdurchlässigen Stoffe sind helle Farben bzw. leichte und vor allem warme Farbtöne vorteilhaft. Stark farbige Gardinen rufen unangenehme Wirkungen hervor. Durch eine grüne oder blaue Gardine eintretendes Licht läßt nicht nur den Raum unwirklich erscheinen, sondern setzt auch seine Bewohner einer ungünstigen Beleuchtung aus. Immer mehr kommt man zu der Auffassung, daß der Fenstervorhang nicht dominant als Dekorationsträger, sondern als Lichtfilter bzw. Einblickschutz zu betrachten ist. Deshalb setzt sich auch immer mehr ein halbtransparenter Dekostoff durch, der Wirkungen von Gardine und Dekostoff in sich vereint. Der Reiz dieser Stoffe liegt in der Materialcharakteristik (Noppen, Flammen, starke oder dünne Fäden) und im Wechsel der Fadendichte.

Möbelbezugsstoffe. Das sind textile Gewebe und Gewirke zum Umkleiden gepolsterter Sitz- und Liegemöbel. Durch ihre direkte Beziehung zum Möbel haben sie eine hohe Wertigkeit bei der Raumgestaltung. Man erwartet vom Möbelbezugsstoff, daß er strapazierfähig ist, nicht schnell verschmutzt und einem nur geringen moralischen Verschleiß unterliegt.

Die unterschiedlichen Einsatzarten verlangen jeweils spezielle Stoffe. Einmal eignet sich ein Stoff aus Naturfasern besser, dann wieder einer aus synthetischen Fasern, einmal ist ein gewebter, ein anderes Mal ein gewirkter Stoff angebracht. Möbelbezugsstoffe werden hauptsächlich aus Wolle und synthetischen Fasern hergestellt, aber auch Baumwolle, Leinen, Hanf, Jute und Roßhaar werden verarbeitet. Selbst Kunstseide und reine Seide werden zur Herstellung spezieller Möbelstoffe eingesetzt. Die Ausdrucksfähigkeit des Möbelbezugsstoffes wird von seinem Material, der Oberflächenstruktur und der Farbe bestimmt. Das Bild des modernen Möbelstoffdesigns zeigt interessante Farbmischungen und neuartige Materialkombinationen.

Vorwiegend kleine bis mittelgroße Muster bzw. ein- oder mehrfarbige Strukturen entsprechen in den Proportionen den von Form und Größe der Polstermöbel bestimmten Wirkungsflächen der Stoffe. Soll allerdings ein Möbelstück, z. B. ein großer Sessel, zum Blickfang werden, kann das Muster großformig und auch sehr farbintensiv sein. Die durchschnittliche Größe heutiger Wohnungen läßt in Musterung und Farbe sehr zurückhaltend gestaltete Polstermöbel ratsam erscheinen. Vielfarbige oder mit großen, dekorativen Mustern versehene Sessel, Sitzbänke, Liegen usw. wirken oft aufdringlich und laut und stören eine harmonische Wirkung des Raumes. Gliedert sich das Zimmer allerdings in verschiedene Funktionsbereiche wie Eß- und Sitzgruppe, ist es durchaus möglich, die funktionell unterschiedlichen Sitzmöbel auch farbig zu unterscheiden. Als Ergänzung zum Möbelbezugsstoff wird an besonders beanspruchten Polstermöbelteilen wie Seitenlehnen oft Polsterkunstleder eingesetzt. Zugunsten von kleinen Pflegevorteilen und Haltbarkeitserwartungen wird damit aber meist das ästhetische Erscheinungsbild ungünstig beeinflußt.

Teppiche und Auslegewaren. Der textile Fußbodenbelag hat – wie alle Raumtextilien – spezifische Aufgaben im Raum zu erfüllen. Er muß einen warmen, weichen Boden bilden, Tritt und Schall dämpfen und hat außerdem große Bedeutung für die gesamte Raumwirkung. Im gestalterischen Sinne hat er die Aufgabe, den Raum optisch zu tragen. Für die Erfüllung dieser Aufgabe ist eine klare Gestaltung erforderlich.

Uniflächen ergeben eine ruhige, von Struktur und Zusammenklang der Farben bestimmte Wirkung, wobei sich gedämpfte Töne leichter einfügen als leuchtende. Eine streng geometrische Gestaltung ist nicht unbedingt erforderlich; die Gestaltung sollte aber keinesfalls zu dynamisch und schwungvoll sein, weil dadurch die Funktion des „Tragens" nicht sehr glaubhaft ist. Der Trend unserer Zeit besteht zweifellos darin, alle Räume einer Wohnung mit Teppichböden auszulegen. Auf Grund dieser Durchgängigkeit wirken Wohnungen besonders großzügig. Um dabei eine harmonische Wirkung zu erzielen, ist es ratsam, gleiche bzw. gut aufeinander abgestimmte Dessins und Farben zu wählen. In größeren Räumen besteht die Möglichkeit, durch Auflegen abgepaßter Teppiche oder Brücken Akzente zu schaffen oder Sitzgruppen zu betonen. Beim Auslegen von Teppichen auf nichttextilen Untergründen, z. B. Parkett, Dielung oder PVC- bzw. Vinylfußböden, bei denen die nicht belegte Restfläche mit zur Wirkung kommt, muß Farb- und Formharmonie erreicht werden. Beim Verlegen von Teppichen oder Auslegewaren auf glatten Untergründen ist die Rutschfestigkeit besonders zu beachten. Bei größeren Flächen erreicht man das durch geeignete Zwischenlagen, bei kleineren Flächen, wie kleinformatigen Teppichen oder Brücken, durch Haftbänder.

Teppichwaren haben eine bei den einzelnen Teppicharten sehr unterschiedliche Oberflächenstruktur. Sie kann fest oder locker, hart oder weich, geschlossen oder offen sein. Alle textilen Fußbodenbeläge unterscheidet man zunächst nach Flach- und Polwaren, die sowohl gewebt, geknüpft, geflochten, gestickt und auch gewirkt sein können. Flachwaren sind Teppiche, die wie übliche gewebte Stoffe oder wie Filze hergestellt werden. Dazu gehören Kelim, Karamani, Sumak, Teppiche in Köper- und Ripsbindung, Kokosläufer und auch der Nadelfilz. Polwaren dagegen haben eine besondere Oberfläche, die Polschicht oder Poldecke genannt wird. Sie besteht aus parallelen Reihen geschlossener Noppen (Schlingen), z. B. Bouclé, Raschel, Tufting, oder aus aufgeschnittenen offenen Schlingen, dem Flor, der wie Samt aussieht und je nach Material und Höhe locker und weich wirkt (Velourteppiche).

Industriell hergestellter textiler Bodenbelag umfaßt Teppiche, Brücken, Bettumrandungen, Läufer und Auslegwaren. Bildteppiche sind individuell gefertigte Unikate. Zur Musterung von Teppichen wird heute neben den bereits genannten Techniken auch das Bedrucken und Beflocken einer Grundware eingesetzt. Bedruckt werden meist in Rascheltechnologie hergestellte Grundwaren. Strukturelle und rapportlose Kleinmuster eignen sich besonders zum Bedrucken von Auslegewaren oder Läufern, aber auch abgepaßte Teppiche in unterschiedlichen Größen und verschiedenen Mustern werden bedruckt. Beim Beflocken werden auf ein beleimtes Trägermaterial elektrostatisch synthetische Fasern aufgebracht, die einen kurzen, offenen Flor bilden. Diese Teppichware kann mit farbiger Flocke als Uniware und bedruckt als gemusterte Auslegeware und ebenfalls als abgepaßter Teppich produziert werden. Extrem scheuerfeste synthetische Fasern und neue Technologien machen es möglich, Fußbodenbeläge herzustellen, die in ihren Gebrauchseigenschaften den Hartbelägen (PVC, Linoleum) vergleichbar sind: Es handelt sich um Nadelfilze bzw. -vliese.

Grundbegriffe zu Raumtextilien. Im folgenden werden einige Begriffe, die im Bereich der Raumtextilien gebräuchlich sind, erläutert:

Ausbrenner. Darunter versteht man transparenten Dekostoff, bei dem das Muster durch chemisches Herauslösen einer Faserkomponente aus dem Stoff gebildet wird. An diesen Stellen entsteht eine hohe Lichtdurchlässigkeit (Transparenz). Der Stoff kann zusätzlich noch bedruckt werden.

Architektentüll nennt man einen in allen Technologien herstellbaren Spannstoff, der eine besonders markante, tektonisch betonte grobe Struktur besitzt.

Blaudruck ist durch die weiße Musterung auf blauem Grund gekennzeichnet. Im Original wird das Muster im weißen Stoff – meist mit Wachs – reserviert, dann wird mit Indigo gefärbt.

Bobinet (Englischer Tüll) ist ein leichter, durchsichtiger Stoff mit in der Regel sechseckigen Maschen; er wird vorwiegend für Gardinen verwendet.

Bouclé. Der Begriff trifft sowohl auf die Garne zu, aus denen Bouclé-Teppiche hergestellt werden, als auch auf die Teppiche selbst. Die Garne sind verhältnismäßig stark und werden aus Kuh-, Hunde-, Katzen- oder Wildhaaren hergestellt. Der Bouclé-Teppich hat eine sehr strapazierfähige Poldecke aus kurzen, festen Noppen. Er wird abgepaßt als Teppich und als Meterware (Auslegeware) hergestellt.

Epinglé ist ein Möbelbezugsstoff, den man an den kleinen, dichten Schlingen, die in Querrichtung Rippen ergeben, erkennt. Gemustert wird dadurch, daß ein bestimmter Teil der Schlingen nicht voll ausgebildet oder aufgeschnitten wird, wodurch ein reliefartiges oder florartiges Aussehen entsteht. Epinglés sind für hohe Beanspruchung geeignet.

Fallblechgardine hat ihren Namen von einer speziellen Technologie, wo mit Hilfe eines sogenannten Fallblechs stielähnliche, plastische Mustereffekte erzielt werden können, die diese Gardine besonders dekorativ erscheinen lassen.

Frotté (Kräuselstoff, Noppenstoff) ist ein rauhes, strapazierfähiges Gewebe oder Gewirke, dessen Kette aus Frottézwirn besteht. Es wird häufig als Möbelbezugsstoff verwendet. Frottéwaren werden in vielen Technologien, u. a. Malimo, hergestellt.

Frottierdeko wird ein Frottierstoff genannt, der durch seine maschenartigen Schlingen oder Schleifen leicht Feuchtigkeit aufnimmt; er wird in Räumen mit hoher Luftfeuchtigkeit (Bad, Küche) eingesetzt.

Gewirkte Möbelbezugsstoffe sind ein- oder mehrfarbige, strukturierte und oft in Streifen gemusterte gewirkte Stoffe, vielfach auf Wolpryla- und Viskosefaserbasis. Sie werden heute bei vielen Polstermöbelarten eingesetzt; zu erkennen sind sie an der Maschenstruktur der Warenrückseite.

Gobelin. Bei echten Gobelins handelt es sich um handgewirkte Bildteppiche. Der Begriff wird aber auch für Jacquardgobelingewebe bei Möbelbezugsstoffen verwendet, die aus Woll- oder Baumwollmaterial hergestellt und ebenfalls mit bildhaften Darstellungen gestaltet sind. Sie besitzen eine hohe Repräsentationsgüte und im Gebrauch große Widerstandsfähigkeit.

Großrundgestricke sind ein- und mehrfarbige Möbelbezugsstoffe mit glatter und reliefartiger Oberfläche, auch mit kleinen Mustern, deren Flächenstabilität durch Aufbringen einer dünnen Schaumstoffschicht auf der Warenrückseite (Laminieren) noch erhöht werden kann. Großrundgestricke sind bielastisch und deshalb sowohl für nach außen als auch nach innen gewölbte Polstermöbelformen geeignet. Da sie gut waschbar sind, eignen sie sich für Polstermöbel mit Wechselbezügen.

Jacquard, eigentlich Name für die Jacquardmaschine, eine von dem französischen Weber Joseph Maria Jacquard um 1795 erfundene Vorrichtung an Webstühlen zur Herstellung von Geweben mit schwierigen und großen Mustern, auch in bildhafter Darstellung.

Jacquardraschelgardine. Bei der Herstellung von Gardinen läßt diese Technologie der Dessinierung den größten Spielraum. Die Musterungsarten gehen von zarten, tüllartigen Gewirken über Gestaltungen mit plastischen Fallblechmotiven bis zu strukturbetonten oder bobinetartigen Gardinen, die auch mehrfarbig ausgeführt werden. Die Muster können großflächig sein und florale oder geometrische Motive aufweisen. Auch Erscheinungsbilder der klassischen Bobinetgardine sind herstellbar.

Kelim, Karamani, Sumak werden flachgewebte Teppiche mit charakteristischen geometrischen Mustern genannt, die entsprechend den Herkunftsgebieten unterschiedlich sind. Als Material dient eine grobe, fest gezwirnte Kette und Wollfäden als Schuß. Senkrechte Musterkonturen bleiben beim Weben als Schlitz offen und werden anschließend vernäht.

Kettdruck ist ein kaum noch angewandtes Verfahren, die Kette vor dem Verweben mit Mustern zu bedrucken. Die Musterung ist sehr weich, mit aquarellartigen Konturen bzw. strukturell durchbrochen.

Klassische Filetgardinen bilden den Hauptteil der Warengruppe der Feingardinen. Sie besitzen eine glatte Oberfläche bzw. feine Strukturen und sind auf Grund dieser gestalterischen Charakteristik vielseitig einsetzbar.

Kordstoffe sind Stoffe mit ausgeprägten, dick hervortretenden Längsrippen, die wie Schnüre wirken. Man unterscheidet Kordsamte (Möbelkord, Manchester) und Kordripse (Hosenkord). Kordstoffe werden in unterschiedlichen Technologien hergestellt, u. a. auch im Malimo-Verfahren.

Leinenstoffe werden heute fast immer Halbleinenartikel genannt. Die Kette besteht z. B. aus synthetischen Fäden oder Baumwolle und der Schuß aus Leinenfäden. Sie sind für rustikale Polstermöbel (besonders mit sichtbarem Holzgestell) oder für Polstergarnituren mit losen Kissen gut geeignet und werden häufig naturfarben uni, mit Streifen bzw. Karos, aber auch mit kleinen floralen Motiven verarbeitet.

Liroflor, Liropol ist eine Wirkware für Teppichboden, bei der die Poldecke durch ein Gewirke gebildet wird. Bei Liroflor sind die Polnoppen offen, bilden einen Flor, bei Liropol sind sie geschlossen.

Malimo. Dieses nähwirktechnische Verfahren zur Herstellung von Stoffen besitzt gegenüber dem herkömmlichen Weben eine große Steigerung der Arbeitsproduktivität und ist nach seinem Erfinder Heinrich **Mauersberger, Limbach-Oberfrohna und Molton** benannt. Der Begriff wird synonym für mit dieser Technologie hergestellte Stoffe gebraucht.

Malimo-Möbelstoffe (z. B. Malimo-Kord, Malimo-Frotté). Bei Malimo-Kord besteht die Warenoberseite aus Noppen, die wie Kordrippen angeordnet sind. Malimo-Frotté besitzt eine fein gekräuselte Oberfläche, die durch Einnähen kleiner Schlingen gebildet wird.

Malipol, Maliwatt sind spezielle, mit der Malimo-Technologie hergestellte Stoffe. Malipol ist eine teppichartige Stoffqualität, bei der Polnoppen in einen Grundstoff eingenäht werden. Als Maliwatt bezeichnet man längs und quer übernähte Faservliese (Watteschichten).

Matelassé (Möbelbezugsstoff) ist die Bezeichnung für Gewebe mit plastisch hervortretenden Musterungen, die wie gesteppt oder hinterfüttert aussehen und eine hohe Repräsentationsgüte besitzen.

Möbelripse. Im Aussehen ähneln sie den Kordstoffen, haben aber keine florartig offenen Rippen, sondern geschlossene.

Nadelfilz wird hergestellt durch Vernadeln von übereinander liegenden Faservliesen, die anschließend noch chemisch verfestigt werden. Er ist hoch strapazierbar und verrottungsfest und deshalb auch für Küche und Bad (auch Balkone) geeignet. Er wird als Vegroflex gehandelt.

Nadelpolwaren. Bei diesem Fußbodenbelag werden die Polfäden von der Rückseite in ein vorgefertigtes Trägermaterial eingestochen und bilden auf der Vorderseite Schlingen. Nadelpolwaren sind mit offenen und geschlossenen Noppen möglich, und es können Muster gebildet werden. Diese Ware wird als Tufting bezeichnet.

Nadelvlieswaren. Die genadelte Flachware wird durch unterschiedliche Polhöhen mit einer Hoch-Tief-Struktur versehen. Sie sind als Vegropol, Vegroflor, Vegroterm und Vegrostrong im Handel.

Plüsche sind Gewebe und Gewirke, bei denen die Warenoberfläche aus senkrecht stehenden Fasern gebildet wird. Plüsch heißen die Stoffe, bei denen die Florhöhe mindestens 3 mm oder mehr beträgt. Stoffe mit einer Florhöhe unter 3 mm bezeichnet man als Samt.

Raffgardine. Sie wird durch spezielle Dekoration aus Meterware gebildet. Zwei Schallängen werden an einer Gardinenstange in der Mitte übereinanderliegend befestigt und von oben herab nach links und rechts sehr faltenreich gerafft.

Raschel (eigentlich Raschelmaschine, Rascheltechnologie) ist die Kettenwirktechnik zur Herstellung textiler Stoffe vieler Einsatzgebiete.

Rutenware sind auf speziellen Maschinen gefertigte textile Flächen, bei denen die Polbildung durch Stahlruten erfolgt, die durch ihre Form (rund, rechteckig) und ihre Höhe die Polschicht bestimmen. Die Ruten werden nach dem Weben herausgezogen; dabei kann durch ein Messer die Polschlinge auch aufgeschnitten werden. Die bekanntesten Artikel sind Tournai (offene Schlingen) und Bouclé (geschlossene Noppen). Kombinationen beider sind möglich.

Samt s. Plüsch.

Scheibengardine. Sie wird aus Spannstoff gefertigt und ist mit Hilfe einer oberen und meist einer unteren Stange direkt an der Fensterscheibe angebracht.

Spannstoff ist Gardinengewebe oder -gewirk ohne jegliche Kanten- oder Sockelbetonung in gleichmäßiger Struktur oder mit gleichmäßigem Muster. Er wird in verschiedenen Breiten als Meterware hergestellt und läßt sich für alle Gardinenformen verarbeiten.

Stores sind Gardinenstoffe mit einem Kantenabschluß, der als Sockel oder Volant ausgebildet ist; sie werden fensterhoch in Standardmaßen hergestellt.

Strukturgardine. Für ihre Herstellung werden weiße oder farbige Effektzwirne und Texturfaserstoffe verwendet. Je nach Feinheit und Stärke unterscheidet man leichte und mittlere Qualitäten. Strukturgardinen zeichnen sich durch hohe Transparenz und zurückhaltende optische Wirkung aus.

Telosa ist die Handelsbezeichnung von beflocktem Teppichboden aus DDR-Produktion. Es werden Auslegewaren, Läufer und auch abgepaßte Teppiche hergestellt.

Tournaiteppiche sind auf Rutenwebstühlen hergestellte Teppiche, bei denen durch Aufschneiden der Schlingen beim Herausziehen der Ruten ein Flor gebildet wird. Die Florhöhe wird von den Ruten bestimmt. Der Tournaiteppich zählt zu den besten Qualitäten mechanisch hergestellter Teppiche.

Transparente Dekostoffe werden auch als Inbetween bezeichnet. Es sind Stoffe, die durch die lose Struktur von Kett- und Schußfäden einen relativ hohen Lichtdurchlaß gestatten.

Tufting s. Nadelpolware.

Übergardine ist die allgemeine Bezeichnung für über den Gardinen am Fenster angeordnete, meist lichtundurchlässige Dekostoffe, oft mit einem oberen Querbehang. Sie werden meist mit Vorrichtungen zum Auf- und Zuziehen versehen.

Uniware ist eine häufig gebrauchte Bezeichnung für alle einfarbigen Stoffe.

Voile (französ. Schleier). Damit bezeichnet man duftiges, matt durchsichtiges und schleierartiges Gewebe bzw. Gewirk, das häufig weiß, aber auch zart pastellfarbig gehalten ist. Es wird auch bestickt und mit Mustern bedruckt und häufig zur Herstellung konfektionierter Fensterbekleidung verwendet, z. B. Wolkenstores.

Wirksamte sind Möbelstoffe, die 50 % leichter sind als vergleichbare gewebte Erzeugnisse. Sie bestehen aus drei Schichten: Velouroberseite, Schaumstoffzwischenschicht und textile Rückseite. Wirksamte gibt es einfarbig und mehrfarbig (meist Längsstreifen) und auch mit zusätzlich eingeprägten Mustern.

Wolkenstores sind eine besondere Art der dekorativen Aufmachung von Gardinen am Fenster. Der Gardinenstoff (meist Voile) wird in bestimmten Einteilungen über die Fensterbreite gerafft und senkrecht abgenäht, so daß die innerhalb dieser „Streifeneinteilung" hergestellte Raffung fixiert wird. Durch die nach unten durchhängenden Raffungen in jedem Streifen entsteht die Assoziation zu Wolken.

Wolpryla ist der Handelsname einer Chemiefaser, die eine hohe Beständigkeit gegen Witterungseinflüsse, Sonnenbestrahlung sowie ein hohes Wärmehaltungsvermögen besitzt. Wegen der hervorragenden Lichtbeständigkeit ist dieser Faserstoff für Gardinen und Dekostoffe besonders gut geeignet.

Zeugdruck ist die frühere Bezeichnung für alle Stoffdrucke.

Die Harmonie der Raumgestaltung

So wichtig es ist, daß die einzelnen Raumtextilien schön und zweckmäßig sind, so notwendig ist es, darauf zu achten und bewußt darauf Einfluß zu nehmen, daß eine harmonische Wirkung aller Einrichtungs- und Ausstattungsgegenstände untereinander vorhanden ist. Die Wirkung der Raumtextilien muß im richtigen Verhältnis zum Raum und zu seiner Einrichtung stehen. Ist ein Raum sehr differenziert, ist Zurückhaltung bei der zusätzlichen Dekoration angebracht. Dagegen kann ein lebhafter Fenstervorhang oder ein gemusterter Teppich in einem sonst ruhig und zurückhaltend gestalteten Raum einen reizvollen Akzent bilden. Soll ein Raum vor allem durch farbige Flächen belebt werden, ist es angebracht, unifarbene Textilien einzusetzen. Durch die Wahl der geeignetsten Raumtextilien und ihre richtige Einordnung und Anwendung können sogar architektonische Mängel verdeckt oder korrigiert werden.

Auf zwei Hauptfehler bei der Raumgestaltung soll hingewiesen werden: Aus Vorsicht oder Ängstlichkeit wird alles im gleichen Farbton, in gleicher Ornamentik und gleicher Struktur gewählt, oder es werden Raumtextilien zusammengestellt, die durch ihre Gegensätze in Farbe und Dekor weder miteinander noch zur übrigen Einrichtung harmonieren. Im ersten Fall entsteht Langeweile, im zweiten ein völliges Chaos. Gute Wirkung eines Raumes wird erreicht, wenn Farben und Formen sich zu Ensembles ordnen. Das bedeutet die Unterordnung aller anderen Gestaltungselemente unter denjenigen, der den Ton angibt oder als Blickfang den bestimmenden Akzent bildet. Das kann je nach Eignung des Raumes oder entsprechend der individuellen Haltung einmal der Dekostoff, ein andermal der Fußbodenbelag sein. Ebenfalls kann ein Möbelbezugsstoff oder eine Sitzgruppe zum Gestaltungsmittelpunkt werden. Wichtig ist in jedem Fall, daß Teil und Ganzes im richtigen Verhältnis zueinander stehen.

Tapeten

Tapeten in ihrer heutigen Form sind das Produkt einer Jahrhunderte währenden Entwicklung. Als Tapeten wurden ursprünglich alle Flächenverkleidungen im Raum bezeichnet (lat. tapetum = Teppich). Die Materialien wechselten ebenso wie der Verwendungszweck und das Aussehen der Tapeten. Wurden anfangs Felle, Leder und Gewebe zur Wandbekleidung verwendet, sind es heute eine Vielzahl von Materialien: Papiere (roh, gefärbt, bedruckt), textile Flächengebilde, Glasfasergewebe, Kunststoff- und Metallfolien, Dünnschnittfurniere, Leder- und Kunstledererzeugnisse, Kork- und Gräserkaschuren, beflockte Materialien usw. Vielfältig sind ebenfalls die Drucktechnologien zur Herstellung von Tapeten: Leimdruck, Flexodruck, Offsetdruck, Tiefdruck, Flexo-Tiefdruck-Kombinationen, Siebdruck (Durchdruck), Spritzdruck, Flockdruck u. a. Hinzu kommen Veredlungsverfahren wie Prägen, Beschichten, Versiegeln und Behandeln der Tapetenrückseite mit Gummierungen und selbstklebenden Imprägnierungen. In bezug auf ihre Gestaltung als Flächenerzeugnis und ihre Anwendung im Raum steht die Tapete in engem Zusammenhang mit den Raumtextilien.

Die Anwendung von Tapeten. Die Tapete hat heute zwei immer wiederkehrende Aufgaben zu erfüllen:

- Sie soll Hintergrund für die den Menschen in der Wohnung umgebenden Dinge sein. Effekt- und Strukturtapeten, Streifendessins und Kleinmuster sind dafür am besten geeignet.
- Unter bestimmten Voraussetzungen soll die Tapete als dekoratives Element eine hervorzuhebende Fläche beleben oder betonen. Die dabei zur Anwendung kommenden Muster- oder Bildtapeten eignen sich kaum zum Tapezieren eines ganzen Raumes, jedoch gut für eine Wand oder ein Wandteil.

Da Wandflächen durch Fenster- und Türöffnungen gegliedert oder durch Möbel und auch Bilder unterbrochen werden, sind zurückhaltende, nicht zu großflächig gemusterte Tapeten am vielseitigsten verwendbar. Sie können graphisch, flächig oder in der Kombination beider Gestaltungsarten gemustert sein. Sie können lebendig oder betont ruhig wirken, sollen aber immer so sein, wie es dem Raum, in dem sie angebracht sind, am besten entspricht.

Die vielen gestalterischen Möglichkeiten von Tapeten, beginnend bei unifarbig und den graphischen Strukturen, Rastern, Strie- und Streifendessins, über geometrische, ornamentale und florale Kleinmuster, Tapeten mit mittelgroßen Ornamenten, geometrischen Figuren, Pflanzen- und Blumendarstellungen bis hin zu den dekorativen Motiv- und den ausgesprochenen Bildtapeten garantieren vielseitige, abwechslungsreiche und ästhetisch niveauvolle Ausgestaltung der Wohnungen mit Tapeten. Es ist immer wieder Bestreben der Industrie, die Tapeten weiterzuentwickeln, um die Haltbarkeit zu erhöhen, die Pflege leichter zu machen und nicht zuletzt das Tapezieren selbst zu erleichtern.

Einige Begriffe zu Tapeten. Es sollen noch einige Begriffe aus dem Bereich der Tapeten erläutert werden:

Bordüre. So bezeichnet man Tapeten mit bandartiger Reihung von Ornamenten. Sie sind besonders für Paneele oder Sockel geeignet.

Dekorpapiere sind auf ein Trägerpapier gedruckte Holz- oder Korkstrukturen, die mit einer Oberflächenversiegelung ausgerüstet werden.

Haglasta ist Wandbekleidung aus bedrucktem Glasfasergewebe, besonders geeignet für Feucht- und Naßräume, auch für Freibereiche wie Balkone.

Leukorthen heißt ein in verschiedenen Druckverfahren bedrucktes Trägermaterial (Papier), das anschließend PVC-beschichtet wird. Diese Wandbekleidung ist weitgehend naßfest (abwischbar).

Ornal ist eine auf Papier kaschierte Alufolie, die anschließend mit naßwischfesten Farben bedruckt wird. Sie ist wegen ihrer Wirkung und Pflegeeigenschaften besonders für Vorräume geeignet.

Rauhfaser nennt man eine universell verwendbare Strukturtapete, meist in rohweiß, die als neutrale Wandbekleidung große Bedeutung besitzt. Sie kann nach dem Tapezieren mit unterschiedlichen Farbanstrichen versehen werden. Rauhfasertapeten sind unter den Bezeichnungen Pestrukta und Heweta im Handel.

Türposter sind für eine bestimmte Fläche (meist Tür) abgepaßte bildhafte Darstellungen (vielfach Fotoreproduktionen).

Velourtapete ist ein mit textilen Fasern elektrostatisch beflocktes Trägermaterial (Papier) und stellt eine sehr repräsentative Wandbekleidung dar.

Wandbild. Darunter versteht man bildhafte Darstellungen (meist Landschaften), die für die Dekoration einer ganzen Wand konzipiert sind. Sie werden in Velourqualität und als Fotoreproduktion angeboten.

Wandfries ist die ornamentale Reihung von Motiven, die so konzipiert sind, daß eine ganze Wand dekorativ gestaltet werden kann.

Leuchten

Die Entwicklung der Beleuchtung vom Kienspan bis zur heutigen elektrischen Leuchte wird im wesentlichen durch die Entwicklung der Energiequellen bestimmt. Eine gleichzeitige ständige technische Verbesserung der Lichtquellen trug den steigenden funktionellen Anforderungen Rechnung. Die Beleuchtung von Wohnräumen mit offenen Brennstellen geschah anfangs durch den Kienspan und entwickelte sich über Kerze, Öllampe, Petroleumlampe bis zur Gasbeleuchtung. Die geringe Lichtstärke dieser „Leuchten“ machte für größere Räume deren

Historische Beleuchtungsarten. 1 *Kienspan,* 2 *Öllampe,* 3 *Kerze,* 4 *Petroleumlampe,* 5 *Gasbeleuchtung*

Zusammenfassung erforderlich. Mehrarmige, vielflammige Leuchter entstanden. Bei Kronleuchtern wurde zusätzlich geschliffener Glasbehang verwendet, wodurch sowohl eine Vervielfältigung des Lichtes erreicht als auch durch die festliche Wirkung dem Repräsentationsbedürfnis Rechnung getragen wurde. Mit der Erfindung der elektrischen Glühlampe durch Goebel 1854 und Edison 1879 setzte eine neue Beleuchtungsära ein. Mit der sich ständig verbessernden Lichtstärke entwickelten sich auch neue Beleuchtungsmöglichkeiten. Wurden anfänglich die überlieferten Leuchtenformen nachgebildet oder abgewandelt, erkannte man bald die neuen Möglichkeiten bei der Gestaltung von Leuchten. Nicht die dekorativ aufwendige Gestaltung des Lichtträgers, sondern eine funktionsgerechte Gestaltung in bezug auf die Nutzung des Lichtes bestimmt den Gebrauchswert. Es ist die Aufgabe der Leuchten, optimale Sehbedingungen zu schaffen und sich so zweckmäßig in die Gestaltung eines Raumes einzuordnen. Sie sollen weder beleuchtet noch unbeleuchtet störend auffallen.

Wohnraumleuchten und ihre Gestaltung. Die Leuchte setzt sich aus Lichtquelle, Abschirmung bzw. Reflektor und Lichtträger zusammen. Die Gestaltung muß dem Verwendungszweck, der beabsichtigten Lichtwirkung und dem Materialeinsatz entsprechen. Für das Abschirmen sind Materialien erforderlich, die eine direkte Blendung durch die Lichtquelle verhindern und eine möglichst hohe Lichtausbeute zulassen. Lampenschirme aus Plastwerkstoffen, Textilien oder Karton müssen einen ausreichenden Abstand zur Glühlampe besitzen und gut entlüftet werden, damit ein Anschmoren oder Verbrennen ausgeschlossen wird. Die Lichtwirkung wird in lichttechnischen Laboratorien erprobt. Die Inbetriebnahme einer Leuchte erfolgt durch Schnur-, Fuß- oder Wandschalter, die als Druck-, Dreh- oder Berührungsschalter ausgebildet sein können.

Wohnraumleuchtenarten, ihre Verwendung und die elektrischen Lichtquellen. Es werden ortsfeste und ortsveränderliche Leuchten unterschieden. Ortsfeste Leuchten sind Deckenleuchten, Hängeleuchten, Wandleuchten, Einbauleuchten, ortsveränderlich sind alle Arten von Tisch- und Bodenstehleuchten und Handleuchten. Bei der Wahl einer Leuchte muß beachtet werden, welchen Zweck die Leuchte erfüllen und welche Lichtwirkung sie erzielen soll. Art und Größe eines Raumes bestimmen sowohl Größe als auch Lichtstärke der Leuchte. Die funktionelle Gliederung der Räume in Sitzgruppen, Eß- und Arbeitsplatz, erfordern neben einer guten Allgemeinbeleuchtung die dezentrale Ausleuchtung dieser Bereiche durch zweckentsprechende Leuchtentypen. Da bei der Ausstattung von Wohnräumen auch das individuelle Empfinden große Bedeutung hat, muß neben den Forderungen nach hoher Lichtausbeute und Blendfreiheit auch die stimmungsmäßige und psychologische Wirkung der Beleuchung berücksichtigt werden.

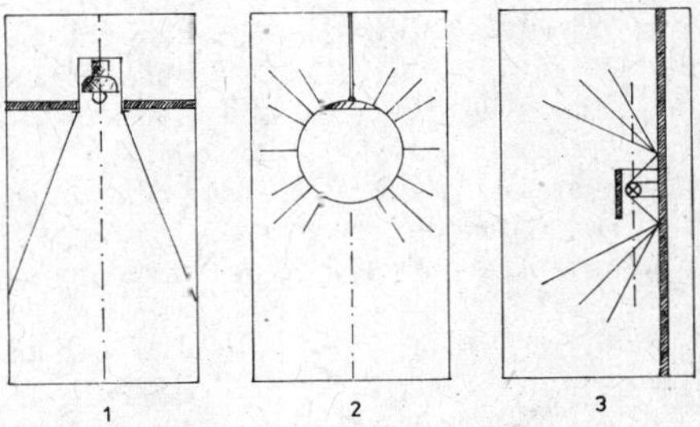

Beleuchtungsarten. 1 *direkte Beleuchtung,* 2 *gleichförmige Beleuchtung,* 3 *indirekte Beleuchtung*

Gebräuchlichste Lichtquellen für den Wohnbereich.

- Zierlampen. 15 bis 40 Watt, Sockel E14, Kolben rund, pilz- oder kerzenförmig. Sie haben geringe Lichtausbeute.
- Allgebrauchslampe. 15 bis 200 Watt, Sockel E27, Kolben rund oder pilzförmig, auch halb- oder kopfversiegelt. Die Lichtstärke ist auf Art und Verwendungszweck der Leuchte und auf die Größe des auszuleuchtenden Raumes abzustimmen. Verspiegelte Glühlampen werden in Strahlern und Pendelleuchten eingesetzt.
- Niederspannungslampen. 40 Watt, 24 Volt, Steckfassung mit rundem Kolben. Sie werden in Leuchten mit eingebautem Vorschaltgerät verwendet und besitzen hohe Lichtausbeute (Leseleuchte, Nähmaschinenleuchte).
- Halogenleuchten. 20 Watt, 12 Volt, Steckfassung. Sie sind einsetzbar in kleinen Strah-

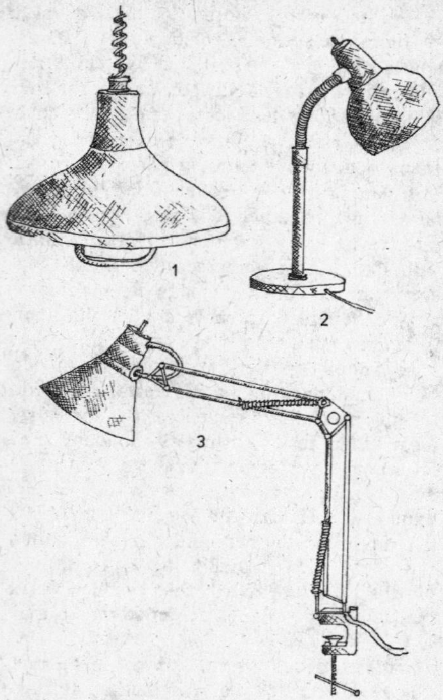

Leuchten mit Verstellelementen: 1 *Zugpendel,* 2 *Gliederarm,* 3 *Federzug*

lern mit Vorschaltgerät und besitzen bei geringer Dimension eine hohe Lichtausbeute.

- Leuchtstofflampen. 25 bis 60 Watt, Stab-, U- oder Ringform. Bei sparsamem Energieverbrauch bringen sie hohe Lichtausbeute. Sie werden hauptsächlich für Decken-, Wand- und Einbauleuchten verwendet.

Elektrische Lichtquellen ermöglichen den Einbau in jeder gewünschten Lage, auch in geschlossenen Körpern; dabei ist aber der erzeugten Strahlungswärme wegen für ausreichende Entlüftung zu sorgen. Leuchten, die nur für bestimmte Lichtstärken zugelassen sind, müssen gekennzeichnet sein.

Der Raum und seine Beleuchtung. In der Wohnung ist eine gute Ausleuchtung der einzelnen Wohnbereiche erforderlich. Dazu können sowohl ein zentraler Kabelaustritt an der Decke oder spezielle Kabelaustritte an den Wänden für ortsfeste und die Steckdosen für den Anschluß ortsveränderlicher Leuchten genutzt werden. Zur Beleuchtung von Tisch- und Sitzgruppen sind eine großvolumige oder mehrere kleine Pendelleuchten zu empfehlen. Dabei sollte ein Teil des Lichtes als indirektes Licht zur Raumausleuchtung und etwa ⅔ als direktes, gerichtetes Licht zur Platzbeleuchtung abgegeben werden. Im Interesse der Blendfreiheit sollten Pendelleuchten nicht zu hoch hängen. Die Ausleuchtung von Sitzgruppen kann auch günstig durch Stehleuchten, blendfreie Strahler usw. erfolgen, die alle höhenverstellbar sein sollten; die Strahler sollten zusätzlich in der Lichtwurfrichtung verändert werden können. Platzsparende bewegliche Wandleuchten sind besonders für die Eßplatzbeleuchtung geeignet. Für Tätigkeiten, die direkte Beleuchtung erfordern, sind z. B. Leseleuchten oder richtbare Tischleuchten zu empfehlen. Vor dem Kauf dekorativ überladener oder stark farbiger Leuchten (vor allem aus farbigem Glas) muß gewarnt werden. Meist führt die Überdekoration zu starker Beeinträchtigung der Funktion, zu Überdruß und zu schnellem moralischem Verschleiß. Stark farbige Leuchten verfälschen durch die

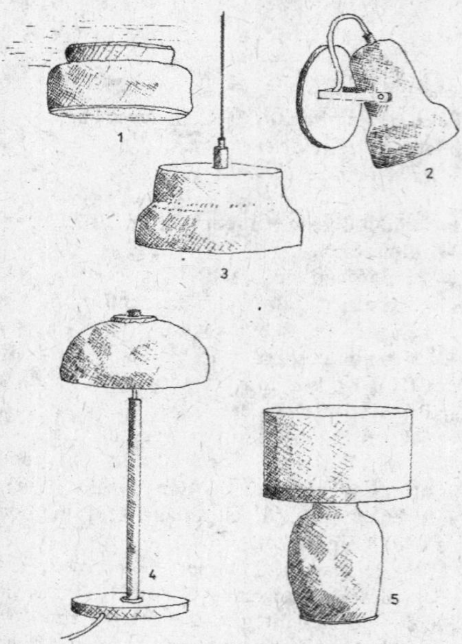

Leuchtenarten. Ortsfeste Leuchten: 1 *Deckenleuchte,* 2 *Wendeleuchte,* 3 *Hängeleuchte; ortsveränderliche Leuchten:* 4 *Ständerleuchte,* 5 *Tischleuchte*

Färbung des Lichts die Farben im Raum und wirken selbst oft unruhig.
Für den *Schlafraum* sind Deckenleuchten zu empfehlen, die ein gedämpftes Licht abgeben (Schalen aus überfangenem, weißem Glas). Zusätzlich sind richt- und abblendbare Bett-, Wand- bzw. Nachttischleuchten vorteilhaft. Für das *Kinderzimmer* sind Pendelleuchten aus festen, glatten Materialien (harte PVC-Folie) geeignet. Sie müssen neben hoher Lichtausbeute und Blendfreiheit leichtes Reinigen gewährleisten. Kinderzimmerleuchten mit Spielzeugcharakter oder figürlicher Dekoration sind äußerst ungeeignet. Da Kinder mit Spielzeug umgehen wollen, liegt das Spielen mit der Leuchte sehr nahe und kann zu erheblichen Schädigungen führen. Außerdem sind sie als Staubfänger der Hygiene im Kinderzimmer abträglich.
Jugendliche bevorzugen in ihren Räumen gern Strahler und auch mal eine Leuchte mit modischem Akzent.
In der *Küche* sind einfache Glaspendel- oder Glasdeckenleuchten sehr praktisch. Sie sind leicht zu säubern und haben eine gute Lichtausbeute. Es ist eine Bestückung mit 100-Watt-Glühlampen zu empfehlen, dafür sind aber Porzellanfassungen erforderlich. Zur Ausleuchtung der Arbeitsplätze in der Küche ist das Anbringen von Wandleuchten mit gerichtetem Licht zu empfehlen. Man kann aber auch durch die Montage abgeblendeter Leuchtstofflampen unter den Küchenoberschränken eine gute Arbeitsplatzbeleuchtung schaffen.
Für das *Bad* eignen sich Glaskugelleuchten oder Lichtsteine aus Glas an Decke und Wand. Spiegelleuchten und Spiegelschränke mit eingebauter Beleuchtung sind ebenfalls zu empfehlen.

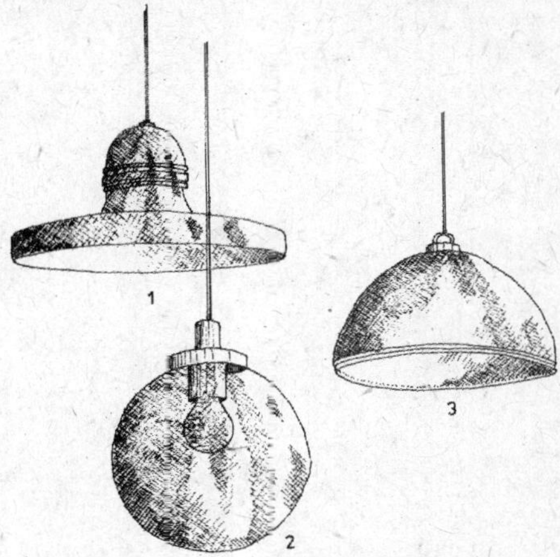

Einfluß der Werkstoffe auf die lichttechnischen Eigenschaften der Leuchten. 1 *direkte Beleuchtung durch Reflexion der Metalloberfläche,* 2 *gleichförmige Beleuchtung mit direkter Durchlässigkeit von Klarglas,* 3 *vorwiegend direkte Beleuchtung durch mehr oder weniger transparente Textilabschirmung*

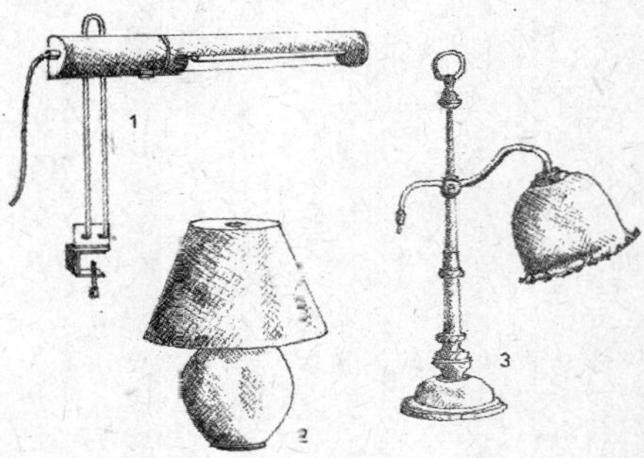

Gestaltcharakter von Leuchten.
1 *sachlich,* 2 *behaglich,* 3 *Stilleuchte*

Zweckmäßige Küche

Die Küche ist ein wesentliches Zentrum für alle Haushaltarbeiten, oft auch Eß- und Aufenthaltsraum. Auffassungen zur bestmöglichen Nutzung und Ausstattung der Küche unterliegen einem Wandel, wobei zuweilen noch Unsicherheit darüber besteht, wie weit Vorstellungen von zeitgemäßem Wohnen sich auch in der Küche verwirklichen lassen. Oberstes Gebot sollte eine arbeits- und kräftesparende Küche sein, für die gewisse Grundregeln eingehalten werden müssen. Seit langem werden in vielen Ländern – so auch in der DDR – Untersuchungen zu den Arbeitsvorgängen in Haushaltküchen vorgenommen. Man stellte fest, daß bei Frauen vielfach auftretende Erschöpfungskrankheiten oft in unzweckmäßig eingerichteten Küchen ihre Ursache haben. Die grundlegenden

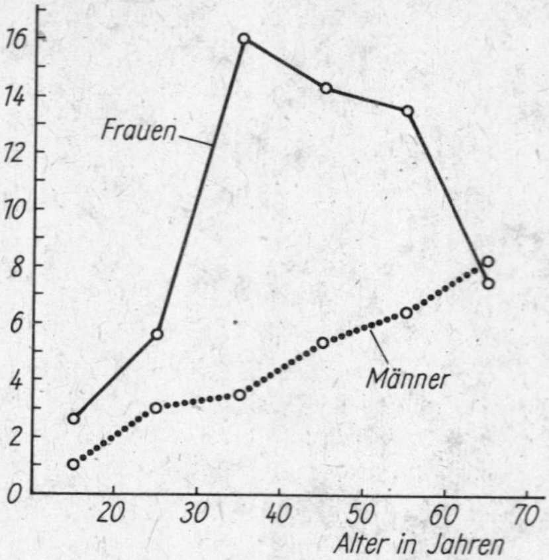

Kurve der Erschöpfungskrankheiten bei Frauen und Männern gleichen Alters

Leitgedanken zur zweckmäßigen Einrichtung der Küche gelten gleichermaßen für Neubauküchen wie für die Modernisierung von Küchen in Altbau-Wohnungen.

In Neubauwohnungen wird die Küche in der Regel mit dem Bad gekoppelt, um die aufwendigen Installationsleitungen zweiseitig anschließen zu können. In diesem sogenannten „Naßbereich" treffen vielseitige Forderungen an die bauliche Hülle wie an die lose oder fest eingebaute Ausstattung zusammen. Abnutzung und raumklimatische Anforderungen sind hier besonders hoch, deshalb sind alle Details sorgfältig zu planen (Ausführungen zum Bad s. Kapitel Wohnungsbau in der DDR). Das Angebot an Küchenlösungen im Rahmen der gegenwärtig gebauten Typen-Wohnungen des industriellen Massen-Wohnungsbaues (z. B. Wohnungsbauserie 70) ist differenziert und zeigt unterschiedliche funktionelle und größenmäßige Varianten. Mehr als in den vergangenen Jahren werden Küchen wieder an der Außenwand der Gebäude angeordnet, in größeren Wohnungen so bemessen, daß auch ein Eßplatz dort unterzubringen ist. Die sogenannte innenliegende Küche wurde als rationelle Arbeitsküche konzipiert. Die mit dieser Lösung vermeintlich verbundenen hygienischen Nachteile haben sich in vielfacher praktischer Erprobung als gegenstandslos erwiesen, da diese Räume künstlich be- und entlüftet werden.

In den Küchen unserer Neubauten sind vorgefertigte und mit den Baumaßen übereinstimmende Ausstattungselemente, die zu arbeitstechnisch einwandfreien Bereichen vereinigt werden können, heute selbstverständlich. An diesen teilweise bereits mit dem Neubau eingerichteten Küchen wurden die erprobten wie die neuen Erkenntnisse der „Küchenwissenschaft" zuerst verwirklicht. Die im Handel erhältlichen Teile aus verschiedenen Serien von Küchenmöbeln können zur individuellen Erweiterung der mit dem Neubau bereits eingebauten Ausstattung (Mindestausstattung Herd, Spüle und Arbeitsplatte) herangezogen werden. Auch zusätzliche Großgeräte (z. B. ein Tiefkühlschrank) können – soweit die erforderliche Stellfläche vorhanden ist – maßlich und formal integriert hinzugefügt werden.

Bei der Modernisierung älterer Küchen – individuell oder im Rahmen staatlicher Planaufgaben des Wohnungsbauprogrammes – besteht für die Anordnung neuer Ausstattungselemente häufig weniger „Platznot" als in Neubauküchen. Sie sind aber in der Regel unzweckmäßig mit Herd- und Wasseranschluß versehen, so daß grundsätzlich die räumliche Gliederung neu geplant werden muß. Fast immer läßt sich auch unter diesen

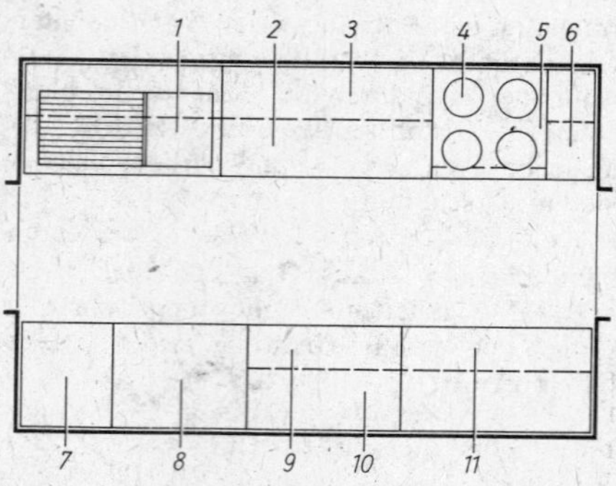

Typischer Küchengrundriß der 80er Jahre.
1 Einbeckenspüle mit Abtropffläche oder Zweibeckenspüle, 2 Unterschrank mit ausziehbarer Arbeitsplatte, 3 Oberschränke, 4 Herd, 5 Wrasenabzugshaube, 6 Abstellfläche, 7 Schrank für Trockenlebensmittel, 8 Kühlmöbel-Kombination (140 l Kühlschrank, 60 l Tiefkühlschrank), 9 Unterschrank, 10 Oberschrank, 11 Nische oder Schränke für Haushaltgeräte

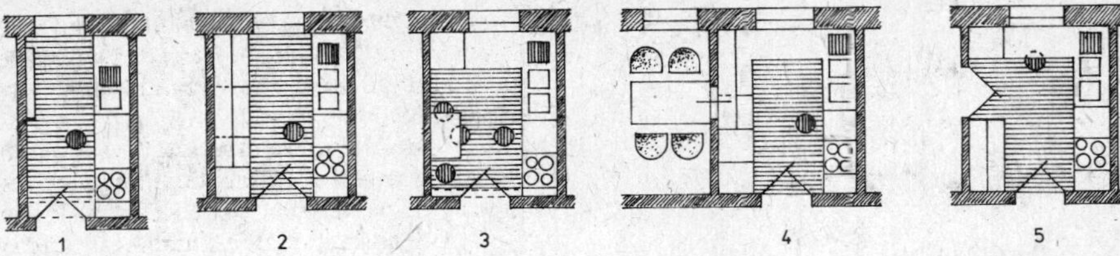

Grundtypen der Küche. 1 *einreihig,* 2 *zweireihig,* 3 *L-förmig,* 4 *U-förmig,* 5 *unterbrochen U-förmig*

Bedingungen eine gut funktionierende Arbeitsküche einrichten. Häufig gewinnt man auf diese Art noch Platz für einen praktischen Imbiß- oder Eßplatz in der Küche, der durchaus den Familieneßtisch im Wohnzimmer ersetzen kann, so daß dort mehr Bewegungsfläche oder mehr Platz für bequeme Sitzmöbel entsteht.

Arbeitsvorgänge in der Küche

Die moderne Küchenforschung hat die verschiedenen Arbeitsvorgänge in der Küche analysiert und ein sogenanntes Arbeitszentrum ermittelt. Die Ergebnisse dürfen weder unter- noch überbewertet werden. Es ist auch zu berücksichtigen, daß viele Küchenarbeiten heute von mehreren Familienmitgliedern gemeinsam bewältigt werden und daß Küchenarbeit – zumindest aber das Kochen – vielfach zum gern übernommenen „Hobby“ geworden ist. Als Arbeitszentrum jeder Küche wird der Platz zwischen Spüle (Wasseranschluß) und Herd definiert, der Platz also, der für Vorbereitungs- und Zubereitungsarbeiten für das Kochen und Backen vorgesehen ist. Für die Aneinanderreihung der einzelnen Elemente empfiehlt sich ein stets gleichbleibendes Schema: Spüle – Arbeitsfläche – Herd – Abstellfläche von links nach rechts. Von der Arbeitsfläche sollen ohne Veränderung der Stellung Wasseranschluß und Herd erreichbar sein. Um diese Bedingung zu erfüllen, soll die Arbeitsplatte nicht länger als 1 m sein, jedoch mindestens 60 cm lang, damit alle Arbeitsvorgänge Platz finden. Eine spiegelbildliche Anordnung der Elemente, wie sie in einigen Wohnungstypen noch anzutreffen ist, erschwert den Arbeitsablauf. Sie würde bestenfalls für Linkshänder günstiger sein, da die linke Hand Griffhand, die rechte Arbeitshand ist. Der Herd muß also rechts, der Wasseranschluß mit Spüle links liegen. Im Griffbereich des Arbeitszentrums sollten alle für Reinigungs- und Zubereitungsarbeiten erforderlichen Geräte, das Abfallgefäß und die zum Kochen verwendeten Gewürze angeordnet sein. Nicht alles muß hinter Schranktüren verborgen werden, so daß zweckmäßig angeordnete Regalflächen oder an Haken bereithängende Werkzeuge die Arbeitsabläufe erleichtern können. Die Zuordnung der Vorräte ist besonders zu beachten. Sie soll davon ausgehen, daß geringste Wegehäufigkeit und -länge auftreten, wobei der vorhandene Grundtyp der Küche den Ausschlag gibt.
Zu den Arbeitsvorgängen in der Küche gehören nur noch im Ausnahmefall Wäschewaschen und -pflege, es sei denn, es handelt sich um eine ausreichend bemessene Küche, wo auch ein Waschautomat oder ein Bügelplatz bequem unterzubringen sind.
In der Regel wird Wäschewaschen in das Bad verlagert, während Bügeln oder Näharbeiten auch im Wohnzimmer erledigt werden. Größer bemessene Küchen schaffen in dieser Hinsicht günstigere Bedingungen als die flächenmäßig stark reduzierten Küchenlösungen, die insbesondere in den vergangenen Jahren vorherrschten.

Grundtypen der Küche

Je nach Anordnung der Einrichtungsgegenstände unterscheidet man verschiedene Küchengrundtypen (vgl. Abb.), unter denen zwei besonders häufig anzutreffen sind:
Einreihige Küchen mit allen notwendigen Einrichtungsgegenständen an einer Wand aufgereiht (geeignet für schmale Räume von 1,70 bis 2,25 m Breite in Kleinstwohnungen oder ungünstigen Altbau-Räumen). Zweireihige Küchen mit Einrichtungsgegenständen

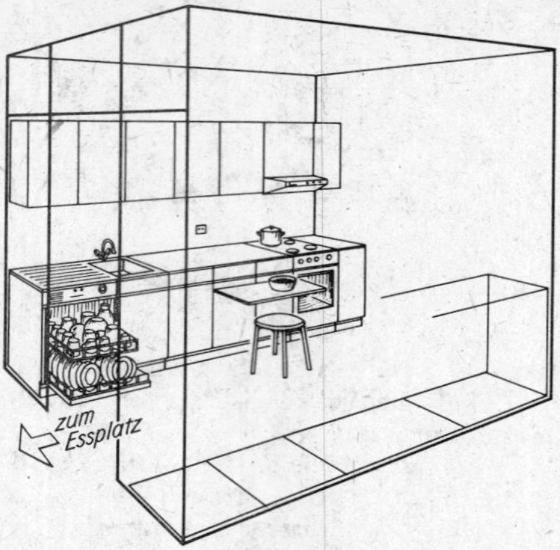

Küchennaßstrecke, die auch künftige Anforderungen berücksichtigt (nach einer Studie der Bauakademie der DDR – Institut für Wohn- und Gesellschaftsbauten); unter der Einbeckenspüle kann ein Geschirrautomat untergebracht werden. Das Arbeitszentrum darf nicht weiter vergrößert werden, da sonst die bequeme Reichweite zwischen Spüle und Herd nicht mehr gegeben ist

an zwei gegenüberliegenden Wänden (Raummindestbreite 2,25 m). Für Küchen in mittelgroßen und größeren Wohnungen haben sich zweireihige Küchen als beste Lösung herausgebildet. Die eine Reihe (bei Neubauten in der Regel die Installationswand zum Bad) enthält alle Einrichtungsgegenstände, für die Leitungsanschlüsse erforderlich sind (Wasser/Abwasser, Gas, Lüftung, Heizung) und wird als „Naßstrecke" bezeichnet. Sie muß dem für das Arbeitszentrum angegebenen Schema entsprechen. Die gegenüberliegende Reihe, die sogenannte „Trockenstrecke", enthält Schrankraum für Lebensmittel und Tischgeschirr, Kühlmöbel und oft einen durchgehenden Abstellschrank für Reinigungsgeräte und andere sperrige Dinge.

Arten der Küche

Man unterscheidet Küchen nach Größe und funktioneller Beschaffenheit.

Arbeitsküche. Als Arbeitsküche wird der Raum bezeichnet, der ausschließlich Küchenarbeiten (mit einem gelegentlichen Imbißplatz) vorbehalten ist. Es ist die häufigste Art der im industriellen Massenwohnungsbau anzutreffenden Küchen, mindestens 7 m² groß. Direkte Verbindung zu Eßnische, Eßdiele oder Wohnraum sind wünschenswert. Die Arbeitsküche entstand aus Überlegungen zum „sozialen Wohnungsbau" der 20er Jahre unseres Jahrhunderts, als damit vermeintlich auch die unhygienischen Wohnküchen der „Armeleutewohnungen" überwunden werden konnten. Der Wohnraum sollte täglich genutzt und die „gute Stube" als historisch überlebt abgelehnt werden.

Eßküche. Die Eßküche ist die um die Fläche des Familien-Eßtisches erweiterte Arbeitsküche (etwa 10 m² erforderlich). Besonders bei direktem Anschluß an den Wohnraum ist sie in jedem Fall eine Erleichterung bei der Hausarbeit. Der Einblick in die Küche – auch für Gäste – wird heute kaum noch als unerwünscht angesehen; der Eßplatz in der Küche kann durchaus auch für Spiel, Schulaufgaben oder andere Freizeitbeschäftigungen genutzt werden.

Kochabteil. Ein Kochabteil ist die auf das äußerste Minimum reduzierte Arbeitsküche (etwa 3,5 bis 4 m²). Es muß mit rationellen Einbauten versehen sein, damit es arbeitstechnisch einwandfrei funktioniert. Das Kochabteil liegt zumeist gefangen am Wohnraum, zuweilen durch Glastrennwände über einen Eßplatz belichtet und ist in der Regel künstlich be- und entlüftet. Das Kochabteil ist für größere Familien nicht geeignet.

Kochnischen liegen als einreihige Küchen mit einer Ausstattung, die alle Küchenarbeiten erlaubt, unmittelbar an einem Wohnraum oder an der Diele, durch Vorhang, Jalousien oder Schiebetüren abgetrennt (mindestens 2,15 m Länge erforderlich, Platzbedarf 2,5 m²). Sie werden in Ein- oder Zweiraumwohnungen für Kleinst-Haushalte (1 bis 2 Personen) eingebaut. Besonders bewährt hat sich diese Küchenform bei speziellen Typenwohnungen für alleinstehende ältere Menschen mit eigener Haushaltführung.

Kochschrank. Der Kochschrank ist die bis auf etwa 0,60 m × 1,20 m reduzierte Fläche eines hochgehenden, abzuschließenden Schrankes, in dem die wichtigsten zum Kochen notwendigen Geräte sowie die zugehörige Arbeitsfläche untergebracht sind. Bei geschickter Anordnung finden ein zweiflammiger Elt-Kocher, eine Einbeckenspüle mit Wasseranschluß und – im Unterschrankbereich – ein kleiner Kühlschrank Platz. Ein Anschluß für den Wrasenabzug sowie zweckmäßige Beleuchtung der Arbeitsfläche sind unerläßlich. Diese Lösung kann für Einpersonenhaushalte mit eingeschränkter Hauswirtschaft durchaus zweckmäßig sein.

Barküche. Von offener Küche (Barküche) spricht man, wenn eine Reihe der Ausstattungselemente (in der Regel die Trockenstrecke) über der Tischfläche (Abdeckflächen von Unterschränken) offen in den Nachbarraum übergeht und diese Fläche als Eßplatte dient. Die Höhe von etwa 90 cm erfordert allerdings Sitzelemente besonderer Art, die wie Barhocker bemessen sind, um bequemen Zugang zum Gedeck zu schaffen. Barküchen werden als Übergang zum Wohnbereich als individuelle Lösungsvarianten gern eingerichtet, wenn die ganze Familie am Hauswirtschaften gleichermaßen Anteil hat. Hier können auch mit Gästen unkonventionelle Mahlzeiten zubereitet und eingenommen werden.

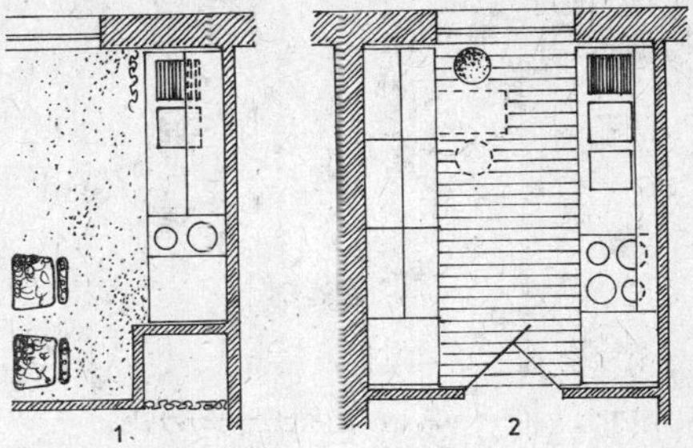

1 *Kochnische.* 2 *Arbeitsküche*

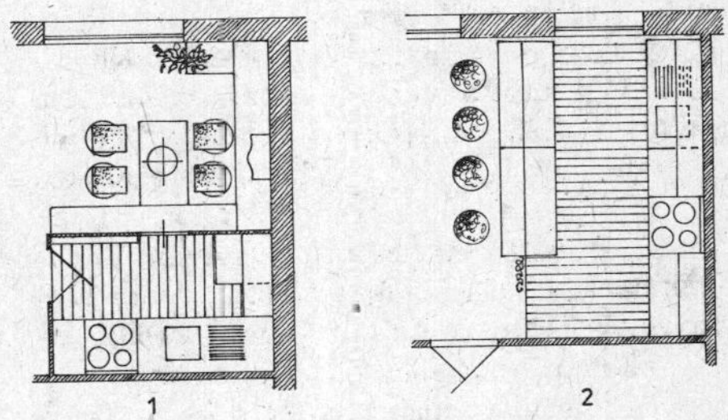

1 *Kochabteil.* 2 *offene Küche mit Bar*

Ausstattung von Küchen

Die Auswahl von Gegenständen zur Ausstattung von Küchen erfolgt nach ihrer Funktionstüchtigkeit, nach den Körpermaßen – vorläufig – der Frauen und nach dem durchschnittlich ermittelten Bedarf an Unterbringungsraum. Für die Aufstellung gelten die vorab gegebenen Hinweise, da die Funktionsabläufe immer wieder in der gleichen Weise erfolgen.

Maße in der Küche. Tiefe und Höhe der Schränke und Arbeitsflächen sowie Größe der Bewegungsfläche sind von entscheiden-

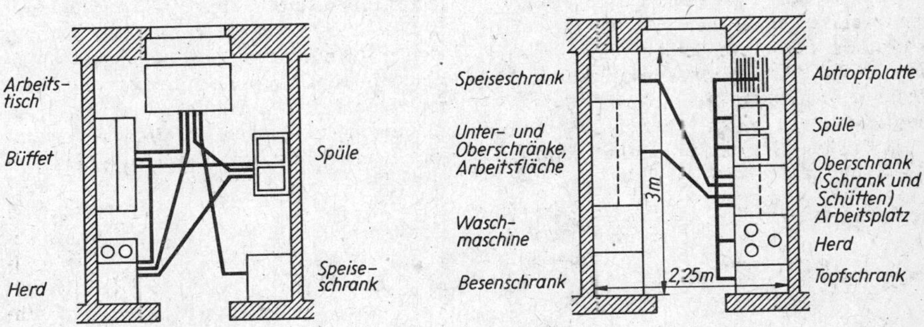

Richtige und falsche Anordnung von Ausstattungselementen in einem 6,75 m² großen Küchenraum. Nicht die Größe der Küche bestimmt ihren Wert. Große Küchen, noch dazu mit wahllos aufgestellten Möbeln, verursachen lange Arbeitswege und unproduktive Zeit. Eine rationelle Küchennutzung ist mit altmodischen Garniturmöbeln, die sperrig sind und wenig Schrankraum umfassen, nicht möglich, wie die aufgezeigten Gehlinien (gedacht bei der Zubereitung einer Familienmahlzeit) erkennen lassen. Ein nostalgisches Herbeiwünschen von „Omas Küche“ wäre Zeitverschwendung

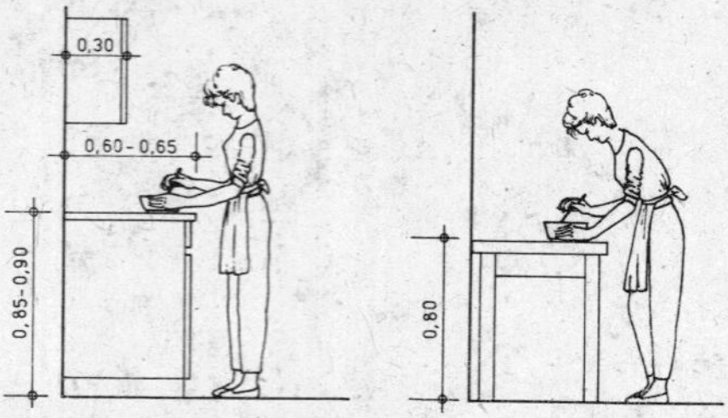

Richtige Arbeitshöhe von 85 bis 90 cm verhindert ungesundes Arbeiten in gebückter Haltung

dem Einfluß auf den rationellen und biologisch richtigen Arbeitsablauf. Dessen Kenntnis bildet die Voraussetzung für die Küchenplanung. Da noch immer Frauen erheblich längere Zeit in der Küche zubringen als Männer oder mithelfende Kinder, bilden ihre Körpermaße den Ausgangspunkt für die Bemessung der Möbel und der anderen Einrichtungsgegenstände. Die in der DDR ermittelten Körpermaße wurden international verglichen und entsprechende Forschungsergebnisse abgestimmt. Sie bilden die Grundlage der verbindlichen Richtlinien für die Bemessung von Stell- und Bewegungsflächen in Küchen, die in jedem Projekt eingehalten werden müssen (TGL 9552).

- Arbeitshöhen. Erforderlich sind für Arbeiten im Stehen 85 bis 90 cm, im Sitzen 60 bis 65 cm.

Sitzhöhen. Für Arbeitshöhen von 85 cm sind 65 cm als Sitzhöhe, für solche von 65 sind 45 cm (normale Stuhlhöhe) günstig. Deshalb sollte ein guter Küchenstuhl wie ein Bürostuhl in der Höhe verstellbar sein.

Reichhöhe, Abstellhöhe. Die äußerste Reichhöhe beträgt 2,00 m, deshalb sollte die höchste Abstellfläche nicht höher als 1,90 m über dem Küchenfußboden angeordnet sein.

- Bewegungsfläche. Zwischen den Einrichtungsgegenständen sollte mindestens eine Gangbreite von 1,20 m vorhanden sein, damit sich zwei in der Küche tätige Personen nicht ständig wechselseitig behindern.
- Schranktiefe. Sie soll bei Unterschränken 60 cm, bei Oberschränken 30 cm betragen. Die Tiefe des Unterschrankes erweist sich auch für die Bemessung der Arbeitsplatten-Tiefe als günstig.

Die Gesamtlänge der optimal kombinierten Naßstrecke mit dem Arbeitszentrum beträgt 2,20 bis 2,60 m.

Der kontinuierliche Fortgang der Arbeiten erfordert, daß alle Abstell- und Arbeitsflächen die gleiche Höhe aufweisen.

Beim Spülen wird Bücken vermieden, wenn Stielbürsten (statt eines Tuches oder Schwammes) verwendet werden. Moderne Spülbecken sind flacher als früher und kommen dieser Absicht entgegen.

Grundausstattung

Zur Grundausstattung von Küchen gehören: Herd, Geschirrspüle und Arbeitsplatte. Die zusätzliche Komplettierung der Küche durch Schrankwand und Kühlschrank wird nicht aus den Baukosten der Wohnung, sondern durch den Mieter finanziert.

Herd. Der moderne Küchenherd hat ein neues und einheitliches Gesicht bekommen. Er ist klein, nutzt jedoch jeden Zentimeter seines Inhalts aus. Neben der Backröhre mit Grill steht oft noch ein Wärmefach zur Verfügung. Die Kochstellen nebst Abstellflächen für Töpfe werden durch einen Deckel abgeschlossen. Die Herde passen sich den Küchenunterschränken an. Ihre Höhe entspricht mit 85 cm der für die DDR genorm-

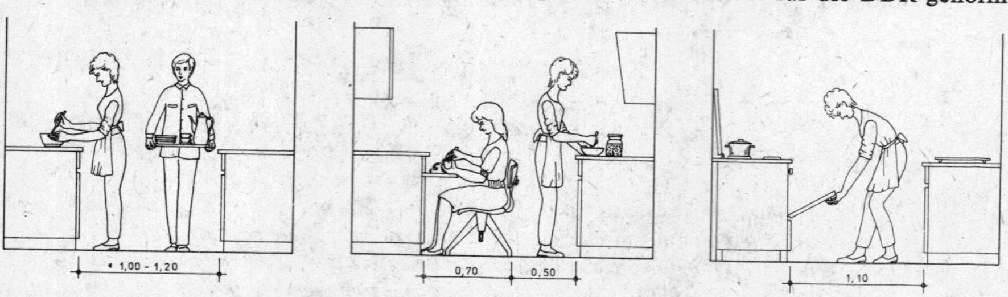

Bemessung der Bewegungsflächen (Durchgangsbreiten) zwischen den Einrichtungsgegenständen nach den Tätigkeiten einer oder zweier Personen in der Küche

ten Arbeitshöhe in der Küche. Man unterscheidet Kohleherde, Gasherde, Elektroherde, kombinierte Kohle-Gas- und kombinierte Kohle-Elektro-Herde. Neue Modelle von Gasherden können zusätzlich mit einem Elektro-Grill ausgestattet sein.

● Kohleherd. Er ist wirtschaftlich im Betrieb und beheizt zugleich den Raum. Von Nachteil sind die Bindung des Herdes an den Schornstein, die zeitraubende Bedienung mit Kohle- und Aschetransport, Schmutz, Staub, schlechte Regulierbarkeit und Überhitzung des Raumes im Sommer. In der Form ist der moderne Kohleherd dem Gas- oder Elektroherd ähnlich.

● Gasherd. Er ist stets betriebsfähig, sauber und einfach zu handhaben, gut regulierbar. Von Nachteil ist die Gefahr bei undichten Gasleitungen und im Haushalt mit kleinen Kindern, da diese gern mit Gashähnen hantieren. Auch ist beim Gasherd eine zusätzliche Raumbeheizung erforderlich.

In Orten ohne Gasanschluß können Propangasherde verwendet werden.

● Elektroherd. Er kann leichter saubergehalten werden als der Gasherd, die Wärme ist gleichmäßig über die Heizplatte verteilt, deren Erhitzung meistens über drei Stufen erfolgt; die Temperatur in der Backröhre kann genau eingestellt werden, deshalb eignet sie sich ausgezeichnet zum Braten, Backen und Grillen. Nachteilig wirkt sich die Trägheit des Elektroherds aus. Auch Schnellkochplatten brauchen eine gewisse Zeit, um sich zu erhitzen und bleiben nach dem Abschalten noch lange warm. Für Gerichte z.B., die kurz stark angebraten werden sollen, um dann langsam zu schmoren, ist eine elektrische Kochplatte nicht vorteilhaft. Elektrisch zu kochen ist teurer als Kochen mit Gas, weil die elektrische Wärmeenergie beim Kochen nicht bei allen Gelegenheiten voll ausgenutzt werden kann. Auch müssen oftmals noch besondere Töpfe mit schweren, ebenen (plangeschliffenen) Böden verwendet werden, deren Größe der Abmessung der Kochplatte angepaßt sein soll.

● Kombinierte Kohle-Gas- und Kohle-Elektro-Herde. Sie sind vielseitig verwendbar. Im Winter kann der Raum mitgeheizt werden. Anstelle eines kombinierten Kochgeräts werden auch kleine, etwa 40 cm breite Kohle-Beistellherde hergestellt, die neben den Gas- oder Elektroherd gestellt werden und sich zugleich als Abstellfläche für heiße Töpfe eignen. In ihrer Form sind sie dem Gas- bzw. Elektroherd angeglichen. In kleinen Neubauküchen werden über dem Herd Dunstabzugshauben mit Anschluß an einen Lüftungsschacht angebracht. Ein ähnliches Gerät ist die Luftfilterhaube, die beim Braten und Backen entstehende Dünste ansaugt und Frischluft abgibt.

Spüle. In der Spüle wird vor allem das Geschirr gespült und Lebensmittel werden gereinigt. Es ist deshalb eine große Erleichterung, wenn dazu nicht nur Kaltwasser, sondern auch Warmwasser ständig zur Verfügung steht.

● Zweibeckenspüle. Sie ist im Mehrpersonenhaushalt der Einbeckenspüle vorzuziehen. Entscheidend für den rationellen Arbeitsablauf sind jedoch nicht nur das zweite Becken, sondern vielmehr auch die Abstellfläche rechts und links davon.

Die handelsüblichen Spülbecken haben 30 bis 40 cm Seitenlänge und sind ca. 20 cm tief. Die Höhe der Spüle paßt sich den Arbeitsflächen an und beträgt 85 cm. Ihre Vorderkante soll 60 cm von der Wand entfernt liegen, damit sie sich der üblichen Unterschranktiefe von 60 cm angleicht. Sehr praktisch ist eine Handbrause, die mit der Kalt- und Warmwassermischbatterie über der Spüle kombiniert ist. Mit der Handbrause kann man gewaschenes Geschirr heiß abspülen und am Boden stehende Eimer bequem mit Wasser füllen.

● Spültisch. Vorzugsweise wird die Spüle in einen Schrank eingebaut. Der Raum unter der Spüle kann dadurch besser ausgenutzt werden. Hinter den Türen verstaut man Müll- und Wassereimer, Reinigungsmittel u.ä. Die Lüftung des Spültisches muß durch Schlitze gesichert sein. Zweckmäßig ist es, wenn Becken und Abstellflächen aus einem Stück und aus dem gleichen Material sind – Stahl oder Kunststoff –, so daß Undichtigkeiten und Schmutzecken vermieden werden. Steht so etwas nicht zur Verfügung, werden Emailbecken von einer ausgeschnittenen Tischplatte fugendicht berandet. Das zweite Becken kann bei Bedarf mit einer abnehmbaren Platte zugedeckt werden, wodurch größere Arbeitsflächen entstehen.

Ausguß. Der separate Ausguß ist in der Küche sehr erwünscht, da sonst das Schmutzwasser im WC ausgeschüttet werden muß.

Aus Raumersparnisgründen jedoch wird oft kein separater Ausguß eingebaut.

Speiseschrank (Speisekammer). Der Speiseschrank spielt beim Vorhandensein eines Kühlschrankes, der zur Regelausstattung einer modernen Küche gehört, nicht mehr die gleiche Rolle wie früher. Trockenlebensmittel, Konserven, Brot u. ä. sollten in einem besonderen Schrankteil der „Trockenstrecke“ aufbewahrt werden. Es muß gut zugänglich und leicht zu reinigen sein. Für Brot sollte ein spezielles Fach mit Klappe, gegebenenfalls mit fest montierter Brotschneidemaschine vorhanden sein.

Kühlschrank. Der Kühlschrank ist für das rationelle Wirtschaften und aus hygienischen Gründen sehr schnell selbstverständlicher Ausstattungsgegenstand der modernen Küche geworden. Alle leicht verderblichen Lebensmittel (Molkereiwaren, Wurst- und Fleischwaren, Gemüse, Speisereste u. a.) müssen in ihm Platz finden. Er sollte daher für die entsprechende Größe der Familie nicht zu knapp bemessen sein.

Das Fassungsvermögen reicht wie folgt aus:

60 l = 1–2 Personen
70– 80 l = 2–3 Personen
120–140 l = 3–4 Personen
160–170 l = 5–7 Personen

In manchen Kühlschränken ist ein Tiefkühlfach zum Aufbewahren von Feinfrostlebensmitteln vorhanden. Es ermöglicht den periodischen Einkauf und hilft viel Zeit sparen. Die Aufstellung des Kühlschrankes soll möglichst nicht in der Nähe des Herdes oder der Heizung geschehen. Die beste Höhe ist über Tischhöhe, griffbereit. Kleine Kühlschränke lassen sich in einen Speiseschrank einbauen. Haben sie Tischhöhe, kann die obere Fläche als Arbeitsfläche ausgeführt werden.

Gefriergut-Lagerschränke (Tiefkühlschränke). Sie ermöglichen rationelles Einkaufen und Vorkochen bei monatelanger Lagerung des Gefriergutes. Das schonende Gefrier-Konservieren wird sich im Haushalt ebenso durchsetzen wie die Kühlung der Speisen durch einfache Kühlschränke. Es werden Tiefkühlschränke mit verschiedenem Fassungsvermögen (55 oder 115 l) angeboten. Sie können Tisch- oder Standgerät sein und passen maßlich in die Anbaureihen der sonstigen Küchenausstattung.

Schränke in der Küche. Der Bedarf an Bergeraum ist in der Küche groß, deshalb muß jeder geeignete Raum zur Unterbringung von Tafelgeschirr, Küchengeschirr, Töpfen, Pfannen, Bestecken, Gerätschaften und Nahrungsmitteln ausgenutzt werden. Schrankmöbel für Küchen gibt es in drei Grundtypen: als Unterschränke (auch mit Spüle), deren obere Fläche als Arbeits- und Abstellfläche dient, als Hängeschränke, die mit genügend Abstand über den Unterschränken an der Wand befestigt sind, und Vollschränke, die bis zur oberen Kante der Oberschränke bzw. bis zur Decke reichen. Alle standardisierten Teile sind maßlich so abgestimmt, daß sie aneinandergebaut werden können. So ist es z. B. möglich, eine nur teilweise ausgestattete Küche mit standardisierten Einzelteilen nach Wunsch passend zu ergänzen.

Es gibt ein Vorzugs-Längenmaß (50 cm), das einer einheitlichen Tür- bzw. Schubkastenbreite von 48 cm entspricht. Die Kombinationen von Küchenschränken sind also 100 cm, 150 cm usw. lang. Einzelne Schrankelemente haben 60 cm Frontlänge.

● Unterschränke. Der Unterschrank mit Spüle gehört teilweise zur Grundausstattung der Küche. Zusätzliche Unterschränke wer-

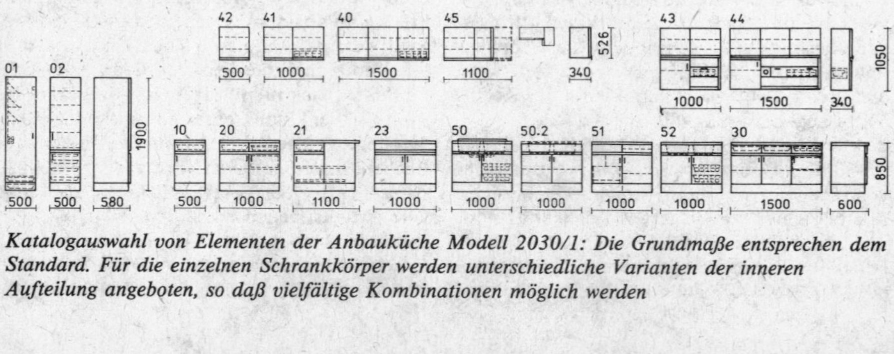

Katalogauswahl von Elementen der Anbauküche Modell 2030/1: Die Grundmaße entsprechen dem Standard. Für die einzelnen Schrankkörper werden unterschiedliche Varianten der inneren Aufteilung angeboten, so daß vielfältige Kombinationen möglich werden

den je nach den verschiedenen Verwendungszwecken mit Borden, Schüben, Kästen oder Haltern ausgestattet. In ihnen können Koch- und Backgefäße, Geräte, Küchenmaschinen, Bestecke oder auch nicht verderbliche Lebensmittel aufbewahrt werden. Die Inneneinrichtung ist dementsprechend differenziert.

Praktisch sind Vertikalschubladen, da sie bei tiefen Unterschränken den Vorteil der Übersichtlichkeit haben. Die ungünstige Tiefe kann durch Halter an den Türen für Topfdeckel und kleinere Geräte vermindert werden. Zweckmäßig sind auch herausziehbare Einlegeböden oder englische Züge.

- Hängeschränke. Sie dürfen nicht zu tief über den Unterschränken hängen, weil sie sonst das Arbeiten (besonders mit Küchenmaschinen) behindern, aber sie sollen auch nicht höher angeordnet werden, als es eine bequeme Reichweite (1,90 m) zuläßt. Hängeschränke sind nur 30 cm tief und dienen zur Aufbewahrung von Tafelgeschirr, Gläsern, kleinen Lebensmittelvorräten usw. Sie können auf ganzer Länge oder teilweise mit Schüttenteil (Glas- oder Plastschütten für Zucker, Mehl, Nährmittel usw.) oder Fächern zur griffbereiten Aufbewahrung von Schraubgläsern (Gewürze) versehen sein.
- Vollschränke sind zumeist Speise- und Vorratsschränke. Sie sind so bemessen, daß auch Kühlschränke untergebracht werden können. Die Form der Vollschränke eignet sich außerdem zum Aufbewahren von Reinigungsgeräten und wird mit speziellen Einbauten hierfür hergestellt.

Schrankraumbedarf. Um zu Anhaltspunkten für den durchschnittlichen Bedarf an Schrankraum in der Küche zu kommen, wurden gewissenhafte Mengenermittlungen aller aufzubewahrenden Dinge bei normaler Haushaltführung angestellt. Dabei ging man von drei Familiengrößen aus: klein (1 und 2 Personen), durchschnittlich (3 und 4 Personen) und groß (5 und 6 Personen). Die Mengen der mit berücksichtigten Nahrungsmittel entsprechen dem Bedarf dieser Haushaltgrößen und sind für etwa einen Wochenvorrat gedacht (rationelles Einkaufen, Kühlschrank).

- Ein- und Zwei-Personen-Haushalt

Grundbedarf: Unterschrank (Spülschrank) 150 cm lang
Hängeschrank 150 cm lang

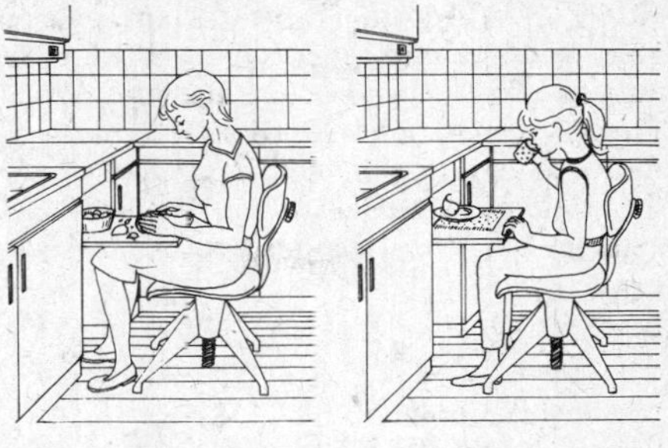

Herausziehbare Platte in 65 cm Höhe; als Arbeitsplatte oder Eßtisch für ein Kind

Vollschrank (Speisenschrank mit Kühlschrank) 50 oder 100 cm lang

- Drei- und Vier-Personen-Haushalt

Grundbedarf: wie oben
Zusatzbedarf: Hängeschrank 100 cm lang

- Fünf- und Sechs-Personen-Haushalt

Grundbedarf: wie oben (mit größerem Kühlschrank)
Zusatzbedarf: Hängeschrank 100 cm lang
Unterschrank 100 cm lang

Arbeitstisch, Stuhl. Neben den Arbeitsflächen (auf Unterschränken) ist in jeder Küche ein nicht unterbauter, kniefreier Arbeitsplatz wichtig, an dem man, auf einem hochgeschraubten Stuhl mit Fußstütze sitzend, arbeiten kann. Am besten eignet sich dafür der zentrale Arbeitsplatz zwischen Herd und Spüle.

Da für manche Arbeiten (Kartoffelschälen, Gemüseputzen) sitzende Arbeitsweise an einem niedrigen Tisch (60 bis 65 cm hoch) bequemer ist, wird in den Arbeitstisch in entsprechender Höhe eine herausziehbare Platte eingebaut, gegebenenfalls auch zwei Platten in verschiedenen Höhen, z.B. eine in 72 bis 75 cm Höhe als Eßplatte und eine Arbeitsplatte in 60 bis 65 cm Höhe, die auch als Eßplatte für Kinder verwendet werden kann.

Jeder sollte die Küchenarbeit soviel wie möglich im Sitzen ausführen. Es ist erwiesen, daß sitzende Arbeitsweise gesünder (kraftsparend) ist als stehende. Deshalb gehört in die Küche ein Hocker oder ein Stuhl mit einem in der Höhe verstellbaren Sitz. Der Sitz soll von 40 cm auf 65 cm Höhe hochgeschraubt werden können.

Küchenausstattung für körperbehinderte Menschen. Besonders für Schwerbehinderte

(Rollstuhlfahrer) sind speziell entwickelte Küchenmöbel und -geräte erforderlich. Die Ausstattung erfolgt im Rahmen des Wohnungsbauprogrammes mit Sonderelementen, die veränderte Reich- und Greifmöglichkeiten sowie die Unterfahrbarkeit für den Rollstuhl an Arbeitsplatten und Herd berücksichtigen.

Ausbaumaßnahmen in der Küche

Jede Küche, auch in Altbauwohnungen, kann durch zusätzliche Maßnahmen so verbessert werden, daß ein günstiger Arbeitsablauf erreicht wird.

Warmwasserbereiter. Falls ein Gas- oder Elektro-Warmwasserbereiter verwendet wird, sollte er nicht über dem Arbeitsplatz zwischen Herd und Spüle installiert werden, damit dieser frei bleibt für einen Oberschrank mit Schüttensatz. Meistens wird ein großer Gaswasserheizer (13 l/min) verwendet, der sowohl Bad als auch Küche bedient. Wirtschaftlicher ist es jedoch, wenn für die Küche ein Gaskleinwasserheizer (5 l/min) oder ein elektrischer 8-Liter-Warmwasserspeicher installiert wird, da diese Wassermenge für Küchenzwecke ausreicht.

Lüftung. In kleinen Küchen muß besonders für die Beseitigung des lästigen Wasserdampfes gesorgt werden, der sowohl durch das Kochen als auch durch die Gasverbrennung entsteht. Luftschächte mit hoch angebrachten Wrasenklappen über dem Herd, Lüftungsflügel im oberen Teil des Fensters, Dunsthauben mit elektrischen Ventilatoren über dem Herd schaffen gesunde Arbeitsbedingungen. Der Abgasschornstein kann als zusätzliche Entlüftung verwendet werden.

Wände. Wichtig ist, daß ein Teil der Wände und die Decke mit saugfähigem Putz versehen werden, der den Wasserdampf aufnimmt und ihn dann langsam wieder abgibt (Vermeiden von Schwitzwasser!). Zwischen den Unter- und Oberschränken sowie über dem Herd und der Spüle soll die Wand gefliest oder mit einem abwaschbaren Anstrich versehen werden. Auch Kunststoffbeläge (z. B. Leukorthen) sind geeignet.

Fußböden. Sie sollen fußwarm, leicht zu reinigen, wasserabweisend und gegen Abrieb widerstandsfähig sein. Kunststoffbeläge erweisen sich als günstig.

Farbe in der Küche. Die Anbau- und Einbauküchen gewährleisten durch die harmonische Aneinanderreihung der Einrichtungsgegenstände einen befriedigenden Anblick. Durch eine freundliche und farbenfrohe Gestaltung kann der Reiz dieses Arbeitsraumes noch beträchtlich gesteigert werden. Von den weißen Küchen kommt man immer mehr ab. Jedoch sind helle und Pastellfarben den dunklen und grellen Farben vorzuziehen; die dunklen schlucken zuviel Licht, die grellen wirken auf die Dauer unruhig. Decken, Fußböden, Wände und Arbeitsflächenbeläge müssen farblich harmonisch abgestimmt sein. Geeignete Töne für Küchen sind: Zitronengelb, Grün, Graublau, helles Ziegelrot. Auch Naturholzschränke (mit farblosem, abwaschbarem Kunstharzlack) wirken warm und wohnlich, vor allem in einer Eßküche. Üppige Vorhänge und Gardinen sind aus hygienischen Gründen in der Küche fehl am Platz. Gute Dienste leisten Rollos als Fensterschutz (auch aus farbigen Textilien).

Ernährung

Ernährungswissenschaftliche und ernährungspraktische Hinweise

Notwendigkeit angemessener Ernährung. Als Folge wirtschaftlicher und gesellschaftlicher Veränderungen unterliegt die Volksernährung verschiedenen Wandlungen. Diese ergeben sich vor allem aus veränderten Arbeits- und Lebensbedingungen, z. B. Verstädterung, Industrialisierung, Zunahme der Berufstätigkeit der Frauen, Verringerung von körperlicher und Hinwendung zu geistiger Tätigkeit, Zunahme der gesellschaftlichen Speisenwirtschaft, Steigerung des Welthandels, Erweiterung und Veränderung des Lebensmittelsortiments und -angebots, durch verschiedene sozialpolitische Maßnahmen und andere staatliche Regelungen mit Erhöhung der Kaufkraft usw. Im Hinblick auf eine richtige Ernährung können die Auswirkungen solcher Wandlungen nicht dem Selbstlauf überlassen werden. Daher hat die Ernährungswissenschaft – in Anpassung an die jeweilige wissenschaftlich begründete Bedarfssituation – Richtlinien für hochwertige Ernährung erarbeitet. Diese Empfehlungen

sollten in jeder Familie sowie in der Gemeinschaftsverpflegung beachtet und in die Tat umgesetzt werden.
Der im Organismus ununterbrochen ablaufende Stoffwechsel ist durch eine bedarfsgerechte Energie- und Nährstoffzufuhr zu sichern. Energie und Nährstoffe sind in Lebensmitteln enthalten, kommen jedoch in unterschiedlicher Konzentration vor. Auswahl und Umfang der Nahrung beeinflussen daher die Höhe der Energie- und Nährstoffzufuhr. Mit einer „richtigen Nahrung" wird eine „richtige Ernährung" gewährleistet. Sie ist ein wichtiger Grundpfeiler der vorbeugenden Gesundheitspflege (allgemeine Prophylaxe). Ihre Verwirklichung setzt Kenntnisse über Nahrung und Ernährung voraus. Dabei sind Überlieferungen, Gewohnheiten, Appetit, Hunger, gefühlsmäßige oder weltanschauliche Erwägungen, abwegige Vorstellungen über „hohen" Lebensstandard u. a. mitunter recht unzuverlässige oder sogar zielwidrige Berater.
Hochwertige Ernährung setzt eine Bilanz zwischen dem Bedarf des Körpers und der mit der Nahrung zugeführten Energie- und Nährstoffmenge voraus. Hinzu kommt, daß auch der Rhythmus der Nahrungsaufnahme (Anzahl der Mahlzeiten pro Tag und ihre zeitliche Verteilung) von Bedeutung ist.

Unter-, Fehl- und Überernährung. Hunger und Unterernährung sind heute auf unserer Erde immer noch verbreitet. Not, Elend, Krankheiten, Siechtum, früher Tod und hohe Sterblichkeitsraten sind vielfach die tragische Folge. Das Leben wird in allen seinen Äußerungen entscheidend beeinträchtigt (z. B. soziales Verhalten, Leistungsfähigkeit und Einsatzbereitschaft, Arbeitsproduktivität und Gesundheit). In unserem Staat spielt die Unterernährung keine Rolle.
Formen von Fehlernährung kann es aber auch bei uns geben. Zwar wird der Bedarf an Kalorien überwiegend gedeckt, vielfach auch überschritten, doch bestehen in einzelnen Fällen Defizite an lebensnotwendigen Stoffen, z. B. an Vitaminen, Mineralstoffen oder biologisch hochwertigem Eiweiß. Auch eine fortgesetzte Verschiebung des Verhältnisses von Eiweiß : Fett : Kohlenhydrat, das im Mittel 12 % : 33 % : 55 % der Tagesenergieaufnahme ausmachen sollte, ist eine Form der Fehlernährung. Solche Unausgeglichenheiten stören das physiologische Gleichgewicht und beeinträchtigen Leistungs- und Ernährungszustand.
Die Überernährung ist ein besonderes Kennzeichen unserer Zeit. Viele sogenannte Zivilisationskrankheiten stehen oft im ursächlichen Zusammenhang damit. Eine fortgesetzt zu energiereiche, meist überfettete Kost führt zum Übergewicht und zur Fettsucht, die für den Organismus eine Belastung darstellen. Das kann zum Ausgangspunkt für Störungen im Kreislauf, an Herz, Leber, Gelenken und anderen Organen werden. Dies gilt vor allem für den erwachsenen Menschen, ist aber auch für Kinder und Jugendliche von Nachteil. Oft zeigen sich negative Auswirkungen erst in späteren Jahren. Die Gewichtszunahme des erwachsenen Menschen ist keineswegs ein Wertmesser für gute Gesundheit, Leistungsfähigkeit oder Sozialprestige „Hoher" Lebensstandard, der sich in Übergewichtigkeit und Fettsucht äußert, weist auf bedenkliche Fehlernährung hin.

Hunger und Appetit. Die Sicherung unserer leiblichen Existenz wird vor allem durch zwei Empfindungen gesteuert: durch den Hunger und durch den Appetit. Das Gefühl der Sättigung gesellt sich hinzu; es bringt zum Ausdruck, daß der Hunger gestillt ist.
Der Hunger, d. h. das Verlangen nach Nahrung, ist nicht nur eine psychische Gefühlsregung, sondern an gewissen Körpervorgängen auch experimentell meßbar. Der Appetit ist demgegenüber subjektiv auf bestimmte Lebens- oder Genußmittel ausgerichtet. Er kann aber auch einen speziellen Bedarf des Körpers ausdrücken. Erinnert sei an das häufige Verlangen schwangerer Frauen nach Milch und Quark (erhöhter Eiweißbedarf); an den Appetit auf saure Speisen und Getränke (Mangel an Magensäure). Auch an das Verlangen bei „alkoholischem Kater" nach saurem Hering oder saurer Gurke (Dekkung des durch starke Harnausscheidung verursachten Kochsalzverlustes) usw.
Hunger und zum Teil auch Appetit sind naturgegebene Berater und Regler für die Nahrungsaufnahme nach Art und Menge. Durch Gewöhnung, Beeinflussung, Verlockung, Genußsucht, Sinneslust – selbst „Futterneid" – usw. können beide Regungen aber auch sehr in die Irre führen. Ist das Sättigungsgefühl unterdrückt, so wird oft über den Bedarf hinaus gegessen. Es kommt auf die Dauer zur

Empfohlene durchschnittliche Eiweißaufnahme

Erwachsene	Altersgruppe (Jahre)	leichte Arbeit g	mittelschwere Arbeit g	schwere Arbeit g	Schwerstarbeit g
Männer	18–35	80	85	105	125
	35–50	75	80	100	115
	50–65	70	75	90	105
	über 65	70	75	—	—
Frauen	18–35	70	75	80	—
	35–50	70	70	75	—
	50–65	65	70	75	—
	über 65	60	65	—	—
Schwangere (6.–9. Monat)	85 g				
Stillende	110 g				

Kinder und Jugendliche	Altersgruppe (Jahre)	g
Kinder	0– ½	2,2–1,9[1]
	½– 1	1,9–1,3[1]
	1– 3	38
	3– 6	50
	6– 9	60
Jungen	9–12	75
	12–15	90
	15–18	100
Mädchen	9–12	70
	12–15	80
	15–18	80

[1] je kg Körpergewicht

Überernährung mit allen sich daraus ergebenden Folgen.

Ernährungsaufklärung, -beratung und -lenkung. Gesicherte Kenntnisse über Nahrung und Ernährung sind für die Bevölkerung vordringliche Notwendigkeit. Leider wird in den allgemeinbildenden polytechnischen Oberschulen ein systematischer, ausführlicher Unterricht über die unsere Existenz sichernde Ernährung nicht erteilt. So regeln sich die Ernährungs- und Kostformen vielerorts in einem gewissen Selbstlauf (Überlieferung, Gewohnheit, wirtschaftliche Situation usw.). Die den modernen Lebensverhältnissen anzupassende Ernährung aber fordert eine kritische Ausrichtung auf den wirklichen Bedarf des Körpers. Das bedeutet, daß sich alle diejenigen, die verantwortlich in Familie, Gaststätte, Gemeinschaftsküche (auch in Krankenhaus und Ferienheim) mit der Ernährung zu tun haben, die notwendigen Kenntnisse aneignen müssen. Es gilt, die bestmögliche Ernährungsweise zu verwirklichen. Die Ernährungswissenschaft schafft dazu durch Aufklärung, Beratung und Lenkung wichtige Voraussetzungen.

Empfehlungen und Richtsätze für richtige Ernährung. Alles, was mit der Ernährung in Zusammenhang steht, ist ernstzunehmen. Bei richtiger Ernährung fühlt man sich frischer, bleibt gesünder und leistungsfähiger. Lebensmittel sollen deshalb nicht nur nach dem „Geschmack", sondern auch nach den Erkenntnissen und Empfehlungen der Ernährungswissenschaft ausgewählt werden. Persönliche Wünsche brauchen dabei nicht außer acht zu bleiben. Es gibt viele Möglichkeiten, sich richtig zu ernähren.

Folgende Ernährungsrichtsätze wurden aufgestellt:

- Weder zu viel noch zu wenig essen. Beides wäre falsch und kann nur schaden. Ständig zu reichliches Essen gegenüber dem persönlichen Bedarf erhöht das Körpergewicht in unerwünschter Weise. Jeder Arzt warnt vor den Gefahren beträchtlichen Übergewichts und der Fettsucht. Das Leben kann dadurch verkürzt werden. Umgekehrt verhindert eine ständig zu niedrige Energiezufuhr die volle Entwicklung der Leistungsfähigkeit. Die in den Tabellen genannten Energierichtsätze können als zweckmäßig angesehen werden.
- Von allen Nahrungsmitteln nehmen. Beschränkt sich die Nahrung nur auf wenige „wohlschmeckende" Produkte, mangelt es an notwendigen Nährstoffen, insbesondere an Vitaminen und Mineralien. Gerade diese Stoffe braucht der Körper in angemessenen Mengen. Deshalb sollte kein Fleisch-, Fisch- oder Eigericht ohne Gemüse- oder Obstbei-

lage bleiben. Es kommt tagtäglich auf eine zweckmäßige Kostzusammenstellung aus tierischen und pflanzlichen Lebensmitteln an.

● Die Kost abwechslungsreich gestalten. Diese Grundregel gilt nicht nur für die Nahrung von morgens bis abends, sondern auch vom Wochenanfang bis zum Wochenende. Die Mahlzeiten sind von Tag zu Tag in ihrer Zusammensetzung zu variieren, in der Lebensmittelauswahl, in der Geschmacksrichtung, in den Vor- und Nachspeisen sowie in den einzelnen Gerichtanteilen (z. B. beim Mittagessen: Kartoffeln oder Reis oder Nährmittel oder Brot als Sättigungsbeilagen; Ei, Fisch und Fleisch verschiedener Sorten; verschiedene Tunken; verschiedene Gemüsebeilagen). Je abwechslungsreicher die Kost, desto vielseitiger und zugleich appetitanregender ist sie, und je vielseitiger, desto hochwertiger.

● Natürliche Kost bevorzugen. Man sollte häufiger eine normale „Hausmannskost" essen. Sogenannte hochverfeinerte Lebensmittel oder Gerichte sind oft besonders energiereich und ärmer an Mineralstoffen und Vitaminen. Die Nahrung muß auch einen gewissen Gehalt an Ballaststoffen (Zellulose) enthalten, daher täglich auch Frischkost mit Rohkostvorspeisen (Salate), Gemüsebeilagen sowie rohen Gemüsefrüchten (Gurke, Tomate, Paprika); frisches und im Winter auch konserviertes und gefrierkonserviertes Obst und nicht zuletzt Kartoffeln und Vollkornerzeugnisse (Vollkornbrote, Schrotmehle, Haferflocken).

● Aufbaustoff Eiweiß. Angemessene Eiweißaufnahme je nach Geschlecht, Alter, Körperhöhe, Gewicht und Berufsanstrengung ist Grundvoraussetzung für die Neubildung von Zellen. Über die wünschenswerte durchschnittliche Höhe der Eiweißaufnahme geben die Tabellen Auskunft. Im allgemeinen macht der hier empfohlene Eiweißanteil 12 % bzw. 13 % der aufgenommenen Tageskalorienmenge aus. Dabei sollte die Eiweißaufnahme zu etwa 40 % bis 50 % aus tierischen und zu 50 % bis zu 60 % aus pflanzlichen Produkten erfolgen. Die wichtigsten tierischen Lebensmittel mit hohem Eiweißgehalt sind Milch und Milcherzeugnisse wie Käse, Quark und Joghurt, ferner Eier, Fleisch und Fisch. Die wichtigsten pflanzlichen Lebensmittel mit hohem Eiweißgehalt sind Getreideerzeugnisse, also Brot und Nährmittel, Kartoffeln und Hülsenfrüchte.

● Energielieferant Fett. Es bildet neben den

Empfohlene durchschnittliche Energieaufnahme

Erwachsene	Altersgruppe (Jahre)	leichte Arbeit		mittelschwere Arbeit		schwere Arbeit		Schwerstarbeit	
		kJ	(kcal)	kJ	(kcal)	kJ	(kcal)	kJ	(kcal)
Männer	18–35	11300	(2700)	12600	(3000)	15100	(3600)	17600	(4200)
	35–50	10500	(2500)	11700	(2800)	14200	(3400)	16700	(4000)
	50–65	9600	(2300)	10900	(2600)	13000	(3100)	15100	(3600)
	über 65	8400	(2200)	9200	(2400)	—	—	—	—
Frauen	18–35	9200	(2200)	10000	(2400)	11700	(2800)	—	—
	35–50	8800	(2100)	9600	(2300)	10900	(2600)	—	—
	50–65	7900	(1900)	8800	(2100)	10000	(2400)	—	—
	über 65	7100	(1800)	7500	(1900)	—	—	—	—
Schwangere (6.–9. Mon.)		10500	(2500)						
Stillende		12600	(3000)						

Kinder und Jugendliche	Altersgruppe (Jahre)	kJ	(kcal)
Kinder	0– ½	460–480[1]	(110–115[1])
	½– 1	400–420[1]	(95–100[1])
	1– 3	5000	(1200)
	3– 6	6700	(1600)
	6– 9	7900	(1900)
Jungen	9–12	9600	(2300)
	12–15	11700	(2800)
	15–18	13000	(3100)
Mädchen	9–12	8800	(2100)
	12–15	10500	(2500)
	15–18	10500	(2500)

[1] je kg Körpergewicht

Wichtige Vitaminlieferanten

Vitaminbezeichnung	tierische Erzeugnisse	pflanzliche Erzeugnisse
Vitamin A (bzw. β-Karotin als Vorstufe in pflanzlichen Erzeugnissen)	Milch, Butter, Leber, Ei, Käse, Lebertran	Mohrrüben, Kopfsalat, Petersilie, Spinat, Rosenkohl, grüne Erbsen, Tomaten, Aprikosen, Pfirsiche, Brombeeren, Pflaumen
Vitamin B_1	Muskelfleisch, besonders vom Schwein; Leber, Niere	Roggen- u. Weizenvollkornbrot, dunkles Mehl, Schrotmehl, Haferflocken, Reis (spez. Naturreis), Vollsojamehl, Kartoffeln, grüne Bohnen, Grünkohl, Rosenkohl, Wirsing, Nüsse, Hefe
Vitamin B_2	Trinkvollmilch, Milchprodukte, Ei, Muskelfleisch, Leber, Niere, Fisch	Weizen- u. Roggenvollkornbrot, Hülsenfrüchte, Vollsojamehl, Grünkohl, Rosenkohl, Spinat, grüne Bohnen, grüne Erbsen, Pilze, Hefe
Niazin	Fleisch, Fleischwaren, Leber, Niere, Fisch (bes. Hering, Makrele)	Hülsenfrüchte, Reis (spez. Naturreis), Pilze, Weizenvollkornbrot, Hefe, Pfirsiche, Pflaumen, Erdnüsse
Vitamin C	Leber	Kartoffeln, Kohl, Sauerkraut, Grünkohl, Rosenkohl, Blumenkohl, Paprikaschoten, Petersilie, Porree, Tomaten, schwarze Johannisbeeren, Erdbeeren, Himbeeren, Orangen, Zitronen
Vitamin D[1]	Hering (frisch u. geräuchert), Leber einiger Seefische (bes. Dorsch u. Heilbutt), Lebertran, Ei, Butter, Sahne, Vollmilch	Champignons

[1] Vitamin D wird darüber hinaus auch vom Körper selbst gebildet, wenn er dem Sonnen- und hellen Tageslicht genügend ausgesetzt wird.

Kohlenhydraten die Hauptgrundlage für die Bereitstellung von Energie. Allerdings wird allgemein viel zuviel Fett gegessen. Darum sollte der Fettverzehr – insbesondere der von tierischen Fetten – eingeschränkt werden. 1 g Fett liefert etwa 2¼mal soviel Energie wie 1 g Eiweiß oder 1 g Kohlenhydrat. Reichlicher Verzehr energiereicher Lebensmittel führt leicht zu Übergewicht und Fettsucht. Das sichtbare Fett, vor allem als Butter, Margarine, Schmalz, Speck und Öl, macht nur rund die Hälfte der Fettaufnahme aus. Auch in Fleisch, Wurst, Schinken, Milch, Käse, Kuchen, Gebäck usw. ist Fett enthalten, das nochmals die gleiche Menge ausmacht wie das sogenannte Streich- und Zubereitungsfett. Zu beachten sind darum bei der Kostplangestaltung die hohen unsichtbaren Fettanteile in den verschiedenen Lebensmitteln.

● Genügend kohlenhydratreiche Lebensmittel essen. Dazu gehören vor allem Brot, Kartoffeln und Nährmittel. Viele Menschen, besonders in den Städten, essen heute immer weniger davon. Neben dem Mischbrot sollten auch Schrot- oder Vollkornbrote – einschließlich Knäckebrot – auf den Tisch kommen.

Gerade die kleiehaltigen Schrot- und Vollkornbrote sind vitamin- und mineralstoffreich. Außerdem haben sie verdauungsfördernde Wirkung. Auch Haferflocken gehören in den Speiseplan. Dagegen kann der Verzehr von Kuchen und vor allem Süßigkeiten eingeschränkt werden. Zucker wird ebenfalls von den meisten Menschen eher zuviel als zuwenig verbraucht. Er kann im Körper zu Fett umgewandelt werden; außerdem enthält Zucker weder Eiweiß noch Mineralstoffe oder Vitamine, trägt aber in erheblichem Maße zur Entwicklung der Zahnfäule (Karies) und auch des Übergewichtes bei.

● Reichlich Obst und Gemüse. Diese Lebensmittel enthalten wichtige Vitamine und Mineralstoffe; ein angemessener und vor allem gleichbleibender Verzehr kann nicht hoch genug eingeschätzt werden. Neben der Vitaminbereitstellung spielt auch die Zufuhr an Mineral- und Spurenstoffen eine Rolle. Diese sind nicht nur zum Aufbau, sondern auch bei den ständigen Umsetzungen im Körper unbedingt erforderlich. Schließlich liefern Gemüse und Obst – ähnlich wie Vollkornbrot – reichliche Anteile an Ballaststoffen.

● Täglich Milch trinken. Ein regelmäßiger Milchverzehr ist auch für den Erwachsenen günstig. In der Milch sind viele wertvolle Eiweiße, Vitamine und Mineralstoffe enthalten, die eine gute Voraussetzung für eine hochwertige Ernährung bieten. Täglich ¼ bis ½ l Milch, z. B. als Trinkvollmilch, Sauermilch, Joghurt oder als Quark gleicht manche Ernährungslücke aus. Auch ein regelmäßiger Käseverzehr – möglichst als Magerkäse, wie „Harzer" oder als Viertel- und Halbfettkäse – ist zu empfehlen. Dagegen enthalten die bekannten „Vollfettkäsearten" reichlich Fett.

● Beliebig viel bzw. reichlich – nach Bekömmlichkeit, Appetit oder Sättigung – kann man verzehren von: Gemüse, Frischobst, Kartoffeln, dunklem Brot, Hülsenfrüchten, Trink- und Mineralwasser.

Mäßiger Verzehr ist zu empfehlen für: Fleisch und Wurst, fettreiche Milchprodukte, Speisefette, Eier, Mehlspeisen, Bier, Wein, Kaffee, zuckerhaltige alkoholfreie Erfrischungsgetränke.

Genügsamkeit ist angeraten bei: Süß-, Dauerback- und Konditoreiwaren, Zucker, Eis, Nüssen, fetten Speisen und Soßen, Spirituosen, gezuckerten Obstkonserven, Desserts, Krems, Kochsalz.

● Ruhige und behagliche Atmosphäre beim Essen. Zum Essen soll man sich Zeit nehmen; Hinunterschlingen ist Gift! Erst ruhiges und niveauvolles Essen gibt eine gewisse Gewähr dafür, daß die Mahlzeit auch bekommt und gut verdaut wird. Gewiß leben wir nicht, um zu essen, sondern essen, um zu leben. Trotzdem bleibt die sinnvolle tägliche Speiseneinnahme eine entscheidende Voraussetzung für gute körperliche und geistige Verfassung.

Familienkost und Gemeinschaftsverpflegung. Immer mehr Menschen nehmen die Hauptmahlzeit des Tages, das Mittagessen, sowie die Zwischenmahlzeiten in ihrem Betrieb ein. In der Perspektive wird die Versorgung der Bevölkerung durch gesellschaftliche Speisung mehr und mehr an Bedeutung gewinnen. Die Gemeinschaftsverpflegung muß vor allem die hochwertige Versorgung der Essenteilnehmer gewährleisten. Forderungen nach qualitativ und quantitativ richtiger Ernährung, nach Abwechslung, Vielseitigkeit und Wohlgeschmack gelten auch im Betrieb. Qualifizierung der Küchenkollektive, gewissenhafte Nährstoffbilanzen, kalkulierte Kostpläne sowie Kontrollen und kritische Prüfung sind dabei unerläßlich.

Bei der häuslichen Familienkost muß berücksichtigt werden, was in der Gemeinschaftsverpflegung gegeben wird, um ausgleichen zu können, was für eine angemessene Ernährung noch fehlt, da im Betrieb nicht immer allen individuellen Ernährungsbedürfnissen entsprochen werden kann. Durch bewußte Lebensmittelauswahl und zweckmäßige Kostzusammenstellung, z. B. bei dem häuslichen Frühstück, Vesper oder Abendessen und am Wochenende, läßt sich dann eine ausgeglichene und den ernährungsphysiologischen Anforderungen entsprechende Ganztagskost für alle Familienmitglieder erreichen.

Nährstoffgruppen. Unter dem Gesichtspunkt praktischer Ernährung wurden die lebensnotwendigen Stoffe in fünf Hauptgruppen eingeteilt:

1. Aufbaustoffe (Eiweiße)
2. Energieträger (Fette und Kohlenhydrate)
3. Wasser (Flüssigkeit), das zwar kein „Nährstoff" im engen Sinne ist, dem aber große Bedeutung für den Organismus, die Verwertung der Nahrungsbestandteile und als Transportmittel im Körper zukommt
4. Mineralstoffe (z. B. Kalzium, Eisen, Phosphor, Natrium, Jod, Magnesium)
5. Vitamine als Reglerstoffe. Sie sind für einen glatten Ablauf des Stoffwechselgeschehens von Bedeutung.

Nur wenn all diese Stoffe in harmonischem Verhältnis und in zweckmäßiger Menge bereitgestellt werden, kann von guten Ernährungsbedingungen gesprochen werden.

● Aufbaustoffe (Eiweiße). Maßgebender Aufbaustoff des Körpers ist das Eiweiß (Protein) mit den lebensnotwendigen Aminosäuren. Mit ihm werden die Zellen des menschlichen Organismus aufgebaut. Ein ständiger Nachschub an diesem Aufbaustoff ist erforderlich. Der Mensch muß deshalb täglich eine angemessene Menge eiweißreicher Lebensmittel zu sich nehmen. Eiweiß kann im

Organismus durch keinen anderen Grundnährstoff ersetzt werden.

Nahrungseiweiß/Körpereiweiß. Mit eiweißhaltigen Lebensmitteln nimmt der Mensch verschiedene Eiweißgemische zu sich. Dieses „Nahrungseiweiß" baut der Körper bei der Verdauung ab, um es danach zu artspezifischem Körpereiweiß wieder aufzubauen. So wichtig dieser Aufbaustoff einerseits ist, so unnütz wäre andererseits ein Überangebot an Nahrungseiweiß.

Tierisches Eiweiß. Bei Eiweiß wird entsprechend der Herkunft tierisches und pflanzliches Eiweiß unterschieden. Als Grundregel kann gelten: 40 bis 50 % – mindestens aber ein Drittel – des täglichen Proteingesamtbedarfs sollte aus tierischen Eiweißgemischen stammen. Sie sind besonders wertvoll, da ihre Zusammensetzung den Bedürfnissen des Menschen besser entspricht, als dies bei vielen pflanzlichen Eiweißstoffen der Fall ist. Tierische Eiweißträger sind insbesondere mageres Fleisch (z. B. auch Geflügel) und Fleischwaren, ferner Fisch, Eier und vor allem Milch und Milcherzeugnisse. Auch Joghurt, Buttermilch und Magerquark liefern hochwertiges tierisches Eiweiß, ebenso alle Käsesorten, vorwiegend Magerkäse.

Pflanzliches Eiweiß. Es ist reichlich enthalten in Getreide und Getreideerzeugnissen (Mehl, Brot, Nährmittel). Auch Kartoffeln, Gemüse und Hülsenfrüchte haben einen beträchtlichen Eiweißgehalt, ebenso Sojaerzeugnisse. Durch Kombination mit anderen Lebensmitteln, vor allem mit Milch, werden die pflanzlichen Eiweiße oft höherwertig (günstige Gemische der lebensnotwendigen Aminosäuren).

● Energieträger (Fette und Kohlenhydrate). Sie stellen dem Körper vor allem Energie zur Verfügung, die man in Kilojoule (kJ) bzw. Kilokalorien (kcal) mißt. (Zur Umrechnung von kcal in kJ sollte man beachten 1 kcal = 4,2 kJ, 1 kJ = 0,24 kcal.)

Diese Energieträger ermöglichen dem Menschen – neben der Aufrechterhaltung seiner Lebensvorgänge und der Sicherung gleichbleibender Körperwärme – Muskelarbeit und körperliche Aktivität im weitesten Sinne des Wortes.

Fette – hier als Nahrungsfette – müssen in mäßigen Mengen und in bestimmter Zusammensetzung (vor allem mit möglichst hohem Anteil an mehrfach ungesättigten Fettsäuren, bes. aus pflanzlichen Ölen) bereitstehen. Abgesehen von dem Anteil mehrfach ungesättigter Fettsäuren (etwa 6 bis 8 g je Tag und Person) sind die verschiedenen Fette für die Wärme- und Energieerzeugung im Körper ungefähr gleichwertig. Sie stammen teils aus dem Tierreich (Butter, Speck, Schmalz, Talg), teils aus dem Pflanzenreich (Raps-, Erdnuß-, Sonnenblumen- und andere pflanzliche Öle, Speisehartfett).

Butterfett ist wegen seines reichen Vitamin-A- und Vitamin-D-Gehaltes sowie aus geschmacklichen Gründen wertvoll und begehrt; dennoch hat seit Jahrzehnten der Margarineverbrauch im Weltmaßstab ständig zugenommen. Wird Margarine aus wertvollen Rohstoffen hergestellt und mit Vitaminen angereichert (vitaminisiert), so ist sie als ernährungsphysiologisch gut zu bezeichnen.

Überreichlicher Genuß von Fett, besonders von tierischen Fetten, sollte vermieden werden, da er die Entstehung mehrerer Krankheiten begünstigen kann (Herz- und Kreislaufstörungen, Bluthochdruck, Gallenleiden, Zuckerkrankheit, Übergewicht, Fettsucht u. a.). Unter den gegenwärtigen Lebensgewohnheiten ist Einschränkung des Fettverbrauchs angeraten, um Wohlbefinden und allgemeine Leistungsfähigkeit zu steigern.

Kohlenhydrate sind fast ausschließlich in pflanzlichen Lebensmitteln enthalten. Den Hauptanteil hat die Stärke, die reichlich in der Kartoffel, im Brot, in Teigwaren u. ä. (z. B. Mehl, Grieß, Haferflocken, Nudeln, Kornflakes) enthalten ist. Zucker wird in reiner Form (klarer Zucker), ferner mit Süßigkeiten, Obst, Obstkonserven, alkoholfreien Erfrischungsgetränken usw. aufgenommen. Im Gegensatz zu den übrigen Lebensmitteln mit verschiedenen Grundnähr- und Mineralstoffen sowie Vitaminen enthält der reine Zucker lediglich Kohlenhydrate. Zu hoher Zuckerkonsum – besonders zwischen den Mahlzeiten – fördert die Entstehung von Karies (Zahnfäule).

Das wichtigste kohlenhydratreiche Nahrungsmittel unserer gemischten Kost ist noch immer das Brot. Bei ihm kommt es auf den Ausmahlungsgrad an: Je dunkler die Mehle sind, aus denen Brot gebacken wird, desto wertvoller ist es für die menschliche Ernährung. Wenn auch dunkle Brotsorten an Kohlenhydraten keinen Vorzug gegenüber den hellen Broterzeugnissen haben, so sind sie doch reicher an Eiweiß und ganz besonders an Vitaminen, Mineral- und Spurenstoffen. Die lebensnotwendigen Mineralstoffe und Vitamine finden sich in den Randschichten und im Keimling des Getreidekorns. Bei den hellen Mehlerzeugnissen sind sie weitgehend abgetrennt und gehen damit der menschlichen Ernährung verloren (Schrot, Kleie = Viehfutter!). Auch auf die Verdauung haben Broterzeugnisse aus dunklen Mehlen infolge ihres höheren Ballaststoffanteils eine gute Wirkung (Verhüten von Verstopfung). Darum soll neben Mischbrot und etwas Weißbrot vor allem regelmäßig auch dunkles Brot (Vollkornbrot) verzehrt werden.

- Wasser (Flüssigkeit). Wichtig für gute Nahrungsverwertung ist die Aufnahme angemessener Flüssigkeitsmengen. Annähernd zwei Drittel des Gesamtkörpergewichts erwachsener Menschen bestehen aus „Wasser". Es ist am Aufbau des Organismus beteiligt und spielt als Lösungs- und Transportmittel eine entscheidende Rolle. Männer von 70 kg Körpergewicht brauchen bei mittlerer körperlicher Tätigkeit etwa $2\frac{1}{2}$ l Flüssigkeit während eines Tages (24 Stunden). Dabei ist allerdings zu berücksichtigen, daß durch den Wasseranteil aus den verzehrten Lebensmitteln bereits die Hälfte des täglichen Wasserbedarfs gedeckt wird. Die Menge der täglichen Trinkflüssigkeit liegt also beim Erwachsenen bei etwa 1 l.
- Mineralstoffe und Spurenelemente. Der Körper muß regelmäßig Mineralstoffe aufnehmen, zu denen auch Spurenelemente (z. B. Eisen, Jod, Kupfer, Zink) gehören. In erster Linie sind Kalzium, Phosphor und Eisen von Bedeutung. Die Mineralstoffe haben teils als Regler-, teils als Aufbaustoffe (z. B. für Knochen, Zähne, Blut) wichtige Aufgaben. Zum einwandfreien Funktionieren des Stoffwechsels müssen sie dem Organismus in ausreichenden Mengen mit der Nahrung zugeführt werden. Ständiger Mangel in der täglichen Kost, etwa an Kalzium und Phosphor, beeinträchtigt auf die Dauer u. a. den normalen Aufbau bzw. die Widerstandsfähigkeit des Knochengerüsts. Eisenmangel beschränkt die Bildung roter Blutkörperchen, so daß Blutarmut und ungenügende Infektresistenz auftreten können.

Während es bei vernünftiger Kostplangestaltung selten an Phosphor fehlt, treten bei der heutigen Ernährungsweise oft Mängel an Kalzium und Eisen auf. Erhöhter Verbrauch kalzium- und eisenreicher Lebensmittel kann das verhindern. Besonders kalziumreiche Lebensmittel sind Trinkvollmilch, Käse, Joghurt, Quark; besonders eisenreich sind mageres Fleisch, Fleischwaren, Leber, Eigelb, Vollkornerzeugnisse, Haferflocken und grünes Gemüse.

- Vitamine werden auch als Schutz-, Wirk- oder am zutreffendsten als Reglerstoffe bezeichnet, da sie lebensnotwendige Funktionen erfüllen. Von der großen Zahl der gegenwärtig bekannten Vitamine, die mit Großbuchstaben des Alphabets und oft ergänzend mit arabischen Zahlen, z. B. „B_1", bezeichnet werden, sind – was Bedarf und Vorkommen in den einzelnen Nahrungsmitteln betrifft – vor allem A, B_1, B_2, Niazin und C von Bedeutung.

Richtige Kostwahl. Von den jahreszeitlich unterschiedlich angebotenen Lebensmitteln müssen diejenigen bevorzugt werden, die eine hochwertige Kost gewährleisten, d. h., die bei gleicher Preiswürdigkeit am ehesten gesund und leistungsfähig erhalten. Dabei ist es nicht so, daß etwa die teuersten Erzeugnisse auch immer ernährungsphysiologisch die besten sind. Eine gute und dabei verhältnismäßig billige „Hausmannskost" ist den meisten Menschen auf die Dauer dienlicher, als es ausgesuchte Delikatessen sein können. Gewiß sollen die täglichen Speisenfolgen nicht immer mit der Nahrungsmitteltabelle in der Hand errechnet werden, doch sind klare Vorstellungen über die wertvollsten Lebensmittel erforderlich, wenn man seine Familie richtig ernähren will. Dann sind diejenigen Lebensmittel leicht herauszufinden, die in richtigen Speisen- und Tageskostplänen immer wieder enthalten sein sollen. Neben den Grundnahrungsmitteln, wie Fleisch (einschließlich Wurst), Fett im Sinne von Nahrungsfett (also Butter, Margarine, Öl usw.), Getreideerzeugnisse (vor allem Brot und sämtliche Nährmittel) sowie Kartoffeln, sind besonders verschiedenartiges Gemüse – auch in Form von Rohkost –, Obst in jeder Form (Beeren-, Kern- und Steinobst), Milch und sämtliche Milcherzeugnisse (Trinkvollmilch, Buttermilch, Joghurt, Halbfett- und vor allem Magerkäse sowie Quark) und dunkles sowie Vollkornbrot regelmäßig zu verwenden.

Wenn in Haushalt und Großküche diese Hinweise gewissenhaft beachtet und darüber hinaus durch moderne und schonende Zubereitung der Speisen die Inhaltsstoffe weitgehend erhalten werden, wird der Familie bzw. den Essenteilnehmern der Gemeinschaftsverpflegung wirklich hochwertige Kost geboten.

Ernährung gesunder Kinder. Optimale Ernährungsbedingungen tragen in hervorragendem Maße dazu bei, kräftige und gesunde Kinder zu leistungsfähigen Menschen heranwachsen zu lassen. Das ist es, was alle Eltern erstreben. Deshalb muß ihre Aufmerksamkeit auf richtige Kostplangestaltung gerade in der Wachstumsperiode gerichtet sein. Fehlernährung mit Mangel an Nährstoffen, aber auch Tendenzen zur Überernährung (Fettsucht) stören die normale Entwicklung der Kinder und hemmen ihr Leistungsvermögen.

● Vollwertigkeit der täglichen Kost. Die Kost der Kinder sollte in jeder Hinsicht vollwertig sein. Um das zu erreichen, darf nicht einfach nur „recht kräftig und gut mit viel Pudding und Leckerbissen" gegessen werden. Vielmehr muß ausgewählt und bevorzugt werden, was für Körperaufbau, Wachstum, Gesundheit und Leistungsfähigkeit notwendig ist. Dabei sind natürlich das unterschiedliche Alter der Kinder sowie ihre körperliche Belastung und Aktivität zu beachten. Je jünger das Kind ist, desto mehr Nährstoffe benötigt es je Kilogramm Körpergewicht, also insbesondere relativ mehr Eiweiß, Vitamine und Mineralstoffe. (Im Abschnitt „Gesunde Familienkost" gegebene Ernährungsempfehlungen berücksichtigen das.) Die nachfolgenden Erläuterungen beziehen sich vorwiegend auf Kinder im Alter von 6 bis 14 Jahren sowie auf Jugendliche zwischen 14 und 18 Jahren.

Zu empfehlen ist eine Mahlzeitenfolge von erstem und zweitem Frühstück, Mittagsmahlzeit, Zwischenmahlzeit am Nachmittag (Vesper) und Abendbrot.

● Erstes Frühstück. Das erste Frühstück (oft spricht man auch vom „Morgenkaffee") nach dem Aufstehen und vor der Schule besteht bei den meisten Kindern aus Brot oder Brötchen, Marmelade, Butter, einigen Scheiben Wurst oder etwas Käse und gelegentlich Honig. Dazu wird fast immer ein Getränk (Milch, Malzkaffee oder Tee) gegeben. Dieses Frühstück kann ruhig etwas kräftiger ausfallen, da es den „Auftakt" für den Tag bedeutet. Leider gibt es heute viele Kinder, die kein erstes Frühstück erhalten, sondern höchstens etwas Geld bekommen, das sie für Brötchen oder Kuchen verwenden. Das ist ernährungsphysiologisch nicht günstig und kann sich auf die Dauer bei den Kindern nachteilig auswirken. Ein ausreichendes Frühstück ist notwendig, denn die Lernarbeit der Kinder und Jugendlichen erfordert hohe körperliche und geistige Leistungen.

Brot. Viel zu häufig wird gerade von Kindern das weniger nährstoffreiche Weißbrot (Brötchen) gegessen. Wenigstens die Hälfte des Brotverbrauchs sollte demgegenüber aus Vollkornbrot bzw. dunklen Brotsorten – dazu gehört auch das Knäckebrot –, ein weiterer wesentlicher Teil aus Mischbrot bestehen. Damit werden günstige Voraussetzungen für die gute körperliche Entwicklung der Kinder geschaffen.

Butter und Fett. Täglich etwas Butter, daneben auch anderes Speisefett, gute Delikateßmargarine und Öl brauchen die Kinder, um genügend Energieträger und ausreichend lebensnotwendige Fettsäuren und fettlösliche Vitamine (z. B. A, D, E, K) zu erhalten.

Haferflocken und Müsli. Morgens sollte häufig eine Haferflockensuppe mit etwas Fruchtsaft oder Obst oder ein Müsli gegeben werden.

1 Portion Müsli: 15 g Haferflocken am Abend mit 2 Eßlöffel Wasser einweichen, morgens mit einigen Löffeln Vollmilch bzw. 1 Eßlöffel Kondensmilch, ferner mit 100 g geriebenem Apfel oder anderem Obst je nach der Jahreszeit vermengen, 1 Teelöffel voll Sanddorn- oder Zitronensaft, auch geriebene Nüsse und Bienenhonig, können als wertvolle Ergänzung zugegeben werden.

Beilagen. Wird zum Brot abwechselnd Marmelade, Honig, Wurst, Käse und Quark gegeben, so ist das Kind am Morgen gut und vernünftig ernährt. Ein Becher Milch, einheimischer Tee mit wenig Zucker oder eine Tasse Malzkaffee mit Milch sind zweckmäßig.

● Zweites Frühstück. Einige Stunden später – gewöhnlich in der großen Schulpause – sollte das zweite Frühstück folgen. Meist besteht es aus „belegten Broten". Eine Scheibe Vollkornbrot und eine Scheibe Mischbrot mit Belag sind eine empfehlenswerte Zusammenstellung, die recht gut schmeckt. Als Belag kommen in den meisten Monaten des

Jahres neben Butter oder Delikateßmargarine einige Scheiben Wurst und (nicht zu selten) etwas Käse oder Quark in Frage.
Je nach der Jahreszeit sollen zum zweiten Frühstück Obst (Äpfel, Birnen) oder Gemüsefrüchte (Tomaten, ein Stück Gurke) gegessen werden, die sich in den Sommermonaten auch gut als Hauptbelag eignen. Reichlicher Verzehr von Gemüse (z. B. rohe Möhren, Radieschen) und Obst bei jeder passenden Gelegenheit ist nicht nur für die Aufrechterhaltung der Gesundheit notwendig, sondern auch für gute Verdauung.
Milch. Sie wird an allen Schulen in den Pausen angeboten. Milch ist gerade für Kinder und Jugendliche ein wertvolles Lebensmittel zur Aufwertung des Frühstücks. Leider nehmen nicht alle Kinder ein zweites Frühstück mit zur Schule. Sie essen entweder gar nichts oder kaufen sich Kuchen, Drops und andere Süßigkeiten. Das ist keine Dauerkost für den wachsenden Organismus. In den Schul- und Ausbildungseinrichtungen sollte auf ein zweckmäßiges zweites Frühstück geachtet werden.

- Mittagsmahlzeit. Warmes Essen zur Mittagszeit ist für Heranwachsende notwendig. Alle Kinder können regelmäßig an der Schülerspeisung teilnehmen. Deshalb bemühen sich Staat, Mitarbeiter in den Schulküchen, Lehrer und Elternbeiräte darum, die Schülerspeisung möglichst hochwertig zu gestalten.

Die spezifische Zusammensetzung des warmen Mittagessens mit der dafür typischen Lebensmittelauswahl bietet gute Gewähr für eine vielseitige und nährstoffreiche Tageskost in der Gemeinschaftseinrichtung wie in der Familie. Allerdings muß man auch bei dieser Mahlzeit wissen, welche Lebensmittel und welche Mengen die beste Entwicklung der Kinder gewährleisten. Fleisch und Fett oder Margarine (letztere z. B. zum Anschmelzen) sollten in mäßigen Mengen verwendet werden. Für Kinder sollten gerade beim Mittagessen pflanzliche Lebensmittel, bes. Gemüse und Obst, ausreichend berücksichtigt werden. Wichtig ist bei der Gemüsekost, möglichst abwechslungsreich zu essen und bevorzugt das auszuwählen, was gerade frisch und preiswert angeboten wird. Zuviel Gemüse kann ein Kind kaum essen – zuwenig aber sehr leicht. Gleichzeitig empfiehlt es sich bei den meisten Gemüsearten, einen kleinen Teil – etwa 1/5 bis 1/3 – sehr fein zerkleinert kurz vor dem Anrichten roh unter das gekochte Gemüse zu mischen. Ebenso sollten regelmäßig Rohkostsalate (Weißkohl-, Rotkohl-, Möhren-, Rettich- und sonstiger Frischkostsalat), am besten vor der Hauptmahlzeit, auf den Tisch gebracht werden. Wenn man noch reichlich einheimische Würzkräuter verwendet, wie z. B. Petersilie, Dill, Schnittlauch, Bohnenkraut, Liebstökkel, Estragon, Zitronenmelisse, und dazu häufig frisches oder konserviertes Obst kommt, dann wird das Mittagessen hochwertig sein. Mit Salz sollte immer sparsam umgegangen werden.

- Zwischenmahlzeit am Nachmittag. Zwischen Mittagessen und Abendbrot liegt oft längere Zeit; gegen 15.00 Uhr essen deshalb viele Kinder gern noch etwas (Nachmittagskaffee, Vesper). Eine Scheibe Misch- oder Vollkornbrot mit Belag, ferner etwas Obst sowie Vollkornkekse, Knäckebrot, Filinchen, Leichtkostschnitten oder Knusperflocken, ein Glas Sauermilch mit einer Scheibe Brot usw. sind dafür geeignet. An Sonn- und Festtagen ist auch bei Kindern gegen Kuchen oder ein Stück Torte nichts einzuwenden. Der „tägliche Streuselkuchen“ allerdings ist nicht zu empfehlen
- Abendbrot. Zum Abendessen sollen – je nach der Jahreszeit – immer ein Apfel oder anderes Obst, einige Radieschen, Tomaten, Gurken, Mohrrüben oder Rohkostsalat die übliche Mahlzeit ergänzen, bei der ebenfalls Vollkornbrot die Grundlage bildet. Ferner ist Käse, Quark und etwas Wurst oder kalter Braten anzuraten. Als Getränk empfehlen sich Milch, einheimischer Tee oder ein Glas Obstsaft.

Lebensmittelwarenkunde

Gesundheit, Wohlbefinden und Leistungsfähigkeit des Menschen werden entscheidend von der Nahrung bestimmt, die wir in Form der verschiedensten Lebensmittel dem Organismus zuführen. Diese Lebensmittel müssen ständig in hygienisch einwandfreiem Zustand und in hoher Qualität für die Versorgung bereitgestellt werden. Wesentliche Voraussetzung dafür ist die Verwendung und

Verarbeitung einwandfreier Rohstoffe in der Lebensmittelindustrie und die sachgemäße, pflegliche und hygienische Behandlung der oft leichtverderblichen Nahrungsgüter auf ihrem Weg bis zum Verbraucher. Unsachgemäße Behandlung kann Qualitätsminderung und Verderb der Lebensmittel zur Folge haben und unter Umständen Ausgangspunkt für Erkrankungen oder Vergiftungen beim Menschen sein.

Deshalb wird in der DDR im Interesse der Erhaltung und Förderung der Gesundheit und Leistungsfähigkeit aller Bürger sowie zur Vermeidung volkswirtschaftlicher Verluste der gesamte Lebensmittelverkehr – von der Gewinnung, Herstellung, Be- und Verarbeitung und Lagerung der Lebensmittel bis zu ihrem Verkauf – in hygienischer Hinsicht durch zahlreiche gesetzliche Bestimmungen geregelt und staatlich überwacht. Die rechtlichen Grundlagen hierzu bilden das Gesetz über den Verkehr mit Lebensmitteln und Bedarfsgegenständen, kurz als Lebensmittelgesetz bezeichnet (GBl. I 1962, S. 111ff.), und die Durchführungsbestimmungen zum Lebensmittelgesetz.

Die Durchführung der lebensmittelhygienischen Kontrolle in den Betrieben der Lebensmittelindustrie, im Handel mit Waren des täglichen Bedarfs, in den Werkküchen und Gaststätten ist Aufgabe der Organe der Staatlichen Hygieneinspektion (z.B. Bezirks-Hygiene-Institute) und des Veterinärwesens. Für die staatliche Gütekontrolle und die Prüfung auf der Grundlage von Standards und anderen Güte- und Prüfungsbestimmungen bei Lebensmitteln ist das Amt für Standardisierung, Meßwesen und Warenprüfung (ASMW) zuständig.

Im Interesse der Sicherung einer vernünftigen, gesundheitsfördernden Ernährung und um Qualitätsminderungen und Verderb von Lebensmitteln im Haushalt zu vermeiden, sind Kenntnisse über die wichtigsten Lebensmittel mit ihren Gebrauchseigenschaften und deren Erhaltung erforderlich.

Getreideerzeugnisse

Getreideerzeugnisse sind durch verschiedenartige Bearbeitung der reifen Früchte der Getreidearten (Weizen, Roggen, Gerste, Hafer, Reis, Mais, Hirse, Buchweizen) in Mahlmühlen und Schälmühlen hergestellte Lebensmittel. Zum Sortiment gehören Mehle, Nährmittel, Teigwaren und Stärkeerzeugnisse.

Mehlsorten

	Ausmahlungsgrad (%)	Mineralstoffgehalt, ungefähr (% i. T.[1])	Helligkeit Reflexion (%)
Weizenauszugmehl	22– 40	0,38–0,40	mind. 55
Weizenmehl	25– 72	0,58–0,68	51–54
Weizenbrotmehl	25– 76	0,75–0,87	47–50
Weizenvollkornmehl	98–100	bis 2,00	30–33
Roggenmehl I	84– 86	1,12–1,25	31–34
Roggenmehl II	90– 92	1,35–1,58	28–30
Roggenvollkornmehl	98–100	bis 2,00	24–27

[1] i. T. = in der Trockenmasse

Die Getreideerzeugnisse, die zu den Grundnahrungsmitteln gehören, sind für unsere Ernährung die wichtigsten Lieferanten von Kohlenhydraten (Stärke) und von pflanzlichem Eiweiß. Ernährungsphysiologisch am wertvollsten sind dabei die Vollkornerzeugnisse, da sie alle für den Menschen lebensnotwendigen Inhaltsstoffe des vollen Getreidekorns enthalten, insbesondere Vitamine der B-Gruppe, Mineralstoffe (z.B. Phosphor, Magnesium, Kalzium, Eisen), Spurenelemente, ungesättigte Fettsäuren und Ballaststoffe (Rohfaser). Trotz der großen Bedeutung der Getreideerzeugnisse für eine gesunde Ernährung ist ihr Verzehr immer mehr zurückgegangen. Während der Pro-Kopf-Verbrauch bei Mehl und Nährmitteln in der DDR 1955 noch 121,6 kg betrug, lag er 1984 bei 99,9 kg.

Mehl. Die aus dem Getreide gewonnenen Mehle unterscheidet man nach der vermahlenen Getreideart (Weizenmehl, Roggenmehl) und nach ihrer Farbe (weiß bis dunkelgrau) bzw. nach der Helligkeit (Reflexionsgrad). Die Helligkeit hängt davon ab, wie hoch das Mehl ausgemahlen ist bzw. wie viele Schalenteilchen (dunklere Farbe) im Mehl enthalten sind. Man spricht auch vom Ausmahlungsgrad, der den aus dem Getreide gewonnenen Mehlanteil in % angibt. Ein Ausmahlungsgrad von 80 % bedeutet, daß aus 100 kg Getreide 80 kg Mehl und 20 kg

Kleie gewonnen werden. Je höher der Ausmahlungsgrad, um so mehr Teile der mineralstoff- und ballaststoffreichen, dunkleren Randschichten (Schalen und Aleuronschicht) sind im Mehl enthalten. Durch eine 100%ige Ausmahlung erhält man dunkles Vollkornmehl mit allen Inhaltsstoffen des Getreidekornes. Je niedriger der Ausmahlungsgrad ist, um so mehr besteht das Mehl nur aus dem stärke- und eiweißreichen, aber mineralstoff- und ballaststoffarmen weißen Mehlkern, der etwa 80 % des Getreidekorns ausmacht und auch als Mehlkörper bezeichnet wird.
In der DDR werden die aus der Tabelle ersichtlichen Mehlsorten hergestellt.
Diese Weizen- und Roggenmehlsorten sind in unserer Ernährung für die Herstellung von Backwaren, vor allem von Brot, von besonderer Bedeutung. Auf Grund seines höheren Ausmahlungsgrades (25 bis 72 %) ist Weizenmehl vitamin- und mineralstoffreicher als Weizenauszugmehl. Es ist besonders zum Backen von Kuchen und zum Andicken von Suppen und Soßen geeignet.
Das bis auf den Stärke- und Eiweißgehalt nährstoffärmere Weizenauszugmehl (Ausmahlungsgrad 22 bis 40 %) sollte zum Backen von Torten, tortenähnlichen Gebäcken und Plätzchen verwendet werden. Neben diesen reinen Weizenmehlen werden im Handel auch backfertige Mehle angeboten. Es sind Mischungen aus Weizenmehl bzw. Weizenauszugmehl und/oder Stärke, Zucker und Backpulver sowie verschiedenen Zusatzstoffen (z. B. Kakaopulver, Sultaninen, Mandelkerne, Zitronat, Aromen, Gewürze) entsprechend der jeweiligen Geschmacksrichtung des Kuchen- bzw. Tortenmehls. Außer dem Kuchen- und Tortenmehl werden im Handel noch Eierkuchenmehl, Brandmassenmehl und Mehl zur Herstellung von Weizenkleingebäck angeboten.
Nährmittel. Zu den Nährmitteln gehören Weizengrieß, Haferflocken, Speisereis, Erzeugnisse aus Gerste (z. B. Gerstengraupen, Gerstengrütze) und Instant-Nährmittel. Diese kohlenhydrat- und eiweißreichen Lebensmittel werden als Vor-, Haupt- oder Nachspeise, als Sättigungsbeilage sowie als Säuglings- und Kinderkost und Diätnahrung verwendet.

- Haferflocken sind entspelzte, gequetschte oder fein ausgewalzte, gedarrte und gedämpfte Haferkörner. Sie quellen gut und haben einen vollaromatischen, nußkernartigen Geschmack.
- Speisereis ist ein stärkereiches, leicht verdauliches Schälmühlenerzeugnis, das sich als Sättigungsbeilage, für Suppen und Süßspeisen eignet.

Speisereis wird in sechs Sorten gehandelt (s. Tabelle).

Reissorten

	verwendbar für
Speisereis, Langkorn, Sorte 1 Speisereis, Rundkorn, Sorte 1	Brühreis, körnig gekochten Reis zu Fleisch- und Fischgerichten, überbackene Reisaufläufe
Speisereis, Langkorn Sorte 2 Speisereis, Rundkorn, Sorte 2	Reisbreie, Milchreis, überbackene Reisaufläufe
Speisereis, Bruchreis	
Speisereis, Naturreis	

Reis im Kochbeutel ist hydrothermisch vorbehandelter Reis, der durch die Auflockerung der Kornstruktur und Quellung nur eine Kochdauer von 7 Minuten hat.

- Instant-Nährmittel sind hydrothermisch aufgeschlossene, feinblättrige bzw. pulverförmige Erzeugnisse aus Reismehl, Hafermehl, Weizenmehl und Zusatzstoffen (Vollsoja, Malzmehl, Zucker, Vanillin, Speisesalz). Durch Zugabe von Flüssigkeiten, wie Wasser oder Milch, löst sich das Pulver auf, und die entstehende breiige Masse ist verzehrsfertig. Instant-Nährmittel sind besonders als Kinderkost geeignet.

Teigwaren. Wegen ihrer schnellen und einfachen Zubereitung nehmen die Teigwaren einen wichtigen Platz in unserer Ernährung ein. Sie werden aus Weizendunst oder Vollkornweizenmehl unter Zusatz von Wasser, mit oder ohne Zusatz von Vollei- oder Eigelbpulver, Soja und Speisesalz hergestellt und zeichnen sich durch gute Quellfähigkeit und Kochfestigkeit aus. Nach der Zusammensetzung werden folgende Teigwarenarten unterschieden:
Teigwaren, Teigwaren mit Sojazusatz, Eierteigwaren 2¼ Eier je kg Fertigware, Eierteigwaren 4½ Eier je kg Fertigware, Vollkorn-Eierteigwaren. Letztere besitzen auf Grund

der Verwendung von Vollkornweizenmehl, Magermilchpulver und Volleipulver einen hohen ernährungsphysiologischen Wert. So enthalten Vollkorn-Eierteigwaren dreimal so viel Vitamin A und Vitamin B_2 und doppelt so viel Vitamin B_1 wie die anderen Arten. Nach ihrer Form teilt man die Teigwarenarten in Sorten ein, z. B. Makkaroni, Spaghetti, Nudeln, Spirelli.

Aufbewahrung der Getreideerzeugnisse. Die Getreideerzeugnisse nehmen auf Grund ihrer Beschaffenheit leicht Feuchtigkeit auf, so daß Verderbsprozesse gefördert werden. Tierische Schädlinge (Mehlmilben, Mehlmotten, Mehlkäfer) und Mikroorganismen (Schimmelpilze) finden günstige Entwicklungsbedingungen. Feuchtes Mehl und andere pulverförmige Getreideerzeugnisse klumpen und werden dumpfig. Alle Getreideerzeugnisse sind deshalb in den Verpakkungen bzw. in trockenen, verschlossenen Behältnissen bei einer relativen Luftfeuchte von maximal 65 % aufzubewahren. Auch vor Fremdgerüchen und zu hohen Temperaturen (maximal 20 °C) müssen Getreideerzeugnisse geschützt werden. Bei sachgemäßer Lagerung beträgt die Haltbarkeit ab Herstellungstag von Weizenauszugmehl, Weizenmehl, backfertigen Mehlen und Haferflocken und Instant-Nährmitteln 6 Monate, von Speisereis und Teigwaren 12 Monate. Teigwaren mit Sojazusatz sind bis zu 9 Monaten haltbar.

Backwaren

Backwaren sind vorwiegend aus Weizen- und Roggenmehlen und -schroten durch Backen hergestellte Lebensmittel unterschiedlicher Zusammensetzung. Nach ihren Eigenschaften unterscheidet man zwischen Frischbackwaren (Brot, Kleingebäck und Feinbackwaren [Konditoreiwaren]) und Dauerbackwaren (verschiedenartig geformte Backwaren unterschiedlicher Zusammensetzung, die durch ihren Wassergehalt [7 bis 15 %] längere Zeit lagerfähig sind).

Brot. Da Brot nährstoffreich ist und täglich verzehrt wird, zählt es bei uns – wie in vielen Ländern der Erde – zu den Grundnahrungsmitteln. Neben Kartoffeln ist Brot unser Hauptlieferant für Kohlenhydrate in Form von Stärke und trägt damit wesentlich zur Energieversorgung des menschlichen Organismus bei. Durch den täglichen Verzehr von Brot werden etwa 20 % unseres Eiweißbedarfs gedeckt. Dieses Getreideeiweiß ist allerdings biologisch nicht so vollwertig wie tierisches Eiweiß. Brot ist auch für die Versorgung mit den B-Vitaminen, insbesondere dem Vitamin B_1, sowie mit Mineralstoffen und Spurenelementen wichtig. Weiterhin liefert Brot verdauungsfördernde Ballaststoffe und besitzt einen hohen Sättigungswert.

Der Nährwert des Brotes wird insbesondere durch den Ausmahlungsgrad des verwendeten Mehls, die Zusätze und das Backverfahren bestimmt. Brote aus hellen Mehlen haben einen höheren Kohlenhydratgehalt, aber einen niedrigeren Gehalt an Ballaststoffen, Mineralstoffen und Vitaminen als Brot aus dunklen Mehlen. Vollkornbrot ist deshalb ernährungsphysiologisch besonders wertvoll. Es liefert nicht nur Nährstoffe und lebensnotwendige Wirkstoffe, sondern wirkt anregend auf verschiedene Stoffwechselvorgänge:

Vollkornbrot erfordert durch seine dickere Kruste und dichtere Krume mehr Kauarbeit und fördert damit die Speichelabsonderung. Beides trägt zur besseren Durchblutung des Zahnfleisches, zur Festigung des Zahnhalteapparates und zum Vermeiden der Zahnfäule (Karies) bei.

Vollkornbrot regt durch seinen hohen Ballaststoffgehalt die Tätigkeit der Verdauungsorgane an und hilft, Darmträgheit, Stuhlverstopfung und Entstehen von Fäulnisstoffen zu vermeiden.

Deshalb sollte Vollkornbrot häufiger auf den Tisch kommen.

● Herstellung des Brotes. Rohstoffe für die Brotherstellung sind Weizen- und Roggenmehl, Wasser, Salz und Hefe bzw. Sauerteig. Als Zusatzstoffe können für verschiedene Brotsorten auch Fette, Zucker, Milch, Milcherzeugnisse, Leinsamen, Rosinen, Gewürze und andere Lebensmittel verwendet werden.

Durch Anrühren mit Wasser und Kneten bildet das verwendete Mehl einen zusammenhängenden, formbaren Teig, der durch Zugabe von Backtriebmitteln gelockert wird. Bei Weizenbrot und Brötchen verwendet man hierzu Hefe, bei Roggenbrot und Mischbrot dient Sauerteig als Triebmittel. Die Bakterien und Hefen des Sauerteiges bewirken eine Säuerung und Gärung. Das dabei entstehende Kohlendioxid führt zum „Aufgehen" des Teiges und zur Porenbildung in der Krume des Brotes beim Backen. Zum Ausbacken werden Temperaturen von 200 bis 250 °C benötigt, wobei die Temperatur der Krume unter 100 °C bleibt. Nur in der gebräunten Kruste werden Temperaturen von 120 bis 130 °C erreicht. Nach dem Abkühlen kommen die Brote als Laibbrote oder als Schnittbrote in Scheiben abgepackt in den Einzelhandel.

● Brotsorten und ihre Kennzeichnung. Nach der äußeren Beschaffenheit werden folgende Brotsorten unterschieden:

- freigeschobene Brote (als Einzelstück gebacken und dadurch mehr Kruste und Aromastoffe),
- angeschobene Brote (aneinandergelegt gebacken, deshalb nur an der Oberfläche leicht gewölbt mit Krustenbildung),
- Kastenbrote (Teigstücke in formgebenden Blechkästen gebacken),
- Langbrote (länglich geformte Brote),
- Rundbrote (rund geformte Brote),
- bemehlte Brote (mehlige, glanzlose Kruste; Teigstücke vor dem Backen in Mehl gewälzt),
- glänzende Brote (glänzende, dextrin- und röststoffreiche Kruste; vor und nach dem Backen mit Wasser bestrichen),
- Laibbrote (länglich oder rund geformter Brotlaib),
- Schnittbrote (geschnittene Brotlaibe, als Scheiben verpackt),
- Flachbrote (fast nur aus Kruste bestehendes Brot, da in Scheiben gebacken, geringes Volumen).

Die Brotsorten unterscheiden sich weiterhin vor allem durch die verwendeten Mehlarten und -sorten bzw. deren Mischungen, durch besondere Zusätze und Backverfahren.

Es wird zwischen Broten des Grundsortiments und Spezial- und Diätbroten unterschieden.

Zum *Grundsortiment* der Brote gehören folgende Sorten:

- Roggenvollkornbrot (aus 100 % Roggenvollkornmehl oder Roggenbackschrot),
- Roggenbrot (aus 100 % Roggenmehl),
- Roggenmischbrot (aus 85 % Roggenmehl und 15 % Weizenmehl),
- Mischbrot (aus 60 % Roggenmehl und 40 % Weizenmehl),
- Weizenvollkornbrot (aus 100 % Weizenvollkornmehl oder Weizenbackschrot),
- Weizenbrot (aus 100 % Weizenmehl, klebereich, oder Weizenauszugmehl).

Brotsorten mit Roggenmehl werden meist mit einer Masse von 1 kg und 1,5 kg und Weizenbrote mit einer Masse von 0,5 kg und 1 kg hergestellt.

Die *Spezial- und Diätbrote* weichen ernährungsphysiologisch und/oder geschmacklich von den Brotsorten des Grundsortimentes ab. Zu den Spezialbroten gehören u. a. Nafa-Brot, Malfa-Kraftma-Brot, Buttermilchbrot, Wriezener Landbrot, Hagenower Spezialbrot, Pumpernickel, Rehbrücker Toastbrot und Knäckebrot.

Nafa-Brot wird aus 80 % Nafa-Roggenvollkornmehl und 20 % Nafa-Weizenvollkornmehl hergestellt. Nafamehl gewinnt man durch Vermahlen von Getreidekörnern, bei denen im Naßschälverfahren die zellulosehaltige Fruchtschale entfernt wurde. Nafa-Brot enthält damit weniger Ballaststoffe, aber alle Nährstoffe des vollen Kornes.

Malfa-Kraftma-Brot ist ein Roggenmischbrot mit einem Zusatz von 10 % Spezialmehl aus Gerstenmalz. Durch den Malzzusatz hat dieses Spezialbrot eine dunklere Krume mit einem malzartigen Geschmack.

Buttermilchbrot ist ein helles und mildes Mischbrot, das durch Zusatz von Buttermilch ein angenehmes mild-säuerliches Aroma hat.

Wriezener Landbrot wird aus Roggen- und Weizenmehl mit einem Anteil von 50 % vorbehandelten (angequetschten) Roggenkörnern hergestellt. Das Brot hat eine helle Krume mit einem milden, neutralen Aroma.

Hagenower Spezialbrot ist durch Zusatz von Magermilch- und Volleipulver mit Eiweiß angereichert. Es ist ein besonders helles, sehr gut bekömmliches Spezialmischbrot.

Pumpernickel wird aus Roggenbackschrot hergestellt und kommt als abgepacktes Schnittbrot in den Handel. Der Teig wird in geschlossenen Blechkästen etwa 16 bis 24 Stunden bei mäßiger Hitze in Dampfkammern mehr gedünstet als gebacken, so daß eine Vermälzung der Inhaltsstoffe eintritt, wodurch der Pumpernickel sein besonderes Aroma und die dunkle Farbe erhält. Der lange Backprozeß führt zur Zerstörung der B-Vitamine.

Rehbrücker Toastbrot wird aus Weizenauszugmehl unter Zusatz von Margarine und Zukker sowie anderen Zusatzstoffen (z. B. Käsekrem, Tomatenmark, Paprika, Vitaminpräparat, Vollmilchpulver) in verschiedenen Sorten hergestellt und ist besonders zum Rösten geeignet. Durch den Zusatz von Margarine weisen die Rehbrücker Spezial-Toast-Erzeugnisse eine feinporige Krume und längere Haltbarkeit (6 Tage) als das übliche Weizenbrot auf. Es werden folgende Sorten unterschieden:

- Rehbrücker Spezial-Toast,
- Rehbrücker Spezial-Toast mit Käse,
- Rehbrücker Spezial-Toast mit Milcheiweiß,
- Rehbrücker Spezial-Vitamin-Toast,
- Rehbrücker Spezial-Pußta-Toast.

Die Rehbrücker Spezial-Toast-Erzeugnisse werden als Laibbrot oder Schnittbrot in Beutel aus Polyethylenfolie verpackt und sind mindestens 6 Tage haltbar.

Knäckebrot ist ein Flachbrot, das aus Roggenvollkornschrot hergestellt und in vier Sorten angeboten wird:

- Delikateß-Knäckebrot,
- Knäckebrot mit Soja,
- Knäckebrot mit Kümmel,
- Diät-Knäckebrot (ohne Salzzusatz).

Infolge seines niedrigen Wassergehaltes (höchstens 7 %) ist es bei sachgemäßer Lagerung bis zu einem Jahr haltbar und wird deshalb auch zu den Dauerbackwaren gerechnet.

Zu den Flachbroten gehören auch die *Waffelbrote*, die durch kurzes, aber intensives Erhitzen eines Teiges aus Vollkornmehlen oder Weizenauszug- und Weizenmehl und verschiedenen Zusätzen (z. B. Vollmilchpulver, Volleipulver, Fett, Kunsthonig, Sojamehl) im Waffelbackautomaten hergestellt werden. Zum Sortiment gehören u. a. Berliner Knusperbrot, Gutena-Filinchen, Gutena-Leichtkostschnitten, Milda-Diätgebäck, Milda-Diätnährschnitten, Roggenvollkornwaffeln (Rowabrot).

Diätbrote sind Spezialbrote, die für bestimmte Diätzwecke hergestellt werden und sich deshalb nach Zusammensetzung und Eigenschaften von allen anderen Brotsorten unterscheiden; sie sind z. B. natriumarm oder glutenfrei.

Die Kennzeichnung der Brote des Grundsortiments erfolgt mit einer Papiermarke oder mit Prägestempel auf der Mitte der Brotoberseite mit den Buchstaben „R“ (Roggenbrot), „M“ (Mischbrot) und „V“ (Vollkornbrot). Bei industrieller Produktion ist hinter dem Buchstaben auch der Herstellungstag mit einer Ziffer angegeben, z. B. Montag (1), Dienstag (2) usw. Mit einem Prägestempel werden auch folgende Spezialbrote gekennzeichnet: Nafa-Brot „N“, Malfa-Kraftma-Brot „K“ und Hagenower Spezialbrot „H“. Die Kennzeichnung aller anderen Spezialbrote hat mit einer Papiermarke, einer Banderole oder auf der Verpackung zu erfolgen.

● Aufbewahrung des Brotes. Die Hauptveränderung bei Brot ist das Altbackenwerden. Dieser Frischeverlust tritt bei Weißbrot schon nach einem Tag ein. Die Frischhaltung kann durch Zusätze von Fett und Emulgatoren bei der Teigbereitung etwas verlängert werden (z. B. Toastbrot).

Roggen- und Roggenmischbrote behalten mehrere Tage ihre Frische und den vollen Geschmackswert. Vollkornbrot erreicht überhaupt erst nach einigen Tagen seinen höchsten Genußwert. Zur Erhaltung der Knusprigkeit der Kruste sollte Laibbrot in einem Brotfach oder Brotkasten mit Luftlöchern aufbewahrt werden. Im Kühlschrank verzögert man zwar das Schimmeln, fördert aber Austrocknen und Geschmacksverlust.

Schnittbrote sind wie Laibbrote aufzubewahren, wobei besonders auf Schimmelbefall zu achten ist.

Hefebrot (Weizenbrot). Bei ihm kann in den Sommermonaten unter Umständen die Krume schmierig werden und beim Schneiden klebrige Fäden bilden. Dieses „Fadenziehen“ wird von Heubakterien verursacht, deren Sporen durch die Backhitze nicht vernichtet wurden und bei Temperaturen über +20 °C auskeimen. Die Bakterien zersetzen Stärke und Eiweißstoffe der Krume zu klebrigen Dextrinen und Schleimstoffen, wobei ein fruchtartiger Geruch auftritt. Fadenziehendes Brot ist verdorben, genußuntauglich und deshalb zu vernichten.

Knäckebrot und andere Flachbrote nehmen infolge ihres niedrigen Wassergehaltes sehr leicht Feuchtigkeit aus der Umgebung auf und verlieren dadurch ihre Rösche (Knusprigkeit), sie werden pappig. Die relative Luftfeuchte sollte deshalb unter 60 % liegen, während die Aufbewahrungstemperatur bis 30 °C betragen kann. Auch ist eine gemeinsame

Lagerung mit Laib- und Schnittbroten im Brotfach zu vermeiden, da diese Brote Feuchtigkeit abgeben, die dann das Knäckebrot aufnimmt. Die Aufbewahrung der Flachbrote erfolgt deshalb am besten im Küchenschrank.

Feinbackwaren (Konditoreiwaren). Als Feinback- oder Konditoreiwaren bezeichnet man aus Teig und/oder Massen hergestellte Backwaren, die mindestens 10% Fett und/ oder Zucker enthalten. Das Sortiment ist sehr umfangreich, es umfaßt u.a. Hefeteiggebäcke (z. B. Streuselschnecken, Streuselkuchen, Obstkuchen, Quarkkuchen, Pfannkuchen, Stollen), Blätterteiggebäcke (z.B. Prasselkuchen, Schweinsohren), Mürbeteiggebäcke (z. B. Teegebäck, Spekulatius), Sandmassengebäcke (z. B. Sandtorte, Englischer Kuchen, Baumkuchen), Brühmassengebäcke (z. B. Windbeutel, Eclair) und Torten (z. B. Butterkremtorte, Sahnetorte, Quarktorte).

Feinbackwaren sind infolge ihres hohen Fett- und Eiweißgehaltes leicht verderblich und sollten deshalb nur kurzfristig bei Temperaturen um 10 bis 15 °C aufbewahrt werden. In Assietten gebackenen oder in Folien verpackten Rühr- oder Sandkuchen kann man bei solchen Temperaturen bis zu 15 Tagen, Stollen mehrere Wochen aufbewahren. Torten mit Krem- oder Sahnefüllung bewahrt man am besten im Kühlschrank bei 2 bis 6 °C auf.

Für Quarkkuchen, Mohnkuchen, Apfelkuchen und Stachelbeerkuchen in Flachassietten ist eine Verbrauchsfrist von 5 Tagen festgelegt (beim Einkauf auf das Herstellungsdatum achten!).

Dauerbackwaren. Zu ihnen gehören Gebäcke, Zwieback, Keks, Lebkuchen, Russisch Brot, Biskuit, Waffeln und Oblaten, Salzstangen u.a. Auf Grund ihrer Zusammensetzung, insbesondere wegen ihres niedrigen Wassergehaltes (7 bis 15%), können sie bei Beachtung der erforderlichen Lagerungsbedingungen längere Zeit aufbewahrt werden.

Da Dauerbackwaren sehr leicht Feuchtigkeit aufnehmen und dann weich und pappig werden, an Geschmack verlieren und schimmeln, muß die Lagerung bei niedriger relativer Luftfeuchte (50 bis 70%) erfolgen. Die Temperatur sollte 18 °C nicht überschreiten. Durchfettete Packungen sind Kennzeichen zu warmer Lagerung. Beim Einkauf sollte man das Verbrauchs- bzw. Herstellungsdatum auf der Rückseite der Packungen beachten.

Zucker und Zuckerwaren und Kakaoerzeugnisse

Zucker. Unser Verbrauchszucker (Saccharose) wird aus dem zuckerhaltigen Saft der Zuckerrübe, deren Saccharosegehalt etwa 18 bis 22% beträgt, gewonnen. Auch das Zuckerrohr ist ein wichtiger Rohstoff für die Zuckergewinnung. In der DDR wird Zucker in folgenden Sorten gehandelt: Weißzucker, Raffinade, Puderzucker, Puderraffinade, Würfelzucker und Hutzucker.

Weißzucker ist die Standardqualität für den Haushalt. Da er nur einfach gereinigt wird, hat er eine weißgelbliche Farbe. Raffinade ist chemisch reinster Zucker, der durch Auflösen, Reinigen (Raffination) und Umkristallisation von Weißzucker gewonnen wird und deshalb reinweiß aussieht.

Puderzucker ist gemahlener Weißzucker, *Puderraffinade* gemahlene Raffinade.

Würfelzucker wird im Preßverfahren und im Gußverfahren hergestellt. Gußwürfel sind härter und poriger als Preßwürfel und lösen sich leichter auf.

Alle Zuckersorten haben den gleichen Saccharosegehalt (mindestens 99,8%) und damit die gleiche Süßkraft. Neben der Süßkraft wird auch das Konservierungsvermögen des Zuckers genutzt (Einkochen von Obst, Herstellen von Fruchtsirup, Kandieren von Früchten). Weniger süß schmeckt der Traubenzucker, der aus Kartoffel- und Maisstärke gewonnen wird. Alle Zuckerarten sind reine Kohlenhydrate. Ihre ernährungsphysiologische Bedeutung beruht deshalb allein auf ihrem Energiegehalt (17115 kJ/100 g bzw. 410 kcal/100 g).

Zucker nimmt sehr leicht Feuchtigkeit auf und muß deshalb trocken aufbewahrt werden (relative Luftfeuchte höchstens 70%).

Zuckerwaren. Als Zuckerwaren bezeichnet man Lebensmittel, die nur aus Zucker oder aus Zucker als Hauptrohstoff und verschiedenartigen Roh- und Zusatzstoffen (z. B. Stärkesirup, Kondensmilch, Eier, Butter, Honig, Kakaopulver, Schokoladenmasse, Marmelade, Nüsse, Gelatine, Aroma- und Farbstoffe) hergestellt werden. Dementsprechend

ist das Sortiment der Zuckerwaren außerordentlich umfangreich. Es umfaßt u. a. Kandiszucker, Hart- und Weichkaramellen (z. B. Drops, Toffees), Gelee-Zuckerwaren, Fondanterzeugnisse, Marzipan- und Persipanerzeugnisse, Wirkmassenriegel, Komprimate (z. B. Pfefferminztabletten, Traubenzuckertabletten), Dragees, Kaugummi, gebrannte Mandeln, Süßtafeln.
Zuckerwaren sind ebenfalls feuchteempfindlich.

Kakaoerzeugnisse. Die Kakaoerzeugnisse, die einen vorgeschriebenen Mindestanteil an Kakaobestandteilen aufweisen müssen, teilt man in massive (z.B. Tafelschokoladen, massiv), gefüllte (z. B. Tafelschokoladen, gefüllt, und Pralinen) und pulverförmige Kakaoerzeugnisse (z. B. Kakaopulver) sowie Schokoladenhohlkörper ein. Zu den Kakaoerzeugnissen gehören auch die Nugatwaren.
Rohprodukt für die Herstellung der Kakaoerzeugnisse sind die Samen des Kakaobaumes, die Kakaobohnen. Dieser immergrüne Baum wird in den tropischen Gebieten Süd- und Mittelamerikas und Afrikas kultiviert. Die bis zu 25 cm langen und 10 cm dicken gurkenähnlichen Früchte des Kakaobaumes enthalten 30 bis 50 Kakaobohnen. Diese werden einer Fermentation (Gärung) überlassen, in deren Verlauf die charakteristischen Aromastoffe und die rotbraune Farbe des Kakaos entstehen. Die fermentierten Kakaobohnen werden getrocknet und sind dann lager- und versandfähig.
Die schalenfreien Kakaobohnen (Kakaokerne) haben einen hohen Nährstoffgehalt: 50 bis 54% Fett (Kakaobutter), 12 bis 14% Eiweißstoffe und 8 bis 12% Kohlenhydrate. Weiterhin enthalten die Kakaokerne neben Wasser (4 bis 6%), Mineralstoffen (2 bis 3%), Gerbstoffen (5%), organischen Säuren (1 bis 2%) und Aromastoffen noch die anregend wirkenden Alkaloide Theobromin (1 bis 2%) und Koffein (0,2%). Auf Grund des hohen Nährstoffgehaltes gehören die Kakaoerzeugnisse zu den Nahrungsmitteln.
In den Schokoladenfabriken werden die Rohkakaobohnen nach vorangegangenem Rösten, Brechen und Reinigen zu einem dickflüssigen Brei, der Kakaomasse, vermahlen. Ihre Weiterverarbeitung erfolgt entweder zu Kakaopulver oder zu Schokolade. Bei der Herstellung von Kakaopulver wird zunächst aus der Kakaomasse ein Teil der Kakaobutter abgepreßt. Die dabei entstehenden harten Preßkuchen werden gemahlen. Man erhält „stark entöltes" (mindestens 10% Fett) oder „schwach entöltes" (mindestens 20% Fett) Kakaopulver. Die ausgepreßte Kakaobutter wird bei der Herstellung von massiven Kakaoerzeugnissen, Hohlkörpern und Überzugsmassen für Pralinen, Waffeln usw. sowie in geringem Umfang für kosmetische und pharmazeutische Erzeugnisse verwendet.
Massive Kakaoerzeugnisse und Hohlkörper werden aus Kakaomasse und Zucker hergestellt; je nach Sorten werden Kakaobutter, Sahnepulver, Milchpulver und verschiedene Zusatzstoffe (Aromen, Gewürze, Kaffee, Erdnußkerne u. a.) beigemischt. Die zerkleinerten Roh- und Zusatzstoffe werden zu einer flüssigen Schokoladenmasse verarbeitet, die zu Tafeln, Riegeln, massiven Figuren oder Hohlfiguren ausgeformt werden. Die verschiedenen Sorten der Tafelschokolade unterscheiden sich durch die Qualität der verarbeiteten Kakaobohnen, das Mischungsverhältnis der Hauptrohstoffe, die verschiedenartigen Zusatzstoffe bzw. Füllungen und die Art der Bearbeitung der Schokoladenmasse. So ergeben sich aus dem Mischungsverhältnis von Kakaobestandteilen und Zucker die Geschmacksrichtungen „süß", „halbbitter" und „bitter". Je höher der Gehalt an Kakaobestandteilen ist, desto kräftiger und bitterer schmeckt die Schokolade.
Kakaoerzeugnisse müssen vor Wärmeeinwirkung (höchstens 18 °C), vor hoher relativer Luftfeuchte (höchstens 70%) und vor Fremdgerüchen geschützt aufbewahrt werden. Ein grauer Belag auf Tafelschokoladen, Pralinen und anderen Schokoladenerzeugnissen ist auf das Ausschmelzen von Kakaobutter infolge zu warmer Lagerung zurückzuführen. Dieser „Fettreif" gilt als Schönheitsfehler, beeinflußt jedoch die Qualität nicht.

Obst und Gemüse

Die Bedeutung von frischem Obst und Gemüse für unsere Ernährung beruht auf ihrem Gehalt an Vitaminen, insbesondere an Vitamin C (Askorbinsäure) und Karotin (Provitamin A), und Mineralstoffen. Der menschliche Organismus deckt den Bedarf an Vitamin C und Karotin ausschließlich aus Obst, Gemüse und Kartoffeln.

Unsere wichtigsten Vitamin-C-Lieferanten unter den Obstarten sind die schwarzen Johannisbeeren, die durchschnittlich 140 mg Vitamin C pro 100 g eßbare Substanz enthalten, und die Erdbeeren mit 60 mg/100 g. Sie haben einen höheren Vitamin-C-Gehalt als die Zitrusfrüchte (Zitrone, Orange, Mandarine, Grapefruit), die mit Bananen und Ananas zu den Südfrüchten gehören.
Den höchsten Vitamin-C-Gehalt besitzt die Hagebutte mit 500 bis 3000 mg Vitamin C pro 100 g eßbare Substanz. Aus dem Fruchtfleisch wird Hagebuttenmark, Mus und Marmelade hergestellt. Die Kerne und getrockneten Schalen ergeben einen wohlschmekkenden Tee.
Von den Gemüsearten sind Paprika, Grünkohl, Rosenkohl, Blumenkohl, Spinat und Tomaten die wichtigsten Vitamin-C-Träger. Bei einem Wassergehalt von 80 bis 97 % ist bei Obst und Gemüse der Gehalt an Kohlenhydraten, Eiweißen und Fetten mit Ausnahme des Schalenobstes (Nüsse, Mandeln) sehr gering, so daß frisches Obst und Gemüse als energiearme, vitamin- und mineralstoffhaltige Nahrungsmittel ein wichtiger Bestandteil der gesunden Ernährung sind. Da der Vitamingehalt bei der Lagerung und Zubereitung abnimmt, sollte Obst möglichst frisch verzehrt werden.
Obst wird in folgende Gruppen eingeteilt:
- Beerenobst: Johannisbeeren, Stachelbeeren, Erdbeeren, Himbeeren, Brombeeren, Weinbeeren (Weintrauben);
- Kernobst: Äpfel, Birnen, Quitten;
- Steinobst: Aprikosen, Pfirsiche, Pflaumen, Süßkirschen, Sauerkirschen;
- Schalenobst: Haselnüsse, Walnüsse, Mandeln.
- Wildfrüchte: Himbeeren, Brombeeren, Heidelbeeren, Preißelbeeren, Walderdbeeren, Hagebutten, Schwarzer Holunder, Sanddorn.

Bei Gemüse werden folgende Gruppen unterschieden:
- Kohlgemüse: Kopfkohl (Weißkohl, Rotkohl, Wirsingkohl), Blumenkohl, Rosenkohl, Grünkohl, Chinakohl, Kohlrabi;
- Wurzelgemüse: Speisemöhre, Wurzelpetersilie, Meerrettich, Schwarzwurzel, Radies, Rettich, Speisekohlrübe, Knollensellerie, Rote Rübe u.a.;
- Zwiebelgemüse: Speisezwiebel, Schnittlauch, Porree, Knoblauch;
- Blatt- und Stielgemüse: Kopfsalat, Feldsalat (Rapunzel), Spinat, Mangold, Chicoree, Winterendivie, Schnittpetersilie, Spargel, Rhabarber, Brunnen- und Gartenkresse;
- Fruchtgemüse: Gurke, Kürbis, Melone, Tomate, Gemüsepaprika, Aubergine (Eierfrucht);
- Hülsenfrüchte: Gemüsebohne, Gemüseerbse.

Pilze rechnet man ebenfalls zum Gemüse. Das Marktangebot der gängigsten Pilze (Pfifferlinge, Steinpilze, Rothäuptchen, Birkenpilze, Maronen, Ziegenlippe, Champignons, Echter Reizker) wird hinsichtlich Sortenreinheit und Frischezustand ständig überwacht. Das Sammeln von Pilzen, sei es für den Eigenbedarf oder gewerbsmäßig, erfordert große Erfahrung und Spezialkenntnisse, da es eine Anzahl giftiger Pilzarten gibt, die den beliebtesten Speisepilzen zum Verwechseln ähnlich sehen. Daher sei allen Pilzinteressenten empfohlen, die in jeder größeren Stadt eingerichteten Pilzberatungsstellen der Bezirks-Hygiene-Institute aufzusuchen und sich dort beraten zu lassen.

Aufbewahrung von Obst und Gemüse. Zur Vermeidung von Vitaminverlusten müssen frisches Obst und Gemüse vor Wärme und Sonnenbestrahlung geschützt aufbewahrt werden. Eine hohe relative Luftfeuchte (85 bis 90 %) wirkt den Verdunstungsverlusten und damit dem Welken der Erzeugnisse entgegen.
Für die Vorratshaltung über den Winter sind die Spätsorten unseres Kernobstes und Kohlgemüses sowie Zwiebeln und Wurzelgemüsearten geeignet. Alle Erzeugnisse, die eingelagert werden, müssen frei von Krankheiten, Schädlingen und Druckstellen sein. Die Einlagerung erfolgt in saubere, frostsichere und möglichst dunkle Keller (außer Zwiebeln; diese bewahrt man in Bodenräumen oder anderen geeigneten trockenen Räumen auf).
Kernobst und Kohl lagert man am besten in Stiegen oder auf Horden, damit eine ständige Kontrolle der Vorräte möglich ist. Möhren und andere Wurzelgemüsearten schichtet man am zweckmäßigsten in trockenen Sand ein (Sandkiste).

Milch und Milcherzeugnisse

Unter Milch als Handelsware versteht man ausschließlich Kuhmilch.

Die Milcherzeugnisse werden folgendermaßen eingeteilt:

- Trinkmilch
- Sahne
- Milchmischgetränke
- Sauermilcherzeugnisse
- Dauermilcherzeugnisse
- Käse
- Butter

Trinkmilch ist ein in Molkereien aus Rohmilch durch Reinigung, Einstellen auf einen bestimmten Fettgehalt oder vollständige Entrahmung und Erhitzen (Pasteurisieren) sowie anschließendes Kühlen auf 5 °C aufbereitetes Erzeugnis.

Durch das Pasteurisieren werden alle krankheitserregenden Keime abgetötet. Es werden folgende Erhitzungsverfahren angewendet:

- Kurzzeiterhitzung (71–74 °C, 40–45 s Erhitzungsdauer),
- Hocherhitzung (85 °C, 8–16 s Erhitzungsdauer),
- Ultrahocherhitzung (Uperisation) (135 bis 150 °C, 2–8 s Erhitzungsdauer, Dampfinjektion).

Trinkvollmilch ist die im Fettgehalt eingestellte (z. B. 2,2 % Fett), pasteurisierte reine Kuhmilch. Sie wird in Glasflaschen oder Schlauchbeutel aus Polyethylen abgefüllt.

Ultrahocherhitzte Trinkvollmilch kommt als H-Milch ebenso wie ultrahocherhitzte Milcherzeugnisse (z. B. H-Kondensmilch, H-Kakaotrunk) in Tetra-Packungen in den Handel.

Entrahmte Frischmilch (Magermilch) wird durch vollständige Entrahmung der Rohmilch gewonnen.

Sahne (Rahm) ist das durch Abscheiden von Magermilch aus Rohmilch gewonnene, pasteurisierte und gegebenenfalls homogenisierte Erzeugnis. Das Sortiment umfaßt Kaffeesahne mit 10 % Fett, Schlagsahne (süße Sahne) mit 30 % Fett und Saure Sahne mit einem Fettgehalt von 10 %.

Milchmischgetränke sind Milcherzeugnisse, die aus Trinkvollmilch oder entrahmter Frischmilch durch Zusatz farb- und geschmacksgebender Lebensmittel (z. B. gezukkertes Kakaopulver, Fruchtaromen, Vanillearoma) hergestellt werden. Zum Sortiment gehören Kakaotrunk, Schokoladentrunk, Fruchtmilchtrunk, Vanillemilch.

Sauermilcherzeugnisse. Zu ihnen gehören Buttermilch, Joghurt und Kefir.

Buttermilch fällt als Nebenprodukt bei der Herstellung von Sauerrahmbutter an.

Joghurt ist ein Sauermilcherzeugnis, das aus Trinkvollmilch oder entrahmter Frischmilch durch Zusatz von Joghurtkultur, die die Säure- und Aromabildung hervorruft, hergestellt wird. Außer Joghurt werden auch Joghurt-Zubereitungen bzw. Joghurt-Dessert angeboten, die geschmacksgebende Zusätze wie konserviertes Obst, Fruchtmark usw. enthalten.

Kefir ist ein Sauermilchgetränk, das aus Trinkvollmilch oder entrahmter Frischmilch durch Zusatz von Kefirkultur, die eine Milchsäuregärung und schwache alkoholische Gärung bewirkt, hergestellt wird.

Dauermilcherzeugnisse sind Milcherzeugnisse, die durch besondere Verfahren für längere Zeit haltbar gemacht worden sind. Hierzu gehören Kondensmilch, haltbare Kaffeesahne und Milchpulver.

Kondensmilch ist ein durch Eindampfen im Vakuum von Vollmilch auf die Hälfte bis ein Drittel des Volumens erhaltenes homogenisiertes ultrahocherhitztes und aseptisch abgepacktes (Tetra-Packung) oder in der Verpackung (Blechdose, Glasflasche) sterilisiertes Erzeugnis. Man unterscheidet ungezukkerte Kondensvollmilch (4 % Fett) und gezuckerte Kondensvollmilch (4,5 bzw. 6,0 % Fett).

Haltbare *Kaffeesahne* ist homogenisierte Sahne mit 10 % Fettgehalt, die durch Sterilisation oder Ultrahocherhitzung haltbar gemacht wurde. Die Verbrauchsfristen betragen für sterilisierte Kondensvollmilch und Kaffeesahne 3 Monate, für ultrahocherhitzte Kondensvollmilch und Kaffeesahne (in Tetra-Packungen) 6 Wochen.

Milchpulver sind Dauermilcherzeugnisse, die durch Sprühtrocknung oder Walzentrocknung aus eingedickter Vollmilch oder entrahmter Frischmilch gewonnen werden und einen Höchstwassergehalt von 4 % bzw. 6 % aufweisen. Für Magermilchpulver ist eine Verbrauchsfrist von 6 Monaten, für Vollmilchpulver, zu denen Cafésan und Babysan gehören, sind 3 Monate festgelegt.

Käse sind aus entrahmter Frischmilch oder im Fettgehalt eingestellter Milch (Kesselmilch) durch Lab oder Säuerung gewonnene Milcherzeugnisse, die im frischen oder gereiften Zustand zum Verkauf kommen. Nach der Herstellung unterscheidet man Labkäse, nichtreifende Käse (Frischkäse), Käse aus Sauermilchquark (Sauermilchkäse) und Schmelzkäse. Die verschiedenen Käsearten und -sorten unterscheiden sich im Geruch und Geschmack, in der Konsistenz und Rindenbildung, im Reifegrad und in der Haltbarkeit.

Die *Labkäse*, die durch Zusatz von Labferment zur Milch hergestellt werden und reifen, teilt man ein in:

- Hartkäse (Sorten: Emmentaler, Tiefländer und Chester);
- Schnittkäse, fest (Sorten: Edamer, Gouda, Tollenser, Steppenkäse);
- Schnittkäse, halbfest (Sorten: Edelpilzkäse, Münsterkäse, Steinbuscher, Butterkäse);
- Weichkäse (Sorten: Altenburger Ziegenkäse, Brie, Camembert, Limburger, Romadur u. a.).

Nichtreifende Käse werden aus Milch unter Verwendung verschiedener Zusatzstoffe hergestellt und kommen ohne Reifung (frisch) in den Verkehr. Zum Sortiment gehören Frischkäse, Frischkäsezubereitungen, Speisequark, Speisequarkzubereitungen, Buttermilchquark, Quarkkrem.

Käse aus Sauermilchquark werden in drei Sorten gehandelt: Sauermilchkäse (Gelbkäse), Sauermilchkäse (Edelschimmelkäse) und Kochkäse.

Schmelzkäse sind Erzeugnisse, die aus Labkäse unter Verwendung von Hilfs- und Zusatzstoffen in einem mit Wärme durchgeführten Schmelzprozeß hergestellt werden. Das Sortiment umfaßt schnittfeste und streichfähige Schmelzkäse sowie schnittfeste und streichfähige Schmelzkäsezubereitungen.

Nach der Qualität, die durch Sinnesprüfung ermittelt wird, unterscheidet man bei Labkäse drei Qualitätsstufen: Markenware (Markenkäse, Erzeugnisse von sehr guter bis guter Qualität), I. Qualität (Erzeugnisse von befriedigender bis ausreichender Qualität) und II. Qualität. Die 3. Qualitätsstufe (II. Qualität) ist nicht für den direkten Verzehr zugelassen. Diese Erzeugnisse können bei Eignung zu Schmelzkäse weiterverarbeitet werden.

Bei nichtreifendem Käse, Käse aus Sauermilchquark und Schmelzkäse werden nur die Qualitätsstufen Markenware und I. Qualität unterschieden.

Nach dem Fettgehalt in der Trockenmasse (F. i. T.) werden bei den Käsesorten neun Fettstufen unterschieden (s. Tabelle).

Fettstufen der Käsesorten

	Fettgehalt in der Trockenmasse (%)
Magerkäse	< 10
Viertelfettkäse	10
Halbfettkäse	20
Dreiviertelfettkäse	30
Fettkäse	40
Vollfettkäse	45
Rahmkäse	50
Doppelrahmkäse	60
Vollrahmkäse	70

Ernährungsphysiologische Bedeutung der Milch und Milcherzeugnisse. Der Nährwert der Milch und der Milcherzeugnisse (außer Butter) beruht auf ihrem Gehalt an biologisch hochwertigem Eiweiß sowie auf dem Gehalt an Kalzium und an Vitaminen, insbesondere an Vitamin A und den Vitaminen des B-Komplexes. Das Milcheiweiß, das in der Kuhmilch in einer Menge von etwa 3,3 % und in Käse bis zu 39 % enthalten ist, setzt sich zu 80 % aus Kasein (Käsestoff) und zu 20 % aus Albumin und Globulin zusammen. Es enthält alle acht essentiellen (lebensnotwendigen) Aminosäuren, die der Mensch für den Aufbau des körpereigenen Eiweißes benötigt und die deshalb dem Organismus unbedingt mit der Nahrung zugeführt werden müssen. Darin begründet sich der besondere Wert von Milch und Milcherzeugnissen für unsere Ernährung.

Milcheiweiß ist deshalb auch die Grundlage für die Festlegung des biologischen Wertes aller Nahrungseiweiße; es hat die Wertigkeit 100. Die besondere Bedeutung des Milcheiweißes und damit der Milch für die Ernährung des erwachsenen Menschen liegt auch darin, daß die für die menschliche Ernährung nicht vollwertigen Eiweißstoffe der Kartoffel und der Getreidearten durch Milch zu einem biologisch hochwertigen Eiweißgemisch ergänzt werden können.

Milchfett ist in der Milch in Form feinster

Kügelchen, deren Durchmesser 0,001 mm bis 0,22 mm beträgt, verteilt (Fett-in-Wasser-Emulsion). Infolge dieser feinen Verteilung und seines niedrigen Schmelzpunktes (28 bis 33 °C) ist das Milchfett leicht verdaulich. Beim längeren Stehen steigen die Fettkügelchen in der Milch nach oben und bilden eine Rahmschicht, die Milch rahmt auf. Das Aufrahmen kann durch Homogenisieren (Zerkleinern der Fettkügelchen unter Überdruck in einer Spezialmaschine) verhindert werden.

Milchzucker (Laktose) ist in der Milch in einer Menge von 4 bis 6 % enthalten. Er trägt zur Regulierung der Darmtätigkeit bei. Seine Vergärung durch Milchsäurebakterien zu Milchsäure bewirkt das Sauerwerden der Milch, und es kommt zum Ausflocken des Kaseins. Da Milchzucker wasserlöslich ist, bleibt er bei der Gewinnung von Quark größtenteils in der Molke.

Milch und Milcherzeugnisse sind die wichtigsten *Kalziumlieferanten* in der menschlichen Ernährung. Der Tagesbedarf eines Erwachsenen an Kalzium wird etwa mit ½ l Trinkvollmilch oder entrahmter Frischmilch gedeckt. Von den in Milch und Milcherzeugnissen enthaltenen *Mineralstoffen* sind noch Phosphor, Eisen und Magnesium von Bedeutung.

Die Milch enthält viele *Vitamine*, z. B. die fettlöslichen Vitamine A, D und E, sowie die wasserlöslichen Vitamine des B-Komplexes und Vitamin C. Sie liegen jedoch, bis auf Vitamin C (20 mg/l), nur in geringer Menge vor.

Aufbewahrung der Milcherzeugnisse. Milch und Milcherzeugnisse sind auf Grund ihrer Zusammensetzung gegenüber Wärme- und Lichteinwirkung sowie Fremdgerüchen besonders empfindlich. Steigende Temperaturen fördern die Entwicklung von Mikroorganismen und damit das Sauerwerden von Trinkmilch und anderen flüssigen Milcherzeugnissen. Durch Sonneneinstrahlung werden bei in Flaschen abgefüllten Milcherzeugnissen lichtempfindliche Vitamine zerstört, und bei Kaffeesahne und Kondensvollmilch entsteht ein talgiger Geschmack. Deshalb sind alle flüssigen Milcherzeugnisse lichtgeschützt bei Temperaturen unter 12 °C (Schlagsahne unter 6 °C), also im Kühlschrank, aufzubewahren. Dies ist nicht erforderlich bei noch nicht geöffneten Packungen von H-Milch-Erzeugnissen, die ohne Kühllagerung eine Haltbarkeit bis zu 6 Wochen haben.

Bei der Aufbewahrung von *Milchpulver* sollten 20 °C und 75 % relative Luftfeuchte nicht überschritten werden. Für die Aufbewahrung von *Käse* sind Temperaturen zwischen 4 bis 12 °C und eine hohe relative Luftfeuchte (80 bis 85 %) am günstigsten. Weichkäse, halbfeste Schnittkäse und Sauermilchkäse müssen vor Fliegen geschützt werden. Die nichtreifenden Käse (Frischkäse, Quark) sind leicht verderblich (Schimmelbildung, Schmierigwerden, Bittergeschmack) und deshalb „zum alsbaldigen Verbrauch bestimmt“. Die Verbrauchsfristen liegen bei 2 bis 6 Tagen. Beim Einkauf und bei der Aufbewahrung ist deshalb auf die Angabe des Verbrauchsdatums auf der Verpackung zu achten.

Eier

Unter Eiern sind im handelsüblichen Sinne nur Hühnereier zu verstehen; daneben werden noch Wachteleier gehandelt. Der Verkauf und die Verarbeitung von Enteneiern ist in der DDR verboten, da sie Krankheitserreger (Paratyphus) enthalten können.

Der Nährwert des Eies beruht vor allem auf seinem Gehalt an biologisch vollwertigem Eiweiß sowie seinem Mineralstoff-, Lezithin- und Vitamingehalt (insbesondere Vitamin A und D). Ein Hühnerei wiegt im Durchschnitt 55 g, davon entfallen etwa 10 % auf die Schale, etwa 58 % auf das Weißei (Eiklar) und 32 % auf das Dotter (Eigelb). Der Eiinhalt (Dotter und Eiklar) enthält durchschnittlich 74 % Wasser, 13 % Eiweiß, 11 % Fett und fettähnliche Substanzen (Lezithin, Cholesterin), 1,1 % Mineralstoffe und Vitamine und 0,7 % Kohlenhydrate.

Die Eier werden nach ihrer Masse in drei Masseklassen sortiert und verpackt:

A 60 g und darüber
B unter 60 g bis 55 g
C unter 55 g bis 45 g

Eier mit einer Masse unter 45 g bis 35 g werden als Kleineier gehandelt.

Für den Gebrauchswert eines Eies ist sein Frischezustand maßgebend, der mittels Durchleuchtungsprüfung annähernd ermittelt werden kann. Frische Eier erscheinen dabei hell, ohne Flecken und Streifen, alte hingegen trübe und dunkel. Bei der Durchleuchtungsprobe kann man auch die Luftkammer, die sich am stumpfen Ende des Eies befindet, kontrollieren. Die Luftkammerhöhe darf bei Frischeiern vom 1. 4. bis 30. 9. bis zu 8 mm und vom 1. 10. bis 31. 3. bis zu 7 mm betragen. Mit zunehmendem Alter nimmt die Luftkammer an Größe zu (Porosität der Schale). Bei Kühlhauseiern ist deshalb eine Luftkammerhöhe bis zu 12 mm zulässig. Einfache Prüfungen der Frische sind die Schüttelprüfung (bei frischen Eiern ist der Eiinhalt nicht beweglich) und die Schwimmprobe in 10%iger Kochsalzlösung (frische Eier gehen unter, ältere Eier schwimmen infolge der Abnahme der Dichte). Eier müssen vor Wärme, direkter Sonneneinstrahlung, Frosteinwirkung, mechanischen Beanspruchungen (Druck, Stoß) sowie vor Fremdgerüchen geschützt werden. Bei einer Temperatur von +6 bis 14 °C kann man Frischeier bis zu 10 Tagen aufbewahren.

Fleisch und Fleischerzeugnisse

Unter Fleisch versteht man im allgemeinen Sprachgebrauch die Skelettmuskulatur der warmblütigen Schlachttiere mit eingewachsenen Knochen sowie Fett- und Bindegeweben. Die eßbaren inneren Organe, wie Leber, Herz, Niere, Lunge, werden als Innereien bezeichnet. Fleisch gilt als Frischfleisch, wenn es nicht einer Behandlung unterworfen worden ist, die die Haltbarkeit verlängert und die zu mehr oder weniger starken Veränderungen von Aussehen, Gefüge, Geruch und Geschmack führt. Hackfleisch (Gehacktes, Schabefleisch, Hackepeter), das durch Zerkleinern von Rind-, Schweine- oder Kalbfleisch hergestellt wird, ist Frischfleisch.
Fleisch ist vor allem wegen seines hohen Eiweißgehaltes (17 bis 24 %) für die Ernährung von Bedeutung. Der Fettgehalt, der in erster Linie den Energiewert bestimmt, ist je nach Tierart, Fütterung, Alter usw. sehr unterschiedlich (z. B. Kalbfleisch: 9 bis 17 % Fett, Rindfleisch: 6 bis 31 % Fett, Schweinefleisch: 21 bis 41 % Fett). Je höher der Fettgehalt ist, um so niedriger sind Eiweiß- und Wassergehalt des Fleisches.
Außer diesen Grundnährstoffen enthält Fleisch noch Mineralstoffe (1 bis 2 %) und Vitamine (insbesondere B_1 und B_2). Nach der Schlachtung unterliegt Fleisch einem biochemischen Prozeß, der als Fleischreifung bezeichnet wird. Durch diese Reifung wird das Fleisch zart und mürbe, und es erhält einen säuerlich-aromatischen Geschmack (beim Wild als „Hautgout" bezeichnet).
Frischfleisch ist infolge seiner Zusammensetzung ein guter Nährboden für Mikroorganismen und somit leicht verderblich. Die Aufbewahrung sollte deshalb im Kühlschrank erfolgen. Dies gilt insbesondere auch für Hackfleisch, da auf Grund der Oberflächenvergrößerung durch das Zerkleinern des Fleisches besonders günstige Voraussetzungen für mikrobiellen Verderb gegeben sind.

Fleischerzeugnisse. Unter diesem Begriff versteht man bearbeitetes oder verarbeitetes, z. T. gewürztes Fleisch mit oder ohne Umhüllung, und unterscheidet Fleisch- und Wurstwaren.

- Fleischwaren sind alle aus bearbeiteten Fleischteilen durch Salzen, Pökeln, Räuchern, Kochen oder Braten hergestellten Erzeugnisse. Zu ihnen gehören Rohfleischwaren, Garfleischwaren, Dauerfleischwaren und Fleischkonserven.

Rohfleischwaren (Pökelfleischwaren) werden durch Pökeln, d. h. durch Behandlung mit Kochsalz und Salpeter oder mit Nitritpökelsalz, hergestellt. Dadurch verändert sich der Geschmack des Fleisches, und es entsteht die typische rote Pökelfarbe. Teilweise wird das gepökelte Fleisch anschließend noch heiß geräuchert, z. B. Kaßler. Weitere Rohfleischwaren sind gepökelte Rinderbrust, Pökelrippchen, Pökelzunge, Eisbein. Rohfleischwaren müssen vom Verbraucher noch zubereitet, d. h. gekocht, gebraten oder geschmort werden. *Garfleischwaren* sind durch Kochen oder Braten des Fleisches bereits genußfähig. Sie lassen sich auch gut in Scheiben schneiden. Zu den gekochten Garfleischwaren gehören u. a. Kochschinken, Pökelfleisch und gekochte Pökelrinderzunge. Zu den gebratenen Garfleischwaren (Bratfeinkost) gehören Schweinebauch, gebraten, Roastbeef, gebraten, Kaßlerbraten, Schweinebraten.
Dauerfleischwaren sind Fleischteile, die durch längeres Pökeln und anschließendes Kalträuchern gar gemacht wurden, so daß sie sofort eßbar sind. Dauerfleischwaren werden vor al-

lem aus Schweineschinken hergestellt. Zum Sortiment gehören Lachsschinken, Rollschinken, Nußschinken und Schinkenspeck. Dauerfleischwaren zeichnen sich durch kräftigen Geschmack, starke Rötung und gute Haltbarkeit aus (bei 12 bis 15 °C mindestens 2 Monate). Zum Schutz vor Fliegen empfiehlt es sich, während der Aufbewahrung einen Baumwollgaze- oder Zellglasbeutel über die Schinken zu binden.

Fleischkonserven sind besonders geeignet, die Hausarbeit der berufstätigen Frau zu erleichtern, da sie die schnelle Zubereitung einer Mahlzeit ermöglichen. Fleischkonserven, wie Rindfleisch im eigenen Saft, Gulasch u. a. werden durch Sterilisation im Überdruckkessel (Autoklav) bei Temperaturen um 120 °C hergestellt. Durch dieses Kochen wird das eingedoste Fleisch weich; Bakterien und deren Sporen werden abgetötet. Es sind Vollkonserven. Auf allen Dosen bzw. Gläsern muß das Herstellungsdatum bzw. das Verbrauchsdatum („zu verbrauchen bis ...") angegeben sein. Die Haltbarkeitsdauer beträgt bei Dosenkonserven mindestens 1 Jahr, bei Glaskonserven mindestens ein Vierteljahr. Voraussetzung hierfür ist eine Lagerung bei Temperaturen unter 20 °C (jedoch nicht unter 0 °C) und unter 75 % relativer Luftfeuchte. Durch Gasbildung aufgetriebene Deckel und Böden (Bombage) zeigen an, daß der Doseninhalt durch Bakterientätigkeit zersetzt und damit ungenießbar ist.

● Wurstwaren sind Fleischerzeugnisse, die aus zerkleinertem Fleisch, Fett, Innereien und gegebenenfalls Blut von Schlachttieren unter Zusatz von Salz und Gewürzen hergestellt werden. Nach der Art der Herstellung unterscheidet man Rohwurst, Kochwurst und Brühwurst.

Rohwurst wird aus rohem Rind- und Schweinefleisch und Fett hergestellt. Die Würste werden getrocknet und im Kaltrauch geräuchert. Man unterscheidet harte, schnittfeste Rohwürste = Dauerwürste (Zervelatwurst, Salami, Schlackwurst, Schinkenwurst) und weiche, streichfähige Rohwürste (Knackwurst, Mettwurst, Teewurst). Die Dauerwürste sind auf Grund ihres niedrigen Wassergehaltes gut haltbar (Salami und Zervelatwurst bei 12 bis 18 °C 6 Monate).

Kochwurst wird aus vorgekochtem Fleisch, Innereien, Blut und Fett hergestellt. Die Würste selbst werden bei 80 bis 90 °C gebrüht und anschließend im Kaltrauch leicht geräuchert. Man unterscheidet Sülzwurst, Blutwurst und Leberwurst in verschiedenen Sorten. Die Haltbarkeit der Kochwürste ist besonders in der warmen Jahreszeit gering (Aufbewahrung im Kühlschrank). Bei einer Temperatur von 4 bis 8 °C kann man frische Kochwurst bis zu einer Woche und geräucherte Kochwurst bis zu 3 Wochen aufbewahren.

Brühwurst wird aus frischem Fleisch und Fett unter Zusatz von Salz, Gewürzen und Wasser hergestellt. Sie wird (mit Ausnahme von Brat- und Rostbratwürsten) heiß geräuchert und gebrüht. Zum Sortiment gehören u. a. Jagdwurst, Brühpolnische, Mortadella, Kochsalami, Bockwurst, Wiener Würstchen und Rostbratwurst. Durch den hohen Wassergehalt sind Brühwürste bei Kühllagerung je nach Sorte 3 bis 7 Tage haltbar. Bratwürste sind zum sofortigen Verbrauch bestimmt.

Vakuumverpackte Fleisch- und Wurstwaren sind ebenfalls zum sofortigen Verbrauch bestimmt, obwohl durch die hygienische und selbstbedienungsgerechte Vakuumverpackung die Haltbarkeit gegenüber unverpackten Erzeugnissen verdoppelt wird. Im Haushalt sollten vakuumverpackte Brüh- und Kochwurst sowie Kochschinken im Kühlschrank aufbewahrt werden.

Fische und Fischwaren

Nach der Herkunft der Fische unterscheidet man Seefische (Salzwasserfische) und Süßwasserfische. Zu den Seefischen gehören u. a. Schellfisch, Kabeljau, Seelachs, Rotbarsch, Hering, Sprotte, Makrele, Heilbutt. Die in der DDR wirtschaftlich wichtigsten Süßwasserfische sind Karpfen, Schleie, Forelle, Barsch, Zander, Hecht und Aal. Nach dem Fettgehalt der Fische werden Fettfische und Magerfische unterschieden. Zu den Fettfischen (Fettgehalt über 1 %) gehören Aal (bis 45 % Fett), Hering, Heilbutt, Lachs und Karpfen. Typische Magerfische sind z. B. Schellfisch, Kabeljau und Hecht.

Nach dem Grad der Bearbeitung kann man das Handelssortiment in lebende Fische (z. B. Karpfen und Forellen), Frischfisch (geschlachtete Fische, gekühlt oder gefroren) und Fischwaren (bearbeitete oder verarbeitete Fische) einteilen.

Fischfleisch unterscheidet sich in der chemischen Zusammensetzung vom Fleisch unserer warmblütigen Schlachttiere vor allem durch den höheren Wassergehalt (etwa 78 %) und den niedrigen Fettgehalt, der bei den meisten Fischarten unter 5 % liegt. Damit ist auch der Energiewert meist geringer als der von Fleisch. Die Bedeutung der Fische für unsere Ernährung liegt in erster Linie in ihrem hohen Eiweißgehalt, der im Durchschnitt 18,3 % beträgt. Das Fischeiweiß ist biologisch hochwertig und leicht verdaulich. Fischfleisch enthält außerdem 1 bis 2 % Mineralstoffe und Vitamine (vor allem die fettlöslichen Vitamine A, D und E und die wasserlöslichen Vitamine des B-Komplexes). Von den Mineralstoffen ist insbesondere Jod zu erwähnen, Fisch ist der Hauptlieferant für die Deckung unseres Jodbedarfes.

Der hohe Wasser- und Eiweißgehalt des Fischfleisches bietet für Bakterien günstige Entwicklungsbedingungen, so daß Frischfisch und Fischwaren (mit Ausnahme der Vollkonserven) zu den leichtverderblichen Nahrungsmitteln gehören.

Fischwaren – Sortiment und Aufbewahrung. Das Sortiment der Fischwaren ist sehr umfangreich, denn es umfaßt bearbeitete und verarbeitete Fische und Fischteile aller Art in rohem, gefrorenem, gesalzenem, mariniertem, geräuchertem, gekochtem, gebratenem Zustand, teils sterilisiert (Vollkonserven).

Fischfilets sind frische oder gefrorene filetierte, enthäutete, von den Mittel- und Bauchgräten befreite Fischteile. Sie erleichtern die Küchenarbeit, da keine vorbereitenden Arbeiten erforderlich sind.

Salzfische sind durch Einsalzen mit Kochsalz genußfähig und begrenzt haltbar gemachte Fische oder Fischteile. Die bekanntesten Erzeugnisse sind Salzheringe und Salzsardellen. Salzheringe müssen bei der Aufbewahrung stets mit Lake bedeckt sein, da sie sonst leicht vertranen. Ihr Fleisch ist dann gelb bis braun gefärbt und schmeckt tranig.

Räucherfisch nennt man Fische und Fischteile, die einer Behandlung mit Holzrauch unterzogen wurden. Nach der Räuchertemperatur wird zwischen Heißräucherwaren (bei 85 bis 150 °C geräuchert) und Kalträucherwaren (bei 20 bis 27 °C geräuchert) unterschieden. Frische und gefrostete Fische werden heiß geräuchert.

Heißräucherwaren sind z. B. Bückling (unausgenommener Hering mit Kopf), Delikateßbückling (ausgenommener Hering ohne Kopf), Räuchermakrele. Auch der Aal und fast alle Seefische werden heißgeräuchert.

Kalträucherwaren, die meist aus salzgaren Fischen hergestellt werden, sind z. B. Lachsbückling (ausgenommener Salzhering mit Kopf) und Delikateßlachshering (ausgenommener Salzhering ohne Kopf). Kaltgeräucherte Fische sind bei 5 bis 15 °C bis zu 7 Tagen haltbar, während Heißräucherwaren unter solchen Bedingungen nur 2 bis 4 Tage aufbewahrt werden können. Frische Räucherfische haben angenehmen Rauchgeruch und -geschmack sowie glatte, glänzende Haut. Das Fleisch an der Mittelgräte ist weiß.

Anchosen sind aus Sprotten und Heringen unter Verwendung von Salz, Zucker und Gewürzen hergestellte Fischwaren, zu denen Anchovis, Appetitsild und Kräutergabelbissen im eigenen Saft gehören. Durch einen Reifungsprozeß, der mehrere Monate dauert, werden die Fische gar. Der Geschmack ist würzig, aromatisch und pikant. Anchosen sind Präserven (Halbkonserven), haben also begrenzte Haltbarkeit. Bei Präserven ist auf der Verpackung das Verbrauchsdatum „Zu verbrauchen bis ... (Tag, Monat, Jahr)“ in Verbindung mit der Lagertemperatur angegeben.

Präserven in Öl nennt man salzgare, kaltgeräucherte und anschließend in Öl eingelegte Fischteile. Zum Sortiment gehören u. a. Lachsscheiben und Lachsschnitzel in Öl, Seelachsscheiben und Seelachsschnitzel in Öl. Zur Herstellung von Seelachsscheiben und -schnitzeln in Öl wird neben Seelachs auch Kabeljau und Dorsch verarbeitet. Das grauweiße Fleisch dieser Fische erhält durch ein Färbebad die rosarote Farbe des echten Lachses. Die Dosen sind durch die Aufschrift „Lachsersatz, gefärbt“ zusätzlich gekennzeichnet.

Marinaden (z. B. Rollmops, Tafelhering), Feinmarinaden (z. B. Heringshappen in Mayonnaise), Bratfischwaren in Gewürzaufguß (z. B. Brathering) und Fischwaren in Aspik (Kochfischwaren, z. B. Hering in Aspik) sind ebenfalls Präserven, auch wenn sie luftdicht in Gläsern oder Plastdosen verpackt sind. Man kann bei diesen verpackten Erzeugnissen bei Temperaturen um 10 °C

mit einer Haltbarkeit bis zu 4 Wochen vom Herstellungstage an rechnen. Lose Ware ist demgegenüber höchstens bis zu 14 Tagen haltbar. Eine Ausnahme bilden die nach dem Bratprozeß bei 95 °C pasteurisierten Bratfischwaren. Für diese Präserven mit verlängerter Haltbarkeit garantiert der Herstellerbetrieb eine Mindesthaltbarkeit von drei Monaten. Der aufgedruckte Hinweis „Zu verbrauchen bis – siehe Deckelprägung" ist unbedingt zu beachten. Bratfischwaren mit verlängerter Haltbarkeit gehören zu den energiereduzierten Lebensmitteln und sind entsprechend gekennzeichnet.
Fischvollkonserven. Das umfangreiche Sortiment umfaßt Vollkonserven im eigenen Saft (z. B. Heringsfilet, Dorschleber, Lachs), Vollkonserven in Öl (z. B. Ölsardinen, Sild in Öl, Bückling in Öl) und Vollkonserven in Tunke (z. B. Heringsfilet in Tomatentunke, Heringsfilet in Weintunke). Durch das Erhitzen auf 106 bis 120 °C (Sterilisation) und die luftdichte Verpackung in Dosen sind Fischvollkonserven gut haltbar. Sie können bei Temperaturen um 20 °C bis zu 2 Jahren aufbewahrt werden. Der Inhalt bombierter Dosen ist verdorben und damit genußuntauglich.

Speisefette

Die Fette kann man nach der Herkunft in tierische und pflanzliche Fette einteilen. Zu den tierischen Fetten gehören das Milchfett Butter sowie die Depot- bzw. Organfette Schmalz und Talg. Die wichtigsten pflanzlichen Fette, die aus den Samen und dem Fruchtfleisch von Ölpflanzen gewonnen werden, sind die Samenfette Lein-, Sonnenblumen-, Mohn- und Rapsöl sowie Kokos- und Palmkernfett und die Fruchtfleischfette Olivenöl und Palmöl. Diese natürlichen pflanzlichen Fette werden in der Öl- und Margarineindustrie zu Speiseölen, Speise-Hartfetten und Margarine weiterverarbeitet.
Die Fette haben mit 39 kJ (9,3 kcal) den höchsten Energiegehalt der Grundnährstoffe. Gleichzeitig besitzen sie den höchsten Sättigungswert. Etwa 30 bis 35 % des Gesamtbedarfs an Energie sollten durch Nahrungsfette gedeckt werden, das entspricht einer täglichen Fettzufuhr von 80 bis 100 g. Da in unserer Ernährung neben dem „sichtbaren Fett", das wir z. B. in Form von Butter und Margarine aufnehmen, das in Fleisch, Wurstwaren, Käse und anderen fettreichen Lebensmitteln enthaltene „versteckte Fett" meist nicht berücksichtigt wird, besteht die Gefahr eines Überangebotes an Energie mit all ihren gesundheitlichen Folgen (Übergewichtigkeit verbunden mit Herz- und Kreislaufstörungen, Stoffwechselerkrankungen wie Diabetes).

Fettgehalt einiger fettreicher Lebensmittel (in %)

Speiseöl	99
Speck	82–92
Butter	45, 60, 70 und 74
Margarine	40 und 70
Mayonnaise	24, 36, 65 und 83
Wurstwaren	18–84
Schweinefleisch	21–41
Schlagsahne	30
Vollfettkäse	28

Die Fette sind in chemischer Hinsicht Verbindungen von Glyzerin mit Fettsäuren. Nach der Struktur unterscheidet man gesättigte und ungesättigte Fettsäuren, deren Verhältnis zueinander den Schmelzpunkt und damit den Aggregatzustand der Fette bestimmt.

Schmelzpunkte wichtiger Nahrungsfette

Rindertalg	42–49 °C
Schweineschmalz	36–42 °C
Pflanzenhartfette (durchschnittl.)	37 °C
Butter	28–33 °C
Margarine	28–32 °C
Speiseöle	-10 °C

Tierische Fette enthalten einen hohen Anteil an gesättigten Fettsäuren (Stearin- und Palmitinsäure). Für die Gesunderhaltung haben besonders die mehrfach ungesättigten Fettsäuren (Polyenfettsäuren), die vor allem in Speiseölen und Margarine enthalten sind, große Bedeutung. Zu diesen mehrfach ungesättigten Fettsäuren, die lebensnotwendig (essentiell) sind, gehört vor allem die Linolsäure, die täglich in einer Menge von 6 bis 8 g mit dem Nahrungsfett aufgenommen werden soll. Diese Menge ist in einem Eßlöffel Sonnenblumen- oder Lein-Vollöl enthalten. Im Interesse der Deckung des Bedarfs

Gehalt einiger Speiseölsorten an essentiellen Fettsäuren

Ölsorte	Linolsäure (%)	Linolensäure (%)
Erdnußöl	19–33	–
Leinöl	21–50	44–54
Rapsöl	15–20	6–10
Sonnenblumenöl	50–68	–

an essentiellen Fettsäuren sollte deshalb der Anteil pflanzlicher Fette an der Gesamtfettaufnahme mindestens 50% betragen (zur Zeit liegt dieser Anteil bei 40%).

Von Bedeutung für die Ernährung ist auch der Gehalt der Fette an den fettlöslichen Vitaminen A, D und E, der jedoch recht unterschiedlich ist. Während Butter diese Vitamine enthält, fehlen sie in den Schlachtfetten. Da diese Vitamine der Pflanzenfette bei der Raffination und Härtung der Öle zerstört werden, wird die aus ihnen hergestellte Margarine zur Erhöhung ihres ernährungsphysiologischen Wertes vitaminisiert (Zusatz der Vitamine A, D und E).

Butter ist das aus süßem oder gesäuertem Rahm (Sahne) auf mechanischem Wege (Verbutterung) gewonnene Erzeugnis mit einem vorgeschriebenen Fettgehalt. Es ist eine Wasser-in-Fett-Emulsion. Nach dem zur Verbutterung verwendeten Rahm unterscheidet man Sauerrahmbutter und Süßrahmbutter.

Zum Sortiment gehören:

Tafelbutter	74 % Fett
Tafelbutter	70 % Fett
Frische Landbutter	60 % Fett
Frische Rahmbutter	45 % Fett
Butterschmalz	99 % Fett

Schweineschmalz und Rindertalg werden durch Ausschmelzen aus dem Fettgewebe von Schweinen bzw. Rindern gewonnen und zum Braten, Kochen und Backen verwendet. In geringem Maße dient Schweineschmalz noch als Brotaufstrich, während Rindertalg vorwiegend zur Herstellung von Ziehmargarine (für Bäckereien) sowie von Seifen und Kerzen verwendet wird.

Speiseöle sind flüssige pflanzliche Fette, die aus den fetthaltigen Samen von Ölpflanzen durch Pressen oder Extraktion oder in Kombination beider Verfahren gewonnen werden. Nach der Art der Gewinnung unterscheidet man raffinierte Speiseöle und Speisevollöle.

Die Raffination, die Entschleimen, Entsäuern, Bleichen und Desodorieren umfaßt, verbessert Aussehen, Geruch, Geschmack und Haltbarkeit der durch Warmpressen und Extraktion gewonnenen Rohöle. Zum Sortiment der raffinierten Speiseöle gehören:

- Salatöl (aus Sonnenblumenkernen, von Trübstoffen gereinigt),
- Tafelöl (aus Sonnenblumenkernen oder Sojabohnen, naturtrüb),
- Speiseöl (aus Rapssaat, besonders zum Backen, Braten und Frittieren geeignet).

Die durch Kaltpressen gewonnenen Speisevollöle werden in zwei Sorten angeboten: Lein-Vollöl PUR LIN und Sonnenblumen-Vollöl PUR SOL.

Salat- und Tafelöl und die Speisevollöle sollten nicht zum Backen und Braten verwendet werden, da durch die Hitzeeinwirkung die Vitamine A, D und E und essentielle Fettsäuren zerstört werden.

Von den festen Pflanzenfetten ist das *Kokosfett*, das aus dem Fruchtfleisch der Kokosnuß, der Kopra, gewonnen wird, von Bedeutung. Es ist ein nicht gehärtetes (hydriertes) streichfähiges Speisefett, das auf Grund seines niedrigen Schmelzpunktes (23–28 °C) eine leichte Verdaulichkeit besitzt. Man verwendet es zum Braten und Backen und zum Herstellen von Überzugsmassen.

Margarine ist ein streichfähiges Speisefett,

Margarinesortiment

	Sorten	Fettgehalt (%)	essentielle Fettsäuren (%)	Energiegehalt (kJ/100 g)
Delikateßmargarine	Marella	70	40	2700
	Sahna	70	30	2700
Delikateßmargarine,	Cama – neu	40	40	1550
energiereduziert	Soma 40	40	40	1550
Tafelmargarine	Marina	70	25	2700
Haushaltmargarine	Sonja	70	30	2700

das aus Gemischen pflanzlicher Fette und Öle und gehärteten Pflanzenölen, Wasser oder Milch und Zusatz von Lezithin, natürlichen Pflanzenfarbstoffen, Vitaminen usw. durch Mischen und Kneten hergestellt wird. Einen Überblick über das Sortiment gibt die Tabelle. Die Sorten „Marella“ und „Sahna“ sind als Brotaufstrich sowie zum Backen und Braten geeignet. Die fett- und damit energiereduzierten Sorten „Cama – neu“ und „Soma 40“ sind wegen ihres niedrigen Fettgehaltes nur als Brotaufstrich zu verwenden. Die beiden Sorten „Marina“ und „Sonja“ sind ausgesprochene Brat- und Backmargarinen.

Aufbewahrung der Speisefette. Da Fette gegenüber Wärme, Licht, Sauerstoff und Fremdgeruch sehr empfindlich sind, führt Ranzigwerden bei zu warmer Lagerung und Lichteinwirkung zur Genußuntauglichkeit. Alle Speisefette sind deshalb kühl, dunkel, geruchfrei, gut verpackt bzw. zugedeckt aufzubewahren. Am besten erfolgt dies im Kühlschrank. Am günstigsten für die Qualitätserhaltung sind folgende Temperaturen:

für Butterschmalz: 0 bis 5 °C,

für Butter und alle Margarinesorten: 4 bis 10 °C,

für Speiseöle: 5 bis 15 °C.

Für Margarine und Speiseöle sind folgende Umlauffristen festgelegt, nach denen sie nicht mehr an den Verbraucher abgegeben werden dürfen:

„Marella“ und „Soma 40“	24 Tage
„Cama – neu“	30 Tage
„Sahna“	20 Tage
„Marina“ und „Sonja“	16 Tage
Speiseöle (außer Lein-Vollöl)	3 Monate
Lein-Vollöl PUR LIN	21 Tage

Kaffee und Tee

Kaffee und Tee gehören auf Grund ihres Gehaltes an Koffein, das anregende Wirkung besitzt, zu den Genußmitteln. Der Koffeingehalt des schwarzen Tees (2 bis 4 %) ist größer als der des Röstkaffees (1,5 %). Trotzdem regt das Teegetränk nicht stärker an als Kaffee, da zum Bereiten des Getränkes weniger Tee genommen wird als Kaffee.

Kaffee. Als Kaffee bezeichnet man die von der Fruchtschale völlig sowie von der Samenschale weitgehend befreiten rohen (Rohkaffee) oder gerösteten, ganzen oder zerkleinerten Samen (Röstkaffee) des Kaffeebaumes bzw. Kaffeestrauches, der in Arabien, Afrika, Mittel- und Südamerika, Vorderindien und Indonesien kultiviert wird.

Die sich aus den weißen Blüten des Kaffeebaumes entwickelnden kirschähnlichen Steinfrüchte (Kaffeekirschen) enthalten meist zwei Samen (Kaffeebohnen). In den Anbauländern werden die Kaffeekirschen trocken oder naß aufbereitet. Bei der trockenen Aufbereitung werden die geernteten Kaffeekirschen an der Luft getrocknet, und das eingetrocknete Fruchtfleisch und die Samenhaut werden durch Schälen entfernt. Bei der nassen Aufbereitung wird das Fruchtfleisch der Kaffeekirschen einer Vergärung überlassen. Fruchtfleischreste werden abgewaschen und die Kaffeebohnen getrocknet und geschält. Die nasse Aufbereitung liefert qualitativ bessere Rohkaffees. Von den mehr als 100 Sorten gelten die mittelamerikanischen Kaffees, insbesondere der Guatemalakaffee, als beste Qualitäten. Auf dem Weltkaffeemarkt spielen die südamerikanischen Kaffees – vor allem Brasilkaffee (Santos, Minas) – eine große Rolle.

Der Rohkaffee wird in den Importländern geröstet, wobei die braune Farbe, die spröde Konsistenz sowie das charakteristische Aroma des Röstkaffees entstehen. Der Röstkaffee wird verlesen und kommt in Mischungen mit bestimmten Geschmacksnoten in den Handel. Das Sortiment in der DDR umfaßt folgende Röstkaffeemischungen: „Spitzenklasse“, „Mona“, „Rondo“, „Rondo-Melange“ (enthält 30 bis 40 % kandierte Röstkaffeebohnen, die dem Kaffeeaufguß einen kräftigeren Geschmack und dunkleren Farbton verleihen) und „Koffeinfreier Röstkaffee“ (entspricht der Röstkaffeemischung „Mona“, Koffeingehalt jedoch höchstens 0,08 %).

Neben diesen Röstkaffeemischungen, die ungemahlen in den Handel gelangen und spätestens nach 18 Tagen (Garantiefrist) in den Händen des Verbrauchers sein sollen, wird unter der Bezeichnung „Mocca-fix Gold“ gemahlener Röstkaffee angeboten, der in verschlossenen Schlauchbeuteln (sauerstofffreie Atmosphäre, Kohlendioxid als Schutzgas) ohne Qualitätsminderung bis zu 3 Monaten lagerfähig ist. Ebenfalls in Schlauchbeuteln verpackt kommt ein Misch-

kaffee in den Handel, der zum überwiegenden Teil aus gemahlenem Röstkaffee (mindestens 51%) und zerkleinerten Kaffeemitteln besteht.
Ein weiteres Erzeugnis ist Kaffee-Extrakt-Pulver (Instant-Kaffee), das aus den getrockneten Extraktionsstoffen des Röstkaffees besteht und in heißem oder kaltem Wasser (etwa 2 g pro Tasse) sofort löslich ist.
Für die *Zubereitung des Kaffeegetränkes* verwendet man etwa 7 g gemahlenen Röstkaffee pro Tasse (150 ml). Für Mokka benötigt man die doppelte Menge. In Gaststätten ist der Kaffee-Einsatz auf 6,5 g je Tasse Kaffee bzw. auf 13 g je Tasse Mokka festgelegt.
Tee. Als Tee werden nur Blattknospen, junge Blätter und junge Triebe des Teestrauches verwendet. Die wichtigsten Anbau- und Exportländer sind die Republik Indien, die Sowjetunion (Georgien), die Volksrepublik China, die Sozialistische Republik Vietnam, Sri Lanka (früher Ceylon) und die Republik Indonesien.
Nach der Art der Aufbereitung der gepflückten Teeblätter wird zwischen schwarzem und grünem Tee unterschieden. Eine wichtige Aufbereitungsphase bei der Herstellung des schwarzen Tees ist das Fermentieren, das das Aroma verstärkt und infolge teilweiser Oxydation der Gerbsäure (Tannin) den herben Geschmack mildert. Grüner Tee ist nicht fermentiert, schmeckt deshalb kräftiger und herber (höherer Gerbstoffgehalt) und hat einen höheren Koffeingehalt (3 bis 4%).
Schwarzer Tee wird in unserer Republik in folgenden Mischungen hergestellt: Tee de luxe (grusinischer Tee „Höchste Sorte"), Teehaus Darjeeling Auslese (70% Darjeeling-Tee), Teehaus Indische Mischung (Assam-Tee), Teehaus Grusinische Mischung, Teehaus Spezialmischung (etwa 70% Tee aus der VR China und 30% aus der SR Vietnam).
Neben diesen Teemischungen werden im Handel noch zahlreiche importierte Teesorten (auch z. T. in Aufguß-Beuteln) angeboten. Für die Zubereitung des Teegetränkes verwendet man 1 bis 1,25 g Tee für eine Tasse (nur frisches, sprudelnd kochendes Wasser, keine Metallgefäße verwenden).
Aufbewahren von Kaffee und Tee. Zur Vermeidung von Qualitätsminderungen, wie Aromaverlust, Aufnahme von Feuchtigkeit und von Fremdgerüchen sind diese Genußmittel in luftdicht schließenden Gefäßen aus Porzellan, glasiertem Steingut, Weißblech, Aluminium oder Plast aufzubewahren. Die Temperatur sollte 20 °C, die relative Luftfeuchte 60% nicht überschreiten.

Alkoholische Getränke

Alkoholische Getränke werden durch alkoholische Gärung und teilweise durch anschließende Destillation (Spirituosen) aus verschiedenen Rohstoffen hergestellt und enthalten als gemeinsamen Bestandteil Ethanol (Ethylalkohol). Hierzu gehören Biere, Weine und Sekt, weinhaltige und weinähnliche Getränke sowie Spirituosen. Auf Grund des Alkoholgehaltes werden diese Getränke den Genußmitteln zugeordnet. Der Energiewert der alkoholischen Getränke ist unterschiedlich; er wird vom jeweiligen Alkoholgehalt bestimmt. 1 g Ethylalkohol liefert 30 kJ (7,1 kcal).
Biere. Diese alkoholischen Getränke werden durch Gärung aus Malz, Hopfen, Hefe und Wasser hergestellt, wobei Malz teilweise durch Rohfrucht (ungemälztes Getreide) und Zucker ersetzt werden kann. Die häufig bei Bieren verwendete Prozentangabe bezieht sich auf den Stammwürzegehalt, d. h. den Gehalt der zur Gärung gelangenden Flüssigkeit (Würze) an gelösten Extraktstoffen. Nach dem Stammwürzegehalt werden die Bierarten unterschieden (s. Tabelle). Der Alkoholgehalt des Bieres beträgt etwa ¼ bis ⅓ des Stammwürzegehaltes. Neben Wasser, Alkohol, Kohlendioxid (Kohlensäure) und Hopfenbitterstoffen enthält Bier noch geringe Mengen Malzzucker und Eiweißstoffe. Durch seinen Kohlendioxidgehalt wirkt Bier

Bierarten

	Stammwürzegehalt (%)	Biersorten
Einfachbier	5,8– 6,2	Dunkel und Malzbier
Schankbier	7,0– 8,0	Weißbier
Vollbier	8,5–12,0	Hell, Doppel-Karamel-Bier, Schwarzbier, Diabetiker-Pils, Deutsches Pils
Starkbier	15,7–18,3	Bockbier, Hell und Dunkel, Deutscher Porter

erfrischend und durststillend, durch den Gehalt an Hopfenbitterstoffen nervenberuhigend. Eine kohlenhydratarme Biersorte ist „Diabetiker Pils“. Dieses Diätbier hat je 0,33 l höchstens 629 kJ (150 kcal) und 0,3 KHE (Kohlenhydrateinheiten) und wird speziell für Diabetiker hergestellt.

Weine. Als Wein bezeichnet man das durch alkoholische Gärung aus dem Saft von frischen Weintrauben hergestellte Getränk. Nach der Herstellung und Zusammensetzung unterscheidet man Weißweine, Rotweine, Perlweine und Dessertweine. Die weitere Unterscheidung bzw. Bezeichnung erfolgt nach dem Herkunftsland, dem engeren Anbaugebiet bzw. der Rebsorte (wenn mindestens ⅔ des Weines aus dieser Rebsorte hergestellt sind) und dem Jahrgang.

Weißweine werden durch Mostgärung, d. h. durch Vergärung des abgepreßten Traubensaftes (Most), hergestellt. Sie haben einen Alkoholgehalt von 9 bis 11 Vol.-% (Volumenprozent = Anteil des Alkohols in 100 ml des Getränkes).

Rotweine erhält man durch Maischegärung von roten Weintrauben, wobei der rote Farbstoff aus den Beerenschalen herausgelöst wird. Zugleich werden auch die in den Schalen und Kernen enthaltenen Gerbstoffe gelöst, die dem Rotwein den herben Geschmack verleihen. Rotweine haben einen Alkoholgehalt von mindestens 10 Vol.-%.

Perlwein ist ein kohlendioxidhaltiger und deshalb perlender (moussierender) Wein. Das Kohlendioxid (CO_2) kann im Gärungsverfahren entstanden sein, oder es ist im Imprägnierverfahren zugesetzt. Im letzteren Falle trägt das Etikett den Aufdruck „mit Kohlensäure imprägniert“.

Dessertweine besitzen einen höheren Alkoholgehalt (16 bis 18 Vol.-%) und häufig auch einen hohen Zucker- oder Extraktgehalt (meist etwa 10 bis 15%). Diese Weine, die auch als Süd- oder Süßweine bezeichnet werden, haben einen süßen bis sehr süßen und würzigen Geschmack.

Sekt (Schaumwein). Zur Herstellung von Sekt gibt man zu einem Weingemisch (Sektgrundwein) einen Zusatz von in Wein gelöstem Kandiszucker (Dosagelikör) und von Reinzuchthefe und überläßt das Weingemisch in verschlossenen, dickwandigen Flaschen oder in Stahltanks einer zweiten Gärung (Flaschen- und Tankgärverfahren). Während dieser Nachgärung reichert sich der Wein mit CO_2 an, das das Schäumen und Perlen (Moussieren) des Sektes im Glas bewirkt. Schaumweine werden auch im Imprägnierverfahren, d. h. durch Zusatz von CO_2, hergestellt (Kennzeichnung „mit Zusatz von Kohlensäure“). Sekt hat einen Alkoholgehalt von 11 bis 13 Vol.-%. Er wird in den aus der Tabelle ersichtlichen Sorten angeboten, die sich im Zuckergehalt und damit im Geschmack unterscheiden.

Sektsorten

Sortenbezeichnung deutsch	französisch	Zuckergehalt (%)	Charakteristik (Geschmack)
Brut	brut	ohne	sehr herb
Extra trocken	extra sec	1– 2	herb, spritzig, mit feiner Harmonie
Trocken	sec	3– 4	angenehm herb
Halbtrocken	demi sec	5– 8	lieblich, süffig, sehr harmonisch
Halbsüß	demi doux	8–10	leicht süß, vollmundig
Süß	doux	10–12	angenehm süß, vollmundig

Weinhaltige und weinähnliche Getränke. Weinhaltige Getränke enthalten außer Wein als Hauptbestandteil noch andere Stoffe, die sonst nicht im Wein enthalten sein dürfen, z. B. Kräuterauszüge. Zu den weinhaltigen Getränken gehören u. a. Wermutwein, Kräuterweine (Aperitif) und die sog. Long Drinks.

Wermutwein enthält 16 oder 18 Vol.-% Alkohol und wirkt wegen seines Bitterstoffgehaltes ebenso wie Aperitif appetitanregend und verdauungsfördernd.

Weinähnliche Getränke werden durch alkoholische Gärung aus dem Saft von Kern-, Stein- und Beerenobst, Hagebutten und Rhabarber hergestellt. Ihre Bezeichnung erfolgt nach den verwendeten Fruchtsäften, z. B. Apfelwein, Johannisbeerwein.

Die Aufbewahrung von Weiß-, Rot- und Perlweinen, Sekt sowie von weinähnlichen Getränken sollte liegend erfolgen, wenn die Flaschen mit Naturkorken verschlossen sind. Alle mit Plastestopfen oder Kronenkorken verschlossenen Flaschen sind stehend aufzubewahren. Dies gilt auch für Dessertweine und Wermutwein, da sonst wegen ihres höheren Alkoholgehaltes durch den Korken Geschmacksbeeinträchtigung auftreten kann. Günstige Lagertemperaturen sind für Weißweine, Perlwein, Sekt sowie für weinhaltige und weinähnliche Getränke 8 bis 12 °C, für Rotwein, Dessertwein und Wermutwein 12 bis 20 °C.

Spirituosen. Das sind Getränke, die als wertbestimmenden Bestandteil mindestens 20 Vol.-% Ethanol enthalten, der durch Destillation aus vergorenen zuckerhaltigen Rohstoffen gewonnen wurde. Es werden vier Arten von Spirituosen unterschieden: Trinkbranntweine, Edelbrände und deren Verschnitte, Liköre und Emulsionsliköre.

Trinkbranntweine (Alkoholgehalt 32 bis 48 Vol.-%) sind Sprit-Wasser-Gemische. Man unterscheidet Trinkbranntweine ohne Geschmackszusätze (z. B. Klarer, Wodka), Trinkbranntweine mit Geschmackszusätzen (z. B. Kümmel, Nordhäuser, Wacholder, Aquavit) und bittere Trinkbranntweine (z. B. Kräuterbitter, Aromatique, Boonekamp).

Edelbrände sind Destillate aus Wein oder solchen vergorenen Maischen zucker- und stärkehaltiger Rohstoffe, die dem daraus gewonnenen Destillat einen besonders wertvollen, arteigenen Geruch und Geschmack verleihen. Der Gehalt an Ethylalkohol beträgt 32, 38, 40, 43 oder 45 Vol.-%.

Weinbrand wird aus Brennweinen hergestellt. Für die Herstellung der anderen Edelbrände werden folgende Rohstoffe verwendet:

für Rum: Zuckerrohr und Rückstände der Rohrzuckerfabrikation,
für Arrak: Reis, Zuckerrohrmelasse,
für Korn: Roggen, Weizen oder Gerste,
für Whisky: Gerstenmalz, Roggen und Weizen,
für Obstbrände (Kirschbrand, Himbeergeist, Zwetschgenwasser usw.): Früchte der betreffenden Obstart.

Verschnitte werden durch Zusatz von reinem Alkohol (Primasprit, Feinsprit) zu den entsprechenden Edelbränden hergestellt.

Da durch die Lagerung die Qualität der Destillate verbessert wird (Reifung), wird bei Weinbränden eine bestimmte Lagerdauer auf der Halsschleife bzw. dem Etikett gekennzeichnet:

Mindestlagerdauer 3 Jahre: 3 Sterne
Lagerdauer 4 Jahre: 4 Sterne; V. O.: very old; V. S. O. P.: very superior old produkt „Reserve“
Lagerdauer 5 Jahre: „Vielle Reserve“, „Napoleon“, „Extra“.

Als *Liköre* bezeichnet man Spirituosen, die unter Verwendung von Prima- oder Feinsprit oder Kornfeindestillat oder Edelbränden und Zusatz von Zucker, Weinen, Fruchtweinen oder -säften, Frucht- oder Pflanzenextrakten oder -destillaten, ätherischen Ölen oder natürlichen Essenzen hergestellt werden.

Man unterscheidet folgende Gruppen: Fruchtsaftliköre (z. B. Kirsch-Likör, Himbeer-Likör, Cherry-Brandy, Kirsch mit Whisky), Fruchtaromaliköre (z. B. Curacao, Apricot-Brandy), Bitter-, Kräuter- und Gewürzliköre (z. B. Cordial-Medoc, Magenbitter-Likör, Reiter-Likör, Stonsdorfer), Kaffee-, Mokka- und Kakao-Liköre sowie Punschextrakte.

Die Liköre haben einen hohen Extraktgehalt (mindestens 220 g/l) und einen Alkoholgehalt von 25 Vol.-% bis 45 Vol.-%.

Emulsionsliköre sind emulgierte Mischungen von Ethanol, Zucker, Trinkwasser und Geschmacksstoffen, deren wertbestimmender Anteil außer Ethanol aus tierischen und gegebenenfalls pflanzlichen Produkten besteht. Im Unterschied zu den Likören haben Emulsionsliköre eine dickflüssige Konsistenz und einen Ethanolgehalt von 20 Vol.-%. Zum Sortiment gehören z. B. Eierlikör, Eierlikör mit Orange, Kakao mit Ei, Mokka mit Sahne.

Spirituosen sind bei 10 bis 25 °C (Emulsionsliköre bei 8–10 °C) vor direkter Sonneneinstrahlung geschützt aufzubewahren.

Alkoholfreie Erfrischungsgetränke

Das Sortiment dieser Getränke ist sehr umfangreich. Es umfaßt folgende Gruppen:

- ungesüßte kohlensäurehaltige Wässer,
- fruchtsafthaltige Getränke mit Kohlendioxid,
- Fruchtsaftgetränke ohne Kohlendioxid,
- koffeinhaltige Limonaden, koffeinhaltige Kolagetränke,
- Brausen und Limonaden mit Frucht- oder Kräutergeschmack,
- Diabetikergetränke und
- Tonic-Water.

Ungesüßte kohlensäurehaltige Wässer sind

natürliche, mineralhaltige oder mineralisierte Wässer mit Kohlendioxidzusatz. Man unterscheidet Mineral- und Tafelbrunnen als natürliche Wässer, die direkt am Ort der Quelle oder des Brunnens abgefüllt werden, sowie Tafelwasser, Selters- und Sodawasser. Der Unterschied zwischen Mineralbrunnen und Tafelbrunnen besteht im Mineralstoffgehalt, der bei Mineralbrunnen über 1000 mg/l liegt.

Fruchtsafthaltige Getränke mit Kohlendioxid werden aus Trinkwasser, Mineral- oder Tafelbrunnen, Fruchtsäften oder Fruchtsaftkonzentraten, Zucker, Süßungsmitteln, Genußsäuren, Essenzen und Kohlendioxid hergestellt. Zum Sortiment gehören

- Fruchtsaftlimonaden (z. B. Orancia, Granada), auf der Basis von Orangenkonzentrat hergestellt,
- Fruchtsaftgetränk Zitrus (z. B. Mandora, Bitter-Lemon, Atri, Margon-Grape) mit doppeltem Einsatz von Orangenkonzentrat wie bei Fruchtsaftlimonaden,
- Fruchtsaftgetränk Karena/Spreequell-Citrus (reduzierter Zuckergehalt: 5,4 kg/hl),
- Fruchtsaftgetränk Apfel, auf der Basis von Apfelkonzentrat hergestellt.

Fruchtsafthaltige Getränke ohne Kohlendioxid entsprechen in ihrer Zusammensetzung der vorhergehenden Gruppe.

Koffeinhaltige Limonaden werden in folgenden Sorten angeboten: Vita-Cola und Asco-Cola (fruchtige Zitrusnote, mit Zucker und Süßungsmitteln). Zu den koffeinhaltigen Kolagetränken gehören Club-Cola, Quick-Cola und Margon-Cola (Ingwer-, Limette-, Zimtnote, hoher Zuckergehalt [8 kg Zucker/hl]) sowie Stern-Cola und Prick-Cola, die im Zuckergehalt reduziert sind (6 kg Zucker/hl).

Brausen und Limonaden mit Frucht- oder Kräutergeschmack werden aus Trinkwasser, Mineral- oder Tafelbrunnen, Zucker, Süßungsmitteln, Genußsäuren, Kohlendioxid und geschmacksgebenden Stoffen hergestellt. Geschmacksrichtungen sind z. B. Zitrone, Apfelsine, Waldhimbeere.

Diabetikergetränke werden ohne Zuckerzusatz mit Süßungsmitteln (Saccharin, Zyklamat) hergestellt. Ihre Zusammensetzung entspricht sonst dem Normalsortiment.

Tonic-Water enthält die typische Bitternote durch den Zusatz von Bitterstoffen (z.B. Chinin).

Die alkoholfreien Erfrischungsgetränke sind bei Temperaturen unter 15 °C und vor direkter Sonneneinstrahlung geschützt aufzubewahren.

Würzmittel

Würzmittel sind Hilfsstoffe zur Nahrungszubereitung, die der Geruchs- und Geschmacksverbesserung der Speisen und damit der Erhöhung des Genußwertes dienen. Zu den Würzmitteln gehören u. a. Gewürze, Speisesalz, Speiseessig, Speisesenf, Bruhererzeugnisse, Würzsoßen und Essenzen (Aromen).

Gewürze. Sie finden in der Lebensmittelindustrie bei der Herstellung vieler Nahrungsmittel sowie im Haushalt bei der Zubereitung von Speisen vielseitige Anwendung. Gewürze regen den Appetit an und wirken mehr oder weniger stark verdauungsfördernd. Es sind meist getrocknete Pflanzenteile, die als wirksame Inhaltsstoffe ätherische Öle und Bitterstoffe enthalten. Nach den als Gewürz verwendeten Pflanzenteilen unterscheidet man:

- Frucht- und Samengewürze: Pfeffer, Paprika, Chilly, Piment, Muskatnuß, Vanille, Kardamon, Kümmel, Anis, Senfkörner, Koriander, Fenchel, Dill, Wacholderbeeren
- Knospen- und Blütengewürze: Gewürznelken, Kapern
- Blattgewürze: Lorbeerblätter
- Rindengewürz: Zimt
- Wurzelgewürze: Ingwer, Kurkuma
- Würzkräuter (Küchenkräuter): Beifuß, Bohnenkraut, Dill, Estragon, Majoran, Petersilie, Schnittlauch, Thymian, Wermut u. a.

Neben diesen Gewürzen werden im Handel auch gebrauchsfertige Gewürzmischungen, z. B. Bratensoßengewürz, Brühsuppengewürz, Fischgewürz, Gemüseeintopfgewürz, Pastetengewürz, Gewürzsalz, Kräutersalz, Zwiebelsalz und Knoblauchsalz angeboten. Die Gewürzmischungen sind in aromadicht verschlossenen Glasbehältern mit verstellbarem Streulochöffnungsverschluß verpackt und erleichtern so den Gebrauch im Haushalt.

Die Gewürze müssen vor Feuchtigkeit und Fremdgerüchen geschützt aufbewahrt werden. Am besten sind luftdicht verschlossene

Behälter aus Glas, Porzellan oder Steingut geeignet.

Speisesalz ist das einzige Würzmittel mineralischer Herkunft. Es wird bergmännisch als Stein-Speisesalz oder als Siede-Speisesalz in Salinenbetrieben aus Solen (Kochsalzlösungen) gewonnen und anschließend gereinigt. Speisesalz besteht zu etwa 98 % aus Natriumchlorid. Eine besondere Speisesalzsorte, die durch Zusatz von Kaliumjodid das wichtige Spurenelement Jod enthält, ist das Kristall-Speisesalz, jodiert. Es wird in Reform- und Diätverkaufsstellen geführt.

Essig wird durch Essigsäuregärung alkoholischer Flüssigkeiten (Wein, Sprit) oder durch Verdünnen chemisch reiner Essigsäure bzw. Speiseessigessenz mit Wasser hergestellt. Folgende Essigsorten (Essigsäuregehalt 10 %) werden unterschieden: Speiseessig, Spritessig, Weinessig, Weinessig-Verschnitt (40 % Weinessig und 60 % Spritessig) und Kräuteressig (Speise- oder Spritessig mit Würzkräuterauszügen). Meist kommt Weinessig-Verschnitt in den Handel.

Essig wird nicht nur als Würzmittel, sondern auch als Konservierungsmittel für Einlegegurken und Essiggemüsesterilkonserven verwendet.

Speisesenf wird aus gelbem oder braunem, teilweise entöltem Senfmehl und Zusatz von Essig, Speisesalz, Zucker, verschiedenen Gewürzen und Trinkwasser hergestellt. Er kommt in den Sorten Speisesenf und Tafelsenf in den Handel. Tafelsenf hat einen höheren Trockensubstanz-, Säure- und Fettgehalt als Speisesenf. Tritt durch Zusatz von Gewürzen eine bestimmte Geschmacksrichtung hervor, so wird diese in der Bezeichnung auf dem Etikett angegeben, z. B. „Paprika“, „Speisesenf mit Meerrettichgeschmack“.

Zum Schutz vor Eintrocknen und Geschmacksverlust ist Senf stets in geschlossenen Gefäßen aufzubewahren.

Diätetische Lebensmittel

Diätetische Lebensmittel sind nach § 2 Abs. 2 des Lebensmittelgesetzes Lebensmittel, die nach Zusammensetzung und Eigenschaften für eine Ernährung bestimmt sind, die besonderen körperlichen Zuständen (z.B. Zuckerkrankheit, Schwangerschaft), besonderen Umweltbedingungen (z. B. Arbeiten in der Hitze) oder einem bestimmten Lebensalter (z.B. Säuglingen) Rechnung trägt. Es werden folgende Gruppen von diätetischen Lebensmitteln unterschieden:

- Energiereduzierte Lebensmittel
- Säuglings- und Kindernahrung
- Diabetiker-Lebensmittel
- Kochsalzarme und natriumarme Lebensmittel
- Glutenfreie Lebensmittel
- Eiweißarme Lebensmittel
- Polyenfettsäurereiche Lebensmittel
- Cholesterinreduzierte Lebensmittel
- Ballaststoffreiche Lebensmittel

Herstellung und Verkauf dieser Erzeugnisse werden durch die „Anordnung über diätetische Lebensmittel vom 28. November 1978“ (GBl. I 1979 Nr. 3 S. 32) geregelt.

Für anerkannte diätetische Lebensmittel erteilt der Warenzeichenverband „Diätetische Erzeugnisse“ die Genehmigung zur Kennzeichnung mit dem Warenzeichen ON^R (optimierte Nahrung). Dieses Warenzeichen wird mit folgenden Ergänzungen verwendet:

ON^R Fürs Kind (mit gelbem Punkt) für Säuglings- und Kindernahrung

ON^R Sucrosin (mit rotem Punkt) für Diabetiker-Lebensmittel

ON^R Energiereduziert (mit grünem Punkt) für energiereduzierte bzw. zucker- oder fettreduzierte Lebensmittel

ON^R salzarm (mit blauem Punkt) für kochsalzarme bzw. natriumarme Lebensmittel.

Das Warenzeichen mit weißem Punkt gilt für glutenfreie Lebensmittel, für eiweißarme Lebensmittel, für polyenfettsäurereiche Lebensmittel (mit hohem Anteil ungesättigter Fettsäuren), für cholesterinreduzierte Lebensmittel (mit stark reduziertem Cholesteringehalt) und für ballaststoffreiche Lebensmittel (mit hohem Anteil an Ballaststoffen).

Energiereduzierte Lebensmittel. Durch spezielle Rezepturänderungen und eine entsprechende Modifizierung des Herstellungsverfahrens ist ihr Energiegehalt im Vergleich zum Normalerzeugnis wesentlich gesenkt. Vom Ministerium für Gesundheitswesen wurden bei Lebensmitteln Mindestsätze der Energiereduzierung festgelegt (s. Tabelle). Lebensmittel, bei denen die Energiereduzierung durch Senkung des Fett- bzw. Zuckergehaltes erreicht wurde, können die Bezeich-

Mindestsätze der Energiereduzierung bei Lebensmitteln

Lebensmittel	Senkung des Energiegehaltes um mindestens (%)
Koch-, Back- und Streichfette	40
Mayonnaisen und Remouladen	50
Alkoholfreie Erfrischungsgetränke	40
Marmeladen, Konfitüren	25
Speiseeis	15
Fleisch- und Wurstwaren	20 (bezogen auf Fett)
Feinback- und Konditoreiwaren	20 (bezogen auf Fett oder Zucker)
Spezialbrot	10
alle übrigen Lebensmittel	20

nung „fettreduziert" bzw. „zuckerreduziert" erhalten. Energiereduzierte Lebensmittel sind bei Übergewicht für eine Reduktionskost geeignet und sind auch eine wesentliche Grundlage für das Schlankbleiben.

Fett- und Energiegehalt energiereduzierter Lebensmittel

Erzeugnis	Fettgehalt (%)	Energiegehalt (kJ/100 g)
Delikateßmargarine „Cama", „Soma 40"	40	1550
Frische Rahmbutter	45	1840
Salatcreme, 36% Pflanzenölgehalt	38	1600
Salatmayonnaise, 24% Pflanzenölgehalt	26	1400
Salatsauce, 33% Pflanzenölgehalt	35	1450
Sauce Tatar, 30% Pflanzenölgehalt	32	1300
Meerrettichcreme, 36% Pflanzenölgehalt	38	1600
Kalbsleberwurst	25	1250
Gutsfleischwurst	18	1000
Sülzfleischwurst	15	850
Jagdwurst	17	900
Bratfischwaren in verschiedenen Tunken und Aufgüssen	11	700

Die Aufbewahrung dieser Lebensmittel entspricht der des Normalsortiments.

Säuglings- und Kindernahrung. Diese Erzeugnisse, deren Zusammensetzung nach modernsten ernährungswissenschaftlichen Erkenntnissen festgelegt wurde und die unter strengster hygienischer Kontrolle industriell hergestellt werden, bedürfen keiner besonderen Zubereitungsarbeit. Sie enthalten alle für Wachstum und Entwicklung der Säuglinge und Kleinkinder bestimmter Altersstufen unentbehrlichen Grundnährstoffe, Vitamine und Mineralstoffe. Auf Grund der hochwertigen ernährungsphysiologischen Eigenschaften wurde den Säuglingsnahrungsmitteln das Warenzeichen ON[R] des Warenzeichenverbandes „Diätetische Erzeugnisse" verliehen.

Das Sortiment der Säuglings- und Kindernahrung ist sehr umfangreich und wird ständig weiterentwickelt. Es werden folgende Gruppen unterschieden:

	Verbrauchsfrist
– Säuglings- und Kinderfertignahrung auf Milchbasis (z. B. Milasan neu, Manasan, KiNa-Milchbrei, KiNa-Apfelbrei, KiNa-Aprikosenbrei)	3 Monate
– Säuglings- und Kinderfertignahrung auf Obst- und Gemüsebasis (z. B. Möhrenkost, Apfel-Möhrenbrei, Tomatenreis mit Rindfleisch)	12 Monate
– Säuglings- und Kinderzusatznahrung auf Milchbasis (Babysan)	3 Monate
– Säuglings- und Kinderzusatznahrung auf Obst- und Gemüsebasis (Möhren pur, trinkfertige Säfte „Fürs Kind")	12 Monate
– Säuglings- und Kinderzusatznahrung auf Getreidebasis, hierzu gehören:	
Instant-Hafermehl	3 Monate
Instant-Reismehl	6 Monate
Instant-Mekorna	5 Monate
Anona-Instant-Weizengrieß	12 Monate

Beim Einkauf ist deshalb auf das Verbrauchsdatum auf der Verpackung („zu verbrauchen bis ...") zu achten.

Diabetiker-Lebensmittel sind diätetische Lebensmittel, die auf Grund ihres reduzierten Gehaltes an verdaulichen Kohlenhydra-

ten vor allem für Diabetiker, aber auch für die Ernährung von Personen, die Lebensmittel mit einem hohen Zuckergehalt bzw. leicht aufschließbaren Kohlenhydraten meiden sollten, geeignet und bestimmt sind.
Für ihre Herstellung werden zugelassene Zuckeraustauschstoffe (Fruktose, Sorbit, Xylit) und Süßstoffe (Saccharin, Zyklamat) verwendet, deren Art und Menge auf der Verpackung angegeben sein muß.
Die Kennzeichnung der Diabetiker-Lebensmittel muß außerdem noch folgende Angaben enthalten:

- Gehalt an Kohlenhydraten, Eiweiß und Fett (g/100 g bzw. g/100 ml),
- Energiegehalt (kJ/100 g bzw. kJ/100 ml),
- Kohlenhydrateinheiten (KHE) je 100 g bzw. 100 ml Lebensmittel (1 KHE = 10 g Kohlenhydrate).

Das Sortiment der Diabetiker-Lebensmittel wird ständig erweitert.

Schutz der Lebensmittel vor Verderb

Die meisten Lebensmittel neigen auf Grund ihrer chemischen Zusammensetzung sehr leicht zu unerwünschten Veränderungen, die bis zum Verderb führen können. Die wichtigsten Faktoren, die solche Veränderungen hervorrufen, sind Temperatur, Luftfeuchtigkeit, Licht, Enzyme, tierische Schädlinge und Mikroorganismen (Bakterien, Schimmelpilze). Insbesondere verursachen die Mikroorganismen, die in fast allen Nahrungsmitteln günstige Entwicklungsbedingungen vorfinden, unerwünschte Veränderungen und Verderb von Lebensmitteln, z. B. Fäulnis von Fleisch, Verschimmeln von Brot. Der Genuß mikrobiell verdorbener Lebensmittel kann zu gesundheitlichen Schäden, auch zum Tode führen. Als Ursache kommen giftige Stoffwechselprodukte (Toxine) der Mikroorganismen in Betracht, z. B. Botulinustoxin (Botulismus). In den meisten Fällen allerdings bewahrt uns die sinnliche Wahrnehmung, besonders der Geruchssinn, vor dem Genuß von Lebensmitteln mit beginnendem oder fortgeschrittenem Verderb (z. B. fauliger Geruch bei verdorbenen Fleischwaren und Eiern, saurer Geruch bei Gemüsekonserven).
Der Schutz der Lebensmittel vor Verderb ist jedoch nicht nur aus gesundheitlichen Gründen, sondern auch aus wirtschaftlichen Gründen erforderlich. Verdorbene Lebensmittel bedeuten für den einzelnen Haushalt wie für die gesamte Volkswirtschaft materielle und finanzielle Verluste. Durch sachgemäße Warenpflege und durch Konservierung können diese Verluste weitgehend verhindert werden.
Da die für das Wachstum und die Vermehrung der meisten Mikroorganismen günstigsten Temperaturen zwischen 25 °C und 40 °C liegen, kann man durch eine entsprechende Temperatursenkung die Entwicklung von Mikroorganismen hemmen bzw. einschränken und damit den mikrobiellen Verderb der Lebensmittel verhindern bzw. verzögern.

Lebensmittel-Lagerdauer durch Aufbewahrung im Hauptkühlfach (nach Angaben des Hygiene-Museums)

Eier	ca. 14–21 Tage
Butter in der Dose	ca. 7–21 Tage
Käse in der Dose	ca. 5–12 Tage
Wurst angeräuchert	ca. 4– 6 Tage
Milch	ca. 1– 2 Tage
Fleisch roh	ca. 1– 2 Tage
Fleisch gar	ca. 3– 5 Tage
Hackfleisch	ca. ½ Tag
Fisch tiefgefroren	ca. 2– 3 Tage
Fisch geräuchert	ca. 1– 2 Tage

Hierauf beruht die Anwendung der Kühllagerung, die es ermöglicht, die Haltbarkeit leicht verderblicher Lebensmittel im begrenzten Umfang zu verlängern. Deshalb sind Milch, Butter, Eier, Wurstwaren usw. im Kühlschrank aufzubewahren. Die Kühllagerung ist jedoch keine Konservierung. Um die für eine längere Lagerung vorgesehenen Lebensmittel vor dem Verderb zu schützen, kommen verschiedene Methoden der Haltbarmachung zur Anwendung, durch die jedoch auch die betreffenden Lebensmittel mehr oder weniger stark in ihren Eigenschaften verändert werden. Es entstehen Erzeugnisse, die sich wesentlich von der Frischware unterscheiden.
Die wichtigsten Konservierungsverfahren, die man in physikalische und chemische Verfahren unterteilt, zeigt die Tabelle S. 454.

Die wichtigsten Konservierungsverfahren

Konservierungs-verfahren	Mittel	Anwendung bei	Wirkung	Bemerkungen
I. Physikalische Konservierungsverfahren				
Pasteurisieren	Erhitzen auf +62 bis +85 °C	Milch, Süßmoste, Obstsäfte, Bier	99 bis 99,99% der Mikroorganismen werden bei weitgehender Erhaltung der Vitamine abgetötet	bei kühler und dunkler Aufbewahrung einige Tage haltbar (Milch); Süßmoste u. Obstsäfte in Flaschen längere Zeit haltbar
Sterilisieren	a) Haushalt: Einwecken bei +100 °C	Obst, Gemüse	Abtöten aller Mikroorganismen u. ihrer Sporen, Zerstörung der Enzyme	Haltbarkeit 12 Monate und länger, Voraussetzung: frische, saubere Rohstoffe, sorgfältiges Arbeiten, dicht schließende Gläser
	b) Industrie: Erhitzen mit Wasserdampf unter erhöhtem Druck bei +115 bis +121 °C im Autoklaven	Obst, Gemüse, Fleisch- und Wurstwaren, Fisch, tischfertige Gerichte		
Trocknen	a) Sonne b) Trocknungsanlagen	Weintrauben, Fische, Obst, Gemüse, Teigwaren	Wasserentzug bis 10%	Rosinen, Klippfische
	c) Sprüh- oder Walzenverfahren	Milch, Kaffee-Extrakt	Wasserentzug bis auf 4 bis 6%	Milchpulver (Babysan), Instant-Kaffee
Gefrieren	Gefrieranlagen (Temperatur: −25 bis −40 °C)	Fleisch, Fisch, Gemüse, Obst, tischfertige Gerichte	Ausschalten der Bakterien- und Enzymtätigkeit	mehrere Wochen bis Monate bei −18 °C lagerfähig; aufgetaute Lebensmittel müssen bald verzehrt werden
II. Chemische Konservierungsverfahren				
Zuckern	Einwecken mit Zukker, Kandieren	Obst	Herabsetzen des Wassergehaltes	Marmeladen, Gelees, Kompotte usw.
Salzen	Kochsalz	Fisch, Gemüse	Herabsetzen des Wassergehaltes, toxische Wirkung des NaCl auf Mikroorganismen	Salzheringe, Salzsardellen, Salzgemüse
Pökeln	Nitritpökelsalz	Fleisch	Herabsetzen des Wassergehaltes, Erhaltung des Fleischfarbstoffes	Pökelfleischwaren
Räuchern				
a) Kalträuchern	Rauch von Laubhölzern mit Temperaturen von +17 bis +22 °C, längere Zeit	Fleisch, Schinken, Roh- u. Kochwürste, Salzhering	Herabsetzen des Wassergehaltes bis auf 40%, keimhemmende Wirkung der Rauchbestandteile	Fleisch wird vorher häufig gepökelt
b) Heißräuchern	Rauch von Laubhölzern mit Temperaturen von +60 bis +120 °C, kürzere Zeit	Brühwürste (z. B. Bockwurst), Hering, Aal, Heilbutt u. a.	geringerer Wasserentzug, keimhemmende Wirkung der Rauchbestandteile	Fische werden vorgesalzen; geringere Haltbarkeit als Kalträucherwaren
Säuern	Zusatz von organischen Säuren (z. B. Essigsäure) oder milchsaure Gärung	Gemüse, Fisch, Fleisch	fäulnishemmend	Essiggemüse, Sauerkraut, saure Fischzubereitungen, Sülze

Konservierungsverfahren	Mittel	Anwendung bei	Wirkung	Bemerkungen
Zusatz chemischer Konservierungsmittel	Benzoesäure, Borsäure, schweflige Säure u. a. zugelassene Konservierungsmittel	Fleischsalat, Mayonnaise, Margarine, Fischwaren, Fruchtsäfte	keimtötend oder die Bakterienentwicklung hemmend	Mengen sind gesetzlich festgelegt, absolutes Verbot bei Fleisch und Milch

Richtige Zubereitung

Verschiedene Zubereitungsarten

Zur Zubereitung im engeren Sinne rechnet man im allgemeinen nur das Garen der Nahrungsmittel mittels Wärme. Im weiteren Sinne werden aber auch die vorbereitenden Arbeitsprozesse sowie die Veränderung des Nahrungsgutes auf kaltem Wege zur Verbesserung von Geschmack, Aussehen, Bekömmlichkeit, Nähr- und Genußwert dazugezählt.

Das Garen (Zubereitung mittels Temperaturerhöhung). Das Garen der Nahrungsmittel ermöglicht eine vielfältige Abwechslung im Speisezettel. Durch Erhöhung der Temperatur über 70 °C während der Zubereitung gerinnen verschiedene Eiweißstoffe, verkleistern die Stärkekörner, lockert oder löst sich die Zellstruktur des Nahrungsgutes bzw. wird ein Teil der Zellen völlig zerstört, bilden sich Geschmacks-, Geruchs- und Farbstoffe. Dies sind – neben anderen, verschiedentlich noch ungeklärten Vorgängen meist. chemischer und physikalischer Natur – die wesentlichen Veränderungen, die den Garzustand bedingen.

Je nach dem wärmeübertragenden Medium, nach Höhe und Verlauf der Temperatur während des gesamten Zubereitungsprozesses sowie nach der Art des Wärmetransports unterscheidet man folgende Hauptgarungsarten (wobei die feine Hotelküche noch einige weitere Unterscheidungen kennt):

- Garen im Wasser bzw. im Wasserdampf. Bei normalem atmosphärischem Druck (1 at ≈ 0,1 MPa) siedet das Wasser bei 100 °C, so daß das Garen gewöhnlich bei dieser Temperatur vor sich geht. Solange Wasser im Nahrungsgut vorhanden ist, wird die gesamte zugeführte Energiemenge zum Verdampfen des Wassers benutzt. Jede stärkere Energiezufuhr ist deshalb zwecklos und verschwenderisch. Lediglich durch festes Verschrauben des Deckels (Druckkessel, Drucktöpfe, Schnellkochtöpfe) wird infolge Druckerhöhung im Innern eine Temperaturerhöhung erzielt: etwa 108 °C bei 0,13 MPa (≈ 0,3 at Überdruck), 121 °C bei 0,2 MPa (≈ 1 at Überdruck).
- Kochen ist ein Garen in so viel siedender Flüssigkeit (Wasser, Fleisch- oder Gemüsebrühe), daß das Gargut damit bedeckt ist. Besonders bevorzugt wird diese Garungsart für Kochfleisch, Knochen, Teigwaren, Hülsenfrüchte, Eier, grüne Bohnen, rote Bete.
- Dämpfen wird beim Garen von Kartoffeln, Fisch und zarten Fleischteilen angewandt. Gargut und Wasser sind durch einen Siebeinsatz voneinander getrennt. Die Wärmeübertragung erfolgt durch Wasserdampf.
- Dünsten eignet sich für fast alle Gemüsearten sowie für Kalb- und Lammfleisch, zarte Fische und Pilze. Die Wärmeübertragung erfolgt bei vorsichtiger Dosierung der Energiezufuhr in wenig Wasser oder im eigenen Saft, eventuell mit etwas Fett oder Öl.
- Garziehen erfolgt meist im Anschluß an das Kochen, Dämpfen oder Dünsten. Hierbei wird etwa 10 bis 15 Minuten vor Erreichen des Garpunktes (vgl. Tabelle S. 461) die Energie abgeschaltet, so daß während des Garziehens die Temperatur auf höchstens

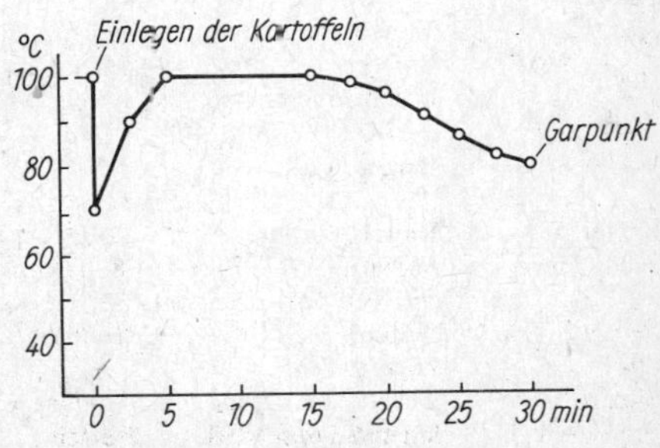

Temperaturverlauf beim Garziehen von Kartoffeln im Anschluß an das Kochen

75 °C absinkt. Bei gutem Deckelschluß reicht die Wärmespeicherung im Innern zur völligen Gare aus. Diese Garungsart ist die vitaminschonendste Zubereitung der Gemüse und Früchte. Sie wird aber auch gern bei der Zubereitung von verlorenen Eiern, Fleisch, Fleischklößchen, Klößen, jungem Kochgeflügel, Fisch und Teigwaren angewendet.

● Garen in Fett. Bei Verwendung von Fett oder Öl als wärmeübertragendes Medium können höhere Gartemperaturen als 100 °C erreicht werden, weil die Siede- bzw. Zersetzungspunkte höher als bei Wasser liegen. Die Garzeit wird dabei verkürzt, und die Oberfläche des Gargutes bräunt und verkrustet.

● Braten erfolgt bei Temperaturen zwischen 180 und 200 °C. Die Fette sollen weitgehend wasserfrei sein, einen möglichst hohen Zersetzungspunkt besitzen und vor Einfügen des Gargutes bereits auf Gartemperatur gebracht werden. Viele Fleischarten, Fisch, Kartoffelspeisen und Gemüsescheiben (paniert oder unpaniert) eignen sich für diese Zubereitung.

● Schmoren wird bei Anfangstemperaturen um 200 °C in wenig Fett, später im gut gebräunten, meist eigenen Saft vorgenommen. Wenn sich eine Kruste gebildet hat, wird das Schmorgut mehrfach mit wenig kochender Flüssigkeit (Brühe) abgelöscht und diese eingedampft, damit Saft und Schmorgut Farbe bekommen und sich Röststoffe bilden. Der Saft darf nicht anbrennen.

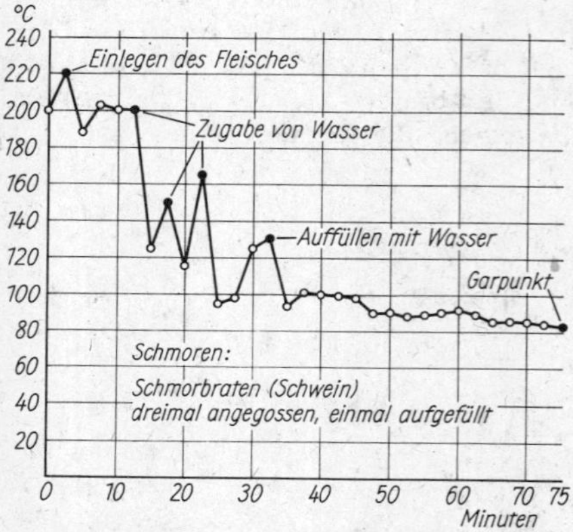

Temperaturverlauf beim Schmoren (aus M. Zobel und F. Wnuck, Neuzeitliche Gemeinschaftsverpflegung, Leipzig 1980)

Es muß darum gerade bei dieser Garmachungsart sehr auf die Energiezufuhr geachtet werden. Zum Schmoren eignen sich große Fleischstücke, fettreiche Fische, Ragouts und Gulasch.

● Backen im Fettbad erfolgt bei einer Temperatur von ungefähr 180 bis 200 °C. Bei niedrigeren Temperaturen wird zuviel Fett aufgesogen, und das Backgut wird nicht braun. Höhere Temperaturen sind wegen Zersetzung der Fette und wegen Verbrennungsgefahr unzweckmäßig.

● Garen in heißer Luft. Für Gebäcke aller Art, in Teig gehüllte Fleischspeisen, größere Fleischstücke (wie Schweinebraten, Sauerbraten, Geflügel im Ganzen) und überbakkene Gerichte wird das als Backen in trockener Hitze bezeichnete Verfahren mit Temperaturen zwischen 180 und 250 °C angewandt.

● Rösten und Grillen. Rösten erfolgt durch unmittelbare Hitzeeinwirkung der Flamme, der heißen Holzkohlenasche bzw. im Tiegel, auf dem Bratblech oder dem Bratröhrenboden. Diese an sich selten angewandte Garungsart unterscheidet sich vom Grillen durch das wärmeübertragende Medium und die Art des Wärmetransportes. Während beim Rösten ohne dazwischengeschaltetes Medium die Wärme durch Kontakt von der Wärmequelle auf das Gargut übertragen wird, übernimmt den Wärmetransport beim Grillen heiße, leicht zirkulierende Luft (Konvektionswärme). Gleichzeitig ist aber schon ein mehr oder weniger großer Anteil von Infrarotstrahlen am Garprozeß beteiligt. Fast ausschließlich jedoch wird mit Hilfe dieser Strahlungsenergie in den Haushaltgrillgeräten gegart, die mit Infrarotstrahlen ausgestattet sind. Man unterscheidet noch das Grillen am Spieß (z. B. Schaschlik) vom Grillen auf dem Rost (z. B. Rostbrätl).

Damit das Röst- bzw. Grillgut bei den hierbei auftretenden Hitzegraden (350 °C) nicht austrocknet, wird es vorher mit Fett bestrichen.

Die richtige Wahl der Garungsart für Fleisch richtet sich nach seinem Kollagengehalt. (Bindegewebsanteil).

Fleischteile mit hohem Kollagengehalt eignen sich für die nassen Garungsarten, und die kollagenarmen Fleischarten können mit den sogenannten trockenen Garungsarten (Garen in Fett, heißer Luft oder mit Infrarotstrahlung) vorteilhafter zubereitet werden (s. nachstehende Übersicht).

Bindegewebsreiche Fleischteilstücke (34 bis 57 Vol.-% Bindegewebsanteil), nur für feuchte Garverfahren geeignet:

Schwein	Rind
Backe mit Schwarte	Hesse (Haxe)
Wamme	Knochendünnung
Eisbein	Nachbrust
	Brustbein
	Fleischdünnung

Fleischteilstücke mit mittlerem Bindegewebsgehalt (22 bis 32 Vol.-% Bindegewebsanteil), für trockene und feuchte Garverfahren geeignet:

Schwein	Rind
Bauch	Spannrippe
	Kamm
	Schaufelstück
	Mittelbrust
	Falsches Filet
	Fehlrippe
	Hochrippe
	Dickes Bugstück
	Schwanzstück
	Schaufeldecke
	Kugel

Bindegewebsarme Fleischteilstücke (8 bis 19 Vol.-% Bindegewebsanteil), bevorzugt für trockene, aber auch für feuchte Garverfahren geeignet:

Schwein	Rind
Bug	Roastbeef
Kamm	Blume (Unterstück der Keule)
Kotelett	Oberschale
Keule	Filet
Filet	

Zubereiten ohne Temperaturerhöhung. Veränderungen der Nahrungsmittel im Sinne einer Erhöhung des Genußwertes und meist auch der Bekömmlichkeit und Verdaulichkeit sind auch ohne Temperaturerhöhung zu erreichen:

a) durch Mikroorganismen
Milchsäuregärung (Sauerkraut, Salzgurken, Faßschnittbohnen, Sauermilchquark, Kefir, Joghurt),
alkoholische Gärung (Sauerteig, Kumys, Most), Butterreifung, Käsereifung;

b) durch nahrungseigene Enzyme (Fermente)
Fleischreifung (abhängen lassen), Fermentierung von Tee und Kakao;

c) durch chemische Umsetzungen
Marinieren mittels Essig, Zitronensaft oder Milchsäure (Sauermilch), Einsalzen (Salzheringe), Pökeln mit Hilfe von Pökelsalz (Kochsalz, Natriumnitrat, etwas Natriumnitrit), Räuchern (Einwirkung der Bestandteile des Rauches von Hartholz, wie Essigsäure, Ameisensäure, Phenole usw.), Lockern des Teiges mit Backpulver;

d) durch physikalische Vorgänge
Quellen (in Flüssigkeit einweichen), Emulgieren (Mayonnaise), Schlagen (Schlagsahne, Eiweißschnee, Krem).

Sinn und Zweck der Zubereitung

Die Zubereitungsprozesse, die dem Garen vorausgehen, dienen im allgemeinen dazu, durch Sichten, Sortieren und Waschen das Nahrungsgut von Schmutz, Fremdkörpern, Parasiten und Krankheitskeimen zu befreien;
durch Putzen und Schälen ungenießbare Teile abzutrennen; die Nahrung mechanisch zu zerkleinern, um die Kau- und Verdauungsarbeit zu erleichtern bzw. die Ausnutzung der Nährstoffe und den Genußwert zu erhöhen;
durch Füllen, Spicken, Wickeln und Dressieren Genußwert und äußere Form zu verbessern.
Die Vorteile der Nahrungszubereitung möchte man heute nicht mehr missen. Besonders bei pflanzlichen Produkten werden durch den Aufschluß des Zellgefüges bzw. die teilweise Zerstörung der Zellwände während des Garprozesses Nährstoffe freigelegt. Hierdurch wird den Verdauungssäften der Zutritt erleichtert und so eine günstigere Ausnutzung der Nahrung durch den Organismus erreicht. Beispielsweise bessert sich die Karotinausnutzung (Karotin = Provitamin A) bei Mohrrüben um ein Mehrfaches. Die sogenannten Ballaststoffe (Zellulose, Pektine u. a.), die die Gerüstsubstanzen der pflanzlichen Produkte darstellen, werden durch die Hitzebehandlung in eine den Verdauungsweg mechanisch weniger reizende Form gebracht, wodurch insbesondere für Magen- und Darmschwache die Bekömmlichkeit stark erhöht werden kann. Einige Inhaltsstoffe werden leichter verdaulich (Leimstoffe, gerinnungsfähige Eiweißstoffe) oder

überhaupt erst verdaulich (Kartoffelstärke). Durch die Anwendung von Temperaturen über 100 °C werden Röst- und Aromastoffe gebildet, die gleichzeitig appetitanregend wirken und den Speisen neue, erwünschte Geschmacksrichtungen verleihen.
Beim Kochen von Fleisch und Knochen können sogenannte Extraktivstoffe freigesetzt werden, die auf die Magen- und Darmsekretion anregend wirken.
Verschiedene giftig wirkende Nahrungsinhaltsstoffe (z. B. Glykoside der Bohnen) werden durch Erhitzen unwirksam, viele Parasiten und ihre Eier sowie Erreger von Infektionskrankheiten (Bakterien, Viren) werden beim Garen abgetötet. Beim Autoklavieren (Erhitzen unter Druck, wobei höhere Siedetemperaturen des Wassers erreicht werden; dieses Verfahren wird beispielsweise in der Konservenindustrie angewandt) und Einwekken kann man sogar völlige Sterilität und damit sehr lange Haltbarkeit erzielen, weil hierbei Bedingungen geschaffen werden (Druck- und Temperaturerhöhung), unter denen die Lebensfunktionen selbst widerstandsfähiger Keime erlöschen.
Notwendigkeit des Garens. Die Frage nach der Notwendigkeit des Garens kann durchaus positiv beantwortet werden. Durch Erhitzen der Nahrung – besonders wenn es ohne nähere Kenntnis geschieht – können jedoch lebenswichtige Nahrungsbestandteile teilweise oder gänzlich zerstört werden. Bei ausschließlicher Kochkost kann es zu Mangelerscheinungen kommen, die die Abwehrkraft und die Funktionstüchtigkeit des menschlichen Organismus beeinträchtigen. Die Aufklärung über richtige Zubereitung der Kost unter diesem Gesichtspunkt ist darum sehr notwendig.
Zum Ausgleich muß immer ein angemessener Anteil an Rohkost verzehrt werden. Beim Zubereiten gehen meist die hitze- und oxydationsempfindlichen Vitamine A und C, die wasserlöslichen Bestandteile der Nahrung, wie verschiedene Eiweißstoffe, die frei vorliegenden Aminosäuren, die Vitamine der B-Gruppe, Vitamin C, fast alle lebensnotwendigen Mineralstoffe, sowie eine Reihe von Geschmacks-, Geruchs- und Farbstoffen verloren.
Außerdem können die Vitamine B_1 und C noch durch Alkalien (Soda, Natron) und das Vitamin C durch nahrungseigene Enzyme und Schwermetallionen (Kupfer, Eisen, Mangan u. a.) zerstört werden. Da Gemüse und Früchte an diesen notwendigen Wirkstoffen reich sind, muß der schonenden Zubereitung dieser Produkte ganz besondere Aufmerksamkeit gewidmet werden.

Minderung des ernährungsphysiologischen Wertes der Speisen durch Vorbereitungsarbeiten

Vitaminverluste während des Transportes und der Lagerung. Gemüse, besonders aber die Blattgemüse, müssen während des Transportes und der Lagerung sorgfältig vor dem direkten Sonnenlicht geschützt werden, weil sie während einer Lagerdauer von nur 3 Stunden zwei- bis dreimal mehr an Vitamin C und mitunter sogar fünfmal mehr an Vitamin B_1 verlieren können als vergleichsweise im Schatten. Doch selbst im Dunkeln büßen die gleichen Gemüsearten während einer Lagerzeit von 3 Tagen zwischen 25 und 80 % ihres Vitamin-C-Gehaltes ein, wobei die Lagertemperatur einen entscheidenden Einfluß hat. Deshalb soll man Blattgemüse frisch verzehren und Gemüse allgemein beim Aufbewahren vor Licht und Wärme schützen.
Wirkstoffverluste durch Küchenabfälle. In den Haushalten und auch in den Gemeinschafts- und Gaststättenküchen wird mitunter zuviel in den Abfall gegeben. Einwandfreie, von Parasiten nicht befallene Deckblätter der Gemüse sowie Strünke und Rippen verschiedener Kohlarten enthalten noch wertvolle Stoffe.
Durch Verarbeiten der grünen Blätter beispielsweise von Kohlrabi und Blumenkohl

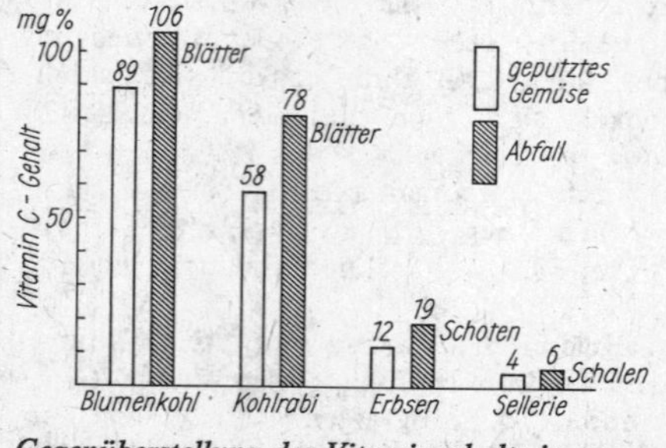

Gegenüberstellung des Vitamingehalts in mg von jeweils 100 g geputztem Gemüse und 100 g Gemüseabfall

als Spinat, durch Beimischen der feingehackten Teile in rohem Zustand zu gekochtem Gemüse, als Rohkostsalat oder schließlich durch Auskochen zu Gemüsebrühe lassen sich diese Verluste weitgehend einschränken.

Auslaugen wasserlöslicher Substanzen beim Waschen, Putzen, Zerkleinern und Wässern. An der Oberfläche der Gemüse haften häufig Schmutz, Bakterien und möglicherweise Parasiteneier. Gründliche Reinigung ist darum notwendig. Durch kräftiges, aber kurzes Waschen bzw. Bürsten unter fließendem Wasser erreicht man mehr als durch langes Wässern und vermeidet obendrein Auslaugverluste. Die Verluste nehmen weiter zu, wenn die Gemüse nach dem Schälen oder Zerkleinern längere Zeit im Wasser liegen. Das ist unbedingt zu vermeiden und kurzfristig nur bei Kartoffeln oder hellfleischigen, sich schnell verfärbenden Gemüsearten, wie Schwarzwurzel, erforderlich. Alle anderen Gemüse werden (zum Schutz vor Austrocknung der Oberfläche und vor Oxydation des Vitamin C durch den Luftsauerstoff) nach dem Zuputzen mit feuchten Tüchern bedeckt. Das Zerkleinern von Kartoffeln und Gemüse erfolgt zweckmäßigerweise erst unmittelbar vor dem Garen, da sonst durch das Vergrößern der Oberfläche auch dem auslaugenden Wasser bzw. dem das Vitamin C zerstörenden Luftsauerstoff eine vergrößerte Angriffsfläche geboten wird.

Vitamin-C-Verluste durch Zerkleinern. Rohe Gemüse und Kartoffeln können durch starkes Zerkleinern (Mixen) und besonders durch längeres Aufbewahren in zerkleinertem Zustand erheblich an Vitamin C verlieren, wobei der Verlust mit dem Grad der Zerkleinerung zunimmt. Durch sofortiges Vermischen mit Zitronensaft oder Essig (wo es möglich ist) kann der Vitamin-C-Abbau gehemmt oder gebremst werden.

Der Vitamin-C-Verlust einiger Blattgemüse in Abhängigkeit von der Lagertemperatur im Zeitraum von zwei Tagen

Gemüse	Verlust (%)		
	bei 4 °C	13 °C	20 °C
Spinat	8	38	70
Mangold	5	6	45
Kopfsalat	29	38	46

(auszugsweise entnommen aus M. Zobel und F. Wnuck, Neuzeitliche Gemeinschaftsverpflegung, 12. Aufl., VEB Fachbuchverlag Leipzig, 1980)

Auslaugverluste beim Brühen. Beim Überbrühen (Blanchieren) der Gemüse ist neben dem Kochen in viel Wasser der Auslaugverlust an wasserlöslichen Inhaltsstoffen am größten.

Prozentverluste verschiedener Inhaltsstoffe von Gemüsen infolge Überbrühens

Nährstoffe	Verlust (%)			
	Spinat	Rosenkohl	Grünkohl	Weißkraut
Roheiweiß	20	24	40	46
Kalium	79	54	84	94
Natrium	82	30	89	94
Kalzium	32	12	34	77
Magnesium	74	30	50	77

(auszugsweise entnommen aus M. Zobel und F. Wnuck, Neuzeitliche Gemeinschaftsverpflegung, 12. Aufl., VEB Fachbuchverlag Leipzig, 1980)

Im allgemeinen kommt man ohne Überbrühen aus. Lediglich bei Grünkohl und Spinat muß ausnahmsweise davon Gebrauch gemacht werden, wenn dieser püriert werden soll. Auch bei Weißkohlblättern (zu Kohlrouladen) ist das Blanchieren nicht zu umgehen.

Minderung des ernährungsphysiologischen Wertes der Speisen durch Erhitzen

Übergaren. Durch Hitzeeinwirkung während des Garens, insbesondere beim Ankochen, wird das Vitamin C – bei Temperaturen über 100 °C auch das Vitamin B_1 – merklich zerstört. Schon ein kurzes Überschreiten der Garzeit bringt bei Gemüse beachtliche (aber vermeidbare) Mehrverluste mit sich. Beispielsweise verlieren Kohlrabi und Wirsingkohl nach 10 Minuten, Spinat schon nach 5 Minuten Übergaren 15 % mehr an Vitamin C als bei Einhalten der Garzeit. Deshalb ist peinlich genaues Einhalten der Garzeit wichtig! Gemüse soll nicht pappig weich, sondern auf „leichten Biß" gegart werden.

Vergleich der für Gemüse gebräuchlichsten Garmethoden bezüglich ihres Einflusses auf den Vitamin-C-Gehalt

Gemüse	Vitamin-C-Verluste (in %, bezogen auf das rohe Gemüse)			
	Kochen (ohne Kochwasser)[1]	Dämpfen (ohne Kochwasser)[1]	Dünsten	Garziehen im Anschluß an kurzfristiges Andünsten bzw. Ankochen
Kartoffeln	24	27	—	4
Kohlrabi	72	52	46	46
Weißkohl	71	62	57	58
Rotkohl	65	54	52	43
Blumenkohl	53	14	—	—

[1] Diese Werte ergeben sich, wenn das Kochwasser weggeschüttet wird

Warmhalten. Bereits Temperaturen zwischen 75 und 100 °C sind als Gartemperaturen für Fleisch sowie auch für Gemüse und Kartoffeln zu werten, d.h., alle das Garen bedingenden Vorgänge laufen oberhalb 75 °C bereits merklich rascher ab und verändern nicht nur die Konsistenz, sondern auch Geruch, Geschmack, Farbe und Nährwert. Darum führen zu langes Warmhalten der Gemüse in Kochkiste, Wasserbad, Wärmeschrank, Ofenröhre oder Thermosgefäß sowie Wiederaufwärmen zu einer merklichen Abnahme des Nähr- und Genußwertes. Die durch die Sinnesorgane wahrnehmbare Grenze der beginnenden Wertminderung liegt für die meisten Gemüse bei etwa einer Stunde. Untersuchungen ergaben eine rasche Abnahme des Vitamins C während des Warmhaltens.

Vergleich der Garungsarten. Vergleicht man die für Gemüse gebräuchlichsten Garungsarten hinsichtlich ihres Einflusses auf den Nährwert, so ergibt sich eindeutig, daß das Dünsten und das Garziehen im Anschluß an das Dünsten die schonendsten und geschmacklich vorteilhaftesten Methoden sind.

Beim Dünsten treten keine Mineralstoffverluste auf, während sie beim Kochen am größten und dann vollständig sind, wenn das Kochwasser weggeschüttet wird. Deshalb sollen alle Gemüse (außer Blumenkohl, Spargel, Schwarzwurzel, Kartoffeln) gedünstet und grundsätzlich in die siedende Flüssigkeit gegeben werden. Kartoffeln setzt man mit wenig heißem Wasser an (ein Gewichtsteil Wasser auf vier bis fünf Gewichtsteile Kartoffeln), läßt 10 Minuten sieden und im Anschluß daran etwa 15 Minuten garziehen, wobei auf dichten Deckelverschluß zu achten ist. Ganz allgemein bietet das Garziehen von Kartoffeln und Gemüse im Anschluß an das Kochen bzw. Dünsten folgende Vorteile:

– vollerer und kräftigerer Geschmack;
– kein Abkochen der Kartoffeln mehr;
– Energieeinsparung (bei Gas 40 %, bei elektrischem Strom bis zu 50 %);
– vorzeitiges Freiwerden von Kochstellen, weil der Topf während des Garziehens auch von der Herdplatte genommen werden kann;
– kein Weggießen (Verlust) von Kochwasser mehr;
geringere Verluste an Mineralstoffen, Vitaminen und anderen wertvollen Inhaltsstoffen.

Garen mit Überdruck. In der Haushaltküche werden vielfach Drucktöpfe verwendet, weil sie die Garzeiten verkürzen und Energie einsparen.

Um die Vitamin-C-Verluste nicht höher als beim Garen unter Normaldruck ansteigen zu lassen, ist zu beachten, daß die Garzeiten, die im Drucktopf erheblich verkürzt sind, genau eingehalten und Mahlzeitenkomponenten mit gleichen Garzeiten zusammen im Drucktopf gegart werden. Speisen mit sehr unterschiedlichen Garzeiten sollten entweder getrennt zubereitet werden oder dürfen nur entsprechend unterschiedlich lange im Drucktopf bleiben (vor dem Öffnen Druckabbau durch Abkühlen mit kaltem Wasser herbeiführen!).

Aufwerten

Jede Form der Zubereitung, auch wenn sie noch so vorsichtig und schonend erfolgt, wird je nach der Schwere des Eingriffs in den natürlichen Zustand des Nahrungsgutes einen gewissen unvermeidlichen Verlust an bestimmten Stoffen mit sich bringen. Es ist deshalb notwendig, für den angemessenen Ausgleich besonders an Vitaminen und Mineralstoffen zu sorgen. Auch im Hinblick auf die allgemein unzureichende Wirkstoffzufuhr ist eine Aufwertung wichtig.

Genießbare Garnierungen. Petersilie, Radieschen, Tomatenviertel, Streifen grünen Paprikas, Salatblätter, Zitronenscheiben regen nicht nur Auge und Appetit an, sondern bereichern – wenn auch in bescheidenem Maße – die Mahlzeiten besonders mit Karotin, Vitamin C und Mineralstoffen.

Heimische Würzkräuter. Sie werden, frisch und gehackt, unmittelbar vor dem Anrichten in entsprechender Dosierung und Kombination den Gerichten zugesetzt; sie würzen und werten gleichzeitig auf.

Mineral-, vitamin- und eiweißreiche Zusätze. An Mineralstoffen und Vitaminen der B-Gruppe sowie an wertvollem Eiweiß reich sind Vollsojamehl und Hefeextrakt, an Karotin und Vitamin C Zitronen-, Sanddornbeeren-, Edelebereschensaft, Tomaten- und Paprikamark.

Roh beigemischter Gemüseanteil. Bis zu ¼ des Volumens des gleichen Gemüses roh nach Beendigung des Garens beigemischt, hebt den Eigengeschmack und gleicht die Garverluste, besonders an Vitamin C, aus. Der Rohanteil muß feiner zerkleinert (gehackt, gewiegt, gerieben bzw. geraspelt) werden als das Gargut. Geeignet sind hierfür alle Kohlsorten einschließlich Sauerkohl sowie Spinat, Kohlrabi, Mohrrüben, Porree und Sellerie.

Rohkostbeilage. Sie ist die wirksamste Form der Aufwertung. Rohkostsalate oder frische Früchte sollten eigentlich vor jeder Mahlzeit verzehrt werden, besonders auch wegen ihres nicht hoch genug einzuschätzenden günstigen Einflusses auf die Magen- und Darmsaftsekretion und damit auf den Appetit. Rohkostsalate setzen allerdings sachgemäßes Zubereiten und Würzen mit heimischen Würzkräutern voraus. Vor allem müssen die etwas härteren Gemüsearten, besonders Weiß- und Rotkohl, nach dem Schneiden oder Raspeln und nach Zugabe von etwas Zitronensaft oder Essig (zur Stabilisierung des Vitamins C) mit wenig Kochsalz kräftig gewirkt oder gestampft werden, bis sie Saft gezogen

Garzeiten für das Dünsten bzw. Garziehen im Anschluß an kurzfristiges Andünsten von Gemüse

Gemüse		Garzeiten in Minuten[1] Dünsten	Andünsten + Garziehen I	II	= Gesamtgarzeit I + II
Weiß- u. Rotkohl	Streifen	20	10	10	20
Spitzkohl	Streifen	15	10	10	20
Wirsingkohl	Streifen	15	10	10	20
Blumenkohl	Röschen	15	10	10	20
Rosenkohl	Röschen	5–8	3	5	8
Kohlrabi	Scheibchen	20	10	10	20
Mohrrüben	Scheibchen	20	11	10	21
Rote Bete	Scheiben	25	20	10	30
Grüne Bohnen	geschnitten	15	5	10	15
Sellerie	Scheiben	10	5	5	10
Porree	feine Streifen	15	10	5	15
Kürbis	große Würfel	5	aufkochen	10	10
Schwarzwurzel	Stücke	15	10	10	20
Spinat	durchgedreht	10	5	5	10
Grünkohl	durchgedreht	40	30	10	40
Kartoffeln (kochen)	große Knollen halbiert	23–25	10	12–18	22–28

[1] Die Garzeiten rechnen – nachdem das Gargut in das kochende Wasser gegeben wurde – jeweils vom Wiederbeginn des Siedens an.
(aus M. Zobel und F. Wnuck, Neuzeitliche Gemeinschaftsverpflegung, 12. Aufl., VEB Fachbuchverlag, Leipzig 1980)

haben. Nach ungefähr einstündigem Ziehen (Schwitzen im eigenen Saft) werden noch Öl und Gewürze hinzugefügt. Zum Rohgenuß eignet sich nur frische, einwandfreie Ware. Gründliches Reinigen ist Vorbedingung.

Verwendung von Würzkräutern

Gewürze runden den Geschmack ab und sind aus der modernen Küche kaum wegzudenken. Der Eigengeschmack eines Nahrungsmittels sollte damit keinesfalls überdeckt, die Gewürze sollten mit Bedacht und Vorsicht verwendet werden. Das gilt besonders für Kochsalz und die fremdländischen Gewürze, die bei regelmäßigem und allzu reichlichem Genuß den Magen-Darm-Kanal schädigen. (In der Krankenkost sind aus diesem Grunde fremdländische Gewürze noch stärker einzuschränken oder gänzlich wegzulassen.) Weit unbedenklicher können die heimischen, viel weniger reizenden Würzkräuter verwendet werden. Leider sind sie in ihrer Vielfalt kaum noch bekannt oder auf dem Markt zu wenig erhältlich. Sie verdienen es, in jedem Haushalt und jeder Großküche wiederentdeckt zu werden. Wer mit ihnen umzugehen versteht, kann völlig auf ausländische Gewürze verzichten und trotzdem feiner nuanciert abschmecken. Mit ihnen wird auch weit besser einer Uniformierung der Geschmacksrichtung begegnet, die bei Kindern wie Erwachsenen zu Mangel an Appetit führt. Gebrauchsfertige Würzkräutermischungen für verschiedene Grundspeisen werden auch im Handel angeboten.

Zeitpunkt des Kräuterzusatzes. Wurzelgemüse, Zwiebeln und Trockengemüse (Bohnenkraut, Dillstiele, Beifuß, Salbei) müssen dem Gericht etwa 10 bis 15 Minuten vor Beendigung des Garprozesses zugefügt werden, die übrigen frischen Kräuter grundsätzlich erst unmittelbar vor dem Anrichten.

Anwendung der Würzkräuter. Welche Würzkräuter sich für bestimmte Gerichte besonders eignen, zeigt die Tabelle.

Heimische Würzkräuter als Wintervorrat. Basilikum, Beifuß, Bohnenkraut, Estragon, Majoran, Rosmarin, Salbei und Sellerieblätter können auch für den Winter vorrätig gehalten werden, indem sie an der Luft, nicht aber in direktem Sonnenlicht oder bei erhöhter Temperatur, getrocknet werden. Sie werden danach von den großen Stielen befreit, am besten gemahlen oder geribbelt und trokken in gut verschließbaren, dunklen Glas- oder Porzellangefäßen aufbewahrt.

Petersilie und Pimpinelle können praktisch den ganzen Winter über geerntet werden, da sie wintergrün und frostbeständig sind. Beide kann man auch in Blumentöpfen an einem lichten, kühlen Ort im Hause während des Winters halten. Frische Brunnen- oder Gartenkresse zieht man sich auf folgende einfache Weise im Zimmer: Auf eine flache Glas- oder Porzellanschale (auch Teller) gibt man eine Lage groben Verbandmull oder Zellstoff, streut den Samen mäßig dicht und gleichmäßig verteilt darauf, feuchtet gut an und stellt die Schale an einem warmen, lichten Ort auf. Wird die Unterlage durch leichtes Beträufeln mit einer Wopil-Nährlösung (notfalls reicht auch Leitungswasser aus) gleichmäßig feucht gehalten, keimen die Samen schon nach wenigen Tagen aus. Die jungen Pflänzchen finden mit ihrem Wurzelgeflecht in der Unterlage und gegenseitig genügend Halt und sind nach etwa 8–10 Tagen schnittreif (Höhe etwa 2,5–3 cm).

Einfluß haushaltsüblicher Küchengeräte und Kochgeschirre auf den Nährwert der Speisen

Nicht nur die Art der Verwendung von Küchengeräten und Kochgeschirr und die damit verbundenen physikalischen Einwirkungen auf die Nahrung sind bezüglich ihres Einflusses auf den ernährungsphysiologischen Wert der Speisen zu beachten, sondern auch die chemischen Prozesse, die möglicherweise durch den direkten Kontakt des Materials (Metall, Glas, Kunststoff) oder durch Abgeben von Spuren dieses Materials an das darin Zubereitete auftreten. (Materialien, die gesundheitsschädigende Bestandteile, wie Kupfer oder Zink, an die Nahrung abgeben können, sind auf Grund der Lebensmittelgesetzgebung von der Benutzung ausgeschlossen.)

Schnitt- und Zerkleinerungsgerät. Die gesetzlich erlaubten und bisher in der Haushaltküche eingeführten Werkstoffe lassen im allgemeinen keine oder nur geringfügige Einflüsse auf Farbe, Geschmack und Vitamin-C-Gehalt der Nahrung erkennen. Aus-

Anwendung der Würzkräuter

Würzkraut	Zustand	Verwendung in der Küche
Basilikum	getrocknet, gerieben	für Salate, Tunken, Fisch- und Bratgerichte,
	frisch, im ganzen	zum Einlegen von Gurken; für Kräuteressig,
	frisch oder getrocknet	wie Lorbeer bei Hülsenfrüchten und Kohleintöpfen
Beifuß	getrocknet, geribbelt	Salate, Suppen, alle Fleischspeisen, besonders fette Braten (Gans), zum Ausbraten von Gänse- und Schweinefett
Brunnenkresse, Gartenkresse	frisch	Salate, Belag für Butterbrote
Bohnenkraut (Pfefferkraut)	frisch, gehackt	wie Pfeffer, besonders für Bohnen, Tunken, Salate
	frisch, im ganzen	zum Einlegen von Gurken,
	getrocknet, geribbelt	für Wurst, zum Ausbraten von Fett
Borretsch (Gurkenkraut)	frisch, fein gehackt	Salate, besonders Blatt- und Gurkensalat, Kräutersuppen und -tunken
Dill	frisch, fein gehackt	Salate, Suppen, Fleisch- und Fischgerichte, Tunken
Estragon	frisch, im ganzen	zum Einlegen von Gurken und Sauerkraut, Kräuteressig
	frisch, gehackt oder getrocknet geribbelt	Salate, Suppen, Tunken
Koriander	getrocknet und fein gemahlen	wie Muskat
Kümmelkörner	getrocknet, ganz oder gemahlen	Quark, Fleischklops, Braten, Suppen u. a.; sehr vielseitig
Liebstöckel	frisch und getrocknet	Suppen, Brüheintöpfe, Salate, Einlegen von Gurken (starkes Aroma, vorsichtig dosieren!)
Majoran	getrocknet, geribbelt	besonders Fleischgerichte (Fleischklößchen) und Wurst, sehr vielseitig
Pimpinelle	frisch, gehackt	Salate, Gemüsegerichte
Rosmarin	frisch und getrocknet	Salate, Fisch- und Wildmarinaden, für helle Fleisch-, Fisch- und Geflügeltunken
Salbei	frisch, fein gehackt	Fisch-, Fleisch- und Wildgerichte, Tunken, Salate
Schnittlauch	frisch, fein gehackt	Suppen, Tunken, Salate, Quark (Weißkäse), Belag für Butterbrot
Thymian	getrocknet	Erbsengerichte, Sahnen-, Tomaten- und Wildtunken
Zitronenmelisse	frisch, fein gehackt	wie Zitronenschale für Tunken, Salate

genommen sind alle Schnitt- und Zerkleinerungswerkzeuge und -geräte (Messer, Schäler, Reiben, Wölfe, Pressen u. ä.), die aus Eisen oder gewöhnlichem Stahl gefertigt sind; sie können während der Bearbeitung an die Gemüse und Früchte Spuren von Eisen abgeben, die häufig ausreichen, um unangenehme Verfärbung bei geschälten hellfleischigen Früchten, geschälten oder geriebenen Kartoffeln hervorzurufen oder zu beschleunigen sowie das Vitamin C zu zerstören. Deshalb werden für Schnitt- und Zerkleinerungswerkzeuge zumeist besonders harte, nicht rostende Stahllegierungen (Chrom-Nickel-Stähle) verwendet, die solche Einflüsse kaum zeigen. Für das Reiben kleiner Mengen rohen Gemüses haben sich Glas- oder Plastreiben sehr gut bewährt. Ansonsten steht heute dem Haushalt eine Reihe elektrisch betriebener Zerkleinerungsmaschinen, wie Mixer, Quirle, Schlagmühlen, Saftzentrifugen oder Vielzweck-Küchenmaschinen, zur Verfügung.

Kochgeschirr. Edelstahl-, Emaille- und Reinaluminiumtöpfe und -geschirre haben keinerlei nachteiligen Einfluß auf Farbe und Vitamingehalt. Bei Emaillegeschirr ist aber unbedingt darauf zu achten, daß der Emailleüberzug unverletzt ist. Sobald das Eisenblech zutage tritt, setzt auch der zerstörende Einfluß des Eisens ein, abgesehen von der Gefahr, daß Emaillesplitter in das Essen gelangen und den Magen-Darm-Kanal verletzen können. Unbedenklich und sehr praktisch für den Gebrauch im Haushalt sind die feuerfesten Glasgeräte, die es gestatten, das Gargut direkt in ihnen aufzutragen, ohne daß umgefüllt werden muß.

Rechtsfragen

Ehe und Familiengemeinschaft

Grundsätze. Der sozialistische Staat garantiert den besonderen Schutz von Ehe, Familie und Mutterschaft (Art. 38 Verfassung). Dieses Grundrecht wird im Familiengesetzbuch (FGB) der DDR vom 20. 12. 1965 (GBl. I 1966 S. 1, in der Fassung des Einführungsgesetzes zum Zivilgesetzbuch der DDR vom 19. 6. 1975, GBl. I S. 517) näher ausgestaltet. Es verbindet den Grundsatz der Familienförderung durch Staat und Gesellschaft mit der Verantwortung jedes Bürgers für die Entwicklung seiner Familie. Dies schließt ein, die ehelichen und familiären Bindungen aller anderen Bürger zu achten und zu respektieren (§ 1 Abs. 2 FGB).

Ausgehend vom Verfassungsprinzip der Gleichberechtigung von Mann und Frau charakterisiert das FGB (§ 5) die Ehe als eine für das Leben geschlossene Gemeinschaft, die auf gegenseitiger Liebe, Achtung und Treue, auf Verständnis und Vertrauen und uneigennütziger Hilfe füreinander beruht. Aus der Ehe soll eine Familie erwachsen, die ihre Erfüllung im gemeinsamen Zusammenleben, in der Erziehung der Kinder und in der gemeinsamen Entwicklung der Eltern und Kinder zu charakterfesten, allseitig gebildeten Persönlichkeiten findet.

Beziehungen von Partnern, die in eheähnlicher Weise zusammenleben (Lebensgemeinschaften), werden vom FGB nicht erfaßt. Soweit sich innerhalb solcher Verbindungen oder bei deren Lösung Probleme des Eigentums und Vermögens oder der Wohnungsnutzung ergeben, finden die Vorschriften des Zivilrechts Anwendung.

Eheschließung

Die für die Eheschließung erforderlichen Voraussetzungen und Formvorschriften sind im FGB sowie im Personenstandsgesetz vom 4. 12. 1981 (GBl. I S. 421) geregelt.

Altersmäßige Voraussetzung. Um eine Ehe eingehen zu können, müssen Mann und Frau das 18. Lebensjahr vollendet haben. Ausnahmen sind auch dann nicht zulässig, wenn die Frau vor Erreichen dieser Altersgrenze Mutter wird.

Verlöbnis. Die künftigen Ehepartner sollen ernsthaft prüfen, ob von ihren Charaktereigenschaften, Auffassungen, Interessen und ihren gesamten Lebensverhältnissen her echte Voraussetzungen gegeben sind, einen Bund fürs Leben zu schließen und die Verantwortung für die Gründung einer Familie zu übernehmen. Ein solcher Wille zur Prüfung kann durch Verlöbnis zum Ausdruck gebracht werden. Diese moralische Bindung löst aber keinerlei Rechtsfolgen oder -ansprüche aus.

Eheverbote. Weitere Voraussetzung für die Zulässigkeit der Eheschließung ist, daß kein Eheverbot vorliegt. Nach § 8 FGB darf eine Ehe nicht schließen: wer schon verheiratet ist; wer mit dem anderen in gerader Linie verwandt (Großeltern – Eltern – Kinder – Enkel) oder dessen Bruder, Schwester, Halbbruder oder Halbschwester ist; wer den anderen adoptiert hat; wer entmündigt ist.

Form der Eheschließung. Die Eheschließung erfolgt vor dem Leiter des Standesamtes. Ihm gegenüber erklären die künftigen Eheleute, daß sie die Ehe miteinander eingehen und den gewählten gemeinsamen Familiennamen tragen wollen. Daraufhin trägt dieser in ihrer Gegenwart die Eheschließung in das Ehebuch ein. Die mit seiner Unterschrift versehene Eintragung ist den Ehegatten zur Kenntnis zu geben, die sich von der Richtigkeit überzeugen und dies durch ihre Unterschrift bestätigen. An der Trauung können auf Wunsch der Eheschließenden Angehörige, Freunde und Arbeitskollegen teilnehmen. Sogenannter Trauzeugen bedarf es nach dem Familienrecht der DDR nicht.

Die Eheschließung kann bei jedem Standesamt der DDR beantragt und durchgeführt werden. Der Antrag soll mindestens 4 Wochen vor der beabsichtigten Eheschließung gestellt werden. Von den Antragstellern sind der Personalausweis bzw. Paß oder ein anderes für die Legitimation gültiges Dokument, die Geburtsurkunde und gegebenenfalls der Nachweis über die Beendigung der vorangegangenen Ehe (Scheidungsurteil bzw. Sterbeurkunde) vorzulegen. Wird der Antrag nur von einem der Beteiligten gestellt, hat er das Einverständnis des anderen durch dessen schriftliche Vollmacht nachzuweisen.

Eine kirchliche Trauung kann nach der vor dem Standesamt vollzogenen Eheschließung erfolgen. Sie stellt eine religiöse Handlung dar, an die sich keine familienrechtlichen Folgen knüpfen.

Eheschließung mit einem Ausländer. Die Eheschließung zwischen einer Bürgerin (bzw. einem Bürger) der DDR und einem Ausländer (bzw. einer Ausländerin) bedarf in jedem Fall der staatlichen Zustimmung. Das gilt auch dann, wenn die Ehe außerhalb der DDR geschlossen werden soll. Der Antrag auf Zustimmung ist von der Bürgerin der DDR schriftlich bei dem für ihren Hauptwohnsitz zuständigen Rat des Kreises, Stadtkreises oder Stadtbezirkes, Abteilung Innere Angelegenheiten, zu stellen. Hat sie ihren ständigen Wohnsitz im Ausland, ist für die Entgegennahme des Antrages die jeweilige Botschaft oder konsularische Vertretung der DDR zuständig (§ 10 der Verordnung zur Regelung von Fragen der Familienzusammenführung und der Eheschließung zwischen Bürgern der DDR und Ausländern vom 15.9.1983, GBl. I S. 254).

Ein Verlust der Staatsbürgerschaft der DDR tritt durch die Eheschließung nicht ein. Auch erwirbt der Ausländer dadurch nicht die Staatsbürgerschaft der DDR. Sie kann ihm jedoch, insbesondere bei gemeinsamer Wohnsitznahme in der DDR, auf seinen Antrag verliehen werden (Staatsbürgerschaftsgesetz vom 20.2.1967, GBl. I S. 3, und Durchführungsverordnung vom 3.8.1967, GBl. II S. 681).

Eheliche Gemeinschaft

Grundsätze. Die durch die Eheschließung zustande gekommene eheliche Gemeinschaft wird von einer Reihe im FGB ausdrücklich gekennzeichneter Grundsätze getragen (§§ 9 und 10). Danach sind die Ehegatten in allen Fragen gleichberechtigt; sie leben in der Regel zusammen, führen einen gemeinsamen Haushalt, üben gemeinsam das Erziehungsrecht aus und tragen dabei ihren jeweiligen Anteil. Alle Fragen des gemeinsamen Lebens und der Entwicklung des einzelnen werden von ihnen in beiderseitigem Einverständnis geregelt.

Die Verwirklichung der Gleichberechtigung im Leben der Familie erfordert eine solche Aufgabenverteilung, die es der Frau ermöglicht, ihre berufliche und gesellschaftliche Tätigkeit mit der Mutterschaft zu vereinbaren. Übernimmt ein Ehegatte neue berufliche oder gesellschaftliche Aufgaben oder bildet er sich weiter, erwächst dem anderen Partner die besondere Verpflichtung zur kameradschaftlichen Hilfe und Rücksichtnahme.

Gegenseitige Vertretung. Ein Ehegatte kann den anderen in allen Angelegenheiten des gemeinsamen Lebens vertreten (§ 11 FGB). Diese gesetzliche Befugnis kann weder durch einen Ehepartner noch durch Vereinbarung aufgehoben oder eingeschränkt werden. Sie ermächtigt insbesondere zum Abschluß von Kauf- und Dienstleistungsverträgen, die der Befriedigung materieller und kultureller Bedürfnisse der Familie dienen. Die gegenseitige Vertretung der Ehegatten ist nicht auf kleine Alltagsgeschäfte beschränkt. Sie erfaßt z. B. auch das Buchen einer gemeinsamen Reise, den Abschluß von Versicherungen für Gegenstände, die der gemeinsamen Lebensführung dienen oder die Aufnahme eines Kredits für Anschaffungen. An die im Rahmen der gegenseitigen Vertretung eingegangenen rechtsgeschäftlichen Verpflichtungen ist auch der andere Ehegatte gebunden.

Die Kündigung des Mietverhältnisses an der ehelichen Wohnung gehört wegen der besonderen Bedeutung für das Leben der Familienmitglieder nicht zum Anwendungsbereich der gegenseitigen Vertretung. Gleiches gilt für den Abschluß eines Wohnungstauschvertrages. In diesen Fällen müssen die Ehegatten gemeinsam handeln.

Vermögensrechtliche Beziehungen. Die während der Ehe von einem oder beiden Ehegatten aus Arbeitseinkünften erworbenen oder durch eigene Arbeit geschaffenen Sachen, Vermögensrechte und Ersparnisse gehören beiden Ehegatten gemeinsam (§ 13 Abs. 1 FGB). Zu den Arbeitseinkünften gehören auch Jahresendprämien und andere Prämien, soweit letztere nicht als Auszeichnung gewährt wurden, ferner Vergütungen für Neuerer- und Erfindertätigkeit sowie für in der Freizeit geleistete zusätzliche Arbeit. Renten, Stipendien und ähnliche wiederkehrende Leistungen sind den Arbeitseinkünften gleichgestellt. Haben künftige Ehegatten aus beiderseitigen Mitteln Gegenstände für die gemeinsame Lebensführung angeschafft oder Ersparnisse gebildet, entsteht daran mit der Eheschließung gemeinschaftliches Eigentum. Das gilt auch dann, wenn die Anschaffungen oder Ersparnisse aus dem Einkommen des einen Partners finanziert und die Einkünfte des anderen für den gemeinsamen Lebensunterhalt verwandt wurden.

Sachen, die – obwohl vom Arbeitsverdienst erworben – nur von einem Ehegatten zur Befriedigung seiner persönlichen Bedürfnisse oder zur Berufsausübung genutzt werden (z. B. Kleidung, Fachliteratur) gehören ihm allein – es sei denn, daß ihr Wert, gemessen am Gesamtumfang des gemeinschaftlichen Eigentums, unverhältnismäßig groß ist. Dies kann z. B. bei besonders wertvollen Schmuckgegenständen, Musikinstrumenten u. ä. der Fall sein.

Jedem Ehegatten allein gehören auch alle diejenigen Gegenstände und Vermögenswerte, die er in die Ehe mitgebracht oder während der Ehe geerbt, geschenkt bekommen oder als Auszeichnung erhalten hat (§ 13 Abs. 2 FGB). Geschenke der Ehegatten untereinander, die ihrem Gebrauchswert nach für die Familie bestimmt sind, stellen demgegenüber gemeinschaftliches Eigentum dar, sofern sich den Umständen der Schenkung bzw. den dabei abgegebenen Erklärungen nicht eindeutig entnehmen läßt, daß Alleineigentum begründet werden sollte.

Sachen oder Vermögensrechte, die ein Ehepartner ausschließlich aus Mitteln seines Alleineigentums erworben hat, gehören wiederum allein ihm. Die Ehegatten können jedoch vereinbaren, daß auch hieran gemeinschaftliches Eigentum entstehen soll (§ 14 FGB).

Werden für Anschaffungen zur gemeinsamen Lebensführung teils einem Ehegatten allein gehörende und teils gemeinschaftliche Mittel verwandt, entsteht gemeinschaftliches Eigentum, sofern keine anderen Vereinbarungen getroffen werden.

Von der Regelung des § 13 FGB abweichende Vereinbarungen, die schriftlich erfolgen sollten, können sich auch auf andere im Gesetz als gemeinschaftliches Vermögen erfaßte Werte beziehen. So kann z. B. Alleineigentum an den aus den jeweiligen Arbeitseinkünften gebildeten Ersparnissen begründet werden. Nicht möglich sind dagegen vom Gesetz abweichende Vereinbarungen über Gegenstände des gemeinschaftlichen Eigentums und Vermögens, die der gemeinsamen Lebensführung der Familie dienen. Hierunter fallen insbesondere Möbel und andere Einrichtungsgegenstände, Raumtextilien, Geschirr und Haushaltswäsche, Radios und Fernsehgeräte, Waschmaschinen, Kühlschränke u. ä.

Aufwendungen für die Familie. Alle zur Befriedigung der materiellen und kulturellen Bedürfnisse der Ehegatten sowie ihrer minderjährigen und im Haushalt lebenden volljährigen Kinder notwendigen Aufwendungen sind von den Familienmitgliedern gemeinsam zu tragen. Jeder hat entsprechend seinen Kräften, seinem Einkommen und sonstigen Mitteln seinen Beitrag durch Geld-, Sach- und Arbeitsleistungen zu erbringen (§ 12 FGB). Der bei der Betreuung des Haushaltes und der Erziehung der Kinder geleistete Beitrag einer Hausfrau und Mutter steht den Leistungen anderer Familienmitglieder gleich. Sach- und Arbeitsleistungen sind nicht einklagbar; hingegen ist bezüglich der Geldleistungen die gerichtliche Geltendmachung gegenüber dem anderen Ehegatten bzw. volljährigen Kindern möglich.

Bei Getrenntleben infolge fehlender Bereitschaft eines oder beider Ehegatten zur Fortsetzung der ehelichen Gemeinschaft bestehen die durch die Ehe begründeten Pflichten weiter. Derjenige Ehegatte, der wegen Alters, Krankheit, der Erziehung der Kinder oder aus anderen Gründen nicht in der Lage ist, die Mittel zu einer den wirtschaftlichen Verhältnissen beider Ehepartner entsprechenden Lebensführung aufzubringen, hat grundsätzlich Anspruch auf Unterhalt (§§ 17, 18 FGB). Dieser ist als Zuschuß zu gewähren, wenn das eigene Einkommen des Berechtigten nicht ausreicht, um die Lebensbedürfnisse wie bei gemeinsamer Haushaltsführung befriedigen zu können.

Familienname. Die Ehegatten führen einen gemeinsamen Familiennamen. Auch die Kinder tragen diesen. Die Partner können bei Eheschließung unwiderruflich wählen, ob der Name des Mannes oder der Frau als gemeinsamer Familienname in Betracht kommen soll (§ 7 FGB). Bei Vorliegen eines berechtigten Interesses (z. B. bekannte Politikerin, Künstlerin usw.) kann einem Ehegatten bei der Eheschließung gestattet werden, dem gewählten gemeinsamen Familiennamen seinen bisherigen Familiennamen hinzuzufügen (Doppelname).

Unverheiratete weibliche Personen dürfen ohne besondere Genehmigung die Bezeichnung »Frau« vor ihrem Familiennamen führen.

Erziehung der Kinder. Die Erziehung der Kinder ist eine bedeutende staatsbürgerliche Aufgabe der Eltern, die dafür staatliche und gesellschaftliche Anerkennung finden (§ 42 FGB). Das Ziel der Erziehung besteht in der Heranbildung der Kinder zu gesunden und lebensfrohen, tüchtigen und allseitig gebildeten Menschen, also zu staatsbewußten Bürgern (Art. 38 Verfassung). Zu den Rechten und Pflichten der Eltern gehören auch die Befriedigung der Bedürfnisse des Kindes, seine Betreuung und rechtliche Vertretung, das Recht, seinen Aufenthalt zu bestimmen, und die Pflicht, für seinen Unterhalt zu sorgen sowie gegebenenfalls dessen Vermögensangelegenheiten zu regeln (§ 43 FGB).

Alle Entscheidungen in Erziehungsfragen haben die Eltern gemeinsam zu treffen. Bei kurzfristiger Verhinderung eines Elternteils darf der andere nur die unaufschiebbaren Angelegenheiten allein wahrnehmen (§ 45 FGB). Die gemeinsame Verantwortung der Eltern für die Erziehung ihrer Kinder wird dadurch deutlich sichtbar.

Beendigung der Ehe

Die Ehe kann aufgelöst werden durch die Todeserklärung eines Ehegatten, die Feststellung der Nichtigkeit oder durch die Scheidung; sie erlischt mit dem Tod eines Ehegatten. Die gleiche Wirkung tritt mit der Rechtskraft einer Todeserklärung auch dann ein, wenn der für tot Erklärte zum Zeitpunkt der Todeserklärung in Wirklichkeit noch lebt.

Rechtsfolgen bei Tod bzw. Todeserklärung eines Ehegatten. In diesem Falle sind die Bestimmungen des Erbrechts zu beachten (§ 362 ff. Zivilgesetzbuch der DDR – ZGB – vom 19. 6. 1975, GBl. 1 S. 465). Danach geht das Eigentum des Verstorbenen (Erblassers) auf seine Erben über. Nachlaßverbindlichkeiten hat der Erbe nur mit dem Nachlaß zu erfüllen. Erbe kann nur werden, wer zur Zeit des Erbfalls lebt oder bereits gezeugt ist und nach dem Erbfall lebend geboren wird. Die Annahme der Erbschaft kann innerhalb von zwei Monaten durch Erklärung gegenüber dem Staatlichen Notariat ausgeschlagen werden.

- Gesetzliche Erbfolge. Man unterscheidet gesetzliche und testamentarische Erbfolge. Hat der Erblasser kein Testament errichtet, so tritt die gesetzliche Erbfolge ein. Sie regelt sich nach Erbfolgeordnungen: Erben erster Ordnung sind der Ehegatte und die Kinder des Erblassers. An die Stelle eines zur Zeit des Erbfalles nicht mehr lebenden Kindes treten dessen Kinder, die zu gleichen Teilen erben. Erben zweiter Ordnung sind die Eltern des Erblassers und deren Nachkommen (also Geschwister). Erben dritter Ordnung sind die Großeltern des Erblassers und deren Nachkommen (also z. B. Onkel und Tanten). Verwandte der nachfolgenden Ordnung sind nicht zur Erbfolge berufen, solange ein Erbe einer vorhergehenden Ordnung vorhanden ist, es sei denn, daß dieser die Erbschaft ausgeschlagen hat.

Dem überlebenden Ehegatten steht zunächst sein Anteil am gemeinschaftlichen Eigentum und Vermögen zu (§ 39 FGB). Dementsprechend setzt sich der Nachlaß des verstorbenen Ehepartners aus dessen Anteil am gemeinschaftlichen Eigentum sowie aus seinem Alleineigentum zusammen. Der überlebende Ehegatte und die Kinder des Erblassers erben zu gleichen Teilen, der Ehegatte jedoch mindestens ein Viertel des Nachlasses. Bei einem Kind erhält er somit die Hälfte. Bei vier erbberechtigten Kindern verbleibt dem Ehegatten ein Viertel, die vier Kinder müssen sich in die verbleibenden drei Viertel des Nachlasses teilen. Sind Nachkommen des Erblassers nicht vorhanden, ist der überlebende Ehegatte der alleinige Erbe.

Neben seinem Erbteil stehen dem Ehegatten die zum ehelichen Haushalt gehörenden Gegenstände zu. Wenn der Nachlaß ausschließlich aus solchen Gegenständen besteht, können etwaige Miterben nichts aus der Erbschaft erlangen.

- Testamentarische Erbfolge. Der Erblasser kann zu seinen Lebzeiten durch letztwillige Verfügung nach eigenem Ermessen bestimmen, wer sein Erbe sein soll. Das eigenhändige Testament muß vom Erblasser selbst geschrieben und unterschrieben sein, es soll Ort und Datum der Errichtung enthalten. Zu empfehlen ist aber die Testamentserrichtung vor einem Notar. Den gesetzlichen Erben verbleibt gegebenenfalls der Pflichtteil, d. h. ein Geldanspruch, der zwei Drittel des Wertes des gesetzlichen Erbteils beträgt. Dieser verjährt in zwei Jahren, gerechnet von dem Zeitpunkt, an dem der Berechtigte vom Eintritt des Erbfalls und dem ihn beeinträchtigenden Testament Kenntnis erlangte. Pflichtteilsberechtigt ist der Ehegatte des Erblassers; Kinder, Enkel und Eltern des Erblassers sind es nur dann, wenn sie im Zeitpunkt des Erbfalles gegenüber dem Erblasser unterhaltsberechtigt waren. Ehegatten können ein gemeinschaftliches Testament errichten, wodurch sie sich gegenseitig als Erben einsetzen. In einem solchen Testament können auch Nachkommen oder andere Personen als Erben des zuletzt verstorbenen Ehegatten eingesetzt werden.

Wiederverheiratung nach Todeserklärung. Da die Ehe durch die Todeserklärung eines Ehegatten aufgelöst wird, steht der Wiederverheiratung des anderen nichts im Wege. Für den Fall, daß der für tot erklärte Ehegatte noch lebt, besteht folgende Regelung: Sind sich beide Ehegatten der früheren Ehe darüber einig, daß sie die alte Ehe fortsetzen wollen, so wird auf ihre gemeinsame Klage die neue Ehe geschieden. Mit der Rechtskraft des Scheidungsurteils entsteht dann die alte Ehe erneut, während die neue Ehe als aufgelöst gilt. Die Klage auf Scheidung der neuen Ehe kann nur innerhalb eines Jahres erhoben werden, wobei die Frist für beide Ehegatten mit dem Zeitpunkt beginnt, an dem der für tot erklärte Ehegatte von der Wiederverheiratung des anderen Kenntnis erlangt. Erfährt der wiederverheiratete Ehegatte zu einem späteren Zeitpunkt, daß der für tot Erklärte noch lebt, so beginnt die Jahresfrist mit diesem Zeitpunkt. Ist der wiederverheiratete Ehegatte nicht gewillt, die alte Ehe fortzusetzen, so hat der frühere Partner keine Möglichkeit, die Auflösung der neuen Ehe herbeizuführen.

Nichtigkeit der Ehe. Wird eine Ehe entgegen einem Eheverbot geschlossen, so ist sie nichtig. Darunter versteht man, daß sie von Anfang an rechtsunwirksam ist. Um Kinder aus einer nichtigen Ehe nicht zu benachteiligen, haben sie die gleiche Rechtsstellung wie Kinder aus geschiedener Ehe.

Die Nichtigkeit einer Ehe kann nur im Wege der Klage vor dem zuständigen Kreisgericht geltend gemacht werden. Zur Klageerhebung sind berechtigt: der Staatsanwalt; jeder der Ehegatten; für den Fall, daß einer der Ehegatten trotz bestehender Ehe eine zweite geschlossen hat, auch dessen Ehepartner aus erster Ehe.

Scheidung der Ehe. Der Bedeutung der Ehe im Sozialismus entsprechen die Vorschriften über die Scheidung. Eine Ehe darf nur geschieden werden, wenn ernstliche Gründe vorliegen, aus denen sich ergibt, daß die Ehe ihren Sinn für die Eheleute, die Kinder und damit auch für die Gesellschaft verloren hat. Es ist dabei vom Gericht besonders zu prüfen, ob das Wohl der minderjährigen Kinder einer Scheidung entgegensteht und ob die Folgen der Scheidung für den anderen Teil eine unzumutbare Härte bedeuten würden (§ 24 FGB). Das Gesetz enthält keine absoluten Scheidungsgründe wie etwa Ehebruch oder längeres Getrenntleben, da auf solche und andere Erscheinungen und Verhaltensweisen, die die ehelichen Beziehungen belasten, im Einzelfall sehr unterschiedlich reagiert wird. Es muß daher an Hand der wesentlichen Umstände des Eheverlaufs geprüft und beurteilt werden, in welchem Maße sich bestimmte Ereignisse und Erscheinungen, z. B. auch erhebliche Diskrepanzen im Charakter oder in den Auffassungen über die Gestaltung des gemeinsamen Lebens, auf den Sinngehalt und die Funktionsfähigkeit der Ehe ausgewirkt haben. Dabei ist sowohl auf diejenigen wesentlichen Umstände, welche die Ehegatten in der Vergangenheit miteinander verbunden haben, als auch auf die während der Ehe entstandenen wesentlichen Belastungen und Konflikte einzugehen. Es ist zu klären, ob noch Gemeinsamkeiten vorhanden sind, die eine tragfähige Grundlage für die Erhaltung bzw. Wiederherstellung der ehelichen Gemeinschaft darstellen. Fehlt es hieran, kann die Ehe auch nicht allein wegen des auf ihre Fortsetzung gerichteten Willens eines Partners aufrecht erhalten werden.

● Interessen der Kinder. Diesen ist bei der Entscheidung über die Auflösung einer Ehe besondere Beachtung zu schenken. Dazu klärt das Gericht, ob bzw. inwieweit die Ehegatten die Interessen ihrer Kinder in die Betrachtung der Ehesituation und der Folgen einer eventuellen Scheidung einbezogen haben, welchen Wert die Ehe für die Kinder besaß, wie sich die aufgetretenen Spannungen und Konflikte auf die Erziehung und Entwicklung der Kinder sowie auf deren Beziehungen zu beiden Elternteilen ausgewirkt haben und mit welchen weiteren Auswirkungen auf die Kinder bei Fortbestehen bzw. Scheidung der Ehe zu rechnen ist. Von den Ehegatten muß z. B. dann ein besonderes Maß an Bereitschaft zur Fortsetzung der Ehe verlangt werden, wenn physisch bzw. psychisch geschädigte oder erziehungsschwierige Kinder beider Elternteile bedürfen.

● Unzumutbare Härte. Diese kann insbesondere bei langer Dauer der Ehe einer Scheidung entgegenstehen, wenn deren abzusehende Auswirkungen das Ausmaß derjenigen Schwierigkeiten, die jede Scheidung mit sich bringt, übersteigen würden. In die dementsprechende Prüfung sind nicht nur Erwägungen hinsichtlich der materiellen Sicherung des betroffenen Ehegatten, sondern auch ideelle Gesichtspunkte einzubeziehen, so z. B. langjährige selbstlose Hilfe für den anderen Partner unter weitgehender Zurückstellung eigener Interessen.

● Erziehungsrecht. Sind in einer Ehe minderjährige Kinder vorhanden, so bestimmt das Gericht im Scheidungsurteil, welchem Ehepartner die elterliche Erziehung für sie übertragen wird. Maßgeblich für die Entscheidung ist ausschließlich das Wohl der Kinder.

Das Erziehungsrecht ist demjenigen Elternteil zu übertragen, der nach den zum Zeitpunkt der Ehescheidung gegebenen Voraussetzungen und der für die Zukunft abzusehenden Entwicklung am besten geeignet ist, das sozialistische Erziehungsziel zu verwirklichen (§ 25 FGB; Richtlinie Nr. 25 des Obersten Gerichts vom 25. 9. 1968, GBl. II S. 847, in der Fassung des Änderungsbeschlusses vom 17. 12. 1975, GBl. I 1976 S. 182). Die Ehegatten unterbreiten dem Gericht Vorschläge, wer das Erziehungsrecht erhalten soll. Stimmen diese nicht überein, ersucht das Gericht das örtlich zuständige Referat Jugendhilfe um eine Stellungnahme, die mit einem Vorschlag zur Übertragung des Erziehungsrechts verbunden wird. Die Mitwirkung des Jugendhilfeorgans kann auch aus anderen Gründen erforderlich sein, um Voraussetzungen für eine allseitig begründete, dem Wohl der Kinder dienende Erziehungsrechtsentscheidung zu schaffen. Das Gericht kann bei Scheidung der Ehe auch den Entzug des Erziehungsrechts aussprechen, wenn keinem der Elternteile das Erziehungsrecht übertragen werden kann, weil wegen schwerer schuldhafter Versäumnisse beider Elternteile die Entwicklung des Kindes gefährdet wäre. Es können auch Umstände vorliegen, die es im Einzelfall geboten erscheinen lassen (z. B. wegen mit der Ehescheidung selbst zusammenhängender Umstände), erst innerhalb eines Jahres nach Ehescheidung eine endgültige Entscheidung über das Erziehungsrecht zu treffen (§ 26 FGB). Eine Änderung der Erziehungsrechtsentscheidung soll nur dann vorgenommen werden, wenn dies zur weiteren Erziehung und Entwicklung des Kindes unbedingt notwendig erscheint (z. B. Vernachlässigung des Kindes durch den Erziehungsberechtigten). Eine solche Änderung erfolgt auf Klage des Organs der Jugendhilfe nur durch das Gericht.

● Persönlicher Umgang mit dem Kind. Grundsätzlich behält der nichterziehungsberechtigte Elternteil die Befugnis des persönlichen Umgangs mit dem Kind. Ergeben sich über die Art und Weise des Umgangs zwischen den Eltern Meinungsverschiedenheiten, so hat auf Antrag das Organ der Jugendhilfe die Eltern beim Herbeiführen einer Einigung zu unterstützen (§ 27 FGB). Im Interesse des Kindes kann der Umgang mit dem nichterziehungsberechtigten Elternteil für bestimmte oder unbestimmte Zeit ausgeschlossen werden.

● Unterhalt des Kindes. Gleichzeitig mit der Entscheidung über das Erziehungsrecht wird festgelegt, von wem und in welcher Höhe Unterhalt für das Kind bzw. die Kinder zu zahlen ist. Die Sicherung des materiellen Lebensbedarfs der Kinder bis zu deren wirtschaftlicher Selbständigkeit obliegt beiden Elternteilen. Dabei leistet der Erzie-

Richtsätze gemäß Unterhaltsrichtlinie des Obersten Gerichts (in Mark pro Monat je Kind)

Nettoeinkommen des Unterhaltsverpflichteten in Mark	1 Kind		2 Kinder		3 Kinder		4 Kinder		5 Kinder	
	bis zu 12 J.	über 12 J.	bis zu 12 J.	über 12 J.	bis zu 12 J.	über 12 J.	bis zu 12 J.	über 12 J.	bis zu 12 J.	über 12 J.
350	55	60	50	55	40	40	35	35	30	30
400	60	70	55	60	45	50	40	40	35	35
500	70	85	65	75	55	65	50	55	45	50
600	80	95	75	85	65	75	60	70	50	60
700	90	105	85	100	75	85	65	75	60	70
800	100	120	95	110	85	95	75	85	65	75
900	110	130	105	125	95	110	85	100	75	85
1000	120	145	115	135	105	125	90	105	80	95
1100	125	150	120	140	110	130	95	115	85	105
1200	130	155	125	150	115	135	100	120	90	110
1300	135	160	130	155	120	140	105	125	95	115
1400	140	165	135	160	125	145	110	130	100	120
1500	145	175	140	165	130	155	115	135	105	125
1600	150	180	145	170	135	165	120	140	110	130
1700	155	185	150	175	140	170	125	145	115	135
1800	160	190	155	185	145	175	130	155	120	140
1900	165	195	160	190	150	180	135	160	125	145
2000	170	205	165	195	155	185	140	165	130	150

hungsberechtigte seinen Beitrag grundsätzlich im Rahmen der persönlichen Betreuung und Erziehung der Kinder, während der andere Elternteil seinen Unterhaltsbeitrag in Form eines monatlich zu zahlenden Geldbetrages erbringt. Für die Unterhaltsbemessung sind das Nettoeinkommen des nichterziehungsberechtigten Elternteils, von ihm zu erfüllende weitere Unterhaltsverpflichtungen sowie der altersbedingt zunehmende Lebensbedarf der Kinder bestimmend. Hiervon ausgehend erfolgt die Festsetzung der Unterhaltshöhe nach Richtsätzen, die in der Richtlinie des Obersten Gerichts der DDR über die Bemessung des Unterhalts für Kinder – Unterhaltsrichtlinie – vom 16. 1. 1986 (GBl. I S. 41) enthalten und nach der Gesamtzahl zu versorgender Kinder sowie nach zwei Altersgruppen gestaffelt sind.

Für den Fall, daß sich in der Folgezeit die für die Festsetzung des Unterhalts maßgeblichen Verhältnisse des Verpflichteten wesentlich verändert haben (z. B. höheres oder niedrigeres Einkommen oder Hinzukommen weiterer Unterhaltsverpflichtungen), besteht die Möglichkeit, den ursprünglichen Unterhaltsbeitrag durch das Gericht abändern zu lassen, wenn eine Einigung zwischen dem Zahlungspflichtigen und dem erziehungsberechtigten Elternteil des Kindes nicht zustande kommt (§ 22 FGB). Ein Verzicht auf Unterhalt für die Zukunft ist unwirksam.

Lehrlingsentgelte, Ausbildungsbeihilfen und ähnliche in Verbindung mit der Berufs- oder Schulausbildung gezahlte Leistungen haben grundsätzlich keine Auswirkung auf die Höhe des bis zur wirtschaftlichen Selbständigkeit zu entrichtenden Unterhalts. Für Stipendien gilt dieser Grundsatz nur dann, wenn der Unterhaltsberechtigte das Studium unmittelbar nach dem Abschluß der 10. Klasse oder vor Vollendung des 18. Lebensjahres aufnimmt. Ansonsten kann bei einem Grundstipendium von 200,– M die Hälfte des nach der Richtsatztabelle für die zweite Altersstufe zu zahlenden Unterhaltsbeitrages beansprucht werden. Erhöhte Grundstipendien sowie Leistungs- und Sonderstipendien wirken sich in Abhängigkeit vom jeweiligen Verhältnis zwischen der wirtschaftlichen Situation des Unterhaltsverpflichteten und derjenigen des Studenten dahingehend aus, daß weniger als die Hälfte des Betrages laut Richtsatztabelle zu zahlen ist oder ein Unterhaltsanspruch gänzlich entfällt.

- Name der geschiedenen Ehefrau. Grundsätzlich behält die Frau nach der Scheidung den bei der Eheschließung gewählten Familiennamen. Sie kann jedoch durch Erklärung gegenüber dem Leiter des Standesamtes einen Familiennamen wieder annehmen, den sie vor der Ehe getragen hat. Diese Erklärung ist unwiderruflich.
- Unterhaltsanspruch des geschiedenen Ehegatten. Nach Ehescheidung sind die bisherigen Ehepartner zumeist in der Lage, ihren Lebensunterhalt aus eigenem Einkommen zu bestreiten. Die Unterhaltspflicht gegenüber dem geschiedenen Ehepartner ist daher prinzipiell auf die Fälle beschränkt, in denen dieser wegen Krankheit, wegen der Erziehung der Kinder oder aus anderen Gründen nicht in der Lage ist, sich durch Arbeit oder aus anderen Mitteln zu unterhalten (§ 29 Abs. 1 FGB). In diesen Fällen ist unter Berücksichtigung der Lebensverhältnisse, der Entwicklung der Ehe und der Umstände, die zur Scheidung geführt haben, für eine bis zu zwei Jahren zu befristende Übergangszeit die Verpflichtung zur Gewährung von Unterhalt möglich.

Allerdings müssen die Ehegatten wenigstens ein Jahr verheiratet gewesen sein und zusammengelebt haben; sonst besteht ein Unterhaltsanspruch nur, wenn ein Kind geboren wurde oder außergewöhnliche Umstände vorliegen (§ 30 Abs. 1 FGB).

Der befristet gewährte Unterhalt für denjenigen Berechtigten, der über keine eigenen Einkünfte verfügt, soll im Regelfall 30 bis 40 % des nach Abzug etwaigen Kinderunterhalts verbleibenden Nettoeinkommens des Verpflichteten betragen. Bei eigenem Einkommen (z. B. aus Teilbeschäftigung) ist der in diesem Fall zu zahlende Unterhaltszuschuß so zu bemessen, daß dem Berechtigten insgesamt, d. h. aus Unterhalt und den eigenen Einkünften, mehr als 40 % des Nettoeinkommens des Verpflichteten zur Verfügung stehen.

Besonders bei alten Ehen wird bereits bei der Scheidung abzusehen sein, ob eine dauernde Unterhaltsbedürftigkeit gegeben ist.

In solchen und ähnlichen Fällen kann schon bei Ehescheidung dann eine unbefristete Zahlungsverpflichtung ausgesprochen werden, wenn dies unter Abwägung aller Umstände zumutbar ist (§ 29 Abs. 2 FGB). Sonst kann nur auf eine neue Klage hin die Fortdauer einer befristeten Unterhaltszahlung angeordnet werden, wenn sich der Unterhaltsberechtigte keinen eigenen Erwerb schaffen konnte und die Weiterzahlung zumutbar ist (§ 31 FGB).

- Wohnung. Können sich die Ehegatten nach der Scheidung der Ehe nicht darüber einigen, wer von ihnen in Zukunft in der bisherigen Wohnung verbleiben soll, so regelt auf Antrag das Gericht diese Rechtsverhältnisse. Dabei sind insbesondere das Wohl der Kinder, die Lebensverhältnisse der Beteiligten sowie die Umstände der Eheauflösung zu berücksichtigen (§ 34 FGB). Der hiernach zur Räumung verpflichtete geschiedene Ehegatte bleibt solange zur Mitbenutzung der vormaligen Ehewohnung berechtigt, bis ihm anderer Wohnraum zugewiesen wurde oder seine Wohnverhältnisse in sonstiger Weise (z. B. durch eine neue Ehe, Unterstützung Verwandter u. ä.) geklärt sind.
- Beendigung der Eigentums- und Vermögensgemeinschaft. Mit der Beendigung der Ehe ist das gemeinschaftliche Eigentum und Vermögen zu teilen, und zwar grundsätzlich zu gleichen Teilen. Das gilt auch dann, wenn z. B. die Ehefrau während der Ehe keine eigenen Arbeitseinkünfte hatte, sondern ihren Beitrag zu den Aufwendungen der Familie durch ihre Arbeit im Haushalt und bei der Betreuung der Kinder leistete. Das Gericht kann aber auch auf Antrag ungleiche Teile festsetzen. Es kann z. B. dem Ehegatten, bei dem die gemeinsamen unterhaltsberechtigten Kinder wohnen werden, einen größeren Anteil zusprechen. Andererseits kann es z. B. einem Ehegatten, der weder durch Erwerbstätigkeit noch durch Arbeit im Haushalt einen angemessenen Beitrag geleistet oder der das gemeinschaftliche Eigentum in nicht zu billigender Weise erheblich gemindert hat, einen geringeren Anteil zuweisen. Hat ein Ehepartner das gemeinschaftliche Eigentum durch eigenmächtige Verfügungen derart geschmälert, daß die Ansprüche des anderen aus der verbliebenen Substanz nicht befriedigt werden können, erfolgt die Sicherung eines Wertausgleichs durch die Festlegung von Erstattungszahlungen (§ 39 FGB; Richtlinie des Obersten Gerichts zur Rechtsprechung bei der Aufhebung der Eigentumsgemeinschaft der Ehegatten nach Beendigung der Ehe vom 27. 10. 1983, GBl. I S. 309).

Außergerichtliche Vereinbarungen der Ehegatten über die Verteilung des gemeinschaftlichen Eigentums sind zulässig und sollten angestrebt werden. Sie müssen nicht den Verteilungsgrundsätzen des § 39 FGB entsprechen, dürfen jedoch die Interessen der Kinder oder die Rechte von Gläubigern nicht beeinträchtigen. Auch darf für keinen der Ehegatten eine unvertretbare wirtschaftliche Situation eintreten.

Einigen sich die Beteiligten nicht, so muß der Antrag auf Vermögensteilung innerhalb eines Jahres nach Scheidung gestellt werden, sonst wird dann jeder Eigentümer der in seinem Besitz befindlichen beweglichen Sachen.

Scheidungsverfahren. Zuständig für die Durchführung des Scheidungsverfahrens ist das Kreisgericht, in dessen Bereich die Eheleute ihren gemeinsamen Wohnsitz haben oder zuletzt gewohnt haben. Wohnt zur Zeit der Erhebung der Klage keiner der beiden Ehegatten mehr in diesem Bereich, so ist das Kreisgericht zuständig, in dessen Bereich der Verklagte seinen Wohnort hat. Wohnt der verklagte Ehepartner nicht in der DDR, so ist ausschließlich das Kreisgericht zuständig, in dessen Bereich der klagende Ehepartner seinen Wohnsitz hat.

- Klageerhebung. Der die Scheidung der Ehe begehrende Ehepartner kann entweder einen Rechtsanwalt mit der Erhebung der Klage und mit seiner Vertretung vor dem Kreisgericht beauftragen oder aber die Klage selbst schriftlich beim Kreisgericht einreichen oder dort in der Rechtsantragsstelle mündlich zu Protokoll geben. Die Klage muß außer dem Antrag auf Scheidung der Ehe die Bezeichnung des Gerichts, Anschrift, berufliche Tätigkeit und Arbeitsstelle des Klägers sowie die Anschrift des Verklagten (möglichst auch dessen berufliche Tätigkeit und Arbeitsstelle) und die Gründe des Scheidungsbegehrens enthalten; Beweismittel (z. B. Zeugen) sind anzugeben. Der andere Ehepartner kann im Verfahren ebenfalls die Scheidung der Ehe beantragen.
- Aussöhnungsverhandlung. Nach Klageeinreichung hat das Gericht eine Aussöhnungsverhandlung durchzuführen. Mit den Prozeßparteien werden alle Möglichkeiten erörtert, den entstandenen Konflikt zu überwinden, wobei sich das Gericht bemüht, die Ehegatten auszusöhnen. Deshalb müssen die Prozeßparteien in dieser Verhandlung grundsätzlich persönlich anwesend sein. Ist dennoch die Aussöhnung der Prozeßparteien gescheitert, trifft das Gericht alle Anordnungen (Ladung von Zeugen und Sachverständigen sowie Vertretern von gesellschaftlichen Kollektiven, Beiziehung von Gutachten und Auskünften), damit der Rechtsstreit möglichst in einem Termin erledigt werden kann.

Von der Durchführung der Aussöhnungsverhandlung kann in bestimmten Fällen abgesehen werden, z. B. wenn beide Ehegatten die Scheidung begehren und minderjährige Kinder in der Ehe nicht vorhanden sind oder wenn die Ehegatten unter Aufhebung der ehelichen Gemeinschaft seit mehreren Jahren getrennt leben.

- Streitige Verhandlung. Diese soll nicht früher als drei Tage und nicht später als einen Monat nach der Aussöhnungsverhandlung durchgeführt werden. Auch zur streitigen Verhandlung müssen die Eheleute persönlich erscheinen, wenn dem nicht schwerwiegende Gründe entgegenstehen. Hier werden alle die Beweise erhoben, die das Gericht zur gründlichen Feststellung des Sachverhalts für notwendig erachtet. Die Prozeßparteien sind berechtigt und verpflichtet, an der umfassenden und wahrheitsgemäßen Aufklärung der Entwicklung ihrer Ehe mitzuwirken.

Die streitige Verhandlung kann unmittelbar im Anschluß an die Aussöhnungsverhandlung durchgeführt werden, wenn beide Ehegatten geschieden werden wollen und sich im Ergebnis der Aussöhnungsbemühungen herausgestellt hat, daß sie keine Möglichkeit mehr sehen, ihre Konflikte zu überwinden. Ferner müssen die zur Feststellung des Sachverhalts erforderlichen Beweismittel zur Verfügung stehen.

- Urteil. Nach Abschluß der mündlichen Verhandlung ergeht das Urteil. Sind die Prozeßparteien mit dem Urteilsspruch nicht einverstanden, weil ihrem Antrag nicht entsprochen worden ist, steht ihnen das Rechtsmittel der Berufung zu. Sie muß innerhalb von zwei Wochen nach Zustellung des Scheidungsurteils bei dem Gericht, das entschieden hat, schriftlich oder mündlich zu Protokoll der Rechtsantragsstelle eingereicht werden. Mit der Berufungseinlegung kann auch ein Rechtsanwalt betraut werden.

● Kosten. Über diese hat das Gericht unter Würdigung der im Urteil getroffenen Feststellungen und der wirtschaftlichen Verhältnisse der Prozeßparteien zu entscheiden. Die Prozeßkosten werden auf der Grundlage des Bruttoeinkommens beider Ehegatten in den letzten vier Monaten vor Klageerhebung errechnet. Bei Abschluß des Verfahrens durch Urteil entsteht eine volle Gerichtsgebühr; sie beträgt 5% des Wertes des geltend gemachten Anspruchs, mindestens aber 10,– M. Nach der genannten Berechnungsgrundlage bei Ehesachen beträgt mithin bei einem monatlichen Bruttoeinkommen von 1000,– und 500,– M der Gebührenwert 6000,– M und damit die Gebühr 300,– M. Hinzu kommen Aufwendungen für Zeugen, andere Auslagen und außergerichtliche Kosten der Prozeßparteien (Rechtsanwaltsgebühren, Reisekosten, Verdienstausfall).

Die Gerichtsgebühr wird nicht erhoben, wenn das Ehescheidungsverfahren vor Beginn der streitigen Verhandlung durch Rücknahme der Klage beendet wird. Gleiches gilt bei Erfolg der Aussöhnungsverhandlung.

Grundsätzlich hat der Kläger bei der Klageeinreichung die Gerichtsgebühr bzw. einen angemessenen Teil derselben einzuzahlen.

Weist eine Prozeßpartei nach, daß sie nicht über die zur Durchführung des Verfahrens erforderlichen Geldmittel verfügt, und ist die beabsichtigte Rechtsverfolgung nicht offensichtlich unbegründet, so ist sie auf ihren Antrag durch gerichtlichen Beschluß von der Vorauszahlungspflicht zu befreien.

● Einstweilige Anordnungen. Diese kann das Gericht in jeder Lage des Verfahrens für die Dauer des Rechtsstreites auf Antrag bei Vorliegen stichhaltiger Gründe erlassen, insbesondere über den Unterhalt eines Ehegatten, die Ausübung des Erziehungsrechts, den Unterhalt der Kinder sowie die Zahlung eines Prozeßkostenvorschusses durch den zahlungsfähigen anderen Ehegatten.

Eltern-Kind-Verhältnis bei nichtehelicher Geburt

Alleinstehenden Müttern gilt die besondere Fürsorge und Unterstützung des sozialistischen Staates (Artikel 38 Verfassung). Die Gemeinschaft eines alleinstehenden Elternteils mit seinem Kind bzw. seinen Kindern ist eine Familie im Sinne des FGB. Dieses regelt die Rechtsstellung des Kindes, dessen Eltern bei seiner Geburt nicht miteinander verheiratet sind, in einer jegliche Benachteiligung ausschließenden, den typischen Lebensverhältnissen einer Mutter-Kind-Familie entsprechenden Weise.

Erziehungsrecht. Die Mutter eines außerhalb der Ehe geborenen Kindes besitzt das Erziehungsrecht allein (§ 46 FGB). Das gilt auch dann, wenn sie mit dem Vater des Kindes zusammenlebt. Heiraten die Eltern, erlangt es die Rechtsstellung eines während der Ehe geborenen Kindes (§ 54 Abs. 4 FGB); damit wird auch der Vater erziehungsberechtigt.

Verhältnis zum Vater. Das außerhalb der Ehe geborene Kind ist mit seinem Vater verwandt (§ 79 Abs. 1 FGB). Über Art und Umfang des Kontaktes zwischen Vater und Kind entscheidet die Mutter in Wahrnehmung ihres Erziehungsrechts; eine gesetzliche Umgangsbefugnis besteht nicht.

Dem Vater kann das Erziehungsrecht durch das zuständige Organ der Jugendhilfe übertragen werden, wenn die Mutter stirbt, das Erziehungsrecht verliert (z. B. durch Entzug gemäß § 51 FGB) oder in eine Adoption des Kindes bzw. in eine Übertragung des Erziehungsrechts auf den Vater einwilligt.

Unterhalt. Die materielle Sicherung der Lebensbedürfnisse des Kindes erfolgt seitens der Mutter regelmäßig im Rahmen der Aufwendungen für die Familie (§ 12 FGB), während der Vater zur Zahlung von Unterhalt verpflichtet ist. Die Höhe des zu leistenden Unterhaltsbeitrages ergibt sich ebenso wie in anderen Fällen, in denen sich das Kind im Haushalt nur eines Elternteils befindet (Getrenntleben von Ehegatten, Situation nach Ehescheidung) aus den Bemessungsgrundsätzen der Unterhaltsrichtlinie des Obersten Gerichts.

Familienname. Das Kind, dessen Eltern bei seiner Geburt nicht miteinander verheiratet sind, erhält denjenigen Familiennamen, den die Mutter führt (§ 64 Abs. 2 FGB). Schließen die Eltern des Kindes nach dessen Geburt die Ehe, dann erhält es den gewählten gemeinsamen Familiennamen.

Feststellung der Vaterschaft. Der Vater eines Kindes, dessen Mutter nicht verheiratet ist, wird durch freiwillige Anerkennung der Vaterschaft oder durch gerichtliche Entscheidung festgestellt. Nach § 54 FGB kommt als Vater in Betracht, wer mit der Mutter des Kindes innerhalb der gesetzlichen Empfängniszeit (Zeitraum vom 181. bis zum 302. Tag vor der Geburt unter Einschluß beider Tage) geschlechtlich verkehrt hat. Das gilt nur dann nicht, wenn der Verkehr nicht zur Empfängnis geführt haben kann (z. B. wegen bereits eingetretener Schwangerschaft vor erstmaligen intimen Beziehungen mit dem betreffenden Mann) oder wenn die Vaterschaft eines anderen Mannes wahrscheinlicher ist; im letzteren Fall kann dieser andere Mann als Vater festgestellt werden.

- Freiwillige Anerkennung. Diese kann mit Zustimmung der Mutter vor dem Referat Jugendhilfe oder dem Staatlichen Notariat erfolgen. Dabei soll sich der Vater zugleich in vollstreckbarer Form zur monatlichen Unterhaltszahlung verpflichten (§ 55 FGB).

Im Zusammenhang mit der Eheschließung der Eltern des Kindes kann die Anerkennung der Vaterschaft auch gegenüber dem Leiter des Standesamtes erfolgen.

Werden nach erfolgter Anerkennung Tatsachen bekannt, die gegen die Vaterschaft sprechen, kann innerhalb eines Jahres nach erlangter Kenntnis Klage bei Gericht mit dem Ziel erhoben werden, die Unwirksamkeit der Anerkennung festzustellen.

- Gerichtliche Entscheidung. Der Feststellung der Vaterschaft durch gerichtliche Entscheidung bedarf es insbesondere dann, wenn eine freiwillige Anerkennung durch den in Betracht kommenden Mann abgelehnt wird. Die Klage ist bei demjenigen Kreisgericht einzureichen, in dessen Bereich der als Vater in Anspruch zu nehmende Mann seinen Wohnsitz hat; daneben ist auch dasjenige Kreisgericht zuständig, in dessen Bereich das Kind seinen Wohnsitz hat. Hierzu kann sich die Mutter der Hilfe des Referats Jugendhilfe beim zuständigen Rat des Kreises bedienen. In einem solchen Prozeß tritt als Kläger die Mutter auf; sie ist damit Prozeßpartei und kann als solche zum Zwecke des Beweises verantwortlich vernommen werden. Das Gericht trifft alle notwendigen Maßnahmen zur Sachaufklärung und stützt sich dabei insbesondere auf naturwissenschaftlich-medizinische Gutachten (Blutgruppenuntersuchung, Überprüfung und Berechnung der Tragezeit des Kindes, ggf. auch Untersuchung der Zeugungsfähigkeit des Mannes, erbbiologischer Ähnlichkeitsvergleich). Das Oberste Gericht hat in seiner Richtlinie Nr. 23 vom 22. 3. 1967 (GBl. II S. 177) in der Fassung des Änderungsbeschlusses vom 17. 12. 1975 (GBl. I 1976 S. 182) grundsätzliche Aussagen zur Beiziehung und zum Beweiswert derartiger Gutachten sowie zu weiteren Fragen der Verfahrensdurchführung getroffen, wodurch eine einheitliche Anwendung der gesetzlichen Bestimmungen zur Wahrung der Interessen sowohl des Kindes und der Mutter als auch des in Anspruch genommenen Mannes gewährleistet wird.

Ergibt sich in der gerichtlichen Beweisaufnahme, daß zwar der zunächst Verklagte nicht als Erzeuger des Kindes auszuschließen, die Vaterschaft eines anderen Mannes aber wahrscheinlicher ist, kann dieser auf Antrag der Klägerin als weiterer Verklagter in das Verfahren einbezogen werden.

Erbrecht des außerhalb der Ehe geborenen Kindes. Mit der im Zivilgesetzbuch erfolgten Neuregelung des Erbrechts sind sämtliche zuvor noch bestehenden Besonderheiten in bezug auf außerhalb der Ehe geborene Kinder beseitigt worden. Sie sind neben dem Ehegatten des verstorbenen Vaters oder der verstorbenen Mutter gesetzliche Erben erster Ordnung und damit auch insoweit ehelichen Kindern völlig gleichgestellt.

Ungeachtet dessen kann jeder Elternteil ein Testament errichten. Wurde das außerhalb der Ehe geborene Kind darin nicht bedacht, hat es – wiederum gleichermaßen wie ein eheliches Kind – einen Pflichtteilsanspruch, sofern es zum Zeitpunkt des Erbfalles gegenüber dem Erblasser unterhaltsberechtigt war.

Besondere Rechte der Frau und Mutter

Grundsätze

Ausgehend vom Prinzip der Gleichberechtigung und mit dem Ziel seiner allseitigen Durchsetzung, erklärt die Verfassung der DDR (Art. 20) die Förderung der Frau, besonders in der beruflichen Qualifizierung, zur gesellschaftlichen und staatlichen Auf-

gabe. Des weiteren bestimmt die Verfassung (Art. 38), daß Mutter und Kind den besonderen Schutz des sozialistischen Staates genießen und daß Schwangerschaftsurlaub, spezielle medizinische Betreuung, materielle und finanzielle Unterstützung bei Geburten sowie Kindergeld gewährt werden.
Die gleichberechtigte Stellung der werktätigen Frau und Mutter im gesellschaftlichen Leben wird insbesondere im Arbeitsgesetzbuch (AGB) der DDR vom 16. 6. 1977 (GBl. I S. 185) und in anderen arbeitsrechtlichen Bestimmungen näher ausgestaltet und durch die konsequente Anwendung des sozialistischen Arbeitsrechts garantiert. Es trägt zur planmäßigen Verbesserung der Arbeits- und Lebensbedingungen der Frauen bei und sichert die besondere Förderung und den Schutz der Frauen bei Aufnahme und Ausübung einer beruflichen Tätigkeit sowie die materielle Versorgung bei Mutterschaft. Überall sind solche Bedingungen zu schaffen, die es den Frauen ermöglichen, ihre berufliche Tätigkeit noch erfolgreicher mit ihren Aufgaben als Mutter und in der Familie zu vereinbaren (§ 3 AGB).
Die besondere Unterstützung berufstätiger Mütter ist mit dem gemeinsamen Beschluß des Zentralkomitees der SED, des Bundesvorstandes des FDGB und des Ministerrats der DDR zur weiteren Verbesserung der Arbeits- und Lebensbedingungen der Familien mit Kindern sowie zur Förderung junger Ehen vom 22. April 1986 und den auf seiner Grundlage erlassenen Rechtsvorschriften erneut ausgebaut worden.

Frauenförderungsplan

Die Maßnahmen zur Förderung der schöpferischen Fähigkeiten der Frauen im Arbeitsprozeß, zur politischen und fachlichen Aus- und Weiterbildung und zur planmäßigen Vorbereitung auf den Einsatz in leitenden Funktionen sowie zur Verbesserung ihrer Arbeits- und Lebensbedingungen sind im Frauenförderungsplan festzulegen. Er ist zwischen dem Betriebsleiter und der Betriebsgewerkschaftsleitung laut § 30 AGB als Teil des Betriebskollektivvertrages zu vereinbaren. Der Betriebsleiter hat in Zusammenarbeit mit der Betriebsgewerkschaftsleitung die Mitwirkung der Frauen an der Ausarbeitung des Frauenförderungsplanes zu sichern. Über die Erfüllung dieses Planes ist vor den Frauen Rechenschaft abzulegen.

Aus- und Weiterbildung

Das AGB (§ 148) legt fest, daß Frauen bei ihrer Aus- und Weiterbildung besonders zu fördern und mehr Frauen zur Ausübung leitender Funktionen zu befähigen sind.
Frauen, zu deren Haushalt Kinder bis zu 16 Jahren gehören, erfahren bei der Aus- und Weiterbildung besondere Unterstützung. Die dazu erforderlichen Festlegungen, z. B. zur individuellen Gestaltung der Arbeitszeit und über Freistellungen, sind in den abzuschließenden Qualifizierungsvertrag aufzunehmen. Ergibt sich eine erforderliche Qualifizierung der werktätigen Mutter aus Rationalisierungsmaßnahmen oder Strukturveränderungen, hat der Betrieb zu gewährleisten, daß die entsprechenden Veranstaltungen soweit wie möglich während der Arbeitszeit stattfinden (§ 241 AGB).
Besondere Regelungen gelten für die Ausbildung vollbeschäftigter werktätiger Frauen zu Produktionsfacharbeiterinnen. Nach der dazu erlassenen Anordnung vom 12.12. 1972 (GBl. II S. 860) sind Frauen, zu deren Haushalt ein Kind oder mehrere Kinder bis zu 16 Jahren gehören, für die Teilnahme an der berufstheoretischen Ausbildung bzw. für deren Vorbereitung wöchentlich an einem Arbeitstag von der Arbeit freizustellen. Eine zusätzliche Freistellung bis zu einem weiteren Arbeitstag pro Woche kann unter Berücksichtigung der familiären Verhältnisse dann erfolgen, wenn drei oder mehr Kinder bis zu 16 Jahren zum Haushalt gehören bzw. wenn die Frau im Mehrschichtsystem oder in ständiger Nachtschicht arbeitet und mindestens zwei Kinder unter 16 Jahren zum Haushalt gehören. Für die Dauer der Freistellungen wird ein Ausgleich in Höhe des Durchschnittsverdienstes gezahlt. Ein solcher Ausgleich ist auch dann zu zahlen, wenn während der berufspraktischen Ausbildung, die grundsätzlich im Prozeß der Arbeit zu erfolgen hat, nicht der bisherige Durchschnittsverdienst erreicht wird.
Der Vorbereitung auf die Übernahme leitender Funktionen dienen insbesondere die Bestimmungen über das Frauensonderstudium

an den Hoch- und Fachschulen (Anordnung vom 15. 5. 1970, GBl. II S. 407, in der Fassung der Anordnung Nr. 4 vom 1. 7. 1981, GBl. I S. 299). Es kann als Direkt-, Fern- oder Abendstudium durchgeführt werden und setzt eine Delegierung seitens des Betriebes sowie den Nachweis besonderer Pflichten aus der Versorgung im Haushalt lebender Kinder oder pflegebedürftiger Personen voraus. Wird das Sonderstudium als Direktstudium absolviert, erhält die Frau zusätzlich zum Grundstipendium von monatlich 200,– M eine Ausgleichszahlung vom delegierenden Betrieb. Diese kann bis zu 600,– M betragen und sichert, daß eine weitgehende Annäherung der während des Studiums erzielten Einkünfte an den bisherigen Nettodurchschnittsverdienst erreicht wird. Fern- und Abendstudentinnen im Frauensonderstudium sind vom delegierenden Betrieb Freistellungen im Umfang von 100 Arbeitstagen pro Studienjahr zu gewähren; die Zeiten für die Durchführung von Lehrveranstaltungen sind darin mit enthalten.

40-Stunden-Arbeitswoche

Gemäß Verordnung vom 29. 7. 1976 (GBl. I S. 385) wurde für alle vollbeschäftigten werktätigen Mütter, zu deren eigenem Haushalt zwei Kinder bis zu 16 Jahren gehören, die wöchentliche Arbeitszeit auf 40 Stunden verkürzt. Entsprechende Regelungen wurden für vollbeschäftigte Mütter getroffen, die in ihrem Haushalt ein schwerstgeschädigtes Kind ab Vollendung des ersten Lebensjahres zu versorgen haben. Darüber hinaus kommen werktätige Frauen und Mütter in den Genuß der 40- bzw. 42-Stunden-Woche, sofern sie im Dreischichtsystem oder durchgehenden Schichtsystem bzw. im Zweischichtsystem arbeiten.

Hausarbeitstag

Vollbeschäftigten werktätigen Frauen mit eigenem Haushalt steht bei Vorliegen der weiteren in § 185 Abs. 1 AGB bestimmten Voraussetzungen monatlich ein Hausarbeitstag als Form bezahlter Freistellung zu. Sie erhalten diesen, wenn sie verheiratet sind, anderenfalls dann, wenn sie das 40. Lebensjahr vollendet haben oder wenn Kinder bis zu 18 Jahren oder solche Familienangehörige, deren Pflegebedürftigkeit ärztlich bescheinigt ist, zum Haushalt gehören. Den Hausarbeitstag erhalten auch Mütter, die wegen der Pflege und Betreuung ihres schwerstgeschädigten Kindes weniger als 40 Stunden, jedoch mindestens 20 Stunden wöchentlich arbeiten (§ 3 der Verordnung über die besondere Unterstützung der Familien mit schwerstgeschädigten Kindern vom 24. 4. 1986, GBl. I S. 243).

Da der Hausarbeitstag im laufenden Monat zu gewähren und zu nehmen ist, müssen der Betrieb und die Werktätige entsprechende Vereinbarungen treffen. Hat sie den Hausarbeitstag beantragt und unterbleibt dessen Gewährung im laufenden Monat aus Gründen, die beim Betrieb liegen, tritt kein Anspruchsverlust ein. In diesem Fall kann die nachträgliche Gewährung gefordert werden.

Erhöhter Grundurlaub

Vollbeschäftigte Mütter erhalten einen erhöhten Grundurlaub von 20 Arbeitstagen, wenn sie im Mehrschichtsystem arbeiten und zu ihrem Haushalt zwei Kinder bis zu 16 Jahren gehören. Für die vollbeschäftigte Mutter, zu deren Haushalt drei und mehr Kinder bis zu 16 Jahren oder ein schwerstgeschädigtes Kind ab Vollendung des 1. Lebensjahres gehören, erhöht sich der Grundurlaub auf 21 Arbeitstage und, wenn sie im Mehrschichtsystem arbeitet, auf 23 Arbeitstage. Anspruch auf den erhöhten Grundurlaub haben auch Mütter, deren wöchentliche Arbeitszeit wegen der Pflege und Betreuung ihres schwerstgeschädigten Kindes weniger als 40 Stunden, mindestens aber 20 Stunden beträgt (§3 der Verordnung über den Erholungsurlaub vom 28. 9. 1978; GBl. I S. 365, in der Fassung der Zweiten Verordnung vom 18. 12. 1980, GBl. I S. 365; Verordnung über die besondere Unterstützung der Familien mit schwerstgeschädigten Kindern). Die Dauer des Erholungsurlaubs ergibt sich in diesen Fällen aus dem erhöhten Grundurlaub und dem jeweils in Betracht kommenden Zusatzurlaub (z. B. für Schichtarbeiter oder wegen besonders verantwortlicher Tätigkeit), sofern die für letzteren festgelegten Bedingungen vorliegen.

Schwangerschafts- und Wochenurlaub

Werktätige Frauen erhalten Schwangerschaftsurlaub für die Dauer von sechs Wochen vor der Entbindung und Wochenurlaub für die Dauer von 20 Wochen nach der Entbindung. Bei Mehrlingsgeburten und komplizierten Entbindungen beträgt der Wochenurlaub 22 Wochen. Bei vorzeitiger Entbindung verlängert er sich um die Zeit des nicht in Anspruch genommenen Schwangerschaftsurlaubs. Bei verspäteter Entbindung wird der Schwangerschaftsurlaub bis zum Tag der Entbindung verlängert. Für die Dauer des Schwangerschafts- und Wochenurlaubs zahlt die Sozialversicherung Schwangerschafts- und Wochengeld in Höhe des Nettodurchschnittsverdienstes bzw. der Nettodurchschnittseinkünfte (§ 244 AGB; § 44 der VO zur Sozialpflichtversicherung der Arbeiter und Angestellten – SVO – vom 17. 11. 1977, GBl. I S. 373; §§ 63, 64 der VO über die Sozialversicherung bei der Staatlichen Versicherung der DDR vom 9. 12. 1977, GBl. I 1978 S. 1, in der Fassung der Zweiten VO vom 7. 1. 1985, GBl. I S. 10).

Inanspruchnahme des Jahresurlaubs

Auf Verlangen der Werktätigen ist ihr der jährliche Erholungsurlaub entweder vor dem Schwangerschaftsurlaub oder unmittelbar im Anschluß an den Wochenurlaub zu gewähren. Macht die Werktätige nach dem Wochenurlaub von ihrem Recht auf Freistellung Gebrauch, kann sie für das Kalenderjahr, in dem die Freistellung beginnt, den vollen Jahresurlaub beanspruchen (§ 245 AGB).

Bezahlte Freistellung nach dem Wochenurlaub

Die werktätige Mutter kann bereits bei der Geburt des ersten Kindes nach Ablauf des Wochenurlaubs bezahlte Freistellung von der Arbeit bis zum Ende des ersten Lebensjahres des Kindes in Anspruch nehmen, wenn sie dieses in häuslicher Pflege selbst betreuen will. Nach der Geburt des dritten und jedes weiteren Kindes kann eine solche Freistellung bis zum Ende des 18. Lebensmonats des zuletzt geborenen Kindes in Anspruch genommen werden. Eine gesonderte Regelung wurde für Mehrlingsgeburten getroffen; danach besteht der Anspruch der werktätigen Mutter auf bezahlte Freistellung nach Ablauf des Wochenurlaubs bei der Geburt von Zwillingen bis zum Ende des zweiten Lebensjahres und bei der Geburt von Drillingen bis zum Ende des dritten Lebensjahres der Kinder (Verordnung über die weitere Verbesserung der Arbeits- und Lebensbedingungen der Familien mit Kindern vom 24. April 1986, GBl. I S. 241; Verordnung über die Verbesserung von Leistungen nach der Geburt des dritten und jedes weiteren Kindes und für verheiratete werktätige Mütter mit drei und mehr Kindern bei Pflege erkrankter Kinder vom 24. 5. 1984, GBl. I S. 193).

Bis zu zwei Wochen des Anspruchs auf bezahlte Freistellung nach dem Wochenurlaub können, wenn es die werdende Mutter wünscht, bereits unmittelbar vor Beginn des Schwangerschaftsurlaubs in Anspruch genommen werden.

Kann dem Antrag der Mutter auf einen Krippenplatz nicht entsprochen werden, dann hat sie das Recht, über das erste Lebensjahr bzw. den 18. Lebensmonat des Kindes hinaus bis zur Bereitstellung des Krippenplatzes, längstens bis zum Ende des dritten Lebensjahres des Kindes, Freistellung in Anspruch zu nehmen. Diese erfolgt als bezahlte Freistellung, wenn die werktätige Mutter alleinstehend ist.

Die Betriebszugehörigkeit wird durch die Freistellung nach dem Wochenurlaub nicht unterbrochen. Die Weiterbeschäftigung nach Ablauf der Freistellung hat zu den im Arbeitsvertrag vereinbarten Bedingungen zu erfolgen; sie ist innerhalb von zwei Wochen zu sichern, wenn die Werktätige vor Ablauf der vorgesehenen Freistellungszeit die Wiederaufnahme der Arbeit wünscht (§§ 246, 247 AGB).

Mütterunterstützung

Diese Geldleistung der Sozialversicherung bei Freistellungen nach dem Wochenurlaub erhalten werktätige Mütter in Höhe des Krankengeldes, auf das sie bei eigener Arbeitsunfähigkeit wegen Krankheit ab 7. Woche der Arbeitsunfähigkeit im Kalenderjahr

Anspruch haben. Die Mütterunterstützung wird für die Dauer der Freistellung gezahlt, also bis zum Ende des 1. Lebensjahres des ersten und zweiten Kindes bzw. bis zum Ende des 18. Lebensmonats des dritten und jeden weiteren Kindes und an die alleinstehende werktätige Mutter auch darüber hinaus bis zur Bereitstellung des Krippenplatzes bzw. bis zum Ende des 3. Lebensjahres des Kindes. Die Mindesthöhe der monatlichen Mütterunterstützung beträgt für vollbeschäftigte Mütter mit einem Kind 250,– M, mit zwei Kindern 300,– M, mit drei und mehr Kindern 350,– M. Diese Mindestbeträge gelten für Mütter, die bis zum Beginn des Schwangerschaftsurlaubs teilbeschäftigt waren, anteilig. Mütter im Lehrverhältnis erhalten die Mütterunterstützung in Höhe des monatlichen Nettolehrlingsentgelts, mindestens aber 125,– M bei einem Kind, 150,– M bei zwei Kindern und 175,– M bei drei und mehr Kindern (VO vom 24. 4. 1986). Den von der Mutter geborenen Kindern sind für den Anspruch auf Mütterunterstützung und die Berechnung der Mindestbeträge Adoptivkinder, die im Haushalt lebenden Kinder des Ehemannes und solche Kinder gleichgestellt, die sich in Durchführung von Maßnahmen der Jugendhilfeorgane im Haushalt der Frau befinden.

Während des Bezuges der Mütterunterstützung ist stunden- oder tageweise Aushilfstätigkeit im freistellenden Betrieb bzw. in der freistellenden Genossenschaft oder kooperativen Einrichtung möglich, wenn die Mutter dies wünscht und ein betriebliches Interesse dafür vorliegt. Die daraus erzielten Einkünfte sind für die Mutter steuerfrei und unterliegen nicht der Beitragspflicht zur Sozialversicherung. Eine Anrechnung auf die Mütterunterstützung erfolgt nur insoweit, als der monatliche Verdienst aus der Aushilfstätigkeit und die Mütterunterstützung zusammen den ihrer Berechnung zugrunde liegenden Nettodurchschnittsverdienst übersteigen.

Monatlicher Zuschuß zum Familienaufwand

Mütter mit einem Kind bis zu drei Jahren, die vorübergehend ihre Berufstätigkeit unterbrechen mußten, weil kein Krippenplatz zur Verfügung gestellt werden konnte, haben bei der Geburt eines weiteren Kindes während dieser Unterbrechung, längstens bis zur Vollendung des ersten Lebensjahres des zuletzt geborenen Kindes, Anspruch auf einen monatlichen Zuschuß der Sozialversicherung zum Familienaufwand in Höhe von 200,– M, sofern kein Anspruch auf Mütterunterstützung besteht. Ist das zuletzt geborene das dritte oder ein weiteres Kind, wird der Zuschuß längstens bis zum Ende des 18. Lebensmonats dieses Kindes gezahlt. Mütter, die vor der Unterbrechung ihrer Berufstätigkeit teilbeschäftigt waren, erhalten den Zuschuß anteilig. In bezug auf Adoptivkinder u. a. gilt das gleiche wie beim Anspruch auf Mütterunterstützung. Der Zuschuß ist bei der zuständigen Dienststelle der Sozialversicherung zu beantragen.

Freistellung zur Schwangeren- und Mütterberatung

Die Tätigkeit der Schwangeren- und Mütterberatungsstellen sichert eine sorgfältige Beobachtung des Zustandes von Mutter und Kind sowie eine umfassende und regelmäßige medizinische und soziale Betreuung. Soweit dies nicht außerhalb der Arbeitszeit erfolgen kann, ist das Aufsuchen der Schwangerenberatung bzw. die Vorstellung des Kindes bei der Mütterberatung durch Freistellung von der Arbeit zu ermöglichen. Für die Dauer der Freistellung wird ein Ausgleich in Höhe des Durchschnittslohnes gezahlt (§ 248 AGB).

Stillpausen

Stillenden Müttern sind bei Vorlage einer Stillbescheinigung täglich zwei Stillpausen von je 45 Minuten zu gewähren; für diese Zeit erfolgt eine Ausgleichszahlung in Höhe des Durchschnittslohnes. Die Stillpausen können auch zusammenhängend zu Beginn oder Ende der täglichen Arbeitszeit in Anspruch genommen werden (§ 249 AGB).

Nacht- und Überstundenarbeit

Diese ist für Schwangere und stillende Mütter verboten. Frauen, zu deren Haushalt Kinder im Vorschulalter gehören, können Nacht- und Überstundenarbeit ablehnen (§ 243 AGB). Das gleiche Recht haben Werktätige (Frau oder Mann), die pflegebedürftige Haushaltsangehörige zu betreuen haben, wenn die Betreuung nicht anderweit gesichert ist. Die Pflegebedürftigkeit muß durch ärztliche Bescheinigung nachgewiesen werden (§§ 170, 175 AGB).

Verbot der Beschäftigung mit schweren oder gesundheitsgefährdenden Arbeiten

Gemäß § 210 AGB dürfen Frauen (ebenso wie Jugendliche beiderlei Geschlechts) nicht mit körperlich schweren oder gesundheitsgefährdenden Arbeiten beschäftigt werden, die in speziellen Bestimmungen festgelegt sind. Der besondere Schutz der Gesundheit und Arbeitskraft der Frauen wird im Interesse der Mutterschaft durch die in § 242 AGB enthaltenen Festlegungen erweitert und ergänzt. Danach dürfen Schwangere, stillende Mütter und Mütter mit Kindern im Alter bis zu einem Jahr weder mit in besonderen Rechtsvorschriften bezeichneten Arbeiten noch mit solchen Arbeiten beschäftigt werden, die nach Feststellung des Betriebsarztes oder des Arztes der Schwangerenberatung das Leben oder die Gesundheit der Frau bzw. des Kindes gefährden könnten. Der Betrieb muß der Werktätigen für die betreffende Zeit eine andere zumutbare Arbeit übertragen, wobei garantiert ist, daß sie zumindest ihren bisherigen Durchschnittslohn erhält.
Die einzelnen Tätigkeiten, die für Frauen generell bzw. für Schwangere, Stillende und Mütter mit Kindern bis zu einem Jahr unzulässig sind, ergeben sich insbesondere aus der Arbeitsschutzanordnung 5 – Arbeitsschutz für Frauen und Jugendliche – vom 9.8. 1973 (GBl. I S. 465).

Freistellung zur Pflege erkrankter Kinder

Wenn es zur Pflege erkrankter Kinder gemäß ärztlicher Bescheinigung erforderlich ist, hat Freistellung der (oder des) Werktätigen von der Arbeit zu erfolgen. Gleiches gilt, wenn infolge vorübergehender Quarantäne für die Kinderkrippe oder den Kindergarten die Betreuung des Kindes erforderlich ist und nicht durch andere wahrgenommen werden kann (§ 186 AGB).
Alleinstehende Werktätige sowie verheiratete sozialpflichtversicherte Mütter mit zwei und mehr Kindern erhalten in diesen Fällen von der Sozialversicherung für die Dauer bis zu zwei Arbeitstagen eine Unterstützung in Höhe von 90 % des Nettodurchschnittsverdienstes bzw. der Nettodurchschnittseinkünfte. Ist eine über zwei Tage hinausgehende Freistellung erforderlich, wird im Anschluß an die vorgenannte Leistung eine Unterstützung in Höhe des Krankengeldes gezahlt, auf das diese Werktätigen bei eigener Arbeitsunfähigkeit wegen Krankheit ab 7. Woche der Arbeitsunfähigkeit im Kalenderjahr Anspruch haben. Die Zahlung dieser Unterstützung erfolgt entsprechend der Anzahl der im Haushalt lebenden Kinder für die Dauer von vier bis dreizehn Wochen im Kalenderjahr. Auf diese Fristen werden Zeiten des Bezuges der Unterstützung in Fällen der Freistellung wegen Quarantäne für die betreffende Kindereinrichtung nicht angerechnet (§§ 40–42 SVO; §§ 59–61 der VO über die Sozialversicherung bei der Staatlichen Versicherung der DDR; §§ 7, 8 der VO vom 24.4. 1986).
Wird nach dem Wochenurlaub keine Mütterunterstützung in Anspruch genommen, d. h., nimmt die werktätige Mutter ihre Tätigkeit nach Ablauf des Wochenurlaubs wieder auf, dann erhält sie bei Freistellung zur Pflege eines erkrankten Kindes bzw. wegen vorübergehender Quarantäne der Kindereinrichtung in jedem Fall eine Unterstützung ohne Anrechnung auf die genannten, nach der Anzahl der Kinder gestaffelten Fristen. Diese Regelung gilt jeweils für die Dauer der gesetzlich vorgesehenen bezahlten Freistellung nach dem Wochenurlaub, also bis zum Ende des 1. Lebensjahres des ersten bzw. zweiten Kindes und bei der Mutter mit drei und mehr Kindern bis zum Ende des 18. Lebensmonats des zuletzt geborenen Kindes. Eine Unterstützung von der Sozialversicherung wird werktätigen Müttern des weiteren bei jeder Freistellung zur Pflege ihres erkrankten schwerstgeschädigten Kindes gezahlt.
Bei bezahlter Freistellung zur Pflege erkrankter Kinder und bezahlter Freistellung nach dem Wochenurlaub gilt gleichermaßen, daß sie in begründeten Fällen, insbesondere wegen der beruflichen Tätigkeit oder Qualifi-

zierung der Mutter, auch vom Ehegatten oder von der Großmutter in Anspruch genommen werden kann. Die Höhe der Unterstützung richtet sich in diesen Fällen nach dem Krankengeldanspruch des Ehemannes bzw. der Großmutter (§ 11 der VO vom 24.4.1986).

Freistellung zur Betreuung der Kinder bei Erkrankung des Ehegatten

Kann bei Erkrankung des Ehegatten die notwendige Betreuung der zum Haushalt gehörenden Kinder weder durch diesen erfolgen, was durch ärztliche Bescheinigung nachzuweisen ist, noch durch andere gewährleistet werden, ist der andere Ehegatte von der Arbeit freizustellen. Werktätige, deren Ehegatte nicht berufstätig ist, erhalten für die Dauer dieser Freistellung, längstens für vier Wochen im Kalenderjahr, von der Sozialversicherung eine Unterstützung in Höhe des Krankengeldes, auf das sie bei eigener Arbeitsunfähigkeit wegen Krankheit ab 7. Woche der Arbeitsunfähigkeit im Kalenderjahr Anspruch haben. Ist die Freistellung nur für einen Teil der täglichen Arbeitszeit erforderlich, wird die Unterstützung je Arbeitstag für die Dauer der ausfallenden Arbeitszeit anteilig gewährt (§ 187 AGB; § 43 SVO; § 62 der VO über die Sozialversicherung bei der Staatlichen Versicherung der DDR).

Eigene Arbeitsunfähigkeit wegen Krankheit

In diesem Fall wird bis zur Dauer von 6 Wochen im Kalenderjahr Krankengeld in Höhe von 90 % des auf einen Arbeitstag entfallenden Nettodurchschnittsverdienstes bzw. der auf einen Kalender- oder einen Arbeitstag entfallenden Nettodurchschnittseinkünfte gezahlt.

Ist eine Frau (das gilt auch für den Mann), deren durchschnittliches Arbeitseinkommen die Höchstgrenze für die Beitragspflicht von 600,– M monatlich nicht übersteigt, länger als sechs Wochen krank, erhält sie von der 7. Woche der Arbeitsunfähigkeit im Kalenderjahr an Krankengeld wie folgt:

ohne Kinder bzw. mit 1 Kind	70 %
mit 2 Kindern	75 %
mit 3 Kindern	80 %
mit 4 Kindern	85 %
mit 5 und mehr Kindern	90 %

des auf einen Arbeitstag entfallenden Nettodurchschnittsverdienstes bzw. der täglichen Nettodurchschnittseinkünfte.

Werktätige, deren Einkommen die vorgenannte für die Sozialpflichtversicherung geltende Höchstgrenze für die Beitragspflicht übersteigt, erhalten ebenfalls dieses Krankengeld nach ihrem Nettodurchschnittsverdienst, wenn sie der freiwilligen Zusatzrentenversicherung angehören. Sind diese Werktätigen der freiwilligen Zusatzrentenversicherung nicht beigetreten, so erhalten sie ab 7. Woche der Arbeitsunfähigkeit im Kalenderjahr Krankengeld wie folgt:

bei 2 Kindern	65 %
bei 3 Kindern	75 %
bei 4 Kindern	80 %
bei 5 und mehr Kindern	90 %

des täglichen Nettodurchschnittsverdienstes bzw. der täglichen Nettodurchschnittseinkünfte. Sofern sie keine Kinder haben oder nur ein Kind, erhalten sie bei Arbeitsunfähigkeit Krankengeld in Höhe von 50 % des täglichen beitragspflichtigen Bruttodurchschnittsverdienstes bzw. der täglichen beitragspflichtigen Durchschnittseinkünfte (§ 282 AGB; §§ 25, 26 SVO; §§ 44, 45 der VO über die Sozialversicherung bei der Staatlichen Versicherung der DDR).

Besonderer Kündigungsschutz

Schwangere und Mütter genießen besonderen Kündigungsschutz nach Maßgabe der §§ 58, 59 AGB. Danach darf der Betrieb Schwangeren, stillenden Müttern, Müttern mit Kindern bis zu einem Jahr, Müttern während der Zeit der Freistellung nach dem Wochenurlaub und alleinstehenden Werktätigen (Frau oder Mann) mit Kindern bis zu drei Jahren nicht fristgemäß kündigen (absolutes Kündigungsverbot). Eine fristlose Entlassung von Angehörigen des genannten Personenkreises ist zwar bei Vorliegen der in § 56 AGB geregelten Voraussetzungen (schwerwiegende Verletzung der sozialistischen Arbeitsdisziplin oder staatsbürgerlicher Pflichten) möglich, bedarf jedoch der Zustimmung des für den Betrieb zuständigen Rates des Kreises bzw. Stadtbezirkes.

Eine unter Verletzung dieser gesetzlichen Festlegungen ausgesprochene Kündigung bzw. fristlose Entlassung ist nicht automatisch unwirksam. Die Werktätige muß, um die Rechtsunwirksamkeit der Kündigung oder fristlosen Entlassung herbeizuführen, innerhalb einer Frist von zwei Wochen, die am Tag nach Zugang beginnt, Einspruch bei der Konfliktkommission bzw., wenn eine solche im Betrieb nicht besteht, beim örtlich zuständigen Kreisgericht (Kammer für Arbeitsrecht) einlegen (§ 60 AGB).

Staatliche Geburtenbeihilfe

Frauen erhalten bei der Geburt jedes Kindes eine Beihilfe in Höhe von 1000,– M. Diese wird gegen Vorlage der Mütterkarte (von der für den Wohnbezirk zuständigen Schwangerenberatungsstelle ausgestellt) in Teilbeträgen ausgezahlt, und zwar jeweils dann, wenn die Schwangere bzw. Mutter den gesetzlich vorgeschriebenen Vorstellungen in der zuständigen Schwangeren- bzw. Mütterberatungsstelle nachgekommen ist (Verordnung über die Erhöhung der staatlichen Geburtenbeihilfe und die Verlängerung des Wochenurlaubs vom 10. 5. 1972, GBl. II S. 314).
An stillende Mütter wird bis zur Dauer von sechs Monaten eine monatliche Beihilfe von 10,– M gezahlt (Stillgeld).

Staatliches Kindergeld

Bürger, die ihren ständigen Wohnsitz in der Deutschen Demokratischen Republik haben, erhalten für ihre dem Haushalt angehörenden Kinder ein staatliches Kindergeld. Es beträgt entsprechend der Anzahl der dem Haushalt angehörenden wirtschaftlich noch nicht selbständigen Kinder für das erste Kind monatlich 50,– M, für das zweite Kind monatlich 100,– M und für das dritte und jedes weitere Kind monatlich 150,– M (Verordnung über staatliches Kindergeld vom 12. 3. 1987, GBl. I S. 43). Das staatliche Kindergeld wird bis zur Beendigung des Besuchs der zehnklassigen allgemeinbildenden polytechnischen Oberschule bzw. der Klasse 10 einer Spezialschule, Spezialklasse oder Sonderschule bzw. der achtklassigen Hilfsschule und für schwerstgeschädigte Kinder bis zur Vollendung des 16. Lebensjahres gewährt. Erlangt ein Kind die wirtschaftliche Selbständigkeit oder gehört es künftig nicht mehr dem Haushalt an, ist das staatliche Kindergeld entsprechend der Anzahl der nunmehr dem Haushalt angehörenden wirtschaftlich noch nicht selbständigen Kinder neu festzusetzen. Endet der Anspruch auf staatliches Kindergeld für ein drittes oder weiteres Kind, wird für dieses ein Zuschuß zum Familieneinkommen in Höhe von 50,– M monatlich gezahlt, wenn es sich in der Berufsausbildung befindet, die Klasse 11 oder 12 einer erweiterten Oberschule, Spezialschule, Spezialklasse oder Sonderschule besucht oder als schwerstgeschädigtes Kind ab Vollendung des 16. Lebensjahres die Voraussetzungen für die Zahlung einer monatlichen Unterstützung erfüllt. Voraussetzung ist, daß zum Haushalt mindestens 2 weitere Kinder gehören, deren Ausbildung noch nicht abgeschlossen ist bzw. die das 18. Lebensjahr noch nicht vollendet haben.

Unterbrechung der Schwangerschaft

Mit dem Gesetz über die Unterbrechung der Schwangerschaft vom 9. März 1972 (GBl. I S. 89) wurde dem aus der Gleichberechtigung der Frau in Ausbildung und Beruf, Ehe und Familie resultierenden Erfordernis entsprochen, daß sie über die Schwangerschaft und deren Austragung selbst entscheiden kann. Sie hat das Recht, über die bestehenden Möglichkeiten der Empfängnisverhütung hinaus die Anzahl, den Zeitpunkt und die zeitliche Aufeinanderfolge von Geburten auch dadurch zu bestimmen, daß sie sich in eigener Verantwortung zur Unterbrechung einer Schwangerschaft entschließt.
Auf Ersuchen der Schwangeren darf die Schwangerschaft innerhalb von 12 Wochen nach deren Beginn durch einen ärztlichen Eingriff in einer geburtshilflich-gynäkologischen Einrichtung unterbrochen werden.
Besteht die Schwangerschaft länger als 12 Wochen, so darf sie nur unterbrochen werden, wenn ihre Fortdauer das Leben der Frau gefährdet oder andere schwerwiegende Umstände vorliegen. Über die Zulässigkeit einer später als 12 Wochen nach Schwangerschaftsbeginn durchzuführenden Unterbrechung entscheidet eine Fachärztekommission. Gegen deren ablehnende Entscheidung ist innerhalb einer Woche schriftlicher Einspruch beim Kreisarzt zulässig.

Das Ersuchen zur Vornahme der Schwangerschaftsunterbrechung ist an den Haus- oder Betriebsarzt, an einen in einer ambulant-medizinischen Einrichtung tätigen Facharzt für Frauenkrankheiten oder an die für den Wohnort zuständige Schwangerenberatungsstelle zu richten. Schwangere, die zum Zeitpunkt der Schwangerschaftsunterbrechung noch nicht das 18. Lebensjahr vollendet haben, bedürfen zu ihrer Durchführung des schriftlichen Einverständnisses der Erziehungsberechtigten (DB zum Gesetz über die Unterbrechung der Schwangerschaft vom 9. 3. 1972, GBl. II S. 149). Die Vorbereitung, Durchführung und Nachbehandlung einer gesetzlich zulässigen Schwangerschaftsunterbrechung sind arbeits- und versicherungsrechtlich dem Erkrankungsfall gleichgestellt.

Die Unterbrechung der Schwangerschaft ist unzulässig, wenn die Frau an einer Krankheit leidet, die im Zusammenhang mit dieser Unterbrechung zu schweren gesundheitsgefährdenden oder lebensbedrohlichen Komplikationen führen kann. Sie ist auch unzulässig, wenn seit der letzten Unterbrechung weniger als sechs Monate vergangen sind. Im letzteren Fall kann ausnahmsweise die Genehmigung durch eine Fachärztekommission erteilt werden, z. B. wenn die Schwangerschaft als Folge einer Vergewaltigung angesehen werden muß, die Gegenstand eines Ermittlungs- oder Strafverfahrens ist. Unzulässig sind ferner alle Schwangerschaftsunterbrechungen, die nicht nach den Bestimmungen des Gesetzes vom 9.3. 1972 und den zu seiner Durchführung erlassenen Rechtsvorschriften vorgenommen werden.

Wohnungsmiete

Grundsätze

Der sozialistische Staat garantiert jedem Bürger das Recht auf Wohnraum für sich und seine Familie entsprechend den volkswirtschaftlichen Möglichkeiten und örtlichen Bedingungen (Art. 37 Verfassung). Mit der weiteren Verwirklichung des Wohnungsbauprogramms in seiner Einheit von Neubau, Rekonstruktion, Modernisierung und Erhaltung werden immer bessere Voraussetzungen dafür geschaffen, die Wohnbedürfnisse der Bürger auf hohem Niveau zu befriedigen.

Zur Sicherung einer gerechten Verteilung unterliegt der Wohnraum staatlicher Lenkung. Diese erfolgt unter breiter demokratischer Mitwirkung der Bürger, die insbesondere durch die Zusammensetzung und Tätigkeit der örtlichen und der gewerkschaftlichen Wohnungskommissionen gewährleistet wird.

Die im ZGB (§§ 94ff.) geregelte Wohnungsmiete stellt die wichtigste Form dar, in der die Bürger ihr Grundrecht auf Wohnraum verwirklichen. Der Inhalt der Mietverhältnisse wird wesentlich durch die Aufgaben der als Vermieter fungierenden Betriebe (VEB Gebäudewirtschaft bzw. Kommunale Wohnungsverwaltung, Betriebe mit Werkwohnungen) bestimmt. Sie haben die ihnen zur Verfügung stehenden materiellen und finanziellen Mittel planmäßig und mit hohem Nutzeffekt für die Pflege, Erhaltung und Modernisierung der Gebäude und Wohnungen einzusetzen und die Mieterinitiativen zur Pflege, Instandhaltung und Verschönerung der Wohnhäuser und ihrer Umgebung durch geeignete Maßnahmen wie Einrichtung von Reparaturstützpunkten und Bereitstellung von Materialien zu fördern (§ 95 Abs. 1 ZGB). Die Rechtsstellung des Mieters wird insbesondere durch sein Recht auf Mitgestaltung der Wohnverhältnisse, das vor allem im Rahmen der Mietergemeinschaft realisiert wird, durch seine gesellschaftliche Verantwortung für den Schutz und die pflegliche Behandlung des Wohngebäudes sowie durch umfassenden Kündigungsschutz geprägt (§ 97 ZGB).

Die auf der Mitgliedschaft in einer AWG oder GWG beruhende Nutzung einer Genossenschaftswohnung bestimmt sich nach den dazu insbesondere in Musterstatuten sowie im Statut der jeweiligen Genossenschaft getroffenen speziellen Festlegungen (§ 132 ZGB).

Mietvertrag

Die Begründung des Wohnungsmietverhältnisses erfolgt durch Abschluß eines Mietvertrages zwischen Mieter und Vermieter. Voraussetzung für einen wirksamen Vertragsabschluß ist die erfolgte Zuweisung des

Wohnraums durch das zuständige Wohnraumlenkungsorgan, die sich auch auf die Nebenräume wie Kellergelaß oder Bodenkammer erstrecken muß. Ehegatten sind beide Mieter der Wohnung, auch wenn nur einer von ihnen den Vertrag abgeschlossen hat. Der Mietvertrag soll schriftlich abgeschlossen werden, kommt aber wirksam auch durch mündliche Vereinbarung, sogar schon durch schlüssiges (konkludentes) Handeln zustande. Unter letzterem versteht man die beiderseitige Anerkennung von bestimmten Rechten und Pflichten, ohne daß eine ausdrückliche Vereinbarung vorliegt (z. B. wenn der Vermieter die Miete vom Mieter entgegennimmt und diesem die Räume zum Bewohnen überläßt). Der Beginn des Mietverhältnisses richtet sich nach den im Mietvertrag getroffenen Vereinbarungen, nicht nach dem Tage der Zuweisung. Die Festlegung der beiderseitigen Rechte und Pflichten im Mietvertrag ist vor allem zur Konkretisierung der im ZGB getroffenen Regelungen erforderlich. Insbesondere sind Anzahl, Art und Ausstattung der überlassenen Räume, der Zeitpunkt des Beginns des Mietverhältnisses, die Höhe des Mietpreises und der Umfang der Nutzung von Gemeinschaftseinrichtungen zu vereinbaren. Vereinbarungen, die dem Inhalt oder dem Zweck des ZGB widersprechen (z. B. Festlegung eines höheren als des gesetzlich zulässigen Mietpreises, generelles Verbot des Musizierens oder der Haltung von Haustieren) sind unzulässig.

Die Hausordnung ist Bestandteil des Mietvertrages (§ 106 ZGB). Sie enthält insbesondere Festlegungen zur Nutzung der Gemeinschaftseinrichtungen, zu Art und Umfang zu verrichtender Reinigungs- und Pflegearbeiten (Flur- und Treppensäuberung u. a.) sowie zur Gewährleistung von Ordnung, Sicherheit und Brandschutz im Wohngebäude. Vielfach wird auf der Grundlage vertraglicher Vereinbarungen zwischen der Mietergemeinschaft und dem Vermieter auch die Erfüllung von Anliegerpflichten durch die Mieter (Reinigung der Straße und der Gehwege, Schneeberäumung und Abstumpfung, Pflege der Grünanlagen) in der Hausordnung geregelt. Sie ist bei Erstbezug eines Wohngrundstücks vom Vermieter gemeinsam mit den Mietern auszuarbeiten; ebenso ist bei später erforderlich werdenden Änderungen der Hausordnung zu verfahren. Die bestehende Hausordnung ist für den einziehenden Mieter mit Abschluß des Mietvertrages verbindlich.

Rechte und Pflichten aus dem Mietverhältnis

Gebrauchsüberlassung und Instandhaltung. Der Vermieter muß dem Mieter die diesem zugewiesenen Räume (Wohnung und Nebengelasse) in einem zum vertragsgemäßen Gebrauch geeigneten, die sofortige Nutzung gestattenden Zustand überlassen und während der Mietzeit in diesem Zustand erhalten (§ 101 ZGB). Die Wohnung muß sauber und hygienisch einwandfrei sein und einen ordnungsgemäßen bautechnischen Zustand aufweisen; die dem vereinbarten Ausstattungsgrad entsprechenden Einrichtungen und Anlagen (Heizquellen, sanitäre Einrichtungen, Leitungen der Strom-, Gas- und Wasserversorgung, Abflüsse und Abzüge, Antennenanschlüsse usw.) müssen funktionstüchtig sein. Die Instandhaltungspflicht des Vermieters bezieht sich auf die zur Aufrechterhaltung dieses Zustandes notwendigen Reparaturen und Wartungsarbeiten. Sie umfaßt z. B. die Erneuerung schadhafter Decken, Fenster und Türen, die Ausbesserung von Wänden, die durch Herabfallen von Putz schadhaft geworden sind, und die Reparatur bzw. Neubeschaffung nicht mehr funktionstüchtiger Öfen oder sonstiger Heizanlagen. Instandhaltungsmaßnahmen dürfen nicht zu einer Verschlechterung der Wohnbedingungen führen. Unter Beachtung dieser Voraussetzung kann der Vermieter bestimmen, welche Gegenstände er als Ersatz für nicht mehr funktionstüchtige Einrichtungen zur Verfügung stellt (z. B. Austausch eines verbrauchten Kachelofens gegen eine andere Heizquelle).

Sofern notwendige Reparaturen in der Wohnung oder an Gemeinschaftseinrichtungen im Rahmen individueller Mitwirkung auf Grund einer entsprechenden Vereinbarung mit dem Vermieter durch den Mieter selbst vorgenommen werden, steht ihm grundsätzlich neben der Erstattung seiner Aufwendungen (z. B. verauslagte Materialkosten) auch eine Vergütung für die erbrachte Arbeitsleistung zu.

Die Pflicht zur Gebrauchsüberlassung und Instandhaltung erstreckt sich auch auf die

Gewährleistung des ungehinderten und sicheren Zugangs zur Wohnung und zu den Nebenräumen. Der Vermieter ist verpflichtet, Hausflure, Treppen usw. in Ordnung zu halten; insbesondere hat er für eine ordnungsgemäße Treppenbeleuchtung zu sorgen. Kommt er dieser Pflicht nicht nach und nehmen Personen auf Grund der Pflichtverletzung Schaden, so hat er für diesen einzustehen. Das Reinigen der Treppe ist meist Sache des Mieters. Im Einzelfall sind Mietvertrag und Hausordnung maßgebend.

Aus der Instandhaltungspflicht des Vermieters ergibt sich die Pflicht des Mieters, die erforderlichen Arbeiten zu dulden. Er muß dem Vermieter bzw. dessen Beauftragten nach vorheriger rechtzeitiger Anmeldung die Besichtigung der Wohnung sowie die Durchführung der notwendigen Maßnahmen gestatten. Erforderlichenfalls besteht auch eine gerichtlich durchsetzbare Pflicht zur zeitweisen Räumung der Wohnung bzw. einzelner Räume.

Malermäßige Instandhaltung. Der Vermieter muß die Wohnung in einem zum vertragsgemäßen Gebrauch geeigneten malermäßigen Zustand übergeben. Ob es bei erneuter Vermietung zur Gewährleistung dieses Zustandes der Renovierung der Wohnung oder einzelner Räume bedarf, ist jeweils für den Einzelfall zu beurteilen.

Die während des Mietverhältnisses in der Wohnung durch vertragsgemäße Nutzung (natürliches Abwohnen) notwendig werdenden Malerarbeiten obliegen dem Mieter.

Bei Beendigung des Mietverhältnisses hat der Mieter Kosten für die malermäßige Instandsetzung der Wohnung nur dann zu erstatten, wenn er die ihm obliegenden Malerarbeiten während des Mietverhältnisses pflichtwidrig unterlassen und dies zu einem solchen Zustand der Wohnung (oder einzelner Räume) geführt hat, daß für ihre ordnungsgemäße Wiederherstellung zur Weitervermietung ein über das übliche Maß hinausgehender Aufwand erforderlich ist (z. B. Schäden an der Substanz, mehrmaliges Streichen usw.). In diesem Fall trägt der Mieter die durch sein pflichtverletzendes Verhalten verursachten Mehrkosten, nicht aber die gesamten Renovierungskosten.

Die Regelung der malermäßigen Instandhaltung im ZGB (§ 104) läßt die Möglichkeit, im Mietvertrag etwas anderes zu vereinbaren, zu (z. B. Übernahme der malermäßigen Instandhaltung durch den Vermieter). Jedoch dürfen dem Mieter hinsichtlich der malermäßigen Instandhaltung keine über die gesetzliche Regelung in § 104 Abs. 1 Satz 1 u. 3 ZGB hinausgehenden Pflichten auferlegt werden.

Zahlung des Mietpreises. Die wichtigste Pflicht des Mieters ist die pünktliche Zahlung der Miete. Der Zahlungstermin ist im Mietvertrag zu vereinbaren. Ist nichts vereinbart, hat die Zahlung bis zum 15. des laufenden Monats zu erfolgen. Die Pflicht zur Mietzahlung besteht grundsätzlich von demjenigen Zeitpunkt an, der als Beginn des Mietverhältnisses vereinbart wurde. Sofern sich die Wohnung in einem zum vertragsgemäßen Gebrauch geeigneten Zustand befindet, ist der Mietpreis auch dann sofort und in voller Höhe zu entrichten, wenn der Mieter vor Einzug noch Arbeiten nach seinen individuellen Bedürfnissen ausführt (z. B. anderweitige malermäßige Ausstattung). Müssen nach Beginn des Mietverhältnisses noch notwendige Instandsetzungsarbeiten erfolgen, besteht die Mietzahlungspflicht ab demjenigen Zeitpunkt, zu dem die Wohnung bezogen werden kann. Bei Zumutbarkeit des Einzuges trotz noch vorhandener Mängel kommt ggf. Mietpreisminderung in Frage; eine Vorenthaltung des gesamten Mietpreises bis zum Abschluß aller Arbeiten, die auch nach Einzug hätten erfolgen können, ist nicht zulässig.

Es ist verboten, ohne staatliche Genehmigung Mietpreiserhöhungen vorzunehmen. Eine Neufestsetzung des zulässigen Mietpreises kann insbesondere beantragt werden, wenn der Wohnraum durch Um- oder Ausbau erweitert oder der Wohnkomfort durch Modernisierung erhöht wird. Wird im Ergebnis dessen ein höherer Mietpreis für zulässig erklärt und ist der Mieter nicht bereit, in eine entsprechende Änderung des Mietvertrages einzuwilligen, kann dieselbe durch Klage seitens des Vermieters herbeigeführt werden (§ 78 ZGB).

Die Betriebe der Gebäude- und Wohnungswirtschaft sowie ihnen gleichgestellte Betriebe sind berechtigt, von den Mietern, die ihrer Pflicht zur pünktlichen Zahlung des Mietpreises schuldhaft nicht nachkommen, eine Gebühr von 10 % des rückständigen Mietpreises zu erheben. Damit soll vor allem zusätzlich entstandener Verwaltungsaufwand abgegolten werden. Alle Vermieter können bei säumiger Mietzahlung nach den allgemeinen Bestimmungen über Verantwortlichkeit für Pflichtverletzungen aus Verträgen vom Fälligkeitstag an Verzugszinsen in Höhe von 4 % jährlich verlangen. Da Mietansprüche in zwei Jahren verjähren, müssen diese rechtzeitig geltend gemacht werden, entweder durch gerichtliche Zahlungsaufforderung oder durch Klage.

Eine Klage auf künftige Miete ist zulässig, wenn die Besorgnis besteht, daß der Mieter seiner Zahlungspflicht auch weiterhin nicht ordnungsgemäß nachkommen wird. Eine solche Besorgnis ist dann begründet, wenn der Mieter trotz gesellschaftlicher oder gerichtlicher Einwirkungen über mehrere Monate hinweg oder mehrmals für kurze Zeit die Miete schuldig geblieben ist und keine entschuldbaren Gründe dafür vorliegen. Das gilt auch für Mietschuldner, die unbelehrbar entgegen ihren vertraglichen Verpflichtungen die Miete dauernd verspätet zahlen. Die Verpflichtung zur künftigen Mietzahlung wird vom Gericht – je nach den konkreten Umständen – für einen Zeitraum zwischen zwei und fünf Jahren ausgesprochen.

Nutzungsrecht des Mieters. Dieses erstreckt sich auf die Wohnung und die Gemeinschaftseinrichtungen und steht neben dem Mieter bzw. den Ehegatten als Mietern auch den weiteren zum Haushalt gehörenden Personen, insbesondere also den im Wohnbereich lebenden minderjährigen oder volljährigen Kindern zu (§ 105 ZGB). Die Untervermietung eines Teils der Wohnung oder die Aufnahme eines Lebensgefährten in diese liegen im Rahmen vertragsgemäßen Gebrauchs und bedürfen keiner Zustimmung des Vermieters. Ebenso entscheidet der Mieter – aber auch der Untermieter – eigenverantwortlich über Häufigkeit und Dauer von Besuchen.

Die Ausübung des Nutzungsrechts muß unter Beachtung des Gebotes gegenseitiger Rücksichtnahme erfolgen, d. h., die Art und Weise der Nutzung darf nicht zur Gefährdung oder zur Belästigung anderer Hausbewohner (z. B. durch ruhestörenden Lärm) führen. Das Musizieren in Wohnungen ist gesetzlich gewährleistet, muß jedoch – zweckmäßigerweise durch zeitliche Festlegungen im Rahmen der Hausgemeinschaft – mit den berechtigten Interessen der Mitbewohner abgestimmt werden. Zulässig ist auch ein den ortsüblichen Gepflogenheiten entsprechendes Halten von Haustieren, sofern davon keine Beeinträchtigung der Rechte anderer – etwa durch übermäßige Geräuscheinwirkung oder durch Geruchsbelästigung – ausgeht. Bei rechtswidrigen Störungen stehen dem davon Betroffenen Ansprüche auf Beseitigung bzw. Unterlassung zu, die gerichtlich durchsetzbar sind (§ 328 ZGB).

Mit dem Nutzungsrecht des Mieters und der zu seinem Haushalt gehörenden Personen ist die Pflicht zur pfleglichen Behandlung der Wohnung und der Gemeinschaftseinrichtungen verbunden. Durch ein von Sorgfalt bestimmtes Verhalten ist dem Eintritt von Schäden, z.B. durch Nässe, Frosteinwirkung, unzureichende Belüftung oder Verstopfung von Abflüssen, vorbeugend entgegenzuwirken. Mängel, die infolge der Verletzung der Pflicht zur pfleglichen Behandlung der Wohnung entstanden sind, hat der Mieter unverzüglich auf seine Kosten zu beseitigen (§ 107 Abs. 2 ZGB).

Pflicht zur Mängelanzeige. Mängel, die während der Mietzeit auftreten und deren Beseitigung dem Vermieter auf Grund seiner Instandhaltungspflicht obliegt, sind ihm durch den Mieter unverzüglich anzuzeigen (§ 107 Abs. 1 ZGB). Letzterer hat auch die Mietergemeinschaft zu informieren, damit die Mangelbeseitigung in den von ihr gemeinsam mit dem Vermieter aufgestellten Reparatur- und Instandhaltungsplan eingeordnet werden kann.

Bei Verletzung der Anzeigepflicht gegenüber dem Vermieter hat der Mieter für einen dadurch entstehenden Schaden einzustehen (z. B. für Brand- und Feuchtigkeitsschäden, die durch rechtzeitige Mitteilung festgestellter Defekte an Versorgungsleitungen hätten verhindert werden können).

Der Vermieter muß nach erfolgter Anzeige des von ihm zu beseitigenden Mangels seiner Instandhaltungspflicht nachkommen bzw., wenn dies zunächst nicht in vollem Umfang möglich ist, vorläufige Maßnahmen zur Begrenzung der Auswirkungen des Mangels ergreifen (z.B. provisorisches Abdichten des schadhaften Daches). Verletzt er seine Instandhaltungspflicht, muß er dem Mieter dadurch entstandenen Schaden ersetzen.

Mietpreisminderung. Wird der vertragsgemäße Gebrauch der Wohnung durch einen Mangel beeinträchtigt, den der Vermieter zu beseitigen hat, ist der Mieter berechtigt, für die Zeit von der Anzeige des Mangels bis zu dessen Beseitigung einen Betrag vom Mietpreis abzuziehen, der der Beeinträchtigung des Gebrauchswertes entspricht. Mieter und Vermieter sollen sich über den Umfang der Mietpreisminderung einigen; im Streitfall entscheidet das Gericht über die Höhe des Minderungsbetrages.

Selbstbeseitigung von Mängeln. Dieses Recht des Mieters besteht im Regelfall nur nach vorheriger Mängelanzeige und Fristsetzung gegenüber dem Vermieter. Beseitigt der Vermieter trotz Aufforderung innerhalb einer angemessenen bestimmten Frist, die nicht kürzer als ein Monat sein soll, die Mängel nicht, kann der Mieter einen Handwerker mit der Durchführung der erforderlichen Arbeiten beauftragen, um die Wohnung wieder in einen zum vertragsmäßigen Gebrauch geeigneten Zustand zu versetzen. Er kann die notwendigen Reparaturen bei entsprechender Befähigung auch selbst durchführen bzw. sich dazu der Hilfe anderer fachkundiger Bürger bedienen.

Die Notwendigkeit dieser Arbeiten muß der Mieter im Streitfall durch Zeugen oder Gutachten beweisen können. Einer vorherigen Anzeige und Fristsetzung bedarf es nur dann nicht, wenn die Beseitigung des Mangels keinen Aufschub duldet, weil er sich erheblich auszuweiten droht oder seine sofortige Beseitigung zur Sicherung des bestimmungsgemäßen Gebrauchs der Wohnung erforderlich ist (z. B. Wasserrohrbruch oder in anderen Ausnahmesituationen). Der Mieter kann nach Durchführung der Arbeiten vom Vermieter verlangen, daß dieser ihm die dafür erforderlichen Aufwendungen erstattet. Hierunter fallen sowohl Materialkosten als auch die Vergütung der fremden oder eigenen Arbeitsleistung. Die Vergütung muß dem Leistungsumfang entsprechen und darf gesetzlichen Regelungen nicht zuwiderlaufen. Der Mieter kann seine Aufwendungen gegen den Mietpreis aufrechnen, d. h. diesen um den verauslagten Betrag kürzen. Er muß jedoch dem Vermieter die Absicht der Aufrechnung mindestens einen Monat vor Fälligkeit des Mietpreises, welcher der Kürzung unterliegen soll, unter gleichzeitiger Angabe von Grund und Höhe der Aufwendungen mitteilen. Bei größeren Beträgen ist es zweckmäßig, wenn zwischen den Mietvertragspartnern eine schrittweise Aufrechnung gegen einen Teil der jeweiligen Monatsmiete vereinbart wird. Es ist aber auch zulässig, gegen den vollen Mietpreis aufzurechnen.

Rechte und Pflichten bei Baumaßnahmen. Die planmäßige Verbesserung der Wohnverhältnisse der Bürger erfolgt zunehmend auch durch Modernisierung, Um- und Ausbau von Wohnungen sowie durch deren Instandsetzung, teilweise im Rahmen komplexer Rekonstruktion ganzer Wohngebiete. Durch vom Mieter selbst durchgeführte Baumaßnahmen werden zusätzliche Reserven zur Modernisierung von Wohnraum erschlossen.

● Baumaßnahmen des Vermieters. Der Mieter ist zur Duldung solcher Baumaßnahmen verpflichtet, die vom Vermieter auf Grund staatlicher Anordnung durchgeführt bzw. veranlaßt werden. Soweit dabei eine vorübergehende Räumung der Wohnung erforderlich wird, trifft das zuständige staatliche Organ eine Regelung zur Erstattung der notwendigen Aufwendungen, die dem Mieter durch den Aus- und Wiedereinzug sowie durch die zeitweilige Unterbringung in Ersatzwohnraum entstehen (§ 110 ZGB). Werden die Baumaßnahmen unter fortbestehender, infolge der zu verrichtenden Arbeiten jedoch zeitweilig eingeschränkter Nutzung der Wohnung durchgeführt, bedarf es einer Vereinbarung zwischen Vermieter und Mieter zur exakten Bestimmung der aus dem Baugeschehen resultierenden beiderseitigen Rechte und Pflichten. Insbesondere sind Festlegungen zur rechtzeitigen Information über Bautermine und Störungen im Bauablauf, zur Schaffung der Baufreiheit und sonstigen Mitwirkungshandlungen des Mieters, zum Umfang der Mietpreisminderung und zur Erstattung von Aufwendungen zu treffen, die dem Mieter im Zusammenhang mit den Baumaßnahmen entstehen.

Nicht staatlich angeordnete Maßnahmen des Vermieters zum Um- und Ausbau bzw. zur Modernisierung, die den Wohnraum des Mieters berühren oder von ihm mitgenutzte Räumlichkeiten betreffen, sind dann zu dulden, wenn die Baumaßnahmen gesellschaftlich gerechtfertigt sind und die Interessen des Mieters gebührende Berücksichtigung erfahren.

- Bauliche Veränderungen durch den Mieter. Bauliche Veränderungen, die der Mieter in seiner Wohnung durchführen will (z. B. Einbau eines Bades) bedürfen der Zustimmung des Vermieters. Der Vermieter ist zur Zustimmung verpflichtet, wenn die baulichen Veränderungen zu einer im gesellschaftlichen Interesse liegenden Verbesserung der Wohnung führen, d. h. wenn sie gesellschaftlich anzuerkennenden Wohnbedürfnissen entsprechen, ohne wesentliche Beeinträchtigung des Vermieters oder anderer Mieter durchführbar sind und die erforderlichen bautechnischen Bedingungen eingehalten sowie die ggf. notwendigen staatlichen Genehmigungen, insbesondere der Staatlichen Bauaufsicht, erteilt werden. Wird die Zustimmung vom Vermieter unbegründet verweigert, kann sie auf Antrag des Mieters durch gerichtliche Entscheidung ersetzt werden. Hat der Mieter die baulichen Veränderungen ohne Zustimmung des Vermieters vorgenommen, muß er auf dessen Verlangen den ursprünglichen Zustand wiederherstellen; diese Pflicht entfällt, wenn eine im gesellschaftlichen Interesse liegende Verbesserung der Wohnung bewirkt wurde.

Mieter und Vermieter sollen die sich aus baulichen Veränderungen ergebenden gegenseitigen Rechte und Pflichten durch schriftliche Vereinbarung regeln; insbesondere sollen sie sich darüber einigen, ob und in welcher Höhe die Kosten erstattet werden. Ist darüber nichts vereinbart worden, hat der Mieter bei Beendigung des Mietverhältnisses Anspruch auf angemessene Entschädigung nur insoweit, als der Vermieter infolge der baulichen Veränderungen wirtschaftliche Vorteile erlangt und der Mieter nicht zur Wiederherstellung des ursprünglichen Zustandes verpflichtet ist. Wirtschaftliche Vorteile erlangt der Vermieter, wenn auf Grund der baulichen Veränderungen der zulässige Mietpreis neu bestimmt wird oder die Voraussetzungen dafür vorliegen, wenn er bei Verkauf des Grundstückes infolge der Baumaßnahmen einen höheren Kaufpreis erzielt oder wenn er nach Beendigung des Mietverhältnisses die Verbesserung selbst nutzt.

Werden durch die vom Mieter durchgeführten Modernisierungsmaßnahmen zugleich Mängel beseitigt, zu deren Behebung der Vermieter verpflichtet gewesen wäre, kann von ihm bereits während des Mietverhältnisses Kostenerstattung in Höhe desjenigen Betrages verlangt werden, den er zur Herstellung des vertragsgemäßen Zustandes hätte aufwenden müssen.

Mitwirkung der Mietergemeinschaft

Ziele und Aufgaben. Im Rahmen der Mietergemeinschaft nehmen die Mieter ihr demokratisches Recht auf Mitgestaltung der Wohnverhältnisse durch Mitwirken bei der Pflege, Instandhaltung, Verschönerung, Modernisierung und Verwaltung ihrer Wohnhäuser wahr. Die Betriebe der Gebäude- und Wohnungswirtschaft schließen mit den Mietergemeinschaften zur Festlegung der beiderseitigen Rechte und Pflichten Verträge; andere Vermieter sollen entsprechend verfahren. In den Verträgen sollen insbesondere Festlegungen über die Aufstellung eines Reparatur- und Instandhaltungsplanes, über die Höhe der der Mietergemeinschaft zur Durchführung von Kleinreparaturen und zur Erfüllung anderer Aufgaben zur Verfügung gestellten Mittel, über die pflegliche Behandlung des Wohnraumes und die Anzeige von Mängeln, über pünktliche Mietzahlung, Inkasso-Vollmacht und Maßnahmen bei Mietrückständen sowie über die Pflege von Grünanlagen, Haus- und Vorgärten u. a. getroffen werden. Die Mietergemeinschaft führt die kameradschaftliche Auseinandersetzung mit Mietern, die ihre Pflichten aus dem Mietvertrag nicht erfüllen; sie hilft, Konflikte zu vermeiden und beizulegen.

Rechtliche Wirkungen des Vertragsabschlusses. Die vertragliche Übernahme von Rechten und Pflichten durch die Mietergemeinschaft befreit den Vermieter nicht von seiner Verantwortung für Erhaltung, Pflege und Verwaltung der Wohnhäuser und für die Realisierung seiner Verpflichtungen aus den einzelnen Mietverträgen. Beschlüsse der Mietergemeinschaft dienen der bestmöglichen Verwirklichung bestehender Rechte und Pflichten aus den einzelnen Mietverhältnissen; neue Rechte und Pflichten können nicht begründet werden. Werden Mieter bei Erfüllung von der Mietergemeinschaft vertraglich übernommener Verpflichtungen für den Vermieter tätig, handeln sie insoweit als dessen Vertreter. Für Schäden aus Tätigkeit im Rahmen der Mietergemeinschaft haften Mieter gegenüber dem Vermieter nur dann, wenn die Schadenszufügung auf vorsätzlicher oder grob fahrlässiger Verletzung der von ihnen übernommenen Pflichten beruht.

Gemeinschaftliches Eigentum der Mieter. Die Mietergemeinschaft entscheidet über die Verwendung der von ihr erworbenen Mittel und Sachen. Diese sind Gesamteigentum aller Mieter; zur Nutzung der Sachen ist jeder in gleicher Weise berechtigt. Scheidet ein Mieter aus der Mietergemeinschaft aus, hat er keinen Anspruch auf Teilung des gemeinschaftlichen Eigentums oder Auszahlung eines Anteils.

Beendigung des Mietverhältnisses

Es kann enden durch Kündigung des Mieters, durch Vereinbarung der Vertragspartner oder auf Mietaufhebungs- und Räumungsklage des Vermieters durch gerichtliche Entscheidung.

Kündigung durch den Mieter. Der Mieter kann das Mietverhältnis jederzeit mit einer Frist von zwei Wochen kündigen. Die Kündigung muß schriftlich erfolgen (§ 120 Abs. 2 ZGB). Im Mietvertrag kann eine längere Kündigungsfrist vereinbart werden. Ehegatten können das Mietverhältnis nur gemeinsam kündigen.

Beendigung durch Vereinbarung. Diese ist unabhängig von der im Mietvertrag vereinbarten Kündigungsfrist jederzeit möglich, sollte aber unbedingt schriftlich geschehen.

Gerichtliche Aufhebung des Mietverhältnisses. Gegen den Willen des Mieters kann das Mietverhältnis nur im Wege der sogenannten Mietaufhebungs- und Räumungsklage gelöst werden. Die bloße Kündigung beendet das Mietverhältnis ohne Einverständnis des Mieters nicht, da dieser Kündigungsschutz genießt. Ihm ist somit das verfassungsmäßige Recht auf Wohnraum garantiert. Ist er freiwillig zum Umzug nicht bereit, kann er nur bei Vorliegen bestimmter Voraussetzungen zum Wohnungswechsel gezwungen werden. Die gerichtliche Räumungsentscheidung (Urteil, Einigung) ist erst dann durchsetzbar, wenn das Wohnraumlenkungsorgan dem Mieter anderen Wohnraum zugewiesen hat.

Für eine Mietaufhebungs- und Räumungsklage gibt es ausschließlich folgende, in den §§ 121, 122 ZGB geregelt Gründe:

- Wiederholte gröbliche Verletzung der Pflichten aus dem Mietvertrag. In Betracht kommen insoweit erhebliche Gefährdungen der Wohnraum- und Gebäudesubstanz durch grobe Verletzungen der Verpflichtung zur pfleglichen Behandlung der Wohnung und hartnäckige Mißachtung der Pflicht zur regelmäßigen und pünktlichen Mietzahlung trotz wiederholter gesellschaftlicher Einwirkungen.
- Gröbliche Verletzung der Rechte anderer Hausbewohner durch den Mieter oder andere zu seinem Haushalt gehörende Personen. Es muß sich um erhebliche Beeinträchtigungen der Rechte anderer Hausbewohner, insbesondere in Gestalt von Tätlichkeiten, schweren Beleidigungen oder fortgesetztem schikanösem Verhalten handeln.

Vor Erhebung einer Mietaufhebungsklage aus den vorgenannten Gründen soll der Vermieter mit Hilfe der Mietergemeinschaft oder eines anderen Kollektivs versuchen, den Mieter oder andere zu dessen Haushalt gehörende Personen zu einem den Regeln des sozialistischen Gemeinschaftslebens entsprechenden Verhalten zu veranlassen. Das Gericht kann das Verfahren bis zu sechs Monaten aussetzen, wenn begründete Erwartung einer Verhaltensänderung seitens des Mieters bzw. der anderen zum Haushalt gehörenden Personen besteht.

- Eigenbedarf. Dieser Mietaufhebungsgrund bezieht sich insbesondere auf den Wohnbedarf des als Vermieter fungierenden Bürgers (Gebäudeeigentümers), der in sein Haus ziehen oder darin zusätzliche Räume für sich oder zu seinem Haushalt gehörende Personen in Anspruch nehmen will. Das Mietverhältnis kann auf seine Klage hin aufgehoben werden, wenn für ihn aus gesellschaftlich gerechtfertigten Gründen ein dringendes Interesse an der Erlangung des Mietraumes besteht. Besteht der Eigenbedarf nur hinsichtlich eines Teils der vermieteten Wohnung oder z. B. nur hinsichtlich bestimmter Nebenräume, kann die Mietaufhebung auch nur in diesem Umfang verlangt werden. Für Personen – auch Familienangehörige –, die bisher nicht zum Haushalt des Vermieters gehörten, kann er grundsätzlich keinen Eigenbedarf geltend machen; eine

Ausnahme ist dann gegeben, wenn es sich um die Aufnahme pflegebedürftiger Angehöriger oder solcher Personen handelt, die der Vermieter zur notwendig gewordenen eigenen Pflege dringend benötigt. Eigenbedarf des Vermieters liegt nicht vor, wenn ein bisher zu seinem Haushalt gehörender erwachsener Angehöriger selbst eine Familie gegründet hat; der dadurch entstandene Wohnbedarf ist vom zuständigen Wohnraumlenkungsorgan zu befriedigen.

Die Mietaufhebung wegen Eigenbedarfs setzt zunächst eine dem Gericht vorzulegende Erklärung des zuständigen Organs der Wohnraumlenkung voraus, daß die beanspruchte Wohnung dem Vermieter im Falle des Klageerfolges zugewiesen wird. Ob der Klage stattzugeben ist, entscheidet das Gericht auf der Grundlage einer Abwägung der Interessen des Mieters und des Vermieters. In diese Interessenabwägung ist auch die örtliche Wohnraumlage einzubeziehen. Es ist zu prüfen, ob dem Mieter in absehbarer Zeit anderer Wohnraum zugewiesen werden kann, der seiner Familiengröße und seinen berechtigten Interessen entspricht.

Das Gericht kann auf Antrag des Mieters festlegen, daß der Vermieter die ihm entstehenden notwendigen Umzugskosten ganz oder teilweise ersetzt, wenn dies unter Berücksichtigung aller Umstände gerechtfertigt ist. Auch können dem Vermieter die Kosten des Rechtsstreits ganz oder teilweise auferlegt werden.

Rechtsfolgen der Beendigung. Das Mietverhältnis endet bei gerichtlicher Aufhebung zu dem im Urteil bestimmten bzw. in einer gerichtlichen Einigung der Prozeßparteien festgelegten Zeitpunkt. Bei Beendigung des Mietverhältnisses durch Kündigung seitens des Mieters ist der Ablauf der Kündigungsfrist, bei einvernehmlicher Vertragsaufhebung der vereinbarte Termin maßgebend.

Von der Beendigung des Mietverhältnisses werden auch sämtliche Haushaltsangehörige des Mieters sowie etwaige Untermietverhältnisse erfaßt.

Der Mieter ist mit Beendigung des Mietverhältnisses verpflichtet, die Wohnung zu räumen, d. h. frei von Gegenständen und in besenreinem Zustand zu verlassen und sie an den Vermieter herauszugeben. Letzteres geschieht in der Regel durch Übergabe der Schlüssel, und zwar auch derjenigen, die der Mieter selbst angefertigt hat oder anfertigen ließ.

Im Zeitraum zwischen der Beendigung des Mietverhältnisses und der Realisierung der Räumung, die das Vorhandensein anderweitigen Wohnraums voraussetzt, ergeben sich die beiderseitigen Rechte und Pflichten aus dem bisherigen Mietvertrag (§ 123 ZGB).

Wegnahme von Einrichtungsgegenständen. Entfernt der Mieter Einrichtungsgegenstände, die er selbst ohne bauliche Veränderungen angeschlossen oder angebracht hat, so ist er verpflichtet, vor Aufgabe seiner Wohnung den vorherigen Zustand wieder herzustellen, z. B. durch Verputzen der Wände. Ist Entfernung des Einrichtungsgegenstandes und Wiederherstellung des ursprünglichen Zustandes wirtschaftlich nicht vertretbar, besteht Anspruch auf angemessene Entschädigung seitens des Vermieters, soweit dieser wirtschaftliche Vorteile erlangt. Zweckmäßiger und weitgehend üblich ist eine Vereinbarung mit dem nachfolgenden Mieter, daß dieser die angeschlossenen oder angebrachten Gegenstände übernimmt. Entsprechende Vereinbarungen können auch über vom Mieter in der Wohnung vorgenommene bauliche Veränderungen getroffen werden. Der Vermieter ist von derartigen Vereinbarungen zu informieren.

Wohnungstausch

Der Wohnungstausch auf der Grundlage eines Vertrages der beteiligten Mieter (§ 126 ZGB) dient einer den individuellen Bedürfnissen entsprechenden Gestaltung der Wohnverhältnisse und trägt dazu bei, Wohnraumreserven zu erschließen. Er wird staatlich gefördert und unterstützt, z. B. durch Einrichtung von Tauschzentralen.

Der Wohnungstauschvertrag bedarf der Schriftform sowie der Genehmigung durch die beteiligten Wohnraumlenkungsorgane. Des weiteren ist die Zustimmung der Vermieter erforderlich. Wird letztere ohne ausreichenden Grund verweigert, kann sie durch Entscheidung des für die Wohnraumlenkung zuständigen Organs ersetzt werden.

Mit Einzug in die übernommene Wohnung tritt jeder Tauschpartner in das bestehende Mietverhältnis des anderen ein und übernimmt damit dessen Rechte und Pflichten,

so auch die Pflicht zur malermäßigen Instandhaltung. Anders als bei Erst- oder Neuvermietung besteht kein Anspruch gegen den Vermieter auf Herstellung des zum vertragsgemäßen Gebrauch geeigneten malermäßigen Zustandes der Wohnung.
Ein Rücktritt vom Tauschvertrag ist nur zulässig, wenn dessen Erfüllung durch Umstände, die nach Vertragsabschluß eingetreten sind, unzumutbar geworden ist (§ 127 ZGB). An die Berechtigung eines Rücktritts werden hohe Anforderungen gestellt. Anzuerkennende Gründe sind z. B. die nach Vertragsabschluß erfolgende Eheschließung oder Ehescheidung eines Tauschpartners, Tod oder schwere Krankheit eines zum Haushalt gehörenden Familienangehörigen oder dem vorgesehenen Umzug entgegenstehende Veränderungen des Arbeitsortes. Der vom Vertrag zurücktretende Partner ist verpflichtet, die dem anderen Beteiligten im Zusammenhang mit dem Tauschvorhaben entstandenen Aufwendungen in Abhängigkeit von den konkreten Umständen ganz oder teilweise zu erstatten.
Vom vertraglichen Wohnungstausch zu unterscheiden ist die Anordnung eines Wohnungswechsels durch das für die Wohnraumlenkung zuständige Organ. Eine solche Maßnahme ist in Ausnahmefällen nach Beschluß des Rates des Kreises bzw. der Stadt zulässig, jedoch nicht gegenüber Bürgern, die das 70. Lebensjahr vollendet haben.

Tod des Mieters

In diesem Fall können seine im Haushalt lebenden Familienangehörigen durch schriftliche Erklärung gegenüber dem Vermieter in den Mietvertrag eintreten. Das Mietverhältnis wird dann zu den bisherigen Bedingungen fortgesetzt, ohne daß eine Zustimmung des Vermieters erforderlich ist.

Eigentümerwechsel

Geht ein Wohngrundstück in das Eigentum eines anderen über, so gilt der Grundsatz: Kauf bricht nicht Miete, d.h., der bestehende Mietvertrag gilt weiter. Der neue Eigentümer hat keinen Rechtsanspruch auf Einzug in sein Grundstück. Er hat lediglich unter bestimmten Voraussetzungen die Möglichkeit, eine Eigenbedarfsklage zu erheben.

Regelung der Wohnverhältnisse nach Beendigung einer Lebensgemeinschaft

Wurde eine Lebensgemeinschaft unverheirateter Partner beendet und ist nur einer von ihnen Mieter, kann dieser vom anderen Partner den Auszug innerhalb angemessener Frist verlangen, sobald anderer Wohnraum zur Verfügung steht. Dieser Anspruch ist gerichtlich durchsetzbar (Klage auf Räumung).
Sind beide Partner Mieter der Wohnung, muß geklärt werden, welcher der ehemaligen Lebensgefährten das Mietverhältnis fortsetzt. Dies sollte durch Vereinbarung zwischen ihnen und mit dem Vermieter erfolgen. Gelingt dies nicht, kann jeder Partner eine Klage mit dem Ziel der Änderung des Mietvertrages durch das Gericht erheben (§ 78 ZGB).

Meldepflichten bei Umzug

Diese ergeben sich aus den Bestimmungen der Meldeordnung in der Fassung der Bekanntmachung vom 10. 6. 1981 (GBl. I S. 282).
Wer eine Wohnung bezieht, muß sich binnen sieben Tagen bei der zuständigen Meldestelle anmelden. Wer aus einer Wohnung auszieht, muß sich spätestens am Verzugstag unter Angabe der neuen Wohnanschrift bei seiner bisher zuständigen Meldestelle abmelden. Die An- und Abmeldung kann ein ausweispflichtiger Haushaltsangehöriger für alle Familienmitglieder vornehmen. Bei Wohnungswechsel innerhalb eines Volkspolizeikreisamt-Bereiches und innerhalb der Hauptstadt der DDR bedarf es keiner Abmeldung.
Außer den zur An- und Abmeldung Verpflichteten sind nebenmeldepflichtig: der Eigentümer, Besitzer oder Verwalter eines Hauses für alle Mieter sowie jeder Wohnungsgeber für die bei ihm wohnenden Personen.
Die neuen Mieter müssen sich innerhalb sieben Tagen nach Einzug in die Wohnung in das Hausbuch eintragen lassen. Bei Auszug

ist die neue Wohnanschrift im Hausbuch einzutragen. Die Richtigkeit der Angaben ist durch Unterschrift zu bestätigen.

Untermietverhältnis

Dieses wird durch Vertrag zwischen Mieter und Untermieter begründet und erlangt insbesondere dann Bedeutung, wenn sich Bürger aus Gründen ihrer Arbeit oder Ausbildung für längere Zeit außerhalb ihres sonstigen Wohnortes aufhalten müssen. Der Mieter ist zum Vertragsabschluß verpflichtet, wenn der Wohnraum vom zuständigen Staatsorgan erfaßt und zur Untermiete zugewiesen wurde. Grundsätzlich hat der Untermieter die gleichen Rechte und Pflichten gegenüber dem Mieter wie dieser gegenüber dem Vermieter. Kündigungsschutz genießt der Untermieter nur, wenn es sich um zugewiesenen Wohnraum handelt oder – bei nicht zugewiesenem Wohnraum – wenn er diesen vertragsgemäß mit seiner Familie bewohnt oder die Räume ganz oder überwiegend mit eigenen Einrichtungsgegenständen versehen hat. In diesen Fällen kann das Untermietverhältnis gegen den Willen des Betroffenen nur durch gerichtliche Entscheidung – also auf Klage seitens des Mieters – und nur aus denjenigen Gründen aufgehoben werden, die im Verhältnis zwischen Vermieter und Mieter gelten. In den übrigen Fällen kann dem Untermieter mit einer Frist von zwei Wochen gekündigt werden (§ 128 ZGB).

Besonderheiten bei Werkwohnungen

Das Mietverhältnis über eine Werkwohnung entsteht durch einen schriftlich abzuschließenden Vertrag zwischen dem Betrieb als Vermieter und dem Werktätigen als Mieter (§ 130 ZGB).
Voraussetzungen für den Vertragsabschluß sind das Bestehen eines Arbeitsrechtsverhältnisses mit dem Betrieb und die Zuweisung, aus der hervorgehen muß, daß es sich um eine Werkwohnung handelt. Der Vermieter kann hier – über die rein zivilrechtlichen Aufhebungsmöglichkeiten hinaus – den Mietvertrag mit vorheriger Zustimmung der BGL bei Beendigung des Arbeitsrechtsverhältnisses bzw. bei Beendigung der Funktion oder der Tätigkeit im Bereitschaftsdienst kündigen. Endet das Arbeitsrechtsverhältnis infolge der Übernahme einer gesellschaftlichen Funktion, wegen einer Delegierung oder aus ähnlichen Gründen, dann kann mit Zustimmung der BGL vereinbart werden, daß der Mietvertrag über die Werkwohnung fortbesteht. Dieser bleibt auch dann bestehen, wenn das Arbeitsrechtsverhältnis aus einem gesellschaftlich anzuerkennenden Grund ruht oder wegen Invalidität bzw. nach Erreichen des Rentenalters beendet wird. Beim Tod des Werksangehörigen entscheidet der Betriebsleiter mit Zustimmung der BGL über die Fortsetzung des Mietverhältnisses mit den im Haushalt lebenden Familienangehörigen. Ist dies aus betrieblichen Gründen nicht möglich, dann muß den Angehörigen anderer angemessener Wohnraum zur Verfügung gestellt werden. Die durch Beendigung des Mietverhältnisses über eine Werkwohnung entstehenden Umzugskosten sind nur dann vom Werktätigen selbst zu tragen, wenn das Arbeitsrechtsverhältnis durch fristlose Entlassung oder durch Kündigung aus einem in seiner Person liegenden Grund endet oder wenn die Aufhebung des Mietverhältnisses durch gerichtliches Urteil erfolgte, ohne daß darin über die Umzugskosten entschieden wurde; ansonsten trägt sie der Betrieb.
Bei Streitigkeiten, die sich aus einem Mietverhältnis über eine Werkwohnung ergeben, ist die Konfliktkommission des Betriebes zuständig; nur wenn dort keine besteht, kann sofort Klage beim Kreisgericht erhoben werden.

Käuferrechte

Grundsätze

Die im Zivilgesetzbuch getroffene Regelung des Kaufs (§§ 133 ff.) geht von der Verantwortung der Produktions- und Handelsbetriebe für die Erfüllung der ihnen vom sozialistischen Staat übertragenen Versorgungsaufgaben aus.
Die Betriebe des Einzelhandels sind verpflichtet, ihre Vertragsbeziehungen zu den

Bürgern so zu gestalten, daß sie planmäßig zur bedarfsgerechten Versorgung der Bevölkerung beitragen. Dieser Zielstellung entsprechend haben die Einzelhandelsbetriebe ihre Beziehungen zu den Großhandels- und Herstellerbetrieben darauf auszurichten, daß auf der Grundlage des Planes eine kontinuierliche, dem Bedarf entsprechende Versorgung mit Konsumgütern und Ersatzteilen gewährleistet wird. Die Mitwirkung der Bürger an der Lösung der Aufgaben des sozialistischen Einzelhandels erfolgt insbesondere durch Kundenbeiräte und Ausschüsse bei den Verkaufseinrichtungen, aber auch individuell durch Vorschläge, Hinweise und Kritiken; dazu können die in den Verkaufseinrichtungen ausliegenden Kundenbücher genutzt werden.

Die zivilrechtliche Gestaltung der Kaufbeziehungen dient insbesondere der Sicherung des Käuferanspruchs auf einwandfreie Qualität der erworbenen Ware. Dementsprechend bildet die Regelung der Garantie den Schwerpunkt der ZGB-Bestimmungen über den Kauf.

Diese gelten mit Ausnahme einiger Vorschriften, die ausschließlich die Tätigkeit der Einzelhandelsbetriebe betreffen, auch für Kaufbeziehungen zwischen Bürgern. Beim Tausch werden die Bestimmungen über den Kauf entsprechend angewendet (§ 147 ZGB).

Kaufvertrag

Dieser kommt wie andere Verträge durch übereinstimmende Willenserklärungen der Partner (Angebot und Annahme) zustande. In der Regel genügen hierfür mündliche Erklärungen oder auch Verhaltensweisen, aus denen Kaufabsicht und Verkaufsbereitschaft ersichtlich sind. Besondere Formerfordernisse bestehen nur in bestimmten, gesetzlich geregelten Fällen. So muß z.B. beim Verkauf gebrauchter Kraftfahrzeuge ein schriftlicher Kaufvertrag mit Angabe des vereinbarten Kaufpreises abgeschlossen werden (Anordnung über den Kauf und Verkauf sowie über die Ermittlung des Preises für gebrauchte Kraftfahrzeuge vom 24. August 1981, GBl. I S. 333).

Das Ausstellen bzw. Vorlegen von Verkaufsware oder Beratungsmustern gilt als Aufforderung zum Kaufangebot. Der Einzelhandelsbetrieb ist grundsätzlich verpflichtet, Angebote zum Kauf vorrätiger Waren anzunehmen. Dies gilt auch bei zum Sortiment der Verkaufseinrichtung gehörender Dekorationsware, die ansonsten nicht mehr im Bestand vorhanden ist. Erfordert die sofortige Herausnahme des Dekorationsstückes in diesem Fall einen unverhältnismäßig großen Aufwand, ist gleichwohl ein Kaufvertrag unter Vereinbarung späterer Übergabe und Bezahlung der Ware abzuschließen.

Aus dem zustande gekommenen Kaufvertrag ist der Verkäufer verpflichtet, dem Käufer die Ware in einwandfreier Beschaffenheit zu übergeben und ihm das Eigentum daran zu verschaffen. Der Käufer ist zur Zahlung des Kaufpreises und zur Abnahme der Ware verpflichtet (§ 139 ZGB). Der Übergang des Eigentums am gekauften Gegenstand setzt – sofern nichts anderes vereinbart wurde – sowohl die Übergabe der Ware als auch deren Bezahlung voraus. Deshalb bedarf es z.B. bei einem Abzahlungskauf zwischen Bürgern dann einer besonderen Vereinbarung, wenn das Eigentum bereits mit Übergabe der Sache und nicht erst bei der Zahlung der letzten Rate übergehen soll.

Information und Beratung

Die Pflicht des Verkäufers zur Information und sachkundigen Beratung (§ 137 ZGB) erlangt besondere Bedeutung beim Erwerb hochwertiger, vor allem technischer Konsumgüter. Der Käufer ist über Gebrauch, Bedienung und Behandlung der Ware zu unterrichten. Technische Konsumgüter sind, soweit dies ihrer Art und Beschaffenheit nach möglich ist, in der Verkaufseinrichtung vorzuführen; ggf. hat die Vorführung an einem Muster zu erfolgen. Bei Übergabe der Ware sind dem Käufer erforderliche Gebrauchs- und Bedienungsanweisungen bzw. Behandlungsvorschriften auszuhändigen. Bestehen Kundendiensteinrichtungen zur Wartung und Instandhaltung des Kaufgegenstandes – bei technischen Konsumgütern ist dies durchgängig der Fall –, dann ist der Käufer durch Übergabe eines entsprechenden Verzeichnisses oder in anderer Form über die Vertragswerkstätten oder sonst zuständige Dienstleistungs- und Reparaturbetriebe zu informieren.

Erfüllt der Verkäufer seine Beratungs- und Informationspflicht nur unzureichend und kommt es dadurch beim Käufer zu einem Irrtum über wesentliche Eigenschaften der Ware, kann der Kaufvertrag angefochten werden (§ 70 ZGB). Ein solcher Fall kann z. B. vorliegen, wenn nicht auf gerätespezifische technische Merkmale hingewiesen wurde, die für Umfang und Grenzen der Verwendbarkeit der Ware bedeutsam sind. Veranlassung zur Anfechtung besteht auch dann, wenn der Käufer beim Vertragsabschluß arglistig getäuscht wurde. Dies ist z. B. dann der Fall, wenn der Verkäufer eines gebrauchten Kraftfahrzeuges ihm bekannte Rostschäden an tragenden Teilen der Karosserie verschweigt.

Die Anfechtung ist unverzüglich gegenüber dem Verkäufer zu erklären. Wird ihr widersprochen, kann innerhalb von zwei Monaten nach Zugang der entsprechenden Erklärung Klage bei Gericht erhoben werden.

Garantie

Der Verkäufer hat für die gekaufte Ware Garantie zu gewähren. Sie erstreckt sich darauf, daß die Ware den staatlichen Güte-, Sicherheits- und Schutzvorschriften entspricht, daß sie die vom Hersteller zugesicherte oder für den normalerweise vorgesehenen Vertragszweck erforderliche Gebrauchsfähigkeit und Beschaffenheit hat und diese bei sachgemäßem Gebrauch während der Garantiezeit behält. Die Garantie erstreckt sich ferner auf solche Eigenschaften der Ware, die vom Verkäufer oder Hersteller zugesichert sind oder für den vereinbarten besonderen Verwendungszweck vorausgesetzt werden. Die wesentlichen Regelungen über die Garantie sind in den §§ 148 ff. ZGB sowie in der zu diesem Gesetz ergangenen 1. Durchführungsverordnung (DVO) über Rechte und Pflichten bei der Reklamation nicht qualitätsgerechter Waren vom 27. 12. 1976 (GBl. I 1977 S. 9) enthalten. Gesetzliche Garantieansprüche dürfen – außer beim Kauf gebrauchter Waren – durch Vertrag weder ausgeschlossen noch eingeschränkt werden.

Unzulässig ist es, wenn der Verkäufer den Käufer mit seinen Garantieansprüchen an den Herstellerbetrieb oder an die Vertragswerkstatt verweist oder wenn der Einzelhandelsbetrieb die Anerkennung eines Garantieanspruchs davon abhängig macht, ob der Großhandelsbetrieb oder Hersteller den Mangel anerkennt. Ebenfalls unzulässig ist die Weigerung des Verkäufers, Garantieansprüche nur hinsichtlich bestimmter Waren anzuerkennen. Sind bestimmte Waren, z. B. Unterwäsche usw., vom Umtausch – einer freiwilligen Form des Kundendienstes (§ 146 ZGB) – ausgeschlossen, können dennoch die Garantierechte in Anspruch genommen werden. Dagegen ist in diesen Fällen ein Umtausch von Waren ausgeschlossen, der nicht wegen festgestellter Mängel erfolgt, sondern weil z. B. die gekaufte Unterwäschegarnitur eine Nummer zu klein ist.

Als Garantieansprüche des Käufers sieht das Gesetz Nachbesserung, Ersatzlieferung, Preisrückzahlung und Preisminderung vor.

Nachbesserung. Hierunter versteht man die kostenlose Beseitigung des Mangels, was sowohl durch Reparatur als auch durch Auswechslung von Teilen oder Baugruppen erfolgen kann. Der Nachbesserung kommt im System der Garantieansprüche eine Vorrangstellung zu, da mit ihr dem Interesse des Käufers an der Wiederherstellung des Gebrauchswertes der Ware in volkswirtschaftlich günstiger Weise entsprochen werden kann. Der Garantieverpflichtete kann daher auf Nachbesserung bestehen, wenn dadurch der Mangel in angemessener Frist einwandfrei beseitigt werden kann und die berechtigten Interessen des Käufers gewahrt bleiben (§ 152 ZGB). Letzteres ist z. B. dann nicht der Fall, wenn er die Ware sofort benötigt und der Nutzungszweck auch nicht durch vorübergehende Überlassung eines Leihgegenstandes gesichert werden kann (Geburtstagsgeschenk). Die berechtigten Käuferinteressen sind auch dann nicht gewahrt, wenn die Ware bereits wiederholt nachgebessert werden mußte und erneut ein Mangel auftritt. Der Käufer kann dann auf andere Garantieansprüche nach seiner Wahl zurückgreifen. Gleiches gilt, wenn die Nachbesserung nicht ordnungsgemäß oder nicht innerhalb der vereinbarten bzw. einer angemessenen Frist erfolgt ist. Die 1. DVO zum ZGB regelt für bestimmte Warengruppen differenzierte Nachbesserungsfristen zwischen 8 und 21 Tagen; ansonsten gilt eine Frist von 14 Tagen als angemessen.

Der Anspruch auf Nachbesserung kann nicht

nur gegenüber dem Verkäufer, sondern auch gegenüber dem Hersteller oder der Vertragswerkstatt geltend gemacht werden.

Ersatzlieferung. Kann der Käufer nicht bzw. nicht mehr auf Nachbesserung verwiesen werden, dann kommt als ihm wahlweise zustehender anderer Garantieanspruch u. a. Ersatzlieferung in Betracht. Hierbei handelt es sich um die Übergabe einer einwandfreien gleichartigen Ware gegen Rückgabe der mangelhaften.

Der Anspruch auf Ersatzlieferung kann auch gegen den Hersteller geltend gemacht werden.

Preisrückzahlung. Dieser Garantieanspruch beinhaltet das Rückgängigmachen des Kaufs, indem die Vertragspartner einander die jeweils empfangene Leistung (mangelhafte Ware und voller Kaufpreis) zurückgewähren. Der Verkäufer darf die Realisierung dieses Anspruchs nicht von Bedingungen, etwa vom Kauf einer anderen Ware, abhängig machen. Preisrückzahlung kann – ebenso wie Ersatzlieferung – nicht mehr verlangt werden, wenn unabhängig vom Mangel eine wesentliche Verschlechterung der Ware eingetreten ist (z.B. bei bereits stark abgetragenen Schuhen). Diese Einschränkung gilt dann nicht, wenn ein nachgebesserter Mangel nach vorübergehender Nutzung erneut auftritt und die wesentliche Verschlechterung zum Zeitpunkt der Nachbesserung noch nicht gegeben war.

Preisminderung. Möchte der Käufer die fehlerhafte Ware behalten, so kann er im Verhältnis zur Wertminderung eine Herabsetzung des Kaufpreises verlangen. Dafür wird er sich dann entscheiden, wenn er die Ware selbst nachbessern kann oder die noch gegebene Brauchbarkeit für seine Zwecke ausreicht. Wurden bestimmte Mängel der Ware bereits bei der Festsetzung des Kaufpreises berücksichtigt (Verkauf zum herabgesetzten Preis), kann wegen dieser Mängel weder eine nochmalige Preisminderung verlangt noch ein sonstiger Garantieanspruch geltend gemacht werden (§ 159 Abs. 1 ZGB).

Sonstige Ansprüche aus der Garantie. Der Käufer kann die Erstattung derjenigen notwendigen Aufwendungen verlangen, die ihm im Zusammenhang mit der berechtigten Geltendmachung von Garantieansprüchen entstanden sind. Darunter sind mit der Reklamation verbundene unvermeidbare Ausgaben des Käufers wie Fahrt- und Transportkosten, Portobeträge und Telefongebühren zu verstehen. Die Gefahr des Verlustes, der Vernichtung oder Beschädigung von Waren, die der Käufer zur Erfüllung von Garantieverpflichtungen übergibt oder übersendet, trägt der Garantieverpflichtete (Verkäufer bzw. Hersteller oder Vertragswerkstatt). Können frei Haus zu liefernde Waren (das sind nach § 140 ZGB Möbel und andere sperrige oder schwerlastige Konsumgüter) nicht am Aufstellungsort nachgebessert werden, ist der Verkäufer oder Hersteller verpflichtet, die Ware abzuholen und nach der Nachbesserung zurückzuliefern. Entsprechendes gilt bei Rückgabe einer mangelhaften Ware zwecks Ersatzlieferung oder Preisrückzahlung.

Der Käufer kann vom Verkäufer oder Hersteller Ersatz eines während der Garantiezeit entstandenen Schadens verlangen, der nach allgemeiner Erfahrung als Folge des Mangels anzusehen ist (z. B. Beschädigung von Wäsche durch Betrieb einer mangelhaften Waschmaschine).

Garantiezeit. Die Garantiezeit beträgt sechs Monate und beginnt mit Übergabe der Ware an den Käufer. Bei Waren, die zum alsbaldigen Verbrauch bestimmt sind oder bei bestimmungsgemäßem Verbrauch eine begrenzte Verwendungsdauer haben, beschränkt sich die Garantie auf eine entsprechend angemessene Zeit oder Nutzungsdauer.

Wird die Ware nachgebessert, verlängert sich die Garantiezeit um die Zeit von der Mängelanzeige bis zur Rückgabe der Ware an den Käufer. Bei Ersatzlieferung beginnt mit Übergabe der neuen Ware eine neue Garantiezeit.

Zusatzgarantie. Für geeignete Waren, insbesondere für hochwertige Konsumgüter, sollen die Herstellerbetriebe entsprechend der planmäßigen Qualitätsentwicklung eine längere Garantiezeit gewähren (z. B. ein Jahr). Es ist zulässig, die Zusatzgarantie auf bestimmte Garantieleistungen (z. B. Nachbesserung) zu beschränken, jedoch müssen, wenn durch diese der Mangel nicht beseitigt werden kann, die berechtigten Garantieansprüche des Käufers durch andere Garantieleistungen realisiert werden. Für die Zusatzgarantie wird ein Garantieschein ausgestellt und dem Käufer bei Übergabe der Ware ausgehändigt. Der Käufer kann Ansprüche aus der Zusatzgarantie schon während der gesetzlichen Garantiezeit von sechs Monaten geltend machen. Obwohl sich Ansprüche aus der Zusatzgarantie ausschließlich gegen den Hersteller richten, können sie gegen diesen auch beim Verkäufer geltend gemacht werden.

Garantie beim Gebrauchtwarenkauf. Beim Kauf gebrauchter Waren beträgt die Garantiezeit drei Monate. Die Anforderungen an das Vorliegen eines Garantieanspruchs werden beim Gebrauchtwarenkauf wesentlich durch den Zustand der Ware und ihre Gebrauchsfähigkeit beim Abschluß des Kaufvertrages bestimmt. Der Käufer kann Preisminderung oder Preisrückzahlung sowie Erstattung seiner Aufwendungen verlangen, wenn die Ware bei Übergabe Mängel hatte, die den vertraglich vorausgesetzten Gebrauchswert erheblich mindern. Die Garantie kann – im Gegensatz zur Regelung für den Kauf neuer Waren – durch Vertrag beschränkt oder ausgeschlossen werden.

Geltendmachung der Garantieansprüche. Garantieansprüche sollen unverzüglich nach Feststellung des Mangels gegen den Verpflichteten (Verkäufer bzw. Hersteller oder Vertragswerkstatt) geltend gemacht, d.h. ihm gegenüber erhoben werden. Eine umgehende Reklamation nach erfolgter Übergabe des Kaufgegenstandes ist insbesondere bei solchen Waren notwendig, die einer erhöhten Gefahr der Beschädigung unterliegen (z. B. Schallplatten, Glas- und Porzellanwaren). Der Verkäufer wird hier bei verzögerter Geltendmachung Garantieansprüche unter Hinweis darauf ablehnen, daß nicht mehr feststellbar ist, ob er oder der Käufer für den reklamierten Mangel einzustehen hat. Zwei Wochen nach Ablauf der Garantiezeit ist das Geltendmachen von Garantieansprüchen nicht mehr möglich – es sei denn, daß nachgewiesenermaßen Mängel vorliegen, welche auf einen groben Verstoß gegen elementare Grundsätze der Konstruktion, Materialauswahl, Fertigung und Montage, Erprobung oder Lagerhaltung zurückzuführen sind und daß dadurch die Ware bei bestimmungsgemäßem Gebrauch keine ihrer Art angemessene Nutzungsdauer und Haltbarkeit hat.

Der Käufer hat in geeigneter Form nachzuweisen, daß die Ware innerhalb der Garantiezeit beim Verkäufer erworben wurde; insbesondere kommt Vorlage des Kassenbeleges oder Garantiescheins in Betracht, jedoch sind auch andere Beweismittel (z.B. Zeugenaussage) zulässig.

Bei Waren, die im sozialistischen Einzelhandel (einschließlich Kommissionshandel) erworben wurden, kann die Reklamation auch an einem anderen Ort als dem des Kaufs erfolgen; das gilt nicht für Nahrungs- und Genußmittel sowie für wertgeminderte (im Preis herabgesetzte) und gebrauchte Waren. Voraussetzung ist, daß die Geltendmachung des Garantieanspruchs beim Verkäufer besonders aufwendig wäre (z. B. wegen großer Entfernung zwischen Wohnort und Urlaubsort, an dem der Kauf erfolgte), daß die Verkaufseinrichtung, in der reklamiert wird, Waren gleicher Art und Güte führt und daß der Käufer durch Vorlage eines Beleges schriftlichen Nachweis hinsichtlich des Verkaufsdatums und der Verkaufseinrichtung führen kann.

Über die Anerkennung des Garantieanspruchs ist sofort zu entscheiden. Ist dies wegen der Art des Mangels oder der Ware nicht möglich, muß die Entscheidung innerhalb von zwei Wochen getroffen und dem Käufer mitgeteilt werden, da andernfalls der Anspruch als anerkannt gilt. In begründeten Ausnahmefällen kann die Frist mit Einverständnis des Käufers verlängert werden.

Gerichtliche Geltendmachung. Lehnt der Garantieverpflichtete den ihm gegenüber geltend gemachten Anspruch ab, kann der Käufer Klage beim Kreisgericht einreichen. Örtlich zuständig ist dasjenige Kreisgericht, in dessen Bereich sich der Sitz des verklagten Handels- bzw. Herstellerbetriebes befindet. Unter bestimmten Voraussetzungen kann der Käufer die Klage aber auch bei dem für seinen Wohnsitz zuständigen Kreisgericht erheben. Dies ist dann möglich, wenn für frei Haus anzuliefernde Konsumgüter Nachbesserung oder Ersatzlieferung begehrt wird oder wenn sich der Anspruch – unabhängig von der Art der Ware – auf Preisrückzahlung bzw. Preisminderung und damit auf eine Geldleistung richtet.

Die gerichtliche Durchsetzung von Garantieansprüchen wird dadurch erleichtert, daß in derartigen Verfahren keine Pflicht zur Vorauszahlung von Gerichtsgebühren besteht.

Verjährung. Nach Ablauf der Verjährungsfrist, die für Garantieansprüche sechs Monate beträgt, können diese nicht mehr mit Hilfe des Gerichts durchgesetzt werden. Die Verjährungsfrist beginnt bei Garantieansprüchen mit dem 1. Tag des auf ihre Geltendmachung beim Garantieverpflichteten folgenden Monats; jedoch wird die Zeit von der Geltendmachung des Anspruchs bis zu seiner Erfüllung oder bis zur Erklärung des Verpflichteten, daß er die Erfüllung des Anspruchs ablehnt, nicht eingerechnet (Hemmung der Verjährung).

Kreditkauf

Bei diesem geht dem Kaufgeschäft der Abschluß eines Kreditvertrages voraus.
Zur Erleichterung des Erwerbs langlebiger Konsumgüter werden von den Sparkassen Teilzahlungskredite gewährt, die mit 6% jährlich zu verzinsen sind. Welche Gebrauchsgüter auf Teilzahlung gekauft werden können, ergibt sich aus dem jeweils gültigen, vom Minister für Handel und Versorgung herausgegebenen Warenverzeichnis.
Junge Eheleute können – unabhängig von einem Kredit für die Wohnraumbeschaffung – einen zinslosen Kredit bis zu 7000,– M für den Kauf von Möbeln, hauswirtschaftlichen und haushaltstechnischen Gegenständen, Rundfunk- bzw. Fernsehgeräten, Haushaltswäsche usw. aufnehmen. Dieser Kredit ist innerhalb von 11 Jahren zu tilgen und wird bei der Geburt des ersten und zweiten Kindes bis zum Ablauf dieser Frist, bei der Geburt des dritten Kindes auch danach, teilweise erlassen (Verordnung über die Gewährung von Krediten zu vergünstigten Bedingungen an junge Eheleute vom 24. 4. 1986, GBl. I S. 244).
Die Sparkasse stellt über die vereinbarte Kreditsumme einen nicht übertragbaren Kreditkaufbrief aus, der zum Einkauf in den Einrichtungen des Einzelhandels berechtigt. Bei Teilzahlungskrediten hat der Käufer den für die jeweilige Ware festgelegten Anzahlungsbetrag an den Handelsbetrieb zu entrichten, während die Differenz zum vollen Kaufpreis durch die Sparkasse überwiesen wird.
Das Eigentum an der auf Kredit erworbenen Ware geht auf den Käufer über, wenn ihm diese ausgehändigt wird, der Kaufpreis bzw. dessen Restbetrag in den Kreditkaufbriefabschnitt eingetragen und eine ggf. zu leistende Anzahlung beglichen ist. Zur Sicherung ihrer Forderung erwirbt die Sparkasse an den gekauften Gegenständen ein besitzloses Pfandrecht (§ 448 ZGB), das mit der vollständigen Rückzahlung des Kredits erlischt. Eine vorherige Veräußerung oder wesentliche Veränderung der Pfandgegenstände bedarf der Einwilligung des Kreditinstituts.
Da zwischen dem Kreditnehmer als Käufer und dem Einzelhandelsbetrieb als Verkäufer normale kaufvertragliche Beziehungen bestehen, kann ersterer bei Vorliegen der entsprechenden Voraussetzungen Garantieansprüche geltend machen. Fehlerhaftigkeit der gekauften Ware hebt jedoch nicht die Verpflichtung des Käufers auf, die Tilgungsraten pünktlich weiterzuzahlen.

Textilien und Kleidung

Textile Faserstoffe

Als textile Faserstoffe werden alle Rohstoffe bezeichnet, die sich für eine Verarbeitung in der Textilindustrie eignen. Sie müssen dafür bestimmte Eigenschaften haben, z. B. Schmiegsamkeit, Elastizität, eine bestimmte Länge, und sie dürfen nicht spröde sein, um der mechanischen Beanspruchung bei der Verarbeitung in der Spinnerei, Weberei, Strickerei, Wirkerei und Veredlung standzuhalten. Es wird zwischen Naturfaserstoffen und Chemiefaserstoffen unterschieden (s. Abb. Textile Faserstoffe).
Im Jahre 1983 wurden in der DDR Faserstoffe zu etwa 40 % für Bekleidung, etwa 35 % für Heim- und Haushalttextilien und etwa 25 % für technische Zwecke eingesetzt.
Die Geschichte der Faserstoffe geht bis in die Steinzeit zurück. In dieser Zeit begann der Mensch mit der Gewinnung und Verarbeitung von Flachs. Seit etwa 5000 Jahren, das zeigen Funde in ägyptischen Gräbern, ist die Baumwolle als textiler Faserstoff in

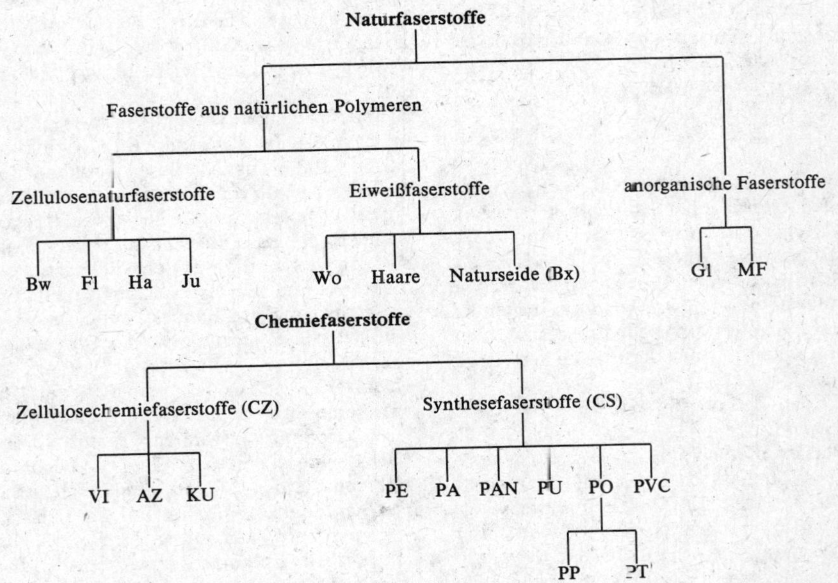

Bw = Baumwolle
Fl = Flachs
Ha = Hanf
Ju = Jute
Wo = Schafwolle
Bx = Bombyxfaserstoff

Gl = Glasfaserstoff
MF = Metallfaserstoff
VI = Viskosefaserstoff
AZ = Azetatfaserstoff
KU = Kuoxamfaserstoff

PE = Polyesterfaserstoff
PA = Polyamidfaserstoff
PAN = Polyacrylnitrilfaserstoff
PU = Polyurethanfaserstoff
PO = Polyolefinfaserstoff
PVC = Polyvinylchloridfaserstoff

Einteilung der textilen Faserstoffe

Ägypten ebenso bekannt wie in Indien. Funde von Geweberesten aus Schafwolle am Bodensee stammen aus der gleichen Zeit.
In der Geschichte der Menschheit hat die Gewinnung und Verarbeitung der Faserstoffe neben großartigen Erfindungen auch tiefgreifende gesellschaftliche Umwälzungen eingeleitet und gefördert.
Der Bedarf an textilen Rohstoffen wurde bis zum Beginn dieses Jahrhunderts im wesentlichen durch Naturfaserstoffe gedeckt. In dieser Zeit begann man mit der Entwicklung und Produktion von Chemiefaserstoffen. Das war möglich durch die sich stürmisch entwikkelnde Industrie (Chemie, Maschinenbau, großtechnische Verfahren) und hatte objektive Gründe, wie z.B. die Zunahme der Weltbevölkerung, die Erhöhung des Lebensstandards sowie territorial begrenzte Anbau- und Produktionsmöglichkeiten der Naturfaserstoffe. Textilien aus Chemiefaserstoffen konnten nach völlig neuen, für die damalige Zeit hochproduktiven Verfahren hergestellt werden und führten zum Teil zu verbesserten Eigenschaften.

Naturfaserstoffe

Sie umfassen alle in der Natur vorkommenden Faserstoffe, die aus organischer oder anorganischer Substanz bestehen. Da für Bekleidungszwecke nur die organischen, aus natürlichen Polymeren bestehenden und auf Zellulose- oder Eiweißbasis aufbauenden Naturfaserstoffe von Bedeutung sind, wird im folgenden nur auf diese gesondert eingegangen.
Unter den Zellulosefaserstoffen sind vor allem Baumwolle und Flachs, unter den Eiweißfaserstoffen Wolle sowie Raupenfaserstoffe erwähnenswert. Ihr Einsatz bei textilen Flächengebilden für Bekleidungszwecke erfolgt zunehmend als Mehrkomponentenfaser bei Mischungen mit synthetischen Fasern, so daß die positiven Eigenschaften beider Faserarten optimal genutzt werden können.
Baumwolle (Bw). Sie ist unter den Zellulosefaserstoffen die bedeutendste Faser. Sie wird aus den Samenhaaren einer in tropischen und subtropischen Zonen gedeihenden, malvenähnlichen Staudenpflanze gewonnen. Nach der Ernte, die sich über mehrere Wochen erstreckt (Vor-, Haupt- und

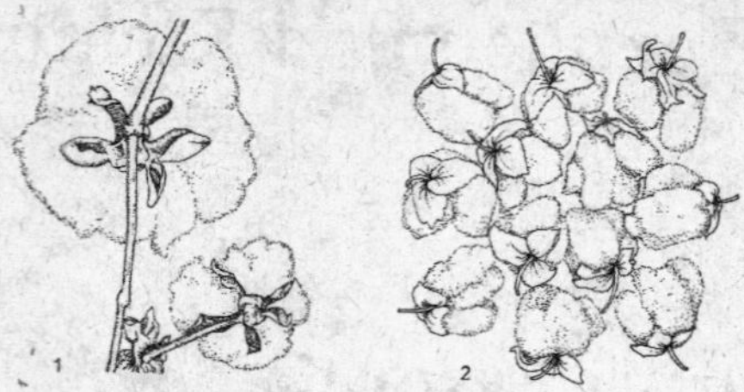

Baumwollsamenkapseln. 1 *aufgesprungene Samenkapsel,* 2 *aus Samenkapseln herausquellende Faserbündel*

Nachernte) und in Handarbeit oder mit Hilfe von Maschinen erfolgt, werden die Baumwollfasern vom Samen getrennt (egreniert) und zu festen Ballen gepreßt, die den Spinnereien zur Weiterverarbeitung zugesandt werden.
Farbe, Reife- und Verschmutzungsgrad beeinflussen die Güteklassifizierung der Baumwollfaser, deren Länge (Stapellänge) 10–55 mm betragen kann. Besonders hochwertige, langstapelige Sorten (36–55 mm) werden unter dem Begriff „Mako“ gehandelt.
Hauptanbaugebiete sind die UdSSR, USA, Ägypten, Sudan, Iran, Indien und China.
Zu fast 100% aus Zellulose bestehend und mit einer Dichte von 1,55 g/cm^3 ist die Faser nur wenig elastisch. Ihre Knitteranfälligkeit ist hoch, ebenfalls ihr Feuchtigkeitsaufnahmevermögen und ihre Verschleißfestigkeit. Als koch- und bügelfeste Faser wird Baumwolle bevorzugt im Haushalt- und Unterwäsche-, Berufs-, Sport- sowie im Oberbekleidungsbereich eingesetzt.
Flachs (Fl). Die aus dem Stengel der einjährigen, krautartigen, bis zu 1 m hoch werdenden Leinpflanze gewonnene Bastfaser wird Flachs, auch „Lein“ oder „Leinen“ genannt. Während die den öl- und eiweißreichen Samen der Pflanze enthaltenden Kapseln der Ölgewinnung dienen, erfolgt die Fasergewinnung durch Entholzen des Stengels und einen sich anschließenden biologischen Aufschluß (Röste), wodurch die Fasern vom Stengel gelöst werden. Als eine der ältesten Kulturpflanzen (bereits 2000–3000 v. u. Z. in Ägypten angebaut) verlor Flachs an Bedeutung, als im 18. Jh. die Baumwollproduktion und zu Beginn des 20. Jh. die Chemiefaserherstellung ihren Aufschwung erlebte. Doch in jüngster Zeit wird ihr Anbau erneut for-

ciert, zumal der Verbraucher die angenehmen Eigenschaften der Faser – in Mischung mit anderen Faserstoffen – wieder schätzen gelernt hat.
Anbau von Flachs ist in allen gemäßigten Klimazonen möglich. Zu 60% aus Zellulose bestehend, mit einer Dichte von 1,44 g/cm³, hat diese Faser eine höhere Festigkeit als Baumwolle. Dehnbarkeit, Knitteranfälligkeit sowie Feuchtigkeitsaufnahmevermögen sind jedoch den Werten der Baumwollfaser ähnlich. Als koch- und bügelfeste Faser findet sie ebenfalls ihren Einsatz im Bereich der Haushaltwäsche und Arbeitskleidung, ihrer Festigkeit und Strapazierfähigkeit wegen aber auch im Bereich der Möbelstoffindustrie sowie bei Sport- und Campingartikeln und bei technischen Textilien. Ihr modeorientierter Einsatz als Faserkomponente bei textilen Flächengebilden nimmt zu.
Schafwolle (Wo). Unter den Wollen und Haaren ist neben Angora- oder Mohairwolle, Kaschmirwolle, Kamel- und Kaninhaar die Schafwolle die für Bekleidungszwecke bedeutendste Naturfaser. Auch sie wird – wie alle anderen Naturfasern – zunehmend in Mischungen mit synthetischen Faserstoffen eingesetzt. Schafwolle wird als zusammenhängendes Vlies, durch Schur des Wollkleides (ein- bis zweimal jährlich) gewonnen. Qualitätsunterschiede beruhen auf den verschiedenen Arten der Haare. Flaum- (Unter-) Haare sind fein und stark gekräuselt. Sie werden zu weichen, wenig gedrehten Garnen (z. B. Streichgarn) verarbeitet. Grannen- (Ober-) Haare sind gröber, länger und weniger gekräuselt. Sie ergeben die glatten, festen und hart gedrehten Garne (z. B. Kammgarn). Eine Differenzierung der Wollsorten ergibt sich ebenso aufgrund der verschiedenen Zuchtrassen. So liefert das Höhenschaf sehr feine, weiche, stark gekräuselte Wolle (z. B. Merino), das Kreuzzuchtschaf (Kreuzung zwischen Merino- und Cheviotschaf) mittelfeine und -lange sowie normal gekräuselte Wolle (z. B. Crossbred) und das Niederungsschaf glänzende, grobe und wenig gekräuselte Wolle (z. B. Cheviot). Wollzuchtgebiete befinden sich hauptsächlich in Australien, Neuseeland, China, Indien, Südafrika, USA und Europa (Großbritannien, Spanien, Griechenland).
Mit einer Dichte von 1,32 g/cm³ hat die Schafwolle eine hohe Dehnbarkeit, Kräuselung und Formstabilität (beim fertigen Flächengebilde). Ihre Festigkeit sowie Wärmeleitfähigkeit sind gering. Auch das hohe Feuchtigkeitsaufnahmevermögen trägt dazu bei, daß aus Wolle oder mit Wollanteil gefertigte textile Flächengebilde sehr gute tragephysiologische Eigenschaften besitzen. Oberbekleidung, Trikotagen und Accessoires sowie Decken und Plaids sind bevorzugte Einsatzgebiete für Wolle.
Bombyxfaserstoffe (Bx). Sie gehören ebenso wie die Tussahfaserstoffe (Ts) – gewonnen von dem in China, Japan und Indien wild lebenden Tussahspinner – sowie die Faserstoffe anderer seidenerzeugender Schmetterlingsraupen zu den Raupenfaserstoffen. Die Bombyxseide ist ein Drüsensekret des gezüchteten Maulbeerspinners Bombyx mori L., die aus den Kokonfäden dieser Raupe gewonnen wird. Die aus den Eiern des Schmetterlings kriechenden Raupen werden mit Maulbeerblättern versorgt, und nach etwa einem Monat spinnt sich die Raupe im Kokon ein. Der ersponnene Faden besteht aus zwei hornähnlichen Elementarfäden, die durch einen Serizinmantel (Seidenleim) miteinander verklebt sind, welcher an der Luft sofort erhärtet. Ein so entstandener Faden ist 3000 bis 4000 m lang und 13–25 µm dick. Durch Abhaspeln vom Kokon können ungefähr 900 m Seidenfaden gewonnen werden. Anfang und Ende der Kokons bilden Wirrfäden, die nach speziellen Verfahren weiter aufbereitet werden können (nach dem Kammgarnspinnverfahren zur Gewinnung von Schappeseide, nach dem Streichgarnverfahren zur Gewinnung von Bouretteseide). Seide ist sehr fein, weich, leicht und geschmeidig. Ihr Aussehen und ihre Griffigkeit sind Leitbild für die Konstruktion synthetischer Seiden. Da aber ihr Anteil an der Weltfasererzeugung minimal ist, kann ihr Einsatz bevorzugt nur im hochwertigen Genre der Bekleidung erfolgen.
Textile Sekundärrohstoffe bilden die Grundlage zur Herstellung von Reißfasern. Aus volkswirtschaftlich-ökonomischen Gründen ist ihnen in den letzten Jahren verstärkt Aufmerksamkeit geschenkt worden.
Abfall aus allen faser-, faden- und flächengebildeproduzierenden Bereichen (Spinnerei, Zwirnerei, Wirkerei, Strickerei, Stickerei, Veredlung) sowie aus Bereichen der Konfektionsindustrie wird als sogenanntes „Neu-

Übersicht der wichtigsten Chemiefaserstoffe

	Viskosefaserstoff (VI)	Kuoxamfaserstoff (KU)	Azetatfaserstoff (AZ)	Polyesterfaserstoff (PE)
erste Entwicklungen	1892	1897	1894	1929
großtechn. Herstellung/ Bedeutung	nach 1918	(in der DDR unbedeutendes Produktionsaufkommen)	1927 (in Deutschland, in der DDR keine Produktion)	1947 (USA)
Rohstoffe	Zellulose	Zellulose u. Kuoxam (Lösungsmittel)	Zellulose u. Essigsäureanhydrid	Erdöl
wichtigste positive Eigenschaften	gute Verarbeitungseigenschaften u. Färbbarkeit, ausreichende Festigkeit u. Dehnung	gegenüber VI höhere Feinfädigkeit, weicher, jedoch kräftiger, dezenter Glanz, höhere Festigkeit, geringere Knitterneigung, gute Färbbarkeit	hohe Feinheit, weicher, voller, warmer Griff, größere Naßfestigkeit, höhere Elastizität, geringere Knitterneigung als VI, seidenähnlicher Glanz, Mottenbeständigkeit, schwer entflammbar	hohe Festigkeit u. Elastizität – ausgezeichnete Knitterresistenz u. Formbeständigkeit, Thermoplastizität erlaubt Verformung, Fixierung, Plisseebeständigkeit, gute Wärme- u. Lichtbeständigkeit, beständig gegenüber Bakterien u. Pilzen, leichtes Waschen u. schnelles Trocknen durch sehr geringe Feuchtigkeitsaufnahme
wichtigste negative Eigenschaften	geringe Elastizität u. Dehnung – hohe Knitterneigung, im nassen Zustand 50% reduzierte Festigkeit (bei Modalfasern wurde diese Eigenschaft gezielt verbessert), differenzierte Beständigkeit gegenüber Chemikalien		geringe Feuchtigkeitsaufnahme, nicht beständig gegen Säuren, Alkalien u. organische Lösungsmittel	unangenehme tragehygienische Eigenschaften, hohe elektrostatische Aufladung, schwierige Anfärbbarkeit, Pillingbildung (abstehende Faserknötchen auf textilen Flächengebilden)
Angebotsformen	Seide Faser B-(Baumwoll-) Typ, W-(Woll-) Typ	Seide Faser	Seide Faser	Faser B-Typ, W-Typ Profilfasern Profilseiden
wichtigste Einsatzgebiete (Bekleidungssektor)	Weberei, Wirkerei, Strickerei, Oberbekleidung (OB), Haushalttextilien, Dekostoffe, Futterstoffe, Untertrikotagen (UT), Arbeits- u. Sportbekleidung	Futter-, Kleider,- Blusen-, Hemdenstoffe, Posamenten, Spitzen, Schirmbespannstoffe	Futterstoffe, Seidengewebe, Samte, Plüsche, Krawattenstoffe, Schirmbespannstoffe	Gestricke, Gewirke zunehmend für Gewebe (PE-S), PE-F zur Mischung mit Wo, Bw, VI-F, vorwiegend für Bekleidungstextilien
Handelsnamen	Regan R(DDR)			Grisuten (DDR) Dacron (USA) Terlenka (Holland) Terylene (GB) Trevira, Diolen (BRD)

Polyamidfaserstoff (PA)	Polyacrilnitril-faserstoff (PAN)	Polyurethanfaser-stoff (PU)	Polyolefin- (PO-) Polypropy-len- (PP-) Polyäthy-len- (PT-) Faserstoff	Polyvinylchlorid-Faserstoff (PVC)
1937 PA 6,6 1938 PA 6				1913
1939 (USA) 1943 (Deutschland)	1950 (USA)	1958 (wird in der DDR z. Z. nur für UT produziert)		1938
Kohle oder Erdöl	Kohle, Kalk, Wasser, Blausäure		Alkene (Olefine) Propen (Propylen) – Äthen (Äthylen)	Kohle, Kalk, Wasser, Steinsalz
kurze Trocknungszeiten, sehr gute Scheuerbeständigkeit, hohe Elastizität, thermoplastisch bleibend verformbar, leicht anzufärben mit speziellen Farbstoffen	wollähnlicher Griff, ausgezeichnetes Wärmehaltevermögen, höchste Bauschelastizität der CS, hohe Elastizität – gute Formhaltung u. Knitterresistenz, Scheuerfestigkeit höher als bei Wo, jedoch niedriger als bei anderen CS, niedrige Pillingneigung, hohe Licht- u. Wetterbeständigkeit, beständig gegenüber Motten, Bakterien, Pilzen	gummiähnliches elastisches Verhalten, doppelt so schnelle Erholung nach Dehnungsbelastung als Gummi, haltbarer und beständiger gegen Schweiß, Hautöle und Reinigungsmittel als Gummi, färbbar	relativ kostengünstige Rohstoffe, Elastizität, Zug- u. Reißfestigkeit ähnlich PE, sehr gute Beständigkeit gegenüber den meisten Chemikalien und gute biologische Beständigkeit	hohe Beständigkeit gegenüber Säuren/Laugen, Schimmel, Bakterien und Insekten, weder brennnoch entflammbar, überragende Licht-/Wetterbeständigkeit u. Wärmerückhaltung, hohes elektrisches und akustisches Isoliervermögen
Feuchtigkeitsaufnahme wenig höher als bei PE, ungenügende tragehygienische Eigenschaften, hohe elektrostatische Aufladung, Festigkeitsverlust bei Sonneneinwirkung, Schmelzlöcher bei Hitzeeinwirkung	nur bis 40 °C waschbar, da über 60 °C Elastizitätsverlust auftritt, geringe Feuchtigkeitsaufnahme, schwierige Anfärbbarkeit	geringe Feuchtigkeitsaufnahme und geringe Lichtbeständigkeit	paraffinartiger, seifiger Griff, hohe elektrostatische Aufladung, ungenügende Anfärbbarkeit, keine Feuchtigkeitsaufnahme	nimmt kein Wasser auf und quillt nicht, schwierige Anfärbbarkeit, niedriger Erweichungspunkt (60–70 °C), hohe elektrostatische Aufladung
Faser B-Typ, W-Typ Profilfasern Profilseiden	Faser B-Typ, W-Typ	Seide (meist umsponnen), Faser (unbedeutend)	Foliefäden und -fasern, Faser, Seide	Faser
PA-S für OT u. UT, leichte Gewebe, Gewirke und Gestricke für OB, Mantel-, Anzug-, Futter- und Krawattenstoffe, Strumpferzeugnisse, Dekostoffe, PA-F in Mischung mit Bw, VI-F, Wo, Leinen u. a. CS	voluminöse Gewirke u. Gestricke für OT, z. T. UT, Badebekleidung, Kleider-, Anzug-, Mantelstoffe, Fellstoffe (Pelzimitate), Dekostoffe, Füllmaterial, Mischungen mit Natur- u. CS, CZ, Handstrickgarne	Miederwaren, UT, Badebekleidung, Strumpfwaren, für elastische Kord-, Jeans-, Anzug-, Hosen-, Sakkostoffe	Dekostoffe, Teppiche, Schutzbekleidung, Taue, Decken, Netze, Filter Möbelstoffe – Markisen	Schutzbekleidung, techn. Textilien, Deko-, Möbelstoffe, kaum für Bekleidung (nur „Vylan"-Unterwäsche bekannt)
DEDERON (DDR) Nylon USA) Perlon (BRD)	Wolpryla (DDR) Orlon (USA) Dralon (BRD)	Spandex, Lycra (USA) Dorlastan (BRD)		Piviacid (DDR)

tuch“ gesammelt und ebenso wie das „Alttuch“ (aus Lumpen und getragenen Kleidungsstücken) der Sekundärrohstoffgewinnung zugeführt. Dem Sortieren (nach Neu- und Alttuch, Rohstoff und Bearbeitungsart [Gewebe, Gewirke, Veredlung], Farbe und Feinheit) folgt das Reinigen (Waschen, Desinfizieren, Entfärben), Zurichten (Mischen großer Mengen Alttextilien) und das Reißen (Zerfasern des aufbereiteten Materials). Da Reißspinnstoffe außer Wolle auch alle anderen textilen Faserstoffe enthalten, sind ihre Qualitätsmerkmale sehr unterschiedlich. Reißwolle ist dabei der wertvollste Reißspinnstoff. Generell sind jedoch ihre Eigenschaften schlechter als die ihres Ausgangsstoffes (geringere Faserlänge, Festigkeit und Elastizität, niedrigere Feinheit, schlechtere Reinheit und unschöne Oberflächenstruktur). Verwendet werden sie u. a. als Vliesstoffe, Industriewatte für Isolierzwecke und Nadelfilzfußbodenbelag.

Chemiefaserstoffe

Allgemeine Geschichte. Chemiefaserstoffe (C) sind Faserstoffe, die meist aus natürlichen oder synthetischen Polymeren nach verschiedenen chemisch-technischen Verfahren hergestellt werden.

Zwischen den beiden Weltkriegen dominierte die Produktion von Zellulosechemiefaserstoffen (CZ, sogenannte Zellwolle oder Viskose) als Chemiefaserstoff aus natürlichen Polymeren. Seit 1940 werden Synthesefaserstoffe (CS) produziert, die besonders ab etwa 1950 eine stürmische Entwicklung nahmen (s. Übersicht).

In der DDR beträgt der Chemiefaserstoffeinsatz am Gesamtfaserstoffeinsatz zur Zeit mehr als 70%. In den führenden kapitalistischen Ländern liegt er bei 55–60%, und es ist dort ebenfalls eine steigende Tendenz zu erkennen.

Trotz der Möglichkeit, verschiedenartige Polymere für die Faserstofferzeugung herzustellen, konnten sich auf dem Markt nur wenige behaupten (siehe Textabb. textile Faserstoffe). Die Gründe dafür sind eine ausreichende Rohstoffbasis, ökonomische technisch ausgereifte Verfahren in allen Prozeßstufen sowie ausgezeichnete Verarbeitungs-, Trage- und Pflegeeigenschaften.

Die drei wichtigsten Synthesefaserstoffe für Bekleidungstextilien sind PE, PA und PAN. Sie nehmen einen Anteil von 90% am Gesamtfaserstoffaufkommen ein. Zunehmend wichtig werden Polyolefinfaserstoffe, besonders geeignet für den technischen Sektor. Der Anteil von PU-Faserstoffen ist gestiegen, bleibt jedoch prozentual gering. Die Bedeutung von PVC für die Bekleidungsindustrie ist stark gesunken.

In den letzten Jahren wurde ein neuer Entwicklungsabschnitt eingeleitet. Er ist noch nicht abgeschlossen, hat aber unter dem Begriff „Chemiefaserstoffe der zweiten bzw. dritten Generation“ bereits von sich reden gemacht.

Zukunft der Chemiefaserstoffe. Im Gegensatz zu den Naturfaserstoffen, die nur in begrenztem Maße in ihren Eigenschaften verändert werden können, eignen sich Chemiefaserstoffe (auch VI-Faserstoffe) für gezielte Modifizierungen. Dabei geht es nicht darum, den „Idealfaserstoff“ zu finden, sondern „Faserstoffe nach Maß“ zu produzieren. Es werden „Chemiefaserstoffe der zweiten und dritten Generation“ entwickelt, die kostengünstig und verwendungszweckorientiert herstellbar sind. Neben mechanischen Modifizierungen, wie Schnittlänge und Feinheit der Fasern sowie Elementarfaserfeinheit und -anzahl der Seiden, werden vor allem die Querschnittsprofile verändert bis zu sogenannten Hohlprofilfasern. Durch chemische Modifizierung können bestimmte Eigenschaften verbessert oder neue „gezüchtet“ werden, z. B. Anfärbbarkeit unter 100 °C bei PE, permanent antistatische Eigenschaften, Pillingarmut, Schwerentflammbarkeit, unterschiedlich schrumpfende Typen, tragehygienische Eigenschaften – Wasseraufnahmefähigkeit, extrem hohe Elastizität bzw. Festigkeit usw. Es gibt Fasern bzw. Seiden, die speziell für Kammgarn-, Streichgarn-, Baumwoll-, Leinen- und Seidengewebe sowie Gewirke und Gestricke entwickelt wurden und in speziellen Mischungen ihre positiven Eigenschaften voll entfalten.

In diesem Zusammenhang sei noch auf die sogenannten PE/PA-Feinstfasern (unter 1,0 dtex) bzw. Matrix-Fibrillenfasern verwiesen, die als Vliese und Gewirke hergestellt, meist mit PU-Schaum getränkt werden und aus denen nach speziellen Veredlungsverfahren Flächengebilde mit wildlederähnlichen

Optiken entstehen. Die Vorteile solcher Produkte sind ihre geringe Wichte, Pflegeleichtigkeit (Waschbarkeit) bei gleichbleibend hochwertigem Aussehen, Anfärbbarkeit in vielen Farben, einfache Verarbeitung in der Konfektion und hohe Maßstabilität. Markennamen wie „Alcantara", „Belleseime" oder „Ecsaine" haben auf dem internationalen Markt ihren festen Platz erobert, und es wird ständig daran weitergearbeitet.

Fadenherstellung und Texturierung

Fäden. Textile Flächengebilde werden hauptsächlich aus Fäden hergestellt. Faden ist der Sammelbegriff für linienförmige nichtverzugsfähige Textilien bis 5 mm Durchmesser (größer als 5 mm: Tauwerk). Fäden werden unterteilt in:

Faser: längenbegrenzter Grundbaustein jedes Fadens. Fasern haben unterschiedliche Stapellängen (Schnittlängen, BW: 10–15 mm, Flachs: 10–30 mm, Synthesefasern werden auf die entsprechende Stapellänge geschnitten).

Garn: einfacher Faden, der aus Fasern besteht und meist durch Drehung verfertigt ist. Die Herstellung erfolgt in der Spinnerei.

Seide: von der Seidenspinnerei (Naturseide) oder in der Chemiefaserindustrie aus einem Elementarfaden (monofile Seide) oder aus mehreren Elementarfäden (polyfile Seide) erzeugter einfacher Faden. Seide kann gedreht oder ungedreht sein.

Zwirn: Fäden aus zwei oder mehreren zusammengedrehten (untereinander verzwirnten) Garnen, Seiden und/oder Zwirnen gleicher oder unterschiedlicher Faserstoffe.

Schnur: geschnürter oder geflochtener Faden.

Maßeinheiten zur Garnnumerierung. *Tex-System* Massenumerierung, gibt an, welche Masse 1000 m Garn, Seide oder Zwirn haben; z. B. Handarbeitsgarn 333 tex, PE-S-t für GRG 16,7 tex, 1,0 dtex Feinstfasern.

Titer denier Massenumerierung, gibt an, welche Masse 9000 m haben, vorwiegend in der Strumpfindustrie; z. B. PA-S für Feinstrumpfhosen 20 den.

Nm-System Längennumerierung, gibt an das Verhältnis Länge/Masse (in m/g bzw. km/kg), vorwiegend für Garne und Zwirne.

Spinnerei. Naturfasern und auf bestimmte Länge (Stapel) geschnittene bzw. gerissene Chemiefaserstoffe werden rein oder in Mischungen in der Spinnerei zu Garn verarbeitet. Maschinenpark und Technologie der Spinnerei werden vom eingesetzten Faserstoff bestimmt. Es wird zwischen Baumwoll-, Woll-, Bastfaser- und Seidenspinnerei unterschieden.

● Baumwollspinnerei. In der Baumwollspinnerei werden Garne aus Baumwolle und Chemiefaserstoffen (u. a. VI-F, PE-F), die in Länge und Feinheit angepaßt sind, hergestellt. Bis ein fertiges Baumwollgarn entsteht, sind im wesentlichen die folgenden Arbeitsgänge notwendig. Mehrere Reinigungs-, Doublier- und Streckvorgänge müssen durchlaufen werden, um ein sauberes, von kurzen Fasern befreites Baumwollgarn zu erhalten. Ein kardiertes Feingarn entsteht auch gegenwärtig noch vorwiegend auf Ringspinnmaschinen, deren Produktivität in den letzten Jahren erhöht werden konnte. Besonders feine gekämmte Baumwollgarne erhält man durch das Einschalten eines Kämmprozesses, der zusätzlich reinigt, kurze Fasern ausscheidet und die Parallellage der Fasern erhöht. Typische Baumwollgewebe sind Batiste.

● Wollspinnerei. Zu unterscheiden sind Streichgarnspinnverfahren und Kammgarnspinnverfahren. In beiden Verfahren kann Wolle mit Chemiefasern versponnen werden. Die Verunreinigungen der Wolle (Pflanzenreste, Schweiß, Schmutz) müssen vor dem Verspinnen entfernt werden. Nach dem Vorreinigen und Lockern wird die Wolle in Waschmaschinen gewaschen. Dabei fällt das Wollfett Lanolin an, das für medizinische und kosmetische Präparate verwendet wird. Der verlorengegangene natürliche Fettanteil wird durch Schmälzmittel ersetzt.

Beim Streichgarnspinnen entstehen nach mehreren Prozeßstufen gröbere, weiche, flauschige, moosige Garne, bei denen die Fasern relativ ungeordnet nebeneinander liegen und mehr oder weniger vom Faden abstehen. Man verwendet dazu meist kurze bis mittlere, starke, gekräuselte Wollen, die ein unregelmäßiges Aussehen haben, sowie walk- und filzfähig sein müssen. Neben Wolle und Chemiefaserstoffen werden auch Abfälle aus der Kammgarn- und Baumwoll-Spinnerei sowie Reißwollen aus Alttextilien versponnen. Typische Streichgarngewebe sind Tuche,

Flausche, Flanelle, Tweeds, Bouclés, Filze u. a.
Die Herstellung von Kammgarnen ist ebenfalls aufwendig und erfordert mehrere Kämmvorgänge, um ein glattes, gleichmäßig feines Garn zu erhalten. Durch das Kämmen werden die Fasern parallelisiert, also geordnet. Man verwendet dazu meist lange, schlichte Wollen. Als Mischungskomponenten eignen sich vorwiegend PE, PAN, VI in abgestimmten Stapellängen. Wichtige Kammgarngewebe sind Gabardines, Tropicals, Drapés, Doupions.
Daneben gibt es vielfältige Abweichungen in den einzelnen Technologien, die neben neuen Garnoptiken und Qualitäten vorwiegend die Produktivitätssteigerung zum Ziel hatten und haben. Genannt seien hier nur zwei Vertreter, die Kammgarne aus PEF/VI-F bzw. 100% PAN-F, die nach dieser Technologie hergestellt werden, jedoch keine Wolle enthalten. Halbkammgarngewebe entstehen durch das Verweben von Kamm- und Streichgarnen in Kette bzw. Schuß (siehe Weberei).

- Bastfaserspinnerei. Man unterscheidet nach der Art des verwendeten Faserstoffes in Flachs-, Hanf- und Jutespinnereien. Mit der in den letzten Jahren verstärkten Orientierung der Verbraucher auf Naturfaserstoffe erfuhr der Einsatz von Leinen in der Bekleidung eine Renaissance. Nach einem aufwendigen Spinnprozeß kann man Leinen sehr gut mit anderen Natur- und Chemiefaserstoffen mischen und erhält zahlreiche optisch interessante Garne mit ausgezeichneten physiologischen Eigenschaften.
- Neue Garnherstellungsverfahren. Neben dem Ringspinnverfahren mit der größten Anwendungsbreite und bestmöglichen Garnqualität, jedoch relativ niedriger Produktivität haben in den letzten Jahren neue Spinnverfahren von sich reden gemacht. Dazu gehört vor allem das open-end-Spinnverfahren (offenes Ende, OE) mit dem tpyischsten Vertreter, dem Rotorspinnverfahren. Dabei werden an ein in Drehung versetztes „offenes Ende“ des gebildeten Garnes die einzelnen kontinuierlich zugeführten Fasern angedreht (angesponnen). Das Erteilen der Garndrehung und das Aufwinden des Garnes erfolgen getrennt voneinander und kontinuierlich. Daraus resultiert die hohe Produktivität (2 bis 10mal höher als klassische Verfahren).

An der Erweiterung des bisher eingeschränkten Garnfeinheitsbereiches dieser Verfahren wird gearbeitet.
Daneben haben Luftdüsen-, Friktions- und Klebespinnverfahren ihre spezifische Bedeutung sowie Verfahren, bei denen eine Seide mit Fasern kombiniert verarbeitet werden kann, das sogenannte „Core-Garn“.
Bei allen OE-Verfahren können Baumwolle, Chemiefasern sowie kurze Wollfasern verarbeitet werden.

Zwirnerei. Um den hohen Anforderungen der Weiterverarbeitung hinsichtlich Festigkeit, Dehnbarkeit, Gleichmäßigkeit zu genügen, müssen Garne und Seiden oft gezwirnt werden. Ein einstufiger Zwirn entsteht durch das Zusammendrehen mindestens zweier Einzelfäden. Der mehrstufige Zwirn entsteht durch das Verzwirnen mehrerer einstufiger Zwirne. Die Zwirndrehrichtung kann in S- oder Z-Richtung erfolgen und ist meist der des Einzelfadens entgegengesetzt.
Neben den Glattzwirnen kann man eine große Anzahl Effektzwirne (Schlingen-, Noppen-, Flammenzwirne) oft mit gezielten Farbeffekten (Moulinés, Melangen) herstellen, die die optische Wirkung eines textilen Flächengebildes beleben und interessant gestalten.
Hergestellt werden Zwirne auch als Näh-, Stopf-, Strick-, Stick- und Häkelzwirne. Die Forderung nach garnähnlichem Charakter von Flächengebilden führte zur Entwicklung von Verfahren, bei denen Kombinationsfäden (Faser/Garn, Faser/Seide) hergestellt werden können, unter anderem unter Einsparung von Arbeitsgängen.

Texturierung. Die in der Textilindustrie zum Einsatz kommenden Feinseiden bestehen im wesentlichen aus bis zu 72 Elementarfäden (Ausnahme Monofile), die parallel angeordnet sind und einen strukturlos glatten, oft glänzenden Faden bilden, der daraufhin nur begrenzte Einsatzmöglichkeiten hätte. Die Texturierung hat das Ziel, durch physikalische (Wärme, Drehung) oder chemische Methoden das Volumen und bzw. oder die elastische Dehnung der Seide zu erhöhen. Der Faden erhält Garncharakter. Durch Volumenvergrößerung wird eine ruhende Luftschicht eingeschlossen, die die Wärmehaltung und den Feuchtetransport verbessert, das textile Flächengebilde wird leichter. Die meist stark erhöhte elastische

Dehnbarkeit bewirkt eine hervorragende Formenanpassung bei Gewirken und Gestricken (Obertrikotagen, Strumpfwaren).
Das erste Texturierpatent wurde 1932 erteilt, konnte jedoch erst nach der Produktion thermoplastischer Syntheseseiden angewendet werden.
Das wichtigste Texturierverfahren ist das Falschdrahtverfahren. Angewendet wird es vorrangig für PE und PA. Der entstehende texturierte Faden ist hochelastisch (kann um 50 bis 60 % seiner Länge elastisch gedehnt werden). Einsatz für Obertrikotagen, Untertrikotagen, Strumpfwaren, Freizeit- und Sportsortimente.
Bei dem Düsenverfahren bilden sich einzelne Elementarfadenschlingen, die zu einem mehr oder weniger ausgeprägten Garncharakter bei Gewirken und Gestricken führen. Die Volumenzunahme ist geringer, und es tritt keine Kräuseldrehung auf. Der Einsatz düsentexturierter PE-S erfolgt vorrangig für gewebte Flächengebilde.
Das Hochbauschverfahren ist ein Texturierverfahren für Garne, die eine höhere Voluminösität erhalten sollen. Geeignet sind vor allem PAN-F sowie PE-F. Diese Schrumpffasern werden in der Spinnerei mit nichtschrumpfenden Fasern zu Garn versponnen. Bei der anschließenden Thermobehandlung verkürzen sich die Schrumpffasern und drükken ihre nichtschrumpfenden Partner an die Garnoberfläche.
Verwendung für Gewebe, Gewirke, Gestricke, Obertrikotagen, Untertrikotagen, Strumpfwaren, Freizeit- und Sportbekleidung.
Abschließend sei noch auf die gestiegene Bedeutung des Einsatzes spezieller texturierter Seiden als Ersatz für Naturseide hingewiesen. In Optik und Griff nähern sie sich bereits der Naturseide. Typische Vertreter von Seidengeweben sind Crepé, Georgette, Satin und Taft.

Textile Flächengebilde und ihre Herstellung

Unter dem Sammelbegriff „Textile Flächengebilde“ (lat. textere = weben) sind jene Stoffe zu verstehen, die durch ein Verbinden oder Verflechten von Fasern bzw. Fäden entstanden sind Ihre Entstehung beruht auf unterschiedlichen Herstellungsverfahren, wie dem des Webens, Wirkens und Strickens, dem des Nähwirkens, Webstrickens (z. B. Metap) sowie dem der Vliesstoff- oder Verbundstoff-Technologie.
Während Weben, Wirken und Stricken die Verflechtung eines oder mehrerer Fäden zum Ausgangspunkt der Herstellung eines textilen Flächengebildes macht, entstehen bei der rationelleren da weniger Arbeitsprozesse erfordernden Vliesstoff- oder Verbundstoff-Technologie (einschließlich der Nähwirktechniken) die textilen Flächengebilde unter Weglassen des Spinn- und Webprozesses bzw. der Bildung von Maschen, dafür aber durch eine mechanische, mit Hilfe eines Bindemittels verklebte, verschweißte oder mikroporös beschichtete Verfestigung eines Faservlieses.

Weberei

Beim Weben werden zwei rechtwinklig zueinander arbeitende Fadensysteme gesetzmäßig miteinander verkreuzt. Es handelt sich um das innerhalb eines Gewebes längsverlaufende Kettfadensystem und das querverlaufende Schußfadensystem. Drei Grundbindungen (Leinwand, Köper und Atlas), deren Ableitungen sowie die Anwendung der Technologie der Schaft- und Jacquardweberei und verschiedener Veredlungsverfahren sind die tragenden Elemente, die zur Schaffung vielseitig gestalteter textiler Flächengebilde erforderlich sind.
Das Weben ist eine der ältesten Textiltechniken. In primitivster Art wurde sie bereits vor mehr als 5000 Jahren angewandt. Dabei wurden zwischen zwei 2–3 m voneinander entfernten Holzstangen Fäden gespannt, in die quer dazu nach der Art des Flechtens ein Faden, z. B. aus Bast oder Gras, verkreuzt wurde. Gräberfunde in Ägypten aus dem 5. Jahrtausend v. u. Z. überlieferten Gewebe in

Form von Wollfilz sowie Leinenstücke als Reste von Bekleidungsteilen. Die älteste Kleidung bestand aus Fellen, Blättern, Binsen und Basten. Später wurden Fasern das Ausgangsmaterial für die Herstellung von Textilien. Dabei bevorzugte China als Material Seide, Indien Baumwolle und Ägypten Leinen. Vor allem die chinesischen Weber wurden auf dem Gebiet der Textilherstellung mit ihren Seidengeweben, die sie zusätzlich bedruckten und bestickten, zu wahren Künstlern, die weltweiten Ruhm erlangten. Noch heute sind chinesische und japanische traditionelle Flächengebilde eine wertvolle Inspirationsquelle eines jeden Textilgestalters.

War die Weberei zunächst nur Mittel zum Zweck, nämlich mit ihren Geweben dem erforderlichen Schutz vor Witterungsunbilden dienend, so wurde sie schon bald dem Schmuckbedürfnis des Menschen dienlich gemacht. Gewebeschmuck verschiedenster Art und Technik, schon aus der Gentilgesellschaft bekannt, diente ebenso wie Schmuck aus anderen Materialien der Hervorhebung sozialer Zugehörigkeit sowie dem individuellen Schmuckbedürfnis.

Eine Weiterentwicklung der einfachen Textiltechnik konnte bei einer zunehmend differenzierter werdenden Gesellschaftsordnung nicht ausbleiben. Aus den primitiven Webgeräten entwickelte sich über Jahrtausende hinweg der Handwebstuhl, dem gegen Ende des 18. Jh. der erste mechanische Webstuhl und gegen Ende des 19. Jh. die ersten Webautomaten mit automatischem Schützenwechsel folgten. Ihrer Arbeitsweise liegt das Prinzip des Handwebstuhls – besonders des Schußeintrages – zugrunde. Doch selbst die jüngste Generation der Hochleistungswebmaschinen unserer Tage (schützenlos, mit Greifer-, Düsen-, Rundweb- und Wellenfachprinzip, mit dem Einsatz von Mikroprozessoren bei der Steuerung und Überwachung der Arbeitsprozesse sowie der Übernahme bestimmter Vorbereitungsarbeiten, z. B. des Kartenschlagens in der Jacquardweberei oder des Einsatzes von Computern zur Unterstützung des Entwerfens von Musterbildern sowie bei deren Farbengebung [Colorierung]) hat das Prinzip des Webvorganges der ersten primitiven Stufe beibehalten, indem zwei rechtwinklig zueinander arbeitende Fadensysteme (Kette und Schuß) entsprechend den drei Grundbindungen miteinander verkreuzt oder verflochten werden. Obwohl z. Z. noch ein hoher Bestand an Schützenwebmaschinen vorhanden ist, gehört den schützenlosen die Zukunft.

Gewebe sind in Kett- und Schußrichtung nur gering dehnbar, so daß daraus ihre gute Formbeständigkeit resultiert. Zudem trägt ihre große Verschleißfestigkeit zu einem hohen Gebrauchswert bei. Die Möglichkeit ihrer vielseitig zu gestaltenden Musterung sowie ihre dem Verwendungszweck angepaßten Eigenschaften (Festigkeit, Flächendichte, Warenfall, Griffigkeit, Wärmehaltigkeit, Deckungsvermögen) ermöglichen ein breitgefächertes Verwendungsgebiet.

Webereivorbereitung. Mehrere Produktionsstufen sind erforderlich, um aus einem Faserstoff das Finalprodukt fertigen zu können. Die Spinnerei liefert der Weberei gefärbte, gebleichte oder rohe Seiden, Garne und Zwirne unter Beachtung der Spezifik des Wollcharakters (als Kammgarne oder Streichgarne), des Baumwoll- und des Seidencharakters. Bevor jedoch Kett- und Schußfäden zu einem textilen Flächengebilde verarbeitet werden können, müssen diese in Vorbereitung auf den Webprozeß in den sog. Vorbereitungsabteilungen Spulerei, Schärerei oder Zettelei, Schlichterei und Einzieherei für den Webvorgang aufbereitet werden.

- Das Spulen dient der Herstellung von geeigneten Ablaufkörpern (Spulen) für den Schußfaden und die Webkette, bei gleichzeitiger Behebung von Fadenfehlern.
- Das Zetteln oder Schären ordnet die Kettfäden nach einem bestimmten Auftrag und läßt eine Webkette entstehen, die eine bestimmte Länge, Breite, Fadendichte sowie Fadenzahl aufweist.
- Das Schlichten dient dem Zweck der Präparation der Webkette – dem Glätten der Kettfäden – mit einer Lösung (Schlichte), so daß diese dadurch gegenüber mechanischen Beanspruchungen (Reibung oder Spannung) beim Vorgang des Webens reißfester und widerstandsfähiger wird. Oftmals müssen die fertigen Gewebe vor dem Färben entschlichtet werden.
- Das Bäumen ist – mitunter gekoppelt mit dem Vorgang des Schlichtens – der Arbeitsgang, bei dem mehrere Zettelbäume oder die durch den Schärprozeß vorbereitete Kette

durch Umwickeln oder Aufwinden auf den Kettbaum zur Webkante mit einer bestimmten Anzahl parallel liegender Fäden gleicher Länge und Spannung werden, die der Webmaschine zugeführt werden kann.

● Das Einziehen oder Anknüpfen ist der letzte Arbeitsgang, bei dem die Kettfäden der neuen Webkette mit den Fadenenden der abgelaufenen Webkette verknotet werden bzw. bei Musterumstellung neu in die Litzen der Webschäfte, in das Webblatt und in die Kettfadenwächter (Lamellen) eingezogen werden müssen. Nach Ablauf dieser Arbeitsprozesse kann mit dem Webvorgang begonnen werden.

Webvorgang und Webtechniken. Eine einfache Technik ist die Herstellung von Geweben auf sog. mechanischen Webmaschinen. Der Webvorgang hat folgende Arbeitsgänge: Die Bildung eines Webfaches erfolgt durch Heben und Senken der durch Schäfte geführten Kettfäden. Während beim Handwebstuhl die Betätigung der Webschäfte durch Fußtritt erfolgt, wird diese bei mechanischen und automatischen Webmaschinen von Steuerkurven ausgeführt. In das so entstandene Webfach wird der Schußfaden mittels Schützen oder „Schiffchens" eingetragen. Der Schußeintrag ordnet sich der Bewegung der Kette unter. Der nun im Webfach befindliche Schußfaden wird von der beweglichen Weblade mit dem dazugehörigen Webblatt an den Rand des bereits fertiggestellten Gewebes angedrückt (angeschlagen). Entsprechend der gewünschten Gewebebindung verändern die Kettfäden ihre Stellung, so daß

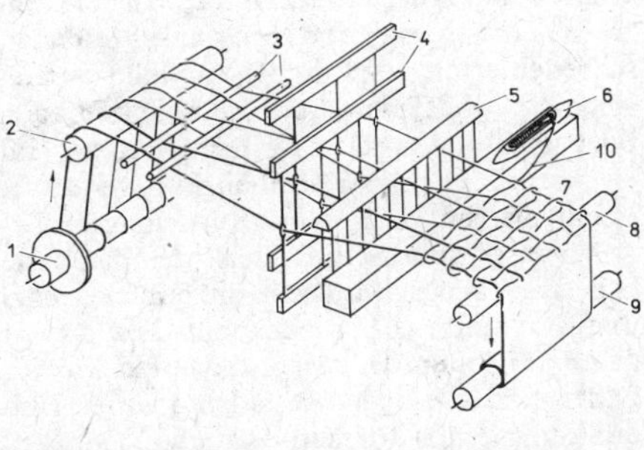

Prinzip einer Webmaschine. 1 *Kettbaum und Kettfäden,* 2 *Streichriegel/Streichbaum,* 3 *Kreuzstäbe,* 4 *Webschäfte,* 5 *Webblatt,* 6 *Spulenschützen,* 7 *Gewebe,* 8 *Brustbaum/Brustriegel,* 9 *Gewebebaum,* 10 *Schußfaden*

sich ein neues Fach bildet und der Schußeintrag erneut erfolgen kann. Bei automatischen Webmaschinen erfolgt der Spulen- bzw. Schützenwechsel im Unterschied zur mechanischen Webmaschine automatisch, und die schützenlose Webmaschine (Greifer-, Düsen-, Rundweb-, Wellenfachmaschine) zeigt eine wesentliche Veränderung des Schußeintrages, indem dieser mittels Greiferschützen oder -stäben, pneumatisch oder hydraulisch mittels Luft- oder Wasserstrahl sowie durch andere Methoden von der Schußspule aus erfolgt und durch das Webfach geführt wird. Die schützenlose Webmaschine ist hochproduktiv, somit trendweisend. Da aber im Unterschied zum Schußeintrag mit Spulenschützen, wo der Schußfaden am Geweberand umkehrt, keine festen Geweberänder (Webleisten oder Webkanten) entstehen, muß beim schützenlosen Weben eine Geweberandverfestigung erfolgen.

Um eine Vielfalt in der Musterung der textilen Flächengebilde erreichen zu können, ist die Anwendung bestimmter Technologien in der Weberei erforderlich, die eine erweiterte Musterung in der Kett- als auch Schußrichtung gestatten:

● Schaftmaschinen ermöglichen das Arbeiten mit mehreren (meist bis zu 24) Schäften. Deren Heben und Senken wird bei jedem Schuß durch eine Musterkarte (Lochkarte), die beliebig lang sein kann, gesteuert. Durch Auswechseln der Musterkarte ist die Veränderung der Musterung möglich. Mit der Schaftmaschine lassen sich komplizierte Bindungsbilder in begrenztem Umfange weben. Sie kann als Vorstufe zur Jacquardmaschine angesehen werden.

● Jacquardmaschinen (1801 erstmalig von ihrem Erfinder Jacquard auf der Pariser Industrie-Ausstellung vorgestellt) bieten die Möglichkeit einer beinahe unbegrenzten Musterungsvielfalt, erreicht durch eine vorhandene Vielzahl an Harnischfäden, die über Litzen mit den Kettfäden verbunden sind und mittels Lochkarten gesteuert werden, so daß jeder Kettfaden einzeln angehoben werden kann. Während mit Schaftmaschinen nur geometrische und grafische Musterbilder entwickelt werden können, ermöglicht die Jacquardtechnologie Musterungen bis hin zu großflächigen Floral- oder geometrischen und figürlichen Motiven. Jacquardmusterungen gibt es auch in der Wirkerei,

Strickerei, Deko- und Möbelstoffindustrie. Die zur Zeit im Bereich der Oberbekleidung hochmodischen Jacquardmuster werden nicht selten mangels fehlender Jacquardkapazität mit Hilfe kostengünstiger Druckverfahren imitiert.

- Automatische Webmaschinen arbeiten mit automatischem Spulenwechsel und dadurch bei reduzierten Maschinenstillstandszeiten rationeller. Die z.B. seit 1955 international bekannte Luftdüsenwebtechnik transportiert den Schußfaden über die gesamte Gewebebreite hinweg mit Hilfe eines Luftstrahles. Somit werden viele bisher bei konventionellen Webmaschinen erforderlichen Teile einer Webmaschine überflüssig, so daß eine Leistungssteigerung um das Dreifache gegenüber herkömmlichen Technologien und zudem eine erheblich niedrigere Lärmbelästigung gegeben sind. Progressivster Vertreter ist die schützenlose Wellenfach-Webmaschine. Sie arbeitet mit beidseitig angeordneten Greifern und geteilten Schäften, die ein wellenförmiges Öffnen und Schließen des Faches ermöglichen. Immer häufiger wird die Mikroelektronik für alle Kontroll- und Wächter-, Steuer- und Regelfunktionen an Einzelmaschinen und Anlagen, für deren Bedienung und Wartung sowie zur Prozeßdatenerfassung eingesetzt.

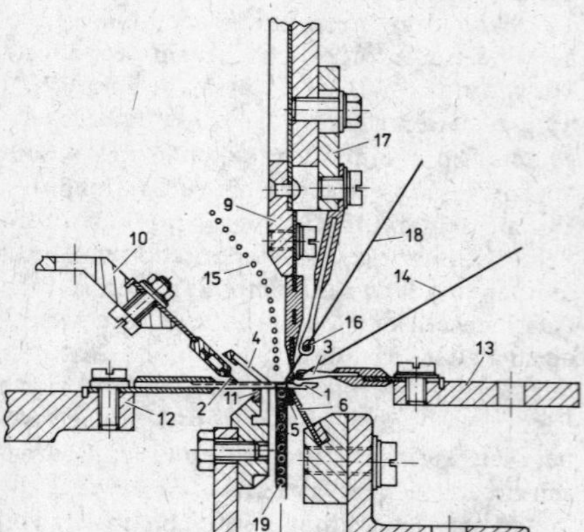

Nähwirkorgane der Fadenlagen-Nähwirkmaschine Malimo, Typ Malimo. 1 *Schiebernadel,* 2 *Schließdraht,* 3 *Nähfadenlochnadel,* 4 *Abschlagplatine,* 5 *Gegenhaltestift,* 6 *Gegenhalteschiene,* 7 *Abschlagplatinenbarre,* 8 *Gegenhalteschienenbarre,* 9 *Gegenhaltestiftbarre,* 10 *Schließdrahtbarre,* 11 *Stahleinlage zur Schiebernadelführung im Abschlagblei,* 12 *Schiebernadelbarre,* 13 *Nähfadenlochnadelbarre,* 14 *Nähfaden,* 15 *Schußfäden,* 16 *Kettfadenlochnadel,* 17 *Kettfadenlochnadelbarre,* 18 *Kettfäden,* 19 *Fadenlagen-Nähgewirke*

Gewebebindungen. Der Begriff „Gewebebindung" bezeichnet die gesetzmäßige Verkreuzung der Kett- mit den Schußfäden. Erst durch eine bestimmte Bindungsart (Verkreuzung von Kett- und Schußfaden) erhält das textile Flächengebilde eine gewisse Stabilität und Funktionstüchtigkeit sowie eine zusätzlich vom Verbraucher geforderte ästhetische optische Ausstrahlung.

Mit Hilfe einer auf Patronenpapier (kariertes Linienpapier) schematisch vereinfachten Darstellung kann eine Gewebebindung mit ihren Kettfadenhebungen und -senkungen zeichnerisch (zum Zwecke der Verständigung zwischen Dessinateuren und Technologen) dargestellt werden (Bindungspatrone). Ihre kleinste, sich immer wiederholende Einheit ist dabei der sog. Bindungsrapport. Er gibt die Mindestanzahl an Kett- und Schußfadenverkreuzungen an, die für eine bestimmte Gewebebindung notwendig sind. Dabei wird der Rapport in der Bindungspatrone durch eine auffallende andere Farbigkeit dargestellt. Auf dem Patronenpapier bedeutet der Raum zwischen zwei senkrechten Linien die Darstellung eines Kettfadenverlaufes, der Raum zwischen zwei waagerechten Linien die schematische Wiedergabe eines Schußfadens. Ist in der Patrone ein Kästchen schwarz oder farbig ausgezeichnet, so bedeutet das, daß an dieser Stelle im Gewebe der Kettfaden über dem Schußfaden liegt. Ist das Verhältnis umgekehrt, so wird an dieser Stelle das Kästchen in der Patrone offen gelassen, da sich der Kettfaden im Gewebe unter dem Schußfaden befindet. Jede Bindungspatrone wird von links nach rechts und von unten nach oben entwickelt (und gelesen). Zudem läßt sich die Struktur einer Fadenverkreuzung auch anhand einer Bindungsformel ausdrücken.

Neben den drei bereits genannten Grundbindungen (Leinwand, Köper und Atlas) gibt es erweiterte Grundbindungen, abgeleitete und zusammengesetzte Bindungen, die jedoch alle auf den drei Grundbindungen basieren;

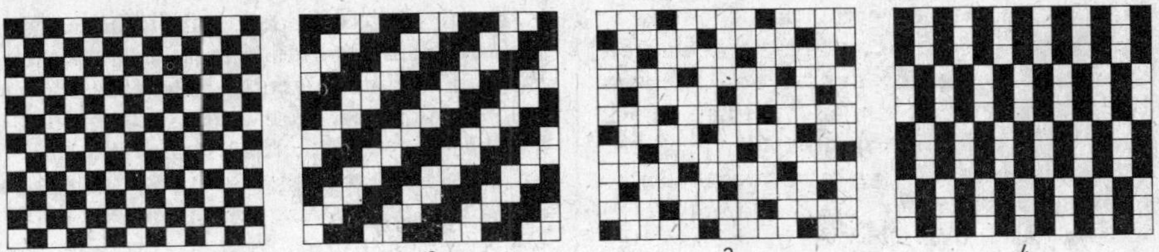

1 2 3 4

Gewebebindungen. 1 *Leinwand,* 2 *Köper,* 3 *Atlas,* 4 *Rips*

sie können mit allen Materialien (von Baumwolle über Wolle bis zu Seide, einschließlich Viskose und synthetischen Faserstoffen) ausgeführt werden.

● Die Leinwandbindung ist die älteste, zugleich einfachste und engste Verkreuzung von Kett- und Schußfäden, so daß dem damit gefertigten textilen Flächengebilde im Vergleich zu allen anderen Bindungen eine große Stabilität, Schiebefestigkeit sowie Haltbarkeit zugesprochen werden muß. Ihr Rapport ist zudem noch der kleinste unter allen Bindungsvarianten, da er nur aus zwei Fäden in Kette und Schuß besteht. Durch die gleichmäßige Verkreuzung beider Fadensysteme, wobei jeder Kettfaden abwechselnd einmal über und einmal unter einem Schußfaden liegt, hat das Gewebe im rohen Zustand (Rohgewebe) ein auf beiden Warenseiten gleiches Aussehen. Als Beispiele für leinwandbindige Gewebe können genannt werden: Batist, Voile, Nessel, Popeline, Linon, Mull, Markisen-, Fahnen- und Dekostoff, wofür bevorzugt Baumwolle bzw. Baumwollmischungen mit Chemiefaserstoffen verarbeitet werden; Flausch, Loden, Fresko, Homespun, Tweed, Georgette, wofür auch Effektgarne oder -zwirne im Wollcharakter eingesetzt werden müssen (z. B. Kreppgarne, Moulinezwirne oder Noppenstreichgarne); Taft – meist aus glänzenden synthetischen Seiden hergestellt.

● Die Köperbindungen und ihre Ableitungen sind die bei textilen Flächengebilden bevorzugt angewendeten Bindungsarten. An ihren diagonal verlaufenden parallelen Gratlinien sind sie eindeutig erkennbar. Dieser sog. Köpergrat entsteht dadurch, daß immer der nächstfolgende Kettfaden mit dem nächstfolgenden Schußfaden kreuzt. Ein Bindungsrapport beim Grundköper besteht aus mindestens drei Kett- und drei Schußfäden. Kommen bei einer Bindungsvariante die Kettfäden auf der oberen Warenseite des Gewebes zur Wirkung, wird die Bindung als Kettköper bezeichnet. Kommt der Schuß auf der Gewebeoberseite zur Geltung, liegt der Gewebebindung ein Schußköper zugrunde. Breitgratköper haben im Gegensatz zu den Schußköpern breite, verstärkte Gratlinien. Steilgrat-, Zickzack- und Fischgratköper sind Beispiele für verbreiterte Ableitungen von Köperbindungen. Im Unterschied zur Leinwandbindung können beide Warenseiten eines köperbindigen Gewebes gleiches oder ungleiches Aussehen haben. Seine Festigkeit ist jedoch geringer als die eines leinwandbindigen Gewebes, dafür ist es aber weicher und schmiegsamer. Auch für Köperbindungen können alle Faserstoffarten eingesetzt werden. Als Beispiele für baumwollige köperbindige Flächengebilde können Gabardine, Whipcord, Twill, Barchent oder Denim genannt werden; Tuch, Shetland, Cheviot und Foulé sowie Serge, Twill und Kaschmir seien als Beispiele für köperbindige Flächengebilde im Wollcharakter genannt. Twill z. B. kann ebenso aus Seide gewebt sein.

● Bei Atlasbindungen liegen die Bindepunkte regelmäßig in einer bestimmten Ordnung im Bindungsrapport verteilt, ohne sich – wie bei der Köperbindung – zu berühren. Gewebe mit Atlasbindung besitzen eine gleichmäßige, geschlossene, glatte Oberfläche. Je nachdem, ob Kett- oder Schußfäden überwiegend auf der Gewebeoberseite erscheinen, werden diese Gewebe als Schuß- oder Kettatlas bezeichnet. Mit Hilfe des Einsatzes unterschiedlichen Materials für Kette und Schuß lassen sich Atlasgewebe mit zwei völlig unterschiedlich aussehenden Gewebeseiten herstellen (Double face), wobei Unterschiede im Farbausdruck, aber auch in der Materialoptik angestrebt werden, z. B. durch Matt/Glanz-Kontrast wie bei Satin, dem typischsten Vertreter atlasbindiger Flächengebilde. Satin wird bevorzugt aus Baumwolle, Viskose oder Seide gefertigt. Je nach Rohstoffeinsatz, Ausrüstungsart und Verwendungszweck erhält Satin auch Beinamen, wie z. B. Wollsatin, Kreppsatin (Crêpe Satin) oder Futtersatin. Weitere Gewebebeispiele auf Baumwollbasis sind Moleskin und Velveton. Atlasbindige Seidengewebe werden meist als Atlas bezeichnet. Duchesse ist ein hochwertiger Satin (12bindiger Kettatlas mit hoher Kettdichte) aus Naturseide, Acetat oder synthetischer Seide, der besonderen Glanz aufweist.

Dessinierungsmöglichkeiten in der Weberei. Sie sind abhängig vom eingesetzten Webmaschinentyp, von der angewendeten Bindungsart, vom Material-, Effektmaterial- sowie Farbeinsatz, von der Fadendichte sowie den zusätzlich angewendeten Veredlungsverfahren (s. Veredlung). Vor allem die Eigenschaften der zu verarbeitenden Faserstoffe beeinflussen in hohem Maße die Qualität der Fertigerzeugnisse. Sie bestimmen auch maßgeblich die anzuwendenden Produktionsverfahren und -bedingungen. Nicht zuletzt entscheiden auch modische Richtlinien und Tendenzen – zumindest im Bereich modischer Damen-, Herren-, Jugend- und Kinderoberbekleidung – über den entsprechenden Einsatz von Material, Technologie und Veredlungsverfahren, über Kolorierung und die Anwendung entsprechender Bindungstechniken, um bedarfsgerechte modische textile Flächengebilde für den Export und den Bevölkerungsbedarf produzieren zu können. Dabei muß ein gemeinsames Konzept von der Faserstoff- über die Garn- bis zur Flächengebildeherstellung Grundlage und Ausgangspunkt zur Produktion textiler Flächengebilde sein, die ein Nachkaufen, Ergänzen sowie Komplettieren der bereits vorhandenen Grundgarderobe ermöglichen. Durch den Einsatz unterschiedlicher Farben in Kette oder Schuß lassen sich Längs- bzw. Querstreifen und bei unterschiedlicher Farbigkeit in Kette und Schuß Karos herstellen. Karos und Streifen können ebenso bindungstechnisch bei einem einfarbigen (uni) Gewebe erzeugt werden, indem durch teilweise Fadenerhebungen (z.B. durch Satinbindung) Streifen in Kett- und/oder Schußrichtung entstehen, die plastisch hervortreten. Werden entsprechenden Bindungen Farbeffekte nach einem bestimmten Prinzip zugeordnet, lassen sich Musterbilder vom einfachen Pepita-, Hahnentritt- oder Glencheckdessin bis zu großflächigeren Jacquardmustern z. B. für Oberbekleidungs-, Dekorations- und Möbelbezugsstoffe entwickeln. Dabei kann durch den zusätzlichen Einsatz von Effektmaterial ein noch interessanterer optischer Effekt (auch in mehrfarbiger Wirkung) erreicht werden oder durch den Einsatz von Effektzwirnen, die abwechselnd kleine Knötchen und Schlingen enthalten, z. B. ein Frotté-Gewebe entstehen, das für Oberbekleidung eingesetzt werden kann. Es unterscheidet sich von den sog. Frottiergeweben, die auf Spezialwebmaschinen hergestellt werden müssen, die mit mindestens zwei Kettsystemen, nämlich einer Grundkette und einer schlingenbildenden Florkette, arbeiten. Werden die von der Florkette gebildeten Schlingen aufgeschnitten, entsteht ein Web-Frottier-Velour. Ähnlich ist es bei Samt, einem Gewebe mit senkrecht emporstehenden Fäden, das durch Aufschneiden der Polkette während des Webvorganges oder nachträgliches Aufschneiden der Schußschlaufen mit Messern bei den sog. unechten Samten (Schußsamt oder Velveton) entsteht. Walk-Frottierwaren haben Florketten aus ungezwirnten Garnen und werden in einem besonderen Ausrüstungsverfahren (Walken = Naß-Kochbehandlung) nachbehandelt. Walkfrottierware hat gegenüber nicht gewalkter Frottierware einen höheren Schrumpfwert (zu beachten beim Waschen von daraus gefertigten Bademänteln).

Eine allen Geweben zuzuschreibende Eigenschaft, ganz gleich, aus welchem Material und welcher Bindung sie gefertigt wurden, ist, daß sie sich weder in Längs- (Kett-) noch in Quer- (Schuß-) Richtung wesentlich dehnen lassen.

Strickerei und Wirkerei

Sie dienen der Herstellung von Maschenwaren (Wirk- und Strickwaren) aus einem oder mehreren Fadensystemen, die mit Hilfe gemeinsam bewegter oder feststehender Nadeln durch Fadenverschlingung Maschen bilden. Maschenwaren werden auf Flach- und Rundstrickmaschinen, Wirkmaschinen, Ketten- und Raschelmaschinen hergestellt. Sie sind sehr elastisch, luftdurchlässig, atmungsaktiv und isolierfähig. Im Unterschied zu Geweben ist ihre Elastizität allseitig und ihr Volumen bei gleicher Masse größer. Ihre Knitterneigung ist niedriger als die vergleichbarer Webwaren. Nachteilig ist – im Unterschied zum Gewebe – ihr sog. Maschenlaufen bei Fadenbrüchen und die Gefahr des Fadenzuges (besonders bei Kuliergewirken und Gestricken). Im Gegensatz zu Kuliergewirken und Gestricken sind Kettengewirke nicht rückläufig auftrennbar.

Gräberfunde lassen den Schluß zu, daß Maschenwaren erst im 13. Jh. bekannt gewesen sein dürften und daß ihre erste mechanische Herstellung auf Wirk- und Strickmaschinen im 16. Jh. erfolgte. Dennoch entwickelte sich die Wirkerei und Strickerei im Vergleich zur Weberei in einem schnelleren Tempo. Als Vorläufer der Wirkmaschinen wurde 1589 in England der Handkulierstuhl erfunden. 1860 erfand Cotton die nach ihm benannte Flachkulierwirkmaschine (Cottonmaschine), die wesentlich die Großentwicklung der Strumpfindustrie beeinflußte. 1798 erfand ein Franzose den ersten Rundstuhl, aus dem später die Rundwirkmaschine hervorging. Schon wenige Jahre später gab es die erste Kettenwirkmaschine. 1927 folgte die Entwicklung einer Rundkettenwirkmaschine. Rundstrickmaschinen für Strumpfwaren und Oberbekleidung sind seit 1861 bekannt. Erst Anfang dieses Jahrhunderts wurde die Interlockmaschine entwickelt.

Wirk- und Strickmaschinen besitzen so viele Nadeln, wie in einer Reihe Maschen gebildet werden. Sie werden einzeln oder gemeinsam bewegt, wobei ein Fadenführer ihnen den Faden zuleitet. Bei allen Maschenwaren sind senkrechte Maschenreihen (Stäbchen) mit der vorhergehenden und nachfolgenden Reihe verbunden. Entsprechend ihrem Herstellungsverfahren werden Maschenwaren nach Wirkwaren (Gewirke) und Strickwaren (Gestricke) unterteilt.

Gewirke entstehen, indem – im Gegensatz zum Stricken – mehrere Maschen gleichzeitig vorgeformt und dann zu Maschen (Schlaufen) ausgearbeitet werden. Sie werden nach der Art der seitlichen Maschenverbindung in Kuliergewirke und Kettengewirke eingeteilt.

● Kuliergewirke. Unter bevorzugtem Einsatz von Flachkulierwirkmaschinen werden so z. B. Strümpfe und vor allem Obertrikotagen, unter Einsatz verschiedener Flachkettenwirkmaschinen unterschiedliche Kettengewirke für Oberbekleidung (z. B. Flachkettengewirke mit Samt-, Velour- oder wildlederähnlichem Aussehen), Untertrikotagen (Charmeuse), Futterstoffe, Dekostoffe (Plüsch, Samt), Möbel- und Autobezugsstoffe, Täschnerwaren-, Schuhoberstoffe, Frottiergewirke (Bade- und Strandbekleidung) und technische Textilien hergestellt.

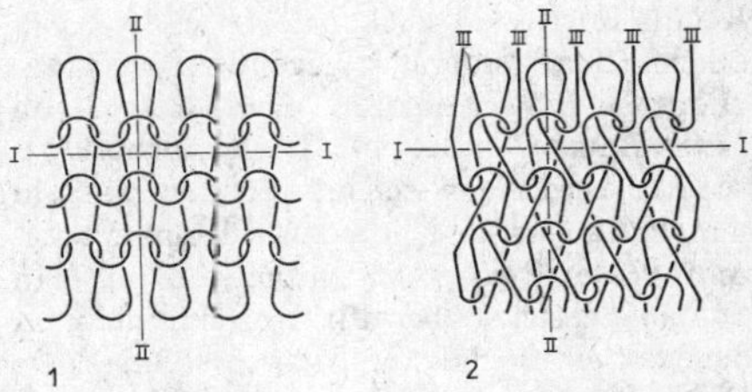

1 *Struktur eines Kuliergewirkes bzw. eines Gestrickes,* 2 *Struktur eines Kettengewirkes.* I *Nadel,* II *Halbmasche,* III *Masche*

● Kettengewirke. Es besteht aus einem oder mehreren Fadensystemen. Im Unterschied zum Kuliergewirke erfolgt die Maschenbildung gleichzeitig durch eine Fadenkette, die aus vielen nebeneinander liegenden Fäden besteht, die sich gegenseitig seitlich verschlingen. Bei jeder Maschenreihe wird aus jedem Faden eine Masche gebildet, so daß die Fadenverschlingung in Richtung der Maschenstäbchen erfolgt. Der erforderliche Zeitaufwand ist dafür vergleichsweise geringer als der in der Kulierwirkerei. Verschiedene Bindungen (Legungen) können miteinander kombiniert werden. Bei Kuliergewirken wird wie beim Stricken nur ein Fadensystem Maschenreihe für Maschenreihe verarbeitet. Sie sind dehnbarer als Kettengewirke, die eine glattere, geschlossenere Oberfläche besitzen. Sie können von Gestricken gleicher Bindung nicht unterschieden werden. Kettenwirkware läßt auf ihrer Rückseite keine sichtbaren Maschenbilder erkennen.

Gestricke entstehen durch Hand- oder Maschinenarbeit, indem im Gegensatz zum Wirken, bei dem stets mehrere Maschen gleichzeitig in Arbeit sind, jede Masche für sich einzeln geformt und zu Ende gestrickt

wird, bevor eine nächste Masche gebildet werden kann. Das maschinelle Stricken erfolgt auf Flach-, Flachrund- und Rundstrickmaschinen. Beim Flachstricken erfolgt die Maschenbildung durch das Hin- und Herbewegen eines „Schlittens“. Flachstrickmaschinen gibt es „einbettig“, wobei alle maschenbildenden Werkzeuge parallel in einer Reihe stehen (zur Herstellung von Links-Rechts-Gestricken) oder „zweibettig“ mit einander dachförmig gegenüberliegenden Maschenbildungswerkzeugen (zur Herstellung von Rechts-Rechts-Gestricken) oder mit zwei in einer Ebene einander gegenüber befindlichen Nadelbetten (zur Herstellung von Links-Links-Gestricken). Bei Rundstrickmaschinen sind die maschenbildenden Zungennadeln im Unterschied zur Flachstrickmaschine kreisförmig angeordnet, so daß ein Schlauchgestrick, bei Flachstrickmaschinen dagegen ein flaches Gestrick entsteht.
Die Bedeutung von Großrundstrickmaschinen ist im letzten Jahrzehnt aufgrund ihrer hohen Produktivität stark angestiegen, so daß die von ihnen kommenden Großrundgestricke (GRG) in Bereichen eingesetzt werden, die bisher nur klassischen Geweben vorbehalten waren (Anzug, Kostüm). Dabei schwankte ihre Bevorzugung hinsichtlich Entsprechungen gegenüber modischen Richtlinien. Analog zur Qualität der gewebten textilen Flächengebilde werden auch bei ihnen die zur Verarbeitung gelangenden Faserstoffe, die Flexibilität im Materialeinsatz sowie bei den Bindungen und der angewendeten Maschenfeinheit wesentlich über ihren Erfolg beim Verbraucher mitbestimmen. Der Einsatz der Mikroelektronik erfolgt auch hier – analog zur Weberei – zunehmend und verdrängt nach und nach die mechanischen Systeme. Er ermöglicht aber auch eine größere Vielfalt und Ausdrucksstärke bei der Musterung. Nicht unberücksichtigt bleiben darf der neue, von modischen Erscheinungen ausgelöste Aspekt der Verschiebung und Veränderung von Sortimenten bzw. des Flächengebilde-Einsatzes, der z. B. herkömmliche Futtergestricke (aus dem Unterwäschebereich) in die sportliche Tages- und Freizeitkleidung (z. B. T- und Sweatshirts) einfließen läßt.

Nähgewirke Da die Herstellung von Maschenware auf Wirk- und Strickmaschinen gegenüber der Herstellung von Geweben um ein Wesentliches rationeller ist, gab es vor allem seit den zwanziger Jahren viele Versuche, Webware durch Maschenware zu ersetzen. Die Suche nach neuen Verfahren zur Herstellung textiler Flächengebilde führte nicht zuletzt zu dem sog. Nähwirkverfahren, dessen Produktivität der Technologie des Webens, Wirkens und Strickens überlegen ist. Sein Erfinder ist der Nationalpreisträger Heinrich Mauersberger aus Limbach-Oberfrohna. Die Nähwirktechnik ist eine unkonventionelle, gleichzeitig alternative Methode zur Herstellung textiler Flächengebilde, die das Prinzip des Nähvorganges für ihre Arbeitsgänge nutzt. Sie kann als abgegrenztes, eigenständiges System innerhalb der Flächengebilde-Herstellungsverfahren betrachtet werden. Das Verbinden verschiedener textiler Medien sowie das Bilden von Maschen, also Nähen und Wirken, sind typische Elemente dieser Technik. Sie ersetzt jedoch weder die Technologie des Webens, des Wirkens noch die des Strickens, sondern ergänzt diese.
Seit 1957 exportiert die DDR Nähwirkmaschinen in die ganze Welt. Der VEB Malitex, 1965 gegründet, ist heute der bedeutendste Produzent von Nähwirkerzeugnissen in der Welt.
Die Nähwirkmaschine „Malimo“ gibt es in sieben verschiedenen Ausführungen entsprechend dem gewünschten Typ des zu erstellenden Nähgewirkes:

- Typ Malimo ist eine „Fadenlagen-Nähwirkmaschine“, die gewebeähnliche Flächengebilde (Fadenlagen-Nähgewirke) durch Übernähen von Fadensystemen herstellt. Eine Kettfadenschar wird über eine aus parallel liegenden Fäden bestehende Schußfadenschar gelegt, die von Schiebernadeln durchstochen und mit einer dritten Fadenschar, der Nähfadenschar, übernäht und in einem kettenwirkähnlichen Fadenbild fest verbunden wird. Fadenlagen-Nähgewirke finden vielseitigen Einsatz bei Haushaltwäsche, Bade-, Strand- und Oberbekleidung sowie als Dekostoff und technische Textilien. Sie werden oft zusätzlich bedruckt.
- Typ Malipol ist eine „Polfaden-Nähwirkmaschine“, die im Unterschied zum Typ Malimo keine Fadensysteme, sondern ein textiles Flächengebilde (Gewebe, Gewirke, Folie o.ä.) der Maschine zuführt, in das ein parallel laufendes und maschenbildendes Polfa-

densystem eingebunden wird. Das dabei entstehende Polfaden-Nähgewirke weist auf der Warenoberseite (rechte Warenseite) Polhenkel, -noppen oder -schlingen auf, so daß es ein frottéähnliches Aussehen erhält und als Material für Bade- und Strandkleidung eingesetzt wird.
Als Pelzimitation findet es als wärmendes Innenfutter, aber auch als Außenkleidung Verwendung sowie mit gerauhter, wollähnlicher Oberfläche bei Decken und in der Hausschuhindustrie.

- Typ Voltex ist eine „Polvlies-Nähwirkmaschine", bei der den Nähwirkwerkzeugen ein Flächengebilde sowie ein Faserflor zugeführt werden. Dabei wird der Faserflor über Polplatinen gelegt und von Schiebernadeln in das Flächengebilde durch Fasermaschen eingebunden. Das so entstandene Polvlies-Nähgewirke hat auf der rechten Warenseite eine voluminöse Faserpolschicht und auf der linken Warenseite ein maschenähnliches Aussehen. Nachträgliche Oberflächenbehandlung, wie Rauhen oder Bürsten, geben Polvlies-Nähgewirken ein plüsch- oder tierfellähnliches Aussehen, so daß ihr Einsatz vor allem im Bereich der synthetischen Pelze (z. B. mit Lammfelloptik) zu finden ist, die als Oberstoffe, aber auch als Futterstoffe verarbeitet werden. Auch Decken werden aus Polvlies-Nähgewirken angefertigt. Weitere Einsatzgebiete sind Möbelstoffe, Fußbodenbelag, Spielwarenplüsch, Schuhinnenfutter.
- Typ Maliwatt ist eine „Vlies-Faden-Nähwirkmaschine", die durch Übernähen von Fadenlagen und Faservliesen Fadenverbundstoffe (Vlies-Faden-Nähgewirke) mit filzartiger, weicher Oberfläche entstehen läßt. Sie werden der Gruppe der Textil-Verbundstoffe zugeordnet (Sammelbegriff für alle textilen Flächengebilde, die aus einem Faservlies unter Umgehung eines Spinn- und Webprozesses bzw. der Bildung von Maschen entstehen, wobei die Verfestigung mechanisch durch Verkleben mit Hilfe eines Bindemittels oder durch Verschweißen erreicht wird). Ihr Einsatz erfolgt von einfacher Steppwatte für Futterzwecke in der Schuh- und Bekleidungsindustrie über Isolierstoffe, Schichtträger und Haushaltstücher (Spül-, Staubtücher) bis hin zu Dekostoffen.
Der Einsatz von Vliesstoffen verdrängt in zunehmendem Maße klassische Textilien in der Medizin, im Bauwesen und im Haushalt.
- Typ Malivlies ist eine „Vlies-Nähwirkmaschine", die Vlies-Faden-Nähgewirke herstellt, indem ein aus Fasern bestehendes Vlies durch aus Fasern des Vlieses gebildete Maschen verfestigt wird. Dabei entsteht bei geringer Maschinenfeinheit eine steppnahtähnliche Vermaschung, bei hoher Maschinenfeinheit eine gewirkeähnliche Maschenware.
Einsatz finden Vlies-Nähgewirke als Dekorationsfilz, Staub- und Poliertücher, als technisches Isolationsmaterial, aber auch als Grundmaterial für Beschichtungen bei Oberbekleidung sowie Regen- und Wetterkleidung oder als Zwischenfutter bei Thermokleidung.
- Typ Schußpol ist eine „Schußpol-Nähwirktechnologie" zur Herstellung von Schußpol-Nähgewirken. Schußfadenlagen werden mittels eines Nähfadensystems verbunden, wobei gleichzeitig über Polplatinen vorgelegte Polfäden auf die Schußfadenlagen angebunden werden, so daß auf einer Warenseite Polnoppen sichtbar werden. Flächengebilde können zusätzlich oder anstelle der Schußfadenlagen zugeführt werden.
Einsatzgebiete sind insbesondere Auslegeware für Fußböden, Möbelstoffe und Futterstoffe.
- Typ Malifol dient der Herstellung von Folien.

Textilveredlung

Die Textilveredlung nimmt im Prozeß der Herstellung textiler Vorstufen- und Fertigerzeugnisse eine zentrale Stellung ein. In allen Verarbeitungsstufen der textilen Fertigung kann durch chemische, mechanische oder thermische Behandlung eingegriffen werden, um bestimmte Effekte und Gebrauchseigenschaften zu erzielen
In den folgenden Abschnitten werden die wichtigsten Abteilungen der Textilveredlung erläutert, die jedoch nach technologischer Reihenfolge und Behandlungsmethode differenziert zusammengestellt werden. Ein Baumwollgewebe produzierender Betrieb hat andere Veredlungsstufen als Betriebe, die Wollgewebe bzw. Gewirke oder Gestricke herstellen. Besonders die spannungslose

Ausrüstung der letztgenannten bildet noch immer einen Entwicklungsschwerpunkt.

Vorbehandlung. Dazu gehören Putzen, Sengen (Entfernen abstehender Fasern), Entschlichten, Beuchen (Auskochen von Baumwollstoffen unter Druck und Alkalizusatz zum Entfernen der Wachsschicht), Merzerisierung von Baumwolle (Natronlaugebehandlung unter Spannung, es entsteht unter anderem seidenähnlicher Glanz), Wolle wird karbonisiert (Entfernen von Pflanzenresten), durch Walken (mechanische Bearbeitung des feuchten Flächengebildes) tritt eine Verdichtung der Wollgewebe ein.

Bleichen. Hierbei werden die natürlichen Farbstoffe der Naturfasern durch oxidierende oder reduzierende Bleichmittel entfernt. Es entstehen weiße Textilien, die in der anschließenden Färberei die Ausfärbung sauberer Farben (Pastelle, brillante Farben) ermöglichen. Der Weißgrad kann noch durch ein optisches Aufhellen verstärkt werden.

Färben. Das Färben kann nach verschiedenen Fertigungsstufen erfolgen. Man unterscheidet im wesentlichen Flocke-, Spinn-, Kammzug-, Kreuzspulfärberei, kontinuierliche und diskontinuierliche Breifärbeanlagen, sowie Strang(Schlauch)färbemaschinen. Es gibt verschiedene Farbstoffklassen für die unterschiedlichen textilen Faserstoffe und deren Mischungen. Sie besitzen unterschiedliche Gebrauchsechtheiten und werden entsprechend dem Verwendungszweck ausgewählt und eingesetzt.

Bedrucken. Die wichtigsten Druckverfahren sind der Rouleauxdruck (mittels gravierter verchromter Kupferwalzen), Flachschablonen- und Rotationsschablonendruck, Transferdruck (für synthetische Materialien), Ätzdruck sowie Flockdruck.

Man kann mit ihrer Hilfe weiße oder vorgefärbte Flächengebilde mit den unterschiedlichsten Mustern bis zu einer bestimmten Farbanzahl (je nach Druckverfahren) bedrukken.

Die Wichtigkeit der einzelnen Druckverfahren ist oft modeabhängig.

Mechanische Appreturverfahren. Sie verleihen den bereits gebleichten, gefärbten oder bedruckten textilen Flächengebilden bestimmte Oberflächeneffekte. Durch Druck und Wärme werden die Gewebe dicht, glatt, glänzend und können mit Prägemustern versehen werden. Die dazu erforderlichen Maschinen sind Kalander, Muldenpressen und Mangeln.

Beim Rauhen wird die Oberfläche von Woll- und Baumwollgeweben und Maschenstoffen mittels Rauhwalzen aufgerauht, um eine flauschige weiche Ober- und/oder Unterseite zu erhalten.

Durch anschließendes Scheren werden die abstehenden Fasern auf die gleiche Länge gebracht.

Thermische Appreturverfahren. Dabei wird durch den Einfluß von Wärme, Heißluft oder Dampf eine Fixierung von Flächengebilden aus oder mit thermoplastischen Chemiefaserstoffen erzielt, um gewünschte Formen (Beinformen, Plisseebrennerei) zu stabilisieren oder Gebrauchseigenschaften zu verbessern, wie Verminderung der Knitterneigung, Verhinderung des Einlaufens und Griffverbesserung. Bei Wollstoffen kann durch eine Dampfbehandlung (Dekatieren) ein bestimmter Griff und milder Glanz erzielt und das spätere Einlaufen verhindert werden.

Chemische Appreturverfahren. Hierbei werden zunehmend die kostengünstigen Minimalauftragsverfahren angewandt, besonders in der Kunstharzausrüstung (Hydrophobausrüstung). Daneben werden Eiweißkonzentrate, Gummi, Stärke sowie Silikonelastomere aufgetragen, um die Eigenschaften der jeweiligen Flächengebilde zu verbessern.

Hochveredlung. Durch Hoch- oder Spezialveredlung wird neben beständigen hohen Gebrauchseigenschaften vor allem ein verringerter Pflegeaufwand bei Flächengebilden aus Zellulosechemiefasern und deren Mischungen erzielt. „Spezitex" ist ein geschützter Begriff für hochveredelte Textilien aus der DDR.

Dieses Warenzeichen garantiert bestimmte Gebrauchseigenschaften für einen bestimmten Verwendungszweck, zum Beispiel „spezitex formkonstant", „spezitex bügelfrei", „spezitex hydrophob".

Eigenschaften von Geweben und Maschenstoffen mit Hinweisen zum Kauf

Beim Kauf von textilen Flächengebilden ist zu berücksichtigen, welchem Verwendungszweck sie zugeführt werden sollen. Wir unterscheiden zwischen

- Bekleidungstextilien (Oberbekleidungs-, Futter- und Einlagenstoffe
- Raumtextilien
- Haushalttextilien
- sonstige Textilien.

Entsprechend den Herstellungsverfahren werden textile Flächengebilde unterteilt in Gewebe, Gestricke, Gewirke/Nähgewirke, Vlies- und Verbundstoffe (siehe Abschnitt Weberei/Wirkerei/Strickerei). Dabei ist der Einsatz von Natur- und Chemiefaserstoffen bei allen Herstellungsverfahren möglich. Diese bestimmen in hohem Maße die Eigenschaften textiler Flächengebilde.

Gewebe.

- sehr gutes Wärme-, Luft- und Feuchtigkeitsaustauschvermögen auf Grund der regelmäßig verteilten Zwischenräume und der relativ glatten Oberflächenstruktur
- gute Flächendeckung garantiert hohen Schutz vor Wind- und Nässeeinwirkung
- gute Formbeständigkeit und gutes Erholvermögen nach mechanischen Einflüssen
- sehr gute Scheuerbeständigkeit (materialabhängig)
- geringe Elastizität (außer bei Verwendung elastischer Seiden)
- umfangreiche Musterungsmöglichkeiten (Bindung, Garne, Druck)

Gestricke und Gewirke.

- geringere Dichte, weniger gute Flächendeckung als Gewebe
- zahlreiche Hohlräume, gute Luftzirkulation
- Außen- und Körperfeuchte wird gut absorbiert
- Bildung von Luftpolstern zwischen den Maschen hemmt das Abgeben von Körperwärme
- hohe Elastizität bei geringerer Formstabilität als Gewebe
- anpassungsfähig an Körperformen und Garantie einer guten Bewegungsfreiheit
- geringere Haltbarkeit und Strapazierfähigkeit als Gewebe
- reichhaltige Musterungsmöglichkeiten (Bindung, Garne, Druck)

Handelsübliche Faserstoffmischungen

Faserstoffmischungen werden auf Grund der anzustrebenden Trage- und Pflegeeigenschaften sowie modischer Belange in zunehmendem Maße eingesetzt. Dabei werden die Vorteile der eingesetzten Faserstoffkomponenten optimal genutzt. Unterschiedliche Flächenmassen (in g/m² oder g/lfm) entscheiden über ihren Einsatz als Blusen-, Hemden-, Kleider-, Kostüm-, Anzug-, Rock-, Hosen- und Mantelstoffe.
Nachfolgend die Zusammenstellung der in der DDR gebräuchlichsten Faserstoffmischungen.

Kleiderstoffe im Wollcharakter	55/45 % PE-F/Wo 70/30 % PE-F/VI-F (auch im Leinencharakter) 100 % PAN-F 100 % PE-S-t (GRG, FKG) 100 % Wo, sowie unterschiedliche Mischungen mit PE-F/VI-F, PAN-F, Bw
Kleider- und Blusenstoffe im Seidencharakter	PE-S-t/PAN-F-Mischungen 100 % PE-S-t sowie PE-S-t mit Anteil Bw (Gewebe) 100 % PE-S-t (GRG, FKG)
Kleider- und Blusenstoffe in Bw- und Leinencharakter	67/33 % PE-F/Bw bzw. PE-S-t/PE-F/Bw-Mischungen 67/33 % PE-F/VI-F 100 % VI-F-b-Typ (bedruckt) 100 % Bw
Anzug- und Kostümstoffe	55/45 % PE-F/Wo 67/33 % PE-F/Bw oder mit PE-S-t 70/30 % PE-F/VI-F sowie Mischungen mit PAN-F, Leinen oder Bw 100 % PE-S-t (GRG)
Mantelstoffe	100 % Wo 70–80 % Wo/30–20 % VI-F 50/50 % Wo/VI-F auch mit Anteilen PAN-F, PA-S, PE-F

Pelzimitate	100 % PAN-F Voltex-Pelze (Malimo-Basis)
	100 % PAN-F oder PAN-F/Wo-Mischungen für Edelpelzimitate (Faserbandgestricke „Pallana“)
Futterstoffe	100 % VI-S
	100 % PA-S (FKG)
	100 % PE-S-t

Die handelsüblichen Fertigbreiten textiler Flächengebilde liegen bei 80/90 cm sowie 140/150 cm.

Allgemeine Hinweise zur Pflege von Textilien aus Naturfaserstoffen und aus Mischungen mit Chemiefaserstoffen

Sofortiges Waschen nach der Verschmutzung, sofern nicht chemisch gereinigt werden muß, erleichtert die Reinigung. Das Entfernen von Flecken sofort nach ihrem Entstehen ist am erfolgreichsten.

Die in die Textilien eingenähte Pflegekennzeichnung, die auf die Waschmittelpackung aufgedruckte Waschanleitung sowie die Waschprogramme der Waschmaschinen sind genauestens zu beachten.

Schonende Behandlung der Textilien verlängert deren Gebrauchsdauer.

Hautnah getragene Unterwäsche und Strümpfe sind nach dem Tragen möglichst täglich zu waschen.

Intensiv gefärbte Textilien (rot, blau, schwarz) sind bei den ersten Wäschen separat zu waschen, da überschüssiger Farbstoff die anderen Textilien anfärben bzw. anschmutzen kann.

Wollhaltige Textilien sowie Textilien aus Naturseide sind nur mit entsprechend gekennzeichneten Waschmitteln und besonders schonend zu waschen, um den Filzprozeß zu bremsen.

Spezielle Hinweise zur Pflege von Textilien aus Synthesefaserstoffen

Häufiges Waschen ist empfehlenswert. Leichte Waschbarkeit macht Einweichen überflüssig. Die Waschmaschine ist nur bis zur Hälfte der sonst üblichen Menge mit Waschgut zu füllen, damit das Waschgut mit möglichst viel Waschlauge in Berührung

1 2 3 4

Kennzeichnung der „Chemischreinigungsbehandlung“

1 *Die Behandlung der Textilien kann mit allen gebräuchlichen Lösungsmitteln wie Tetrachloräthen (Perchloräthylen), Tetrakohlenstoff, Benzin erfolgen.*

2 *Die Behandlung der Textilien darf nur mit Tetrachloräthen, Benzin und Chlorkohlenwasserstoffen erfolgen.*

3 *Die Behandlung der Textilien darf nur mit Benzin oder Trichloräthen erfolgen.*

4 *Die Textilien dürfen nicht chemisch gereinigt werden.*

1 2 3 4 5

Kennzeichnung der Waschbehandlung – auch Maschinenwäsche

1 *Die Behandlung erfordert keine besondere Vorsicht. Die Textilien dürfen bei Kochtemperatur gewaschen werden.*

2 *Die Behandlung erfordert eine gewisse Vorsicht. Die Textilien dürfen bei höchstens 60°C gewaschen werden.*

3 + 4 *Die Behandlung erfordert je nach Art der Textilien eine besondere Vorsicht. Die Textilien dürfen bei höchstens 40°C oder 30°C gewaschen werden.*

5 *Die Textilien dürfen nicht gewaschen werden.*

1 2 3 4

Kennzeichnung der Bügelbehandlung

1 *Die Behandlung erfordert keine besondere Vorsicht. Die Einstellung des Bügeleisens entspricht dem oberen Temperaturbereich, wie er für das Bügeln von Baumwolle und Leinen angewendet wird.*

2 *Die Einstellung des Bügeleisens entspricht dem mittleren Temperaturbereich, wie er für das Bügeln von Erzeugnissen aus Wolle und Naturseide angewendet wird.*

3 *Die Einstellung des Bügeleisens entspricht dem unteren Temperaturbereich, wie er für das Bügeln von Textilien aus Polyamidseide angewendet wird.*

4 *Die Textilien dürfen nicht gebügelt werden.*

kommt. Bei geringer Verschmutzung genügt ein leichtes Durchwaschen in lauwarmer Waschlauge mit Feinwaschmittel; stark verschmutzte Stellen sind mit Waschlauge vorzubehandeln.
Feinwäsche und andere feine Textilien sind sehr schonend zu behandeln, in der Waschlauge nur leicht auszudrücken, nicht zu reiben, nicht zu wringen.
Textilien aus PA- und PE-Faserstoffen sind mit einem Fein-, Mehrzweck- oder Vollwaschmittel bis zu max. 60 °C zu waschen, Textilien aus PAN-, PVC- und mit PU-Faserstoffen bis höchstens 40 °C mit Fein- oder Mehrzweckwaschmitteln. Stets ist erst lauwarm zu spülen, dann kalt, bis das Wasser klar bleibt.
Aus Kleidungsstücken, wie Hemden, Blusen, Kleidern, ist nach dem Spülen das Wasser auszuschütteln; danach werden sie auf glattem Bügel (Plastebügel) zum Trocknen aufgehängt und die Nähte glattgezogen. Kurzes Schleudern (bis ½ min) ist möglich.
Bügeln ist prinzipiell nicht erforderlich. Sollte es sich doch notwendig machen, ist bei 1-Punkt-Einstellung auf der linken Seite zu bügeln, wobei ein feuchtes Tuch aufgelegt wird. PE-Mischungen können 2-Punkte-Einstellung vertragen.
Chemischreinigen ist zwar ohne Bedenken möglich, aber nur zweckmäßig, wenn Waschen infolge spezieller Ausrüstung oder Art der Konfektionierung nicht zu empfehlen ist.
Flecke lassen sich mit den üblichen Reinigungsmitteln meist leicht entfernen, sofortiges Auswaschen der verschmutzten Stelle ist zweckmäßig.

Kleidung und Mode

Kleidungsinhalte gestern und heute

Die dem Menschen nächste Umwelt ist die Kleidung. Wie kein anderer Gebrauchsgegenstand ist sie als Körperbedeckung unmittelbar mit dem Menschen, seinen Bedürfnissen und Interessen sowie den Erfordernissen seines alltäglichen Lebens verbunden. Das wird oft erst spürbar, wenn die Kleidung der Wirklichkeit zu wenig angepaßt ist. Unzweckmäßige Kleidung behindert oder bietet keinen ausreichenden Schutz. Wenn an Arbeit, Material oder Kosten aufwendige Kleidung durch modisch effektvolle Gestaltung schnell veraltet, ist sie für den Verbraucher unwirtschaftlich. Schließlich kann es zwischen den individuellen Persönlichkeitseigenschaften und der Gestaltung des Äußeren, aber auch bezüglich der geltenden Normen zu Mißverhältnissen kommen, die dem Gekleideten nicht die gewünschte Anerkennung verschaffen.
Solche Erfahrungen machen mit gestalterischen Anliegen und Ideen (den Kleidungsinhalten) bekannt, die teils bei der Produktion (durch Schnitt-, Material-, Farb- und Detailgestaltung), teils beim Gebrauch (durch individuelle Zusammenstellung und Art des Tragens) in der Kleidungsform verwirklicht werden. Dabei fließen wirtschaftliche, soziale, ästhetische und moralische Wertvorstellungen zusammen, stellen sich in der Kleidung mehr oder weniger deutlich dar.
Die seit den Anfängen der menschlichen Kultur wichtigsten Kleidungsinhalte sind

- Schutz vor schädigenden Umwelteinflüssen und
- Auszeichnung bzw. normgerechte Darstellung der Individuen.

Stets war das menschliche Streben darauf gerichtet, die schützenden und darstellenden Eigenschaften der Kleidung in ein bestimmtes Verhältnis zu setzen, sie bedürfnisgerecht zu vervollkommnen. Dabei entwickelten sich im Laufe der Bekleidungsgeschichte Tragekomfort, Hygiene, Zweckmäßigkeit, Pflegeeigenschaften, Kleidungsstile und Moden, aber auch Geschmack, ästhetische Bildung und Idealvorstellungen vom bekleideten Menschen. Das geschah in ständiger Auseinandersetzung mit den Produktionsbedingungen, den Beziehungen von Klassen und Gruppen sowie vorherrschenden Wertvorstellungen und Interessen, die zur jeweils geltenden Norm wurden. Die Kleidungsformen herrschender oder politisch-ökonomisch bedeutsamer Personengruppen waren somit tonangebend. Sie wurden Mode, widerspiegelten oftmals getreu die gesellschaftlichen Verhältnisse und wechselten mit ihnen. An den Kleidungsformen verschiedener historischer Zeitabschnitte lassen sich dementsprechend fortschrittliche, dem Humanismus verpflichtete Züge ablesen, aber auch reak-

tionäre und inhumane Züge, die mit dem Verfall politischer Macht einhergehen.
So sind Neuschöpfungen von Kleidungstypen Ausdruck sich entwickelnder Produktivkräfte. Sie gewinnen bevorzugt in Frühstadien sozialökonomischer Formationen ästhetisch an Bedeutung. Aus ursprünglichen Umhängen und Wickelformen entstanden etappenweise genähte kegel- und röhrenförmige Gewänder, taillierte und weite, kurze und lange, vorn aufgeschnittene sowie in Rock und Mieder geteilte Formen mit Armschlitzen, Ärmeln und schließlich mit Kragen, Passen, Taschen und Verschluß.
Bereits im 14. und 15. Jh. waren wichtige, bis in die Gegenwart gültige Grundtypen für Unter-, Ober- und Überkleidung geschaffen, die wir heute als Hemd, Kleid, Hose, Jacke und Mantel bezeichnen. Durch Übertragung und Vervollkommnung von Verarbeitungsweisen und Details, Verschmelzung zweier Typen, auch durch Einsatz neuer Materialien, Techniken oder Detailgestaltungen entstanden vor allem im 20. Jh. zahlreiche neue Typformen (z. B. Latzrock, Passenkleid, Mantelkleid, Jumper, Overall, Wendemantel), die wiederum Grundlage für weitere Entwicklung sein können.
Kleidungsgrundtypen und zweckmäßige Details wie Kragen, Passen, Verschlüsse haben sich meist über lange Zeiträume im Leben tätiger Menschen geformt oder sind für sie geschaffen worden (z.B. der Uniformrock des 17. Jh. mit Taschen und Knopfverschluß, Overall und Reißverschluß der 30er Jahre im 20. Jh.).
Immer steht dabei der materiell-praktische Gebrauch im Vordergrund. Das macht sie geeignet, allgemeinmenschliche Kleidungsbedürfnisse zu befriedigen. Die einfachsten Formen bieten oft Möglichkeiten für mannigfaltige Arten des Tragens und Kombinierens und wirken daher zurück auf Selbstwertgefühl und Darstellungsfähigkeit ihrer Träger. Solche Kleidungstypen bleiben daher so lange modern, wie sie sich dem wissenschaftlich-technischen Niveau und fortgeschrittener Lebensweise anpassen können bzw. sie fördern helfen.
Als modern gelten auch Stilisierungen der Form, die ein neues Menschenbild, neue, progressive Haltungen darstellen, wenn sie Bequemlichkeit, Hygiene, Wirtschaftlichkeit sowie zweckentsprechenden und schöpferischen Gebrauch nicht oder nur wenig einschränken.
Kennzeichnend für sich verschärfende Widersprüche in Klassengesellschaften waren jedoch stets dekadente Züge der Kleidungsentwicklung. Das äußerte sich, solange Kleidung, Schmuck und Beiwerk ausschließlich in Handarbeit angefertigte Einzelprodukte waren, in einer Ästhetisierung des Luxus, der sozialen Verachtung, sittlicher Erstarrung oder Zügellosigkeit. Die jeweils modernen Kleidungsgrundtypen erfuhren dabei eine überzeichnende Verformung und Ornamentierung, die zwar repräsentativ aber unbequem, der Bewegung hinderlich und oftmals unhygienisch war. (Jahrhundertelang galten Korsett, Schleppe und Reifrock sowie luxuriöse Ausstattung in Material und schmückenden Details als Standeszeichen des Müßiggangs derjenigen, die auf Kosten anderer lebten.)
Gleichzeitig sanken einfachere Kleidungstypen in ihrer ästhetischen Bedeutung ab und wurden zu einem Kennzeichen von Armut, Rückständigkeit und Unterdrückung. Deshalb, aber auch weil Formwandel und Zierde stets technische und gestalterische Spitzenleistung war, versuchten politisch-ökonomisch aufstrebende Volksschichten immer wieder, unter Mißachtung ihrer materiellen Lebensbedingungen den Luxus der Herrschenden nachzuahmen.
Kleiderordnungen, die bis zur Französischen Revolution erlassen wurden, sollten das meist verhindern bzw. den Luxus niederer Stände einschränken.
Das wirkliche soziale Kräfteverhältnis zeigte sich jedoch darin, ob diese Ordnungen eingehalten oder übergangen wurden. Machtgewinn und politisch-ökonomische Bedeutsamkeit sich befreiender Volksschichten führten allerdings auch zur ästhetischen Aufwertung ihrer ehemals verachteten Standestracht. Als Beispiele gelten die bürgerliche Kleidung der Renaissance und der Reformation, die englische bürgerliche Mode im 18. Jh. sowie die Röhrenhose der Arbeitsleute als deren Kampfsymbol während der französischen Revolution. Neben der Einzelanfertigung in Handarbeit als typischer Produktionsform des Feudalismus entwickelte sich bereits im 14. Jh. die effektivere Fertigkleiderproduktion in handgearbeiteten Serien. Sie versorgte vor allem die weniger zahlungskräfti-

gen unteren Volksschichten und erfuhr einen Aufschwung mit der Uniformentwicklung im 17. Jh. Die maximale Vereinheitlichung der Schnitte kam einerseits der Serienfertigung entgegen. Sie brachte andererseits mehr Zweckmäßigkeit in die Männerkleidung, wurde aber gleichzeitig vom höfischen Renommiergeist beeinflußt. In Wechselbeziehung mit dem englischen bürgerlichen Herrenanzug (seit dem Sieg über die Aristokratie betont antifeudal) und im Zusammenhang mit der Manufakturentwicklung hatte die Männerkleidung im 19. Jh. eine Form erreicht, die sowohl den Anforderungen der kapitalistischen Produktionsweise an technische Reife für Serienfertigung als auch den Nutzungsansprüchen breiter Bevölkerungskreise entgegenkam. Entsprechend der sozial untergeordneten Rolle der Frau blieben ihre Kleidungsformen, die zur gleichen Zeit Besitz und Führungsanspruch des Mannes zu repräsentieren hatten, weiterhin einzeln angefertigt und so zu einem fragwürdigen Leitbild für die Volksmassen wurden, herkömmlich und reaktionär. Mit ihrer Schmucküberladenheit gerieten sie in Widerspruch zu den Forderungen der industriellen Fertigungsmethoden nach Vereinfachung.

Erst seit Beginn des 20. Jh. und verstärkt durch die sozialen und politischen Umwälzungen nach dem ersten Weltkrieg konnte die Frauenkleidung eine Vereinfachung erfahren, die technische Reife und zweckmäßige Gebrauchseigenschaften verband, indem sie fortschrittliche Vorbilder aus der Männer-, Sport- und Reformkleidung aufgriff. Damit entsprach man vor allem der gesellschaftlichen Forderung nach konfektionierbarer Frauenkleidung, doch im Interesse privatwirtschaftlicher Entwicklung und noch vorhandener Luxusbedürfnisse Reicher entstand ein degradierendes Qualitätsgefälle zwischen handgenähtem Modellkleid und konfektionierter Massenware. Außerdem beschleunigten kapitalistische Unternehmer den Modewechsel künstlich. Besonders nach dem zweiten Weltkrieg verbreiteten Haute Couture und Massenmedien ständig neue Leitbilder, die von wechselnden Traditionen hergeleitet waren und mit Manipulierung einhergingen. Sie nutzten damit den gewohnten Zusammenhang zwischen Normorientiertheit, Selbstdarstellung und dem Bedürfnis nach gesellschaftlicher Anerkennung. Die jeweils neueste Mode funktionierte dabei als Statussymbol. Der so bis in die 60er Jahre organisierte Modewechsel wurde von vielen als Diktat oder beherrschende Macht empfunden und aus dem Bedürfnis nach Bestätigung mitvollzogen, obwohl die willkürlichen, oft effektvollen Veränderungen den Bedürfnissen nach Tragekomfort, leichter Pflege, Zweckmäßigkeit und Wirtschaftlichkeit meist nicht entsprechen konnten. Schnell wechselnde, gegensätzliche Silhouetten (z. B. A-Linie, V-Linie), monströse oder verspielte Detailgestaltungen (z. B. festgenähte Raffungen, übergroße, rein dekorative Kragen und Manschetten), nicht abnehmbare Schmuckelemente (z. B. Kontrastblenden, Rüschen, auffällige Muster) waren oft typische Erscheinungen einer historisch überlebten Tradition. Solche vermeintlich individuellen Gestaltungen wurden durch verbreitete Nachahmung allgemein, verfehlten damit ihre individuelle Wirkung und mußten von neuen Effekten abgelöst werden.

Inzwischen hat sich das veränderte Kräfteverhältnis in der Welt zugunsten des sozialen Fortschritts, aber auch die Entwicklung von Wissenschaft, Technik und bewußter Lebenshaltung in breiten Verbraucherkreisen international verändernd auf Kleidungsproduktion und Modeverhalten ausgewirkt. Internationale Arbeitsteilung und Handel, Tourismus und Kommunikation über Ländergrenzen, aber auch die Emanzipation der Geschlechter bewirkten trotz unterschiedlicher gesellschaftlicher Verhältnisse gleichartige Bedürfnisse nach Teilhabe an den Vorzügen moderner Kleidung. Dabei gelten Kombinier- und Variationsfähigkeit, Mehrzweckcharakter, Leichtigkeit, unkomplizierte Pflegeansprüche der Kleidung in den letzten Jahren als selbstverständlicher Ausdruck modernen Lebensniveaus. Großserienproduktion mit vergleichbarer Technik führte in den wirtschaftlich hochentwickelten Ländern zu Kleidungstypen mit hoher Verallgemeinerungsfähigkeit und vielfältigen Gebrauchseigenschaften. In dem Maße, wie stilistisch verschiedene Gestaltungsrichtungen, Weiten- und Längenunterschiede sowie Arten des Tragens zwanglos nebeneinander möglich wurden, zeigt sich ein neues Verhältnis zwischen Normverhalten, Selbstdarstellung und Modegestaltung. So nehmen differenzierte und kritische Verbraucherhaltungen häufig Einfluß auf die Mode. Auch Bewertungsunterschiede zeichnen sich ab. Danach ist Modisch-Effektvolles aus materialistischer Sicht immer dann fragwürdig, wenn es nicht gleichzeitig auch modern ist.

Gegenwärtig kommt es darauf an, Kleidungsgestaltung und Modeentwicklung als einen Formierungsprozeß zu betrachten, an dem Industriegestalter und Verbraucher gleichermaßen beteiligt sind, und bei dem es nicht nur um einen Wechsel von Farbe, Silhouette, Muster, Material oder Detail als Reiz des Neuen geht, sondern um eine sinnvolle Kombination von deren Eigenschaften für vielfältige Schutz- und Darstellungsbedürfnisse. Waren Luxus und verschwenderischer Modewechsel bis weit in unser Jahrhundert hinein charakteristisch für Repräsentations- und Profitinteressen, so ist eine Forderung unserer Zeit, bei der Produktion von Modeartikeln gesamtgesellschaftliche Interessen, z. B. Bewältigung wirtschaftlicher und sozialer Probleme, zu berücksichtigen. Kontinuität der Entwicklung, Variationsbreite, Zweckmäßigkeit und Wirtschaftlichkeit der Kleidung sind erfüllbare Bedürfnisse aller Menschen zur Selbstdarstellung und Vervollkommnung ihrer Persönlichkeit. In den folgenden Zeilen werden Grundrichtungen und Zusammenhänge von Kleidungsproduktion und Bekleidungsverhalten dargelegt, Gestaltungsmittel und -prinzipien in ihrer Wirkung erläutert. Sie sollen zu mehr Geschmackssicherheit und Sachkundigkeit beitragen, wenn es darum geht, in der alltäglichen Bekleidungspraxis das rechte Maß zu finden zwischen Zweckmäßigkeit und darstellender Überzeichnung, Normorientiertheit und Selbstbehauptung sowie dem dafür angemessenen Aufwand an Zeit, Mitteln und Energien.

Die Kleidungsform – ein gesellschaftliches Produkt

Von den Anfängen der Bekleidungskultur. Die Bekleidungskultur ist ein Teilbereich der Menschheitskultur, denn sie beruht auf der Fähigkeit des Menschen, Werkzeuge und Techniken zur Be- und Verarbeitung von Naturrohstoffen zu erfinden, Kleidung zu produzieren und zu gebrauchen, sie den Lebensbedingungen, Bedürfnissen und Idealen immer besser anzupassen. In Wechselbeziehung mit dem Gebrauch und der Produktion von Kleidung formten sich bekleidungskulturelles Wissen und Können, Geschmack und Urteilsvermögen der Menschen entsprechend ihrer Stellung innerhalb der Gesellschaft und ihrem Anteil an diesem Prozeß.

Mag das erste Kleid auch nur ein Umhang aus dem Fell eines erlegten Tieres gewesen sein bzw. ein Schurz aus geflochtenen Blättern, Binsen oder Bast, womit der Mensch der Urgemeinschaft seine Lenden schützte, so war es gleichzeitig auch ein Schmuck, der ihm Kraft verlieh gegenüber den noch unbegreiflichen furchterregenden Naturerscheinungen. Gegenüber Feinden wußte man sich durch imposanten Aufputz des Äußeren zu wappnen. Das Tragen eines seltenen Felles oder einer Kette aus Tierzähnen verlieh ein Gefühl der Überlegenheit, denn es war ein Zeichen für die erworbene Geschicklichkeit der Hand, auch für den Mut oder das Beuteglück der Gemeinschaft beim Jagen und Sammeln. Mitunter versuchte man durch Opfergaben solcher kostbaren Kulturgüter gefürchtete Mächte günstig zu stimmen.

Während des langen Prozesses, in dem sich die menschliche Gesellschaft allmählich zu Stämmen und Völkern organisierte, bildeten sich mit der Stellung der Herrschenden Vorrechte heraus, die sich auch auf den Besitz solcher Kleidung bezogen, die Zeichen weitreichender Beziehungen oder technischer Errungenschaft war (bereits in der Jungsteinzeit kannte man Webstuhl und Spindel). Das beste Kleidungsstück, der kostbarste Schmuck gebührte somit dem Ranghöchsten, Gefürchteten, der Respektsperson. Die Gestaltung des Äußeren erhielt damit einen neuen Sinn: mit dem Anteil am gesellschaftlichen Reichtum die soziale Rangordnung, den „Stand" innerhalb der Gesellschaft, hervorzuheben.

Die Lebenspraxis der sich herausbildenden Klassengesellschaften brachte jedoch weitere Wertvorstellungen hervor, die den jeweiligen Produktionsbedingungen entsprachen, sich jedoch nach den Lebensbedingungen der Klassen und sozialen Gruppen unterschieden. Sie finden ihren Ausdruck in den Formwandlungen, die die Kleidung im Laufe ihrer Geschichte durchgemacht hat.

Modegestalter schöpfen immer wieder aus diesem Fundus, um vorhandenen oder vermeintlichen Darstellungsbedürfnissen vieler Menschen gerecht zu werden bzw. um neue Bedürfnisse zu wecken. Nicht alle Traditionen können den Forderungen unserer Epoche nach ökonomischem Umgang mit Zeit, Rohstoffen und Energie sowie nach wandlungs- und anpassungsfähigen Kleidungsformen zur Selbstdarstellung eine Anregungsquelle sein. Das betrifft vor allem jene Moden, die durch Überornamentierung, körperfremde Stilisierung oder schnellen Wechsel den Verfall überlebter Machtverhältnisse vertuschen oder aufhalten sollten. Dagegen haben sich Kleidungsgrundtypen über große Zeiträume – oft über Jahrhunderte – neben den jeweiligen Modeformen mit nur geringen Abwandlungen in breiten Verbraucherkreisen bewährt. Ihrer Entwicklungsgeschichte, die sich als Ausdruck der Produktivkraftentfaltung vollzog und Verbesserungen des Gebrauchswertes mit sich brachte, soll im folgenden nachgegangen werden.

Urtypen des Umhüllens haben sich schon früh herausgebildet. Werkzeugfunde aus der Altsteinzeit sowie 20000–30000 Jahre alte Höhlenzeichnungen und Vergleiche mit den Anfängen späterer Kulturen lassen bereits auf deren Bekanntschaft schließen:

- Umwicklung oder Drapierung (z. B. Schurz, Wickeltuch)
- Umhang (z. B. Schulterdecke, Überwurf mit Kopfschlitz)
- Umhüllung von Körperteilen mit genähten Röhrenformen (z. B. Hemd, Rock, Ärmel, Hosenbein, Strumpf).

Alle bekleidungsgeschichtlichen Trachten und Moden haben sich aus ihnen geformt, sind ihre Doppelung, Kombination oder Weiterentwicklung.

Die Umwicklung. Das älteste wohl allen Völkern eigene Kleidungsstück dürfte der Schurz gewesen sein, ein um die Lenden gewickeltes bzw. gebundenes Tierfell, Geflecht oder Gewebe zum Schutz der Fortpflanzungsorgane, als Betonung oder Zeichen der Würde. Das Lendentuch, eine Art Wickelrock beider Geschlechter, konnte oberschenkel- bis fußlang sein und wurde durch untergesteckten Zipfel oder mit einer Schnur um den Leib gehalten. Wie Darstellungen der kretisch-mykenischen Kultur und aus dem alten und mittleren Reich der Ägypter vermuten lassen, trug man zuweilen mehrere Schurze oder Lendentücher übereinander,

Werdegang der Umwicklung oder Drapierung (Jungsteinzeit bis Eisenzeit). 1 *Lendentuch,* 2 *Schurze,* 3 *Exomis,* 4 *Peplos.*
Figurine: griechisches Hemdgewand mit Scheinärmeln und Mantel

was durch unterschiedliche Größe, Feinheit oder Art des Umlegens der Textilflächen sichtbar war.

Ein anderes Wickelgewand aus Tierfell oder geradem Zeugstück wurde, auf einer Seite Schulter und Arm freilassend (griech. „Exomis"), um den Körper gelegt und auf der gegenüberliegenden Schulter geknotet oder gefibelt. Griechen entwickelten daraus ein lose umgelegtes leinenes hemdartiges Gewand, das auf beiden Schultern mit Gewandnadeln, den sogenannten Fibeln, gehalten wurde und viele Abwandlungen erfuhr. Die Stoffkanten hingen anfangs offen am Körper herab und wurden später durch Naht geschlossen. Bei entsprechender Weite entstanden Scheinärmel. Die gleiche Gewandform aus Wolle trugen Frauen ein- oder mehrmals gegürtet und geschoppt mit einem breit von den Schultern herabfallenden Umschlag. Dieser Peplos lag gewöhnlich als eine Art Mantelkleid über dem leinenen Wickelgewand und wurde mitunter noch von der Exomis ergänzt. Das Übereinandertragen gleich- oder verschiedenartiger Gewänder bot einen wirksameren Schutz, vielfältigere Möglichkeiten des Schmuckes und des persönlichen Ausdrucks, vor allem aber war es damals ein Zeichen von wirtschaftlichem Wohlstand, verschaffte Ansehen. Körperlich Arbeitende und Krieger blieben lange Zeit bei der einfachsten Form der Exomis und dem Schurz.

War die Wickeltracht als eine Urform der menschlichen Kleidung bereits in vorgeschichtlicher Zeit über Jahrtausende weit verbreitet, so gelten doch heute noch die Gewänder der klassischen Periode der griechischen Stadtstaaten (6. Jh. v. u. Z.) als vollendet schön, weil sie humanistische Ideale verkörperten und deshalb menschliches Maß hatten. Sie betonten durch die Art des Umlegens Körperschönheit, Individualität und Selbstbewußtsein und waren für jeden Freien innerhalb der Sklavenhalterdemokratie zugänglich. Doch bereits in der römischen Republik wurden die antiken Hemd- und Wikkelgewänder durch die von Sitte, Tradition und Gesetz vorgeschriebene Art des Tragens vereinheitlicht. Eine großzügig um den Körper geführte breite Stoffbahn, deren Enden über der linken Schulter gekreuzt waren, konnte bei einigen Völkern ursprünglich auch als Schlafdecke genutzt werden. Bei den Römern wurde daraus ein Wickelgewand, die Toga, zu einem politischen Standeszeichen. Sie kennzeichnete den römischen Bürger. In der Kaiserzeit erreichte jedoch ihre Stoffülle ungeheuerliches Ausmaß, so daß sie als unbequemes Repräsentationsgewand nur noch zu festlichen Anlässen getragen und schließlich aufgegeben wurde.

Als wärmende Umhüllung der Beine und Vorläufer von Hosen und Strümpfen kannte man Bein- und Oberschenkelbinden, die zuweilen auch den unteren Teil des Rumpfes mit umschlossen. Zur Formung der Büste benutzten Frauen eine Brustbinde.

Mit der zunehmenden Rolle genähter Kleidung wurde die Wickeltracht in Europa bis auf Schulter- und Kopftuch, Schleier, Schal, Wickelrock und einige Mischformen verdrängt.

Der Umhang. Im Gegensatz zur Umwicklung, die den Körper betont, verhüllt ihn lose der Umhang, der auf den Schultern ruht. Zwei Grundformen des Umhangs haben sich beim Gebrauch des Tierfells bewährt und wurden mit der Funktion des Mantels weiterentwickelt:

1. Ein ovales oder halbrundes Zeugstück wird von den Schultern ausgehend um den Rücken geführt. Die Enden hängen vorn lose herab, werden dort oder auf einer Schulter zusammengehalten oder auf einer Schulter gekreuzt (griech. „Himation", röm. „Pallium", Urform der Toga).
2. Ein gerades, ovales oder rundes Zeugstück mit Kopfschlitz oder Kopfloch wird übergezogen (lat., griech. „Paenula", indianisch „Poncho"). Die Weiterentwicklung ist ein aufgeschnittenes rundes Zeugstück mit Kopfloch und Knopfverschluß („Heuke", 14. Jh.) und eine Neuschöpfung ein halbrundes Zeugstück, das zur Kegelform zusammengenäht, Kopfschlitz oder Kopfloch und Kapuze erhält und als Regenschutz (Paenula) oder Meßgewand (Kasel) getragen wird.

Vermutlich waren beide Grundformen bei fast allen Völkern des Altertums bekannt. Die erstgenannte Form war bis ins späte Mittelalter mit nur geringen Abwandlungen in Europa verbreitet. Zusammen mit Schurz oder Lendentuch stellte sie den Bekleidungstyp der Bronzezeit für Männer dar. Das Zeugstück war bei Griechen, Etruskern, Römern und Germanen abgerundet oder oval und wurde mit einem mehr oder weniger breiten kragenartigen Umschlag, auch gedoppelt, lose umgehängt. Unter dem zunehmenden Einfluß der Kirche, die Verhüllung forderte, trug man den Umhang bis ins 14. Jh. als Mantel halbrund geschnitten. Seine Länge richtete sich nach dem Gebrauch. Bei Kriegern war er waden- oder oberschenkellang. Vornehme, Geistliche, Mönche, weltliche Herrscher und Frauen trugen ihn fußlang. Männer fibelten ihn auf der rechten Schulter, Frauen bedeckten mit ihm zuweilen Kopf und Haar. Seit dem 12. Jh. hielt man den Umhang vor der Brust durch ein Band zusammen. Durch Zusammennähen der vorderen Kanten entstand daneben eine geschlossene glockige Form mit Kopfloch, die bereits in frühchristlicher Zeit als Kapuzenmantel der Reisenden und Sklaven gebräuchlich war und sich mit der Ausbreitung des Christentums wachsender Beliebtheit erfreute. Diese sogenannte Paenula wurde von Hirten und Pilgern getragen. Die katholische Kirche stilisierte sie zu einem Meßgewand, der Kasel. Auf Frauendarstellungen dieser Zeit herrscht die Paenula gegenüber anderen Mantelformen vor. Anstelle der Kapuze wurde sie von einem Schleier oder Kopftuch ergänzt.

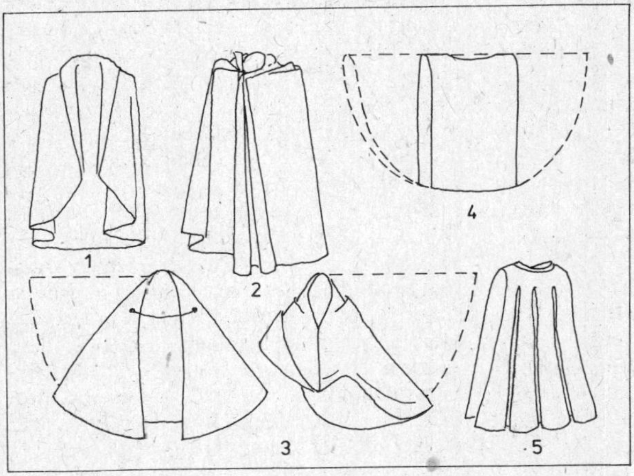

Werdegang des Umhangs (Bronzezeit bis Feudalismus im 14. Jh.).
1 *um den Hals gelegte Decke,* 2 *halbkreisförmiger Umhang auf einer Schulter gefibelt,* 3 *halbkreisförmiger Umhang offen und zugenäht,* 4 *Ponchoformen,* 5 *Umhang mit Armschlitzen (Surcot 14. Jh.).*
Figurine: Surcot über Hemdgewand

Ungeachtet dessen, daß dieser Kleidungstyp bis in die Gegenwart Bedeutung als Regenschutz behielt oder zum Schulterkragen zusammenschmolz, erfuhr er aus Gründen der Zweckmäßigkeit bis zum Ende des Mittelalters Wandlungen und Weiterentwicklungen. Zum Zwecke der Bewegungsfreiheit klappte man die Seiten der Kasel zeitweilig hoch und schnitt sie später ab. So entstand das Chasuble. Andere Gewänder dieses Typs erhielten Armschlitze und waren als fußlanger Surcot beliebte Oberbekleidung des 12. und 13. Jh. bei den herrschenden Vertretern höfisch-ritterlicher Kultur beider Geschlechter. Krieger trugen sie schon sehr früh als knielangen Waffenrock über der Rüstung, zum Reiten von unten her in Schritthöhe vorn aufgeschlitzt.

Die röhrenförmige Umhüllung. Im Gegensatz zu den Bewohnern warmer südlicher Gegenden mußte man sich in nördlichen Regionen oder im Hochgebirge, wo ein rauheres Klima herrschte, wirksamer schützen. Die dort Lebenden zogen deshalb genähte, röhrenförmige Umhüllungen, auch Mischformen der lose umgehängten oder drapierten Kleidung, vor, sobald es ihre gesellschaftlichen Verhältnisse erlaubten. So entstanden Hemdgewand und Hose, die sich gegenseitig ergänzten. Das genähte Hemd war eine Neuschöpfung aus der um den Körper gelegten Stoffbahn bzw. aus dem Umhang mit Kopfschlitz, indem die Seitenkanten zusammengenäht wurden. Als Bekleidungstyp der Eisenzeit setzte es sich sogar bei europäischen Frühvölkern in wärmeren Regionen durch und wurde zu einem Hauptkleidungsstück beider Geschlechter. Mit seiner Bequemlichkeit, der verbesserten Schutzfunktion und weiterer Entwicklungsmöglichkeiten stellte das Hemd gegenüber der bronzezeitlichen Wickeltracht den bekleidungskulturellen Fortschritt dar. Die Demonstration der technischen Errungenschaft mag der Grund gewesen sein, weshalb ihn Völker ohne Notwendigkeit übernahmen. Während das aus der Wickeltracht entstandene Hemdgewand nur mit Fibeln, Knöpfen oder Trägern gehalten werden konnte, bot das aus dem Umhang mit Kopfschlitz entwickelte Hemd die Möglichkeit, Ärmel anzusetzen. Bei entsprechender Webbreite konnte es aber auch ohne angesetzte Ärmel die Arme teilweise oder ganz bedecken.

Von Kleinasien kommend, breitete sich dieser Hemdtyp bei den Völkern West- und Mitteleuropas aus und wurde schließlich auch in die Tracht der Römer übernommen. Schon früh begann man, mehrere Hemdgewänder übereinanderzuziehen, jedoch zunächst ohne die Bedeutung von Oberbekleidung und Wäsche, sondern als Kennzeichen von Rang und Stand. Ein Hemdgewand mit weiten Ärmeln und kreuzförmigem Schnitt, die Dalmatika, wurde bis ins 10. Jh. zu einem Hauptkleidungsstück der Christen und fand so Eingang in den Ornat geistlicher und weltlicher Herrscher. Dem Gebot der Kirche entsprechend, blieb die weibliche Tunika während des ganzen Mittelalters lang und verhüllend, jedoch wußte man zeitweilig die Figur hervorzuheben.

Innerhalb der Feudalgesellschaft bildeten sich allerdings Privilegien heraus, die Rang und Stand der Person durch kostbare Ausstattung der Gewänder sichtbar machten. Seltene und teure Materialien, Farben und Muster standen ausschließlich den Vornehmen zu, vor allem die seit dem 6. Jh. in Byzanz produzierten Seiden, Samte und Brokate. Man besetzte Gewebe mit Pelz oder Edelsteinen, aber auch mit farbig bestickten oder gewirkten Stoffteilen (z. B. Clavus, Tablion). Da die Seiden- und Farbgewinnung noch aufwendig und teuer, gewebte Muster noch selten waren, gestaltete man die Kleidung auf diese Weise kostbar und distanzierend. Gleichen Zielen dienten später arbeits-

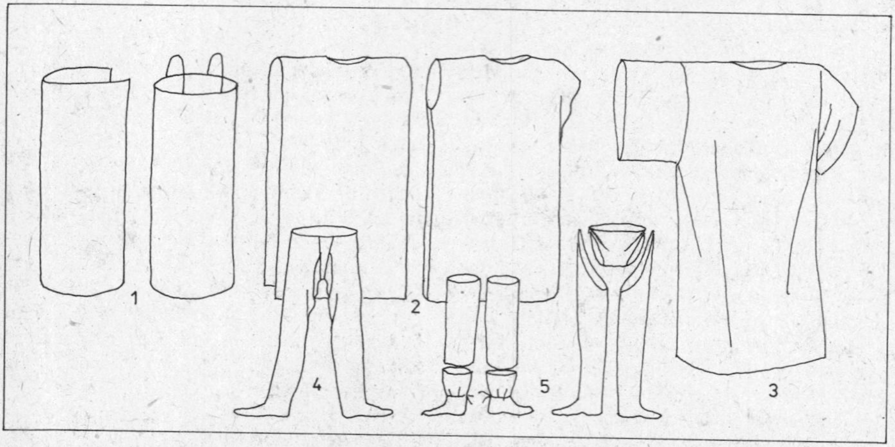

Werdegang röhrenförmiger Umhüllungen (Bekleidungstypen seit der Eisenzeit). 1 *Trägerhemd aus der Umwicklung,* 2 *Hemd mit Scheinärmeln aus dem Poncho,* 3 *Ärmelhemd (Dalmatika),* 4 *Hose mit Füßling (germanische Eisenzeit),* 5 *Beinhosen*

aufwendige Randverzierungen (Zaddeln), aus denen sich die Spitzenstickerei entwikkelte, aber auch Ausstattungen mit andersfarbigem Futter, sowie das Zusammensetzen der Kleidung aus vielen farbigen Stoffteilen (Mi-parti). Diese Standeszeichen im entwikkelten Feudalismus des 12. bis 15. Jh. wurden auch aus ökonomischen Gründen durch Kleidergesetze vor der Nachahmung aufstrebender Volksschichten geschützt oder in wechselnden Grenzen gehalten. Körperlich Arbeitende trugen erdfarbene Wolle und Leinen.

Das Tragen von Hosen ergab sich vor allem in kälteren Gegenden als notwendige Ergänzung der Männertunika, die, außer für Repräsentationszwecke, stets kürzer war als die der Frau. Dieser Unterschied war ein Ausdruck der Sozialrollen zwischen den Geschlechtern und der sich daraus ergebenden Bedürfnisse. Vor allem im Freien Arbeitende und Krieger bedurften eines wirksameren Schutzes verbunden mit Bewegungsfreiheit. Diesen Anspruch erfüllten Hosen besser als lange Hemdgewänder.

Mit dem Begriff Hose bezeichnete man ursprünglich jede Umhüllung der Beine (z. B. Socken, Stutzen, Gamaschen, Beinbinden, Strümpfe). Der aus zwei zusammengesetzten röhrenförmigen Beinlingen bestehende Hosentyp findet sich in Europa zuerst bei Kelten und Germanen der Eisenzeit (ab 6. Jh. v. u. Z.). Keltische Krieger trugen ihn knielang, Germanen und Franken auch knöchellang. Mitunter hatten Hosen angesetzte Füßlinge. Auch stiefelartige Stoff- oder Ledersocken waren im frühen Mittelalter bekannt. Das Umwickeln der Unterschenkel mit Beinbinden oder den ledernen Kreuzbändern der Schuhe auch über der Hose diente praktischen Zwecken. Die im 10. und 11. Jh. engeren Hosenbeine umband man nur noch unterhalb der Knie. Bei den Trägern fußlanger Gewänder verschob sich die Bedeutung der Hose in Richtung Unterwäsche, indem man sie kürzer und aus Leinen herstellte. Daneben führte die Mode der höfisch-ritterlichen Kultur (Herrschende und Vornehme bevorzugten damals als Zeichen der Frauenverehrung lange Obergewänder) zur Trennung von Beinlingen und einer sehr kurzen Hose, der Bruche. Es entstanden „Beinhosen“ aus Leder oder Stoff, mit oder ohne Füßlinge. Sie wurden als Strumpf der Bruche angenestelt oder wie Stutzen bzw. Socken und Stiefel getragen. Aus dieser Neuerung hervorgegangene, noch heute gültige Typen der Beinbekleidung haben sich vor allem bei Arbeitenden und Kriegern erhalten, auch als im 14. Jh. hautenge genähte Strumpfhosen zur vornehmen Mode gehörten.

Vom Hemd zu Kleid und Jacke. Das Gebot der Kirche, den Körper zu verhüllen, wurde im 14. Jh. immer häufiger übergangen, zumal ein in Zünften organisiertes entwickeltes Schneiderhandwerk den Bedürfnissen vieler Menschen nach Betonung ihres Körpers durch hautengen Zuschnitt der Kleidung entsprechen konnte. Diese Nachahmung eines französischen Adelsprivilegs war bereits Ausdruck für den Niedergang der alten Ordnung und die Ankündigung neuer Kräfte. Vor allem in den Städten entledigte sich das Hemdgewand beider Geschlechter (genannt Cotte) aller verhüllenden Weite und wurde bis über die Hüften so eng anliegend, daß man es aufschneiden und mit einem Verschluß versehen mußte. Gleichzeitig verkürzte sich die Cotte des Mannes auf Schrittlänge und wurde so zur Schecke, einer Vorform der Jacke. Diese Neuentwicklung war im Vorderteil auswattiert, hatte lange, schmale Ärmel und bereits einen hochstehenden Kragen. Die langärmelige weibliche Cotte erhielt dagegen ein tiefes Dekolleté, wurde seitlich oder vorn eng geschnürt, zuweilen auch mit Knöpfen geschlossen. Der Rock erhielt durch eingesetzte Keile großzügige Weite.

Im 15. Jh. teilte man das Frauengewand in Rock und Mieder, die zusammengesetzt ein Kleid ergaben. Beweggrund für die Neuerung mag zunächst der Wunsch nach Übertreibung von Enge und Stoffülle gewesen sein (Korsett und kreisförmiger Zuschnitt waren in der französischen und burgundischen Kultur des 14. und 15. Jh. bekannt). Der mit der Teilung vereinfachte Zuschnitt ermöglichte jedoch auch verschiedene Rockweiten durch den Ansatz einer geraden Stoffbahn und machte das Kleid so für selbstschneidernde, wenig begüterte Volksschichten zugänglich. Da Hemdgewänder und Umhänge neben der zugeschnittenen Kleidung im Volk weiter beibehalten wurden, ergab sich eine verbreitete Mannigfaltigkeit der Kleidung auch in der Art des Zusammenstellens und Tragens. Das selbstbewußte Bürgertum

Italiens im 15. Jh. brachte mit seiner ökonomischen Führungsposition eine Renaissance humanistischer Ideale hervor. Es machte den tätigen Menschen zum Maß aller Dinge. So wurden Tragegewohnheiten aus dem Bereich der Arbeitenden und der Landsknechte ästhetisch angeeignet (z. B. geraffte Röcke, angebundene, abnehmbare Kleidärmel, mit Schlitzen erweiterte Kleidungsteile, sichtbar gemachtes Hemd). Die Würde des Gelehrten betonten Schlichtheit und Länge seiner Robe gegenüber dem sonst kurzen, gegürteten Männerkittel. Schwere, kostbare, auch gemusterte Samte und Brokate zeugten vom Aufschwung der italienischen Seidenwebereien und unterstrichen die Würde der Persönlichkeit, die mehr galt als Adel und Privileg. Bewußter als zuvor differenzierte und nutzte man Übergewänder, Oberbekleidung und Wäsche. Aus dem ehemals geschlossenen Umhang mit Armschlitzen (Surcot, Tappert) entstand als Neuschöpfung ein vorn offener Mantel mit Aufschlägen und Ärmeln. Das bis dahin schamhaft verdeckte, als Zeichen der Armut geltende Leinenhemd wurde zu einem Schmuck aufgewertet.

Werdegang von Jacke, Übergewand mit Ärmeln und Kleid (Feudalismus im 13. bis 15. Jh.). 1 *Hemdform des 13. Jh.,* 2 *Jacke mit vorn durchgehendem Verschluß (14. Jh.),* 3 *Verengung oben, Erweiterung unten zum Kleid,* 4 *kegelförmiges Übergewand erhält Ärmel und Gürtel, wird kürzer. Figurine: Kleid mit nachschleifenden Zierärmeln und Schleppe*

Im 16. Jh. hatte das Frauenkleid jene Form erreicht, die den Bedürfnissen nach Zweckmäßigkeit und Darstellung sozialer Zugehörigkeit aller Stände unter den gegebenen Bedingungen bis ins 20. Jh. gerecht werden konnte und deshalb in konservativen ethnischen Gruppen sogar bis in die Gegenwart an Festtagen nahezu unverändert getragen wird. Es bestand aus einem mehr oder weniger ausgeschnittenen Mieder mit Ärmeln und faltig angesetztem, vorn geschlitztem oder durchgehend offenem Rock, den oft eine Schürze bedeckte. Schnürung und Rockschlitz paßten das Kleid bei Schwangerschaft den veränderten Maßen an. So ist es auch zu verstehen, daß Rock und Mieder stets aneinander befestigt sein mußten. Während sich die Männerkleidung der Lebensweise entsprechend differenzieren und vervollkommnen konnte, verherrlichten zahlreiche Moden den in Rock und Mieder geteilten Grundtyp des Frauenkleides als einzig möglichen bis ins 20. Jh. hinein. Er verkörpert für den Betrachter unserer Zeit die eingeengte und untergeordnete weibliche Sozialrolle gegenüber der des Mannes. Besonderheiten der Ausstattung wurden allerdings als ein Privileg Herrschender und Vornehmer betrachtet und durch Kleiderordnung vor der Nachahmung sozial niedriger Gestellter mehr oder weniger wirksam geschützt. So trugen z. B. Adlige und Patrizierinnen der Reformationszeit nachschleifende Verlängerungen der Röcke und Zierärmel. Die Gespreiztheit absolutistischer Hofhaltung formte den Körper durch Überbetonung der Silhouette mit Korsett und Reifrock um, z. B. als Ausdruck von Sittenstrenge bis zu religiöser Erstarrung (spanische Mode der Gegenreformation) oder als frivole Anspielung (französische Mode in der Verfallszeit des Feudalismus). Unter dem Einfluß der Aufklärung und der Französischen Revolution konnten sich kurzzeitig aus England kommende bürgerliche Kleidungsvorbilder durchsetzen. (Dort hatte die Revolution von 1648 bereits zu einem Aufschwung der Produktivkräfte geführt.)

Das Frauenkleid verzichtete zuerst auf den Reifrock, dann sogar auf Korsett und Taillennaht. Es kehrte zu einer hochgegürteten Hemdform zurück, die nach antikem Vorbild von einem drapierten Schal ergänzt wurde. Diese Form, die ihr repräsentatives Aussehen dem leichten Material, seinem fließenden Fall und einer Schleppe verdankte, konnte jedoch über den Salon hinaus keine Verbreitung erlangen, weil sie den klimatischen und weiteren alltäglichen Lebensbedingungen so nicht anpassungsfähig war.

Nach der Abschaffung der alten Ständeordnung und dem Übergang vom Manufakturzeitalter zum Kapitalismus der freien Konkurrenz bot die technische Entwicklung (mechanischer Webstuhl, Strumpfwirkstuhl, Nähmaschine), auch die Erfindung künstlicher Farb- und Textilrohstoffe (Anilin, Zellstoff), in der 2. Hälfte des 19. Jh. prinzipiell Möglichkeiten einer größeren Verbreitung der Mode. Mit der industriellen Revolution veränderten sich die technischen, sozialen und ökonomischen Voraussetzungen für die weitere Modeentwicklung grundlegend. In Industriestädten und deren ländlicher Umgebung hatten sich Volksmassen angesiedelt, deren Bedürfnis nach modischer, das hieß damals: städtischer Kleidung ständig wuchs. Die Entwicklung von Fremdenverkehr in Bade- und Kurorten ländlicher Gegenden führte dort zur allmählichen Ablösung der Tracht durch modische Kleidung, die vorerst in Hausnäherei angefertigt werden mußte. Die ländliche Tracht verkümmerte in einigen Gegenden als Alltagskleidung. Zuweilen wurde sie aber auch aufgebläht durch gigantische Details (gestärkte Hauben, Schleifen, Kragen und Ärmel) und als Schauobjekt (auch als kapitalistisches Markenzeichen) auf Märkten und Volksfesten genutzt. Allgemein mußten aber die überlieferten Kleidungsformen mit den Forderungen der Technik nach Vereinfachung der Schnitte in Einklang gebracht werden.

Die Form der Herrenkleidung dieser Zeit zeigte sich bereits dem ökonomisch-technischen Fortschritt adäquat. Das bürgerliche Frauenkleid übernahm dagegen eine reaktionäre Rolle. Es diente den Interessen einer Minderheit, vertreten von der neu entstandenen Haute Couture, nach deren handgenähten Kleidungsvorbildern die neue Technik zur Nachahmung historischer Stile genutzt wurde. Die schnelle und billige Produktion von Reifröcken, Posamenten, Imitationen von Schmucksteinen und Handarbeiten beschleunigten einerseits ihre Verbreitung, machten sie damit andererseits als Statussymbol untauglich. Das führte im Interesse der Produzenten, aber auch der repräsentationshungrigen Verbraucherinnen (vor allem Vertreterinnen des Geldadels) zu einem regelrechten Wettlauf im Aufwand an Besätzen, Raffungen und anderem Zierat sowie zu immer schnellerem Wechsel der Proportionen, Farben und Materialien und führte folgerichtig in eine Sackgasse.

Mantel, Hose und Jackett. Im 16. Jh. hatte sich die Männerkleidung – beeinflußt durch Renaissancemode, Kriegs- und Arbeitstracht – soweit differenziert, daß in ihr bereits bleibende Grundtypen enthalten waren. Ein knielanger wollener Kittel war wie das Hemd gerade geschnitten, wurde aber mit Gürtel getragen, an dem mitunter eine Tasche hing. Er besaß lange Ärmel, Halsbündchen und einen Brustschlitz. Darüber hinaus gab es mehrere vorn durchgehend offene Obergewänder mit Ärmeln, die entweder aus der Form des glockigen Umhangs (Surkot, Tappert), aus der des Kittels oder der Schecke entstanden sein können. Ihre Weite hing lose am Körper herab, wurde in Rückenfalten zusammengefaßt oder gegürtet. Ebenso trug man taillenkurze Jacken. Vorn offene, auch weite Obergewänder mit Ärmeln waren (parallel zum Frauenkleid) eine Neuentwicklung jener Zeit, die im Zeichen des schaffenden Menschen stand (siehe Abb.). Man konnte sie bequem an- und ausziehen, offen und geschlossen tragen. Zudem boten die offenen Kanten zahlreiche Möglichkeiten des Verschlusses, des Schmucks sowie der Kragen- und Reversgestaltung. Zu großem Ansehen gelangte die Schaube, ein Mantel, dessen Halsausschnitt mit aufschlagbarem Stehbund oder einem breiten Schalkragen ausgestattet war. Ähnlich dem mittelalterlichen Umhang entwickelte sich die Schaube in zwei auseinandergehenden Richtungen. Als Repräsentations- und Würdegewand der Reformation erhielt sie füllige Weite, die von einer breiten Schulterpasse ausging, einen Pelzkragen und weite Ärmel. In dieser Grundform gilt sie heute noch in einigen Ländern als Amtstracht der Geistlichen, Richter und Rektoren. Die schlichtere Form der Bauernschaube war im 17. Jh. Grundlage für die Entwicklung des Uniformrocks und weiterer männlicher Hauptbekleidungsstücke. Unter der Schaube trug man etwa bis zur Mitte des 16. Jh. das enganliegende Wams und – parallel zur Teilung des Frauenkleides in Rock und Mieder – einen schrittlangen Oberrock mit faltig angesetztem Schoß. Anfangs waren noch Strumpfhosen und Strumpfstiefel gebräuchlich, später Pumphosen und Strümpfe, auch Stiefel mit breiten Stulpen. Doch bevor die Männertracht eine folgerichtige Entwicklung nehmen konnte, geriet sie auf mannigfaltige Abwege. Imponiergeist der Landsknechte versah die geraden, mit Zugschnur verengten Hosenbeine der Pumphosen mit zahlreichen, farbig unterfütterten Schlitzen und übertrieb diese Mode so sehr, daß die Hose schließlich in einzelne Streifen zerfiel. Über einer üppigen Futterhose, der sogenannten Pluderhose, klafften sie breit auseinander. Mit dem ursprünglichen Sinn der Schlitze, Bewegungsfreiheit zu schaffen, hatte das freilich nichts mehr zu tun. Sinnwidrig verlief auch die weitere Verwendung der unterfütterten Schlitzhosen in der steifen spanischen Tracht der Gegenreformation: Sie wurden umgedeutet und ausgestopft zu zwei prallen Kugeln, die mit einer betonten Schamkapsel, mit Schnürbrust und Schulterwülsten, Seiden-

Werdegang vorn offener Ober- und Übergewänder (Feudalismus im 15.Jh., 16.Jh.). 1 *in Rock und Mieder geteilter Grundtyp des Frauenkleides, separater Schulterkragen,* 2 *gegürtete Bauernjacke und Mantel mit Kragen,* 3 *kurze Jacke,* 4 *Jacke eines spanischen Kriegers mit Schoß, Kragen und Schulterwülsten, dazu Pumphose.*
Figurine: Kleid mit vielfach gepufften Ärmeln

strümpfen und Spitzenkragen eine seltsame Einheit bildeten. Die Tracht der Soldaten im Dreißigjährigen Krieg war, obwohl sich die Söldner noch individuell kleiden konnten, durch den Einfluß von Manufakturen und zweckmäßiger Einsichten, bereits weitgehend einheitlich. Sie bestand aus den schon im Alltag bewährten Pumphosen und Stiefeln, dem ledernen Schoßwams oder einem

Wechselbeziehung von Uniformrock, Frack und Redingote (Feudalabsolutismus und Manufakturkapitalismus im 18. Jh.). 1 *Uniformrock 1782,* 2 *Frack 1791,* 3 *Redingote (nach dem Reitmantel) als Tagesanzug 1792.*
Figurine: Hofkleid mit Korsett und Reifrock

knöpfbaren Tuchrock. Ein malerisch angelegter Umhang und ein weicher Filzhut vervollständigten die Tracht. Neu waren Kragen, Manschetten und Stiefelstulpen aus handgearbeiteter Spitze, die man seit dem 15. Jh. herzustellen verstand. (Nähspitzen und Lochstickerei waren z. B. eine Weiterentwicklung der Zaddelmode.)

Die weitere Entfaltung der Männertracht steht in engem Zusammenhang mit der Uniformierung stehender Heere (2. Hälfte des 17. Jh.). Hauptkleidungsstück war ein oberschenkellanger knöpfbarer Waffenrock mit vorn und hinten offenen Schößen, eine Vervollkommnung der Bauernschaube. Taschen, zweckmäßige Röhrenärmel mit Umschlägen und reißfeste Knopflöcher (anstelle von Schlingen) waren bleibende Verbesserungen. Ende des 17. Jh. tauchten anstelle eines Halstuches Umlegekragen auf. Bei doppelreihigen Knopfschlüssen bildeten sich aus den zurückgeknöpften Kanten Vorläufer von Revers – die Rabatten. Ihre weitere Entwicklung führte jedoch zur reinen Schmuckfunktion. Die beim Laufen hinderlichen langen Rockschöße wurden seitlich hochgeschlagen und später abgeschnitten. So entstand im 18. Jh. der Frack. Ab 1760 galt der Tuchfrack zusammen mit Kniehosen und Strümpfen als Anzug des modernen Bürgers. Abgesehen von einigen Seitenwegen, die von feudalabsolutistischem Renommiergeist und höfischer Dekadenz gezeichnet waren (der Uniformrock wurde als Justaucorps zum seidenbestickten höfischen Staatsrock und Modeattribut mit weit abstehenden glockigen Schößen), ging die Formentwicklung des Männerrocks im 18. Jh. zügig voran. Die Form veränderte sich vor allem durch die Anpassung an den alltäglichen Gebrauch auch in der Ziviltracht, durch Qualifizierung von Schneidertechnik und Manufakturwesen und trat schließlich in Wechselbeziehung zu dem aus England kommenden Reitrock, genannt Redingote. Mit diesem Namen bezeichnet man, ausgehend von der 2. Hälfte des 18. Jh. bis in die Gegenwart, mehr oder weniger eng taillierte Oberröcke, Mäntel und Mantelkleider, die nach unten glockig auslaufen. Bis in die Mitte des 19. Jh. blieb diese Form tonangebend in der bürgerlichen Herrenmode, zuerst als Mantel neben dem Frack, gegen Mitte des 19. Jh. auch als Jakett oder Leibrock anstelle des Fracks. Frack

Typformen des bürgerlichen Straßen- und Sportanzuges (Kapitalismus der freien Konkurrenz). 1 *Hänger 1849,* 2 *Jackett und Hose Ende des 19. Jh.,* 3 *Sportanzug 1907.*
Figurine: korsettgestütztes Kleid mit Tournüre

und Redingote wurden ein- oder zweireihig geknöpft und hatten nach der Mode geformte Kragen. Allmählich bildeten sich Revers heraus, die – wie auch Ärmelumschläge – zunächst noch beweglich und daher zweckmäßig waren, dann aber zu reinem Schmuck erstarrten. Damit waren typische Merkmale des klassischen bürgerlichen Herrensakkos geschaffen, das gegen Ende des Jahrhunderts legere Formen annahm und so bis in die Gegenwart im Gebrauch ist.
Die dazu gehörende lange Röhrenhose war ursprünglich ein Teil der Arbeitskleidung von Bewohnern ländlicher Gegenden. Mit deren Teilnahme an der Französischen Revolution wurde sie als Kampfsymbol ästhetisch aufgewertet gegenüber den noch üblichen höfischen Kniehosen, die zusammen mit ihren konservativen Trägern in Verruf gerieten. Die Röhrenhose gelangte so in die bürgerliche Männertracht, wo sie sich zusammen mit dem Jackett und einer Weste zum klassischen Tagesanzug formte.
Im Zusammenhang mit der Entwicklung der Textil- und Bekleidungsindustrie im 19. Jh. stellt die geradlinige und geschlossene Anzugform gegenüber Frack und Kniehosen einen bekleidungskulturellen Fortschritt dar, weil sie den damaligen Produktionsbedingungen und den Kleidungsbedürfnissen arbeitender Großstadtbewohner entgegenkam. Die Übernahme männlicher Kleidungsgrundformen mit nur geringen Abwandlungen (Jackett, Weste, Oberhemd, später auch die Hose) von Frauen, die in ehemals Männern vorbehaltenen Berufen arbeiteten, stellt sich als ein Zeichen ihrer Emanzipation dar. Mit der gesellschaftlichen Bedeutung der Arbeiter- und Volkssportbewegung erhielten Männer- und Frauenkleidung weitere Impulse zu ihrer Vereinfachung in dem Maße, wie Arbeitsanzug und Sportdreß zu einem gewohnten, nicht mehr diskriminierenden Anblick wurden. Von England übernahm man die Vorbilder für gerade, zweireihig ge-

knöpfte Sportjacken mit hochschließendem Kragen (ähnlich der Joppe), die anstelle eines Mantels getragen werden konnten. Auch gegürtete Jacken mit Schulterpasse und vielen Taschen kamen auf. Sie wurden zu sportlichen Kniehosen und Wollstrümpfen getragen.

Daneben entwickelten sich aber auch schwere und leichte, sportliche und elegante, meist lose hängende Mantelformen (z. B. Paletot, Hänger, Ulster, Raglan), die für Alltag und Abend, Reise und Ergänzung der Sportkleidung, für festliche Gelegenheiten sowie für verschiedene Jahreszeiten und Witterungen jeweils speziell geeignet waren. Frack und Smoking wurden zu Abendjacken. Nach einem nur der „eleganten Welt", d. h. den Begüterten, bekannten Modus waren diese Kleidungsstücke mit ebenso verschiedenen Hemden, Westen, Krawatten, Handschuhen, Gamaschen und Kopfbedeckungen für den jeweiligen Zweck auszustatten und boten damit für den Uneingeweihten oder nicht Zahlungskräftigen keine Chance, sich auch nur annähernd „richtig" entsprechend den Normen derer anzuziehen, die den Menschen nach seinem Besitz bewerteten.

Fast alle genannten Jacken- und Manteltypen haben sich wegen ihrer klassischen Form und Zweckmäßigkeit in Produktion und Gebrauch mit nur geringen Abwandlungen bis in die Gegenwart erhalten. Sie gelten gegenüber moderner Leicht- und Mehrzweckkleidung jedoch als konservativ. Erwähnung verdienen in diesem Zusammenhang auch die Oberhemden. Sie hatten in jener Zeit einen Steg als Halsabschluß zum Anknöpfen der Kragen. Zu Hause oder wenn man sich bei der Arbeit unbeobachtet fühlte, trug man das Hemd zweckmäßigerweise kragenlos. Wer imponieren wollte, legte einen qualitativ besser als der Hemdenstoff aussehenden steifen Kragen und ebenso ein Vorhemd an, das nur den Westenausschnitt füllte. Den Höhepunkt dieser abnehmbaren Eleganz bildeten Wegwerfkragen und -manschetten aus schneeweißem Karton. Der hochansteigende „Vatermörderkragen" gilt heute noch als Sinnbild des um seine Anerkennung bangenden Spießbürgers.

Funktion statt Verzierung

Die Übertragung männlicher Kleidungsgrundtypen (vor allem Jackett, Hänger) auf die Frauenkleidung wurde erst möglich, nachdem man Ende des 19. Jh. endgültig auf Rockstützen wie Reifrock, Hüft- und Gesäßpolster verzichtet hatte. Akkurate Herrenschneiderkostüme und ebensolche Damenmäntel konnten sich so durchsetzen. Nach jahrhundertelanger Einschränkung auf das in Rock und Mieder geteilte Kleid, das wegen der ständigen Änderung seiner Silhouette zumeist unter einem mit der Hand gehaltenen Umhang getragen werden mußte, bedeuteten Kostüm und Mantel einen Fortschritt. Mit Knopfverschluß, Taschen und Kragen brachten sie Zweckmäßigkeit und Modernität in die Kleidung. Zu den avantgardistischen Trägerinnen zählten vor allem Verfechterinnen der Frauenrechte, die um die Jahrhundertwende internationale Bedeutung errangen.

Zum Kostüm gehörte die Bluse, deren lockerer Schnitt gegenüber den ausschließlich engen Kleidoberteilen ebenfalls einen Schritt nach vorn bedeutete, weil man mit ihr auf das Korsett verzichten konnte. Damit war der Anfang zur Verbesserung der Frauenkleidung getan. Parallel mit einer Reformbewegung zur Erneuerung des Kunsthandwerks bemühten sich in der 2. Hälfte des 19. Jh. Ärzte, Sozialreformer und Künstler auch um eine moderne Form des Frauenkleides. Es sollte industriegerechter und damit massenwirksamer, bequemer und weniger aufwendig werden. Vor allem sollte es aber die Gesundheit besser schützen. Die Abschaffung des Korsetts war dazu eine der wichtigsten Voraussetzungen. Eine andere Voraussetzung war die Geschmackserziehung und -bildung in breiten Kreisen sowie der Kampf gegen diejenigen, die aus Profitgründen mit einer großangelegten Produktion von Besätzen, Garnierungen und Zubehörteilen, auch von schmucküberladenen Kleidungsvorbildern für die Hausschneiderei den Geschmack der Volksmassen verdarben, weil sie aus Repräsentationsgründen die neuen technischen Möglichkeiten für die Produktion von Kleidung nicht anerkennen wollten. Gleichmacherische Vereinfachung, wie etwa bei der Arbeitskleidung, wurde deshalb mit nivellierenden Prädikaten versehen. Als „Neuheit" pries man dagegen jede Verzierung, die die Zweckmäßigkeit einengte oder schamhaft verdeckte. Da das handgenähte Modellkleid noch bis in die zweite Hälfte des 20. Jh. als Statussymbol der Reichen galt und im Zusammenhang mit den bürgerlichen Idealen immer wieder Vorbild für die Mode wurde, das sich aber gleichzeitig von den Massen abheben sollte, behielt es auch nach der ßen, und um eine den Bedürfnissen arbeitender Menschen entsprechende Funktionstüchtigkeit der Kleidung anstelle von Dekoration. Das Ornament sollte, wenn es überhaupt angewandt wird, vor allem zur Verdeutlichung der Form dienen. Vertreter der Produktionskunst im jungen Sowjetstaat erwogen bereits Anfang der 20er Jahre das Baukastenprinzip (kombinierfähige Einzel-

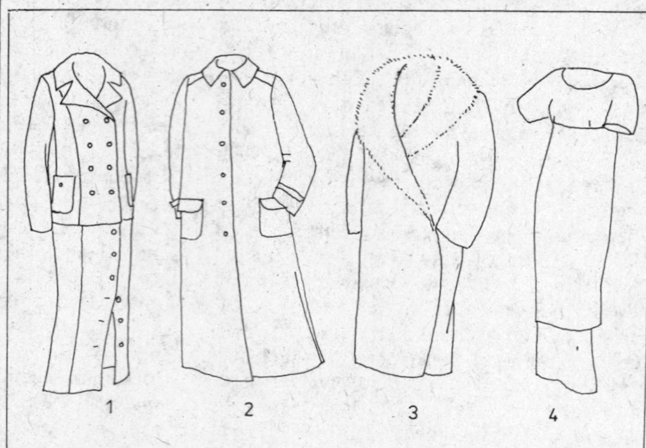

Reformergebnis: Grundlagen moderner Frauenkleidung bis zum ersten Weltkrieg. 1 *Sportkostüm mit beweglichem Kragen und Knöpfrock,* 2 *der Herrenkleidung nachgestalteter Hänger als Wettermantel,* 3 *Wickelmantel mit hochstellbarem Kragen,* 4 *vereinfachter Kleidschnitt mit kurzem Überrock.*
Figurine: Bahnenrock und Bluse

Schnittvereinfachung stets einen elitären Charakter. Insofern konnten sich Ergebnisse der von England ausgehenden Reformbewegung, die zu einer dringlichen Forderung der Zeit geworden war, nur soweit durchsetzen, wie es das politische Kräfteverhältnis zuließ.

Nach der Jahrhundertwende beteiligten sich vor allem Österreich, Deutschland, Frankreich und – seit der Oktoberrevolution – ebenfalls Sowjetrußland an der Kleiderreform. Konsequenteste Vertreter (u. a. van de Velde um 1900 und Produktionskünstler Rußlands nach 1918) bemühten sich um ein richtiges, allgemeines Konstruktionsprinzip der Kleidung, das sich auf alle Genres anwenden läßt, um Kleidungstypen, die durch Vervielfältigung ihre Qualität nicht einbü- teile oder gleiche Grundkonstruktion und verschiedene Details) als Weg zur Harmonisierung vielfältiger Kleidungsbedürfnisse mit gesamtgesellschaftlichen Erfordernissen, vor allem denen der Produktion. Es bestanden enge Kontakte zum Bauhaus. Der Funktionalismus galt als Methode auch für die Kleidungsgestaltung. Bis Anfang der 20er Jahre wurden, auch unter dem Einfluß von Kriegs- und Nachkriegszeit, Grundlagen moderner Frauenkleidung geschaffen. Die wichtigsten waren der taillenlose Schnitt mit Verzicht auf das Korsett, separat zu tragende Röcke, Blusen und Jacken anstelle zusammengenähter Ober- und Unterteile. Damit gelang ein erster Schritt zur Ensemblebildung, weiterhin Falten- und Bahnenröcke, die Figurbetonung und Bewegungsfreiheit vereinten, sowie Obertrikotagen (vor allem Pullover, genannt Sweater) für Damen und Herren. Sie waren pflegeleicht, bequem und betonten zwanglos die Figur. Dazu kamen auf Waden- bis Knielänge gekürzte Röcke, leichtere Miederwaren, zarte Strümpfe und Unterwäsche aus Kunstseide anstelle gestrickter und genähter, schließlich der Trenchcoat mit Gürtel und aufschlagbarem Kragen als Wetter-

das taillenlose kurze Hemdkleid der 20er Jahre als der ideale verallgemeinerungsfähige Kleidungsgrundtyp. In vielen Farben und Stoffarten, mit Druckmustern und anderen nicht abnehmbaren Ausschmückungen wurde es allerdings zu einem profitablen Geschäft. Avantgardisten der Kleiderreform entdeckten den Grundtyp Hemdkleid durch Zuordnung beweglicher Teile wie Gürtel,

Funktionstüchtigkeit der Kleidung in den 20er und 30er Jahren durch Zweckgerichtetheit, Abwandlung oder Kombination.
1 *Hemdkleid mit Abwandlung 1926,* 2 *Kombination von Kleidungseinzelteilen nach dem Baukastenprinzip,* 3 *Overall der 30er Jahre und Arbeitsanzug,* 4 *Ensemble 1935.*
Figurine: Sweater und kurzer Rock

und Reisemantel (der Soldatenkleidung entlehnt).

Bei der Arbeitskleidung der Männer, die geradlinig und schmucklos war und so Konstruktion, maschinelle Technik und Gebrauchszweck sichtbar machte, ging man konsequent den nächsten Schritt. Doch um solche Kühnheit auf die Damenkleidung zu übertragen, brauchte es noch 50 bis 60 Jahre. (Die „freien Werkstätten" des neuen Rußland, die erstmalig gesamtgesellschaftliche Interessen zugrunde legten, machten allerdings schon während der 20er Jahre solche Vorschläge.)

Unter dem wachsenden Einfluß von Frauen, die sich während des Krieges in „Männerberufen" eingearbeitet hatten, und im Zusammenhang mit der Serienfertigung erwies sich

Schärpen, Halstücher, Pullover und Einzeljacken als Verwandlungskleid. Damit war ein prinzipieller Weg zur individuellen Gestaltung und besseren Anpassungsfähigkeit der Kleidung an Darstellungsbedürfnisse, Trageanlässe und Moden gewiesen. Bei Mänteln erprobte man einknöpfbare Wärmfutter, denn Arbeitslosigkeit, Inflation und schneller Modewechsel forderten eine bessere Ausnutzung der Kleidungsstücke. Doch diese zweckmäßige Gestaltungslösung blieb eine kostspielige Besonderheit bei hochwertigen Materialien.

Die französische Haute Couture organisierte weiterhin den Modewandel für zahlungskräftige Kreise (Aristokraten, Bühnenkünstler, Neureiche), geriet aber wie diese in zunehmende finanzielle Schwierigkeiten. Die Modeschöpferin Gabriele Chanel, genannt Coco, hatte die Situation rechtzeitig erkannt. Ihre an der Arbeits- und Alltagskleidung orientierten Modelle erwiesen sich zusammen mit Neuheiten der Textilbranche oder durch ungewöhnlichen Materialeinsatz als Verkaufsschlager nicht nur bei dem reichen Publikum. Kleine Kostüme aus Jersey oder Tweed, deren kragenlose gerade Jacken ohne Einlagen gearbeitet sind, gehören heute noch zu den Klassikern unter dem Markenzeichen Chanel.

In den 30er Jahren blieb die Frauenkleidung schmal. Sie erhielt jedoch starke Impulse vom Sport. In diesem Zusammenhang bereicherten sie lange und kurze Damenhosen, Hosenröcke, badeanzugähnliche schulter- und rückenfreie Oberteile, sowie enganliegende Polohemden und kurze Jacken mit Golffalte, Kapuzen- und Wendemäntel. Aufeinander abgestimmte, zusammengehörige Kleidungsstücke wie Jackenkleid, Komplet oder Strandkombination waren Neuentwicklungen für den damenhaften Typ der sportlich-eleganten emanzipierten Frau. Falten in Oberteilen und Röcken sowie aufgesetzte Taschen, Knopf- und Reißverschlüsse (neu!), Gürtel und Kragen waren bevorzugte Details an meist einfarbiger Kleidung. Mit dieser klaren Formensprache, die sich nicht nur an die Anhängerinnen vornehmer Sportklubs richtete, hatte die Haute Couture weitere wichtige Grundzüge moderner Frauenkleidung geschaffen. Sie bewährten sich auch in den Kriegsjahren bis 1945. Die Produktion von Zellwoll- und Mischgeweben, auch von Baumwoll- und Kunstseidentrikotagen ermöglichte die Verbreitung modischer Kleider in billiger Qualität. Die Kleidung sozialer Schichten unterschied sich nun weniger durch die Form als durch ein starkes Qualitätsgefälle in Material, Farbe und Verarbeitung. In den Kriegsjahren bewährten sich wieder Erfindungsgabe, einfache Kleidungstypen und Hausschneiderei. Aus zwei Kleidern eins zu machen oder aus einem (durch unterschiedliche Zuordnung) viele, gehörte zu den viel beachteten Modetips der Frauenjournale. Die lange Damenhose wurde in jenen Jahren, wo jede Frau ihren Mann stehen mußte, endgültig für alle Trageanlässe akzeptiert.

Unter dem Zwang der Verhältnisse hatte die bürgerliche Mode seit den 20er Jahren demokratisierende Veränderungen durchgemacht. Sie war volksnah geworden. Ihre Schöpfer hatten sich um ihrer eigenen Existenz willen „nach unten" anpassen müssen.

Mode und Politik heute

Der Zusammenbruch des imperialistischen Weltreiches nach Kriegsende und das Wachstum des sozialistischen Lagers förderte auch Krisenerscheinungen in der bürgerlichen Haute Couture. Die Vergrößerung kapitalistischer Monopole auf dem Gebiet der Textil- und Bekleidungsindustrie führte wegen des wirtschaftlichen Risikos erstens zu stärkerer Berücksichtigung der Verbraucherbedürfnisse und zweitens zu einer gezielten Verkaufsstrategie mit Manipulierung der Verbraucher auf solche Moden, die den Absatz großer Textilbestände sicherten. Drittens gestaltete man die modischen Formwandlungen gegensätzlicher, schuf kürzere Abstände und verkürzte damit die ästhetische Gültigkeit der Neuanschaffungen erheblich. Kleidung, die materiell noch lange nicht abgenutzt war, wurde so zur Sicherung erneuter Bedürfnisse kurzfristig moralisch verschlissen.

Couturiers versuchten ihre Häuser zu retten, indem sie Verbindungen mit der Industrie eingingen bzw. eigene Serien produzierten oder auch Einfluß nahmen auf die Gestaltung von modischem Zubehör, von Parfüms und Kosmetika. Bereits unmittelbar nach Kriegsende brachte das Haus Dior im Interesse seines Finanziers, des Baumwollfabrikanten Boussac, den stoffreichen „New Look" heraus. Kleider mit weiten, wadenlangen Röcken, eng geschnürten Taillen sowie Schultern und Büsten betonenden Oberteilen wurden nach den entbehrungsreichen Kriegsjahren ungeachtet ihrer konservativen Züge zu einem Modeschlager. Glockige, mit steifen Rüschen besetzte Unterröcke („Petticoats") übernahmen später die Funktion eines Reifrocks. In den vom Krieg zerstörten Ländern schneiderten, bemalten und bedruckten Frauen ihre Kleider aus ehemaligen Gardinen, Tischdecken, Bettlaken und alter Garderobe selbst.

Nach entbehrungsreichen Jahren des zweiten Weltkriegs sah die kapitalistische Bekleidungsindustrie hohe Absatzchancen in den vorhandenen und manipulierten Nachholebedürfnissen vieler Verbraucherinnen. Dementsprechend wechselten bis in die 60er Jahre die Leitbilder zielgerichteter, schneller und extremer als zuvor. Zwischen übermäßig weiten, langen, engen oder bauschigen Modellen (z. B. Bleistift- und Tonnenröcke, Trapez- und Zeltmäntel), die mit Manipulierung einhergingen, kam es auch zu Gestaltungsvarianten, die längergültige Kleidungstypen darstellten, z. B. weite Kräuselröcke, Hemdblusen, Hemdblusenkleider und gerade, auch mit Gürtel zu tragende, schmucklose „Sackkleider“. In der Herrenkleidung bewährten sich legerer und leichter werdende Sakkos sogar bei festlichen Anlässen; der Arbeitskleidung nachgestaltete Anzüge aus Baumwollpopeline, Köper oder Kordsamt sowie farbige, krawattenlos zu tragende Sporthemden und Baumwollkutten gewannen schnell an Bedeutung. Neu entwickelte Ausrüstungseffekte sowie Beimischungen von Synthetiks, aber auch deren reine Verarbeitung verbesserten zudem in den 50er und 60er Jahren Pflegeeigenschaften von Wäsche und Oberbekleidung erheblich. Knitterarme oder bügelfreie, auch schnelltrocknende Materialien erleichterten die Hausarbeit.

Das veränderte Kräfteverhältnis in der Welt und die Produktivkraftentwicklung, vor allem in Wissenschaft und Technik, sowie damit zusammenhängende Veränderungen in der Sozialstruktur setzten international neue Denk- und Lebensweisen auf die Tagesordnung. Mit zunehmender Persönlichkeitsentwicklung in breiten Verbraucherkreisen durch moderne Lebensweise (Emanzipation der Geschlechter, Bildungszuwachs, Inanspruchnahme demokratischer Rechte, schöpferische Freizeitgestaltung, Tourismus, Nutzung von Technik im gesellschaftlichen und privaten Bereich) setzten sich seit den 60er Jahren allmählich mehr Aktivität und Experimentierfreudigkeit im Bekleidungsverhalten durch. Vor allem junge Verbraucher brachen mit erstarrten Kleidungsnormen und schufen sich selbstbewußt neue, die ihren Lebensgewohnheiten und Idealen näherkamen. Im unkonventionellen Umgang mit der Kleidung (z. B. bis zum physischen Verschleiß tragen, sichtbar reparieren, knittern, umhängen, krempeln) stellten sie Prestigeverhalten und veraltete Wertvorstellungen in Frage. Durch Übertragung (z. B. Männerkleidung auf die Frau) oder Umnutzung (z. B. Sport-, Kriegs-, Unter-, Nacht-, Berufs- und Arbeitskleidung für andere Trageanlässe) bewirkten sie allmählich die Produktion solcher Kleidungsstücke, die anpassungsfähig und vielseitig tragbar sind.

Es kam zu unkonventionellen Zusammenstellungen (z. B. sportlich und romantisch, alt und neu) und zu individuellen Arten des Tragens (z. B. Übereinandertragen, Kombinieren, Umhängen, Umwickeln, Schoppen, Raffen, Drapieren, Krempeln, Offen- und Geschlossentragen, Gürten). Damit gewannen die Urtypen des Umhüllens wieder an Bedeutung.

Wesentliche Gebrauchseigenschaften der Kleidung und realistischere Urteilskriterien kristallisierten sich so heraus. Traditionell schmückende Detailgestaltungen und Effekte gerieten dabei ebenso ins Abseits wie extravagante Differenzierungen nach Zweck und Gelegenheit (z. B. Kaminkleid, Cocktailkleid). Zwischen den Kleidungsarten für Alltag und Freizeit, Arbeit und Fest ergaben sich fließende Übergänge. Das führte schließlich auch zu Verwischungen sozialer Unterschiede in der Kleidung. Dafür wurde es Mode, sich in Kleidung, Schmuck und Haartracht mit Haltungen zu identifizieren (z. B. avantgardistisch, solidarisch, alternativ), aber auch mit gesellschaftlichen Bewegungen und Ereignissen. Bekenntnishafter Ausdruck von Gesinnung und Gefühl, vor allem in der Farbe von Kleidung, Haar und Make up, führte allerdings auch zu emotionalem Überschwang und dessen unbedachter Nachahmung, zu einem neuen Imponierverhalten also.

Die Abhängigkeit der Mode von der jeweils herrschenden Politik und Ideologie läßt sich besonders gut daran erläutern, wie in den sozialökonomischen Formationen mit solchen „Antimoden“ umgegangen wird. Während die kapitalistische Wirtschaft geneigt ist, jede neue Äußerlichkeit aufzugreifen, um damit das Modegeschäft zu beleben, wählt man in sozialistischen Ländern diejenigen Anregungen aus, die sich mit den gesamtgesellschaftlichen Anliegen vereinbaren lassen. Als Leitbild gilt meist der gesunde, verantwortungsvoll handelnde Mensch, als Motiv die Harmonisierung von Bedürfnissen und gesellschaftlichen Erfordernissen.

Unübersehbar ist der Einfluß der Jugendmode auf die der Erwachsenen. So begeisterte die „Mini“-Rocklänge der 60er Jahre Frauen fast jeden Alters und führte in Beziehung mit dem Hosenanzug (ebenfalls eine Schöpfung der 60er Jahre) zur Neubildung „Hosenkleid“. Man verstand darunter ein taillenloses Kleid, das wegen seiner Kürze wie ein Kasak oder Kittel über der Hose getragen werden konnte. Seitdem sind auch Kittel, schrittlange Pullover und Blusen sowie Strumpfhosen zu Standardtypen geworden. Weitere fortschrittliche Gestaltungsvarianten stellten Mantel- und Pulloverkleid dar. Damit war das Kleid aus seiner Außenseiterposition, in die es mit der verstärkten Hinwendung berufstätiger Frauen zu kombinierfähigen Einzelbekleidungsteilen gelangt war, gerettet.

Ebenso auf die avantgardistische Wirkung der Jugendmode zurückzuführen sind Overalls, Hemdjacken, Blousons und Baumwollkutten, die, aus der Berufs- und Armeekleidung entlehnt, in den 70er Jahren zur bequemen Leicht- und Mehrzweckbekleidung für beide Geschlechter führten. Zahlreiche Typen der Mehrzweckbekleidung und neue Tragegewohnheiten entwickelten sich, begünstigt durch veränderte Lebensgewohnheiten, besonders bei aktiver Freizeitgestaltung. So gibt es fließende Übergänge zwischen T-Shirt und Unterhemd, Jogging- und Campingschlafanzug, Strand- und Gartenkleidung, Nachtwäsche, Morgen- und Hausgewändern, Fest- und Alltagsgarderobe, die ebenso durch den veränderten Pflegeaufwand gefördert wurden. Hierher gehören auch leichte Anoraks und Wettermäntel aus Synthetics, die für die kalte Jahreszeit mit synthetischen Vlieseinlagen angefertigt werden.

Konfektionierte Massenkleidung der 50er bis 70er Jahre.
1 *Kräuselrock, Gummigürtel und Wickelbluse,* 2 *Arbeits- und Armeekleidung umgenutzt: Jeans und Parka,*
3 *Hosenanzug und Pullover,* 4 *Hemdblusenkleid, mit und ohne Gürtel zu tragen,* 5 *Minikleid mit Hose,*
6 *Freizeithemd ohne Krawatte und Jackett tragbar.*
Figurine: Jackenkleid mit Schoßtaille im New Look

In den 70er Jahren brachten Maschenstoffe, vor allem synthetische Jerseys, Großrund- und Flachgestricke neue rationelle Fertigungsmethoden und vorteilhafte Pflegeeigenschaften mit sich. Kostüme und Anzüge wurden waschmaschinenfest. Andere rationelle Technologien (wie kleben und pressen) fanden bei Produktion und Reparatur Verwendung. Spezialmaschinen für Steppkanten, Säume, Knopflöcher und saubere Innenverarbeitung förderten Verarbeitungsqualität und Dauerhaftigkeit, Leichtigkeit, legeren Sitz und reichere Ausstattung mit Taschen,

Riegeln und anderen zweckmäßigen Details. Synthetische Pelze und Leder setzten weitere Maßstäbe für modernes Kleiden. Bei einigen synthetischen Materialien konnten Trageeigenschaften (z. B. Luftdurchlässigkeit, Saugfähigkeit) und Aussehen bald durch Mischung mit Naturrohstoffen den wachsenden Bedürfnissen angepaßt werden.
Technische und technologische Neuerungen Marktes beugen. In diesem Zusammenhang müssen auch differenzierte und kritische Verbraucherhaltungen berücksichtigt und ernstgenommen werden, die nicht mehr jede Mode akzeptieren. Mit zunehmender Kreativität und Experimentierfreudigkeit vieler Verbraucher hat sich ein neues Verhältnis zwischen Normverhalten, Selbstdarstellung und Modegestaltung herausgebildet. Das

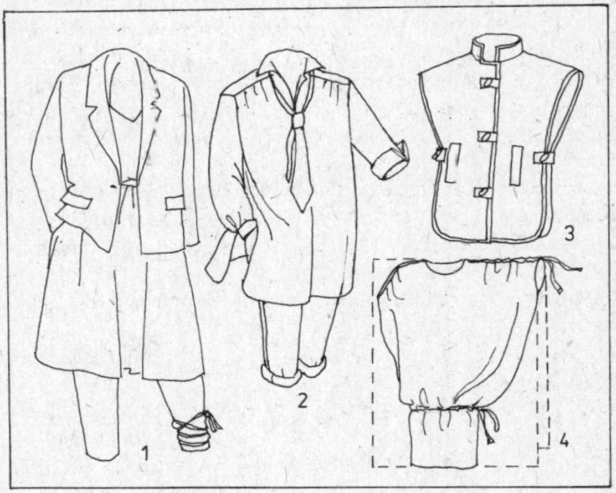

Unkonventionelle Zusammenstellungen, Rückgriffe und Neuschöpfungen der 80er Jahre. 1 *klassisches Jackett zu Trägerhemd und Rock,* 2 *Hemdkittel, Krempelhosen,* 3 *Ponchojacke,* 4 *geschopptes Minikleid. Figurine: kurze Wattesteppjacke über langem Hemdkittel, Kräuselrock und Strickstrümpfen, Umhängetasche von Armee- oder Jagdausrüstung*

bilden gegenwärtig international den Schlüssel, wenn bei der Produktion moderner Kleidung politisch-ökonomische Strategien zu berücksichtigen sind. In der DDR geht es dabei um

- effektiven Umgang mit Material, Zeit und Energie
- Verwendung einheimischer Rohstoffe und
- Harmonisierung des physischen und moralischen Verschleißes der Kleidung.

Wegen der gestiegenen Weltmarktpreise für Naturrohstoffe, die nicht unbegrenzt zu gewinnen sind (z. B. Wolle, Seide, Baumwolle, Leder, Erdöl), werden allerdings seit den 70er Jahren auch der kapitalistischen Verschleiß- und Wegwerfstrategie Grenzen gesetzt. Stärker als zuvor müssen sich Modeschöpfer und Stilisten den Zwängen des führte bereits zu mehreren nebeneinander gültigen Gestaltungsrichtungen unterschiedlicher Dauerhaftigkeit pro Saison, aber auch zu einem Rückgang schnell wechselnder und gegensätzlicher Überformung der Kleidungstypen.

Hauptinhalt der Kleidungsgestaltung muß nach wie vor die Verbesserung der Gebrauchseigenschaften (Zweckmäßigkeit, Bequemlichkeit, Hygiene, Ausdrucksfähigkeit) sein. Die Qualität für die Großserie gestalteter Modevorschläge muß heute vor allem daran gemessen werden, inwieweit sie eigenschöpferische Abwandlungen zur Selbstdarstellung zulassen oder behindern. Kombinier- und wandlungsfähige Einzelbekleidungsteile, jedoch auch Mehrzweckensembles sind dabei bewährte Vergleichsmaß-

stäbe. In diesem Zusammenhang sind auch neuartige schmückende Detailgestaltungen (z. B. andersfarbige Schmuckblenden oder Einsätze, Reversformen, Taschen- und Verschlußeffekte ohne praktische Funktion) auf ihre Tauglichkeit zu überprüfen sowie die Alltagsvorstellungen von ihrem Wert. Der modische Ausdruck darf den praktischen Gebrauch so wenig wie möglich einschränken. Physische und moralische Lebensdauer sollen weitgehend übereinstimmen und mit dem gesellschaftlichen und persönlichen Aufwand ein gutes Verhältnis bilden.
Danach hat das Aufwendige, Teure seinen Sinn ebenso wie das Billige, wenn durch die Gestaltung eine entsprechende Nutzungsdauer möglich wird. Luxuriöses, Extravagantes oder Verspieltes muß aber zwangsläufig der Einzelanfertigung bzw. der Kleinstserie vorbehalten bleiben.
Es kann, gewandelt, vereinfacht oder umgedeutet, zu Neuentwicklungen mit materiell-praktischen Gebrauchseigenschaften anregen (z. B. Banddurchzüge statt festgenähter Drapierungen oder Bündcheneinfassungen; vorn durchknöpfbarer Ärmelponcho statt Schlupfform). Es kann auch zu individuellen Arten des Tragens anregen (z. B. Gummizugrock in verschiedenen Längen tragen; Halsausschnitt verschieben statt asymmetrisch zuschneiden). Im Sinne der Industrieästhetik und einer demokratischen Modepolitik wird es aber eine Außenseiterrolle spielen müssen.

Kleidung im persönlichen Bereich

Sich geschmackvoll kleiden. Das Bedürfnis, sich geschmackvoll zu kleiden, weist den Menschen als empfindsamen und bewußten Zeitgenossen aus, denn es besagt, daß er durch die gestaltete Qualität von Kleidung grundsätzlich emotional ansprechbar ist und daß er in einer ganz bestimmten Kleidung seiner Wahl auf andere Menschen wirken möchte. Sich geschmackvoll zu kleiden, setzt Erfahrung voraus, die der einzelne erwirbt in der wirklichkeitsbezogenen kritischen Auseinandersetzung mit den Modeerscheinungen beim Umgang mit Kleidung, Beiwerk und Schmuck zur Gestaltung der persönlichen Garderobe. Die Bedeutung, die die Mode, bezogen auf ein Ideal, für das Leben der Menschen, für eine soziale Gruppe oder für den einzelnen hat, kann für den Urteilenden den ästhetischen Wert ergeben. Sie kann von ihm beispielsweise als Zeichen einer Tradition oder kulturellen Entwicklungsstufe gewertet werden, aber auch als Zeichen von Besitz, Haltung oder sozialer Zugehörigkeit. Die geschichtlich bedingten, verinnerlichten Normen und Interessen der sozialen Gruppe, der der Urteilende angehört oder der er gerecht werden möchte, beeinflussen dabei sein Urteilsvermögen und werden von ihm subjektiv ausgelegt, jedoch stets in Abhängigkeit von Alter, Allgemeinbildung, Persönlichkeitsreife, Lebensumständen und Idealen.
Den unterschiedlichen Voraussetzungen entsprechen unterschiedliche Ausprägungen des Geschmacks. So kommt es z. B. zu verschiedenen ästhetischen Bewertungen und Interpretationen ein und derselben Mode. Diese lassen sich jedoch nicht immer logisch begründen. Insofern ist es schwierig, über Geschmack zu streiten.
Kultivierter Geschmack und die Fähigkeit zu dessen Ausdruck setzen jedoch bekleidungskulturelles Wissen voraus (z. B. über Gebrauchseigenschaften von Farben, Materialstrukturen, Schnittkonstruktionen und Detailgestaltungen der Kleidung, über Gestaltungsprinzipien und Wesen der Mode, Verbraucherbedürfnisse und die gesellschaftlichen Bedingungen zu ihrer Befriedigung).
Unter den Bedingungen hochentwickelter Industrie beschränken sich die Gestaltungsschritte des einzelnen bei seiner Kleidung meist auf

- ästhetische Wertung und Wahl aus dem Industrieangebot,
- Zuordnung zu vorhandener Kleidung, Beiwerk und Schmuck sowie auf die
- Art des Tragens.

Hauptanliegen der individuellen Gestaltung ist, mit Kleidung, Beiwerk, Schmuck, Frisur und Kosmetik innere und äußere Persönlichkeitseigenschaften mode- oder normgerecht entsprechend der persönlichen Gestaltungsabsicht hervorzuheben oder zu mildern und dabei Zweckmäßigkeit und Wirtschaftlichkeit der Kleidung zu berücksichtigen. Das gesellschaftlich gestaltete, weitgehend anonyme Angebot an Kleidung und Beiwerk bietet im Idealfall für die persönliche Gestaltung sozusagen Bausteine oder Halbfertigprodukte, deren individueller Ausdruck sich erst im Zusammenwirken mit den Persönlichkeitseigenschaften entfaltet. Bei der ästhetischen Wertung und Wahl aus dem Industrieangebot kommt es zur Identifikation oder Umdeutung bezüglich der gesellschaftlich gestalteten Inhalte. Kleidungsteile werden z. B. sortimentsgerecht verwendet, übertragen oder umgenutzt. Beim Zuordnen von vorhandenen Kleidungsteilen, Beiwerk und Schmuck sowie bei der Art des Tragens können Modeleitbilder nachgeahmt werden. Außerdem sind der Mode vorgreifende Abwandlungen sowie Rückgriffe auf Traditionelles und dessen ästhetische Aufwertung möglich. Im Prozeß der individuellen Gestaltung findet eine Konkretisierung und zugleich eine Metamorphose der gesellschaftlich gestalteten Inhalte statt. Die allgemeine Aussage der Einzelkleidungsstücke wird „aufgehoben". Besonderheiten des Subjekts objektivieren sich in der Kleidung. Haltungen werden anschaubar.

Durch visuelle Kommunikation mit anderen Menschen, deren Identifikation oder Nachahmung, kann es zu einer weiteren Gruppennorm kommen, die wiederum Impulse gibt für die Modegestaltung auf gesellschaftlicher Ebene.

Den Typ gestalten. Bei der typgerechten Gestaltung (lat., griech. typus, „Gepräge, Urbild") mit Kleidung, Beiwerk, Frisur, Schmuck und Kosmetik werden solche Persönlichkeitseigenschaften unterstrichen, die der einzelne mit anderen teilt oder teilen möchte (z. B. schlank, groß, mädchenhaft, fraulich, burschikos, lebhaft, ruhig, kraftvoll, empfindsam, elegant, gebildet). Von seinen zahlreichen individuellen Persönlichkeitseigenschaften kann man mit Hilfe modisch aktueller Gestaltungsmittel (Farben, Materialstrukturen, Silhouetten, Details) nur einige hervorheben, die übrigen bleiben unbetont. So ist das Bedürfnis nach Modewechsel aus dem Wunsch nach anderen Hervorhebungen und weiteren Möglichkeiten der Typgestaltung erklärbar. Für Hervorhebung sagt man auch „Akzentuierung". Das entgegengesetzte Gestaltungsprinzip ist die „optische Korrektur". Mit ihr lassen sich zu schwach ausgeprägte erwünschte Eigenschaften scheinbar verstärken oder zu stark ausgeprägte unerwünschte „abschwächen". Werden Persönlichkeitseigenschaften dargestellt, die in Wirklichkeit nicht vorhanden sind, spricht man von Verkleidung oder Imponiergehabe; abgesehen von typischen Verkleidungsanlässen (z. B. Fasching, Bühnenauftritt), verbirgt sich dahinter oft ein Mangel an Selbstvertrauen. Unausgereifte Persönlichkeitseigenschaften junger Leute zeigen sich mitunter so. Jedoch sollte man ihnen einen weiten Spielraum für das Experiment zubilligen. Das entgegengesetzte Verhalten bei gleicher Ursache ist der Versuch, mit einer uniformierenden Kleidung (z. B. Jeans, T-Shirt, Kutte) persönliche Eigenschaften zu verwischen, in der Gruppe der Altersgenossen unterzutauchen und sich in der Gemeinschaft stark zu fühlen. Innerhalb dieses Spielraums müssen sich allmählich Bekenntnis und selbstkritische Haltung bewähren. Übung, Vergleich mit anderen, Lebenserfahrung und Konsequenz führen den Menschen allmählich zur Gestaltung seiner Haupteigenschaften, „seines Typs". Erfährt die überzeugend gelungene Typgestaltung nur noch geringfügige Modewandlungen, kann man von persönlichem Stil sprechen.

Akzentuierung und optische Korrektur gelten als wichtigste Gestaltungsprinzipien im persönlichen Bereich. Indem sie Betonung und Ausgleich schaffen, können sie sich gegenseitig ergänzen. Dabei helfen Kontrast und Abstufung der Gestaltungsmittel. Ein spannungsvoller Zusammenklang von Gegensätzen kennzeichnet den Kontrast. Er ist ein Prinzip, nach dem das Zusammenwirken der Farben, Formen und Materialstrukturen von Kleidung und Beiwerk in bezug auf den Träger als Belebung und angenehmer Reiz empfunden wird. Kontrastbeziehungen bei der Typgestaltung sind z. B. hell – dunkel, rot – grün, schmal – breit, kurz – lang, zart – robust, elegant – sportlich, ruhig – beweglich, durchsichtig – dicht. Sie wirken mehr oder weniger auffällig und können die Akzentuierung unterstützen. Abstufung von Farben, Strukturen, Proportionen wirken dabei vermittelnd.

Bestandsaufnahme der Kleidung. Wer sich neu einkleiden will, kann nicht allein darauf vertrauen, daß er schon etwas Geeignetes im Handel finden wird. Er muß vor allem wissen, wie das Geeignete sein soll, damit es seinen Zweck entsprechend den aufgewendeten Kosten erfüllen kann. Es soll in der Regel kleidsam und anpassungsfähig sein (z. B. an Persönlichkeitseigenschaften, soziale Lage, Temperaturen, Mode, vorhandene Kleidung, Trageanlässe). Sollen mehrere Stücke angeschafft werden, vielleicht wichtige Teile einer Grundgarderobe, lohnt es sich, Notizen zur eigenen Person zu machen. Etwa so:

Äußere Eigenschaften
- Alter bzw. Alterswirkung (mädchenhaft, fraulich usw.)
- Figur und Größe
- Eigenfarben von Haar und Haut
- Körperhaltung bzw. auffällige Wesens- und Gestaltmerkmale

Innere Eigenschaften
- Temperament (Grundstimmung, allgemeine Beweglichkeit; z. B. lebhaft, ruhig, schwerfällig, ernsthaft, heiter, grüblerisch)
- Charakter (Einstellungen, Haltungen; z. B. ordnungsliebend, kontaktfreudig, wahrheitsliebend, kämpferisch, verantwortungsbewußt oder: leger, zaghaft, wechselhaft)

Idealvorstellungen, bevorzugter Bekleidungsstil
- Farben
- Materialien
- Silhouetten

Soziale Bedingungen, Voraussetzungen
- vorhandene, miteinander harmonierende Garderobeteile (Mäntel, Einzeljacken, Einzelhosen, Einzelröcke, Kleider, Kostüme, Hosenanzüge, Westen, Blusen, Festliches)
- verfügbare Geldmittel
- zu bewältigende Kleidungsprobleme, bedingt durch Lebensweise oder Gesundheit (z. B.:
  Kleidung muß sich verschiedenen Temperaturen anpassen, weil Berufstätigkeit im Wechsel von Tag und Nacht oder im Wechsel von kalten und warmen Räumen erfolgt, sie soll trotzdem harmonisch wirken;
  Tageskleidung muß sich ohne Schwierigkeiten festlich abwandeln lassen, da vollständiges Umkleiden durch weiten Heimweg nicht möglich ist;
  Tageskleidung muß Gegebenheiten öffentlicher Verkehrsmittel und Witterung berücksichtigen, sie soll stets gepflegt wirken, obwohl viele Dienstreisen unternommen werden;
  Tageskleidung muß häufigen Umgang mit Kleinkindern berücksichtigen;
  Kleidung muß besonderen Lichtverhältnissen Rechnung tragen).

Wer sein eigener Gestalter sein will, sollte diese oder eventuell weitere notwendige Angaben zur Person machen. Dabei wird man feststellen, wo die eigentlichen Probleme liegen, was fehlt und welche Anschaffungen gemacht werden müssen. Hie und da mögen Zweifel aufkommen, ob das Vorhandene oder bisher Bevorzugte im Sinne des persönlichen Geschmacks und der Typgestaltung als das Richtige beibehalten oder vervollkommnet werden soll, oder ob Veränderungen nötig sind. Hierzu sollte man den wohlmeinenden Rat von Fachleuten und erfahrenen Mitmenschen nicht scheuen. Gewinnbringend kann aber auch ein Exkurs in die abstrakte Welt der Farben, Linien und Materialien sein, um ihre Kraft und ihre Gesetze kennen und nutzen zu lernen. Danach sollte man überprüfen, ob die unter „bevorzugt" gemachten Angaben beibehalten werden können oder ob es sinnvoll ist, sich besser Geeignetes zu empfehlen.

Verständige Farbwahl. Psychologen sagen: Jeder Mensch wählt – unabhängig von geschultem Farbverständnis – die ihm gemäßen Farben, das heißt, diejenigen Farben, die ihn gefühlsmäßig am meisten ansprechen und die deshalb, dem Menschen unbewußt, seine Grundstimmung und Haltung, sein Temperament oder auch seine Wünsche und Bedürfnisse offenbaren. Und in der Tat passen diese Farben stets auch irgendwie zum Wesen dessen, der sie ausgewählt hat, beispielsweise das kühle Stahlblau dem Insich-Gekehrten oder das feurige Orangerot dem Lebenszugewandten, Kontaktfreudigen. Das Zartfarbene paßt zum Sanften, Feinfühligen besser als Schreiendes, und Düsteres wird den heiter-optimistisch betonten Menschen ebenso befremden wie Aufdringliches den grüblerischen Skeptiker. Man könnte meinen, diese Fähigkeit, wesenstypische Farben zu wählen, reiche aus, um sich farblich kleidsam anzuziehen. Doch Lebensgefühl und Körpergröße, Wünsche und Hautbeschaffenheit sind ganz verschiedenartige Voraussetzungen. So kann es kommen, daß die intuitiv gewählten Farben zwar zum Wesen eines Menschen passen, ihn typischer, aber nicht in jedem Fall schöner machen. Übermäßige Körperfülle z. B. oder schlaffe Haut sind mitunter typisch, aber nicht unbedingt betonenswert. Wenn auch das Wesenstypische bei der persönlichen Gestaltung der Kleidung eine entscheidende Rolle spielt, so muß man sich doch mitunter bei der Farbwahl disziplinieren und auch Korrekturmöglichkeiten nutzen, die die Farben bieten, damit Wesen und Erscheinung im Sinne einer Ausgewogenheit, nicht karikierender Übertreibung, eine harmonische Einheit bilden.

Farbe, Haut und Haar. Man betrachte einen hellgrauen Tupfen auf einer weißen Fläche und den gleichen hellgrauen Tupfen darunter auf einer schwarzen (siehe Abb.) Im ersten Fall erscheint der Tupfen mittelgrau, also dunkler als in Wirklichkeit, und im zweiten Fall erscheint er nahezu weiß. Das

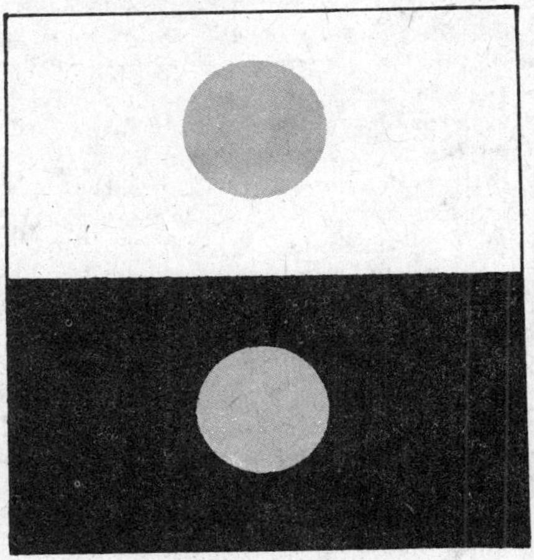

gleiche Experiment mit einer beliebigen Farbe mittlerer Helligkeit kann man auf weißem und schwarzem Grund vollziehen oder auch auf gelbem (als der hellsten Farbe) und violettem (als der dunkelsten Farbe). In jedem Fall wird der Tonwert des mittleren Farbtupfens durch die helle oder dunkle Umgebung in das andere Extrem gedrängt. Er wirkt entsprechend dunkler oder heller als in Wirklichkeit. Diese Wirkung hebt sich auf, je mehr der Tonwert des Untergrundes dem des Farbtupfens angenähert wird. Hieraus ergibt sich, daß Tonwertabstufungen am besten geeignet sind, verschiedene Helligkeiten und Dunkelheiten exakt wiederzugeben. Andererseits sind Hell-Dunkel-Kontraste am besten geeignet, die Tonwerte gegenseitig zu steigern. In die Praxis umgesetzt, bedeutet das: Frauen mit blassem Teint können nach diesem Gesetz mit dunkler Kleidung ihre Zartheit überbetonen, sie mit heller Kleidung ausdrucksvoll untermalen. Die Erscheinung kehrt sich um bei entsprechender Farbwahl Braunhäutiger. Übrigens lassen intensiv leuchtende Farben ebenfalls blaß erscheinen. Für einen hellhäutigen Menschen sind sie daher keineswegs eine Aufmunterung, wie häufig angenommen wird. Nach sommerlicher Bräunung können sie allerdings meist getragen werden.

Ausschlaggebend für die Wahl der Farben ist jeweils die Gestaltungsabsicht. Will man die Eigenfarben unbetont lassen, so kann die durch die Haarfarbe angegebene Richtung im Tonwert als Abstufung weitergeführt werden. Haartönung, Make up und farbige Kopfbedeckungen schaffen zusätzliche Akzente.

Farbe und Figur. Betrachtet man einen weißen Tupfen neben einem gleichgroßen schwarzen und einen orangeroten und einen reinblauen Tupfen gleicher Größe bei voller Farbsättigung und stärkster Leuchtkraft, so wird man feststellen: Der weiße Tupfen erscheint größer als der schwarze und der rote wiederum größer als der blaue. Diese Erscheinung nimmt ab, je mehr das Schwarz aufgehellt und das Weiß getrübt wird, und je mehr die Farben Rot und Blau durch Mischung einander angenähert werden. Hieraus geht hervor, daß helle und leuchtende Farben gegenüber dunklen expansiver wirken und daß warme Farben (Orangerot gilt als wärmste Farbe) sich ebenfalls optisch ausbreiten, wogegen die kalten (das reine Blau gilt als kälteste Farbe) sich optisch zusammenziehen. Setzt man schließlich einen orangeroten Tupfen in eine reinblaue Fläche, so scheint sich das Rot dem Betrachter plastisch entgegenzuwölben, während das Blau in den Hintergrund tritt. Auf die Bekleidung angewandt, bedeutet das: Wir können einen Menschen optisch größer oder kleiner, molliger oder schlanker erscheinen lassen, wenn wir ihn entsprechend farbig, hell oder dunkel kleiden (siehe Abb.). So läßt sich beispielsweise ein Ausgleich schaffen, wenn jemand übermäßig breite Hüften und eine allzu flache, schmale Brustpartie hat. Hier ist ein dunkler oder blaugetönter Rock zu einer hellen, vielleicht rot gemusterten oder mit rotem Schmuck, Tuch usw. aus-

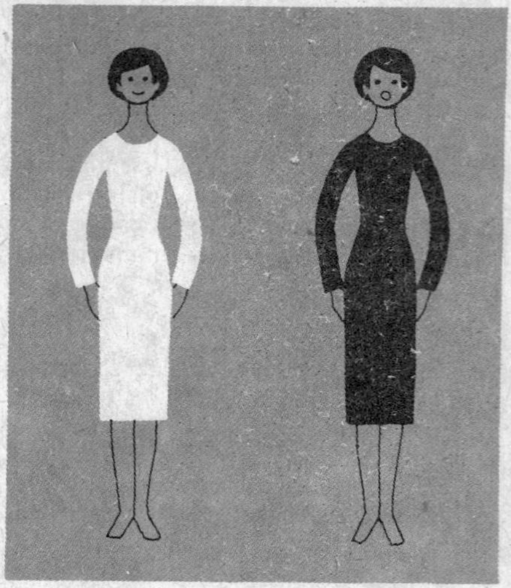

Welche Figur ist vorteilhafter gekleidet?

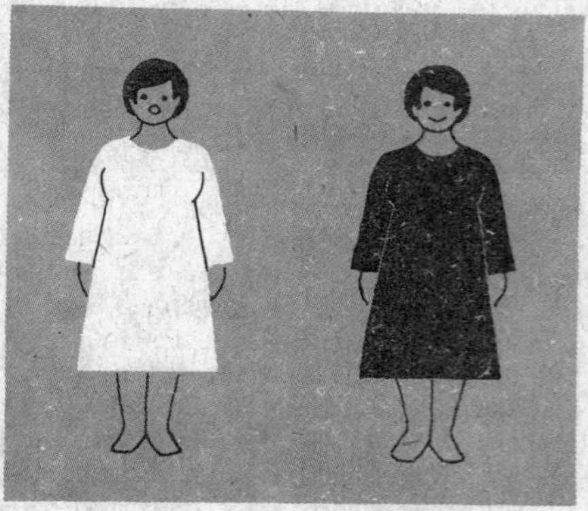

Welche Figur ist vorteilhafter gekleidet?

staffierten Bluse angebracht. Zu füllige Waden und Schenkel wirken in dunklen Strümpfen schlanker als in hellen, und wer sich über seine großen Füße ärgert, kann sie mit dunklen Schuhen optisch verkleinern. Eine Frau, die den Wunsch hat, ihre überragende Körpergröße nicht noch optisch zu steigern, wird sich nicht mit der Signalfarbe Rot zum Ausrufezeichen machen. Sollte Rot trotzdem die Lieblingsfarbe sein, so ist ein mit Schwarz getrübtes Rot oder ein rötlicher Braunton, der durch andersfarbiges Muster oder Beiwerk unterbrochen wird, zu bevorzugen. Auch rotes Beiwerk (Gürtel, Tuch, Kette oder Tasche), das durch dunkle Kleidung noch an Leuchtkraft gewinnt, trägt dem individuellen Farbwunsch Rechnung – ohne optisch nachteilige Wirkung auf die Körpergröße. Ähnlich kann man bei unerwünschter Körperfülle verfahren, die durch helle oder rote Kleidung noch betont würde. Ein mageres, blasses junges Mädchen muß sich von seiner Lieblingsfarbe Schwarz oder Dunkelblau nicht trennen, wenn diese Farben seinen Typ unterstreichen, aber die Wahl eines warmen Blautones (mit Rotanteil) oder blau-weiß-rot Gemustertes sowie die Farbabstufung innerhalb der Kleidung von Schwarz über Grau zu Weiß oder Orangerot (z. B. Hose – Bluse – Weste – Kette) beugen karikierender Überzeichnung vor. (Weitere Gestaltungsmittel, die die äußere Erscheinung positiv oder negativ beeinflussen, werden in den Kapiteln über Material, Linie und Silhouette behandelt.)

Harmonie der Farben. Farben können in ihrer Stellung zueinander harmonisch oder disharmonisch wirken. Das hängt davon ab, ob sie sich in ihrer Wirkung gegenseitig steigern oder schwächen oder ob unter ihnen Gleichgewicht herrscht. Diese Wirkungen haben ihre Ursache in der Seheigenschaft des menschlichen Auges. Wohl jeder hat schon einmal in die Sonne geblinzelt und sich danach gewundert, daß dann vor dem geschlossenen Auge ein dunkel-violetter Sonnenball flimmert. Dieser Vorgang ist bei jedem Menschen ähnlich. Er beweist, daß das Auge starke Licht- oder Farbreize reflexhaft durch ihren Gegenwert ausgleicht, also Harmonien für kurze Zeit selbst herstellen kann, nämlich die der drei Grundfarben Rot, Blau und Gelb und ebenso die Harmonie zwischen Hell und Dunkel. Da die Sonne uns gelb und zwar extrem hell erscheint, produziert das Auge ein dunkles Nachbild, gemischt aus Rot und Blau. Betrachten wir lange einen blauen Farbtupfen, so erscheint uns bald die ihn umgebende Fläche orangefarben, gemischt aus den zur Harmonie fehlenden Grundfarben Gelb und Rot. Wiederholen wir den Versuch mit einem roten Tupfen, so produziert das Auge eine grüne Umgebung, gemischt aus Blau und Gelb. Ist die Umgebung des roten Tupfens ein neutrales mittleres Grau, so erscheint dieses Grau ebenfalls grünlich. Bei nebeneinanderliegenden leuchtenden Farben, die sich nicht zur

Harmonie ergänzen, entsteht ein „Kampf", in dem jede Farbe der anderen die ihr fehlende Ergänzungsfarbe (Komplementärfarbe) zur Harmonie aufdrängt und damit ein unangenehmes Flimmern erzeugt, das den Betrachter zum Wegsehen zwingt. Damit ist bewiesen, daß jede Farbe auch ihre Nachbarschaft beeinflußt. Diese Wirkung ist um so stärker, je intensiver die Leuchtkraft mindestens einer der Farben ist. Die Wirkung schwächt sich ab, wenn die Farben durch Mischung mit Schwarz getrübt oder mit Weiß aufgehellt sind, so daß sie einen mittleren Tonwert ergeben, ähnlich dem mittleren Grau. Und die Disharmonie zwischen zwei Farben hebt sich auf, wenn in ihnen Mischungsanteile aller drei Grundfarben enthalten sind. Solche Farbenpaare sind beispielsweise Rot und Grün, Violett und Gelb. Sie liegen im Farbkreis einander gegenüber. Auch alle anderen im Farbkreis einander gegenüberliegenden Farben sind harmonisch. Sie bilden jeweils einen Komplementärkontrast. Ebenso harmonieren die nebeneinanderliegenden Farbstufen, besonders, wenn sie Anteile der drei Grundfarben aufweisen. Sehr dunkle oder sehr helle Farben beeinflussen also ihre Umgebung in der Helligkeit oder Dunkelheit, das gilt auch beim Zusammenstellen von Kleidungsteilen und Beiwerk. Ein mit Schwarz getrübtes Violett und ein danebenliegendes aufgehelltes Gelb zum Beispiel drängen einander derart ins Extreme, daß die Farbwirkung nahezu verlorengeht. Weiß läßt ein danebenliegendes intensives Rot dunkel und stumpf erscheinen. Neben Schwarz wirkt das gleiche Rot hell und strahlend. Ein neutrales Gelb wirkt zusammen mit Weiß dunkel und warm, zusammen mit Schwarz wirkt es kalt, hell und aggressiv. Ähnliche Wirkungen ergeben sich auch bei anderen leuchtenden Farben, wenn sie mit Schwarz oder Weiß kombiniert werden. Durch den wahrgenommenen Helligkeitsunterschied wird die Farbe optisch verändert. Das kann – je nach der Gestaltungsabsicht – als Harmonie oder Disharmonie empfunden werden. Hier, wie auch bei anderen Farbkombinationen, spielt die Flächengröße der einzelnen Farben eine Rolle. Je größer die Farbfläche, desto mehr verringert sich der Einfluß der Nachbarfarbe. Er reduziert sich auf einen „Grenzfall". Gefährlich sind solche Nachbarschaften intensiver Farben oder intensiver Helligkeitsunterschiede allerdings in Streifen-, Schachbrett- oder Tupfenmustern, weil die dicht beieinanderliegenden kleinen Farbflächen ständig wechselnde „Grenzfälle" erzeugen, wie wir sie bei geringelten Trikotagen oft finden. Hier ist auf eine Abstufung der Tonwerte von Hell zu Dunkel oder auf eine Abstufung der Mischungsanteile von Rot, Gelb und Blau zu achten. Ein Kontrast kann als Effekt verwendet werden. Bei der Zusammenstellung einzelner Bekleidungsteile oder der gesamten Garderobe spielt die Farb- beziehungsweise Tonwertabstufung eine besondere Rolle, weil so das Harmonieren der einzelnen Teile miteinander und mit den Eigenfarben der Trägerin am ehesten gelingt. Als Grundlage für Hauptbekleidungsteile sind nach den gemachten Erfahrungen getrübte oder aufgehellte, sogenannte klassisch-neutrale Mischtöne (z. B. Graublau, Oliv, getöntes Weiß) empfehlenswert, die sich durch Zuordnung verwandter Farben in eine kleidsame Farb- oder Tonwertrichtung steigern lassen. Als Effekt kann dazu eine kleinflächige Kontrastfarbe gestellt werden (hell-senfgelbe Bluse zu Weste, Rock und Mantel in der Farbreihe Blaubraun-Rostbraun-Sand, oder: orangerote Kette zur Farbreihe Anthrazit-Blaugrau-Blaugrün). Dieser Kontrast, der durch betonte Helligkeit zu vorherrschend getrübten Tönen oder durch betonte leuchtende Farbigkeit zu gedämpften komplementären Mischfarben geschaffen wird, steigert die trüben und gebrochenen Bekleidungshauptfarben in ihrer Wirkung. Leuchtender Farbzusammenstellungen bedient man sich gern in der Freizeit-, Sport- und Strandbekleidung, weil sie sich von der Alltagsgarderobe abheben soll. Hierbei können Disharmonien zweier miteinander „kämpfender" Farben vermieden werden, wenn man sie mit Schwarz oder Weiß kombiniert. Bei leuchtend-vielfarbigen Druckdessins, bunten Stikkereien oder intensivfarbigen Sporttrikots kommt es in der Regel nur deshalb nicht zur Disharmonie, weil die Farben Weiß oder Schwarz in ihnen eine trennende Rolle spielen (entweder als Untergrund oder in Form von Konturen und Randblenden). Für die Farbigkeit festlicher Freizeitkleidung, die überwiegend bei künstlicher Beleuchtung getragen werden soll, sind weitere Überlegungen notwendig.

Farbe und Beleuchtung. Seit Newton wissen wir, daß Farben Wirkungen des Lichtes sind. Im Dunkel könnten wir keine einzige erkennen, und im Halbdunkel erscheinen sie uns anders als im hellen Sonnenlicht. Wer schon einmal in einer Dunkelkammer oder in einer Bar bei rotem Licht gesessen hat, wird bemerkt haben, daß alle sonst grün erscheinenden Gegenstände durch die Beleuchtung schwarz wirken. Der Eindruck entsteht deshalb, weil im roten Licht kaum Grün enthalten ist, die molekulare Zusammensetzung eines Körpers aber nur die ihr entsprechende Farbe des Spektrums (in diesem Fall Grün) reflektieren kann. Im Spektrum dagegen, das durch die Brechung des weißen Lichtes entsteht, sind alle Farben enthalten. Daher ist nur das weiße Licht imstande, die Gegenstände in den ihnen entsprechenden Farben erscheinen zu lassen. Solche günstigen Lichtverhältnisse finden sich in der Praxis allerdings nicht immer. Leuchtstoffröhren am Arbeitsplatz, die ein bläuliches Licht ausstrahlen, lassen gelb- und rotgetönte Textilien schmutzig erscheinen, weil diese Farben nur wenig in dem Licht enthalten sind. Ist keine Änderung der Lichtverhältnisse möglich, so muß man seine Kleidung darauf einstellen, also vorwiegend blaue, blauviolette und türkisfarbene oder auch weiße Berufskleidung tragen. Auch durch normales Glühlampenlicht wird die Farberscheinung im Gegensatz zum weißen Tageslicht verändert. Und zwar erscheinen dunkle Blautöne violett, helle Blautöne rosagrau, Rot und Gelb leuchten hell und warm auf, während ein neutrales Hellgrün zu Oliv wird. Das rötlichgelbe Glühlampenlicht steigert also nur solche Farben in ihrer Wirkung, in denen Rot und Gelb enthalten sind. Da die Glühlampe in gesellschaftlich-kulturellen Einrichtungen, Theatern, Restaurants und auch in Wohnungen noch zu den wichtigsten Beleuchtungskörpern zählt, kann man die Farben Rot, Orange, Gelb und Violett sowie ihre Ausmischungen zu Abendfarben erklären. Dazu kommen Weiß, Gold, Kupfer, Silber und Schwarz.

Auf schlecht beleuchteter abendlicher Straße sollte man möglichst keine dunkle Kleidung tragen, zumindest aber ein helles Zubehörteil (Schal, Pelzkragen, Tasche), weil durch rechtzeitiges Erkanntwerden die Gefahr eines Verkehrsunfalls gemindert ist. Das gilt vor allem für ältere oder gehbehinderte Bürger.

Farbe als Ausdrucksmittel. Seitdem die Menschen verstanden, Farbstoffe aus der Natur zu gewinnen, nutzten sie sie, um sich mit ihnen auszudrücken. Ihre Verwendung als Körperschmuck bzw. zum Färben von Textilien und Leder vor allem für Kleidung reicht bis in ur- und frühgeschichtliche Zeit zurück. Im Zusammenhang mit der gesellschaftlichen Entwicklung haben Farben und Farbklänge mehrere Bedeutungswandlungen erfahren. Solange Farbstoffe rar und teuer waren, galten reine Farben, besonders das Rot der Purpurschnecke, als Zeichen von Vornehmheit. Schon in der Antike und im Mittelalter steigerte man diesen Ausdruck durch Übereinandertragen verschiedenfarbiger Gewänder oder durch andersfarbiges Füttern, was bei unterschiedlichen Längen, Schlitzen oder beim Raffen des oberen Gewandes sichtbar wurde. Unreine, gebrochene Farben galten dagegen als unschön, als Zeichen niedriger Herkunft. Das Mi-parti (eigentlich: demi-parti, franz. „halb, geteilt"), eine verschiedenfarbige Längsaufteilung der Männertracht mit heraldischer Bedeutung (Wappenrock), war im 12. und 13. Jh. Zeichen der Abhängigkeit von einem adligen Herrn. Um die Mitte des 14. Jh., als sich Adelsfarben bereits in bäuerlichen Kreisen verbreiteten, steigerte man die Farbigkeit der Kleidung, indem man viele Teile bunt und kunstvoll zusammensetzte. Man benutzte die damals den Farben zugeschriebene Bedeutung, um mit einer bestimmten Zusammenstellung Anliegen, Wünsche und Gefühle auszudrücken, die der Kundige verstand. Dazu trug auch der seit dem 12. und 13. Jh. geübte Brauch bei, sich gegenüber außerhalb der Gesellschaft stehenden Personengruppen (z. B. Andersgläubigen, Angehörigen verachteter Gewerbe, Aussätzigen, Huren) durch deren farbige Kennzeichnung abzugrenzen.

Mit der gesellschaftlichen Entwicklung kamen weitere Bedeutungen hinzu. Einige gelten heute noch, z. B. Gelb – Vollendung, Reife, Gold, Ächtung, Neid; Rot – Blut, Liebe, Energie, Feuer, Gefahr, Aggression, Abwehr; Grün – Naturerwachen, Hoffnung, Heil; Blau – Ferne, Ewigkeit, Treue, Kühle, Innerlichkeit; Braun – Verschwiegenheit, Behutsamkeit; Grau – Erniedrigung,

Knechtschaft, Schmerz; Schwarz – Finsternis, Trauer, Ernst, Würde, Demut, Zorn, Anarchismus, Tod; Weiß – Unschuld, Reinheit. Beeinflußt durch Religion und Volksglauben, haben sich uralte Farbenbräuche bis in unsere Zeit erhalten, z. B. Weiß für das Hochzeitskleid, Schwarz für die Trauer.

Im 15. Jh. kamen anstelle des Mi-parti gemusterte Stoffe auf. Mit dem Einfluß der Reformation verdunkelten sich die Kleidungsfarben. Die schwarze Robe oder Schaube gilt mancherorts heute noch als Würdengewand der Priester, Richter und Rektoren. Die Frauentracht dieser Zeit wies allerdings auch leuchtende Farben auf, meist kontrastreich aufeinander abgestimmt. Die Mode der Gegenreformation benutzte Schwarz als Ausdruck höchster Vornehmheit und Sittenstrenge. Im Gegensatz dazu stand die Farbigkeit des „galanten Zeitalters", des Rokoko, mit einer reichen Skala feinster aufeinander abgestimmter, überwiegend zarter Farben für beide Geschlechter. Die Kleidung der englischen bürgerlichen Mode setzte dem seit der Mitte des 18. Jh. wieder stärker die schwarze Farbe in der Männertracht entgegen, die sich – mit kurzen Unterbrechungen – als Zeichen einer Versachlichung bis in die Gegenwart teilweise erhalten hat. Mit den wechselnden Moden der Frauenkleidung im 19. und 20. Jh., auch unter dem Einfluß aufkommender Teer- und Anilinfarben, büßten die Farben ihre Ausdruckskraft zwar nicht ein, aber ihre Verwendung richtete sich oft mehr nach deren Neuheit im Sinne modebewußter Repräsentation. Seit den 60er Jahren versuchen sich vor allem Jugendliche mit der Aussagekraft der Farben in Kleidung und Frisur alternativ, aufsehenerregend oder auch naturverbunden auszudrücken. Daneben setzen sich mehr und mehr individuell und typgerecht zusammengestellte Farben durch.

Auswahl der Bekleidungsmaterialien. Ausgangspunkt für die Überlegungen sind wiederum Typ, Figur und Alter der Trägerin sowie der vorgesehene Verwendungszweck der Kleidung. Die Materialien werden nach ihrer Wirkung im materiell-praktischen Gebrauch (Oberfläche, Griff, Fall), nach dem Pflegeaufwand und der Ausdrucksfähigkeit unterschieden.

Jahrtausendelang schützten und schmückten sich die Menschen mit Kleidung aus Naturmaterial, das sie für ihre Zwecke herrichteten. In der Antike trug man Wolle und Leinen, später feine Seide aus China und zarte Baumwolle aus Indien. Solange die Materialien teuer und selten waren, dienten sie als Auszeichnung für herrschende Klassen; und ihre Feinheit, Leichtigkeit und Transparenz, auch glänzende oder stumpfsamtene Oberflächen symbolisierten die Vornehmheit ihrer Trägerinnen, die nicht arbeiten mußten, denn diese Stoffe waren empfindlich. Sie taugten nicht zur Arbeit, wärmten nur wenig, waren kostspielig und forderten einen hohen Pflegeaufwand.

Wolle dagegen galt als geeignetes Material für ein robustes und solides Arbeitsgewand. Dazu kam das grobleinene Hemd, oft in Heimarbeit gewebt. Fortschrittliche Gesinnung sich befreiender Klassen zeigte sich oft in Identifikationen mit dem Ausdruck der Bekleidungsmaterialien arbeitender Menschen. Als Beispiele gelten das Leinenhemd der Renaissancebürger sowie der bürgerliche Tuchrock zur Zeit der Französischen Revolution. Mit der Entwicklung der Textilindustrie im 19. und 20. Jh. wurde es möglich, die nicht mehr ausreichenden Naturmaterialien durch Chemiefaserstoffe teilweise zu ersetzen und dabei alle gewünschten Gebrauchseigenschaften und nahezu jede Struktur einzuplanen sowie die Nachteile der Naturfasern (Filzen, Ungezieferbefall, Pflegeaufwand, Gewicht) auszumerzen. Geeignete Mischungsverhältnisse mit Naturfasern können für Atmungsaktivität und Hautfreundlichkeit sorgen. Es ist heute möglich, die Bekleidungsmaterialien so zusammenzustellen, daß sie sich in ihrer physikalischen und ästhetischen Wirkung gegenseitig steigern. Für die Gestaltung des individuellen Ausdrucks gibt es

derbe und feine,
glatte und aufgerauhte,
feste und schmiegsame,
stumpfe und glänzende,
dichte und transparente

Stoffe für die Oberbekleidung, wovon jedem Menschen nur diejenigen sympathisch sind, die irgendwie zu seinem Wesen passen. Seit alters verbinden sich mit den Materialwirkungen der jeweils zuerst genannten Eigenschaften unserer Gegenüberstellung solche Begriffe wie praktisch, robust, solide, gediegen, verhüllend, Würde, Ernst, Abstand, Haltung, Feierlichkeit, aber auch Starre und Dickfelligkeit. Den Materialwirkungen der jeweils zweitgenannten Eigenschaften werden dagegen Begriffe zugeordnet wie etwa empfindsam, erlesen, elegant, kostbar, luftig, locker, bequem, zart, sanft, schmeichelnd, verlockend, beweglich, aber auch leichtsinnig, kokett und aufregend.

Welche Frau hat nicht schon ähnliche Vergleiche des Bekleidungsmaterials mit den Eigenschaften seiner Trägerin angestellt? Hiervon ausgehend läßt sich manches Urteil fällen, wenn man im Zweifel ist, welche Wahl getroffen werden soll, wenn man figur- oder altersbedingt seine eigentlichen Materialvorlieben ein wenig zügeln muß. So ist allzu Zartes, Schmiegsames oder gar Glänzendes und Durchsichtiges bei unerwünschter Körperfülle nicht angebracht, weil sich die gefürchteten „Polster" durch Schmiegsames markieren, Glänzendes sie durch Spiegelung des Lichtes plastischer erscheinen läßt und Durchsichtiges sie bloßstellt. Zartes Material kann an einem muskulösen, grobknochigen oder fettreichen Körper lächerlich wirken, weil Gegensätze bekanntlich einander noch betonen; derbe, steife und auftragende Stoffe sind jedoch auch nicht angebracht, weil sie ebenfalls die Fülligkeit der Erscheinung steigern. Empfehlenswert sind relativ neutrale Mittelwerte. Was dem fülligen Typ abträglich ist, kann dagegen dem überschlanken, eckig wirkenden Typ günstig sein: Schmiegsames, Weiches, Auftragendes und Glänzendes, vor allem Pelz und Stoffe mit velourartiger Oberfläche. Die Wirkung solcher Materialien kann durch sportlich-korrekte Schnittgestaltung und Verarbeitung variiert werden.

Im Alter zeigen sich oft auf Grund verfeinerter oder festgefahrener Lebenseinstellung auch den Lebensgewohnheiten entsprechende Materialidentifikationen, die allerdings meist nicht bewußt werden. Wir finden auf der einen Seite die Hinwendung zu allem, was sich mit den Begriffen solide, gediegen, würdig oder empfindlich, schmeichelnd, erlesen paart (beispielsweise Materialien von feinem, stumpfem, seidigem oder velourartigem Charakter, dazu Pelz, Schmuck und zarte Handarbeiten). Auf der anderen Seite zeigt sich oft eine Neigung zur Überbewertung des Bequemen oder Praktischen, verbunden mit einer gewissen Dickfelligkeit oder Gleichgültigkeit gegenüber der äußeren Wirkung. Es werden sportlich-derbe Materialien gewählt, die entweder pflegearm sind oder deren Äußeres durch langen Gebrauch den Ausdruck von robuster Deftigkeit erreicht. Wer solche Einseitigkeit bei sich feststellt, sollte sich darüber klar werden, daß er mit seinem Typ Gefahr läuft, zu einer „Type", einer komischen Figur, zu werden. Das Praktische, Bequeme und Zweckmäßige gehört zum Leben ebenso wie das Erlesene, Feine und Dekorative, besonders bei einem alten Menschen, der zwar mehr als zuvor an sich denken, aber sich nicht ausschließlich mit sich selbst beschäftigen soll. Bedenklich sind allerdings Materialvorlieben im Alter, die den Ausdruck von Koketterie, Raffinesse oder Naivität mit sich bringen, wie transparente, raschelnde, glitzernde oder mit kindlichen Mustern bedruckte Stoffe. Bei Unsicherheiten sei zu dezenten, ausdrucksneutralen Stoffen geraten, in denen die Persönlichkeitsausstrahlung weder geschwächt noch überbetont wird. Unter den eingangs etwas extrem gegenübergestellten Ausdrucksformen der Materialien stellen solche „neutralen Stoffe" Zwischenwerte dar.

Reiz des Kombinierens. Im Wechsel von Rauhem und Glattem, Natürlichem und Technischem, Derbem und Feinem liegt – so lehrt uns die Naturbeobachtung – der Reiz. Nicht zu Unrecht bezeichnet man daher Blusen, Gürtel, Schals und Tücher sowie Reißverschlüsse, Knöpfe und Schmuck als Würze, ohne die auch ein sonst vorbildlich gestaltetes Kleidungsstück fade und langweilig erscheint. Sie bilden größtenteils Materialkontraste zur Kleidung, zumindest aber Abstufungen in Feinheit oder Derbheit, Glanz oder Stumpfheit, oftmals gleichzeitig in der Farbe. Bevor ein langweiliges, weil allzu schlichtes Kleidungsstück im Schrank verstaubt, sollte versucht werden, die Wirkung seines Materials durch Beifügen andersartiger Materialien zu steigern. So läßt sich beispielsweise Wollig-Flauschiges mit kühlem Metall, rustikal oder fein verarbeitetem Glattleder oder Holz, Seidig-Glänzendes mit zarter Häkelstruktur, stumpfem Velvet oder Rauhleder, Ausdrucksloses mit Gerripptem, Borkigem oder Zottigem ergänzen. Hier ergibt sich ein weites Feld der Kombinationsmöglichkeiten, die uns beflügeln können, manches Beiwerk selbst herzustellen

(Häkeltuch, Fellkragen, Gürtel, Leder-, Bindfaden- oder Holzschmuck). Dabei wird deutlich, daß Wert und Einmaligkeit einer Zusammenstellung nicht vom vielen Geld abhängen, das dafür auszugeben möglich ist, sondern von Geschmack, Erfindergeist und Experimentierfreudigkeit der Trägerin.

Silhouette und Linie. Wenn auch Farbe und Material in den wechselnden Bekleidungsrichtungen immer eine bedeutende Rolle spielten, so erhielten sie doch erst durch ihr Zusammenwirken mit der Schnittgestaltung jenen Ausdruck, den wir als Mode oder Stil einer Periode empfinden. Die Schnittgestaltung der Bekleidung zeigt sich vor allem in der Silhouette und den sie unterteilenden Linien. Sie entscheidet weitgehend darüber, inwieweit der menschliche Körper verdeckt oder entblößt, eingeengt oder lose nachgezeichnet wird und inwieweit durch „erfundene" körperfremde Formen die Dimensionen der Bewegung betont werden (z. B.: Glockenrock, weiter Kimonoärmel, Cape). Frühere Moden parasitärer Klassen suchten die weibliche Gestalt umzuformen (Schnürung, Reifrock, Tournüre) oder zu überhöhen (Hauben, Haargebäude). Die Kleidung moderner Frauen soll dagegen den Typ betonen und einem zeitgemäßen Ideal entsprechen. Sie soll zweckmäßig, variabel und wirtschaftlich sein.

Seit der Vereinfachung der Schnitte in den 20er Jahren ist die gerade Röhrenform Ausgangs- und Endsilhouette für die Entwicklung modischer Formvarianten. Neben verschiedenen Längen und Weiten sowie Längs- und Querteilungen (durch sie entstehen z. B. Verschlüsse, Ober- und Unterteile) gibt es Variationen, die die Röhrenform komplizieren und nachhaltig verändern. Gemessen an ihrer geringen Interpretationsfähigkeit durch Arten des Tragens, Zuordnung, Umnutzung usw. sind sie für die Serienfertigung kaum noch von Bedeutung.

Ausgehend von den wichtigsten Darstellungsinhalten moderner Menschen haben sich folgende Variationen der Röhrenform bewährt:

1. Das Verengen des Schnittes durch formende Nähte auf Körpernähe
2. Das Ausstellen des Schnittes nach oben (Schulterbetonung) oder nach unten (Dimension der Bewegung ausdrückend)
3. Das Zusammenfassen von Weite mit Gürteln, Banddurchzügen, Riegeln, Bünden, Passen oder Sätteln.

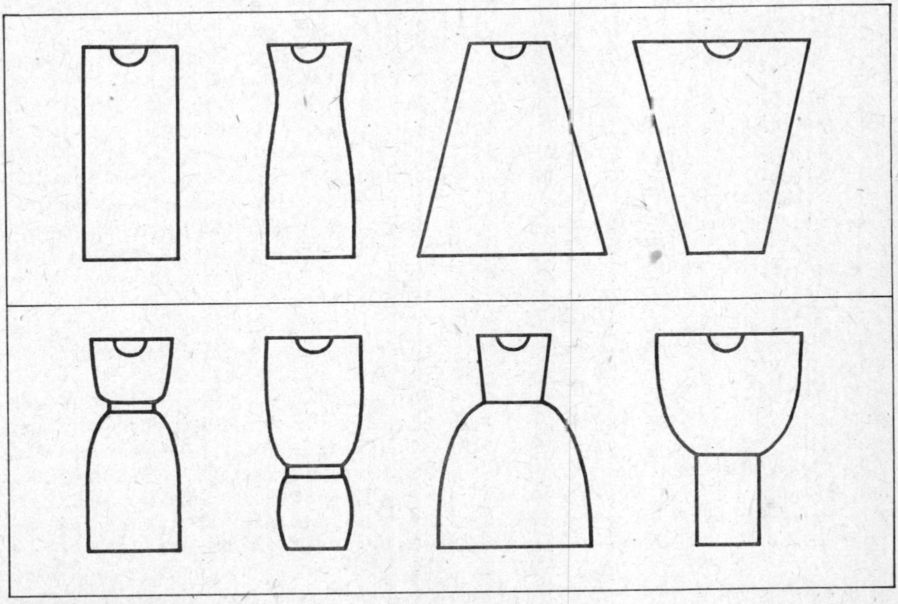

Variationen der Röhrenform

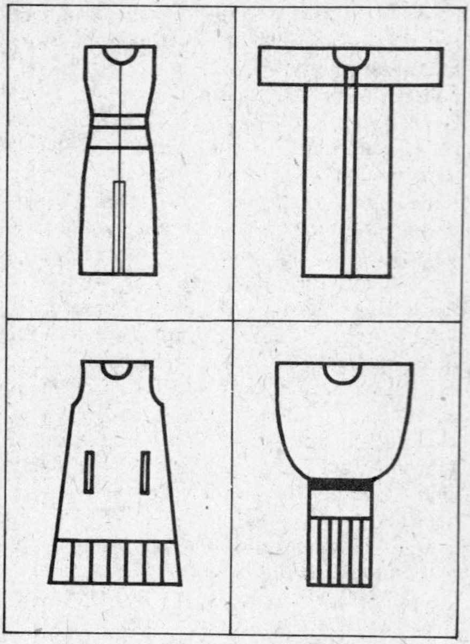

Waagerechte und senkrechte Unterteilungen

Optische Täuschung durch verschiedene Flächenaufteilung

So entstehen die gebräuchlichsten Silhouetten (siehe Zeichnung). Die zuletzt genannten Variationen müssen bereits als formende Detailgestaltungen betrachtet werden, die entsprechend ihrer Beweglichkeit (Gürtel, Banddurchzüge und Riegel sind beweglich – Bünde, Passen und Sättel nicht) der individuellen Interpretationsfähigkeit mehr oder weniger nützlich sind. Die gleichen Variationen der Röhrenform gelten übrigens auch für Ärmel und Hosenbeine.

Innerhalb verschiedener Moderichtungen wurden die Maßverhältnisse der Silhouetten durch unterschiedliche Längen, Weiten und Unterteilungen in sich variiert. Dabei wurden bestimmte Körperpartien hervorgehoben, andere verborgen, oder die Form des Körpers wurde in der Bewegtheit weiter Silhouetten betont. Jeder Frau obliegt es, die für sie günstigste Silhouette auszuwählen und sie der Mode entsprechend zu variieren. Dabei müssen Körperhaltung, Figur und Gangart berücksichtigt werden. Auch die Proportionen der Bekleidungssilhouette zur Gesamterscheinung wollen beachtet sein. Im allgemeinen erstrebt man bewußt oder unbewußt ein spannungsvolles Mengenverhältnis von bekleideten und unbekleidet wirkenden Körperstrecken (Beine mit hautfarbenen Strümpfen wirken unbekleidet).

Wurde die Rocklänge durch verschiedene Moden verändert, so ergab sich damit stets auch eine Veränderung der Oberteile. Zu kniefreien Röcken trug man z.B. hochansteigende Rollkragen, zu wadenlangen Röcken tiefe Ausschnitte, aber auch Stiefel oder undurchsichtige dunkle Strümpfe, die ein spannungsvolles Maßverhältnis herstellten. Auch in der Kostümgeschichte finden sich solche Beispiele.

Die Kleidungssilhouette und die Teilungslinien in ihr sind bei der Korrektur figürlicher Disproportionen und Haltungsmängel entscheidend (siehe Abb.).

Wie die Beispiele beweisen, kommt den Linien innerhalb der Silhouetten und den Ausschnittformen, der Detailgestaltung überhaupt, große Bedeutung zu. Sie unterteilen die Silhouette in verschieden große Abschnitte. Dadurch sind schon bei der Produktion vielfältige Gestaltungsmöglichkeiten ein und derselben Grundform gegeben. Im Gebrauch lassen sich durch Gürtel, Tücher oder Offentragen veränderliche Unterteilungen gestalten, derer man nicht so schnell müde wird. Durch Unterteilungen (die wichtigsten sind die waagerechte und die senkrechte) kann die Silhouette in ihrer Wirkung betont oder abgeschwächt werden. Waagerechte Unterteilungen in Saumnähe betonen beispielsweise die Weite eines Rockes, senkrechte schwächen sie ab (Faltenrock; siehe Abb.). Auch auf die Wirkung der Figur haben die Teilungslinien Einfluß. Die Erklärung dafür ist in den Sehgewohnheiten des menschlichen Auges zu finden. Bei der visuellen Wahrnehmung werden die Umrisse der menschlichen Gestalt durch das Auge abgetastet und dann die hervorstechenden Merkmale (Höhe, Breite, Kurven) durch Augenbewegungen miteinander verglichen. Teilt man eine als proportional zu lang empfundene Strecke durch Querlinien in der Kleidung auf (oder umgekehrt eine zu breite durch Längslinien), so wird das Auge bei seinen Meßwanderungen gestört, und es entsteht eine das Mißverhältnis korrigierende optische Täuschung. Als Linien werden außer Nähten und Besätzen auch Gürtel, Falten, Stufen, Volants, Verschlußkanten, Säume und zu Streifen geordnete Muster begriffen sowie reihenweise angeordnete Details, beispielsweise Knöpfe oder Taschen, die das Auge zu einer unsichtbaren Linie verbindet. Macht man sich solche unsichtbaren „Augenlinien" zunutze, so wirkt ein Turban oder Kopftuch aus dem Stoff des Kleides die Statur optisch streckend, ein breitkrempiger Hut dagegen niederdrückend (die Krempe wird als oberste Begrenzung gesehen). Beide Kopfbedeckungen werden also in den Staturumriß mit einbezogen.

Am häufigsten finden sich Kombinationen von waagerechten und senkrechten Unterteilungen. Empfehlenswert ist jedoch das Betonen einer Richtung, beispielsweise durch größere Anzahl der Linien (gruppenweise angeordnete Steppnähte, Fältchen usw.) oder durch stärkere Linien (Blenden, Reißverschlüsse, Knopffronten usw.; siehe Abb.).

Da das menschliche Skelett symmetrisch gebaut ist, werden die senkrechten Unterteilungen meist in gleichem Abstand und gleicher Menge beiderseits der Mittelachse angebracht. Das Symmetrie begehrende Auge ist dann befriedigt. Es gibt aber auch asymmetrische Aufteilungen (Verschlüsse, Taschen). Sie beunruhigen das vergleichende und wägende Auge, erregen Aufmerksamkeit. Das Gleichgewicht ist gestört. Bei asymmetrischen Aufteilungen kommt es darauf an, zwischen den beiden Seiten solche Maßverhältnisse herzustellen, die das Auge als Reiz, nicht als Disharmonie aufnimmt (siehe Abb.).

Diagonalaufteilung und asymetrische Aufteilung

Linien haben aber auch schmückende Funktion, die gleichzeitig aufteilt, betont und korrigiert, z. B. gruppenweise Anordnung von Steppnähten, Fältchen oder Besätzen. Sie kann nach unterschiedlichen Rhythmen gestaltet sein. Unter Rhythmus ist die regelmäßige Wiederholung eines oder verschiedener Elemente und deren Abstände zueinander zu verstehen.

Beispiele:
einfache Gruppierung gleicher Linien und gleicher Abstände,
rhythmischer Wechsel der Abstände,
rhythmischer Wechsel der Linienstärke,
rhythmischer Wechsel von Gruppen und Einzellinien,
rhythmischer Wechsel verschieden starker Gruppen,
regelmäßiges Ansteigen der Abstände,

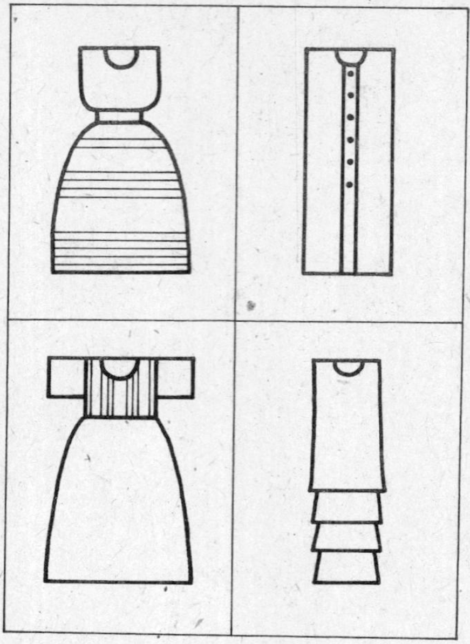

Rhythmische Aufteilung

regelmäßiges Ansteigen der Linienstärke, regelmäßiges Ansteigen der Gruppenstärke (siehe Abb.).

Bei allen theoretischen Erwägungen über die Linie innerhalb der Silhouette darf allerdings die Sprache der Farbe und des Materials nicht außer acht gelassen werden, denn alle wirken zusammen, können einander schwächen oder betonen. Deshalb liegt die Kunst des Gestaltens in der Beschränkung auf ausgewählte Mittel.

Über das Zusammenwirken von Farbe, Material und Linie. Wenn jedes Gestaltungsmittel seine eigene Sprache hat, in der es laute und verhaltene Töne gibt, so wird man innerhalb eines Kleidungsstücks nur die Betonung jeweils eines Elements zulassen. Die anderen müssen sich zwangsläufig unterordnen. Man wird ausdrucksvoll strukturiertes oder farbig gemustertes Material seiner Wirkung überlassen und es nicht mit vielen Teilungsnähten oder Besätzen schwächen. Innerhalb der Bekleidung wird man Gemustertes so einsetzen, daß es sich behaupten kann, also vorwiegend zusammen mit Einfarbigem. Zweierlei Muster klingen nur dann zusammen, wenn sich eins dem anderen unterordnet, z. B. kleine und große Blumenmuster, Karomuster, Streifenmuster, die einander verwandt sind. Aufsehenerregende Farben, ausdrucksvolle Muster und Strukturen haben betonenden Charakter, sie wirken stärker als Linien. Daher sollten sie nicht auf viele kleine Flächen verteilt, sondern dort angebracht werden, wo ein Blickpunkt geschaffen werden soll. In Abhängigkeit von der Silhouette können folgende Kleidungsabschnitte betont gestaltet werden: Ärmel, Passe mit Oberarmpartie, Ausschnitt, Taille, Hüfte oder Rocksaum (siehe Abb.).

Beim Übergang von einer Mode in die andere deuten solche Blickfänge oft auf die sich anbahnende Veränderung hin: Auffällige breite Saumstreifen und gleichfarbige Strümpfe (Röcke werden kürzer oder länger); breite Farb- oder Musterstreifen in Taillenhöhe (Taille wird demnächst stärker betont); durch Form, Farbe oder Muster betonte Ärmel (Kleidung wird mehrteilig).

Solcher Mittel kann sich auch bedienen, wer eine Mode nur andeutungsweise mitmachen möchte. Sollen Linien stärker zur Geltung kommen, so müssen intensive Farbflächen aus der Kleidung verbannt werden, da diese in den meisten Fällen die Aufmerksamkeit zuerst auf sich ziehen würden. Die Sprache

Akzentuierung

der Linien ist feiner (eine Ausnahme bilden breite Blenden); daher kommt den Linien die größte Bedeutung in der dezenten Bekleidungsrichtung für den Tag zu.

Zusammenstellen der Garderobe. Wer planlos anschafft, was gefällt, wird bald „nichts anzuziehen“ haben, auch wenn der Kleiderschrank gefüllt ist. Man tut also gut daran, sich zunächst einen kleinen, aber soliden Grundstock an Tageskleidung zu schaffen, dessen Einzelteile in Farbe, Schnitt und Material aufeinander abgestimmt sind und bei jeder weiteren Neuanschaffung einkalkuliert werden. Dabei sollte man eine Farbrichtung verfolgen, die als zweckmäßig und kleidsam erkannt wurde, und ebenso eine Gestaltungsrichtung, die den Erfordernissen des Tagesablaufs Rechnung trägt. Wer wenig Zeit hat für häufige Kleiderpflege (Frauen mit Kleinkindern, durch viele Dienstreisen oder Fernstudium belastete Frauen), sollte gedeckte Töne und pflegeideale Materialien bevorzugen. Wer sich innerhalb des Tagesablaufs mit der Kleidung häufig anpassen muß, vielleicht an wechselnde Temperaturen, oder wer unterschiedliche Nutzungsansprüche an die Kleidung stellt, zum Beispiel bei der Arbeit und der anschließenden Freizeitgestaltung (Beruf – Sport, Beruf – Weiterbildung, Beruf – Einkaufsgang mit Kindern, Beruf – Theater), ist ebenfalls mit kombinierfähigen Einzelteilen am besten beraten. Als vorteilhaft hat sich in vielen Fällen folgende Zusammenstellung erwiesen:

Mindestgarderobe, einfarbig

1 Mehrzweckmantel, kleidlang (bequemer Schnitt, anpassungsfähiges Material, Ausknöpffutter)

1 leichter Kurzmantel oder lange Jacke, wetterfest, legere Form, eventuell abknöpfbare Kapuze

1 Kostüm mit Hose, einfarbig, zu Mänteln passend

2 Blusen mit variablem Ausschnitt, ungemustert, davon 1 mit festlichem Charakter (zartes, weiches Material)

2 Pullover 1 Strickjacke	strukturiert und glatt, einfarbig, geeignet zum Übereinandertragen
1 Einzeljacke 1 Einzelrock 1 Einzelhose	die Teile sollen sich vom Vorhandenen abheben durch mehr zweckbezogene Machart, Farbe, Struktur (mehr sportlich, mehr elegant, mehr sommerlich/winterlich wirkend)

Sind diese für beinahe jeden notwendigen Teile vorhanden, kann man sie wunschgemäß ergänzen durch individuell Betontes:

- gemusterte oder verzierte Kleidungsteile und Kleider
- Asymmetrisches
- gemustertes oder strukturiertes Beiwerk, Schmuck
- unkonventionelle Kleidungsteile.

Solche Grundgarderobe ist während der Berufstätigkeit für jedes Lebensalter zu empfehlen. Je weniger modeabhängig und je farbneutraler sie ist, desto länger kann man sie beibehalten. Leuchtende Farben, auffällige Dekorationen und Muster sollten auf Beiwerk, Schmuck, Blusen, Westen und andere bewegliche Teile beschränkt werden, die die Kleidung für wechselnde Ansprüche schnell anpassungsfähig machen. Das erfordert eine Gestaltung, die wechselnde Zuordnung einzelner Teile gestattet und sich durch sie in unterschiedliche Richtungen variieren läßt, z. B. sportlich-zünftige Richtung, heiter-dekorative, auch gemessen-festliche Richtung. Größere und kleinere festliche Anlässe gehören im Leben berufstätiger Frauen zur beinahe alltäglichen Selbstverständlichkeit (Brigadeabend, Betriebsfeier, Kollegengeburtstag, Theateranrecht usw.). Mit Gelassenheit trifft man kleine Veränderungen an der Tagesgarderobe, wechselt ab und zu ein Stück und ist schon zweckentsprechend gekleidet. Die „große Robe“, falls man eine solche besitzt, ist dem großen Anlaß vorbehalten (z. B. Opernpremiere, Konzert, Hochzeitsfeier, Ball).

Vom Stil. Wenn ein Mensch bestimmten Farben, Materialien und Formen, die er für sich als zweckmäßig und kleidsam erkannt hat, den Vorzug gibt, und wenn er Schuhe, Taschen, Kopfbedeckungen und Schmuck harmonisch darauf abstimmt, so offenbart sich darin sein Stil. Wer jung und relativ unerfahren ist, hat das Recht, innerhalb verschiedener Moden zu experimentieren, auch wenn er dabei von einem Extrem in das andere gerät. Geschmack will erlernt sein, und für dieses Lernen ist nichts besser geeignet als die Übung. Erfahrungen, die man macht in Bezug auf die Figur, die private Lebensweise (Zeitnot, Wege, Verkehrsmittel, Kulturansprüche, Wohnverhältnisse, familiäre Verhältnisse, Einkommensverteilung usw.) und in bezug auf Können, Wollen und Sein innerhalb der Gesellschaft, prägen den Stil der Persönlichkeit; er vermittelt den Ausdruck von Reife.

Die verschiedenen Erscheinungsformen, in denen sich wechselnde Moden mitunter stärker oder schwächer abzeichnen, kann man grob in vier Stile unterteilen: in den sportlichen, den eleganten, den romantischen und den unkonventionellen Stil. Wenn auch die Grenzen zwischen ihnen zeitweise verwischen, so prägen sich doch gewisse Bevorzugungen einer Bekleidungsrichtung bei jedem Menschen aus, die lange Zeit beibehalten werden.

Sportlicher Stil. Die Trägerin des sportlichen Stils entnimmt der Mode nur das Zweckmäßige. Verspieltes erscheint ihr unnütz. Ärmel und Hosenbeine müssen sich hochkrempeln lassen, Kragen aufschlagen oder hochstellen, Pullover um die Schultern knoten und Kopfbedeckungen in die Tasche stecken lassen. In Schuhen muß man flink und ausdauernd gehen können, und Röcke dürfen dabei nicht hinderlich sein, also weder zu weit noch zu eng. Ein Mantel darf Zusammenrollen nicht übelnehmen, und in Taschen muß man viel unterbringen können. Deshalb liebt die Trägerin des sportlichen Stils solche Kleidungsstücke, deren Grundform vom Militär (Trenchcoat, Kutte) bzw. vom Sport (Anorak, Pullover, Trikothemd, Polohemdbluse) übernommen wurde oder der Arbeitskleidung (Overall, Steppweste) entstammt. Sie sind wenig modeabhängig, bequem zu tragen und lassen sich gut kombinieren. Vielteiligkeit rangiert vor festgelegten Kleidern, denn so kann man sich ohne große Umstände vielen Gelegenheiten, Witterungen und Temperaturen anpassen.

Der Ausdruck der Materialien und Details, wie sie jugendlich-sportliche Frauen bevorzugen, ist eher derb und kräftig als fein, lieblich oder zart. Schmuck wird vorwiegend in solchen Formen akzeptiert, die gleichzeitig eine Funktion haben: also zünftige Ledergürtel mit kräftiger Schnalle, farblich kontrastierende Steppnähte als Randbetonung an Kragen, Besätzen und als Teilungsnähte, breite lederne Uhrarmbänder, stabile Reißverschlüsse, wärmende Schals und Mützen. Armbänder oder Ketten dürfen nicht gekünstelt wirken. Und in dem Maße, wie sie alles Verspielte oder Überzüchtete ablehnt, sind der sportlichen jungen Frau auch phantasievolle Muster (etwa Blütendekors) und raffinierte Farbkompositionen weniger sympathisch. Klassischen Streifen- und Karomustern, auch Tweed oder Kordsamt gibt sie den Vorzug. Klare Farben, wie sie beim Sport üblich sind, dazu die Farben der Marine (Dunkelblau – Weiß) und des Militärs (Graublau, Graugrün, Oliv) sind ihr angenehm. Wenn auch der jugendliche Sportstyp mit einem beinahe männlichen Radikalismus seine Kleidung zusammenstellt, so mildern sich doch seine Zu- und Abneigungen im Laufe der Jahre. Zwar kann man den sportlichen Stil bis ins hohe Alter hinein tragen, doch mit der Veränderung der Lebensumstände und einer gewissen Sensibilisierung der Gefühle; und nicht zuletzt auch mit der sich verändernden äußeren Erscheinung geht eine Verfeinerung der Bekleidungsansprüche einher. Durch die Wahl feinerer Materialien und einer dezenteren Farbigkeit nimmt der sportliche Stil mehr klassische oder sportlich-elegante Züge an.

Sportlich-elegant im gleichen Sinne ist auch der Stil für die Festkleidung des jugendlichen Sportstyps. Samt kann mit Kantenstepperei versehen, der Rollkragenpullover aus Seide statt aus Wolle sein. Sich verkleiden – etwa zum Lieblichen oder Romantischen hin – das muß sich der Sportstyp auch bei festlichen Gelegenheiten nicht antun.

Eleganter Stil. Chic auf den zweiten Blick ist wohl die treffendste Charakterisierung des eleganten Stils. Auffällige Farben, bizarre Silhouetten, vordergründige oder laute Details, Macharten und Druckdessins nach dem letzten Modeschrei sind nicht seine Requisiten. Er orientiert sich mitunter am Zeitlosen und wirkt dabei großzügig, maßvoll, oft leger. Mehrere Ausprägungen des eleganten Stils haben sich bewährt. Der klassisch-elegante Stil, dessen Vorläufer die englische Herrenmode des 18./19. Jh. ist, verlangt Materialien und Muster, die im Zusammenhang mit der Persönlichkeitsausstrahlung der Trägerin den Ausdruck von Gediegenem und Solidem, von Erlesenheit und Gepflegtheit geben. Ihre Farbigkeit ist entweder klassisch-neutral (Schwarz-Weiß-Grau) oder in dezenten Ausmischungen klarer, aufgehellter oder getrübter Töne und so auf längerfristige Gültigkeit eingestellt. Trägerinnen des klassisch-eleganten Stils entnehmen den wechselnden Moden meist nur solche Bekleidungstypen, die sich Vorhandenem unterordnen und nicht zur Umorganisation des Kleiderschranks zwingen, beispielsweise Hemdblusen, Hemdblusenkleider, Blazer, englische Kostüme, schmal wirkende Röcke, Jacken und Mäntel in korrekter oder legerer, meist schmuckloser Form, doch aus feinem Material. Kopfbedeckung, Tasche, Gürtel, Schmuck und Schuhe sind eher grazil als derb oder kräftig. Elegante Frauen wählen in der Regel nur Bekleidungsteile ohne aufgesetzten Zierat wie Schleifen, Schnallen oder Zierknöpfe. Sie vervollständigen ihre Kleidung selbst, und zwar sparsam mit Seidentüchern, Pelz oder Schmuck, die nicht unbedingt durch ihre Einmaligkeit als Luxusware bestechen, sondern durch ihre sorgfältige, einmalige Abstimmung auf das Ganze. Daher muß Eleganz nicht immer kostspielig sein, wenn ihr auch ein Hauch von Kostbarkeit anhaftet wie ein erlesenes Parfüm.

Eleganz muß nicht abhängig sein von der Figur, wohl aber hat es ein grobknochiger, muskulöser oder molliger Typ schwerer, Eleganz zu demonstrieren als ein schlanker, denn hierzu gehört auch eine gewisse Anmut der Bewegungen. Da der klassisch-elegante Stil nur wenig modeabhängig ist und niemals die Figur betont, kann man ihn durchaus auch einem weniger schlanken Typ empfehlen. Nur bei der Wahl des Materials und des Beiwerks sollte man auf allzu Feines, Geschmeidiges oder Zierliches verzichten und statt dessen stabilere Materialien mit feiner Oberfläche und größere Formate der Taschen wählen. Gut geeignet sind Kostüme, Jacken und Mäntel im klassischen englischen Stil, langärmelige Hemdblusen und -kleider sowie legere Twinsets, Jumper, dreiviertellange Hemdjacken und Kittel mit großzügiger Ärmelgestaltung. Demgegenüber steht der feminin-elegante Stil, der mit schmiegsamen, weichen, auch durchsichtigen oder seidigen Stoffen weibliche Körperformen unaufdringlich betont. Ausschnitte, Schlitze oder Raffungen sind typische Detailgestaltungen, die mehr andeuten als zur Schau stellen. Der elegante Stil duldet allerdings keine Eile oder Hektik; der dezente und gepflegte Ausdruck der Gesamterscheinung ginge dann verloren. Und auch das sorgfältige Auswählen und Zusammenstellen der Garderobe braucht Zeit. Auf den zweiten Blick chic zu wirken, ist nicht so sehr eine Sache der Figur, der Schönheit oder der Jugend, sondern eine der Reife und Erfahrung, der Ruhe und Gemessenheit, der Kultiviertheit der Persönlichkeit.

Mädchenhaft-romantischer Stil. Dieser Stil wird nicht geprägt von Strenge oder Zweckmäßigkeit, er ist auch nicht unbedingt an das Mädchenalter gebunden, wohl aber an einen Typ: die jung und anmutig wirkende, feingliedrige Frau mit einer Vorliebe zum Natürlich-Ungezwungenen und Lieblich-Dekorativen. Als natürlich-ungezwungen werden lose Kittelkleider empfunden, weite Röcke, ausgeschnittene Wickelblusen oder leibchenartige Oberteile mit Trägern. Bauschige Stofffülle (gekräuselte Röcke, Blusen, Ärmel) oder schmückende Besätze (Volants, Borten, Falbeln), aber auch Spitzen, Stickereien und naturhafte kleine Druckdessins sowie einfache Bettwäschemuster (Karos, Streifen) sind dabei anmutige Dekoration. Was der mädchenhaft-romantische Frauentyp bevorzugt, hat seine starken Wurzeln in der Mode des Biedermeier, aber auch in der Volkstracht. Es ist von schlichtem Liebreiz und betont die natürliche Schönheit. Runde halsferne Ausschnitte sind diesem Typ daher lieber als seriöse Kragen, weichgeschlungene Kopftücher oder Strohhüte sympathischer als damenhafte Filzhüte. Schuhe, in denen man nicht ausschließlich an elegantes Strumpfwerk gebunden ist (Pantoffeln, Sandaletten, Stiefel), werden gegenüber anderen Schuhen bevorzugt.

Dieser Stil hat seine großen Stunden zweifellos in der Freizeit. Im Arbeitsalltag muß der romantische Frauentyp sein Schmuckbedürfnis zweckmäßigerweise ein wenig beschränken. Doch können dekorative Handarbeiten (Stickereiblusen, geknüpfte oder gewebte Umhängebeutel, gehäkelte oder mit kleinen Blümchen bedruckte Fransentücher, auch bestickte Westen und geknüpfte Gürtel) die vorwiegend sachlich gestaltete Tages- und Berufskleidung beleben. Wegen der besseren Kombinierfähigkeit der Hauptbekleidungsteile (man muß Berufskittel, Jacken und Mäntel darüberziehen können) wird man die Weite an Röcken, Blusen und Ärmeln nur andeuten, vielleicht durch aufspringende Biesen oder ungebügelte flache Fältchen.

Nicht abnehmbaren und bauschenden Schmuck, wie beispielsweise Rüschen, wird man wegen seiner Unzweckmäßigkeit und des hohen Pflegeaufwands bei Hauptbekleidungsteilen aus gewebten Stoffen meiden und ihn statt dessen an einem Dreiecktuch oder einem Trikotagenspenzer anbringen. Trikotagen mit kleinem Durchbruchmuster sind ebenfalls leichter zu pflegen als Lochstickereiblusen. Der romantische Frauentyp braucht also auch im Arbeitsalltag seinen Stil nicht zu verleugnen. Wenn ihm kragenlose, den Hals betonende Ausschnitte sympathischer sind als strenge Revers, so, um den mit Vorliebe getragenen schlichten Schmuck besser zur Geltung zu bringen. Hierbei spielen dünne Gliederkettchen, schmale Metallreifen, Kordel oder Lederband mit Anhänger aus Holz, Keramik, Metall oder Porzellan eine besondere Rolle. Im Zusammenwirken mit natürlich fallendem Haar und einem zarten Teint ohne Schminke vermitteln sie auch bei zunehmender Versachlichung der Tagesgarderobe (z. B. durch Kordsamthosen und karierte Hemden) Wesentliches von der Individualität des mädchenhaft-romantischen Typs: Feinfühligkeit, natürliche Anmut und Treue zu sich selbst.

Unkonventioneller Stil. Während die Trägerinnen des sportlichen, eleganten oder mädchenhaft-romantischen Stils innerhalb der Bekleidungskultur schon längere Zeit ihren Platz haben und mit ihrem Auftreten mehr oder weniger auf die Entwicklung der Mode einwirkten, hat sich in den letzten Jahren ein neuer Stil herausgebildet, für den es kaum historische Vorbilder gibt und der – vielleicht gerade deshalb – unserem Leben am besten angepaßt ist. Er hält sich nicht fest an überkommenen Konventionen, sondern gibt bewährten Gewandformen und Materialien einen neuen Inhalt. Er funktioniert sie um und macht sie damit ausdrucksreicher, variabler, lebensnäher.

So werden Teile traditioneller Arbeitskleidung von Hirten, Bauern und Handwerkern wegen ihrer großzügig-unkomplizierten Form zur willkommenen Bereicherung nicht nur der weiblichen Tagesgarderobe. Malerische Capes und Ponchos, saloppe Hemdkittel und legere Overalls sahen wir schon – ein wenig verwandelt durch anderen Materialeinsatz – in die Damenkleidung Einzug halten. Ihre Anpassungsfähigkeit reicht bei entsprechender Komplettierung bis in den festlichen Abend hinein: z. B. schrittlanger Hemdkittel aus Seidenjersey und Turban zu knöchellangem Wickelrock oder zu Hosen; Overall aus Schotten und Leinenhut, die aufgekrempelten Hosenbeine über Sandaletten.

Die Trägerin des unkonventionellen Stils ist experimentierfreudig. Sie zeigt sich Neuem gegenüber ebenso aufgeschlossen wie gegenüber Bewährtem, wenn es sich für den bewegten Tagesablauf modernen Lebens als brauchbar und anpassungsfähig erweist und dabei den Ausdruck von Großzügigkeit und Selbstverständlichkeit mitbringt. Mit einer ursprünglichen Freude am Gestalten und am Ausprobieren mixt sie Stile und Requisiten, die sie aus allen Lebensbereichen holt, wenn sie dem vorgesehenen Zweck entsprechen. So trägt sie derbe Jeans zu lieblichen Stickereiblusen, den Pelzkragen zur Kordsamt- oder Strickjacke. Und eine schwerseidene Flügeldecke mit Fransen wird schließlich zum anspruchsvollen Partykleid umdrapiert. Bewährtes Rezept ist die ungewöhnliche Art des Tragens und der Kombination, z. B. wenn Schmuck ab und zu aus einer Mischung von Hanfgarn, Leder, Zwischenringen und Keramik entsteht. Der Reiz dieses Stils liegt eigentlich im bewußten Stilbruch, d. h. in der Kontrastwirkung zweier herkömmlicher Stilelemente. Er liegt auch im Bruch mit veralteten Gewohnheiten. Ihre Alltagsgarderobe, oft beeinflußt von großzügigen Formen (z. B. Wickeljacke im Judostil, Hemdjacke, Tunika) sowie von Material- und Strukturkontrasten (z. B. Nadelkord – Seidenjersey, Rauhleder – Leinenstruktur, Spitze – Wollgestrick, Flanell – Tweed) wirkt niemals ausdruckslos, sondern bei aller Zweckmäßigkeit immer ein wenig malerisch.

Die Trägerin dieses Stils muß weder schön noch gertenschlank sein. Ihr Alter spielt kaum eine Rolle. Es ist auch gleichgültig, welche Farb- und Materialvorlieben ihr eigen sind. Zweierlei ist jedoch wichtig: Sie muß innerhalb ihrer Gesellschaft mit der Zeit gehen, ihr möglichst ein Stück vorausdenken, und sie muß mit Farbe, Material und Silhouetten umgehen können. Dann ist sie im besten Sinne Modegestalter, Vorbild, Schrittmacher.

Frau und Kunst

Frau und Literatur

Literatur und Geschichte. Die Entstehung, Aufzeichnung und Überlieferung literarischer Kunstwerke ist untrennbar verbunden mit der Herausbildung der frühen Klassengesellschaft. Erst die Existenz einer herrschenden Klasse, die sich durch Ausbeutung unterdrückter Klassen eine exklusive Lebensweise leisten kann, macht die Literatur als selbständige Erscheinung historisch möglich und notwendig. Die Herausbildung des Privateigentums als Grundlage klassengesellschaftlicher Verhältnisse setzt aber nicht nur der ursprünglichen Gleichheit aller Menschen ein Ende, sondern auch der Gleichheit der Geschlechter. Das urgesellschaftliche Matriarchat wird abgelöst durch das Patriarchat und damit durch gesellschaftliche Verhältnisse, deren Ausbeutungs- und Unterdrückungscharakter sich besonders in der Rolle der Frau in Familie, Gemeinschaft und Staat widerspiegelt.

Die Literatur zeugt deshalb seit Anbeginn ihrer Geschichte von der unterdrückten Rolle der Frau. Nicht selten nimmt sie sich der Frau als Gestalt und deren Probleme als Gegenstand an, wenn sie die gesellschaftlichen Widersprüche ihrer Zeit in besonders prägnanter Weise darstellen möchte. Gesellschaftliche Umbrüche, Krisensituationen und Fortschritte spiegeln sich in der Literatur meist dort am deutlichsten wider, wo Frauen in ihrem Denken, Fühlen und Handeln in ihrer Beziehung zur von Männern „beherrschten" Gesellschaft dargestellt werden.

Aber nicht nur als literarischer Gegenstand erscheint die Frau in besonderer Weise als Gradmesser gesellschaftlicher Zustände und Fortschritte. Die gesellschaftliche Entwicklung spiegelt sich auch darin wider, inwieweit Frauen jeweils imstande waren, der Literaturgeschichte – ob nun als Dichterinnen oder als Leserinnen – ihr Gepräge zu geben. So finden sich in der Kulturgeschichte der Menschheit ganze Epochen, in denen die Frau als Schöpfer von Literatur zur Ausnahmeerscheinung gehört. Die herrschende Kultur ließ lange Zeit in der Regel nicht einmal weiblichen Angehörigen der Oberschichten Raum, sich literarisch zu äußern. In der Literaturgeschichte gibt es Phasen, in denen sich literarische Kunstwerke bestimmter Gattungen allein an ein männliches Publikum wenden. Derartige kulturelle Privilegien begannen erst mit dem Auftreten des Bürgertums als Klasse und der Entwicklung der bürgerlichen Klassenkultur zu verschwinden. Aber erst die sozialistische Kulturrevolution schafft nach und nach gleiche Voraussetzungen für Frauen und Männer, sich mit Literatur zu beschäftigen, sei es nun als Dichter oder als Leser. Im Sozialismus kann die Literatur von und über Frauen alle ihre Möglichkeiten entfalten, sowohl am Ringen um die Gleichberechtigung der Frau, als auch – über diesen Gegenstand vermittelt – am Aufbau der entwickelten sozialistischen Gesellschaft aktiv Anteil zu nehmen. Das bedingt den Reiz dieser Literatur und das außerordentliche Interesse, das ihr entgegengebracht wird.

Die Frau in der Literatur der frühen Klassengesellschaft und der Antike

In den frühesten Zeugnissen der Literaturgeschichte spiegelt sich in verschiedenster Weise der Übergang vom Matriarchat zum Patriarchat wider. Wie sich dieser Übergang im konkreten Fall vollzog, ist entscheidend davon geprägt, wie in den einzelnen frühen Hochkulturen klassengesellschaftliche Verhältnisse überhaupt zustande kamen. Dieser Prozeß ist äußerst vielgestaltig.

Literatur in den altorientalischen Despotien Mesopotamiens. Weibliche Göttergestalten verloren schon während des 3. Jh. rapide an Bedeutung. Die beherrschende Rolle des Mannes galt als gottgewollt. Lediglich in

Uruk, dem mächtigsten Stadtstaat, ist die Göttin Ischtar oberste Gottheit. Sie wurde damit auch zur einzigen handelnden weiblichen Person des frühesten uns überlieferten literarischen Werkes, des Gilgamesch-Epos (die bekannte Überlieferung ist eine Bearbeitung der Hammurapi-Zeit 1792 bis 1750 v. u. Z.). Gilgamesch, der König von Uruk, will sich als Mensch den Göttern gegenüber beweisen und Unsterblichkeit gewinnen. Dabei kommt er in Konflikt mit Ischtar, als er sich ihr, der Liebesgöttin, verweigert. Gemeinsam mit seinem Freund Engidu besiegt er den von ihr als Strafe geschickten Himmelsstier und besteht weitere Kämpfe. Sich jedoch den Göttern gleichzumachen, gelingt ihm nicht.

Altägyptische Literatur. In ihr genießt die Frau eine ungleich höhere Wertschätzung. Schon früh wurde auch den verstorbenen Frauen der Pharaonen mit Grablyrik gehuldigt. Die Literatur des Alten Reiches (27.–22. Jh. v. u. Z.) pries die Frau vor allem in ihrer Funktion als Ehefrau und Mutter. Aber auch die frühesten Zeugnisse von Liebeslyrik entstammen der altägyptischen Literatur. Aus der Amarnazeit (19. Dynastie, 1320–1200 v. u. Z.) sind uns Gedichte überliefert, in denen das Intimleben des Königspaares und seiner Familie geradezu zur Schau gestellt wird. Mann und Frau treten sich erstmals in der Literatur als zwei Einzelpersönlichkeiten gegenüber, die ihre Liebe bewußt erleben und vor allem durch gegenseitige Zuneigung aneinander gebunden sind. Dieser für die frühe Klassengesellschaft einzigartige Zustand bedurfte zu seiner Herausbildung allerdings eines stabilen, hierarchisch zentralisierten Staates, einer strikten Kastentrennung und weitgehender Unabhängigkeit des Königshauses von der Priesterschaft.

Altindische Dichtung. Unter den Schöpfern der ältesten indischen Dichtungen, der Hymnen des Rigveda (Bearbeitung der uns überlieferten Dichtungen 1200–1000 v. u. Z.), sind auch die Namen weiblicher Dichter überliefert. Obwohl Arbeitsteilung und soziale Differenzierung bereits zu einem weitgehenden Zerfall der Urgesellschaft geführt hatten, wirkten in der Entstehungszeit der frühen Vedas urgesellschaftliche Züge – vor allem in der Sippenorganisation – noch lange nach. In ihrer sozialen Stellung wurde die Frau relativ hoch bewertet. Im Dialoghymnus von Yami und Yama ist es die Schwester, die den Bruder zur Inzesthandlung verführen will. Ihr wird also die sexuelle Initiative zugeschrieben. Yama dagegen erscheint als der Besonnenere. Diese Konstellation wird in der späteren indischen Dichtung vollkommen umgekehrt. Bereits in der epischen Literatur (2. Hälfte des 1. Jahrtausends v. u. Z.) verfestigt sich das für die altindische Literatur seitdem typische Frauenbild. Die Frau erscheint als Verkörperung moralischer Werte. Nahezu durchgehend wird sie als eine im Dulden und Leiden, in Treue und Standhaftigkeit starke Persönlichkeit dargestellt. Der Aktivität und Tatkraft verkörpernde Mann unterliegt hingegen gemäß dem ihm vorbestimmten Schicksal seinen Leidenschaften. Es ist jedoch vor allem die Rechtlosigkeit der Frau im gesellschaftlichen Alltag, die sie als tugendhaftes Gegenbild zum rastlos strebenden Mann prädestiniert. Sind die Tugenden in ihrer weiblichen Verkörperung relativ getrennt von diesem Streben, so erscheint in der harmonischen Vereinigung von Mann und Frau die Verbindung von Tugend, Gerechtigkeit, Glück einerseits und Aktivität, Macht, Tätigkeit andererseits. In der berühmten Einschuberzählung „Nala und Damajanti“ aus dem Mahabharata-Epos bleibt Damajanti über Trennung und Leid hinweg ihrem Mann, dem vom Spieldämon besessenen Nala, treu und sucht ihn zurückzugewinnen. Seine Erlösung jedoch muß er selbst vollbringen. In einer anderen Erzählung aus dem gleichen Epos, „Savitri“, wird die Gattentreue bis in den Tod gepriesen. Savitri weicht dem Totengott Yama nicht von der Seite, als er ihren Gatten Satyavati in sein Reich holen will. Aufgrund ihrer Tugendhaftigkeit und Beharrlichkeit sieht sich Yama schließlich gezwungen, Satyavati das Leben zu schenken.

In der klassischen altindischen Dichtung des Kalidasa (etwa 390–460) setzt sich eine derartige Bewertung der Frau als literarische Gestalt fort. Bezeichnenderweise sind alle drei von ihm überlieferten Dramen nach der jeweiligen weiblichen Hauptgestalt benannt. Im berühmten Drama „Sakuntala“ ist es die in einer Einsiedelei aufgewachsene Nymphentochter, der sich König Dusyanta insgeheim vermählt. Aufgrund eines auf Sakuntala liegenden Fluchs vergißt er sie jedoch und verstößt sie gemäß der im Drama ausdrücklich formulierten Rechtsnorm: „Verstoß sie oder nimm sie auf! Der Mann verfügt über die Frau doch stets mit unbeschränktem Recht.“ Sakuntala erträgt ihr Los standhaft und bringt ihm einen Sohn zur Welt, bis sie am Ende des Dramas von ihrem Mann wiedererkannt und -aufgenommen wird.

Althebräische Literatur. Eines der ältesten Zeugnisse dieser für die europäische Kultur einflußreichen Literatur ist das Debora-Lied (1200 v. u. Z.). Ursprünglich als Lied einer großen matriarchalischen Königin der Vorgeschichte biblischer Mythologie entstammend, wurde es später bearbeitet und in die mythische Geschichte des jüdischen Volkes eingepaßt. Kündend von der außerordentlichen Rolle der Frau in frühgeschichtlichen Zeiten, sind es zwei Frauen – Debora, eine Prophetin, und Jael –, denen das entscheidende Verdienst bei der Befreiung der Israeliten von der Philisterherrschaft zukommt. Das Handeln dieser Frauen erscheint im insgesamt patriarchalischen Vorstellungen verpflichteten Text als „männlich“. Im Kontrast dazu steht die viel jüngere Esther-Legende. Die Rettungstat der Jüdin Esther, die ihre Landsleute vor einem drohenden Pogrom in der persischen Hauptstadt Susa bewahrt, wird bereits mit „typisch weiblichen“ Mitteln vollbracht. Sie handelt in jenem Spielraum, der einer Frau der Oberschichten zu ihrer Zeit gegeben ist. Den meisten in der althebräischen Literatur vorkommenden Frauengestalten kommt jedoch die alleinige Rolle zu, Mutter bzw. Frau eines der zahlreichen Heroen des israelitischen Volkes zu sein. In diesen Gestalten wird der Stellenwert der Frau innerhalb des nomadisierenden vorderasiatischen Volkes plastisch. Die Väter entscheiden über das Schicksal ihrer Töchter und Söhne. Für Eheschließungen sind politische Rücksichten und Ziele sowie die Beziehungen der Sippen zueinander maßgeblich. So läßt Abraham die Frau für seinen Sohn Isaak aus seiner alten mesopotamischen Heimat holen. Dessen Sohn Jakob wandert wiederum dorthin, um schließlich mit seinen zwei Frauen, Rahel und Lea, zurückzukehren. Der Erwerb der Frauen gestaltet sich in jedem Fall offen als geschäftliche Angelegenheit, über die relativ unabhängig vom Willen der Frauen verhandelt wird. Für die Frau ist ein Preis zu zahlen, beispielsweise die jeweils sieben Jahre, die Jakob für seine Frauen in den Dienst seines Schwiegervaters treten muß. Typisch ist ebenfalls, daß auch die Sklavinnen der Frau ins Eigentum des Mannes übergehen und ihm in Stellvertretung ihrer Gebieterin Kinder zur Welt bringen können. So gebiert die Sklavin Hagar für ihre langjährig kinderlose Herrin Sara und die Sklavin Bilha für Rahel. In den Gang der Ereignisse greifen die Frauen nur ein, indem sie diesen oder jenen ihrer Söhne bevorzugen, wie etwa im Fall der Rebekka, die ihren Sohn Jakob dabei unterstützt, seinen Bruder Esau um Erstgeburtsrecht und Vatersegen zu betrügen. Die Willkür des Umgangs mit den Frauen steigert sich noch in den der Königszeit gewidmeten Geschichten. So wird erzählt, König David habe vier Frauen besessen, wobei er sich eine, die bereits verheiratete Bathseba, gewaltsam angeeignet und ihren Mann anschließend aus dem Wege geräumt habe. Seinem Sohn Salomo werden gar 700 fürstliche und 300 Nebenfrauen zugeschrieben. In Gestalt ihres Verhältnisses zum weiblichen Geschlecht werden diese somit als typische altorientalische Despoten gekennzeichnet. Von tiefen menschlichen Liebesbeziehungen, in denen sich zwei Partner gleichberechtigt begegnen, weiß dagegen das Hohelied Salomos zu berichten, die wohl berühmteste Liebesdichtung des Altertums.

Griechisches Epos. Weibliche Gestalten nehmen eine bedeutsame Rolle für den Gang der Ereignisse in den Homerischen Epen „Ilias“ und „Odyssee“ (um 800 v. u. Z.) ein. Unmittelbarer Anlaß zum handlungsauslösenden Zorn des Achill in der Ilias ist die Sklavin Briseis, um die er durch den Anspruch Agamemnons auf sie gebracht wird. Aber bereits am Ausgangspunkt des Trojanischen Krieges, der den Hintergrund beider Epen bildet, steht der Raub der Helena bzw. der Streit der olympischen Göttinnen Hera, Athene und Aphrodite um den Preis der Schönsten. Auch als handelnde Personen, besonders in der Odyssee, genießen Frauen einen hohen Rang, so Odysseus' Gattin Penelope, seine Geliebte Kalypso, die Zauberin Kirke oder die Königstochter Nausikaa. Im homerischen Zeitalter genoß die Frau der Adelsgesellschaft in der Tat hohe Wertschätzung. Ihr Einflußbereich bezog sich auf die Familie und die Leitung der Hauswirtschaft. In diesem Rahmen wird ihr Würde und Größe zugemessen, während im gesellschaftlichen Maßstab der Wille des Mannes maßgeblich war. So muß Penelope dem Drängen der um sie freienden Adligen letztendlich nachgeben, die damit argumentieren, daß der Staat nach so langer Abwesenheit Odysseus' einer männlichen Hand bedürfe. Sie vermag ihre Entscheidung nur durch List hinauszuzögern. Ihr Handeln ist folglich defensiv. Als ihr Mann zurückkehrt, ist nicht sie es, die er in seinen Racheplan einweiht, sondern ihr Sohn Telemach. Als dieser öffentlich als Hausherr auftritt und sie in Anwesenheit der Freier zurechtweist, fühlt sie sich stolz auf ihren Sohn, der ihr damit als erwachsener Mann erscheint.

Die gesellschaftliche Stellung der Frau in dieser Zeit zeigt sich ebenso in den Götterbildern, wie sie in den Werken Homers und Hesiods (um 700 v. u. Z.) ihre Ausprägung erfuhren. Homers Götterwelt kann als idealisiertes Abbild der Adelsgesellschaft seiner Zeit gelten. Im Verhältnis des Göttervaters Zeus zu seiner Gattin Hera, bezeichnenderweise der Beschützerin von Herdfeuer, Haushalt, Familie und Geburt, wird die Verantwortlichkeit und der Einflußbereich der Geschlechter abgesteckt. Nicht nur Hera, auch andere Göttinnen, so etwa Demeter, verraten zwar noch ihren matriarchalischen Ursprung, sind jedoch in die patriarchalische Vorstellungswelt eingepaßt. Auch daß Athene, die Göttin der Kunstfertigkeit und des Handwerks, dem Haupt Zeus' entsprungen sein soll, illustriert auf krasse Weise die Unterordnung der Frau unter den Mann. Kommt in Homers den Adelsvorstellungen entsprechender Götterwelt der Frau noch ein relativ hoher Stellenwert zu, so ist dies in der Religiosität Hesiods, die der Vorstellungswelt der böotischen Bauern entstammt, keinesfalls so eindeutig. Wie der in seinen Werken („Theogonie", „Werke und Tage") geschilderte Pandora-Mythos belegt, erfährt die Frau hier auch eine negative gesellschaftliche Wertung. Ihr wird in Gestalt der verführerischen Pandora auch der Ursprung alles Bösen, alles Übels, aller Mißstände und Krankheiten zugeschrieben. Ohne Frau jedoch bliebe der Mann ohne Nachkommenschaft und Pflege im Alter. Deshalb wünscht Hesiod allen Männern „ein wackres Weib mit folgsamem Herzen" („Theogonie").

Altgriechische Lyrik. In der traditionsbewußten Adelsgesellschaft und ihrer Literatur hielt sich jedoch die Hochachtung der Frau in Teilen Griechenlands noch lange, in besonderer Weise auf der äolischen Insel Lesbos. Nur so ist zu erklären, daß wir auf dem Höhepunkt der archaischen Adelskultur die ansonsten für die antike Gesellschaft einzigartige Erscheinung einer Dichterin ersten Ranges vorfinden, der Sappho (um 600 v. u. Z.). Auf Lesbos wurden die adligen Mädchen in Mädchenbünden unter Leitung einer erfahrenen Frau auf ihre künftige Aufgabe als Hausfrau, Ehepartnerin und Mutter vorbereitet. Sappho war Vorsteherin eines solchen Bundes. Aus dieser Tätigkeit wuchs zum großen Teil auch ihre Dichtung. Sie hatte nicht nur Wissen weiterzugeben, sondern auch Fertigkeiten auszubilden, von der Körperpflege bis zu erotischen Techniken. All dies war eingebettet in kultische Handlungen (Gesang, Spiel und Tanz), die der Aphrodite geweiht waren. Im Mittelpunkt der Erziehung stand der Eros, das sehnsuchtsvolle Streben danach, des Schönen habhaft zu werden. Dieses Schöne umfaßte körperliche, seelische wie geistige Werte, schien erreichbar in Liebe, Freundschaft, im Begegnen der Menschen als Partner. Zur Zeit der Sappho war letzteres in der Ehe kaum mehr zu erreichen. Deshalb erlangte die gleichgeschlechtliche Begegnung der jungen Mädchen untereinander bzw. mit ihrer Vorsteherin eine große Bedeutung, vor allem als prägendes Jugenderlebnis, an dem sich die späteren Ehefrauen immer wieder aufrichten konnten. So handeln Sapphos Gedichte auch von diesen Beziehungen und Freundschaftserlebnissen. Ihre Chorgesänge, Hochzeitslieder zu den Abschiedsfesten der einzelnen Mädchen und ihre Oden an Götter, Gemeinschaftsgenossinnen, an den Bruder oder an die Tochter zeichnen sich durch formale Meisterschaft aus. Nach Sappho ist eine der antiken Odenformen benannt. Ihre Wertschätzung im Altertum war so groß, daß Platon sie als 10. Muse feierte. Catull und Horaz dichteten ihre Werke nach. In der Literaturgeschichte gilt ihr Name wiederholt als Ehrenbezeichnung weiblicher Dichter.

Attische Dramatik. Während in Staaten, in

denen die traditionsbewußte Adelskultur erhalten blieb, auch die Wertschätzung der Frau überlebte, wurde in der demokratischen Polis, beispielsweise in Athen, die Frau aus dem kulturellen Leben weitgehend ausgeschlossen. Eine Ausnahme bildeten lediglich die oft hochgebildeten Hetären, wie Aspasia, die Geliebte des Perikles, oder Priesterinnen, wie die in Platons „Gastmahl" dargestellte Diotima. Zur Aufführung der Tragödien und Komödien war dagegen nur ein männliches Publikum zugelassen. Auch Schöpfer und Darsteller, selbst die der Frauengestalten, waren Männer. Das Theater war Staatsangelegenheit, sollte staatsbürgerliches Verhalten fördern, den Interessenausgleich der verschiedenen gesellschaftlichen Gruppen zustande bringen, politische Emotionen regulieren. Die politisch rechtlosen Frauen hatten hier nichts zu suchen. Dennoch kennt das attische Theater großartige Frauengestalten: die Antigone des Sophokles, Iphigenie bei Euripides, Elektra und Klytaimnestra bei Aischylos, Sophokles und Euripides und in der Komödie des Aristophanes die Lysistrate. Diese Frauen sind den Männern nicht allein ebenbürtig. Sie vermögen diese in ihrem Handeln durchaus in den Schatten zu stellen. Auf diese Weise wurden die dramatischen Konflikte offensichtlich auf die Spitze getrieben und das männliche Publikum durch Verfremdungseffekte provoziert. Damit trugen diese Gestalten in bedeutendem Maße zur ungeheuren Wirkung des antiken Dramas bei.

Der erste große Dramatiker Athens, Aischylos (525–456 v. u. Z.), preist den Sieg demokratischer Verhältnisse in seiner Heimatstadt. In der „Orestie" rächt Klytaimnestra, mutterrechtlichen Vorstellungen gemäß, die Opferung ihrer Tochter Iphigenie mit dem Mord an ihrem Mann Agamemnon. Ihre Kinder, Orest und Elektra, die das Vaterrecht vertreten, ringen sich daraufhin dazu durch, ihre Mutter zu töten. Die Verdrängung des Mutterrechts und der entsprechenden matriarchalischen Vorstellungswelt erscheint als historische Parallele zum Sieg demokratischer Verhältnisse in der Polis.

Das gleiche mythische Sujet erlebt in den Elektra-Dramen des Sophokles (um 496–406 v. u. Z.) und des Euripides (485/84–407/06 v. u. Z.) einen Bedeutungswandel. Besonders Elektra wird stärker individuell charakterisiert, ihr Handeln psychologisch motiviert. Bei Sophokles ringt Elektra um ein Handeln, das sowohl ihrem Haß auf die Vatermörderin als auch ihrer gesellschaftlichen Rolle als Frau angemessen ist. Inwieweit die handelnden Individuen privaten Interessen nachgeben können, ohne sich aus der Gemeinschaft des griechischen Stadtstaates auszugliedern, ist hier wie in anderen Dramen Sophokles' Hauptthema. So entstehen heroische Frauengestalten wie Elektra, aber auch Antigone im nach ihr benannten Drama, die ihrer Pflicht als Schwester und Mensch folgend den durch den Staat geächteten Feind des Landes, ihren Bruder Polyneikes, begräbt und sich so gegen die Interessen des Staates vergeht. Der Heroismus der Handelnden, durch den sich die prinzipielle Lösbarkeit scheinbar unlösbarer Konflikte für den Zuschauer manifestieren sollte, verschwindet im Drama des Euripides. Seine Elektra beginnt an sich selbst zu zweifeln. Sie stellt ihr Handeln in Frage. Vom Aufstieg bis zum Beginn der Krise der demokratischen Polis kündet also in unterschiedlichen künstlerischen Gestaltungen Elektra jeweils von den brennendsten Problemen in der Beziehung des Individuums zur Gesellschaft.

Als die Poliskrise während des Peloponnesischen Krieges vor allem in Gestalt kriegerischer Selbstzerstörung in Erscheinung tritt, schrieb Aristophanes (um 445 – um 386 v. u. Z.) seine Antikriegskomödie „Lysistrate". Die Titelgestalt entwickelt und verwirklicht den Plan, die Frauen in Athen und Sparta, den beiden kriegführenden Städten, sollten sich ihren Männern verweigern und die Kriegskasse beschlagnahmen, bis sich diese zum Frieden bequemten. Hatte Sophokles seinerzeit die Maßlosigkeit des Anspruchs der Antigone damit gekennzeichnet, daß er ihr Handeln als „männlich" charakterisierte, so steht hinter dieser Charakterisierung des Handelns der Lysistrate bereits die uneingeschränkte Hochachtung des Autors.

Römische Literatur. Im klassischen Rom nahm die Frau eine wesentlich geachtetere Stellung ein als in Athen. Davon zeugen nicht zuletzt die vorliegenden historiographischen Schriften, etwa die „Römische Geschichte seit Gründung der Stadt" des Titus Livius (59 v. u. Z.–17 u. Z.). Sowohl in der Geschichte vom Raub der Sabinerinnen als auch in jener vom Landesverräter Coriolan sind es die römischen Frauen, die ihr Vaterland vor Krieg und drohendem Untergang bewahren. Auf diese tatsächlichen historischen Vorgängen gleichgesetzten Legenden führte man im klassischen Rom die hohe gesellschaftliche Wertschätzung der Frau, die sich nicht allein auf Familie und Haushalt, sondern auch auf ihre unabhängige Rechtsstellung bezog, zurück. In Wirklichkeit werden diese Erzählungen wohl eher literarische Reflexionen jener realen Stellung der Frau in der Gesellschaft sein. In Rom konnten die Frauen der Oberschicht Theater besuchen und genossen eine breite Bildung, die sie auch zu literarischem Schaffen befähigte. Bekannt sind vor allem die Briefe der Cornelia (124 v. u. Z.) an ihren jüngeren Sohn Gaius Gracchus, in denen sie ihn vor unbedachtem politischem Handeln warnt. Die Dichterin Sulpicia (2. Hälfte des ersten Jh. v. u. Z.) tritt in ihren Liebeselegien dem Mann als gleichberechtigte Partnerin gegenüber. Die von Gaius Valerius Catullus (Catull, 87–54 v. u. Z.) in seinen Gedichten gestaltete Liebe zur reichen Römerin Lesbia läßt gar eine Frau erkennen, die sich ihre jeweiligen Partner frei wählt. Derartiges Verhalten war jedoch sicher die Ausnahme. Zwar künden auch Ovids (43 v. u. Z.–18 u. Z.) Liebesdichtungen von einem relativ freien Umgang der Geschlechter, bezeugen aber dabei zugleich die Grenzen, die dem weiblichen Partner dabei durch gesellschaftliche Normen gesetzt waren. Die unterschiedlichen „Anweisungen“, die der Dichter in seiner „Liebeskunst“ für das Liebesverhalten von Männern und Frauen gibt, verweisen eindeutig auf die dominierende Rolle des Mannes. Ovids Verbannung zeigt, daß selbst diese „Freiheit“, mit der er traditionellen Normen entgegen die Liebesbeziehungen behandelte, den auf Stabilität und auf Achtung traditioneller ethischer Werte orientierenden herrschenden Kreisen um Kaiser Augustus unbequem war. Dem Streben des Kaisers entsprach dagegen weitgehend Vergilius Maro (Vergil, 70–19 v. u. Z.). In seiner „Äneis“ verliebt sich die lybische Königin Dido in Äneas, den es auf seiner Irrfahrt nach der Zerstörung seiner Heimatstadt Troja an die Küsten ihres Landes verschlagen hat. Äneas erwidert ihre Liebe. Jupiters Göttergebot zwingt ihn jedoch weiterzuziehen, damit die Verheißung in Erfüllung gehen kann, daß aus seinem Geschlecht einst die römische Weltmacht hervorgehe. Didos Liebe muß angesichts dieser Verheißung weichen. So steht ihr Selbstmord dafür, daß angesichts des Aufstiegs des römischen Imperiums persönliche Wünsche und Gefühle nichtig zu sein haben.

Frau und Literatur in der Blütezeit der europäischen Feudalkultur

Im europäischen Mittelalter war das Leben der Menschen weitgehend durch die Rituale und Normen des Standes bestimmt, dem der einzelne angehört. Die strikte Hierarchie des Gesellschaftsaufbaus prägte über diese Rituale und Normen, aber auch über Privilegien die Lebensweise so stark, daß sich ihnen entgegenstehende Individualitäten kaum ausprägen konnten. Als höchste Wertvorstellung und absoluter Bezugspunkt menschlichen Daseins tritt uns Gott sowie die in der römisch-katholischen Kirche repräsentierte Gemeinschaft der Christen gegenüber. All das prägt die Rolle der Frau in der Literatur dieser Epoche. Das höchste Weiblichkeitsideal erscheint in der Gottesmutter Maria, der reinen, unbefleckten, aller Sinnlichkeit entrückten Jungfrau. Auch die jeweils spezifischen Frauenideale der einzelnen Stände sind mehr oder weniger darauf ausgerichtet.

Lateinische Klosterdichtung. Bevor die einzelnen Landessprachen literaturfähig wurden, schrieb man allgemein in lateinischer Sprache. In Deutschland entstanden lateinische Dichtungen vor allem in den Klöstern. In ihnen fanden vor allem nachgeborene Abkömmlinge des Adels ein Unterkommen. Das ermöglichte solche kulturelle Leistungen wie das dem St. Gallener Mönch Ekkehard I. (910–973) zugeschriebene Waltharius-Lied. In ihm werden germanische Heldenstoffe christianisierend aufgegriffen. Mit dem Helden Walther flieht Hildegund aus der Geiselgefangenschaft des Hunnenkönigs Attila. In den mannigfaltigen Abenteuern tritt sie lediglich als stumme, passive Zeugin auf. Demutsvoll beugt sie sich dem ihr bereits als Kind durch elterlichen Vertrag Anverlobten. Von einer echten Liebesbeziehung kann keine Rede sein. Somit tritt die

Unterordnung des Menschen unter die allgewaltige feudalständische Norm nirgends stärker in der Literatur in Erscheinung als in den Frauengestalten.

Dennoch ist es das Werk der ersten deutschen Dichterin, der Gandersheimer Nonne Hrotsvith, das einen Höhepunkt in der lateinischen Klosterdichtung bildet. Vor allem ihre Dramen, die ersten dramatischen Versuche des Mittelalters, haben Hrotsvith von Gandersheim (um 935–nach 1000) bekannt gemacht. Mit ihnen will sie ein gottgefälliges Werk vollbringen und die ihrer Meinung nach vor allem in ihren Frauengestalten unzüchtigen Dramen des antiken Autors Terenz aus dem lateinischen Sprachunterricht verdrängen. Der durch Terenz geschilderten sinnlichen Liebe stellt sie das Nonnenideal der Entsagung und der über alle Sinnlichkeit triumphierenden Liebe zu Gott gegenüber. Ihre Heldinnen haben sich entweder den Anfechtungen sinnlicher Liebe zu erwehren, etwa die Kaisertochter Konstantia oder christliche Märtyrerinnen aus der Zeit der Christenverfolgungen, oder sie sind Dirnen, deren Bekehrung im Mittelpunkt der Dichtungen steht. Hrotsvith vermag in ihren besten Werken diese „Anfechtungen" so anschaulich und realistisch zu beschreiben, daß ihre Heldinnen echte Konflikte zu durchleiden haben.

Minnedichtung. Die Troubadour- bzw. Minnedichtung nahm ihren Ausgang in der südfranzösischen Provence und hatte ihre soziale Basis im Rittertum. Sie war wesentlicher Bestandteil des Minnedienstes. Als Ausdruck und höchste Steigerung ritterlicher Subjektivität stellte sich der Ritter in ihm ebenso aus wie in seinen kriegerischen Heldentaten. In der dem Marienkult ähnlichen Verehrung einer Dame des Hochadels bewies er sich und der Welt seinen Rang. Der exklusive Charakter der Minne wies sie als ständisches Privileg aus. Angebetet wurde in der Regel eine verheiratete Frau. In ihrer Verehrung verzehrte sich der Ritter in Sehnsucht. Innerhalb der Ehe, die reines Rechtsverhältnis und Institution zur Erzeugung legitimer Nachkommenschaft war und echte menschliche Beziehungen kaum zuließ, wäre ein derartiger Minnedienst undenkbar gewesen. Stellte sich der Minnesänger in seinem Lied als ritterliches Individuum aus, so wurde das Bild der Angebeteten weitgehend durch stereotype Wendungen zum Idealbild (groß, schlank, jung, blond; kleiner, roter Mund; sanfter, fröhlicher Blick) stilisiert. Auch der Name der betreffenden Frau wurde verschwiegen. Sie tritt unter einem Liebesnamen auf. Zwar ist die Frau Bezugspunkt dieser Dichtung und macht sie erst möglich, aber die Frau erscheint in ihr nicht als Individuum in einer nur ihr eigenen Menschlichkeit.

Von Südfrankreich aus verbreitete sich diese Dichtung über ganz Europa. Im deutschen Raum erfuhr sie während der Stauferzeit höchste Ausprägung und inhaltliche Bereicherung. Besonders Walther von der Vogelweide (um 1170–um 1230) kommt das Verdienst zu, die höfischen Konventionen und die erstarrten Stereotype dieser Dichtung durchbrochen zu haben. In seinen reifen Liedern galt ihm nicht mehr die einseitige Neigung zu einer Geliebten, sondern das beiderseitige Begegnen zweier Menschen als Liebe. Damit aber blieb die Minne nicht mehr ritterliches Standesprivileg, sondern bezeichnete eine echte menschliche Beziehung. An die Stelle der Liebesklage, des Schmerzes als Hauptthema des traditionellen Minnesangs, trat bei Walther die Freude, die aus der Erfülltheit der dargestellten Beziehung erwuchs. Nach seiner Vertreibung vom Wiener Hof gestaltete er in seinen Mädchenliedern auch die Liebe zu Mädchen unterer Volksschichten. Damit gewann seine Dichtung an Volkstümlichkeit und Volksverbundenheit.

Ritterepos. Neben der Minnedichtung entstand in Südfrankreich auch das höfische Ritterepos. Als dessen erster Meister gilt Chréstien de Troyes (um 1131). In ihm wurden die Ritterideale vor allem in Sujets geschildert, die der britisch-keltischen Heldensage um König Artus entstammen. Eine wichtige Vermittlerrolle bei der Adaption dieser Sagenstoffe spielte die erste französische Dichterin, die in England lebende Marie de France (2. Hälfte des 12. Jh.). Im Ritterepos stand die überragende Rolle der treuen Vasallen, denen der Herrscher seine Macht und seinen Einfluß verdankt, im Mittelpunkt. Es war Ausdruck des kollektiven Bewußtseins dieser sozialen Schicht. Handelnde Personen waren deshalb vor allem idealisierte Typen.

In der deutschen Dichtung der Stauferzeit

wurden auch im Ritterepos konventionelle Formen und Inhalte durchbrochen. So dichtete Hartmann von Aue (um 1168–um 1210) neben traditionellen Epen auch die Verserzählung „Der arme Heinrich“ (um 1195). In deren Mittelpunkt steht neben dem Ritter Heinrich auch die liebenswürdige Gestalt eines reinen, im Streben nach jenseitigem Glück tiefgläubigen Bauernmädchens. Heinrichs Streben nach diesseitiger ritterlicher Selbstbestätigung scheint eine Ende gesetzt zu sein, als er mit Aussatz geschlagen wird. Als bekannt wird, daß ihn nur das Blut eines reinen Mädchens heilen könnte, ist das Bauernmädchen bereit, ihr Leben für seine Gesundheit zu opfern. Im Moment ihrer Opferung entdeckt Heinrich ihre Schönheit und verzichtet auf seine Rettung. Seine daraufhin erfolgende Heilung und Heinrichs Entschluß, dieses Mädchen zu heiraten, stehen symbolisch für die vom Dichter angestrebte Vereinigung ritterlich-diesseitiger Lebensführung mit religiös-ethischen Idealen, wie sie durch die Lebenshaltung des Bauernmädchens verkörpert werden.

Im „Parsival“ (um 1200–1210) des Wolfram von Eschenbach (um 1170–um1220) geht es ebenfalls um die Herstellung der Einheit irdisch-ritterlicher und christlich-religiöser Tugenden. Eine solche Einheit verkörpert das Gralsrittertum. Dieser neuen Ethik entspricht auch ein verändertes Liebesideal, das in der ehelichen Mann-Frau-Beziehung gesucht wird. Vor allem am Schicksal der Frauengestalten macht Wolfram deutlich, welches menschliche Leid durch einseitiges Streben nach ritterlich-diesseitigem oder nach religiös-jenseitigem Glück entsteht. Parsivals Gattin Condwiramur hat das Leid jahrelanger Trennung von ihrem nach Ritterglück strebenden Gatten zu tragen. Sigune verzehrt sich bis zu ihrem Tod als Einsiedlerin in Buße dafür, daß sie am Tod ihres im Zweikampf gefallenen Gatten mitschuldig ist. In Gestalt der Herzogin Orgeluse zeigt sich, wie die Liebe zu einer verheirateten Frau letztendlich Ungeheuer hervorbringt. Aufgrund ebensolcher Liebe hatte König Gramoflanz Orgeluses Gatten erschlagen. Orgeluses Rache zerstört nun vielen Rittern das Leben, indem sie diese allesamt ins Unglück stürzt.

Auch im „Nibelungenlied“ (um 1200) sind es letztlich die Frauengestalten, Brunhild und Krimhild, in deren Schicksal sich die Tragik offenbart, die aus den ritterlichen Verhaltensnormen erwächst.

Literarische Einflüsse der städtisch-patrizischen Kultur. Neue, der städtisch-patrizischen Welt entstammende Wertvorstellungen sind dagegen im Epos „Tristan und Isolde“ (1205–1215) des bürgerlichen Dichters Gottfried von Straßburg gestaltet. Tugend und Laster sind nicht mehr standesgebunden. Die Liebe geht nicht mehr allein vom Manne aus. Gottfried schildert die gegenseitige und erfüllte Liebe Tristans und Isoldes, die außerhalb der höfischen Minnekonvention steht. Sie schließt die volle Hingabe beider Partner ein und kommt mit der feudalen Institution der Ehe in Konflikt. Bei Gottfried deutet sich die bürgerliche Vorstellung an, daß allein die Liebe eine echte Voraussetzung der Ehe darstellt, nicht mehr allein ständische Feudalinteressen.

Das Einbrechen bürgerlicher Wertvorstellungen in die Literatur mit dem Aufstieg reicher Handelsstädte veränderte nach und nach das Menschen- und somit auch das Frauenbild. Das war jedoch ein langwieriger Prozeß. So findet sich am Ausgang des Mittelalters in der großen italienischen Dichtung des Dante Alighieri (1265–1321) in dessen Beatrice eine Frauengestalt, die ihren Ursprung bereits im persönlichen Liebeserlebnis des Dichters hat. Dennoch fehlen individuelle Züge in der literarischen Darstellung nahezu völlig. Das Liebeserleben und die Geliebte erhalten in der Dichtung Dantes weitgehend symbolische Bedeutung. Im Frühwerk „Das neue Leben“ schildert er, wie er seiner Liebe zu Beatrice die Entfaltung seines künstlerischen Talents verdankt. Bereits in dieser Dichtung steigert sich das Bild Beatrices zu jenem von aller sinnlichen Beziehung gereinigten Frauenbild, das in Dantes Meisterwerk „Göttliche Komödie“ (1307–1321) als Träger verschiedener symbolischer Gehalte auftritt, wie etwa als „vollendende Gnade“ oder als „Theologie“, die Dante das Eindringen in das Paradies ermöglicht und ihm dort als Führer dient.

Die Frau in der frühbürgerlichen Literatur

Eine neue Form der Liebesdichtung schuf der Initiator und Wegbereiter des Renaissancehumanismus Francesco Petrarca (1304–1374). Zwar ist auch bei ihm die Geliebte nur Idol, die Empfindungen des Liebenden jedoch haben an Individualität und Unverwechselbarkeit gewonnen. Nur so kann diese Art der Liebesdichtung schließlich den ihr zugedachten Zweck erfüllen. Über die künstlerische Darstellung der Geschlechterbeziehung als einer elementaren humanen Beziehung soll die Persönlichkeit des Lesers im Sinne des Humanismus gebildet werden.

Das Aufblühen der Prosaliteratur. Nicht der idealen Liebesbeziehung, sondern den alltäglichen zwischenmenschlichen Beziehungen wandte sich dagegen Petrarcas literarischer Mitstreiter Giovanni Boccaccio (1313–1375) zu. Dabei entwickelte er in Gestalt seiner Novellen eine bis dato ungekannte Qualität der Prosaliteratur. Die Herausbildung belletristischer Prosaliteratur wie hier bei Boccaccio oder später in Deutschland in Gestalt der sogenannten „Volksbücher" setzt bereits die Existenz eines relativ großen Leserkreises voraus. Dieser bestand damals zu einem großen Teil aus den Frauen der städtischen Oberschichten. Seitens der offiziellen Literaturtheorie und -kritik dieser Zeit wurden die belletristischen Prosaformen nicht zur eigentlichen Literatur gerechnet. Ihre Wirksamkeit war jedoch enorm. Dies hatte seine Ursache nicht zuletzt darin, daß sich diese Werke an ein weibliches Publikum wandten, das ansonsten noch zu den kulturellen Außenseitern der Gesellschaft gehörte. Boccaccio widmete sein novellistisches Hauptwerk „Das Dekameron" auch ausdrücklich den Frauen. Den Männern stünden im gesellschaftlichen Alltag alle Möglichkeiten zu Genuß, Unterhaltung, Bildung und praktischer Selbstbestätigung offen. Da alles das den Frauen, die in der Enge familiärer Zwänge lebten, verwehrt sei, wolle er ihnen mit seinen Novellen Entsprechendes bieten. In ihnen selbst spricht er sich zudem für die Erfüllung eines unverkürzten diesseitsgerichteten Lebensanspruchs der Frauen aus. Die aus dem Mittelalter überkommene Rolle der Frau wird mit drastisch-humorvollen Mitteln ad absurdum geführt. Sieben der zehn fiktiven Erzähler der Novellen sind Frauen. Im Erzählton wie in der Vielfalt der dargestellten Themen stehen sie den Männern in nichts nach, selbst wenn es um amouröse Abenteuer geht.

Boccaccios Novellentradition wurde nicht allein im fortgeschrittenen Italien weitergeführt. Unter seinem Einfluß entstanden sowohl die Canterbury-Erzählungen des Engländers Goeffrey Chaucer (um 1340–1400) als auch die „Meisternovellen" von Miguel de Cervantes (1547–1616). Auch in ihnen finden sich interessante und liebenswerte Frauengestalten, die mitunter enorme Tatkraft beweisen. Besonders beeindruckt Chaucers Frau aus Bath, die selbstbewußt über ihre fünf Ehen berichtet.

Die wachsende Rolle der Frau im Renaissancehumanismus. Mit der Französin Margarete von Navarra (1492–1549) steht auch eine Schriftstellerin in Boccaccios Tradition. In ihrem „Heptameron" (um 1542–1549) setzte sie sich, im Gegensatz zu Boccaccio, für eine der Sinnlichkeit abgewandte Liebesauffassung ein. Diese wollte sie den Damen und Herren der höfischen Aristokratie nahebringen. Jene Novellen, in denen sie ihr Ideal einer sittlichen Liebesbeziehung darstellte, gelangen ihr jedoch bei weitem nicht so gut wie jene, in denen sie abschreckende Beispiele gestaltete. In diesen stehen lasterhaften Mönchen und anderen Wollüstlingen nicht selten tugendhafte Frauen und Mädchen niederer Stände gegenüber. Auf diese Weise wollte sie den adligen Damen den hohen Anspruch an ihr sittliches Verhalten besonders drastisch vor Augen führen. Als eine der ersten, die die neuen Formen der Prosaliteratur in Deutschland heimisch machten, gilt die Gräfin Elisabeth von Nassau-Saarbrücken (um 1395–1456). Die deutsche Fürstin, die übrigens nach dem Tod ihres Mannes ihr Land selbst regierte, griff in ihrem „Hug Schapler" auf französische Epenstoffe zurück. In diesem Werk stellte sie den von skrupellosem Streben getragenen Aufstieg des halbplebejischen Helden Hugo Capet zum französischen König dar.

Angesichts solcher Schriftstellerinnen wie Margarete und Elisabeth nimmt auch die Hochachtung nicht wunder, mit der die fortgeschrittensten Humanisten dieser Zeit von gebildeten Frauen sprechen. So läßt Erasmus von Rotterdam (1466–1536) in seinen „Vertrauten Gesprächen“ (1519) eine gebildete Frau auftreten, die ihren Gegenspieler, einen ungebildeten, vorurteilsbeladenen Abt, mit ihren Argumenten für die gleiche Bildungsfähigkeit der Frau völlig in die Enge treibt. Darüber hinaus beweist sie die Nützlichkeit der Bildung für ihr Leben und für eine harmonische Ehe.

Eine solche Gleichachtung der Frau war freilich im gesellschaftlichen Leben wie in der Literatur dieser Zeit noch eine Ausnahmeerscheinung. Das belegt die Mehrzahl der „Volksbücher“. In ihnen treten uns die weiblichen Helden meist als leidende und dienende Gestalten entgegen wie Genoveva, Griseldis oder Hirlanda. Davon abzuheben wäre freilich das Volksbuch von der schönen Magelone, das Veit Warbeck 1527 schuf. In ihm werden Liebe, Flucht, Irrfahrten, Trennung und Wiederfinden von Graf Peter und Magelone, einer neapolitanischen Königstochter, geschildert. Magelone verkörpert mit ihrem Selbstbewußtsein, ihrer Standhaftigkeit und ihrer persönlichen Initiative einen neuen Frauentyp. Sie verzweifelt nicht an der Trennung von ihrem Geliebten und verzehrt sich nicht in passivem Leiden. Ihm zu Ehren gründet sie ein Spital, dem sie tatkräftig vorsteht. Dessen Ruf dringt bis zu Peter, der so seine Magelone wiederfindet.

Selbstbewußt handelnde Frauen lassen sich in der Literatur des frühen Bürgertums vor allem dort finden, wo die Werke vom Gedankengut der Humanisten beeinflußt sind. Die Gleichachtung der Frau und ihrer Fähigkeiten wird dabei auf die Gleichheit aller Menschen als gebildete, mit hohem Intellekt begabte Wesen zurückgeführt. Tatkraft hat Wissen zur Voraussetzung. Bildung aber war zu dieser Zeit nur einer Elite zugänglich. Der Gleichheitsanspruch der humanistischen Geisteselite mußte deshalb früher oder später in Kollision mit den realen Bedingungen der Emanzipation des Bürgertums geraten.

Literatur der Shakespeare-Zeit. Zur Durchsetzung seiner Interessen bedurfte das Bürgertum eines Kompromisses mit dem Adel in Gestalt des Feudalabsolutismus. So kommt es zur Kollision der humanistischen Renaissance-Ideale mit der Realität des bürgerlichen Fortschritts. Dies äußert sich besonders sinnfällig in den Dramen William Shakespeares (1564–1616). Nicht selten sind es seine weiblichen Helden, die – dem bürgerlichen Fortschritt gemäß – mit den humanistischen Idealen brechen. Dafür stehen beispielsweise die Töchter König Lears, die ihren Vater, nachdem er ihnen seine Macht überantwortete, im Stich lassen („König Lear“, 1605). Lady Macbeth („Macbeth“, 1606) übertrifft ihren Mann in ihrem Streben nach Macht und Reichtum in einer Weise, die sie als Ungeheuer in Menschengestalt erscheinen läßt. Jegliches menschliche Maß bis zum Verlust der eigenen Identität überschreitend, repräsentiert sie vor allem deshalb die höchstmögliche Steigerung dieses Persönlichkeitstyps, weil sie eine Frau ist.

Aber auch das Schicksal jener Menschen, die zum Opfer des bürgerlichen Fortschritts werden, gestaltet Shakespeare dort am eindringlichsten, wo es Frauen trifft. So ist Ophelia („Hamlet“, 1601) der Welt, die „aus den Fugen“ geraten ist, viel schutzloser ausgesetzt als ihr Geliebter Hamlet. Ihr Untergang in Wahnsinn und Selbstmord nimmt Hamlets tragisches Ende bereits vorweg. Auch Desdemona („Othello“, 1604) muß mit ihrem humanistischen Anspruch letztendlich scheitern. Sie hat den unerhörten Schritt unternommen, den Feldherrn Othello zu heiraten, der von ihren Mitbürgern nicht als Mensch akzeptiert wird, da er einer anderen Rasse angehört.

Der zeitgenössischen Mann-Frau-Beziehung wandte sich Shakespeare direkt in seiner Komödie „Der Widerspenstigen Zähmung“ (1592) zu. Nur scheinbar siegen in ihr zuletzt die traditionellen patriarchalischen Verhältnisse. Wenn sich Katharina von ihrem Ehemann Petruchio demütigen läßt, so ist sie es doch letztlich, die menschliche Überlegenheit beweist. Der selbstbewußten und klugen Frau ist es gelungen, in ihrem Verhältnis zu Petruchio wahrhaft menschliche Beziehungen zu realisieren, die sicher über dem Niveau der im sozialen Alltag des damaligen England dominierenden Unterordnung der Frau unter den Mann liegen. Wie selbst fortschrittliche Denker dieser Zeit die Beziehung der Frau zum Mann charakterisieren, ist einer Bemerkung Francis Bacons (1561–1626) zu entnehmen: „Frauen sind die Geliebten der Männer in der Jugend, die Gefährtinnen auf der Höhe des Lebens, die Pflegerinnen im Alter.“ („Essays“, 1612)

Französische Klassik. Um den Konflikt menschlicher Ansprüche mit starren gesellschaftlichen Konventionen geht es in den Dramen des Franzosen Pierre Corneille (1606–1684). In seiner Tragödie „Der Cid“ (1637) stehen sich Liebe und Ehre gegenüber. Aus Ehrgründen muß Don Rodrigo den Vater seiner Geliebten Chimena töten. Ihm in Selbst- und Ehrgefühl in nichts nachstehend, fordert diese daraufhin vom König den Tod ihres Geliebten. Erst königliches Eingreifen sichert der beiderseitigen Liebe ihr Recht.

Nicht gleichberechtigtes Ringen von Liebe und Konvention, sondern die jegliche Moral und politische Ordnung bedrohende Liebesleidenschaft steht bei Jean Racine (1639–1699) im Mittelpunkt. Davon werden in besonderer Weise seine weiblichen Dramenhelden geprägt. Die Titelgestalt seiner Tragödie „Phädra“ (1674) wird der Leidenschaft für ihren Stiefsohn Hippolyt nicht mehr Herr. Sie zerstört nicht nur ihr eigenes Leben, sondern auch das ihres Geliebten. Die Heldin des Dramas „Andromache“ (1667) hat sich dagegen einer zerstörerischen Leidenschaft zu erwehren. Pyrros, in dessen Gefangenschaft sie lebt, liebt sie. Er droht, ihren Sohn zu töten, falls sie nicht seine Frau wird. Seinerseits wird Pyrros von Hermione derart geliebt, daß diese eher seinen Tod in Kauf nimmt als dessen Ehe mit Andromache. Der sie liebende Orest wird ihr beim Mord an Pyrros zum Werkzeug. Die zerstörerische Gewalt der Leidenschaften läßt Racines Gestalten jegliches Maß im Denken und Handeln verletzen. Dennoch sind sie in ihrer Liebe groß und bedeutend. Bei Corneille wie Racine finden sich keine Unterschiede in der Wertschätzung von Mann und Frau. Das ist Ausdruck der Tatsache, daß auch in der gesellschaftlichen Realität die Frau an der Spitze des feudalabsolutistischen Staates zum Machtfaktor geworden ist.

Frauen prägten auch in entscheidendem Maße das Gesicht der französischen Kultur dieser Zeit. In ihren Salons trafen sich Vertreter des Hofes, des Adels, der Wissenschaft und der Literatur. In höchstem Ansehen stand der Salon der Marquise von Rambouillet. Hier verkehrte der Hochadel mit den Akademiemitgliedern. Zugleich fand aber auch die Lieblingslektüre der adligen Damen in diesen Salons große Beachtung: in schier endlosen Romanfortsetzungen gestaltete galante Abenteuer. Einer der bedeutendsten und erfolgreichsten Autoren dieses Genres war selbst eine adlige Dame: Madeleine de Scudéry (1607–1701). Sie galt zugleich als eine der führenden Vertreterinnen der sogenannten Preziösen. Das waren Frauen, die sich entgegen gesellschaftlichen Vorurteilen um eine hohe Bildung bemühten. Dabei handelte es sich jedoch nicht selten um ein Bildungsstreben, das sich selbst genügte und als reines Standesprivileg auf keinerlei praktische Nutzanwendung gerichtet war. Diese Auswüchse waren Gegenstand der Komödien „Die lächerlichen Preziösen“ (1659) und „Die gelehrten Frauen“ (1672) von Molière (eigentl. Jean-Baptiste Poquelin, 1622–1673). Anstelle der Inhalts- und Funktionslosigkeit solchen wirklichkeitsfremden Strebens plädierte Molière für eine echte Auseinandersetzung mit jenen gesellschaftlichen Konventionen, die die Frauen in ihrer Rolle einschränkten und die Ehe zu einem bloßen Geschäft machten.

Daneben gab es freilich auch Frauen, die zur Herausbildung der großen literarischen Leistungen der französischen Klassik einen unschätzbaren Beitrag leisteten. So hatte die Marquise von Sablé nachweisbar großen Anteil am Entstehen der „Maximen“ von La Rochefoucauld (1613–1680). Madame de La Fayette (1634–1693) ist der Roman „Die Prinzessin von Cleve“ zu verdanken, der seinerzeit die ersten psychologisch in sich geschlossenen Charaktere aufwies. Die 1500 erhaltenen Briefe der Marquise von Sévigné (1626–1696) vermitteln noch heute ein lebendiges Bild dieser Zeit.

Für eine den gewandelten gesellschaftlichen Verhältnissen dieser Zeit entsprechende Rolle der Frau setzte sich vor allem Molière ein. Damit kam er unweigerlich mit den gesellschaftlichen Konventionen in Konflikt. Dafür stehen die Komödien „Die Schule der Ehemänner“ (1661) und „Die Schule der Frauen“ (1662), ein Stück, das folgerichtig einen Gesellschaftsskandal auslöste. In ihm wurde die Haltlosigkeit der gesellschaftlichen Konvention evident: Der reiche Bürger Arnulf hat ein Bauernmädchen aufgenommen, um sie in völliger Unwissenheit und Unschuld aufwachsen zu lassen und so eine fügsame, weil unmündige Ehefrau zu gewinnen. Aber gerade ihre Unschuld, Unwissenheit und Natürlichkeit sind es, die sie zu einer tiefen Liebesbeziehung zum ersten ihr begegnenden jungen Mann und zu selbständigem Handeln finden lassen. Die konventionelle Mädchenerziehung hat ihre Funktionstüchtigkeit eingebüßt. Die neue Qualität weiblicher Subjektivität ist selbst dann nicht aufzuhalten, wenn die Persönlichkeitsentwicklung junger Mädchen bewußt gehemmt wird. Molière plädiert für die Liebe als ehekonstituierende Beziehung. Nur durch sie kann die Ehe als Institution ihren menschlichen Wert bewahren. Im Werk Molières ist damit ein entscheidender Schritt hin zu bürgerlichen Vorstellungen von der Rolle der Frau in der Gesellschaft sowie von der Beziehung zwischen Mann und Frau getan.

Frau und Literatur bei der Herausbildung der „bürgerlichen Gesellschaft"

Der Begriff „bürgerliche Gesellschaft" findet sich in Marx' und Engels' Werken immer dort, wo die Qualität der zwischenmenschlichen Beziehungen gekennzeichnet werden soll, die das Bürgertum bei seiner gesellschaftlichen Etablierung als Klasse hervorbringt. Die „bürgerliche Gesellschaft" ist es auch, die im Selbstverständnis des Bürgertums im allgemeinen und in der bürgerlichen Literatur im besonderen als dasjenige herausgestellt wird, wodurch das Bürgertum den kulturellen Fortschritt gegenüber der Feudalgesellschaft repräsentiert. Den bürgerlichen Vorstellungen entspricht, daß die „bürgerliche Gesellschaft" dadurch zustande kommt, daß die Menschen von vornherein gleichberechtigt und auf der Grundlage freier Willensentscheidung einander gegenübertreten und Beziehungen miteinander eingehen. Daß die bürgerliche Freiheit und Gleichheit der Individuen selbst sowie die Vorstellungen davon der bürgerlichen Produktionsweise entwachsen und damit selbst historisch beschränkt sind, wird dabei nicht reflektiert. Deshalb erscheint auch die in der Realität existierende Ungleichheit – sowohl der Klassen, als auch der Geschlechter –, die diesen Vorstellungen zuwiderläuft, zunächst als Mangel, der grundsätzlich durch bürgerliche Bestrebungen zu beseitigen wäre. Als Mittel dafür gilt vor allem die Aufklärung. Deren Anliegen bestimmt auch die Literatur dieser Zeit.

Bürgerlicher Fortschritt in seiner Widersprüchlichkeit. Mit der Vorstellung von der Gleichheit aller Menschen war auch ein wachsendes Interesse an der ganz besonderen Entwicklung eines einzelnen Menschen verbunden. Dies äußerte sich in der Herausbildung des bürgerlichen Romans. An seiner Schwelle steht der englische Autor Daniel Defoe (1660–1731). Da er Zeitgenosse des wirtschaftlichen Aufstiegs des Bürgertums als herrschender Klasse war, hatte er ein uneingeschränktes Interesse am erfolgreichen Aufstieg eines Menschen zu Macht, Ansehen und Reichtum und scheute sich nicht, Skrupellosigkeit, Unmoral und Verbrechen darzustellen. Frauenschicksale gestaltete Defoe in den Romanen „Moll Flanders" (1722) und „Roxana" (1724). Beiden Heldinnen ist gemeinsam, daß sie durch die eben genannten Mittel schließlich zu Reichtum und gesellschaftlicher Achtung gelangen. Allein ihrer „Vernunft" gehorchend, setzen sie sich bewußt über moralische Normen hinweg. Eine abstrakte Moral, losgelöst von der jeweiligen sozialen Lage, läßt Defoe nicht gelten. Allein der Wille, zu überleben und reich zu werden, bestimmt das Handeln seiner Helden. Wer diesen Zielen alles opfert, ist auch erfolgreich und kann es sich dann erlauben, auch moralische Skrupel zu zeigen. Auf ihrem Weg zum Erfolg sind Defoes Gestalten jedoch gezwungen, die Grenze hin zur Kriminalität, ja nicht selten auch hin zur Aufgabe ihrer Selbstachtung zu überschreiten. Auf diese Weise nicht frei von gesellschaftskritischen Zügen, dominiert bei ihm jedoch der Glaube an die historische Befreiungsmission des Bürgertums.

Moll Flanders' Lebensweg, als Tochter einer Diebin im Gefängnis geboren, scheint vorgezeichnet. Sie wird wieder im Gefängnis landen. Zunächst wächst sie jedoch, glücklichen Zufällen geschuldet, als Haustochter in einer wohlhabenden Familie auf und heiratet einen Sohn des Hauses. Durch die „Männerwelt" betrogen, wird sie „klug". Um überleben zu können und wieder zum gewohnten Lebensstandard zurückzufinden, wird sie zur Dirne und Hehlerin.

Roxana ist die Tochter eines wohlhabenden Bürgers. Ihr Ehemann ist jedoch ein Verschwender und bringt sie um ihr Vermögen. Gezwungenermaßen wird sie deshalb zur Mätresse, die ihre Schönheit und ihren Körper bewußt einsetzt, um zu Reichtum und Ansehen zu gelangen. Defoes Frauengestalten besitzen somit die gleiche Tatkraft, Entschlossenheit und die im Kapitalismus vernunftgemäß erscheinende Fähigkeit, die Ellenbogen zu gebrauchen, wie seine männlichen Helden. Er demonstriert damit seine Gleichachtung der Frau. Erreichbar erscheint ihm diese jedoch nur durch deren wirtschaftliche Unabhängigkeit. Diese muß die Frau bewahren – wenn es not tut, auch, indem sie ihren Mann hintergeht. Vielfach erscheint ein solches kapitalistisches Gebaren, das bis in die eheliche Partnerschaft hineinreicht, als Grundbedingung einer echten Liebesbeziehung. So stehen Defoes Romane für die Moral des aufstrebenden Bürgertums: Tugendhaft kann nur der sein, der es sich leisten kann. Laster sind nur zu verurteilen, wenn sie keinen Nutzen bringen. Schonungslos wird so die Widersprüchlichkeit des bürgerlichen Fortschritts sichtbar.

Die doppelte Moral, die dem Handeln entsprechend den fortschrittlichen bürgerlichen Normen entspringt, zeigt sich auch in Antoine-François Prévosts Roman „Manon Lescaut" (1733). Die Unabhängigkeit individueller Gefühle von gesellschaftlichen Vorurteilen und Zwängen muß erkauft werden durch rücksichtsloses Streben nach Geld. Die schöne Manon ist immer wieder dazu gezwungen, den Adligen Des Grieux zu betrügen und sich zu verkaufen. Anders läßt sich das Glück beider nicht sichern, nachdem ihr Geliebter um seiner Liebe willen Reichtum, gesellschaftliche Stellung und Ruf opfern mußte.

Das weibliche Tugendideal der Aufklärung. In zunehmendem Maße bedurfte das Bürgertum aber auch der weitgehend ungebrochen idealischen Darstellung der Tugendhaftigkeit des neuen Menschen. Dem entsprachen vor allem die Frauengestalten des englischen Autors Samuel Richardson (1689–1761). Mit seinen im Familienmilieu spielenden Romanen hatte er zu seiner Zeit eine ungeheure Resonanz. Was er beschrieb, war für das – vor allem weibliche – Publikum weitgehend nachvollziehbar. Mit seinen Figuren, die ihre Tugend allen Anfechtungen gegenüber bewahrten, konnte man sich leicht identifizieren. Der Titelgestalt seines Romans „Pamela oder Die belohnte Tugend" (1740/41), einem streng puritanisch erzogenen Mädchen, stellt ein aristokratischer Wüstling nach. Tugendhaft bewahrt sie ihre Keuschheit und wird schließlich durch die finanziell vorteilhafte Ehe mit jenem Aristokraten belohnt.

Die weltabgewandte Reinheit dieser Gestalt wurde zwar von Richardsons Zeitgenossen Henry Fielding (1707–1769) parodiert, indem er einen Mann, die Titelgestalt seines Romans „Joseph Andrews", in Pamelas Weise auf die Nachstellung durch eine adlige Dame reagieren ließ. Die literarische Gestaltung idealer tugendhafter Frauengestalten erwies sich jedoch als wichtiges und unabdingbares Kampfmittel gegen die haltlos gewordene Moral der Feudalgesellschaft.

In diesem Sinne knüpfte Christian Fürchtegott Gellert (1715–1769) mit seinem Roman „Leben der schwedischen Gräfin von G." (1747/48) produktiv an Richardson an. In seiner Titelgestalt verband er tugendhafte Reinheit mit Tatkraft und auf Vernunft gegründetem Selbstbewußtsein. Auch Gotthold Ephraim Lessing (1729–1781) schuf in den Titelgestalten seiner Dramen „Minna von Barnhelm" (1767) und „Emilia Galotti" (1772) derartige Frauen. Eine ähnliche Intention liegt auch dem Roman „Das Fräulein von Sternheim" (1771) der Schriftstellerin Sophie von Laroche (1731–1807) zugrunde. Christoph Martin Wieland (1733–1813), Freund und Förderer der Laroche, schätzte die Frau so hoch, daß er in seiner Verserzählung „Musarion oder Die Philosophie der Grazien" (1768) der Hetäre Musarion gar die moralische Erziehung des Jünglings Phanias anvertraut. Fruchtbare Traditionen der Antike aufnehmend, schwebt ihm jedoch eine Tugend vor, die Sinnlichkeit maßvoll in sich einschließt.

Einer solchen Aufwertung der Frau tritt hingegen der Franzose Jean-Jacques Rousseau (1712–1778) rigoros entgegen. Weibliche Tugend siedelt er allein im häuslich-familiären Wirkungskreis an. Als literarischer Vertreter plebejischer Schichten ist sein demokratisches Ideal verbunden mit einer Absage auch an die bürgerlichen Elemente der Gesellschaft seiner Zeit und ihre Wertvorstellungen. Wirklich tugendhaft ist nur der einzelne Mensch, bevor er zu anderen in Beziehung tritt. Da letzteres aber unvermeidlich ist, sollen menschliche Beziehungen auf möglichst elementare, patriarchalische Weise geknüpft werden. Sein in der Gestalt der Sophie im Roman „Emile oder Über die Erziehung" (1762) in Erscheinung tretendes weibliches Ideal ist demzufolge eine in ihren Familienpflichten und ihrer Häuslichkeit glückliche Frau. Auch die Titelgestalt seines Erfolgsromans „Julie oder Die neue Heloise" (1761) findet in ihren familiären Pflichten jenen Halt, der sie vor ehelicher Untreue bewahrt. Diese droht ihr durch ihre Leidenschaft zu dem Hauslehrer Saint-Preux, den sie der Standesvorurteile ihres Vaters wegen nicht heiraten konnte.

Die Frau als Opfer feudaler Willkür. Feudale gesellschaftliche Verhältnisse und Normen erfahren in der bürgerlichen Literatur dieser Zeit eine besonders scharfe Kritik, wenn Frauen als deren Opfer dargestellt werden. Hierfür steht beispielsweise die tragische Gestalt der ins Kloster gepreßten Susanne Simonin in Denis Diderots (1713–1784) Roman „Die Nonne" (1760). Unter stetiger Bedrohung seelischer und körperlicher Verkrüppelung ringt sie verzweifelt um ihre Befreiung. In Schillers Drama „Kabale und Liebe" (1782/83) sind es die Standesvorurteile und Intrigen der Feudalgesellschaft, die Liebe und Leben Luises zerstören. Gottfried August Bürger (1747–1794) beschreibt in seiner Ballade „Lenore" (1773) den Tod eines Mädchens, dessen Leben sinnlos geworden ist, nachdem ihr Geliebter im Feudalkrieg Friedrichs II. gefallen ist. Diesem Dichter gelang auch die künstlerisch gültigste und sozial prägnanteste Gestaltung des verbreiteten Motivs des Kindermords in der Ballade „Des Pfarrers Tochter von Taubenhain" (1784). Die Grausamkeit, mit der die Feudalgesellschaft ledigen Müttern begegnete, ist auch bei Wagner, Schiller und Goethe Anlaß zur Gesellschaftskritik. Jakob Michael Reinhold Lenz (1751–1792) macht im Drama „Die Soldaten" das Schicksal der von einem adligen Offizier verführten Marie zum Ausgangspunkt einer Absage an das feudalabsolutistische Militärwesen. Unbarmherzig wird die Feudalgesellschaft und die Verderbtheit der aristokratischen Schichten in Choderlos de Laclos' (1714–1803) Roman „Schlimme Liebschaften" (1782) angeprangert. Zwei Adlige richten aus reinem Mutwillen das Leben einer tugendhaften bürgerlichen Dame zugrunde und begnügen sich nicht damit, ein unschuldiges Mädchen zu verführen, sondern machen es zu einem Werkzeug ihrer Laster. Nicht persönliche Wollust ist ihr Ziel, sondern das diabolische Spiel mit Menschen. Die Darstellung einer solchen Perversion menschlichen Strebens anhand von Frauenschicksalen macht die Haltlosigkeit der Feudalgesellschaft am Vorabend der Französischen Revolution deutlich.

Bürgerliche Persönlichkeitsentwicklung literarischer Frauengestalten. In dem Maße, in dem individuelle Bewährung und daraus resultierende Persönlichkeitsentwicklung literarischer Frauengestalten künstlerisch überzeugend gestaltet wird, gelingt den Autoren eine realistische Perspektivgestaltung. Dabei werden auch gesellschaftliche Mißstände der sich herausbildenden bürgerlichen Gesellschaft bereits der Kritik unterzogen. So sieht sich die Titelgestalt des Romans „Amelia" (1751) von Henry Fielding einer Gesellschaft gegenüber, in der ihr Mann grundlos ins Gefängnis geworfen wurde. Ihm fehlt es einzig und allein an den nötigen Mitteln, die Behörden durch eine entsprechende Bestechungssumme günstig zu stimmen. Amelias Tatkraft und ihr Selbstbewußtsein tragen jedoch wesentlich dazu bei, daß am Ende alles glücklich ausgeht. Das vermag jedoch nicht die Gesellschaftskritik des Romans zu verdecken. Folgerichtig wurde er von Zeitgenossen zumeist negativ beurteilt. In ihm wurde erstmals in der Literaturgeschichte eine verheiratete Frau zur bürgerlichen Heldin eines Romans. Die optimistische Welthaltung dominiert in Fieldings Meisterwerk „Tom Jones" (1749). Diese tritt besonders in der weiblichen Gestalt Sophie Westerns und der Beziehung des Tom Jones zu ihr in Erscheinung. Als Tochter eines Adligen wehrt sie sich erfolgreich gegen die aus ökonomischen Gründen seitens ihres Vaters beabsichtigte Heirat mit einem Junker. Sie besteht darauf, daß nur ihre Liebe Grundlage einer glücklichen Ehe sein kann. In der Beziehung von Sophie und Tom begegnen sich schließlich zwei Menschen, die einander im Streben nach Selbstverwirklichung ebenbürtig sind. Ihre Ehe ist Sinnbild jener Harmonie im menschlichen

Leben, die Fielding als Grundlage humaner gesellschaftlicher Verhältnisse anstrebt. Im Roman sind jedoch auch die realen Perspektiven für das Leben einer Frau unter bürgerlichen Verhältnissen nicht ausgelassen. Kann sie keine „gute Partie" machen, muß sie sich oft nach anderen Erwerbsquellen umsehen, muß sie unter Umständen zur Dirne werden wie Fieldings Molly Seagrim oder Mrs. Waters.

Große Verdienste um die Schaffung realistischer Frauengestalten kommen auch dem „deutschen Fielding" Johann Karl Wezel (1747–1819) zu. In seinem Roman „Hermann und Ulrike" (1780) gelingt ihm gleich Fielding die Darstellung des parallelen Entwicklungswegs zweier Menschen bis zu ihrer Verbindung als im bürgerlichen Sinne reife Persönlichkeiten. Deutlich treten die in Deutschland schärferen sozialen Schranken in Erscheinung. Zunächst müssen sich beide von ihrer sozialen Herkunft lösen. Das bedeutet nicht nur eine Trennung von persönlichen Bindungen, sondern vor allem von Wertvorstellungen und Normen. Eine reale Grundlage für ihre Ehe erwerben sich die beiden jedoch erst dadurch, daß sie beide zu einer eigenständigen bürgerlichen Existenz finden. In seinen Erzählungen „Peter Marks. Eine Ehestandsgeschichte" (1776) und „Die wilde Betty" (1779) wendet sich Wezel der Problematik der bürgerlichen Ehe und ihrer Grundlagen zu. In ihnen läßt er die Titelgestalten nacheinander mehrere Ehen eingehen. Diese führen jedoch nie zu vollem beiderseitigem Glück der Partner, da deren charakterliche Ungleichheit dem entgegensteht. Wezel plädiert für die vorurteilslose Bereitschaft, auf den Partner einzugehen, ihm Verständnis entgegenzubringen sowie eigene Torheiten und Laster aufzugeben. Die aus der Perspektive beider Geschlechter geschriebenen Erzählungen stehen dafür, daß dies für Mann und Frau gleichermaßen gilt und eine gute Ehe die gleiche und beiderseitige Initiative voraussetzt.

Das bürgerliche Ideal einer Liebesbeziehung als emotionales Gegenübertreten zweier gleichberechtigter Partner wurde in der Literatur dieser Zeit oft als Vorbild und Grundlage vernünftiger gesellschaftlicher Beziehungen schlechthin gestaltet. Damit konnte sowohl die Unvernunft feudaler gesellschaftlicher Beziehungen bloßgestellt, als auch eine optimistische Gesellschaftsperspektive aufgezeigt werden. Dieses Anliegen fand seinen Ausdruck bei Bürger, im Frühschaffen Schillers und Goethes, insonderheit in dessen Drama „Stella" (1775). In ihm wird das Problem der Liebe zwischen drei Partnern, einem Mann und zwei Frauen, gestaltet. Notwendigerweise muß ihr Liebesanspruch mit den gesellschaftlichen Normen und der feudalen Institution der Ehe kollidieren. Die Macht menschlicher Liebesleidenschaft steht für den humanen Gehalt und die historische Perspektive bürgerlicher zwischenmenschlicher Beziehungen.

Deutsche Klassik und Romantik. Konnte diese Tendenz in der klassischen deutschen Dichtung Goethes und Schillers in einem neugewonnenen gesamtgesellschaftlichen Perspektivbewußtsein aufgehoben werden, so dient die Liebesbeziehung in der deutschen Romantik nicht selten als Ersatz für eine sinnvolle menschliche Lebensgestaltung im gesellschaftlichen Alltag. Nur in ihrer Liebe können Julius und Lucinde in Friedrich Schlegels Roman „Lucinde" (1799) noch zu einer harmonischen Lebensgestaltung finden. Nur hier können sie sich als entfaltete Individuen gegenübertreten. Vor allem die Gestaltung des unverkürzten Lebensanspruchs der Frau, der auch den Sexualbereich nicht aussparte, führte seinerzeit zu einem literarischen Skandal. Zudem glaubte die literarische Öffentlichkeit in diesem Roman eine Darstellung der realen Beziehung Schlegels zu Dorothea Veit, seiner späteren Frau, vor sich zu haben.

In ihrem individualistischen Gesellschaftsprotest wandten sich die Romantiker nicht allein mit ihren Dichtungen, sondern auch mit ihrer gelebten Praxis gegen die in Deutschland herrschenden halbfeudalen, oft spießerischen Verhaltensnormen. Ihre Kritik traf nicht nur die von diesen Normen beherrschte Trivialliteratur, sondern auch die Klassiker. Deren Bejahen des bürgerlichen Fortschritts äußerte sich in der literarischen Gestaltung der Frau und der Partnerbeziehungen notwendigerweise widerspruchsvoll. Einerseits schufen sie heroische Frauengestalten, die in ihrer Tatkraft und Entschlossenheit stark überhöht sind: Iphigenie in Goethes „Iphigenie auf Tauris" (1787), Schillers Maria Stuart im gleichnamigen Stück (1801), die Johanna in seiner „Jungfrau von Orleans“ (1802). Sobald Goethes und Schillers Frauengestalten jedoch andererseits in nähere Beziehung zur gesellschaftlichen Realität Deutschlands gestellt werden, muß sich ihre Lebenstüchtigkeit der bornierten Enge der zeitgenössischen Verhältnisse beugen. Das geschieht beispielsweise in Goethes „Hermann und Dorothea“ (1798) und betrifft besonders das Frauenbild, das Schiller in seinen Gedichten „Würde der Frauen“ (1795) und „Das Lied von der Glocke“ (1800) zeichnet. Während Jean Paul (1763–1825) die Partnerbeziehung, wie sie sich in der Realität des bürgerlichen Alltags herstellt, weitgehend ironisch betrachtet, beispielsweise im Roman „Siebenkäs“ (1797), suchen die Klassiker selbst ihr Würde zu verleihen. Das schließt jedoch nicht aus, daß sie in ihren Werken die historische Perspektive, die der bürgerliche Fortschritt für die Partnerschaft bietet, genauer zu erfassen vermögen als die Romantiker. So findet die Kollision von Liebe und Ehe in Goethes Roman „Die Wahlverwandtschaften“ (1809) einen tragischen Ausgang in Entsagung und Tod. Schließlich gelingt es auch den Romantikern nicht, in ihrer Lebenspraxis die von ihnen erhobenen Ansprüche zu verwirklichen. Die hochbegabten Frauen des frühromantischen Dichterkreises, Dorothea Schlegel und Caroline, werden zumeist nur im Schatten ihrer Männer literarisch wirksam.

Die wachsende Rolle der Frau im Literaturprozeß. Dabei spielten in der Literaturgeschichte dieser Zeit Autorinnen keine geringe Rolle. Bereits am Beginn des literarischen Aufschwungs in Deutschland stehen Dichterinnen im Lichte der Öffentlichkeit: Luise Adelgunde Victorie Gottschedin (1713–1762) übertraf ihren Mann, den berühmten Aufklärer und Theaterreformer Johann Christoph Gottsched (1700–1766), an literarischer Begabung weit. Die Dichterin Anna Luise Karschin (1722–1791) galt als „deutsche Sappho“. Gottsched gab in Deutschland die ersten Zeitschriften heraus, die sich speziell an ein weibliches Publikum wandten („Die vernünftigen Tadlerinnen“, 1725/26). Frauen gehörten nicht nur zum hauptsächlichen Leserkreis der „Musenalmanache“, sondern auch zu ihren Autoren. Freilich waren die Frauen hauptsächlich im Hintergrund der literarischen Gesellschaft wirksam. Nicht zu unterschätzen ist ihre Funktion als Diskussionspartner der großen Dichter, so etwa am Weimarer „Musenhof“ die Herzoginmutter Anna Amalia, Charlotte von Stein und Charlotte von Kalb. Darüber hinaus stehen bis heute die Ehefrauen der Dichter noch zu sehr im Schatten der Literaturgeschichtsschreibung. Caroline Herder beispielsweise war ihrem Mann nicht allein eine treue und umsichtig sorgende Stütze in allen Fragen des Alltags, sondern eine geistig gleichrangige Diskussionspartnerin.

Weiterhin sind auch in Deutschland Erscheinungen zu beobachten, die ihren Ursprung in England und Frankreich haben. Das betrifft zum einen Frauen, die sich aufgrund ihrer wirtschaftlichen Unabhängigkeit ganz der Literatur und Kultur zuwenden können. Ständig auf Reisen, besuchen sie die Dichter und knüpfen Verbindungen zwischen ihnen. Ihre Briefe und Memoiren stellen packende Zeugnisse der damaligen Kulturgeschichte dar. Die wohl bedeutendste Frauengestalt dieser Art ist Anne Louise Germaine de Staël (1766–1817). Die Tochter des reichen Bankiers Necker unternahm ausgedehnte Reisen durch Deutschland, in deren Ergebnis sie ihr Hauptwerk „Deutschland“ verfaßte, worin sie das französische Publikum von der zeitgenössischen deutschen Literaturentwicklung unterrichtete. In Deutschland wird dieser Frauentyp vor allem durch Charlotte Elisabeth von der Recke (1756–1833) repräsentiert. Deren Memoiren zeichnen ein lebendiges Bild von der Kultur und den geistigen Strömungen dieser Zeit. Daneben entwickelten sich auch in Deutschland literarische Salons. Besonders bedeutsam waren die Berliner Salons der Henriette Herz (1764–1847) und der Rahel Varnhagen (1771–1833).

Freilich gehören die Frauen, deren Namen in die Literaturgeschichte eingingen, zu den privilegierten Schichten. Selbst das bewahrte sie zumeist nicht vor einer gesellschaftlichen Außenseiterrolle. Mit ihrer Entscheidung, auf dem Feld der Literatur ins Licht der Öffentlichkeit zu treten, setzten sie sich von vornherein dem Gesellschaftsklatsch aus. Daß sich eine Frau gar literarisch als Persönlichkeit zu entfalten suchte, galt als ungeheuerlicher, unweiblicher Anspruch. Was es bedeutete, ein Leben zu führen, das diesen gesellschaftlichen Konventionen entgegenstand, machen Dichtung und Leben der Karoline von Günderrode (1780–1806) deutlich. In Isolation, Verwirrung und Selbstzweifel getrieben, von Klatsch und Verleumdung verfolgt, beging sie schließlich Selbstmord. Nicht zu Unrecht hat Christa Wolf in ihrer Auseinandersetzung mit der Dichterin („Der Schatten eines Traumes", 1978) Parallelen zum Schicksal und zum Werk Friedrich Hölderlins und Heinrich von Kleists gezogen. Die Probleme, an denen sie als Frau scheitert, ordnen sich ein in die grundlegenden Widersprüche der Zeit, mit denen diese Dichter rangen. Sie sind deren zugespitzter Ausdruck.

Die Frau in der modernen bürgerlichen Literatur

Nach der Herausbildung des Kapitalismus traten die Ungleichheit der Klassen wie der Geschlechter um so prägnanter in Erscheinung, als das Bürgertum mit dem Anspruch auf Gleichheit aller Menschen angetreten war. So war es nur folgerichtig, daß seitdem neben sozialen Gleichheitsbestrebungen auch von Frauen massiv Forderungen nach Gleichstellung von Mann und Frau erhoben wurden. Nicht zufällig traten vor allem Schriftstellerinnen als Wortführer der jungen Frauenbewegung auf. Ihnen standen die geistigen und kulturellen Schranken am schärfsten vor Augen. Solche Schriftstellerinnen wie Mary Wollstonecraft (1775–1797) oder Louise Otto-Peters (1819–1895) waren jedoch ebenso eng mit den sozialen Reformbestrebungen ihrer Zeit verbunden.

19. Jahrhundert. Die ersten Werke, die sich primär den Perspektiven der Frau in der neuen Gesellschaft zuwandten, erschienen in England, dem fortgeschrittensten kapitalistischen Land dieser Zeit. Jane Austen (1775–1817) wandte sich in ihren Romanen vor allem dem Thema der bürgerlichen Heirat zu. Selbst unverheiratet geblieben, wußte Jane Austen sehr gut, daß nur die Ehe der Frau soziale Sicherheit und gesellschaftliches Ansehen sicherte. In ihrem Roman „Emma" (1816) ist die Titelgestalt trotz ihres Vermögens, ihrer Bildung und Schönheit zu einer Rolle am Rande der Gesellschaft verurteilt. Das ist allein der Tatsache zuzuschreiben, daß sie unverheiratet geblieben ist. Die einzige Möglichkeit, ihrem Leben einen Sinn zu geben, sieht sie darin, Ehen zwischen ihren Bekannten zu vermitteln. Ohne deren Einkommensverhältnisse vollkommen außer acht zu lassen, stellt sie dabei zuallererst deren Charakter und Bildung in Rechnung. Damit aber rührt sie bereits an die ungeschriebenen Gesetze der kapitalistischen Gesellschaft. Darüber hinaus beschreibt sie auch das schwere Los finanziell unbemittelter Frauen, die keinen Mann finden, zu alten Jungfern werden und dabei nicht nur auf Mildtätigkeit angewiesen sind, sondern auch noch von der Gesellschaft belächelt werden.

Nicht zufällig sind viele Schriftstellerinnen dieser Zeit ledige Frauen. Dieser Status schärft ihren Blick für die sie umgebenden sozialen Mißstände. So dringt Maria Edgeworth (1767–1849) in ihrem Roman „Meine hochgeborene Herrschaft" (1800) tief in die Ursachen der Verelendung ihrer irischen Heimat unter der englischen Vorherrschaft ein. Charlotte Brontë (1816–1855) wandte sich, eigene Erlebnisse aufarbeitend, vor allem der Lage unverheirateter Mädchen zu, die gezwungen waren, den erniedrigenden Beruf einer Gouvernante auszuüben. Ihre Gestalten meistern jedoch trotz großer Schwierigkeiten ihr Leben. Sie erweisen sich der modernen bürgerlichen Gesellschaft ebenso gewachsen wie ihre männlichen Zeitgenossen. Einen hervorragenden Platz in der englischen Literatur des 19. Jh. nimmt George Eliot (1819–1880) ein. Unter diesem Pseudonym verbarg sich Mary Ann Evans. Sie war trotz ihrer literarischen Erfolge gesellschaftlich geächtet, da sie unverheiratet mit einem Mann zusammenlebte. Daß sie ihre Werke unter einem männlichen Pseudonym verbarg, war zu dieser Zeit für eine Frau nahezu unumgänglich, wollte sie sich nicht bloßstellen. Analog verfuhr auch die französische Autorin George Sand (eigentl. Amadine Lucie Aurore Dudevant, geb. Dupin, 1804–1876). In ihrem Frühwerk setzte sich die Autorin besonders für die Frauenemanzipation ein („Indiana", 1831, „Valentine", 1832). Später wandte sie sich unter dem Einfluß des utopischen Sozialismus der Gestaltung sozialer Ansprüche der unteren sozialen Schichten zu. George Sand galt als Prototyp der emanzipierten Frau, die nach eigenen Gesetzen leben will und dieses Leben auch voll auskosten möchte. Honoré de

Balzac (1799–1850) kam nicht umhin, ihre Gestalt in seinem großangelegten Prosazyklus „Die menschliche Komödie", der die gesamte bürgerliche Gesellschaft Frankreichs beschreiben sollte, zu verewigen. Die ihr nachgestaltete Camille Maupin im Roman „Béatrix" (1838) ist zwar nicht ohne Sympathie, dennoch aber mit deutlicher Distanz gezeichnet. Im genannten Zyklus schuf Balzac die unterschiedlichsten Frauengestalten, vor allem in den Romanen „Eugenie Grandet" (1833), „Glanz und Elend der Kurtisanen" (1839), „Die Frau von 30 Jahren" (1831) und „Tante Liesbeth" (1846). Wie auch die Frauengestalten Gustave Flauberts („Madame Bovary", 1857) und Emile Zolas („Therese Raquin", 1867, „Nana", 1880) waren diese imstande, die Gesellschaft in ihrer Widersprüchlichkeit in besonderer Weise bloßzulegen. Die Rolle der Frau, wie sie hier Gegenstand literarischer Gestaltung wurde, offenbarte nur zu deutlich den Charakter der sozialen Verhältnisse. Entsprechendes gilt freilich auch für die Frauengestalten Lew Tolstois („Anna Karenina", 1875/77), Gottfried Kellers (beispielsweise in der Novelle „Die gerechten Kammacher", 1856), Henrik Ibsens („Nora oder ein Puppenheim", 1880) oder Theodor Fontanes („Frau Jenny Treibel", 1839, „Effi Briest", 1895).

Psychologisch am genauesten gelang es den Autoren, die frustrierte Rolle der Frauen unter den familiären Zwängen gutbürgerlicher Schichten darzustellen. Vielfach finden sich jedoch nicht nur Opfer der herrschenden Verhältnisse, leidende Frauen in der Literatur dieser Zeit, sondern auch solche, die der bürgerlichen Gesellschaft moralisch überlegen sind. Bezeichnenderweise werden diese meist außerhalb der gutbürgerlichen Schichten angesiedelt. So erweist sich die Prostituierte Elisabeth Roussel in Guy de Maupassants Novelle „Fettklößchen" (1880) in ihrer patriotischen Haltung weitaus konsequenter als ihre großbürgerlichen Mitreisenden. Während diese bereit sind, sie einem preußischen Offizier auszuliefern, weigert sie sich, diesem sexuell zu Diensten zu sein. Ebenfalls in Gestalt einer Prostituierten, der Jekaterina Maslowa, gestaltet Lew Tolstoi in „Auferstehung" (1859) die moralisch überlegene Position des Volkes. Nicht selten erscheint bürgerlichen Autoren die Überlegenheit plebejischer Gestalten auch als etwas Bedrohliches – ein Gefühl, das durchaus mit ihrer Sympathie gepaart sein kann. Das trifft etwa auf die die Gesellschaft überlistende Mutter Wolffen in Gerhart Hauptmanns Dieheskomödie „Der Biberpelz" (1893) zu. Als vollkommen düstere Gestalt tritt uns dagegen die gefühlsarme, den Tod ihres Stiefkindes verschuldende Lene Thiel in Hauptmanns Erzählung „Bahnwärter Thiel" (1888) entgegen.

Der Begriff „Frauenliteratur". Charakteristisch für das 19. Jahrhundert ist nicht nur die Bedeutung von Frauengestalten bei der kritischen Darstellung der Gesellschaft, sondern auch die Tatsache, daß erstmals in der Literaturgeschichte die Kette weiblicher Autoren nicht mehr abreißt. Allein für die deutschsprachige Literatur wären solche bedeutenden Schritstellerpersönlichkeiten wie Bettina von Arnim (1785–1859), Annette von Droste-Hülshoff (1797–1848) und Marie von Ebner-Eschenbach (1830–1916) zu nennen. Zugleich äußern sich vehement Forderungen nach der Emanzipation der Frau in der Literatur, in Deutschland etwa in den Romanen der Fanny Lewald (1811–1889). Zudem wächst das weibliche Lesepublikum enorm an und erfaßt nahezu alle sozialen Schichten. Damit entsteht ein unerschöpflicher Markt für eine direkt weibliche Käuferschichten ansprechende triviale Massenliteratur.

Diese gegensätzlichen Entwicklungen prägen einen Begriff, der in eben dieser Zeit entsteht, jenen der „Frauenliteratur". In seiner Vieldeutigkeit spiegelt sich die gesamte Widersprüchlichkeit der bürgerlichen Kultur wider. Er wird sowohl zur Bezeichnung einer von Frauen geschriebenen als auch einer für Frauen bestimmten Literatur gebraucht, bezeichnet aber nicht selten auch jene Literatur, die der Frauenemanzipation gewidmet ist. Wie er aber auch immer gebraucht wird, verschleiert dieser Begriff die realen Verhältnisse. So desorientierte die für Frauen geschriebene Trivialliteratur, etwa wie sie im Wilhelminischen Deutschland in Gestalt der Zeitschrift „Die Gartenlaube" frei Haus geliefert wurde, nicht nur Frauen, sondern auch Männer. Daß Frauen zu bestimmten Gegenständen anders und anderes zu schreiben imstande sind als ihre männlichen Kollegen, steht außer Zweifel. Ihre jeweilige Rolle in einer Mann und Frau unterschiedlich behandelnden Gesellschaft befähigt sie dazu. Daß Frauen mit Notwendigkeit anders schreiben als Männer, ist jedoch eine irrige Annahme. So wandte sich beispielsweise Eugenie Marlitt (1825–1887) wie viele ihrer Zeitgenossen der unterdrückten Rolle der Frau in der Gesellschaft zu. In der Behandlung dieser Thematik unterscheidet sie sich jedoch absolut nicht von der übrigen Trivialliteratur ihrer Zeit.

Erst recht ist es irreführend, die der Frauenemanzipation gewidmete Literatur als „Frauenliteratur“ zu bezeichnen. Die Problematik der Frauenemanzipation ist gesellschaftlich nur im Rahmen der Klassenauseinandersetzung zu lösen. Literarisch überzeugend kann sie deshalb nur im Kontext übergreifender sozialer Bezüge dargestellt werden.

Tendenzen, Quellen und Traditionen feministischer Literatur. Soziale Bezüge im Zeitalter des Imperialismus darzustellen, fällt einer Reihe von bürgerlichen Autoren immer schwerer. Getrennt von den progressiven sozialen Bewegungen ihrer Zeit, sind sie vorwiegend auf die psychische und biologische Konstitution des Individuums fixiert. In ihr suchen sie die Heilmittel für die ihnen heillos erscheinende Welt. Die unterdrückte Rolle der Frau, die ihnen weitaus deutlicher vor Augen steht als jene der Arbeiterklasse, suggeriert ihnen, in der Frau jene unverbrauchte Kraft zu sehen, die die Gesellschaft verändern kann. Daraus ergeben sich die unterschiedlichsten feministischen Konzeptionen, die sich in der Literatur niederschlagen.

So wird z. B. die sexuelle Befreiung der Frau vom Mann gestaltet. Musterhaft zeigt sich diese Tendenz im vieldiskutierten Buch der BRD-Autorin Verena Stefan, das den Titel „Häutungen“ (1975) trägt und den Prozeß der Ablösung einer Frau von der auf den Mann orientierten Sexualität zu beschreiben sucht. Die Erzählerin trennt sich von ihrem Partner und sucht in einer Lebensgemeinschaft mit einer Freundin neue Zugänge zu ihrer Gefühls- und Sexualwelt.

Vehement wird seitens der Feministinnen jene Literatur abgelehnt, in der eine ihres Erachtens auf den Mann orientierte Erotik gestaltet ist. So trifft ihr Verdikt beispielsweise auch David Herbert Lawrences berühmten Roman „Lady Chatterley“ (1928). Im Grund ist aber auch dieser Roman einem Protest gewidmet, der sich mangels einer Orientierung auf reale gesellschaftliche Alternativen im Brechen sexueller Tabus erschöpft. Damit unterscheidet er sich nicht wesentlich von feministischer Literatur. In einer weitgehend auf Erotik reduzierten Beziehung zu einem Wildhüter findet Lady Chatterley jene Befriedigung, die ihr in ihrem gutbürgerlichen Leben versagt geblieben ist.

Die Frau als Bewahrerin menschlicher Gefühle in einer von Männern rational durchgestalteten Gesellschaft ist ein anderes Grundmotiv feministischer Literatur. Eine solche Antinomie von inhumaner Vernunftgläubigkeit und humanem Gefühl ist jedoch ebenso nichts Neues in der bürgerlichen Literatur. So erscheint auch in Ingeborg Bachmanns Erzählung „Undine geht“ (1962) die Frau als Bewahrerin der Humanität gegenüber einer vom Nützlichkeitsstreben bestimmten Welt. Auch die Malerin Moise, Titelgestalt des Romans „Moise und die Welt der Vernunft“ (1975) von Tennesee Williams, zieht sich aus der bürgerlichen Gesellschaft in eine Sphäre der Menschlichkeit zurück. Bereits die Britin Virginia Woolf versuchte in einem literarischen Experiment nachzuweisen, daß die menschliche Existenz über die rational erschließbare Welt der Fakten nicht zu ergründen ist. In ihrem Roman „Orlando“ (1928) stellt sie das Leben eines Adligen dar, das in der Elisabethanischen Epoche seinen Anfang nimmt und im Jahr 1928 endet. Aber nicht die historischen Abläufe der äußeren Welt prägen es entscheidend, sondern Entwicklungen im Inneren des Subjekts, das sich im Ringen um ein poetisches Realitätsverhältnis schließlich in eine Frau verwandelt.

Frauen im Ringen um eine humanistische Perspektive. Auch die persönlichkeitszerstörende Wirkung der Verhältnisse, denen die Frau ausgesetzt ist, wird in der modernen bürgerlichen Literatur als vorwiegend psychischer Vorgang erfaßt, etwa in Virginia Woolfs „Mrs. Dalloway“ (1925). Immer wieder ist es das Leben des einzelnen Menschen, der einzelnen Frau, das gestört verläuft, z. B. ebenso in den Erzählungen der BRD-Autorin Gabriele Wohmann (geb. 1932). In Alberto Moravias Erzählband „Ein anderes Leben“ (1974) äußern sich 31

Frauen über ihr Leben und ihre Ausbruchsversuche aus sie beengenden und für sie undurchschaubaren Verhältnissen. Zwei Frauen, die zu bloßen Objekten der Männer geworden sind und damit sinnbildhaft für die Rolle des Individuums in der modernen Welt stehen, treten uns im Roman „Die Liebhaberinnen“ (1975) der österreichischen Autorin Elfriede Jelinek entgegen.
Isoliert, wie ihnen ihre Situation erscheint, bleibt den Frauen meist nur ein individualistischer Ausweg. So ermordet die Térèse in Francois Mauriacs Roman „Die Tat der Térèse Desqueyroux“ (1926) ihren Mann. Frauen wie die Nelli Kárász in László Némeths Roman „Abscheu“ (1947) oder Ikuko in Junichiro Tanizakis Erzählung „Der Schlüssel“ (1956) tragen gewollt-ungewollt zum Tod ihrer jeweiligen Männer bei. Selbst dort, wo die Verhältnisse sozial genauer und mit globalerem gesellschaftskritischem Anspruch dargestellt werden, bleibt der sich wehrenden Frau oft nur ein individualterroristischer Ausweg. So erschießt Bölls Katharina Blum in der Erzählung „Die verlorene Ehre der Katharina Blum“ (1974) einen der Hintertreppenjournalisten, die mit ihren sensationslüsternen Darstellungen ihr Leben zerstört haben. Zur Waffe greift auch Johanna Fähmel in Heinrich Bölls Roman „Billard um halb zehn“ (1959), um auf einen der in der BRD erneut etablierten Kriegstreiber zu schießen.
Überhaupt sind die Frauen in ihren Aktionen gegen Faschismus und Krieg in der modernen bürgerlichen Literatur meist auf sich selbst gestellt. Finden sie jedoch zu kollektiven Aktionen, so werden die literarischen Helden nicht selten von Zweifeln und Skrupeln beherrscht. So tritt in Simone de Beauvoirs Resistance-Roman „Das Blut der anderen“ (1944) das Ringen um die Verantwortung des einzelnen absolut in den Vordergrund.
Vom Standpunkt des Existenzialismus leistete diese Autorin mit ihrem Traktat „Das andere Geschlecht“ (1949) auch einen wesentlichen Beitrag zur Frauenemanzipation. Das Problem der Existenz, die bei ihr stets eine individuelle ist, sucht sie an der Entwicklung ihrer eigenen Person in ihren Memoirenbänden „Memoiren einer Tochter aus gutem Haus“ (1958), „In den besten Jahren“ (1960) und „Der Lauf der Dinge“ (1966) zu ergründen. Ihr geht es, wie auch der Roman „Die Welt der schönen Bilder“ (1966) zeigt, darum, das Ringen von Frauen, die von bürgerlichen Verhaltensnormen beherrscht werden, um ihre Verantwortung für die Umwelt aufzuzeigen.
Der gesellschaftskritische Wert der modernen bürgerlichen Literatur besteht insgesamt stärker in der schonungslosen und psychologisch tiefgründigen Entlarvung der Unmenschlichkeit des Imperialismus und seiner Auswüchse als im Aufzeigen einer realen Perspektive. So stehen ergreifende Zeugnisse bürgerlicher Literatur zur Lage von Frauen und Mädchen unter der faschistischen Willkürherrschaft (beispielsweise das Tagebuch der Anne Frank, Ilse Aichingers Roman „Die größere Hoffnung“, 1948, die Gedichte der Nelly Sachs) nur wenigen Werken gegenüber, in denen der Anteil der Frauen am antifaschistischen Kampf der Völker überzeugend dargestellt wird. Eine unzweifelhaft bedeutsame Leistung stellt diesbezüglich Alberto Moravias Roman „Cesira“ (1957) dar. In ihm wird der Weg einer Kleinbürgerin an die Seite der Widerstandskämpfer gezeigt.

Die Frau in der sich herausbildenden sozialistischen Literatur

Die Gestaltung einer realen Perspektive, in der sich die Persönlichkeitsentwicklung von Frauen oder Mädchen im Rahmen des Kampfes um soziale oder antifaschistische Befreiung vollzieht, macht dagegen gerade die Stärke der sich herausbildenden sozialistischen Literatur aus. Künstlerisch überzeugend gestaltete Bertolt Brecht die Wandlung der Teresa Carrar in seinem Stück „Die Gewehre der Frau Carrar“ (1939) von einer pazifistischen Haltung hin zu leidenschaftlicher Parteinahme für den antifaschistischen Kampf. Eine beispiellose Gestaltung des antifaschistischen Kampfes gelang auch Anna Seghers in ihrem Roman „Das siebte Kreuz“ (1942).
Die Verbundenheit mit dem Klassenkampf des Proletariats ermöglichte diesen Autoren neue künstlerische Perspektiven. Ein neues Frauenbild taucht in der Literatur auf: eine Frau, die erstmals in der Geschichte dem Mann gleich und mit ihm gemeinsam den gesellschaftlichen Fortschritt erkämpft.

Diese Entwicklung ist untrennbar mit der Herausbildung sozialistisch-realistischer Literatur verknüpft. Daß wir diese neue künstlerische Qualität mit Maxim Gorkis Roman „Die Mutter“ (1906/07) verbinden, ist nicht zuletzt der meisterhaften Darstellung der Persönlichkeitsentwicklung der Pelageja Wlassowa zuzuschreiben. Von einer alles erduldenden Hausfrau, deren Horizont vor der Wohnungstür endet, wird sie zur bewußten und standhaften Revolutionärin. Dieses Sujet vermochte die emanzipierte Potenz des proletarischen Klassenkampfes in einem Maße auszudrücken, daß sich Brecht noch 1932 zu einer dramatischen Bearbeitung entschloß. 1935 widmete Louis Aragon seinen Roman „Die Glocken von Basel“ dem Schicksal dreier Frauen. Während zwei von ihnen die alte bürgerliche Lebensauffassung verkörpern, zeichnet Aragon in der dritten, Clara Zetkin, die emanzipierte Frau der Zukunft. Inzwischen hatte sich der Weg der Frau an die Seite der kämpfenden Arbeiterklasse vielfach als perspektivreich erwiesen, in der Literatur wie in der Realität, dort auch für Schriftstellerinnen bürgerlicher Herkunft. Weibliche Autoren spielten im Bund proletarisch-revolutionärer Schriftsteller Deutschlands eine große Rolle, u. a. Anna Seghers, Elfriede Brüning, Berta Waterstradt, Hedda Zinner, Berta Lask, Trude Richter. Solche Persönlichkeiten wie Gertrud Alexander und Lu Märten brachen als erste Kritikerinnen und Kunsttheoretikerinnen in eine Domäne der Männer ein.

Frühe sowjetische Literatur. Noch eindrucksvoller ist die Bilanz, die man für die frühe Sowjetliteratur ziehen kann. In Werken, die sich den revolutionären Umwälzungen in und nach der Revolution zuwandten, zeugen gerade Frauengestalten von der neuen Qualität der sozialistischen Gesellschaft. In Alexander Serafimowitschs Roman „Der eiserne Strom“ (1924) begegnen wir der alten Bäuerin Gorpina, die anfangs nur von der Sorge um ihre individuelle Habe bewegt wird, schließlich aber zur tiefen Einsicht in die Bedeutsamkeit des errungenen Sieges findet. Besonders eindrucksvoll zeigt sich in Fjodor Gladkows Roman „Zement“ (1925), wie sehr die revolutionären Veränderungen das Selbstverständnis der Frau und die ehelichen Beziehungen veränderten: Nach seiner Rückkehr aus dem Bürgerkrieg sieht sich Gleb Tschumalow einer Dascha gegenüber, die so gar nicht seiner Ehefrau von einst gleichen will. Sie ist zur selbständigen, prinzipienfesten Persönlichkeit und rastlosen Aktivistin geworden, die ihrem Mann nicht mehr untertan sein will.

Einen dornenreichen Weg haben auch die Schwestern Katja und Dascha in Alexej Tolstois „Leidensweg“ (1920/24) zurückzulegen, bis sie sich von ihren bürgerlichen Vorstellungen getrennt haben und zur Revolution finden. Auch manche Dichterinnen des vorrevolutionären Rußlands fanden nur mit großen Schwierigkeiten an die Seite des Sowjetstaates. Wie schwer eine solche Wandlung für eine der alten Gesellschaft voll verhaftete Frau war, veranschaulichte Marietta Schaginian in ihrem Roman „Abenteuer einer Dame“ (1923). Weitaus komplizierter noch vollzogen sich manche Entwicklungen in der Realität. Solche Autorinnen wie Anna Achmatowa (1889–1966) oder Marina Zwetajewa (1892–1954), deren Werke wir heute zum unverzichtbaren Erbe sowjetischer Literatur zählen, rangen lange Zeit um eine konstruktive Haltung zur neuen gesellschaftlichen Realität. Durch die revolutionären Veränderungen fand aber auch eine Reihe von Frauen erst zur Literatur, etwa Lidija Seifullina (1889–1954). So bezeugt die Herausbildung der Sowjetliteratur eindrucksvoll die neue Qualität der Beziehung von Literatur und Frau im Sozialismus.

Frauen in der DDR-Literatur

Die Autorinnen unseres Landes sowie die Darstellung von Problemen der Frau bei der Entwicklung unserer Gesellschaft bestimmen wesentlich das Bild und den Ruf, den die DDR-Literatur weltweit genießt. Diese Seite unserer Literaturentwicklung hat wesentlich dazu beigetragen, die Weltöffentlichkeit auf das Phänomen einer eigenständigen DDR-Literatur aufmerksam zu machen. Erklärbar ist all das kaum, wenn man ausschließlich auf jene literarischen Leistungen der letzten zwanzig Jahre blickt, denen unsere Literatur diesen Ruf verdankt. Entscheidende Weichen dafür wurden bereits zu Beginn unserer Kulturentwicklung gestellt. Die antifaschistisch-demokratische Umwälzung wie die sozialistische Kulturrevolution machten mit der bürgerlichen Forderung nach Gleichstellung der Frau ernst.

Antifaschistisch-demokratische Umwälzung in der Literatur. Zu Beginn unserer Kulturentwicklung konnte es nicht allein um eine Beseitigung der Trümmer in der Realität und in den Köpfen gehen. Das unselige Erbe des faschistischen Frauenbildes, das kleinbürgerlich-konservative, kleinbürgerlich-radikale und nationalistische Züge auf eine den Massen eingängige Weise verband, war noch fest in den Köpfen verankert. Die Schaffung einer demokratischen und humanistischen Literatur mußte dem Rechnung tragen. Als fruchtbar erwies sich dabei das Anknüpfen an jene humanistischen und sozialistischen Traditionen, in denen die Frau als Autorin wie als literarische Gestalt von großem Gewicht war. So wurde 1947 die greise Ricarda Huch zur Ehrenpräsidentin des ersten deutschen Schriftstellerkongresses gewählt. Mit Anna Seghers und Berta Waterstradt gehörten zwei Frauen dem ersten Vorstand unseres Schriftstellerverbandes an, von dem Hermann Kant auf dem IX. Schriftstellerkongreß 1983 sagte, daß mit den Namen seiner Mitglieder entscheidende Richtungen und Maßstäbe für die Literaturentwicklung in unserem Lande bereits vorgeprägt gewesen seien. Solche aus Exil, Verfolgung oder Gefangenschaft in der DDR eine Heimat findenden Autorinnen wie Berta Lask, Elfriede Brüning, Hedda Zinner standen ebenso am Beginn unserer Literaturentwicklung wie jene Frauen, die in diesen Jahren zu schreiben begannen: Ruth Werner, Eva Lippold, Liselotte Welskopf-Henrich, Inge von Wangenheim, die ihre Erfahrungen aus Widerstandskampf, Gefangenschaft und Exil einbrachten, humanistischen Traditionen verpflichtete Autorinnen wie Margarete Neumann, Christa Johannsen, Hildegard Maria Rauchfuß und andere mehr. Die Konfrontation mit der jüngsten Vergangenheit und die dringlichsten materiellen wie geistigen Nöte waren es, die gestandene Autoren wie Debütanten zum Schreiben zwang. Zuallererst ging es um die Abrechnung mit dem Faschismus. Um einen Neubeginn wollte man ringen, der solche geschichtlichen Entwicklungen unwiederholbar machte. Unter diesem Aspekt stand die literarische Aufarbeitung des antifaschistischen Widerstandskampfes an erster Stelle. Anna Seghers' bereits im Exil entstandenes Buch „Das siebte Kreuz“ (1942) wirkte dabei als unübertroffenes Vorbild. Das erste literarische Porträt von Teilnehmern am illegalen Kampf der Schulze-Boysen-Harnack-Gruppe schuf Elfriede Brüning mit ihrem Roman „… damit du weiterlebst“ (1949). Dabei gelangen ihr auch mutige Frauengestalten wie jene der Lotte Burkhardt und der Hilde Steffen, deren reales Vorbild Hilde Coppi war. Autorinnen begannen in diesen Jahren zu schreiben, die diese Thematik auch in der jüngsten Vergangenheit immer wieder aufgriffen, wie Eva Lippold („Haus der schweren Tore“, 1971, und „Leben, wo gestorben wird“, 1974 – verfilmt als „Die Verlobte“) oder Ruth Werner („Sonjas Rapport“, 1977). Dafür stehen Eva Lippolds Anthologie letzter Briefe und Lebensbilder antifaschistischer Kämpfer „Erkämpft das Menschenrecht“ (1950) sowie Ruth Werners Romane „Ein ungewöhnliches Mädchen“ (1958) und „Olga Benario“ (1961).

Tief bewegte die antifaschistischen Autoren auch, wie es zur Katastrophe von 1933 hatte kommen können. Diesem Problem wandte sich Anna Seghers in ihrem ersten nach dem Exil veröffentlichten Roman „Die Toten bleiben jung“ (1947) zu. Berta Lask schrieb den Roman „Stille und Sturm“ (1955), in dem sie den Weg einer bürgerlichen Verhältnissen entstammenden Frau an die Seite der Arbeiterklasse am Vorabend der faschistischen Diktatur beschrieb. Eben dieses Thema, das ja auch in Ruth Werners Arbeiten eine Rolle spielte, war in der Nachkriegszeit, als Fragen der Bündnispolitik äußerstes Gewicht besaßen, von existenzieller Bedeutung für die junge deutsche Demokratie. Daß es damals gerade von Frauen und anhand von Frauenschicksalen behandelt wurde, ist kein Zufall. Schließlich war es die Arbeiterklasse, die den Frauen Befreiung aus ihrer angestammten Rolle und Möglichkeiten zu aktiver Selbstbestätigung in der Gesellschaft bot.

Abrechnung mit der Vergangenheit schloß auch die Rückeroberung humanistischer Traditionen und die Schaffung geeigneten Literaturguts für die Erziehung der Kinder und Jugendlichen ein. Auch dabei spielten Frauen eine wesentliche Rolle. Am Anfang unserer Kinder- und Jugendliteratur standen die Romane Alex Weddings „Ede und

Unku“ (1931), „Die Fahne des Pfeiferhänsleins“ (1948) und „Das eiserne Büffelchen“ (1952). Die Ethnologin Liselotte Welskopf-Henrich schuf eine neue Tradition humanistischer Indianerliteratur mit ihrer Trilogie „Die Söhne der großen Bärin“ (1951ff.). Als Herausgeber und durch eigenes literarisches Schaffen öffneten Jutta Hecker, Lore Mallachow und Lu Märten neue Wege und Zugänge zu den humanistischen Traditionen unseres Volkes. Das Leben und Schaffen der Weimarer Künstler Franz Liszt („Die Altenburg“, 1955), Wieland („Wieland“, 1958) und Schiller („Lied an die Freude“, 1965) behandelte Jutta Hecker. Lu Märten machte sich um die Erschließung des bürgerlich-revolutionären Erbes verdient („Bürgermeister Tesch und seine Tochter“, 1948) und „Georg Forster. Ein Lesebuch für unsere Zeit“, 1952). Lore Mallachow nahm sich als erste Autorin der Rolle der Frau in der deutschen Kultur an („Du bist mir nah“, 1957, „Malwida von Meysenbug“, 1948, „Im Morgenlicht“, 1958). Das Leben Louise Otto-Peters, der Vorkämpferin der deutschen Frauenbewegung, versuchte Hedda Zinner in einem Roman („Nur eine Frau“, 1954) zu gestalten. Zum ersten Mal in der Literaturgeschichte fanden zu dieser Zeit auch Frauen in größerer Zahl Zugang zum bis dahin von Männern beherrschten Feld der Literaturwissenschaft und -kritik. Frauen wie Annemarie Auer, Edith Braemer, Ursula Wertheim, Hedwig Voegt und andere überwanden die im Literaturbetrieb von Männern aufgerichteten Schranken. Ihnen ist es zu verdanken, daß es für uns zur Selbstverständlichkeit gehört, Frauen im Amt des Literaturkritikers oder Literaturprofessors zu sehen.

Schaffung der Grundlagen des Sozialismus. Im Mittelpunkt der gesellschaftlichen Umwälzungen in der DDR stand zunächst das Ringen um den Sieg sozialistischer Produktionsverhältnisse. Darauf konzentrierte sich auch das Interesse der Literatur. Literarische Frauengestalten versinnbildlichen dabei in besonderer Weise den historischen Stellenwert dieser Prozesse. Individuelle Entscheidungen, Liebe und Partnerschaft betreffend, sind zumeist in einer Weise von der Stellung der Personen zu den gesellschaftlichen Umwälzungen geprägt, wie dies nur in einer Zeit scharfer Klassenauseinandersetzungen möglich war. Das trifft besonders auf ländliche Sujets zu, da auf dem Dorf der Klassenkampf mitunter außerordentlich hart geführt wurde. In Erwin Strittmatters Drama „Katzgraben“ (1953/58) entschließt sich die junge Elli Kleinschmidt zum Agronomiestudium. Von diesem zurückgekehrt, ist sie zu harten Kämpfen mit sich gezwungen, da sie einen vom Großbauern verführten Landarbeiter liebt. Der Konflikt zwischen gesellschaftlicher Aufgabe im Dienste des Fortschritts und persönlichem Liebesanspruch trat noch stärker in Gestalt der Hanna Tainz in Strittmatters „Holländerbraut“ (1960) in Erscheinung. In diesem Drama liebt Hanna, eine Bürgermeisterin, einen reaktionären Großbauernsohn.

Welche Konflikte die Entscheidung einer Frau, sich selbst im Beruf aktiv für den sozialistischen Aufbau zu engagieren, heraufbeschwören konnte, machte Eduard Claudius in seinem Roman „Menschen an unserer Seite“ (1951) deutlich. Der Aktivist Aehre, der selbst all seine Kraft und Persönlichkeit für die ökonomische Stärkung seines Betriebes einsetzt, wendet sich unnachgiebig gegen die Absicht seiner Frau, berufstätig zu werden. Er scheut sich nicht einmal, auf der Versammlung der Parteiaktivisten offen dagegen aufzutreten. Zwar setzt sich seine Frau letztendlich durch und sucht sich gegen den Willen ihres Mannes eine Arbeit. Claudius gelingt es jedoch nicht, ihren Entwicklungsweg künstlerisch überzeugend zu gestalten. Katrins Gestalt bleibt abstrakt, Sprachrohr des seine Ansichten zur Frauenemanzipation vortragenden Autors.

Das hohe Entwicklungstempo der sozialen Prozesse in dieser Phase der Gesellschaftsentwicklung ermöglichte es jedoch bald, die im Beruf engagierte Frau als selbstverständliche Erscheinung zu behandeln. So konnte Inge Müller bereits wenige Jahre später im Hörspiel „Die Weiberbrigade“ (1960 uraufgeführt, von ihrem Mann Heiner Müller 1969 als Theaterstück „Weiberkomödie“ bearbeitet) die gesellschaftliche Bewährung eines aus Frauen bestehenden Schlosserkollektivs gestalten. Sie versuchte zu zeigen, daß als frauenuntypisch geltende Arbeit und die Selbstverwirklichung der Frau einander nicht ausschließen, ja, sogar bedingen können. Berufstätigkeit und Liebe erscheinen auch in Christa Wolfs Erzählung „Der geteilte Himmel“ (1963) als einander bedingende Bereiche des Lebens der Hauptgestalt Rita. Als sie sich zu einem Lehrerstudium entscheidet, kann ihr Geliebter Manfred wegen der Gefahr, sich mit seiner Ablehnung bloßzustellen, ihr gegenüber nicht offen dagegen opponieren. So erscheint in der Literatur dieser Zeit die Arbeit, in der die Frau Erfüllung findet, in zunehmendem Maße als wichtige Voraussetzung ihrer Persönlichkeitsentwicklung und ihrer Gleichberechtigung im Alltag.

Die Tatsache, daß sich an der ökonomischen Basis der Gesellschaft die entscheidenden Umwälzungen in einem historisch kurzen Zeitraum vollzogen, erweckte den Eindruck, daß ein tiefes und wahrheitsgemäßes literarisches Erfassen des Neuen nur vor Ort, in der Produktion selbst möglich sei. Das führte zur enormen Aufwertung der Bewegung schreibender Arbeiter und zum Aufruf, Schriftsteller sollten in Arbeitskollektiven tätig werden. Barg dieser „Bitterfelder Weg" (genannt nach dem Ort der Autorenkonferenz, auf der diese Fragen beraten wurden) auch Überspitzungen, so förderte er doch eine Reihe von Begabungen – nicht zuletzt von Frauen – zutage. Besonders nachdrücklich wurde das Schaffen von Brigitte Reimann durch ihren Aufenthalt im Kombinat Schwarze Pumpe geprägt. Sie konnte Sichtweisen auf die gesellschaftliche Realität ausbilden, die ihr letztendlich beim Schreiben ihres in seiner Frauendarstellung bis heute unübertroffenen Romans „Franziska Linkerhand" (1974) dienlich waren. Aufsehen erregte jedoch bereits ihre Erzählung „Ankunft im Alltag" (1961), in der sie ihre Hoyerswerdaer Erlebnisse gestaltete, besonders aber die Erzählung „Die Geschwister" (1963): Elisabeth, deren Hauptgestalt, geht nach dem Kunststudium als Malerin in ein Kombinat. Dort hat sie sich mit der plakativen Malerei des alten Kommunisten Heiners auseinanderzusetzen. Diese Auseinandersetzung kann sie erfolgreich bestehen, da sie zum Kombinat und zu den Arbeitern eine enge Beziehung findet. Nachdem zunächst selbst die Parteileitung gegen sie steht und Elisabeth sich alleingelassen fühlt, gewinnt sie in hartem Ringen eine neue, konstruktive Beziehung zu unserem Staat. Diese fehlt ihrem Bruder Uli. Nach ersten Enttäuschungen will er der Republik den Rücken kehren. Seine Schwester bietet jedoch ihre ganze Kraft auf, um ihn zurückzuhalten.

Schärfer noch steht das Problem der Republikflucht vor Rita, der Hauptgestalt in Christa Wolfs „Der geteilte Himmel". Als Manfred nach Westberlin geht, erscheint es ihm selbstverständlich, daß Rita ihm folgt. Diese wird jedoch von der Realität des Westens abgestoßen. Daß mit Rita eine Frau auf ihre Liebe verzichtet, verleiht der Entscheidung für unseren sozialistischen Staat in Christa Wolfs Erzählung besonderes Gewicht.

Entwickelte sozialistische Gesellschaft. Mit dem Sieg sozialistischer Produktionsverhältnisse in der DDR waren die Grundlagen dafür geschaffen, daß die neue Gesellschaftsordnung nun ihre Vorzüge und Triebkräfte entfalten konnte. Die direkte Klassenauseinandersetzung griff nicht mehr in dem Maße wie vordem ins persönliche Leben des einzelnen ein. Individuelles Handeln wurde zunehmend von den mitunter tiefgreifenden Konflikten des Alltags geprägt, die somit auch im Mittelpunkt literarischer Gestaltungen stehen.

Großes Aufsehen erregte seinerzeit Christa Wolfs Erzählung „Nachdenken über Christa T." (1969). Ihr Held ist eine Frau, deren Ansprüche auf Selbstentfaltung in unserer Gesellschaft keine Verwirklichung finden. Sie geraten mit den dem gesellschaftlichen Entwicklungsniveau geschuldeten, weitgehend vorgeformten und begrenzten Möglichkeiten in Konflikt, die ihr die Umwelt bieten kann. Damit meldeten sich jene Ansprüche des Individuums an, die sich in der neuen gesellschaftlichen Entwicklungsphase notwendig ausbilden mußten. Die sozialistische Gesellschaft bedarf zunehmend solcher Individuen, die nicht nur sich selbst, sondern auch die gegenwärtigen Bedingungen ihres Lebens in Frage stellen und um einen eigenen, ihren spezifischen Möglichkeiten entsprechenden Lebensweg kompromißlos ringen. Nicht zufällig prägten sich diese Ansprüche besonders deutlich in der Literatur aus, die von Frauen geschrieben wurde bzw. Probleme der Frau und der Partnerschaft im Alltag behandelte. Mit der Gleichstellung der Frau in Bildung, Beruf und Staat waren in harten Klassenkämpfen dem Sozialismus entsprechende Rahmenbedingungen für die Individualentwicklung geschaffen worden. Nun aber galt es, die Gleichheit der Geschlechter im alltäglichen Zusammenleben in Familie, Partnerschaft und Beruf so zu realisieren, daß jede einzelne Frau tatsächlich ihre spezifischen Möglichkeiten als Persönlichkeit ausprägen kann. Die brisante Problematik der Entfaltung von Individualität und Persönlichkeit im sozialistischen Alltag konnte sich deshalb besonders prägnant in der Literatur von und über Frauen, über Partnerschaft und Ehe artikulieren. Auf diese Weise bildete sich eine für die DDR-Literatur bestimmende Profillinie heraus, die von für den gesellschaftlichen Fortschritt entscheidenden Prozessen zeugte.

Christa Wolf setzte mit weiteren Werken ihr besonderes Engagement für diese Fragen fort, so in ihrem Erzählungsband „Unter den Linden“ (1976), ihrem Versuch, „subjektiv authentisch“ in die eigene Vergangenheit einzudringen, der den Titel „Kindheitsmuster“ (1976) trägt, und ihrer Günderrode-Erzählung „Kein Ort. Nirgends“ (1979). Besonders ihre Bemühungen, das Leben weiblicher Autoren der Literaturgeschichte aufzuschließen (Ingeborg Bachmann, Karoline von Günderrode, Bettina von Arnim), trugen wesentlich zur Schärfung der Sicht auf die Rolle der Frau in Literatur und Gesellschaft bei.

Neben Christa Wolf wandte sich vor allem Irmtraud Morgner der Frau in unserer Gesellschaft zu. Fortschritte und offene Fragen der Frauenemanzipation bei uns traten besonders scharf durch ihre Konfrontation der aus dem Mittelalter in die Gegenwart versetzten Trobadora Beatriz mit der gesellschaftlichen Realität unseres Landes zutage. („Leben und Abenteuer der Trobadora Beatriz nach Zeugnissen ihrer Spielfrau Laura“, 1974)

In den 70er Jahren erlangten Versuche besondere Bedeutung, die Realitätssicht von Frauen dokumentarisch festzuhalten, wie in Maxi Wanders Protokollen nach Tonband „Guten Morgen, du Schöne“ (1977). Die differenzierten Ansprüche von Frauen unterschiedlicher Generationen führten die Erzählungen Elfriede Brünings („Partnerinnen“, 1978) vor Augen. Daneben standen literarische Erkundungen der Stellung von Mann und Frau, wie sie in der Anthologie „Blitz aus heiterem Himmel“ (1975) unternommen wurden. Als besonders aufschlußreich erwies sich dabei die fiktive Erprobung eines Geschlechtertausches in den Beiträgen Christa Wolfs („Selbstversuch – Traktat zu einem Protokoll“) und Günter de Bruyns („Geschlechtertausch“).

Angesichts der gesellschaftlichen Tragweite dieser Gegenstände wandten sich also auch Männer der Rolle der Frau und der Partnerschaft zwischen Mann und Frau in gültigen Gestaltungen zu. So erschien 1968 Günter de Bruyns Buch „Buridans Esel“: Der Bibliothekar Karl Erb, zwischen zwei Frauen gestellt, versagt, da er den Ansprüchen, die mit seiner Liebe verbunden sind, nicht gerecht wird. Das Buch repräsentierte seinerzeit den Aufbruch der DDR-Literatur in die soziale Erkundung des „unheroischen“ Alltags. De Bruyn setzte seine Auseinandersetzung mit den Problemen des alltäglichen Zusammenlebens von Mann und Frau auch in seinen weiteren Werken fort. Vor allem seine verständnisvoll-kritische Darstellung von Ehefrauen, die scheinbar in dieser Rolle aufgehen, in „Die Preisverleihung“ (1972) und „Märkische Forschungen“ (1978) beeindruckten. Die Rolle der Frau in der Familie und als Mutter wurde besonders sinnfällig im Roman „Die Last, die du nicht trägst“ (1978) von Roswitha Geppert gestaltet. In ihm wird die Familie Riezy mit der Geburt eines geistig schwerbehinderten Kindes konfrontiert, worauf Mann und Frau unterschiedlich reagieren.

Bei der Gestaltung der Ansprüche der Frau auf Persönlichkeitsentfaltung wurde allerdings auch die Berufssphäre nicht ausgeklammert. Bereits 1970 hatte Erik Neutsch in seiner Erzählung „Akte Nora S.“ einen Versuch dazu unternommen. In Gedichten und Dramen wandte sich Volker Braun diesem Gegenstand zu. Dabei schuf er solche Gestalten wie die Ingenieurin Tinka im gleichnamigen Drama (1972/73), die Weberin Hanna Wagenseil im Gedicht „Haltung einer Arbeiterin“ (im Band „Gegen die symmetrische Welt“, 1974) und die Arbeiterin Schmitten im nach ihr benannten Stück (1969/78), die vom Ingenieur Kolb zwar im Bett, nicht aber als ganzer Mensch akzeptiert wird.

Die wohl bis heute literarisch bedeutsamste Frauengestalt verdanken wir Brigitte Reimann. In ihrem Roman „Franziska Linkerhand“ (1974) stellt die Architektin Franziska Ansprüche nicht nur an die eigene Entwicklung und versucht ihnen zu entsprechen, sondern auch an ihren Partner, ihr Arbeits-

kollektiv und an die Gesellschaft. Sie zeichnet ein aktives und kritisch-produktives Verhältnis zur sie umgebenden Realität aus. Die Totalität ihres Anspruchs steht bisher beispiellos in unserer Literatur da.
Brigitte Reimann gelang es auf diese Weise, die realen Entwicklungsprobleme unserer Gesellschaft im allgemeinen sowie die in diese eingebetteten individuellen Probleme einer Frau tiefgründig und umfassend darzustellen.
Während die bisher genannten literarischen Bemühungen ihren Bezugspunkt mehr oder weniger in der sozialistischen Realität der DDR haben, bemühte sich Anna Seghers über die gesamte betrachtete Zeitspanne hinweg, den großen historischen und internationalen Bezug zwischen unserer eigenen Entwicklung und der welthistorischen Klassenauseinandersetzung zu wahren. In einer Periode der friedlichen Koexistenz, in der direkte Klassenkampferfahrungen in unserem Bewußtsein in den Hintergrund traten, bedurfte dies freilich der sozialen Erfahrung und künstlerischen Meisterschaft einer Anna Seghers. Ihr gelang dies in einer Reihe bedeutender Erzählungen, angefangen vom Band „Die Kraft der Schwachen“ (1965), in dem sich auch die Geschichte der großartigen Frauengestalt Agathe Schweigert befand, über „Das wirkliche Blau“ (1967), „Überfahrt“ (1971), „Sonderbare Begegnungen“ (1973), „Steinzeit/Wiederbegegnung“ (1977) bis hin zu „Drei Frauen aus Haiti“ (1980). Ihre mitunter in exotischer Umwelt (Lateinamerika) spielenden Erzählungen gehören jedoch nicht schlechthin zu den bedeutendsten Leistungen der DDR-Literatur. Sie bereicherten direkt die literarische Erkundung unseres gesellschaftlichen Alltags, nicht zuletzt die Frauendarstellung.
Angesichts der sich zu Beginn der 80er Jahre verschärfenden Klassenauseinandersetzung zwischen Imperialismus und Sozialismus und des immer akuter bedrohten Friedens in der Welt wird auch das Schaffen einer wachsenden Anzahl von Autoren zunehmend von diesen Problemen beeinflußt. Das gilt auch für Bücher, in denen die Probleme der Frau in Geschichte und Gegenwart gestaltet werden. So setzte Irmtraud Morgner ihren Trobadora-Roman mit dem Roman „Amanda“ (1982) fort. In ihm versucht sie, die Rolle der Frau für die Erhaltung des Friedens herauszuarbeiten. Christa Wolf leistete einen gewichtigen Diskussionsbeitrag zur Friedensproblematik mit ihrer Erzählung „Kassandra“ und den dazugehörigen „Vorlesungen“ (1983). Gegen die Position radikaler Feministinnen gerichtet, besteht sie darauf, daß nur Frauen und Männer gemeinsam sowohl den Frieden sichern, als auch zu einem menschenwürdigen Dasein finden können. Durch ihren Bezug auf die Antike gelingt es ihr, Friedens- wie Frauenproblematik in den historischen Entwicklungsweg der Menschheit einzuordnen.
Neben diese bekannten Autoren trat in den 70er Jahren eine wachsende Anzahl junger bzw. bisher unbekannter Schriftsteller und Schriftstellerinnen, die mit ihrer Behandlung der Emanzipations- und Partnerschaftsprobleme großes Aufsehen erregten.
Dazu zählen unter anderem Helga Königsdorf mit ihren Erzählungsbänden „Meine ungehörigen Träume“ (1978) und „Der Lauf der Dinge“ (1982) und Christoph Hein mit seiner Novelle „Der fremde Freund“ (1982). Angesichts derartiger Publikationen ist absehbar, daß entscheidende Entwicklungsprobleme des Sozialismus auch weiterhin ihren literarischen Ausdruck in der Gestaltung von Konflikten finden werden, die aus der Rolle der Frau in der Partnerschaft, der Familie und der Gesellschaft sowie ihrem Anspruch auf Selbstverwirklichung erwachsen.

Frauen und darstellende Kunst

Jahrhundertelang verstand man unter dem Begriff darstellende Kunst körperlich-mimische und stimmliche Vorführungen, also im wesentlichen das, was von Menschen vor Menschen gespielt, gesungen oder getanzt wurde. Die Begegnungen mit den Mimen, Tänzern, Sängern, Pantomimen fanden in Theatern, auf Straßen und Plätzen oder in Palästen statt. – In unserem Jahrhundert sind durch Film, Rundfunk und Fernsehen Medien dazugekommen, die heute jeden Bürger an diesen Künsten teilnehmen lassen. Der Vorgang ist alltäglich geworden, ja selbstverständlich. Ein Knopfdruck genügt, um sich über das Geschehen in der Welt zu

informieren und auch, um die besten Vertreter aller Künste aus allen Ländern kennenzulernen. Genauso selbstverständlich ist uns, daß Mädchen und Frauen in den darstellenden Künsten als Interpreten beteiligt sind – sei es im Theater oder Puppentheater, im Spielfilm, Dokumentarfilm oder Trickfilm, bei Fernsehen oder Hörfunk, im Kabarett, im Tanz, in der Pantomime oder im Zirkus. Viele dramatische und andere literarische Texte werden von Frauen geschrieben. Frauen arbeiten erfolgreich als Choreograph, Regisseur, Musiker, Dirigent. Ein Blick zurück in die Geschichte mag deutlich machen, welch langer Weg nötig war, damit sich Frauen vom Objekt zum Subjekt der Künste entwickeln konnten. Das Theater als „Mutter der darstellenden Künste" und die dramatische Literatur sollen als Beispiele dienen.
Die politische, soziale und rechtliche Stellung der Frau ist zu allen Zeiten maßgebend gewesen für ihr Verhältnis zu den Künsten. Die prinzipielle gesellschaftliche Benachteiligung der Frauen widerspiegelt sich deutlich darin, inwieweit Frauen früherer Epochen Kunst ausüben durften oder am Genuß der Künste beteiligt wurden.

Das Theater der Antike. In frühgeschichtlicher Zeit gab es Urformen des Theaters, die auf kultische Tänze, Naturbeschwörungen und Fruchtbarkeitsrituale zurückgehen. Die griechischen und römischen Theaterformen vom 5. Jh. v. u. Z. bis in die ersten Jahrhunderte unserer Zeit sind die Wurzel des europäischen Theaters. Die Glanzzeit des antiken Theaters war das 5. Jh.; das Zentrum lag in den griechischen Stadtstaaten, den Poleis. Vor allem Athen hatte einen wirtschaftlichen und kulturellen Aufschwung in seiner Demokratie erreicht. Theateraufführungen waren Vorführungen öffentlicher Angelegenheiten mit aktuellen politischen und moralischen Themen und erzieherischen Aspekten. Der Staat finanzierte Autoren, Darsteller und Theatergebäude. Sogar die Zuschauer bekamen den Verdienstausfall ersetzt, so daß die Aufführungen an den Festtagen zu Ehren des Gottes Dionysos zu kulturellen Höhepunkten im Leben der freien Bürger Athens werden konnten. Zugleich waren das Massenveranstaltungen. Immerhin faßte das Dionysostheater am Abhang der Akropolis 17000 Zuschauer, in Megalopolis konnten 44000 Zuschauer Platz finden.
Die griechischen Frauen, mit 15–17 Jahren verheiratet, standen rechtlich „außerhalb des Gesetzes". Der Mann bestimmte über sie. Perikles, bekannt für seine glänzenden Reden, sagte: „Diejenige wird für die beste gelten, von der in Lob und Tadel unter Männern am wenigsten die Rede ist". Frauen durften weder als Zuschauer noch als Darsteller am Theater teilhaben. Sie hatten sich um das Vermögen des Mannes zu sorgen und gesetzlich rechtmäßige Erben zu gebären. Nur ganz wenigen Frauen, den Hetären, war es vergönnt, sich zu bilden, zu musizieren, tanzen zu lernen und sich an Gesprächen über Kunst und Literatur zu beteiligen.

Bekannte Heldinnen der Antike. Die bedeutendsten antiken Tragödiendichter – Aischylos, Sophokles und Euripides – schufen Theaterstücke, die bis heute als „Norm und unerreichbares Muster" (Karl Marx) gelten. Ihre Stoffe entnahmen sie vor allem überlieferten Götter- und Heldengeschichten, bereiteten sie aber so auf, daß die Zuschauer des Theaters darin ihre eigenen Probleme widergespiegelt fanden. Frauen- und Mädchengestalten waren oft die Titelheldinnen antiker Dramen und zeichneten sich durch außerordentliche Taten aus. – Die „Antigone" des Sophokles bestattet gegen die Weisung König Kreons ihren Bruder. Sie bezahlt dafür mit ihrem Leben, doch ihre mutige Aktion wirkt wie ein Signal. Die Grenzen der Macht Kreons werden deutlich. Das persönliche Beispiel, die ungewöhnliche Bewährungstat sind die Basis für die kaum noch exakt zählbaren Bearbeitungen des Antigone-Stoffes. Nach dem Mythos von Sophokles, Euripides und einem Fragment des Seneca gibt es etwa 20 Stücke und Opern. In der Renaissance bearbeitete der Italiener Alamanni den Stoff, und im 16. und 17. Jh. waren es die Franzosen Garnier und Rotrou, 1636 Opitz. Eine für das französische Theater besonders wichtige Adaption schuf Racine mit „La Thébaide" (1664). Hölderlins geniale Übertragung von 1804 ist noch in unserem Jahrhundert Grundlage mehrerer Bearbeitungen. Jean Cocteaus Stück „Antigone" (1922) und Jean Anouilhs „Antigone" (1942) enthalten wesentliche Reflektionen der jeweiligen französischen Gegenwart. – 1908 bereits schrieb Hugo von Hofmannsthal ein Vorspiel zur Antigone des Sophokles, Walter Hasenclever

1917 ein Schauspiel „Antigone“ und Arthur Honegger 1927 eine gleichnamige Oper. „Antigonae“ heißt eine archaisierende Neufassung der Hölderlinschen Nachdichtung mit Musik von Carl Orff (1949). – Herausragend bleibt Bertolt Brechts Version „Die Antigone des Sophokles“, der er ein Vorspiel vorausschickt, das auf das Ende des zweiten Weltkrieges verweist. Brecht schreibt dazu: „Die große sittliche Tat der Antigone, die sich gegen den Tyrannen Kreon auflehnt, besteht darin, daß sie, bewegt durch tiefe Menschlichkeit, nicht zögert, durch offenen Widerstand das eigene Volk in die Gefahr des Besiegtwerdens in einem Weltkrieg zu bringen.“ (Die Aufführung in der Regie des Autors fand 1948 am Stadttheater Chur in Graubünden statt. Die Titelrolle spielte Helene Weigel. Nach fünfzehnjähriger Unterbrechung war das ihre erste Rolle am Berufstheater. Daran sollte erinnert werden, handelt es sich doch um ein exemplarisches Schicksal einer großen Schauspielerin unseres Jahrhunderts.)

Achtzehn Tragödien sind uns von Euripides überliefert. Bei ihm finden sich wohl die meisten der auch uns noch bekannten antiken Frauengestalten: Medea, Alkestis, Andromache, Hekabe, die Troerinnen, Iphigenie. Der griechische Philosoph Aristoteles nannte die „Medea“ die „tragischste Tragödie“ des „tragischsten aller Tragödiendichter“. – Medea, Königstochter aus Kolchis, ist dem Argonautenführer Jason in Liebe verbunden. Sie muß mit ihm und ihren zwei Kindern aus der Heimat fliehen. In der Zufluchtsstätte Korinth verläßt Jason seine Frau, um die Tochter des Korinther Königs Kreon heiraten zu können. Die gedemütigte Medea, von überwältigender Leidenschaft getrieben, faßt einen schrecklichen Plan, um Jason zu vernichten. Sie tötet die eigenen Kinder. – Diese unerhörte Begebenheit, in ihrer äußeren Handlung hier nur knapp angedeutet, erzählt Wesentliches über eine große gesellschaftliche Umbruchsituation, in der eine liebende Frau zu völliger Rechtlosigkeit verurteilt wird. – Etwa 28 Bearbeitungen des Medea-Stoffes gibt es im Schauspiel, 16mal erscheint der Stoff in einer Oper, einmal im Ballett. – Im klassizistischen französischen Drama erlangte Pierre Corneilles „Médée“ (1635) Berühmtheit. In der deutschen Dramatik des 18. bzw. 19. Jh. sind die „Medea in Korinth“ von F. M. Klinger (1790) und ein Drama „Medea“ von Ludwig Tieck (1789) erwähnenswert. 1797 schrieb Cherubini seine Oper „Medea“. In Grillparzers Trilogie „Das goldene Vließ“ wird der dritte Teil wiederum „Medea“ (1822) genannt. In unserem Jahrhundert hat Hans Henny Jahnn 1926 eine „Medea“-Dramatisierung vorgelegt, die Anspruch auf eine Wiederentdekkung durch unser Theater haben dürfte. Jean Anouilh, der mehrere antike Frauengestalten zu Heldinnen seiner Dramen machte, trat 1946 mit einer „Médée“ hervor. „Medea“ – so heißt auch der dramatische Monolog für Sopran und Orchester von Ernst Křenek, fertiggestellt 1951.

Von der antiken Iphigenie (der von Tauris, Aulis oder Delphi) sind 31 Schauspielbearbeitungen bekannt. Die meistgespielte Fassung ist Goethes Stück „Iphigenie auf Tauris“, die zum festen Repertoire der deutschen Theater gehört. Von den 13 Opernversionen sind die bekanntesten Glucks „Iphigenie auf Tauris“ und „Iphigenie in Aulis“.

Von den Elektra-Dramen sind 18 in einer Sprechttheater-Version bekannt sowie 7 Opern und die griechische Filmversion. – Erst im 20. Jahrhundert entstanden 8 von 9 bekannten Bearbeitungen des Orpheus-Stoffes, dessen Heldin Eurydike im Mittelpunkt mancher Schauspiele steht. Weitaus älter sind mehrere der insgesamt 20 Opern. Erinnert sei auch an Strawinskys Ballett sowie Cocteaus Film.

In unserer Zeit haben profilierte Dramatiker unseres Landes (z. B. Heiner Müller, Peter Hacks) zunehmendes Interesse an antiken Stoffen gezeigt. Beide haben sich auch theoretisch dazu geäußert. Seit neuestem haben sogar ganz junge Autoren ihre Liebe zum antiken Stoff entdeckt. Die Ursachen und Gründe dafür sind in wenigen Zeilen nicht beschreibbar. Doch sei auf einen theatergeschichtlichen Aspekt verwiesen: Besonders in den Zeiten progressiver gesellschaftlicher Veränderungen (z. B. in der Renaissance, in der Zeit der frühbürgerlichen Revolution) fanden die gleichnishaften Mythen aus dem Kindheitsalter der Menschheit verstärkte Beachtung. Häufig konnten weltanschauliche und ästhetische Programme durch Adaptionen aus der Antike deutlicher formuliert werden als bei der Hinwendung zu aktuellen zeitgenössischen Stoffen. Angesichts einer drohenden Vernichtung der ganzen Menschheit, hat die Rückbesinnung auf die bitteren und blutigen Geschichten der antiken Polis zuweilen die aufrüttelnde Wirkung eines Fanals, eines Kassandra-Rufes.

Von bleibendem Reiz sind auch die großen Komödien des griechischen Dichters Aristophanes, der vor allem mit seiner Lysistrate eine Frauengestalt auf die Bühnen gebracht hat, die bis heute durch Witz, Charme und klugen Verstand das Publikum zu begeistern weiß.

In der antiken römischen Literatur, in den Komödien des Plautus, z. B., werden mehrfach die Hetären gewürdigt, die aufgrund ihrer Schönheit und Bildung oft großen Einfluß auf die führenden Männer ihrer Zeit ausübten. – In „Amphitrion" schuf Platus mit der Alkmene wiederum die Gestalt einer liebevollen, selbstbewußten Frau. Molière (1667), Kleist (1807), Hacks (1968), Stolper (ebenfalls in den 60er Jahren) haben in ihren „Amphitryon"-Stücken das Bild der sagenhaften Alkmene jeweils ihrem Frauenbild entsprechend modifiziert. – Schon 1929 hatte Jean Giraudoux seinem Stück den Titel „Amphitryon 38" gegeben, behauptend, es handele sich um die 38. Bearbeitung des Stoffes. Nehmen wir das als gegeben und ergänzen die „Amphitryons". „Zweimal Amphitryon" ist Georg Kaisers Stück (1944). „Der Kuckuck von Theben" heißt Ermanno Wolf-Ferraris Oper von 1943 und „Alkmene" die Oper des Giselher von Klebe aus dem Jahre 1961.

Das Zählen der Bearbeitungen antiker Stoffe, gar die gesonderte Ausweisung der herausragenden Frauen- und Mädchengestalten, ist eine Aufgabe, die von einem einzelnen nur schwerlich bewältigt werden kann. Vielleicht wird in künftigen Jahren die „Weltenzyklopädie des Theaters" den besonders Interessierten darüber genauen Aufschluß geben können. (Das Zentrum DDR innerhalb des ‚iti' [Internationales Theaterinstitut] ist an der Erarbeitung dieses einzigartigen Gemeinschaftsprojektes von Theaterleuten aus aller Welt aktiv beteiligt.)

Frauen- und Mädchengestalten im elisabethanischen Theater. Königin Elisabeth I. regierte ihr Land von 1558 bis 1603 und gab nicht nur ihrem Zeitalter den Namen, sondern auch ihrem Theater. Wenn von Shakespeare und seiner Zeit die Rede ist, dann ist das elisabethanische Theater gemeint, und es darf zurecht ein Volkstheater genannt werden. Elisabeth verstand es ausgezeichnet, die Interessen von Krone, Adel und Bürgertum aufeinander abzustimmen. Sie beförderte die nationale Einigung des Landes. Mit dem Sieg über die spanische Armada wuchs der Einfluß auf die Weltmeere; die Kolonisation begann. Der bürgerliche Handel und das Aufblühen neuer Gewerbe nutzten auch der Krone. Das Theater, ursprünglich der Krone und dem hohen Adel zu Repräsentationszwecken vorbehalten, wurde zu einer öffentlichen Angelegenheit. Bürger und Volk nahmen lebhaften Anteil daran. Mitte des 16. Jh. bildete sich das Berufstheater heraus. Schauspieler zu sein wurde ein Beruf, sofern man einen Schirmherrn fand und mit diesem einen Vertrag schließen konnte. Ehemalige Gaukler, Pantomimen, Tänzer, Musiker, Marionettenspieler, die bislang als „fahrendes Volk" galten, wurden seßhaft. Der „Herr" schützte sie vor dem Gesetz, das sie zuvor als Landstreicher einstufte und verfolgte. Bereits im 14. und 15. Jh. hatten sich reiche Traditionen des Volkstheaters herausgebildet. Die Stoffe für die „Stücke" wurden der Weltgeschichte entnommen, wie sie vorwiegend aus der biblischen Geschichte bekannt war. Moritaten und Interludes (Zwischenspiele) enthielten aber auch schon zeitgenössische Begebenheiten, Geschichten aus dem Alltag.

Das, was sich während der Herrschaftszeit Elisabeths auf und mit dem Theater ereignete, ist einer der bedeutendsten Vorgänge für die Weltgeschichte des Theaters: die Verschmelzung der neuen eigenständigen nationalen englischen Dramatik mit den lebendigen Traditionen des Volkstheaters.

Die ersten großen englischen Dramatiker waren allseitig humanistisch gebildete Leute wie John Lyly, Thomas Kyd, Robert Greene, Christopher Marlowe. Der herausragende und unübertroffene war William Shakespeare (1564–1616). In der Lateinschule seiner Heimatstadt Stratford-on-Avon wurde er mit der Literatur der Antike bekannt. Nachdem er mit achtzehn Jahren geheiratet hatte, ging er drei oder vier Jahre später nach London, um sich für viele Jahre ganz dem Theater zu widmen. In seiner Biographie sind große Lücken, aber eines weiß man mit Sicherheit: daß er sozusagen Theater gelernt hat von der

Pike auf, als Schauspieler, Spielleiter, Aktionär eines Theaters und vor allem als Stückeschreiber. Die zahlreichen Komödien, Tragödien, Historien sind unverzichtbarer Besitz des Welttheaters geworden. Sie sind heute so lebendig wie eh und je. Sie haben eine große Anziehungskraft auf viele andere Künste ausgeübt, auf Musik, Tanz, bildende Kunst, Film und Fernsehen. Wo stünde das Musical ohne die Vorlagen Shakespeares!

Übrigens war die Konkurrenz unter den Dramatikern seiner Zeit unvorstellbar groß. Nach Überlieferungen sollen 50 Autoren zwischen 1590 und 1642 für die Theatergruppen gearbeitet haben. Eine Schauspielertruppe bestand aus etwa 15 Mitgliedern. Nur gelegentlich wurden weitere herangezogen. Gearbeitet wurde auf einer Art genossenschaftlicher Basis. Manchmal waren die Schauspieler sogar Miteigentümer der Theatergebäude. Elf Theater gab es zu der Zeit allein in London. Sechsmal wöchentlich wurde gespielt. Das wohl berühmteste Theater war das Globe-Theater mit vermutlich 2000 Plätzen. Die Truppen bestanden ausschließlich aus Männern oder Knaben mit Falsett-Stimmen. Die erste Frau trat erst 1660 als Desdemona auf einer englischen Bühne auf. Den Frauen aber war es vergönnt, als Zuschauer am Theater teilnehmen zu können. Ihnen und ihren männlichen Begleitern wurde viel Phantasie abverlangt, denn die Bühnen waren fast leer, ohne Dekorationen. Unter freiem Himmel im „ground" des Theaters stehend oder in wenigen überdachten Logen oder auf der Bühne, zu beiden Seiten der Szene sitzend, mußten sie allein aus dem Text Ort und Zeit der Handlung „erfühlen". Die Kostüme entsprachen meist der Kleidung der damaligen Zeit. Es gab sparsame Zutaten wie Helme, Panzer und einige unerläßliche Requisiten. Das Spielen ohne große Ausstattung und ohne technischen Komfort mobilisierte auf besondere Weise auch die Phantasie der Darsteller. Aus Beschreibungen wird deutlich, daß es zu Shakespeares Zeiten viele hochtalentierte Schauspieler gegeben haben muß, die fähig waren, ihr Publikum nachhaltig zu beeindrucken und zu erschüttern.

Zu den schönsten Schöpfungen in Shakespeares Dramen gehören seine Frauen- und Mädchengestalten. Sie sind von großem innerem Reichtum, voller Schönheit und Poesie, allesamt dem Realismus verpflichtet. Selbst wenn es sich um sagenhafte Feen und Elfen handelt, tragen diese die Züge vorstellbarer Frauen und Mädchen ihrer, aber auch unserer Zeit. Denn in gewisser Weise sind die Figuren Shakespeares zeitlos bzw. über alle Zeiten lebendig. Noch heute gehören Shakespeares Gestalten zu den am meisten bevorzugten Rollen der Schauspieler. Da ihre Gestaltung höchste handwerkliche Fähigkeiten verlangt, Verstand und Gefühl gleichermaßen beansprucht, werden sie oft zum Gradmesser des Talents.

„Romeo und Julia" ist vielleicht die bekannteste der großen Liebesgeschichten der Weltliteratur. Schon vor Shakespeares Zeiten spielten die Probleme der Liebe in der Renaissanceliteratur eine hervorragende Rolle. Hier jedoch wird in einer Umbruchsituation mit Romeos wie Julias eigener Liebeswahl, gegen alle Einwände der verfeindeten Familien, gegen gesellschaftlich legitimierte Kräfte eine Entscheidung für die progressive bürgerliche Auffassung, für die freie Entscheidungsmöglichkeit des Individuums erhoben. Beide Helden bringen sich um, weil sie glauben, ihr Partner sei tot. Noch kann ihre Liebe keine Erfüllung finden. Aber die Liebe als ein großes humanistisches Gebot wirkt über den Tod hinaus: Die bisher verfeindeten Elternhäuser haben die Chance, sich zu versöhnen. Julia, die als Frau am stärksten gesellschaftlichen Konventionen und Zwängen ausgeliefert ist, vertritt am aktivsten und klarsten die neuen menschlichen Forderungen. Die Zuschauer des elisabethanischen Theaters haben sicher noch weit mehr als der heutige Betrachter begriffen, wie hoch das Wagnis der Heldin ist, anzurennen gegen eine Welt, die bislang die Frau nur als Objekt benutzte und die sich hier erstmals als Subjekt begreift und als solches handelt. Das, was Julia tut, sich über die Sitte hinwegzusetzen und einem Mann die Heirat vorzuschlagen, ist ein Thema, das selbst in unseren Zeiten noch seine Aktualität besitzt.

In „Macbeth" gestaltet Shakespeare eine ganz andere Frauengestalt: Lady Macbeth ist der überzeugende Beweis, „wie Macht des Menschen Herz verändern kann". Auch sie ist eine liebende Frau. Sie liebt Macbeth und sonst nichts. Sie glaubt, daß ihm die Krone zustünde, und ihr ist jedes Mittel recht, ihre Ansprüche durchzusetzen. Doch die Mordtat hat die Entfremdung der Gatten zufolge. Eine Liebe bricht ab ins Leere. Wahnsinn und Tod der Lady Macbeth werden von Shakespeare überzeugend gestaltet.

Friederike Caroline Neuber – eine deutsche Theaterprinzipalin. Lange bevor in Deutschland die großen Stücke Shakespeares Beachtung fanden, wurden englische Komödiantengruppen in Deutschland bekannt. Seit 1692 etwa zogen sie von Stadt zu Stadt, von Hof zu Hof und spielten „schöne, herrliche, freudige und trostreiche Komödien aus Historiis". Da sie zunächst nur ihre englische Sprache beherrschten, bevorzugten sie drastische szenische Aktionen mit Pantomime, Tanz, Prügeleien, auch Clownsszenen mit deftigen Witzen. Der Clown hatte als erster die deutsche Sprache gelernt; bald wurde er ein deutscher Narr, wurde der bekannte Hans Wurst; gab die Truppe in englischer Sprache ein verstümmeltes Stück nach Shakespeares „Romeo und Julia", so machte er zwischen den Akten seine groben Späße. Deutsche vagabundierende Theatertruppen, oft Familienunternehmen, versuchten es als Konkurrenten den Engländern gleichzutun, um ihr Publikum anzulocken und die Gunst des Adels und der städtischen Bürger zu gewinnen. Nach dem Dreißigjährigen Krieg – nur wenige Schauspielertruppen konnten ihren Lebensunterhalt verdienen – kamen italienische Operntruppen an deutsche Höfe und machten wiederum den deutschen Schauspielertruppen Konkurrenz, die in zähem Kampf allmählich die englischen Truppen verdrängen konnten. Die Schauspieler boten weiterhin Haupt- und Staatsaktionen und Hanswurstiaden. Es gab Theater, aber es gab keine Theaterkultur. Johann Velten (1640–1692) war einer der ersten Prinzipale, die sich darum bemühten, ein niveauvolles volkstümliches Theater zu spielen. Er bildete eine Reihe guter und weithin bekannter Komödianten und auch Prinzipale aus.

Erst mit Friederike Caroline Neuber (1697–1760) hielten Ideen der bürgerlichen Aufklärung Einzug auf der Bühne. Als Tochter eines Zwickauer Juristen hatte sie eine für damalige Zeiten gute Bildung genossen. Nachdem sie mit dem Schauspieler Neuber ihre Heimatstadt verlassen hatte, heiratete sie ihn und gründete ihre eigene Theatertruppe. Sie wurde zu einer erfolgreichen Schauspielerin, Bühnenleiterin, zum Mitglied mehrerer namhafter Komödiengesellschaften. Ihr Ziel war es, die deutsche Schauspielkunst zu reformieren und ein Theater zu machen, von dem wir heute sagen würden, es beruhe auf Prinzipien des Realismus. Ihre Reformen begann sie in der eigenen Truppe mit so kleinen Schritten wie der Erziehung zu Disziplin und Ordnung, zum gründlichen Lernen von Texten. Jungen Schauspielerinnen war sie eine Mutter. In Leipzig machte die Neuberin die Bekanntschaft mit dem Universitätsprofessor Johann Christoph Gottsched, dem „Papst" der deutschen Sprache und Übersetzer der großen klassischen französischen Dichter. Länger als zehn Jahre durfte die Neuberin durch Gottscheds Befürwortung in Leipzig spielen. Gottsched versuchte, die Regeln der französischen Dramatik – die Einheit von Ort, Zeit und Handlung – auch für die deutsche Dramatik fruchtbar zu machen. Die Versdramen mit ihren erhabenen Gegenständen fanden jedoch nur schwer ihr Publikum, das an Possen und kräftige Späße gewöhnt war. In einer öffentlichen Veranstaltung ließ die Neuberin eine Puppe des Hans Wurst verbrennen – eine Bekundung, dem Stegreiftheater den Garaus zu machen. (Diese historische Tat der Neuberin, geschehen im Einvernehmen mit Gottsched, ist neuerlich in der Theatergeschichte arg umstritten, gehören doch die Improvisation und die Späße unverzichtbar zu einem wahrhaften Volkstheater.) Das übertriebene akademische Theater fand letztlich auch kein Publikum, so daß es folgerichtig zum Bruch zwischen der Neuberin und Gottsched kam. Unvergessen bleibt das Verdienst der Neuberin, 1748 dem Studenten Gotthold Ephraim Lessing die Möglichkeit gegeben zu haben, sein Lustspiel „Der junge Gelehrte" als Erfolg der Neuberschen Truppe erleben zu können. Damit war der Grundstein für Lessings Bemühungen um ein wahrhaft deutsches Nationaltheater gelegt.

Herausragende Frauengestalten des deutschen klassischen Theaters. Hatte Gottsched tragische Konflikte nur unter Adligen gelten lassen, so durchbrach Lessing diese Regeln mit seiner „Miß Sara Sampson", das als erstes deutsches bürgerliches Trauerspiel gelten kann. Überzeugende Frauengestalten schuf er mit seiner „Emilia Galotti“, dem ersten großen politischen Drama der Deutschen, das zugleich die nachfolgende Dramatik stark beeinflußte. Die „Minna von Barnhelm“ ist das erste bedeutende Lustspiel der deutschen Dramatik, die bekannterweise recht arm an Lustspielen und Komödien geblieben ist. Eine berührende dramatische Gestalt Lessings ist seine Recha aus „Nathan der Weise“. Als Christenkind geboren, vom Juden Nathan erzogen, kann sie in der Liebe zu einem jungen Tempelherrn keine Erfüllung finden. Sie findet ihren Bruder. Der Bund der Menschlichkeit zwischen Christen, Juden, Muselmanen steht für das höhere aufklärerische Gebot.

Bei den „Stürmern und Drängern“ gibt es eine große Zahl herausragender Frauen- und Mädchengestalten, die realistisch in ihren Wünschen und Träumen geschildert werden, den mißlichen Zwängen gesellschaftlicher Konvention jedoch immer wieder unterliegen müssen. Eines der oft behandelten Themen war das der Kindsmörderin, das später in der Gretchen-Geschichte des Goetheschen „Faust“ in vollendeter Gestaltung aufgegriffen wird.

Die Frauen und Mädchen in Goethes dramatischen Werken stehen oft in Zusammenhang mit erhofften, jedoch noch unerfüllbaren Träumen ihres Schöpfers. „Iphigenie auf Tauris“, ein antiker Stoff, bietet die Möglichkeit, den großen Konflikt zwischen menschlicher Entscheidung oder Rückfall in alte, barbarische Zustände aufzugreifen, wobei das antike Modell stellvertretend für die großen Kämpfe zwischen Feudalismus und Bürgertum gesehen werden kann. Goethe kommt zu einer versöhnlichen Lösung, die Vernunft siegt über die Gewalt. Die Lösung ist utopisch, aber es ist eine schöne Hoffnung mit ihr verbunden: Durch Aufklärung und Erziehung, durch Vernunft und Liebe könnten sich die Menschen läutern lassen, ließen sich die Fürsten des Landes erziehen, aus Einsicht und besserem Wissen ließen sich Veränderungen schaffen zum Wohle eines freien Menschengeschlechts. Es war ein schöner Traum unserer Klassiker, daß die verändernde Kraft der Persönlichkeit eines einzelnen das bewirken könne, was nur die vereinte Kraft einer Klasse Jahrzehnte später bewirken konnte.

Doch noch immer berührt es stark, welch große Kraft ein Dichter wie Goethe seinen Frauengestalten zugemessen hat. Sein Klärchen im „Egmont“, zugehörend den „Näherinnen und Wäscherinnen“, entwickelt in ihrer Liebe zu einem Adligen, zu Egmont, eine solche Selbstlosigkeit, daß sie über ihre Liebe hinauswächst. Sie wird zur Sprecherin der Vernunft, zur Vorkämpferin der Befreiungsbewegung ihres Volkes und erscheint ihrem Egmont in seiner Todesstunde als die Göttin der Freiheit. Klärchen hat weitaus mehr Mut als mancher brabantische Bürger. Sie ist keineswegs eine Kleinbürgerin, sondern ein realistisch denkendes Mädchen. Hat sie auch wenig Bildung, so hat sie doch einen ausgezeichneten Instinkt für die Vorgänge in der Umgebung ihrer Zeit. Schiller, der von Goethes „Egmont“ eine Bühnenbearbeitung machte, die über viele Jahre erfolgreich gespielt wurde, erkannte auch die politischen Akzente, die mit der Klärchen-Gestalt gesetzt waren. Er strich die Traumhandlung, Klärchen wurde ein noch bewußteres, politisch-interessiert handelndes Mädchen.

Mit der Helena im „Faust II“ beschwört Goethe ein klassisches Idealbild der Antike herauf. Die Vereinigung von Schönheit und Geist war ein Traum der Klassik. Das Ideal konnte nicht Wirklichkeit werden. Helena konnte Faust keine Partnerin bleiben. Der „Spuk“ im Drama mußte sich ins Vergangene auflösen. Fausts Vollendung blieb, „auf freiem Grund mit freiem Volk zu stehn“. – Das Drama „Stella“ mit seinen verschiedenen Schlußlösungen und der Roman „Wahlverwandtschaften“ geben Zeugnis davon, wie hoch Goethe die frei gewählte Partnerschaft von Mann und Frau schätzte. Seinerzeit war die Verwirklichung solch humanistischer Grundrechte nur Utopie. Die eheliche Verbindung eines adligen Hofrates mit einer Blumenbinderin war nicht die Regel, sondern die Ausnahme.

Viele schöne Frauengestalten sind uns aus den Werken Friedrich Schillers gegenwärtig, sei es die bürgerliche Luise, die, um ihren adligen Freund Ferdinand kämpfend, nicht in der Lage ist, ihre bürgerliche Herkunft zu vergessen, sei es Amalia, in den Konflikt gestellt, ihrem Karl von Moor treu zu bleiben oder den Intrigen Franz Moors zu erliegen. – Historisch bedeutsame Persönlichkeiten kommen mit Maria und Elisabeth („Maria

Stuart", 1800) auf die Bühne des klassischen deutschen Theaters, zwei Politikerinnen, vorgeführt in ihrer Größe und in ihrer Begrenztheit. – Die „Jungfrau von Orleans" (1800/01) dient als beispielgebend für den nationalen Befreiungskampf ihres Volkes. Der Stoff erweist sich als politisch brisant über mehrere Jahrhunderte. Auch in unserem Jahrhundert wird er mehrfach gestaltet, dreimal allein von Bertolt Brecht. Die bekanntesten „Johanna"-Werke sind: „Gilles und Jeanne" (Georg Kaiser, 1923), „Saint Joan" (G. B. Shaw, 1924), „Die Heilige Johanna der Schlachthöfe" (Brecht, 1930), „Johanna auf dem Scheiterhaufen" (Paul Claudel, 1939, vertont von Arthur Honegger), „Die Geschichte der Simone Machard" (Brecht, 1941), „Joan of Lorraine" (Maxwell Anderson, 1946), „Der Prozeß der Jeanne d'Arc zu Rouen 1431" (Brecht – nach Anna Seghers –, 1952), „Jeanne und die Lerche" (Jean Anouilh, 1953).

Die Frauengestalten in der klassischen deutschen Literatur sind bewußt handelndes Subjekt geworden. Sie sind imstande, ihre Träume und Forderungen zu artikulieren, sie setzen ihre Ehre und Würde ein, um den Preis, ihr Leben zu verlieren, wenn es darum geht, ihre von Vernunft getragenen Vorstellungen durchzusetzen. Ihr Mut, ihre Zuversicht, ihre Risikobereitschaft lassen sie auch noch uns Zeitgenossen vorbildhaft erscheinen.

Erinnerung an Traditionen – eine Aufgabe. „Der heutige Tag ist ein Resultat des gestrigen. Was dieser gewollt hat, müssen wir erforschen, wenn wir zu wünschen wissen, was jener will." Heinrich Heine hat im vorigen Jahrhundert trefflich formuliert, was uns Heutigen zu tun bleibt. Dem Theater als gesellschaftlich bedeutsamer Organisation stehen große Aufgaben bevor. Dazu gehört, das Erbe der dramatischen Literatur in seiner ganzen Weite und Vielfalt zu erforschen. Dazu gehört, sich historische Leistungen in der Geschichte der dramatischen Künste immer wieder bewußtzumachen. Bedeutsame Dichter des vorigen Jahrhunderts werden immer neu entdeckt oder harren noch ihrer Entdeckung. Für unsere Schauspielerinnen bleiben noch viele reizvolle Frauengestalten zu erschließen, seien es Kleists „Penthesilea" oder Hebbels „Judith", die „Bernauerin", die „Maria Magdalena". Bei vielen Frauengestalten – auch unseres Jahrhunderts – bleibt zu überprüfen, ob wir noch etwas mit ihnen anfangen oder wir schon wieder etwas Neues für uns entdecken können? Sagt uns Hauptmanns „Rose Bernd" noch etwas, oder haben unsere emanzipierten Frauen überhaupt kein Verständnis mehr für ihre ursprünglichen Leidensgenossinnen in sozial minderbemittelter Lage? Kann uns Wedekinds „Lulu" noch betroffen machen? Wird Friedrich Wolfs Hete („Cyankali") uns noch erreichen, wenn nur noch Wunschkinder zur Welt kommen?

Das Theater des 20. Jahrhunderts hat durch den Dichter und Theatermann Bertolt Brecht revolutionierende Erneuerungen erfahren. Seine dialektischen Prinzipien des Theaterspielens beruhen auf Kenntnissen des Marxismus-Leninismus. Die Welt auf dem Theater sei nur darstellbar, wenn sie als eine veränderbare dargestellt würde. Was aber wäre Brechts episches Theater ohne die Traditionen der chinesischen Schauspielkunst, ohne das elisabethanische Theater, ohne das klassische deutsche Theater? „Mutter Courage", die „Frau Carrar", Pelagea Wlassowa (in Brechts Gestaltung nach Gorkis bedeutsamem Roman) sind heute bereits Gestalten der klassischen sozialistischen Literatur. Ihre überzeugende und parteiliche Gestaltung ist zur Herausforderung für Schauspielerinnen in aller Welt geworden. Die Frauen und Mädchen haben in der darstellenden Kunst den ihnen gebührenden Platz gefunden. Sie sind nicht nur Gestalten der Literatur, sondern überragende Interpretinnen. Sie haben vollen Anteil am Genuß der Künste.

Frau und bildende Kunst

Frauenbilder

Die bildende Kunst gibt in gewisser Hinsicht Auskunft über die gesellschaftlichen Verhältnisse einer bestimmten Epoche; das gilt sowohl für die Klassenverhältnisse als auch für die Beziehungen der Geschlechter, die eine für den einzelnen in jedem Falle wichtige Komponente der gesellschaftlichen Wirklichkeit bilden. In der Klassengesellschaft, wo die Frau immer mehr oder weniger unterdrückt ist, wird das Bild der Frau von den der herrschenden Klasse angehörenden Männern definiert. Dabei ist das Frauenbild ein jeweils selbstverständlicher Teil des Menschenbildes. Seine Ausprägung bewegt sich zwischen dem für eine bestimmte Klasse oder auch Stilepoche typischen Frauenideal, das bedeutet auch Schönheitsideal, und den stärker realistischen Tendenzen, wie sie sich zum Beispiel im Porträt verfolgen lassen. Auch muß man sich vergegenwärtigen, welchem Zweck diese oder jene Frauendarstellung in der Vergangenheit diente, da sie durch die Aufstellung in einem Museum erst neuerdings auf eine gemeinsame Stufe gestellt wurden.

Früheste Frauendarstellungen. Im Mittelmeergebiet und auf dem gesamten europäischen Kontinent fand man an vielen Fundstätten Frauenfigürchen aus der jüngeren Altsteinzeit, bei denen die weiblichen Geschlechtsmerkmale – Brüste, Becken und Schoß – besonders betont sind. Die kultischen Zusammenhänge, in denen sie standen, lassen sich kaum rekonstruieren. Die Hervorhebung der weiblichen Geschlechtsmerkmale kann aber als ein Hinweis darauf gelten, daß die Fruchtbarkeit für die altsteinzeitlichen Menschen ein zentraler Wert war, um den magische Vorstellungen kreisten. In der mutterrechtlichen Gentilordnung verband sich die Stellung der Frau im Kult offenbar mit der realen ökonomischen Bedeutung, die den Frauen als Ernährerinnen der Sippe in einer Ackerbaukultur zukam. Innerhalb der Sippe leiteten sich die Verwandtschaftsbeziehungen von den Frauen her. So genossen die Stammütter als Lebensspenderinnen eine besondere Verehrung. Auch nachdem sich die erste Klassengesellschaft etabliert hatte, begleiten Frauenstatuetten die Entwicklung der frühen Hochkulturen. Sie deuten darauf hin, daß sich der Übergang von matriarchalischen zu patriarchalischen Vorstellungen nur langsam vollzog. Es ist fraglich, ob die zahlreichen in altmexikanischen Gräbern gefundenen Frauenfigürchen aus Ton, die sogenannten „Pretty Ladies“ (etwa 1200 bis 600 v. u. Z.), die teilweise bekleidet und mit komplizierten Frisuren versehen sind, auch auf einen Fruchtbarkeitskult hinweisen. Bevor man sie dem Verstorbenen mitgab, wurden sie zerbrochen, d. h. sie wurden rituell getötet. Aus China sind sowohl vor als auch nach der Zeitwende glasierte weibliche Tonfiguren bekannt, die einem verstorbenen Herrscher beigegeben wurden, als Ersatz für dessen Frauen, die in noch früherer Zeit beim Tode des Herrschers geopfert wurden.

Altägypten. In der agrarischen Kultur des alten Ägypten war die Frau dem Mann rechtlich gleichgestellt, konnte aber die Stellung eines Beamten nicht einnehmen. So blieb es auch den Frauen der herrschenden Klasse verwehrt, in die Hierarchie des Priesterstaates einzudringen. Die Zeugen der ägyptischen Hochkultur stehen bis auf wenige Ausnahmen – die Siedlung Tell-el-Amarna muß hier genannt werden – im Dienste des Totenkults. Mit der reichen Ausstattung einer Grabkammer und fortgesetzten Opfern, die nur der männliche Nachkomme darbringen durfte, versorgte man die Verstorbenen für ihren Aufenthalt im Totenreich. So haben sich in den Gräbern der Oberschicht Darstellungen erhalten, die über den ägyptischen Alltag ebenso wie über verschiedene kultische Handlungen Auskunft geben. Reliefs, in späterer Zeit auch starkfarbige Wandmalereien, und genrehaft anmutende Kleinplastiken zeigen Frauen bei der Arbeit, stillende Mütter, Toilettenszenen u. v. a. Mit dem gesteigerten Luxus im Lebensstil des Neuen Reiches (1555–1085 v. u. Z.) werden die Festszenen mit ihren Musikantinnen und Tänzerinnen, die meist Sklaven waren, häufiger. Bei aller Schematisierung des menschlichen Körpers, die für die ägyptische Kunst über Jahrtausende verbindlich blieb, läßt sich in solchen Darstellungen der Lebensgenuß der ägyptischen Oberschicht ahnen. In den hölzernen Statuetten von Sklavinnen und Dienerinnen wird der strenge Kanon der ägyptischen Plastik kaum so augenfällig wie bei größeren Skulpturen aus Stein, die, obgleich sie selten für die Öffentlichkeit bestimmt waren, Denkmalcharakter haben und in ihrer Blockhaftigkeit die Macht und das gesellschaftliche Ansehen des oder der Dargestellten zum Ausdruck bringen. Da Ehepaare sich meist in ein und derselben Grabkammer bestatten ließen, sind stehende oder sitzende Paare in der ägyptischen Plastik recht häufig. Mann und Frau werden zwar in ihren körperlichen Merkmalen differenziert, erscheinen aber gleichwertig nebeneinander. Bei diesen Zweiergruppen legt die Frau dem

Mann ihren Arm um die Schulter – eine Geste, die auch in der Reliefplastik vorkommt –, wobei die Ehefrau den Platz hinter bzw. neben ihrem Mann einnimmt. Neben den geschichtlich realen, namentlich bekannten, wenn auch nicht porträthaft charakterisierten Frauen finden sich in Malerei und Plastik Darstellungen von Göttinnen, in denen – wie es für die ägyptische Götterwelt charakteristisch ist – Mensch- und Tiergestalt vereint sind. Die in Tell-el-Amarna gefundenen Bildwerke weichen von dem sonst so streng kanonisierten ägyptischen Menschenbild ab. Sie spiegeln geradezu ostentativ das Leben am Hofe des Pharao Echnaton, dem es während seiner Regierungszeit gelang, durch eine Reform des Kultes die Priesterherrschaft zu schwächen. Nach seinem Tode wurde die neue Residenzstadt Amarna jedoch wieder verlassen, und so bildet auch die Amarnakunst nur eine kurze Episode der Veränderung. Ihr gehören die berühmten porträtähnlichen Büsten bzw. Köpfe der Königinnen Nofretete und Teje an sowie jene von Echnaton und seinen Töchtern, die besonders im Falle des Königs selbst die charakteristischen Bildungen des Gesichts zu übertreiben scheinen.

Alter Orient. Verglichen mit der ägyptischen Kunst sind Frauendarstellungen in den gleichzeitigen Stadtstaaten des Alten Orients selten. Die Funde genügen kaum, um sich ein geschlossenes Bild vom Leben der Frauen zu machen. Zusammen mit der Klassengesellschaft bildete sich zu Beginn des dritten Jahrtausends v. u. Z. eine streng patriarchalische Familienstruktur heraus; die Unterordnung der Frau ging so weit, daß sie mehr oder weniger zum Besitz des männlichen Familienoberhauptes wurde. Dennoch sind auch aus dem Alten Orient Darstellungen von Ehepaaren ähnlich wie in der ägyptischen Kunst bekannt. Zentrales Thema der altorientalischen Kunst ist die Veranschaulichung der Macht des Herrschers, der in der Frühzeit Gewalt über Leben und Tod seiner Untertanen hatte.

Durch verwandtschaftliche Bande mit dem Herrscher verbunden waren die Priesterinnen der bedeutendsten Kulte, die im Alten Orient einer Fruchtbarkeits- und Muttergöttin galten. In der Großplastik sind Priesterinnen und Göttinnen dargestellt. Überliefert sind auch Reliefs, die Frauen bei der Arbeit zeigen, z. B. bei der Dattelernte, oder eine Dienerin, die ihrer spinnenden Herrin mit einem Wedel Kühlung zufächelt, sowie Gefangene, die zu Sklavinnen gemacht wurden. Sowohl in Ägypten als auch im Alten Orient begegnen uns in der Kleinkunst erotische Szenen; bei einzelnen Stämmen des präkolumbianischen Amerika erscheinen sie in Verbindung mit der Gefäßkeramik.

Kreta. Die Wandmalereien des Palastes von Knossos auf Kreta, die sehr zahlreich Frauen und Mädchen – unter anderem bei kultischsportlichen Spielen – zeigen, legen die Vermutung nahe, daß die sog. minoische Kultur noch stark von matriarchalischen Verhältnissen geprägt war. Frauenfigürchen aus Fayence, die wahrscheinlich Priesterinnen darstellen, weisen auf einen Erd- und Vegetationskult hin, in dem die Schlange als ein heiliges Tier galt.

Antikes Griechenland. Aus der vorklassischen Kultur Griechenlands sind ebenfalls Frauenidole bekannt. Unter ägyptischem Einfluß vollzog sich die Entwicklung der Großplastik. Ihrer Formensprache sind die archaischen Jünglingsskulpturen, die sogenannten Kuroi, noch verpflichtet. Sie waren, wie die bekleideten Mädchenstatuen, die Koren, als Weihegeschenke für einen Tempel gedacht. Auch die Statue einer Göttin, die einen Granatapfel – ein Fruchtbarkeitssymbol – in der Hand hält (in der Berliner Antikensammlung), zeigt das typische archaische Lächeln, das als Ausdruck einer glücklichen, den Adelsschichten angehörenden Jugend interpretiert wird. Die archaische Kunst entspricht zeitlich der Herrschaft einer Sklavenhalteraristokratie; im 5. Jh. v. u. Z. wurde sie von der Polis-Demokratie abgelöst, die ebenfalls auf Sklavenarbeit beruhte, in Athen aber allen einheimischen, erwachsenen, männlichen Bürgern ein Mitspracherecht in den Angelegenheiten des Stadtstaates einräumte. Priesterinnen hatten traditionell eine Sonderstellung inne. Den Hetären wurde ein gewisses Recht auf Bildung zugestanden. Die übrigen Frauen der herrschenden Klasse aber wurden vom öffentlichen Leben völlig ausgeschlossen, und zwar die verheirateten noch strenger als die Mädchen.

Trotzdem ist die Kunst der klassischen und hellenistischen Zeit sehr reich an Frauendarstellungen. Die Abschiedsszenen auf den attischen Grabreliefs zeigen Frauen oder Mädchen in ihrer Familie. Die Vasenmalerei eröffnete ein sehr breites Spektrum auch von Alltagsdarstellungen. Frauen erscheinen bei ihrer täglichen Arbeit, musizierend, tanzend; auch die mythologischen Szenen sind dem Alltag kaum entrückt. In der Großplastik werden die griechischen Göttinnen bis zum fünften Jahrhundert v. u. Z. ausschließlich bekleidet dargestellt. In dem Ideal von Jugendlichkeit, das sie verkörpern, stehen sie den Jünglingsskulpturen sehr nahe. Der spezifisch weibliche Aspekt der Mutterschaft wird nicht berücksichtigt.

Das Standbild der Athena Parthenos, das uns durch römische Beschreibungen und Kopien überliefert ist, ist das Sinnbild des athenischen Stadtstaates, der Polis; hier erhält das Frauenbild ganz eindeutig eine politische Bedeutung. Seit dem 6. Jh. v. u. Z. wird die Göttin Aphrodite nackt dargestellt, und zwar so, als wäre sie beim Bade von einem Betrachter plötzlich überrascht worden. Der Realismus der Darstellung verleiht der Plastik unverhohlen erotische Reize, die durch die Keuschheitsgeste – mit der Hand bedeckt sie Brüste und Scham – nur scheinbar zurückgenommen, in Wirklichkeit aber gesteigert werden. Die Reize des halbverhüllten weiblichen Körpers werden in der hellenistischen Kunst der folgenden Jahrhunderte immer wieder hervorgehoben. Aus dem Gegensatz von Scham und Verlockung erwächst eine erotische Spannung, in der sich das widersprüchliche Verhältnis zur Frau in der patriarchalischen Kultur des antiken Griechenlands spiegelt.

Römische Antike. Die Römer übernahmen als Kopien griechischer Plastik die in der griechischen Antike geformten Frauentypen der olympischen Göttinnen. Ihr eigener Beitrag ist das Porträt, das aus der in den römischen Patrizierfamilien praktizierten Ahnenverehrung hervorging. Dabei sollte dem Verstorbenen ein Denkmal nicht in einer kanonisch festgelegten Gestalt gesetzt werden, sondern die Familie wollte ein möglichst getreues Abbild seines Antlitzes besitzen. Natürlich handelte es sich in erster Linie um das Konterfei des pater familias. Bei den Porträts römischer Damen wurde die Individualität meist nicht so stark ausgearbeitet. Modische Details wie die Frisur stehen im Vordergrund. Neben den Porträts junger Frauen gibt es auch solche von Matronen. Die Standbilder betonen Würde und Zurückhaltung, aber auch Energie, Qualitäten, die von einer römischen Patrizierin gefordert und erwartet wurden.

Indien. In die ersten Jahrhunderte nach der Zeitwende fällt die Blüte der indischen Plastik. Unter den Skulpturen, die die frühen buddhistischen Tempelbauten schmücken, befinden sich Darstellungen von weiblichen Gottheiten und weiblichen Symbolfiguren, die in Quantität, Qualität der Ausführung und in bezug auf die Bedeutung des symbolischen Gehalts wichtiger sind als die männlichen Figuren. Die Frauengestalten sind oft durch einen Tanzgestus hervorgehoben. Weichheit, Fülle und Grazie des Körpers werden besonders betont.

Spätantike und Mittelalter. Im spätantiken Rom entwickelten sich die christlichen Bildvorstellungen nur langsam, durch das aus der jüdischen Religion übernommene Verbot belastet, daß Glaubensinhalte nicht dargestellt werden dürfen. Die Zeugnisse frühchristlicher Kunst tragen einen dekorativen oder erzählenden Charakter, der stilistisch den spätantiken Wandmalereien und der Sarkophagplastik entspricht. Vereinzelt erscheint gemalt oder als Relief die Gestalt einer betenden Frau, die sog. Orantin.

Die Stellung der Frau im Mittelalter wurde weitgehend von theologischen Lehren bestimmt und ihre Unterdrückung durch religiöse Vorstellungen motiviert. Im Spätmittelalter ergaben sich durch Handwerk und Handel jedoch für die Bürgersfrau bedeutende Handlungsfreiräume. Auf der Kirchensynode von 431 wurde Maria als Gottesgebärerin offiziell anerkannt und so in ihrer spezifischen Rolle in den christlichen Kult mit einbezogen. Es eröffnete sich die Möglichkeit, dem Bild des – in der frühmittelalterlichen Kunst immer als Herrschergestalt aufgefaßten Christus – eine Frauen- und Muttergestalt hinzuzufügen, die die Aufgabe übernahm, als Fürbitterin für die Sünden und Wünsche der Gläubigen zwischen dem irdischen und dem himmlischen Bereich zu vermitteln. Keuschheit und Mutterschaft stehen bei Maria im Widerspruch zueinander, begründen aber gerade den Anspruch religiöser Verehrung.

Die Ikonen der byzantinischen und altrussischen Kirche zeigen die Herrscherin Maria

und vereinen bisweilen mit dem hoheitsvollen Ausdruck eine vorsichtig angedeutete, liebevolle Zuwendung zu dem Kinde.
In den ersten Jahrhunderten nach der Völkerwanderung sind Marien- und damit Frauendarstellungen in Westeuropa zunächst selten. In der romanischen Kunst wird Maria als thronende Herrscherin aufgefaßt. Zunehmend werden in den folgenden Jahrhunderten Szenen aus dem Leben Mariae von bildenden Künstlern aufgegriffen, womit sich die Möglichkeiten, auch alltägliches Geschehen in die sakrale Kunst einzubeziehen, erweiterten. In der Frühgotik entspricht der Typus der Madonna einem mädchenhaften Ideal, wandelt sich im 14. Jh. zum Typus der überaus lieblichen, sog. Schönen Madonna und nimmt am Ende des 15. Jh. die Gestalt einer jungen Bürgersfrau an. Neben der Marienikonographie werden in der Gotik die weiblichen Heiligen und ihre Legenden zu Bildgegenständen; der erzählerische Charakter der bildenden Kunst nimmt zu . Darstellungen von realen Frauen sind im Mittelalter selten, sie treten als Stifterinnen und in der Plastik als Liegefiguren auf Grabtumben auf, ohne porträthafte Züge zu tragen. Alltagsdarstellungen stehen im Mittelalter unter dem Vorzeichen einer allegorischen Bedeutung; so werden zum Beispiel die Monate durch die entsprechenden, jahreszeitlich bedingten Arbeiten wiedergegeben.
Renaissance. Im Spätmittelalter werden die Städte mehr und mehr zu wirtschaftlichen und politischen Machtzentren. Die vergeistigte Ausdeutung christlicher Bildvorstellungen entspricht nicht der Lebenshaltung des Städtebürgertums. Dieses strebt nach künstlerischem Ausdruck seiner mehr rational bestimmten Tätigkeit; Handwerk, Handel und Geldverleih sind in weitaus geringerem Maße abhängig von den Naturkräften als die bäuerliche Produktion im Feudalismus. Entscheidend für den Erfolg ist die Ausnutzung der gegebenen Zeit und Mut zum Risiko in Geldgeschäften. Die Humanisten, Gelehrte und Philosophen, greifen zurück auf antike Quellen und ermöglichen so dem Bürgertum, sich auf eine andere als die kirchliche Tradition zu berufen. Die Naturwissenschaft beginnt sich unabhängig von der Theologie zu entwickeln. Unter diesen Einflüssen verändert sich das Menschenbild in der Kunst; Individualität drückt sich im Porträt aus. Porträtiert werden Adlige und Bürger. Selbständigkeit, Entschlußkraft und die Charaktereigenschaften des Dargestellten werden hervorgehoben. In Botticellis Bildnis einer Dame verbindet sich ausgeprägte Individualität mit dem Schönheitsideal des Künstlers. Untersuchungen der Farbschichten haben ergeben, daß es sich bei dem Heiligenschein, der die Dame – vermutlich die politisch tatkräftige Fürstin Caterina Sforza – zu einer heiligen Katherina macht, um eine spätere Zutat handelt.
Bereichert wird die Kunst in der Renaissance auch durch mythologische Motive, Szenen aus der Geschichte – Geschichtsbewußtsein ist ebenfalls ein Merkmal bürgerlicher Selbstbehauptung – und Allegorien, in denen Frauen häufig als Personifikationen von Abstrakta figurieren, so z. B. in Piero della Francescas „Der Herbst“, wo eine junge Winzerin dargestellt wird, in Botticellis „Frühling“ oder in der „Allegorie der himmlischen und irdischen Liebe“ von Tizian. Desungeachtet nehmen religiöse Themen in der Renaissance einen breiten Raum ein, werden allerdings auch im Sinne eines neuen Menschenbildes umgedeutet. Schönheit und Lieblichkeit der Gestalten und der Landschaft vermitteln in Raffaels Madonnenbildern die religiösen Intentionen; christliche Glaubensvorstellungen werden vom ethischen Ideal des Humanismus durchdrungen. Menschliche Züge wie die Zuneigung zwischen Mutter und Kind werden wichtiger; dennoch bleibt auch darin die Auffassung des Künstlers einem Ideal verpflichtet.
Venezianische Malerei und Manierismus. Die venezianische Malerei entwickelte sich im 16. und 17. Jh. relativ kontinuierlich. Eine warme und nuancenreiche Farbigkeit, die die Sinnlichkeit des Stofflichen wiederzugeben vermag, ist ihr eigen. Mit dem Kurtisanenwesen in Venedig korrespondiert die Darstellung des nackten weiblichen Körpers. Ein Vergleich zwischen der „Schlummernden Venus“ von Giorgione und der „Venus“ von Palma Vecchio macht die Ambivalenz dieser Darstellungen deutlich; Palmas Venus scheint kaum ein Innenleben zu haben. Ihr Körper posiert ausschließlich für den Betrachter. In ähnlicher Weise sind die meisten Frauenakte des Manierismus von einer Reduktion auf die erotische Ausstrahlung ge-

kennzeichnet und bezeugen die einseitige Betrachtungsweise der fürstlichen Auftraggeber, die ihre Paläste mit mythologischen Szenen schmücken ließen (z. B. das Schloß Fontainebleau bei Paris). Mythologische Sujets, in deren Rahmen sich komplizierte Darstellungen von nackten Körpern entfalten lassen – z. B. Frauenraubszenen – sind in Malerei und Plastik sehr beliebt. Der bevorzugte Frauentyp ist schlank, langgliedrig, mit hohem Becken, kugelförmigen Brüsten, langem Hals und weißer Haut. Madonnen und weibliche Heilige geraten in dieser Zeit ins Mondäne.

Barock. Die Kunst des 16. und 17. Jh. ist in Europa von gegenreformatorischen Strömungen geprägt. Themen wie Mariae Himmelfahrt sind in Malerei und Plastik häufig und werden in ihrer Theatralik und Bewegtheit überzeugend gestaltet. Die weibliche Demut, als Ergebnis einer von Generation zu Generation fortlaufend praktizierten Unterdrükkung, wird als beispielhaft für die von der Kirche gewünschte Glaubenshaltung in der Kunst angepriesen. Andererseits werden Frauen weiterhin in mythologischen Szenen dargestellt, deren Erotik im Barock weniger in ihrer Raffinesse als vielmehr in ihrer sinnlichen Fülle liegt. Gemälde und Bauplastik des Barock ahmen die Praxis höfischer Feste zugleich nach, vollenden und überhöhen sie. Mit repräsentativen Kunstwerken begründen feudal-absolutistische Herrscher ihre Autarkie. Im calvinistischen Holland fehlten solche Auftraggeber fast völlig. Unter diesen Umständen entwickelte sich hier zum erstenmal ein Kunstmarkt in größerem Umfang. Die Künstler spezialisierten sich auf ein Genre; sie produzierten nicht im Hinblick auf die Wünsche eines Käufers, den sie kannten, sondern nach den Gesetzen eines anonymen Marktes. Da die Künstler sich an den Wertvorstellungen ihrer bürgerlichen Umwelt orientierten, tragen die Darstellungen ihrer Zeitgenossen einen anderen Charakter als im übrigen Europa. Neben den Bildnissen von bürgerlichen Familien oder einzelnen Damen in der strengen dunklen Tracht der Zeit, zeigen Genreszenen und Interieurs Frauen bei ihren alltäglichen Verrichtungen: Bürgerfrauen, Bäuerinnen und Mägde, deren Tätigkeit aber immer auf den engen Kreis von Haus und Hof beschränkt bleibt. In Rembrandts Werk kommen persönliche Beziehungen zu den Porträtierten stärker zum Tragen. Psychologische Ausdeutung und menschliches Verständnis vertiefen die Porträts seiner Frau Saskia oder die „Danae“, in deren Gestalt sich der sinnliche Reiz des weiblichen Körpers und die Persönlichkeit der Frau nicht trennen lassen.

Vorbildhaft für die europäischen Residenzen des 18. Jh. war die Prachtentfaltung am französischen Königshof in Versailles. Dem Projekt liegt die Idee zugrunde, Plastik und Malerei, Architektur und Gartenbaukunst zu einem Gesamtkunstwerk zu vereinen, das den Rahmen für das höfische Zeremoniell abgibt. Die Skulpturen des Gartens – Allegorien und mythologische Themen – sind programmatisch konzipiert. In ihnen überzeichnet die Vehemenz der künstlerischen Auffassung weibliche und männliche Verhaltensmuster, die dadurch eine paradigmatische Gültigkeit erhalten. Die höfischen Porträts in Barock und Rokoko sind durch die Haltung des Dargestellten, durch Dekoration und Attribute sowie durch die Kleidung ganz auf Repräsentation ausgerichtet. Unter modischem Beiwerk, Frisuren usw. verschwindet insbesondere bei den weiblichen Porträts die Persönlichkeit. Weibliche Schönheit erhöhte ebenso wie Kunst und Luxusgüter den Glanz eines Fürstenhofes. Es wurde üblich, Schönheitsgalerien anzulegen, in denen die porträtierten Damen um die Gunst des Herrschers zu wetteifern scheinen.

Rokoko und Aufklärung. Die steife Haltung des französischen Hochbarock, der die Mode dunkler und kostbarer Brokatstoffe entspricht, wurde in der ersten Hälfte des 18. Jh. vom Rokoko abgelöst, wo mit den helleren Farben der Kleidung und der Innenräume auch die Posen natürlicher wurden. Die Frau spielte in der Kultur des Rokoko eine große Rolle. Sie mußte jedoch bestimmte Erwartungen erfüllen; die Fähigkeit, Konversation zu betreiben, und ein charmantes Auftreten wurden verlangt. Mit besonderer Vorliebe ergötzte sich die vornehme Gesellschaft an den häufigen Darstellungen von Liebesabenteuern, Mädchen, die einen Liebesbrief lesen, u. ä. (Fragonard, Boucher). Die Beziehungen der Geschlechter waren selbst zu einem Gesellschaftsspiel geworden. Dieser überfeinerten, vom französischen Adel getragenen Kultur setzten bürgerliche aufklärerische Gelehrte wie Rousseau und Diderot ihre

Maximen entgegen. Rousseaus Ruf „Zurück zur Natur“ floß jedoch zunächst in die Schäferspiele des Rokoko ein.
Vom englischen Bürgertum und Kleinadel wurde eine neue, einfachere Lebensweise, die dem Ideal der Aufklärer entsprach, vorgeführt. Sie drückte sich in der Mode und in der Landschaftsgestaltung aus. Das Frauenbild des englischen Bürgertums ist naturverbunden und trägt bereits romantische Züge. In Frankreich formuliert der Maler Chardin die Besinnung auf das bescheidene bürgerliche Leben mit seinen intakten menschlichen Beziehungen. So zeigt er zum Beispiel eine Mutter, die ihre Kinder zu Tisch bittet. Durch die Darstellung von einfachen Verrichtungen kann sich die menschliche Würde der Dargestellten um so mehr entfalten. Der Engländer William Hogarth schildert aus der Sicht des Bürgertums mit moralisierender Tendenz „Das Leben einer Dirne“ (Graphikfolge, 1732) und weitere Sujets, die den großstädtischen Vergnügungen der Londoner Gesellschaft entstammen. In seinem Bild „Krabbenmädchen“ (um 1745) zeigt er mit der Unbefangenheit der spätbarocken, sehr malerischen Auffassung eine junge, lebenssprühende und selbstbewußte Frau aus dem Volke. Siebzig Jahre später entstand Goyas „Wasserträgerin“. Sie gewinnt durch die extreme Untersichtigkeit einen monumentalen Charakter. Das Thema der arbeitenden Frau erhält so eine größere Tragweite. Phantastische Überhöhung einerseits und ein Realismus, der auch heute noch betroffen macht, andererseits kennzeichnen Goyas Graphikfolgen. In den „Desastres de la Guerra“ gestaltet Goya nach Augenzeugenberichten die Auswirkungen des Krieges, den das französische Heer Napoleons in Spanien führte. In den „Caprichos“ kritisierte er die spanische Gesellschaft. Frauen erscheinen als Opfer der Inquisition. Zum anderen verschweigt er Berechnung und Dünkel der Frauen nicht. Es wird deutlich, daß Frauen und Männer in dem gesellschaftlichen System, in das sie sich einpassen müssen, gleichermaßen verkrüppeln.

Klassizismus. Unmittelbar vor der Französischen Revolution im Jahre 1784 malte Jacques-Louis David seinen „Schwur der Horatier“. Bei der öffentlichen Ausstellung wurde das Bild begeistert aufgenommen. Die Komposition ist nüchtern und klassizistisch. In der heroischen Szene werden ausdrücklich die Werte, die das vorrevolutionäre Bürgertum für sich in Anspruch nahm – Tugend und Heldenmut – formuliert. Frauen erscheinen auf Davids Bild nur als Assistenzfiguren, die die Emotionalität der Schwurszene aber wesentlich steigern. Während der Revolution (1789–1794) wurden Frauen aus dem Volke auf Stichen häufig dargestellt. Ihre Kleidung, die rote phrygische Mütze, energische Gesichter bringen einen Anspruch auf Gleichberechtigung zum Ausdruck. Genau wie die Männer verteidigten sie die französische Republik gegen innere und äußere Feinde. Für Gemälde waren diese Frauen kaum bildwürdig. Davids „Gemüsehändlerin“ (1794) ist eine Ausnahme.
Im bürgerlichen Porträt aus der Zeit des französischen Kaiserreichs wandelt sich der pathetische Realismus, der Davids Porträts aus der Revolutionszeit innewohnt, zu neuer Vornehmheit und Eleganz. Sie werden jedoch nicht mehr mit der malerischen Pracht des Spätbarock, sondern mit klassizistischer Linearität vorgetragen. Neben die Schlachtengemälde und Apotheosen, die Napoleon und seine Kriegszüge verherrlichen, treten wieder Mythologie und Allegorie. Weibliche Akte werden in klassizistischer Härte und Plastizität dargestellt (Ingres „Das türkische Bad“).

Biedermeier. In Deutschland kam es Ende des 18. Jh. nicht wie in Frankreich zu einer bürgerlichen Revolution. An der bildenden Kunst wird ablesbar, daß das Bürgertum die politische Macht nicht erringen konnte. Der Klassizismus als diejenige Kunstrichtung, in der sich die bürgerliche Staatsidee manifestiert, konnte sich in Quantität und Qualität nicht wie in Frankreich durchsetzen. So entwickelt sich die Kunst des Biedermeier zu einer auf Deutschland (und Österreich) beschränkten Erscheinung. Geschildert werden zumeist die privaten Bereiche im Leben des mittleren und kleinen Bürgertums. Die Schilderungen sind mitteilsam und sachlich, wirken jedoch oft etwas unbeholfen. Familien bzw. Frauen und Mädchen in häuslicher Atmosphäre werden häufig dargestellt. Es ist unverkennbar, daß in den Biedermeierporträts und -interieurs Wertmaßstäbe wie Fleiß, Ordnungsliebe, Anpassung an geltende Regeln und nicht zuletzt an die Rolle der Frau in der Familie herausgestellt werden sollen. Auch die geistige Strömung der Romantik äußerte sich unterschiedlich in Deutschland und Frankreich. In Frankreich ist es das malerische Furioso Delacroix', der von der Welt des Orients hingerissen ist und dennoch mitten in den Geschehnissen der Zeit steht („Die Freiheit führt das Volk auf die Barrikaden", 1830); in Deutschland sind es die Nazarener, die nach Italien auswandern, um dort in der Besinnung auf das Mittelalter ihr Ideal von Leben und Kunst zu finden. Sie malten und zeichneten religiöse Themen, in denen sie ein Frauenbild entwikkeln, das sich inhaltlich und stilistisch an die Renaissance anlehnt, in seiner Schönheit und Milde aber zu einer leeren Hülle geworden ist. In der deutschen Historienmalerei begegnen wir diesem Frauentypus bis in die zweite Hälfte des 19. Jahrhunderts.

Künstler in der 2. Hälfte des 19. Jh. Um die Mitte des Jahrhunderts begannen Maler in Frankreich und Deutschland, sich gegen die Sujets und die künstlerische Auffassung in der offiziellen Malerei zu wenden. Sie lehnten die Vorgabe eines religiösen oder allegorischen Themas ab. Maler wie Blechen und Menzel in Deutschland und die Schule von Barbizon in Frankreich malten ihre Bilder vor der Natur. Die Frische des Eindrucks und die Unmittelbarkeit des Lichtes war den Skizzen und Gemälden anzusehen. Gesellschaftliche Anerkennung erlangten sie durch diese Arbeiten zunächst kaum. Corot malte Frauen in der alltäglichen Umgebung des Hauses, in ihre Tätigkeit vertieft, so, als würden sie nicht beobachtet. Millet interessierte das bäuerliche Leben; er beobachtete die Bäuerinnen bei ihren verschiedenen Arbeiten und setzte sie groß und monumental ins Bild. Seine Auffassung bringt die Ehrfurcht vor der alltäglichen, schweren Arbeit zum Ausdruck. Die Schule von Barbizon bereitete die Malerei der französischen Impressionisten vor. Bei ihnen ist das Bestreben, den Eindruck der atmosphärischen Erscheinungen in der Natur festzuhalten, noch vorrangiger. Ihre Farbenskala ist dementsprechend hell und licht. Die Impressionisten gingen davon aus, daß ihr gesamter Gesichtskreis darstellungswürdig ist. Dazu gehörte die Landschaft ebenso wie das Bildnis, das Atelier, der Garten und die Restaurants der Pariser Vergnügungsviertel, die von Frauen und Männern gleichermaßen bevölkert sind. Degas war fasziniert von der Welt der Tänzerinnen, stellte sie aber nicht nur als attraktive junge Mädchen dar, sondern zeigte auch die Härte und den Stumpfsinn ihres Berufes. Renoir wählte das Thema der Badenden, um den sinnlichen Reiz von Frauenkörpern mit der ihm eigenen malerischen Sensibilität entfalten zu können.

Dem deutschen Maler Wilhelm Leibl gab in seiner Jugend die Begegnung mit dem Werke Courbets (1869, Münchener Glaspalast) einen folgenreichen Anstoß für sein eigenes Schaffen. Später zog er sich in das bayrische Dorf Dachau zurück und zeichnete ein völlig unsentimentales Bild der Menschen aus dieser bäuerlichen Umgebung. Hart und präzise charakterisiert er die kantigen Gesichter der Frauen und Mädchen. Ein besonderes Kolorit geben die bäuerlichen Volkstrachten. Es ist bemerkenswert, daß Max Liebermann, dessen Schaffen in bezug auf das soziale Engagement in den letzten beiden Jahrzehnten des 19. Jh. seinen Höhepunkt erreichte, fast ausschließlich Frauen malte, wenn es darum ging, den arbeitenden Menschen darzustellen. In der zweiten Hälfte des 19. Jh. traten verschiedene europäische Maler mit Arbeitsdarstellungen hervor, z. B. auch Constantin Meunier in Belgien. Liebermanns Bilder wirken aber gerade durch ihre Nüchternheit und die eher zurückhaltende Emotionalität des Künstlers so überzeugend.

Währenddessen behauptete die gleichzeitige offizielle Kunst in Deutschland und Frankreich ein Frauenbild, das – sozial indifferent – die Frau auf ihre Erotik eingrenzte und mit nackten Frauenkörpern gewaltige Kompositionen ausstaffierte, die die Repräsentationsräume des Großbürgertums schmückten. Mit ihnen verwandt sind die um die Jahrhundertwende tausendfach reproduzierten „Elfenreigen".

Die englischen Präraffaeliten prägten nach 1850 den Typus einer mit ornamentalem Beiwerk umgebenen, herben, mädchenhaften Schönheit, die körperliche und seelische Empfindlichkeit ausstrahlt. Sie gingen dabei ähnlich wie die Nazarener von der italienischen Renaissance aus, sahen ihre Vorbilder aber in den Künstlern vor Raffael. Die dämonische und undurchschaubare Frau, die sog.

„femme fatale“, wurde zum Lieblingsobjekt der Symbolisten. Sie reflektierten über das Phänomen des Unterschieds und der Fremdheit der Geschlechter. Im Werk von Edvard Munch fand diese Problematik einen sehr persönlichen Ausdruck.

Künstler im 20. Jh. Die Expressionisten in Deutschland und die Fauves in Frankreich gestalteten in Malerei und Plastik immer wieder Frauen; Frauen waren ihre Modelle. Die Künstler der Brücke überzeichneten die weichen, weiblichen Formen, um eine Zuspitzung des Ausdrucks zu erreichen. Ihre Farbskala entspricht oft nicht dem Naturvorbild. Der Zusammenhang bestimmter Farben kann aber an sich schon Empfindungen beim Betrachter wachrufen. Die Körper der Frauen, die sie malen, haben nichts Ideales. Die Expressionisten zeigen ihre Modelle, die ja meist den unteren sozialen Schichten entstammten, vorrangig unter dem Aspekt der Kreatürlichkeit. Die Darstellung von Frauen bzw. der weibliche Akt schließt immer auch die Frage nach dem Verhältnis von Mensch und Natur ein. Für Matisse scheinen die Auseinandersetzungen um solche Fragen weniger konfliktreich verlaufen zu sein. Seine Abstraktionen des weiblichen Körpers zeugen von einer vollkommenen Beherrschung des Künstlerisch-Formalen, so daß sich selbst stark abstrahierte Einzelformen zu einem arkadischen Gesamteindruck zusammenschließen. Picassos Werk ist in bezug auf Frauendarstellungen sehr vielgestaltig. Über eine klassizistische Auffassung und den Kubismus gelangte er zu abstrakteren Formen. Indem bestimmte Ansichten – z. B. eines Gesichtes – auf derselben Bildfläche erfaßt werden, entsteht ein neues, reicheres Gebilde. Das Bild der Frau bzw. des Menschen wird jedoch von der künstlerischen Absicht so gewaltsam überformt, daß ein verbindliches und zeit- oder klassentypisches Ideal in der Kunst Picassos und anderer Künstler der spätbürgerlichen Moderne nicht mehr festgeschrieben werden kann. In den Graphiken seiner letzten Lebensjahre reflektiert Picasso über das Thema Frau und Voyeur, wobei sich ihm die Frauen frei von Hemmungen, und dadurch dem männlichen Betrachter überlegen, darstellen. Bei Jean Dubuffet und Willem de Kooning wird ebenso wie bei Picasso die Deformation oder Abstraktion des weiblichen Körpers auch zu einem Mittel der Charakterisierung und Hervorhebung von bestimmten Gesichtspunkten, die den Künstler interessieren. In ihren halbabstrakten Frauenbildern beschäftigt diese Künstler nicht so sehr die Ausdeutung des Weiblichen, wie das bei den Symbolisten der Fall war, als eines rätselhaften Naturphänomens. Die Frauen in ihren Bildern vereinigen in ihrer oft verzerrten, aber sehr lebendigen Gestalt Reflexionen des Künstlers über das Verhalten und die Verhaltensmuster wirklicher Frauen. Bei dem Hauptvertreter der Pop-art, Andy Warhol, liegt der Schwerpunkt in seiner Marilyn-Monroe-Serie auf der Verfremdung eines Frauenidols, das von den Massenmedien propagiert wurde.

In der deutschen Plastik gab es seit dem Ende des 19. Jh. eine Tradition, die dem Menschenbild gerade in seiner ethischen Tragweite verpflichtet war. In ihr wurzelt das Werk von Bildhauern wie Kolbe, Lehmbruck, Kaspers, Marcks, Ernesto de Fiori u. a. Ihre Skulpturen oder Bronzegüsse tragen nur selten porträthafte Züge. Der Akzent liegt auf einer verallgemeinerten, aber psychologisch differenzierten Aussage. Gerade in der Aktdarstellung wird für den Künstler eine solche Vertiefung möglich. Die sitzenden und liegenden Frauengestalten oder Mütter mit Kindern, die der englische Bildhauer Henry Moore schuf, sind dagegen mehr von den Ausdrucksqualitäten plastischer Formen und ihrer Wirkung im freien Raume bestimmt. Neben verschiedenen anderen Strömungen ist die gegenständlich-sachliche Auffassung für die Malerei der 20er Jahre in Deutschland kennzeichnend. Otto Dix, Christian Schad u. a. übertrieben diese Haltung bis zur Verzerrung als Ausdruck einer engagierten Gesellschaftskritik von seiten der Intellektuellen, was in einem Bild wie „Frau mit Kind“ (1921) von Otto Dix deutlich wird. Frauen aus dem Dirnenmilieu und Frauen aus den unteren sozialen Schichten werden mit besonderer Vorliebe dargestellt. Mit derselben überscharfen Sicht sind die Porträts gemalt. In den Bildern Hans Baluscheks sind die Konturen weicher und die Farben gedämpfter. Ihm ist nicht nur an der Kritik, sondern vor allem daran gelegen, für die dargestellten Frauen Partei zu ergreifen. Die Schwere des Fabrikalltags, der auf den Arbeiterinnen lastet, aber auch ihre Stärke hatte er schon in dem Bild „Proletarierinnen“ von 1900 zum Thema gewählt. 1928 malte er einen „Sommerabend“ des Großstadtproletariats. Hinter den letzten Mietshäusern des Stadtrandes genießen Menschen auf einem Stück Ödland die Erholung am Abend. Sella Hasse beschäftigte sich in einer Graphik mit dem § 218. Für die Unterdrükkung der Frau durch das Abtreibungsverbot der bürgerlichen Gesetzgebung fand sie die Metapher einer schwangeren Frau, die ans Kreuz geschlagen ist.

Kunstprozesse in der Sowjetunion. Die Kunstprozesse in der Sowjetunion vollzogen sich nicht ohne Schwierigkeiten. Viele russische Künstler begrüßten die Oktoberrevolution mit Enthusiasmus und widmeten ihre ganze Kraft der Neugestaltung des kulturellen Lebens. Die angewandte Kunst diente der Aufklärung des Volkes und der Agitation. Die Plakatgestaltung erlebte einen großen Aufschwung. Photographen dokumentierten viele Seiten im Leben der Menschen, den wirtschaftlichen Aufbau und die Massenkundgebungen. Sie zeigen Menschen, die in einer Volksküche essen, oder alte Leute, denen zum ersten Mal das Licht einer Glühlampe entgegenstrahlt. In die angewandte Kunst wurden konstruktivistische oder stark vereinfachende Formen eingebracht. Daneben gab es Strömungen, die in der russischen realistischen Malerei des 19. Jh. wurzelten. Seit dem Ende der 20er Jahre wurden diese Tendenzen gefördert. Bisweilen näherten sie sich einer naturalistischen Auffassung, wie z.B. in M.W. Nesterows Porträt Wera Muchinas von 1940. Alexander Deineka hat durch viele staatliche Auftragswerke die sowjetische Kunst entscheidend mitgeprägt. Fast noch am Anfang seines Schaffens steht „Die Verteidigung von Petrograd“ (1927). Frauen erscheinen auf diesem Bild gleichberechtigt neben den männlichen Kämpfern. In der Mitte des Bildes ist eine Gruppe von jungen Frauen dargestellt, die mit geschulterten Gewehren vorwärtsschreiten. Durch die scharfen Konturen, die die Gestalten der Männer und Frauen umreißen, und die Kargheit der Landschaft erhalten die Gestalten einen Ausdruck von ruhiger Gewißheit und denkmalhafter Zuständlichkeit. Die Rhythmisierung der bildnerischen Komposition veranschaulicht der Schrittrhythmus der Marschierenden. In Deinekas Werk ist künstlerische Überzeugungskraft mit der Parteinahme für die sozialistische Revolution verbunden. Neben den Darstellungen von Frauen in historisch bedeutsamen Zusammenhängen, der Frau am Arbeitsplatz oder in denkmalhafter Gestaltung werden Frauen in der sowjetischen Kunst auch in ihrer häuslichen Umgebung, in der Familie oder als Mutter gezeigt.

Künstler in der DDR. Nach dem Ende des zweiten Weltkrieges entstanden bedeutende Kunstwerke, in denen der unbedingte Aussagewille der Künstler zu großer inhaltlicher und formaler Konzentration führte. Mit ihnen nimmt die Kunstentwicklung in der DDR ihren Anfang. Frauengestalten strahlen Gefühle wie Schmerz und Trauer, die die Menschen nach dem Krieg beherrschten, besonders eindringlich aus. Wilhelm Lachnit schuf in der gebeugten Frau auf seinem Bild „Tod von Dresden“ (1945) eine metaphorische Gestalt, die das Elend, das der imperialistische Krieg über die Bevölkerung gebracht hatte, zum Ausdruck bringt. Ein ähnliches Anliegen verfolgt Walter Arnold mit der Holzskulptur einer stehenden, in sich versunkenen Frau, die er „Das Leid“ nannte (1946). Diese Erfahrungen des Schmerzes sind in den drei Jahre später entstandenen Bronzekopf einer reifen, mütterlichen Frau („Das Leben“) von Eugen Hoffmann eingegangen. Fassungslosigkeit und Bestürzung jedoch sind überwunden. Gerade durch die Erfahrung des Leides aber gewinnt Hoffmann eine unerschütterliche Kraft zur Bejahung des Lebens, das diese Frauengestalt in ihrer ganzen Schwere und Fülle verkörpert. Max Lingner, der fast 20 Jahre in Frankreich gelebt hatte, stellte Frauen und Mädchen häufig dar, ohne sie jedoch mit dem Anspruch auf weltanschauliche Tiefe zu betrachten. Er zeigt sie bei ihrem fröhlichen Tun, singend oder bei gemeinsamer Rast. Ihr modischer Schick gibt ihnen ein Zeitkolorit, wodurch aber der Ausdruck von Unbeschwertheit und Heiterkeit in keiner Weise banalisiert wird. Auch Max Lingner reagierte mit Betroffenheit auf die Auswirkungen des Krieges. 1946 entstand das Bild „Zwei Kriege – zwei Witwen“. Rückgreifend auf die Motive des Leides und der Trauer schufen Ende der 50er Jahre Fritz Cremer und Will Lammert für die Gedenkstätte des ehemaligen Frauenkonzentrationslagers in Ra-

vensbrück bzw. für die Gedenkstätte des KZ Mauthausen (in Österreich) Frauengestalten, die in ihrem Ernst und in ihrer aufrechten Haltung an die Opfer des Faschismus gemahnen.
Zentrales Thema der sozialistisch realistischen Kunst ist das Bild des arbeitenden Menschen. Auch die DDR-Kunst der 50er und 60er Jahre ist reich an heroisierenden Darstellungen des Arbeiters und anderer werktätiger Menschen. 1962 malte Eva Schulze-Knabe die Weberin und Volkskammerabgeordnete Else Hentschke. Aus dem Bildnis in seiner Schlichtheit spricht die Achtung der Malerin vor der Dargestellten und die persönliche Beziehung zu ihr. Die lange Bekanntschaft der beiden Frauen, die sich 1933 in einem Konzentrationslager kennengelernt hatten, floß mit ein. Auf den Diskussionsbildern, die für die Kunst der DDR typisch geworden sind, erscheinen Frauen nicht so häufig wie Männer, was z. T. sicher der tatsächlich geringeren Beteiligung von Frauen an den verschiedenen gesellschaftlichen Auseinandersetzungen, Planberatungen usw. entsprach. In Rudolf Berganders „Hausfriedenskomitee" (1952) z. B. befinden sich Frauen unter den Zuhörenden, den Lernenden. Wolfgang Mattheuers „Ausgezeichnete" (1973/74) markiert einen Bruch mit der traditionellen Auffassung des arbeitenden Menschen. Indem er die Aussage über das nur Abbildhafte hinaus steigert, liefert er einen Ansatz zur Neubefragung dieses Bildtypus. Verwandtes leistet im Porträt der Hallenser Uwe Pfeifer, dessen Bilder u. a. auch eine Selbsterkenntnis ermöglichen sollen; im „Bildnis Gisela" (1980) überantwortet sich beispielhaft eine noch junge Frau, die aber schon die Spuren ihrer Arbeit, ihrer Erfahrungen, Enttäuschungen und Eitelkeiten trägt, dem Spiegel.
Generell setzte sich in den 70er Jahren in der DDR-Kunst eine stärkere Problemorientierung durch, die sich auf Fragen und Zusammenhänge in der sozialistischen Gesellschaft sowie auf verschiedene aktuelle und historische Ereignisse bezieht. In den großformatigen Figurenbildern vor allem der Leipziger Maler und Willi Sittes figurieren Frauen oftmals in angestammten Rollen, bei Sitte als Verkörperungen von betont kraftvoller (und daher gesunder) Sinnenlust oder bei Volker Stelzmann als schmerzgepeinigte Mutter („Pietà", 1981). In den Aktdarstellungen macht sich eine allmähliche Schwerpunktverschiebung bemerkbar, indem auch hier verstärkt über das kompliziert gewordene Verhältnis von Mensch und Umwelt, über die Bedrohung des Lebens reflektiert wird und daher das Motiv der Gefährdung nicht selten anklingt (S. Grzimek, „Mutter und Kind", 1976/81). Für Curt Querner war in den 50er und 60er Jahren gerade der Körper der arbeitenden Frau, der Bäuerin, darstellungswürdig gewesen. In seinen Frauengestalten bleibt, obwohl sie nackt sind, der soziale Hintergrund belangvoll. In jüngerer Zeit wählte der Berliner Maler Lothar Böhme mit besonderer Vorliebe das weibliche Modell – ein traditionelles Verhalten, das viele zeitgenössische Künstler mit dem Impressionismus und Expressionismus verbindet. Die Frauendarstellungen oder die an weibliche Formen angelehnten Skulpturen des Dresdner Bildhauers Peter Makolies nähern sich in ihrer kubischen Strenge dem Charakter von Idolen, der aber immer durch einen komischen oder ironischen Unterton gebrochen wird. So spielen selbst in scheinbar einfache Frauendarstellungen vielfach andere Momente hinein, in denen sich die individuelle Sicht und Handschrift des jeweiligen Künstlers ausdrückt. Einen großen Anteil an der Formulierung des Frauenbildes in der DDR-Kunst haben sicherlich auch die Künstlerinnen.

Künstlerinnen

Bis in das ausgehende Mittelalter sind nur vereinzelt Künstlernamen überliefert. Die gesellschaftliche Wertschätzung bildender Künstler war in Antike und Mittelalter bis auf Ausnahmefälle gering, weil sie nicht so sehr als schöpferisch tätige Menschen, sondern vielmehr als dienende Handwerker angesehen wurden. Ihre Stellung stand in keinem Vergleich etwa zu derjenigen eines Schriftstellers oder Dichters, denn dessen Schaffen beruhte auf geistiger Tätigkeit, welche den Angehörigen der herrschenden Schichten vorbehalten blieb.
Die geringe Zahl überlieferter Namen von Künstlerinnen findet natürlich auch ihre Erklärung ganz allgemein in der gesellschaftlichen Unterdrückung der Frau, in den be-

schränkten Möglichkeiten, einen Beruf auszuüben, der körperlichen Anstrengung in manchen Handwerken und nicht zuletzt in der stärkeren Einbindung in die Familie sowie in der Tatsache, daß die Arbeit der Frauen selten eigenständig war und die Produkte die Werkstatt unter dem Namen des Familienvorstandes verließen.

Textil- und Buchkunst im Mittelalter. In den frühen Kulturen gab es, basierend auf der Arbeitsteilung zwischen Mann und Frau, Handwerke, die nur von Frauen ausgeübt wurden. In gewissem Umfange zählen dazu die Töpferei und sämtliche Textilarbeiten wie Spinnen, Weben, Knüpfen usw. Es ist anzunehmen, daß die künstlerischen Arbeiten, die auf diesen Handwerken aufbauen, ebenfalls von Frauen übernommen wurden. Diese Tradition hat sich, was das Textilhandwerk angeht, über Jahrtausende bis in unsere Zeit erhalten. Leider sind Textilien so leicht verderblich, daß nur wenige Zeugen aus der Vergangenheit auf uns gekommen sind. Das gilt selbst noch für die Textilkunst des Mittelalters. Im Mittelalter waren Fürstenhöfe und Nonnenklöster Zentren weiblichen Kunstschaffens. Die Nonnen beschäftigten sich vor allem mit der Anfertigung von Textilien für den liturgischen Gebrauch (Paramente). Sie stellten Meßgewänder für die Priester und verschiedene Ausstattungsstücke für gottesdienstliche Handlungen her. Wegen der engen Verbindung dieser Gegenstände mit der kirchlichen Messe muß ihre Arbeit allgemein sehr hoch geschätzt worden sein. Nur selten begegnen uns dagegen die Namen der Künstlerinnen, oder sie können nicht mit den noch vorhandenen Werken in Zusammenhang gebracht werden. So geben die Quellen bei dem Quedlinburger Knüpfteppich zwar darüber Auskunft, daß Äbtissin Agnes II. seine Auftraggeberin war; über die Namen derer, die ihn geknüpft haben, sagen sie nichts. Als Beispiel für die künstlerische Betätigung der Frauen an den Fürstenhöfen sei der Teppich von Bayeux genannt (Ende 11.Jh.), eine Leinenstickerei, die von der Königin Mathilde und ihren Hofdamen angefertigt wurde und Szenen aus dem englisch-französischen Krieg zeigt. Im Spätmittelalter wurde die Herstellung von Textilien mehr und mehr vom städtischen Handwerk übernommen, auch die Produktion von Luxuswaren aus Seide, Stickereien u. a. Hier waren häufig Frauen tätig. Mitunter arbeiteten sie sogar als selbständige Handwerksmeisterinnen. In der Textilbranche gab es Zünfte, denen ausschließlich Frauen angehörten. Allerdings wurden Frauen um die Wende des 15. zum 16. Jh. wegen des zunehmenden Konkurrenzdruckes unter den Handwerksmeistern aus der qualifizierten Berufsarbeit verdrängt.

In den folgenden Jahrhunderten verlor sich die wirtschaftliche Bedeutung der heimischen Textilherstellung und -veredelung fast völlig. Das Manufakturwesen und die Industrie mit ihren schnelleren und billigeren Fertigungsmethoden machten sie überflüssig. In den mittelalterlichen Nonnenklöstern wurde neben der Textilkunst auch die Buchkunst, d. h. Kalligraphie und Miniaturmalerei, gepflegt. Wie groß der Anteil des weiblichen Kunstschaffens auf diesem Gebiet ist, läßt sich kaum einschätzen. Man kann annehmen, daß ein Teil von den aus Frauenklöstern stammenden Handschriften auch von Frauen ausgeführt worden ist. Einige Namen sind überliefert; danach wirkten die Nonnen sowohl als Schreiberinnen wie auch als Malerinnen; einige wenige hinterließen in den von ihnen angefertigten Handschriften sogar ihr Bildnis.

Künstlerinnen in Spätmittelalter, Renaissance und Barock. Gegen Ende des Mittelalters verlagerte sich das Kunstschaffen mehr und mehr in die Städte, wo zunftmäßig organisierte Maler und Bildhauer, Miniaturmaler und Kunsthandwerker arbeiteten. Die erste bürgerliche Frau, die genannt wird, ist Ida van Meckenem. Sie soll in der Werkstatt ihres Mannes, des Kupferstechers Israel van Meckenem, ebenfalls als Kupferstecherin gearbeitet haben (15. Jh.). In der Früh- und Hochrenaissance sind Namen von Künstlerinnen sehr selten. Wahrscheinlich hängt das mit den Zunftbeschränkungen für Frauen zusammen. Dann verbesserte die Unabhängigkeit des bildenden Künstlers von der Zunft die Chancen von Frauen, die einen künstlerischen Beruf wählen wollten, denn in der Renaissance hatte sich das Weltverständnis entscheidend gewandelt. Auf die Künste wirkte sich das so aus, daß sich die Künstler in ihrem Schaffen nicht mehr nur auf die jahrhundertealte Handwerkstradition beriefen, sondern selbst Naturstudium betrieben. Daraus erwuchs ein neues Selbstbewußtsein, das die Schranken beseitigte, die dem Künstler die Zugehörigkeit zu einer Handwerkszunft auferlegte. In Italien vollzog sich dieser Prozeß am schnellsten. So ist es erklärlich, daß aus dem 16. und 17. Jh. verschiedentlich italienische Künstlerinnen bekannt sind. Meist stammen sie aus Künstlerfamilien, denn für die Frau, die nicht als Tochter eines Künstlers geboren worden war, war es bis ins 18. Jh. hinein so gut wie unmöglich, eine Ausbildung zu erhalten. Der Druck moralischer Vorbehalte verhinderte, daß ein Mädchen das Elternhaus verließ und zu einem fremden Meister oder an einem anderen Ort in die Lehre ging.

Die Künstlerinnen im Italien des 16. und 17. Jh. konnten bisweilen hinsichtlich ihrer Bewegungsfreiheit größere Ansprüche stellen. Das Bildungsideal der Renaissance ermöglichte auch den Frauen größere Spielräume. Die Abhängigkeit von der Familie blieb jedoch dominant. Tintoretto z. B. veranlaßte seine Tochter Marietta Robusti (um 1550–1590?), die bei ihm ausgebildet worden war und eine besondere Begabung in der Porträtmalerei erkennen ließ, die Einladungen des spanischen Hofes und das Kaisers Maximilian, als Porträtistin zu arbeiten, auszuschlagen und verheiratete sie stattdessen. Ihr beruflicher Erfolg war damit zunichte gemacht. Nach vierjähriger Ehe starb sie im Kindbett. Scfonisba Anguissola (1535 oder 1540–1625) gehörte keiner Künstlerfamilie an. Sie wurde in einen Künstlerhaushalt in Pension gegeben. Ebenso wie Lavinia Fontana (1552–1614) war sie für den spanischen Hof tätig, wo man offensichtlich eine Vorliebe für weibliche Künstler hegte. Artemisia Genteleschi (1593–1652) führten ihre Reisen u. a. bis nach England. Anfangs ist ihr Stil von den grellen Lichteffekten der Caravaggio-Nachfolge bestimmt. Mehrmals gestaltete sie eine alttestamentliche Szene: Judith tötet Holofernes, den Heerführer, der ihre Heimatstadt belagern läßt. Ein Spätwerk Artemisia Genteleschis ist die Heilige Magdalena. Gegen die dramatischen Hell-Dunkel-Szenen ihres früheren Schaffens wirkt es sanft und beruhigend. Stärker als bei Artemisia Genteleschi klingen in den Bildern von Elisabetta Sirani (1638–1665) barocke Stilelemente an. Sie versuchte, eine Schule für Malerinnen ins Leben zu rufen. Ihr früher Tod machte dieses Vorhaben zunichte. Diesem Zeitabschnitt gehört auch die niederländische Malerin Mechtilt toe Boecop (um 1515–1578) an, von der eine Abendmahlsdarstellung und die vier Evangelisten bekannt sind, sowie die Portugiesin Josefa de Ayala (um 1630–1684). Diese Künstlerinnen gestalteten vielfigurige Kompositionen, eine Tatsache, die deshalb Beachtung verdient, weil sich Frauen in den folgenden Jahrhunderten aus verschiedenen Gründen meist mit den weniger geachteten und geringer bezahlten Fächern der Stilleben- und Porträtmalerei beschäftigten. Weiterhin ist es bemerkenswert, daß – was die Zahl der namentlich bekannten Künstlerinnen betrifft – im 16. und 17. Jh. Italien und die Niederlande an der Spitze stehen, in einer Zeit also, in der die Malerei in diesen Ländern in Blüte stand. Obwohl es im 17. Jh. in Holland zahllose Maler gab, hat diese starke Konkurrenz auf dem sich hier erstmals ausbildenden freien Kunstmarkt nicht vermocht, die weiblichen Talente zu verdrängen. Judith Leyster (1609–1660) war die Tochter eines Haarlemer Bierbrauers. Sie trat in die Werkstatt des Frans Hals ein, dessen Stil sie sehr stark beeinflußt hat, so daß ihre Bilder lange Zeit mit denen des Frans Hals verwechselt wurden. 1633 wurde sie in die Haarlemer Lukasgilde (Malergilde) aufgenommen. Sie heiratete erst relativ spät. Mit ihrem Mann, der ebenfalls Maler war, zog sie wegen der günstigeren Wirtschaftslage zunächst nach Amsterdam, dann nach Heemstede. Zwischen 1629 und 1635 lag die Zeit ihrer größten künstlerischen Produktivität. Sie schuf Genreszenen bzw. einzelne Musikanten oder Zecher, wie sie in der holländischen Malerei häufig als Allegorien auf einen der fünf Sinne aufzufassen sind. Die Malweise ähnelt der des Frans Hals.

Möglicherweise hat die Spezialisierung auf bestimmte Sujets und die Beschränkung auf kleine Formate die Tätigkeit von Künstlerinnen in Holland besonders gefördert. Als Malerinnen von Blumenstilleben sind Maria van Oosterwyck (1630–1693) und Rachel Ruysch (1669–1750) zu nennen. Die Stilleben van Oosterwycks betonen Zartheit und Genauigkeit in der Darstellung, während Rachel Ruysch ihre Blumenarrangements in der großzügigeren Auffassung des Spätbarocks gestaltet. Im Werk der deutschen Malerin und Zeichnerin Maria Sibylla Merian

(1647–1717) verbinden sich künstlerisches Talent und wissenschaftliche Forschungsarbeit miteinander. Sie erhielt früh Unterricht in der Malerei, heiratete 1665 einen Schüler ihres Stiefvaters. Als sich die beruflichen Hoffnungen ihres Mannes nicht verwirklichten, mußte Maria Sibylla Merian mit dem Bemalen von Tischdecken und der Ausbildung von Schülerinnen in diesem Fach den Unterhalt der Familie bestreiten. Schon zu dieser Zeit interessierte sie sich für Insektenkunde und Botanik und veröffentlichte zwei Bücher. 1699 konnte sie zusammen mit ihrer Tochter Dorothea (die später einen Maler namens Gsell heiratete und mit ihm an den Petersburger Hof ging, wo sie als Malerin tätig war) an einer Expedition nach Surinam teilnehmen. Zwei Jahre lang studierte sie dort die tropische Insekten- und Pflanzenwelt und zeichnete eine Vielzahl von Arten. Nach ihrer Rückkehr veranstaltete sie in Amsterdam eine aufsehenerregende Ausstellung ihrer Forschungsergebnisse. 1705 erschien ihr darauf basierendes Hauptwerk „Metamorphosis Insectorum Surinamensium". Im katholischen Teil der Niederlande entwickelte sich die Malerei im 17. Jh. unter anderem Vorzeichen. Susanna van Steenwyck spezialisierte sich auf das Malen von Kircheninterieurs. Bei den Auftraggebern waren größere Bilder mit mythologischen und allegorischen Sujets gefragt. Eine Vertreterin dieser theatralischen, aber künstlerisch überzeugend dargebotenen flämischen Barockmalerei ist auch Micheline Woutiers. Zur gleichen Zeit war in Spanien eine Bildhauerin tätig, die zum Titel einer Hofbildhauerin gelangte. Luisa Roldán (1656–1704) war Mitglied einer Bildhauerfamilie und Schülerin ihres Vaters. Sie schuf Plastiken mit religiösen Themen. Als Material bevorzugte sie Terrakotta. Wie viele Barockplastiken, so waren auch die ihren bemalt, um den Eindruck größtmöglicher Natürlichkeit hervorzurufen und besonders eindringlich zu wirken. Die ausgesprochen naturalistische Auffassung, die sonst in der spanischen Plastik allgemein üblich war, teilte sie jedoch nicht.

Künstlerinnen im 18. Jh. Im 18. und 19. Jh. ging die Bedeutung Italiens und der Niederlande für das weibliche Kunstschaffen zurück. Rosalba Carriera (1675–1757) war zwar Italienerin und blieb, eine größere Reise ausgenommen, ihrer Heimatstadt Venedig treu, ihre Kunst trägt jedoch die Züge des von Frankreich ausgehenden Spätbarock. In ihrer Jugend bemalte sie Tabakdosen mit Miniaturen, die damals als Geschenke sehr beliebt waren, um zum Lebensunterhalt der Familie beizutragen. Später verlegte sie sich ganz auf die Pastellmalerei und porträtierte viele bekannte Persönlichkeiten. Die Technik des Pastells verbindet den samtigen Schimmer und die weiche, malerische Wirkung der farbigen Kreiden mit dem raschen Auftrag beim Zeichnen, wodurch das Dargestellte besonders lebhaft erfaßt wird. Ihre scheinbare Leichtigkeit entsprach ganz dem Geschmack der Zeit. Rosalba Carrieras Virtuosität in der Pastellmalerei brachte ihr einen großen Ruf ein, so daß sie viele Porträtaufträge erhielt.
Bereits in die zweite Hälfte des 18. Jh. fällt die Schaffenszeit von Anna Dorothea Therbusch (1721–1782), Angelika Kauffmann (1741–1807), Adelaide Labille-Guiard (1749–1803) und Elisabeth Vigée-Lebrun (1755–1842). Anna Dorothea Therbusch war die Tochter des Berliner Malers Lisiewski. Erst 1760 trat sie als Künstlerin in die Öffentlichkeit. Sie wurde Hofmalerin in Stuttgart und Mannheim. Der Erfolg stellte sich rasch ein. Gelegentlich einer Parisreise 1765 wurde sie zum Mitglied der Pariser Akademie ernannt. Ihr „Selbstbildnis mit dem Einglas" entstand 1780; seit 1769 lebte sie wieder in Berlin. Die persönliche Intention des Bildnisses läßt Interieur und Zeitkostüm nebensächlich werden. Durch die Geste, sich das Einglas gleich einer Lupe vor das Auge zu halten, wird der Anspruch auf Selbstbefragung und Selbstdarstellung, den die Malerin hier artikuliert, noch unterstützt. Angelika Kauffmann wurde ebenfalls von ihrem Vater in der Malerei ausgebildet. Zusammen mit ihm unternahm sie Reisen, die sie durch ganz Europa führten. Mit dem 1764 gemalten Porträt Winckelmanns war sie früh erfolgreich gewesen. Ab 1766 lebte Angelika Kauffmann in England. Die Mitglieder der High Society sahen in ihr aber nicht nur die talentierte Künstlerin, die ihre Aufträge ausführte, sondern apostrophierten sie als Muse, als Personifikation der Malerei. Solche schwärmerischen Gleichsetzungen sind heute kaum mehr verständlich. Für Angelika Kauffmann mußten sie zugleich auch unangenehme Seiten haben. Ihr Privatleben

wurde zum Gesprächsstoff, an dem die englische Oberschicht ihre Klatschsucht befriedigte. Nach einer gescheiterten Ehe heiratete sie 1781 den Maler Antonio Zucchi und zog mit ihm zusammen nach Rom, wo ihr Haus zu einem Anziehungspunkt für Künstler und Intellektuelle wurde. Goethe lernte sie auf seiner Italienreise dort kennen. Adelaide Labille-Guiard und Elisabeth Vigée-Lebrun arbeiteten etwa zur gleichen Zeit in Paris und schufen vor allem Porträts. Während und nach der Französischen Revolution reiste Vigée-Lebrun durch Europa und wurde zu einer der erfolgreichsten Porträtistinnen ihrer Zeit. Sie suchte jedoch immer wieder, die Motivation der Darstellung durch eine mythologische Einkleidung zu erweitern, indem sie z.B. eine Dame in das Gewand einer Sibylle hüllte u. ä. Sowohl Angelika Kauffmann als auch Vigée-Lebrun genügte die Porträtmalerei nicht. Sie strebten danach, Historienbilder zu malen, die wegen des ideellen Anspruchs der historischen oder mythologischen Sujets von Käufern und Auftraggebern höher geschätzt wurden. Heute jedoch sind die antiken und allegorischen Frauengestalten der Angelika Kauffmann in ihrer Bedeutung verblaßt und werden als qualitativ minderwertig gegenüber den Porträts angesehen.

Künstlerinnen im 19. Jh. Auch im 19. Jh. sind vielfigurige Historiengemälde nur selten von Frauen geschaffen worden. Das hatte eine historisch-gesellschaftliche Ursache. Bis ins 20. Jh. hinein war Frauen das Studium an den Kunstakademien – wie ja auch generell an den Hochschulen – untersagt. Natürlich gab es einzelne Ausnahmen wie z.B. die den Nazarenern nahestehende Konstanzer Malerin Maria Ellenrieder (1791–1863), die 1813 auf besondere Fürsprache des Akademiedirektors in die Münchner Akademie aufgenommen wurde. Hinzu kommt jedoch noch, daß Frauen aus Schicklichkeitsgründen vom Aktstudium ausgeschlossen blieben. Dieser Tatbestand änderte sich durchgreifend in Deutschland erst nach dem ersten Weltkrieg. Aber gerade das Aktstudium als Grundlage der Malerei ermöglichte dem zukünftigen Künstler die Bewältigung vielfiguriger Kompositionen. Dennoch waren die institutionellen Beschränkungen nur eine Seite der Benachteiligung von Künstlerinnen gegenüber den männlichen Künstlern. In den bürgerlichen Schichten, deren Töchter zum Studium drängten, galt die Berufstätigkeit der Frau als unstandesgemäß. Frauen, insbesondere unverheiratete, wurden durch den bürgerlichen Moralkodex in unvorstellbarer Lebensfremdheit und Unerfahrenheit gehalten, und Kunst basiert nicht nur auf einer guten Ausbildung, sondern vor allem auch auf menschlicher Reife. Die französische Tiermalerin Rosa Bonheur (1822–1899) begnügte sich nicht damit, Bilder von intimem Format zu malen, sie drängte danach, bewegte Szenen auf großen Formaten zu gestalten. Ihre Studien führten sie auf die Pferdemärkte und in die Schlachthöfe, wo sie Skizzen anfertigte. Um Belästigungen zu entgehen, erwirkte sie 1852 die offizielle Erlaubnis, Männerkleidung tragen zu dürfen.

Das Dilettieren in Kunst und Kunstgewerbe, wenn es nicht zum Beruf wurde, war den sog. höheren Töchtern nicht nur erlaubt, sondern gehörte sogar zur Ausbildung eines Mädchens. Die einer Beamtenfamilie entstammende französische Impressionistin Berthe Morisot (1841–1895) hatte bereits in ihrer frühen Jugend Zeichenunterricht erhalten. Durch Corots Freilichtmalerei und durch Manet empfing sie wichtige Anregungen. Seit 1874 stellte sie mit den Impressionisten zusammen aus. Ihre Palette ist hellfarbig. Die Sujets ihrer Bilder sind in den bürgerlich alltäglichen Lebensbereichen angesiedelt. Sie zeigen Menschen in lichtdurchfluteten Zimmern oder im Freien, die Muße haben und ihrem Zeitvertreib nachgehen. Besonders gern malte sie junge Frauen und Kinder. 1866 kam die US-Amerikanerin Mary Cassatt (1844–1926) nach Europa, um die Kunst der alten Meister zu studieren. 1874 schloß sie sich in Paris ebenfalls dem Kreis der Impressionisten an. Auch die norwegische Malerin Harriett Backer (1845–1932) wurde von der französischen Kunst entscheidend beeinflußt, als sie sich in den 80er Jahren des vorigen Jahrhunderts in Paris aufhielt. Nach ihrer Rückkehr nach Norwegen gründete sie eine Malschule, die sie von 1890–1909 leitete, und vermittelte damit der künstlerischen Entwicklung in ihrer Heimat wesentliche Impulse. Private Malschulen ersetzten z. T. die Ausbildung an den staatlichen Akademien. Sie konnten aber nur den Mädchen aus begüterten Familien eine Chance geben. Paula Becker, Käthe Kollwitz

und Gabriele Münter haben solche privaten Kunstschulen besucht.
In mehrerer Hinsicht bemerkenswert unter den Künstlerinnen ihrer Zeit ist die französische Zeichnerin und Malerin Suzanne Valadon (1865–1938). Als uneheliche Tochter einer Proletarierin unterlag sie nicht der üblichen, durch die bürgerlichen Moralvorstellungen bedingten Reglementierung in der Familie. Ihre soziale Herkunft legte ihr keine Beschränkung in bezug auf ihre Erfahrungswelt auf. Als sie mit 20 Jahren zu zeichnen begann, hatte sie schon ihren Lebensunterhalt als Zirkusreiterin und mit Modellstehen verdienen müssen, und sie hatte bereits einen Sohn geboren. Bis 1908 zeichnete sie ausschließlich oder machte Ätzradierungen. Ihre Sujets waren auf die Sphäre der Familie beschränkt. Doch vermochte sie gerade in diese Zeichnungen, die ihre Mutter, ihren Sohn, weibliche Akte und sich selbst darstellen, eine große Intensität zu legen, frei von der klassizistischen Schulung der Akademie, die viele ihrer Zeitgenossen erst ablegen mußten, um zu ihrem eigenen Ausdruck zu gelangen.
Paula Modersohn-Becker (1876–1907) absolvierte ein Studium im Berliner Künstlerinnen-Verein. Bei einem Familienausflug lernte sie die Künstlerkolonie von Worpswede kennen und entschloß sich, ebenfalls dort zu leben und zu arbeiten. 1901 heiratete sie den Maler Otto Modersohn. Künstlerisch ging Paula Modersohn-Becker von der Akademietradition des 19. Jh. aus. Ihre frühen Zeichnungen zeugen von einem exakten Naturstudium. In der relativ kurzen Zeitspanne von etwa 1900 bis zu dem frühen Tod nach der Geburt einer Tochter 1907 entwickelte sie einen eigenen Stil. Die kleinteilige, stimmungsvolle, symbolisch aufgeladene Landschaftsdarstellung der Worpsweder Künstler genügte ihr nicht. In den Menschen der niedersächsischen Landschaft sah sie nicht die Verkörperung eines vergangenen idyllischen Zustandes, dem die Melancholie des Künstlers nachspürt. In ihrer Malerei vereinfachte sie die Konturen immer mehr, belebte aber die farbigen Flächen mit der ihr eigenen malerischen Intensität. Dabei konzentrierte sie sich ganz auf die Menschen ihrer Umgebung, malte aber nicht den wohlhabenden Bauern, dessen Existenz gesichert ist, sondern die Außenseiter des dörflichen Lebens, die Armenhäusler. Besonderes Interesse hatte sie an den Beziehungen zwischen Müttern und Säuglingen und an den psychischen Regungen der heranwachsenden Kinder. Einige längere Aufenthalte in Paris brachten sie mit den neuen Kunstströmungen in Frankreich in Berührung. Cézannes Bilder machten einen tiefen Eindruck auf sie und förderten die eigenen Bestrebungen, die auf eine Verdichtung der Aussage zielten. In mancher Beziehung erscheint die Kunst von Paula Modersohn-Becker als ein Vorgriff auf den Expressionismus und auf die Malerei der Fauves in Frankreich.
Käthe Kollwitz (1867–1945). In seinen Intentionen unterscheidet sich das Werk von Käthe Kollwitz ganz erheblich von dem Paula Modersohn-Beckers, das vor allem auf künstlerische Selbstfindung ausgerichtet ist, während bei Käthe Kollwitz künstlerische Arbeit und soziales Engagement untrennbar verbunden sind. Ihre Familie hatte sie in ihrem Berufsziel unterstützt; früh war sie mit sozialdemokratischem Gedankengut in Berührung gekommen. Die Heirat mit dem Arzt Karl Kollwitz hatte für sie nicht die Beschränkung auf die Ehepflichten gebracht, wie es bei künstlerisch talentierten Frauen sonst häufig der Fall war, sondern einen Erfahrungszuwachs, ohne den ihr Schaffen undenkbar wäre. Zusammen mit ihrem Mann siedelte sie in ein Berliner Arbeiterviertel über, wo sie bis 1940 wohnte. Durch die Praxis ihres Mannes, der als Armenarzt tätig war, lernte sie die Lebensbedingungen des Großstadtproletariats kennen. Sie erkannte ihre Aufgabe darin, die Gedanken und Gefühle der Menschen, denen es an Ausdrucksmöglichkeiten mangelte, zum Ausdruck zu bringen und dazu aufzurufen, sich mit den Unterdrückten zu solidarisieren. Zu ihren ersten beiden Graphikzyklen wurde sie durch literarische Werke angeregt; ihre Themen sind der Bauernkrieg und der schlesische Weberaufstand. Beide Weltkriege griffen hart in Käthe Kollwitz' Leben ein. Im ersten verlor sie ihren Sohn Peter, im zweiten ihren Enkel. Wegen der Bombenangriffe auf Berlin mußte sie die Stadt verlassen. Nach dem Tod ihres Sohnes beschäftigte sie sich jahrelang mit dem Plan, ein Denkmal zu errichten, und arbeitete an den beiden Figuren eines trauernden Vaters und einer trauernden Mutter. 1932 konnten die Skulpturen auf

dem Friedhof Roggevelde in Belgien aufgestellt werden. Ähnlich wie Ernst Barlach schuf Käthe Kollwitz ein Denkmal, das ihre persönliche Betroffenheit mitteilt. Auch in der Wahl ihrer künstlerischen Mittel ging es Käthe Kollwitz vor allem darum, die Aussage eindeutig, verständlich und einprägsam zu machen. Deshalb wählte sie das sparsame Schwarz-Weiß der Graphik und versuchte, die Figuren einfach und spannungsvoll zu gestalten. Plakate wie „Helft Russland", 1921, oder „Brot!", 1924, mit denen sie engagiert und mitfühlend zu den Zeitereignissen Stellung nahm, zeugen davon.

Künstlerinnen der russischen bzw. sowjetischen Avantgarde. Die Entwicklung des weiblichen Kunstschaffens verlief in Rußland in der zweiten Hälfte des 19. und zu Beginn des 20. Jh. geradezu stürmisch. Seit 1864 waren Frauen zum Studium an den Kunstakademien zugelassen. Doch das erklärt den Aufbruch der Künstlerinnen nur zum Teil. Überall wuchsen Kräfte heran, die auf die Zerstörung der rückständigen Gesellschaftsstruktur des Zarismus drängten. Sowohl im politischen als auch im künstlerischen Bereich wurden gerade Frauen von diesem Sog erfaßt. Anna Golubkina (1864–1927), die Bildhauerin war und zur ersten Generation von Frauen gehörte, die in Rußland die Kunstschulen verließ, beteiligte sich aktiv an der Revolution von 1905. Die zweite Generation, die der 1880–1890 geborenen, zählte Namen wie Natalja Gontscharowa (1881–1962), Ljubow Popowa (1889–1924), Olga Rosanowa (1886–1918), Warwara Stepanowa (1893–1958), Alexandra Exter. Diese Künstlerinnen waren bereits vor der Oktoberrevolution an den verschiedenen Ausstellungen der russischen Avantgarde beteiligt gewesen. Sie gingen vom Formenvokabular des Konstruktivismus und Futurismus aus. Ebenso wie einige männliche Künstler dieser Generation suchten sie aber nach einer neuen Verbindung zwischen Kunst und Leben. Sie wollten nicht mehr nur Kunstwerke schaffen, die auf Ausstellungen gezeigt werden und dadurch nur einen kleinen Kreis von kunstinteressierten und gebildeten Menschen erreichen. Die Oktoberrevolution gab ihnen die Hoffnung, diese Ziele realisieren zu können. Manche von ihnen stellten ihre Arbeit in den Dienst der revolutionären Umwälzungen. Stepanowa und Popowa entwarfen Flugblätter und Straßendekorationen. Olga Rosanowa gab der Buchgestaltung neue Anstöße. Ljubow Popowa wirkte wie Exter und Gontscharowa, die seit 1915 in Paris ansässig war, als Bühnen- und Kostümbildnerin. Die Aktivitäten der Künstlerinnen reichten bis in die industrielle Produktion. Warwara Stepanowa erklärte, daß sie nie so glücklich gewesen sei wie damals, als sie gesehen hatte, daß die Arbeiter und Bauern die von ihr entworfenen Stoffe trugen.

Auch Wera Muchina (1889–1953) gehörte dieser Generation an. Bis in die 20er Jahre hinein blieb sie vom Expressionismus beeinflußt. Entwürfe wie derjenige für das Swerdlowdenkmal von 1922/23 oder für ein Denkmal für die Stadt Klin von 1919 lassen deutlich werden, wie sinnfällig sich die Idee des Aufwärtsstrebenden oder die Kraft des arbeitenden Menschen in der spannungsreichen expressionistischen Formendurchdringung veranschaulichen läßt. Später entwarf sie für den sowjetischen Pavillon auf der Pariser Weltausstellung von 1937 die 25 Meter hohe Gruppe „Arbeiter und Kolchosbäuerin", die künstlerisch nicht an ihre früheren Arbeiten heranreicht.

Probleme weiblichen Kunstschaffens im 20. Jh. Was die Ausbildung betrifft, so gibt es in unserem Jahrhundert keine gravierenden Beschränkungen für weibliche Künstler mehr. Dennoch entwickelte sich das weibliche Kunstschaffen in Westeuropa nur zögernd. Die Gründe dafür sind verschiedenartig. Persönliche Konflikte, die auf traditionellen Verhaltensweisen und Wertvorstellungen beruhen, ließen die Prozesse der künstlerischen Selbstfindung für Frauen oft schwieriger werden als für Männer, wenn sie sie nicht ganz und gar verhinderten. Immer noch galt die künstlerische Berufsarbeit der Männer als vorrangig; Frauen wurden sowohl von ihrem Partner als auch von der Gesellschaft in dieser Beziehung zumeist nicht ernst genommen. Die herkömmliche Kunstkritik z. B. betrachtete die Frage der künstlerischen Beeinflussung immer einseitig in einem Partnerschaftsverhältnis: der männliche Künstler als der Gebende, die Künstlerin als die Nehmende. Als ein Beispiel von mehreren sei Hannah Höch (1889–1978) genannt, die einen entscheidenden Beitrag zur Entwicklung der Collage leistete: die Kunstgeschichtsschreibung nimmt diese künstlerische Innovation meist für die männlichen Mitglieder der Berliner Dada-Gruppe, der die Höch ebenfalls angehörte, in Anspruch. Solche Einschätzungen müssen in einer Gesellschaft, in der die Anerkennung des Künstlers auch von seinem Erfolg auf dem Kunstmarkt abhängig ist, für die Künstlerin nachteilig wirken.

Kunsthandwerkerinnen. Der Anteil von Frauen an der künstlerischen Entwicklung im 20. Jh. hat sich jedoch nicht nur in der bildenden Kunst, sondern auch im Kunsthandwerk manifestiert. Gleichgültig, ob man diesen Sachverhalt unter positivem oder negativem Vorzeichen betrachtet, weil eine Rangfolge zwischen der zweckfreien und angewandten Kunst noch immer besteht, haben Künstlerinnen gerade auf diesem Gebiet ihre Ideen verwirklichen können. Gegen Ende des 19. Jh. war der Besuch einer Kunstgewerbeschule für Mädchen aus bürgerlicher Familie nichts Außergewöhnliches. Die Hinwendung zum Kunsthandwerk im vorigen Jahrhundert ist Ausdruck des Ungenügens der künstlerischen Gestaltung von Industrieprodukten. Die Schweizerin Sophie Taeuber-Arp (1889–1943) erhielt ihre Ausbildung an einer Kunstgewerbeschule für textiles Gestalten. In ihrer späteren künstlerischen Arbeit beeinflußten sich Kunsthandwerk und bildende Kunst wechselseitig. Ihr Betätigungsfeld umfaßte Innenarchitektur, Kostümgestaltung, Design, Malerei u. a. und schloß eine Zeitlang auch den Ausdruckstanz ein. Sonia Delauney-Terk entwickelte zusammen mit ihrem Mann Robert Delauney eine Theorie über die Farbe, die sie Orphismus nannten. Auf der Grundlage dieser Theorie entstanden ihre Kostümentwürfe. 1924 eröffnete sie in Paris ein Modeatelier. Es ist schwer zu entscheiden, ob der Erfolg als Designerin auf Kosten ihrer Entwicklung als Malerin ging.

Künstlerinnen der spätbürgerlichen Moderne. Frauen waren aber auch an den verschiedenen Strömungen der spätbürgerlichen Moderne beteiligt. Neben Henry Moore ist Barbara Hepworth (1903–1975) die Hauptvertreterin der englischen Bildhauerei im 20. Jh. Ihre Skulpturen aus Stein oder Holz leben von der optischen und tastbaren Wechselwirkung von Hohlform und Umrißlinie. Die aus Südfrankreich stammende Bildhauerin Germaine Richier (1904–1959) verwandte neben dem traditionellen Metallguß auch Materialien wie Glas und Email und Draht. Manchmal bemalte sie ihre Plastiken. Ihre Arbeiten lassen den Ursprung im Gegenständlichen erkennen; die Akzente liegen aber auf dem Ausdruck des Skurrilen und Beängstigenden. Das Werk der Mexikanerin Frida Kahlo (1910–1954) ist so stark von ihrem persönlichen Schicksal und ihrer Leidenschaftlichkeit durchdrungen, daß es schwer fällt, es seinem Stil nach einzuordnen. Im Alter von 15 Jahren kam sie bei einem Verkehrsunfall beinahe ums Leben. Ihre Malerei ist der unbändige Ausdruck des Lebenswillens, den sie den Behinderungen und Schmerzen, unter denen sie zeitlebens zu leiden hatte, entgegensetzte. Trotz ihres politischen Engagements für den gesellschaftlichen Fortschritt gehören ihre Themen in das persönlichste Erleben der Frau: Kindsein, die Beziehung zu dem Maler Diego Riviera, der körperliche Schmerz. Sie sind jedoch mit so existenzieller Unbedingtheit gemalt, daß sich die Kraft und Sensibilität Frida Kahlos über das persönliche Erleben hinaus mitteilen.

Deutsche Künstlerinnen des 20. Jh. In den 20er Jahren traten auch in Deutschland die Künstlerinnen allmählich zahlreicher auf. Stark von der abstrakten Kunst beeinflußt sind die Stilleben von Ida Kerkovius (1879–1970), die zeitweilig am Bauhaus studierte. Grethe Jürgens, deren Werk gesellschaftskritische Tendenzen aufweist, gehört zu den Vertretern der Neuen Sachlichkeit in Deutschland. Die Kunst der 20er Jahre prägten auch einige Künstlerinnen mit, die nach dem zweiten Weltkrieg zur ersten Künstlergeneration in der DDR gehörten. Unter dem Naziregime ging die Ausstellungsbeteiligung von Frauen schlagartig von 20 auf 10% zurück. Die Ideologie des Nationalsozialismus erkannte den Frauen schöpferische Fähigkeiten ab. Genau wie ihre männlichen Kollegen erhielten fortschrittliche Künstlerinnen Berufsverbot. Aufgrund der stilistischen Ausdrucksmittel und der sozialen Thematik wurden ihre Arbeiten als „entartet" verunglimpft und Kunstwerke aus den Museen entfernt. Politisch aktive Künstlerinnen wie Alice Lex-Nerlinger (1893–1975), Lea Grundig (1906–1977) oder Eva Schulze-Knabe (1907–1976) wurden verhaftet und verbrachten Jahre im Gefängnis. Lea Grundig mußte emigrieren. Die Bildhauerin Renée Sintenis (1888–1965) erhielt wegen ihrer jüdischen Abstammung Arbeitsverbot, und Käthe Kollwitz, die sich mit ihrem Schaffen offen zu den Unterdrückten bekannt hatte, verlor ihre Professur, wurde bedroht und diffamiert.

Künstlerinnen in der DDR. Der Ausgang des Krieges brachte für manche Künstlerinnen die Zerstörung des Ateliers durch die Bombenangriffe und damit den Verlust des bisherigen Lebenswerkes. Eingedenk der grausamen Vernichtung von Menschenleben und der Vernichtung so vieler Güter, die durch menschliche Arbeit geschaffen worden waren, ist es um so erstaunlicher, daß sich in den ersten Nachkriegsjahren das kulturelle Leben trotz materieller Entbehrungen stark und intensiv zu regen begann. Die Werke der Künstler bewegen sowohl Trauer über Leid und Zerstörung, bald aber auch Hoffnung und Zuversichtlichkeit über den Neubeginn. Bilder wie Edith Dettmanns (geb. 1898) „Flüchtlingskinder" von 1946 und Lea Grundigs „O Deutschland, bleiche Mutter", ebenfalls von 1946, das die Nachkriegssituation mit einer metaphorischen Überhöhung auszudrücken versucht, sind in die Kunstgeschichte der DDR eingegangen. Von Käthe Kollwitz angeregt wurde die Graphikerin Sella Hasse (1875–1963), die bis in die frühen 50er Jahre tätig war. Sie beschäftigte sich ihr ganzes Leben mit Darstellungen arbeitender Menschen. In ihren frühen Arbeiten wie dem Holzschnitt „Streckenarbeiterinnen" tendiert sie zu einer expressionistischen Formensprache. 1950 entstand die Linolschnitt-Folge „Telegraphenarbeiter". Martha Schrag (1870–1957) war ebenfalls schon vor dem zweiten Weltkrieg künstlerisch tätig gewesen. In den 30er Jahren galten ihre Arbeiten als „entartet". Am Ende des Krieges verlor sie ihr Atelier. Seit 1946 beteiligte sie sich wieder an Ausstellungen. Jenny Mucchi-Wiegmann (1895–1969) wurde zwar in Berlin geboren, durch die Ehe mit dem italienischen Maler Gabriele Mucchi war sie aber auch mit der Kunstentwicklung in Italien verbunden. Unmittelbar nach dem Krieg gehörte sie dort der Gruppe „Realismo" an. Seit 1956 arbeitete sie aber auch in der DDR. Ihre Frauengestalten (z.B. „Verhör einer algerischen Patriotin", 1959, und „Schwimmerin", 1969) sind bemerkenswert. Die schmalen Körper der Bronzefiguren zeigen ein Höchstmaß an aufmerksamer Gespànntheit. Indem sie sich zu strecken und plötzlich innezuhalten scheinen, entsteht der Eindruck von Konzentration und Gefaßtheit.

In seiner Sensibilität und Ausdrucksstärke und in seiner differenzierten Auffassung gerade des weiblichen Körpers findet das Werk von Jenny Mucchi-Wiegmann seine Fortsetzung in den Arbeiten einiger junger Bildhauerinnen, die der Nachkriegsgeneration angehören und ihre Ausbildung in der DDR erhalten haben. Dazu gehören Margret Midell (geb. 1940), Sabine Grzimek (geb. 1942), Cornelia Schulz (geb. 1940) und Emerita Pansowowa (geb. 1942). Für die Bronzeplastiken von Sabine Grzimek ist eine Zerklüftung der Oberfläche kennzeichnend, die ihnen etwas Unruhiges im Ausdruck gibt. Die Formensprache der Künstlerin führt zur Verinnerlichung und zur Besinnung auf den tatsächlichen seelischen Gehalt menschlicher Beziehungen, wie z. B. der Beziehung von einer Mutter zu ihrem Kind. Viele Künstlerinnen in der DDR zeigen in ihrem Werk ganz augenfällig ein großes Interesse für die Probleme der Frau in der sozialistischen Gesellschaft und verarbeiten dabei zugleich ihren eigenen speziellen Erfahrungsbereich als Frauen. Damit sind sie entscheidend an der Formulierung von Frauenbildern in der DDR-Kunst beteiligt. Diese Tendenz war in den 50er und 60er Jahren nicht so stark ausgeprägt. Frauenbildnisse wie die der Dresdner Malerin Hildegard Stilijanov (geb. 1905) fügen sich problemlos in das traditionelle Porträtschaffen ein. Solcher Themen wie Mutterschaft, weiblicher Akt oder Leben in der Familie haben sich jedoch auch Künstlerinnen der älteren Generation angenommen. Susanne Kandt-Horn (geb. 1914) variiert in ihren Bildern, für die eine schwellende Plastizität der Formen kennzeichnend ist, das Thema des unbeschwert glücklichen Lebens. Leise klingen jedoch durch die Lichtreflexe auf den wie Plastiken modellierten Körpern und die kühle Farbigkeit Melancholie und Gefährdung an. In Nuria Quevedos (geb. 1938) „Paar" (1976) liegt dagegen der Schwerpunkt auf der emotionalen Ausdeutung der Partnerbeziehung. Wie bei Heidrun Hegewald (geb. 1936) oder Gudrun Brüne (geb. 1941), ist jedoch auch im

Werk von Nuria Quevedo die Aussage über die besondere Lebenssituation der Frau in einen allgemeineren Kontext eingebettet. Heidrun Hegewald gab Denkanstöße, indem sie in „Kind und Eltern" (1976) das Problem der Ehescheidung aufgriff, setzte sich aber in jüngster Zeit auch wieder mit Problemen der deutschen Geschichte auseinander. Gudrun Brüne reflektiert in ihrem Selbstbildnis auf der IX. Kunstausstellung über ihr eigenes Schaffen als Künstlerin, spannt aber den Bogen durch ihre Vorbilder weit in die Vergangenheit. Bei Doris Ziegler (geb. 1949) erscheint das Thema der arbeitenden Frau untrennbar mit der Leipziger Stadtlandschaft verbunden. Sie formt keine Leitbilder, sondern fordert auf, sich zu einer konkreten Lebenssituation zu bekennen.

Frau und Musik

Die Frau als Symbolgestalt der Musik

Als Symbolgestalten und Beschützerinnen der Musik begegnen uns seit frühen Epochen der Menschheitsgeschichte in bildlichen Darstellungen sowie in der Literatur vor allem weibliche Wesen. Alle neun Musen, nach griechischer Sage Töchter des Zeus, werden in erster Linie als Sängerinnen dargestellt, einige von ihnen auch mit einem Instrument. Nach ihnen trägt die Musik als einzige Kunst ihren Namen. Geführt vom Gott der Künste Apollon, verkörpern sie die in frühen Kulturen bestehende enge Verbindung der Musik mit lyrischer, epischer und dramatischer Dichtung bzw. mit dem Tanz. Besondere Bedeutung für die Musik erhalten: – Polyhymnia („die Hymnenreiche"), die die Menschen das Singen lehrt, als Muse aller Musik oder des Saitenspiels (daher oft mit der Leier dargestellt); – Kalliope („die Schönstimmige"), die Muse der (gesungenen) epischen Dichtung (mit Leier oder Panflöte); – Euterpe als Muse der Chöre in der Tragödie (oft mit dem Aulos, einer frühen Form der Oboe); – Terpsichore als Muse des Tanzes oder der (gesungenen) Lyrik (mit Harfe oder Leier).

Im altägyptischen Mythos ist es die Göttin Hathor, die in vielen Hymnen, bei Festen und öffentlichen Spielen als Göttin der Musik, der Liebe und des Tanzes gepriesen wird und nach der die Musikantengruppen des Neuen Reichs (um 1500 bis 1000 v. u. Z.), die Hathoren, bei denen es sich oft um Frauen handelt, benannt sind. In weit späterer Zeit, seit dem 15. Jh., erfüllt eine historische Gestalt die Funktion einer Beschützerin und Schutzheiligen der Musik: die Römerin Caecilia, die um das Jahr 230 für den christlichen Glauben den Märtyrertod erlitt; auch die Erfindung der Orgel schreibt die Sage ihr zu, weshalb sie auch von Raffael (1483 bis 1520) und anderen bildenden Künstlern mit dem Portativ, der kleinen tragbaren Orgel, dargestellt wurde. Zu ihrem Gedächtnis schufen viele Komponisten Festmusiken, zu deren schönsten die Cäcilienoden von Henry Purcell (1659 bis 1695) und Georg Friedrich Händel (1685 bis 1759) zählen.

Die hohe und nachhaltige Bedeutung der genannten und zahlreicher weiterer weiblicher Symbolgestalten der Musik deutet auf eine der Frau von jeher zuerkannte besonders innige Beziehung zur Musik, die sich zu allen Zeiten zumindest in ihrem hohen Anteil am Volksgesang, vor allem im Umgang mit ihren Kindern (Wiegen-, Schlaf-, Abend- und Kinderlied) und insgesamt im häuslichen Musizieren verwirklichte. Und dennoch kann von hier aus nicht auf die tatsächliche Stellung der Frau im Musikleben einzelner Länder und Epochen und auf ihren Anteil am Fortschritt von Musik und Musikkultur geschlossen werden.

Die offizielle Mitwirkung der Frauen am Musikleben im kultisch-religiösen und weltlichen Bereich wurde seit dem Bestehen von Klassengesellschaften von den Interessen der jeweils herrschenden gesellschaftlichen Kräfte bestimmt und entsprechend der allgemeinen Unterdrückung der Frau auf unterschiedliche Weise eingeengt. Viele der hierzu im Laufe der Jahrhunderte vorgebrachten Argumente, zum Beispiel ihre angebliche Unterlegenheit im intellektuellen und schöpferischen Bereich oder ihre „naturgegebene" ausschließliche Bestimmung als Hausfrau und Mutter, haben sich bis heute als zählebig erwiesen. Konnte sich die Frau als Gesangssolistin und Chorsängerin nach und nach dem Mann gegenüber voll behaupten, in zunehmendem Maße auch als Instru-

mentalvirtuosin, so ist ihre Wirksamkeit als Komponistin oder als Dirigentin äußerst gering. Ebenfalls ist ihr Anteil als Orchestermusiker, namentlich in Spitzenorchestern, unzulänglich, wobei sich auch Einseitigkeiten bei der Wahl bzw. Besetzung der Orchesterinstrumente (Frauen spielen im Orchester meistens die Harfe, oft die Flöte, einige auch Streichinstrumente, vor allem Violine und Bratsche) nur langsam überwinden lassen.
Ein Blick auf die musikalische Tätigkeit der Frau im Laufe der historischen Entwicklung macht jedoch deutlich, daß sie unter entsprechenden ökonomischen und gesellschaftlichen Bedingungen auf allen musikalischen Gebieten bedeutende Leistungen vollbringen kann. Beispiele dafür können deshalb angeführt werden, weil sich die Einschränkungen ihrer musikalischen Entwicklung und Wirksamkeit nicht zu allen Zeiten auf die gleichen Musikbereiche erstreckten und bei den Frauen aus den herrschenden Kreisen nicht in dem Maße erfolgten wie bei den Frauen der unterdrückten Klassen.

Musikalische Tätigkeit der Frau in der Urgesellschaft

In der Urgesellschaft hatten Frauen und Männer nicht nur an der Produktion, sondern auch an der musikalischen Tätigkeit (oder magischen Tonerzeugung), die vor allem als magische Handlung zur Sicherung und Verbesserung der materiellen Existenz ausgeübt wurde, einen gleichermaßen wichtigen, oft geschlechtsspezifisch differenzierten Anteil. Dies geht aus archäologischen Funden, insbesondere aus bildlichen Darstellungen, hervor wie auch aus Beobachtungen von jetzt noch in urgemeinschaftlichen Verhältnissen lebenden Stämmen. Eine wesentliche Ernährungsgrundlage war die Jagd. So ist auf einer indischen Höhlenmalerei aus der Altsteinzeit (um 8000 v. u. Z.) ein aus Frauen und Männern bestehender Chor zu erkennen, der mit magischem Gesang die Geister beschwört, ihnen zum Jagderfolg zu verhelfen. Noch heute führen die Frauen des indischen Stammes Munda an festgelegten Tagen des Jahres zum begleitenden Trommelspiel und Gesang der Männer tanzend Erntebewegungen aus; sie tanzen, wie sie sagen, ein wogendes Kornfeld und wollen damit die Furchtbarkeit der Felder bewirken. Neben magischen Gesängen und Tänzen zur Nahrungsmittelbeschaffung bilden musikalische Äußerungen im Rahmen der Sexualmagie einen wesentlichen Bereich musikalischer Tätigkeit in der Urgesellschaft. Dabei gibt es Instrumente, die geschlechtsspezifisch verwendet werden; so gelten bei vielen Stämmen Trommeln neben anderen Schlag-, Blas-, Zupf- oder Streichinstrumenten mit bauchigem oder gewölbtem Resonanzkörper als weibliche Instrumente und werden mit Wärme, Geburt oder Milch assoziiert, also mit weiblichen Symbolen, während viele Flöteninstrumente nur von den Männern gespielt werden dürfen. Entsprechend der geschlechtsspezifischen Verwendung einzelner Instrumente gibt es im Leben urgesellschaftlicher Gemeinschaften auch Anlässe magisch-musikalischer Tätigkeiten, die nur oder vorwiegend von einem der beiden Geschlechter wahrgenommen werden. So sollen Wehrufe und Gesänge der Frauen während des Gebäraktes die glückliche Geburt des Kindes befördern, Frauen übernehmen mit Tanz, Gesang und Instrumentalspiel die Pubertätszeremonien der Mädchen, und ihnen obliegen auch die Klagegesänge für die Verstorbenen. Bei all diesen Anlässen fällt den Frauen die Aufgabe zu, mit Hilfe der Musikmagie den Eintritt in ein neues Leben zu bewirken, denn nach dem Tode soll die Wiedergeburt folgen. Hier zeigt sich die hohe Wertschätzung, die der Frau in der matriarchalischen Ordnung der Gentilgesellschaft entgegengebracht wurde, so daß weibliche Gestalten im Kultwesen als Verkörperung der Fruchtbarkeit und Spenderinnen des Lebens verehrt wurden. Vieles davon ist in die musikalischen Riten und Bräuche späterer Gesellschaftsordnungen übernommen worden.

Die Frau im Musikleben früher Klassengesellschaften

Eine große Zahl literarischer Belege, bildlicher Darstellungen sowie auch einige wenige musikalische Zeugnisse in griechischer Buchstabennotenschrift, deren Klang allerdings nur schwer rekonstruierbar ist, beweisen die Entwicklung der urgesellschaftlichen musikalischen Äußerungen zur eigentlichen Musik als Kunstgattung in den frühen Klassengesellschaften. Voraussetzung dafür war die Spaltung der Gesellschaft in Klassen, in ausbeutende, herrschende und in ausgebeutete, beherrschte. Infolge der Ausbeutung von Sklaven und anderen werktätigen Schichten konnten es sich die Vertreter der herrschenden Klasse zeitlich und ökonomisch leisten, die Künste zu pflegen und zu fördern und sogar einzelne Musiker bis zu größeren ständigen Ensembles für sich zu beschäftigen und zu ernähren. Dabei verbreiterte sich der Aufgabenbereich der Musik weit über den der magisch-kultischen Sicherung elementarer menschlicher Existenz hinaus, wobei auch diese Funktion ihre differenzierte künstlerische Ausprägung erhielt.

Die Machthaber in den frühen Klassengesellschaften Mesopotamiens, Ägyptens und Indiens, Griechenlands und Roms, Chinas, Asiens und Arabiens pflegten die Musik zu ihrem ästhetischen Genuß und Zeitvertreib, zur Repräsentation und Wahrung ihrer Macht, zur Erziehung der Jugend und zur Lenkung der Volksmassen. Hierfür erwies sich die von jeher enge Verbindung von Musik und Kult als nützlich. In der sich herausbildenden Tempelreligion verband sich der Götterkult mit der Verherrlichung der auf Erden Herrschenden. Könige und Hohepriester galten als den Göttern verwandt oder als ihre Stellvertreter, denen Gehorsam zu leisten war. Musikalisch-kultische Handlungen konnten daher wesentlich zur Erhaltung und Festigung der bestehenden Staatsordnung beitragen.

Aus alledem erklärt sich die hohe Wertschätzung, die Musik und musikalisch Tätige in den frühen Klassengesellschaften genossen.

Der Anteil von Frauen an der Ausübung von Musik ist in diesen Gesellschaften beträchtlich und zeigt sich in extrem unterschiedlichen Tätigkeitsbereichen: als Priesterin und Hetäre, als Sängerin im Jungfrauenchor und als Haremstänzerin, als Dichterkomponistin und als Klageweib – wobei hier nur ihre Mitwirkung im offiziellen Musikleben, nicht in der volksmusikalischen Alltagspraxis, angedeutet werden kann. Einerseits wirkt hier noch die dem weiblichen Geschlecht zur Zeit des Matriarchats zugewiesene hohe Stellung auf der Ebene magisch-kultischer Musikübung; vor allem aber gelingt es den Herrschern, die spezifischen Neigungen und Fähigkeiten der Mädchen und Frauen zur Ausübung künstlerischer Tätigkeiten ihren staatspolitischen und persönlichen Interessen auf vielfältige Weise dienstbar zu machen.

Musizierende Frauen im kultisch-religiösen Bereich. Vielfältig sind Frauen im kultisch-religiösen Bereich tätig: im Tempelritual und Totenkult, bei feierlichen Prozessionen und anderen Festen zu Ehren einzelner Gottheiten. In Altägypten scheint der Frauenanteil in kultischer Musik besonders hoch gewesen zu sein; Tempelsängerinnen genossen hohes Ansehen und waren, wie die des ägyptischen Götterkönigs Amun, im Neuen Reich (um 1500 bis 1000 v. u. Z.) oft vermögend. Sie erhielten auch bereits eine spezielle musikalische Ausbildung, wie aus einem Grabbild hervorgeht, auf dem der Hathor-Priester Seba-chesu zehn Mädchen einmal im kunstvollen Händeklatschen und ein andermal im Schütteln des Sistrums (einer Art Rassel) unterweist. Auch außerhalb des Tempelrituals sangen, tanzten und musizierten Mädchen und Frauen bei vielen kultischen Anlässen. So wurde eine Fahrt von Prozessionsbarken auf dem Nil zu Ehren des Gottes Amun bildlich festgehalten, die am Ufer von einem großen Festzug mit Musikern begleitet wird, unter ihnen viele Sängerinnen, Tänzerinnen und Frauen , die das Sistrum schlagen.

Zahlreich sind auch in der griechischen Antike die Anlässe weiblicher Musikbetätigung auf kultischem Gebiet. Frauen und Mädchen bekunden an bestimmten Festtagen in Chorgesängen und Tänzen ihre Verehrung für Gottheiten wie Dionysos und Aphrodite, die Musen und ihren Anführer Apollo. Ein Hymnus auf Dionysos, der als Gott der allschöpferischen Natur vor allem von Frauen verehrt wurde, ist das älteste bisher textlich bekannte griechische Chorlied; es wurde von einem Frauenchor im griechischen Landstrich Elis gesungen. Eine andere Art weiblichen Dionysoskultes ist auf einer Vase abgebildet: zwei Frauen bewegen sich in leidenschaftlichem Tanz beim Dionysos-Fest und musizieren dabei, eine schlägt den Tympanon (eine Rahmentrommel), die andere hält mit der Linken den Aulos (ein oboenähnliches Instrument). Eine andere Abbildung zeigt tanzende Frauen mit Krotala (Handklappern) im Gefolge des Dionysos. Handklappern werden auf einer Amphore auch von vier Frauengestalten geschlagen, die dem die Leier spielenden Apollo folgen, als er von Hermes zu Zeus geführt wird. Ein drittes bei leidenschaftlichen Kulthandlungen in der griechischen Antike von Tänzerinnen gespieltes Schlaginstrument sind die Kymbala (Zimbeln: zwei aneinanderzuschlagende Metallteller). Sie sind auf einem Tongefäß für den Kult der Aphrodite, der Göttin der Liebe und Schönheit, bezeugt: Um die Mittelgruppe der Aphrodite mit dem Liebesgott Eros bewegt sich das weibliche Gefolge der Göttin in ausgelassenem Tanz zum Klang von Rahmentrommel und Zimbeln.

Bedeutend ist der Anteil weiblicher Musikbetätigung am Kult der Musen, die schon von den großen epischen Dichtern Homer (8. Jh. v. u. Z.) und Hesiod (um 700 v. u. Z.) als Göttinnen des Gesanges und anderer Künste gepriesen werden. Noch im 5. Jh. v. u. Z. hat es auf dem Olymp, im Gebiet des Helikongebirges in Böotien sowie in Thrakien Kultzentren gegeben, in denen junge Mädchen und unverheiratete Frauen Tanzspiele zu Ehren der Musen aufführten. Die vielen anschaulichen bildlichen Darstellungen singender oder musizierender Musen sind beredtes Zeugnis sowohl des Musenkults als auch der tatsächlichen weiblichen Musizierpraxis in der griechischen Antike. Hier verbinden sich mythologische Vorstellungen mit realen Erfahrungen.

Musizierende Frauen außerhalb des kultischen Lebens. Textliche und bildliche Quellen aus frühen Klassengesellschaften berichten auch über das Auftreten von Frauen- und Mädchenchören, von tanzenden und musizierenden Mädchen im nicht kultisch gebundenen öffentlichen Leben, bei Sieges-, Krönungs- und Amtseinsetzungsfesten, bei Geburts-, Hochzeits- und Bestattungsfeierlichkeiten hochgestellter Persönlichkeiten.

Aus altägyptischen Gräbern ist eine Reihe von Bildzeugnissen erhalten geblieben, auf denen solche Ereignisse durch Frauen und Mädchen mit Musik und Tanz festlich begangen werden. So sehen wir junge Frauen, die anläßlich der Einsetzung eines Hohenpriesters vor dem königlichen Palast tanzen und die Trommeln schlagen. In ähnlicher Weise eilt eine Mädchengruppe zur Ehrenbezeugung verschiedenen Würdenträgern entgegen, die vom König belohnt und ausgezeichnet worden sind. Mit einem Wunschlied verabschiedet auf einem anderen Bild eine Gruppe von Frauen einen Würdenträger, als er sich nach dem Besuch des Amun-Tempels auf ein Schiff begibt, um die ihm neu übertragene Verwaltung eines nubischen Landes zu übernehmen.

Viele Zeugnisse aus verschiedenen frühen Klassengesellschaften berichten von weiblichen Ensembles, die die Ankunft siegreicher Armeen festlich begrüßen. So zieht nach Aussage des Alten Testaments die Tochter des israelischen Heerführers Jephta (um 1100 v. u. Z.) mit ihren Gefährtinnen dem aus der Schlacht heimkehrenden Vater mit Rahmentrommeln und Reigentanz entgegen. Die gleiche Quelle enthält auch ein zehnstrophiges Siegeslied, das die israelitische Prophetin und Richterin Deborah (um 1300 v. u. Z.) nach dem Sieg über die Kanaaniten anstimmte. Beiden Frauengestalten sollte später Georg Friedrich Händel (1685 bis 1759) in seinen großen Oratorien „Deborah" (1733) und „Jephta" (1752) ein musikalisches Denkmal sezten.

Weibliche Musikanten an Höfen und in reichen Häusern. Schon in früher Zeit haben die Angehörigen der privilegierten Klassen und Schichten der Musik auch eine wichtige Funktion bei der Verfeinerung ihres Lebensstils und zur eigenen Unterhaltung zugewiesen. Unter den an Höfen und reichen Häusern hierfür eingesetzten Musikanten befanden sich besonders viele weiblichen Geschlechts. Die überwiegend weiblichen Musizierenden, die an Reliefs und Fresken ägyptischer Grabwände mit Harfen, Oboen oder Flöten dargestellt sind, sollten sowohl der Erinnerung an die Lebensführung des Toten dienen, als auch wahrscheinlich die Fortsetzung seines Lebens im Jenseits mit den entsprechenden musikalischen Annehmlichkeiten ermöglichen. Anschaulich vermittelt eine altägyptische Holzplastik aus dem Mittleren Reich (um 2000 bis 1700 v. u. Z.) eine Vorstellung frühen häuslichen Musizierens: Der Hausherr und seine Ehefrau lauschen fünf Harfnerinnen, Sängerinnen und Handklatscherinnen, die um sie herum gruppiert sind.

Oft handelt es sich bei Tänzerinnen und weiblichen Musikern um Angehörige des Harems. Viele von ihnen waren fremder Herkunft, waren bei Kriegszügen erbeutet oder dem Herrscher als Tribut bzw. Geschenk übergeben worden. Der Perserkönig Dareios hielt sich allein 329 weibliche Musiker, die Alexander der Große bei der Eroberung Persiens (332 v. u. Z.) gefangennahm.

Musik zur Unterhaltung wurde in Griechenland, Indien und anderen frühen Klassengesellschaften auch durch die Hetären dargeboten. Im Vergleich zu den musizierenden und tanzenden Haremsfrauen konnten sie ihren männlichen Partnern als Freundinnen und Geliebte auch auf musikalischem Gebiet mehr bieten, da ihre vielseitige Bildung sowohl Gesang, Tanz und Spiel auf mehreren Instrumenten einschloß als auch Kenntnisse über Kunst, Literatur und Philosophie, deren Erwerb ihnen infolge ihres relativ ungebundenen, von den einengenden ehelichen Bindungen jener Gesellschaftsepoche losgelösten Lebens möglich war.

Dichter-Komponistinnen der griechischen Antike. In der Blütezeit der griechischen Antike traten auch zahlreiche Frauen (es können mindestens vierzig namentlich nachgewiesen werden) als Dichter-Komponistinnen hervor. Sie gehörten durchweg den privilegierten Schichten an, die infolge der herrschenden ökonomisch-gesellschaftlichen Struktur – Demokratie auf der Grundlage der Ausbeutung von Sklaven – Wissenschaften und Künste in einem zuvor nicht gekannten Ausmaße pflegen konnten. Zu ihnen zählt als bedeutendste griechische Lyrikerin Sappho von der Insel Lesbos (um 610 bis 560 v. u. Z.), die Plato als die zehnte Muse bezeichnete. Sie schuf zu verschiedenen festlichen Anlässen vornehmlich Chor- und Einzellieder für Frauen und Mädchen: für den Aphrodite- und Apollo-Kult, Braut-, Hochzeits- sowie Preislieder für den Wettstreit der Schönheit beim Feste der Göttin Hera. Sappho wird in vielen bildlichen Darstellungen durch ein Saiteninstrument, das Barbiton (eine siebensaitige Leier), als Dichter-Komponistin charakterisiert, so auf einem alten griechischen Vasenbild zusammen mit dem Dichter Alkaios, der vergeblich um sie geworben haben soll.

Besonders hervorgehoben werden im griechischen Schrifttum auch die Dichter-Komponistinnen Myrtis, Praxilla, Telesilla, Korinna (alle im 5. Jh. v. u. Z.) sowie Erinna von Telos (gegen Ende des 4. Jh. v. u. Z.). Korinna aus Böotien, deren Lieder Sagen aus ihrer Heimat enthalten, wird von späteren griechischen Schriftstellern gemeinsam mit Sappho zu den zehn bedeutendsten griechischen Lyrikern gezählt, woraus der relativ hohe Anteil schöpferischer Frauen am Musikleben jener Blütezeit erkennbar wird.

Um so mehr hebt sich als Widerspruch im Kulturleben auch dieser Zeit und dieses Landes heraus, daß der Frau die Teilnahme an zwei bedeutsamen öffentlichen künstlerisch-kulturellen Bereichen verwehrt war: an der Aufführung der griechischen Tragödien und Komödien, in denen sie weder im Chor mitsingen noch einzelne weibliche Gestalten darstellen durfte, und an den großen, staatlich organisierten musischen Agonen, den Wettbewerben im Gesang und Instrumentalspiel, die schon seit Beginn des 7. Jh. v. u. Z. als wichtiger Bestandteil des öffentlichen kulturellen Lebens zu den sportlichen Wettkämpfen hinzutraten.

Die Frau in der mittelalterlichen Musikkultur des Feudalismus

Die Widersprüche zwischen dem musikalischen Leistungsvermögen der Frau und ihrer Mitwirkung am musikkulturellen Leben spitzen sich in der mittelalterlichen Musikkultur des Feudalismus zu. Seit das Christentum zu Beginn des 4. Jh. u. Z. zur Staatsreligion des römischen Weltreiches erklärt worden war, bestimmte es in Europa auch alle Grundsätze, die für die musikkulturelle Entwicklung maßgebend waren. Für die weibliche Musikausübung sollte dies weitreichende negative Folgen haben. Seitdem ging der Einfluß der Frau – sogar in den privilegierten Schichten – auf musikalischem Gebiet zurück. Zum Leitgedanken erhoben die Kirchenväter die Worte des Apostels Paulus aus einem Brief an die Korinther (1. Korinther 14,34): „Mulieres in ecclesiis taceant" („Die Frauen sollen in den Gemeindeversammlungen schweigen"). Noch Johann Sebastian Bach wurde im Jahre 1706 als junger Organist von der Kirchenbehörde in Mühlhausen mißbilligend gefragt, warum eine „fremde Jungfer" (seine spätere Frau Maria Barbara) mit ihm in der Kirche musiziert habe! Zu dieser Zeit war es noch immer nicht üblich, eine Sängerin in der Kirche auftreten zu lassen.

Verbot weiblichen Kirchengesangs. Die Kirchenväter verboten seit dem vierten Jahrhundert die musikalische Beteiligung weltlicher Frauen am Kirchengesang und drohten bei Zuwiderhandlung mit Ausweisung aus Kirche und Stadt und mit höllischer Verdammung. Im Westen Europas wurde dieses Verbot sogar teilweise auf die Nonnen ausgedehnt: Im allgemeinen durften sie nur die täglichen Stundengebete und die schlichten Gesänge des Meßgottesdienstes singen, nicht aber kunstvoll ausgestaltete Hymnen und dergleichen. Weibliche Musikausübung erschien den Kirchenvätern insgesamt verdächtig wegen der möglichen erregenden Wirkung, die sie auf das männliche Geschlecht ausüben konnte. Ausgangspunkt dieser Orientierung war die in der Heiligen Schrift wiederholt hervorgehobene Sündigkeit und Zweitrangigkeit der Frau, dies ergab zugleich eine geeignete ideologische Begründung für die durch die feudale Klassengesellschaft bedingte Unterdrückung der Frau.

Die Frauenklöster waren dennoch seit ihrem Bestehen die wichtigsten Stätten musikalischer Frauenbetätigung im Mittelalter. In ihnen konnten die Mädchen, insbesondere der gehobenen Stände, eine gesangspraktische und musiktheoretische Ausbildung erhalten. Seit dem Ausgang des 12. Jh. setzten sich die Frauenklöster auch oft über Konzilbeschlüsse zur Einschränkung ihres Gesanges hinweg. In dieser Zeit wuchs ihre religiöse und gesellschaftliche Bedeutung im deutschsprachigen Raum, da es in den höheren Gesellschaftsschichten infolge der Kreuzzüge zu einem starken Frauenüberschuß gekommen war. Vor allem in den Zentren deutscher Frauenmystik entwickelte sich in den Frauenklöstern ein reiches musikalisches Leben, das auch die Möglichkeit zu kompositorischem Schaffen einschloß.

Unter den musikalisch schöpferischen Frauen dieser Zeit ragt die Äbtissin Hildegard von Bingen (1098 bis 1179), die Gründerin und Leiterin des Benediktinerklosters Rupertsberg bei Bingen, heraus. Sie gilt als die früheste deutsche Komponistin. Außer bedeutsamen naturwissenschaftlichen und medizinischen Schriften umfaßt ihr Werk 69 Gesänge für den kirchlichen Gebrauch sowie das geistliche Singspiel „Ordo virtutum" („Reigen der Tugenden"). Dieses Stück, das den Abfall der vom Teufel verführten Seele von den Tugenden, ihre reumütige Rückkehr und den Sieg über den Teufel schildert, erhält seine Bedeutung nicht nur als eines der frühesten von Laien aufführbaren szenischen Musikspiele, sondern auch durch seine originelle melodische Substanz, die weit über die damals üblichen gregorianischen Choralmelodien hinausweist und volkstümliche Wendungen einschließt. Aber auch dieses Stück dürfte kaum über die Mauern des Nonnenklosters hinaus wirksam geworden sein, zumal die kirchliche Obrigkeit auch die musikalische Ausgestaltung des Bingener Klostergottesdienstes wiederholt zu verhindern suchte und zwei Jahre vor Hildegards Tod ganz verbot.

Wichtige Zeugnisse weiblicher Musikpraxis im Mittelalter, einschließlich musikalisch schöpferischer Tätigkeit, sind auch einige Liederbücher der Beginen oder ihnen nahestehender klösterlicher Frauengemeinschaften, wie das um 1500 aufgezeichnete Liederbuch der Anna von Köln. Da diese Frauen durch ihre außerklösterliche karitative, handwerkliche oder landwirtschaftliche Tätigkeit unmittelbaren Anteil am Volksleben ihrer Zeit hatten, zeigen die von ihnen übernommenen oder sogar selbst erfundenen Liedweisen trotz der religiösen Texte (Marienverehrung, Liebe zum Jesuskind u. a.) die Nähe zum Reigentanz (z. B. beim Kindelwiegen), zu Fastnachts- und Trinkliedern. Bis heute wurden diese kostbaren Quellen jedoch noch nicht zusammenfassend untersucht und ausgewertet, obwohl sie auch unser Wissen über die nicht unmittelbar schriftlich überlieferte Volksmusik jener Zeit vertiefen können.

Weibliche Troubadours. Musikalisch schöpferische Frauen hat es im Mittelalter auch außerhalb der Klöster und religiösen Frauengemeinschaften gegeben. Als sich in den Burgen und Schlössern Südfrankreichs um 1200 der Frauenkult der Troubadours entwickelte, blieb es nicht bei der einseitigen Verehrung der adligen höhergestellten Frau, sondern es meldeten sich unter den Troubadours auch Frauen zu Wort. Aus der Zeit von 1160 bis 1250 sind einundzwanzig weibliche Troubadours nachweisbar, die in leidenschaftlichen Worten und Tönen ihre Liebe zu einem Troubadour oder einem jungen Adligen zum Ausdruck bringen. Berühmt als Komponistin ihrer eigenen Gedichte war die nordöstlich von Montélimar geborene Gräfin Beatrix de Dia. Nur von einem ihrer Lieder ist jedoch die Melodie erhalten geblieben – konnte doch eine notenschriftliche Fixierung allzu leicht den Kirchenbann zur Folge haben.

Musikalische Wirksamkeit der Frau in der Epoche frühbürgerlicher Revolutionen in Europa

In dieser Zeit, in der sich der Manufakturkapitalismus unter den noch herrschenden Bedingungen des Feudalismus entfaltete, wurde die Musik auf allen sozialen Ebenen, den Bedürfnissen und Fähigkeiten entsprechend abgestuft, zur Daseinsbewältigung und zur Verschönerung des Lebens benötigt. Das Bekenntnis der Renaissance zum Diesseitigen, Weltlichen, die Betonung des Sinnlichen und Schönen erfolgte auch auf musikkulturellem Gebiet in deutlicher Abgrenzung von der kirchlich-dogmatischen Enge des Mittelalters und verlangte nach neuen und differenzierteren musikalischen Ausdrucksformen. Dabei entwickelten sich auch neue musikalische Gattungen und Musizierweisen, vor allem die Oper und kunstvolle Formen der Instrumentalmusik. Die aktive Mitwirkung der Frau an diesen Prozessen ist in den einzelnen musikkulturellen Bereichen sehr unterschiedlich und insgesamt wesentlich geringer als die des Mannes.

Die durch die Entwicklung des Notendrukkes (um 1500) ermöglichte reiche Überlieferung an Volksliedern dieser wie auch früherer Zeit, vor allem die aus weiblicher Sicht entstandenen Liebes- und Mädchenlieder, Kinder- und Wiegenlieder, lassen erkennen, daß die Frau an der Entstehung, Pflege und Verbreitung von Volksmusik maßgeblich beteiligt war.

In anderen Bereichen, wie dem Meistergesang, der Musik der Stadtpfeifer, der mehrstimmigen geistlichen und weltlichen Vokalmusik oder der Instrumentalmusik der Hoforchester war sie weder als Komponierende noch als Interpretin präsent. Dagegen wurde sie bei der Hausmusik in Häusern des Adels und des städtischen Bürgertums wirksam, vor allem aber als Gesangssolistin der neu entstehenden italienischen Oper, in Ausnahmefällen auch als Komponistin in diesem Bereich.

Die Mitwirkung der Frau in der protestantischen Kirchenmusik. Die trotz progressiver Musikentwicklung weiterhin generelle gesellschaftliche wie musikalische Unterbewertung der Frau zeigt sich deutlich im Bereich der protestantischen Kirchenmusik. Der von Luther angeregte und tatkräftig geförderte protestantische Choral, ein eingängiges, an geistliches und weltliches Volksliederbe anknüpfendes Lied in deutscher Sprache, bereicherte die musikalische Praxis aller Schichten des Volkes. Indem es von allen Mitgliedern der Gemeinde, von Männern wie Frauen, im Gottesdienst gesungen wurde, aktivierte es den allgemeinen Volksgesang, zumal einige Choräle, wie vor allem Luthers Lied „Ein feste Burg ist unser Gott“, zu echten Massenliedern wurden und die Bauern wie die städtischen Bürger jener Zeit in ihrem Kampf gegen das feudal-kirchliche Joch beflügelten. Darüber hinaus überwand diese Praxis des protestantischen Gemeindegesangs die der Frau bisher im Gottesdienst von der katholischen Kirche auferlegte gesangliche Passivität.

Der von Luther ebenfalls geförderte Gesang mehrstimmiger Choralsätze durch die Kantorei, die die einzelnen Choralstrophen oft abwechselnd mit dem einstimmigen Gemeindegesang vortrug, war jedoch ausschließlich den Knaben- und Männerstimmen vorbehalten. Hierzu wie auch für das häufige außerkirchliche Singen bei festlichen Anlässen, wie Hochzeiten und Begräbnisse angesehener Persönlichkeiten, waren musikalisch geschulte Sängerchöre nötig, die sich in erster Linie aus Schülern zusammensetzten. In allen Knabenschulen, vor allem in den Lateinschulen der Städte, bildete daher der Musikunterricht einen Schwerpunkt und umfaßte neben dem einstimmigen Singen auch Unterweisung im Singen nach Noten sowie den mehrstimmigen Gesang, während die wenigen „Jungfrauenschulen“ nur das gehörmäßige Nachsingen von einstimmigen Choralmelodien übten. Somit vergrößerte sich in dieser Epoche – zumindest in den reformierten Ländern – trotz allgemeinen musik-kulturellen Aufschwungs der Abstand zwischen männlicher und weiblicher Musikerziehung.

Die ersten Opernsängerinnen. Diese von Widersprüchen und Kämpfen erfüllte Epoche ist jedoch zugleich die Zeit, in der sich der Frau ein musikalisches Wirkungsfeld eröffnet, auf dem sie noch heute unentbehrlich ist: das der Gesangsvirtuosin, vor allem als Opernsängerin. Sie tritt zuerst in den Adels- und Patrizierhäusern der sozialökonomisch fortgeschrittensten Gebiete, in den Stadtstaaten Oberitaliens, auf. Hier entwickelte sich im 15. und 16. Jh. eine Kompositions- und Musizierweise, die in starkem Gegensatz zur bisher bevorzugten polyphonen Mehrstimmigkeit stand und zugleich dem die Renaissance kennzeichnenden Bestreben zur Entfaltung der Einzelpersönlichkeit entsprach: der instrumental begleitete Sologesang. Er bildet die entscheidende musikalische Grundlage für die Entstehung der Oper, in der es darum ging, die im Text vorgezeichneten Empfindungen und Leidenschaften der handelnden Personen mit Hilfe der Musik deutlich hervorzukehren. Diese musikalische Individualisierung aber machte zugleich die Mitwirkung der Frau zu einem dringenden Erfordernis.

So begegnen uns schon um 1600 in Florenz, wo zu dieser Zeit die ersten vollgültigen Opern entstehen, aber auch in anderen italienischen Städten die ersten Opernsängerinnen. Sie sind zugleich die ersten Berufsmusikerinnen – von der „niederen Kunst" der Singe- und Tanzmädchen abgesehen, die, den „fahrenden" Spielleuten zugehörig, auf Jahrmärkten, Handelsmessen, Kirchweihen und anderen Volksbelustigungen ihren spärlichen Lebensunterhalt zu gewinnen suchten. Zu den ersten gefeierten Opernsängerinnen gehört Francesca Caccini (1587 bis 1680), Tochter des Komponisten, Sängers und Harfenspielers Giulio Caccini (um 1550 bis 1618), der wie seine Tochter am musikliebenden Hofe der Medici in Florenz angestellt war und 1600 als eine der ersten Opern „Euridice" komponierte. Francesca trat nicht nur als Sängerin, sondern auch als Komponistin von Sologesängen und der Ballettoper „Die Befreiung des Ruggiero" (1625) hervor. Diese Verbindung von Gesangsinterpretin und Komponistin war zu jener Zeit keineswegs ein Einzelfall, sondern das Ergebnis einer vielseitigen, dem Bildungsideal der italienischen Renaissance entsprechenden Ausbildung, die oft auch den Töchtern aus vornehmen Familien zuteil wurde. So erhielt Francesca nicht nur eine gediegene Ausbildung in Gesang und Musiktheorie sowie im Lauten-, Gitarren- und Cembalospiel, sondern auch in der Muttersprache, in Spanisch, Französisch und Lateinisch und erwarb fundierte literarische Kenntnisse; dieses sprachlich-literarische Wissen bildete eine wichtige Voraussetzung für die Interpretation und Komposition der extrem sprachgebundenen Vokalmusik jener Zeit.

Die Frau im bürgerlichen Musikleben der Aufklärungsepoche

In der von den Ideen der Aufklärung bestimmten Epoche der bürgerlichen Revolutionen in England und Frankreich sowie des Befreiungskampfes gegen die napoleonische Fremdherrschaft (etwa 1640 bis 1815) beginnt sich das bürgerliche Musikleben in halböffentlichen und öffentlichen Opernaufführungen und Konzerten zu entfalten. Im Zusammenhang mit der Eröffnung der ersten ständigen Opernhäuser (zuerst in Venedig 1637; weitere Gründungen u. a. in Hamburg 1678, in Leipzig 1693) entwickelte sich die Oper zu einem wichtigen Zentrum bürgerlicher Musikpflege. Die neuen Opernhäuser standen allen zahlungsfähigen Bürgern offen, regten das Opernschaffen an und förderten damit auch die virtuose Gesangskunst. Frauen mit hohem gesanglichem Können erhielten die Möglichkeit, zu Primadonnen aufzusteigen, d. h. zu gefeierten Opernsängerinnen, denen die ersten Opernpartien übertragen wurden, die mit hohen Ansprüchen auftreten und sogar auf das Schaffen der Opernkomponisten Einfluß nehmen konnten.

Berühmte Gesangsvirtuosinnen. Außerordentliche Berühmtheit erlangten in der ersten Hälfte des 18. Jh. die italienischen Primadonnen Francesca Cuzzoni (1700 bis 1770) und Faustina Hasse-Bordoni (1700 bis 1781). Francesca Cuzzoni aus Parma, die schon mit sechzehn Jahren erfolgreich auf der Bühne in Bologna sang und zwei Jahre später mit der gleichaltrigen Faustina Bordoni in Venedig wetteiferte, wurde 1722 von Georg Friedrich Händel nach London verpflichtet. Hier errang sie bereits in ihrer ersten Rolle als Theophano in Händels Oper

„Ottone", der Liebesgeschichte des deutschen Kaisers Otto II. mit der griechischen Prinzessin Theophano, einen durchschlagenden Erfolg. Bezeichnend für das Selbstbewußtsein der jungen Sängerin ist die bekannte Geschichte, nach der Händel die „Teufelin" aus dem Fenster zu werfen drohte, weil sie in der Probe eine Arie der Theophano nicht in seinem Sinne singen wollte. Seit ihrem Auftreten in „Ottone" riß die Cuzzoni vier Jahre lang das Londoner Publikum zu Begeisterungsstürmen hin. Zu einem Höhepunkt ihrer Erfolge wurde ihre Gestaltung der eigens für sie geschaffenen Titelpartie in Händels Oper „Rodelinda" (1725), in der sie in zehn Arien den mannigfaltigen Gefühlsregungen der liebenden, geknechteten, hoffenden Frau, deren Gatte des Throns beraubt ist und die den Anstürmen des Usurpators widersteht, bewegenden gesanglichen Ausdruck verlieh. Gerühmt wurde „die goldene Leyer aus Parma" von den Zeitgenossen nicht in erster Linie wegen der Virtuosität ihrer Gesangskunst, sondern wegen ihrer Ausdruckskraft, der sich die Koloraturen und Auszierungen ungekünstelt zuordneten und die das Publikum – vor allem bei den getragenen Arien – oft zu Tränen rührte.

Im Jahre 1726 wurde auch Faustina Bordoni an die Oper Händels nach London gerufen; sie feierte damals bereits in Wien Triumphe. Den Ehrennamen „la nuova Sirena" hatte sie schon bald nach ihrem ersten Auftreten als Achtzehnjährige in Venedig vom italienischen Publikum erhalten, und zur Erinnerung an ihr erstes Auftreten in Florenz 1723 waren sogar zwei Medaillen auf sie geprägt worden. Ganz im Gegensatz zur Cuzzoni wurde vor allem die Brillanz der virtuosen Geläufigkeit ihrer Stimme gerühmt, während ihr elegische, getragene Gesänge nicht ebenso gelegen haben sollen; dafür übertraf sie die Cuzzoni im darstellerischen Können und in ihrer äußeren Erscheinung. Beide Primadonnen traten gemeinsam – als gleichgewichtige Gegenspielerinnen – in Händels Opern „Allessandro" (1726) und „Admeto" (1727) auf. Durch ihre Mitwirkung wie auch dadurch, daß sich der Komponist von der jeweiligen künstlerischen Individualität der beiden hervorragenden Sängerinnen in der Komposition ihrer Arien inspirieren ließ, errangen auch diese Opern durchschlagende Erfolge. Die zunehmende Rivalität zwischen den beiden großen Sängerinnen, angestachelt vor allem durch die Leidenschaft und Sensationslust ihrer Parteigänger, deren tumultuarische Exzesse bei einem gemeinsamen Auftritt der Cuzzoni und der Bordoni in einer Oper Bononcinis dazu führten, daß die beiden Primadonnen wie gereizte Kampfhähne aufeinander losstürzten, verhinderte jedoch eine längere Zusammenarbeit in London. Beide verließen England 1728 und wirkten lange Zeit als gefeierte Sängerinnen in vielen Städten Europas. Während die Cuzzoni jedoch die letzten Lebensjahre in wachsender Not verbrachte und als arme Knopfmacherin in Bologna starb, konnte die Bordoni an der Seite ihres Mannes, des langjährigen Dresdner Hofkapellmeisters und angesehenen Opernkomponisten Johann Adolf Hasse, einen gesicherten Lebensabend in Venedig verbringen.

Die erste nichtitalienische Primadonna, die in Oper und Konzert europäische Bedeutung erlangte, war Gertrud Elisabeth Mara, geb. Schmeling (1749 bis 1833), Tochter eines Stadtmusikers in Kassel. Sie trat zunächst in Wien und London als Wunderkind im Violinspiel auf, das jedoch als berufliche Tätigkeit einer Frau zu jener Zeit kaum eine Perspektive bot, so daß sie bald zum Gesang überwechselte. Obwohl vorwiegend Autodidaktin, die sich ihr großes Können mit unbändiger Lernbegier aneignete, wurde sie schon 1766 von Johann Adam Hiller an das „Große Konzert" in Leipzig (Vorläufer der Gewandhauskonzerte) als Konzertsängerin engagiert. 1771 ging sie an die Berliner Hofoper, nachdem es ihr gelungen war, Friedrich II. trotz seiner Abneigung gegen deutsche Sänger von ihrer Kunst zu überzeugen. Zwistigkeiten mit dem tyrannischen König zwangen sie jedoch 1780 zur Flucht aus Berlin. In vielen Städten Europas, wo sie oft gemeinsam mit ihrem Mann, dem Violoncellisten Johann Mara, auftrat, feierte sie Triumphe. Ihre Erfolge an der Pariser Oper 1782/83 führten zwischen Maratisten und Todisten, den Anhängern der berühmten portugiesischen Primadonna Luiza Todi (1753 bis 1833) zum Kunstkrieg, aus dem die Mara als Siegerin hervorging. Ab 1784 wirkte sie achtzehn Jahre lang als gefeierte Oratorien- und Opernsängerin in London, sang auch in Haydns „Schöpfung" – nach des Komponisten Ansicht „engelgleich" – und begründete ihren Ruf als größte Händelsängerin Englands. Seit 1802 wirkte sie in Rußland, wo sie beim Brand Moskaus alle ihre Habe verlor. Verarmt starb sie in Reval. Zeitgenossen berichten begeistert über ihre virtuose Gesangstechnik, den unnachahmlichen „Mara-Triller", die stilvolle Ausdrucksgestaltung, so daß es in England sprichwörtlich wurde, „musikalisch wie eine Mara" zu singen. Auch Goethe, der sie mehrere Male hörte und in dessen Briefwechsel sie öfters erwähnt wird, bewunderte die „höchst vollendete Sängerin" und huldigte ihr in zwei Gedichten („Der Demoiselle Schmeling" und „An Madame Mara zum frohen Jahresfeste").

Goethes Bewunderung galt noch einer zweiten Sängerin, Corona Schröter (1751 bis 1802), der er viele Jahre lang in Freundschaft verbunden war. In einem Gedicht („Auf Miedings Tod", 1782), in der er die Künstlerin als vollkommene Einheit von Natur und Kunst preist, und auch in einer eigenen zarten Kreidezeichnung („Corona Schröter schlafend, von Goethe gezeichnet") hat er ihr ein bleibendes Denkmal gesetzt. Konnte sich ihre nicht sehr große und leicht bedeckte Stimme auch keineswegs mit der der Mara messen (mit der sie kurze Zeit gleichzeitig in Leipzig als Sängerin wirkte), so rühmen die Zeitgenossen vor allem die seltene Eindringlichkeit und Ausdruckskraft ihres Vortrags und in Verbindung damit auch die Anmut ihrer äußeren Erscheinung.

Corona Schröter, die Tochter eines Oboisten, die in Leipzig von Johann Adam Hiller im Gesang ausgebildet, dort 1767 als Sängerin für das Große Konzert engagiert wurde und 1778 auf Anregung Goethes als Kammersängerin nach Weimar ging, war zugleich eine bedeutende Schauspielerin, der vergötterte Stern des Weimarer Liebhabertheaters und Singspiels. Als außerordentlich vielseitig begabte Künstlerin gehört sie außerdem zu den wenigen Frauen jener Zeit, die sich auch als Komponistinnen betätigten, wozu sie u. a. durch die Singspieldichtungen Goethes angeregt wurde. Neben volkstümlichen Liedern komponierte sie in bühnenwirksamer Weise die Gesänge zu Goethes Singspiel „Die Fischerin", wozu auch der „Erlkönig" gehört, dessen erste Vertonung somit von einer Frau stammt.

Entwicklung des öffentlichen Konzertlebens. Seit den siebziger Jahren des 17. Jahrhunderts hatte sich in Europa, von England als dem ökonomisch am weitesten fortgeschrittenen Land ausgehend, nach und nach ein öffentliches Konzertleben entfaltet (wichtige Gründungen u. a.: Concerts spirituels in Paris 1725, Großes Konzert in Leipzig 1743). Neben dem Beruf der Opernsängerin ergab sich dadurch für die Frau auch der einer Konzertsängerin (vgl. die zeitweisen Engagements der Mara und der Schröter in Leipzig). Der Beruf eines Orchestermusikers blieb ihr dagegen weitestgehend verschlossen. Hier erwies sich die vom Mittelalter überkommene (und bis heute noch nicht vollständig überwundene) Benachteiligung der Frau als besonders zählebig, obwohl zahlreiche Italienreisende des 18. Jh. Gelegenheit hatten, Zeuge hervorragender Leistungen von weiblichen Musikantinnen auf den verschiedensten Instrumenten zu werden, worüber sie sich auch eingehend und enthusiastisch in Zeitschriften, Reiseberichten und Autobiographien äußerten.

In Venedig bestanden vier Mädchenkonservatorien, die regelmäßig Sonn- und Feiertagskonzerte durchführten, deren hohes künstlerisches Niveau u. a. von Jean Jaques Rousseau, Johann Joachim Quantz, Johann Friedrich Reichardt und Johann Wolfgang von Goethe gerühmt wird. Wie andere Konservatorien („Bewahranstalten") waren sie ursprünglich (im 14. Jh.) als Häuser für die Aufnahme von Waisen und Findlingskindern gegründet worden, deren es in der Seehandelsstadt Venedig besonders viele gab. Von Anfang an spielte die Musik in ihnen eine wichtige Rolle – zunächst aus religiösen und pädagogischen Gründen, später in zunehmendem Maße, um Nachwuchs für die Kirchenmusik, zum Teil auch für die Oper auszubilden. Alle nahmen am Chorgesang teil, begabte Zöglinge erhielten spezielle Unterweisung im Sologesang und Instrumentalspiel. Die Vielzahl der von den Mädchen gespielten Instrumente geht aus einem Bericht über den musikalischen Empfang Josephs II. im Jahre 1769 hervor, bei dem alle vier Mädchenkonservatorien zusammenwirkten: „Im Saale befanden sich die mitwirkenden Mädchen in drei übereinanderliegenden Logen, in der tiefsten die Violinen, Cembali, Violoncelli und Harfenspielerinnen, in der mittelsten die Sängerinnen mit ihrem berühmten Lehrer Bertoni, und in der obersten die Oboen-, Flöten-, Fagott-, Traversieren-, Trompeten- und Hornbläserinnen und die Paukenschlägerinnen." In einigen Aufführungen übernahmen begabte Schülerinnen sogar das Dirigieren, wozu ein Zeitgenosse begeistert schilderte: „Ich schwöre, daß es nichts Reizenderes gibt, als eine hübsche junge Nonne in weißem Gewande, geschmückt mit einem Kranz von Granatenblüten, ein Orchester leiten und den Takt schlagen zu sehen, mit der schönsten Grazie und doch der größten Präzision." Der Unterricht wurde von bedeutenden Instrumentalisten und Komponisten erteilt, unter ihnen Antonio Caldara (1670 bis 1736), Antonio Vivaldi (1678 bis 1741), Domenico Scarlatti (1685 bis 1757) und Johann Adolf Hasse (1699 bis 1783). Infolge des langjährigen Wirkens von Vivaldi als Violinlehrer und Kapellmeister am Ospedale della Pietà („Hospital zur Barmherzigkeit"; von 1703 bis 1740) erreichte dieses Mädchenkonservatorium besonders hohe Leistungen, vor allem im Orchesterspiel. Vivaldi führte mit diesem Orchester einen großen Teil seiner Instrumentalkonzerte sowie auch zwei Oratorien auf, deren solistische und chorische Vokalstimmen ebenfalls von Mädchen dieses Konservatoriums übernommen wurden. Ökonomische Ursachen führten gegen Ende des 18. Jh. zur Schließung der vier Mädchenkonservatorien.

Blieb im 18. Jh. – zumindest in Deutschland – der Beruf des Orchestermusikers auf den Mann beschränkt, so gab es unter den öffentlich auftretenden Instrumentalsolisten auch einige weiblichen Geschlechts, vor allem die sog. „Wunderkinder". Wurden die Mädchen erwachsen, so sanken sowohl das Interesse an ihrem Auftreten seitens des Publikums wie auch an ihrer weiteren musikalischen Ausbildung durch die Erziehungsberechtigten, die sich dann vor allem dem männlichen Nachwuchs zuwandten; dies zeigt sich etwa am Beispiel der als Wunderkinder gleichermaßen erfolgreichen Geschwister Maria Anna (Nannerl) und Wolfgang Amadeus Mozart. Auch wurden nur wenige Instrumente als dem weiblichen Geschlecht gemäß von der Öffentlichkeit anerkannt (Klavierinstrumente und Harfe). Das Violinspiel – so heißt es noch um 1800 – sei unweiblich, was sich an den Armbewegungen zeige sowie an den Gesichtern, die die Frau beim Spielen ziehe; das Violoncellospiel wirke gar unsittlich.

In der Wahl des Instruments für die Hausmusik der Töchter, auf die das Bürgerhaus seit der zweiten Hälfte des 18. Jh. zunehmend Wert legte, war man toleranter, jedoch überwogen auch hier die Klavier- und Zupfinstrumente (Laute, Gitarre, Harfe, Zither).

Komponierende Frauen. Die von der Aufklärung erhobene Forderung nach Freiheit der Persönlichkeit, die auch den Anspruch der Frau auf vertiefte Bildung und schöpferische künstlerische Betätigung einschloß, hatte dazu geführt, daß sich in zunehmendem Maße auch Frauen kompositorisch betätigten. Mit wenigen Ausnahmen, zu denen die bereits erwähnte Corona Schröter und einige durch ein besonders musikalisches Elternhaus geförderte Frauen gehören, betraf dies allerdings nur Frauen aus hohen Adelskreisen, denen finanzielle Mittel und genügend Zeit für eine gediegene musikalische Ausbildung zur Verfügung standen, die auch Harmonielehre und Kontrapunktstudien einschloß. Hervorzuheben sind unter ihnen:

Anna Amalia, Prinzessin von Preußen (1723 bis 1787), die Schwester Friedrichs II., Schülerin des Bach-Schülers Johann Philipp Kirnberger. Von ihren Zeitgenossen wurde sie vor allem wegen ihres Oratoriums „Der Tod Jesu" bewundert. Bleibendes Verdienst erwarb sie sich jedoch mit ihrer umfangreichen Sammlung der Drucke und Handschriften von Werken Palestrinas, Hans Leo Haßlers, G. F. Händels und vor allem J. S. Bachs. Als sog. Amalienbibliothek befindet sie sich heute im Besitz der Deutschen Staatsbibliothek. Zu Beginn des 19. Jh. wurde sie der Ausgangspunkt für die Bach-Renaissance unter Zelter und Mendelssohn.

Anna Amalia, Herzogin von Sachsen-Weimar (1739 bis 1807), die Mutter des Großherzogs und Goethe-Freundes. Sie vertonte u. a. Goethes Singspiel „Erwin und Elmire" und erwarb sich Verdienste als Förderin des musikalischen Lebens an ihrem Hofe.

Maria Theresia von Paradis (1759 bis 1824), Tochter eines Wiener Staatsbeamten, die von Maria Theresia finanziell gefördert wurde, nachdem sie bereits im vierten Lebensjahr ihr Augenlicht verloren hatte. Ihren ersten Ruhm erwarb sie sich auf Konzertreisen als überaus erfolgreiche Pianistin; bei ihrem Salzburger Auftritt 1783 war W. A. Mozart so beeindruckt von ihr, daß er für sie im folgenden Jahr ein Klavierkonzert komponierte (wahrscheinlich KV 456). Ihr zu Unrecht heute wenig beachtetes umfangreiches kompositorisches Werk enthält außer Kantaten, einer Oper und einem Singspiel vor allem Klavierwerke sowie Lieder und Balladenkompositionen, mit denen sie die größten Erfolge errang (u. a. „Leonore" nach G. A. Bürger). Große Verdienste erwarb sie sich außerdem mit der Gründung und Leitung einer angesehenen Musikschule für junge Mädchen, deren sonntägliche Hauskonzerte das Wiener Musikleben bereicherten und an denen sich bereits Mitglieder des Schubert-Kreises beteiligten.

Zu den ersten bürgerlichen Komponistinnen gehören neben Corona Schröter Juliane Reichardt (1752 bis 1783), die Tochter des tschechischen Komponisten und Konzertmeisters Friedrichs II. Frantisek Benda (1709 bis 1786) und Ehefrau des Komponisten Johann Friedrich Reichardt (1752 bis 1814), sowie ihre Tochter Louise Reichardt (1779 bis 1826). Sie schufen vor allem klavierbegleitete Lieder, deren Volkstümlichkeit aus der Einheit melodischer Ausdruckskraft und bewußter Schlichtheit, vor allem des Klaviersatzes, erwächst. Zu ihren Lebzeiten wurden sie deshalb von Kennern wie von Liebhabern sehr geschätzt; Louises Lieder, die zum Teil schon romantische Klänge einbeziehen, waren sogar noch populärer als die ihres Vaters. Wurde diese Volkstümlichkeit jedoch von der Musikgeschichtsschreibung bei den anderen Vertretern der Berliner Liederschule (J.F. Reichardt, Joh. Abraham Peter Schulz und Carl Friedrich Zelter) den progressiven Traditionen antifeudaler Musikkultur zugeordnet, so galt sie bei Juliane und Louise Reichardts Liedern meist als Ausdruck weiblichen Dilettantismus oder wurde gänzlich ignoriert. Bis heute stehen Neuausgaben ihrer Werke sowie eine gründliche Einordnung und Einschätzung ihres Schaffens aus. Diese hätte auch Louise Reichardts Wirken als eine der ersten deutschen Dirigentinnen (sie dirigierte 1818 in Hamburg vor über 5000 Zuhörern Händels „Messias" und Mozarts „Requiem") sowie als Gründerin eines Frauchenchors und einer Musikschule für Frauen in Hamburg einzubeziehen.

Die Laienchorbewegung. Das wichtigste musikkulturelle Ergebnis der von der Aufklärung geförderten geistigen Emanzipation der Frau war ihre Einbeziehung in die große Laienchorbewegung, die sich um die Wende des 19. Jh. zu entfalten begann. Ausgehend von der 1791 durch Carl Friedrich Fasch (1736 bis 1800), Kapellmeister an der Königlichen Oper in Berlin, gegründeten Singakademie, die seit 1800 von Carl Friedrich Zelter (1758 bis 1832) weitergeführt wurde, entstanden in fast allen Städten gemischte Chöre, in denen Frauen – nicht, wie bisher, Knaben – die Sopran- und Altstimmen sangen. Damit bahnte sich ein mächtiger Aufschwung des Chorwesens in Deutschland an, in dem die demokratischen und patriotischen Gedanken und Wünsche der Menschen dieser Zeit zum Ausdruck kommen konnten. Breite Schichten der Bevölkerung, einschließlich der Frauen, erhielten die Möglichkeit, nicht nur als Zuhörer, sondern auch als Musikausübende, aktiv an der Aufführung von Bachs Passionen, Händels und Haydns Oratorien und anderen Chorwerken teilzuhaben. Gelegentlich gliederten sich zur Bereicherung der Programme auch Frauengruppen aus den bestehenden gemischten Chören heraus, und in einigen Städten kam es auch zur Bildung eigener Frauenchöre.

Die Frau im Musikleben der Epoche des entfalteten Kapitalismus und des Imperialismus

Hier gewinnen die bürgerlichen Schichten gegenüber den mehr und mehr in den Hintergrund tretenden Adelskreisen in allen musikkulturellen Bereichen den bestimmenden Einfluß. Dabei gelingt es auch der Frau, als ausübende Künstlerin und als Pädagogin im Musikleben wirksamer zu werden. Der wachsende Bedarf an öffentlichen Konzerten und Opernaufführungen förderte die Entwicklung des Virtuosentums und gab somit auch der Frau Anreiz und Möglichkeit, ihr virtuoses Können als Interpretin zu entfalten und zur Wirkung zu bringen.

Neben der Gesangsvirtuosin tritt vor allem die Klaviervirtuosin als Solistin von internationalem Ruf hervor, selten die Violinsolistin, kaum oder gar nicht die Virtuosin eines anderen Instruments.

Berühmte Sängerinnen. Zu den berühmtesten Sängerinnen dieser Epoche zählt Wilhelmine Schröder-Devrient (1804 bis 1860). Schon mit siebzehn Jahren gestaltete sie die Leonore in der Wiener Neueinstudierung des „Fidelio" zu einer musikdramatischen Glanzrolle, die dieser Oper einen entscheidenden Platz im deutschen Spielplan sicherte und zugleich den europäischen Ruhm der Sängerin begründete. Der damals schon völlig ertaubte Beethoven sah sie in dieser Rolle und war von ihrer beseelten Darstellung so tief beeindruckt, daß er für sie eine Oper komponieren wollte. Ähnlich dem „Fidelio" schuf sie in den Jahren 1823 bis 1847, als sie – von Gastspielen abgesehen – an der Dresdner Hofoper wirkte, auch vielen anderen Opern ein wirkliches Publikum. Auch Wagner und Weber, in deren Opern sie tragende Rollen verkörperte (u. a. die Senta in der Uraufführung des „Fliegenden Holländers", 1842; die Venus in der Uraufführung des „Tannhäuser", 1843), bewunderten ihre musikdramatische und schauspielerische Gestaltungskraft, die von ihr verwirklichte Einheit von Musik und Geste. 1849 wurde sie wegen ihrer Beteiligung am Maiaufstand, bei dem sie sich in einem Aufruf aktiv für die Rechte des Volkes eingesetzt hatte, aus Dresden ausgewiesen. Von 1847 an errang sie ihre großen Erfolge als Liedersängerin. Schon 1830 hatte sie mit dem Vortrag des „Erlkönig" in Weimar den Dichter von Schuberts Größe überzeugt.

Die „schwedische Nachtigall" Jenny Lind (1820 bis 1887) widmete sich schon mit neunundzwanzig Jahren nach überaus erfolgreicher Operntätigkeit ausschließlich dem Beruf einer Konzertsängerin. In den Jahren davor hatte sie während ihrer Engagements an den Opernhäusern in Stockholm, Berlin, Wien und London und einer großen Tournee durch die Vereinigten Staaten von Amerika sowie bei zahlreichen weiteren Gastspielen mit dem beseelten und zugleich verblüffend virtuosen Vortrag ihrer Koloraturpartien stürmische Triumphe gefeiert, so daß z. B. in London Opernbesessenheit mit dem Begriff „Jenny-Lind-Gedränge" sprichwörtlich wurde. Den weitaus größten Teil ihrer Einnahmen gab sie an Hospitäler und andere karitative Einrichtungen, für eine Mendelssohn-Stiftung am Leipziger Konservatorium und einen Stipendienfonds für arme junge Künstler in Stockholm. Seit 1849 wirkte sie über dreißig Jahre als bewunderte Lieder- und Oratoriensängerin, zuletzt in London, wo sie am Royal College of Music eine Meisterklasse für Gesang leitete. Enge Freundschaft verband sie mit dem Ehepaar Schumann und mit Felix Mendelssohn Bartholdy, dessen Oratorium „Elias" unter dem Eindruck ihrer Stimme entstand. Mit großer Liebe war ihr auch der Märchendichter Hans Christian Andersen zugetan, durch dessen „Märchen meines Lebens" sie in die Weltliteratur der Romantik eingegangen ist und der viele Züge ihrer liebenswerten Gestalt in seine Märchen, z. B. „Der Kaiser und die Nachtigall", eingefügt hat.

Das klavierbegleitete Sololied. Die wechselseitigen Anregungen und Befruchtungen von solistischem Frauengesang und der Komposition weiblicher Partien in Oper und Oratorium, die seit dem Entstehen dieser Gattungen immer erneut zutage traten, äußerten sich seit dem 19. Jahrhundert auch im Bereich des klavierbegleiteten Sololiedes, vor allem in den Liedern, die der individuellen Erlebniswelt der Frau künstlerischen Ausdruck verliehen. Zu diesen spezifischen Frauenliedern gehören:

- „Gretchen am Spinnrad" (Goethe), „Des Mädchens Klage" (Schiller), „Die junge Nonne" (Craigher), „Wiegenlied" („Schlafe, schlafe, holder, süßer Knabe") von Franz Schubert
- der Liederkreis „Frauenliebe und -leben" (Chamisso), „Volksliedchen" (Rückert) und einige Lieder des Liederkreises „Myrthen" (Goethe, Burns, Rückert) von Robert Schumann
- die als „Mädchenlieder" bezeichneten Lieder „Am jüngsten Tag", „Auf die Nacht in der Spinnstub'n", „Ach, und du mein kühles Wasser" (Heyse, S. Kapper), „Der Schmied" (Uhland), „Immer leiser wird mein Schlummer" (Lingg), „Der Jäger" (Halm), „Therese" (Keller), „Der Kranz" und „Sommerabend" (Hans Schmidt), „Der Liebsten Schwur" (Wenzig), „An eine Äolsharfe" (Mörike) von Johannes Brahms (1933 bis 1897)
- mehrere Lieder aus dem „Italienischen Liederbuch" (Heyse) und aus dem „Spanischen Liederbuch" (Heyse, Geibel), „Sechs

Lieder für eine Frauenstimme" (Rückert, Hebbel, Mörike), „Tretet ein, holder Krieger" (Keller) und Hugo Wolf

- „Das verlassene Mägdlein" (Mörike) von Robert Schumann (1810 bis 1856) und Hugo Wolf (1860 bis 1903)
- die Mignon-Lieder (Goethe) von Schubert (1797 bis 1828), Schumann und H. Wolf.

In der Interpretation dieser Lieder fanden Gesangsinterpretinnen, von denen sich seit dem 19. Jh. viele auf den Liedvortrag spezialisierten, bis zur Gegenwart überaus dankbare Aufgaben. Als weitere wertvolle Literatur für solistische Frauenstimmen entstanden auch Gesangsduette von Mendelssohn, Schumann und Brahms.

Pianistinnen und Komponistinnen. Die bedeutendste Pianistin des 19. Jh. ist Clara Schumann, geb. Wieck (1819 bis 1896, seit 1840 mit Robert Schumann verheiratet). Von ihrem Vater, dem Leipziger Klavierpädagogen Friedrich Wieck (zu seinem Schülerkreis gehörten auch Robert Schumann und der weltberühmte Dirigent und Pianist Hans von Bülow) wie ihre Schwester Marie vorzüglich ausgebildet, trat sie schon mit neun Jahren erfolgreich öffentlich auf. Von ihrem dreizehnten Lebensjahr an unternahm sie bis ins hohe Alter zahlreiche Konzertreisen, die nur während ihrer Ehe (Geburt von acht Kindern, Krankheit und Tod ihres Mannes) zeitweise zurücktraten. 1878 bis 1892 war sie außerdem am Hochschen Konservatorium in Frankfurt a. M. Klavierlehrerin. Ihre Vortragsweise, die sich bei vollkommener Beherrschung der Technik durch beseelten Ausdruck auszeichnete (besonders gerühmt wurden ihr „gebundenes Spiel" und die Qualität ihres Anschlags), übte einen fördernden Einfluß auf das Klavierspiel ihrer Zeit aus, indem sie der zu äußerlicher Virtuosität neigenden Interpretationsweise entgegenwirkte. Schon früh wurde sie zur anerkannten Interpretin Beethovens, dann Mendelssohns und Chopins; seit ihrer Verbindung mit Robert Schumann verhalf ihr Spiel vielen seiner Werke zur Verbreitung und Anerkennung, später auch der Klaviermusik von Brahms, dem das Ehepaar Schumann in enger Freundschaft verbunden war. Darüber hinaus inspirierte ihre Persönlichkeit unmittelbar das Schaffen der beiden großen Komponisten.

Clara Schumann trat auch selbst als Komponistin einer Reihe wertvoller Werke hervor. Zu ihnen gehören die Schumann gewidmete „Romance variée pour le pianoforte" op. 3 (eingespielt auf LITERA 860115), das Klavierkonzert op. 7, die Lieder op. 12, von denen Schumann unter Angabe ihres Namens drei in seinen Liederzyklus nach Rückerts „Liebesfrühling" op 37 einreihte, sowie ein Klaviertrio op. 17, das den Höhepunkt ihres Schaffens bildet.

Waren Clara Schumanns kompositorischer Tätigkeit infolge der intensiven Inanspruchnahme durch die interpretative Seite ihrer Doppelbegabung und auch ihrer besonderen familiären Belastung objektive Grenzen gesetzt, so zeigt sich in der Einschätzung und Nachwirkung bzw. Ignorierung von Frauen ihrer Zeit, deren kompositorisches Schaffen Clara Schumanns an Quantität und Qualität übertrifft, deutlich die historisch und gesellschaftlich bedingten Vorbehalte gegenüber der komponierenden Frau. Musizieren, vor allem auf dem Klavier, und möglichst beschränkt auf den häuslichen Kreis, galt neben dem Gesang als eine dem weiblichen Geschlecht und seiner ersten Bestimmung als Frau und Mutter gemäße Betätigung, gereichte dem wohlsituierten Bürgerhaus zur Zierde und wurde im 19. Jh. geradezu zum Statussymbol eines kulturvollen Hausstandes; die im Zuge der Entwicklung des Verlagswesens massenweise entstehende, für die dilettierende „höhere Tochter" bestimmte, leicht spielbare, oft seichte Klaviermusik ist dafür beredtes Zeugnis. Schöpferisches und damit auch kompositorisches Vermögen wurde jedoch der Frau abgesprochen, was eine Rezension Hans von Bülows von 1880 bezeugt, in der er zuvor Wilma Norman-Neruda, eine der wenigen Violinvirtuosinnen jener Zeit, enthusiastisch preist:

„Reproduktives Genie kann dem schönen Geschlecht zugesprochen werden, wie productives ihm unbedingt abzuerkennen ist. Die spärlichen Ausnahmen in der französischen und englischen Literatur, Georges Sand und Elliot, können kein, bisher durch absolut keinen Vorwand gerechtfertigtes, Präcedenz für die Musik bieten. Eine Componistin wird es niemals geben, nur etwa eine ver-druckte Copistin."

Folgende Komponistinnen jener Zeit widerlegen dieses Urteil: Fanny Hensel (1805 bis

1897), die hochbegabte älteste Schwester und stete musikalische Beraterin Felix Mendelssohn Bartholdys, die schon mit dreizehn Jahren J. S. Bachs Wohltemperiertes Klavier auswendig beherrschte. Obwohl sie nicht die gleiche gründliche Ausbildung wie ihr Bruder erhielt, auch nicht auf Bildungsreisen geschickt wurde und ihr Vater sie stets ermahnte, sich „ernster und emsiger" zu ihrem „eigentlichen Beruf, zum *einzigen* Beruf eines Weibes, zur Hausfrau" zu bilden, schuf sie über 400 Kompositionen, unter ihnen Werke der großen Form (Sonaten, Streichquartette, Ouvertüren, ein Oratorium). Wenngleich viele von ihnen erfolgreich in den von ihr geleiteten „Sonntagsmusiken" aufgeführt wurden, blieben sie fast alle unveröffentlicht. Einige ihrer Lieder nahm ihr Bruder in seine Liedsammlungen op. 8 und 9 auf und veröffentlichte sie unter seinem Namen.

- Jeanne-Louise Farrenc (1804 bis 1875), die bedeutendste französische Komponistin ihrer Zeit, schuf anspruchsvolle Werke für Klavier, u. a. das von großer Erfindungskraft zeugende „Air russe varié" op. 17, sowie als eine der ersten Frauen drei große Sinfonien, die von Dirigenten wie Kritikern in Frankreich hoch eingeschätzt wurden, und wertvolle Kammermusik, die – lange Zeit vergessen –, erst seit 1978 in Frankreich wieder Beachtung findet. Trotz ihrer kompositorischen Leistungen wurde J. L. Farrenc am Pariser Conservatoire nicht als Kompositionslehrerin, sondern als Klavierlehrerin eingestellt und erhielt weitaus weniger Gehalt als ihre männlichen Kollegen in gleicher Position.

Auch die folgenden Komponistinnen stellten – vielen Schwierigkeiten zum Trotz – in dieser Epoche ihre schöpferischen Fähigkeiten unter Beweis:

- Maria Szymanowska (1789 bis 1831), polnische Komponistin zahlreicher Mazurken, Polonaisen und anderer Klavierstücke, die eine wichtige Entwicklungsstufe der polnischen Klaviermusik vor Chopin repräsentieren. Als überaus erfolgreiche Pianistin unternahm sie Konzertreisen durch Europa; seit 1822 war sie Hofpianistin in Petersburg;
- Emilie Zumsteeg (1796 bis 1857), deutsche Musikpädagogin und Komponistin romantischer Klavierlieder, Tochter des Komponisten Johann Rudolf Zumsteeg (1760 bis 1802);
- Johanna Kinkel (1810 bis 1858), deutsche Schriftstellerin, Komponistin zahlreicher Lieder, Kantaten und Bühnenwerke für Liebhaber, Dirigentin eines leistungsfähigen Bonner Musikvereins, Klavierpädagogin. Sie wirkte aktiv in der Frauenbewegung des Vormärz für eine Verbesserung der Mädchenerziehung;
- Josephine Lang (1815 bis 1880), von Mendelssohn und Schumann hochgeschätzte deutsche Liedkomponistin;
- Ingeborg von Bronsart (1840 bis 1913), deutsche Komponistin und Pianistin, Schülerin von Franz Liszt;
- Nadeshda Nikolajewna Rimskaja-Korsakowa (1848 bis 1919), russische Pianistin und Komponistin, Frau des Komponisten Nikolai A. Rimski-Korsakow (1844 bis 1908);
- Augusta Mary-Anne Holmès (1847 bis 1903; männliches Pseudonym: Hermann Zenta), irisch-französische Pianistin, Schriftstellerin und Komponistin von Liedern, Opern und sinfonischen Werken, Schülerin des Komponisten César Franck;
- Ethel Smith (1858 bis 1944), englische Komponistin von Opern, Chor-, Orchester- und Kammermusik sowie des Liedes „March of the Women", dem Kampflied der Souffragettenbewegung; gilt als bedeutendste Komponistin ihrer Zeit, u. a. von Bernard Shaw hoch geschätzt;
- Louise Adolpha Le Beau (1850 bis 1927), deutsche Pianistin, Musikpädagogin und von Berlioz beeinflußte Komponistin großformatiger Kammermusik, sinfonischer Werke und eines Oratoriums; als Komponistin von Hans von Bülow „als rühmliche Ausnahme unter den Damen" bezeichnet;
- Lili Boulanger (1893 bis 1918), französische Komponistin, erhielt als erste Frau den Grand Prix de Rome für ihre Kantate „Faust et Hélène"; Schwester der bedeutenden Musikpädagogin Nadja Boulanger (1887 bis 1979).

Die Frau im Musikleben der Gegenwart

In der gegenwärtigen Epoche, in der seit dem Sieg der Großen Sozialistischen Oktoberrevolution der Kampf aller Frauen um Gleichberechtigung auf ökonomischem, sozialem, politischem und kulturellem Gebiet einen starken Auftrieb erhielt und in den sozialistischen Staaten durch zahlreiche gesetzliche Maßnahmen unterstützt wird, erringt sich die Frau in vielen Kulturnationen der Welt als Interpretin und Musikschöpferin nach und nach den ihr zustehenden Platz. Zugleich hat sie wesentlichen Anteil an der sich in unserem Jahrhundert vollziehenden Differenzierung der Musikbereiche entsprechend unterschiedlichen Funktionsweisen und Gebrauchsformen der Musik und an ihrer massenhaften Verbreitung in Verbindung mit der Medienentwicklung.

Vokale Bereiche. Entsprechend der zunehmenden Differenzierung der Vokalmusik traten zu der traditionellen Konzert- und Opernsängerin – verkörpert durch Gesangssolisten wie die Griechin Maria Callas (1923 bis 1977), Brigitte Faßbänder (geb. 1939) und Ursula Reinhardt-Kiss (geb. 1938) aus der BRD, Sigrid Kehl (geb. 1929) und die Gewandhaussolistin Regina Werner (geb. 1950) aus der DDR – neue Typen von Gesangsinterpretinnen. Zu ihnen gehört Roswitha Trexler (geb. 1936), DDR: engagiert setzt sie sich für neue konzertante Vokalmusik mit ihren an Gesangs- und Sprechstimme gleichermaßen gestellten Anforderungen ein, entsprechend dem zum Teil experimentellen Charakter dieser Musik auch in Konzerten mit Werkstattcharakter.

Maßstäbe wurden auch in anderen Bereichen solistischer Vokalmusik gesetzt:

- im Chanson durch Edith Piaf (1915 bis 1963) und Juliette Greco (geb. 1927) aus Frankreich, Gisela May (geb. 1924) und Barbara Thalheim (geb. 1948) aus der DDR, Hanna Hegerova (geb. 1931) aus der ČSSR;
- im politisch engagierten Gesang, in dem sich der Befreiungskampf der Völker artikuliert, durch Violetta Parra (1921 bis 1967) aus Chile, Miriam Makeba (geb. 1932) aus Südafrika, Joan Baez (geb. 1941) aus den USA, Mercedes Sosa aus Argentinien;
- im **Jazz** durch die Afroamerikanerinnen Josephine Baker (1906 bis 1975), Mahalia Jackson (1911 bis 1972) und Ella Fitzgerald (geb. 1918) oder Uschi Brüning (geb. 1947) aus der DDR;
- in der **Rockmusik** durch Katrin Lindner (geb. 1947) aus der DDR und Inga Rumpf (geb. 1948) aus der BRD;
- im **Schlager** durch Mireille Mathieu (geb. 1946) aus Frankreich, Maryla Rodowicz (geb. 1945) aus Polen, Alla Pugatschowa (geb. 1949) aus der UdSSR, Helena Vondráčková (geb. 1947) aus der ČSSR, Katja Ebstein (geb. 1945) aus der BRD und Dagmar Frederic (geb. 1945) aus der DDR.

Instrumentaler Bereich. Hier gewinnen neben zahlreichen hervorragenden Pianistinnen, wie Tatjana Nikolajewa (geb. 1924) aus der UdSSR und Annerose Schmidt (geb. 1936) aus der DDR, Frauen auch im Spiel anderer Instrumente, insbesondere der Violine, zunehmend internationale Anerkennung. Zu bewährten Violinvirtuosinnen, wie der Polin Wanda Wilkomirska (geb. 1929) und der Österreicherin Anne-Sophie Mutter (geb. 1963) treten vor allem eine Reihe von jungen Japanerinnen, wie Shizuka Ishikawa (geb. 1954), Mayumi Fujikawa und Yuiko Shiokawa (geb. 1946), aus der DDR auch Brigitte Funke (geb. 1952) und Birgit Jahn (geb. 1963). Im Violoncellospiel erwarb sich vor allem Natalia Gutman (geb. 1942) aus der UdSSR hohe internationale Anerkennung. In der DDR wie auch in anderen Ländern läßt der in den letzten Jahrzehnten gewachsene, relativ hohe Anteil von Frauen in der Ausbildung von Streichern (einschließlich Viola und Violoncello) und von Bläsern (außer Querflöte auch Oboe und Klarinette sowie Horn) an den Musikschulen und an den Hochschulen für Musik erwarten, daß auch in diesen Bereichen mehr und mehr Frauen als Instrumentalsolistinnen hervortreten. Dies kündigt sich auch in der gewachsenen Zahl weiblicher Orchestermusiker an – allerdings fast ausschließlich an mittleren Orchestern, während in den Spitzenorchestern nach wie vor Vorbehalte gegenüber weiblichen Mitgliedern anzutreffen sind.

Dirigentinnen. Eine erfreuliche Entwicklung bahnt sich auch hinsichtlich des Frauenanteils im Beruf des Dirigenten an. In der DDR wirken

- als Kapellmeister: Johanna Hadlich (geb. 1955) am Elbe-Elster-Theater Wittenberg, Romely Pfundt (geb. 1955) am Landestheater Dessau, Christine Schulz-Wittan (geb. 1952) am Theater Magdeburg, Helga Sippel (geb. 1954) am Staatlichen Sinfonieorchester Greiz.
- Als hervorragende Chorleiterinnen bewähren sich Dora Gebauer, Chor der EOS Hoyerswerda, Dorothea Köhler, Stadtsinge-

chor Halle, Karola Marckardt, Mädchen-Spezialchor der Musikschule Berlin-Mitte, Rosmarie Streithof, Kinderchor der Huttenschule Halle, Gabriela Tschache, Kinderchor der Singakademie Potsdam.

Komponistinnen. Auch eine größere Anzahl von Komponistinnen hat sich im Vergleich zur vorangegangenen Epoche in unserer Zeit durchsetzen können, wenngleich ihr Anteil noch keineswegs dem tatsächlichen schöpferischen Potential der Frau entspricht. Stellvertretend für viele andere seien folgende Komponistinnen genannt: Elisabeth Kuyper (1877 bis 1953) aus den Niederlanden, Philippine Schick (1893 bis 1970) aus der BRD, Grete von Zieritz (geb. 1899) aus Österreich, Elsa Barraine (geb. 1910) aus Frankreich, Grazyna Bacewicz (1913 bis 1969) aus Polen, Vitězslava Kaprálová (1915 bis 1940) aus der ČSSR, Erzsebet Szönyi (geb. 1924) aus Ungarn, Shiwka Klinkowa (geb. 1924) aus Bulgarien, Ruth Zechlin (geb. 1926) aus der DDR; ferner aus der großen Zahl sowjetischer Komponistinnen Lydia Auster (geb. 1912), Estnische SSR, Alexandra Pachmutowa (geb. 1929), Russische SFSR, Gasisa Shubanowa (geb. 1927), Kasachische SSR, Slata Tkatsch (geb. 1928), Moldauische SSR, Sofija Gubaidulina (geb. 1931), Russische SFSR, Moskau, Lesja Dytschko (geb. 1939), Ukrainische SSR, Dshyldys Maldybajewa (geb. 1946), Kirgisische SSR.

Die Anführung einer Werkauswahl von Ruth Zechlin, Professor für Komposition an der Hochschule für Musik „Hanns Eisler“ Berlin und Mitglied der Akademie der Künste der DDR, weist auf die mögliche Produktivität einer weiblichen Komponistin:

- Größere Kammermusikwerke: 7 Streichquartette, 2 Kammersinfonien, „Gedanken über ein Klavierstück von Prokofjew“, „Amor und Psyche“, „Begegnungen“, „Hommage a Shakespeare“;
- Orchesterwerke: 3 Sinfonien, 7 Solokonzerte (für Violine, Klavier, Flöte, Cembalo, 3 für Orgel), „Briefe“ für Orchester, „Reflexionen“ für Orchester, „Situationen“ für Orchester, Musik für Orchester, Metamorphosen für Orchester, „Musik zu Bach“ für Orchester, Konstellationen für 10 Blechbläser;
- Vokalsinfonische Werke: Lidice-Kantate, Oratorium „Wenn der Wacholder blüht“, Canzoni alla notte für Bariton und Orchester (S. Quasimodo), „Das Hohelied“ für Tenor und Orchester („Vulgata“);
- Bühnenwerke: Oper für Schauspieler „Reinecke Fuchs“, „La vita“, Ballettmusik;
- Lieder und Chöre sowie Hörspiel- und Schauspielmusik;
- verschiedene Solomusik für Klavier, Cembalo, Flöte, Orgel.

Freizeit und Hobbys

Die Zeitverwendung der Menschen ist ganz unterschiedlich: Es wird gearbeitet (darunter versteht man in der Regel die berufliche Tätigkeit), der Haushalt wird geführt, es wird gegessen, der Körper gepflegt, es wird geschlafen, gelesen, ferngesehen, mit den Kindern gespielt, gelernt, Sport getrieben, ins Konzert oder ins Theater gegangen, es wird getanzt, werden Gespräche geführt usw.
Ein Teil dieser Tätigkeiten liegt in der Arbeitszeit, ein anderer außerhalb der Arbeitszeit.
Ohne Zweifel sind Arbeitszeit und Freizeit zwei Kategorien von besonderer Bedeutung, aber nicht wegen ihrer quantitativen Seite, denn die weitverbreitete Auffassung, daß der Mensch die meiste Zeit seines Lebens arbeitet, hält einer genauen Überprüfung nicht stand, und die Klage darüber, daß wir immer weniger Zeit haben, spiegelt die Wirklichkeit verzerrt wider. Die höhere Lebenserwartung, die Verkürzung der Arbeitszeit, vor allem mit Veränderung der Wochenarbeitszeit durch die 5-Tage-Arbeitswoche, der Jahresarbeitszeit durch neue Urlaubsregelungen, haben das Verhältnis von Lebenszeit und Arbeitszeit günstig neu gestaltet und damit die arbeitsfreie Zeit, also von beruflicher Tätigkeit freie Zeit, erweitert. In der arbeitsfreien Zeit ist allerdings eine Reihe von Pflichten zu erfüllen, die lebensnotwendig sind zur Existenz des einzelnen und der Familie. Diese Arbeiten werden im weitesten Sinne als Hausarbeiten bezeichnet, und von ihnen wird der Umfang jener Zeit bestimmt, der für Muße, Erholung, Befriedigung unterschiedlicher Bedürfnisse und Interessen nicht unerheblich ist.
Arbeitszeit und Freizeit dienen der Entwicklung des Individuums. Selbstverwirklichung erfolgt durch sinnvolle, zweckgerichtete Tätigkeit sowohl in der Arbeitszeit als auch in der Freizeit. Darum sind das auch keine Gegensätze. Bürgerliche Auffassungen gehen davon aus, daß jener Zeitraum, der von einzelnen nach freiem Ermessen ausgefüllt wird, dem Wesen des Menschen viel mehr entspräche als die Arbeitszeit, die durch Fremdbestimmung gekennzeichnet sei. In Wirklichkeit aber ergänzen sie einander, und für unzählige Menschen ist es ein Vergnügen bzw. ein Bedürfnis, an der Lösung von Problemen der Berufstätigkeit auch am Feierabend weiterzuknobeln oder eine Beschäftigung auszuüben, die eine Ergänzung der Arbeit darstellt, vor allem aber der Wiederherstellung und Erweiterung der Arbeitskraft durch Gewinnung körperlicher und geistiger Fähigkeiten und Fertigkeiten bewirkt.
Der Umfang der arbeitsfreien Zeit hat zugenommen, und die Interessen werden immer vielfältiger. Nicht zuletzt dadurch haben viele das Empfinden, daß ihre Zeit nicht ausreicht. Wie eng war das Feld, in dem sich noch vor wenigen Jahrzehnten die Frau und Mutter bewegen konnte! Ihre Zeit woanders zu verbringen als in Küche und Kinderzimmer, widersprach dem Leitbild, das die bürgerliche Welt sich von ihr gemacht hatte.
Heute unterscheiden sich Frauen und Männer in der Vielfalt ihrer Interessen nicht mehr voneinander, obgleich mit dem gestiegenen Bildungs- und Qualifikationsniveau die Freizeitpalette beider breiter geworden ist; nur bei ihrer Realisierung gibt es Unterschiede, weil die Frauen und Mädchen mehr Zeit für die Hausarbeit aufbringen als die Männer und Jungen. An einem Beispiel sei demonstriert, welche Auswirkungen das hat: Männer verbringen mehr Zeit mit Freunden und Kollegen in geselliger Runde; sie leisten es sich, über längere Zeiträume von der Familie fernzubleiben als Frauen. Eine gerechtere Verteilung der Hausarbeit auf alle, die zum Haushalt gehören, erschlösse größere Reserven für die Freizeit.
Um den gegenwärtigen Interessenreichtum besser befriedigen zu können, kommt es darauf an, im Kreise der Familie vorhandene Interessen mit notwendigen Beschäftigungen zu verbinden und bewußt auszunutzen für das Beieinandersein und die Erziehung der

Kinder. Die Angebote für die Freizeit sind zahlreicher geworden, aber die Verführung, sie passiv aufzunehmen, ist ebenfalls gewachsen. Das Fernsehen hat mehr als andere technische Errungenschaften dazu beigetragen, das Verhalten am Abend und am Wochenende zu bestimmen. Es bringt Informationen, aber es kann ganz erheblich die Kontakte, die Kommunikation in der Familie oder mit Freunden und Bekannten stören und die Bewegungsarmut aus der Berufsarbeit noch fortführen. Also sollte die Freizeit sinnvoll mit Hobbys verbracht werden und in Kombination mit oft unumgänglichen Tätigkeiten.

Das Wort Hobby kommt aus dem Englischen und ist die verkürzte Form von „hobbyhorse“, das anstelle des früheren „hobyn“ (Pferd) eine Art Pferdeattrappe – ähnlich unserem „Steckenpferd“ für Kleinkinder – bezeichnete, mit der Schausteller bei Spiel und Tanz zu reiten vorgaben. „Hobby“ als Ausdruck für eine bevorzugte Freizeitbeschäftigung ersetzte auch im deutschen Sprachraum bald die ehemals im übertragenen Sinne als „Steckenpferd“ bezeichnete Tätigkeit, die mehr oder weniger aktiv sein und zuweilen Formen von Besessenheit annehmen kann.

Basteln

In einer Zeit, in der zweckmäßige Produkte aus modernem Material nach neuesten Technologien hergestellt werden, entsteht häufig der Wunsch nach individuellen Einzelstükken. Man sollte zur eigenen Freude kleine persönliche Dinge anfertigen – sei es für den täglichen Gebrauch im Haushalt, zur Komplettierung der Kleidung, als Geschenk für Kinder und Freunde oder zur äußeren Gestaltung bei festlichen Anlässen. Ob zum Verschenken oder Selbstbehalten: Sind diese selbstgefertigten Stücke originell und solide gearbeitet, so werden sie überzeugen und manch anderen zur sinnvollen Freizeitgestaltung anregen. Ein bißchen Geschick und Liebe gehören natürlich dazu, aber die Anfertigung muß nicht immer zeitaufwendig sein.

Eine gewisse Geschicklichkeit hat jeder Mensch; sie muß nur gefördert werden. So sollte man kleineren Kindern schon möglichst viele Werkstoffe in die Hand geben, um sie mit den Materialien und deren Unterschieden vertraut zu machen. Je weniger man dabei selbst eingreift, um so mehr lernt das Kind, Anfangsschwierigkeiten zu überwinden, und es kann in Ruhe seine Phantasie entwickeln. Das Erfolgserlebnis, mit eigenen Händen etwas geschaffen zu haben, das auch funktioniert, ist um so größer.

Größere Kinder werden unsere Hilfestellung dankbar annehmen; sie brauchen zum Beispiel das passende Werkzeug zum entsprechenden Werkstoff. Die Freude am Kreativen darf nicht durch zuviel Hilfe genommen werden. Basteln ist eine gute Schule für Geduld, Ausdauer und Sorgfalt, denn Oberflächlichkeit bringt keinen Erfolg; nur genaues Arbeiten führt zum gewünschten Ziel.

Hobbyarbeiten sind schöne und persönliche Geschenke; dabei wird also nicht nur zum eigenen Vergnügen, sondern auch anderen zur Freude gearbeitet. Und das soll nicht nur zum Jahresende so sein, wo nach dem Motto „Schenkst du mir, schenk ich dir“ der traditionelle Geschenkaustausch stattfindet. Wie oft wird dabei viel Geld ausgegeben für Dinge, mit denen niemand so recht etwas anfangen kann.

Ob nun beim Basteln nützliche Geschenke, Geschenke zum Verwöhnen oder zum Spielen entstehen, ob sie Mitbringsel oder Festgeschenke sind – immer sollten sie auf den Beschenkten abgestimmt sein; und das gelingt nur, wenn der zu Beschenkende längere Zeit aufmerksam und liebevoll beobachtet wird.

Bastler sind im allgemeinen gemütliche Leute; sie haben wenig für Streß und Hektik übrig, haben Platz für allerlei Krimskrams, sie hüten Materialreste wie einen Schatz; Bastler sind also Außenseiter der sogenannten Wegwerfgesellschaft. Sie können so gut wie alles gebrauchen, und scheinbar Wertloses erhält in ihren Händen neue Funktionen.

In Schachteln, Kartons und Tüten sammeln sich Stoffreste, Knöpfe, Garnrollen u. a. an, deren Vorhandensein entweder anregt zu einer Bastleridee (Materialreiz) oder ein beruhigender Hintergrund ist für einen eventuellen Gebrauch.

Alles in allem: Basteln macht erfinderisch!
Es ist bekannt, daß eine manuelle Betätigung ein Ausgleich für seelische Probleme und Schwierigkeiten aller Art sein kann. Nichts ist im Augenblick des Werkens so wichtig wie das angestrebte Ergebnis, und so ist man beim Basteln ein wenig der Welt entrückt. Spannungen lösen sich bei der Konzentration auf eine bestimmte Sache, Ängste können abgebaut und Aggressionen abreagiert werden.
Das sind Vorteile, die auch innerhalb der Familie genutzt werden sollten. Gelegentliche Bastelnachmittage von Eltern und Kindern führen dazu, daß man mehr als sonst ins Gespräch kommt. Während des gemeinsamen Tuns ist zum Zuhören Zeit, man nimmt die Probleme des anderen ernster oder wird bei Konfliktsituationen eher helfen können.
Da bei gemeinsamer sinnvoller Freizeitbeschäftigung „ganz nebenbei" menschliche Kontakte entstehen, ist die Mitarbeit in einem Zirkel oder einem Volkshochschulkurs sehr zu empfehlen.
Dort werden neben fachlicher Anleitung auch eigene Erfahrungen ausgetauscht und die Erkenntnis, daß man neben dem Berufs- und Alltagsleben schöpferisch tätig sein kann, steigert das Selbstwertgefühl.
Materialien und Werkzeuge. Jede Gestaltung erfordert eine gründliche Vorbereitung; der Wunsch nach einem speziellen Ergebnis erfordert bestimmtes Material. Möglichkeiten und Grenzen der Kombinationsfähigkeit von Material erprobt man am besten durch Collagen, d. h., verschiedene Materialien werden auf einem Papier zusammengestellt, möglichst in entsprechenden Proportionen. Dabei erkennt man, welche Farben, Formen, Muster, Strukturen und Materialien zusammenpassen.
Jeder Gebrauchsgegenstand ist in seiner Gestaltung spezifischen Gesetzen unterworfen. Funktionstüchtigkeit und materialgerechtes Gestalten sind anzustreben, denn Aufputzen, Verniedlichen, Überhöhen führen zum Kitsch.
Das gewählte Material sollte niemals verleugnet werden, sondern durch Hervorheben seiner Eigenschaften (Ausnützen seiner Eigenschaften und Möglichkeiten) sollte seine verborgene Schönheit sichtbar gemacht werden. Nur so erhalten die entstehenden Gegenstände eine ästhetisch hohe Qualität.

Erforderlich sind:

Haushalt- oder Laubsäge	Pauspapier
Holzleim	Watte
Sandpapier	Pappe
Klarlack	Sperrholz
Klebstoffe (bes. Alleskleber, Klebeband)	Buntpapiere
Pinsel	Deko- oder Schrankpapier
Schere, Bastelmesser	Kreppapier
Blumendraht	Schnüre
Transparentpapier	Bast

Gesammelt werden:

Stoffreste	Litzen
Wollreste	Schnallen
Garne	Lederreste
Spitzen	Knöpfe
Borten	Perlen
Kordeln	Pailletten
Filz	Federn
Pelzreste	Korken
Bänder	

Vor Beginn jeder Arbeit sind Material und Zubehör griffbereit zu legen. Einfache klare Formen und Linien sind wichtig. Das Material muß auch hinsichtlich der Pflegemöglichkeit zusammenpassen (z. B. Garn und Stoff).
Vorschläge für Bastelarbeiten.
● für den Haushalt, Küche: Schürze, Sets, Topfhandschuh, Eierwärmer, Vorhänge.
Wohnraum: Kissen, Tischdecken, Lampenschirm, Rollo, Wandbehang.
Kinderzimmer: Fingerpuppen, Puppen zum Spielen, Kasperlepuppen, Stofftiere, Behältnisse, Wandschirm, Bettdecke, Turnbeutel, Decken für Wagen und Laufgitter, Tragetasche.
Flur: Fußmatte, Bild, Papierkorb für Fußboden und Tisch
● für den Urlaub: Reisedecke, Brustbeutel, Sonnenschirm, Brillenetui, Bestecktasche, Fausthandschuhe
● als Mitbringsel oder Geschenke: Schlüsselanhänger, Ausweishülle, Lesezeichen, Serviettenringe, Halstücher, Gürtel, Geschenkanhänger
● zu Festlichkeiten: Geschenkanhänger, Geschenkverpackung, Baumschmuck, Adventskalender, Adventskranz, Nikolausstiefel, Tischkarten; selbstgefertigte Ostereier als Freundschaftsgeschenk.

Fingerpüppchen

Handarbeiten

Über Jahrhunderte hinweg blieb die Erzeugung von Textilien fast ausschließlich ans Haus gebunden, und der Hauptbestand an verarbeiteten Materialien, Wolle und Flachs, wurde im häuslichen Bereich gewonnen. Das Spinnen und Weben für schützende Kleidung und textilen Hausrat, wie Laken, wärmende Decken und Behänge, dazu deren Schmuck durch eingewebte und gestickte Muster, war vor allem Aufgabe der Frauen. Gewebe in größeren Mengen und mit reicheren Ornamenten wurden schon im Mittelalter in Werkstätten, späterhin auch in Manufakturen hergestellt. Anspruchsvolle Besteller aus den herrschenden Oberschichten gaben Aufträge für kostbare Gewänder mit prächtigen Stickereien in die Hände berufsmäßig tätiger Handwerker, die teilweise in Zünften zusammengefaßt waren. Tausende von Näherinnen und Klöpplerinnen arbeiteten um kärglichen Lohn für die Spitzenmanufakturen vor allem in Frankreich und in den Niederlanden.

Im 19. und 20. Jh. verdrängte die Industrie mit ihrer sich sprunghaft entwickelnden Mechanisierung die verschiedenen Zweige textiler Handfertigung immer mehr und stellt heute beinahe alles her, was früher in manuellen Verfahren entstand.

Bei alledem blieben jedoch der mit Textilien vertrauten Frau im Hause noch genügend Möglichkeiten, mit ihrem durch viele Generationen hindurch verfeinerten Sinn und mit geübten Händen Dinge zu schaffen, die weit über den Gebrauchswert hinausreichten. Das meiste davon ist untergegangen, da die Lebensdauer aller Textilien besonders eng begrenzt ist.

Wem sich die Schönheit der großen gestickten Bildteppiche des Mittelalters, die in den Werkstätten von Nonnenklöstern gefertigt wurden, in ihrer strengen Zeichnung und ihrem Farbenkanon recht erschlossen hat oder wer die oft ideenreichen und immer aufs neue abgewandelten Motive eines buntfarbigen Stickmustertuches mit Verständnis betrachtet, der wird etwas von der ursprünglichen Freude am Gestalten spüren. In ländlichen Bezirken, in denen alte Volkskunsttraditionen noch bestehen (in den slawischen und teilweise in den skandinavischen Ländern), werden Fertigkeiten wie Bunt- und Weißstickerei oder Spitzenklöppelei weitergepflegt und ihre Erzeugnisse meist als Zubehör zur Volkstracht getragen.

Nicht jeder Frau, die am Handarbeiten Gefallen findet, wird es gelingen, ohne fremde Vorlage oder ohne Anleitung eine Stickerei oder eine Strickarbeit anzulegen. Frühere Jahrhunderte kannten dafür die sog. Modelbücher, die in Holzschnitt oder Kupferstich vervielfältigte Muster – hauptsächlich für Stickereien und Spitzen – anboten. Sie dienten nicht nur den privaten Liebhaberinnen

dieser Techniken, sondern waren auch in den Werkstätten weit verbreitet. Später übernahmen Handarbeitsverlage mit Zeitungen und Zeitschriften diese Rolle. Sie bemühen sich heute vor allem um Vorlagen und Anregungen, die unserem Stilgefühl, unserem Streben nach schlichten neuzeitlichen Gestaltungen entgegenkommen. In Volkskunst- und Handarbeitszirkeln können die Techniken erlernt werden.
Einige vorbildliche Beispiele auf diesem Gebiet sollen nicht nur als Muster dienen, das ohne Abweichung nachzuarbeiten ist, sondern Anregung und Ansporn sein, durch Weiterbilden der Vorlagen eigene und noch bessere Arbeiten zu gestalten. Auf den folgenden Seiten werden die gebräuchlichsten Techniken erläutert.

Stricken

Der Ursprung des Strickens ist nicht bekannt. Die Mode des 16. Jh. forderte für den Mann die enge, lange Hose, die das Bein bis zur Hüfte modellierte. Sie war aus schwarzer Seide mit der Hand gestrickt. Über dieser Hose saß ein kurzes, rundes Beinkleid, mit dem man später – so entstand der Strumpf – die verkürzt gestrickte Hose fest verband.
Die dehnbare und schmiegsame Stricktechnik entsprach am besten den Anforderungen der damaligen Mode. Die gewerbliche Herstellung solcher „Tricots" lag in den Händen der Strickerzünfte, die die Technik dieses Handwerks voll entwickelten. Man strickte schließlich auch Handschuhe und Wämse aus Wolle und Seide. In vielfarbiger Musterstrickerei entstanden gobelinartige große Decken und Wandbehänge.
Als 1589 der Engländer William Lee den Handwirkstuhl erfand, mußte er nach Frankreich fliehen, um den Verfolgungen seiner Zunftgenossen zu entgehen, die aus diesem Fortschritt eine Schmälerung ihres Verdienstes befürchteten und den großen Wert der Erfindung nicht erkannten. Erst rund zweihundert Jahre später wurde das Stricken allgemein mechanisiert. Die Einführung des Wirkstuhls nahm vielen Handwirkern die Existenzmöglichkeit. Noch um 1800 war die Maschinenstürmerei an der Tagesordnung; die ausgebeuteten Arbeiter sahen nicht in der Anwendung der Maschine durch die Kapitalisten, sondern in den Maschinen selbst die Ursachen ihres Elends.
Aus der neuen Innung der „Wirker" – der Maschinenstricker – entwickelte sich im 19. Jh. die Wirkwarenindustrie, die jetzt in der Bekleidungsindustrie neben der Weberei den wichtigsten Platz einnimmt. Daneben hat sich die Handstrickerei in Volkskunst und häuslicher Beschäftigung bis heute erhalten.
Anfang des 19. Jh. wurde das Stricken von Spitzendecken, Schals, Kinderhäubchen und Einsätzen in durchbrochenen Mustern sehr gepflegt. Berühmt sind die Orenburger Tücher, in hauchfeiner Spitzentechnik gestrickte wollene Tücher, die so zart sind, daß sie durch einen Fingerring gezogen werden können. Zu vielen Volkstrachten gehören der kunstvoll handgestrickte weiße Strumpf oder der Handschuh in farbiger Musterstrickerei.
Im Biedermeier spielte die Perlstrickerei eine große Rolle. Nach vielfarbigen Zählmustern wurden kleine bunte Glasperlen auf feines Garn gefädelt und von den Frauen aller Gesellschaftsschichten zu Beuteln, Taschen, Klingelzügen, Sonnenschirmen und sonstigem modischem Beiwerk verstrickt.
Die schönsten Strickmuster wurden von Mutter zu Tochter in sog. Strickmusterstreifen überliefert, bei denen ein Muster an das andere gestrickt war, um als bleibende Vorlage zu dienen. Vom 18. Jh. an wurden auch Musterbücher für Stricken gedruckt.
Das Stricken ist wohl die zur Zeit verbreitetste Handarbeit der Frauen; auch die Mode begünstigt Strickkleidung. Ein selbstgestrickter Pulli oder ein Kinderkleidungsstück bereiten stets viel Freude. Mode- und Handarbeitsverlage sowie Zeitungen und Jugendzeitschriften bringen in vielen Veröffentlichungen reichhaltige Anregung für modegerechte und geschmackvolle Strickkleidung mit ausführlicher Anleitung zum Selbstanfertigen. Im folgenden werden nur die Grundbegriffe erläutert:
Strickgarn. Als Arbeitsmaterial kann jedes Garn dienen, wie reine Wolle, Wolpryla, Zellwolle, Baumwolle, Leinen, Seide und Kunstseide. Für spitzenartige Strickarbeiten wird Baumwollhäkelgarn und Häkelkunstseide verwendet.
Stricknadeln. Man benutzt zwei oder fünf (ein Spiel) glatte runde Stricknadeln aus Me-

tall oder Plast. Für rundgestrickte Arbeiten sind sie an beiden Enden zugespitzt, oder es werden Rundstricknadeln verwendet. Für hin- und hergestrickte Arbeiten sind die Nadeln an einem Ende mit einem Knopf versehen, um das Abgleiten der Maschen zu verhindern. Leicht strickt es sich dabei auch mit Rundstricknadeln. Die Stärke der Stricknadeln richtet sich nach der Garnstärke, zum Teil auch nach dem beabsichtigten Strickeffekt.

Maschenanschlag. Die bekannteste Art des Maschenanschlages ist der Kreuzanschlag. Man läßt ein der Maschenzahl entsprechendes Ende des Strickfadens frei hängen und legt den Faden über Zeigefinger und Daumen der linken Hand. Die rechte Hand fährt mit zwei zusammengenommenen Stricknadeln von unten in die Daumenschlinge und holt den nach dem Zeigefinger laufenden Faden durch. Der linke Daumen wird aus der Schlinge gezogen und faßt seinen Faden wieder von hinten auf, indem er dabei die Masche straff zieht. Die folgenden Maschen werden auf dieselbe Art gebildet. Ist das Maschenaufschlagen beendet, zieht man eine der beiden Nadeln heraus und nimmt die Nadel mit den Maschen in die linke Hand, indem man den Knäuelfaden ein- bis zweimal um den linken Zeigefinger wickelt und zwischen viertem und fünftem Finger durchzieht, um ihm einen gleichmäßigen Ablauf zu sichern.

Rechtsmaschen. Die zweite Stricknadel nimmt man in die rechte Hand, sticht mit ihr von links nach rechts in die erste Masche ein, holt den vom Zeigefinger kommenden Faden durch die Masche und läßt diese von der linken Nadel gleiten. Damit ist die erste Rechtsmasche gestrickt; die anderen Maschen werden ebenso abgestrickt.

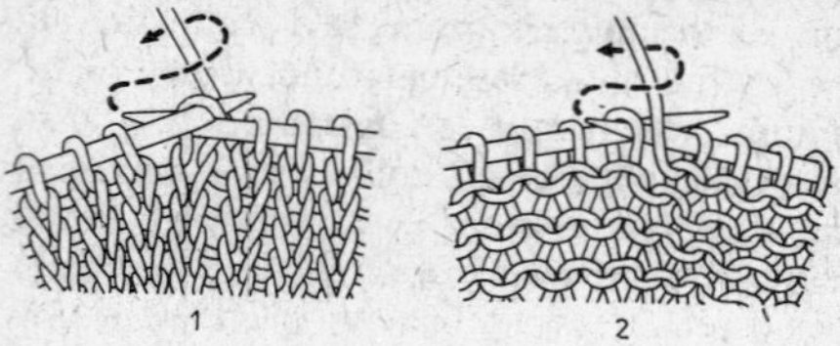

1 *Rechtsmasche,* 2 *Linksmasche*

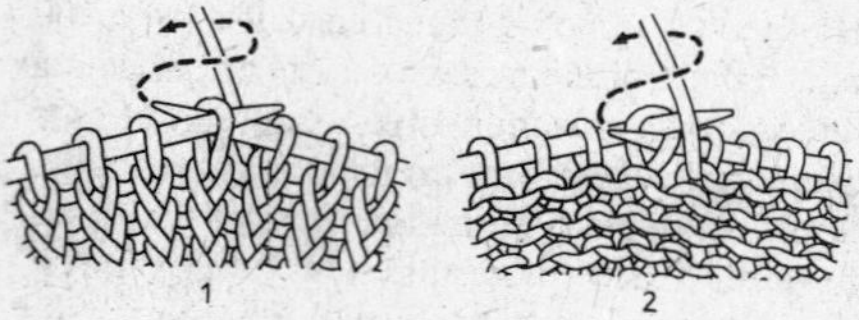

1 *rechtsverschränkte Masche,*
2 *linksverschränkte Masche*

Linksmaschen. Für die Linksmaschen legt man den Arbeitsfaden vor die rechte Nadel, sticht von rechts nach links durch die abzustrickende Masche, greift mit der Nadel von rechts nach links um den Arbeitsfaden und holt ihn durch die Masche, die man von der linken Nadel abstreift.

Rechts verschränkte Maschen. Der Faden liegt hinter der Nadel. Man sticht wie zum Linksstricken durch die Masche und holt den Faden durch. Dabei verdreht sich die Masche.

Links verschränkte Maschen. Sie entstehen, indem man den Faden vor die rechte Nadel legt, von hinten nach vorn in die Masche einsticht und sie wie beim Linksstricken abstrickt.

Muster aus Rechts- und Linksmaschen. Strickt man beim Hin- und Herstricken stets die Hinreihen rechts und die Rückreihen links, so erscheint die Vorderseite der Arbeit

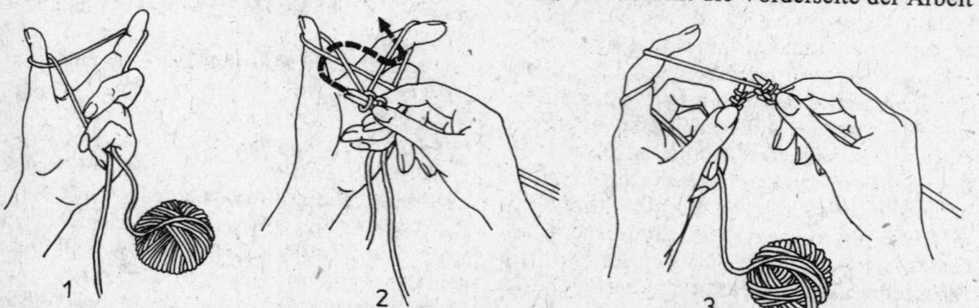

1 + 2 *Maschenanschlag,* 3 *Strickhaltung*

im Rechtsmaschengrund, die Rückseite dagegen im Linksmaschengrund. Das Rippenmuster (Krausmuster) entsteht, wenn man sowohl beim Hin- als auch beim Herstricken rechts strickt. Für das Perlmuster strickt man eine Masche rechts, eine Masche links im Wechsel, die man bei der nächsten Reihe versetzt, d. h., über eine rechte Masche wird nun eine linke gestrickt. Ein besonders elastisches Streifenmuster entsteht, wenn man eine rechts verschränkte Masche im Wechsel mit einer linken strickt. Zwei Maschen rechts, zwei Maschen links im Wechsel ergeben ein Muster mit breiten Streifen. Beide Streifenmuster werden an Bundrändern angewendet. Die Möglichkeiten zur Musterbildung durch gruppenweises Anordnen von Rechts- und Linksmaschen sind beinahe unbegrenzt. Die schöpferische Strickerin findet immer wieder neue, reizvolle Zusammenstellungen für reliefartig wirkende Muster.

Der Rand. Um beim Hin- und Herstricken einen guten Seitenrand zu erhalten, gibt es zwei Möglichkeiten.

Der Kettenrand entsteht, indem die erste Masche jeder Reihe abgehoben wird: dabei sticht man mit vorgelegtem Faden wie zum Linksstricken in die Masche ein und läßt sie auf die rechte Nadel übergleiten, ohne sie abzustricken. Die letzte Masche jeder Reihe wird rechts gestrickt. Es kann ebenso jeweils die letzte Masche mit vorgelegtem Faden abgehoben und die erste Masche wie rechts verschränkt gestrickt werden.

Beim festen Knötchenrand werden die erste und die letzte Masche jeder Reihe rechts gestrickt. Ein ähnliches Ergebnis wird erzielt, wenn mit abgehobener erster Masche (letzte Masche immer rechts) gearbeitet wird; man muß dann aber in die abzuhebende Masche wie beim Rechtsstricken einstechen.

Abketten. Ist die Strickarbeit beendet, kettet man ab. Dazu werden die ersten beiden Maschen abgestrickt, und mit der linken Nadel wird die erste über die zweite gezogen. Dann strickt man fortlaufend je eine Masche ab und zieht die vorhergehende darüber. Kettet man eine Strickerei von Rechts- und Linksmaschen ab, so werden die Rechtsmaschen rechts, die Linksmaschen links gestrickt.

Es muß beachtet werden, daß der Abkettrand nicht zu fest wird, sondern die gleiche Dehnbarkeit wie das Gestrickte hat.

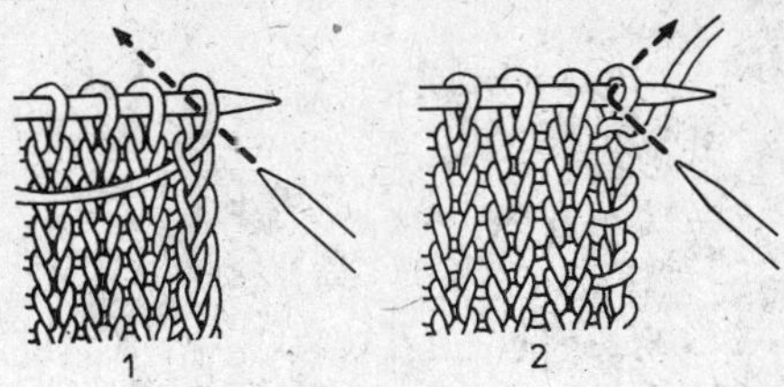

1 *Kettenrand*, 2 *Knötchenrand*

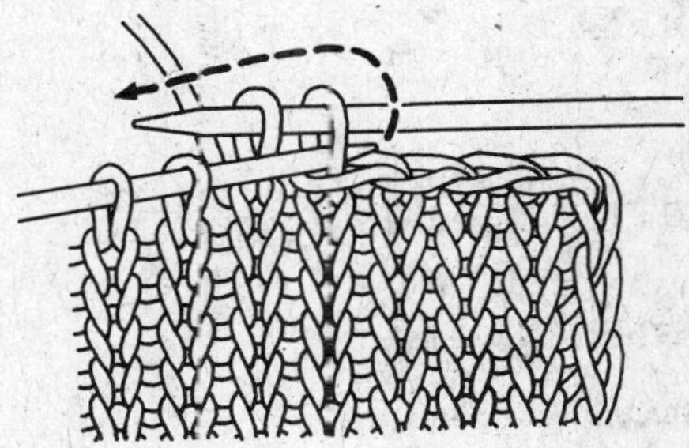

Abketten

Zunehmen und Abnehmen von Maschen. Während des Strickens müssen oft Maschen zu- oder abgenommen werden, um eine bestimmte Form zu erreichen. Beim Zunehmen strickt man eine neue Masche aus dem von Masche zu Masche führenden Maschenfaden, den man auf die linke Nadel nimmt und rechts verschränkt abstrickt. Will man zwei oder mehr Maschen auf einmal zunehmen, so strickt man aus einer Masche abwechselnd eine Masche rechts, eine Masche rechts verschränkt. Beim Abnehmen werden je nach der Strickart zwei Maschen rechts und links zusammengestrickt. Im Rechtsmaschengrund neigen sich die zusammengestrickten Maschen nach rechts, wenn man

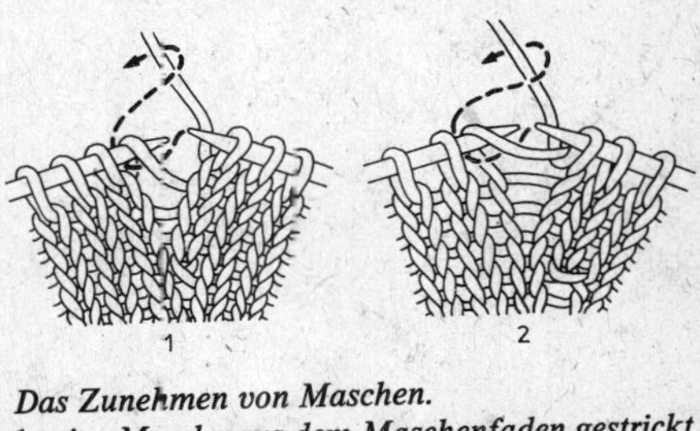

Das Zunehmen von Maschen.
1 *eine Masche aus dem Maschenfaden gestrickt,*
2 *zwei Maschen aus einer Masche gestrickt*

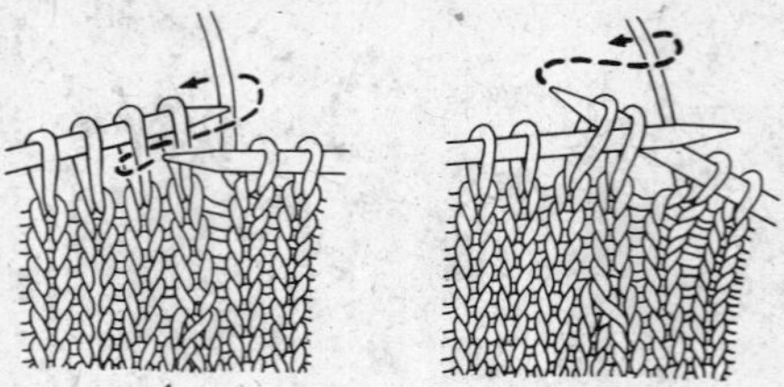

Das Abnehmen von Maschen.
1 *zwei Maschen rechts zusammengestrickt,*
2 *zwei Maschen rechts verschränkt gestrickt*

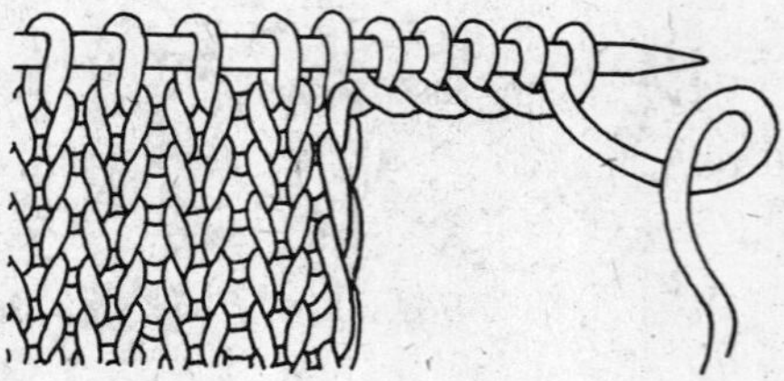

Verbreitern der Strickarbeit

Waagerecht eingestricktes Knopfloch

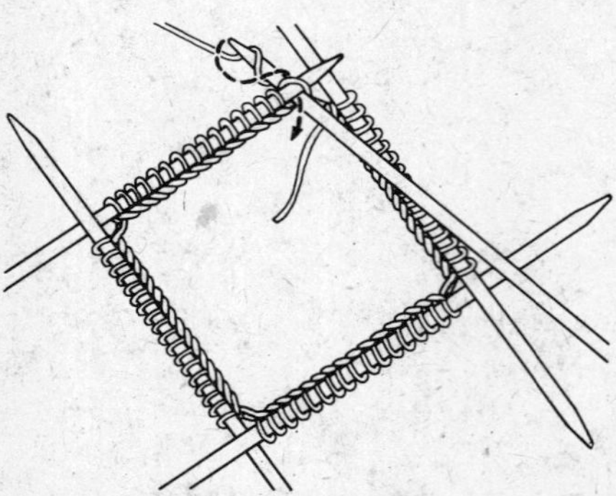

Schließen des Maschenanschlages

sie rechts zusammenstrickt. Strickt man sie dagegen rechts verschränkt zusammen, so neigen sie sich nach links. Will man zwei Maschen auf einmal abnehmen, so hebt man die erste Masche ab, strickt die nächsten beiden rechts zusammen und zieht mit der linken Nadel die erste Masche über die zusammengestrickten Maschen. Oder man hebt die ersten beiden Maschen zugleich wie zum Rechtsstricken ab, strickt die dritte Masche rechts und zieht die beiden ersten Maschen über die dritte. Diese Art ist weniger sichtbar.

Aufschlagen von Maschen während der Arbeit. Muß eine Strickerei um eine Anzahl Maschen verbreitert werden, so legt man nach dem Wenden der Arbeit mit der Hand einfache Schlingen auf die Nadel und strickt sie als Anfang der neuen Strickreihe ab.

Knopflöcher. Ein waagerecht eingestricktes Knopfloch entsteht, wenn an der dafür vorgesehenen Stelle der Knopfgröße gemäß einige Maschen abgekettet werden, die man in der folgenden Reihe wieder neu aufschlägt.

Für das senkrecht eingestrickte Knopfloch teilt man die Arbeit, bis beide Teile nacheinander in Knopflochlänge hochgestrickt sind.

Stricken in Runden. Für eine Strickarbeit, die in Runden gestrickt werden soll, nimmt man für die zweite Hälfte des Maschenanschlags ein zweites Nadelpaar. Dann werden die aufgeschlagenen Maschen – ohne sie zu verdrehen – gleichmäßig auf vier Nadeln verteilt. Man legt die Nadeln im Viereck zusammen und strickt mit der fünften Nadel eine Rechtsmasche in die erste Masche des Maschenanschlags. Damit ist dieser zum Ring geschlossen, und es kann fortlaufend in Runden weitergestrickt werden.

Patentmuster. Dieses Muster mit starker Längsrippenwirkung ist besonders elastisch und voluminös. Nach einem durch zwei teilbaren Maschenanschlag wird in hin- und hergehenden Reihen gestrickt. Erste Reihe: rechts. Zweite Reihe: nach dem Abheben der Randmasche wird eine Masche rechts gestrickt, für die zweite Masche legt man den Faden über die rechte Nadel (Umschlag). Man sticht wie zum Linksstricken in die Masche ein und hebt sie auf die rechte Nadel über. Beides wird abwechselnd bis zum Nadelende wiederholt. In der dritten und in allen folgenden Reihen werden die Maschen mit dem darüberliegenden Umschlag rechts abgestrickt, die einzeln stehenden Maschen mit neuem Umschlag abgehoben.

Zopfstreifen. Sie entstehen durch regelmäßiges Verkreuzen von Rechtsmaschengruppen. Man teilt eine Gruppe von vier, sechs oder acht Maschen in zwei gleiche Teile und hebt die erste Maschengruppe auf eine Hilfsnadel. Beim Zopfen nach links legt man die Hilfsnadel vor die Arbeit und strickt zuerst die zweite Maschengruppe und dann die Maschen der Hilfsnadel rechts ab. Beim Zopfen nach rechts legt man die Hilfsnadel hinter die Arbeit und verfährt wie zuvor. Der Zopfstreifen wirkt besonders plastisch, wenn man ihn zwischen Linksmaschengrund arbeitet.

Noppen oder Muschen. Für eine Noppe strickt man aus einer Masche mehrere Maschen (die Anzahl richtet sich nach der beabsichtigten Größe der Noppe), und zwar abwechselnd eine rechte und eine linke. Dann wendet man die Arbeit, strickt die Maschen rechts ab, wendet erneut und hebt alle Maschen außer der letzten auf die rechte Nadel. Der Arbeitsfaden liegt dabei hinter der Arbeit. Die zurückgebliebene Masche wird rechts verschränkt abgestrickt; mit der linken Nadel werden die abgehobenen Maschen eine nach der anderen darübergehoben.

Webstich. Er wirkt dicht und stoffähnlich und eignet sich für Kleidungsstücke, die sich nicht verziehen sollen (Röcke oder Knabenhosen). Man strickt die Hinreihe glatt rechts. Auf der Rückreihe werden abwechselnd eine Masche links gestrickt und eine Masche wie zum Linksstricken abgehoben, wobei der Arbeitsfaden hinter der Masche liegt. Diese beiden Reihen wiederholen sich fortlaufend; allerdings müssen die abgehobenen Maschen bei jeder zweiten Reihe versetzt werden. Diese Strickart läßt sich durch regelmäßiges Abheben und Stricken von Maschengruppen und Farbwechsel vielseitig verändern.

Durchbrochene Strickmuster. Sie werden durch Hohlmaschen erzielt. Man strickt zwei Rechtsmaschen zusammen und ersetzt die zweite Masche durch einen Umschlag um die rechte Nadel. In der Rückreihe wird aus diesem Umschlag eine Linksmasche gestrickt. Durch Anordnen dieser Hohlmaschen in senkrechten oder waagerechten Reihen oder in Gruppen können Muster gebildet werden.

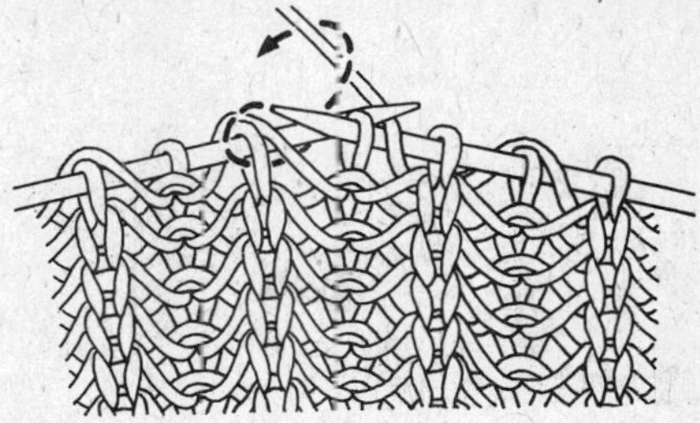

Patentmuster

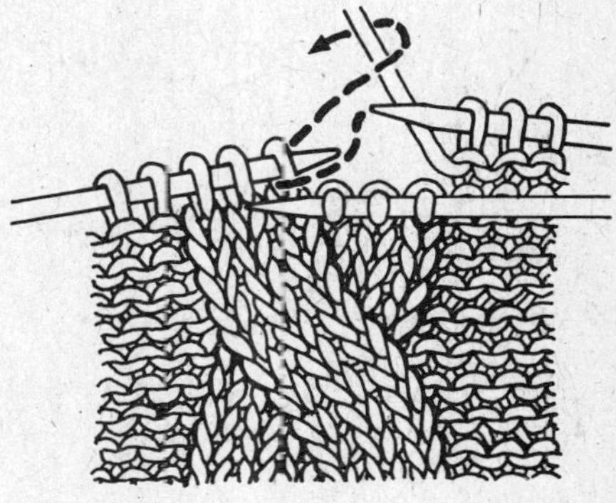

Zopf nach links

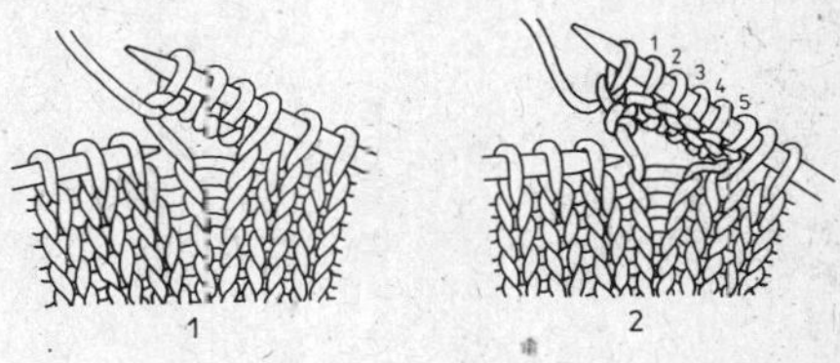

Stricken einer Noppe oder Musche. 1 *Aus einer Masche werden sechs Maschen gestrickt,* 2 *fünf Maschen werden auf die rechte Nadel gehoben, die letzte Masche wird rechts verschränkt abgestrickt*

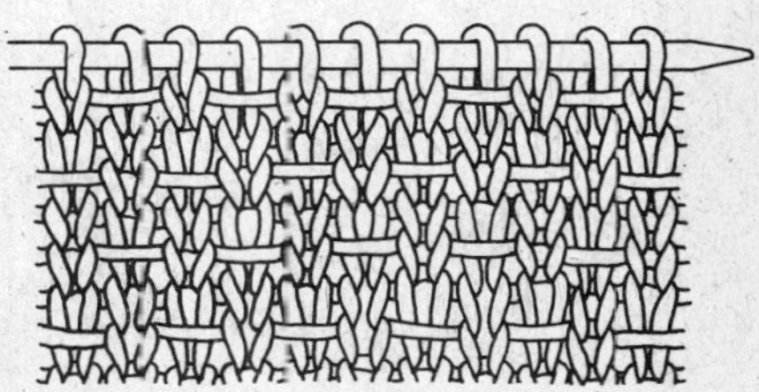

Webstich

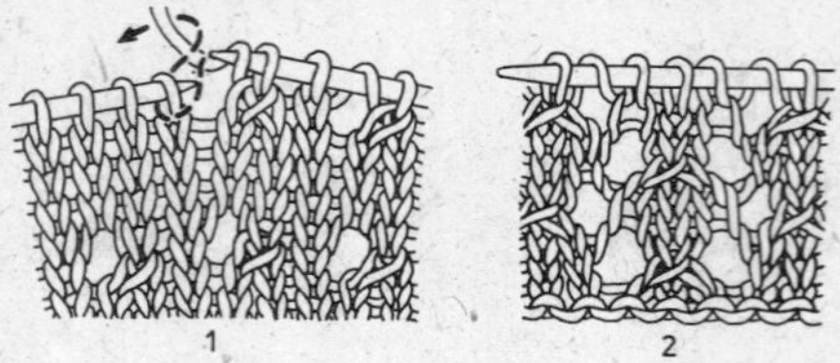

1 2

1 *Stricken von Hohlmaschen,*
2 *Muster aus Hohlmaschen*

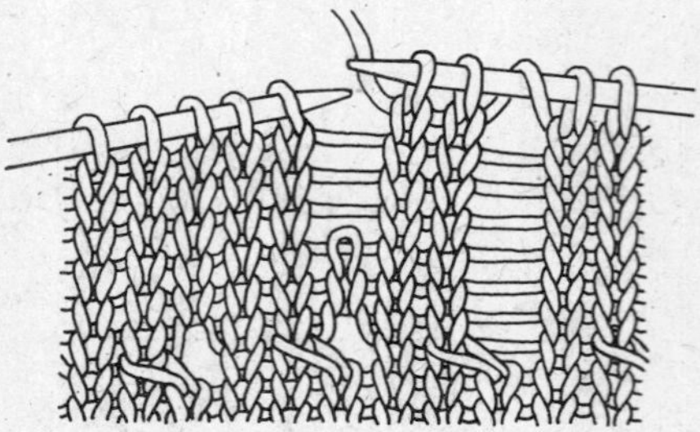

Laufmaschenleitern

Laufmaschenleitern. Die einfachste Art des gestrickten Durchbruchs entsteht durch das Fallenlassen von Maschen. Man strickt zunächst eine Reihe von Hohlmaschen abwechselnd mit Rechtsmaschengruppen. Dann strickt man weiter bis zur gewünschten Höhe und läßt auf einer Hinreihe die Maschen über den Hohlmaschen fallen. Dabei muß anstelle der fallenden Maschen ein neuer Umschlag (Faden über die rechte Nadel legen) gebildet werden, den man auf der Rückreihe als Masche abstrickt.

Zweifarbige Strickmuster. Sie werden nach einem Zählmuster (auf Karopapier) gearbeitet. Jedes Karo bedeutet eine Masche im Rechtsmaschengrund. Man strickt zuerst die Maschen einer Farbgruppe ab und läßt den Faden auf der Rückseite der Arbeit hängen. Dann strickt man mit dem anderen Arbeitsfaden die Maschen der nächsten Farbgruppe und läßt den Faden ebenfalls hinten hängen. Dann wird der erste Faden wieder aufgenommen und in der ersten Farbe weitergestrickt. Auf diese Weise wird nach dem Muster bis zum Ende der Reihe gearbeitet. Die weitergeführten Fäden dürfen nicht zu straff gezogen werden, da sich die Arbeit sonst zusammenzieht. Die Rückreihen werden auf die gleiche Weise mit Linksmaschen gestrickt; nur führt man dabei die Fäden vor der Arbeit weiter, also auf der gleichen Seite, auf der die Fäden des vorigen Arbeitsganges liegen.

Stickmuster im Gestrick. Muster, die sich nicht über die ganze Fläche ausbreiten, stickt man in den Rechtsmaschengrund ein. Der Stickfaden folgt dabei genau den Strickmaschen. Man stickt mit einer der Garnstärke entsprechenden stumpfen Sticknadel.

Häkeln

Über die Entwicklung der Häkeltechnik ist wenig bekannt. Wahrscheinlich ist sie aus dem Kettenstich entstanden, der in der mittelalterlichen Leinenstickerei verwendet wurde. Man kann diesen Stich mit der Häkelnadel leichter als mit der Nadel ausführen, indem man den Faden Schlinge für Schlinge von der Unterseite des Stoffes nach oben holt. Von dieser Arbeitsweise zum freien Häkeln ist es nur ein Schritt.

Die Häkelarbeit fand im 19. Jh. allgemeine Verbreitung. Die leicht auszuführende Technik eignet sich gut zum Nachbilden der echten Näh- und Klöppelspitzen, deren Herstellung zeitraubend und kostspielig war. Um

1 2 3

Zweifarbige Strickmuster. 1 *Zählmuster,* 2 *gestricktes Muster,* 3 *Strickstich*

die Mitte des 19. Jh. wurden in irischen Klöstern die venezianischen Reliefspitzen in Häkelarbeit nachgeahmt und als Irische Spitzen in den Handel gebracht. Diese Technik wurde bald in selbständiger Formensprache kunstvoll ausgebildet und verbreitete sich als Heimindustrie in den europäischen Ländern.

Die Volkskunst verwendete Häkelarbeiten zu Einsätzen und Randspitzen an sog. Paradehandtüchern, Schürzen, Häubchen und Decken. Auch in der Gegenwart ist Häkeln eine gern geübte Technik. Zarte Taschentuchspitze und modische Spitzenblüschen oder Sommerpullis, die Filethäkelei sind beliebte und nicht allzu zeitraubende Arbeiten. Die lockere Gabelhäkelei eignet sich gut zur Anfertigung einer Stola.

Häkelnadeln. Die Häkelnadel ist an der Spitze mit einem Häkchen versehen, das dieser Handarbeitstechnik den Namen gab. Die Größe des Häkchens und die Nadelstärke müssen der Garnstärke angepaßt sein. Für zarte Spitzenarbeiten eignen sich feine Stahlnadeln, für gröbere Technik Nadeln aus Leichtmetall oder Plast.

Häkelgarn. Zum Häkeln kann jede Garnart verwendet werden. Als Spitzengarn eignet sich ein gut gezwirnter Faden aus Baumwolle, Kunstseide oder DEDERON.

Häkelhaltung. Der Arbeitsfaden läuft wie beim Stricken zwischen viertem und fünftem Finger der linken Hand nach der Handfläche und wird zweimal von rechts nach links um den Zeigefinger geschlungen. Die Häkelnadel hält man zwischen Daumen und Zeigefinger der rechten Hand und stützt sie – wie den Federhalter beim Schreiben – auf den Mittelfinger. Die erste Häkelmasche wird wie die erste Strickmasche des Maschenanschlags gebildet. Man faßt diese Masche und auch die fortschreitende Arbeit zwischen Daumen und Mittelfinger der linken Hand und häkelt entweder in Runden (z. B. Spitzendecken) oder in hin- und hergehenden Reihen (z. B. Topflappen). Bei Beginn einer neuen Reihe häkelt man nach dem Wenden anstelle der ersten Masche eine der Maschenhöhe entsprechende Anzahl Luftmaschen. Für feste Maschen werden zwei, für einfache Stäbchen drei Luftmaschen gerechnet.

Am Schluß der Häkelarbeit schneidet man den Faden bis auf einige Zentimeter ab und

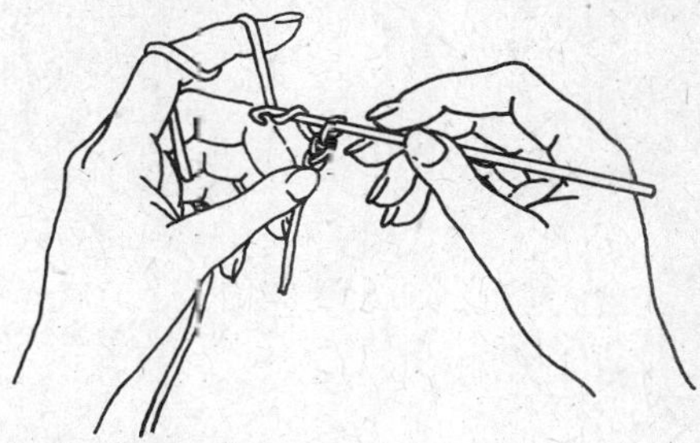

Häkelhaltung

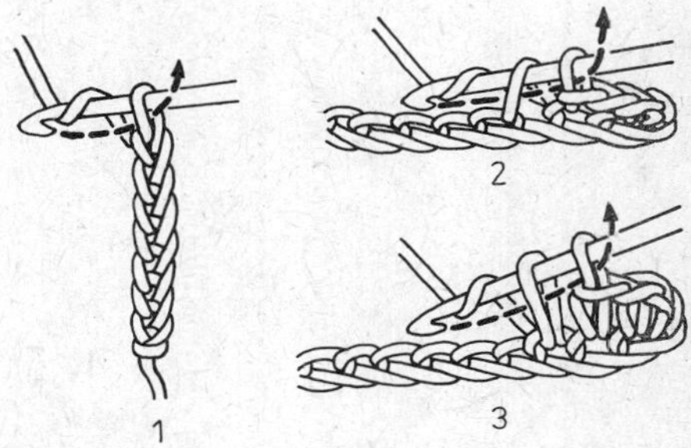

Die Häkelmaschen. 1 *Luftmaschenkette,* 2 *Kettenmaschen,* 3 *feste Maschen*

zieht ihn mit dem Häkchen durch die letzte Schlinge. Die Fadenenden am Anfang und Ende der Arbeit werden unsichtbar vernäht, „verstochen".

Häkelmaschen. Die wichtigsten sind: Luftmasche, Kettenmasche, feste Masche und Stäbchen. Aus ihnen lassen sich die mannigfaltigsten Muster bilden.

● Luftmasche. Man schlägt den Faden von hinten nach vorn um die Nadel und zieht diesen Umschlag mit dem Häkchen durch die auf der Nadel befindliche Masche. Durch Wiederholen dieses Vorganges entsteht eine Luftmaschenkette, die den Anfang fast jeder Häkelarbeit bildet.

● Kettenmasche. Sie ist die niedrigste aller Häkelmaschen. Man sticht mit der Häkelnadel in die obere Schlinge der vorletzten Masche der Anschlagkette. Nach Umschlagen des Fadens zieht man ihn durch beide auf der Nadel liegende Schlingen, d. h., man mascht die zwei Schlingen zusammen ab.

● Feste Masche. Hier stimmen Breite und Höhe überein, wenn Garn und Nadel gut zusammenpassen. Man sticht in die vorletzte Masche der Anschlagkette, schlägt den Fa-

1 *einfache Stäbchen,* 2 *Doppelstäbchen*

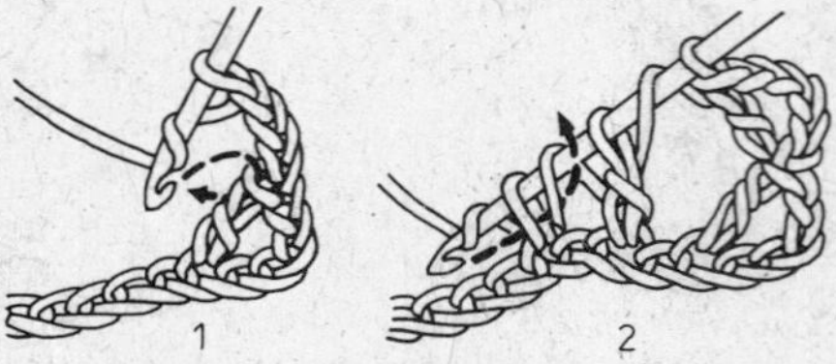

Kreuzstäbchen. 1 *das erste Kreuzstäbchen einer Reihe,* 2 *das zweite Kreuzstäbchen*

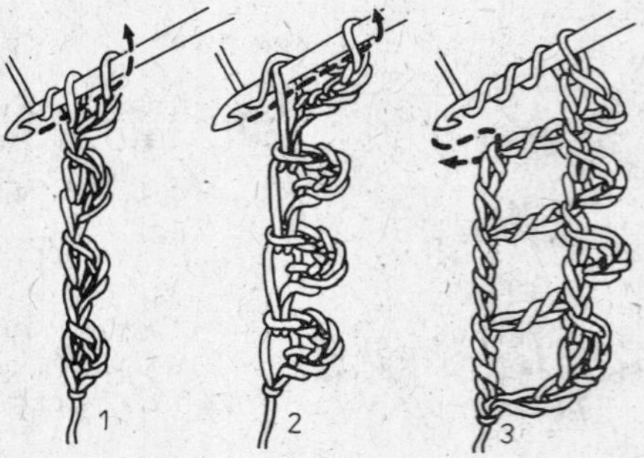

Öschen oder Pikots. 1 *kleine Öschen,* 2 *Perlpikots,* 3 *Löcherkäntchen*

den um die Nadel und zieht ihn durch. Dann legt man den Faden nochmals um die Nadel und mascht die zwei noch auf der Nadel liegenden Schlingen zusammen ab.

● Stäbchen. Es gibt verschiedene Arten von Stäbchen, die jedoch alle auf dem gleichen Prinzip beruhen:

Beim halben Stäbchen sticht man nach einem Umschlag in die drittletzte Masche der Luftmaschenkette und zieht den Faden durch. Mit erneutem Umschlag werden alle drei auf der Nadel liegenden Schlingen zusammen abgemascht.

Für das einfache Stäbchen schlägt man den Faden einmal um die Nadel, sticht in die viertletzte Luftmasche der Anschlagkette, schlägt den Faden um die Nadel und zieht ihn durch. Dann mascht man mit jeweils neuem Umschlag zweimal zwei Schlingen zusammen ab.

Für das Doppelstäbchen schlägt man den Faden zweimal um die Nadel, sticht in die obere Schlinge der fünftletzten Masche der Anschlagkette und zieht den Faden durch. Mit je einem neuen Umschlag mascht man dreimal zwei Schlingen ab.

Dreifache und höhere Stäbchen werden auf dieselbe Weise gehäkelt, nur wird der Arbeitsfaden vor dem Einstechen in die Masche der darunterliegenden Reihe dreimal, beim vierfachen viermal usw. umgeschlagen. Nach dem Einstechen und Durchziehen des Fadens werden immer nacheinander zwei Schlingen abgemascht.

Kreuzstäbchen beginnt man auf einer unteren Maschenreihe mit drei Luftmaschen. Dann häkelt man ein einfaches Stäbchen in die drittletzte untere Masche, anschließend vier Luftmaschen und ein Stäbchen in die Kreuzungsschlingen von Luftmaschen und Stäbchen. Es folgt eine Luftmasche als Zwischenglied. Für das zweite und die folgenden Kreuzstäbchen häkelt man in die zweitfolgende untere Masche ein Doppelstäbchen, von dem man nur zwei Schlingen abmascht. Nach einem Umschlag holt man den Faden durch die zweitfolgende Masche der unteren Maschenreihe und mascht viermal je zwei Schlingen zusammen ab. Dann folgen eine Luftmasche und ein einfaches Stäbchen auf die Kreuzungsstelle, wobei man in das mittlere Schlingenpaar einsticht. Nach einer Luftmasche beginnt das neue Kreuzstäbchen.

● Gehäkelte Öschen oder Pikots („Mäusezähnchen"). Als Berandung mancher Häkelarbeiten oder als Verzierung von Stoffkanten und Säumen werden oft Öschen oder Pikots angebracht. Für das kleine Öschen arbeitet man drei Luftmaschen und eine feste Masche in die Ausgangsmasche. Perlpikots werden aus fünf Luftmaschen und einer Kettenmasche in die erste Luftmasche gehäkelt. Für das Löcherkäntchen arbeitet man sechs Luftmaschen, dann eine feste Masche in die dritte Luftmasche, ein dreifaches Stäbchen in die erste Luftmasche. Das fortlaufende Muster beginnt mit drei Luftmaschen, es folgt eine feste Masche in die erste der drei Luftmaschen. Als Ende des Musters wird ein dreifaches Stäbchen gehäkelt, für das man in das zweite Schlingenpaar des vorhergehen-

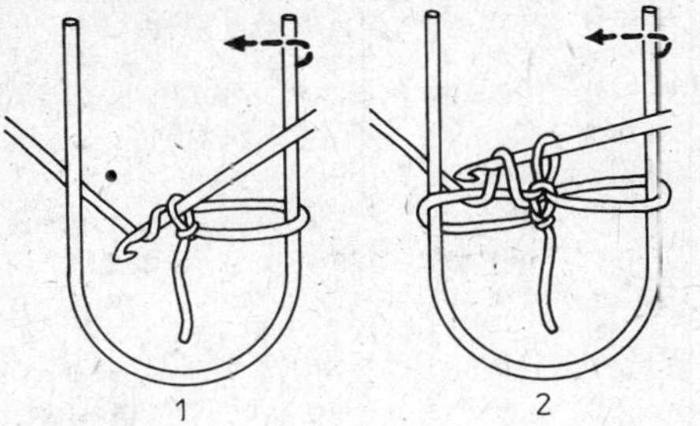

Gabelhäkelei.
1 *Schlinge,* 2 *Bilden der zweiten Schlinge*

den dreifachen Stäbchens einsticht. Der Arbeitsgang wird fortlaufend wiederholt.

Filethäkelei. In einem netzartigen Gittergrund steht ein aus dichten Karos gebildetes Muster. Man arbeitet nach einem Zählmuster in hin- und hergehenden Reihen. Für den Gittergrund werden im Wechsel zwei Luftmaschen und ein Stäbchen in die drittfolgende Masche der unteren Reihe gehäkelt. Für ein gefülltes Karo werden anstelle der Luftmaschen zwei Stäbchen gearbeitet; am Rand wird ein Stäbchen durch drei Luftmaschen ersetzt.

Gabelhäkelei. Hier braucht man außer der Häkelnadel eine U-förmig gebogene starke Metallnadel. Aus feinem oder starkem Garn werden Schlingenbörtchen gearbeitet und zu Spitzen, Tüchern oder Schals zusammengehäkelt. Die Gabelbreite bedingt die Länge der Schlingen. Man beginnt mit einer Luftmasche und legt den Faden von vorn nach hinten um den rechten Stab der Gabel. Mit Daumen und Mittelfinger der linken Hand umgreift man den linken Gabelstab und hält die Anfangsmasche sowie die fortlaufende Arbeit in der Mitte des Gabelbogens fest. Nun häkelt man eine Luftmasche, dreht die Gabel in Pfeilrichtung (s. Abb.) und hebt die Häkelnadel über die Gabel. Dabei legt sich der Faden um den zweiten Stab der Gabel. Über den vorderen Faden der linken Schlinge häkelt man eine feste Masche, dreht die Gabel, häkelt die nächste feste Masche in die Schlinge usw. Ist die Gabel mit Schlingen bedeckt, streift man die Arbeit von der Gabel, schiebt diese wieder von unten in die letzten vier Schlingen ein und arbeitet weiter.

Will man ausdrucksvollere Börtchen mit lokker stehenden Schlingen erzielen, so häkelt

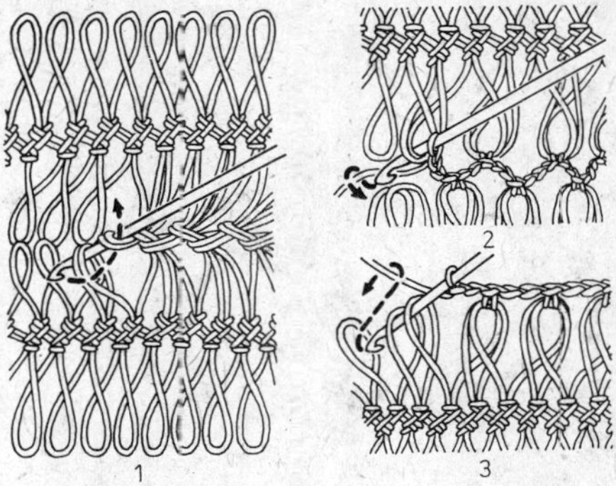

Das Verbinden der Gabelbörtchen.
1 *durch Zusammenhäkeln der Schlingen,*
2 *durch Luftmaschen und Kettenmaschen,*
3 *Randabschluß mit Luft- und Kettenmaschen*

man in jede Schlinge zwei bis drei feste Maschen oder eine feste Masche und ein Stäbchen.

Tunesische Häkelei. Die tunesische oder Strickhäkelei ist eine Flächenhäkelei mit gewebeähnlicher Struktur zur Herstellung vor

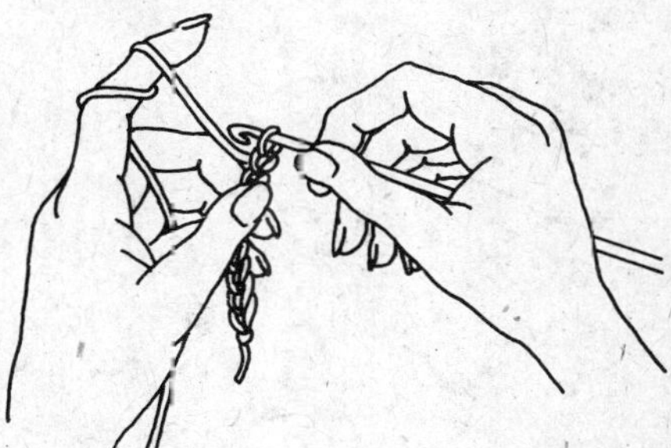

Tunesische Häkelei; Arbeitshaltung

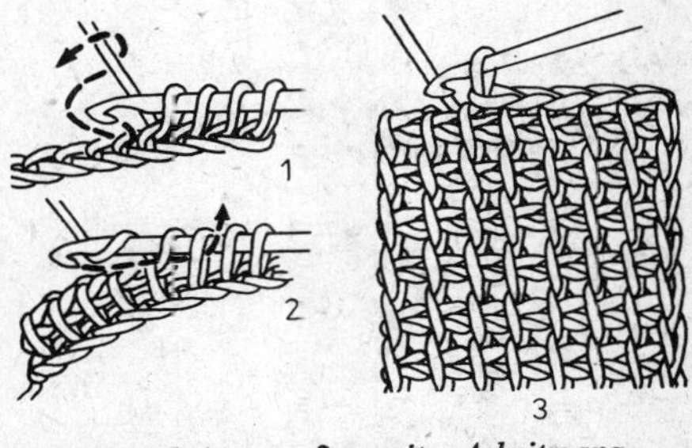

1 *erster Arbeitsgang* 2 *zweiter Arbeitsgang,*
3 *die letzte Reihe wird mit Kettenmaschen behäkelt*

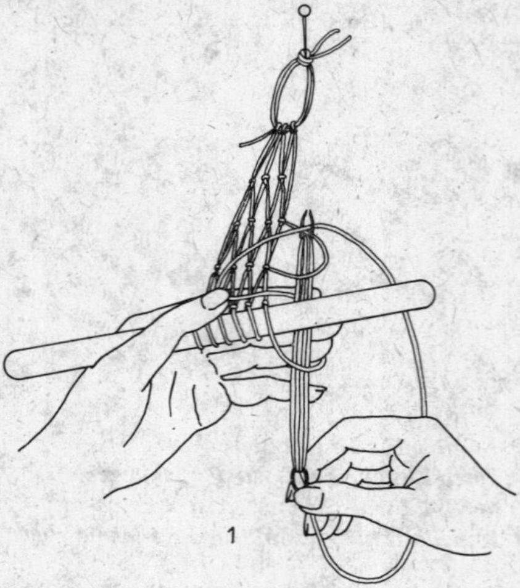

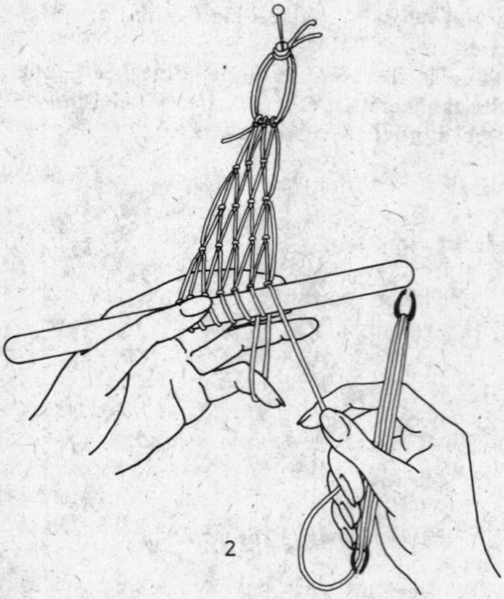

Der Netzknoten. 1 *Die Filetnadel wird durch die gelegte Schlinge und die Masche geschoben,* 2 *das Festziehen des Knotens*

allem von Schals, Kleidungsstücken und Decken. Man arbeitet mit einer langen, gleichmäßig starken Häkelnadel, die am Ende mit einem Kopf versehen ist. Es wird stets auf der Vorderseite der Arbeit gehäkelt, da jede Reihe aus zwei Arbeitsgängen besteht. Man beginnt die Arbeit mit einer Luftmaschenkette in der erforderlichen Breite und beschließt sie mit einer Reihe Kettenmaschen. Im ersten Arbeitsgang wird der Arbeitsfaden als Schlinge durch die vorletzte Masche (vor der Nadel) der Luftmaschenkette geholt, ebenso durch die nächste und alle folgenden Luftmaschen. Alle Schlingen bleiben auf der Nadel. Im zweiten Arbeitsgang wird die erste Schlinge mit einem Umschlag allein abgeschürzt. Dann werden bis zum Nadelende immer die Abschürzschlinge und die folgende Schlinge zusammen abgemascht. Die Endschlinge jeder Reihe bildet die erste Schlinge der neuen Reihe. Die zweite und alle anderen Schlingen für die neue Reihe holt man aus der zweiten und den folgenden senkrechten Schlingen der darunterliegenden Reihe, um sie dann auf die beschriebene Weise abzumaschen.

Netzarbeit oder Filet

Die Kunst, Netze zu knüpfen, ist wohl so alt wie Fischfang und Jagd und bei allen Völkern bekannt. Als Schmucktechnik erschien sie zuerst im Orient, wo feine farbige Seidennetze kunstvoll mit Gold und Silber bestickt wurden oder das Netzwerk selbst durch Zusammenfassen von Maschen, durch Verdrehen und Verkreuzen und durch Bilden langer und kurzer Maschen zu reicher Musterwirkung vereinigt wurde. Kreuzfahrer mögen diese Technik nach Europa gebracht haben. Zur Frauentracht des späten Mittelalters gehörten feine filierte Haarnetze aus Seide. Die Netzarbeit wurde zunächst in Klöstern geübt, fand aber bald allgemeine Verbreitung. Im Verlauf ihrer Entwicklung wurde der teure Seidenfaden allmählich durch das heimische Leinengarn verdrängt.
Das gleichmäßig gearbeitete Netz diente als Untergrund für weiße Stickereien, die sich klar von der durchsichtigen Fläche abhoben. Unsere Museen besitzen die schönsten Belegstücke solcher Arbeiten. Daneben hat sich die freie, spitzenartige Netztechnik bis heute erhalten und ist besonders als Rundfilet beliebt.

Filetnadel. Die an beiden Enden gespaltene Stahlnadel muß in Länge und Stärke dem Arbeitsmaterial angepaßt sein. Der Faden wird, nachdem man ihn durch das Loch unter einer Gabelung gezogen und verknotet hat, zwischen den Gabelenden auf die Nadel gewickelt.

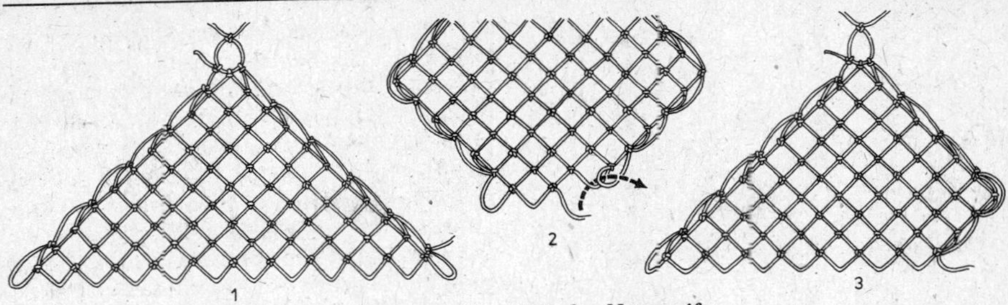

Das gerade Netz. 1 *Zunehmen,* 2 *Abnehmen,* 3 *geknüpfter Netzstreifen*

Filetstab. Über ihn werden die Maschen geschürzt; er besteht meist aus Holz. Für gröbere Maschen eignen sich gleichmäßig flache Stäbe. Sehr feine Maschen knüpft man über Stricknadeln.

Filetgarn. Besonders geeignet ist Leinengarn; doch kann man auch mit Baumwollhäkelgarn oder Wollgarn arbeiten.

Filetknoten. Eine Schlinge aus festem Garn wird an eine Schraubzwinge gehängt oder mit einer Nadel an einem Sandkissen festgesteckt. Das Ende des auf die Filetnadel gewickelten Fadens wird in diese Schlinge geknüpft. Den Filetstab faßt man waagerecht zwischen Daumen und Zeigefinger der linken Hand; die anderen Finger liegen gestreckt unter dem Stab. Die rechte Hand hält die Nadel. Man legt den Faden vorn über den Stab nach unten, zwischen dem vierten und fünften Finger der linken Hand nach hinten und leitet ihn oberhalb des Stabes nach vorn links, wo man ihn mit dem Daumen festhält. Dann wird der Faden in lockerem Bogen wieder nach rechts und hinter dem Stab nach unten geführt. Die rechte Hand schiebt die Filetnadel von links unten durch die Fadenschlinge, hinter dem Stab vorbei und durch die Hilfsschlinge nach oben. Beim Herausziehen der Nadel nach oben muß sich der von der Nadel kommende Faden als zweite Schlinge um den kleinen Finger der linken Hand legen und wird von ihm bis zuletzt zurückgehalten. Beim Anziehen des Fadens läßt der linke Daumen den Faden los, den dritten und vierten Finger nimmt man aus der ersten Schlinge. Sitzt der Knoten genau über dem Stab, so hält man ihn mit dem linken Zeigefinger fest und zieht den Faden nach abwärts an, wobei der kleine Finger aus der zweiten Schlinge schlüpft. Damit ist mit dem ersten Knoten die erste Masche gebildet.

Das gerade Netz. Für ein Viereck mit gerade liegenden Maschen knüpft man zwei Maschen in die Hilfsschlinge. Nach dem Herausziehen des Stabes wendet man die Arbeit und legt den Stab genau unterhalb der Maschen wieder an, um eine neue Maschenreihe zu knüpfen. Dabei wird in jeder Reihe eine Masche zugenommen, indem in die letzte Masche der Vorreihe zwei Maschen geknüpft werden. Hat man nach fortlaufendem Wenden und Reihenknüpfen die nötige Maschenzahl erreicht – wobei man immer eine Masche mehr rechnen soll –, so arbeitet man eine Reihe ohne Zunehmen. Dann beginnt das Abnehmen, wofür bei jeder Reihe die beiden letzten Maschen der Vorreihe mit einem Knoten zusammengefaßt werden. Am Schluß der Arbeit knüpft man die letzten beiden Maschen ohne Stab mit einem Knoten zusammen.

Ein gerader Netzstreifen wird wie ein Viereck begonnen. Ist die erforderliche Maschenzahl der Netzbreite (und zwei Maschen darüber) erreicht, so wird in der Folge auf einer Seite zugenommen, auf der anderen abgenommen. Zum Abschluß des Streifens wird auf jeder Seite wie beim Viereck abgenommen.

Das schräge Netz. Für ein Netz mit schräg liegenden Maschen wird die in der Breite erforderliche Maschenzahl in die Hilfsschlinge geknüpft. Den Fadenanfang läßt man als Bindefaden hängen, mit dem man am Ende jeder zweiten Reihe die Randmasche dicht unter dem Stab mit Bindeknoten knüpft. Die Arbeit wird bis zur gewünschten Länge ohne Zu- und Abnehmen fortgesetzt.

Rundfilet. Es wird von der Mitte aus in Runden gearbeitet. Begonnen wird mit einer Anzahl Maschen, die in die Hilfsschlinge geknüpft werden. Dabei läßt man den Anfangsfaden, dessen Länge dem Halbmesser der

1 *Raffgruppe,* 2 *Rundfilet mit Bindeknoten*

fertigen Arbeit reichlich entsprechen muß, als Bindefaden hängen. Die letzte Masche der ersten und aller folgenden Runden wird durch einen Bindeknoten gebildet, den man unter dem Stab aus Arbeitsfaden und Bindefaden knüpft.

Für die nächste Runde legt man den Stab unten an die nach rechts anschließende Masche, in die der erste Knoten geknüpft wird. Um beim fortlaufenden Arbeiten ein Spannen zu vermeiden, muß man nach einer Anzahl von Knoten die Maschen bis auf die zuletzt geknüpfte vom Stab streifen. Beim Filieren runder Decken ist nach einigen Runden das Maschenzunehmen nötig. Dabei werden zwei oder mehr Maschen – in einer Runde gleichmäßig verteilt – in eine Masche der Vorrunde geknüpft. Dieser notwendige Arbeitsgang gibt gleichzeitig die Möglichkeit, Muster zu bilden. Reizvolle Raffgruppen entstehen durch Knüpfen mehrerer Maschen in eine Schlinge. Nach einer Anzahl Runden werden genau unter der Mitte dieser Gruppe einige Maschen mit einem Knoten wieder zusammengerafft. Geschieht das bereits in der nächsten Runde, so entstehen Filetmuschen. Durch abwechselndes Verwenden schmaler und breiter Stäbe, durch Verdrehen und Ineinanderschlingen

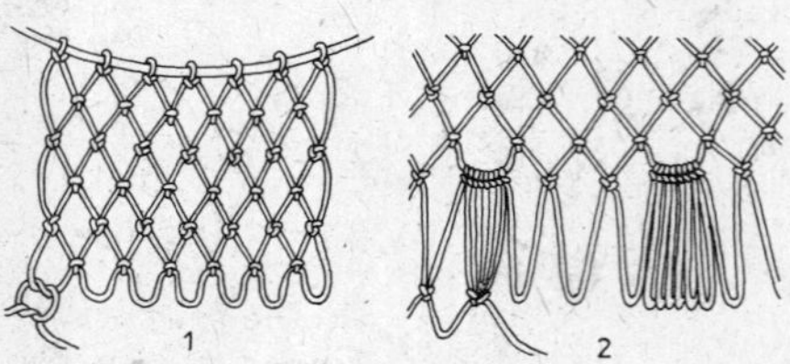

1 *filierte Muschen,* 2 *beim Schrägfilet wird die Randmasche jeder zweiten Reihe mit Bindeknoten geknüpft*

von Maschen läßt sich die Netzwirkung beleben.

Fertigmachen der Rundfiletmitte. Nach beendetem Filieren zieht man die Hilfsschlinge aus den Mittelmaschen. Dann löst man die Knoten der ersten Runde auf und zieht durch die freien Schlingen einen Faden, den man verknotet und versticht. Die fertige Rundfiletdecke wird leicht gestärkt und feucht mit rostfreien Nadeln gespannt.

Schiffchenarbeit

Die Schiffchen- oder Okkiarbeit (ital. occhi = Augen) ist eine Spitzentechnik, die vermutlich aus dem Orient stammt, wo sie Makuk genannt wird. Den Namen „Frivolitäten" soll diese anmutig auszuübende Handarbeit erhalten haben, weil sie früher eine beliebte Beschäftigung müßiger Damen war. Heute ist die Schiffchenarbeit in zeitgemäßer Formgebung wieder aufgegriffen worden. Man findet sie als zarte weiße Spitze und in gröberer Form als posamentenartige Verzierung an modischer Kleidung.

Schiffchen. Es besteht aus zwei spitz zulaufenden elastischen Blättchen, die 5 bis 7 cm lang und $1\frac{1}{2}$ bis 2 cm breit sind. Die an den Spitzen zueinander gebogenen Blättchen aus hornartigem Material sind durch ein kurzes Mittelstück verbunden, um das der Arbeitsfaden gewickelt wird.

Außerdem braucht man eine Häkelnadel. Als Arbeitsmaterial wird meist Häkelgarn verwendet.

Schiffchentechnik. Über einen Faden werden reihenweise Doppelknoten geschlungen, die man zu Ringen und Bogen zusammenfügt.

- Doppelknoten. Sie werden aus Rechts- und Linksknoten gebildet und fortlaufend dicht aneinandergereiht. Sie müssen sich auf dem Einlagefaden leicht verschieben lassen. Beim Rechtsknoten hält die rechte Hand das Schiffchen zwischen gestrecktem Daumen und Zeigefinger. Das Fadenende wird von vorn nach oben um die leicht gespreizten Finger der linken Hand zu einem Ring geschlungen, den Daumen und Zeigefinger festhalten. Man schlägt den Schiffchenfaden von hinten nach vorn um die Finger der rechten Hand. Nun fährt man mit dem Schiffchen unter dem Faden zwischen Dau-

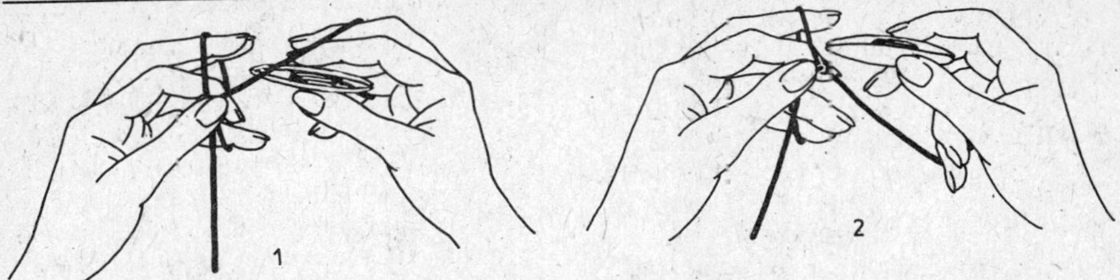

1 *Handstellung und Fadenhaltung für den ersten Rechtsknoten,* 2 *dieser bildet sich beim Straffziehen des Schiffchenfadens aus dem Schlingfaden*

men und Mittelfinger der linken Hand durch und über ihm zurück; der Faden muß dabei zwischen Finger und Schiffchen durchgleiten. Der Schiffchenfaden wird straffgezogen, der Faden der linken Hand gelockert, damit er den Knoten bilden kann. Die Fadenspannung wird dabei vom rechten kleinen Finger und vom linken Mittelfinger geregelt.

Für den Linksknoten hält man den Schiffchenfaden mit dem rechten kleinen Finger nach unten, das Schiffchen wird über den Spannfaden der linken Hand geschoben und unter ihm zurückgeholt. Der Schiffchenfaden wird festgezogen, der gelockerte Faden der linken Hand bildet den Linksknoten.

● Öschen. Sie dienen zur Zierde und zum Aneinanderhängen der Ringe. Sie entstehen, wenn man zwischen den Doppelknoten Lücken läßt, die dann zusammengeschoben werden.

● Der Ring. Ist die für einen Ring nötige Anzahl Doppelknoten gearbeitet, wird der Schiffchenfaden angezogen, bis sich der Ring geschlossen hat. Man arbeitet nun, je nachdem es das Muster erfordert, den nächsten Ring dicht oder locker daneben. Sollen zwei Ringe miteinander verbunden werden, so arbeitet man den zweiten Ring bis zum Öschen, holt mit der Häkelnadel den Schlingenfaden der linken Hand als Schlinge durch die Öse des Nachbarringes und steckt das Schiffchen durch diese Schlinge, die man wieder zurückzieht. Der Schiffchenfaden muß weiter beweglich bleiben.

● Arbeit mit zwei Schiffchen. Spitzen, die aus Ringen und offenen Bogen bestehen, werden mit zwei Schiffchen gearbeitet, die man zusammenhängend bewickelt. Der Faden des ersten Schiffchens läuft über die linke Hand und bildet die Verschlingungen. Der Faden des zweiten Schiffchens dient in der rechten Hand als Einlagefaden.

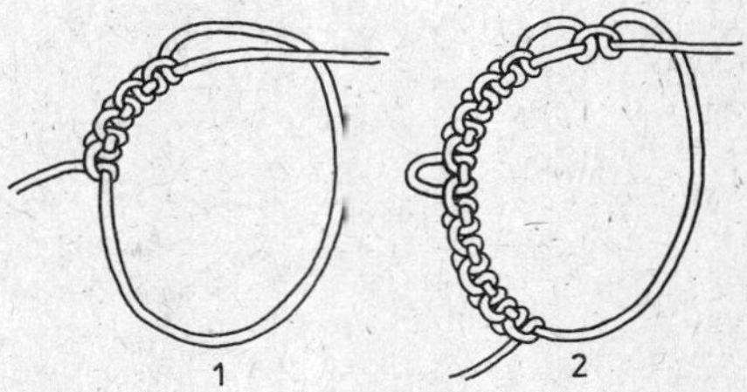

1 *eine Reihe Doppelknoten,* 2 *Öschenbildung*

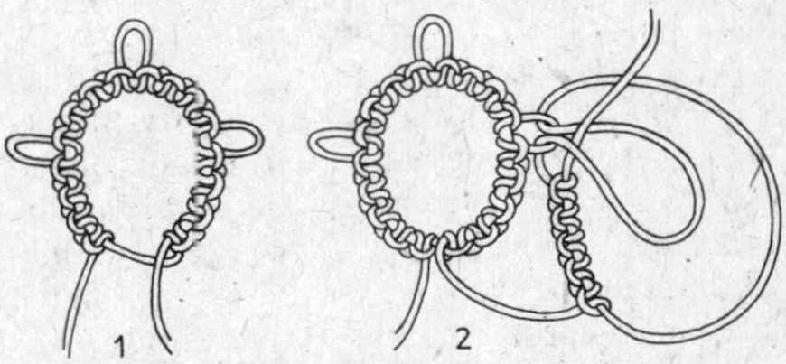

1 *Der Ring wird zusammengezogen,*
2 *Aneinanderschlingen der Ringe*

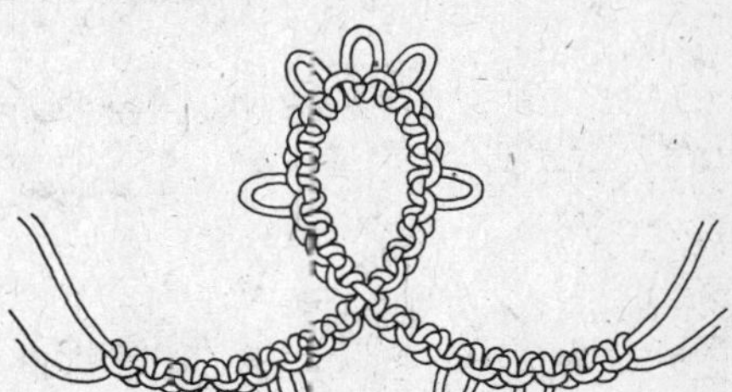

Ring und Bogen mit zwei Schiffchen gearbeitet

Klöppeln

Handgearbeitete Spitzen waren das wichtigste Beiwerk der Mode vom 16. bis zum Ende des 18. Jh. Die wohlhabenden Bürger der Renaissance liebten es, den Wert ihrer Kleidung durch reich verziertes Weißzeug zu betonen.

Die Klöppelspitze wurde wahrscheinlich aus der Bortenflechterei entwickelt; erstmalig tauchte sie im 15. Jh. in Italien auf. Im Laufe des 16. Jh. wurde Klöppeln zur Lieblingsbeschäftigung vornehmer Venezianerinnen. Die Frauen der oberen Gesellschaftsschichten Italiens verbreiteten die Klöppelkunst in ihren Kreisen; bald war das Klöppeln in Europa allgemein bekannt. Das erste Modelbuch für Klöppelei erschien 1561 in Zürich. Die Verfasserin dieser Anleitung für „allerlei Gattungen Däntelschnür" stellt dieses Büchlein „zu underricht iren Leertöchtern" zusammen.

Der rasch steigende Bedarf an Spitzen führte zur Gründung von Spitzenmanufakturen. In Frankreich wurde Valenciennes, in den Niederlanden Brüssel Mittelpunkt einer ausgedehnten Spitzenindustrie. Dort verstand man es, einen besonders zarten und glänzenden Leinenfaden zu bereiten. Geschickte Frauenhände verarbeiteten ihn nach künstlerischen Entwürfen zu den edlen flandrischen Spitzen, die wir heute noch in unseren Museen als kostbare Kunstwerke bewundern.

Zur Verbreitung des Klöppelns im Erzgebirge hat vor allem Barbara Uttmann beigetragen. Selbst aus wohlhabender Familie stammend und mit einem reichen Annaberger Bergherrn verheiratet, führte sie nach dessen Tode die Geschäfte weiter und unterwies nach dem Rückgang des Silbervorkommens die Frauen der verarmten Bergknappen in der Kunst des Spitzenklöppelns, das sie von einer Brabanterin gelernt hatte. Möglicherweise haben auch wandernde schottische Händler brabantische Spitzen nach Annaberg gebracht und damit Anregungen zur Spitzenarbeit im Erzgebirge gegeben. Einige dieser Schotten kamen bald zu Reichtum und lieferten als Großhändler die erzgebirgischen Spitzen nach Preußen, Polen, Österreich und Ungarn. Im 19. Jh. ging die Spitzenherstellung zurück, nahm aber im 20. Jh. erneuten Aufschwung. Mit der Erfindung des Bobinetwebstuhls (Bobinet = englischer Tüll) setzte die Konkurrenz der billigen Maschinenspitzen ein.

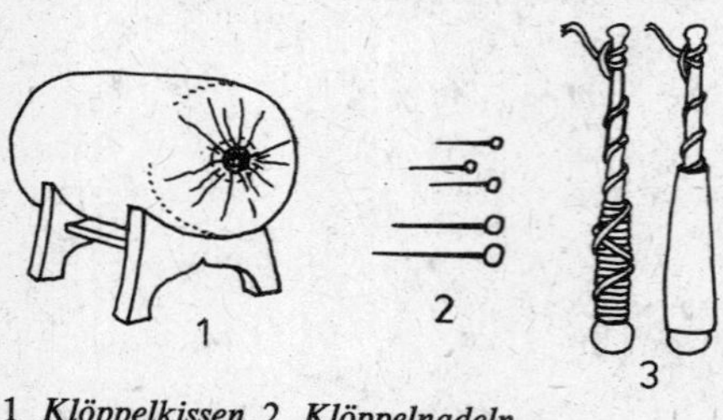

1 *Klöppelkissen,* 2 *Klöppelnadeln,*
3 *bewickelte Klöppel mit und ohne Hülse*

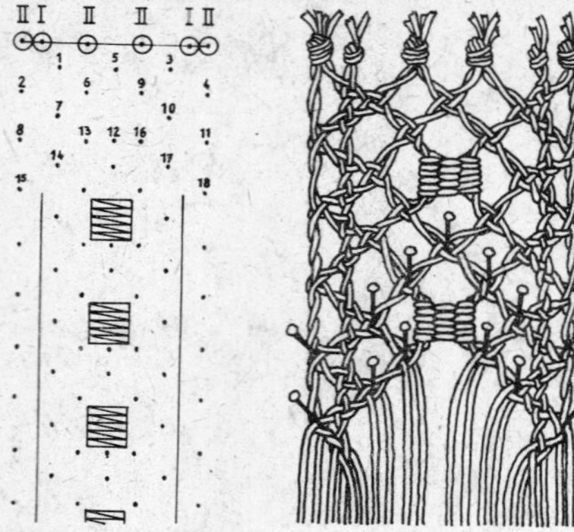
Klöppelbrief und danach begonnene Arbeit

Das Klöppeln lebt im Erzgebirge als Volkskunst bis heute weiter und wird u. a. auch an der Fachschule für angewandte Kunst in Schneeberg gelehrt.

Klöppelkissen. Das Klöppelkissen ist eine etwa 30 cm lange Rolle von rund 18 cm Durchmesser. Sie besteht aus einer derben Stoffhülle, die fest mit Sägespänen ausgestopft ist. Ein waschbarer Überzug ermöglicht sauberes Arbeiten. Das Kissen ruht auf dem Klöppelständer und kann während der Arbeit gedreht werden. Der Ständer kann niedrig (zum Aufstellen auf den Tisch) oder hoch und verstellbar gefertigt sein; in den hohen ist meist ein Kästchen für die Klöppel eingearbeitet.

Klöppel sind aus Holz gedrechselte, in der Mitte leicht verdickte Stäbchen, die oben mit einem kleinen, unten mit einem größeren Knopf versehen sind. Zu jedem Klöppel gehört eine Holzhülse zum Schutz des aufgewickelten Fadens. Zum Aufwickeln des Fadens nimmt man das obere Ende des leeren Klöppels in die linke Hand, mit der rechten Hand bewickelt man die untere Hälfte des Klöppels nur so stark, daß sich die Hülse leicht darüberschieben läßt. Das kleinere Knöpfchen des Klöppels wird nun zweimal durch eine vom Fadenende gebildete Schlinge gesteckt. Diese Schlinge verhindert das Abgleiten des Fadens vom Klöppel und ist doch leicht verschiebbar, da der Faden laufend verlängert werden muß. Die Klöppel werden am freihängenden Fadenende, das nie länger als 12 cm sein soll, paarweise zusammengeknüpft und mit einer Stecknadel an den bezeichneten Punkten am Anfang des Klöppelbriefes aufgehängt.

Klöppelbrief. Auf einen Streifen aus dünner Preßspanpappe oder steifem Papier wird mit unverwischbarer Tusche das Muster für die Klöppelarbeit gezeichnet. Der Klöppelbrief (auch Aufwinde genannt) wird auf dem Klöppelkissen befestigt. Oben sind die Anzahl der anzusteckenden Klöppelpaare und die Ansteckpunkte für diese angegeben. Weitere Striche und Zahlen mit Punkten zeigen den Verlauf der Arbeit und die Reihenfolge der während des Klöppelns einzusteckenden Nadeln. Für Einsätze und Spitzen zeichnet man den Klöppelbrief in zwei Teilen auf, die in der Musterfolge oben und unten genau zusammenpassen müssen. Während des Klöppelns steckt man den oberen abgeklöppelten Teil wieder unten an, um fortlaufend weiterarbeiten zu können.

Klöppelnadeln. Als Klöppelnadeln werden große, rostfreie Stecknadeln mit bunten Glasknöpfen verwendet.

Klöppeltechnik. Im folgenden werden nur die Grundbegriffe des Klöppelns erläutert. Um diese Technik wirklich zu beherrschen, bedarf es der praktischen Unterweisung durch eine Lehrmeisterin. Das Klöppeln ist eine kunstvoll ausgebildete Art des Flechtens. Man arbeitet gleichzeitig mit zwei Klöppelpaaren, wobei jede Hand ein Paar bewegt. Die übrigen Klöppel werden mit einer Klöppelnadel zur Seite gerafft. Geübte Klöpplerinnen behalten auch die zeitweise

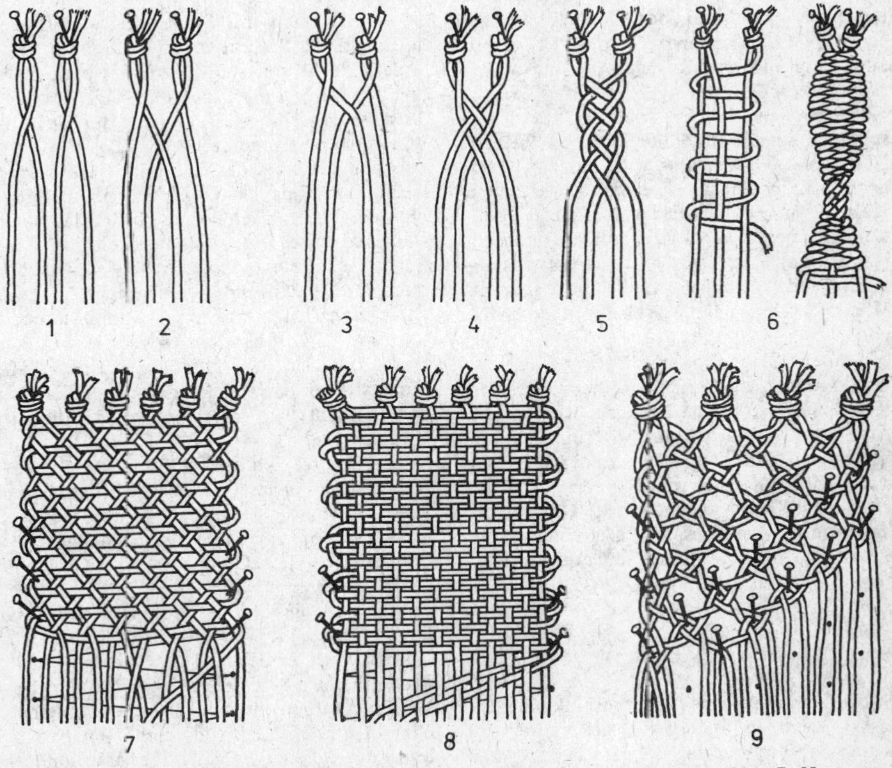

1 *Drehen,* 2 *Kreuzen,* 3 *Halbschlag,* 4 *Ganzschlag,* 5 *Flechtschlag,* 6 *Formenschlag,* 7 *Netzschlag,* 8 *Leinenschlag,* 9 *Löcherschlag*

ruhenden Klöppel in den Händen. Das Klöppeln beruht auf zwei Arbeitsgängen:

- Drehen und Kreuzen. Beim Drehen wird in jeder Hand der rechte Klöppel über den linken geschoben. Beim Kreuzen wechseln die nun innen liegenden Klöppel von einer Hand in die andere; dabei wird der rechtsliegende Klöppel der linken Hand über den linksliegenden Klöppel der rechten Hand geschoben. Drehen und Kreuzen bilden den Halbschlag. Ein zweites Drehen und Kreuzen ergibt den Schlußschlag. Beides zusammen nennt man Ganzschlag. Eine Reihe nacheinander gearbeiteter Ganzschläge heißt Flechtschlag.

Die Musterungen der Klöppelarbeit entstehen in erster Linie durch Zusammenstellen lockerer und dichter Grundmuster, die aus Halb- und Ganzschlägen gebildet werden.

- Löcherschlag. Er besteht aus Ganzschlägen, wobei nach jedem Halbschlag eine Nadel in den Nadelpunkt des Klöppelbriefes gesteckt wird. Brüsseler Grund, Tüllgrund, Jungferngrund und Rosengrund sind Variationen des Löcherschlags.
- Netzschlag. Dieser entsteht aus Halbschlägen in hin- und hergehenden Reihen. Nach jedem Halbschlag wird das zurückliegende Klöppelpaar abgelegt. Zum neuen Halbschlag wird das nächste in Arbeitsrichtung liegende Paar aufgenommen. Nur am Rande wird eine Nadel gesteckt und das außenliegende Klöppelpaar einmal gedreht. Dann wird auf gleiche Weise zurückgeklöppelt.
- Leinenschlag. Hier arbeitet man ebenfalls in hin- und hergehenden Reihen. Mit zwei Klöppelpaaren werden Kreuzen, Drehen und Kreuzen ausgeführt. Dann wird ein Paar abgelegt und mit dem nächstfolgenden Paar Kreuzen, Drehen, Kreuzen wiederholt. Man arbeitet so fort bis zum Rande. Dabei läuft das erste Klöppelpaar als Laufpaar durch die Reihe und nach Nadelstecken und einmaligem Drehen wieder zurück.

Stickerei

Stickereien werden seit Jahrtausenden bei allen Völkern in vielfältiger Art verwendet. Dem Schmuckverlangen der Naturvölker entsprachen grobe Stickereien auf Leder. Die alten Ägypter waren Meister in der Aufnäharbeit auf Leder und Stoff. Auf griechischen Vasenbildern sieht man Frauen am Stickrahmen arbeiten, und daß man auch mit Goldfäden stickte und getriebene Goldplättchen aufnähte, beweisen griechische und etruskische Gräberfunde. In Rom sprach man vom „Malen mit der Nadel“.

Aus dem 1. Jahrtausend u. Z. sind in Europa keine Stickereien überliefert. Im 11. und 12. Jh. entstanden in Klosterwerkstätten und in den Frauengemächern der Burgen und Schlösser prächtige Priesterornate und Fürstengewänder, die eine hohe Blüte der Stickkunst beweisen. Sie sind in Kirchen- und Kronschätzen erhalten geblieben. Der Krönungsmantel des Fürsten Stephan I. von Ungarn zeigt in Goldstickerei auf purpurvioletter Seide ausdrucksvolle Darstellungen. Eine Inschrift datiert ihn auf das Jahr 1031. Im letzten Drittel des 11. Jh. entstand in England der berühmte Teppich von Bayeux. Er ist in Plattstich mit Seide auf Leinen gestickt. In 72 Bildern mit 530 Figuren und vielen Inschriften stellt er in der urwüchsigen Art der Zeit die Eroberung Englands dar. Er ist ein wichtiges Dokument der Kultur- und Kostümgeschichte.

Aus der Zeit zwischen 1300 und 1500 stammen die Bildstickereien der ehemaligen Nonnenklöster Wienhausen (bei Celle) und Lüne, darunter ein Tristanteppich von 4 m Länge. Zahlreiche klösterliche Weißstickereien für Decken und Altarschmuck mit reichen pflanzlichen und figürlichen Ornamenten und Schriftbändern sowie kunstvolle Durchbruch- und Filetstickereien sind erhalten geblieben. Die Stickereien für den Hausbedarf kennt man meist nur von bildlichen Darstellungen.

Stickerzünfte. Seit etwa 1300 ist die Stickerei als bürgerliches Gewerbe der Männer in allen großen Kulturzentren zu finden. Die Sticker schlossen sich zu den hochangesehenen Zünften der „Goldnater“ und „Seidennater“ zusammen. Sie ließen ihre Entwürfe oft von bedeutenden Malern anfertigen. Das kunstreiche Handwerk der Sticker hat sich bis ins 19. Jh. erhalten.

Modelbücher. Seit Erfindung der Buchdrukkerkunst kamen die Muster- oder Modelbücher in den Handel. Sie erschienen in fast ununterbrochener Folge in vier Jahrhunderten. Dem jeweiligen Geschmack angepaßt, gaben sie den Frauen Anregung zu allerlei häuslichen Nadelkünsten. Die berühmtesten Modelbücher schuf um 1600 der Kupferstecher Hans Sibmacher in Nürnberg. Er war zugleich Herausgeber und Entwurfskünstler.

Auf diesem Gebiet war auch die tätige Mitarbeit der Frauen möglich. Der Goldschmied und Kupferstecher Georg Herman verwies schon 1625 in einem Spitzen- und Stickbuch auf Anregungen „kunstreicher Matronen". Die Tochter des Verlegers Paulus Fürst hatte die Vorlagen für ein Modelbuch selbst entworfen und gestochen. Anfang des 18. Jh. erschienen in Nürnberg drei Bücher erfahrener Stickerinnen, darunter „Kunst- und Fleißübende Nadelergötzungen" von Margaretha Helm, „des würdigen Kantors zu St. Egidien fleißige Hausfrau". Darin finden sich Alphabete und Initialen, Blumenborten, Streublüten und anderer Zierat für „Fleck- und Halstüchlein, Fürstecker und Köllerlein" und vielerlei andere Verwendung. Auch in späteren Veröffentlichungen waren Frauen am Werk, bis im 19. Jh. die Frauenzeitschriften das Thema aufnahmen und für den häuslichen Bedarf Muster und Arbeitsanleitungen vermittelten.

Stickmustertücher. Als Vorlagen für die im 16. und 17. Jh. vielgeübte Leinenstickerei in Kreuzstich und Kästchenstich (Holbeinstich) auf Kleidern, Decken und Wäsche benutzten die Frauen neben überlieferten Motiven die formschönen Muster der Modelbücher. Die häuslichen Nadelkünste wurden von den Lernenden auf Stickmustertüchern geübt. Diese Sitte erhielt sich bis ins 19. Jh. In unseren Museen werden bezaubernd schöne Stücke solcher bürgerlichen und bäuerlichen Stickkunst aufbewahrt, auf denen eine Fülle von Alphabeten, Musterkanten und Ornamenten in geschmacksicherer Anordnung aufs zierlichste gestickt ist.

Während der Renaissance trat neben Gold-, Silber- und Seidenstickereien für kirchliche und weltliche Zwecke vor allem die Aufnäharbeit in den Vordergrund.

Im Barock und Rokoko liebte man auch in der Stickerei reiche dekorative Wirkungen. Wandbehänge und Ofenschirme, die Vorhänge der Prunkbetten, Pferdeschabracken und vor allem die Kleider der Vornehmen wurden reich mit Seide, Gold und Silber verziert. Blumenranken mit Emblemen, Figurengruppen, ganze Landschaften mit Architekturformen waren beliebte Motive. Die Stickerei folgte locker und phantasievoll den graziösen Künstlerentwürfen. Mit halbem Kreuzstich (petit point) wurden solche Muster auf Polster und Möbelbezüge gestickt. Für wattierte Decken und Morgengewänder fand die Pikeestickerei Verwendung.

Die vereinfachte Mode nach der Französischen Revolution von 1789 gab für Stickereien wenig Raum. Die Gold- und Silberstickereien lebten weiter auf den prunkvollen Uniformen der Armee und der Hofbeamten der Empirezeit. Die Mode bevorzugte Weißstickerei auf Batist. In zartester Technik wurde neben hochgestickten Formen durch gruppenweises Zusammenziehen von Fäden eine spitzenartige Wirkung erzielt. Namen wie Dresdner Spitze oder Dentelle de Saxe verraten oft die Herkunft solcher Erzeugnisse.

Dem Modeverlangen folgend, führten um 1810 der Baumwollhändler Krause und seine Frau in Plauen i. V. die Weißstickerei als Heimindustrie ein. Bald wurde diese vielgeschätzte Arbeit in „Stickfabriken" betrieben, die oft bis zu 200 Handstickerinnen an Stickrahmen beschäftigten. Größere Stücke entstanden in „Arbeitsteilung", bei der jede Stickerin nur ihren bestimmten „Effekt" ausführte. Die Einführung der Handstickmaschinen (1858) und später der Maschinen für gewebte und bestickte Tülle machten Plauen zum Zentrum der vogtländischen Stickerei- und Spitzenindustrie.

Straminstickerei. Im Biedermeier erlebte die häusliche Stickkunst in der bunten Straminstickerei ihre letzte Blütezeit. Die Frauen und Mädchen saßen am Stickrahmen und bestickten Kissen und Möbelbezüge, Teppiche, Wandschirme und viele verspielte Kleinigkeiten mit Landschaften und Blumenstücken, mit Musen und Genien und zärtlichen Widmungen. Man stickte mit Wolle, Seide oder Perlen auf gesteiften Gitterstoff (Stramin), den man mit halben oder ganzen Kreuzstichen völlig bedeckte.

Tapisserie. Seitdem Maschinen zum Sticken verwendet werden können, lebt die Handstickerei fast nur noch als Kunst im eigenen Heim fort. Jedoch hat sich die Industrie auch dieses Gebiet erobert. In Tapisseriefabriken werden die Entwürfe für Decken und Kissen gezeichnet und auf Stoff aufgepaust. Die von Stickerinnen begonnenen Arbeiten werden mit dem nötigen Material in den Handarbeitsgeschäften verkauft. Die Entwürfe sind auf schnellfördernde Sticktechnik eingestellt. Es ist zu begrüßen, daß sich auch diese Industrie ihrer volkserzieherischen Aufgabe bewußt wird und nur gute, von Fachkünstlern entwickelte und durchgearbeitete Entwürfe auf den Markt bringt, die der modernen Wohnkultur entsprechen.

Asiatische Stickerei. Neben Persien und Indien brachten vor allem China und Japan (als Heimat der echten Seide) die Seidenstickerei zu höchster Vollendung. Das Handwerk übten Männer aus. Es wird hauptsächlich Plattstich verwendet, der geschickt in vielerlei Richtungen gespannt wird. Man überstickt ausgeschnittene Papierformen, die dem Stoff aufgelegt werden, und erzielt dadurch die besondere Klarheit der Umrisse. Als Stickmaterial dient leicht gedrehter Seidenfaden in allen Farbschattierungen. Die Ornamente haben durch Jahrtausende bis zur Gegenwart ihre Eigenart und symbolische Bedeutung bewahrt.

Volkskunst. Einen großen Raum nimmt die Stickerei in der ländlichen Volkskunst aller Nationen ein. Vor allem Festtrachten prangen oft mit kunstreichen Seiden- und Goldstickereien an Hauben, Schultertüchern, Miedern, Brustlätzen und Schürzen. Die Hemden der Frauen und Männer sind mit Kreuzstich- und Weißstickereien aller Art geziert. Auch Decken, Kissen, Wandbehänge werden bestickt. Auf ledernen Gürteln finden sich Federkielstickereien. Die Muster erben sich von Generation zu Generation fort; neue Anregungen werden dem Volkscharakter gemäß verarbeitet.

Ausführen des Stickens. Begonnen wird die Stickerei entweder mit einigen kurzen Vorstichen, die unsichtbar unter den Anfangsstichen liegen müssen, oder man läßt den Anfangsfaden ein Stück frei hängen, um ihn später ebenso wie den Endfaden in der Rückseite der Stickerei zu vernähen. Jeder neue Faden wird vor dem Weiterarbeiten auf gleiche Weise verstochen; ein Knoten würde sich mit der Zeit lockern und beim Bügeln durchdrücken.

Farbige Handarbeitsgarne sollte man jeweils etwas reichlicher einkaufen, da man selten genau denselben Farbton nachbekommt.

Sticknadeln. Für Stickereien nach gezählten Gewebefäden verwendet man Sticknadeln mit stumpfer Spitze, für alle anderen Sticharten spitze Sticknadeln oder Nähnadeln. Die Nadelstärke muß der Stärke des Stoffes und des Stickgarns entsprechen. Fingerhut und eine gute Schere sind wichtig.

Stickrahmen. Stickereien auf groben, gesteiften Stoffen arbeitet man frei in der Hand. Für feine Stickereien ist das Einspannen der Arbeit in einen Stickrahmen notwendig, um das Verziehen von Stoff und Stickerei zu verhindern.

Übertragen der Muster auf den Stoff. Stickereien nach abgezählten Gewebefäden werden nach einem Zählmuster gearbeitet. Frei gezeichnete Muster werden am besten mit Hilfe einer Stechpause auf den Stoff übertragen. Man zeichnet das Muster auf Transparentpapier und sticht die Linien auf weicher Unterlage mit einer feinen Nadel von der linken Seite mit dichten Stichen nach. Diese Stechpause legt man, mit der rechten, rauhen Seite nach oben, auf den fadengerade gespannten Stoff und reibt mit einem Stoffbeutelchen, das mit Vordruckfarbe gefüllt ist, leicht über die gestochenen Linien. Nach vorsichtigem Abheben der Stechpause legt man Seidenpapier über die durchgeriebene Zeichnung und plättet die Farbe mit einem heißen Bügeleisen fest. Man kann die Zeichnung auch mit farbigem Pauspapier übertragen, das man mit der Farbseite nach unten auf glatter Unterlage zwischen Stoff und Zeichnung legt. Die Musterlinien werden mit einem harten Stift nachgezogen.

Vorrichten der fertigen Stickereien. Die fertige Stickerei wird entweder unter angefeuchtetem Tuch überbügelt oder – wenn nötig – mit Feinwaschmitteln vorsichtig gewaschen und in leicht feuchtem Zustand in Geweberichtung von links trockengebügelt. Tüll- und Netzstickereien werden am besten nach dem Waschen mit rostfreien Nadeln formgemäß gespannt.

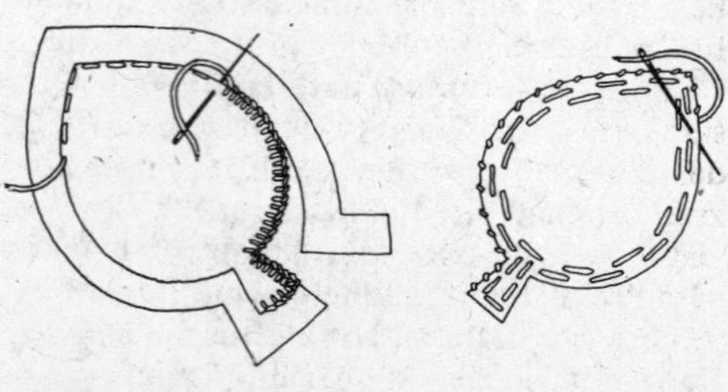

Aufnäharbeit

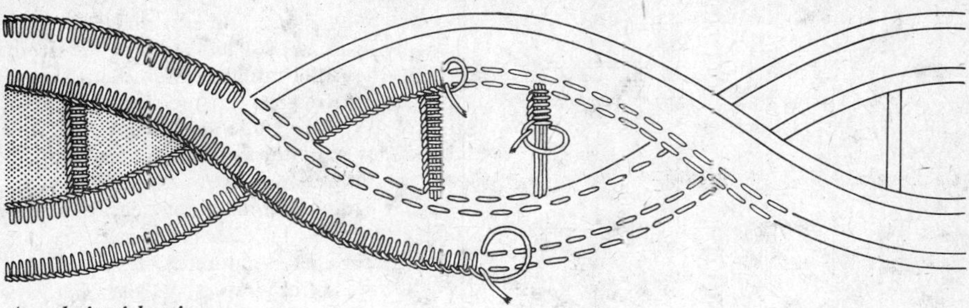

Ausschnittstickerei

Aufnäharbeit (Applikation). Material: Fest gewebte, an den Schnittkanten nicht fasernde Stoffe; Auflagestoff vom Grundstoff farblich abstechend oder gemustert (Tuch, Seide, Leinen, Baumwollstoffe, Filzstoffe, Leder); Stickgarne, Nähseide, Kordonettseide, Zwirn. Ausführung: Aufnäharbeit erfordert flächige Ornamente mit klaren Umrissen. Die Zeichnung wird auf Grundstoff und Auflagestoff aufgepaust; die Auflage soll mit dem Grundstoff gleiche Fadenrichtung haben, damit sich die aufgenähten Formen später nicht verziehen. Die mit knapp 1 cm Randzugabe ausgeschnittenen Auflageformen werden konturfolgend auf die entsprechenden Formen des Grundstoffes mit Vorstichen aufgenäht und mit Schlingstichen oder Bindlochstich umstickt. Zuletzt wird der überstehende Stoff vorsichtig abgeschnitten. Oder: Die Ränder der Auflage werden konturfolgend nach links umgeheftet, das Motiv wird aufgeheftet und mit kurzen schrägen Saumstichen aufgenäht. Tuch, Filz und Leder wird ohne Randzugabe ausgeschnitten und aufgenäht. Anwendung: Wandbehänge, Decken, Kissen, Röcke, Trachtenjacken. In der ungarischen Volkskunst werden Tülldecken mit feinen Leinenapplikationen hergestellt.

Ausschnittstickerei. Material: Weißes oder hellfarbiges Leinen, Linon, Batist oder Popeline, einfarbige feinfädige Kleiderstoffe; Glanzstickgarn weiß oder zartfarbig, Fadenstärke dem Stoff angepaßt. Ausführung: Auf den Doppellinien der Formenränder sind zwei Reihen Vorstiche auszuführen, dabei zugleich die Stege zu arbeiten: Der Faden wird dreimal hin- und hergespannt und rückgehend mit dichten Schlingstichen umnäht. Dann werden die Ränder der Formen nach der auszuschneidenden Seite hin mit Schlingstichen dicht bestickt, dabei die Stege mitgefaßt und zuletzt der Stoff an den Schlingrändern abgeschnitten. Anwendung: An Decken, Kissen, Bettwäsche, Blusen, Kleidern, Kragengarnituren.

Bindlochstich s. Lochstickerei

Durchbruchkäntchen. Material: Gut zählbarer leinenbindiger Stoff; Perlgarn weiß oder farbig. Ausführung: Für das Durchbruchkäntchen zieht man sechs Fäden aus. In die

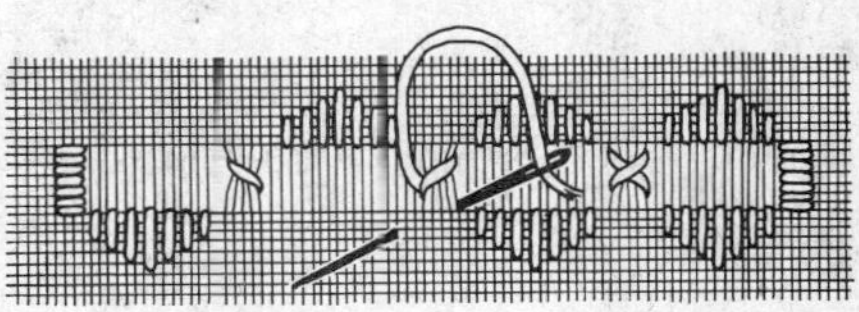

Durchbruchkäntchen

Gewebekanten des Fadengleises arbeitet man 7 senkrechte Stiche im Abstand von 2 Fäden über 4, 6 und 8 Gewebefäden. Dann sticht man im Fadengleis unter 8 Fäden weiter, sticht 6 Fäden zurück zwischen dem 2. und 3. Faden wieder ein und kommt mit der Nadel in der gegenüberliegenden Gewebekante im Abstand von 2 weiteren Fäden 4 Fäden tief heraus, um den Arbeitsgang zu wiederholen. Die Endkanten des Fadengleises werden mit Bindlochstich gesichert, und im Zurückgehen wird das Muster in gleicher Stichfolge ergänzt. Das Muster kann für breite Kanten zwei- oder dreimal nebeneinander gearbeitet werden. Anwendung: Blusen, Kleider, Deckchen usw.

Durchzugarbeit. Material: Seidenleinen; matte oder glänzende glatte Garne in gut zur Farbe des Stoffes abgestimmten Farbtönen, z. B. weiß zu rot oder blau, goldgelb zu weiß, bräunliche Töne zu beige. Ausführung: Ein einzelner Gewebefaden wird aus dem Stoff

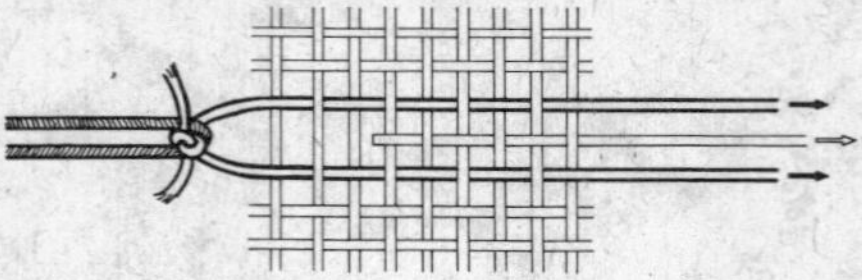

Durchzugarbeit

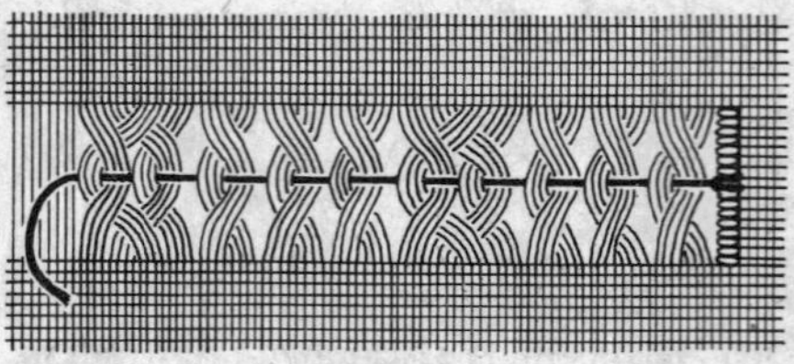

Durchzogener Durchbruch

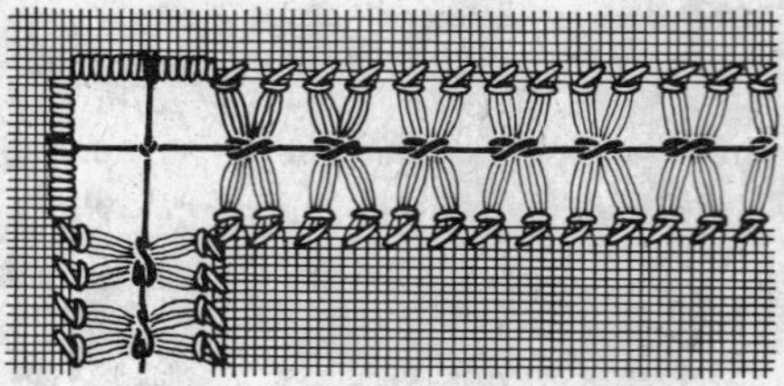

Gebündelter Durchbruch

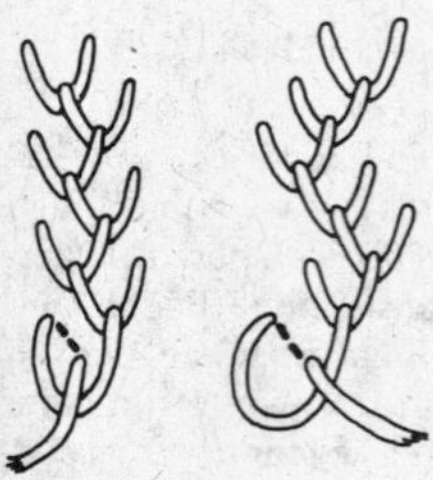

Fischgrätenstich

ganz herausgezogen, die beiden Gewebefäden links und rechts davon werden an der Schnittkante des Stoffes gemeinsam einige Zentimeter angezogen und der Einzugfaden – reichlich doppelt so lang wie der ausgezogene – in seiner Mitte an diese beiden Fadenenden angeknüpft; an der entgegengesetzten Schnittkante werden die beiden Gewebefäden zugleich gefaßt und ausgezogen. Dabei legt sich der neue Faden in die Zugbahn. Anwendung: Als schnell gearbeitete Verzierung an Tischdecken; Kissen, Vorhängen usw.

Einfacher Durchbruch. Material: Locker gewebte Leinenstoffe, Siebleinen, Seidenleinen; Perlgarn, Häkelgarn weiß und farbig. Ausführung: Bei durchzogenem Durchbruch werden die freigelegten Gewebefäden zu 4 und 4 mit der Nadel verkreuzt, und der Stickfaden wird durchgezogen. Bei gebündeltem Durchbruch werden mehrere Fadengruppen mit Schlingknoten zusammengefaßt. Anwendung: Decken, Wäsche.

Fischgrätenstich. Material: Alle bestickbaren Stoffe; Stickgarn, Sticktwist, Perlgarn weiß oder farbig. Ausführung: Parallel zur Ausstichstelle wird in gewünschter Stickbreite wieder eingestochen, und mitten in der entstandenen Schlinge wird erneut ausgestochen. Dies wird abwechselnd nach rechts und links wiederholt. Anwendung: Als Zierstich.

Gitterdurchbruch (Toledoarbeit). Material: Weißes, dicht gewebtes feines Leinen; Glanzstickgarn. Ausführung: Das eigentliche Muster bleibt als Leinengrund stehen, die Zwischenflächen werden gegittert, indem je nach Gewebestärke drei bis vier Gewebefäden im Gitter ausgezogen und die freigelegten Fäden in Zickzackreihen umwickelt werden. Dabei ist der Arbeitsfaden von einer Reihe zur anderen mit Hilfsstichen am Rand weiterzuführen. Zuletzt sind die Kanten des Gitters mit Bindlochstich zu umnähen. Anwendung: Tisch- und Bettwäsche.

Gobelinstich s. Perlstich

Hardanger Durchbruch. Material: Kräftiges Handarbeitsleinen, Hardangerleinen; für den Plattstich Perlgarn, für das Gitter Leinenzwirn, Glanzstickgarn oder feines Perlgarn. Ausführung: Zuerst werden alle Umrandungen mit Plattstichgruppen ausgeführt: 5 Stiche über vier Gewebefäden, 4 Gewebefäden liegenlassen. An den Ecken müssen stets 2 Plattstichgruppen rechtwinklig aneinanderstoßen. Dann werden jeweils die 4 Gewebefäden dicht unter den Plattstichen durchge-

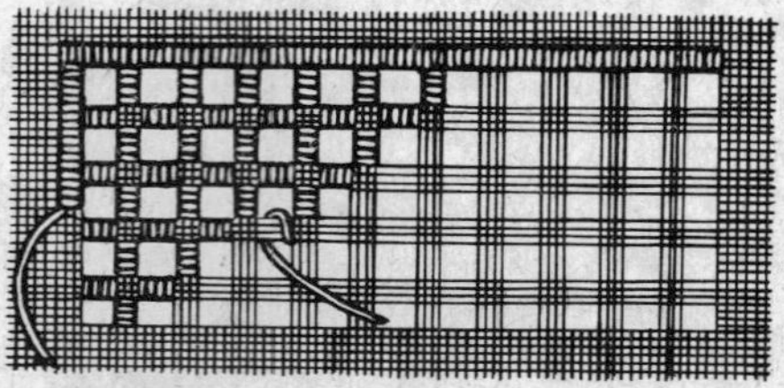

Gitterdurchbruch

schnitten, das Gitter wird ausgezogen, und die losen Gewebefäden des Gitters werden in Zickzackreihen umstopft. Die Gitter werden oft durch Kreuzchen aus Schlingstichen oder durch Einarbeiten von Pikots in die Stege, die leeren Flächen durch Plattstichgruppen belebt. Anwendung: Einsätze und Ecken für Überschlaglaken, Kissen und ähnliche Wäschestücke. Benannt wurde diese Weißstickerei nach der Volkskunst in Hardangen, einer Landschaft im Westen Norwegens.

Hohlnahtstich. Material: Alle Stoffe in Leinenbindung; Zwirn, Nähseide, Baumwollstickgarn. Ausführung: Nach dem Ausziehen von zwei bis vier Gewebefäden arbeitet man in der Regel auf der linken Stoffseite folgendermaßen: Die Nadel mit einem senkrechten Stich drei bis vier Fäden tief durch das Gewebe führen, dann von rechts nach links drei bis vier der losen senkrechten Stoffäden fassen, Faden durchziehen, rechts neben diesen gebündelten Fäden wieder senkrecht in den Stoff stechen usw. Der Stich kann aber auch auf der rechten Seite ausgeführt und als Zierstich verwendet werden; dabei wird mit kontrastierendem Garn oder mit den herausgezogenen Gewebefäden gearbeitet. Anwendung: Verzierung an Kleidern, Blusen, Wäsche.

Hohlsaum: Der Randsaum wird so umgeheftet, daß Saumkante und Hohlsaumkante aufeinanderliegen; beim Ausführen der senkrechten Stiche wird die Saumkante mitgefaßt. Anwendung: Ziersaum für Decken, Wäsche, Taschentücher.

Holbeinstich (Linienstich, Kästchenstich). Material: Alle Stoffe mit gut zählbaren Fäden, bei denen Kette und Schuß von gleicher Stärke sind: Seidenleinen, reines Leinen, Handarbeitsleinen, Aidastoff, Hardangerleinen; Sticktwist, Perlgarn, Baumwollstickgarn, Stickseide, Stickwolle. Ausführung: Im ersten Arbeitsgang wird das Zählmuster mit Vorstichen nachgestickt, dabei werden je waagerecht oder senkrecht die gleiche Anzahl Gewebefäden und diagonal die gleiche Anzahl Fadenkreuzungen aufgenommen und liegengelassen. Im zweiten Arbeitsgang wird das vorgestickte Muster durch neue Vorstiche ergänzt. Dabei muß man über den Stichen der Vorreihe an der gleichen Einstichstelle einstechen und unter dem Stich der Vorreihe ausstechen, um eine geschlossene Stichreihe zu erzielen. Die Stickerei

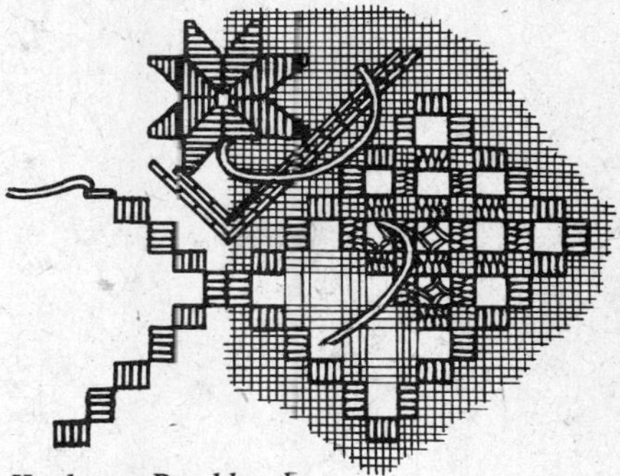

Hardanger Durchbruch

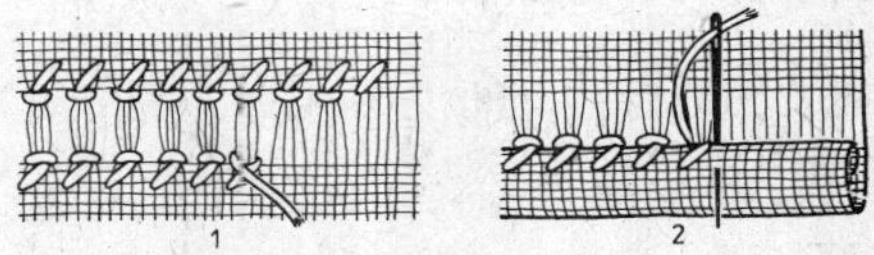

1 *Hohlnahtstich,* 2 *Hohlsaum*

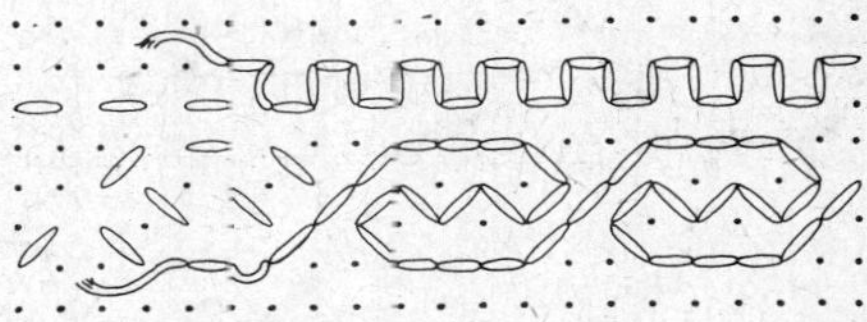

Holbeinstich in zwei Gängen gearbeitet

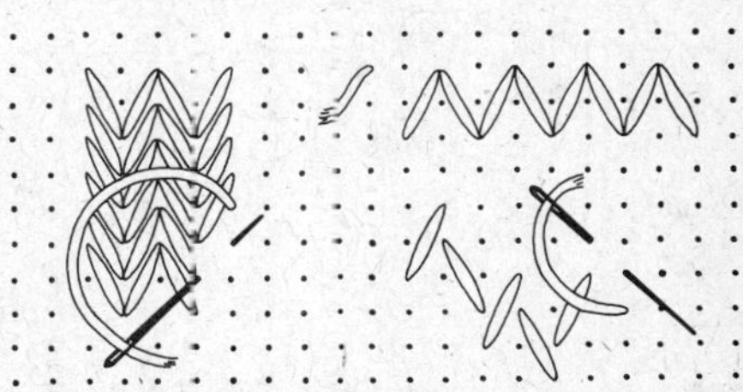

Kelimstich; senkrechte, waagerechte und Schrägreihen

muß stets auf der rechten und linken Arbeitsseite gleich sein. Anwendung: Wie Kreuzstich. Die in der Renaissance häufig zum Schmuck von Kleidern verwendete Holbeinstickerei erhielt ihren Namen nach dem Künstler, der auf seinen Gemälden die Damen mit derart reich verzierten Gewändern darstellte.

Kelimstich. Material: Kongreßstoff, Aidastoff, Stramin; Kelimstickgarn oder Woll-

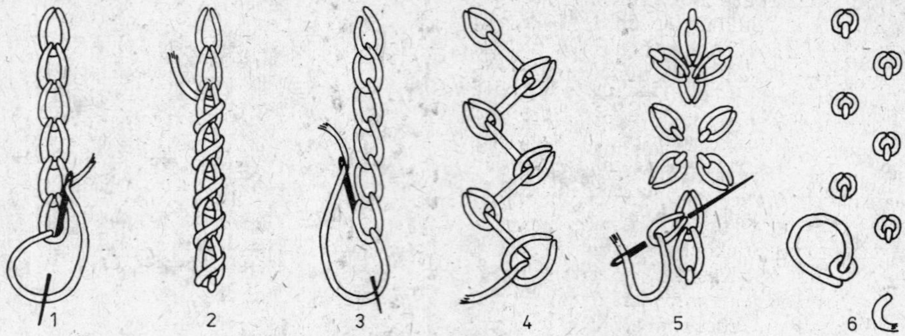

1 *Kettenstich,* 2 *umstochener Kettenstich,* 3 *offener Kettenstich,* 4 *Zickzackkette,* 5 *einzelne Kettenstiche.* 6 *Kettenknötchen*

garn. Das Garn muß in seiner Stärke dem Gewebe entsprechen und es vollkommen decken. Ausführung: Jeder Stich liegt schräg über zwei Gewebekaros in der Höhe und einem Gewebekaro in der Breite. Die Stichlage der einzelnen Reihen ist abwechselnd nach rechts und links gerichtet. Man stickt zunächst die Konturen der Muster in waagerechten, schrägen oder senkrechten einzelnen Stichreihen und füllt dann die Flächen mit auf- und absteigenden Stichreihen aus. Anwendung: Kissen, kleine Teppiche.

Kelimstich wird auch Sumakhstich oder Osmanischer Stich genannt, da er die Technik der Sumakhteppiche nachbildet.

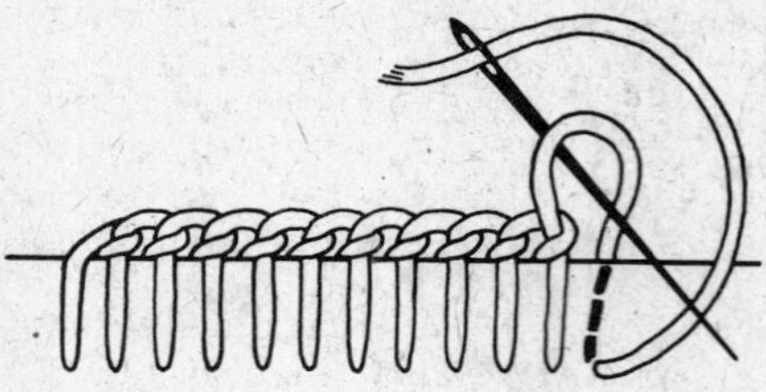
Knopflochstich

1 *Hexenstich,* 2 *Kreuznaht*

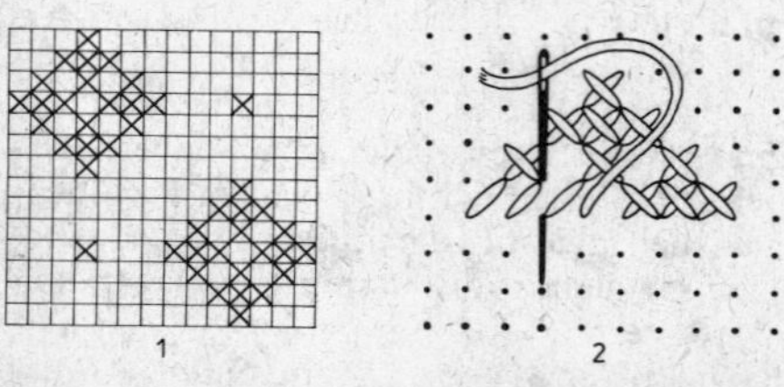

1 *Zählmuster (Typenmuster),* 2 *Kreuzstich*

Kettenstich. Material: Alle bestickbaren Stoffe; Stickgarn, Sticktwist, Perlgarn weiß oder farbig. Ausführung: Man stickt von oben nach unten: Ausstechen, Faden zur Schlinge legen, in den Ausstichpunkt wieder einstechen, in Stichlänge darunter innerhalb der Schlinge ausstechen, Schlinge nicht zu fest anziehen.

- Umstochener Kettenstich: Die Schlingen der Kettenstiche werden rückgehend umstochen.
- Offener Kettenstich: Neben dem Ausstich wird außerhalb der Schlinge eingestochen.
- Zickzackkette: Abwechselnd werden Kettenstiche und ein einfacher Zwischenstich schräg nach rechts und links ausgeführt.
- Einzelne Kettenstiche: Nach dem Aus- und Einstechen wird die Schlinge mit einem kurzen Stich festgehalten.
- Kettenknötchen ist ein ganz kurz gestochener einzelner Kettenstich.

Anwendung: Als Zierstich in der Weiß- und Buntstickerei, an Strickkleidung beim Zusammenfügen der Teile, um eine elastische Naht zu erhalten.

In der Volkskunst und der mittelalterlichen Leinenstickerei wurde Kettenstich oft mit der Häkelnadel oder Tamburiernadel ausgeführt.

Knopflochstich. Material: Alle Kleider- und Wäschestoffe; Nähseide, Knopflochseide,

Zwirn. Ausführung: Nach einem senkrechten Stich um die Stoffkante wird der Faden bis auf eine kleine Schlinge angezogen und die Nadel von hinten durch diese Schlinge geführt. Anwendung: Knopflöcher an Mänteln, Kostümen, Blusen, Wäsche; Einfassen von Decken oder Vorhängen aus dickem Gewebe.

Kreuznaht (Hexenstich). Material: Alle bestickbaren Stoffe, dem Verwendungszweck entsprechend; Garn der Stoffstärke angepaßt. Ausführung: Stickrichtung von links nach rechts. Mit abwechselnd versetzten Stichen in gleichmäßigen Zwischenräumen legt sich der Faden im Geflecht in schräger Richtung übereinander. Anwendung: Als Zierstich, beim Schneidern zum Versäubern von Nähten und Säumen (s. a. Kleines schneidertechnisches Lexikon, Hexenstich).

Kreuzstich. Material: Alle Stoffe mit gut zählbaren Fäden, bei denen Kette und Schuß von gleicher Stärke sind: Seidenleinen, reines Leinen, Handarbeitsleinen, Aidastoff, Hardangerleinen; für Stickereien, die den Grundstoff vollständig bedecken: Kongreßstoff und Stramin; Sticktwist, Perlgarn, Baumwollstickgarn, Stickseide, Stickwolle usw. Ausführung: Ein Kreuzchen besteht aus Unterstich und Deckstich. Man stickt nach einem Zählmuster zuerst alle Unterstiche einer Reihe von links unten nach rechts oben über ein Karo von zwei, drei oder vier Gewebefäden. Auf der Rückreihe wird der Deckstich von rechts unten nach links oben ausgeführt. Die Deckstiche der ganzen Stickerei müssen stets dieselbe Richtung haben. Anwendung: Kissen, Decken, Kleiderverzierungen. Diese Stickart wird in der Volkskunst aller Länder viel angewendet. Bulgarische Blusen sind international bekannt.

Langettenstich (Festonstich). Material: Dichtgewebte Stoffe: Leinen, Linon, Batist, Popeline; Baumwollstickgarn weiß oder farbig in passender Stärke. Ausführung: Schlingstiche in dichter Folge. Die Zeichnungen der Bogen sind mit Vorstichen nachzuziehen, breite Ränder mit Vorstichen oder Kreuznahtstichen zu unterlegen. Man sticht

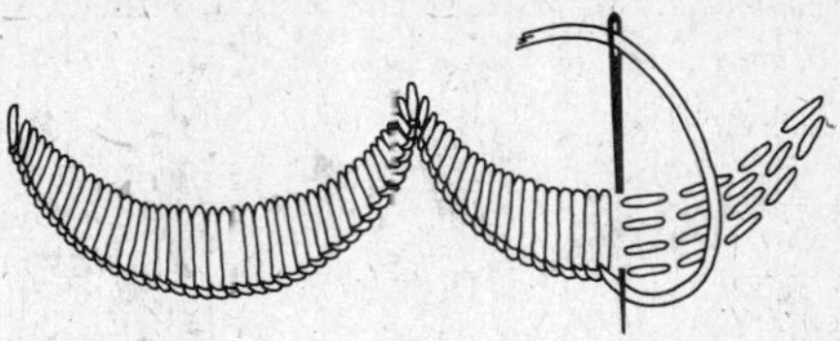

Langettenstich

senkrecht zum Bogenrand am oberen Rand des Bogens ein und am unteren Rand wieder aus; zuletzt wird der Stoff am Schlingenrand vorsichtig abgeschnitten. Anwendung: Als Randabschluß von Stickereien, Berandung von Ausschnitten, Kragen, Blusen, Bett- und Tischwäsche.

Lochstickerei. Material: Dichtfädiges Leinen, Batist, Linon, Naturseide; weißes Baumwollstickgarn. Ausführung: Die Löcher sind auf der vorgezeichneten Linie mit Vorstichen zu umziehen, der Stoff wird innerhalb der Vorstiche kreuzweise aufgeschnitten, bei runden Löchern fadengerade. Kleinste Löcher werden mit dem Locheisen (Pfriemer) vorgestochen. Nun wird mit der Nadel der Stoff hinter die Vorstichränder gestrichen und die Bruchkante des Stoffes dicht mit kurzen, festgezogenen Stichen umnäht (Bindlochstich). Löcherreihen werden in Wellenlinien umzogen und umstochen. Bei Schattenlöchern und Lochlangetten werden die breiten Ränder mit Vorstichen unterlegt. Anwendung: Als Weißstickerei an Blusen, Kleidern, Kragengarnituren, Zierdecken, Leibwäsche, Bettwäsche (als Madeirastickerei weltbekannt).

Netzstickerei. Material: Handgeknüpftes oder maschinengeknüpftes Filetnetz; Leinengarn, Perlgarn, Häkelgarn; ein rechteckiger oder quadratischer Filetrahmen aus starkem Eisendraht, eine stumpfe, lange Sticknadel. Ausführung: Das Netz wird in den fest mit Band umwickelten Rahmen fadengerade eingenäht (je ein Stich um den Rahmen und durch ein Netzquadrat).

● Stopfstich: Der Stickfaden wird durch eine vom Muster bestimmte Anzahl von

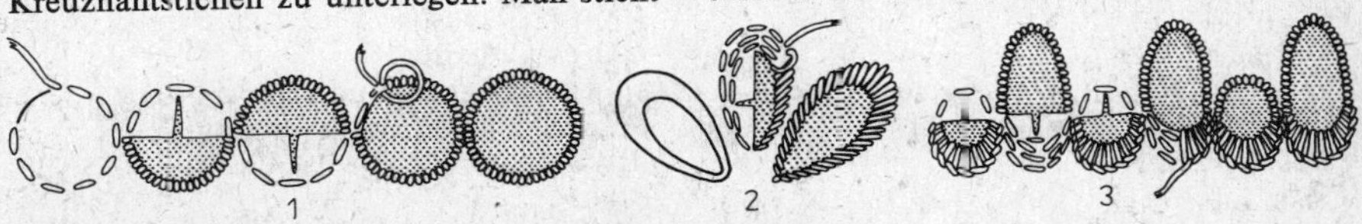

Lochstickerei. 1 *runde Löcher,* 2 *Schattenlöcher,* 3 *Lochlangette*

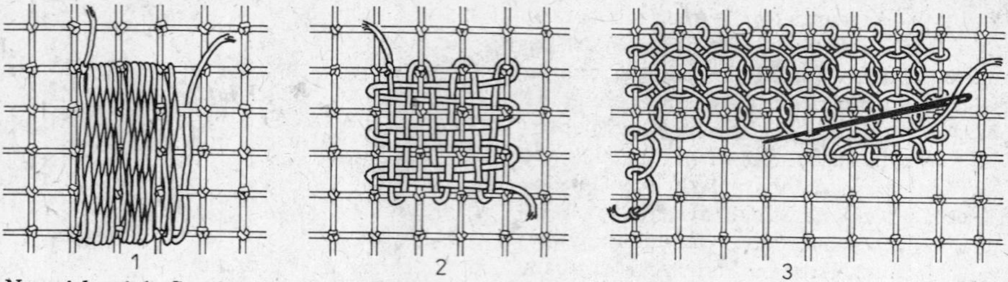

Netzstickerei. 1 *Stopfstich,* 2 *Leinenstich,* 3 *Schlingstich*

Perlstich; Hin- und Rückreihe

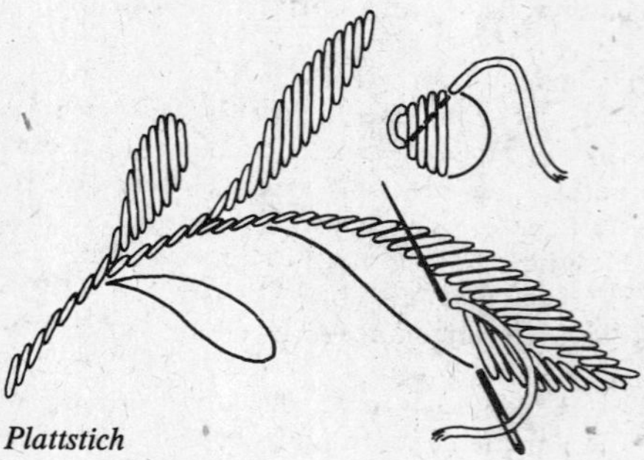

Plattstich

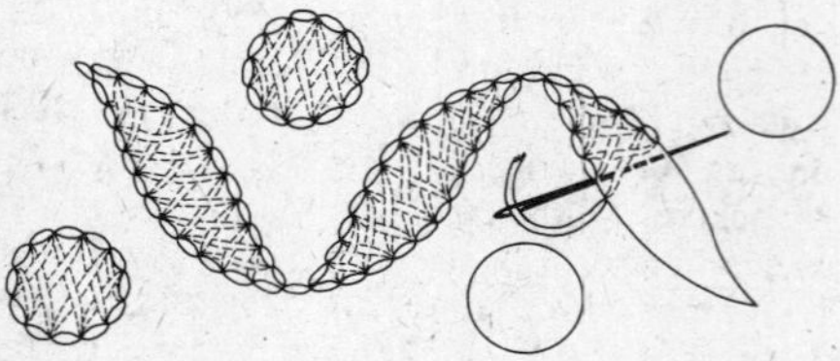

Schattenstickerei

Quadraten auf und ab über die Gitterstäbe so oft hin- und zurückgeführt, bis die Quadrate dicht gefüllt sind.

● Leinenstich: Der Stickfaden ist in der Mitte eines Gitterstäbchens zu befestigen und zwei- oder viermal in Längsrichtung einzustopfen, dabei stets, auch beim Wenden um ein Gitterkreuz, die Nadel abwechselnd über oder unter einen Gitterfaden zu führen. Danach sind die Querfäden in Leinenstich einzustopfen.

● Schlingenstich: Der Faden ist in der Mitte eines Gitterstäbchens anzuknoten, und die Schlingenstiche sind abbildungsgemäß auszuführen. Anwendung: Einsätze, Spitzen, Decken, Gardinen, Bettdecken.

Perlstich (Gobelinstich). Material: Feiner oder grober Stramin, Etamin, Müllergaze; reine Seide, Baumwolltwist, Wolle usw. Ausführung: Der Stich greift von links nach rechts schräg über ein Fadenkreuz. Die Nadel sticht dabei schräg unter zwei Fadenkreuzen weiter. Petit point = feiner Stich; gros point = grober Stich. Anwendung: Stuhlbezüge, Kissen, Wandbehänge, Handtaschen. Die Wiener Taschen in Gobelinstickerei sind weltbekannt.

Plattstich. Material: Leinenbindige, dichte, glatte Stoffe, weiß oder farbig; für derbe Stickereien entsprechend gröbere Stoffe. Glanzstickgarn, weiß oder farbig, Sticktwist, Perlgarn, Stickseide. Ausführung: Glatte, dicht aneinanderliegende Stiche füllen nach Vorzeichnung meist schmale gebogene Formen. Blattformen sind an der Spitze zu beginnen, die Stiche der Form folgend zu legen; dabei ist an der inneren Biegung dichter zu stechen. Bei geteilten Formen ist die Stichlage so einzurichten, daß die Nadel an der Teilungslinie einsticht. Punkte sind von der Mitte aus zu sticken, um bessere Rundungen zu erzielen. Linien, in Stielstichen gestickt, müssen sich den Formen gut anfügen. Anwendung: In weißer oder mehrfarbiger Ausführung an Kleidern, Blusen, Decken, Kissen.

Plattstich wird in den Stickereien der Volkskunst viel verwendet, aus denen die ungarischen Stickereien durch Farben- und Formenreichtum herausragen.

Schattenstickerei. Material: Durchscheinende Stoffe: Mull, Voile, Batist, Markisette, DEDERON, Crêpe Georgette; Sticktwist weiß oder farbig, Stickseide. Ausführung: wie Kreuznaht mit geschlossenen Stichreihen. Mit Steppstichen, die abwechselnd von einer Seite der Form zur anderen führen, werden die Formen umrandet. Die gekreuzten Fäden der Rückseite scheinen durch den Stoff. Anwendung: An Blusen, Kleidern, Wäsche, Bettwäsche, Zierdecken, Teedecken.

Schlingstich. Material: Alle bestickbaren Stoffe; Stickgarn, Sticktwist, Perlgarn weiß oder farbig. Ausführung: Stickrichtung von links nach rechts. Man führt in regelmäßigen Abständen senkrechte Stiche aus, wobei der Arbeitsfaden beim Ausstechen unter der Nadel liegen muß. Anwendung: Als Zierstich, beim Schneidern zum Versäubern offener Schnittkanten.

Schlingstich-Nahtverbindungen. Ausführung: Die beiden fadengeraden Stoffkanten werden schmal nach links umgeschlagen und gegenüberliegend auf einen Papierstreifen geheftet. Abwechselnd sind ein oder mehrere Schlingstiche um die eine und die andere Stoffkante auszuführen. Anwendung: Als Ziernähte an Decken, Kissen, Blusen, Kinderkleidern, Volkstrachten.

Schmuckfalten (Smok). Material: Schmiegsame Stoffe (Seidenstoffe, Wollstoffe, Waschstoffe, einfarbig oder mit kleinen Karos, Punkten oder Streifen); Knopflochseide, Stickgarn, Perlgarn, Sticktwist in der Farbe dem Stoff angepaßt oder abstechend in mehreren Farben. Ausführung: An geraden Stoffkanten werden auf der Rückseite Punktreihen fadengerade aufgezeichnet; Punktabstand 5 mm, Reihenabstand 1 cm. Mit festem Faden wird eingereihen, wobei in einen Punkt eingestochen, in den nächsten Punkt ausgestochen wird. Zuletzt sind die Reihfäden anzuziehen, bei runden Passen in Passenform. Die Enden der Reihfäden sind um Stecknadeln zu wickeln. Anschließend ist die Faltenhöhe der Oberseite in geraden Reihen oder im Zickzack mit Überstichen, Rückstichen, Hexenstichen oder Fischgrätenstichen zu benähen. Zuletzt sind die Reihenfäden herauszuziehen. Durch geschmackvolle Farbzusammenstellungen und Stickanordnungen lassen sich immer neue Muster bilden. Anwendung: Passen und Falteneile an Blusen, Kleidern und Kinderkleidern.

Steppstich. Material: Alle bestickbaren Stoffe, dem Verwendungszweck entsprechend; Garn der Stoffstärke angepaßt. Ausführung: Stickrichtung von rechts nach links

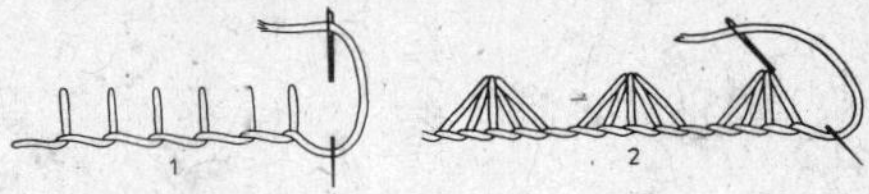

1 + 2 *verschiedene Schlingstiche*

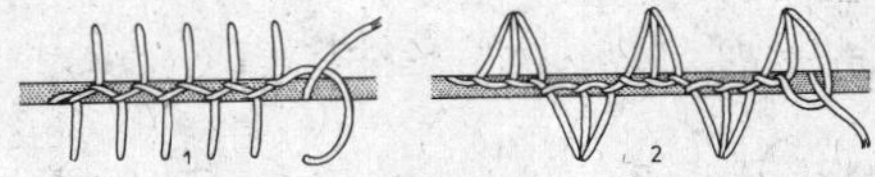

1 + 2 *Nahtverbindungen mit Schlingstich*

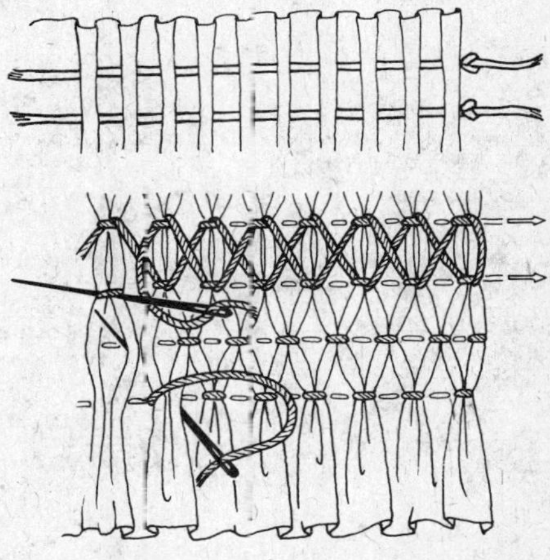

Schmuckfalten. Einreihen und Benähen der Faltenhöhen mit Zierstichen

1 *Steppstich,* 2 *durchzogener Steppstich*

frei oder nach gezählten Fäden. Von der Ausstichstelle wird jeweils in Stichlänge rechts eingestochen und in gleichem Abstand links der Ausstichstelle ausgestochen. Dabei ist stets wieder an der Ausstichstelle des vorhergehenden Stiches einzustechen. Anwendung: Als Linienstich für Weiß- und Buntstickerei; beim Schneidern als Schmucknaht oder anstelle von Maschinennaht.

Stepparbeit (Wattierarbeit). Material: Oberstoff: Reine Seide, Kunstseide, DEDERON, Kretonne, Chintz. Einlage: Watteline, Lagenwatte. Zum Einziehen: Dochtwolle, weiche Schnur, Strickgarn. Unterstoff: Mull, Ba-

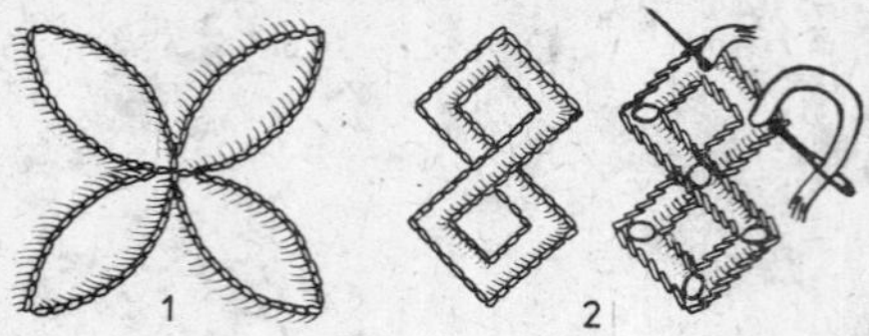

1 *Stepparbeit,* 2 *Wattierarbeit*

1 *Stielstich,* 2 *versetzter Stielstich*

Tüllstickerei

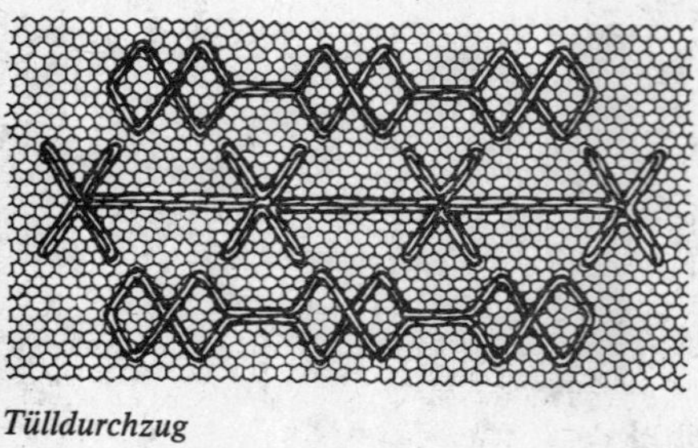

Tülldurchzug

tist, locker gewebter Nessel. Nähfaden: Nähseide oder Knopflochseide in der Farbe des Oberstoffes.

● Wattestepperei: Das Muster ist auf den Oberstoff aufzupausen oder auf festes Seidenpapier zu zeichnen, das man dem Oberstoff aufheftet. Unterstoff, zwei bis drei Lagen Watteline oder entsprechend Lagenwatte als Zwischenlage und Oberstoff sind aufeinanderzulegen und gut zusammenzuheften. Bei Watteline kann der Unterstoff weggelassen werden. Dann sind die Musterlinien mit regelmäßigen Vorstichen oder Steppstichen, die durch alle Stofflagen geführt werden, nachzusticken. Großzügige Muster, Streifen- und Karomuster steppt man mit der Maschine mit mittlerer Sticheinstellung und nicht zu straffer Fadenspannung.

● Schnurstepperei: Den Oberstoff, auf den man ein bandartiges Doppellinienmuster aufgepaust hat, heftet man ohne Zwischenlage auf den Unterstoff. Nach dem Steppen der Linien zieht man mit einer Einziehnadel Dochtwolle, weiche Baumwollschnur oder mehrere Fäden Strickgarn von der Rückseite aus zwischen Unter- oder Oberstoff ein. An den Ein- und Ausstichpunkten wird der Unterstoff knapp eingeschnitten. Anwendung: Kissen, Kaffeemützen, Hausanzüge, Bettjäckchen, Morgenröcke, Steppdecken.

Stielstich. Material: Alle bestickbaren Stoffe, dem Verwendungszweck entsprechend; Garn der Stoffstärke angepaßt. Ausführung: Stickrichtung von links nach rechts. In Stichlänge wird rechts der Ausstichstelle eingestochen, in der Mitte des Stiches wieder ausgestochen; in halber Stichlänge wird rechts wieder eingestochen und an der vorigen Einstichstelle unterhalb des Stickfadens

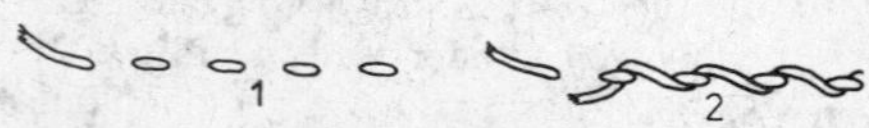

1 *Vorstich,* 2 *umstochener Vorstich*

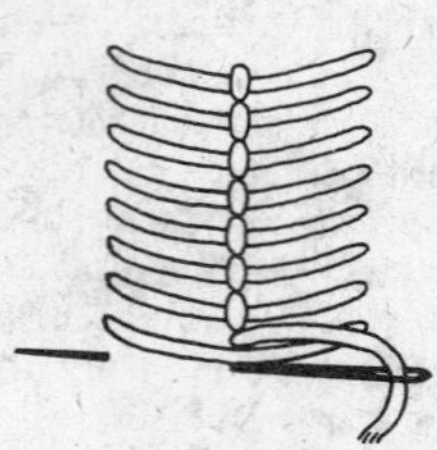

Zweigstich

ausgestochen. Versetzter Stielstich oder Doppelstich entsteht durch abwechselndes Ausstechen über und unter dem Stickfaden. Anwendung: Für Linien bei Weiß- und Buntstickerei.

Tüllstickerei. Material: Tüll mit feinen oder groben Maschen; Glanzstickgarn, Sticktwist, Perlgarn, Kunstseidengarn. Ausführung: Bei Tülldurchzug werden in waagerechter und schräger Richtung – den Löcherreihen des Tüllgrundes folgend – Linienmuster eingestopft; bei Tüllstickerei werden vom Tüllgrund unabhängig Muster mit weißer Tusche auf dunkles Papier gezeichnet und die Musterformen mit starkem Faden durch den darübergespannten Tüll umzogen. Die Innenflächen der Formen können mit zartem Faden mit den verschiedensten regelmäßigen Tüllgrundmustern gefüllt werden. Anwendung: Spitzen, Gardinen, Decken.

Vorstich. Material: Alle bestickbaren Stoffe, dem Verwendungszweck entsprechend; Garn der Stoffstärke angepaßt. Ausführung: Frei oder nach abgezählten Fäden wird die Nadel von rechts nach links in gleichmäßigen Abständen auf- und niedergeführt. Durch Umstechen der Vorstichreihe entsteht eine geschlossene Linie. Anwendung: Beim Schneidern als Reih- und Heftstich, bei der Weiß- und Buntstickerei für Linien, zum Vorstechen und Unterlegen der Formen.

Zweigstich. Material: Alle bestickbaren Stoffe; Stickgarn, Sticktwist, Perlgarn weiß oder farbig. Ausführung: Ein langer Querstich wird durch einen kurzen senkrechten Stich festgehalten. Anwendung: Als Zierstich.

Nähen

Neben den Handarbeiten als den wohl typischsten weiblichen Hobbys steht das Nähen heute wieder ganz oben auf der Rangliste. Junge Mädchen und Frauen ziehen es vor, ihrem eigenen Geschmack entsprechend ihre Kleidung zusammenzustellen. Günstig dabei wirkt sich aus, daß heute quasi alles Mode ist: daß man tragen kann, was einem steht, daß man zusammenstellen kann, wie es einem gefällt, und vor allem, daß man nur einem Trend zu folgen braucht, sich aber keinem Modezwang unterwerfen muß.

Anregungen zum Nähen holen sich die jungen Mädchen und Frauen nicht nur auf Modenschauen und aus Modenzeitschriften; fast alle Tageszeitungen und Jugendjournale bringen regelmäßig Tips und praktische Anleitungen zum Nähen und Gestalten. Auffällig dabei ist, daß die großzügige Haltung allen Dingen des Lebens gegenüber auch vor der Mode nicht Halt macht. Und die legere Kleidung erfordert weit weniger Geschick und Akuratesse beim Nähen als „maßgeschneiderte" (den eigenen Maßen exakt entsprechende) Sachen.

Anregungen, die Zeitschriften u. ä. zur Gestaltung von Kleidungsstücken bringen, werden häufig mit praktischen Angaben gekoppelt. Ganz beliebt sind dabei die Modellzeichnungen auf Karopapier mit genauer Angabe der Größenverhältnisse. Davon einen Schnitt herzustellen, wird jederzeit möglich durch Übertragen der Linien jeweils eines Kästchens vom Modell in ein entsprechend größeres Karo in den angegebenen Maßen. Um eine andere als die angegebene Größe zu erhalten, kann der so entstandene Schnitt auf ein ähnliches, bereits vorhandenes Kleidungsstück gelegt und entsprechend

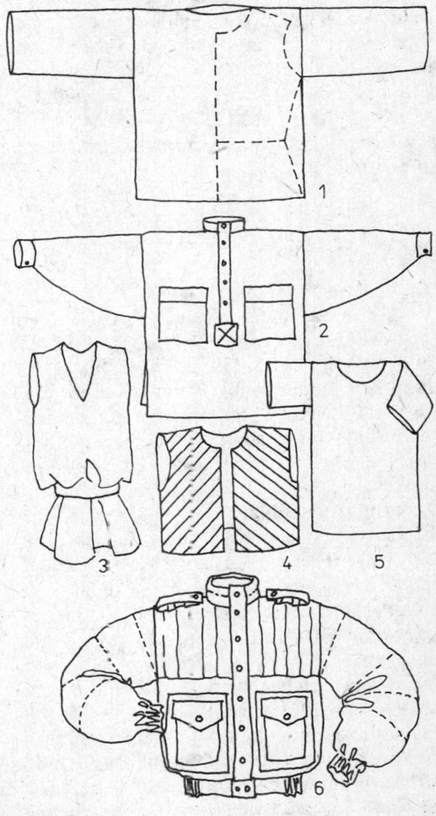

Grundschnitt für drunter und drüber. 1 *Grundschnitt,* 2 *Kasack,* 3 *geschopptes Minikleid,* 4 *Steppweste,* 5 *T-Shirt,* 6 *Jacke*

ergänzt werden. Überhaupt ist es relativ einfach, nach einem besonders gern getragenen Kleidungsstück das nächste zuzuschneiden; Variationen des Materials und kleinere Veränderungen am Halsausschnitt oder an den Ärmeln lassen jederzeit ein neues Modell entstehen. Auf diesem Prinzip beruhen auch die in den Modenzeitschriften gegebenen Variationen ein und desselben Schnittes: lang oder kurz, mit oder ohne Falten bzw. Gürtel, mit kurzen oder langen, weiten oder engen Ärmeln oder ganz ärmellos. Von einer Weste oder einem T-Shirt über einen Kasack oder ein geschopptes Minikleid über den losen Hänger bis zum weiten Mantel läßt sich alles aus einem Grundschnitt erarbeiten; lediglich gewisse Regeln dürfen dabei nicht außer acht gelassen werden: Zum Einsetzen eines Ärmels muß das Armloch größer ausgeschnitten sein als für das ärmellos zu tragende Kleid; ein schmaler Rock ohne Gehfalte bedarf – besonders bei sehr schlanken Frauen und jungen Mädchen – eines Schlitzes, um die zum Laufen nötige Schrittweite zu erhalten.

Das Handwerkszeug

Wie bei jeder anderen Tätigkeit ist gutes und zweckentsprechendes Handwerkszeug mit von ausschlaggebender Bedeutung für das Gelingen der Arbeit. Mit einer Nähmaschine allein ist es nicht getan. Eine Reihe notwendiger Nähutensilien sollten an einem passenden und entsprechend geräumigen Platz untergebracht werden, um jederzeit griffbereit zu sein.

Fingerhut oder Nähring sollten zu jeder Näharbeit verwendet werden; sie schützen den Mittelfinger beim Durchschieben der Nadel durch den Stoff und ermöglichen schnelles Arbeiten – auch wenn es anfangs ungewohnt ist und langsamer vonstatten geht.

Das Kopierrädchen wird zum Kopieren der Schnitteile vom Schnittmusterbogen benötigt und kann auch zum Übertragen von vorgegebenen Linien auf leichte Baumwollstoffe verwendet werden; allerdings müssen dazu die Zähne des Rädchens sehr spitz und dürfen nicht verbogen sein.

Ein Maßband soll ebenfalls immer in gutem Zustand sein; abgegriffene Zahlen können zu Irrtümern führen. Durch das Loch am Ende läßt sich das „Metermaß" nicht nur neben dem Arbeitsplatz aufhängen, sondern auch – mit einem Bleistift – als Zirkel verwenden.

Nähgarn in den gebräuchlichsten Farben, in Seide, Baumwolle und PAS (Dederon), Handzwirn und Heftgarn sollten immer vorrätig sein. Auch empfiehlt es sich, beim Kaufen von farbigen Stoffen stets das passende Nähgarn ausreichend mit zu besorgen, evtl. auch Knopflochseide in der entsprechenden Farbe. Baumwollener Maschinenzwirn wird im wesentlichen für Haushaltwäsche verwendet, da er stark gedreht und daher besonders haltbar und kochfest ist. Für Gewebe mit synthetischem Anteil werden Nähgarne aus merzerisierter Baumwolle und Synthetikanteil (Synalin, Kermalin) verwendet; diese sind ebenso haltbar wie reine Baumwolle, aber feiner. (Beim Nähen mit der Maschine müssen Unter- und Oberfaden gleich stark sein; auf der Spule kann nicht Baumwollgarn und als Obergarn reine Seide verwendet werden, da es sonst zu unregelmäßigen Stichen oder zum Reißen des Oberfadens kommen kann.)

Nähmaschine. Oft ist es die von der Großmutter ererbte „Versenkbare" oder die heute wieder zu Ehren gekommene mit dem hölzernen Kasten zum Zudecken, die von jungen Leuten entdeckt wird und als unersetzliches Utensil beim Hobbynähen den richtigen Platz findet. Zum Lernen und für kleinere Arbeiten oder gelegentlich lange gerade Nähte, z. B. an Gardinen, reicht sie gerade noch; mit zunehmendem Können und steigenden Ansprüchen wird sie meist gegen eine moderne elektrische Zickzacknähmaschine ausgetauscht, die nicht nur sämtliche Nähte und Stoffkanten rasch versäubert, Knopflöcher einfaßt und Knöpfe oder Haken und Ösen annäht, sondern auch für Ziernähte, Applikationen und einfache Durchbruchstickereien verwendet werden kann; die „Programm-Automatic" führt alle diese Arbeiten programmgesteuert aus.

Vor dem Kauf sollte daher genau überlegt werden, zu welchem Zweck die Maschine gebraucht und ob sie sehr häufig benutzt wird, vor allem aber, ob die programmgesteuerten Ziernähte überhaupt gebraucht werden. Fachverkäufer werden sicherlich bemüht sein, die notwendigen Details zu erläutern

und die zweckmäßigste Variante zu empfehlen – auch im Hinblick auf ihren ständigen Platz oder die Möglichkeit einer zeitweiligen Aufstellung auf einem festen Tisch, also ob Schrank- oder Koffergerät.
Bevor dann die Maschine zu Hause in Gang gesetzt wird, sollte in jedem Falle die Bedienungsanleitung gründlich gelesen werden: Viel Ärger am empfindlichen Schiffchen und an der Spule wird z.B. erspart, wenn erst einmal ohne Garn das allmähliche Anlassen des Motors und das gleichmäßige Laufenlassen der Maschine geübt wird, selbstverständlich mit untergelegtem Stoffrest zwischen Nähfuß und Stichplatte; ruckartiges Anlassen oder versehentliches Rückwärtsdrehen des Rades können später zu Fitzen oder Fadenreißen führen.
Nähnadeln zum Nähen mit der Hand werden am günstigsten im Sortiment angeschafft; ebenso wie die Nähgarne werden sie mit steigender Numerierung feiner. (Im Unterschied dazu steigen die Nummern der Nähmaschinennadeln von der feineren zur

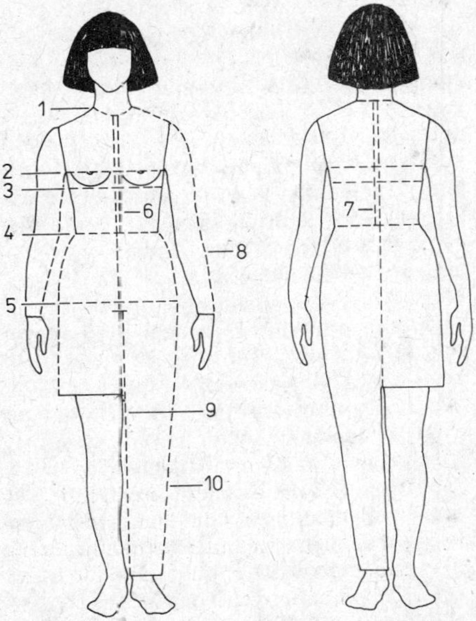

Maßnehmen. 1 *Halsumfang,* 2 *großer Brustumfang,* 3 *unterer Brustumfang,* 4 *Taillenumfang,* 5 *Gesäßumfang,* 6 *vordere Länge,* 7 *Rückenlänge,* 8 *Schulterbreite und äußere Ärmellänge,* 9 *Schrittlänge,* 10 *äußere Beinlänge*

stärkeren zwischen 70 und 120 an.) Die jeweils zu verwendende Stärke richtet sich nach dem zu bearbeitenden Material: Nadeln mit feinem Öhr werden zum Nähen, mit länglichem Öhr zum Stopfen, ebensolche mit abgerundeter Spitze zum Sticken verwendet. Lange Nadeln sind zum Reihen und Heften geeignet, kurze zum Säumen. Zum Verarbeiten von Leder und Fellen bzw. Pelzen sind Kürschnernadeln mit dreikantig geschliffener Spitze zu verwenden.
Scheren sollten immer scharf sein und rechtzeitig geschliffen werden. Zum Zuschneiden empfiehlt sich eine große mit verschiedenen Griffen (einer für den Daumen, einer für die anderen Finger der Hand); für die anderen Arbeiten während des Nähens genügt eine kleine Schere.
Schneiderkreide kauft man sich in mehreren Farben: weiße für dunkle Stoffe, farbige für helle. Gekennzeichnet werden sollte möglichst auf der linken Stoffseite, um Farbstreifen zu vermeiden.
Stecknadeln werden in verschiedenen Längen gebraucht. Nichtrostende Stahlstecknadeln eignen sich am besten; für feste und feine Stoffe sind Glaskopfstecknadeln geeigneter als die mit Stahlköpfen.

Neuanfertigung von Kleidungsstücken

Je klarer die Vorstellungen über das gewünschte Modell sind, um so sicherer wird die Wahl des Stoffes ausfallen. Am günstigsten ist es, wenn bereits ein genauer Schnitt vorliegt, so daß die Menge des Stoffes entsprechend den Angaben gekauft werden kann. (Geübte werden bald herausfinden, daß oft reichlich angegeben wird bzw. daß Sich-etwas-Überlegen vor dem Zuschneiden immer lohnt.)
Maßnehmen. Um entsprechend den eigenen Körpermaßen den passenden Schnitt kaufen oder anfertigen zu können, macht sich genaues Maßnehmen erforderlich. Auch bei der legeren sogenannten Freizeitkleidung müssen die Grundmaße des eigenen Körpers beachtet werden, damit gewisse Proportionen gewahrt werden können. Beim Maßnehmen darf das Maßband weder zu straff noch zu locker sitzen. Auch empfiehlt es sich, zuerst die Taille zu messen und mit einem Band den sog. Taillenring am Körper zu markie-

ren; von diesem aus kann eine Reihe weiterer Maße abgenommen werden. (Abb.)
Sind die Maße notiert, werden sie mit denen in der Maßtabelle verglichen, die auf Messungen der Modeindustrie beruhen und die auch in der Konfektionskleidung verwendet werden. So kann die entsprechende Größe für den käuflichen Schnitt oder den aus dem Schnittmusterbogen herauszurädelnden festgelegt werden. (Für die Bedeutung der einzelnen Schnittzeichen befindet sich stets eine Zeichenerklärung in der Zeitschrift oder auf dem Schnitt.)
Abweichungen vom Normalschnitt werden am besten durch eine Schnittanprobe bestimmt: Dazu werden die Schnitteile über Papierstreifen aneinandergesteckt, wobei Abnäher und Fältchen schnittgemäß festgesteckt werden und die Mitte des Schnittes genau die Mitte des Körpers treffen muß.
Verändern des Schnittes. Verkleinern eines Schnitteiles entsteht durch gleichmäßiges Abkniffen eines schmalen Fältchens in Längs- und Querrichtung, Vergrößern durch kreuzweises Aufschneiden und Unterkleben des Schnittes mit Papierstreifen. Keinesfalls darf der gesamte Schnitt ringsum vergrößert werden, da sich dadurch die Proportionen verschieben.

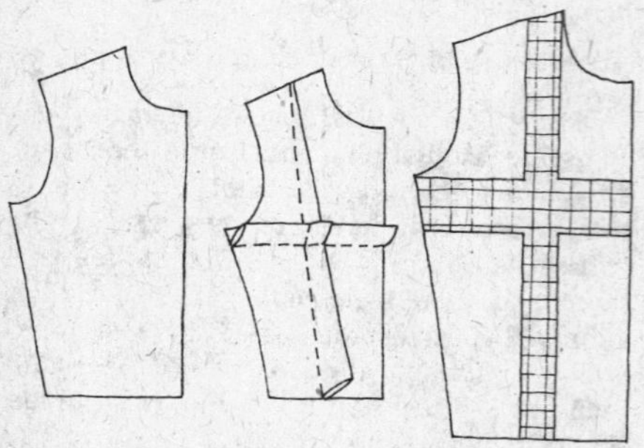

Verändern eines Schnittes

Individuelle Abweichungen vom Normalschnitt sollten sehr sorgfältig ausgeführt und auf einen Grundschnitt übertragen werden, so daß dieser bei späteren Arbeiten immer wieder verwendet werden kann und nur noch mit dem Modellschnitt verglichen zu werden braucht bzw. von ihm ergänzt werden muß.
Bei sehr geraden Schultern wird am Schnitt oben ergänzt und der Armausschnitt entsprechend gehoben; bei abfallenden Schultern werden Schulterpunkt und unterer Armausschnittrand nach unten verschoben.
Muß das Rückenteil bei sehr kurzem Rükken verkürzt werden, wird es vom Armloch aus zur Mitte hin etwas abgeknifft; die Ärmelkugel muß an der oberen Rundung entsprechend etwas beschnitten werden.
Da ein runder Rücken etwas mehr Weite benötigt als ein gerader, muß hierfür der Schnitt etwa in Passenhöhe auseinandergeschnitten und vom Armausschnitt zur Mitte zu auseinandergezogen werden. Die dadurch entstandene Weite am Halsrand wird durch etwa 5 cm lange Abnäher aufgefangen.
Für einen runden Nacken ist ebenfalls etwas mehr Länge und Weite erforderlich; dazu wird die Schnittvorlage vom Halsausschnitt und vom Armausschnitt aus eingeschnitten, das entstandene Passenteil nach oben geschoben und der Schnitt entsprechend ergänzt. Der Schulterabnäher wird flach genäht und die entstandene Weite am Halsausschnitt in zwei etwa 5 cm langen Abnähern aufgefangen.
Bei stärkerem Leib werden die Vorderteile des Schnittes von Bluse und Rock längs aufgeschnitten und zur Taille hin auseinandergeschoben.
Stärkere Arme machen das Aufschneiden des Ärmelschnittes in Längs- und Querrichtung erforderlich; durch das Auseinanderrükken der Ärmelteile in Längsrichtung schieben sich die Teile an der Kugel in Querrichtung etwas übereinander.
Wenn das Oberteil paßt, der Schnitt für das Unterteil aber etwas zu knapp ist, kann an den Seitennähten etwas zugegeben werden; ist der Rockteil zu weit, dann wird entsprechend an den Seitennähten gleichmäßig schmaler zugeschnitten.
Zuschneiden. Vor dem Zuschneiden sollten alle Schnitteile auf den Stoff gelegt werden, wobei einmal der Fadenlauf beachtet werden muß, zum anderen, ob die Teile doppelt oder gar vierfach benötigt werden. Erst wenn die günstigste Variante gefunden ist, wenn also kaum Abfall entsteht, werden die Schnitteile auf dem doppelt (mit der rechten Seite nach innen) liegenden Stoff mit Stecknadeln festgesteckt. Dabei müssen für die Nahtzugaben in der Regel 2 bis 3 cm berechnet werden, für den Saum etwa 5 cm. Mit dem schmaleren spitzen Schenkel der Schere nach unten

werden alle Teile schnittgemäß ausgeschnitten und mit den Schnitteilen jeweils zusammengesteckt gelassen.
Übertragen. Nach dem Zuschneiden müssen alle Angaben der Schnitteile auf den Stoff übertragen werden, am einfachsten mit dem sog. Fadeneinschlagen: Dazu werden alle Umrisse und Einzeichnungen mit Schneiderkreide aufgezeichnet (Abnäher sind entlang den perforierten Linien aufzuschneiden und umzukniffen), und dann wird mit kleinen lockeren Vorstichen durch beide Stoffteile genäht. Anschließend werden die beiden Stofflagen auseinandergezogen und die Fäden zwischen beiden zerschnitten.
Anstelle des Fadeneinschlagens kann auch „angekreidet" werden, d. h., auf einem zugeschnittenen Stoffteil werden in starken Kreidestrichen alle Markierungslinien nachgezogen, dann durch kräftiges Klopfen auf das doppelte Teil links auf links übertragen.
Bei leichten Stoffen kann auch gerädelt werden, d. h., mit dem Kopierrädchen werden sämtliche Markierungslinien nachgezogen.
Heften. Geheftet wird von links entsprechend der Nähanleitung auf den Einzelschnitten bzw. in der Reihenfolge des Nähvorganges (s. Kleines schneidertechnisches Lexikon ↗ Heften).
Erste Anprobe. Sie ist für den weiteren Nähverlauf besonders wichtig, können hier doch noch alle Unstimmigkeiten beseitigt werden. Besonders ist dabei auf guten Sitz der Schulternaht und des Halsausschnittes zu achten, auf die Abnäher, die Rückenlänge und den Rockansatz. Die Seitennähte lassen noch Korrekturen an der Weite zu. Kragen und Ärmel bedürfen besonders sorgfältiger Überprüfung (s. a. die einzelnen Stichworte im Kleinen schneidertechnischen Lexikon).
Weiterverarbeitung. Sind die Änderungen nur auf einer Hälfte des Kleidungsstückes abgesteckt, werden sie auf die zweite übertragen, und dann wird nochmals anprobiert. Erst wenn alles wunschgemäß sitzt, kann mit dem Steppen begonnen werden.
Zweite Anprobe. Sie erfolgt nur zum nochmaligen Überprüfen des Gesamteindrucks. Besonders ist auf guten Sitz von Ärmeln und Kragen zu achten, die hierbei nur eingeheftet sind; auch Saum und Rockansatznaht bleiben noch geheftet, um letzte Korrekturen vornehmen zu können.
Fertigstellen umfaßt nicht nur das letzte Steppen, das Fertigen von Knopflöchern und Annähen von Knöpfen oder andere manuelle Arbeiten; auch das Versäubern und Bügeln gehört dazu.

Ändern, Umarbeiten und Reparieren

Junge Leute lieben auch in der Mode die Abwechslung und – bei aller Uniformität durch die Jeanskleidung – ihre persönliche Note. Um ihre eigenen Vorstellungen verwirklichen zu können, ohne den Eltern allzu lange auf der Tasche zu liegen, sind sie erfinderisch und versuchen, mit wenigen Mitteln ihre Kleidung so abwechslungsreich und verwandlungsfähig wie möglich zu gestalten.

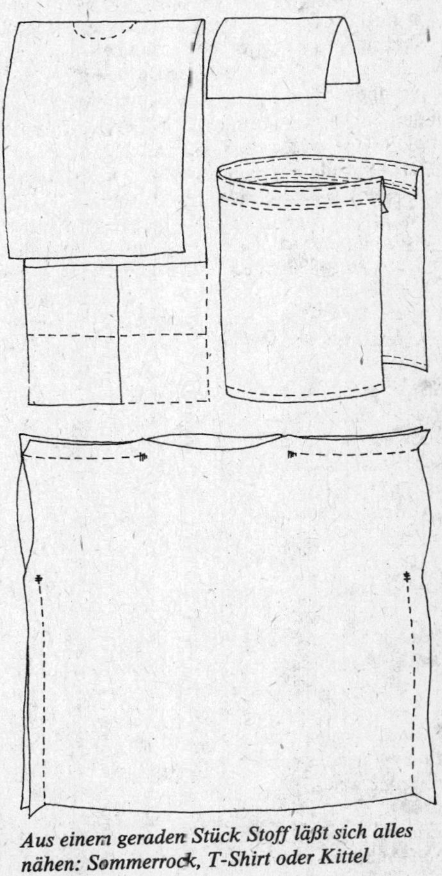

Aus einem geraden Stück Stoff läßt sich alles nähen: Sommerrock, T-Shirt oder Kittel

Einmal geschieht das durch modische Zutaten, wie Schleifen, Anstecker („Stickers"), Gürtel, Tücher oder Krawatten, zum anderen aber durch Umarbeiten der vorhandenen Kleidungsstücke. Je großzügiger da beim ersten Nähen vorgegangen wurde, um so einfacher ist es, daraus etwas völlig Neues zu arbeiten.

So kann aus einem einfachen Sommerrock, der aus einer geraden Stoffbahn genäht wurde (nur am unteren Rand hand- oder maschinengesäumt und am oberen für den Bund mehrfach gummigesmokt oder mit Einzuggummi versehen; Abb.), ein ärmelloser Kittel oder ein T-Shirt völlig neu genäht werden, ohne daß der Stoff groß zerschnitten werden muß (Abb.).

Aus geraden Stücken von Seiden- oder Baumwolljersey (auch aus farblich abgestimmten oder kontrastierenden Resten zusammengesetzt) lassen sich ganz schnell „Sonnentops" nähen, gerade Hemden mit Spaghettiträgern (Abb.). Noch schneller geht das, wenn ein farbiges Turnhemd (Gr. 3 für m 76, Gr. 4 für m 82) unterhalb des Armlochs gerade abgeschnitten wird und von dieser Schnittkante aus nochmals ein 10 cm breiter Streifen für die Blende; der Streifen wird – ohne zu dehnen – genau auf halbe Breite umgeschlagen und gebügelt und dann mit der offenen Kante rechts auf links an die obere Seite des abgeschnittenen Turnhemds angenäht, wobei an vier (vorher genau eingepaßten) Stellen die aus den abgeschnittenen Stoffresten genähten beiden Träger mitgefaßt werden, so daß nach dem Umklappen der losen Blende die Enden der Träger und die unversäumten Nahtkanten unsichtbar sind (Abb.).

Äußerst attraktiv wirkt auch eine „Bluse" aus zwei quadratischen Seidentüchern, die lediglich an den Seiten und an den Schultern ein Stück zusammengenäht werden müssen.

Sonnentops aus Resten

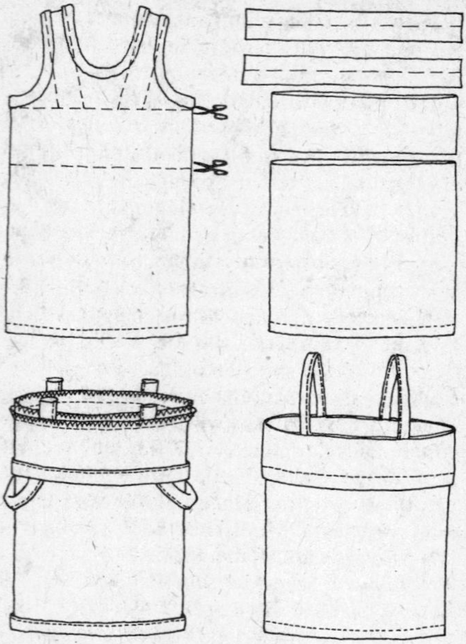

Sonnentop aus Turnhemd

Ein Kleid, dessen Länge nicht mehr den Wünschen entspricht, läßt sich rasch zur Bluse umarbeiten. Am einfachsten ist es, wenn das Oberteil gleich so bleiben kann, weil es eine verlängerte Taille hatte oder wenn mit einem geraden Streifen vom Gürtel ein Blouson entsteht. Aus dem abgeschnittenen Teil des Kleides lassen sich ohne weiteres Ärmel, falls es vorher keine hatte, oder ein veränderter Halsausschnitt bzw. ein neuer Kragen arbeiten. Ein angesetzter weiter Rock kann, wenn die Weite in drei gleichmäßige Bahnen geschnitten und hochkant genommen wird, einen schmalen Rock ergeben: Die Bahnen werden dabei so verarbeitet, daß in der hinteren Mitte der Reißverschluß eingesetzt werden kann. Anstelle eines dadurch entstandenen zweiteiligen Kleides kann aber auch eine Art Twinset entstehen: Dazu wird aus dem abgeschnittenen Teil ein turnhemdähnliches Oberteil genäht (mit außerordentlich geringem Stoffbedarf); mit der ehemaligen Bluse, die nun als Jacke fungiert, und einem im Ton der Oberteile gefertigten Rock ist schließlich ein drei-

teiliges Ensemble entstanden, das auch mit einfarbigen Pullis variiert werden kann.
Oberhemden aus Baumwoll- und Mischgewebe, bei denen lediglich Kragen und Manschetten schadhaft sind, können noch vielfältig umgearbeitet werden: Bei Hemdkragen, die mit angesetztem Bündchen gearbeitet wurden, braucht nur der eingesetzte Kragen aus dem Bündchen getrennt und die Naht wieder geschlossen zu werden. Ist das Bündchen gleich an den Kragen angeschnitten, wird etwa in der Bruchlinie abgeschnitten, und die beiden Teile des Unter- und Oberkragens werden mit der Einlage gegeneinandergesteppt, so daß ein einfaches Stehbündchen entsteht. Ebenso wird bei Manschetten verfahren: Der untere Rand wird aufgetrennt, und die beiden Stoffteile samt Einlage werden gegeneinander eingeschlagen und ebenfalls abgesteppt. Modischen Schick bekommt ein ausgedientes Hemd durch Taschen, Kragenbündchen und Manschetten aus anderem Material (z. B. Nadelkord), entweder in ähnlichem Farbton oder stark kontrastierend.
Sind Oberhemden insgesamt zu klein geworden, können sie noch zu Schlafanzügen für Jüngere verarbeitet werden. Die fertigen Knopfleisten werden beim Zuschneiden mit einbezogen. Bei Mädchen kann dabei sozusagen „gewendet" werden, d. h., beim Zuschneiden wird der Halsausschnitt in das untere Hemdteil geschnitten, und der Rand des neu zugeschnittenen Schlafanzugoberteils befindet sich jetzt unterhalb des ehemaligen Kragens. Die Kragen- und Ärmelbündchen können mit kochfester Borte verziert oder mit andersfarbigem Stoff eingefaßt werden. Aus dem Rückenteil und aus den beiden in der Mitte mit Kappnaht verbundenen Vorderteilen, von denen die Knopfleiste abgeschnitten wurde, wird je ein Beinling zugeschnitten, an den beiden unteren Rändern gesäumt und am oberen Rand mit Gummizug versehen.
Noch einfacher lassen sich Flatterhemdchen aus Nachthemden nähen, die aus verschiedenen Gründen nicht mehr getragen werden. Bei gleicher Größe braucht nur in entsprechender Höhe abgeschnitten und gesäumt zu werden, und schon ist das Oberteil fertig. Aus dem abgeschnittenen Stück wird ein Höschen zugeschnitten – eng oder weit – ganz wie gewünscht. Beide benötigen in der Taille einen nicht zu straff sitzenden Gummizug, das weite außerdem noch je einen an den Beinlingen, während das schmale Höschen nur ganz knapp umsäumt oder mit Schrägstreifen versäubert wird.
Aus schmalen und zu kurz gewordenen Röcken aus derbem Leinen oder Baumwollkord lassen sich kurze Hosen für Kinder arbeiten. Dabei erübrigen sich sogar – zumindest für kleinere Kinder – Hosenschlitze und -bund; ein einfacher Gummizug in der Taille genügt. Auf mehrere Taschen, vorn oder hinten, wollen allerdings gerade die Kleinsten nicht verzichten.
Ebenso lassen sich Jeanshosen, wenn sie allzu hoch über den Knöcheln aufhören und nicht mit anderem Stoff verlängert werden sollen (lustiges Karomuster oder ein Rest Kunstleder eignen sich am besten), zu Bermudashorts oder zu kurzen Hosen verwandeln, die von Jungen und Mädchen besonders begehrt sind, weil sie nun bestimmt „hauteng" sind und häufig besser passen als zu dem Zeitpunkt, da die Länge der Hosenbeine noch ausreichte. Die abgeschnittenen Hosenbeinlinge werden ganz einfach mit der Hand hohl gesäumt oder – den Steppereien an Taschen usw. entsprechend – mit der Ma-

Hosenbeine schmaler nähen: bei Hose mit Bruch und bei Jeans

schine in etwa 5 bis 7 mm Abstand einfach oder doppelt abgesteppt.

Sollen bei langen Hosen die Beinlinge insgesamt schmaler werden, müssen die Seitennähte innen und außen bis über die Knie oder gar bis zur Hüfte bzw. bis zur Mittelnaht aufgetrennt und breitgebügelt werden; dann können an den Beinlingen, Bruch auf Bruch liegend, von oben nach unten, bis auf die gewünschte untere Weite allmählich verlaufend, die Seitennähte wieder geschlossen werden. Bei Jeans oder anderen sog. Freizeithosen kann die eine doppelte sog. Kappnaht zugelassen und die überschüssige Weite an der anderen Seite des Beinlings abgenäht werden, aber ebenso allmählich verlaufend wie bei den anderen Hosen (Abb.).

Pullover oder Kostüme, hand- oder maschinengestrickt, bilden noch häufig das Material für Kinderkleidungsstücke: Badehosen, Pullis mit kurzen oder langen Ärmeln, Westen lassen sich nach einem anderen gut passenden Kleidungsstück zuschneiden und mit der Maschine zusammennähen, und zwar am besten mit Zickzackstich, damit die Naht jederzeit nachgeben kann, wie man es bei Stricksachen erwartet.

Auf diese Weise sind nicht nur Kleidungsstücke wieder zu verwenden bzw. zu verändern – auch auf dem Gebiet der Haushaltwäsche gibt es vielerlei Möglichkeiten, gut erhaltene Teile sinnvoll zu verwerten. So ist es zwar aus der Mode gekommen, in der Mitte dünn gewordene Bettlaken zu „stürzen", um deren Lebensdauer zu verlängern, doch sind auch hiervon die oberen und unteren Randteile als Kinderbettlaken zu verwenden, wenn sie etwa 70 bis 80 cm breit abgeschnitten und an den Seiten mit der Maschine gesäumt werden.

Häufig fallen auch Bettbezüge an, die lediglich an den oberen Schmalseiten dünn werden oder an den Zipfeln Löcher bekommen. Da lassen sich aus den mittleren Bahnen schmale Bezüge für Auflegematratzen, besonders für die nur 80 cm breiten Liegen nähen, die den Auflegern wie einem Federbett der Bezug übergezogen werden. Der Verschluß des Bezuges kann dabei mit verwendet werden; ist er schadhaft, kann ein neuer wie üblich gefertigt oder es können die Stoffteile so weit übereinander genäht werden, daß der Aufleger auch ohne Knopfverschluß vollständig bedeckt ist. Besonders vorteilhaft ist ein solcher Bezug dann, wenn die als Schlafstelle verwendete Liege tagsüber abgeräumt wird und nicht jeden Abend wieder das Laken ausgebreitet werden muß, sondern der Aufleger einfach mit dem Bettzeug aufgerollt wird.

Aus kleineren gut erhaltenen Teilen von Laken und Bezügen lassen sich, je nach gewünschter Größe, Brot- und Brötchenbeutel nähen, die sich auch, mit Textilfarbe oder lustiger Stickerei verziert, als kleine Geschenke eignen; die oft noch gut erhaltenen von den Urgroßmüttern liebevoll gestickten Monogramme können da geschickt mit einbezogen oder, wenn der Stoff doch schon zu morsch ist, ausgeschnitten und als besonders kochfester Schmuck mit der Zickzackmaschine (vor dem Zusammennähen des Beutels) auf einen Stoffteil appliziert werden.

Auch die guten und noch festen Teile von Frottierhandtüchern, die teilweise nur wegen ihrer verblichenen Farbe ausrangiert werden, lassen sich noch verwenden: In gewünschter Breite zugeschnitten, von innen zusammengenäht und mit einem Wäscheband„henkel" versehen, ergeben sie Waschhandschuhe, einfach umsäumt Seiflappen.

Reparieren im Sinne von Flicken oder Ausbessern ist kaum noch in Mode: Heute steht das gestalterische Element im Mittelpunkt. Bei zu kurz gewordenen oder ausgefransten Hosenbeinen, bei durchgestoßenen Ärmeln, an den Ellenbogen oder durchgewetzten Knien wird bewußt anderes Material zum Ansetzen oder Aufnähen verwendet. (Selbst die Industrie bezieht „Flicken" und Besätze aus Leder oder Kord als Schmuckelemente an stark strapazierten Stellen der Oberbekleidung mit ein.)

An Kinderhosen durchgescheuerte Knie erhalten keinen üblichen Flicken, sondern eine zusätzliche „Tasche". Ist kein passender Stoff mehr dazu vorhanden, kann ohne weiteres eine Gesäßtasche abgetrennt und aufs Knie gesteppt werden. Oder aber es werden mehrere neue Schmucktaschen aus kontrastierendem Stoff aufgesteppt, so daß die das Knie bedeckende als eine unter vielen nicht auffällt.

Sind die Jeans im Schritt dünn geworden, empfiehlt es sich, einen ganzen Hosenboden aufzusetzen, um kleine Flicken nebeneinander zu vermeiden. Um die Form genau dem Original passend aufsteppen zu können, wird

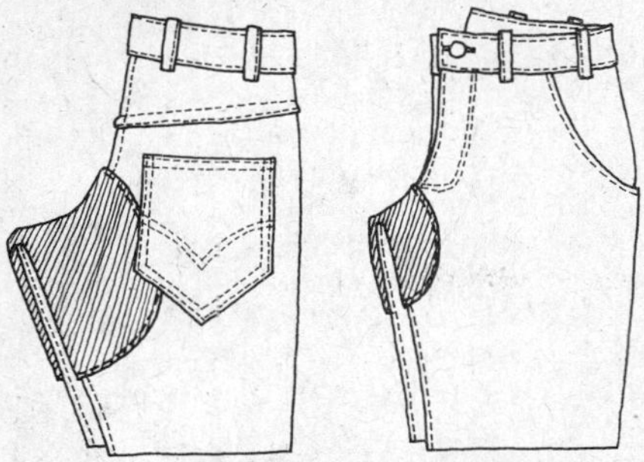

Abnehmen des Schnittes für Hosenboden und Schritt

die Hose flach auf einen Tisch gelegt und ein Papierschnitt, genau den Nähten folgend, abgenommen (Abb.). Ein Schnitteil entspricht also dem Hosenteil zwischen hinterer Mittelnaht und innerem Beinling, das anschließende zwischen vorderer Mittelnaht unterhalb des Reißverschlusses bis zur inneren Beinlingsnaht. Diese beiden Schnitteile werden jeweils doppelt zugeschnitten, entsprechend zusammengenäht und knappkantig breitgesteppt. Der fertige Hosenboden kann nun am besten mit Zickzackstich der Nähmaschine aufgesteppt werden, nachdem er zunächst entlang den Verbindungsnähten und dann an den äußeren Rändern ordentlich festgeheftet wurde, um ein Verschieben der Teile gegeneinander zu vermeiden. Reicht der neue Hosenboden bis unter die Gesäßtaschen, sind diese vorher entsprechend abzutrennen und danach auf den festgenähten Flicken wieder aufzusteppen.
Macht es sich erforderlich, Flicken auf die Beinlinge aufzusteppen, wo man weder von oben noch von unten mit der Maschine herankommt, dann muß eine Naht entsprechend lang aufgetrennt und nach dem Reparieren wieder geschlossen werden.
Haushaltwäsche zu reparieren lohnt nur, wenn das Ergebnis dem Aufwand an Material und Zeit entspricht. Nur wenn das an sich noch gute Stück durch Gewaltanwendung (z. B. im Waschautomaten) ein Loch oder einen Riß bekommen hat, ist es sinnvoll, die schadhaften Stellen auszubessern. Dafür gibt es im Handel Beutel mit „Repatex“, Reparaturtextilien in verschiedenen Größen, die sich durch Aufbügeln mit dem Wäschestück verbinden und einige Kochwäschen überstehen.

Soll dennoch ein größerer Dreiangel oder Riß mit einem Flicken ausgebessert werden, muß folgendermaßen vorgegangen werden: Ein fadengerades Stück Stoff wird zugeschnitten, ringsum etwa 2 cm größer als die schadhafte Stelle, die schmale Nahtzugabe wird umgeknifft und der Flicken von links knappkantig aufgesteppt. Von der anderen Seite wird nun das schadhafte Teil bis auf einen etwa 1,5 cm breiten Rand herausgeschnitten, der Rand an den Ecken etwa ½ cm tief eingeknipst und ringsum eingeschlagen, geheftet und knappkantig aufgesteppt.
Wird mit der Zickzacknähmaschine gearbeitet, so wird der fadengerade Flicken einfach aufgezackelt, die schadhafte Stelle herausgeschnitten und nochmals mit Zickzackstich über die erste Stichreihe genäht.

Kleines schneidertechnisches Lexikon

Abnäher sind stets besonders sorgfältig auszuführen, da sie sowohl an Blusen- als auch an Rockteilen wesentlich zum guten Sitz beitragen. Ganz gleich, ob der Brustabnäher von der Schulter- oder von der Seitennaht ausgeht, er muß stets auf die Brustspitze zeigen und so tief sein, daß die Brust nicht eingezwängt aussieht. Schlägt der Stoff unter- oder oberhalb des Abnähers Blasen oder Fältchen, so ist die Weite noch mit in den Abnäher zu nehmen. Lage und Tiefe der Taillenabnäher richten sich nach der jeweils herrschenden Mode.
Entsprechend den Schnittmusterangaben bzw. nach den Veränderungen auf Grund der eigenen Körpermaße sind die Abnäher mit engen Stichen zu heften und nach erfolgter Anprobe zu steppen. Das Heften kann bei auffälligen Mustern, Streifen oder Karos auch von rechts hohl erfolgen.
Achselnaht s. Schulternaht
Applikation bedeutet das Aufnähen eines andersfarbigen oder andersartigen, möglichst nicht fransenden Gewebes auf das Grundmaterial. Mit der Hand oder der Nähmaschine werden die auf Papier aufgezeichneten und auf den Besatzstoff gehefteten Motive in der Umrißlinie aufgesteppt und nach dem Entfernen des Papiers und knappkantigem Abschneiden der überstehenden Stoffteile mit Zickzackstichen der Nähmaschine, mit überwendlichen Handstichen oder mit Langet-

tenstichen überstickt. (s. a. Kap. Handarbeiten)

Ärmel. Bereits beim Zuschneiden ist genau auf alle Zeichen des Schnittes zu achten. Beim einteiligen Ärmel ist entweder der Abnäher am Ellenbogen noch vor dem Heften auszuführen oder die Weite durch Einreihen einzuhalten und mit feuchtem Tuch zu überbügeln. Vom zweiteiligen Ärmel werden Ober- und Unterteil zusammengeheftet und -genäht und die Nähte ausgebügelt. Dann werden die unteren Ränder gearbeitet. Beim Einheften in das Kleidungsstück empfiehlt sich ein Heftkreuz auf der Kugel, genau im Fadenlauf. Auch muß beachtet werden, daß die Ärmel innen weiter ausgeschnitten sind als außen, also daß der linke Ärmel beim Einsetzen nicht mit dem rechten verwechselt wird. Dem Schnitt entsprechend wird von der unteren Rundung aus geheftet, der Ärmel an der Kugel etwas eingehalten. Bei der Anprobe muß der Ärmel nach unten gerade fallen. Je nach Schnittangaben treffen die Ärmel- und Seitennähte aufeinander, oder die innere Naht des Ärmels liegt etwa 2 cm neben der des Oberteils in Richtung vorderer Mitte.

Bei Raglanärmeln müssen die Ansatznähte tadellos glatt liegen; bereits beim Heften sind die Vorderteile leicht einzuhalten, die Ärmelränder nicht zu dehnen; ein mitgefaßtes Nahtband kann das verhindern. Sportliche Modelle werden meist abgesteppt, daher sind die Nähte nicht – wie sonst üblich – breitzubügeln, sondern nach einer Seite; die Schulterabnäher sind entsprechend dem Schnitt noch vor dem Zusammennähen auszuführen. Die Weite auf der Schulter muß genau der Körperform angepaßt sein; sie darf weder spannen noch Falten schlagen.

Während der klassische Raglanärmel im Halsausschnitt verläuft, endet der Halbraglan in der Schulternaht. Nach dem Verbinden der Ärmelteile mit Vorder- und Rückenteil sind die oberen Ärmel- und Schulternähte auszuführen, wobei vordere und hintere Raglannaht genau zusammentreffen müssen.

Kimonoärmel sind dem Kleidungsstück gleich angeschnitten und werden meist unter dem Arm mit einem Zwickel oder mit einem Unterärmel ergänzt, um bequeme Weite zu erhalten.

Aufhänger. An Jacken, Mänteln und Kittelschürzen wird der Aufhänger genau in der hinteren Mitte unter dem Kragen bzw. unter der Halsblende angebracht; dazu wird er mit in die Naht gefaßt, und zwar so, daß er von außen nicht zu sehen ist. Muß er erneuert werden, wird die Naht an der betreffenden Stelle aufgetrennt und das etwa 8 cm lange schmale Stoffröllchen mit Steppstichen befestigt, bevor der Kragen wieder angenäht wird. Bei kragenlosen Kapuzenkleidungsstücken empfiehlt sich das Anbringen von Henkeln an beiden Schulternähten, kurz vor dem Ärmelansatz; der Festigkeit halber wird nicht nur im Futter angenäht, sondern auch am Nahtsaum des Oberstoffes.

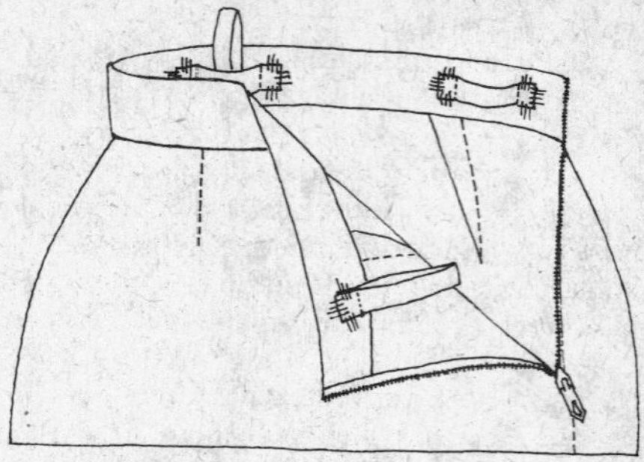

Rockgurt-Aufhänger

Am Rockgurt werden zwei gleich lange Futterröllchen oder festes Nahtband so als Aufhänger befestigt, daß der Rock gut hängt; dabei ist auf Faltensitz usw. zu achten. Besonders guten Halt bekommen Röcke aus schwerem Stoff, wenn jeweils 2 Aufhänger als Schlaufen durch gegenüberliegende flach angenähte Aufhänger gezogen werden (Abb.).

Biesen und Fältchen sind Schmuckelemente an Kleidungsstücken, Kissenbezügen u. ä. und wirken nur, wenn sie exakt ausgeführt werden. Nebeneinanderliegende Biesen und Fältchen sind stets in einer Richtung auszuführen, am günstigsten vor dem endgültigen Zuschneiden. Mit dem Biesensatz der Nähmaschine läßt sich der gleichmäßige Abstand ohne Schwierigkeiten einhalten; ebenso lassen sich damit auch Formbiesen steppen.

Blende s. Formstreifen

Bügeln (Grundsätzliches darüber s. Kap. „Haushaltpflege"). Beim Nähen ist auf das Bügeln größte Sorgfalt zu legen; vor allem

sind zwischen den einzelnen Arbeitsgängen die Nähte und Abnäher von links breit- oder umzubügeln. Alle schräg geschnittenen Teile sind dabei stets im Fadenlauf zu bügeln, damit sie sich nicht verziehen. Die eingehaltene Weite an der Ärmelkugel wird über einem sog. Handkissen oder einem zu ähnlicher Form gefalteten Handtuch oder auf der Kante des Ärmelbrettes mit feuchtem Tuch überbügelt.
Säume werden am besten nach dem Heften leicht angebügelt und nach dem Entfernen des Heftfadens zu scharfem Bruch gebügelt; die obere Saumkante darf dabei nicht zu fest angebügelt werden, da sich sonst der Saum zu stark durchdrückt.
Nach Abschluß aller Arbeiten wird das Kleidungsstück insgesamt nochmals überbügelt und zum Entlüften der Bügelwärme auf einen gut ausgeformten Bügel gehängt.
Dederon und leichte Mischgewebe mit synthetischen Fasern müssen beim Nähen etwas gedehnt werden, um das Einziehen der Nähte zu verhindern. Bei ganz dünnen Stoffen kann ein Papierstreifen mitgesteppt werden, der sich nach dem Steppen leicht entfernen läßt.
Dekatieren bedeutet feuchtes Bügeln der Stoffe, um ein späteres Einlaufen zu verhindern.
Doppeln nennt man das Zusammennähen zweier Stoffteile der gleichen Größe und Form. Manschetten, Kragen und Aufschläge werden in der Regel vom gleichen Stoff gedoppelt, Kapuzen oder Kragen an Überbekleidung auch oft aus abstechendem Material.
Druckknöpfe oder Haken und Ösen können bei verdecktem Knopfschluß verwendet werden, wenn ein Reißverschluß ungeeignet erscheint. Dazu müssen die übereinandertretenden Ränder mit Belag und Einlage gearbeitet werden, damit die Druckknöpfe oder Haken und Ösen jeweils festgenäht werden können, ohne den Oberstoff mitzufassen.
Von den Druckknöpfen werden zuerst die Oberteile mit vier kleinen Stichen angenäht, dann die Stellen für die untere Hälfte markiert, indem die Dornen der oberen Hälften mit Schneiderkreide betupft und auf den Stoff gedrückt werden oder mit einer Stecknadel durchstochen und mit einer anderen die betreffende Stelle festgehalten wird.
Haken und Ösen werden an Schlußseiten wechselseitig angenäht, die Haken etwas weiter vorn als die Ösen. Bei breit übereinandertretenden Rändern können auch sog. geschürzte Ösen gearbeitet werden, also umstochene oder umschürzte kurzgespannte Fäden. Zu diesen Ösen werden die Haken an Einlage und Nahtrand angenäht und lediglich die Häkchen durch den Belag nach außen geschoben.
Ecken an Ausschnitten, Passen, Einsätzen oder eingesetzten Faltenteilen – ganz gleich, ob recht- oder spitzwinklig – müssen sehr sorgfältig gearbeitet werden, damit sie haltbar sind und nicht fransen. Dabei wird an der Ecke, entlang der Kantenmarkierung, ein fadengerades „Fleckchen", rechts auf rechts liegend, angesteppt – bei dünnem Gewebe aus dem gleichen Material, bei starkem aus passendem Futterstoff. Gesteppt wird mit kleinen Stichen, direkt in der Ecke mit einigen Vor- und Rückstichen; die Nahtzugabe des Fleckchens wird knapp verschnitten, die Zugabe am Kleidungsstück bis zur Stepplinie eingeschnitten. Anschließend wird das Fleckchen einschließlich der Nahtzugabe auf der anzusteppenden Kante nach links umgeheftet, bevor die Steppnaht in gewünschter Breite ausgeführt werden kann.
Einhalten ist für eine gute Paßform wichtig. Je nach Angabe auf den Schnittmustern werden die betreffenden Stellen bis auf die Größe des anzusetzenden Teils geriehen und nach gleichmäßiger Verteilung der Weite aneinandergenäht. Bei Wollstoffen empfiehlt sich ein Überbügeln der Weite mit einem feuchten Tuch.
Einlagen. Vorderränder, Kragen und Manschetten werden mit Einlagen versehen, um dem Kleidungsstück besseren Halt zu geben. Bei leichten Blusen und Kleidern eignet sich ein Waschstoff, der dem verwendeten Material ähnlich ist, um ein ungleiches Einlaufen beim Waschen zu vermeiden. (Kochfeste Wäschestoffe werden am besten vor dem Verarbeiten gebrüht.) Zum Versteifen von leichten Geweben wird am besten ein Vliesstoff als Einlage verwendet, und bei festen Jacken- und Mantelstoffen kann der im Handel in verschiedenen Preislagen angebotene Einlagestoff verarbeitet werden („Steifleinen" oder stärkerer Vliesstoff, der mit einer Art Klebstoff zum Aufbügeln versehen sein kann).
Die Einlage wird entsprechend dem Schnitt

ohne Nahtzugabe zugeschnitten, in der vorderen Bruchlinie festgenäht und von der offenen Seite des Belages umsäumt; bei Kragen und Manschetten wird die Einlage mit in die Nähte gefaßt.

Einreihen dient dem gleichmäßigen Verteilen der Weite. Längere Reihnähte können mit der Maschine ausgeführt werden, indem mit großen Stichen gerade Nähte gesteppt werden und der Unterfaden leicht angezogen wird. Der Nahtanfang muß gut befestigt werden; die losen Fäden werden zum gleichmäßigen Verteilen der Weite am Ende um eine Stecknadel gewickelt, festgesteckt und – nach der Anprobe – festgenäht.

Wird Gummischnürchen verwendet, wird dieses leicht gedehnt auf die Spule gewickelt und bei lockerer Fadenspannung genäht. Noch einfacher läßt sich das Gummischnürchen mit dem Spezialfüßchen für Schnurnaht einarbeiten, wobei die gedehnte Schnur durch das Füßchen läuft und beim Zackeln miterfaßt wird.

Fachmännisches Reihen mit der Hand wird als Gabeln bezeichnet: Dazu wird der Stoff zwischen Daumen und Zeigefinger gehalten und die kurze feine Nadel, die in ihrer Gesamtlänge im Stoff bleibt, in kleinen Stichen mit dem Mittelfinger durch den Stoff geschoben.

Einrollen s. Schrägstreifen

Falbeln und Rüschen. Mit ihnen können Kleidungs- und Wäschestücke individuell verziert werden. Dazu werden gerade- und schräg-, rund- und spiralförmig geschnittene Stoffstreifen verwendet – je nachdem, wie glockig die Falbeln oder Volants fallen sollen bzw. wofür die Rüschen gedacht sind.

Die Falbel wird mit einfacher Naht glatt an den Stoffrand angesetzt. Gerade geschnittene sind vorher auf die gewünschte Länge einzureihen, ring- oder spiralförmig zugeschnittene werden mit schmaler Naht miteinander verbunden und die Nahtränder nach einer Seite flach gebügelt. Die Außenränder werden entweder eingezackelt, mit schmalem Rollsaum eingefaßt oder knappkantig abgesteppt. An Manschetten und Schlußleisten wird die Falbel rechts auf rechts auf den Rand der einen Stofflage geheftet und die andere darüber, so daß die Falbel beim Steppen zwischen beiden Lagen liegt; danach wird gewendet.

Bei der einfachen Rüsche werden zuerst die Ränder gesäumt oder verziert, dann wird der Streifen in der Mitte mehrfach auf die Hälfte seiner ursprünglichen Länge geriehen und festgenäht und evtl. mit einer Blende in der Mitte versehen, z. B. bei Jabots.

Zickzackrüschen entstehen aus einem etwa $1\frac{1}{2}$ cm breiten Schlauch, dessen Naht in der Mitte breitgebügelt wurde und auf dem, einer aufgezeichneten Zickzacklinie folgend, ein fester Faden eingezogen wurde. Beim Straffziehen des Fadens entsteht die Zickzackform der Rüsche, die mit Handstichen in der Reihlinie auf den Stoff genäht wird.

Fältchen s. Biesen

Falten sind im wesentlichen Schmuckelemente an Kleidungsstücken, lediglich die sog. Gehfalte hat die Funktion, engen Röcken die nötige Schrittweite zu geben. So sehr auch Falten in Form und Anordnung der Mode unterworfen sind, haben die klassischen Faltenröcke über Jahrzehnte hinweg, besonders in der Kinder- und Jugendmode, ihre Aktualität behalten.

Die gebräuchlichsten Faltentypen – die einseitige Falte, die gegenseitige oder Kellerfalte und die aufgelegte oder Quetschfalte – kehren immer wieder, einzeln oder in Gruppen angeordnet, je nach dem herrschenden Modetrend.

Bei allen Falten muß der Innenbruch fadengerade sein, während der Außenbruch verändert sein kann. Voraussetzung für guten Sitz und scharfe Bruchkante ist geeigneter Stoff: Wolle, Naturseide oder synthetisches Gewebe. Jede Falte besteht aus dem oberen sichtbaren Teil, der Faltenbreite, und dem inneren doppelten Teil mit innerem Faltenbruch, der Faltentiefe; beide zusammen müssen in die Berechnung der Stoffbreite für

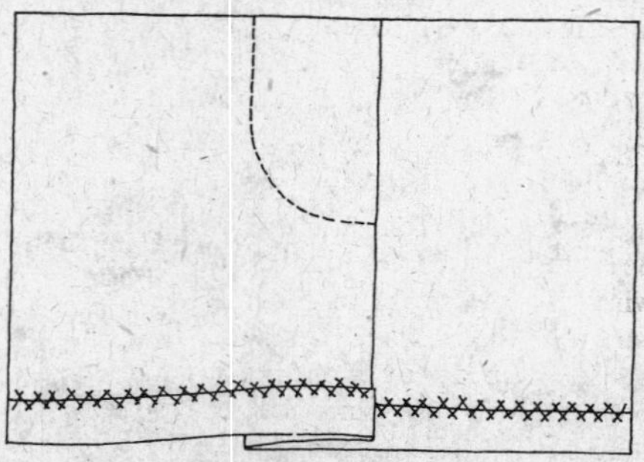

Stepplinie der Innenfalte

den Faltenteil mit einbezogen werden. Auf Schnitteilen wird die Faltentiefe mit x – · angegeben; beim Nähen muß x exakt auf · treffen.

Wird die einseitige Falte der Schrittfalte ausgeführt, so wird die Steppnaht mit einer Rundung zum Innenbruch geführt, damit die Falte nicht einreißen kann (Abb.).

Bei der sog. Diorfalte – bezeichnet nach dem französischen Modegestalter – endet die hintere Mittelnaht des schmalen Rockes in einem Schlitz, und auf den Futterrock wird in reichlicher Schlitzlänge und etwa 20 cm Breite ein Stück Oberstoff aufgenäht, so daß der Eindruck einer Kellerfalte entstehen kann.

Die echte Kellerfalte besteht aus zwei gegeneinandergelegten Falten und wird – in entsprechender Länge – häufig von rechts sichtbar abgesteppt. Wird eine Kellerfalte am Ende einer nach Form geschnittenen Naht gearbeitet, so werden in reichlicher Faltenlänge und halber Faltentiefe Nahtränder zugegeben und ein Stück Stoff als innerer Faltenteil dagegengesetzt. Ebenso kann bei sehr starkem Stoff verfahren werden; dabei wird der Futterrock nur bis zum Faltenteil gearbeitet, damit die gewünschte Bewegungsfreiheit durch die Falte auch gewährleistet ist, und das gegengesetzte Faltenteil wird mit dem Futterstoff leicht verbunden.

Bei der doppelten Kellerfalte, die im Prinzip der einfachen entspricht und nur aus leichtem Stoff gearbeitet werden kann, liegen die Faltenbrüche abgestuft übereinander.

Bei allen Falten müssen die Nähte in die Innenbrüche der Falten gelegt und erst nach dem Säumen ausgeführt werden. Dabei sind die Nahtzugaben zusammen zu versäubern, am einfachsten mit der Zickzacknähmaschine; die untere Ecke ist dabei schräg einzuschlagen, damit sie am Saum nicht übersteht.

Fliege. Die früher bei langen engen Röcken vom Schneider gefertigte Fliege findet heute nur noch selten Anwendung. Um das Einreißen am Ende der Faltennaht zu verhindern, wird die Steppnaht in einer Rundung zum inneren Faltenbruch geführt. Sollte aber doch einmal der Stoff oberhalb der Falte eingerissen sein, so kann die sog. Fliege die schadhafte Stelle kaschieren: Dafür wird mit Heftstichen ein gleichseitiges Dreieck um die gestopfte Stelle gezogen, an dessen schrägen Schenkeln die ersten Fäden gespannt und abbildungsgemäß ganz dicht nebeneinander ausgeführt werden. Wird diese Fliege in passendem Ton gestickt, am besten mit Knopflochseide oder Perlgarn, fällt sie am wenigsten auf. Dabei sollte ihre Höhe 2 cm nicht überschreiten (Abb.).

Fliege

Formstreifen können beliebig breit sein und dienen zum Besetzen (obenauf als Blende) oder Versäubern (von links) von Stofffrändern, vorwiegend an Halsausschnitten. Sie müssen stets dem Fadenlauf des zu besetzenden Stoffteils folgen und genau dessen Form entsprechen. An runden Kanten ist die Nahtzugabe mehrmals bis zur Stepplinie einzuschneiden.

Füttern. Das Einarbeiten des Futters in Mäntel oder Kostüm- und Anzugjacken erfordert besondere Sorgfalt, da es für den guten Sitz des betreffenden Kleidungsstückes mitbestimmend ist, also weder zu eng noch zu weit sein darf.

Zugeschnitten wird das Futter entsprechend dem Obermaterial mit Zugabe der Naht und einer einseitigen Falte im Rückenteil und ohne die Belagteile. Eventuell vorgenommene Korrekturen am Schnitt müssen auf das Futter übertragen werden. Abnäher und Nähte (außer den Schulternähten) werden gesteppt und in einer Richtung gebügelt; bei runden Nähten müssen die Ränder eingeschnitten werden, damit sie nachgeben können.

Zum Einstecken und Einheften wird das Kleidungsstück auf den Tisch gelegt und das Futter – von der Mitte ausgehend – an den Rändern und Seitennähten festgesteckt. Ist eine Schneiderpuppe vorhanden, kann das Modell darübergehängt werden, mit dem Futter nach außen, damit dies in seiner ganzen Fläche festgesteckt und dann geheftet werden kann. Beim Einnähen des Futters werden die Ränder nahtbreit eingeschlagen, geheftet und an die Einlage staffiert. Am

Saum muß etwas Weite angeschoben und etwa 2 cm Länge müssen zugegeben werden; im Abstand von etwa 3 cm vom Saumumschlag ist dann das Futter mit kleinen Stichen anzunähen. Die Bewegungsfalte im Rückenteil wird nur oben und in Höhe der Taille mit einigen ↗ Hexenstichen gehalten.

Erst danach werden die vorbereiteten Ärmel angesteckt, geheftet und eingenäht, ohne das Futter mitzufassen; das sog. Leibfutter wird dann von rechts dicht an der Ärmelnaht untergeheftet und mit langen Stichen befestigt, bis das Ärmelfutter mit eingeschlagener Nahtzugabe in kleinen Stichen eingenäht wird.

Erhalten sehr glockige Mäntel ein schmaleres Futter, so muß es lose bleiben und so für sich versäubert werden.

Gabeln s. Einreihen

Gummischnürchen s. Reihen

Gürtel, Schnallen und Gürtelstege. Der mit Schnalle getragene gerade Gürtel muß fertig etwa 20 cm länger sein, als die gewünschte Länge beträgt. Er wird in doppelter Breite und mit Nahtzugabe in entsprechender Länge zugeschnitten, die Einlage aus Vliesstoff, Steifleinen oder Gurtband in einfacher Breite des Gürtels. Eine Seite des Stoffes wird so auf die Einlage gesteppt, daß etwa ein Drittel des Einlagestoffes übersteht, dann wird der Stoff um die Einlage geheftet und die Kante eingeschlagen angesäumt. Die Nahtzugabe am spitzen oder runden Gürtelende wird eingeschlagen und gegeneinander gesäumt. Das andere Gürtelende wird um den Mittelsteg der Schnalle gelegt und eingeschlagen angenäht; kurz hinter dem Schnallensteg kann zusätzlich noch durchgenäht werden.

Der Formgürtel wird dem Schnitt entsprechend doppelt und mit Nahtzugabe zugeschnitten. Ein Teil wird um die Einlage geschlagen und mit Hexenstichen angeheftet, wobei besonders die Spitzen am Ende sauber auszuführen sind; das zweite Teil oder bei stärkeren Stoffen ein ebenso zugeschnittenes Teil aus Futterstoff wird sorgfältig gegengenäht.

Soll für den geraden Gürtel eine bezogene Schnalle gearbeitet werden, so muß die Schnalle mit ihrer rechten Seite auf die linke Seite eines diagonal liegenden Stückes Stoff gelegt und dieser mit Nahtzugabe zugeschnitten werden. Mit ↗ Hexenstichen wird die Schnalle auf dem Stück Stoff befestigt, und in der Mitte der Schnalle wird nun der Stoff bis auf Nahtzugabe herausgeschnitten und an den Ecken eingeknipst. Die äußere Nahtzugabe wird auf der inneren festgenäht, wobei der Stoff ganz straff um die Schnalle gezogen wird. Ein Stück Futterstoff wird mit kleinen Stichen der Schnalle zum Versäubern aufgenäht.

Bei leichtem Gewebe kann auch eine Gürtelschnalle mit doppeltem Stoff bezogen werden; allerdings bleibt da der Steg unbezogen. Dazu werden zwei Stoffteile rechts auf rechts gelegt und der Umriß der Schnalle mit Kreide nachgezeichnet. Der inneren Kreidelinie folgend, wird mit kleinen Stichen gesteppt; das eine Teil wird in der Mitte längs aufgeschnitten und das andere innerhalb der Stepplinie bis auf Nahtbreite herausgeschnitten. Der geteilte Stoffteil wird durch den Ausschnitt zur anderen Seite und durch die Schnalle gezogen, so daß diese jetzt zwischen beiden Stoffteilen liegt und mit überwendlichen Stichen an den Außenrändern straff eingenäht werden kann. Die untere Stofflage wird knappkantig beschnitten, die obere eingeschlagen und auf der Rückseite mit sauber ausgeführten Ecken angesäumt.

Zum Befestigen des Gürtels werden entweder doppelte Schlaufen am Rock- oder Hosenbund mitgefaßt, wobei die Schlaufen aus verstürzten Streifen bestehen, die etwa 2 bis 3 mm länger sein müssen, als der Bund breit ist. Die Mantelschlaufen werden knappkantig aneinandergenäht und breitgebügelt und genau in Taillenhöhe in der Seitennaht mitgefaßt, oder sie werden aus Knopflochseide gedreht oder ↗ geschürzt. Im einen Fall werden mehrere Fäden um eine Nadel festgedreht und auf halbe Länge zusammengelegt; dieses entstandene Schnürchen muß besonders fest verstochen bzw. vernäht werden; im anderen Fall werden mehrere Fäden in reichlicher Gürtelbreite gespannt und mit Knopflochstichen umstochen (geschürzt).

Haken und Ösen s. Druckknöpfe

Handstiche werden heute nur noch in Ausnahmefällen durchgeführt; Maschinennähte sind wesentlich zeitsparender und auch haltbarer. Nur wenn beim Nachnähen von aufgeplatzten Nähten schlecht mit der Maschine heranzukommen ist oder wenn die Naht gleichzeitig mit zum Schmuck dienen soll oder der Reißverschluß in zarten Geweben überhaupt nicht zu sehen sein soll, werden die Nähte mit Handstichen ausgeführt.

- Steppstiche werden als Zierstich und zum Nachnähen besonders strapazierter Nähte verwendet.
- Rückstiche sind unterbrochene Steppstiche und finden vor allem beim Einnähen von Reißverschlüssen Verwendung, gelegentlich auch zum Nachnähen von Maschinennähten, da sie schneller als Steppstichnähte zu arbeiten sind.
- Vorstiche werden vorwiegend zum Heften und Einreihen verwendet, aber auch – mit abstechendem Woll- oder Baumwollfaden – als Zierstiche zur Randbetonung.
- Überwendliche Stiche werden von links nach rechts oder in beiden Richtungen längs den Schnittkanten bzw. um die einzufassende Bruchstelle, z.B. bei Schnürlöchern (s. Zugsäume), ausgeführt.
- Schlingen- oder Langettenstiche werden vorwiegend als Zierstiche und zum Befestigen von bogenförmigen Kanten verwendet. Die Schlingen werden meist von links nach rechts, und zwar von oben nach unten gearbeitet, wobei der Faden vor dem Einstechen der Nadel mit dem Daumen nach unten gehalten wird.
- Knopflochstiche sind sog. Schlingenstiche mit Knötchen und werden auch als Zierstiche oder zum Befestigen von offenen Stoffkanten verwendet. Beim Arbeiten von Knopflöchern wird die Nadel von hinten in den Stoff gestochen, bei der gewünschten Stofftiefe nochmals mit dem Faden eingestochen und dabei die Schlinge von hinten nach vorn durchgezogen. Beim Festziehen der Schlinge wird das Knötchen leicht nach außen gedrückt. Durch dicht aufeinanderfolgende Knopflochstiche entsteht eine perlenartige Knötchenreihe, die gegen Reibung widerstandsfähiger ist als normale Schlingenstiche.

Zum Aneinanderstoßen bzw. Reparieren von Schäden in tuchartigen Stoffen können – nach Beschneiden der Kanten – von der linken Seite aus dichte kleine Stiche ausgeführt werden, die dem Stopfen ähnlich, aber von rechts nicht zu sehen sind. Um eine Naht in Wollstoffen möglichst unsichtbar zu nähen, können aus dem Gewebe gezogene Fäden zum Überstopfen verwendet werden.

Heften. Die Stoffteile werden rechts auf rechts gelegt und mit etwa 7 bis 10 mm langen Vorstichen zusammengeheftet. Als Material wird Heftgarn oder dünnes Baumwollgarn verwendet. Alle auf dem Schnitt angegebenen Zeichen sind dabei zu berücksichtigen. Abnäher werden ebenfalls auf der linken Stoffseite ausgeführt, an der Spitze beginnend, beim Heften der Nähte jedoch nicht mitgefaßt, damit sie sich bei der Anprobe leichter verändern lassen. Die Seitennähte werden von der Taille aus geheftet, die Schulternähte vom Rückenteil aus, wobei dieses etwas eingehalten wird und die Halspunkte genau aneinander treffen müssen. Ist Belag angeschnitten, wird er nach innen umgeheftet und zunächst nur mit dem Unterkragen, von der Mitte ausgehend, verbunden. Rocknähte werden von der Taille bzw. vom Verschlußschlitz aus nach unten geheftet, wobei auf glatten Sitz beider Stoffteile zu achten ist, um ein Beuteln zu vermeiden. (Heften der Ärmel s. Ärmel)

Hexenstiche werden als Zierstiche und als sog. Kreuznaht zum Versäubern von Nähten und Säumen (wegen der besseren Dehnbarkeit bes. an Jersey u. a. Strickstoffen), aber auch zum Fixieren von Futterstoffen bei Mänteln und längeren Jacken verwendet (s. a. Füttern).

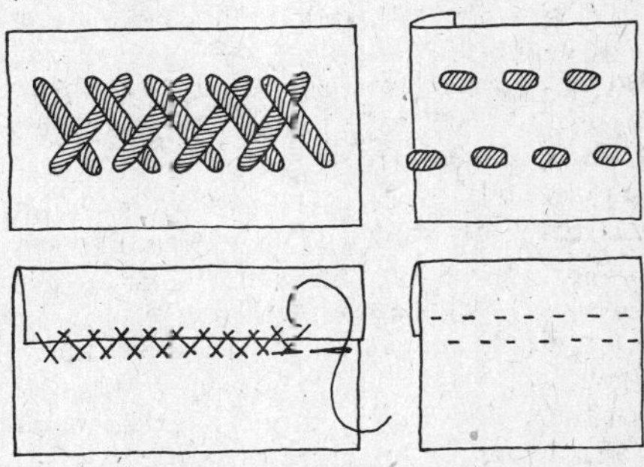

Hexenstich als Zierstich und zum „Ankreuzen" von dicken Säumen

Rechtshänder nähen von links nach rechts, und zwar wird die Nadel von links unten nach rechts oben geführt, dann waagerecht unter dem Stoff nach links, von dort obenauf schräg nach unten rechts, wiederum waagerecht unter dem Stoff nach links und von da aus obenauf schräg nach rechts oben (s. Abb.). Auf der Rückseite der Näharbeit erscheinen (mehr oder weniger sichtbar) zwei parallel verlaufende Reihen von versetzt gegenüberliegenden Vorstichen.

Hohl heften bedeutet das Verbinden zweier Teile genau nach Muster oder Fadenlauf von rechts, wobei der eine Rand nahtbreit umgeschlagen und in der Bruchkante dem anderen Stoffteil aufgeheftet wird (s. a. Karos und Streifen). Auf diese Art können auch Abnäher geheftet werden.

Hohl säumen s. Säume

Jabot ist eine Spitzenkrause an Kleidungsstücken, die am Halsausschnitt befestigt ist und meist lose auf den Latzteil von Blusen bzw. Kleidern fällt (s. a. Falbeln und Rüschen).

Jackenkragen und Revers müssen stets mit Steifleinen oder Roßhaarleinen ↗ pikiert werden, um dem Kleidungsstück die gute Fasson zu geben. Auch werden Oberstoff und Einlage ↗ dekatiert, die Abnäher schnittgemäß ausgeschnitten und aneinanderstoßend auf einen Futterstreifen genäht.

Beim Vorderteil wird die Einlage der Innenseite untergeheftet, und zwar auf der rechten Seite, am Aufschlag von der Bruchlinie aus lose fallend, damit hinter dieser mit dem Pikieren begonnen werden kann und etwa die dritte Pikierreihe in der Bruchlinie liegt. Damit der Aufschlag die notwendige Rundung erhält, muß der Daumen beim Pikieren die Einlage etwas anschieben, während der Zeigefinger den Oberstoff festhält. Nach dem Pikieren wird die Einlage noch etwa 1 cm verschnitten, gebügelt und mit Eckenband versehen. Dann wird der Belag rechts auf rechts aufgeheftet, wobei dem Aufschlag etwas Weite angeschoben wird. Dicht neben der Kante des Eckenbandes wird der Belag angesteppt, die Naht breitgebügelt und der innere Nahtrand etwas verschnitten. Der doppelte Nahtrand wird nun an das Eckenband geheftet, aber nicht so fest, daß die Naht herumgezogen und auf der Oberseite sichtbar wird. Der Aufschlagrand und die Bruchlinie sind durchzuheften.

Für den Kragen sind Unterkragen und Einlage schräg zuzuschneiden und mit einer Mittelnaht zu verbinden. Vom Kragenrand bis zum Kragenfuß wird in dichten Längsreihen pikiert, der übrige Kragenteil schräg von der Mittelnaht ausgehend in beiden Richtungen. Danach wird der Kragen glatt gebügelt und der Bruch über dem Bügelkissen geformt. Ein nochmaliges Auflegen des Schnittes ermöglicht erforderliche Korrekturen. Anschließend wird der Oberkragen verstürzt angesteppt und wie die Revers, nur ohne Ekkenband, verarbeitet; der Unterkragen wird mit der Maschine an den Halsrand gesteppt, die Naht breitgebügelt, die Nahtränder werden mit Hexenstichen befestigt, der Belag wird eingeschlagen, aufgeheftet und anstaffiert. Es kann auch zunächst der Unterkragen am Außenrand bis zur Einlage verschnitten und der untere Kragenrand auf der Einlage angestochen werden; die Nahtzugabe des Oberkragens wird um die Kante gelegt und mit Hexenstichen auf dem Unterkragen befestigt, wobei der Kragen mit dichten Stichen auf der Unterkragenseite an den Halsrand genäht wird.

Abschließend wird der Rand des Oberkragens vorn bis zur Schulternaht eingeschlagen und geheftet, danach die ↗ Spiegelnaht mit unsichtbaren Stichen hohl ausgeführt.

Jersey s. Wirkstoff

Kanteln s. Zackeln

Karos und Streifen. Beim Verarbeiten von karierten oder gestreiften Stoffen ist äußerste Sorgfalt zu üben; liederlich zusammengesetzte Muster nehmen dem Kleidungsstück oft die ganze Wirkung. Beim Kauf des Stoffes für einen Glockenrock muß darauf geachtet werden, ob die Karos quadratisch sind oder nur unregelmäßige Rechtecke; im ersten Fall braucht der Stoff nur diagonal zusammengelegt und entsprechend dem Schnitt zugeschnitten zu werden, im zweiten Falle muß die Rocklänge einschließlich Rundung nochmals vorhanden sein und wird am besten mit Mittelnaht im Vorder- und Rückenteil verarbeitet (s. Abb.).

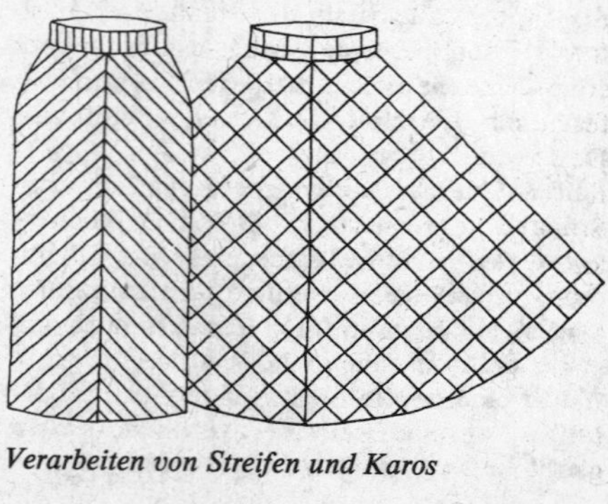

Verarbeiten von Streifen und Karos

Beim Zuschneiden zweier symmetrisch zueinander passender Teile an Blusen o. ä. ist erst das eine Teil zuzuschneiden und dann das zugeschnittene Teil genau im Muster passend rechts auf rechts auf den Stoff zu legen und entsprechend zuzuschneiden. Damit beim Zusammennähen die Karos und Streifen nicht verrutschen, ist es günstig, wenn erst eng gesteckt und dann geheftet wird. Eine andere Methode ist das Hohlheften von rechts, wobei genau Muster auf Muster treffen muß: Dabei wird der umgeschlagene Rand dem anderen Stoffteil in entsprechender Randbreite aufgesteckt und die Nähnadel mit möglichst kleinen Heftstichen den Bruch entlang und durch die zweite Stofflage geführt. In diesem Fall muß genau auf dem Heftfaden genäht werden.
Besonders sorgfältig sind Falten bei Karostoffen zu arbeiten, damit keine schiefen Bahnen oder verrutschten Mustersätze entstehen. Bei schief aufgedruckten Mustersätzen muß stets nach dem Muster, nicht nach dem Fadenlauf zugeschnitten werden.
Ketteln s. Zackeln
Kimonoärmel s. Ärmel
Knöpfe. Während Zierknöpfe nicht allzu fest anzunähen sind, ohne daß die Fäden umwickelt werden, müssen die häufig strapazierten Zwei- oder Vierlochknöpfe – je nach der textilen Stoffart – mit kürzerem oder längerem Stiel angenäht werden, um genügend Spielraum für den Übertritt zu lassen. Dabei wird der doppelte Faden beim Annähen nicht fest angezogen, und die lockeren Fäden werden als Stiel umwickelt. Besonders große Knöpfe mit großen Löchern werden nicht – wie sonst üblich – mit Seide angenäht, sondern mit etwa 5 cm langen Stoffröllchen, die durch mit einem Lochstickereibohrer (Pfriem) oder einer Stricknadel vorsichtig in den Stoff gebohrte Löcher des Kleidungsstückes gezogen und auf der linken Seite festgenäht werden (Abb.).
Der besseren Haltbarkeit wegen werden Knöpfe in der Regel auf doppelten Stoff, Stoff mit Einlage oder mit kleinem Gegenknopf angenäht. Sind die Knöpfe mit einer Öse zum Annähen versehen, wird der Knopf fest angenäht und der Faden gut verstochen.
Bei einer Knopfreihe, besonders bei doppelter Reihe (sog. Zweireiher) ist unbedingt auf gleichmäßige Abstände zu achten.

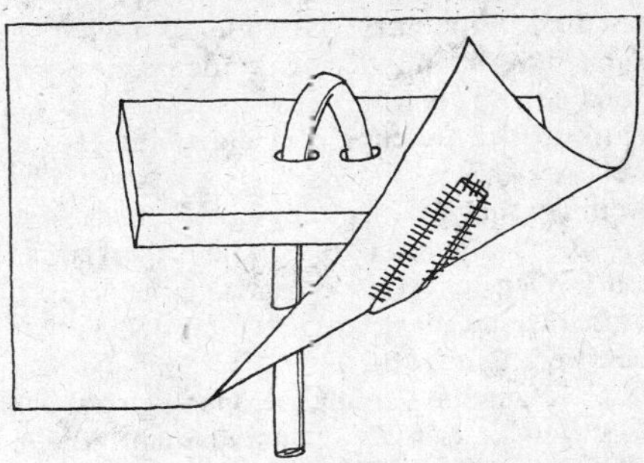

Annähen eines Knopfes mit Stoffröllchen

Bei Wäscheknöpfen kann zum Annähen auch die Zickzacknähmaschine verwendet werden; dazu werden der Stichsteller auf Null und die Zickzackbreite auf die Lochabstände eingestellt.
Knopflöcher. Ganz gleich, ob ↗ geschürzte oder eingefaßte Knopflöcher gearbeitet werden, die Verschlußkante muß immer doppelt liegen und möglichst mit Einlage versehen sein. Die Größe der Knopflöcher ist abhängig von der der Knöpfe; daher ist es ratsam, die Knöpfe noch vor Arbeitsbeginn zu besorgen und nicht erst die Knopflöcher zu arbei-

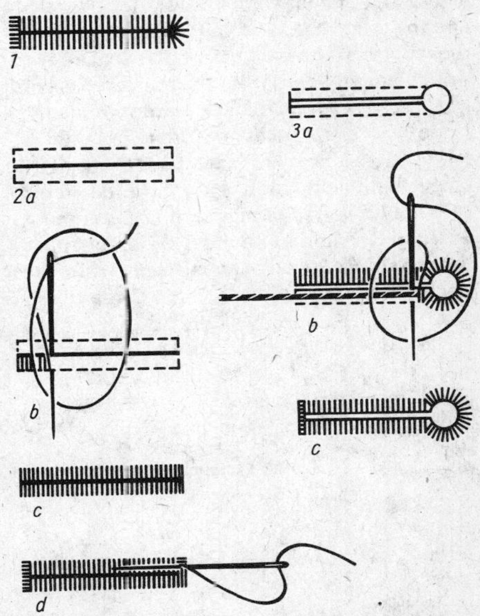

Knopflöcher. 1 *Kleiderknopfloch,* 2 *einfaches Wäscheknopfloch,* 3 *Schneiderknopfloch*

ten und dann nach passenden Knöpfen zu suchen. Alle Knopflöcher werden etwa 2 mm von der Mittellinie des Kleidungsstückes entfernt mit Schneiderkreide aufgezeichnet.

Beim einfachen oder Kleiderknopfloch kann entsprechend der Kreidelinie mit kleinen Vorstichen oder großen Maschinenstichen umnäht und nach dem Aufschneiden mit überwendlichen Stichen eingefaßt werden. Mit einfachem Schlingen- oder Schürzstich wird von links nach rechts gearbeitet, beim Wäscheknopfloch auf beiden Seiten mit Riegel, beim Kleiderknopfloch nur auf der Innenseite, während auf der Außenseite strahlenförmig weitergestochen wird (Abb.).

● Das Wäscheknopfloch von Hand wird wie das einfache Kleiderknopfloch gearbeitet, nur wird der besseren Haltbarkeit wegen ein starker Faden mitgefaßt. Für die Riegel werden jeweils etwa drei Fäden gespannt und mit Knopflochstich umstochen (Abb.).

Wird das Wäscheknopfloch mit der Zickzacknähmaschine ausgeführt, so wird der Knopflochfuß angesetzt, die Nadel für Zickzackstich auf links gestellt und die erste Raupe in halber Zickzackbreite gesteppt. Am Ende wird die Nadel zum Wenden im Stoff gelassen, danach werden etwa vier Riegelstiche in voller Zickzackbreite ausgeführt, dann die zweite Raupe in halber Breite gesteppt, wobei ein gleichmäßiger schmaler Abstand zur ersten Raupe gelassen werden muß. Am Ende der ersten Raupe wird ebenfalls ein Riegel ausgeführt und der Faden bei Stichlänge Null verstochen. Nun kann das fertiggenähte Knopfloch aufgeschnitten werden.

● Beim Schneiderknopfloch wird am außenliegenden Ende des Knopfloches mit dem Locheisen oder einer spitzen Schere eine Rundung herausgearbeitet, und die Einschnittränder werden mit überwendlichen Stichen befestigt. Dann wird über einen straff gespannten starken Faden mit Knopflochseide von rechts nach links im sog. Knopflochstich (s. Handstiche) das Knopfloch umstochen und am Innenrand ein Riegel ausgeführt (Abb.).

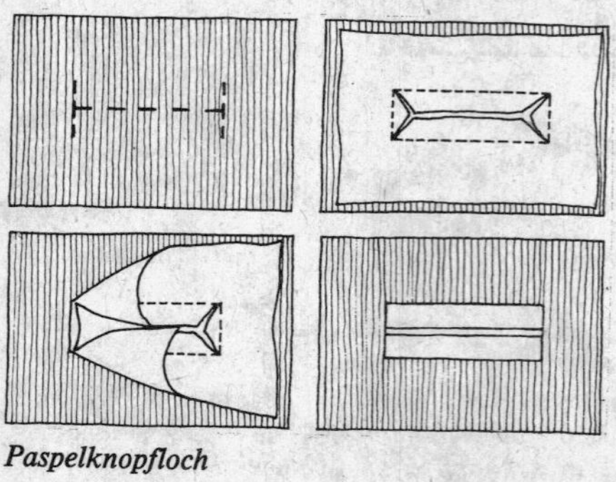

Paspelknopfloch

● Das eingefaßte oder Paspelknopfloch wird vorwiegend an stärkerer Oberbekleidung verwendet und muß sorgfältig im Fadenlauf gearbeitet werden: Die Größe des Knopfloches wird mit Schneiderkreide auf die rechte Stoffseite gezeichnet und mit Heftstichen auf die linke übertragen. Ein schräg zugeschnittenes Paspelfleckchen, das ringsum etwa 2 cm breiter sein muß als das vorgezeichnete Knopfloch, wird der Markierung entsprechend rechts auf rechts aufgeheftet und mit kleinen Maschinenstichen aufgesteppt, an den Schmalseiten der Knopflochenden mit drei oder vier Stichen gesichert. Nach dem Entfernen der Heftfäden wird das Knopfloch aufgeschnitten, an den Enden bis zur Stepplinie schräg in die Ecken eingeknipst, und das Stofffleckchen wird nach der anderen Seite gezogen. Nun können die Paspel aneinanderstoßend gelegt und in den Ansatznähten mit Rückstichen festgenäht werden, ohne dabei die vom Knopfloch nach außen gerichteten Nahtränder mitzufassen. Die Fältchen an den Knopflochenden der Paspelfleckchen werden festgenäht und flachgebügelt, danach die Paspel aneinandergeheftet. Das Paspelfleckchen wird an seinen Schnittkanten mit Hexenstichen auf der Einlage befestigt und das Knopfloch gebügelt. Wenn die Heftfäden entfernt sind, wird der Belag in Knopflochlänge, die durch Stecknadeln markiert wird, eingeschnitten, und die Schnittkanten werden schmal eingeschlagen und mit kleinen Stichen dem Paspelknopfloch gegengesäumt. Danach ist feucht zu bügeln (Abb.).

Knopfverschlüsse sind sehr von der Mode abhängig. Neben dem ein- und dem zweireihigen Knopfverschluß werden häufig noch der verdeckte Knopfschluß und der Schlingenverschluß gearbeitet.

● Die sog. Schiebeknopflöcher bei verdecktem Schluß werden heute nur noch selten gearbeitet; Reißverschlüsse, auch an Hosenschlitzen, haben sie fast entbehrlich gemacht. Die Schiebeknopflöcher werden nur dem mit Einlage versehenen Belag eingearbeitet und dieser in seiner Gesamtlänge dem Schlußrand gegengesetzt. Dabei können sowohl geschürzte als auch Paspelknopflöcher gearbeitet werden. Oberstoff und Belag müssen ober- und unterhalb etwas über die Knopflöcher hinaus mit Einlage und Futterstoff versäubert werden; dabei muß der Rand der Knopflochleiste unsichtbar bleiben. Zwischen den einzelnen Knopflöchern wird die Leiste mit je einem kleinen Riegel gesichert. Soll die Knopflochleiste abgesteppt werden, so wird die Linie genau vorgeheftet, um ein Verschieben der einzelnen Stofflagen zu verhindern; gesteppt wird auf der rechten Seite, unten zum Rand zu in einem Bogen oder in einer Spitze auslaufend.

Beim sog. Schlingenverschluß übernehmen die Schlingen die Funktion der Knopflöcher. Für die Schlingen werden 2½ cm breite Schrägstreifen verwendet, die zur Hälfte zusammengesteppt und anschließend gewendet werden. (Zum Wenden wird am Ende der Naht der doppelte Faden belassen und mit einer Nadel durch das Röllchen gezogen.) Entsprechend der Knopfgröße und Anzahl wird das Röllchen unterteilt und mit kleinen, von rechts nicht sichtbaren Handstichen dem Schlußrand untergenäht.

Wird das Kleidungsstück mit Belag gearbeitet, so kann das Röllchen beim Gegensetzen mit gefaßt werden, muß aber vorher genau an der passenden Stelle festgeheftet werden.

Bei leichtem Gewebe lassen sich auch geschürzte Knopflöcher aus farblich passender Knopflochseide arbeiten: In der Länge des Knopfdurchmessers werden etwa vier bis sechs Fäden gespannt, und die Schlinge wird dicht mit Knopflochstichen (s. Handstiche) bedeckt.

Knoten werden nur beim Nähen, nicht beim Sticken angewendet. (Hierbei wird der Faden mit kleinen Stichen locker in das Gewebe gezogen.) Zum Knoten wird der Faden um die Zeigefingerkuppe gelegt, mit dem Daumen zum Ende hin gezwirbelt und von Daumen und Zeigefinger der gegenüberliegenden Hand festgezogen.

Kragen. Sofern es sich nicht um besonders festes Material handelt, sind Kragen stets mit einer Einlage zu versehen, die je nach Stoffart aus Batist, Vlies oder Gaze bestehen kann. Stets müssen die hintere Mitte des Kleidungsstückes und die Mitte des Kragens übereinstimmen.

- An den einfachen Hemdblusenkragen, der offen und geschlossen getragen werden kann, wird ein sog. Kragenfuß mit angeschnitten. Ober- und Unterkragen mit Einlage werden verstürzt am Außenrand zusammengesteppt; der Unterkragen wird an den Halsausschnitt genäht und der Oberkragen schmal eingeschlagen gegengesäumt.
- Beim Bündchenkragen werden Kragen und Kragenfuß einzeln genäht: Der Kragen wird für sich verstürzt, wobei die Einlage auf dem Oberkragen liegen muß. Die Außenkante wird so geheftet, daß die Naht genau im Bruch liegt. Dann wird der Kragen zwischen die beiden Stofflagen des Kragenfußes genäht, dessen Einlage nicht bis zu den Enden reicht, damit die Spitzen flacher werden. Dann wird der Kragenfuß dem Halsrand von außen aufgesteppt, die innere Stofflage schmal eingeschlagen und mit der Hand gegengesäumt.
- Der flache oder sog. Bubikragen wird fertig verstürzt von außen an den Halsausschnitt genäht, wobei der Belag über dem Kragen und ein Schrägstreifen mit festgesteppt werden. Der Schrägstreifen wird schmal eingeschlagen und angesäumt, und die Belagteile werden gewendet.
- Der Schalkragen wird dem Ausschnittrand aufgeheftet, der Belagteil darüber gelegt, und die Ansatznaht wird gesteppt. Nach Einknipsen bzw. Verschneiden der Ecken wird der hintere Nahtrand versäubert und der Belag gewendet.
- Für den Rollkragen wird ein Schrägstreifen in doppelter Breite zugeschnitten und mit einer schrägen Einlage versehen. Die Schmalseiten werden verstürzt zusammengesteppt und die Kanten durchgeheftet. Danach wird die untere Stofflage des Kragens von rechts an den Halsrand gesteppt und die obere innen über den Nahtrand gesäumt.
- Das Stehbündchen wird als Formblende geschnitten und mit einer Einlage aus Vliesstoff versehen, die vor dem Verstürzen an der oberen Stofflage befestigt und nach dem Steppen knapp verschnitten wird. Die obere Stofflage wird von außen an den Halsausschnitt genäht und der Nahtrand zum Bündchen hin gebügelt; danach kann die untere Stofflage schmal eingeschlagen und angesäumt werden.

● Wird das Kleidungsstück mit Kragen und Revers gearbeitet, müssen diese mit großen Stichen pikiert werden. Dazu wird der Belag am Vorderrand verstürzt angesetzt und die Naht breitgebügelt; Unterkragen und Krageneinlage werden in schrägem Fadenlauf zugeschnitten, pikiert und mit dem Oberkragen verstürzt. Der Unterkragen wird an den Halsausschnitt, der Oberkragen an beiden Seiten an den Belag gesteppt und zuletzt der kurze obere Reversrand geschlossen. Anschließend werden die inneren Nahtränder der oberen und der unteren sog. ↗ Spiegelnaht mit unsichtbaren Hohlstichen zusammengenäht, und der Belag wird gewendet.
Kragen und Revers können aber auch mit durchgehendem Teil bekleidet bzw. belegt werden, d. h., dem Belag der Vorderränder wird der Oberkragen gleich angeschnitten. Den Rändern der Vorderteile und dem schräg zugeschnittenen, mit Mittelnaht verarbeiteten Kragen wird eine leichte Einlage aufgeheftet, und Kragen und Revers werden mit großen Stichen pikiert. Nachdem die Schulternähte ausgeführt sind, wird der Kragen an Halsrand und Revers gesteppt und die Naht bis zur Schulter breitgebügelt; die äußere Nahtzugabe wird an den Ecken eingeknipst. Die hintere Nahtzugabe wird in Richtung Kragen gebügelt, der Belag verstürzt dem Kragenrand und den Vorderrändern angesetzt. Die Kanten werden durchgeheftet, und der eingeschlagene hintere Rand wird am Kragenansatz, der obere Belagrand an der Schulternaht angesäumt.

Locheisen s. Pfriem

Malimo ist kein klassisches Gewebe, sondern ein im Nähwirkverfahren hergestelltes Flächengebilde, bei dem Längs- und Querfäden durch Kettstichnähte verfestigt und untereinander verriegelt sind. Beim Verarbeiten dieses Stoffes muß also darauf geachtet werden, daß die Maschenköpfe in Richtung Saumkante, die Maschenspitzen in Richtung Naht zeigen. Die Nahtbreite sollte nicht weniger als $1\frac{1}{2}$ cm betragen. Auch sollte nie mehrmals übereinander genäht werden, sondern parallel nebeneinander, um die Maschen nicht zu zerstechen; als günstigste Nadelstärke bei der Nähmaschine empfiehlt sich NM 70. Körperbetonte Kleidungsstücke aus Malimo sollten abgefüttert werden, damit die Wirkfäden an den Nähten nicht auseinandergezogen werden.

Mitte auf Mitte wird bei der Schnittbeschreibung angegeben, wenn die beiden zugeschnittenen Stoffteile soweit übereinandergelegt werden sollen, daß die beiden Mittellinien genau aufeinandertreffen.

Nähte. Im wesentlichen werden Verbindungsnähte mit der Nähmaschine ausgeführt. Dabei sollten Durchschlag- oder Heftfäden nie mitgefaßt werden, da ihr Entfernen ziemlich viel Mühe erfordert. Durchschlagfäden sollten daher vor dem Steppen entfernt, genäht sollte nur etwa 1 mm neben dem Heftfaden werden.

● Am häufigsten wird die einfache Naht verwendet, die zwei Stoffteile rechts auf rechts liegend verbindet; um diese Naht möglichst unsichtbar zu machen, wird sie auseinandergebügelt; um sie etwas zu betonen, kann die Nahtzugabe nach einer Seite gebügelt und evtl. noch abgesteppt werden.

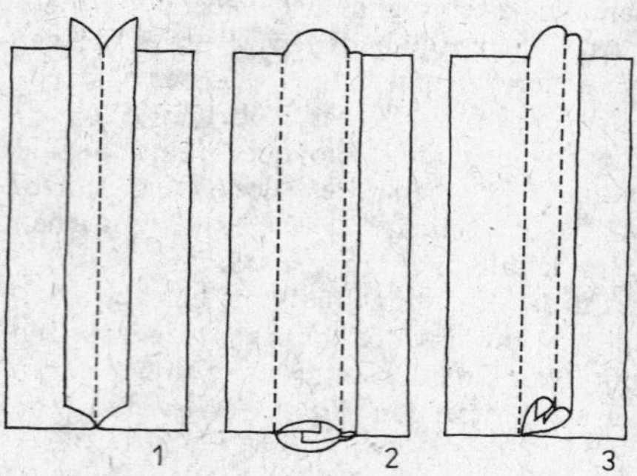

Maschinennähte. 1 *einfache Naht,* 2 *Kappnaht,* 3 *Rechts-Links-Naht*

● Bei Waschstoffen wird die sog. Französische Naht oder Rechts-Links-Naht angewandt, die in zwei Arbeitsgängen erfolgt: Zuerst werden die Stoffteile links auf links liegend schmal zusammengenäht und evtl. noch die Nahtränder gleichmäßig beschnitten, dann auseinandergebügelt oder breitgestrichen und genau in der Stepplinie wieder gefaltet, so daß die Schnittkanten beim zweiten Steppen, nun von links, mit von der Naht eingeschlossen werden.
Auch die Kappnaht, die vorwiegend bei Wäsche und Sportbekleiuung angewendet wird, erfordert zwei Arbeitsgänge: Zunächst werden die Stoffteile rechts auf rechts so zusammengeheftet, daß der untere Rand etwa

4 mm breiter übersteht als der obere; nach dem Steppen wird der Stoff breitgestrichen und die breitere Nahtzugabe über die schmalere gelegt, eingeschlagen und abgesteppt. Zu dieser Kappnaht kann auch der Spezialfuß der Zickzacknähmaschine verwendet werden, der sog. Kapper. (Abb.)

Nahtversäuberungen. Am einfachsten lassen sich Nähte mit dem Zickzackstich der Nähmaschine versäubern, wobei einmal in den Stoff und einmal unmittelbar neben der Kante eingestochen wird. Für grobes und fransendes Gewebe wird der Stich weit gestellt, für feines und festes kürzer und schmaler.

Mit der Hand werden die Ränder entweder einfach umstochen, und zwar von links nach rechts mit überwendlichen Stichen, oder mit ↗ Schlingenstichen umschürzt.

Bei sog. Laminatstoffen läßt sich das aufgewebte oder aufkaschierte Futter am Rand etwas lösen und gegeneinander einschlagen, so daß es mit kleinen Stichen zusammengenäht werden kann.

Gerade Nähte von leichten Stoffen können auch mit der Maschine einfach umgesteppt, derbere mit einer farblich passenden Tresse oder mit Nahtband (nur bei geraden Nähten!) bzw. Schrägstreifen von Futterstoff eingefaßt werden.

Tuchartige Stoffe werden mit einer spitzen Schere oder mit einer Spezial-Zickzackschere ausgezackt.

Paspel bezeichnet einen schmalen, zu halber Breite zusammengefalteten Schrägstreifen, der – meist in einer vom Stoff des Grundmaterials abstechenden Farbe – zum Schmuck von Schürzen, Blusen oder Kleidern in die Blendennaht mit eingenäht wird (s. a. Vorstoß und Schrägstreifen; Abb.).

Passen sind glatte Hals- und Schulterteile an Kleidungsstücken. Sie werden (vor allem an Kinderkleidchen) am besten doppelt zugeschnitten, so daß der zweifach eingeriehene

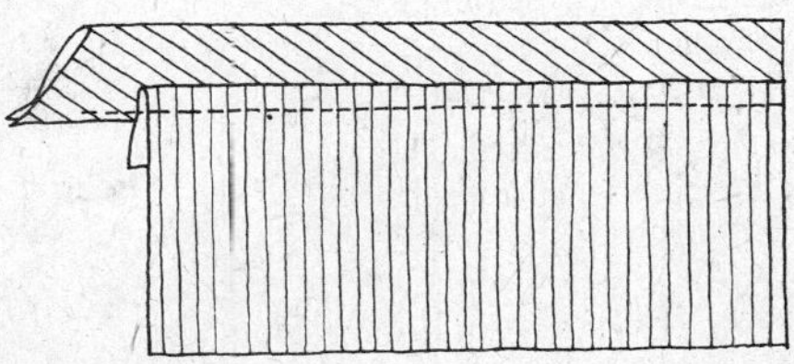

Paspel

Kleider-, Blusen- oder Nachtwäscheteil dazwischengenäht werden kann. Beim Heften ist weder zu dehnen noch einzuhalten. Verschlüsse an der Schulternaht können schon vor dem Aufnähen der Passe fertiggestellt werden.

Paßzeichen vom Schnittmuster werden genau auf die Stoffteile übertragen; sie geben an, wie die Ränder der einzelnen Teile zusammengehören, z. B. die der Ärmel und der Armlöcher.

Perlen und Pailletten können die Eleganz und/oder Extravaganz eines Modells unterstreichen. Muster oder Abstände können mit Bleistift auf den Stoff gezeichnet oder mit abstechenden Heftfäden markiert werden; bei durchsichtigem Stoff wird das auf Papier gezeichnete Muster untergeheftet. Mit Rückstichen wird jede Perle oder Paillette möglichst mit doppeltem Faden einzeln angenäht, damit sich beim eventuellen Zerreißen des Fadens nur wenige lösen können.

Pfriem oder Ahle ist ein nadelartiges Werkzeug zum Vorstechen von Löchern in Leder, Pappe oder textile Flächengebilde; schneidertechnisch wird es auch Locheisen genannt.

Pikieren bedeutet in der Pelzverarbeitung das Aufnähen von Stoff auf die Lederseite des Fells, um die Haltbarkeit der Pelze zu erhöhen und einen besseren Sitz zu gewährleisten. Ähnlich wird beim Schneidern verfahren, um Vorderränder und Kragen an Jacketts u. ä. durch Einlagen zu verstärken, die in Revers und Kragen mit Pikierstichen gehalten werden. Dabei werden Oberstoff und Einlage übereinander leicht gewölbt mit der linken Hand gehalten. Mit kleinen waagerechten Stichen wird in beide Stofflagen gestochen, wobei vom Oberstoff jeweils nur etwa zwei Fäden mitgenommen werden; der Faden wird über der Einlage stets schräg nach unten geführt, so daß nach jeweils einer Reihe das zu pikierende Stück gedreht wird und auf diese Weise Reihen abwechselnd nach unten und nach oben führender Schrägstiche entstehen.

Plissee besteht aus schmalen maschinell gepreßten Fältchen. Zum Pressen eignen sich leichte Wollstoffe, reine Seide und Gewebe aus synthetischen Fasern. Vor dem Pressen muß der Rocksaum schon ausgeführt werden; für die Weite wird etwa das Dreifache des Umfangs berechnet – ganz gleich, ob einfaches oder Stehplissee ausgeführt werden soll. Lediglich Sonnenplissee, dessen Falten nicht gerade verlaufen, sondern nach unten zu breiter werden, wird in viertel- oder halbkreisförmigen Bahnen zugeschnitten und gepreßt. Hierbei wird auch der Saum erst nach dem Pressen ausgeführt, um eine gleichmäßige Rundung zu erzielen; entsprechend muß nach dem Säumen des Randes, sorgfältig den Plisseefalten folgend, nachgebügelt werden.

Bei sog. Spar- oder Gruppenplissee wechselt ein glattes mit einem plissierten Stück, und die Falten können in einer oder auch in zwei Richtungen angeordnet sein; der Stoffverbrauch ist hierbei geringer.

Bei allen Plisseearten wird nach dem Pressen der obere Rand durchgeheftet oder in Hüfthöhe jede Falte mit einem Stich gehalten, damit die Fältchen am Bund auf Taillenweite übereinandergeschoben werden können.

Rändeln s. Zackeln

Rechts auf rechts bedeutet stets, daß z. B. beim verstürzten Aufnähen einer Blende, Klappe oder Leiste deren rechte Stoffseite auf der rechten des anderen Stoffteils liegen muß, damit nach dem Wenden oder ↗ Verstürzen der Teile stets die rechte Seite obenauf ist.

Reihen s. Einreihen

Reißverschlüsse werden wegen ihrer praktischen Handhabung und Verarbeitung an nahezu allen Arten von Kleidungsstücken verwendet, je nach Stoffart und Verwendungszweck in verschiedener Stärke und Ausführung. Am zweckmäßigsten wird der Reißverschluß in geschlossenem Zustand straff eingenäht, wobei der Stoff glatt gezogen, aber nicht gedehnt werden darf. Am einfachsten läßt sich der Reißverschluß mit dem Kantenstepper der Nähmaschine an den Schlitzrändern festnähen.

Bei verdecktem Schluß an Röcken z. B. wird die Nahtzugabe der hinteren Rockbahn nach vorn gebügelt und mit dem Kantenstepper schmalkantig dem Reißverschlußband aufgesteppt, wobei ein 2,5 cm breiter Untertrittstreifen mitgefaßt wird, der über Nahtrand und Reißverschluß reichen muß. Die zweite Seite des Reißverschlusses ist von innen an den Übertritt und nach rechts durchzuheften; dabei muß der Reißverschluß zugezogen und der Schlitzrand zugeheftet sein. Die Steppnaht ist dicht neben der Heftlinie auszuführen, am Ende schräg zur Naht verlaufend.

An Reißverschlußtaschen muß der Schlitz im Stoff mit gegengesetztem Futterstreifen gesichert werden; beim knappkantigen Einsteppen des Reißverschlusses, der entweder in der passenden Farbe des Stoffes oder aber zum Schmuck in völlig abstechender Farbe gewählt wird, ist der Taschenbeutel am Futterstoff mitzufassen. (s. a. Taschen)

Generell sollten Reißverschlüsse in geschlossenem Zustand gewaschen und gereinigt werden, synthetische nicht wärmer als bei 60 °C; zu bügeln sind sie von links oder mit feuchtem Tuch von rechts.

Sollte der Verschluß einmal klemmen oder haken, ist der Schieber vorsichtig zurückzuschieben und auf eingeklemmte Fremdkörper zu prüfen. Wird die Hemmung durch kräftiges Ziehen zu überwinden versucht, können sich die Krampen verschieben, und der Reißverschluß wird unbrauchbar. Neue Reißverschlüsse können vor dem Einnähen mit Kerzenwachs oder Kernseife eingestrichen werden, um den harten Gang zu beseitigen.

Für Kleider, Blusen, Trikotagen und Strickwaren, leichte Sport- und Strandkleidung, leichte Leder-, Kunstleder- oder Plaststofferzeugnisse sind feine Reißverschlüsse zu verwenden. Mittelstarke Reißverschlüsse sind für sämtliche Hosen, Sport- und Regenbekleidung, Obertrikotagen sowie mittelstarke Leder-, Kunstleder- und Plaststofferzeugnisse zu empfehlen, während sich starke Reißverschlüsse an Leder- und Sportkleidung, Sportartikeln, Koffern und Schlafsäkken, größeren Leder-, Kunstleder- und Plaststofferzeugnissen und Innenzelten notwendig machen; in Sonderausführung werden sie für Stiefel und Schuhe verarbeitet. Die extra starken Reißverschlüsse sind an Leder- und Sportbekleidung, an großen Leder-, Kunstleder- und Plaststofferzeugnissen, an Zelten, Planen, Stiefeln und Schuhen erforderlich.

Revers s. Jackenkragen

Riegel s. Zugsäume

Rockbund bzw. oberer Rockrand müssen in der Taille fest sitzen; daher wird die Hüftweite meist durch Abnäher auf Taillenumfang eingeengt.

Beim Annähen eines Gurtbandes wird der Rockrand noch etwas eingehalten, das Gurtband in etwa 1 cm Entfernung vom Rand angenäht und nach innen umgeschlagen; zum Verschluß werden zwei Haken und Ösen angenäht.

Wird ein richtiger Rockbund gearbeitet, so wird er in doppelter Breite und mit Nahtzugabe zugeschnitten und mit einer Einlage versehen, die entweder an der späteren Innenseite des Rockbundes mit der Maschine aufgesteppt oder mit leichten Kreuzstichen der späteren Außenseite angeheftet wird. Der Bund wird rechts auf rechts dem Rock angesteppt; der Nahtrand wird zum Bund hin gebügelt und die offene Kante versäubert. Der obere Rand wird durchgeheftet und der Bund in der Ansatznaht festgesteppt.

Rundungen bzw. abgerundete Ecken an Kleidungsstücken lassen sich am besten über einen Einlagestreifen arbeiten. Dabei ist die Kante durchzuheften, der Saumrand mit der Hand sorgfältig einzureihen, die Weite gleichmäßig zu verteilen und einzubügeln. (Bei Wollstoffen ist dazu ein feuchtes Tuch aufzulegen.) Läßt sich die Weite bei starker Schweifung nicht einbügeln, werden in gleichmäßigen Abständen Fältchen gelegt, die nicht eingebügelt werden, damit sie auf der rechten Seite des Kleidungsstückes nicht zu erkennen sind.

Rüschen s. Falbeln

Samt besitzt durch die hochstehenden Florfäden einen ausgeprägten „Strich" und muß dementsprechend in einer Richtung verarbeitet werden: Bei Seidensamt kommt der Glanz am besten zur Wirkung, wenn der Flor von oben nach unten gerichtet ist. Baumwollsamt hingegen wird stets gegen den Strich verarbeitet, so daß sich nach dem Bürsten die Florfäden wieder aufrichten können und die Farbe des Stoffes dunkler und voller wirkt. Schräg aufzulegende Teile sind stets nur in einfacher Stofflage zuzuschneiden.

Da sich aufeinandergelegter Samt sehr leicht verschiebt, wird er zweimal nebeneinander geheftet und zwischen beiden Heftfäden gesteppt. Die Nähte werden keinesfalls auf dem Bügelbrett flach gebügelt, da sich die Florfäden leicht zusammendrücken und glänzende Stellen entstehen, die nur durch Dämpfen entfernt werden können. Zum Bügeln von Samt wird das Bügeleisen aufgestellt und die ausgestrichene Naht straff über die Kanten des Eisens gezogen. Eventuell kann auch ein feuchtes Tuch auf der Unterseite des Stoffes mit über das Eisen gezogen werden. Eine andere Art des Samtbügelns geschieht über eine weiche Bürste: Dazu wird der Samt mit den Florfäden nach unten auf die Bürste gelegt und mit einem feuchten Tuch leicht gebügelt. Das feuchte Tuch kann entfallen, wenn das eine Ende der Samtnaht an der Kante des Bügelbretts festgesteckt, das freihängende Ende mit der linken Hand festgehalten und mit der rechten das Bügeleisen leicht über die Naht geführt wird.

Säume richten sich in Form und Breite stets nach dem Material und nach dem Modell. In der Regel beträgt die Saumbreite 2 bis 5 cm, bei Kinderkleidern, die „mitwachsen" sollen, entsprechend mehr.

An allen Modellen wird der Saum knapp neben der Bruchlinie relativ eng geheftet und etwa 1 cm vom Saumrand entfernt mit großen Stichen zusätzlich festgehalten. Der offene Rand wird am einfachsten eingezackelt und ganz locker hohl gesäumt. Dazu wird abwechselnd ein Fädchen des Saumrandes und eines des Oberstoffes gefaßt. Der besseren Haltbarkeit wegen kann auch in lockeren Rückstichen in etwa ½ cm Abstand vom Saumrand durch den Saum gestochen und dabei je ein Fädchen des Oberstoffes mitgefaßt werden.

Bei sportlichen Modellen kann der Saum durchgesteppt werden, evtl. auch mehrfach in gleichmäßigen Abständen.

An Glockenröcken und ähnlichen rundgeschnittenen Säumen empfiehlt sich ebenfalls knappkantiges Absteppen; die Weite des Saumes muß gleichmäßig verteilt werden.

Bei Mänteln, Mantelkleidern oder Röcken aus schweren Stoffen werden die Saumränder mit leichter Einlage versehen, die etwa 2 cm breiter sein muß als der Saum, da diese im Bruch mit umgelegt und dem Oberstoff hohl angenäht wird. Auch bei Röcken aus Geweben, die sehr weich sind und sich leicht dehnen können, kann solch eine Einlage eingearbeitet werden.

Bei Stoffknappheit kann ein sog. falscher Saum aus Futterstoff oder ähnlichem Gewebe wie der Oberstoff gearbeitet werden. Dazu wird der Stoffstreifen rechts auf rechts angenäht, die Nahtränder werden zum Futterstoff hin gebügelt, und die Kante wird so durchgeheftet, daß die Ansatznaht etwa 1 mm hinter dem Bruch liegt. Der Futterstreifen wird schmal eingeschlagen und hohl angesäumt. Anstelle von Futterstoff kann auch Tresse verwendet werden, die dicht neben der Saumlinie knappkantig von rechts aufgesteppt, nach links umgelegt und dann locker gesäumt wird.

Schiebeknopflöcher s. Knopfverschlüsse

Schlingenverschluß s. Knopfverschlüsse

Schlitze können an Halsausschnitten, an Taschen, an oberen und unteren Rockrändern gearbeitet werden. Je nach Verwendungszweck ist ihre Verarbeitung verschieden.

Am einfachsten ist der untere Rockschlitz, wenn er in einer Naht ausläuft und nur mit kurzem Riegel gesichert werden muß. Soll hier am Ende einer Naht Untertritt gearbeitet werden, so kann die Nahtzugabe am oberen Schlitzrand eingeschnitten und breitgebügelt werden; zum Versäubern wird ein schmaler Stoffstreifen in doppelter Nahtbreite angesäumt.

Am oberen Rockrand wird in den Schlitz ein ↗ Reißverschluß oder ↗ Knopfverschluß eingearbeitet.

Kurze Schlitze an Halsausschnitten werden mit geraden Streifen eingefaßt, längere und auch Schlitze in Wollstoffen jedoch immer mit Schrägstreifen. Dazu wird beiden Schlitzrändern ein etwa 3 cm breiter Streifen rechts auf rechts aufgesteppt, der am unteren Rand etwas übersteht. Der Schlitzeinschnitt wird etwas verlängert, der Schlitzrand zu beiden Seiten zur Naht zu ein wenig eingeschnitten, und die Streifen werden nach links um die Nahtzugabe geschlagen und auf der rechten Seite genau in der Ansatznaht mit möglichst nicht sichtbaren ↗ Rückstichen eingenäht. Die kleinen Ecken am Schlitzrand werden ebenfalls nach links eingeschlagen und in der Schräge mit dem Streifen zusammengenäht.

Schmuckfalten s. Falten

Schnallen s. Gürtel

Schnürlöcher s. Zugsäume

Schnurstepperei wird am einfachsten mit dem Biesensatz der Zickzacknähmaschine ausgeführt, wobei die breitesten Biesen gewählt werden und auf der Rückseite des Stoffes ein starker Faden mitläuft. Bei der Geradstichmaschine wird die Schnurstepperei in doppeltem Stoff ausgeführt oder mit untergelegtem Futterstreifen. Dabei wird nach dem Steppen der ersten Naht eine weiche Baumwollschnur zwischen die beiden Stofflagen eingelegt und fadengerade eingeheftet, wobei die untere Stofflage straff gehalten wird; die Naht wird mit dem Kantenstepper ausgeführt. Danach kann die nächste Schnur eingelegt und die nächste Naht ausgeführt werden.

Schrägstreifen werden zu Paspeln und Vorstößen, zum Einfassen von Ecken und Rundungen („Einrollen") verwendet. Damit die Schrägstreifen genau diagonal zum Fadenlauf zugeschnitten werden und sich so jeder Form anpassen können, muß eine Ecke des Stoffes fadengerade umgelegt und abgeschnitten werden. Dann wird der Stoff in mindestens 3 cm breite Diagonalstreifen geschnitten; die fadengeraden Schmalseiten werden rechts auf rechts aneinandergenäht und die überstehenden Ecken abgeschnitten.

Schulternähte (Achselnähte) werden stets von der Rückenmitte aus geheftet, wobei sie etwas eingehalten werden müssen. Im Schnitt angegebene Abnäher sind entsprechend der Schulterform auszuführen. Hängende Schultern erfordern bei Jacken und Mänteln leichtes Polstern; bei Blusen oder Kleideroberteilen sind die Schulternähte zum Halsausschnitt verlaufend abzustecken. Die dadurch zu klein gewordenen Armlöcher müssen danach etwas vertieft ausgeschnitten werden.

Schürzen bedeutet schneidertechnisch umstechen; geschürzte Knopflöcher sind mit der Hand oder mit der Maschine umstochene Knopflöcher (s. d.).

Spiegelnaht wird die Naht genannt, die Kragen und Revers miteinander verbindet; sie wird mit unsichtbaren Stichen ausgeführt.

Spitzenstoff verlangt wegen seiner besonderen Struktur auch eine besondere Verarbeitung. Stärkere Spitzen (z. B. Spachtelspitze) können, da sie nicht fransen, dem Muster entsprechend ausgeschnitten und brauchen nicht versäubert zu werden. Auch können ausgeschnittene Bogen oder Einzelmotive auf Passen, Blenden oder Einsätze von Kleidungsstücken appliziert werden. Dazu werden sie mit kleinen Stichen festgenäht; oder sie werden unweit der Kante aufgenäht, ohne daß diese versäubert werden muß.

Ansatznähte werden mit Nähseide im Farbton der Spitze ausgeführt, und zwar im Muster aufeinanderliegend, und nach dem Nähen knapp beschnitten. Abnäher werden im Muster aufgeschnitten und übereinandergenäht, so daß sie wenig auffallen. Zur Randbefestigung an Hals- und Armausschnitten kann die glatte Webkante mit kleinen Handstichen dem zugeschnittenen Spitzenstoff angenäht werden, während Tüll- und Webspitzen mit Schrägstreifen aus Tüll, Seide oder Dederon eingefaßt werden.

Staffieren bedeutet an sich das Ausstatten von Kleidern mit Besatz und anderem Zubehör; beim Schneidern ist speziell das Ansäumen des Futterstoffes am unteren Rand des betreffenden Kleidungsstückes gemeint. Dazu wird das Kleidungsstück so gehalten, daß das Futter vor dem Nähenden liegt; die Nadel wird in den Saumumschlag geführt, ohne nach rechts durchzustechen, und kurz in den Futterrand gestochen.

Streifen s. Karos

Taschen gibt es in vielerlei Varianten und an nahezu allen Kleidungsstücken. Da sie in den meisten Fällen nicht nur die Funktion des Aufbewahrens erfüllen sollen, sondern vorwiegend als Schmuckelement dienen, müssen sie auch sorgfältig gearbeitet sein. Vor allem aber ist der markierte Sitz der Taschen bei der ersten Anprobe genau zu überprüfen, bevor sie dem Schnitt entsprechend ausgeführt werden.

● Am einfachsten lassen sich Taschen in der Naht arbeiten, d. h., die Taschenbeutel werden mit in die Naht gefaßt. Dazu wird der eine Teil des Taschenbeutels der hinteren Nahtzugabe neben dem Bruch angesteppt und der zweite Teil der vorderen Nahtzugabe verstürzt angesteppt. Um ein Ausbeuteln des Stoffrandes zu vermeiden, wird in Eingrifflänge Nahtband angeheftet und mit ↗ Hexenstichen fixiert, dann die Kante knapp abgesteppt oder mit Rückstichen durchgenäht. Zuletzt wird der Taschenbeutel zusammengeheftet und -gesteppt.

● Bei der Paspeltasche werden zwei Paspelstreifen rechts auf rechts entlang der markierten Schlitzlinie angeheftet und aufgesteppt. Dabei wird auf der Rückseite der im ganzen geschnittene Taschenbeutel mitgefaßt, der am oberen Ende – ebenso wie der Paspelstreifen auf der rechten Seite – etwa 2 cm über die Schlitzlinie reicht und am unteren Ende mit einem Stoffstreifen, dem sog. Spiegel, besetzt ist. Dann wird der Schlitz eingeschnitten, an den Enden jeweils schräg zu den letzten Stichen hin kurz eingeknipst, jedoch ohne dabei die Paspelstreifen mit zu erfassen, die durch den Schlitz nach links gezogen werden. Die Nähte werden breit gebügelt, die Streifen als Paspel um die Nahtränder gelegt und nach nochmaligem Bügeln mit Rückstich den Ansatznähten entlang festgenäht. Für die weitere Verarbeitung wird der Schlitz von rechts zugeheftet. Nun wird dem Schlitz der Spiegel untergeheftet und genau in der oberen Ansatznaht des Paspels und an den Querseiten von rechts festgesteppt. Anschließend werden die Seitennähte der Tasche geschlossen, wobei die Taschenecken abgerundet werden können.

● Reißverschlußtaschen werden im Prinzip wie Paspeltaschen gearbeitet (s. a. Reißverschlüsse).

● Die sog. Leistentaschen bestehen aus einem Futtertaschenbeutel und einer aufgesteppten Leiste, die schräg oder gerade gearbeitet werden kann. Dabei wird die Leiste unterhalb und ein Futtertaschenteil oberhalb der vorgezeichneten Schlitzlinie aufgesteppt; ist der Schlitz eingeschnitten, wird die Nahtzugabe an den Enden schräg eingeknipst, die Ansatznaht der Leiste auseinandergebügelt. An den zweiten Futtertaschenteil ist das Leistenfutter gleich mit angeschnitten. Es ist der Leiste, deren Ränder mit ↗ Hexenstichen um die Leineneinlage befestigt wurden, am oberen Rand und den beiden Seitenrändern anzusäumen und in der Ansatznaht, nachdem das Futter nach innen gezogen wurde, mit unsichtbaren Rückstichen festzunähen. Dann ist der Taschenbeutel zu schließen, und die Seitenränder der Leiste sind mit Hohlstichen am Kleidungsstück zu befestigen, an den Ecken jeweils mit einigen festen Stichen.

Wird die Leistentasche senkrecht gearbeitet, so muß der einen Seite des Schlitzes die Leiste und ein Taschenteil aus Futterstoff, der anderen Seite des Schlitzes ein Taschenteil aus Oberstoff, rechts auf rechts liegend, aufgesteppt werden. Auch hier werden die Ekken eingeknipst und die Taschenteile nach innen gezogen. Bei abgesteppter Taschenleiste wird die Längsstepplinie vor Ansetzen der Leiste ausgeführt; die Querseiten werden nach Fertigstellen der Tasche im gleichen Abstand vom Rand wie die Längsseite aufgesteppt, und zwar der besseren Haltbarkeit wegen von der Ansatznaht bis zur Längsstepplinie und zur Leistenecke und wieder zurück.

Aufgesteppte Taschen sind entsprechend dem Schnitt zuzuschneiden, mit Einlage und Futter zu versehen und entweder aufzusteppen oder hohl aufzunähen, wobei auch hier die Eingriffsecken mit mehreren festen Stichen zu sichern sind.
Mäntel, Kostüme und Anzüge werden häufig mit Klappentaschen versehen, ebenfalls gerade oder schräg eingesetzt. Dazu wird zuerst die Klappe gearbeitet: Entweder wird auf der zugeschnittenen Klappe die Einlage in entsprechender Größe mit Hexenstichen fixiert und die Nahtzugabe um die Einlage geheftet, dann das Futter mit kleinen Stichen anstaffiert, oder es werden Ober- und Unterstoff rechts auf rechts zusammengeheftet und -gesteppt, wobei der Oberstoff etwas weiter sein muß als der Unterstoff, danach wird ↗ verstürzt und die Kante durchgeheftet und gebügelt. Nun kann die Klappe oberhalb der Schlitzmarkierung aufgeheftet werden; oberhalb wird ein etwa 6 cm breiter fadengerechter Stoffstreifen auf dem Futterstoff für den Taschenbeutel aufgesteppt. Beim Einschneiden des Schlitzes von links dürfen Klappe und Streifen nicht mitgefaßt werden; der Streifen wird an den Schlitzenden bis zur Naht eingeknipst, nach links gewendet und die Nahtzugabe nach unten gebügelt. Der Streifen wird so umgelegt, daß ein schmaler Paspel entsteht; dann wird geheftet und in der Ansatznaht gesteppt. Die Klappe wird nach unten geheftet und in der Ansatznaht festgesteppt, wobei auf der Unterseite das zweite Taschenteil mit zu fassen ist. Nach dem Zusammennähen des Taschenbeutels werden die Schlitzenden des Tascheneingriffes auf der rechten Seite durch kleine geschürzte Riegel gesichert.
Bei der aufgesetzten Klappentasche wird die Klappe ebenfalls extra gearbeitet und nach Aufsteppen der Tasche in etwa 1 cm Abstand darüber verstürzt angenäht, nach unten gebügelt und an den Seiten mit einigen nicht sichtbaren Stichen gehalten oder aber in knapper Entfernung von der Ansatznaht nochmals nach unten abgesteppt.
Überwendliche Stiche s. Handstiche
Versäubern s. Nahtversäuberungen
Verstürzen. Nach Form geschnittene Stoffränder, aber auch Säume werden mit Form- oder Schrägstreifen verstürzt: Die Streifen werden, rechts auf rechts liegend, gesteppt, nach innen gewendet, genau dem Bruch der Naht folgend geheftet und entweder mit der Hand gesäumt oder mit der Maschine abgesteppt.
Volant ist eine Falbel oder loser Besatz aus Spitzen, Falten oder Posamenten zum Schmuck an Kleidungsstücken. (s. a. Falbeln und Rüschen)
Vorstoß bezeichnet einen rechts auf rechts aufgenähten schrägen Stoffstreifen, der nach dem Wenden nicht in der Nahtlinie, sondern etwas vorstehend festgesteppt wird. Er wird zum Befestigen von Taschenrändern bzw. -eingriffen verwendet und zum Verzieren von Armlöchern, Halsausschnitten u. ä.
Ist der Vorstoß zwischen zwei Nähten eingefaßt, meist in einer abstechenden Farbe vom Grundmaterial, spricht man von Paspel.
Wattestepperei. Hier werden drei verschiedene Stofflagen miteinander verbunden: der Oberstoff, Watteline als Zwischenfutter und das Unterfutter. Am einfachsten arbeitet sich Streifen- oder Karofutter. Bei großen Flächen wird das mit der Maschine ausgeführt, und zwar mit Kantenstepper und eingesetztem Lineal, möglichst mit Zickzackstich, um die Stepperei elastischer zu halten. Dazu muß lediglich die erste auszuführende Linie genau vorgeheftet werden; die folgenden werden parallel dazu relativ rasch gearbeitet.
In stark wattierten Teilen wird die Stepperei per Hand ausgeführt. Dazu wird das Muster auf die oberste Stofflage aufgezeichnet und mit kleinen Rückstichen von rechts nachgenäht, wobei stets darauf zu achten ist, daß auch alle drei Stofflagen mit erfaßt werden.
Sind einzelne Motive zum Schmuck von Kleidungsstücken zu wattieren, so werden zunächst Oberstoff und Unterstoff, genau dem vorgezeichneten Motiv folgend, zusammengesteppt. Von der Rückseite aus werden durch kleine Einschnitte mit dem sog. Pfriem die Motive gleichmäßig mit Watte ausgefüllt. Mit überwendlichen Stichen werden die Einschnitte wieder geschlossen.
Wäscheknopfloch s. Knopflöcher
Webpelz zu verarbeiten, ist für den Laien wesentlich einfacher, als das bei echtem Pelz der Fall ist. Und doch muß auch hier beim Zuschneiden auf den sog. Strich geachtet werden, ähnlich wie bei Samt. Beim Zusammenähen, möglichst mit Zickzackstich wegen der Elastizität, werden Härchen vom Nahtrand weggestrichen, um sie nicht mit zu

fassen. „Eingeklemmte" Haare können auch sorgsam wieder zwischen den einzelnen Stichen herausgezogen werden, um die Ansatznähte möglichst unsichtbar zu halten.

Wirkstoffe, Jersey oder Großrundstrick, sind mit kleinen Stichen zu heften und ebenfalls mit kleinen Stichen und loser Fadenspannung zu nähen, wobei der Stoff weder gedehnt noch eingehalten werden darf. Durch Mitfassen eines schmalen Nahtbandes wird das Dehnen an Verbindungsnähten völlig vermieden. Sollen aber die Nähte – analog zu handgestrickten Kleidungsstücken – nachgeben, so empfiehlt es sich, sie in kleinen Zickzackstichen auszuführen.

Zackeln, ketteln, kanteln und rändeln sind verschiedene Ausdrücke für das Befestigen eines Stoffrandes mit dem Zickzackstich der Nähmaschine.

Zugsäume werden an den Stellen von Kleidungsstücken gearbeitet, deren Weite eingehalten oder variabel gearbeitet werden soll.

● Der einfachste Zugsaum an Schlafanzughosen o. ä. wird ringsum in entsprechender Breite abgesteppt und mit Gummiband versehen; zum Auswechseln bzw. Einziehen des Gummis wird an einer Nahtstelle in der vorderen oder hinteren Mitte ein kleines Stück Naht offen gelassen.

● Für Sporthosen oder leichte Popelineshorts eignet sich ein Zugsaum aus mehreren übereinanderliegenden schmal abgesteppten Säumen, so daß mehrere Reihen Gummilitze zwischen die einzelnen Steppnähte eingezogen werden können. Die Gummibänder werden jeweils einzeln zusammengenäht, die offen gelassenen Stellen anschließend nötigenfalls mit kleinen Stichen umstochen.

● Wird an Hosen- oder Rockgurten ein verstellbarer Gummizug gearbeitet, so wird an das etwa 2 cm breite Gummiband rechts und links jeweils ein Riegel genäht, der entweder obenauf sichtbar oder im inneren Rand unsichtbar angeknöpft wird. (Für den Riegel wird in der Breite des Gummibandes aus doppeltem Stoff ein Schlauch genäht und breit gebügelt, so daß die Naht in der Mitte liegt. An einem Ende wird der Riegel zur Spitze abgenäht, gewendet und mit Knopfloch versehen, das andere Ende wird am Gummiband festgenäht.)

Für Zugsäume mit Band- oder Schnurdurchzug an Windjacken u. ä. wird in der Regel auf der linken Seite ein Futterstreifen untergesteppt. In der vorderen Mitte werden zwei Schnürlöcher gearbeitet. Diese werden in entsprechender Größe aufgezeichnet und mit Vorstichen markiert. Dann wird der Stoff innerhalb der Vorstiche dem Fadenlauf folgend in beiden Richtungen aufgeschnitten und nach innen umgeschlagen; die entstandene Bruchlinie wird mit kleinen überwendlichen Stichen dicht umnäht.

● Bei einem sog. Tunnelgürtel werden an den Zugenden Schlitze eingearbeitet. Dazu wird jeweils ein Stück Stoff diagonal zum Fadenlauf, rechts auf rechts aufgeheftet und entsprechend der Schlitzmarkierung aufgesteppt. Nach dem Einschneiden wird der Stoff nach links gezogen, festgebügelt und versäubert.

Zwickel geben vor allem angeschnittenen Ärmeln die notwendige Weite. Sie werden erst entsprechend den vorgesehenen Einschnitten eingeheftet und gesteppt, wenn Ärmel- und Seitennähte bereits ausgeführt sind. Alle Zwickel werden mit möglichst kleinen Stichen sorgfältig eingeheftet und exakt gesteppt, und zwar jede Seite des Zwikkels einzeln, beim Drachenzwickel zuerst die geraden Nähte (Abb.).

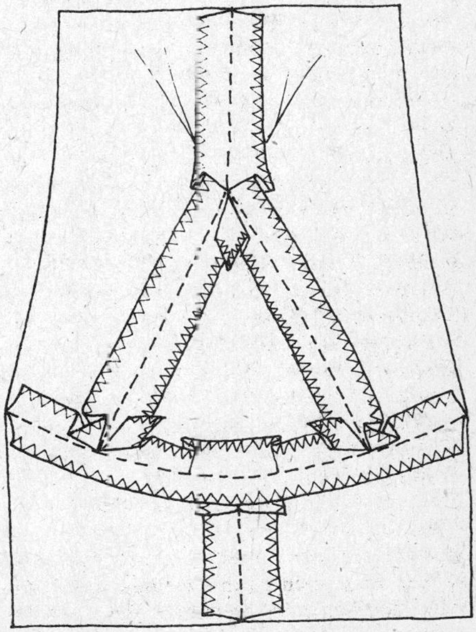

Drachenzwickel

Künstlerisches Volksschaffen

Künstlerisches Volksschaffen in der DDR ist Teil und Ausdruck einer sinnvollen Freizeitgestaltung der Werktätigen. Wie Gartenarbeit, handwerkliche Tätigkeit, Sport und andere Hobbys trägt es mit den ihm eigenen Möglichkeiten zur Bereicherung und allseitigen Entwicklung der Persönlichkeit bei. Mit welcher Intensität und in welchen Formen auch immer betrieben, prägt sich in dieser Betätigung und ihren Ergebnissen das „Schaffen nach den Gesetzen der Schönheit", wie Karl Marx formuliert, außerhalb der Arbeitstätigkeit aus.

Das künstlerische Volksschaffen erfährt in der DDR vielfältige Förderung. Darin widerspiegelt sich der Grundsatz der Kulturpolitik, allen kulturell-künstlerischen Talenten des Volkes die Möglichkeit zu geben, sich entsprechend ihren Neigungen und Interessen zu betätigen. Künstlerisches Volksschaffen versteht sich überall als Einheit von gesellschaftlich-nützlicher Freizeitgestaltung und ästhetisch-künstlerischer Persönlichkeitsbildung.

Hauptformen künstlerischer Betätigung. Gelegentliche und beständige, individuelle und kollektive Ausübung sind die Hauptformen künstlerischer Betätigung. In knapp 22000 Zirkeln und Ensembles üben über 300000 Erwachsene regelmäßig diese Freizeittätigkeit aus; hinzu kommen fast 400000 Schüler in über 25000 kulturell-künstlerischen Arbeitsgemeinschaften (Ergebnisse der Statistischen Erhebung im künstlerischen Volksschaffen 1984). Zu diesen 700000 organisierten Volkskunstschaffenden kommen wenigstens ebenso viel individuell oder zeitweilig Tätige aller Altersstufen, die Ergebnisse ihres Schaffens zu Betriebsfestspielen, zu den Treffpunkten „Kultur und Freizeit", in den Ausstellungen „Freizeit, Kunst und Lebensfreude", in den Galerien der Freundschaft, in den Talente-Wettbewerben und Preisausschreiben, zu Volksfesten, in den Klubs und Kulturhäusern, bei Solidaritätsveranstaltungen oder anderswo der Öffentlichkeit vorstellen. Ihr Wirken ist nicht weniger bedeutsam für die Entwicklung ihrer Persönlichkeit und die Bereicherung des kulturellen Angebots in Betrieben und Wohngebieten als das der Kollektive.

Fachgebiete des künstlerischen Volksschaffens sind gegenwärtig: Chor, Blasmusik, Sinfonische Besetzungen, Gemischte Besetzungen, Musikfolklore, Tanzmusik, Diskotheken, Komposition, Literarisches Schaffen, Theater, Kabarett, Puppentheater, Bühnentanz, Turniertanz, Zauberkunst, Artistik, Gemischte Ensembles, bildnerisches und angewandtes Schaffen, Film und Foto.

Seit langem erweisen sich die Fachgebiete Chor, dann mit Abstand Blasmusik und angewandtes Schaffen sowie – wiederum mit Abstand – Tanzmusik, Bühnentanz und Gemischte Besetzungen vor allen anderen als die an Mitgliedern und Kollektiven stärksten unter den Erwachsenen. Bei den künstlerischen Arbeitsgemeinschaften an den allgemeinbildenden Schulen läßt sich eine ähnliche Verteilung feststellen, die durch Singegruppen und darstellendes Spiel ergänzt wird. Diese Tendenzen haben ihre Traditionen; sie sind jedoch auch von der Verbreitung der Talente und den praktischen Möglichkeiten zu künstlerischer Betätigung im jeweiligen Territorium abhängig. Einen relativ größeren Zuspruch haben alle Fachgebiete erhalten, die zur Unterhaltung und Geselligkeit beitragen, vor allem Tanzmusik und Diskotheken. In gleicher Weise trifft das insbesondere auf das angewandte Schaffen zu, in dessen Bereich sich die gelegentliche, zeitweilige und nicht in Zirkeln ausgeübte künstlerische Betätigung konzentriert.

Etwa ein Drittel der in Zirkeln organisiert künstlerisch Tätigen sind Arbeiter. Sie konzentrieren sich besonders in Chören, Blasorchestern und in Tanzmusikformationen. Bedeutend mehr Arbeiter sind jedoch gelegentlich oder außerhalb von Zirkelformen tätig. Sie treten vor allem zu Betriebsfestspielen, in den Ausstellungen „Freizeit, Kunst und Lebensfreude" in Erscheinung. Allein zu den von den Gewerkschaften veranstalteten Betriebsfestspielen betätigen sich jährlich etwa eine halbe Million Werktätige künstlerisch.

Vor allem in ländlichen Gebieten erfüllt das künstlerische Volksschaffen Aufgaben, die weit über die Beschäftigung mit einem Kunstgegenstand hinausgehen. Volkskunstkollektive fühlen sich im Dorf immer mehr verantwortlich für das gesamte kulturelle Klima. Von der Bildungsveranstaltung im Dorfklub bis zur Gestaltung der Jugendweihe, vom Karneval bis zum Erntefest reicht das Spektrum ihrer Aktivitäten. Sie bauen auf vorhandenen Traditionen auf und entwickeln neue kulturelle Gewohnheiten. Über dem künstlerischen Resultat stehen meist geselligkeitsfördernde Aspekte.

Künstlerische Betätigung im Kinder- und Jugendalter prägt Grundeinstellungen und Verhaltensweisen für das ganze Leben. Das künstlerische Volksschaffen ist eine Bewegung der Jugend. Entscheidende Impulse gehen neben der schulischen und außerschulischen Tätigkeit vor allem von den Aktivitäten des Jugendverbandes aus. Die FDJ-Singebewegung war und ist Ausgangspunkt der Ausdehnung des künstlerischen Volksschaffens auf neue Wirkungsfelder.

Frauen und Mädchen sind der überwiegende Teil der Volkskunstschaffenden. Besonders in den Bereichen der angewandten Kunst, in der Chorbewegung, in den Bühnentanzkollektiven sind sie stark vertreten. Ihre Wünsche nach erholsamer Freizeit, nach künstlerischer Betätigung, ihr Bedürfnis, schöne und nützliche Dinge anzufertigen, bestimmen in zunehmendem Maße den Inhalt der vom DFD geförderten Klubformen, wie „Treffpunkte Kultur und Freizeit“. Sie vermitteln Anregungen, wie künstlerische Elemente stärker in den Alltag der Familie, des Arbeits- und Freizeitkollektivs eingebracht und zur ästhetischen Erziehung beitragen können.

Motivationen zum künstlerischen Volksschaffen. Viele kontinuierlich wirkende Maßnahmen sind Voraussetzungen und Wege der Entdeckung und Förderung der Talente. Darin fließen die Interessen des einzelnen an volkskünstlerischer Betätigung mit denen der Gesellschaft zusammen. Freude am schöpferischen Gestalten, bei der Bewältigung einer künstlerischen Aufgabe, bei der Vervollkommnung künstlerischer Fertigkeiten bewirken Persönlichkeitsentwicklung. Im künstlerischen Wirken vor einem und für ein Publikum sowie das eigene Beispiel als Anregung zum Mitmachen bereichern das kulturelle Leben in Klubs und zu Volksfesten, in Veranstaltungen und anderswo und vermitteln den Ausübenden bedeutende Erfolgserlebnisse.

Die künstlerische Betätigung wirkt zunächst und in erster Linie auf die Persönlichkeit des Volkskunstschaffenden selbst, auf seine Haltung und sein Verhalten. Kenntnisse, Fähigkeiten und Fertigkeiten werden erworben und Erlebnisse gewonnen. Wissenswertes und Anwendbares, Gefühl und Verstand Bewegendes wird geschaffen und vermittelt. In der Auseinandersetzung mit dem künstlerischen Vorhaben und in der Suche nach besten künstlerischen Lösungen entwickeln sich Schöpfertum, Phantasie, Gestaltungswille und Gestaltungsfähigkeit, die im künstlerischen Schaffen oftmals mit Experimentierfreude verbunden sind, zu persönlichen Eigenschaften. Durch das Erlebnis der Kunst wird die Emotionalität nachhaltig gefördert.

Erprobung und Anwendung individueller Fähigkeiten und Fertigkeiten als Freizeitbeschäftigung bereitet Vergnügen und Freude und ist eine aktive Form der Entspannung. Andere Motivationen werden von der praktischen Mitarbeit an der Pflege, Verschönerung, Gestaltung und Verbesserung der Wohn- und Lebensumwelt sowie von dem wachsenden Bedürfnis nach kulturellem Leben, nach Geselligkeit und Kommunikation in Gemeinschaft mit anderen bestimmt. Die unmittelbare Gesellschaftsbezogenheit vieler Aufgaben, Vorhaben und Betätigungen bereichert die sozialen Aktivitäten in Arbeit und Freizeit. Das fördert den Stolz auf Geschaffenes und bestätigt den nützlichen Beitrag des einzelnen zum gesellschaftlichen Ganzen. Den ideologischen, kulturpolitischen und sozialen Stellenwert des künstlerischen Volksschaffens in unserer Gesellschaft begründet es in seinen Werken und Programmen, die vor allem Ausdruck demokratischer Mitverantwortung und Mitgestaltung sind und in denen die politischen Grundideen unserer Gesellschaft künstlerische Gestalt gewonnen haben. Es ist in diesem Sinne gesellschaftliches Bewußtsein, auch als Lebensgefühl und Gemeinschaftssinn. Es ist Lebensäußerung, Bekenntnis und Erkenntnis, wie der einzelne zu den uns alle bewegenden Fragen steht, was ihn bewegt, was und womit er etwas bewegt. Es bringt Schönheit in unser Leben, in unsere Umwelt und fördert die Fähigkeit zu genießen. Es schafft Vorstellungen von unseren Werten und Idealen und formt ethisch-ästhetisches Wertbewußtsein. Es prägt die Beziehungen der Menschen untereinander mit und ist von fröhlichen Festen und eindrucksvollen, emotional lange nachwirkenden Feiern nicht wegzudenken. Es bereichert Unterhaltung, Kommunikation und wirkt in den kulturellen Alltag hinein. Jeder hat seine Gründe, sich einem Volkskunstkollektiv anzuschließen. Ihre Beachtung bei der künstlerischen Anleitung, bei Proben und Auftritten – beim Fordern und Fördern erhöht das Engagement. Als befriedigend wird empfunden, was das Leben reicher, angenehmer und schöner macht, was gestattet, es zu genießen, Gedankenaustausch zu pflegen, Bildung zu erwerben, was unterhaltend und erholsam ist, sich und anderen Freude bringt. Diese und ähnliche Motive finden im volkskünstlerischen Schaffen Beachtung, und es entfalten sich Persönlichkeitseigenschaften, die dann auch in anderen Lebensbereichen wirksam werden.

Entwicklung von Kunstbedürfnis und Kunstsinn. Im Erleben, mehr jedoch beim Gestalten von Kunstwerken werden bildhafte Anschauung, Vorstellungsvermögen und Phantasie gefördert, die zu tieferer Erkenntnis der Wirklichkeit führen. Lebenserfahrungen werden bestätigt. Eine künstlerische Aufgabe schult Beobachtungsgabe und Beurteilungsvermögen. Das Suchen nach künstlerischen Lösungen, die dem Inhalt gemäße Anwendung künstlerischer Gestaltungsmittel weckt die Lust am Ausprobieren, die Freude am sinnvollen Experiment. Wie in der ökonomischen, so wächst auch in der künstlerischen Produktion die Fähigkeit, mit der „Technologie“, mit den Sprach- und Handwerksmitteln umzugehen – stets in Zusammenhang mit bestimmten Aufgaben – und festigt sich so immer wieder aufs neue. Handwerksbewußtsein und Entwicklung schöpferischer Gestaltungskräfte bilden ein Ganzes. Hier sind Persönlichkeitseigenschaften und Fertigkeiten genannt, die auch in anderen beruflichen und Lebenstätigkeiten „gebraucht“ werden und an deren Herausbildung die eigene künstlerische Betätigung gemeinsam mit anderen Aktivitäten Anteil haben kann, und deren Wirkung auf die ästhetisch-künstlerische Bildung und Verhaltensweise unbestritten ist. Durch Kunsterlebnisse wird die Emotionalität nachhaltig gefördert, können Zusammenhänge unseres Lebens bildhaft-konkret entdeckt und gestaltet werden. Das setzt ein bestimmtes Eindringen in das Wesen der Kunst und in ihre Gesetzmäßigkeiten voraus. Umgekehrt trägt die eigene künstlerische Betätigung zur Ausbildung eines „kunstsinnigen und schönheitsgenußfähigen Publikums“ (Marx) bei, weil die künstlerisch-praktische Auseinandersetzung mit der Wirklichkeit und ihre Gestaltung in künstlerischen Bildern den Kunstsinn und das Kunstverständnis des Menschen vertiefen.

Die Einwirkung der künstlerischen Betätigung auf die Entwicklung von Kunstbedürfnis und Kunstsinn erfolgt vor allem über das kritische Verhältnis zum eigenen künstlerischen Schaffen und die höheren Ansprüche bei der Rezeption von Kunstwerken. In gewissem Sinne erfüllt sich diese persönlichkeitsbildende Komponente vor allem dann, wenn die Kunstproduktion mit einer gründlich betriebenen Kultivierung der Wahrnehmung durch die Sinne sowie der Pflege des Gedächtnisses, der Aufmerksamkeit, der schöpferischen Phantasie, der Gefühle und des persönlichen Temperaments einhergeht. Kunstausübung bringt so auf eine besondere Weise gesellschaftliche Erfordernisse und persönliche Interessen in Übereinstimmung. Der Bezug zum gesellschaftlich bedeutsamen künstlerischen Vorhaben bereichert das Wissen vom Menschen und von seinen gesellschaftlichen Beziehungen, vertieft die Weltanschauung und läßt den Sinn des Lebens begreifen. Sie bildet ganz besonders die Fähigkeit heraus, Gesellschaftliches im Individuellen, Individuelles im Gesellschaftlichen zu erfassen. Künstlerische Betätigung formt die Bereitschaft und den Willen, sich in gemeinschaftliche Anliegen einzuordnen. Besonders in den kollektiven Formen künstlerischer Betätigung, aber auch durch die sozialen und kommunikativen Beziehungen zwischen Kunstausübenden und ihrem Publikum ist sie Träger von Gemeinschaftserlebnissen. Aus dem erreichten materiellen und kulturellen Lebensniveau der Werktätigen in unserer Republik und der sich entwikkelnden sozialistischen Lebensweise, aus dem erreichten Zuwachs an Freizeit, Bildung, sozialer Sicherheit, dem Niveau des Wohnens und des Lebens entstehen neue Bedingungen und Anforderungen für ein vielseitiges, inhaltsreiches und lebensveränderndes künstlerisches Volksschaffen.

Wirksamkeit in der Öffentlichkeit. Gesellschaftliche Höhepunkte haben seit eh und je einen stimulierenden Einfluß auf die Leistungsfähigkeit des künstlerischen Volksschaffens. Insbesondere sind die Arbeiterfestspiele, die Jugendfestivals, die Tage der Volkskunst im Palast der Republik sowie zentrale Leistungsschauen auf den einzelnen Fachgebieten lebendiger Beweis, was durch Förderung an Qualität und Wirksamkeit erreicht werden kann. Der Kreis derer, die mit beachtlichen künstlerischen Arbeiten und Programmen zu solchen Anlässen auftreten, erweitert sich ständig. Charakteristisch ist, daß sich die Volkskunstschaffenden dabei der Öffentlichkeit mit Neuschöpfungen vorstellen. Solche Höhepunkte, deren Kalender jährlich durch Fest- und Feiertage, Jubiläen, Festspiele in Bezirken und Kreisen, auf einzelnen Kunstgebieten und zu künstlerischen und anderen gegenwärtigen Anlässen erweitert wird, sind stets von großer Öffentlichkeitswirkung geprägt. In etwa zwei Drittel aller Kreise der DDR wird die künstlerische Gestaltung der Feste und Feiern hauptsächlich vom künstlerischen Volksschaffen getragen. Gesellschaftliche Höhepunkte fördern gesellschaftliche Initiativen der Volkskunstschaffenden, Gelegenheiten zu öffentlicher Rechenschaftslegung und vermitteln neben dem Erlebnis Anregungen und Erkenntnisse für die weitere Arbeit. Deutlicher wird in der volkskünstlerischen Praxis der dialektische Zusammenhang von Höhepunkt und Alltag – sei es, daß sich die kulturellen Bedürfnisse nicht mit dem Angebot zu Höhepunkten befriedigen lassen, daß das Verhältnis von Aufwand und Nutzen nach Vervielfachung der Wirksamkeit drängt oder daß sich für die Mehrheit der Volkskunstschaffenden als Hauptwirkungsfeld all die Orte und Gelegenheiten erwiesen haben, wo die Werktätigen Erholung und Entspannung suchen. Leistungsfähigkeit, Einsatzbereitschaft und Erfolgserlebnisse erwachsen daher aus beider Verknüpfung.

Das künstlerische Volksschaffen wird auch künftig zur Bereicherung des Kunstlebens beitragen. In einzelnen Genres und auch im konkreten territorialen Netz des kulturellen Angebotes ist das unverzichtbar. Gerade deshalb erfordern die wachsenden Ansprüche ständig aufs neue das Ringen um hohe ideologisch-künstlerische Qualitäten sowie um eine Vervielfachung der Spitzenleistungen. Es wird vor allem dort wirksam, wo „sein“ Publikum die Freizeit verbringt: in den Klubs und Kulturhäusern, in den Naherholungs- und Urlaubsgebieten, in den Wohngebieten und Parks und an allen Plätzen, an denen zwischen Arbeit, Einkauf und Nach-Hause-Weg gern verweilt wird. Leistungsfähige Volkskunstkollektive haben ihren Platz in den Kulturangeboten der Städte und Gemeinden, in den Spiel- und Konzertplänen und in den Veranstaltungsreihen der Theater, Orchester und der Konzert- und Gastspieldirektion (KGD).

Hauptsächliche Wirkungsmöglichkeiten der Mehrheit der Volkskunstkollektive liegen in den Beziehungen eines Publikums zur Kunst, das sie sich aus ihren Arbeitskollegen und Freunden schaffen. Daraus ergibt sich eine sehr befriedigende Verbindung und Wirkung. Das Miteinander-Vertrautsein aus dem Alltag bewirkt über das Künstlerische hinausreichende Anteilnahme am Schaffensprozeß. Die Kunstrezeption hilft, die Bande gemeinschaftlicher Arbeit und sozialen Erlebens zu festigen. Insbesondere gesellige künstlerische Betätigung findet in den Veranstaltungsangeboten der Klubs und Kulturhäuser zunehmend Verbreitung. Musikalisch-literarische Programme, Chanson- und Liederabende von Solisten der Volkskunstensembles, die Wiederaufnahme in Dörfern verbreiteter traditioneller Treffpunkte, wie Hutzenabende und Spinnstuben, gehören dazu. Künstlerisch-praktische Demonstrationen animieren zum Gespräch über Kunst und regen zum Nach- und Mitmachen an.

Anregungen zum Mitmachen. Eine besondere Verantwortung tragen die Klubeinrichtungen und Treffpunkte für die Anleitung individuell ausgeübter künstlerischer Betätigung – also vor allem im Bereich der angewandten Kunst. Solche Konsultationsstellen entwickeln sich zu Zentren im Territorium, die offen für jedermann sind, mit vielen Veranstaltungsformen zum Besuch einladen und wo man auch den Rat eines Fachmannes einholen kann. Das Angebot erhält dann Zuspruch, wenn es auf aktuelle Bedürfnisse reagiert, modische Einflüsse qualifiziert und auch auf die alltäglichen Bedürfnisse der Bürger eingeht: Wie gestalte ich eine Glückwunschkarte; was spiele ich mit den Gästen zum Kindertag; wie kann ich die künstlerische und technische Gestaltung meines Urlaubsfilmes verbessern; wie fertige ich dekorative Ergänzungen für Wohnraum und Bekleidung an? Neben eigens für eine solche Anleitung engagierten Methodikern stellen sich auch erfahrene Volkskünstler aus den Kollektiven zur Verfügung. In gleicher Weise wirken publizistische Angebote in Zeitungen, wie z. B. „Wochenpost", in Zeitschriften, wie z. B. „Für Dich", „Guter Rat", oder Broschüren, wie z. B. die „Jedermann-Reihe" der Zentralhaus-Publikation. Lehrgänge an Volkshochschulen, auf volkskünstlerische Tätigkeit orientierte Kurzaufenthalte und Urlaubsreisen in Jugendherbergen, Ferienheime und Spezialistenlager vermitteln Anleitung in Form von Kursen. Die Mehrheit der Interessierten wird durch anregende und anleitende Sendungen von Fernsehen und Rundfunk erreicht, wie z. B. die „Podiumsdiskothek" des DT64, die Hobbysendung „Vom Scheitel bis zur Sohle" oder die Fernsehsendung „Alles singt".

Interesse finden besonders solche Formen und Aktivitäten, die das Bedürfnis nach Kommunikation, nach Selbstbetätigung, nach Erholung, Ausgleich, Entspannung und schöpferischer Inanspruchnahme der Fähigkeiten befriedigen. Veranstaltungen werden bevorzugt, in denen die Trennung zwischen Bühne und Publikum aufgehoben und das Publikum einbezogen, zum Mitmachen animiert wird.

Repertoire. Welches Repertoire Volkskunstschaffende singen, tanzen und spielen, welche neuen Werke Schreibende, Malende, Komponierende schaffen, ist weitgehend von den Anforderungen beeinflußt, die der Alltag und gesellschaftliche Höhepunkte stellen. Repertoireempfehlungen der methodischen Einrichtungen, der Verlage und künstlerischen Leiter haben daher auch die Frage zu beantworten, was wird wann von wem gebraucht. Es gibt offensichtlich mehr Repertoire, als in der Praxis genutzt wird. Die zunehmende Differenzierung im Leistungsvermögen wie in den Besetzungen und Zusammensetzungen der Kollektive, die Erweiterung künstlerischer Wirkungsmöglichkeiten besonders zu Geselligkeit und Unterhaltung sind ständig von dem Bedarf nach neuem Repertoire begleitet. Am künstlerisch bewältigten Thema wachsen die Volkskunstschaffenden, reift ihr ästhetischer Sinn, finden sie im Erfolgserlebnis über eine gelungene und anerkannte Arbeit die Bestätigung für ihre sinnvolle Freizeitgestaltung.

Die Qualität der Wirksamkeit hängt von der Qualität ab, mit der die künstlerische Aufgabe bewältigt wird. Sie ist zugleich eine Herausforderung des Talents und seines Könnens. Aus eigener Sicht, aus eigenem Erleben und aus der unmittelbaren Teilnahme an der Lösung von Problemen an den Brennpunkten der gesellschaftlichen Entwicklung widerspiegeln die Kollektive in ihren Arbeiten, Programmen und Vorhaben ihren Standpunkt und ihre Haltung.

Das künstlerische Volksschaffen in der DDR hat eine gute Tradition, in der ersten Reihe der Kämpfer für die Erhaltung und Sicherung des Friedens zu stehen. Seine gesellschaftliche Anerkennung wird besonders unter den gegenwärtigen Bedingungen von dem Beitrag bestimmt, den es dazu im Ensemble aller gesellschaftlichen Kräfte leistet. In Haltung und künstlerischem Gestalten muß deutlich werden, daß Weltbild und künstlerische Vorstellung übereinstimmen. Keine Kunst wird dabei ausgeklammert, die imstande ist, in aller Vielfalt und Weite der Themen, Anlässe und Handschriften auf diese die Menschen bewegende Lebensfrage Antwort zu geben.

Die Verwurzelung des künstlerischen Volksschaffens im Alltag ermöglicht auch, Antworten zu finden und zu geben nach dem Gebrauchtwerden des einzelnen, nach dem Sinn des Lebens und dem Anspruch auf Glück in der sozialistischen Gesellschaft.

Das künstlerische Volksschaffen kann sich bei diesen Anforderungen auf seine eigene Geschichte berufen. Sie reicht von der Folklore der Bauern und Handwerker über die Kunst der revolutionären Arbeiterbewegung in unserem Jahrhundert bis zur sozialistischen Volksbewegung nach der Zerschlagung des Faschismus, beim Aufbau einer neuen Gesellschaft. Stets nahmen Werktätige mit künstlerischen Mitteln Stellung zu den gesellschaftlichen Kämpfen ihrer Zeit, setzten sich ein für ein menschenwürdiges Leben, für Gerechtigkeit und sozialen Fortschritt. Lieder und Tänze, szenische und bildkünstlerische Gestaltungen allein gewinnen keine Klassenschlachten, aber sie haben von den Gesängen der Bauernheere Thomas Müntzers, über die Piscator-Inszenierungen in den zwanziger Jahren bis hin zur Verbreitung von „Spaniens Himmel" und später „Venceremos", von „Bau auf" und „Immer scheine die Sonne" große Teile des Volkes

zur Teilnahme am politischen Kampf mobilisiert. Dieses Erbe ist wertvoll und wichtig; es festigt das Geschichtsbewußtsein, zeigt, woher wir kommen, welchen Traditionen wir verpflichtet sind.
Noch vieles ist unentdeckt, muß noch angeeignet und methodisch aufbereitet werden. Als Repertoire bereichert das Erbe das künstlerische Angebot zu Höhepunkten und im Alltag. Seine Ausdrucksmittel und Gestaltungsmethoden gehören zum kunstmethodischen Instrumentarium, das von den Kulturhäusern, Klubs und Kabinetten angeboten wird. Die Folklorefestivals der DDR, Feste des politischen, des Arbeiterliedes vor allem, die besondere Verpflichtung einzelner Kollektive zur Pflege des Werkes solcher Komponisten wie Telemann, Händel, Bach und Hanns Eisler haben im Veranstaltungskalender der DDR genauso einen festen Platz wie Traditionsfeste in den Städten und Gemeinden.

Förderung des Volkskunstschaffens. Ein vielfältiges Leben im Kollektiv hat sich als Hauptweg bewährt, um den ideologischen Gehalt in der künstlerischen Aussage zu vertiefen. Herausragende Leistungen im künstlerischen Volksschaffen stehen in direktem Zusammenhang mit der entsprechenden Qualität geistiger Vorarbeit, an der das ganze Kollektiv aktiven Anteil nimmt. Sie schließt den Meinungsstreit um den künstlerischen Gegenstand, um das dem Leistungsvermögen entsprechend auszuwählende Repertoire genauso ein wie die Auseinandersetzung um Gestaltungs- und Interpretationsauffassungen, um die künstlerische Leistung. Dazu gehören Gemeinschaftserlebnisse, die die Freude an der gemeinsam verbrachten Freizeit fördern. Ansprüche an Qualität und Wirksamkeit des künstlerischen Volksschaffens sind sowohl von der verantwortlichen Leitung der Trägereinrichtung als auch vom künstlerischen Leiter durch eine anregende Gestaltung des geistigen Lebens im Zusammenhang mit und am künstlerischen Vorhaben zu unterstützen. Zirkel, die so arbeiten, bewahren ihre Attraktivität für die Volkskunstschaffenden.
Grundbedingung für die Entwicklung des künstlerischen Volksschaffens ist daher, geeignete Leiter zu gewinnen, auszubilden und ständig zu qualifizieren. Die „Spezialschulen für Leiter des künstlerischen Volksschaffens" in den Bezirken erweisen sich als die geeignete Form, wenn aus vorangehenden Elementarschulungen in den Kreisen ein unabdingbares Grundwissen sowie Fähigkeiten und Fertigkeiten künstlerischer Art angeeignet wurden.
Die künstlerischen Leiter kommen meist aus den Reihen der Volkskunstschaffenden selbst, aber viel ist auch der Gemeinschaftsarbeit mit Berufskünstlern zu danken. Ohne sie wäre das jetzige Leistungsvermögen des künstlerischen Volksschaffens kaum zu erreichen gewesen. Ihr kameradschaftlicher Rat, ihr Vorbild, ihre anleitende Tätigkeit – direkt in den Zirkeln oder in den beratenden ehrenamtlichen Arbeitsgemeinschaften – sind auch Gewähr für weiteren Qualitätsfortschritt.

Staatliche und gesellschaftliche Hilfen. Bedeutendes wird geleistet, um die Gewinnung, die Aus- und Weiterbildung sowie den Einsatz künstlerischer Leiter aus den Reihen der Volkskunstschaffenden selbst zu sichern. Großen Anteil haben Berufskünstler aller Fachgebiete an der Qualifizierung; 800 Berufskünstler sind ständig oder zeitweilig allein im Bereich des bildnerischen Volksschaffens als Zirkelleiter, als Mentoren oder als Dozenten in der „Spezialschule für Leiter des künstlerischen Volksschaffens" in den Bezirken tätig. Von 1981 bis 1984 absolvierten 1800 Volkskünstler diese Ausbildungsform. Die Entwicklung des künstlerischen Volksschaffens ist auch ein Resultat der Aktivität der staatlichen Organe und der gesellschaftlichen Organisationen. Besondere Verantwortung auf kulturellem Gebiet tragen die entsprechenden staatlichen Leitungen und die ihnen angeschlossenen methodischen Einrichtungen.
In den Kreis- und Bezirkskabinetten sowie im Zentralhaus für Kulturarbeit der DDR in Leipzig sorgen Fachmethodiker gemeinsam mit ehrenamtlich tätigen Fachleuten auf den einzelnen Kunstgebieten für Beratung und Anleitung, für Empfehlungen und Hinweise, welches Repertoire geeignet, welches Volkskunstkollektiv im Territorium das Talent weiterführen kann oder welcher methodische Ratschlag der künstlerischen Gestaltung hilft. In die Förderung der Talente sind in jedem Kreis auch Klubs und Kulturhäuser, Musikschulen und Kabinette für Instrumentalmusik sowie Konsultationsmöglichkeiten

bei den Volkskunstkollektiven selbst einbezogen. Sie alle bemühen sich darum, daß kein Talent verloren geht. An sie sollte sich auch jeder wenden, der sich in seiner Freizeit künstlerisch betätigen möchte.

Die Vorstände des FDGB, die Leitungen der FDJ, des VdgB, des DFD und die der anderen gesellschaftlichen Organisationen, die als gesellschaftliche Träger die politische Verantwortung für das künstlerische Volksschaffen tragen, bringen ihre kulturpolitischen Erfahrungen als Potenzen weiterer Entwicklung ein. Es ist eine Errungenschaft sozialistischer Volkskunstbewegung, daß die Basis ihrer Arbeit das Kombinat, der Betrieb, die Genossenschaft, der Klub oder andere Einrichtungen sind. Hier findet sie ihre geistige Heimat und ihre materielle Grundlage.

Die Förderungspolitik der staatlichen Organe und gesellschaftlichen Organisationen ist materiell und ideell vielfältig. Jährlich werden aus dem zentralen Staatshaushalt über eine Million Mark zur Auszeichnung volkskünstlerischer Leistungen zur Verfügung gestellt, dazu kommen erhebliche Mittel aus dem Haushalt der örtlichen Staatsorgane, den Fonds der gesellschaftlichen Organisationen, besonders der Gewerkschaft. In staatlichen Anordnungen ist geregelt, wie Leistungen Volkskunstschaffender stimuliert werden. Heute tragen 3316 Kollektive die Medaille „Ausgezeichnetes Volkskunstkollektiv der DDR", 192 Volkskunstgruppen Kunstpreise der Räte der Bezirke, 920 Volkskunstkollektive Goldmedaillen der Arbeiterfestspiele, 474 Kollektive den Preis für künstlerisches Volksschaffen und 3411 Ensembles, Zirkel und Gruppen andere staatliche und gesellschaftliche Auszeichnungen.

Die überwiegende Mehrheit aller Volkskunstkollektive hat in einem Betrieb, einem Klub oder in einer gesellschaftlichen Organisation einen festen Partner als Träger der materiellen und ideellen Förderung. Eine langfristige Konzeption und Planung ist Grundlage für die Entwicklung des künstlerischen Volksschaffens in allen Bezirken und Kreisen.

Gartenarbeit

Der Boden zählt zu den kostbarsten Naturreichtümern, über die wir verfügen. Ihn zu schützen und rationell zu nutzen, ist eine verfassungsrechtliche Forderung, so heißt es im Artikel 15, Absatz 1 der Verfassung der DDR.

Der Boden ist aber nicht vermehrbar – deshalb wird nicht jeder Wunsch nach einem Grundstück sofort zu erfüllen sein. Zweckmäßig ist es, sich bei einer Sparte der Kleingärtner, Siedler und Kleintierzüchter (VKSK) anzumelden. Bürger der DDR können mit 18 Jahren Mitglied dieses Verbandes werden.

Nutzung eines Kleingartens. Bei der Nutzung eines Kleingartens innerhalb einer VKSK-Sparte ergeben sich alle Rechte und Pflichten im Detail aus den Grundsätzen zur Errichtung von Kleingartenanlagen und der Kleingartenordnung. Diese regelt auch den Umwelt-, Pflanzen- und Brandschutz sowie die Kleintierhaltung und -züchtung.

Die Anlage eines VKSK-Kleingartens ist von der in der Mitgliederversammlung der Sparte beschlossenen Gestaltungskonzeption abhängig. Sie enthält Festlegungen, die den Laubentyp und dessen Standort betreffen, die Anlage der Gemüse- und Obstflächen sowie die Art und Möglichkeit der Kleintierhaltung.

Diese Gärten, etwa 300 qm groß, dienen sowohl der sinnvollen Freizeitgestaltung wie auch der Eigenversorgung mit Obst und Gemüse bzw. bei Kleintierhaltung der Erzeugung tierischer Produkte (Weißfleisch, Eier, Honig).

Neben der Sparte für intensiv zu bearbeitende Kleingärten gibt es im VKSK auch Sparten für Wochenendsiedler.

Das Wochenendgrundstück. Die Entscheidung für einen Kleingarten, der regelmäßige Pflege und Bearbeitung erfordert, aber auch Teilnahme an den gesellschaftlichen Verpflichtungen innerhalb der Sparte, oder ein Wochenendgrundstück, das zu erreichen oft mit erheblichem Zeitaufwand verbunden ist und meist einem zweiten Haushalt gleicht, wird sich aus der beruflichen und familiären Situation ergeben. Dabei sollten die Interessen der einzelnen Familienmitglieder und die zur Verfügung stehende Zeit berücksichtigt werden. Besteht das Interesse am Garten nur bei einem Partner, sollte man auf einen großen Wochenendgarten verzichten.

Erwerb eines Gartens. Beim Erwerb eines Gartens oder Wochenendgrundstücks aus Privatbesitz ist zu beachten, daß der Grundstücksverkehr der staatlichen Leitung und Kontrolle unterliegt und von den dafür zuständigen staatlichen Organen genehmigt werden muß. Wichtige Voraussetzung dafür, ein Grundstück zur Erholung nutzen zu können, ist der Abschluß eines Nutzungsvertrages. Dieser sollte folgende Vereinbarungen enthalten: Dauer des Vertrages, ob begrenzt oder unbegrenzt, ob ein Wochenendhaus oder anderes Bauwerk errichtet werden darf, wie die Fläche zu nutzen ist.

Anlage und Pflege eines Gartens hängen eng zusammen. Eine planlose Anlage zu korrigieren, kostet Zeit und Geld. Deshalb bietet bei der Übernahme oder Neuanlage eines Gartens der Lageplan, in dem alle Flächen, die Laube, Bäume und Sträucher sowie Wege maßstabgetreu eingezeichnet werden, eine gute Hilfe. Eventuelle Veränderungen können so auf dem Papier ausprobiert werden. Solch ein Plan dient auch als Grundlage für die Fruchtfolge auf den Gemüsebeeten.

Rationelle Pflege wird möglich, wenn Pflanzen mit gleichen Pflegeansprüchen zusammengefaßt werden. Unkrautbekämpfung, Wässerung und Schnitt sind um so unproblematischer, je besser die Pflanze und die Standortbedingung zusammenpassen. Hat man wenig Zeit für die Gartenpflege, dann sollte man keine pflegeintensiven Kulturen anlegen. Macht das Wetter einen Strich durch die Rechnung, kann es passieren, daß man statt nach acht Tagen erst nach vierzehn Tagen nach dem Rechten sehen kann. Deshalb sollte man auf Kulturen, die regelmäßig Wasser benötigen oder die täglich geerntet werden müssen, wie Spargel und Erdbeeren, aber auch auf zu belüftende Frühbeetkästen und Gewächshäuser verzichten.

Anlage des Wochenendgartens. Gut geeignet für Wochenendgärten sind je nach Lage und Bodenbeschaffenheit Rhabarber, Monatserdbeeren, Kernobst, Sauerkirschen, Stachel- und Johannisbeeren, Brombeeren, und bei Waldgrundstücken sollte man einen Versuch mit Kulturheidelbeeren wagen. Sie verlangen sauren Boden mit *p*H-Wert 4–4,5. Auf Radieschen, Schnittsalat, Gewürze, Tomaten, Bohnen, Kohlrabi braucht man ebenfalls nicht zu verzichten.

Neben diesen Kulturen, die den Küchenzettel bereichern, haben auch Blumen, Stauden und Gehölze ihren Platz im Wochenendgarten. Hier gibt es eine sehr große Auswahl, und es wird nicht immer leicht sein, aus der Fülle des Angebotenen das zu wählen, was den Gegebenheiten entspricht.

Staudenrabatten und -beete bepflanzt man mit niedrigen, halbhohen und hohen Stauden, deren Blütezeit sich auf das ganze Jahr verteilt. Auf solch einem Beet haben auch die Frühlingsblüher ihren Platz.

Winterharte Ziergräser und Farne sind nicht nur schön anzusehen, sie eignen sich auch gut für Trockensträuße. Immergrüne und Nadelgehölze verfehlen ebenfalls nicht ihre Wirkung. Der echte Jasmin (Jasminum nudiflorum) z. B. gehört dazu. Von November bis Februar öffnet er seine primelgelben, duftenden Blüten an milden Wintertagen. Er gedeiht am besten an geschützten Süd- und Westwänden.

Werden Schmuck- und Blütensträucher gepflanzt, hat man mehrfache Freude und Nutzen. Einmal dienen sie, herangewachsen, als Windschutz und geben außerdem Deckung gegen unerwünschte Einblicke. Weiterhin bieten sie Nistmöglichkeiten für die Vögel, die wir ja in unserem Garten heimisch haben möchten. Ihre Hilfe bei der Beseitigung von Schadinsekten ist nicht zu entbehren. Vor allem aber erfreuen uns diese Sträucher mit ihren Blüten. Bei geschickter Auswahl, dem richtigen Standort und entsprechender Pflege reicht die Blütezeit vom Frühjahr bis in den Herbst. Sträucher, deren Früchte wir nutzen können, sind besonders zu empfehlen. Zu ihnen gehören Haselnuß (Corylus), Sanddorn (Hippophaë), Hagebutte, Quitte, Mispel und als Baum die Edeleberesche. Doch auch die Kornelkirsche, deren leuchtendgelbe Blütenbüschel lange vor der Forsythie blühen, verdient mehr Beachtung. Ihre länglichen, dunkelroten Früchte fallen, wenn sie im Herbst reif sind, ab. Sie werden vom Boden aufgesammelt und verarbeitet. Unreife, am Baum sitzende Früchte sind nicht schmackhaft.

Schling- und Kletterpflanzen lassen sich in allen Gartenformen verwenden. Ob eine kahle Wand, ein unansehnlicher Zaun, eine Garage verdeckt, eine Pergola oder ein abgestorbener Baum verziert werden soll, überall bereiten kletternde Gehölze Freude.

Wasser im Garten. Zum guten Gedeihen aller Pflanzen, Bäume und Sträucher wird Wasser benötigt. Wie einfach und bequem, wenn ein Wasseranschluß vorhanden ist. Hat man keinen, dann ist Wasserdefizit der Obstbäume und der immergrünen Laub- und Nadelgehölze fast immer die Regel. Aber es lassen sich z. B. Plattenwege, wie sie in vielen Gärten vorhanden sind, so anlegen, daß das Wasser nicht auf ihnen stehen bleibt, sondern in die Beete abfließen kann. Überschußwasser aus der Regentonne kann mit einer Rinne, einem Rohr oder einem Schlauch dorthin geleitet werden, wo es gebraucht wird. Das läßt sich auch mit dem Regenwasser aus der Dachtraufe machen, oder wo immer sonst eine Möglichkeit dazu besteht. Zwei bis drei unterschiedlich tief eingegrabene Fässer mit Überlaufvorrichtung sorgen in Gärten ohne Wasseranschluß für einen größeren Wasservorrat. Die Wasserflächen sind mit einem Deckel zu sichern, um zu verhindern, daß Tiere Schaden nehmen. Auch an die Vögel im Garten sollte gedacht und eine flache Schale mit Wasser aufgestellt werden; es ist regelmäßig zu erneuern und dabei gleich das Gefäß mit zu säubern.

Wasser im Garten. Auffangen des Regenwassers in unterschiedlich hohen Tonnen

Bodenbeschaffenheit. Grundlage für alle Erfolge im Garten ist ein guter Boden. Von ihm hängt es hauptsächlich ab, ob eine reiche Obst-, Beeren- und Gemüseernte zu erwarten ist und ob die Zierpflanzen und Blumen gedeihen.

Natürlich spielen auch andere Faktoren eine wichtige Rolle. Regelmäßige Pflege, also Hacken, Jäten, Gießen, sind unerläßlich. Auch die Qualität des Saatgutes ist von Bedeutung. Überlagerter Samen bringt nur geringe Erträge oder geht gar nicht erst auf. Eine Keimprobe gibt Aufschluß über die Keimfähigkeit.

Unterschieden wird zwischen leichten, mittelschweren und schweren Böden. Ein idealer Boden ist durch gute Krümelstruktur gekennzeichnet. In diesem Zustand weist er günstige Wasser-, Luft- und Wärmeverhältnisse auf, die gute Pflanzenentwicklung bewirken. Deshalb hat die Bodenpflege bei Böden, die diese Eigenschaften nicht besitzen, folgende Aufgaben:

- Lockerung des Bodens zur Regelung seiner Struktur
- Regelung des Wasserhaushaltes
- Verbesserung der Luftzufuhr und der Bodentemperatur
- Regelung des Nährstoffhaushaltes
- und Unkrautbekämpfung.

Um genaue Kenntnis über den Versorgungszustand seines Bodens zu erhalten, sollte man Bodenproben entnehmen und chemische Bodenanalysen vornehmen lassen. Dazu schickt man die Probe an eines der vom VKSK eingerichteten Bodenuntersuchungslabors, die für alle Besitzer von Gärten und kleinen Futterflächen den Reaktionsgrad (*p*H-Wert) des Bodens, den Versorgungsgrad mit Phosphor (P), den Versorgungsgrad mit Kali (K) und teilweise auch den Humusversorgungsgrad analysieren. Das Labor leitet daraus das erforderliche Düngersortiment ab und gibt Hinweise für die richtige jährliche Stickstoffdüngung. In einem Bodenprotokoll, das der Einsender vom Labor erhält, sind alle Ergebnisse festgehalten.

Mobile Gärten oder auch „Troggärten“. Sie sind eine Form der Gartengestaltung, die schon sehr alt ist und ihren Ursprung in England hat. Vielerlei Gefäße sind dafür geeignet: Holz- und Plastekübel, Beton- oder Keramikgefäße, große Schalen u. a. m. Sie alle eignen sich gut für eine konzentrierte Bepflanzung, die man dort aufstellt, wo sie als Blickpunkt wirksam wird: vor Hauseingängen, auf Terrassen, in Höfen – überall dort, wo es nicht möglich ist, die sonst üblichen Beete anzulegen.

Als unterste Lage wird Schotter (Kies, Scherben von alten Blumentöpfen) als Drainage eingefüllt; diese Schicht soll bei großen Regenfällen den Wasserablauf regulieren. Darauf kommt eine nährstoffreiche und wasser-

Mobile Gärten. Unterschiedliche Anlagen und Bepflanzungsmöglichkeiten eines Troggartens

speichernde Bodenzusammensetzung, wie sie in einer guten Kompost- oder Gartenerde enthalten ist. Die Erde wird fest angedrückt. Ein Gießrand von 2–3 cm verhindert, daß das Wasser beim Gießen wegläuft.
Voraussetzung für die Freude an einem solchen „Minigarten" ist, daß man die Pflanzen dafür sorgfältig auswählt. Sie sollten in Farbe und Form aufeinander abgestimmt sein und in ihren Ansprüchen zusammenpassen.
Es ist durchaus möglich, diese mobilen Gärten auch mit ausdauernden Gewächsen zu bepflanzen, z.B. einen winzigen Heidegarten zu gestalten. Solche Langzeitbepflanzungen gedeihen bei sachgemäßer Pflege gut und erfreuen über eine lange Zeit.
Pflanzenanzucht auf dem Fensterbrett. Wer einen Garten besitzt, möchte ihn möglichst vielseitig nutzen. Vor allem Gemüse und Obst gilt neben Blumen, Gräsern und Ziersträuchern das Interesse. Besteht keine Möglichkeit, die Pflanzen zu kaufen und ist auch kein Frühbeetkasten oder ein Gewächshaus vorhanden, so ist eine Pflanzenanzucht auf dem Fensterbrett möglich.
Dafür geeignet sind: Plastebehälter mit hohem, durchsichtigem Deckel (Kühlschrankdosen), Blumentöpfe mit übergestülptem Glas oder einer Folientüte, Minigewächshäuser aus Plaste mit Klarsichtdeckel. Der Boden des Gefäßes erhält eine Drainageschicht, bestehend aus Steinchen oder zerkleinerten Blumentopfscherben. Darauf kommt die für das Saatgut geeignete Erde. Durch das Abdecken nach der Aussaat mit einer Glasscheibe oder den genannten transparenten Materialien entsteht ein Mikroklima, das sich auf die Entwicklung der Pflänzchen günstig auswirkt. Die Saatgefäße erhalten einen hellen Platz am Fenster. Sobald die Sämlinge ihre Keimblätter voll entwickelt haben, müssen sie auseinandergepflanzt werden. Je nach Pflanzenart ist dieses Pikieren ein- bis zweimal erforderlich. Danach kommen die Pflanzen in Blumentöpfe aus Ton oder Plast, damit sie kräftige Wurzelballen entwickeln.
Auf diese Weise lassen sich empfindliche Kulturen, z.B. Blumenkohl, Kohlrabi, Kopfsalat, Stabtomaten, Treibhausgurken, aber auch Blumen für den Balkonkasten oder das Blumenbeet, heranziehen.
Auf der Rückseite jeder Samentüte ist vermerkt, ob eine Vorkultur erforderlich ist, oder ob der Samen gleich an Ort und Stelle ausgesät werden kann.
Ernteverfrühung und Ernteertragssteigerung sind durch die Verwendung von Folienhauben, Plastetunneln, stapelbaren Plastedächern, Frühbeetkästen aus Folie oder Glas möglich. Folienhauben werden über jede einzelne Pflanze gestülpt und mit Erde oder Drahtklammern befestigt.
Die größte Bedeutung der Folienzelte und Gewächshäuser liegt in der Möglichkeit, im ersten Halbjahr ab März/April die Ernte zu verfrühen und in den Herbstmonaten bei späten Pflanzterminen in ihnen sichere Erträge zu erreichen. Dazu ist ein Mindestmaß an Zeitaufand erforderlich sowie die Beachtung folgender Punkte:

- Bei der Frühkultur ist ein Standort ohne Schattenwirkung zu wählen.
- Bei Sonneneinstrahlung ist Lüftung nötig.
- Bei Spätfrostgefahr sind Schutzmaßnahmen erforderlich.

1

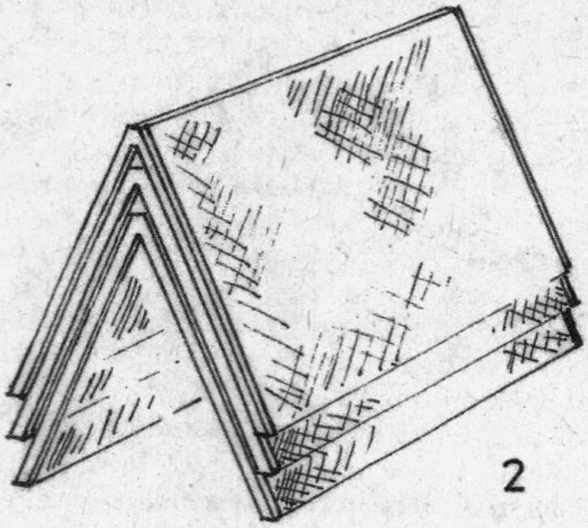

2

Ernteverfrühung und Ertragssteigerung.
1 *Folientunnel,*
2 *stapelbare Foliendächer*

Folientunnel lassen sich mit einigem handwerklichen Geschick selbst anfertigen (s. Abb.).

Als praktisch haben sich Foliendächer (s. Abb.) erwiesen, da sie, wenn sie nicht benötigt werden, übereinander gestapelt wenig Platz beanspruchen.

Ein solches Foliendach (es braucht nur 20–25 cm hoch zu sein) wird Ende Oktober/Anfang November, je nach den Witterungsverhältnissen, über die Petersilie gestülpt; so geschützt, kann sie auch im Winter frisch verwendet werden.

Jeder Kleingärtner sollte daran denken, daß ihm durch den Anbau unter Glas und Folie, einfach infolge des günstigen Kleinklimas gegenüber dem Freiland, große Vorteile erwachsen. Die Ernte wird etwa um 10 Tage, in manchen Fällen sogar um zwanzig Tage vorverlegt. Es kann mit schnellerem Wachstum und bei den meisten Gemüsekulturen mit höherem Ertrag gerechnet werden.

Mischanbau. Optimale Nutzung kleiner Gemüseflächen bietet der Mischanbau, wie er in vielen Gärten mit Erfolg angewandt wird. Zwischen Gemüsearten, die ihren Standort durch eine langsame Entwicklung zunächst nicht voll beanspruchen, werden schnellwüchsige Gemüsearten gesät oder gepflanzt. Deren Erntezeit ist bereits abgeschlossen, wenn die Kultur mit langer Vegetationsdauer die volle Fläche benötigt. So ist es möglich, zwei und sogar mehrere Gemüsearten von einem Beet zu ernten.

Auf Grund seiner kurzen Vegetationszeit von vier bis sechs Wochen ist Spinat für den Mischanbau gut geeignet:

Auf einem Beet von 1 m Breite könnten 5 Reihen Zwiebeln, 4 Reihen Schnittsalat, in die vereinzelt Radiessamen – alle 10 cm ein Korn – gelegt werden und 8 Reihen Spinat stehen (s. Abb.). Nach dem Ernten des Salates werden frühe Möhren gesät. Spinat kann auch zwischen Buschbohnen, Erbsen oder Grünkohl heranwachsen.

Der Salat bietet sich ebenfalls für den Mischanbau an. Er ist bereits geerntet, wenn die Hauptfrucht, z. B. Tomaten, mehr Platz benötigt.

Günstig ist auch eine Kombination zwischen Buschbohnen, mit einer Pflanzzeit April bis Mai, und Rosenkohl, mit einer Pflanzung im

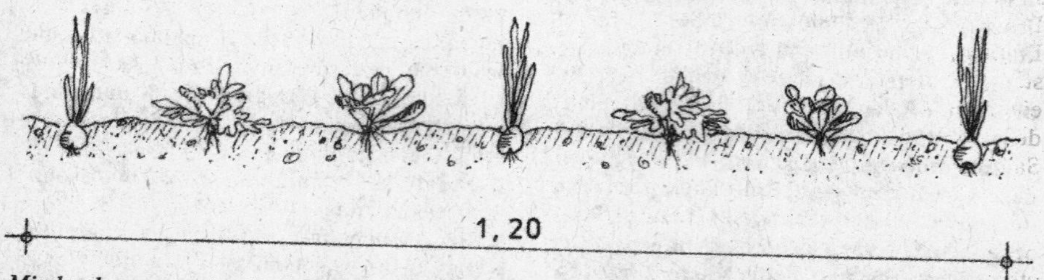

Mischanbau zur optimalen Nutzung von kleinen Gemüseflächen

Juni. Die Pflanzweite der Buschbohne beträgt 40 cm × 50 cm. In die Zwischenräume wird der Rosenkohl gepflanzt. Als eine weitere Variante, vor allem für Folienbeete geeignet, bietet sich folgendes an: Zwischen zwei Reihen von Kopfsalat oder Kohlrabi (Reihenabstand 25 cm) bzw. von Blumenkohl (Reihenabstand 40 cm) wird eine Reihe Radies gesät.
Die Möglichkeiten, auf „gemischten" Beeten unterschiedliche Gemüsearten nebeneinander anzupflanzen oder auszusäen, sind sehr groß und sollten weit mehr als bisher genutzt werden.
Der Balkon sollte nicht nur als Abstellplatz, wie es noch allzuoft der Fall ist, oder zum Wäschetrocknen verwendet werden, sondern die Wohnung sinnvoll ergänzen, sozusagen als „grünes Zimmer". Dafür werden Pflanzgefäße oder entsprechend der Bepflanzung auch größere Behältnisse benötigt.
Zweckmäßig, da stapelbar, und bei sorgfältiger Behandlung fast unverwüstlich sind Balkonkästen aus PVC oder Schaumpolystyrol. Letztere gibt es in folgenden Abmessungen: 50 cm, 32 cm oder 15 cm lang, jeweils 15 cm breit und 13 cm tief. Die unterschiedlichen Längen ermöglichen eine maximale Ausnutzung des vorhandenen Platzes. Bei neuen Kästen müssen die Wasserabzugslöcher durchstoßen werden, damit überschüssiges Wasser ablaufen kann und die Erde nicht sauer wird.
Blumenkästen oder Gefäße, die auf dem Balkon verwendet werden, müssen so gesichert sein, daß ein Umfallen oder Hinabstürzen unmöglich ist.
Die benötigte Erde erhält man in Blumengeschäften und Fachgeschäften für Gartenbedarf abgepackt in Beuteln oder – wo es möglich ist – lose in Gärtnereien.
Die Bepflanzung der Blumenkästen richtet sich nach der Lage des Balkons. Auch die Etagenhöhe ist zu berücksichtigen.
Doch nicht nur Blumen können in den Kästen gedeihen. Der kleinste Balkon kann zu einer „Schatzkammer" für die Küche werden. Viele Kräuter für Suppen, Soßen und Salate können dort wachsen. Bei geeigneter Lage und Sortenwahl reifen auch Tomaten. Für einen schnellwachsenden „nahrhaften" Sichtschutz werden Feuerbohnen in die Kästen gelegt. Die als Kletterhilfen vorgesehenen Schnüre erhalten in Abständen von etwa 10 cm Knoten, um ein Abrutschen der Ranken zu vermeiden. Sie sind am Balkon oben und unten sicher zu befestigen.
Diese Kletterhilfe mit Knoten hat sich auch bei anderen kletternden Balkonpflanzen bewährt.

Körperkultur und Sport

Geschichte des Frauensports. Im Sport war es über Jahrhunderte dem Mann vorbehalten, seinen Körper zu stählen, seine Muskeln zu trainieren und seine Leistungen im Wettkampf zu messen. Erst gegen Ende des 19. Jahrhunderts erkämpften sich die Frauen Zugang zu körperlich-sportlichen Übungen und zu bürgerlichen Turn- und Sportvereinen. Noch viele Jahrzehnte war die sportliche Betätigung der Frauen in bürgerlichen Kreisen mit Diskriminierungen und Vorurteilen verbunden. So besaßen Frauen in Sportvereinen kein Stimmrecht und wurden beispielsweise bis 1897 in der Deutschen Turnerschaft nicht einmal als Mitglieder geführt. Sie durften weder den sportlichen Übungsbetrieb anleiten noch in Vorständen von Turn- und Sportvereinen mitwirken. Für die Frauen wurden nur wenige Sportarten oder -disziplinen als geeignet eingeschätzt wie Gymnastik, einfache Spiele, Laufen, Springen und Werfen. Erst Anfang dieses Jahrhunderts erschlossen sie sich die Teilnahme an weiteren Sportarten wie Schwimmen, Handball, Turnen, Rudern und Schlittschuhlaufen.
Sporttreiben der Frauen wurde vielfach aus ästhetischen Gründen abgelehnt, weil es angeblich nicht die Anmut und Grazie der Frau fördere. Kraftanstrengung und Leistungsstreben würden zu einer Vermännlichung der Sportlerinnen führen. Starke moralische Bedenken gab es lange wegen der Sportkleidung, die Füße, Arme und Beine nicht genügend bedecken würde. Sporttreiben wurde auch aus medizinischer Sicht abgelehnt, da angeblich körperliche Anstrengungen, wie sie der Sport mit sich bringt, den weiblichen Organismus zu sehr belasten würden.
Die Frauen hatten gleichfalls große Vorbehalte zu überwinden, um an internationalen

Wettkämpfen teilnehmen zu können. Selbst Pierre de Coubertin, der sich große Verdienste um die Entwicklung der olympischen Bewegung im Geiste des Friedens und der Völkerverständigung erwarb, wandte sich gegen die Teilnahme von Frauen an Olympischen Spielen und anderen Wettbewerben. Im Jahre 1900 gestattete das Internationale Olympische Komitee den Frauen die Teilnahme an Rahmenwettkämpfen im Tennis und beim Golf. Bei den Olympischen Spielen 1912 durften sie im Schwimmen, 1924 im Fechten und erst 1928 im Turnen und in der Leichtathletik starten.

Der Ausschluß von internationalen Wettkämpfen führte zur Bildung von separaten Frauensportverbänden, z. B. in der Leichtathletik, im Schwimmen, im Rudern und im Hockey. Der 1922 gegründete Frauenweltsportverband führte 1922 (Paris), 1926 (Göteborg), 1930 (Prag) und 1934 (London) olympische Weltspiele der Frauen durch. Mit der fortschreitenden Emanzipation der Frauen im politischen und gesellschaftlichen Leben – und damit auch im Sport – und der Ausbreitung des Frauensports in immer mehr Ländern verloren diese Organisationen ihre Funktion. Ihre Aufgaben flossen in die Arbeit der internationalen Sportföderationen ein.

Eine von Anfang an progressive Haltung zur gleichberechtigten Teilnahme von Frauen an Turnen, Spiel und Sport nahm die Arbeiter-Turn- und Sportbewegung ein. Mit dem politischen Erstarken der Arbeiterklasse entstand gegen Ende des 19. Jahrhunderts der Deutsche Arbeiter-Turnerbund (ATB). Er bemühte sich aktiv um die Gewinnung der Frauen. Jedoch ließen die schwierigen Arbeits- und Lebensbedingungen gerade den Proletarierfrauen kaum Zeit und Muße für das Turnen und Sporttreiben. Sie hatten wahrlich andere Sorgen und Probleme. Außerdem fehlten Gewohnheiten und Traditionen für die körperlich-sportliche Betätigung des weiblichen Geschlechts. So fanden viele Frauen erst sehr langsam den Weg in einen Turn- oder Sportverein. 1922 beteiligten sich erstmals Frauen mit einer Massenübung am Deutschen Arbeiter-Turn- und Sportfest in Leipzig, und 1925 nahmen sie an der I. Arbeiterolympiade in Frankfurt (M.) teil.

Mit dem weltweiten Fortschreiten der Emanzipation der Frauen und aufbauend auf den in der Arbeitersportbewegung erreichten guten Ergebnissen entwickelte sich das Sporttreiben der Frauen zuerst in der Sowjetunion und nach dem Ende des 2. Weltkrieges in den sozialistischen Ländern besonders rasch und dynamisch. Frauen erhielten die gleichen Rechte und Möglichkeiten zum Sporttreiben wie die Männer und nutzten sie zunehmend bewußter. Durch das Anwachsen der Freizeit, die Verlängerung des Urlaubs, das hohe Niveau des Gesundheitswesens und vielfältige sozialpolitische Maßnahmen zur Unterstützung der werktätigen Mütter mit Kindern konnten in der DDR die Bedingungen für die sportliche Betätigung der Frauen kontinuierlich verbessert werden. Die für die bürgerliche Gesellschaft typischen ideologischen, medizinischen und ästhetischen Vorbehalte wurden schrittweise überwunden.

Die Frauen konnten ebenso wie die Männer ihre Persönlichkeit voll ausprägen. Dabei reiften gleichzeitig ihre Wünsche und Ansprüche an eine niveauvolle sportliche Betätigung. Immer mehr Frauen beziehen Sport, Spiel und Touristik in ihre Freizeitgestaltung und die ihrer Familien ein.

Mit dem Eintritt der sozialistischen Länder in die olympische Arena im Jahre 1952 vollzog sich auch ein sichtbarer Qualitätswandel in der sportlichen Leistungsbereitschaft und -fähigkeit der Frauen. Ihnen standen alle Wege offen, um ihre sportlichen Talente und Fähigkeiten zu entwickeln. Bei Olympischen Spielen, Welt- und Europameisterschaften demonstrierten sie ihr hohes Leistungsvermögen als Resultat eines langjährigen systematischen Trainings. Diese Erfolge waren immer auch ein Ausdruck der Entwicklungsmöglichkeiten der Frauen im Sozialismus. Gerade deshalb reagierten sportfeindliche Kräfte und Massenmedien kapitalistischer Länder oftmals mit Verleumdungen und Unterstellungen auf ihre sportlichen Leistungen. Sie konnten jedoch den Lauf der Geschichte nicht aufhalten. Sportlerinnen der DDR wie Christa Stubnick (geb. 1933) und Gisela Birkemeyer (geb. 1931; beide Leichtathletik), Edith Keller-Herrmann (geb. 1921; Schach), Helga Haase (geb. 1934; Eisschnellauf), Ortrun Enderlein (geb. 1943; Schlittensport), Ingrid Gulbin (geb. 1943; Wasserspringen) und Karin Janz (geb. 1952;

Gerätturnen) gehörten zu den Wegbereitern für das heute international geachtete Niveau des DDR-Leistungssports. Der Platz würde nicht ausreichen, um alle die Sportlerinnen aufzuzählen, die internationale Siege und Rekorde erreichten. Ihre Vorbildwirkung strahlt immer wieder auf die Jugend aus und spornt zu fleißigem Training und zur Entfaltung der sportlichen Talente an.

Funktionen des Sporttreibens. Die Frage, ob sportliche Betätigung lebensnotwendig oder verzichtbarer Luxus ist, wird von Frauen unterschiedlich beantwortet. Jede hat ihre Erfahrungen und Erlebnisse mit dem Sporttreiben, verfügt über mehr oder weniger Kenntnisse zum Wie und Warum sportlicher und körperlicher Aktivitäten. Es ist ein erstrebenswertes Ziel unserer Gesellschaft, daß jeder Mensch im Vollbesitz seiner physischen und psychischen Kräfte zur Mehrung des gesellschaftlichen Reichtums beitragen und ein glückliches und sinnerfülltes Leben bis ins hohe Alter führen kann. Das trifft mehr denn je gerade für die Frauen zu. Sie vollbringen hohe Leistungen im Beruf, in der Qualifizierung, in gesellschaftlichen Funktionen, bei der Kinderbetreuung und -erziehung sowie bei der Führung des Haushalts. All das darf jedoch nicht einen körperlichen Leistungsabfall fördern oder das Wohlbefinden beeinträchtigen. Aktive sportliche Betätigung kann solche Auswirkungen mindern. Bekanntlich gehört Bewegung in jedem Alter zur menschlichen Existenz. Lebenswichtige Funktionen des menschlichen Organismus müssen regelmäßig und mit entsprechenden Bewegungsreizen beansprucht werden, damit ihre Leistungsfähigkeit und -breite erhalten bleibt bzw. sich erhöht. Das betrifft vor allem das Herz-Kreislauf-System, den Stoffwechsel, die Atmung und die Muskulatur. Bei zielgerichtetem sportlichem Training weist der weibliche Organismus eine hohe funktionelle Anpassungsfähigkeit auf. Wissenschaftlich-technischer Fortschritt macht das Leben leichter und angenehmer. Er baut weitgehend körperlich schwere und einseitige Arbeit ab und reduziert damit körperliche Belastungen und Bewegungen im Alltag. Gerade deshalb ist mehr körperliche – und natürlich auch geistige – Bewegung in der Freizeit gefragt. Vor allem nichtsporttreibende Frauen fühlen sich manchmal nach einem anstrengenden Arbeitstag und auch am Wochenende körperlich instabil oder schwach. Sie sind übermüdet, überreizt und können sich aus dieser Situation schwer für körperliche oder sportliche Aktivitäten aufraffen. Durch vornehmlich passive Erholung werden jedoch die körperlichen Leistungspotenzen weder ausgeschöpft noch stabilisiert und entwickelt: Wer rastet, der rostet.

Aus diesem Teufelskreis kann die sportliche Betätigung heraushelfen:

- sie erhält und stabilisiert die Gesundheit,
- sie steigert die körperliche Leistungsfähigkeit und -bereitschaft,
- sie kräftigt die Muskulatur, stabilisiert das Skelettsystem und verbessert die Körperhaltung und Beweglichkeit,
- sie trägt zu körperlicher Frische und Fitness bei,
- sie erhöht das allgemeine körperliche, geistige und soziale Wohlbefinden,
- sie fördert eine ästhetische und sportliche Figur,
- sie stimuliert positive Lebensgefühle und Lebensfreude,
- sie erhöht die Fähigkeit, sich an unterschiedliche Belastungen und Situationen schneller anzupassen,
- sie ist Ausgleich für fehlende (z. B. Sekretärin) bzw. einseitige (z. B. Verkäuferin) körperliche Belastungen im Arbeitsprozeß,
- sie baut besser psychische Streßwirkungen und Ermüdungserscheinungen ab.

Nun darf die Wirkung des Sports auch nicht überschätzt werden. Er ist ein Faktor in einem großen Ensemble. Vorstellungen, daß durch einmaliges oder gelegentliches – und dabei vielleicht sehr intensives – Sporttreiben das Körpergewicht reduziert oder der Kreislauf stabilisiert werden können, erweisen sich in der Praxis bald als Illusion. Das führt dann nicht selten zu Enttäuschungen und Resignation. Deshalb sollten zwei Zusammenhänge bewußt gemacht werden:

Erstens: Sportliche und körperliche Aktivitäten erreichen eine umso höhere Wirksamkeit, wenn sie regelmäßig über längere Zeiträume, d. h. mehrere Jahre, ausgeübt werden. Dabei ist nicht in erster Linie wichtig, welche Sportart betrieben wird, sondern daß überhaupt etwas gemacht wird. Zu beachten ist, daß auch hier gilt: Was mit Freude getan wird, bereichert das persönliche Glücksempfinden, fördert das Wohlbefinden und erhöht auch die biologischen Wirkungen.

Zweitens: Sportliche Betätigung wirkt um so nachhaltiger auf Gesundheit, Leistungsfähigkeit und Wohlbefinden, je organischer sie in eine gesundheitsfördernde und bewegungsaktive Lebensgestaltung eingeordnet ist. Es kommt bei allem auf das richtige Maß an. So auch im Wechsel zwischen geistigen und körperlichen Beanspruchungen, zwischen Ruhe und Bewegung, zwischen Belastung und Entspannung. Empfehlenswert sind der Fußweg zur Arbeit (oder ein Teil des Weges), ein Spaziergang am Abend, aktive Bewegung an frischer Luft am Wochenende und im Urlaub, Nutzung der Sauna. Sport und gesunde Ernährung sind sehr enge Partner, wenn es gilt, eine gute Figur zu fördern oder Übergewicht zu vermeiden. Jede Frau sollte ein ausgewogenes Tages- und Wochenregime anstreben, das individuell geprägt ist, vom Inhalt und Charakter ihrer Arbeit, von der Anzahl und dem Alter der Kinder, von gesellschaftlichen Verpflichtungen, von ihren Interessen, Bedürfnissen und Hobbys sowie dem territorialen Angebot.

Organisierte sportliche Betätigung. Sie hat viele Vorteile. Übungs- und Trainingsstunden finden in einem regelmäßigen Rhythmus statt; sie können damit zeitlich gut in das Wochenregime eingeordnet werden. Sie werden durch einen Übungsleiter geleitet, der speziell für diese Tätigkeit qualifiziert ist. Er führt den Übungs- und Trainingsbetrieb nach einem Programm, das eine allmähliche Steigerung der Belastung einschließt und ein methodisch zweckmäßiges Üben unter Einbeziehung freudvoller Elemente anstrebt. Das Training erfolgt in der Regel gemeinsam mit dem gleichen Teilnehmerkreis. So können sich gute soziale Beziehungen entwickeln. Das Wohlfühlen in einer organisierten Sportgruppe hängt vor allem vom Niveau der Übungs- und Trainingsstunden, von der sozialen Atmosphäre, dem Wissen und Können des Übungsleiters und dem Zustand der genutzten Sporteinrichtungen ab. Ein Nachteil der organisierten sportlichen Betätigung kann für manche Frau darin bestehen, daß die Bindung an feste Übungszeiten nicht mit der beruflichen Tätigkeit vereinbar ist. Einige vermissen auch ausreichend Möglichkeiten zum selbständigen Mitwirken an der Gestaltung der Übungsstunde. Probleme können sich auch ergeben, wenn die Übungsstunden langweilig werden oder sich andere Bedingungen so verschlechtern, daß sich die Gruppe auflöst. Der Deutsche Turn- und Sportbund der DDR (DTSB) ermöglicht Frauen eine organisierte sportliche Betätigung in 31 verschiedenen Sportarten. Besonders viele Frauen wenden sich dabei den Sportverbänden für Turnen/Gymnastik, Kegeln, Wandern, Angeln und Volleyball zu (60% der weiblichen Mitglieder des DTSB über 18 Jahre trainieren in diesen 5 Sportarten). Darüber hinaus bestehen im DTSB etwa 11000 Allgemeine Sportgruppen, in denen sich Männer und Frauen an vielfältigen sportlichen Übungen aus verschiedenen Sportarten beteiligen können. Im Demokratischen Frauenbund Deutschlands (DFD) bestehen darüber hinaus etwa 8000 Sport- und Gymnastikgruppen. Ihre Übungsstunden finden in der Regel in Wohngebieten an Abendstunden statt. Das sind für Frauen sehr günstige Bedingungen. Organisiertes Sporttreiben wird gleichfalls in verschiedenen Sport-, Erholungs-, Freizeit- und Kureinrichtungen sowie Urlaubszentren angeboten. Viele Frauen möchten nicht sportarten-, wettkampf- und leistungsorientierten Sport treiben. Dafür wurden in den letzten Jahren die Möglichkeiten erweitert. Das Angebot ist jedoch noch nicht so vielfältig und umfassend, daß sich jede Frau, die es wünscht, in ihrem erreichbaren Umfeld einer solchen Gruppe anschließen kann. Dennoch ist für jede sportinteressierte Frau der Weg offen, sich über den Kreisvorstand des DTSB, den DFD, oder eine Sportgemeinschaft an eine organisierte Sportgruppe zu wenden. Dazu gehört es manchmal nur ein wenig Mut und Ausdauer und die Überwindung von Hemmungen und Vorbehalten. Leichter fällt dieser erste Schritt durch den Anschluß an eine Gruppe, in der bereits Familienmitglieder oder Arbeitskollegen trainieren.

Selbständige sportliche Betätigung. Sie hat gleichfalls Vorteile. Sie kann von jedem, überall und zu jeder Zeit ausgeführt werden. Sie eignet sich für das gemeinsame Üben mit der Familie, mit Freunden oder Arbeitskollegen ebenso wie für das individuelle Sporttreiben. Die Übungen oder Sportarten können selbst ausgewählt und bei Interesse auch gewechselt werden. Für die selbständige sportliche Betätigung werden über die Schule, die Berufsausbildung, das Studium, über Fernsehen, Rundfunk, Zeitungen und Zeitschriften

viele Anregungen und Tips vermittelt. Es erscheinen – insbesondere über den Sportverlag – viele Sportbücher und Anleitungsmaterialien.
Der Handel stellt in wachsendem Maße Sportgeräte für die selbständige sportliche Betätigung im Freien (alle Arten von Bällen, Tischtennisplatten und -bälle, Federballspiele) und in der Wohnung (Hometrainer, Keulen, Hanteln, Reifen, Sprossenwand, Impander) zur Verfügung. Da selbständiges Sporttreiben nicht an eine bestimmte Zeit oder einen Ort gebunden ist, hat das eigene Wollen und Sich-Überwinden auf die Regelmäßigkeit einen wesentlichen Einfluß. Dabei reicht die rationelle Einsicht, im Interesse der Gesundheit und Leistungsfähigkeit Sport zu treiben, auf die Dauer nicht aus. Erst in Verbindung mit einer engen emotionalen Beziehung zum Sport entwickeln und festigen sich dauerhafte Antriebe. Diese emotionale Seite wird wesentlich über erlebtes Wohlbefinden, Spaß, Freude und Erlebnisgehalt gefördert. Die Versuchung, wegen anderer Verpflichtungen, Abgespanntheit und Müdigkeit auf das Sporttreiben zu verzichten oder es hinauszuschieben, ist größer als beim organisierten Sporttreiben. Größere Ansprüche stellt es auch an eigene Überlegungen, z. B. welche Übungen ausgeführt werden und wie hoch die Belastung sein soll.

Sportliche Leistungsvergleiche, Wettbewerbe, Wettkämpfe. Ein wichtiges Element des Sports ist der Leistungsvergleich, der Wettkampf, das Streben nach Siegen, Bestleistungen und Rekorden. Diese Möglichkeiten sind über den DTSB in vielfältiger Weise gegeben. Sie sind vor allem für diejenigen gedacht und werden von denen genutzt, die sportlich leistungsstark sind oder regelmäßig über Jahre in einer Sportart trainieren. Es gibt jedoch auch einen anderen Bereich, der in den nächsten Jahren zunehmend ausgebaut wird. Das sind sportliche Leistungsvergleiche und Wettbewerbe mit spielerischem und freudvollem Charakter, bei denen es nicht in erster Linie um Sieger, sondern um Spaß und Freude geht. Solche beliebten Anziehungspunkte sind Familiensportfeste, Treffs für die Familie, Wanderungen, Tischtennis- und Volleyballturniere, Abnahme der Bedingungen des Sportabzeichenprogramms. Wachsenden Zuspruchs erfreuen sich auch der seit 1967 von der Zeitschrift „Für Dich“ durchgeführte spezielle Familienwettkampf sowie Spiel-, Sport- und Spaßfeste, sportliche Unterhaltungsveranstaltungen und touristische Exkursionen in Wohngebieten, Erholungs- und Urlaubszentren. Sie tragen oft den Charakter von Volksfesten bzw. sind Bestandteil solcher Veranstaltungen. Gerade für die Familien ist es empfehlenswert, diese Veranstaltungen aktiv zu nutzen, sich von Spaß und guter Laune bei Bewegung und Spiel treiben zu lassen.

Sportarten. Prinzipiell sind alle Sportarten für Frauen geeignet. Weniger verbreitet und sicher auch weniger empfehlenswert sind allerdings Sportarten mit extremen oder einseitigen Belastungen wie z. B. Boxen, Bobfahren, Eishockey, Ringen, Gewichtheben. In Abhängigkeit vom Alter der Frau sind in bestimmten Lebensabschnitten einzelne Sportarten besonders zu empfehlen. Das schließt jedoch nicht aus, daß jede in jedem Alter sich jeder Sportart zuwenden kann. Obwohl die Heraushebung sogenannter Frauensportarten jeder wissenschaftlichen und praktischen Grundlage entbehrt, entspricht eine moderne, freudvolle und attraktive Gymnastik besonders der Mentalität und den Interessen vieler Frauen.

Altersspezifik. Grundsätzlich kann jede Frau von früher Kindheit bis ins hohe Alter Sport treiben. Dabei sind Inhalt und Belastung dem unterschiedlichen Alter anzupassen. Zu berücksichtigen sind sowohl soziale Einflußfaktoren in einem bestimmten Lebensabschnitt, psychologische Aspekte als auch biologische Vorgänge.
Auch während der Menstruation können sportliche Übungen absolviert werden. Sportlerinnen leiden erwiesenermaßen weniger unter Menstruationsbeschwerden. Die Schwangerschaft verläuft bei sporttreibenden Frauen in der Regel komplikationsloser als bei Untrainierten. Deshalb sollte in dieser Zeit nicht auf sportliche Aktivitäten verzichtet werden. Dabei ist jedoch ab 4. Schwangerschaftsmonat auf Wettkämpfe und höhere Leistungsanforderungen zu verzichten. Ab 6. Schwangerschaftsmonat sollte die spezielle Schwangerschaftsgymnastik bevorzugt werden. Anleitungen dazu erfolgen durch die Frauenärzte und spezielle Heilgymnastinnen. Während der Stillzeit muß jede körperliche Anstrengung unterbleiben. Positiv wir-

ken sich leichte gymnastische Übungen, vor allem für die Stärkung der Bauch- und Rükkenmuskulatur aus. Bei regelmäßig betriebenem Sport und Spiel sind auch evtl. auftretende Beschwerden der Wechseljahre besser auszugleichen.

Bei Frauen ist im allgemeinen zunächst zwischen dem 30. und 35. Lebensjahr und später um das 45. und dann noch einmal um das 65. Lebensjahr ein deutlicher Rückgang der körperlichen Leistungsfähigkeit zu spüren. Dieser kann jedoch durch regelmäßiges Sporttreiben wesentlich später auftreten oder kaum fühlbar sein. Die nachfolgenden Empfehlungen bestimmter Inhalte und Formen des Sporttreibens für einzelne Altersbereiche stellen eine grobe Verallgemeinerung dar. Deshalb tragen sie nur den Charakter von Richtwerten. Individuell sind für das Maß des Sporttreibens letztlich das persönliche Wohlbefinden, eigene Gesundheit und Leistungsfähigkeit entscheidend.

Prinzipien sollten für jede sportliche Betätigung beachtet werden, da sie auf wissenschaftlichen Ergebnissen und praktischen Erfahrungen beruhen. Wer sich speziell mit einer Sportart oder Disziplin beschäftigen möchte, sollte sich über Fachbücher und andere Veröffentlichungen oder in einer Sportgemeinschaft die entsprechenden Kenntnisse erwerben. Wer organisch nicht vollkommen gesund ist, sollte vorher den Arzt konsultieren, welche Sportart und welche Übungen für ihn besonders geeignet sind. Das gleiche gilt für diejenigen, die bereits älter sind oder längere Zeit keinen Sport getrieben haben.

Was sollte der Anfänger, aber auch der Fortgeschrittene beachten?

- Es ist nie zu spät zum Anfangen, keiner ist zu alt zum Sporttreiben.
- Beim Neubeginn sollte allmählich der Umfang, dann erst die Intensität gesteigert werden.
- Zu Beginn können schon 10 bis 20 Minuten bei niedriger Belastung ausreichend sein, darauf aufbauend sollte schrittweise auf wöchentlich zweimal 30 bis 45 Minuten gesteigert werden.
- Der nachhaltigste Effekt wird durch lebenslanges Sporttreiben erreicht, denn körperliche Leistungsfähigkeit ist nicht speicherbar; jeder Wieder- und Neubeginn fällt schwer und kostet Überwindung.
- Regelmäßigkeit ist entscheidend; einmaliges Üben führt zu keiner Wirkung.
- Es ist besser, täglich 10 bis 20 Minuten als einmal monatlich zwei Stunden zu üben.
- Eine gründliche Erwärmung zu Beginn des Sporttreibens erleichtert das Üben, macht locker und beugt Muskelverspannungen vor.
- Die gewählten Übungen sollten möglichst den ganzen Körper und nicht nur einzelne Muskelgruppen beanspruchen; dabei ist ein ausgewogenes Verhältnis zwischen körperlicher Belastung und Entspannung anzustreben.
- Die Übungen sollen einfach und abwechslungsreich, aber nicht eintönig und langweilig sein.
- Schmerzen oder Beschwerden sind ein Zeichen für Fehlbelastung oder falsche Übungsausführung; Muskelkater zu Beginn des Sporttreibens oder nach erstmaliger Beanspruchung bestimmter Muskelgruppen ist normal und erwünscht.
- Ein tiefes Durchatmen fördert die Sauerstoffversorgung der Muskeln; Preßatmung sollte (z. B. durch Mitzählen) vermieden werden.
- Musikalische Untermalung und Begleitung möglichst nicht nur bei der Gymnastik fördert Lockerheit, Entspannung und Wohlbefinden.
- Sichtbare Erfolge stellen sich erst nach längerer Zeit ein; das Ergebnis ist vor allem am eigenen Wohlbefinden zu messen; entscheidend ist nicht der Vergleich mit Leistungen anderer, sondern die richtig dosierte Belastung entsprechend den individuellen und altersspezifischen Leistungsvoraussetzungen.
- Als allgemeiner Richtwert gilt eine Pulsfrequenz von 180 je Minute minus Alter; das Messen ist aber nicht zu übertreiben; Schwitzen ist auch schon ein aussagefähiger Gradmesser.

Sport für 18- bis 30jährige. In diesem Alter vollziehen sich im Leben der Mädchen und jungen Frauen grundlegende Veränderungen ihrer Lebensbedingungen (Beendigung der Schulzeit, der Lehre, Beginn und Beendigung des Studiums, Aufnahme der Berufstätigkeit, Heirat, Geburt von Kindern). Neue Anforderungen und Erwartungen stürmen auf die jungen Frauen ein. Bestehen keine engen Bindungen an eine Sportgruppe, wird schnell auf das Sporttreiben verzichtet, da es den Anschein hat, daß die Zeit sowieso nicht für die Realisierung aller Aufgaben und Wünsche ausreicht. Junge Frauen fühlen sich in der Regel gesund. Sie empfinden fehlende sportliche Aktivität nicht unbedingt als Mangel, da sie sich durch Haushaltsführung und Kinderbetreuung genug in Bewegung glauben. Doch gerade in diesem Alter ist es wichtig, Sport zu treiben, damit vermeidbare gesundheitliche Beeinträchtigungen erst gar keine Entstehungsmöglichkeit haben. Empfehlenswert wären für dieses Alter alle Sportarten und Übungen, die die emotionale Seite betonen:

- Pop-Gymnastik als eine Form des freudbetonten sportlichen Übens nach populärer Musik, die Bewegungsformen und Elemente verschiedener Sportarten und Tanzformen vielfältig variiert und kombiniert. Pop-Gymnastik fördert Ausdauer und Kraft, entwikkelt Beweglichkeit und Gewandtheit. Zur Untermalung eignen sich sowohl aktuelle Hits der Pop- und Tanzmusik als auch Film-, Folklore-, Jazz-, Operetten- und Musicalmelodien. Die Musik schafft eine besondere Atmosphäre; sie verbessert die Wirkung der Körperübungen auf die psycho-nervale Entspannung, aktiviert die körperliche Leistungsbereitschaft und Belastung und fördert ökonomische und ästhetisch schöne Bewegungen sowie eine gute Figur. Pop-Gymnastik erreicht ihre große Beliebtheit und hohe Wirkung vor allem durch die enge Verbindung von emotionalen Aspekten und einer gut dosierten körperlichen Belastung.
- Schwimmen, Schlittschuhlaufen, Skilauf, Wandern, Radfahren mit dem Freund oder Ehepartner bzw. der Familie oder in Gruppen von Gleichgesinnten,
- gemeinsame körperliche und sportliche Aktivitäten mit Ehepartner und Kleinkindern, vor allem an frischer Luft und in entspannter Atmosphäre (spielerische Formen, einfache Übungen zum Mit- und Nachmachen),
- Spiele aller Art von Sportspielen bis kleinen Spielformen,
- Kraftsport hat sich als beliebter und bevorzugter Fitness- und Freizeitsport entwikkelt, dem sich auch immer mehr Frauen zuwenden. Durch Heben, Stemmen und Drükken von Gewichten werden neben der Kondition Figur und Körperhaltung positiv beeinflußt. Überflüssigen Pfunden an Hüfte, Bauch und Oberschenkeln wird damit der Kampf angesagt. Das gezielte Muskeltraining dient auch der Funktionserhaltung der Gelenke sowie des Stütz- und Bewegungsapparates. Kraftsport sollte wegen der Vermeidung von Schäden durch falsche technische Ausführung oder Fehlbelastung nur unter sachkundiger Anleitung erfolgen. (Es gibt fast 200 Kraftsportsektionen in der DDR.)

Sport für 30- bis 40jährige. Für diesen Altersbereich ist typisch, daß die meisten Frauen eine Familie mit ein oder zwei Kindern haben. In der Berufstätigkeit haben sich in der Regel stabile Beziehungen zu einem Betrieb oder einer bestimmten Arbeit herausgebildet. Qualifizierungsvorhaben werden in Angriff genommen. Mit dem Größerwerden der Kinder kommt mehr Ruhe in den Tagesablauf. Es entstehen für die Frauen mehr Freiräume, die auch für das Sporttreiben genutzt werden sollten. Denen, die bis zu diesem Alter regelmäßig Sport getrieben haben, fällt das Weitermachen nicht schwer, da sportliche Aktivitäten fest in den Lebensrhythmus eingeordnet sind. Empfehlenswert ist auch, der gewählten Sportart die Treue zu halten. Die bisherigen Formen und Inhalte können ergänzt oder leicht modifiziert werden, wenn das Gefühl da ist, daß eine Seite der körperlichen Leistungsfähigkeit (z. B. Ausdauer, Kraft oder Beweglichkeit) für die Bewältigung der Alltagsforderungen nicht ausreicht. Viele der Frauen, die bis zu diesem Alter kaum Sport getrieben haben, spüren verstärkt Beeinträchtigungen ihrer Gesundheit und ihres Wohlbefindens. Das sollte als ernstes Alarmzeichen für ein Neu- oder Wiederbeginnen verstanden werden. Empfehlenswert wären

- freudvolle sportliche und körperliche Aktivitäten gemeinsam mit der Familie an den Wochenenden und im Urlaub; bei Schulkindern auch das Wetteifern, besser zu sein als Vater und Mutter; geeignet sind dafür besonders alle Spiele, Schwimmmen, Tischtennis, Federball, Skilauf;
- Pop-Gymnastik mit den oben beschriebenen Wirkungen, da im Kreise von Frauen manchem das Anfangen und Eingewöhnen leichter fällt,
- Kegeln, Volleyball, Federball, Tennis, Tischtennis möglichst in einer Sportgemeinschaft,

- Kraftsport, Surfen, Reitsport, wenn dafür spezielle Interessen bestehen und entsprechende Möglichkeiten vorhanden sind,
- Ausgleichsgymnastik ein- bis zweimal täglich im Betrieb bei fehlenden oder einseitigen körperlichen Belastungen im Arbeitsprozeß (Dehn- und Streckübungen, leichte schwungvolle Bewegungen, tiefes Durchatmen bewirken schon viel).
- Ausdauerlaufen ist in diesem Altersbereich sehr gut geeignet. Tempo und Umfang können entsprechend dem Leistungsstand und dem subjektiven Befinden variiert werden. Es sollte mit einem sehr langsamen Lauf begonnen werden, der mühelos zu bewältigen ist. Es kommt zunächst weder auf die Zeit noch auf die Streckenlänge an. Bei ausreichender Gewöhnung ist die Streckenlänge zu steigern, das Optimum wären etwa 5 km oder 30 Minuten Laufzeit bei gleichmäßigem Tempo. Aber auch kürzere oder längere Strecken sind gut und nützlich. Erst wenn eine bestimmte Strecke über längere Zeit gut bewältigt und Lust und Reiz verspürt wird, kann das Lauftempo erhöht werden. Anstrebenswert ist ein zweimaliges wöchentliches Training. Die Monotonie des Laufens kann durch geeignetes Gelände (abwechslungsreiche Strecken im Waldgelände oder um einen See) abgebaut werden. Weicher Boden und zweckmäßige – der Witterung angepaßte – Baumwollkleidung verhindern Beschwerden.

Sport für 40- bis 50jährige. In diesem Lebensalter verlassen die Kinder bereits die Familie oder befinden sich im jugendlichen Alter und gehen ihre eigenen Wege. Die Frau gewinnt mehr Freizeit – auch für den Sport. Beginnende Wechseljahre und biologisch bedingter Leistungsabfall bereiten den bis dahin regelmäßig sporttreibenden Frauen weniger Probleme. Für organisiert sporttreibende Frauen erweist sich in diesem Alter die eine oder andere Sportart nicht mehr so geeignet (z. B. Leichtathletik, Gerätturnen, Wasserspringen, Fußball). Es können stärker altersgemäße Übungen in den Trainingsprozeß aufgenommen werden. Möglich wäre jedoch auch ein „Umsteigen" auf eine andere Sportart, die bis ins hohe Alter ausgeübt werden kann (z. B. Kegeln, Schwimmen, Faustball, Wandern). Wer bis zum 40. Lebensjahr nicht oder unregelmäßig Sport getrieben hat, sollte jetzt den Start nicht verpassen. Vor Beginn sollte möglichst der Arzt (Allgemeinmediziner oder Sportmediziner) konsultiert werden (besonders bei gesundheitlichen Beschwerden). Empfehlenswert wären

- eine tägliche Morgen- bzw. Abendgymnastik von 10–20 Minuten (günstig ist eine gleiche Abfolge der Übungen über einen längeren Zeitraum, damit die Gewohnheit herausgebildet wird), es sollten alle Muskelgruppen im Sinne einer Körperschulung beansprucht werden (vom Kopf bis zu den Füßen), günstig ist vor allem morgens eine anschließende Bürstenmassage und Duschen (erst warm, dann kalt);
- Pausengymnastik im Betrieb, wie für die 30- bis 40jährigen beschrieben;
- Nutzung des Hometrainers; das ist eine sehr gute Möglichkeit des Fit-Haltens und Fit-Machens mit geringem Zeitaufwand und unter „Ausschluß der Öffentlichkeit". Es ist ratsam, mit 2–3 Minuten und niedriger Belastung zu beginnen, dann über 5–10–20 auf 30 Minuten zu steigern. Empfehlenswert wäre ein mindestens zweimaliges wöchentliches Üben (einmal am Wochenende, einmal an einem Abend eines Wochentages). Der Monotonie kann durch das Hören einer Lieblingsschallplatte oder das Ansehen eines interessanten Fernsehfilms entgegengewirkt werden;
- Schwimmen eignet sich besonders gut für dieses Alter. Das Wasser fördert die Ganzkörperbewegung, entlastet die Wirbelsäule und übt gleichzeitig eine gute Massagewirkung aus. Durch Bewegung, Wasser, Luft und Sonne wirken mehrere gesundheitsfördernde Faktoren gleichzeitig. Schwimmen – besonders im Freien – entspannt. In Schwimmhallen sollte der Ausdauereffekt betont werden. Das bedeutet, zunächst mit mäßigem Tempo 100 bis 200 Meter zu schwimmen. Danach ist die Streckenlänge zu erhöhen. Ein Optimum wären etwa 1000 Meter (d. h. 40 Bahnen in 25-m-Schwimmhallen) oder etwa 20–30 Minuten in gleichmäßigem Tempo. Empfehlenswert ist – wenn es beherrscht wird –, die Schwimmarten zu variieren (besonders günstig für die Wirbelsäule ist Rückenschwimmen!). In vielen Schwimmhallen hilft das Einspielen von Musik, Monotonie abzubauen;
- vielseitiges Ausdauertraining entsprechend den in den bisherigen Abschnitten ge-

gebenen Empfehlungen mit folgenden Variationen: im Winter: 2× wöchentlich Hometrainer wegen der Witterungsunabhängigkeit; im Frühjahr und Herbst: 1× Laufen, 1× Hometrainer; im Sommer: 1× Laufen, 1× Schwimmen, Radfahren, Wandern oder Touristik; es kann jedoch auch beliebig anders variiert werden. Wichtig wäre jedoch, über 2 bis 3 Monate die gleiche Art beizubehalten, damit es zu gewissen Stabilisierungen kommt.

- Skilaufen, Wandern, Touristik (s. folgenden Abschnitt)

Sport für 50- bis 60jährige. In diesem Altersabschnitt sind in der Regel bei nichtsporttreibenden Frauen gesundheitliche Beeinträchtigungen stärker ausgeprägt. Trotzdem ist es nicht zu spät zum Neu- oder Wiederbeginnen. Es sollte jedoch allmählich und leicht begonnen werden. Der Rat eines Arztes sollte dazu eingeholt werden. Empfehlenswert ist der Anschluß an eine Alterssportgruppe, die bereits vielerorts bestehen. Besonders geeignet sind:

- tägliche Morgengymnastik nach gleichen Prinzipien, wie für die Altersgruppe der 40- bis 50jährigen gekennzeichnet, dabei alle Übungen harmonisch und nicht ruckhaft ausüben, die Anzahl der Wiederholungen langsam erhöhen, etwas mehr Zeit dafür einplanen, da die Bewegungen langsamer erfolgen,
- Pausengymnastik im Betrieb, wie bereits beschrieben,
- Schwimmen, Kegeln, Wandern, Touristik; dabei können Umfang und Tempo an das subjektive Befinden angepaßt werden,
- viel Bewegung an frischer Luft.

Sport für über 60jährige. Im Ergebnis vielfältiger gesellschaftlicher Entwicklungsprozesse steigt die Lebenserwartung unserer Bürger. Mit dem Eintritt in das Rentenalter beginnt für viele Frauen ein neuer Tages- und Wochenrhythmus. Inhalt und Umfang sportlicher Aktivitäten sind davon abhängig, ob und mit welcher Regelmäßigkeit im bisherigen Lebensvollzug Sport getrieben wurde. Möglich ist, sich einer Alterssportgruppe anzuschließen oder selbständig zu üben. Empfehlenswert wäre – natürlich stärker als je in Abhängigkeit von Gesundheit, Wohlbefinden und allgemeiner Leistungsfähigkeit

- tägliche Gymnastik bei Musik bis zu 30/45 Minuten, die alle Muskelgruppen beansprucht; Anregungen sind Rundfunk und Fernsehen, Zeitungen und Zeitschriften zu entnehmen; gut wäre ein gleichartiges Programm über einen längeren Zeitraum, emotional günstig ist die Nutzung von Geräten (Keule, Bänder, Seil, Reifen)
- flottes Gehen, sportliches Wandern, Skiwandern, lockerer Lauf
- Schwimmen mit Nutzung der besonderen Angebote für Rentner in den Vormittagsstunden
- Kegeln, Federball, Tischtennis, einfache Sportspiele.

Wandern und Touristik

Spazierengehen und Wandern in allen ihren Formen gehören zu den beliebtesten Freizeitbeschäftigungen. Bei den Urlaubsaktivitäten stehen sie an erster Stelle. Ihre günstige Wirkung beruht auf folgenden Faktoren:

- Regelmäßiges Wandern führt zu erhöhter körperlicher Leistungsfähigkeit, die man sich damit bis ins hohe Alter erhalten kann.
- Durch regelmäßiges Wandern in gesunder frischer Luft erhöht sich die Abwehrkraft gegen viele Krankheiten.
- Die längerdauernde aktive Bewegung an frischer Luft und die Vielzahl der völlig anders gearteten Einwirkungen auf unser Nervensystem besitzen einen hohen Erholungswert.
- Das Wandern ist mit dem Erwerb neuer interessanter Kenntnisse über unsere Heimat und andere Länder und mit anregenden Erlebnissen verbunden.
- Beim Wandern entwickeln und festigen sich vielfältige Kontakte zu anderen Menschen.

Wandern ist familienfreundlich, denn die Familie kann die Wanderstrecke meist gemeinsam bewältigen; schon 3jährige Kinder laufen gut, und das Einjährige kommt im Tragegestell auf Vaters Rücken mit. Gemeinsame Wanderungen unterstützen die Festigung der Familie; es entwickeln sich dabei gleiche Freizeitinteressen über die Generationen hinweg.

Wanderziele. Die Wanderung wird von der Route bestimmt: Das Geheimnis schöner Wanderungen sind die Erlebnisse unterwegs, die den Wandertag oder den Wanderurlaub nicht vergessen lassen, denn die Natur ist voll von Sehenswürdigkeiten und Erlebbarem. Ziele der Route können sein

- Gaststätten, Tiergärten, Parks, Aussichtspunkte, Freibäder usw.
- hervorragende oder bemerkenswerte Landschaftsformen, wie Felsbildungen, Kuppen, Steilhänge, Durchbrüche, Wasserfälle, Bäche, Flüsse, Teiche, Seen, Quellen; wichtige Pflanzengemeinschaften oder einzelne herausragende Exemplare; geologische Aufschlüsse
- Dorf- und Stadtanlagen, Museen, Schlösser, Parks, technische und bauliche Denkmale, Burgwälle und -anlagen, vorgeschichtliche Fundstätten; historische Stätten und Wirkungsstätten bekannter Persönlichkeiten.

Einmal absolvierte Routen sind wiederholbar bei anderem Wetter, zu anderer Tageszeit, zur anderen Jahreszeit, in entgegengesetzter Richtung. Man wird immer wieder Neues entdecken.

Verhalten in der Natur. Richtiges Verhalten zur Natur heißt, alles zu tun, damit sie in gutem Zustand und schön weiterbesteht. Verantwortung dafür tragen staatliche und gesellschaftliche Organe, aber auch der einzelne. Folgende Regeln sollten eingehalten werden:

- Boden und Gewässer nicht verunreinigen
- Tiere nicht durch Lärm, Verlassen der Wege u. a. beunruhigen, sie nicht fangen oder töten (es sei denn für wissenschaftliche Sammlungen nach den dort vorgeschriebenen Regeln und den gesetzlichen Bestimmungen), Vogeleier nicht an sich nehmen, Nester nicht zerstören; dazu gehört, sich Kenntnis der geschützten Tiere und Pflanzen anzueignen.
- Pflanzen nicht unnötig beschädigen oder entnehmen
- Bestimmungen des Natur- und Brandschutzes unbedingt beachten
- auf andere erzieherisch im Sinne dieser Regeln einwirken.

Belastung und Erholung während der Wanderung. Die sportliche Leistung beim Wandern wird durch vielfältige Faktoren beeinflußt:

- subjektive: Alter, Geschlecht, Trainingszustand, touristische Erfahrungen, Kenntnisse und Fähigkeiten, Interessen, Ausrüstung, Bekleidung
- objektive: Geländerelief, Wetter, Erschließungsgrad der Landschaft (Wegezustand, Übernachtungsmöglichkeiten, Verkehrsverbindungen u. a.), Zahl und Bedeutung natürlicher und kultureller Objekte.

Die Vorgabe von Leistungsnormativen ist daher sehr schwierig.

Rasten. Ein guter Rastplatz soll trocken und windgeschützt sein, die Möglichkeit einer Aussicht haben oder nahe einer Quelle, eines Bach- oder Flußufers liegen.

Bei starken Mücken- oder Fliegenansammlungen ist ein zugiger Platz zu suchen und windgeschützte Kleidung anzuziehen.

Verhalten bei kurzer Rast: Gepäck ablegen, auf isolierende Unterlage setzen (sonst Entzündungsgefahr). Bei langer Wanderung zur Erholung auf den Rücken legen, Beine höher stellen (Baumstumpf, Rucksack, Wand u. a.). Kinder mit kleinen Naturbeobachtungen, Spielen oder Basteln beschäftigen.

Verhalten bei langer Rast: Mittagessen einnehmen (Gaststätte oder an Ort und Stelle selbst zubereiten, feuerschutzpolizeiliche Bestimmungen beachten); Sonnen, Baden, die Kinder beschäftigen, Ball- und andere Spiele, Üben touristischer Techniken (Orientieren, Hindernisse überwinden), Abnahme oder Üben von Bedingungen des Sportabzeichens der DDR oder des Wanderabzeichens des DWBO der DDR, Singen, Pilze und Beeren sammeln, Basteln, Naturbeobachtungen durchführen, ein kleines Museum besuchen usw.

Die Rastplätze sind stets in ordentlichem Zustand zu hinterlassen.

Hochgebirgswanderung. Der Wanderer im Hochgebirge begibt sich sowohl hinsichtlich der natürlichen Bedingungen als auch hinsichtlich der Anforderungen an den eigenen Organismus in eine extreme Situation. Daher sind bei jeder Wanderung im Hochgebirge folgende Verhaltensregeln zu beachten:

- Im Hotel oder in der Hütte sind Einzelheiten über Weg, Ziel und voraussichtliche Uhrzeit der Rückkehr zu hinterlassen.
- Man darf niemals allein gehen.
- Die einschlägigen Karten und Geländebeschreibungen sind vorher zu studieren.

- Die markierten Wege sind niemals zu verlassen, ungeplante Kletterpartien haben zu unterbleiben.
- Die Weisungen des Bergunfalldienstes sind exakt zu befolgen.
- Knöchelbedeckende Schuhe mit derber Profilsohle sind anzuziehen.
- Im Rucksack sind ständig mitzuführen: Bekleidung gegen Regen und Kälte, Trillerpfeife zum Signalisieren, Material zur ersten Hilfe, Reserveverpflegung und -getränk, darunter Traubenzucker mit Vitamin C.
- Verpackung der Lebensmittel und Abfälle sind nicht wegzuwerfen, sondern zum Tal zurückzubringen.
- Wasser aus Bächen und Seen darf nicht getrunken werden.
- Beim Abstieg ist stets dem Aufsteigenden der Weg freizugeben.
- Bei bestehender Kreislaufschwäche ist vor und nach dem Urlaub der Arzt aufzusuchen.

Vorbereitendes Ausdauertraining durch Läufe oder scharfe Märsche sowie Krafttraining durch Überwinden von steilen und langen Anstiegen hilft, die Geländeschwierigkeiten leichter zu überwinden.

Wanderkleidung. Der Wanderer ist allen Witterungsunbilden ausgesetzt; selbst bei anhaltend gutem Wetter herrschen früh, mittags oder am Abend unterschiedliche Temperaturen. Daher muß die Bekleidung immer auf die ungünstigste Wettersituation eingerichtet sein.

Wandern kann mit körperlicher Anstrengung verbunden sein. Der Körper erhitzt sich dabei und sondert Schweiß ab; dieser muß von der Kleidung aufgenommen werden können. Nach Abschluß der Wanderung ist nicht immer sofort eine Möglichkeit zur Körperpflege vorhanden. Daraus ergeben sich die Anforderungen an wandergerechte Kleidung:

- Schutz vor Niederschlägen, Kälte, Wind
- Ableitung von Körperwärme und Schweiß nach außen
- Material: Wolle oder Baumwolle, Mischungen mit Synthetiks, aber auch Wolpryla-Hochbausch werden meist gut vertragen; andere rein synthetische Stoffe sind abzulehnen.

Die Auswahl der Kleidungsstücke wird bestimmt durch

- das Wandergebiet, also Tiefland oder Mittelgebirge, Verbindung mit Stadtaufenthalt
- die Jahreszeit und die davon abhängige Witterung
- die Wanderroute, mit Rückkehr zum Ausgangspunkt oder weiteres Entfernen von diesem
- Art der Wanderung, ob volkssportliche oder Sportwanderung, Tages- oder Mehrtagewanderung
- Art der Fortbewegungsmittel, Fußwanderung, Fahrrad, Boot usw.

Für den zusätzlichen Schutz gegenüber Witterungsunbilden sind empfehlenswert:

- als Windschutz: Anorak oder Kutte mit Kapuze; Mütze (im Winter ohrenbedeckend); Handschuhe, Schal
- als Regenschutz: Regenschirm (Knirps), Umhang aus gummibeschichtetem Dederon, Plastumhang oder -mantel, imprägnierte Kutte oder Anorak
- als Kälteschutz: 2–3 dünne Pullover, auch in Kombination mit Flanellhemd oder Strickweste; Mütze, Handschuhe, Schal. (Nicht empfehlenswert sind: „Gebirgshut“ aus Filz und Rollkragenpullover.) Auf dem Fahrrad muß die Oberbekleidung die Nierengegend bedecken.

Als Hosen können alle sportlichen Hosen, vom Trainingsanzug angefangen, empfohlen werden. Kniebundhosen vermindern im Gebirge die Unfallgefahr (Verfangen an Gebüschen oder Steinen). Sie können aus alten Hosen selbst hergestellt werden. Im Boot sind Trainingshosen, auf dem Fahrrad Kniebund- oder Radfahrhosen und beim Skilaufen Kniebund- oder Keilhosen günstig.

Schuhe müssen eingelaufen sein, d. h., sie sind vor der Wanderung so lange zu tragen, bis sich der Schuh dem Fuß angepaßt hat.

Strümpfe müssen gewaschen sein, ohne Stopfstellen an Ballen und Ferse; für Kniebundhosen gibt es Spezialstrümpfe.

Verpflegung. Bei Tageswanderung: Belegte Brotschnitten oder Brötchen, aber auch Brot, Dauerwurst und Käse im Stück; kleine Wurstkonserven, Schokolade; gegen Ermüdung oder vorzeitigen Hunger: saure Drops, Traubenzucker mit Vitamin C oder Schokolade mit Traubenzucker; Tee, Äpfel, rohes Gemüse nach Bedarf und Geschmack. Bei größerer körperlicher Anstrengung oder niedriger Temperatur: mehr Schokolade, Nüsse, Vitamin C. Zum evtl. Abkochen: Beutelsuppen, Tee, evtl. Nahrungsmittel wie Teigwaren, Haferflocken usw.

Bei Mehrtagewanderungen: Verpflegung wie bei der Tageswanderung, dazu eine Reserve, die nur in extremen Situationen verwendet wird: Knäckebrot, Dauerwurst, Erdnüsse, „Studentenfutter", Traubenzucker; die Trinkflasche ist bis zum Abschluß der Wanderung nur bis auf ¼ des Inhalts zu leeren (Getränkereserve).

Lebensmittel müssen so beschaffen oder verpackt sein, daß sie unterwegs nicht zerdrückt werden können; daher sind Streichwurst, rohe Eier oder Nahrung in Glasgefäßen nicht mitzunehmen. Als Verpackungsmaterial sind Alufolie und Alugefäße empfehlenswert. Haltbar sind Rauchwurst, Konserven, gesalzenes Fleisch. Getränke sollten in Plast- oder Feldflaschen mitgenommen werden; bei kurzen Wanderungen sind Glasflaschen möglich.

Sonstige Ausrüstungsgegenstände für Wanderungen sind

- Socken und Unterwäsche zum Wechseln, Bade- und Turnhose
- Taschenmesser mit Korkenzieher, Büchsen- und Flaschenöffner
- Karten, Wanderführer, Uhr, evtl. Kompaß, Taschenlampe
- Personaldokumente, Versicherungs- und Sportausweis, Zeltgenehmigung, Geld; bei Booten Registrierschein
- Fotoapparat, Fernglas
- kleine Apotheke für Erste Hilfe, persönliche Medikamente
- Schaumstoffplatte: dick zum Sitzen, dünn zum Kälteschutz (unterm Pullover am Rükken)
- Sport und Beschäftigungsmaterial für die Zeit des Rastens, Bestimmungsbücher.

Wandern mit Kindern. Kinder sind im Familien- oder Bekanntenkreis gute Wandergefährten. Innerhalb seines Leistungsvermögens gefordert, wird ein gesundes Kind nur selten durch sein Verhalten oder seine geringere körperliche Leistungsfähigkeit störend wirken. Allerdings muß ein bestimmter Wechsel von Belastung und Erholung eingehalten, evtl. müssen sogar längere Rasten eingelegt werden. Klagen des Kindes während des Gehens über Müdigkeit oder Langeweile sind meist psychisch und nicht physisch bedingt. Das zeigt das lebhafte Verhalten der meisten Kinder während der Rast.

Vor Erreichen des Rastplatzes kann das Kind durch Gespräche, durch Singen, durch Beobachtungen am Wege u. a. abgelenkt werden. Hinweise auf die Schönheit der Landschaft bleiben meist wirkungslos, da das Kind für die ästhetische Seite des Wanderns noch wenig aufnahmefähig ist. Die Mitnahme von Kindern zu Wanderungen im Hochgebirge ist abzulehnen. Nur in Ausnahmefällen sollten Kinder an Touren über zwei bis drei Stunden teilnehmen, lange und steile Auf- und Abstiege sind zu vermeiden.

Vor Antritt einer Wanderung mit Skiern, auf dem Fahrrad oder im Boot muß das Kind die jeweilige Technik sicher beherrschen und sie längere Zeit hindurch ohne zusätzlichen Aufwand ausüben können. Über 6 Jahre alte Kinder, die im Boot mitgenommen werden, sollten sicher schwimmen können. Jüngere Kinder sollten immer Schwimmwesten tragen.

Die Verpflegung sollte sich beim jüngeren Kind nur wenig von der zu Hause üblichen unterscheiden; sie sollte aber mehr Milchprodukte, Obst oder rohes Gemüse enthalten. Der häufig auftretende Durst muß gestillt werden (Fruchtsaft, Tee mit Zitrone, abgekochtes Wasser). Das Kind sollte aber wissen, daß es nicht dauernd und in beliebiger Menge trinken darf. Eine Getränkereserve sollte für die Rückfahrt vorhanden sein.

Ski-, Rad- und Wasserwandern

Für das Wandern können verschiedene Fortbewegungsarten gewählt werden. Das Angebot an Fahrrädern, Skiern und Booten ist vielfältig; der Typ des anzuschaffenden Gerätes wird wesentlich durch den Einsatzzweck und den Umfang der beabsichtigten finanziellen Aufwendungen bestimmt. Angesichts der relativ hohen Kosten und der langen Lebensdauer der Geräte ist daher vor dem Kauf eine gründliche Information notwendig.

Skiwandern ist eine Form der Wintertouristik. Daneben stehen das Fußwandern und das Zelten im Winter. Während das Zelten im Winter eine Angelegenheit für Spezialisten ist, sollte winterliches Fußwandern noch viel stärker ausgeübt werden.

Für das Skiwandern am besten geeignet sind Skier mit Plastlaufsohle. Skier mit gerippten

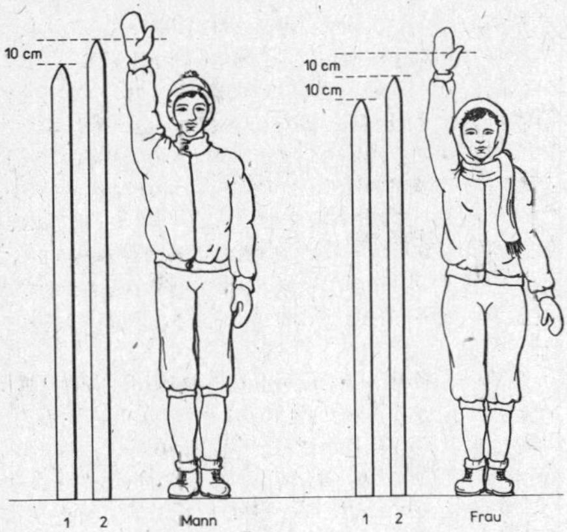

Skilänge und Körpergröße. 1 *Wanderski,* 2 *Langlaufski*

oder geschuppten Aufstiegshilfen in der Sohle sind für Anfänger bestimmt: die Laufsohle ist langsamer; das ist bei Abfahrten vorteilhaft, und bei Aufstiegen wird das Zurückrutschen vermindert. Langlaufski sollten sich nur Geübte anschaffen.

Für die Ausrüstung können folgende Ratschläge gegeben werden:

- Skilänge und Körpergröße: Bei ausgestrecktem Arm sollte die Spitze des senkrecht stehenden Skis die Mitte der Handfläche erreichen; für Frauen werden von dem so erreichten Maß 10 cm abgezogen. Ski für das Wandern können weitere 10 cm kürzer sein.
- Stocklänge: Sie sollte der Schulterhöhe entsprechen.
- Schuhe: feste und hoch gearbeitete Wanderskistiefel, die für die Kombinationsbindung vorgesehen sind und Vorteile bei Touren mit langen schwierigen Abfahrten bieten. (Bei Touren in unverspurtem Gelände verhindern Gamaschen aus Segeltuch oder DEDERON das Eindringen von Schnee in die Schuhe.)
- Handschuhe: möglichst Fausthandschuhe mit nässeabweisender Oberfläche; sie bieten zugleich Schutz vor Schürfwunden.
- Wachsen. Vor dem Neuauftragen von Wachs müssen die Skier mittels Spachtel oder Wachsentferner von Wachsresten gesäubert werden und völlig trocken sein. Dann wird nur jeweils soviel Wachs aufgestrichen oder -gedrückt, daß es einen gleichmäßigen dünnen Film über den ganzen Ski bildet. (Die Spurrillen werden mit Paraffin gewachst.) Werden die Skier im warmen Raum gewachst, müssen sie vor dem Gebrauch schon etwa fünf Minuten im Freien stehen. Für eine längere Tour wird ein Stück Paraffin zum Nachglätten und etwas Weichwachs zum eventuell notwendig werdenden Abstumpfen mitgenommen. Besonders bei Temperaturen um den Gefrierpunkt kann sich bei größeren Höhenunterschieden die Schneebeschaffenheit stark ändern.

Bei Mitnahme von Rucksäcken steigt das Gewicht, das auf den Skieren lastet; daher werden diese stärker durchgetreten. Die Skier sind also vorn und hinten mit Paraffin für die Abfahrt, das kurze Mittelstück ist wesentlich dicker und eventuell auch mit weicherem Wachs auf Stieg zu wachsen.

Radwandern. Für kurze Ausfahrten bis zu 10 km eignet sich bereits das Klappfahrrad. Das Rad der Wahl für Radwanderungen ist aber das Tourenrad auf dem Tagesstrecken bis zu 100 km und auch Mehrtagewanderungen sicher gefahren werden können. Mit einem Sportrad wird vor allem die Geschwindigkeit vergrößert.

Das Fahrrad muß verkehrssicher ausgerüstet sein, d.h., es besitzt zwei unabhängig voneinander wirkende Bremsen, eine Klingel, eine Lampe, Rücklicht und Pedalrückstrahler. Sattel, Pedale und Lenkerstange müssen in einem richtigen Verhältnis zueinander stehen:

Sattelstellung	waagerecht
Entfernung Sattel – unteres Pedal	Fahrer sitzt auf dem Sattel, die Ferse des fast ausgestreckten Beines erreicht das untere Pedal
Entfernung Sattelspitze – Lenkerkopf	Länge des Unterarms von der Elle bis zu den Fingerspitzen bei flacher Hand
Höhendifferenz Lenkerquerstange – Sattel	Lenkerquerstange etwas tiefer als der Sattel

Zur Pflege des Fahrrads werden alle Metallteile mit Lappen und Fahrradöl, auch mit Schnellreiniger aus dem Kfz.-Handel gereinigt, Kugellager und Kette werden auf Fett-/Ölversorgung kontrolliert sowie der Luftdruck der Reifen durch Drücken mit beiden Daumen auf die Lauffläche. (Diese muß leicht nachgeben.) Die Kette muß sich in der Mitte zwischen Zahnkranz und Kettenblatt um 1–2 cm nach oben oder unten bewegen lassen.

Der Radwanderer muß mit für ihn wichtigen Vorschriften der Straßenverkehrsordnung vertraut sein; das heißt unter anderem,

- den Radweg oder die äußerste rechte Fahrbahnseite benutzen
- auf öffentlichen Straßen und Wegen nicht nebeneinander fahren
- rechtzeitig bei Einbruch der Dunkelheit die Beleuchtung einschalten
- alle Zeichen zur Verkehrsregelung beachten
- nicht unter Alkoholeinfluß am Straßenverkehr teilnehmen.

Wasserwandern. Für den Anfänger kommen Ruder- oder Paddelboote in Betracht; bei gewachsenen Ansprüchen werden Motor- oder Segelboote genutzt. Paddelboote können auch mit Hilfsmotoren oder -segeln betrieben werden. Paddelboote gibt es als Einer oder Zweier mit Gummi- oder Polyesterhaut. Fahrzeuge mit Polyesterbeplankung sind pflegeleicht und beim Kentern praktisch unsinkbar; Schäden beim Anstoßen an Hindernisse sind selten.

Bevor es auf Wanderfahrt mit dem Paddelboot geht, sollte bedacht werden, daß zuviel Gepäck die Bewegungsfreiheit des Fahrers einengt und ein überladenes oder vorn zu schwer beladenes Boot durch große Wellen vollaufen kann, während zu schwere Lasten in der Mitte des Bootes dessen Holzgerüst überbeanspruchen. Material zum Reparieren der Außenhaut, ein Schwamm zum Aufnehmen eingedrungener Feuchtigkeit und ein Plastbehälter für Trinkwasser sind unentbehrlich. Schwimmkissen machen das Boot unsinkbar.

Pflegehinweise für Paddelboote

Pflegearbeit	Ausführung
a) Faltboot	
Zusammenbau	Inneres der Gummihaut mit Talkum behandeln; Kielstreifen (beim Fachhandel) an Auflagestellen des Gerüstes auf die Gummihaut kleben; nach längerer Lagerung Außenhaut nach Zusammenbau mit feiner Seifenlauge abwaschen, trocknen lassen, mit beliebigem flüssigem Schutzwachs einreiben, nachpolieren
Lagerung kieloben	Gummihaut gegen Sonnenstrahlung schützen
Lagerung kielunten	Kiel liegt voll auf Bohle, Leiter u. a.; keine Lagerung auf Konsolen oder Kanthölzern
Wasser im Boot	entfernen, Luftzirkulation im Bootskörper sichern
Lagerung nach Abbau	trocken, kühl
Holzteile	Lackanstrich im Abstand von 3–4 Jahren
b) Polyesterboot	
Abwaschen	Seifenlauge, Bürste
Deckimprägnierung	farbige Imprägniermittel im Abstand von 2–3 Jahren
Polieren der Außenhaut	PKW-Lackpflegemittel
Lackieren der Außenhaut	Waschen (s. o.), Polyesterlacke

● Wasserwanderrouten gibt es für Zahm- und Wildwasser. Als Zahmwasser werden stehende und fließende Gewässer bis zu einer Strömungsgeschwindigkeit bezeichnet, die durch Rückwärtspaddeln nicht mehr aufgehoben werden kann (unter 7 km/h). Hindernisse können beim Landen ein bestimmtes Maß an Bootsbeherrschung verlangen.

Für Wildwasser, die nur von trainierten Sportlern zu befahren sind, ist das Auftreten von Schwällen charakteristisch; so bezeichnet man die sich über oder gegen ein Hindernis wellenartig ergießende mehr oder minder große Wassermenge.

● Verhalten auf dem Wasser. Die beiden wichtigsten gesetzlichen Normative, die das Verhalten beim Wasserwandern regeln, sind die „Sportbootanordnung“ und die „Binnenwasserstraßenverkehrsordnung“. Erstere verlangt für das Führen bestimmter Bootstypen einen Befähigungsnachweis. Für Paddel- und Ruderboote ist er nicht notwendig, doch sollten sich die Besitzer auch solcher Boote über den Inhalt der Dokumente informieren und danach verhalten.

Für das Verhalten auf dem Wasser gelten folgende allgemeine Regeln:

● Andere Fahrzeuge sind nicht zu behindern.

● Fahrzeuge der Berufsschiffahrt haben Vorfahrt; größtmöglicher Abstand des eigenen Bootes zu diesen Schiffen ist zu halten; auf stark befahrenen Abschnitten ist möglichst immer auf der Innenseite der Kurven zu bleiben.

- „Sportangler“ am oder auf dem Wasser sind weit zu umfahren.
- In fließendem Gewässer ist stets gegen den Strom zu starten und zu landen; es sind möglichst keine Querfahrten über den Strom zu unternehmen.
- Bei drohendem Unwetter ist sofort das Ufer aufzusuchen. Nach eventuellem Kentern muß das Boot möglichst festgehalten und ans Ufer geschwommen werden; dort ist das Boot aufzurichten.
- Bei Rast am Ufer schiffbarer Gewässer muß wegen des Sogs vorüberfahrender Schiffe das Boot 1 bis 2 Meter auf das Ufer hinaufgezogen werden.

Zelten

Bereits bei der Urlaubsplanung müssen sich die künftigen „Camper“ über die Art des Transportes von Zelt und Ausrüstung im klaren sein. Wer nur mit Rucksack und Fahrrad unterwegs ist, wird sich möglichst nur ein leichtes Bergzelt aus beschichtetem synthetischem Gewebe kaufen, während sich Motorisierte – je nach gewolltem Komfort – für mittlere Touristenzelte, Haus- oder Campingzelte entscheiden.

Zu Hause sollte das Aufbauen des Zeltes nach der Gebrauchsanweisung geübt werden, damit man auf dem Zeltplatz nicht auf die Hilfe der Nachbarn angewiesen ist und diese Arbeit selbst bei Regen oder Dunkelheit schnell erledigen kann.

Die Genehmigung zum Aufbau eines Zeltes auf einem Zeltplatz erteilt die zuständige Zeltplatzvermittlung. Vorgedruckte Bestellkarten sind bei der Post erhältlich; die Adressen der Zeltplatzvermittlungen und Zeltplätze wie auch nähere Angaben über Lage und Service können im „Zeltplatzverzeichnis“ nachgeschlagen werden.

Für den Aufenthalt auf dem Zeltplatz ist die dort geltende Ordnung zu beachten; darüber hinaus sollte man sich von einigen allgemeinen Verhaltensregeln leiten lassen:

- Zeltwände sind dünn; die Lautstärke im Zelt und auf dem gesamten Zeltplatz sollte dem Rechnung tragen.
- Sport und Spiel sind nur an den dafür vorgesehenen Plätzen, nicht zwischen den Zelten, auszuüben.
- Wertgegenstände sind diebstahlsicher aufzubewahren; Abgabe an die Zeltplatzleitung zur Aufbewahrung ist möglich.
- Verständigung mit dem Zeltnachbarn über die gegenseitige Beaufsichtigung der Ausrüstung bei Abwesenheit gibt Sicherheit.
- Abfälle gehören in aufgestellte Behälter.

Versicherungsschutz beim Zelten. Auch auf einem bewachten Zeltplatz besteht die Gefahr, daß Teile der Ausrüstung, Bekleidung u. a. entwendet werden. Hierfür tritt die Haushaltsversicherung nicht ein. Daher empfiehlt sich der Abschluß einer „Campingversicherung“ bei der Staatlichen Versicherung der DDR für die Dauer der Wanderung. Der Versicherungsnehmer ist damit zugleich gegen Schäden durch Sturm, Hagel und Überschwemmung gesichert. Auf unbewachten Zeltplätzen gilt die Diebstahlversicherung nur für Zelte und Luftmatratzen.

Pflege des Zeltes. Nach Abschluß der Campingsaison sollte man den Zustand von Zelten, Luftmatratzen, Campingmöbeln und Propangasflaschen überprüfen und entstandene Schäden beheben. Holzteile sind mit heißem Wasser zu scheuern, trocknen zu lassen und mit Terpentin einzureiben. Ein verschmutztes Zeltdach ist je nach der Stoffart mit Schwamm oder Bürste und milder, handwarmer Waschlauge zu reinigen, durch gründliches Spülen von allen Seifenresten zu befreien, dann zu spannen und zu trocknen. Die Metallteile (Stangen, Häringe) sind zu waschen, zu trocknen, mit farbloser Vaseline oder Paraffin einzufetten, Reißverschlüsse mit Kerze oder Paraffin, Lederteile mit silikonhaltigem Lederpflegemittel einzureiben. Der Zeltboden ist mit Talkum zu bestreuen, das Zelt zusammenzulegen und im Packbeutel trocken, aber nicht zu warm zu lagern.

Anlegen von Feuerstellen (Abb.). Die Anlage von Kochfeuern ist auf Moor- und Torfboden, in Wäldern der Waldbrandgefahrenklasse A_1 und A, bei Ausrufen einer beliebigen Waldbrandstufe verboten.

Generell ist jede Feuerstelle mit einem Wundstreifen (1 m Breite) zu umgeben, der frei von brennbarem Material sein und mindestens 30 cm tief, bis auf den Mineralboden, reichen muß.

Kochfeuer. 1–3 *Naturmaterial,* 4 *Kocher*

Der Abstand von Dickungen, leicht brennbaren Gras- und Heideflächen muß mindestens 50 m betragen. (Windrichtung beachten!)
Zum Anfachen des Feuers werden dünne, abgestorbene Zweige von Fichte, Kiefer oder Wacholder gesammelt; Birkenrinde, trockenes Moos, Gras oder Papier lassen sich ebenfalls verwenden. Zum Feuerhalten eignen sich besonders trockenes Reisig und Bruchholz der meisten Baumarten; ungeeignet sind Espe, Fichte und Kiefer (letztgenannte wegen der starken Rußentwicklung).
Die Feuerstelle ist ständig zu beaufsichtigen; Löschmaterial muß greifbar sein (Sand, Wasser); Kohle und Asche sind vor Verlassen des Rastplatzes vollständig abzulöschen.

Orientierung unterwegs

Während der Wanderung sind ständig zwei Fragen zu lösen:
An welchem Punkt des Weges befinden wir uns? (Bestimmen des eigenen Standpunktes) und welchen Weg müssen wir an der Abzweigung einschlagen? (Wegewahl). An Aussichtspunkten tritt eine weitere Frage hinzu: Welche Ortschaft, welcher Berg oder welcher See liegt dort? (Benennung eines entfernter liegenden Objektes). Diese Fragen werden mit Hilfe von Kompaß und Karte gelöst.
Karte und Kompaß. Die Mehrheit der modernen Karten ist nach Norden orientiert: der obere Kartenrand ist Norden, der untere Kartenrand ist Süden, der rechte Kartenrand ist Osten, der linke Kartenrand ist Westen.
Bei der Grundeinstellung des Kompasses zeigt der Richtungspfeil auf die N-Markierung der Teilringscheibe. Um die nördliche Richtung im Gelände zu finden, wird der Kompaß in Grundeinstellung so lange gedreht, bis sich die N-Spitze der Magnetnadel auf die N-Markierung der Teilringscheibe einspielt.

Die Karte wird eingenordet, indem der Kompaß in Grundeinstellung mit der Anlegekante an den linken Kartenrand gelegt wird, so daß der Richtungspfeil zum oberen (N-)-Rand der Karte zeigt, und dann wird die Karte mit angelegtem Kompaß gedreht, bis die N-Spitze der Nadel auf die N-Markierung zeigt.

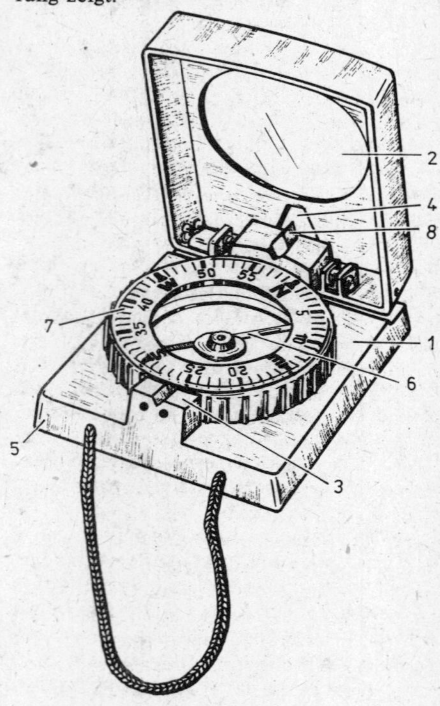

Marschkompaß. 1 *Kompaßgehäuse,* 2 *Deckel mit Spiegel,* 3 *Kimme (Visiereinrichtung),* 4 *Korn (Visiereinrichtung),* 5 *Anlegekante mit cm-Einteilung,* 6 *Magnetnadel (Nordspitze ist bezeichnet),* 7 *drehbare Teilringscheibe (jeder Teilstrich bezeichnet eine Marschrichtungszahl – MRZ),* 8 *Richtungspfeil*

● Bestimmen des eigenen Standpunktes (bei der Fußwanderung): Die Karte ist ständig grob eingenordet in der Hand, der Daumen befindet sich auf oder in der Nähe des folgenden markanten Geländepunktes (Wegeteilung, Brücke, Haus, einzelner Baum u. a.). Das Kartenbild ist ständig mit der Landschaft zu vergleichen. Bei Benutzung eines Fahrzeuges wird in Intervallen am jeweiligen vorher ausgewählten markanten Geländepunkt kontrolliert; Karte ist einzunorden.

● Wegewahl. Um die Marschrichtungszahl (MRZ) auf der Karte zu messen, wird der eigene Standpunkt auf der Karte bestimmt. Der Kompaß wird mit der Anlegekante der „O" auf den eigenen Standpunkt gelegt, so daß die Kante in die gewünschte Richtung zeigt. Die Teilringscheibe wird gedreht, bis die N-Markierung zum N-Rand der Karte zeigt; die MRZ ist am Richtungspfeil abzulesen. Nun ist die MRZ in die Natur zu übertragen: Der Kompaß liegt ohne Änderung der Einstellung in der Hand, der Richtungspfeil vom Körper fort. Man dreht sich um die eigene Körperachse, bis sich N-Spitze der Nadel und N-Marke des Teilrings decken. Der Richtungspfeil zeigt die neu zu wählende Richtung.

● Bestimmen eines entfernter liegenden Objektes. Die MRZ wird in der Natur gemessen. Dazu liegt der Kompaß in der Hand, der Richtungspfeil vom Körper fort. In Richtung des Pfeils wird das unbekannte Objekt anvisiert, dann der Teilring gedreht, bis sich N-Spitze der Nadel und N-Marke decken. So kann die MRZ am Richtungspfeil abgelesen werden. Nun wird die MRZ auf die Karte übertragen. Dazu wird der eigene Standpunkt auf der Karte bestimmt. Der Kompaß wird mit der Anlegekante bei „O" auf den eigenen Standpunkt gelegt und der Kompaß gedreht, bis die N-Marke zum N-Rand der Karte zeigt. Das zu bestimmende Objekt kann an der Anlegekante oder ihrer Fortsetzung in Richtung des Pfeils aufgesucht werden.

Dieses Verfahren wird genauer, wenn die Karte vorher eingenordet wird. Für die touristische Praxis genügt diese Methode für die Mehrzahl der Fälle. Die Bestimmung wird erschwert, wenn sich mehrere gleichartige Objekte (z. B. Ortschaften) in annähernd gleicher Richtung, aber in unterschiedlicher Entfernung vom eigenen Standpunkt befinden. Hier kann durch Entfernungsschätzen und Vergleich mit anderen Geländeobjekten die Sicherheit der Bestimmung erhöht werden.

● Orientierungsverlust, „Verirren". Auf Grund der hohen Siedlungsdichte ist ein Verirren in der DDR in den seltensten Fällen mit einer Gefahrensituation gleichzusetzen. Bei sicherer Handhabung von Karte und Kompaß wird unter Berücksichtigung der Entfernung vom letzten markanten Punkt das mögliche Gebiet des eigenen Standpunktes auf der Karte umrissen, Karte und Gelände genau miteinander verglichen und die Richtung mit dem Kompaß gemessen. Danach können der Standpunkt und die Maßnahmen zur Korrektur des Fehlers bestimmt werden.

Bei unsicherem Orientierungsvermögen ist auf den bisher gegangenen Wegen zum letzten Punkt zurückzukehren, der auf der Karte identifiziert worden ist. Von dort muß man sich neu orientieren.

Unter normalen Bedingungen gilt für alle Situationen: Verfolgen eines beliebigen Weges bis zu einem bewohnten Punkt, von dem aus die weitere Orientierung erfolgen kann. Im Bergland wird grundsätzlich talabwärts gegangen.

Bei Notsituationen (Nacht, Unfall, Unwetter) ist von allen Beteiligten hohe Disziplin erforderlich; Unruhestifter und Panikmacher müssen notfalls sehr energisch zur Ordnung gerufen werden. Die Teilnehmer sind vor den Unbilden der Witterung zu schützen; alle verfügbare warme Kleidung ist anzuziehen. Zwei der physisch und psychisch stärksten Teilnehmer werden zur möglichst genauen Beschreibung der Situation und des Ortes befähigt und nach Hilfe ausgeschickt. Dabei prägen sie sich ihren Weg ein, um ihn den Helfern beschreiben zu können.

Autofahren

Die Frau als Fahrer

Etwa 60% aller Pkw-Führerscheinbewerber und -inhaber sind Frauen. Im Straßenverkehr unserer Städte und Ballungsgebiete, insbesondere im Berufsverkehr, sitzen aber vorzugsweise Männer hinter dem Lenkrad der familieneigenen Autos, um zur Arbeit zu gelangen. In der Freizeit, nach Arbeitszeitende, an Wochenenden, auf Urlaubsfahrten ist der Anteil der autofahrenden Frauen wesentlich höher. Trotz allem ergibt sich – betrachtet man die gefahrenen Kilometer pro Jahr – ein Ungleichgewicht zu ungunsten der Frauen. Das Familienfahrzeug wird nach eigenen Angaben von einer erheblichen Anzahl von Frauen nicht benutzt, einige wenige fahren ausschließlich, der Fahranteil insgesamt beträgt etwa 25 bis 30 % an der jährlichen Gesamtfahrstrecke. Als Ziel werden von den Kraftfahrerinnen – außer den schon erwähnten Freizeitfahrten – hauptsächlich Einkaufszentren, Kindergärten, Kultureinrichtungen und Gaststätten genannt.

Aversionen gegen das Fahren. Als Grund für den wesentlich geringeren Anteil der weiblichen Kraftfahrer an der jährlichen Fahrstrecke des Familienautos werden Aversionen gegen das Fahren angegeben. Dabei steht der immer dichter werdende Verkehr im Vordergrund; daneben verursachen unbekannte Gegenden Unsicherheit, da durch Orientierungsschwierigkeiten die Aufmerksamkeit vom Verkehrsgeschehen abgelenkt wird. Manche Frauen werden durch aggressives Fahren anderer Verkehrsteilnehmer eingeschüchtert. Starker Regen, Schnee und Eis auf den Straßen, Nebel oder schon Dunkelheit selbst bei normalen Witterungsverhältnissen führen in vielen Fällen dazu, nicht oder nicht selbst zu fahren. Ein weiterer, nicht so häufig genannter Grund ist die Furcht vor einem Defekt am Fahrzeug und die Sorge, damit unterwegs liegen zu bleiben.

Einigen dieser Hinderungsgründe kann ausgewichen, andere müssen hingenommen werden. Der Verkehr wird zukünftig insbesondere in Ballungsgebieten und großen Städten noch dichter werden. In den Ferien- und Urlaubsmonaten wird in bestimmten Gegenden und zu bestimmten Zeiten ebenfalls ein hohes Verkehrsaufkommen zu verzeichnen sein. Erhebliche Entlastungen der Straßen sind generell nicht zu erwarten, obwohl Verkehrsbauten und verkehrsorganisatorische Maßnahmen zum Abbau von Verkehrsspitzen beitragen und den Fahrzeugfluß besser leiten.

Gesetzliche Regelungen zum Straßenverkehr. Der Verkehr auf den Straßen wird überall durch Gesetze und Verordnungen nach bestimmten Grundsätzen geregelt. In der DDR werden in der theoretischen Fahrschulausbildung u. a. die Straßenverkehrsordnung (StVO 77; die Zahl steht für das Jahr der Ausarbeitung) in der Fassung der zweiten bis vierten Verordnung über das Verhalten im Straßenverkehr behandelt. Diese Vierte Verordnung enthält im wesentlichen geänderte Regelungen für das Fahren in markierten Fahrspuren, für die Benutzung der Autobahn und Änderungen der Ordnungsstrafbestimmungen. Die Verordnungen, bilden mit der zuerst genannten Straßenverkehrsordnung die gesetzliche Grundlage für die Regelung des Verkehrsablaufs auf unseren Straßen.

In den Verordnungen werden die Verkehrsteilnehmer nach der Art ihrer Teilnahme am Straßenverkehr in Fahrzeugführer, Radfahrer oder Fußgänger eingeteilt. Gegenüber Kindern, hilfsbedürftigen und älteren Personen – also Menschen, deren physische oder psychische Leistungsfähigkeit eingeschränkt ist – fordert der Gesetzgeber besondere Vorsicht und Rücksichtnahme. Es gibt also eine unterschiedliche Einordnung der Verkehrsteilnehmer nach dem Alter, nicht aber nach dem Geschlecht; das Gesetz räumt Frauen und Männern gleiche Rechte ein und erlegt ihnen gleiche Pflichten auf.

Physische und psychische Voraussetzungen für das Autofahren. Nach den Bestimmungen der Straßenverkehrsordnung befragt, besteht weitestgehend Klarheit über die darin enthaltenen Festlegungen und Forderungen. Die meisten Teilnehmer am motorisierten Straßenverkehr sind auch bereit, sich an diese Bestimmungen zu halten. Bei Unfallverursachern haben Verkehrspolizei und Verkehrsmediziner jedoch häufig ermittelt, daß die physische oder die psychische Leistungsfähigkeit oder auch beide beeinträchtigt waren. In diesem Zusammenhang muß betont werden, daß das Führen eines Kraftfahrzeugs den Menschen psychisch stark beansprucht und auch physisch belastet. Die meisten Informationen, die für das verkehrssichere Verhalten des Kraftfahrers notwendig sind, werden vom Auge aufgenommen. Weitere Informationen liefern das Gehör, der Tast- und sogar der Geruchssinn. Diese vielen Informationen, die im Verlaufe einer Autofahrt auf einen Kraftfahrer einstürmen, können nur im Zustand völliger Konzentration aufgenommen und in entsprechende Handlungen umgesetzt werden.

Fahrtüchtigkeit und Fahrverhalten. Der Gesetzgeber fordert im § 7 der Straßenverkehrsordnung die Fahrtüchtigkeit der Fahrzeugführer. Dort wird auch ein absolutes Alkoholverbot für den Kraftfahrer ausgesprochen. Daß Alkoholgenuß und Fahren einander ausschließen, sollte eigentlich jedem klar sein. Die Unfälle auf unseren Straßen macht es jedoch erforderlich, immer wieder auf die Gefahren hinzuweisen, die von alkoholisierten Verkehrsteilnehmern ausgehen.

Läßt die Konzentration nach längerer Fahrzeit nach, so ist eine Pause oder ein Fahrerwechsel notwendig. Erfahrungsgemäß sollte das mindestens nach zwei oder maximal drei Stunden Fahrt geschehen.

Sicherheitsgurte gehören nach dem gegenwärtigen Stand der Technik zu den wirkungsvollsten Mitteln, die Autoinsassen bei Kollisionen gegen Verletzungen zu schützen. Die meisten Autofahrer legen daher konsequent den Gurt an. Statikgurte müssen bei Personenwechsel oder mitunter schon bei anderer Kleidung nachgestellt werden, denn die Schutzwirkung eines Gurtes hängt maßgeblich davon ab, wie er am Körper anliegt. Eine flache Hand darf man zwischen Gurt und Körper gerade noch schieben können. Der Gurt darf nicht verdreht und muß über Bekken und Schulter fest mit dem Auto verbunden sein. Ein Automatikgurt paßt sich den Bewegungen der Autoinsassen an, er ist bequemer zu handhaben, aber auch teurer.

Kleidung und Innenklima. Bei der Kleidung kommt es darauf an, daß man sich in ihr nicht beengt fühlt, daß sie hinreichend luftdurchlässig ist und überflüssige Körperwärme nach außen abgibt. Schuhe mit hohen Absätzen sind vor dem Einsteigen ins Auto gegen solche mit flachen Absätzen auszuwechseln. Die ausgetauschten Schuhe gehören in den Kofferraum; sie könnten unter das Bremspedal gelangen und jeden Bremsvorgang verzögern oder gar unterbinden.

Die Temperatur im Innenraum des Autos sollte jeder nach seinen Bedürfnissen einstellen, wobei für Frischluft zu sorgen und Zugluft zu vermeiden ist. Rauchen im Auto verschlechtert das Innenklima binnen weniger Minuten.

Raucher sollten ihr Verlangen nach Nikotin während einer Fahrpause im Freien stillen.

Kinder im Auto. Säuglinge bäuchlings auf der Hutablage oder auf dem Schoß der auf dem rechten Vordersitz angegurteten Mutter oder das Vaters, sind glücklicherweise nur noch selten zu sehen. Kinder auf diese Weise im Auto mitzunehmen ist sträflicher Leichtsinn. Zwar gestattet der Gesetzgeber, Kinder ab sieben Jahren auf Vordersitzen von Kraftwagen zu befördern, doch ist dabei zu beachten, daß der Sicherheitsgurt seine Funktion erfüllen muß. Läßt sich z. B. ein Statikgurt nicht vorschriftsmäßig einstellen, ist das Kind zu klein, gehört es auf den Rücksitz. Kindersicherungen in den hinteren Türen mancher Pkws verhindern, daß die Türen von innen geöffnet werden können und sollten in jedem Falle benutzt werden, selbst wenn ein Erwachsener neben den Kindern sitzt. Die Jüngsten werden am zweckmäßigsten und sichersten auf speziellen Kindersitzen befördert, die selbstverständlich sorgfältig im Auto zu befestigen sind. Die autofahrende Mutter darf sich auf keinen Fall durch die Kinder vom Verkehrsgeschehen auf der Straße ablenken lassen.

Hunde an Bord. Auf dem Rücksitz ist der Hund am besten untergebracht. Auch sollte er dort angeleint sein. Bei längerer Fahrzeit ist spätestens alle 2 Stunden zu pausieren, um dem Hund Bewegung zu verschaffen. Etwas Wasser für ihn sollte stets mitgenommen werden.

Fahrschule, Fahrtraining. Nach der Aushändigung des Führerscheins ist der Inhaber berechtigt, auf öffentlichen Straßen ein Kraftfahrzeug zu führen. Hinter dieser lapidaren Feststellung verbirgt sich ein mitunter zeitaufwendiger Lernprozeß. So enthält der Zeitplan der Fahrschulen zum Erwerb des Pkw-Führerscheins (Klasse B) für die theoretische Ausbildung Teil I insgesamt 27, Teil II acht Unterrichtsstunden zu je 50 Minuten. Für die Unterweisungen und Übungen am Fahrtrainer werden durchschnittlich zwölf Zeiteinheiten zu je 30 Minuten benötigt. Hierbei wird der Fahrschüler zum ersten Mal mit der simulierten Technik des Autos und des Autofahrens bekannt. Mit dem Autodrom (Übungsplatz) wird dann schon in einem Auto gefahren. Der Fahrlehrer sitzt entweder neben dem Fahrschüler oder ist mit ihm über Funk verbunden. In der letzten Etappe der fahrpraktischen Ausbildung muß unter Aufsicht des Fahrlehrers ein mit dem bekannten „L“ gekennzeichnetes Auto durch den öffentlichen Straßenverkehr gelenkt werden. Für die Ausbildung auf dem Autodrom und im öffentlichen Straßenverkehr werden durchschnittlich insgesamt 42 Übungsfahrten zu je 30 Minuten benötigt. Abweichungen von diesen mittleren Werten kommen in der Praxis häufig vor. Der zweite Teil der theoretischen Ausbildung ist situationsorientiert und beginnt, wenn bereits die ersten Stufen der fahrpraktischen Ausbildung im öffentlichen Straßenverkehr erfolgreich abgeschlossen wurden. Damit liegen bereits fahrpraktische Erfahrungen im öffentlichen Straßenverkehr vor, die das Verständnis des II. Teils der theoretischen Ausbildung fördern.

Fertigkeiten und Automatismen bilden sich heraus, wenn der Anfänger (mit sichtbarem „A“ im Heckfenster) eigenverantwortlich am Straßenverkehr teilnimmt. Alle zusätzlichen Möglichkeiten müssen genutzt werden, um die für die eigene und die Sicherheit anderer so notwendigen Kenntnisse und Fertigkeiten zu festigen und weiter zu entwickeln. Dafür eignen sich Übungsplätze, Veranstaltungen des Verkehrssicherheitsaktivs, Fahrten in Gegenden mit geringem Verkehrsaufkommen und zu verkehrsschwachen Zeiten. Ein erfahrener Partner als Beifahrer ist bei solchen Fahrten eine wertvolle Hilfe. (Allerdings sollte dieser nicht durch ständiges Besserwissen die Partnerin verunsichern, sondern sie nach der Fahrt auf evtl. Fehler hinweisen oder ihr Tips zum besseren Beherrschen der Fahrtechnik geben.) Wer sich an die Besonderheiten des heutigen Straßenverkehrs durch häufiges Fahren „herantastet“, wird diese nach einer gewissen Zeit als normal empfinden. Routinemäßiges Verhalten sollte allerdings ebenso vermieden werden wie längere Pausen bei der Benutzung des Fahrzeugs; diese sind der Entwicklung zu einem guten Kraftfahrer abträglich. Wer allerdings feststellt, daß er sich auf die zumeist psychischen Belastungen des Straßenverkehrs noch nicht einstellen kann und demzufolge ein Auto nicht sicher zu führen in der Lage ist, sollte es später bei besserer Kondition noch einmal versuchen.

Voraussetzungen dafür, sich im dichten Verkehr sicher mit dem Fahrzeug zu bewegen, sind Kenntnis der Besonderheiten des Kolonnenverkehrs, vorausschauendes Fahren, defensiver Fahrstil und gewissenhafte Beachtung der Straßenverkehrsordnung. Orientierungsschwierigkeiten auf einer Reise können durch sorgfältige Vorbereitung wie Studium der Landkarten und Stadtpläne, Benutzung eines Autoatlas und Einbeziehung des Beifahrers als Orientierungshelfer weitestgehend vermieden werden.

Fahrten bei Dunkelheit und bei ungünstiger Witterung. Besondere Bedingungen herrschen bei Fahrten in der Dunkelheit, bei schlechter Sicht durch Nebel, bei Regen und im Winter bei Schnee und Eis auf den Fahrbahnen. Ungünstige Sichtverhältnisse erfordern, eine Geschwindigkeit zu wählen, die es gestattet, das Fahrzeug innerhalb der Sichtweite zum Stehen zu bringen. Auf glatten oder schmierigen Fahrbahnoberflächen, hervorgerufen durch Schnee, Matsch oder Eis, verlängern sich die Bremswege von Kraftfahrzeugen erheblich, und die Seitenführung der Räder läßt nach. Die Anforderungen an die Fahrzeugführer steigen dadurch weiter an; denn neben der notwendigen Aufmerksamkeit dem Verkehrsgeschehen gegenüber sind Umsicht und ein Mindestmaß an Können erforderlich, das Fahrzeug sicher über den Kurs zu bringen. Die Anpassung an solche Verhältnisse muß geübt werden. Bei plötzlichem Wetterumschlag kann es zweckmäßig sein, die Fahrt zu verschieben oder zu unterbrechen, bis sich die Straßen- oder Witterungsverhältnise gebessert haben.

Fahrt mit hoher Nutzlast und Anhänger. Die Zahl der Pkws, die nicht nur Personen befördern, sondern auch Lasten transportieren, nimmt ständig zu. Reisen mit Campinganhängern, teilweise über Tausende von Kilometern, bis ins Ausland oder nur mit Lastenanhänger zum Garten gehören zum Straßenbild.

Während der Lastenanhänger, vorschriftsmäßig beladen, die Fahreigenschaften des Zugfahrzeugs nur hinsichtlich einer gemächlicheren Beschleunigung und eines längeren Bremsweges beeinflußt, kommt beim Wohnwagen noch der hohe Luftwiderstand, der höheren Kraftstoffverbrauch mit sich bringt, und der verdeckte Rückblick hinzu. Hier müssen zusätzliche Spiegel am Auto montiert werden, um den nachfolgenden Verkehr beobachten zu können. Auch der Umgang mit einem solchen Gespann sollte trainiert werden. Wer vor der Urlaubsfahrt schon etliche Kilometer mit Anhänger hinter sich gebracht hat, bekommt auf der Reise weniger Anpassungsschwierigkeiten. Das sollten besonders solche Fahrerinnen bedenken, die das Auto sonst nur im Solobetrieb fahren.

Sportliche Fahrweise und Sport. Der Alltagsverkehr läßt der sogenannten sportlichen Fahrweise wenig Raum. Hier ist zügiges Fahren notwendiger als Ampelstart mit durchdrehenden Pneus und Stops mit kreischenden Bremsen – bereits an der nächsten Ampel. Motorsportbegeisterte Frauen können in den Klubs des ADMV (Allgemeiner Deutscher Motorsport-Verband der DDR) auf vielfältige Weise einem solchen Hobby nachgehen. Während die Teilnahme am Rennsport für Frauen wohl eine Ausnahme sein wird, können Geschicklichkeitsturniere, Tourenfahrten und Rallyes zahlreiche Liebhaberinnen finden.

Fahrzeug und Technik

Vor Fahrzeugdefekten ist man nie absolut sicher, aber erfahrungsgemäß wird ein gut gepflegtes und instandgehaltenes Auto seinem Fahrer oder seiner Fahrerin selten eine derartige Überraschung bescheren. Will man sein Fahrzeug sicher handhaben, so bedarf es neben den schon erwähnten Kenntnissen, Fähigkeiten und Erfahrungen eines bestimmten Maßes an Wissen über sein Auto und dessen Technik. Obwohl die Fahrzeughersteller ihre Produkte mit hohem Aufwand verkehrs- und betriebssicher und meist bedienungsfreundlich gestaltet haben, gibt es doch Unterschiede im Fahrverhalten, beim Komfort, in der Ausstattung und in der Technik. Moderne Pkws sind hinsichtlich ihrer Bedienung so ausgestattet, daß die dazu notwendige physische Beanspruchung normalerweise keiner Frau Schwierigkeiten bereitet.

Eigenschaften verschiedener Pkws. Während man den zu erwartenden Komfort und die Ausstattung der verschiedenen Kraftfahrzeugtypen meist schon von außen erkennen kann – zum Teil trifft das auch auf die Technik zu –, muß das Fahrverhalten erst am rollenden Fahrzeug ermittelt werden. Bei trockener Straße, ebenmäßiger Oberfläche und einigermaßen gerader Strecke gibt es zwischen den meisten Autotypen, von der Motorleistung einmal abgesehen, wenig Unterschiede. Bei nasser oder schmieriger Straßenoberfläche, auf Kleinpflaster und bei Kurvenfahrt macht sich die unterschiedliche Antriebsart mitunter recht deutlich bemerkbar. Hier erfordern die Fahrzeuge mit Heckmotor oder mit Frontmotor und angetriebenen Hinterrädern eine gefühlvollere Fahrweise als Frontantriebswagen, die man z. B. mit Gasgeben leichter aus einer Kurve ziehen kann. Unebene Straßenoberflächen beeinflussen bei Autos mit starren Hinterachsen mehr die Spurtreue als bei Fahrzeugen mit Einzelradaufhängungen.

Über der Antriebsachse angeordnete Motoren erleichtern infolge der höher belasteten Antriebsräder das Anfahren bei Steigungen. Bei Viertaktmotoren kann die Bremswirkung des Motors ausgenutzt werden, wenn man den Fuß vom Gaspedal nimmt, Zweitakter reagieren darauf wesentlich weniger; bei eingeschaltetem Freilauf, den es nur bei Zweitaktfahrzeugen gibt, kommt es zu keiner Wirkung. Automatische Kupplungen machen den linken Fuß arbeitslos und servounterstützte Bremsen den Anhalteweg kürzer. Die für das jeweilige Fahrzeug typischen Eigenschaften müssen in der Praxis berücksichtigt und die Fertigkeiten und Automatismen erlernt bzw. übernommen werden, um eine optimale Fahrweise zu erreichen.

Fahrzeugpflege. Wie die meisten Gebrauchsgegenstände sind auch unsere Autos einem ständigen Verschleiß unterworfen. Chemische und physikalische Prozesse sind dafür die Ursache. Abnutzungen sich bewegender Bauteile in Motor, Getriebe und Achsen können jedoch durch sachgerechte Wartung und Pflege auf Minimalwerte reduziert werden. Die Hersteller geben dazu in der Bedienungsanleitung Auskünfte. Zusätzliche Literatur zu diesem Thema ist weitestgehend im Buchhandel und in der Fachpresse zu finden. Der Pflege der Karosserie, des teuersten Teils, und auch Ersatzteils eines Autos, wurde zunehmend in den letzten Jahren entsprechende Aufmerksamkeit gewidmet. Spezielle Werkstätten stehen für Karosseriepflege und -konservierung zur Verfügung. Mit besonderen Hochdruckspritzgeräten werden hier die am meisten gefährdeten Teile gegen die gefürchtete Korrosion geschützt, wobei die Hohlraumkonservierung den Schwerpunkt bildet.

Vorbeugende Instandhaltung, in die das ganze Auto einbezogen sein sollte, sichert neben einer angemessenen Pflege bei entsprechender Fahrweise einen längeren Gebrauchswert des Fahrzeugs und schützt am besten vor Defekten und Ausfällen. Die von den Herstellern empfohlenen Durchsichten und Kontrollarbeiten sind in den Fachwerkstätten vorzunehmen und die Karosserie ist in den dafür autorisierten Betrieben pflegen zu lassen. Trotzdem kann es vorkommen, daß unterwegs ein Defekt auftritt.

Pannen und Selbsthilfe. Reifenpannen treten relativ selten auf. Mit einem intakten Reserverad und einem Kreuzschlüssel für die Radmuttern ist ein Radwechsel auch Frauen zumutbar. Kavaliere der Landstraße werden nur in Ausnahmefällen benötigt.

Nach Angaben der Kfz-Unterwegshilfe sind Defekte in der Elektrik die häufigste Ursache für Pannen auf der Straße, gefolgt von nicht funktionierenden Anlagen der Kraftstoffversorgung. Hier sind es mitunter Kleinigkeiten, die das Auto außer Betrieb setzen können. Eine verstopfte Düse, die den Motor in den zeitweiligen Ruhestand versetzt, ist in wenigen Minuten gereinigt – vorausgesetzt, man weiß, wo die Düse ist. Zündkerzenwechsel dauert auch kaum länger. Undichte Kraftstoffleitungen und unterbrochene elektrische Kabel kann man aufspüren. Die Fehler sind meist schnell beseitigt. Dazu sind allerdings Mindestkenntnisse und ein gewisses Ersatzteilsortiment, das man mit sich führen sollte, erforderlich. Es ist jedem Kraftfahrer, der nur über Fahrschulbildung verfügt, zu empfehlen, sich diese Kenntnisse anzueignen. Möglichkeiten dazu bieten Kundenforen der Werkstätten, Verkehrsteilnehmerschulungen, Veranstaltungen der Verkehrssicherheitsaktivs und der Motorsportklubs des ADMV. Verkehrsunfälle durch technische Mängel an Fahrzeugen machen einen relativ geringen Anteil aus, während menschliches Fehlverhalten zu etwa 90 % an der gesamten Unfallbilanz beteiligt ist. Im Prinzip wären diese Unfälle alle vermeidbar, verhielten sich die Verkehrsteilnehmer immer verkehrsgerecht.

Register

Das Stichwortverzeichnis enthält die wichtigsten Begriffe und Namen, über die in der „Kleinen Enzyklopädie Die Frau" etwas Wesentliches ausgesagt ist.
Die Stichwörter sind streng alphabetisch geordnet. Die Umlaute ä, ö und ü wurden wie a, o, u behandelt.
Zusammengesetzte Stichwörter sind dort eingeordnet, wo sie am ehesten gesucht werden, z.B. „physiologische Besonderheiten" unter „physiologisch" und „backfertiges Mehl" unter „Mehl".
Der Gedankenstrich vor einem Stichwort steht entweder für das erste vollständige Wort oder für den durch senkrechten Strich abgeteilten ersten Teil des vorhergehenden Stichwortes.

A

B

F

I

J

L

N

O

P

Q

R

S

W

Z